MICHEL®

Seit über 100 Jahren

MICHEL®

Deutschland 2018/2019

SCHWANEBERGER VERLAG GMBH

Bewertungshinweise

Für ungebrauchte Marken bis zum Ausgabejahr 1915 gelten die Bewertungen, sofern nichts anderes vermerkt, für Marken mit Falz ✶ und/oder ohne Gummi (✶). Postfrische Qualität ✶✶ rechtfertigt zum Teil erhebliche Preisaufschläge (Vorsicht vor nachgummierten oder entfalzten Marken. Auch auf Reparatur achten!).

Im Zeitraum 1916 bis 1954 sind meist Bewertungen für ungebrauchte Marken mit Falz ✶ und postfrisch ✶✶ angegeben.

Ab 1955 gelten für ungebrauchte Marken, wenn nicht Falz- und Postfrisch-Erhaltungen angegeben sind, Postfrisch-Notierungen ✶✶, Marken mit Falz ✶ bedingen mindestens 60% Preisnachlass.

Alle Bewertungen basieren auf den im obersten Preissegment des Fachhandels üblichen Verkaufspreisen und beinhalten die deutschen Steuern und Abgaben. Sie gelten für Marken in der am Beginn der jeweiligen Kapitel bzw. bei einzelnen Ausgaben angegebenen Qualität und geben auch das ungefähre Wertverhältnis der Briefmarken untereinander wieder. Bei fälschungsgefährdeten Marken gelten die angegebenen Werte nur für (BPP-)geprüfte Stücke. Beispiele der beschriebenen Qualitätsstufen sind auf Seite 6 abgebildet. Einzelne Marken aus Sätzen können teurer sein als die angegebenen Notierungen, während Satzpreise stark abgerundet sein können. Gravierende Preisänderungen nach Redaktionsschluss werden in der MICHEL-Rundschau angezeigt.

Als Grundlage für die Ermittlung der Preisnotierungen dienten Verkaufspreislisten des Briefmarkenhandels und Arbeitsvorlagen von Sammlern sowie (Bundes-)Arbeitsgemeinschaften im In- und Ausland.

BPP MICHEL – vom Bund Philatelistischer Prüfer e.V. empfohlen

ISBN: 978-3-95402-247-2

E-Mail: deutschland1@michel.de
Internet: www.michel.de oder www.briefmarken.de

Satz: Gerber Media Service GmbH, Ohmstr. 1, 85716 Unterschleißheim

Druck: Parzeller print & media GmbH & Co. KG, Frankfurter Str. 8, 36043 Fulda

Vorwort

Mit den Postwertzeichenausgaben MiNr. 3391 und 3392 vom 7. Juni 2018 setzt die Deutsche Post die im Juli 2004 begonnene Serie „Leuchttürme“ fort. Die beiden jüngsten Marken der Serie zeigen Leuchttürme am Darßer Ort und auf Wangerooge und vermitteln einen Eindruck vom Lebensraum Küste und Meer aus menschlicher Sicht. Sie stellen aber auch ein Mahnmal dar, diesen Lebensraum für Flora und Fauna zu bewahren – beide Leuchttürme stehen in gesetzlich besonders geschützten Nationalparks.

Rein wirtschaftliche Interessen dürften hingegen den Leuchtturm-Wertzeichen der deutschen Schiffspost aus dem Jahr 1916 zugrunde liegen. Herausgeber war die Deutsche Versicherungsbank, die die Marken mit Genehmigung des Reichspostamtes für den Versand versicherter Wertbriefe per U-Boot einsetzte. Der Nennwert der Marken umfasste sowohl den Versicherungsbeitrag, als auch das Porto; den Transport nach Amerika übernahmen die Tauchboote der Deutschen Ozean-Reederei. Der vorliegende MICHEL 2018/2019 für die deutschen Sammelgebiete präsentiert die Tauchbootpost in kompletter Neubearbeitung. Erstmals enthalten sind die zu den Wertzeichen gehörenden Wertkarten, hochauflösende Farbillustrationen, Portotabellen und postgeschichtliche Hintergrundinformationen.

Bunter sind aber auch andere Kapitel des MICHEL-Deutschland 2018/2019 geworden. Wo immer es der Platz erlaubte, wurden Marken abgebildet, die bisher nicht im MICHEL zu sehen waren, zum Beispiel in den Sammelgebieten Altdeutschland, Deutsches Reich, Besetzungsausgaben 1914–1918, Eupen und Malmédy sowie AM-Post.

Auch Philatelisten hegen wirtschaftliche Interessen – sie möchten schließlich einschätzen können, was ihre Sammelstücke wert sind. Um die aktuellen Werte der Briefmarken zu ermitteln, wurde auch dieses Jahr wieder eine flächendeckende Marktanalyse durchgeführt. Lebhafte Preisbewegungen ergaben sich besonders in den Sammelgebieten Altdeutschland, Deutsche Kolonien, Schiffspost, Sudetenland, Besetzungsausgaben 1939–1945, Lokalausgaben ab 1945, Berlin und Brandenburg, OPD-Ausgaben der SBZ, aber auch in den frühen Jahren der DDR.

Nicht nur für Rechner, auch für Jäger und Sammler gibt es jede Menge Neues zu melden. Zum Beispiel eine bisher unbekannte Wasserzeichen-Variante aus dem Sammelgebiet DDR, neue EAN-Code-Streifen aus der deutschen Freimarkenserie „Blumen“ oder auch aktuelle Informationen zur nicht ausgegebenen Weihnachtsmarke MiNr. XX. Wertvoll sind sicher auch die zahlreichen neu aufgenommenen Fälschungshinweise, deren aufmerksame Beachtung manchen Fehlkauf verhindern kann.

Der MICHEL-Deutschland 2018/2019 listet alle Postwertzeichenausgaben bis einschließlich Juni 2018. Wie es danach weitergeht mit den deutschen Leuchttürmen, den Blumen-Freimarken und all den anderen vielschichtigen Briefmarkenthemen, verrät die monatliche Fachzeitschrift MICHEL-Rundschau. Wir wünschen allen Sammlern viel Spaß beim Lesen!

SCHWANEBERGER VERLAG GMBH
Redaktion

Briefmarken-Qualitätsstufen

Schnitt

Abb. 1
breit- bis überrandig, teilweise auf Kosten der Nachbarmarke

Abb. 2
allseits vollrandig, Markenbild an keiner Seite berührt

Abb. 3
Markenbild ein- bis zweiseitig leicht berührt

Abb. 4
mehrseits angeschnitten

Abb. 5
stark angeschnitten oder verschnitten

Durchstich

Abb. 6
sehr sauberer, klarer Durchstich; keinerlei Fehler

Abb. 7
guter, regelmäßiger, deutlicher Durchstich

Abb. 8
leicht unregelmäßiger Durchstich, teils fehlende Zahnlappen

Abb. 9
sehr unregelmäßiger, zum Teil undeutlicher Durchstich

Abb. 10
primitiver Durchstich; stark ausgefranst, oft kaum erkennbar

Zähnung

Abb. 11
perfekt gezähnt; keinerlei Zahnfehler, deutliche Zahnspitzen (überlange Zähnung)

Abb. 12
einwandfrei gezähnt (ohne Zahnverkürzungen)

Abb. 13
teils leicht verkürzte Zähne oder fehlende Zahnspitzen

Abb. 14
teilweise stärker verkürzte Zähne

Abb. 15
beschädigte Zähnung und fehlende Zähne

Zentrierung

Abb. 16
perfekt zentriert

Abb. 17
gut zentriert

Abb. 18
leicht dezentriert

Abb. 19
deutlich dezentriert

Abb. 20
stark dezentriert

Abb. 21
verzähnt

Abstempelung

Abb. 22
glasklare, zentrisch angebrachte Stempel

Abb. 23
klare, weitgehend zentrisch angebrachte Stempel

Abb. 24
klare, deutlich erkennbare Stempel (Ort und Datum identifizierbar)

Abb. 25
verkantete, verquetschte, verschmierte und nur mit Mühe identifizierbare Stempel

Abb. 26
fast unkenntliche Abstempelungen

Abb. 27
nicht identifizierbare (Eck-)Stempel

Einführung in den MICHEL-Deutschland

Allgemeine Hinweise zur Benutzung

Aufbau und Inhalt

Der MICHEL-Deutschland umfasst alle Postwertzeichen, die von den einzelnen Postverwaltungen Altdeutschlands (einschließlich Helgoland und Thurn und Taxis), von der Post des Norddeutschen Bundes, später des Deutschen Reiches in Deutschland, in den früheren deutschen Kolonien und Auslandspostämtern, in den deutschen Abstimmungsgebieten und in deutschen Besetzungsgebieten der beiden Weltkriege durch Behörden ausgegeben, angeordnet oder genehmigt wurden.

Außerdem enthalten sind Besetzungsausgaben fremder Staaten auf deutschem Gebiet. Die Auslandspostämter auf deutschem Gebiet (wie z. B. belgische Post in Deutschland, polnische Post im Danziger Hafen) sind sowohl im MICHEL-Deutschland als auch bei den jeweiligen Ländern in den MICHEL-Europa-Nachschlagewerken erfasst.

Begrifflich zusammenhängende Postgebiete sind in Gruppen zusammengefasst (z. B. Deutsche Abstimmungsgebiete mit Allenstein, Marienwerder oder Saargebiet; deutsche Besetzungs-Ausgaben des Ersten und Zweiten Weltkrieges). Die Kapitelfolge entspricht weitgehend zeitgeschichtlichen Gesichtspunkten.

In einem eigenen Kapitel sind die Lokalausgaben (Notmaßnahmen wegen Markenmangel einzelner Orte nach dem 1. bzw. 2. Weltkrieg) zusammengefasst. Lokalausgaben der deutschen Besetzung sind im Anschluss an das jeweilige Gebiet katalogisiert. Es folgen die Ausgaben unter Alliierter Besetzung (Gemeinschaftsausgaben, Berlin und Brandenburg und SBZ), DDR, Berlin (West), Saarland (mit Saarland als Bundesland der BRD), Fortsetzung Alliierte Besetzung (Französische Zone und Bizone) und schließlich Bundesrepublik Deutschland.

Am Anfang der einzelnen Sammelgebiete stehen allgemeingültige Bemerkungen zu nachfolgenden Katalogisierungen. Es empfiehlt sich daher grundsätzlich, auch den Einleitungstexten Aufmerksamkeit zu schenken. Hier sind z. B. auch weiterführende Hinweise auf Besonderheiten, Wasserzeichen und Blockaufstellungen zu finden.

Bei Sammelgebieten mit einer größeren Anzahl von Blockausgaben (Deutsches Reich, DDR, Berlin [West] und Bundesrepublik Deutschland) befindet sich die Blockaufstellung im Anschluss an die Markenkatalogisierung.

Das Stichwortverzeichnis am Schluss des Nachschlagewerkes bietet eine große Hilfe bei der Auffindung von einzelnen Gebieten oder Marken.

Gliederung der Markengattungen

Innerhalb eines Landes bzw. eines Sammelgebietes sind ohne besondere Überschriften die Marken in chronologischer Reihenfolge nummeriert, die der Vorauszahlung der Postgebühren durch den Absender dienen; dazu gehören auch Eilmarken, Flugpostmarken (gekennzeichnet durch ✈), Einschreibmarken, Zeitungsmarken usw. Anschließend folgen jeweils mit eigener Überschrift und Nummerierung die Gattungen besonderer Postwertzeichen, z. B. Automatenmarken, Dienstmarken, Paketmarken, Portomarken, Zwangszuschlagsmarken usw., aber auch besondere Herstellungsformen, wie z. B. Markenheftchen mit ihren Heftchenblättern und darin enthaltenen Zusammendrucken.

MICHEL-Nummerierung

Die Marken sind innerhalb ihrer Gattungen chronologisch nummeriert, einzelne Nachzügler mit Angabe ihres Ausgabejahres eingefügt. Wo nötig, sind Übersichtstabellen oder Hinweise in kursiv eingefügt. Nachträglich eingefügte Hauptarten erhalten in Ausnahmefällen die Nummern der vorangegangenen Marken mit den Buchstaben A, B, C usw. vor der Nummer.

Innerhalb eines Sammelgebietes erhalten bestimmte Markengattungen zur Unterscheidung zu den Normalausgaben eigene chronologische Nummerierungen mit vorangestellten Buchstaben(-kombinationen).

Die wichtigsten sind:

D	= Dienstmarken
H-Bl.	= Markenheftchenblatt
Hz	= Herzstück
K	= Kehrdruck (aus Markenheftchen[-bogen])
KZ	= Kehrdruck mit Zwischensteg (aus Markenheftchen[-bogen])
MH	= Markenheftchen
MHB	= Markenheftchenbogen
P	= Portomarken
S	= senkrechter Zusammendruck (aus Markenheftchen[-bogen])
SZ	= senkrechter Zusammendruck mit Zwischensteg (aus Markenheftchen[-bogen])
SZd	= senkrechter Zusammendruck (aus Schalterbogen)
W	= waagerechter Zusammendruck (aus Markenheftchen[-bogen])
WZ	= waagerechter Zusammendruck mit Zwischensteg (aus Markenheftchen[-bogen])
WZd	= waagerechter Zusammendruck (aus Schalterbogen)

Nachgestellte Buchstaben(-kombinationen) bei Unterarten

A, B, C, D, E ... (die ersten Großbuchstaben des Alphabetes) hinter der Nummer bezeichnen Trennungsarten der Marken.

a, b, c, d, e ... (die ersten Kleinbuchstaben des Alphabetes) hinter der Nummer bezeichnen wichtige Farbtönungsunterschiede.

... V, W, X, Y, Z (die letzten Großbuchstaben des Alphabetes) hinter der Nummer bezeichnen Wasserzeichenarten.

... v, w, x, y, z (die letzten Kleinbuchstaben des Alphabetes) hinter der Nummer bezeichnen Papier- und Gummierungsunterschiede.

I, II, III, IV, V ... (römische hinter arabischen Ziffern) bezeichnen Druckarten und Typenunterschiede.

L = Leerfeld in Markengröße
P = Plattendruck (Bogendruck) oder Probedruck
R = Rollenmarke
W = Walzendruck (Rotationsdruck)
Zf = Zierfeld in Markengröße
ZS = senkrechtes Zwischenstegpaar
ZW = waagrechtes Zwischenstegpaar

Nachgestellte Buchstaben(-kombinationen) bei Abarten

DD = Doppeldruck oder doppelter Aufdruck
DK = doppelter Aufdruck, einer kopfstehend
F = Fehldruck oder Fehlfarbe
G = Druck auf der Gummiseite
K = Kehrdruckpaar oder kopfstehender Aufdruck
Pa = auf geklebter Papierbahn
U = ungezähnt (Uo usw. siehe Abkürzungsverzeichnis)

I, II, III, IV, V ... (römische Ziffern am Ende der MICHEL-Nr.) nummerieren die Plattenfehler.

Aus irgendwelchen Gründen nicht zur Ausgabe gelangte Marken erhalten römische Ziffern ohne weitere Zusätze.

Reihenfolge der Unternummern

Die Reihenfolge der Unternummern kann von Ausgabe zu Ausgabe verschieden sein, da die Aufteilungen bei den Katalogisierungen so gewählt werden, wie sie sich am übersichtlichsten darstellen lassen. Abartenbezeichnungen werden grundsätzlich zuletzt genannt.

Wertangaben

Die Wertbezeichnungen (Nominalen) der Marken werden in der Regel in Ziffern angegeben. Währungsbezeichnungen sind innerhalb der Sammelgebiete einheitlich abgekürzt, ohne Berücksichtigung der Schreibweise auf den betreffenden Postwertzeichen. Stehen Währungsbezeichnungen in Klammern, ist auf der Marke selbst keine Bezeichnung angegeben. Wertaufdrucke sind durch fette Schrift gekennzeichnet.

Abbildungen

Briefmarken sind, soweit nichts anderes vermerkt, in ½ Größe wiedergegeben, Blocks in unterschiedlichen Verkleinerungen abgebildet. Die Größenangaben der Blocks sind Durchschnittsmaße, da die Größen der Blocks nicht einheitlich sind. Bei Typen und Besonderheiten ist der Vergrößerungsmaßstab so gewählt, dass eine möglichst große Aussagekraft erreicht werden kann.

Abbildungen können nicht als Vergleichsmaterial zu Prüfungen herangezogen werden.

Klischeezeichen

Fortlaufende Buchstabenangaben (= Klischeezeichen) vor den Bildlegenden sowie vor den Preisspalten in den Katalogisierungszeilen ermöglichen eine problemlose Zuordnung der Markenabbildungen zu den MICHEL-Nummern.

Bildbeschreibungen

Die Bildbeschreibungen sind so informativ wie möglich gehalten, können und wollen jedoch kein Lexikon ersetzen.

In der Philatelie bezieht sich die Bildbeschreibung „rechts“ oder „links“ immer auf die Vorderseite der vor dem Betrachter liegenden Marke. Dies geschieht auch, wenn es dem eigentlichen Sachverhalt widerspricht; so ist z. B. das auf einer Marke abgebildete linke Auge eines Menschen körperlich dessen rechtes Auge.

Preisspalten

Die Notierungen in den MICHEL-Nachschlagewerken gelten in den linken Spalten für ungebrauchte (✶, (✶), ✶✶), in den rechten für gebrauchte (◍, ⊙, ⁓) Stücke. In besonderen Fällen sind noch weitere Preisspalten eingefügt. Sie sind durch die im Abkürzungsverzeichnis näher erläuterten Zeichen gekennzeichnet. Im übrigen sind im Vortext jedes Sammelgebietes, bei Bedarf auch bei einzelnen Ausgaben, Bewertungsgrundlagen angegeben.

Eine Notierung in Schrägschrift bedeutet, dass die Bewertungsunterlagen für eine eindeutige Preisfestsetzung nicht ausreichen.

Die Bezeichnung „—,—“ innerhalb der Preisspalten besagt: Diese Marke gibt es, eine Notierung ist jedoch nicht möglich, weil Bewertungsunterlagen fehlen. Dies muss nicht zwangsläufig bedeuten, dass die Marke sehr teuer ist.

Ist weder „—,—“ noch ein Preis eingesetzt, gibt es diese Marke nicht bzw. wurde sie noch nicht vorgelegt.

Wir bitten unsere Leser, in diesen Fällen von Preisanfragen abzusehen; der Redaktion liegen keine entsprechenden Informationen vor.

Preisnotierungen

Alle Bewertungen basieren auf den im obersten Preissegment des Fachhandels üblichen Verkaufspreisen und beinhalten die deutschen Steuern und Abgaben. Sie gelten für Marken in der bei jedem Gebiet beschriebenen Qualität und geben auch das ungefähre Wertverhältnis der Briefmarken untereinander wieder. Bei fälschungsgefährdeten Marken gelten die angegebenen Werte nur für (BPP-)geprüfte Stücke. Bitte berücksichtigen Sie bei Werten bis zu 5,— €, dass diese Bewertungen einen hohen Anteil für die Dienstleistung des Handels enthalten. Im Falle eines Verkaufs ist der auf die Dienstleistung entfallende Anteil nicht zu erlösen. Mängel bewirken in der Regel Abschläge. Einzelheiten und Ausnahmen sind am Beginn der jeweiligen Kapitel bzw. bei einzelnen Ausgaben dargestellt. Satzpreise sind, wenn nicht anders angegeben, nach den niedrigsten Preisen der Einzelmarken errechnet. Einzelne Marken aus Sätzen können teurer sein als ihre Notierungen, Satzpreise können stark abgerundet sein und unterhalb der Summe der Einzelpreise liegen. Preisbewegungen nach oben und unten sind auf Grund von Angebot und Nachfrage die Regel. Da die MICHEL-Nachschlagewerke immer nur die Marktlage zum Zeitpunkt der Bearbeitung berücksichtigen können, werden gravierende Preisänderungen nach Redaktionsschluss in der monatlich erscheinenden MICHEL-Rundschau angezeigt.

Grundlage für die Ermittlung der Preisnotierungen sind Verkaufspreislisten des Briefmarkenhandels und Arbeitsvorlagen von Sammlern sowie Arbeitsgemeinschaften im In- und Ausland.

Briefpreise:

Briefpreise werden im MICHEL-Deutschland nur in ganz wenigen Ausnahmen angegeben. Im MICHEL-Deutschland-Spezial gelten die ⊠-Preise nur für echt postalisch beförderte, nach den jeweiligen Portosätzen richtig frankierte bzw. mit Nachporto belegte unterfrankierte Sendungen.

Während bei Mehrfachfrankaturen Überfrankaturen bis höchstens 10% in der Regel nur geringe Abschläge auf den ⊠-Preis bewirken, müssen Einzel- und Mischfrankaturen in aller Regel portogerecht sein. Überfrankaturen, Satzbriefe und dergleichen werten, wenn echt gelaufen, höchstens 15% mehr als die teuerste ⊙-Marke (Ausnahme besonders seltene Marken).

Noch gültige Marken:

Noch frankaturgültige Marken können auf ⊠ keine Preisansätze erhalten. Für ihre Bewertung kann aber folgende Regel angewendet werden: Mindestens 0,40 bzw. ca. 20% Aufschlag auf ⊙-Preis, höchstens jedoch ✱✱-Preis, wenn ✱✱-Preis über 0,40 liegt.

FDC

Die FDC-Bewertungen gelten für Belege mit Abstempelung vom 1. Gültigkeitstag (FDC = First Day Cover). In der Regel ist der Ersttagsstempel das wertbestimmende Kriterium, nicht die Portogerechtheit oder die tatsächliche postalische Beförderung.

Erhaltung der Marken

Bei der Beurteilung der Qualität wird der einsichtsvolle Philatelist immer von dem Zustand der Marke bei der Ausgabe ausgehen und die Eigenarten ihrer Grundstoffe (Papier, Farben, Gummi), der Herstellung, ihre Widerstandsmöglichkeiten gegen äußere Einflüsse und die übliche Behandlung im Postverkehr (Zähnung, Abstempelung usw.) berücksichtigen; der Qualitätsanspruch ist diesen Voraussetzungen unterzuordnen. Man kann z. B. von geschnittenen Marken, die nahezu ohne Ränder oder mit sehr kleinen Zwischenräumen hergestellt wurden, keine vollrandigen Stücke, bei reißschlechten Papiersorten keine vollständigen Durchstiche oder Zähnungen verlangen.

Wenn bei einzelnen Ausgaben nicht anders vermerkt, muss bei gezähnten Marken die Zähnung allseits vollständig sein, bei geschnittenen Marken darf der Schnitt in der Regel das Markenbild nicht berühren, postfrische Qualität setzt vollkommen unberührte Gummierung voraus, Marken mit Falz dürfen nur einen sauberen Erstfalz haben und gestempelte Marken sollten eine saubere und möglichst lesbare Abstempelung aufweisen; allerdings ist zu berücksichtigen, dass es zeit- und ortsbedingt Qualitätsunterschiede der Stempel sowie der Stempelfarbe gibt. So sind zu bestimmten Zeiten und/oder in einigen Gebieten verschwommene, leicht verschmierte Abstempelungen durchaus als vollwertig zu betrachten. Alle Marken, denen vorgenannte Qualitätsmerkmale fehlen, erfordern je nach Erhaltungsgrad mehr oder weniger Preisabschläge. Überdurchschnittliche, selten anzutreffende Erhaltung bedingt höhere Preise.

Ausbesserungen (Reparaturen) haben den Zweck, den weiteren Verfall einer beschädigten, noch sammelwürdigen Marke aufzuhalten. Reparierte Marken sind darum den philatelistischen Begriffsbestimmungen entsprechend eine bestimmte, durchaus sammelwürdige Art der Erhaltung, wenn der Zweck der Reparatur nicht eine betrügerische Veränderung der MICHEL-Nummer ist (z. B. falsch eingesetzte Mittelstücke). Da die Werteinbuße nach dem Grad der Verschönerung bzw. Ausbesserung schwankt, sollten in Zweifelsfällen anerkannte Prüfer zu Rate gezogen werden.

Markentechnische und wichtige philatelistische Begriffe von A bis Z

Abarten

Abweichungen vom gewollten Erscheinungsbild der Marken in Form von Druckfehlern, Fehldrucken, Plattenfehlern, Zähnungsausfällen usw. treten zuweilen auf. Sie werden als Abarten bezeichnet. Genaue Beschreibungen und Abbildungen siehe MICHEL-Abartenführer. Anders als im MICHEL-Deutschland-Spezial werden Abarten im MICHEL-Deutschland nur in sehr beschränktem Ausmaß katalogisiert.

Aufdruckfehler

Gerade bei Aufdrucken kann es herstellungsbedingt eine Unzahl von Abarten geben: Aufdruck auf einem anderen als dem bestimmten Wert oder in falscher Farbe. Ausgefallene Aufdrucke (Paar mit und ohne Aufdruck). Setz- oder Plattenfehler in Aufdrucken. Kopfstehende und seitliche, mehrfache und rückseitige Aufdrucke und vieles mehr.

Ausgefallener Druckgang

Marken, bei deren Fertigung ein Druckgang ausgefallen ist, zeigen eine Farbe zu wenig, es fehlt also ein Teil der Zeichnung. Dies kann auch bei einfarbigen Marken auftreten, wenn sie in mindestens zwei Druckgängen gedruckt wurden.

Farbfehldruck

Wird eine Marke oder ein Teil davon in der falschen Farbe oder auf falschfarbigem Papier gedruckt, spricht man von Farbfehldruck.

Kopfstehende Bildteile

Dieser Fehler entsteht, wenn ein Markenbild aus mehreren Klischees zusammengesetzt ist und eines davon kopfstehend einmontiert wurde.

Wasserzeichenabart

Wenn der Druck einer Marke auf einem Wasserzeichenpapier erfolgte, das für diese Marke nicht vorgesehen war, so handelt es sich um eine Wasserzeichenabart. Als Abarten werden auch versehentlich falsche Stellungen des Wasserzeichens anerkannt.

Zähnungsabarten

Versagen die Zähnungsmaschinen ganz oder teilweise, so entstehen ganz oder teilweise ungezähnte Bogenreihen. Wegen Fälschungsgefahr sollten solche Stücke nur als Randstücke oder in Paaren gesammelt werden.

Aufdruck

Marken werden aus den unterschiedlichsten Gründen mit Aufdrucken versehen:

Änderung der Markengattung (z. B. Freimarke wird Dienst- oder Portomarke), Änderung der Wertstufe oder der Währungsbezeichnung, Änderung des Ausgabeanlasses oder Zuweisung eines neuen Verwendungsbezirkes.

Klammerzahlen vor den Preisspalten weisen bei Aufdruckmarken auf die MICHEL-Nummern der betreffenden Urmarken hin, Kleinbuchstaben auf die entsprechenden Abbildungen. Die danach eingesetzten Großbuchstaben sind die Farbabkürzungen der Aufdruckfarben. Sind keine angegeben, so ist die Aufdruckfarbe immer schwarz.

Bogenplatz einer Marke (Feld)

Im Normalfall besteht beim Bogendruck ein Druckbogen aus mehreren (meist vier) Schalterbogen. Im MICHEL-Deutschland wird in den Kopftexten der neu bearbeiteten Gebiete die **Schalter**bogengröße in Klammern nach dem Druckverfahren angegeben. Dabei bedeutet z. B. bei 10 × 5 die erste Zahl (10) die Anzahl der Marken nebeneinander (waagerecht), die zweite (5) die Anzahl der Marken untereinander (senkrecht).

Die Basis für die philatelistische Zählweise ist, **unabhängig von Bogenrandbeschriftungen,** das normalstehende Markenbild. Der Philatelist zählt in waagerechter Richtung von links nach rechts, abweichend von der postalischen Zählweise (von oben nach unten).

Druckverfahren

Grundsätzlich unterscheidet man: Hochdruck (Buchdruck, Flexodruck, Prägedruck), indirekter Hochdruck (Letterset), Flachdruck (Steindruck, Offsetdruck, Lichtdruck), Tiefdruck (Stichtiefdruck, Rastertiefdruck) und Siebdruck.

Relativ häufig findet man Kombinationen aus zwei verschiedenen Druckverfahren.

Buchdruck

Letterset

Hochdruck

Buchdruck (abgekürzt Bdr.)

Die Hochdruckform hat erhabene (das sind die druckenden) und tieferliegende (nichtdruckende) Teile. Die erhabenen Druckelemente werden gleichmäßig eingefärbt, anschließend mit verhältnismäßig großem Druck gegen das Papier gepresst. Daraus ergeben sich folgende Erkennungsmerkmale:

Quetschränder an Schrift und Linien
Farbflächen erscheinen unter der Lupe unruhig
rückseitig meist leichte Prägung sichtbar

Prägedruck (abgekürzt Prägedr. oder Pdr.)

Für das herzustellende Markenbild werden zwei übereinstimmende Druckformen angefertigt, bei der einen ist das Prägebild erhaben, bei der anderen vertieft. Beim Druckvorgang liegt das Papier zwischen den beiden Formen, die mit hohem Druck gegeneinander gepresst werden und dadurch die Prägung auf das Papier übertragen.

Der Prägedruck tritt fast immer in Kombination mit anderen Druckverfahren auf. Erkennungsmerkmal: vorderseitig positives, rückseitig negatives Relief.

Indirekter Hochdruck

Letterset (abgekürzt Ldr.)

Der indirekte Hochdruck wird auch Letterset oder Trockenoffset genannt. Der Unterschied zum konventionellen Hochdruck besteht darin, dass hier nicht direkt von der Druckform auf das Papier gedruckt wird. Die Hochdruck-Platte druckt auf einen mit einem Gummituch bespannten Zylinder. Von dort wird das Druckmotiv auf das Papier übertragen. Das Schriftbild der Druckplatte muss seitenrichtig sein. Dieser Übertragungsvorgang ist auch im Offsetverfahren üblich. Erkennungsmerkmale:
wie bei Offsetdruck.

Flachdruck

Beim Flachdruck befinden sich druckende und nichtdruckende Flächen nahezu auf einer Ebene. Die druckenden Stellen sind so präpariert, dass sie Wasser abstoßen und dadurch die fettige Druckfarbe annehmen, während die nichtdruckenden Stellen wasserfreundlich sind und Farbe abstoßen. Auf diesem Gegensatz zwischen Fett und Wasser beruht das Wesen des Flachdruckverfahrens. Je mehr es dabei möglich ist, diesen Gegensatz zu steigern, desto leichter und besser gestaltet sich der spätere Druckvorgang.

Lichtdruck (abgekürzt Lichtdr.)

Die Druckform besteht beim Lichtdruck (auch Phototypie) aus einer mit einer Gelatine-Chromschicht beschichteten Glasplatte, die mit einem (seitenrichtigen) Halbtonnegativ belichtet wird. Die Gelatine wird entsprechend den Tonwerten unterschiedlich stark gehärtet und anschließend gefeuchtet, es bildet sich ein Relief auf der Platte. Die unbelichteten Stellen stoßen die Druckfarbe ab, belichtete nehmen sie an.

Charakteristisch für den Lichtdruck ist das unter der Lupe erkennbare sogen. Runzelkorn, das den Raster ersetzt, in der Vergrößerung ergibt sich ein unscharfes Bild.

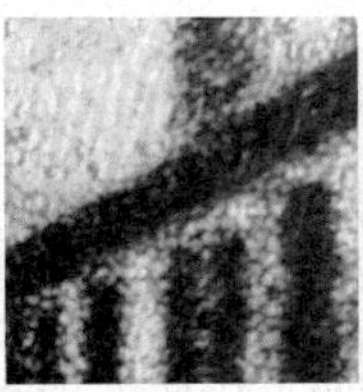

Lichtdruck

Steindruck

Offsetdruck

Steindruck (abgekürzt Stdr.)

Der Steindruck oder die Lithografie ist das älteste Flachdruckverfahren, das heute für den Druck von Briefmarken nicht mehr gebräuchlich ist. Als Druckträger dienten Kalkstein- oder Schieferplatten, auf die die Zeichnungen manuell oder fotolithografisch, in beiden Fällen seitenverkehrt, übertragen wurden. Der Druck erfolgte direkt vom Stein auf das Papier, es handelt sich also im Gegensatz zum Offsetdruck um ein direktes Druckverfahren.

Für den Steindruck ergeben sich folgende Erkennungsmerkmale:
unscharfe, in der Linienführung oft unterbrochene Bilder
matte, weiche Farben (dünner Farbauftrag)
Konturen undeutlich.

Offsetdruck (abgekürzt Odr.)

Als Druckträger werden biegsame Metallplatten verwendet, welche um die Druckzylinder gespannt werden. Der Druck erfolgt über Gummituchzylinder auf das Papier. Der Offsetdruck ist also ein indirektes Druckverfahren, die Zeichnung auf der Platte muss seitenrichtig sein.

Halbtöne müssen gerastert werden. Der Raster täuscht durch verschieden große Punkte verschiedene Tonwerte vor. Helle Bildstellen (helle Tonwerte) werden von kleinen Punkten gebildet, dunkle von großen.

Da das Offsetverfahren keine großen Anforderungen an die Papierqualität stellt und eine sehr schnelle Arbeitsweise gestattet, verdrängte es bei Massenauflagen, besonders auch im Mehrfarbendruck, den Buchdruck. Erkennungsmerkmale:

Farbflächen gleichmäßig eingefärbt

saubere, nicht ausgefranste, nicht gequetschte Ränder

rückseitig keine Prägung sichtbar

Tonwertabstufung durch Aufrasterung

Rasterpunkte unterschiedlich groß, aber mit gleicher Farbintensität

komb. StTdr. und RaTdr.

komb. StTdr. und Odr.

Tiefdruck

Beim Tiefdruck wird die Druckfarbe über Einfärbewalzen in die tiefliegenden Bildteile übertragen, wobei die auf der Oberfläche des Zylinders haftende Farbe durch eine Wischeinrichtung (Rakel) entfernt wird. Die Papierbahn übernimmt die Farbe aus den Vertiefungen des Druckzylinders.

Stichtiefdruck

Rastertiefdruck

Stichtiefdruck (abgekürzt StTdr.)

Beim Kupferstich – der ältesten Technik des Tiefdrucks – wird die Zeichnung mit Stichel in eine Kupferplatte eingraviert, beim Stahlstich in eine Stahlplatte.

Nach dem Härten der Platte wird das vertieft liegende Markenbild auf ein Stück Rundstahl (Molette) übertragen. Dabei wird das Markenbild reliefartig geprägt. Von der gehärteten Molette erfolgt die Übertragung auf den mit einer Kupferschicht (weich) überzogenen Druckzylinder, der durch Verchromung gehärtet wird. Das Bild erscheint auf dem Druckzylinder vertieft und seitenverkehrt.

Beim Druckvorgang wird die zähflüssige Farbe von dem angepressten feuchten saugfähigen Papier aufgenommen und trocknet leicht erhaben auf. Durch das Zusammenziehen des trocknenden Papieres ergeben sich häufig messbare Größenunterschiede des Markenbildes.

Die Schabetechnik – Mezzotinto genannt – bedient sich des Gravierstahles und bringt zusätzlich kleine Vertiefungen in die Platte; dies war die erste Technik mit Halbton-Wiedergabe.

Das Stichtiefdruckverfahren wird bevorzugt für Markenbilder, die eine besonders sorgfältige Ausarbeitung jeder Bildeinzelheit erfordern; wegen seiner Kostspieligkeit kommt es meist für die höheren Nennwerte in Frage, bietet allerdings auch den größtmöglichen Schutz gegen Fälschungen zum Schaden der Post. Die Erkennungsmerkmale sind:

Farbauftrag als Relief spürbar

Zeichnung besteht aus feinen Linien und Punkten

Farbflächen werden durch eng nebeneinanderliegende und/oder kreuzende Linien erzielt

klares, detailreiches Markenbild

Rastertiefdruck (abgekürzt RaTdr.)

Der Rastertiefdruck wird auch Ätztiefdruck oder Rakeltiefdruck genannt. Im Gegensatz zum StTdr. wird die Zeichnung auf fotografischem Wege auf eine Kupferplatte übertragen. Die älteste Form des Ätztiefdrucks ist die Heliogravüre oder Fotogravüre.

Vor dem Aufbringen der Negativ-Zeichnung mittels Pigmentpapier wird der Kupferplatte eine Asphalt- oder Harzstaubschicht als Kornraster aufgeschmolzen. Durch das Pigmentpapier hindurch wird die Platte in mehreren Schritten geätzt, dadurch bilden sich Vertiefungen.

Der heute gebräuchliche Rastertiefdruck ist eine Weiterentwicklung der Heliogravüre. Hier wird in zwei Arbeitsgängen der Raster und die Zeichnung durch Belichtung auf das Pigmentpapier übertragen. Dieses wird auf dem Druckzylinder entwickelt. Beim nachfolgenden Ätzen entstehen die Vertiefungen.

Der eigentliche Druckvorgang ist bei Heliogravüre und Rastertiefdruck identisch: die Vertiefungen werden mit dünnflüssiger Farbe aufgefüllt, überflüssige Farbe wird mittels Rakel abgestreift. Die Farbe wird von dem angepressten Papier aufgenommen und trocknet im Gegensatz zum StTdr. eben auf.

Da das Papier nicht so feucht ist wie beim StTdr., sind Größenunterschiede des Markenbildes kaum feststellbar.

Erkennungsmerkmale des Rastertiefdrucks:
Sägezahneffekt bei Linien, Schriften und Bildrändern
Rasterpunkte in etwa gleich groß mit häufiger Farbabschwächung zur Rasterpunktmitte
Markenbild wirkt in der Vergrößerung unscharf
hohe Farbintensität möglich, großer Tonwertumfang
perliger Ausdruck an vielen Stellen (Farben-Fließstruktur)

Entwertung

Die Entwertung erfolgt durch Stempel, Feder- oder Farbstiftzug, seltener durch Aufdruck, Lochung, Scherenschnitt, Dienstsiegel oder ähnliche Maßnahmen. Postalisch gebraucht bedeutet mit Poststempel entwertet (im Gegensatz zur fiskalischen, steuerlichen Verwendung).

Seltene Entwertungen. Seltene, in Form und Farbe abweichende oder aus sonstigen Gründen wenig vorkommende Entwertungen bedingen je nach Seltenheit, besonders bei älteren Ausgaben, oft sehr hohe Preiszuschläge.

Entwertungen zu philatelistischen Zwecken erfolgen von Postbehörden mit unveränderten oder teilweise auch eigenen Stempeln speziell für Sammler. Zum Teil wurden auch während oder nach der Kurszeit aufgedruckte, spezielle Stempel verwendet. Beide Arten sind im MICHEL mit ⊘ bezeichnet.
Versandstellen-Abstempelungen der Deutschen (Bundes-)Post sind nicht gesondert bewertet.

Falschstempel sind solche Abstempelungen, welche mit betrügerischer Absicht mittels von unbefugter Seite hergestellter, also falscher Stempel vorgenommen wurden, um dadurch den Wert der ungebraucht billigeren Marken zu erhöhen. Auf das Vorkommen von Falschstempeln ist im MICHEL mit dem Zeichen ⓕ hingewiesen.

Unter **verfälschten Stempeln** versteht man Abstempelungen, die nach der Kurszeit von privater bzw. unbefugter Seite mit echten, aber rückdatierten, veränderten Stempeln vorgenommen wurden.

Die Formulierung „ohne Obligo“ bedeutet, dass der Stempel nicht prüfbar oder verfälscht oder falsch ist.

Ersttagsblatt (ETB)

Von der Post ausgegebenes und vertriebenes Blatt mit neu ausgegebener Marke mit Ersttagsstempel sowie Motivbeschreibungen und technischen Angaben. Private ETB werden nicht katalogisiert.

Ersttagsbrief (FDC) (First Day Cover)

Umschläge oder Karten, die am ersten Gültigkeitstag der aufgeklebten Marke(n) abgestempelt werden. Einige Postverwaltungen geben besondere (Schmuck-)Umschläge, oft mit ausgabeanlassbezogenen Sonderstempeln, heraus. Im MICHEL wird zwischen amtlichen oder privaten (Schmuck-)Belegen nur in Ausnahmefällen unterschieden.

Fälschungen

Es gibt verschiedene Arten von Fälschungen:

1. Fälschungen zum Schaden der Sammler und Händler [FALSCH]

Es kann sich um Ganz- oder Teilfälschungen handeln, z.B. falscher Durchstich, falsche, verfälschte oder entfernte Zähnung, falsche Abstempelung, falscher Aufdruck, chemische Veränderung von Papier und Druckfarbe, im Wege der Reparatur verkehrt eingesetzte Mittelstücke etc. Ferner chemisch oder mechanisch entfernte Aufdrucke, Stempel und dgl.

2. Fälschungen zum Schaden der Post [PFä]

Hierunter fallen nur solche Fälschungen, die während der Kurszeit der Marken zum Schaden der Post hergestellt wurden.

3. Fälschungen als Kriegsmaßnahmen [PFä] sind Fälschungen, die von kriegführenden Staaten zur Schädigung des Gegners hergestellt wurden. Man unterscheidet Kriegs-Postfälschungen, die den Originalen täuschend nachgebildet sind und Propagandafälschungen, deren ursprüngliches Bild originalähnlich umgezeichnet wurde.

Faksimile

Von privater Seite hergestellte Nachahmung seltener Marken, die in Farbe, Papier und/oder Druckverfahren vom Original abweicht.

Fluoreszenz, Phosphoreszenz

Zur Erleichterung der Postautomation werden den Markenpapieren chemische Verbindungen beigemischt, seltener nachträglich aufgedruckt. Fluoreszierende Stoffe leuchten unter der UV-Prüflampe gelblich bis grünlich auf, phosphoreszierende leuchten nach dem Ausschalten der Lampe kurz nach. Unterschiede der Fluoreszenz- oder Phosphoreszenzstoffe werden in den MICHEL-Nachschlagewerken nur in eng umgrenzten Ausnahmefällen gemacht.

Ganzsache

Ganzsachen sind mit vorauszubezahlenden Wertzeichen oder Wertstempeln bedruckte, für einen postalischen Verwendungszweck bestimmte Umschläge, Kartenbriefe, Postkarten o.ä. Alle Ganzsachen sind Postwertzeichen wie Briefmarken. Sofern es offizielle Ganzsachen mit (eingedrucktem) bildgleichem Wertstempel gibt, ist nach der Farbangabe der entsprechenden Marke das Zeichen [GA] eingefügt.

Gummierung

In aller Regel wurden und werden die Papierbogen und -Bahnen für den Briefmarkendruck aus technischen Gründen vor dem Druck maschinell mit einer Gummierung versehen, früher manchmal auch per Hand mit Pinsel. Bei einigen klassischen geschnittenen Marken wurde die Gummierung erst nach dem Druck aufgetragen, vereinzelt wurden Marken auch ungummiert ausgegeben.

Hauptbestandteile waren früher tierische Leime, dann pflanzliche Stoffe (z. B. Dextrin und Gummi arabicum), seit geraumer Zeit werden hauptsächlich Kunststoffe (z. B. PVA) verwendet. Struktur und Erscheinungsbild können sehr unterschiedlich sein: glatt, brüchig, körnig, gestreift, borkig, matt oder glänzend, weiß, gelblich, bräunlich, rötlich, bläulich oder fast unsichtbar (sogen. Trockengummi). Beim auch vorkommenden sogenannten Spargummi (z. B. bei Sowjetische Zone-Thüringen) wurden, um Rohstoff zu sparen, kreisförmige Stellen nicht gummiert.

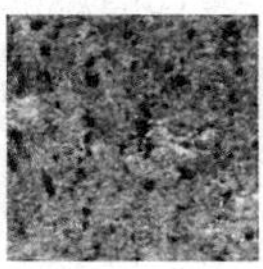

körniger Gummi

senkr. geriffelt

waager. geriffelt

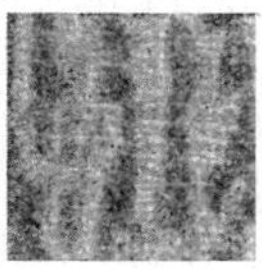

Borkengummi

Spargummi

Es gibt auch Marken mit schwefelsäurehaltiger Gummierung, die die Marken rasch zu beschädigen droht. Es empfiehlt sich, bei solchen Marken die Gummierung sofort zu entfernen. Auch bei älteren Marken kann die Beschaffenheit der Gummierung (gefährliche chemische Zusammensetzung oder Bruchgefahr) zur Ablösung zwingen.

Unter **Gummiriffelung** wird das Brechen des Gummis nach dem Trocknen durch Walzen verstanden. Das Brechen erfolgt in verschiedene Richtungen (waagerechte oder senkrechte Riffelung) und soll dem Rollen des Papiers entgegenwirken.

Auf die Bedeutung, die der Originalgummi heute bei der Bewertung spielt, wird an anderer Stelle („Ungebraucht“) noch eingegangen.

Kehrdruck (tête-bêche)

Unter Kehrdrucken versteht der Philatelist waagerechte oder senkrechte Paare, die vom Markenbild aus gesehen kopfstehend unmittelbar oder durch Zwischenstege getrennt zusammenhängen. In den MICHEL-Nachschlagewerken wird dafür das Zeichen ⊔⊓ oder der Buchstabe K angewandt. Die meisten Kehrdrucke stammen aus Markenheftchenbogen.

Literatur

Die Möglichkeit, die geradezu unerschöpflichen, sich ständig ergänzenden Informationsquellen des philatelistischen Schrifttums Sammlern und Händlern zugänglich zu machen, beschränkt sich heute nur noch auf wenige zentrale Fachbüchereien. Die Münchner Stadtbibliothek, Philatelistische Bibliothek, Rosenheimer Straße 5, 81667 München, und die Philatelistische Bibliothek Hamburg e.V., Basedow-Straße 12, 20537 Hamburg stellen ihre umfangreichen Buch- und Zeitschriftenbestände in ihren Lesesälen, aber auch im Fernverleih, zur Verfügung. Aus der Münchner Stadtbibliothek können BdPh-Vereinsmitglieder direkt ausleihen. Alle übrigen Personen erhalten im Rahmen des nationalen und internationalen Leihverkehrs durch Vermittlung einer öffentlichen Bibliothek Fachbücher oder Fotokopien.

Lochungen

Amtliche Lochungen verändern meist den Charakter der Marke oder beschränken ihren Verwendungsbereich. Durch E-Lochung wurden z. B. Marken von Bayern 1911 in Dienstmarken umgewandelt.

Nur diese den Charakter der Marken verändernden Lochungen werden im MICHEL-Deutschland katalogisiert.

Aus innerdienstlichen Gründen wurden bis 1965 von einigen Polizeibehörden Freimarken „Pol“-gelocht (Katalogisierungen im MICHEL-Deutschland-Spezial).

Nichtamtliche Einlochungen von Buchstaben oder Firmenzeichen wurden zum Schutz vor Diebstählen und unberechtigter Verwendung durch Dritte meist von privaten Stellen, die einen größeren Markenbestand vorrätig halten, angewandt. Amtliche Stellen kennzeichnen vereinzelt die Marken auf aufbewahrten Postformularen ebenfalls durch eine Einlochung als Schutz gegen Diebstähle.

Makulatur

Unter Makulatur versteht man die durch unsauberen Druck, durch Material- oder Zähnungsfehler oder aus anderen Gründen unbrauchbar gewordenen, vor der Ausgabe an den Postschaltern ausgeschiedenen Druckbogen, die zur Vernichtung bestimmt sind. Solche Stücke kommen vereinzelt illegal in den Handel, sind aber philatelistisch wertlos.

Markenanordnung im Bogen

In der Regel werden die Klischees in gleicher Lage und in regelmäßigen Zwischenräumen zusammengestellt. Die Abstände lassen im allgemeinen auch genügend Raum für die Anbringung einer Trennungsart (Durchstich oder Zähnung), doch gibt es auch oft eine zu enge Bogenzusammenstellung; in solchen Fällen reicht der Durchstich oder die Zähnung in das Markenbild hinein, und man spricht von schlechter Zentrierung. Bei geschnittenen, im Bogen zu eng zusammenstehenden Marken stellen im Schnitt leicht berührte Ränder die einwandfreie Durchschnittsqualität dar.

Markenfarben

Die verschiedenen Tönungen sind eine technisch bedingte Begleiterscheinung des Markendrucks. Besonders häufig sind sie zu beobachten, wenn der Druck in mehreren Auflagen erfolgt. Solche Farbunterschiede werden nur dann berücksichtigt, wenn sie verschiedenen Auflagen zugeordnet werden können.

Farbbenennungen. Die Farbbenennungen richten sich im wesentlichen nach der Ostwaldschen Farbenlehre. Phantasienamen, wie z.B. rahmfarben, sämisch und scharlach oder Zusammensetzungen mit anderen Wörtern wie ziegelrot, kornblumenblau, lichtblau, wasserblau, maigrün, seegrün usw., dienten in früherer Zeit der Erweiterung der Farbnamen-Palette. Um falsche Assoziationen zu vermeiden, wird seit geraumer Zeit auf derartige unpräzise Angaben verzichtet.

Unverzichtbar als Anhaltspunkt zum Bestimmen der Markenfarben ist der **MICHEL-Farbenführer,** nach dem seit Anfang der 80er-Jahre alle Farbbenennungen von Neuaufnahmen durchgeführt werden. Die Farben älterer Ausgaben werden in den nächsten Jahren Schritt für Schritt ausschließlich nach der ab 1991 erweiterten Ausgabe des MICHEL-Farbenführers benannt.

Ausdrücklich sei darauf hingewiesen, dass der MICHEL-Farbenführer gerade bei teuren Farbvarianten eine Prüfung durch anerkannte Verbandsprüfer nicht ersetzen kann!

Zu beachten ist, dass für den Druck von Briefmarken viel mehr Farben bzw. Farbtönungen verwendet werden als abgebildet und durch Namen oder Bezeichnungen sinnvoll ausgedrückt werden können. Zu wählen ist also die Farbbezeichnung im Farbenführer, die der Markenfarbe am nächsten kommt.

Bei mehrfarbigen Marken beginnt die Farbenbezeichnung in der Regel bei der Umrahmung und setzt sich danach bis zur Markenmitte fort; weist eine Marke mehr als zwei Farben auf, wird sie als „mehrfarbig“ geführt.

Maximumkarte

Voraussetzung für eine Maximumkarte ist, dass das Markenmotiv und das Bild der Karte weitgehend übereinstimmen. Die Marke wird auf die Bildseite der Karte geklebt und mit anlassentsprechendem Sonderstempel oder zeitgerechtem Ortsdatumstempel entwertet. Im MICHEL-Deutschland und MICHEL-Deutschland-Spezial werden nur amtliche bzw. von der Deutschen Post AG herausgegebene Maximumkarten katalogisiert.

Nachdrucke

sind in staatlichem Auftrag hergestellte Drucke, zu deren Herstellung ein mehr oder weniger abgeänderter bzw. erneuerter Originaldruckstock verwendet wurde, und zwar nachdem die Frankaturgültigkeit gleichwertiger Postwertzeichen beendet war. Nachdrucke, die nicht in staatlichem Auftrag hergestellt wurden, werden Fälschungen gleichgestellt, sofern sie nicht als Faksimile gekennzeichnet sind.

Neuauflage

Neue Ausgaben eines Postwertzeichens für den postalischen Bedarf, die sich von den ursprünglichen Erstauflagen durch irgendwelche Merkmale unterscheiden, nennt man Neuauflagen. Sie werden entsprechend dieser Unterschiede als Unterarten katalogisiert und nummeriert.

Neudruck

Begriff für alle „neuen Drucke" eines Postwertzeichens, welche von einer staatlichen Postverwaltung mit unveränderten (Original-)Druckstöcken oder Druckplatten hergestellt wurden, nachdem die Frankaturgültigkeit solcher Marken beendet war. Neudrucke sind mit dem Zeichen **ND** gekennzeichnet. Da sie vielfach von den Originalen nur schwer zu unterscheiden sind, wird von der leicht irreführenden Angabe der Unterscheidungsmerkmale meist abgesehen. Neudrucke werden häufig zu Studienzwecken gesammelt, den Spezialisten sind sie unentbehrlich. Wenn es sich um Neudrucke handelt, die nicht von (beziehungsweise im Auftrag) der betreffenden staatlichen Postverwaltung hergestellt wurden, so muss die Bezeichnung „privater Neudruck" lauten. Private Neudrucke ohne entsprechende Kennzeichnung werden Fälschungen gleichgestellt.

Die Bezeichnung „Neudruck" ist für Fälschungen, Phantasiedrucke, Nachdrucke oder dergleichen nicht zu verwenden.

Postwertzeichenpapier

In der Regel werden für den Markendruck Papiersorten gewählt, die den besonderen drucktechnischen Anforderungen qualitativ entsprechen und oft noch mit besonderen Sicherungen gegen Fälschungen (Seidenfaden, Wasserzeichen) versehen werden. In Zeiten wirtschaftlicher Not kommen natürlich auch Papiere minderer Qualität zur Verwendung.

Häufig verwendete Papiersorten sind Glanz- und Kunstdruckpapiere, maschinenglatte, satinierte (geglättete), gestrichene (Kreide-)Papiere mit und ohne Fasern. Weitere Unterscheidungsmerkmale sind dünnes, dickes, kartonartiges, durchscheinendes, raues, gestreiftes oder geripptes Papier.

Bei farbigem Papier enthält die Papiermasse selbst den Farbstoff, bei gefärbtem Papier ist er nur auf der Oberfläche aufgetragen.

Heute wird für Postwertzeichen auch ein Papier benutzt, welchem bei der Herstellung ein Fluoreszenz- oder Phosphoreszenzkörper beigemischt oder aufgetragen ist, der bei Bestrahlung mit ultraviolettem Licht hell aufleuchtet (Fluoreszenz) oder kurz nachleuchtet (Phosphoreszenz). Eine UV-Lampe ist hier eine unentbehrliche Hilfe. Mit ihr sind auch der Papiermasse beigegebene optische Aufheller zu erkennen, die unter der Lampe bläulich-weiß aufleuchten; diese werden jedoch nicht gesondert katalogisiert.

Der Hinweis auf Papiersorten in der Katalogisierung erfolgt meist nur dann, wenn eine Ausgabe in verschiedenen Sorten existiert.

Probedruck

Der Probedruck ist der letzte Versuchsdruck vor Annahme der Zeichnung und Ausführung zur Überprüfung von Druckform, Druckfarbe und Druckverfahren.

Prüfungen und Prüfordnung

Der beste Schutz gegen den Erwerb falscher oder minderwertiger Marken ist der Einkauf im gutberufenen Fachgeschäft. In Zweifelsfällen ist die Hinzuziehung eines Experten angebracht.

Prüfordnung: Die von den Spitzenverbänden der Sammler und Händler anerkannten Experten für Marken, Abstempelungen und Erhaltung prüfen nach einheitlichen Richtlinien, die jeder Philatelist kennen sollte. Prüfordnung und Prüferverzeichnis finden Sie entweder im Kataloganhang oder im Internet unter http://www.bpp.de.

Ergänzend wird darauf hingewiesen, dass die MICHEL-Redaktion keine Markenprüfungen vornimmt.

Retusche

Nachgravierungen oder Ausbesserungen einer ganzen Druckplatte oder einzelner Klischees werden oft vorgenommen, wenn der Stecher durch Überarbeitung eine bessere Bildwirkung erzielen oder ursprüngliche Gravurfehler sowie Abnutzungserscheinungen und Druckschäden beseitigen will. Retuschen werden auch auf Druckvorlagen, z. B. Filmen, vorgenommen.

Schriftarten

Der Umfang der Schriftarten und -formen auf Briefmarken ist derart groß, dass an dieser Stelle nur auf die wichtigsten Hauptgruppen eingegangen wird. Am meisten verwendet wird die aus der römischen Kapitalschrift hervorgegangene Antiqua mit ihren verschiedenen Unterarten, z. B. Mediaeval (Linearantiqua), Egyptienne (serifenbetonte Antiqua) und Grotesk oder Blockschrift (ohne Serifen, also ohne Abschlussstriche an Kopf und/oder Fuß der Buchstaben = Schrift dieser Einführung). Eine Nebenform ist die Kursivschrift (Schrägschrift), die als Druckschrift die altrömische, handgeschriebene Kursiv nachbildet. Weitere häufig vorkommende Schriftarten sind Schreibschriften (z. B. Englische Schreibschrift) und besonders bei älteren Marken Frakturschriften wie z. B. Gotisch und Schwabacher. Außerdem findet man vereinzelt auch nichtlateinische Schriften wie z. B. Kyrillisch. Alle diese Schriften kommen natürlich in den verschiedensten Größen (Graden) und Erscheinungsformen (mager bis fett, schmal bis breit usw.) vor.

Specimen

Der Aufdruck oder Stempel SPECIMEN, MUSTER auf Originalmarken besagt, dass diese Stücke als amtliche Orientierungsmuster, meist bei Neuausgabe der betreffenden Serie, gedient haben; der Aufdruck soll die Verwendung dieser Marken zu Frankaturzwecken verhindern. Nicht immer sind Specimen-Marken billiger als die gleichen Marken ohne Aufdruck, weil Spezialsammler ihnen besondere Beachtung schenken und die Auflagen meist gering sind.

Trennungsarten

Die vier bei Postwertzeichen vorkommenden Trennungsarten sind mit geschnitten, durchstochen, gezähnt und gestanzt bezeichnet. Die verwendeten Abkürzungen sind für geschnitten □, für durchstochen ⬚, für gezähnt gez. und für gestanzt gest.

Geschnitten

Anfangs wurden die Markenbogen häufig ohne Trennungshilfen hergestellt, so dass die Marken mit der Schere herausgeschnitten werden mussten, später geschah dies meist nur noch in Notzeiten oder für Sammlerzwecke.

In der Philatelie werden als geschnitten nur solche Marken bezeichnet, die amtlich und regulär ohne Durchstich bzw. ohne Zähnung ausgegeben wurden.

Versehentlich nicht gezähnte Marken werden als ungezähnt (U) bezeichnet und im MICHEL-Deutschland-Spezial als Abarten katalogisiert.

Durchstochen

Schon bald bemühte man sich, Hilfen für das Heraustrennen der Marken aus den Bogen zu finden: mittels feiner Messer wurde das Papier zwischen den Markenreihen teilweise eingeschnitten, so dass Papierbrücken zwischen den einzelnen Schnitten stehenblieben. Die häufigsten Durchsticharten sind Linien-, Punkt-, Zickzack-, Sägezahn- und Bogendurchstiche, vereinzelt farbig unterlegt.

Zickzack-Durchstich

Sägezahnartiger Durchstich

Linien-Durchstich

Versehentlich nicht durchstochene Marken werden als undurchstochen (U) bezeichnet und im MICHEL-Deutschland-Spezial als Abarten katalogisiert.

Bedingt durch die Herstellungsart bringt der Reißvorgang mit sich, dass an die Randbeschaffenheit bei durchstochenen Marken nicht die gleichen Ansprüche wie an gezähnte gestellt werden können. Die Trennung wird oft unsauber und ungenau sein.

In Notzeiten, vor allem nach dem Zweiten Weltkrieg, wurden in größerer Zahl private Durchstiche hergestellt, die im Gegensatz zu den auf Veranlassung unterer Dienststellen entstandenen Postmeistertrennungen nicht katalogisiert werden.

Gezähnt

Die heute gebräuchlichste Trennungsart ist die Zähnung. Die Philatelie bezeichnet je nach Herstellungsmethode die Zähnung als Linien-, Kamm- oder Kastenzähnung und Schleifperforation.

Bei der Linienzähnung erfolgt erst die Zähnung der einen, dann die der anderen Richtung, wodurch die Eckzähne der einzelnen Marken meistens unregelmäßig ausfallen. Verschiedene Markengrößen bei Linienzähnungsmarken entstehen dadurch, dass die Lochleisten nicht immer im gleichen Abstand eingestellt sind.

Linienzähnung

Bei Kammzähnung werden Breiten- und Höhenzähnung einer Bogenreihe, bei Kastenzähnung die des ganzen Bogens in einem Arbeitsgang der Zähnungsmaschine ausgeführt; hier sind die jeweils während eines Kammschlages erzeugten Eckzähne der einzelnen Marken gleichmäßig.

Bei der einfachen Kammzähnung werden alle Marken einer waagerechten Reihe auf drei Seiten (oben oder unten und links und rechts) gezähnt. Bei der Kreuzkammzähnung ist der Kamm H-förmig, so dass in einem Arbeitsgang eine waagerechte Reihe und je zur Hälfte der Markenhöhe die linken und rechten senkrechten Reihen gezähnt werden.

Kammzähnung

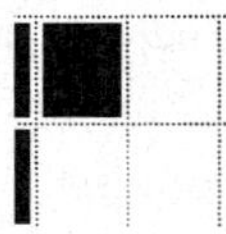
Doppelkamm-zähnung

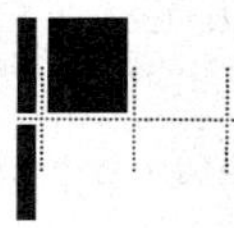
Kreuzkamm-zähnung

Bei Doppelkamm- und Doppelkreuzkammzähnung werden je 2 waagerechte Reihen gleichzeitig gezähnt.

Doppelkreuzkammzähnung

Kastenzähnung

Eine moderne Zähnungsvariante ist die **Integrierte Schleifperforation.** Im Gegensatz zur Linien- oder Kammzähnung erfolgen der Markendruck und die Perforation in einem Druckgang (nur bei der Rollen-Offset-Druckmaschine). Dabei wird die gedruckte Papierbahn über eine mit Nadeln versehene Walze (ähnlich einer Spieluhr) geführt. Die Nadeln drücken das Papier nach außen, eine gegenläufige Fräswalze fräst das herausgedrückte Papier ab.

Typische Kennzeichen dieser Trennungsart sind am besten an der Markenrückseite zu sehen. Hauptsächlich um die Zahnlöcher (manchmal auch in der Marke) sind Schleifstaubpartikel in die Gummierung eingeschlossen, die Zahnlöcher sind nicht immer ganz rund.

Zähnungszahl. Die Zähnungslöcher werden international auf 2 cm berechnet, z. B. gez.12 heißt: auf 2 cm gehen 12 Zähnungslöcher. Bei Zähnungsverschiedenheiten einer Marke (gemischte Zähnung) ist die erste Zahl die (waagerechte) **Breiten-,** die zweite aber die (senkrechte) **Höhenzähnung.** So kommen z. B. bei gez. 14½ :15 in der Breite auf 2 cm 14½ , in der Höhe 15 Zähnungslöcher.

Bei Mischzähnungen (unterschiedliche Zähnungen auf mindestens drei Seiten) wird die Zähnung – von der Markenvorderseite aus betrachtet – zuerst oben, dann rechts, dann unten und zuletzt links gemessen.

Ein genaues Bestimmen der Zähnung ist mit Hilfe eines zuverlässigen Zähnungsschlüssels möglich, der zu den notwendigsten Bedarfsartikeln eines Sammlers gehört. Die Zähnungsspitzen müssen mit den senkrechten Einteilungsstrichen von links bis rechts übereinstimmen. **Die auch vom Bund der Philatelistischen Prüfer (BPP) empfohlene Computer-Software MICHELperfoscope ermöglicht eine exakte Zähnungsmessung auch von Bogenteilen, Blocks oder Marken auf Brief. Zu beachten ist, dass auch die beste Zähnungsmessung gerade bei teuren Zähnungsvarianten eine Prüfung durch (BBP-)Prüfer nicht ersetzen kann.**

Zähnungsgüte. Wenn die Zähnung gleichmäßige Abstände vom Markenbild hat, bezeichnet man die Marke als gut zentriert; schlechte Zentrierung entsteht bei ungenauer Bogeneinlegung oder bei nicht ausreichendem Zähnungszwischenraum im Bogen.

Von unvollkommener Zähnung spricht man, wenn die Beschaffenheit des Papiers (zu weich, wollig, dick) eine reine Zähnung unmöglich machte.

Ist die Dezentrierung sehr stark oder verläuft die Zähnung an anderer Stelle oder in andere Richtung als vorgesehen, so spricht man von Verzähnung.

Ganz oder teilweise ungezähnte Marken siehe unter Abarten.

Gestanzt

Üblicherweise werden selbstklebende Marken schon bei der Herstellung vereinzelt und können nur mittels der gemeinsamen Trägerfolie größere Einheiten bilden.

Ungebraucht

Bezeichnung für alle nicht entwerteten Marken. Man unterscheidet:

Postfrisch = ✶✶: Alle gummiert verausgabten Postwertzeichen, die in dem Zustand sind, in dem sie am Postschalter erhältlich waren.

Bei einigen – insbesondere älteren – Markenausgaben musste die Gummierung entfernt werden, da sie auf Grund ihrer Zusammensetzung die Marken zerstörte. **Vorsicht vor Teil- bzw. Ganzfälschungen der Gummierung (Nachgummierungen)!**

Ungebraucht mit Falz = ✶: Ungestempelte Postwertzeichen, die mit Falz(resten) behaftet sind. Diese sind in jedem Falle „postfrisch gemachten" Marken vorzuziehen. **Vorsicht: Formulierungen wie „ungebraucht ohne Falz mit Gummierung" sind oft Umschreibungen für nachgummierte Marken!**

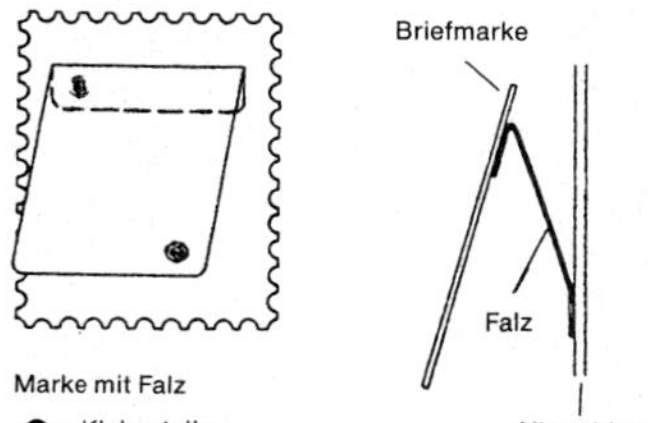

Marke mit Falz
● = Klebestellen

Ungebraucht ohne Gummi = (✶): Damit sind alle Marken bezeichnet, die entweder so verausgabt wurden oder deren Originalgummierung aus bestimmten Gründen entfernt wurde.

Wasserzeichen

Sie werden bei der Herstellung der Postwertzeichen in die noch nicht trockene Papiermasse mit Formen eingepresst. Man unterscheidet einfaches und mehrfaches Wasserzeichen, stehendes, liegendes (gegebenenfalls linksliegendes und rechtsliegendes), steigendes und fallendes, kopfstehendes und seitenvertauschtes Wasserzeichen. Das Wasserzeichenbild befindet sich entweder auf jeder Marke, auf mehreren Marken, als Bogenwasserzeichen über den ganzen Markenbogen verteilt oder zusätzlich am Bogenrand.

Die Wasserzeichen (abgekürzt Wz.) sind von der Rückseite der Marke aus gesehen wiedergegeben. Fehlen Wz.-Angaben, sind die Marken auf Papier ohne Wasserzeichen gedruckt.

Das Wasserzeichen ist meist zu erkennen, wenn man die Marke rückseitig gegen das Licht hält. Versagt diese Methode, gibt es zwei Möglichkeiten: Einmal in der herkömmlichen Art mit Benzin und zum anderen mit dem in jedem Fachgeschäft erhältlichen Wasserzeichensucher. Hier wird die zu untersuchende Marke mit der Bildseite auf die schwarze Platte gelegt und einige Tropfen **chemisch reines (sehr wichtig!)** Benzin werden auf die Marke geträufelt. Bei Marken auf gestrichenem Papier kann es u. U. erforderlich sein, die Marken mehrere Minuten im Benzinbad zu belassen, bis das Wasserzeichen erkennbar wird. Benzinempfindliche Marken dürfen jedoch so nicht untersucht werden. Der Gummierung schadet im allgemeinen ein Benzinbad nicht. Eine andere, sehr gute Möglichkeit bieten Geräte, die auf optisch-elektrischer Basis unter Druck und ohne jegliche chemische Hilfsmittel arbeiten. Bei Marken auf Briefen lässt sich das Wasserzeichen manchmal bei schräg auf die

Marke auffallendem Licht und seitlicher Betrachtungsweise erkennen.

Zufälligkeiten

Mit katalogrelevanten Abarten sollten folgende Zufälligkeiten nicht verwechselt werden:

Abklatsch (seitenverkehrtes Bild auf der Rückseite)
Abspringende Farbe (bei StTdr.)
Aufdruckverstümmelungen
Bogenumschlag (teilweise fehlendes Markenbild)
Butzenauflage und andere Druckmängel
Doppelbilddruck
Farbbläschen, Farbstreifen und Verklecksungen
Papierfalten, Quetschfalten
Passerverschiebungen
Schmitzdrucke
verschnittene und verzähnte Marken

Hinweise für den Nutzer

Prüfungen und Begutachtungen von Briefmarken oder Feststellungen, ob es sich eventuell um Abarten handelt, sowie Recherche von MICHEL-Nummern auf Sammlerwunsch etc. sind der Redaktion aus Zuständigkeits- bzw. Zeitgründen nicht möglich. Für unverlangt eingesandte Briefsendungen und Markenvorlagen wird keinerlei Haftung übernommen. Vor Einsendung geprüfter Marken halten Sie bitte kurz telefonische Rücksprache mit der Redaktion.

Alle Zuschriften, auch E-Mails, Fax etc., werden aufmerksam gelesen, aber nicht immer beantwortet. Anfragen, die ausschließlich im eigenen Interesse gestellt werden, beantworten wir in aller Regel nur dann, wenn Rückporto (Ausland Antwortschein) beiliegt.

Vor Einsendung von geprüften Markenvorlagen bitten wir Sie, sich zu überlegen, ob Ihre beabsichtigte Meldung für den MICHEL-Deutschland bzw. Deutschland-Spezial auch wirklich geeignet ist. Wir empfehlen Ihnen hierzu, die unter dem Titel „MICHEL-Abartenführer" beim Fachhandel vorliegende „Anleitung zur Bestimmung von Abarten, Abweichungen und Fehlern auf Briefmarken" zu Rate zu ziehen. Aus dieser kleinen Broschüre können Sie alle wichtigen Informationen zum Thema Abarten entnehmen.

Sollten Sie Irrtümer, Satz- oder Druckfehler entdecken, bitten wir Sie, uns diese mitzuteilen. Sie tragen so dazu bei, dass wir diese Fehler für die nächste Auflage korrigieren können. Für Ihre Mithilfe bedanken wir uns bereits an dieser Stelle.

Sie erleichtern uns die Arbeit, wenn Sie Hinweise auf Fehler, Vorschläge und Anfragen getrennt von der übrigen Korrespondenz auf einseitig beschriebenen Blättern einsenden.

Vergessen Sie bitte in Ihrem eigenen Interesse nie, auf Ihrem Schreiben deutlich Ihren Namen und Ihre genaue Anschrift mit Postleitzahl, nach Möglichkeit auch Ihre telefonische Erreichbarkeit anzugeben.

Abkürzungen und Zeichenerklärungen

Abkürzungen der Druckverfahren:

Bdr.	= Buchdruck
Ldr.	= indirekter Hochdruck (Letterset)
Odr.	= Offsetdruck
Pdr.	= Prägedruck
RaTdr.	= Rastertiefdruck
Stdr.	= Steindruck
StTdr.	= Stichtiefdruck (Stahl- oder Kupferstich)

Abkürzungen der Farbenbezeichnungen:

bl.	= blau
bräunl'	= bräunlich-
dkl'	= dunkel-
gelbl'	= gelblich-
grünl'	= grünlich-
lebh'	= lebhaft-
or.	= orange
rötl'	= rötlich-
schw.	= schwarz
schwärzl'	= schwärzlich-
ultram.	= ultramarin
vio.	= violett
mfg.	= mehrfarbig

Andere Abkürzungen und Abkürzungszeichen:

Platten, Typen und Trennungsarten:

Pl	= Platte
T	= Type
gez.	= gezähnt
K	= Kamm- oder Kastenzähnung
Ks	= Kastenzähnung
S	= integrierte Schleifperforation
L	= Linienzähnung
~	= Zähnung richtungsvertauscht
⬚	= durchstochen
□	= geschnitten
U	= ungezähnt
Ul	= links ungezähnt
Ur	= rechts ungezähnt
Uo	= oben ungezähnt
Uu	= unten ungezähnt
Us	= senkrecht ungezähnt
Uw	= waagerecht ungezähnt
Udr	= dreiseitig ungezähnt
Uzw	= zweiseitig ungezähnt,
UMs	= waagerechtes Paar, Mitte (senkrecht) ungezähnt
UMw	= senkrechtes Paar, Mitte (waagerecht) ungezähnt

Wasserzeichen:

oWz	= ohne Wasserzeichen (Bezeichnung nur in Sonderfällen)
Wz	= Wasserzeichen

Gummierung:

(✶)	= ungebraucht ohne Gummierung oder mit Teilgummi
✶	= ungebraucht mit Originalgummierung (Falz)
✶✶	= ungebraucht mit Originalgummierung (postfrisch)
o. G.	= ohne Gummierung

Entwertungen:

⊙	= mit Poststempel entwertet
〰	= Federzugentwertung
⊗	= fiskalische Entwertung
◍	= Abstempelung zu philatelistischen Zwecken
○	= Lochentwertung
≡	= andere besondere Entwertung (z. B. DDR)
Ⓢ	= ausgabebezogene Sonderstempel
Ⓣ	= Tagesstempel

Fälschungen:

[FALSCH]	= Fälschungen (Teilfälschungen) vorkommend (zum Schaden der Sammler)
ⓕ	= Falschstempel vorkommend, Stempelprüfung erforderlich
[Pa]	= Fälschungen zum Schaden der Post

Briefe und Briefstücke:

✉	= Marke auf portogerecht frankiertem und befördertem Brief, Postkarte, Paketkarte oder Drucksache, bei Flugpostmarken auf Flugpostbrief oder -karte
⊳	= Marke auf Briefstück
FDC	= Ersttagsbrief

Verschiedenes:

Ak	= Ankündigungskarton
AkB	= Ankündigungsblatt mit Druckvermerk
Bl.	= Block
Br l/u	= Bogenrand links/unten
DD	= doppelter Aufdruck bzw. Doppeldruck, Doppelprägung
DDD	= Dreifachaufdruck bzw. Dreifachdruck
DK	= doppelter Aufdruck, davon einer kopfstehend
DKV	= Druckkontrollvermerk
DV	= Druckvermerk
DZ	= Drucker(ei)zeichen
EB	= Erinnerungsblatt
ETB	= Ersttagsblatt
Erg.	= Ergänzung
F	= Fehldruck, Fehlfarbe oder Fehlverwendung
FStr.	= Folienstreifen
FZ	= Flugpost-Zulassung
G	= Druck auf der Gummiseite
GB	= Großbogen
HAN	= Hausauftragsnummer
H-Bl.	= Heftchenblatt
Hz	= Herzstück
K	= Kehrdruck bzw. kopfstehender Aufdruck
Kdr	= Kehrdruck
Klb.	= Kleinbogen
KZ	= Kehrdruckpaar mit Zwischensteg
L	= Leerfeld bzw. anhängendes gez. Feld mit Bogenrandbedruckung
M	= Vorzugsdruck (Ministerblock)
MH	= Markenheftchen
MHB	= Markenheftchenbogen
MK	= Maximumkarte
NA	= Neuauflage
ND	= amtlicher Neudruck
Nachdr. (N)	= Nachdruck
Neudr. (N)	= privater Neudruck
P	= Plattendruck oder Probedruck
Pa	= auf geklebter Papierbahn
Papier fl.	= fluoreszierendes Papier
Papier ph.	= phosphoreszierendes Papier
PF	= Plattenfehler
PH	= Phasendruck
Pl.-Nr.	= Plattennummer
POL	= POL-Lochung
R	= Rollendruck oder Rollenmarke, Reihe
RWZ	= Reihenwertzahl
S	= Sonderdruck oder Schwarzdruck
s.	= siehe
SD	= Schwarzdruck
SZ	= senkrechter Zusammendruck mit Zwischensteg
V	= Vorlagedruck oder Versuchsdruck
W	= Walzendruck oder waager. Zusammendruck
WZ	= waagerechter Zusammendruck mit Zwischensteg
Zd	= Zusammendruck
Zf	= Zierfeld
ZS	= Zwischenstegpaar (senkrecht)
ZW	= Zwischenstegpaar (waagerecht)
[E]	= Entwurf
[GA]	= es gibt Ganzsachen mit bildgleichem Wertstempel
[S]	= Stich
[UV]	= Marke erscheint unter der UV-Lampe …
⊞	= Viererblock
—,—	= kein Preisansatz möglich
✈	= Flugpostmarke

Weitere Abkürzungen sind jeweils in der Katalogisierungszeile erklärt.

Altdeutschland
Baden

11. Jh. bis 1803 Markgrafschaft, danach Kurfürstentum, 1806 bis 22.11.1918 Großherzogtum mit eigener Posthoheit bis 31.12.1871; am 15.11.1870 Beitritt in den (neuen) Deutschen Bund.

1112 ist erstmals ein Markgraf von Baden, Graf Hermann aus dem Haus der Zähringer, erwähnt. Um 1250 wurde die Gegend um Pforzheim und Baden-Baden zum Mittelpunkt der Markgrafschaft. 1535 wurde Baden in die Markgrafschaften Baden-Durlach und Baden-Baden geteilt. Nach der Zerstörung beider Residenzstädte im Jahre 1689 verlegte Markgraf Ludwig-Wilhelm von Baden-Baden seine Residenz nach Rastatt. Karl Wilhelm von Baden-Durlach erbaute 1715 Karlsruhe als neue Residenzstadt. 1771 wurden die beiden Markgrafschaften wieder zu einer vereinigt.

Durch den Reichsdeputationshauptschluss von 1803 erhielt Baden die rechtsrheinische Kurpfalz und die Bistümer Konstanz, Basel, Straßburg und Speyer und wurde zum Kurfürstentum.

Durch den Frieden von Preßburg (1805) kamen die vorderösterreichischen Lande Breisgau und Ortenau sowie die Stadt Konstanz zu Baden. Karl Friedrich nahm den Titel Großherzog an und erhielt durch den Beitritt zum Rheinbund die Fürstentümer Fürstenberg und Leiningen. Die freiheitliche Verfassung vom 22.8.1818 machte Baden zur konstitutionellen Monarchie und zu einem der liberalsten deutschen Staaten im 19. Jahrhundert.

Am 15.11.1870 trat Baden dem (neuen) Deutschen Bund bei. Nach der Abdankung des Großherzogs Friedrich II. am 22.11.1918 bildete sich der Freistaat Baden innerhalb des Deutschen Reiches.

1945 kam der nördliche Teil zur amerik. Besatzungszone (1946 mit dem nördlichen Teil Württembergs zum Land Württemberg-Baden vereinigt). Das südliche Baden wurde Teil der französ. Besatzungszone. Seit 1951/52 gehört Baden zum Bundesland Baden-Württemberg.

Postgeschichte:

Die Fürsten von Thurn und Taxis haben postalisch auch in Baden großen Einfluss gehabt. Von 1718 bis 1811 übten sie dort die Postorganisation aus. Danach übernahm Baden durch Zessionsvertrag mit dem TuT-Fürstenhaus das Postwesen selbst. Schritt für Schritt wurde es ausgebaut, auf dem Höhepunkt trat Baden am 1.5.1851 dem Deutsch-Österreichischen Postverein bei. Gleichzeitig erschienen die ersten Freimarken.

Am 31.12.1871 ging das Postregal an die deutsche Reichspost über, ab 1.1.1872 verloren alle Marken Badens die Frankaturgültigkeit. Bis zum 25.2.1872 konnten sie in Marken der Reichspost umgetauscht werden.

Hauptsächliche Entwertungen:

Fünfringstempel mit Ortsnummer

Einkreisstempel [Einringstempel]

Zahnrad-Vierringstempel [Zackenkranzstempel]

Uhrradstempel

Postablagestempel, hier: Ellipsenstempel

Bahnpoststempel, hier: Zweikreisstempel

Die meisten der Ortsstempel ab 1830 wurden während der Markenzeit ebenfalls noch weiterverwendet!

Währung und Maße:

1 Gulden (1,71 Mark) = 60 Kreuzer (Kr)

1 geographische deutsche Meile = $^1/_{15}$ Äquatorgrad = 7420 m = 24 691 badische Fuß; gemessen wurde in Luftlinie von Aufgabe-Postanstalt bis Zustell-Postanstalt; ab 1.1.1868 im Postvereinsgebiet nach Tax-Quadraten.

Hinweise zur Katalogisierung:

Hinweise zur bewerteten Qualität siehe bei den einzelnen Ausgaben!

Bei gebrauchten Marken gelten die Bewertungen für saubere Abstempelungen, bei denen Ort und Datum bzw. die komplette Nr. erkennbar sind (siehe „Briefmarken-Qualitätsstufen" im Einleitungsteil, Abb. 24).

Datumsangaben in den Katalogisierungszeilen in Kursivschrift bezeichnen die bisher nachgewiesenen frühesten Verwendungen bzw. den Verwendungszeitraum.

Von fast allen Marken Badens gibt es Fälschungen; Prüfung besonders der teureren Marken dringend anzuraten!

Alle Farbangaben beziehen sich auf den MICHEL-Farbenführer (ab 36. Aufl.). Die Angaben in eckigen Klammern sind die „klassischen" Farbnamen.

Stempel-Terminologie:

In der philatelistischen Literatur gibt es keine einheitliche Terminologie zur Beschreibung von Poststempeln. Mit Heft 145 der Neuen Schriftenreihe der Poststempelgilde e.V. „Die Bezeichnung der Poststempelformen. Eine Einführung in die stempelkundliche Terminologie" von Hans-Joachim Anderson liegt ein Werk vor, das auf die Vereinheitlichung der Stempelbezeichnungen basierend auf der Stempelform abzielt. Im MICHEL sind die altdeutschen Stempelformen nach Anderson benannt; in einigen Fällen sind in eckigen Klammern die tradierten Formbezeichnungen angegeben, sofern diese von Anderson abweichen.

Großherzog Leopold I. (1830–1852)

1851–1858

1851, 1. Mai/1852, Aug. Freimarken: Ziffer im Kreis. 🄴 Kachel; Bdr. Hasper (MiNr. 1 a 5×9, MiNr. 1 b 5×10; MiNr. 2 a–4 a 10×9, MiNr. 2 b–4 b 10×10); □.

a) Ziffer im Kreis, Unterdruck verschlungene Linien

MiNr.				(✱)	✱	⊙
1	1 Kr	schwarz	a			
a		auf hell- bis mittelgraugelb [sämisch] (1.5.1851)		2500,—	4500,—	1000,—
b		auf hell- bis mittelgelbbraun [braun] *(15.9.1851)*		360,—	600,—	320,—
2	3 Kr	schwarz	a			
a		auf lebhaftrötlichgelb (Töne) [orangegelb] (1.5.1851)		850,—	2000,—	45,—
b		auf mittelorangegelb bis mittelgelborange [gelb] *(19.8.1852)*		170,—	300,—	20,—
3	6 Kr	schwarz	a			
a		auf mittel- bis lebhaftgrün [blaugrün] (1.5.1851)		2800,—	4500,—	110,—
b		auf (dunkel)gelblichgrün [gelbgrün] *(15.3.1852)*		550,—	1000,—	60,—
4	9 Kr	schwarz	a			
a		auf mattrötlichkarmin [altrosa] (1.5.1851)		3500,—	5500,—	200,—
b		auf rötlichkarmin bis lilarosa *(21.10.1851)*		120,—	250,—	35,—

Der Abstand der Marken im Bogen beträgt 1 mm bis 1,5 mm; Marken oft schiefstehend und im Bogen nicht ausgerichtet.

Die Preise gelten für Stücke, die an höchstens zwei Seiten leicht berührt sind (siehe „Briefmarken-Qualitätsstufen“ im Einleitungsteil, Abb. 3); allseits breitrandige Marken verdienen mindestens 100% Aufschlag, allseitig angeschnittene mind. 50% Abschlag!

Unterscheidungsmerkmale zwischen erster (a) und späteren Auflagen (b):

1. Auflage: Druckfarbe tiefschwarz, glänzend und gut deckend; teilweise durchschimmerndes, dünnes, glattes Papier
2. Auflage: Druckfarbe grauschwarz bis schwarz, matt und weniger deckend; nicht durchscheinendes, stärkeres, raues Papier

Neudrucke 1866 oder 1867 (ND):

Das Papier der Neudrucke ist dunkler und dicker. Der Druck ist stärker, Inschriften drücken stark durch, die Gummierung ist weiß (Originale tupfig und grob brüchig). Auch unter der Quarzlampe weisen die Neudrucke abweichende Reaktionen auf. Auflage in Bogen 5×4 vermutlich je 5000 Stück.

		(✱)	✱
1 b ND	dickeres dunkelrotbraunes Papier	65,—	150,—
2 a ND	bräunlichgelbes Kartonpapier	50,—	120,—
3 a ND	Kartonpapier	50,—	120,—

MiNr. 1–4 auf weißem, kartonähnlichem Papier sind Marken aus Zurichtebogen (Makulatur, keine Probedrucke!)

MiNr. 1–4 weisen in der Einrahmung der Wertziffer unter oder über dem Berührungspunkt der Kreissegmente einen lichten Keil als Geheimzeichen auf (MiNr. 1 links vom linken Ausläufer der „1“; MiNr. 2 links über der Mitte der „3“, MiNr. 3 und 4 rechts unter dem Endpunkt der jeweiligen Wertziffer).

FALSCH MiNr. 1 (sogen. „Kaffee“-Fälschung) aus MiNr. 5: abweichende Zeichnung (Endpunkt nur 0,5 statt 1 mm von der Ziffer entfernt; „F“, „i“ und „k“ in Freimarke berühren oben den Rahmen, gröberes Netzwerk), unklarer Druck, dickeres Papier. MiNr. 4 auf weißem Papier: ausgebleicht

⊛ Vorsicht! Seltene Nummernstempel oft aus häufigen verändert. 1 b ND und 2 a ND auch mit Falschstempel bekannt.

Auflagen: MiNr. 1 a = 291 780, MiNr. 1 b = 445 000, MiNr. 2 a = 2 755 260, MiNr. 2 b = 3 402 400, MiNr. 3 a = 723 240, MiNr. 3 b = 1 835 300 MiNr. 4 a = 456 840, MiNr. 4 b = 5 819 200 Stück

Prinzregent Friedrich (1852–1907), ab 1856 Großherzog

1853, Aug./1854, Jan. Freimarken: Ziffer im Kreis. Wie MiNr. 1 bis 4, jedoch geänderte Papierfarben; Bogen 10×10, bei MiNr. 5 (nur bei 3. Aufl. 1853) auch 10×5+10×5, dazwischen senkr. Zwischensteg.

MiNr.				(✱)	✱	⊙
5	1 Kr	schwarz auf weiß *(18.10.1853)*	a	220,—	550,—	35,—
6	3 Kr	schwarz auf grün bis dunkelgrün *(20.8.1853)*	a	200,—	400,—	10,—
7	6 Kr	schwarz auf gelb bis rötlichgelb *(1.1.1854)*	a	340,—	700,—	35,—

Vgl. Bewertungshinweise bei MiNr. 1–4!

Neudrucke 1866 oder 1867 (ND):

Die Neudrucke, besonders 5 ND, sind schwer von den Originalen zu unterscheiden. Bei 5 ND ist das Papier etwas weißer, bei 6 ND etwas stärker (Quarzlampe dunkler) und bei 7 ND ist das Papier dunkler (Quarzlampe hell quarzend).

	(✱)	✱
5 ND	38,—	100,—
6 ND	50,—	120,—
7 ND	38,—	100,—

MiNr. 5–7 auf weißem, kartonähnlichem Papier sind Marken aus Zurichtebogen (Makulatur, keine Probedrucke!)

FALSCH Ganzfälschungen von MiNr. 6 und 7; ⊛ 5 ND

Auflagen: MiNr. 5 = 5 123 100, MiNr. 6 = 12 370 500, MiNr. 7 = 5 605 200 Stück

1858, Dez. Freimarke: Ziffer im Kreis. Wie MiNr. 6, jedoch abermals geänderte Papierfarbe.

MiNr.				(✱)	✱	⊙
8	3 Kr	schwarz auf lebhaftgrauultramarin (Töne) [blau] *(1.12.1858)*	a	850,—	1800,—	40,—

Vgl. Bewertungshinweise bei MiNr. 1–4!

Neudruck 1866 oder 1867 (ND):

		(✱)	✱
8 ND	unter Quarzlampe dunkler quarzend	40,—	150,—

MiNr. 8 auf weißem, kartonähnlichem Papier stammt aus Zurichtebogen (Makulatur, kein Probedruck!)

FALSCH Vorsicht vor schwachen Entwertungen (Vortäuschung ungebrauchter Marken!)

Auflage: 4 132 400 Stück

1860–1862

1860, Mai/1861. Freimarken: Wappen (Hintergrund liniiert). 🄴 Weber; Bdr. Hasper (10×10); gez. K 13½.

b) Wappen von Baden, Hintergrund liniiert

MiNr.				✱	⊙
9	1 Kr	schwarz *(18.9.1860)*	b	110,—	30,—
10	3 Kr	mittelultramarin bis (dkl'violett) ultramarin *(30.5.1860)*	b	120,—	30,—
11	6 Kr	hellgelblichrot [lachsrot], hellgelborange [gelb, orange] *(23.9.1860)*	b	130,—	100,—
12	9 Kr	lebhaftrosarot [karmin] *(12.7.1861)*	b	330,—	220,—

Bei MiNr. 9–12 sind leichte Zahnfehler sowie leichte Dezentrierungen üblich; die Preise gelten für Stücke mit diesen leichten Fehlern (siehe „Briefmarken-Qualitätsstufen“ im Einleitungsteil, Abb. 13 und 18). Gut zentrierte Marken mit vollkommen einwandfreier Zähnung mindestens 75% Aufschlag. Ohne Gummi ca. 40% der Falz-Bewertungen.

Vorsicht! Die Farben von MiNr. 10–12 sind sehr lichtempfindlich!

3-Kreuzer-Marken mit dem Kopfbild von Großherzog Friedrich I., Steindruck, schwarz auf versch. farbigen Papieren sind private Nachdrucke von einem Klischee eines privaten Entwurfes zur Markenausgabe 1860. Auch als Reinzeichnung in größerem Format auf Seidenpapier bekannt.

FALSCH MiNr. 12: Ordensband im Wappen 17 statt 18 Strichleisten

Auflagen: MiNr. 9 = 4 399 200, MiNr. 10 = 6 083 500, MiNr. 11 = 2 424 200, MiNr. 12 = 978 400 Stück

1862, Aug. Freimarken: Wappen (Hintergrund liniiert). Wie MiNr. 9–12, jedoch geänderte Farben und gez. K 10.

			✶	⊙
13	1 Kr	schwarz bis dunkelgrau (Töne) *(30.11.1862)* . . . . b	80,—	130,—
14	6 Kr	(preußisch)blau *(September 1862)* . . . . b	150,—	100,—
15	9 Kr	hell- bis lebhaft(rötlich)braun *(15.8.1862)* . . . . b	110,—	100,—

Leicht dezentrierte Stücke häufig; die Preise gelten für leicht dezentrierte Marken mit einwandfreier Zähnung (siehe „Briefmarken-Qualitätsstufen" im Einleitungsteil, Abb. 12 und 18). Ohne Gummi ca. 35% der Falz-Bewertungen.

FALSCH Ganzfälschung von MiNr. 15, chemische und mechanische Verfälschungen aus MiNr. 13; Doppelzähnungen sind durch die verwendete Kastenzähnung ausgeschlossen, vorkommende Stücke sind Machwerke!

Auflagen: MiNr. 13 = 2 675 800, MiNr. 14 = 1 007 300, MiNr. 15 = 1 389 700 Stück

1862, 26. März. Freimarke: Wappen (Hintergrund weiß). E Weber; Bdr. Hasper (10×10); gez. K 13½.

c) Wappen von Baden, Hintergrund weiß

			✶	⊙
16	3 Kr	mittelrosarot [rosakarmin] *(15.4.1862)* c	2800,—	350,—

Vgl. Bewertungshinweise bei MiNr. 9–12!

MiNr. 16 wurde vor MiNr. 13–15 ausgegeben!

FALSCH raueres, dickeres, bräunlichgraues Papier; außerdem Zähnungsfälschungen aus MiNr. 18

mit Uhrradstempel 50

Auflage: nicht genau bekannt, aber mit Sicherheit mehr als 200 000 Stück

1862, Juni/1866. Freimarken: Wappen (Hintergrund weiß). E Weber; Bdr. Hasper (10×10); gez. K 10.

c) Wappen von Baden, Hintergrund weiß

			✶	⊙
17	1 Kr	schwarz bis dunkelgrau (Töne) *(Sept. 1864)* c	60,—	15,—
18	3 Kr	hellrot bis lebhaftkarminrot *(13.6.1862)* c	70,—	4,—
19	6 Kr	(hellgrau)ultramarin bis preußischblau *(22.9.1864)* c	13,—	30,—
20	9 Kr	lebhaft(rötlich)braun (Töne), hellocker *(23.8.1864)* c	20,—	40,—
21	18 Kr	hell- bis lebhaftgrün *(6.12.1862)* c	500,—	700,—
22	30 Kr	lebhaft- bis dunkelgelb(lich)-orange *(6.12.1862)* c	40,—	3200,—

Die Preise gelten für einwandfreie, gut zentrierte Stücke (siehe „Briefmarken-Qualitätsstufen" im Einleitungsteil, Abb. 12 und 17)! Ohne Gummi ca. 35% der Falz-Bewertungen.

FALSCH Ganzfälschungen von allen Marken! Doppelzähnungen sind Machwerke.

Auflagen:

MiNr. 17 = 7 515 400	MiNr. 19 = 3 081 600	MiNr. 21 = 315 200
MiNr. 18 = 26 496 400	MiNr. 20 = 5 467 800	MiNr. 22 = 230 400

1868

1868, 12. Okt. Freimarken: Wappen (Hintergrund weiß), Währungsbezeichnung jetzt abgekürzt. E Mayer; Bdr. Hasper (10×10); gez. K 10.

d) Wappen von Baden, Hintergrund weiß, Währungsbezeichnung abgekürzt

			✶	⊙
23	1 Kr	hell- bis lebhaftgrün *(14.10.1868)* . . . . d	5,50	10,—
24	3 Kr	mittelrosarot (Töne) *(12.11.1868)* . . . . d	3,50	6,—
25	7 Kr	mittel- bis lebhaft(grau)blau [blau] *(12.10.1868)* . . . . d	25,—	40,—

Die Preise gelten für einwandfreie, gut zentrierte Stücke (siehe „Briefmarken-Qualitätsstufen" im Einleitungsteil, Abb. 12 und 17)!

FALSCH MiNr. 25: primitive Ausführung, schlechtes Papier, auch mit gefälschten Stempeln. Doppelzähnungen sind Machwerke!

falsche Fünfring-Nummernstempel auf MiNr. 23–25 sind häufig, falsche Ein- und Zweikreisstempel ebenfalls bekannt. Bisher ist nur der Fünfringstempel 175 echt bekannt (auch davon gibt es Fälschungen).

Auflagen: MiNr. 23 = 12 896 900, MiNr. 24 = 20 525 700, MiNr. 25 = 4 473 500 Stück (jeweils Restbestände, die bis auf die 1878 nach Hamburg verkauften 100 000 verbrannt wurden.)

MiNr. 1–25 gültig bis 31.12.1871

Dienstmarken für badische Behörden (sogen. Zählmarken „Frei durch Ablösung Nr. 16") siehe bei Dienstmarken Deutsches Reich

Landpost-Portomarken

Die Landpost-Portomarken wurden zu postinternen Verrechnungszwecken im eigenen Landpostbezirk eingeführt.

Durch diese Marken wurden die Portokosten für unfrankierte **durch die Landpost beförderte** Poststücke, ferner die Landpost-Bestellgebühr der Fahrpost, die nicht vom Absender entrichtet wurde, sowie in bestimmten Fällen andere Gebühren erhoben.

Während der Umlaufzeit wurden sie nicht an das Publikum abgegeben, ihre Verwendung als Freimarken war nicht zulässig!

Die Marken sollten rückseitig aufgeklebt werden. Frankaturen auf der Briefvorderseite kommen jedoch häufig vor.

1862, 1. Okt. Ziffer(n) im Rankenwerk. E ?; Bdr. Hasper (10×10); x = dünneres, y = dickeres Papier; gez. K 10.

Pa

Pb

Pa–Pb) Ziffer(n) im Rankenwerk

				✶	✶✶	⊙
1	1 Kr	schwarz auf	Pa			
x		hellgrünlichgelb bis mittelgelb [gelb], dünneres Papier *(13.11.1862)*		6,—	10,—	400,—
y		dunkelrötlichgelb (Töne) [dunkelgelb], dickeres Papier *(7.1.1863)*		180,—	350,—	750,—
2	3 Kr	schwarz auf	Pa			
x		hellgrünlichgelb bis mittelgelb [gelb], dünneres Papier *(7.2.1863)*		3,—	7,—	150,—
y		dunkelrötlichgelb (Töne) [dunkelgelb], dickeres Papier *(5.3.1864)*		150,—	300,—	500,—
3 x	12 Kr	schwarz auf hellgrünlichgelb bis mittelgelb, dünneres Papier *(8.6.1863)*	Pb	40,—	90,—	*25000,—*

Alle Preise gelten für durchschnittlich zentrierte Stücke (siehe „Briefmarken-Qualitätsstufen“ im Einleitungsteil, Abb. 18); genau zentrierte Marken 50%–150% Aufschlag, alle gebraucht-Preise nur für geprüfte Exemplare!

MiNr. 1 x und 2 x wurden jeweils in zwei verschiedenen Auflagen gedruckt.

FALSCH MiNr. 1–3

Alle Werte; **Prüfung unerlässlich!**

Auflagen (in Klammern: Restbestände, die 1873 verkauft wurden): MiNr. 1 = 530 000 (316 588), MiNr. 2 = 850 000 (445 737), MiNr. 3 = ca. 160 000 (159 307) Stück

Die Landpostportomarken sollten lt. amtlicher Verfügung im Dezember 1870 zurückgezogen werden, in verschiedenen Orten ist die Verwendung jedoch bis Ende 1871 nachgewiesen.

Bei allen Ausgaben von Altdeutschland ist die Erhaltung ein wesentlicher Faktor für die Bewertungen. Die Preise gelten für die bei jedem Gebiet unterschiedlichen guten Durchschnitts-Erhaltungen.
Beachten Sie bitte bei jedem Gebiet die „Hinweise zur Katalogisierung“ sowie die Hinweise zur bewerteten Qualität bei den einzelnen Ausgaben!

Bayern

Seit 6. Jh. Herzogtum, ab 1623 Kurfürstentum, ab 1.1.1806 Königreich; seit 1815 im Deutschen Bund (ab 1.1.1871 Deutsches Reich), ab 7.11.1918 Republik (Volksstaat) und ab 15.9.1919 Freistaat mit eigener Posthoheit bis 31.3.1920.

Das Land zwischen Alpen und Donau, zwischen Lech und Salzach und die Oberpfalz waren ab Mitte des 6. Jh. Stammesherzogtum der Agilolfinger. 788 wurde es fränkische Provinz, Anfang des 10. Jahrhunderts wieder Stammesfürstentum. 1070 übernahmen die Welfen (Welf I.), im Jahre 1180 die Wittelsbacher (Otto von Wittelsbach) die Herrschaft.

1214 wurde durch Heirat Ludwig des Kelheimers die rheinische Pfalz eingegliedert, 1255 entstanden die Linien Oberbayern (mit der Rheinpfalz) und Niederbayern. Im Jahr 1329 kam es zur Teilung in die Pfalz und Oberpfalz einerseits und Altbayern andererseits. Erst 1777 kam es zur Wiedervereinigung, als mit Kurfürst Maximilian III. Joseph die bayer. Linie der Wittelsbacher ausgestorben war und aufgrund von Hausverträgen Bayern an den Kurfürsten Karl Theodor von der Pfalz fiel, der auch die rhein. Herzogtümer Jülich und Berg besaß. Nach dessen Tod im Jahre 1799 gelangte Bayern an die Linie Pfalz-Zweibrücken (Maximilian IV. Joseph).

In der napoleonischen Zeit fanden größere territoriale Veränderungen statt. Zunächst musste 1801 Bayern, das seit 1800 von franz. Truppen besetzt war, die Rheinpfalz und die Herzogtümer Jülich und Berg an Frankreich abtreten (Frieden von Lunéville), dafür kamen zwischen 1803 und 1810 viele geistliche Fürstentümer sowie schwäbische und fränkische Gebiete zu Bayern (z. B. Kempten 1803, Lindau 1805, Augsburg und Nürnberg 1806, Regensburg und Bayreuth 1810). Von 1805 bis 1813 waren auch Vorarlberg, Tirol, Salzburg, das Inn- und das Hausruckviertel an Bayern angegliedert. Maximilian I. Joseph, der am 1.1.1806 den Königstitel annahm, ging 1813 zu den Gegnern Napoleons über und gab die österr. Gebiete an Österreich zurück. Dafür kamen Aschaffenburg, Würzburg und die linksrheinische Pfalz zu Bayern.

Nach dem Beitritt zum Deutschen Bund im Jahre 1815 fand mit der Schaffung von 8 Regierungsbezirken (Oberbayern [München], Niederbayern [Landshut], Oberpfalz [Regensburg], Schwaben [Augsburg], Oberfranken [Bamberg], Mittelfranken [Ansbach], Unterfranken [Würzburg] und Pfalz [Speyer, 1816]) die endgültige Neuordnung Bayerns statt. Nach dem Krieg von 1866 musste Bayern die hess. Grenzgebiete Gersfeld und Orb sowie die thüringische Enklave Kaulsdorf an Preußen abtreten.

Im November 1918 wurde von Kurt Eisner das Haus Wittelsbach für abgesetzt erklärt und die Republik ausgerufen. Am 15.9.1919 trat die Bamberger Verfassung in Kraft, Bayern wurde zum Freistaat erklärt. Mit der Schaffung des Saargebietes am 15.1.1920 wurden 416 km² der westlichen Pfalz aus Bayern herausgelöst, am 1.4.1920 trat das Coburger Land per Volksentscheid dem bayer. Staatsgebiet hinzu.

Nach Kriegsende 1945 wurde Bayern mit Ausnahme von Lindau und der bayer. Pfalz (franz. Zone) Teil der amerikanischen Besatzungszone, 1946 gliederten die all. Besatzungsmächte die bayer. Pfalz dem neugeschaffenen Land Rheinland-Pfalz ein. Seit 1949 ist Bayern ein Land (Freistaat) der Bundesrepublik Deutschland.

Postgeschichte:

Altbayern:

Bis zur Mitte des 17. Jahrhunderts unterhielt die Thurn und Taxissche Reichspost keine Einrichtungen auf bayer. Boden, da Bayern selbst im Landsberger Bund eigene Postverbindungen geschaffen hatte. Erst unter Kurfürst Ferdinand Maria (1651–1679) öffnete sich Bayern der Reichspost. Es wurde ein Reichspostamt in München errichtet und neue Postkurse angelegt. Unter seinem Nachfolger, Kurfürst Max Emanuel (1679–1726) wurden diese Aktivitäten jedoch wieder gebremst. Erst unter dessen Nachfolger Kurfürst Karl Albrecht (1726–1745) normalisierte sich das Verhältnis zwischen Bayern und der Reichspost. Eine Vielzahl von Postinstitutionen konnte errichtet werden. Unter Kurfürst Max IV. Josef (1799–1825) betrieb dessen Minister Montgelas aus staatspolitischen Gründen die endgültige Ablösung der Reichspost.

Mit der Auflösung des „Heiligen Römischen Reiches deutscher Nation“ im Jahre 1803 wurde der Thurn und Taxisschen Reichspost der politische Rückhalt genommen. Im Jahr 1806 erhielt Thurn und Taxis das Postwesen in Bayern als Lehenspost, 1808 erfolgte die Übernahme des Postwesens durch den bayerischen Staat.

Neue Gebiete:

Die Thurn und Taxissche Reichspost hatte in den reichsunmittelbaren Gebieten problemlos Postverbindungen einrichten können. Bedeutende Postanstalten lagen an allen wichtigen Handelsstraßen, in Handelszentren und an Bischofssitzen. Der wohl wichtigste Postkurs ging von Augsburg über Nürnberg nach Prag.

Mitte des 17. Jahrhunderts näherte sich die Reichspost auch an die hohenzollernschen Gebiete in Franken, Ansbach und Bayreuth. Anno 1744 wurde Ansbach den Reichspostkursen angeschlossen. Am 1.6.1791 gingen diese hohenzollernschen Gebiete an Preußen über und es wurden spezielle Postverordnungen erlassen.

Königliche Postverwaltung:

Nach der Übernahme der Reichspost unter eigener Regie führte Bayern eine Postreform durch, die eine Vielzahl von Verbesserungen hervorbrachte. Der wohl bedeutendste Schritt war der Vertrag zwischen Bayern und Österreich von 1842, der im Jahr 1850 zur Gründung des „Deutsch-Österreichischen Postverein“ führte.

Mit dem Beitritt zum Deutschen Bund am 23.11.1870 handelte Bayern Sonderverträge aus, die u. a. die eigene Post- und Militärhoheit beinhalteten.

Mit der Reichsverfassung vom 11.8.1919 verlor Bayern alle Sonderrechte innerhalb Deutschlands. Es kam nun zu Verhandlungen zwischen Bayern und dem Deutschen Reich, die zu einem Staatsvertrag führten, der durch Landesgesetz vom 19.3.1920 in Kraft trat. Darin ging die bayerische Post am 1.4.1920 gegen eine Entschädigung von 620 Mio. Reichsmark auf das Reich über. Die bayerischen Marken konnten noch bis zum 30.6.1920 verwendet werden. Die Entschädigungssumme wurde an Bayern nicht gezahlt, sondern per Reichsgesetz zu Reparationszahlungen herangezogen.

Bitte teilen Sie uns von Ihnen festgestellte Fehler mit, damit wir sie berichtigen können.

Entwertungen der Markenzeit:

Einzeiler

Aushilfsstempel,
hier: Zweizeiler

Einkreisstempel

Rechteckstempel
[Rahmenstempel]

Kreissegmentstempel mit Strich
[Halbkreisstempel]

Fingerhutstempel,
ein Einkreisstempel
mit Strich

Zweikreisstempel

geschlossener
Mühlradstempel

offener Mühlradstempel

Vom 1.8.1850 bis 9.3.1869 war die Marken-Entwertung mittels Mühlradstempeln vorgeschrieben: 1.8.1850–19.11.1856 1. Verteilung (MiNr. 1–603) geschlossene Mühlradstempel; 20.11.1856 bis 30.11.1856 Ortsstempel (sogen. Umtauschstempel); 1.12.1856 bis 9.3.1869 2. Verteilung geschlossene Mühlradstempel (MiNr. 1–606, außer 54, 67, 76, 197, 252, 391, 475 und 493) und offene Mühlradstempel (Ersatz für 185 Nummern und neue Nummern 607–920).

Spätverwendete Mühlradstempel (ab 10.3.1869) kommen vor!

Wasserzeichen:

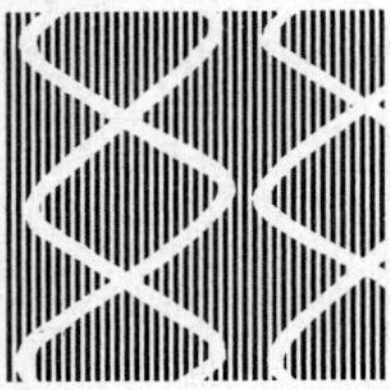
Wz. 1 X
enge Rauten

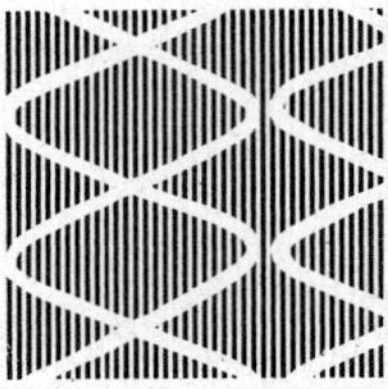
Wz. 1 Y
weite Rauten

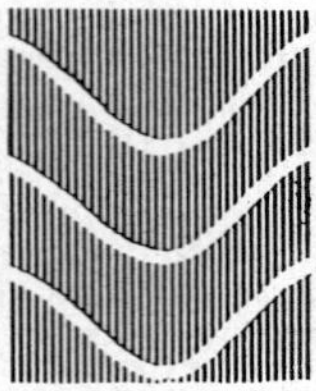
Wz. 2
weite Wellenlinien

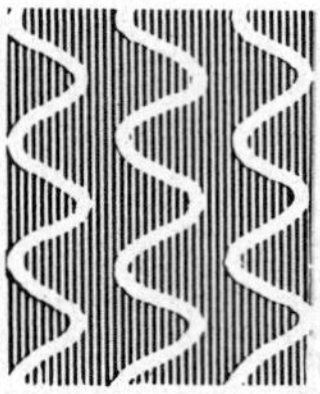
Wz. 3
enge senkr. Wellenlinien

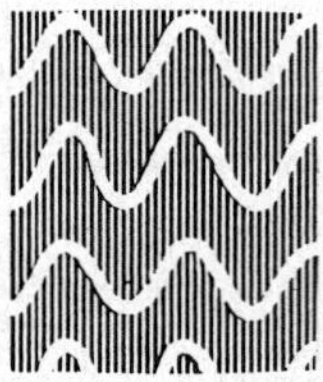
Wz. 4
enge waager. Wellenlinien

Besonderheiten:

Aufnadelungslöcher siehe Hinweis nach MiNr. 75
Bayernbruch siehe Hinweis nach MiNr. 64
Durchlochungen siehe Hinweis nach MiNr. 195
Ganzsachenausschnitte siehe Hinweis nach MiNr. 75
Seidenfaden siehe Hinweis nach MiNr. 21

Stempelbewertungen siehe Hinweis nach MiNr. 13

MiNr. I siehe nach MiNr. 64
MiNr. II siehe nach MiNr. 75
MiNr. III und IV siehe nach MiNr. 135
MiNr. V und VI siehe nach MiNr. 170

Federzugentwertungen:

Laut amtlicher Verordnung mussten bis zur Einführung der Mühlradstempel die Marken mit einem zus. Federzug entwertet werden, wenn der Poststempel „... entweder gar nicht oder nicht in entsprechend tiefer Schwärze oder nur am Rande ....“ die Marke getroffen hatte.

Vorsicht vor nachträglichen Entfernungen der Federzugentwertung!

Währung:

Bis 31.12.1875: 1 Gulden (Florin) = 60 Kreuzer (K); 1 Kreuzer ≈ 2,85 Pf; 1 Mark = 35 Kreuzer
Ab 1.1.1876: 1 Mark (M) = 100 Pfennig (Pf)

Maße und Gewichte:

1 geographische deutsche Meile = $^{1}/_{15}$ Äquatorgrad = 7,42 km

Bis 31.12.1860: 1 Loth = 1/32 Zollpfund = 15,625 g; 1 Zollpfund = 500 g
Ab 1.1.1861: 1 Loth = 1/30 Zollpfund = 16⅔ g; 1 Zollpfund = 500 g (Umstellung der innerbayerischen Briefe erst ab 1. 4. 1862); ab 14.1.1872: 1 Pfund = 500 g

Hinweise zur Katalogisierung:

Die Abstände aller Marken der Kreuzerzeit im Druckbogen betrug mindestens 1,5 mm. Die Bewertungen gelten nur für allseits vollrandige Stücke, deren Markenbild an keiner Stelle berührt ist (siehe „Briefmarken-Qualitätsstufen“ im Einleitungsteil, Abb. 2); ein- oder mehrseits angeschnittene Marken bedingen Preisabschläge von ca. 60–80%, Marken mit überdurchschnittlich breiten Rändern mit den Schnittlinien verdienen deutliche Aufschläge!

Bei allen gezähnten Marken gelten die Preise für Stücke mit sauberer Zähnung mit nur geringen Zähnungsunregelmäßigkeiten (Abb. 13); Marken mit stärker verkürzten oder fehlenden Zähnen bedingen deutliche Preisabschläge, ideal gezähnte Exemplare, besonders bei den Wertstufen ab 25 Pf, verdienen leichte Preisaufschläge!

Die Gebraucht-Bewertungen gelten für Stücke mit deutlichen Stempeln, bei denen Ort und Datum bzw. die komplette Nummer erkennbar sind (Abb. 23); verschmierte, verschmutzte oder verkantete Abschläge bedingen Preisabschläge von mindestens 50%, Marken mit sehr klarem und zentrischem Stempel verdienen Aufschläge von 30–80%!

Marken ohne Gummi aus der Kreuzerzeit werten 40% der Falzpreise; ab der Pfennigzeit 33%.

Von einigen Marken gibt es gefährliche Ganzfälschungen (z. B. von Sperati), bei Marken, die ungebraucht billiger sind als gestempelt, kommen relativ häufig Stempelfälschungen vor; bei teureren Stücken ist eine Prüfung anzuraten!

Alle Farbangaben beziehen sich auf den MICHEL-Farbenführer ab 36. Auflage. Die Angaben in eckigen Klammern sind die „klassischen" Farbnamen.

Königreich

König Maximilian II. (1848–1864)

1849

1849, 1. Nov./1850, Mai. Freimarke: Wertziffer im Viereck (sogen. „Schwarzer Einser"). ⒺHaseney; Bdr. Universitätsdruckerei Weiss (5×9+5×9, dazwischen senkr. Zwischensteg [13,5 mm]); I = Platte 1, II = Platte 2; unterschiedlich dickes, handgeschöpftes Papier ohne Seidenfaden; □.

a) Wertziffer im Viereck

				(✶)	✶	⁓	⁓ u. ⊙	⊙
1	1 Kr	schwarz(grau) bis grauschwarz	a					
I		Platte 1 (1.11.1849)		600,—	1300,—	1800,—	1800,—	3500,—
II		Platte 2 (Mai 1850)		2000,—	3500,—	2600,—	2000,—	3500,—

Infolge des Feiertags am 1. November hatten die Postämter nur eingeschränkt geöffnet; die bisher frühesten bekannten Belege mit MiNr. 1 I stammen vom 2. November!

Plattenunterschiede:

Platte 1:
etwas unscharfer, grober Druck, Fuß der Wertziffer nicht voll ausgedruckt, Umrandungslinien der Wertziffer mehrfach unterbrochen

Platte 2:
von der Platte 1 überarbeitet; scharfer feiner Druck, Umrandungslinien nicht unterbrochen

Die unter Platte I katalogisierten Auflagen stammen nach neueren Erkenntnissen von zwei verschiedenen Druckplatten, die teilweise unterschiedliche Feldmerkmale aufweisen. Ungebrauchte Stücke der ersten Druckplatte sind erheblich seltener (—,—)!

Genaue Beschreibung und Abb. siehe Peter Sem: „Bayern-Platten- und Typentafeln der ungezähnten Kreuzerausgaben (Quadratserie)"!

MiNr. 1 wurde im Oktober 1850 vom Schalterverkauf zurückgezogen. Spätverwendungen mit offenem Mühlradstempel oder Mühlradstempel der 2. Verteilung bekannt (—,—).

FÄLSCH Viele Ganz- und Stempelfälschungen (z. B. von Fournier, Sperati usw.) u. a.: Steindruck. Kennzeichen der Originale: links oben an der großen Wertziffer „1" in Schreibschrift ein schrägstehendes „PH" (Initialen des Entwerfers) sowie rechts unten in der Verzierung des Mittelstücks in Schreibschrift „Weiss". Vorsicht, diese Merkmale sind auch bei Fälschungen vorhanden!

Prüfung dringend anzuraten!

Auflagen: MiNr. 1 I = 554 760, MiNr. 1 II = 378 000 Stück

Gültig bis 31.8.1864

1849, 1. Nov. Freimarken: Wertziffer im unterbrochenen Kreis (I). ⒺHaseney; Bdr. Universitätsdruckerei Weiss (5×9+5×9, dazwischen senkr. Zwischensteg [13,5 mm]); handgeschöpftes Papier mit senkrechtem rotem Seidenfaden; □.

b) Wertziffer im unterbrochenen Kreis

				✶	⁓	⁓ u. ⊙	⊙
2 I	3 Kr	(lebhaft)preußischblau bis (dunkel)blau (Töne), (I = Platte 1)	b	3000,—	150,—	65,—	90,—
4 I	6 Kr	dunkelbraunorange bis lebhaftrötlichbraun (I = unterbrochener Kreis)	b	9000,—	450,—	200,—	300,—

MiNr. 4 I und die nach MiNr. 3 katalogisierte MiNr. 4 II sind zwei verschiedene Marken, denen unterschiedliche MICHEL-Nummern zustehen würden; um nicht die gesamte Nummerierung umstellen zu müssen, wird darauf verzichtet.

FÄLSCH Vorsicht vor angeblich „ungebrauchten" Stücken, bei denen die Federstrich-Entwertung nachträglich entfernt wurde!

Auflagen: MiNr. 2 I = ca. 2 000 000, MiNr. 4 I = 760 000 Stück

Gültig bis 31.8.1864

1850/1862

1850, Sept./1858. Freimarke: Wertziffer im unterbrochenen Kreis (II). Wie MiNr. 2 I, jedoch gedruckt von neuen Platten und leicht geänderte Farbe.

				✶	〰	⊙
2 II	3 Kr	(grau)blau bis grünlichblau (II = Platten 2 bis 5)	b	80,—	15,—	5,—

Katalogisierung nach Plattenunterschieden siehe MICHEL-Deutschland-Spezial.

Auflage: 74 000 000 Stück

Gültig bis 31.8.1864

Hauptunterscheidungsmerkmal zwischen MiNr. 2, 3, 4 II und 5–7:

MiNr. 2 und 4 I: unterbrochener Kreis

MiNr. 3, 4 II und 5–7: geschlossener Kreis

1850, 1. Juli/1858. Freimarken: Wertziffer(n) im geschlossenen Kreis (I). [E] Haseney; Bdr. Universitätsdruckerei Weiss (5×9+5×9, dazwischen senkr. Zwischensteg [13,5 mm]); handgeschöpftes Papier mit senkrechtem roten Seidenfaden; ☐.

c) Wertziffer(n) im geschlossenen Kreis

				✶	〰	⊙
3	1 Kr	helllilarot bis lebhaftrotkarmin (Okt./Nov.)	c	110,—	30,—	30,—
4 II	6 Kr	dunkelbraunorange bis lebhaftrötlichbraun (II = geschlossener Kreis) (Sept. 1850)	c	60,—	22,—	10,—
5	9 Kr	(mittel)gelb(lich)grün bis mittelolivgrün (1.7.1850)	c	90,—	25,—	20,—
6	12 Kr	rot (Töne) (1.7.1858)	c	160,—	120,—	180,—
7	18 Kr	gelblichorange (Töne) (Juli 1854)	c	160,—	150,—	240,—

MiNr. 7 gibt es (häufig) auch auf sehr dünnem Papier; kein Preisunterschied!

Katalogisierung nach Platten- und Typenunterschieden sowie Farbvarianten siehe MICHEL-Deutschland-Spezial!

[FALSCH] Vorsicht vor nachträglich entfernten Federstrich-Entwertungen hauptsächlich bei MiNr. 5!

Auflagen: MiNr. 3 = 18 700 000, MiNr. 4 II = 34 000 000, MiNr. 5 = 11 500 000, MiNr. 6 = 751 500, MiNr. 7 = 903 500 Stück

Gültig bis 31.8.1864

1862, 1. Okt. Freimarken: Wertziffer(n) im unterbrochenen (MiNr. 9) bzw. geschlossenen Kreis (MiNr. 8, 10–13). Wie MiNr. 2 II und 3–7, jedoch geänderte Farben.

c

b

c

				✶	〰	⊙
8	1 Kr	lebhaft- bis dunkelorangegelb	c	100,—	30,—	30,—
9	3 Kr	dunkelrosarot bis lilarot	b	60,—	20,—	10,—
10	6 Kr	dunkelgrauultramarin bis dunkelblau	c	80,—	25,—	15,—
11	9 Kr	(lebhaft)ockerbraun (Töne)	c	150,—	25,—	20,—
12	12 Kr	dunkelgelbgrün (Töne)	c	110,—	75,—	90,—
13	18 Kr	dunkelzinnober bis lebhaftrot [zinnoberrot]	c	170,—	120,—	200,—

Oliv- oder schwefelgelbe sowie braunschwarze Stücke von MiNr. 8 sind auf Oxidation bzw. chemische Einflüsse zurückzuführen; durch chemische Einflüsse schwärzlichgelb oder grüngelb gewordene Exemplare können mit Wasserstoffperoxid gereinigt werden.

MiNr. 9 gibt es auch mit privatem Durchstich.

Bei Marken in schwarzem Druck auf farbigem Papier in Ziffernzeichnung wie MiNr. 2–13 handelt es sich um sogen. „Instruktionsmarken“, die als Verschlussetiketten der Bogentaschen dienten.

[FALSCH] Vorsicht vor nachträglich entfernten Federstrich-Entwertungen!

Rote Gerichtsstempel auf MiNr. 10 sind immer falsch! Schwarze Gerichtsstempel unbedingt prüfen lassen!

Auflagen: MiNr. 8 = 17 600 000, MiNr. 9 = 57 100 000, MiNr. 10 = 15 200 000, MiNr. 11 = 6 600 000, MiNr. 12 = 1 100 000, MiNr. 13 = 814 500 Stück

Gültig bis 31.12.1869

König Ludwig II. (1864–1886)

1867/1868

1867, 1. Jan. Freimarken: Staatswappen auf Sockel (I). [E] Riess; komb. Bdr. und Prägedruck Universitätsdruckerei J. G. Weiss (5×6+5×6, dazwischen senkr. Zwischensteg [26 mm]); Papier mit rotem Seidenfaden; ☐.

d) Staatswappen auf Sockel

				✶	⊙
14	1 Kr	(dunkel)grün bis dunkelgelblichgrün, blaugrün	d	80,—	15,—
15	3 Kr	hellrötlichkarmin, mittelrotkarmin bis mittellilarot	d	85,—	10,—
16	6 Kr	mittel- bis lebhaftultramarin, hellviolettultramarin *(März 1867)*	d	60,—	30,—
17	9 Kr	lebhaftockerbraun	d	60,—	55,—
18	12 Kr	hellbraunviolett (Töne) [GA]	d	450,—	130,—
19	18 Kr	dunkelzinnoberrot (Töne)	d	170,—	220,—

Neudrucke 1873 für Ausstellungszwecke (ND):

Das Papier der Neudrucke weist keine Seidenfäden auf. Stattdessen wurde auf der Rückseite ein roter Tintenstrich angebracht.

	✶
14 ND	500,—
15 ND	500,—
16 ND	500,—

MiNr. 15 gibt es auch mit privatem Durchstich 10–16.

Auflagen: MiNr. 14 = 20 800 000, MiNr. 15 = 70 600 000, MiNr. 16 = 3 400 000, MiNr. 17 = 1 300 000, MiNr. 18 = 663 000, MiNr. 19 = 261 000 Stück

MiNr. 14, 15, 18 und 19 gültig bis 31.12.1875;
MiNr. 16 und 17 gültig bis 30.10.1868

1868, 1. Okt. Freimarken: Staatswappen auf Sockel (II). Wie MiNr. 16, jedoch geänderte Farbe sowie neue Wertstufe.

d) Staatswappen auf Sockel

				✶	⊙
20	6 Kr	(dunkel)ockerbraun [GA]	d	90,—	60,—
21	7 Kr	hell- bis lebhaftlilaultramarin	d	500,—	25,—

Neudrucke 1873 (vgl. bei MiNr. 14–19):

	✶
20 ND	500,—
21 ND	500,—

Auflagen: MiNr. 20 = 2 400 000, MiNr. 21 = 2 900 000 Stück

Gültig bis 31.12.1875

Seidenfaden:

Bei MiNr. 2–21 wurde in das Papier ein (dunkel)rot eingefärbter Seidenfaden eingearbeitet. Gelegentlich kommen Marken mit doppeltem oder ohne Seidenfaden vor (Aufschlag bis 150,—), auch verknotete Seidenfäden (freie Enden wellig) o. ä. sind bekannt (Aufschlag bis 50,—). Stücke mit vorderseitigem Seidenfaden verdienen keinen Aufschlag!

Vorsicht vor Verfälschungen!

1870–1875

1870, 1. Juli. Freimarken: Staatswappen auf Sockel (III). E Riess; komb. Bdr. und Prägedruck Universitätsdruckerei Weiss (5×6+5×6, dazwischen senkr. Zwischensteg [23 mm]); Papier ohne Seidenfaden; X = Wz. 1 X (enge), Y = Wz. 1 Y (weite Rauten); gez. K 11½.

d) Staatswappen auf Sockel

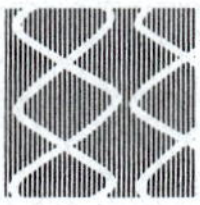

Wz. 1 X

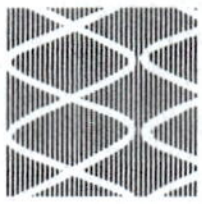

Wz. 1 Y

Preise bei X gelten nur für Rautenbreite 14 bis max. 15 mm; bei Y nur für Rautenbreite über 15 bis 17 mm; gemessen wird der waagerechte Innendurchmesser der Raute!

			✶	⊙
22	1 Kr	mittelsmaragdgrün bis lebhaftgrün . . . . . d		
X		Wz. 1 X (enge Rauten)	130,—	12,—
Y		Wz. 1 Y (weite Rauten)	15,—	2,—
23	3 Kr	hellkarmin, lilarot . . . . . d		
X		Wz. 1 X (enge Rauten)	120,—	3,—
Y		Wz. 1 Y (weite Rauten)	30,—	2,—
24	6 Kr	lebhaftockerbraun GA . . . . . d		
X		Wz. 1 X (enge Rauten)	220,—	90,—
Y		Wz. 1 Y (weite Rauten)	40,—	45,—
25	7 Kr	mittel- bis dunkel-(violett) ultramarin . . . . . d		
X		Wz. 1 X (enge Rauten)	170,—	40,—
Y		Wz. 1 Y (weite Rauten)	5,—	6,—
26	12 Kr	dunkelbraunpurpur (Töne) GA . . . . . d		
X		Wz. 1 X (enge Rauten)	450,—	1400,—
Y		Wz. 1 Y (weite Rauten)	1600,—	6000,—
27	18 Kr	mittelorangerot bis zinnoberrot . . . . . d		
X		Wz. 1 X (enge Rauten)	380,—	240,—
Y		Wz. 1 Y (weite Rauten)	20,—	40,—

Neudrucke 1873 für Ausstellungszwecke (ND):

Die Neudrucke wurden in abweichenden Farbtönen auf Papier mit Wz. 1 Y (weite Rauten, 17 mm) gedruckt. Die Prägung ist sehr scharf, die Druckausführung sehr sauber; gummiert, gezähnt.

Streng genommen dürfte nur 26 ND als Neudruck bezeichnet werden (MiNr. 26 war 1873 nicht mehr in Gebrauch).

Diese ND gelangten nur sehr vereinzelt in den Handel (✶ 250,—).

Die Papierqualität bei MiNr. 22–27 ist sehr unterschiedlich. Es gibt dickes und dünnes, glattes und filziges sowie waager. und senkr. gestreiftes Papier. Die Unterschiede treten oft auch innerhalb eines Bogens auf.

FALSCH MiNr. 26: aus Postanweisungsausschnitt gefälscht; Farbverfälschungen; Falschstempel

Auflagen: MiNr. 22 = 51 000 000, MiNr. 23 = 136 800 000, MiNr. 24 = 4 200 000, MiNr. 25 = 10 300 000, MiNr. 26 = 174 000, MiNr. 27 = 1 600 000 Stück

Gültig bis 31.12.1875

Mit Wz. 2: MiNr. 32–36

1873, 1. Jan. Freimarken: Staatswappen auf Sockel (IV). Wie MiNr. 22–27, jedoch neue Wertstufen.

			✶	⊙
28	9 Kr	braunorange bis braun . . . . . d		
X		Wz. 1 X (enge Rauten)	360,—	600,—
Y		Wz. 1 Y (weite Rauten)	7,—	5,—
29	10 Kr	dunkelchromgelb bis dunkelgelborange GA . . . . . d		
X		Wz. 1 X (enge Rauten)	300,—	450,—
Y		Wz. 1 Y (weite Rauten)	8,—	20,—

Stempel-Bewertungen:

Bei allen Marken von Bayern gelten die ⊙-Bewertungen nur für die jeweils billigsten Stempel, bei denen Ort und Datum bzw. die komplette Nummer erkennbar sind (siehe „Briefmarken-Qualitätsstufen" im Einleitungsteil, Abb. 23); verschmierte, verschmutzte oder verkantete Abschläge bedingen Preisabschläge von mind. 50%, Marken mit sehr klarem und zentrischem Stempel verdienen Aufschläge von 30 bis 80%.

Vgl. Bewertungshinweise bei MiNr. 22–27!

Neudrucke 1873 für Ausstellungszwecke (ND):

vgl. Hinweis bei MiNr. 22 ND–27 ND!

Für MiNr. 28 und 29 wurde das gleiche Papier wie für MiNr. 22–27 verwendet; vgl. dort!

Auflagen: MiNr. 28 = 3 000 000, MiNr. 29 = 2 300 000 Stück

Gültig bis 31.12.1875

MiNr. 29 mit Wz. 2: MiNr. 35

1874, ca. 15. Aug./1875, Juni. Freimarken: Staatswappen auf Ornament (Großformat) (I). E Riess; komb. Bdr. und Prägedruck Universitätsdruckerei Weiss (10×5); Wz. 1 Y (weite Rauten); MiNr. 30 □, MiNr. 31 gez. K 11½.

e) Staatswappen auf Ornament

			✶	⊙
30	1 M	lebhaft- bis dkl'rotviolett GA (ca. 15.8.1874) . . . . . e	850,—	120,—
31	1 M	lebhaft- bis dkl'rotviolett GA (Juni 1875) . . . . . e	260,—	80,—

Auflagen: MiNr. 30 = 264 000, MiNr. 31 = 636 000 Stück

Gültig bis 30.6.1912

Mit anderen Wz: MiNr. 43, 53 und 71

1875, 5. Juli. Freimarken: Staatswappen auf Sockel (V). Wie MiNr. 22, 23, 25, 27 und 29, jedoch Wz. 2.

d) Staatswappen auf Sockel

Wz. 2 weite Wellenlinien

			✶	⊙
32	1 Kr	(lebhaft)gelb(lich)grün . . . . . d	1,50	30,—
33	3 Kr	rotkarmin bis karmin . . . . . d	1,50	10,—
34	7 Kr	dunkelultramarin (Töne) . . . . . d	6,50	340,—
35	10 Kr	dunkelchromgelb (Töne) . . . . . d	36,—	320,—
36	18 Kr	dunkelzinnoberrot (Töne) . . . . . d	30,—	80,—
		Satzpreis (5 W.)	75,—	760,—

Für diese Ausgabe wurde eine neue Wz.-Maschine angeschafft. Das geänderte Wz. in Wellenlinienform reichte nun über den ganzen Druckbogen.

Viele Falschstempelungen! **Prüfung dringend anzuraten!**

Auflagen: MiNr. 32 = 4 300 000, MiNr. 33 = 13 600 000, MiNr. 34 = 480 000, MiNr. 35 = 186 000, MiNr. 36 = 300 000 Stück

Gültig bis 31.12.1875

Mit Wz. 1: MiNr. 22, 23, 25, 27 und 29

Neue Währung: 1 Mark (M) = 100 Pfennig (Pf)

1876–1881

1876, 1. Jan. Freimarken: Staatswappen auf Ornament (Kleinformat) (I). E Riess; komb. Bdr. und Prägedruck Weiss (5×6+5×6, dazwischen senkr. Zwischensteg [22 mm]); Wz. 2; gez. K 11½.

e I) Staatswappen auf Ornament

			✶	⊙
37	3 Pf	mittelgelbgrün bis lebhaftgrün . . . e I	45,—	2,—
38	5 Pf	(opal)grün bis dkl'bläulichgrün GA e I	110,—	22,—
39	10 Pf	mittellilarot bis dunkelmagenta . . e I	240,—	2,—
40	20 Pf	graublau bis dkl'(violett)ultramarin e I	240,—	5,—
41	25 Pf	braunocker (Erstaufl.), gelbbraun bis orangebraun . . . . . e I	220,—	8,—
42	50 Pf	dunkelgraurot bis lebhaftrot, zinnoberrot . . . . . e I	70,—	10,—
		Satzpreis (6 W.)	900,—	45,—

Auflagen: MiNr. 37 = 60 500 000, MiNr. 38 = 5 597 405, MiNr. 39 = 197 300 000, MiNr. 40 = 26 000 000, MiNr. 41 = 8 500 000, MiNr. 42 = 4 497 649 Stück

MiNr. 37, 41 und 42 gültig bis 31.1.1893, MiNr. 38, 39 und 40 bis 30.6.1912

1876, Jan./1879, Mai. Freimarken: Staatswappen auf Ornament (Großformat) (II). 🄴 **Riess; komb. Bdr. und Prägedruck Weiss, MiNr. 44 ab Auflagen Jan. 1883 Kgl. Hauptmünzamt (10×5); Wz. 2; gez. K 11½.**

e) Staatswappen auf Ornament

				✶	⊙
43	1 M	mittel- bis lebhaftbraunpurpur (Mai 1879)	e	2500,—	110,—
44	2 M	orange bis lebhaftrotorange (Jan. 1876)	e	40,—	18,—

MiNr. 43 kam erst nach Aufbrauch von MiNr. 30–31 in den Verkehr.

FALSCH MiNr. 43 ungebraucht; Prüfung **anzuraten!**

Auflagen: MiNr. 43 = 751 900, MiNr. 44 = 873 115 Stück

Gültig bis 30.6.1912

Mit Wz. 1: MiNr. 30–31; mit Wz. 3: MiNr. 53; auf Postscheckpapier und Wz. 4: MiNr. 71 und 72

1878, Sept. Freimarken: Staatswappen auf Ornament (Kleinformat) (II). Wie MiNr. 38 und 42, jedoch geänderte Farben.

				✶	⊙
45	5 Pf	hellbraunviolett, lebh'rotviolett	e I	200,—	30,—
46	50 Pf	dunkelorangebraun (Töne)	e I	1100,—	40,—

Auflagen: MiNr. 45 = 6 000 000, MiNr. 46 = 4 600 000 Stück

Gültig bis 31.1.1893

1881, Okt. Freimarken: Staatswappen auf Ornament (MiNr. 47–52 Kleinformat, MiNr. 53 Großformat (III). Wie MiNr. 37, 39–41, 43, 45 und 46, jedoch jetzt Wz. 3.

e I

e

Wz. 3
enge, senkr.
Wellenlinien

				✶	⊙
47	3 Pf	smaragdgrün bis (dunkel)gelb(lich)grün	e I	15,—	1,20
48	5 Pf	hell- bis lebhaftbraunviolett, mittelgraupurpur	e I	22,—	1,60
49	10 Pf	rotkarmin bis (dunkel)lilarot	e I	16,—	1,—
50	20 Pf	(dunkel)ultramarin bis mittelviolettultramarin	e I	18,—	1,—
51	25 Pf	mittel- bis dunkelgelbbraun (Töne)	e I	150,—	4,50
52	50 Pf	dunkelorangebraun (Töne)	e I	180,—	4,—
53	1 M	lebhaftbräunlichlila bis lebhaftrosalila	e	8,—	6,—
		Satzpreis (7 W.)		400,—	18,—

Auflagen: MiNr. 47 = 102 797 723, MiNr. 48 = 20 700 000, MiNr. 49 = 231 997 607, MiNr. 50 = 33 300 000, MiNr. 51 = 9 800 000, MiNr. 52 = 14 700 000, MiNr. 53 = 28 700 000 Stück

MiNr. 47, 48, 51 und 52 gültig bis 31.1.1893, MiNr. 49, 50 und 53 bis 30.6.1912

Prinzregent Luitpold (1886–1912)

1888–1900

1888, 1. Jan./1900. Freimarken: Staatswappen auf Ornament (Kleinformat) (IV). 🄴 **Riess; komb. Bdr. und Prägedruck Kgl. Hauptmünzamt (10×5+10×5, dazwischen waager., bedruckter Zwischensteg; ab Aufl. 37 II 10×10, bedruckter Steg als 11. Reihe, ab Aufl. 37 III nur 10×10); Wz. 4; gez. K 14½.**

e I) Staatswappen auf Ornament

Wz. 4
enge waager.
Wellenlinien

				✶	⊙
54	3 Pf	(lebhaft)gelblichgrün bis (dunkel)gelb(lich)grün (1.1.88)	e I	13,—	2,50
55	5 Pf	hell- bis lebhaftbraunpurpur (Töne) *(5.5.88)*	e I	26,—	10,—
56	10 Pf	(lebhaft)karminrot bis (dunkel)-rotkarmin (viele Töne) *(6.3.88)*	e I	0,50	1,—
57	20 Pf	(dunkel)ultramarin bis mittelviolettultramarin *(25.3.88)*	e I	0,50	1,—
58	25 Pf	braunocker bis orangebraun *(23.3.88)*	e I	40,—	17,—
59	50 Pf	schwärzlichgelbbraun bis (dunkel)braun *(3.3.88)*	e I	80,—	18,—
		Satzpreis (6 W.)		160,—	45,—

Wegen drohenden Markenmangels wurde MiNr. 56 ab Jan. 1920 nochmals für frankaturgültig erklärt, weil hier noch größere Restbestände vorhanden waren (mit Daten ab Jan. 1920 bis 30.6.1920: ⊙ 8,—).

Auflagen: MiNr. 54 = 57 100 000, MiNr. 55 = 12 900 000, MiNr. 56 = 1 791 200 000, MiNr. 57 = 294 000 000, MiNr. 58 = 5 000 000, MiNr. 59 = 7 400 000 Stück

MiNr. 54, 55, 58 und 59 gültig bis 31.1.1893, MiNr. 56 und 57 bis 30.6.1912

MiNr. 53 mit anderen Wz.: MiNr. 43 und 64; auf Postscheckpapier und Wz. 4: MiNr. 71

1890, 1. Jan. Freimarken: Staatswappen auf Ornament (Kleinformat) (V). Wie MiNr. 54, 55, 58 und 59, jedoch geänderte Farben.

e I) Staatswappen auf Ornament

				✶	⊙
60	3 Pf	dkl'ockerbraun bis dkl'siena	e I	0,40	0,80
61	5 Pf	dunkelopalgrün bis dunkelsmaragdgrün GA	e I	0,40	0,80
62	25 Pf	(dunkel)orange, (dunkel)gelborange	e I	0,80	1,50
63	50 Pf	lilabraun bis braunpurpur	e I	1,—	2,20
		Satzpreis (4 W.)		2,50	5,—

Aufgrund der vielen Auflagen weisen alle Werte starke Farbschwankungen auf.

Wegen drohenden Markenmangels wurde MiNr. 61 ab Jan. 1920 nochmals für frankaturgültig erklärt, weil hier noch größere Restbestände vorhanden waren (mit Daten ab Jan. 1920 bis 30.6.1920 ⊙ 8,—).

FALSCH Der Druckstöckel von MiNr. 61 befindet sich in Privathand. Es existieren private Drucke (ungezähnt, in verschiedenen Farben), die als Probedrucke o. ä. angeboten werden!

Auflagen: MiNr. 60 = 1 074 000 000, MiNr. 61 = 1 285 000 000, MiNr. 62 = 85 800 000, MiNr. 63 = 101 000 000 Stück

Gültig bis 30.6.1912

MiNr. 60 mit neuem Wertaufdruck: MiNr. 177

1890, 1. Dez./Anf. 1903. Freimarke: Staatswappen auf Ornament (Großformat) (IV). 🄴 **Riess; komb. Bdr. und Prägedruck Kgl. Hauptmünzamt (10×5); Wz. 3; gez. K 11½.**

e) Staatswappen auf Ornament

				✶	⊙
64	2 M	(dkl')gelblichorange bis orange	e	4,—	12,—

Auflage: 2 400 000 Stück *Gültig bis 30.6.1912*

Mit Wz. 2: MiNr. 44; auf Postscheckpapier und Wz. 4: MiNr. 72

Nicht ausgegeben:

			✶
I	2 M	mittelbräunlichlila	50,—

MiNr. I ist vermutlich 1890 als Muster einer beschlossenen, dann aber nicht mehr durchgeführten Farbänderung entstanden.

Bayernbruch:

Um den geforderten sauberen Markendruck herstellen zu können, musste mit einem erheblichen Andruck der Druckplatten auf das Markenpapier gearbeitet werden. Dies konnte dazu führen, dass das Papier zwischen den einzelnen Druckstöckeln aufplatzte.

Der so entstandene „Bayernbruch" ist herstellungsbedingt und, soweit das Markenbild selbst nicht betroffen ist, nicht wertmindernd!

1900, 1. Jan. Freimarken: Staatswappen auf Ornament (Kleinformat) (VI). Ⓔ Riess; komb. Bdr. und Prägedruck Kgl. Hauptmünzamt (10×5+10×5, dazwischen waager. Zwischensteg); Wz. 4; gez. K 14½.

e I) Staatswappen auf Ornament

				✶	⊙
65	2 Pf	(dunkel)grünlichgrau bis grüngrau (Töne)	e I	2,—	1,—
66	30 Pf	(dunkel)grünlicholiv bis oliv (Töne) GA	e I	0,80	1,50
67	40 Pf	lebhaft- bis dunkelorangegelb (Töne) GA	e I	0,80	1,60
68	80 Pf	mittel- bis lebhaftbraunpurpur (Töne)	e I	2,50	6,—
		Satzpreis (4 W.)		6,—	10,—

Auflagen: MiNr. 65 = 112 100 000, MiNr. 66 = 50 600 000, MiNr. 67 = 21 800 000, MiNr. 68 = 5 400 000 Stück

Gültig bis 30.6.1912

1900, 1. April. Freimarken. Staatswappen auf Ornament (Großformat) (V). Ⓔ Riess; komb. Bdr. und Prägedruck Kgl. Hauptmünzamt (10×5); Wz. 3; gez. K 11½.

e) Staatswappen auf Ornament

				✶	⊙*)
69	3 M	graubraun bis (dunkel)braunoliv (Töne)	e	30,—	40,—
70	5 M	gelbgrün (Töne)	e	30,—	40,—

*) MiNr. 69–70 wurden häufig zu Abrechnungszwecken verwendet und glasklar abgestempelt; eine Unterscheidung zwischen diesen Massenabstempelungen und Bedarfsentwertung ist nicht mit Sicherheit möglich.

Auflagen: MiNr. 69 = 277 190, MiNr. 70 = 258 640 Stück

Gültig bis 30.6.1912

1911

1911, Jan. Freimarken. Staatswappen auf Ornament (Großformat) (VI). Ⓔ Riess; komb. Bdr. und Prägedruck Kgl. Hauptmünzamt (10×5); leicht gelbliches, dickes, hartes Papier (sogen. „Postscheckpapier“); Wz. 4; gez. K 11½.

e) Staatswappen auf Ornament

				✶	⊙*)
71	1 M	mittel- bis lebhaftrötlichkarmin (Töne)	e	10,—	15,—
72	2 M	(lebhaft)rötlichorange (Töne)	e	11,—	20,—
73	3 M	dunkelolivbraun (Töne)	e	11,—	30,—
74	5 M	lebhaftgelblichgrün bis gelbgrün (Töne)	e	11,—	30,—
		Satzpreis (4 W.)		40,—	90,—

*) MiNr. 71–74 wurden häufig zu Abrechnungszwecken verwendet und glasklar abgestempelt; eine Unterscheidung zwischen diesen Massenabstempelungen und Bedarfsentwertung ist nicht mit Sicherheit möglich.

Auflagen: MiNr. 71 = 419 250, MiNr. 72 = 307 750, MiNr. 73 = 210 300, MiNr. 74 = 106 500 Stück

Gültig bis 30.6.1912

1911, 23. Jan. Freimarke: Staatswappen auf Ornament (Kleinformat) (VII). Wie MiNr. 61, jedoch auf leicht gelblichem, dickem, hartem Papier (Postscheckpapier) und Wz. 3.

				✶	⊙
75	5 Pf	(dunkel)grün bis dunkelsmaragdgrün	e I	0,80	20,—

Außer am Papier unterscheidet sich MiNr. 75 noch durch hellere Farbe von MiNr. 61. Bei gebrauchten Marken bietet der Stempel ein weiteres Erkennungszeichen: MiNr. 61 Daten aus 1900/1902, MiNr. 75 Daten ab 1911.

Wegen drohenden Markenmangels wurde MiNr. 75 ab Jan. 1920 nochmals für frankaturgültig erklärt (mit Daten ab Jan. 1920 bis 30.6.1920 ⊙ 50,—).

Auflage: 4 000 000 Stück *Gültig bis 30.6.1912*

Nicht ausgegeben:

			✶
II	3 Pf	hellockerbraun auf Postscheckpapier mit Wz. 3; gez. K 14½	700,—

Ganzsachenausschnitte bei Wappenmarken:

Bei Stücken mit Posthörnchen statt Wertziffern in den oberen Ecken handelt es sich immer um Ganzsachenausschnitte!

Da es darüberhinaus auch bildgleiche Marken und Ganzsachen-Wertstempel gibt, ist bei ungezähnten Stücken Vorsicht geboten!

Ganzsachenausschnitte waren in Bayern nicht zur Frankatur zugelassen!

Aufnadelungslöcher:

Die Druckbogen der gezähnten Ausgaben wurden an den vier Bogenecken aufgenadelt. Die so entstandenen Aufnadelungslöcher trafen manchmal nicht nur den Rand, sondern auch die Marke. Obwohl herstellungsbedingt, erfordern Stücke mit Aufnadelungslöchern im Markenbild Abschläge!

Bei MiNr. 53–70 gibt es aufgrund der vielen Auflagen etliche Papiersorten. Die frühen Auflagen wurden meist auf grauweißen Papieren gedruckt. Später schwankt die Papierfarbe zwischen mittelorangeweiß und mattrotweiß, die letzten Auflagen wurden auf weißen bis mattgelblichweißen Papieren gedruckt.

Katalogisierung siehe MICHEL-Deutschland-Spezial Band 1!

Ab MiNr. 94 gelten alle Gebraucht-Preise nur für Infla-geprüfte Stücke! Marken mit rückdatierten oder nicht prüfbaren Stempeln werten höchstens wie ✶!

Die Gebraucht-Bewertungen gelten für Stücke mit deutlichen Stempeln, bei denen Ort und Datum bzw. die komplette Nummer erkennbar sind (siehe „Briefmarken-Qualitätsstufen“ im Einleitungsteil, Abb. 23); verschmierte, verschmutzte oder verkantete Abschläge bedingen Preisabschläge von mindestens 50%, Marken mit sehr klarem und zentrischem Stempel verdienen Aufschläge von 30–80%!

Marken ohne Gummi werten 33% der Falzpreise.

Von einigen Marken gibt es gefährliche Ganzfälschungen (z. B. von Sperati), bei Marken, die ungebraucht billiger sind als gestempelt, kommen relativ häufig Stempelfälschungen vor; bei teureren Stücken ist eine Prüfung anzuraten!

1911, 10. März/1912, Okt. 90. Geburtstag von Prinzregent Luitpold. Ⓔ von Kaulbach; Photolithografie Conseé, MiNr. 81 I–85 I auch Topografisches Büro des Bayer. Kriegsministeriums (MiNr. 76–85 10×10, MiNr. 86–91 5×4); MiNr. 77 und 78 auch aus Markenheftchen, MiNr. 77 II, 78 II und 80 II auch aus Rollen; I = Type I, II = Type II, III = Type III; MiNr. 76–80 Wz. 4, MiNr. 81–91 Wz. 3; MiNr. 76–80 gez. K 14:14½, MiNr. 81–91 gez. K 11½.

f

g

h

h

f–h) Prinzregent Luitpold (1821–1912)

					✶	✶✶	⊙*)	FDC
76		3 Pf	dunkelorangebraun bis dunkelsiena auf hellgraubraun	f				
	I		Type I (10. März 1911)		2,20	6,50	1,—	25,—
	II		Type II, dunkelorangebraun (Töne) (Okt. 1911)		0,40	1,50	1,—	
	III		Type III, dunkelorangebraun (Töne) (Mai 1911)		0,40	1,50	1,—	
77		5 Pf	schwärzlichgrün (Töne) auf hellgraugrün GA	f				
	I		Type I (10. März 1911)		1,40	5,50	1,—	25,—
	II		Type II (Okt. 1911)		0,40	1,50	1,—	
	III		Type III (Mai 1911)		0,40	1,50	1,—	
78		10 Pf	rot (Töne) auf mittelchromgelb GA	f				
	I		Type I (10. März 1911)		1,40	4,80	1,—	25,—
	II		Type II (Okt. 1911)		0,40	1,50	1,—	
	III		Type III (März 1911)		0,40	1,50	1,—	
79		20 Pf	dunkelpreußischblau bis dunkelultramarin auf hellgraublau GA	f				
	I		Type I (10. März 1911)		13,—	32,—	3,50	40,—
	II		Type II, dunkelpreußischblau (Okt. 1911)		2,50	11,—	1,60	
80		25 Pf	schwarzviolettbraun auf mittelchromgelb	f				
	I		Type I (10. März 1911)		24,—	75,—	4,—	100,—
	II		Type II (Okt. 1911)		4,—	25,—	3,—	
81		30 Pf	dunkelrotorange (Töne) auf hellchromgelb	g				
	I		Type I (10. März 1911)		14,—	44,—	5,—	100,—
	II		Type II (Okt. 1911)		3,—	9,—	3,—	
82		40 Pf	bräunlicholiv auf mittelchromgelb	g				
	I		Type I (10. März 1911)		22,—	60,—	5,—	100,—
	II		Type II (Okt. 1911)		5,—	15,—	3,—	
83		50 Pf	dunkelbraunrot auf hellgraubraun	g				
	I		Type I (10. März 1911)		24,—	80,—	13,—	150,—
	II		Type II (Okt. 1911)		4,—	20,—	4,—	
84		60 Pf	schwarzbläulichgrün auf mittelchromgelb	g				
	II		Type II (1. Okt. 1911)		4,—	14,—	4,—	35,—
85		80 Pf	dunkelbraunviolett auf hellgraubraun	g				
	I		Type I (10. März 1911)		55,—	140,—	30,—	220,—
	II		Type II (Okt. 1911)		12,—	28,—	14,—	
86		1 M	braun (Töne) auf hellgraubraun	h				
	I		Type I (10. März 1911)		70,—	260,—	18,—	
	II		Type II (Okt. 1911)		4,—	16,—	8,—	
87		2 M	schwärzlichgrün auf hellgraugrün	h				
	I		Type I (10. März 1911)		170,—	500,—	80,—	
	II		Type II (Okt. 1911)		6,—	20,—	15,—	
88		3 M	karminrot auf mattgelblichorange	h				
	I		Type I (10. März 1911)		24,—	55,—	55,—	
	II		Type II (Okt. 1911)		16,—	35,—	80,—	
89		5 M	dunkelpreußischblau auf mittelchromgelb	h				
	I		Type I (10. März 1911)		32,—	55,—	60,—	
	II		Type II (Okt. 1911)		16,—	40,—	220,—	
90		10 M	schwärzlichgelborange auf hellbraungelb	h				
	I		Type I (10. März 1911)		55,—	120,—	85,—	
	II		Type II (Okt. 1911)		35,—	75,—	400,—	
91		20 M	schwarzsiena auf hellbraungelb	h				
	I		Type I (10. März 1911)		32,—	75,—	40,—	
	II		Type II (Okt. 1911)		30,—	90,—	450,—	
			Satzpreis Type I (15 W.)		500,—	1500,—	400,—	
			Satzpreis Type II (16 W.)		130,—	400,—	1200,—	

*) MiNr. 86–91 wurden häufig zu Abrechnungszwecken verwendet und glasklar abgestempelt; eine Unterscheidung zwischen diesen Massenabstempelungen und Bedarfsentwertung ist nicht mit Sicherheit möglich.

Achtung! Die Papierfarben von MiNr. 77 und 87 sind nicht lichtecht und unterliegen teilweise deutlichen Schwankungen!

Die Type III wird nicht BBP-geprüft.

Weitere Satzzusammenstellungen:

		✶	✶✶	⊙
76 I –85 I	(Pfennigwerte) 9 W.	150,—	440,—	65,—
76 II–85 II	(Pfennigwerte) 10 W.	30,—	120,—	35,—
86 I –91 I	(Markwerte) 6 W.	380,—	1000,—	320,—
86 II–91 II	(Markwerte) 6 W.	100,—	270,—	1100,—

Typenunterschiede:

Pfennigwerte (MiNr. 76–85):

Type I: Inschrift in Kopfleiste mager und unklar,
Kopf des „R" in „MAERZ" klein, Mittelbalken des „E" kurz,
Fußstriche aller „1" kaum vorhanden

Type II: Inschrift in Kopfleiste wesentlich stärker und klarer, Kopf des „R“ groß, Mittelbalken des „E“ lang; alle „1“ mit deutlichen Fußstrichen

Type III: wie Type II, jedoch Mittelbalken des „E“ kurz

MiNr. 76–91 wurden übereilt hergestellt, es stellte sich schnell heraus, daß die ersten Platten (Type I) überarbeitet werden mussten. Durch diese Überarbeitung entstand Type II. Zwischenzeitlich drohten die Wertstufen zu 3-, 5- und 10 Pf auszugehen, sie mussten nachgedruckt werden. Es entstand die Zwischentype III, die Merkmale sowohl der Type I als auch der Type II aufweist (erschienen vor der Type II). Type III wird nicht BPP-geprüft.

Markwerte (MiNr. 86–91):

Type I: Fußstriche der Ziffern „1“ von „1911“ fehlen oder sind nur angedeutet; Ziffer „9“ mager; waager. Linie unter linker Verzierung unterbrochen; linker senkr. Strich des „N“ von „BAYERN“ in weiße Einfassungslinie übergehend

Type II: deutliche Fußstriche an den Ziffern „1“; Ziffer „9“ fetter; waager. Linie unter linker Verzierung durchgehend; linker senkr. Strich des „N“ von „BAYERN“ durch Farbstrich von weißer Einfassungslinie getrennt

Bei allen Werten gibt es zahlreiche Tönungen sowohl der Papier- als auch der Druckfarben.

FALSCH MiNr. 90 II und 91 II in gestempelter Erhaltung aus MiNr. 90 I und 91 I

hauptsächlich MiNr. 90 II und 91 II

Auflagen:

MiNr. 76 = 192 000 000	MiNr. 80 = 25 000 000	MiNr. 83 = 29 000 000	MiNr. 86 = 4 800 000	MiNr. 89 = 122 000
MiNr. 77 = 524 000 000	MiNr. 81 = 17 000 000	MiNr. 84 = 5 900 000	MiNr. 87 = 796 000	MiNr. 90 = 67 500
MiNr. 78 = 375 000 000	MiNr. 82 = 10 000 000	MiNr. 85 = 4 100 000	MiNr. 88 = 239 000	MiNr. 91 = 68 000
MiNr. 79 = 60 000 000				

Gültig bis 31.3.1919

1911, 10. Juni. 25 Jahre Regentschaft von Prinzregent Luitpold. E von Kaulbach; Stdr. Conseé (5×10); oWz.; A = Kammzähnung 11½, B = Linienzähnung 11½.

i) Prinzregent Luitpold (1821–1912), Kranz

A = gez. K 11½

					✶	✶✶	⊙
92 A	5 Pf	mehrfarbig	i		1,—	2,—	1,80
93 A	10 Pf	mehrfarbig	i		1,50	3,—	3,—
				Satzpreis (2 W.)	2,50	5,—	4,50
				FDC			6,—

B = gez. L 11½

					✶	✶✶	⊙
92 B	5 Pf	mehrfarbig	i		1,40	3,—	2,50
93 B	10 Pf	mehrfarbig	i		2,20	4,50	4,—
				Satzpreis (2 W.)	3,50	7,50	6,50
				FDC			8,—

MiNr. 92 und 93 waren nur in Deutschland und nach Österreich zugelassen. Von den Postverwaltungen anderer Länder brauchten sie lt. Art. 11 § 1 des Weltpostverein-Vertrags (Erinnerungsmarken mit vorübergehender Gültigkeitsdauer sind im Auslandsverkehr nicht zulässig) nicht anerkannt zu werden.

Bis zum 14. Juni war die Entwertung mit auf den Jubiläumstag rückdatierten Stempeln zulässig.

Auflagen: MiNr. 92 = ca. 10 710 000, MiNr. 93 = ca. 6 800 000 Stück

Gültig bis 30.6.1911

Flugpostmarke (Okt. 1912) siehe nach Portofreiheitsmarken!

König Ludwig III. (1913–1918)

1914

Ab MiNr. 94 gelten alle Gebraucht-Preise nur für Infla-geprüfte Stücke! Marken mit rückdatierten oder nicht prüfbaren Stempeln werten höchstens wie ✶!

1914, ab 30. März/1915. Freimarken: König Ludwig III. Frühdrucke (sogen. „Friedensdrucke“ = I). E Prof. Firle; RaTdr. Bruckmann (MiNr. 94–103 10×10, MiNr. 104–106 10×5, MiNr. 107–109 4×5); MiNr. 94–103 und 107–109 Wz. 4, MiNr. 104–106 Wz. 3; qualitativ hochwertiges, rahmfarbenes Papier, seidenartige Gummierung; MiNr. 94–103 gez. K 14:14½, MiNr. 104–109 gez. K 11½.

l

l

m

n

l–n) König Ludwig III. (1845–1921); 1912 Prinzregent, seit 1913 König, 1918 abgedankt

				✶	✶✶	⊙
94 I	3 Pf	dunkelorangebraun bis braun	l	2,50	6,—	5,—
95 I	5 Pf	dunkel- bis schwärzlich(oliv)grün [saftgrün]	l	2,—	5,—	3,20

					*	**	⊙
96 I	10	Pf	rot bis dunkelorangerot, (dunkel)bräunlichrot	l	2,—	5,—	3,20
97 I	20	Pf	dunkelgrauultramarin bis (grünlich)blau [blau, ultramarin]	l	8,—	18,—	3,20
98 I	25	Pf	schwarzgrau (Töne) bis olivschwarz	l	25,—	60,—	12,—
99 I	30	Pf	dunkelgelblichorange bis (dunkel)orange	l	2,—	5,—	6,—
100 I	40	Pf	schwarzbraunoliv bis dunkelbräunlicholiv	l	5,—	12,—	12,—
101 I	50	Pf	rotbraun bis dunkelbraunrot	l	3,—	8,—	8,—
102 I	60	Pf	schwarzbläulichgrün (Töne)	l	2,—	5,—	15,—
103 I	80	Pf	schwärzlichbraunviolett bis schwärzlichgrauviolett	l	5,—	13,—	15,—
104 I	1	M	(dunkelocker)braun bis dunkelorangebraun	m	75,—	160,—	8,—
105 I	2	M	schwärzlich- bis schwarzgrauviolett (Töne)	m	7,—	16,—	20,—
106 I	3	M	(dunkel)zinnoberrot bis rot	m	10,—	25,—	75,—
107 I	5	M	dunkelpreußischblau bis schwarzgraublau	n	13,—	30,—	100,—
108 I	10	M	schwärzlichgelblichgrün (Töne)	n	35,—	80,—	360,—
109 I	20	M	dunkelgraubraun (Töne)	n	35,—	80,—	280,—
			Satzpreis (16 W.)		230,—	480,—	900,—

Vorsicht! Farben sind lösungsmittelempfindlich (Benzin, Äther u. v. a. m.)!

MiNr. 95 I und 96 I stammen auch aus Markenheftchen (MH 5)

Bei besseren Werten empfiehlt es sich, auch ungebrauchte Marken prüfen zu lassen!

Auflagen: unbekannt

Gültig bis 30.6.1920

Unterscheidungsmerkmale zwischen Frühdrucken 1914/15 („Friedensdrucke") und Spätdrucken ab 1916 („Kriegsdrucke") der Freimarkenserie König Ludwig III.:

Frühdrucke („Friedensdrucke") am Beispiel der MiNr. 96 I: Klarer Druck (Schattierungen bzw. Konturen deutlich sichtbar); Farben rein, fast leuchtend; qualitativ hochwertiges, leicht rahmfarbig getöntes Papier; Gummierung seidenartig mit feinen Strukturen.

Spätdrucke („Kriegsdrucke") am Beispiel der MiNr. 114: Unklarer, oft verschwommener Druck (Schattierungen kaum oder gar nicht vorhanden); Farben stumpfer, teilweise schmutzig wirkend; weißes bis graues, qualitativ schlechteres, teilweise auch glasiges zellstoffhaltiges oder reines Zellstoffpapier; Gummierung glatt bis ungleichmäßig (gemasert) und dick aufgetragen.

Auch bei den Frühdrucken gibt es Marken, die bildseitig nicht so sauber sind (und somit als Spätdrucke eingestuft werden könnten). Hier ermöglichen jedoch das Papier und die Gummierung die Zuordnung.

1916/1918

1916, Jan./1920, 4. März. Freimarken: König Ludwig III. Spätdrucke (sogen. „Kriegsdrucke" = II). Wie MiNr. 94 I–109 I, jedoch qualitativ schlechtere zellstoffhaltige bzw. Zellstoffpapiere mit dickerer Gummierung. A = MiNr. 94–103 gez. K 14:14½, MiNr. 104–109 gez. K 11½; B = □.

A = gez. K 14:14½ bzw. K 11½ (1916)

					*	**	⊙
94 II A	3	Pf	braun bis dunkelockerbraun	l	0,30	1,—	3,20
97 II A	20	Pf	dunkelgrünlichblau (Töne)	l	0,30	1,—	3,20
98 II A	25	Pf	olivschwarz (Töne)	l	0,30	1,—	3,20
99 II A	30	Pf	dunkel(rötlich)orange	l	1,50	3,50	3,20
100 II A	40	Pf	schwärzlichbraunoliv bis olivbraun	l	0,30	1,—	3,50
101 II A	50	Pf	(dunkel)rötlichbraun bis rotbraun	l	0,30	1,—	3,20
102 II A	60	Pf	schwarzbläulichgrün	l	1,50	3,50	3,20
103 II A	80	Pf	schwärzlichgrauviolett	l	0,30	1,—	3,20
104 II A	1	M	braun bis dunkelbraun (Töne)	m	0,30	1,—	3,20
105 II A	2	M	schwarzgrauviolett (Töne)	m	0,40	1,20	3,40
106 II A	3	M	(dunkelzinnober)rot	m	0,50	1,20	7,—
107 II A	5	M	preußischblau	n	0,70	1,60	25,—
108 II A	10	M	schwärzlichgelblichgrün	n	2,20	5,—	70,—
109 II A	20	M	dunkelgraubraun	n	4,—	8,—	100,—
			Satzpreis siehe nach MiNr. 115				

B = geschnitten (1920)

					*	**	⊙
94 II B	3	Pf	braun bis dunkelockerbraun	l	0,30	1,—	18,—
97 II B	20	Pf	dunkelgrünlichblau (Töne)	l	0,30	1,—	18,—
98 II B	25	Pf	olivschwarz (Töne)	l	0,30	1,—	18,—
99 II B	30	Pf	dunkel(rötlich)orange	l	0,30	1,—	18,—
100 II B	40	Pf	schwärzlichbraunoliv bis olivbraun	l	0,30	1,—	18,—
101 II B	50	Pf	(dunkel)rötlichbraun bis rotbraun	l	0,30	1,—	18,—
102 II B	60	Pf	schwarzbläulichgrün	l	0,30	1,—	18,—
103 II B	80	Pf	schwärzlichgrauviolett	l	0,30	1,—	20,—
104 II B	1	M	braun bis dunkelbraun (Töne)	m	0,40	1,—	20,—
105 II B	2	M	schwarzgrauviolett (Töne)	m	0,50	1,50	25,—
106 II B	3	M	(dunkelzinnober)rot	m	0,60	2,—	34,—

				*	**	⊙
107 II B	5 M	preußischblau	n	1,20	2,50	55,—
108 II B	10 M	schwärzlichgelblichgrün	n	2,—	4,—	85,—
109 II B	20 M	dunkelgraubraun	n	2,80	8,—	140,—
		Satzpreis siehe nach MiNr. 115				

Stücke auf glasigem reinem Zellstoffpapier verdienen einen Aufschlag von ca. 100%!

Bei allen Werten gibt es mehr oder weniger starke Farbschwankungen!

Da bereits 1916 aus der Druckerei versehentlich ungezähnt gebliebene Bestände gestohlen wurden, wenige Werte versehentlich auch von der Post verkauft wurden und diese Stücke dann in den Handel gelangten und teuer verkauft wurden, entschloss sich die Postverwaltung, den ganzen Satz amtlich auch geschnitten auszugeben. Ab 4.3.1920 konnten die Marken beim Verkehrsamt der Bayerischen Posten und Telegraphen bestellt werden. In der Regel wurden sie einzeln oder satzweise in kompletten Bogen abgegeben. Auf den Nennwert wurde 10%, ab 7. April 1920 25% Zuschlag erhoben.

alle Werte

Auflagen: unbekannt

Gültig bis 30.6.1920

1916, 1. Aug./1920, 4. März. Freimarken: König Ludwig III. Neue Wertstufen und geänderte Farben. Prof. Firle; RaTdr. Bruckmann (10×10); zellstoffhaltiges Papier (MiNr. 110 auch reines glasiges Zellstoffpapier), dicke Gummierung; Wz. 4; A = gez. K 14:14½, B = □.

				*	**	⊙	FDC
110	2 Pf	schwärzlichtürkisgrau bis schwärzlichblaugrau	l				
A		gez. K 14:14½ (1.10.1918)		0,30	1,—	3,20	10,—
B		geschnitten (4.3.1920)		0,30	1,—	17,—	30,—
111 A	2½ auf 2 Pf	schwärzlichtürkisgrau bis schwärzlichblaugrau (1.8.1916)	l	0,30	1,—	3,20	10,—
112	5 Pf	schwärzlichgelblichgrün bis (dunkel)gelbgrün	l				
A		gez. K 14:14½ (12.8.1916)		0,30	1,—	3,20	10,—
B		geschnitten (4.3.1920)		0,30	1,—	17,—	30,—
113	7½ Pf	schwärzlichgrün bis schwärzlichopalgrün	l				
A		gez. K 14:14½ (1.8.1916)		0,30	1,—	3,20	10,—
B		geschnitten (4.3.1920)		0,30	1,—	17,—	30,—
114	10 Pf	karminrot bis lilarot (viele Töne)	l				
A		gez. K 14:14½ (12.8.1916)		0,30	1,—	3,20	10,—
B		geschnitten (4.3.1920)		0,30	1,—	17,—	30,—
115	15 Pf	(lebhaft)rot bis lebhaftkarminrot	l				
A		gez. K 14:14½ (1.8.1916)		0,30	1,—	3,20	10,—
B		geschnitten (Töne) (4.3.1920)		0,30	1,—	17,—	30,—
		Satzpreis MiNr. 94 II A–115 A (20 W.)		12,—	40,—	220,—	
		Satzpreis MiNr. 94 II B–115 B (19 W.)		12,—	30,—	500,—	

MiNr. 110 auf glasigem reinem Zellstoffpapier 100% Aufschlag!

Zu MiNr. 110 B–115 B vgl. Hinweis bei MiNr. 94 II-109 II!

Englische Kriegs-Fälschungen der MiNr. 112, 114 und 115 s. Abschnitt Kriegs- und Propagandafälschungen im MICHEL-Deutschland-Spezial Band 1

FALSCH MiNr. 111 geschnitten;

MiNr. 113 A und 115 A stammen auch aus Markenheftchen (MH 6).

Auflagen: MiNr. 111 A = ca. 33 500 000; andere unbekannt

Gültig bis 30.6.1920

Republik („Volksstaat")

1919

1919, 1. März/1920, 4. März. Freimarken: König Ludwig III. Marken MiNr. 104 I bis 109 I (Frühdrucke) und Marken aus 94 II–109 II (Spätdrucke) sowie 112 A bis 115 A mit schwarzem Bdr.-Aufdruck durch Bruckmann; A = gez., B = □.

A = gezähnt (1919)

				*	**	⊙	FDC
116 II A	3 Pf	braun bis dunkelockerbraun (3.3.19)	(94 II A)	0,30	0,80	3,20	
117 II A	5 Pf	dunkelgelb(lich)grün (1.3.19)	(112 A)	0,30	0,80	3,20	10,—
118 II A	7½ Pf	schwärzlich(opal)grün (viele Töne) (1.3.19)	(113 A)	0,30	0,80	3,20	10,—
119 II A	10 Pf	(lebhaft)karminrot bis lilarot (Töne) (1.3.19)	(114 A)	0,30	0,80	3,20	10,—
120 II A	15 Pf	(lebhaft)rot (viele Töne) [zinnober] (1.3.19)	(115 A)	0,30	0,80	3,20	10,—
121 II A	20 Pf	dunkelgrünlichblau (Töne) (1.3.19)	(97 II A)	0,30	0,80	3,20	10,—
122 II A	25 Pf	olivschwarz (Töne) (25.3.19)	(98 II A)	0,30	0,80	3,20	
123 II A	30 Pf	dunkel(gelblich)orange (1.3.19)	(99 II A)	0,30	0,80	3,20	10,—
124 II A	40 Pf	dunkelbraunoliv bis dunkelbräunlicholiv (12.3.19)	(100 II A)	0,30	0,80	3,20	
125 II A	50 Pf	(dunkel)rotbraun bis dunkelbraunrot (Töne) (1.3.19)	(101 II A)	0,30	0,80	3,20	10,—
126 II A	60 Pf	schwarzbläulichgrün (Töne) (1.3.19)	(102 II A)	0,30	0,80	3,20	
127 II A	80 Pf	schwärzlichgrauviolett (Töne) (25.3.19)	(103 II A)	0,30	0,80	3,20	
128	1 M	braun bis dunkelbraun (Töne)					
I A		Aufdruck auf Frühdrucke	(104 I A)	25,—	45,—	40,—	
II A		Aufdruck auf Spätdrucke	(104 II A)	0,30	0,80	3,20	

				*	**	⊙	FDC
129	2 M	schwarzgrauviolett (27.3.19)					
I A		Aufdruck auf Frühdrucke	(105 I A)	18,—	32,—	15,—	
II A		Aufdruck auf Spätdrucke	(105 II A)	0,40	0,70	2,50	
130	3 M	(dunkel)zinnoberrot bis rot (13.3.19)					
I A		Aufdruck auf Frühdrucke	(106 I A)	15,—	25,—	35,—	
II A		Aufdruck auf Spätdrucke	(106 II A)	0,60	1,—	6,—	
131	5 M	(dunkel)preußischblau (Töne) (18.3.19)					
I A		Aufdruck auf Frühdrucke	(107 I)	70,—	120,—	140,—	
II A		Aufdruck auf Spätdrucke	(107 II A)	1,20	2,—	15,—	
132	10 M	schwärzlichgelblichgrün (Töne) (18.3.19)					
I A		Aufdruck auf Frühdrucke	(108 I A)	30,—	55,—	60,—	
II A		Aufdruck auf Spätdrucke	(108 II A)	1,80	3,—	60,—	
133	20 M	dunkelgraubraun (Töne) (18.3.19)					
I A		Aufdruck auf Frühdrucke	(109 I A)	40,—	70,—	100,—	
II A		Aufdruck auf Spätdrucke	(109 II A)	3,—	5,—	65,—	
			Satzpreis I (6 W.)	220,—	360,—	420,—	
			Satzpreis II siehe nach MiNr. 135				

B = geschnitten (4.3.1920)

				*	**	⊙	FDC
116 II B	3 Pf	braun bis dunkelockerbraun	(94 II B)	0,30	0,80	24,—	50,—
117 II B	5 Pf	dunkelgelbgrün bis dunkelgelblichgrün	(112 B)	0,30	0,80	24,—	50,—
118 II B	7½ Pf	schwärzlichgrün bis schwärzlichopalgrün (viele Töne)	(113 B)	0,30	0,80	24,—	50,—
119 II B	10 Pf	(lebhaft)karminrot bis lilarot (Töne)	(114 B)	0,30	0,80	24,—	50,—
120 II B	15 Pf	(lebhaft)rot (viele Töne) [zinnober]	(115 B)	0,30	0,80	24,—	50,—
121 II B	20 Pf	dunkelgrünlichblau (Töne)	(97 II B)	0,30	0,80	24,—	50,—
122 II B	25 Pf	olivschwarz (Töne)	(98 II B)	0,30	0,80	24,—	50,—
123 II B	30 Pf	dunkelorange bis dunkelgelblichorange	(99 II B)	0,30	0,80	24,—	50,—
124 II B	40 Pf	dunkelbraunoliv bis dunkelbräunlicholiv	(100 II B)	0,30	0,80	24,—	50,—
125 II B	50 Pf	rotbraun bis dunkelbraunrot	(101 II B)	0,30	0,80	24,—	50,—
126 II B	60 Pf	schwarzbläulichgrün (Töne)	(102 II B)	0,30	0,80	24,—	50,—
127 II B	80 Pf	schwärzlichgrauviolett (Töne)	(103 II B)	0,30	0,80	25,—	70,—
128 II B	1 M	braun bis dunkelbraun (Töne)	(104 II B)	0,30	0,80	30,—	70,—
129 II B	2 M	schwarzgrauviolett	(105 II B)	0,60	1,—	35,—	100,—
130 II B	3 M	(dunkel)zinnoberrot bis rot	(106 II B)	0,90	1,50	55,—	130,—
131 II B	5 M	(dunkel)preußischblau (Töne)	(107 II B)	1,20	2,—	70,—	200,—
132 II B	10 M	schwärzlichgelblichgrün (Töne)	(108 II B)	1,80	3,50	100,—	200,—
133 II B	20 M	dunkelgraubraun (Töne)	(109 II B)	3,50	6,—	100,—	200,—
			Satzpreis II siehe nach MiNr. 135				

Unterscheidungsmerkmale zwischen Früh- („Friedens-") und Spätdrucken („Kriegsdrucke") siehe vor MiNr. 94 II!

Bei allen Werten kommen mehr oder weniger starke Farbschwankungen vor!

Zu MiNr. 116 II B–133 II B vgl. Hinweis bei MiNr. 94 II–109 II!

Auflagen: unbekannt *Gültig bis 30.6.1920*

1919, 27. Juni/1920, 4. März. Freimarken: König Ludwig III. Ohne Aufdruck nicht ausgegebene Marken, Wz. 4, mit schwarzem Bdr.-Aufdruck durch Bruckmann; A = gez. K 14:14½, B = □.

A = gez. K 14:14½ (1919)

				*	**	⊙
134 II A	35 Pf	dunkelorange (Töne) (27.6.19)	I	0,30	0,80	4,—
135 II A	75 Pf	dkl'rötlichbraun bis siena (17.7.19)	I	0,30	0,80	3,20
			Satzpreis MiNr. 116 II–135 II (20 W.)	10,—	20,—	170,—

B = geschnitten (4.3.1920)

				*	**	⊙
134 II B	35 Pf	dunkelorange (Töne)	I	0,30	0,80	25,—
135 II B	75 Pf	dkl'rötlichbraun bis siena	I	0,30	0,80	25,—
			Satzpreis MiNr. 116 II–135 II (20 W.)	11,—	25,—	800,—

Auflagen: unbekannt *Gültig bis 30.6.1920*

Nicht ausgegeben:

A = gezähnt K 14:14½

				*	**	⊙
III A	2 Pf	dunkelblaugrau mit Aufdr. „Volksstaat Bayern"	I	85,—	130,—	
IV A	2½ Pf	dunkelblaugrau mit Aufdr. „Volksstaat Bayern"	I	85,—	130,—	
134 A I	35 Pf	dunkelorange (Töne), ohne Aufdruck	I	150,—	250,—	
135 A I	75 Pf	dunkelrötlichbraun, ohne Aufdruck	I	35,—	60,—	350,—

B = geschnitten

				*	**	⊙
134 B I	35 Pf	dunkelorange (Töne), ohne Aufdruck	I	20,—	30,—	
135 B I	75 Pf	dunkelrötlichbraun, ohne Aufdruck	I	300,—	450,—	

Von MiNr. 135 A I kam 1919 in Würzburg ein Bogen zum Schalterverkauf.

1919, 17. Mai*/30. Sept. Freimarken: Teilauflagen von Marken des Deutschen Reiches mit rußigem, mattem oder glänzendem schwarzem Bdr.-Aufdruck durch die Reichsdruckerei Berlin.

				✶	✶✶	⊙
136	2½ Pf	dunkelolivgrau (Töne) (17.5.)	(98)	0,30	0,80	3,20
137	3 Pf	(schwarz)braun bis olivbraun (30.9.)	(84 II)	0,30	0,80	3,20
138	5 Pf	dunkelopalgrün bis dunkelgrün (17.5.)	(85 II)	0,30	0,80	3,20
139	7½ Pf	rötlichorange bis rotorange GA (17.5.)	(99)	0,30	1,—	3,20
140	10 Pf	karminrot (Töne) GA (17.5.)	(86 II)	0,30	0,80	3,20
141	15 Pf	schwarzgrauviolett GA (30.9.)	(101)	0,30	1,—	3,20
142	20 Pf	dunkelviolettblau (30.9.)	(87 II)	0,30	0,80	3,20
143	25 Pf	dunkelrötlichorange/schwarz auf mattolivgelb (30.9.)	(88 II)	0,30	0,80	3,20
144	35 Pf	lebhaftrotbraun (30.9.)	(103)	0,30	0,80	3,20
145	40 Pf	lilarot bis karminrot/schwarz (30.9.)	(90 II)	0,50	1,50	3,20
146	75 Pf	dunkelblaugrün/schwarz (30.9.)	(104)	0,70	1,20	4,—
147	80 Pf	rotkarmin/schwarz auf mittelgraurot (30.9.)	(93 II)	0,70	1,20	4,—
148 B	1 M	lebhaftkarminrot, 25:17 Zähnungslöcher (30.9.)	(94 B)	1,20	3,—	6,—
149	2 M	dunkelgrauultramarin bis blau (30.9)				
A		26:17 Zähnungslöcher	(95 A)	22,—	40,—	440,—
B		25:17 Zähnungslöcher	(95 B)	1,50	5,50	14,—
150	3 M	violettschwarz bis schwarzgrauviolett (30.9.)				
A		26:17 Zähnungslöcher	(96 A)	75,—	130,—	400,—
B		25:17 Zähnungslöcher	(96 B)	1,50	5,50	16,—
151	5 M	schwarzgrün/lilarot (Töne) (30.9.)				
A		26:17 Zähnungslöcher	(97 A)	3,50	7,—	17,—
B		25:17 Zähnungslöcher	(97 B)	1,50	5,50	16,—
			Satzpreis (16 W.)	10,—	30,—	75,—

*) Während der Räterepublik (7.4.–2.5.1919) war München hermetisch abgeriegelt und eingeschlossen, nichts gelangte aus und nach München. Auch Postwertzeichen konnten nicht ausgeliefert werden und so drohte in der Pfalz ein akuter Markenmangel. Kurz entschlossen entschied die nach Bamberg ausgewichene bayer. Regierung, die im Deutschen Reich kursierenden Marken mit dem Aufdruck „Freistaat Bayern" versehen zu lassen. Ab dem 17. Mai 1919 konnten die Werte 2½, 5, 7½ und 10 Pf in der Pfalz ausgegeben werden (= HAN 1224.19). Da mehr als in der Pfalz benötigte Marken überdruckt wurden, entschied die Postverwaltung später, auch weitere Werte überdrucken zu lassen (HAN 3103.19) und ab dem 30.9.1919 in ganz Bayern zu vertreiben.

Frühverwendungen in der Pfalz (17.5.–29.9.1919):

	⊙
136	5,—
138	15,—
139	5,—
140	12,—

Die verschiedenen Aufdrucke rechtfertigen keine Preisunterschiede!

Auflagen (Bestellmengen): MiNr. 136 = 4 210 000, MiNr. 137 = 4 010 000, MiNr. 138 = 4 200 000, MiNr. 139 = 9 240 000, MiNr. 140 = 4 860 000, MiNr. 141 = 4 000 000, MiNr. 142 = 7 270 000, MiNr. 143 = 2 520 000, MiNr. 144 = 2 000 000, MiNr. 145 = 1 495 000, MiNr. 146 = 1 500 000, MiNr. 147 = 1 515 000, MiNr. 148 = 631 000, MiNr. 149 = 517 000, MiNr. 150 = 511 000, MiNr. 151 = 511 500 Stück. Ausgegebene Mengen bisher unbekannt.

Gültig bis 31.1.1920

1919, ab 6. Aug./1920, 4. März. Freimarken: König Ludwig III. Marken MiNr. 94 II, 97 II–109 II (Spätdrucke, sogen. „Kriegsdrucke"), 112–115 sowie ohne Aufdruck nicht ausgegebener Wert (75 Pf) mit mattem oder glänzendem schwarzem Bdr.-Aufdruck durch Bruckmann.

A = gezähnt (1919)

				✶	✶✶	⊙
152 A	3 Pf	braun bis dunkelockerbraun (26.8.)	(94 II)	0,30	1,—	3,20
153 A	5 Pf	dunkelgelb(lich)grün (22.8.)	(112)	0,30	1,—	3,20
154 A	7½ Pf	schwärzlichgrün (Töne) (2.10.)	(113)	0,30	1,—	20,—
155 A	10 Pf	karminrot (8.8.)	(114)	0,30	1,—	3,20
156 A	15 Pf	rot [zinnober] (6.8.)	(115)	0,30	1,—	3,20
157 A	20 Pf	dunkelgrünlichblau (25.10.)	(97 II)	0,30	1,—	3,20
158 A	25 Pf	olivschwarz (Töne) (2.9.)	(98 II)	0,30	1,—	3,20
159 A	30 Pf	dunkel(rötlich)orange (27.11.)	(99 II)	0,30	1,—	3,20
160 A	40 Pf	dunkelbraunoliv bis dunkelolivbraun (28.11.)	(100 II)	0,30	1,—	18,—
161 A	50 Pf	(dunkel)rötlichbraun (7.10.)	(101 II)	0,30	1,—	3,20
162 A	60 Pf	schwarzbläulichgrün (5.12.)	(102 II)	0,30	1,—	18,—
163 A	75 Pf	braunoliv (Töne) (10.1.20)	(I)	0,50	1,—	18,—
164 A	80 Pf	schwärzlichgrauviolett (8.8.)	(103 II)	0,30	1,—	4,50
165 A	1 M	braun (Töne) (10.1.20)	(104 II)	0,30	1,—	4,—
166 A	2 M	schwarzgrauviolett (8.11.)	(105 II)	0,30	1,—	7,—
167 A	3 M	(dunkelzinnober)rot (12.11.)	(106 II)	1,—	2,50	9,—
168 A	5 M	preußischblau (29.9.)	(107 II)	1,40	3,—	22,—
169 A	10 M	schwärzlichgelblichgrün (10.10.)	(108 II)	2,50	5,—	45,—
170 A	20 M	dunkelgraubraun (11.10.)	(109 II)	3,—	6,—	75,—
			Satzpreis (19 W.)	12,—	30,—	250,—

B = geschnitten (4.3.1920)

					✶	✶✶	⊙
152 B	3	Pf	braun bis dunkelockerbraun	(94 II)	0,30	1,—	15,—
153 B	5	Pf	dunkelgelb(lich)grün	(112)	0,30	1,—	15,—
154 B	7½	Pf	schwärzlichgrün (Töne)	(113)	0,30	1,—	28,—
155 B	10	Pf	karminrot	(114)	0,30	1,—	15,—
156 B	15	Pf	rot [zinnober]	(115)	0,30	1,—	15,—
157 B	20	Pf	dunkelgrünlichblau	(97 II)	0,30	1,—	15,—
158 B	25	Pf	olivschwarz (Töne)	(98 II)	0,30	1,—	15,—
159 B	30	Pf	dunkel(rötlich)orange	(99 II)	0,30	1,—	17,—
160 B	40	Pf	dunkelbraunoliv bis dunkelolivbraun	(100 II)	0,30	1,—	18,—
161 B	50	Pf	(dunkel)rötlichbraun	(101 II)	0,30	1,—	18,—
162 B	60	Pf	schwarzbläulichgrün	(102 II)	0,30	1,—	18,—
163 B	75	Pf	braunoliv (Töne)	(I)	0,30	1,—	45,—
164 B	80	Pf	schwärzlichgrauviolett	(103 II)	0,30	1,—	18,—
165 B	1	M	braun (Töne)	(104 II)	0,30	1,—	28,—
166 B	2	M	schwarzgrauviolett	(105 II)	0,30	1,—	28,—
167 B	3	M	(dunkelzinnober)rot	(106 II)	1,—	2,50	35,—
168 B	5	M	preußischblau	(107 II)	1,40	3,—	50,—
169 B	10	M	schwärzlichgelblichgrün	(108 II)	2,50	5,—	90,—
170 B	20	M	dunkelgraubraun	(109 II)	3,—	6,—	140,—
				Satzpreis (19 W.)	12,—	30,—	600,—

Bei allen Werten gibt es mehr oder weniger starke Farbschwankungen!

Zu MiNr. 152 B–170 B vgl. Hinweis bei MiNr. 94 II–109 II!

Bei MiNr. 152 A–170 A gibt es eine „sägezahnartige" Zähnung; nicht wertmindernd.

Ⓔ Alle besseren Werte

Auflagen: unbekannt *Gültig bis 30.6.1920*

Nicht ausgegeben:

A = gezähnt K 14:14½

					✶	✶✶
V A	2	Pf	dunkelblaugrau mit Aufdruck „Freistaat Bayern"	I	100,—	150,—
VI A	2½	Pf	dunkelblaugrau mit Aufdruck „Freistaat Bayern"	I	100,—	150,—

1919, 25. Aug./22. Dez. Hilfe für bayerische Kriegsbeschädigte. MiNr. 114, 115 und 97 II mit schwarzem Bdr.-Aufdruck durch Kgl. Hauptmünzamt; A = gez. K 14:14½, B = ☐.

A = gez. K 14:14½

					✶	✶✶	⊙	FDC
171 A	10 Pf	**+ 5 Pf**	karminrot (25.8.)	(114)	0,50	1,—	3,20	20,—
172 A	15 Pf	**+ 5 Pf**	rot (25.8.)	(115)	0,50	1,—	3,20	20,—
173 A	20 Pf	**+ 5 Pf**	dunkelgrünlichblau (Töne) (22.12.)	(97 II)	0,50	1,—	3,20	25,—
				Satzpreis (3 W.)	1,50	3,—	8,—	

B = geschnitten

					✶	✶✶
171 B	10 Pf	**+ 5 Pf**	karminrot	(114)	200,—	450,—
172 B	15 Pf	**+ 5 Pf**	rot	(115)	150,—	250,—
173 B	20 Pf	**+ 5 Pf**	dunkelgrünlichblau (Töne)	(97 II)	250,—	600,—
				Satzpreis (3 W.)	600,—	1300,—

Bei MiNr. 171 A und 172 A existieren sehr farbintensive (farbübersättigt wirkende) sowie farbschwache, blasse Drucke.

MiNr. 171 B–173 B sind nicht amtlich in den Handel gelangt. Bedarfsmäßig entwertete Marken gibt es nicht.

Auflagen: unbekannt *Gültig bis 30.6.1920*

m

1919, 17. Dez./1920, 4. März. Freimarken: König Ludwig III. Wie MiNr. 165, jedoch geänderte Farben sowie schwarzer Bdr.-Aufdruck der neuen Wertstufen durch Bruckmann; A = gez. K 11½, B = ☐.

A = gez. K 11½

					✶	✶✶	⊙
174 A	**1,25 M**	auf 1 M	dunkelgelb(lich)grün (17.12.19)	m	0,30	1,50	3,20
175 A	**1,50 M**	auf 1 M	(dunkel)gelblichorange (5.1.20)	m	0,30	1,50	4,—
176 A	**2,50 M**	auf 1 M	schwarzgrautürkis (17.1.20)	m	0,60	1,50	8,—
				Satzpreis (3 W.)	1,20	4,—	15,—

B = geschnitten (4.3.1920)

					✶	✶✶	⊙
174 B	**1,25 M**	auf 1 M	dunkelgelb(lich)grün	m	0,40	1,50	45,—
175 B	**1,50 M**	auf 1 M	(dunkel)gelblichorange	m	0,40	1,50	45,—
176 B	**2,50 M**	auf 1 M	schwarzgrautürkis	m	0,80	1,50	45,—
				Satzpreis (3 W.)	1,50	4,—	130,—

Bei MiNr. 174 A–176 A gibt es eine „sägezahnartige" Zähnung; nicht wertmindernd.

Auflagen: unbekannt *Gültig bis 30.6.1920*

1920

1920, 28. Jan. Freimarke: Staatswappen auf Ornament (Kleinformat). MiNr. 60 mit lilaultramarinem Bdr.-Aufdruck in zwei Typen durch Bruckmann.

			✶	✶✶	⊙	FDC
177	**20** auf 3 Pf	dunkel(orange)braun bis (grau)siena (60)				
I		Aufdruck-Type I	0,30	0,60	3,20	50,—
II		Aufdruck-Type II	0,30	0,60	3,20	50,—

Typenunterschiede:

Type I: waager. Abstand des Aufdrucks 5,8–6,8 mm

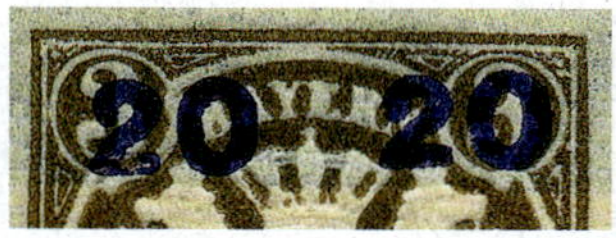

Type II: waager. Abstand des Aufdrucks 3,5–5 mm

Auflagen: unbekannt

Gültig bis 30.6.1920

1920, 14. Febr./30. März. Freimarken: Landarbeiter und Schutzpatronin Bavaria; sogen. „Abschiedsausgabe". Ⓔ Zietara (MiNr. 178 bis 180), Gloß (MiNr. 181–186), von Weech (MiNr. 187–191) und von Kaulbach und Prof. Hengeler (MiNr. 192–195); MiNr. 178–189 und 191 Bdr. Hamböck (MiNr. 178–186 10×10, MiNr. 187–189 und 191 10×5), MiNr. 190 Stdr. Conseé (10×5), MiNr. 192–195 RaTdr. Bruckmann (4×5); MiNr. 178–186 und 192–195 Wz. 4, MiNr. 187–191 Wz. 3; MiNr. 178–186 gez. K 14:14½, MiNr. 187–191 gez. K 11¾:11¼, MiNr. 192–195 gez. K 11¼:11¾.

o) Pflügender Landmann

p) Wasserkräfte und Bodenschätze Bayerns (allegorische Darstellung)

r) Sämann

s) Patrona Bavariae

s

s

s

t) Bavaria, Staatswappen

t

				✶	✶✶	⊙	FDC
178	5 Pf	(dunkel)gelbgrün (22. Febr.)	o	0,30	1,—	3,20	8,—
179	10 Pf	(dunkel)gelblichorange (28. Febr.)	o	0,30	1,—	3,20	8,—
180	15 Pf	dunkelrosarot (14. Febr.)	o	0,30	1,—	3,20	8,—
181	20 (Pf)	lebhaftbraunviolett (14. Febr.)	p	0,30	1,—	3,20	8,—
182	30 (Pf)	blau (Töne) (28. Febr.)	p	0,30	1,—	4,20	8,—
183	40 (Pf)	dunkelockerbraun (Töne) (14. Febr.)	p	0,30	1,—	3,20	8,—
184	50 (Pf)	lebhaftrot bis zinnoberrot (28. Febr.)	r	0,30	1,—	3,20	8,—
185	60 (Pf)	dunkelblaugrün (Töne) (28. Febr.)	r	0,30	1,—	3,20	10,—
186	75 (Pf)	karmin (Töne) (28. Febr.)	r	0,30	1,—	3,20	20,—
187	1 M	lilarot/mittelgraubraun (23. März)	s	0,40	1,—	3,20	20,—
188	1¼ M	kobalt/mittelbraunoliv (23. März)	s	0,30	1,—	3,20	20,—
189	1½ M	schwärzlichblaugrün/mittelgraubraun (23. März)	s	0,30	1,—	4,—	20,—
190	2½ M	rotschwarz/dunkelbräunlicholiv, Stdr. (30. März)	s	0,60	1,50	80,—	
191	2½ M	braunschwarz/dunkelbräunlicholiv, Bdr. (26. März)	s	0,30	1,—	40,—	
192	3 M	mittelgrautürkis (Töne) (22. März)	t	0,70	2,—	18,—	
193	5 M	dunkelgelblichorange (Töne) (20. März)	t	0,70	2,—	18,—	
194	10 M	schwarzolivgrün (20. März)	t	1,20	2,50	30,—	
195	20 M	olivschwarz (20. März)	t	1,80	3,50	42,—	
		Satzpreis (18 W.)		8,—	22,—	250,—	

Bei MiNr. 178–195 gibt es eine „sägezahnartige" Zähnung; nicht wertmindernd.

Auflagen: unbekannt

Gültig bis 30.6.1920

MiNr. 178–195 mit Aufdruck „Deutsches Reich" siehe Deutsches Reich MiNr. 119–138

Durchlochungen:

A: Lochungen der Post
Freimarken von 2 M bis 20 M wurden vornehmlich auf Auslands-Paketkarten postamtlicherseits als Schutz gegen Unterschlagung mit Locheisen durchlocht.

B: private Lochungen
Zum Schutz vor Diebstahl ließen ab ca. 1877 vornehmlich größere Unternehmen ihre Markenbestände mit Buchstaben- oder Emblem-Lochung versehen. Diese (amtlich genehmigten) sogen. Firmen-Lochungen werden von Spezialisten gesucht. Private Lochungen werden nicht BPP-geprüft.

Markenheftchen, Markenheftchenblätter, Zusammendrucke

Wichtige Bewertungshinweise

Bewertung der Markenheftchen:

Die angegebenen Preise gelten bei den MH 1 a, 5 und 6 nur für Markenheftchen, die folgende Kriterien erfüllen:

1. **Klammerung mit der Originalklammer (Rostspuren an der Klammer sind so gut wie nicht wertmindernd).**
2. **Die lumbeckartige Klebung auf der linken Seite muss zumindest im Bereich der Klammer noch vollständig erhalten sein.**
3. **Die Heftchendeckel dürfen nicht beschriftet, geknickt oder eingerissen sein (geringfügige Ausbleichung ist altersbedingt üblich).**
4. **Alle Heftchenblätter müssen postfrisch sein.**

Bei den MH 1 b–4 gelten die Preise für geöffnete Markenheftchen, die lumbeckartige Klebung fehlt hier. Sonst Kriterien 1 und 3. Bei Heftchenblättern aus diesen MH darf sich nur auf Marken, die nicht an Reklame oder Andreaskreuz grenzen, ein Falz(rest) befinden; mit Falz(rest) auf einem katalogisiertem Zusammendruck 60% der angegebenen Preise. Original geklammerte und postfrische MH 1 b–4 sind selten (–,–)!

Bewertung der Heftchenblätter:

Bei H-Blatt 1–6 darf sich ein Falz(rest) nur auf Marken befinden, die in keinem der katalogisierten Zusammendrucke enthalten sind; mit Falz(rest) auf einem der katalogisierten Zd 60% der angegebenen Preise. Postfrische H-Blätter und MHB selten (–,–).

Alle H-Blätter ab MiNr. 7 müssen postfrisch sein; mit Falz(rest) 60% der angegebenen Preise.

Bezüglich der Zähnung gelten die Preise für einseitig angeschnittene Zähnung (handelsüblich); völlig einwandfreie Zähnung erfordert deutliche Aufschläge!

Die Preise für H-Blätter gelten für Stücke mit Rand, ohne Rand ca. 25% Abschlag.

Bewertung bei Zusammendrucken:

Alle Zusammendrucke müssen postfrisch sein; mit Falz(rest) ca. 60% der angegebenen Preise. Sie dürfen nicht gefaltet oder angetrennt sein, derartige Stücke bedingen deutliche Abschläge!

Spezial-Aufstellung der Markenheftchen und Heftchenblätter siehe MICHEL-Deutschland-Spezial.

1911–1913. Prinzregent Luitpold

Billigste Sorte:

MH-MiNr. (Ordn.-Nr.)	Ausgabe-Datum	Nominale	Auflage	MH-Preise **	H-Bl.-MiNr.	mit Reklame/MiNr.	Preise **	⊙
1 (1–5)	21.12.1911	2,—	635 000	2000,—	**1** (2)	R 56 + 5 × 78	100,—	140,—
					2 (5)	R 27/R 28 a + 4 × 77	150,—	250,—
2 (6, 10)	Okt. 1912	2,—	400 000	4500,—	1 (2)	R 28 b + 5 × 78	650,—	1100,—
					2 (1)	R 50/R 51 + 4 x 77	250,—	400,—
					3 (2)	R 53 + 5 × 77	350,—	600,—
					4 (1)	6 × 77	35,—	50,—
3 (7, 9)	Jan. 1913	2,—	380 000	1200,—	**5** (2)	X + 5 × 78	120,—	200,—
					6 (4)	X + 5 × 77	120,—	200,—
4 (8, 11)	März 1913	2,—	370 000	1600,—	1 (2)	R 63 + 5 × 78	450,—	750,—
					3 (4)	R 28 a + 5 × 77	80,—	120,—

R	10	10
10	10	10

H-Blatt 1

R	5	5
R	5	5

H-Blatt 2

R	5	5
5	5	5

H-Blatt 3

5	5	5
5	5	5

H-Blatt 4

X	10	10
10	10	10

H-Blatt 5

X	5	5
5	5	5

H-Blatt 6

Andreaskreuz (in H-Bl. 5 rot, in H-Bl. 6 grün)

Reklamen:

R 1 R 2 R 3 R 4 R 5 R 6 R 7 a grün R 7 b rot R 8 R 9

R 10 R 11 R 12 R 13 R 14 R 15 R 16 R 17 R 18 a grün R 18 b rot

R 19 R 20 R 21 R 22 R 23 R 29 R 31 R 33 R 35

R 24 R 25 R 26 R 27 R 28 a grün R 28 b rot R 30 R 32 R 34 R 36

R 37 R 39 R 40 R 41 R 42 R 43 R 44 R 45

R 38 R 47 b rot R 56 R 57 R 58 R 59 R 60 R 61

R 39 R 50 R 28 a grün R 28 b rot R 47 R 48 R 54 R 62

R 46 R 51 R 49 R 52 R 53 R 55 R 63

Zusammendrucke aus H-Blättern und Markenheftchenbogen:

21.12.1911 (H-Bl. 1 und Markenheftchenbogen zu MH 1)

Zd-MiNr.	MiNr.	A = gez. **	A = gez. ⊙	B = □ **
W 3.1	R 47b+78 III	700,–	1100,–	1000,–
W 3.2	R 18b+78 III	360,–	550,–	650,–
W 3.3	R 7b+78 III	300,–	550,–	
W 3.4 III	R 28b+78 III	300,–	450,–	650,–
W 3.5	R 56+78 III	80,–	100,–	140,–
W 3.6	R 57+78 III	220,–	420,–	500,–
W 3.7	R 58+78 III	850,–	1200,–	
W 3.8	R 59+78 III	650,–	1000,–	
W 3.9	R 60+78 III	300,–	500,–	
W 3.10	R 61+78 II	150,–	240,–	220,–
WZ 4.1	78 III+Z+R 47b+78 III	2200,–	3500,–	
WZ 4.2	78 III+Z+R 18b+78 III	750,–	1600,–	
WZ 4.3	78 III+Z+R 7b+78 III	900,–	1600,–	
WZ 4.4	78 III+Z+R 28b+78 III	1000,–	1600,–	
WZ 4.5	78 III+Z+R 56+78 III	180,–	400,–	
WZ 4.6	78 III+Z+R 57+78 III	550,–	1200,–	
WZ 4.7	78 III+Z+R 58+78 III	2200,–	4500,–	
WZ 4.8	78 II+Z+R 59+78 II	1800,–	2800,–	
WZ 4.9	78 II+Z+R 60+78 II	900,–	1500,–	
WZ 4.10	78 II+Z+R 61+78 II	380,–	750,–	
WZ 5 II	78 II+Z+78 II	50,–	75,–	
WZ 5 III	78 III+Z+78 III	50,–	75,–	
S 5.1	R 47b+78 III	600,–	1100,–	
S 5.2	R 18b+78 III	360,–	550,–	
S 5.3	R 7b+78 III	320,–	550,–	
S 5.4 III	R 28b+78 III	300,–	550,–	
S 5.5	R 56+78 III	80,–	120,–	180,–
S 5.6	R 57+78 III	280,–	420,–	
S 5.7	R 58+78 II	850,–	1700,–	
S 5.8	R 59+78 II	650,–	1000,–	
S 5.9	R 60+78 II	280,–	500,–	
S 5.10	R 61+78 II	120,–	240,–	300,–
S 6.1	R 47b+78 III+R 47b	1500,–	2500,–	
S 6.2	R 18b+78 III+R 18b	750,–	1200,–	
S 6.3	R 7b+78 III+R 7b	750,–	1200,–	
S 6.4 III	R 28b+78 III+R 28b	750,–	1200,–	
S 6.5	R 56+78 III+R 56	140,–	280,–	
S 6.6	R 57+78 III+R 57	550,–	900,–	
S 6.7	R 58+78 II+R 58	2200,–	3500,–	
S 6.8	R 59+78 II+R 59	1300,–	2100,–	
S 6.9	R 60+78 II+R 60	650,–	1100,–	
S 6.10	R 61+78 II+R 61	320,–	550,–	
S 7.1	78 III+R 47b	1100,–	1800,–	
S 7.2	78 III+R 18b	500,–	800,–	
S 7.3	78 III+R 7b	550,–	850,–	
S 7.4 III	78 III+R 28b	550,–	850,–	
S 7.5	78 III+R 56	130,–	150,–	250,–
S 7.6	78 III+R 57	300,–	650,–	
S 7.7	78 II+R 58	1500,–	2400,–	
S 7.8	78 II+R 59	900,–	1400,–	
S 7.9	78 II+R 60	450,–	700,–	
S 7.10	78 II+R 61	240,–	350,–	
S 8.1	78 III+R 47b+78 III	1500,–	2500,–	
S 8.2	78 III+R 18b+78 III	750,–	1200,–	
S 8.3	78 III+R 7b+78 III	750,–	1200,–	
S 8.4 III	78 III+R 28b+78 III	750,–	1200,–	
S 8.5	78 III+R 56+78 III	120,–	280,–	280,–
S 8.6	78 III+R 57+78 III	550,–	900,–	
S 8.7	78 II+R 58+78 II	2200,–	3500,–	
S 8.8	78 II+R 59+78 II	1300,–	2100,–	
S 8.9	78 II+R 60+78 II	650,–	1100,–	
S 8.10	78 II+R 61+78 II	320,–	550,–	
K 2 II	78 II+78 II	50,–	75,–	100,–
K 2 III	78 III+78 III	50,–	75,–	100,–

21.12.1911 (H-Bl. 2 und Markenheftchenbogen zu MH 1)

Zd-MiNr.	MiNr.	A = gez. **	A = gez. ⊙	B = □ **
W 1.1	R 5+77 III	150,–	300,–	
W 1.2	R 6+77 III	200,–	300,–	
W 1.3	R 3+77 III	120,–	200,–	
W 1.4	R 4+77 III	180,–	220,–	
W 1.5	R 1+77 III	120,–	250,–	
W 1.6	R 2+77 III	180,–	250,–	
W 1.7	R 9+77 III	90,–	150,–	
W 1.8	R 10+77 III	320,–	500,–	
W 1.9	R 7a+77 III	180,–	250,–	300,–
W 1.10	R 8+77 III	280,–	280,–	
W 1.11	R 11+77 II	120,–	200,–	250,–
W 1.12	R 12+77 II	150,–	200,–	250,–
W 1.13	R 13+77 II	180,–	200,–	300,–
W 1.14	R 14+77 II	200,–	320,–	
W 1.15	R 15+77 II	90,–	150,–	250,–
W 1.16	R 16+77 II	180,–	280,–	
W 1.17	R 17+77 II	80,–	150,–	
W 1.18	R 1+77 II	120,–	340,–	
W 1.19	R 18a+77 II	220,–	350,–	
W 1.20	R 9+77 II	90,–	150,–	200,–
W 1.21	R 19+77 II	100,–	200,–	250,–
W 1.22	R 20+77 II	200,–	340,–	
W 1.23	R 21+77 II	100,–	200,–	
W 1.24	R 22+77 II	90,–	150,–	200,–
W 1.25	R 23+77 II	200,–	400,–	
W 1.26	R 24+77 II	90,–	120,–	180,–
W 1.27	R 25+77 II	110,–	200,–	200,–
W 1.28	R 26+77 II	180,–	400,–	420,–
W 1.29	R 27+77 II	70,–	90,–	120,–
W 1.30	R 28a+77 II	70,–	100,–	140,–
W 1.31	R 29+77 II	140,–	280,–	
W 1.32	R 30+77 II	120,–	280,–	
W 1.33	R 31+77 II	200,–	400,–	
W 1.34	R 32+77 II	140,–	280,–	
W 1.35	R 33+77 II	380,–	550,–	
W 1.36	R 34+77 II	200,–	320,–	
W 1.37	R 35+77 II	200,–	300,–	
W 1.38	R 36+77 II	380,–	550,–	
W 1.39	R 37+77 II	150,–	220,–	
W 1.40	R 38+77 II	140,–	280,–	
W 1.41	R 39+77 II	320,–	550,–	
W 1.42	R 40+77 II	90,–	180,–	220,–
W 1.43	R 41+77 II	120,–	220,–	
W 1.44	R 42+77 II	140,–	240,–	
W 1.45	R 43+77 II	150,–	250,–	
W 1.46	R 44+77 II	190,–	300,–	
W 1.47	R 45+77 II	120,–	200,–	
WZ 1.1	77 III+Z+R 5+77 III	750,–	1300,–	
WZ 1.2	77 III+Z+R 6+77 III	600,–	1000,–	
WZ 1.3	77 III+Z+R 3+77 III	500,–	800,–	
WZ 1.4	77 III+Z+R 4+77 III	500,–	800,–	
WZ 1.5	77 III+Z+R 1+77 III	500,–	800,–	
WZ 1.6	77 III+Z+R 2+77 III	500,–	800,–	
WZ 1.7	77 III+Z+R 9+77 III	300,–	500,–	
WZ 1.8	77 III+Z+R 10+77 III	900,–	1500,–	
WZ 1.9	77 III+Z+R 7a+77 III	500,–	800,–	
WZ 1.10	77 III+Z+R 8+77 III	750,–	1300,–	
WZ 1.11	77 II+Z+R 11+77 II	350,–	600,–	
WZ 1.12	77 II+Z+R 12+77 II	350,–	600,–	
WZ 1.13	77 II+Z+R 13+77 II	500,–	800,–	
WZ 1.14	77 II+Z+R 14+77 II	550,–	950,–	
WZ 1.15	77 II+Z+R 15+77 II	350,–	600,–	
WZ 1.16	77 II+Z+R 16+77 II	550,–	900,–	
WZ 1.17	77 II+Z+R 17+77 II	300,–	500,–	
WZ 1.18	77 II+Z+R 1+77 II	600,–	1000,–	
WZ 1.19	77 II+Z+R 18a+77 II	750,–	1300,–	
WZ 1.20	77 II+Z+R 9+77 II	300,–	500,–	
WZ 1.21	77 II+Z+R 19+77 II	350,–	600,–	
WZ 1.22	77 II+Z+R 20+77 II	600,–	900,–	
WZ 1.23	77 II+Z+R 21+77 II	300,–	550,–	
WZ 1.24	77 II+Z+R 22+77 II	300,–	500,–	
WZ 1.25	77 II+Z+R 23+77 II	750,–	1300,–	
WZ 1.26	77 II+Z+R 24+77 II	250,–	400,–	
WZ 1.27	77 II+Z+R 25+77 II	350,–	600,–	
WZ 1.28	77 II+Z+R 26+77 II	750,–	1300,–	
WZ 1.29	77 II+Z+R 27+77 II	180,–	300,–	
WZ 1.30	77 II+Z+R 28a+77 II	200,–	320,–	
WZ 1.31	77 II+Z+R 29+77 II	550,–	850,–	
WZ 1.32	77 II+Z+R 30+77 II	550,–	850,–	
WZ 1.33	77 II+Z+R 31+77 II	750,–	1300,–	
WZ 1.34	77 II+Z+R 32+77 II	500,–	800,–	
WZ 1.35	77 II+Z+R 33+77 II	1000,–	1600,–	
WZ 1.36	77 II+Z+R 34+77 II	600,–	1000,–	
WZ 1.37	77 II+Z+R 35+77 II	550,–	850,–	
WZ 1.38	77 II+Z+R 36+77 II	1000,–	1600,–	
WZ 1.39	77 II+Z+R 37+77 II	350,–	600,–	
WZ 1.40	77 II+Z+R 38+77 II	500,–	800,–	
WZ 1.41	77 II+Z+R 39+77 II	1000,–	1600,–	
WZ 1.42	77 II+Z+R 40+77 II	320,–	550,–	
WZ 1.43	77 II+Z+R 41+77 II	450,–	750,–	
WZ 1.44	77 II+Z+R 42+77 II	450,–	750,–	
WZ 1.45	77 II+Z+R 43+77 II	600,–	1000,–	
WZ 1.46	77 II+Z+R 44+77 II	550,–	900,–	–,–
WZ 1.47	77 II+Z+R 45+77 II	400,–	700,–	
WZ 2 III	77 III+Z+77 III	50,–	75,–	
WZ 2 II	77 II+Z+77 II	50,–	75,–	
K 1 II	77 II+77 II	5,–	8,–	160,–
K 1 III	77 III+77 III	5,–	8,–	50,–

Notizen:

Okt. 1912 (H-Blatt 1–3 und Markenheftchenbogen zu MH 2)

Zd-MiNr.	MiNr.	A = gez. ✱✱	A = gez. ⊙	B = □ ✱✱
W 1.48	R 46+77 II	350,–	500,–	
W 1.49	R 47a+77 II	900,–	1100,–	
W 1.50	R 48+77 II	1200,–	2000,–	
W 1.51	R 50+77 II	120,–	180,–	250,–
W 1.52	R 51+77 II	90,–	120,–	200,–
W 1.53	R 52+77 II	800,–	1100,–	
W 1.54	R 53+77 II	250,–	500,–	
W 3.4 II	R 28b+78 II	600,–	1000,–	
W 3.11	R 49b+78 II	420,–	650,–	
WZ 1.48	77 II+Z+R 46+77 II	1000,–	1700,–	
WZ 1.49	77 II+Z+R 47a+77 II	2500,–	4200,–	
WZ 1.50	77 II+Z+R 48+77 II	3500,–	5500,–	
WZ 1.51	77 II+Z+R 50+77 II	420,–	650,–	
WZ 1.52	77 II+Z+R 51+77 II	300,–	500,–	
WZ 1.53	77 II+Z+R 52+77 II	1800,–	2800,–	
WZ 1.54	77 II+Z+R 53+77 II	900,–	1400,–	
WZ 4.4 II	78 II+Z+R 28b+78 II	1200,–	2800,–	
WZ 4.11	78 II+Z+R 49b+78 II	1800,–	2800,–	
S 1.1	R 47a+77 II	900,–	1400,–	
S 1.2	R 48+77 II	1200,–	2000,–	
S 1.3	R 52+77 II	420,–	1000,–	
S 1.4	R 53+77 II	320,–	500,–	
S 2.1	R 47a+77 II+R 47a	1800,–	3000,–	
S 2.2	R 48+77 II+R 48	2500,–	4200,–	
S 2.3	R 52+77 II+R 52	1200,–	2000,–	
S 2.4	R 53+77 II+R 53	650,–	1000,–	
S 3.1	77 II+R 47a	1400,–	2200,–	
S 3.2	77 II+R 48	1900,–	3000,–	
S 3.3	77 II+R 52	900,–	1500,–	
S 3.4	77 II+R 53	500,–	900,–	
S 4.1	77 II+R 47a+77 II	1600,–	3000,–	
S 4.2	77 II+R 48+77 II	2400,–	4200,–	
S 4.3	77 II+R 52+77 II	1200,–	1900,–	
S 4.4	77 II+R 53+77 II	600,–	1000,–	
S 5.4 II	R 28b+78 II	400,–	650,–	
S 5.11	R 49b+78 II	420,–	700,–	
S 6.4 II	R 28b+78 II+R 28b	1200,–	2000,–	
S 6.11	R 49b+78 II+R 49b	1200,–	2000,–	
S 7.4 II	78 II+R 28b	900,–	1500,–	
S 7.11	78 II+R 49b	900,–	1500,–	*1200,–*
S 8.4 II	78 II+R 28b+78 II	1200,–	1900,–	
S 8.11	78 II+R 49b+78 II	1200,–	1900,–	

Außerdem enthalten: WZ 2 II (siehe bei MH 1)

Jan. 1913 (H-Blatt 5–6 und Markenheftchenbogen zu MH 3)

Zd-MiNr.	MiNr.	A = gez. ✱✱	A = gez. ⊙	B = □ ✱✱
W 2	X+77 II	80,–	120,–	160,–
W 4	X+78 II	80,–	120,–	160,–
WZ 3	77 II+Z+X+77 II	220,–	350,–	
WZ 6	78 II+Z+X+78 II	220,–	350,–	
S 9	X+77 II	80,–	120,–	160,–
S 10	X+77 II+X	160,–	250,–	
S 11	77 II+X	120,–	200,–	220,–
S 12	77 II+X+77 II	160,–	250,–	
S 13	X+78 II	80,–	120,–	160,–
S 14	X+78 II+X	160,–	250,–	
S 15	78 II+X	120,–	200,–	220,–
S 16	78 II+X+78 II	160,–	250,–	

Außerdem enthalten: WZ 2 II, WZ 5 II, K 1 II, K 2 II (siehe bei MH 1)

März 1913 (H-Blatt 1 und 3, Markenheftchenbogen zu MH 4)

Zd-MiNr.	MiNr.	A = gez. ✱✱	A = gez. ⊙	B = □ ✱✱
W 1.55	R 49a+77 II	200,–	400,–	500,–
W 1.56	R 54+77 II	800,–	1100,–	
W 1.57	R 55+77 II	850,–	1100,–	
W 3.12	R 62+78 II	550,–	800,–	
W 3.13	R 63+78 II	400,–	650,–	550,–
WZ 1.55	77 II+Z+R 28a+77 II	220,–	350,–	
WZ 1.56	77 II+Z+R 49a+77 II	750,–	1300,–	
WZ 1.57	77 II+Z+R 23+77 II	850,–	1400,–	
WZ 1.58	77 II+Z+R 43+77 II	320,–	500,–	
WZ 1.59	77 II+Z+R 54+77 II	2000,–	3200,–	
WZ 1.60	77 II+Z+R 55+77 II	2000,–	3200,–	
WZ 1.61	77 II+Z+R 9+77 II	300,–	500,–	
WZ 4.12	78 II+Z+R 62+78 II	1500,–	2400,–	
WZ 4.13	78 II+Z+R 63+78 II	1200,–	1900,–	
S 1.5	R 28a+77 II	80,–	120,–	150,–
S 1.6	R 49a+77 II	200,–	400,–	
S 1.7	R 23+77 II	300,–	420,–	
S 1.8	R 43+77 II	110,–	140,–	200,–
S 1.9	R 54+77 II	700,–	1100,–	
S 1.10	R 55+77 II	700,–	900,–	
S 1.11	R 9+77 II	100,–	150,–	200,–
S 2.5	R 28a+77 II+R 28a	150,–	240,–	
S 2.6	R 49a+77 II+R 49a	500,–	850,–	
S 2.7	R 23+77 II+R 23	600,–	1000,–	
S 2.8	R 43+77 II+R 43	220,–	250,–	
S 2.9	R 54+77 II+R 54	1400,–	2200,–	
S 2.10	R 55+77 II+R 55	1400,–	2200,–	
S 2.11	R 9+77 II+R 9	200,–	320,–	
S 3.5	77 II+R 28a	110,–	180,–	220,–
S 3.6	77 II+R 49a	380,–	600,–	
S 3.7	77 II+R 23	420,–	650,–	
S 3.8	77 II+R 43	170,–	260,–	
S 3.9	77 II+R 54	1000,–	1700,–	
S 3.10	77 II+R 55	1000,–	1700,–	
S 3.11	77 II+R 9	150,–	240,–	
S 4.5	77 II+R 28a+77 II	140,–	220,–	
S 4.6	77 II+R 49a+77 II	450,–	800,–	
S 4.7	77 II+R 23+77 II	550,–	1000,–	
S 4.8	77 II+R 43+77 II	220,–	340,–	
S 4.9	77 II+R 54+77 II	1400,–	2200,–	
S 4.10	77 II+R 55+77 II	1400,–	2200,–	
S 4.11	77 II+R 9+77 II	190,–	320,–	
S 5.12	R 62+78 II	500,–	800,–	
S 5.13	R 63+78 II	400,–	650,–	
S 6.12	R 62+78 II+R 62	1000,–	1700,–	
S 6.13	R 63+78 II+R 63	850,–	1300,–	
S 7.12	78 II+R 62	850,–	1200,–	
S 7.13	78 II+R 63	600,–	1000,–	
S 8.12	78 II+R 62+78 II	1000,–	1600,–	
S 8.13	78 II+R 63+78 II	800,–	1200,–	

Außerdem enthalten: W 1.20, W 1.25, W 1.30, W 1.45 und WZ 2 II, WZ 5 II, K 1 II, K 2 II (siehe bei MH 1)

1914–1917. König Ludwig III., Früh- (1914) und Spätdrucke (1917)

MH-MiNr. (Ordn.-Nr.)	Ausgabe-Datum	Nominale	Auflage	MH-Preis ✱✱	H-Bl.-MiNr.	mit MiNr.	Preise ✱✱	Preise ⊙
5 (1)	April 1914	2,—	1 000 000	800,—	**7** (2)	X + 5 × 96 I	50,—	75,—
					8 (4)	X + 5 × 95 I	50,—	75,—
6 (2)	Febr. 1917	2,40	494 500	400,—	**9** (2)	X + 5 × 115 A	20,—	30,—
					10 (2)	6 × 113 A	20,—	30,—

	x	10	10
	10	10	10

H-Blatt 7

	x	5	5
	5	5	5

H-Blatt 8

	x	15	15
	15	15	15

H-Blatt 9

	7½	7½	7½
	7½	7½	7½

H-Blatt 10

Andreaskreuz (in H-Bl. 7 und 9 rot, in H-Bl. 8 grün)

Zusammendrucke aus H-Blättern und Markenheftchenbogen:

April 1914 (H-Bl. 7 und 8, Markenheftchenbogen zu MH 5)

Zd-MiNr.	MiNr.	A = gez. **	A = gez. ⊙	B = □ **
W 5	X+95 I	30,–	45,–	75,–
W 6	X+96 I	30,–	45,–	75,–
WZ 7	95 I+Z+95 I	60,–	90,–	150,–
WZ 8	95 I+Z+X+95 I	90,–	140,–	220,–
WZ 9	96 I+Z+96 I	60,–	90,–	150,–
WZ 10	96 I+Z+X+96 I	90,–	140,–	220,–
S 17	X+95 I	30,–	45,–	75,–
S 18	X+95 I+X	60,–	90,–	150,–
S 19	95 I+X	45,–	70,–	110,–
S 20	95 I+X+95 I	60,–	90,–	150,–
S 21	X+96 I	30,–	45,–	75,–
S 22	X+96 I+X	60,–	90,–	150,–
S 23	96 I+X	45,–	70,–	110,–
S 24	96 I+X+96 I	60,–	90,–	150,–
K 3	95 I+95 I	9,–	15,–	75,–
K 4	96 I+96 I	9,–	15,–	75,–

Febr. 1917 (H-Bl. 9 und 10, Markenheftchenbogen zu MH 6)

Zd-MiNr.	MiNr.	A = gez. **	A = gez. ⊙	B = □ **
W 7	X+115 A	7,–	10,–	12,–
WZ 11	113 A+Z+113 A	8,–	12,–	15,–
WZ 12	115 A+Z+115 A	15,–	22,–	28,–
WZ 13	115 A+Z+X+115 A	20,–	30,–	40,–
S 25	X+115 A	7,–	10,–	15,–
S 26	X+115 A+X	14,–	22,–	25,–
S 27	115 A+X	10,–	15,–	18,–
S 28	115 A+X+115 A	15,–	22,–	28,–
K 5	113 A+113 A	6,–	9,–	10,–
K 6	115 A+115 A	6,–	9,–	10,–

Bei allen Ausgaben von Altdeutschland ist die Erhaltung ein wesentlicher Faktor für die Bewertungen. Die Preise gelten für die bei jedem Gebiet unterschiedlichen guten Durchschnitts-Erhaltungen.

Beachten Sie bitte bei jedem Gebiet die „Hinweise zur Katalogisierung" sowie die Hinweise zur bewerteten Qualität bei den einzelnen Ausgaben!

Anzeigen

Dienstmarken:

Bis zur Aufhebung der Portofreiheit für amtliche Sendungen ab 1.1.1908 (Eisenbahn-Dienstsendungen) bzw. ab 1.8.1916 (alle anderen Dienstsendungen) erhielt die Post von den einzelnen Ministerien Pauschalvergütungen für die Beförderung der Postsachen der diesen Ministerien unterstellten Behörden. Um Grundlagen über die Höhe der Vergütungen zu erhalten, wurden vom 1.3. bis 30.6.1907 alle Dienstbriefe gezählt und mit einer Abstempelung („G", „gezählt") in verschiedenen Formen und Farben versehen. Auch handschriftliche Vermerke sind bekannt.

Ab 1.1.1908 mussten Dienstsendungen mit Dienstmarken zu den allgemein gültigen Posttarifen freigemacht werden.

Laut Verordnung vom 27.5.1908 war die Abgabe ungebrauchter Dienstmarken an Privatpersonen strengstens verboten. Nach Ablauf der Frankaturgültigkeit wurden die Restbestände an Händler verkauft.

1908–1915

Dienstmarken für die bayerischen Eisenbahnbehörden

Einige bayrische Bauinspektionen in Österreich waren berechtigt, ihre Dienstpost mit bayrischen Dienstmarken frei zu machen und bei den österr. Postämtern abzuliefern. Bewertungen von Dienstmarken mit österreichischen Stempeln: Eger ⊙ 120,—; Franzensbad ⊙ 250,—; Kufstein und Salzburg je ⊙ 50,—; Prag ⊙ —,—.

Auch die bayrischen Forstämter auf österr. Boden (im Pinzgau) durften für ihre normale Dienstpost bayrische Dienstmarken verwenden und den österr. Postanstalten übergeben. Eingeschriebene Dienstsendungen mussten jedoch in Bayern aufgegeben werden. Dienstmarken mit österr. Stempeln: Leogang ⊙ 100,—; St. Martin ⊙ 120,—; Unken ⊙ 100,—.

Das bayrische Nebenzollamt Asch (Böhmen) konnte ebenfalls bayrische Dienstmarken verwenden: ⊙ 250,—.

1908, 1. Jan. Dienstmarken: Freimarken MiNr. 60, 61, 56 B, 57 B und 63 mit (karmin)rotem (MiNr. 1, 2 und 4) bzw. dunkel(gelblich)grünem (MiNr. 3 und 5) Aufdruck.

				*	⊙
1	3 Pf	dunkel(ocker)braun bis (grau)siena	(60)	1,—	5,50
2	5 Pf	dunkel(opal)grün bis dunkelsmaragdgrün	(61)	0,30	0,50
3	10 Pf	karminrot bis rotkarmin	(56 B)	0,30	0,50
4	20 Pf	(grau)ultramarin	(57 B)	0,60	1,—
5	50 Pf	lilabraun bis braunpurpur	(63)	6,—	10,—
		Satzpreis (5 W.)		8,—	17,—

Bei den Aufdrucken gibt es Farbschwankungen.

Die Papierfarbe von MiNr. 2 ist nicht lichtecht.

FALSCH Aufdruckfälschungen bei MiNr. 1 und 5

Auflagen: unbekannt *Gültig bis 30.6.1912*

1912, 1. Juli. Dienstmarken: Marken MiNr. 76 II bis 78 II, 79 I und 79 II, 80 II und 83 I und II mit eingelochtem „E".

				*	**	⊙
6	3 Pf	(dunkelorange)braun auf mattgraubraun	(76 II)	4,—	12,—	4,—
7	5 Pf	schwärzlichgrün auf hellgraugrün	(77 II)	1,—	3,—	0,50
8	10 Pf	rot (Töne) auf mittelchromgelb	(78 II)	0,40	0,80	0,50
9	20 Pf	dkl'preußischblau bis dkl'ultramarin auf hellgraublau				
I		Type I	(79 I)	2000,—	3800,—	2500,—
II		Type II	(79 II)	0,70	1,50	0,50
10	25 Pf	schwarzviolettbraun auf mittelchromgelb	(80 II)	7,—	15,—	10,—
11	50 Pf	dunkelbraunrot auf hellgraubraun				
I		Type I	(83 I)	2500,—	4000,—	2200,—
II		Type II	(83 II)	8,—	20,—	15,—
		Satzpreis (6 W.)		20,—	55,—	30,—

Typenunterschiede siehe bei MiNr. 76-91.

FALSCH

Auflagen: unbekannt

Gültig bis 31.7.1916; spätere Verwendungen von MiNr. 10 und 11 wurden geduldet

1914/1915. Dienstmarken: Freimarken MiNr. 94 I bis 97 I (sogen. „Friedensdrucke") mit eingelochtem „E".

				*	**	⊙
12	3 Pf	dunkelorangebraun bis braun (Nov. 1915)	(94 I)	30,—	100,—	140,—
13	5 Pf	dunkel- bis schwärzlich-(oliv)grün (1914)	(95 I)	1,20	8,—	1,80
14	10 Pf	(dkl'orange)rot, dkl'-bräunlichrot (1914)	(96 I)	1,20	8,—	1,20
15	20 Pf	dunkelgrauultramarin bis (grünlich)blau	(97 I)	4,—	15,—	6,50
		Satzpreis (4 W.)		35,—	130,—	145,—

FALSCH Vor allem MiNr. 12; oft auf rötlichen oder grünlichen Briefstücken, ausgeschnitten aus Korrespondenz eines Lotteriegeschäfts; die Wiedergummierung schlägt durch!

MiNr. 112

Auflagen: unbekannt

Gültig bis 31.7.1916, spätere Verwendungen unbeanstandet geduldet

Nicht ausgegeben:

				*	**
I	25 Pf	olivschwarz (Töne)	(98 I)	30,—	50,—
II	50 Pf	rotbraun (Töne)	(101 I)	30,—	50,—

Die vorhandenen Bestände von MiNr. I und II wurden teilweise 1922 verkauft.

Allgemeine Ausgaben

1916–1920

1916, 1. Aug./1917, Okt. Dienstmarken: Bayerisches Staatswappen. Ⓔ Prof. Hupp; Bdr. Kgl. Hauptmünzamt (10×10); verschiedene Papiersorten; Wz. 4; gez. K 11½:11¾.

Da) Bayerisches Staatswappen

Billigste Sorte:

MiNr.	Wert	Farbe	Type	*	**	⊙
16	3 (Pf)	dunkelorangebraun (Töne)	Da	0,30	0,80	1,—
17	5 (Pf)	dunkelgelblichgrün bis dunkelgelbgrün	Da	0,30	0,80	1,—
18	7½ (Pf)	schwärzlichopalgrün auf mattgrünlichblau GA	Da	0,30	1,—	0,60
19	15 (Pf)	dunkel(bräunlich)rot bis karminrot auf mattgelblichorange	Da	0,80	1,50	1,30
20	20 (Pf)	dunkelblau (Töne) auf mattgrünl'blau (Töne)	Da	3,—	7,—	2,80
21	25 (Pf)	dkl'braungrau (Töne)	Da	0,30	0,80	0,80
22	30 (Pf)	orange bis dunkelrotorange	Da	0,30	0,80	0,80
23	60 (Pf)	schwarzbläulichgrün (Töne)	Da	0,30	0,80	1,50
24	1 M	dunkelbraunpurpur bis dunkelbraunviolett auf (hell)rötlichgrau	Da	1,20	2,50	4,—
		Satzpreis (9 W.)		6,—	16,—	13,—

Spezialkatalogisierung nach Papiersorten siehe MICHEL-Deutschland-Spezial!

Handschriftliche Vermerke „Volksstaat Bayern" auf den Marken sind private Spielereien einzelner Beamter.

Auflagen: unbekannt

Gültig bis 30.6.1920, Nachverwendungen bekannt bis Okt. 1920

1916, 1. Aug./1920, 1. März. Dienstmarken: Bayerisches Staatswappen. Wie MiNr. 16–24, jedoch geänderte Papiersorten und neue Wertstufe.

Billigste Sorte:

MiNr.	Wert	Farbe	Type	*	**	⊙
25	7½ (Pf)	(lebhaft)graugrün bis schwarzopalgrün	Da	0,30	1,—	2,—
26	10 (Pf)	karminrot bis lilarot	Da	0,30	1,—	2,—
27	15 (Pf)	dunkelzinnoberrot bis rot (Töne)	Da	0,30	1,—	2,—
28	20 (Pf)	dunkelpreußischblau (1.9.1916)	Da	0,30	1,—	2,—
29	1 M	dunkel(bräunlich)lila (1.3.1920)	Da	4,—	10,—	600,—
		Satzpreis (5 W.)		5,—	14,—	600,—

MiNr. 29; **Prüfung unbedingt erforderlich!**

Auflagen: unbekannt

Gültig bis 30.6.1920, Nachverwendungen bekannt bis Okt. 1920

1919, 1. März. Dienstmarken: MiNr. 16, 17 und 21 bis 29 sowie ohne Aufdruck nicht ausgegebene neue Wertstufen mit schwarzem, rußigem oder glänzendem Bdr.-Aufdruck durch Kgl. Hauptmünzamt.

MiNr.	Wert	Farbe		*	**	⊙
30	3 (Pf)	dkl'orangebraun (Töne)	(16)	0,50	1,—	17,—
31	5 (Pf)	dunkelgelblichgrün bis dunkelgelbgrün	(17)	0,50	1,—	3,20
32	7½ (Pf)	(lebhaft)graugrün	(25)	0,50	1,—	16,—
33	10 (Pf)	lilarot (Töne) GA	(26)	0,50	1,—	3,20
34	15 (Pf)	dunkelzinnober bis rot (1.3.1919)	(27)	0,50	1,—	3,20
35	20 (Pf)	dunkelpreußischblau (1.3.1919)	(28)	0,50	1,—	3,20
36	25 (Pf)	dunkelbraungrau (Töne)	(21)	0,50	1,—	3,20
37	30 (Pf)	orange bis dunkelrotorange (1.9.1919)	(22)	0,50	1,—	3,20
38	35 (Pf)	rötlichorange (Töne) (1.7.1919)	Da	0,50	1,—	3,20
39	50 (Pf)	dunkelbraunoliv (Töne) (1.8.1919)	Da	0,50	1,—	3,20
40	60 (Pf)	schwarzbläulichgrün (Töne) (1.9.1919)	(23)	0,50	2,—	17,—
41	75 (Pf)	braunrot (Töne) (1.3.1919)	Da	0,50	2,—	5,—
42	1 M	(dunkel)braunpurpur bis dunkelbraunviolett (1.9.1919)	(24)	2,—	4,—	18,—
43	1 M	dunkel(bräunlich)lila (1.3.1920)	(29)	6,—	15,—	480,—
		Satzpreis (14 W.)		14,—	30,—	550,—

Alle ⊙-Preise gelten nur für geprüfte Stücke!

Rußige oder glänzende Aufdrucke gleiche Preise!

MiNr. 30, 41 und 43

Auflagen: unbekannt

Gültig bis 30.6.1920, Nachverwendungen bekannt

Nicht ausgegeben:

MiNr.		*	**
39 I	ohne Aufdruck	10,—	20,—
41 I	ohne Aufdruck	10,—	20,—

1920, Anf. März. Dienstmarken: Bayer. Löwe, Wappen im Queroval und Inschrift im Queroval; sogen. „Abschiedsausgabe". Ⓔ von Weech (MiNr. 44–55) und Nitsche (MiNr. 56–61); Bdr. Kgl. Hauptmünzamt (MiNr. 44–55 10×10, MiNr. 56–61 5×10); MiNr. 44–49 Wz. 4, MiNr. 50–61 Wz. 3; gez. K 14:14½.

Db) Bayer. Löwe

Dc) Wappen

Dd) Inschrift

Dd

MiNr.	Wert	Farbe	Type	*	**	⊙
44	5 (Pf)	dunkelgelblichgrün	Db	0,30	1,—	8,—
45	10 (Pf)	dkl'gelblichorange GA	Db	0,30	1,—	8,—
46	15 (Pf)	dunkelrosarot GA	Db	0,30	1,—	8,—
47	20 (Pf)	braunviolett	Db	0,30	1,—	8,—
48	30 (Pf)	dkl'preußischblau	Db	0,30	1,—	9,—
49	40 (Pf)	(dunkel)ockerbraun	Db	0,30	1,—	9,—
50	50 (Pf)	orangerot bis lebhaftrot	Dc	0,30	1,—	28,—
51	60 (Pf)	grünblau	Dc	0,30	1,—	12,—
52	70 (Pf)	schwarzgrauviolett	Dc	0,30	1,—	36,—
53	75 (Pf)	karmin (Töne)	Dc	0,30	1,—	45,—
54	80 (Pf)	dkl'preußischblau	Dc	0,30	1,—	45,—
55	90 (Pf)	schwärzlicholiv	Dc	0,30	1,—	70,—
56	1 M	schwärzlichsiena	Dd	0,30	1,—	60,—
57	1¼ M	(dunkel)grün	Dd	0,30	1,—	80,—
58	1½ M	dkl'zinnoberrot (Töne)	Dd	0,30	1,—	80,—
59	2½ M	blau	Dd	0,30	1,—	90,—
60	3 M	rotkarmin	Dd	0,30	1,—	130,—
61	5 M	grünschwarz	Dd	2,50	8,—	150,—
		Satzpreis (18 W.)		7,50	25,—	850,—

Alle Gebraucht-Preise gelten nur für geprüfte Stücke.

Bei MiNr. 44–61 gibt es eine „sägezahnartige" Zähnung; nicht wertmindernd.

viele Stempelfälschungen

Auflagen: unbekannt

Gültig bis 30.6.1920, Nachverwendungen bis Ende 1922 bekannt

MiNr. 44–61 mit Aufdruck „Deutsches Reich" siehe Deutsches Reich-Dienstmarken MiNr. 34–51

Portomarken

Zur leichteren Gebührenverrechnung unfrankierter Sendungen im Orts- und zugehörigem Landpost-Zustellbereich wurden Portomarken eingeführt. Die Marken mussten vom Postbeamten aufgeklebt werden, die Gebühr war vom Empfänger zu bezahlen.

Entwertung war nicht zwingend vorgeschrieben, wurde aber häufig vorgenommen.

Die Marken durften nicht an das Publikum abgegeben werden.

1862–1870

1862, 1. Okt. Portomarke: Ziffer im Rechteck, Inschrift oben „Bayer. Posttaxe". Ⓔ und Bdr. Weiss (9×5+9×5, dazwischen waager. Zwischensteg); Papier mit rotem, waager. Seidenfaden; □.

Pa) Ziffer im Rechteck, Inschrift oben „Bayer. Posttaxe"

				(*)	*	~	⊙
1	3 Kr	schwarz	Pa	75,—	160,—	120,—	400,—

Der Abstand der Marken im Bogen beträgt waagerecht ca. 2,5 mm, senkrecht unterschiedlich zwischen 1,5 mm und 1 mm (zwischen Feld 34 und 43 wegen verschobener Klischees sogar darunter).

Die Preise gelten für Stücke, die höchstens an einer Seite (oben oder unten) leicht berührt (nicht angeschnitten) sind!

FALSCH u. a. schmutziggelbes Papier, faseriges Papier

viele Stempelfälschungen; **Prüfung dringend anzuraten!**

Auflage: 765 000 Stück

Gültig bis 31.12.1875

1870, 1. Juli/1871, 1. April. Portomarken: Ziffer im Rechteck, Inschrift oben „Bayr. Posttaxe". Ⓔ und Bdr. Weiss (5×6+5×6, dazwischen senkr. Zwischensteg); Papier ohne Seidenfaden; X = Wz. 1 X (enge), Y = Wz. 1 Y (weite Rauten); gez. K 11½.

Pb) Ziffer im Rechteck, Inschrift oben „Bayr. Posttaxe"

X = Wz. 1 X (enge Rauten)

				(*)	*	⊙
2 X	1 Kr	schwarz (1.4.71)	Pb	9,—	20,—	1000,—
3 X	3 Kr	schwarz (1.7.70)	Pb	9,—	20,—	600,—

Y = Wz. 1 Y (weite Rauten)

				(*)	*	⊙
2 Y	1 Kr	schwarz	Pb	22,—	70,—	2200,—
3 Y	3 Kr	schwarz	Pb	22,—	70,—	*2200,—*

viele Stempelfälschungen; mit Mühlradstempel immer falsch!

Auflagen: MiNr. 2 = 364 500, MiNr. 3 = 445 500 Stück

Gültig bis 31.12.1875

Neue Währung: 1 Mark (M) = 100 Pfennig (Pf)

1876–1885

1876, 1. Jan. Portomarken: Staatswappen auf Ornament (Kleinformat). Ⓔ Riess; komb. Bdr. und Prägedruck Weiß (5×6+5×6, dazwischen senkr. Zwischensteg [22 mm]); wie MiNr. 37–39, jedoch geänderte Farben; lebhaftkarminroter Aufdruck durch Kgl. Hauptmünzamt; Wz. 2; gez. K 11½.

Pc) Staatswappen auf Ornament

				*	⊙
4	3 Pf	(hell)grüngrau bis türkisgrau	Pc	20,—	50,—
5	5 Pf	(hell)grüngrau bis türkisgrau	Pc	15,—	20,—
6	10 Pf	(hell)grüngrau bis türkisgrau	Pc	5,—	2,—

Vorsicht! Die Farbe von MiNr. 4–6 ist lichtempfindlich!

Von MiNr. 4–6 gibt es zwei Aufdrucktypen: Type I = obere Zeile 16,5 mm, Type II = obere Zeile 17,5 mm lang. **Preise gleich!**

Auflagen: MiNr. 4 und 5 je 300 000, MiNr. 6 = 1 400 000 Stück

Gültig bis 31.1.1911

1882, Jan./1885, ca. Sept. Portomarken: Staatswappen auf Ornament (Kleinformat). Wie Portomarken MiNr. 4–6, jedoch Wz. 3.

				*	⊙
7	3 Pf	(hell)türkisgrau bis grünlichgrau (Herbst 1885)	Pc	110,—	130,—
8	5 Pf	(hell)türkisgrau bis grünlichgrau (Herbst 1885)	Pc	70,—	90,—
9	10 Pf	(hell)türkisgrau bis grünlichgrau (Jan. 1882)	Pc	3,—	2,—

Vorsicht! Die Farbe von MiNr. 7–9 ist lichtempfindlich!

Auflagen: MiNr. 7 = 72 000, MiNr. 8 = 60 000, MiNr. 9 = 2 000 000 Stück

Gültig bis 31.1.1911

Lesen Sie bitte auch das Vorwort!

1888–1895

1888, 5. März/1903. Portomarken: Staatswappen auf Ornament (Kleinformat). 🄴 Riess; komb. Bdr. und Prägedruck; wie MiNr. 54–56, jedoch geänderte Farben; lebhaftkarminroter Bdr.-Aufdruck durch Kgl. Hauptmünzamt.

					✶	⊙
10	3 Pf	gelbgrau bis grünlichgrau	......	Pc	1,—	3,50
11	5 Pf	gelbgrau bis grünlichgrau	......	Pc	1,40	3,50
12	10 Pf	gelbgrau bis grünlichgrau	......	Pc	1,—	2,—
			Satzpreis (3 W.)		3,—	9,—

Auflagen: MiNr. 10 = 350 000, MiNr. 11 = 1 350 000, MiNr. 12 = 7 500 000 Stück

Gültig bis 31.1.1911; MiNr. 10–13 danach auf Formularen zur tel. Bestellung eines Mietfuhrwerks weiter verwendet (sogen. „Kutschermarken")

Nicht ausgegeben:

1895, Sept. Portomarke. MiNr. 10 mit lebhaftkarminrotem Bdr.-Aufdruck der neuen Wertstufe in den vier Ecken.

			⊙
I	**2** auf ....3 Pf	gelbgrau	*60000,—*

MiNr. I (Auflage 21 600) wurde aufgrund einer Portoreduktion hergestellt, jedoch nach Vorliegen der MiNr. 13 vor ihrer Ingebrauchnahme zurückgezogen. Trotz Markenrückforderung wurden in Aichach drei Briefe mit je einem Paar der MiNr. I aufgegeben („Aichach-Provisorium"). Alle anderen Marken wurden verbrannt.

1895, Okt. ?/1903. Portomarke: Staatswappen auf Ornament (Kleinformat). Wie MiNr. 10–12, neue Wertstufe.

Pc

				✶	⊙
13	2 Pf	(hell)gelbgrau bis (hell)grünlichgrau	Pc	1,—	3,—

Auflage: ca. 1 400 000 Stück

Gültig bis 31.1.1911; danach auf Formularen zur tel. Bestellung eines Mietfuhrwerks weiterverwendet (sogen. „Kutschermarken")

Der Verkauf der Portomarke MiNr. 13 wurde im Jahre 1906 eingestellt.

Die Verwendung der übrigen Portomarken (als Portomarken) wurde zum 1.10.1910 eingestellt, danach erfolgte der Verkauf von Markenbeständen an das Publikum.

Portofreiheitsmarken

In den Jahren 1919/1920 wurden für Dienststellen, deren Postgebühren aus öffentlichen Mitteln zu bestreiten waren, denen man aber aufgrund schlechter Erfahrungen die Verwendung von normalen Dienstmarken nicht zugestehen wollte, sogenannte Portofreiheitsmarken eingeführt (Ministererlass vom Februar und Juni 1919). Um den Verbrauch kontrollieren zu können, sollten zunächst kursierende Freimarken überdruckt werden, schließlich entschloss man sich aus Sparsamkeitsgründen aber zur Durchlochung.

Die Verwendung wurde später untersagt, weil Marken zu Sammelzwecken veruntreut wurden.

FALSCH Von allen Lochungen gibt es teils sehr gute Fälschungen; MiNr. 178–195 (Abschiedsserie) ohne Aufdruck „Deutsches Reich" wurden amtlich nie durchlocht.

Bei allen Portofreiheitsmarken ist eine Prüfung dringend anzuraten!

1919/1920

Ausgaben für die Kriegsbeschädigten-Ausschüsse

1919, 27. August. Portofreiheitsmarken: Freimarken MiNr. 153 A, 155 A–159 A (König Ludwig mit Aufdruck, sogen. „Kriegsdrucke") mit eingelochtem „K".

				✶	✶✶	⊙
1	5 Pf	dunkelgelblichgrün bis dunkelgelbgrün	(153 A)	14,—	50,—	200,—
2	10 Pf	karminrot	(155 A)	14,—	50,—	200,—
3	15 Pf	rot (Töne)	(156 A)	14,—	50,—	150,—
4	20 Pf	dunkelgrünlichblau .	(157 A)	14,—	50,—	150,—
5	25 Pf	olivschwarz (Töne) . .	(158 A)	22,—	75,—	280,—
6	30 Pf	dunkel(rötlich)orange	(159 A)	27,—	90,—	350,—
		Satzpreis (6 W.)		100,—	360,—	1300,—

Auflagen: unbekannt *Gültig bis 30.6.1920*

1920, 1. April. Portofreiheitsmarken: Marken des Deutschen Reichs MiNr. 119–126 und 128 (Abschiedsserie von Bayern mit Aufdruck „Deutsches Reich") mit eingelochtem „K".

				✶	✶✶	⊙
7	5 Pf	(dunkel)gelbgrün	(DR 119)	22,—	70,—	120,—
8	10 Pf	(dunkel)gelblich-orange	(DR 120)	22,—	70,—	120,—
9	15 Pf	dunkelrosarot . .	(DR 121)	25,—	90,—	200,—
10	20 (Pf)	dunkelbraunviolett (Töne)	(DR 122)	25,—	90,—	200,—
11	30 (Pf)	blau (Töne)	(DR 123)	25,—	90,—	200,—
12	40 (Pf)	dunkelockerbraun (Töne)	(DR 124)	25,—	90,—	200,—
13	50 (Pf)	lebhaftrot bis zinnoberrot	(DR 125)	35,—	110,—	230,—
14	60 (Pf)	dunkelblaugrün .	(DR 126)	35,—	110,—	330,—
15	80 (Pf)	dunkel(grau)blau	(DR 128)	70,—	190,—	350,—
		Satzpreis (9 W.)		280,—	900,—	1800,—

Auflagen: unbekannt

Gültig bis 17.12.1921

Verwendung in: Augsburg, Bamberg, Landshut, München, Nürnberg, Regensburg, Speyer und Würzburg

Ausgabe für die Beamtenräte der Oberpost- und Eisenbahndirektionen

1920, 10. April. Portofreiheitsmarken: Marken des Deutschen Reichs MiNr. 119–126 und 128 (Abschiedsserie von Bayern mit Aufdruck „Deutsches Reich") mit eingelochtem „B".

				✱	✱✱	⊙
16	5 Pf	(dunkel)gelbgrün	(DR 119)	25,—	80,—	170,—
17	10 Pf	(dunkel)gelblich-orange	(DR 120)	25,—	80,—	170,—
18	15 Pf	dunkelrosarot	(DR 121)	25,—	80,—	170,—
19	20 (Pf)	dunkelbraunviolett (Töne)	(DR 122)	25,—	80,—	170,—
20	30 (Pf)	blau (Töne)	(DR 123)	25,—	80,—	170,—
21	40 (Pf)	dunkelockerbraun (Töne)	(DR 124)	25,—	80,—	170,—
22	50 (Pf)	lebhaftrot bis zinnoberrot	(DR 125)	35,—	100,—	320,—
23	60 (Pf)	dunkelblaugrün	(DR 126)	45,—	170,—	350,—
24	80 (Pf)	dunkel(grau)blau	(DR 128)	50,—	140,—	350,—
		Satzpreis (9 W.)		280,—	850,—	2000,—

Auflagen: unbekannt

Gültig bis 10.10.1921

Verwendung in: Augsburg, Bamberg, Landshut, München, Nürnberg, Regensburg, Speyer und Würzburg

Ausgaben für den Vorstand des Rates des Verkehrspersonals in München

1919, 6. Sept. Portofreiheitsmarken: Freimarken MiNr. 152 A, 153 A und 155 A–159 A (König Ludwig mit Aufdruck) mit eingelochtem „R".

				✱	✱✱	⊙
25	3 Pf	braun bis dunkel-ockerbraun	(152 A)	20,—	70,—	280,—
26	5 Pf	dunkelgelb(lich)-grün	(153 A)	20,—	70,—	280,—
27	10 Pf	karminrot	(155 A)	20,—	70,—	280,—
28	15 (Pf)	rot	(156 A)	20,—	70,—	280,—
29	20 (Pf)	dunkelgrünlich-blau	(157 A)	20,—	70,—	280,—
30	25 (Pf)	olivschwarz (Töne) (Töne)	(158 A)	30,—	80,—	350,—
31	30 (Pf)	dunkel(rötlich)-orange	(159 A)	40,—	100,—	350,—
		Satzpreis (7 W.)		170,—	500,—	2000,—

Auflagen: unbekannt

Gültig bis 30.6.1920

1920, April/Mai. Portofreiheitsmarken: Marken des Deutschen Reichs MiNr. 120, 122–126 (Abschiedsserie von Bayern mit Aufdruck „Deutsches Reich") mit eingelochtem „R".

				✱	✱✱	⊙
32	10 Pf	(dunkel)gelblich-orange	(DR 120)	28,—	90,—	240,—
33	20 Pf	dunkelbraun-violett (Töne)	(DR 122)	40,—	130,—	350,—
34	30 Pf	blau (Töne)	(DR 123)	35,—	120,—	350,—
35	40 (Pf)	dunkelockerbraun (Töne)	(DR 124)	35,—	120,—	350,—
36	50 (Pf)	lebhaftrot bis zinnoberrot	(DR 125)	55,—	150,—	380,—
37	60 (Pf)	dunkelblaugrün	(DR 126)	45,—	130,—	400,—
		Satzpreis (6 W.)		230,—	700,—	2000,—

Auflagen: unbekannt

Gültig bis 10.10.1921 (?)

Verwendung nur in München (auch vom Rat der Justizbehörden)

Ausgabe für die Verwaltung der Staatlichen Lastkraftwagen-Linien

1919, 4. Sept. Portofreiheitsmarken: Freimarken MiNr. 153 A, 155 A und 156 A (König Ludwig mit Aufdruck) mit eingelochtem „LK".

				✱	✱✱	⊙
38	5 (Pf)	dunkelgelb(lich)-grün	(153 A)	7,—	17,—	45,—
39	10 (Pf)	karminrot	(155 A)	6,—	13,—	45,—
40	15 (Pf)	rot	(156 A)	10,—	25,—	50,—
		Satzpreis (3 W.)		23,—	55,—	140,—

Auflagen: unbekannt

Gültig bis 30.6.1920

Verwendung in Augsburg, Bamberg, Landshut, München, Nürnberg, Regensburg, Würzburg und Zwiesel (evtl. auch in Passau)

Flugpostmarke (halbamtliche):

1912

1912, Oktober. Flugpostmarke (halbamtlich). [E] Prof. Hupp; Bdr. Kunstanstalt Adelfinger & Cie (10×7); gez. L 11½.

Fa) Geflügelter Löwe, Emblem des Bayerischen Aero-Clubs

					✱	✱✱	⊙
F I	25 Pf	dunkelpreußischblau [GA]	Fa		200,—	400,—	400,—

Die Linienzähnung ist meist mangelhaft (viele ausgefallene Stanzlöcher); **die Preise gelten für Stücke mit solchen Mängeln. Tadellose Zähnung rechtfertigt Aufschlag von mind. 20%.**

Der Bayerische Aeroclub erhielt für die Jahre 1912–1914 die Genehmigung zur Errichtung einer Flugpost in München und Nürnberg. Diese Genehmigung schloss auch die Einführung, eigene Postwertzeichen und Ganzsachen herauszugeben, ein. Die Flugpostsachen mussten bei der Staatspost eingeliefert werden und neben den amtlichen Freimarken (übliche Postgebühr) auch die Flugpostmarke tragen.

Der Verkaufspreis von 25 Pf wurde nur zur Deckung der Flug- und Veranstaltungskosten verwendet. Die Flugpostmarke war für den normalen Postverkehr nicht gültig.

[FALSCH] aus nachgezähnten Ganzsachenausschnitten (anderes Papier!)

Auflage: 10500 Stück

Weitere halbamtliche Flugpostmarken (Regensburger Fliegertage) siehe „Deutsches Reich Halbamtliche Flugmarken" im MICHEL-Deutschland-Spezial!

Bergedorf

Ab 23.8.1420 bis 1867 gemeinsamer Besitz der Freien und Hansestädte Hamburg und Lübeck, ab 1.1.1868 Alleinbesitz Hamburgs. Eigene Markenausgabe 1861–1867.

Zum Amt Bergedorf gehörten die Kleinstadt Bergedorf, die Vierlande (Curslack, Altengamme, Neuengamme, Kirchwerder, Krauel, Riepenburg und Zollenspieker), die Hamburger Landschaften Allermöhe, Billwärder, Moorfleth, Moorwerder, Ochsenwerder, Reitbrook, Spatenland und Tatenberg sowie die Exklave Geesthacht.

Postgeschichte:

Bergedorf wurde aufgrund seiner Lage schon sehr früh von Postläufern und Städteboten der Hanse postalisch versorgt. Den eigenen Postverkehr mit Hamburg besorgten Amtsboten und Reihefuhren.

Im Jahre 1746 wurde von Hannover die Postspedition eingerichtet, die bis 1846 bestand, 1785 bis 1851 unterhielten die Fürsten von Thurn und Taxis (Reichspost) eine Postexpedition.

Während der franz. Besetzung in den Jahren 1806–1813 gab es bis 1810 eine bergische und eine westphälische Post, 1811 übernahm die Kaiserlich-Französische Post alleine das Postwesen. Nach der Befreiung wurde es wieder von der bergischen Post übernommen.

1838 wurde von Preußen eine Postexpedition eröffnet, aus der am 1.4.1847 das Lübeck-Hamburgische Postamt in Bergedorf hervorging. Die Post im Landgebiet besorgte bis 1853 das (private) Bergedorfer Landpostamt. Am 1.10.1853 wurde sie von der Lübeck-Hamburgischen Post übernommen und ausgebaut, ab 1.10.1857 um die Landpost in den Hamburgischen Marschlanden erweitert.

Am 1.1.1856 wurde die Postexpedition des Lübeck-Hamburgischen Postamts in Geesthacht und am 16.9. die in Kirchwerder eingerichtet.

Am 4. und 7. November 1855 wurde zwischen der Lübecker und der preußischen Postverwaltung ein Vertrag geschlossen, in dem die Postverhältnisse in Bergedorf denen des Deutsch-Österreichischen Postvereins angepasst wurden.

Entwertungen und Nebenstempel:

5-Strich-Stempel
(kein Aufschlag)

Textbogenstempel
(Ortsstempel)
(Aufschlag ⊙ ab 3000,—)

Kreisstempel
(Aufschlag ⊙ 2000,—)

Dreizeiler der
Bahnpost „Hamburg–Berlin"

Nebenstempel „Aus Vierlanden"
(Ellipsenstempel)

Nebenstempel der
Bergedorfer Landpost
(Doppelachteckstempel)

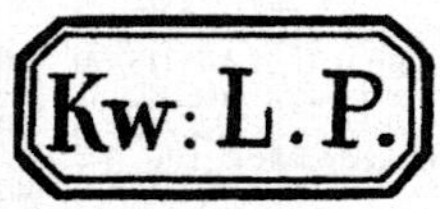

Nebenstempel
„Kirchwerder: Landpost"
(Doppelachteckstempel)

Währung:

1 Thaler = 2½ Mark hamb. oder lüb. Courant, 1 Mark (1,20 M Reichswährung) = 16 Schillinge (S)
1 Schilling (S) = 2 Sechslinge = 4 Dreilinge = 7,5 Pf
1¼ Schilling (S) = 1½ Schillinge lauenb. Münze = 4 dänische skilling (Sk)
1⅓ Schilling (S) = 1 Groschen, auch Silbergroschen (Sgr) oder Neugroschen (Ngr)

Maße und Gewichte:

1 geographische deutsche Meile = 1/15 Äquatorgrad = 7,42 km
1 Zollpfund = 30 Loth = 500 g; 1 Loth = 16,66 g

Hinweise zur Katalogisierung:

Die Preise bei MiNr. 1–3 gelten für Stücke, die an höchstens einer Seite leicht berührt sind (siehe „Briefmarken-Qualitätsstufen" im Einleitungsteil, Abb. 3), bei MiNr. 4 und 5 gelten sie für allseits vollrandige Stücke; allseits vollrandige Marken MiNr. 1–3 verdienen mind. 30% Aufschlag, mit allen vier Trennungslinien 300% Aufschlag, allseits berührte mind. 50%, angeschnittene Marken mind. 80% Abschlag!

Von allen Marken gibt es viele Fälschungen und private Neudrucke; aktuelle Prüfung aller Marken dringend anzuraten!

Die Farbangaben beziehen sich auf den MICHEL-Farbenführer ab 36. Auflage.

1861

1861, 1. Nov./1867. Freimarken: Je halbes Wappen von Lübeck und Hamburg zu einem Wappen vereinigt. E und Stdr. Fuchs (Bogen zu 192, 200, 180, 160 und 80 Marken); □.

a

b

c

d

e

a–e) Je halbe Wappen von Lübeck und Hamburg zu einem Wappen vereinigt, in den vier Ecken von links oben nach rechts unten „L“, „H“, „P“, „A“ (Lübeck Hamburgisches Post Amt); aufsteigende Werte in aufsteigenden Markengrößen

				(✱)	✱	⊙
1	½ S	schwarz auf	a			
a		mittelpreußischblau		20,—	55,—	1300,—
b		blau (1867)		60,—	160,—	7000,—
2	1 S	schwarz auf weiß	b	20,—	55,—	500,—
3	1½ S	schwarz auf hellolivgelb	c	10,—	25,—	2000,—
4	3 S	dunkelultramarin auf mattrosa	d	10,—	30,—	2500,—
5	4 S	schwarz auf mattbraunorange	e	10,—	30,—	2800,—
		Satzpreis (mit 1 a+b) (6 W.)		130,—	330,—	16000,—

MiNr. 1 b unterscheidet sich von MiNr. 1 a nicht nur in der Farbe, sondern auch durch klar erkennbar kleineres Format!

Neudrucke bzw. Nachdrucke (privat):

Im Frühjahr 1867 ließ der Bergedorfer Postmeister Paalzow auf eigene Rechnung Neudrucke von neuen Platten zweier Probedrucke herstellen. Sie sind anhand kleiner Bildverschiedenheiten, am sehr dicken Papier und anhand der Farben von den Originalen zu unterscheiden (je 50,—).

Im Sommer 1868 kaufte der Brüsseler Briefmarkenhändler Moens neben dem gesamten Restbestand der Marken von Bergedorf auch den Originalstein. Von diesem Originalstein fertigte er 1868/70 zuerst einen Zusammendruck 1½ Schillinge und 1½ Schilling. In den Jahren 1872, 1874, 1887 und 1888 stellte er Nachdrucke der Marken MiNr. 1–5 her, wobei nur die Auflage aus 1872 originalähnlich ist. Die späteren Auflagen weichen in Zeichnung, Farbe und Papier erheblich von den Originalen ab.

Die Nachdrucke werten höchstens 2,50 bis 5,—! Kennzeichen der Nachdrucke siehe MiR 7/2002.

Kennzeichen der ½ S- und 1 S-Nachdrucke: die waager. Striche in „HA“ von „HALB“ und „A“ in „POSTMARKE“ sind stark verkümmert (fast senkrecht); bei den Originalen ganz exakt.

Kennzeichen der 1½ S-Nachdrucke: „Schillinge“ statt „Schilling“.

FALSCH Die echten Marken MiNr. 1–5 weisen jeweils 55 ganz gleichmäßige Ringe rund um das Wappen auf; weitere Echtheitsmerkmale siehe: Hugo Krötzsch, „Handbuch der Postfreimarkenkunde Altdeutsche Staaten“ (Originalgetreuer Nachdruck aus dem Peter Feuser Verlag)!

Prüfung aller Marken dringend anzuraten!

Auflagen: MiNr. 1 a = 160 000, MiNr. 1 b = 40 000, MiNr. 2 = 90 000, MiNr. 3 = 100 000, MiNr. 4 und MiNr. 5 je 80 000 Stück

Gültig bis 31.12.1867; ab 1.1.1868 Verwendung der Marken der Norddt. Post

Prüfungen und Prüfordnung

Der beste Schutz gegen den Erwerb falscher oder minderwertiger Marken ist der Einkauf im guten Fachgeschäft. In Zweifelsfällen ist die Hinzuziehung eines Experten angebracht.

Prüfordnung. Die von den Spitzenverbänden der Sammler und Händler anerkannten Experten für Marken, Abstempelungen und Erhaltung prüfen nach einheitlichen Richtlinien, die jeder Philatelist kennen sollte.

Ergänzend sei hier nochmals darauf hingewiesen, dass die MICHEL-Redaktion keine Markenprüfungen vornimmt.

Braunschweig

Herzogtum bis 1918 mit eigener Posthoheit bis 31.12.1867. Ab 1866 im Norddeutschen Bund, der als Norddeutscher Postbezirk am 1.1.1868 die Posthoheit übernahm und am 12.5.1871 in die Deutsche Reichspost mündete.

Das Herzogtum Braunschweig in den Grenzen des 19. Jahrhunderts bestand seit 1635, als Herzog August d. J. die Regierung des Herzogtums Braunschweig-Wolfenbüttel übernahm. Es war aus mehreren Erbteilungen aus einem Teil des Welfenlandes entstanden, mit dem Otto das Kind, ein Enkel Heinrichs des Löwen, mit seiner Erhebung zum Reichsfürsten durch Kaiser Friedrich II. belehnt worden war und bildete zu der Zeit neben den Linien Celle-Lüneburg und Calenberg (später Königreich Hannover) die Braunschweig-Lüneburgischen Lande.

Nach der Besetzung durch die Franzosen unter Napoleon im Jahre 1806 wurde Braunschweig 1807 dem Königreich Westfalen zugeschlagen. Die Befreiungskriege stellten 1814 die staatliche Souveränität wieder her. Das Land umfasste Teile des westlichen und nördlichen Harzvorlandes mit den Kreisstädten Braunschweig, Gandersheim, Helmstedt und Wolfenbüttel, einen Streifen zur Oberweser mit Holzminden, die Grafschaft Blankenburg im Harz, Teile des Hochstifts Hildesheim, sowie die Exklaven Thedinghausen (südl. von Bremen) und Calvoerde.

Am 18. 8. 1866 schloss Braunschweig mit Preußen und 16 anderen deutschen Staaten und Hansestädten einen Staatsvertrag zur Gründung des Norddeutschen Bundes, am 1.1.1871 wurde das Deutsche Reich proklamiert, dessen Teil Braunschweig war. Die Novemberrevolution 1918 erzwang die Abdankung von Herzog Ernst August, das Herzogtum ging in den Freistaat Braunschweig auf, der wiederum durch Gesetzgebung ab 1933 das Land Braunschweig bildete.

Nach dem 2. Weltkrieg gehörte der größte Teil Braunschweigs zur brit. Besatzungszone, am 1. 11. 1946 wurde es dem neu gebildeten Bundesland Niedersachsen zugeordnet.

Postgeschichte:

Im 16. Jh. richtete Herzog Heinrich der Jüngere eigene Fürstlich-Braunschweigische Landesposten ein. Auch das Botenwesen wurde in einer Kanzleiverordnung von 1535 geregelt. Bis dahin erfolgte die Abwicklung des Postwesens durch die Thurn und Taxissche Post (Kaiserliche Reichspost), die noch bis zum 1. 7. 1790 (Verbot durch Herzog Karl Wilhelm Ferdinand) in Braunschweig tätig war.

Auf Ersuchen des Großen Kurfürsten wurde im Jahre 1649 die Errichtung einer Churbrandenburgischen Postabfertigung der Linie Königsberg-Berlin-Cleve gestattet, deren Postmeisterstelle jedoch schon 1682 wieder aufgehoben wurde.

Bereits ab Anfang des 18. Jh. finden sich handschriftliche Ortsangaben auf Briefen. Auch Postscheine (ab 1741) und Zeitungsscheine (ab 1769) dokumentieren die Tätigkeit der Braunschweiger Landespost. Die Einführung der Poststempel erfolgte hauptsächlich während der franz. Besatzungszeit im Jahre 1808.

Hauptsächliche Entwertungen:

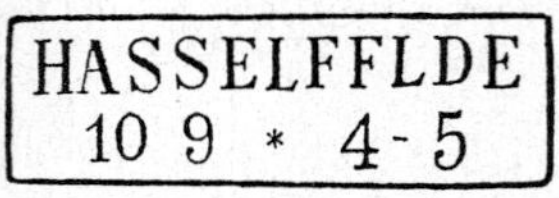

Rechteckstempel mit Datum

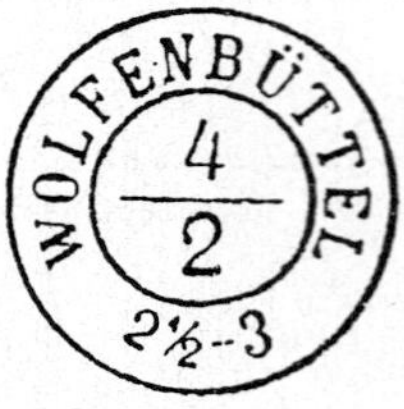

Zweikreisstempel mit oder ohne Jahreszahl

Nummernstempel: Rostrechteckstempel mit steigender Nummer

Zweikreisstempel des Bahnhofs-Postamtes Braunschweig (mit Sternchen)

Wasserzeichen:

Wz. 1
Posthorn in Linieneinfassung

Währung:

bis 31.12.1857: 1 Thaler = 24 Gute Groschen (Ggr) = 12 (Gute) Pfennig (Pf)

Im Postvereinsverkehr galt der Tarif in preußischen Silbergroschen:
1 Thaler = 30 Silbergroschen (Sgr), 1 Silbergroschen = 12 Silberpfenninge (SPf)

ab 1.1.1858: 1 Thaler = 30 (neue) Groschen, 1 (neuer) Groschen (Gr) = 10 (neue) Pfennig (Pf)

Maße und Gewichte:

1 geographische deutsche Meile = 1/15 Äquatorgrad = 7,42 km

1 Loth = 16⅔ g

MiNr. I siehe nach MiNr. 9

Hinweise zur Katalogisierung:

Alle Bewertungen gelten nur für allseits vollrandige Stücke, deren Markenbild an keiner Stelle berührt ist (siehe „Briefmarken-Qualitätsstufen“ im Einleitungsteil, Abb. 2); angeschnittene Marken bzw. ohne Rand werten höchstens 30–40% der angegebenen Preise!

Weitere Hinweise zur bewerteten Qualität siehe bei den einzelnen Ausgaben!

Alle Farbangaben beziehen sich auf den MICHEL-Farbenführer ab 36. Auflage. Die Angaben in eckigen Klammern sind „klassische“ Farbbezeichnungen.

Herzog Wilhelm I. (1831–1884)

1852/56

1852, 1. Jan. Freimarken: Wappen des Herzogtums Braunschweig im waager. Oval. E Petersen; Bdr. Meyer (10×12); (gelblich)weißes Papier; (braun)rötliche Gummierung; □.

a) Wappen des Herzogtums Braunschweig im waager. Oval

				(✱)	⊙
1	1 Sgr	mittel- bis lebhaftkarmin (Töne)	a	2800,—	400,—
2	2 Sgr	lebhaftpreußischblau (Töne)	a	2000,—	350,—
3	3 Sgr	(lebhaft)orangerot (Töne)	a	2000,—	350,—

Die Bewertungen gelten für ein- bis zweiseitig schief geschnittene Stücke, bei denen das Markenbild aber an keiner Seite angeschnitten ist! Stücke mit Falz (Originalgummi) sind sehr selten (je ca. 6000,—).

Der Druck von MiNr. 1–3 ist meistens unscharf (sauber ausgedruckte Farben, besonders der Mittelstücke, ca. 10% Aufschlag), die Markengrößen schwanken stark. Die spröde Druckfarbe verursachte wiederkehrende Verunreinigungen der Druckplatte.

Federzugentwertung ist wegen der (vorschriftsmäßigen) kurzen Verwendungszeit weit seltener als Ortsstempelentwertung, Aufschlag ⊙ max. 10%.

FALSCH Vorsicht vor entfernten Tintenstrichentwertungen und Nachgummierungen sowie Ganzfälschungen! **Ungebrauchte Marken unbedingt prüfen lassen!**

Auflagen (ca.): MiNr. 1 = 150 000, MiNr. 2 = 300 000, MiNr. 3 = 150 000 Stück

1853, 1. März/1856, 1. März. Freimarken: Wappen im waager. Oval. Wie MiNr. 1–3, jedoch z. T. neue Wertstufen und auf farbigem Papier mit Wz. 1; □.

a

Wz. 1
Posthorn

				(✱)	✱	⊙
4	¼ (Ggr) / 3 GPf	schwarz auf hell(gelb)braun (1.3.1856)	a	400,—	1000,—	320,—
5	⅓ (Sgr) / 4 SPf	schwarz auf (grau)weiß (1.3.1856)	a	90,—	170,—	450,—
6	1 Sgr	schwarz auf chromgelb bis braungelb (Töne) (1.3.1853)	a	320,—	500,—	70,—
7	2 Sgr	schwarz auf blau (Töne) (1.3.1853)	a	250,—	400,—	80,—
8	3 Sgr	schwarz auf mattgraurot bis rosaweiß (1.3.1853)	a	400,—	600,—	110,—

Vgl. Bewertungshinweise bei MiNr. 1–3!

Das Papier von MiNr. 6–8 ist, auch innerhalb eines Bogens und oft sogar innerhalb der einzelnen Marke, unterschiedlich dick. Bei MiNr. 5 und 7 ist das Wasserzeichen manchmal schwer zu erkennen!

Von MiNr. 5 existieren private Neudrucke auf glattem Papier ohne Wz. in verschiedenen Farben; mit und ohne Punkt zwischen „VIER“ und „SILBR.“.

Federzugentwertung ist wegen der (vorschriftsmäßigen) kurzen Verwendungszeit weit seltener als Ortsstempelentwertung, Aufschlag MiNr. 4–5 ⊙ ca. 10%, MiNr. 6–8 ⊙ max. 50%.

FALSCH oWz.

Auflagen: MiNr. 4 = 285 000, MiNr. 7 = ca. 1 000 000 Stück; andere unbekannt

Bitte bedenken Sie, dass sich dieses Standard-Nachschlagewerk auf die wesentlichen Unterschiede der Briefmarken beschränkt. Ausführliche Katalogisierungen müssen Spezialwerken und Handbüchern der einzelnen Sammelgebiete vorbehalten bleiben.

1857

1857, 1. März. Freimarke: Vier Kronen (teilbar). Ⓔ ?; Bdr. Meyer (10×10); Wz. 1; □.

b) Vier Kronen, Inschrift

			(✱)	✱	⊙
9	4/4 Ggr / 12 GPf	schwarz auf graubraun . . . . b	20,—	50,—	120,—

vgl. Bewertungshinweis bei MiNr. 1–3!

Das Wasserzeichen 1 war auf die Marken in Zeichnung Wappen im waagerechten Oval zugerichtet. Durch die Markengröße der MiNr. 9 erscheint es nicht mehr auf jeder Marke als ein Linienviereck mit Posthorn. MiNr. 9 weist nur Teile des Wz. (oft auch Teilstücke von zwei Wz.-Bildern) auf, Randstücke sind oft ganz ohne Wz. geblieben.

Der Verkauf erfolgte bis 14.10.1859 in waagerechten Streifen zu 10 Marken.

☞

Auflage: ca. 950 000 Stück

Nicht ausgegeben:

			(✱)
I	4/4 Ggr / 12 Pf	ockerbraun (Töne) auf weiß, o.G.	17,—

1861/65

1861, 1. April/1863, 1. Jan. Freimarken: Wappen im waager. Oval. Wie MiNr. 6 und 8, jedoch neue Wertstufe in abgeänderter Inschrift und Wappenzeichnung c (MiNr. 10) sowie geänderte Papierfarben (MiNr. 11 und 12); Wz. 1; □.

c

a

			(✱)	✱	⊙
10	½ Gr / 5 Pf	schwarz auf lebhaftgraugrün (Töne) (1.1.1863) c	25,—	50,—	500,—
11	1 Sgr	schwarz auf lebhaftgraugelb (1.4.1861) . . . . a	300,—	550,—	70,—
12	3 Sgr	lebhaftlilarot auf weiß (1.9.1862) . . . . . a	400,—	750,—	280,—

FALSCH MiNr. 11 o.Wz., größere Inschriften; Versuchs-Durchstiche; **Prüfung dringend anzuraten!**

☞

Auflagen (ca.): MiNr. 10 = 840 000, MiNr. 11 = 1 500 000 Stück, MiNr. 12 = unbekannt

Wichtige philatelistische Informationen

finden Sie in der Einführung sowie in den Vortexten und Anmerkungen zu den einzelnen Ländern.

1864, Juli/Aug. Freimarken: Wappen im waager. Oval. Wie MiNr. 5–7 und 12, jedoch MiNr. 14 geänderte Farben und A = bogenförmig ⁅⁆ 16, B = linienförmig ⁅⁆ 12.

			(✱)	✱	⊙
13 A	⅓ (Sgr) / 4 SPf	schwarz auf (grau)weiß . . . . . a	350,—	600,—	2800,—
14	1 Sgr	mittel- bis lebhaftgelbocker a			
A		bogenförmig durchstochen 16 . .	300,—	500,—	180,—
B		linienförmig durchstochen 12 . .	400,—	800,—	380,—
15 A	2 Sgr	schwarz auf dunkelblau (Töne) . . . . a	300,—	500,—	420,—
16 A	3 Sgr	mittel- bis lebhaftlilarot auf weiß . . a	600,—	1000,—	650,—

Die Durchstiche sind recht primitiv, aufgrund des Papiers immer unsauber und ausgefranst. Die Marken konnten selten so aus dem Bogen getrennt werden, dass sie völlig unbeschädigt blieben, so dass sie von den Postbeamten oft mit der Schere aus den Bogen geschnitten wurden.

Die Preise gelten für (BPP-)geprüfte Stücke mit vierseitigem (mangelhaftem) Durchstich (siehe „Briefmarken-Qualitätsstufen“ im Einleitungsteil, Abb. 10). Dreiseitiger Durchstich bedingt ca. 40%–50% Preisnachlass!

Auflagen: MiNr. 15 = 144 000 Stück, andere unbekannt

1865, 1. Okt. Freimarken: Wappen des Herzogtums Braunschweig im senkrechten Oval. Ⓔ Petersen; komb. Bdr. und Prägedruck Meyer (10×12); oWz.; bogenförmig ⁅⁆ 16.

d) Wappen des Herzogtums Braunschweig im senkrechten Oval

			✱	⊙
17	⅓ Gr	schwarz . . . . d	35,—	480,—
18	1 Gr	(lebhaft)karminrot bis karmin [rosa] . . . . d	5,—	70,—
19	2 Gr	dunkel(grau)ultramarin bis blau . . . d	12,—	160,—
20	3 Gr	orangebraun bis gelbbraun . . . . . . d	10,—	200,—

Vgl. Bewertungshinweise bei MiNr. 13–16!

Von MiNr. 18 und 19 sind private Neudrucke auf glänzendem weißem Papier ohne Gummierung bekannt.

Auflagen: unbekannt

MiNr. 1–20 gültig bis 31.12.1867

Bremen

Freie Hansestadt einschl. der Exklaven Vegesack und Bremerhaven mit eigener Posthoheit bis 31.12.1867. Bis 1866 im Verband des Deutschen Bundes, ab 1866 im Norddeutschen Bund und ab 1.1.1871 im Deutschen Reich.

Bremen, das erstmals 782 genannt wird und im Jahre 1186 als eigenständige Stadtgemeinde anerkannt wurde, erhielt 1303 das Stadtrecht. Seit 1358 ist Bremen Hansestadt. Im Jahre 1541 errang es die Reichsfreiheit, die unter großen Opfern zunächst gegen Schweden und später gegen Hannover verteidigt wurde. In den Jahren 1810–1813 war Bremen Hauptstadt des zu Frankreich gehörenden Departements Wesermündungen. 1815 wurde die Freie Hansestadt Bremen Mitglied des Deutschen Bundes, 1866 Mitglied des Norddeutschen Bundes und 1871 Bundesstaat bzw. ab 1919 Land des Deutschen Reiches. 1945 wurde Bremen zunächst von britischen, dann von amerikanischen Truppen besetzt und gehörte zusammen mit Bremerhaven zur amerikanischen Besatzungszone. 1949 wurde Bremen zusammen mit Bremerhaven Bundesland der Bundesrepublik Deutschland.

Postgeschichte:

Im 13. Jh. wurden Boten des Rates eingerichtet, die zunächst nur Ratspost, später auch bürgerlichen Briefverkehr besorgten. Ab Ende des 14. Jh., mit zunehmendem überregionalem Handel, gab es zusätzlich Boten der Kaufmannschaft. Seit Anfang des 16. Jh. übten dann auch die Fürsten von Thurn und Taxis das Postwesen aus, 1617 wurde eine Thurn und Taxissche Post in Bremen eröffnet.

Mitte des 17. Jh. wurde eine Reit- und Fahrpost zwischen Bremen, Hamburg, Amsterdam, Celle, Braunschweig, Hannover, Kassel und Frankfurt eingerichtet. Parallel hierzu wurde die bestehende eigene Post ausgebaut und ab 18. Jh. die Einrichtung von weiteren fremden Postanstalten erlaubt, die verschiedene Postkurse bedienten. Es wurden eingerichtet:

1709 Postamt des Kurfürstentums Hannover
1806 Postamt des Großherzogtums Berg
1727 Postamt der kurbrandenburgischen Post (später Preußen)
1804 eigenes Bremer Stadtpostamt

Infolge der napoleonischen Kriege wurden ab 1807 bis 1813 sämtliche Postdienste dem Großherzoglich Bergischen Oberpostamt (ab 1811 Kaiserlich französisches Oberpostamt) übertragen. Nach dem Abzug der Franzosen (1813) nahmen die vorherigen Postämter ihre Tätigkeit sehr schnell wieder auf.

Im Jahre 1824 wurde die Verwaltung des preußischen Postamtes durch das Bremer Stadtpostamt übernommen. 1846 wird das Postamt in Bremerhaven, 1847 das mit Hannover gemeinsam betriebene Postamt in Vegesack eröffnet.

1850/51 kam es zwischen den verschiedenen Postämtern zur endgültigen Aufteilung der Postkurse:

Das Bremer Stadtpostamt beförderte ausschließlich Post nach Oldenburg (Verwendung von Oldenburger Marken), Hamburg, Lauenburg, Lübeck, Mecklenburg-Schwerin, Schleswig-Holstein, Dänemark, Großbritannien, den Niederlanden, Norwegen, Schweden und allen transatlantischen Ländern.

Das Hannoversche Postamt nur Post nach Hannover und Braunschweig

Das Preußische Postamt beförderte Post nach Mecklenburg-Strelitz, Preußen, Sachsen, Luxemburg, Österreich (ohne Lombardei etc.), Polen, Russland sowie alle Transitkorrespondenz durch diese Länder.

Das TuT-Postamt bediente alle anderen Kurse (z. B. Frankreich, Italien, Schweiz, Spanien usw.).

Am 1.1.1852 trat Bremen dem Deutsch-Österreichischen Postverein bei.

Ab. 1.1.1868 ging die Posthoheit auf den Norddeutschen Bund über.

Hauptsächliche Entwertungen:

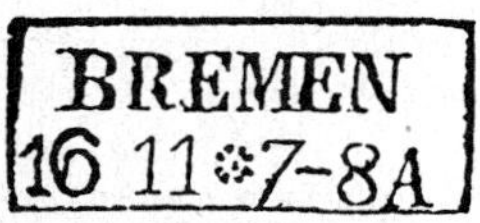

zweizeiliger Rechteckstempel

Zweikreisstempel Vegesack (bei MiNr. 5 und 10 kein Aufschlag; alle anderen Werte Aufschlag ⊙ 500,—)

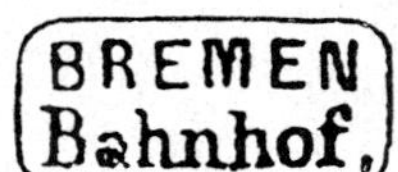

Rechteckstempel Hann. Postamt

Einkreisstempel Preuß. Postamt, blau

Währung, Maße und Gewichte:

1 Bremer Thaler (3,32 Mark) = 72 Grote (Gr); für Sendungen nach Großbritannien: 5 Silbergroschen (Sgr) = 11 Grote

1 geographische deutsche Meile = 1/15 Äquatorgrad = 7,42 km

ab 1850: 1 Zoll-Pfund = 32 Loth = 533,12 g; 1 Loth = 16⅔ g
ab 1.1.1861: 1 Zoll-Pfund = 30 Loth = 500 g; 1 Loth = 16⅔ g

Hinweise zur Katalogisierung:

MiNr. 1–4 werden allgemein als eine Ausgabe zusammengefasst. Daher erfolgte die Katalogisierung nicht in der Reihenfolge der Ausgabedaten, sondern nach den Wertstufen der einzelnen Marken.

Alle Preise bei MiNr. 1–4 gelten für allseits vollrandige Stücke (siehe „Briefmarken-Qualitätsstufen“ im Einleitungsteil, Abb. 2); berührte oder gar angeschnittene Exemplare mind. 50% Preisnachlass!

Stücke ohne Gummi ca. 50% der Falz-Bewertungen!

Die Preise für die Marken mit Durchstich MiNr. 5–9 gelten für der jeweiligen Durchstichart entsprechende einwandfreie Stücke!

Bei allen gebrauchten Marken gelten die Bewertungen nur für saubere, klar abgeschlagene und identifizierbare Abstempelungen (Abb. 24)!

Von allen Marken gibt es Ganzfälschungen (z. B. Bredemeyer und Sperati) sowie Falschstempel. Prüfung ist dringend anzuraten!

Alle Farbangaben beziehen sich auf den MICHEL-Farbenführer ab 36. Auflage.

1855–1860

1855, 10. April. Freimarke: Staatswappen im Wappenschild unter Krone. Ⓔ Hardegen; Stdr. Hunckel (12×10); drei Typen; □.

a) Staatswappen (Bremer Schlüssel) im Wappenschild unter Krone, Inschrift oben Stadtpostamt

				✶	⊙
1	3 (Gr)	schwarz auf blaugrau (Töne)	a	260,—	350,—

Typenunterschiede:

Type I (1., 4., 7., 10. senkr. Reihe): eine Schraffierungslinie im Oval unter „EM“ in „BREMEN“; linke Rahmenlinie mit unterer abschließend; linke obere Wertziffer kleiner als die anderen drei

Type II (2., 5., 8., 11. senkr. Reihe): zwei Schraffierungslinien im Oval; linke Rahmenlinie leicht nach unten verlängert; linke obere Wertziffer länger und schmaler als die anderen drei

Type III (3., 6., 9., 12. senkr. Reihe): drei Schraffierungslinien im Oval; linke sowie innere linke Rahmenlinien deutlich nach unten verlängert; linke obere Wertziffer kürzer und dicker als die anderen drei

Preise der verschiedenen Typen gleich!

Marken mit Wasserzeichen:

Bei MiNr. 1 weist das Papier von (ersten ?) Teilauflagen ein Fabrikwasserzeichen auf, das über 12 Marken gehend stilisierte Lilien zeigt.

Aus dem oberen Drittel eines Bogens der MiNr. 1 ist ein Achterblock bekannt, der das Fabrikwasserzeichen „HAS“ (Hunckel And Son Baltimore) aufweist.

Wz. I

Wz. II

			✶	⊙
1 W	mit Wz. I		900,—	1300,—
1 X	mit Wz. II		1500,—	3000,—

Bei MiNr. 1 sind ferner wasserzeichenähnliche Striche bekannt. Diese sind bei der Papierherstellung entstanden.

FALSCH

Auflage (geschätzt): 60 000 Stück

1856 , 4. April. Freimarke: Staatswappen im Wappenschild unter Krone. Ⓔ Hardegen; Stdr. Hunckel (12×10); zwei Typen; □.

b) Staatswappen im Wappenschild unter Krone, Inschrift oben Franco Marke

				✶	⊙
2	5 Gr	schwarz auf matt- bis hellkarmingrau (Töne)	b	200,—	400,—

Typenunterschiede:

Type I: Wellenlinien links vom Wappen aufwärts; Schraffur zwischen Schriftband und Einfassungslinie nach unten

Type II: Wellenlinien links vom Wappen abwärts; Schraffur zwischen Schriftband und Einfassungslinie nach oben

Die Typen hängen immer waagerecht zusammen; **Preise gleich!**

Vorsicht! Das Papier der MiNr. 2 ist lichtempfindlich!

FALSCH u. a. knapprandige Marken (oft aus MiNr. 7 oder 12 hergestellt); Fälschungen aus MiNr. I

Auflage (ca.): 26 400 Stück

Nicht ausgegeben:

			(✶)	✶
I	5 Gr	schwarz auf mattkarmingrau bis mattgraurot, Inschrift „Franco Marken“	20,—	30,—

Auch bei MiNr. I kommen die beiden Typen von MiNr. 2 vor!

1860, 10. Juli. Freimarke: Staatswappen im Wappenschild unter Krone. Ⓔ Hardegen; Stdr. Hunckel (5×7); □.

c) Staatswappen unter Krone im Wappenschild, Inschrift oben Franco Marke

				✶	⊙
3	7 Gr	schwarz auf mittelrötlichgelb bis hellgelboliv	c	300,—	900,—

FALSCH

Auflage: 20 000 Stück

1859, 22. Aug./1863, Juni. Freimarke: Staatswappen unter Krone im verzierten Oval. Ⓔ Hardegen; Stdr. Hunckel (9×4); □.

d) Staatswappen unter Krone im verzierten Oval

				✶	⊙
4	5 Sgr	dunkel(oliv)grün (Töne)	d	70,—	380,—

FALSCH

Auflage: unbekannt

1861–1864

1863, 29. April. Freimarke: Staatswappen im Ornamentoval. 🄴 Hardegen; Stdr. Hunckel (Bogengröße unbekannt mit waager. Zwischensteg); ☐ 16.

e) Staatswappen im Ornamentoval

				✱	⊙
5	2 Gr	orange (viele Töne)	e	400,—	2200,—

[FALSCH] viele Stempelfälschungen

Auflage: unbekannt

1864, Jan. oder Febr. Freimarke: Staatswappen im Wappenschild unter Krone, Inschrift oben Stadt Postamt. Wie MiNr. 1, jedoch bogenförmig ☐ 16.

				✱	⊙
6	3 (Gr)	schwarz auf blaugrau	a	800,—	900,—

[FALSCH]

Auflage: unbekannt

1862, ca. September. Freimarke: Staatswappen im Wappenschild unter Krone, Inschrift oben Franco Marke. Wie MiNr. 2, jedoch ☐ 16.

				✱	⊙
7	5 Gr	schwarz auf mattgraubraun	b	500,—	300,—

Vorsicht! Das Papier von MiNr. 7 ist sehr lichtempfindlich (außerdem etwas dicker als das von MiNr. 2)!

[FALSCH]

Auflage: unbekannt

1861, Mitte Nov. Freimarke: Staatswappen im Ornamentoval. 🄴 Hardegen; Stdr. Hunckel (6×6); ☐ 16.

f) Staatswappen im Ornamentoval

				✱	⊙
8	10 Gr	schwarz	f	1000,—	1200,—

Das Markenbild von MiNr. 8 ist allseitig mit einfachen oder teilweise doppelten Linien umgeben, die als Hilfen für den Durchstich dienten. Dennoch sind dezentrierte Stücke relativ häufig!

[FALSCH]

Auflage: unbekannt

1863, Jan. oder Febr./1864. Freimarke: Staatswappen unter Krone im verzierten Oval. Ähnlich MiNr. 4, jedoch ☐ 16.

				✱	⊙
9	5 Sgr	dunkel(gelb)grün	d	600,—	250,—

[FALSCH]

Auflage: unbekannt

1866/67

1866, Sept./1867, März. Freimarken wie MiNr. 5, 1, 2, 3, 8 und 4, jedoch z. T. leicht geänderte Farben und gez. L 13.

				✱	⊙
10	2 Gr	dunkel(gelblich)orange	e	150,—	450,—
11	3 (Gr)	schwarz auf blaugrau (Töne) *(Sept. 66)*	a	120,—	450,—
12	5 Gr	schwarz auf mattgraubraun bis mattkarmingrau *(Dez. 66)*	b	160,—	400,—
13	7 Gr	schwarz auf hell- bis mittelrötlichgelb *(Mitte 67)*	c	200,—	5500,—
14	10 Gr	schwarz *(Ende März)*	f	250,—	1400,—
15	5 Sgr	schwarzgrüngelb bis dunkelolivgrün	d	180,—	300,—

Die Daten in Kursivschrift bezeichnen die bisher bekannten frühesten Verwendungen.

Die Zähnung von MiNr. 10, 12, 13, 14 und 15 ist teilweise sehr rau, das ausgestanzte Papier verblieb in den Zähnungslöchern; nicht mit Durchstich-Ausgaben verwechseln!

Stücke mit rauer Zähnung sind vollwertig!

Das Papier von MiNr. 11 ist noch dicker als das von MiNr. 6. MiNr. 13 wurde von einem retuschierten Druckstein ohne Trennlinien gedruckt, das Papier ist dicker als das von MiNr. 3. Der Druckstein von MiNr. 15 war Ende 1867 so stark abgenutzt, dass schlechte und verschwommene Drucke häufig vorkommen. Von den Trennungslinien sind nur noch Spuren feststellbar.

[FALSCH]

Auflagen: unbekannt

MiNr. 1–15 gültig bis 31.12.1867

Hamburg

Freie und Hansestadt im Verband des Deutschen Bundes, ab 1866 des Norddeutschen Bundes und ab 1.1.1871 im Deutschen Reich, mit eigener Posthoheit bis 31.12.1867.

Die Stadt Hamburg entstand um die im Jahre 810 angelegte Hammaburg, die wirtschaftliche Entwicklung setzte unter den seit 1110 mit den Grafschaften Holstein und Stormarn belehnten Schauenburgern ein. Am westlichen Alsterufer wurde im Auftrag Graf Adolf des III. eine Hafenstadt mit lübeckischem Recht dazugebaut, die die wichtigsten Handels-, Zoll- und Schifffahrtsprivilegien auf der Niederelbe erhielt. Alt- und Neustadt schlossen sich 1216 zusammen, Mitte des 13. Jahrhunderts entstanden neue Viertel für Fuhrleute, Handwerker und Kaufleute. Um 1400 gehörte Hamburg zu den wichtigsten Zentren der hansischen Gemeinschaft, 1510 wurde es als Freie Hansestadt bestätigt.

Im Mai 1945 wurde Hamburg Teil der britischen Besatzungszone, 1949 Land der Bundesrepublik Deutschland.

Postgeschichte:

Schon seit dem 13. Jh. lag die Nachrichtenübermittlung in den Händen des Hamburger Rates, den nach Hamburg kommenden Boten wurden nicht nur Antworten auf von ihnen mitgebrachte Schreiben übergeben, sondern auch Sendungen in Orte, die zur Reiseroute passten. Auch eigene Boten wurden beschäftigt, und zwar bewaffnete Reiterdiener und besondere Läufer, die wie die übrige Ratsdienerschaft auch vereidigt wurden. Sie durften auch Privatpost besorgen, die Gebühren wurden vom Rat eingezogen. Mit zunehmendem Schriftverkehr mussten weitere Beamte, wie z.B. Vögte und Stadtschreiber zur Postbesorgung herangezogen werden. Die Zunahme des Handels machte eigene Boten der Kaufleute und nach und nach feste Botenkurse nötig. Ab ca. 1580 entstanden feste Botenordnungen, die u.a. Anweisungen über Abreise, Reisedauer, Gebühren usw. enthielten. Die wichtigsten Botenkurse waren: Hamburg-Antwerpen und Amsterdam, Hamburg-Danzig und Stettin, Hamburg-Leipzig, Hamburg-Lübeck, Hamburg-Köln und Frankfurt, Hamburg-Emden, Hamburg-Kopenhagen und Hamburg-Braunschweig-Nürnberg.

Viele Landesherren, durch deren Gebiet die Boten zogen, störte dieses ausgedehnte Netz. Sie verboten die Grenzüberschreitung, die Hamburger Boten verloren wieder eine Strecke nach der anderen. Im Gegenzug errichteten z.B. Preußen, Thurn & Taxis, Hannover/Lüneburg, Holstein, Mecklenburg, Dänemark und Schweden eigene Postämter in Hamburg, die 1806 mit dem Einmarsch der Franzosen wieder geschlossen wurden. Den gesamten Postverkehr übernahm das neu gegründete Großherzogtum Berg. In den Jahren 1811-1813 unterlag das gesamte Postwesen alleine der Kaiserlich-Franz. Post. Nach der Befreiung wurden die fremden Postämter wieder eröffnet.

Ein Hamburgisches Staatspostwesen bestand ab 1821, nachdem private Postgerechtsame durch Verträge an Hamburg abgetreten wurden. Hamburg besaß auch eine Postanstalt in Ritzebüttel und bis 29.6.1866 eine Postagentur auf Helgoland.

Die Hamburger Briefmarken waren ursprünglich nur für den Postverkehr nach bestimmten Orten bzw. Ländern gedacht, ab Mitte 1865 konnten sie auch für Post z.B. nach Thurn & Taxis, Italien, Frankreich usw. verwendet werden.

Eintritt in den Deutsch-Österreichischen Postverein am 1.1.1852

Am 1.1.1868 ging die Posthoheit auf den Norddeutschen Bund über.

Hauptsächliche Entwertungen während der Markenzeit

Feiner Vierstrichstempel, 57 mm (Aufschlag ✉ 300,—)

Feiner Vierstrichstempel, 20 mm (kein Aufschlag)

Dicker Vierstrichstempel, 20 mm (kein Aufschlag)

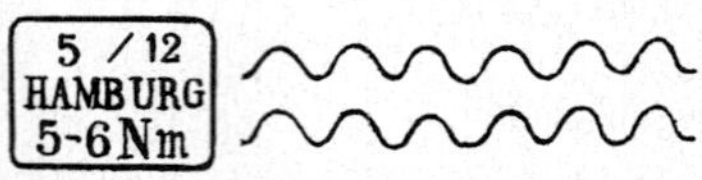

Maschinenstempel (ab 1867): Rechteck mit zwei steigenden Wellen als Entwerter (Aufschlag ⊙ 400,— (Teilstempel), ✉ 1500,—)

Schmetterlingsstempel (Aufschlag ⊙ 150,—)

Ellipsenstempel [Ovalstempel] (Aufschlag ⊙ 50,—)

Zweikreisstempel, blau (kein Aufschlag)

Zweikreisstempel des Fahrpostamts, blau (Aufschlag ⊙ 250,—)

Einkreisstempel (kein Aufschlag)

Dänischer Dreiringstempel (kein Aufschlag)

Aptierter Zweikreisstempel (Aufschlag ⊙ 300,—)

Zweikreisstempel der Stadtexpedition (Aufschlag ⊙ 200,—)

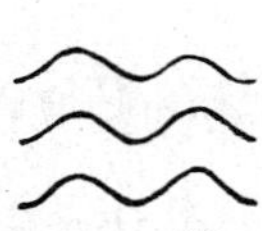

Wellenstempel Ritzebüttel (Aufschlag ⊙ 30,—)

Fremde Stempel (z.B. Hannover, Preußen, Thurn & Taxis) auf Hamburg-Marken bedingen einen Aufschlag von mind. 100,— €!

Falschabstempelung

Nebenstehend abgebildeter echter Einkreis-Ankunftsstempel mit Sternchen links und rechts wurde nach Außerkurssetzung der Marken zu Stempelfälschungen sehr häufig benutzt.

Weiterer häufiger Falschstempel „HAMBURG, Datum, Zeit" als Zweikreisstempel blau, auf MiNr. 18 und 20.

Wasserzeichen:

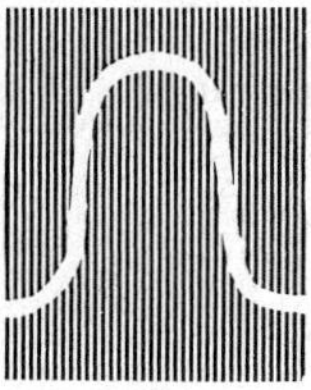

Wz. 1
Schlangenlinien

Bei allen Werten mit Wz. können durch falsche Anlage der Bogen beim Druck Stücke mit Wasserzeichen-Teilen oder oWz. vorkommen. Solche Stücke sind mit 3-5fachem Preis zu bewerten.

Währung, Maße und Gewichte:

1 Mark Hamb. Courant (≈ 1,20 M der späteren Reichswährung) = 16 Schillinge (Sch) (je 7,5 Pf, je 12 Pf = 2 Sechslinge); 1¼ Sch = 4 dän. Skilling; 1⅓ Sch = 1 Silbergroschen

1 Meile ≈ 7,5 km 1 Loth = 16⅔ Gramm

1859

1859, 1. Jan. Freimarken: Wertangabe im Hamburger Wappen, Inschriften oben und unten in Bändern. E Hencke; Bdr. Senatsbuchdruckerei Meissner (8×12); Wz. 1; braune Gummierung; □.

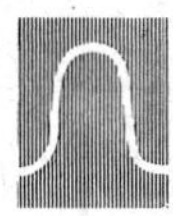

a) Wertangabe im Hamburger Wappen, Inschriften oben und unten in Bändern

Wz. 1
Schlangenlinien

					(✶)	✶	⊙
1	½ S	schwarz bis rotschwarz	a		70,—	130,—	750,—
2	1 S	lebhaft- bis dunkelrotbraun	a		70,—	130,—	120,—
3	2 S	(lebhaft)orangerot bis dunkelzinnober	a		70,—	130,—	130,—
4	3 S	preußischblau (Töne)	a		70,—	130,—	160,—
5	4 S	dunkelgelblichgrün bis (dunkel)grünoliv	a		60,—	100,—	1500,—
6	7 S	lebhaftgelblichorange bis orange	a		70,—	130,—	60,—
7	9 S	(dunkel)orangegelb (Töne)	a		150,—	250,—	2500,—

Der Abstand der Marken im Bogen beträgt waagerecht 3,6 mm, senkrecht 1,5 bis 1,8 mm;

Die Preise gelten nur für oben und unten vollrandige (Ränder zusammen mind. 1,5 mm), links und rechts breitrandige (Ränder zusammen mind. 3,2 mm) Stücke. Marken mit schmäleren Rändern fast immer durch nachträgliches Entfernen der Zähnung von MiNr. 13–18 entstanden! Überbreite Stücke (mit Trennlinie links und rechts) rechtfertigen Aufschläge von ca. 100%!

Wasserzeichen

Wenn die Papierbogen in der Druckmaschine korrekt aufgelegt waren, entfiel auf jede Marke eine volle Schlangenlinie (siehe Wz.-Abb.). Durch falsche Bogenanlage kommen jedoch auch Marken mit Wz.-Teilen (ca. 3fache Preise), aber auch ohne Wz. (ca. 5fache Preise) vor.

Alle Wertstufen schwarz auf goldgelbem Papier sind Instruktionsmarken, die sich zur Kennzeichnung außen am Markenpaket befanden (je 100,—).

Zwischen den Marken befinden sich senkrechte Trennlinien in Markenfarben.

[FALSCH] (geschnittene Marken aus MiNr. 10–18 hergestellt). Vorsicht auch vor Nachgummierungen!

☛ besonders blaue Stempel und dicke Balkenstempel

Auflagen: unbekannt

Bei allen Ausgaben von Altdeutschland ist die Erhaltung ein wesentlicher Faktor für die Bewertungen. Die Preise gelten für die bei jedem Gebiet unterschiedlichen guten Durchschnitts-Erhaltungen.
Beachten Sie bitte bei Hamburg die Hinweise zur bewerteten Qualität bei jeder Ausgabe!

1864

b c

1864, 29. Febr./2. April. Freimarken: Wertangabe im Hamburger Wappen, geänderte Rahmenzeichnungen. Ⓔ Hencke; Stdr. Adler (8×12); Druckstein I; Wz. 1; (bräunlich)gelbliche bis weiße Gummierung; □.

b) Wertangabe im Hamburger Wappen, Inschrift oben im Bogen, unten im Rechteck; Hintergrund schraffiert
c) Wertangabe im Hamburger Wappen, alle Inschriften im Rechteck

				(*)	*	⊙
8	1¼ S	lebhaftgrau(grün) bis dunkelgrauviolett	b	70,—	110,—	100,—
9	2½ S	dunkelopalgrün bis dunkelgrün [blaugrün]	c	110,—	180,—	180,—

Der Abstand der Marken im Bogen beträgt waagerecht ca. 2,8 mm, senkrecht ca. 2,6 mm.

Die Preise gelten nur für allseits breitrandige Stücke, bei denen zumindest auf einer Seite Teile der Hilfslinien erkennbar sind; Stücke mit schmalen Rändern bedingen Preisnachlass von 30–50%, mit überbreiten Rändern mit mind. einer kompletten Hilfslinie Aufschläge bis 40%!

Die Gebraucht-Preise gelten für Marken und Belege mit Ringstempel 2 des dänischen Postamtes.

FALSCH besonders MiNr. 8

Auflagen: MiNr. 8 = 384 192, MiNr. 9 = 96 000 Stück

1864, 26. Aug./1867. Freimarken: Wertangabe im Hamburger Wappen. Wie MiNr. 1–9, jedoch gez. L 13½.

				(*)	*	**	⊙
10	½ S	schwarz bis rotschwarz (26.8.1864)	a	6,—	12,—	25,—	18,—
11	1 S	(dunkel)rotbraun bis (dunkel)rötlichbraun (26.8.1864)	a	8,—	16,—	40,—	22,—
12	1¼ S	lebhaftbraunviolett bis braunpurpur (Sept. 1864)	b	70,—	150,—	220,—	15,—
13	2 S	orangerot bis (dunkel)zinnober (26.8.1864)	a	10,—	20,—	40,—	30,—
14	2½ S	dunkelopalgrün bis dunkelgrün (Ende April 1865)	c	75,—	150,—	320,—	45,—
15	3 S	dunkelultramarin bis (preußisch)blau (26.8.1864)	a	28,—	50,—	100,—	50,—
16	4 S	dunkelgelblichgrün bis grünoliv (26.8.1864)	a	10,—	18,—	40,—	30,—
17	7 S	gelblichorange bis orange (26.8.1864)	a	110,—	200,—	420,—	150,—
18	9 S	(dunkel)orangegelb (Töne) (26.8.1864)	a	20,—	40,—	80,—	2600,—

Die relativ primitive Linienzähnung bedingte Zähnungsunregelmäßigkeiten und unterschiedliche Markengrößen.

Die Preise gelten für deutlich dezentrierte Stücke (siehe „Briefmarken-Qualitätsstufen“ im Einleitungsteil, Abb. 19) mit typischer unregelmäßiger, bei MiNr. 12 und 14–17 oft mangelhafter Zähnung; gut zentrierte Marken mit guter Zähnung rechtfertigen erhebliche Aufschläge!

Neudrucke (ND):

gez. L 13½

		(*)
12 ND I	(dunkel)violettbraun (Töne), Druckstein 1	40,—
12 ND II	(lebhaft)violettbraun (Töne), eigener ND-Druckstein (dünne Hilfslinien)	30,—

geschnitten

		(*)
12 ND I U	(dunkel)violettbraun (Töne), Druckstein 1	50,—
12 ND II U	(lebhaft)violettbraun (Töne), eigener ND-Druckstein (dünne Hilfslinien)	25,—

Außerdem gibt es von MiNr. 12 und 14 private Nachdrucke in leicht abweichenden Farben auf Papier mit und ohne Wz.

FALSCH MiNr. 10, 12 und 17 oWz., nachträgliche Zähnung breiter Marken (besonders bei MiNr. 17 und 18), MiNr. 18 mit Zähnung 12½.

besonders MiNr. 17 und 18

Auflagen: MiNr. 12 = 1 185 000, MiNr. 14 = 303 360 Stück (restliche unbekannt)

1865

1865, 9. Febr. Freimarke: Wertangabe im Hamburger Wappen, Inschriften oben und unten in Bändern. Wie MiNr. 17, jedoch geänderte Farbe.

				(*)	*	**	⊙
19	7 S	bräunlichlila bis graulila	a	8,—	15,—	35,—	20,—

Auflage: unbekannt

1866

d

e

1866, 4. April/27. Juni. Freimarken: Wertangabe im Hamburger Wappen, Inschriften im achteckigen Rahmen. Ⓔ und komb. Bdr. und Prägedruck Kgl. Preußische Staatsdruckerei (10×10); oWz.; ⬚ 10.

d) Inschriften im achteckigen Rahmen, Markenecken schraffiert
e) Inschriften im achteckigen Rahmen, Markenecken weiß

				(✱)	✱	✱✱	⊙
20	1¼ S	dunkelbraunviolett bis (dunkel)graupurpur (27. Juni)	d	27,—	50,—	110,—	45,—
21	1½ S	karmin bis rosakarmin (Töne) (4. April) [GA]	e	8,50	16,—	25,—	160,—

Die Preise gelten für gut zentrierte Stücke (siehe „Briefmarken-Qualitätsstufen" im Einleitungsteil, Abb. 17)!

Von MiNr. 20 und 21 gibt es private Nachdrucke in etwas abweichenden, stumpfen Farben auf Papier mit und ohne Wz., die Zähnung beim Nachdruck der MiNr. 21 ist L 8½.

Von MiNr. 20 wurden anlässlich der Ausstellung „NORDPOSTA '78" private Neudrucke in Kleinbogen zu 4 Marken, Wz. Schlingen (Klb. 30,—) und in Bogen zu 25 Marken, oWz. (Bogen 50,—) hergestellt. Alle Marken tragen auf der Rückseite den Aufdruck „Neudruck/1978". In gleicher Aufmachung gibt es anlässlich der „NORDPOSTA '81" Neudrucke der MiNr. 21 (rückseitiger Aufdruck „Neudruck (1981) (Klb. 20,—, Bogen 34,—). Anlässlich der „MOPHILA '85/NAPOSTA '85) wurden von beiden Marken private Neudrucke auf Kartonpapier (aus dem Ausstellungskatalog) hergestellt.

Ein sogen. Mophila-Gedenkblock (Dezember 1931) ist ein Faksimile-Druck (kein Neudruck).

[FALSCH] MiNr. 20 in Farbe der MiNr. 21 ist chemische Veränderung

👁 Neudrucke der MiNr. 20 mit falschen Stempeln; MiNr. 21

Auflagen (in Klammern Restbestände): MiNr. 20 = 420 000 (4000), MiNr. 21 = 200 000 (97 000) Stück

1867

1867, 5. Mai. Freimarke: Wertangabe im Hamburger Wappen, Inschriften oben und unten in Bändern. Ⓔ Hencke; Bdr. Senatsbuchdruckerei Meissner (8×12); Wz. 1; gez. L 13.

f) Wertangabe im Hamburger Wappen, Inschriften oben und unten in Bändern

				(✱)	✱	✱✱	⊙
22	2½ S	dunkel(oliv)grün bis dunkelopalgrün	f	8,—	16,—	35,—	100,—

Die Preise gelten für leicht dezentrierte Stücke (siehe „Briefmarken-Qualitätsstufen" im Einleitungsteil, Abb. 18)! Marken mit einer Trennlinie (ein breiter Seitenrand) rechtfertigen Aufschlag von ca. 100%!

MiNr. 22 schwarz auf goldgelbem Papier ist eine Instruktionsmarke, die sich zur Kennzeichnung außen am Markenpaket befand.

Zwischen den Marken befinden sich senkrechte Trennlinien in Markenfarbe.

👁

Die Verwendung von Ganzsachenausschnitten als Freimarken war verboten!

Am 31.12.1867 verloren alle Freimarken von Hamburg ihre Gültigkeit. Sie wurden am 1.1.1868 von den Freimarken der Postverwaltung des Norddeutschen Bundes (Norddeutscher Postbezirk) abgelöst.

Von den Hamburger Marken gibt es viele Fälschungen. Beschreibung und Erklärung siehe: Otto E. Stiedl, Fritz Billig, „Hamburg, Großes Handbuch der Fälschungen".

Hannover

Fürstentum, ab 1692 Kurfürstentum und ab 1814 Königreich mit eigener Posthoheit bis 20.9.1866; danach preußische Provinz.

Wie das Herzogtum Braunschweig ist das Fürstentum Hannover aus dem Welfengeschlecht Braunschweig-Lüneburg (seit 1235) hervorgegangen. Im Jahr 1635 wurde zwischen den Welfenlinien ein Erbvertrag geschlossen, als dessen Folge die drei Häuser Braunschweig-Wolfenbüttel (das spätere Herzogtum Braunschweig), Lüneburg-Celle und die jüngere Linie Calenberg-Göttingen entstanden. Bereits ein Jahr später – 1636 – verlegte Herzog Georg seinen Regierungssitz von Calenberg nach Hannover. Im Westfälischen Frieden (1648) wird der Linie Calenberg-Göttingen verwaltungsmäßig das Bistum Osnabrück zugesprochen (staatsrechtlich erst 1803 durch den Reichsdeputationshauptschluss).

1692 wird Hannover unter Ernst August Kurfürstentum, 1705 vergrößert sich Hannover durch Erbe um das Haus Lüneburg-Celle, zu dessen Gebiet auch die Grafschaften Diepholz und Hoya, das Land Hadeln und die Region Lauenburg gehören.

1714 bestieg Kurfürst Georg Ludwig als Georg I. den britischen Thron, Hannover wurde de facto vom Geheimen Rat, dem ein königlicher Statthalter zur Seite stand, regiert. Die Personalunion mit Großbritannien bestand bis zum Jahr 1837.

Durch den Frieden von Stockholm (1719) vergrößerte sich Hannover bis zum Mündungsgebiet von Elbe und Weser: Schweden trat die Stifte Bremen und Verden gegen Bezahlung von 1 Mill. Thaler ab.

Im Jahr 1801 und noch einmal 1805 wurde Hannover von Preußen besetzt, 1803 begann die französische Besetzung, in deren Verlauf der Süden dem Königreich Westphalen zugeschlagen wurde (1807–1813), die nördlichen Gebiete wurden im Zuge der franz. Kontinentalsperre zu Departements des französischen Kaiserreichs (1810–1813).

Nach der Befreiung im Jahr 1813 wurde Hannover ab dem 12.10.1814 Königreich, ein Jahr später erweiterte es mit Hilfe Englands auf dem Wiener Kongress sein Territorium um Ostfriesland, Arenberg-Meppen, Lingen, Bentheim sowie das Bistum Hildesheim. Im Gegenzug wurde Lauenburg an Dänemark abgetreten. Damit umfasste Hannover ab 1815 mit Ausnahme der Herzogtümer Braunschweig und Oldenburg ziemlich genau das Gebiet des heutigen Bundeslandes Niedersachsen.

Im Jahr 1866 erklärte Preußen im Rahmen des deutschen Konflikts Hannover den Krieg und zwang es zur Kapitulation von Langensalza. Am 20.9.1866 wurde Hannover von Preußen formal in Besitz genommen und somit preußische Provinz. Die preußische Verfassung wurde am 1.10.1867 eingeführt.

Postgeschichte:

1640: Ein braunschweigisch-lüneburgischer Postmeister wird ernannt und erhält die Konzession, Postkurse auf eigene Rechnung zu errichten.

1659: Erlass einer gemeinsamen Postordnung für die drei welfischen Herzogtümer Calenberg-Göttingen, Lüneburg-Celle und Braunschweig–Wolfenbüttel, nicht zuletzt, um die Ausdehnung der Kaiserlichen Reichspost unter Taxis abzuwehren und die eigenen Postregalien zu verteidigen.

1678: Ernennung eines Erb-General-Postmeisters, der Lehnsträger des gemeinsamen Postwesens wird.

1682: Erneuerung der braunschweigisch-lüneburgischen Postordnung, die ein Jahr später auch für die Herzogtümer Bremen und Verden (zu Schweden gehörig) gültig wird. Das Postwesen entwickelt sich in den folgenden Jahrzehnten zur wichtigsten Verkehrseinrichtung für den Nordwesten des deutschen Kaiserreiches.

1736: Verstaatlichung des Postwesens in Hannover; Braunschweig scheidet aus der gemeinsamen Postverwaltung aus.

1755: Erlass einer neuen Post- und Taxordnung für das Kurfürstentum Hannover.

1800: Errichtung des General-Post-Directoriums in Hannover.

1807/13: Westphälische – Bergische – Französische Posthoheit.

1814: Wiedereinführung der hannoverschen Postbestimmungen nach der französischen Besetzung und – dem französischen Gebrauch folgend – Anordnung, alle Briefe mit Ortsstempel zu versehen.

1818 und 1834: Erlass neuer Post-Taxgesetze, u.a. wegen Veränderung des Münzfußes.

1843/46: Inbetriebnahme der ersten Eisenbahnstrecke Hannover-Lehrte und Allgemeine Instruktion über den Postdienst bei den hannoverschen Eisenbahnen.

1849: Ausgabe des ersten Stadtpost-Umschlages für Hannover-Stadt.

1850: Ausgabe der ersten Inlandsmarke (30. November)und Einführung eines neuen Post-Taxgesetzes.

1851: Beitritt zum Deutsch-Österreichischen-Postverein und Einführung der Bestimmungen des DÖPV (1. Juni).

1852: Einführung blauer Stempelfarbe (23. April).

1853: Gesetz über Einrichtung von Briefsammlungen.

1857: Ausgabe der ersten Ganzsachen-Umschläge (15. April).

1858: Revision des Post-Taxgesetzes wegen Einführung der Groschenwährung; Ausgabe der ersten Marken in neuer Währung Februar 1859.

1865: Gesetz über Ausgabe von Postanweisungen für das Inland.

1866: Einführung preußischer Marken zum 1. Oktober und Außerkurssetzung der hannoverschen Marken zum 1. November.

1867: Ende der hannoverschen Post durch Eingliederung in die preußische Postverwaltung zum 1. Januar 1867.

Hauptsächliche Entwertungen:

Einzeiler
[Einzeiliger Langstempel]

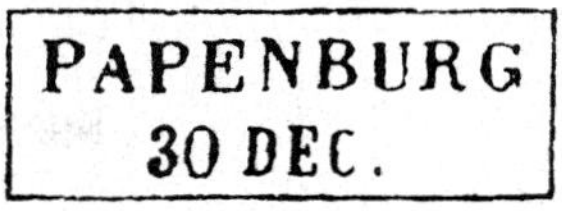

Zweizeiliger Rechteckstempel (2 Typen), Schrift Antiqua

Großer Zweikreisstempel (3 Typen), Schrift Antiqua

Kleiner Zweikreisstempel
(ab 1855/56, 7 Typen)

Kleiner Zweikreisstempel
mit Zierstücken

Einkreisstempel
(ab 1855, 5 Typen)

Wasserzeichen:

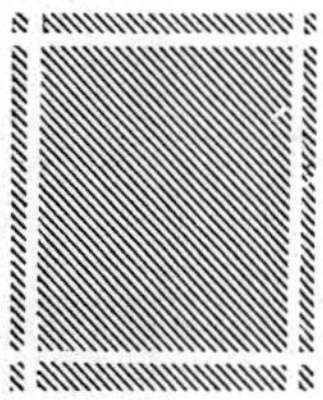

Wz. 1
Linienviereck

Wz. 2
Eichenkranz
im Linienhochrechteck

Währung:

Bis 30.9.1858: Im Inland: 1 Thaler = 24 Gutegroschen (Ggr); 1 Gutegroschen = 12 (Gute) Pfennige
Im Verkehr mit dem DÖPV: 1 Thaler = 30 Silbergroschen (Sgr); 1 Silbergroschen = 12 Silberpfennige (Pf)
Umrechnung: 24 Gutegroschen = 30 Silbergroschen; 1 Gutegroschen = 1¼ Silbergroschen;
1 Silbergroschen = $^4/_5$ Gutegroschen

Ab 1.10.1858: 1 Thaler = 30 (neue) Groschen (Gr); 1 (neuer) Groschen = 10 (neue) Pfennige (Pf)

Maße und Gewichte:

1 Meile ≈ 7,5 km

Bis 30.6.1857: 1 hann. Loth = 14,62 g, $1^1/_8$ hann. Loth = 1 Zoll-Loth = 16,66 g
Ab 1.7.1857: 1 (Post-)Loth = 16,66 g; außerdem Angleichung an das Pfund des Zollvereins

Hinweise zur Katalogisierung:

Alle Preise von MiNr. 1–20 gelten nur für vollrandige Stücke (siehe „Briefmarken-Qualitätsstufen" im Einleitungsteil, Abb. 2); berührte oder gar angeschnittene Exemplare erfordern mindestens 50% Preisnachlass!

Bei allen gebrauchten Marken gelten die Bewertungen nur für klare, deutlich angebrachte Abstempelungen (Abb. 23); glasklare, zentrisch angebrachte Stempel rechtfertigen zum Teil deutliche Aufschläge, unsaubere Abstempelungen bedingen erhebliche Abschläge!

Die zähe bräunlichrote oder rosarote Gummierung der Marken von Hannover lässt sich nur sehr schwer ablösen. Anhaftendes Papier kann nur mit heißem Wasser entfernt werden. Dadurch entstehen oft hell scheinende, scheinbar dünne Stellen. Wenn das Markenpapier nicht verletzt ist, werden derartige Stücke als „hannoverhell" bezeichnet, gebrauchte hannoverhelle Marken sind vollwertig!

Alle Farbangaben beziehen sich auf den MICHEL-Farbenführer ab 36. Auflage. Die Angaben in eckigen Klammern sind die „klassischen" Farbbezeichnungen.

Stempel-Terminologie:

In der philatelistischen Literatur gibt es keine einheitliche Terminologie zur Beschreibung von Poststempeln. Mit Heft 145 der Neuen Schriftenreihe der Poststempelgilde e.V. „Die Bezeichnung der Poststempelformen. Eine Einführung in die stempelkundliche Terminologie" von Hans-Joachim Anderson liegt ein Werk vor, das auf die Vereinheitlichung der Stempelbezeichnungen basierend auf der Stempelform abzielt. Im MICHEL sind die altdeutschen Stempelformen nach Anderson benannt; in einigen Fällen sind in eckigen Klammern die tradierten Formbezeichnungen angegeben, sofern diese von Anderson abweichen.

König Ernst August (1837–1851)

1850

1850, 30. Nov. Freimarke: Gemusterter Wertschild unter Wappen. Ⓔ Jürgens; Bdr. Culemann (10×12); Wz. 1; rote bis bräunliche Gummierung; □.

a) gemusterter Wertschild zwischen Bändern, darüber Wappen von Hannover; Wertangabe in Gutegroschen

Wz. 1
Linienviereck
(fast in Markengröße)

				(✱)	✱	⁓	⊙
1	1 Ggr	(grau)schwarz auf hellgraublau bis blaugrau	a	1600,—	3500,—	120,—	70,—

MiNr. 1 mit vollständig erhaltenem Originalgummi ist sehr selten; die ✱-Bewertung gilt für Stücke mit weitgehend erhaltenem Gummi.

Neudrucke (amtl.) 1864, oWz. (ND):

			ND
1 ND I	schwarz auf gelbgrau		40,—
1 ND II	in verschiedenen anderen Farben und auf anderen Papieren	je	25,—

Vom Wasserzeichen sind meistens nicht alle vier Linien erkennbar (abhängig vom Markenschnitt).

MiNr. 1 war prinzipiell nur für die Verwendung im Inland vorgesehen, ab dem 1.6.1851 (Beitritt in den DÖPV) war jedoch auch die Verwendung in den DÖPV möglich (der Gegenwert der Gutegroschenmarke war mit 1¼ Silbergroschen anzurechnen).

FALSCH Farbverfälschungen aus MiNr. 2 (mit Wz. 2!); Vorsicht vor nachträglicher Entfernung von Tintenstrichentwertungen! **Prüfung von ungebrauchten Marken dringend anzuraten!**

Auflage (2): unbekannt

König Georg V. (1851–1866)

1851–1855

1851, 19. Juli/1855. Freimarke: Gemusterter Wertschild unter Wappen. Wie MiNr. 1, jedoch geänderte Papierfarbe, jetzt Wz. 2 und bräunlichrote Gummierung.

a

Wz. 2
Eichenkranz im
Linienviereck

				(✱)	✱	⁓	⊙
2	1 Ggr	schwarz	a				
a		auf olivgrau bis hellgrauoliv (Töne) [graugrün] (*19.7.51*) (1.–4. Aufl.)		40,—	100,—	25,—	15,—
b		auf hellgraugrün [meergrün] (1855) (5.–7. Aufl.)		400,—	1200,—		40,—

Neudrucke (ND): vgl. bei MiNr. 1

MiNr. 2 wurde einige Tage vor dem 21. Juli 1851 ausgegeben (Circular 212); als frühestes Verwendungsdatum ist bisher der 19.7.1851 (Hannover) bekannt.

Auch MiNr. 2 war prinzipiell nur für Inlandsverwendung vorgesehen (vgl. bei MiNr. 1).

Auflagen (7): unbekannt

1851, Juli/1855, Febr. Freimarken: Glatter Wertschild unter Wappen. Ⓔ Jürgens; Bdr. Culemann (10×12); Wz. 2; bräunlichrote Gummierung; □.

b) glatter Wertschild zwischen Bändern, darüber Wappen von Hannover; Wertangabe in Thaler und Silbergroschen

				(✱)	✱	⊙
3	1/30 Th / 1 Sgr	schwarz	b			
a		auf hellrötlichorange (Töne) [lachsfarben] (Juli 51)		50,—	70,—	65,—
b		auf hell- bis lebhaftrosalila [himbeerrot] (Febr. 55)		50,—	70,—	65,—
4	1/15 Th / 2 Sgr	schwarz auf lebhaftgrautürkis (Töne) [graublau]	b	70,—	120,—	100,—
5	1/10 Th / 3 Sgr	schwarz auf lebhaft- bis dunkelrötlichgelb [gelb bis dunkelgelb]	b	80,—	140,—	75,—

Neudrucke (amtl.) 1864, oWz. (ND):

			ND
3 ND-5 ND	in verschiedenen anderen Farben und auf andersfarbigen Papieren	je	25,—

Von MiNr. 5 gibt es auch private Neudrucke ca. 1890 schwarz auf gelb, Papier oWz. (5,—).

MiNr. 3–5 wurden einige Tage nach dem 21. Juli 1851 ausgegeben (Circular 212).

MiNr. 3–5 wurden zunächst für den Verkehr mit dem DÖPV ausgegeben, ab 1.1.1854 wurden sie auch für Sendungen in das Nicht-Postvereins-Ausland offiziell zugelassen. Eine Verwendung im Inland war zwar zugelassen, aber nie portogenau.

Auflagen (MiNr. 3 und 5 jeweils 1, MiNr. 4 = 3): unbekannt

1853, 15. April. Freimarke: Wertangabe und Krone im Oval. ◰ Jürgens; Bdr. Culemann (10×12); Wz. 2; bräunlichrote Gummierung; □.

c) Wertangabe in Pfennig und Krone im schraffierten Oval, darüber im Schriftband Wertangabe „Ein drittel Silbergroschen"

				(✱)	✱	⊙
6	3 Pf / ⅓ Sgr	matt bis hellrötlichkarmin, helllilakarmin	c	220,—	400,—	400,—

Neudrucke (amtl.) 1864, oWz. (ND):

		ND
6 ND schwarz, rot, blau, gelb, weiß	je	25,—

MiNr. 6 war für Kreuzbandsendungen und Drucksachen vorgesehen.

MiNr. 6 weist verschieden hohe Nennwerte in zwei Währungen auf, um sie für Drucksachen sowohl im Inland (3 Pf) als auch in den DÖPV (⅓ Sgr = 3,2 Pf) verwenden zu können; verkauft wurde die Marke für 3 Gute-Pfennige.

Auflage (2): unbekannt

1855, ca. Dez. Freimarke: Glatter Wertschild unter Wappen. Wie MiNr. 5, jedoch mit farbigem engmaschigem Netzwerk-Unterdruck auf weißem Papier ohne Wz.

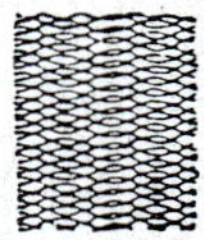

engmaschiges Netzwerk

				(✱)	✱	⊙
7	1/10 Th / 3 Sgr	schwarz/lebhaft- bis dunkelorangegelb	b	130,—	180,—	200,—

MiNr. 7 war für den Verkehr in den DÖPV und das Ausland vorgesehen.

Auflage (1): unbekannt

1856/57

1856/57. Freimarken in den Zeichnungen a, b und c. Wie MiNr. 1 und 3–6, jedoch mit weitmaschigem Netzwerk auf weißem Papier ohne Wz., bräunlichrote Gummierung.

c

a

b

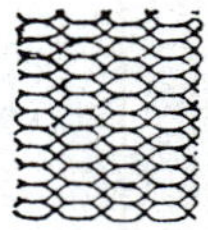

weitmaschiges Netzwerk

				(✱)	✱	⊙
8	3 Pf / ⅓ Sgr	lebhaftrötlichkarmin, helllilakarmin, Netzwerk grau(schwarz)	c	130,—	320,—	320,—
9	1 Ggr	schwarz, Netzwerk lebhaftolivgrün	a	25,—	50,—	15,—
10	1/30 Th / 1 Sgr	schwarz, Netzwerk rötlichkarmin	b	55,—	110,—	40,—
11	1/15 Th / 2 Sgr	schwarz, Netzwerk grauultramarin	b	40,—	90,—	80,—
12	1/10 Th / 3 Sgr	schwarz, Netzwerk orangegelb bis lebhaftgelblichorange	b	400,—	800,—	70,—

Neudrucke (amtl.) 1865 für die königliche Familie (ND):

Diese Neudrucke wurden in Kleinbogen zu je 4 Werten hergestellt. Die Kleinbogen weisen keinen Bordürenrand auf, die Farben sind matt und die Gummierung ist farblos (bei den Originalen rötlich).

	ND
9 ND	75,—
10 ND	75,—
11 ND	75,—
12 ND	75,—

Von MiNr. 12 gibt es auch private Neudrucke (ca. 1890) auf sehr glattem Papier, Netzwerk orange.

MiNr. 9 war prinzipiell für den Inlandsverkehr (vgl. bei MiNr. 1 und 2), MiNr. 10–12 waren für den Verkehr in den DÖPV und das übrige Ausland vorgesehen.

Vorsicht vor Neudrucken, die den Originalen teilweise sehr ähnlich sind; etwa 95% der ungebrauchten 1/10-Thaler-Marken (wie MiNr. 12) sind Neudrucke!

Prüfung der MiNr. 12 ungebraucht dringend anzuraten!

Aufagen (MiNr. 8 = 4, MiNr. 9 = 3, MiNr. 10 = 5, MiNr. 11 = 1 und MiNr. 12 = 3): unbekannt.

Alle Marken von Hannover gültig bis 31.10.1866; MiNr. 1–12 konnten nach der Währungsumstellung vom 1.10.1858 weiter verwendet werden, wobei die Gutegroschen-Marken nur einen Groschen und die Silbergroschen-Marken den jeweiligen Nennwert in Groschen bzw. Pfennigen werteten. Die Verwendung war einheitlich im Inland und im Verkehr mit dem DÖPV und dem Ausland möglich und wegen des späten Erscheinens der ersten Marken in Groschenwährung (Febr. 1859) bis zu diesem Zeitpunkt auch notwendig.

Notizen:

Neue Währung ab 1.10.1858: Groschen statt Gutegroschen

1859–1863

1859, Anfang Febr. Freimarke: Wertangabe und Krone im Oval. Wie MiNr. 6, jedoch Papier ohne Wz., Gummierung dunkelrosa bis bräunlichrot.

				✱	⊙
13	3 Pf / ⅓ Sgr	rotkarmin bis karminrot	c	80,—	110,—

Marken ohne Gummi ca. 40% der Falzbewertungen!

Von MiNr. 13 wurden 1889 private Neudrucke in den Farben rosa, rot und grün hergestellt; ebenfalls von privater Seite gibt es Drucke von einem abgeänderten Klischee in rosa (= Nachdruck).

MiNr. 13 wurde für Drucksachen ausgegeben. Sie weist zwei Nennwertangaben auf. Aufgrund der Währungsumstellung wertete die Marke jedoch ausschließlich 3 Pfennige (= 3/10 Groschen); die Angabe ⅓ Silbergroschen ist (anders als bei MiNr. 6 und 8) unrichtig.

Auflage (5): unbekannt

1859, Anf. Febr. Freimarken: König Georg V. E Brehmer; Bdr. Culemann (10×12); oWz.; dunkelrosa bis gelblichrote Gummierung; □.

d) Kopfbild von König Georg V. (1819–1878)

				✱	⊙
14	1 Gr	(dkl')rötlichkarmin bis lilakarmin GA	d	6,—	8,—
15	2 Gr	lebh'lila- bis (dkl')violettultramarin	d	20,—	50,—
16	3 Gr	dunkelorangegelb bis schwärzlichgelborange	d	200,—	85,—

Neudruck (amtl.) 1864 (ND):

		ND
15 ND	schwarz auf weißem Papier bzw. (4) verschiedenen farbigen Papieren . . . . je	25,—

Von MiNr. 14–16 gibt es auch private Neudrucke (1891) im groberen Druck auf hartem, glattem Papier mit heller, glatter Gummierung.

MiNr. 14–16 waren generell verwendbar (Einheitsausgabe für das In- und das Ausland). Ein exaktes Ausgabedatum wird in den Circularen nicht angegeben.

PFäl angeblich von MiNr. 14, bis jetzt allerdings noch nicht nachgewiesen.

FALSCH

Auflagen: (MiNr. 14 = 16, MiNr. 15 = 6, MiNr. 16 = 4): unbekannt

1860, 1. April. Freimarke: Posthorn unter Krone. E unbekannt; Bdr. Culemann (10×12); oWz; □.

e) Posthorn unter Krone

				✱	⊙
17	½ Gr	schwarz	e	90,—	250,—

Neudruck (amtl.) 1864, oWz. (ND):

		ND
17 ND	gelb auf weißem Papier	25,—

Von MiNr. 17 gibt es auch private Neudrucke (ca. 1890) auf hartem, glattem Papier mit heller, glatter Gummierung.

Außerdem sind einige Nach- und Phantasiedrucke in anderen Farben und auf andersfarbigem Papier bekannt.

MiNr. 17 war für das Briefsammlungsporto und für bruchteilig endende Auslandsporti bestimmt.

Auflage (2): unbekannt

1861, 1. März/Nov. Freimarken: König Georg V. Wie MiNr. 14–16, jedoch neue Wertstufe (MiNr. 18) bzw. geänderte Farbe (MiNr. 19).

				✱	⊙
18	10 Gr	dunkelgrünlicholiv (Töne) (1. März)	d	360,—	1700,—
19	3 Gr	mittel- bis (dkl'ocker)braun (November)	d	35,—	70,—

Von MiNr. 19 gibt es einen privaten Neudruck (1891) in groberem Druck auf hartem, glattem Papier mit heller glatter Gummierung (wie 16 ND).

MiNr. 18 wurde nur an Postorte geliefert, bei denen häufiger Briefe mit hohen Franko-Beträgen versandt wurden.

FALSCH

Auflagen (MiNr. 18 = 1, MiNr. 19 = 4): unbekannt

1863, November. Freimarke: Wertangabe und Krone im Oval. E Jürgens; Bdr. Culemann (10×12); oWz.; rosa bis bräunlichrote Gummierung; □

f) Wertangabe in Pfennig und Krone im schraffierten Oval, darüber im Schriftband Wertangabe „Drei Zehntel Silbergroschen"

				✱	⊙
20	3 Pf /3/10 Sgr	(dunkel)olivgrün	f	450,—	1200,—

Neudruck (amtl.) 1864, oWz (ND):

		ND
20 ND	schwarz auf grünlichem Papier	15,—

Von MiNr. 20 gibt es einen privaten Neudruck, schwarz auf hellgrünem Papier.

MiNr. 20 wurde für Drucksachen ausgegeben und weist (im Unterschied zu MiNr. 13) die richtige Nennwertangabe „DREI ZEHNTEL SILBERGROSCHEN" auf.

FALSCH Vorsicht vor Verfälschungen aus MiNr. 21 durch Abschneiden oder Manipulation des Durchstichs (auch auf Ganzstücken).

Die notwendige Mindestgröße von einzelnen Marken beträgt 21½×24½ mm! Prüfung anzuraten!

Auflage (1): unbekannt

Die zähe (bräunlich)rote oder rosarote Gummierung der Marken von Hannover lässt sich nur sehr schwer ablösen, anhaftendes Papier kann nur mit heißem Wasser entfernt werden. Dadurch entstehen oft hellscheinende, scheinbar dünne Stellen.

Wenn das Markenpapier nicht verletzt ist, werden derartige Stücke als „hannoverhell" bezeichnet, gebrauchte hannoverhelle Marken sind vollwertig!

1864

1864. Freimarken in den Zeichnungen d, e und f (MiNr. 20, 17, 14, 15 und 19), jedoch jetzt durchstochen 16; x = rosa, y = weiße Gummierung.

f

e

d

x = rosa Gummierung

					✶	⊙
21 x	3 Pf	lebhaft- bis dunkelolivgrün	f	100,—	110,—
22 x	½ Gr	schwarz	e	600,—	550,—
23 x	1 Gr	lebhaftrotkarmin (Töne)	d	50,—	30,—
25 x	3 Gr	hellbraun, lebhaftockerbraun	d	1500,—	1500,—

y = weiße Gummierung

21 y	3 Pf	lebhaft- bis dunkelolivgrün	f	40,—	90,—
22 y	½ Gr	schwarz	e	300,—	350,—
23 y	1 Gr	lebhaftrotkarmin (Töne)	d	15,—	15,—
24 y	2 Gr	lebhaftlilaultramarin bis violettultramarin	d	140,—	80,—
25 y	3 Gr	hellbraun, lebhaftockerbraun	d	80,—	100,—

Die Preise gelten für Stücke, die an allen Seiten deutlich außerhalb des Markenbildes einen sauberen Durchstich aufweisen. Dezentrierte Marken oder Stücke mit fehlerhaftem Durchstich bedingen einen Abschlag von mindestens 40%!

				✶	⊙
21 z	3 Pf	hellolivgrün auf dünnerem, satiniertem Papier, klarer, feiner Druck, Durchstich II	f	250,—	240,—
24 z	2 Gr	hellviolettultramarin auf dünnerem Papier, Durchstich II	d	300,—	110,—

MiNr. 24 z ist die ehemalige MiNr. 24 y b (sie weist wie MiNr. 21 z dünneres Papier, hellere Farbe und sog. Durchstich II auf)!

Von MiNr. 25 y gibt es einen privaten Neudruck in groberem Druck auf hellbraunem, glattem Papier mit heller Gummierung, anderem Durchstich und größerem Abstand zwischen Markenbild und Durchstich.

In den Circularen der hannoverschen Post gibt es keine Angaben zu den Ausgabedaten der durchstochenen Marken. Mit der veränderten Trenntechnik verband man offenbar keine neue Markenausgabe. Die Jahreszahlen auf dem Bogenunterrand betreffen das Anfertigungsjahr.

FALSCH Vorsicht vor falschen Durchstichen (auch doppelt), besonders bei MiNr. 22, 23 und 25!
Prüfung ratsam!

Auflagen (MiNr. 21 = 6, MiNr. 22 = 2, MiNr. 23 = 12, MiNr. 24 = 5, MiNr. 25 = 4): unbekannt

MiNr. 1–25 gültig bis 31.10.1866, beim preußischen Postamt in Hamburg wurden MiNr. 20–24 noch bis Ende Dezember 1866 unbeanstandet aufgebraucht. MiNr. 1–12 konnten auch nach der Währungsumstellung (1.10.1858) weiter verwendet werden, wobei die Gutegroschen-Marken nur einen Groschen und die Silbergroschen-Marken den jeweiligen Nennwert in Groschen bzw. Pfennigen werteten. Die Verwendung war einheitlich im Inland und im Verkehr mit dem DÖPV und dem Ausland möglich und wegen des späten Erscheinens der ersten Marken in Groschenwährung (Febr. 1859) bis zu diesem Zeitpunkt auch notwendig.

Prüfungen und Prüfordnung

Der beste Schutz gegen den Erwerb falscher oder minderwertiger Marken ist der Einkauf im guten Fachgeschäft. In Zweifelsfällen ist die Hinzuziehung eines Experten angebracht.

Prüfordnung. Die von den Spitzenverbänden der Sammler und Händler anerkannten Experten für Marken, Abstempelungen und Erhaltung prüfen nach einheitlichen Richtlinien, die jeder Philatelist kennen sollte.

Ergänzend sei hier nochmals darauf hingewiesen, dass die MICHEL-Redaktion keine Markenprüfungen vornimmt.

Helgoland

Seit ca. 1401 im Besitz Hamburgs, 1714 von Dänemark erobert, ab 1814 formell britische Kolonie mit eigener Posthoheit von 1867 bis 9.8.1890; ab 10.8.1890 im Deutschen Reich.

Die der Elbmündung vorgelagerte Felseninsel mit der 1,5 km östlich gelegenen, bis 1720 mit der Hauptinsel zusammenhängenden Düneninsel wurde angeblich schon von den Römern und Phoeniziern besucht. Um 1400/1401 besiegte eine hansische Flotte unter hamburgischer Leitung vor Helgoland die von der Insel aus die Elb- und Weserschifffahrt unsicher machenden Seeräuber unter ihrem Führer Claus Störtebeker, die Insel kam in hamburgischen Besitz.

1714 wurde Helgoland von Dänemark erobert. 1807 besetzten während der von Napoleon I. verfügten Kontinentalsperre die Engländer die Insel, die ihnen dann im Kieler Frieden im Jahr 1814 auch zugesprochen wurde.

Im deutsch/britischen „Vertrag über die Kolonien und Helgoland" vom 1.7.1890 (in Kraft getreten am 10.8.1890) trat England die Insel Helgoland an Deutschland ab, nachdem es im Tausch dagegen die Schutzherrschaft über Wituland in Ostafrika sowie das Ngamy-Gebiet in Südwestafrika erhielt. Weiter verpflichtete sich Deutschland die (vorgesehene) englische Schutzherrschaft über das bis dato selbständige Sultanat Sansibar anzuerkennen. Durch Gesetz vom 15.12.1890 wurde Helgoland dem Deutschen Reich, durch ein preuß. Gesetz vom 18.2.1891 an Preußen angegliedert. Heute gehört Helgoland zum Bundesland Schleswig-Holstein.

Postgeschichte:

Bereits im Jahr 1796, als Helgoland noch dänischer Besitz war, wurde auf der Insel eine hamburgische Postagentur eröffnet, die bis zum Übergang des Postdienstes an die britische Regierung am 1. Juli 1866 dem Hamburger Postamt unterstand. Die ursprüngliche Hauptaufgabe dieser Agentur bestand darin, die regelmäßige Postverbindung zwischen England und Deutschland und umgekehrt zu sichern, wenn die englischen Postschiffe bei ungünstiger See oder im Winter nur bis Helgoland fuhren.

Nachdem 1821 Hamburg eine Stadtpost eingerichtet hatte und erst recht mit der Eröffnung eines Seebades auf Helgoland im Jahr 1826 setzte ein immer stärker werdender, allmählich regelmäßiger Post- und Passagierverkehr zwischen Helgoland und dem Festland ein. Die in Hamburg am 1.1.1859 eingeführten Freimarken wurden ab Sommer 1862 auch an die Helgoländer Postagentur abgegeben und mit dem Hamburger Stadtpostamt verrechnet.

Am 1. Juli 1866 übernahm England selbst die Posthoheit, der bisher im Dienste Hamburgs tätige Postagent trat in die Dienste der Briten. Die offizielle Eröffnung eines britischen Postamtes und die förmliche Ernennung des Postagenten zum britischen Postmeister erfolgte am 1. Januar 1867. Bis zum Erscheinen eigener Freimarken Mitte April 1867 wurden die Hamburger Marken weiterverwendet.

Beitritt in den Weltpostverein am 1. Juli 1879.

Am 10. August 1890 übernahm die Deutsche Reichspost den Postdienst, es konnten nur noch Marken des Deutschen Reichs verwendet werden.

Hauptsächliche Entwertungen der Markenzeit:

Englisches Postamt auf Helgoland:

Kreisbogenstempel mit Bogen unten in 5 Typen

Type I:	Breite Lettern mit geringen Zwischenräumen schwarz: kein Aufschlag graublau bis schwarzblau: 25,— Aufschlag rot bis lilarot: 500,— Aufschlag
Type II:	Schmalere Lettern mit größeren Zwischenräumen blauschwarz :10,— Aufschlag violett: 300,— Aufschlag
Type III:	zweite „8" der Jahreszahl schräg schwarz: —,—
Type IV:	Hohe, schmale Lettern schwarz: 300,— Aufschlag
Type V:	Kreisbogen rechts verkürzt schwarz: —,—

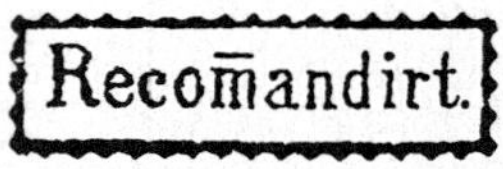

Zackenrechteckstempel „Recomandirt"
⊙ 350,— Aufschlag

Herkunfts-, Durchgangs- oder Empfangsstempel:

Hamburg-Stempel (Stadtpostamt, Preuß. und Norddt. Postverwaltung, Reichspostverwaltung)

Einkreisstempel des Hauptpostamtes (1867)
Aufschlag ⊙ 200,—

Einzeiler
[Langstempel] (1872–1890)
(ohne Punkt)
kein Aufschlag

Hufeisenstempel
(Mitte 1874)
Aufschlag ⊙ 1000,—

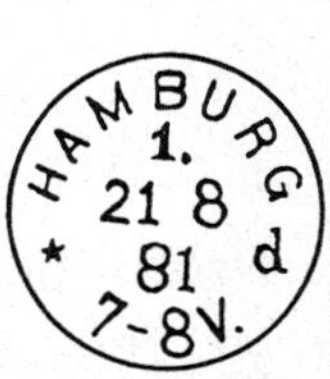

Kleiner Einkreisstempel
(1880–1885) Ø 23,5 mm
Aufschlag ⊙ 200,—
großer Einkreisstempel
(1885–1890)
Ø 25 und 26 mm
Aufschlag ⊙ 250,—

Ritzebüttel und Cuxhaven

Einzeiler (1867–3.2.1873)
Aufschlag ⊙ 110,—

Rechteckstempel (ab 1873)
Aufschlag ⊙ 40,—

Kleiner Einkreisstempel
(1873–1885) Aufschlag ⊙ 150,—

Großer Einkreisstempel
(ab 1885) Aufschlag ⊙ 300,—

Harburg und Geestemünde

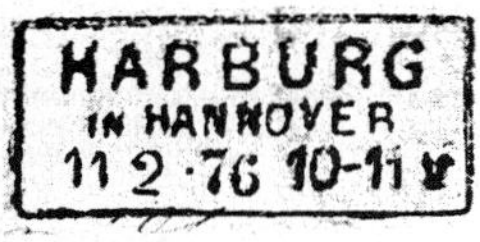

Rechteckstempel
(ab 1881)
Aufschlag ⊙ 75,—

Einkreisstempel
(ab 1881)
Aufschlag ⊙ 250,—

Kreissegmentstempel (Geestemünde)
(1867–1890)
Aufschlag ⊙ 300,—

Rechteckstempel (3 Typen) (1867–1876)
auf Schilling-Ausg. Aufschlag ⊙ 20,—
auf Pfennig-Ausg. Aufschlag ⊙ 300,—

Stempel-Terminologie:

In der philatelistischen Literatur gibt es keine einheitliche Terminologie zur Beschreibung von Poststempeln. Mit Heft 145 der Neuen Schriftenreihe der Poststempelgilde e.V. „Die Bezeichnung der Poststempelformen. Eine Einführung in die stempelkundliche Terminologie" von Hans-Joachim Anderson liegt ein Werk vor, das auf die Vereinheitlichung der Stempelbezeichnungen basierend auf der Stempelform abzielt. Im MICHEL sind die altdeutschen Stempelformen nach Anderson benannt; in einigen Fällen sind in eckigen Klammern die tradierten Formbezeichnungen angegeben, sofern diese von Anderson abweichen.

Währung:

Bis 31.12.1874 Hamburger Kurantwährung: 1 Mark = 16 Schilling = 32 Sechslinge = 192 Pfennig
Im Verkehr mit dem Postvereinsausland ab 1.1.1852: 2 (Hamb.) Schilling = 1½ Silbergroschen
Ab 1.1.1875 Deutsche Reichswährung: 1 Mark = 100 Pfennig
Englische Vergleichswährung: 1 Shilling = 12 Pence = 48 Farthings

Maße und Gewichte: 1 (geographische) Meile = 7420 m ~ 7,5 km; 1 Loth = 15,6 Gramm

Bewertungshinweise:

Bei MiNr. 1–4 gelten die Preise für leicht dezentrierte Marken (siehe „Briefmarken-Qualitätsstufen" im Einleitungsteil, Abb. 18). Genau zentrierte Stücke verdienen einen Aufschlag von 20%, mit Durchstich im Markenbild ca. 40% Preisnachlass!

Ab MiNr. 6 gelten alle Preise nur für gut zentrierte (Abb. 17) und einwandfrei gezähnte Marken (Abb. 12)!

Marken ohne Gummi werten, wenn nicht ausdrücklich anders angegeben, ca. 40% der Falzpreise!

Die Gebraucht-Preise gelten für Stücke mit sauber abgeschlagenen und gut lesbaren, weitgehend zentrisch angebrachten Abstempelungen (Abb. 23)!

Stücke mit nachweisbar echter Federzugentwertung sind vollwertig!

Die Farbangaben beziehen sich auf den MICHEL-Farbenführer ab 36. Auflage.

Alle Marken von Helgoland sollten nur (BPP-)geprüft erworben werden!

Amtlich vermittelte und reine Privatneudrucke:

Vom Juni 1875 bis Jan. 1885 wurden für den Hamburger Händler Goldner von den MiNrn. 1 II, 2–4, 7–12 (einschl. MiNr. 8 F) und 17 die sogen. Berliner Neudrucke hergestellt. Wichtigste Merkmale sind das nicht gegitterte Papier (bei MiNr. 17 maschiges Papier) sowie der stärkere Buchdruck (je 7,—, nicht durchstochen bzw. ungezähnt je 50,—).

Im März 1888 ließ Goldner in der Leipziger Druckerei Giesecke & Devrient Neudrucke mit Ausnahme von MiNr. 17 von allen oben erwähnten Marken von den inzwischen von ihm erstandenen Originaldruckplatten herstellen, sogen. Leipziger Neudrucke. Wichtigste Merkmale: kleinere Zähnungslöcher, stark satiniertes Papier, glatte Gummierung (je 3,—).

Von Januar 1891 bis Ende 1895 beauftragte Goldner die Hamburger Firma Schlotke & Co. mit dem Druck der Neudrucke (alle MiNrn. wie bei Berliner ND). Wichtigste Merkmale: Papier fast weiß, kleine Zähnungslöcher, zum Teil stark abweichende Farben (je 3,—, ungezähnte je 40,—).

Amtliche Neudrucke siehe bei den jeweiligen Ausgaben!

Bei MiNr. 1–16 gibt es drei verschiedene Kopftypen:

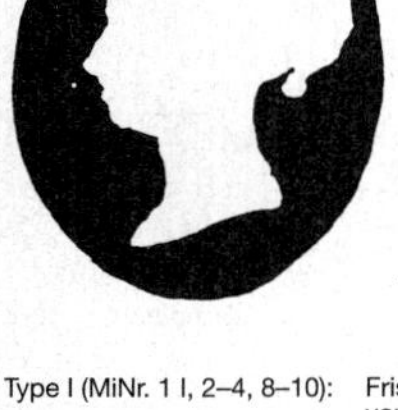

Type I

Type II

Type III

Type I (MiNr. 1 I, 2–4, 8–10):	Frisur mit Haarknoten beginnt nach einem ganzen Satz des Diadems; vorderer Ausläufer der Büste weist spitz nach unten; Büstenabschluss rechts unten abgerundet.
Type II (MiNr. 1 II, 6, 11–16):	Frisur mit sichelförmiger Haarlocke beginnt nach einem halben Satz des Diadems; vorderer Ausläufer der Büste nach oben gewölbt; Büstenabschluss rechts unten mit scharfem Winkel.
Type III (MiNr. 7):	Frisur mit korkenzieherartiger Haarlocke beginnt nach einem ganzen Satz des Diadems; sonst wie Type II.

Königin Victoria (1837–1901)

1867–1873

1867, ca. Mitte April/1873, Aug. Freimarken: Königin Viktoria, Inschrift im Rahmenrechteck, Ornamente (Zwickel) in den inneren Ecken. [E] Wedding; komb. Bdr. und Prägedruck Kgl. Preußische Staatsdruckerei (10×5); normales Papier; I = Kopftype, II = Kopftype II; linienförmig [] 10.

a

b

a) Kopfbild Königin Viktoria (1819–1901), Inschrift positiv
b) Kopfbild Königin Viktoria, Inschrift negativ

				(✶)	✶	✶✶	⊙
1	½ S	....	a				
I		dunkelbläulichgrün/karmin, Kopftype I (ca. Mitte April 1867)		200,—	400,—	800,—	1300,—
II		bläulichgrün/rötlichkarmin, Kopftype II (Aug. 1868)		600,—	1000,—	2000,—	2200,—
2	1 S	rosakarmin/dunkelgrün, Kopftype I (ca. Mitte April 1867)	a	140,—	240,—	500,—	250,—
3	2 S	lilakarmin/dunkelgelblichgrün, Kopftype I (ca. Mitte April 1867)	b	6,—	15,—	25,—	70,—
4	6 S	(dunkel)graugrün/lilarosa, Kopftype I (ca. Mitte April 1867)	b	12,—	25,—	40,—	600,—

MiNr. 1 I und 2 wurden in 3 Druckgängen (Medaillon mit Kopf – Zwickel mit den Arabesken – Rahmen mit Wertangabe) hergestellt, so dass alle möglichen Verschiebungen der drei Bildteile vorkommen.

Die Herstellung von MiNr. 1 II, 3 und 4 erfolgte in zwei Druckgängen (Kopf-Medaillon und Zwickel – Rahmen mit Wertangabe), daher kommen nur Farbverschiebungen vor.

MiNr. 1 I und 1 II unterscheiden sich außerdem durch die Breite des oberen Wortes „SCHILLING“: MiNr. 1 I = 11 mm, MiNr. 1 II = 11,5 mm.

Auflagen: MiNr. 1 I = 20 000, MiNr. 1 II = 10 000, MiNr. 2 = 40 000, MiNr. 3 = 200 000, MiNr. 4 = 100 000 Stück

Gültig bis 14.2.1875

MiNr. 5 fällt aus

1869, 15. Aug./1873, Sept. Freimarken: Königin Viktoria. Wie MiNr. 1 II (Kopftype II) und MiNr. 2, jedoch bei MiNr. 7 Kopftype III; gez. K 13¼:14¼; x = Papier ohne Struktur, y = dickes, gegittertes Papier („Leinenpapier“).

				✶	✶✶	⊙
6	½ S	(hell)gelbgrün bis bläulichgrün/(dunkel)karmin bis rosarot [GA]	a			
x		Papier ohne Struktur (15. Aug. 1869)		200,—	380,—	200,—
y		dickes, gegittertes Papier („Leinenpapier“) (Juli 1873)		150,—	300,—	400,—
7	1 S	(rosa)karmin/(gelblich)grün	a			
x		Papier ohne Struktur (Juli 1871)		300,—	650,—	380,—
y		dickes, gegittertes Papier („Leinenpapier“) (Juni 1873)		200,—	550,—	380,—

[FALSCH]

Auflagen: MiNr. 6 x = 100 000, MiNr. 6 y = 40 000, MiNr. 7 x und 7 y je 30 000 Stück

1873, 10. Aug./Dez. Freimarken: Königin Viktoria, Inschrift im Rahmenrechteck, ohne Ornamente in den inneren Ecken. [E] Wedding; komb. Bdr. und Prägedruck Kgl. Preußische Staatsdruckerei (10×5); Kopftype I; dickes gegittertes Papier; gez. K 13½:14¼.

c) Kopfbild Königin Viktoria (1819–1901), Inschrift negativ

				✶	✶✶	⊙
8	¼ S	dunkelrotkarmin bis lilarosa/(lebhaft)graugrün (10. Aug. 1873)	c	45,—	80,—	3000,—
9	¾ S	hellgrün/rosa (Töne) (Anf. Dez. 1873)	c	40,—	70,—	2800,—
10	1½ S	hellgrün/karmin (Töne) (Mitte Sept. 1873)	c	70,—	130,—	420,—

Die Gebraucht-Preise bei MiNr. 8 und 9 gelten für Langstempel, mit Rundstempel ca. 25% Aufschlag!

Nicht ausgegeben:

			✶	✶✶
8 c	¼ S	lilakarmin/dunkelgrün, dünneres, nicht gegittertes Papier (Ende Dez. 1874)	22,—	40,—

MiNr. 8 c wurde Ende Dez. 1874 in einer Auflage von 100 000 Stück geliefert, gelangte aber nicht mehr in den Verkehr, da die Marken MiNr. 1–10 mit Ablauf des 14. Febr. 1875 außer Kurs gesetzt wurden und noch genügend Restbestände der beiden anderen Auflagen der MiNr. 8 vorhanden waren. Vorkommende gestempelte Exemplare weisen ausnahmslos rückdatierte Stempel auf!

Fehldruck (F):

		✶	✶✶	⊙
8 F	grün/karmin (26.9.1873)	120,—	220,—	4500,—

Vorsicht! Auch von MiNr. 8 F gibt es Berliner, Hamburger und Leipziger private Neudrucke, die u. a. am nicht gegitterten Papier erkennbar sind!

Auflagen: MiNr. 8 = 65 000, MiNr. 8 F = 25 000, MiNr. 9 = 50 000, MiNr. 10 = 50 000 Stück

Gültig bis 14.2.1875

Kleinere Marken stammen vom oberen oder unteren Bogenrand (je nachdem, ob die oberen oder unteren Bogenränder durchgezähnt waren). Keine Wertminderung!

1875

1875, 15. Febr. Freimarken: Königin Viktoria, Inschrift im Oval, Wertangaben in englischer und deutscher Währung. Ⓔ Gätke; komb. Bdr. und Prägedruck Kgl. Preußische Staatsdruckerei (10×5); Kopftype II; gez. K 13½:14¼.

d

e

f

d–f) Kopfbild Königin Viktoria (1819–1901), Inschrift im Oval

				*	**	⊙
11	1 F / 1 Pf	lilakarmin/(dunkel)grün (Töne)	d	12,—	25,—	900,—
12	2 F / 2 Pf	grün/lilakarmin (Töne)	d	14,—	30,—	1100,—
13	3 F / 5 Pf	(lebhaft)lilakarmin/grün GA	e	25,—	55,—	30,—
14	1½ P / 10 Pf	hell- bis dunkel(bläulich)grün/mittellilakarmin bis mittelrot	e	12,—	25,—	35,—
15	3 P / 25 Pf	lilakarmin/grün (Töne)	f	20,—	35,—	30,—
16	6 P / 50 Pf	grün (Töne)/dunkel(lila)karmin	f	20,—	40,—	40,—
			Satzpreis (6 W.)	85,—	200,—	2000,—

Nicht ausgegeben:

			*	**
13 c	5 Pf / 3 F	lebhaftkarmin/grün (Aug. 1890)	15,—	30,—

MiNr. 13 c wurde in einer Auflage von 20 000 Stück erst am 16. August 1890, also erst nach Außerkurssetzung der Helgoland-Marken, geliefert und wurde dementsprechend nicht mehr ausgegeben. Vorkommende gestempelte Exemplare weisen ausnahmslos rückdatierte Stempel auf!

Amtl. Neudrucke 1890 (ND):

		*	**
13 ND	lebhaftkarmin/graugrün	—,—	—,—
14 ND	mittelgraugrün (Druck porös)/mittellilakarmin	1000,—	2500,—
15 ND	lilakarmin/graugrün	1000,—	2500,—
16 ND	karmin (Töne)/graugrün (Druck trocken, porös)	1000,—	2500,—

Die amtlichen Neudrucke wurden in einer Auflage von je 200 Stück in der preußischen Reichsdruckerei hergestellt. Sie wurden auf weißem, satiniertem Papier mit farbloser bis leicht gelblicher Gummierung, gez. K 13½:14¼, gedruckt. Von MiNr. 11 und 12 gibt es nur private Neudrucke in wesentlich abweichenden Farben.

MiNr. 14 wurde auch als Sparmarke der Helgoländer Sparkasse benutzt.

FALSCH besonders MiNr. 11 und 12

Auflagen: MiNr. 11 = 300 000, MiNr. 12 = 200 000, MiNr. 13 = 120 000, MiNr. 14 = 265 000, MiNr. 15 = 100 000, MiNr. 16 = 70 000 Stück

MiNr. 11 und 12 gültig bis 12.6.1880 (jedoch schon Anfang Sept. 1879 amtlich eingezogen), MiNr. 13–16 gültig bis 10.8.1890 mittags 12 Uhr

1876

1876, 1. Juni/1890, Juni. Freimarken: Wappen von Helgoland. Ⓔ Gätke; Bdr. Kgl. Preußische Staatsdruckerei (Kleinbogen 10×1); gez. K 13½:14¼.

g) Landeswappen mit Krone

				*	**	⊙
17	2½ F / 3 Pf	(dunkel)grün/gelb bis dunkelorange/zinnoberrot	g	180,—	360,—	1300,—
18	2½ P / 20 Pf	lebhaft(grau)rot bis lilakarmin/(hellgrau)gelb/blaugrün bis graugrün	g	15,—	25,—	40,—

Die Einfassungslinien des Wappens und der Krone sind durch alle Auflagen hindurch einheitlich schwarz, auf diese Farbangabe wird daher verzichtet.

Amtl. Neudruck (ND):

		*	**
18 ND	mittelkarmin/graugrün/dunkelgelb/schwarz	1000,—	2500,—

FALSCH

Auflagen: MiNr. 17 = 80 000, MiNr. 18 = 420 000 Stück

MiNr. 17 gültig bis 12.6.1880 (jedoch schon Anfang Sept. 1879 amtlich eingezogen), MiNr. 18 gültig bis 10.8.1890

Bei vielen Marken von Helgoland gibt es teilweise starke Farbunterschiede; Katalogisierung siehe MICHEL-Deutschland-Spezial Band 1!

Alle Marken von Helgoland sollten nur geprüft erworben werden!

1879

1879, Aug./1889, Sept. Freimarken: Wertziffer im Band bzw. im Oval. Ⓔ Gätke; Bdr. Kgl. Preußische Staatsdruckerei (5×5); A = gez. K 13½:14¼.

h) Wertziffer im Band in Landesfarben

i) Wertziffer im Oval in Landesfarben

				*	**	⊙
19 A	1 Sh / 1 M	(blau)grün/(grau)schwarz/mittelrosa bis karmin (Aug. 1879)	h	280,—	500,—	280,—
20 A	5 Sh / 5 M	mehrfarbig (Sept. 1879)	i	180,—	400,—	1500,—

Nicht ausgegeben:

			(*)	*	**
19 A c	1 Sh / 1 M	grün/schwarz (glänzend)/lebhaftrot, stark satiniertes Papier (Mitte Aug. 1890)	40,—	100,—	200,—

MiNr. 19 c wurde am 29.7.1890 bestellt und trotz Widerruf vom 4.8. am 16. August nach Helgoland abgeschickt (Auflage 5000 Stück). Die Marke wurde nicht mehr ausgegeben.

Die früher katalogisierten MiNr. 19 B und 20 B haben sich als Probedrucke herausgestellt!

Amtl. Neudrucke 1890 (ND):

		*	**
19 A ND	dunkelgraugrün/karminrot/(mattglänzend)schwarz	1000,—	2500,—
20 A ND	dunkelgraugrün/karminrot/(mattglänzend)schwarz/dunkelgelb	1000,—	2500,—

vgl. Hinweise bei 13 ND– 16 ND!

FALSCH Ⓔ

Auflagen: MiNr. 19 A = 15 000, MiNr. 20 A = 10 000 Stück

Gültig bis 10.8.1890, mittags 12 Uhr

Anzeigen

Lübeck

Freie und Hansestadt im Verband des Deutschen Bundes, seit 1866 des Norddeutschen Bundes und ab 1.1.1871 im deutschen Reich, mit eigener Posthoheit bis 31.12.1867. Ab 1868 Übernahme des Postdienstes durch die Norddeutsche Post.

Lübeck wurde als Stadt im Jahr 1143 von Graf Adolf II. von Holstein gegründet, 1159 erfolgte eine Neugründung durch Heinrich dem Löwen. Nach dem Sturz der Welfen fiel es 1181 an Barbarossa, nach vorübergehender dänischer Schutzherrschaft machte Kaiser Friedrich II. Lübeck im Jahr 1226 zur Reichsstadt.

Durch seine günstige Lage an der unteren Trave (Lübecker Bucht) wurde Lübeck schnell zum wichtigen Knotenpunkt für den Güterverkehr zwischen Ost- und Nordsee sowie Norden und Süden. Die älteste der Hansestädte (seit Ende des 13. Jh.) führte dann auch bald die Bezeichnung „Königin der Hanse". Durch das „Groß-Hamburg-Gesetz" kam Lübeck am 1.4.1937 zu Preußen, heute gehört Lübeck zum Bundesland Schleswig-Holstein.

Außer dem Lübecker Stadtpostamt und seinem Postamt in Travemünde bestanden in Lübeck nach 1814 noch folgende Postämter mit eigenen Posthäusern:

1. Hannoversches Postamt von 1740 bis 30.9.1845.
2. Königl. Dänisches Oberpostamt vom 1.7.1852 bis 30.4.1868 (Dreiringstempel Nr. 3 oder Ortsstempel), Verwendung dänischer Marken ab 1.8.1855.
3. Thurn und Taxissches Postamt von 1814 bis 30.6.1867 (Vierringstempel Nr. 302 in 2 Typen und Ortsstempel).

Die Großherzogl. Mecklenburgische Post, die Preußische Post, die Schwedische Post und die Schlesw.-Holst. Post (Poststempel Nr. 20 nur 1850/51) wurden vom Lübecker Stadtpostmeister mit verwaltet; sie hatten daher keine eigenen Posthäuser.

Bis zum Deutsch-dänischen Krieg 1864 besorgte das dänische Postamt in Lübeck (1. Juli 1852 bis 30. April 1868) die Vermittlung des Postverkehrs Schleswig-Hosteins mit Lübeck und dem Hamburger Fahrpostverkehr. (Entschädigungssumme an die Dänische Postverwaltung für ihre Postämter in Hamburg und Lübeck 220 000 Thaler.)

Eintritt in den Deutsch-Österreichischen Postverein: 1. Jan. 1852

Hauptsächliche Entwertungen:

Zweikreisstempel (versch. Typen)

Fünfstrichstempel von Travemünde, Lübeck Bahnhof, Stadtpostexpedition Lübeck

Hufeisenstempel (Aufschlag ⊙ 200,—)

Zweizeiler Lübeck Bahnhof (3 Typen) (Aufschlag ⊙ 40,—, in Blau ⊙ 100,—)

Einkreisstempel Stadtpostamt (Aufschlag ⊙ 200,—)

Sonstige Stempel auf Marken:

	Aufschlag ⊙
Dreiringstempel „L" (Lübeck)	50,—
Dreiringstempel „T" (Travemünde)	120,—
Zweikreisstempel „LUEBECK F. P. A"	50,—
Zweikreisstempel „LUEBECK, unten Zierstück"	250,—
Einkreisstempel „TRAVEMÜNDE"	150,—
Kleiner Zweikreisstempel „TRAVEMÜNDE"	1000,—
Zeilenstempel „LÜBECK/LAUENBURG" (Bahnpost)	250,—
Rechteckstempel "LÜBECK-HAMBURG" (Bahnpost)	250,—

Die **Entwertung** wechselte in folgenden Zeitabschnitten:

1.1.–3.3.1859: Ortsstempel;
3.3.1859–26.1.1861: Tintenentwertung;
26.1.1861–Juli 1864: Strichstempel [Balkenstempel], seltener Ortsstempel;
ab Mitte 1864: Ortsstempel (neue Typen).

Auf Marken fremder Postverwaltungen, die in Lübeck Postämter unterhielten, können folgende Stempel vorkommen: Dänemark (Nummernstempel 3), Schleswig-Holstein (Nr. 20, aber nur von 1850–1851), Thurn & Taxis (Nr. 302; 2 Typen).

Wasserzeichen:

Wz. 1 Blumen

Maße und Gewichte:

1 Meile ≈ 7,5 km; 1 Loth = 16,66 g

Währung:

1 Mark Courant (1,20 M der späteren Reichswährung) = 16 Schillinge, je 2 Sechslinge, je 2 Dreilinge

Hinweise zur Katalogisierung:

Beachten Sie die Angaben zur bewerteten Qualität bei den einzelnen Ausgaben!

⊙-Preise ab MiNr. 8 gelten für Stücke mit klaren Abstempelungen, bei denen Ort und Datum identifizierbar sind (siehe „Briefmarken-Qualitätsstufen" im Einleitungsteil, Abb. 24).

FALSCH **Vorsicht vor Ganzfälschungen und Falschstempeln bei allen Marken von Lübeck!**

Alle Farbangaben beziehen sich auf den MICHEL-Farbenführer ab 36. Auflage.

1859

1859, 1. Jan. Freimarken: Wappen von Lübeck auf punktiertem Grund. Stdr. Rahtgens (10×10); Wz. 1; □.

Wz. 1 Blumen

a) Wappen von Lübeck (Lübecker Doppeladler) auf punktiertem Grund

				(✶)	✶	⊙
1	½ S	dunkelviolettgrau	a	700,—	2800,—	2500,—
2	1 S	schwärzlichorange (Töne)	a	700,—	3000,—	2500,—
3	2 S	(lebhaft)rötlichbraun bis dunkelbraunrot	a	35,—	140,—	300,—
4	2½ S	mittelmagenta (Töne)	a	60,—	260,—	1200,—
5 a	4 S	dunkelgrün bis schwärzlichopalgrün	a	35,—	110,—	750,—

Nicht ausgegeben:

5 b	4 S	schwärzlichgelblichgrün	40,—

Der Abstand der Marken im Bogen beträgt ca. 1,4 mm;

Alle Bewertungen gelten nur für allseits vollrandige Stücke (siehe „Briefmarken-Qualitätsstufen" im Einleitungsteil, Abb. 2); berührte oder angeschnittene Exemplare erfordern Abschläge von 50–60%!

⊙-Preise gelten für Stücke mit in etwa zentrisch aufgesetztem Fünfstrichstempel (Balkenstempel); mit Ortsstempel Aufschlag von mind. 20%.

Stücke mit nachweisbar echter Federzug-Entwertung sind vollwertig!

Fehldruck „ZWEI EIN HALB" im linken Schriftband (F):

Bei der Zusammenstellung des Druckstocks wurden auf Feld 96 und 97 versehentlich zwei Klischees der MiNr. 4 eingesetzt. Dieses Versehen wurde kurz vor Druckbeginn bemerkt, aber da man annahm, dass das wesentliche Merkmal der Marke die vier Wertziffern in den Ecken ist, radierte der Lithograph nur die jeweiligen Wertziffern 2½ weg und zeichnete an deren Stelle je eine 2 ein. Die Inschrift „ZWEI EIN HALB" im linken Schriftband blieb bestehen. Da nur die Eckziffern berichtigt wurden, weisen die Fehldrucke selbstverständlich die gleichen Stecherzeichen und Echtheitsmerkmale der MiNr. 4 auf.

Das freihändige Einsetzen der Wertziffern hatte zur Folge, dass sie sich sowohl voneinander als natürlich auch von denen der MiNr. 3 unterscheiden.

	(✶)	✶	⊙
3 F	500,—	1200,—	9000,—

Neudrucke 1872, oWz. (ND):

Die Neudrucke wurden in teilweise (leicht) abweichenden Farben auf Papier ohne Wz. mit glatter weißer Gummierung in einer Auflage von je 250 Stück (Bogen 5×5) gedruckt. Der Verkaufserlös ging an einen verwundeten Soldaten.

		✶
1 ND	dunkelviolettgrau	300,—
2 ND	schwärzlichgelborange	300,—
3 ND	dunkelrötlichbraun	300,—
4 ND	mittelmagenta	300,—
5 ND	schwärzlichgrün	300,—

Außerdem gibt es private Neudrucke von MiNr. 1–5 aus den Jahren 1959 und 1961 (Jahreszahlen rückseitig aufgedruckt) sowie 1984 (je 20,—).

Das Wasserzeichen bei MiNr. 1–5 ist meist nur sehr schwer erkennbar.

Von MiNr. 1–5 sind alle in den Handel gelangten Restbestände ungummiert.

Echtheitsmerkmale: über oder unter dem Strich in der Mitte der unteren Verzierung dem Werte entsprechend 1–4 kleine Punkte, z. B. ½ Sch. einen Punkt über dem Strich; 1 Sch. einen Punkt unter dem Strich; 2 Sch. zwei Punkte unter dem Strich; 2½ Sch. zwei Punkte darunter, ein Punkt darüber; 4 Sch. vier Punkte darunter. Außer diesen Punkten über und unter dem Strich sind noch an anderen Stellen des Markenbildes Punkte angebracht.

FALSCH Viele Ganz- und Stempelfälschungen bekannt.

Auflagen: MiNr. 1 = 40 000, MiNr. 2 = 20 000, MiNr. 3 = 138 600 (davon 2772 3 F), MiNr. 4 = 50 000, MiNr. 5 = 150 000 (davon 100 5 b) Stück

Gültig bis 1.8.1863, aber bis 31.12.1863 geduldet

Unterscheidungsmerkmale zwischen MiNr. 1–2 und MiNr. 6–7:

MiNr. 1 weist eine dunklere Farbe als MiNr. 6 auf, die Schenkel der Adler sind verschwommen, bei MiNr. 6 ist jeder Schraffurstrich deutlich sichtbar.

MiNr. 2 weist im allgemeinen einen orange-Ton auf, während MiNr. 7 eher gelb wirkt.

Insgesamt ist das weiße Papier bei MiNr. 1 und 2 etwas dünner (MiNr. 6–7 stärker, oft etwas vergilbt), der Druck wirkt unklarer als bei MiNr. 6–7.

MiNr. 6 und 7 sind auf Papier ohne Wasserzeichen gedruckt.

1862/1863

1862, 5. April. Freimarken: Wappen von Lübeck auf punktiertem Grund. Wie MiNr. 1 und 2, jedoch stärkeres Papier ohne Wz.

				(✶)	✶	⊙
6	½ S	dunkelrötlichgrau	a	25,—	55,—	2000,—
7	1 S	schwärzlichgelborange	a	40,—	110,—	2000,—

vgl. Bewertungshinweise bei MiNr. 1–5!

Von MiNr. 6 und 7 gibt es größere Restbestände ohne Gummierung.

FALSCH

Auflagen: MiNr. 6 = 110 000, MiNr. 7 = 49 900 Stück

1863, 1. Juli/1867. Freimarken: Wappen von Lübeck auf farbigem Grund im Oval. Komb. Bdr. und Prägedruck Preußische Staatsdruckerei (10×10); oWz.; A = ⌷ 11¾, B = ⌷ 10.

b) Lübecker Doppeladler (Prägedruck) auf farbigem Grund im Oval

			(✱)	✱	⊙
8 A	½ S	dunkelgelblichgrün (Töne) GA . . . . b	20,—	50,—	90,—
9	1 S	lebhaft- bis dunkelrötlichorange (Töne) GA . . . . . . b			
A		durchstochen 11¾ (1.7.1863)	65,—	150,—	200,—
B		durchstochen 10 (Frühjahr 1867)	100,—	250,—	600,—
10 A	2 S	karmin (Töne) GA . . . . . . b	18,—	35,—	90,—
11 A	2½ S	dunkelultramarin bis mittelviolettultramarin GA b	70,—	150,—	500,—
12 A	4 S	mittelolivbraun GA . . . . . b	35,—	70,—	130,—

MiNr. 8–12 sind meist schlecht zentriert (ungenaues Einrichten der Durchstichmaschine).

Die Preise gelten für deutlich dezentrierte Stücke (siehe „Briefmarken-Qualitätsstufen" im Einleitungsteil, Abb. 19); gut zentrierte Marken verdienen Aufschläge von 25 bis 30%!

Neudrucke 1872 (ND):

Die Neudrucke wurden in leicht abweichenden Farben, mit schwächerer Prägung, in nicht durchstochenen Bogen, abweichender Gummierung, zu je 50 Stück (5×10) gedruckt. Der Verkaufserlös ging an einen verwundeten Soldaten.

		✱
8 ND	dunkelgelblichgrün	150,—
9 ND x	dunkelrötlichorange, dickes Papier	170,—
9 ND y	dunkelrötlichorange, normales Papier	150,—
10 ND	dunkellilarot	150,—
11 ND	dunkelblau	150,—
12 ND	dunkelbraunocker	150,—

Außerdem gibt es private Neudrucke von MiNr. 8 und 11 (Ausstellung „HANSA '78), von MiNr. 9 (3. Lübecker Altstadtfest 1979), von MiNr. 10 (Stadtfest „Markt anno dazumal") und von MiNr. 12 (Ausstellung „HANSA '80"). Außerdem gibt es private Neudrucke von MiNr. 7 und 13.

Vorsicht! Die Farbe der MiNr. 9 oxidiert bis zu rotbraun und schwarzbraun!

FALSCH MiNr. 10 und 11; Vorsicht vor Durchstichfälschungen bei MiNr. 9 B!

Auflagen: MiNr. 8 A = 144 000, MiNr. 9 A = 80 000, MiNr. 9 B = 20 000, MiNr. 10 = 120 000, MiNr. 11 = 50 000, MiNr. 12 = 80 000 Stück

Gültig bis 31.12.1867

1864/1865

1864, 1. April. Freimarke: Wappen von Lübeck auf punktiertem Grund im Oval. Stdr. Rahtgens (10×10); oWz.; □.

c) Lübecker Doppeladler auf punktiertem Grund im Oval

			(✱)	✱	⊙
13	1¼ S	mittel- bis lebhaftrötlichbraun c	18,—	35,—	70,—

Der Abstand der Marken im Bogen beträgt ca. 1,5 mm, zwischen den Marken feine, oft kaum sichtbare Trennungslinien;

Die Bewertungen gelten für allseits vollrandige Stücke (siehe „Briefmarken-Qualitätsstufen" im Einleitungsteil, Abb. 2); berührte oder angeschnittene Exemplare erfordern Abschläge von 40–70%, Marken mit mehr als einer Trennungslinie verdienen Aufschläge von ca. 30%!

MiNr. 13 wurde für Sendungen nach Schleswig-Holstein und Lauenburg eingeführt.

FALSCH

Auflage: 104 200 Stück *Gültig bis 31.12.1867*

1865, 1. Dez. Freimarke: Wappen von Lübeck auf farbigem Grund im Oval mit achteckiger äußerer Einfassung. Komb. Bdr. und Prägedruck Preußische Staatsdruckerei (10×10); oWz.; ⌷ 9½–12.

d) Lübecker Doppeladler (Prägedruck) auf farbigem Grund im Oval mit achteckiger Einfassung

			(✱)	✱	⊙
14	1½ S	dunkelbraunpurpur (Töne) GA . . . . d	18,—	35,—	110,—

Die Preise gelten für normal zentrierte Stücke (siehe „Briefmarken-Qualitätsstufen" im Einleitungsteil, Abb. 17).

Neudruck 1872 (ND):

vgl. Hinweis bei Neudrucke MiNr. 8–12!

		✱
14 ND	dunkelbraunpurpur	150,—

Außerdem gibt es einen privaten Neudruck zum Nordd. Philatelistentreffen in Hamburg im März 1981 (Klb. 2×2, Wz. fallende Wellenlinien, rückseitig „Neudruck / 1981").

Auflage: unbekannt *Gültig bis 31.12.1867*

Ab 1. Januar 1868 wurde der Postdienst durch die Norddeutsche Post übernommen, ab diesem Zeitpunkt wurden nur noch deren Marken (Norddeutscher Postbezirk) verwendet.

Mecklenburg-Schwerin

Ab 3.3.1621 Herzogtum, seit 14.6.1815 Großherzogtum mit eigener Posthoheit bis 31.12.1867. Ab 1.7.1867 im Norddeutschen Bund und ab 1.1.1871 im Verband des Deutschen Reiches.

Erstmals erwähnt wird Mecklenburg im Jahre 995 (Michelenburg bei Wismar). Der Obodritenfürst und Landesherr Niklot wird 1130 Stammvater der meckl. Dynastie (ab 1170 Reichsfürsten, ab 1348 Herzöge, ab 1815 Großherzöge).

Am 3.3.1621 wurde Mecklenburg infolge von Erbstreitigkeiten in die Herzogtümer Mecklenburg-Schwerin und Mecklenburg-Güstrow geteilt. Am 1.2.1628 wird Wallenstein vom Kaiser als Landesherr und Herzog eingesetzt, 1631 kehrten die meckl. Herzöge wieder zurück. Im Frieden zu Osnabrück (24.10.1648) gehen die Stadt Wismar und die Ämter Poel und Neukloster an das Königreich Schweden. Als Ersatz für die „Herrschaft Wismar" erhält der Herzog von Mecklenburg-Schwerin die Bistümer Ratzeburg und Schwerin, die nunmehr Fürstentümer werden. Nachdem der letzte Herzog von Mecklenburg-Güstrow verstorben war, kam es im Hamburger Vergleich vom 8.3.1701 zur Schaffung des Herzogtums Mecklenburg-Strelitz.

Am 28.11.1806 wird Mecklenburg von französischen Truppen in Besitz genommen, am 11.7.1807 kehrt Herzog Friedrich I. zurück und nimmt seine alten Rechte wahr. Am 22.3.1808 trat das Herzogtum Mecklenburg-Schwerin dem Rheinbund bei (bis 25.3.1813), am 23.8.1813 kam es erneut zur Besetzung Meckl.-Schwerins durch französ. Truppen. 1815 wurde Mecklenburg-Schwerin Mitglied im Deutschen Bund.

Nachdem die Dynastie in Mecklenburg-Strelitz erlosch, wird der Großherzog Friedrich Franz IV. von Mecklenburg-Schwerin am 23.2.1918 dort Landesverweser, am 14.11.1918 verzichtet er in beiden Großherzogtümern auf den Thron.

Ab November 1918 wurde Mecklenburg-Schwerin Freistaat im Deutschen Reich, durch die Verfassung des Freistaats Mecklenburg-Schwerin vom 17.5.1920 und das Landesgrundgesetz von Mecklenburg-Strelitz vom 29.1.1919/24.5.1923 wurden beide Länder parlamentarisch-demokratische Republiken. Die Vereinigung zum Land Mecklenburg erfolgte mit Wirkung vom 1.1.1934.

Nach dem Zweiten Weltkrieg kam Mecklenburg, um Vorpommern westlich der Oder erweitert, zur Sowjetischen Besatzungszone und ab 1949 (ab 25.7.1952 in die Bezirke Rostock, Schwerin und Neubrandenburg geteilt) zur DDR.

Am 3.10.1990 wurde Mecklenburg-Vorpommern Bundesland in der Bundesrepublik Deutschland.

Postgeschichte

Mecklenburg lag abseits der großen Verkehrsstraßen und so entwickelte sich erst sehr spät ein geordnetes Postwesen. Boteneinrichtungen sind seit Beginn des 16. Jahrhunderts belegt, z.B. Botenanlagen der meckl. Herzöge und der Hansestädte Rostock und Wismar, die insbesondere mit den Städten Lübeck und Hamburg verbunden waren und so den Anschluss an das Reichspostnetz hatten. Auswärtige Staaten (Brandenburg/Preußen, Hamburg, Lübeck und Schweden) hatten schon sehr früh Postkurse inne, die durch das meckl. Hoheitsgebiet führten. Die preußische Post zwischen Berlin und Hamburg, die über Boizenburg lief, hatte eine herausragende Bedeutung.

Der vom Kaiser im Jahre 1628 als Landesherr und Herzog von Mecklenburg eingesetzte Wallenstein schuf erstmals, jedoch nur für wenige Jahre (bis 1631), ein geordnetes Postnetz. Etwa 50 Jahre später hatten die mecklenburgischen Herzöge herrschaftliche Posten eingerichtet, die in Meckl.-Güstrow im Jahre 1694 und in Meckl.-Schwerin im Jahre 1697 verpachtet wurden.

Am 1.1.1708 nahm Mecklenburg-Schwerin das Postwesen in die eigene Verwaltung zurück. Infolge der Reichsexekution lag die Postverwaltung in den Jahren 1722–1734 in den Händen der kaiserlichen Exekutionskasse in Boizenburg. Das auswärtige Postkontor in Neubrandenburg/Meckl.-Strelitz wurde im April 1728 aufgehoben, der meckl.-strel. Postmeister war anschließend bis 30.6.1840 für Meckl.-Schwerin tätig. Am 1.1.1770 traten eine Postordnung und eine Posttaxe in Kraft. Die Postordnung war mit Abänderungen bis zur Aufgabe der Posthoheit am 31.12.1867 gültig.

Am 1.7.1849 trat für die Postanstalten ein neues Expeditions-Verfahren in Kraft, das auch im Wechselverkehr mit Mecklenburg-Strelitz, Preußen, Hannover, Dänemark, Lauenburg und Bergedorf zur Anwendung kam. Ab 1.11.1849 nimmt die neu errichtete Generalpostdirektion ihre Tätigkeit auf.

Ab 1.1.1851 trat Mecklenburg-Schwerin dem Deutsch-Österreichischen Postverein bei.

Fürstentum Ratzeburg / Mecklenburg-Strelitz

Das Fürstentum Ratzeburg, in dem auch der nördliche Teil der Inselstadt Ratzeburg mit Dom, Domhof und Palmberg lag, gehörte seit dem Hamburger Vergleich vom 8.3.1701 zu Mecklenburg-Strelitz. Durch das Fürstentum führte der für Mecklenburg-Schwerin wichtige Postkurs nach Lübeck. Die Ausübung des Postregals in diesem meckl.-strelitzschen Landesteil wurde ursprünglich stillschweigend Mecklenburg-Schwerin überlassen. Im Staatsvertrag vom 20.2.1840 trat Mecklenburg-Strelitz alle Postrechte im Fürstentum Ratzeburg an Mecklenburg-Schwerin ab.

Einziger Postort der einen Poststempel (ein- und zweizeilig, blau und schwarz, bis 31.12.1867) führte, war Schönberg.

Entwertungen während der Markenzeit:

Die Entwertungen der Marken erfolgten ab 1.7.1856 mit den aus der vorphilatelistischen Zeit stammenden ein- und zweizeiligen Textstempeln [Langstempel] und durch Zweikreisstempel in Antiquaschrift. Zweikreisstempel in Blockschrift (Grotesk) wurden erst 1857 eingeführt. Einige Postorte besaßen immer nur einen Textstempel: Boltenhagen, Dobbertin, Heiligendamm B.D., Malchow, Marlow, Neustadt, Redefin, Schönberg, Serrahn, Tessin, Ventschow, Warnemünde, Warnow, Zachun. Die Stempelfarbe ist meist schwarz, seltener blau, sehr selten rot und grün.

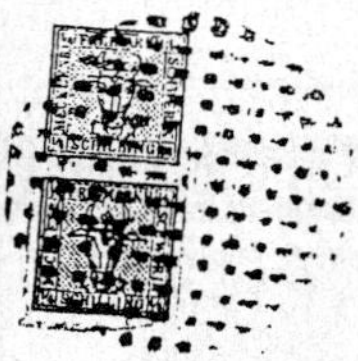
Punktrost-Rundstempel [Punktstempel]

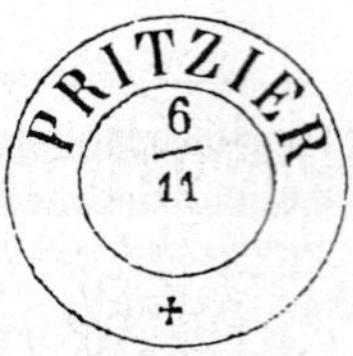

Zweikreisstempel Antiqua

Zweikreisstempel Grotesk

Bahnpoststempel, hier: Rundstempel

Ausgabestempel (Einkreisstempel)

Der interne mecklenburg-schwerinische Postverkehr schloss auch den Postverkehr mit Bergedorf, Hamburg, Lauenburg (Stadt), Lübeck und Ratzeburg ein.

Stempel-Terminologie:

In der philatelistischen Literatur gibt es keine einheitliche Terminologie zur Beschreibung von Poststempeln. Mit Heft 145 der Neuen Schriftenreihe der Poststempelgilde e.V. „Die Bezeichnung der Poststempelformen. Eine Einführung in die stempelkundliche Terminologie" von Hans-Joachim Anderson liegt ein Werk vor, das auf die Vereinheitlichung der Stempelbezeichnungen basierend auf der Stempelform abzielt. Im MICHEL sind die altdeutschen Stempelformen nach Anderson benannt; in einigen Fällen sind in eckigen Klammern die tradierten Formbezeichnungen angegeben, sofern diese von Anderson abweichen.

Großherzoglich Mecklenburgisches Oberpostamt in Hamburg

Die Hamburg-Danziger Botenpost, die durch Mecklenburg führte, wurde zur Zeit der Hanse eingerichtet. Im Jahre 1616 unterhielt der „Hamburgische Bote“ für den Kurs Hamburg-Danzig eine fahrende Post, zu deren Schutz sich die mecklenburgischen Herzöge verpflichteten. Die Stadt Hamburg hat als Rest dieser Botenpost noch bis zum Jahre 1861 eine Reitpost zwischen Hamburg und Wismar unterhalten. Im Jahre 1674 legte Herzog Gustav Adolf von Mecklenburg-Güstrow die erste „Mecklenburgische Post“ von Boizenburg nach Hamburg an. Hieraus entwickelte sich das mecklenburgische Postamt (ab 1817 Oberpostamt) in Hamburg. Ab 1.3.1811 – 31.5.1814 (mit Ausnahme der Monate April und Mai im Jahre 1813) musste das Postamt seine Tätigkeit einstellen, weil Hamburg zum französischen Staatsgebiet gehörte. Das großherzogliche Oberpostamt in Hamburg hatte die großherzogliche Postordnung und Posttaxe anzuwenden.

Postaufgabestempel und Postscheine gab es erst ab 1825. Ab 1.7.1856 wurden die Freimarken und Freikuverts von Mecklenburg-Schwerin verwendet. Freimarken und Freikuverts der Stadt Hamburg waren ab 1.1.1865 zugelassen.

Fremdstaatliche Entwertungen:

Briefmarken und Freicouverts von Mecklenburg-Schwerin, die für die Post aus einem Mitgliedstaat des DÖPV nach Meckl.-Schwerin verwendet wurden, hatte die absendende Postanstalt anzuerkennen, d.h. auch zu entwerten.

Währung:

1 Thaler = 48 Schillinge (S); 1 Schilling = 12 (mecklenb.) Pfennige

Maße und Gewichte:

1 Meile = 7,5325 km; 1 Rute = 3,7662 m

Bis 15.10.1856: 1 Pfund = 32 Loth; 1 Loth = 15,15 g (cölnisches [preuß.] Gewicht)

Ab 16.10.1856: 1 Zollpfund = 30 Loth = 500 g; 1 Loth = 16,67 g

Hinweise zur Katalogisierung:
Die Preise der Marken MiNr. 1–3 gelten nur für allseits vollrandige Stücke, bei denen das Markenbild an keiner Seite berührt ist (siehe „Briefmarken-Qualitätsstufen“ im Einleitungsteil, Abb. 2). Angeschnittene Marken bedingen Preisabschläge von 50%, Marken mit überbreiten Rändern Aufschläge von 70%!

Bei allen durchstochenen Marken gelten die Preise für Marken mit regelmäßigem, deutlichem Durchstich (Abb. 7).

Marken mit Gummiknicken bedingen mindestens 60% Abschlag!

Die Gebraucht-Bewertungen gelten für Stücke mit deutlich erkennbaren, vollständigen und identifizierbaren Stempeln (Abb. 24); verschmierte, unleserliche oder unvollständige Stempel erfordern Abschläge bis zu 50%!

Alle Farbangaben beziehen sich auf den MICHEL-Farbenführer (ab 36. Auflage).

Großherzog Friedrich Franz II. (1842–1883)

1856

1856, 1. Juli. Freimarke: Vier gekrönte Stierköpfe auf punktiertem Grund (teilbar). Ⓔ Otto; Bdr. Kgl. Preußische Staatsdruckerei (10×12); □.

a) Vier gekrönte Stierköpfe, punktierter Grund

Der Abstand der Marken im Bogen beträgt gleichmäßig 1½ mm.

				(✱)	✱	⊙
1	4/4 S	(dunkel)graurot bis lebhaftrot	a	120,—	190,—	160,—

Markenteilungen:

	(✱)	✱	⊙
1/4 S	10,—	20,—	15,—
2/4 S	24,—	40,—	30,—
3/4 S	45,—	80,—	80,—

Auflage: 756 000 Stück

Gültig bis 31.12.1865

1856, 1. Juli. Freimarken: Gekrönter Stierkopf im Schild. Ⓔ Otto; Bdr. Kgl. Preußische Staatsdruckerei (10×12); □.

b) Gekrönter Stierkopf im gekrönten Schild, punktierter Grund

				(✱)	✱	⊙
2	3 S	gelblichorange, dunkelchromgelb	b	70,—	100,—	80,—
3	5 S	blau (Töne)	b	190,—	280,—	400,—

Abstand der Marken im Bogen 1¾–2 mm

FALSCH MiNr. 3

Auflagen: MiNr. 2 = 438 000, MiNr. 3 = 72 000 Stück

MiNr. 2 gültig bis 31.12.1867, MiNr. 3 gültig bis 31.12.1865

1864

1864, Juni/Juli. Freimarke: Vier gekrönte Stierköpfe auf punktiertem Grund (teilbar). Wie MiNr. 1, jedoch auf waager. oder senkr. fein geripptem Papier, Bogen 10×10 und ⁚⁚ 11½–11¾.

				(✱)	✱	⊙
4	4/4 S	(dunkel)graurot	a	2400,—	3500,—	2400,—

Markenteilungen:

	(✱)	✱	⊙
1/4 S	160,—	220,—	300,—
2/4 S	—,—	—,—	750,—

FALSCH falsche Durchstiche (von MiNr. 1); MiNr. 4 muss von Durchstich zu Durchstich 24,5 mm messen! Verfälschungen aus MiNr. 5 durch gemalten punktierten Grund. MiNr. 4 in braun ist chemische Verfälschung.

Auflage: 50 000 Stück

Gültig bis 31.12.1865

1864, September. Freimarke: Vier gekrönte Stierköpfe auf weißem Grund (teilbar). Ⓔ Otto; Bdr. Kgl. Preußische Staatsdruckerei (10×10); a = fein gerripptes Papier (wie bei MiNr. 4), b = gewöhnliches Papier; ⁚⁚ 11½–11¾.

c) Vier gekrönte Stierköpfe, weißer Grund

				(✱)	✱	⊙
5	4/4 S	lebhaftbräunlichrot (Töne)	c			
a		fein geripptes Papier (1. Aufl.)		250,—	500,—	100,—
b		gewöhnliches Papier (2.–5. Aufl.) (ab Dez. 1865)		45,—	90,—	75,—

Markenteilungen:

	(✱)	✱	⊙
1/4 S	5,—	12,—	10,—
2/4 S	9,—	20,—	20,—

FALSCH z. B. MiNr. 5 in braun (chemische Verfälschung)

Auflagen: MiNr. 5 a = 400 000, MiNr. 5 b = 820 000 Stück

Gültig bis 31.12.1867

Entwertungen:

In der Verordnung vom 19.6.1856 ist festgelegt, dass die Entwertung der Freimarken mit Tagesstempel, die der Briefumschläge mittels Durchstreichung (mit blauer Tinte) der in dem Wertstempel befindlichen Zahl zu erfolgen hat.

Ab 30.5.1862 war auch Blaustift-Entwertung bei den Freiumschlägen zulässig.

1864, 1. Oktober/1867, September. Freimarken: Gekrönter Stierkopf im gekrönten Schild. Wie MiNr. 2 und 3, jedoch neue Wertstufe bzw. geänderte Farben, Bogen (außer MiNr. 7 I = 10×12) 10×10, verschiedene Papiersorten, ⁚⁚ 11½–11¾.

b

				(✱)	✱	⊙
6	2 S	normales Papier	b			
a		dunkelmagenta (Töne) (1.10.1866)		140,—	300,—	300,—
b		blaugrau, dunkelgrau (Töne) (7.9.1867)		90,—	180,—	2000,—
7	3 S	gelblichorange bis dunkelgelborange	b			
I		Markenformat ca. 23,5×23 mm, schmaler weißer Markenrand, dünnes geripptes Papier (Sept. 1865)		100,—	200,—	150,—
II		Markenformat ca 24,7×24,6 mm, breiter weißer Rand, normales, glattes Papier (Juni 1867)		30,—	60,—	380,—
8	5 S	orangebraun (Töne) (Sept. 1864)	b			
x		Markenformat ca. 24,7×24,6 mm, normales Papier		90,—	200,—	320,—
y		Markenformat ca. 24,7×24,6 mm, sehr dickes Papier		150,—	300,—	420,—
z		Markenformat ca. 23,5×23 mm, geripptes Papier		200,—	380,—	380,—

Bei MiNr. 7 I beträgt die Seitenlänge des Durchstichquadrates 23 mm, bei MiNr. 7 II 24,5 mm.

MiNr. 6 b (hergestellt aus 6 a); Kennzeichen: Stempeldaten und zu dunkle Farbe

Auflagen:
MiNr. 6 a = 50 000 | MiNr. 6 b = 20 000 | MiNr. 7 I = 96 000 | MiNr. 7 II = 40 000 | MiNr. 8 = 56 000

Gültig bis 31.12.1867

Am 31.12.1867 verloren alle Freimarken von Mecklenburg-Schwerin ihre Gültigkeit. Sie wurden am 1.1.1868 von den Freimarken der Postverwaltung des Norddeutschen Bundes (Norddeutscher Postbezirk) abgelöst.

Mecklenburg-Strelitz

Ab 8.3.1701 Herzogtum, seit 28.6.1815 Großherzogtum mit eigener Posthoheit bis 31.12.1867. Ab 1.7.1867 im Norddeutschen Bund und ab 1.1.1871 im Deutschen Reich.

Das Herzogtum Mecklenburg-Strelitz entstand anlässlich der letzten dynastischen Teilung im Hamburger Vergleich (8.3.1701). Vom 18.2.1808 bis 15.3.1813 gehörte es zum Rheinbund. Das Großherzogtum (ab 28.6.1815) wurde Mitglied im Deutschen Bund, am 21.8.1866 wurde ein Bündnisvertrag zwischen Preußen, Mecklenburg-Schwerin und Mecklenburg-Strelitz geschlossen, ab 1871 gehörte es zum Deutschen Reich. Es bestand aus zwei ca. 160 km voneinander getrennt liegenden Landesteilen, dem Fürstentum Ratzeburg (bis 1648 Bistum) im Westen (hierzu gehörten auch der nördliche Teil der Inselstadt Ratzeburg mit Dom, Domhof und Palmberg sowie die im Herzogtum Lauenburg vorhandenen Enklaven Hammer, Horst, Mannhagen, Panten und Walksfelde) und dem Land Stargard im Osten.

Am 23.2.1918 erlischt die Dynastie in Mecklenburg-Strelitz. Der Großherzog von Mecklenburg-Schwerin wird dort Landesverweser und verzichtet in dieser Eigenschaft am 14.11.1918 auch auf diesen Thron. Mecklenburg-Strelitz wird Freistaat. Ab 1.1.1934 Land Mecklenburg durch Vereinigung von Meckl.-Strelitz und Meckl.-Schwerin.

Postgeschichte:

Die Ausübung des Postregals im Fürstentum Ratzeburg wurde ursprünglich stillschweigend dem Großherzogtum Meckl.-Schwerin überlassen. Gemäß Staatsvertrag zwischen Mecklenburg-Strelitz und Mecklenburg-Schwerin (Einzelverträge vom 19., 20. und 21.2.1840) waren im Fürstentum Ratzeburg alle Postgesetze von Meckl.-Schwerin anzuwenden.

Der Aufbau der Postverwaltung im Land Stargard ab 8.3.1701 musste mit Rücksicht auf die wichtigen preußischen Postkurse, die das Land durchquerten, erfolgen. Auf Grund des Postabkommens vom 22.6.1712 zwischen Meckl.-Strelitz und Preußen wurden preußische fahrende Posten von Perleberg über Mirow nach Strelitz und von Prenzlau über Woldegk nach Strelitz sowie eine meckl.-strelitzsche Post von Strelitz über Fürstenberg nach Zehdenick angelegt. Ab 1.1.1798 verkehrte die zwischen Hamburg und Stettin eingerichtete preußische Reitpost über Altstrelitz und Mirow. Am 8.4.1811 wurde zwischen Meckl.-Strelitz und Preußen eine Übereinkunft wegen der Errichtung preußischer Postanstalten in Altstrelitz (Strelitz) und Mirow, die erst mit Wirkung vom 1.4.1834 aufgehoben wurden, erzielt.

Im Jahre 1701 hatte Mecklenburg-Schwerin ein eigenes Postkontor für den Postkurs Güstrow–Neubrandenburg–Anklam in Neubrandenburg, das im April 1728 aufgehoben worden ist. Nunmehr war dort der meckl.-strelitzsche Postmeister zugleich für Meckl.-Schwerin tätig (28.4.1728–30.6.1840).

Mecklenburg-Strelitz hatte am 31.12.1867 nur 12 Postanstalten, zuletzt wurde Oertzenhof Bahnhof eröffnet (1.1.1867).

Beitritt zum Deutsch-Österreichischen Postverein (D.Ö.P.V.) am 1.7.1850. Eigens für die Umsetzung des D.Ö.P.V.-Vertrages wurde in Meckl.-Strelitz ab 1.7.1850 für die Posttaxe die preußische Silbergroschen-Münze eingeführt (Verf. vom 11.6.1850).

In der Markenzeit verwendete Stempel aus der vorphil. Zeit:

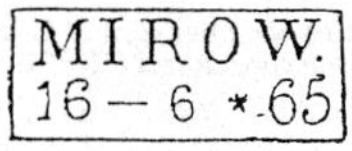

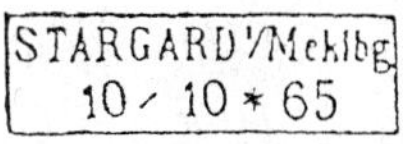

Da die Postaufgabestempel in der Regel bei der Einführung neuer Stempel aufbewahrt wurden, können auch weitere Stempel vorkommen.

Neue Stempel nach Einführung der Freimarken:

Fremdstaatliche Entwertungen:

Briefmarken und Freicouverts von Mecklenburg-Strelitz, die für die Post aus einem Mitgliedstaat des D.Ö.P.V. nach Mecklenburg-Strelitz verwendet wurden, hatte die absendende fremdstaatliche Postanstalt anzuerkennen, d. h. auch zu entwerten.

Währung:
1 Taler = 48 Schillinge (S); 1 Schilling = 12 (mecklenb.) Pfennige

Maße und Gewichte:
Rheinl. (Preußisches) Maß: 1 Meile = 7,5325 km; 1 Rute = 3,7662 m

Zollgewicht: 1 Zentner = 100 Pfund; 1 Pfund = 30 Loth; 1 Loth = 16,67 Gramm

Ab 1.7.1850: 1 Loth Zollgewicht = 1 1/8 Loth preußisches Gewicht
Ab 1.10.1854: Zollgewicht auch für Fahrpostsendungen (zuvor preuß. Gewicht)

Hinweise zur Katalogisierung:

Alle Preise gelten nur für Marken mit regelmäßigem, deutlichem Durchstich (siehe „Briefmarken-Qualitätsstufen" im Einleitungsteil, Abb. 7).

Die Gebraucht-Bewertungen gelten für Stücke mit etwas schwachen und leicht undeutlichen, aber einwandfrei identifizierbaren Stempeln; verschmierte, unleserliche oder nicht identifizierbare Stempel erfordern Abschläge bis zu 50%; sehr klare Abschläge sind selten und rechtfertigen Aufschläge von mind. 100%, für klare Abschläge der selteneren Stempel werden noch höhere Aufschläge bewilligt!

Alle gebrauchten Marken von Mecklenburg-Strelitz sollten nur (BPP-)geprüft erworben werden!

Federstrich- oder Farbstiftentwertung (Blaustift, Rötelstift [selten], Tinte in schwarz oder [selten] blau) mit nebengesetztem oder zusätzlichem Postaufgabestempel verursacht keine Wertminderung.

Lose Marken mit alleiniger Strichentwertung sind in der Regel nicht prüfbar!

Alle Farbangaben beziehen sich auf den MICHEL-Farbenführer ab 36. Auflage.

Großherzog Friedrich Wilhelm (1860–1904)

1864

1864, 1./26. Okt. Freimarken: Stierkopf in gekröntem Wappen im Rechteck. Ⓔ Otto; komb. Bdr. und Prägedruck Kgl. Preußische Staatsdruckerei (10×10); ⌷ 11½–11¾.

a) Stierkopf in gekröntem Wappen im Rechteck

				(✱)	✱	⊙
1	¼ Sgr		a			
a		schwärzlichrotorange (26. Okt.)		100,—	220,—	3000,—
b		dunkelgelb(lich)orange (1. Okt.)		240,—	450,—	5000,—
2	⅓ Sgr		a			
a		(lebhaft)olivgrün (26. Okt.)		50,—	110,—	1700,—
b		dunkelgraugrün (1. Okt.)		90,—	180,—	3000,—
3	1 S	grauviolett (Töne) (1. Okt.)		180,—	370,—	4000,—

€

Auflagen (in Klammern Restbestände): MiNr. 1 a = 50 000 (18 495), MiNr. 1 b = 10 000 (0), MiNr. 2 a = 50 000 (25 696), MiNr. 2 b = 10 000 (0), MiNr. 3 = 20 000 (6835) Stück

1864, 1. Okt. Freimarken: Stierkopf in gekröntem Wappen im Oval. Ⓔ Otto; komb. Bdr. und Prägedruck Kgl. Preußische Staatsdruckerei (10×10); ⌷ 11½–11¾.

b) Stierkopf in gekröntem Wappen im Oval

				(✱)	✱	⊙
4	1 Sgr	dunkelrosarot (Töne) GA	b	80,—	180,—	240,—
5	2 Sgr	dunkelgrauultramarin (Töne) GA	b	25,—	60,—	1000,—
6	3 Sgr	schwärzlichbraunocker GA	b	22,—	50,—	1600,—

€

Auflagen (in Klammern Restbestände): MiNr. 4 = 100 000 (15 946), MiNr. 5 = 80 000 (53 814), MiNr. 6 = 80 000 (67 603) Stück

Alle gebrauchten Marken von Mecklenburg-Strelitz sollten nur (BPP-)geprüft erworben werden!

Am 31.12.1867 verloren alle Freimarken von Mecklenburg-Strelitz ihre Gültigkeit. Sie wurden am 1.1.1868 von den Freimarken der Postverwaltung des Norddeutschen Bundes (Norddeutscher Postbezirk) abgelöst.

Oldenburg

Grafschaft, ab 1777 Herzogtum, ab 1815 Großherzogtum mit eigener Posthoheit bis 31.12.1867. Ab 1.1.1868 im Norddeutschen Bund und ab 1.1.1871 im Deutschen Reich.

Im 9.–10. Jahrhundert entwickelte sich zwischen Sachsen und Friesland unter Herzog Egilmar die Grafschaft Oldenburg, die zunächst die Gebiete Östringen, Rüstringen, Ammerland, Wildeshausen und Osnabrücker Nordland umfasste. Die Grafen von Oldenburg konnten allerdings nur das Ammerland behaupten, im Norden gelang ihnen eine Ausdehnung auf Kosten der freien friesischen Landgemeinden. Im Jahr 1234 kam nach der Schlacht von Altenesch Stedingen dazu, 1386 gewann Oldenburg die Oberherrschaft über Varel, 1428 über das Gebiet von Neuenburg und Zetel, 1499 über Stadland und Butjadingen.

Im Jahr 1667 fiel Oldenburg an Dänemark und wurde von dänischen Statthaltern verwaltet. 1773 kam es an die jüngere Linie von Holstein-Gottorp, 1777 wurde es Herzogtum. In den Jahren 1803–1854 kamen einige Gebiete zu Oldenburg (z. B. Fürstentum Birkenfeld 1814, Jever 1818), kleinere wurden abgegeben. Am 1.1.1868 trat Oldenburg dem Norddeutschen Bund bei.

Durch Verfassung wurde am 17.6.1919 der Freistaat Oldenburg verkündet, im Mai 1933 verlor er seine Selbständigkeit. Nach dem zweiten Weltkrieg errichtete die britische Militärregierung das Land Oldenburg, schon 1946 wurde es aber Niedersachsen beigefügt.

Postgeschichte:

Bereits Anfang des 17. Jh. wurde durch Graf Anton Günther eine Brief- und Fahrpost gegründet, die vornehmlich von aus den Hansestädten nach Amsterdam reisenden Kaufleuten benutzt wurde. 1656 wurde vom ersten oldenburgischen Postmeister Magnus von Höfften eine reitende Briefpost nach Bremen eröffnet, rein privat und ohne jeden Anteil des Staates. Die dänische Regierung unterstützte diese Posteinrichtungen und zahlte einen jährlichen Zuschuss. Auch nach Antritt der Regentschaft durch das Haus Holstein-Gottorp blieb die Post ein Privatunternehmen, wurde jedoch beaufsichtigt und geschützt. Erst am 1. Mai 1800 übernahm der oldenburgische Staat die Postverwaltung in eigene Regie. Eine von dem in Bremen stationierten Postbüro der Großherzoglich Bergischen Postdirektion initiierte Postkonvention mit Oldenburg scheiterte am Einspruch des Herzogs. Ende Februar 1811 bis 1813 war Oldenburg und damit seine Post in französischer Hand. Nach der Rückkehr des Herzogs erlebte das Postwesen in Oldenburg einen Aufschwung, im Laufe der Zeit nahmen 70 Postanstalten ihren Dienst auf. Am. 1.1.1852 trat Oldenburg dem Deutsch-Österreichischen Postverein bei.

Entwertungen der Markenzeit:

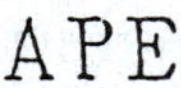

Einzeiler [Einzeiliger Langstempel]

Einzeil. Rechteckstempel

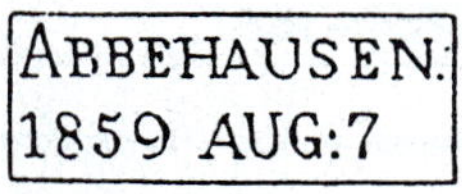

Zweizeiliger Rechteckstempel

Zweikreisstempel

Ellipsenstempel „Delmenhorster Häuschen“

Häufigste Form der Entwertung war der zweizeilige Rechteckstempel, gefolgt von einfachen Zeilenstempeln, von denen viele aus der vorphilatelistischen Zeit weiterverwendet wurden.

Währung:
bis 1857: 1 Thaler = 72 Grote (Gro); 1 Grote = 5 Schwaren (Schw); ab 1858: 1 Thaler = 30 (Silber-)Groschen (Sgr, Gr) = 72 Grote

Maße und Gewichte:
1 Loth = 16⅔ g; 1 Meile ≈ 7,5 km

Hinweise zur Katalogisierung:
Beachten Sie die Hinweise zur bewerteten Qualität bei den einzelnen Ausgaben!

Alle Gebraucht-Bewertungen gelten nur für Stücke mit klaren, identifizierbaren Abstempelungen (siehe „Briefmarken-Qualitätsstufen“ im Einleitungsteil, Abb. 24); verschmierte, dezentrierte, unleserliche Stempel erfordern Abschläge bis zu 60%!

Vorsicht vor Nachgummierungen und nachträglich entfernten Tintenstrich-Entwertungen!

Alle Farbangaben beziehen sich auf den MICHEL-Farbenführer (ab 36. Aufl.); evtl. Angaben in eckigen Klammern sind die „klassischen“ Farbbezeichnungen.

Großherzog Paul Friedrich (1829–1853)

1852

1852, 5. Jan./1859. Freimarken: Oldenburgisches Hauswappen mit Krone über Wertschild. ⊡ und Stdr. Stalling (10×10); □.

a

b

a–b) Oldenburgisches Hauswappen mit Krone über Wertschild; Währungsangabe auch in bremischer Währung

MiNr.	Wert	Beschreibung	Type	(✱)	✱	⊙
1	⅓ Sgr / 4 Schw	schwarz auf (dkl')grünoliv bis grünlicholiv (1.2.1855)	a	850,—	1500,—	1300,—
2	1/30 Th / 2 2/5 Gr / 1 Sgr	schwarz auf lebhaftgrauultramarin (5.1.1852)	b	240,—	450,—	35,—
3	1/15 Th / 4 4/5 Gr / 2 Sgr	schwarz auf mattbräunlichrot (Töne) (Mai 1859)	b	600,—	1000,—	100,—
4	1/10 Th / 7 1/5 Gr / 3 Sgr	schwarz auf hellgraugelb bis hellolivgelb (1.2.1852)	b	600,—	1000,—	120,—

Der Abstand der Marken im Bogen beträgt bei MiNr. 1 1,6–2,1 mm, bei MiNr. 2–4 waagerecht 1,1–3,1, senkrecht 1,4–2,7 mm;

Die Preise bei MiNr. 1 gelten nur für allseits vollrandige Stücke, bei denen das Markenbild an keiner Stelle berührt ist (siehe „Briefmarken-Qualitätsstufen" im Einleitungsteil, Abb. 2); die Preise bei MiNr. 2–4 gelten für mindestens an drei Seiten vollrandige Stücke, bei denen das Markenbild an einer Seite fast berührt ist. Angeschnittene Marken bedingen Preisabschläge bis zu 40%, Marken mit vierseitig überbreiten Rändern Aufschläge bis zu 50%!

Das Papier von MiNr. 1–4 wirkt infolge seines Holzgehaltes oft leicht wolkig – nicht wertmindernd! MiNr. 2–4 auf dünnerem Papier (sogen. „Seidenpapier") verdienen ca. 30% Aufschlag!

Bei MiNr. 2 und 3 gibt es verschiedene Typen; Katalogisierung siehe MICHEL-Deutschland-Spezial Band 1.

Die 4 bis 15 mm breiten Bogenränder von MiNr. 1–4 weisen keine Bedruckungen auf (Bogenrandstücke ca. 50% Aufschlag).

FALSCH Einige Ganz- und Stempelfälschungen aller Werte! Vorsicht auch vor entfernter Federzug-Entwertung!

Auflagen (ca.): MiNr. 1 = 270 000, MiNr. 2 = 1 900 000, MiNr. 3 = 380 000, MiNr. 4 = 350 000 Stück

Großherzog Peter (1853–1900)

1859–1861

1859, 10. Juli. Freimarken: Oldenburgisches Staatswappen mit Herzogkrone. ⊡ und Stdr. Stalling (10×10); farbiges Papier; □.

c) Oldenburgisches Staatswappen im weißen Oval, Blattverzierungen über und unter den Wertkreisen

MiNr.	Wert	Beschreibung	Type	(✱)	✱	⊙
5	⅓ Gr	schwarz auf (lebhaft)grünlicholiv	c	1700,—	3200,—	3600,—
6	1 Gr	schwarz auf lebhaftgraublau bis grauultramarin	c	500,—	800,—	60,—
7	2 Gr	schwarz auf mattrötlichkarmin	c	700,—	1300,—	750,—
8	3 Gr	schwarz auf mittel- bis lebhaftgraugelb	c	700,—	1300,—	750,—

Der Abstand der Marken im Bogen beträgt waagerecht 1,2–2,1 mm, senkrecht 1,5–3,4 mm.

Die Preise gelten nur für allseits vollrandige Stücke, bei denen das Markenbild an keiner Stelle berührt ist (siehe „Briefmarken-Qualitätsstufen" im Einleitungsteil, Abb. 2). Berührte oder angeschnittene Marken bedingen Preisabschläge von ca. 30–50%, Marken mit überbreiten Rändern Aufschläge von ca. 30%.

Die in den kleinen Zahlenovalen neben den Wertziffern befindlichen Punkte stellen Mittelpunkte von Hilfskreisen dar (später oft entfernt).

Das Papier von MiNr. 5–8 wirkt infolge seines Holzgehaltes oft leicht wolkig – nicht wertmindernd!

FALSCH

Auflagen: MiNr. 5 = 51 000, MiNr. 6 = 800 200, MiNr. 7 = 51 900, MiNr. 8 = 51 200 Stück

1861, 1. Jan. Freimarken: Oldenburgisches Staatswappen mit Herzogkrone. Wie MiNr. 5–8, jedoch weißes Papier und MiNr. 9 und 11 geänderte Zeichnung.

d) Oldenburgisches Staatswappen im farbigen Oval, große Schriftbänderenden über und unter den Wertkreisen

MiNr.	Wert	Beschreibung	Type	(✱)	✱	⊙
9	¼ Gr	dunkelgelborange bis gelblichorange	d	180,—	380,—	5000,—
10	⅓ Gr	dunkelgelblichgrün bis dunkelgelbgrün	c	260,—	600,—	1000,—
11	½ Gr	braunorange, orangebraun	d	240,—	550,—	650,—
12	1 Gr	dunkel(kobalt)blau, grünlichblau	c	140,—	300,—	220,—
13	2 Gr	schwärzlichrotorange bis dunkelzinnober	c	260,—	550,—	550,—
14	3 Gr	(dunkel)graugelb	c	260,—	550,—	550,—

Der Abstand der Marken im Bogen beträgt waagerecht 1,6–3,2 mm, senkrecht 1,9–2,9 mm;

Die Preise gelten nur für allseits breitrandige Stücke (siehe „Briefmarken-Qualitätsstufen" im Einleitungsteil, Abb. 2); berührte oder angeschnittene Marken bedingen Preisabschläge von ca. 40–60%!

FALSCH

Auflagen: MiNr. 9 = 14 710 Stück, weitere unbekannt

1862

1862, Anf. Juli/1867, Jan. Freimarken: Oldenburgisches Hauswappen mit Herzogkrone im Oval. Ⓔ Weitenauer und Schilling; komb. Bdr. und Prägedr. Kgl. Preußische Staatsdruckerei (10×10); A = ⁐ 11¾, B = ⁐ 10.

e) Oldenburgisches Hauswappen im Oval

Durchstich 11¾ (Anf. Juli 1862)

					✶	⊙
15 A	⅓ Gr	schwärzlichgelblichgrün (Töne)		e	250,—	240,—
16 A	½ Gr	mittelrötlichorange bis dunkelrotorange	GA	e	250,—	140,—
17 A	1 Gr	(lebhaft)karmin (Töne)	GA	e	140,—	22,—
18 A	2 Gr	lebhaftgrauultramarin bis dunkelultramarin	GA	e	250,—	60,—
19 A	3 Gr	mittel- bis (lebhaft)ockerbraun (Töne)	GA	e	260,—	65,—

Durchstich 10 (Jan. 1867)

15 B	⅓ Gr	schwärzlichgelblichgrün (Töne)		e	40,—	900,—
16 B	½ Gr	mittelrötlichorange bis dunkelrotorange	GA	e	40,—	450,—
17 B	1 Gr	(lebhaft)karmin (Töne)	GA	e	25,—	70,—
18 B	2 Gr	lebhaftgrauultramarin bis dunkelultramarin	GA	e	25,—	600,—
19 B	3 Gr	mittel- bis (lebhaft)ockerbraun (Töne)	GA	e	50,—	500,—

Bei allen Marken gibt es zahlreiche Farbschwankungen!

Stücke ohne Gummi ca. 40% der Falz-Bewertungen!

Die Preise gelten für normal durchstochene (siehe „Briefmarken-Qualitätsstufen" im Einleitungsteil, Abb. 8) und normal zentrierte Stücke (Abb. 18).

FALSCH besonders MiNr. 15 B–19 B

Auflagen (Aufteilung zwischen A und B unbekannt):

MiNr. 15 = 490 000, MiNr. 16 = 240 000, MiNr. 17 = 2 100 000, MiNr. 18 und 19 je 380 000 Stück

Am 31.12.1867 verloren alle Freimarken von Oldenburg ihre Gültigkeit. Sie wurden am 1.1.1868 von den Freimarken der Postverwaltung des Norddeutschen Bundes (Norddeutscher Postbezirk) abgelöst.

Prüfungen und Prüfordnung

Der beste Schutz gegen den Erwerb falscher oder minderwertiger Marken ist der Einkauf im guten Fachgeschäft. In Zweifelsfällen ist die Hinzuziehung eines Experten angebracht.

Prüfordnung. Die von den Spitzenverbänden der Sammler und Händler anerkannten Experten für Marken, Abstempelungen und Erhaltung prüfen nach einheitlichen Richtlinien, die jeder Philatelist kennen sollte.

Ergänzend sei hier nochmals darauf hingewiesen, dass die MICHEL-Redaktion keine Markenprüfungen vornimmt.

Preußen

Herzogtum, ab 18.1.1701 Königreich mit eigener Posthoheit von 1646 bis 31.12.1867. Ab 1866 im Norddeutschen Bund und ab 1.1.1871 im Deutschen Reich. Ab November 1918 Freistaat.

Die Markgrafen von Brandenburg herrschten in der Mark seit Mitte des 12. Jahrhunderts. 1411 übertrug Kaiser Sigismund die Regentschaft dem Burggrafen Friedrich VI. von Nürnberg aus dem Hause Hohenzollern und ernannte ihn 1415 zum Kurfürsten. Als Friedrich I. von Brandenburg festigte er seine Stellung. Seine Nachfolger konnten umfangreiche Gebiete erwerben, darunter 1618 das Herzogtum Preußen. Mit Friedrich Wilhelm, dem Großen Kurfürsten (Regierungszeit 1640–1688), begann der Aufstieg zur brandenburgisch-preußischen Großmacht. Sein Sohn Friedrich III. von Brandenburg wurde 1701 in Königsberg als Friedrich I. zum König in Preußen gekrönt.

Bereits vor 1550 haben in Brandenburg nachweislich Botenordnungen bestanden. Im Rahmen der nachfolgenden preußischen Landerwerbungen wurden sie immer wieder der jeweiligen Zeit entsprechend angepasst. Friedrich Wilhelm, der Große Kurfürst, erließ am 21.4.1646 eine Verordnung, nach der zum allgemeinen Wohle der Bevölkerung auch Privatpost mit Hilfe der „offiziellen Postbehörden" befördert werden konnte. Dies war die Geburtsstunde der Brandenburgischen Staatspost.

Der weitere Ausbau des Postwesens erfolgte zügig: bereits 1654 wurde eine Postexpedition in Hamburg und im Jahre 1682 eine Postexpedition in Bremen eröffnet. In den Jahren von 1713–1817 erwarb Preußen das Postregal von Anhalt-Bernburg, Allstedt, Schwarzburg-Rudolstadt, Schwarzburg-Sonderhausen, Anhalt-Dessau und Anhalt-Cöthen.

Staatsgebiet und Postgebiet stimmten also keineswegs überein; darin hat sich auch bis zum Ende der preußischen Post (31.12.1867) nichts geändert. Bei der Einführung der Freimarken (15.11.1850) umfasste das preußische Postgebiet:

- das Königreich Preußen ohne die Fürstentümer Hohenzollern-Hechingen und Hohenzollern-Sigmaringen
- das oldenburgische Fürstentum Birkenfeld
- die Herzogtümer Anhalt-Bernburg, Anhalt-Cöthen und Anhalt-Dessau
- das Fürstentum Waldeck-Pyrmont
- die weimarische Enklave Allstedt
- die Unterherrschaften Fürstentum Schwarzburg-Rudolstadt und Schwarzburg-Sondershausen
- in den Hansestädten Bremen und Hamburg betrieb die preußische Post eigene Postanstalten, in Lübeck eine Postagentur. Des Weiteren bestanden Postagenturen für Fahrpostsendungen in den Niederlanden und ab 1851 auch in Luxemburg.

Später kamen hinzu:
- am 1. 1.1866 das Herzogtum Lauenburg
- am 1.10.1866 das ehem. Königreich Hannover und kleinere Gebietsteile von Bayern mit neun Postorten
- am 1.1.1867 die Herzogtümer Schleswig und Holstein
- am 1.7.1867 das frühere Postgebiet von Thurn und Taxis (einschl. Hohenzollern)

Am 1.7.1850 trat der Deutsch-Österreichische Postvereins-Vertrag in Kraft, der auf Initiative Preußens entstanden war und eine Vereinheitlichung der Gebühren und postalischen Bestimmungen für die deutschsprachigen Gebiete brachte. Bemerkenswert ist die weitgehende Übereinstimmung der Postvertrags-Taxen mit den preußischen. Der Deutsch-Österreichische Postverein bestand bis zum 31.12.1867.

Nach dem Kriege von 1866 schlossen sich auf Betreiben Preußens 22 bis dahin selbständige Staaten zum Norddeutschen Bund zusammen und vereinigten auch ihre Postverwaltungen zu einer einzigen, der des Norddeutschen Bundes. Am 31.12.1867 beendete die preußische Post offiziell ihre Tätigkeit, am 1.1.1868 nahm der Norddeutsche Bund die Arbeit auf. Zu diesem Zeitpunkt bestanden in Preußen 3862 Postanstalten. Seit 1945 gibt es den Staat Preußen nicht mehr.

Hauptsächliche Entwertungen:

Vierringstempel mit Nummer

Vierringstempel mit einer Nummer von 1 bis 1984 und 1987 waren in der Zeit vom 15.11.1850 bis 31.3.1859 zur Entwertung der Freimarken in Gebrauch. Noch zur Verwendung kommende Marken der ersten Ausgabe auf farbigem Papier (MiNr. 2 bis 4) mussten weiterhin (bekannt bis März 1860) mit dem Nummernstempel entwertet werden. Bei der Einführung erfolgte die Vergabe in alphabetischer Folge der Postanstalten von 1 für Aachen bis 1725 für Zützer. Die höheren Nummern wurden danach in der Reihenfolge neu eröffneter Postanstalten vergeben.

Zweikreisstempel mit Jahreszahl, ab 1862

Einkreisstempel mit Jahreszahl, ab 1863

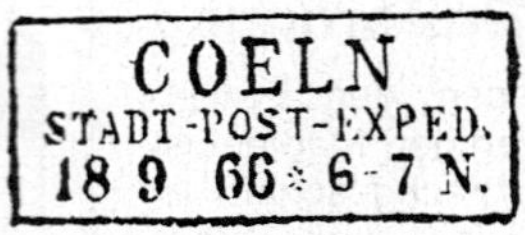

Rechteckstempel mit Jahreszahl, ab 1862

Hufeisenstempel ab 1864

Viele dieser neueren Ortsstempel wurden noch in nachpreußischer Zeit, zum Teil noch während des Deutschen Reiches, weiterverwendet.

Stempel-Terminologie:

In der philatelistischen Literatur gibt es keine einheitliche Terminologie zur Beschreibung von Poststempeln. Mit Heft 145 der Neuen Schriftenreihe der Poststempelgilde e.V. „Die Bezeichnung der Poststempelformen. Eine Einführung in die stempelkundliche Terminologie" von Hans-Joachim Anderson liegt ein Werk vor, das auf die Vereinheitlichung der Stempelbezeichnungen basierend auf der Stempelform abzielt. Im MICHEL sind die altdeutschen Stempelformen nach Anderson benannt; in einigen Fällen sind in eckigen Klammern die tradierten Formbezeichnungen angegeben, sofern diese von Anderson abweichen.

Währungen:

1 Thaler = 30 Silbergroschen (Sgr); 1 Silbergroschen = 12 Pfenninge (preußisch) = 10 Pfennige (hannoversch) (Pf);
1 Gulden = 60 Kreuzer (Kr) (= süddeutsche Währung)

In Lauenburg ab 1.1.1866: 1 preußischer Taler = 1 Mecklenburgischer Taler = 48 Mecklenburger Schillinge zu je 12 Mecklenburger Pfennige.

Umrechnungskurse:

10 Sgr = 35 Kr in süddeutscher Gulden- bzw. Kreuzerwährung
10 Sgr = 13⅓ Schillinge in Hamburger, Schleswig-Holsteiner und Lübecker Mark Courant
1 Mark Schleswig-Holsteiner Courant zu 16 Schillingen = 12 preußische Sgr
1 Schilling Schleswig-Holsteiner Courant = 9 preußische Pfenninge
1 preußischer Sgr = 12 Pf = 1⅓ Schillinge
10 preußische Sgr = 13⅓ Schillinge
1 preußischer Thaler zu 30 Sgr = 40 Schillinge

Gewichtseinheiten:

bis 31.12.1849: 1 Pfund = 32 Loth = 467,404 Gramm; 1 Loth = 14,606 Gramm
ab 1.1.1850:1 Zoll-Pfund = 32 Loth = 533,12 Gramm; 1 Loth = 16⅔ Gramm
ab 1.1.1861:1 Zoll-Pfund = 30 Loth = 500,00 Gramm; 1 Loth = 16⅔ Gramm

Maße:

bis 31.12.1849: 1 preußische Meile = 7532,5 m
ab 1.1.1850: 1 geographische Meile = 7420,4 m

Wasserzeichen:

Wz. 1
Lorbeerkranz

Hinweise zur Katalogisierung:

Bei den geschnittenen Marken gelten alle Preise nur für vollrandige Stücke (siehe „Briefmarken-Qualitätsstufen" im Einleitungsteil, Abb. 2); berührte oder gar angeschnittene Exemplare erfordern Abschläge von ca. 30 bis 60 %! Bewertungshinweise zu gebrauchten Marken siehe bei den einzelnen Ausgaben.

Stücke mit Federzug-Entwertung bei MiNr. 1–13 ca. 50% der ⊙-Preise

Alle Farbangaben beziehen sich auf den MICHEL-Farbenführer ab 36. Auflage. Die Angaben in eckigen Klammern sind die Farbbezeichnungen der Arbeitsgemeinschaft Preußen lt. Handbuch der preußischen Freimarken.

König Friedrich Wilhelm IV. (1840–1861)

1850

1850, 15. Nov. Freimarken: König Friedrich Wilhelm IV. (I). Markenhintergrund gegittert. E Prof. Eichens; StTdr. Deckersche Hofbuchdruckerei (ab 1.7.1852 Königl. Preußische Staatsdruckerei), Berlin (10×15); handgeschöpftes, raues, untersch. starkes bis kartonähnliches Papier; Wz. 1; □.

a) König Friedrich Wilhelm IV. (1795–1861), Markenhintergrund gegittert

Wz. 1
Lorbeerkranz

				✱	⊙
1	½ Sgr / 6 Pf	(lebhaft)rotorange (Töne) auf weiß *(5.1.1851)*	a	140,—	70,—
2	1 Sgr	schwarz auf (hell)graurot bis rotkarmin (15.11.1850)	a	100,—	20,—
3	2 Sgr	schwarz auf graublau bis (mittel)grauultramarin [blau] (15.11.1850)	a	140,—	20,—
4	3 Sgr	schwarz auf rötlichgelb (Töne) bis mittelbraungelb (15.11.1850)	a	140,—	20,—

Die ⊙-Preise gelten bei MiNr. 1 für Stücke mit Orts- oder Nummernstempel, bei MiNr. 2–4 nur für Stücke mit Nummernstempel.

Herstellungsbedingt (handgeschöpft) schwankt die Papierstärke zwischen 0,06 und 0,115 mm, selbst am Einzelstück sind unterschiedliche Papierstärken feststellbar!

Vorsicht! Die Farbe der MiNr. 1 neigt zu Farbveränderungen (bis braunschwarz)! Papierfarben von MiNr. 2 oft, MiNr. 3 bisweilen verblasst oder ausgewaschen.

Neudrucke 1864 (ND I):

StTdr. auf abweichendem Papier, oWz. (ein Fabrikwasserzeichen „WE" ist bisher nur bei MiNr. 1 ND I in der rechten oberen Bogenecke nachgewiesen), besonders lebhafte (Papier-) Farben, Gummierung bei 1 ND I dünn und glatt, bei 2 ND I–4 ND I dick und brüchig, Marken ca. 0,5–1 mm breiter als Originale (Auflagen höchstens je 15 000).

			✱	✱✱	⊙
1 ND I	(lebhaft)rotorange auf weiß	Pl. 8	100,—	200,—	—,—
2 ND I	schwarz auf hellbräunlichrot	Pl. 14	40,—	100,—	—,—
3 ND I	schwarz auf dunkelgraublau	Pl. 6	40,—	100,—	—,—
4 ND I	schwarz auf dunkelrötlichgelb	Pl. 4	40,—	100,—	—,—

Einige Neudrucke sind postalisch gebraucht bekannt. Vorsicht!

Neudrucke 1873 (ND II):

StTdr. auf leicht abweichendem Papier (1 ND II weißer als Original) mit Wz., Gummierung weiß, glatt und dünn, Marken etwas schmaler als Originale (Auflagen 1 ND 75 000, 2 ND–4 ND je 30 000).

			*	**
1 ND II	lebhaftrötlichorange auf weiß	Pl. 7	2,50	6,—
2 ND II	schwarz auf mattbräunlichrot	Pl. 14	7,—	16,—
3 ND II	schwarz auf grüngrau	Pl. 6	7,—	16,—
4 ND II	schwarz auf türkisgrau	Pl. 3	7,—	16,—

MiNr. 4 gezähnt ist privaten Ursprungs!

Von 1 ND II gibt es Paare mit engem (wie 1 I) bzw. weitem Abstand (wie 1 II) (je 400,—).

FALSCH alle Werte

Vorsicht vor falschen oder durch Nach- oder Übermalen von häufigen in seltene Nummern geänderte Nummernstempeln sowie vor entfernten Tintenstrichentwertungen!

Auflagen: MiNr. 1 = 8 900 000, MiNr. 2 = 26 000 000, MiNr. 3 und 4 je 9 500 000 Stück

1856–1859

1856, Juni. Freimarke: König Friedrich Wilhelm IV (I). Wie MiNr. 1–4, jedoch neue Wertstufe (für Drucksachen).

a

				*	⊙
5	4 Pf	dkl'grün(licholiv) bis schwärzlich(oliv)grün auf weiß *(13. Juni 1856)*	a	140,—	90,—

Die ⊙-Preise gelten für Stücke mit Orts- oder Nummernstempel.

Neudrucke 1864 (ND I) und 1873 (ND II):

Beschreibungen siehe bei MiNr. 1–4!

			*	**
5 ND I	schwärzlicholivgrün auf weiß, oWz.	Pl. II	200,—	500,—
5 ND II	hellolivgrün auf weiß	Pl. 1	8,—	15,—
5 ND II K	mit kopfstehendem Wz.		100,—	200,—

FALSCH MiNr. 5; Vorsicht vor Verwechslungen mit 5 ND II

Auflage: 12 500 000 Stück

1857, April. Freimarken: König Friedrich Wilhelm IV. (II). Markenhintergrund glatt. E Prof. Eichens; Bdr. Königl. Preußische Staatsdruckerei (10×15); dünneres, glattes, weißes Papier; oWz.; □.

b) König Friedrich Wilhelm IV. (1795–1861), Markenhintergrund glatt

				*	⊙
6	1 Sgr	mittelkarminrot bis (lebhaft)karmin *(17. April)*	b	400,—	35,—
7	2 Sgr	mittelkobalt bis dunkelblau *(23. August)*	b	1500,—	110,—
8	3 Sgr	orangegelb bis lebhaftgelborange *(8. April)*	b	200,—	50,—

Die ⊙-Preise gelten für Stücke mit Orts- oder Nummernstempel!

Anstelle eines Wasserzeichens erhielten MiNr. 6–13 zum Schutz gegen Fälschungen einen netzartigen weißen Unterdruck. Für diesen Unterdruck (besonderer Druckgang vor dem Markendruck) wurde kohlensaures Bleicarbonat verwendet, bei chemischer Behandlung (Schwefelwasserstoff) oder unsachgemäßer Lagerung der Marken tritt er schwärzlich oder bräunlich hervor. Die Verfärbung lässt sich dann nicht mehr entfernen.

Nachdrucke Jan. 1864 (N I):

Bdr. von neu gefertigten Klischees, ohne Schutzunterdruck, abweichende Farben und Zeichnung, nur ein Punkt hinter „SILBERGR" (Auflage höchstens je 100).

		*	**
6 N I	lebhaftrötlichkarmin	100,—	220,—
7 N I	hellviolettultramarin	100,—	220,—
8 N I	dunkelorangegelb	100,—	220,—

Nachdrucke 1873 (N II):

Nochmaliger Nachdruck von den Klischees des ersten Nachdrucks. Bdr. in Streifen (160×55 mm) mit Marken zu 1 Sgr, 2 Sgr, 3 Sgr und ohne Wertangabe in gleicher Farbe, ohne Gummierung.

		(*)
6 N II a	lebhaftkarmin	650,—
6 N II b	grauultramarin	650,—
6 N II c	dunkelgelblichorange	650,—
6 N II d	schwarz	900,—

Die Bewertungen gelten für komplette Streifen; ausgeschnittene Einzelmarken je 80,—.

FALSCH alle Werte. Vorsicht vor veränderten Nummernstempeln und entfernten Federzugentwertungen.

Auflagen: MiNr. 6 = 8 000 000, MiNr. 7 = 1 000 000, MiNr. 8 = 3 000 000 Stück

1858, Juli: Freimarken: König Friedrich Wilhelm IV. (III). Markenhintergrund gegittert. Ähnlich wie MiNr. 1–5, jedoch Papier wie MiNr. 6–8, oWz.

a

				*	⊙
9	4 Pf	(dkl'oliv)grün bis smaragdgrün *(9.7.1858)*	a	90,—	45,—
10	1 Sgr	lebhaftrötlichkarmin bis lilarot *(27.9.1858)*	a	40,—	5,—
11	2 Sgr	grauultramarin bis dunkel(preußisch)blau *(20.11.1858)*	a	140,—	22,—
12	3 Sgr	dkl'gelb(lich)orange *(8.2.1859)*	a	120,—	20,—

Die ⊙-Preise gelten für Stücke mit Ortsstempel!

MiNr. 9–12 weisen einen weißen Schutzunterdruck auf; vgl. Hinweis bei MiNr. 6 bis 8!

FALSCH MiNr. 9: falscher Durchstich und Farbveränderungen

Nummernstempel

Auflagen: MiNr. 9 = 20 000 000, MiNr. 10 = 23 200 000, MiNr. 11 und 12 je 7 000 000 Stück

1859, Nov. Freimarke: König Friedrich Wilhelm IV. (IV). Markenhintergrund gegittert. Wie MiNr. 9–12, jedoch neue Wertstufe (gedruckt von Druckplatten der MiNr. 1).

a

				*	⊙
13	½ Sgr / 6 Pf	(dunkel)rötlichorange bis rotorange *(17. Nov. 1859)*	a	250,—	200,—

Vgl. Bewertungs-Hinweis bei MiNr. 9–12!

Vorsicht! Die Farbe der MiNr. 13 neigt zu Farbveränderungen (bis brauschwarz)!

Nummernstempel

Auflage: 1 300 000 Stück

König Wilhelm I. (1861–1888, Regent ab 1858)

1861–1867

1861, 1. Okt. Freimarken: Preußischer Adler im Achteck (I). Komb. Bdr. und Prägedruck Königl. Preußische Staatsdruckerei (10×15); □ 9½–11¾.

c) Preußischer Wappenadler (stilis.) im Achteck, Mittelstück oval

				*	⊙
14	4 Pf	(lebhaftsmaragd)grün bis dunkelolivgrün *(19. Nov.)* GA	c	15,—	13,—
15	6 Pf	lebhaft(rot)orange *(8. Nov.)*	c	15,—	16,—

Vorsicht! Die Farbe der MiNr. 15 neigt zu Farbveränderungen!

größere Einheiten

Auflagen: MiNr. 14 = 76 347 313, MiNr. 15 = 17 476 006 Stück

Mit der Ausgabe der ersten eigenen Briefmarken des Nordd. Bundes (Nordd. Postbezirk) verloren mit Ausnahme von MiNr. 20 und 21 am 31.12.1867 alle Marken von Preußen ihre Frankaturgültigkeit.

1861, 1. Okt. Freimarken: Preußischer Adler im Oval. Komb. Bdr. und Prägedruck Königl. Preußische Staatsdruckerei (10×15); ⁐ 9½–11¾.

d) Preußischer Wappenadler (stilis.) im Oval

				✱	⊙
16	1 Sgr	mittelrosa bis lilarot *(15.11.1861)* GA	d	4,50	2,—
17	2 Sgr	(dkl')ultramarin bis preußischblau *(10.1.1862)* GA	d	13,—	2,—
18	3 Sgr	ocker bis ockerbraun *(24.2.1862)* GA	d	10,—	2,50

FALSCH MiNr. 17 rosa, MiNr. 18 gelbbraun (Fouré-Fälschungen sowie neuere Farbfälschungen)

⊜ größere Einheiten

Auflagen: MiNr. 16 = 143 929 412, MiNr. 17 = 39 629 246, MiNr. 18 = 33 932 887 Stück

1865, 1. April. Freimarke: Preußischer Adler im Achteck (II). Wie MiNr. 14 und 15, jedoch neue Wertstufe.

c

				✱	⊙
19	3 Pf	mittelrosalila bis bräunlichlila *(8.4.1865)* GA	c	35,—	55,—

FALSCH ⊜

Auflage: 3 806 585 Stück

1866, 16. Dez. Freimarken für den Innendienst. Bdr. Königl. Preußische Staatsdruckerei (10×10); ⁐ 10.

e) Ziffern im Oval

f) Ziffern im Rechteck

				✱	⊙*)	✉
20	10 Sgr	(dunkel)rosarot	e	100,—	130,—	250,—
21	30 Sgr	dunkelgrünlichblau bis dunkelgrünblau	f	120,—	280,—	650,—

Alle Preise gelten für Stücke mit leichten Farbabblätterungen und fehlerhaftem Durchstich (siehe „Briefmarken-Qualitätsstufen" im Einleitungsteil, Abb. 9). Einwandfreie Marken sind infolge des reißempfindlichen, dünnen Papiers selten und bedingen deutliche Aufschläge! ⊙-Bewertungen gelten nur für Stempeldaten bis 31.12.1867; Daten ab 1.1.1868 bis 28.2.1869 (Verwendung im Bereich des NDP) ca. 50% Abschlag! Verwendung in Schleswig-Holstein, dem ehemaligen Königreich Hannover und dem ehemaligen Thurn- und Taxis-Gebiet ist selten (—,—).

*) Zum Schutz vor Nachahmungen und unzulässigen Wiederverwendungen wurde für die Herstellung von MiNr. 20 und 21 das schwer nachzuahmende Löwenberg-Verfahren gewählt. Das für den Druck verwendete durchscheinende Papier wurde auf einer Seite mit einer Dammarharz-Lösung bestrichen, auf dieser Seite (spätere Markenrückseite) erfolgte dann seitenverkehrt der Markendruck, so dass das Markenbild durch das Papier auf der Vorderseite seitenrichtig erkennbar ist. Nach der Trocknung des Drucks erfolgte die Gummierung auf der bedruckten (Rück-)Seite. Das Papier war so empfindlich, dass zwischen die gedruckten Markenbogen dünne Papierblätter als Schutz gelegt werden mussten. Für die Markenlagerung ist dringend eine Schutzhülle (z. B. Klemmtasche) zu empfehlen!

MiNr. 20 und 21 sollten möglichst auf Brief oder Briefstücken belassen werden, da sich beim herkömmlichen Ablösen die in der aufgetragenen Flüssigkeit sitzende Druckfarbe vom Papier löst und das Markenbild zerstört. ⊙-Preise gelten dementsprechend für Stücke mit fehlerhaftem Markenbild!

MiNr. 20 und 21 waren nur für den inneren Dienst bestimmt, der Verkauf an Postkunden war nicht gestattet.

FALSCH MiNr. 20 und 21 auf Seidenpapier; Ganzfälschung MiNr. 21 auf normalem Papier; bei gebrauchten Stücken Prüfung unbedingt erforderlich!

⊜

Auflagen: MiNr. 20 = 1 551 861 Stück, davon 569 861 während der preuß. Postverwaltung verbraucht, 982 000 bei NDP, MiNr. 21 = 171 962 Stück, davon 58 562 während der preuß. Postverwaltung verbraucht, 113 400 bei NDP

MiNr. 20 und 21 wurden noch bis 28.2.1869 im Norddt. Postbezirk weiterverwendet; Restbestände bis auf je 10 000 Stück wurden amtlich vernichtet.

1867, 1. Juli. Freimarken: Preußischer Adler im Achteck. Komb. Bdr. und Prägedruck Naumann, FfM (10×15); ⁐ 16.

g) Preußischer Wappenadler (stilis.) im Achteck, Mittelstück kreisförmig mit angesetzten Rechtecken

				✱	⊙
22	1 Kr	smaragdgrün (Töne) GA	g	40,—	55,—
23	2 Kr	orange (Töne) GA	g	60,—	120,—
24	3 Kr	lebhaftkarmin bis lebhaftrosakarmin GA	g	30,—	30,—
25	6 Kr	(dkl')ultramarin bis mittelblau GA	g	30,—	55,—
26	9 Kr	ocker(braun) bis lebhaftgraubraun GA	g	35,—	60,—

Vorsicht! Die Farbe der MiNr. 23 neigt zu Farbveränderungen (bis braunschwarz)!

MiNr. 22–26 wurden fast ausschließlich mit nachverwendeten Thurn- und Taxis-Stempeln entwertet, da nur wenige der übernommenen Postanstalten mit neuen preußischen Aufgabestempeln ausgestattet wurden.

⊜ Stempelfälschungen von Krippner

Auflagen: MiNr. 22 = 2 351 984, MiNr. 23 = 891 038, MiNr. 24 = 1 814 425, MiNr. 25 = 1 254 918, MiNr. 26 = 1 134 488 Stück

Sachsen

Königreich von 1806–1918, danach Republik, eigene Posthoheit bis 31.12.1867. Ab 1866 im Norddeutschen Bund und ab 1.1.1871 im Deutschen Reich.

Seitdem 1423 Friedrich I. der Streitbare zu den Marken Meißen und Ostmark (Lausitz), der Landgrafschaft Thüringen mit der Pfalzgrafschaft Sachsen sowie dem Pleißenland mit den kgl. Städten Altenburg, Chemnitz und Zwickau das Herzogtum Sachsen-Wittenberg übertragen erhielt, lautete die Bezeichnung aller wettinischen Lande Sachsen (Kursachsen). 1485 kam es zur Teilung zwischen den Brüdern Albrecht und Ernst. Die Ernestinische Linie der Wettiner bekam das Wittenberger Gebiet sowie den größten (südlichen) Teil Thüringens. Seit 1635 gehört auch die Oberlausitz zu Sachsen.

Im Jahre 1806 tritt Sachsen gezwungenermaßen dem napoleonisch diktiertem Rheinbund bei, es erhält im Tausch gegen westliche Landesgebiete die preußische Exklave Cottbus. Der bisherige Kurfürst Friedrich August III. wird zum König von Sachsen erhoben. 1813, nach der Schlacht bei Leipzig, ergreift Preußen wieder Besitz von Cottbus, 1815 beschließt der Wiener Kongress die Teilung Sachsens, der nördliche Teil (ca. 3/5 des Landes) wird preußisch.

Zum Postgebiet des Königreichs Sachsen gehörte auch das Herzogtum Sachsen-Altenburg.

Im Oktober 1866 schloss Sachsen den Anschlussvertrag mit dem Norddeutschen Bund, ab 1.1.1871 war es Gliedstaat im Deutschen Reich.

Nach dem Zweiten Weltkrieg kam Sachsen, um die Westgebiete Schlesiens (Kreise Görlitz und Niesky) erweitert, zur Sowjetischen Besatzungszone und 1949 (ab 1.1.1953 in Bezirke aufgeteilt) zur ehemaligen DDR.

Am 3.10.1990 wurde Sachsen als Bundesland (Freistaat) in die Bundesrepublik Deutschland eingegliedert, nach der Neuordnung der Länder kamen 1992 die Kreise Delitzsch, Eilenburg, Torgau, Hoyerswerda und Weißwasser wieder dazu.

Postgeschichte:

Schon im 14. Jh. bestätigt Kaiser Karl IV. dem Herzog von Sachsen die Posthoheit.
1574: Eigene Posteinrichtung, kurfürstl. Postmeister Felgenhauer mit Sitz in Leipzig.
1622–1650: Die Posthoheit in Sachsen wird durch Schweden ausgeübt.
1670: Die Oberlausitz wird mit einem Postnetz versehen (Oberpostamt in Budissin [Bautzen]).
1693: Für das Kurfürstentum erscheint die erste Tax- und Postordnung.
1713: Für Postsendungen werden Quittungen (Postscheine) eingeführt, der Text verweist auf die Personalunion mit Polen.
1763: Ende der Personalunion, Änderung des Postscheintextes und der Wappenabbildung.
1784: Das Ernestinische Herzogtum Sachsen–Gotha–Altenburg macht sich selbstständig.
1817: In Leipzig wird die Abstempelung von Briefen mit einem Datum-Ortsstempel erprobt. Ab März 1818 werden die wichtigsten Ämter mit Stempeln ausgerüstet (bis 1820 sind es 37). Die Postregie in Sachsen–Gotha–Altenburg wird auf die Lehnspost von Thurn und Taxis übertragen.
1847: Das Postregal von Sachsen–Altenburg (Gotha wurde eigene Linie) wird von Thurn und Taxis an Sachsen verkauft.
1850: Gründung des Deutsch-Österreichischen Postvereins in Dresden, erste Markenausgabe.
1856: Die Freimachung von Sendungen in ausländische Staaten mit Marken wird vereinbart.

Hauptsächliche Entwertungen:

1. Ortsstempel (bis 17.3.1852, ab 1859 wieder für Ortspost und Drucksachen sowie allgemein bei nachgewiesener Abnutzung des Nummernstempels zugelassen. Neueröffnete Postämter erhielten keine Nummern mehr zugeteilt.)

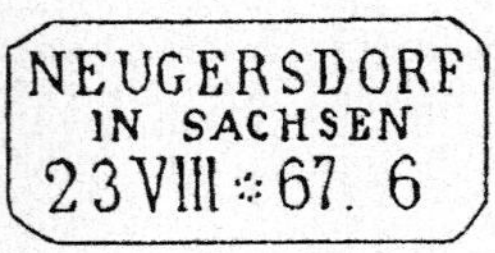

2. Rautenstempel [Vollgitterstempel] (ab 18.3.1852, der Ortsstempel musste neben die Marke gesetzt werden)
Stempelfarbe schwarz, in Cahla und Lucca auch blau (Aufschlag je 120,—); desgl. Meerane (Aufschlag 200,—)

Kreisrautenstempel [Vollgitterstempel] (bis 1856)

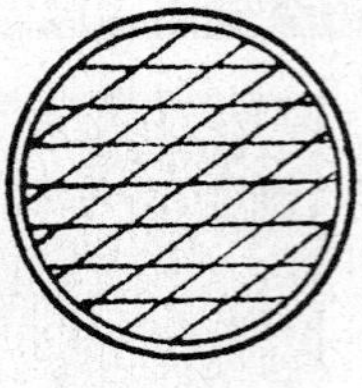

Reifrautenstempel [Zweiring-Vollgitterstempel] (nur in Chemnitz, Anf. 1852–März 1854) Aufschlag ⊙ 60,—

3. Zweikreisrautenstempel mit Nummer [Nummerngitterstempel] (Nr. 1–220, ab Okt. 1852), Stempelfarbe schwarz

Zweikreisrautenstempel mit Nummer [Nummerngitterstempel]

Währung, Maße und Gewichte:

1 Taler = 30 Neugroschen (Ngr), 1 Neugroschen = 10 Pfennig (Pf)

1 sächsische Postmeile = 7,5 km

1 Loth = 1/32 Pfund = 15,625 g; ab 1.11.1858: 1 Loth = 1/30 Pfund = 16⅔ g (1 Pfund = 500 g)

Hinweise zur Katalogisierung:

Hinweise zur bewerteten Qualität siehe bei den einzelnen Ausgaben!

Bei gebrauchten Marken gelten die Bewertungen für saubere Abstempelungen, bei denen Ort und Datum bzw. die komplette Nr. erkennbar sind (siehe „Briefmarken-Qualitätsstufen“ im Einleitungsteil, Abb. 24). Kreisrautenstempel müssen weitgehend zentrisch abgeschlagen sein (Abb. 23). Unkenntliche Nummern-, unlesbare Orts- und unsaubere, nur einen Teil der Marke treffende Kreisrautenstempel erfordern ca. 50–60%, verkantete oder verquetschte, undeutliche Abschläge ca. 30% Abzug. Sehr klare, zentrisch angebrachte Abstempelungen ohne „Kopfsteher“ rechtfertigen Aufschläge von ca. 100%. Marken auf ✉ mit komplettem Stempel verdienen ca. 20% Aufschlag auf ihren ⊙-Preis.

Alle Farbangaben beziehen sich auf den MICHEL-Farbenführer (ab 36. Aufl.). Die Angaben in eckigen Klammern sind die „klassischen“ Farbnamen.

König Friedrich August II. (1830 bzw. 1836–Aug. 1854)

1850

1850, 1. Juli*. Freimarke für Kreuzbandsendungen. Ⓔ Scheele; Bdr. Hirschfeld (5×4); □.

a) Ziffer im Quadrat

				(✱)	✱	⊙
1	3 Pf	(dunkel)zinnoberrot [ziegelrot] bis mittelkarminrot [kirschrot]	a	4500,—	10000,—	8500,—

*) MiNr. 1 war erst ab 1. Juli gültig, wurde jedoch schon ab 29. Juni ausgegeben.

Die Preise gelten für allseits vollrandige Stücke (siehe „Briefmarken-Qualitätsstufen“ im Einleitungsteil, Abb. 2); berührte oder angeschnittene Exemplare erfordern Abschläge von 30–50 %!

Die Bogen der MiNr. 1 wurden mit verschiedenen Schnittlinien gedruckt:

I. Bayerisches (Ausschuss-)Liniensystem: senkrechte Linien durchgehend, waagerechte Linien unterbrochen (Platte III) (Aufl. 180 000)

II. Sächsisches Liniensystem: waagerechte Linien durchgehend, senkrechte Linien unterbrochen (Platte I, II, IV, V, VI) (Aufl. 320 000)

Marken, an denen diese Liniensysteme nachweisbar sind, verdienen ca. 10% Aufschlag!

MiNr. 1 war als Aushilfsmarke gedacht. Da sich die Herstellung der MiNr. 2 jedoch verzögerte, war sie länger in Gebrauch.

Obligatorische Verwendung für Kreuzbandsendung auch nach Bayern, den anhaltinischen Ländern, Hamburg, Österreich, Preußen, Schwarzburg und Waldeck, ab 1851 auch nach Mecklenburg-Schwerin und Mecklenburg-Strelitz.

FALSCH einige Fälschungen, am bekanntesten: sogen. Schrödersche Lichtdruck auf dünnem, glatterem Papier

Vorsicht! MiNr. 1 sehr oft „repariert“! Prüfung unerlässlich!

Auflage: 500 000 Stück (in 8 Lieferungen), davon 463 118 verkauft, der Rest verbrannt

1851

1851, 1. Aug.*/1863. Freimarke: Staatswappen. Ⓔ und Bdr. Hirschfeld (5×2); I = erste Auflage(n), II = spätere Auflagen; □.

b) Staatswappen im Oval

Erste Auflage(n)

				(✱)	✱	⊙
2 I	3 Pf	smaragdgrün bis dkl'grün	b	500,—	1000,—	350,—

Spätere Auflagen

2 II	3 Pf	smaragdgrün bis dkl'grün	b	80,—	160,—	120,—

*) MiNr. 2 war erst ab 1.8.1851 gültig, wurde jedoch schon ab 29. Juli ausgegeben.

MiNr. 2 I wurde auf Drucksachen und Stadtpostbriefen verwendet.

Die Preise gelten für leicht berührte Stücke (siehe „Briefmarken-Qualitätsstufen“ im Einleitungsteil, Abb. 3). In das Markenbild gehender Schnitt mind. 30% Abschlag, allseits vollrandige Stücke je nach Randbreite ca. 30–50% Aufschlag!

Unterscheidungsmerkmale der Auflagen:

Erste Auflage(n) (I): scharfer Druck, tiefe satte Farbe, weiße Markenteile gegenüber den grünen reliefartig erhaben, (meist) vollständige Umrandungslinien;
gedruckt in Kleinbogen mit Rand (jede Marke hatte mindestens einen Bogenrand.)

Spätere Auflagen (II): etwas fleckiger Druck, mattere Farbe, keine erhabenen Markenteile, Umrandungslinien unterbrochen.
Die 100er-Bogen mussten von der Druckerei vor Auslieferung an die Post in Zehnerblocks (ohne Bogenränder!) zerteilt werden.

Vorsicht! Saubere Drucke der späteren Auflagen können leicht mit MiNr. 2 I verwechselt werden! Relief der weißen Stellen beachten!

FALSCH

Auflage: 13 650 000 Stück (in 26 Lieferungen)

1851, 1. Aug.*/1855. Freimarken: König Friedrich August II. E Ulbricht; StTdr. Meinhold & Söhne (5×2); farbiges Papier; ☐.

c) Friedrich August II. (1797–1854); Gesicht nach rechts

				★	⊙
3	½ Ngr	schwarz auf matt(grünlich)grau	c	90,—	15,—
4	1 Ngr	schwarz auf mattgraurot	c	120,—	15,—
5	2 Ngr	schwarz auf mattpreußischblau bis hellgrünlichblau	c	320,—	90,—
6	3 Ngr	schwarz auf mittelolivgelb (Töne)	c	200,—	45,—
		Satzpreis (4 W.)		700,—	160,—

*) MiNr. 3–6 waren erst ab 1.8.1851 gültig, wurden jedoch schon ab 29. Juli ausgegeben; Frühverwendungen (vor 1.8.) sind bekannt von Löbau und Penig.

Marken ohne Gummi ca. 40% der Falz-Bewertungen.

MiNr. 3–6 wurden in Bogen zu 120, später zu 100 Stück gedruckt, mussten von der Druckerei vor Auslieferung an die Post jedoch in Zehnerblocks (5×2) zerteilt werden.

Auflagen (in Klammern Anzahl der Lieferungen):

MiNr. 3 = 4 850 000 (17), MiNr. 4 = 5 700 000 (17), MiNr. 5 = 900 000 (7), MiNr. 6 = 2 350 000 (16) Stück

1852, Sommer/1855. Freimarke wie MiNr. 5, jedoch geänderte Papierfarbe.

				★	⊙
7	2 Ngr	schwarz auf mittelblau bis lebhaftkobalt	c	900,—	70,—

Auflage: 1 300 000 Stück (in 9 Lieferungen)

König Johann I. (August 1854–1873)

1855/1856

1855, 1. Juni/1863. Freimarken: König Johann I. E Ulbricht; StTdr. Meinhold & Söhne (5×2); farbiges Papier; ☐.

d) König Johann I. (1801–1873); Gesicht nach links

					★	⊙
8		½ Ngr	schwarz auf mattgrau (Töne)	d		
	I		Type I (1855)		50,—	8,—
	II		Type II (1859)		20,—	8,—
9		1 Ngr	schwarz auf hellgraurot bis hellrotkarmin	d		
	I		Type I		100,—	8,—
	II		Type II (1859)		20,—	8,—
10		2 Ngr	schwarz auf mittelblau bis grauultramarin	d	30,—	25,—
11		3 Ngr	schwarz auf matt(oliv)gelb bis mittelrötlichgelb	d	30,—	20,—
			Satzpreis (4 W.)		100,—	65,—

Die Preise gelten für allseits unberührte Stücke! Marken ohne Gummi ca. 40% der Falz-Bewertungen.

Bei MiNr. 8–11 treten häufig Papierstärkenschwankungen auf.

Typenunterschiede bei MiNr. 8 und 9:

MiNr. 8, Type I: „2“ der Wertangaben „½“ normal

MiNr. 8, Type II: „2“ mit überhängendem Kopf

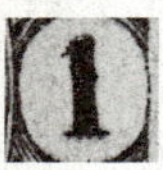

MiNr. 9, Type I: Wertziffern „1“ normal

MiNr. 9, Type II: Wertziffern „1“ mit längerem, dünnem Anstrich

MiNr. 8–11 wurden in Bogen zu 100 Stück gedruckt, mussten jedoch von der Druckerei vor der Auslieferung an die Post in Zehnerblocks zerteilt werden.

Auflagen (in je 24 Lieferungen, geschätzt): MiNr. 8 = 17 696 000, MiNr. 9 = 17 370 000, MiNr. 10 = 5 878 000, MiNr. 11 = 7 885 000 Stück

1856, Mai/1863. Freimarken: König Johann I. Wie MiNr. 8–11, jedoch neue Wertstufen und auf weißem Papier.

d) König Johann I.

				★	⊙
12	5 Ngr	dkl'braunorange bis rötl'braun	d	100,—	80,—
13	10 Ngr	lebh'cyanblau bis dkl'blau	d	260,—	300,—

Die Preise gelten für allseits unberührte Stücke! Marken ohne Gummi ca. 40% der Falz-Bewertungen.

MiNr. 12–13 wurden in Bogen zu 100 Stück gedruckt, mussten jedoch von der Druckerei vor der Auslieferung an die Post in Zehnerblocks zerteilt werden.

FALSCH Vorsicht vor nachgedunkelten (oxidierten) Stücken der MiNr. 12.

Auflagen (in Klammern Anzahl der Lieferungen):

MiNr. 12 a = 200 000 (1), MiNr. 12 b–12 d = 790 000 (6), MiNr. 12 e = 100 000 (1) (davon 33 800 vernichtet), MiNr. 13 = 250 000 (3) Stück

1863

1863, 1. Juli/1867. Freimarken: Staatswappen im Prägedruck. E und komb. Bdr. und Prägedruck Giesecke & Devrient (10×10); unregelmäßig gez. L 13.

e) Ornamente und Wertziffern in den Ecken

f) Ecken frei

e–f) Staatswappen

				★	⊙
14	3 Pf	(dkl'gelblich)grün bis bläulichgrün (Juli 63)	e	5,—	50,—
15	½ Ngr	orangegelb bis lebh'rötlichorange (1.7.63)	e	3,—	3,50
16	1 Ngr	lebhaftlilarot bis magenta (1.7.63)	f	2,—	3,50
17	2 Ngr	blau bis dkl'(vio')ultramarin (Juli 63)	f	3,50	10,—
18	3 Ngr	braunorange bis mittelsiena (1.7.63)	f	6,—	12,—
19	5 Ngr	(rötlich)grau bis lilagrau (viele Töne) (Juli 63)	f	20,—	60,—
		Satzpreis (6 W.)		38,—	130,—

Die Zähnung der MiNr. 14–19 ist herstellungsbedingt meist unsauber (rau, häufig noch Papierreste in Zähnungslöchern), die Papierstärke ist unterschiedlich.

Die Bewertungen gelten für Stücke mit unsauberer Zähnung (siehe „Briefmarken-Qualitätsstufen“ im Einleitungsteil, Abb. 14); klare, saubere Zähnung erfordert Aufschläge!

Vorsicht! Die Farben von MiNr. 19 sind sehr lichtempfindlich!

Bedingt durch die unregelmäßige Linienzähnung (Lochreihen oft auch schräg) gibt es bei MiNr. 16–19 Schwankungen sowohl in der Höhe als auch in der Breite der Marken. Im Normalfall weisen sie waagerecht 14 und senkrecht 15 Zähnungslöcher auf; vgl. MICHEL-Deutschland-Spezial.

z. B. mit Kreisrautenstempel [Vollgitterstempel]

FALSCH Vorsicht vor Nachzähnungen und -gummierungen.

Auflagen (in Klammern Anzahl der Lieferungen):

MiNr. 14 = 11 250 000 (17)
MiNr. 15 = 18 065 000 (18)
MiNr. 16 = 16 225 000 (18)
MiNr. 17 = 5 130 000 (17)
MiNr. 18 = 6 230 000 (18)
MiNr. 19 = 1 240 000 (5)

MiNr. 1–19 gültig bis 31.12.1867

Bei sehr vielen Marken von Sachsen gibt es starke Farbunterschiede; ausführliche Katalogisierung siehe MICHEL-Deutschland-Spezial!

Ab dem 1.1.1868 wurden in Sachsen die Marken der Norddeutschen Post verwendet.
Fast alle Orts- und 116 der alten Nummerngitterstempel blieben weiter in Gebrauch.

Schleswig-Holstein und Lauenburg

Herzogtümer Schleswig und Holstein mit eigener Posthoheit bis 31.12.1867; dabei vom 1.1.1867 bis 31.12.1867 mit dem preußischen Postgebiet vereinigt. Als Schleswig-Holstein seit dem 12.1.1867 preußische Provinz.

Herzogtum Lauenburg bis 16.11.1865 mit dem Postwesen Holsteins bzw. Schleswig-Holsteins verbunden. Vom 17.11.1865 bis 31.12.1865 unter Leitung des eigenständigen „Kgl. Preußischen, Hzgl. Lauenburgischen Post-Inspectorats" in Ratzeburg; vom 1.1.1866 bis 31.12.1867 mit dem preußischen Postgebiet vereinigt. Ab 13.9.1865 in Personalunion mit der preußischen Monarchie verbunden.

Geschichte:

Die häufigen Wechsel der Regierungen und Verwaltungen bedürfen zum besseren Verständnis – besonders auch aus philatelistischer Sicht – einer detaillierten Darstellung.

1460: Die Stände von Schleswig und Holstein wählen den dänischen König zum Herrn beider Landesteile. In einem Vertrag („Wahlkapitulation von 1460") bestätigt der König folgendes Privileg: „Die Lande Schleswig und Holstein sollen zu ewigen Zeiten ungeteilt zusammenbleiben".

1689: Julius Franz, letzter Herzog von Sachsen-Lauenburg, stirbt ohne männliche Erben. Das Herzogtum Sachsen-Lauenburg fällt an die Celler Linie des welfischen Gesamthauses Braunschweig-Lüneburg (Herzog Georg-Wilhelm).

1705: Mit dem Tod des Herzogs erlischt die Lüneburger Linie, Lauenburg kommt zur kurfürstlichen Linie des Hauses in Hannover.

1714: Kurfürst Georg Ludwig besteigt den englischen Thron, dadurch ist Lauenburg nun in Personalunion mit Hannover und Großbritannien verbunden.

1815: Wiener Kongress: Das Herzogtum Holstein und das von Dänemark neu erworbene Herzogtum Lauenburg (von Preußen im Tausch gegen Vorpommern) werden Mitglieder des Deutschen Bundes; der König von Dänemark als Herzog der drei Herzogtümer wird somit auch deutscher Bundesfürst.

1816: Am 27. Juli wird Lauenburg offiziell an Dänemark übergeben.

1848: Am 24. März beginnt die schleswig-holsteinische Erhebung gegen Dänemark; Bildung einer „Provisorischen Regierung". Der Vertrag von Malmö (26. Aug.) beendet die ersten kriegerischen Auseinandersetzungen, die „Provis. Regierung" tritt zurück.
Am 22. Oktober wird eine „Gemeinsame Regierung" für Schleswig-Holstein gebildet.

1849: Dänemark kündigt am 26. Februar den Waffenstillstand, die „Gemeinsame Regierung" für Schleswig-Holstein tritt zurück. Am 27. März wird eine Statthalterschaft für Schleswig-Holstein, am 30. April auch für Lauenburg eingerichtet.
Im April beginnen wieder Kriegshandlungen, am 10. Juli kommt es zum Waffenstillstand zwischen Preußen und Dänemark; Nordschleswig wird von schwedisch-norwegischen, Südschleswig von preußischen Truppen besetzt. Am 25. August kommt es zur Errichtung einer preußisch-dänischen Landesverwaltung für Schleswig (in Flensburg), die schleswig-holsteinische Statthalterschaft beschränkte sich damit auf das Herzogtum Holstein.

1850: Am 2. Juli wird in Berlin der Friedensvertrag zwischen Preußen und Dänemark geschlossen, am 13. Juli endet die preußisch-dänische Landesverwaltung; Schleswig steht damit wieder unter alleiniger dänischer Hoheit.

1851: Das Herzogtum Lauenburg wird ab 16. Januar wieder von Dänemark regiert.
Die Statthalterschaft in Holstein tritt am 1. Februar zurück, am 2. Februar wird von den Kommissarien des Deutschen Bundes eine „Oberste Zivilbehörde" für Holstein eingesetzt.
Holstein wird von preußischen und österreichischen Truppen besetzt.

1852: Ab 18. Februar steht Holstein wieder unter dänischer Verwaltung (damit ganz Schleswig-Holstein wieder unter dänischer Hoheit).

1863: Holstein und Lauenburg werden am 30. März aus der dänischen Verfassung ausgegliedert („Märzpatent"). Am 13. November verabschiedet der dänische Reichsrat eine neue, gemeinsame Verfassung nur für Dänemark und Schleswig; mit der Unterzeichnung (18. Nov.) dieser „Novemberverfassung" durch den neuen dän. König Christian IX. sollte Schleswig Teil Dänemarks werden.
Am 23. Dezember begann die „Bundesexekution" in Holstein und Lauenburg; hannoversche und sächsische Bundestruppen besetzten (kampflos) die beiden Herzogtümer, die Dänen zogen sich nach Schleswig zurück.

1864: Unter der Oberaufsicht zweier Bundeskommissare wird am 12. Januar eine Zivilverwaltung Holsteins und Lauenburgs eingerichtet.
Am 1. Febr. Beginn des Krieges mit Dänemark; vereinigte preußische und österreichische Truppen marschieren im Herzogtum Schleswig ein; ab 14. Febr. wird durch die „Kaiserlich Österreichische und Königlich Preußische oberste Zivilbehörde" im Herzogtum Schleswig eine Zivilverwaltung eingerichtet, am 20. Juli beginnt der Waffenstillstand. Im Friedensvertrag zu Wien (30. Oktober) verzichtet der König von Dänemark auf alle Rechte an den Herzogtümern Schleswig, Holstein und Lauenburg zugunsten Preußens und Österreichs.
Am 7. Dezember legen die Bundeskommissare die Zivilverwaltung Holsteins und Lauenburgs nieder; jetzt gemeinsame Zivilverwaltung aller drei Herzogtümer durch die „Kaiserlich Österreichische und Königlich Preußische oberste Zivilbehörde der Herzogtümer Schleswig, Holstein und Lauenburg".

1865: Infolge der Gasteiner Konvention vom 14. August kommt es am 15. September zur Trennung der bisherigen gemeinsamen Verwaltung: Schleswig wird von Preußen, Holstein von Österreich verwaltet, das Herzogtum Lauenburg wird gegen eine Entschädigung von Österreich an Preußen abgetreten.

1866: Ab 7. Juni wird Holstein durch preußische Truppen besetzt; die österreichischen Kontingente verlassen Holstein.
Eine gemeinsame Zivilverwaltung Schleswigs und Holsteins wird wieder unter einem preußischen Oberpräsidenten ab 15. Juni eingerichtet.
Durch den Prager Frieden am 23. August wird der preußisch-österreichische Krieg beendet. Österreich muss auf seine Rechte an den Herzogtümern zugunsten Preußens verzichten.
Am 24. Dezember tritt das Gesetz über die Annexion der Herzogtümer in Kraft; die Herzogtümer Schleswig und Holstein werden mit der preußischen Monarchie vereinigt.

1867: Am 12. Januar wird Schleswig-Holstein preußische Provinz.

1876: Das Herzogtum Lauenburg wird am 1. Juli als „Kreis Herzogthum Lauenburg" in die preußische Provinz Schleswig-Holstein eingegliedert.

Postgeschichte:

1777: Verstaatlichung des Postwesens in der dän. Gesamtmonarchie abgeschlossen.

1816: Übergabe der hannoverschen Post im Herzogtum Lauenburg an Dänemark.

1846: Die Postverwaltung im Fürstentum Lübeck, einer Großherzoglich Oldenburgischen Enklave in Holstein, wird mit der jeweils für das Herzogtum Holstein zuständigen Postverwaltung verbunden (bis 31.12.1867).

1848: Die Provisorische Regierung errichtet als oberste Postbehörde für Schleswig und Holstein das „Bureau für das Postwesen", eine Abteilung des Departements der Finanzen.

1849: Am 1. Januar tritt ein neues Posttax-Gesetz in Kraft: Änderung der bisher in dänischer Reichsbank-Währung geltenden Taxen in die schleswig-holsteinische Courant-Währung; außerdem werden die Taxen vereinfacht.
Die Statthalterschaft verliert am 25. August die Zuständigkeit für das Herzogtum Schleswig; das „Bureau für das Postwesen" ist nur noch für Holstein zuständig.

1850: Am 1. Juli tritt Schleswig-Holstein dem Deutsch-Österreichischen Postverein bei; nur in Holstein wirksam.
Die Ausgabe der ersten schleswig-holst. Freimarken erfolgt am 15. November; sie waren nur in Holstein gültig.

1851: Am 1. Januar tritt ein neues Posttax-Gesetz für Holstein in Kraft.
Die dänische Generalpostdirektion übernimmt am 26. April wieder die Postverwaltung in Schleswig, am 1. Mai werden dort die ersten dänischen Freimarken eingeführt.

1852: Ab 15. April stehen Schleswig, Holstein und Lauenburg wieder unter einheitlicher Verwaltung des dänischen Generalpostdirektors.

1853: Auch in Holstein und Lauenburg werden am 1. Juli dänische Freimarken eingeführt.

1864: Am 12. Januar übernimmt die Herzogliche Landesregierung in Kiel die Verwaltung des Postwesens in Holstein und Lauenburg.
In Schleswig wird sie am 19. Februar durch das Post-Inspectorat in Flensburg übernommen. Die Ausgabe der ersten Freimarke für Holstein und Lauenburg (MiNr. 5) erfolgt am 1. März. Mitte März/Anfang April erscheinen die ersten Freimarken für Schleswig (MiNr. 3 und 4).
Am 14. Dezember erfolgt die Errichtung einer gemeinsamen Postverwaltung für alle drei Herzogtümer: „Schleswig-Holsteinische Ober-Post-Inspection" in Kiel.

1865: Im Februar beginnt die Ausgabe gemeinsamer schleswig-holsteinischer Freimarken.
Infolge der Gasteiner Konvention kommt es am 15. September wieder zur Trennung der gemeinsamen Postverwaltung: in Schleswig ist jetzt die „Schleswigsche Postdirection" in der Stadt Schleswig, in Holstein und Lauenburg die „Abteilung Postsachen" der Herzoglich-Holsteinischen Landesregierung in Kiel zuständig.
Am 1. November erfolgt die Ausgabe jeweils neuer Freimarken für Schleswig und für Holstein.
Das Herzogtum Lauenburg wird am 17. November von der Postverwaltung Holsteins abgetrennt; neue lauenburgische Zentralbehörde ist jetzt das „Königlich Preußische, Herzoglich Lauenburgische Post-Inspectorat" in Ratzeburg.

1866: Am 1. Januar wird Lauenburg Teil des preußischen Postgebiets, bis 31.12.1867 hier nur noch preußische Freimarken gültig.
Am 21. Juni wieder gemeinsame Postverwaltung für Schleswig und Holstein: „Ober-Postdirection für Schleswig-Holstein" in der Stadt Schleswig.
Das „Post-Inspectorat" in Ratzeburg wird am 15. Dezember wieder aufgelöst. Lauenburg jetzt bis 31.12.1866 unter Leitung der Ober-Postdirection für Schleswig-Holstein.

1867: Am 1. Januar werden die Herzogtümer Schleswig und Holstein Teil des preußischen Postgebietes unter Leitung der „Kgl. Preußischen Ober-Postdirection" in Kiel. Die bisherigen schleswig-holst. Bestimmungen für den internen Verkehr bleiben bestehen, die schleswig-holst. Freimarken werden weiter verwendet. Auch das Herzogtum Lauenburg wird jetzt von dieser Behörde geleitet.
Ab 2. Februar konnten in Schleswig-Holstein auch preußische Freimarken verwendet werden.

1868: Am 1. Januar übernimmt die Norddeutsche Post das Postwesen in Schleswig-Holstein und Lauenburg.

Hauptsächliche Aufgabestempel in Holstein:

Einkreisstempel mit Datum und Uhrzeit

aptierter Zweikreisstempel mit seitl. Jahreszahl

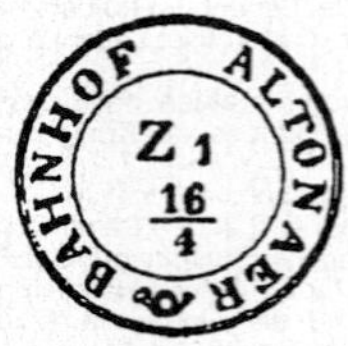

aptierter Zweikreisstempel mit Datum, ohne Jahr

Zweikreisstempel mit Jahreszahl (Brief-Post-Amt)

zweizeiliger Rechteckstempel, ohne Jahr

Aufgabestempel nach Einführung der Freimarken für Schleswig, Holstein und Schleswig-Holstein (1.3.1864 bis 31.12.1867):

Die alten dänischen Dreiringstempel mit Nummern (eingeführt ab Okt.1852) wurden in den Herzogtümern weiterverwendet: In Holstein-Lauenburg bis 5.3.1865, in Schleswig bis 20.7.1864. Sie kommen daher nur auf MiNr. 3–8 vor.

Nach den genannten Daten erfolgte die Entwertung ausschließlich durch Orts- oder Bahnpost-Stempel. Einzige Ausnahme: Direkt in die Briefkästen dänischer Schiffe eingeworfene Sendungen wurden bis Ende 1867 (teilweise auch noch später) weiterhin mit Ringstempeln dänischer Postanstalten, Bahnpost- und Schiffspostkurse entwertet.

Hauptsächliche Aufgabestempel in Schleswig:

Dän. Einkreisstempel mit Uhrzeit oder Jahr oder Posthorn

Preuß. Zweikreisstempel mit Jahr (ab April 1864)

Preuß. Einkreisstempel mit Jahr (ab Nov. 1865)

Preuß. Rechteckstempel, dreizeilig, mit Jahr (ab 1865)

Ende 1867 besaßen alle schleswigschen Postanstalten preußische Stempelformen.

Hauptsächliche Aufgabestempel in Holstein und Lauenburg:

Dän. Einkreisstempel mit Uhrzeit

Dän. Einkreisstempel mit Jahr oder Posthorn

Preuß. Einkreisstempel (ab 1866)

Preuß. Rechteckstempel, dreizeilig, mit Jahr (ab 1865)

Holst. Doppelrechteckstempel, zweizeilig (Landpost-Briefbestellung)

Außerdem noch preuß. Zweikreisstempel mit Jahr (ab März 1865, Abb. siehe bei Schleswig). Ende 1867 waren noch eine Reihe der dän. Einkreisstempel bei holst. und lauenb. Postanstalten in Gebrauch.

Schleswig-Holsteinische Währung:

1 Mark Schleswig-Holsteiner Courant = 16 Schillinge Courant (S) = je 12 Pfennige

Lauenburgische Währung (= Mecklenburgische Währung):

1 Taler Lauenburgische Landesmünze (L.M.) = 48 Schillinge L.M. = je 12 Pfennige
48 Schillinge L.M. = 40 Schillinge Courant; 1 Schilling Courant = 1⅕ Schilling L.M.; 1¼ Schilling Courant = 1½ Schilling L.M.

Umrechnungskurse:

1 dän. Reichsbank-Taler = 96 dän. Skillinge = 22½ Silbergroschen (Sgr); 4 dän. Skillinge = 1¼ Schilling Courant (S)

1 preuss. Taler = 30 Silbergroschen (Sgr) = 40 Schillinge Courant (S) = 2½ Mark Courant;
10 preuss. Silbergroschen (Sgr) = 13⅓ Schilling Courant (S); 1 preuss. Silbergroschen = 1⅓ Schilling Courant

1 Mark Courant = 16 Schilling Courant = 12 Silbergroschen;
1 Schilling Courant = 9 preuss. Pfennige; 1¼ Schilling Courant = 11¼ preuss. Pfennige

Maße:

1 geographische Meile (= 1/15 Äquatorgrad) = 7,4204 km ~ 7,5 km

Gewichte:

Bis 31.12.1850: Cölnisches Briefgewicht: 1 Loth = 13,8 g
Ab 1.1.1851: 1 Pfund = 32 Loth = 500 g; 1 Loth = 15,625 g; ab 1864: 1 Pfund = 30 Loth = 500 g; 1 Loth = 16⅔ g

Das Herzogtum Lauenburg wurde am 13.9.1865 mit Preußen in Personalunion verbunden. Ab 1.1.1866 bis 31.12.1867 waren in Lauenburg ausschließlich die preußischen Freimarken (Groschenwährung) gültig.

Hinweise zur Katalogisierung:

Mit Ausnahme von MiNr. 1 und 2 gelten die Bewertungen bei gebrauchten Marken für saubere, klare Abstempelungen, bei denen Ort und Datum erkennbar sind (siehe „Briefmarken-Qualitätsstufen" im Einleitungsteil, Abb. 24)!

Weitere Hinweise zur bewerteten Qualität siehe bei den einzelnen Ausgaben!

Marken ohne Gummi (*) werten ca. 50% der Falzpreise!

Alle Farbangaben beziehen sich auf den MICHEL-Farbenführer ab 36. Auflage!

Holstein

1850

1850, 15. Nov. Freimarken: Deutscher Adler mit Wappen von Schleswig-Holstein (sogen. „Postschillinge"). ⊡ Claudius; komb. Bdr. und Prägedruck Köbner & Lehmkuhl (10×8); Papier mit senkr. blauem Sicherheitsfaden; □.

a) Doppelköpfiger deutscher Adler mit eingeprägtem Wappen von Schleswig-Holstein

				*	⊙
1	1 S	(mittel)preußischblau	a	400,—	6000,—
2	2 S	(lebh')rosa bis dkl'rosarot	a	700,—	9000,—

Alle Preise gelten für Stücke, die an höchstens einer Seite leicht berührt sind (siehe „Briefmarken-Qualitätsstufen" im Einleitungsteil, Abb. 3); allseits breitrandige Marken verdienen mindestens 50% Aufschlag, angeschnittene bedingen mind. 50% Abschlag!
Die Gebraucht-Preise gelten für Stücke mit (kräftigem) Rostrund-Nummernstempel; die Nummer muss erkennbar sein!

Der Druck von MiNr. 1 und 2 erfolgte in drei Druckgängen: 1. Druck des Adlers, 2. Druck des Markenbildes und 3. Prägung des Wappens. Der erste Druckgang bleibt auch bei genauem „Passer" in den Buchstaben „OS" in „POST" und „HILLI" in „SCHILLING" sichtbar. Leichte Passerverschiebungen, am deutlichsten kenntlich an der in das weiße Oval gehenden Adlerzeichnung, sind relativ häufig. Die Buchstaben „S" und „H" in den oberen Ovalen sowie die Ziffern „1" bzw. „2" in den unteren wurden einzeln in die Klischees eingraviert, auf jedem Bogenfeld ergeben sich dadurch unterschiedliche Typen.

MiNr. 1 und 2 sollten ursprünglich für das gesamte Gebiet Schleswig-Holsteins ausgegeben werden. Wegen der politischen Verhältnisse wurden sie jedoch nur im Herzogtum Holstein verkauft und verwendet. Der Verkauf musste (wegen des Wappens) ab Ende März 1851 wieder eingestellt werden. Die erheblichen Restbestände wurden später zum Teil von Händlern erworben; gestempelte Marken sind daher viel seltener als ungebrauchte.

Die Marken wurden fast immer mit den eigens für ihre Entwertung gefertigten Rostrund-Nummernstempeln gestempelt („geschwärzt"). Bei zu schwach gestempelten oder nicht entwerteten Marken sollte eine nachträgliche Entwertung durch Datumstempel vorgenommen werden.

1894 wurden von dem Philatelisten Albin Rosenkranz private Neudrucke vom Urstempel hergestellt: Papier ohne Seidenfaden, ohne Unterdruck des Adlers, mit und ohne Wappenprägung; fast alle Marken rückseitig gekennzeichnet mit „Ndr." oder „Neudr.", laufende MiNr. 1–40 und Chiffre „R".

FALSCH ⊛ u. a. Dreiringstempel 1 (Kopenhagen), Ortsstempel Haderslev 8.11.1850

Bei gebrauchten Marken Prüfung dringend anzuraten!

Auflagen (in Klammern geschätzter Verbrauch): MiNr. 1 = 1 300 000 (8000), MiNr. 2 = 700 000 (4000) Stück

Verkauf bis Ende März 1851, Aufbrauch bis 31.8.1851 gestattet. Verwendung bis April 1852 bekannt

Schleswig

1864

1864, 10. März/5. April. Freimarken: Ziffer(n) im Oval, Wertangabe in dän. Münze (MiNr. 3) bzw. Schilling-Courant (MiNr. 4). ⊡ und komb. Bdr. und Prägedruck Kgl. Preußische Staatsdruckerei (10×10); ⌗ 11¾.

b) Ziffer im Oval, Wert in dän. Münze (Schilling = Skilling)

c) Ziffern im Oval, Wert in Schilling-Courant

				*	⊙
3	4 S	(lebhaft)karminrot (Töne) (10. März)	b	120,—	600,—
4	1¼ S	dunkelgelblichgrün bis (dunkel)olivgrün (5. April)	c	55,—	30,—

⊛ MiNr. 3

Auflagen: MiNr. 3 = 210 000, MiNr. 4 = 2 000 000 Stück

Gültig bis 31.10.1865; zunächst nur in Schleswig, ab 30.12.1864 auch in Holstein und Lauenburg

Holstein und Lauenburg

1864

1864, 1. März. Freimarke: Wertangabe im Eichenlaubkranz, magere Randinschriften mit Abkürzungspunkten. ⊡ und Stdr. Köbner & Lehmkuhl (10×10); Papier mit Unterdruck; □.

d) Wertangabe im Eichenlaubkranz, magere Randinschriften rechts, unten und links mit Abkürzungspunkten

				*	⊙
5	1¼ S	mittel- bis dunkelgrauultramarin	d		
I		eng gewellter Grund		70,—	80,—
II		weit gewellter Grund		1000,—	3500,—

Die Preise gelten für Stücke, die an keiner Seite berührt sind; allseits breitrandige Marken verdienen mindestens 80% Aufschlag, berührte mind. 30%, angeschnittene mindestens 50% Abschlag!

Typenunterschiede:

MiNr. 5 Type I:
magere Randinschriften mit Abkürzungspunkten, beide „I" in SCHILLING" mit I-Punkten

MiNr. 5 Type II:
wie Type I, jedoch etwas stärkere Randinschriiften, weit gewellter Grund

MiNr. 6:
fettere Randinschriften ohne Abkürzungspunkte, etwas kleinerer Kranz, beide „I" in „SCHILLING" ohne Punkt, weit gewellter Grund

Das Papier von MiNr. 5 weist einen ursprünglich unsichtbaren, erst im Laufe der Zeit hervorgetretenen wellenförmigen Unterdruck auf. Die Wellenlinien sind in jedem Markenfeld durch ein ausgespartes „P" unterbrochen. Vgl. auch Hinweis bei Preußen MiNr. 6–8!

Von MiNr. 5 I gibt es einen nichtamtlichen Durchstich 9½ des Postmeisters Berg in Oldenburg in Holstein (meist mit Nummern-Stempel 127). FALSCH

FALSCH MiNr. 5 II

Auflagen: MiNr. 5 I = ca. 277 500, MiNr. 5 II = ca. 7 500 Stück

Gültig bis 31.10.1865; zunächst nur in Holstein und Lauenburg, ab 30.12.1864 auch in Schleswig

1864, Mitte März. Freimarke: Wertangabe im Eichenlaubkranz, fette Randinschriften ohne Abkürzungspunkte. ⓔ und Stdr. Köbner & Lehmkuhl (10×10); Papier mit Unterdruck; □.

e) Wertangabe im Eichenlaubkranz, fette Randinschriften ohne Abkürzungspunkte

			✶	⊙
6	1¼ S	mittel- bis dunkelgrauultramarin . . . . e	60,—	75,—

Vgl. Bewertungshinweise und Typenabb. bei MiNr. 5!

Das Papier von MiNr. 6 weist einen wellenförmigen Unterdruck auf; siehe bei MiNr. 5!

Von MiNr. 6 gibt es einen nichtamtlichen Durchstich 9½ des Postmeisters Berg (siehe auch bei MiNr. 5) sowie private Neudrucke durch Albin Rosenkranz. Die priv. Neudrucke sind erkennbar an offenen Stellen über dem „S" in „POST" sowie an einem verschmierten Strich statt Punkt links neben dem linken oberen Posthorn.

Auflage: ca. 465 000 Stück

Gültig bis 31.10.1865; zunächst nur in Holstein und Lauenburg, ab 30.12.1864 auch in Schleswig

1864, 15. Mai. Freimarke: Wertangabe im Viereck. ⓔ und Stdr. Köbner & Lehmkuhl (10×10); ⛶ 7½–8.

f) Wertangabe im Viereck

			✶	⊙
7	1¼ S	mittelblau bis grauultramarin/ weißrosa . . . . f	50,—	30,—

Der Liniendurchstich ist grob und unregelmäßig.

Die Preise gelten für Stücke mit durchstichbedingt schlecht gerissenem Rand!

Auflage: ca. 1 500 000 Stück

Gültig bis 31.10.1865; zunächst nur in Holstein und Lauenburg, ab 30.12.1864 auch in Schleswig

Schleswig, Holstein und Lauenburg

1865

1865, 22. Febr./10. Sept. Freimarken: Ziffer(n) im Oval. ⓔ und komb. Bdr. und Prägedruck Kgl. Preußische Staatsdruckerei (10×10); ⛶ 11¾.

g

h

g–h) Ziffer(n) im Oval, Inschrift „Schleswig-Holstein"

			✶	⊙
8	½ S	(lebhaft)rosalila (Töne) *(22. Febr.)* . . . . g	50,—	55,—
9	1¼ S	(dunkel)olivgrün bis dunkelgelblichgrün *(1. Juni)* . . . . . g	25,—	30,—
10	1⅓ S / 1 Sgr	mittel- bis lebhaftviolettbraun (18. Aug.) . . . . h	60,—	150,—
11	2 S	grauultramarin (Töne) (18. Aug.) . . . . g	60,—	300,—
12	4 S / 3 Sgr	hellockerbraun bis lebhaftbraunocker (Töne) (10. Sept.) . . . . h	80,—	1600,—
		Satzpreis (5 W.)	275,—	—,—

Die Daten in Kursivschrift sind die bisher bekannten frühesten Verwendungen

MiNr. 10–12

Auflagen ca. (in Klammern ca. Verbrauch):

MiNr. 8 = 3 990 000
MiNr. 9 = 3 400 000
MiNr. 10 = 1 500 000 (255 000)
MiNr. 11 = 1 700 000 (253 000)
MiNr. 12 = 500 000 (40 000)

Gültig in Schleswig und Holstein bis 31.10.1865, in Lauenburg bis 31.12.1865; dann wieder in Schleswig und Holstein ab 6.11.1866 bis 31.12.1867

Schleswig

1865–1867

1865, 1. Nov./1867, Juni. Freimarken: Ziffer(n) im Oval. Ähnlich wie MiNr. 3 und 4, jedoch andere Farben und neue Wertstufen. ⓔ und komb. Bdr. und Prägedruck Kgl. Preußische Staatsdruckerei (10×10); MiNr. 13, 15–17 eng ⛶ 11¾, MiNr. 14 eng ⛶ 11–12.

i

k

i–k) Ziffer(n) im Oval

			✶	⊙
13	½ S	lebhaftgrünoliv bis olivgrün i	40,—	70,—
14	1¼ S	(lebhaft)rotlila (Töne) i	80,—	30,—
15	1⅓ S / 1 Sgr	rosa bis lebhaftrosalila . . . . k	36,—	80,—
16	2 S	grauultramarin (Töne) i	36,—	70,—
17	4 S	mittel- bis lebhaftbraunocker i	40,—	100,—

MiNr. 14 ist sehr unregelmäßig durchstochen (auch an einer Marke).

Die Preise bei MiNr. 14 gelten für Stücke mit ungleich gerissenen Markenrändern; Marken mit allseitig klar erkennbarem Durchstich erfordern erhebliche Aufschläge; bei allen anderen Marken gelten die Preise für Stücke mit einwandfreiem Durchstich!

Auflagen: MiNr. 13 = 500 000, MiNr. 14 = 2 490 000, MiNr. 15 = 500 000, MiNr. 16 = 500 000, MiNr. 17 = 500 000 Stück

Gültig bis 31.12.1867; zunächst nur in Schleswig, ab 6.11.1866 auch in Holstein

1867, Juni/Okt. Freimarke: Ziffern im Oval. Wie MiNr. 14, jedoch weit (regelmäßig) ⬚ 10.

			✶	⊙
18	1¼ S	 i		
a		lebhaftrötlichlila bis mittellila (Juni/Okt.)	40,—	80,—
b		graulila bis blaugrau (Juli)	350,—	60,—

Der Durchstich von MiNr. 18 ist regelmäßig und sauber. **Die Preise gelten für Stücke mit einwandfreiem Durchstich!**

Die Farbe a umfasst Töne der Spezial-Farbeinteilung a und e, die Farbe b Töne der Einteilung b, c und d; siehe MICHEL-Deutschland-Spezial Band 1.

Auflage (ca.): 2 510 000 Stück *Gültig bis 31.12.1867*

Holstein

1865/66

1865, 1. Nov. Freimarken: Ziffer(n) im Perlenoval, Inschriften weiß auf farbigem Grund. Ⓔ Claudius; Bdr. Köbner & Lehmkuhl (10×10); ⬚ 7½:8.

l) Ziffer(n) im Perlenoval, Inschriften weiß auf farbigem Grund

			✶	⊙
19	½ S	(lebhaft)grünoliv (Töne) l	80,—	120,—
20	1¼ S	hell- bis lebhaftbraunpurpur l	60,—	30,—
21	2 S	mittelgrauultramarin bis lebhaftgraublau, preußischblau ... l	65,—	65,—
		Satzpreis (3 W.)	200,—	200,—

Von MiNr. 20 gibt es private Neudrucke durch Albin Rosenkranz, die an Schattierungsstrichen an der Wertziffer „1“, stellenweise zusammengeflossenen Perlen, stellenweise dickem „G“ von „SCHILLING“ sowie einem kleinen Pünktchen über dem rechten Stern erkennbar sind.

Auflagen (ca.): MiNr. 19 = 500 000, MiNr. 20 = 1 500 000, MiNr. 21 = 500 000 Stück

Gültig bis 31.12.1867; zunächst nur in Holstein, ab 6.11.1866 auch in Schleswig

1865, 1. Nov./1866, Juli. Freimarken: Ziffer(n) im Oval, Inschriften farbig auf weißem Grund. Ⓔ Claudius; Bdr. Köbner & Lehmkuhl (10×10); ⬚ 7½.

m

n

o

m–o) Ziffer(n) im Oval, Inschriften farbig auf weißem Grund

			✶	⊙
22	1¼ S	(lebhaft)bräunlichlila (Töne) (Anf. Febr. 66) .... m	90,—	30,—
23	1⅓ S / 1 Sgr	lebhaftrotkarmin (Töne) (1.11.65) .... n	75,—	55,—
24	2 S	mittelgrauultramarin (Töne) (Juli 66) .... o	180,—	200,—
25	4 S / 3 Sgr	(lebhaft)braunocker (Töne) (1.11.65) .... n	80,—	100,—
		Satzpreis (4 W.)	420,—	380,—

Auflagen (ca.):

MiNr. 22 = 2 000 000
MiNr. 23 = 1 000 000
MiNr. 24 = 200 000
MiNr. 25 = 1 000 000

Gültig bis 31.12.1867; zunächst nur in Holstein, ab 6.11.1866 auch in Schleswig

Kgl. Dänische Postverwaltung

Nach dem Scheitern der schleswig-holsteinischen Erhebung von 1848 wurden mit der Übernahme des dänischen Postgesetzes die neuen dänischen Freimarken frankaturgültig: Im Hzgt. Schleswig am 1. Mai 1851, in der Stadt Rendsburg am 1. Juli 1852, in den Hzgt. Holstein und Lauenburg am 1. Juli 1853, in den kgl. dän. Postämtern in Hamburg und Lübeck am 1. August 1855.
Die Verwendung dänischer Marken endete in Holstein und Lauenburg am 29. Februar 1864, in Schleswig am 31. März 1864 (auf den Westküsten-Inseln Amrum, Föhr, Sylt und Röm erst mit der preuß./österr. Besetzung im Juli 1864, auf der Ostsee-Insel Aeroe kein Ende der Frankaturgültigkeit).
Die in diesem Zeitraum von der dänischen Postverwaltung ausgegebenen Marken (Dänemark MiNr. 1–9) wurden mit Ausnahme der für den Ortsverkehr in Kopenhagen gedachten Dänemark MiNr. 2 auch in den Herzogtümern verwendet.

Da ab dem 1. Juli 1853 im dänischen Gesamtstaat eine einheitliche, entfernungsunabhängige Gebühr für den frankierten Brief bis zu 1 Loth dänisches Handelsgewicht von 4 R.B.S. bzw. 2 Sk. galt, ist die Verwendung dieser Wertstufen (Dänemark MiNr. 1, 4, 7 und 9) häufig, die der anderen Wertstufen vergleichsweise selten.

Der Nachweis der Verwendung dänischer Marken in den Herzogtümern ist für lose Marken nur durch den Entwertungsstempel, für Briefstücke und Briefe auch durch Aufgabestempel, Absender- oder Inhaltsangaben zu führen. Nachdem den Postämtern für die Entwertung zunächst nach Postorten nicht zu unterscheidende „4-Ring-Stempel mit kl. Punkt“ zugeteilt wurden, erfolgte ab August 1852 dann die Ausgabe von „3-Ring-Nummernstempel“.

Dänemark MiNr. 1

Dänemark MiNr. 4

Dänemark MiNr. 7

Dänemark MiNr. 9

entwertet mit (schlesw.-holst.) Rostrund-Nummernstempeln

		⊙	✉
1	.... mind.	500,—	800,—
4	.... mind.	300,—	500,—
7	.... mind.	400,—	600,—

entwertet mit (dän.) Ringnummernstempeln schlesw.-holst. Postorte je nach Seltenheit von-bis

	⊙	✉
1	.... 20,— bis 1200,—	30,— bis 1800,—
4	.... 10,— bis 800,—	20,— bis 1000,—
7	.... 10,— bis 1200,—	20,— bis 1000,—
9	.... 15,— bis 750,—	20,— bis 1000,—

Genaue Aufstellung und Bewertung der Nummernstempel und anderer Stempel siehe: Literatur der Arbeitsgemeinschaft Schleswig-Holstein!

Schleswig (Nordschleswig)

siehe Deutsche Abstimmungsgebiete

Am 31.12.1867 verloren alle Freimarken der Herzogtümer ihre Gültigkeit. Sie wurden am 1.1.1868 von den eigenen Freimarken der Postverwaltung des Norddeutschen Bundes (Norddeutscher Postbezirk) abgelöst.

Thurn und Taxis

Die Fürsten von Thurn und Taxis waren Inhaber des kaiserlichen Reichs-Generalpostmeisteramtes bis 1806. Danach bis 1866/67 auf der Grundlage von lehensrechtlichen bzw. vertraglichen Vereinbarungen Inhaber der Postorganisation in einer Reihe souveräner deutscher Staaten, die ab 1815 lose im Deutschen Bund zusammengeschlossen waren.

Geschichte:

1489/90 wird mit Johannes Dax erstmalig ein Angehöriger der aus Cornello bei Bergamo stammenden Familie der Taxis (Tassis) als Obrist-Postmeister des späteren Kaisers Maximilian I. genannt, wobei erstmals das Wort „Post" im deutschen Sprachraum verwendet wird. Zuvor hatte sich die Familie bereits im venezianischen und im päpstlichen Kurierdienst bewährt.

1501 ernannte Maximilians Sohn Philipp, Statthalter der Niederlande und designierter König von Spanien, Franz de Tassis zu seinem Hauptpostmeister und schloss 1505 mit ihm einen Vertrag. 1516 wurde ein weiterer Vertrag zwischen dem Sohn Philipps, dem späteren Kaiser Karl V., und dem (1512 geadelten) Franz von Taxis geschlossen. Diese beiden Verträge bilden die Grundlage für den Aufbau und die erfolgreiche Entwicklung des taxisschen Postwesens sowie für den gesellschaftlichen Aufstieg des Hauses Taxis. Mit zwei Erlässen aus den Jahren 1595/6 begründete Kaiser Rudolf II. das Reichspostmonopol, das von vielen Fürsten des Deutschen Reiches allerdings niemals anerkannt wurde. 1615 wurde es dem Hause Taxis als erbliches Lehen übertragen. Nachdem die Abstammung der Taxis vom Mailänder Geschlecht Torriani (della Torre, de la Tour) festgestellt worden war, nannte sich die Familie ab 1650 Thurn und Taxis.

Mit dem Ende des Deutschen Reiches 1806 erlosch auch das Erbgeneralpostmeisteramt. Thurn und Taxis schloss mit einigen der deutschen Staaten, die ab 1815 im Deutschen Bund lose zusammengeschlossen waren, Einzelverträge, in welchen die Souveräne dieser Staaten die Fürsten von Thurn und Taxis mit der Ausübung ihrer Posthoheit betrauten.

1850 trat die Thurn und Taxissche Postverwaltung dem Deutsch-Österreichischen Postverein bei (2. August 1850 Vertrag mit Preußen, 13. April 1851 Vertrag mit Österreich).

Nach dem Sieg Preußens im Deutschen Krieg 1866 wurde die Thurn und Taxissche Post am 21.7.1866 unter preußische Administration gestellt. Am 1.7.1867 ging sie, gegen eine Entschädigung von 3 Millionen Thaler für das Haus Thurn und Taxis, in die preußische Post auf.

Postgebiet:

Die Thurn und Taxissche Post besorgte zu Beginn der Markenzeit den Postdienst in Hessen, in Thüringen, in Lippe, in Hohenzollern und in den Hansestädten. Ab Januar 1852 bis Juni 1867 wurden eigene Thurn und Taxissche Postwertzeichen herausgegeben, in unterschiedlichen Zeichnungen für das nördliche Gebiet mit Thaler-Währung und das südliche Gebiet mit Gulden-Währung. Die Marken durften nur innerhalb des jeweiligen Währungsgebietes verwendet werden; dennoch kommen Verwendungen mit Stempeln aus dem anderen Währungsgebiet vor (Mindestaufschlag ⊙ +100,—).

Im einzelnen gehörten die folgenden Staaten und Städte des Deutschen Bundes zum Thurn und Taxisschen Postgebiet:

NÖRDLICHER BEZIRK: THALER-WÄHRUNG
(= Silbergroschen)

Kurfürstentum Hessen
Großherzogtum Sachsen-Weimar-Eisenach
Fürstentum Reuß/Schleiz (Reuß jüngere Linie)
Fürstentum Reuß/Gera (Reuß ältere Linie)
Fürstentum Schwarzburg–Sondershausen (Oberherrschaft)
Herzogtum Sachsen–Coburg–Gotha
  Landesteil Gotha
Herzogtum Sachsen–Meiningen–Hildburghausen
  Amt Camburg
Fürstentum Lippe–Detmold
Fürstentum Schaumburg–Lippe
Freie Hansestadt Bremen
Freie und Hansestadt Hamburg
Freie Hansestadt Lübeck

SÜDLICHER BEZIRK: GULDEN-WÄHRUNG
(= Kreuzer)

Großherzogtum Hessen
Herzogtum Nassau
Landgrafschaft Hessen-Homburg
Freie Stadt Frankfurt a. M. (1.5.1851)
Herzogtum Sachsen–Meiningen–Hildburghausen
Herzogtum Sachsen–Coburg–Gotha
  Landesteil Coburg
Fürstentum Schwarzburg–Rudolstadt (Oberherrschaft)
Fürstentum Hohenzollern–Hechingen
Fürstentum Hohenzollern–Sigmaringen

Hauptsächliche Entwertungen:

Aufgabestempel

Typische Beispiele:

Reifstempel mit Jahreszahl

Kreisstempel mit Bogen oben, Jahreszahl und Tageszeit

Einkreisstempel ohne Jahreszahl mit Tageszeit

Entwertungen mit Ortsstempeln und besonderen Entwertungsstempeln

Dabei wurden in einigen Fällen bereits abgelegte Vorphilateliestempel zum Teil in abgeänderter Form als besondere Entwertungsstempel vor Verwendung der Ringnummernstempel eingesetzt.

Bewertung:

		⊙
Allgemein:	Entwertung von Marken nur 1. Ausgabe aus den Jahren 1852/53 . . . . . Zuschlag mind.	15,—
Hanau:	alter Orts- und Datumstempel, aus dem Datum entfernt wurde (Jan. 1852–März 1853) schwarz	40,—
	wie vor, Stempel rot	850,—
Weimar:	alter Orts- und Datumstempel, aus dem Datum entfernt wurde (Jan. 1852)	3000,—
Worms:	alter Orts- und Datumstempel, aus dem Datum entfernt wurde (Jan. 1852–März 1853)	500,—
Bremen:	Einkreis-Ankunftsstempel (1852–1854)	250,—
Greiz:	alter Cholera-Ellipsenstempel, aus dem „gereinigt in" entfernt wurde (1852)	1300,—

Ringnummernstempel

Vierringstempel „14“ Cassel

Vierringstempel „220“ Frankfurt

Dreiringstempel Frankfurt

Markendruck:

Alle Thurn und Taxisschen Freimarken sind im Buchdruck in der Druckerei C. Naumann, Frankfurt a. M. (stellte bereits die Druckformen für die ersten badischen Marken her) hergestellt worden, die wiederum im Bereich des Wertpapierdrucks mit der Lithografischen Anstalt von B. Dondorf zusammenarbeitete. Diese Firmengemeinschaft stellte auch die Entwürfe und sämtliche erforderlichen Druckformen her. Am 12.12.1851 begann der Druck der ersten Marken.

Auflagen:

Die Marken sind von Dezember 1851 bis August 1866 in 14 verschiedenen Druckauflagen hergestellt worden. Die Daten dieser Auflagen sind durch Forschungen der letzten Jahre geklärt und in der Literatur dokumentiert. In einigen Auflagen wurden nach Maßgabe der Generalpostdirektion alle Marken neu gedruckt, in manchen auch nur wenige Werte, von denen die Vorräte auszugehen drohten. Insgesamt wurden nach den überlieferten Zahlen rund 1,1 Millionen Bögen zu je 150 Marken gedruckt, also 165 Millionen Marken.

Die 14 Auflagen in der Übersicht

Auflage / Wert	1. Dez. 1851	2. Nov./ Dez. 1853	3. März/ Apr. 1856	4. März/ Mai 1858	5. Juli/ Aug. 1859	6. Nov./ Dez. 1859	7. Okt./ Nov. 1860	8. Dez. 1861	9. Febr./ März 1862	10. Okt. 1862	11. Febr./ Apr. 1863	12. Juli 1864	13. Juni/ Juli 1865	14. Juli/ Aug. 1866
¼ Gr		**1**					**13**				**26**	**26**	**35**	**45**
⅓ Gr				**2**					**27**		**27**	**27**	**36**	**46**
½ Gr	**3**		**3**	**3**		**14**			**28**		**28**	**28**	**37**	**47**
1 Gr	**4**	**4/11**	**11**	**11**		**15**	**15**		**29**		**29**	**29**	**38**	**48**
2 Gr	**5**	**5**	**5**				**16**				**30**	**30**	**39**	**49**
3 Gr	**6**	**6**	**6**	**6**			**17**				**31**	**31**	**40**	**50**
5 Gr					**18**									
10 Gr					**19**									
1 Kr	**7**	**7**	**7**	**7**		**20**	**20**		**20**	**20**	**20**	**20**	**41**	**51**
3 Kr	**8**	**8/12**	**12**	**12**		**21**	**21**	**32**	**32**		**32**	**32**	**42**	**52**
6 Kr	**9**	**9**	**9**			**22**			**33**	**33**	**33**	**33**	**43**	**53**
9 Kr	**10**	**10**	**10**	**10**		**23**		**34**	**34**		**34**	**34**	**44**	**54**
15 Kr					**24**									
30 Kr					**25**									

Die Darstellung erfolgt mit freundlicher Genehmigung des Autors Manfred Schnell, Hamburg.

Die halbfetten Zahlen (= MiNr.) der Tabelle zeigen, welche Marke in welcher Auflage und in welchem Jahr gedruckt worden ist. Zum Beispiel die Marken zu ¼ Silbergroschen in der 2., (MiNr. 1) 7., (MiNr. 13) 11. und 12. (MiNr. 26) sowie 13. (MiNr. 35) und 14. (MiNr. 45) Auflage. Hinter einer MiNr. verbergen sich in vielen Fällen mehrere Auflagen. Die Marken zu 1 Gr. und 3 Kr. der 2. Auflage fallen jeweils unter zwei MiNr., da sowohl der Rest des dunkelblauen als auch das neue hellblaue Papier verwendet wurde.

Wieviele Marken in den 14 verschiedenen Auflagen oder von einzelnen Werten gedruckt worden sind, ist nur für die ersten Auflagen bekannt. Entsprechende zeitgenössische Postakten konnten bisher noch nicht ausgewertet werden. Einige Zahlen sind von Dr. M. Eckardt im „Archiv für Postgeschichte“, 1952, Seite 31 f., veröffentlicht. Eckardt, Landesrat R. Mainzer und Julius Müller haben weitere Auflagezahlen anhand der Papierlieferungen und Papierreste proportional erschlossen. Die bei den Katalogisierungen angegebenen Zahlen sind nur für die ersten Auflagen amtlich, sonst nur geschätzt, sie können nur zur groben Orientierung dienen!

Von Sammlern sind in der Vergangenheit die Verschiedenheiten, die in 15 Jahren Markendruck entstanden sind, nicht nach den 14 Auflagen, sondern nach fünf Ausgaben geordnet worden, wobei jeweils alle Marken eines bestimmten Zeitraumes nach gemeinsamen äußeren Merkmalen (z. B. farbiges Papier, □ oder ⬚) zusammengefasst wurden. Die zeitliche Abfolge im Erscheinen der Marken und die Unterschiede, die durch den Druck in verschiedenen Auflagen bedingt sind, werden durch diese Zusammenfassung zu Ausgaben jedoch verwischt.

Bitte bedenken Sie, dass sich dieses Standard-Nachschlagewerk auf die wesentlichen Unterschiede der Briefmarken beschränkt. Ausführliche Katalogisierungen müssen Spezialwerken und Handbüchern der einzelnen Sammelgebiete vorbehalten bleiben.

Währungen und Maße:

Währungen:

In den Staaten, die zum T. u. T. Postbezirk gehörten, wurden Briefmarken in zwei verschiedenen Münzwährungen verausgabt: in Silbergroschen (Sgr.) und Kreuzern (Kr.). Bis 24.1.1857 galt im nördl. Bezirk der 14-Thaler-Fuß, danach der 30-Thaler-Fuß, im südl. Bezirk der 24½-Gulden-Fuß, danach der 52½-Gulden-Fuß. Die Parität der beiden Währungen blieb unverändert.

1 Thaler = 30 Silbergroschen (à 12 Pfennige)
= 1 Gulden 45 Kreuzer (südd.)
1 Gulden = 60 Kreuzer = 4/7 Thaler = 17 1/7 Sgr.
1 Sgr. = 3½ Kr.
1 Kr. = 2/7 Sgr.

Ferner gab es in den Hansestädten Hamburg und Lübeck Mark und Schillinge, in Bremen Thaler Gold und Grote. Taxvermerke sind mitunter in diesen Währungen zu finden. Es waren:

1 Mark = 16 Schillinge = 12 Sgr. = 42 Kreuzer
Bis Ende 1861: 1 Thaler Gold = 72 Grote = 1 Thaler 3¾ bis 4 Sgr. je nach Goldkurs, danach weiterhin 1 Thaler Gold = 72 Grote, jedoch nun 5 Grote = 2¼ Sgr. = $7^7/_8$ Kr.

Auslagen, Postvorschüsse (= Nachnahmen) und Bareinzahlungen (= Postanweisungen) wurden beim Übergang in den anderen Währungsbereich immer währungsparitätisch umgerechnet.
Bei unzureichend frankierten Sendungen wurde der bezahlte Portoanteil wie folgt angerechnet: Im taxisschen Postbezirk nach unten auf volle Kreuzer oder volle ¼ Sgr. abgerundet (immer zu Gunsten der Post). Mit Einführung der reduzierten Taxen wurden gerechnet: 1 Kr. = ¼ Sgr., 2 Kr. = ½ Sgr., 3 Kr. = 1 Sgr. jedoch ¼ und ⅓ Sgr. = 1 Kr., ½ und ¾ Sgr. = 2 Kr., 1 Sgr. = 3 Kr.

Im Postverein galt für die Anrechnung des bezahlten Portoanteils 1 Sgr. = 3 Kr., nacherhoben wurde bis 31.12.1860 der fehlende Betrag plus dem darauf anfallenden Zuschlag. Ab 1.1.1861 wurden dann ganze Taxstufen plus Zuschlag nacherhoben.

Entfernung:

1 geographische deutsche Meile = $^1/_{15}$ Äquatorgrad = 7,42 km

Gewichte:

1 Zoll-Pfund = 30 Zoll-Loth = 500 g
1 Zoll-Loth = 16⅔ g

Das Zoll-Loth war 1840 vom Deutschen Zollverein eingeführt worden, setzte sich aber nur langsam durch. In Süddeutschland wurde im Postverein parallel zum Zoll-Loth bis 1861 ein Loth von $^1/_{32}$ eines Zollpfundes, d.h. von $15^5/_8$ gr, toleriert, wofür besondere Gewichtsprogressionen galten. Im Taxisschen Postbezirk wurde die Unterteilung des Zollpfundes in 30 Loth ab 1.4.1856 endgültig eingeführt.

1 Pfund Großherz. Hessisches Gewicht = 32 Loth = 500 g
1 Großherz. Hess. Loth = $15^5/_8$ g

Qualitäts- und Bewertungshinweise:

Der Abstand der Marken im Druckbogen betrug 0,5 bis 1 mm. Auch innerhalb eines Bogens variierte er z. T. erheblich. Lediglich in der letzten Auflage mit farbigem Durchstich beträgt der Abstand gleichmäßig 1,5 mm. Bei den farblos durchstochenen Marken, die ihren Durchstich erst in einem gesonderten Arbeitsgang nach dem Druck bekamen, geht der Durchstich hingegen häufig ins Markenbild.

Für die Postangestellten war es kaum möglich und letztlich auch nicht von besonderer Bedeutung, die Marken sorgfältig unter Erhaltung aller Ränder vom Bogen zu schneiden. Marken, deren Bild an keiner Seite berührt wird, sind daher die Ausnahme, ebenso zentrisch durchstochene Marken der Auflage von 1865. Noch seltener sind Marken, die zusätzlich zum unberührten Markenbild noch einen Teil des unbedruckten Markenzwischenraumes aufweisen oder sogar noch Teile der Nachbarmarken zeigen.

Der Schnitt der Marken alleine ist nicht entscheidend für die Qualitätseinstufung. Zu berücksichtigen sind die Erhaltung des Papiers (Büge, Kniffe, Schürfungen etc.), die Farberhaltung und bei gestempelten Marken der Stempelabschlag.

Die Preise gelten für handelsübliche, durchschnittliche Stücke. Sie sind ein- oder zweiseitig leicht berührt, aber ohne deutliche Papierverletzungen, von weitgehend ursprünglicher Farbe und mit deutlich lesbarem Stempelabschlag.

Auf- bzw. Abschläge:

Stark angeschnittene Marken und/oder unkenntliche Nummern- bzw. unlesbare Ortsstempel bedingen ca. 80–90%, zwei- oder mehrseits angeschnittene Marken und/oder verkantete, verquetschte, verschmierte Stempel ca. 50% Abschlag!

Allseits vollrandige Marken und/oder klare, weitgehend zentrisch angebrachte Stempel bedingen 50–100%, breit- bis überrandige Marken und/oder glasklare, zentrisch angebrachte Stempel bis zu 500% Aufschlag!

Die TT-Prüfer des Bundes philatelistischer Prüfer e.V. (BPP) signieren aufgrund ihrer Richtlinien nicht vollrandige Marken, auch wenn sie sonst überdurchschnittlich erhalten sind, grundsätzlich mit höhergesetztem Prüfstempel!

Hinweise zur Katalogisierung:

Die Forschungen der letzten Jahre ergaben, dass die Chronologie der Markenausgaben nicht mit der durch die MiNr. vorgegebenen Reihenfolge übereinstimmt. Damit der Umgang mit dem Katalog und der Literatur sowie die Verständigung zwischen den Sammlern aller Generationen nicht erschwert wird, wird die bisherige Katalogisierungs-Reihenfolge dennoch beibehalten.

Um den Forschungsergebnissen Rechnung zu tragen, wird bei den einzelnen Marken nach der Farbangabe in Klammern nach dem Erstausgabendatum die Auflage(n) angegeben, der oder denen die jeweilige Marke zuzurechnen ist (vgl. auch Kapitel „Auflagen" im Vorspann).

Alle Farbangaben beziehen sich auf den MICHEL- Farbenführer ab 36. Auflage.

Die unter FDC angegebenen Preise gelten ausschließlich für Stempelabschläge auf Brief am Erstverwendungstag.

✶ = Preise ungebraucht gelten für Marken mit Originalgummierung und Falz(resten).

Wenn nicht anders angegeben werten Marken ohne Gummierung ca. 35–40% der Falzbewertungen.

1. Ausgabe

1852–1858

1852, 1. Jan./1858. Freimarken: Ziffern im Quadrat oder Kreis. 1.–4. Auflage; Bdr. (10×15); MiNr. 9 und 10 in je zwei Typen; farbiges Papier; □.

a) Ziffern im Quadrat, Quadrat-Hintergrund Wellenlinien

b) Ziffern im Kreis, Kreis-Hintergrund konzentrische Wellenlinien

				(✱)	✶	⊙	EST
Talerwährung:							
1	¼ Sgr	schwarz auf dunkel(braun)orange (Aufl. 2)	a	85,—	220,—	35,—	—,—
2	⅓ Sgr	schwarz auf hellbraunocker (Aufl. 4)		35,—	90,—	150,—	—,—
3	½ Sgr	schwarz auf (hell)olivgrau, mattbläulichgrün (Aufl. 1, 3 und 4)		250,—	600,—	20,—	4000,—
4	1 Sgr	schwarz auf (preußisch)blau (Aufl. 1 und 2)	a	400,—	1000,—	90,—	4000,—
5	2 Sgr	schwarz auf (lebhaft)graurot bis mattrötlichkarmin (Aufl. 1–3)	a	300,—	650,—	20,—	4000,—
6	3 Sgr	schwarz auf hell- bis lebhaftbraungelb (Aufl. 1–4)	a	350,—	750,—	20,—	4000,—
Guldenwährung:							
7	1 Kr	schwarz auf (hell)olivgrau, mattbläulichgrün (Aufl. 1–4)	b	75,—	180,—	15,—	2500,—
8	3 Kr	schwarz auf (preußisch)blau (Aufl. 1 und 2)	b	300,—	750,—	35,—	4000,—
9	6 Kr	schwarz auf lebhaftgraurot bis mattrötlichkarmin	b				
IA		Type IA, normales „t“ in „Deutsch“		250,—	600,—	10,—	3000,—
IB		Type IB, überlanges „t“ in „Deutsch“		350,—	750,—	12,—	
10	9 Kr	schwarz auf hell-bis lebhaftbraungelb, hellorangegelb (Aufl. 2–4)	b				
I		Type I		350,—	800,—	15,—	
II		Type II		300,—	650,—	15,—	3000,—

EST = Ersttagsabstempelung

Typenunterschiede:

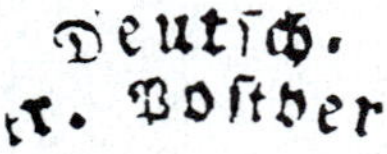

Type I: „s“ in „Deutsch“ in linker Inschrift über „s“ in „Postverein“

Type II: „s“ in „Deutsch“ in linker Inschrift über „tv“ in „Postverein“

Type IA: normales „t“ in „Deutsch“

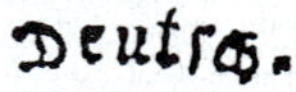

Type IB: überlanges „t“ in „Deutsch“

Neudrucke 1909 (ND):

Bdr. G. Brand in frischeren Farben auf abweichendem farbigem Papier ohne Gummi, rückseitig violetter Aufdruck „ND“ in Schreibschrift (Auflage je 7500 Stück)

		(✱)
1 ND	Plattenmerkmale der MiNr. 45	6,—
2 ND	Plattenmerkmale der MiNr. 46	6,—
3 ND	Plattenmerkmale der MiNr. 47	8,—
4 ND	Plattenmerkmale der MiNr. 48	6,—
5 ND	Plattenmerkmale der MiNr. 49	6,—
6 ND	Plattenmerkmale der MiNr. 50	6,—
7 ND	Plattenmerkmale der MiNr. 51	6,—
8 ND	Plattenmerkmale der MiNr. 52	6,—
9 ND	Plattenmerkmale der MiNr. 53	6,—
10 ND	Plattenmerkmale der MiNr. 54	
I	Type I	6,—
II	Type II	6,—

Auflagen:

MiNr. 1 = 1 839 510
MiNr. 2 = 1 748 480
MiNr. 3 = 3 030 420
MiNr. 4 = 742 180
MiNr. 5 = 2 033 220
MiNr. 6 = 2 892 670
MiNr. 7 = 10 188 040
MiNr. 8 = 2 403 750
MiNr. 9 = 3 601 980
MiNr. 10 = 5 043 980

1853, Dez. Freimarken: Ziffern im Quadrat oder Kreis. 2.–4. Auflage; Wie MiNr. 4 und 8, jedoch geänderte Farben.

				(✱)	✶	⊙
11	1 Sgr	schwarz auf hellgrautürkis bis mittelgrünlichblau (Aufl. 2–4)	a	250,—	650,—	18,—
12	3 Kr	schwarz auf hellgrautürkis bis mittelgrünlichblau (Type II) (Aufl. 2–4)	b	250,—	650,—	18,—

MiNr. 11 und 12 gibt es auch auf sehr dünnem Papier; Preise gleich!

Achtung! Alle Papierfarben von MiNr. 1–12 neigen zum Ausbleichen oder leicht Verfärben, insbesondere bei gebrauchten Stücken!

Neudrucke 1909 (ND):

vgl. bei MiNr. 1–10

		(✱)
11 ND	Plattenmerkmale der MiNr. 48	6,—
12 ND	Plattenmerkmale der MiNr. 52	6,—

Auflagen: MiNr. 11 = 3 642 270, MiNr. 12 = 4 815 758 Stück

2. Ausgabe

1859–1861

1859, Aug./1861. Freimarken: Ziffern im Quadrat oder Kreis. 5.–12. Auflage; Bdr. (10×15); MiNr. 22 und 23 in zwei Typen; weißes Papier; □.

c) Ziffern im Quadrat, Quadrat-Hintergrund verschlungene Bänder

d) Ziffern im Kreis, Kreishintergrund lamellenartig

					(✶)	✶	⊙
Talerwährung:							
13	¼ Sgr	rötlichorange (Töne) (Jan. 1861 – Aufl. 7)	a		25,—	70,—	45,—
14	½ Sgr	(dunkel)grün bis dunkelgelblichgrün, bläulichgrün (Dez. 1859 – Aufl. 6)	a		100,—	280,—	65,—
15	1 Sgr	(mittel)blau, preußischblau (Jan. 1860 – Aufl. 6 und 7)	a		100,—	280,—	30,—
16	2 Sgr	dunkelrosarot bis (lebhaft)karminrot (Jan. 1861 – Aufl. 7)	a		50,—	150,—	50,—
17	3 Sgr	mittel- bis lebhaftbraunrot (Jan. 1861 – Aufl. 7)	a		50,—	150,—	75,—
18	5 Sgr	(dunkel)braunpurpur (Aug. 1859 – Aufl. 5)	c		1,50	4,—	300,—
19	10 Sgr	orange (Töne) (Aug. 1859 – Aufl. 5)	c		1,50	4,—	600,—
Guldenwährung:							
20	1 Kr	(dunkel)grün bis dunkelgelblichgrün, bläulichgrün (Dez. 1859 – Aufl. 6, 7, 9–12)	b		8,—	24,—	10,—
21	3 Kr	(mittel)blau (Jan. 1860 – Aufl. 6 und 7)	b		160,—	450,—	15,—
22	6 Kr	dunkelrosarot bis (lebhaft)karminrot (Jan. 1860 – Aufl. 6)	b				
	IA	Type IA			160,—	450,—	45,—
	IB	Type IB			200,—	600,—	55,—
23	9 Kr	(dunkel)orangegelb (Jan. 1860 – Aufl. 6)	b				
	I	Type I			230,—	600,—	90,—
	II	Type II			160,—	420,—	60,—
24	15 Kr	(dunkel)braunpurpur (Aug. 1859 – Aufl. 5)	d		1,50	4,—	120,—
25	30 Kr	orange (Töne) (Aug. 1859 – Aufl. 5)	d		1,50	4,—	320,—

Vorsicht! Durch Oxidation kommen bei MiNr. 15, 19, 21, 23 und 25 Verfärbungen bis dunkelbraun vor! Preisabschläge!

: MiNr. 18, 19, 24 und 25 in gebrauchter Erhaltung sollten nur geprüft erworben werden!

Neudrucke 1909 (ND):

		(✶)
13 ND	Plattenmerkmale der MiNr. 45	6,—
14 ND	Plattenmerkmale der MiNr. 47	6,—
15 ND	Plattenmerkmale der MiNr. 48	6,—
16 ND	Plattenmerkmale der MiNr. 49	6,—
17 ND	Plattenmerkmale der MiNr. 50	6,—
20 ND	Plattenmerkmale der MiNr. 51	6,—
21 ND	Plattenmerkmale der MiNr. 52	6,—
22 ND	Plattenmerkmale der MiNr. 53	6,—
23 ND	Plattenmerkmale der MiNr. 54	6,—

Neudruck 1965 (ND):

Bdr. M. Laßleben von noch nicht verwendeten Reservestöckeln; Zusammendruck der MiNr. 18, 19, 24 und 25 als Viererblock-Kleinbogen (DIN A 6), etwas abweichende Farben, weißes Papier; rückseitig violetter Aufdruck „ND 1965“ und fortlaufende Nummer; 6000 Klb erhielten einen weiteren Aufdruck „Das Fürstlich Thurn und Taxissche Zentralarchiv Regensburg zur Förderung der Philatelie“, 4000 weitere Klb ohne den zusätzlichen Aufdruck.

		(✶)
18, 19, 24, 25 ND	Viererblock	10,—

Auflagen (MiNr. 20 geschätzt):

MiNr. 13 = 1 493 700	MiNr. 17 = 1 493 550	MiNr. 20 = 29 500 000	MiNr. 23 = 1 483 650
MiNr. 14 = 1 497 150	MiNr. 18 = 1 491 900	MiNr. 21 = 3 724 350	MiNr. 24 = 1 494 450
MiNr. 15 = 3 288 600	MiNr. 19 = 1 431 900	MiNr. 22 = 1 783 950	MiNr. 25 = 1 477 500
MiNr. 16 = 1 493 400			

3. Ausgabe

1862–1864

1862, Jan./1864. Freimarken: Ziffern im Quadrat oder Kreis. 8.–12. Auflage. Wie MiNr. 13–17 und 22–23, jedoch geänderte Farben; MiNr. 33 und 34 in je zwei Typen.

				(✶)	✶	⊙
Talerwährung:						
26	¼ Sgr	schwarz (Febr. 1864 – Aufl. 11 und 12)	a	10,—	25,—	50,—
27	⅓ Sgr	grün, dunkelgelblichgrün (Febr. 1863 – Aufl. 9, 11, 12)	a	15,—	35,—	170,—
28	½ Sgr	(dunkel)orange (Okt. 1862 – Aufl. 9, 11, 12)	a	30,—	75,—	30,—
29	1 Sgr	karminrot bis lilarot (Febr. 1863 – Aufl. 9, 11, 12)	a	28,—	70,—	15,—
30	2 Sgr	hellblau bis blau (Febr. 1864 – Aufl. 11 und 12)	a	20,—	45,—	65,—
31	3 Sgr	(mittel)ockerbraun, (mittel)braunocker, mittelolivbraun (Febr. 1863 – Aufl. 11 und 12)	a	10,—	30,—	35,—
Guldenwährung:						
32	3 Kr	karminrot, (dunkel)lilarot (Jan. 1862 – Aufl. 8, 9, 11, 12)	b	5,—	15,—	18,—
33	6 Kr	hellblau bis (dunkel)kobaltblau (Juli 1862 – Aufl. 9–12)	b			
	IA	Type IA		5,—	15,—	22,—
	IB	Type IB		10,—	25,—	30,—
34	9 Kr	(mittel)ockerbraun, (mittel)braunocker, mittelolivbraun (Jan. 1862 – Aufl. 8, 9, 11, 12)	b			
	I	Type I		4,50	12,—	24,—
	II	Type II		4,—	10,—	22,—

Typenunterschiede siehe bei MiNr. 1–10!

Neudrucke 1909 (ND):

vgl. bei MiNr. 1–10

		(✶)
26 ND	Plattenmerkmale der MiNr. 45	6,—
27 ND	Plattenmerkmale der MiNr. 46	6,—
28 ND	Plattenmerkmale der MiNr. 47	6,—
29 ND	Plattenmerkmale der MiNr. 48	6,—
30 ND	Plattenmerkmale der MiNr. 49	6,—
31 ND	Plattenmerkmale der MiNr. 50	6,—
32 ND	Plattenmerkmale der MiNr. 52	6,—
33 ND	Plattenmerkmale der MiNr. 53	6,—
34 ND	Plattenmerkmale der MiNr. 54	6,—

☞ MiNr. 30

FALSCH Vorsicht vor farbig durchstochenen Marken mit abgeschnittenem Durchstich, die meist am reliefartigen Durchdruck auf der Rückseite der Marken zu erkennen sind!

Auflagen (geschätzt):

MiNr. 26 = 499 100
MiNr. 27 = 897 900
MiNr. 28 = 1 647 300
MiNr. 29 = 1 945 350
MiNr. 30 = 449 700
MiNr. 31 = 949 100
MiNr. 32 = 5 830 500
MiNr. 33 = 2 242 950
MiNr. 34 = 2 840 700

4. Ausgabe **1865**

1865, Juli. Freimarken: Ziffern im Quadrat oder Kreis. 13. Auflage; Bdr. (10×15); MiNr. 43 und 44 in je zwei Typen; weißes Papier; meist unzentrisch farblos ⸬ 15½–16.

a

b

Talerwährung:

				✶	⊙
35	¼ Sgr	schwarz	a	10,—	500,—
36	⅓ Sgr	dunkelgelblichgrün (Töne)	a	15,—	300,—
37	½ Sgr	gelblichorange bis orange	a	30,—	45,—
38	1 Sgr	karminrot (Töne)	a	32,—	20,—
39	2 Sgr	hellblau bis blau	a	2,—	70,—
40	3 Sgr	mittelbraunocker bis lebhaftockerbraun	a	3,50	30,—

Guldenwährung:

41	1 Kr	(dunkel)gelblichgrün (Töne)	b	17,—	15,—
42	3 Kr	karminrot bis lilarot	b	25,—	11,—
43	6 Kr	hellblau bis blau	b		
IA		Type IA		2,50	25,—
IB		Type IB		3,50	35,—
44	9 Kr	hellockerbraun bis braunocker	b		
I		Type I		4,—	35,—
II		Type II		3,50	25,—

Typenunterschiede siehe bei MiNr. 1–10!

Der Durchstich der Marken erfolgte in einem eigenen Arbeitsgang, dadurch entstanden in der Regel leicht dezentrierte Marken. Auch eine exakte Trennung, besonders an den Ecken, war kaum möglich.

Die Bewertung gilt für Stücke mit einer oder zwei leicht gerundeten Markenecken! Mehr oder stärkere Rundungen oder ausgerissenes Papier erfordern Preisabschläge!

☞ Alle höherwertigen Marken in gebrauchter Erhaltung sollten nur geprüft erworben werden!

MiNr. 35 mit Ortsstempel Bremen TH & T nur ca. 80% des angegebenen ⊙-Preises!

Neudrucke 1909 (ND):

vgl. bei MiNr. 1–10

		(✶)
37 ND	Plattenmerkmale der MiNr. 47	6,—
38 ND	Plattenmerkmale der MiNr. 48	6,—
41 ND	Plattenmerkmale der MiNr. 51	6,—
42 ND	Plattenmerkmale der MiNr. 52	*600,—*

Von MiNr. 38 wurde im Jahre 1923 mit Einwilligung der TuT-Postverwaltung ein Privat-Nachdruck hergestellt. Dieses Faksimile wurde mit der zusätzlichen Inschrift „Vermählung Elisabeth Helene mit Friedrich Christian, 16.6.1923“ versehen. Die Auflage betrug 500 Stück.

Der Druck der MiNr. 35 und 41 erfolgte von neuen Platten, bei MiNr. 35 kenntlich am „i“ mit beidseitigem Querstrich in „Silbergroschen“

FALSCH MiNr. 35 (aus MiNr. 26) und MiNr. 36 (aus MiNr. 27)

Gesamtauflage MiNr. 35–44 (geschätzt): ca. 45 000 000 Stück

5. Ausgabe **1866**

1866, Aug. Freimarken: Ziffern im Quadrat oder Kreis. 14. Auflage; Wie MiNr. 35–44, jedoch zentrisch farbig ⸬ 16–16½; x = normales, y = dünnes Papier (unter 0,06 mm).

Talerwährung:

				✶	⊙
45	¼ Sgr	schwarz	a	3,—	1300,—
46	⅓ Sgr	dunkelgelblichgrün	a	3,—	750,—
47	½ Sgr	(dunkel)gelborange	a	3,—	150,—
48	1 Sgr	karminrot bis mittellilarot	a	2,50	70,—
49	2 Sgr	mittelblau bis blau	a	2,50	700,—
50	3 Sgr	(dunkel)ocker bis mittelockerbraun	a	2,50	200,—

Guldenwährung:

51	1 Kr	dunkel(gelblich)grün	b		
x		normales Papier		3,—	25,—
y		dünnes Papier (unter 0,06 mm)		5,—	50,—
52	3 Kr	karminrot bis lilarot	b	3,—	20,—
53	6 Kr	mittelblau bis blau	b	3,—	40,—
54	9 Kr	(dunkel)ocker bis mittelockerbraun	b		
I		Type I		4,—	55,—
II		Type II		3,—	35,—

MiNr. 53 gibt es auch auf dünnem Papier; Preise gleich!

Typenunterschiede siehe bei MiNr. 1–10!

Druck und Durchstich der Marken erfolgte in einem Arbeitsgang. Dafür musste der Anpressdruck der Druckmaschine erhöht werden, wodurch sich eine rückseitige Durchprägung des Markenbildes ergab. Alle Marken sind stets gut zentriert, die Trennung war fast problemlos möglich.

Die Bewertung gilt für einwandfreie Stücke!

☞ Alle höherwertigen Marken in gebrauchter Erhaltung sollten nur geprüft erworben werden!

MiNr. 45 und 46 mit Ortsstempel Bremen Th & T nur ca. 80% der angegebenen ⊙-Preise!

Gesamtauflage MiNr. 45–54 (geschätzt): ca. 22 500 000 Stück

MiNr. 1–54 gültig bis 30.6.1867

Württemberg

Königreich ab. 1.1.1806, ab 1918 Republik mit eigener Posthoheit bis 31.3.1920. Von 1815 bis 1866 im Deutschen Bund, am 25.11.1870 Beitritt zum (neuen) Deutschen Bund und ab 1.1.1871 im Deutschen Reich mit eigener Landespostbehörde bis 31.3.1920.

Das Königreich Württemberg entstand praktisch durch die territorialen Veränderungen, die der Reichsdeputationshauptschluss im Jahre 1803 mit sich brachte, u. a. kamen Aalen, Ellwangen, Esslingen, Heilbronn, Reutlingen, Rottweil, Schwäbisch Gmünd und Schwäbisch Hall zu Württemberg. Durch den Preßburger Frieden (26.12.1805), dem Beitritt zum Rheinbund (1806), die Aufhebung des Deutschen Ordens (14.10.1809) sowie dem Pariser Vertrag (24.4.1810) kamen u. a. die Städte Bopfingen, Buchhorn (heute Friedrichshafen), Leutkirch, Mergentheim, Ulm und Wangen hinzu.

Am 1. September 1815 trat Württemberg als letzter Einzelstaat dem Deutschen Bund bei, mit Wirkung vom 1. Januar 1871 wurde es zum Gliedstaat des Deutschen Reichs.

Das Königreich Württemberg übernahm am 1. Juli 1851 durch Vertrag vom 22. März 1851 den bisher von Thurn und Taxis geführten Postbetrieb. Eintritt in den Deutsch-Österreichischen Postverein 1. Sept. 1851. Bis zum Erscheinen der ersten Briefmarken am 15. Okt. 1851 beließ man es bei der Barfrankierung.

Freimarken des Deutschen Reiches wurden ab 1. April 1902 benutzt, wobei auf eigene Freimarken verzichtet wurde, doch erschienen noch Dienstmarken, bis das inzwischen zum Freistaat gewordene Württemberg (November 1918 Abdankung des Königs) am 1. April 1920 auf sein Postregal völlig verzichtete. Heute gehört Württemberg zum Land Baden-Württemberg.

Hauptsächliche Entwertungen:

1851–1875 (Kreuzerzeit):

Einzeiler [Einzeilige Langstempel]

Zweizeiler [Zweizeilige Langstempel]

Steigbügelstempel, ein Kreissegmentstempel mit Kreis

Große Zweikreisstempel

kleine Zweikreisstempel

Reifstempel mit Kreis [Doppelkreisstempel]

Einkreisstempel

Kreisstempel mit Gitterbogen oben und unten [Datumbrückenstempel]

Hufeisenstempel

Bahnstempel (Kreissegmentstempel)

Zuschläge für Ersttagsstempel (30.6.1875): ⊙ 1000,—

Zuschläge für Letzttagsstempel auf Einzelmarke bzw. Einzelfrankatur ⊙ 150,—

Bis Mitte 1853 wurde überwiegend blau, danach fast ausschließlich schwarz gestempelt. Stuttgart stempelte vom 15.10. bis ca. 20.12.1851 grundsätzlich schwarz, nach 1867 auch rot, blau und grün (nicht selten!).

ab 1875 (Pfennigzeit)

Einkreisstempel ohne Uhrzeit

Einkreisstempel mit Uhrzeit

Kreisstempel mit Gitterbogen oben und unten [Datumbrückenstempel mit durchgehender Brücke]

Zweikreisstempel mit Gittern oben und unten [Datumbrückenstempel mit nicht durchgehender Brücke]

Maschinenstempel (verschiedene Formen)

Wasserzeichen:

Wz. 1
Kreuze und Ringe

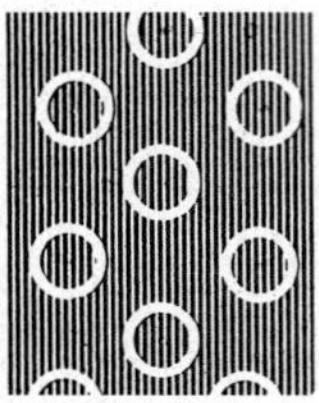
Wz. 2
Ringe

Währung:

1 Gulden (Florin = 1,71 Mk.) = 60 Kreuzer; ab 1. Juli 1875:
1 Mark = 100 Pfennig

Umrechnung Kreuzer in Silbergroschen siehe bei Thurn und Taxis!

Maße und Gewichte:

1 (Zoll) Loth = 16 ⅔ g (30 Loth = 1 Zollpfund = 500 g)

1 geographische deutsche Meile = 1/15 Äquatorgrad = 7,42 km

Hinweise zur Katalogisierung:

MiNr. 1–35 ohne Gummi 50% der Falzbewertungen

Hinweise zur bewerteten Qualität siehe bei den einzelnen Ausgaben!

Alle Farbangaben beziehen sich auf den MICHEL-Farbenführer ab 36. Auflage. Die Angaben in eckigen Klammern sind die Farbbezeichnungen des Handbuches der Württemberg-Philatelie!

Königreich

König Wilhelm I. (1816–1864)

1851

1851, 15. Okt./1852, Juli. Freimarken: Ziffern. Ⓔ des Mittelstücks Schuster; Bdr. Mezler (10×6); verschiedene Typen; farbiges Papier; □.

a) Ziffer(n) in Raute

Billigste Sorte:

				✱	⊙
1	1 (Kr)	schwarz auf gelbweiß bis mittelchromgelb	a	1400,—	130,—
2	3 (Kr)	schwarz auf hellgelb bis mittelbraungelb	a	350,—	13,—
3	6 (Kr)	schwarz auf (dunkelgelblich)grün bis lebhaftgrün	a	1800,—	40,—
4	9 (Kr)	schwarz auf rosaweiß bis helllilarosa	a	6000,—	50,—
5	18 (Kr)	schwarz auf violettgrau bis mattblauviolett (Juli 1852)	a	2300,—	900,—

Die Preise von MiNr. 1–5 gelten für vollrandige Stücke (siehe „Briefmarken-Qualitätsstufen" im Einleitungsteil, Abb. 2)! Marken mit berührter Randlinie werten höchstens 30% der angegebenen Preise!

(Papier-)Farb- und Typenunterschiede siehe MICHEL-Deutschland-Spezial Band 1

Nachdrucke Sept. 1864 (a) bzw. 1865 (b und c) (N):
Die Nachdrucke weichen in der Zeichnung von den Originalen ab, da nur die Mittelstücke (mit Wertziffer) Teile des Urklischees sind. Die auffälligsten Unterscheidungs-Merkmale sind:

Original

Nachdruck

Rankenwerk in den unteren Ecken in unterschiedlichen Zeichnungen unterschiedliche Buchstaben „r", „b" und „g" in „Württemberg" Wort „Freimarke" im Original fetter als bei den Nachdrucken Zackenlinien in linken und rechten Schriftkästen: Original 32, Nachdrucke nur 29 Spitzen

Es existieren drei Arten von Nachdrucken:

a = amtliche N, Sept. 1864; durchgefärbtes, glattes Papier; glatte, dünne Gummierung; Bogen 2×3+2×3 (Kehrdruck), dazwischen senkr. Zwischensteg
b = auf private Bestellung hergest. amtliche N, 1865; 1 Kreuzer = glattes, 3–9 Kr = raues Papier; ohne Gummierung; Bogen wie a oder Einzelabzüge
c = auf private Bestellung hergest. amtliche N in zahlreichen, abweichenden Farben, gummiertes und ungummiertes Papier, Bogen wie b (102 verschiedene bekannt, sogen. „Phantasiedrucke")

				✱
1 N	1 (Kr)			
	a	schwarz auf dunkelchromgelb (1864)		75,—
	b	schwarz auf chromgelb (1865)	(✱)	75,—
	c	verschiedene, abweichende Farben	je	90,—
2 N	3 (Kr)			
	a	schwarz auf hellgelb (1864)		75,—
	b	schwarz auf gelb, rauhes Papier (1865)	(✱)	75,—
	c	verschiedene, abweichende Farben	je	90,—
3 N	6 (Kr)			
	a	schwarz auf gelblichgrün (1864)		180,—
	aa	schwarz auf hellblaugrün (1864)		180,—
	b	schwarz auf grün (1865)	(✱)	75,—
	c	verschiedene, abweichende Farben	je	90,—
4 N	9 (Kr)			
	a	schwarz auf rotweiß (1864)		280,—
	b	schwarz auf rotweiß (1865)	(✱)	75,—
	c	verschiedene, abweichende Farben	je	90,—
5 N	18 (Kr)			
	a	schwarz auf hellrotviolett (1864)		700,—
	c	verschiedene, abweichende Farben	je	90,—

Diese Nach- und „Phantasie-"Drucke können echt gebraucht nicht vorkommen, da die Originalmarken bereits Ende 1858 ungültig wurden!

FALSCH MiNr. 5 (Ganzfälschung von Sperati)

Auflagen: MiNr. 1 = 4 183 669, MiNr. 2 = 18 671 980, MiNr. 3 = 3 558 799, MiNr. 4 = 2 060 502, MiNr. 5 = 231 240 Stück

Gültig bis 31.12.1858

1857

1857, Okt. Freimarken: Wappen von Württemberg. Ⓔ Reusch; komb. Bdr. und Prägedruck Biletdruckerei der Eisenbahnkommission (10×6); Papier mit waagerechten orangefarbenen Seidenfaden; □.

b) Wappen von Württemberg

				✱	⊙
6	1 Kr	(hell)gelbbraun bis dkl'ockerbraun	b	1000,—	90,—
7	3 Kr	(dkl')gelborange bis mittelorangegelb	b	500,—	16,—
8	6 Kr	hellgrünlicholiv bis dunkelolivgrün	b	1000,—	75,—
9	9 Kr	(hellrot)karmin	b	2400,—	90,—
10	18 Kr	hell- bis bis dunkelblau	b	4000,—	1600,—

Die Preise von MiNr. 6–10 gelten für vollrandige, max. an einer Seite leicht berührte Exemplare (siehe „Briefmarken-Qualitätsstufen" im Einleitungsteil, Abb. 2–3); mehrseitig berührte bzw. angeschnittene Marken bedingen teils erhebliche Preisabschläge!

Marken auf Papier ab 0,15 mm Stärke verdienen einen Aufschlag von ca. 100%

Das Papier der MiNr. 6–10 ist weiß bzw. gelbstichig; letzteres ist durch den bei einem Teil der Auflage verwendeten Klebstoff bedingt.

Vorsicht! Die Gummierung kann Markenfarbe und Papier zersetzen!

Neudrucke Mai 1865 (ND):

Papier mit waagerechtem rotem (bayer.), MiNr. 8 ND auch mit waager. gelbem (schweiz.) Seidenfaden, gummiert, Bogen 8×5, Abstand der Marken zwischen 1,8 und 2 mm.

Die Neudrucke unterscheiden sich in der Zeichnung nicht von den Originalen! Sie konnten zum jeweiligen Nennwert am Postschalter in Stuttgart erworben und zur Frankatur verwendet werden!

				✱	⊙
6 ND		1 Kr			
	a		rötlichbraun	200,—	—,—
	b		hellgraubraun	60,—	1200,—
7 ND		3 Kr	gelborange	75,—	1500,—
8 ND		6 Kr	gelbgrün, grün	150,—	—,—
9 ND		9 Kr	rosakarmin, dkl'karmin	250,—	—,—
10 ND		18 Kr	(hell)blau	300,—	—,—

Auflagen: MiNr. 6 = 2 179 680, MiNr. 7 = 8 706 720, MiNr. 8 = 1 404 960, MiNr. 9 = 1 048 800, MiNr. 10 = 73 800 Stück

Gültig bis 30.6.1875

1859

1859, Aug./1860, Febr. Freimarken: Wappen von Württemberg. Wie MiNr. 6–10, jedoch Papier ohne Seidenfaden.

				✶	⊙
11	1 Kr	orangebraun bis (dkl')braun (Aug. 1859)	b	800,—	100,—
12	3 Kr	(dunkel)gelborange bis mittelorangegelb (Okt. 1859)	b	350,—	18,—
13	6 Kr	hellgrünlicholiv bis (dkl')olivgrün (Febr. 1860)	b	12000,—	140,—
14	9 Kr	mittelrotkarmin bis dkl'lilarot (Sept. 1859)	b	1600,—	100,—
15	18 Kr	(dunkel)blau (Febr. 1860)	b	4000,—	1500,—

Die Preise von MiNr. 11–15 gelten für Marken mit nirgends durch Schnitt berührten Randlinien; Stücke mit berührter Linie werten je nach Randzustand 50–70% der angegebenen Preise!

Neudrucke Mai 1865 (ND):

Es existieren zwei Arten von Neudrucken:

a = amtliche ND; Papier grauweiß bis weiß, meist glatt bis originalähnlich, z. T. gummiert; Druck klar bis unklar und zerflossen; Bogen 11 ND a 10×6, 2 Nd a–15 ND a 8×5, Markenabstand zwischen 1,0 und 2,0 mm.

b = auf private Bestellung hergest. amtliche ND in zahlreichen Farben auf verschiedenen Papieren, o. G.; Bogen 10×6, Abstand der Marken ca. 1,0 mm (sogen. „Phantasiedrucke").

Die Neudrucke unterscheiden sich in der Zeichnung nicht von den Originalen! Sie konnten zum jeweiligen Nennwert am Postschalter in Stuttgart erworben und zur Frankatur verwendet werden!

				✶	⊙
11 ND		1 Kr			
	a		hell- bis dunkelbraun	160,—	—,—
	ba		braun, hartes gelbliches Papier (✶)	100,—	—,—
	bb		braun, dünnes, weiches weißes Papier (✶)	100,—	—,—
	bc		versch. abweichende Farben (✶) je	50,—	
12 ND a		3 Kr	orangegelb	150,—	—,—
13 ND a		6 Kr	gelbgrün, bläulichgrün	320,—	—,—
14 ND a		9 Kr	rosakarmin, dunkelrosa	500,—	—,—
15 ND a		18 Kr	(hell)blau	750,—	—,—

Von der 3-Kr-Marke gibt es auch einen privaten (mit amtl. Genehmigung) Neudruck aus 1940 in orange auf dickem, gelblichem Papier ohne Gummierung (25,—)!

FALSCH MiNr. 15: Ganzfälschung (gelegentlich mit Rand) sowie Verfälschungen aus MiNr. 20

Auflagen (geschätzt): MiNr. 11 = 1 537 000, MiNr. 12 = 6 162 500, MiNr. 13 = 986 000, MiNr. 14 = 739 500, MiNr. 15 = 73 800 Stück

Gültig bis 30.6.1875

1860/1861

1860, Mai/Nov. Freimarken: Wappen von Württemberg. Wie MiNr. 11–15, x = dickes Papier (0,09–0,14 mm), jedoch gez. K 13½.

				✶	⊙
16 x	1 Kr	orangebraun bis (dkl')braun (Juli 1860)	b	1400,—	180,—
17 x	3 Kr	(dunkel)gelb(lich)orange (Mai 1860)	b	400,—	12,—
18 x	6 Kr	(mittel)grünoliv bis dkl'olivgrün (Nov. 1860)	b	3800,—	150,—
19 x	9 Kr	(lebhaft)rotkarmin bis lilarot (Aug. 1860)	b	1500,—	160,—

Die Preise von MiNr. 16–20 gelten für einwandfreie Stücke ohne die üblichen kleineren Zahnfehler (siehe „Briefmarken-Qualitätsstufen" im Einleitungsteil, Abb. 12); Marken mit fehlerhafter Zähnung bedingen deutliche Preisabschläge!

Auflagen (geschätzt): MiNr. 16 x = 583 000, MiNr. 17 x = 2 337 500, MiNr. 18 x = 374 000, MiNr. 19 x = 280 500 Stück

Gültig bis 30.6.1875

1861, Juni/1862, Jan. Freimarken: Wappen von Württemberg. Wie MiNr. 16 x–19 x, jedoch y = dünnes Papier (0,05–0,08 mm).

				✶	⊙
16 y	1 Kr	mittel- bis dkl'braun (Juni 1861)	b	1200,—	320,—
17 y	3 Kr	mittel- bis dkl'gelborange (Juli 1861)	b	250,—	80,—
18 y	6 Kr	grünoliv bis lebhaftgrün (Juli 1861)	b	500,—	140,—
19 y	9 Kr	(mittelrot)karmin (Aug. 1861)	b	1600,—	320,—
20 y	18 Kr	(dunkel)blau (Jan. 1862)	b	3800,—	2800,—

MiNr. 16 y–20 y weisen in der Regel Zähnungsmängel auf.

FALSCH MiNr. 20 aus MiNr. 32 durch Übermalen und Nachzähnen

Auflagen (geschätzt): MiNr. 16 y = 1 000 000, MiNr. 17 y = 3 200 000, MiNr. 18 y = 900 000, MiNr. 20 y = 150 000 Stück

Gültig bis 30.6.1875

1862/1863

1862, Juli/Sept. Freimarken: Wappen von Württemberg. Wie MiNr. 16 y–20 y, jedoch gez. K 10.

				✶	⊙
21	1 Kr	dunkelgraubraun bis schwarzbraun (Aug. 1862)	b	800,—	550,—
22	3 Kr	(dunkel)gelb(lich)orange (Juli 1862)	b	1000,—	65,—
23	6 Kr	(dkl')olivgrün bis (dkl')grünoliv (Aug. 1862)	b	650,—	200,—
24	9 Kr	dunkel(rot)karmin (Sept. 1862)		5000,—	900,—

MiNr. 21–24 weisen in der Regel Zähnungsmängel auf.

Hinweis zur bewerteten Qualität siehe bei MiNr. 16–20!

Auflagen: unbekannt *Gültig bis 30.6.1875*

1863, Jan./1864, April. Freimarken: Wappen von Württemberg. Wie MiNr. 21–24, jedoch geänderte Farben sowie neue Wertstufe.

				✶	⊙
25	1 Kr	(dkl')gelblichgrün bis dkl'(oliv)grün (Jan. 1863)	b	55,—	17,—
26	3 Kr	(hell)rötlichkarmin bis lilarot (März 1863)	b	400,—	7,—
27	6 Kr	hell- bis dkl'blau (April 1864)	b	200,—	70,—
28	9 Kr	(hell)gelbbraun bis dkl'graubraun (April 1863)	b	320,—	70,—
29	18 Kr	gelb(lich)orange (April 1864)		1500,—	500,—

Hinweis zur bewerteten Qualität siehe bei MiNr. 16–20!

Neudrucke Mai 1865 (amtl., auf private Bestellung; „sogen. Phantasiedruck") ungez. (ND):

			(✶)	⊙
25 ND a	1 Kr	grün, hartes, dichtes, gelbl. Papier	100,—	—,—
25 ND b	1 Kr	grün, dünnes, weiches, weißes Papier	100,—	—,—

Die Neudrucke unterscheiden sich in der Zeichnung nicht von den Originalen! Sie konnten zur Frankatur verwendet werden!

Von der 3-Kr.-Marke gibt es auch einen privaten (mit amtl. Genehmigung) Neudruck aus 1940 in karmin auf dickem gelblichem Papier ohne Gummierung, ungezähnt (25,—)!

FALSCH MiNr. 29 wird u. a. auch durch Rasur und Übermalen der Wertziffern von MiNr. 22 gefälscht.

Auflagen (geschätzt): MiNr. 25 = 6 000 000, MiNr. 26 = 8 000 000, MiNr. 27 = 1 800 000, MiNr. 28 = 1 380 000, MiNr. 29 = 150 000 Stück

Gültig bis 30.6.1875

König Karl I. (1864–1891)

1865

1865, Okt./1867, Mai. Freimarken: Wappen von Württemberg. Wie MiNr. 25–29, jedoch ⬚ 10.

				✶	⊙
30	1 Kr	(dkl')gelb(lich)grün bis grünlicholiv (Okt. 1865)	b	60,—	15,—
31	3 Kr	lebhaftrötlichkarmin bis (dkl')lilarot (Nov. 1865)	b	60,—	5,—
32	6 Kr	hell- bis dunkelblau (Dez. 1865)	b	360,—	60,—
33	9 Kr	(hellgelb)braun bis dkl'braunocker (Febr. 1866)	b	1500,—	100,—
34	18 Kr	gelb(lich)orange (Mai 1867)		2300,—	1000,—

Die Bewertungen gelten für Stücke mit einwandfreiem Durchstich.

Auflagen: unbekannt *Gültig bis 30.6.1875*

1868/1869

1868, Mai. Freimarke: Wappen von Württemberg. Wie MiNr. 30–34, neue Wertstufe.

b

				✶	⊙
35	7 Kr	(dunkelpreußisch)blau	b	1200,—	160,—

Die Bewertungen gelten für Stücke mit einwandfreiem Durchstich.

Auflage: unbekannt *Gültig bis 30.6.1876*

1869, Jan./1873, Febr. Freimarken: Ziffer(n) im Oval. Ⓔ Kast; komb. Bdr. und Prägedruck Druckerei der K. Württ. Verkehrsanstalten (10×6); ⬚ 10.

c) Ziffer(n) im Oval

				✶	⊙
36	1 Kr	(lebhaft)gelblichgrün bis olivgrün (Jan. 1869) [GA]	c	40,—	3,—
37	2 Kr	(hellgelblich)orange (Dez. 1872) [GA]	c	220,—	170,—
38	3 Kr	mittelrötlichkarmin bis rotkarmin (Jan. 1869)		20,—	2,50
39	7 Kr	(hell)blau (Jan. 1869)	c	85,—	22,—
40	9 Kr	hell(orange)braun bis lebhaftgelbbraun (Febr. 1873)	c	100,—	50,—
41	14 Kr	lebhaftgelb bis dkl'gelborange (Mai 1869)	c	110,—	60,—

Neudruck:

Von der 14-Kr-Marke gibt es einen privaten (mit amtl. Genehmigung) Neudruck aus 1940 in Orange auf dickem gelblichem Papier o.G. und ohne Durchst. (25,—)!

[FALSCH] MiNr. 36–41 gezähnt

Auflagen: unbekannt

Gültig bis 30.6.1875, MiNr. 39 als 20-Pf- und MiNr. 41 als 40-Pf-Wert Aufbrauch bis 30.6.1876

1873/1874

1873, Jan. Freimarke: Wappen von Württemberg. Ⓔ Reusch; komb. Bdr. und Prägedruck Druckerei der K. Württ. Verkehrsanstalten (Klb. 3×2); ☐.

b I

				✶	⊙
42	70 (Kr)	(dkl')violettbraun bis (dkl')braunpurpur	b I	2300,—	5000,—
		Kleinbogen		—,—	—,—

MiNr. 42 wurde wie die 2-Mark-Marke des Deutschen Reiches (MiNr. 37), deren süddeutscher Gegenwert sie auch war, nicht an Postbenutzer verkauft, sondern nur direkt am Schalter zur Frankierung verwendet.

Die Verwendung von MiNr. 42 war zuerst auf wenige Postämter beschränkt; im Laufe der Zeit wurde dieser Wert an 35 Postanstalten ausgegeben.

Vorsicht vor Nachstempelungen und Stempelfälschungen; auch nachträgliche Gefälligkeitsentwertungen mit echten Poststempeln kommen vor.

Auflage: (geschätzt): 24 000 Stück *Gültig bis 30.6.1875*

Die Erhaltung entscheidet bei allen Marken über den Preis.

Die Preisnotierungen gelten für Marken in einwandfreier Qualität. Marken ohne Gummi, mit starker Verstempelung und sonstigen Fehlern kosten weniger, Luxusstücke mit Überdurchschnittserhaltung, besonders bei den klassischen Ausgaben, oft wesentlich mehr.

1874, Okt. Freimarke: Ziffer im Oval. Ⓔ Kast; komb. Bdr. und Prägedruck Mezler (10×10); gez. K 11½:11.

c

				✶	⊙
43	1 (Kr)	gelb(lich)grün [GA]	c	140,—	50,—

Auflage: unbekannt *Gültig bis 30.6.1875*

Neue Währung: 1 Mark = 100 Pfennig

1875

1875, 1. Juli. Freimarken: weiße Ziffer(n) im Kreis. Ⓔ Eisenlohr & Weigle; Bdr. Mezler (10×5 + 10×5, dazwischen waagerechter Zwischensteg); gez. K 11½:11.

d) weiße Ziffer(n) im Kreis

				✶	⊙
44	3 Pf	(mittelsmaragd)grün bis mittelbläulichgrün [GA]	d	26,—	2,—
45	5 Pf	hell- bis dkl'rotviolett [GA]	d	12,—	1,—
46	10 Pf	rot bis (dkl')karminrot [GA]	d	2,—	1,—
47	20 Pf	hellgrautürkis bis grünl'blau [GA]	d	2,—	2,—
48	25 Pf	hell- bis dkl'braunorange [GA]	d	160,—	15,—
49	50 Pf	hellbraungrau bis gelbgrau	d	900,—	50,—
50	2 M	gelborange bis dkl'gelborange	d	900,—	340,—

[FALSCH] Von MiNr. 50 existieren verschiedene Ganzfälschungen!

Auflagen: unbekannt

MiNr. 44, 45 und 48 gültig bis 28.2.1891, MiNr. 46 und 47 bis 31.12.1902, MiNr. 49 und 50 bis 15.10.1879

1878

1878, 1879. Freimarken: weiße Ziffer(n) im Kreis. Wie MiNr. 49 bis 50, jedoch geänderte Farben.

				✶	⊙
51	50 Pf	mittelbraunoliv, olivgrün bis graugrün	d	80,—	7,—
52	2 M	dunkelzinnoberrot auf hellchromgelb	d	3200,—	160,—

MiNr. 52 weist rückseitig den Vermerk „Unverkäuflich" auf; sie durfte – wie MiNr. 50, 53 und 54 – nicht an Postkunden verkauft, sondern nur direkt am Schalter zur Frankierung verwendet werden!

[FALSCH] Vorsicht vor chemisch entfernter Tinte! Nachgummierungen!

Auflagen: MiNr. 51 = unbekannt, MiNr. 52 = 100 000 Stück

MiNr. 51 gültig bis 31.12.1902, MiNr. 52 gültig bis 1.4.1883

1881

1881, 1. Nov./1883, 1. Jan. Freimarken: schwarze Ziffer im Kreis. Ⓔ Eisenlohr & Weigle; Bdr. Mezler (10×5 + 10×5, dazwischen waagerechter Zwischensteg); gez. K 11½:11.

e) schwarze Ziffer im Kreis

				✶	telegraph. entwertet ≡	⊙
53	2 M	(dkl')gelb(lich)orange/schwarz (1. Jan. 1883)	e	10,—	6,—	15,—
54	5 M	mittelgrünlichblau/schwarz (1. Nov. 1881)	e	55,—	90,—	200,—

Die telegraphische Entwertung ist am zusätzlichen Blau- oder Rotstiftstrich auf der Marke erkennbar; Vorsicht vor nachträglicher Entfernung dieser Striche!

Auflagen: MiNr. 53 = ca. 1 100 000, MiNr. 54 = 136 000 Stück, davon 47 429 vernichtet

MiNr. 53 gültig bis 31.12.1902, MiNr. 54 gültig bis 31.1.1891

1890/1894

1890, 5. Febr. Freimarken: weiße Ziffer(n) im Kreis. Wie MiNr. 44, 45 und 48, jedoch geänderte Farben, MiNr. 51 abermals geänderte Farbe.

d

				✶	⊙
55	3 Pf	schwarzorangebraun bis dunkelbraun GA	d	1,—	0,70
56	5 Pf	dunkel(oliv)grün bis schwarz(blau)grün GA	d	2,—	0,70
57	25 Pf	mittelgelb(lich)orange bis dunkelorange	d	3,50	2,—
58	50 Pf	lebhaftbraunrot *(1890–1891)*	d	600,—	85,—

Auflagen: unbekannt *Gültig bis 31.12.1902*

1890. Freimarke: weiße Ziffer im Kreis. Wie MiNr. 58, jedoch abermals geänderte Farbe.

				✶	⊙
59	50 Pf	dunkelbraunrot bis dunkellilabraun *(1891–1902)*	d	3,50	1,20

Auflage: unbekannt *Gültig bis 31.12.1902*

König Wilhelm II. (1891–1918)

1894. Freimarke: weiße Ziffer im Kreis. Ⓔ Eisenlohr & Weigle; Bdr. Mezler (10×5 + 10×5, dazwischen waagerechter Zwischensteg); gez. K 11½:11.

d

				✶	⊙
60	2 Pf	dunkelgrautürkis GA	d	2,80	1,50

Auflage: unbekannt *Gültig bis 31.12.1902*

1900

1900. Freimarken: schwarze Ziffern im Kreis. Ⓔ Eisenlohr & Weigle; Bdr. Mezler (10×5 + 10×5, dazwischen waagerechter Zwischensteg); gez. K 11½:11.

e

				✶	telegraph. entwertet ≡	⊙
61	30 Pf	dunkelrotorange/schwarz	e	5,—	5,—	7,—
62	40 Pf	karminrot/schwarz GA	e	5,—	7,—	8,—

Telegraphische Entwertung siehe Hinweis nach MiNr. 54!

Auflagen: unbekannt *Gültig bis 31.12.1902*

Ab 1. April 1902 verzichtete die Königl. Württemb. Regierung unter Wahrung ihres Postregals auf die Ausgabe eigener Freimarken und benutzte die Marken des Deutschen Reiches. Nur die Dienstmarken wurden beibehalten.

Die letzte Reihe postläufiger Marken der Königl. Württembergischen Post konnten auch für sich allein, nicht nur in Mischfrankatur mit den Reichspostausgaben von 1889, 1900 und 1902, bis 31.12. 1902 im gesamten Reichsgebiet aufgebraucht werden.

MiNr. 63–100 fallen aus

Notizen:

Dienstmarken

Gefälligkeitsentwertungen (◍) kommen auf den Dienstmarken MiNr. 107–149 bzw. ab MiNr. 217 vor und sind meist sehr häufig. Nebenstehende Stempel z. B. wurden nicht für den regulären Postverkehr verwendet!

Alle folgenden ⊙-Preise gelten nur für geprüfte Stücke!

Alle Preise gelten für die übliche Zähnung mit ungleichmäßigen Zahnspitzen; völlig einwandfreie Zähnung erfordert Aufschläge!

I. Dienstmarken für Gemeindebehörden (nur innerhalb Württembergs gültig) Inschrift: „Portopflichtige Dienstsache" oder „Bezirksmarke"

Die angegebenen Ausgabedaten bei MiNr. 101–188 sind bis auf wenige Ausnahmen die jeweils frühesten bekannten Verwendungen.

Königreich

1875/1890

1875, 1. Juli. Dienstmarken: Ziffer(n) in Raute. Bdr. Druckerei der Verkehrsanstalten Stuttgart (10×5 + 10×5, dazwischen waagerechter Zwischensteg); gez. K 11½:11.

Da) Ziffer(n) in Raute, Inschrift „PORTOPFLICHTIGE DIENSTSACHE"

				✶	⊙
101	5 Pf	hell- bis dunkelrotviolett GA	Da	60,—	3,—
102	10 Pf	mittellilarot bis karminrot GA	Da	12,—	3,—

Auflagen MiNr. 101–102: unbekannt *Gültig bis 31.3.1920*

1890. Dienstmarke: Ziffer in Raute. Wie MiNr. 101, jedoch geänderte Farbe.

				✶	⊙
103	5 Pf	dunkel(oliv)grün bis schwarzblaugrün GA	Da	2,40	3,20

Auflage: unbekannt *Gültig bis 31.3.1920*

Bei vielen Marken von Altdeutschland gibt es eine Reihe von Farbnuancen. Katalogisierung siehe MICHEL-Deutschland-Spezial!

1896/1900

1896/1900. Dienstmarken: Ziffer(n) in Raute. Wie MiNr. 101–103, jedoch neue Wertstufen.

Da) Ziffer(n) in Raute, Inschrift „PORTOPFLICHTIGE DIENSTSACHE“

MiNr.	Wert	Farbe	Type	*	⊙
104	2 Pf	lebhaft- bis schwärzlichgrautürkis	Da	5,—	3,50
105	3 Pf	schwarzorangebraun	Da	4,—	3,50
106	25 Pf	dunkel(gelblich)orange	Da	30,—	11,—
		Satzpreis (3 W.)		38,—	18,—

Auflagen: unbekannt *Gültig bis 31.3.1920*

1906

1906, Jan. Dienstmarken: 100 Jahre Königreich Württemberg. MiNr. 102–106 mit Bdr.-Aufdruck.

MiNr.	Wert	Farbe		*	▨	⊙
107	2 Pf	lebhaft- bis schwärzl'-grautürkis	(104)	55,—	—,—	100,—
108	3 Pf	schwarzorange-braun	(105)	20,—	—,—	15,—
109	5 Pf	dunkel(oliv)grün bis schwarz(oliv)grün	(103)	8,—	—,—	6,—
110	10 Pf	(lebhaft)karminrot	(102)	8,—	—,—	6,—
111	25 Pf	dunkel-(gelblich)orange	(106)	60,—	—,—	90,—
		Satzpreis (5 W.)		150,—	—,—	220,—

FALSCH Vorsicht vor Aufdruckfälschungen!

Auflagen: MiNr. 107 = ca. 32 000, MiNr. 108 = 52 000, MiNr. 109 = 67 000, MiNr. 110 = 72 000, MiNr. 111 = 27 000 Stück

Gültig bis 31.3.1920

1906/16. Dienstmarken: Ziffer(n) in Raute. Wie MiNr. 102–106, jedoch mit Wz. 1 sowie zwei neue Wertstufen.

Wz. Kreuze und Ringe (Wz. 1)

MiNr.	Wert	Farbe	Type	*	▨	⊙
112	2 Pf	lebhaft- bis schwärzlich-grautürkis GA	Da	5,—	0,50	15,—
113	3 Pf	schwarzorangebraun GA	Da	1,20	0,50	3,20
114	5 Pf	schwarz(gelblich)grün GA	Da	1,—	0,50	3,20
115	10 Pf	rosarot bis lilarot GA	Da	1,—	0,50	3,20
116	20 Pf	lilaultramarin, mittel-grauultramarin GA	Da	2,—	0,50	3,50
117	25 Pf	(dunkelgelblich)orange	Da	1,20	0,50	3,20
118	50 Pf	karmin bis magenta *(1911–1920)*	Da	18,—	0,50	20,—
		Satzpreis (7 W.)		28,—	3,—	50,—

Vorsicht vor Verwechslungen der MiNr. 118 mit MiNr. 154!

Auflagen: unbekannt *Gültig bis 31.3.1920*

1916/1917

1916, 1. Aug. Dienstmarken: Ziffern in Raute. Bdr. Druckerei der Verkehrsanstalten Stuttgart (10×5 + 10×5, dazwischen waagerechter Zwischensteg); Wz. 1; gez. K 11½:11.

Da) Ziffern in Raute, Inschrift „PORTOPFLICHTIGE DIENSTSACHE“

MiNr.	Wert	Farbe	Type	*	▨	⊙
119	2½ Pf	dunkelbräunlicholiv	Da	1,—	0,30	3,20
120	7½ Pf	(gelblich)orange GA	Da	1,—	0,30	3,20
121	15 Pf	braunocker	Da	2,70	0,30	3,20
		Satzpreis (3 W.)		4,50	0,80	8,—

Auflagen: unbekannt *Gültig bis 31.3.1920*

1916, 10. Sept. Dienstmarke: Ziffern in Raute. X = Bdr.-Aufdruck auf MiNr. 117 (Wz. 1), Y = Aufdruck auf MiNr. 106 (oWz.).

MiNr.			*	▨	⊙
122	**25 Pf** auf 25 Pf (dunkel)orange				
X	mit Wz. 1	(117)	5,—	1,20	25,—
Y	oWz.	(106)	50,—		

Der Aufdruck erfolgte, um einer Verwechslung mit der gleichfarbigen 7½-Pf-Marke vorzubeugen.

Auflage: unbekannt *Gültig bis 31.3.1920*

1916, 6. Okt. Dienstmarken: 25 Jahre Regentschaft von König Wilhelm II. E Frank; Bdr. Druckerei der Verkehrsanstalten Stuttgart (5×8); gez. K 14¾:14½.

Db) Wappen von Württemberg, Inschrift „BEZIRKSMARKE“

MiNr.	Wert	Farbe	Type	*	▨	⊙
123	2½ Pf	(dkl')grautürkis	Db	2,—	1,50	15,—
124	7½ Pf	rotorange	Db	2,—	0,50	3,20
125	10 Pf	lebhaftrosarot	Db	2,—	1,—	7,50
126	15 Pf	braunocker	Db	2,—	0,50	3,20
127	20 Pf	lebhaftkobaltblau	Db	2,—	1,—	8,—
128	25 Pf	graubraun	Db	5,—	3,—	24,—
129	50 Pf	dunkelbraunorange	Db	10,—	12,—	100,—
		Satzpreis (7 W.)		25,—	18,—	150,—

Auflagen: unbekannt *Gültig bis 31.3.1920*

1917. Dienstmarke: Ziffern in Raute. Wie MiNr. 117, jedoch geänderte Farbe.

Da) Ziffern in Raute, Inschrift „PORTOPFLICHTIGE DIENSTSACHE“

MiNr.	Wert	Farbe	Type	*	▨	⊙
130	25 Pf	lebhaftrötlichbraun/schwarz	Da	1,50	0,30	3,50

Auflagen: unbekannt *Gültig bis 31.3.1920*

1917. 1. Nov. Dienstmarke: Ziffern in Raute. Wie MiNr. 121, jedoch geänderte Farbe.

Da) Ziffern in Raute

MiNr.	Wert	Farbe	Type	*	▨	⊙
131	15 Pf	dunkelviolett bis dunkelgrauviolett	Da	1,50	0,30	3,50

Vorsicht vor Verwechslung der MiNr. 131 mit MiNr. 151!

Auflage: unbekannt *Gültig bis 31.3.1920*

Republik (Volksstaat)

1919/1920

1919. Dienstmarke: Ziffer in Raute. Bdr. Druckerei der Verkehrsanstalten Stuttgart (10×5 + 10×5, dazwischen waagerechter Zwischensteg); Wz. 1; gez. K 11½:11.

Da) Ziffer in Raute, Inschrift „PORTOPFLICHTIGE DIENSTSACHE“

MiNr.	Wert	Farbe	Type	*	**	▨	⊙
132	35 Pf	dkl'gelbbraun	Da	2,—	4,—	1,20	70,—

Auflage: unbekannt *Gültig bis 31.3.1920*

1919, 1. Juli. Dienstmarke: Ziffer in Raute. MiNr. 119 mit Bdr.-Aufdruck in Dunkellilaultramarin.

MiNr.	Wert	Farbe		*	**	▨	⊙
133	**2** auf 2½ Pf	dkl'bräunlich-oliv	(119)	1,—	2,—	0,60	6,—

Auflage: unbekannt *Gültig bis 31.3.1920*

1919, ab Juli. Dienstmarken: Ziffer(n) in Raute. Marken ab MiNr. 113 (mit Wz. 1) mit Aufdruck, Urmarken meist neu gedruckt.

				✶	✶✶	⊙
134	2½ Pf	dkl'bräunlicholiv (z. T. 119)		0,50	1,—	3,20
135	3 Pf	schwarzorange-braun	(z. T. 113)	13,—	25,—	30,—
136	5 Pf	schwarzgrün, schwarz-gelblichgrün	(z. T. 114)	0,40	0,80	3,20
137	7½ Pf	orange GA	(z. T. 120)	1,30	3,50	5,—
138	10 Pf	dunkelrosarot bis lebhaft-rotkarmin GA	(z. T. 115)	0,40	0,80	3,20
139	15 Pf	dkl'grauviolett	(z. T. 131)	0,40	0,80	3,20
140	20 Pf	blau bis mittel-grauultramarin	Da I	0,50	1,50	3,20
141	25 Pf	lebhaftrötlichbraun/schwarz	(z. T. 130)	0,50	1,—	10,—
142	35 Pf	dunkelgelbbraun (z. T. 132)		5,—	10,—	16,—
143	50 Pf	(rot)karmin bis magenta	(118)	7,—	15,—	20,—
		Satzpreis (10 W.) ◎ 8,—		25,—	55,—	90,—

Auflagen: unbekannt *Gültig bis 31.3.1920*

1920, 19. März. Dienstmarken: Hirsch (sogen. Abschiedsausgabe). Ⓔ Körner; RaTdr. Druckerei der Verkehrsanstalten Stuttgart (5×10); Wz. 2; gez. K 14½:14¾.

Dc) Hirsch

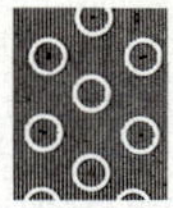

Wz. Ringe (Wz. 2) (oft schwer erkennbar)

				✶	✶✶	⊙
144	10 Pf	dunkellilarot	Dc	1,80	3,—	10,—
145	15 Pf	dunkelbraun	Dc	1,80	3,—	6,—
146	20 Pf	schwärzlichviolett-ultramarin	Dc	1,80	3,—	3,20
147	30 Pf	schwarzbläulichgrün	Dc	1,80	3,—	18,—
148	50 Pf	dunkelrötlichgelb	Dc	4,50	6,50	40,—
149	75 Pf	schwarzbraungelb	Dc	4,50	6,50	85,—
		Satzpreis (6 W.) ◎ 15,—		16,—	25,—	150,—

Vorsicht! Die Farbe von MiNr. 144 ist sehr wasserempfindlich! Unter Essigsäurezusatz kalt waschen!

FALSCH Vorsicht vor Marken mit rückdatierten Stempeln!

Auflagen: unbekannt *Gültig bis 31.3.1920*

1921/1923

1921, Jan./1922, Mai. Dienstmarken: Ziffer(n) in Raute. Bdr. Druckerei der Verkehrsanstalten Stuttgart (10×5 + 10×5, dazwischen waagerechter Zwischensteg); Wz. 1; gez. K 11½:11.

Da) Ziffer(n) in Raute, Inschrift „PORTOPFLICHTIGE DIENSTSACHE“

				✶	✶✶	⊙
150	10 Pf	lebhaftorange (Febr. 1921)	Da	0,40	0,70	3,20
151	15 Pf	schwarzgrauviolett (Jan. 1921)	Da	0,40	0,70	3,20
152	20 Pf	schwarzolivgrün, schwarzgrün (Jan. 1921)	Da	0,40	0,70	3,20
153	40 Pf	dunkelrosarot (Febr. 1921)	Da	0,40	0,70	3,20
154	50 Pf	dunkelbräunlichlila (Febr. 1921)	Da	0,40	1,20	3,20
155	60 Pf	dunkeloliv (März 1921)	Da	0,60	1,70	3,20
156	1.25 M	dunkelsmaragdgrün (Sept. 1921)	Da	0,40	1,20	3,20
157	2 M	dunkel- bis schwärzlich grautürkis (Okt. 1921)	Da	0,40	1,20	3,20
158	3 M	dunkelgelbbraun (Febr. 1922)	Da	0,60	1,20	3,20
			Satzpreis (9 W.)	3,80	8,—	25,—

Auflagen: unbekannt *Gültig bis 30.11.1923*

1922, Dez./1923, Juli. Dienstmarken: Ziffer(n) in Raute. MiNr. 150–158 mit neuem Wertaufdruck in zwei verschiedenen Ausführungen auf zum Teil neugedruckten Urmarken.

Aufdruck I

Aufdruck II

					✶	✶✶	⊙
159	**5 M**	auf 10 Pf	lebhaftorange, Aufdruck I (Jan. 1923)	(150)	0,30	0,60	3,20
160	**10 M**	auf 15 Pf	dunkel- bis schwarzgrauviolett, Aufdruck I (Dez.1922)	(z.T. 151)	0,30	0,60	3,20
161	**12 M**	auf 40 Pf	dunkelrosarot, Aufdruck I (Dez. 1922)	(153)	0,30	0,60	3,20
162	**20 M**	auf 10 Pf	lebhaftorange, Aufdruck I (Febr. 1923)	(150)	1,—	2,—	9,—
163	**25 M**	auf 20 Pf	schwarz(oliv)grün, Aufdruck I (Dez. 1922)	(152)	0,30	0,60	3,20
164	**40 M**	auf 20 Pf	schwarz(oliv)grün, Aufdruck I (Mai 1923)	(152)	0,30	0,60	7,50
165	**50 M**	auf 60 Pf	dunkeloliv, Aufdruck I (Jan. 1923)	(155)	0,30	0,60	3,20
166	**60 M**	auf 1.25 M	dunkelsmaragdgrün, Aufdruck II (Jan. 1923)	(156)	0,30	0,60	3,20
167	**100 M**	auf 40 Pf	dunkelrosarot, Aufdruck II (Mai 1923)	(153)	0,30	0,60	3,20
168	**200 M**	auf 2 M	dunkel- bis schwärzlichgrautürkis, Aufdruck II (April 1923)	(157) R	0,30	0,60	3,20
169	**300 M**	auf 50 Pf	dunkelbräunlichlila, karmin, dunkelkarminrot, Aufdruck II (Juli 1923)	(z.T. 154)	0,30	0,60	3,20
170	**400 M**	auf 3 M	dunkelgelbbraun, Aufdruck II (Juli 1923)	(158) Bl	0,30	0,60	4,—
				Satzpreis (12 W.)	3,—	8,—	45,—

Auflagen: unbekannt *Gültig bis 30.11.1923*

Da Württemberg am 1.4.1920 auf sein Postrecht zugunsten des Reiches verzichtete, sind die Ausgaben ab MiNr. 150 solche der Reichspost; sie werden aber gewohnheitsmäßig unter Württemberg registriert, da sie nur in Württemberg für die Gemeindebehörden ausgegeben und dort verwandt wurden.

1923, ab 10. Aug. Dienstmarken: Ziffer(n) in Raute. MiNr. 150–158 mit geändertem Wertaufdruck in vier verschiedenen Ausführungen auf zum Teil neu gedruckten Urmarken.

Aufdruck II

Aufdruck III

Aufdruck IV

Aufdruck V

					*	**	⊙
171	1000 M	auf 60 Pf	dunkeloliv, Aufdruck II	(155)	0,50	1,—	3,20
172	2000 M	auf 1.25 M	dunkelsmaragdgrün, dunkelgelblichgrün, Aufdruck II	(z.T. 156)	0,40	0,80	3,20
173	5 Tsd	(M) auf 10 Pf	lebhaftorange, Aufdruck III	(150)	0,40	0,80	13,—
174	20 Tsd	(M) auf 40 Pf	dunkelrosarot, Aufdruck III	(153)	0,40	0,80	6,50
175	50 Tsd	(M) auf 15 Pf	dunkelgrauviolett, Aufdruck III	Da II	1,50	4,—	22,—
176	75 Tsd	(M) auf 2 M	dunkel- bis schwärzlichgrautürkis, Aufdruck III	(157)	2,—	7,—	3,20
177	100 Tsd	(M) auf 20 Pf	schwarz(oliv)grün, Aufdruck III	(152)	0,30	0,60	9,—
178	250 Tsd	(M) auf 3 M	dunkelgelbbraun, Aufdruck III	(158)	0,30	0,60	3,20
179	1 Mio	(M) auf 60 Pf	dunkeloliv, Aufdruck IV	(155)	2,—	5,—	32,—
180	2 Mio	(M) auf 50 Pf	karmin, dunkelkarminrot, Aufdruck IV	Da II	0,30	0,60	3,20
181	5 Mio	(M) auf 1.25 M	dunkelsmaragdgrün, Aufdruck IV	(156)	0,50	1,20	8,—
182	4 Mrd	(M) auf 50 Pf	karmin, dunkelkarminrot, Aufdruck V	Da II	7,—	20,—	140,—
183	10 Mrd	(M) auf 3 M	dunkelgelbbraun, Aufdruck V	(158)	5,—	13,—	24,—
				Satzpreis (13 W.)	20,—	50,—	250,—

Auflagen: unbekannt

MiNr. 171–181 gültig bis 30.11.1923; MiNr. 182 und 183 bis 31.12.1923 (MiNr. 182 und 183 auch länger stillschweigend geduldet)

Neue Währung ab 1.12.1923: 10 Milliarden Mark = 1 Rentenpfennig

1923, Dez. Dienstmarken: Ziffer(n) in Raute. MiNr. 117 mit Bdr.-Aufdruck der neuen Währung in Schwarz, Urmarken neu gedruckt.

				*	**	⊙
184	3 auf 25 Pf	rotorange	Da III	0,70	1,50	11,—
185	5 auf 25 Pf	rotorange	Da III	0,60	1,20	3,20
186	10 auf 25 Pf	rotorange	Da III	0,60	1,20	3,20
187	20 auf 25 Pf	rotorange	Da III	0,70	1,50	4,—
188	50 auf 25 Pf	rotorange	Da III	0,60	1,20	1100,—
			Satzpreis (5 W.)	3,—	6,—	1100,—

Auflagen: unbekannt

Gültig bis 31.7.1925

MiNr. 189–200 fallen aus.

II. Dienstmarken für Staatsbehörden
Inschrift: „Amtlicher Verkehr" oder „Staatsmarke"

Königreich

1881/1896

1881, 1. April. Dienstmarken: Ziffer(n) in Schildern. Bdr. Druckerei der Verkehrsanstalten Stuttgart (10×5 + 10×5, dazwischen waagerechter Zwischensteg); gez. K 11½:11.

Dd) Ziffer(n) in Schildern, Inschrift „AMTLICHER VERKEHR"

				*	⊙
201	3 Pf	hellgrün bis olivgrün	Dd	30,—	7,—
202	5 Pf	mittelbläulichviolett bis hellviolettblau GA	Dd	10,—	3,20
203	10 Pf	(mittel)karminrot bis mittellilarot GA	Dd	4,—	2,50
204	20 Pf	lebhaftgraublau bis hellgrauultramarin GA	Dd	1,30	2,50
205	25 Pf	(hell)braunorange bis lebhaftrötlichbraun GA	Dd	45,—	8,—
206	50 Pf	olivgrün	Dd	8,—	14,—
207	1 M	dunkelorangegelb bis gelborange	Dd	90,—	220,—

FALSCH MiNr. 207

Auflagen: unbekannt

1890. Dienstmarken: Wertziffer(n) in Schildern. Wie MiNr. 201, 202, 205–207, jedoch geänderte Farben.

				*	⊙
208	3 Pf	schwarzorangebraun GA	Dd	2,—	3,20
209	5 Pf	schwarzgrün GA	Dd	3,—	3,20
210	25 Pf	gelblichorange bis dkl'orange	Dd	6,50	3,20
211	50 Pf	lebhaftbraunrot *(1890–1920)*	Dd	300,—	2200,—
212	1 M	schwärzlichrotviolett	Dd	7,—	20,—

Achtung! MiNr. 211 nicht mit MiNr. 213 verwechseln!

FALSCH MiNr. 211; Vorsicht auch vor nicht prüfbaren Dienstsiegelentwertungen bei MiNr. 211!

Auflagen: unbekannt

1891. Dienstmarke: Wertziffern in Schildern. Wie MiNr. 211, jedoch abermals geänderte Farbe.

				*	⊙
213	50 Pf	dunkel- bis schwarzrotbraun *(1891–1906)*	Dd	2,—	5,—

Auflage: unbekannt

1896/1902. Dienstmarken: Ziffer(n) in Schildern: Wie MiNr. 201–207, jedoch neue Wertstufen.

Dd) Ziffer(n) in Schildern, Inschrift „AMTLICHER VERKEHR“

				✶	⊙
214	2 Pf	dunkel- bis schwarzgrautürkis, dunkelgraugrün GA	Dd	2,—	3,20
215	30 Pf	dunkelorange/schwarz	Dd	2,50	4,50
216	40 Pf	dunkelrosarot/schwarz	Dd	2,50	4,50
		Satzpreis (3 W.)		7,—	12,—

Auflagen: unbekannt

1906

1906, Jan. Dienstmarken: 100 Jahre Königreich Württemberg. MiNr. 203, 204, 208–210, 212–216 mit Bdr.-Aufdruck in Schwarz.

				✶	⊙
217	2 Pf	dunkel- bis schwarzgrautürkis, dunkelgraugrün	(214)	35,—	65,—
218	3 Pf	schwarzorangebraun	(208)	7,—	5,—
219	5 Pf	schwarzgrün	(209)	6,—	3,20
220	10 Pf	(lebhaft)karminrot	(203)	5,50	4,—
221	20 Pf	(lebhaft)graublau bis hellgrauultramarin	(204)	6,—	5,50
222	25 Pf	dunkelorange	(210)	14,—	14,—
223	30 Pf	dunkelorange/schwarz	(215)	12,—	13,—
224	40 Pf	dunkelrosarot/schwarz	(216)	45,—	65,—
225	50 Pf	dunkelrotbraun	(213)	40,—	65,—
226	1 M	schwärzlichrotviolett	(212)	80,—	110,—
		Satzpreis (10 W.) ◎ —,—		250,—	340,—

FALSCH Vorsicht vor Aufdruckfälschungen!

Auflagen:

MiNr. 217 = 37 000	MiNr. 221 = 57 000	MiNr. 225 = 22 000
MiNr. 218 = 117 000	MiNr. 222 = 47 000	MiNr. 226 = 22 000
MiNr. 219 = 157 000	MiNr. 223 = 32 000	
MiNr. 220 = 117 000	MiNr. 224 = 27 000	

1906. Dienstmarken: Ziffer(n) in Schildern. Wie MiNr. 201–207 und 214–216, jedoch mit Wz. 1.

Wz. Kreuze und Ringe (Wz. 1)

				✶	⊙
227	2 Pf	dunkel- bis schwarzgrautürkis	Dd	0,60	3,20
228	3 Pf	schwarzorangebraun bis schwärzlichbraun GA	Dd	0,60	3,20
229	5 Pf	dunkel- bis schwarzolivgrün, dunkelgraugrün	Dd	0,60	3,20
230	10 Pf	rosarot bis lilarot	Dd	0,60	3,20
231	20 Pf	(hell)grauultramarin bis dkl'grautürkis	Dd	0,80	3,20
232	25 Pf	dunkelgelblichorange bis orange GA	Dd	1,—	3,20
233	30 Pf	(dunkel)orange/schwarz	Dd	0,60	3,20
234	40 Pf	dunkelrosarot bis lebhaftkarminrot/schwarz	Dd	0,60	3,20
235	50 Pf	braunrot bis bräunlichkarmin	Dd	0,80	4,50
236	1 M	schwärzlichrotviolett, dunkelgrauviolett	Dd	3,—	6,—
		Satzpreis (10 W.) ◎ 4,—		9,—	30,—

Auflagen: unbekannt

Die Preise bei den Dienstmarken gelten für die übliche Zähnung mit ungleichmäßigen Spitzen; völlig einwandfreie Zähnung erfordert Aufschläge! Alle ⊙-Preise gelten nur für geprüfte Stücke!

1916/1917

1916. 1. Aug. Dienstmarken: Ziffer(n) in Schildern. Bdr. Druckerei der Verkehrsanstalten Stuttgart (10×5 + 10×5, dazwischen waagerechter Zwischensteg); Wz. 1; gez. K 11½:11.

Dd) Ziffer(n) in Schildern, Inschrift „AMTLICHER VERKEHR“

				✶	⊙
237	2½ Pf	dunkelbräunlicholiv	Dd	0,70	3,20
238	7½ Pf	gelblichorange bis rötlichorange GA	Dd	0,70	3,20
239	15 Pf	dunkelbraunocker GA	Dd	0,80	3,20
		Satzpreis (3 W.) ◎ 1,50		2,—	8,—

Auflagen: unbekannt

1916, 20. Sept. Dienstmarke: Wertziffern in Schildern. X = Bdr.-Aufdruck auf MiNr. 232 (Wz. 1), Y = Bdr.-Aufdruck auf MiNr. 210 (oWz.).

				✶	◎	⊙
240	25 Pf	auf 25 Pf				
X		(dunkelgelblich) orange/schwarz, Wz. 1	(232)	4,—	1,—	10,—
Y		gelblichorange bis dkl'orange oWz.	(210)	45,—		*18000,—*

Der Aufdruck erfolgte, um einer Verwechslung mit der gleichfarbigen 7½-Pf-Marke vorzubeugen!

Auflagen: unbekannt

1916, 6. Okt. Dienstmarken: 25 Jahre Regentschaft von König Wilhelm II. E Franck; Bdr. Druckerei der Verkehrsanstalten Stuttgart (10×10); gez. K 14.

De) König Wilhelm II. (reg. 1891–1918), Inschrift „STAATSMARKE“

				✶	⊙
241	2½ Pf	dunkelgrautürkis	De	1,20	9,—
242	7½ Pf	dunkelrotorange	De	1,20	3,20
243	10 Pf	rosarot	De	1,20	3,50
244	15 Pf	dunkelbraunocker	De	1,20	3,20
245	20 Pf	dunkelcyanblau	De	1,20	4,—
246	25 Pf	dunkelgraubraun	De	2,—	9,—
247	30 Pf	dunkelgrün	De	2,—	20,—
248	40 Pf	dunkelrotkarmin	De	3,50	20,—
249	50 Pf	dunkelbraunorange	De	4,50	40,—
250	1 M	dunkelgraupurpur	De	4,50	60,—
		Satzpreis (10 W.) ◎ 10,—		22,—	160,—

Auflagen: unbekannt

1917. Dienstmarke: Ziffern in Schildern. Wie MiNr. 232, jedoch geänderte Farbe.

Dd) Ziffern in Schildern, Inschrift „AMTLICHER VERKEHR“

				✶	◎	⊙
251	25 Pf	lebhaftrötlichbraun/schwarz	Dd	0,60	0,50	3,20

Auflage: unbekannt

1917, 1. Nov. Dienstmarken: Ziffer(n) in Schildern. Wie MiNr. 239, 231 und 236, jedoch geänderte Farben.

				✶	⊙
252	15 Pf	violettschwarz, violett bis dunkelgrauviolett GA	Dd	1,50	3,20
253	20 Pf	mittelviolettultramarin	Dd	15,—	16,—
254	1 M	schwarzbläulichgrün/schwarz	Dd	3,—	40,—
		Satzpreis (3 W.) ◎ 2,50		18,—	55,—

Auflagen: unbekannt

Republik (Volksstaat)

1919/1920

1919, 1. Febr. Dienstmarke: Ziffern in Schildern. MiNr. 235 mit Bdr.-Aufdruck in Schwarz.

			✶	✶✶	◍	⊙
255	**50 Pf**	auf 50 Pf braunrot bis rotbraun . . (235)	2,—	4,—	1,40	25,—

Auflage: unbekannt

Satzpreise sind, wenn nicht anders angegeben, nach den niedrigsten Preisen eines Satzes ohne Unterarten errechnet.

1919. Dienstmarke: Wertziffern in Schildern. Bdr. Druckerei der Verkehrsanstalten Stuttgart (10×5 + 10×5, dazwischen waagerechter Zwischensteg); Wz. 1; gez. K 11½:11.

Dd) Ziffern in Schildern, Inschrift „AMTLICHER VERKEHR"

			✶	✶✶	◍	⊙
256	35 Pf	dunkelgelbbraun . Dd	2,—	4,—	3,—	40,—

Auflage: unbekannt

1919. Dienstmarke: Wertziffern in Schildern. MiNr. 237 mit Aufdruck (dkl'lilaultramarin).

			✶	✶✶	◍	⊙
257	**2**	auf 2½ Pf dunkelbräunlicholiv . . . . (237)	2,—	4,—	2,—	8,—

Auflage: unbekannt

1919. Dienstmarken: Wertziffer(n) in Schildern. Marken ab MiNr. 228 und MiNr. 208 (Y) mit Bdr.-Aufdruck in Schwarz, Urmarken zum Teil neu gedruckt.

				✶	✶✶	◍	⊙
258	2½ Pf	dunkelbräunlicholiv	(237)	0,70	1,40	0,50	3,20
259	3 Pf						
X		schwarzorangebraun bis schwärzlichbraun, Wz. 1	(228)	9,—	18,—	1,—	32,—
Y		schwarzorangebraun, oWz.	(208)	65,—	150,—		
260	5 Pf	schwarzolivgrün/dunkelgraugrün	(229)	0,50	1,—	0,50	3,20
261	7½ Pf	rötlichorange GA	(238)	0,50	1,20	0,50	4,50
262	10 Pf	dunkelrosarot bis rot GA	(z.T.230)	0,50	1,—	0,50	3,20
263	15 Pf	violettschwarz, violett bis dunkelgrauviolett GA	(252)	0,50	1,—	0,50	3,20
264	20 Pf	(schwarz)graublau bis mittelviolettultramarin GA	(253)	0,50	1,20	0,50	3,20
265	25 Pf	lebhaftrötlichbraun/schwarz GA	(251)	0,80	2,50	0,50	3,50
266	30 Pf	(dunkel)orange/schwarz	(233)	1,—	2,—	0,50	3,50
267	35 Pf	dunkelgelbbraun	(256)	0,70	1,40	0,50	9,—
268	40 Pf	dunkelrosarot bis lebhaftkarminrot/schwarz	(234)	0,70	1,40	0,50	4,50
269	50 Pf						
X		lebhaftlilakarmin bis dunkelbräunlichkarmin, mit Wz. 1	(z.T.235)	1,—	2,—	0,80	10,—
Y		oWz., dunkel- bis schwarzrotbraun	(213)	400,—	800,—		
270	1 M	schwarzbläulichgrün/schwarz	(254)	1,—	2,20	1,—	14,—
			Satzpreis (13 W.)	17,—	35,—	7,50	80,—

Vorsicht! MiNr. 269 teilweise wasserempfindlich!

Auflagen: unbekannt

1919. Dienstmarke: Wertziffer in Schildern. MiNr. 259 mit Bdr.-Aufdruck in Rot. X = mit Wz. 1, Y = oWz.

				✶	✶✶	◍	⊙
271	**75** auf 3 Pf						
X		schwarzorangebraun bis schwärzlichbraun, Wz. 1	(259 X)	1,50	3,—	1,50	50,—
Y		schwarzorangebraun, oWz.	(259 Y)	100,—	200,—	25,—	

Auflagen: unbekannt

1920, 25. März. Dienstmarken: Städteansichten, sogen. Abschiedsausgabe. 🄴 **Kissling und Raible; RaTdr. Ebner (5×6); Wz. 2; gez. K 14½:14¾.**

Df) Stuttgart

Dg) Ulm

Dh) Tübingen

Di) Ellwangen

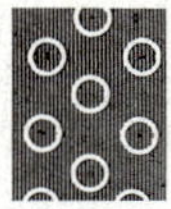
Wz. Ringe (Wz. 2)
(oft schwer erkennbar)

					✶	✶✶	◍	⨀
272	10	Pf	dunkellilarot	Df	0,70	1,70	0,50	12,—
273	15	Pf	dunkelbraun	Dg	0,70	1,70	0,50	10,—
274	20	Pf	schwarzviolettultramarin	Dh	0,70	1,70	0,30	5,—
275	30	Pf	dunkelbläulichgrün	Di	0,70	1,70	1,—	25,—
276	50	Pf	lebhaftorangegelb	Df	0,70	1,70	1,80	40,—
277	75	Pf	schwarzbraungelb	Dg	0,70	1,70	1,80	40,—
278	1	M	gelblichrot	Dh	1,—	2,—	1,80	40,—
279	1.25	M	dunkelgrauviolett	Di	1,—	2,—	2,50	55,—
280	2.50	M	lebhaftviolettultramarin	Df	3,—	6,—	2,50	55,—
281	3	M	dunkelolivgrün	Df	3,—	6,—	3,50	80,—
			Satzpreis (10 W.)		12,—	25,—	15,—	350,—

Vorsicht! MiNr. 272 ist sehr wasserempfindlich! Unter Essigsäurezusatz kalt waschen!

Auflagen: unbekannt

Dienstmarken mit Aufdruck „Deutsches Reich" siehe unter Deutsches Reich, Dienstmarken!

MiNr. 201–281 gültig bis 31.3.1920, MiNr. 207 allerdings nur bis 31.12.1902

Württemberg-Hohenzollern

siehe Deutschland unter Alliierter Besetzung, Französische Zone

Anzeigen

Norddeutscher Bund – Deutsches Reich

Norddeutscher Postbezirk – Deutsches Reichspostgebiet

Geschichtlicher Überblick:

Der (erste) Deutsche Bund ist durch den Deutschen Krieg 1866 zerschlagen worden. Noch vor Kriegsende, nämlich am 18. August 1866, hat Preußen mit 17 deutschen Staaten und den Hansestädten Staatsverträge zur Gründung des Norddeutschen Bundes geschlossen. Im einzelnen waren dies: die Großherzogtümer Mecklenburg-Schwerin, Mecklenburg-Strelitz, Oldenburg und Sachsen-Weimar-Eisenach, die Herzogtümer Anhalt, Braunschweig, Sachsen-Altenburg und Sachsen-Coburg-Gotha, die Fürstentümer Lippe (-Detmold), Reuß jüngere Linie, Schaumburg-Lippe, Schwarzburg-Rudolstadt, Schwarzburg-Sondershausen und Waldeck-Pyrmont, die Freie Hansestadt Bremen sowie die Freien und Hansestädte Hamburg und Lübeck. Beim Vertrags-Abschluss handelte der König von Preußen auch als Herzog von Lauenburg.

Bis zum 21.10.1866 wurden Anschlussverträge mit dem Königreich Sachsen, dem Großherzogtum Hessen (allerdings nur für die Provinz Oberhessen sowie die Orte Castel und Kostheim der Provinz Rheinhessen), dem Herzogtum Sachsen-Meiningen und dem Fürstentum Reuß ältere Linie geschlossen. Die Verfassung des Norddeutschen Bundes ist am 1. Juli 1867 in Kraft getreten.

Am 15.11.1870 ist mit dem Beitritt der Großherzogtümer Baden und Hessen (jetzt in vollem Umfang) der (neue) Deutsche Bund gegründet worden. Dessen Verfassung ist am 14.1.1871 in Kraft getreten.

Am 23. bzw. 25.11.1870 sind die Königreiche Bayern und Württemberg dem Deutschen Bund beigetreten. So ist der ganz Deutschland umfassende Bundesstaat Deutsches Reich geschaffen worden. Er existierte ab 1.1.1871, da an diesem Tag alle „Novemberverträge" in Kraft getreten sind. Seine Verfassung ist am 4. Mai 1871 in Kraft getreten. Im Frieden von Frankfurt a. M. vom 10.5.1871 hat Frankreich das Gebiet Elsass-Lothringen an das Deutsche Reich abgetreten. Das so entstandene Gebiet des Deutschen Reichs bestand bis zum Ende des Ersten Weltkrieges.

Am 9. November 1918 ist die Republik Deutschland ausgerufen worden. Die Verfassung dieser „Weimarer Republik", offiziell wieder Deutsches Reich genannt, ist am 14. August 1919 in Kraft getreten. Das Staatsgebiet unterlag in den folgenden Jahren erheblichen Verkleinerungen als Auswirkung des Friedensvertrages von Versailles (28.6.1919), später aber auch Erweiterungen u. a. durch die „Sudetengebiete" und den Anschluss von Österreich. Durch nicht veröffentlichten Erlass vom 26.6.1943 erhielt das Deutsche Reich zeitweilig offiziell die Bezeichnung Großdeutsches Reich. Mit dem Ende des Zweiten Weltkrieges hörte es auf zu existieren.

Postgeschichtliche Entwicklung

Mit Inkrafttreten der Verfassung des Norddeutschen Bundes übernahm das Generalpostamt in Berlin die Verwaltung des Postwesens als einheitliche Staatsverkehrsanstalt. Sein Zuständigkeitsbereich wurde als „Norddeutsches Postgebiet" oder „Norddeutscher Postbezirk" bezeichnet, da zu ihm auch die Provinzen Rheinhessen und Starkenburg des Großherzogtums Hessen gehörten. Das „Gesetz über das Postwesen des Norddeutschen Bundes" vom 2.11.1867 und das „Gesetz über das Posttaxwesen im Gebiet des Norddeutschen Bundes" vom 4.11.1867 sind am 1.1.1868 in Kraft getreten. Diese Gesetze wurden in den folgenden Jahrzehnten fortgeschrieben, ohne dass in den Grundzügen Änderungen vorgenommen wurden.

Im Deutsch-Französischen Krieg übernahm die Norddeutsche Post mit der Einrichtung einer deutschen „Administration der Posten" (AdP) zeitweilig den Landespostdienst in den durch deutsche Truppen besetzten französischen Gebieten.

Durch die Gründung des Deutschen Reichs (1.1.1871) änderten sich die Zuständigkeiten der Norddeutschen Post nicht, da in den Novemberverträgen Baden, Bayern und Württemberg Sonderrechte zugestanden worden waren, die auch in der Reichsverfassung ihren Niederschlag gefunden hatten.

Ab 1.1.1872 hat Baden zugunsten der Reichspost auf seine eigene Postverwaltung verzichtet, Württemberg folgte ab 1.4.1902 (mit Ausnahme der Behördenpost). Nachdem ab 1.4.1920 Bayern auf seine Sonderrechte sowie Württemberg auf seine restlichen verzichtet hatten, deckte sich erst jetzt der Zuständigkeitsbereich des nunmehrigen „Reichspostministeriums" uneingeschränkt mit dem Staatsgebiet des Deutschen Reichs.

In Elsass-Lothringen sind die Postgesetze des Deutschen Reiches am 1.1.1872 in Kraft getreten.

Die Herstellung der Marken mit der Inschrift DEUTSCHE REICHSPOST und der Prägung des Reichsadlers im Mittelfeld ist in einer Kabinettorder vom 27.4.1871 verfügt, doch erfolgte ihre Ausgabe erst zum 1.1.1872. Aus diesem Grunde wurden die Marken der Norddeutschen Post und die Okkupationsmarken in Elsass-Lothringen bis zum 31.12.1871 weiter verwendet. Sie sind daher ab 4. 5. 1871 (Inkrafttreten der Dt. Reichsverfassung), spätestens aber seit der Umbenennung der Norddeutschen Post (12. Mai 1871) Marken der deutschen Reichspost.

An die Stelle des mit dem 31.12.1867 aufgelösten Deutsch-Österreichischen Postvereins trat mit Wirkung vom 1.1.1868 eine Gemeinschaft von Vertragschließenden, zu denen gem. Verträgen vom 13.11.1867 mit Luxemburg und vom 23.11.1867 der übrigen Partner miteinander folgende Postgebiete gehörten: Das des Norddeutschen Bundes, von Baden, Bayern, Luxemburg, Österreich und Württemberg.

Am 9.10.1874 ist der „Allgemeine Postvereinsvertrag" mit 21 Gründerstaaten (darunter Deutschland) abgeschlossen worden und am 1.7.1875 (für Frankreich am 1.1.1876) in Kraft getreten. Er regelte den Postverkehr der Mitglieder untereinander und ersetzte weitgehend die bisher üblichen bilateralen Postverträge. 1878 ist er in „Weltpostverein" umbenannt worden.

Stempel:

Alle noch brauchbaren Stempelgeräte der früheren Postanstalten und -verwaltungen wurden, z. T. aptiert, weiterverwendet. So kommen auf allen Ausgaben des Norddeutschen Bundes, sowie den ersten Ausgaben des Deutschen Reichs noch vielfach altdeutsche Stempel vor (= „Altstempel", auch „Nachverwendete Altdeutschland-Stempel" genannt).

Unbrauchbar gewordene Stempel wurden ersetzt; die „Neustempel" wurden auch als zusätzliche Geräte in bereits bestehenden und in neu eingerichteten Postanstalten in Dienst gestellt.

Beispiele für Neustempel:

In der Regel erhielten die Neustempel die Form der späten preußischen Einkreis- und Rechteckstempel (= K 1 g und R 3 g).

Abweichende Formen bei Neustempeln gab es in den Bezirken der Oberpostdirektionen (OPD'en) im früheren Thurn-und-Taxis-Postgebiet sowie der OPD'en Düsseldorf und Schwerin.

Eine besondere Gruppe bilden die sogenannten „Hufeisenstempel“:

Stempel fremder Postverwaltungen:

Stempel der kgl. Bayerischen und der kgl. Württembergischen Post auf Frankaturen von Rückantwortkarten und auf Briefen der gebietsüberschreitenden Bahnpost sind selten!

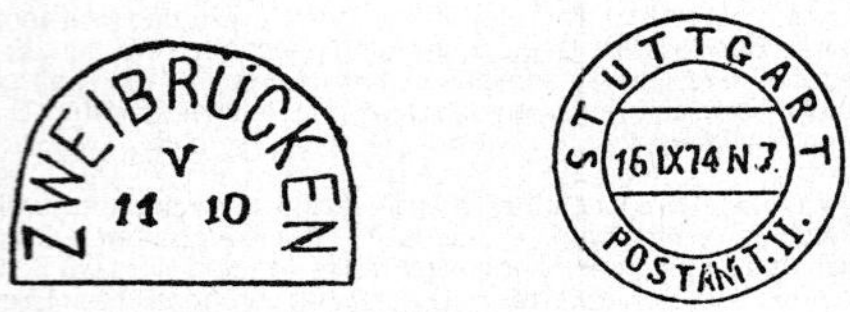

Bewertung: ⊙ mindestens 200,—

Mit Schiffspost beförderte Sendungen wurden oft mit ausländischen Schiffspoststempeln oder Stempeln von Hafenstädten entwertet.

Dänische Landungsstempel

a) Ringstempel (häufigster Nr. 1 von Kopenhagen) auf Deutsches Reich MiNr. 3, 4, 5 sowie 14, 18, 19 u. 20 (mindestens 100,—) auf MiNr. 32–34, 40–42, 47 u. 48 (mindestens 30,—). Auf allen anderen Marken selten.
b) Dänische Expeditionsstempel Nr. 168–170 u. 187–193 auf Brustschildmarken bekannt (mindestens 150,—).
c) KORSØR-KIEL DPSK.POSTKT. mit den Nummern 1–4 auf den Marken der ersten 8 Ausgaben der Reichspost (bis Germania mit Wz.) bekannt (auf Brustschildmarken mind. 250,—, auf Germaniamarken Zuschlag 25,— bis 100,—).
d) „Fra Tydskland L. (oder S.)“ (Lübeck bzw. Stettin) ab 1895 bekannt (ca. 50,—).

Schwedische Landungsstempel von Malmö und Stockholm sind selten (auf Brustschildmarken mind. 400,—)!

Währungen:

Vor der Einführung der gemeinsamen (Gold-)Markwährung in Deutschland am 1.1.1875 (in Württemberg am 1.7.1875 und in Bayern am 1.1.1876) wurde bei der Festsetzung von Gebühren der in weiten Teilen des Bundesgebiets geltende (z. T. ab 1.1.1868 eingeführte) preußische Thaler zu Grunde gelegt (1 Thaler = 30 Groschen / 1 Groschen = 12 Pfennig)

Folgende Gebiete hatten abweichende Währungen:

Talerwährung (1 Thaler = 30 Neu-Groschen / 1 Neu-Groschen = 10 Pfennig)
Herzogtum Braunschweig, Königreich Sachsen, Großherzogtum Sachsen-Altenburg

Guldenwährung (1 Gulden = 60 Kreuzer):
Königreiche Bayern u. Württemberg, Großherzogtümer Baden u. Hessen, Herzogtum Sachsen-Meiningen (Ausnahme Amt Camburg), Hohenzollernsche Lande, Landesteil Coburg des Herzogtums Sachsen-Coburg-Gotha, Teil Rudolstadt des Fürstentums Schwarzburg-Rudolstadt, Frankfurt/Main und Caulsdorf.

Die Freie und Hansestadt Hamburg behielt die Mark Courant = 16 Schillinge.

Francwährung (1 Franc = 100 Centimes) galt bis 31.12.1871 in der „Administration der Posten“ (AdP) in den besetzten franz. Gebieten und Elsass-Lothringen
(danach bis 31.12.1874 Thalerwährung).

Zwischen den Währungen bestanden folgende Relationen:

1 Silbergroschen zu 12 Pfennigen = 1 Neugroschen zu 10 Pfennigen
2 Silbergroschen = 7 Kreuzer / 100 Thaler = 175 Gulden
1 Mark Courant = 16 Schilling / 1 Schilling = 9 Pf = ¾ Silbergroschen
1 franz. Franc = 100 Centimes = 96 Pf = 8 Silbergroschen / 1 Thaler = 3,75 fFr

Verhältnis Groschen-Kreuzer
2/7 – 1
4/7 – 2
6/7 – 3
2 – 7
51/7 – 18

Wert einer Freimarke im anderen Währungsgebiet:
⅓ Groschen entspricht 1 Kreuzer
½ Groschen entspricht 2 Kreuzer
1 Groschen entspricht 3 Kreuzer
2 Groschen entspricht 7 Kreuzer
5 Groschen entspricht 18 Kreuzer

Abrundung und Umrechnung:
1 oder 2 Pfg .– ¼ Groschen
4 oder 5 Pfg. – ½ Groschen
7 oder 8 Pfg. – ¾ Groschen
10 oder 11 Pfg. – 1 Groschen

Die Markwährung (1 Mark = 100 Pfennige) wurde im Reichspostgebiet am 1.1.1875, in Württemberg am 1.7.1875 und in Bayern am 1.1.1876 eingeführt (1 Thaler = 3 Mark). Die durch das Gesetz vom 13.10.1923 vorübergehend eingeführte Rentenmark kommt bei den Postwertzeichen nicht zum Ausdruck, wohl aber die durch das Gesetz vom 30.8.1924 geltende Reichsmark (1 Reichsmark = 100 Reichspfennig).

Maße und Gewichte:

1 Meile = 7,5 km 1 Zoll-Pfund = 30 Zoll-Loth 1 Zoll-Loth = 16⅔ g

Markenherstellung:

Alle Ausgaben der Norddeutschen Post und bis 1879 der Deutschen Reichspost wurden in der Kgl. Preußischen Staatsdruckerei in Berlin hergestellt. Nach Gründung der Reichsdruckerei Berlin am 6.7.1879 wurden fast alle weiteren Ausgaben in dieser gedruckt. MiNr. 119–139 wurden bei der Fa. Bruckmann, München, hergestellt. In der Zeit von 1938–1945 wurde auch die Staatsdruckerei Wien zum Markendruck herangezogen.

Zähnung:

Bei der ersten Freimarken-Ausgabe der Norddt. Post wurden die Bogen mit einer Durchstich-Trennung versehen. Da sie linienmäßig erfolgte, kam es zu unterschiedlichen Markengrößen. Vielfach ist der Durchstich mangelhaft.

Die weiteren Ausgaben (einschließlich der Brustschild-Marken) wurden mit einer Kammzähnung versehen. Die verschieden hohen oder niedrigen Marken, ebenso die Unregelmäßigkeiten der Eckzähne, entstanden durch ungleichmäßigen Vorschub der Zähnungseinrichtung. Bei einer Zähnung der Markenreihen von oben beginnend sind die oberen Eckzähne stets gleichmäßig, von unten beginnend (oft bei den Marken ab 1872–1874) sind es die unteren Eckzähne.

14 Zahnlöcher
ganz klein

15 Zahnlöcher
klein

16 Zahnlöcher
normal

16 Zahnlöcher
etwas größer

Ganz kleine Marken	14 Zahnlöcher	max. 20% Aufschlag, Mindestpreis 100,—
Kleine Marken	15 Zahnlöcher	max. 20% Aufschlag, Mindestpreis 10,—
Größere Marken	16 Zahnlöcher	max. 20% Aufschlag, Mindestpreis 40,—

Vorsicht vor Nachzähnungen!

Bei Zähnung der Bogen von der Markenvorderseite aus erfolgte der Kammvorschub von oben nach unten (unterer Bogenrand durchgezähnt), bei Zähnung von der Markenrückseite aus von unten nach oben (oberer Bogenrand durchgezähnt). Die Zähnung von gleichzeitig zwei oder mehreren Bogen hatte die sog. raue Zähnung zur Folge.

Raue Zähnung max. 30% Aufschlag, Mindestpreis 10,—, bei Marken mit großem Brustschild seltener

Markenfarben:

Bei fast allen Marken der Norddeutschen Post und bei MiNr. 1–337 des Deutschen Reiches gibt es eine Fülle von Farbnuancen, die für den Spezialisten von Interesse sind; vgl. MICHEL-Deutschland-Spezial Band 1!

Vorsicht! Grüne und orangefarbene Marken sind oxidationsempfindlich, sie verfärben sich dann ins Bläuliche bzw. Bräunliche.

Norddeutscher Bund (Norddt. Postbezirk)

Ausgaben der Norddeutschen Post für den Norddeutschen Postbezirk

Die durch die Norddeutsche Post herausgegebenen Wertzeichen galten mit Ausnahme der sogen. Stadtpostmarke für Hamburg und der Okkupationsmarken im gesamten Norddeutschen Postbezirk.

Eine fiskalische Verwendung von Brief- und Dienstmarken hat es nicht gegeben.

Außer den 10- und 30-Gr-Marken (sie wurden aufgebraucht), den Telegraphenmarken (sie galten bis zum 31.10.1872) und den „Stadtpostmarken" wurden die Wertzeichen des Norddeutschen Postbezirks am 31.12.1871 ungültig. Mit Stempeldaten ab 4.5.1871 sind sie als Marken der Deutschen Reichspost anzusehen.

Für den Gebrauch im Innendienst wurden bis 28.2.1869 die Marken Preußen MiNr. 20 und 21 weiterverwendet (Katalogisierung siehe dort!).

Bewertungshinweise:

Bei Marken mit Durchstich gelten die Preise für Stücke mit regelmäßigem, deutlichem Durchstich (siehe „Briefmarken-Qualitätsstufen" im Einleitungsteil, Abb. 7), bei gezähnten Marken für Stücke mit einwandfreier Zähnung (Abb. 12; Ausnahme siehe MiNr. 25 und 26).

Bei gebrauchten Marken gelten die Bewertungen für saubere Abstempelungen, bei denen Ort und Datum erkennbar sind.

1868/1869

1868, 1. Jan. Freimarken für den (nördlichen) Bezirk mit Talerwährung. [E] Schwatlo; Bdr. (10×15); [] 8½–11½, auch gemischt.

a) Ziffer im Kreis, Inschrift, Währungsangabe Groschen

				✶	⊙
1	¼ Gr	braunviolett bis bräunlichlila	a	20,—	18,—
2	⅓ Gr	(mittel)gelblichgrün, hellsmaragdgrün [GA]	a	40,—	6,—
3	½ Gr	hell- bis mittel(rötlich)orange (Töne)	a	40,—	5,—
4	1 Gr	mittelrötlichkarmin bis mittelrotkarmin, (hell)lilarot, dunkelrosarot	a	25,—	4,—
5	2 Gr	(lebhaftgrau)blau, (lebhaftgrau)ultramarin	a	100,—	7,—
6	5 Gr	(hell)olivbraun bis ockerbraun	a	100,—	14,—
		Satzpreis (6 W.)		320,—	50,—

Vorsicht! MiNr. 1 verfärbt sich unter Einfluss von Zersetzungsstoffen (meist nur stellenweise) zu rosa, MiNr. 3 zu braun bis schwarzbraun!

Die unterschiedlichen Durchstichweiten bedingen keine unterschiedliche Bewertung!

Auf dünnem, durchscheinendem Papier (bis 0,06 mm) (x):

	✶	⊙
1 x		60,—
2 x		45,—
3 x		80,—
4 x		35,—
5 x		40,—
6 x		120,—

[FALSCH] MiNr. 4 und 5 in leuchtender Färbung (MiNr. 4 [E] orangerot, nachgravierte Platte der MiNr. 16) sind „Nachdrucke" (Fälschungen) von Fouré (Druck von Originalplatten).

Auflagen: unbekannt *Gültig bis 31.12.1871*

Wie MiNr. 1–6, jedoch gez. 13¾:14¼: MiNr. 13–18

1868, 1. Jan. Freimarken für den (südlichen) Bezirk mit Guldenwährung. [E] Schwatlo; Bdr. (10×15); [] 8½–11½, auch gemischt.

b) Ziffer im Oval, Inschrift, Währungsangabe Kreuzer

				✶	⊙
7	1 Kr	(mittel)gelblichgrün, hellsmaragdgrün (Töne) [GA]	b	45,—	10,—
8	2 Kr	hell- bis mittel(rötlich)orange (Töne)	b	70,—	70,—
9	3 Kr	mittelrötlichkarmin bis mittelrotkarmin [GA]	b	45,—	4,—
10	7 Kr	(lebhaftgrau)blau bis (hell)ultramarin	b	200,—	15,—
11	18 Kr	(hell)olivbraun (Töne)	b	45,—	80,—
		Satzpreis (5 W.)		400,—	170,—

Die unterschiedlichen Durchstichweiten bedingen keine unterschiedliche Bewertung!

Auf dünnem, durchscheinendem Papier (bis 0,06 mm) (x):

	✶	⊙
7 x		60,—
8 x		200,—
9 x		35,—
10 x		—,—

Auflagen: unbekannt *Gültig bis 31.12.1871*

Wie MiNr. 7–11, jedoch gez. 13¾:14¼: MiNr. 19–23

1868, 1. Jan. Freimarke für den Stadtzustellbezirk Hamburg. [E] Schwatlo; Bdr. (10×15), [] 8½.

c) Inschrift im Oval, keine Wertangabe

				✶	⊙
12	(½ Sch)	(dunkel)rötlichbraun bis (dunkel)lilabraun	c	150,—	70,—

Die Farbe der MiNr. 12 schwankt sehr stark. Verfärbungen zu dunkelviolettbraun sind auf äußere Einflüsse zurückzuführen.

12 x auf dünnem, durchsch. Papier (bis 0,06 mm) .... 130,—

MiNr. 12 gibt es in vielen, geringfügig voneinander abweichenden Zeichnungsvarianten, z. B. Abstand der geflügelten Räder zu den Einfassungslinien, Untergrundausführung der Eichenblätter. Der Frankaturwert betrug ½ Schilling (= 3/8 Gr = 4½ Pf).

Auflage: unbekannt *Gültig (theoretisch) bis 31.12.1874*

1869, ab Jan. Freimarken für den (nördlichen) Bezirk mit Talerwährung. Wie MiNr. 1–6, jedoch gez. K 13¾:14¼ und z. T. geänderte Farben.

				✶	⊙
13	¼ Gr	hellrotviolett bis rotlila, graulila	a	18,—	20,—
14	⅓ Gr	hell- bis dunkelgelblichgrün, bläulichgrün, olivgrün, mittelgrünoliv	a	6,50	4,—
15	½ Gr	hell- bis mittel(rötlich)orange	a	6,50	5,50
16	1 Gr	hell- bis lebhaftkarmin bis karminrot, (dunkel)rotkarmin, lebhaftrot	a	5,—	2,20
17	2 Gr	hell- bis lebhaftgraublau, (mittel)grauultramarin	a	9,—	3,50
18	5 Gr	(hell)olivbraun bis ockerbraun	a	11,—	16,—
		Satzpreis (6 W.)		55,—	50,—

Bei MiNr. 16 kommen Verfärbungen bis zu (dunkel)lilakarmin vor

Von MiNr. 16 gibt es eine nachgravierte Platte (Anf. Juni 1870) (stilisierte Flügel in der rechten Markenecke, Federn ohne Kiele); von dieser Platte stellte Fouré seine „Nachdrucke" her.

Auf dünnem, durchscheinendem Papier (bis 0,06 mm) (x):

	✶	⊙
14 x		80,—
15 x		35,—
16 x		30,—

Auflagen: unbekannt *Gültig bis 31.12.1871*

1869, ab Febr./1871, Juli. Freimarken für den (südlichen) Bezirk mit Guldenwährung. Wie MiNr. 7–11, jedoch gez. K 13¾:14¼ und teilweise leicht geänderte Farben.

				✱	⊙
19	1 Kr	hell- bis dunkelgelblichgrün, bläulichgrün (1869)	b	16,—	13,—
20	2 Kr	hell- bis mittel(rötlich)orange (1869)	b	50,—	140,—
21	3 Kr	hell- bis (lebhaft)karmin (1869)	b	9,—	7,—
22	7 Kr	hell- bis lebh'graublau, (mittel)grauultramarin (1869)	b	14,—	15,—
23	18 Kr	(hell)olivbraun (Töne) (Juli 1871)	b	190,—	2200,—
		Satzpreis (5 W.)		270,—	2300,—

		✱	⊙
19 x	(bis 0,06 mm)		120,—
21 x	(bis 0,06 mm)		90,—

FALSCH MiNr. 20 und 23 falsche Zähnung (aus MiNr. 8 und 11 hergestellt)

MiNr. 20 und 23

Auflagen: unbekannt *Gültig bis 31.12.1871*

1869, Juni. Freimarke für den Stadtzustellbezirk Hamburg. Wie MiNr. 12, jedoch gez. K 13¾:14¼ sowie geänderte Farbe.

				✱	⊙
24	(½ Sch)	(dunkel)lilabraun bis schwärzlichbraun	c	6,—	11,—

Auflage: unbekannt *Gültig bis 31.12.1874*

Spätere Auflagen der Freimarken MiNr. 13–24, alle Dienst- und die Okkupationsmarken haben zum Schutz gegen Fälschungen einen unsichtbaren netzartigen Unterdruck, der bei Behandlung der Marken mit Schwefelwasserstoff braunschwarz und bei Behandlung mit Kaliumchromat gelb hervortritt.

1869, 1. März. Freimarken für den Innendienst. E Schwatlo; Bdr. (10×10); gez. K 14¼:13¾.

d) Ziffern im Oval

e) Ziffern im Rechteck

				✱	~	⊙	⊙ und ~
25	10 Gr	hell- bis mittelbraungrau	d	400,—	80,—	500,—	250,—
26	30 Gr	(lebh')graublau bis (mittel)ultramarin	e	350,—	170,—	1200,—	380,—
		Satzpreis (2 W.)		750,—	250,—	1700,—	

Die Preise gelten für Stücke mit Zahnfehlern. Gut gezähnte Stücke sind infolge des reißempfindlichen, sehr dünnen Papiers selten und bedingen deutliche Aufschläge!

Vor der Ausgabe der MiNr. 25 und 26 wurden im Gebiet des Norddeutschen Postbezirks die Innendienstmarken von Preußen (MiNr. 20 und 21) aufgebraucht. MiNr. 25 und 26 waren nur für den inneren Dienst bestimmt, der Verkauf an das Postpublikum war nicht gestattet. Federzugentwertung mit schwarzer Tinte war Vorschrift, vorschriftswidrige Stempel-Entwertungen kommen bei MiNr. 25 häufiger vor.

Bei Frankierungen im Gulden/Kreuzer-Währungsgebiet wurde der Frankaturwert wie folgt errechnet:

10 Groschen = 35 Kreuzer 30 Groschen = 105 Kreuzer

FALSCH Vorsicht besonders vor chemisch entfernten Federzugentwertungen!

MiNr. 25 und 26 wurden nach der Außerkurssetzung der Marken der Norddeutschen Post (31.12.1871) bis 31.12.1874 noch aufgebraucht

Dienstmarken

Die Post des Norddeutschen Bundes hat zunächst die vor dem 1.1.1868 in den bisherigen Postgebieten gewährten Portofreiheiten der Fürstenhäuser, der Behörden und einer Vielzahl von (mehr oder weniger) gemeinnützigen Institutionen, Vereinen usw. anerkannt. Mit Wirkung vom 1.1.1870 sind sie bis auf wenige Ausnahmen, z. B. der regierenden Fürsten, der Bundesbehörden, des Reichstags u. a., aufgehoben worden.

Die dienstlichen Sendungen mussten also in aller Regel frankiert werden, oder die Behörden mussten sich dem Aversionierungs- oder Contierungsverfahren anschließen. Bei ersterem wurde in einer Ermittlungsperiode eine Pauschalsumme ermittelt, die zu bestimmten Terminen an die Post zu entrichten war. Bei dem Contierungsverfahren wurden die Sendungen bei der zuständigen Postanstalt mit Freimarken frankiert und deren Wert à Conto kreditiert. Die so aufgelaufene Gebührensumme musste ebenfalls zu vereinbarten Terminen bezahlt werden. Der Deutsche Eisenbahn-Verein erhielt die verausgabten Gebühren allerdings erstattet. Zu diesem Zweck wurde über dessen Sendungen ein „Entschädigungskonto" geführt. Ab 1.7.1874 wurden dafür „Gebührenzettel" zur Kennzeichnung der ordnungsgemäßen Registrierung der Sendungen eingeführt; sie brauchten nun nicht mehr mit Freimarken frankiert zu werden.

Für die Behörden der Bundesstaaten – nicht also für die Provinzen Starkenburg und Rheinhessen (daher die Inschrift „NORDDEUTSCHE-POST") – sind am 1.1.1870 Dienstmarken herausgegeben worden; ihre Verwendung war nicht obligatorisch.

1870, 1. Jan. Dienstmarken für den (nördlichen) Bezirk mit Talerwährung; E Schwatlo; Bdr. (10×15); gez. K 14¼:13¾.

a) Ziffern im Achteck, Wertangabe in Groschen, Unterdruck (mattorangerot) „NORDD: POSTBEZIRK"

				✱	⊙
1	¼ Gr	schwarz/mattorangerot	Da	35,—	55,—
2	⅓ Gr	schwarz/mattorangerot	Da	12,—	25,—
3	½ Gr	schwarz/mattorangerot	Da	4,—	7,—
4	1 Gr	schwarz/mattorangerot	Da	3,50	3,—
5	2 Gr	schwarz/mattorangerot	Da	9,—	6,—
		Satzpreis (5 W.)		60,—	90,—

MiNr. 1–3

Auflagen: unbekannt

1870, 1. Jan. Dienstmarken für den (südlichen) Bezirk mit Guldenwährung. Bdr. Preußische Staatsdruckerei Berlin (10×15); gez. K 14¼:13¾.

Db) Ziffern im Achteck, Wertangabe in Kreuzer, Unterdruck (mattgrau) „NORDD: POSTBEZIRK"

				✱	⊙
6	1 Kr	schwarz/mattgrau	Db	40,—	320,—
7	2 Kr	schwarz/mattgrau	Db	100,—	1000,—
8	3 Kr	schwarz/mattgrau	Db	35,—	60,—
9	7 Kr	schwarz/mattgrau	Db	55,—	350,—
		Satzpreis (4 W.)		220,—	1700,—

Auflagen: unbekannt

MiNr. 1–9 gültig bis 31.12.1871

Ausgabe der Norddeutschen Post für die Okkupationsgebiete in Frankreich bzw. die OPD-Bezirke Elsass und (Deutsch-)Lothringen

Im Deutsch-Französischen Krieg von 1870/71 wurde das Gebiet der Postverwaltung des Norddeutschen Bundes, des Deutschen Bundes und des Deutschen Reichs zeitweilig durch die besetzten französischen Gebiete und definitiv durch die „Reichslande" Elsass-Lothringen erweitert. Bald nach der Kriegserklärung durch Frankreich an Preußen am 19. Juli 1870 war es zur Besetzung französischer Gebiete durch die Truppen des Norddeutschen Bundes und der mit diesem verbündeten süddeutschen Staaten sowie zu der Einrichtung einer deutschen „Administration der Posten" (AdP) als Teil der Norddeutschen Post gekommen. Sie betrieb den ab 10. September 1870 freigegebenen zivilen Landespostdienst zunächst im gesamten besetzten Gebiet. Aus dem Zuständigkeitsbereich der AdP wurden ab 6.10.1870 die Landesteile herausgelöst, die Deutschland zu behalten beabsichtigte und die im Vorfrieden von Versailles (26.2.1871) provisorisch und im Frieden von Frankfurt/M. (10.5.1871) im endgültigen Umfang durch Frankreich abgetreten wurden: die „Reichslande" mit den OPD-Bezirken Elsass und (Deutsch-)Lothringen. (Die Bezeichnung Reichslande besagt, dass das Gebiet zum Deutschen Reich gehörte, jedoch zu keinem der Bundesstaaten.) In den nach wie vor besetzten französischen Gebieten wurde nach französischer Rechtsauffassung der Landespostdienst am 2.3.1871 und nach deutscher Version erst nach dem Abkommen von Reims am 24.3.1871 rechtens wieder durch die französische Post aufgenommen, nachdem die AdP und ihre Anstalten den Dienst eingestellt hatten.

In Elsass-Lothringen traten die Postgesetze des Deutschen Reichs am 1.1.1872 in Kraft.

Währung: 1 Franc = 100 Centimes (C)

1870

1870, 10. Sept./Dez. Freimarken: Ziffer(n) auf Netzunterdruck. Bdr. Preußische Staatsdruckerei Berlin (15×10); I = Type I, II = Type II; gez. K 13¾:14¼.

a

Type I:
Netzwerk mit Spitzen nach oben

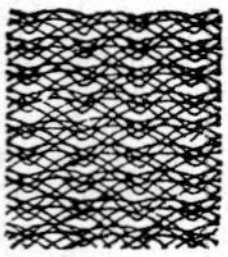

Type II:
Netzwerk mit Spitzen nach unten

				*	⊙
1 I	1 C	(grau)olivgrün bis dkl'grauoliv	a	70,—	120,—
2 I	2 C	(mittel)rotbraun bis schwärzlichrötlichbraun	a	90,—	170,—
3 I	4 C	lilagrau bis dunkel(violett)grau	a	90,—	90,—
4 I	5 C	hell- bis dunkelgelblichgrün	a	60,—	12,—
5 I	10 C	orangebraun bis braunocker (viele Töne)	a	55,—	17,—
6 I	20 C	mittel- bis dkl'(grau)ultramarin, mittel- bis dunkelgraublau	a	80,—	14,—
7 I	25 C	mittelbraun bis dunkel(ocker)braun	a	130,—	90,—
1 II	1 C	(grau)olivgrün bis dkl'grauoliv	a	350,—	1000,—
2 II	2 C	(mittel)rotbraun bis schwärzlichrötlichbraun	a	120,—	900,—
3 II	4 C	lilagrau bis dunkel(violett)grau	a	120,—	120,—
4 II	5 C	hell- bis dunkelgelblichgrün	a	*3000,—*	600,—
5 II	10 C	orangebraun bis braunocker (viele Töne)	a	55,—	15,—
6 II	20 C	mittel- bis dkl'(grau)ultramarin, mittel- bis dunkelgraublau	a	130,—	120,—
7 II	25 C	mittelbraun bis dunkel(ocker)braun	a	260,—	260,—

Die Farbe des Unterdrucks entspricht in etwa der des übrigen Markenbildes!

Bei allen Werten, besonders aber bei MiNr. 5, gibt es Farbnuancen; vgl. MICHEL-Deutschland-Spezial Band 1!

(F) MiNr. 1–3

Nachdrucke (ND):

Original:
Diagonale schneidet den Fuß des „P"

Nachdruck:
Diagonale schneidet das „P" oberhalb des Fußes

Die Nachdrucke wurden 1885 gegen Bezahlung der Herstellungskosten und eine Spende von 7000 Mark zugunsten der „Kaiser-Wilhelm-Stiftung" (eine soziale Einrichtung für Angestellte im Post- und Telegraphendienst) durch die Staatsdruckerei für den Briefmarkenhändler Wiering/Hamburg hergestellt. Auflage 10 000 Doppelbögen zu je 100 Stück (zu je zwei Blocks à 50). Senkrechte Kammzähnung 13¾:14½ (gegenüber waagerechter Kammzähnung 13¾:14¼ bei den Originalen).

			*	**
1 ND I–7 ND I	Nachdrucke mit Netzunterdruck II	Satzpreis (7 W.)	18,—	25,—
1 ND II	Nachdruck (1 C) mit Netzunterdruck I (ein Bogen, 4×50)		—,—	—,—

(☞) Viele Nachdruckmarken wurden zur Täuschung der Sammler mit Stempeln versehen!

FALSCH Fälschungen: Fournier-(= Genfer) Fälschungen: Markenbild wie Originale, unregelmäßige Zeichnung des Unterdrucks I und II, glatteres, z. T. fluoreszierendes Papier, meist grellere Farben, Linienzähnung 13½, fast immer mit (Falsch-)Stempeln (stereotype Daten).

Pariser Fälschungen: Unterdruckzeichnung (stets II) „dicker" und abweichende Form, grobe Linienzähnung 13¼, oft stark dezentriert, leicht erkennbar.

Deutsches Reich

Ausgaben der Deutschen Reichspost für den Reichspostbezirk

Eintritt in den Weltpostverein: 1. Juli 1875
Die Herstellung der Marken mit der Inschrift DEUTSCHE REICHSPOST und der Prägung des Reichsadlers im Mittelfeld ist in einer Kabinettorder vom 27.4.1871 verfügt, doch erfolgte ihre Ausgabe erst zum 1.1.1872. Aus diesem Grunde wurden die Marken der Norddeutschen Post bis zum 31.12.1871 weiter verwendet. Sie sind daher ab 4.5.1871 (Inkrafttreten der Dt. Reichsverfassung), spätestens aber seit der Umbenennung der Norddeutschen Post (12. Mai 1871) Marken der Deutschen Reichspost.

Die neuen Reichspostmarken wurden bereits im Dezember 1871 an die Postämter verteilt, so dass Verwendungen – entgegen der Vorschrift – vor dem 1.1.1872 in einigen Fällen vorkommen.

Außer den Innendienstmarken zu 10 und 30 Groschen und der Stadtpostmarke für Hamburg verloren die Marken mit Inschrift NORDDEUTSCHER POSTBEZIRK zum 1.1.1872 ihre Gültigkeit. Reguläre Mischfrankaturen dieser Marken mit Brustschildmarken können daher nicht vorkommen.

Die Innendienstmarken zu 10 und 30 Groschen behielten ihre Gültigkeit und wurden aufgebraucht.

Die Stadtpostmarke für Hamburg wurde auch nach dem 1.1.1872 weiter gedruckt. Sie war bis zum 31.12.1874 auf Ortssendungen innerhalb Hamburgs gültig.

Markengrößen, Zähnung, fehlende Zähnungslöcher siehe vor Norddeutscher Postbezirk

Blockaufstellung siehe vor Markenheftchen

Nicht ausgegebene Marken:

MiNr. A I siehe nach MiNr. 62
MiNr. I–VI siehe nach MiNr. 97
MiNr. VII–VIII siehe nach MiNr. 312 B
MiNr. IX siehe nach MiNr. 440
MiNr. X–XI siehe nach MiNr. 910

Alle Marken der Deutschen Reichspost wurden bis 1879 in der Preußischen Staatsdruckerei, Berlin, nach Einrichtung der Reichsdruckerei, Berlin, ab 6.7.1879 in dieser gedruckt. In der Zeit von 1938 bis 1945 wurde auch die Staatsdruckerei Wien für den Druck der Postwertzeichen zugezogen; Kennzeichnung im Kopftext durch „(W)“ hinter der Angabe des Druckverfahrens. MiNr. 119–139 wurden bei der Fa. Bruckmann, München, hergestellt.

Preise ungebraucht bis MiNr. 97 für Marken mit Falz (✶✶ mind. 150% Aufschlag), ab MiNr. 98 ✶ und ✶✶.

Wasserzeichen:

Wz. 1
Rauten

Wz. 2
Waffeln

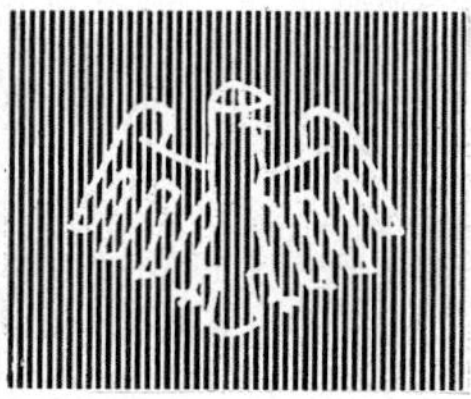

Wz. 3
Reichsadler

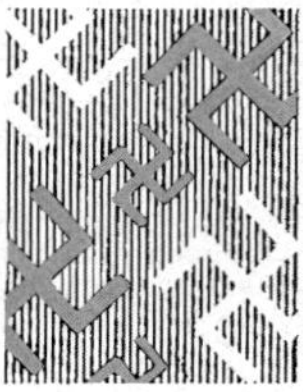

Wz. 4
Hakenkreuze

Wz. 5
Deutsch-Ordenskreuz

Die Farbangaben bei MiNr. 1–337 beziehen sich auf den MICHEL-Farbenführer ab 36. Auflage! Die Angaben in eckigen Klammern sind die „klassischen“ Farbnamen.

Unterscheidungsmerkmale der Mittelstücke der Brustschild-Ausgaben:

MiNr. 1–11, 14–15

MiNr. 16–30

Kleiner Brustschild (MiNr. 1–11, 14–15):

sog. Aachener Krone: Kreuz links, ohne Bänder

Reichsadler, im kleinen Brustschild preußischer Adler

Großer Brustschild (MiNr. 16–30):

Vierbügelkrone mit Reichsapfel und Kreuz in der Mitte; zwei Mitrabänder

geänderter Reichsadler, preußischer Adler im großen Brustschild mit Hohenzollernwappen

Brustschild von Kette umgeben, unten in der Mitte Orden

Die Bewertungen bei MiNr. 1–30 gelten für Marken mit durchschnittlicher Zähnung (siehe „Briefmarken-Qualitätsstufen“ im Einleitungsteil, Abb. 13) und leichter Dezentrierung (Abb. 18). Die Gebraucht-Bewertungen gelten nur für Stücke mit klaren, weitgehend zentrisch angebrachten Abstempelungen (Abb. 23). Völlig einwandfreie Zähnung und Zentrierung rechtfertigen Aufschläge bis ca. 30%, schlechte Qualität bedingt Abschläge bis 50%!

Kaiser Wilhelm I. (1871–1888)

1872/1874

a

a

1872, 1. Jan. Freimarken: Adler mit kleinem Brustschild (und mit sog. Aachener Krone). [E] Schilling; komb. Bdr. und Prägedruck (10×15); gez. K 13¾:14¼.

Talerwährung

				✱	⊙
1	¼ Gr	grauviolett, lebhaftgraupurpur (Töne)	a	300,—	120,—
2	⅓ Gr	(dunkel)gelblichgrün bis dkl'smaragdgrün	a	650,—	50,—
3	½ Gr	lebhaftrötlichorange bis zinnober [ziegelrot]	a	1400,—	55,—
4	1 Gr	(lebhaft)rotkarmin, karmin [GA]	a	400,—	10,—
5	2 Gr	(grau)ultramarin, dkl'graublau	a	2200,—	20,—
6	5 Gr	mittel- bis dunkelockerbraun (Töne)	a	1200,—	120,—

Guldenwährung

				✱	⊙
7	1 Kr	gelblichgrün bis smaragdgrün [GA]	a	900,—	70,—
8	2 Kr	rötlichorange, rotorange [ziegelrot] (Töne)	a	800,—	400,—
9	3 Kr	karmin, (lebhaft)rotkarmin [GA]	a	2400,—	20,—
10	7 Kr	(grau)ultramarin, dunkelgraublau	a	3200,—	120,—
11	18 Kr	mittel- bis dunkelockerbraun (Töne)	a	650,—	500,—

[Fälschung] Fälschung zum Schaden der Post:

		⊙
6 PFä	(bisher 7 Exemplare mit Stempel „ELBING" bekannt)	9000,—

[FALSCH]

Ungebrauchte Marken mit kleinem Brustschild sind stark fälschungsgefährdet, Prüfung erforderlich!

Auflagen: unbekannt

Weitere Ausgaben in Zeichnung a: MiNr. 14–15

b

c

1872, 1. Jan. Freimarken für den Innendienst: Ziffern. [E] Schilling; Bdr. (10×15); gez. K 14¼:13¾.

				✱	〰	⊙	⊙ und 〰
12	10 Gr	hellgraubraun, dunkelgelbgrau bis dunkelbraungrau	b	75,—	250,—	1800,—	350,—
13	30 Gr	(grau)ultramarin, dunkelgraublau	c	140,—	800,—	3400,—	1200,—

MiNr. 12 und 13 wurden auch regulär im Kreuzerbezirk verwendet. Sie durften nicht an das Publikum abgegeben werden.

Handschriftliche Entwertung (〰) mit Ortsangabe und Datum war vorgeschrieben. Entwertung nur mit Poststempel ist Zufall und selten.

Die Druckplatten (je eine pro Wert) wurden durch Vervielfältigung je eines umgearbeiteten Urstempels der entsprechenden Marken des Norddeutschen Postbezirks hergestellt.

☞ Gebraucht-Preise (Stempel oder Federzug) nur für geprüfte Stücke!

Auflagen: unbekannt

a

a

1872, 1. Apr. Freimarken: Adler mit kleinem Brustschild. Wie MiNr. 3 und 8, jedoch geänderte Farben.

				✱	⊙
14	½ Gr	orange (Töne), lebh'gelborange	a	1500,—	65,—
15	2 Kr	orange (Töne)	a	50,—	250,—

☞ MiNr. 15

Auflagen: unbekannt

d

d

1872, 1. Juni/Nov. Freimarken: Adler mit großem Brustschild (und Krone mit Bändern). [E] Schilling; komb. Bdr. und Prägedruck (10×15); gez. K 13¾:14¼.

Talerwährung

				✱	⊙
16	¼ Gr	grauviolett, lebhaftgraupurpur	d	110,—	130,—
17	⅓ Gr	gelblichgrün bis (dunkel)gelbgrün, grünlicholiv [GA]	d	45,—	20,—
18	½ Gr	orange bis gelblichorange	d	50,—	12,—
19	1 Gr	(lebhaft)rotkarmin, karmin [GA]	d	100,—	8,—
20	2 Gr	(grau)ultramarin, dkl'graublau	d	30,—	9,—
21	2½ Gr	hell- bis lebhaft(rötlich)braun, braunorange (1.11.1872)	d	2600,—	100,—
22	5 Gr	schwärzlichocker, ockerbraun	d	40,—	40,—

Guldenwährung:

				✱	⊙
23	1 Kr	gelblichgrün bis (dunkel)gelbgrün, grünlicholiv [GA]	d	45,—	50,—
24	2 Kr	orange bis gelblichorange	d	650,—	3200,—
25	3 Kr	(lebhaft)rotkarmin, karmin [GA]	d	30,—	9,—
26	7 Kr	(grau)ultramarin, dkl'graublau	d	45,—	90,—
27	9 Kr	hell- bis lebhaft(rötlich)braun, braunorange (1.11.1872)	d	550,—	500,—
28	18 Kr	schwärzlichocker, ockerbraun	d	50,—	2800,—

☞ MiNr. 24, 28

[Fälschung] Fälschung zum Schaden der Post:

		⊙
22 PFä	(mit Stempel Elbing) (auch mit Abstempelung aus 1875 bekannt)	3600,—

Auflagen: unbekannt

1874, 1. Jan. Freimarken: MiNr. 21 und 27 mit Bdr.-Aufdruck in Markenfarbe.

				✱	⊙
29	2½	auf 2½ Gr (lebhaft)braunorange, hell- bis mittelrötlichbraun	(21)	60,—	65,—
30	9	auf 9 Kr (lebhaft)braunorange, hell- bis mittelrötlichbraun	(27)	110,—	600,—

Der Wertaufdruck erfolgte zur besseren Unterscheidung von den Werten in den Farben Karmin und Orange. Die Farbe des Wertaufdrucks weicht teilweise erheblich in der Sättigung von der Farbe der Urmarke ab.

Bei MiNr. 1–30 findet man häufig Marken mit unregelmäßigen Eckzähnen; solche sind nicht als Beschädigungen anzusehen, sondern sind durch unregelmäßiges Einsetzen der Kammzähnung entstanden (kleine unwesentliche Größenabweichungen der Marken von Loch zu Loch gemessen sind die Folge).

Preisaufschläge erzielen gut zentrierte Marken und solche mit deutlich ausgeprägtem Mittelstück, besonders mit waffelähnlicher Punktur im Prägefeld. Vorsicht vor Nachprägungen!

Auflagen: unbekannt

MiNr. 1–30 gültig bis 31.12.1874,
Marken zu ½, 1, 2, 2½, 5 Gr bis 31.12.1875

Neue Währung: 1 Mark = 100 Pfennig

1875/79

1875, 1. Jan./1879. Freimarken: Ziffer bzw. Reichsadler im Oval unter Krone mit Bändern, Wertangabe „PFENNIGE". E Schilling; MiNr. 31 und 32 Bdr., MiNr. 33–36 komb. Bdr. und Prägedruck (10×5+10×5, dazwischen waager. Zwischensteg); gez. K 13½:14¼.

e) Ziffer im Oval, darüber Krone

f) Reichsadler und Reichskrone im Oval

e–f) Wertangabe „PFENNIGE"

				(✶)	✶	⊙
31	3 Pf(e)	(bläulich)grün bis dkl'gelbgrün GA	e	8,—	85,—	7,—
32	5 Pf(e)	mittel- bis lebhaftgraulila, (lebhaft)graupurpur GA	e	15,—	130,—	5,—
33	10 Pf(e)	(mittel)lilarot bis lebhaftrotkarmin GA	f	5,—	55,—	2,50
34	20 Pf(e)	hell- bis dunkelultramarin, kobaltblau	f	120,—	600,—	2,50
35	25 Pf(e)	(mittel)rötlichbraun bis karminbraun	f	150,—	650,—	24,—
36	50 Pf(e)	gelbgrau bis dkl'grau	f	400,—	2200,—	15,—
		Satzpreis (6 W.)		650,—	3700,—	55,—

Zähnungs- und Größenunterschiede:

Die Zähnung erfolgte als senkrechte Reihenzähnung von links nach rechts und ab ca. 1890 bei der 2-Mark-Marke und der Krone/Adler-Serie zusätzlich auch als waagerechte Reihenzähnung von oben nach unten.

Die normalen Marken haben waagerecht 13 vollständige Zähnungslöcher, die Breite vom linken zum rechten Zahnlochgrund der äußersten (teils unvollständigen) Zähnungslöcher beträgt ca. 19,5 bis 20,5 mm!

Aufgrund von Korrekturen der zur Zähnung eingelegten Markenbogen entstanden teilweise verschieden breite Marken: Katalogisierung siehe MICHEL-Deutschland-Spezial.

In den ehemaligen Postgebieten von Baden und Thurn und Taxis sind vereinzelt schon Ende 1874 MiNr. 31 und 33 unbeanstandet zur Frankatur verwendet worden (die Marken wurden dort schon ab 10.12.1874 verkauft); —,—!

MiNr. 31–36 und 38 wurden auf unterschiedlichen Papiersorten, auch dickem und dünnem Papier, gedruckt. Wegen des reliefartigen Präge-Buchdrucks lassen sie sich jedoch nicht eindeutig bestimmen. Auffälliges „Kartonpapier" (mind. 0,090 mm) und sehr dünnes „Zigarettenpapier" (maximal 0,050 mm) werden von Spezialisten gesammelt.

Bei MiNr. 31–36 und 38 gab es keine Restbestände, weil die Ausgabe „PFENNIG" erst verkauft werden durfte, wenn die „PFENNIGE"-Ausgabe aufgebraucht war, außerdem MiNr. 31–36 und 38 bis zur Ungültigkeit von MiNr. 39–44 gültig blieben. Die wenigen ungebraucht verbliebenen Marken weisen häufig nur noch Restgummi bzw. keine Gummierung mehr auf.

Auflagen: unbekannt — *Gültig bis 31.1.1891*

1875, 1. Jan./1900. Freimarke für den Innendienst: Ziffer im Oval. E Schilling; Bdr. (5×10+5×10, dazwischen senkrechter Zwischensteg); gez. K 14¼:13½.
b) Ziffer im Oval

				✶	~	⊙
37	2 M	violettpurpur bis rötlichkarmin	b			
		Jan. 1875 bis 17.11.1884				450,—
		18.11.1884 bis Dez. 1889			50,—	17,—
		ab 1890		100,—		8,—

Bis 17.11.1884 war handschriftliche Entwertung, ab 18.11.1884 Entwertung mittels Poststempel vorgeschrieben.

Neudruck 1899 (ND):

		✶
37 a ND		450,—

FALSCH MiNr. 37 mit Firmenlochung (nicht möglich!)

Auflage: unbekannt (Verbrauch ca. 20 000 000 Stück)

Verwendung nachgewiesen bis 31.5.1900

1877, 5. März. Freimarke: Reichsadler im Oval. Wie MiNr. 36, jedoch geänderte Farbe.

f

				✶	⊙
38	50 Pf(e)	(dunkel)graugrün	f	2500,—	18,—

FALSCH

Auflage: unbekannt — *Gültig bis 31.1.1891*

1880

1880. Freimarken: Ziffer bzw. Reichsadler im Oval. Wie MiNr. 31–36, jedoch jetzt Wertangabe „PFENNIG".

e I

f I

e I–f I) Wertangabe „PFENNIG"

				✶	⊙
39	3 Pf	(dkl')grün bis gelbgrün GA	e I	4,—	2,—
40	5 Pf	(mittel)graupurpur, violettpurpur GA	e I	3,—	2,—
41	10 Pf	lebh'(rot)karmin bis rosarot GA	f I	12,—	2,—
42	20 Pf	mittel- bis dkl'(violett)-ultramarin GA	f I	8,—	2,—
43	25 Pf	(lebhaft)braunocker bis (lebhaft)orangebraun GA	f I	25,—	7,—
44	50 Pf	(dkl')graugrün bis (dkl')grünoliv GA	f I	20,—	2,—
		Satzpreis (6 W.)		65,—	17,—

Unterscheidung in Früh- und spätere Auflagen siehe MICHEL-Deutschland-Spezial Band 1.

Neudruck (ca. 1886) (ND):

		✶	⊙
41 ND	ungezähnt, dunkelrosarot (mittelbraunorange)	350,—	2500,—

Das Papier wurde teilweise in Rollen geliefert, deren Mitte zuerst in blauer, später in violetter Farbe mit einem Zentimetermaß (0–100 cm) und daneben in weit gesperrten Buchstaben mit dem liegenden Wort „REICHSDRUCKEREI" bedruckt war.

Zum Schutz gegen Wiederverwendung wurden Teilauflagen von MiNr. 39–44 auf gestrichenem, sehr wasserempfindlichem Papier gedruckt. Stücke mit beschädigtem Markenbild (abgelöste Farbe) sind minderwertig bis wertlos!

Laut Anordnung durften MiNr. 39–44 erst verkauft werden, nachdem die „PFENNIGE"-Ausgabe aufgebraucht war. Der Schalterverkauf erfolgte bis 1.12.1890. MiNr. 42 und 43 wurden in Berlin bereits im Dezember 1879 verwendet (⊙ 300,—).

PFä Fälschungen zum Schaden der Post:

		✶	⊙
41 PFä	(1885 Straßburg/Elsass)	8000,—	8000,—
44 PFä	(1882/83 Barmen)	7500,—	3200,—

Auflagen: unbekannt — *Gültig bis 31.1.1891*

Kaiser Friedrich III. (1888); Kaiser Wilhelm II. (1888–1918)

1889

1889, 1. Okt./1900, 29. März. Freimarken: Krone und Wertziffer im Perlenoval, Reichsadler im Kreis (sogen. „Krone/Adler"). E Schilling (10×5+10×5, dazwischen waagerechter Zwischensteg); gez. K 13½:14¼.

g) Wertziffer unter Krone im Perlenoval

h) Reichsadler im Kreis

				✶	⊙
45	3 Pf	mittelbraun, (dkl')ockerbraun bis (dkl')gelbbraun GA	g	4,—	1,80
46	5 Pf	grün bis (lebh')opalgrün GA	g	4,—	1,80
47	10 Pf	(dkl')rosarot bis rotkarmin GA	h	6,—	2,—
48	20 Pf	(mittel)blau bis lebh'lilaultramarin GA	h	10,—	1,80

				✱	⊙
49	25 Pf	(dkl')gelb(lich)orange GA	h	40,—	2,80
50	50 Pf	(mittel)braunrot bis lebhaftrotbraun	h	40,—	1,80
		Satzpreis (6 W.)		100,—	12,—

MiNr. 51 fällt aus.

				✱	⊙
52	2 Pf	lebhaftgrau (29.3.1900) GA	g	1,20	1,20

Neudrucke (ca. 1899) (ND):

		✱	✱✱
45 ND U III	braun	200,—	400,—
49 ND U III	dkl'orange	300,—	700,—
50 ND U III	lebh'rotbraun	300,—	700,—

Abstempelungen der MiNr. 45–48 aus 1889 verdienen je nach Monat Oktober/November/Dezember Preiszuschläge von 30/20/10%, mindestens jedoch 2,50 Aufschlag auf Normalmarke;
MiNr. 49 verwendet im November/Dezember 1889: 300,—/250,—; FDC MiNr. 47: *2000,—*.

Das Papier von MiNr. 45–50 und 52 weist einen Schutzunterdruck auf, der bei Behandlung mit Salmiakgeist sichtbar wird. Dieser Unterdruck bestand zunächst aus breiten Linien, die rückseitig rot erscheinen; seit ca. 1892 wurde der Unterdruck, jetzt bestehend aus einem tapetenartigen Muster aus Kaiserkrone, Reichsadler und Posthorn, vor dem Markendruck auf der Vorderseite angebracht.

Fälschungen zum Schaden der Post:

		✱	⊙
47 PFä 1	Stdr., gez. L 14½ (Höchst 1890)	150,—	2000,—
47 PFä 3	Bdr., gez. L 10¾ (Rixdorf 1895)	—,—	
47 PFä 4	Stdr. (Dresden 1896)	3500,—	
47 PFä 5	Stdr., gez. L 14 (Hannover 1898)	—,—	—,—

47 PFä 1 kommt mit gefälschten oder rückdadierten echten Stempeln vor.

FALSCH

Auflagen: unbekannt *Gültig bis 31.1.1902*

Bei den Marken MiNr. 31–52 gibt es viele Auflagen und Farb- und Papierstärkenunterschiede. Damit verbunden sind oft riesige Preisunterschiede. Katalogisierung siehe MICHEL-Deutschland-Spezial.

Die Preise gelten für farbfrische und einwandfrei gezähnte Stücke (siehe „Briefmarken-Qualitätsstufen" im Einleitungsteil, Abb. 12) mit sauberen Stempelabschlägen (Abb. 23). Über 5,– gelten sie nur für BPP-geprüfte Stücke; bei geringeren Bewertungen sind evtl. Prüfgebühren nicht berücksichtigt!

Marken in Germania-Zeichnung,
also in einem Muster ohne deutsche Hoheitszeichen, wurden eingeführt, um die Bayerische und die Württembergische Postverwaltung zur Aufgabe ihrer eigenen Posthoheit zu veranlassen.

Die Preise bei MiNr. 53–97 gelten für farbfrische, leicht dezentrierte Stücke (siehe „Briefmarken-Qualitätsstufen" im Einleitungsteil, Abb. 18); mit Ausnahme der B-Zähnung von MiNr. 78–81, der y-Papiere sowie der Kriegsdrucke der Markwerte für einwandfrei gezähnte Stücke (Abb. 12), bei gebrauchten Marken für Stücke mit sauberer Abstempelung (Abb. 23)!

Sehr gut zentrierte Marken und/oder glasklare, zentrisch angebrachte Abstempelungen rechtfertigen Aufschläge von 10–20%!

Ab MiNr. 83 wurden alle Marken auf Wasserzeichen-Papier gedruckt. Bei einigen Bogen aus den Jahren 1917–1921 ist das Wasserzeichen an verschiedenen Stellen sehr schlecht sichtbar (abgenutzte Wz.-Vorrichtung)!

Alle Preise der Ausgaben MiNr. 53–97 über 25,— sowie der Friedens- und Kriegsdrucke gelten nur für (BPP-)geprüfte Stücke; bei geringeren Bewertungen (Ausnahme Friedens- und Kriegsdrucke) werden evtl. Prüfgebühren nicht berücksichtigt! Ab MiNr. 98 bis 337 gelten die ⊙-Preise nur für geprüfte Stücke!

1900

1900, 1. Jan./25. Okt. Freimarken: Germania (I), Inschrift „REICHSPOST". E Waldraff; Bdr. (10×10); gez. K 14:14¼.

i) Germania mit Kaiserkrone (nach einem Bild der Schauspielerin Anna Führing), Inschrift „REICHSPOST"

				✱	⊙
53	2 (Pf)	(dunkel)blaugrau (Töne) (4.7.1900) GA	i	1,10	0,80
54	3 (Pf)	dunkelockerbraun bis schwärzlichbraunocker, dkl'orangebraun (Febr. 1900)	i	1,10	1,40
55	5 (Pf)	(dunkel)grün (Töne) (März 1900) GA	i	2,—	1,20
56	10 (Pf)	dunkelkarminrot bis dunkelrosarot (30.12.1899) GA	i	3,—	1,—
57	20 (Pf)	(dunkel)violettultramarin bis lilaultramarin (8.1.1900)	i	14,—	1,20
58	25 (Pf)	rötlichorange/gelbschwarz (Töne) auf hellgelb (10.3.1900)	i	20,—	5,50
59	30 (Pf)	rötlichorange/rotschwarz auf mattgelblichorange (Dez. 1899)	i	30,—	1,20
60	40 (Pf)	(dunkelrötlich)karmin/schwarz (27.12.1899)	i	35,—	2,—
61	50 (Pf)	dunkelbräunlichlila bis dunkelbraunpurpur/rotschwarz auf mattbraunorange (20.12.1899)	i	35,—	1,50
62	80 (Pf)	dunkelrötlichkarmin/rotschwarz auf mattkarmin (1.1.1900)	i	50,—	3,—
		Satzpreis (10 W.)		180,—	18,—

Offiziell waren MiNr. 53–62 erst ab 1. Jan. 1900 gültig. Im inneren Postdienst wurden verschiedene Werte aber bereits Ende Dezember 1899 verwendet (mit Stempeldaten aus Dez. 1899, vor allem zweifarbige Pfennigwerte, erhebliche Preisaufschläge).

Sogen. „Erstdrucke" (I):

Die sogen. „Erstdrucke" (Essays, die vorab vermutlich absichtlich in kleinen Mengen zur Veröffentlichung durch die philatelistische Presse abgegeben wurden) unterscheiden sich hauptsächlich durch die breitere und größere Inschrift „REICHSPOST" von der normalen Auflage.

Inschrift MiNr. 53–57

Inschrift MiNr. 58–62

Inschrift MiNr. 58 I–62 I

Weitere Merkmale der Erstdrucke: rechte Mittelstück-Begrenzungslinie dünner als bei MiNr. 58–62 und teilweise Unterschiede bei den Wertziffern (besonders bei 60 I).

		✶	⊙
58 I		2500,—	9000,—
59 I		2500,—	6000,—
60 I		2500,—	6000,—
61 I		2500,—	6000,—
62 I		2500,—	6000,—

Vorsicht! MiNr. 58 I–62 I nicht mit starken (verquetschten) Drucken von MiNr. 58–62 verwechseln; Prüfung ist anzuraten!

Halbierung der MiNr. 55:

1901, 13. April. Sogen. Vineta-Provisorium. Violetter Handstempelaufdruck auf halbierter MiNr. 55.

(1/1 Größe)

		✶	⊙
A I	**3 PF** auf halbierter 5 (Pf)-Marke grün	*13000,—*	*10000,—*

Diese Aushilfsmarke ist auf S. M. Kreuzer „Vineta“, Marineschiffspost Nr. 1 wegen Mangels an 3-Pf-Marken in Auflage von 600 Stück durch Halbierung von 300 Stück 5-Pf-Marken vom Marine-Oberzahlmeister hergestellt und auch unbeanstandet verwendet worden (vgl. Broschüre „Das Vineta-Provisorium“, Schwaneberger-Verlag 1999).

Postfälschungen PFä**:**

Druckplatten dieser Fälschungen wurden 1901 beim Kaufmann K. Polster beschlagnahmt. Das Markenbild ist etwas kleiner als bei den Originalen.

		✶
56 PFä		400,—
56 PFä U	ungezähnt	400,—

MiNr. 56 wurde auch in Versuchsheftchen (VS-MH 1–3) ausgegeben.

FALSCH Vorsicht vor chemischen Fälschungen, Originale nicht säurefest.

Auflagen: unbekannt *Gültig bis 31.12.1902*

Wilhelmshavener Aufbrauchsausgabe:

Die Truppentransportschiffe, welche aus China zurückkehrten, brachten von dort die Marken der Deutschen Post in China MiNr. 16 und 17 (5- und 10-Pf-Werte) mit und sollen sie bei ihrem zuständigen Postamt Wilhelmshaven abgeliefert haben. Im Sept./Nov. 1901 wurden diese Marken unbeanstandet verwendet. ⊙ 1000,—.

Übersicht der Marken in Germania-Zeichnung

(alle Marken in verschiedenen Papierstärken bekannt)

i) Inschrift „REICHSPOST“

o) Inschrift „DEUTSCHES REICH“, Hintergrund schraffiert

u) Inschrift „DEUTSCHES REICH“, Hintergrund nicht schraffiert

Werte	Farbe	Wz.	Zeichnung	MiNr
2 Pf	(dunkel)blaugrau	*o Wz.*	i	53
2 Pf	(dunkel)graublau	*o Wz.*	o	68
2 Pf	dunkel(blau)grau	*1*	o	83
2 Pf	(dunkel)gelbgrau	*1*	u	102
2½ Pf	(dunkel)olivgrau	*1*	u	98
3 Pf	dunkelockerbraun (Töne)	*o Wz.*	i	54
3 Pf	dunkelolivbraun	*o Wz.*	o	69
3 Pf	dunkelockerbraun	*1*	o	84
5 Pf	(dunkel)grün	*o Wz.*	i	55
5 Pf	(dunkelbläulich)grün	*o Wz.*	o	70
5 Pf	(dunkel)grün	*1*	o	85
5 Pf	gelbbraun bis siena	*1*	o	140
7½ Pf	(dunkelrötlich)orange	*1*	u	99
10 Pf	dkl'karminrot bis dkl'rosarot	*o Wz.*	i	56
10 Pf	rotkarmin bis rötlichkarmin	*o Wz.*	o	71
10 Pf	(dkl')karminrot bis magenta	*1*	o	86
10 Pf	gelblich- bis rötlichorange	*1*	o	141
10+**5** Pf	(dkl')rot bis dkl'rosarot (Aufdruck „für Kriegsbeschädigte“)	*1*	o	105
15 Pf	gelbbraun bis lebh'orange-braun, dkl'braunocker	*1*	u	100
15 Pf	schwärzlichgrauviolett bis violettschwarz	*1*	u	101
15 Pf	(dkl')braunrot bis karminbraun	*1*	u	142
15+**5** Pf	schwärzl'grauviolett (Aufdruck „für Kriegsbeschädigte“)	*1*	u	106
20 Pf	(dkl')violettultramarin	*o Wz.*	i	57
20 Pf	violettultramarin bis lilaultramarin	*o Wz.*	o	72
20 Pf	(lebh')lilaultramarin bis lebh'violettultramarin	*1*	o	87

Werte	Farbe	Wz.	Zeichnung	MiNr
20 Pf	opalgrün bis dunkel(gelblich)grün	*1*	o	143
25 Pf	rötlichorange/gelbschwarz auf hellgelb	*o Wz.*	i	58
25 Pf	dkl'orange/braunschwarz auf hellgelb	*o Wz.*	o	73
25 Pf	dunkel(rötlich)orange/gelbschwarz auf hellgelb	*1*	o	88
30 Pf	rötlichorange/rotschwarz auf mattgelblichorange	*o Wz.*	i	59
30 Pf	dunkel(rötlich)orange/braun-schwarz auf mattchromgelb	*o Wz.*	o	74
30 Pf	(dkl')rötlichorange/schwarz auf hellchromgelb	*1*	o	89
30 Pf	dkl'preußischblau	*1*	o	144
35 Pf	(dkl')braunorange bis rötlichbraun	*1*	u	103
40 Pf	(rötlich)karmin/schwarz	*o Wz.*	i	60
40 Pf	(rot)karmin/braunschwarz	*o Wz.*	o	75
40 Pf	dkl'rötlichkarmin/(braun)schwarz	*1*	o	90
40 Pf	lebh'rotkarmin bis (lebh')lilarot	*1*	o	145
50 Pf	dkl'bräunlichlila/rotschwarz auf mattbraunorange	*o Wz.*	i	61
50 Pf	dkl'bräunlichlila/braunschwarz auf mattbraunorange	*o Wz.*	o	76
50 Pf	(dkl')graulila bis dkl'bräunlich-lila/schwarz a. hellchromgelb	*1*	o	91
50 Pf	(dunkel)graulila	*1*	o	146

Werte	Farbe	Wz.	Zeichnung	MiNr
60 Pf	(dkl')graulila bis (dkl')violettpurpur	*1*	o	92
60 Pf	dunkelgrauoliv (Töne)	*1*	o	147
75 Pf	schwärzlichblaugrün bis schwarzgrünblau/gelbschwarz bis grünschwarz	*1*	o	104
75 Pf	schwärzlichrosalila (Töne)	*1*	o	148
75 Pf	lilakarmin bis (lebh')bräunlichlila	*2*	o	197
80 Pf	dkl'rötlichkarmin/rotschwarz auf mattkarmin	*o Wz.*	i	62
80 Pf	dkl'rötlichkarmin/braunschwarz auf mattkarminrot	*o Wz.*	o	77
80 Pf	dkl'rötlichkarmin/schwarz auf mattrosarot	*1*	o	93
80 Pf	(mittel)lilaultramarin bis lebhaft(grau)violettultramarin	*1*	o	149

Werte	Farbe	Wz.	Zeichnung	MiNr
1 M	schwärzlichrotviolett/dkl'graugrün	*1*	o	150
1¼ M	orangerot bis dkl'rosa/dkl'karminlila	*1*	o	151
1¼ M	orangerot bis dkl'rosa/dkl'karminlila	*Kreuzblüten*	o	151 Y
1¼ M	orangerot (Töne)/dkl'karminlila	*2*	o	198
1.60 M auf 5 Pf	gelbbraun bis dkl'orangebraun	*1*	o	154
2 M	dkl'lilarot (Töne)/grauultramarin bis preußischblau	*1*	o	152
3 M auf 1¼ M	orangerot bis karminrot/dkl'karminlila	*1*	o	155
4 M	braunschwarz/lilarot	*1*	o	153
5 M auf 75 Pf	schwärzlichrosalila (Töne)	*1*	o	156
10 M auf 75 Pf	schwärzlichrosalila (Töne)	*1*	o	157

1900, 1. April/12. Dez. Freimarken: Repräsentative Darstellungen des Deutschen Kaiserreichs (I); Inschrift „REICHSPOST". ⊠ Frenzel (MiNr. 63), Lipinsky (MiNr. 64) und Reichsdruckerei (MiNr. 65 und 66); StTdr. (4×5); bei MiNr. 64–66 verschiedene Typen; gez. K 14¾:14¼, 14¼ und 14½.

k) Reichspostamt, Berlin

l) „Nord und Süd"; Detail eines Gemäldes von Anton von Werner (1843–1915)

m) Enthüllung des Denkmals Kaiser Wilhelm I., Berlin

n) Reichsgründungsgedenkfeier im weißen Saal des Berliner Schlosses

MiNr	Wert	Beschreibung	Bild	✶	⊙	FDC
63	1 M	dunkelzinnoberrot bis dunkelkarminrot (1.4.1900)	k	140,—	4,—	1000,—
64	2 M	schwärzlichviolettultramarin bis schwärzlichblau (1.6.1900)	l			
I		Type I		140,—	10,—	1000,—
II		Type II		250,—	85,—	
65	3 M	blauschwarz bis violettschwarz *(2.8.1900)*	m			
I		Type I		150,—	60,—	
II		Type II		160,—	80,—	
66	5 M	grünschwarz/bräunlichkarmin *(12.12.1900)*	n			
I		Type I		1700,—	2800,—	
II		Type II		480,—	500,—	
III		Type I, Nachmalung mit Rot und Deckweiß		480,—	500,—	
IV		Type I, Nachmalung nur mit Deckweiß		800,—	800,—	
		Satzpreis (4 W.)		900,—	550,—	

Die Datumsangaben in Kursivschrift bezeichnen die bisher bekannten frühesten Verwendungen.

Typenunterschiede bei MiNr. 64:

Type I: Ende des Blattornaments offen (Feld 1–4, 9–20)

Type II: Ende des Blattornaments ausgefüllt (Feld 5–8)

Typenunterschiede bei MiNr. 65:

Type I: Brustpanzer sitzt auf dem Pferderücken auf, Oberkörper des Kaisers rückwärts geneigt, Zügel durchhängend, nach oben breiter werdend (Feld 1–4, 13–20)

Type II: Zwischen Ende des Brustpanzers und Pferderückens weiße Einbuchtung, Zügel straff, gleichmäßig breit (Feld 5–12)

Typenunterschiede bei MiNr. 66:

Type I

Type II

Type I: dicke Wertziffern in den Eckschildern, Spitze der „5" abgestumpft, Minister Bötticher (ganz rechts) ohne Ohr, „R" von „REICHSPOST" links ohne Serifen
Type II: dünnere Wertziffern, Spitze der „5" scharf, Minister Bötticher mit Ohr, „R" mit Serifen

Nachmalungen (Retuschen):

Type III: mangelhafter Druck mit verschobener Mitte von Type I mit Rot und Deckweiß nachgemalt (retuschiert)
Type IV: mangelhafter Druck mit verschobener Mitte von Type I nur mit Deckweiß nachgemalt (retuschiert)

Bei MiNr. 66 gibt es eine Zwischentype: Wertziffern und „R" in Type I, Mittelstück (Bötticher) in Type II; Katalogisierung siehe MICHEL-Deutschland-Spezial.

Zähnung der Markwerte:

Durch das unterschiedlich starke Zusammenziehen des angefeuchteten Tiefdruck-Papiers ergaben sich leichte Unterschiede: Größe des Markenbildes bei Zähnung 14¼ = 34½×21¾ mm, bei Zähnung 14½ = 33¾× 22¼ mm. Außerdem variiert das Zähnungsmaß.
Keine Preisunterschiede!

Auflagen: unbekannt *Gültig bis 31.12.1902*

Weitere Ausgaben: MiNr. 78–82, 94–97, A 113–115; mit Aufdruck: MiNr. 116–118

MiNr. 67 fällt aus.

Reichspostgebiet einschl. Württemberg

Vom 1.4.–31.12.1902 konnten die Marken von Württemberg auch im Reichspostgebiet aufgebraucht werden; Mischfrankaturen waren möglich.

1902

1902, 1. April. Freimarken: Germania (II), Inschrift „DEUTSCHES REICH". E Waldraff; Bdr. (10×10); gez. K 14:14¼.

o) Germania mit Kaiserkrone, Inschrift „DEUTSCHES REICH", Hintergrund schraffiert

					✱	⊙
68	2	(Pf)	(dunkel)graublau (Töne) GA	o	2,—	0,80
69	3	(Pf)	(dunkel)olivbraun bis (dunkel)braunocker GA	o	1,—	1,30
70	5	(Pf)	(dunkel)bläulichgrün bis (dunkelgrau)grün GA	o	5,—	1,30
71	10	(Pf)	lebhaftrotkarmin bis rötlichkarmin GA	o	12,—	1,30
72	20	(Pf)	(lebhaftviolett)ultramarin bis (lebhaft)lilaultramarin GA	o	40,—	1,30
73	25	(Pf)	dunkel- bis schwärzlichorange/braunschwarz auf hellgelb	o	60,—	2,80
74	30	(Pf)	dunkel(rötlich)orange/braunschwarz auf mattchromgelb	o	80,—	0,80
75	40	(Pf)	(rot)karmin/braunschwarz	o	120,—	1,40
76	50	(Pf)	dunkelbräunlichlila/braunschwarz auf mattbraunorange	o	90,—	1,50
77	80	(Pf)	dunkelrötlichkarmin (Töne)/braunschwarz auf mattkarminrot	o	250,—	3,80
				Satzpreis (10 W.)	650,—	15,—

Postfälschung PFä:

71 PFä	sogen. Chemnitzer PFä, 2 Typen (etwas abweichende Farben, andere Zeichnung des Schwertknaufs, von einem Holzschnitt), gezähnt oder geschnitten	je	1000,—	*7000,—*

Von MiNr. 71 gab es weitere Postfälschungen (sogen. „Deistel-Marke", Schweidnitzer-PFä und Rott'sche PFä (Beschreibung siehe M. Jäschke-Lantelme: „100 Jahre Germania").

MiNr. 68–77 waren ab 1.4.1902 frankaturgültig, Vorverwendungen ab 20. März sind bekannt.

Auflagen: unbekannt *Gültig bis 31.10.1922*

Weitere Ausgaben „Germania" siehe Übersichtstabelle nach MiNr. 62

1902, 1. April/1904, August. Freimarken: Repräsentative Darstellungen des Deutschen Kaiserreichs (II), Inschrift „DEUTSCHES REICH". E Frenzel (MiNr. 78), Lipinsky (MiNr. 79) und Reichsdruckerei (MiNr. 80–81); StTdr. (4×5); gez. K 14–14½, A = 26:17 Zähnungslöcher, B = 25:16 Zähnungslöcher.

p) Reichspostamt, Berlin

q) „Nord und Süd"

r) Enthüllung des Denkmals Kaiser Wilhelms I., Berlin

s) Reichsgründungsgedenkfeier

					✱	⊙
78	1	M	(dunkel)karminrot (Töne)	p		
A			26:17 Zähnungslöcher *(30.3.1902)*		360,—	3,50
B			25:16 Zähnungslöcher *(30.8.1902)*		800,—	35,—
79 A	2	M	schwärzlich- bis schwarzblau *(20.3.1902)*	q	130,—	130,—
80	3	M	schwarz(braun)violett bis violettschwarz	r		
A			26:17 Zähnungslöcher *(20.3.1902)*		300,—	25,—
B			25:16 Zähnungslöcher *(20.2.1904)*		120,—	35,—

			✶	⊙
81	5 M	grünschwarz/dunkelkarmin (Töne) . . . . . s		
A		26:17 Zähnungslöcher *(20.3.1902)*	280,—	25,—
B		25:16 Zähnungslöcher *(22.5.1902)*	*25000,—*	*6000,—*
		Satzpreis (4 billigste W.)	900,—	180,—

Die Datumsangaben in Kursivschrift bezeichnen die bisher bekannten frühesten Verwendungen.

Bei MiNr. 81 gibt es eine Zwischentype: Rahmen wie MiNr. 81, Mittelstück wie MiNr. 66 II (Bötticher mit Ohr); Katalogisierung siehe MICHEL-Deutschland-Spezial.

FALSCH

Auflagen: unbekannt *Gültig bis 31.10.1922*

Weitere Ausgaben: MiNr. 63–66, 94–97, A 113–115; Mit Aufdruck: MiNr. 116–118

1902, Mai. Freimarke: Repräsentative Darstellung des Deutschen Kaiserreichs (III). Wie MiNr. 79, jedoch Inschriften in lateinischer (statt gotischer) Schrift und Strahlen quergestreift.

			✶	⊙
82	2 M	schwärzlich- bis schwarzblau (Töne) . . . . . t		
A		26:17 Zähnungslöcher *(24.5.1902)*	160,—	6,50
B		25:16 Zähnungslöcher *(8.12.1902)*	1300,—	40,—

Zeichnungsunterschiede zwischen MiNr. 79 und 82:

MiNr. 79
Strahlen längsgestreift

MiNr. 82
Strahlen quergestreift

Bei MiNr. 82 gibt es eine sogen. „Zwischentype“ (ähnlich MiNr. 79): Strahlen längsgestreift, jedoch lateinische Inschriften und größere Sterne neben „REICH“. Katalogisierung siehe MICHEL-Deutschland-Spezial.

Auflagen: unbekannt *Gültig bis 31.10.1922*

Weitere Ausgaben: MiNr. 63–66, 78–81, 94–97, A 113–115; mit Aufdruck: MiNr. 116–118

1905/13

1905, Ende Okt./1913, Juni. Freimarken: Germania (III), sogen. „Friedensdruck“ (= I). Ⓔ Waldraff; Bdr. Bogen (10×10), Rollen (R) und Markenheftchen (MH); satiniertes Papier; Wz. 1; gez. K 14:14¼.

o) Germania mit Kaiserkrone, Hintergrund schraffiert

Wz. 1 Rauten

				✶	⊙
83 I	2	(Pf)	dunkelblaugrau bis (dunkel)grau (B) *(20.11.05)* GA . . . . . o	2,20	3,50
84 I	3	(Pf)	(dunkel)braunocker bis dunkelockerbraun (B) (R) *(21.10.05)* GA . . . . . o	3,—	2,—
85 I	5	(Pf)	(dunkel)grün bis schwärzlichopalgrün *(30.10.05)* (B) (R) (MH) GA . . . . . o	2,20	2,—
86 I	10	(Pf)	lebhaft- bis dunkelkarminrot, dunkel(rot)karmin (B) (R) (MH) *(8.11.05)* . . . . . o	4,—	2,—
87 I	20	(Pf)	(lebhaft)lilaultramarin bis lebhaftviolettultramarin (B) (R) *(20.1.06)* GA . . . . . o	15,—	2,—
88 I	25	(Pf)	dunkel- bis schwärzlich(rötlich)orange/gelbschwarz auf hellgelb (B) *(16.1.06)* . . . . . o	50,—	3,50
89 I	30	(Pf)	(dunkel)rötlichorange (Töne)/schwarz (B) *(23.12.05)* . . . . . o	45,—	2,20
90 I	40	(Pf)	dunkelrötlichkarmin (Töne)/(braun)schwarz (B) *(22.12.05)* . . . . . o	50,—	2,80
91 I	50	(Pf)	(dunkel)graulila bis dunkelbräunlichlila/schwarz (B) *(5.4.06)* . . . . . o	80,—	2,80
92 I	60	(Pf)	(dunkel)graulila bis dunkelrötlichlila, (dunkel)violettpurpur (B) *(30.9.11)* . . . . . o	250,—	18,—
93 I	80	(Pf)	dunkelrötlichkarmin (Töne)/schwarz auf mattrosarot (B) *(5.12.05)* . . . . . o	25,—	4,—
			Satzpreis (11 W.)	500,—	42,—

Die Datums-Angaben in Kursivschrift beziehen sich auf die bisher bekannten frühesten Verwendungen.

Unterscheidungsmerkmale zwischen Friedens- und Kriegsdrucken siehe vor MiNr. 84 II.

Bei MiNr. 86 I gibt es zwei Typen: Type I: Fuß der rechten „1“ der Wertangabe „10“ berührt die Rahmenlinie; Type II: Fuß der rechten „1“ berührt den Rahmen nicht. Diese Type II findet sich ab Januar 1907 immer häufiger, ab 1910 verdrängt sie Type I völlig. Preise gleich!

86 I PFÄ	stärkere Zähnungsabweichungen, sogen. "Hannoversche Postfälschung" (ca. 1909)	—,—

Auflagen: unbekannt *Gültig bis 31.10.1922*

Weitere Ausgaben „Germania“ siehe Übersichtstabelle nach MiNr. 62

1905, Dez./1912, Okt. Freimarken: Repräsentative Darstellungen des Deutschen Kaiserreichs (IV), sogen. „Friedensdruck". ⊡ Frenzel (MiNr. 94), Lipinsky (MiNr. 95) und Reichsdruckerei (MiNr. 96 und 97); StTdr. (4×5); Wz. 1; gez. K 14–14½, A = 26:17 Zähnungslöcher.

p) Reichspostamt, Berlin

q) „Nord und Süd", lateinische Inschrift

r) Enthüllung des Denkmals Kaiser Wilhelms I., Berlin

s) Reichsgründungsgedenkfeier

					✱	⊙
94 A I	1 M	dunkelkarminrot bis rotkarmin *(9.12.05)*		p	90,—	3,—
95 A I	2 M	schwärzlich- bis schwarz(kobalt)blau *(25.2.06)*		q	85,—	4,—
96 A I	3 M	schwärzlich- bis schwarzbraunviolett *(21.3.11)*		r	70,—	35,—
97 A I	5 M	grünschwarz/dunkelkarmin (Töne) *(24.1.06)*		s	60,—	28,—
			Satzpreis (4 W.)		300,—	70,—

Die Datumsangaben in Kursivschrift bezeichnen die bisher bekannten frühesten Verwendungen.

FALSCH

Auflagen: unbekannt

Gültig bis 31.10.1922

Weitere Ausgaben: MiNr. 63–66, 78–82, A 113–115; mit Aufdruck: MiNr. 116–118

✈ 1912, 10./17. Juni. Flugpostmarken: Flugpost am Rhein und Main. ⊡ Prof. Kleukens; Bdr.; gez. L 11½.

Fa) Taube mit Brief

					✱	⊙
I	10 Pf	schwärzlichrotorange auf hellgraugelb (10.6.)		Fa	8,—	30,—
II	20 Pf	schwärzlichrotorange auf hellgraugelb (10.6.)		Fa	20,—	80,—
III	30 Pf	schwärzlichopalgrün auf mattgraurot (17.6.)		Fa	45,—	120,—
			Satzpreis (3 W.)		70,—	230,—

Auflagen: MiNr. I = 500 000, MiNr. II = 200 000, MiNr. III = 100 000 Stück

✈ 1912, 10. Juni. Flugpostmarke: MiNr. I mit Aufdruck „– 1 M – Gelber Hund" in Dunkelblau.

				✱	⊙
IV	**1 M** auf 10 Pf	schwärzlichrotorange auf hellgraugelb	(I)	600,—	200,—

Auflage: 10 000 Stück

✈ 1912, 22. Juni. Flugpostmarken: MiNr. I und II mit Aufdruck „E. EL. P." im unteren Feld.

				✱	⊙
V	10 Pf	schwärzlichrotorange auf hellgraugelb	(I)	900,—	3000,—
VI	20 Pf	schwärzlichrotorange auf hellgraugelb	(II)	130,—	1800,—

E. EL. P. bedeutet **Ex Est Luftpost.** Andere Deutungen wie „Eleonore, Ernst-Ludwig, Pistorius" sind nicht nachgewiesen. Der Pilot des Flugzeuges war Leutnant v. Hiddessen.

Auflagen: MiNr. V = 3000, MiNr. VI = 6000 Stück

MiNr. I bis VI: Flugpost des Luftschiffs „Schwaben" oder des Flugzeugs „Gelber Hund". Die Marken hatten halbamtlichen Charakter und mussten als Luftpost-Zuschlag neben den gleichzeitigen Reichspostmarken verwendet werden.

FALSCH

Gültig bis 23.6.1912

Aufstellung der weiteren Flugmarken (halbamtl.) siehe MICHEL-Deutschland-Spezial.

Die Preise bei MiNr. 53–97 gelten für farbfrische, leicht dezentrierte Stücke (siehe „Briefmarken-Qualitätsstufen" im Einleitungsteil, Abb. 18); mit Ausnahme der B-Zähnung von MiNr. 78–81, der y-Papiere sowie der Kriegsdrucke der Markwerte für einwandfrei gezähnte Stücke (Abb. 12), bei gebrauchten Marken mit sauberer Abstempelung (Abb. 23)!

Sehr gut zentrierte Marken und/oder klare, zentrisch angebrachte Abstempelungen rechtfertigen Aufschläge von 10–20%!

Ab MiNr. 83 wurden alle Marken auf Wasserzeichen-Papier gedruckt. Bei einigen Bogen aus den Jahren 1917–1921 ist das Wasserzeichen an verschiedenen Stellen sehr schlecht sichtbar (abgenutzte Wz.-Vorrichtung)!

Alle Preise der Ausgaben MiNr. 53–97 über 25,— sowie der Friedens- und Kriegsdrucke gelten nur für (BPP-)geprüfte Stücke; bei geringeren Katalogpreisen (Ausnahme Friedens- und Kriegsdrucke) werden evtl. Prüfgebühren nicht berücksichtigt!

Unterscheidungsmerkmale zwischen Friedensdrucken und Kriegsdrucken:

Germania:

Friedensdruck:
Klarer, sauberer Druck, sauber abgegrenzte Linienführung, seidig glänzende Farben; satiniertes, glänzendes Papier; Wasserzeichen klar erkennbar; Gummierung weiß, mattglänzend, feinbrüchig

Kriegsdruck:
Verschwommenes unklares Druckbild, Zeichnung öfter unterbrochen, stumpfe (bei den ersten Walzendrucken stark glänzende) Farben; stumpfes, raues Papier; Wz. unklar, nicht immer erkennbar; Gummierung glänzend bis hochglänzend

Repräsentative Darstellungen des Deutschen Kaiserreichs:

Friedensdruck:
Klarer, sauberer Druck; weißes Papier; Wasserzeichen klar erkennbar; Gummierung weiß, mattglänzend, mit deutlichen Gummisprüngen

Kriegsdruck:
Verschwommenes, „aufgelöstes" Druckbild; porös wirkendes, mitunter gelbliches Papier; Wasserzeichen undeutlich; Gummierung weiß, stark glänzend oder gelblich und stumpf mit bräunlichen „Narben" (sogen. Borkengummi)

Zwischenauflagen, die nicht eindeutig dem Friedensdruck zugeordnet werden können, zählen in der Regel zum Kriegsdruck.

1915

1915, März/1919, Mai. Freimarken: Germania (IV), sogen. „Kriegsdruck" (= II). Wie MiNr. 83 I–93 I, jedoch verschwommener, unklarer Druck auf stumpfem, rauem Papier.

o

					✶	⊙
84 II	3	(Pf)	(dunkel)olivbraun bis schwarzockerbraun (B) (R) *(13.4.15)* GA	o	0,80	2,—
85 II	5	(Pf)	(dunkel)opalgrün bis schwärzlich(grau)grün, dunkel- bis schwärzlichbläulichgrün (B) (R) (MH) *(13.4.15)* GA	o	0,80	2,—
86 II	10	(Pf)	(dunkel)karminrot bis (lebhaftrot)karmin, dunkelrosarot (B) (R) (MH) *(2.3.15)*	o	1,—	2,—
87 II	20	(Pf)	(dunkel)lilaultramarin bis dunkelviolettblau (B) (R) (MH) *(15.3.15)* GA	o	2,—	2,—
88 II	25	(Pf)	rötlichorange bis rotorange/schwarz auf gelbweiß (B) (R) *(25.6.15)*	o	0,80	2,—
89 II	30	(Pf)	dunkelrotorange (Töne)/schwarz auf orangeweiß bis mittelchromgelb (B) (R) *(9.3.15)*	o	1,—	2,—
90 II	40	(Pf)	(dunkel)karminrot bis (lebhaft)lilarot/schwarz (B) (R) *(7.4.15)*	o	2,—	2,—
91 II	50	(Pf)	(dunkel)graulila bis dunkelbräunlichlila/schwarz auf orangeweiß bis mittelchromgelb (B) (R) *(2.3.15)*	o	1,—	2,—
92 II	60	(Pf)	dunkelgraulila bis (lebhaft)braunviolett, graupurpur bis braunpurpur (B) (R) *(4.6.15)*	o	3,—	2,—
93 II	80	(Pf)	karmin(rot) bis dunkelrötlichkarmin/grauschwarz auf mittelgraurot bis hellrosa (B (R) *(März 15)*	o	1,50	2,50
			Satzpreis (10 W.)		12,—	20,—

Die Datumsangaben in Kursivschrift beziehen sich auf die bisher bekannten frühesten Verwendungen.

Mit Wz. Kreuz und Ringe:

	✶
85 II W U ungezähnt	3500,—

Bei MiNr. 85 II W U handelt es sich wahrscheinlich um Versuchs- oder Probedrucke.

Fälschungen zum Schaden der Post PFä:

		✶	⊙
85 II PFä	roher Steindruck; oWz.; gez. 11½, sogen. „Cölner Postfälschung" ca. 1916	*8000,—*	*8000,—*

Kriegsfälschung der MiNr. 86 II siehe Kapitel „Kriegs- und Propagandafälschungen" im MICHEL-Deutschland-Spezial.

Auflagen: unbekannt *Gültig bis 31.10.1922*

Weitere Ausgaben „Germania" siehe Übersichtstabelle nach MiNr. 62

1915, Sept./1919, Mai. Freimarken: Repräsentative Darstellungen des Deutschen Kaiserreichs (V), sogen. „Kriegsdruck". Wie MiNr. 94 I–97 I, jedoch verschwommenes Druckbild und porös wirkendes Papier; gez. K 14–14¾, A = 26:17 Zähnungslöcher, B = 25:17 Zähnungslöcher.

				✶	⊙
94	1 M	dunkelkarminrot bis rotkarmin	p		
A II		26:17 Zähnungslöcher *(30.1.18)*		180,—	150,—
B II		25:17 Zähnungslöcher *(17.9.15)*		3,50	3,—
95	2 M	dunkel- bis schwärzlichblau, dunkelkobaltblau bis schwarzviolettultramarin	t		
A II		26:17 Zähnungslöcher *(31.5.16)*		140,—	65,—
B II		25:17 Zähnungslöcher *(13.4.16)*		7,—	6,50
96	3 M	schwärzlich- bis schwarzviolettgrau, schwärzlichgrauviolett	r		
A II		26:17 Zähnungslöcher *(4.5.19)*		300,—	650,—
B II		25:17 Zähnungslöcher *(9.10.18)*		4,—	6,—
97	5 M	grünschwarz/dunkelkarmin	s		
A II		26:17 Zähnungslöcher *(18.5.16)*		85,—	130,—
B II		25:17 Zähnungslöcher *(8.2.18)*		4,—	6,50
		Satzpreis (4 billigste W.)		18,—	20,—

Zähnungsunterschiede:

A = 26:17 Zähnungslöcher

B = 25:17 Zähnungslöcher

Wz. Ringe (W):

	✶	⊙
96 B II W	*2500,—*	*5000,—*

Die Reichsdruckerei war ermächtigt, bei Papiermangel aushilfsweise auch anderes Wz.-Papier zu verwenden. MiNr. 96 B II W (Wz. der Versicherungsmarken) wurden etwa in den Jahren 1920/21 in ca. 20 Orten verwendet.

Auflagen: unbekannt *Gültig bis 31.10.1922*

Weitere Ausgaben: MiNr. 63–66, 78–82, A 113–115; mit Aufdruck: MiNr. 116–118

Die Markenausgaben der Inflationszeit

Der Beginn der Inflationszeit in Deutschland wird am sinnvollsten auf den 1. August 1916 datiert. Ab diesem Tag wurde die Reichsabgabe erhoben, das Inlandsporto wurde um 50% erhöht. Um den neuen Portostufen Rechnung tragen zu können, war die Ausgabe der Marken MiNr. 98–100 erforderlich.

Die folgende Einführung in das Sammelgebiet der Deutschen Inflationsmarken gibt einen Überblick über die wichtigsten Grundlagen.

Grundlagen und Hinweise zur bewerteten Qualität:

Zähnung:

optimal gut noch gut leichte Mängel minderwertig

Bedingt durch die sich ständig verschlechternden technischen Voraussetzungen (Maschinenpark und Papier) ist die Zähnung der Inflationsmarken meist leicht mangelhaft bis noch gut.
Die Bewertungen gelten für gut bis noch gut gezähnte Marken, Stücke mit optimaler Zähnung rechtfertigen Preisaufschläge bis zu 50%!

Durchstich:

Der Durchstich bei den Hochinflationsmarken ab MiNr. 297 ist meist mangelhaft. Marken mit ein bis zwei fehlenden oder mehreren stumpfen Zungen sind absolut vollwertig.
Die Bewertungen gelten für Marken mit leicht mangelhaftem Durchstich; Stücke mit vollständigem Durchstich rechtfertigen Preisaufschläge bis zu 100%!

Zentrierung:

Die Inflationsmarken sind in der Regel mehr oder weniger dezentriert und in diesem Zustand absolut vollwertig. **Die Bewertungen gelten für Stücke mit leichten bis deutlichen Dezentrierungen (siehe „Briefmarken-Qualitätsstufen" im Einleitungsteil, Abb. 18 und 19); ideal zentrierte Stücke rechtfertigen individuelle, zum Teil erhebliche Preisaufschläge!**

Abstempelung und Prüfung:

Die Prüfung der Abstempelung erfolgt entweder mit INFLA-Rundsignum (bei voll identifizierbarem Stempelabschlag) bzw. mit INFLA-Quadratsignum (Teilabschläge) oder durch Attest, Befund oder Kurzbefund.

Rundsignum

Quadratsignum

Die Seltenheit vieler Werte in gestempelter Erhaltung ist im wesentlichen auf nur kurzzeitige Verwendungsmöglichkeiten und auch auf örtlich begrenzte Ausgabe zurückzuführen. Die Folge davon ist, dass viele Werte nach der Kurszeit nachgestempelt wurden, und zwar 1. mittels rückdatierter Originalstempel, 2. mittels gefälschter Stempel und 3. in jüngerer Zeit mit Hilfe von Kopiertechniken. **Daher bedürfen alle gebrauchten Inflationsmarken unbedingt der Prüfung. Eckstempel sind nur in den seltensten Fällen, Einzelmarken nur mit Strichen von Maschinenstempeln sind nicht prüfbar!**

Preisnotierungen:

Die Preisnotierungen für gebrauchte Inflationsmarken gelten – unabhängig von der Höhe der Notierungen – nur für solche Stücke, die INFLA-geprüft sind, andernfalls kann nur der Preis für Falz ✶ angesetzt werden.

Markenfarben:

Herstellungsbedingt (z. T. schlechtes Farbmaterial, Papier) gibt es bei den meisten Inflationsmarken zahlreiche Farbnuancen, die durchaus sammelwürdig, jedoch häufig nicht abgrenzbar sind.

Alle Farbangaben beziehen sich auf den MICHEL-Farbenführer ab 37. Auflage.

Markenpapier:

Das Papier der Inflationsmarken ist von sehr unterschiedlicher Qualität und Stärke. Die Palette reicht von sehr dünnem, durchscheinendem Papier über dickes bis hin zum sogenannten „Kartonpapier". Katalogisiert wird jeweils die billigste Papierstärke sowie das Kartonpapier (ab 0,09 mm bei gestempelten und 0,1 mm bei ✶- und ✶✶-Marken). Ist dieses bei den einzelnen Ausgaben nicht eigens aufgeführt, gelten folgende Preisaufschläge: ✶ 10,— €, ✶✶ 30,— €, ⨀ 120,— €

Wasserzeichen:

Alle Inflationsmarken wurden bis auf MiNr. 107–112 ausnahmslos auf Papier mit Wasserzeichen gedruckt! Bei einigen Bogen aus den Jahren 1916–1921 ist das Wasserzeichen an manchen Stellen kaum oder überhaupt nicht sichtbar (abgenutzte Wasserzeichenvorrichtung bei der Papierherstellung). **Marken (scheinbar) ohne Wz. sind weder minder- noch höherwertig!**

Gummierung:

Wie das Papier ist auch die Gummierung bei den Inflationsmarken von sehr unterschiedlicher Qualität und Farbe. Sie reicht von fast perfekter glatter Gummierung bis hin zum „Borkengummi" (keine Wertminderung!) mit Fremdeinschlüssen.

Ab Ende 1920 wurde die Gummi-Riffelung eingeführt, daneben aber auch bei vielen Ausgaben die glatte Gummierung weiter beibehalten. Mittels einer Stahlwalze wurde die Gummierung gebrochen, um das Rollen gummierter Bogen möglichst einzuschränken. Diese Stahlwalze hinterließ im Gummi bzw. teilweise auch im Papier perlstabförmige Einpressungen (Riffelung).

1916/1918

1916, 28. Juli. Freimarken: Germania (V). [E] Waldraff; Bdr. Bogen (B) (10×10), Rollen (R) und Markenheftchen (MH); Wz. 1; gez. K 14:14¼.

u) Germania mit Kaiserkrone, Hintergrund nicht schraffiert

				✶	✶✶	⊙	FDC
98	2½ (Pf)	(dunkel)olivgrau (Töne) (B) (R) (MH)	u	0,30	0,80	2,50	—,—
99	7½ (Pf)	(lebhaft)orange bis dunkelrötlichorange (B) (R) (MH) [GA]	u	0,70	2,20	3,—	—,—
100	15 (Pf)	hellgelbbraun bis lebhaftorangebraun, dunkelbraunocker (B) (R) (MH)	u	4,—	18,—	3,—	—,—
			Satzpreis (3 W.)	5,—	20,—	8,—	

Waager. Paare aus Bogen:

	✶	✶✶	⊙
98/ 98	1,—	2,—	8,—
99/ 99	1,50	5,—	6,50
100/100	12,—	40,—	100,—

Auflagen: unbekannt *Gültig bis 31.10.1922*

MiNr. 99 mit Aufdruck „10“ siehe Polen MiNr. 136

Weitere Ausgaben „Germania“ siehe Übersichtstabelle nach MiNr. 62

1917, Mai. Freimarke: Germania (VI). Wie MiNr. 100, jedoch geänderte Farbe.

u) Germania mit Kaiserkrone, Hintergrund nicht schraffiert

				✶	✶✶	⊙
101	15 (Pf)	schwärzlichgrauviolett bis schwarz(blau)violett (B) (R) (MH) [GA]	u	0,50	1,30	3,—

MiNr. 101 wurde in England zu Kriegspropagandazwecken nachgeahmt; vgl. Abschnitt „Kriegspost- und Propagandafälschungen“ im MICHEL-Deutschland-Spezial.

Auflagen: unbekannt *Gültig bis 31.10.1922*

1918, 1. Okt./1919, 20. Febr. Freimarken: Germania (VII). [E] Waldraff; Bdr. Bogen (B) (10×10) und Rollen (R); Wz. 1; gez. K 14:14¼.

u) Germania mit Kaiserkrone, Hintergrund nicht schraffiert

o) Germania mit Kaiserkrone, schraffierter Hintergrund

				✶	✶✶	⊙
102	2 (Pf)	(dunkel)gelbgrau (Töne) (B) (1.10.1918)	u	0,40	1,—	5,—
103	35 (Pf)	(dunkel)braunorange bis (lebhaft)rötlichbraun (B) (6.2.1919)	u	0,40	1,—	3,—
104	75 (Pf)	schwärzlich- bis schwarzblaugrün/gelbschwarz bis grünschwarz [dunkelgrün/braunschwarz] (B) (R) *(20.2.1919)*	o	0,40	1,—	3,—
			Satzpreis (3 W.)	1,—	3,—	10,—

Auflagen: unbekannt *Gültig bis 31.10.1922*

MiNr. 102 mit Aufdruck „5“ siehe Polen MiNr. 185.

Weitere Ausgaben „Germania“ siehe Übersichtstabelle nach MiNr. 62

Republik

1919

1919, 1. Mai. Kriegsbeschädigtenhilfe. Teilauflagen von bzw. neu gedruckte MiNr. 86 und 101 mit schwarzem Bdr.-Aufdruck.

				✶	✶✶	⊙
105	10 + **5 Pf**	rotkarmin (Töne) (B)	(86 II)	1,—	3,50	5,50
106	15 + **5 Pf**	schwärzlichgrauviolett bis schwarz(blau)violett (B)	(101)	1,—	3,50	6,—
			Satzpreis (2 W.)	2,—	7,—	11,—

Auflagen: unbekannt *Gültig (nur im Reichspostgebiet und nach Bayern und Württemberg) bis 31.10.1922*

1919, 1. Juli/1920, Febr. Eröffnung der Nationalversammlung, Weimar: Sinnbilder. 🄴 Frank (MiNr. 107), Böhm (MiNr. 108) und Matthey (MiNr. 109 und 110); Bdr. (10×5+10×5, dazwischen waager. Zwischensteg); gez. K 13:13¾.

v) Baum

w) Baumtriebe

x) Maurer

					✶	✶✶	⊙
107	10	(Pf)	karminrot GA (1.7.1919)	v	0,30	1,—	2,—
108	15	(Pf)	siena/schwärzlichtürkisblau (1.7.1919)	w	0,30	1,—	2,—
109	25	(Pf)	dunkelopalgrün/zinnoberrot (1.7.1919)	x	0,30	1,50	2,—
110	30	(Pf)	dunkelrosalila bis bräunlich(grau)lila/zinnoberrot (Febr. 1920)	x	0,30	1,50	3,—
				Satzpreis (4 W.)	1,—	5,—	9,—

Auflagen: unbekannt

Gültig (nur im Reichspostgebiet und nach Bayern und Württemberg) bis 31.10.1922. Irrtümlich unbeanstandete Auslandsverwendungen kommen vor (kein Preiszuschlag).

✈ 1919, Okt. Flugpostmarken: Posthorn und Doppeldecker. 🄴 Matthey (MiNr. 111) und Reichsdruckerei (MiNr. 112); Bdr. (5×10); gez. K 14¾:14¼.

Fb) Posthorn

Fc) Doppeldecker

					✶	✶✶	⊙
111	10	Pf	rotorange bis dunkelrötlichorange	Fb	0,30	0,90	3,50
112	40	Pf	schwärzlich(opal)grün	Fc	0,30	0,90	4,—
				Satzpreis (2 W.)	0,60	1,80	7,50

MiNr. 111 und 112 konnten, wie alle späteren Flugpostmarken, auch zur Frankierung aller übrigen Postsachen benutzt werden.

FALSCH MiNr. 112 (primitive Ausführung)

Auflagen: unbekannt

Gültig bis 30.9.1923

1920

1920, März/Mai. Freimarken: Repräsentative Darstellungen des Deutschen Kaiserreichs (VI); Reichspostamt jetzt mit Flaggen (y), Genius jetzt mit Fackel (z). 🄴 Frenzel (MiNr. A 113–114) und Lipinsky (MiNr. 115); Odr. (5×10); Wz. 1; gez. K 14¾:14½.

y) Reichspostamt Berlin mit Flaggen auf den Flügeltürmen

z) Vereinigung von Nord- und Süddeutschland, Genius mit Fackel

					✶	✶✶	⊙	FDC
A 113	1	M	rot bis dunkelrosa (Mai)	y	5,—	24,—	3,—	
113	1.25	M	dunkelopalgrün bis dunkelgrün (10. März)	y	5,—	12,—	2,40	—,—
114	1.50	M	braunocker bis schwärzlichbraunorange, dunkelorangebraun (15. März)	y	0,60	2,—	2,40	—,—
115	2.50	M	(dunkel)rosalila bis dunkelbraunlila, dunkelgraulila (15. März)	z	0,60	2,—	3,—	—,—
				Satzpreis (4 W.)	10,—	40,—	10,—	

Auflagen: unbekannt

Gültig bis 30.9.1923

Weitere Ausgaben: MiNr. 63–66, 78–82, 94–97; mit Aufdruck: MiNr. 116–118

Reichspostgebiet einschließlich Bayern und Württemberg

Am 1. April 1920 erfolgte der Eintritt Bayerns in das Reichspostgebiet unter gleichzeitigem Verzicht auf Ausübung eigener Posthoheit. Gleiches gilt für Württemberg. Württemberg hatte allerdings schon ab 1. April 1902 auf die Ausgabe eigener Freimarken verzichtet (im Gegensatz zu den eigenen Dienstmarken).

MiNr. 119–138 hatten für das ganze Reich Gültigkeit und kamen auch in einzelnen nichtbayerischen Gebieten zum Schalterverkauf. Gleichzeitig hatten die Marken Bayerns allein oder zusammen mit den Marken des Deutschen Reiches Gültigkeit bis zum 30. Juni 1920.

Bis auf MiNr. 107–112 wurden alle Inflationsmarken auf Papier mit Wasserzeichen gedruckt. Bei einigen Bogen ist das Wz. an manchen Stellen kaum oder überhaupt nicht sichtbar (abgenutzte Wasserzeichenvorrichtung bei der Papierherstellung).

Marken (scheinbar) ohne Wz. sind weder minder- noch höherwertig!

1920, Juni. Freimarken: Repräsentative Darstellungen des Deutschen Kaiserreichs (VII). Wie MiNr. 94 B II und 95 B II, jedoch geänderte Farben und schwarzer Bdr.-Aufdruck der neuen Wertstufen.

				✶	✶✶	⊙
116	**1.25 M**	auf 1 M dunkelgrün (Töne)	p	0,50	2,50	8,—
117	**1.50 M**	auf 1 M mittelsiena (Töne)	p	0,50	2,50	9,—
118	**2.50 M**	auf 2 M (dunkel)rosakarmin bis (dunkel)braunlila	t	11,—	40,—	250,—
			Satzpreis (3 W.)	12,—	45,—	260,—

Auflagen: unbekannt

Gültig bis 30.9.1923

Weitere Ausgaben: MiNr. 63–66, 78–82, 94–97, A 113–115

1920, 6. April/1921, April. Freimarken: Teilauflagen bzw. Neuauflagen und neue Wertstufen (MiNr. 128, 132 und 135) von Bayern MiNr. 178–195 (sogen. „Abschiedsserie") mit schwarzem, bei MiNr. 133 rotem Bdr.-Aufdruck durch Fa. Bruckmann (München).

				✶	✶✶	⊙
119	5 Pf	(dunkel)gelbgrün (Töne)	(178)	0,20	0,80	2,—
120	10 Pf	(dunkel)gelblichorange (Töne)	(179)	0,20	0,80	2,—
121	15 Pf	dunkelrosarot (Töne)	(180)	0,20	0,80	2,—
122	20 (Pf)	(lebhaft)braunviolett (Töne)	(181 I)	0,20	0,80	2,—
123	30 (Pf)	schwärzlichgrauultramarin	(182)	0,20	0,80	2,—
124	40 (Pf)	(dunkel)ockerbraun (Töne)	(183)	0,20	0,80	2,—
125	50 (Pf)	dunkelzinnober (Töne)	(184)	0,20	0,80	3,—
126	60 (Pf)	dunkel- bis schwärzlichopalgrün	(185)	0,20	0,80	1,80
127	75 (Pf)	dunkelkarmin (Töne)	(186)	0,60	2,—	6,50
128	80 (Pf)	dunkelblau bis dunkelultramarin	r	0,50	1,60	3,50
129	1 M	lilarot/mittel- bis lebhaftgraubraun	(187)	0,60	2,—	3,50
130	1¼ M	kobalt (Töne)/mittelolivbraun	(188)	0,60	2,—	3,50
131	1½ M	schwarzblaugrün/mittelgraubraun	(189)	0,60	2,50	4,50
132	2 M	dunkelbläulichviolett/graubraun	s	1,—	4,50	5,—
133	2½ M	Aufdruck rot				
I		(braun)schwarz/dunkelbräunlicholiv, Buchdruck	(191)	0,20	1,—	4,—
II		(rot)schwarz/dunkelbraunoliv, Steindruck (April 1921)	(190)	1,20	4,—	120,—
134	3 M	grautürkis (Töne)	(192)			
I		Aufdrucktype I		4,—	20,—	12,—
II		Aufdrucktype II		30,—	130,—	100,—
135	4 M	schwärzlichorangerot	t			
I		Aufdrucktype I		4,—	20,—	13,—
II		Aufdrucktype II		55,—	230,—	260,—
136	5 M	dunkelgelblichorange	(193)			
I		Aufdrucktype I		4,—	20,—	12,—
II		Aufdrucktype II		40,—	160,—	120,—
137	10 M	schwärzlicholivgrün	(194)			
I		Aufdrucktype I		6,50	25,—	20,—
II		Aufdrucktype II		140,—	600,—	1000,—
138	20 M	olivschwarz	(195)			
I		Aufdrucktype I		7,50	30,—	16,—
II		Aufdrucktype II		55,—	200,—	200,—
			Satzpreis (20 W.)	26,—	130,—	120,—

Typenunterschiede des Aufdrucks bei MiNr. 134–138:

Type I: Kopf des „R" von „Reich" eingekerbt

Type II: Kopf des „R" von „Reich" nicht eingekerbt (MiNr. 134–137 Feld 3 oder 15, MiNr. 138 Feld 15, je Teilaufl.)

MiNr. 128, 132 und 135 ohne Aufdruck gelangten im Juni 1920 (also nach Einstellung der bayerischen Post) in den Markt (III):

	✶	✶✶	⊘
128 III	150,—	400,—	—,—
132 III	50,—	130,—	—,—
135 III	70,—	170,—	70,—

Paare mit und ohne Aufdruck (F):

	✶	✶✶	⊙
119 F	70,—	200,—	250,—
120 F	70,—	200,—	250,—
121 F	70,—	200,—	250,—
122 F	50,—	150,—	200,—
123 F	50,—	150,—	200,—
124 F	—,—	—,—	
125 F	100,—	250,—	300,—
126 F	—,—	—,—	
127 F			1000,—
134 I F	—,—	—,—	
136 I F			1000,—

Achtung! Paare mit und ohne Aufdruck waren früher mit römischen Unternummern katalogisiert! Auf Brief äußerst selten (je —,—)!

FALSCH Vorsicht vor Fälschungen der Type I in Type II!

Auflagen: unbekannt

Gültig bis 30.9.1923

MiNr. 139 fällt aus.

1920, Jan./1921, April. Freimarken: Germania (VIII). Farbänderungen und neue Wertstufen (MiNr. 150–153). E Waldraff; Bdr. Bogen (B) (10×10, z.T. auch 5×5), Rollen (R) und Markenheftchen (MH); Wz. 1; gez. K 14:14¼.

 o  o  u  o  o  o

 o  o  o  o  o  o

o) Germania mit Kaiserkrone, schraffierter Hintergrund

u) Germania mit Kaiserkrone, nicht schraffierter Hintergrund

				✶	✶✶	⊙
140	5 (Pf)	gelbbraun bis (dunkel)orangebraun, siena bis schwärzlichrotbraun (B) (R) *(30.7.1920)*	o	0,30	1,—	2,50
141	10 (Pf)	gelblichorange bis rötlichorange (B) (R) (MH) *(2.9.1920)*	o	0,20	1,—	2,—
142	15 (Pf)	(dunkel)braunrot bis (dunkel)braunkarmin, karminbraun (B) (R) (MH) *(19.1.1920)* GA	u	0,30	1,—	2,50
143	20 (Pf)	dunkel(opal)grün bis schwärzlichgelblichgrün (B) (R) *(5.9.1920)*	o	0,30	1,20	3,—
144	30 (Pf)	dunkelpreußischblau GA	o			
I		Type I (R) *(28.6.1920)*		3,50	10,—	40,—
II		Type II (B) (R) (MH) *(9.7.1920)*		0,20	1,—	2,—
145	40 (Pf)		o			
a		lebhaftrotkarmin bis (lebhaft)lilarot GA				
I		Type I (R) *(8.9.1920)*		5,50	15,—	40,—
II		Type II (B) (R) (MH) *(24.4.1920)*		0,20	1,—	2,50
b II		lilakarmin (poröser Druck), Type II (B) (MHB)		50,—	150,—	200,—
146	50 (Pf)	graulila bis dunkelgraulila GA	o			
I		Type I (R) *(17.12.1920)*		4,—	12,—	40,—
II		Type II (B) *(8.10.1920)*		0,80	2,20	3,—
147	60 (Pf)	dunkelgrauoliv (B) (R) (MH) *(10.8.1920)*	o	0,20	1,—	2,—
148	75 (Pf)	schwärzlichrosalila	o			
I		Type I (R) *(4.12.1920)*		3,—	10,—	55,—
II		Type II (B) (R) *(15.8.1920)*		0,80	3,—	2,50
149	80 (Pf)	(mittel)lilaultramarin bis lebhaft(grau)violettultramarin	o			
I		Type I (R) *(1.9.1920)*		1,50	5,—	70,—
II		Type II (B) (R) *(9.11.1920)*		0,30	1,—	3,—
150	1 M	schwärzlichrotviolett/dunkelgraugrün (B) (R) *(24.11.1920)*	o	0,20	1,—	3,—
151	1¼ M	orangerot bis dunkelrosa/dunkelkarminlila (B) (R) *(20.12.1920)*	o	0,20	1,—	2,50
152	2 M	dunkellilarot/grauultramarin bis preußischblau (B) (R) *(Dez. 1920)*	o	0,80	4,—	2,—
153	4 M	braunschwarz/lilarot bis karminrot (B) (R) *(25.11.1920)*	o	0,20	1,—	3,—
		Satzpreis (14 W.)		5,—	20,—	35,—

Die Daten in Kursivschrift bezeichnen die bisher bekannten frühesten Verwendungen.

Bei allen Farben der MiNr. 140–153 sind Tönungen bekannt.

MiNr. 145 b II war früher unter 145 F gelistet.

Typenunterschiede bei MiNr. 144–146, 148–149:

Type I oben:
Kreuz auf der Krone kaum erkennbar; Wertziffern (und Mittelstück) meist etwas verschoben (2 Druckformen)

Type I unten:
„DEUTSCHES REICH" in etwas größeren Buchstaben und **immer** etwas verschoben

Type II oben:
Kreuz auf der Krone deutlich; Wertziffern (und Mittelstück) genau zentrisch (1 Druckform)

Type II unten:
„DEUTSCHES REICH" in etwas kleineren Buchstaben und zentrisch

Stücke in Type I mit einwandfrei zentriertem Mittelstück rechtfertigen einen Preisaufschlag von ca. 100%.

Von etlichen Marken MiNr. 140–170 wurden von der Reichsdruckerei auch Viertelbogen (5×5) in entsprechend kleinen Bogentaschen geliefert, um brauchbare Teile beschädigter Bogen verwenden zu können.

Wasserzeichenabarten (Wasserzeichenpapier für fiskalische Marken, amtlich „Vierpass-Wz." **(Y)**:

		*	**	⊙
151 Y	(17.12.1920)	600,—	1800,—	1300,—
152 Y			*65000,—*	*60000,—*

		*	**	⊙
PFä 147 PFä	schlechter Steindruck, oWz., gez. L 13 (sogen. „Kölner Postfälschung")	180,—	500,—	2500,—

MiNr. 144 I–149 I mit Firmenlochung gebraucht ca. 50% der ⊙-Preise.

Achtung! MiNr. 141 ist licht-, MiNr. 151 ist wasserempfindlich!

Auflagen: unbekannt *Gültig bis 31.10.1922*

Weitere Ausgaben Germania siehe Übersichtstabelle nach MiNr. 62

1921

1921, Aug. Freimarken: Germania (IX). MiNr. 140 (Neuauflage), 148 und 151 mit schwarzem (MiNr. 154, 155 und 157) bzw. grünem (MiNr. 156) Bdr.-Aufdruck. I = Aufdruck mattglänzend bzw. glänzend (bei MiNr. 156), II = Aufdruck stumpf (MiNr. 154 und 155), matt (MiNr. 156) bzw. rußig (MiNr. 157).

			*	**	⊙
154	**1.60 M** auf 5 (Pf)	gelbbraun bis dunkelorangebraun, hellsiena bis (lebhaft)braun (140)			
I		Aufdruck mattglänzend	0,20	1,30	3,—
II		Aufdruck stumpf	2,—	7,—	17,—
155	**3 M** auf 1¼ M	orangerot bis dunkelrosa, karminrot/dunkelkarminlila (151)			
I		Aufdruck mattglänzend	0,20	1,30	3,50
II		Aufdruck stumpf	1,50	4,—	25,—
156	**5 M** auf 75 (Pf)	schwärzlichrosalila (Töne) (148 II)			
I		Aufdruck glänzend	0,30	1,50	3,—
II		Aufdruck matt	2,—	6,—	20,—
157	**10 M** auf 75 (Pf)	schwärzlichrosalila (Töne) (148 II)			
I		Aufdruck mattglänzend	0,50	1,80	3,—
II		Aufdruck rußig	1,50	4,—	13,—
		Satzpreis I (4 W.)	1,20	5,50	12,—
		Satzpreis II (4 W.)	6,50	18,—	60,—

Abart:

		*	**	⊙
155 I F	Paar mit und ohne Aufdruck	200,—	500,—	

Postfälschung PFä:

		⊙
157 PFä		2600,—

Achtung! MiNr. 155 ist wasserempfindlich!

MiNr. 154–157 wurden am 20.1.1922 vom Schalterverkauf zurückgezogen und im Innendienst aufgebraucht. Das Publikum durfte sie nach dem 20.1.1922 nicht mehr verwenden.

Auflagen: unbekannt *Gültig bis 31.10.1922*

Weitere Ausgaben Germania siehe Übersichtstabelle nach MiNr. 62

Abstempelung und Prüfung:

Die Preise für gebrauchte Inflationsmarken gelten nur für geprüfte Stücke mit INFLA-Kreissignum (bei voll identifizierbarem Stempelabschlag) bzw. mit INFLA-Quadratsignum (Teilabschläge). Volle und klare Abstempelungen (siehe „Briefmarken-Qualitätsstufen" im Einleitungsteil, Abb. 22 und 23) rechtfertigen z.T. deutliche Preisaufschläge!

Unentbehrliche Helfer zur Stempelbestimmung sind die Bände 13 und 48 der INFLA-Bücherei!

Bei gebrauchten Marken unter 3,— werden evtl. Prüfgebühren nicht berücksichtigt!

Bedingt durch die sich ständig verschlechternden technischen Voraussetzungen (Maschinenpark und Papier) ist die Zähnung der Inflationsmarken meist leicht mangelhaft bis noch gut.
Die Bewertungen gelten für gut bis noch gut gezähnte Marken, Stücke mit optimaler Zähnung rechtfertigen Preisaufschläge bis zu 50%!

1921, Mai/Dez. Freimarken: Ziffern, Arbeiter, Posthorn (zweifarbig) und Pflüger. ⓔ **Prof. Geiger (MiNr. 158–164), Neu (MiNr.165–170), Szesztokat (MiNr. 171–173), Haas (MiNr. 174 und 175) und Scharff (MiNr. 176); MiNr. 158–173 Bdr. Bogen (B) (10×10, z.T. auch 5×5), Rollen (R) und Markenheftchen (MH), MiNr. 174 und 175 StTdr. (5×10), MiNr. 176 komb. StTdr. und Odr. (5×10); Wz. 1; MiNr. 158–173 gez. K 14:14¼, MiNr. 174–176 gez. K 14.**

aa) Ziffer(n) im Rechteck

ab) Schmied

ac) Bergarbeiter (nach rechts)

ad) Schnitter

ae) Posthorn (zweifarbig)

af) Ziffer(n) im Queroval

ag) Pflüger

					✶	✶✶	⊙
158	5 (Pf)	(mittel)lilakarmin (Töne) (Mai) (B)	aa	0,20	0,60	2,50
159	10 (Pf)	(schwärzlich)braunoliv bis schwarzoliv (Mai) (B) (R) (MH)	aa	0,20	1,—	2,50
160	15 (Pf)	(dunkel)grünblau (Töne) (August) (B) (R)	aa	0,20	0,60	2,—
161	25 (Pf)	lebhaftsiena bis lebhaftrötlichbraun (August) (B) (R)	aa	0,20	0,60	2,—
162	30 (Pf)	(schwärzlich)opalgrün (Töne) (Mai) (B) (R) (MH)	aa	0,20	0,60	2,—
163	40 (Pf)	rotorange bis gelblichrot (August) (B) (R)	aa	0,20	0,60	2,—
164	50 (Pf)	schwärzlichgraupurpur bis dunkelbraunviolett (B)	aa	0,40	1,50	2,—
165	60 (Pf)	schwärzlichrosalila bis bräunlichlila (Okt./Nov.) (B) (R)	ab	0,20	0,60	2,—
166	80 (Pf)	schwärzlichrosarot (Töne) (Okt./Nov.) (B)	ab	0,20	0,60	7,—
167	100 (Pf)	dunkelolivgrün (Töne) (Okt./Nov.) (B)	ac	0,40	1,40	2,50
168	120 (Pf)	dunkel- bis schwärzlichblau (Okt./Nov.) (B)	ac	0,20	0,60	2,—
169	150 (Pf)	dunkelorange (Töne) (Okt./Nov.) (B)	ad	0,30	1,20	2,50
170	160 (Pf)	schwärzlichgrautürkis (Töne) (Okt./Nov.) (B)	ad	0,20	0,60	11,—
171	2 M	dunkelbraunviolett (Töne)/hellbräunlichlila (Dez.) (B)	ae	0,50	2,—	4,50
172	3 M	zinnober/hellgelb (Dez.) (B)	ae	0,50	2,—	20,—
173	4 M	schwarzgrün/hellgelbgrün (Dez.) (B)	ae	0,30	1,30	4,50
174	5 M	orange (Töne) (Sept.) (B)	af	0,50	2,50	3,—
175	10 M	(lebhaft)karminrot (Töne) (Sept.) (B)	af	0,60	2,50	4,—
176	20 M	dunkel- bis schwarzlilaultramarin/hellgraugrün (Sept.) (B)	ag	4,—	10,—	3,50
		Satzpreis (19 W.)		9,—	30,—	75,—

Abart:

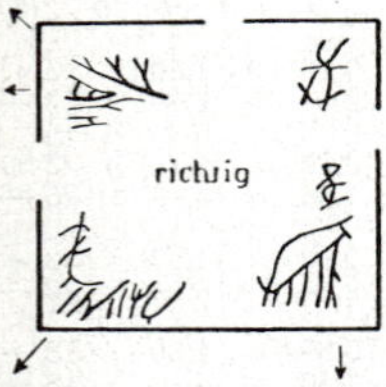

Unterdruck richtig
MiNr. 176, 196, 260

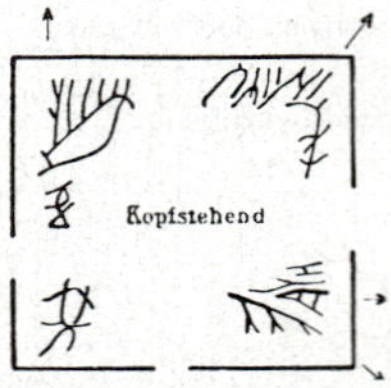

Unterdruck kopfstehend
MiNr. 176 I, 196 I, 260 K II

MiNr. 176 I: An ganzen Bogen ist die Feststellung des kopfstehenden Unterdrucks leicht; in diesem Falle befindet sich das regulär auf jedem oberen Bogenrand in hellgraugrün eingedruckte „Oben“ auf dem unteren Bogenrand kopfstehend. An Einzelmarken ist die Feststellung durch die verschiedene Randstrichlage des Unterdrucks möglich.

		✶	✶✶	⊙
176 I	Unterdruck kopfstehend	250,—	900,—	1400,—

Auflagen: unbekannt *Gültig bis 30.9.1923*

Weitere Werte in Zeichnung af: MiNr. 194, 195, 219–223, 246–257

aa

aa I

1921, 29. Dez./1922, Aug. Freimarken: Ziffern, Arbeiter, Posthorn und Pflüger. Wie MiNr. 158–176, jetzt jedoch mit Wz. 2 (zum Teil auch Neuauflagen und neue Wertstufe [MiNr. 185]).

Wz. 2 Waffeln

Zeichnung aa mit Schluss-s, Zeichnung aa I mit langem „s“ vor „ch“ in „Deutsches“.

				✶	✶✶	⊙
177	5 (Pf)	(mittel)lilakarmin (Töne) (Mai 1922) (B)	aa	1,—	3,—	260,—
178	10 (Pf)	(schwärzlich)braunoliv (Febr. 1922) (B)	aa	9,—	30,—	240,—
179	15 (Pf)	(dunkel)grünblau (Mai 1922) (B)	aa	0,60	2,—	280,—
180	25 (Pf)	lebhaftsiena bis lebhaftrötlichbraun (März 1922) (B)	aa	0,20	1,—	4,—
181	30 (Pf)	(schwärzlich)opalgrün (Töne) (April 1922) (B)	aa	1,—	3,50	420,—
182	40 (Pf)	rotorange bis gelblichrot (Jan. 1922) (B) (R)	aa	0,20	1,—	5,—
183	50 (Pf)	schwärzlichrotlila bis schwärzlichviolettbraun (Jan. 1922) (B) (R)	aa	0,30	1,30	2,—
184	60 (Pf)	schwärzlichrosalila bis bräunlichlila (Dez. 1921) (B)	ab	0,20	1,—	26,—
185	75 (Pf)	dunkellilaultramarin (Aug. 1922) (B)	aa I	0,20	1,—	3,60
186	80 (Pf)	schwärzlichrosarot (Töne) (März 1922) (B) (R)	ab	0,50	1,60	75,—
187	100 (Pf)	dunkelolivgrün bis dunkelgrünlicholiv (Jan. 1922) (B) (R)	ac	0,20	1,30	2,—
188	120 (Pf)	schwärzlich- bis schwarzblau (Mai 1922) (B)	ac	0,90	3,—	140,—
189	150 (Pf)	dunkelorange (Töne) (März 1922) (B) (R)	ad	0,20	1,—	2,—
190	160 (Pf)	schwärzlich- bis schwarzgrautürkis (Mai 1922) (B)	ad	0,90	3,—	220,—
191	2 M	dunkelbraunviolett (Töne)/hellbräunlichlila (Jan. 1922) (B) (R)	ae	0,20	1,—	2,—
192	3 M	zinnober/hellgelb (29. Dez. 1921) (B) (R)	ae	0,20	1,—	2,—
193	4 M	schwarzgrün/hellgelbgrün (Jan. 1922) (B) (R)	ae	0,20	1,—	2,—
194	5 M	orange (Töne) (Febr. 1922) (B)	af	0,40	1,50	2,50
195	10 M	(lebhaft)karminrot (Töne) (März 1922) (B)	af	0,40	1,50	3,—
196	20 M	dunkel- bis schwärzlichlilaultramarin/hellgraugrün (Mai 1922) (B)	ag	0,20	1,—	4,—
		Satzpreis (20 W.)		15,—	60,—	1600,—

Abart:

196 I	Unterdruck kopfstehend	40,—	100,—	900,—

Auflagen: unbekannt *Gültig bis 30.9.1923*

Weitere Werte in Zeichnung af: MiNr. 174, 175, 219–223, 246–257

1922/1923

1922, März. Freimarken: Germania (X). Ⓔ Waldraff; Bdr. Bogen (B) (10×10) und Rollen (R); Wz. 2; gez. K 14:14¼.

o) Germania mit Kaiserkrone, schraffierter Hintergrund

				*	**	⊙
197	75 (Pf)	lilarot bis karminrot (B) (R)	o	0,50	1,80	3,50
198	1¼ M	orangerot (Töne)/dunkelkarminlila (Töne) (B) (R)	o	0,30	1,20	2,50
		Satzpreis (2 W.)		0,70	3,—	5,50

Auflagen: unbekannt

Gültig bis 31.10.1922

Weitere Ausgaben „Germania" siehe Übersichtstabelle nach MiNr. 62

1922, 2. April. Deutsche Gewerbeschau, München. Ⓔ Prof. Ehmcke; Bdr. (10×5+10×5, dazwischen waagerechter Zwischensteg); MiNr. 199–202 Wz. 2 (liegend), MiNr. 203 und 204 Wz. 1 (liegend); gez. K 13:13¾.

ah) Münchner Stadtwappen

				*	**	⊙
199	1¼ M	(dunkel)karminrot bis dunkellilarot	ah	0,40	1,50	2,50
200	2 M	schwarzbläulichviolett bis schwarz(grau)violett	ah	0,30	1,50	2,50
201	3 M	orangerot (Töne)	ah	0,30	0,80	2,50
202	4 M	dunkelviolettultramarin bis dunkellilaultramarin	ah	0,30	0,80	2,50
203	10 M	schwärzlichbraunocker bis lebhaftbraun auf weißbraunocker	ah	0,80	3,—	3,50
204	20 M	rotkarmin bis karminrot auf hellkarminrot	ah	5,—	17,—	17,—
		Satzpreis (6 W.)		6,50	24,—	28,—

Vorsicht! Die meisten Farben von MiNr. 199–204 sind sehr wasserempfindlich!

Auflagen: unbekannt

Gültig bis 30.9.1923

1922, 3. Juni/Dez. Freimarken: Posthorn (zweifarbig). Ⓔ Szesztokat; Bdr. Bogen (B) (10×10) und Rollen (R); P = Plattendruck, W = Walzendruck; Wz. 2; gez. K 14:14¼.

ae) Posthorn (zweifarbig)

				*	**	⊙
205 W	5 M	dunkelorange/mittelorangegelb (3. Juni) (B) (R) (W)	ae	0,20	0,60	2,80
206 W	10 M	lebhaftlilarot (Töne)/matt- bis hellrötlichkarmin (Juni) (B) (R) (W)	ae	0,20	0,60	2,—
207	20 M	schwarzbläulichviolett/hellrötlichorange (Töne) (Okt.)	ae			
P		Plattendruck (fettere Schrift, dickere Sterne) (B)		0,50	1,70	2,—
W		Walzendruck (magere Schrift, kleine spitze Sterne) (R)		3,50	10,—	34,—
208	30 M	lebhaftsiena (Töne)/hellgelbocker (Okt.)	ae			
P		Plattendruck (fettere Schrift, dickere Sterne) (B)		0,20	0,90	2,—
W		Walzendruck (magere Schrift, kleine spitze Sterne) (R)		3,—	8,—	25,—
209	50 M	(Dez.)	ae			
P		schwarzbläulichgrün/hellbraunpurpur, Plattendruck (B) (R)		0,20	0,90	2,—
W		dunkel- bis schwarzgraugrün/hell- bis lebhaftbraunpurpur, Walzendruck (magere Schrift, kleine spitze Sterne) (B) (R)		0,30	1,20	2,80
		Satzpreis (5 W.)		1,20	4,—	10,—

Zeichnungsunterschiede zwischen Platten- und Walzendruck bei MiNr. 207–209:

2 207 P 2 207 W 30 208 P 30 208 W 50 209 P 50 209 W

Plattendruck: fettere Schrift, dicke Sterne, Schnüre am Posthorn dick
Walzendruck: magere Schrift (besonders Wertziffern), kleine spitze Sterne, Schnüre am Posthorn dünn

Achtung! Die Unternummern P und W waren früher mit den Unternummern I und II katalogisiert!

		*	**	⊙
209 P Y	mit Vierpass-Wz. (Abb. siehe bei MiNr. 140–153)	3,—	7,—	1100,—

Abart:

		*	**	⊙
208 P z	auf Kartonpapier	10,—	25,—	120,—
209 P z	auf Kartonpapier	10,—	25,—	120,—
209 W z	auf Kartonpapier	20,—	50,—	200,—

MiNr. 207 W und 208 W mit Firmenlochung gebraucht ca. 50% der ⊙-Preise!

Auflagen: unbekannt

Gültig bis 30.9.1923

✈ 1922, Juli. Flugpostmarken: Holztaube (I). ☒ Prof. Aufseesser; Bdr. (MiNr. 210–214 10×10, MiNr. 215–218 10×5+10×5, dazwischen waager. Zwischensteg); Wz. 2; MiNr. 210–214 gez. K 14:14¼, MiNr. 215–218 gez. K 13:13¾.

Fd Fe

Fd–Fe) Holztaube (MiNr. 210–214 ohne, MiNr. 215–218 mit farbigem Unterdruck)

				✶	✶✶	⊙
210	25 (Pf)	schwärzlichgelbbraun (Töne)	Fd	0,60	2,50	24,—
211	40 (Pf)	lebhaftrotorange (Töne)	Fd	0,50	2,50	32,—
212	50 (Pf)	schwärzlichgraulila (Töne)	Fd	0,30	1,50	11,—
213	60 (Pf)	schwärzlichrosarot (Töne)	Fd	0,70	3,—	26,—
214	80 (Pf)	grün (Töne)	Fd	0,50	2,50	26,—
215	1 M	schwärzlichopalgrün (Töne)/hellgelblichgrün	Fe	0,20	1,—	5,—
216	2 M	lilakarmin bis dunkelkarmin/mittelgrau	Fe	0,20	1,—	5,—
217	3 M	dunkelviolettultramarin/grau	Fe	0,30	1,50	6,—
218	5 M	zinnober bis orangerot/lebhaftorangegelb	Fe	0,20	1,—	5,—
		Satzpreis (9 W.)		3,50	16,—	140,—

Auflagen: unbekannt *Gültig bis 30.9.1923*

Weitere Werte in Zeichnung Fd: MiNr. 344–350; in Zeichnung Fe: MiNr. 235–237, 263–267

1922, Okt./Dez. Freimarken: Ziffern im Queroval (sogen. „Queroffset") (I). ☒ Haas; Odr. (5×10); Wz. 1; gez. K 14¾:14¼.

af) Ziffern im Queroval

				✶	✶✶	⊙
219	100 M	schwärzlichlilabraun bis dunkelbraunkarmin (Okt.)	af	0,30	1,—	1,80
220	200 M	dunkelrosarot bis lebhaftlilarot (Nov.)	af	0,20	0,70	1,80
221	300 M	dunkelgrün bis dunkelolivgrün (Nov.)	af	0,20	0,70	1,80
222	400 M	mittel- bis schwärzlichbraunocker, orangebraun (Töne)	af	0,70	2,—	3,—
223	500 M	dunkelrötlichorange bis (dunkel)rotorange (Dez.)	af	0,20	0,50	1,80
		Satzpreis (5 W.)		1,50	4,50	10,—

MiNr. 220 Y (mit liegendem statt stehendem Wasserzeichen) ist bekannt, hat aber bisher nur mit Stempelfragment vorgelegen.

Auflagen: unbekannt *Gültig bis 30.11.1923*

Weitere Werte in Zeichnung af: MiNr. 174, 175, 194, 195, 246–257

1922, Mai/1923, Febr. Freimarken: Posthorn (einfarbig); ☒ Szesztokat; Bdr. Bogen (B) (10×10) und Rollen (R); P = Plattendruck, W = Walzendruck; Wz. 2; gez. K 14:14¼.

ae I) Posthorn (einfarbig)

				✶	✶✶	⊙
224	2 M	dunkel- bis schwärzlichviolettpurpur, schwärzlichgraupurpur (Mai 1922) (B) (R) (P) (W)	ae I	0,30	1,—	2,—
225	3 M	orangerot (viele Töne) (Mai 1922) (B) (R) (P) (W)	ae I	0,20	0,70	2,—
226	4 M	schwärzlichopalgrün bis schwärzlichbläulichgrün (Mai 1922) (B) (R) (P) (W)	ae I	0,30	1,—	2,—
227	5 M	(lebhaft)orange bis schwärzlichorange, rötlichorange (Okt. 1922) (B) (R) (P) (W)	ae I	0,30	1,—	2,—
228	6 M	schwarzkobalt (Töne) (Okt. 1922)	ae I			
P		Plattendruck (schräge „6") (B)		0,30	1,—	2,—
W		Walzendruck (steile „6") (R)		0,50	1,50	2,50
229	8 M	schwärzlicholiv (Töne) (Nov. 1922)	ae I			
P		Plattendruck (große, fette „8") (B)		0,30	1,—	2,—
W		Walzendruck (kleine, magere „8") (R)		0,50	1,60	36,—
230	20 M	schwärzlichgrauviolett (Töne) (Jan. 1923)	ae I			
P		Plattendruck (fettere Schrift, dicke Sterne) (B)		0,30	1,—	2,—
W		Walzendruck (magere Schrift, kleine spitze Sterne) (R)		1,—	3,—	6,50
231	30 M	dunkelgelbbraun bis (lebhaft)siena, (schwärzlich)braun (Febr. 1923) (R) (W)	ae I	0,30	1,—	10,—
232	40 M	(Jan. 1923)	ae I			
P		(dunkel)gelblichgrün (viele Töne), Plattendruck (große fette „40") (B)		0,30	1,—	2,50
W		(schwärzlich)olivgrün, Walzendruck (kleine, magere „40") (B) (R)		0,40	1,40	3,—
		Satzpreis (9 W.)		2,—	7,50	25,—

Achtung! Die Unternummern P und W waren früher mit den Unternummern I und II katalogisiert!

Zeichnungsunterschiede zwischen Platten- und Walzendruck bei MiNr. 228, 229 und 232:

228 P: schräge „6“

228 W: steile „6“

229 P: große fette „8“

229 W: kleine magere „8“

232 P: große fette „40“

232 W: kleine magere „40“

Zeichnungsunterschied bei MiNr. 230 siehe Abb. bei MiNr. 207!

Platten- und Walzendrucke können bei Einzelmarken von MiNr. 224–227 nicht unterschieden werden!

Waagerechte Paare (aus W-Bogen oder Rollenbahnbogen):

	✶	✶✶	⊙
228 W/228 W	1,—	3,50	15,—
229 W/229 W	1,50	4,—	2000,—
230 W/230 W	3,—	8,—	130,—
231/231	1,50	4,50	150,—
232 W/232 W	1,50	4,50	140,—

Abart:

	✶	✶✶	⊙
230 P z auf Kartonpapier	30,—	80,—	150,—

MiNr. 229 W, 230 W und 231 mit Firmenlochung gebraucht lose ca. 50% der ⊙-Preise!

Auflagen: unbekannt

Gültig bis 30.9.1923

1922, 11. Dez. Alters- und Kinderhilfe. Ⓔ Prof. Cissarz; Odr. (10×5); Wz. 2; gez. K 14.

ai) Mädchen pflanzt Bäumchen (Allegorie der Mildtätigkeit)

				✶	✶✶	⊙
233	6+4 M	(dunkel)grauultramarin bis dunkelviolettultramarin/mittelorangebraun	ai	0,20	1,20	30,—
234	12+8 M	dunkelzinnober/grauviolett bis mittelviolettblau	ai	0,20	1,20	30,—
		Satzpreis (2 W.)		0,40	2,40	60,—
		FDC				150,—

Auflagen (angeblich): je 5 000 000 Stück

Gültig nur im Inland bis 15.1.1923, jedoch unbeanstandet auch ins Ausland und auch nach dem 15.1. verwendet

✈ 1923, 28. Febr./April. Flugpostmarken: Holztaube (II). Ⓔ Prof. Aufseesser; Bdr. (10×5+10×5, dazwischen waager. Zwischensteg); Wz. 2 (liegend); gez. K 13:13¾.

Fe) Holztaube (mit farbigem Unterdruck)

				✶	✶✶	⊙
235	10 M	schwärzlichrotlila bis schwärzlichkarminlila/graurot bis mittellilarot (28.2.)	Fe	0,20	0,70	12,—
236	25 M	lebhaftbraun bis lebhaftsiena/rötlichgelb (28.2.)	Fe	0,20	0,70	11,—
237	100 M	(schwarz)bräunlicholiv (Töne)/mittelorangerot (April)	Fe	0,20	0,70	9,—
		Satzpreis (3 W.)		0,50	2,—	32,—

Auflagen: unbekannt

MiNr. 235 und 236 gültig bis 30.9., MiNr. 237 bis 30.11.1923

Weitere Werte in Zeichnung Fd bzw. Fe siehe Fußnote nach MiNr. 218

1922, Dez./1923, Juni. Freimarken: Arbeiter. Ⓔ Neu; Bdr. Bogen (B) (10×10) und Rollen (R); Wz. 2 (stehend); gez. K 14:14¼.

ak) Bergarbeiter nach links

ad) Schnitter

ad

ak

ad

ak

ad

ak

				✶	✶✶	⊙
238	5 M	dunkelorange (Töne) *(24.2.23)* (B)	ak	0,20	0,40	16,—
239	10 M	(dunkel)grauultramarin (Töne) *(Dez. 1922)* (B) (R)	ad	0,20	0,40	2,—
240	12 M	orangerot (Töne) *(Dez. 1922)* (B)	ad	0,20	0,40	2,—
241	20 M	mittel- bis lebhaftbraunlila *(April 1923)* (B) (R)	ak	0,20	0,70	2,—
242	25 M	(dunkel)ockerbraun *(Jan. 1923)* (B)	ad	0,20	0,40	2,—
243	30 M	schwärzlich- bis schwarzgrauoliv, schwarzoliv *(Juni 1923)* (B) (R)	ak	0,20	0,90	3,—
244	40 M	schwärzlich(gelblich)grün bis schwärzlicholivgrün *(Ende März 1923)* (B) (R)	ad	0,30	1,20	2,—
245	50 M	(lebhaft)bläulichgrün *(Mai 1923)* (R)	ak	0,50	1,60	150,—
		Satzpreis (8 W.)		1,50	5,—	170,—

Die angegebenen Daten sind die bisher bekannten frühesten Verwendungen.

241 Y	mit liegendem (statt stehendem) Wasserzeichen	1,—	3,50	80,—

Abarten:

			✶	✶✶	⊙
238 z	auf Kartonpapier		7,—	30,—	200,—
241 z	auf Kartonpapier.		10,—	30,—	120,—
244 z	auf Kartonpapier		30,—	80,—	200,—

Auflagen: unbekannt *Gültig bis 30.9.1923*

1922, Okt./1923, Sept. Freimarken: Ziffern im Queroval (sogen. „Queroffset") (II). Ⓔ Haas; Odr. (5×10); Wz. 2; gez. K 14¾:14¼.

af) Ziffern im Queroval

				✶	✶✶	⊙
246	50 M	dunkel- bis schwärzlichblau, (dunkel)preußischblau (Okt. 1922)	af	0,30	1,—	2,—
247	100 M	schwärzlichbraunpurpur (Töne) (Febr. 1923)	af	0,20	0,70	1,80
248	200 M	karminrot bis lebhaftlilarot (Febr. 1923)	af	0,30	1,—	2,50
249	300 M	dunkelgrün bis schwarzgelblichgrün (Febr. 1923)	af	0,20	0,50	1,80
250	400 M	dunkelbraunocker bis schwärzlichockerbraun (Jan. 1923)	af	0,20	0,50	1,80
251	500 M	dunkelgelblichrot (Töne) (März 1923)	af	0,20	0,50	1,80
252	1000 M	dunkel- bis schwarzgrüngrau (Jan. 1923)	af	0,20	0,50	1,80
253	2000 M	(lebhaft)preußischblau bis dunkelviolettultramarin (Jan. 1923)	af	0,40	1,20	2,50
254	3000 M	schwärzlichbraunocker bis schwarz(grau)braun (Febr. 1923)	af	0,30	1,—	2,—
255	4000 M	dunkelbläulichviolett bis schwarzviolett (Juli 1923)	af	0,20	0,70	2,—
256	5000 M	lebhaft- bis schwarzgraugrün, (schwarz)opalgrün (Aug. 1923)	af	0,40	1,30	2,—
257	100000 M	(dunkel)zinnober bis (dunkel)orangerot (Sept. 1923)	af	0,20	0,50	1,80
		Satzpreis (12 W.)		3,—	8,—	22,—

Auf Kartonpapier (ab 0,09 mm) (z):

	✶	✶✶	⊙
248 z			200,—
249 z	10,—	30,—	
253 z	10,—	30,—	160,—
254 z	10,—	30,—	160,—

Auflagen: unbekannt *Gültig bis 30.11.1923, MiNr. 246 nur bis 30.9.1923*

Weitere Werte in Zeichnung af: MiNr. 174, 175, 194, 195, 219–223

1923

1923, 19. Febr. Rhein- und Ruhrhilfe. Teilauflagen von MiNr. 238, 242 und 196 mit schwarzem Bdr.-Aufdruck.

				✶	✶✶	⊙
258	5 M	+ **100 M** dunkelorange (Töne)	(238)	0,30	1,—	12,—
259	25 M	+ **500 M** (dunkel)ockerbraun	(242)	0,30	1,—	30,—
260	20 M	+ **1000 M** dunkellilaultramarin/hellgraugrün	(196)	2,60	8,—	110,—
		Satzpreis (3 W.)		3,—	10,—	150,—

Auflagen: MiNr. 258 = 10 000 000, MiNr. 259 = 5 000 000, MiNr. 260 = 1 000 000 Stück *Gültig bis 30.9.1923*

1923, Mai/Juli. Freimarken: Wartburg und Kölner Dom. Ⓔ Reichsdruckerei; StTdr. (MiNr. 261 5×10, MiNr. 262 10×5); Wz. 2 (MiNr. 261 stehend, MiNr. 262 liegend); gez. K 14.

al) Wartburg bei Eisenach, erbaut um 1070, erneuert im 19. Jahrhundert

am) Kölner Dom (Baubeginn 1248)

				✶	✶✶	⊙
261	5000 M	(schwärzlich)blau, violettultramarin (Töne) (Anfang Mai)	al	0,40	1,20	4,—
262	10000 M	bräunlicholiv (Ende Juli)	am	0,40	1,50	5,—
		Satzpreis (2 W.)		0,60	2,50	9,—

Bei MiNr. 261 gibt es insgesamt 5 verschiedene Ausführungen (Stärke und Anzahl) der waager. Schraffurlinien (Wolken) oberhalb bzw. neben der Wartburg. Sie hängen im Bogen immer senkrecht untereinander (Preise gleich!). Typen: Die Schraffurlinien der Himmelspartie in 5 verschiedenen Stärken. Stärkegrade: 5., 3., 2., 4., 1. Marke jeder halben senkrechten Markenreihe. Außerdem gibt es saubere und verschwommene Drucke.

Auflagen: unbekannt *Gültig bis 30.11.1923*

✈ 1923, Mai/Juni. Flugpostmarken: Holztaube (III). Ⓔ **Prof. Aufseesser; Bdr. (10×5+10×5, dazwischen waager. Zwischensteg); Wz. 2; gez. K 13:13¾.**

Fe) Holztaube (ohne Unterdruck)

				✶	✶✶	⊙
263	5 M	dunkelzinnober (Töne)	Fe	0,20	0,60	55,—
264	10 M	schwärzlichgraupurpur (Töne)	Fe	0,20	0,60	13,—
265	25 M	dunkelsiena (Töne)	Fe	0,20	0,60	13,—
266	100 M	schwärzlichgrauoliv bis schwärzlichbräunlicholiv	Fe	0,20	0,60	15,—
267	200 M	schwärzlichviolett bis schwarzviolett	Fe	0,20	0,60	45,—
			Satzpreis (5 W.)	0,80	2,50	140,—

Auflagen: unbekannt

MiNr. 263–265 gültig bis 30.9., MiNr. 266 und 267 bis 30.11.1923

Weitere Werte in Zeichnung Fd bzw. Fe siehe Fußnote nach MiNr. 218

1923, März/Aug. Freimarken: Ziffern im Kreis. Ⓔ **?; Bdr. Bogen (B) (10×10) und Rollen (R); Wz. 2, gez. K 14:14¼.**

an) Ziffern im Kreis

				✶	✶✶	⊙
268	100 M	dunkel- bis schwärzlichgraupurpur, (lebhaft)grauviolett (B) (R)	an	0,30	1,—	2,—
269	200 M	lilarot (Töne) (Anf. März) (B) (R)	an	0,20	0,60	2,—
270	300 M	schwärzlichgelblichgrün (Töne) (Anf. April) (B) (R)	an	0,20	0,50	2,—
271	400 M	dunkel- bis schwärzlichorangebraun (Ende April) (B) (R)	an	0,20	0,50	7,50
272	500 M	dunkelzinnober (Töne) (April) (B) (R)	an	0,20	0,50	8,—
273	1000 M	(hellviolett)grau (Töne) (Aug.) (B)	an	0,20	0,50	2,—
			Satzpreis (6 W.)	1,20	3,50	22,—

Die Farbänderung bei MiNr. 268 wurde durch amtliche Verfügung veranlasst.

Die „scharfe“ Zurichtung des Walzendruckes bedingte zahlreiche Beschädigungen der feinen Schrift sowie zahlreiche Druckzufälligkeiten.

Auflagen: unbekannt

Gültig bis 30.11.1923

1923, 15./20. Sept. Freimarken: Ziffern im Kreis. Ⓔ **?; Bdr. (10×10); Wz. 2; gez. K 14:14¼.**

ao) Ziffer(n) im Kreis

				✶	✶✶	⊙
274	5 Tsd M	mittelblaugrün bis dunkelgrünblau (15.9.)	ao	0,20	0,50	22,—
275	50 Tsd M	dunkelocker bis (lebhaft)braunocker (20.9.)	ao	0,20	0,50	2,—
276	75 Tsd M	(dunkel)braunviolett bis grauviolett (15.9.)	ao	0,20	0,50	14,—
			Satzpreis (3 W.)	0,50	1,50	36,—

Dezentrierte Stücke und viele Druckzufälligkeiten bekannt. MiNr. 275 in Braunoliv entstammt der Makulatur.

Auflagen: unbekannt

Gültig bis 30.11.1923

Notausgaben der Hochinflation (24.8.–30.11.1923):

Merkmal dieser turbulenten Zeit, die etwa mit den Verhältnissen 1945–1948 vor der Währungsreform vergleichbar ist, war die katastrophale Entwertung der damaligen deutschen Währung: Am 1.12.1923 konnte 1 Billion Papiermark nur mit 1 Gold- (bzw. Renten-)Mark bewertet werden. Der Dollar galt am 20. November 1923 nicht weniger als 4,2 Billionen Papiermark.

Da die Reichspostverwaltung infolge des Währungsverfalles fast wöchentlich neue, erhöhte Posttarife auszugeben gezwungen war, wodurch große Markenbestände unverwendbar wurden, suchte sie diese durch Überdrucken mit zeitgemäßen Wertstufen dem Bedarf anzupassen. Zuerst konnte noch die Reichsdruckerei diese Arbeit bewältigen; dann aber wurden vom Reichspostministerium die Oberpostdirektionen ermächtigt, bestimmte Überdrucke selbst vornehmen zu lassen. Vorschrift war dabei, dass zu überdruckende Vorräte eines Markenwertes nicht unter einer gewissen Höhe sein durften. Zeitweise wurden auch die zu überdruckenden Markenbogen dazu geliefert.

Die von den Lokaldruckereien hergestellten Überdrucke lassen sich in ganzen Bogen an der verschiedenen Zurichtung, besonders an dem verschiedenartig bedruckten Oberrand erkennen. Bei einzelnen Marken ist die Unterscheidung schwer, wenn nicht besondere Druckfarbe verwendet wurde, wie es z. B. bei Stettiner Drucken der Fall ist. Näheres siehe MICHEL-Deutschland-Spezial.

Die Aufdruckfarbe ist schwarz sowie blau, grün und braun, mehr oder weniger schwarz getönt. Das Schwarz variiert wieder zwischen grünlichschwarz und braunschwarz.

Als Druckorte waren außer Berlin, wo neben der Reichsdruckerei noch eine Privatdruckerei tätig war, von der die 400-Tausend-Mark-Marken stammen, beteiligt: Breslau, Erfurt, Frankfurt a. M., Hannover, Hamburg, Königsberg, Leipzig, München, Münster, Stettin und Stuttgart.

1923, 24. Aug./Ende Sept. Freimarken: Teil- oder Neuauflagen von Marken „Ziffern im Rechteck“, „Arbeiter“ und „Ziffern im Kreis“ in bisher nicht ausgegebenen Farben mit glänzendem oder rußigem Bdr.-Aufdruck der neuen Wertstufe in Schwarz (MiNr. 277–284, 286–289, 291–296), Dunkelviolettultramarin (MiNr. 285) oder Schwarzgrün (MiNr. 290) (1. [MiNr. 277–288] und 2. Berliner Ausgabe [MiNr. 290, 291 und 295] sowie 1. OPD-Ausgabe [MiNr. 289, 292–294 und 296]). Wz. 2, MiNr. 278 X Wz. 1; gez. K 14:14¼.

aa

aa

ad

ad

an

ad

ad

an

an

an

an

an

an

an

an

an

						*	**	⊙
277	**5 Tsd**	auf	40 (Pf)	rötlichorange bis gelblichrot (1.9.)	(182) aa	0,10	0,50	2,20
278	**8 Tsd**	auf	30 (Pf)	dunkel- bis schwärzlichopalgrün	aa			
X				Wz. 1 (Rauten) (24.8.)	(162)	0,10	0,50	2,—
Y				Wz. 2 (Waffeln) (September 1923)	(181)	30,—	80,—	8000,—
279	**15 Tsd**	auf	40 M	schwarzopalgrün, schwarzgrün bis schwarzolivgrün (1.9.)	(244) ad	0,30	1,—	2,50
280	**20 Tsd**	auf	12 M	orangerot (Töne) (24.8.)	(240) ad	0,10	0,50	2,—
281	**20 Tsd**	auf	25 M	(dunkel)ockerbraun (24.8.)	(242) ad	0,10	0,50	3,—
282	**20 Tsd**	auf	200 M	lilarot (Töne) (24.8.)	(269) an			
I				Abstand 3,7 mm (eng)		0,30	1,—	3,—
II				Abstand 4,5 mm (weit)		0,50	1,50	3,50
283	**25 Tsd**	auf	25 M	(dunkel)ockerbraun (12.9.)	(242) ad	0,10	0,50	18,—
284	**30 Tsd**	auf	10 M	(dunkel)grauultramarin (1.9.)	(239) ad	0,10	0,50	2,—
285	**30 Tsd**	auf	200 M	mittel- bis lebhaftgrünlichblau (5.9.)	an	0,10	0,50	2,—
286	**75 Tsd**	auf	300 M	(dunkel)gelblichgrün (Töne) (17.9.)	an	0,10	0,50	18,—
287	**75 Tsd**	auf	400 M	dunkel(gelblich)grün bis schwarzolivgrün (1.9.)	an	0,30	1,—	2,—
288	**75 Tsd**	auf	1000 M	grün bis (dunkel)gelbgrün (1.9.)	an			
I				Abstand ca. 3 mm (eng, Walzenaufdruck)		0,30	1,—	2,50
II				Abstand ca. 4 mm (weit, Plattenaufdruck)		0,30	1,—	3,50
289	**100 Tsd**	auf	100 M	(lebhaft)grauviolett, dunkel- bis schwärzlichgraupurpur (20.9.)	(268) an	0,30	1,—	3,—
290	**100 Tsd**	auf	400 M	grün (Töne) (20.9.)	an	0,10	0,50	2,—
291	**125 Tsd**	auf	1000 M	mittelrosa bis graurot, lebhaftzinnober (20.9.)	an	0,20	0,80	2,50
292	**250 Tsd**	auf	200 M	lilarot (Töne) (22.9.)	(269) an	0,10	0,50	7,—
293	**250 Tsd**	auf	300 M	schwärzlichgelblichgrün (Töne) (20.9.)	(270) an	0,10	0,50	22,—
294	**250 Tsd**	auf	400 M	dunkel- bis schwärzlichorangebraun (22.9.)	(271) an	0,10	0,50	25,—
295	**250 Tsd**	auf	500 M	hell- bis mittellilarot (20.9.)	an	0,10	0,50	2,—
296	**250 Tsd**	auf	500 M	dunkelzinnober (Töne) (20.9.)	(272) an	0,10	0,50	25,—
					Satzpreis (20 W.)	2,50	11,—	140,—

Die mm-Angaben bei MiNr. 282 I und II sowie 288 I und II sind der Abstand zwischen „Tausend“ und Balken.

Paare mit und ohne Aufdruck (F):

	*	**	⊙
279 F	500,—	1200,—	
280 F	400,—	1000,—	
288 F		—,—	
289 F	—,—	—,—	

Sonstige Abarten:

		*	**	⊙
279 z	auf Kartonpapier	15,—	40,—	150,—
282 III	282 I und 282 II im Paar	180,—	500,—	—,—
289 F	100 Tsd auf 200 M (MiNr. 269), lilarot (Fehldruck Erfurt)	1500,—	3500,—	
290 z	auf Kartonpapier	20,—	50,—	150,—
295 z	auf Kartonpapier	10,—	25,—	150,—

289 PFä	800 Tausend auf 100 Mark (lebhaftgrauviolett), Urmarke MiNr. 268, sogen. „Dussler-Fälschung“	100,—	500,—	1000,—

Auflagen: unbekannt *Gültig bis 30.11.1923*

Strichleisten mit 22 statt 21 Strichen (Setzfehler) (II):

	*	**	⊙
292 II	1,50	4,—	50,—
293 II	1,50	4,—	120,—
294 II	2,—	5,—	130,—
295 II	2,—	5,50	60,—
296 II	2,—	5,50	130,—

Strichleisten mit 20 statt 21 Strichen (Satzschaden) (III):

289 III	18,—	50,—	200,—
290 III	12,—	35,—	120,—
292 III	18,—	50,—	120,—
293 III	18,—	50,—	180,—
295 III	16,—	45,—	180,—
296 III	4,—	12,—	250,—

Strichleisten mit 19 statt 21 Strichen (V):

292 V	18,—	50,—	500,—

Bei III und V müssen die Strichleisten immer außen fehlen! Scheinbar fehlende oder beschädigte innere Strichleisten sind auf Druckzufälligkeiten zurückzuführen. Fehlende innere Strichleisten können Merkmale von bestimmten OPD-Drucken sein!

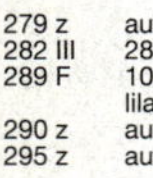

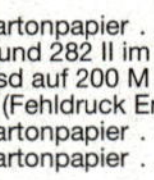

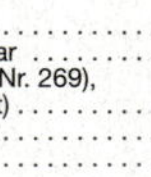

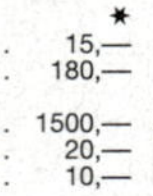

1923, 1. Okt. Freimarken: Neuauflagen von Marken Ziffern im Rechteck MiNr. 160–163 in geänderten Farben mit dunkel- bis schwarzbraunem Aufdruck. Bdr. R. Boll (10×10); Wz. 2; sägezahnartig ⌗ ca 13½.

aa) Ziffern im Rechteck

				*	**	⊙
297	**400 Tsd**	auf 15 (Pf) dunkel- bis schwarzgelbocker	aa	0,20	0,50	6,—
298	**400 Tsd**	auf 25 (Pf) dunkel- bis schwarzgelbocker	aa	0,20	0,50	6,—
299	**400 Tsd**	auf 30 (Pf) dunkel- bis schwarzgelbocker	aa	0,20	0,50	6,—
300	**400 Tsd**	auf 40 (Pf) dunkel- bis schwarzgelbocker	aa	0,20	0,50	6,—
		Satzpreis (4 W.)		0,60	2,—	22,—

Marken ohne Aufdruck (F):

		*	**	⊙
297 F		200,—	500,—	
298 F		200,—	500,—	
298 F U		200,—	500,—	
299 F		200,—	500,—	
300 F		200,—	500,—	

Achtung! Marken ohne Aufdruck waren früher unter MiNr. I katalogisiert!

Auflagen: unbekannt *Gültig bis 30.11.1923*

1923, Ende Sept./22. Okt. Teilauflagen (von MiNr. 269–271) oder Neuauflagen von Marken „Ziffern im Rechteck" und „Ziffern im Kreis" in geänderten Farben (2. Berliner [MiNr. 301, 302, 304, 306–309, 311 und 312] und 1. OPD-Ausgabe [MiNr. 303, 305 und 310]). Bdr.; Wz. 2; A = gez. K 14:14¼, B = sägezahnartig ⌗ ca. 13.

aa an ao

						*	**	⊙
301 A	**800 Tsd**	auf	5 (Pf)	(dunkel)gelblichgrün (Töne), Aufdr. schwarzgrün	aa	0,20	0,50	5,50
302 A	**800 Tsd**	auf	10 (Pf)	(dunkel)gelblichgrün (Töne), Aufdr. schwarzgrün	aa	0,20	0,50	6,50
303 A	**800 Tsd**	auf	200 M	lilarot (Töne), Aufdr. schwarz (269)	an	0,20	0,70	100,—
304 A	**800 Tsd**	auf	300 M	(dunkel)gelblichgrün (Töne), Aufdr. schwarzgrün	an	0,20	0,50	6,50
305 A	**800 Tsd**	auf	400 M	dkl'- bis schwärzl'orangebraun, Aufdr. schwarzbraun (271)	an	0,20	0,50	16,—
306 A	**800 Tsd**	auf	400 M	(dunkel)gelblichgrün (Töne), Aufdr. schwarzgrün	an	0,20	0,50	5,—
307 A	**800 Tsd**	auf	500 M	(dunkel)gelblichgrün (Töne), Aufdr. schwarzgrün	an	0,20	0,70	2000,—
308 A	**800 Tsd**	auf	1000 M	lebhaft(gelblich)grün bis schwärzlichgelblichgrün, Aufdruck schwarzgrün	an	0,30	0,90	2,—
309	**2 Mio**	auf	200 M	graurot bis schwärzlichgraurot, lebh'orangerot, Aufdr. schwarz	an			
A				gez. K 14:14¼				
P				Abstand ca. 2,5 mm (weit), Plattendruck		0,20	1,—	2,80
W				Abstand ca. 2 mm (eng), Walzendruck		0,30	1,—	2,—
B P				durchstochen, Plattendruck (17. Okt.)		0,20	0,90	200,—
310 A	**2 Mio**	auf	300 M	schwärzlichgelblichgrün (Töne), Aufdruck schwarzgrün (270)	an	0,20	0,50	2,80
311 A	**2 Mio**	auf	500 M	(lebhaft)graurot (Töne), Aufdr. schwarz (6. Okt.)	an	0,20	0,50	8,—
312	**2 Mio**	auf	5000 M	lebhaftbräunlichrot (viele Töne), graurot bis mittelorangerot, Aufdruck schwarz	ao			
A				gez. K 14:14¼ (1. Okt.)		0,40	1,20	2,—
B				durchstochen		0,20	0,50	12,—
				Satzpreis (mit 309 B und 312 B, 14 W.)		2,50	7,50	2200,—

Die mm-Angaben bei MiNr. 309 sind der Abstand zwischen „Millionen" und Oberrand der Strichleiste.

		*	**	⊙
309 A P Y	mit liegendem (statt stehendem) Wasserzeichen	4,—	10,—	450,—

Marken ohne Aufdruck (F):

		*	**	⊙
301 A F	(Farbprobe)	150,—	400,—	
307 A F	(Farbprobe)	400,—	1000,—	
308 A F	(Farbprobe)	130,—	350,—	
309 A P F		220,—	600,—	
312 A F		300,—	800,—	
312 B F		120,—	300,—	—,—

Achtung! Früher unter MiNr. I bzw. III (309) katalogisiert!

Sonstige Abarten:

308 A z	auf Kartonpapier	14,—	35,—	—,—
309 A P F	Aufdruck auf MiNr. 269, lilarot (Königsberg)	2000,—	4500,—	

Strichleisten mit 20 statt 21 Strichen (III):

	*	**	⊙
306 A III	15,—	40,—	150,—
309 A P III	4,50	12,—	50,—
309 A W III	3,50	10,—	50,—
309 B P III	15,—	40,—	350,—
310 A III	50,—	140,—	350,—
312 A III	4,50	12,—	80,—

Achtung! Früher unter MiNr. I oder II katalogisiert!

Strichleisten mit 19 statt 21 Strichen (V):

312 A V	8,50	24,—	130,—
312 B V	9,—	26,—	130,—

Achtung! MiNr. 312 B V früher unter MiNr. 312 B III katalogisiert!

Bei III und V müssen die Strichleisten immer außen fehlen! (Vgl. auch bei MiNr. 289–296)

		*	**	⊙
309 PFä	lebhaftrot, sogen. „Dussler-Fälschung" auf Urmarke MiNr. 269	300,—	1000,—	*6500,—*
310 PFä	sogen. „Dussler-Fälschung" auf Urmarke MiNr. 270	—,—	—,—	—,—

Auflagen: unbekannt *MiNr. 301–308 gültig bis 30.11.1923, MiNr. 309–312 bis 31.12.1923*

Nicht ausgegeben:

				*	**
VII	800 Tsd	auf 300 M dunkelgelblichgrün	(270)	40,—	100,—
VII a	800 Tsd	auf 300 M dunkelgelblichgrün, rußiger Aufdruck (Stettin)	(270)	380,—	1000,—
VIII	800 Tsd	auf 500 M dunkelzinnober (Töne)	(272)	40,—	100,—

1923, 8. Okt./24. Nov. Freimarken: Wertangaben im Kreis mit Rosetten-(Korbdeckel-)Muster (I). ⊡ **unbekannt; Bdr. (10×10); P = Plattendruck, W = Walzendruck; Wz. 2; A = gez. K 14:14¼, B = sägezahnartig durchstochen 13.**

ap

ar

ap) Rosetten-(Korbdeckel-)Muster, Wertangaben (zweiter Druckgang) gerade
ar) Rosetten-(Korbdeckel-)Muster, Wertangaben (zweiter Druckgang) kursiv

				✶	✶✶	⊙
313 A	500 Tsd M	schwärzlichorangebraun (Töne) (P) (9.10.)	ap	0,20	0,50	3,50
314 A	1 Mio M	lebhaftblaugrün bis blaugrün (P) (W) (5.10.)	ap	0,20	0,90	2,20
315 A	2 Mio M	dunkel- bis schwärzlichgraupurpur, schwärzlichbraunviolett (W) (13.10.)	ap	0,20	1,—	26,—
316 A	4 Mio M	grünlicholiv (Töne) (P) (W) (16.10.)	ap	0,20	1,—	2,—
317 A	5 Mio M	lebhaftlilarot (Töne) (P) (W) (6.10.)	ap	0,20	0,90	2,—
318	10 Mio M	dunkel- bis schwärzlichzinnober (P)	ap			
A		gez. K 14:14¼ (16.10.)		0,20	0,50	2,—
B		sägezahnartig durchstochen (26.10.)		0,70	2,20	60,—
319	20 Mio M	dunkelviolettultramarin bis schwarzblau	ap			
A		gez. K 14:14¼ (P) (W) (27.10.)		0,20	0,90	2,50
B		sägezahnartig durchstochen (P) (1.11.)		0,70	2,—	400,—
320 A	30 Mio M	karminbraun bis dunkelkarminbraun (W) (20.10.)	ap	0,20	0,50	12,—
321	50 Mio M		ap			
A		dunkelgrünoliv bis schwarzgrün, schwarzopalgrün, gez. K 14:14¼ (P) (W) (26.10.)		0,30	1,—	2,50
B		schwärzlicholivgrün (Töne), sägezahnartig durchstochen (P) (1.11.)		0,70	2,—	8,—
322 A	100 Mio M	dunkelgrünlichgrau bis dunkelgrüngrau (P) (30.10.)	ap	0,20	0,50	2,—
323	200 Mio M	lebhaft- bis dunkelockerbraun, (dunkel)olivbraun	ap			
A		gez. K 14:14¼ (P) (W) (1.11.)		0,20	0,90	2,—
B		sägezahnartig durchstochen (P) (5.11.)		0,70	2,—	15,—
324 A	500 Mio M	dunkel- bis schwärzlicholivgelb (P) (W) (2.11.)	ap	0,20	0,90	2,—
325	1 Mrd M	dunkelsiena bis schwärzlich(grau)braun	ar			
A		gez. K 14:14¼ (P) (W) (4.11.)		0,40	1,20	2,50
B		sägezahnartig durchstochen (P) (5.11.)		0,70	2,—	10,—
326	2 Mrd M	mattsiena/schwarzgrün (Töne)	ar			
A		gez. K 14:14¼ (P) (W) (6.11.)		0,20	0,90	2,50
B		sägezahnartig durchstochen (P) (12.11.)		0,70	2,—	4,50
327	5 Mrd M	lebhaftgelblichorange/siena (Töne)	ar			
A		gez. K 14:14¼ (P) (W) (11.11.)		0,20	0,90	2,—
B		sägezahnartig durchstochen (P) (12.11.)		1,—	2,50	3,—
328 A	10 Mrd M	schwärzlichgrüngelb/(dunkel)olivgrün (Töne) (P) (W) (12.11.)	ar	0,20	0,90	2,—
329	20 Mrd M	(dunkel)opalgrün/schwärzlichockerbraun (Töne)	ar			
A		gez. K 14:14¼ (P) (W) (13.11.)		0,20	0,90	2,50
B		sägezahnartig durchstochen (P) (19.11.)		1,—	2,80	15,—
330	50 Mrd M	lebhaftkobaltblau/schwärzlich- bis schwarzkobaltblau (Töne)	ar			
A		gez. K 14:14¼ (P) (22.11.)		0,30	1,20	45,—
B		sägezahnartig durchstochen (P) (24.11.)		2,50	7,—	900,—
			Satzpreis A (18 W.)	3,—	12,—	110,—
			Satzpreis B (9 W.)	8,50	25,—	1400,—

Bei allen in Klammern angegebenen Daten handelt es sich um die frühesten bisher bekannten Verwendungen.

Die Herstellung der Marken erfolgte aus rationellen Gründen in zwei Druckgängen: zuerst wurde das Markenbild (für alle Wertstufen gleich), dann die Wertangabe gedruckt. Bei den einfarbigen Marken erscheint der Werteindruck zumeist dunkler.

Unterscheidung zwischen Platten- und Walzendrucken siehe MICHEL-Deutschland-Spezial.

Ohne Werteindruck (F): Achtung! Diese Abarten waren früher mit Unternummer I katalogisiert!

	✶	✶✶	⊙
313 A P F	100,—	250,—	500,—
314 A P F	70,—	200,—	
316 A P F	70,—	200,—	
317 A P F	70,—	200,—	500,—
318 A P F	100,—	250,—	500,—
319 A P F	40,—	100,—	
322 A P F	50,—	130,—	
323 A P F	60,—	160,—	
324 A P F	50,—	130,—	
325 A P F	50,—	130,—	200,—
327 A P F	50,—	130,—	
327 B P F	200,—	450,—	
329 A P F	70,—	170,—	
330 A P F	70,—	170,—	

Sonstige Abarten:

		✶	✶✶	⊙
314 A z	auf Kartonpapier	10,—	30,—	150,—
324 A z	auf Kartonpapier	10,—	30,—	150,—

Auflagen: unbekannt

Gültig bis 31.12.1923

1923, 7. Nov. Freimarke: Ziffern im Kreis (2. OPD-Ausgabe [nur München]). Teilauflagen von MiNr. 268 mit schwarzem Bdr.-Aufdruck.

				✶	✶✶	⊙	FDC
331	1 Mrd	auf 100 M dunkelgraupurpur bis grauviolett	(268)	0,30	1,70	38,—	—,—

Auflage: unbekannt

Gültig bis 30.12.1923

1923, 16./23. Nov. Freimarken: Wertangaben im Kreis mit Rosetten-(Korbdeckel-)Muster (II). Teilauflagen von MiNr. 315, 316, 318, 319, 321 und 322 mit schwarzem Bdr.-Aufdruck der neuen Wertstufe und einer Strichleiste (2. OPD-Ausgabe).

					✶	✶✶	⊙
332 A	5 Mrd	auf 2 Mio M	dunkelgraupurpur, schwärzlichbraunviolett (W) (17.11.)	(315 A)	0,30	1,20	170,—
333 A	5 Mrd	auf 4 Mio M	grünlicholiv (Töne) (P) (W) (16.11.)	(316 A)	0,20	0,90	30,—
334	5 Mrd	auf 10 Mio M	dunkel- bis schwärzlichzinnober (P)				
A			gez. K 14:14¼ (16.11.)	(318 A)	0,20	0,70	3,50
B			sägezahnartig durchstochen (17.11.)	(318 B)	2,50	8,—	240,—
335	10 Mrd	auf 20 Mio M	(dunkel)violettultramarin bis schwärzlichblau				
A			gez. K 14:14¼ (P) (W) (17.11.)	(319 A)	0,30	1,—	6,—
B			sägezahnartig durchstochen (P) (19.11.)	(319 B)	5,—	14,—	140,—
336	10 Mrd	auf 50 Mio M	dunkelgrünoliv bis schwarzgrün, schwarzopalgrün				
A			gez. K 14:14¼ (P) (W) (16.11.)	(321 A)	0,20	0,90	3,50
B			sägezahnartig durchstochen (P) (16.11.)	(321 B)	2,50	8,—	50,—
337 A	10 Mrd	auf 100 Mio M	dunkelgrüngrau (P) (16.11.)	(322 A)	0,20	0,70	10,—
				Satzpreis A (6 W.)	1,30	5,—	220,—
				Satzpreis B (3 W.)	10,—	30,—	420,—

Bei allen in Klammern angegebenen Daten handelt es sich um die frühesten bisher bekannten Verwendungen.

Unterscheidung zwischen Platten- und Walzendrucken siehe MICHEL-Deutschland-Spezial.

Fehlende oder Fehl-(Auf-)Drucke (F):

		✶	✶✶	⊙
332 A F	10 Mrd auf 2 Mio	120,—	300,—	
332 A DDF	10 Mrd auf 5 Mrd auf 2 Mio	600,—	1500,—	
333 A F	Paar mit und ohne Aufdruck	400,—	1000,—	
334 A F	10 Mrd auf 10 Mio	400,—	1000,—	
334 B F	Urmarke ohne Werteindruck (318 B F)	—,—	—,—	
336 A F	Paar mit und ohne Aufdruck	80,—	220,—	—,—
337 A F	Urmarke ohne Werteindruck (322 A F)	—,—	—,—	

Achtung! 333 A F, 336 A F und 337 A F waren früher mit römischen Unternummern katalogisiert!

Auflagen: unbekannt

Gültig bis 31.12.1923

OPD-Drucke (sog. Lokaldrucke) 1923 siehe MICHEL-Deutschland-Spezial.

Am 1. Dezember 1923 erschienen die ersten Rentenpfennigmarken.

Laut Postverordnung vom 13.9.1922 war es gestattet, eingedruckte Wertstempel von Ganzsachen (Postkarten, Kartenbriefe, Postanweisungen) zur Frankatur gewöhnlicher Postsendungen zu verwenden. Ab 1. Januar 1925 ist diese Bestimmung aufgehoben und die Benutzung solcher Wertstempel an Stelle von Freimarken verboten.

Germaniamarken 1905/1916 mit nebenstehendem schwarzem, rotem, silbernem oder goldenem Aufdruck einer Gestalt mit Fahne, das Schwert fallen lassend, auch mit Stempel „Aachen-ASR“ vom November 1918, angeblich vom Arbeiter- u. Soldaten-Rat Aachen stammend, sind reine Phantasieprodukte.

Marken in nebenstehenden Mustern sind spekulative Privatmachwerke, die während der Separatistenbewegung im Rheinland hergestellt wurden, jedoch nicht in den Verkehr kamen.

Neue Währung ab 1.12.1923: 1 Rentenmark = 100 Pfennig (Pf);
1 Rentenmark entsprach 1 Billion Papiermark
ab Sept./Okt. 1924: 1 Reichsmark (M) = 100 Reichspfennig (Pf)

1923, 1. Dez. Freimarken: Wertziffer(n) im Kreis mit Rosetten-(Korbdeckel-) Muster. Bdr. Bogen (B) (10×10) und Rollen (R); Wz. 2 X; gez. K 14:14¼.

as) Wertziffer(n) im Kreis

Wz. 2 Waffeln

X stehend

Y liegend

					✱	✱✱	⊙
338	3 (Pf)	dkl'orangebraun	as	0,50	3,—	0,30
339	5 (Pf)	dkl'grün (Töne)	as	0,50	3,—	0,30
340	10 (Pf)	schwärzlichrosarot	as	0,50	3,—	0,30
341	20 (Pf)	dunkellilaultramarin	as	1,50	7,—	0,50
342	50 (Pf)	dkl'rotorange	as	3,50	25,—	1,30
343	100 (Pf)	schwärzlich-violettpurpur	as	11,—	70,—	1,50
		Satzpreis (6 W.)		16,—	110,—	4,20
		FDC				—,—

Bei allen Werten gibt es mehr oder weniger starke Farbschwankungen.

Abarten:

338 I	Wertangabe fehlt	*240,—*	*700,—*	*400,—*
339 I	Wertangabe fehlt	*200,—*	*500,—*	*400,—*
340 I	Wertangabe fehlt	*200,—*	*600,—*	*400,—*
341 I	Wertangabe fehlt	*220,—*	*700,—*	*400,—*
342 I	Wertangabe fehlt	*200,—*	*500,—*	
343 I	Wertangabe fehlt	*200,—*	*500,—*	

Auflagen: unbekannt

MiNr. 338–342 gültig bis 31.1.1928, MiNr. 343 bis 30.6.1934

1924

✈ 1924, 11. Jan. Flugpostmarken: Holztaube (IV). Bdr. (10×10); X = Wz. 2 X, Y = Wz. 2 Y; gez. K 14:14¼.

Fd) Holztaube

				✱	✱✱	⊙
344	5 (Pf)	dkl'smaragdgrün . Fd				
X		Wz. 2 X	1,70	5,50	3,—
Y		Wz. 2 Y	120,—	440,—	170,—
345 X	10 (Pf)	karmin (Töne) . . . Fd	1,70	5,50	3,—
346	20 (Pf)	schwarzviolettblau Fd			
X		Wz. 2 X	9,—	28,—	7,—
Y		Wz. 2 Y	300,—	750,—	300,—
347 X	50 (Pf)	rötlichorange . . . . Fd	15,—	140,—	35,—
348 X	100 (Pf)	dunkelbraunviolett Fd	40,—	260,—	75,—
349	200 (Pf)	lebhaftgrünlichblau Fd			
X		Wz. 2 X	75,—	350,—	100,—
Y		Wz. 2 Y			—,—
350 X	300 (Pf)	dkl'türkisgrau . . . . Fd	130,—	750,—	140,—
		Satzpreis (7 W.)	260,—	1500,—	350,—
		FDC			—,—

Sämtliche Flugpostmarken waren auch zur Freimachung gewöhnlicher Korrespondenz zulässig.

Auflagen: MiNr. 344–347 je 7 500 000, MiNr. 348 = 7 280 000, MiNr. 349 = 6 370 000, MiNr. 350 = 6 350 000 Stück

Gültig bis 30.6.1926

Weitere Werte in Zeichnung Fd bzw. Fe siehe Fußnote nach MiNr. 218

1924, 25. Febr. Deutsche Nothilfe: Rosenwunder. Ⓔ Prof. Böhm; Bdr. (5×10); Wz. 2 Y; gez. K 14½.

at au av aw

at–aw) Motive aus „Das Leben der heiligen Elisabeth" von Moritz von Schwind (1804–1871)

				✱✱	⊙	FDC
351	5+ 15 (Pf)	schwarzbläulich-grün . . . . at	9,—	4,50	
352	10+ 30 (Pf)	dunkelorangerot . au	9,—	4,50	
353	20+ 60 (Pf)	dunkelkobalt . . . . av	30,—	11,—	
354	50+150 (Pf)	lebhaftrötlichbraun aw	120,—	85,—	
		Satzpreis (4 W.) ✱ 40,—	160,—	100,—	*1000,—*

Auflagen: MiNr. 351 = 2 156 217, MiNr. 352 = 2 059 818, MiNr. 353 = 550 277, MiNr. 354 = 295 368 Stück

Gültig bis 30.6.1925

In gleicher Zeichnung mit Aufdruck und Wz. 4: MiNr. 508–511 (Bl. 2)

1924, März/Nov. Freimarken: Neuer Reichsadler. Ⓔ v. Weech; Bdr. Bogen (B) (10×10), Rollen (R) und Markenheftchen (MH); X = Wz. 2 X, Y = Wz. 2 Y; gez. K 14:14¼.

ax

ay

ax–ay) Neuer Reichsadler

			✱	✱✱	⊙
355	3 (Pf)	lebhaftockerbraun (Töne) . . . . ax			
X		Wz. 2 X (B) (R) (März) . .	0,40	2,—	0,50
Y		Wz. 2 Y (B)	120,—	400,—	50,—
356	5 (Pf)	mittelgrün (Töne) (März) GA . . . . ax			
X		Wz. 2 X (B) (R) (MH) . . .	0,40	2,60	0,50
Y		Wz. 2 Y (B)	*5000,—*		*8500,—*
357	10 Pf	rot (Töne) (März) . . . . ay			
X		Wz. 2 X (B) (R) (MH) . . .	0,50	3,40	0,50
Y		Wz. 2 Y (B)	25,—	120,—	15,—
358 X	20 Pf	blau bis schwärzlich-ultramarin (B) (R) (Juni) GA . . . . ay	2,50	34,—	0,50
359 X	30 Pf	braunpurpur (B) (R) (März) . . . . ay	2,50	34,—	0,60
360 X	40 Pf	(dunkel)braunoliv (B) (R) (Mai) . . . . ay	17,—	120,—	0,90
361 X	50 Pf	lebhaftorange (Töne) (B) (Nov.) . . . . ay	20,—	170,—	1,50
		Satzpreis (7 W.)	40,—	350,—	5,—

Abarten:

355 X y	auf dünnem, glasigem Papier	1,—	4,—	1,—
356 X y	auf dünnem, glasigem Papier	1,50	6,—	1,—
357 X y	auf dünnem, glasigem Papier	2,—	7,—	1,—
359 X y	auf dünnem, glasigem Papier	40,—	250,—	2,—

PFä 357 PFä ohne Wz. (Chemnitz 1924) . . . . —,— —,—

Auflagen: unbekannt

Gültig bis 31.7.1930

Wenn in den Kopftexten nicht ausdrücklich anders vermerkt, stammen Entwerfer und Druck aus der Reichsdruckerei Berlin.

1924, Mai/1928. Freimarke: Heinrich von Stephan. Bdr. Bogen (10×10) und Rollen (R); x = gewöhnliches, y = gestrichenes Papier; Wz. 2 X; gez. K 14:14¼.

az) H. von Stephan (1831–1897), erster deutscher Generalpostmeister und Mitbegründer des Weltpostvereins

				✶	✶✶	⊙
362	60	(Pf)	lebhaftbraunrot (Töne) . . . . az			
x			gew. Papier (1924)	5,—	25,—	1,—
y			gestrich. Papier (1928) .	30,—	140,—	18,—
363 x	80	(Pf)	schwarzgrünblau . . . az	13,—	70,—	2,—
			Satzpreis (2 W.)	18,—	90,—	3,—

Vorsicht! MiNr. 362 ist sehr wasser- und benzinempfindlich!

Auflagen: unbekannt *Gültig bis 31.7.1930*

In ähnlicher Zeichnung: MiNr. 368–369

1924, 11. März/1927. Freimarken: Bauwerke. StTdr. (5×10); X = Wz. 2 X (stehend), Y = Wz. 2 Y (liegend); gez. K 14.

ba) Burg Rheinstein

bb) Blick auf Alt-Köln (linksrheinisch)

bc) Marienburg

bd) Dom zu Speyer

				✶✶	⊙
364	1	M	dunkelgrün (Töne) . . . . ba		
X			Wz. 2 X (Mai 1924)	50,—	4,50
Y			Wz. 2 Y (1927)	130,—	16,—
365 X	2	M	dunkelblau (Töne) (11.5.1924) . bb	65,—	4,50
366 X	3	M	bräunlichkarmin (Juni 1924) . . . bc	90,—	8,—
367 X	5	M	schwarzolivgrün (11.9.1925) . . bd	170,—	20,—
			Satzpreis (4 W.) ✶ 100,—	370,—	35,—

MiNr. 364 X: 24:17 Zähnungslöcher, Bildgröße 31,5×21,75 mm
MiNr. 364 Y: 26:17 Zähnungslöcher, Bildgröße 32,75×21,5 mm

Auflagen: unbekannt *Gültig bis 31.12.1938*

Weitere Werte in Zeichnungen ba und bb: MiNr. 440 und IX

1924, 9. Okt. 50 Jahre Weltpostverein. Bdr. Bogen (10×10) und Rollen (R); gestrichenes Papier; Wz. 2 X; gez. K 14:14¼.

be) Heinrich von Stephan (1831–1897), erster deutscher Generalpostmeister und Mitbegründer des Weltpostvereins

				✶✶	⊙	FDC
368	10	Pf	schwarzblaugrün . . . . . be	5,—	0,40	
369	20	Pf	schwarzultramarin . . . . be	10,—	1,—	
			Satzpreis (2 W.) ✶ 3,—	15,—	1,40	300,—

Auflagen: unbekannt *Gültig bis 31.7.1930*

In ähnlicher Zeichnung: MiNr. 362–363

1925

1925, 30. Mai. Deutsche Verkehrs-Ausstellung, München. [E] v. Weech; Bdr. (5×10); gestrichenes Papier; X = Wz. 2 X, Y = Wz. 2 Y; gez. K 13¾:13.

bf) Lenkrad mit Flügel

				✶✶	⊙
370	5	(Pf)	grün (Töne) GA . . . . bf		
X			Wz. 2 X (stehend)	28,—	7,—
Y			Wz. 2 Y (liegend)	28,—	7,—
371	10	(Pf)	lebhaftrot (Töne) . . . . bf		
X			Wz. 2 X (stehend)	28,—	13,—
Y			Wz. 2 Y (liegend)	35,—	20,—
			Satzpreis X (2 W.) ✶ 10,—	55,—	20,—
			Satzpreis Y (2 W.) ✶ 13,—	60,—	27,—
			FDC X		300,—
			FDC Y		300,—

Auflagen: unbekannt *Gültig bis 31.12.1925*

1925, 30. Mai/Juli. Rheinland 1000 Jahre deutsch. [E] Prof. Firle; Bdr. Bogen (B) (10×10), Rollen (R) und Markenheftchen (MH); gestrichenes Papier; Wz. 2 X; gez. K 14:14¼.

bg) Rheinische Landschaft mit Burg, Hochofen und Adlerkopf

				✶✶	⊙
372	5	(Pf)	smaragdgrün (Töne) (B) (R) (MH) (30. Mai) GA . . . . . bg	8,—	0,50
373	10	(Pf)	zinnoberrot (B) (R) (MH) (Juli) . . . . bg	8,—	0,50
374	20	(Pf)	kobalt (Töne) (B) (R) (Juli) . . . . . bg	45,—	1,40
			Satzpreis (3 W.) ✶ 10,—	60,—	2,40

Auflagen: unbekannt *Gültig bis 31.1.1928*

1925, 15. Dez. Deutsche Nothilfe: Landeswappen (I). [E] v. Weech; Bdr. Bogen (10×10) und Markenheftchen; gestrichenes Papier; Wz. 2 X; gez. K 14:14¼.

bh) Preußen

bi) Bayern

bk) Sachsen

				✶✶	⊙	FDC
375	5+ 5	Pf	mehrfarbig . . . . bh	2,50	2,50	
376	10+10	Pf	mehrfarbig . . . . bi	7,50	7,50	
377	20+20	Pf	mehrfarbig . . . . bk	40,—	18,—	
			Satzpreis (3 W.) ✶ 15,—	50,—	22,—	500,—

Auflagen: MiNr. 375 = 4 913 150, MiNr. 376 = 3 926 961, MiNr. 377 = 983 730 Stück

Gültig bis 31.5.1926

1926

✈ 1926, 1. April/1927, April. Flugpostmarken: Adler. [E] Prof. Hadank; Bdr. Bogen (B) (10×10) und Markenheftchen (MH); gestrichenes Papier; Wz. 2 X; gez. K 14:14¼.

Ff) Adler auf Sockel

				✶	✶✶	⊙
378	5	Pf	dunkelopalgrün (1.4.26) (B) . . . . Ff	1,50	4,—	1,50
379	10	Pf	dunkelrosa (1.4.26) (B) (MH) . . . . Ff	2,50	7,—	1,50
A 379	15	Pf	graulila (April 1927) (B) (MH) GA . . . . Ff	2,50	22,—	2,50
380	20	Pf	schwärzlichgrauultramarin (1.4.26) (B) (MH) . . Ff	2,50	22,—	2,50
381	50	Pf	rötlichorange (1.4.26) (B) . . . . Ff	24,—	300,—	7,—
382	1	M	schwarz/mattkarminrot (1.4.26) (B) . . . . Ff	24,—	150,—	8,—
383	2	M	schwarz/mattkobalt (1.4.26) (B) . . . . Ff	24,—	200,—	30,—
384	3	M	schwarz/mittelolivbraun (1.4.26) (B) . . . . Ff	70,—	550,—	120,—
			Satzpreis (8 W.)	140,—	1200,—	170,—
			FDC			*1500,—*

MiNr. 383 und 384 wurden auf Paketkarten aufgebraucht.

Auflagen: unbekannt *Gültig bis 30.6.1934*

1926, 1. Nov./1927, Aug. Freimarken: Berühmte Deutsche. Bdr. Bogen (B) (10×10), Rollen (R) und Markenheftchen (MH); gestrichenes Papier; Wz. 2 X, MiNr. 392 auch 2 Y; gez. K 14:14¼.

bl) Johann Wolfgang von Goethe (1749–1832), Dichter

bm) Friedrich von Schiller (1759–1805), Dichter

bn) Ludwig van Beethoven (1770–1827), Komponist

bo) Friedrich der Große (1712–1786), König in Preußen

bp) Immanuel Kant (1724–1804), Philosoph

br) Gotthold Ephraim Lessing (1729–1781), Dichter

bs) Gottfried Wilhelm Leibniz (1646–1716), Philosoph

bt) Johann Sebastian Bach (1685–1750), Komponist

bu) Albrecht Dürer (1471–1528), Maler

			✶	✶✶	⊙
385	3 (Pf)	schwärzlichocker (1.11.26) (B) (R) . . . . . bl	1,50	8,—	0,50
386	3 (Pf)	mittelockerbraun (Aug. 1927) (B) (R) . . . bl	1,50	10,—	0,50
387	5 (Pf)	schwärzlichopalgrün (1.11.26) (B) (R) (MH) GA . . . . bm	1,50	12,—	0,50
388	5 (Pf)	dunkelsmaragdgrün (Aug. 27) (B) (R) GA . bm	2,—	10,—	0,50
389	8 (Pf)	schwarzopalgrün (Aug. 1927) (B) (R) (MH) GA . . . . bn	2,—	11,—	0,50
390	10 (Pf)	lilarot (1.11.26) (B) (R) (MH) . . . . bo	2,—	10,—	0,50
391	15 (Pf)	zinnoberrot (1.11.26) (B) (R) (MH) GA . . . . bp	3,—	17,—	0,50
392	20 (Pf)	schwärzlichgrünlichblau (1.11.26) (B) (R) . . . . bn			
X		Wz. 2 X (stehend)	14,—	180,—	1,50
Y		Wz. 2 Y (liegend)	*3000,—*	*15000,—*	*550,—*
393	25 (Pf)	blau (Töne) (1.11.26) (B) (R) . . . . bl	4,50	45,—	1,20
394	30 (Pf)	schwärzlicholiv (1.11.26) (B) (R) . . . . . br	8,50	65,—	0,80
395	40 (Pf)	schwärzlichrotviolett (1.11.26) (B) (R) GA . bs	15,—	170,—	0,80
396	50 (Pf)	mittelsiena (1.11.26) (B) (R) . . . . . bt	19,—	170,—	10,—
397	80 (Pf)	schwärzlichlilabraun (1.11.26) (B) (R) . . . . bu	40,—	500,—	6,50
		Satzpreis (13 W.)	100,—	1200,—	24,—
		FDC (10 W. 1.11.1926)			*1500,—*

Marken mit „Maske" (= 5–10 mm breites Band in der Markenfarbe über die ganze Markenbreite gehend) = Farbverschmutzung infolge Stillstands der Druckwalze.

Auflagen: unbekannt *Gültig bis 30.6.1933*

MiNr. 389, 391 und 393 mit Aufdruck: MiNr. 407–409

1926, 1. Dez. Deutsche Nothilfe: Landeswappen (II). Ⓔ **von Weech; Bdr. Bogen (B) (10×10) und Markenheftchen (MH); gestrichenes Papier; X = Wz. 2 X, Y = Wz. 2 Y; gez. K 14:14¼.**

bv) Württemberg

bw) Baden

bx) Thüringen

by) Hessen

				✶✶	⊙
398	5+ 5 Pf	mehrfarbig (B) (MH) . . . . bv			
X		Wz. 2 X (stehend)		*2000,—*	*900,—*
Y		Wz. 2 Y (liegend)		8,—	3,—
399	10+10 Pf	mehrfarbig (B) (MH) . . . . bw			
X		Wz. 2 X (stehend)		1700,—	*1200,—*
Y		Wz. 2 Y (liegend)		10,—	4,—
400 X	25+25 Pf	mehrfarbig (B) . . . . bx		40,—	25,—
401	50+50 Pf	mehrfarbig (B) . . . . by			
X		Wz. 2 X (stehend)		180,—	130,—
Y		Wz. 2 Y (liegend)		450,—	*5000,—*
		Satzpreis (4 billigste Werte)	✶ 70,—	230,—	160,—
				FDC	750,—

Auflagen: MiNr. 398 = 5 268 464, MiNr. 399 = 4 163 636, MiNr. 400 = 438 290, MiNr. 401 = 210 336 Stück

Gültig bis 30.6.1927

MiNr. 402 fällt aus.

1927

1927, 26. Sept. Deutsche Nothilfe: 80. Geburtstag von Paul von Hindenburg. RaTdr. Bogen (B) (10×10) und Markenheftchen (MH); gestrichenes Papier; Wz. 2 X; gez. K 14:14¼.

bz) P. von Hindenburg (1847–1934), 2. Reichspräsident

				✶✶	⊙	FDC
403	8 (+ 7 Pf)	schwarzopalgrün (B) (MH) GA . . bz		4,—	2,—	
404	15 (+15 Pf)	orangerot (B) (MH) . bz		6,—	3,—	
405	25 (+25 Pf)	schwärzlichkobalt (B) bz		50,—	28,—	
406	50 (+50 Pf)	dunkelorangebraun (Töne) (B) . . bz		60,—	32,—	
		Satzpreis (4 W.)	✶ 30,—	120,—	65,—	350,—

Auflagen: MiNr. 403 = 4 801 295, MiNr. 404 = 4 652 152, MiNr. 405 = 714 259, MiNr. 406 = 389 666 Stück

Gültig bis 31.7.1928

1927, 10. Okt. Tagung des Internationalen Arbeitsamtes (IAA), Berlin. MiNr. 389, 391 und 393 mit schwarzem Bdr.-Aufdruck „IAA/10.–15.10.1927".

				✶✶	⊙	FDC
407	8 (Pf)	schwarzopalgrün . . . . (389)		80,—	85,—	
408	15 (Pf)	zinnoberrot . . . . (391)		80,—	85,—	
409	25 (Pf)	blau (Töne) . . . . (393)		80,—	85,—	
		Satzpreis (3 W.)	✶ 65,—	240,—	250,—	750,—
		Satzpreis Ⓢ Sonderpostamt IAA		300,—		

FALSCH

Auflagen: unbekannt *Gültig bis 30.11.1927*

1928

1928, 1. Sept. Freimarken: Reichspräsidenten (I). Ⓔ **Eddy Smith (Zeichnung ca); Bdr. Bogen (B) (10×10), Rollen (R) und Markenheftchen (MH); gestrichenes Papier; Wz. 2 X, MiNr. 412 auch 2 Y; gez. K 14:14¼.**

ca) Friedrich Ebert (1871–1925) 1. Reichspräsident

cb) Paul von Hindenburg (1847–1934), 2. Reichspräsident

			✶	✶✶	⊙
410	3 (Pf)	schwärzlichocker (Töne) (B) (R) . . . . . . ca	0,30	2,80	0,80
411	5 (Pf)	(dunkel)grün (B) (R) (MH) GA . . . . cb	0,50	2,—	0,80
412	8 (Pf)	schwarzopalgrün (Töne) (B) (R) (MH) GA ca			
X		Wz. 2 X (stehend)	0,30	2,—	0,80
Y		Wz. 2 Y (liegend)	80,—	200,—	180,—
413	10 (Pf)	zinnoberrot (Töne) (B) (R) . . . . ca	2,50	17,—	3,—
414	15 (Pf)	lilarot (Töne) (B) (R) (MH) GA . . . . cb	0,80	4,50	0,80
415	20 (Pf)	schwarzgrünblau (B) (R) . . . . ca	8,50	50,—	5,—
416	25 (Pf)	blau (Töne) (B) (R) . . cb	10,—	60,—	1,20
417	30 (Pf)	schwarzoliv (B) (R) . . ca	7,—	45,—	1,20
418	40 (Pf)	dunkelviolettpurpur (B) (R) . . . . cb	20,—	220,—	1,20
419	45 (Pf)	(lebhaft)rötlichorange (B) (R) . . . . ca	12,—	90,—	4,—
420	50 (Pf)	dunkelorangebraun (B) (R) . . . . cb	13,—	140,—	3,50
421	60 (Pf)	(dunkel)bräunlichrot (Töne) (B) (R) . . . . . . ca	15,—	140,—	4,—

			*	**	⊙
422	80 (Pf)	schwarzrotbraun (B) (R) . . . . cb	30,—	340,—	9,—
		Satzpreis (13 W.)	120,—	1100,—	35,—
		FDC			1500,—

MiNr. 410 auf Kartonpapier oWz. sind nachgezähnte und nachgummierte Ganzsachenausschnitte aus Privatganzsachen, die auch ⊙ vorkommen.

Von MiNr. 410–422 gibt es alle Marken mit Maske (vgl. Bemerkung nach MiNr. 397).

FALSCH MiNr. 411 hellblau, schmutzig; verändert mit verdünnter Salzsäure.

Auflagen: unbekannt

Marken in Zeichnung ca (Ebert) gültig bis 30.6.1934, in Zeichnung cb (Hindenburg) bis 31.12.1935

Weitere Ausgaben in Zeichnungen ca und cb: MiNr. 435–437, 454, 465, 466; MiNr. 412 und 415 mit Aufdruck: MiNr. 444 und 445

✈ 1928, 20. Sept. Flugpostmarken: Luftschiff „Graf Zeppelin L. Z. 127". RaTdr. (5×10); gestrichenes Papier; Wz. 2 Y (MiNr. 424 auch 2 X); gez. K 14.

Fg) Luftschiff „Graf Zeppelin L. Z. 127" über Erdkugel

			*	**	⊙	FDC
423	2 M	(lebhaft)lila-ultramarin . . . Fg	55,—	300,—	65,—	
424	4 M	schwarzbraun Fg	35,—	150,—	45,—	
		Satzpreis (2 W.)	90,—	450,—	110,—	—,—
424 X		Mit Wz. 2 X (stehend)			—,—	

Vorsicht! MiNr. 423 und 424 sehr benzinempfindlich!

Auflagen: je 500 000 Stück *Gültig bis 31.12.1937*

In gleicher Zeichnung bzw. mit Eindruck: MiNr. 438–439, 455, 456 bis 458 und 496–498

1928, 15. Nov. Deutsche Nothilfe: Landeswappen (III). Ⓔ von Weech; Bdr. Bogen (B) (10×10) und Markenheftchen (MH); gestrichenes Papier; X = Wz. 2 X, Y = Wz. 2 Y; gez. K 14:14¼.

cc) Hamburg

cd) Mecklenburg-Schwerin

ce) Oldenburg

cf) Braunschweig

cg) Anhalt

			**	⊙	FDC
425	5+ 5 Pf	mehrfarbig (B) cc			
X		Wz. 2 X (stehend) . . . . * 4000,—	8000,—	4000,—	
Y		Wz. 2 Y (liegend)	2,50	5,—	
426	8+ 7 Pf	mfg. (B) (MH) GA . cd			
X		Wz. 2 X (stehend) . . .	60,—	650,—	
Y		Wz. 2 Y (liegend)	2,—	5,—	
427	15+15 Pf	mfg. (B) (MH) . . . . ce			
X		Wz. 2 X (stehend) . . .	100,—	650,—	
Y		Wz. 2 Y (liegend)	3,—	5,—	
428	25+25 Pf	mehrfarbig (B) . . . . cf			
X		Wz. 2 X (stehend) . . .	100,—	650,—	
Y		Wz. 2 Y (liegend)	65,—	65,—	
429 Y	50+50 Pf	mehrfarbig (B) . . . cg	170,—	120,—	
		Satzpreis (5 billigste W.) * 70,—	240,—	200,—	750,—

Auflagen: MiNr. 425 = 1 207 598, MiNr. 426 = 2 400 716, MiNr. 427 = 2 406 013, MiNr. 428 = 284 850, MiNr. 429 = 156 984 Stück

Gültig bis 30.4.1929

1929

1929, 1. Nov. Deutsche Nothilfe: Landeswappen (IV). Ⓔ von Weech; Bdr. Bogen (B) (10×10) und Markenheftchen (MH); gestrichenes Papier; Wz. 2 Y; gez. K 14:14¼.

ch) Bremen

ci) Lippe-Detmold

ck) Lübeck

cl) Mecklenburg-Strelitz

cm) Schaumburg-Lippe

			**	⊙	FDC
430	5+ 2 Pf	mfg. (B) (MH) . . . . . . ch	3,—	2,50	
431	8+ 4 Pf	mfg. (B) (MH) GA ci	3,50	2,50	
432	15+ 5 Pf	mfg. (B) (MH) . . . . . . ck	5,—	2,—	
433	25+10 Pf	mehrfarbig (B) cl	70,—	65,—	
434	50+40 Pf	mehrfarbig (B) . . . . . cm	160,—	120,—	
		Satzpreis (5 W.) * 75,—	240,—	190,—	750,—

Auflagen: MiNr. 430 = 3 051 237, MiNr. 431 = 4 214 414, MiNr. 432 = 4 898 586, MiNr. 433 = 379 455, MiNr. 434 = 177 788 Stück

Gültig bis 30.6.1930

1930

1930, 8. Febr./Sept. Freimarken: Reichspräsidenten (II). Wie MiNr. 413, 415 und 422, jedoch geänderte Farben. Bogen und Rollen.

ca) Friedrich Ebert (1871–1925) 1. Reichspräsident

cb) Paul von Hindenburg (1847–1934), 2. Reichspräsident

			**	⊙
435	10 (Pf)	lilapurpur (8. Febr.) . . . . ca	20,—	1,—
436	20 (Pf)	rötlichgrau (8. Febr.) . . . . ca	70,—	1,—
437	80 (Pf)	mittelbraungelb (Sept.) . . . . cb	90,—	3,—
		Satzpreis (3 W.) * 20,—	180,—	5,—
		FDC mit MiNr. 435–436		200,—

Auflagen: unbekannt

MiNr. 435 und 436 gültig bis 30.6.1934, MiNr. 437 bis 31.12.1935

Weitere Ausgaben in Zeichnungen ca und cb: MiNr. 410–422, 454, 465 und 466

✈ 1930, 26. April. Flugpostmarken: 1. Südamerikafahrt des Luftschiffes „Graf Zeppelin L. Z. 127". Wie MiNr. 423 und 424, jedoch Inschrift in linker oberer Ecke; RaTdr. (5×10); gestrichenes Papier; X = Wz. 2 X, Y = Wz. 2 Y; gez. K 14.

Fg I

			*	**	⊙
438	2 M	(lebhaft)lilaultramarin . Fg I			
X		Wz. 2 X (stehend)	400,—	2200,—	500,—
Y		Wz. 2 Y (liegend)	330,—	1700,—	400,—
439	4 M	schwarzbraun . . . . . . Fg I			
X		Wz. 2 X (stehend)	330,—	1800,—	400,—
Y		Wz. 2 Y (liegend)	400,—	2200,—	500,—
		Satzpreis (2 W.)	650,—	3500,—	800,—
		FDC			—,—

Vorsicht! MiNr. 438 und 439 sind benzinempfindlich!

FALSCH MiNr. 438, 439. Vorsicht auch vor Ganzfälschungen der MiNr. 439 Y mit Kennzeichnung „FAUX", die durch Falschstempel überdeckt sind!

Auflagen: unbekannt *Gültig bis 30.6.1931*

1930, Mai. Freimarke: Bauwerke. Wie MiNr. 365, jedoch jetzt Währungsbezeichnung Reichsmark. StTdr. (5×10); Wz. 2 X; gez. K 14.

bb I) Blick auf Alt-Köln (linksrheinisch)

			*	**	⊙
440	2 M	dunkelpreußischblau . . bb I	35,—	140,—	19,—

Auflagen: unbekannt *Gültig bis 31.12.1938*

MiNr. 441–443 fallen aus.

Nicht ausgegeben:

1930. Freimarke: Bauwerke. Wie MiNr. 364, jedoch jetzt Währungsbezeichnung Reichsmark. StTdr. (5×10); o. G.; gez. K 14.

ba I) Burg Rheinstein

				(✱)
IX	1 M	dunkelopalgrün	ba I	*18000,—*

1930, 30. Juni. Abzug der alliierten Besatzungstruppen aus dem Rheinland. MiNr. 412 und 414 mit schwarzem Bdr.-Aufdruck.

			✱	✱✱	⊙
444	8 (Pf)	schwarzopalgrün (Töne) .... (412)	3,—	13,—	1,20
445	15 (Pf)	lilarot (Töne) .... (414)	3,—	15,—	1,20
		Satzpreis (2 W.)	6,—	28,—	2,40
		FDC			200,—

Abart:

445 F	senkr. Paar, obere Marke ohne, untere Marke mit Aufdruck	100,—	400,—

Auflagen: unbekannt *Gültig bis 30.6.1934*

1930, 12. Sept. Blockausgabe: Internationale Postwertzeichen-Ausstellung, Berlin (IPOSTA). Markenzeichnungen wie MiNr. 450 bis 453. StTdr.; Blockrand-Wz., Marken Wz. 3; gez. K 14¼:14; nur Marken gummiert.

Wz. 3 Reichsadler

cn I

co) Brandenburger Tor, Berlin

cp) Schloss und Dom, Marienwerder

cn) Dom und Rathaus, Aachen

cr) Hl. Burkhard auf der Mainbrücke in Würzburg, Feste Marienberg

			✱	✱✱	Ⓢ*
446	8 (+ 4 Pf)	schwarzopalgrün cn	40,—	110,—	140,—
447	15 (+ 5 Pf)	dunkellilarot ... co	40,—	110,—	140,—
448	25 (+10 Pf)	schwarzultramarin cp	40,—	110,—	140,—
449	50 (+40 Pf)	siena .... cr	40,—	110,—	140,—
Block 1	(ca. 104×148 mm)	...... cnI	550,—	1600,—	2000,—
		FDC			*3000,—*

Die Blockpreise gelten nur für Stücke mit einwandfreiem Blockrand.

***) Die Preise gelten für den Ⓢ „BERLIN W62 IPOSTA“. Tagesstempel und andere Ⓢ sehr selten.**

Postpreis 2,70 RM (einschließlich 1 RM Eintrittsgeld und 13 Pf Papierpreiszuschlag)

Da der Block in vier Druckgängen hergestellt wurde, ergeben sich oft Verschiebungen der einzelnen Markenbilder zueinander (von mehr als 1 mm).

Das handgeschöpfte Papier und der handgefertigte Druck bedingten Größenabweichungen.

☛

Vorsicht vor privat hergestelltem „Nachdruck 1965“ (anderes Druckverfahren, primitive Ausführung)

Auflage: ca. 85 000 Blocks *Gültig bis 30.6.1931*

1930, 1. Nov. Deutsche Nothilfe: Bauwerke (I). StTdr. Bogen (B) (10×10) und Markenheftchen (MH); Wz. 2 X; gez. K 14¼:14.

cn) Dom und Rathaus, Aachen

co) Brandenburger Tor, Berlin

cp) Schloss und Dom, Marienwerder

cr) Hl. Burkhard auf der Mainbrücke in Würzburg, Feste Marienberg

			✱✱	⊙
450	8 (+ 4 Pf)	schwärzlichopalgrün (B) (MH) GA .... cn	4,—	2,50
451	15 (+ 5 Pf)	lilarot (B) (MH) .... co	5,—	3,—
452	25 (+10 Pf)	(schwarz)blau (Töne) (B) ... cp	36,—	30,—
453	50 (+40 Pf)	(dunkel)braun (B) .... cr	100,—	110,—
		Satzpreis (4 W.) ✱ 40,—	140,—	140,—
		FDC		750,—

Auflagen: MiNr. 450 = 5 873 046, MiNr. 451 = 5 368 568, MiNr. 452 = 479 066, MiNr. 453 = 228 913 Stück

Gültig bis 30.6.1931

1931

1931, 15. Febr. Freimarke: Reichspräsidenten (III). Bdr. Bogen (10×10), Rollen und Markenheftchen; gestrichenes Papier; Wz. 2 X; gez. K 14:14¼.

cb) Paul von Hindenburg (1847–1934), 2. Reichspräsident

			✱	✱✱	⊙
454	4 (Pf)	türkisblau GA .... cb	1,50	8,—	1,60
		FDC			150,—

MiNr. 454 auf Kartonpapier oWz. sowie mit Wz. Herz ist privat nachgezähnter und nachgummierter Ganzsachenausschnitt.

Auflage: unbekannt *Gültig bis 31.12.1935*

Weitere Ausgaben Reichspräsidenten: MiNr. 410–422, 435–437, 465–466

✈ 1931, Mai. Flugpostmarke: Luftschiff „Graf Zeppelin L. Z. 127“. RaTdr. (5×10); gestrichenes Papier; Wz. 2 X; gez. K 14.

Fg) Luftschiff „Graf Zeppelin L. Z. 127“ über Erdkugel

			✱	✱✱	⊙
455	1 M	lilarot .... Fg	32,—	110,—	45,—

☛

Auflage: unbekannt *Gültig bis 31.12.1937*

In gleicher Zeichnung bzw. mit Eindruck: MiNr. 423–424, 438–439, 456–458, 496–498

✈ 1931, 10. Juli. Flugpostmarken: Polarfahrt des Luftschiffes „Graf Zeppelin L.Z. 127". MiNr. 455, 423 und 424 mit dunkelbraunem Bdr.-Aufdruck. Wz. 2 X.

				✶	✶✶	⊙
456	1 M	lilarot . . . . (455)		150,—	600,—	140,—
457	2 M	lebhaftlilaultramarin . . (423)		220,—	1400,—	260,—
458	4 M	schwarzbraun . . . . (424)		550,—	2300,—	900,—
			Satzpreis (3 W.)	900,—	4300,—	1300,—
			FDC			—,—

Vorsicht! MiNr. 457 und 458 sind benzinempfindlich!

Auflagen: unbekannt *Gültig bis 30.11.1932*

In gleicher Zeichnung bzw. mit Eindruck: MiNr. 423–424, 438–439, 455, 496–498

1931, 1. Nov. Deutsche Nothilfe: Bauwerke (II). StTdr. Bogen (B) (10×10) und Markenheftchen (MH); Wz. 2 X; gez. K 14:14¼, MiNr. 461 ~.

cs) Dresden, Zwinger

ct) Breslau, Rathaus

cu) Heidelberg, Schloss

cv) Lübeck, Holstentor

				✶✶	⊙
459	8+ 4 Pf	dunkelgrün (B) (MH) GA . . . . . cs		3,50	3,—
460	15+ 5 Pf	dunkelkarminrot (B) (MH) . . . . ct		3,50	3,—
461	25+10 Pf	schwarzultramarin (B) . . . . . . cu		60,—	40,—
462	50+40 Pf	schwärzlichgelbbraun (B) . . . cv		175,—	100,—
		Satzpreis (4 W.)	✶ 50,—	240,—	140,—
		FDC			*750,—*

Auflagen: MiNr. 459 = 4 679 176, MiNr. 460 = 4 135 786, MiNr. 461 = 429 333, MiNr. 462 = 204 854 Stück

Gültig bis 31.8.1932

1932

1932, 2. Febr. Deutsche Nothilfe: Bauwerke (III). MiNr. 459 und 460 mit schwarzem Bdr.-Aufdruck der neuen Wertangaben.

				✶✶	⊙
463	**6+4 Pf**	auf 8+4 Pf dkl'grün . . . . (459)		26,—	13,—
464	**12+3 Pf**	auf 15+5 Pf (dunkel)karminrot . . . . (460)		32,—	15,—
		Satzpreis (2 W.)	✶ 12,—	58,—	28,—
		FDC			*500,—*

Auflagen: MiNr. 463 = 676 019, MiNr. 464 = 744 477 Stück

Gültig bis 31.8.1932

1932, Jan. Freimarken: Reichspräsidenten (IV). 🄴 Eddy Smith (Zeichnung ca); Bdr. Bogen (10×10), Rollen und Markenheftchen; gestrichenes Papier; Wz. 2 X; gez. K 14:14¼.

ca) Friedrich Ebert (1871–1925), 1. Reichspräsident

cb) Paul von Hindenburg (1847–1934), 2. Reichspräsident

				✶✶	⊙
465	6 (Pf)	schwärzlicholivgelb GA . . . . ca		10,—	0,90
466	12 (Pf)	rotorange . . . . cb		20,—	0,90
		Satzpreis (2 W.)	✶ 3,—	30,—	1,80

Auflagen: unbekannt

MiNr. 465 gültig bis 30.6.1934, MiNr. 466 bis 31.12.1935

Weitere Werte in gleichen Zeichnungen: MiNr. 410–422, 435–437, 454

1932, 1. Okt. Freimarken: Paul von Hindenburg im Medaillon (I). 🄴 Prof. Goetz; Bdr. Bogen (B) (10×10), Rollen (R) und Markenheftchen (MH); gestrichenes Papier; Wz. 2 X; gez. K 14:14¼.

cw) Paul von Hindenburg (1847–1934), 2. Reichspräsident

				✶✶	⊙
467	4 (Pf)	kobaltblau (B) (R) . . . . cw		2,50	0,80
468	5 (Pf)	gelbsmaragdgrün (B) (R) (MH) GA . . . . cw		4,—	0,80
469	12 (Pf)	zinnober (B) (R) . . . . cw		24,—	0,80
470	15 (Pf)	lilarot (B) GA . . . . cw		14,—	13,—
471	25 (Pf)	(mittel)violettultramarin (B) (R) . . . . cw		12,—	1,—
472	40 (Pf)	dunkelbläulichviolett (B) (R) . . . cw		100,—	2,—
473	50 (Pf)	(lebhaft)siena (B) . . . . cw		18,—	14,—
		Satzpreis (7 W.)	✶ 45,—	170,—	32,—
		FDC			750,—

Von MiNr. 469 und 487 sind Stücke mit schwach sichtbarem, verzerrtem und auch ohne sichtbarem Wz. bekannt. Diese Erscheinungen beruhen auf einem Versagen der Wasserzeichenwalzen in der letzten Herstellungsperiode.

Auflagen: unbekannt

Gültig bis Mai 1945, mit Schwärzungen bis Mitte August 1945 möglich.

Weitere Ausgaben: MiNr. 482–495 (Wz. 2) und 512–528 (Wz. 4); mit aufgedrucktem Trauerrand: MiNr. 548–553

1932, 1. Nov. Deutsche Nothilfe: Burgen und Schlösser. StTdr. Bogen (B) (10×10) und Markenheftchen (MH); Wz. 2 Y, bei MiNr. 478 Wz. 2 X; gez. K 14¼:14.

cx) Wartburg

cy) Schloss Stolzenfels am Rhein

cz) Nürnberg, Burg

da) Schloss Lichtenstein

db) Marburg, Schloss

				✶✶	⊙
474	4+ 2 Pf	dunkelgrünlichblau (B) (MH) . cx		4,—	2,50
475	6+ 4 Pf	schwärzlicholiv (B) (MH) . . . . cy		5,—	2,50
476	12+ 3 Pf	dunkelgelblichrot (B) (MH) . . . cz		4,—	2,50
477	25+10 Pf	schwärzlichblau (B) . . . . da		40,—	24,—
478	40+40 Pf	schwärzlichbraunlila (B) . . . . db		140,—	85,—
		Satzpreis (5 W.)	✶ 50,—	190,—	110,—
		FDC			600,—

Auflagen: MiNr. 474 = 2 706 027, MiNr. 475 = 3 305 032, MiNr. 476 = 4 798 610, MiNr. 477 = 468 886, MiNr. 478 = 203 175 Stück

Gültig bis 30.6.1933

1933

1933, 12. April. Eröffnungssitzung des neuen Reichstages in Potsdam. RaTdr. Bogen (B) (10×10) und Markenheftchen (MH); Wz. 2 X; gez. K 14:14¼.

dc) Friedrich der Große, König in Preußen (1712–1786); nach einem Gemälde von Adolph von Menzel (1815–1905)

				✶✶	⊙
479	6 (Pf)	schwärzlichbläulichgrün (B) (MH) GA . . . . dc		6,—	1,20
480	12 (Pf)	lilarot (Töne) (B) (MH) . . . . dc		9,—	1,20
481	25 (Pf)	(lebhaft)lilaultramarin (B) . . . . . dc		310,—	28,—
		Satzpreis (3 W.)	✶ 55,—	320,—	30,—
		Satzpreis Ⓢ			40,—
		FDC			600,—

Auflagen: unbekannt *Gültig bis 31.12.1935*

1933, April/Aug. Freimarken: Paul von Hindenburg im Medaillon (II). Geänderte Farben und neue Wertstufen. Bdr. Bogen (B) (10×10), Rollen (R) und Markenheftchen (MH); gestrichenes Papier; Wz. 2 X; gez. K 14:14¼.

cw) Paul von Hindenburg (1847–1934), 2. Reichspräsident

			*	**	⊙
482	3 (Pf)	dunkelbraunocker (April) (B) (R) . . . . cw	22,—	120,—	1,—
483	4 (Pf)	dunkelpreußischblau (Mai) (B) (R) . . . . cw	5,—	22,—	1,—
484	6 (Pf)	schwärzlichopalgrün (April) (B) (R) (MH) GA cw	2,50	10,—	1,—
485	8 (Pf)	gelblichrot (Töne) (April) (B) (R) (MH) . . . cw	8,—	20,—	1,—
486	10 (Pf)	dunkelrötlichbraun (Mai) (B) (R) . . . . cw	5,—	30,—	1,—
487	12 (Pf)	schwärzlichrosarot (April) (B) (R) (MH) . . . cw	3,—	20,—	1,—
488	15 (Pf)	dunkel(bräunlich)-karmin (Aug.) (B) GA . cw	7,—	28,—	35,—
489	20 (Pf)	mittelblau (Töne) (Mai) (B) (R) . . . . cw	9,—	70,—	2,—
490	30 (Pf)	dunkelbräunlicholiv (Mai) (B) (R) . . . . cw	9,—	24,—	1,80
491	40 (Pf)	dunkellilapurpur (Aug.) (B) . . . . cw	40,—	300,—	3,50
492	50 (Pf)	schwärzlichgrün/ grauschwarz (Juli) (B) (R) . . . . cw	20,—	140,—	3,—
493	60 (Pf)	dunkelkarminlila/ grauschwarz (Mai) (B) cw	40,—	260,—	1,30
494	80 (Pf)	dunkelkobalt/ grauschwarz (Juli) (B) cw	12,—	30,—	1,50
495	100 (Pf)	dunkelgelborange/ grauschwarz (Juli) (B) cw	35,—	180,—	17,—
		Satzpreis (14 W.)	200,—	1100,—	70,—

Bei MiNr. 487 gibt es Stücke mit nicht sichtbarem Wz.; vgl. Hinweis bei MiNr. 467 bis 473.

FALSCH auf grünlichem Papier, ohne Wasserzeichen

Auflagen: unbekannt

Gültig bis Mai 1945, mit Schwärzung bis August 1945 möglich

Weitere Ausgaben: MiNr. 467–473, 482–495 (Wz. 2) und 512–528 (Wz. 4); mit aufgedrucktem Trauerrand: MiNr. 548–553

Fg I

✈ 1933, 25. Sept. 50. Ozeanüberquerung des Luftschiffes „Graf Zeppelin L. Z. 127": Fahrt zur Weltausstellung in Chicago. Wie MiNr. 423, 424 und 455, jedoch schwarze bzw. braunschwarze (MiNr. 498) Inschrift in linker oberer Ecke. RaTdr. (5×10); gestrichenes Papier; Wz. 2 X; gez. K 14.

			**	⊙
496	1 M	schwarzrosa . . . . Fg I	3600,—	500,—
497	2 M	(dunkel)violettultramarin . . . . Fg I	350,—	250,—
498	4 M	schwarzbraun . . . . Fg I	350,—	250,—
		Satzpreis (3 W.) ✶ 1200,—	4300,—	1000,—
		FDC		—,—

Die Preise gelten nur für völlig einwandfreie Stücke!

Vorsicht! MiNr. 497 und 498 sind benzinempfindlich!

FALSCH ©

Auflagen: unbekannt *Gültig bis 31.12.1937*

In gleicher Zeichnung bzw. mit Eindruck: MiNr. 423–424, 438–439, 455, 456–458

1933, 1. Nov. Deutsche Nothilfe: Opern von Richard Wagner (1813–1883), Komponist. Ⓔ Prof. Kolb; StTdr. Bogen (B) (5×10) und Markenheftchen (MH); Wz. 4; A = gez. K 14:13, B = gez. K 14.

Wz. 4 Hakenkreuze

dd) Tannhäuser

de) Der fliegende Holländer

df) Das Rheingold

dg) Die Meistersinger von Nürnberg

dh) Die Walküre

di) Siegfried

dk) Tristan und Isolde

dl) Lohengrin

dm) Parsifal

			**	⊙
499 A	3+ 2 Pf	dunkelorangebraun (B) . . . dd	30,—	7,50
500	4+ 2 Pf	dunkelblau . . . . de		
A		gez. K 14:13 (B)	20,—	3,—
B		gez. K 14 (MH)	20,—	4,—
501 A	5+ 2 Pf	smaragdgrün (B) . . . . df	50,—	9,—
502	6+ 4 Pf	schwärzlichgrün . . . . dg		
A		gez. K 14:13 (B)	20,—	3,—
B		gez. K 14 (MH)	20,—	6,50
503	8+ 4 Pf	orangerot . . . . dh		
A		gez. K 14:13 (B)	30,—	5,—
B		gez. K 14 (MH)	25,—	5,50
504	12+ 3 Pf	karminrot . . . . di		
A		gez. K 14:13 (B)	30,—	3,50
B		gez. K 14 (MH)	25,—	8,50
505	20+10 Pf	dunkeltürkisblau (B) . . . . . . dk		
A		gez. K 14:13	1500,—	250,—
B		gez. K 14	1000,—	130,—
506 A	25+15 Pf	dunkelultramarin (B) . . . . . . dl	350,—	50,—
507 A	40+35 Pf	dunkellilapurpur (B) . . . . . . dm	1000,—	170,—
		Satzpreis A (9 W.) ✶ 500,—	3000,—	500,—
		Satzpreis B (5 W.) ✶ 180,—	1000,—	150,—
		Satzpreis (9 billigste W.) ✶ 300,—	2500,—	380,—
		FDC		*3500,—*

Schalterverkauf bis 1. Februar 1934. Während der Richard-Wagner-Festspiele 1934 gelangten die Marken an den Postämtern in München und Bayreuth nochmals zum Verkauf.

Auflagen: MiNr. 499 = 1 818 070, MiNr. 500 = 2 516 880, MiNr. 501 = 1 618 361, MiNr. 502 = 4 328 111, MiNr. 503 = 2 643 286, MiNr. 504 = 5 220 555, MiNr. 505 = 373 121, MiNr. 506 = 467 795, MiNr. 507 = 264 238 Stück

Gültig bis 30.9.1934

1933, 29. Nov. Blockausgabe: 10 Jahre Deutsche Nothilfe. Marken in Zeichnung von MiNr. 351–354 mit schwarzem Bdr.-Aufdruck. Bdr.; handgeschöpftes Papier; Blockrand-Wz., Marken Wz. 4; gez. K 14¼:14¾; nur Marken gummiert.

dm I

			*	**	⊙
508	5+ 15 (Pf)	schwarz-bläulichgrün . (at)	120,—	300,—	500,—
509	10+ 30 (Pf)	dunkel-zinnoberrot . (au)	120,—	300,—	500,—
510	20+ 60 (Pf)	dunkelblau . (av)	120,—	300,—	500,—
511	50+150 (Pf)	lebhaftsiena (aw)	120,—	300,—	500,—
Block 2		(209×148 mm) . . . . . . dm I	1500,—	6000,—	10000,—
		Ⓢ			14000,—
		FDC			—,—

Die Preise von Block 2 gelten nur für Stücke mit völlig einwandfreiem Blockrand!

Postpreis 3,50 RM

Abarten:

		*	**
Bl. 2 X	Wz. seitenverkehrt	—,—	—,—
Bl. 2 Z	Wz. kopfstehend	—,—	—,—

Die Stärke des (handgeschöpften) Papiers schwankt im Normalfall zwischen 0,06 und 0,11 mm; keine Sonderbewertung!

Auflage: 64 000 Blocks *Gültig bis 30.6.1935*

1933, 4. Dez./1936, Febr. Freimarken: Paul von Hindenburg im Medaillon (III). Bdr. Bogen (B) (10×10), Rollen (R) und Markenheftchen (MH); gestrichenes Papier; Wz. 4, X = oberer Haken des Hakenkreuzes nach links, Y = oberer Haken des Hakenkreuzes nach rechts; gez. K 14:14¼.

cw) Paul von Hindenburg (1847–1934), 2. Reichspräsident

			*	**	⊙
512 X	1 (Pf)	schwarz (4.12.1933) (B) (MH) .... cw	0,20	0,50	0,50
513	3 (Pf)	dunkelbraunocker (Jan. 1934) (B) (R) (MH) ..... cw			
X		Haken nach links	0,20	0,50	0,50
Y		Haken nach rechts ..	*1000,—*	*3000,—*	1500,—
514 X	4 (Pf)	schwärzlichgrau-ultramarin (Töne) (Febr. 1934) (B) (R) (MH) ..... cw	0,20	0,50	0,50
515 X	5 (Pf)	(gelb)smaragdgrün (Febr. 1934) (B) (R) (MH) ..... cw	0,20	0,50	0,50
516 X	6 (Pf)	schwarz(grau)grün bis schwarzopalgrün (Febr. 1934) (B) (R) (MH) GA .. cw	0,20	0,50	0,50
517 X	8 (Pf)	gelblichrot bis zinnober (Febr. 1934) (B) (R) (MH) ..... cw	0,20	0,50	0,50
518	10 (Pf)	dunkelrötlich-braun (Töne) (Febr. 1934) (B) (R) cw			
X		Haken nach links	0,20	1,—	0,50
Y		Haken nach rechts ..	20,—	75,—	100,—
519 X	12 (Pf)	schwärzlichrosa(rot) (Febr. 1934) (B) (R) (MH) ..... cw	0,20	0,50	0,50
520 X	15 (Pf)	dunkel- bis schwarzrotlila (April 1934) (B) (R) GA .... cw	0,40	2,—	0,50
521 X	20 (Pf)	(lebhaft)cyanblau (April 1934) (B) (R) cw	0,60	4,50	0,50
522 X	25 (Pf)	(mittel)lilaultramarin (April 1934) (B) (R) cw	0,60	4,50	0,50
523 X	30 (Pf)	dunkelbräunlicholiv (Febr. 1934) (B) (R) cw	1,—	9,—	0,50
524 X	40 (Pf)	(dunkel)lilapurpur (Febr. 1934) (B) (R) cw	2,—	13,—	0,50
525 X	50 (Pf)	schwarzgrün/grauschwarz (Sept. 1934) (B) .. cw	4,—	19,—	0,50
526 X	60 (Pf)	dunkelkarminlila/grauschwarz (Mai 1934) (B) ... cw	1,—	8,—	0,50
527 X	80 (Pf)	dunkelkobalt/grauschwarz (Febr. 1936) (B) .. cw	3,—	8,50	1,60
528 X	100 (Pf)	schwärzlich-gelborange/grauschwarz (Sept. 1934) (B) .. cw	4,—	11,—	1,50
		Satzpreis (17 W.)	16,—	80,—	10,—

Das Papier bei MiNr. 512–528 ist oft verschieden stark, die Papierfarbe schwankt von weiß bis gelblich; außerdem gibt es pergamentartiges Papier mit kräftigem Wz. sowie weiches, saugfähiges Papier, das die sog. „Prägedrucke" begünstigte.

1939/40 wurde die Papierherstellung mit inländischen Materialien (als Ersatz für Kasein) getestet. Infolge der mangelhaften Beschaffenheit dieses Aufstriches entstanden Drucke mit mangelhafter Farbdeckung. Solche Marken verdienen ungebraucht 50–100%, gebraucht 30–50% Aufschlag.

MiNr. 515, 519, 521, 524 und 526 mit „Maske" (vgl. Bemerkung nach MiNr. 397) bekannt. MiNr. 518 mit metallischem Glanz beruht auf starkem Farbauftrag.

Private Überdrucke:

Zum Tag der Briefmarke 1937 wurden 3-Pf.-Bogen (MiNr. 513) schachbrettartig von **privater** Seite überdruckt. Durch die Anordnung der zwei verschiedenen Überdrucke ergeben sich 20 verschiedene Zusammendrucke und 8 verschiedene Viererblocks. Die nicht überdruckten Marken wurden von der Reichspost anstandslos entwertet, Belege wurden befördert. Gebrauchte Stücke sind selten.

Katalogisierung und Bewertung dieser privaten Zusammendrucke siehe MICHEL-Handbuch Markenheftchen Deutsches Reich.

Kriegsfälschung der MiNr. 519; vgl. Kapitel „Kriegs- und Propagandafälschungen" im Deutschland-Spezial Band 1.

Auflagen: unbekannt

Gültig bis Mai 1945, mit Schwärzungen bis Mitte August 1945 möglich.

Weitere Ausgaben: MiNr. 467–473, 482–495 (Wz. 2); mit aufgedrucktem Trauerrand: MiNr. 548–553

1934

✈ 1934, 21. Jan. Flugpostmarken: Steinadler, O. Lilienthal und Graf von Zeppelin. Bdr. (MiNr. 529–537 10×10, MiNr. 538 und 539 5×10); gestrichenes Papier; Wz. 4; MiNr. 529–537 gez. K 14:14¼, MiNr. 538 und 539 gez. K 13¾:13¼.

Fh) Steinadler vor Weltkugel

Fi) Otto Lilienthal (1848–1896), Flugpionier

Fk) Ferdinand Graf von Zeppelin (1838–1917), Luftschiffkonstrukteur

			*	**	⊙
529	5 (Pf)	lebhaft-smaragdgrün GA .... Fh	1,50	10,—	1,20
530	10 (Pf)	schwärzlichrosa .... Fh	1,50	10,—	1,20
531	15 (Pf)	ultramarin (Töne) .... Fh	2,40	10,—	1,60
532	20 (Pf)	dunkelgraublau ..... Fh	4,50	16,—	2,20
533	25 (Pf)	orangebraun .... Fh	6,—	50,—	2,50
534	40 (Pf)	(lila)purpur .... Fh	9,—	80,—	1,50
535	50 (Pf)	schwarzgrün .... Fh	16,—	130,—	1,20
536	80 (Pf)	dunkelgelblichorange Fh	5,—	70,—	5,—
537	100 (Pf)	schwarz .... Fh	10,—	80,—	3,50
538	2 M	dunkelgrün/schwarz .. Fi	22,—	150,—	25,—
539	3 M	lebhaftkobalt/schwarz .... Fk	40,—	200,—	55,—
		Satzpreis (11 W.)	100,—	800,—	95,—
		FDC			—,—

MiNr. 529–539 erschienen zunächst (21. Jan. 1934) nur an den Sammlerschaltern Berlin W 30 und München 2, ab 1.7.1934 nach und nach an allen Schaltern, je nach Aufbrauch der Ausgabe 1926/27.

Auflagen: unbekannt *Gültig bis 31.12.1939*

1934, 30. Juni. Kolonialgedenkfeier: Kolonialforscher. Bdr. (10×5); gestrichenes Papier; Wz. 4; gez. K 13:13¾.

dn) Franz A. E. Lüderitz (1834–1886)

do) Dr. Gustav Nachtigal (1834–1885), Arzt

dp) Dr. Karl Peters (1856–1918)

dr) Hermann von Wissmann (1853–1905)

			**	⊙
540	3 (Pf)	dunkelrötlichkarmin/dunkelsiena .... dn	32,—	8,—
541	6 (Pf)	schwärzlichopalgrün/dunkelsiena .... do	12,—	2,—

MiNr.	Wert	Farbe	**	⊙	FDC
542	12 (Pf)	schwärzlichrosarot/ dunkelsiena . . . . dp	35,—	2,—	
543	25 (Pf)	dunkelkobaltblau/ dunkelsiena . . . . dr	120,—	26,—	
		Satzpreis (4 W.) ✶ 20,—	190,—	38,—	
		FDC		—,—	

Auflagen: unbekannt *Gültig bis 31.12.1935*

1934, 26. Aug. Saarabstimmung am 13. Januar 1935. ⓔ **Schulpig (MiNr. 544) und Brand (MiNr. 545); Bdr. (10×10); gestrichenes Papier; Wz. 4; gez. K 14:14¼.**

ds) Zwei Hände halten ein Stück Saarkohle mit Aufschrift „Saar"

dt) Reichsadler mit Inschrift „Saar"

MiNr.	Wert	Farbe	**	⊙	FDC
544	6 (Pf)	schwärzlichopalgrün GA ds	40,—	0,80	
545	12 (Pf)	schwärzlichrosa . . . . . . dt	50,—	0,80	
		Satzpreis (2 W.) ✶ 9,—	90,—	1,50	1000,—

MiNr. 544 und 545 wurden zuerst aus Anlass der Saartreue-Kundgebungen auf dem Ehrenbreitstein in Koblenz und Köln a. Rh. (26. Aug.) ausgegeben, bei den übrigen Postanstalten ab 28. August.

Auflagen: unbekannt *Gültig bis 31.12.1935*

1934, 1. Sept. Reichsparteitag, Nürnberg. ⓔ **Mjölnir-Schweitzer; RaTdr. (10×10); gestrichenes Papier; Wz. 4; gez. K 14:14¼.**

du) Burg Nürnberg

MiNr.	Wert	Farbe	**	⊙	FDC
546	6 (Pf)	schwärzlich- graugrün GA . . . . du	35,—	0,80	
547	12 (Pf)	dunkelkarminrot . . . . . du	50,—	0,80	
		Satzpreis (2 W.) ✶ 9,—	85,—	1,50	400,—

Auflagen: unbekannt *Gültig bis 31.12.1935*

1934, 4. Sept. Tod von Paul von Hindenburg. Neuauflagen im Plattendruck von MiNr. 513, 515–517, 519 und 522 mit schwarzem Bdr.-Trauerrand-Aufdruck. Bdr. (10×10); gestrichenes Papier; Wz. 4; gez. K 14:14¼.

dv) Paul von Hindenburg (1847–1934), 2. Reichspräsident

MiNr.	Wert	Farbe		**	⊙	FDC
548	3 (Pf)	dunkelbraunocker (Töne)	(513)	5,—	0,60	
549	5 (Pf)	gelbsmaragdgrün . .	(515)	5,—	0,70	
550	6 (Pf)	schwarz(opal)grün . .	(516)	10,—	0,60	
551	8 (Pf)	rotorange (Töne) . . .	(517)	25,—	0,60	
552	12 (Pf)	schwärzlichrosa(rot)	(519)	30,—	0,60	
553	25 (Pf)	(mittel)lilaultramarin .	(522)	75,—	11,—	
		Satzpreis (6 W.) ✶ 18,—		150,—	14,—	*1500,—*

Auflagen: unbekannt *Gültig bis 31.12.1935*

Weitere Ausgaben: MiNr. 467–473, 482–495 (Wz. 2), 512–528 (Wz. 4)

1934, 5. Nov. 175. Geburtstag von Friedrich von Schiller. ⓔ **Prof. Bauer; Bdr. (10×10); gestrichenes Papier; Wz. 4; gez. K 14:14¼.**

dw) Friedrich von Schiller (1759–1805), Dichter; Ölgemälde von Ludovika von Simonowitz und Kupferstich von Schwerdtgeburth

MiNr.	Wert	Farbe	**	⊙	FDC
554	6 (Pf)	schwärzlichgrün . . . . . dw	30,—	0,80	
555	12 (Pf)	dunkelrosarot . . . . dw	70,—	0,80	
		Satzpreis (2 W.) ✶ 9,—	100,—	1,60	800,—

Auflagen: unbekannt *Gültig bis 31.12.1935*

1934, 5. Nov. Deutsche Nothilfe: Berufsstände. ⓔ **Prof. Spiegel; StTdr. Bogen (B) (10×5) und Markenheftchen (MH); Wz. 4; gez. K 13:13¾.**

dx) Kaufmann

dy) Schmied

dz) Maurer

ea) Bergmann

eb) Baumeister

ec) Bauer

ed) Forscher

ee) Künstler

ef) Richter

MiNr.	Wert	Farbe	**	⊙
556	3+2 (Pf)	schwärzlichorangebraun (B) dx	10,—	2,—
557	4+2 (Pf)	olivschwarz (B) (MH) . . . . . . dy	6,—	2,—
558	5+2 (Pf)	dunkelgrün (B) . . . . dz	45,—	10,—
559	6+4 (Pf)	schwärzlich- graugrün (B) (MH) . . . . ea	6,—	0,80
560	8+4 (Pf)	braunorange (B) (MH) . . . . . eb	10,—	2,50
561	12+3 (Pf)	dunkelbräunlichrot (B) (MH) . ec	6,—	0,80
562	20+10 (Pf)	schwarzgrünblau (B) . . . . . . ed	120,—	28,—
563	25+15 (Pf)	violettultramarin (B) . . . . ee	130,—	28,—
564	40+35 (Pf)	schwärzlichlilapurpur (B) . . . ef	280,—	90,—
		Satzpreis (9 W.) ✶ 100,—	600,—	160,—
		FDC		1500,—

Vorsicht! MiNr. 564 ist wasserempfindlich!

Auflagen: MiNr. 556 = 1 883 843, MiNr. 557 = 2 293 455, MiNr. 558 = 1 125 221, MiNr. 559 = 4 132 967, MiNr. 560 = 2 447 218, MiNr. 561 = 5 451 131, MiNr. 562 = 435 584, MiNr. 563 = 472 038, MiNr. 564 = 340 450 Stück

Gültig bis 30.6.1935

1935

1935, 16. Jan. Saarabstimmung (13.1.1935). ⓔ **E. Glintzer; RaTdr. (10×10); gestrichenes Papier; Wz. 4; gez. K 14.**

eg) Symbol: „Die Saar kehrt zur Mutter Deutschland zurück"

MiNr.	Wert	Farbe	**	⊙	FDC
565	3 (Pf)	dunkelrötlichbraun (Töne) . . . . eg	4,—	1,50	
566	6 (Pf)	schwarzopalgrün (Töne) . . . . eg	4,—	1,—	
567	12 (Pf)	bräunlichkarmin . . . . . eg	25,—	1,—	
568	25 (Pf)	dunkelviolettultramarin eg	90,—	11,—	
		Satzpreis (4 W.) ✶ 13,—	120,—	14,—	800,—

Auflagen: unbekannt *Gültig bis 31.12.1936*

1935, 15. März. Heldengedenktag für die im ersten Weltkrieg gefallenen Soldaten. ⓔ **Schweitzer; RaTdr. (10×10); gestrichenes Papier; Wz. 4; gez. K 14.**

eh) Soldat

MiNr.	Wert	Farbe	**	⊙	FDC
569	6 (Pf)	schwarzgrün . . . . eh	10,—	2,—	
570	12 (Pf)	dunkelbräunlichkarmin eh	11,—	2,—	
		Satzpreis (2 W.) ✶ 4,—	20,—	4,—	400,—

Auflagen: unbekannt *Gültig bis 31.12.1936*

Wenn bei einzelnen Ausgaben nicht ausdrücklich anders angegeben, gelten alle Preise ab MiNr. 338 nur für gut zentrierte (siehe „Briefmarken-Qualitätsstufen" im Einleitungsteil, Abb. 17), einwandfrei gezähnte Stücke (Abb. 12); die Gebraucht-Preise gelten nur für Marken mit klaren Abstempelungen (Abb. 24), bei denen Ort und Datum einwandfrei identifizierbar sind!

1935, 26. April. Reichsberufswettkampf. ⓔ Diebitsch; RaTdr. (10×10); gestrichenes Papier; oWz. gez. K 14.

ei) Faust, Eichenblattkranz, Hakenkreuz

				★★	⊙	FDC
571	6 (Pf)	schwärzlichgrün	ei	10,—	1,80	
572	12 (Pf)	rot (Töne)	ei	15,—	1,80	
		Satzpreis (2 W.) ✶ 3,50		25,—	3,60	400,—

Auflage: ca. 1 000 000 Sätze *Gültig bis 31.12.1936*

1935, 21. Juni. 350. Geburtstag von Heinrich Schütz; 250. Geburtstag von Johann Sebastian Bach und von Georg Friedrich Händel. ⓔ Prof. Spiegel; StTdr. (10×10); Wz. 4; gez. K 14.

ek) H. Schütz (1585 bis 1672), Komponist

el) J. S. Bach (1685 bis 1750), Komponist

em) G. F. Händel (1685 bis 1759), Komponist

				★★	⊙	FDC
573	6 (Pf)	schwärzlichgrün	ek	10,—	1,—	
574	12 (Pf)	dunkelrot	el	10,—	1,—	
575	25 (Pf)	violettultramarin	em	15,—	1,20	
		Satzpreis (3 W.) ✶ 5,—		35,—	3,—	750,—

Tag der Ausgabe: 21.6. in Leipzig (Reichs-Bach-Feier 16.–26.6.) und am Sammlerschalter. 23.6. auf Ostropa. Ab 24.6. an allen Postämtern erhältlich.

Auflagen: unbekannt *Gültig bis 31.12.1936*

1935, 23. Juni. Blockausgabe: Osteuropäische Briefmarken-Ausstellung „OSTROPA", Königsberg. ⓔ Prof. Marten; StTdr.; Papier mit Bogenrand-Wz.; Marken mit Wz. 5; gez. K 14.

Wz. 5 Deutsch-Ordenskreuz

er I

en) Schloss Allenstein, Karte Ostpreußens

ep) Königsberger Schloss, Ostpreußen-Schild

eo) Tannenberg-Denkmal, Adler

er) Schloss Heilsberg, Eichenblatt

				(✶)	Ⓢ*	FDC
576	3 (Pf)	lebhaftrotbraun	en	45,—	50,—	
577	6 (Pf)	schwarzbläulichgrün . .	eo	45,—	50,—	
578	12 (Pf)	karminrot	ep	45,—	50,—	
579	25 (Pf)	schwärzlichkobalt	er	45,—	50,—	
Block 3		(148×104 mm)	er I	1300,—	1100,—	*1500,—*

***) Die Preise gelten für den Ⓢ „KÖNIGSBERG (PR) OSTROPA". Tagesstempel und andere Ⓢ seltener.**

Postpreis 1,70 RM

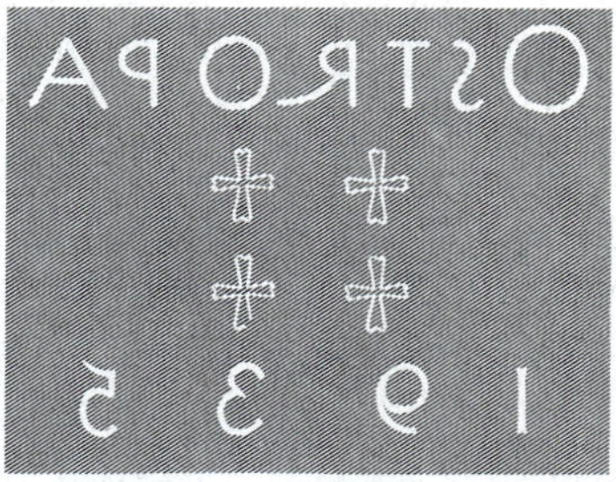

Da der Gummi des Ostropablocks teilweise stark schwefelsäurehaltig war, wurde die sofortige Entfernung des Gummis empfohlen. Die Preise bei MiNr. 576–579/Block 3 gelten für mehr oder weniger bräunlich verfärbte Stücke ohne Gummierung; völlig unbeschädigte Blocks mit völlig erhaltener Originalgummierung rechtfertigen deutliche Preisaufschläge!

Auflage: 162 700 Blocks *Gültig bis 31.12.1935*

1935, 10. Juli. 100 Jahre Deutsche Eisenbahn. ⓔ Diebitsch; StTdr. (10×10); Wz. 4; gez. K 14.

es) „Der Adler" 1. Lokomotive der Eisenbahn Nürnberg-Fürth

et) Moderne Schnellzug-Lokomotive, Baureihe 03

eu) „Fliegender Hamburger" Fernschnell-Triebwagen, Baureihe VT 04

ev) Stromlinien-Schnellzug-Lokomotive 05 001

				★★	⊙	FDC
580	6 (Pf)	schwarzgrün	es	8,—	1,—	
581	12 (Pf)	bräunlichkarmin	et	8,—	1,—	
582	25 (Pf)	lilaultramarin	eu	45,—	2,40	
583	40 (Pf)	schwärzlichlilapurpur .	ev	75,—	2,40	
		Satzpreis (4 W.) ✶ 20,—		130,—	6,50	*700,—*

Vorsicht! MiNr. 583 ist wasserempfindlich!

Auflagen: unbekannt *Gültig bis 31.12.1936*

1935, 25. Juli. Welttreffen der Hitler-Jugend. ⓔ Diebitsch; RaTdr. (10×10); gestrichenes Papier; Wz. 4; gez. K 14.

ew) Fanfarenbläser der HJ

				★★	⊙	FDC
584	6 (Pf)	schwarzopalgrün	ew	10,—	3,—	
585	15 (Pf)	dunkellilakarmin	ew	20,—	4,—	
		Satzpreis (2 W.) ✶ 4,50		30,—	7,—	450,—

Im „Südwestmarklager" des Gebietes 21 (Baden), das vom 28.7. bis 6.8.1935 bei Offenburg stattfand, wurde erstmals mit einem Gummistempel (rot) entwertet.

Auflagen: unbekannt *Gültig bis 31.12.1936*

1935, 30. Aug. Reichsparteitag, Nürnberg. ⓔ Diebitsch; StTdr. (10×10); Wz. 4, X = oberer Haken nach links, Y = oberer Haken nach rechts; gez. K 14.

ex) Adler über der Nürnberger Burg

				✶	★★	⊙
586 X	6 (Pf)	schwarzgrün	ex	1,50	10,—	0,70
587 X	12 (Pf)	bräunlichkarmin	ex	3,—	15,—	0,70
		Satzpreis (2 W.)		4,50	25,—	1,40
		FDC				*250,—*

Seitenverkehrtes Wasserzeichen (oberer Haken nach rechts) (Y):

586 Y	. . . .	*450,—*	*1800,—*	220,—
587 Y	. . . .	*150,—*	*600,—*	150,—
	Satzpreis (2 W.)	*600,—*	*2400,—*	370,—

Auflagen: unbekannt *Gültig bis 31.12.1936*

1935, 4. Okt. Deutsche Nothilfe: Volkstrachten. Ⓔ Diebitsch (nach Aufnahmen von H. Retzlaff); StTdr. Bogen (B) (10×10) und Markenheftchen (MH); Wz. 4; gez. K 14.

ey) Ostpreußen (Ermland) und Marienburg

ez) Oberschlesien (Roßberg bei Beuthen)

fa) Winzerin aus dem Rheinland (Rüdesheimer Berg)

fb) Niedersachsen (Schaumburg-Lippe [Lindhorst, nach 1807]) und Niedersachsenhof

fc) Kurmark (Niederlausitz), Heinersbrück im Spreewald

fd) Schwarzwald (Erbhofbäuerin Anna Zwick, Gutachtal) und Schwarzwaldhaus

fe) Hessen, Marburger Tracht (Niederasphe)

ff) Oberbayern (Bayrischzell, Miesbacher Festtracht)

fg) Friesland (Insel Föhr), Friesenhäuser und Watt

fh) Oberfranken (Brautjungfer aus Effeltrich)

					★★	⊙
588	3+2	(Pf)	dunkelbraun (B) (MH)	ey	2,—	0,50
589	4+3	(Pf)	dunkelgraublau (B)	ez	7,—	2,—
590	5+3	(Pf)	schwärzlichgelb-smaragdgrün (B) (MH)	fa	2,—	1,30
591	6+4	(Pf)	schwärzlichgrün (B) (MH) GA	fb	1,—	0,50
592	8+4	(Pf)	dunkelbraunorange (B)	fc	10,—	2,—
593	12+6	(Pf)	schwärzlichrosarot (B) (MH)	fd	1,50	0,50
594	15+10	(Pf)	rotbraun (B)	fe	25,—	7,50
595	25+15	(Pf)	violettultramarin (B)	ff	45,—	8,—
596	30+20	(Pf)	schwarzolivbraun (B)	fg	55,—	26,—
597	40+35	(Pf)	schwärzlichlilapurpur (B)	fh	50,—	19,—
			Satzpreis (10 W.) ✶ 40,—		180,—	65,—
				FDC		*1500,—*

Bei MiNr. 594 und 597 gibt es starke und schwache Verchromung (bei letzter erscheinen die Schraffuren kräftiger).

Auflagen: MiNr. 588 = 3 462 790, MiNr. 589 = 1 669 334, MiNr. 590 = 2 878 473, MiNr. 591 = 5 187 644, MiNr. 592 = 1 813 017, MiNr. 593 = 5 939 688, MiNr. 594 = 747 042, MiNr. 595 = 747 591, MiNr. 596 = 573 555, MiNr. 597 = 573 147 Stück

Gültig bis 30.6.1936

1935, 5. Nov. 12. Jahrestag des Marsches zur Feldherrnhalle. Ⓔ Raebiger; RaTdr. (10×10); Wz. 4; gez. K 14.

fi) Fahnenträger der SA vor der Feldherrnhalle, München

					★★	⊙
598	3	(Pf)	schwarzorangebraun	fi	4,—	0,90
599	12	(Pf)	dunkelrot (Töne)	fi	12,—	0,90
			Satzpreis (2 W.) ✶ 1,—		16,—	1,80
				FDC		*400,—*

Auflagen: unbekannt *Gültig bis 31.12.1936*

1935, 25. Nov. Olympische Winterspiele 1936, Garmisch-Partenkirchen. Ⓔ Eschle; StTdr. (10×10); Wz. 4, X = oberer Haken nach links, Y = oberer Haken nach rechts; gez. K 14.

fk) Eisschnelllaufen

fl) Skispringen

fm) Viererbob

					★	★★	⊙
600 X	6+ 4	(Pf)	schwärzlichgrün	fk		6,—	1,80
601 X	12+ 6	(Pf)	dunkellilarot	fl		12,—	1,60
602 X	25+15	(Pf)	violettultramarin	fm		50,—	10,—
			Satzpreis (3 W.) ✶ 13,—			65,—	13,—
602 Y			seitenverkehrtes Wz. (oberer Haken nach rechts)		*5000,—*	*20000,—*	*20000,—*

MiNr. 600–602 sind seit Bestehen der Reichspost die ersten Marken, welche den Namen des Zeichners aufweisen.

Auflagen: unbekannt *Gültig bis 30.6.1937*

1936

✈ 1936, 6. Jan. 10 Jahre Lufthansa. Ⓔ Diebitsch; RaTdr. (10×10); gestrichenes Papier; Wz. 4; gez. K 14.

fn) Heinkel-Flugzeug He 70 „Blitz“ der Lufthansa

					★	★★	⊙
603	40	(Pf)	dunkelultramarin	fn	8,—	65,—	4,—
				FDC			*600,—*

Auflage: unbekannt *Gültig bis 31.12.1937*

1936, 15. Febr. 50 Jahre Kraftwagen; Eröffnung der „Internationalen Automobil- und Motorrad-Ausstellung Berlin 1936“. Ⓔ Diebitsch; RaTdr. (10×10); gestrichenes Papier; Wz. 4; gez. K 14.

fo) Gottlieb Daimler (1834–1900), Maschinenbauingenieur

fp) Carl Benz (1844–1929), Ingenieur

					★★	⊙	FDC
604	6	(Pf)	schwärzlichgrün (Töne)	fo	8,—	1,30	
605	12	(Pf)	schwärzlichbräunlichrot	fp	10,—	1,30	
			Satzpreis (2 W.) ✶ 2,—		18,—	2,50	400,—

Tag der Ausgabe: 15.2. an allen Postämtern in Berlin zur Eröffnung der „Internationalen Automobil- und Motorrad-Ausstellung“; ab 24.2. an allen anderen Postämtern.

Auflagen: unbekannt *Gültig bis 31.12.1937*

✈ 1936, 16. März. Flugpostmarken: Fahrten des Luftschiffs Hindenburg L. Z. 129 nach Nordamerika. Ⓔ Diebitsch; StTdr. (10×10); Wz. 4, X = oberer Haken nach links, Y = oberer Haken nach rechts; gez. K 14½:14.

Fl) Luftschiff „Hindenburg“ L. Z. 129 überquert den Ozean

					(✶)	⊙	FDC
606 X	50	(Pf)	schwärzlichblau	Fl	24,—	1,—	
607 X	75	(Pf)	dunkelgraugrün	Fl	26,—	1,40	
			Satzpreis (2 W.)		50,—	2,40	400,—

Seitenverkehrtes Wasserzeichen (oberer Haken nach rechts) (Y):

					(✶)	⊙
606 Y	50	(Pf)	schwärzlichblau	Fl	26,—	3,50
607 Y	75	(Pf)	dunkelgrün	Fl	30,—	4,—
			Satzpreis (2 W.)		55,—	7,50

Da der Gummi bei MiNr. 606 und 607 teilweise stark schwefelsäurehaltig war, wurde die sofortige Entfernung empfohlen. Die Preise gelten für mehr oder weniger bräunlich verfärbte Stücke ohne Gummierung.

MiNr. 606 und 607 waren auch zur Freimachung gewöhnlicher Sendungen für In- und Ausland gültig.

Auflagen: unbekannt *Gültig bis 31.12.1937*

1936, 4. Mai. 250. Todestag von Otto von Guericke. Ⓔ Klein; RaTdr. (10×10); gestrichenes Papier; Wz. 4; gez. K 14.

fr) Otto von Guericke (1602–1686), Physiker und Bürgermeister von Magdeburg, Erfinder der Luftpumpe

					★	★★	⊙
608	6	(Pf)	schwarzopalgrün (Töne)	fr	0,40	1,60	0,70
				FDC			300,—

Auflage: unbekannt *Gültig bis 31.12.1937*

1936, 9. Mai. Olympische Sommerspiele, Berlin. Ⓔ Eschle; StTdr. Bogen (10×10) und Markenheftchen (MH); gelbliches Papier; Wz. 4; gez. K 14.

fs) Turnen am Reck

ft) Turmspringen

fu) Fußball

fv) Speerwerfen

fw) Fackellauf

fx) Fechten

fy) Rudern

fz) Jagdspringen

			✶✶	⊙
609	3+2 (Pf)	braun (B) (MH) . . . . fs	2,50	0,60
610	4+3 (Pf)	schwarzgrau-ultramarin (B) (MH) . . . . ft	2,—	1,—
611	6+4 (Pf)	dunkelgrün (B) (MH) . . . . fu	2,—	0,60
612	8+4 (Pf)	dunkelorangerot (B) . . . . fv	25,—	1,70
613	12+6 (Pf)	bräunlichrot (B) (MH) . . . . . . fw	3,—	0,60
614	15+10 (Pf)	dunkelbraunviolett (B) . . . . . . fx	45,—	4,—
615	25+15 (Pf)	dunkellilaultramarin (B) . . . . . fy	24,—	5,—
616	40+35 (Pf)	schwärzlichviolett (B) . . . . . . fz	45,—	10,—
		Satzpreis (8 W.) ✶ 22,—	140,—	22,—
		FDC		*2000,—*

Vertrieb ab 9.5.1936 bis 31.3.1937 durch die Post und Sportorganisationen. Verkauf in Halle a. S. schon ab 5.5.1936.

Auflagen: unbekannt *Gültig bis 30.6.1937*

MiNr. 609–616 in Blocks: MiNr. 624–631 (Block 5 und 6)

1936, 3. Juni. Internationaler Gemeindekongress, München und Berlin. Ⓔ Semar; RaTdr. (10×10); gestrichenes Papier; Wz. 4; gez. K 14.

ga) Mutter mit Kindern

			✶✶	⊙
617	3 (Pf)	schwärzlichorangebraun . . . . . ga	2,50	0,40
618	5 (Pf)	schwärzlichsmaragdgrün . . . . . ga	3,50	0,40
619	12 (Pf)	bräunlichkarmin . . . . ga	4,50	0,80
620	25 (Pf)	schwärzlichlilaultramarin . . . . . ga	9,50	1,40
		Satzpreis (4 W.) ✶ 5,—	20,—	3,—
		FDC		300,—

Auflagen: unbekannt *Gültig bis 31.12.1937*

1936, 22. Juni. Blockausgabe: Galopprennen „Das Braune Band von Deutschland", München-Riem. Ⓔ Prof. Klein; RaTdr.; handgeschöpftes Papier; Blockrand-Wz., Marke Wz. 4, X = oberer Haken nach links, Y = oberer Haken nach rechts; gez. K 14.

gb I

		✶✶	⊙	FDC
621 X	42 (+108 Pf) dunkelsiena . . . gb	15,—	12,—	
Block 4 X	(147×105 mm) . gb I ✶ 16,—	32,—	18,—	300,—

Seitenverkehrtes Wasserzeichen (oberer Haken nach rechts) (Y):

	✶	✶✶	⊙
Block 4 Y	*1200,—*	*3200,—*	

ⓢ „MÜNCHEN-RIEM"

Auflage: unbekannt *Gültig bis 31.12.1937*

Mit rotem Aufdruck: MiNr. 649, Block 10

1936, 30. Juni. Weltkongress für Freizeit und Erholung, Hamburg. Ⓔ Semar; RaTdr. (10×10); gestrichenes Papier; Wz. 4; gez. K 14.

gc) Frau mit Taube, Mann mit Hammer

			✶✶	⊙	FDC
622	6 (Pf)	schwarzbläulichgrün . . gc	6,—	0,70	
623	15 (Pf)	dunkelmagenta . . . . . . gc	12,—	1,30	
		Satzpreis (2 W.) ✶ 2,50	18,—	2,—	500,—

Auflagen: unbekannt *Gültig bis 31.12.1937*

1936, 1. Aug. Blockausgabe: Olympische Sommerspiele, Berlin. MiNr. 609–611, 616 sowie 612–615 in je einem Block. StTdr.; handgeschöpftes Papier; Bogenrand-Wz., Marken Wz. 4, X = oberer Haken nach links, Y = oberer Haken nach rechts; gez. K 14.

fz I

			✶✶	⊙	FDC
624	3+2 (Pf)	dunkelbraun . . . . . . fs	10,—	6,—	
625	4+3 (Pf)	schwärzlichblau . . . . ft	10,—	6,—	
626	6+4 (Pf)	schwärzlichopalgrün fu	10,—	6,—	
627	40+35 (Pf)	schwärzlichviolett . . fz	10,—	6,—	
Block 5 X	(147×104 mm)	. . fz I ✶50,—	130,—	90,—	250,—
628	8+4 (Pf)	(dunkel)orangerot . . fv	10,—	6,—	
629	12+6 (Pf)	dunkelbraunrot . . . . fw	10,—	6,—	
630	15+10 (Pf)	dunkelpurpurgrau . . fx	10,—	6,—	
631	25+15 (Pf)	lilaultramarin . . . . . . fy	10,—	6,—	
Block 6	(147×104 mm)	. . fy I ✶ 50,—	130,—	90,—	250,—

		✶	✶✶	⊙
Block 5 Y	Bogenrand- und Marken-Wz. spiegelverkehrt (oberer Haken nach rechts) .		*110000,—*	—,—

Postpreis: je Block 1.20 RM

ⓢ BERLIN-KdF Stadt, Olympia-Stadion, Int. Kanulager Müggelsee, Olympisches Dorf, Deutschlandhalle, Olympia Pressehauptquartier, Olympia Reiterplatz, Olympia Schwimmstadion, Grunau Regattabahn, Int. Sportstudentenlager, Ausstellung Deutschland, Olympialager Heerstraße, Olympia-Stadion-Presse, fahrbares Postamt; Kiel – Pressepostamt, Segeln 1936

Abarten:

Bl. 5 z	(dickes Papier, ab 0,19 mm)	*100,—*	*300,—*	*250,—*
Bl. 6 z	(dickes Papier, ab 0,19 mm)	*100,—*	*300,—*	*250,—*

Verkauf ab 1. Aug. bei den Olympia-Sonderpostanstalten in Berlin und Kiel sowie vom 1.–16. Aug. in der Reichsgartenschau Dresden während der Sonderausstellung „Die Briefmarke".

Die Preise von Bl. 5 z und 6 z gelten nur für (BPP-)geprüfte Stücke!

Auflagen: unbekannt *Gültig bis 30.6.1937*

1936, 3. Sept. Reichsparteitag, Nürnberg. RaTdr. (10×10); gestrichenes Papier; Wz. 4; gez. K 14.

gd) Hakenkreuz, erhobene Hände

			**	⊙	FDC
632	6 (Pf)	schwärzlichbläulichgrün gd	5,50	0,80	
633	12 (Pf)	dunkelrot (Töne) . . . . . gd	8,50	0,80	
		Satzpreis (2 W.) ✶ 2,—	14,—	1,60	400,—

Auflagen: unbekannt *Gültig bis 31.12.1937*

1936, 21. Sept./26. Okt. Winterhilfswerk: Moderne Bauten. Ⓔ Fritz; StTdr. Bogen (B) (10×10) und Markenheftchen (MH); oWz.; gez. K 14.

ge) Reichsautobahn München-Reichsgrenze

gf) Luftfahrtministerium, Berlin

gg) Luitpoldhain, Nürnberg

gh) Saale-Autobahnbrücke

gi) Deutschlandhalle, Berlin

gk) Alpenstraße am Mauthäusl

gl) Führerhaus, München

gm) Mangfall-Autobahnbrücke

gn) Haus der Deutschen Kunst, München

			**	⊙
634	3+2 (Pf)	schwarzorangebraun (21.9.) (B) (MH) . . . . ge	1,20	0,50
635	4+3 (Pf)	grünschwarz (26.10.) (B) . . . . gf	1,50	0,60
636	5+3 (Pf)	dunkelgelbsmaragdgrün (26.10.) (B) (MH) . . . . gg	1,20	0,50
637	6+4 (Pf)	schwarzgrün (21.9.) (B) (MH) . . . . gh	1,20	0,50
638	8+4 (Pf)	rötlichbraun (26.10.) (B) . . . . gi	7,—	1,70
639	12+6 (Pf)	bräunlichkarmin (21.9.) (B) (MH) . . . . gk	1,20	0,50
640	15+10 (Pf)	schwärzlichlilakarmin (21.9.) (B) . . . . gl	25,—	4,50
641	25+15 (Pf)	schwarzultramarin (21.9.) (B) . . . . gm	17,—	5,—
642	40+35 (Pf)	violettpurpur (26.10.) (B) . . . gn	28,—	7,50
		Satzpreis (9 W.) ✶ 14,—	80,—	20,—
		FDC mit MiNr. 634, 637, 639, 641		600,—
		FDC mit MiNr. 635, 636, 638, 640, 642		400,—

Auflagen: unbekannt *Gültig bis 30.6.1937*

1937

1937, 3. März. Luftschutz. Ⓔ nach einem Werbeplakat von Prof. Hohlwein; StTdr. (10×10); oWz; gez. K 14.

go) Schildträger mit Abzeichen des Reichsluftschutzbundes

			**	⊙	FDC
643	3 (Pf)	schwarzockerbraun . . go	3,—	0,50	
644	6 (Pf)	dunkelgraugrün . . . . . . go	4,—	0,50	
645	12 (Pf)	dunkel- bis schwärzlichrosa . . . . . go	8,—	1,—	
		Satzpreis (3 W.) ✶ 3,—	15,—	2,—	300,—

Auflagen: unbekannt *Gültig bis 31.12.1938*

1937, 5. April. Blockausgabe: 48. Geburtstag von Adolf Hitler. Ⓔ Prof. Klein; RaTdr.; gestrichenes Papier; Wz. 4; gez. K 14.

gp) Adolf Hitler (1889–1945), Reichskanzler gp I

			✶	**	⊙
646	6 (+ 19 Pf)	schwarzbläulichgrün GA . . . . gp	1,50	5,50	2,—
Block 7	(147×105 mm)	. . . . gp I	24,—	70,—	16,—
		Ⓢ			16,—
		FDC			*400,—*

Postpreis: 1 RM

In Pasewalk wurde ab 20. April etwa eine Woche lang mit falscher Jahreszahl „1936" im Stempel entwertet.

Das Postamt Potsdam 1 stempelte am 20. April 1937 gefälligerweise 350 bis 400 Blocks mit rotem Stempel.

Zum „Tag des Großdeutschen Reiches" wurde Block 7 von privater Seite mit Inschrift „9. April 1938 Tag des Großdeutschen Reiches" überdruckt.

Propagandafälschung von Block 7 (Hitler-Totenkopf über Grabkreuzen) vgl. Kapitel „Kriegs- und Propagandafälschungen" im MICHEL-Deutschland-Spezial Band 1.

Auflage: unbekannt *Gültig bis 31.12.1938*

1937, 16. April. Blockausgabe: 1. Nationale Briefmarkenausstellung „Die Deutsche Briefmarke", Berlin. Wie Block 7, jedoch ☐.

			✶	**	⊙
647	6 (+ 19 Pf)	schwarzbläulichgrün . . . . gp	5,—	16,—	4,—
Block 8	(147×105 mm)	. . . . gp I	50,—	220,—	30,—
		FDC			300,—

Block 8 wurde am Schalter des Sonderpostamtes gegen Vorlage der Eintrittskarte zur Briefmarkenausstellung für 1 RM verkauft; ein Bezug war nur über die Geschäftsstelle der Ausstellung in Berlin W 62, nicht über die Versandstelle für Sammlermarken möglich.

In Berlin auf der Ausstellung „Die Deutsche Briefmarke" wurde in den ersten Stunden des Ausgabetages am 16. April mit falscher Jahreszahl „1936" im Stempel entwertet.

Auflage: unbekannt *Gültig bis 31.12.1938*

1937, 10. Juni. Blockausgabe: Kulturförderung. Wie Block MiNr. 7, jedoch zusätzlicher senkr. Durchstich oben und waagr. Durchstiche links und rechts neben der mittleren und unteren Zähnung, neben den Marken der Bdr.-Zusatz „25 Rpf./einschließlich/Kulturspende".

			*	**	⊙
648	6 (+19) Pf schwarzblaugrün	gp	5,—	20,—	9,—
Block 9	(147×105 mm)	gp II	100,—	320,—	90,—
		FDC			250,—

Postpreis: 1 RM

Die Preise für die Einzelmarke MiNr. 648 verstehen sich für Marke mit Anhängsel (Zusatzangabe).

Ausgabe 10.6.1937: 1. Reichsarbeits-Tagung der NS.-Kriegsopferversorgung und des Hauptamtes bei der Reichsleitung der NSDAP in Northeim (Han.) 10.–15.6.1937. – 2. KdF-Reichstagung Hamburg Zoo, 10.–13.6.1937 (Sonderstempel).

13.6.1937: Neueröffnung der Herrenhäuser-Gärten in Hannover. – 15.6.1937: Allgemeine Ausgabe. – 3.4.1938: Zugelassen zur Freimachung von Postsendungen in und aus Österreich.

Der Durchstich erfolgte nachträglich gleichzeitig mit dem im Buchdruckverfahren ausgeführten Aufdruck. Ein großer Teil der Auflage weist mehr oder weniger farbige Trennungslinien auf, die durch Berührung der vier zum Durchstich vorgesehenen Trennungslinien mit der Farbwalze entstanden.

Auflage: unbekannt *Gültig bis 31.12.1938*

1937, 1. Aug. Blockausgabe: Galopprennen „Das Braune Band von Deutschland", München-Riem. Block 4 mit rotem Bdr.-Aufdruck.

			*	**	⊙
649	42 (+108 Pf) dunkelbraun	(621)	30,—	75,—	65,—
Block 10	(147×105 mm)	(Bl. 4)	70,—	180,—	130,—
		FDC			*500,—*

Postpreis: 1,50 RM

Ⓢ „MÜNCHEN-RIEM"

FALSCH Aufdruckfälschungen; Prüfung ratsam!

Auflage: unbekannt *Gültig bis 30.6.1938*

1937, 3. Sept. Blockausgabe: Reichsparteitag, Nürnberg. Block 9 mit schwarzem, senkrechtem Bdr.-Aufdruck auf den Markenrändern.

			*	**	⊙
650	6 (+ 19) Pf schwarzbläulichgrün	(648)	6,—	18,—	7,50
Block 11	(147×105 mm)	(Bl. 9)	90,—	320,—	60,—
		FDC			300,—

Postpreis: 1 RM

Ⓢ NÜRNBERG

Die Preise der Einzelmarke MiNr. 650 verstehen sich für Marke mit Anhängsel (Zusatzangabe)!

Ausgabe: 3.9.1937 in Berlin zur Ausstellung „Sammeln am Feierabend" der „Deutschen Sammler-Gemeinschaft der N.-S.-Gemeinschaft Kraft durch Freude" 3. bis 5.9.1937 (Sonderstempel). Ab 6.9.1937 Ausgabe an allen Postschaltern.

Auflage: unbekannt *Gültig bis 31.12.1938*

1937, 4. Nov. Winterhilfswerk: Schiffe. Ⓔ Axster-Heudtlass; StTdr. Bogen (B) (10×10) und Markenheftchen (MH); oWz.; gez. K 14.

gr) Rettungsboot „Bremen" der Deutschen Gesellschaft zur Rettung Schiffbrüchiger

gs) Feuerschiff „Elbe 1"

gt) Fischerboote an der Kurischen Nehrung

gu) KdF-Schiff „Wilhelm Gustloff" vor Madeira; Aloe (Aloe sp.-Liliaceae)

gv) Viermastbark „Padua"

gw) Dampfer „Tannenberg" des Seedienstes Ostpreußen

gx) Fährschiff „Schwerin" der Linie Warnemünde – Gedser

gy) Schnelldampfer „Hamburg" der Hapag

gz) Schnelldampfer „Europa" des Norddt. Lloyd

				**	⊙
651	3+2 (Pf)	schwärzlichorangebraun (B) (MH)	gr	0,50	0,50
652	4+3 (Pf)	blauschwarz (B)	gs	9,—	1,50
653	5+3 (Pf)	dunkelsmaragdgrün (B) (MH)	gt	0,50	0,50
654	6+4 (Pf)	schwärzlichgraugrün (B) (MH)	gu	0,50	0,50
655	8+4 (Pf)	schwärzlichgelblichrot (B)	gv	6,—	1,50
656	12+6 (Pf)	schwärzlichbräunlichrot (B) (MH)	gw	1,—	0,50
657	15+10 (Pf)	schwärzlichkarminbraun (B)	gx	12,—	5,—
658	25+15 (Pf)	schwarzultramarin (B)	gy	28,—	5,—
659	40+35 (Pf)	schwärzlichrotlila (B)	gz	45,—	10,—
		Satzpreis (9 W.) * 12,—		100,—	25,—
		FDC			*500,—*

Auflagen: unbekannt *Gültig bis 30.6.1938*

1938

1938, 28. Jan. 5. Jahrestag der Machtergreifung durch Adolf Hitler. Ⓔ Kolb; RaTdr. (10×10); gestrichenes Papier; Wz. 4; gez. K 14.

ha) Fackelträger vor dem Brandenburger Tor

				*	**	⊙
660	6+4 (Pf)	schwarzopalgrün GA	ha	1,50	10,—	2,50
661	12+8 (Pf)	schwärzlichrosarot	ha	1,50	10,—	2,50
		Satzpreis (2 W.)		3,—	20,—	5,—
		FDC				*500,—*

Auflagen: unbekannt *Gültig bis 31.12.1939*

Ab 4.4.1938 wurden die kursierenden Marken des Deutschen Reiches auch in Österreich gültig, umgekehrt waren jedoch die österreichischen Marken nicht im Deutschen Reich zu verwenden. Als Verrechnungsbasis galt 1 RM = 1,50 Schilling. Gleichzeitig mit der Einführung deutscher Wertzeichen am 4.4.1938 wurde der Tarif der Reichspost gültig: Ortsbriefe bis 20 g 8 Pf oder 12 Gr., einfache Ortskarten 5 Pf oder 8 Gr. usw.

1938, 8. April. Volksabstimmung in Österreich. ⓔ Prof. Puchinger; RaTdr. Reichsdruckerei Berlin (10×5); gestrichenes Papier; Bildgröße 23×28 mm; Wz. 4; gez. K 14.

hb) Deutscher und Österreicher mit deutscher Fahne

			✶	✶✶	⊙	FDC
662	6 Pf	schwarzgrün GA hb	1,—	2,—	0,80	150,—

Auflage: unbekannt *Gültig bis 31.12.1938*

1938, 8. April. Volksabstimmung in Österreich. Zeichnung wie MiNr. 662, jedoch RaTdr. Österr. Staatsdruckerei Wien (10×10); gestrichenes Papier; Bildgröße 21,5×26 mm; oWz.; gez. K 12¾.

hb I

			✶	✶✶	⊙	FDC
663	6 Pf	schwarzbläulichgrün . . hb I	1,—	2,—	1,70	150,—

Das Stecherzeichen „E.P." vor dem rechten Fuß der linken Figur ist bei MiNr. 663 deutlich zu erkennen.

Abstimmungsstempel: Breslau Sonderpostamt „Rathaus" (schwarz, blau, violett, rot und Mischfarben) und Wien.

Auflage: unbekannt *Gültig bis 31.12.1938*

1938, 13. April. 49. Geburtstag von Adolf Hitler. ⓔ Prof. Klein; StTdr. (10×5); oWz.; gez. K 14.

hc) Adolf Hitler (1889–1945), Reichskanzler

			✶	✶✶	⊙	FDC
664	12+38 (Pf)	dunkelkarminrot . . . . . . hc	2,50	13,—	3,50	*500,—*

Verkauf zunächst nur im alten Reichsgebiet, ab 19.4. auch in Österreich; MiNr. 664 war aber schon ab 13.4. zur Freimachung zugelassen.

Auflage: unbekannt *Gültig bis 31.12.1939*

In Zeichnung hc I: MiNr. 672

1938, 21. Juni. Deutsches Turn- und Sportfest, Breslau. ⓔ Fritz; StTdr. (10×10); oWz.; gez. K 14.

hd) Dominsel

he) Sportfeld

hf) Rathaus

hg) Jahrhunderthalle

hd–hg) Ansichten von Breslau

			✶✶	⊙	FDC
665	3 (Pf)	schwarzorangebraun . hd	1,50	0,70	
666	6 (Pf)	dunkelgrün . . . . he	1,50	0,70	
667	12 (Pf)	dunkelkarminrot . . . . . . hf	4,—	0,70	
668	15 (Pf)	dunkelkarminbraun . . . hg	9,—	1,—	
		Satzpreis (4 W.) ✶ 4,—	16,—	3,—	*400,—*

Auflagen: unbekannt *Gültig bis 31.12.1939*

✈ 1938, 5. Juli. Flugpostmarken: 100. Geburtstag von Ferdinand Graf von Zeppelin. ⓔ Axster-Heudtlass; StTdr. (10×10); oWz.; gez. K 14.

Fm) F. Graf von Zeppelin (1838 bis 1917) in seinem Luftschiff

Fn) Führergondel des Luftschiffes „Hindenburg" LZ 129

			✶✶	⊙	FDC
669	25 (Pf)	schwärzlichviolettultramarin . . . . Fm	22,—	2,—	
670	50 (Pf)	schwärzlich(opal)grün . Fn	34,—	2,—	
		Satzpreis (2 W.) ✶ 9,—	55,—	4,—	300,—

Auflagen: unbekannt *Gültig bis 31.12.1939*

1938, 20. Juli. Galopprennen „Das Braune Band von Deutschland", München-Riem. ⓔ Prof. Klein; StTdr. (5×10); oWz.; gez. K 14.

hh) Siegesgöttin Victoria mit Siegerkranz

			✶	✶✶	⊙	FDC
671	42+108 (Pf)	schwärzlichsiena . . hh	28,—	150,—	60,—	250,—

Auflage: unbekannt *Gültig bis 31.12.1939*

1938, 1. Sept. Reichsparteitag, Nürnberg. ⓔ Prof. Klein; StTdr. (10×5); oWz.; gez. K 14.

hc I) Adolf Hitler (1889–1945), Reichskanzler

			✶	✶✶	⊙	FDC
672	6+19 (Pf)	schwärzlichopalblaugrün GA . . hc I	3,—	24,—	5,50	200,—

MiNr. 672 wurde in Köln 19 (Neumarkt) versehentlich schon am 27.8.1938 ausgegeben.

Die Hand-Sonderstempel tragen die Inschrift „Nürnberg Reichsparteitag der NSDAP" und das Bild des Reichsadlers mit Hakenkreuz. Auch die Einsatzstücke der Briefstempelmaschinen in Nürnberg trugen während des Reichsparteitags entsprechende Inschriften. Die Inschrift des Stempels des Sonder-PA Schäferwiese (Mögeldorf) lautet „Nürnberg Reichsparteitag NSKK-Zeltlager Mögeldorf".

Auflage: unbekannt *Gültig bis 31.12.1939*

1938, 9. Okt. Eröffnung des Gautheaters Saarpfalz. ⓔ Fritz; RaTdr. (10×10); gestrichenes Papier; Wz. 4; gez. K 14.

hi) Ansicht des Gautheaters, Saarbrücken

			✶✶	⊙	FDC
673	6+4 (Pf)	schwärzlichbläulichgrün . . . . hi	12,—	2,50	
674	12+8 (Pf)	karminrot . . . . hi	15,—	3,50	
		Satzpreis (2 W.) ✶ 4,—	26,—	6,—	100,—

Ausgabe: Zuerst beim Postamt Saarbrücken, einige Zeit später bei den anderen Postämtern und Postamtsstellen des Deutschen Reiches.

Auflagen: unbekannt *Gültig bis 31.12.1939*

1938, 18. Nov. Winterhilfswerk: Ostmarklandschaften und Alpenblumen. ⓔ Axster-Heudtlass; StTdr. Bogen (B) (10×5) und Markenheftchen (MH); oWz.; gez. K 14.

hl) Burg Forchtenstein, Silberdistel (Carlina acaulis)

hm) Flexenstraße, Frühlings-Küchenschelle (Anemone vernalis)

hn) Zell am See, Aurikel (Primula auricula)

ho) Großglockner, Edelweiß (Leontopodium alpinum)

hp) Ruine Aggstein, Alpenveilchen (Cyclamen purpurascens)

hr) Denkmal Prinz Eugen in Wien, Heckenrose (Rosa canina)

hs) Erzberg, Alpenrose (Rhododendron ferrugineum)

ht) Hall, Stengelloser Enzian (Gentiana kochiana)

hu) Stadtbild Braunau am Inn, Frühlingskrokus (Crocus neapolitanus)

			✶✶	⊙
675	3+ 2 (Pf)	schwarzorangebraun (B) (MH) . . . . . hl	0,80	0,60
676	4+ 3 (Pf)	schwarzgraublau (B) . . . . . . hm	11,—	1,50
677	5+ 3 (Pf)	schwärzlichgelblichgrün (B) (MH) . . . . . hn	0,60	0,60
678	6+ 4 (Pf)	schwärzlichgrün (B) (MH) . . ho	0,60	0,50
679	8+ 4 (Pf)	orangerot (B) . . . . hp	11,—	1,50
680	12+ 6 (Pf)	dunkelbräunlichrot (B) (MH) . hr	0,70	0,60
681	15+10 (Pf)	schwärzlichbraunpurpur (B) . hs	20,—	6,—
682	25+15 (Pf)	schwarzkobalt (B) . . . . ht	17,—	6,—
683	40+35 (Pf)	schwärzlichlilapurpur (B) . . . hu	40,—	10,—
		Satzpreis (9 W.) ✶ 20,—	100,—	25,—
		FDC		500,—

FÄLSCH MiNr. 675 und 680 in abweichenden Zeichnungen vgl. Kapitel „Kriegs- und Propagandafälschungen“ im MICHEL-Deutschland-Spezial Band 1.

Auflagen: unbekannt *Gültig bis 30.6.1939*

1938, 2. Dez. Volksabstimmung im Sudetenland. Ⓔ **Axster-Heudtlass; RaTdr. (10×10); Wz. 4; gez. K 14.**

hv) Ehepaar aus dem Egerland (Sudetenland)

			✶	✶✶	⊙
684	6+4 (Pf)	schwarzopalgrün . . . hv	2,—	17,—	4,—
685	12+8 (Pf)	karmin . . . . hv	3,—	24,—	4,—
		Satzpreis (2 W.)	5,—	40,—	8,—
		FDC			*1000,—*

Auflagen: unbekannt *Gültig bis 31.12.1939*

1939

1939, 17. Febr. Internationale Automobil- und Motorrad-Ausstellung, Berlin. Ⓔ **Meerwald; RaTdr. (5×10); gestrichenes Papier; Wz. 4; gez. K 14.**

hw) Die ersten Kraftwagen von Benz (1885) und Daimler (1886)

hx) Rennwagen von „Auto-Union“ und „Mercedes-Benz“ (1938)

hy) Volkswagen

			✶✶	⊙	FDC
686	6+ 4 (Pf)	schwarzbläulichgrün . . . . hw	30,—	4,50	
687	12+ 8 (Pf)	schwärzlichrosarot . hx	30,—	4,50	
688	25+10 (Pf)	violettultramarin . . . hy	50,—	8,—	
		Satzpreis (3 W.) ✶ 17,—	110,—	17,—	70,—

Die Marken wurden nur in Mengen bis zu zwei ganzen Sätzen auf eine Eintrittskarte zur Ausstellung (zu 1,— M) abgegeben. Abgabe vom 17. Februar bis 5. März nur vom Sonderpostamt und von besonderen Markenabgebern innerhalb der Ausstellung, sowie an den Kassen der Ausstellung. Am 16. Februar schon vom Reichsverband der Automobilindustrie Berlin-Charlottenburg 2 abgegeben.

Auflagen: unbekannt *Gültig bis 31.12.1940*

Mit Aufdruck: MiNr. 695–697

1939, 4. April. Reichsberufswettkampf. Ⓔ **Meerwald; RaTdr. (10×10); gestrichenes Papier; Wz. 4; gez. K 14.**

hz) Siegerplakette

			✶✶	⊙	FDC
689	6 (Pf)	schwarzbläulichgrün . . hz	11,—	5,—	
690	12 (Pf)	schwarzrosa . . . . hz	14,—	5,—	
		Satzpreis (2 W.) ✶ 5,50	25,—	10,—	150,—

Auflagen: unbekannt *Gültig bis 31.12.1940*

1939, 13. April. 50. Geburtstag von Adolf Hitler. Ⓔ **Prof. Klein; StTdr. (10×5); oWz.; gez. K 14.**

ia) Adolf Hitler in Braunau

			✶	✶✶	⊙	FDC
691	12+38 (Pf)	dkl'lilarot . . . . ia	2,—	11,—	6,—	*500,—*

Auflage: unbekannt *Gültig bis 31.12.1940*

1939, 22. April. Reichsgartenschau, Stuttgart. Ⓔ **Schmitt; RaTdr. Staatsdruckerei Wien (10×10); gestrichenes Papier; oWz.; gez. K 12¾.**

ib) Ausstellungspavillon, Stuttgarter Stadtwappen

			✶✶	⊙	FDC
692	6+4 (Pf)	schwarzgrün . . . . ib	8,—	4,—	
693	15+5 (Pf)	dunkelbraunlila . . . . . ib	12,—	5,—	
		Satzpreis (2 W.) ✶ 4,—	20,—	9,—	150,—

Auflagen: unbekannt *Gültig bis 31.12.1940*

1939, 28. April. Tag der Arbeit (1. Mai). RaTdr. (10×5); gestrichenes Papier; Wz. 4; gez. K 14¼:13½.

ic) Adolf Hitler am Rednerpult

			✶	✶✶	⊙	FDC
694	6+19 (Pf)	schwarzbraun GA . . . ic	5,—	16,—	6,50	250,—

Auflage: unbekannt *Gültig bis 31.12.1940*

1939, 18. Mai. Nürburgring-Rennen. MiNr. 686–688 mit schwarzem Bdr.-Aufdruck „NÜRBURGRING-RENNEN“.

			✶✶	⊙	FDC
695	6+4 (Pf)	schwarzbläulichgrün . . . . (686)	95,—	35,—	
696	12+8 (Pf)	schwärzlichrosarot . . . . (687)	95,—	35,—	
697	25+10 (Pf)	violettultramarin . (688)	95,—	35,—	
		Satzpreis (3 W.) ✶ 70,—	280,—	100,—	250,—

FALSCH Aufdruckfälschungen

Auflagen: unbekannt *Gültig bis 31.12.1940*

1939, 18. Juni. 70 Jahre Deutsches Derby. Ⓔ **Prof. Hadank; StTdr. (5×10); oWz.; gez. K 14.**

id) Reiter

			✶	✶✶	⊙	FDC
698	25+50 (Pf)	lilaultramarin id	20,—	80,—	20,—	120,—

Der Verkauf dieser Marke erfolgte nur in Hamburg.

Auflage: unbekannt *Gültig bis 31.12.1940*

1939, 12. Juli. Galopprennen „Das Braune Band von Deutschland“, München-Riem. Ⓔ **Prof. Klein; StTdr. (5×10); oWz.; gez. K 14.**

ie) Rossbändiger

			✶	✶✶	⊙	FDC
699	42+108 (Pf)	dunkelsiena . . . ie	20,—	80,—	32,—	*400,—*

Auflage: unbekannt *Gültig bis 30.6.1940*

1939, 12. Juli. Tag der Deutschen Kunst. RaTdr. (10×5); gestrichenes Papier; Wz. 4; gez. K 14.

if) Venezianisches Frauenbildnis; Gemälde von Albrecht Dürer (1471–1528)

			✶	✶✶	⊙	FDC
700	6+19 (Pf)	schwarz-bläulichgrün if	7,—	35,—	13,—	*400,—*

Auflage: unbekannt *Gültig bis 31.12.1940*

1939, 25. Aug. Beabsichtigter Reichsparteitag in Nürnberg. Zeichnung der MiNr. 694, jedoch mit weiterer Inschrift „REICHS-/PARTEITAG / 1939". RaTdr. (10×5); gestrichenes Papier; Wz. 4; gez. K 14¼:13½.

c l) Adolf Hitler am Rednerpult

			✶	✶✶	⊙	FDC
701	6+19 (Pf)	schwarz-braun . . . ic l	5,50	24,—	12,—	*400,—*

Auflage: unbekannt *Gültig bis 31.12.1940*

In Zeichnung ic: MiNr. 694

1939, 15. Sept. Kameradschaftsblock der Deutschen Reichspost (I). 🄴 Axster-Heudtlass; RaTdr. (5×10); gestrichenes Papier; oWz.; gez. K 13½:14¼.

ig) Großkundgebung in der Deutschlandhalle, Berlin

ih) Postwissenschaftliche Woche, Wien

ii) Reichsberufswettkampf

ik) Nachwuchslager Zeesen

il) Leistungswettkampf

im) Begabtenauslese

in) Geländefahren

io) Postsport

ip) Postschutz

ir) Segelflugwerkstätte

is) Alte Postkutsche

it) Erholungsheim, Königstein/Taunus

			✶✶	⊙	FDC
702	3+2 (Pf)	dunkelorangebraun . ig	16,—	7,—	
703	4+3 (Pf)	dunkelgraublau . . . . ih	14,—	7,—	
704	5+3 (Pf)	schwärzlichgelb-smaragdgrün ii	4,—	2,—	
705	6+4 (Pf)	schwarzblaugrün . . . ik	5,—	2,—	
706	8+4 (Pf)	dunkelrotorange il	5,—	2,—	
707	10+5 (Pf)	schwärzlichsiena . . im	5,—	2,60	
708	12+6 (Pf)	dunkelkarminrot . . . in	6,—	2,60	
709	15+10 (Pf)	dunkelkarminlila . . . io	5,—	3,—	
710	16+10 (Pf)	schwarzgraugrün . . . ip	5,—	3,—	
711	20+10 (Pf)	lebhaftlilaultramarin . ir	5,—	3,—	
712	24+10 (Pf)	schwarzoliv . . . . is	13,—	5,—	
713	25+15 (Pf)	schwärzlichlila-ultramarin . . . . it	13,—	4,—	
		Satzpreis (12 W.) ✶ 16,—	85,—	40,—	600,—

Auflagen: unbekannt *Gültig bis 31.12.1940*

Marken in ähnlichen Zeichnungen: MiNr. 773–778, 888–893

1939, 18. Sept. Wiedereingliederung Danzigs in das Deutsche Reich. RaTdr. (10×5); gestrichenes Papier; Wz. 4; gez. K 14.

iu) Marienkirche

iv) Krantor

			✶✶	⊙	FDC
714	6 (Pf)	schwarzopalgrün . . . . . iu	2,—	1,—	
715	12 (Pf)	schwärzlich-orangerot iv	3,—	1,—	
		Satzpreis (2 W.) ✶ 1,40	5,—	2,—	400,—

Auflagen: unbekannt *Gültig bis 31.12.1940*

1939, 1. Okt. Freimarken von Danzig mit Aufdruck. MiNr. 716, 718–720, 722 und 724–728 mit Wz. 4, X = oberer Haken nach links, Y = oberer Haken nach rechts; MiNr. 717, 721 und 723 mit Wz. 3 Y von Danzig, MiNr. 729 mit Wz. 1; x = dickes Papier, gelblicher Gummi, y = dünneres weißes Papier, weißer Gummi.

			✶	✶✶	⊙
716	(3) Rpf	auf 3 (Pf) rötlich-braun . . . . (289)	0,80	2,80	2,80
717	4 Rpf	auf 35 (Pf) ultramarin (Töne) . . . . (215)	0,80	2,60	3,—
718	(5) Rpf	auf 5 (Pf) mittel-gelblichrot 🄶🄰 . . .(290)	0,80	2,60	3,50
719	(8) Rpf	auf 8 (Pf) grünlich-oliv . . . . (291)	1,30	4,50	5,—
720	(10) Rpf	auf 10 (Pf) dkl'bläulich-grün . . . . (292)	2,50	8,—	5,—
721	12 Rpf	auf 7 (Pf) gelbgrün (Töne) . . . . (236)	1,80	6,—	2,80
722	(15) Rpf	auf 15 (Pf) lebhaftrot (Töne) . . . . (293)	7,50	24,—	14,—
723	(20) Rpf	auf 20 (Pf) schwarz-türkisgrau . . . . . . (245)	3,50	12,—	10,—
724	(25) Rpf	auf 25 (Pf) dunkelrosa-rot bis lilarot . . . . (294)	5,50	18,—	13,—
725	(30) Rpf	auf 30 (Pf) (dunkel)bläu-lichviolett, Wz. 4 . . neu	2,50	8,—	5,50
726	(40) Rpf	auf 40 (Pf) schwärzlich-lilaultramarin . . . . (295)	3,—	9,50	7,—
727	(50) Rpf	auf 50 (Pf) lebhaftblau/zinnoberrot . . . . . (296)	4,50	15,—	8,50
728	1 RM	auf 1 G gelblichrot/schwarz . . . . (297)	17,—	55,—	70,—
729	2 RM	auf 2 G magenta/grauschwarz . . . . (213)			
	x	dickes Papier, gelbl. Gummi	25,—	80,—	85,—
	y	dünneres weißes Papier, weißer Gummi	22,—	70,—	75,—
		Satzpreis (14 W.)	65,—	220,—	220,—
		FDC			*1000,—*

728 Y	seitenverkehrtes Wz.	*5000,—*	*12000,—*	*13000,—*

Bei MiNr. 728 entfällt die Unterteilung in x und y, da sich die Papier- und Gummierungsvarianten nicht klar voneinander abgrenzen lassen. Sie werden nicht BPP-geprüft.

Aufdruckfehler:

729 x I	Wertaufdruck „2 Reichsmark" fehlt	*5000,—*	*10000,—*	
729 x II	Aufdruck „DEUTSCHES REICH" fehlt	—,—	—,—	—,—

Am 1. 9. 1939 wurde Danzig dem Deutschen Reich eingegliedert. Laut Amtsblattverfügung Nr. 21 der Landespostdirektion Danzig vom 26. 9. 1939 durften MiNr. 716–729 schon ab dem 28. September verkauft werden, waren aber erst ab 1. Oktober frankaturgültig. Dennoch sind MiNr. 716–729 häufig mit Sonderstempel „DANZIG/DER FÜHRER/HAT UNS BEFREIT/1. Sept. 1939" bzw. „DANZIG GRÜSST JUBELND/SEINEN FÜHRER UND BEFREIER/ADOLF HITLER/19. Sept. 39" anzutreffen. Diese Stempel wurden 3 Monate lang mit feststehendem, unverändertem Datum und ohne Uhrzeit verwendet.

Auflagen: unbekannt *Gültig bis 31.12.1940*

MiNr. 716–729 waren bis zum 20.10.1939 nur im Gebiet der früheren Freien Stadt Danzig gültig. Am 21.10.1939 trat die „Verordnung zur Überleitung der Post- und Telegraphenverwaltung der bisherigen Freien Stadt Danzig auf das Deutsche Reich" in Kraft. Jedoch informierte erst das Amtsblatt Nr. 116 vom 1.11.1939, MiNr. 716–729 seien „fortan" auch im gesamten Gebiet der Deutschen Reichspost verwendbar.

1939, 27. Okt./9. Nov. Winterhilfswerk: Bauwerke. ⓔ Trier; StTdr. Bogen (B) (5×10) und Markenheftchen (MH); oWz.; gez. K 14.

iw) Burg Elbogen a. d. Eger

ix) Drachenfels am Rhein

iy) Kaiserpfalz Goslar

iz) Uhrturm Graz

ka) Römer, Frankfurt a. M.

kb) Ständehaus, Klagenfurt

kc) Burgruine Schreckenstein bei Aussig

kd) Feste Salzburg

ke) Hohentwiel bei Singen

				**	⊙
730	3+2	(Pf)	schwärzlichbraun (B) (MH) . . iw	1,20	0,60
731	4+3	(Pf)	schwarzblau (B) ix	9,—	2,50
732	5+3	(Pf)	schwärzlichgelblichgrün (B) (MH) . . . . iy	2,—	0,70
733	6+4	(Pf)	schwarzgraugrün (B) (MH) . . iz	1,20	0,50
734	8+4	(Pf)	dunkelorangerot (B) . . . . ka	9,—	2,20
735	12+6	(Pf)	dunkelkarminrot (B) (MH) . . . kb	*4,—*	*2,—*
736	15+10	(Pf)	schwärzlichlilabraun (B) . . . . kc	14,—	6,—
737	25+15	(Pf)	dunkellilaultramarin (9.11.) (B) . . . . kd	11,—	6,—
738	40+35	(Pf)	schwarzlilapurpur (B) . . . . . . ke	15,—	8,—
			Satzpreis (9 W.) ✶ 13,—	60,—	26,—
			FDC		400,—

Auflagen: unbekannt *Gültig bis 30.6.1940*

1939, 1. Nov. Auslands-Zeitungsmarken: Zeitungsbote. RaTdr. (5×10); Wz. 4; gez. K 14.

Za) Zeitungsbote eilt über Erdkugel

				**	⊙	FDC
Z 738	5	(Pf)	schwarzsmaragdgrün . . . . Za	3,—	7,—	
Z 739	10	(Pf)	dunkelrotbraun . . . . Za	3,—	7,—	
			Satzpreis (2 W.) ✶ 1,50	6,—	14,—	1000,—

Andere Postsendungen durften mit den Zeitungsmarken nicht frankiert werden, Ausnahmen aber bekannt. Prüfung ratsam.

Auflagen: unbekannt *Gültig bis 8.5.1945*

1940

1940, 3. März. Leipziger Frühjahrsmesse: Ansichten von Leipzig. ⓔ Axster-Heudtlass (MiNr. 739–741) und Engelhardt (MiNr. 742); RaTdr. Staatsdruckerei Wien (5×10); gestrichenes Papier; oWz.; gez. L 11.

kf) Deutsche Bücherei; Johannes Gutenberg

kg) Uhrturmhaus am Augustusplatz

kh) Marktplatz und Altes Rathaus

ki) Große Technische und Baumesse

				**	⊙	FDC
739	3	(Pf)	schwärzlichbraun . . . . . kf	2,—	0,60	
740	6	(Pf)	schwarzopalgrün . . . . . kg	2,—	0,60	
741	12	(Pf)	dunkelbräunlichrot . . . kh	2,—	0,60	
742	25	(Pf)	dunkelultramarin . . . . . . ki	4,—	1,50	
			Satzpreis (4 W.) ✶ 3,—	10,—	3,20	50,—

Auflagen: unbekannt *Gültig bis 31.12.1941*

1940, 28. März. Nationale Briefmarkenausstellung, Berlin. ⓔ Fritz; StTdr. (5×10); oWz.; gez. K 14.

kk) Hof der neuen Reichskanzlei

				✶	**	⊙	FDC
743	24+76	(Pf)	schwärzlichgrün . . . . . kk	8,—	36,—	22,—	200,—

Je eine Marke wurde bei dem in den Ausstellungsräumen eingerichteten Sonderpostamt gegen Vorlage einer Eintrittskarte zu 50 Pfennig abgegeben. Ab 1. April Verkauf auch durch die Versandstelle für Sammlermarken.

Auflage: unbekannt *Gültig bis 31.12.1941*

1940, 10. April. 51. Geburtstag von Adolf Hitler. ⓔ Prof. Klein; RaTdr. (10×5); gestrichenes Papier; Wz. 4; gez. K 14¼:13½.

kl) A. Hitler mit Kind

				✶	**	⊙	FDC
744	12+38	(Pf)	dunkelrot (Töne) . . . . kl	2,—	16,—	8,—	120,—

Auflage: unbekannt *Gültig bis 31.12.1941*

1940, 30. April. Tag der Arbeit (1. Mai). ⓔ Grögerchen; RaTdr. Staatsdruckerei Wien (10×5); gestrichenes Papier; oWz.; gez. K 14.

km) Ritter

				✶	**	⊙	FDC
745	6+4	(Pf)	schwarzopalgrün . . . . . . km	0,40	1,80	1,70	200,—

Auflage: unbekannt *Gültig bis 31.12.1941*

1940, 22. Juni. Großer Deutschlandpreis der Dreijährigen (Deutsches Derby) um das blaue Band, Hamburg-Horn. ⓔ Stahl; RaTdr. (5×10); gestrichenes Papier; Wz. 4; gez. K 14.

kn) Sprung über ein Hindernis

				✶	**	⊙	FDC
746	25+100	(Pf)	dunkellilaultramarin . . kn	5,50	26,—	15,—	200,—

Auflage: unbekannt *Gültig bis 31.12.1941*

1940, 20. Juli. Galopprennen „Das Braune Band von Deutschland“, München-Riem. ⓔ Prof. Klein; StTdr. Staatsdruckerei Wien (5×10); oWz.; gez. K 14.

ko) Kampfwagen des Altertums

				✶	**	⊙	FDC
747	42+108	(Pf)	dunkelsiena . . . . . . ko	30,—	120,—	35,—	250,—

Auflage: unbekannt *Gültig bis 30.6.1941*

1940, 25. Juli. Wiedereingliederung der Gebiete von Eupen, Malmedy und Moresnet. ⓔ Vogenauer; RaTdr. (5×10); gestrichenes Papier; Wz. 4; gez. K 14.

kp) Malmedy

kr) Eupen

				**	⊙	FDC
748	6+4	(Pf)	schwärzlichopalgrün . . . . kp	6,50	3,80	
749	12+8	(Pf)	bräunlichrot . . . . kr	6,50	3,80	
			Satzpreis (2 W.) ✶ 3,—	13,—	7,50	100,—

Auflagen: unbekannt *Gültig bis 31.12.1941*

1940, 9. Aug. Helgoland seit 50 Jahren deutsch. Ⓔ **Meerwald; RaTdr. Staatsdruckerei Wien (5×10); gestrichenes Papier; oWz.; gez. K 14.**

ks) Ansicht von Helgoland

			✶	✶✶	⊙	FDC
750	6+94 (Pf)	dunkelblaugrün/dunkelorangerot . . . ks	7,50	30,—	15,—	25,—

Vorsicht! MiNr. 750 ist benzinempfindlich!

Auflage: unbekannt *Gültig bis 31.12.1941*

1940, 5. Nov. Winterhilfswerk: Bauwerke. Ⓔ **Wüst; StTdr. Bogen (B) (10×5) und Markenheftchen (MH); oWz.; gez. K 14.**

kt) Artushof, Danzig

ku) Rathaus, Thorn

kv) Pfalz bei Kaub

kw) Stadttheater, Posen

kx) Heidelberger Schloss

ky) Porta Nigra, Trier

kz) Neues Deutsches Theater, Prag

la) Rathaus, Bremen

lb) Rathaus, Münster (Westf.)

			✶✶	⊙
751	3+2 (Pf)	dunkelbraun (B) (MH) . . . . . . kt	1,20	0,60
752	4+3 (Pf)	schwarzblau (B) . . . . ku	4,—	1,—
753	5+3 (Pf)	smaragdgrün (B) (MH) . . . . . kv	1,20	0,60
754	6+4 (Pf)	schwarzgrün (B) (MH) . . . . . kw	1,40	0,60
755	8+4 (Pf)	dunkelrotorange (B) . . . . kx	6,—	1,10
756	12+6 (Pf)	karminrot (B) (MH) . . . . ky	1,50	0,60
757	15+10 (Pf)	dunkelbraunkarmin (B) . . . . . kz	6,50	3,50
758	25+15 (Pf)	violettultramarin (B) . . . . la	8,50	3,50
759	40+35 (Pf)	schwärzlichrotlila (B) . . . . lb	16,—	8,—
		Satzpreis (9 W.) ✶ 12,—	40,—	19,—
		FDC		350,—

Auflagen: unbekannt *Gültig bis 30.6.1941*

1940, 26. Nov. 50 Jahre Diphtherie-Serum. Ⓔ **und RaTdr. Staatsdruckerei Wien (10×5); gestrichenes Papier; oWz.; gez. K 14.**

lc) Emil von Behring (1854–1917), Serologe; Nobelpreis 1901

			✶✶	⊙	FDC
760	6+4 (Pf)	schwärzlichopalgrün lc	6,—	3,—	
761	25+10 (Pf)	dunkelviolettblau . . . lc	9,—	3,—	
		Satzpreis (2 W.) ✶ 4,—	15,—	6,—	90,—

Auflagen: unbekannt *Gültig bis 31.12.1941*

1941

1941, 12. Jan. Tag der Briefmarke. Ⓔ **Meerwald; RaTdr. Staatsdruckerei Wien (10×5); gestrichenes Papier; oWz.; gez. K 14.**

ld) Postillion vor Weltkugel

			✶	✶✶	⊙	FDC
762	6+24 (Pf)	schwärzlichgrün . . . . . ld	1,50	6,50	4,—	20,—

Auflage: unbekannt *Gültig bis 31.12.1941*

1941, 30. Jan. Deutsch-italienische Waffenbrüderschaft. Ⓔ **Klein; RaTdr. (5×10); gestrichenes Papier; Wz. 4; gez. K 13½:14¼.**

le) Adolf Hitler (1889–1945) und Benito Mussolini (1883–1945)

			✶	✶✶	⊙	FDC
763	12+38 (Pf)	dunkelkarminrot (Töne) . le	1,50	8,50	5,50	20,—

Es gibt Kriegs-Propagandamarken gegen Italien im Muster der entsprechenden italienischen Ausgabe.

Auflage: unbekannt *Gültig bis 31.12.1942*

1941, 1. März. Leipziger Frühjahrsmesse. RaTdr. Staatsdruckerei Wien (5×10); gestrichenes Papier; oWz.; gez. K 14.

lf) Haus der Nationen

lg) Gewandhaus

lh) Alte Waage

li) Hauptbahnhof

lf–li) Gebäude in Leipzig

			✶✶	⊙	FDC
764	3 (Pf)	rötlichbraun . . . . lf	2,50	1,30	
765	6 (Pf)	schwärzlichgrün . . . . . . lg	2,50	1,30	
766	12 (Pf)	dunkelbräunlichrot . . . . lh	2,50	1,50	
767	25 (Pf)	dunkelkobalt li	6,—	2,—	
		Satzpreis (4 W.) ✶ 2,—	13,—	6,—	200,—

Auflagen: unbekannt *Gültig bis 31.12.1942*

1941, 8. März. Wiener Frühjahrsmesse. Ⓔ **Prof. Dachauer; RaTdr. Staatsdruckerei Wien (10×5); gestrichenes Papier; oWz.; gez. K 14.**

lk) Tänzerin (Statue)

ll) Messehaus Wien, Abzeichen der Messe

lm) Burgtheater, Wien; Masken, Leier

ln) Prinz-Eugen-Denkmal, Wien

			✶✶	⊙	FDC
768	3 (Pf)	lebhaftsiena . . . . lk	2,50	0,70	
769	6 (Pf)	dunkelbläulichgrün ll	2,50	0,70	
770	12 (Pf)	lebhaftrot (Töne) . . . . . lm	2,50	0,80	
771	25 (Pf)	dunkelkobalt . . . . ln	7,50	2,—	
		Satzpreis (4 W.) ✶ 3,—	14,—	4,—	300,—

Auflagen: unbekannt *Gültig bis 31.12.1942*

1941, 17. April. 52. Geburtstag von Adolf Hitler. 🄴 **Vogenauer; RaTdr. (10×5); gestrichenes Papier; Wz. 4; gez. K 14¼:13½.**

lo) A. Hitler mit Mütze

				✶	✶✶	⊙	FDC
772	12+38	(Pf)	dunkelbräunlichrot . . . . lo	1,50	10,—	4,—	250,—

Auflage: unbekannt *Gültig bis 31.12.1942*

1941, 19. Mai. Kameradschaftsblock der Deutschen Reichspost (II). Marken in Zeichnung der MiNr. 705, 706, 708 und 710–712 in geänderten Farben und mit geänderten Zuschlagswerten. RaTdr. Staatsdruckerei Wien (5×10); gestrichenes Papier; oWz.; gez. K 13½:14¼.

ik) Nachwuchslager Zeesen

il) Leistungswettkampf

in) Geländefahren

ip) Postschutz

ir) Segelflugwerkstätte

is) Alte Postkutsche

					✶✶	⊙	FDC
773	6+9	(Pf)	schwarzgrün [GA] . . . ik		5,—	3,—	
774	8+12	(Pf)	schwärzlichbräunlichrot il		7,50	2,—	
775	12+18	(Pf)	magenta . . . . in		7,50	2,50	
776	16+24	(Pf)	schwarzgrau . . . . . . ip		7,50	5,—	
777	20+30	(Pf)	lilaultramarin . . . . ir		10,—	5,—	
778	24+36	(Pf)	schwarzpurpurviolett is		25,—	15,—	
			Satzpreis (6 W.)	✶ 11,—	60,—	32,—	*600,—*

Auflagen: unbekannt *Gültig bis 31.12.1942*

In ähnlichen Zeichnungen: MiNr. 702–713; in kleinerem Format: MiNr. 888–893

1941, 20. Juni. Großer Deutschlandpreis der Dreijährigen (Deutsches Derby) um das blaue Band, Hamburg-Horn. 🄴 **Meerwald; StTdr. Staatsdruckerei Wien (10×5); oWz.; gez. K 14.**

lp) Kopf eines Rennpferdes

				✶	✶✶	⊙	FDC
779	25+100	(Pf)	dunkelviolettultramarin . . lp	4,—	17,—	10,—	*400,—*

Auflage: unbekannt *Gültig bis 31.12.1942*

1941, 20. Juli. Galopprennen „Das Braune Band von Deutschland", München-Riem. 🄴 **Prof. Klein; StTdr. Staatsdruckerei Wien (5×10); oWz.; gez. K 14.**

lr) Amazonen im Angriff

				✶	✶✶	⊙	FDC
780	42+108	(Pf)	dunkelrötlichbraun . . . . . . lr	2,50	12,—	6,50	80,—

Auflage: unbekannt *Gültig bis 31.12.1942*

1941, 1. Aug./1944. Freimarken: Adolf Hitler. 🄴 **Prof. Klein; MiNr. 781–786 Bdr., MiNr. 787–798 StTdr. Bogen (B) (10×10), Rollen (R) und Markenheftchen (MH); MiNr. 781–786 gestrichenes, MiNr. 787–798 gewöhnliches Papier; oWz.; gez. K 14:14¼.**

ls

ls

lt

lu

lt

ls–lu) Adolf Hitler (1889–1945), Reichskanzler

					✶	✶✶	⊙	FDC
781	1	(Pf)	dunkel- bis schwärzlichgrau (B) (MH)	ls	0,20	0,40	0,40	10,—
782	3	(Pf)	dunkelgelbbraun (Töne) (B) (R) (MH)	ls	0,20	0,40	0,40	10,—
783	4	(Pf)	dunkel- bis schwärzlichpreußischblau (B) (R) (MH)	ls	0,20	0,40	0,40	10,—
784	5	(Pf)	schwarzgelbgrün (Töne) (B) (R) (MH) [GA]	ls	0,20	0,40	0,40	10,—
785	6	(Pf)	(dunkel)bläulichviolett bis (schwärzlich)rotviolett (B) (R) (MH) [GA]	ls	0,20	0,40	0,40	8,—
786	8	(Pf)	orangerot bis zinnober (B) (R) (MH)	ls	0,20	0,40	0,40	8,—
787	10	(Pf)	siena (Töne) (B)	ls	0,50	1,20	0,40	8,—
788	12	(Pf)	lilarot (B) (R) (MH)	ls	0,50	1,20	0,40	8,—
789	15	(Pf)	lilabraun bis karminbraun (B) (R) [GA]	ls	0,40	0,50	2,—	25,—
790	16	(Pf)	dunkelgrünblau (B) (R)	ls	0,20	0,40	2,—	25,—
791	20	(Pf)	ultramarin bis dunkelkobalt (B) (R)	ls	0,20	0,40	0,50	10,—
792	24	(Pf)	dunkelorangebraun (B) (R)	ls	0,20	0,40	2,—	25,—
793	25	(Pf)	dunkelviolettultramarin bis dunkellilaultramarin (B)	lt	0,20	0,40	0,60	20,—
794	30	(Pf)	schwärzlichgrün(lich)oliv (B)	lt	0,20	0,40	0,60	20,—
795	40	(Pf)	dunkellilapurpur (Töne) (B)	lt	0,20	0,40	0,60	20,—
A 795	42	(Pf)	schwärzlich(gelb)smaragdgrün (B) (1944)	lu	0,20	0,40	2,50	
796	50	(Pf)	schwarzopalgrün (Töne) (B)	lt	0,20	0,40	0,60	20,—
797	60	(Pf)	dunkelkarminbraun bis braunkarmin (B)	lt	0,20	0,40	0,60	20,—
798	80	(Pf)	schwarz(grau)blau (B)	lt	0,20	0,40	0,60	30,—
			Satzpreis (19 W.)		4,—	9,—	14,—	400,—

[FÄL] Kriegsfälschungen von MiNr. 782, 783, 785, 786 und 788, ebenso die „Himmler-Marke", vgl. Kapitel „Kriegs- und Propagandafälschungen" im MICHEL-Deutschland-Spezial Band 1.

Auflagen: unbekannt *Gültig bis Mai 1945*

Werte 10 Pf und 12 Pf in Buchdruck (statt StTdr.): MiNr. 826 und 827

Mit Überdrucken bzw. Unkenntlichmachung siehe „Deutsche Lokalausgaben ab 1945" bzw. „Alliierte Besetzung – Sowjetische Zone".

1942, 20. März/1944. Freimarken: Adolf Hitler. 🄴 **Prof. Dachauer; StTdr. Staatsdruckerei Wien (5×5); oWz.; A = gez. L 12½ (sog. „Perfix-Zähnung"), B = gez. K 14.**

lv) Adolf Hitler (1889–1945), Reichskanzler

A = gez. L 12½ (20.3.1942):

				✶	✶✶	⊙
799 A	1 M	schwarzgrün	lv	2,—	5,—	*8,—*
800 A	2 M	schwarzviolett	lv	1,60	4,—	*8,—*
801 A	3 M	dunkelbräunlichrot	lv	2,—	5,—	*20,—*
802 A	5 M	dunkelviolettultramarin	lv	4,—	9,—	*65,—*
			FDC			400,—

B = gez. K 14 (1944):

				✶	✶✶	⊙
799 B	1 M	schwarzgrün	lv	0,60	1,50	*7,—*
800 B	2 M	schwarzviolett	lv	2,—	5,—	*90,—*
801 B	3 M	dunkelbräunlichrot	lv	12,—	30,—	*600,—*
802 B	5 M	dunkelviolettultramarin	lv	6,—	15,—	*1400,—*
		Satzpreis (4 billigste Werte)		8,—	19,—	*100,—*
		Satzpreis MiNr. 781–802 (23 billigste Werte)		12,—	28,—	*110,—*

Die sog. Perfix-Zähnung ist eine nähmaschinenstichartige, unreine Zähnung, deren Abstände ungleichmäßig sind. Vor allem die senkrechten Zähnungsreihen schwanken bis 15½.

MiNr. 800–802; ⊙-Preise gelten nur für geprüfte Stücke!

Auflagen: unbekannt *Gültig bis Mai 1945*

Mit Überdrucken bzw. Unkenntlichmachung siehe „Deutsche Lokalausgaben ab 1945" bzw. „Alliierte Besetzung – Sowjetische Zone".

Ab MiNr. 803 wurden alle Ausgaben auf Papier ohne Wasserzeichen gedruckt.

1941, 9. Sept. Galopprennen „Der Große Preis der Reichshauptstadt", Berlin-Hoppegarten. 🄴 **Meerwald; StTdr. (5×10); gez. K 14.**

lw) Brandenburger Tor

				✶	✶✶	⊙	FDC
803	25+50 (Pf)	dunkelultramarin	lw	3,50	14,—	9,—	150,—

Auflage: unbekannt *Gültig bis 31.12.1942*

1941, 16. Sept. Wiener Messe. 🄴 **Prof. Puchinger (MiNr. 804) und Prof. Zerritsch (MiNr. 805); StTdr. Staatsdruckerei Wien (MiNr. 804 10×5, MiNr. 806 5×10); gez. K 14.**

lx) Blick vom oberen Belvedere

ly) Unteres Belvedere

				✶✶	⊙	FDC
804	12+8 (Pf)	schwarzrosa	lx	6,—	5,—	
805	15+10 (Pf)	schwärzlichgrauviolett	ly	7,—	5,—	
		Satzpreis (2 W.) ✶ 3,50		13,—	10,—	150,—

Auflagen: unbekannt *Gültig bis 31.12.1942*

1941, 29. Sept. Eingliederung von Teilgebieten von Steiermark, Kärnten und Krain. 🄴 **Meerwald; RaTdr. Staatsdruckerei Wien (10×5); gestrichenes Papier; gez. K 14.**

lz) Burg Marburg a. d. Drau

ma) Veldes mit Wallfahrtskirche Maria im See

mb) Stadtturm und Theater, Pettau

mc) Blick auf den Triglav

				✶✶	⊙	FDC
806	3+7 (Pf)	schwärzlichorangebraun	lz	4,50	3,—	
807	6+9 (Pf)	schwärzlichblauviolett	ma	4,50	3,—	
808	12+13 (Pf)	bräunlichkarmin (Töne)	mb	4,50	3,50	
809	25+15 (Pf)	dunkelviolettultramarin	mc	9,—	3,50	
		Satzpreis (4 W.) ✶ 4,50		20,—	13,—	400,—

Auflagen: unbekannt *Gültig bis 31.12.1942*

1941, 28. Nov. 150. Todestag von Wolfgang Amadeus Mozart. 🄴 **H. Ranzoni d. J.; StTdr. Staatsdruckerei Wien (10×5); gez. K 14.**

md) W. A. Mozart (1756–1791), Komponist

				✶	✶✶	⊙
810	6+4 (Pf)	schwärzlichbraunviolett	md	0,30	1,—	1,20
			FDC			150,—

Auflage: unbekannt *Gültig bis 31.12.1942*

1942

1942, 11. Jan. Tag der Briefmarke. 🄴 **Stahl; RaTdr. Staatsdruckerei Wien (5×10); gestrichenes Papier; gez. K 14.**

me) Sammler mit Album

				✶	✶✶	⊙	FDC
811	6+24 (Pf)	schwarzrotviolett	me	0,70	4,—	3,80	20,—

Auflage: unbekannt *Gültig bis 31.12.1942*

1942, 10. März. Heldengedenktag. 🄴 **Prof. Klein; RaTdr. (5×10); gestrichenes Papier; gez. K 14.**

mf) Kopf eines toten Soldaten, Stahlhelm, Eichenlaub

				✶	✶✶	⊙	FDC
812	12+38 (Pf)	grünschwarz	mf	0,60	2,40	2,20	200,—

Auflage: unbekannt *Gültig bis 31.12.1942*

1942, 13. April. 53. Geburtstag von Adolf Hitler. 🄴 **Vogenauer; RaTdr. (10×5); gestrichenes Papier; gez. K 14¼:13½.**

mg) Adolf Hitler (1889–1945), Reichskanzler

				✶	✶✶	⊙
813	12+38 (Pf)	schwärzlichrotkarmin	mg	2,—	15,—	8,—
			FDC			300,—

Auflage: unbekannt *Gültig bis 31.12.1942*

1942, 16. Juni. Großer Deutschland-Preis der Dreijährigen (Deutsches Derby) um das blaue Band, Hamburg-Horn. Ⓔ Hohlwein; StTdr. Staatsdruckerei Wien (5×10); gez. K 14.

mh) Rennpferd mit Jockei

				✶	✶✶	⊙
814	25+100 (Pf)	violett-ultramarin	mh	6,—	22,—	15,—
			FDC			150,—

Auflage: unbekannt *Gültig bis Mai 1945*

1942, 14. Juli. Galopprennen „Das Braune Band von Deutschland“, München-Riem. Ⓔ Prof. Klein; StTdr. Staatsdruckerei Wien (5×10); gez. K 14.

mi) Ungesattelte Rennpferde

				✶	✶✶	⊙	FDC
815	42+108 (Pf)	dunkelgelbbraun	mi	2,—	10,—	7,—	150,—

Auflage: unbekannt *Gültig bis Mai 1945*

1942, 8. Aug. 10 Jahre Deutsche Gesellschaft für Goldschmiedekunst. Ⓔ Tischer; RaTdr. Staatsdruckerei Wien (5×10); gez. K 14.

mk) Nürnberger Brautbecher aus dem 16. Jahrhundert und Aquamanile, Löwe aus dem Lüneburger Silberschatz

				✶✶	⊙	FDC
816	6+4 (Pf)	dunkelkarminrot GA	mk	2,—	2,—	
817	12+88 (Pf)	schwarzsmaragdgrün	mk	2,50	3,—	
		Satzpreis (2 W.) ✶ 1,—		4,50	5,—	90,—

Auflage: unbekannt *Gültig bis Mai 1945*

1942, 8. Aug. Wehrkampftage der Sturmabteilung (SA). Ⓔ Axster-Heudtlass; RaTdr. Staatsdruckerei Wien (10×10); gez. K 14.

ml) SA-Sportabzeichen

				✶	✶✶	⊙	FDC
818	6 (Pf)	schwärzlichpurpurviolett	ml	0,30	1,—	1,—	90,—

Auflage: unbekannt *Gültig bis Mai 1945*

1942, 29. Aug. 400. Todestag von Peter Henlein. Ⓔ Manz; RaTdr. Staatsdruckerei Wien (10×5); gez. K 14.

mm) Peter Henlein (1480–1542), Erfinder der Taschenuhr; Denkmal in Nürnberg

				✶	✶✶	⊙	FDC
819	6+24 (Pf)	schwarzgraulila	mm	0,60	2,20	2,—	100,—

Auflage: unbekannt *Gültig bis Mai 1945*

1942, 12. Okt. Europäischer Postkongress der Achsenmächte, Wien. Ⓔ Meerwald; MiNr. 820 RaTdr., MiNr. 821–822 StTdr. Staatsdruckerei Wien (Querformate 5×10, Hochformat 10×5); MiNr. 820 und 822 gez. K 13½:14¼, MiNr. 821 ~.

mn) Blasender Postillion vor Europakarte

mo) Reitender Postillion über der Weltkugel

mp) Reitender Postillion

				✶✶	⊙	FDC
820	3+7 (Pf)	dunkelultramarin (Töne)	mn	1,—	2,—	
821	6+14 (Pf)	lebhaftultramarin/siena GA	mo	1,50	2,—	
822	12+38 (Pf)	lebhaftrotkarmin/siena	mp	2,50	3,50	
		Satzpreis (3 W.) ✶ 1,50		5,—	7,50	25,—

Auflagen: unbekannt *Gültig bis Mai 1945*

1942, 19. Okt. Unterzeichnung des Übereinkommens über den europäischen Post- und Fernmeldeverein. MiNr. 820–822 mit schwarzem Bdr.-Aufdruck „19. Okt. 1942“.

				✶✶	⊙	FDC
823	3+7 (Pf)	dunkelultramarin	(820)	3,—	3,50	
824	6+14 (Pf)	lebhaftultramarin/siena GA	(821)	3,—	3,50	
825	12+38 (Pf)	lebhaftrotkarmin/siena	(822)	4,—	6,—	
		Satzpreis (3 W.) ✶ 3,—		10,—	13,—	25,—

Auflagen: unbekannt *Gültig bis Mai 1945*

1942, Dez. Freimarken: Adolf Hitler. Wie MiNr. 787 und 788, jedoch jetzt Bdr. (10×10); gestrichenes Papier; gez. K 14:14¼.

Buchdruck (MiNr. 826–827)

Stichtiefdruck (MiNr. 787–788)

				✶✶	⊙
826	10 (Pf)	dunkelsiena	ls	0,50	0,60
827	12 (Pf)	rot (Töne)	ls	0,50	0,60
		Satzpreis (2 W.) ✶ 0,40		1,—	1,20

FäL siehe Kapitel „Kriegs- und Propagandafälschungen“ im MICHEL-Deutschland-Spezial Band 1.

Auflagen: unbekannt *Gültig bis Mai 1945*

1943

1943, 10. Jan. Tag der Briefmarke. Ⓔ Meerwald; Rahmen Odr., Mitte StTdr. (5×10); gez. K 13½:14¼.

mq) Alte Postkutsche

				✶	✶✶	⊙	FDC
828	6+24 (Pf)	mfg.	mq	0,30	1,—	1,20	15,—

Auflage: unbekannt *Gültig bis Mai 1945*

1943, 26. Jan. 10. Jahrestag der Machtergreifung durch Adolf Hitler. Ⓔ Klein; RaTdr. Staatsdruckerei Wien (10×5); gez. K 14.

mr) Brandenburger Tor mit Reichsadler

				✶	✶✶	⊙	FDC
829	54+96 (Pf)	schwärzlichrot	mr	0,60	3,50	3,—	*300,—*

Auflage: unbekannt *Gültig bis Mai 1945*

1943, 26. Jan. Sonderstempelmarke. Ⓔ **Marggraff; RaTdr. Staatsdruckerei Wien (10×10); gez. K 14.**

ms) Reichsadler mit Wertziffer

			✶	✶✶	⊙	FDC
830	3+2 (Pf)	lebhaft-olivbraun . . ms	0,30	0,90	1,20	*150,—*

MiNr. 830 war in erster Linie zum Abdruck von Sonderstempeln bestimmt, konnte aber auch im sonstigen Postverkehr verwendet werden.

Auflage: unbekannt *Gültig bis Mai 1945*

1943, 21. März. Tag der Wehrmacht; Heldengedenktag (I). Ⓔ **Meerwald; StTdr. Reichsdr. Berlin (MiNr. 831, 834–836, 839–841) bzw. Staatsdr. Wien (MiNr. 832, 833, 837–838, 842) (5×10); gez. K 14.**

mt) U-Boot Typ VII A

mu) MG-Schützen der Waffen-SS

mv) Kradfahrer

mw) Nachrichtentruppe

mx) Pioniere

my) Stürmende Infanterie

mz) Artillerie

na) Leichte Flak

nb) Stuka Junkers Ju 87

nc) Fallschirmjäger

nd) Panzer IV

ne) Schnellboot S 14–17

			✶✶	⊙
831	3+2 (Pf)	schwärzlichsiena . . . . mt	2,—	1,60
832	4+3 (Pf)	schwärzlichorangebraun . . mu	2,—	1,60
833	5+4 (Pf)	dunkelgrün . . . . mv	1,50	1,60
834	6+9 (Pf)	schwarzviolett . . . . mw	1,50	1,60
835	8+7 (Pf)	schwärzlichorangerot . . . . . mx	1,60	1,60
836	12+8 (Pf)	dunkelrotkarmin . . . . my	2,50	1,60
837	15+10 (Pf)	dunkelbraunrot . . . . mz	2,50	1,60
838	20+14 (Pf)	dunkelgraublau . . . . na	2,50	1,60
839	25+15 (Pf)	schwarzultramarin . . . . nb	3,—	1,60
840	30+30 (Pf)	schwarzgelblichgrün . . . . . . nc	2,50	2,50
841	40+40 (Pf)	dunkelgraulila . . . . nd	2,50	2,50
842	50+50 (Pf)	schwarzblaugrün . . . . ne	2,50	5,—
		Satzpreis (12 W.) ✶ 7,—	22,—	22,—
			FDC	300,—

Auflagen: unbekannt *Gültig bis Mai 1945*

Weitere Ausgabe: MiNr. 873–885

1943, 26. März. Tag der Verpflichtung der Jugend. Ⓔ **Meerwald; RaTdr. Staatsdruckerei Wien (5×10); gestrichenes Papier; gez. K 14.**

nf) Junge und Mädchen vor Fahne

			✶	✶✶	⊙	FDC
843	6+4 (Pf)	schwärzlich-opalgrün . . . nf	0,30	1,40	1,70	150,—

Auflage: unbekannt *Gültig bis Mai 1945*

1943, 13. April. 54. Geburtstag von Adolf Hitler. Ⓔ **Klein; RaTdr. Staatsdruckerei Wien (5×10); gestrichenes Papier; gez. K 13½:14¼.**

ng) Adolf Hitler (1889–1945), Reichskanzler

			✶✶	⊙	FDC
844	3+7 (Pf)	rotschwarz . . . . ng	2,50	2,—	
845	6+14 (Pf)	schwärzlich-graugrün . . . . ng	1,50	2,—	
846	8+22 (Pf)	indigo . . . . ng	1,50	2,—	
847	12+38 (Pf)	bräunlichkarmin . . . ng	1,50	2,—	
848	24+76 (Pf)	schwärzlichbraun-karmin . . . . ng	3,50	4,50	
849	40+160 (Pf)	schwarzgrauoliv . . . ng	3,50	4,50	
		Satzpreis (6 W.) ✶ 5,—	14,—	17,—	*1000,—*

Es gibt in obigem Muster, jedoch mit dem Kopf Görings, eine angebliche Propagandafälschung. Vgl. Kapitel „Kriegs- und Propagandafälschungen" im MICHEL-Deutschland-Spezial Band 1.

Auflagen: unbekannt *Gültig bis Mai 1945*

1943, 26. Juni. 8 Jahre Arbeitsdienst. Ⓔ **Müller-Rabe; StTdr. Staatsdruckerei Wien (10×5); gez. K 14.**

nh

ni

nk

nl

nh–nl) Arbeitsmänner im Dienst

			✶✶	⊙	FDC
850	3+7 (Pf)	dunkelgelbbraun . . nh	1,—	1,—	
851	5+10 (Pf)	grünoliv . . . . ni	1,—	1,—	
852	6+14 (Pf)	dunkelultramarin . . nk	0,80	1,—	
853	12+18 (Pf)	rot (Töne) . . . . nl	1,50	1,80	
		Satzpreis (4 W.) ✶ 1,—	4,—	4,50	150,—

Auflagen: unbekannt *Gültig bis Mai 1945*

1943, 27. Juli. Galopprennen „Das Braune Band von Deutschland", München-Riem. Ⓔ **Prof. Klein; StTdr. Staatsdruckerei Wien (5×10); gez. K 14.**

nm) Jagdreiter

			✶	✶✶	⊙	FDC
854	42+108 (Pf)	siene (Töne) . nm	0,30	1,20	1,60	*500,—*

Auflage: unbekannt *Gültig bis Mai 1945*

1943, 27. Juli. 100. Geburtstag von Peter Rosegger. Ⓔ **Prof. Brunlechner (MiNr. 855) und Fuchs (MiNr. 856); RaTdr. Staatsdruckerei Wien (MiNr. 855 5×10, MiNr. 856 10×5); gestrichenes Papier; gez. K 14.**

nn) Geburtshaus Roseggers

no) Peter Rosegger (1843–1918), Volksschriftsteller und Heimatdichter

			✶✶	⊙	FDC
855	6+4 (Pf)	dunkelopalgrün . . . . nn	1,—	1,20	
856	12+8 (Pf)	dunkel-bräunlichrot . . . . no	1,—	1,20	
		Satzpreis (2 W.) ✶ 0,40	2,—	2,40	200,—

Auflagen: unbekannt *Gültig bis Mai 1945*

1943, 14. Aug. Galopprennen „Großer Preis von Wien", Wien-Freudenau. 🄴 Ranzoni d. J.; StTdr. Staatsdruckerei Wien (10×5); gez. K 14.

np) Rennpferd

				✶✶	⊙	FDC
857	6+4 (Pf)	rotschwarz . . . . np		1,10	1,60	
858	12+88 (Pf)	bräunlichkarmin . . . np		1,10	1,60	
		Satzpreis (2 W.)	✶ 0,40	2,20	3,20	400,—

Auflagen: unbekannt *Gültig bis Mai 1945*

1943, 1. Sept. 10 Jahre Winterhilfswerk. 🄴 Axster-Heudtlass; StTdr. Staatsdruckerei Wien (10×5); gez. K 14.

nr) Mutter mit Kindern

			✶	✶✶	⊙	FDC
859	12+38 (Pf)	bräunlich-rot . . . . . . nr	0,30	1,10	1,60	*150,—*

Auflage: unbekannt *Gültig bis Mai 1945*

1943, 1. Okt. Deutsche Gesellschaft für Goldschmiedekunst. 🄴 Vogenauer; StTdr. (10×5); gez. K 14.

ns) Ritter St. Georg

				✶✶	⊙	FDC
860	6+ 4 (Pf)	schwarzgrün-oliv GA . . . . ns		0,70	1,—	
861	12+88 (Pf)	dkl'lilabraun . . . . . . ns		0,80	1,50	
		Satzpreis (2 W.)	✶ 0,40	1,50	2,50	200,—

Auflagen: unbekannt *Gültig bis Mai 1945*

1943, 24. Okt. 800 Jahre Hansestadt Lübeck. 🄴 Mahlau; RaTdr. Staatsdruckerei Wien (10×5); gez. K 14.

nt) Alt-Lübeck

			✶	✶✶	⊙
862	12+8 (Pf)	schwärzlich-bräunlichrot . . . . nt	0,30	0,90	1,50
			FDC		40,—

Auflage: unbekannt *Gültig bis Mai 1945*

1943, 5. Nov. 20. Jahrestag des Marsches zur Feldherrnhalle in München. 🄴 Roubal; RaTdr. Staatsdruckerei Wien (5×10); gez. K 14.

nu) Fahnenträger

			✶	✶✶	⊙	FDC
863	24+26 (Pf)	dunkel-bräunl'rot nu	0,30	1,50	2,—	*150,—*

PFä In ähnlicher Zeichnung, jedoch mit Bild von Witzleben vgl. Kapitel „Kriegs- und Propagandafälschungen" im MICHEL-Deutschland-Spezial Band 1.

Auflage: unbekannt *Gültig bis Mai 1945*

Ab MiNr. 864 enthalten alle weiteren Ausgaben mit Ausnahme von MiNr. 888–893 die Bezeichnung GROSSDEUTSCHES REICH.

1944

1944, 25. Jan. 100. Geburtstag von Prof. Dr. Robert Koch. 🄴 Vogenauer; StTdr. Staatsdruckerei Wien (10×5); gez. K 14.

nv) Prof. Dr. R. Koch (1843–1910), Arzt und Bakteriologe; Nobelpreis 1905

			✶	✶✶	⊙	FDC
864	12+38 (Pf)	schwarz-braun . . . . nv	0,30	1,—	1,50	400,—

MiNr. 864 wurde zwar ab 25. Jan. 1944 verkauft, erhielt aber auf Wunsch Gefälligkeitsabstempelung vom 11.12.1943 (Geburtstag Kochs).

Auflage: unbekannt *Gültig bis Mai 1945*

1944, 29. Jan. 11. Jahrestag der Machtergreifung durch Adolf Hitler. 🄴 Klein; RaTdr. Staatsdruckerei Wien (5×10); gez. K 14.

nw) A. Hitler mit Adler und Fahne

			✶	✶✶	⊙	FDC
865	54+96 (Pf)	dunkelorange-braun . . . nw	0,30	2,—	3,—	*450,—*

Auflage: unbekannt *Gültig bis Mai 1945*

1944, 11. Febr. 25 Jahre Deutscher Luftpostdienst. 🄴 Meerwald (MiNr. 866) und Vogenauer (MiNr. 867 und 868); RaTdr. Staatsdruckerei Wien (MiNr. 866–867 5×10, MiNr. 868 10×5); gez. K 14.

nx) Flugzeug Focke-Wulf Condor FW 200 über Flughafen

ny) Wasserflugzeug Blohm & Voss HA 139 A

nz) Landflugzeug Junkers Ju 90 „Der große Dessauer"

				✶✶	⊙	FDC
866	6+ 4 (Pf)	schwarz-opalgrün . . . . . . nx		0,70	1,50	
867	12+ 8 (Pf)	dunkellilarot . . . . ny		0,70	1,50	
868	42+108 (Pf)	schwärzlichblau nz		1,70	3,—	
		Satzpreis (3 W.)	✶ 0,70	3,—	6,—	90,—

Auflagen: unbekannt *Gültig bis Mai 1945*

1944, 2. März. 10 Jahre Hilfswerk „Mutter und Kind". 🄴 Axster-Heudtlass; RaTdr. Staatsdruckerei Wien (10×5); gez. K 14.

oa) Säuglingskrippe

ob) Gemeindeschwester bei Besuch

oc) Arzt untersucht Kind

od) Mütter-erholungsheim

			✶✶	⊙	FDC
869	3+2 (Pf)	schwärzlichrötlich-braun . . . . oa	0,50	1,—	
870	6+4 (Pf)	schwarzbläulich-grün . . . . ob	0,50	1,—	

MiNr.	Wert	Farbe	✶✶	⊙	FDC
871	12+8 (Pf)	karmin . . . . oc	0,50	1,—	
872	15+10 (Pf)	dunkelbraunkarmin . . . . od	0,50	1,—	
		Satzpreis (4 W.) ✶ 0,50	2,—	4,—	90,—

Auflagen: unbekannt *Gültig bis Mai 1945*

1944, 11. März. Tag der Wehrmacht; Heldengedenktag (II). 🄴 Prof. Anton; RaTdr. (5×10); gez. K 14.

oe) Sturmboot

of) Kettenkrad

og) Fallschirmjäger

oh) U-Boot-Kommandant am Sehrohr

oi) Granatwerfer der Waffen-SS

ok) Scheinwerfer

ol) MG-Schützen

om) Sturmgeschütz III

on) Schnellboot S 26–29

oo) Seeaufklärer Arado Ar 196

op) Eisenbahngeschütz

oq) Nebelwerfer

or) Gebirgsjäger

MiNr.	Wert	Farbe	✶✶	⊙
873	3+2 (Pf)	schwärzlichgelbbraun . . . . . oe	1,50	1,50
874	4+3 (Pf)	schwärzlichgrauultramarin . . of	1,50	1,50
875	5+3 (Pf)	schwärzlicholivgrün . . . . og	1,—	0,70
876	6+4 (Pf)	schwärzlichbläulichviolett . . oh	1,—	0,70
877	8+4 (Pf)	rot (Töne) . . . . oi	1,—	0,80
878	10+5 (Pf)	schwärzlichrötlichbraun . . . . ok	1,—	0,70
879	12+6 (Pf)	magenta . . . . ol	1,—	0,70
880	15+10 (Pf)	schwarzrosakarmin . . . . . . om	1,—	1,—
881	16+10 (Pf)	schwarzblaugrün . . . . on	1,30	1,60
882	20+10 (Pf)	schwärzlichultramarin . . . . . oo	2,—	2,50
883	24+10 (Pf)	schwärzlichbraunorange . . . op	2,—	2,50
884	25+15 (Pf)	schwarzviolettblau . . . . oq	4,—	5,—
885	30+20 (Pf)	schwarzgrünoliv . . . . or	4,—	5,—
		Satzpreis (13 W.) ✶ 5,—	22,—	24,—
			FDC	*500,—*

Auflagen: unbekannt *Gültig bis Mai 1945*

Weitere Ausgabe: MiNr. 831–842

1944, 11. März. 1200 Jahre Stadt Fulda. 🄴 Wolff; RaTdr. Staatsdruckerei Wien (10×5); gez. K 14.

os) Flora aus dem Schlossgarten, im Hintergrund von links nach rechts der Dom, die Michaelskirche und die Orangerie

MiNr.	Wert	Farbe	✶	✶✶	⊙
886	12+38 (Pf)	dunkelbraun (Töne) . . . . os	0,30	0,80	1,20
				FDC	150,—

Auflage: unbekannt *Gültig bis Mai 1945*

1944, 14. April. 55. Geburtstag von Adolf Hitler. 🄴 Klein; StTdr. (10×5); gez. K 14¼:13½.

ot) Adolf Hitler (1889–1945), Reichskanzler

MiNr.	Wert	Farbe	✶	✶✶	⊙	FDC
887	54+96 (Pf)	magenta (Töne) . . . ot	0,40	2,40	4,—	250,—

Auflage: unbekannt *Gültig bis Mai 1945*

1944, Mai. Kameradschaftsblock der Deutschen Reichspost (III). Kleineres Bildformat 30×25 mm (statt 35×26 mm). Bilder der 1. Ausgabe mit neuen Wertangaben, MiNr. 888 und 890 neue Bilder. 🄴 Axster-Heudtlass; RaTdr. Staatsdruckerei Wien (5×10); gez. K 14.

ou) Briefzustellerin

ov) Alte Postkutsche

ow) Feldpostbeamter

ox) Geländefahren

oy) Postschutz

oz) Segelflugwerkstätte

MiNr.	Wert	Farbe	✶✶	⊙
888	6+9 (Pf)	dunkellilaultramarin . . . . ou	0,70	1,—
889	8+12 (Pf)	grünschwarz . . . . ov	0,70	1,—
890	12+18 (Pf)	dunkelmagenta . . . . ow	0,70	1,—
891	16+24 (Pf)	schwarzgrün . . . . ox	0,70	1,—
892	20+30 (Pf)	schwärzlichkobaltblau . . . . . oy	0,70	1,80
893	24+36 (Pf)	schwärzlichgrauviolett . . . . . oz	0,80	1,80
		Satzpreis (6 W.) ✶ 1,—	4,—	7,50

Auflagen: unbekannt *Gültig bis Mai 1945*

Im größeren Format: MiNr. 702–712 und 773–778

1944, Juni. Ausstellung des Reichsarbeitsdienstes (RAD). 🄴 Ahrlé; StTdr. (10×5); gez. K 14.

pa) RAD-Maid in Uniform mit Rechen

pb) RAD-Mann in Uniform mit Spaten

MiNr.	Wert	Farbe	✶✶	⊙
894	6+4 (Pf)	schwarzgelbsmaragdgrün . . . pa	0,50	0,90
895	12+8 (Pf)	schwärzlichrosa . . . . pb	0,60	0,90
		Satzpreis (2 W.) ✶ 0,40	1,—	1,80

Auflagen: unbekannt *Gültig bis Mai 1945*

1944, 1. Juli. 400 Jahre Albertus-Universität (Albertina), Königsberg (Pr.). 🄴 Prof. Marten; RaTdr. Staatsdruckerei Wien (10×5); gez. K 14.

pc) Herzog Albrecht von Brandenburg-Ansbach (1490–1568), Universitätsgründer

MiNr.	Wert	Farbe	✶	✶✶	⊙	FDC
896	6+4 (Pf)	schwärzlichbläulichgrün pc	0,30	1,—	1,60	100,—

Auflage: unbekannt *Gültig bis Mai 1945*

1944, 1. Juli. 7. Tiroler Landesschießen, Innsbruck. Ⓔ Alton; RaTdr. Staatsdruckerei Wien (10×5); gez. K 14.

pd) Tiroler Standschütze mit Stutzen und Soldat mit leichtem Maschinengewehr

				✶✶	⊙	FDC
897	6+4 (Pf)	schwarzopalgrün . . . pd		0,50	1,10	
898	12+8 (Pf)	schwärzlichbräunlichrot . . . . pd		0,60	1,10	
		Satzpreis (2 W.) ✶ 0,40		1,—	2,20	200,—

Auflagen: unbekannt *Gültig bis Mai 1945*

1944, 23. Juli. Galopprennen „Das Braune Band von Deutschland", München-Riem. Ⓔ Prof. Klein; StTdr. (5×10); gez. K 14.

pe) Stute mit Fohlen

			✶	✶✶	⊙
899	42+108 (Pf)	schwärzlichorangebraun . . . pe	0,30	1,40	2,70
		FDC			200,—

Auflage: unbekannt *Gültig bis Mai 1945*

1944, Aug. Galopprennen „Großer Preis von Wien", Wien-Freudenau. Ⓔ Frank; RaTdr. Staatsdruckerei Wien (10×5); gez. K 14.

pf) Kopf eines Rennpferdes

			✶✶	⊙
900	6+4 (Pf)	schwarzbläulichgrün . . . . . . pf	0,70	1,40
901	12+88 (Pf)	dunkelrotkarmin . . . . pf	0,70	1,40
		Satzpreis (2 W.) ✶ 0,40	1,40	2,80

Vorsicht! MiNr. 900 und 901 sind benzinempfindlich!

Auflagen: unbekannt *Gültig bis Mai 1945*

1944, 11. Sept. Deutsche Gesellschaft für Goldschmiedekunst (GFG). Ⓔ Vogenauer; RaTdr. Staatsdruckerei Wien (10×5); gez. K 14.

pg) Nautilusbecher (Dresden)

			✶✶	⊙	FDC
902	6+ 4 (Pf)	schwarzgrün [GA] . . pg	0,70	1,40	
903	12+88 (Pf)	schwarzbräunlichrot . . . . . . pg	0,70	1,40	
		Satzpreis (2 W.) ✶ 0,40	1,30	2,80	600,—

Auflagen: unbekannt *Gültig bis Mai 1945*

1944, 2. Okt. Tag der Briefmarke. Ⓔ Meerwald; RaTdr. Staatsdruckerei Wien (5×10); gez. K 14.

ph) Posthorn, Brief

			✶	✶✶	⊙	FDC
904	6+24 (Pf)	schwarzblaugrün . ph	0,30	0,90	1,60	90,—

Auflage: unbekannt *Gültig bis Mai 1945*

MiNr. 905 fällt aus.

1944, 9. Nov. 21. Jahrestag des Marsches zur Feldherrnhalle in München. Ⓔ Diebitsch; RaTdr. (10×5); gez. K 14.

pi) Steinadler im Kampf mit Schlangen

			✶	✶✶	⊙	FDC
906	12+8 (Pf)	dunkelrosarot . . . . . . pi	0,30	1,—	1,60	90,—

[PF] Mit dem Rahmen von MiNr. 906 gibt es eine Propagandafälschung (Himmler legt Zivilisten Handfesseln an). Siehe unter „Kriegs- und Propagandafälschungen" im MICHEL-Deutschland-Spezial Band 1.

Auflage: unbekannt *Gültig bis Mai 1945*

1945

1945, 6. Jan. 600. Jahrestag der Verleihung der Stadtrechte an Oldenburg. Ⓔ Vogenauer; Odr. (10×5); gez. K 14.

pk) Graf Anton Günther von Oldenburg und Delmenhorst (1583–1657)

			✶	✶✶	⊙	FDC
907	6+14 (Pf)	schwärzlichbraunpurpur . . . . . pk	0,30	1,—	1,60	200,—

Auflage: unbekannt *Gültig bis Mai 1945*

1945, Febr. Parteimiliz „Der Volkssturm". Ⓔ Meerwald; RaTdr. Staatsdruckerei Wien (5×10); gelbliches Papier; gez. K 14.

pl) Volkssturmangehörige, Adler

			✶	✶✶	⊙
908	12+8 (Pf)	rosakarmin . . . . pl	0,40	1,80	3,50

Auflage: unbekannt *Gültig bis Mai 1945*

1945, 21. April. Parteiorganisationen Sturmabteilung (SA) und Schutzstaffel (SS). Ⓔ ?; RaTdr. Staatsdruckerei Wien (10×5); gez. K 14.

pm) SA-Mann

pn) SS-Mann

			✶	✶✶
909	12+38 (Pf)	schwärzlichrosa . . . . pm	8,—	35,—
910	12+38 (Pf)	dunkelrosarot . . . . pn	12,—	50,—
		Satzpreis (2 W.)	20,—	80,—

Bei Marken in gebrauchter Erhaltung (⊙, ✉) handelt es sich vermutlich ausschließlich um rückdatierte Abstempelungen aus den Nachkriegsjahren. Es erfolgt keine BPP-Prüfung.

☞ [FALSCH] Vorsicht, es gibt viele Fälschungen, auch mit Prüfzeichen und Attesten/Befunden.

Auflagen: unbekannt

Nicht mehr ausgegeben:

Nationalsozialistisches Kraftfahrkorps
Ⓔ Matejko

Nationalsozialistisches Fliegerkorps
Ⓔ Zeiler

			(✶)
X	12+38 (Pf)	dunkelrosarot (NSKK)	*24000,—*
XI	12+38 (Pf)	bräunlichlila (NSFK)	*24000,—*

MiNr. X und XI stammen aus Vorlagekartons (MiNr. 909–910 und X–XI) der Staatsdruckerei Wien.

Auflagen: unbekannt

Nach dem Zusammenbruch bzw. Waffenstillstand vom 8.5.1945 durften die bis dahin noch kursfähigen Marken überhaupt nicht oder (in wenigen Bezirken, z. B. in Sachsen) nur mit Schwärzungen oder Überdrucken verwendet werden. Siehe unter „Sowjetische Zone" bzw. „Lokal-Ausgaben".

Vor dem Zusammenbruch aufgelieferte Post wurde nach Wiederaufnahme des Postverkehrs häufig ebenfalls „geschwärzt" durch Unkenntlichmachung (Überroller) des Hitlerkopfes oder sonstiger Embleme des III. Reiches.

Im Allgemeinen sind folgende drei Erscheinungsformen zu beobachten:

1. Schwärzung der alten Marken, keine sonstigen Kennzeichen. Zustellung schon etwa Ende Mai 1945. Die Echtheit ist nur bei Vorhandensein eines postalischen Ankunftsstempels z.B. bei R-Bf. nachzuweisen.

2. Mit westalliierter Zensur, ohne Schwärzung der alten Marken. Zustellung ab Ende April 1945.

3. Mit deutschem Verzögerungsvermerk und Schwärzung der alten Marken.

Katalogisierung MiNr. 911 ff. siehe „Deutschland unter Alliierter Besetzung"!

Wenn bei einzelnen Ausgaben nicht ausdrücklich anders angegeben, gelten alle Preise ab MiNr. 338 nur für gut zentrierte (siehe „Briefmarken-Qualitätsstufen" im Einleitungsteil, Abb. 17), einwandfrei gezähnte Stücke (Abb. 12); die Gebraucht-Preise gelten nur für Marken mit klaren Abstempelungen (Abb. 24), bei denen Ort und Datum einwandfrei identifizierbar sind!

Blockaufstellung

Deutsches Reich

Block 1 siehe nach MiNr. 449
Block 2 siehe nach MiNr. 511
Block 3 siehe nach MiNr. 579
Block 4 siehe nach MiNr. 621
Block 5 siehe nach MiNr. 627
Block 6 siehe nach MiNr. 631
Block 7 siehe nach MiNr. 646
Block 8 siehe nach MiNr. 647
Block 9 siehe nach MiNr. 648
Block 10 siehe nach MiNr. 649
Block 11 siehe nach MiNr. 650

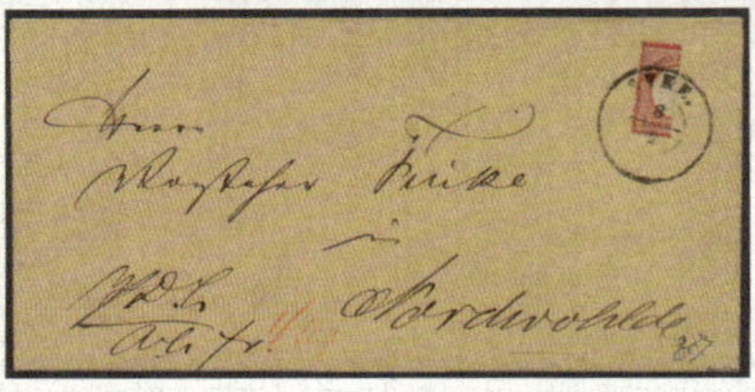

Markenheftchen, Markenheftchenblätter und Zusammendrucke

Wichtige Bewertungshinweise:

Markenheftchen: Herstellungsbedingt ist die Heftchenblatt-Zähnung fast immer an einer oder zwei Seiten angeschnitten. Die Preise gelten für diese übliche Erhaltung. MH mit allseitig vollständiger Zähnung rechtfertigen einen Aufschlag von mindestens 50%.

Markenheftchenblätter: Bei Heftchenblättern in ungebrauchter Erhaltung gelten die Preise für H-Bl. mit Rand. Ohne Rand sind nur die enthaltenen Zd zu bewerten. In gebrauchter Erhaltung gelten die Preise jedoch für H-Bl. ohne Rand, da entsprechend dem üblichen Gebrauch von MH die H-Bl. ohne Heftrand herausgetrennt wurden. Gebrauchte H-Bl. mit Rand sind selten und verdienen einen deutlichen Preisaufschlag.

Zusammendrucke: Zusammendrucke dürfen weder geknickt noch angetrennt sein. Die Preise gelten für Zd. aus MH mit dem üblichen Heftchenbeschnitt. Zd. mit einwandfreier Zähnung von Ausgaben, die nicht aus MHB getrennt werden können (z.B. Zd. aus MH 1–13), verdienen einen Aufschlag von ca. 100% (alle anderen ca. 30%).

Die Preise von Einheiten (MH, H-Bl., Zd) können unter der Summe der Einzelpreise liegen.

Hauptsächlich verwendete Abkürzungen:

A = Anzeige (amtlicher Werbetext)
H-Bl. = Heftchenblatt
K = Kehrdruck, waagerecht unmittelbar zusammenhängend
KZ = Kehrdruck, waagerecht durch Zwischensteg getrennt
L = Leerfeld
MH = Markenheftchen
MHB = Markenheftchenbogen
ONr. = Ordnungs-(Auflage) Nr. auf MH-Deckel
R = Reklame (privater Werbetext)
RL = mit Randleiste
S = senkrecht unmittelbar zusammenhängend
SK = Kehrdruck, senkrecht unmittelbar zusammenhängend
SKZ = Kehrdruck, senkrecht durch Zwischensteg getrennt
SZ = senkrecht zusammenhängend, durch Zwischensteg getrennt
W = waagerecht unmittelbar zusammenhängend
WZ = waagerecht zusammenhängend, durch Zwischensteg getrennt
X = Diagonalkreuz (Andreaskreuz)
Z = Zwischensteg = leeres Feld mit oder ohne Strichelleisten (Zwischensteg hat mindestens Markenfeldgröße) zwischen 2 Marken
Zd = Zusammendruck

Abbildungsgröße der Heftchenblätter ca. 40%

Reklamen der Germania-Heftchenblätter:

R 1

R 2

R 3

R 4

R 5

R 6

R 7

R 8

R 9

R 10

R 11

R 12

R 13

R 14

R 15

R 16

R 17

R 18

R 19

R 20

R 21

R 22

R 23

R 24

R 25

R 26

R 27

1910–1920. Germania

MH-MiNr.	Ausgabe-Datum	ONr.	Deckelfarbe	enthält H-Blätter (Anzahl)	Auflage	MH-Preise **
1	1.11.1910	1	rosa oder grün	1 I (2), 2 I (2), 3 (1)	1 005 000	9000,—
2.1	*2.1.1911*	2	rosa oder grün	1 I (2), 2 I (2), 4.1 (1)	1 000 000	10000,—
2.3	*8.4.1911*	3	rosa oder grün	1 I (2), 2 I (2), 4.3 (1)	2 017 660	10000,—
3.1	*15.7.1911*	4	rosa oder grün	5.8 a (1), 5.7 a (1), 5.5 a (1), 5.6 a (1), 6.2 b (1), 6.19 b (1)	1 001 500	14000,—
3.3	*2.9.1911*	4 A	rosa oder grün	5.9 a (1), 5.2 a (1), 5.5 a (1), 5.10 a (1), 6.20 b (1), 6.21 b (1)	1 001 500	14000,—
3.5	*10.1.1912*	5	orange	5.2 a (1), 5.10 a (1), 5.12 a (1), 5.11 a (1), 6.22 b (1), 6.23 b (1)	1 000 000	15000,—
3.6	*7.3.1912*	6 A	orange	5.13 a (1), 5.2 a (1), 5.10 a (1), 5.14 a (1), 6.27 b (1), 6.24 b (1)	1 012 900	15000,—
3.7	*2.5.1912*	8	orange	5.10 a (1), 5.4 a (1), 5.15 a (1), 5.7 a (1), 6.25 b (1), 6.26 b (1)		15000,—
4	*7.6.1912*	ohne, 9, 11, a	orange	2 I (3), 7 (1), 1 I (1), 8 (1)		11000,—
5.1	*2.4.1913*	ohne, 12-15, b	orange	2 I (3), 9 I (1), 1 I (1)		8000,—
5.16	*28.4.1915*	ohne	orange	2 II (3), 9 II (1), 1 II (1)		8000,—

1910–1920. Germania (Fortsetzung)

MH-MiNr.	Ausgabe-Datum	ONr.	Deckelfarbe	enthält H-Blätter (Anzahl)	Auflage	MH-Preise ★★
6	*29.6.1916*	ohne	grün	10 (5)		1800,—
7	*Dez. 1916*	1, 2	orange	11 (3), 12 (1), 13 (1)	2 052 400	7500,—
8	*13.6.1917*	3	orange	11 (3), 14 (1), 15 (1)	1 007 500	8500,—
9	*14.7.1917*	ohne, 4, 5	orange	11 (1), 16 (1), 15 (1), 17 (1), 18 (1)	5 061 000	4000,—
10	17.10.1918	6, 7	orange	15 (1), 19 (1), 20 (1), 2 II (1)	2 040 500	4000,—
11	3.6.1919	8, 9	orange	15 (1), 21 (1), 22 (1), 2 II (1)	2 003 000	800,—
12	*1.11.1919*	10	orange	15 (1), 21 (1), 1 II (1), 23 (1), 2 II (1)	1 009 000	420,—
13	15.4.1920	1	orange	24 (1), 25 (1), 26 (1), 27 (1), 2 II (1)	1 005 000	300,—

MH 1–3.3 gibt es mit rosa oder grünem Deckel, Preise gleich!

Die Angaben bei den H-Bl. nach dem Punkt beziehen sich auf die im H-Bl. befindliche Reklamen; a = Reklame grün, b = Reklame rot.

Kursivangaben beim Ausgabedatum benennen das Versanddatum der Druckerei an die Post, das endgültige Ausgabedatum ist nicht bekannt.

H-Blatt 1 I = Friedensdruck, II = Kriegsdruck

H-Blatt 2 I = Friedensdruck II = Kriegsdruck

H-Blatt 3

H-Blatt 4 (mit R 1 und 2)

H-Blatt 5 (mit R 5)

H-Blatt 6 (mit R 10)

H-Blatt 7

H-Blatt 8

H-Blatt 9

H-Blatt 10

H-Blatt 11

H-Blatt 12

H-Blatt 13

H-Blatt 14

H-Blatt 15

H-Blatt 16

H-Blatt 17

H-Blatt 18

H-Blatt 19

H-Blatt 20

H-Blatt 21

H-Blatt 22

H-Blatt 23

H-Blatt 24

H-Blatt 25

H-Blatt 26

H-Blatt 27

H-Bl.-MiNr.	mit MiNr.	H-Bl.-Preise ✶	✶✶	⊙
1 I	6×86 I	270,—	450,—	500,—
1 II	6×86 II	45,—	75,—	80,—
2 I	6×85 I	210,—	350,—	380,—
2 II	6×85 II	18,—	30,—	34,—
3	4×85 I	1500,—	2500,—	1600,—
4.1	R 1+R 2+4×85 I	1800,—	3000,—	3300,—
4.3	R 3+R 4+4×85 I	2100,—	3500,—	3800,—
5.2	R 2+5×85 I	360,—	650,—	650,—
5.4	R 4+5×85 I	950,—	1600,—	1750,—
5.5	R 5+5×85 I	720,—	1200,—	1300,—
5.6	R 6+5×85 I	950,—	1600,—	1750,—
5.7	R 7+5×85 I	720,—	1200,—	1350,—
5.8	R 8+5×85 I	950,—	1600,—	1750,—
5.9	R 9+5×85 I	1000,—	1700,—	1800,—
5.10	R 10+5×85 I	420,—	700,—	750,—
5.11	R 11+5×85 I	850,—	1400,—	1500,—
5.12	R 12+5×85 I	1150,—	1900,—	2000,—
5.13	R 13+5×85 I	1000,—	1700,—	1800,—
5.14	R 14+5×85 I	1000,—	1700,—	1800,—
5.15	R 15+5×85 I	950,—	1600,—	1750,—
5.16	R 16+5×85 I	1100,—	1800,—	1950,—
5.17	R 17+5×85 I	1100,—	1800,—	1950,—
5.18	R 18+5×85 I	1100,—	1800,—	1950,—
6.2	R 2+5×86 I	950,—	1600,—	1750,—
6.10	R 10+5×86 I	1000,—	1700,—	1800,—
6.12	R 12+5×86 I	1000,—	1700,—	1800,—
6.19	R 19+5×86 I	950,—	1600,—	1750,—
6.20	R 20+5×86 I	1150,—	1900,—	2000,—
6.21	R 21+5×86 I	1000,—	1650,—	1800,—
6.22	R 22+5×86 I	1150,—	1900,—	2000,—

H-Bl.-MiNr.	mit MiNr.	H-Bl.-Preise ✶	✶✶	⊙
6.23	R 23+5×86 I	1150,—	1900,—	2000,—
6.24	R 24+5×86 I	1000,—	1650,—	1800,—
6.25	R 25+5×86 I	1000,—	1650,—	1800,—
6.26	R 26+5×86 I	1000,—	1650,—	1800,—
6.27	R 27+5×86 I	1000,—	1650,—	1800,—
7	2×85 I	1500,—	2500,—	2800,—
8	4×86 I	1800,—	3000,—	3500,—
9 I	2×85 I+4×86 I	360,—	600,—	660,—
9 II	2×85 II+4×86 II	240,—	400,—	450,—
10	6×98	150,—	250,—	20,—
11	6×99	120,—	200,—	50,—
12	2×99+4×100	720,—	1200,—	1000,—
13	6×100	900,—	1500,—	—,—
14	2×99+4×101	900,—	1500,—	1200,—
15	6×101	36,—	60,—	50,—
16	4×99+2×101	480,—	800,—	850,—
17	4×85 II+2×101	480,—	800,—	850,—
18	1×85 II+5×86 II	600,—	1000,—	1100,—
19	2×86 II+4×101	420,—	700,—	750,—
20	2×85 II+4×99	420,—	700,—	750,—
21	2×86 II+4×101	90,—	150,—	110,—
22	2×85 II+4×99	120,—	200,—	220,—
23	4×85 II+2×86 II	60,—	100,—	110,—
24	6×87	21,—	35,—	40,—
25	2×142+4×87	30,—	50,—	50,—
26	6×142	21,—	35,—	40,—
27	2×85 II+4×86 II	40,—	65,—	75,—
28 a	6×145 a	9,—	15,—	16,—

Die Existenz des früher an dieser Stelle gelisteten Heftchenblattes 28 b konnte bisher nicht nachgewiesen werden.

Zusammendrucke aus H-Blättern 3–31:

Zd-MiNr.	MiNr.	Werte	Preise ✶	✶✶	⊙
1.11.1910/1911 (H-Blätter 3–6)					
W 1.1	x+85 I	x+5	240,—	400,—	350,—
W 1.2	x+x+85 I	x+x+5	330,—	550,—	400,—
W 1.3	RL x+x+85 I	RL+x+x+5	390,—	650,—	500,—
W 2.1	R 1+85 I	R 1+5	720,—	1200,—	800,—
W 2.2	R 2+85 I	R 2+5	240,—	400,—	320,—
W 2.3	R 3+85 I	R 3+5	720,—	1200,—	800,—
W 2.4	R 4+85 I	R 4+5	480,—	800,—	600,—
W 2.5	R 5+85 I	R 5+5	480,—	800,—	700,—
W 2.6	R 6+85 I	R 6+5	720,—	1200,—	900,—
W 2.7	R 7+85 I	R 7+5	480,—	800,—	700,—
W 2.8	R 8+85 I	R 8+5	720,—	1200,—	900,—
W 2.9	R 9+85 I	R 9+5	750,—	1250,—	950,—
W 2.10	R 10+85 I	R 10+5	330,—	550,—	450,—
W 2.11	R 11+85 I	R 11+5	600,—	1000,—	800,—
W 2.12	R 12+85 I	R 12+5	900,—	1500,—	1100,—
W 2.13	R 13+85 I	R 13+5	750,—	1250,—	950,—
W 2.14	R 14+85 I	R 14+5	750,—	1250,—	950,—
W 2.15	R 15+85 I	R 15+5	750,—	1250,—	950,—
W 2.16	R 16+85 I	R 16+5	780,—	1300,—	1000,—
W 2.17	R 17+85 I	R 17+5	780,—	1300,—	1000,—
W 2.18	R 18+85 I	R 18+5	780,—	1300,—	1000,—
W 3.2	R 2+86 I	R 2+10	720,—	1200,—	900,—
W 3.10	R 10+86 I	R 10+10	720,—	1200,—	900,—
W 3.12	R 12+86 I	R 12+10	780,—	1300,—	1000,—
W 3.19	R 19+86 I	R 19+10	720,—	1200,—	900,—
W 3.20	R 20+86 I	R 20+10	750,—	1250,—	950,—
W 3.21	R 21+86 I	R 21+10	750,—	1250,—	950,—
W 3.22	R 22+86 I	R 22+10	900,—	1500,—	1100,—
W 3.23	R 23+86 I	R 23+10	900,—	1500,—	1100,—
W 3.24	R 24+86 I	R 24+10	750,—	1250,—	950,—
W 3.25	R 25+86 I	R 25+10	720,—	1200,—	900,—
W 3.26	R 26+86 I	R 26+10	720,—	1200,—	900,—
W 3.27	R 27+86 I	R 27+10	750,—	1250,—	950,—
S 1.2	R 2+85 I	R 2+5	330,—	600,—	450,—
S 1.4	R 4+85 I	R 4+5	720,—	1200,—	900,—
S 1.5	R 5+85 I	R 5+5	500,—	850,—	750,—
S 1.6	R 6+85 I	R 6+5	720,—	1200,—	900,—
S 1.7	R 7+85 I	R 7+5	500,—	850,—	750,—
S 1.8	R 8+85 I	R 8+5	720,—	1200,—	900,—
S 1.9	R 9+85 I	R 9+5	750,—	1250,—	950,—
S 1.10	R 10+85 I	R 10+5	360,—	600,—	500,—
S 1.11	R 11+85 I	R 11+5	650,—	1100,—	850,—
S 1.12	R 12+85 I	R 12+5	950,—	1600,—	1150,—

Zd-MiNr.	MiNr.	Werte	Preise ✶	✶✶	⊙
S 1.13	R 13+85 I	R 13+5	780,—	1300,—	1000,—
S 1.14	R 14+85 I	R 14+5	780,—	1300,—	1000,—
S 1.15	R 15+85 I	R 15+5	780,—	1300,—	1000,—
S 1.16	R 16+85 I	R 16+5	780,—	1300,—	1000,—
S 1.17	R 17+85 I	R 17+5	780,—	1300,—	1000,—
S 1.18	R 18+85 I	R 18+5	780,—	1300,—	1000,—
S 2.2	R 2+86 I	R 2+10	780,—	1300,—	1000,—
S 2.10	R 10+86 I	R 10+10	780,—	1300,—	1000,—
S 2.12	R 12+86 I	R 12+10	840,—	1400,—	1100,—
S 2.19	R 19+86 I	R 19+10	780,—	1300,—	950,—
S 2.20	R 20+86 I	R 20+10	780,—	1300,—	1000,—
S 2.21	R 21+86 I	R 21+10	780,—	1300,—	1000,—
S 2.22	R 22+86 I	R 22+10	950,—	1600,—	1200,—
S 2.23	R 23+86 I	R 23+10	950,—	1600,—	1200,—
S 2.24	R 24+86 I	R 24+10	780,—	1300,—	1000,—
S 2.25	R 25+86 I	R 25+10	750,—	1250,—	950,—
S 2.26	R 26+86 I	R 26+10	750,—	1250,—	950,—
S 2.27	R 27+86 I	R 27+10	780,—	1300,—	1000,—

1912–1920 (H-Blätter 7–27)

W 1.2	x+x+85 I	x+x+5	330,—	550,—	400,—
W 4	x+86 I	x+10	420,—	700,—	600,—
W 5	85 II+99	5+7½	50,—	80,—	70,—
W 6	99+85 II	7½+5	180,—	300,—	250,—
W 7 I	85 I+86 I	5+10	75,—	150,—	120,—
W 7 II	85 II+86 II	5+10	22,—	40,—	25,—
W 8	86 II+85 II	10+5	30,—	50,—	45,—
W 9	101+85 II	15+5	300,—	500,—	400,—
W 10	99+100	7½+15	300,—	500,—	300,—
W 11	99+101	7½+15	230,—	380,—	250,—
W 12	86 II+101	10+15	50,—	80,—	70,—
W 13	101+86 II	15+10	180,—	300,—	250,—
W 14	142+87	15+20	18,—	30,—	45,—
S 3	99+85 II	7½+5	24,—	40,—	35,—
S 4 I	85 I+86 I	5+10	72,—	120,—	90,—
S 4 II	85 II+86 II	5+10	42,—	70,—	45,—
S 5	86 II+85 II	10+5	12,—	20,—	18,—
S 6	101+85 II	15+5	150,—	250,—	180,—
S 7	99+100	7½+15	180,—	300,—	200,—
S 8	99+101	7½+15	100,—	180,—	120,—
S 9	101+86 II	15+10	24,—	40,—	35,—
S 10	87+142	20+15	9,—	15,—	13,—

S 11–14 siehe Zusammendrucke aus Automatenrollen

1921. Germania

MH-MiNr.	Ausgabe-Datum	ONr.	Deckelfarbe	enthält H-Blätter (Anzahl)	Auflage	MH-Preis ✶✶
14	März 1921	ohne, 1	orange	28 a (1), 29 a (1), 30 (1), 31 (1), 32 (1)		230,—

H-Blatt 28

H-Blatt 29

H-Blatt 30

H-Blatt 31

H-Blatt 32

H-Bl.-MiNr.	mit MiNr.	H-Bl.-Preise ✶	✶✶	⊙
29 a	2×144+4×145 a	11,—	18,—	60,—
30	6×144	9,—	15,—	16,—

Die Existenz des früher an dieser Stelle gelisteten Heftchenblattes 29 b konnte bisher nicht nachgewiesen werden.

H-Bl.-MiNr.	mit MiNr.	H-Bl.-Preise ✶	✶✶	⊙
31	4×141+2×144	11,—	18,—	60,—
32	6×141	15,—	24,—	43,—

H-Blatt 28 siehe zuvor!

Zusammendrucke aus Markenheftchenbogen und H-Blättern 29 und 31:

Zd-MiNr.	MiNr.	Werte	Preise ✶	✶✶	⊙
W 15	144+141	30+10	3,60	6,—	35,—
W 16 a	144+145 a	30+40	3,60	6,—	35,—
WK 1	144+141+141	30+10+10	12,—	20,—	400,—
WK 2	144+145 a+145 a	30+40+40	12,—	20,—	400,—
S 15	141+144	10+30	3,—	5,—	60,—
S 16	141+144+141	10+30+10	6,—	10,—	120,—
S 17	144+141	30+10	1,80	3,—	18,—
S 18	144+141+144	30+10+30	6,—	10,—	120,—
S 19 a	144+145 a	30+40	3,—	5,—	60,—
S 20 a	144+145 a+144	30+40+30	6,—	10,—	120,—
S 21 a	145 a+144	40+30	1,80	3,—	18,—
S 22 a	145 a+144+145 a	40+30+40	6,—	10,—	120,—
K 1	141+141	10+10	2,40	4,—	9,—
K 2	144+144	30+30	4,80	8,—	18,—
K 3 a	145 a+145 a	40+40	2,40	4,—	9,—
K 3 b	145 b+145 b	40+40	300,—	500,—	2000,—
KZ 1	141+Z+141	10+Z+10	7,—	12,—	200,—
KZ 2	141+Z+144	10+Z+30	7,—	12,—	200,—
KZ 3	144+Z+144	30+Z+30	7,—	12,—	200,—
KZ 4 a	144+Z+145 a	30+Z+40	7,—	12,—	200,—
KZ 5 a	145 a+Z+145 a	40+Z+40	7,—	12,—	200,—
KZ 5 b	145 a+Z+145 b	40+Z+40	360,—	600,—	—,—

Zd-MiNr.	MiNr.	Werte	Preise ✶	✶✶	⊙
RL 1	RL+L+141	RL+L+10	14,—	24,—	750,—
RL 2	RL+L+141	RL+L+10	28,—	48,—	950,—
RL 3	RL+L+144	RL+L+30	14,—	24,—	750,—
RL 4	RL+L+144	RL+L+30	28,—	48,—	950,—
RL 5	RL+L+144	RL+L+30	28,—	48,—	950,—
RL 6 a	RL+L+145 a	RL+L+40	28,—	48,—	950,—
RL 6 b	RL+L+145 b	RL+L+40	540,—	900,—	—,—
RL 7 a	RL+L+145 a	RL+L+40	28,—	48,—	950,—

RL 1 = StrL orange, RL 2 = StrL orange+blau, RL 3 = StrL blau, RL 4 = StrL blau+orange, RL 5 = StrL blau und rot, RL 6 = StrL rot, RL 7 = StrL rot und blau

Die Existenz der früher an dieser Stelle gelisteten Zusammendrucke W 16 b, S 19 b–S 22 b, KZ 4 b und RL 7 b konnte bisher nicht nachgewiesen werden.

Zusammendrucke aus Automatenrollen:

Zd-MiNr.	MiNr.	Werte	Preise ✶	✶✶	⊙
S 11	98+99	2½+7½	6,—	10,—	12,—
S 12	98+99+98	2½+7½+2½	12,—	20,—	25,—
S 13	99+98	7½+2½	6,—	10,—	12,—
S 14	99+98+99	7½+2½+7½	12,—	20,—	25,—

1921. Germania mit Ziffern

MH-MiNr.	Ausgabe-Datum	ONr.	Deckelfarbe	enthält H-Blätter (Anzahl)	Auflage	MH-Preis ✶✶
15	Nov. 1921	1	orange	33 (1), 34 a (1), 28 a (1), 35 a (1), 36 (1)		850,—

H-Blatt 33

H-Blatt 34

H-Blatt 35

H-Blatt 36

H-Bl.-MiNr.	mit MiNr.	H-Bl.-Preise ✶	✶✶	⊙
33	6×147	12,—	20,—	22,—
34	2×145 a+4×147	15,—	25,—	120,—
35	2×145 a+4×162	15,—	25,—	120,—
36	5×159+1×162	15,—	25,—	170,—

H-Blatt 28 siehe bei MH 14!

Zusammendrucke aus Markenheftchenbogen und H-Blättern 34–36:

Zd-MiNr.	MiNr.	Werte	Preise ✶	✶✶	⊙
W 17	145 a+147	40+60	4,80	8,—	50,—
W 18	145 a+162	40+30	4,80	8,—	50,—
W 19	162+159	30+10	6,—	10,—	150,—
WK 3	145 a+147+147	40+60+60	18,—	30,—	800,—
WK 4	145 a+162+162	40+30+30	18,—	30,—	800,—
S 23	145 a+147	40+60	4,80	8,—	250,—
S 24	145 a+147+145 a	40+60+40	9,50	16,—	500,—
S 25	147+145 a	60+40	3,—	5,—	50,—
S 26	147+145 a+147	60+40+60	9,50	16,—	500,—
S 27	162+145 a	30+40	4,80	8,—	250,—
S 28	162+145 a+162	30+40+30	9,50	16,—	500,—
S 29	145 a+162	40+30	3,—	5,—	50,—
S 30	145 a+162+145 a	40+30+40	9,50	16,—	500,—
S 31	159+162	10+30	4,80	8,—	250,—
S 32	159+162+159	10+30+10	9,50	16,—	500,—
S 33	162+159	30+10	3,60	6,—	150,—
S 34	162+159+162	30+10+30	9,50	16,—	500,—
K 4	147+147	60+60	3,60	6,—	25,—
K 5	159+159	10+10	7,20	12,—	50,—
K 6	162+162	30+30	7,20	12,—	50,—
KZ 6	145 a+Z+147	40+Z+60	11,—	18,—	450,—
KZ 7	147+Z+147	60+Z+60	11,—	18,—	450,—
KZ 8	162+Z+145 a	30+Z+40	11,—	18,—	450,—
KZ 9	159+Z+162	10+Z+30	11,—	18,—	450,—
RL 8	RL+L+145 a	RL+L+40	39,—	65,—	1000,—
RL 9	RL+L+147	RL+L+60	19,—	32,—	600,—
RL 10	RL+L+147	RL+L+60	39,—	65,—	1000,—
RL 11	RL+L+162	RL+L+30	39,—	65,—	1000,—
RL 12	RL+L+145 a	RL+L+40	39,—	65,—	1000,—
RL 13	RL+L+159	RL+L+10	39,—	65,—	1000,—
RL 14	RL+L+162	RL+L+30	39,—	65,—	1000,—

RL 8 = StrL rot+oliv, RL 9 = StrL oliv, RL 10 = StrL rot+oliv, RL 11 = StrL rot+grün, RL 12 = StrL rot+grün, RL 13 = StrL oliv+grün, RL 14 = StrL oliv+grün

1925. Neuer Reichsadler

MH-MiNr.	Ausgabe-Datum	ONr.	Auflage	MH-Preis ✶✶
16	Okt. 1925	2		9000,—

H-Bl.-MiNr.	mit MiNr.	H-Bl.-Preise ✶	✶✶	⊙
37	10×356	900,—	1500,—	1600,—
38	10×357	1800,—	3000,—	3200,—

H-Blatt 37

H-Blatt 38

Notizen:

1925. Rheinland 1000 Jahre deutsch

MH-MiNr.	Ausgabe-Datum	ONr.	Auflage	MH-Preis ✶✶
17	12.10.1925	1		7000,—

H-Bl.-MiNr.	mit MiNr.	H-Bl.-Preise ✶	✶✶	⊙
39	10×372	750,—	1250,—	50,—
40	10×373	1500,—	2500,—	50,—

H-Blatt 39

H-Blatt 40

1925–1935. Deutsche Nothilfe

MH-MiNr.	Ausgabe-Datum	ONr.	Deckelfarbe	enthält H-Blätter (Anzahl)	Auflage	MH-Preise ✶✶
18.1	15.12.1925	ohne	orange	41 (1), 42 (1), 43 (1)	28 547 insges.	1500,—
18.2	15.12.1925	ohne	orange	41 (1), 42 (1), 44 (1)		2200,—
18.3	15.12.1925	ohne	orange	41 (1), 42 (1), 45 (1)		5000,—
23	1.12.1926	ohne	grün	54 (1), 55 (1)	74 304	1100,—
27.1	15.11.1928	ohne	grüngelb	63 (1)	3 000 000 insges.	600,—
27.2	15.11.1928	ohne	grüngelb	64 (1)		700,—
27.3	15.11.1928	ohne	grüngelb	65 (1)		800,—
28	1.11.1929	ohne	grün	66 (1), 67 (1)	172 851	600,—
29	1.11.1930	ohne	hellbraunocker	68 (1), 69 (1)	211 110	450,—
30	1.11.1931	ohne	hellbraunorange	70 (1), 71 (1)	179 587	450,—
31	1.11.1932	ohne	mattviolettbraun	72 (1), 73 (1)	151 323	300,—
34	1.11.1933	ohne	orangerot	79 (1), 80 (1)	168 585	900,—
40	15.11.1934	ohne	rot	101 (1), 102 (1)		400,—
41	15.11.1935	ohne	rot	103 (1), 104 (1)		180,—

MH 18.2 und 18.3 wurden auf Grund der unterschiedlichen H-Bl.-Formen manuell gefertigt, die Ränder der H-Bl. 41 und 42 sind teils an den Ecken abgeschnitten (herstellungsbedingt, kein Mangel). MH 18.3 existiert auch mit H-Bl. 45 in deutlich hellerem Blau.

H-Blatt 41

H-Blatt 42

H-Blatt 43

H-Blatt 44

H-Blatt 45

H-Blatt 54

H-Blatt 55

H-Blatt 63

H-Blatt 64 (mit A 1.1)

H-Blatt 65 (mit A 2)

H-Blatt 66 (mit A 1.1 und A 2)

H-Blatt 67

H-Blatt 68

H-Blatt 69 (mit A 1.3)

H-Blatt 70

H-Blatt 71 (mit A 1.2)

H-Blatt 72

H-Blatt 73 (mit A 3)

H-Blatt 79

H-Blatt 80

H-Blatt 101

H-Blatt 102 (mit A 6)

H-Blatt 103

H-Blatt 104 (mit A 7)

H-Bl.-MiNr.	mit MiNr.	H-Bl.-Preise *	**	⊙
41	4×375	60,—	100,—	20,—
42	4×376	60,—	100,—	20,—
43	2×377	480,—	800,—	1400,—
44	2×377	900,—	1500,—	—,—
45	2×377	900,—	1500,—	—,—
54.1	8×398 Y	270,—	450,—	50,—
54.2	8×398 X	—,—	—,—	—,—
55.1	6×399 Y	360,—	600,—	850,—
55.2	6×399 X	—,—	—,—	—,—
63	4×426+3×427 (+X)	300,—	500,—	550,—
64	4×426+3×427 (+A 1.1)	300,—	500,—	550,—
65	4×426+3×427 (+A 2)	360,—	600,—	660,—
66	6×430 (+A 1.1+A 2)	180,—	200,—	180,—

H-Bl.-MiNr.	mit MiNr.	H-Bl.-Preise *	**	⊙
67	4×431+3×432 (+X)	150,—	250,—	280,—
68	7×450	110,—	190,—	220,—
69	3×450+4×451	140,—	230,—	240,—
70	7×459	120,—	200,—	220,—
71	3×459+4×460	130,—	220,—	240,—
72	5×474+5×475	60,—	100,—	110,—
73	8×476	60,—	100,—	110,—
79	5×500 B+5×502 B	180,—	300,—	330,—
80	5×503 B+4×504 B	180,—	300,—	330,—
101	5×557+5×559	70,—	120,—	135,—
102	5×560+4×561	110,—	180,—	200,—
103	5×590+5×591	36,—	60,—	65,—
104	4×588+5×593	54,—	90,—	100,—

Zusammendrucke aus Markenheftchenbogen und H-Blättern:

Zd-MiNr.	MiNr.	Werte	Preise *	**	⊙
15.12.1925 (Markenheftchenbogen zu MH 18, H-Blätter 43 und 44)					
W 20.1	X+377	X+20	210,—	350,—	630,—
W 20.2	halbes X+377	halbes X+20	210,—	350,—	630,—
1.12.1926 (H-Blatt 55)					
W 24.1	X+399 Y	X+15	100,—	200,—	300,—
W 24.2	X+399 X	X+15	3600,—	6000,—	—,—
1928–1932 (Markenheftchenbogen zu MH 27–31, H-Blätter 63–73)					
W 31	X+427	X+15	270,—	450,—	450,—
W 32	A 1.1+427	A 1.1+8	210,—	350,—	350,—
W 33	A 2+427	A 2+15	210,—	350,—	350,—
W 34	A 1.1+430	A 1.1+5	42,—	70,—	80,—
W 35	A 2+430	A 2+5	42,—	70,—	80,—
W 36	X+432	X+15	42,—	70,—	80,—
W 37	X+450	X+8	90,—	150,—	150,—
W 38	A 1.3+450	A 1.3+8	90,—	150,—	150,—
W 39	X+459	X+8	24,—	40,—	40,—
W 40	A 1.2+459	A 1.2+8	24,—	40,—	40,—
W 41	475+474	6+4	3,—	10,—	6,—
W 42	475+474+475	6+4+6	12,—	20,—	25,—
W 43	474+475	4+6	7,50	12,—	20,—
W 44	474+475+474	4+6+4	12,—	20,—	25,—
WZ 1	450+Z+Z+450	8+Z+Z+8	300,—	500,—	600,—
WZ 2	450+Z+Z+X+450	8+Z+Z+X+8	360,—	600,—	700,—
WZ 3	450+Z+Z+A 1.3+450	8+Z+Z+A 1.3+8	360,—	600,—	700,—
WZ 4	451+Z+Z+451	15+Z+Z+15	300,—	500,—	600,—
WZ 5	459+Z+Z+459	8+Z+Z+8	270,—	450,—	600,—
WZ 6	459+Z+Z+X+459	8+Z+Z+X+8	300,—	500,—	750,—
WZ 7	459+Z+Z+A 1.2+459	8+Z+Z+A 1.2+8	300,—	500,—	750,—
WZ 8	460+Z+Z+460	15+Z+Z+15	270,—	450,—	600,—
S 50	426+427	8+15	11,—	18,—	18,—
S 51	426+427+426	8+15+8	24,—	40,—	50,—
S 52	427+426	15+8	15,—	25,—	30,—
S 53	427+426+427	15+8+15	24,—	40,—	50,—
S 54	426+X	8+X	270,—	450,—	450,—
S 55	426+X+426	8+X+8	1300,—	2200,—	2200,—
S 56	X+426	X+8	1100,—	1800,—	1800,—
S 57	X+426+X	X+8+X	1300,—	2200,—	2200,—
S 58	426+A 1.1	8+A 1.1	240,—	400,—	400,—
S 59	426+A 1.1+426	8+A 1.1+8	1200,—	2000,—	2000,—
S 60	A 1.1+426	A 1.1+8	540,—	900,—	900,—
S 61	A 1.1+426+A 1.1	A 1.1+8+A 1.1	1200,—	2000,—	2000,—
S 62	426+A 2	8+A 2	240,—	400,—	400,—
S 63	426+A 2+426	8+A 2+8	1200,—	2000,—	2000,—
S 64	A 2+426	A 2+8	540,—	900,—	900,—
S 65	A 2+426+A 2	A 2+8+A 2	1200,—	2000,—	2000,—
S 66	A 1.1+426+X	A 1.1+8+X	1800,—	3000,—	3000,—
S 67	A 2+426+A 1.1	A 2+8+A 1.1	1800,—	3000,—	3000,—
S 68	431+432	8+15	9,—	15,—	16,—
S 69	431+432+431	8+15+8	48,—	80,—	90,—
S 70	432+431	15+8	18,—	30,—	35,—
S 71	432+431+432	15+8+15	48,—	80,—	90,—
S 72	431+X	8+X	42,—	70,—	80,—
S 73	431+X+431	8+X+8	210,—	350,—	400,—
S 74	X+431	X+8	120,—	200,—	250,—
S 75	X+431+X	X+8+X	210,—	350,—	400,—
S 76	450+451	8+15	9,—	15,—	15,—
S 77	450+451+450	8+15+8	60,—	100,—	100,—
S 78	451+450	15+8	30,—	50,—	50,—
S 79	451+450+451	15+8+15	60,—	100,—	100,—
S 80	450+X	8+X	90,—	150,—	150,—
S 81	450+X+450	8+X+8	300,—	500,—	600,—
S 82	X+450	X+8	210,—	350,—	400,—
S 83	X+450+X	X+8+X	300,—	500,—	600,—
S 84	A 1.3+451	A 1.3+15	90,—	150,—	150,—
S 85	A 1.3+451+A 1.3	A 1.3+15+A 1.3	300,—	500,—	600,—
S 86	451+A 1.3	15+A 1.3	210,—	350,—	400,—
S 87	451+A 1.3+451	15+A 1.3+15	300,—	500,—	600,—
S 88	459+460	8+15	9,—	15,—	15,—

Zd-MiNr.	MiNr.	Werte	Preise *	**	⊙
S 89	459+460+459	8+15+8	48,—	80,—	80,—
S 90	460+459	15+8	24,—	40,—	40,—
S 91	460+459+460	15+8+15	48,—	80,—	80,—
S 92	459+X	8+X	24,—	40,—	40,—
S 93	459+X+459	8+X+8	240,—	400,—	550,—
S 94	X+459	X+8	190,—	320,—	380,—
S 95	X+459+X	X+8+X	240,—	400,—	550,—
S 96	A 1.2+460	A 1.2+15	24,—	40,—	40,—
S 97	A 1.2+460+A 1.2	A 1.2+15+A 1.2	240,—	400,—	550,—
S 98	460+A 1.2	15+A 1.2	190,—	320,—	450,—
S 99	460+A 1.2+460	15+A 1.2+15	240,—	400,—	550,—
S 100	X+476	X+12	12,—	20,—	20,—
S 101	A 3+476	A 3+12	12,—	20,—	20,—
SK 15	474+475	4+6	15,—	25,—	25,—
SK 16	476+476	12+12	15,—	25,—	25,—
KZ 10	426+Z+Z+427	8+Z+Z+15	30,—	50,—	50,—
KZ 11	426+Z+X+427	8+Z+X+15	1800,—	3000,—	3000,—
KZ 12	426+Z+A 2+427	8+Z+A 2+427	1800,—	3000,—	3000,—
KZ 13	430+Z+Z+430	5+Z+Z+5	60,—	100,—	150,—
KZ 14	430+A 1.1+Z+A 2+430	5+A 1.1+Z+A 2+5	270,—	450,—	700,—
KZ 15	431+Z+Z+432	8+Z+Z+15	150,—	250,—	350,—
KZ 16	431+Z+X+432	8+Z+X+15	270,—	450,—	700,—
1933–1935 (Markenheftchenbogen zu MH 34, 40 und 41, H-Blätter 79, 80, 101–104)					
W 47	502+500	6+4	20,—	40,—	25,—
W 48	502+500+502	6+4+6	48,—	80,—	80,—
W 49	500+502	4+6	24,—	40,—	40,—
W 50	500+502+500	4+6+4	48,—	80,—	80,—
W 51	X+503	X+8	48,—	80,—	80,—
W 52	X+503+X	X+8+X	180,—	300,—	300,—
W 53	503+X	8+X	120,—	200,—	200,—
W 54	503+X+503	8+X+8	180,—	300,—	300,—
W 55	504+503	12+8	30,—	50,—	35,—
W 56	504+503+504	12+8+12	55,—	90,—	100,—
W 57	503+504	8+12	30,—	50,—	50,—
W 58	503+504+503	8+12+8	55,—	90,—	100,—
W 101	A 6+561	A 6+12	24,—	40,—	45,—
W 102	A 7+588	A 7+3	9,—	15,—	18,—
S 114	X+504	X+12	90,—	150,—	120,—
S 219	557+559	4+6	6,50	11,—	13,—
S 220	557+559+557	4+6+4	13,—	22,—	25,—
S 221	559+557	6+4	9,50	16,—	18,—
S 222	559+557+559	6+4+6	13,—	22,—	25,—
S 223	560+A 6	8+A 6	24,—	40,—	45,—
S 224	560+A 6+560	8+A 6+8	55,—	90,—	100,—
S 225	A 6+560	A 6+8	36,—	60,—	70,—
S 226	A 6+560+A 6	A 6+8+A 6	60,—	100,—	110,—
S 227	560+561	8+12	7,—	12,—	14,—
S 228	560+561+560	8+12+8	15,—	26,—	32,—
S 229	561+550	12+8	11,—	18,—	22,—
S 230	561+550+561	12+8+12	15,—	26,—	32,—
S 231	590+591	5+6	1,20	2,—	3,—
S 232	590+591+590	5+6+5	4,80	8,—	10,—
S 233	591+590	6+5	3,—	5,—	6,50
S 234	591+590+591	6+5+6	4,80	8,—	10,—
S 235	593+588	12+3	1,80	3,—	4,—
S 236	593+588+593	12+3+12	6,—	10,—	12,—
S 237	588+593	3+12	3,60	6,—	8,—
S 238	588+593+588	3+12+3	6,—	10,—	12,—
S 239	A 7+593	A 7+12	18,—	30,—	40,—
S 240	A 7+593+A 7	A 7+12+A 7	33,—	55,—	65,—
S 241	593+A 7	12+A 7	9,—	15,—	18,—
S 242	593+A 7+593	12+A 7+12	30,—	50,—	60,—
SK 15	474+475	4+6	15,—	25,—	25,—
SK 16	476+476	12+12	15,—	25,—	25,—
SK 19	500+502	4+6	70,—	120,—	120,—
SK 20	503+504	8+12	70,—	120,—	120,—
K 23	557+559	4+6	18,—	30,—	35,—
K 24	560+561	8+12	18,—	30,—	35,—
K 25	590+591	5+6	12,—	15,—	17,—
K 26	588+593	3+12	12,—	15,—	17,—

1930, 1931. Flugpost

MH-MiNr.	Ausgabe-Datum	ONr.	Deckelfarbe	enthält H-Blätter (Anzahl)	Auflage	MH-Preise **
19	18.12.1930	ohne	lilaultramarin	46 (1), 47 (1)		2300,—
20	14. 7.1931	3, ohne	lilaultramarin	48 (1), 49 (1)		1100,—

H-Blatt 46

H-Blatt 47

H-Blatt 48

H-Blatt 49

H-Bl.-MiNr.	mit MiNr.	H-Bl.-Preise *	**	⊙
46	10×379	360,—	500,—	50,—
47	5×380+5×X	600,—	1200,—	1300,—
48	6×379+4×A 379	300,—	500,—	450,—
49	6×X+4×380	300,—	500,—	450,—

Zusammendrucke aus Markenheftchenbogen zu MH 20 und H-Blättern 47–49:

Zd-MiNr.	MiNr.	Werte	Preise *	**	⊙
W 21.1	X+380	X+20	42,—	70,—	50,—
W 21.2	X+X+380	X+X+20	60,—	100,—	150,—
W 21.3	X+X+X+380	X+X+X+20	85,—	140,—	200,—
W 22	A 379+379	15+10	120,—	200,—	120,—
S 35	380+X	20+X	450,—	750,—	600,—
K 7	379+379	10+10	210,—	350,—	350,—
K 8	380+380	20+20	210,—	350,—	350,—
RL 15.1	RL+X+X+380	RL+X+X+20	360,—	600,—	900,—
RL 15.2	RL+X+X+X+380	RL+X+X+X+20	120,—	200,—	250,—

1926. Friedrich Schiller/Friedrich der Große

MH-MiNr.	Ausgabe-Datum	ONr.	Deckelfarbe	enthält H-Blätter (Anzahl)	Auflage	MH-Preis **
21	Nov. 1926	3, 4	lebh'zinnober	50 (2), 51 (1)		6000,—

H-Blatt 50

H-Blatt 51

H-Bl.-MiNr.	mit MiNr.	H-Bl.-Preise *	**	⊙
50	10×387	720,—	1200,—	50,—
51	10×390	1350,—	2200,—	50,—

1927. Beethoven/Kant

MH-MiNr.	Ausgabe-Datum	ONr.	Deckelfarbe	enthält H-Blätter (Anzahl)	Auflage	MH-Preis **
22	Okt. 1927	5, 6	lebh'zinnober	52 (1), 53 (1)		6000,—

H-Blatt 52

H-Blatt 53

H-Bl.-MiNr.	mit MiNr.	H-Bl.-Preise *	**	⊙
52	10×389	1500,—	2400,—	50,—
53	8×391	1500,—	2500,—	4300,—

Zusammendruck aus H-Blatt 53:

Zd-MiNr.	MiNr.	Werte	Preise *	**	⊙
W 23	X+391	X+15	100,—	200,—	250,—

1927. Hindenburgspende

MH-MiNr.	Ausgabe-Datum	ONr.	Deckelfarbe	enthält H-Blätter (Anzahl)	Auflage	MH-Preis **
24	26.9.1927	ohne	hellchromgelb	56 (1)	190218	320,—

H-Blatt 56

H-Bl.-MiNr.	mit MiNr.	H-Bl.-Preise *	**	⊙
56	4×403+3×404	150,—	240,—	250,—

Zusammendrucke aus H-Blatt 56:

Zd-MiNr.	MiNr.	Werte	Preise *	**	⊙
W 25	X+404	X+15	120,—	200,—	200,—
S 36	403+404	8+15	24,—	40,—	40,—
S 37	403+X	8+X	80,—	150,—	150,—

1928/1932. Reichspräsidenten

MH-MiNr.	Ausgabe-Datum	ONr.	Deckelfarbe	enthält H-Blätter (Anzahl)	Auflage	MH-Preise **
25 X	Sept. 1928	7–17	lebh'zinnober	57 (1), 58 X (1), 59 (1)		*3000,—*
25 Y	Sept. 1928	10	lebh'zinnober	57 (1), 58 Y (1), 59 (1)		*7000,—*
26	15.4.1932	18, 19	lebh'zinnober	60 (1), 61 (1), 62 (1)		1000,—

H-Blatt 57

H-Blatt 58

H-Blatt 59

H-Blatt 60

H-Blatt 61

H-Blatt 62

H-Bl.-MiNr.	mit MiNr.	H-Bl.-Preise *	**	⊙
57	6×411	110,—	180,—	160,—
58 X	10×412 X	90,—	150,—	50,—
58 Y	10×412 Y	1700,—	2800,—	3000,—
59	6×414	110,—	180,—	160,—

H-Bl.-MiNr.	mit MiNr.	H-Bl.-Preise *	**	⊙
60	9×454	130,—	220,—	240,—
61	4×411+6×465	130,—	220,—	240,—
62	2×465+8×466	130,—	220,—	240,—

Zusammendrucke aus Markenheftchenbogen zu MH 25 und 26 und H-Blättern 57, 59–62:

Zd-MiNr.	MiNr.	Werte	Preise *	**	⊙
W 26	X+454	X+4	36,—	60,—	30,—
W 27.1	X+411	X+5	9,—	15,—	15,—
W 27.2	X+X+411	X+X+5	18,—	30,—	30,—
W 27.3	RL+X+X+411	RL+X+X+5	27,—	45,—	45,—
W 28	465+411	6+5	24,—	40,—	25,—
W 29	465+466	6+12	24,—	40,—	25,—
W 30.1	X+414	X+15	9,—	15,—	15,—
W 30.2	X+X+414	X+X+15	18,—	30,—	30,—
W 30.3	RL+X+X+414	RL+X+X+414	27,—	45,—	45,—
S 38	X+454	X+4	36,—	60,—	30,—
S 39	X+454+X	X+4+X	120,—	200,—	200,—
S 40	454+X	4+X	70,—	120,—	120,—
S 41	454+X+454	4+X+4	120,—	200,—	200,—
S 42	411+465	5+6	7,50	12,—	8,—

Zd-MiNr.	MiNr.	Werte	Preise *	**	⊙
S 43	411+465+411	5+6+5	30,—	50,—	50,—
S 44	465+411	6+5	12,—	20,—	20,—
S 45	465+411+465	6+5+6	30,—	50,—	50,—
S 46	465+466	6+12	24,—	40,—	18,—
S 47	465+466+465	6+12+6	90,—	150,—	150,—
S 48	466+465	12+6	48,—	80,—	80,—
S 49	466+465+466	12+6+12	90,—	150,—	150,—
K 9	454+454	4+4	30,—	50,—	50,—
K 10	411+411	5+5	24,—	40,—	40,—
K 11	411+465	5+6	30,—	50,—	50,—
K 12	412+412	8+8	24,—	40,—	40,—
K 13	466+466	12+12	30,—	50,—	50,—
K 14	414+414	15+15	24,—	40,—	40,—

Hinweise für den Nutzer

Prüfungen und Begutachtungen von Briefmarken oder Feststellungen, ob es sich evtl. um Abarten oder Plattenfehler u. ä. handelt, sowie Recherche von MICHEL-Nummern auf Sammlerwunsch etc. sind der Redaktion aus Zuständigkeits- bzw. Zeitgründen nicht möglich. Für unverlangt eingesandte Briefsendungen und Markenvorlagen wird keinerlei Haftung übernommen. Vor Einsendung geprüfter Marken halten Sie bitte kurz telefonische Rücksprache mit der Redaktion.

Alle Zuschriften, auch E-Mails, Fax etc., werden aufmerksam gelesen, aber nicht immer beantwortet. Anfragen, die ausschließlich im eigenen Interesse gestellt werden, beantworten wir in aller Regel nur dann, wenn Rückporto (Ausland Antwortschein) beiliegt.

Sollten Sie Irrtümer, Satz- oder Druckfehler entdecken, bitten wir Sie, uns diese mitzuteilen. Sie tragen so dazu bei, dass wir diese Fehler für die nächste Auflage korrigieren können.

Vergessen Sie bitte in Ihrem eigenen Interesse nie, auf Ihrem Schreiben deutlich Ihren Namen und Ihre genaue Anschrift mit Postleitzahl, nach Möglichkeit auch Ihre telefonische Erreichbarkeit anzugeben.

1933. Fridericus

MH-MiNr.	Ausgabe-Datum	ONr.	Deckelfarbe	enthält H-Blätter (Anzahl)	Auflage	MH-Preis ✶✶
32	22.5.1933	ohne	weiß	74 (1), 75 (1)		180,—

H-Blatt 74

H-Blatt 75 (mit A 4)

H-Bl.-MiNr.	mit MiNr.	H-Bl.-Preise ✶	✶✶	⊙
74	6×479	36,—	60,—	65,—
75	5×480	50,—	80,—	85,—

Zusammendrucke aus Markenheftchenbogen zu MH 32 und H-Blatt 75:

Zd-MiNr.	MiNr.	Werte	Preise ✶	✶✶	⊙
W 45	A 4+480	A 4+12	12,—	20,—	20,—
WZ 9	479+Z+479	6+Z+6	24,—	40,—	50,—
WZ 10	480+Z+480	12+Z+12	48,—	80,—	120,—
WZ 11	480+Z+A 4+480	12+Z+A 4+12	60,—	100,—	140,—
S 102	A 4+480	A 4+12	12,—	20,—	15,—
S 103	A 4+480+A 4	A 4+12+A 4	70,—	120,—	120,—
S 104	480+A 4	12+A 4	35,—	70,—	70,—
S 105	480+A 4+480	12+A 4+12	70,—	120,—	120,—
K 17	479+479	6+6	24,—	40,—	40,—
K 18	480+480	12+12	24,—	40,—	40,—

1933–1940. Hindenburg

MH-MiNr.	Ausgabe-Datum	ONr.	Deckelfarbe	enthält H-Blätter (Anzahl)	Auflage	MH-Preise ✶✶
33	5.8.1933	1	lebh'zinnober	76 (1), 77 (1), 78 (1)		900,—
35	April 1934	2	violettultramarin	81 (1), 82 (1), 83 (1), 84 (1)		800,—
36	Aug. 1936	3, 4	rot	85 (1), 86 (1), 87 (1), 88 (1)		400,—
37	Sept. 1937	5–8	rot	89 (1), 90 (1), 91 (1), 92 (1)		350,—
38	Juli 1939	9, 10	rot	93–97 (je 1)		250,—
39	April 1940	11–15	rot	98 (1), 99 (1), 100 (1)		200,—

H-Blatt 76

H-Blatt 77

H-Blatt 78

H-Blatt 81

H-Blatt 82

H-Blatt 83

H-Blatt 84 (mit A 5)

H-Blatt 85 (mit A 9)

H-Blatt 86 (mit A 10)

H-Blatt 87

H-Blatt 88 (mit A 8.1)

H-Blatt 89 (mit A 8.2)

H-Blatt 90

H-Blatt 91

H-Blatt 92

H-Blatt 93 (mit A 12)

H-Blatt 94 (mit A 13.1)

H-Blatt 95 (mit A 14.1)

H-Blatt 96 (mit A 15.1)

H-Blatt 97 (mit A 16.1)

H-Blatt 98 (mit A 17.1)

H-Blatt 99 (mit A 14.2)

H-Blatt 100 (mit A 16.2)

H-Bl.-MiNr.	mit MiNr.	H-Bl.-Preise ✶	✶✶	⊙
76	8×484	110,—	180,—	200,—
77	4×468+4×487	110,—	180,—	200,—
78	3×485+5×487	145,—	240,—	200,—
81	3×512+3×513+2×515	54,—	90,—	100,—
82	4×515+4×517	54,—	90,—	100,—
83	8×516	54,—	90,—	100,—
84	1×516+4×519	90,—	150,—	140,—
85	7×516	30,—	50,—	55,—
86	7×519	30,—	50,—	55,—
87	4×513+4×515	30,—	50,—	55,—
88	2×512+5×517	30,—	50,—	55,—
89	3×514+4×519	28,—	45,—	50,—
90	4×512+4×519	28,—	45,—	50,—
91	4×513+4×516	28,—	45,—	50,—
92	2×515+3×516+3×517	28,—	45,—	50,—
93	4×512+3×514	20,—	35,—	22,—
94	6×513+1×519	15,—	25,—	22,—
95	2×515+5×516	20,—	35,—	22,—
96	7×516	12,—	20,—	22,—
97	3×517+4×519	20,—	35,—	22,—
98	4×512+3×514	20,—	35,—	22,—
99	2×515+5×516	20,—	35,—	22,—
100	3×517+4×519	20,—	35,—	22,—

Zusammendrucke aus Markenheftchenbogen und H-Blättern:

Zd-MiNr.	MiNr.	Werte	Preise *	**	⊙
5.8.1933 (Markenheftchenbogen zu MH 33, H-Blätter 76–78)					
W 46	485+487	8+12	48,—	80,—	80,—
S 106	468+487	5+12	17,—	28,—	15,—
S 107	468+487+468	5+12+5	42,—	70,—	70,—
S 108	487+468	12+5	27,—	45,—	45,—
S 109	487+468+487	12+5+12	42,—	70,—	70,—
S 110	487+485	12+8	30,—	50,—	50,—
S 111	487+485+487	12+8+12	70,—	120,—	120,—
S 112	485+487	8+12	36,—	50,—	50,—
S 113	485+487+485	8+12+8	70,—	120,—	120,—
KZ 17	468+Z+Z+487	5+Z+Z+12	36,—	60,—	80,—
KZ 18	484+Z+Z+484	6+Z+Z+6	36,—	60,—	80,—
KZ 19	487+Z+Z+487	12+Z+Z+12	36,—	60,—	90,—
1934/1936 (Markenheftchenbogen zu MH 35 und 36, H-Blätter 81–88)					
W 59	515+512	5+1	0,60	1,—	1,—
W 60	515+513	5+3	15,—	25,—	18,—
W 61	A 5+519	A 5+12	15,—	25,—	18,—
W 62	516+519	6+12	15,—	25,—	18,—
W 63	A 8.1+517	A 8.1+8	6,—	10,—	6,—
W 64	517+512	8+1	6,—	10,—	6,—
W 65	A 8.1+517+512	A 8.1+8+1	9,—	15,—	9,—
W 66	A 9+516	A 9+6	6,—	10,—	6,—
W 67	A 10+519	A 10+12	6,—	10,—	6,—
S 115	512+513	1+3	2,—	3,50	3,—
S 116	512+513+512	1+3+1	12,—	20,—	20,—
S 117	513+512	3+1	6,—	10,—	10,—
S 118	513+512+513	3+1+3	12,—	20,—	20,—
S 119	515+517	5+8	1,20	2,—	2,—
S 120	515+517+515	5+8+5	9,50	16,—	20,—
S 121	517+515	8+5	4,80	8,—	10,—
S 122	517+515+517	8+5+8	9,50	16,—	20,—
S 123	A 5+516	A 5+6	24,—	40,—	30,—
S 124	A 5+516+A 5	A 5+6+A 5	95,—	160,—	160,—
S 125	516+A 5	6+A 5	48,—	80,—	80,—
S 126	516+A 5+516	6+A 5+6	95,—	160,—	160,—
S 127	513+515	3+5	0,60	1,—	1,—
S 128	513+515+513	3+5+3	3,—	5,—	5,—
S 129	515+513	5+3	1,50	2,50	2,50
S 130	515+513+515	5+3+5	3,—	5,—	5,—
S 131	A 8.1+517	A 8.1+8	3,60	6,—	6,—
S 132	A 8.1+517+A 8.1	A 8.1+8+A 8.1	15,—	25,—	22,—
S 133	517+A 8.1	8+A 8.1	12,—	20,—	16,—
S 134	517+A 8.1+517	8+A 8.1+8	15,—	25,—	22,—
S 135	512+517	1+8	3,60	5,—	5,—
S 136	512+517+512	1+8+1	15,—	25,—	22,—
S 137	517+512	8+1	12,—	20,—	16,—
S 138	517+512+517	8+1+8	15,—	25,—	22,—
S 139	A 9+516	A 9+6	3,60	6,—	6,—
S 140	A 9+516+A 9	A 9+6+A 9	15,—	25,—	22,—
S 141	516+A 9	6+A 9	12,—	20,—	16,—
S 142	516+A 9+516	6+A 9+6	15,—	25,—	22,—
S 143	A 10+519	A 10+12	3,60	6,—	6,—
S 144	A 10+519+A 10	A 10+12+A 10	15,—	25,—	22,—
S 145	519+A 10	12+A 10	12,—	20,—	16,—
S 146	519+A 10+519	12+A 10+12	15,—	25,—	22,—
KZ 20	512+Z+Z+513	1+Z+Z+3	15,—	25,—	25,—
KZ 21	515+Z+Z+517	5+Z+Z+8	15,—	25,—	25,—
KZ 22	516+Z+Z+516	6+Z+Z+6	5,50	9,—	9,—
KZ 23	519+Z+Z+519	12+Z+Z+12	5,50	9,—	9,—
KZ 24	512+Z+Z+517	1+Z+Z+8	5,50	9,—	9,—
KZ 25	513+Z+Z+515	3+Z+Z+5	5,50	9,—	9,—
1937 (Markenheftchenbogen zu MH 37, H-Blätter 89–92)					
W 68	A 8.2+514	A 8.2+4	4,20	7,—	6,—
W 69	515+516	5+6	2,—	3,50	3,50
W 70	515+517	5+8	4,20	7,—	6,—
S 147	512+519	1+12	1,—	1,60	1,60
S 148	512+519+512	1+12+1	3,60	5,—	5,—
S 149	519+512	12+1	1,50	2,50	2,50
S 150	519+512+519	12+1+12	3,60	5,—	5,—
S 151	513+516	3+6	1,—	1,60	1,60
S 152	513+516+513	3+6+3	3,60	5,—	5,—
S 153	516+513	6+3	1,50	2,50	2,50
S 154	516+513+516	6+3+6	3,60	5,—	5,—
S 155	A 8.2+519	A 8.2+12	3,60	6,—	5,—
S 156	A 8.2+519+A 8.2	A 8.2+12+A 8.2	18,—	30,—	30,—
S 157	519+A 8.2	12+A 8.2	9,—	15,—	15,—
S 158	519+A 8.2+519	12+A 8.2+12	18,—	30,—	30,—
S 159	516+517	6+8	1,20	2,—	2,—
S 160	516+517+516	6+8+6	4,20	7,—	7,—
S 161	517+516	8+6	2,—	3,50	3,50
S 162	517+516+517	8+6+8	4,20	7,—	7,—
S 163	514+519	4+12	1,20	2,—	2,—
S 164	514+519+514	4+12+4	4,20	7,—	7,—
S 165	519+514	12+4	2,—	3,50	3,50
S 166	519+514+519	12+4+12	4,20	7,—	7,—
KZ 26	512+Z+Z+519	1+Z+Z+12	4,20	7,—	7,—
KZ 27	513+Z+Z+516	3+Z+Z+6	4,20	7,—	7,—
KZ 28	514+Z+Z+519	4+Z+Z+12	4,20	7,—	7,—
KZ 29	516+Z+Z+517	6+Z+Z+8	4,20	7,—	7,—
1939 (Markenheftchenbogen zu MH 38, H-Blätter 93–97)					
W 78	A 12+514	A 12+4	4,50	7,50	7,50
W 79	A 13.1+513	A 13.1+3	3,—	5,—	5,—
W 80	513+519	3+12	3,—	5,—	5,—
W 81	A 14.1+516	A 14.1+6	4,50	7,50	7,50
W 82	A 14.1+516+515	A 14.1+6+5	9,—	15,—	20,—
W 83	516+515	6+5	4,50	7,50	7,50
W 84	A 15.1+516	A 15.1+6	1,80	3,—	3,—
W 85	A 16.1+519	A 16.1+12	4,50	7,50	7,50
W 86	519+517	12+8	4,50	7,50	7,50
S 167	A 12+512	A 12+1	4,50	7,50	7,50
S 168	A 12+512+A 12	A 12+1+A 12	14,50	24,—	24,—
S 169	512+A 12	1+A 12	9,—	16,—	16,—
S 170	512+A 12+512	1+A 12+1	14,50	24,—	24,—
S 171	514+512	4+1	0,60	1,—	1,—
S 172	514+512+514	4+1+4	1,80	3,—	4,—
S 173	512+514	1+4	0,90	1,50	1,50
S 174	512+514+512	1+4+1	1,80	3,—	4,—
S 175	A 13.1+513	A 13.1+3	1,90	3,20	3,20
S 176	A 13.1+513+A 13.1	A 13.1+3+A 13.1	9,—	15,—	18,—
S 177	513+A 13.1	3+A 13.1	4,80	8,—	10,—
S 178	513+A 13.1+513	3+A 13.1+3	9,—	15,—	18,—
S 179	519+513	12+3	1,90	3,20	3,20
S 180	519+513+519	12+3+12	9,—	15,—	18,—
S 181	513+519	3+12	4,80	8,—	10,—
S 182	513+519+513	3+12+3	9,—	15,—	18,—
S 183	A 14.1+516	A 14.1+6	4,50	7,50	7,50
S 184	A 14.1+516+A 14.1	A 14.1+6+A 14.1	14,50	24,—	30,—
S 185	516+A 14.1	6+A 14.1	9,50	16,—	20,—
S 186	516+A 14.1+516	6+A 14.1+6	14,50	24,—	30,—
S 187	515+516	5+6	1,80	3,—	3,—
S 188	515+516+515	5+6+5	9,—	15,—	15,—
S 189	516+515	6+5	4,50	7,50	7,50
S 190	516+515+516	6+5+6	9,—	15,—	15,—
S 191	A 15.1+516	A 15.1+6	1,80	3,—	3,—
S 192	A 15.1+516+A 15.1	A 15.1+6+A 15.1	3,60	6,—	6,—
S 193	516+A 15.1	6+A 15.1	2,40	4,—	4,—
S 194	516+A 15.1+516	6+A 15.1+6	3,60	6,—	6,—
S 195	A 16.1+519	A 16.1+12	4,50	7,50	7,50
S 196	A 16.1+519+A 16.1	A 16.1+12+A 16.1	14,50	24,—	30,—
S 197	519+A 16.1	12+A 16.1	9,50	16,—	20,—
S 198	519+A 16.1+519	12+A 16.1+12	14,50	24,—	30,—
S 199	519+517	12+8	0,60	1,—	1,—
S 200	519+517+519	12+8+12	1,80	3,—	3,—
S 201	517+519	8+12	0,90	1,50	1,50
S 202	517+519+517	8+12+8	1,80	3,—	3,—
KZ 30	514+Z+Z+512	4+Z+Z+1	7,20	12,—	12,—
KZ 31	519+Z+Z+513	12+Z+Z+3	7,20	12,—	12,—
KZ 32	515+Z+Z+516	5+Z+Z+6	7,20	12,—	12,—
KZ 33	519+Z+Z+517	12+Z+Z+8	7,20	12,—	12,—

Zu dieser Gruppe gehört noch KZ 22

Zd-MiNr.	MiNr.	Werte	Preise *	**	⊙
1940 (Markenheftchenbogen zu MH 39, H-Blätter 98–100)					
W 87	A 16.2+517	A 16.2+8	7,50	12,—	9,—
W 88	A 14.2+515	A 14.2+5	7,50	12,—	9,—
W 89	A 17.1+514	A 17.1+4	7,50	12,—	9,—
S 203	A 16.2+519	A 16.2+12	7,50	12,—	9,—
S 204	A 16.2+519+A 16.2	A 16.2+12+A 16.2	35,—	55,—	65,—
S 205	519+A 16.2	12+A 16.2	18,—	30,—	40,—
S 206	519+A 16.2+519	12+A 16.2+12	35,—	55,—	65,—
S 207	A 14.2+516	A 14.2+6	7,50	12,—	9,—
S 208	A 14.2+516+A 14.2	A 14.2+6+A 14.2	29,—	48,—	55,—
S 209	516+A 14.2	6+A 14.2	14,—	24,—	30,—
S 210	516+A 14.2+516	6+A 16.2+6	29,—	48,—	55,—
S 211	A 17.1+512	A 17.1+1	7,50	12,—	9,—
S 212	A 17.1+512+A 17.1	A 17.1+1+A 17.1	29,—	48,—	55,—
S 213	512+A 17.1	1+A 17.1	14,—	24,—	30,—
S 214	512+A 17.1+512	1+A 17.1+1	29,—	48,—	55,—
KZ 34	517+Z+Z+513	8+Z+Z+3	7,20	12,—	12,—
KZ 35	512+Z+Z+516	1+Z+Z+6	7,20	12,—	12,—
KZ 36	514+Z+Z+516	4+Z+Z+6	7,20	12,—	12,—

Zu dieser Gruppe gehören noch W 69, W 79, W 80, W 84; S 171–182, S 187–194, S 199–202 und KZ 22 und 23

Zusammendrucke aus Automatenrollen:

Zd-MiNr.	MiNr.	Werte	Preise *	**	⊙
S 215	514+516	4+6	6,—	10,—	10,—
S 216	514+516+514	4+6+4	9,—	15,—	15,—
S 217	516+514	6+4	6,—	10,—	10,—
S 218	516+514+516	6+4+6	9,—	15,—	15,—

Zusammendrucke aus Einheitsgeberbogen und -streifen (1939/1940):

Zd-MiNr.	MiNr.	Werte	Preise *	**	⊙
W 71	512+515	1+5	0,60	1,—	1,50
W 72	512+515+A 8.3	1+5+A 8.3	1,20	2,—	2,50
W 73	515+A 8.3	5+A 8.3	0,60	1,—	1,50
W 74	515+A 8.3+513	5+A 8.3+3	1,20	2,—	2,50
W 75	A 8.3+513	A 8.3+3	0,60	1,—	1,50
W 76	A 8.3+513+512	A 8.3+3+1	1,20	2,—	2,50
W 77	513+512	3+1	0,60	1,—	1,50
W 90	515+512+A 8.3	5+1+A 8.3	1,80	3,—	4,—
W 91	512+A 8.3	1+A 8.3	1,20	2,—	3,—

Zd-MiNr.	MiNr.	Werte	Preise *	**	⊙
W 92	512+A 8.3+512	1+A 8.3+1	1,80	3,—	4,—
W 93	A 8.3+512	A 8.3+1	1,20	2,—	3,—
W 94	A 8.3+512+513	A 8.3+1+3	1,80	3,—	4,—
W 95	512+513	1+3	0,60	1,—	1,—
W 96	515+512+A 13.2	5+1+A 13.2	2,40	4,—	6,—
W 97	512+A 13.2	1+A 13.2	1,80	3,—	4,50
W 98	512+A 13.2+512	1+A 13.2+1	2,40	4,—	6,—

Zd-MiNr.	MiNr.	Werte	Preise *	**	⊙
W 99	A 13.2+512	A 13.2+1	1,80	3,—	4,50
W 100	A 13.2+512+513	A 13.2+1+3	2,40	4,—	8,—
WK 5	512+512+513	1+1+3	3,60	6,—	10,—
WK 6	512+513+513	1+3+3	3,60	6,—	10,—
K 21	512+512	1+1	1,80	3,—	3,50
K 22	513+513	3+3	0,60	1,—	1,—

1936. Olympische Spiele

MH-MiNr.	Ausgabe-Datum	ONr.	Deckelfarbe	enthält H-Blätter (Anzahl)	Auflage	MH-Preis **
42	15.6.1936	ohne	rot	105 (1), 106 (1)		200,—

H-Blatt 105

H-Blatt 106

H-Bl.-MiNr.	mit MiNr.	H-Bl.-Preise *	**	⊙
105	5×609+5×613	36,—	60,—	65,—
106	5×610+5×611	36,—	60,—	65,—

Zusammendrucke aus Markenheftchenbogen zu MH 42 und H-Blättern 104–105:

Zd-MiNr.	MiNr.	Werte	Preise *	**	⊙
W 103	610+611	4+6	5,40	9,—	9,—
W 104	610+611+610	4+6+4	11,—	18,—	18,—
W 105	611+610	6+4	3,—	5,—	5,—
W 106	611+610+611	6+4+6	11,—	18,—	18,—
W 107	609+613	3+12	4,80	8,—	8,—
W 108	609+613+609	3+12+3	21,—	35,—	35,—

Zd-MiNr.	MiNr.	Werte	Preise *	**	⊙
W 109	613+609	12+3	3,60	6,—	6,—
W 110	613+609+613	12+3+12	21,—	35,—	35,—
SK 27	610+611	4+6	21,—	35,—	35,—
SK 28	609+613	3+12	21,—	35,—	35,—

1936–1940. Winterhilfswerk

MH-MiNr.	Ausgabe-Datum	ONr.	Deckelfarbe	enthält H-Blätter (Anzahl)	Auflage	MH-Preise **
43	2.11.1936	ohne	dunkelrosarot	107 (1), 108 (1)		140,—
44	Nov. 1937	ohne	dunkelrosarot	109 (1), 110 (1)		130,—
45	Dez. 1938	ohne	dunkelrosarot	111 (1), 112 (1)		130,—
46	Dez. 1939	ohne	dunkelrosarot	113 (1), 114 (1)		*130,—*
47	Nov. 1940	ohne	dunkelrosarot	115 (1), 116 (1)		130,—

H-Blatt 107

H-Blatt 108 (mit A 11.1)

H-Blatt 109

H-Blatt 110 (mit A 11.2)

H-Blatt 111

H-Blatt 112 (mit A 11.3)

H-Blatt 113

H-Blatt 114 (mit A 11.4)

H-Blatt 115

H-Blatt 116 (mit A 11.3)

H-Bl.-MiNr.	mit MiNr.	H-Bl.-Preise ✶	✶✶	⊙
107	5×636+5×637	18,—	30,—	35,—
108	4×634+5×639	36,—	60,—	70,—
109	5×653+5×654	18,—	30,—	35,—
110	4×651+5×656	36,—	60,—	65,—
111	5×677+5×678	18,—	30,—	35,—
112	4×675+5×680	36,—	60,—	65,—
113	5×732+5×733	18,—	30,—	35,—
114	4×730+5×735	*36,—*	*60,—*	*65,—*
115	5×753+5×754	18,—	30,—	35,—
116	4×751+5×756	36,—	60,—	65,—

Zusammendrucke aus Markenheftchenbogen und H-Blättern:

Zd-MiNr.	MiNr.	Werte	Preise ✶	✶✶	⊙
2.11.1936 (Markenheftchenbogen zu MH 43, H-Blätter 107 und 108)					
W 111	A 11.1+639	A 11.1+12	4,80	8,—	10,—
W 112	A 11.1+639+A 11.1	A 11.1+12+A 11.1	20,—	35,—	35,—
W 113	639+A 11.1	12+A 11.1	8,50	14,—	16,—
W 114	639+A 11.1+639	12+A 11.1+12	20,—	35,—	35,—
W 115	634+639	3+12	1,50	2,50	2,50
W 116	634+639+634	3+12+3	4,50	9,—	9,—
W 117	639+634	12+3	2,70	4,50	4,50
W 118	639+634+639	12+3+12	4,50	9,—	9,—
W 119	636+637	5+6	2,—	3,50	3,50
W 120	636+637+636	5+6+5	4,20	7,—	7,—
W 121	637+636	6+5	1,20	2,—	2,—
W 122	637+636+637	6+5+6	4,20	7,—	7,—
S 243	A 11.1+634	A 11.1+3	9,—	15,—	15,—
SK 29	636+637	5+6	5,40	9,—	10,—
SK 30	634+639	3+12	5,40	9,—	10,—
Nov. 1937 (Markenheftchenbogen zu MH 44, H-Blätter 109 und 110)					
W 123	654+653	6+5	1,—	1,60	1,60
W 124	654+653+654	6+5+6	2,70	4,50	5,—
W 125	653+654	5+6	1,50	2,50	2,50
W 126	653+654+653	5+6+5	5,40	9,—	10,—
W 127	A 11.2+656	A 11.2+12	4,80	8,—	8,—
W 128	A 11.2+656+A 11.2	A 11.2+12+A 11.2	20,—	35,—	35,—
W 129	656+A 11.2	12+A 11.2	8,50	14,—	16,—
W 130	656+A 11.2+656	12+A 11.2+12	18,—	30,—	32,—
W 131	651+656	3+12	1,20	2,—	2,—
W 132	651+656+651	3+12+3	4,20	7,—	8,—
W 133	656+651	12+3	2,—	3,50	4,—
W 134	656+651+656	12+3+12	4,20	7,—	8,—
S 244	A 11.2+651	A 11.2+3	9,—	15,—	15,—
SK 31	651+656	3+12	5,40	9,—	10,—
SK 32	653+654	5+6	5,40	9,—	10,—
Dez. 1938 (Markenheftchenbogen zu MH 45, H-Blätter 111 und 112)					
W 135	A 11.3+675	A 11.3+3	9,—	15,—	15,—
S 245	677+678	5+6	1,20	2,—	2,—
S 246	677+678+677	5+6+5	3,60	6,—	7,50
S 247	678+677	6+5	1,80	3,—	4,—
S 248	678+677+678	6+5+6	3,60	6,—	7,50
S 249	680+675	12+3	1,50	2,50	2,50
S 250	680+675+680	12+3+12	4,80	8,—	9,—
S 251	675+680	3+12	2,40	4,—	5,—
S 252	675+680+675	3+12+3	4,80	8,—	9,—
S 253	680+A 11.3	12+A 11.3	6,—	10,—	13,—
S 254	680+A 11.3+680	12+A 11.3+12	24,—	40,—	60,—
S 255	A 11.3+680	A 11.3+12	15,—	25,—	40,—
S 256	A 11.3+680+A 11.3	A 11.3+12+A 11.3	24,—	40,—	60,—
K 33	677+678	5+6	5,40	9,—	10,—
K 34	675+680	3+12	5,40	9,—	10,—
Dez. 1939 (Markenheftchenbogen zu MH 46, H-Blätter 113 und 114)					
W 136	733+732	6+5	1,30	2,20	2,20
W 137	733+732+733	6+5+6	3,60	6,—	7,—
W 138	732+733	5+6	1,80	3,—	3,50
W 139	732+733+732	5+6+5	3,60	6,—	7,—
W 140	A 11.4+735	A 11.4+12	*4,80*	*8,—*	*8,—*
W 141	A 11.4+735+A 11.4	A 11.4+12+A 11.4	*24,—*	*40,—*	*60,—*
W 142	735+A 11.4	12+A 11.4	*15,—*	*25,—*	*40,—*
W 143	735+A 11.4+735	12+A 11.4+12	*24,—*	*40,—*	*60,—*
W 144	730+735	3+12	*1,50*	*2,50*	*2,50*
W 145	730+735+730	3+12+3	*4,80*	*8,—*	*9,—*
W 146	735+730	12+3	*2,40*	*4,—*	*5,—*
W 147	735+730+735	12+3+12	*4,80*	*8,—*	*9,—*

Zd-MiNr.	MiNr.	Werte	Preise *	**	⊙
S 257	A 11.4+730	A 11.4+3	9,—	15,—	15,—
SK 35	733+732	6+5	5,40	9,—	10,—
SK 36	730+735	3+12	*5,40*	*9,—*	*10,—*

Nov. 1940 (Markenheftchenbogen zu MH 47, H-Blätter 115 und 116)

Zd-MiNr.	MiNr.	Werte	Preise *	**	⊙
W 148	A 11.3+751	A 11.3+3	9,—	15,—	15,—
S 258	753+754	5+6	1,20	2,—	2,—
S 259	753+754+753	5+6+5	3,60	6,—	7,—
S 260	754+753	6+5	1,30	2,20	3,—
S 261	754+753+754	6+5+6	3,60	6,—	7,—
S 262	756+A 11.3	12+A 11.3	6,—	10,—	14,—
S 263	756+A 11.3+756	12+A 11.3+12	19,—	32,—	40,—
S 264	A 11.3+756	A 11.3+12	12,—	20,—	25,—
S 265	A 11.3+756+A 11.3	A 11.3+12+A 11.3	24,—	40,—	50,—
S 266	756+751	12+3	1,50	2,50	2,50
S 267	756+751+756	12+3+12	4,80	8,—	10,—
S 268	751+756	3+12	2,40	4,—	5,—
S 269	751+756+751	3+12+3	4,80	8,—	10,—
K 37	751+756	3+12	6,—	10,—	10,—
K 38	753+754	5+6	6,—	10,—	10,—

1941. Adolf Hitler

MH-MiNr.	Ausgabe-Datum	ONr.	Deckelfarbe	enthält H-Blätter (Anzahl)	Auflage	MH-Preis **
48	Dez. 1941	1	dunkelrosarot	117 (1), 118 (1), 119 (1), 120 (1), 121 (1)		130,—
49	Dez. 1941	1	dunkelrosarot	117 (1), 118 (1), 119 (1), 121 (1), 122 (1)		200,—

H-Blatt 117

H-Blatt 118

H-Blatt 119 (mit A 13.3 + A 16.3)

H-Blatt 120 (mit A 13.4)

H-Blatt 121 (mit A 14.3)

H-Blatt 122 (mit A 17.2 + A 15.2)

H-Bl.-MiNr.	mit MiNr.	H-Bl.-Preise *	**	⊙
117	4×781+4×784	9,—	15,—	20,—
118	6×782+2×785	9,—	15,—	20,—
119	4×783+2×786	9,—	15,—	20,—
120	7×785	18,—	30,—	40,—
121	7×785	21,—	35,—	60,—
122	6×788	6,—	10,—	20,—

Zusammendrucke aus Markenheftchenbogen zu MH 48–49 und H-Blättern 117–122:

Zd-MiNr.	MiNr.	Werte	Preise *	**	⊙
W 149	785+782	6+3	2,40	4,—	4,—
W 150	783+786	4+8	1,20	2,—	2,—
W 151	A 13.3+783	A 13.3+4	1,20	2,—	3,—
W 152	A 16.3+783	A 16.3+4	1,20	2,—	3,—
W 153	A 16.3+783+786	A 16.3+4+8	2,—	3,50	4,—
W 154	A 13.4+785	A 13.4 +6	6,—	10,—	12,—
W 155	A 14.3+785	A 14.3+6	7,50	12,—	25,—
W 156	A 17.2+788	A 17.2+12	2,40	4,—	5,—
W 157	A 15.2+788	A 15.2+12	2,40	4,—	5,—
S 270	784+781	5+1	0,60	1,—	1,—
S 271	784+781+784	5+1+5	2,40	4,—	6,—
S 272	781+784	1+5	1,20	2,—	3,—
S 273	781+784+781	1+5+1	2,40	4,—	6,—
S 274	782+785	3+6	1,20	2,—	2,—
S 275	782+785+782	3+6+3	4,80	8,—	12,—
S 276	785+782	6+3	2,40	4,—	6,—
S 277	785+782+785	6+3+6	4,80	8,—	12,—
S 278	783+786	4+8	0,60	1,—	1,—
S 279	783+786+783	4+8+4	2,40	4,—	7,—
S 280	786+783	8+4	1,20	2,—	5,—
S 281	786+783+786	8+4+8	2,40	4,—	7,—
S 282	A 13.3+785	A 13.3+6	6,—	10,—	14,—
S 283	A 13.3+785+A 13.3	A 13.3+6+A 13.3	20,—	35,—	80,—
S 284	785+A 13.3	6+A 13.3	15,—	25.—	50,—
S 285	785+A 13.4+785	6+A 13.4+6	20,—	35,—	80,—
S 286	A 14.3+785	A 14.3+6	7,50	12,—	25,—
S 287	A 14.3+785+A 14.3	A 14.3+6+A 14.3	20,—	35,—	110,—
S 288	785+A 14.3	6+A 14.3	15,—	25,—	60,—
S 289	785+A 14.3+785	6+A 14.3+6	20,—	35,—	100,—
KZ 37	781+Z+Z+782	1+Z+Z+3	4,20	7,—	9,—
KZ 38	782+Z+Z+784	3+Z+Z+5	4,20	7,—	9,—
KZ 39	783+Z+Z+785	4+Z+Z+6	2,—	3,50	4,50
KZ 40	786+Z+Z+785	8+Z+Z+6	2,—	3,50	4,50
KZ 41	788+Z+Z+788	12+Z+Z+12	2,—	3,50	4,50

Zusammendrucke aus Automatenrollen:

Zd-MiNr.	MiNr.	Werte	Preise *	**	⊙
S 290	783+785	4+6	1,80	3,—	5,—
S 291	783+785+783	4+6+4	3,—	5,—	10,—
S 292	785+783	6+4	1,80	3,—	5,—
S 293	785+783+785	6+4+6	3,—	5,—	12,—

Dienstmarken

Gebührenzettel für Dienstbriefe der Eisenbahngesellschaften

Die Gebührenzettel wurden vom Kaiserlichen Generalpostamt Berlin nach Anmeldung des Bedarfs durch die Postanstalten an die Oberpostdirektionen geliefert und von dort weiterverteilt. Die Beamten der Postämter hatten sie auf alle Dienstpostsendungen der Eisenbahndienststellen aufzukleben und die Portobeträge in der linken unteren Ecke der Sendungen zu vermerken. Die Beträge wurden monatlich aufgerechnet und als gestundetes Porto nachrichtlich vermerkt. Nach Zwischenabrechnungen zu jedem Quartalsende erfolgte am Jahresschluss eine Aufrechnung des Gesamtbetrages.

1874

1874, 1. Juli. Gebührenfreiheitsmarken. Bdr.; farbiges Papier; □.

I) 2. und 3. Zeile der Inschrift in Groteskschrift, Einfassung doppellinig

II) 2. und 3. Zeile Antiqua, Einfassung einlinig

			(✶)	✶	✶✶
I	—	schwarz auf hellbraungelb (Töne)	200,—	750,—	*3000,—*
II	—	schwarz auf hellbraungelb (Töne)	1500,—		

MiNr. I und II sollten nicht abgestempelt werden.

MiNr. II wurde entgegen den Vorschriften von einzelnen OPD-Bezirken zeitweise selbst beschafft.

Mit dem Übergang der Eisenbahn in die Hände des preußischen Staates wurden die Gebührenfreiheitsmarken auf Grund des Ablösungsvertrages Nr. 21 durch einen zweizeiligen Kastenstempel „Frei lt. Avers No. 21" mit Angabe der Dienststelle, später „Frei lt. Ablösung Nr. 21" (dazu Dienstsiegel) ersetzt.

Zähldienstmarken

Im Gegensatz zu den Reichsbehörden waren die Behörden der Länder nicht von der Portopflicht befreit. Es bestand allerdings die Möglichkeit, mit der Reichspost einen sogenannten „Ablösungsvertrag" (Baden am 1.6.1885 unter der Nr. 16, Preußen am 1.4.1894 unter der Nr. 21) zu schließen, aufgrund dessen sämtliche Portokosten durch die Zahlung einer Pauschalsumme abgegolten werden konnten. Um den tatsächlichen Bedarf dieser Behörden zu überprüfen, wurden sogenannte „Zähldienstmarken" eingeführt.

Zusätzlich zu diesen Marken mussten alle portofreien Sendungen der badischen und preußischen Behörden das Dienstsiegel bzw. eine Siegelmarke tragen.

Die Abgabe der Zähldienstmarken an Privatpersonen war anfangs (bis angeblich Oktober 1903) nicht ausdrücklich verboten, deshalb konnten auch ungebrauchte Marken in den Handel gelangen.

1903/1905

1903, 1. Jan. Zähldienstmarken für Preußen. Bdr. (10×10); gez. K 14:14¼.

Da) Inschrift „FREI / DURCH / ABLÖSUNG / Nr. 21" im Rahmen der Germania-Marken

					✶	✶✶	⊙
1	2	(Pf)	(dunkel)graublau (Töne)	Da	1,50	2,80	6,—
2	3	(Pf)	dunkelockerbraun bis dunkelolivbraun	Da	1,50	2,80	6,—
3	5	(Pf)	dunkelopalgrün (Töne)	Da	0,30	1,—	0,70
4	10	(Pf)	(lebhaft)rotkarmin	Da	0,30	1,—	0,70
5	20	(Pf)	violettultramarin (Töne)	Da	0,30	1,—	0,70
6	25	(Pf)	rötlichorange bis dunkelorange/(braun)schwarz auf hellgelb	Da	1,—	2,—	2,20
7	40	(Pf)	(dunkelrötlich)karmin/(braun)schwarz	Da	1,—	2,—	2,60
8	50	(Pf)	dunkelbräunlichlila (Töne)/braunschwarz auf mattbraunorange	Da	1,20	2,50	2,50
				Satzpreis (8 W.)	7,—	14,—	20,—

Auflagen: unbekannt

Gültig bis 31.12.1903

1905, 1. Jan. Zähldienstmarken für Baden. Bdr. (10×10); gez. K 14:14¼.

Db) Inschrift „FREI / DURCH / ABLÖSUNG / Nr. 16" im Rahmen der Germania-Marken

					✶	✶✶	⊙
9	2	(Pf)	(dunkel)blaugrau (Töne)	Db	70,—	750,—	100,—
10	3	(Pf)	dunkelolivbraun bis dunkelockerbraun	Db	8,—	35,—	14,—
11	5	(Pf)	dunkel(opal)grün	Db	5,50	24,—	12,—
12	10	(Pf)	karminrot bis (lebhaft)rotkarmin	Db	1,—	4,—	2,80
13	20	(Pf)	dunkelultramarin bis lebhaftviolettultramarin	Db	2,—	15,—	4,—
14	25	(Pf)	dunkel(rötlich)orange/(braun)schwarz auf hellgelb	Db	40,—	300,—	70,—
				Satzpreis (6 W.)	120,—	1100,—	190,—

Auflagen: MiNr. 9 = 165 100, MiNr. 10 = 377 800, MiNr. 11 = 531 700, MiNr. 12 = 2 591 600, MiNr. 13 = 1 114 900, MiNr. 14 = 198 400 Stück

Gültig bis 31.12.1905

MiNr. 15 fällt aus.

Dienstmarken

Ab 1. April 1920 mussten die Landesbehörden, ab 1. Juli auch die Reichsbehörden ihre gesamte Dienstpost mit besonderen Dienstmarken frankieren. In der Zeit der Hochinflation wurde die Ausgabe besonderer Dienstmarken zeitweise unterbrochen und den Behörden Frankierung mit Freimarken gestattet. Ab 1.10.1923 benutzten die Reichsbehörden keine Dienstmarken mehr (Ablösungsverfahren).

1920

1920, 1. April. Dienstmarken für Preußen, Ablösungsziffer „21" in den Ecken. Ⓔ unbekannt; Bdr. (10×10); Wz. 1; gez. K 14:14¼.

Dc

Dd

De

Df

Dg

Dh

Di

Wz. 1

Dc–Di) Wertziffern

					*	**	⊙	FDC
16	5	(Pf)	schwärzlichgrün bis schwarzopalgrün	Dc	0,30	1,20	4,—	100,—
17	10	(Pf)	schwärzlichrosa bis dunkelrosarot GA	Dd	1,—	4,—	2,—	80,—
18	15	(Pf)	dunkellilabraun (Töne)	De	0,20	1,—	3,—	80,—
19	20	(Pf)	(schwarz)violettblau bis schwärzlichviolettultramarin GA	Df	0,20	0,70	2,50	80,—
20	30	(Pf)	dunkelrötlichorange bis gelblichrot auf mattgelblichorange GA	Dg	0,20	0,60	2,—	80,—
21	50	(Pf)	dunkelbraunviolett bis dunkelgrauviolett, schwärzlichviolett auf mattgelblichorange	Dh	0,40	2,—	2,—	100,—
22	1	M	dunkelrotorange bis gelblichrot auf mattgelblichorange	Di	11,—	40,—	5,—	—,—
			Satzpreis (7 W.)		13,—	48,—	18,—	

MiNr. 16–22 wurden ab 1.7.1920 auch von nichtpreußischen Behörden verwendet.

Auflagen: unbekannt

Gültig bis 30.9.1923

Dk

1920, 1. April/Okt. Dienstmarken für alle Länder, ohne Ablösungsziffer. Ⓔ unbekannt; Bdr., Bogen (B) (10×10) und Rollen (R); Wz. 1; gez. K 14:14¼.

Dl

Dm

Dn

Do

Dp

Dr

Ds

Dt

Du

Dv

Dk–Dv) Wertziffern

					*	**	⊙	FDC
23	5	(Pf)	schwärzlichgrün bis schwärzlichopalgrün (B) (1. April)	Dk	1,20	5,—	18,—	100,—
24	10	(Pf)	lilarot (Töne) (B) (R) (1. April) GA	Dl	0,20	0,60	2,20	80,—
25	15	(Pf)	dunkelkarminbraun bis dunkellilabraun (B) (R) (1. April)	Dm	0,20	0,60	3,—	80,—
26	20	(Pf)	(schwärzlich)violettblau bis schwärzlichlilaultramarin (B) (R) (1. April) GA	Dn	0,20	0,60	2,50	80,—
27	30	(Pf)	dunkel(rötlich)orange bis dunkelrotorange auf mattgelblichorange (B) (R) (1. April)	Do	0,20	0,60	2,50	80,—
28	40	(Pf)	schwärzlichrosarot bis (lebhaft)lilarot (B) (R) (Okt.)	Dp	0,20	0,60	2,50	
29	50	(Pf)	grau- bis schwärzlichviolett auf mattgelblichorange (B) (R) (1. April)	Dr	0,20	0,60	2,50	80,—
30	1	M	gelblichrot bis orangerot auf mattgelblichorange (B) (R) (1. April)	Ds	0,20	0,60	2,50	—,—
31	1.25	M	(schwärzlich)preußischblau auf hellgraugelb (B) (R) (1. April)	Dt	0,20	0,60	5,—	
32	2	M	dunkelviolettultramarin (Töne), schwarzgrauultramarin (B) (Sept.)	Du	5,50	30,—	4,—	
33	5	M	(schwärzlich)siena bis dunkelrotbraun auf hellgraugelb (B) (R) (Sept.)	Dv	0,20	1,40	4,—	
			Satzpreis (11 W.)		8,—	42,—	40,—	
31 x			satiniertes Friedenspapier, feinbrüchige Gummierung		10,—	25,—	25,—	

Auflagen: unbekannt

Gültig bis 30.9.1923

Weiterer Wert in Zeichnung Dl: MiNr. 65; in Zeichnung Du: MiNr. 70

Dienstmarken mit Aufdruck „C.G.H.S." siehe bei Oberschlesien

Wenn in den Kopftexten nicht ausdrücklich anders angegeben, wurden alle Dienstmarken in der Reichsdruckerei Berlin gedruckt.

Preise für gestempelte Marken der Inflationszeit gelten nur für echt gestempelte, Infla-geprüfte Stücke.
Bei ungebrauchten Marken unter 3,— werden etwaige Prüfgebühren nicht berücksichtigt.

1920, 1. April. Dienstmarken: Teilauflagen der Dienstmarken MiNr. 44–61 von Bayern (sogen. „Abschiedsausgabe“) bzw. Neuauflagen mit schwarzem Bdr.- Aufdruck durch Fa. Bruckmann.

					✶	✶✶	⊙	FDC
34	5	(Pf)	dunkelgelblichgrün	(D 44)	0,20	0,60	4,—	
35	10	(Pf)	dunkelgelblichorange	(D 45)	0,20	0,60	2,40	
36	15	(Pf)	dunkelrosarot GA	(D 46)	0,20	0,60	2,50	40,—
37	20	(Pf)	braunviolett	(D 47)	0,20	0,60	2,—	30,—
38	30	(Pf)	dunkelpreußischblau GA	(D 48)	0,20	0,60	2,—	30,—
39	40	(Pf)	(dunkel)ockerbraun	(D 49)	0,20	0,60	2,—	20,—
40	50	(Pf)	(orange)rot	(D 50)	0,20	0,60	2,50	20,—
41	60	(Pf)	grünblau	(D 51)	0,20	1,40	2,—	20,—
42	70	(Pf)	schwarzgrauviolett	(D 52)	2,50	15,—	3,50	
43	75	(Pf)	karmin	(D 53)	0,40	1,70	1,80	
44	80	(Pf)	dunkelpreußischblau	(D 54)	0,20	0,60	1,80	20,—
45	90	(Pf)	schwärzlicholiv	(D 55)	2,—	9,—	4,50	
46	1	M	schwärzlichsiena	(D 56)	0,20	0,60	2,50	
47	1¼	M	(dunkel)grün	(D 57)	0,20	0,60	2,50	
48	1½	M	dunkelzinnoberrot (Töne)	(D 58)	0,20	0,60	2,50	
49	2½	M	blau	(D 59)	0,20	1,—	2,50	
50	3	M	rotkarmin	(D 60)	0,20	1,—	2,50	
51	5	M	grünschwarz	(D 61)	11,—	50,—	35,—	
				Satzpreis (18 W.)	18,—	85,—	75,—	

34 F	Paar mit und ohne Aufdruck	50,—	
37 F	Paar mit und ohne Aufdruck	25,—	60,—

Auflagen: unbekannt *Gültig bis 30.9.1923*

1920, 1. April. Neu gedruckte Dienstmarken Ziffern in Raute („Portopflichtige Dienstsache“) von Württemberg mit zweizeiligem schwarzem Bdr.-Aufdruck der Druckereien der Verkehrsanstalten, Stuttgart.

					✶	✶✶	⊙
52	5	(Pf)	dunkelgraugrün (Töne)	(D 114)	5,—	15,—	13,—
53	10	(Pf)	schwärzlichrosarot GA	(D 115)	3,—	10,—	6,—
54	15	(Pf)	schwarzgrauviolett (Töne)	(D 131)	3,—	11,—	6,50
55	20	(Pf)	dunkelultramarin (Töne)	(D 116)			
X			Wz. Kreuze und Ringe (Wz. 1 von Württemberg)		5,—	16,—	11,—
Y			Wz. Ringe (Wz. 2 von Württemberg)		6,—	20,—	11,—
56	50	(Pf)	braunkarmin (Töne)	(D 118)	8,—	30,—	25,—
				Satzpreis (5 W.)	24,—	80,—	60,—

MiNr. 52–56 wurden nur in Württemberg ausgegeben und gebraucht.

Auflagen: unbekannt *Gültig bis 30.9.1923*

1920, 1. April. Neu gedruckte Dienstmarken Ziffer(n) in Schildern („Amtlicher Verkehr“) von Württemberg mit Bdr.-Aufdruck wie bei MiNr. 52–56.

					✶	✶✶	⊙
57	5	(Pf)	dunkelgraugrün (Töne)	(D 229)	3,—	11,—	5,—
58	10	(Pf)	schwärzlichrosarot (Töne) GA	(D 230)	2,—	8,—	4,—
59	15	(Pf)	schwarzgrauviolett (Töne)	(D 252)	2,—	8,—	4,—
60	20	(Pf)	dunkelultramarin (Töne)	(D 231)			
X			Wz. Kreuze und Ringe (Wz. 1 von Württemberg)		2,—	8,—	2,—
Y			Wz. Ringe (Wz. 2 von Württemberg)		*150,—*	*450,—*	*400,—*
61	30	(Pf)	dunkelorange bis lebhaftrötlichorange/schwarz	(D 233)	2,—	8,—	5,—
62	40	(Pf)	schwärzlichrosarot (Töne)/schwarz	(D 234)	2,—	8,—	4,—
63	50	(Pf)	braunkarmin (Töne)	(D 235)	2,—	8,—	5,—
64	1	M	preußischblau bis dunkelgrünlichblau/schwarz	(D 254)	3,—	11,—	10,—
				Satzpreis (8 W.)	18,—	70,—	36,—

Die Preise bei MiNr. 52–64 gelten für Marken mit teils leicht verkürzten Zähnen oder teils fehlenden Zahnspitzen (siehe „Briefmarken-Qualitätsstufen“ im Einleitungsteil, Abb. 13); einwandfreie Zähnung rechtfertigt Aufschlag!

MiNr. 57–64 wurden nur in Württemberg ausgegeben und gebraucht.

Auflagen: unbekannt *Gültig bis 30.9.1923*

1921

DI

1921, Febr. Dienstmarke: wie MiNr. 24, jedoch geänderte Farbe und nur in Rollen.

				✶	✶✶	⊙
65	10 (Pf)	dunkelorange (Töne) *(27.1.1921)*	DI	0,80	3,50	600,—

Auflage: unbekannt *Gültig bis 30.9.1923*

1921, Mai/1922, Nov. Dienstmarken: Wertziffern. Ⓔ unbekannt; Bdr., Bogen (B) (10 × 10) und Rollen (R); Wz. 1; gez. K 14:14½.

Dw

Dx

Dy

Dw–Dy) Wertziffern

				✶	✶✶	⊙
66	60 Pf	dunkel- bis schwärzlichrotkarmin, dunkelbräunlichkarmin (B) (R) (Mai 1921)	Dw	0,40	1,50	2,—
67	3 M	schwärzlichbraunorange bis lebhaftrotbraun auf hellrotkarmin (B) (Nov. 1922)	Dx	0,20	0,60	2,—
68	10 M	schwärzlichopalgrün bis schwarzgrün/(dunkel)graugrün auf hellrotkarmin (B) (Nov. 1922)	Dy	0,20	1,—	2,—
		Satzpreis (3 W.)		0,70	3,—	6,—

Auflagen: unbekannt *Gültig bis 30.9.1923*

1922

1922, Jan./1923, Febr. Dienstmarken: Wertziffern. Ⓔ unbekannt; Bdr., Bogen (B) (10 × 10) und Rollen (R); Wz. 2; gez. K 14:14¼.

Dz

Du

Dy

Dy

Dy

Dy

Wz. 2

				✶	✶✶	⊙
69	75 Pf	dunkelviolettultramarin (Töne) (B) (Nov. 1922)	Dz	0,30	1,—	10,—
70	2 M	dunkelviolettultramarin bis schwarzblau (B) (R) (Jan. 1922)	Du	0,20	0,60	2,—
71	10 M	schwarzgraugrün (Töne) auf mittelrötlichkarmin (B) (Febr. 1923)	Dy	0,30	1,—	12,—
72	20 M	dunkelblau bis dunkelviolettultramarin auf mittelrötlichkarmin (B) (Jan. 1923)	Dy	0,20	0,60	2,—
73	50 M	schwärzlichviolettpurpur bis dunkelbraunviolett auf mittelrötlichkarmin (B) (Jan.1923)	Dy	0,20	0,60	2,—
74	100 M	lilarot (Töne) auf mittelrötlichkarmin (B) (Jan. 1923)	Dy	0,20	0,60	2,—
		Satzpreis (6 W.)		1,20	4,—	30,—
71 Y		Wz. liegend (statt stehend), waagerechte Riffelung		*600,—*	*1200,—*	*30000,—*

Auflagen: unbekannt *Gültig bis 30.9.1923*

Notizen:

1923

1923, ab Ende Mai. Dienstmarken: Teilauflagen der Freimarken „Arbeiter“ (MiNr. 75–77), „Ziffern im Kreis“ (MiNr. 78–81) und „Wertangaben im Kreis mit Rosettenmuster“ (MiNr. 82–88) mit schwarzem, schlangenförmigem Bdr.-Aufdruck.

MiNr.	Wert		Beschreibung		✶	✶✶	⊙
75	20	M	mittel- bis lebhaftbraunlila	(241)	0,40	1,40	10,—
76	30	M	schwärzlich- bis schwarzgrauoliv	(243)	0,20	0,60	45,—
77	40	M	schwärzlich(gelblich)grün bis schwärzlicholivgrün	(244)	0,40	1,40	4,—
78	200	M	lilarot (Töne)	(269)	0,20	0,60	2,—
79	300	M	schwärzlichgelblichgrün	(270)	0,20	0,60	2,—
80	400	M	dunkel- bis schwärzlichorangebraun	(271)	0,20	0,60	2,—
81	500	M	dunkelzinnober (Töne)	(272)	0,20	0,70	2,—
82	100 Mio	M	dunkelgrün(lich)grau	(322 A)	0,20	0,80	200,—
83	200 Mio	M	(dunkel)ockerbraun bis (dunkel)olivbraun	(323 A)	0,40	1,40	200,—
84	2 Mrd	M	mattsiena/schwarzgrün (Töne)	(326 A)	0,20	1,20	150,—
85	5 Mrd	M	lebhaftgelblichorange/siena (Töne)	(327 A)	0,20	2,—	110,—
86	10 Mrd	M	schwärzlichgrüngelb/(dunkel)olivgrün (Töne)	(328 A)	5,—	13,—	180,—
87	20 Mrd	M	(dunkel)opalgrün/schwärzlichockerbraun (Töne)	(329 A)	5,—	20,—	200,—
88	50 Mrd	M	lebhaftkobaltblau/schwärzlichkobaltblau (Töne)	(330 A)	2,50	7,50	260,—
				Satzpreis (14 W.)	15,—	50,—	1300,—
75 Y			liegendes (statt stehendes) Wz.		0,50	2,60	190,—
77 z			auf Kartonpapier		15,—	45,—	
80 F			Paar mit und ohne Aufdruck		100,—	250,—	
81 F			Paar mit und ohne Aufdruck				500,—

FALSCH Dienstmarke 5 Mrd M auf Urmarke 327 B

Auflagen: unbekannt

MiNr. 75–77 gültig bis 30.9.1923, MiNr. 78–81 bis 30.11.1923, MiNr. 82–88 bis 31.12.1923

1923, Ende Aug./Okt. Dienstmarken: Teilauflagen von Dienstmarken MiNr. 24, 25, 27, 33, 69, 73 und 74 mit schwarzem Bdr.-Aufdruck der neuen Wertstufe; MiNr. 94 und 97 jetzt Wz. 2.

MiNr.	Wert		Urmarke	Beschreibung		✶	✶✶	⊙
89	**5 Tsd (M)**	auf	5 M	(schwärzlich)siena auf hellgraugelb	(33)	0,10	0,40	4,—
90	**20 Tsd (M)**	auf	30 (Pf)	dunkelrotorange auf mattgelblichorange	(27)	0,10	0,40	4,—
91	**75 Tsd (M)**	auf	50 M	schwärzlichviolettpurpur (Töne) auf mittelrötlichkarmin	(73)	0,10	0,40	4,—
92	**100 Tsd (M)**	auf	15 (Pf)	dunkelkarminbraun bis dunkellilabraun	(25)	0,10	0,40	4,—
93	**250 Tsd (M)**	auf	10 (Pf)	lilarot (Töne)	(24)	0,10	0,40	4,—
94	**400 Tsd (M)**	auf	15 (Pf)	dunkellilabraun (Töne), Wz. 2	(neu)	0,10	0,40	36,—
95	**800 Tsd (M)**	auf	30 (Pf)	dunkelrotorange auf mattgelblichorange				
X				Wz. 2	(neu)	0,40	1,40	6,—
Y				Wz. 1	(27)	0,60	2,—	400,—
96	**1 Mio (M)**	auf	75 (Pf)	dunkelviolettultramarin (Töne)	(69)	0,10	0,40	50,—
97	**2 Mio (M)**	auf	10 (Pf)	lilarot (Töne), Wz. 2	(neu)			
X				Wz. 2 stehend		0,40	1,40	5,—
Y				Wz. 2 liegend		10,—	34,—	4000,—
98	**5 Mio (M)**	auf	100 M	lilarot (Töne) auf mittelrötlichkarmin	(74)	0,10	0,40	7,50
					Satzpreis (10 W.)	1,—	5,—	120,—
90 F				Paar mit und ohne Aufdruck		—,—	—,—	
91 F				Paar mit und ohne Aufdruck		70,—	180,—	—,—
93 F				Paar mit und ohne Aufdruck		80,—	200,—	350,—
97 X F				Paar mit und ohne Aufdruck		—,—	—,—	—,—

Auflagen: unbekannt

MiNr. 89–95 gültig bis 30.11.1923, MiNr. 96–98 bis 31.12.1923

Notizen:

Neue Währung: Renten-, später Reichsmark

1923, 1. Dez. Dienstmarken: Freimarken MiNr. 338–343 (Wertziffern im Kreis mit Rosetten-[Korbdeckel-]Muster) mit schwarzem, schlangenförmigem Bdr.-Aufdruck.

				✶	✶✶	⊙
99	3 (Pf)	dunkelorange-braun	(338)	0,30	2,—	1,—
100	5 (Pf)	dunkelgrün	(339)	0,30	2,—	1,—
101	10 (Pf)	schwärzlichrosa-rot	(340)	0,30	2,—	1,—
102	20 (Pf)	dunkellila-ultramarin	(341)	0,80	3,50	1,50
103	50 (Pf)	dunkelrot-orange	(342)	0,80	4,50	2,—
104	100 (Pf)	schwärzlich-violettpurpur	(343)	5,—	20,—	10,—
			Satzpreis (6 W.)	7,50	30,—	16,—

Marken ohne Wertangabe (I):

99 I	150,—	400,—	*1000,—*
100 I	150,—	400,—	400,—
101 I	150,—	400,—	1000,—
102 I		400,—	400,—
103 I	500,—		*5000,—*

Marken auf dünnerem, glasigem Papier (y):

99 y	2,—	8,—	8,—
100 y	2,—	8,—	8,—
101 y	2,—	8,—	8,—
102 y	4,—	15,—	8,—
104 y		—,—	

Sonstige Abart:

101 III	Paar mit und ohne Aufdruck		—,—	—,—

Auflagen: unbekannt

MiNr. 99–102 gültig bis 31.3.1933, MiNr. 103 und 104 gültig bis 30.6.1934

1924

1924, März/Juni. Dienstmarken: Freimarken MiNr. 355–361 (Neuer Reichsadler) und 362–363 (H. von Stephan) mit schrägem, bei MiNr. 112 und 113 waagerechtem, schwarzem, schlangenförmigem Bdr.-Aufdruck.

				✶✶	⊙
105	3 (Pf)	lebhaftockerbraun	(355 X)	3,—	3,—
106	5 (Pf)	mittelgrün (Töne)	(356 X)	2,—	1,—
107	10 Pf	rot (Töne)	(357 X)	1,20	1,—
108	20 Pf	blau bis schwärzlich-ultramarin	(358)	1,40	1,—
109	30 Pf	braunpurpur	(359)	5,—	1,—
110	40 Pf	(dunkel)braunoliv	(360)	5,—	1,—
111	50 Pf	lebhaftorange	(361)	25,—	5,—
112	60 Pf	lebhaftbraunrot (Töne) (Juni)	(362)	10,—	5,—
113	80 Pf	schwarzgrünblau (Juni)	(363)	26,—	48,—
			Satzpreis (9 W.) ✶ 22,—	75,—	65,—

Alle Marken gibt es auf dünnerem, glasigem Papier; Aufschlag jeweils 100%.

Bei fast allen Marken gibt es mehr oder weniger starke Farbschwankungen.

Auflagen: unbekannt

MiNr. 105–110 und 112–113 gültig bis 31.12.1933, MiNr. 111 bis 30.6.1934

1927–1933

1927/1933, Dez. Dienstmarken: Wertziffer(n) im Oval (sogen. „Strohhutmuster"). Bdr. (10×10); gestrichenes Papier; Wz. 2, X = stehend, Y = liegend; gez. K 14:14¼.

Daa) Wertziffer(n) im Oval

					✶✶	⊙
114 X	3 (Pf)	schwärzlichocker (1927)	Daa		1,50	1,—
115 X	5 (Pf)	grün (1927)	Daa		0,80	1,—
116 X	8 (Pf)	(dunkel)grün (Töne) (1927)	Daa		1,50	1,—
117 X	10 (Pf)	karmin (1927)	Daa		35,—	8,—
118 X	15 (Pf)	zinnoberrot (1927)	Daa		8,—	1,20
119	20 (Pf)	schwarzblaugrün (1927)	Daa			
X		Wz. 2 stehend			40,—	4,—
Y		Wz. 2 liegend			110,—	100,—
120 X	30 (Pf)	schwarzgrünoliv (1927)	Daa		4,50	1,20
121	40 (Pf)	dunkelbraunviolett (1927)	Daa			
X		Wz. 2 stehend			5,—	1,20
Y		Wz. 2 liegend			40,—	40,—
122 X	60 (Pf)	lebhaftbraunrot (1928)	Daa		6,50	2,50

Wie MiNr. 117 und 118, jedoch geänderte Farben.

123	10 (Pf)	zinnoberrot (1929)	Daa			
X		Wz. 2 stehend			90,—	34,—
Y		Wz. liegend			80,—	25,—
124 X	15 (Pf)	karmin (1929)	Daa		1,80	1,20

Wie MiNr. 117 und 119, jedoch (abermals) geänderte Farben.

125 X	10 (Pf)	purpur (Töne) (1930)	Daa		2,—	1,20
126	20 (Pf)	rötlichgrau (1930)	Daa			
X		Wz. 2 stehend			10,—	1,50
Y		Wz. 2 liegend			*6500,—*	*600,—*

Neue Wertstufen.

127 X	4 (Pf)	lebhaftkobaltblau (1931)	Daa		2,—	1,20
128 X	6 (Pf)	lebhaftgrauoliv (1932)	Daa		3,50	1,20
129 X	12 (Pf)	rotorange (1932)	Daa		2,—	1,20

Wie MiNr. 127 und 125, jedoch (abermals) geänderte Farben.

130 X	4 (Pf)	schwarzgrau-ultramarin (1933)	Daa		75,—	18,—
131 X	10 (Pf)	schwärzlichsiena (1933)	Daa		35,—	12,—
		Satzpreis MiNr. 114–131 (18 W.)		✶ 70,—	280,—	80,—

Auflagen: unbekannt

Gültig bis 31.12. 1936

1934/38

1934, 18. Jan. Dienstmarken für Landes-(Regierungs-)Behörden: Hakenkreuz im Eichenkranz (I). Bdr. (10×10); gestrichenes Papier; Wz. 4; gez. K 14:14¼.

Wz. 4

Dab) Hakenkreuz im Eichenkranz

MiNr.	Wert	Farbe	Type	**	⊙
132	3 (Pf)	dunkelockerbraun (Töne)	Dab	4,—	1,50
133	4 (Pf)	schwärzlich-preußischblau	Dab	1,20	1,20
134	5 (Pf)	gelbsmaragdgrün	Dab	0,80	1,50
135	6 (Pf)	schwärzlich- bis schwarzopalgrün	Dab	0,80	1,20
136	8 (Pf)	orangerot	Dab	9,—	1,20
137	10 (Pf)	dunkelrötlichbraun	Dab	1,80	10,—
138	12 (Pf)	schwarzrosa	Dab	15,—	2,—
139	15 (Pf)	schwärzlichrotlila	Dab	6,—	12,—
140	20 (Pf)	mittelkobaltblau	Dab	2,20	2,—
141	30 (Pf)	dunkelbräunlicholiv	Dab	3,50	2,—
142	40 (Pf)	dunkellilapurpur	Dab	3,50	2,—
143	50 (Pf)	dunkelgelborange	Dab	6,—	5,—
		Satzpreis (12 W.) ✶ 13,—		50,—	40,—

Die stark abweichenden Farbtönungen von MiNr. 132–143 sind auf die bis in die Kriegszeit 1941 erfolgten Nachauflagen zurückzuführen.

MiNr. 132–143 erschienen zunächst (18. Jan. 1934) nur an den Sammlerschaltern Berlin W 30 und München 2 und wurden je nach Aufbrauch der älteren Dienstmarkenbestände verwendet.

Auflagen: unbekannt *Gültig bis Mai 1945*

1938, 26. Jan. Dienstmarken der Partei: Adler auf Sockel (I). 🄴 Prof. Klein; Bdr. (10×10); Wz. 4; gez. K 14:14¼.

Dac) Adler auf Sockel

MiNr.	Wert	Farbe	Type	**	⊙
144	1 (Pf)	braunschwarz	Dac	7,50	4,—
145	3 (Pf)	dunkelbraunocker	Dac	7,50	2,50
146	4 (Pf)	(lebhaft)grauultramarin	Dac	9,—	2,—
147	5 (Pf)	lebhaftgelbsmaragdgrün	Dac	3,40	2,—
148	6 (Pf)	dunkelgraugrün	Dac	3,40	2,—
149	8 (Pf)	gelblichrot	Dac	30,—	2,—
150	12 (Pf)	dunkelrosarot	Dac	55,—	2,—
151	16 (Pf)	dunkelgrüngrau	Dac	6,50	12,—
152	24 (Pf)	dunkelolivgelb	Dac	14,—	6,50
153	30 (Pf)	dunkelbräunlicholiv	Dac	11,—	10,—
154	40 (Pf)	lilapurpur	Dac	13,—	15,—
		Satzpreis (11 W.) ✶ 20,—		150,—	60,—

Bei allen Werten gibt es deutliche Farbschwankungen.

Abgabe ungestempelter Dienstmarken am Sammlerschalter Berlin W 30 ab 31.1.1938. Gefälligkeitsstempelungen unzulässig.

Auflagen: unbekannt *Gültig bis Mai 1945*

Ab dem 1.8.1938 hatten die Dienstmarken der NSDAP auch innerhalb Österreichs sowie von Österreich nach dem Altreich und nach der Freien Stadt Danzig Gültigkeit.

1942/44

1942, 2. März. Dienstmarken der Partei (II). Wie MiNr. 144–154, jedoch meist leicht geänderte Farben auf Papier oWz.

Dac

MiNr.	Wert	Farbe	Type	**	⊙
155	1 (Pf)	schwarztürkisgrau	Dac	5,—	40,—
156	3 (Pf)	dunkelgelblichbraun	Dac	1,20	1,50
157	4 (Pf)	schwarzgrünlichblau	Dac	5,—	4,—
158	5 (Pf)	(dunkel)grünoliv	Dac	1,20	30,—
159	6 (Pf)	lebhaftblauviolett bis purpurviolett	Dac	1,20	3,—
160	8 (Pf)	zinnober	Dac	1,60	3,—
161	12 (Pf)	dunkelrosarot	Dac	1,60	1,50
162	16 (Pf)	(grau)blaugrün	Dac	25,—	100,—
163	24 (Pf)	braunorange	Dac	3,—	40,—
164	30 (Pf)	dunkelgrauoliv	Dac	4,—	30,—
165	40 (Pf)	purpur	Dac	4,—	60,—
		Satzpreis (11 W.) ✶ 12,—		50,—	300,—

Die Gebraucht-Preise über 20,— € gelten nur für geprüfte Stücke!

Bei allen Werten gibt es deutliche Farbschwankungen; bei MiNr. 161 existiert eine Vielzahl von (chemischen?) Farbveränderungen; **einzig sicheres Unterscheidungsmerkmal zwischen MiNr. 155–165 und MiNr. 144–154 ist das Papier mit bzw. ohne Wz.!**

Auflagen: unbekannt *Gültig bis Mai 1945*

1942/44. Dienstmarken für Landes-(Regierungs-) Behörden (II). Wie MiNr. 132–143, jedoch teilweise leicht geänderte Farben auf Papier oWz.

Dab

MiNr.	Wert	Farbe	Type	**	⊙
166	3 (Pf)	dunkelockerbraun (1943)	Dab	0,80	1,50
167	4 (Pf)	schwarzgrünlichblau (1942)	Dab	0,70	4,—
168	5 (Pf)	schwärzlicholivgrün (1942)	Dab	1,20	20,—
169	6 (Pf)	dunkelbläulichviolett (Töne) (1943)	Dab	0,80	1,50
170	8 (Pf)	dunkelgelblichrot (Töne) (1943)	Dab	0,80	1,50
171	10 (Pf)	schwärzlichsiena (1942)	Dab	2,—	15,—
172	12 (Pf)	lilarot (1944)	Dab	1,50	6,—
173	15 (Pf)	lebhaftbraunkarmin (1942)	Dab	15,—	70,—
174	20 (Pf)	lebhaftkobalt (1942)	Dab	1,20	10,—
175	30 (Pf)	grauoliv (1942)	Dab	1,20	10,—
176	40 (Pf)	lilapurpur (1942)	Dab	2,50	25,—
177	50 (Pf)	schwarzbläulichgrün (1942)	Dab	20,—	*400,—*
		Satzpreis (12 W.) ✶ 12,—		45,—	*550,—*

Die Gebraucht-Preise über 20,— € gelten nur für geprüfte Stücke!

Die stark variierenden Farbtöne bei allen Werten sind auf die durch die Kriegszeit vorhandenen Materialprobleme zurückzuführen; **einzig sicheres Unterscheidungsmerkmal zwischen MiNr. 166–177 und MiNr. 132–143 ist das Papier mit Wz. 4 (MiNr. 132–143) bzw. ohne Wz. (MiNr. 166–177)!**

Auflagen: unbekannt *Gültig bis Mai 1945*

Die für die Dienststellen der NSDAP und ihre Gliederungen vorgesehenen besonderen Dienstmarken konnten zum Freimachen der von diesen Dienststellen ausgehenden Postsendungen nach den Orten des Deutschen Reiches und nach dem Gebiet der Freien Stadt Danzig verwendet werden. Die Marken waren von den Dienststellen nach den allgemein gültigen Gebührensätzen ebenso wie gewöhnliche Freimarken zu gebrauchen (jedoch nicht für Telegrafengebühren).

Dienst-Kontrollaufdrucke auf Freimarken-Ausgaben

Zur Verhütung von Missbrauch, Unterschlagung und Diebstahl der behördlichen Freimarkenbestände, deren Verwendung an Stelle der in der Hochinflation nicht mehr ausreichend vorhandenen Dienstmarken durch eine besondere Verfügung amtlich angeordnet war, ließ sich zunächst der Regierungspräsident in Wiesbaden von der OPD Frankfurt auf M. die Genehmigung erteilen, die Markenbestände seiner Dienststelle mit dem Schutzaufdruck „Regierung" überstempeln zu lassen. Die OPD Frankfurt hat bei der Antragsgenehmigung also keine neuen Dienstmarken schaffen, sondern nur eine weitere in der Form bisher nicht gestattete Schutzmaßnahme zur Verhütung missbräuchlicher Verwendung amtlicher Markenbestände bewilligen wollen, wie sie z. B. Privatpersonen in der Firmenlochung von Marken schon immer erlaubt war.

I. Regierung Wiesbaden

1922, 23. Dez. Aufdruck „Regierung" in Fraktur (T. I und II) oder Kursiv (T. III) (violettschwarz, rot, grün oder violett) mittels Gummistempel.

Type I **Regierung.** ca. 17,5 mm lang

Regierung Type II ca. 22,5 mm lang

Regierung Type III ca. 28 mm lang

II. Regierungsausweichstelle Frankfurt am Main

1923. Frankfurter Aufdrucke.

Von der vorübergehend in das unbesetzte Frankfurt a. M. verlegten Abteilung der Wiesbadener Regierung wurden gegen Ende des Jahres 1923 Inflations- und Rentenpfennig-Marken überdruckt.

Schräger Handstempel violett **Regierung**

II auf Langenschwalbach

1922/1923. Landratsamt Langenschwalbach. Marken mit diagonalem Gummistempelaufdruck „Der Landrat" in Fraktur, meist violett, auch rot.

III. Mecklenburg

Schutzaufdrucke der Mecklenburgischen Landessteuerdirektion mit Genehmigung der OPD Schwerin. Die Überstempelung erfolgte durch die einzelnen Steuerämter; infolgedessen gibt es 8 verschiedene Typen.

Trotz der irreführenden, falsch gewählten Bezeichnung „Dienstmarke" sind auch mit diesem Aufdruck keine Dienstmarken geschaffen worden.

Dienstmarke I. Rostock (23 mm)

Dienstmarke II. Doberan (29 mm)

Dienstmarke III. Güstrow (33½ mm)

Dienst marke IV. Hagenow

Dienstmarke V. Ludwigslust (28 mm)

Dienstmarke VI. Parchim (33 mm)

Dienstmarke VII. Schwerin (28 mm)

Dienstmarke VIII. Wismar (30½ mm)

Ausführliche Katalogisierung siehe MICHEL-Deutschland-Spezial Band 1!

Deutsche Auslandspostämter und Kolonien

Postgeschichte

Die Briefmarken-Ausgaben dieses Abschitts sind in zwei Gruppen zu teilen. Die deutschen Auslandspostämter in der Türkei, in China und in Marokko entstanden – vor allem um die Handelsinteressen der dort ansässigen deutschen Kaufleute zu wahren – ab 1870, 1886 bzw. 1899 in politisch selbständigen Ländern, in denen kein eigenes, staatlich organisiertes oder dem Weltpostverein angeschlossenes Postsystem bestand.

Die Postanstalten in den deutschen Kolonien entstanden hingegen – abgesehen von den gepachteten oder erworbenen Kolonien – in Gebieten, die vom Deutschen Reich „unter Schutz gestellt" und aufgrund dieses Aktes deutsches Staatsgebiet wurden.

In den jeweiligen Gebieten wurden zügig funktionierende Postverwaltungen aufgebaut. Diese waren nach dem Vorbild der Deutschen Reichspost organisiert und in der Regel mit Fachbeamten, also Hoheitsträgern des Reiches besetzt. Lediglich kleinere Postanstalten wurden auch nebenbei, jedoch meist in beamtenähnlichen Verhältnissen, verwaltet. Die einzelnen Postanstalten konnten sich aber nur bis zu einem gewissen Grade selbst verwalten, sie unterstanden in der Regel einem kolonialen Hauptpostamt, welches wiederum einer bestimmten Ober-Post-Direktion des Mutterlandes oder dem Reichspostamt direkt untergeordnet war.

Reichspostamt Berlin: die Postanstalten in China, Marokko und der Türkei, Deutsch-Ostafrika (ab 1892), Deutsch-Südwestafrika (ab 1899);
OPD Bremen: die Postanstalten in Kiautschou, Deutsch-Neuguinea, auf den Karolinen, Marianen, Marshall-Inseln (ab 1900) und auf Samoa;
OPD Hamburg: die Postanstalten in Deutsch-Ostafrika (einschl. Lamu und Zanzibar, bis März 1892), Deutsch-Südwestafrika (bis März 1899), Kamerun, auf den Marshall-Inseln (bis September 1900) und in Togo.

Mit der Eröffnung der jeweiligen Auslandspostämter bzw. der einzelnen Postanstalten in den Kolonien wurden in den ersten Jahren der Einfachheit halber Marken des Mutterlandes benutzt, zuerst ohne und später mit Aufdruck. Erst ab der Jahrhundertwende erhielten die Kolonien eigene Marken, während die Auslandspostämter bis zu ihrer Aufhebung mit Überdruckmarken versorgt wurden.

Vor- und Mitläufer

Definition und Abgrenzung

Unter Vorläufern versteht man **Postwertzeichen der Deutschen Reichspost – im Falle der Deutschen Post in der Türkei auch der Norddeutschen Post – die bei den deutschen Postanstalten im Ausland sowie der Kolonien ohne besondere Kennzeichnung bis zur Ausgabe eigener Ausgaben allgemein in Verwendung waren.** Sofern sie offiziell an die Postämter geliefert und über die Postschalter verkauft wurden, spricht man von **eigentlichen** Vorläufern, sofern sie nicht offiziell ausgegeben, aber verwendet wurden, von **uneigentlichen** Vorläufern (z.B. MiNr. V 39 und V 43).

Mit der Ausgabe der ersten eigenen, besonders gekennzeichneten Marken eines jeden Gebietes wurden aus den (bis zur Außerkurssetzung) auch weiterhin verwendeten unüberdruckten Marken sogenannte Mitläufer. Der Zeitpunkt dieses Übergangs lässt sich einheitlich nicht festlegen: Je nach Lieferungszeitpunkt der einzelnen Wertstufen variiert dieser selbst innerhalb ein und derselben Ausgabe eines Gebietes.

Es sollten zwar grundsätzlich die noch vorhandenen Bestände aufgebraucht werden, bevor die Überdruckausgabe ausgegeben werden durfte, dies wurde aber nicht immer befolgt. Da die unüberdruckten Marken noch längere Zeit frankaturgültig blieben und auch aus Deutschland mitgebrachte Werte immer wieder zur Verwendung gelangten, kommen Mitläufer bei vielen Gebieten häufiger vor (20–50% der Vorläuferpreise). Sie können je nach postalischen Umständen aber auch gleichwertig sein.

Eine Ausnahme bildet lediglich die MiNr. 37, die nur im Innendienst vom jeweiligen Postamt verwendet werden durfte und erst durch den 2-Mark-Wert der Schiffszeichnung Ende 1900/Anfang 1901 ersetzt wurde. Bis zu diesem Zeitpunkt stellt sie deshalb einen echten Vorläufer dar.

Als Mitläufer sind auch die mitunter vorkommenden, späteren Marken-Ausgaben des Deutschen Reiches (meist aus MiNr. 52–57 und 68–72) einzustufen, auch wenn diese mitunter auf besonderen Sammlerwunsch entstanden sind.

Sämtliche Vor- und Mitläufer sind nur an der Abstempelung bzw. handschriftlichen Entwertung (DP Türkei) zu erkennen, dementsprechend kann es keine ungebrauchten Vor- und Mitläufer geben.

Aus satztechnischen Gründen, zur Unterscheidung von Vor- und Mitläufern sowie zur Abgrenzung von den Reichs-Ausgaben wird der Zusatz „V" für Vorläufer, „M" für Mitläufer und „PV" für die im Petschili-Gebiet (DP China) gebrauchten Marken verwendet, wobei die benutzte Katalognummer die MiNr. des Ursprungsgebietes bezeichnet (Deutsches Reich bzw. im Falle Kiautschous die Aufdruck-Ausgaben der Deutschen Post in China).

Abstempelungen

Da die Abstempelungen zu den wertentscheidenden Kriterien bei den Vorläufern zählen, werden an diese auch besondere Anforderungen gestellt. **Die Preise gelten für lose Marken und Briefstücke mit vollem, lesbarem Stempel (Ort und Datum). Diese verdienen nur dann keinen Preisabschlag, wenn alle wichtigen Kriterien der Entwertung sowie das volle Datum vorhanden sind. Marken oder Briefstücke, die dagegen nur Teile des Stempels erkennen lassen, werten in der Regel erheblich niedriger!**

Die Preisangaben beziehen sich auf die am häufigsten vorkommenden Stempel. Diese werden in der Regel auch ausdrücklich genannt – andere Abstempelungen können u.U. jedoch erheblich teurer sein.

Aufdruckausgaben

Die Vor- und Mitläufer wurden erstmals bei der Deutschen Post in der Türkei (1884) und in Deutsch-Ostafrika (1893) aufgrund von Umrechnungsschwierigkeiten in die abweichende Landeswährung von Aufdruckausgaben abgelöst. Ab April 1897 erschienen die Aufdruckausgaben für Deutsch-Neuguinea, Deutsch-Südwestafrika, Kamerun, die Marshall-Inseln und Togo. Weitere Ausgaben folgten 1898 (DP China), 1899 (DP Marokko, Karolinen, Marianen) und 1900 (Samoa).

Ausführliche Katalogisierung sowie Bewertungen der Abstempelungen der verschiedenen Postanstalten aller Vorläufer siehe: Dr. Friedrich F. Steuer/Ronald F. Steuer: „Handbuch und Katalog der Deutschen Kolonialvorläufer" (4. Aufl., München 2006)!

Für den Aufdruck wurden bei einigen Gebieten zwei verschiedene Aufdruckwinkel (48° und 56°) verwendet. Neben diesem lassen sich auch Unterschiede in der Aufdruckstärke feststellen (fein, mittel, kräftig). Da sich die Aufdruckstärken jedoch fast ausschließlich auf unterschiedliche Zurichtung der Druckplatte und somit auf herstellungsbedingte Zufälligkeiten zurückführen lassen, sind diese Unterschiede weder abgrenz- noch katalogisierbar.

Für all diese Ausgaben wurden die zeitgleich für das Mutterland verwendeten Marken überdruckt. Aus diesem Grund besteht wiederum ein sehr enger Zusammenhang zwischen den kolonialen und den Reichs-Ausgaben hinsichtlich Farben, Papieren und Plattenfehlern.

Bei den Abstempelungen gilt im Wesentlichen das bei den Vorläufern Gesagte, auch hier gibt es sehr seltene Poststempel, deren Erfassung und Bewertung spezieller Literatur überlassen bleiben muss.

Ausgaben in Schiffszeichnung

Für die Ausgaben in Schiffszeichnung wurde eine Abbildung der kaiserlichen Yacht „Neue Hohenzollern" verwendet. Sie wurden wie alle vorhergehenden in der Reichsdruckerei Berlin gedruckt und zeigen – trotz der abweichenden Zeichnung – mit den zeitgleichen Ausgaben der Germania-Serien große Ähnlichkeiten: Es finden sich vergleichbare Kennzeichen bezüglich Farben, Papieren, Zähnungen, Gummierungen, Markenheftchen und Bogenranddrucken.

Rahmen- und Mittelstückzeichnungen der Höchstwerte:

Die Höchstwerte wurden im zweifarbigen Stichtiefdruck hergestellt, aufgrund unterschiedlicher Rahmen- und Mittelstückszeichnungen für die verschiedenen Gebiete ergaben sich bei Verwechslungen während des Druckes mehrere Variationen.

Type I

Type II

Bei Deutsch-Ostafrika wurde außerdem eine Type III verwendet, deren Mittelstück auch beim 5-Mark-Wert von Deutsch-Neuguinea (MiNr. 23 B) zum Einsatz kam: In der oberen Hälfte entspricht sie bei Rahmen und Mittelstück der Type I, in der unteren Hälfte zeigt sie jedoch größere Wertschilder und dementsprechend größere Ausbuchtungen des Mittelstücks.

Schaltersatz:

Unter dem Schaltersatz versteht man im Handel 147 ungebrauchte Werte der Deutschen Kolonien und Auslandspostämter, die noch von 1914 bis 1919 am Sammlerschalter in Berlin zu haben waren. Er enthält eine Anzahl Werte, die nicht an den Postschaltern der Kolonien verkauft worden sind. Der Verkauf wurde mit Unterzeichnung des Versailler Vertrages eingestellt. Der Schaltersatz besteht aus den folgenden Werten: D.P. in China, MiNr. 38–47; D.P. in Marokko, MiNr. 46–58; Deutsch-Neuguinea, MiNr. 10–18, 21–24; Deutsch-Ostafrika, MiNr. 20, 30–36 und 38/39; Deutsch-Südwestafrika, MiNr. 15, 17–19, 24–32; Kamerun, MiNr. 11–15, 17/18, 20–25; Karolinen, MiNr. 8–18, 21/22; Kiautschou, MiNr. 28–37; Marianen, MiNr. 8–18, 20/21; Marshall-Inseln, MiNr. 14–24, 26/27; Samoa, MiNr. 10–18, 20–23 und Togo, MiNr. 10–18, 20–23.

		★	★★
Schaltersatz	jeweils billigste Type (Zähnung, Farbe usw.), 147 W.	800,—	2800,—

Allgemeine Hinweise zur Katalogisierung

Abstempelungen:

Wie bei den Vor- und Mitläufern gelten auch bei den Aufdruck- und Schiffszeichnungs-Ausgaben die Preisangaben für die am häufigsten verwendeten Stempel (Ort und Datum müssen identifizierbar sein).

Bedarfsabstempelungen (⊙):

Bedarfsabstempelungen entstammen der laufenden Geschäfts- bzw. Privatkorrespondenz, die sich im Wesentlichen aus einem Mitteilungsbedürfnis ergibt; die verwendeten Frankaturen dienen der Freimachung der zu befördernden Postsendung. Diese Art der Abstempelung stellt bis etwa zur Jahrhundertwende den Regelfall dar. Abstempelungen dienten der Entwertung der Postwertzeichen und fielen – da ihnen kein besonderes Interesse zuteil wurde – oft unsauber oder mitunter auch schwer lesbar aus. Bedarfsabstempelungen werden in der Regel von Spezialisten bevorzugt gesammelt (insbesondere auf Postanweisungs- und Paketkartenausschnitten), da nur in diesen Fällen ein eindeutiger Nachweis des bedarfsmäßigen Gebrauchs vorliegt.

Abstempelungen für Sammler (⊙):

Die Situation änderte sich mit dem stark zunehmenden Interesse der Sammler an den kolonialen Besitzungen und deren Markenausgaben. Aufgrund dieser Nachfrage gingen immer mehr Händler dazu über, sich die gewünschten Abstempelungen über Agenten vor Ort zu beschaffen oder aber Briefe vorzubereiten, die zum Abstempeln in die Kolonien gesandt wurden. Auf diese Weise entstanden Belege, die aufgrund des normalen Postverkehrs oft gar nicht entstanden wären (beispielsweise vom seltenen Stempel „Marrakesch/Marocco b"). Ebenso kam es häufig zu Bogenabstempelungen, bevorzugt mit einer Letzttagsentwertung (z.B. „Stephansort 30/9 01"), oder zu Abstempelungen von auf Blättern vorgeklebten Marken, ohne dass die so entwerteten Marken der Freimachung oder Beförderung einer Postsendung gedient hätten. Derartige Abstempelungen fallen meist klar und sauber aus und stellen bis zum Ende der Kolonialzeit bei vielen Gebieten – insbesondere aus der Südsee – den Normalfall dar. Sie entsprechen den damaligen Gegebenheiten bzw. Sammelgewohnheiten, sind keineswegs minderwertig und werden bei zeitgerechter Anbringung als vollwertig geprüft.

Abstempelungen der Sorte II (◍):

Auf bestimmten Ausgaben wurden jedoch auch Abstempelungen aus Gefälligkeit abgeschlagen, die nicht mehr zeitgerecht angebracht werden konnten (bei entsprechenden Gebieten auch als Sorte II bezeichnet). Um ein vermeintlich korrektes Datum vorzutäuschen, wurden die Datumsangaben im Stempel zurückgestellt bzw. verändert. Derartige Machenschaften sind von etlichen Ausgaben in zum Teil erheblichem Umfang (z.B. Marianen) bekannt. Da ein Großteil dieser Entwertungen jedoch mit dem Originalstempel auf den Originalmarken innerhalb der Kursgültigkeit der Marken angefertigt wurde, ist für derartige Abstempelungen der Sorte II die Spalte ◍ eingeführt worden. Betroffene Ausgaben sind im Wesentlichen die Handstempel-Aufdrucke von Tientsin (Deutsche Post in China), die Vorläufer von Lamu (Deutsch-Ostafrika) sowie die Aufdruckausgaben der Karolinen, Marianen und Marshall-Inseln.

Minderwertige Abstempelungen:

Von den durchaus sammelwürdigen Gefälligkeitsabstempelungen sind Entwertungen scharf abzugrenzen, die entweder unbefugt oder nachweisbar außerhalb der Kurszeit – auch mit zurückgestellten Daten – angebracht worden sind.
Im ersten Fall handelt es sich um Entwertungen, die auf der entsprechenden Ausgabe aufgrund der postalischen Gegebenheiten gar nicht vorkommen können (z.B. die Seepost-Stempel der „Australischen Hauptlinie" oder der „Ost-Asiatischen Hauptlinie" auf Marianen-Marken). Im zweiten Fall betrifft dies Abstempelungen, die zur Zeit ihrer Anbringung nicht mehr zulässig waren, da entweder die Marken bereits ungültig oder aber die Abstempelungen aufgrund der postalischen Vorschriften irregulär waren.

Verfälschte Abstempelungen und Falschstempel:

Gänzlich zu verwerfen und eigentlich nur für Forschungszwecke verwertbar sind Verfälschungen einzelner, besonders werterhöhender Stempelbestandteile durch Hinzufügungen oder Rasuren oder Ganzfälschungen von Stempeln. Bei allen Auslandspostämtern und Kolonien kommen – selbst bei mittleren Werten und billigen Stempeln – z.T. gut ausgeführte (Ver-)Fälschungen vor. Prüfungen sind deshalb auch in diesem Preissegment empfehlenswert.

Bewertete Qualität:

Bei den Qualitätsanforderungen sind – insbesondere was die Vorläuferzeit sowie die spätere Bedarfspost betrifft – mitunter gewisse Zugeständnisse zu machen. Nicht zuletzt aufgrund der zum Teil großen Seltenheit bestimmter Versendungsformen oder bestimmter Markenausgaben gibt es nur ein sehr beschränktes Angebot, welches u.U. die immer gleichen Einschränkungen zeigt. Bedarfsbedingte Zähnungsmängel (vor allem früher Vorläufer-Ausgaben der DP Türkei) oder solche, die auch auf herstellungsbedingte Einflüsse zurückzuführen sind (z.B. bei den frühen Auflagen der MiNr. 45–50), sollten ebenso toleriert werden wie (leichte) Büge oder leicht bestoßene Ecken bei den meist überformatigen Wertsendungen und Postformularen oder den Paketkarten.

Bei den Schiffszeichnungsausgaben sind hingegen durchaus die üblichen Ansprüche hinsichtlich der Qualität zu stellen, da diese bei einem Großteil der Gebiete von Händlerbriefen stammen und mit der entsprechenden Sorgfalt verwendet wurden.

Bei einigen Ausgaben – insbesondere der Südsee – sind auch leicht veränderte Farben (z.B. Marshall-Inseln MiNr. 1 I) oder tropisch getönte Gummierungen als mitunter vorkommend zu tolerieren.

Deutsche Auslandspostämter

Deutsche Post in China

Vom 16. August 1886 bis 16. März 1917

Deutsche Postanstalten gab es von 1886–1917 in Schanghai, Tientsin, Tschifu, Amoy, Kanton, Futschau, Nanking, Peking, Swatau, Tsinanfu, Tschinkiang; für kürzere Zeit auch in Tongku (1900–1906), Weihsien (1902–1914), Itschang (1900–1908), Tschingtschoufu (1903 bis 1905) und Tschontsun (1903–1905). Nachdem als erste in China die Postagentur in Schanghai am 16. August 1886 eröffnet wurde, folgten die Posthilfsstellen Tientsin (Okt. 1889) und Tschifu (1. Juni 1892). Tientsin wurde am 1. April 1893 Postagentur und Mitte 1900 Postamt, Schanghai Ende 1896 Postamt und Anfang 1902 zur „Kaiserlich Deutschen Postdirection“ umbenannt. Während des sogen. Boxer-Aufstandes 1900–1901 in Nordchina (Petschili) kamen 10 Feldpoststationen (siehe nach MiNr. 14) hinzu.

1 Mark = 100 Pfennig; ab 1.10.1905: 1 (mexikanischer) Dollar (D) = 100 Cents (C)

MiNr. I–VI siehe nach MiNr. 14; MiNr. VII–VIII siehe nach MiNr. 27

Vorläufer (V):

Bei den Postämtern in China verwendete Freimarken des Deutschen Reichs:

1886/1889. MiNr. 39–44 (Ziffer bzw. Reichsadler im Oval, sogen. „Pfennig“).

				⊙
V 39	3	Pf	dunkelgrün bis gelbgrün	—,—
V 40	5	Pf	violettpurpur	100,—
V 41	10	Pf	lebhaftrotkarmin, dunkelrosarot	100,—
V 42	20	Pf	mittel- bis dunkelultramarin	50,—
V 43	25	Pf	orangebraun	—,—
V 44	50	Pf	(dkl')graugrün bis (dkl')grünoliv	60,—

Diese Vorläufer kommen nur mit Stempel „KDPAG SHANGHAI“ vor.

1890/1901. MiNr. 37 (Innendienst: Ziffer im Oval) und MiNr. 45–50 (sogen. „Krone/Adler“).

				⊙
V 37	2	M	dunkelrotkarmin bis rötlichkarmin	30,—
V 45	3	Pf	mittelbraun bis (dunkel)gelbbraun	80,—
V 46	5	Pf	(gelblich)grün bis (lebhaft)opalgrün	35,—
V 47	10	Pf	(dunkel)rosarot bis lebhaftlilarot	20,—
V 48	20	Pf	mittelblau bis violettultramarin	20,—
V 49	25	Pf	gelb(lich)orange	120,—
V 50	50	Pf	mittelbraunrot bis lebhaftrötlichbraun	50,—

Die Preise gelten für den kleinen Stempel „SHANGHAI“.

Ausführliche Katalogisierung sowie Bewertungen der Abstempelungen der verschiedenen Postanstalten aller Vorläufer siehe: Dr. Friedrich F. Steuer/Ronald F. Steuer: „Handbuch und Katalog der Deutschen Kolonialvorläufer“ (4. Aufl., München 2006)!

Mitläufer (M):

MiNr. 45–50 („Krone/Adler“) mit Stempeldaten ab März (M 46–50) bzw. ab Juni (M 45) 1898.

				⊙
M 45	3	Pf	mittelbraun bis ockerbraun	100,—
M 46	5	Pf	(lebhaft)opalgrün	50,—
M 47	10	Pf	(dkl')rosarot bis lebhaftlilarot	50,—
M 48	20	Pf	violettultramarin	50,—
M 49	25	Pf	gelblichorange	350,—
M 50	50	Pf	lebhaftrötlichbraun	400,—

Entwertungen nach dem 31.8.1900 siehe MiNr. P V aa–P V af.

1898/1900

1898, März/Juni. Freimarken: Marken des Deutschen Reichs mit MiNr. 45–50 (sogen. „Krone/Adler“) mit schwarzem, diagonalem (45°) Bdr.-Aufdruck.

					✶	⊙
1 I	3	Pf	mittelbraun, (dkl')ockerbraun bis (dkl')gelbbraun	(45)	170,—	*30000,—*
2 I	5	Pf	(lebhaft)opalgrün (März)	(46)	13,—	16,—
3 I	10	Pf	lebhaftlilarot (März)	(47)	40,—	13,—
4 I	20	Pf	violettultramarin (März)	(48)	18,—	13,—
5 I	25	Pf	gelb(lich)orange (März)	(49)	60,—	80,—
6 I	50	Pf	lebhaftrötlichbraun (März)	(50)	26,—	22,—
			Satzpreis (6 W.)		320,—	

Auflagen: unbekannt

Gültig bis 31.3.1902

Mit Stempel Kiautschou siehe Vorläufer Kiautschou

1898, Dez. Freimarken: Wie MiNr. 1 I–6 I, jedoch mit steilem Bdr.-Aufdruck (56°).

					✶	⊙
1 II	3	Pf	hell- bis dkl'ockerbraun GA	(45)	7,—	7,50
2 II	5	Pf	(lebhaft)opalgrün GA	(46)	4,—	4,—
3 II	10	Pf	(dkl')rosarot bis lebhaftlilarot	(47)	7,—	8,—
4 II	20	Pf	violettultramarin	(48)	20,—	22,—
5 II	25	Pf	gelb(lich)orange	(49)	35,—	40,—
6 II	50	Pf	lebhaftrötlichbraun	(50)	18,—	18,—
			Satzpreis (6 W.)		90,—	90,—

Auflagen: unbekannt

Gültig bis 31.3.1902

Mit Stempel „Kiautschou“ siehe Vorläufer Kiautschou

1900, 7. Juli*)/7. Nov. Freimarken für Futschau. MiNr. 3 I und 3 II mit schwarzem Handstempelaufdruck „5 pf".

7	**5 pf**	auf 10 Pf	
I		lebhaftlilarot auf MiNr. 3 I (diagonaler Aufdruck) . . . . (3 I)	
A		Stempeldatum 7.7.*) bis Anfang Nov. 1900	7500,—
B		Stempeldaten ab 7. Nov.	800,—1200,—
II		lilarot auf MiNr. 3 II (steiler Aufdruck) (7. Juli) . . . . (3 II)	700,—1000,—

*) Bei (Bogen-)Entwertungen vom 6.7.1900 handelt es sich vermutlich um Vorlagebogen des PA Futschau für das Reichspostamt.

Auflagen: MiNr. 7 I A = 100, MiNr. 7 I B = 2500, MiNr. 7 II = 1400 Stück

Gültig bis 31.3.1902

1900, 24. Nov./1901, Jan. Freimarken für Tientsin. Marken des Deutschen Reichs MiNr. 54–57, 59 und 61–62 (Germania, Inschrift „REICHSPOST") mit schwarzem, schrägem Handstempelaufdruck.

			✶	⊘[1]	⊙
8	3 (Pf)	dunkelockerbraun (Jan. 1901) . . . . (54)	750,—	450,—	1000,—
9	5 (Pf)	(dunkel)grün (Töne) (Jan. 1901) . . . . (55)	500,—	300,—	450,—
10	10 (Pf)	dunkelkarminrot (Jan. 1901) GA . . . . . . (56)	1200,—	550,—	1100,—
11	20 (Pf)	lilaultramarin (Jan. 1901) . . . . (57)	1000,—	700,—	1200,—
12	30 (Pf)	rötlichorange/ rotschwarz auf mattgelblichorange (Jan. 1901) . . . . (59)	6000,—	4500,—	6000,—
13	50 (Pf)	dkl'bräunlichlila/ rotschwarz auf mattbraunorange (24.11.1900) . . . . (61)	20000,—	*10000,—*	*17000,—*
14	80 (Pf)	dunkelrötlichkarmin/ rotschwarz auf mattkarmin (Jan. 1901) . . . (62)	6000,—	3500,—	6000,—

[1] Zu dieser Sorte werden im Wesentlichen Stempeldaten vom 1.1., 22.1. und 27.1.1901 (bei den beiden letzten Daten Stempel ohne Mittelstrich zwischen Tages- und Monatsangabe) gezählt, von denen bisher keine ordnungsgemäß durch die Post gelaufenen Ganzstücke bekannt sind.

Amtlich nicht ausgegeben:

			✶	⊘[1]	⊙
I	25 (Pf)	rötlichorange/gelbschwarz auf hellgelb . . . . . . (58)	*50000,—*		
II	40 (Pf)	(dunkelrötlich) karmin/schwarz (Dez. 1900) . . . . (60)	*50000,—*	*20000,—*	*40000,—*
III	2 M	schwärzlichblau (64)	—,—		—,—
IV	3 M	blauschwarz . . . (65)	—,—		—,—

Bei MiNr. I handelt es sich um ein nachträglich für das Reichspostamt angefertigtes Muster; MiNr. III und IV dürften im Wesentlichen auf Sammlerwünsche zurückzuführen sein.

FALSCH Achtung! Von allen Werten Aufdruck- und Stempelfälschungen (auch mit Signum und/oder Attest) bekannt; Nachprüfung älterer Prüfungen anzuraten!

Auflagen: unbekannt

Gültig bis 31.12.1905

Ausgaben während der Boxer-Unruhen in Petschili (Nordchina); Feldpost

Die Ausgaben P V und P VI wurden nicht überdruckt und sind damit nur an den Abstempelungen zu erkennen. Die beiden Ausgaben P V verwendeten die Feldpostanstalten und die Kaiserlichen Postämter im Kriegsgebiet, sie müssen Stempeldaten vom 1.9.1900 bis 31.8.1901 (Ende der Feldpost) aufweisen, es kommen aber auch spätere Entwertungen bis 31.12.1902 vor, die ihre Existenz meist Sammlerwünschen verdanken. P VI wurde von der Feldpostanstalt Nr. 2 und dem Kaiserlichen Postamt in Peking verwendet, Stempeldaten hauptsächlich April bis November 1901.

1900, 1. Sept./1902. Marken des Deutschen Reichs MiNr. 45–50 (sogen. „Krone/Adler").

			⊙
P V aa	3 Pf	(hell)ockerbraun	800,—
P V ab	5 Pf	(lebhaft)opalgrün	2000,—
P V ac	10 Pf	lebhaftlilarot	1000,—
P V ad	20 Pf	violettultramarin	1500,—
P V ae	25 Pf	gelblichorange	3200,—
P V af	50 Pf	lebhaftrötlichbraun	3600,—
P V ag	2 Pf	lebhaftgrau	150,—

Die Preise gelten für die Stempel Shanghai, Tientsin und Peking DP.

Einzelne Marken aus Sätzen können teurer sein als die angegebenen Notierungen.

1900, 1. Sept./1902. Marken des Deutschen Reichs MiNr. 54 bis 66 (Germania und Repräsentative Darstellungen, Inschrift „REICHSPOST").

			⊙
P V z	2 (Pf)	(dunkel)blaugrau	200,—
P V a	3 (Pf)	dkl'ockerbraun bis dkl'orangebraun	300,—
P V b	5 (Pf)	dunkelgrün	90,—
P V c	10 (Pf)	dunkelkarminrot	55,—
P V d	20 (Pf)	lilaultramarin	140,—
P V da	25 (Pf)	rötlichorange/gelbschwarz auf hellgelb	3500,—
P V e	30 (Pf)	rötlichorange/rotschwarz auf mattgelblichorange	320,—
P V f	40 (Pf)	dkl'rötlichkarmin/schwarz	400,—
P V g	50 (Pf)	dkl'bräunlichlila/rotschwarz auf mattbraunorange	380,—
P V h	80 (Pf)	dkl'rötlichkarmin/rotschwarz auf mattkarmin	400,—
P V i	1 M	(dunkel)rot	700,—

			⊙
P V k	2 M	schwärzlichblau	
I		Type I	850,—
II		Type II	1600,—
P V l	3 M	violettschwarz	
I		Type I	800,—
II		Type II	950,—
P V m	5 M	grünschwarz/ bräunlichkarmin	—,—

Die Preise gelten für Ortsstempel Shanghai, Tientsin und Peking sowie für die Feldpoststempel Ostas. Exp. Corps a, b und Feldpoststation Nr. 2. Andere Entwertungen sind teilweise deutlich höher zu bewerten.

1901, April/1902. Marken von Kiautschou MiNr. 5–17 (Kaiseryacht).

			⊙
P VI a	3 Pf	dunkelockerbraun	350,—
P VI b	5 Pf	dunkelgrün	340,—
P VI c	10 Pf	dunkelkarminrot	380,—
P VI d	20 Pf	lilaultramarin	550,—
P VI e	25 Pf	rötlichorange/gelbschwarz auf hellgelb	1100,—
P VI f	30 Pf	rötlichorange/rotschwarz auf mattgelblichorange	1200,—
P VI g	40 Pf	(dkl'rötlich)karmin/schwarz	950,—
P VI h	50 Pf	dkl'bräunlichlila/rotschwarz auf mattbraunorange	1100,—
P VI i	80 Pf	dkl'rötlichkarmin/rotschwarz auf mattkarmin	1600,—
P VI k	1 M	(dunkel)rot	1700,—
P VI l	2 M	schwärzlichblau	2200,—
P VI m	3 M	violettschwarz	3800,—
P VI n	5 M	grünschwarz/ bräunlichkarmin	7500,—

P VI a–P VI n gibt es auch mit anderen Entwertungen als den Stempeln „PEKING DP" und „K.D. Feldpoststation Nr. 2". Für Abstempelungen von Orten innerhalb des Kriegsgebietes (z.B. Tientsin) gleiche Preise. Entwertungen von Orten außerhalb des Kriegsgebietes werten wie Kiautschou MiNr. 5–17 plus 50% Aufschlag.

Marken mit Entwertung „K.D. Feldpoststation Nr. 1" und anderer Kiautschou-Stempel siehe Kiautschou MiNr. 5–17.

Spätere Abstempelungen als 1902 sind Zufallsentwertungen, da Kiautschou-Marken in China grundsätzlich nicht frankaturgültig waren.

1901

1901, März/April/1904, März. Freimarken: Marken des Deutschen Reichs MiNr. 54–66 (Germania und Repräsentative Darstellungen, Inschrift „REICHSPOST") mit waagerechtem, schwarzem, bei MiNr. 26 senkrechtem und waagerechtem karminrotem Bdr.-Aufdruck.

				✶	⊙
15	3 (Pf)	dunkelockerbraun bis dunkelorangebraun	(54)	1,80	2,50
16	5 (Pf)	(dunkel)grün GA	(55)	1,80	2,—
17	10 (Pf)	dunkelkarminrot bis (dunkel)rötlichkarmin	(56)	3,—	1,50
18	20 (Pf)	(dunkel)violettultramarin bis lilaultramarin	(57)	4,—	2,—
19	25 (Pf)	rötlichorange/gelbschwarz auf hellgelb	(58)	12,—	20,—
20	30 (Pf)	rötlichorange/rotschwarz auf mattgelblichorange	(59)	12,—	16,—
21	40 (Pf)	(dunkelrötlich)karmin/ schwarz	(60)	12,—	12,—
22	50 (Pf)	dunkelbräunlichlila/rotschwarz auf mattbraunorange	(61)	12,—	12,—
23	80 (Pf)	dunkelrötlichkarmin/ rotschwarz auf mattkarmin	(62)	14,—	14,—
24	1 M	(dunkel)rot	(63)	34,—	42,—
25	2 M	schwärzlichblau			
I		Type I	(64 I)	34,—	36,—
II		Type II	(64 II)	95,—	100,—
26	3 M	violettschwarz, Aufdruck karminrot			
I		Type I	(65 I)	60,—	80,—
II		Type II	(65 II)	80,—	100,—
27	5 M	grünschwarz/bräunlichkarmin			
I		Type I	(66 I)	1700,—	3000,—
II		Type II (März 1904)	(66 II)	260,—	400,—
III		Type I, Nachmalung mit Rot und Deckweiß	(66 III)	260,—	400,—
IV		Type I, Nachmalung nur mit Deckweiß	(66 IV)	600,—	800,—
		Satzpreis	(13 W.)	450,—	600,—

Abb. der Typen von MiNr. 25–27 siehe bei Deutsches Reich MiNr. 64–66!

MiNr. 16 und 17 mit Stempel „Wilhelmshaven" (Sept.–Nov. 1901) können zur sog. Wilhelmshavener Aufbrauchsausgabe gehören. Vgl. Notiz nach MiNr. A I Deutsches Reich.

Auflagen: unbekannt

Gültig bis 31.12.1905

Amtlich nicht ausgegeben:

1901. Marken des Deutschen Reichs MiNr. 54–66 mit Aufdruck wie bei MiNr. 15–27, jedoch etwas dickere Schrifttypen und kommaförmiger „i"-Punkt.

			✶
VII a–VII n	3 Pf–80 Pf, 1 M–5 M	(13 W.)	*9500,—*

1902. Marken des Deutschen Reiches MiNr. 68–81 mit Aufdruck wie bei MiNr. VIII a–VIII n.

VIII a–VIII n	3 Pf–80 Pf, 1 M–5 M	(13 W.)	*8500,—*

Beide Serien VII und VIII wurden vom Reichspostministerium in Berlin in wenigen Sätzen abgegeben.

Neue Währung: 1 (mexikanischer) Dollar (D) = 100 Cents (C)

1905

1905, 1. Okt. Freimarken: Marken des Deutschen Reichs MiNr. 69–72, 75, 77, 78 und 80–82 (Germania und Repräsentative Darstellungen, Inschrift „DEUTSCHES REICH") mit waagerechtem schwarzem, bei MiNr. 36 waagerechtem und senkrechtem karminrotem Bdr.-Aufdruck, alte Wertangaben mit Rosetten überdruckt.

					✶	⊙
28	**1 C** auf	3 (Pf)	lebhaftockerbraun	(69)	3,60	4,50
29	**2 C** auf	5 (Pf)	(dunkel)grün GA	(70)	3,60	2,—
30	**4 C** auf	10 (Pf)	lebhaftrotkarmin bis rötlichkarmin GA	(71)	7,—	2,—
31	**10 C** auf	20 (Pf)	lebhaftviolettultramarin bis dunkelultramarin	(72)	3,60	2,20

			*	⊙
32	**20 C** auf 40 (Pf)	(rot)karmin/braunschwarz . . . . (75)	24,—	9,—
33	**40 C** auf 80 (Pf)	dunkelrötlichkarmin/braunschwarz auf mattkarminrot . . . . (77)	38,—	17,—
34	**½ D** auf 1 M	karminrot		
A		26:17 Zähnungslöcher . . . . (78 A)	20,—	25,—
B		25:16 Zähnungslöcher . . . . (78 B)	90,—	85,—
35 A	**1 D** auf 2 M	schwärzlichblau bis schwarzblau . . . (82 A)	20,—	28,—
36	**1½ D** auf 3 M	schwarzviolett bis schwarzbraunviolett, Aufdruck karminrot		
A		26:17 Zähnungslöcher . . . . (80 A)	340,—	150,—
B		25:16 Zähnungslöcher . . . . (80 B)	20,—	60,—
37 A	**2½ D** auf 5 M	grünschwarz/dunkelkarmin . . (81 A)	130,—	380,—
		Satzpreis (10 W.)	260,—	500,—

Auflagen: unbekannt

Gültig bis 16.3.1917

1906/1919

1906/1919. Freimarken: Marken des Deutschen Reichs MiNr. 84–87, 90 und 93–97 (Germania und Repräsentative Darstellungen, Inschrift „DEUTSCHES REICH", Wz. 1) mit Aufdruck wie bei MiNr. 28–37.

				*	**	⊙
38	**1 C** auf 3 (Pf)					
I		dkl'braunocker bis dkl'ockerbraun, Friedensdruck (1906)	(84 I)	0,80	2,—	1,60
II		dkl'olivbraun bis schwärzlichbraun, Kriegsdruck (1919)	(84 II)	1,20	3,—	
39	**2 C** auf 5 (Pf)	(dunkel)grün, Friedensdruck (1911)	(85 I)	0,40	1,—	1,60
40	**4 C** auf 10 (Pf)	lebhaft- bis dunkelkarminrot, (dunkel)rotkarmin, Friedensdruck (1911)	(86 I)	1,—	2,—	2,—
41	**10 C** auf 20 (Pf)	(dunkel)lilaultramarin, Friedensdruck (1913)	(87 I)	1,—	2,40	8,50
42	**20 C** auf 40 (Pf)	dunkelrötlichkarmin/braunschwarz, Friedensdruck (1908)	(90 I)	2,—	4,—	4,50
43	**40 C** auf 80 (Pf)	dunkelrötlichkarmin/(grau)schwarz auf mattrosarot				
I		Friedensdruck (1910)	(93 I)	2,—	4,—	65,—
II		Kriegsdruck (1918)	(93 II)	1,60	3,20	
44	**½ D** auf 1 M	(dunkel)karminrot				
I A		Friedensdruck, 26:17 Zähnunglöcher (1906)	(94 A I)	20,—	70,—	50,—
II B		Kriegsdruck, 25:17 Zähnungslöcher (1918)	(94 B II)	8,—	25,—	
45	**1 D** auf 2 M	dunkel- bis schwarz(kobalt)blau				
I A		Friedensdruck, 26:17 Zähnungslöcher (1907)	(95 A I)	12,—	70,—	50,—
II		Kriegsdruck (1919)				
A		26:17 Zähnungslöcher	(95 A II)	15,—	110,—	
B		25:17 Zähnungslöcher	(95 B II)	14,—	65,—	
46	**1½ D** auf 3 M					
I A		schwärzlichviolett bis schwarzbraunviolett, Friedensdruck, 26:17 Zähnungslöcher (1912)	(96 A I)	25,—	110,—	150,—
II		schwärzlich- bis schwarzviolettgrau, Kriegsdruck (1918)				
A		26:17 Zähnungslöcher	(96 A II)	16,—	100,—	
B		25:17 Zähnungslöcher	(96 B II)	10,—	65,—	
47	**2½ D** auf 5 M	grünschwarz/dunkelkarmin				
I A		Friedensdruck, 26:17 Zähnungslöcher (1906)	(97 A I)	36,—	140,—	100,—
II		Kriegsdruck				
A		26:17 Zähnungslöcher (1918)	(97 A II)	40,—	190,—	
B		25:17 Zähnungslöcher (1919)	(97 B II)	40,—	200,—	
		Satzpreis (10 W.)		70,—	300,—	420,—

Unterscheidung zwischen Friedens- und Kriegsdruck siehe bei Deutsches Reich!

Achtung! Bei der Neubearbeitung dieses Sammelgebietes wurde die Nummerierung systematisiert; dadurch ergaben sich Nummernänderungen:

alte MiNr.	neue MiNr.	alte MiNr.	neue MiNr.	alte MiNr.	neue MiNr.	alte MiNr.	neue MiNr.
38 a	38 I	45 A	45 I A	46 A I	46 I A	47 A	47 I A
38 b	38 II	45 B I	45 II A	46 B I	46 II A	47 B II a	47 II A
43 a	43 I	45 B II	45 II B	46 B II	46 II B	47 B II b	47 II B
43 b	43 II						
44 A	44 I A						
44 B	44 II B						

Diese Ausgabe wird nach den neuen MICHEL-Nummern signiert und attestiert!

Auflagen: unbekannt

Gültig bis 16.3.1917

Bei den Marken aller Kolonien sind Fälschungen und Falschstempel so häufig, dass eine (BPP-)Prüfung ab 25,— Euro ratsam ist!

Deutsche Post in Marokko

Vom 20. Dezember 1899 bis 5. August 1914 im französischen Gebiet und bis 12. Juni 1919 im spanischen Gebiet, Tanger bis 19.8.1919

Deutsche Postanstalten in Marokko bestanden in Tanger, Alkassar, Arsila, Asimmur, Casablanca, Fez, Larache, Marrakesch, Mazagan, Meknes, Mogador, Rabat, Saffi und Tetuan. Alkassar, Arsila, Larache und Tetuan lagen ab 1912 im spanischen, Tanger im internationalen, die anderen im französischen Schutzgebiet.

Von Marokko gibt es nur Vorläufer (ab 1893) für die Schiffe der Woermann-Linien, deren Vertreter postamtlich die deutschen Reichspostmarken der Ausgabe 1889 verkauften. Die Briefe wurden mit den Seepoststempeln entwertet und sind nur an Annahme- oder Absendervermerken oder ähnlichen Anhaltspunkten auf ganzen Briefen oder Briefteilen zu erkennen.

Die erste deutsche Postanstalt wurde am 20.12.1899 in Tanger errichtet und verfügte ab Beginn über Marken mit Aufdruck des Landesnamens. Die deutschen Postanstalten deckten in der ersten Zeit nur den Postverkehr entlang der Küste ab. Zur Vermittlung der Post ins bzw. aus dem Inland wurden private Inlandskurierlinien benutzt, die auch eigene Marken herausgaben. Den Postverkehr mit Marrakesch vermittelten u. a. die beiden Privatlinien W. Marx & Cie. bzw. J. Brudo.

1 Peseta (P) = 100 Centimos (C)

MiNr. I–VI siehe vor MiNr. 1; MiNr. VII–VIII siehe nach MiNr. 20

1899

Wegen Umrechnungsschwierigkeiten nicht ausgegeben:

1899. Freimarken: Marken des Deutschen Reichs MiNr. 45–50 (sogen. „Krone/Adler") mit diagonalem schwarzem Bdr.-Aufdruck (48°) (ohne Wertangabe).

					✱
I	3 Pf	dkl'ockerbraun (▭ bräunlichschwarz)	.	(45)	170,—
II	5 Pf	(lebhaft)opalgrün	. . . .	(46)	170,—
III	10 Pf	lebhaftlilarot (▭ rot)	. . . .	(47)	170,—
IV	20 Pf	violettultramarin	. . . .	(48)	170,—
V	25 Pf	gelblichorange (Töne)	. . . .	(49)	170,—
VI	50 Pf	lebhaftrötlichbraun	. . . .	(50)	170,—
		Satzpreis (6 W.)			1000,—

1899, 20. Dez. Freimarken: Marken des Deutschen Reichs MiNr. 45–50 (sogen. „Krone/Adler") mit steilem schwarzem Bdr.-Aufdruck (56°) (mit Wertangabe).

					✱	⊙
1	3 C	auf 3 Pf	dunkelockerbraun	. . (45)	4,50	3,—
2	5 C	auf 5 Pf	(lebhaft)opalgrün GA	(46)	4,50	2,80
3	10 C	auf 10 Pf	lebhaftlilarot bis dunkelrosarot GA	. . . (47)	12,—	12,—
4	25 C	auf 20 Pf	violettultramarin	. . . . (48)	24,—	19,—
5	30 C	auf 25 Pf	gelblichorange	. . . . . (49)	35,—	42,—
6	60 C	auf 50 Pf	lebhaftrötlichbraun	. (50)	30,—	50,—
			Satzpreis (6 W.)		100,—	120,—

Auflagen: unbekannt

Gültig bis 30.9.1901

1900/1903

1900, 1. Okt. Freimarken: Marken des Deutschen Reichs MiNr. 54–66 (Germania und Repräsentative Darstellungen, Inschrift „REICHSPOST") mit bei den Pfennigwerten waagerechtem, bei Markwerten waagerechtem und senkrechtem schwarzem, bei MiNr. 18 nur senkrechtem, karminrotem Bdr.-Aufdruck.

MiNr. 8 und 16–19 wurden 1900 mit Aufdrucktype I und 1903 mit Aufdrucktype II herausgegeben. Typenabbildungen siehe bei MiNr. 8 II.

				✱	⊙
7	3 C	auf 3 (Pf) dunkelockerbraun	(54)	1,60	3,—
8 I	5 C	auf 5 (Pf) (dunkel)grün, Aufdrucktype I GA	(55)	2,—	2,—
9	10 C	auf 10 (Pf) dunkelkarminrot GA	(56)	3,—	2,—
10	25 C	auf 20 (Pf) (dunkel)violettultramarin	(57)	4,—	3,60
11	30 C	auf 25 (Pf) rötlichorange/gelbschwarz auf hellgelb	(58)	12,—	19,—
12	35 C	auf 30 (Pf) rötlichorange/rotschwarz auf mattgelblichrot	(59)	9,—	8,—
13	50 C	auf 40 (Pf) (dunkelrötlich-)karmin/schwarz	(60)	9,—	8,—
14	60 C	auf 50 (Pf) dunkelbräunlichlila/rotschwarz auf mattbraunorange	(61)	18,—	38,—
15	1 P	auf 80 (Pf) dunkelrötlichkarmin/rotschwarz auf mattkarmin	(62)	16,—	14,—
16 I	1 P	25 C auf 1 M (dunkel)rot, Aufdrucktype I	(63)	40,—	60,—
17 I	2 P	50 C auf 2 M schwärzlichblau, Aufdrucktype I			
I		Urmarken-Type I	(64 I)	45,—	70,—
II		Urmarken-Type II	(64 II)	120,—	180,—
18 I	3 P	75 C auf 3 M violettschwarz, Aufdruck karminrot (Type I)			
I		Urmarken-Type I	(65 I)	60,—	85,—
II		Urmarken-Type II	(65 II)	80,—	110,—
19 I	6 P	25 C auf 5 M grünschwarz/bräunlichkarmin, Aufdrucktype I			
I		Urmarken-Type I	(66 I)	1300,—	1800,—
II		Urmarken-Type II	(66 II)	*2000,—*	
III		Urmarken-Type I, Nachmalung mit Rot und Deckweiß	(66 III)	220,—	400,—
IV		Urmarken-Type I, Nachmalung nur mit Deckweiß	(66 IV)	400,—	700,—
		Satzpreis (13 W.)		400,—	600,—

Achtung! MiNr. 19 I IV **nicht verwechseln mit früherer MiNr. 19 IV (jetzt 19 II)!**

Abb. der Urmarken-Typen von MiNr. 17 I–19 I siehe bei Deutsches Reich MiNr. 64–66!

Auflagen: unbekannt

Gültig bis 31.12.1905

Bildbeschreibungen von Aufdruckmarken siehe Urmarken

1903, April. Freimarken: wie MiNr. 8 und 16–19, jedoch Aufdruck in geänderter Schrifttype (sog. „fetter“ Aufdruck).

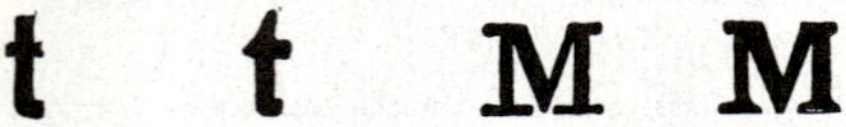

I 1900 II 1903 I 1900 II 1903

			✶	⊙
8 II	5 C auf 5 (Pf) dunkel)grün GA	(55)	95,—	15,—
16 II	1 P 25 C auf 1 M dunkelkarminrot (Töne)	(63)	460,—	240,—
17 II	2 P 50 C auf 2 M schwärzlichblau			
I	Urmarken-Type I	(64 I)	650,—	140,—
II	Urmarken-Type II	(64 II)	1400,—	300,—
18 II	3 P 75 C auf 3 M violettschwarz, Aufdruck karminrot			
I	Urmarken-Type I	(65 I)	1700,—	320,—
II	Urmarken-Type II	(65 II)	2000,—	400,—
19 II	6 P 25 C auf 5 M grünschwarz/bräunlichkarmin, Urmarken-Type II	(66 II)	260,—	340,—

Achtung! MiNr. 19 II war früher unter 19 IV katalogisiert und wurde auch so signiert/attestiert; ehemals als 19 II geprüfte Marken siehe jetzt unter 19 I/II!

Unterscheidungsmerkmale zwischen 8 I und 8 II sowie 16 I bis 19 I und 16 II–19 II:

8 I = Kopf des „t“ in „Centimos“ stumpf 8 II = Kopf des „t“ spitz
16 I bis 19 I = Serifen des „M“ von Marocco flach, Ausläufer des „a“ in „Marocco“ fast senkrecht nach oben, Abstand von Mitte „r“ bis Mitte „o“ in „Marocco“ 8,9 mm
16 II bis 19 II = Serifen des „M“ von „Marocco“ nach oben verdickt, Ausläufer des „a“ in „Marocco“ schräg nach rechts außen, Abstand von Mitte „r“ bis Mitte „o“ in „Marocco“ 8,5 mm

Auflagen: unbekannt

Gültig bis 31.12.1905

Amtlich nicht ausgegeben:

				✶
7 II	3 C auf 3 (Pf)	dunkelockerbraun	(54)	300,—
9 II	10 C auf 10 (Pf)	dunkelkarminrot	(56)	1300,—
10 II	25 C auf 20 (Pf)	(dunkel)violett-ultramarin	(57)	300,—
11 II	30 C auf 25 (Pf)	rötlichorange/schwarz auf hellgelb	(58)	300,—
12 II	35 C auf 30 (Pf)	rötlichorange/rotschwarz auf mattgelblichorange	(59)	300,—
13 II	50 C auf 40 (Pf)	(dunkelrötlich) karmin/schwarz	(60)	300,—
14 II	60 C auf 50 (Pf)	dunkelbräunlichlila/schwarz auf mattbraunorange	(61)	300,—
15 II	1 P auf 80 (Pf)	dunkelrötlichkarmin/rotschwarz auf mattkarmin	(62)	300,—
			Satzpreis (8 W.)	3000,—

MiNr. 7 II und 9 II–15 II wurden 1923 amtlich versteigert; von MiNr. 7 II, 10 II–15 II je 171, von MiNr. 9 II 46 Stück

1905

1905, 30. Sept. Freimarke: Marke Deutsches Reich MiNr. 55 (Germania, Inschrift „REICHSPOST“) mit schwarzem Bdr.-Aufdruck (Frakturschrift).

			✶	⊙
20	5 C auf 5 (Pf) (dunkel)grün	(55)	10,—	28,—

MiNr. 20 (sogenannte Eintagsfliege) wurde nur am Ausgabetag an den Postschaltern verkauft.

Auflage: 22 000 Stück

Gültig bis 31.12.1905

Amtlich nicht ausgegeben:

1905. Freimarke: Marke des Deutschen Reichs MiNr. 56 (Germania) mit Aufdruck in Frakturschrift wie bei MiNr. 20.

			✶
VII	10 C auf 10 (Pf) dunkelrötlichkarmin	(56)	*1500,—*

MiNr. VII wurde von der Reichspostverwaltung im Jahr 1923 versteigert.

1905. Freimarken: Marken des Deutschen Reichs MiNr. 69–81 (Germania und Repräsentative Darstellungen, Inschrift „DEUTSCHES REICH“) mit Aufdruck wie bei MiNr. 7–19 I.

		✶
VIII a–VIII n	3 C auf 3 (Pf) bis 6 P 25 C auf 5 M . Satzpreis (13 W.)	*10000,—*

Auflage: 20 Sätze

1905, 1. Okt. Freimarken: Marken des Deutschen Reichs MiNr. 69–78 und 80–82 (Germania und Repräsentative Darstellungen, Inschrift „DEUTSCHES REICH“) mit bei Pfennigwerten waagerechtem, bei Markwerten waagerechtem und senkrechtem, bei MiNr. 32 nur senkrechtem karminrotem Bdr.-Aufdruck (in Frakturschrift).

				✶	⊙
21	3 C auf 3 (Pf)	(lebhaft)ockerbraun	(69)	3,40	3,40
22	5 C auf 5 (Pf)	(dunkel)grün GA	(70)	6,—	1,40
23	10 C auf 10 (Pf)	lebhaftrotkarmin bis rötlichkarmin GA	(71)	11,—	1,40
24	25 C auf 20 (Pf)	dunkelultramarin	(72)	24,—	4,50
25	30 C auf 25 (Pf)	dunkelorange/braunschwarz auf hellgelb	(73)	8,—	8,—
26	35 C auf 30 (Pf)	dunkel(rötlich)orange/braunschwarz auf mattchromgelb	(74)	12,—	7,50
27	50 C auf 40 (Pf)	(rot)karmin/braunschwarz	(75)	12,—	10,—
28	60 C auf 50 (Pf)	dunkelbräunlichlila/braunschwarz auf mattbraunorange	(76)	26,—	30,—
29	1 P auf 80 (Pf)	dunkelrötlichkarmin/braunschwarz auf mattkarminrot	(77)	26,—	24,—
30	1 P 25 C auf 1 M	karminrot			
A		26:17 Zähnungslöcher	(78 A)	120,—	190,—
B		25:16 Zähnungslöcher	(78 B)	65,—	45,—
31 A	2 P 50 C auf 2 M	schwärzlichblau, 26:17 Zähnungslöcher	(82 A)	130,—	180,—
32	3 P 75 C auf 3 M	schwarzbraunviolett, Aufdruck karminrot			
A		26:17 Zähnungslöcher	(80 A)	180,—	220,—
B		25:16 Zähnungslöcher	(80 B)	55,—	70,—
33 A	6 P 25 C auf 5 M	grünschwarz/dunkelkarmin, 26:17 Zähnungslöcher	(81 A)	200,—	260,—
			Satzpreis (13 W.)	500,—	600,—

Aufgrund der Änderung der Schreibweise des Landesnamens waren ab ca. Mitte Mai 1911 neue Stempel mit Inschrift „Marokko“ (statt „Marocco“) in Gebrauch.

Gebraucht-Preise gelten für Stempel mit Inschrift „Marocco“; Spätentwertungen mit Inschrift „Marokko“ (gilt nur für Stempel „Tanger“, andere Entwertungen teils erheblich teurer) bei MiNr. 21–26 ca. 10fache, bei MiNr. 27–29 ca. 5fache und bei MiNr. 30 bis 33 ca. 3fache Preise.

Auflagen: unbekannt

Gültig bis Anfang August 1914 in der französischen Zone, bis 12.6.1919 in der spanischen Zone

1906

1906, März/1911. Freimarken: Marken des Deutschen Reichs MiNr. 84–91, 93–95 und 97 (Germania und Repräsentative Darstellungen, Inschrift „DEUTSCHES REICH“, Wz. 1) mit Bdr. Aufdruck wie bei MiNr. 21–33.

Nr.	Wert		Urmarke	Farbe / Ausgabe	MiNr. DR	✶	⊙
34	**3 C**	auf	3 (Pf)	dunkelockerbraun (März 1906)	(84 I)	11,—	2,60
35	**5 C**	auf	5 (Pf)	(dunkel)grün (Mai 1906)	(85 I)	8,50	1,50
36	**10 C**	auf	10 (Pf)	lebhaftkarminrot (✉ lilabraun) (Okt. 1906)	(86 I)	8,50	1,50
37	**25 C**	auf	20 (Pf)	(lebhaft)lilaultramarin bis (lebhaft)violettultramarin (Nov. 1906)	(87 I)	25,—	10,—
38	**30 C**	auf	25 (Pf)	schwärzlich(rötlich)orange/gelbschwarz auf hellgelb (März 1911)	(88 I)	25,—	20,—
39	**35 C**	auf	30 (Pf)	(dunkel)rötlichorange/schwarz auf mattchromgelb (März 1908)	(89 I)	20,—	13,—
40	**50 C**	auf	40 (Pf)	dunkelrötlichkarmin/braunschwarz (April 1908)	(90 I)	40,—	180,—
41	**60 C**	auf	50 (Pf)	dunkelbräunlichlila/schwarz auf mattchromgelb (März 1911)	(91 I)	35,—	22,—
42	**1 P**	auf	80 (Pf)	dunkelrötlichkarmin/schwarz auf mattrosarot (März 1911)	(93 I)	150,—	350,—
43	**1 P 25 C**	auf	1 M	dunkelkarminrot (März 1906)	(94 A I)	80,—	220,—
44	**2 P 50 C**	auf	2 M	schwärzlichblau (Juni 1906)	(95 A I)	80,—	220,—
45	**6 P 25 C**	auf	5 M	grünschwarz/dunkelkarmin (1906)	(97 A I)	150,—	400,—
					Satzpreis (12 W.)	630,—	1400,—

MiNr. 38, 41 und 42 wurden erst in der zweiten Hälfte des März 1911 ausgegeben, daher mit altem Stempel „Marocco“ zum Teil seltener (Die Preise gelten nur für den Stempel „Tanger“, andere Orte seltener).

MiNr. 38, 41 und 42 mit Stempelinschrift „Marocco“: doppelte Preise
MiNr. 34–37 und 39 mit Stempelinschrift „Marokko“: 6fache Preise
MiNr. 40 und 43–45 mit Stempelinschrift „Marokko“: doppelte Preise

FALSCH MiNr. 42 mit falschem Aufdruck, meist auch falschem Stempel („Saffi 2.6.11“ bzw. Tanger) (sogen. „Delsinne-Fälschung“); MiNr. 45.

Auflagen: unbekannt

Gültig bis Anfang August 1914 in der französischen Zone, bis 16.6.1919 in der spanischen Zone

1911

1911, Jan./1919. Freimarken: Marken des Deutschen Reichs MiNr. 84–91 und 93–97 (Germania und Repräsentative Darstellungen, Inschrift „DEUTSCHES REICH“, Wz. 1) mit Bdr.-Aufdruck wie bei MiNr. 21–33, jedoch Landesname jetzt „Marokko“.

Nr.	Wert		Urmarke	Farbe / Ausgabe	MiNr. DR	✶	✶✶	⊙
46	**3 C**	auf	3 (Pf)	dunkelockerbraun, Friedensdruck (23.1.1911)	(84 I)	0,70	1,30	1,—
47	**5 C**	auf	5 (Pf)	(dunkel)grün, Friedensdruck (2.8.1911) GA	(85 I)	0,70	1,30	1,30
48	**10 C**	auf	10 (Pf)	lebhaftkarminrot bis lebhaftrotkarmin, Friedensdruck (2.8.1911) GA	(86 I)	0,70	1,50	1,40
49	**25 C**	auf	20 (Pf)	(lebhaft)lilaultramarin, Friedensdruck (28.7.1911)	(87 I)	0,80	1,50	1,70
50	**30 C**	auf	25 (Pf)					
I				schwärzlich(rötlich)orange/gelbschwarz auf hellgelb, Friedensdruck (Mai 1911)	(88 I)	2,—	4,50	20,—
II				rötlichorange/schwarz (stumpf) auf gelbweiß, Kriegsdruck (1918)	(88 II)	2,—	4,50	
51	**35 C**	auf	30 (Pf)	dunkelrotorange/schwarz, Friedensdruck (28.7.1911)	(89 I)	2,—	4,50	11,—
52	**50 C**	auf	40 (Pf)	dunkelrötlichkarmin/(braun)schwarz, Friedensdruck (Mai 1911)	(90 I)	1,60	3,50	6,50
53	**60 C**	auf	50 (Pf)	dunkelbräunlichlila/schwarz auf mittelchromgelb				
I				Friedensdruck, Aufdruck glänzend (Mai 1911)	(91 I)	3,20	9,—	45,—
II				Kriegsdruck, Aufdruck rußig (1918)	(91 II)	1,80	5,—	
54	**1 P**	auf	80 (Pf)	dunkelrötlichkarmin/schwarz auf mattrosarot, Friedensdruck (30.4.1911)	(93 I)	2,—	6,50	30,—
55	**1 P 25 C**	auf	1 M					
I A				dunkelkarminrot, Friedensdruck, 26:17 Zähnungslöcher (Mai 1911)	(94 A I)	10,—	24,—	80,—
II B				karminrot, Kriegsdruck, 25:17 Zähnungslöcher	(94 B II)	3,50	8,—	
56	**2 P 50 C**	auf	2 M					
I A				schwärzlichblau, Friedensdruck, 26:17 Zähnunglöcher (Mai 1911)	(95 A I)	10,—	20,—	60,—
II B				dunkelblau, Kriegsdruck, 25:17 Zähnungslöcher (1918)	(95 B II)	30,—	75,—	
57	**3 P 75 C**	auf	3 M	Aufdruck karminrot				
I A				schwärzlichviolett (✉ rotorange), Friedensdruck, 26:17 Zähnungslöcher (16.3.1911)	(96 A I)	14,—	32,—	260,—
II				schwarzviolettgrau, Kriegsdruck (1918)				
A				26:17 Zähnungslöcher	(96 A II)	10,—	20,—	
B				25:17 Zähnungslöcher, Aufdruck dunkellilarot	(96 B II)	20,—	60,—	
58	**6 P 25 C**	auf	5 M	grünschwarz/dunkelkarmin				
I A				Friedensdruck, 26:17 Zähnungslöcher (Mai 1911)	(97 A I)	25,—	60,—	420,—
II A				Kriegsdruck, 26:17 Zähnungslöcher (1918)	(97 A II)	25,—	60,—	
					Satzpreis (13 W.)	55,—	130,—	900,—

Unterscheidung zwischen Friedens- und Kriegsdruck siehe bei Deutsches Reich!

Achtung! Bei der Neubearbeitung dieses Sammelgebietes wurde die Nummerierung systematisiert; dadurch ergaben sich Nummernänderungen:

alte MiNr.	neue MiNr.	alte MiNr.	neue MiNr.	alte MiNr.	neue MiNr.	alte MiNr.	neue MiNr.
50 a	50 I	53 a	53 I	55 B	55 II B	58 A	58 I A
50 b	50 II	53 b	53 II	56 A	56 I A	58 B	58 II A
		55 A	55 I A	56 B	56 II B		

Diese Ausgabe wird nach den neuen MICHEL-Nummern signiert und attestiert!

Alle Gebraucht-Preise gelten für Stempel mit Inschrift „Marokko"; mit Inschrift „Marocco": MiNr. 46, 50, 52–54: 10fache Preise; MiNr. 55, 56 und 58: 5fache Preise; MiNr. 57: 3fache Preise (Angaben gelten für ⊙ Tanger, übrige Orte deutlich seltener). MiNr. 47–49 und 51 kamen erst nach Einführung der neuen Stempel an die Schalter, können daher mit Inschrift „Marocco" nicht vorkommen.

Die öfter vorkommende (Letztags-)Entwertung „ASIMMUR (MAROKKO) 4.8.14" wurde mit großer Wahrscheinlichkeit durch rückdatierten Stempel vorgenommen.

Auflagen: unbekannt

Gültig bis Anfang August 1914 in der französischen Zone, bis 12.6.1919 in der spanischen Zone

Der Postverkehr der deutschen Postanstalten in der spanischen Zone (Alkassar, Arsila, Larache und Tetuan) wurde ab Anfang August 1914 kriegsbedingt eingeschränkt. Erst mit Verfügung vom 29. September 1914 wurde der Postverkehr mit den übrigen deutschen Postanstalten in der spanischen Zone und Deutschland wieder aufgenommen, er war jedoch auf Postkarten sowie gewöhnliche und eingeschriebene Briefsendungen beschränkt. Die Sendungen mussten nach den Sätzen des Weltpostvereins freigemacht werden.

Bewertete Qualität:

Bei den Qualitätsanforderungen sind – insbesondere was die Vorläuferzeit sowie die spätere Bedarfspost betrifft – mitunter gewisse Zugeständnisse zu machen. Nicht zuletzt aufgrund der zum Teil großen Seltenheit bestimmter Versendungsformen oder bestimmter Markenausgaben gibt es nur ein sehr beschränktes Angebot, welches u.U. die immer gleichen Einschränkungen zeigt. Bedarfsbedingte Zähnungsmängel (vor allem früher Vorläufer-Ausgaben der DP Türkei) oder solche, die auch auf herstellungsbedingte Einflüsse zurückzuführen sind (z.B. bei den frühen Auflagen der MiNr. 45–50), sollten ebenso toleriert werden wie (leichte) Büge oder leicht bestoßene Ecken bei den meist überformatigen Wertsendungen und Postformularen oder den Paketkarten.

Bei den Schiffszeichnungsausgaben sind hingegen durchaus die üblichen Ansprüche hinsichtlich der Qualität zu stellen, da diese bei einem Großteil der Gebiete von Händlerbriefen stammen und mit der entsprechenden Sorgfalt verwendet wurden.

Bei einigen Ausgaben – insbesondere der Südsee – sind auch leicht veränderte Farben (z.B. Marshall-Inseln MiNr. 1 I) oder tropisch getönte Gummierungen als mitunter vorkommend zu tolerieren.

Notizen:

Deutsche Post in der Türkei

Im heutigen Istanbul (vorher Konstantinopel, bis 330 n. Chr. Byzanz genannt, 1453 von den Türken erobert) wurde am 1. März 1870 als erste deutsche Postanstalt im Ausland die Postagentur „Constantinopel" eingerichtet. Zunächst wurden Marken des Norddeutschen Bundes verwendet. Die als „Norddeutsche Postagentur" eröffnete Postanstalt wurde am 6.5.1871 in ein „Deutsches Reichs-Postamt" umgewandelt und galt als das Postamt Pera (sog. Europäer-Viertel), während ein zweites (Zweig-)Postamt im (damaligen) Stadtteil Stambul (dem sog. Türken-Viertel) eröffnet wurde. Das Pera-Postamt wurde nach Galata verlegt.

Eröffnungsdaten der Postanstalten:

1870, 1. März:	Constantinopel
1876, 1. Jan.:	Zweigpostamt Stambul (Constantinopel 2)
1877, 1. Okt.:	Verlegung des Hauptpostamtes von Pera nach Galata (Stadtzentrum) (Constantinopel 1)
1898, 1. Okt.:	Postanstalt Jaffa
1900, 28. Febr.:	Postanstalt Smyrna
1900, 1. März:	Postanstalten in Beirut und Jerusalem
1900, 1. März:	Neues Zweigpostamt Konstantinopel im Stadtteil Pera (Constantinopel 3)
1914, 30. Sept.:	Schließung sämtlicher deutscher Postanstalten in der Türkei, die durch Aufhebung der sog. „Kapitulationen" keine fremden Postämter mehr duldete.

1 Thaler = 30 Groschen (Gr); ab 1.1.1875: 1 Mark = 100 Pfennig (Pf); ab 25.1.1884: 1 Piaster (Pia) = 40 Para (Pa); ab 5.8.1908: 1 (französ.) Franc (F) = 100 Centimes (C)

MiNr. I–VI siehe nach MiNr. 23

Vorläufer (V):

Konstantinopel

Die Postagentur Konstantinopel wurde am 1.3.1870 eröffnet. Folgende Stempel waren nacheinander 1870–1871 in Verwendung.

E 1

E 2

E 3

Die angegebenen Preise von MiNr. N V 13–18 gelten nur für die Entwertung E 1 „Constantinopel N.P.A.".

1. In Konstantinopel verwendete Freimarken des Norddeutschen Bundes (N V):

1870. 1. März. MiNr. 5, 13–18 (Ziffer im Kreis) und 25–26 (Innendienst: Ziffern im Oval bzw. Rechteck).

			⊙
N V 5	2 Gr	(lebhaftgrau)blau	—,—
N V 13	¼ Gr	hellrotviolett (Töne)	2500,—
N V 14	⅓ Gr	gelblichgrün, bläulichgrün, olivgrün	1300,—
N V 15	½ Gr	hell- bis mittel(rötlich)orange	400,—
N V 16	1 Gr	lebhaftkarmin bis lebhaftrot	350,—
N V 17	2 Gr	hell- bis lebhaftgraublau	350,—
N V 18	5 Gr	(hell)olivbraun bis ockerbraun	800,—

Nur handschriftlich entwertet:

			⊙〰
N V 25	10 Gr	hell- bis mittelbraungrau	3000,—
N V 26	30 Gr	(lebhaft)graublau	*7500,—*

Die Preise gelten für Stücke mit üblichen leichten (herstellungsbedingten) Zähnungsfehlern.

2. In Konstantinopel verwendete Freimarken des Deutschen Reiches (V):

1872, Jan. MiNr. 1–6 und 14 (Adler mit kleinem Brustschild) sowie MiNr. 12–13 (Innendienst: Ziffern im Oval bzw. Rechteck).

			⊙
V 1	¼ Gr	grauviolett, lebhaftgraupurpur	650,—
V 2	⅓ Gr	hell- bis dunkelgelblichgrün	500,—
V 3	½ Gr	lebhaftrötlichorange bis zinnober	450,—
V 4	1 Gr	(lebhaft)rotkarmin, karmin	100,—
V 5	2 Gr	(grau)ultramarin, dunkelgraublau	100,—
V 6	5 Gr	mittel- bis dunkelockerbraun	400,—
V 14	½ Gr	(lebhaftgelb)orange	700,—

Nur handschriftlich entwertet:

			⊙〰
V 12	10 Gr	hellgraubraun bis dunkelbraungrau	2000,—
V 13	30 Gr	(grau)ultramarin, dunkelgraublau	4000,—

1872. MiNr. 16–22 und 29 (Adler mit großem Brustschild).

			⊙
V 16	¼ Gr	grauviolett, lebhaftgraupurpur	700,—
V 17	⅓ Gr	gelblichgrün bis (dkl')gelbgrün	700,—
V 18	½ Gr	(gelblich)orange	100,—
V 19	1 Gr	(lebhaft)rotkarmin, karmin	80,—
V 20	2 Gr	(grau)ultramarin, dunkelgraublau	80,—
V 21	2½ Gr	hell- bis mittelrötlichbraun	140,—
V 22	5 Gr	schwärzlichocker, ockerbraun	200,—
V 29	2½	auf 2 Gr hell- bis mittelrötlichbraun	100,—

Bei beiden Brustschild-Ausgaben (V 1–V 29) gelten die Preise für Stempel E 3.

1875/99. MiNr. 37 (Innendienst: Ziffer im Oval).

			⊙
V 37	2 M	violettpurpur bis rötlichkarmin	100,—

1875/80. MiNr. 31–36 und 38 (Ziffer bzw. Reichsadler im Oval, sogen. „Pfennige").

			⊙
V 31	3 Pf(e)	(bläulich)grün	1000,—
V 32	5 Pf(e)	mittel- bis lebhaftgraulila, (lebhaft)graupurpur	120,—
V 33	10 Pf(e)	lilarot bis lebhaftrotkarmin	50,—
V 34	20 Pf(e)	hell- bis dunkelultramarin, kobaltblau	40,—
V 35	25 Pf(e)	(mittel)rötlichbraun bis karminbraun	180,—
V 36	50 Pf(e)	dunkel(gelb)grau	280,—
V 38	50 Pf(e)	(dunkel)graugrün (1877)	360,—

Die Preise gelten für den Stempel E 3.

1880. MiNr. 39–44 (Ziffer bzw. Reichsadler im Oval, sogen. „Pfennig").

			⊙
V 39	3 Pf	dunkelgrün bis gelbgrün	1200,—
V 40	5 Pf	(mittel)graupurpur, violettpurpur	90,—
V 41	10 Pf	(lebhaft)karmin, lebhaftrosarot	50,—
V 42	20 Pf	mittel(violett)ultramarin	30,—
V 43	25 Pf	orangebraun (Töne)	350,—
V 44	50 Pf	(mittel)graugrün	320,—

Die Preise gelten für den Stempel E 4.

Mitläufer (M):

MiNr. 39–44 (Ziffer bzw. Reichsadler im Oval, sogen. „Pfennig") mit Stempeldaten ab Februar 1884.

			⊙
M 39	3 Pf	(hell)gelblichgrün	*1600,—*
M 40	5 Pf	(mittel)graupurpur, violettpurpur	110,—
M 41	10 Pf	lebhaftkarmin, lebhaftrosarot	65,—
M 42	20 Pf	mittel- bis dkl'(violett)ultramarin	55,—
M 43	25 Pf	lebhaftorangebraun	500,—
M 44	50 Pf	(dkl')graugrün bis grünoliv	450,—

1889/94. MiNr. 45–50 (sogen. „Krone/Adler").

			⊙
M 45	3 Pf	mittelbraun, dkl'gelb(lich)braun bis ockerbraun	35,—
M 46	5 Pf	grün bis lebhaftopalgrün	55,—
M 47	10 Pf	dkl'rosarot bis lebhaftlilarot	28,—
M 48	20 Pf	mittelblau bis violettultramarin	32,—
M 49	25 Pf	gelblichorange	200,—
M 50	50 Pf	(lebhaft)braunrot bis lebhaftrotbraun	300,—

Die Preise gelten für den Stempel „Constantinopel 1" mit Sternen.

Marken des Deutschen Reichs ohne Aufdruck (Germania und Repräsentative Darstellungen) wurden auch in der Markenzeit zur Frankatur geduldet.

1884

1884, 25. Jan. Freimarken: Marken des Deutschen Reichs MiNr. 40–44 (Ziffer bzw. Reichsadler im Oval, sogen. „Pfennig") mit schwarzem, bei MiNr. 3 b blauschwarzem Bdr.-Aufdruck.

							✶	⊙
1	**10 PA**	auf	5 Pf	(mittel)graupurpur, violettpurpur	(40)	70,—	40,—
2	**20 PA**	auf	10 Pf	lebhaftrosa bis (dkl')rosarot	(41)	100,—	100,—
3	**1 PIA**	auf	20 Pf	mittel- bis dkl'(violett)-ultramarin	(42)	80,—	10,—
4	**1¼ PIA**	auf	25 Pf	lebhaft(orange)braun, mittelgelbbraun	(43)	160,—	300,—
5	**2½ PIA**	auf	50 Pf	(dkl')graugrün bis (dkl')grünoliv	(44)	130,—	100,—
				Satzpreis (5 W.)		500,—	550,—

Bei MiNr. 4 und 5 gibt es je zwei verschiedene Aufdrucktypen; Preise gleich!

Nachdrucke (Na):

	✶	✶✶		✶	✶✶
1 Na	35,—	100,—	4 Na	50,—	130,—
2 Na	35,—	100,—	5 Na	50,—	130,—
3 Na	35,—	100,—			

Kennzeichen der Nachdrucke: Die Aufdrucke sind meist glänzend statt matt und an den Rändern häufig ausgequetscht. Die Gummierung ist feinbrüchig und leicht gelblich. Darüber hinaus zeigen die Nachdrucke 2 Na–5 Na einen unsauberen Perlenkranz und fleckigen Farbauftrag. MiNr. 3 Na–5 Na weisen zusätzlich abweichende Abstände und Aufdrucke auf: 3 Na Zwischenraum Basis von „Piaster" zur Basis von großer „1" = 0,9 statt 1,3 mm; 4 Na Aufdruck 17,2 statt 15,5 mm; 5 Na Aufdruck 18,2 statt 17,5 mm.

Die Nachdrucke wurden im Juli 1891 in Berlin verkauft.

Neudrucke (Ne):

		✶	✶✶
3 Ne I	Aufdruck schwärzlichblau, metallisch glänzend (Privatneudruck Fouré)	3000,—	5000,—
3 Ne II	Aufdruck schwarzblau (sehr sauber) (amtl. Ne Kosack)	350,—	1300,—

1 Na–5 Na mit nachträglich angebrachten Stempeln, 3 Ne mit Falschstempeln

FALSCH Falschaufdrucke auf MiNr. 3: rechte große „1" mit kurzer Nase, beide großen „1" mit viel dickeren Serifen, unsauberer, verquetschter Druck.

Auflagen: unbekannt

Gültig bis 31.1.1891

Bei den Marken aller Auslandspostämter und Kolonien sind Ganzfälschungen und Falschstempel so häufig, dass eine BPP-Prüfung ab 25,— Euro dringend anzuraten ist!

1889

1889, 1. Okt./1900. Freimarken: Marken des Deutschen Reichs MiNr. 46–50 (sogen. „Krone/Adler“) mit schwarzem Bdr.-Aufdruck.

						✶	⊙
6	10 PA	auf	5 Pf	(dunkel)gelb(lich)grün, (lebhaft)opalgrün	(46)	4,50	5,—
7	20 PA	auf	10 Pf	dunkelrosarot bis lebhaftlilarot	(47)	12,—	4,50
8	1 PIA	auf	20 Pf	mittelblau bis violettultramarin	(48)	8,—	3,—
9	1¼ PIA	auf	25 Pf	(dunkel)gelb(lich)orange	(49)	30,—	26,—
10	2½ PIA	auf	50 Pf	(mittel)braunrot bis lebhaftrötlichbraun	(50)	45,—	26,—
					Satzpreis (5 W.)	95,—	60,—

Halbierungen von Marken der Deutschen Post in der Türkei sind Mache.

Auflagen: unbekannt

Gültig bis 30.9.1901

MiNr. 11 fällt aus.

1900/1904

1900, 10. Okt./1904. Freimarken: Marken des Deutschen Reichs MiNr. 55–66 (Germania und Repräsentative Darstellungen, Inschrift „REICHSPOST“) mit waagerechtem schwarzem, bei MiNr. 22 senkrechtem karminrotem bis rosarotem Bdr.-Aufdruck; I = Versal „A“ in „PARA“ und „PIASTER“ oben ohne, II = „A“ oben mit Serifen.

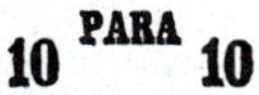

I = Aufdrucktype I (1900, 1901)

						✶	⊙
12 I	10 PA	auf	5 (Pf)	(dunkel)grün (1900)	(55)	2,20	2,40
13 I	20 PA	auf	10 (Pf)	dunkelkarminrot bis dunkelrosarot (1900)	(56)	3,50	3,—
14 I	1 PIA	auf	20 (Pf)	(dunkel)violettultramarin (1900)	(57)	6,—	2,40
15 I	1¼ Pia	auf	25 (Pf)	rötlichorange/gelbschwarz auf hellgelb (1900)	(58)	8,—	6,—
16 I	1½ Pia	auf	30 (Pf)	rötlichorange/rotschwarz auf mattgelblichorange (1900)	(59)	8,—	6,—
17 I	2 PIA	auf	40 (Pf)	(dunkelrötlich)karmin/schwarz (1901)	(60)	8,—	6,—
18 I	2½ Pia	auf	50 (Pf)	dunkelbräunlichlila/rotschwarz auf mattbraunorange (1900)	(61)	16,—	17,—
19 I	4 PIA	auf	80 (Pf)	dunkelrötlichkarmin/rotschwarz auf mattkarmin (1900)	(62)	18,—	17,—
20 I	5 PIA	auf	1 M	dunkelzinnoberrot bis dkl'karminrot (1900)	(63)	45,—	50,—
21 I	10 PIA	auf	2 M	schwärzlichblau (1900)			
I				Type I (Urmarke)	(64 I)	40,—	55,—
II				Type II (Urmarke)	(64 II)	110,—	140,—
22 I	15 PIA	auf	3 M	violettschwarz, Aufdruck karminrot (1900)			
I				Type I (Urmarke)	(65 I)	60,—	140,—
II				Type II (Urmarke)	(65 II)	85,—	200,—
23 I	25 PIA	auf	5 M	grünschwarz/bräunlichkarmin (1900)			
I				Type I (Urmarke)	(66 I)	850,—	1700,—
II				Type II (Urmarke)	(66 II)	260,—	550,—
III				Type I, Nachmalung mit Rot und Deckweiß	(66 III)	220,—	320,—
IV				Type I, Nachmalung nur mit Deckweiß	(66 IV)	380,—	650,—
					Satzpreis (12 W.)	450,—	600,—

Achtung! MiNr. 23 I IV nicht verwechseln mit früherer MiNr. 23 IV (jetzt 23 II); ehemalige MiNr. 23 II jetzt als MiNr. 23 I/II katalogisiert!

Abb. der (Urmarken-)Typen von MiNr. 21–23 siehe bei Deutsches Reich MiNr. 64–66!

II = Aufdrucktype II (1902–1904)

						✶	⊙
12 II	10 PA	auf	5 (Pf)	(dunkel)grün (1904)	(55)	12,—	17,—
13 II	20 PA	auf	10 (Pf)	dunkelkarminrot bis dunkelrötlichkarmin (1904) GA	(56)	38,—	24,—
14 II	1 PIA	auf	20 (Pf)	(dunkel)violettultramarin (1902)	(57)	11,—	9,—
20 II	5 PIA	auf	1 M	dunkelkarminrot (Töne) (1903)	(63)	180,—	130,—
21 II	10 PIA	auf	2 M	schwärzlichblau (1904)			
I				Type I (Urmarke)	(64 I)	200,—	340,—
II				Type II (Urmarke)	(64 II)	450,—	750,—
23 II	25 PIA	auf	5 M	grünschwarz/bräunlichkarmin, Type II (Urmarke) (1903)	(66 II)	240,—	700,—
					Satzpreis (6 W.)	650,—	1200,—

Auflagen: unbekannt

Gültig bis 31.12.1905

Amtlich nicht ausgegeben:

1902. MiNr. 15, 16 und 18 in abweichenden Schrifttypen, MiNr. 17, 19 und 22 mit Aufdrucktype II („A“ oben mit Serifen)

Aufdruckunterschiede:

1¼	1¼	1½	1½	2½	2½
MiNr. 15	MiNr. I	MiNr. 16	MiNr. II	MiNr. 18	MiNr. IV

							✶
I	1¼ Pia	auf	25 Pf	rötlichorange/gelbschwarz auf hellgelb		(58)	400,—
II	1½ Pia	auf	30 Pf	rötlichorange/rotschwarz auf mattgelblichorange		(59)	400,—
III	2 PIA	auf	40 Pf	(dunkelrötlich)karmin/schwarz		(60)	400,—
IV	2½ Pia	auf	50 Pf	dunkelbräunlichlila/rotschwarz auf mattbraunorange		(61)	400,—
V	4 PIA	auf	80 Pf	dunkelrötlichkarmin/rotschwarz auf mattkarmin		(62)	400,—
VI	15 PIA	auf	3 M	violettschwarz			
	I			Type I (Urmarke)		(65 I)	*20000,—*
	II			Type II (Urmarke)		(65 II)	*22000,—*

1905. Freimarken. Marken des Deutschen Reichs MiNr. 70–81 (Germania und Repräsentative Darstellungen, Inschrift „DEUTSCHES REICH“) mit Aufdruck wie bei MiNr. 12–23.

		✶	✶✶
VII a–VII m 10 Pa–25 Pia	Satzpreis (12 W.)	6000,—	15000,—

1905

1905, 1. Okt. Freimarken: Marken des Deutschen Reichs MiNr. 70–78 und 80–82 (Germania und Repräsentative Darstellungen, Inschrift „DEUTSCHES REICH“) mit schwarzem, bei MiNr. 34 dunkellilarotem Bdr.-Aufdruck in Frakturschrift.

						✶	⊙
24	**10 Pa**	auf	5 (Pf)	dunkelgrün GA	(70)	4,50	3,20
25	**20 Pa**	auf	10 (Pf)	lebhaftrotkarmin bis rötlichkarmin GA	(71)	12,—	4,—
26	**1 Pia**	auf	20 (Pf)	lebhaftviolettultramarin	(72)	24,—	2,50
27	**1¼ Pia**	auf	25 (Pf)	dunkelorange/braunschwarz auf hellgelb	(73)	12,—	10,—
28	**1½ Pia**	auf	30 (Pf)	dunkel(rötlich)orange/braunschwarz auf mattchromgelb	(74)	18,—	20,—
29	**2 Pia**	auf	40 (Pf)	(rot)karmin/schwarz	(75)	30,—	20,—
30	**2½ Pia**	auf	50 (Pf)	dunkelbräunlichlila/braunschwarz auf mattbraunorange	(76)	12,—	30,—
31	**4 Pia**	auf	80 (Pf)	dunkelrötlichkarmin/braunschwarz auf mattkarminrot	(77)	35,—	22,—
32	**5 Pia**	auf	1 M	karminrot			
A				26:17 Zähnungslöcher	(78 A)	100,—	50,—
B				25:16 Zähnungslöcher	(78 B)	60,—	60,—
33	**10 Pia**	auf	2 M	schwärzlichblau, 26:17 Zähnungslöcher	(82 A)	50,—	60,—
34	**15 Pia**	auf	3 M	schwarz(braun)violett, Aufdruck dunkellilarot, 25:16 Zähnungslöcher	(80 B)	60,—	70,—
35	**25 Pia**	auf	5 M	grünschwarz/dunkelkarmin, 26:17 Zähnungslöcher	(81 A)	300,—	700,—
					Satzpreis (12 W.)	600,—	950,—

Auflagen: unbekannt

Gültig bis 30.9.1914

1905, Nov./1913. Freimarken: Marken des Deutschen Reichs MiNr. 85–91 und 93–97, alle Friedensdruck (Germania und Repräsentative Darstellungen, Inschrift „DEUTSCHES REICH“, Wz. 1) mit Bdr.-Aufdruck wie bei MiNr. 24–35.

						✶	⊙
36	**10 Pa**	auf	5 (Pf)	(dunkel)grün (Mai 1906) GA	(85 I)	3,—	1,20
37	**20 Pa**	auf	10 (Pf)	lebhaftkarminrot bis lebhaftrotkarmin GA	(86 I)	6,—	1,20
38	**1 Pia**	auf	20 (Pf)	hellllilaultramarin bis (lebhaft)lilaultramarin (Juni 1906)	(87 I)	8,—	1,20
39	**1¼ Pia**	auf	25 (Pf)	dunkel(rötlich)orange/gelbschwarz auf hellgelb (März 1907)	(88 I)	16,—	16,—
40	**1½ Pia**	auf	30 (Pf)	(dunkel)rötlichorange/schwarz auf mittelchromgelb (Dez. 1905)	(89 I)	16,—	13,—
41	**2 Pia**	auf	40 (Pf)	dunkelrötlichkarmin/(braun)schwarz (Dez. 1905)	(90 I)	8,—	2,20
42	**2½ Pia**	auf	50 (Pf)	dunkelbräunlichlila/schwarz (Juni 1906)	(91 I)	12,—	22,—
43	**4 Pia**	auf	80 (Pf)	dunkelrötlichkarmin/schwarz auf mattrosarot (Jan. 1906)	(93 I)	20,—	28,—
44	**5 Pia**	auf	1 M	dunkelkarminrot (März 1907)	(94 A I)	45,—	40,—
45	**10 Pia**	auf	2 M	schwärzlichblau (Mai 1906)	(95 A I)	45,—	60,—
46	**15 Pia**	auf	3 M	schwarzbraunviolett, Aufdruck dunkellilarot (1912)	(96 A I)	50,—	600,—
47	**25 Pia**	auf	5 M	grünschwarz/dunkelkarmin (Nov. 1905)	(97 A I)	40,—	100,—
					Satzpreis (12 W.)	240,—	900,—

Auflagen: unbekannt

Gültig bis 30.9.1914

Neue Währung: 1 (französ.) Franc (F) = 100 Centimes (C)

Aufgrund von Umrechnungsdifferenzen waren die Drucksachen und Warenproben (nicht jedoch die anderen Sendungen), die von Händlern u. a. bei der Deutschen Post aufgegeben wurden, gegenüber denen, die bei den anderen ausländischen Postverwaltungen eingeliefert wurden, zu teuer. Um diesen aufgrund der immensen Mengen an versandten Drucksachen und Warenproben bedeutenden Einnahmeausfall zu beseitigen, entschloss sich die deutsche Postverwaltung ebenfalls zur Abgabe von Postwertzeichen gegen Francs und stellte die Ausgabe mit Überdruck in französischer Währung her.

1908

1908, 5. Aug. Freimarken: Marken des Deutschen Reichs MiNr. 85–87, 90 und 93, alle Friedensdruck (Germania, Wz. 1) mit diagonalem schwarzem Bdr.-Aufdruck in Antiquaschrift.

				✶	⊙
48	**5 C**	auf 5 (Pf) dunkelgrün bis schwärzlichgelblichgrün GA	(85 I)	2,50	3,50
49	**10 C**	auf 10 (Pf) lebhaftkarminrot bis lebhaftrotkarmin GA	(86 I)	3,50	6,—
50	**25 C**	auf 20 (Pf) (lebhaft)lilaultramarin	(87 I)	8,—	30,—
51	**50 C**	auf 40 (Pf) dunkelrötlichkarmin/(braun)schwarz	(90 I)	40,—	75,—
52	**100 C**	auf 80 (Pf) dunkelrötlichkarmin/schwarz auf mattrosarot	(93 I)	70,—	80,—
			Satzpreis (5 W.)	120,—	180,—

Bei allen Werten lassen sich verschiedene Zwischenräume zwischen Währungsangabe und Währungsbezeichnung feststellen.

FALSCH 25 C auf 20 (Pf), 50 C auf 40 (Pf) und 100 C auf 80 (Pf) auf Marken Deutsches Reich MiNr. 88 II, 90 II und MiNr. 93 II (Kriegsdruck)

Auflagen: unbekannt

Gültig bis 30.9.1914

Die Deutschen Postanstalten wurden infolge Aufhebung der sogen. Kapitulationen am 30.9.1914 geschlossen.

Deutsche Kolonien

Markenheftchen und Zusammendrucke aller Kolonien siehe nach Togo

Deutsch-Neuguinea

Flaggenhissung am 17. November 1884, Deutsche Post ab 15. Februar 1888.

Das Schutzgebiet Deutsch-Neuguinea umfasste den nordöstlichen Teil der Insel Neuguinea, das Kaiser-Wilhelms-Land, den Bismarck-Archipel mit den Inseln Neu-Pommern, Neu-Hannover und Neu-Mecklenburg sowie die Admiralitätsinseln. Ferner gehörten die nördlichen Salomonen-Inseln Bougainville und Buka zum Schutzgebiet.

Bis zur Einrichtung eigener Postdampferlinien nach Ostasien und Australien im Sommer 1886 wurde die Post von und nach Deutsch-Neuguinea von ausländischen Schiffen befördert, die mehr oder weniger regelmäßig das Schutzgebiet besuchten.

Als erste Postanstalten wurden eröffnet:

Finschhafen am 15. Februar 1888, Hatzfeldthafen am 1. April 1888, Kerawara am 4. April 1888, Konstantinhafen am 15. Mai 1888, Stephansort am 14. Dezember 1889, Herbertshöhe im Juni 1890, Friedrich-Wilhelmshafen am 1. März 1892, Matupi am 1. November 1894 (Stempel vorübergehend 4.4.1888 bis Mai 1888 in Kerawara verwendet), Berlinhafen am 22. Mai 1898.

Die seltenen Verbindungsmöglichkeiten der Postorte untereinander verursachten erhebliche Terminverschiebungen bei der Zuteilung neuer Postwertzeichen; daher finden sich noch während der Verwendung eigener Marken unüberdruckte Marken des Deutschen Reichs.

Ab August 1914 besetzten australische Truppen Deutsch-Neuguinea, das am 17. September 1914 kapitulierte.

1 Mark (M) = 100 Pfennig (Pf)

Vorläufer (V):

Bei den Postämtern in Deutsch-Neuguinea verwendete Freimarken des Deutschen Reichs:

1888/1890. MiNr. 39–44 (Ziffer bzw. Reichsadler im Oval, sogen. „Pfennig").

				⊙
V 39	3	Pf	(hell)gelblichgrün	4000,—
V 40	5	Pf	violettpurpur	600,—
V 41	10	Pf	dunkelrosarot	500,—
V 42	20	Pf	dunkelultramarin	250,—
V 43	25	Pf	orangebraun	—,—
V 44	50	Pf	(dunkel)oliv	400,—

V 39 und V 43 wurden im Schutzgebiet nicht postalisch ausgegeben, waren aber frankaturgültig.

Die Preise gelten nur für den Stempel Finschhafen, andere z. T. sehr selten.

1890/1898. MiNr. 37 (Innendienst: Ziffer im Oval) und MiNr. 45 bis 50 (sogen. „Krone/Adler").

				⊙
V 37	2	M	dunkelrotkarmin	500,—
V 45	3	Pf	mittelbraun, (hell)ockerbraun bis gelblichbraun	90,—
V 46	5	Pf	(gelblich)grün bis (lebhaft)opalgrün	80,—
V 47	10	Pf	rosarot bis lebhaftlilarot	60,—
V 48	20	Pf	(mittel)blau bis violettultramarin	40,—
V 49	25	Pf	gelb(lich)orange	300,—
V 50	50	Pf	(lebhaft)braunrot bis lebhaftrotbraun	80,—

Die Preise gelten für die Stempel „Stephansort I" und „Friedrich-Wilhelmshafen".

Mitläufer (M):

MiNr. 45 und 49 mit Stempeldaten ab Juli 1898, MiNr. 46–48 und 50 ab September 1897.

				⊙
M 45	3	Pf	hellockerbraun bis lebhaftbraunocker	40,—
M 46	5	Pf	(lebhaft)opalgrün	80,—
M 47	10	Pf	mittel- bis lebhaftkarminrot	60,—
M 48	20	Pf	violettultramarin	50,—
M 49	25	Pf	gelblichorange	350,—
M 50	50	Pf	lebhaftrotbraun	100,—

1897

1897, Sept./99. Freimarken: Marken des Deutschen Reichs MiNr. 45–50 (sogen. „Krone/Adler") mit schwarzem Bdr.-Aufdruck.

					✱	⊙
1	3	Pf	(dkl')ockerbraun bis lebh'braunocker (Juli 1898)	(45)	10,—	10,—
2	5	Pf	(lebhaft)opalgrün (Sept. 1897) GA	(46)	7,—	6,—
3	10	Pf	lebhaftlilarot (Sept. 1897) GA	(47)	8,—	10,—
4	20	Pf	violettultramarin (Sept. 1897)	(48)	12,—	15,—
5	25	Pf	gelblichorange (Juli 1898)	(49)	30,—	65,—
6	50	Pf	lebhaftrötlichbraun (Sept. 1897)	(50)	40,—	60,—
			Satzpreis (6 W.)		100,—	150,—

Diverse Stempelfälschungen bekannt

Auflagen: unbekannt

Gültig bis 30.9.1901 (auch spätere Abstempelungen bekannt)

Ausführliche Bewertung aller bei den Deutschen Auslandspostämtern und Kolonien vorkommenden Abstempelungen siehe:

Dr. Friedrich F. Steuer/Ronald F. Steuer: „Handbuch und Katalog der Deutschen Kolonialvorläufer";

„Ehemalige deutsche Kolonien und Auslandspostämter – Stempel-Katalog" (hrsg. von der Arge der Sammler Kolonialpostwertzeichen e.V.)

1900/1908

1900, Dez./1901, März. Freimarken: Kaiseryacht (Landesname „DEUTSCH-NEU-GUINEA“). MiNr. 7–15 Bdr. (10×10), MiNr. 16–19 StTdr. (4×5); oWz.; MiNr. 7–15 gez. K 14:14½, MiNr. 16–19 gez. K 14½ oder K 14¼.

a

b

a–b) Kaiseryacht SMY „Hohenzollern“; Rahmenzeichnung und Mittelstück bei b Type I

				✶	⊙
7	3 Pf	dunkelockerbraun (Dez. 1900)	a	1,50	1,50
8	5 Pf	(dunkel)grün GA (Dez. 1900)	a	8,—	1,50
9	10 Pf	dunkelkarminrot GA (Dez. 1900) . .	a	25,—	4,—
10	20 Pf	violettultramarin (Dez. 1900)	a	2,—	4,—
11	25 Pf	rötlichorange/gelbschwarz auf hellgelb (Dez. 1900)	a	2,—	20,—
12	30 Pf	rötlichorange/rotschwarz auf mattgelblichorange (Dez. 1900)	a	2,—	25,—
13	40 Pf	dunkelrötlichkarmin/schwarz (Dez. 1900)	a	2,—	28,—
14	50 Pf	dunkelbräunlichlila/rotschwarz auf mattbraunorange (Dez. 1900)	a	2,50	24,—
15	80 Pf	dunkelrötlichkarmin/rotschwarz auf mattkarmin (Dez. 1900)	a	4,50	34,—
16	1 M	(dunkel)rot (März 1901)	b	12,—	65,—
17	2 M	schwärzlichblau (März 1901)	b	12,—	95,—
18	3 M	violettschwarz (März 1901)	b	15,—	190,—
19	5 M	grünschwarz/dunkelkarmin (März 1901)	b	220,—	600,—
		Satzpreis (13 W.)		300,—	1000,—

MiNr. 16–19 nur mit 26:17 Zähnungslöchern

Der Stempel „FINSCHHAFEN“ mit durch Riefen beschädigter Jahreszahl „14“ ist rückdatiert.

Auflagen: unbekannt *Gültig bis 17.9.1914*

1908, 8. Februar. Freimarke für Kieta. MiNr. 8 mit Handstempelaufdruck der neuen Wertziffer.

			⊙
I	**3**	auf 5 Pf (dunkel)grün	—,—

Die Amtlichkeit der MiNr. I ist stark zweifelhaft. Sehr wahrscheinlich wurde das sogen. „Kieta-Provisorium“ aus spekulativer Absicht hergestellt.

MiNr. 20 fällt aus.

1914/1919

Durch Bekanntmachung im Amtsblatt von Deutsch-Neuguinea am 7. August 1914 wurde Feldpostfreiheit für gewöhnliche Briefe bis 50 gr. und Feldpostkarten für die Angehörigen der Wehrabteilung und der Expeditionstruppe angeordnet. Dazu wurden im August 1914 für die Truppe Postkarten (C 154) mit dreizeiligem Handstempel-Aufdruck „FELD- (Postkarte) / nur für die Wehrabteilung und / für die Expeditionstruppe“ ausgegeben. ✶ 500,—, ⊙ 10000,—.

Ausgangspost erhielt häufig einen vierzeiligen Zensurstempel: „Gouvernementsseitig / unter KRIEGSRECHT geöffnet / Rabaul September 1914 Überwachungsoffizier“ . Handschriftliche Zensurvermerke sind ebenfalls bekannt.

1914, Herbst/1919. Freimarken: Wie MiNr. 8, 9 und 19, jedoch Landesname jetzt „DEUTSCH-NEUGUINEA“ und auf Papier mit Wz. 1; I = sogen. „Friedensdruck“, II = sogen. „Kriegsdruck“.

c

d

Wz. 1 Rauten

				✶	✶✶
21		5 Pf	(dunkel)grün c		
I			Friedensdruck (1914)	4,—	8,—
II			Kriegsdruck (1918)	2,—	4,—
22		10 Pf	rotkarmin c		
I			Friedensdruck (1914)	4,—	8,—
II			Kriegsdruck (1918)	2,—	4,—
23		5 M	. . . . d		
I			grünschwarz/dunkelkarmin, Friedensdruck (1914)		
	A I		26:17 Zähnungslöcher, Mittelstück Type I	60,—	320,—
II			grünschwarz/rotkarmin, Kriegsdruck (1918)		
	A II		26:17 Zähnungslöcher, Mittelstück Type II	45,—	180,—
	B I		25:17 Zähnungslöcher, Mittelstück Type II	40,—	160,—
	B II		25:17 Zähnungslöcher, Mittelstück Type III	900,—	2200,—

Achtung! MiNr. 23 I A I war früher unter MiNr. 23 A, MiNr. 23 II A II war früher unter MiNr. 23 A I und MiNr. 23 II B II war früher unter MiNr. 23 B katalogisiert!

MiNr. 21–23 wurden nur am Sammlerschalter in Berlin verkauft; echt gebraucht nicht möglich!

Unterscheidungsmerkmale zwischen Friedens- und Kriegsdruck siehe bei Kamerun MiNr. 20–25!

Auflagen: unbekannt

1918. Freimarke: Kaiseryacht (Landesname wieder „DEUTSCH-NEU-GUINEA“). Bdr. (10×10); Wz. 1; gez. K 14:14½.

a) Kaiseryacht SMY „Hohenzollern“

				✶	✶✶
24	3 Pf	dunkelorangebraun (Kriegsdruck) . .	a	2,—	4,—

MiNr. 24 wurde nur am Sammlerschalter in Berlin verkauft; echt gebraucht nicht möglich!

Auflage: unbekannt

Britische Besetzung

Besetzung ab August 1914 durch Truppen der britischen Dominion Australien, Kapitulation Deutsch-Neuguineas am 17.9.1914

1 Shilling (s) = 12 Pence (d)

1914

1914, 17. Okt./1915. Freimarken. Marken von Deutsch-Neuguinea mit Bdr.-Aufdruck (G. R. I. = Georgius Rex Imperator). I = Aufdruckzeilenabstand bei MiNr. 1–11 6 mm, bei MiNr. 12–15 3½–4 mm); II = Abstand bei MiNr. 1–11 5 mm, bei MiNr. 12–15 5½ mm.

I = Aufdruck-Type I (17.10.1914)

							✶	⊙
1 I	1 d	auf	3	Pf	dunkelockerbraun	(7)	360,—	380,—
2 I	1 d	auf	5	Pf	(dunkel)grün	(8)	45,—	60,—
3 I	2 d	auf	10	Pf	dunkelkarminrot	(9)	50,—	70,—
4 I	2 d	auf	20	Pf	violettultramarin	(10)	50,—	70,—
5 I	2½ d	auf	10	Pf	dunkelkarminrot	(9)	100,—	180,—
6 I	2½ d	auf	20	Pf	violettultramarin	(10)	120,—	180,—
7 I	3 d	auf	25	Pf	rötl'orange/gelbschwarz auf hellgelb	(11)	200,—	250,—
8 I	3 d	auf	30	Pf	rötl'orange/rotschwarz auf gelbl'orange	(12)	250,—	280,—
9 I	4 d	auf	40	Pf	dunkelrötlichkarmin/schwarz	(13)	300,—	350,—
10 I	5 d	auf	50	Pf	dkl'bräunl'lila/rotschwarz auf mattbr'orange	(14)	600,—	700,—
11 I	8 d	auf	80	Pf	dkl'rötl'karmin/rotschwarz auf mattkarin	(15)	1000,—	1200,—
12 I	1 s	auf	1	M	(dunkel)rot	(16)	1600,—	3000,—
13 I	2 s	auf	2	M	schwärzlichblau	(17)	1800,—	3000,—
14 I	3 s	auf	3	M	violettschwarz	(18)	1900,—	2500,—
15 I	5 s	auf	5	M	grünschwarz/dunkelkarmin	(19)	10000,—	10000,—

A 15	1 auf 2 d auf 10 Pf lebhaftlilarot (1915), nur Type I	(3)	—,—	15000,—
B 15	1 auf 2 d auf 20 Pf violettultramarin (1915), nur Type II	(4)	—,—	15000,—

II = Aufdruck-Type II (16.12.1914)

							✶	⊙
1 II	1 d	auf	3	Pf	dunkelockerbraun	(7)	50,—	60,—
2 II	1 d	auf	5	Pf	(dunkel)grün	(8)	18,—	30,—
3 II	2 d	auf	10	Pf	dunkelkarminrot	(9)	30,—	40,—
4 II	2 d	auf	20	Pf	violettultramarin	(10)	35,—	50,—
5 II	2½ d	auf	10	Pf	dunkelkarminrot	(9)	180,—	300,—
6 II	2½ d	auf	20	Pf	violettultramarin	(10)	1700,—	2000,—
7 II	3 d	auf	25	Pf	rötl'orange/gelbschwarz auf hellgelb	(11)	120,—	140,—
8 II	3 d	auf	30	Pf	rötl'orange/rotschwarz auf gelbl'orange	(12)	100,—	120,—
9 II	4 d	auf	40	Pf	dunkelrötlichkarmin/schwarz	(13)	120,—	150,—
10 II	5 d	auf	50	Pf	dkl'bräunl'lila/rotschwarz auf mattbr'orange	(14)	150,—	200,—
11 II	8 d	auf	80	Pf	dkl'rötl'karmin/rotschwarz auf mattkarin	(15)	500,—	600,—
12 II	1 s	auf	1	M	(dunkel)rot	(16)	2000,—	3200,—
13 II	2 s	auf	2	M	schwärzlichblau	(17)	3000,—	4500,—
14 II	3 s	auf	3	M	violettschwarz	(18)	4500,—	7000,—
15 II	5 s	auf	5	M	grünschwarz/dunkelkarmin	(19)	15000,—	17000,—

FALSCH

Auflagen (offiziell, I und II zusammen): MiNr. 1 = 3661, MiNr. 2 = 5093, MiNr. 3 = 6999, MiNr. 4 = 5911, MiNr. 5 = 1675, MiNr. 6 = 1445, MiNr. 7 = 869, MiNr. 8 = 661, MiNr. 9 = 888, MiNr. 10 = 569, MiNr. 11 = 643, MiNr. 12 = 128, MiNr. 13 = 113, MiNr. 14 = 87, MiNr. 15 = 102 Stück. Von Privatpersonen vorgelegte und überdruckte Marken sind in dieser Aufstellung nicht enthalten.

1914, 1. Dez. Freimarken: Einschreibzettel mit schwarzem Bdr.-Aufdruck.

			✶	⊙
16	**3 d**	auf Einschreibzettel		
	a	**Deulon** (Grotesk)	13000,—	15000,—
	b I	**Fr. Wilhelmshafen** (Grotesk)	170,—	450,—
	b II	**Fr. Wilhelmshafen** (Antiqua)	170,—	450,—
	c	**Herbertshöhe** (Grotesk)	250,—	500,—
	d I	**Käwieng** (Grotesk)	600,—	800,—
	d II	**Käwieng** (Antiqua)	170,—	400,—
	e	**Kieta** (Grotesk)	400,—	650,—
	f I	**Manus** (Grotesk)	280,—	550,—
	f II	**Manus** (Antiqua)	2000,—	3000,—
	g	**Rabaul** (Grotesk)	170,—	240,—
	h	**Stephansort** (Grotesk)	—,—	2000,—

MiNr. 16 b II, 16 c, 16 d I und 16 g gibt es mit und ohne Bindestrich zwischen („DEUTSCH-NEUGUINEA"). MiNr. 16 d I gibt es auch mit Landesnamen „DEUTSCH NEU GUINEA" (mit und ohne Klammern).

Diese Ausgabe kommt ungebraucht meist ohne Gummi vor, da die Gummierung vorher zum Teil durch die Druckerei abgelöst wurde; Preise o.G. wie ✶!

Auflagen: unbekannt

Dienstmarken

1914, Okt. Dienstmarken: Marken Deutsch-Neuguinea MiNr. 7 und 8 mit schwarzem Bdr.-Aufdruck.

							✶	⊙
1	**1 d**	auf	3	Pf	dunkelockerbraun	(7)	35,—	100,—
2	**1 d**	auf	5	Pf	(dunkel)grün	(8)	95,—	220,—
						Satzpreis (2 W.)	130,—	320,—

Auflagen: MiNr. 1 = 9258, MiNr. 2 = 1681 Stück

Deutsch-Ostafrika

Besetzung am 27. Februar 1885, Deutsche Post ab 4. Oktober 1890

Im Zusammenhang mit der Gründung Deutsch-Ostafrikas kam es ab Ende 1888 zu vorübergehender Inbetriebnahme zweier deutscher Postämter im Auslande. **Beide, nämlich Lamu und Zanzibar, gehören eigentlich nicht zur deutschen Post in Deutsch-Ostafrika, werden jedoch allgemein unter diesem Oberbegriff geführt.** Beide Postämter waren nur relativ kurze Zeit in Betrieb und führten nur Marken des Deutschen Reiches. Lamu lag nördlich Deutsch-Ostafrikas an der Küste des späteren Britisch-Ostafrikas und Zanzibar auf der Deutsch-Ostafrika vorgelagerten Insel. Beide Postagenturen wurden auf Grund des deutsch-englischen Helgoland-Zanzibar-Vertrages aufgelassen.

Deutsch-Ostafrika erstreckte sich von der Küste bis zum Viktoriasee im Norden und Nyassasee im Südwesten bis zum Tanganjikasee im Westen. Im Laufe der Zeit wurde eine Vielzahl von Postanstalten, insbesondere entlang der Usambara- und Mittellandbahn, eröffnet.

Nach Kriegsausbruch konnte sich die in Deutsch-Ostafrika aufgestellte Schutztruppe lange den gegnerischen Kräften entgegenstellen, dennoch wurde Deutsch-Ostafrika Ende 1917 von den Vereinigten Truppen der Anglo-Inder, Belgier und Afrikaner völlig besetzt. Es erfolgte die Aufteilung als Mandatsgebiet unter England, Belgien und Portugal.

MiNr. II–V siehe nach MiNr. 39

1 Mark (M) = 100 Pfennig (Pf); ab 1.1.1901: 1 Rupie (R) = 64 Pesa (P); ab 1.4.1905: 1 Rupie (R) = 100 Heller (H)

Deutsche Postanstalten in Ostafrika

Vorläufer Lamu (VL):

Bei der Deutschen Postagentur in Lamu vom 22. Nov. 1888 bis 31. März 1891 verwendete Freimarken des Deutschen Reichs:

1889/90. MiNr. 37 (Innendienst: Ziffer im Oval) und MiNr. 39–44 (Ziffer bzw. Reichsadler im Oval, sogen. „Pfennig“).

				⊘*)	⊙
VL 37	2	M	mittelrosalila		6500,—
VL 39	3	Pf	(hell)gelblichgrün		5000,—
VL 40	5	Pf	violettpurpur	200,—	600,—
VL 41	10	Pf	dunkelrosarot	80,—	500,—
VL 42	20	Pf	dkl'ultramarin		450,—
VL 43	25	Pf	orangebraun		—,—
VL 44	50	Pf	(dunkel)oliv		1200,—

*) In der Literatur wird teils eine gesonderte Einteilung zwischen Bedarfsabstempelungen und philatelistischen Abstempelungen (für Sammelzwecke) vorgenommen. Da im Sinne einer einheitlichen Anwendung der Kriterien kein derartiger Unterschied mehr gemacht werden kann (vgl. Definition der Entwertungen in der Einleitung), ergibt sich insbesondere für LAMU-Abstempelungen eine von der Literatur (Steuer-Handbuch) abweichende Einteilung. Die dort verwendete Sorte II umfasst acht Daten, von denen bisher keine Ganzstücke bekannt geworden sind. Diese müssen als philatelistische Abstempelungen angesehen werden und fallen unter die Rubrik der zeitgerecht entwerteten Stücke (⊙), auch wenn Spezialisten für Entwertungen von nachgewiesenen Posttagen teils deutliche Zuschläge bewilligen. Die in der Literatur verwendete Sorte III für innerhalb der Kursgültigkeit der Marken angefertigte Entwertungen mit willkürlich eingestellten Daten fällt dagegen unter die Sorte II (⊘).

1890/91. MiNr. 45–50 (sogen. „Krone/Adler“).

				⊙
VL 45	3	Pf	gelblichbraun	750,—
VL 46	5	Pf	(gelblich)grün	600,—
VL 47	10	Pf	(lebhaft)rosarot	750,—
VL 48	20	Pf	mittelultramarin bis (mittel)blau	800,—
VL 49	25	Pf	gelborange	1000,—
VL 50	50	Pf	lebhaftrötlichbraun	1500,—

Vorläufer Zanzibar (VZ):

Bei der Deutschen Postagentur auf Zanzibar vom 27. Aug. 1890 bis 31. Juli 1891 verwendete Freimarken des Deutschen Reichs:

1890/91. MiNr. 37 (Innendienst: Ziffer im Oval) und MiNr. 45–50 (sogen. „Krone/Adler“).

				⊙
VZ 37	2	M	mittelrosalila bis dkl'rotkarmin	1200,—
VZ 45	3	Pf	gelblichbraun	400,—
VZ 46	5	Pf	(gelblich)grün	200,—
VZ 47	10	Pf	(lebhaft)rosarot	200,—
VZ 48	20	Pf	mittelultramarin bis (mittel)blau	140,—
VZ 49	25	Pf	gelborange	800,—
VZ 50	50	Pf	(lebh')braunrot bis lebh'rötlichbraun	400,—

Entwertung „Zanzibar“ vom 31.12.1890 und 1.1.1891 auf Marken Deutsches Reich MiNr. 40–42 ist minderwertig!

Deutsch-Ostafrika

Vorläufer (VO):

Bei den Postämtern in Deutsch-Ostafrika verwendete Freimarken des Deutschen Reichs:

1890/99. MiNr. 37 (Innendienst: Ziffer im Oval) und MiNr. 45–50 (sogen. „Krone/Adler“).

				⊙
VO 37	2	M	mittelrosalila, dkl'rotkarmin bis rötlichkarmin	50,—
VO 45	3	Pf	gelblichbraun bis mittelbraun	60,—
VO 46	5	Pf	(gelblich)grün bis (lebhaft)opalgrün	70,—
VO 47	10	Pf	lebhaftrosarot bis lebhaftlilarot	70,—

				⊙
VO 48	20 Pf	mittelultramarin bis violettultramarin		100,—
VO 49	25 Pf	gelb(lich)orange		500,—
VO 50	50 Pf	mittelbraunrot bis lebhaftrötlichbraun		100,—

Die Preise gelten für Entwertungen von Dar-es-Salaam, bei VO 47 bis VO 50 auch noch für Tanga.

Die am 4.10.1890 in Bagamoyo und Dar-es-Salaam eröffneten Postagenturen hatten bis Ende 1890 den rechtlichen Status von Auslandspostämtern in Ostafrika, da dem Deutschen Reich erst am 1.1.1891 die Hoheitsrechte über den 10 Meilen breiten Küstenstreifen vom Sultan von Zanzibar gegen Zahlung einer Abfindung übertragen wurden.

VO 49 wurde nicht amtlich ausgegeben, hat aber bis 1900 trotzdem den Charakter von Vorläufern, da keine entsprechende Wertstufe der Überdruckserien bestand.

Entwertungen „DAR-ES-SALAAM" und „BAGAMOYO" vom 1.1.1891 und „KILWA 16.5.92" auf Marken Deutsches Reich MiNr. 40–42 sind minderwertig!

Mitläufer (M):

MiNr. 45–50 (sogen. „Krone/Adler") mit Stempeldaten ab Juli 1893 bzw. bei MiNr. M 49 ab 1901.

				⊙
M 45	3 Pf	mittelbraun bis (dkl')ockerbraun		40,—
M 46	5 Pf	(lebhaft)opalgrün		40,—
M 47	10 Pf	lebhaftrosarot bis lebh'lilarot		28,—
M 48	20 Pf	(mittel)blau bis violettultramarin		50,—
M 49	25 Pf	gelblichorange		—,—
M 50	50 Pf	mittelbraunrot bis lebh'rötlichbraun		60,—

Nicht in den Verkehr gekommen:

Marken der Ostafrikanischen Seenpost, einer Privatpost, die von der Fa. Schülke & Mayr aufgrund eines Vertrages mit dem Kaiserlichen Gouverneur eingerichtet wurde. Da dieser Vertrag abgelaufen war und nicht erneuert wurde, kamen die Marken nicht mehr zum Einsatz.

1892. Marken zu 5, 10, 25 und 50 Cents (Sa–Sd) sowie 1 $ (Se); Netzunterdruck in Markenfarbe, gez. 11½.

			✶
Sa–Sd	Centwerte	je	75,—
Se	1 $		450,—

Nachdrucke, ohne Netzunterdruck, gez. 10¾ (Na):

		(✶)	✶
S Na a–S Na e	Satzpreis (5 W.)	75,—	150,—

Viele Nachdruck-Sätze weisen beschädigte Gummierung auf, da sie in einer Festschrift eingeklebt ausgegeben wurden.

1893/1896

1893, 1. Juli. Freimarken: Marken des Deutschen Reichs MiNr. 45–48 und 50 (sogen. „Krone/Adler") mit schwarzem waagerechtem Bdr.-Aufdruck in versch. Typen.

					✶	⊙
1	**2 P**	auf 3 Pf	mittelbraun	(45)	60,—	60,—
2	**3 P**	auf 5 Pf	(lebhaft)opalgrün GA	(46)	70,—	60,—
3	**5 P**	auf 10 Pf	lebh'rosarot bis lebh'lilarot, mittel(karmin)rot GA	(47)	50,—	35,—
4	**10 P**	auf 20 Pf	violettultramarin	(48)	40,—	18,—
5	**25 P**	auf 50 Pf	mittelbraunrot bis lebh'rötlichbraun	(50)	60,—	35,—
			Satzpreis (5 W.)		280,—	200,—

Auflagen: unbekannt

Gültig bis 30.9.1901

1896, April/1899. Freimarken: Marken des Deutschen Reichs MiNr. 45–48 und 50 (sogen. „Krone/Adler") mit schwarzem diagonalem, dreizeiligem Bdr.-Aufdruck.

					✶	⊙
6	**2 P**	auf 3 Pf	mittelbraun bis (dkl')ockerbraun (April 1896)	(45)	3,—	14,—
7	**3 P**	auf 5 Pf	(lebhaft)opalgrün (April 1896) GA	(46)	4,—	5,50
8	**5 P**	auf 10 Pf	lebhaftlilarot (April 1896)	(47)	8,—	5,50
9	**10 P**	auf 20 Pf	violettultramarin (April 1896)	(48)	8,—	6,50
10	**25 P**	auf 50 Pf	lebhaftrötlichbraun (April 1896)	(50)	40,—	34,—
			Satzpreis (5 W.)		60,—	60,—

Auflagen: unbekannt

Gültig bis 30.9.1901

Neue Währung: 1 Rupie (R) = 64 Pesa (P)

1901

1901, 1. Jan. Freimarken: Kaiseryacht. MiNr. 11–18 Bdr. (10×10), MiNr. 19–21 StTdr. (4×5); oWz.; MiNr. 11–18 gez. K 14:14½, MiNr. 19–21 gez. K 14½ oder 14¼.

a

b

a–b) Kaiseryacht SMY „Hohenzollern", Rahmenzeichnung und Mittelstück bei b Type III

				✶	⊙
11	2 P	dunkelockerbraun	a	3,50	2,—
12	3 P	(dunkel)grün GA	a	3,50	2,40
13	5 P	dunkelkarminrot GA	a	4,—	3,—
14	10 P	violettultramarin	a	6,50	6,—
15	15 P	rötlichorange/rotschwarz auf mattgelblichorange	a	6,50	8,—
16	20 P	(dunkelrötlich)karmin/schwarz	a	9,—	18,—
17	25 P	dunkelbräunlichlila/rotschwarz auf mattbraunorange	a	9,—	18,—
18	40 P	dunkelrötlichkarmin/rotschwarz auf mattkarmin	a	12,—	28,—
19	1 R	dunkellilarot	b	25,—	60,—
20	2 R	dunkelsmaragdgrün	b	12,—	100,—
21	3 R	dunkel(karmin)rot/grünschwarz	b	160,—	230,—
		Satzpreis (11 W.)		250,—	450,—

MiNr. 19–21 nur mit 26:17 Zähnungslöchern

FALSCH

Auflagen: unbekannt

MiNr. 11–18 gültig bis 31.3.1906, MiNr. 19–21 bis Ende 1917

1905/1919

1905, 1. April. Freimarken: Kaiseryacht. Wertangabe in Heller; Bdr. (10×10); oWz.; gez. K 14:14½.

c) Kaiserjacht SMY „Hohenzollern“

Nr.	Wert	Farbe	Type	✶	⊙
22	2½ H	lebhaftockerbraun	c	7,—	2,20
23	4 H	grün bis schwärzlich(grau)grün GA	c	20,—	7,—
24	7½ H	lebhaftrotkarmin GA	c	20,—	2,—
25	15 H	mittellilaultramarin bis hellviolettultramarin	c	35,—	7,50
26	20 H	dunkelorange/braunschwarz auf hellgelb	c	20,—	20,—
27	30 H	(rot)karmin/braunschwarz	c	20,—	7,50
28	45 H	mittelbraunviolett (Töne)/schwarz	c	40,—	45,—
29	60 H	dunkelrötlichkarmin/braunschwarz auf mattkarminrot	c	60,—	120,—
		Satzpreis (8 W.)		220,—	200,—

Auflagen: unbekannt

Gültig bis Ende 1917, MiNr. 29 nur bis 31.3.1912

1905/1920. Freimarken: Kaiseryacht. Wertangabe in Heller; MiNr. 30–38 Bdr. (10×10), MiNr. 38 und 39 StTdr. (4×5); Wz. 1; MiNr. 30 bis 38 gez. K 14:14¼; MiNr. 38 und 39 gez. K 14½ oder 14¼; I = sogen. Friedensdruck, II = sogen. Kriegsdruck.

c

b

Wz. 1 Rauten

b–c) Kaiseryacht SMY „Hohenzollern“, Rahmenzeichnung und Mittelstück bei b Type III

Nr.		Wert	Farbe	Type	✶	✶✶	⊙
30		2½ H		c			
	I		(lebhaft)ockerbraun, Friedensdruck (1906)		1,20	3,50	1,20
	II		dunkelockerbraun, Kriegsdruck (1919)		12,—	35,—	
31		4 H	dunkelgrün, Friedensdruck (1906)	c	1,20	4,—	0,80
32		7½ H	lebh’karminrot bis dkl’rotkarmin, Friedensdruck (1906)	c	1,40	5,50	2,—
33		15 H	lebhaftviolettultramarin bis (lebhaft)lilaultramarin, Friedensdruck (1906)	c	2,80	12,—	1,80
34		20 H	dunkel(rötlich)orange/gelbschwarz auf hellgelb, Friedensdruck (1911)	c	3,—	11,—	25,—
35		30 H	dunkelrötlichkarmin/(braun)schwarz, Friedensdruck (1909)	c	3,20	11,—	10,—
36		45 H	mittelbraunviolett (Töne)/schwarz, Friedensdruck (1906)	c	7,—	24,—	70,—
37		60 H	dunkelrötlichkarmin/schwarz auf mattrosarot, Friedensdruck (1906)	c	38,—	90,—	240,—
38		1 R		b			
	I A		dunkelbräunlichrot bis dunkelkarminrot, Friedensdruck, 26:17 Zähnungslöcher (1915)		20,—	140,—	*30000,—*
	II		dunkelrot, Kriegsdruck				
	A		26:17 Zähnungslöcher (1919)		16,—	100,—	
	B		25:17 Zähnungslöcher (1915)		60,—	150,—	
A 38		2 R	dunkelsmaragdgrün, 25:17 Zähnungslöcher (1920)	b	60,—	130,—	
39		3 R		b			
	I A		dunkel(karmin)rot/grünschwarz, Friedensdruck, 26:17 Zähnungslöcher (1908)		60,—	170,—	300,—
	II		schwärzlichkarminrot/grünschwarz, Kriegsdruck (1919)				
	A		26:17 Zähnungslöcher		150,—	400,—	
	B		25:17 Zähnungslöcher		40,—	160,—	
			Satzpreis (11 W.)		170,—	550,—	

Unterscheidungsmerkmale zwischen Friedens- und Kriegsdruck siehe bei Kamerun MiNr. 20–25!

Marken mit Rahmenzeichnung Type III und Mittelstück Type II

Nr.	Wert	Farbe	Type	✶	✶✶	⊙
39 II	3 R	Kriegsdruck	b			
A II		grünschwarz/schwärzlichrotkarmin, 26:17 Zähnungslöcher		900,—	1500,—	
B II		grünschwarz/dunkelrot, 25:17 Zähnungslöcher		40,—	150,—	

Achtung! Bei der Neubearbeitung dieses Sammelgebietes ergaben sich bei MiNr. 38 und 39 Nummernänderungen:

alte MiNr.	neue MiNr.	alte MiNr.	neue MiNr.	alte MiNr.	neue MiNr.	alte MiNr.	neue MiNr.
38 A	38 I A	38 B	38 II B	39 A	39 I A	39 I A	39 II A II
		I	A 38	39 B	39 II B	39 I B	39 II B II

⊜ MiNr. 38

MiNr. 31–32 stammen auch aus Markenheftchen (MH 1–3).

Auflagen: unbekannt

MiNr. 30–36, 38–39 gültig bis Kriegsende, MiNr. 37 gültig bis 31.3.1912

Mit Kriegsausbruch wurde der Postverkehr ins feindliche Ausland eingestellt. Lediglich über das benachbarte südliche Portugiesisch-Ostafrika (Hauptstadt Lourenço Marques) gab es bis Mitte 1915 einige Postabgänge nach Portugal und dann weiter nach Deutschland sowie in neutrale Staaten.

Zur Überwachung dieser privaten Sendungen sowie der feindlichen Kriegsgefangenen- und Interniertenpost (Lager u. a. bei Kilimatinde und Mpapua) wurde eine **Postzensur** eingeführt (Dreikreisstempel „Zensur passiert/Deutsch-Ostafrika“ in rot bis violett. Andere Zensuren, vor allem aus den Lagern, oder Durchgangsvermerke teils erheblich seltener).

Aufgrund der unterbrochenen Postverbindungen konnten Ende 1914 und 1915 die neuen Jahrestypen „15“ und „16“ nicht ins Schutzgebiet gelangen. Es mussten daher für die Stecktypenstempel Aushilfsjahreszahlen geschaffen werden /Zuschläge 1915 ✉ ab 40,—). Im Jahre 1916 wurden entweder ebenfalls im Lande hergestellte Jahrestypen verwendet (große „16“: ✉ ab 50,—) oder aber die sog. „Berliner 16“, die mit dem Blockadebrecher „Marie“ im Frühjahr 1916 nach Deutsch-Ostafrika gelangte und teils sehr selten ist (✉ ab 150,—). Ebenfalls sehr selten ist die Jahreszahl „17“, die jedoch nur noch in Mahenge und Mohore Verwendung fand (✉ mind. 700,—).

Verwendung unüberdruckter Germania-Marken

Das Vermessungsschiff „Möve“ sowie der Kleine Kreuzer „Königsberg“ befanden sich bei Kriegsausbruch in den Gewässern vor Deutsch-Ostafrika. Nachdem der Kleine Kreuzer den englischen Kreuzer „Pegasus“ versenkt hatte, musste er sich vor den Engländern im Rufiji-Delta verstecken. Nachdem die Engländer das Schiff aufgespürt und zusammengeschossen hatten, wurde es geräumt und versenkt. Die so geretteten Markenbestände des Kreuzers „Königsberg“ sowie die der „Möve“ (insgesamt üblicherweise „Königsberg-Ausgabe“ genannt), bestehend aus Germania-Marken ohne Aufdruck, konnten auf diese Weise den im Schutzgebiet entstandenen Engpass überbrücken helfen. Sie wurden im Innendienst aushilfsweise aufgebraucht und sind nur kenntlich an den Stempeln.

Die Bewertung gilt für Marken, auf denen die Jahreszahl (19)16 deutlich lesbar ist. Echte Verwendung kann nur bei Paketkarten und Postanweisungen vorkommen, selbst von solchen sind jedoch vorzügliche Fälschungen bekannt. Auf Karten oder Briefen vorkommende „Königsberg“-Marken können als solche nicht einwandfrei sein, sondern nur aus zufällig vorhandenen privaten Markenbeständen stammen (geduldete Frankaturen).

1915, 20. Dez. Marken des Deutschen Reichs MiNr. 84 I–87 I, 91 I und 94 A I (sogen. „Friedensdrucke“) ohne Aufdruck.

					⊙
II a	3 (Pf) (= 2½ H)	(dunkel)ockerbraun (Töne)		DR 84 I	4000,—
II b	5 (Pf) (= 4 H)	(dunkel)grün		DR 85 I	400,—
II c	10 (Pf) (= 7½ H)	dkl'rotkarmin (Töne)		DR 86 I	1000,—
II d	20 (Pf) (= 15 H)	(dkl)lilaultramarin		DR 87 I	3500,—
II e	50 (Pf) (= 37½ H)	dkl'graulila/schwarz auf mittelchromgelb		DR 91 I	10000,—
II f	1 M (= 75 H)	dunkelkarminrot		DR 94 A I	—,—

Von MiNr. II f war nur 1 Stück bekannt, welches jetzt als verschollen gilt.

Die Erhaltung der Stücke ist aufgrund der Umstände (Kontakt mit Flusswasser etc.) öfter beeinträchtigt – die Preise gelten für eine derartige Erhaltung.

Auflagen, bzw. dem Postdirektor in Morogoro übergebene Mengen: II a = 1399, II b = 9274, II c = 3606, II d = 749, II e = 288, II f = 40 Stück

Bestellung von Aushilfsmarken (sogen. „WUGA-Ausgabe“):

Nicht ausgegeben:

1916, März. Aushilfsmarken: Bdr. Missionsdruckerei Wuga (bei Wilhelmsthal) (10×5); dickes Papier: o. G.; ☐ 13

III Type I

III Type II

IV Type I

IV Type II

V

				(✱)
III	2½ H	schwärzlichbraun	d	
I		Type I		70,—
II		Type II		80,—
IV	7½ H	rot	d	
I		Type I		30,—
II		Type II		60,—
V	1 R	graurot	e	1700,—

Auflagen (ursprünglich): MiNr. III = 106600, MiNr. IV = 313000, MiNr. V = 10580 Stück

Die Erhaltung der Stücke, namentlich von MiNr. V, ist infolge des Einflusses der Bodenfeuchtigkeit (der Großteil der Bestände war eingegraben), meist mangelhaft.

Nach Ausgrabung der Bestände im August 1921 und Rückführung derselben nach Deutschland konnte aus diesem Grund auch nur noch ein kleiner Teil der angeführten Auflagen im Mai 1922 öffentlich versteigert werden.

Die Preise gelten für einwandfreie Stücke (leichte Farbschwankungen sind zu tolerieren)!

Britische Besetzung (Mafia)

Die zu ehem. Deutsch-Ostafrika gehörende Insel Mafia wurde im Januar 1915 von britisch-indischen Truppen besetzt. Für den beginnenden Postverkehr wurde einige Zeit darauf eine Postanstalt in Kilindini eingerichtet. Mit dem Fortschreiten der anglo-indischen Besetzung Ostafrikas infolge des Zurückgehens der deutschen Schutztruppe wurde das Gebiet der Insel Mafia dem benachbarten Gebiet des ehemaligen Deutsch-Ostafrika angeschlossen und verwendete neben gewöhnlichen indischen Postwertzeichen dessen Markenausgaben; siehe unter Tanganjika im Michel-Übersee Band Nord- und Ostafrika.

1915

1915, 14. Jan. Freimarken: Marken von Deutsch-Ostafrika MiNr. 19, 20, 30–36 und 39 mit Bdr.-Aufdruck; a = Aufdruck schwarz, b = Aufdruck schwärzlichviolett.

Aufdruck schwarz

					✶
1 a	2½	H	(lebhaft)ockerbraun	(30)	650,—
2 a	4	H	dunkelgrün	(31)	900,—
3 a	7½	H	lebhaftkarminrot bis dunkelrotkarmin	(32)	650,—
4 a	15	H	(lebhaft)lilaultramarin	(33)	650,—
5 a	20	H	dunkel(rötlich)orange/gelbschwarz auf hellgelb	(34)	650,—
6 a	30	H	dunkelrötlichkarmin/(braun)schwarz	(35)	750,—
7 a	45	H	rotviolett/schwarz	(36)	900,—
8 a	1	R	dunkellilarot	(19)	10000,—
9 a	2	R	dunkelsmaragdgrün	(20)	11000,—
10 a	3	R	dunkel(karmin)rot	(39)	9000,—

Aufdruck schwärzlichviolett

					✶
1 b	2½	H	(lebhaft)ockerbraun	(30)	300,—
2 b	4	H	dunkelgrün	(31)	600,—
3 b	7½	H	lebhaftkarminrot bis dunkelrotkarmin	(32)	250,—
4 b	15	H	(lebhaft)lilaultramarin	(33)	—
5 b	20	H	dunkel(rötlich)orange/gelbschwarz auf hellgelb	(34)	350,—
6 b	30	H	dunkelrötlichkarmin/(braun)schwarz	(35)	450,—
7 b	45	H	rotviolett/schwarz	(36)	600,—
8 b	1	R	dunkellilarot	(19)	10000,—
9 b	2	R	dunkelsmaragdgrün	(20)	11000,—
10 b	3	R	dunkel(karmin)rot	(39)	8000,—

Gebraucht sehr selten (je —,—)!

FALSCH

Auflagen: MiNr. 1 a–7 a je 10, MiNr. 8 a–10 a = 5, MiNr. 1 b und 3 b–7 b je 140, MiNr. 2 b = 160, MiNr. 8 b–10 b je 15 Stück

1915, Juli. Freimarken: Marken von Deutsch-Ostafrika MiNr. 19, 20, 30–36 und 39 mit neuem schwarzem, violettem oder grünem Bdr.-Aufdruck.

					✶	⊙
11	**6 C**	auf 2½	H (lebh')ockerbraun	(30)	1000,—	2600,—
12	**6 C**	auf 4	H dunkelgrün	(31)	1000,—	2800,—
13	**6 C**	auf 7½	H lebhaftkarminrot bis dunkelrotkarmin	(32)	1000,—	2600,—
14	**6 C**	auf 15	H (lebh')lilaultramarin	(33)	1800,—	3500,—
15	**6 C**	auf 20	H dunkel(rötlich)orange/gelbschwarz auf hellgelb	(34)	2000,—	3000,—
16	**6 C**	auf 30	H dunkelrötlichkarmin/(braun)schwarz	(35)	3500,—	3000,—
17	**6 C**	auf 45	H rotviolett/schwarz	(36)	3000,—	3000,—
18	**6 C**	auf 1	R dunkellilarot	(19)	10000,—	20000,—
19	**6 C**	auf 2	R dunkelsmaragdgrün	(20)	11000,—	20000,—
20	**6 C**	auf 3	R dunkel(karmin)rot	(39)	12000,—	20000,—
A 20	**6 C**	auf 5	P auf 5 P (lebhaft)opalgrün	(3)	—,—	

Preise für violetten oder grünen Aufdruck gleich, mit schwarzem Aufdruck ⊙ 100% Aufschlag.

FALSCH

Auflagen: unbekannt

1915. Freimarken: Stempelmarken von Deutsch-Ostafrika, Statistik des Warenverkehrs, mit blaugrünem Bdr.-Aufdruck (O.H.B.M.S. = im Dienste seiner Britischen Majestät).

				✶	⊙
21	24	P	orange auf mattbraun	650,—	1500,—
22	12½	H	hellbraun	600,—	1500,—
23	25	H	hellgraugrün	600,—	1500,—
24	25	H	türkisgrau	600,—	1500,—
25	1	R	dunkellila	600,—	1500,—

Stempelmarke für Übersetzungsgebühren

26	25	H	dunkelgrau	800,—	1500,—

Auflagen: unbekannt

G. R.
POST
MAFIA

1915. Freimarken: MiNr. 21–26 mit zusätzlichem, schwarzem Bdr.-Aufdruck.

					✶	⊙
27	24	P	orange auf mattbraun	(21)	850,—	1500,—
28	12½	H	hellbraun	(22)	850,—	1500,—
29	25	H	hellgraugrün	(23)	850,—	1500,—
30	50	H	türkisgrau	(24)	850,—	1500,—
31	1	R	dunkellila	(25)	850,—	1500,—
32	25	H	(dunkel)grau	(26)	850,—	1500,—

Auflagen: unbekannt

FALSCH Schiffstype zu 2½, 4, 7½, 15 und 30 H in größerem, besonders unverhältnismäßig höherem Format mit Aufdruck: „G. E. A. BRITISH OCCUPATION", ist eine von feindlicher Seite angefertigte, auch mit falschen Feldpoststempeln vorkommende Schwindelausgabe.

Bewertete Qualität:

Bei den Qualitätsanforderungen sind – insbesondere was die Vorläuferzeit sowie die spätere Bedarfspost betrifft – mitunter gewisse Zugeständnisse zu machen. Nicht zuletzt aufgrund der zum Teil großen Seltenheit bestimmter Versendungsformen oder bestimmter Markenausgaben gibt es nur ein sehr beschränktes Angebot, welches u.U. die immer gleichen Einschränkungen zeigt. Bedarfsbedingte Zähnungsmängel (vor allem früher Vorläufer-Ausgaben der DP Türkei) oder solche, die auch auf herstellungsbedingte Einflüsse zurückzuführen sind (z.B. bei den frühen Auflagen der MiNr. 45–50), sollten ebenso toleriert werden wie (leichte) Büge oder leicht bestoßene Ecken bei den meist überformatigen Wertsendungen und Postformularen oder den Paketkarten.

Bei den Schiffszeichnungsausgaben sind hingegen durchaus die üblichen Ansprüche hinsichtlich der Qualität zu stellen, da diese bei einem Großteil der Gebiete von Händlerbriefen stammen und mit der entsprechenden Sorgfalt verwendet werden.

Bei einigen Ausgaben – insbesondere der Südsee – sind auch leicht veränderte Farben (z.B. Marshall-Inseln MiNr. 1) oder tropisch getönte Gummierungen als mitunter vorkommend zu tolerieren.

Notizen:

Deutsch-Südwestafrika

Deutsche Besitzung seit 7. August 1884, Deutsche Post ab 16. Juli 1888

Deutsch-Südwestafrika (heute Namibia) liegt an der Westküste von Südafrika und umfasste eine Fläche von 836 000 km².

1883 erwarb der Bremer Kaufmann Lüderitz die Bucht von Angra Pequena und schloss entsprechende Verträge mit den Einheimischen. Am 24.4.1884 stellte das Deutsche Reich die Erwerbung unter seinen Schutz. Am 7. August 1884 wurde in Angra Pequena (später Lüderitzbucht) die deutsche Flagge gehisst. Trotz anfänglicher Schwierigkeiten wurden weitere Schutzverträge geschlossen. 1903 kam es zu erneuten Aufständen, die erst 1907 mit einer bis zu 18 000 Mann starken Schutztruppe niedergeschlagen werden konnten.

Ab Juli 1888 wurde das Postnetz bis zum 1. Weltkrieg auf fast 100 Postanstalten ausgebaut.

Deutsch-Südwestafrika musste am 9.7.1915 an die Südafrikanische Union übergeben werden.

MiNr. I–II siehe nach MiNr. 4

1 Mark (M) = 100 Pfennig (Pf)

Vorläufer (V):

Otyimbingue (VO):

Bei der Deutschen Postagentur in Otyimbingue vom 16. Juli 1888 bis März 1892 verwendete Freimarken des Deutschen Reichs:

1888/91. MiNr. 37 (Innendienst: Ziffer im Oval) und MiNr. 39–44 (Ziffer bzw. Reichsadler im Oval, sogen. „Pfennig“).

				⊙
VO 37	2 M	mittelrosalila bis dunkelrotkarmin	. . . .	2800,—
VO 39	3 Pf	(hell)gelblichgrün	. . . .	—,—
VO 40	5 Pf	violettpurpur	. . . .	850,—
VO 41	10 Pf	dunkelrosarot	. . . .	850,—
VO 42	20 Pf	dunkelultramarin	. . . .	700,—
VO 43	25 Pf	orangebraun	. . . .	—,—
VO 44	50 Pf	(dunkel)oliv bis lebhaftolivgrün	. . . .	900,—

1891. MiNr. 45–50 (sogen. „Krone/Adler“).

				⊙
VO 45	3 Pf	gelblichbraun	. . . .	450,—
VO 46	5 Pf	(gelblich)grün	. . . .	400,—
VO 47	10 Pf	lebhaftrosarot	. . . .	350,—
VO 48	20 Pf	mittelultramarin bis (mittel)blau	. . . .	180,—
VO 49	25 Pf	gelborange	. . . .	700,—
VO 50	50 Pf	lebhaftbraunrot bis lebhaftrötlichbraun	. . . .	700,—

Der Stempel „Otyimbingue“ wurde infolge mehrfacher Verlegungen der Postagentur nicht nur in Otyimbingue selbst, sondern auch in verschiedenen anderen Orten verwendet.

Abstempelungen der übrigen Postämter (VS):

Bei den übrigen Postämtern in Deutsch-Südwestafrika von 1892–1901 verwendete Freimarken des Deutschen Reichs:

1892/99. MiNr. 37 (Innendienst: Ziffer im Oval) und MiNr. 45–50 (sogen. „Krone/Adler“).

				⊙
VS 37	2 M	dunkelrotkarmin bis rötlichkarmin	. . . .	50,—
VS 45	3 Pf	mittelbraun	. . . .	80,—
VS 46	5 Pf	(lebhaft)opalgrün	. . . .	40,—
VS 47	10 Pf	lebhaftrosarot bis lebhaftlilarot	. . . .	30,—
VS 48	20 Pf	(mittel)blau bis violettultramarin	. . . .	25,—
VS 49	25 Pf	gelb(lich)orange	. . . .	400,—
VS 50	50 Pf	mittelbraunrot bis lebhaftrötlichbraun	. . . .	75,—

Die angegebenen Preise gelten bei MiNr. VS 37 für den Stempel „SWAKOPMUND“, bei MiNr. VS 45–50 in erster Linie für den Stempel „WINDHOEK“, teilweise auch für „OTJIMBINGUE“ und „SWAKOPMUND“.

Mitläufer (M):

MiNr. 45–48 mit Stempeldaten ab Juli 1897, MiNr. 49 mit Stempeldaten ab Juni 1900 und MiNr. 50 mit Stempeldaten ab Oktober 1898.

				⊙
M 45	3 Pf	mittelbraun bis dunkelockerbraun	. . . .	35,—
M 46	5 Pf	(lebhaft)opalgrün	. . . .	20,—
M 47	10 Pf	lebhaftlilarot	. . . .	25,—
M 48	20 Pf	violettultramarin	. . . .	20,—
M 49	25 Pf	gelblichorange	. . . .	200,—
M 50	50 Pf	lebhaftrötlichbraun	. . . .	40,—

1897/1898

1897, Juli. Freimarken: Marken des Deutschen Reichs MiNr. 45–48 (sogen. „Krone/Adler") mit schwarzem Bdr.-Aufdruck, Landesname in drei Wörtern.

					✶	⊙
1	3 Pf	mittelbraun bis dunkelockerbraun		(45)	10,—	15,—
2	5 Pf	(lebhaft)opalgrün GA		(46)	5,50	6,—
3	10 Pf	lebhaftlilarot (GA rot, Töne)		(47)	28,—	20,—
4	20 Pf	violettultramarin		(48)	10,—	7,—
			Satzpreis (4 W.)		50,—	45,—
I	25 Pf	gelblichorange		(49)	280,—	*35000,—*
II	50 Pf	lebhaftrötlichbraun		(50)	280,—	*35000,—*

MiNr. I und II stammen von in Berlin verkauften Beständen, sie gibt es auch echt ⊙ und auf nach Deutschland gelaufenen ✉.

Ⓕ Vorsicht vor nachträglichen Entwertungen „GOBABIS" und „HASIS" (Jahreszahl nicht erkennbar)!

Auflagen: unbekannt

Gültig bis 31.10.1901

1898, Oktober/1899. Freimarken: Marken des Deutschen Reichs MiNr. 45–50 (sogen. „Krone/Adler") mit schwarzem Bdr.-Aufdruck, Landesname in zwei Wörtern.

				✶	⊙
5	3 Pf	(dunkel)ockerbraun bis lebhaftbraunocker (Okt. 1898)	(45)	5,—	15,—
6	5 Pf	(lebhaft)opalgrün (Oktober 1898) GA	(46)	5,—	4,—
7	10 Pf	(lebhaft)lilarot bis dunkelrosa(rot) (Okt. 1898) GA	(47)	5,—	5,—
8	20 Pf	violettultramarin (Oktober 1898)	(48)	20,—	18,—
9	25 Pf	(dkl')gelb(lich)orange (1899)	(49)	420,—	500,—[1]
10	50 Pf	lebhaftrötlichbraun (Oktober 1898)	(50)	25,—	15,—
		Satzpreis (6 W.)		480,—	550,—

[1]) Preise gelten für Stempeldaten ab Juni 1900; Daten vor Juni 1900 ⊙ 1300,—

Auflagen: unbekannt

Gültig bis 31.10.1901

1901

1901, Jan. Freimarken: Kaiseryacht. MiNr. 11–19 Bdr. (10 × 10), MiNr. 20–23 StTdr. (4 × 5); oWz.; MiNr. 11–19 gez. K 14:14½, MiNr. 20–23 gez. K 14½ oder K 14¼.

a

b

a–b) Kaiseryacht SMY „Hohenzollern"; Rahmenzeichnung und Mittelstück bei b Type I

				✶	⊙
11	3 Pf	dunkelockerbraun	a	5,—	2,—
12	5 Pf	(dunkel)grün GA	a	24,—	2,—
13	10 Pf	dunkelkarminrot GA	a	17,—	1,—
14	20 Pf	(dunkel)violettultramarin	a	36,—	1,80
15	25 Pf	rötlichorange/gelbschwarz auf hellgelb	a	2,—	7,—
16	30 Pf	rötlichorange/rotschwarz auf mattgelblichorange	a	100,—	3,40
17	40 Pf	(dunkelrötlich)karmin/schwarz	a	2,20	4,—
18	50 Pf	dunkelbräunlichlila/rotschwarz auf mattbraunorange	a	2,60	2,60
19	80 Pf	dunkelrötlichkarmin/rotschwarz auf mattkarmin	a	2,60	11,—
20	1 M	(dunkel)rot	b	160,—	38,—
21	2 M	schwärzlichblau	b	38,—	45,—
22	3 M	violettschwarz	b	40,—	60,—
23	5 M	grünschwarz/bräunlichkarmin	b	240,—	200,—
		Satzpreis (13 W.)		650,—	360,—

MiNr. 20–23 nur mit 26:17 Zähnungslöchern

Auflagen: unbekannt

Gültig bis 9.7.1915

1906

1906, Mai/1919. Freimarken: Wie MiNr. 11–14, 16 und 20–23, jedoch jetzt mit Wz. 1.

a

b

Wz. 1 Rauten

				✶	✶✶	⊙
24	3 Pf	dunkelockerbraun, Friedensdruck (1907)	a	1,—	2,50	4,50
25	5 Pf	(dunkel)grün, Friedensdruck (Mai 1906) GA	a	1,—	2,50	1,70
26	10 Pf	lebhaftkarminrot bis lebhaftrotkarmin, Friedensdruck (Mai 1906) GA	a	1,20	5,50	1,80
27	20 Pf	(lebhaft)lilaultramarin, Friedensdruck (1911)	a	1,20	5,—	4,50
28	30 Pf	dunkel(rötlich)orange/gelbschwarz, Friedensdruck (1911)	a	7,50	20,—	65,—
29	1 M		b			
A		dunkelkarminrot, Friedensdruck, 26:17 Zähnungslöcher (1912)		15,—	65,—	95,—
B		rotkarmin, Kriegsdruck, 25:17 Zähnungslöcher (1919)		50,—	320,—	
30	2 M	dunkel- bis schwärzlichblau	b			
A		Friedensdruck, 26:17 Zähnungslöcher (1911)		15,—	65,—	95,—
B		Kriegsdruck, 25:17 Zähnungslöcher (1919)		50,—	320,—	
31 B	3 M	schwarzviolettgrau bis schwärzlichgrauviolett, Kriegsdruck, 25:17 Zähnungslöcher (1919)	b	17,—	55,—	
32	5 M		b			
A		grünschwarz/dunkelkarmin, Friedensdruck, 26:17 Zähnungslöcher (1906)		45,—	150,—	370,—
B		grünschwarz/rotkarmin, Kriegsdruck, 25:17 Zähnungslöcher, Mittelstück Type II (1919)		65,—	220,—	
		Satzpreis (9 W.)		100,—	370,—	

MiNr. 29 B, 30 B, 31 B sowie MiNr. 32 B wurden nur am Sammlerschalter in Berlin verkauft; echt gebraucht nicht möglich!

MiNr. 25–26 stammen auch aus Markenheftchen (MH 1–3).

Auflagen: unbekannt

Gültig bis 9.7.1915

Post im 1. Weltkrieg:

Mit Ausbruch des 1. Weltkrieges war das Schutzgebiet von allen Außenverbindungen abgeschnitten, sodass Nachschublieferungen ausblieben. U. a. mussten deshalb die Jahreszahlen (19)15 für die Stecktypenstempel behelfsmäßig aus noch vorhandenen Jahres- oder Tages-/Monatstypen hergestellt werden.

Grundsätzlich ist Post nach dem 6.8.1914 in zwei Abschnitte zu teilen: einerseits findet sich Zivilpost mit Marken (bis Mai 1915) und andererseits Feldpost (15.9.1914–9.7.1915). Für Kriegs-Entwertung auf Zivilpost entfallen Zuschläge (✉ ab 30,—), lediglich Entwertung von Stecktypenstempeln aus 1915 werten etwas höher: ab 50,—.

Notizen:

Kamerun

Flaggenhissung am 14. Juli 1884, Deutsche Post ab 1. Februar 1887

Die deutsche Kolonie Kamerun an der Westküste Afrikas umfasste einen Küstenstreifen zwischen der englischen Kolonie Nigeria und Spanisch-Guinea (Rio Muni). Sie erstreckte sich weit ins Hinterland und berührte im Nordosten den Tschadsee, während sie im Südosten nach dem deutsch-französischen Übereinkommen zuletzt bis an den Kongo reichte. In ihrem Gebiet befand sich eine der höchsten Erhebungen Westafrikas, der Kamerunberg. Ab August 1914 besetzten belgische, britische und französische Truppen schrittweise Kamerun, das im Januar 1916 nach Übertritt der deutschen Schutztruppe ins spanische Rio Muni-Gebiet aufgegeben werden musste.

1 Mark (M) = 100 Pfennig (Pf)

Vorläufer (V):

Bei den Postämtern in Kamerun verwendete Freimarken des Deutschen Reichs:

1887/89. MiNr. 39–44 (Ziffer bzw. Reichsadler im Oval, sogen. „Pfennig“).

				⊙
V 39	3	Pf	(hell)gelblichgrün	2000,—
V 40	5	Pf	violettpurpur	300,—
V 41	10	Pf	lebhaftkarmin bis dunkelrosarot	200,—
V 42	20	Pf	mittel- bis dunkelultramarin	80,—
V 43	25	Pf	orangebraun	2600,—
V 44	50	Pf	mittel- bis dkl'graugrün, (dunkel)oliv	180,—

Die Preise gelten nur für den normalen Stempel „KAMERUN“!

1890/1900. MiNr. 37 (Innendienst: Ziffer im Oval) und MiNr. 45–50 (sogen. „Krone/Adler“).

				⊙
V 37	2	M	dunkelrotkarmin bis rötlichkarmin	200,—
V 45	3	Pf	mittelbraun bis gelblichbraun	65,—
V 46	5	Pf	(gelblich)grün bis lebhaftopalgrün	50,—
V 47	10	Pf	(lebhaft)rosarot bis lebhaftlilarot	30,—
V 48	20	Pf	(mittel)blau bis violettultramarin	40,—
V 49	25	Pf	gelb(lich)orange	200,—
V 50	50	Pf	mittelbraunrot bis lebhaftrötlichbraun	65,—

Die Preise gelten nur für den normalen Stempel „KAMERUN“!

Mitläufer (M):

MiNr. 45–50 (sogen. „Krone/Alder“) mit Stempeldaten ab April, Mai oder August 1897 bzw. ab 1899.

				⊙
M 45	3	Pf	mittelbraun bis (dunkel)ockerbraun	50,—
M 46	5	Pf	(lebhaft)opalgrün	28,—
M 47	10	Pf	lebhaftlilarot bis dunkelrosa(rot)	25,—
M 48	20	Pf	violettultramarin	20,—
M 49	25	Pf	gelblichorange	150,—
M 50	50	Pf	lebhaftrötlichbraun	50,—

1897/1899

1897, April/1899. Freimarken: Marken des Deutschen Reichs MiNr. 45–50 (sogen. „Krone/Adler“) mit schrägem schwarzem Bdr.-Aufdruck.

					✱	⊙
1	3	Pf	mittelbraun bis (dkl')ockerbraun (Sept. 1897)	(45)	15,—	20,—
2	5	Pf	(lebhaft)opalgrün (Mai 1897) GA	(46)	10,—	10,—
3	10	Pf	lebhaftlilarot bis dunkelrosa(rot) (April 1897) GA	(47)	7,—	6,—
4	20	Pf	violettultramarin (April 1897)	(48)	7,—	9,—
5	25	Pf	gelblichorange (April 1897)	(49)	25,—	50,—
6	50	Pf	lebhaftrötlichbraun (November 1897)	(50)	20,—	32,—
				Satzpreis (6 W.)	80,—	120,—

Auflagen: unbekannt

Gültig bis 30.9.1901

1900

1900, Nov. Freimarken: Kaiseryacht. MiNr. 7–15 Bdr. (10×10), MiNr. 16–19 StTdr. (4×5); oWz.; MiNr. 7–15 gez. K 14:14½, MiNr. 16–19 gez. K 14½ oder K 14¼.

a

b

a–b) Kaiseryacht SMY „Hohenzollern“; Rahmenzeichnung und Mittelstück bei b Type II

					✱	⊙
7	3	Pf	dunkelockerbraun	a	2,—	2,—
8	5	Pf	(dunkel)grün GA	a	14,—	1,60
9	10	Pf	dunkelkarminrot GA	a	45,—	1,70
10	20	Pf	violettultramarin	a	30,—	2,80
11	25	Pf	rötlichorange/gelbschwarz auf hellgelb	a	2,—	6,50
12	30	Pf	rötlichorange/rotschwarz auf mattgelblichorange	a	2,40	5,50
13	40	Pf	(dunkelrötlich)karmin/schwarz	a	2,40	5,—
14	50	Pf	dunkelbräunlichlila/rotschwarz auf mattbraunorange	a	2,40	7,50
15	80	Pf	dunkelrötlichkarmin/rotschwarz auf mattkarmin	a	3,—	13,—
16	1	M	(dunkel)rot	b	80,—	90,—
17	2	M	schwärzlichblau	b	6,50	90,—
18	3	M	violettschwarz	b	6,50	140,—
19	5	M	grünschwarz/bräunlichkarmin	b	220,—	600,—
				Satzpreis (13 W.)	400,—	950,—

MiNr. 16–19 nur mit 26:17 Zähnungslöchern

Die MICHEL-Redaktion nimmt keine Markenprüfungen vor!

Halbierung (senkrecht) (H):

Am 19. Mai 1911 wurde in Longji MiNr. 10 senkrecht halbiert, neben die halbierte Marke wurde das Dienstsiegel des Postamtes Longji gesetzt. I

			⊳
10 H	senkrechte Halbierung	. . . .	3000,—

Achtung! MiNr. 10 H war früher unter MiNr. I katalogisiert!

Die Halbierung wurde zwar unbeanstandet befördert, aber amtlich gerügt.

Ⓕ

Auch in Banjo, Buea, Edea, Garua und Mora wurden MiNr. 10 sowie MiNr. 9 und 2 halbiert verwendet; diese Halbierungen sind philatelistische Spielerei!

MiNr. 8 mit Handstempelaufruck „10“ und MiNr. 11 mit Handstempelaufdruck „20“ (z.T. auch verwendet) sind Mache!

Auflagen: unbekannt

Gültig bis Februar 1916

1905/1919

1905, Okt./1919. Freimarken: Wie MiNr. 7–10, 16 und 19, jetzt jedoch mit Wz. 1; I = Friedensdruck, II = Kriegsdruck.

 a  a  b

Wz. 1 Rauten 

				✶	✶✶	⊙
20	3 Pf	(dunkel)orangebraun, Kriegsdruck (Okt. 1918)	a	1,—	2,60	
21	5 Pf	GA	a			
I		(dunkel)grün, Friedensdruck (Okt. 1905)		1,—	2,60	2,—
II		(dunkel)opalgrün, Kriegsdruck (1919)		2,—	5,—	
22	10 Pf	lebhaftkarminrot bis lebhaftrotkarmin, Friedensdruck (Okt. 1906) GA	a	1,20	3,50	2,—
23	20 Pf		a			
I		lilaultramarin, Friedensdruck (Jan. 1914)		5,—	12,—	150,—
II		dunkelviolettblau bis dunkellilaultramarin, Kriegsdruck (1917)		3,50	6,50	
24	1 M		b			
I A		dunkelkarminrot, Friedensdruck, 26:17 Zähnungslöcher (Jan. 1915)		15,—	35,—	
II		dunkelkarminrot, Kriegsdruck (1919)				
A		26:17 Zähnungslöcher		150,—	*450,—*	
B		25:17 Zähnungslöcher		14,—	55,—	
25	5 M		b			
I		grünschwarz/karminrot, Friedensdruck (August 1913)				
A		26:17 Zähnungslöcher		60,—	*400,—*	4800,—
B		25:17 Zähnunglöcher		1000,—	—,—	
II		grünschwarz/rotkarmin, Kriegsdruck				
A		26:17 Zähnungslöcher (1918)		40,—	120,—	
B		25:17 Zähnunglöcher (1919)		40,—	120,—	
		Satzpreis (6 W.)		60,—	160,—	

Achtung! Bei der Neubearbeitung dieses Sammelgebietes ergaben sich bei MiNr. 24 und 25 Nummernänderungen:

alte MiNr.	neue MiNr.	alte MiNr.	neue MiNr.	alte MiNr.	neue MiNr.	alte MiNr.	neue MiNr.
24 A	24 I A	24 B	24 II B	—	25 I B	—	25 II A
—	24 II A	25 A	25 I A			—	25 II B

Unterscheidungsmerkmale zwischen Friedens- und Kriegsdrucken:

Friedensdrucke

Kriegsdrucke

Beschreibung siehe bei Deutsches Reich vor MiNr. 84 II
MiNr. 20, 23 II, 24 und 25 II wurden nur am Sammlerschalter in Berlin verkauft; echt gebraucht nicht möglich!

Ⓕ MiNr. 23 und 25

MiNr. 21–22 stammen auch aus Markenheftchen (MH 1–3).

Auflagen: unbekannt

Gültig bis Januar 1916

Verschiedene Stempel gerieten anlässlich der Besetzung in die Hände der Franzosen und Engländer. Diese Stempel wurden missbräuchlich mit Jahreszahl „14" zu Rückdatierungen verwendet (insbes. „Dschang", „Duala b", „Johann-Albrechtshöhe", „Ngaundere" u.a.).

In der Kriegszeit nach der Besetzung Dualas Ende September 1914 bestand nur noch ein sehr eingeschränkter Postverkehr. Post wurde meist zensiert, es sind aus der Kriegszeit verschiedene Zensuren bekannt. Kriegspost und -abstempelungen, vor allem mit Zensuren, sind generell gesucht und selten. Anfang 1916 räumte die Schutztruppe das Gebiet durch Übertritt nach Spanisch-Guinea (Rio Muni). Post bis Anfang 1916 bekannt.

Britische Besetzung

Besetzung ab August 1914 durch belgische, britische und französische Truppen

1 Shilling (s) = 12 Pence (d)

1915. Freimarken: Marken von Kamerun MiNr. 7, 11–18, 21–23 und 25 mit schwarzem oder blauem Bdr.-Aufdruck („C.E.F." = Cameroon Expeditionary Forces).

							✶	⊙
1	½ d	auf	3	Pf	dunkelockerbraun, Aufdruck blau	(7)	12,—	40,—
2	½ d	auf	5	Pf	(dunkel)grün, Aufdruck blau	(21 I)	5,—	20,—
3	1 d	auf	10	Pf	lebhaftrotkarmin	(22)		
a					Aufdruck blau		5,—	20,—
b					Aufdruck schwarz		24,—	120,—
4	2 d	auf	20	Pf	lilaultramarin, Aufdruck schwarz	(23 I)	8,—	35,—
5	2½ d	auf	25	Pf	rötlichorange/gelbschwarz auf hellgelb, Aufdruck schwarz	(11)	22,—	75,—
6	3 d	auf	30	Pf	rötlichorange/rotschwarz auf mattgelblichorange, Aufdruck schwarz	(12)	22,—	75,—
7	4 d	auf	40	Pf	(dunkelrötlich)karmin/schwarz, Aufdruck schwarz	(13)	22,—	75,—
8	6 d	auf	50	Pf	dunkelbräunlichlila/rotschwarz auf mattbraunorange, Aufdruck schwarz	(14)	22,—	75,—
9	8 d	auf	80	Pf	dunkelrötlichkarmin/rotschwarz auf mattkarmin, Aufdruck schwarz	(15)	22,—	75,—
10	1 s	auf	1	M	(dunkel)rot, Aufdruck schwarz	(16)	200,—	1000,—
11	2 s	auf	2	M	schwärzlichblau, Aufdruck schwarz	(17)	200,—	1000,—
12	3 s	auf	3	M	violettschwarz, Aufdruck schwarz	(18)	200,—	1100,—
13	5 s	auf	5	M	grünschwarz/karminrot, Aufdruck schwarz	(25 I A)	250,—	1000,—
						Satzpreis (13 W.)	1000,—	4000,—

Auflagen: MiNr. 1 = 20 000, MiNr. 2 und 3 je 100 000, MiNr. 4 = 59 900, MiNr. 5 = 9900, MiNr. 6–9 je 10 000, MiNr. 10, 11 und 13 je 1900, MiNr. 12 = 1880 Stück

Prüfungen und Prüfordnung

Der beste Schutz gegen den Erwerb falscher oder minderwertiger Marken ist der Einkauf im guten Fachgeschäft. In Zweifelsfällen ist die Hinzuziehung eines Experten angebracht.

Prüfordnung. Die von den Spitzenverbänden der Sammler und Händler anerkannten Experten für Marken, Abstempelungen und Erhaltung prüfen nach einheitlichen Richtlinien, die jeder Philatelist kennen sollte.

Ergänzend sei hier nochmals darauf hingewiesen, dass die MICHEL-Redaktion keine Markenprüfungen vornimmt.

Karolinen

Flaggenhissung am 12. Oktober 1899 durch feierliche Übergabe von Spanien auf Ponape, Deutsche Post ab 12. Oktober 1899

Die ehemals deutschen Karolinen-Inseln befinden sich im Südpazifik. Der als „Karolinen" bezeichnete Kolonialbereich umfasste mehrere melanesische Inselgruppen, so die Palau- und die Truk-Inseln, aber auch größere Inseln wie Ponape, Yap und Kusaie. Im Süden grenzte das Schutzgebiet an Deutsch-Neuguinea, im Norden an die Marianen, im Osten an die Marshall-Inseln. Die Inseln wurden von Spanien an das Deutsche Reich verkauft. Nach Kriegseintritt der Japaner von diesen im September 1914 unverteidigt besetzt.

Da mit Eröffnung der Deutschen Post Marken der Aufdruckserie verfügbar waren, erübrigte sich die Ausgabe deutscher Reichspostmarken. Diese wurden aber als Mitläufer geduldet.

1 Mark (M) = 100 Pfennig (Pf)

1899/1900

1899, 12. Okt. Freimarken: Marken des Deutschen Reichs MiNr. 45–50 (sogen. „Krone/Adler") mit schwarzem, diagonalem Bdr.-Aufdruck (48°).

					✶	▨[1]	⊙
1 I	3	Pf	lebhaftorangebraun	(45)	750,—	400,—	850,—
2 I	5	Pf	(lebhaft)opalgrün	(46)	750,—	350,—	750,—
3 I	10	Pf	rotkarmin (✉ dunkelrot)	(47)	75,—	75,—	160,—
4 I	20	Pf	violettultramarin	(48)	75,—	75,—	160,—
5 I	25	Pf	gelblichorange	(49)	1800,—	1500,—	3400,—
6 I	50	Pf	lebhaftrötlichbraun	(50)	800,—	800,—	1800,—
			Satzpreis (6 W.)		4000,—	3000,—	7000,—

[1] Die Preise gelten für Entwertungen mit dem Stempel „Neu-Guinea-Zweiglinie / Hongkong *a 10.10.00" (da das Schiff an diesem Tag bereits im Hafen von Sydney lag) und vor allem für „Yap 6/11 99" (zweite „9" rechts eingedrückt). Letztgenannter Stempel wurde während der Kursgültigkeit der Marken rückdatiert (sogen. Sorte II, vgl. Einleitung) angebracht.

Ⓕ Der Stempel „Yap" mit Datum „7/12 99" hingegen ist meist aus 1904 rückdatiert und daher wertlos, wie auch unbefugt angebrachte Seepost-Entwertungen der Ostasiatischen Hauptlinie vom 5.10.00 und der Australischen Hauptlinie vom 28.1.01 und 3.2.01 (Schiffe dieser Linien liefen die Karolinen niemals an).

Auflagen: MiNr. 1, 2 und 6 je 4000, MiNr. 3 und 4 je 20 000, MiNr. 5 = 2000 Stück

Gültig bis 30.9.1901

1900, Mai. Wie MiNr. 1 I–6 I, jedoch jetzt steiler Aufdruck (56°).

					✶	▨[1]	⊙
1 II	3	Pf	dunkelockerbraun	(45)	14,—	9,—	16,—
2 II	5	Pf	(lebhaft)opalgrün GA	(46)	20,—	10,—	20,—
3 II	10	Pf	(lebhaft)lilarot bis dunkelrosa(rot) GA	(47)	20,—	13,—	22,—
4 II	20	Pf	violettultramarin	(48)	26,—	19,—	32,—
5 II	25	Pf	(gelblich)orange	(49)	60,—	45,—	70,—
6 II	50	Pf	lebhaftrötlichkarmin	(50)	60,—	45,—	70,—
			Satzpreis (6 W.)		180,—	140,—	220,—

[1] Preise gelten für Stempel der „Neu-Guinea-Zweiglinie Hongkong a 10.10.00"

Unbefugt angebrachte Entwertungen der Ostasiatischen Hauptlinie vom 5.10.00 und der Australischen Hauptlinie vom 28.1.01 und 3.2.01 sind wertlos.

Ⓕ

Auflagen: unbekannt

Gültig bis 30.9.1901

1900/1910

1900, Dez. Freimarken: Kaiseryacht. MiNr. 7–15 Bdr. (10×10), MiNr. 16–19 StTdr. (4×5); oWz.; MiNr. 7–15 gez. K 14:14½, MiNr. 16–19 gez. K 14½ oder K 14¼.

a

b

a–b) Kaiseryacht SMY „Hohenzollern"; Rahmenzeichnung bei b Type I, MiNr. 16 bis 18 Mittelstück Type I, MiNr. 19 Mittelstück Type II

					✶	⊙
7	3	Pf	dunkelockerbraun	a	1,20	2,—
8	5	Pf	(dunkel)grün GA	a	1,20	2,40
9	10	Pf	dunkelkarminrot GA	a	1,20	5,50
10	20	Pf	violettultramarin	a	1,40	10,—
11	25	Pf	rötlichorange/gelbschwarz auf hellgelb	a	1,70	16,—
12	30	Pf	rötlichorange/rotschwarz auf mattgelblichorange	a	1,70	16,—
13	40	Pf	(dunkelrötlich)karmin/schwarz	a	1,70	18,—
14	50	Pf	dunkelbräunlichlila/rotschwarz auf mattbraunorange	a	2,20	25,—
15	80	Pf	dunkelrötlichkarmin/rotschwarz auf mattkarmin	a	3,40	28,—
16	1	M	(dunkel)rot	b	5,—	70,—
17	2	M	schwärzlichblau	b	8,—	100,—
18	3	M	violettschwarz	b	12,—	170,—
19	5	M	grünschwarz/dunkelkarmin	b	220,—	600,—
			Satzpreis (13 W.)		250,—	1000,—

MiNr. 16–19 nur mit 26:17 Zähnungslöchern

Halbierungen (H) und Provisorium (Pv):

1905, 20. April bis 9. Juli. Senkrechte Halbierung der MiNr. 9 mit dem 1. Dienstsiegel („KAROLINEN" kürzer als „PONAPE"), sogen. „1. Ponape-Ausgabe".

		✉
9 H	senkr. Halbierung **(früher unter MiNr. I katalogisiert)**	70,—

MiNr. 9 H verdankt ihre Herstellung einem Mangel an 5-Pf-Marken, der nach der Zerstörung des Postamtes Ponape durch einen Taifun entstanden war. Briefstücke auf blau oder rot liniertem Papier sind als (vermutlich rückdatierte) Gefälligkeitsabstempelungen anzusehen, ebenso die meisten Karten ohne Ankunftsstempel.

1910, 12. Juli. Provisorium: MiNr. 7 mit (violett)schwarzem Handstempelaufdruck der neuen Wertstufe, danebengesetzt das 2. Dienstsiegel („KAROLINEN“ länger als „PONAPE“), sogen. „2. Ponape-Ausgabe“.

		✉
7 Pv	**5 Pf** auf 3 Pf dkl'ockerbraun **(früher unter MiNr. 20 katalogisiert)**	3500,—

MiNr. 7 Pv ist ungebraucht bisher nicht bekannt.

Infolge des starken Verbrauches von 5-Pf-Marken anlässlich eines Besuches der deutschen Kriegsschiffe „Scharnhorst“ und „Nürnberg“ gingen angeblich die Bestände zu Ende, so dass der Postagent 500 Stück 3-Pf-Marken mit Aufdruck „5 Pf“ versah und als solche ausgab. Ein Teil der Auflage soll beim Ponape-Aufstand Ende 1910 verlorengegangen sein.

1910, 12. Juli. Senkrechte Halbierung der MiNr. 10, danebengesetzt das 2. Dienstsiegel („KAROLINEN“ länger als „PONAPE“), sogen.„3. Ponape-Ausgabe“.

		✉
10 H	senkrechte Halbierung **(früher unter MiNr. II katalogisiert)**	3000,—

Die Ausgabe von MiNr. 10 H erfolgte zur gleichen Zeit wie die Ausgabe des Aufdruck-Provisoriums (sogen. „2. Ponape-Ausgabe“), da angeblich keine 10-Pf-Marken mehr vorhanden waren.

Vom 13.–31.7.1910 wurde an Stelle der Ausgabe des Provisoriums MiNr. 7 Pv und MiNr. 10 H die amtlich vorgeschriebene Barfrankierung angewandt.

Es sollen Anfang Juli 1910 auf Ponape auch 5-Pf-Marken der Germania-Zeichnung, die aus den Beständen der Schiffspost stammten, provisorisch verwendet worden sein. Es ist jedoch bisher nur ein R mit Entwertung „Ponape 6/7 10“ bekannt, dessen Entstehung ungeklärt ist.

Von März bis Ende Mai 1910 wurden in Angaur Marken der Marshall-Inseln verwendet (✉ 1200,—). Dieses Provisorium ist nur am Stempel „Angaur“ auf Marken der Marshall-Inseln aus MiNr. 13–15 zu erkennen.

Der Stempel „TRUK“ ging bei der japanischen Besetzung der Inseln verloren. Ob der Stempelabschlag „Truk 11.10.14“ vor der Besetzung oder bei der Besetzung gefertigt wurde, lässt sich nicht mehr klären. Dieses Datum ist minderwertig.

Auflagen: unbekannt *Gültig bis Oktober 1914*

MiNr. 20 fällt aus

1915/1923

1915, Jan./1923. Freimarken: Wie MiNr. 7, 8 und 19, jetzt jedoch mit Wz. 1. I = Friedensdruck, II = Kriegsdruck.

a

b

Wz. 1 Rauten

				*	**
21	3 Pf	(dunkel)orangebraun, Kriegsdruck (1919)	a	1,—	2,50
A 21	5 Pf	(dunkel)opalgrün, Kriegsdruck (1923)	a	14,—	38,—
22	5 M		b		
I A		grünschwarz/dunkelkarmin, Friedensdruck, 26:17 Zähnungslöcher (Jan. 1915)		240,—	450,—
II		grünschwarz/rotkarmin, Kriegsdruck			
A		26:17 Zähnungslöcher (1915)		50,—	250,—
B		25:17 Zähnungslöcher (1919)		45,—	180,—
		Satzpreis (3 W.)		60,—	220,—

MiNr. 21 und 22 wurden nur am Sammlerschalter in Berlin verkauft, MiNr. A 21 wurde 1923 versteigert; echt gebraucht nicht möglich!

Unterscheidungsmerkmale zwischen Friedens- und Kriegsdruck siehe bei Kamerun MiNr. 20–25.

MiNr. A 21 war früher unter MiNr. III katalogisiert!

Auflagen: unbekannt

Kriegspost aus den Karolinen ist mit Ausnahme der sog. „Vergrabenen Post“ des Kreuzergeschwaders, das sich bis zum 6. August 1914 in Ponape befand, nicht bekannt geworden. Die „vergrabene Post“ wurde nach dem Krieg 1923 durch die deutsche Post an die Empfänger unter Beifügung von Klebezetteln, mit denen Nachporto vermieden wurde, zugestellt.

Prüfungen und Prüfordnung

Der beste Schutz gegen den Erwerb falscher oder minderwertiger Marken ist der Einkauf im guten Fachgeschäft. In Zweifelsfällen ist die Hinzuziehung eines Experten angebracht.

Prüfordnung. Die von den Spitzenverbänden der Sammler und Händler anerkannten Experten für Marken, Abstempelungen und Erhaltung prüfen nach einheitlichen Richtlinien, die jeder Philatelist kennen sollte.

Ergänzend sei hier nochmals darauf hingewiesen, dass die MICHEL-Redaktion keine Markenprüfungen vornimmt.

Kiautschou

Deutsches Pachtgebiet ab 6.3.1898, Deutsche Post ab 26. Januar 1898

Die Bucht von Kiautschou liegt südöstlich von Peking an der Südostküste der heutigen Provinz Shandong (früher Schantung). Hauptort ist Qingdao, früher Tsintau (Tsingtau).

Nach der Ermordung zweier deutscher Missionare im November 1897 in Schantung und der anschließenden unblutigen Besetzung Tsingtaus durch die Truppen eines deutschen Kreuzergeschwaders wurde am 6.3.1898 zwischen dem deutschen Gesandten in Peking und der chinesischen Regierung ein Pachtvertrag geschlossen, der 99 Jahre gelten sollte. Er umschloss das eigentliche Pachtgebiet Kiautschou (ca. 550 km^2) sowie eine neutrale Zone, die sich 50 km im Umkreis der Kiautschou-Bucht erstreckte.

Tsingtau als Hauptort war anfänglich ein Fischerdorf, gewann jedoch durch den raschen Ausbau vor allem als Flottenstützpunkt und als Ausgangspunkt der Schantung-Bahn zunehmend an Bedeutung.

Während des 1. Weltkrieges wurde die Hauptstadt am 7. November 1914 durch die Japaner erobert und später (10. Dezember 1922) an China zurückgegeben.

1 Mark (M) = 100 Pfennig (Pf); ab 1.10.1905: 1 (mexikan.) Dollar ($) = 100 Cents (C)

Vorläufer (V):

Bei den Postämtern in Kiautschou verwendete Freimarken des Deutschen Reichs:

1898/1901. MiNr. 37 (Innendienst: Ziffer im Oval) und MiNr. 45–50 (sogen. „Krone/Adler").

				⊙
V 37	2	M	dunkelrotkarmin bis rötlichkarmin	700,—
V 45	3	Pf	mittelbraun bis dunkelockerbraun	70,—
V 46	5	Pf	(lebhaft)opalgrün	100,—
V 47	10	Pf	lebhaftlilarot bis dunkelrosa(rot)	50,—
V 48	20	Pf	violettultramarin	150,—
V 49	25	Pf	gelblichorange	300,—
V 50	50	Pf	lebhaftrötlichbraun	350,—

Die Preise gelten für den Stempel „Tsintau China"; andere zum Teil wesentlich seltener!

Bei den Postämtern in Kiautschou verwendete Freimarken der Deutschen Post in China:

1898/1901. MiNr. 1 I–6 I (diagonaler Aufdruck) und 1 II–6 II (steiler Aufdruck).

				⊙
V 1 I	3	Pf	hellockerbraun	*15000,—*
V 2 I	5	Pf	(lebhaft)opalgrün	25,—
V 3 I	10	Pf	lebhaftlilarot bis rotkarmin	20,—
V 4 I	20	Pf	violettultramarin	20,—
V 5 I	25	Pf	gelblichorange bis dunkelorange	100,—
V 6 I	50	Pf	lebhaftrötlichbraun	90,—

MiNr. V 1 I wurde in Kiautschou postamtlich nicht ausgegeben.

				⊙
V 1 II	3	Pf	hellockerbraun bis lebhaftbraunocker	20,—
V 2 II	5	Pf	(lebhaft)opalgrün	20,—
V 3 II	10	Pf	(lebhaft)lilarot bis dunkelrosa(rot)	20,—
V 4 II	20	Pf	violettultramarin	350,—
V 5 II	25	Pf	gelblichorange bis dunkelorange	150,—
V 6 II	50	Pf	lebhaftrötlichbraun	110,—

Die Preise gelten bei MiNr. V 1 I–V 6 I für den Stempel „Tsintau China", bei MiNr. V 1 II–V 6 II für „Tsingtau

Mitläufer (M):

Deutsches Reich MiNr. 45–50 und Deutsche Post China MiNr. 1–6 mit Stempeldaten ab 9. Mai 1900 (M 46, M 2) bzw. ab Januar 1901 (alle übrigen Ausgaben).

				⊙
M 45	3	Pf	mittelbraun bis (dunkel)ockerbraun	70,—
M 46	5	Pf	(lebhaft)opalgrün	60,—
M 47	10	Pf	lebhaftlilarot bis dunkelrosa(rot)	50,—
M 48	20	Pf	violettultramarin	120,—
M 49	25	Pf	gelblichorange	300,—
M 50	50	Pf	lebhaftrötlichbraun	350,—
M 1 I	3	Pf	hellockerbraun	*15000,—*
M 2 I	5	Pf	(lebhaft)opalgrün	35,—
M 3 I	10	Pf	lebhaftlilarot bis rotkarmin	30,—
M 4 I	20	Pf	violettultramarin	26,—
M 5 I	25	Pf	gelblichorange bis dunkelorange	150,—
M 6 I	50	Pf	lebhaftrötlichbraun	140,—
M 1 II	3	Pf	(dunkel)ockerbraun bis lebh'braunocker	20,—
M 2 II	5	Pf	(lebhaft)opalgrün	15,—
M 3 II	10	Pf	(lebhaft)lilarot	20,—
M 4 II	20	Pf	violettultramarin	240,—
M 5 II	25	Pf	gelblichorange bis dunkelorange	100,—
M 6 II	50	Pf	lebhaftrötlichbraun	100,—

Genaue Aufstellung, Abb. und Bewertungen der verschiedenen Entwertungen und Besonderheiten der Vor- und Mitläufer aller Deutschen Auslandspostämter und Kolonien siehe: Dr. Friedrich F. Steuer/Ronald F. Steuer: „Handbuch und Katalog der deutschen Kolonial-Vorläufer" (4. Aufl. 2006)!

1900

1900, 9. Mai. Freimarken: Marken Deutsche Post in China MiNr. 3 I und 3 II mit waagerechtem schwarzem Bdr.-Aufdruck (Missionsdruckerei Tsingtau), alte Wertangabe blau durchgestrichen; sogen. 1. Tsingtau-Ausgabe.

				✶	⊙
1	**5 Pfg** auf 10 Pf	lebhaftlilarot			
I		Aufdruck „China“ diagonal (45°)	(3 I)	200,—	160,—
II		Aufdruck „China“ steil (56°)	(3 II)	60,—	65,—

Für den Aufdruck waren in der Missionsdruckerei nicht genügend gleiche Schrift- und Buchstabentypen vorhanden, so dass der Halbbogen zu 50 Bogenfeldern (10×5) unter Zuhilfenahme verschiedener Typen zusammengesetzt werden musste. Neben den drei Haupttypen 1 (17×), 2 (20×) und 3 (4×) kommen neun weitere im Halbbogen nur je einmal vor.

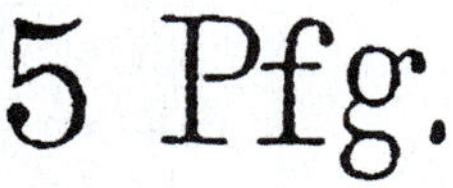

Type 1

Type 2

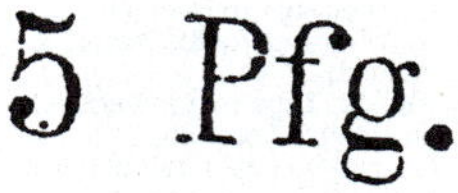

Type 3

Die Preise gelten für die Typen 1 und 2, Type 3 ca. doppelte Preise, Untertypen selten: auf MiNr. 1 I ✶ 800,— ⊙ 1000,—, auf MiNr. 1 II ✶ 400,— ⊙ 500,—.

Auflagen 1 I und 1 II zus.: 50 000 Stück

Gültig bis 31.12.1901

1900, 19. Juli. Freimarken: Marke Deutsche Post in China MiNr. 3 I mit neuem waagerechtem Bdr.-Aufdruck (Missionsdruckerei Tsingtau) (nur „Pf.“); sogen. 2. Tsingtau-Ausgabe.

				✶	⊙
	5 Pf auf 10 Pf	lebhaftlilarot (🖂 rot, Töne)	(3 I)		
2		nur Aufdruck „5 Pf.“		*4000,—*	*5000,—*
3		zusätzlicher Handstempel „5“ auf alter Wertangabe		*50000,—*	*60000,—*
4		zusätzlicher Handstempel „5 Pf.“ in größerer Type		*10000,—*	*15000,—*

Wie bei MiNr. 1 existieren versch. Aufdrucktypen (insgesamt 18), von denen die Typen 1 (14×), 2 (16×) und 3 (bis zu 7×) am häufigsten vorkommen. Aufgrund von kleinen Beschädigungen kam es zu zwei Plattenumstellungen, so dass einige Typen nur noch bei einer (kleinen) Teilauflage vorkommen können.

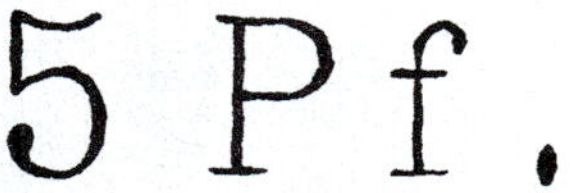

Type 1

Type 2

Type 3

Die Preise gelten für Type 1 und 2, Type 3 ca. 20% Aufschlag. Untertypen je nach Auflage z.T. sehr selten (je —,—)!

FALSCH viele gefährliche Fälschungen

Auflagen: MiNr. 2 = 1700, MiNr. 3 = ca. 100, MiNr. 4 = ca. 200 Stück

Gültig bis 31.12.1901

1901/1919

1901, Jan. Freimarken: Kaiseryacht. Wertangabe in Markwährung. MiNr. 5–13 Bdr. (10×10), MiNr. 14–17 StTdr. (4×5); oWz.; MiNr. 5–13 gez. K 14:14½, MiNr. 14–17 gez. K 14½ oder 14¼.

a

b

a–b) Kaiseryacht SMY „Hohenzollern"; Rahmenzeichnung und Mittelstück bei MiNr. 14–16 Type II, bei MiNr. 17 Mittelstück Type I

				✶	⊙
5	3 Pf	(dunkel)ockerbraun	a	2,40	2,40
6	5 Pf	(dunkel)grün GA	a	2,40	2,—
7	10 Pf	dunkelkarminrot GA	a	3,—	2,50
8	20 Pf	(dunkel)violettultramarin	a	9,—	10,—
9	25 Pf	rötlichorange/gelbschwarz auf hellgelb	a	16,—	20,—
10	30 Pf	rötlichorange/rotschwarz auf mattgelblichorange	a	16,—	20,—
11	40 Pf	(dunkelrötlich)karmin/schwarz	a	19,—	24,—
12	50 Pf	dunkelbräunlichlila/rotschwarz auf mattbraunorange	a	19,—	28,—
13	80 Pf	dunkelrötlichkarmin/rotschwarz auf mattkarmin	a	35,—	65,—
14	1 M	(dunkel)rot	b	60,—	110,—
15	2 M	schwärzlichblau	b	100,—	130,—
16	3 M	violettschwarz	b	100,—	240,—
17	5 M	grünschwarz/bräunlichkarmin	b	280,—	800,—
		Satzpreis (13 W.)		650,—	1400,—

MiNr. 14–17 nur mit 26:17 Zähnungslöchern

Auflagen: unbekannt *Gültig bis 31.12.1905*

Neue Währung: 1 (mexikan.) Dollar ($) = 100 Cents (C)

1905, 1. Okt. Freimarken: Kaiseryacht. Wertangabe in (mexikan.) Dollarwährung. MiNr. 18–23 Bdr. (10×10), MiNr. 24–27 StTdr. (4×5); oWz.; MiNr. 18–23 gez. K 14:14½; MiNr. 24 bis 27 gez. K 14½ oder 14¼.

c

d

c–d) Kaiseryacht SMY „Hohenzollern"; Rahmenzeichnung und Mittelstück bei MiNr. 24–27 Type II

				✶	⊙
18	1 C	(dunkel)ockerbraun	c	1,50	2,—
19	2 C	(dunkel)grün GA	c	2,20	2,—
20	4 C	lebhaftkarminrot GA	c	5,50	2,—
21	10 C	lilaultramarin	c	10,—	6,50
22	20 C	dunkelrötlichkarmin/schwarz	c	40,—	24,—
23	40 C	dunkelrötlichkarmin/schwarz auf mattrosarot	c	120,—	120,—
24 B	½ $	dunkelkarminrot, 25:16 Zähnungslöcher	d	85,—	100,—
25	1 $	schwärzlichblau	d		
A		26:17 Zähnungslöcher		240,—	150,—
B		25:16 Zähnungslöcher		180,—	160,—
26	1½ $	schwarz(grau)violett	d		
A		26:17 Zähnungslöcher		1400,—	2000,—
B		25:16 Zähnungslöcher		*35000,—*	—,—
27	2½ $	grünschwarz/dunkelkarmin	d		
A		26:17 Zähnungslöcher		1800,—	6000,—
B		25:16 Zähnungslöcher		2600,—	4200,—
		Satzpreis (10 W.)		3500,—	6500,—

Auflagen: unbekannt *Gültig bis 7.11.1914*

1905, Okt./1919. Freimarken: Wie MiNr. 18–27, jedoch jetzt auf Papier mit Wz. 1; I = Friedensdruck, II = Kriegsdruck.

Wz. 1
Rauten

				✶	✶✶	⊙
28	1 C		c			
I		(dunkel)ockerbraun, Friedensdruck (Juni 1906)		1,50	4,—	2,—
II		dunkelbraun, Kriegsdruck (1918)		0,60	2,50	
29	2 C	(dunkel)grün bis schwärzlichopalgrün, Friedensdruck (1908)	c	0,60	2,50	2,50
30	4 C	lebhaftkarminrot bis lebhaftrotkarmin, Friedensdruck (Nov 1909)	c	1,—	2,50	1,50
31	10 C	dunkelultramarin bis (lebhaft)lilaultramarin, Friedensdruck (Jan. 1909)	c	1,30	3,20	4,50
32	20 C		c			
I		dunkelrötlichkarmin/schwarz, Friedensdruck (Dezember 1908)		3,50	7,50	20,—
II		dunkelkarminrot/schwarz, Kriegsdruck (1918)		2,—	5,—	
33	40 C	dunkelrötlichkarmin/schwarz auf mattrosarot, Friedensdruck (Dez. 1905)	c	3,80	10,—	65,—
34	½ $		d			
I A		dunkelkarminrot, Friedensdruck, 26:17 Zähnungslöcher (Okt. 1907)		12,—	40,—	80,—
II		Kriegsdruck				
A		karminrot, 26:17 Zähnungslöcher (1918)		55,—	200,—	
B		rotkarmin, 25:17 Zähnungslöcher (1919)		10,—	30,—	
35	1 $		d			
I A		schwärzlichblau, Friedensdruck, 26:17 Zähnungslöcher (Febr. 1906)		15,—	80,—	100,—
II		dunkelblau, Kriegsdruck				
A		26:17 Zähnungslöcher (1918)		75,—	250,—	
B		25:17 Zähnungslöcher (1919)		12,—	35,—	
36	1½ $	schwarz(grau)violett bis schwarzbraunviolett, Friedensdruck,				
I		26:17 Zähnungslöcher (Oktober 1905)	d	15,—	85,—	260,—
II		schwarzviolettgrau, Kriegsdruck				
A		26:17 Zähnungslöcher (1918)		100,—	400,—	
B		25:17 Zähnungslöcher (1919)		25,—	100,—	
37	2½ $	grünschwarz/dunkelkarmin	d			
I A		Friedensdruck, 26:17 Zähnungslöcher (Oktober 1905)		60,—	360,—	600,—
II		Kriegsdruck (1919)				
A		26:17 Zähnungslöcher		150,—	550,—	
B		25:17 Zähnungslöcher		35,—	125,—	
		Satzpreis (10 W.)		80,—	300,—	1100,—

Unterscheidungsmerkmale zwischen Friedens- und Kriegsdruck siehe bei Kamerun MiNr. 20–25!

Auflagen: unbekannt *Gültig bis 7.11.1914*

Marianen

Deutsches Schutzgebiet ab 18. Juni 1899, Deutsche Post ab 18.11.1899

Die Marianen liegen im Pazifik südwestlich von Japan und wurden zusammen mit den Karolinen und den Palau-Inseln durch Vertrag vom 8. Februar 1899 von Spanien an das Deutsche Reich verkauft. Die offizielle Inbesitznahme erfolgte am 18. Juni 1899, die Flaggenhissung auf Saipan am 17. November 1899. Am 18. November 1899 wurde die erste Postagentur auf Saipan eröffnet, deren Erstausstattung aus Marken der MiNr. 1 I bis 6 I bestand. Vorläufer können bei den Marianen daher nicht vorkommen. Die Postagentur Saipan blieb bis zum Beginn des Ersten Weltkrieges die einzige Postagentur der Marianen.

Saipan wurde am 14.10.1914 von japanischen Truppen besetzt.

1 Mark (M) = 100 Pfennig (Pf)

1899/1900

1899, 18. Nov. Freimarken: Marken des Deutschen Reichs MiNr. 45–50 (sogen. „Krone/Adler") mit schwarzem, diagonalem (48°) Bdr.-Aufdruck.

				✶	◎[1]	⊙[2]
1 I	3 Pf	lebhaftorangebraun (45)		2400,—	1000,—	2400,—
2 I	5 Pf	(lebhaft)opalgrün . (46)		3000,—	850,—	2000,—
3 I	10 Pf	rotkarmin . . . . (47)		220,—	100,—	240,—
4 I	20 Pf	violettultramarin . . (48)		220,—	100,—	240,—
5 I	25 Pf	gelblichorange . . . (49)		3200,—	1300,—	3200,—
6 I	50 Pf	lebhaftrötlichbraun (50)		3200,—	1200,—	3000,—
		Satzpreis (6 W.)		12000,—	4400,—	10000,—

[1] Die Preise gelten für veränderte, jedoch innerhalb der Kurszeit angebrachte Abstempelungen (sogen. Sorte II, vgl. Einleitung); Entsprechende Datenaufstellung siehe Ernst Th. Einfeldt, „Stempel Saipan 1899–1901" (Dreieich 1995).

[2] Die Preise gelten nur für zeitgerechte Entwertungen (sogen. Sorte I); **(BPP-)Prüfung unbedingt erforderlich!**

FALSCH ⓔ, willkürlich veränderte Stempeldaten sind häufig!

Auflagen: MiNr. 1 I, 2 I sowie 5 I und 6 I je 1000, MiNr. 3 I und 4 I je 5000 Stück

Gültig bis 30.9.1901

1900, Mai. Freimarken: Wie MiNr. 1 I–6 I, jedoch Aufdruck jetzt steil (56°).

				✶	◎[1]	⊙[2]
1 II	3 Pf	dunkelockerbraun . . . (45)		15,—	15,—	36,—
2 II	5 Pf	(lebhaft)opalgrün GA . (46)		20,—	15,—	38,—
3 II	10 Pf	(lebhaft)lilarot bis dkl'rosa(rot) GA . . . . . (47)		25,—	22,—	55,—
4 II	20 Pf	violettultramarin . . . . (48)		30,—	60,—	150,—
5 II	25 Pf	gelblichorange . . . . . (49)		75,—	75,—	190,—
6 II	50 Pf	lebhaftrötlichbraun . . (50)		75,—	100,—	250,—
		Satzpreis (6 W.)		230,—	280,—	700,—

[1] Siehe Anmerkung bei MiNr. 1 I–6 I!
[2] Die Preise gelten nur für zeitgerechte Entwertungen (sogen. Sorte I); **(BPP-)Prüfung unbedingt erforderlich!**

Entwertungen „Deutsche Seepost / Australische Hauptlinie" (meist ✶ f 28.1.01 und 3.2.01) sowie „Deutsche Seepost / Ost-Asiatische Linie" (meist ✶ a 5.10.00) sind wertlos, da die Schiffe dieser Linien die Marianen niemals anliefen. Die Entwertung „Deutsche Seepost / Neu-Guinea Zweiglinie (Hongkong) ✶ a 10.10.00" ist Sorte II (◎), da das Schiff an diesem Tag bereits im Hafen von Sydney lag.

FALSCH ⓔ, willkürlich veränderte Stempeldaten sind häufig!

Auflagen: unbekannt

Gültig bis 30.9.1901

1901

1901, Jan. Freimarken: Kaiseryacht. MiNr. 7–15 Bdr. (10×10), MiNr. 16–19 StTdr. (4×5); oWz.; MiNr. 7–15 gez. K 14:14½; MiNr. 16–19 gez. K 14½ oder 14¼.

a

b

a–b) Kaiseryacht SMY „Hohenzollern", bei b Rahmen und Mittelstück Type II

				✶	⊙
7	3 Pf	dunkelockerbraun	a	1,30	2,—
8	5 Pf	(dunkel)grün GA	a	1,30	2,20
9	10 Pf	dunkelkarminrot GA	a	1,30	5,—
10	20 Pf	violettultramarin	a	1,50	8,50
11	25 Pf	rötlichorange/gelbschwarz auf hellgelb	a	2,—	15,—
12	30 Pf	rötlichorange/rotschwarz auf mattgelblichorange	a	2,—	16,—
13	40 Pf	dunkelrötlichkarmin/schwarz	a	2,—	16,—
14	50 Pf	dunkelbräunlichlila/schwarz auf mattbraunorange	a	2,40	18,—
15	80 Pf	dunkelrötlichkarmin/rotschwarz auf mattkarmin	a	3,—	30,—
16	1 M	(dunkel)rot	b	6,—	85,—
17	2 M	schwärzlichblau	b	8,—	110,—
18	3 M	violettschwarz	b	10,—	160,—
19	5 M	grünschwarz/dunkelkarmin	b	200,—	600,—
		Satzpreis (13 W.)		240,—	1000,—

MiNr. 16–19 nur mit 26:17 Zähnungslöchern

Auflagen: unbekannt

Gültig bis 14.10.1914

1916/1919

1916, 13. Juni/1919, Mai. Freimarken: Wie MiNr. 7 und 19, jetzt jedoch mit Wz. 1 (Rauten).

a

Wz. 1

				✶	✶✶
20	3 Pf	dunkelorangebraun, Kriegsdruck (Mai 1919)	a	1,20	2,50
21	5 M	Kriegsdruck (13.6.1916)	b		
A		grünschwarz/dunkelkarmin, 26:17 Zähnungslöcher		50,—	300,—
B		grünschwarz/rotkarmin, 25:17 Zähnungslöcher		40,—	250,—

MiNr. 20 und 21 wurden nur am Sammlerschalter in Berlin verkauft, echt gebraucht nicht möglich!

Auflagen: unbekannt

Marshall-Inseln

Deutscher Besitz ab 15. Oktober 1885, Deutsche Post ab 29.3.1889

Die Marshall-Inseln als östlichster Teil von Mikronesien liegen im Pazifischen Ozean und bestehen aus fast 900 Atollen, kleinen und kleinsten Inseln. Einem deutschen Marineoffizier gelang es schon um 1880, mit einigen einheimischen Häuptlingen Verträge abzuschließen. Am 15. Oktober 1885 wurden die Inseln schließlich zum deutschen Schutzgebiet mit dem Hauptort Jaluit erklärt. Am 1.10.1888 erfolgte der Eintritt in den Weltpostverein, durch einen fehlgeleiteten Brief konnte die erste Postagentur in Jaluit aber erst am 29.3.1889 eröffnet werden. Auf den Inseln wurden als Haupterzeugnis Kokospalmen angebaut, auf der Insel Nauru, auf der am 14.7.1908 die einzige weitere Postanstalt eröffnet wurde, wurden große Mengen Phosphate abgebaut.

Jaluit wurde am 29. September 1914 von japanischen Truppen, Nauru am 6. November 1914 von australischen Truppen besetzt.

1 Mark (M) = 100 Pfennig (Pf)

Vorläufer (V):

Beim Postamt Jaluit verwendete Freimarken des Deutschen Reichs:

1889/91. MiNr. 39–44 (sogen. „Pfennig").

				⊙
V 39	3	Pf	(hell)gelblichgrün	1100,—
V 40	5	Pf	violettpurpur	450,—
V 41	10	Pf	dunkelrosarot	350,—
V 42	20	Pf	dunkelultramarin	200,—
V 43	25	Pf	orangebraun	—,—
V 44	50	Pf	(dkl')oliv bis dunkelgraugrün	700,—

Stempel 1

Stempel 2

MiNr. V 39–V 44 nur mit Stempel 1 möglich!

1890/1900. MiNr. 37 (Innendienst: Ziffer im Oval) und MiNr. 45 bis 50 (sogen. „Krone/Adler").

				⊙
V 37	2	M	dunkelrotkarmin bis rötlichkarmin	1000,—
V 45	3	Pf	gelblichbraun bis mittelbraun	300,—
V 46	5	Pf	(gelblich)grün bis (lebhaft)opalgrün	250,—
V 47	10	Pf	(lebhaft)rosarot bis lebhaftlilarot	250,—
V 48	20	Pf	(mittel)blau bis violettultramarin	130,—
V 49	25	Pf	gelb(lich)orange	450,—
V 50	50	Pf	mittelbraunrot bis lebh'rötlichbraun	380,—

Die Preise gelten nur für Stempel 1!

Mitläufer (M):

MiNr. 45–50 mit Stempeldaten ab Ende April 1897 (M 48), ab Ende August 1897 (M 47), ab Ende Juli 1899 (M 45 und 46) bzw. ab Nov. 1899 (M 49 und 50).

				⊙
M 45	3	Pf	hell- bis dunkelockerbraun	250,—
M 46	5	Pf	(lebhaft)opalgrün	600,—
M 47	10	Pf	lebhaftlilarot	500,—
M 48	20	Pf	violettultramarin	300,—
M 49	25	Pf	gelblichorange	500,—
M 50	50	Pf	lebhaftrötlichbraun	1000,—

1897/1900

1897, April/1899, 21. Juli. Freimarken: Marken des Deutschen Reichs MiNr. 45–48 (sogen. „Krone/Adler") mit schwarzem steilem Bdr.-Aufdruck „Marschall-Inseln"; I = sogen. Jaluit-Ausgabe.

					✶	⊙[1]	⊙[2]
1 I	3	Pf	hellockerbraun bis lebhaftbraunocker (21.7.1899)	(45)	4500,—	2600,—	6500,—
2 I	5	Pf	(lebhaft)opalgrün (21.7.1899)	(46)	650,—	550,—	1200,—
3 I	10	Pf	lebhaftlilarot (Aug. 1897)	(47)	75,—	110,—	190,—
4 I	20	Pf	violettultramarin (April 1897)	(48)	75,—	120,—	200,—

[1] Preise gelten für den ersten Stempel „JALUIT MARSCHALL-INSELN" (nur möglich bis Mai 1900)

[2] Preise gelten für den zweiten Stempel „JALUIT MARSHALL-INSELN"

Auflagen: unbekannt

Gültig bis 30.9.1901

1899, Nov. Freimarken: Wie MiNr. 1 I–4 I, jedoch II = sogen. Berliner Ausgabe.

				✶	▨[3]	⊙[1]	⊙[2]
1 II	3 Pf	dunkelockerbraun	(45)	170,—	380,—	1100,—	850,—
2 II	5 Pf	(lebhaft)opalgrün GA	(46)	150,—	280,—	800,—	650,—
3 II	10 Pf	lebhaft(lila)rot bis dunkelrosa(rot) GA	(47)	60,—	70,—	300,—	180,—
4 II	20 Pf	violettultramarin	(48)	60,—	70,—	300,—	180,—
5 II	25 Pf	gelblichorange bis dunkelorange	(49)	170,—	450,—	1400,—	1100,—
6 II	50 Pf	lebhaftrötlichbraun	(50)	170,—	450,—	1400,—	1100,—
			Satzpreis (6 W.)	750,—	1700,—		4000,—

[1] Preise gelten für den ersten Stempel „JALUIT MARSCHALL-INSELN“

[2] Preise gelten für den zweiten Stempel „JALUIT MARSHALL-INSELN“

[3] MiNr. 1 II–6 II wurden zu einer Zeit hergestellt, als die amtliche Schreibweise bereits geändert und die ersten Marken MiNr. 7–12 hergestellt waren. Es wurden 2 Auflagen gedruckt (1899 und 1903). Da die zweite Auflage nicht mehr zeitgerecht entwertet werden konnte, kommen, insbesondere aus 1903, in erheblichem Maße Rückdatierungen vor. Nicht in jedem Fall sind diese nachweisbar, sodass für bestimmte Stempeldaten eine sogen. Sorte II (▨, vgl. Einleitung) katalogisiert wird.

Auflagen: unbekannt

Gültig bis 30.9.1901

MiNr. 1–6 (Jaluit-Ausgabe und Berliner Ausgabe) lassen sich meist nur sehr schwer voneinander unterscheiden. (BPP-)Prüfung unerlässlich!

1899, Nov. Freimarken: Marken des Deutschen Reichs MiNr. 45–50 (sogen. „Krone/Adler“) mit schwarzem, geändertem Bdr.-Aufdruck „Marshall-Inseln“.

				✶	⊙[1]	⊙[2]
7	3 Pf	dunkelockerbraun bis lebhaftorangebraun	(45)	5,50	500,—	6,50
8	5 Pf	(lebhaft)opalgrün GA	(46)	11,—	80,—	15,—
9	10 Pf	lebhaftlilarot GA	(47)	15,—	130,—	19,—
10	20 Pf	violettultramarin	(48)	19,—	150,—	30,—
11	25 Pf	gelblichorange bis dunkelorange	(49)	22,—	200,—	50,—
12	50 Pf	lebhaftrötlichbraun	(50)	35,—	200,—	55,—
			Satzpreis (6 W.)	100,—	—,—	170,—

[1] Preise gelten für Stempel „JALUIT MARSCHALL-INSELN“

[2] Preise gelten für Stempel „JALUIT MARSHALL-INSELN“

Auflagen: unbekannt

Gültig bis 30.9.1901

1901

1901, Jan./März Freimarken: Kaiseryacht. MiNr. 13–21 Bdr. (10×10), MiNr. 22–25 StTdr. (4×5); oWz.; MiNr. 13–21 gez. K 14:14½, MiNr. 22–25 gez. K 14½ oder K14¼.

a

b

a–b) Kaiseryacht SMY „Hohenzollern“; Rahmenzeichnung und Mittelstück bei b Type I

				✶	⊙
13	3 Pf	dunkelockerbraun (Jan.)	a	0,80	2,—
14	5 Pf	(dunkel)grün (Jan.) GA	a	0,80	2,—
15	10 Pf	dunkelkarminrot (Jan.) GA	a	0,80	5,50
16	20 Pf	violettultramarin (Jan.)	a	1,10	11,—
17	25 Pf	rötlichorange/gelbschwarz auf hellgelb (Jan.)	a	1,20	19,—
18	30 Pf	rötlichorange/rotschwarz auf mattgelblichorange (Jan.)	a	1,20	19,—
19	40 Pf	(dunkelrötlich)karmin/schwarz (Jan.)	a	1,20	19,—
20	50 Pf	dunkelbräunlichlila/rotschwarz auf mattorangebraun (Jan.)	a	2,—	28,—
21	80 Pf	dunkelrötlichkarmin/rotschwarz auf mattkarmin (Jan.)	a	4,—	42,—
22	1 M	(dunkel)rot (März)	b	6,—	100,—
23	2 M	schwärzlichblau (März)	b	8,—	140,—
24	3 M	violettschwarz (März)	b	12,—	240,—
25	5 M	grünschwarz/dunkelkarmin (März)	b	200,—	600,—
		Satzpreis (13 W.)		240,—	1200,—

MiNr. 22–25 nur mit 26:17 Zähnungslöchern

Auflagen: unbekannt

Gültig bis 29.9., auf Nauru bis 6.11.1914

Atollpost:

Um den Postverkehr zwischen den Inseln zu sichern, wurde mit Verfügung vom 25.6.1902 die sog. Atollpost eingerichtet, d. h. Briefsendungen zwischen den entfernt liegenden Atollen/Inseln und Jaluit (sowie darüber hinaus) wurden von den Kapitänen der diese Orte anlaufenden Schiffe angenommen und befördert. Auf den Atollen lebende Personen wurden später ebenfalls mit der Annahme bzw. Ausgabe dieser Sendungen beauftragt. Die Entwertung der aufzuklebenden Marken erfolgte handschriftlich (mit dem Namen der Insel oder des Schiffes sowie dem Datum).

1916/1919

1916, Mai/1919, Mai. Freimarken: Wie MiNr. 13 und 25, jedoch jetzt mit Wz. 1, nur Kriegsdrucke.

a

Wz. 1
Rauten

				✶	✶✶
26		3 Pf	(dunkel)orangebraun (Mai 1919) . a	1,—	2,40
27		5 M	grünschwarz/dunkelkarmin (Mai 1916) . . . . b		
A			26:17 Zähnungslöcher		
	I		Rahmen Type I, Mittelstück Type II	50,—	180,—
27 A	II		Rahmen und Mittelstück Type I	*3000,—*	*5000,—*
B			25:17 Zähnungslöcher		
	I		Rahmen Type I, Mittelstück Type II	50,—	150,—
	II		Rahmen und Mittelstück Type I	80,—	240,—

MiNr. 26 und 27 wurden nur am Sammlerschalter in Berlin verkauft; echt gebraucht nicht möglich!

Auflagen: unbekannt

Britische Besetzung

Besetzung der Insel Nauru am 6.11.1914 durch Truppen der britischen Dominion Australien

1 Shilling (s) = 12 Pence (d)

1914, 16. Dez. Freimarken: Marken der Marshall-Inseln MiNr. 13–25 mit schwarzem Bdr.-Aufdruck („G. R. I." = Georgius Rex Imperator); I = Zeilenabstand des Aufdrucks bei MiNr. 1–9 5 mm, bei MiNr. 10–13 3½–4 mm; II = Zeilenabstand des Aufdrucks bei MiNr. 1–9 6 mm, bei MiNr. 10–13 5½ mm.

I = Zeilenabstand Type I (16.12.1914)

							✶	⊙
1 I	1 d	auf	3	Pf	dunkelockerbraun	(13)	50,—	75,—
2 I	1 d	auf	5	Pf	(dunkel)grün	(14)	65,—	75,—
3 I	2 d	auf	10	Pf	dunkelkarminrot	(15)	20,—	25,—
4 I	2 d	auf	20	Pf	violettultramarin	(16)	22,—	35,—
5 I	3 d	auf	25	Pf	rötlichorange/gelbschwarz auf hellgelb	(17)	380,—	500,—
6 I	3 d	auf	30	Pf	rötlichorange/rotschwarz auf mattgelblichorange	(18)	420,—	500,—
7 I	4 d	auf	40	Pf	(dunkelrötlich)karmin/schwarz	(19)	150,—	180,—
8 I	5 d	auf	50	Pf	dkl'bräunlichlila/rotschwarz auf mattorangebraun	(20)	300,—	250,—
9 I	8 d	auf	80	Pf	dunkelrötlichkarmin/rotschwarz auf mattkarmin	(21)	600,—	750,—
10 I	1 s	auf	1	M	dunkelrot	(22)	2000,—	3200,—
11 I	2 s	auf	2	M	schwärzlichblau	(23)	1500,—	2200,—
12 I	3 s	auf	3	M	violettschwarz	(24)	3800,—	5000,—
13 I	5 s	auf	5	M	grünschwarz/dunkelkarmin	(25)	9000,—	10000,—
						Satzpreis (13 W.)	18000,—	21000,—

II = Zeilenabstand Type II

							✶	⊙
1 II	1 d	auf	3	Pf	dunkelockerbraun	(13)	900,—	
2 II	1 d	auf	5	Pf	(dunkel)grün	(14)	1000,—	
3 II	2 d	auf	10	Pf	dunkelkarminrot	(15)	1500,—	
4 II	2 d	auf	20	Pf	violettultramarin	(16)	1300,—	
5 II	3 d	auf	25	Pf	rötlichorange/gelbschwarz auf hellgelb	(17)	1800,—	
6 II	3 d	auf	30	Pf	rötlichorange/rotschwarz auf mattgelblichorange	(18)	1800,—	
7 II	4 d	auf	40	Pf	(dunkelrötlich)karmin/schwarz	(19)	1800,—	
8 II	5 d	auf	50	Pf	dkl'bräunlichlila/rotschwarz auf mattorangebraun	(20)	1500,—	
9 II	8 d	auf	80	Pf	dunkelrötlichkarmin/rotschwarz auf mattkarmin	(21)	2200,—	
10 II	1 s	auf	1	M	dunkelrot	(22)	7000,—	
11 II	2 s	auf	2	M	schwärzlichblau	(23)	5000,—	
12 II	3 s	auf	3	M	violettschwarz	(24)	10000,—	
13 II	5 s	auf	5	M	grünschwarz/dunkelkarmin	(25)	16000,—	
						Satzpreis (13 W.)	50000,—	

Aufdrucktype II gebraucht sehr selten (je —,—)!

Auflagen (geschätzt):

MiNr. 1 = 2 675	MiNr. 4 = 10 090	MiNr. 7 = 1120	MiNr. 10 = 133	MiNr. 12 = 88
MiNr. 2 = 2 308	MiNr. 5 = 299	MiNr. 8 = 599	MiNr. 11 = 245	MiNr. 13 = 72
MiNr. 3 = 13 027	MiNr. 6 = 263	MiNr. 9 = 490		

1915. Freimarken: Marken der britischen Besetzung MiNr. 3 und 4 mit zusätzlichem schwarzem Bdr.-Aufdruck der neuen Wertstufe.

										✶	⊙
14	1	auf	2	d	auf	10	Pf	dunkelkarminrot	(3 I)	180,—	250,—
15	1	auf	2	d	auf	20	Pf	violettultramarin	(4 I)	3800,—	3000,—

Auflagen: MiNr. 14 = 480, MiNr. 15 = 50 Stück

Samoa

Deutsche Post im Ausland ab 21.9.1886, deutsches Schutzgebiet ab 1.3.1900

Die Samoa-Inseln liegen in der Südsee, rund 3500 km östlich von Australien. Zur Sicherung der Handelsinteressen deutscher Firmen in der Südsee wurde am 21.9.1886 in Apia (auf der Insel Upolu) eine „Deutsche Postdampfschiffsagentur“ (als Deutsche Postanstalt im Ausland) eingerichtet. Am 2. Dezember 1899 wurde in Washington das „deutsch-amerikanisch-englische Samoa-Abkommen“ unterzeichnet. Der westliche Teil der Inseln mit den beiden Hauptinseln Upolu und Sawaii sowie zwei weiteren kleinen Nebeninseln fiel an das Deutsche Reich, der östliche Teil mit der Insel Tutuila und einigen kleineren Inseln an Amerika, England verzichtete auf alle Interessen. Mit der Hissung der deutschen Flagge am 1.3.1900 auf Upolu wurde Samoa zum deutschen Schutzgebiet.

Die Samoa-Inseln wurden am 29.8.1914 durch ein neuseeländisches Expeditions-Corps mit Unterstützung englischer, französischer und australischer Kriegsschiffe besetzt.

1 Mark (M) = 100 Pfennig (Pf)

Vorläufer (V):

Bei der Postagentur in Apia verwendete Freimarken des Deutschen Reichs:

1886/90. MiNr. 39–44 (sogen. „Pfennig“).

				⊙
V 39	3	Pf	(hell)gelblichgrün	1200,—
V 40	5	Pf	violettpurpur	500,—
V 41	10	Pf	dunkelrosarot	220,—
V 42	20	Pf	mittel- bis dunkelultramarin	200,—
V 44	50	Pf	(dunkel)graugrün bis (dunkel)oliv	100,—

Die Preise gelten für den Stempel „APIA KDPAG“ ohne Segment, mit Sternen, bei MiNr. V 44 für den Stempel „APIA KDPAG“ ohne Segment und ohne Sterne.

Achten Sie bei signierten Marken auf die Stellung des Prüferzeichens.
Lesen Sie die Prüfordnung des Bundes Philatelistischer Prüfer am Ende des Kataloges.

1890/99. MiNr. 37 (Innendienst: Ziffer im Oval) und MiNr. 45 bis 50 (sogen. „Krone/Adler“).

				⊙
V 37	2	M	dunkelrotkarmin bis rötlichkarmin	350,—
V 45	3	Pf	mittel(gelblich)braun bis dunkelockerbraun	75,—
V 46	5	Pf	(gelblich)grün bis (lebhaft)opalgrün	45,—
V 47	10	Pf	(lebhaft)rosarot bis lebhaftlilarot	26,—
V 48	20	Pf	(mittel)blau bis violettultramarin	30,—
V 49	25	Pf	gelb(lich)orange	400,—
V 50	50	Pf	(lebh’)bräunlichrot bis (lebh’)rötlichbraun	65,—

Die Preise gelten mit Stempeldaten bis 1895 für den Stempel „APIA KDPAG“ ohne Segment, mit Sternen, mit Stempeldaten ab 1896 für den Stempel „APIA KDPAG“ mit Segment und Sternen.

Mitläufer (M):

MiNr. 45–50 mit Stempeldaten ab 17. Mai 1900.

				⊙
M 45	3	Pf	hell- bis dunkelockerbraun	60,—
M 46	5	Pf	(lebhaft)opalgrün	40,—
M 47	10	Pf	lebhaftlilarot	20,—
M 48	20	Pf	violettultramarin	25,—
M 49	25	Pf	gelblichorange	350,—
M 50	50	Pf	lebhaftrötlichbraun	50,—

1900/1901

1900, 17. Mai. Freimarken: Marken des Deutschen Reichs MiNr. 45–50 (sogen. „Krone/Adler“) mit schrägem schwarzem Bdr.-Aufdruck.

					✶	⊙
1	3	Pf	dunkelockerbraun	(45)	11,—	15,—
2	5	Pf	(lebhaft)opalgrün	(46)	14,—	20,—
3	10	Pf	lebh’lilarot bis dunkelrosa(rot)	(47)	11,—	20,—
4	20	Pf	violettultramarin	(48)	22,—	34,—
5	25	Pf	gelblichorange bis dunkelorange	(49)	45,—	90,—
6	50	Pf	lebhaftrötlichbraun	(50)	45,—	85,—
				Satzpreis (6 W.)	140,—	260,—

FALSCH u. a. kopfstehende Aufdrucke

Auflagen: unbekannt *Gültig bis 30.9.1901*

1900, 10. Dez./1901, Jan. Freimarken: Kaiseryacht. MiNr. 7–15 Bdr. (10×10), MiNr. 16–19 StTdr. (4×5); oWz.; MiNr. 7–15 gez. K 14:14½; MiNr. 16–19 gez. K 14½ oder 14¼.

a

b

a–b) Kaiseryacht SMY „Hohenzollern“, Rahmenzeichnung und Mittelstück bei b Type I

					✶	⊙
7	3	Pf	dunkelockerbraun (10.12.1900)	a	1,20	1,30
8	5	Pf	(dunkel)grün (10.12.1900)	a	1,20	1,30
9	10	Pf	dunkelkarminrot (10.12.1900)	a	1,20	1,30
10	20	Pf	violettultramarin (10.12.1900)	a	1,20	2,50
11	25	Pf	rötlichorange/gelbschwarz auf hellgelb (10.12.1900)	a	1,30	14,—
12	30	Pf	rötlichorange/rotschwarz auf mattgelblichorange (10.12.1900)	a	1,60	12,—

			✶	⊙
13	40 Pf	(dunkelrötlich)karmin/schwarz (10.12.1900) . . . . a	1,60	14,—
14	50 Pf	dunkelbräunlichlila/rotschwarz auf mattbraunorange (10.12.1900) . . . a	1,60	15,—
15	80 Pf	dunkelrötlichkarmin/rotschwarz auf mattkarmin (10.12.1900) . . . . . a	3,20	35,—
16	1 M	(dunkel)rot (Jan. 1901) . . . . b	4,—	70,—
17	2 M	schwärzlichblau (Jan. 1901) . . . . . . b	5,50	120,—
18	3 M	violettschwarz (Jan. 1901) . . . . b	9,—	170,—
19	5 M	grünschwarz/bräunlichkarmin (Jan. 1901) . . . . b	230,—	600,—
		Satzpreis (13 W.)	250,—	1000,—

MiNr. 16–19 nur mit 26:17 Zähnungslöchern

Auflagen: unbekannt

Gültig bis 29. Aug. 1914

1915/1919

1915, Jan./1919, April. Freimarken: Wie MiNr. 7–9 und 19, jedoch jetzt auf Papier mit Wz. 1; I = Friedensdruck, II = Kriegsdruck.

a

Wz. 1 Rauten

			✶	✶✶
20	3 Pf	(dunkel)orangebraun, Kriegsdruck (April 1919) . . . . a	1,20	3,—
21	5 Pf	(dunkel)opalgrün, Kriegsdruck (April 1919) . . . . a	1,50	3,50
22	10 Pf	lebhaftkarminrot, Kriegsdruck (Mai 1919) . . . . a	1,50	3,80
23	5 M	grünschwarz/dunkelkarmin . . . . b		
I A		Friedensdruck, 26:17 Zähnungslöcher (Jan. 1915)	220,—	380,—
II		Kriegsdruck (1919)		
A		26:17 Zähnungslöcher	65,—	200,—
B		25:17 Zähnungslöcher	50,—	150,—

MiNr. 20–23 wurden nur am Sammlerschalter in Berlin verkauft, echt gebraucht nicht möglich!

Unterscheidungsmerkmale zwischen Friedens- und Kriegsdruck siehe bei Kamerun MiNr. 20–25!

Auflagen: unbekannt

Neben dem Betrieb der Deutschen Post bestand bis 28. Februar 1900 die Samoanische Privatpost von J. Davis, außerdem von 1877 bis 1881 eine Agar-Privatpost. Siehe MICHEL-Übersee Band 7 (Australien, Ozeanien, Antarktis).

Britische Besetzung

Besetzung am 29.8.1914 durch ein Expeditions-Korps der britischen Dominion Neuseeland

1 Shilling (s) = 12 Pence (d)

1914, 5. Sept. Freimarken: Marken von Samoa MiNr. 7–19 mit schwarzem Bdr.-Aufdruck (G. R. I. = Georgius Rex Imperator).

						✶	⊙
1	½ d	auf	3 Pf	dunkelockerbraun	(7)	25,—	15,—
2	½ d	auf	5 Pf	(dunkel)grün	(8)	60,—	20,—
3	1 d	auf	10 Pf	dunkelkarminrot	(9)	150,—	120,—
4	2½ d	auf	20 Pf	violettultramarin	(10)	40,—	20,—
5	3 d	auf	25 Pf	rötlichorange/gelbschwarz auf hellgelb	(11)	80,—	65,—
6	4 d	auf	30 Pf	rötlichorange/rotschwarz auf mattgelblichorange	(12)	160,—	130,—
7	5 d	auf	40 Pf	(dunkelrötlich)karmin/schwarz	(13)	160,—	200,—
8	6 d	auf	50 Pf	dunkelbräunlichlila/rotschwarz auf mattbraunorange	(14)	90,—	65,—
9	9 d	auf	80 Pf	dunkelrötlichkarmin/rotschwarz auf mattkarmin	(15)	250,—	200,—
10	1 s	auf	1 M	(dunkel)rot	(16)		
I				Währungsangabe „Shillings“		*4000,—*	*5000,—*
II				Währungsangabe „Shilling“		*12000,—*	*10000,—*
11	2 s	auf	2 M	schwärzlichblau	(17)	*3800,—*	*4000,—*
12	3 s	auf	3 M	violettschwarz	(18)	*2000,—*	*1800,—*
13	5 s	auf	5 M	grünschwarz/bräunlichkarmin	(19)	*1800,—*	*1500,—*

Auflagen:

MiNr. 1 = 16 700
MiNr. 2 = 14 700
MiNr. 3 = 7000

MiNr. 4 = 19 700
MiNr. 5 = 3800
MiNr. 6 = 1600

MiNr. 7 = 1400
MiNr. 8 = 6000
MiNr. 9 = 1700
MiNr. 10 I = 100

MiNr. 10 II = 35
MiNr. 11 = 126
MiNr. 12 = 458
MiNr. 13 = 534

Togo

Flaggenhissung am 5. Juli 1884, Deutsche Post ab 1. März 1888

Die deutsche Kolonie Togo an der Westküste Afrikas umfasste einen nur schmalen Küstenstreifen der sog. Sklavenküste mit einer Länge von ca. 50 km. Von dort aus erweiterte sich das Gebiet ins Hinterland auf eine maximale Ausdehnung von ca. 560 km, wobei es an der breitesten Stelle in nord/südlicher Richtung lediglich ca. 175 km erreichte. Aufgrund der nur geringen Größe wurde es militärisch kaum gesichert. So musste Togo bereits am 26. August 1914 nach Einmarsch französischer und englischer Truppen kapitulieren.

1 Mark (M) = 100 Pfennig (Pf)

Vorläufer (V):

Bei den Postanstalten in Togo verwendete Freimarken des Deutschen Reichs:

1887/91. MiNr. 39–44 (sogen. „Pfennig").

				⊙
V 39	3	Pf	(hell)gelblichgrün	2000,—
V 40	5	Pf	violettpurpur	300,—
V 41	10	Pf	dunkelrosarot	250,—
V 42	20	Pf	dunkelultramarin	190,—
V 43	25	Pf	orangebraun	—,—
V 44	50	Pf	(dunkel)oliv bis dunkelgraugrün	380,—

Die Preise gelten nur für den Stempel „KLEIN-POPO"!

1889/1900. MiNr. 37 (Innendienst: Ziffer im Oval) und MiNr. 45 bis 50 (sogen. „Krone/Adler").

				⊙
V 37	2	M	dunkelrotkarmin bis rötlichkarmin	100,—
V 45	3	Pf	mittelbraun bis gelblichbraun	70,—
V 46	5	Pf	(gelblich)grün bis (lebhaft)opalgrün	25,—
V 47	10	Pf	(lebhaft)rosarot bis lebhaftlilarot	24,—
V 48	20	Pf	(mittel)blau bis violettultramarin	20,—
V 49	25	Pf	gelb(lich)orange	400,—
V 50	50	Pf	(lebh')bräunlichrot bis lebh'rötlichbraun	75,—

Es bestehen nur sehr geringe Preisunterschiede zwischen den möglichen Stempeln „KLEIN-POPO" und „LOME TOGOGEBIET".

Mitläufer (M):

MiNr. 45–50 mit Stempeldaten ab August 1897, Anfang/Mitte 1898 oder ab 1899 (abhängig von den Ausgabedaten von MiNr. 1–6).

				⊙
M 45	3	Pf	mittelbraun bis (dkl')ockerbraun	50,—
M 46	5	Pf	(lebhaft)opalgrün	20,—
M 47	10	Pf	lebhaftlilarot bis dunkelrosa(rot)	20,—
M 48	20	Pf	violettultramarin	18,—
M 49	25	Pf	gelblichorange	300,—
M 50	50	Pf	lebhaftrötlichbraun	60,—

Genaue Aufstellung, Abb. und Bewertungen der verschiedenen Entwertungen und Besonderheiten der Vor- und Mitläufer aller Deutschen Auslandspostämter und Kolonien siehe: Dr. Friedrich F. Steuer/Ronald F. Steuer: „Handbuch und Katalog der deutschen Kolonial-Vorläufer" (4. Aufl. 2006)!

1897–1919

1897, August/1899, Jan. Freimarken: Marken des Deutschen Reichs MiNr. 45–50 (sogen. „Krone/Adler") mit schwarzem schrägem Bdr.-Aufdruck.

					✶	⊙
1	3	Pf	(dunkel)ockerbraun bis lebhaftbraunocker (Sept. 1897)	(45)	6,50	8,50
2	5	Pf	(lebhaft)opalgrün (August 1897)	(46)	6,—	3,40
3	10	Pf	lebhaftlilarot bis dunkelrosa(rot) (Aug. 1897)	(47)	7,—	3,80
4	20	Pf	violettultramarin (Aug. 1897)	(48)	7,—	16,—
5	25	Pf	gelblichorange (1899)	(49)	45,—	70,—
6	50	Pf	lebhaftrötlichbraun (Jan. 1898)	(50)	45,—	70,—
			Satzpreis (6 W.)		110,—	160,—

Auflagen: unbekannt *Gültig bis 30.9.1901*

1900, Nov. Freimarken: Kaiseryacht. MiNr. 7–15 Bdr. (10×10), MiNr. 16–19 StTdr. (4×5); oWz.; MiNr. 7–15 gez. K 14:14½, MiNr. 16–19 gez. K 14½ oder K 14¼.

a

b

a–b) Kaiseryacht SMY „Hohenzollern"; Rahmenzeichnung und Mittelstück bei b Type II

					✶	⊙
7	3	Pf	dunkelockerbraun	a	1,20	1,50
8	5	Pf	(dunkel)grün GA	a	14,—	2,40
9	10	Pf	dunkelkarminrot GA	a	26,—	2,—
10	20	Pf	violettultramarin	a	1,20	1,80
11	25	Pf	rötlichorange/gelbschwarz auf hellgelb	a	1,20	12,—
12	30	Pf	rötlichorange/rotschwarz auf mattgelblichorange	a	1,60	12,—

				*	⊙
13	40 Pf	(dunkelrötlich)karmin/schwarz	a	1,20	12,—
14	50 Pf	dunkelbräunlichlila/rotschwarz auf mattbraunorange	a	1,60	9,—
15	80 Pf	dunkelrötlichkarmin/rotschwarz auf mattkarmin	a	3,—	20,—
16	1 M	(dunkel)rot	b	4,—	65,—
17	2 M	schwärzlichblau	b	6,50	100,—
18	3 M	violettschwarz	b	8,50	180,—
19	5 M	grünschwarz/bräunlichkarmin	b	200,—	600,—
		Satzpreis (13 W.)		270,—	1000,—

MiNr. 16–19 nur mit 26:17 Zähnungslöchern

Auflagen: unbekannt

Gültig bis 26.8.1914

1909, Aug./1919. Freimarken: Wie MiNr. 7–9 und 19, jedoch jetzt auf Papier mit Wz. 1. I = Friedensdruck, II = Kriegsdruck.

a

Wz. 1 Rauten

					*	**	⊙
20	3 Pf	(dunkel)orangebraun, Kriegsdruck (1918)	a	1,—	2,50	
21	5 Pf	(dunkel)grün, Friedensdruck (August 1909)	a	1,50	3,20	2,60
22	10 Pf	dunkelrotkarmin, Friedensdruck (Ende 1913)	a	2,—	4,50	140,—

			*	**	⊙
23	5 M	b			
I A		grünschwarz/karminrot, Friedensdruck, 26:17 Zähnungslöcher (Jan. 1915)		45,—	140,—
II		grünschwarz/rotkarmin, Kriegsdruck (1919)			
A		26:17 Zähnungslöcher	220,—	380,—	
B		25:17 Zähnungslöcher	40,—	110,—	

MiNr. 20 und 23 wurden nur am Sammlerschalter in Berlin verkauft, echt gebraucht nicht möglich!

Unterscheidungsmerkmale zwischen Friedens- und Kriegsdruck siehe bei Kamerun MiNr. 20–25!

Verschiedene Stempel gerieten anlässlich der Besetzung in die Hände der Franzosen und Engländer und wurden in der Besetzungs- und später auch Mandatszeit weiterverwendet. Diese Stempel wurden missbräuchlich mit Jahreszahl „14" zu Rückdatierungen verwendet (insbes. „Lome a"). MiNr. 22 trägt häufig Falschstempel, Prüfung dringend erforderlich.

Auflagen: unbekannt

Gültig bis 26.8.1914

Bildbeschreibungen von Aufdruckmarken siehe Urmarken

In der Kriegszeit bis zur endgültigen Kapitulation am 26. August 1914 bestand nur noch ein sehr eingeschränkter Postverkehr.

Togo wurde am 26.8.1914 von den Franzosen und Engländern nach Kampf besetzt und als Mandat teils englisch, teils französisch (Verwaltungsbezirk Goldküste oder Französisch-Westafrika) verwaltet.

Britische Besetzung

Besetzung ab 7.8.1914 durch britisch-französische Kolonialtruppen, Kapitulation Togos am 26.8.1914

1 Shilling (s) = 12 Pence (d)

1914, Mitte Sept. Freimarken: Marken von Togo MiNr. 7, 10–19 und 21–22 mit schwarzem Bdr.-Aufdruck. I = Zeilenabstand 3 mm, II = Zeilenabstand 2 mm.

Zeilenabstand 3 mm (I)

				*	⊙
1 I	3 Pf	dunkelockerbraun	(7)	190,—	150,—
2 I	5 Pf	(dunkel)grün	(21)	150,—	130,—
3 I	10 Pf	dunkelkarminrot	(22)	190,—	150,—
4 I	20 Pf	violettultramarin	(10)	50,—	45,—
5 I	25 Pf	rötlichorange/gelbschwarz auf hellgelb	(11)	50,—	36,—
6 I	30 Pf	rötlichorange/rotschwarz auf mattgelblichorange	(12)	50,—	60,—
7 I	40 Pf	(dunkelrötlich)karmin/schwarz	(13)	400,—	450,—
8 I	50 Pf	dkl'bräunlichlila/rotschwarz auf mattbraunorange	(14)	12000,—	10000,—
9 I	80 Pf	dunkelrötlichkarmin/rotschwarz auf mattkarmin	(15)	400,—	450,—
10 I	1 M	dunkelrot	(16)	9000,—	5000,—
11 I	2 M	schwärzlichblau	(17)	11000,—	12000,—

Zeilenabstand 2 mm (II)

1 II	3 Pf	dunkelockerbraun	(7)	*5000,—*	*1300,—*
2 II	5 Pf	(dunkel)grün	(21)	*1200,—*	*1100,—*
3 II	10 Pf	dunkelkarminrot	(22)		*3000,—*
4 II	20 Pf	violettultramarin	(10)	50,—	15,—
5 II	25 Pf	rötlichorange/gelbschwarz auf hellgelb	(11)	25,—	34,—
6 II	30 Pf	rötlichorange/rotschwarz auf mattgelblichorange	(12)	25,—	34,—
7 II	40 Pf	(dunkelrötlich)karmin/schwarz	(13)	*5000,—*	*1700,—*
8 II	50 Pf	dkl'bräunlichlila/rotschwarz auf mattbraunorange	(14)	*12000,—*	*10000,—*
9 II	80 Pf	dunkelrötlichkarmin/rotschwarz auf mattkarmin	(15)	*2000,—*	*2000,—*
10 II	1 M	dunkelrot	(16)	*12000,—*	*8000,—*
11 II	2 M	schwärzlichblau	(17)	—,—	*18000,—*
12 II	3 M	violettschwarz	(18)		*150000,—*
13 II	5 M	grünschwarz/bräunlichkarmin	(19)		*160000,—*

Auflagen: MiNr. 1 I und 2 I je 1200, MiNr. 3 I = 1000, MiNr. 4 I = 3850, MiNr. 5 I und 6 I je 2000, MiNr. 7 I und 9 I je 550, MiNr. 8 I = 17, MiNr. 10 I = 100, MiNr. 11 I = 55 Stück; MiNr. 1 II und 2 II je 50, MiNr. 3 II = 25, MiNr. 4 II = 4200, MiNr. 5 II = 2850, MiNr. 6 II = 4850, MiNr. 7 II = 100, MiNr. 8 II = 20, MiNr. 9 II = 25, MiNr. 10 II = 40, MiNr. 11 II = 12, MiNr. 12 II und 13 II je 2 Stück.

1914, 1. Okt. Freimarken: Marken Britische Besetzung MiNr. 1 und 2 mit zusätzlichem schwarzem Bdr.-Aufdruck der neuen Währung.

Zeilenabstand 3 mm

				✶	⊙
14 I	Half Penny auf 3 Pf	dunkelockerbraun	(1)	450,—	280,—
15 I	One Penny auf 5 Pf	(dunkel)grün	(2)	450,—	280,—

Zeilenabstand 2 mm

14 II	Half Penny auf 3 Pf	dunkelockerbraun	(1)	42,—	42,—
15 II	One Penny auf 5 Pf	(dunkel)grün	(2)	19,—	14,—

Auflagen: unbekannt

1915, 7. Jan. Freimarken: Marken von Togo MiNo. 7, 10, 13, 14, 21 und 22 mit neuem engerem, schwarzem Bdr.-Aufdruck („Anglo-French" Gesamtbreite nur 15 mm).

				✶	⊙
16	3 Pf	dunkelockerbraun	(7)	*7000,—*	*4000,—*
17	5 Pf	(dunkel)grün	(21)	*300,—*	*200,—*
18	10 Pf	dunkelkarminrot	(22)	*300,—*	*200,—*
19	20 Pf	violettultramarin	(10)	*2500,—*	*1000,—*
20	40 Pf	(dunkelrötlich)karmin/schwarz	(13)		*12000,—*
21	50 Pf	dunkelbräunlichlila/rotschwarz auf mattbraunorange	(14)	*12000,—*	*9000,—*

Auflagen: MiNr. 16 = 50, MiNr. 17 = 883, MiNr. 18 = 1001, MiNr. 19 = 200, MiNr. 20 = unbekannt, MiNr. 21 = 19 Stück

Französische Besetzung

1 Franc = 100 Centimes (C)

1914, Okt. Freimarken: Marken von Togo MiNr. 7, 10–13, 15 und 21 mit schwarzem Bdr.-Aufdruck durch die Druckerei in Porto Novo.

					✶	⊙
1	**05 (C)**	auf 3 Pf	dunkelockerbraun	(7)	32,—	38,—
2	**10 (C)**	auf 5 Pf	(dunkel)grün	(21)	24,—	28,—
3		20 Pf	violettultramarin	(10)	36,—	42,—
4		25 Pf	rötlichorange/gelbschwarz auf hellgelb	(11)	42,—	50,—
5		30 Pf	rötlichorange/rotschwarz auf mattgelblichorange	(12)	110,—	130,—
6		40 Pf	(dunkelrötlich)karmin/schwarz	(13)	*550,—*	*650,—*
7		80 Pf	dunkelrötlichkarmin/rotschwarz auf mattkarmin	(15)	*550,—*	*750,—*

Auflagen: MiNr. 1–3 unbekannt, MiNr. 4 = 4850, MiNr. 5 unbekannt, MiNr. 6 und 7 je 550 Stück

1915. Freimarken: Marken von Togo MiNr. 7, 10–14, 16–19, 21 und 22 mit neuem, fetterem Bdr.-Aufdruck durch die Missionsdruckerei in Lome.

					✶	⊙
8	**05 (C)**	auf 3 Pf	dunkelockerbraun	(7)		*4000,—*
9		5 Pf	(dunkel)grün	(21)	*900,—*	*850,—*
10		10 Pf	dunkelkarminrot	(22)	*1000,—*	*900,—*
11		20 Pf	violettultramarin	(10)	*1300,—*	*1500,—*
12		25 Pf	rötlichorange/gelbschwarz auf hellgelb	(11)	*7000,—*	*7000,—*
13		30 Pf	rötlichorange/rotschwarz auf mattgelblichorange	(12)	*7000,—*	*7000,—*
14		40 Pf	(dunkelrötlich)karmin/schwarz	(13)	*7000,—*	*7000,—*
15		50 Pf	dunkelbräunlichlila/rotschwarz auf mattbraunorange	(14)	*16000,—*	*14000,—*
16		1 M	(dunkel)rot	(16)		*460000,—*[1]
17		2 M	schwärzlichblau	(17)	*28000,—*	*24000,—*
18		3 M	violettschwarz	(18)		*200000,—*
19		5 M	grünschwarz/bräunlichkarmin	(19)	*50000,—*	*200000,—*

[1]) Das einzige bisher bekannte Exemplar der MiNr. 16 befindet sich gestempelt auf ✉ zusammen mit 3 × MiNr. 9 und 1 × MiNr. 19.

Auflagen: MiNr. 8 = 61, MiNr. 9 = 1000, MiNr. 10 = 908, MiNr. 11 = 263, MiNr. 12 = 39, MiNr. 13 = 37, MiNr. 14 = 36, MiNr. 15 = 19, MiNr. 16 = 1, MiNr. 17 = 7, MiNr. 18 = 2, MiNr. 19 = 3 Stück

Markenheftchen und Zusammendrucke

Die ersten Heftchenausgaben mit Kennbuchstaben A und B auf den Deckeln hatten pro H-Blatt eine Reklame. Sie waren für alle Kolonien gleich und nur dort erhältlich. Die Heftchen mit Kennbuchstaben C wurden nur in Berlin verkauft bzw. postseitig im September 1921 versteigert und gelangten in den Kolonien nicht zum Verkauf. Eine Heftchenauflage von Deutsch-Südwestafrika, die auch dort zum Verkauf kam, ist ohne Kennbuchstaben und hat Markeninhalt wie mit C.

Von den ersten beiden Markenheftchen von Deutsch-Ostafrika, Deutsch-Südwestafrika und Kamerun gibt es jeweils Vorlageheftchen (V MH 1 und 2). Die Deckel- und Zwischenblätter entsprechen den endgültigen Heftchen der jeweiligen Gebiete. An Stelle der Heftchenblätter mit Marken sind weiße, ungummierte Blätter, gezähnt wie die Heftchenblätter. Die Reklamen an den vorgesehenen Stellen waren bereits eingedruckt. Statt Marken befinden sich auf jedem gezähnten Feld 6,5 mm große Zahlen (entsprechend der späteren Wertziffer) in Markenfarbe (je 9000,—).

Die Zähnung der Zusammendrucke aus Markenheftchen ist meist angeschnitten; solche Zusammendrucke sind durchaus vollwertig.

Übersicht der Reklamen:

R 1 R 2 R 3 R 4 R 5 R 6 a = grün R 6 b = rot R 7 R 8 R 9 R 10

Achtung! Bei der Neubearbeitung wurden alle H-Blätter und Zusammendrucke neu nummeriert!

Deutsch-Ostafrika

MH-MiNr.	Ausgabe-Datum	Nominale	Auflage	MH-Preise **
1	1.10.1911	1 R 55 H	5000	
A				6000,—
B				7500,—
2	2.4.1912	1 R 55 H	5000	
A				6000,—
B				8000,—
3	Mitte 1913	1 R 60 H	unbekannt	
A				380,—
B				450,—

A = H-Blatt-Ränder durchgezähnt; B = H-Blatt-Ränder nicht durchgezähnt

MH 1 enthält H-Blätter 1–6 (je 1); MH 2 H-Blätter 2, 7–11 (je 1); MH 3 H-Blätter 12 (1), 13 (1), 14 (2), 15 (1)

H-Blatt 1 (mit R 1)

H-Blatt 2 (mit R 2)

H-Blatt 4 (mit R 4)

H-Blatt 5 (mit R 5)

H-Blatt 8 (mit R 7)

H-Blatt 9 (mit R 8)

H-Blatt 10 (mit R 9)

H-Blatt 11 (mit R 10)

H-Bl.-MiNr.	mit MiNr.	H-Bl.-Preise *	**	⊙
1	R 1/5×31			
A		480,—	800,—	*2500,—*
B		600,—	1000,—	*3000,—*
2	R 2/5×31			
A		420,—	700,—	*2000,—*
B		550,—	900,—	*2600,—*
3	R 3/5×31			
A		480,—	800,—	*2500,—*
B		600,—	1000,—	*3000,—*
4	R 4/5×31			
A		480,—	800,—	*2500,—*
B		600,—	1000,—	*3000,—*
5	R 5/5×32			
A		480,—	800,—	*2500,—*
B		600,—	1000,—	*3000,—*
6	R 6 b/5×32			
A		480,—	800,—	*2500,—*
B		600,—	1000,—	*3000,—*

H-Bl.-MiNr.	mit MiNr.	H-Bl.-Preise ✶	✶✶	⊙
7	R 6 a/5×31			
A		480,—	800,—	*2500,—*
B		600,—	1000,—	*3000,—*
8	R 7/5×31			
A		480,—	800,—	*2500,—*
B		600,—	1000,—	*3000,—*
9	R 8/5×31			
A		480,—	800,—	*2500,—*
B		600,—	1000,—	*3000,—*
10	R 9/5×32			
A		480,—	800,—	*2500,—*
B		600,—	1000,—	*3000,—*
11	R 10/5×32			
A		480,—	800,—	*2500,—*
B		600,—	1000,—	*3000,—*

H-Bl.-MiNr.	mit MiNr.	H-Bl.-Preise ✶	✶✶	⊙
12	6×31			
A		14,—	35,—	
B		16,—	40,—	
13	2×X/4×31			
A		36,—	90,—	
B		55,—	130,—	
14	6×32			
A		14,—	35,—	
B		16,—	40,—	
15	2×X/4×32			
A		36,—	90,—	
B		55,—	130,—	

Zusammendrucke aus H-Blättern 1–6:

Zd-MiNr.	MiNr.	Werte	Preise ✶	✶✶	⊙
W 1	R 1/31	R 1 + 4	450,—	750,—	*2200,—*
W 2	R 2/31	R 2 + 4	400,—	650,—	*2000,—*
W 3	R 3/31	R 3 + 4	450,—	750,—	*2200,—*
W 4	R 4/31	R 4 + 4	450,—	750,—	*2200,—*
W 5	R 5/32	R 5 + 7½	450,—	750,—	*2200,—*
W 6	R 6 b/32	R 6 b + 7½	450,—	750,—	*2200,—*

Zd-MiNr.	MiNr.	Werte	Preise ✶	✶✶	⊙
S 1	R 1/31	R 1 + 4	450,—	750,—	*2200,—*
S 2	R 2/31	R 2 + 4	400,—	650,—	*2000,—*
S 3	R 3/31	R 3 + 4	450,—	750,—	*2200,—*
S 4	R 4/31	R 4 + 4	450,—	750,—	*2200,—*
S 5	R 5/32	R 5 + 7½	450,—	750,—	*2200,—*
S 6	R 6 b/32	R 6 b + 7½	450,—	750,—	*2200,—*

Zusammendrucke aus H-Blättern 7–11:

Zd-MiNr.	MiNr.	Werte	Preise ✶	✶✶	⊙
W 7	R 6 a/31	R 6 a + 4	450,—	750,—	*2200,—*
W 8	R 7/31	R 7 + 4	450,—	700,—	*2000,—*
W 9	R 8/31	R 8 + 4	450,—	750,—	*2200,—*
W 10	R 9/32	R 9 + 7½	450,—	750,—	*2200,—*
W 11	R 10/32	R 10 + 7½	450,—	750,—	*2200,—*

Zd-MiNr.	MiNr.	Werte	Preise ✶	✶✶	⊙
S 7	R 6 a/31	R 6 a + 4	450,—	750,—	*2200,—*
S 8	R 7/31	R 7 + 4	450,—	750,—	*2200,—*
S 9	R 8/31	R 8 + 4	450,—	750,—	*2200,—*
S 10	R 9/32	R 9 + 7½	450,—	750,—	*2200,—*
S 11	R 10/32	R 10 + 7½	450,—	750,—	*2200,—*

W 2 und S 2 siehe bei MH 1!

Zusammendrucke aus H-Blättern 12–15:

Zd-MiNr.	MiNr.	Werte	Preise ✶	✶✶
W 12	X/31	X + 4	15,—	38,—

Zd-MiNr.	MiNr.	Werte	Preise ✶	✶✶
W 13	X/32	X + 7½	15,—	38,—

MH 3 wurde nur am Sammlerschalter in Berlin verkauft, Restbestände 1921 versteigert; H-Blätter und Zd. echt gebraucht nicht möglich!

Deutsch-Südwestafrika

MH-MiNr.	Ausgabe-Datum	Nominale	Auflage	MH-Preise ✶✶
1	1.10.1911	2,— M	5000	
A				6000,—
B				7500,—
2	2.4.1912	2,— M	5000	
A				6000,—
B				7500,—

MH-MiNr.	Ausgabe-Datum	Nominale	Auflage	MH-Preise ✶✶
3 I	Mitte 1913	2,— M	15 400	
A				300,—
B				300,—
3 II	1.6.1914	2,— M		
A				6000,—
B				7500,—

I = mit Kennbuchstabe C; II = ohne Kennbuchstaben
A = H-Blatt-Ränder durchgezähnt; B = H-Blatt-Ränder nicht durchgezähnt

MH 1 enthält H-Blätter 1–6 (je 1); MH 2 H-Blätter 2, 7–11 (je 1); MH 3 H-Blätter 12 (3), 13 (1), 14 (1)

H-Blatt 5 (mit R 5)

H-Blatt 6 (mit R 6 b)

H-Bl.-MiNr.	MiNr.	H-Bl.-Preise *	**	⊙
1	R 1/5×25			
A		480,—	800,—	*2500,—*
B		600,—	1000,—	*3000,—*
2	R 2/5×25			
A		480,—	800,—	*2500,—*
B		600,—	1000,—	*3000,—*
3	R 3/5×25			
A		480,—	800,—	*2500,—*
B		600,—	1000,—	*3000,—*
4	R 4/5×25			
A		480,—	800,—	*2500,—*
B		600,—	1000,—	*3000,—*
5	R 5/5×26			
A		480,—	800,—	*2500,—*
B		600,—	1000,—	*3000,—*
6	R 6 b/5×26			
A		480,—	800,—	*2500,—*
B		600,—	1000,—	*3000,—*
7	R 6 a/5×25			
A		480,—	800,—	*2500,—*
B		600,—	1000,—	*3000,—*

H-Bl.-MiNr.	MiNr.	H-Bl.-Preise *	**	⊙
8	R 7/5×25			
A		480,—	800,—	*2500,—*
B		600,—	1000,—	*3000,—*
9	R 8/5×25			
A		480,—	800,—	*2500,—*
B		600,—	1000,—	*3000,—*
10	R 9/5×26			
A		480,—	800,—	*2500,—*
B		600,—	1000,—	*3000,—*
11	R 10/5×26			
A		480,—	800,—	*2500,—*
B		600,—	1000,—	*3000,—*
12	6×25			
A		7,50	18,—	—,—
B		12,—	30,—	—,—
13	2×25, 4×26			
A		36,—	90,—	—,—
B		50,—	120,—	—,—
14	6×26			
A		12,—	30,—	—,—
B		18,—	45,—	—,—

Zusammendrucke aus H-Blättern 1–6:

Zd-MiNr.	MiNr.	Werte	Preise *	**	⊙
W 1	R 1/25	R 1 + 5	450,—	750,—	*2200,—*
W 2	R 2/25	R 2 + 5	400,—	650,—	*2000,—*
W 3	R 3/25	R 3 + 5	450,—	750,—	*2200,—*
W 4	R 4/25	R 4 + 5	450,—	750,—	*2200,—*
W 5	R 5/26	R 5 + 10	450,—	750,—	*2200,—*
W 6	R 6 b/26	R 6 b + 10	450,—	750,—	*2200,—*

Zd-MiNr.	MiNr.	Werte	Preise *	**	⊙
S 1	R 1/25	R 1 + 5	450,—	750,—	*2200,—*
S 2	R 2/25	R 2 + 5	400,—	650,—	*2000,—*
S 3	R 3/25	R 3 + 5	450,—	750,—	*2200,—*
S 4	R 4/25	R 4 + 5	450,—	750,—	*2200,—*
S 5	R 5/26	R 5 + 10	450,—	750,—	*2200,—*
S 6	R 6 b/26	R 6 b + 10	450,—	750,—	*2200,—*

Zusammendrucke aus H-Blättern 7–11:

Zd-MiNr.	MiNr.	Werte	Preise *	**	⊙
W 7	R 6 a/25	R 6 a + 5	450,—	750,—	*2200,—*
W 8	R 7/25	R 7 + 5	450,—	750,—	*2200,—*
W 9	R 8/25	R 8 + 5	450,—	750,—	*2200,—*
W 10	R 9/26	R 9 + 10	450,—	750,—	*2200,—*
W 11	R 10/26	R 10 + 10	450,—	750,—	*2200,—*

Zd-MiNr.	MiNr.	Werte	Preise *	**	⊙
S 7	R 6 a/25	R 6 a + 5	450,—	750,—	*2200,—*
S 8	R 7/25	R 7 + 5	450,—	700,—	*2200,—*
S 9	R 8/25	R 8 + 5	450,—	750,—	*2200,—*
S 10	R 9/26	R 9 + 10	450,—	750,—	*2200,—*
S 11	R 10/26	R 10 + 10	450,—	750,—	*2200,—*

W 2 und S 2 siehe bei MH 1!

Zusammendrucke aus H-Blatt 13:

Zd-MiNr.	MiNr.	Werte	Preise *	**	⊙
W 12	25/26	5 + 10	16,—	38,—	—,—

Zd-MiNr.	MiNr.	Werte	Preise *	**	⊙
S 12	25/26	5 + 10	16,—	38,—	—,—

MH 3 I wurde nur am Sammlerschalter in Berlin verkauft, Restbestände 1921 amtlich versteigert; MH 3 II wurde in Deutsch-Südwestafrika ausgegeben.

Kamerun

MH-MiNr.	Ausgabe-Datum	Nominale	Auflage	MH-Preise **
1	1.10.1911	2,— M	3000	
A				6000,—
B				7500,—
2	2.4.1912	2,— M	3000	
A				6000,—
B				7500,—

MH-MiNr.	Ausgabe-Datum	Nominale	Auflage	MH-Preise **
3	Mitte 1913	2,— M	unbekannt	
A				200,—
B				280,—

A = H-Blatt-Ränder durchgezähnt; B = H-Blatt-Ränder nicht durchgezähnt

MH 1 enthält H-Blätter 1–6 (je 1); MH 2 H-Blätter 2, 7–11 (je 1); MH 3 H-Blätter 12 (3), 13 (1), 14 (1)

H-Blatt 1 (mit R 1)

H-Blatt 2 (mit R 2)

H-Blatt 4 (mit R 4)

H-Blatt 6 (mit R 6 b)

H-Blatt 7 (mit R 6 a)

H-Blatt 9 (mit R 8)

H-Blatt 10 (mit R 9)

H-Blatt 11 (mit R 10)

H-Bl.-MiNr.	MiNr.	H-Bl.-Preise *	**	⊙
1	R 1/5×21			
A		480,—	800,—	*2500,—*
B		600,—	1000,—	*3000,—*
2	R 2/5×21			
A		420,—	700,—	*2000,—*
B		550,—	900,—	*2600,—*
3	R 3/5×21			
A		480,—	800,—	*2500,—*
B		600,—	1000,—	*3000,—*
4	R 4/5×21			
A		480,—	800,—	*2500,—*
B		600,—	1000,—	*3000,—*
5	R 5/5×22			
A		480,—	800,—	*2500,—*
B		600,—	1000,—	*3000,—*
6	R 6 b/5×22			
A		480,—	800,—	*2500,—*
B		600,—	1000,—	*3000,—*
7	R 6 a/5×21			
A		480,—	800,—	*2500,—*
B		600,—	1000,—	*3000,—*

H-Bl.-MiNr.	MiNr.	H-Bl.-Preise *	**	⊙
8	R 7/5×21			
A		480,—	800,—	*2500,—*
B		600,—	1000,—	*3000,—*
9	R 8/5×21			
A		480,—	800,—	*2500,—*
B		600,—	1000,—	*3000,—*
10	R 9/5×22			
A		480,—	800,—	*2500,—*
B		600,—	1000,—	*3000,—*
11	R 10/5×22			
A		480,—	800,—	*2500,—*
B		600,—	1000,—	*3000,—*
12	6×21			
A		8,—	20,—	
B		12,—	30,—	
13	2×21, 4×22			
A		35,—	85,—	
B		55,—	130,—	
14	6×22			
A		10,—	24,—	
B		14,—	34,—	

Zusammendrucke aus H-Blättern 1–6:

Zd-MiNr.	MiNr.	Werte	Preise *	**	⊙
W 1	R 1/21	R 1 + 5	450,—	750,—	*2200,—*
W 2	R 2/21	R 2 + 5	400,—	650,—	*2000,—*
W 3	R 3/21	R 3 + 5	450,—	750,—	*2200,—*
W 4	R 4/21	R 4 + 5	450,—	750,—	*2200,—*
W 5	R 5/22	R 5 + 10	450,—	750,—	*2200,—*
W 6	R 6 b/22	R 6 b + 10	450,—	750,—	*2200,—*

Zd-MiNr.	MiNr.	Werte	Preise *	**	⊙
S 1	R 1/21	R 1 + 5	450,—	750,—	*2200,—*
S 2	R 2/21	R 2 + 5	400,—	650,—	*2000,—*
S 3	R 3/21	R 3 + 5	450,—	750,—	*2200,—*
S 4	R 4/21	R 4 + 5	450,—	750,—	*2200,—*
S 5	R 5/22	R 5 + 10	450,—	750,—	*2200,—*
S 6	R 6 b/22	R 6 b + 10	450,—	750,—	*2200,—*

Zusammendrucke aus H-Blättern 7–11:

Zd-MiNr.	MiNr.	Werte	Preise *	**	⊙
W 7	R 6 a/21	R 6 a + 5	450,—	750,—	*2200,—*
W 8	R 7/21	R 7 + 5	450,—	750,—	*2200,—*
W 9	R 8/21	R 8 + 5	450,—	750,—	*2200,—*
W 10	R 9/22	R 9 + 10	450,—	750,—	*2200,—*
W 11	R 10/22	R 10 + 10	450,—	750,—	*2200,—*

Zd-MiNr.	MiNr.	Werte	Preise *	**	⊙
S 7	R 6 a/21	R 6 a + 5	450,—	750,—	*2200,—*
S 8	R 7/21	R 7 + 5	450,—	750,—	*2200,—*
S 9	R 8/21	R 8 + 5	450,—	750,—	*2200,—*
S 10	R 9/22	R 9 + 10	450,—	750,—	*2200,—*
S 11	R 10/22	R 10 + 10	450,—	750,—	*2200,—*

W 2 und S 2 siehe bei MH 1!

Zusammendrucke aus H-Blatt 13:

Zd-MiNr.	MiNr.	Werte	Preise *	**
W 12	21/22	5 + 10	15,—	38,—

Zd-MiNr.	MiNr.	Werte	Preise *	**
S 12	21/22	5 + 10	15,—	38,—

MH 3 wurde nur am Sammlerschalter in Berlin verkauft, Restbestände 1921 amtlich versteigert; H-Blätter und Zd. echt gebraucht nicht möglich!

Ausführliche Beschreibung und Abb. der Deckel- und Zwischenblattreklamen der Markenheftchen der deutschen Kolonien siehe: RSV-Handbuch „Die Markenheftchen der deutschen Nebengebiete“ (www.arge-rsv.de)

Deutsche Schiffspost im Ausland

Die Schiffsposten im Ausland hatten nach den Bestimmungen des Weltpostvereins *„den Charakter eines im Ausland befindlichen Postamtes des Heimatlandes“*. Deutsche Seepost (später wurde der Name in Schiffspost geändert) gibt es seit dem 30.6.1886.

Deutsche Seepost

Vor Einführung eigener Stempel für die Bord-Postämter der Schiffe findet man Stempel wie z. B.:

Aus West- Africa / mit / Hamburger Dampfer

Aus Westindien / über Bremen

die von den Auswechslungs- oder Hafenpostämtern angebracht wurden, um die Herkunft solcher Postsendungen zu kennzeichnen. Briefe mit diesen Stempeln sind sehr gesucht; die Stempel befinden sich jedoch meist nicht auf den Marken, sondern daneben, während die Marken mit den Stempeln der Auswechslungspostämter (Bahnpostämter, Hafenpostämter usw.) entwertet sind.

Siehe MICHEL-Deutschland-Spezial Band 1.

Besondere Postwertzeichen deutscher Seeposten

A. Hapag

Die von der Deutschen Reichspost genehmigten, deshalb als deutsche Wertzeichen anzusehenden Marken dienten zur Frankierung von Postsendungen, die von den Hapag-Dampfern von und nach Häfen der Westindischen Inseln und dem zentral- und südamerikanischen Festland (Venezuela) übernommen wurden. Ihre Verwendung war nur auf der Seereise und in westindischen Häfen gestattet, und zwar nur für Postsachen, die mit einem Hapag-Dampfer befördert und von diesem an die Postämter abgeliefert wurden. Die Marken wurden dem jeweiligen Dampfer von der Hauptagentur in St. Thomas nach Maßgabe des mutmaßlichen Verbrauchs auf der Fahrt zugeteilt.

Porto: je Unze (= 31 Gramm) 10 Cents Gold = 40 Pf = 5 Pence

1875/79. Marke der Hamburg-Amerikanischen Paketfahrt-Aktien-Gesellschaft (HAPAG). Stdr. von Charles Fuchs, Hamburg, mit geprägtem Mittelfeld (Hapag-Wappen), durch Diagonalstriche in 4 Felder geteilt; Bogen zu (9 x 8 =) 72 Marken; gez. 12½; Bogenränder ungezähnt.

			✶	⊙
1	10 Cents	schwarz/blaugrün/gelb (1. Auflage: 1875)	130,—	300,—
2	10 Cents	schwarz/graugrün/dkl'gelb (2. Auflage: 1879)	180,—	350,—

Schrift bei 1. Auflage (1875) feiner als bei der zweiten (1879)

Auflage: 120 000 Stück.

Entwertungen: Schiffs- und Agentur-, meist Gummistempel (Datumsangabe handschriftlich), Federzugentwertung. St.-Thomas-Ringstempel, Stempel von Venezuela-Häfen, „P“ (blau im Kreis).

1875 versahen folgende Dampfer den Westindiendienst (Hauptlinie): „Franconia“, „Rhenania“, „Alemannia“, „Germania“, „Vandalia“, „Saxonia“, „Suevia“; (Zweiglinie): „Lotharingia“, „Maracaibo“; letzte auf der Linie Maracaibo-Curaçao bald zurückgezogen.

1878 wurden folgende Spezialschiffe in Dienst gestellt: „Borussia“, „Saxonia“, „Teutonia“, „Bavaria“; 1879 „Lotharingia“ für St.-Thomas-Golf von Mexiko.

Mischfrankaturen entstanden durch Hinzukleben englischer Wertzeichen als Porto für die Weiterbeförderung der betreffenden Postsache. Umgekehrt mussten Postsachen englischer Schiffe oder Konsulatspostämter zur Weiterbeförderung mit Hapag-Dampfern mit diesen Marken ergänzend freigemacht werden. – Mischfrankaturen mit Marken anderer Länder sind ebenfalls in wenigen Exemplaren bekannt geworden. Sehr selten!

Mit dem Beitritt der westindischen Postgebiete zum Weltpostverein 1880–1881 wurden die Marken, die bereits 1879 von der Hapag zurückgezogen waren, überflüssig.

Für die Jubiläumsschrift zum 50-jährigen Bestehen der Hapag erfolgte 1896 durch Giesecke und Devrient, Leipzig, ein Nachdruck von neuer Platte, gez. 14.

Ein weiterer Nachdruck 1938 anlässlich der Ausstellung der „Deutschen Sammlergemeinschaft“, Auflage 20 048 Stück in Bdr. in Bogen zu 12 Stück, war geschnitten (5,—).

Ein dritter Nachdruck in Bdr. von MiNr. 2, gez. 11½:10, mit Wz. und rückseitigem Aufdruck „Nachdruck 1955“ (Auflage 120 000 Stück), erfolgte 1955 durch Gebr. Hoesch, Hamburg, wobei die Bogenhälften zu je 16 Marken über 33 mm Zwischensteg nebeneinander kopfstehend zueinander stehen (1,20).

Vierter Nachdruck der MiNr. 2 in Blockform (80:111 mm), 4 Marken enthaltend, mit Blockrandbeschriftung HAPAG / Westindien-Postdienst / 1875 / NORDPOSTA / 1975 / Tag der Hapag-Marke; komb. Odr. und Prägedruck, gez. Ks 11¼:9¾, rückseitiger Aufdruck auf Blockrand „Nachgedruckt mit freundlicher Genehmigung/der Hapag-Lloyd AG zu Gunsten der/Gesellschaft für dt. Postgeschichte e.V./Bezirksgruppe Hamburg“. Dieser Block wurde von der Ausstellungsleitung der NORDPOSTA 1975 auch gestempelt abgegeben (Stempel in Form eines Schiffes, Farbe rot).

Als Grundlage für die Ermittlung von Preisnotierungen dienten Verkaufspreislisten des Briefmarkenhandels und Arbeitsvorlagen von Arbeitsgemeinschaften sowie Sammlern im In- und Ausland.

B. Deutsche Ozean-Reederei

1916, vor Eintritt der Vereinigten Staaten von Amerika in den Ersten Weltkrieg, trat Deutschland durch die Handels-U-Boote „Deutschland“ und „Bremen“ mit den USA in Verbindung, um unter Umgehung der britischen Seeblockade dringend benötigte Güter zu ex- und importieren. Die Deutsche Versicherungsbank GmbH, Berlin, gab mit Genehmigung des Reichspostamtes vom 09.08.1916 für die Deutsche Ozean-Reederei, die diese U-Boot-Fahrten unternahm, Wertkarten und Wertzeichen für den Wertbriefversand aus, die Porto und Versicherungsbeitrag in ihrem Nennwert vereinigten; der Betrag des Portos wurde später der Postverwaltung überwiesen. Nach Abbruch der diplomatischen Beziehungen seitens der USA 1917 wurde der Tauchbootverkehr eingestellt.

Wertbriefversand der Deutschen Versicherungsbank

Für den Versand eines Wertbriefes – mit einer Versicherungssumme bis 500 M und einem Gewicht bis 100 g (I. Ausgabe) bzw. 250 g (II. Ausgabe) – waren vorgedruckte Wertkarten der Ozean-Reederei mit einem Mindestnennwert von 50 M zu verwenden, die dem Einlieferer als Quittung und Versicherungspolice ausgehändigt wurden, während die anhängenden Coupons (Abrissscheine) der internen Bearbeitung dienten. Ab einem Gewicht über 50 g wurden je 10 g Mehrgewicht 5 M Zusatzgebühr erhoben, ab über 100 g bis zum maximal zulässigen Höchstgewicht galten andere Staffelungen (siehe Gebührentabelle), wofür die Wertzeichen MiNr. 3–16 hinzuzukleben waren. Für dieses Mehrgewicht existieren auch Mischverwendungen der I. und II. Ausgabe.

Gebührenübersicht:

I. Ausgabe

Gewicht	Gebühr
bis 50 g	50 M
über 50 g – 60 g	55 M
über 60 g – 70 g	60 M
über 70 g – 80 g	65 M
über 80 g – 90 g	70 M
über 90 g – 100 g	75 M

II. Ausgabe

Gewicht	Gebühr
bis 50 g	50 M
über 50 g – 60 g	55 M
über 60 g – 70 g	60 M
über 70 g – 80 g	65 M
über 80 g – 90 g	70 M
über 90 g – 100 g	75 M
über 100 g – 150 g	100 M
über 150 g – 200 g	125 M
über 200 g – 250 g	150 M

1916. Wertkarte der Deutschen Versicherungsbank GmbH für die Handels-Unterseeboote der Deutschen Ozean-Reederei.
I. Ausgabe: Vierstellige Kontrollnummer ohne Folgevermerk; ohne Druckvermerk; Höchstgewicht 100 g. Bdr. Giesecke & Devrient.

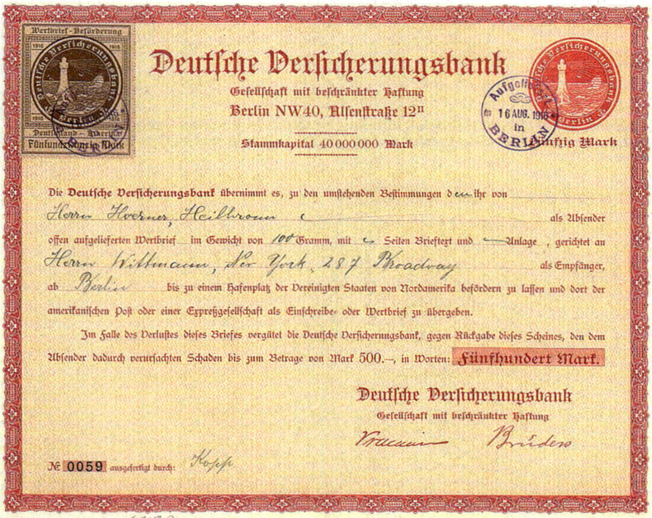
Wertbrief-Beförderung 1916 Deutschland – Amerika Fünfundzwanzig Mark

Deutsche Versicherungsbank
Gesellschaft mit beschränkter Haftung
Berlin NW40, Alsenstraße 12 II

Stammkapital 40 000 000 Mark

Aufgeliefert 16 AUG. 1916 in BERLIN

Fünfzig Mark

Die Deutsche Versicherungsbank übernimmt es, zu den umstehenden Bestimmungen den ihr von Herrn Hoerner, Heilbronn als Absender offen aufgelieferten Wertbrief im Gewicht von 100 Gramm, mit – Seiten Brieftext und – Anlage, gerichtet an Herrn Wittmann, New York, 287 Broadway als Empfänger, ab Berlin bis zu einem Hafenplatz der Vereinigten Staaten von Nordamerika befördern zu lassen und dort der amerikanischen Post oder einer Expreßgesellschaft als Einschreibe- oder Wertbrief zu übergeben.

Im Falle des Verlustes dieses Briefes vergütet die Deutsche Versicherungsbank, gegen Rückgabe dieses Scheines, den dem Absender dadurch verursachten Schaden bis zum Betrage von Mark 500.–, in Worten: Fünfhundert Mark.

Deutsche Versicherungsbank
Gesellschaft mit beschränkter Haftung

№ 0059 ausgefertigt durch:

0023

			(*)[1]	⊙[2]
WK 1	50 M	lilakarmin (bis 50 g ohne zugeklebte Wertzeichen)	3500,—	8000,—

[1]) Der Preis versteht sich für vollständige Wertkarten mit anhängenden Coupons. Wertkarten mit fehlenden Coupons werten 50% dieser Preisnotierung.

[2]) Wertkarten mit Entwertung Bremen rechtfertigen einen Aufschlag von 5000,—.

Auflage: 200 Stück

1916. Wertzeichen der Deutschen Versicherungsbank GmbH für die Handels-Unterseeboote der Deutschen Ozean-Reederei. I. Ausgabe: Inschrift „Wertbrief-Beförderung / 1916 / Deutsche Versicherungsbank Berlin / Deutschland-Amerika“. Komb. Bdr. und Prägedr. Giesecke & Devrient (Klb. 2×2); gez. L 14.

b) Leuchtturm und Segelschiff im Kreis, waagerechte Inschriften ober- und unterhalb des Kreises

				★	★★	⊘[3]	✉[4, 5, 6]
3	5 M	grün	b	120,—	350,—	250,—	3000,—
4	10 M	karminrot	b	150,—	400,—	300,—	3500,—
5	15 M	grau	b	180,—	450,—	350,—	4000,—
6	20 M	ultramarin	b	220,—	500,—	400,—	4500,—
7	25 M	siena	b	260,—	650,—	550,—	5000,—
8	50 M	lilakarmin	b	330,—	900,—	700,—	5500,—
			Satzpreis (6 W.)	1200,—	3200,—	2500,—	

[3]) Die ⊘-Preise gelten für lose gestempelte Wertzeichen bzw. Ausschnitte aus anhängenden Coupons (Abrissscheinen) der Wertkarten. Bedarfsstücke als Ausschnitte aus den Wertkarten (nicht auf Coupons) werten 50% der ✉-Preise.

[4]) Wertkarten mit mehr als einem zugeklebten Wertzeichen: Die ✉-Preise gelten für das jeweils teuerste Wertzeichen der auf der Wertkarte befindlichen Marken; weitere Marken werden mit dem Preis für Marken auf Bedarfsausschnitten (siehe oben) hinzugerechnet.

[5]) Die Preise gelten für Wertzeichen auf Wertkarten der II. Ausgabe. Wertkarten der I. Ausgabe rechtfertigen einen Aufschlag von 7000,—

[6]) Wertkarten mit Entwertung Bremen rechtfertigen einen Aufschlag von 5000,—.

Kleinbogen sind in nur sehr geringer Stückzahl bekannt (—,—).

Auflagen: MiNr. 3 = 1000, MiNr. 4–8 = je 500 Stück

1916. Wertkarte der Deutschen Versicherungsbank GmbH für die Handels-Unterseeboote der Deutschen Ozean-Reederei. II. Ausgabe: Dreistellige Kontrollnummer, Folgevermerk „Deutsche Versicherungsbank“, Druckvermerk „Giesecke & Devrient“; Höchstgewicht 250 g. Bdr. Giesecke & Devrient.

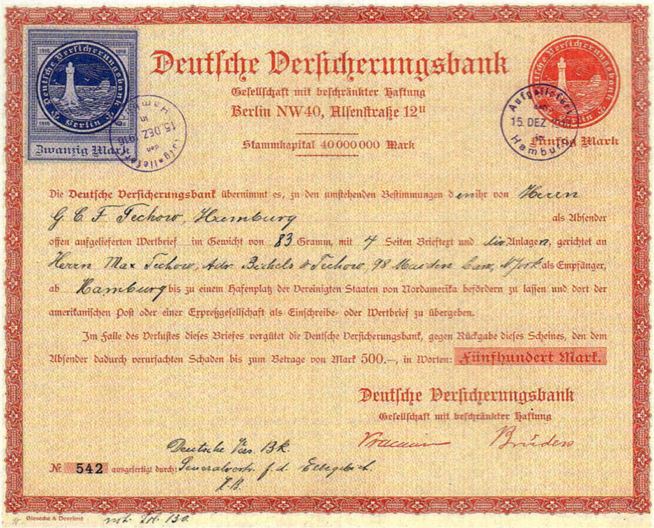

Zwanzig Mark

Deutsche Versicherungsbank
Gesellschaft mit beschränkter Haftung
Berlin NW40, Alsenstraße 12II

Stammkapital 40 000 000 Mark

Fünfzig Mark

15. DEZ 1916 Hamburg

Die Deutsche Versicherungsbank übernimmt es, zu den umstehenden Bestimmungen den ihr von Herrn G. C. F. Techow, Hamburg als Absender offen aufgelieferten Wertbrief im Gewicht von 83 Gramm, mit 4 Seiten Brieftext und ... Anlagen, gerichtet an Herrn Max Techow, Adr. Bickels & Techow, 98 Maiden Lane, N. York als Empfänger, ab Hamburg bis zu einem Hafenplatz der Vereinigten Staaten von Nordamerika befördern zu lassen und dort der amerikanischen Post oder einer Expreßgesellschaft als Einschreibe- oder Wertbrief zu übergeben.

Im Falle des Verlustes dieses Briefes vergütet die Deutsche Versicherungsbank, gegen Rückgabe dieses Scheines, den dem Absender dadurch verursachten Schaden bis zum Betrage von Mark 500.—, in Worten: Fünfhundert Mark.

Deutsche Versicherungsbank
Gesellschaft mit beschränkter Haftung

№ 542 ausgefertigt durch: Deutsche Vers. Bk. Generalvertr. f. d. Elbegebiet

Giesecke & Devrient

			(★)[1]	⊙[2]
WK 2	50 M	lilakarmin (bis 50 g ohne zugeklebte Wertzeichen)	3500,—	2500,—

[1]) [2]) Erläuterungen siehe WK 1

Auflage: 1000 Stück

1916. Wertzeichen der Deutschen Versicherungsbank GmbH für die Handels-Unterseeboote der Deutschen Ozean-Reederei. II. Ausgabe: Ohne Inschrift „Wertbrief-Beförderung / Deutschland-Amerika". X = Wz. steigende Stufen, Y = Wz. fallende Stufen; komb. Bdr. und Prägedr. Giesecke & Devrient (Klb. 2×2); gez. L 14.

c) Leuchtturm und Segelschiff im Kreis, ohne waagerechte Inschriften ober- und unterhalb des Kreises

					✶	✶✶	◎3)	✉4, 5, 6)
9 X	5 M	grün	c		120,—	350,—	250,—	3000,—
10	10 M	karminrot	c					
X		Wz. steigende Stufen			150,—	400,—	300,—	3500,—
Y		Wz. fallende Stufen				8000,—		
11 X	15 M	grau	c		180,—	450,—	350,—	4000,—
12 X	20 M	ultramarin	c		220,—	500,—	400,—	4500,—
13 X	25 M	siena	c		260,—	650,—	550,—	5000,—
14 X	50 M	lilakarmin	c		330,—	900,—	700,—	5500,—
15 X	75 M	schwarz auf silber	c		700,—	2000,—	2000,—	10000,—
16	100 M	braunviolett auf gold	c					
X		Wz. steigende Stufen			1500,—	6000,—	5000,—	15000,—
Y		Wz. fallende Stufen					10000,—	
				Satzpreis (8 W.)	3400,—	11000,—	9500,—	

3) 4) 5) 6) Erläuterungen siehe MiNr. 3–8

FALSCH MiNr. 15 und 16

Auflagen (inkl. Y): MiNr. 9–14 = je 500, MiNr. 15 = 300, MiNr. 16 = 200 Stück

Deutsche Marine-Schiffspost

Nach der Dienstordnung traten die an Bord der Kriegsschiffe befindlichen Marine-Schiffsposten für die Dauer des Aufenthaltes in fremden Gewässern in Wirksamkeit. Ihre Aufgabe war der Austausch dienstlicher und privater Briefpostsendungen mit der Heimat.

Zur Frankierung dieser Marine-Schiffspostsendungen dienten die Marken der Deutschen Reichspost. Zur Entwertung wurden Stempel mit der Inschrift KAIS. DEUTSCHE MARINE-SCHIFFSPOST benutzt.

Ausführliche Angaben s. Handbuch und Stempelkatalog „Deutsche Marine-Schiffspost" von Fr. Crüsemann sowie: Lutz Pohlmann, Jürgen Kessing, „Handbuch und Katalog der deutschen Marine-Schiffspost und Marinepost 1895–1914", Verlag H. M. Hauschild GmbH, Bremen, 2009.

Besondere Postwertzeichen für Marine-Schiffsposten

1897. Postkarte der Deutschen Reichspost mit bogenförmigem Aufdruck „Nur für Marine-Schiffsposten"; P 1, 10 Pf karmin siehe MICHEL-Ganzsachen Deutschland.

Das eigentlich zur Deutschen Marine-Schiffspost gehörende sog. „Vineta"-Provisorium ist aus Zweckmäßigkeitsgründen unter Deutsches Reich MiNr. A I aufgeführt.

Barfrankierungen

Pisa-Barfrankierung. Auf der Ende Juni 1902 angetretenen Reise des Transportdampfers „Pisa" (Marine-Schiffspost Nr. 2) zur Ablösung von Mannschaften in Ostasien waren schon am 7. Juli keine 5-Pf-Marken mehr vorhanden. Der Zahlmeister führte die für solche Fälle vorgeschriebene Barfrankierung durch (Aufgabestempel links oben, kleine 5 mit schwarzer Tinte links unten. Nachfrankierung in Berlin C 1 oder C 2).

Feldpost der Venezuela-Blockade (20.12.1902–25.2.1903). Um Rechtsbrüche der Castro-Regierung in Venezuela gegenüber europäischen Unternehmungen zu sühnen, schritten Ende 1902 Deutschland und England gemeinsam zu einer Blockade der ganzen Venezuela-Küste. Das deutsche Geschwader übernahm den Abschnitt westlich La Guaira; es bestand aus den Kreuzern „Vineta" (Marine-Schiffspost Nr. 1), „Gazelle" (Nr. 10), „Falke" (Nr. 40), „Panther" (Nr. 47), „Sperber" (Nr. 59), den Schulschiffen „Charlotte" (Nr. 16), „Stosch" (Nr. 19), und dem Transporter „Sibiria" (Nr. 65), dessen Marine-Schiffspost aber vom 23.1. bis 23.2.1903 an das als Prise eingereihte Venezuela-Wachtschiff „Restaurador" abgegeben wurde. Feldposttarif vom 15.1. bis 25.2.1903. Zwei Marine-Schiffsposten hatten nur ganz kurze Zeit Feldpostfreiheit, nämlich Nr. 16 bis 19.1. und Nr. 19 bis 23.1.1903.

Deutsche Besetzungsausgaben 1914/1918

(Erster Weltkrieg)

Die nachstehenden Ausgaben waren keine Marken der Kaiserlich Deutschen Post, sondern durch den Aufdruck solche der neu errichteten, in Rumänien auch amtlich so genannten „Landespost“ für die Besetzungsgebiete geworden. Diese Landespost sollte nur der Zivilbevölkerung des Besetzungsgebietes dienen und von den Truppen nicht benutzt werden. Ihr Bereich war zuerst auf den inneren Verkehr des Besetzungsgebietes beschränkt, wurde aber später auf Deutschland, die verbündeten Länder und das neutrale Ausland ausgedehnt. Im Westen und Osten kamen für die Errichtung nur die deutschen Verwaltungen in Frage; anders in Rumänien, wo an der Verwaltung alle vier verbündeten Mächte im Oberkommando Mackensen (OKM) und später die Zivilverwaltung Rumänien unter deutscher Kontrolle beteiligt waren.

Mit Einstellung des deutschen Postbetriebes verloren die Marken in allen Gebieten ihre Gültigkeit.

Aufdruck:

Der Aufdruck zeigt erhebliche Unterschiede des Glanzes. Es gibt glänzende, matte und „rußige“ Aufdrucke.

Alle Aufdrucke stammen von Platten, die sehr häufig erneuert und neu gesetzt worden sind. Hierdurch haben sich zahlreiche Verschiebungen ergeben, insbesondere beim Zwischenraum (Zw) von Wertangabe und Währungsbezeichnung. Bei einigen Auflagen bzw. Teilauflagen treten abweichend davon auf bestimmten Feldern andere Zwischenräume auf. Diese werden mit der Abkürzung Za bezeichnet. Katalogisierung siehe MICHEL-Deutschland-Spezial Band 1.

Landespost in Belgien

(für das Generalgouvernement Belgien)

Die Ermordung des österreichischen Thronfolgers Franz Ferdinand am 28.6.1914 in Sarajewo leitete die Ereignisse ein, die zum 1. Weltkrieg führten. Deutschland erklärte Frankreich am 3.8.1914 den Krieg. Um Frankreich möglichst schnell zu besiegen, sah der Schlieffen-Plan einen Angriff im Norden über belgisches Gebiet vor. Am 4. August marschierten deutsche Truppen ohne Kriegserklärung in das neutrale Belgien ein. Der größte Teil Belgiens und Teile Nordfrankreichs wurden von den deutschen Truppen besetzt. Die Marneschlacht vom 6.–9.9.1914 beendete den deutschen Vormarsch und der Krieg ging vom Bewegungskrieg in den Stellungskrieg über.

Die nachstehenden Ausgaben waren keine Marken der Kaiserlich Deutschen Post, sondern durch den Aufdruck solche der neu errichteten „Kaiserlich Deutschen Post- u. Telegraphenverwaltung in Belgien“ (PTB). Diese Marken dienten der Zivilbevölkerung des Besetzungsgebietes; die deutschen Truppen nutzten die Feldpost (meist portofrei, sonst Marken ohne Aufdruck).

Der Bereich der PTB war auf den inneren Verkehr des Besetzungsgebietes begrenzt, wurde aber auf den Verkehr mit Deutschland, den verbündeten Ländern und das neutrale Ausland ausgedehnt (unterschiedliche Regelung für einzelne Orte). Das Gebiet der PTB veränderte sich entsprechend dem Frontverlauf.

Alle Marken waren über die ganze Zeit gültig. Sie verloren ihre Gültigkeit mit Einstellung des deutschen Postbetriebes am 11.11.1918. (In vielen Orten war dies je nach Lage der Front schon früher der Fall; in einigen wenigen Postämtern jedoch erst einige Tage nach dem 11.11.1918. In Einzelfällen geht die Verwendung über dieses Datum hinaus).

Währung: 1 Franc (F) = 100 Centimes (C)

1914, 1. Okt./1916. Freimarken: Teilauflagen von Marken des Deutschen Reiches (Germania und Repräsentative Darstellungen) mit schwarzem Bdr.-Aufdruck in Frakturschrift, Währungsbezeichung „Centimes“ und „Franc“ sowie „Fr.“ und „C.“

				*	**	⊙
1	3 C auf 3 (Pf)	dunkelbraunocker bis schwärzlichockerbraun (1.10.14)	(84 I)	0,40	1,30	0,60
2	5 C auf 5 (Pf)	schwärzlichopalgrün GA (1.10.14)	(85 I)	0,40	1,30	0,60
3	10 C auf 10 (Pf)	karminrot bis lebhaftrotkarmin GA (1.10.14)	(86 I)	0,40	1,30	0,60
4	25 C auf 20 (Pf)	(dunkel)lilaultramarin				
a		Friedensdruck *(18.3.15)*	(87 I)	3,—	7,—	3,—
b		Kriegsdruck	(87 II)	5,—	15,—	10,—
5	50 C auf 40 (Pf)	(dunkel)karminrot bis lilarot/schwarz				
I		Friedensdruck *(18.3.15)*	(90 I)	50,—	150,—	2,—
II		Kriegsdruck	(90 II)	5,—	12,—	10,—
6	75 C auf 60 (Pf)					
a		dunkelgraulila bis schwärzlichrosalila, Friedensdruck *(18.3.15)*	(92 I)	2,50	7,50	2,50
b		dunkelpurpur, Kriegsdruck	(92 II)	1,20	4,—	5,—
7	1 F auf 80 (Pf)	karminrot (Töne)/schwarz auf hellrosa *(18.3.15)*	(93 I)	2,50	8,—	3,50
8	1.25 F auf 1 M	dunkelkarminrot bis dunkelbräunlichrot *(18.3.15)*	(94 I)	35,—	200,—	20,—
9	2.50 F auf 2 M	schwärzlichultramarin bis schwärzlichblau *(18.3.15)*	(95 I)	35,—	200,—	20,—
			Satzpreis (9 W.)	75,—	400,—	45,—

Die Datumsangaben in Kursivschrift beziehen sich auf die frühesten bisher bekannten Verwendungen.

Auflagen: unbekannt

Gültig bis 11.11.1918

Die Preise der Deutschen Besetzungsausgaben 1914/1918 gelten ab 4,— Euro nur für geprüfte Stücke, bei niedrigeren Preisen werden eventuelle Prüfgebühren nicht berücksichtigt.

1916, Mai/1918. Freimarken: Wie MiNr. 1–9, jedoch abgekürzte Aufdrucke „Cent." und „F.", Aufdruck schwarz glänzend bis rußig.

Nr.		Wert	Beschreibung		✶	✶✶	⊙
10		**2 C** auf 2 (Pf)	dunkelgelbgrau (Töne)	(102)	0,30	0,80	1,40
11		**3 C** auf 3 (Pf)	schwärzlichockerbraun bis schwärzlichbraunocker	(84 II)	0,90	2,—	2,—
12		**5 C** auf 5 (Pf)	(dunkel)opalgrün bis dunkelgrün				
	a		Friedensdruck	(85 I)	1,50	4,—	3,—
	b		Kriegsdruck	(85 II)	1,—	2,50	3,—
13		**8 C** auf 7½ (Pf)	lebhaft- bis dunkel(rötlich)orange	(99)	0,90	2,20	2,60
14		**10 C** auf 10 (Pf)	(dunkel)karminrot bis lilarot	(86 II)	0,90	2,—	2,—
15		**15 C** auf 15 (Pf)	(dunkel)braunocker (Töne)	(100)	2,50	7,—	2,50
16		**15 C** auf 15 (Pf)	schwärzlich- bis schwarz(bläulich)violett	(101)	1,20	2,50	2,50
17		**20 C** auf 25 (Pf)	rötlichorange bis rotorange/schwarz auf gelbweiß	(88 II)	0,40	1,—	1,80
18		**25 C** auf 20 (Pf)	(dunkel)lilaultramarin bis dunkelviolettblau	(87 II)	1,—	2,20	2,20
19		**40 C** auf 30 (Pf)	dunkelrotorange/schwarz auf hellchromgelb	(89 II)	0,40	0,80	1,20
20		**50 C** auf 40 (Pf)	dunkelrötlichkarmin bis (lebhaft)lilarot/schwarz	(90 II)	1,20	2,50	2,50
21		**75 C** auf 60 (Pf)	(dunkel)graulila bis dunkelpurpur	(92 II)	1,70	3,50	50,—
22		**1 F** auf 80 (Pf)	karminrot (Töne)/schwarz auf hellrosa	(93 II)	2,—	4,50	25,—
23		**1.25 F** auf 1 M	dunkelkarminrot bis dunkelbräunlichrot				
	I		Wertangabe unterhalb der Sternlinie, Kriegsdruck	(94 II)			
	A		26:17 Zähnungslöcher		*500,—*	*1500,—*	*150,—*
	B		25:17 Zähnungslöcher		10,—	20,—	28,—
	II A		Wertangabe in der Sternlinie, Friedensdruck	(94 I)	12,—	50,—	10,—
24		**2.50 F** auf 2 M	schwärzlichultramarin bis schwärzlichblau	(95 I)			
	I		„B" von „Belgien" mehr oder weniger unter „2" stehend				
	A		26:17 Zähnungslöcher		70,—	160,—	100,—
	B		25:17 Zähnungslöcher		100,—	300,—	300,—
	II		„B" von „Belgien" mehr oder weniger unter „F" stehend				
	A		26:17 Zähnungslöcher		40,—	100,—	35,—
	B		25:17 Zähnungslöcher		60,—	150,—	90,—
25		**6.25 F** auf 5 M	grünschwarz/schwärzlichrosarot	(97 II)			
	I		„B" von „Belgien" unter „6" stehend		60,—	250,—	70,—
	II		„B" von „Belgien" unter „F" stehend		100,—	300,—	
				Satzpreis (16 W.)	120,—	380,—	200,—

FALSCH MiNr. 25, Achtung auch vor Aufdruck-Fälschungen

Auflagen: unbekannt

Gültig bis 11.11.1918

Bestimmte Spätauflagen der Landespost in Belgien kommen häufig mit rückdatierten Abstempelungen vor. Daher sollten teurere Marken in gebrauchter Erhaltung nur aktuell (BPP-)geprüft erworben werden.

Etappengebiet West

Nach dem Übergang vom Bewegungskrieg zum Stellungskrieg an der Westfront wurde das Etappengebiet West eingerichtet. Es umfasste die Bereiche zwischen der Westfront und dem Generalgouvernement Belgien. Diese Bereiche veränderten sich mit den Änderungen des Frontverlaufes. Das Etappengebiet West wurde in verschiedene Bereiche aufgeteilt und den entsprechenden Armeen zur Verwaltung zugeteilt. Aus militärischen Gründen (Nähe der Front) gab es nur eingeschränkten Postverkehr für die dort lebende Bevölkerung.

Die Postsendungen konnten bis zum 14.12.1916 mit Marken des Generalgouvernements in Belgien freigemacht werden. Diese Marken mit dem Aufdruck „Belgien" verloren am 15.12.1916 ihre Gültigkeit.

Währung: 1 Franc (F) = 100 Centimes (C)

Während der Zeit vom 8. September bis 30. Oktober 1914 wurde mit Genehmigung der Deutschen Militärverwaltung von der Handelskammer in Valenciennes für die Bezirke Valenciennes, Le Quesnoy, Solesmes und Cambrai nebenstehende Marke ausgegeben. Die Entwertung erfolgte mit dem Querovalstempel der Handelskammer und einzeiligem Datumstempel.

✶ 500,—, ⊙ 700,—.

Siehe auch MICHEL-Europa Band 2, Frankreich, MiNr. 127.

1916, 1. Dez. Freimarken: Teilauflagen von Marken des Deutschen Reiches (Germania und Repräsentative Darstellungen) mit schwarzem Bdr.-Aufdruck in Frakturschrift.

Nr.	Wert	Beschreibung		✶	✶✶	⊙
1	**3 C** auf 3 (Pf)	dunkelockerbraun (Töne)	(84 II)	0,50	1,40	1,40
2	**5 C** auf 5 (Pf)	(dunkel)opalgrün bis schwärzlich(bläulich)grün	(85 II)	1,50	4,—	2,50
3	**8 C** auf 7½ (Pf)	(dunkel)orange bis (dunkel)rötlichorange GA	(99)	1,—	2,80	2,80
4	**10 C** auf 10 (Pf)	dunkelkarminrot bis lilarot GA	(86 II)	4,—	12,—	4,—
5	**15 C** auf 15 (Pf)	(dunkel)braunocker GA	(100)	0,50	1,40	1,40
6	**25 C** auf 20 (Pf)	(dunkel)lilaultramarin	(87 II)	1,20	3,50	4,—
7	**40 C** auf 30 (Pf)	dunkelrotorange (Töne)/schwarz auf hellchromgelb	(89 II)	1,20	3,50	2,50
8	**50 C** auf 40 (Pf)	karminrot bis lilarot/schwarz	(90 II)	1,20	3,50	3,50
9	**75 C** auf 60 (Pf)	dunkel- bis schwärzlichgraulila	(92 II)	6,50	16,—	20,—
10	**1 F** auf 80 (Pf)	karminrot/schwarz auf hellrosa	(93 II)	4,—	10,—	30,—

						✶	✶✶	⊙
11	**1.25 F**	auf	1 M	(dunkel)karminrot	(94 II)			
I				Wertangabe unterhalb der Sternlinie				
A				26:17 Zähnungslöcher		110,—	400,—	—,—
B				25:17 Zähnungslöcher		40,—	150,—	40,—
II				Wertangabe in der Sternlinie		40,—	150,—	30,—
12	**2.50 F**	auf	2 M	schwärzlichultramarin bis schwärzlichblau	(95 II)			
A				26:17 Zähnungslöcher		70,—	200,—	40,—
B				25:17 Zähnungslöcher		50,—	180,—	100,—
					Satzpreis (12 W.)	100,—	370,—	140,—

Auflagen: unbekannt

Gültig bis zum Abzug der deutschen Truppen

Postgebiet Oberbefehlshaber Ost

Mit der Kriegserklärung Deutschlands an Russland am 1.8.1914 begann auch der militärische Vormarsch im Osten. Allerdings waren hier im Gegensatz zum Westen keine schnellen Geländegewinne zu verzeichnen. Im Laufe der Kriegshandlungen wurden Gebiete erobert, die mit ihrer größten Ausdehnung im Herbst 1918 in etwa die Territorien der heutigen Staaten Estland und Lettland (früher Livland und Kurland), Litauen, Weißrussland und der Ukraine umfassten. Nach und nach konnten in den eroberten Gebieten Etappenverwaltungen eingerichtet werden. Am 4.11.1915 wurde eine Zentralverwaltung beim Stab des Oberbefehlshabers Ost geschaffen, welche die Verwaltung der einzelnen Etappenverwaltungen koordinieren sollte.
Zunächst bestand in dem Verwaltungsgebiet Ob. Ost nur ein Postverkehr in Dienst-, Heeres- und Feldpostangelegenheiten. Ein Postverkehr für die Zivilbevölkerung bestand nicht. Dieser wurde erst nach Einrichtung der "Deutschen Post- und Telegraphenverwaltung im Postgebiete des Oberbefehlshabers Ost" am 15.1.1916 zugelassen. In der Folge wurden für den Zivilverkehr in 83 Orten Postanstalten (Postagenturen und Postämter) eröffnet. Verwendet wurden Marken des Deutschen Reiches mit dem zweizeiligen Aufdruck "Postgebiet / Ob. Ost". Die deutschen Truppen nutzten für portopflichtige Feldpostsendungen (z.B. Briefe über 50 g, Postanweisungen, Pakete) Marken des deutschen Reiches ohne Aufdruck.

Währung: 1 Mark (M) = 100 Pfennig (Pf)

1916, 15. Jan./1918. Freimarken: Teilauflagen von Marken des Deutschen Reiches (Germania und Repräsentative Darstellungen) mit zweizeiligem schwarzem Bdr.-Aufdruck in Frakturschrift.

				✶	✶✶	⊙
1	2½ Pf	(dunkel)olivgrau	(98)	0,60	2,50	2,—
2	3 Pf	schwärzlichbraunocker bis schwärzlichockerbraun	(84 II)	0,30	2,—	0,80
3	5 Pf	schwärzlichopalgrün bis schwärzlichgrün GA	(85 II)	0,90	3,—	2,20
4	7½ Pf	lebhaft- bis dunkel(rötlich)orange GA	(99)	0,60	2,50	2,50
5	10 Pf	(dunkel)karminrot bis lilarot GA	(86 II)	3,50	10,—	2,20
6	15 Pf	(dunkel)braunocker, gelbbraun	(100)	5,—	15,—	5,—
7	15 Pf	schwärzlich- bis schwarz(bläulich)violett	(101)	1,30	4,—	2,50
8	20 Pf	dunkellilaultramarin bis dunkelviolettblau	(87 II)	2,20	6,50	2,50
9	25 Pf	rötlichorange bis rotorange/schwarz auf gelbweiß	(88 II)	0,40	1,20	1,20
10	40 Pf	karminrot bis lilarot/schwarz	(90 II)	1,70	7,—	8,—
11	50 Pf	(schwärzlich)graulila bis dunkelrosalila/schwarz	(91 II)	3,—	10,—	4,—
12	1 M	dunkelkarminrot bis dunkelbräunlichrot, (lebhaft)bräunlichkarmin	(94 II)			
A		26:17 Zähnungslöcher		*180,—*	*650,—*	*200,—*
B		25:17 Zähnungslöcher		12,—	38,—	8,—
			Satzpreis (12 W.)	30,—	100,—	40,—

Marken aus MiNr. 1–12 mit zusätzlichem Aufdruck „Eesti" überhalb „Postgebiet Ob. Ost" sind privat produzierte Vignetten.

Auflagen: unbekannt

Gültig bis Ende 1918. Die Postanstalten blieben auch nach dem 11.11.1918 bestehen. Die Schließung der Postämter erfolgte von Ort zu Ort zu unterschiedlichen Zeitpunkten. Libau wurde am 4.1.1919 geschlossen.

Notausgabe Dorpat

Die Marken waren nur im Kreis Dorpat gültig. Die meisten Sendungen wurden mit einem handschriftlichen Vermerk „Geprüft" in roter Tinte rechts oben neben der Marke versehen. Dann erfolgte Kontrolle und Anbringung des Zensurvermerks, schließlich wurde ein Gummistempel „DORPAT" abgeschlagen. Nach der Ankunft in Riga wurde für weitergehende Sendungen eine gebührenfreie Nachfrankatur mit Oberbefehlshaber-Ost-Marken vorgenommen und diese mit Stempel „Riga" („c" und „e") entwertet, erstmals am 11.3.1918. Dazu kam der Rigaer Zensurstempel. Bei Sendungen nach Deutschland erfolgte eine weitere Zensur mit entsprechendem Vermerk in Königsberg.

1918, 5. März. Freimarken: Marken von Russland MiNr. 69 und 72 mit schwarzem Bdr.-Aufdruck der deutschen Währung.

						✶	✶✶	⊙
1	**20 Pf**	auf	10 Kop	lebhaftblau bis dunkelviolettultramarin	(69)	50,—	150,—	200,—
2	**40 Pf**	auf	20 Kop	lebhaftultramarin/mittelkarminrot	(72)	50,—	160,—	200,—
					Satzpreis (2 W.)	100,—	300,—	400,—

Entwertung mit einzeiligem Stempel „DORPAT" (29×7 mm); ein zweizeiliger Stempel „Dorpat" (25×8 mm) sowie Rahmenstempel stammen von Entwertungen auf Telegrammen. „Dorpat." (mit Punkt) ist nachträgliche Entwertung.

FALSCH Aufdruckfälschungen

Roter Doppelkreis-Ganzbrücken-Stempel „DEUTSCHE FELDPOST"

Auflagen: MiNr. 1 = 30 000, MiNr. 2 = 28 100 Stück

Gültig bis 22.3.1918

Briefvermitt(e)lungsstelle Bialystok

Im Postgebiet Oberbefehlshaber Ost wurde lt. Verfügung des Oberbefehlshabers vom 3.7.1916 eine Nachrichten-Vermittlungsstelle zwischen den Bewohnern dieses Gebietes und ihren Angehörigen im Ausland eingerichtet. Hierfür wurden Fragebogen hergestellt, welche die Anschrift und kurze Angaben für die gesuchten Personen enthielten. Durch das Kreisamt wurden die Bogen an die Vermittlungsstelle zur Beförderung übergeben und mit einer Quittungsmarke versehen. In dem Betrag von 25 Pf bzw. 1 M war die Postgebühr für die Weiterbeförderung mit enthalten.

1916, 3. Juli. Quittungsmarken: Stadtwappen von Bialystok. Kleinbogen (2×2); I = ohne, II = mit handschriftlichem diagonalem Namenszug; gez. L 11½.

I a

II a

a) Stadtwappen von Bialystok

			*	**	⊙
1	25 Pf	mittel- bis lebhaftlilarot . . a			
I		ohne Namenszug	400,—	700,—	450,—
II		mit Namenszug	300,—	—,—	400,—
		Kleinbogen I	1600,—	—,—	—,—
		Kleinbogen II	1300,—	—,—	—,—

Auflage: 4600 Stück

1916, 18. Okt. Quittungsmarke: MiNr. 1 mit Aufdruck des neuen Wertes, alte Wertangabe durchbalkt. I = ohne, II = mit handschriftlichem diagonalem Namenszug

			*	**	⊙
2	1 M	auf 25 Pf mittel- bis lebhaftlilarot . . . . (1)			
I		ohne Namenszug	400,—	850,—	600,—
II		mit Namenszug	400,—	800,—	600,—

MiNr. 1 II und 2 II weisen als Kontrollzeichen den handschriftlichen Namenszug des ausgebenden Beamten „B. Wolfsohn“ auf.

MiNr. 1 und 2 wurden mit den Kreisstempeln „Der deutsche Stadthauptmann des Stadtkreises Bialystok/Briefstempel“ oder „Militärkreisamt Bialystok-Stadt“ mit schwarzer, violetter oder roter Stempelfarbe entwertet.

Auflage: 1470 Stück

Private Verbindungspost Grodno

Die Marken mit Aufdruck waren ursprünglich nach der Besetzung Grodnos am 26.4.1919 als Aushilfsausgabe für die polnische Post gedacht. Nach Ablehnung durch den polnischen Feldpostmeister übernahm der deutsche Verbindungsoffizier Lt. Bauer diese Marken, um damit die Post der zurückgebliebenen Reichsdeutschen nach Suwalki zu befördern, wo diese Anschluss an das deutsche Postnetz fand. Zur besonderen Kennzeichnung wurde der Zusatzstempel „ V.P./ Grodno“ (Verbindungs-Post Grodno) angebracht. Die Entwertung erfolgte handschriftlich mit einem „B“, dem Anfangsbuchstaben von Bauer.

1919, 1 Mai. Freimarken: Teilauflagen von Marken der Ukraine (MiNr. 1) und Russland (MiNr. 2–5) mit schwarzem (polnischen) Aufdruck der neuen Wertstufe und „POCZTA POLSKA“ sowie zusätzlichem dunkelrosarotem (deutschen) Aufdruck „V.P. / Grodno“; MiNr. 1 gez. L 14¼:14¾, MiNr. 2–5 ☐.

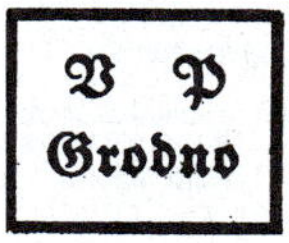

			*	**	✉
1	40 Gr auf 1 Kop	gelb, orange (Ukraine 8 III) . . .	900,—	1700,—	1400,—
2	40 Gr auf 1 Kop	dkl'gelblichorange (Russland 63 II B)	900,—	1700,—	1400,—
3	40 Gr auf 2 Kop	graugrün (Russland 64 II B)	900,—	1700,—	1400,—
4	40 Gr auf 3 Kop	dunkelrosa (Russland 65 II B)	900,—	1700,—	1400,—
5	40 Gr auf 5 Kop	mittelbraunkarmin (Russland 67 II B)	900,—	1700,—	1400,—
		Satzpreis (5 W.)	4500,—	8500,—	7000,—

MiNr. 1 weist den dicken Kiewer Aufdruck (Type III) auf. Der polnische Aufdruck auf MiNr. 1 ist kopfstehend, der deutsche Aufdruck kommt in verschiedenen Lagen vor.

MiNr. 1–5 werden nicht BPP-geprüft.

Auflage: 100 Sätze

Gültig bis 7.6.1919 (Einstellung der Verbindungspost)

Notausgabe für Libau

Mit dem 28. Dezember 1918 ging die Verwaltung und damit auch der Postbetrieb auf die lettische Regierung über. Die Feldpoststation 168 der in diesem Gebiet verbliebenen 8. Armee versah mit Zustimmung des Reichs-Bevollmächtigten in Libau, besonders auch zur Beförderung der Zivilpost, weiterhin ihren Dienst. Wegen Mangels an den dort gültigen Oberbefehlshaber-Ost-Marken wurde auf die deutschen Germania-Marken zurückgegriffen, welche noch in den Beständen der Feldpost vorhanden waren, und diese wurden mit dem Handstempel-Aufdruck „LIBAU“ kenntlich gemacht. Die Einführung der Notpost wurde dem Reichspostamt durch die 8. Armee bekanntgegeben, von erstem aber bereits am 11.1.1919 die weitere Herstellung der Aufdrucke untersagt, der Aufbrauch der Restbestände jedoch gestattet. Die Feldpost arbeitete nach März 1919 bis 1920 für den „Grenzschutz“ Ost. Nach Aufbrauch der Libau-Marken wurden Germania-Marken ohne Aufdruck verwendet.

1919, 2. Jan. Freimarken: Teilauflagen von Marken des Deutschen Reiches MiNr. 85–88, 91 und 101 (Germania) mit farbigem diagonalem Handstempel-Aufdruck in zwei Typen.

LIBAU

Type I: Länge = 16,2–16,4 mm, Höhe = 3,2–3,4 mm fein bis stark, ohne Fehler; nur in Violettblau

LIBAU

Type II: Länge = 15,8–16,0 mm, Höhe = 3,2–3,4 mm erst klare Abdrucke, später kleine Fehler wie Kopfstrich am „L“ und „I“ rechts abgestumpft, linker Schenkel des „A“ meistens gebrochen; violettblau oder rot

A = Type I, nur violettblau

				*	**	⊙
1 A	5 (Pf)	dunkel- bis schwärzlichbläulichgrün	(85 II)	*300,—*	*600,—*	*170,—*
2 A	10 (Pf)	lebhaft- bis dunkelkarminrot (Töne)	(86 II)	*250,—*	*400,—*	*70,—*
3 A	15 (Pf)	schwarzviolett	(101)	*450,—*	*700,—*	*450,—*
4 A	20 (Pf)	(dunkel)kobalt bis (dunkel)ultramarin, dunkelviolettblau	(87 II)	*170,—*	*300,—*	*100,—*
5 A	25 (Pf)	rotorange/schwarz auf gelbweiß	(88 II)	*950,—*	*—,—*	*750,—*
6 A	50 (Pf)	dunkelgraulila bis dunkelbräunlichlila/schwarz auf hellchromgelb	(91 II)	*1000,—*	*—,—*	*850,—*
			Satzpreis A (6 W.)	*3000,—*	*—,—*	*2200,—*

B = Type II; a = Aufdruck violettblau, b = Aufdruck rot				✶	✶✶	⊙
1 B	5 (Pf)	dunkel- bis schwärzlichbläulichgrün	(85 II)			
a		Aufdruck violettblau		280,—	550,—	150,—
b		Aufdruck rot		280,—	550,—	130,—
2 B	10 (Pf)	lebhaft- bis dunkelkarminrot (Töne)	(86 II)			
a		Aufdruck violettblau		240,—	400,—	60,—
b		Aufdruck rot		—,—	—,—	—,—
3 B	15 (Pf)	schwarzviolett	(101)			
a		Aufdruck violettblau		400,—	650,—	400,—
b		Aufdruck rot		450,—	800,—	130,—
4 B	20 (Pf)	(dunkel)kobalt bis (dunkel)ultramarin, dunkelviolettblau	(87 II)			
a		Aufdruck violettblau		170,—	320,—	80,—
b		Aufdruck rot		170,—	320,—	80,—
5 B	25 (Pf)	rotorange/schwarz auf gelbweiß	(88 II)			
a		Aufdruck violettblau		850,—	1300,—	650,—
b		Aufdruck rot		600,—	1100,—	400,—
6 B	50 (Pf)	dunkelgraulila bis dunkelbräunlichlila/schwarz auf hellchromgelb	(91 II)			
a		Aufdruck violettblau		850,—	1300,—	650,—
b		Aufdruck rot		600,—	1100,—	400,—
			Satzpreis B a (6 W.)	2600,—	4500,—	1800,—
			Satzpreis B b (6 W.)	—,—	—,—	—,—

Nicht mehr ausgegeben:

				✶	✶✶	▨
I	2½ (Pf)	(dunkel)olivgrau, Aufdrucktype II	(98)			
a		Aufdruck violettblau		350,—	600,—	500,—
b		Aufdruck rot		350,—	650,—	500,—

Paare mit und ohne Aufdruck (F):

	✶	✶✶	⊙
4 B b F	700,—	—,—	450,—
5 B b F	1800,—	—,—	1400,—

Bei Aufdrucken in Type I auf 2 Pf, 7½ Pf und 40 Pf handelt es sich um private Nachdrucke.

Die Entwertung erfolgte mit dem Feldpoststempel „K. D. Feldpoststation / ✶ Nr. 168 a" für Einschreibe-Sendungen und mit dem Stempel „Deutsche Feldpost / ✶ 168 b" für normale Postsendungen; ein erst im Frühjahr 1919 neu angefertigter Feldpoststempel unten mit „✶ 168 ✶" kann als Entwertung von Libau-Marken einwandfrei nicht mehr vorkommen. Bei Päckchensendungen wurde ein neunstrahliger Korkstempel verwendet.

Handstempel „Libau" in Violettblau, einzeilig, ca. 23 mm lang, auf Germania-Marken ist kein Aufdruck, sondern eine Entwertung auf Telegrammen.

FALSCH Aufdruckfälschungen und nachträgliche Abstempelungen

Auflagen: Type I unbekannt, Type II (ca.): MiNr. 1 B = 700, davon 300 rot; MiNr. 2 B = 5000, MiNr. 3 B = 900, davon 400 rot; MiNr. 4 B = 2000, davon 500 rot; MiNr. 5 B = 500, davon 300 rot; MiNr. 6 B = 500 Stück, davon 200 rot

Gültig bis 31.3.1919

Landesbotenpost der 10. Armee

Das Gebiet der Landespostanstalten der 10. Armee (General der Infanterie von Falkenhayn), welche zur Durchführung des zivilen Postverkehrs eingerichtet wurden, umfasste mit dem Stabssitz in Minsk das beim Vormarsch im Februar 1918 besetzte großrussische Gebiet zwischen Estland-Kurland im Norden und der Ukraine im Süden, wozu noch zwei kleinere bereits 1915 besetzte Gebietsteile um Baranowitschi und Nowogrodek hinzukamen.

Die Errichtung dieser Zivilpost erfolgte lt. einer Verfügung des Armee-Oberkommandos der 10. Armee vom 19.7.1918. Die Landesboten-Post durfte nur von den Einwohnern, nicht von einzelnen Heeresangehörigen, benutzt werden; die militärischen Dienststellen hatten im Verkehr mit der Bevölkerung gebührenfreie Versendung.

Bei Aufgabe der Sendung mussten folgende Gebühren entrichtet werden: Für Karten im Operationsgebiet eine Landesgebühr von 30 Pf, bei Verwendung nach dem unbesetzten Russland, dem Oberbefehlshaber-Ost-Gebiet und der Ukraine war eine Reichsgebühr von 10 Pf zu zahlen, die mit einer normalen deutschen Germania-Marke ohne Aufdruck frankiert wurde. Für Briefe betrug die Landesgebühr 60 Pf bzw. die Reichsgebühr 20 Pf, sonst wie vorher. Für die Bestellung im Operationsgebiet wurden außerdem vom Empfänger für eine Karte 20 Pf und für einen Brief 40 Pf erhoben.

Die Entwertung der Marken erfolgte mit russischen Stempeln (schwarz, violett oder blau).

1918, 1. Aug. Gebührenmarken: Zweizeilige kyrillische Inschrift: „Kontrollzeichen / 30 bzw. 60 Pf". Stdr. Heeresdruckerei 10. Armee; dickes weißes Papier mit senkrechtem, 14 mm breitem Unterdruck „Kontrollzeichen"; schlecht gez.

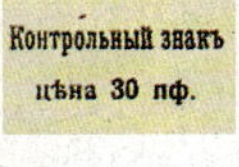

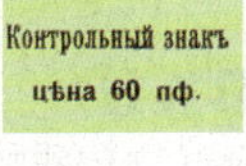

a

				✶	✶✶	⊙
1	30 Pf	schwarz	a	70,—	250,—	400,—
2	60 Pf	schwarz	a	70,—	250,—	450,—
			Satzpreis (2 W.)	140,—	500,—	850,—

FALSCH

Auflagen: je 50 000 Stück

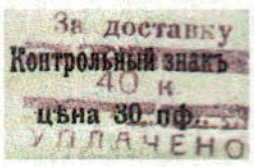

1918. Bestellgeldmarke. MiNr. 1 mit rotviolettem kyrillischem Aufdruck „Für Bestellen / 40 K / bezahlt"; alte Inschrift durchbalkt.

				✶	✶✶	⊙
3	**40 K**	auf 30 Pf schwarz	(1)	800,—	2000,—	2500,—

Gleicher Aufdruck mit Wertangabe „20" auf MiNr. 2 gelangte nicht mehr zur Ausgabe.

FALSCH

Auflage: unbekannt

Nach dem Frieden von Brest-Litowsk (März 1918) wurden die einzelnen Landesboten-Anstalten in der Zeit vom September bis Ende Dezember 1918 mit der jeweiligem Gebietsräumung aufgelöst. MiNr. 1–3 gültig bis zur Gebietsräumung.

Ausgaben des Polnischen Korps 1917/18 siehe MICHEL-Europa Band 7 unter „Polen – Post im Ausland".

Deutsche Post in Polen

Deutschland erklärte Russland am 1.8.1914 den Krieg, beschränkte sich im Osten zunächst jedoch auf die Verteidigung. Nachdem russische Truppen zunächst in Ostpreußen eindrangen, kam es nach der Schlacht von Tannenberg und an den Masurischen Seen zu einer Gegenoffensive der deutschen Truppen. Der dabei eroberte nördliche Teil Russisch-Polens kam unter deutsche Verwaltung, der südliche Teil wurde von Österreich verwaltet.

Die nachstehenden Marken der „Kaiserlich Deutschen Post- u. Telegraphenverwaltung im Generalgouvernement Warschau" dienten der Zivilbevölkerung des Besetzungsgebietes; die deutschen Truppen nutzten die Feldpost (meist portofrei, sonst Marken mit und ohne Aufdruck).

Der Versorgung der Bevölkerung mit Post gestaltete sich wegen fehlender Strukturen und Beförderungsmittel sehr schwierig. So beschränkte sich der Dienst der Kaiserlich Deutschen Post nur auf den Postverkehr bis zu den Poststellen (Postagenturen und Postämter), die in einigen Orten eingerichtet wurden. Die Postsendungen mussten in der Regel beim Postamt abgeholt werden. Für die Bevölkerung auf dem Land wurden meist die Bürgermeister und Ortsdiener in den Postverkehr eingebunden. Diese holten die Sendungen beim Postamt ab und sorgten für die Verteilung, z. T. gegen Gebühr. In größeren Städten übernahmen Stadtposten die Verteilung.

Währung: 1 Mark (M) = 100 Pfennig (Pf)

1915, 12. Mai. Freimarken: Teilauflagen von Marken des Deutschen Reiches (Germania) mit schwarzem Bdr.-Aufdruck in Fraktur.

					*	**	⊙
1	3 (Pf)	dunkel- bis schwärzlichockerbraun	(84 II)	1,—	3,—	0,50
2	5 (Pf)	schwärzlichopalgrün bis schwärzlichgrün GA	(85 I)	1,—	3,—	0,50
3	10 (Pf)	karminrot bis (lebhaft)rotkarmin	(86 II)	1,—	3,—	0,80
4	20 (Pf)	(dunkel)lilaultramarin	(87 II)	7,—	25,—	0,80
5	40 (Pf)	dunkelrötlichkarmin (Töne)/(braun)schwarz	(90 I)	5,—	20,—	3,50
		Satzpreis (5 W.)		15,—	50,—	6,—

Auflagen: unbekannt

Gültig bis 11.11.1918

1916, 1. Aug./1917. Freimarken: Teilauflagen von Marken des Deutschen Reiches (Germania) mit neuem schwarzem Bdr.-Aufdruck in Fraktur.

				*	**	⊙
6	2½ Pf	dunkelolivgrau (98)	0,90	2,50	2,—
7	3 Pf	schwärzlichbraunocker bis schwärzlichockerbraun (84 II)	0,90	2,50	2,80
8	5 Pf	dunkel- bis schwärzlich(opal)grün GA (85 II)	1,—	2,50	3,50
9	7½ Pf	(lebhaft)orange bis (dunkel)rötlichorange GA (99)	1,20	3,50	2,20
10	10 Pf	(dunkel)karminrot bis lilarot (86 II)	4,—	15,—	2,20
11	15 Pf	(dunkel)braunocker, hellgelbbraun (100)	3,50	12,—	3,—
12	15 Pf	schwärzlich(grau)violett bis violettschwarz (101)	1,—	3,20	2,20
13	20 Pf	(dunkel)lilaultramarin bis dunkelviolettblau (87 II)	4,—	10,—	2,50
14	30 Pf	dunkelrotorange (Töne)/schwarz auf hellchromgelb (89 II)	8,—	24,—	14,—
15	40 Pf	dunkelrötlichkarmin bis lilarot/schwarz (90 II)	3,—	10,—	2,20
16	60 Pf	dunkelgraulila bis dunkel(grau)purpur (92 II)	3,—	12,—	2,80
		Satzpreis (11 W.)	25,—	95,—	38,—

Auflagen: unbekannt

Gültig bis 11.11.1918

Die Ausgaben der Deutschen Post in Polen wurden von der Polnischen Post in verschiedenen Orten für kurze Zeit weiterverwendet: Nachläufer mit Stempeldaten nach dem 11.11.1918 dreifache Preise.

Lokalpost

(nichtdeutsche Bestellposten in Polen während der deutschen Besetzungszeit)

Die deutschen Reichspostanstalten beförderten Post nur zu den entsprechenden Reichspostanstalten. Für die Zustellung an den Empfänger richteten örtliche polnische Stellen mit Genehmigung oder Duldung der deutschen Besatzungsbehörden Bestelldienste ein, welche die Zustellung gegen Zahlung einer Gebühr (Bestellgeld) bewirkten. In größeren Städten wurden Stadtpostämter (z.B. Czenstochau, Warschau) eingerichtet oder kommunale Träger (Feuerwehr in Lodz) mit der Zustellung der Postsendungen betraut. Das hierfür gezahlte Bestellgeld wurde durch besondere Marken (Otwock, Sosnowice, Warschau, Zawiercie) oder Gebührenstempel (Alexandrowo, Bendzin, Czenstochau, Kolo, Lodz, Mlawa, Otwock, Pruszkow, Mazowiecki, Wloclawek, Wyzokie Mazowieckie) nachgewiesen.

Katalogisierung siehe MICHEL-Deutschland-Spezial Band 1.

Militärverwaltung in Rumänien

Zu Beginn des 1. Weltkrieges bekundete Rumänien seine Neutralität; am 27.8.1916 kam es nach Verhandlungen mit den Alliierten jedoch zur Kriegserklärung an Österreich. Nach anfänglichen Erfolgen der rumänischen Armee gelang es Deutschland, Österreich-Ungarn, Bulgarien und der Türkei, gemeinschaftlich wesentliche Teile Rumäniens zu erobern. Die militärische Verwaltung des besetzten Gebietes sollte einheitlich deutsch, die wirtschaftliche Ausnützung nach Bildung eines Ausschusses aus Vertretern der vier Besatzungsmächte geschehen.

Am 1.6.1917 wurde von der Militärverwaltung in Rumänien (M.V.i.R.) in den unter ihrer Verwaltung stehenden 14 Distrikten der Landespostverkehr für die Zivilbevölkerung eröffnet. Die Postsendungen waren mit den eigens hierfür überdruckten Germania-Marken des Deutschen Reiches zu frankieren. Der Landespostverkehr in den unter Verwaltung der 9. Armee stehenden 4 Distrikten wurde am 1.3.1918 eröffnet. Bis zur Belieferung der eröffneten Postanstalten mit den für das gesamte Gebiet gültigen Marken mit Aufdruck „Rumänien" und der Landeswährung in Bani mussten hier vorübergehend Germania-Marken mit Rahmenaufdruck „Gültig / 9. Armee" verwendet werden. Für den Verkehr der Besatzungstruppen waren die Feldpostanstalten der deutschen, österreichisch-ungarischen, bulgarischen und türkischen Armee mit ihren eigenen Feldpostvorschriften zuständig.

Währung: 1 Leu (L) = 100 Bani (B)

Ausgaben der Militärverwaltung

1917, 1. Juni. Freimarken: Teilauflagen von Marken des Deutschen Reiches (Germania) mit Bdr.-Aufdruck; Rahmen „M.V.i.R." rot (MiNr. 1 und 3) bzw. schwarz (MiNr. 2) Staatsdruckerei Bukarest, Wertangabe schwarz Reichsdruckerei Berlin.

						*	**	⊙
1	15 B	auf 15 (Pf)	schwärzlichblauviolett (Töne)	(101)		1,—	2,—	1,30
2	25 B	auf 20 (Pf)	(dunkel)lilaultramarin	(87 II)		1,—	2,—	1,30
3	40 B	auf 30 (Pf)	dunkelrotorange/schwarz auf hellchromgelb	(89 II)		20,—	76,—	38,—
				Satzpreis (3 W.)		22,—	80,—	40,—

Nicht ausgegeben (mit Aufdruck der neuen Wertstufe, aber ohne „M.V.i.R." [F]):

			*	**
1 F–3 F	ohne Aufdruck „M.V.i.R."	Satzpreis (3 W.)	150,—	300,—

Auflagen: unbekannt

Gültig bis 7.11.1918

1917, 2. Juli/1918. Freimarken: Teilauflagen von Marken des Deutschen Reiches (Germania) mit neuem schwarzem Bdr.-Aufdruck in Fraktur.

					*	**	⊙
4	10 B	auf 10 (Pf)	karminrot bis lilarot GA	(86 II)	2,—	7,—	2,—
5	15 B	auf 15 (Pf)	schwärzlichgrauviolett bis schwärzlichbläulichviolett	(101)	7,—	25,—	8,—
6	25 B	auf 20 (Pf)	(dunkel)violettultramarin bis (dunkel)lilaultramarin	(87 II)	4,—	15,—	6,—
7	40 B	auf 30 (Pf)	dunkelrotorange (Töne)/schwarz auf hellchromgelb	(89 II)	2,—	8,—	2,—
				Satzpreis (4 W.)	15,—	55,—	18,—

Auflagen: unbekannt

Gültig bis 7.11.1918

Ausgabe für das Gesamtgebiet Rumänien

Der Aufdruck wurde geändert, weil nach den Friedensverhandlungen von Cotroceni die rumänischen Behörden stärker miteinbezogen wurden.

1918, 1. März. Freimarken: Teilauflagen von Marken des Deutschen Reiches (Germania) mit geändertem schwarzem Bdr.-Aufdruck in Fraktur.

					*	**	⊙
8	5 B	auf 5 (Pf)	dunkel bis schwärzlich(opal)grün	(85 II)	1,—	2,40	2,40
9	10 B	auf 10 (Pf)	(dunkel)karminrot bis lilarot GA	(86 II)	1,—	2,20	2,20
10	15 B	auf 15 (Pf)	schwärzlichgrauviolett bis schwärzlichbläulichviolett	(101)	0,30	0,80	0,60
11	25 B	auf 20 (Pf)	(dunkel)violettultramarin bis dunkelviolettblau	(87 II)	1,—	2,20	2,20
12	40 B	auf 30 (Pf)	dunkelrotorange (Töne)/schwarz auf hellchromgelb	(89 II)	0,30	0,70	0,50
				Satzpreis (5 W.)	3,50	8,—	7,50

Auflagen: unbekannt

Gültig bis 7.11.1918

Portomarken

1918, 1. Juli. Portomarken: Wie Portomarken von Rumänien MiNr. P 32–33 und 35–37, jedoch auf Papier ohne Wasserzeichen, mit rotem Bdr.-Aufdruck durch die Staatsdruckerei Bukarest.

Pb) Ziffer(n) im Hochoval

				✶	✶✶	⊙
1	5 B	dunkelgrauultramarin auf hellolivgelb (Töne)	(Pb)	15,—	170,—	18,—
2	10 B	dunkelgrauultramarin auf hellolivgelb (Töne)	(Pb)	15,—	170,—	30,—
3	20 B	dunkelgrauultramarin auf hellolivgelb (Töne)	(Pb)	4,—	20,—	4,—
4	30 B	dunkelgrauultramarin auf hellolivgelb (Töne)	(Pb)	4,—	20,—	4,—
5	50 B	dunkelgrauultramarin auf hellolivgelb (Töne)	(Pb)	4,—	20,—	4,—
			Satzpreis (5 W.)	40,—	400,—	60,—

MiNr. 1–5 gibt es mit den Zähnungen L 13½:11½ und L 13½; Preise gleich.

Raue Zähnungen und Gummierungsmängel sind herstellungsbedingt, kein Abschlag!

Auflagen: je 50 000 Stück

Gültig bis 7.11.1918

1918, Aug. Portomarken: Portomarken von Rumänien MiNr. 32 und 33 mit rotem Bdr.-Aufdruck durch die Staatsdruckerei Bukarest.

Wz. PR monogrammartig verschlungen

				✶	✶✶	⊙
6	5 B	dunkelgrauultramarin auf mattgraugrün	(32)	24,—	65,—	120,—
7	10 B	dunkelgrauultramarin auf mattgraugrün	(33)	24,—	60,—	120,—
			Satzpreis (2 W.)	48,—	120,—	240,—

MiNr. 6–7 gibt es mit den Zähnungen L 13½, L 11½, L 14½:13½ und L 13½:11½; Preise gleich.

Raue Zähnungen und Gummierungsmängel sind herstellungsbedingt, kein Abschlag!

FALSCH Werte zu 20, 30 und 50 Bani; Vorsicht vor Aufdruckfälschungen

Auflagen: je 10 000 Stück

Gültig bis 7.11.1918

Kriegssteuer-Portomarke

1918, Sept. Kriegssteuermarke: Zwangszuschlagsportomarke Rumänien MiNr. 4 mit schwarzem Bdr.-Aufdruck durch die Staatsdruckerei Bukarest.

				✶	✶✶	⊙
8	10 B	rot auf grünlich	(ZP 4)	4,—	10,—	*60,—*

MiNr. 8 gibt es mit den Zähnungen L 13½ und L 13½:11½; Preise gleich.

Auflage: unbekannt

Gültig bis 7.11.1918

Notizen:

Zwangszuschlagsmarken (Kriegssteuermarken)

Gemäß der Verordnung der Militärverwaltung vom 10.7.1917 waren für Briefe und Postkarten, die innerhalb des Verwaltungsgebietes aufgegeben und auch zugestellt wurden, zum regulären Porto zusätzlich Stempelmarken zu benutzen: vom 1.6.–31.12.1917 (von Ort zu Ort) 10 Bani, vom 20.9.–7.11.1918 (auch für Ortspost) jeweils 5 Bani.

Nur die Kriegssteuermarken zu 5 und 10 Bani entsprachen den postalischen Gebühren und waren zur postalischen Verwendung zugelassen; alle höheren Werte (MiNr. I–X, A IV) dienten eigentlich nur fiskalischen Zwecken, wurden jedoch postseitig geduldet. Auch die postalisch zugelassenen Ajutor-Marken wurden fiskalisch verwendet und tragen dann meist Tinten- oder Farbstiftentwertung.

1917, 25. Juni. Zwangszuschlagsmarken: Kriegssteuermarken von Rumänien MiNr. 3 und 4 mit rotem (MiNr. 1) bzw. schwarzem (MiNr. 2) Bdr.-Aufdruck durch die Staatsdruckerei Bukarest; x = graues, y = weißes Papier; verschieden gezähnt.

Za) Königin Elisabeth von Rumänien, genannt Carmen Sylva (1843–1916) am Webstuhl

			✶	✶✶	⊙
1	5 B	dunkelgrau .... (3)			
x		graues Papier	1,20	5,—	5,—
y		weißes Papier	3,—	12,—	10,—
2	10 B	braun .... (4)			
x		graues Papier	1,20	5,—	5,—
y		weißes Papier	2,50	12,—	8,—
		Satzpreis x (2 W.)	2,40	7,—	9,—

MiNr. 1 hat die Zähnung L 13½:11½. MiNr. 2 gibt es mit den Zähnungen L 13½, L 13:11½, L 13½:14 und L 14; Preise gleich.

Auflagen: unbekannt

Fiskalmarken (als Zwangszuschlagsmarken geduldet):

1917, 25. Juni. Stempelmarken von Rumänien in höheren Wertstufen, mit rotem (MiNr. I) bzw. schwarzem (MiNr. II–IV) Bdr.-Aufdruck wie bei MiNr. 1–2.

Zw) Frau mit Spinnrocken

Zx) Adler

			✶	✶✶	⊙
I	50 B	(dunkel)ultramarin ..... (Za)	2,50	5,—	5,—
II	1 L	lilarot (Töne) .... (Zw)	4,—	8,—	8,—
III	2 L	dkl'bläulichgrün (Töne) . (Zw)	10,—	30,—	25,—
IV	5 L	dkl'orangebraun (Töne) . (Zx)	15,—	50,—	40,—
		Satzpreis (4 W.)	30,—	90,—	75,—

Preise für die verschiedenen Zähnungen gleich.

1917, 10. Aug. Zwangszuschlagsmarke: Kriegssteuermarke von Rumänien MiNr. 4 mit schwarzem Bdr.-Aufdruck im Rahmen (Grotesk) durch die Staatsdruckerei Bukarest; x = graues, y = weißes Papier.

			✶	✶✶	⊙
3	10 B	braun bis rötlichbraun			
x		graues Papier	35,—	120,—	40,—
y		weißes Papier	30,—	90,—	40,—

MiNr. 3 gibt es mit den Zähnungen L 13½ und L 13½:11½; Preise gleich.

Auflage: 250 000 Stück

Fiskalmarke (als Zwangszuschlagsmarke geduldet):

1917, 10. Aug. Marke in Zeichnung und Aufdruck wie MiNr. 3, Aufdruckfarbe jedoch Rot.

			✶	✶✶	⊙
A IV	50 B	(dunkel)ultramarin .... (Za)	*25,—*	*80,—*	*80,—*

1917. Zwangszuschlagsmarke: Wie MiNr. 3, jedoch geänderte Farbe; graues Papier, gez. L 13:11½.

			✶	✶✶	⊙
4	10 B	grauviolett (Töne) .... (Za)	2,50	8,—	8,—

Auflage: 300 000 Stück

1918, 1. Okt. Zwangszuschlagsmarke: Kriegssteuermarke von Rumänien MiNr. 3 mit Bdr.-Aufdruck im Rahmen (Grotesk) durch die Staatsdruckerei Bukarest; verschieden gezähnt.

			✶	✶✶	⊙
5	5 B	schwarz .... (3)			
a		Aufdruck karmin	2,50	7,—	7,—
b		Aufdruck schwarz	100,—	300,—	*1000,—*

MiNr. 5 gibt es mit den Zähnungen L 13½ und L 13½:11½; Preise gleich.

FALSCH MiNr. 1–5 mit andersfarbigen Aufdrucken, auch doppelt und kopfstehend, teils mit echten ⊙ vorkommend.

Auflage: unbekannt

1917, 1. Juni. Zwangszuschlagsmarke: Stempelmarke von Rumänien mit dunkelkarminem Bdr.-Aufdruck (senkrecht) in Schreibschrift; gez. 13½:11½, ~.

			✶	✶✶	⊙
6	10 B	graubraun (Töne) .... (Zy)	140,—	500,—	60,—

Auflage: unbekannt

Fiskalmarken (als Zwangszuschlagsmarken geduldet):

1917, 1. Juni. Stempelmarken von Rumänien mit karminem (MiNr. V) bzw. schwarzem (MiNr. VI–VII) Bdr.-Aufdruck wie MiNr. 6; gez. L 13½:13, ~.

Zz

			✶	✶✶	⊙
V	30 B	lebhaftgrau .... (Zz)	10,—	25,—	20,—
VI	1 L	lebhaftbraunrot .... (Zz)	120,—	*300,—*	*1400,—*
VII	5 L	lebhaftzinnober .... (Zz)	26,—	70,—	70,—
		Satzpreis (3 W.)	150,—	*380,—*	*850,—*

Die ⊙-Preise gelten nicht für fiskalische Verwendung.

nachträglich entfernte fiskalische Entwertung

Auflagen: unbekannt

1917, 15. Sept. Zwangszuschlagsmarke: Stempelmarke von Rumänien in Zeichnung wie MiNr. 6 mit dunkelrotem Bdr.-Aufdruck (Grotesk); x = glänzendes, y = mattes Papier; gez. L 13½:11½.

Zy

			✱	✱✱	⊙
7	10 B	gelbbraun .... (Zy)			
x		glänzendes Papier	70,—	250,—	16,—
y		mattes Papier	12,—	50,—	*200,—*

Auflage: unbekannt

Fiskalmarken (als Zwangszuschlagsmarken geduldet):

1917, 15. Sept. Stempelmarken von Rumänien in Zeichnung wie MiNr. V–VII mit dunkelrotem (MiNr. VIII) bzw. schwarzem (MiNr. IX und X) Bdr.-Aufdruck wie MiNr. 3–5; gez. L 13½:13, ∼.

			✱	✱✱	⊙
VIII	30 B	grau .... (Zz)	2,50	7,—	20,—
IX	1 L	braun .... (Zz)	10,—	15,—	30,—
X	5 L	zinnoberrot .... (Zz)	12,—	40,—	80,—
		Satzpreis (3 W.)	24,—	60,—	120,—

Vom 1.1.1918 bis 19.9.1918 war die Kriegssteuer ausgesetzt; alle Marken gültig bis 7.11.1918

Etappengebiet der 9. Armee

Die hierzu verausgabten Marken waren nur für das unter der Verwaltung der 9. Armee stehende Gebiet vorgesehen. Es umfasste das Gebiet mit den Distrikten Braila, Buzeu und Ramnicu Sarat sowie einen Teil des Distriktes Putna.

Die Marken wurden in Bukarest mit einem zweizeiligen Rahmenaufdruck „Gültig / 9. Armee" überdruckt. Auf den Aufdruck der Nominale in Landeswährung wurde verzichtet. Hier galt: 10 Pf entspricht 10 Bani, 15 Pf entspricht 15 Bani, 20 Pf entspricht 25 Bani und 30 Pf entspricht 40 Bani.

1918, 10. März. Freimarken: Teilauflagen von Marken des Deutschen Reiches (Germania) mit schwarzem Bdr.-Aufdruck durch die Staatsdruckerei Bukarest.

			✱	✱✱	⊙
1	10 Pf				
I		Friedensdruck, rotkarmin (Töne) .... (86 I)	—,—	—,—	
II		Kriegsdruck, karminrot bis rot .... (86 II)	12,—	40,—	100,—
2	15 Pf	dunkelviolett bis schwarzgrauviolett .... (101)	18,—	60,—	50,—
3	20 Pf	hellblauviolett			
I		Friedensdruck .... (87 I)	—,—	—,—	
II		Kriegsdruck .... (87 II)	2,50	7,—	4,—
4	30 Pf	rotorange/braunschwarz auf hellchromgelb			
I		Friedensdruck .... (89 I)	1000,—	3000,—	—,—
II		Kriegsdruck .... (89 II)	18,—	60,—	35,—
		Satzpreis (4 W.)	50,—	160,—	180,—

Rumänische Kriegssteuer- und Fiskal-Wertzeichen mit dem Aufdruck: „Gültig 9. Armee" waren ausschließlich für fiskalische Zwecke und in keiner Wertstufe zur postalischen Verwendung bestimmt. Im Gebiet der 9. Armee gab es in der Umlaufzeit der Ausgabe für die 9. Armee keine Briefsteuer. Trotzdem vorkommende sogen. Belege (auch mit Zensurstempel) sind philatelistische Mache.

Echt gelaufene Briefe müssen den Stempel „Geprüft/Datum/Postüberwachungsstelle" aufweisen; lose Marken müssen Bukarester Stempel aufweisen (Sitz der Zensurstelle); auch echte Zensurstempel sind jedoch nach dem Krieg in Privathand gekommen und missbräuchlich verwendet worden.

FALSCH

Auflagen: unbekannt

Gültig bis 7.11.1918

Die Preise der Deutschen Besetzungsausgaben 1914/1918 gelten ab 4,— Euro nur für geprüfte Stücke, bei niedrigeren Preisen werden eventuelle Prüfgebühren nicht berücksichtigt.

Deutsche Abstimmungsgebiete

In den Artikeln 94–98 des Versailler Friedensvertrages wurde festgelegt, einige Gebiete des Deutschen Reiches zu entmilitarisieren und vorläufig einer dem Völkerbund unterstehenden Abstimmungskommission zu unterstellen. Die Bevölkerung sollte selbst entscheiden, ob die Staatszugehörigkeit bleiben oder gewechselt werden sollte.

Allenstein

Das Abstimmungsgebiet Allenstein umfasste die südlichen Kreise Ostpreußens (Ermland-Masuren). Die interalliierte Kommission traf dort am 14. Februar 1920 ein und übernahm die Aufsicht. Zur Dokumentation der Eigenständigkeit wurden auch eigene Postwertzeichen eingeführt, ab 3. April 1920 verloren die Marken des Deutschen Reiches ihre Frankaturgültigkeit. Bis zu diesem Zeitpunkt mussten sie zwangsläufig weiterverwendet werden und sind daher mit Stempeldaten vom 14.2. bis 2.4. als Vorläufer anzusehen.

Die Volksabstimmung fand am 11. Juli 1920 statt, fast 98% der Bevölkerung stimmten für den Verbleib im Deutschen Reich. Am 12. August 1920 zog die Abstimmungskommission wieder ab.

Nach dem Zweiten Weltkrieg wurde das Gebiet infolge des Potsdamer Abkommens unter polnische Verwaltung gestellt.

Vor- und Mitläufer: (DR Germania und repräsentative Darstellungen):

Vorläufer 14.2.–2.4.1920: ⊙ mind. 10,— Aufschlag
Mitläufer 3.4.–12.8. (wegen Markenmangels): ⊙ mind. 15,— Aufschlag

Typische im Abstimmungsgebiet verwendete Stempel:

Währung

1 Mark (M) = 100 Pfennig (Pf)

Alle Farbangaben beziehen sich auf den MICHEL-Farbenführer ab 36. Auflage.

MiNr. I-VI siehe nach MiNr. 28

1920

1920, 3. April/1. Mai. Freimarken: Teilauflagen von Marken des Deutschen Reiches (Germania und Repräsentative Darstellungen) mit schwarzem, dreizeiligem Bdr.-Aufdruck.

				★	★★	⊙
1	5	(Pf)	(dunkel)opalgrün bis schwärzlichgrün (85 II)	0,50	1,50	1,50
2	10	(Pf)	lebhaft- bis dunkelkarminrot . . (86 II)	0,50	1,50	1,50
3	15	(Pf)	schwärzlichgrauviolett bis schwarzbläulichviolett (101)	0,50	1,50	1,50
4	15	(Pf)	(dunkel)braunrot bis dunkelbraunkarmin (1.5.) GA . . . . (142)	7,—	18,—	15,—
5	20	(Pf)	(dunkel)lilaultramarin bis dunkelviolettblau GA (87 II)	0,50	2,—	2,—
6	30	(Pf)	dunkelrotorange (Töne)/ schwarz auf hellchromgelb . . . . (89 II)	0,50	2,—	2,—
7	40	(Pf)	dunkelrötlichkarmin bis lilakarmin/schwarz (90 II)	0,50	1,50	1,50
8	50	(Pf)	(dunkel)graulila bis dunkelbräunlichlila/ schwarz auf hellchromgelb . . . . (91 II)	0,50	1,80	1,50
9	75	(Pf)	schwärzlichblaugrün/ gelbschwarz bis grünschwarz . . . . . (104)	0,50	1,80	1,50
10	1	M	dunkelkarminrot bis rotkarmin . . .(94 A II)	2,—	6,—	8,50
11	1.25	M	dunkel(gelblich)grün (Töne) . . . . (113)	2,—	6,—	7,—
12	1.50	M	braunocker bis lebhaftbraunorange (114)	1,20	4,—	5,50
13	2.50	M	karmin (Töne), magenta . . . . (115)	3,—	8,—	14,—
14	3	M	schwärzlich- bis schwarzviolettgr55au (96 B II)	3,—	7,—	9,—
			5Satzpreis (14 W.)	22,—	60,—	70,—

Bei allen Werten außer MiNr. 3 gibt es dünne und dicke Aufdrucke. Preise gleich!

Ein Teil der Auflage von MiNr. 4 wurde im August 1920 im Walzendruck (Rollenbahn-Bogen) hergestellt. Aus technischen Gründen steht der dicke Aufdruck höher, „Allenstein“ deckt nicht „DEUTSCHES REICH“ ab:

				★	★★	⊙
4 I	15	(Pf)	(dunkel)braunrot bis dunkelbraunkarmin, sogen. „Siegesmarke“ . .	45,—	110,—	400,—

Auflagen: unbekannt

1920, Mai/25. Juni. Freimarken: Wie MiNr. 1–14, jedoch schwarzer Bdr.-Aufdruck im Hochoval.

				✶	✶✶	⊙
15	5 (Pf)	dunkelopalgrün	(85 II)	0,50	1,50	1,20
16	10 (Pf)	dunkelrot GA	(86 II)	0,50	1,50	1,20
17	15 (Pf)	schwärzlichgrauviolett bis schwärzlichbläulichviolett	(101)	0,50	1,50	1,20
18	15 (Pf)	(dunkel)braunrot bis (dunkel)braunkarmin (25.6.) GA	(142)	25,—	60,—	50,—
19	20 (Pf)	dunkelviolettblau (Töne) GA	(87 II)	0,80	2,—	2,—
20	30 (Pf)	dunkelrotorange (Töne)/schwarz auf hellchromgelb	(89 II)	0,50	1,50	1,20
21	40 (Pf)	dunkelrötlichkarmin bis lilakarmin/schwarz	(90 II)	0,50	1,50	1,20
22	50 (Pf)	(dunkel)graulila bis dunkelbräunlichlila/schwarz auf hellchromgelb	(91 II)	0,50	1,50	1,20
23	75 (Pf)	schwärzlichblaugrün/gelbschwarz bis grünschwarz	(104)	0,80	2,—	2,—
24	1 M	dunkelkarminrot bis rotkarmin	(94 A II)	1,80	4,50	5,—
25	1.25 M	dunkel(gelblich)grün (Töne)	(113)	1,80	4,50	5,—
26	1.50 M	braunocker bis lebhaftbraunorange	(114)	1,20	3,—	5,—
27	2.50 M	karmin (Töne), magenta	(115)	3,—	8,—	8,—
28	3 M	schwärzlich- bis schwarzviolettgrau	(96 B II)	2,20	5,—	4,—
		Satzpreis ohne MiNr. 18 (13 W.)		14,—	38,—	35,—
		Satzpreis (14 W.)		38,—	95,—	85,—

FALSCH bei allen Werten: Oval etwas kleiner, Komma statt Punkt zwischen „D'A", Akzent auf „TRAITÉ" spitz statt stumpf zum „E" auslaufend, „S" in „VERSAILLES" mit kleiner Oberschlaufe, „LL" größer als die anderen Buchstaben.

Auflagen: unbekannt

Nicht ausgegeben:

1920, Aug. Freimarke: Marke des Deutschen Reiches MiNr. 145 (Germania) mit ovalem Bdr.-Aufdruck wie bei MiNr. 15–28.

				✶	✶✶
I	40 (Pf)	lebhaftrotkarmin	(145)	130,—	260,—

MiNr. I wurde erst nach Außerkurssetzung der Abstimmungsmarken bekannt und kann echt gestempelt nicht vorkommen.

Auflage: ca. 10 000 Stück, die z. T. nach Berlin zurückgesandt wurden.

1920. Freimarken: Marken des Deutschen Reiches MiNr. 140, 141 und 143–145 (Germania) mit dreizeiligem Bdr.-Aufdruck wie bei MiNr. 1–14.

				✶	✶✶
II	5 (Pf)	gelbbraun bis dunkelbraun	(140)	90,—	180,—
III	10 (Pf)	rötlichorange	(141)	90,—	180,—
IV	20 (Pf)	dunkelgrün (Töne)	(143)	90,—	180,—
V	30 (Pf)	dunkelpreußischblau	(144)	90,—	180,—
VI	40 (Pf)	lebhaftrotkarmin (Töne)	(145)	90,—	180,—

Auflagen: unbekannt

Abkürzungen der Druckverfahren:

Bdr.	=	Buchdruck
Hfdr.	=	Heißfoliendruck
Odr.	=	Offsetdruck
Pdr.	=	Prägedruck
RaTdr.	=	Rastertiefdruck
Stdr.	=	Steindruck
StTdr.	=	Stichtiefdruck

Alle Abstimmungsmarken von Allenstein gültig bis 20.8.1920

Viele gebrauchte Abstimmungsmarken von Allenstein, besonders die Mark-Werte, weisen nicht zeitgerechte oder nicht prüfbare Abstempelungen auf; alle Gebraucht-Preise ab 4,— € gelten nur für (BPP-)geprüfte Stücke; bei niedrigeren Bewertungen werden evtl. Prüfgebühren nicht berücksichtigt!

Korkstempel sind nicht wertmindernd!

Marienwerder

Das Abstimmungsgebiet Marienwerder lag im südlichen Westpreußen östlich der Weichsel. Am 17. 2. 1920 traf die interalliierte Abstimmungskommission ein und übernahm die Kontrolle. Als Zeichen der Eigenständigkeit wurde beschlossen, für das Gebiet eigene Marken einzuführen, lt. § 1 der Anordnung durften nach dem 12. 3. 1920 keine deutschen Briefmarken mehr verwendet werden.
Bis zu diesem Zeitpunkt mussten die deutschen Marken zwangsläufig weiter verwendet werden und sind daher mit Stempeldaten vom 17. 2. bis 12. 3. 1920 als Vorläufer anzusehen. Wegen Markenmangels in Folge schlechter Dispositionen und Diebstahls während des Transportes der Markensendungen aus Italien musste aber auch nach dem 12. 3. mehrfach auf bei den Postämtern vorhandene deutsche Marken zurückgegriffen werden (Mitläufer).

Die Volksabstimmung fand am 11. Juli 1920 statt, ca. 92% der Bevölkerung stimmten für den Verbleib beim Deutschen Reich. Am 16. August 1920 zog sich die Abstimmungskommission zurück, die Posthoheit ging wieder an die Deutsche Reichspost zurück.

Nach dem Zweiten Weltkrieg wurde das Gebiet infolge des Potsdamer Abkommens unter polnische Verwaltung gestellt.

Vor- und Mitläufer:

Aufschläge auf die jeweiligen Notierungen beim Deutschen Reich

Vorläufer 17. 2.–12. 3. 1920: ⊙ mind. 10,— Aufschlag
Mitläufer 12. 3.–14. 9. 1920: ⊙ mind. 20,— Aufschlag

Typische im Abstimmungsgebiet verwendete Stempel:

Währung

1 Mark (M) = 100 Pfennig (Pf)

Alle Farbangaben beziehen sich auf den MICHEL-Farbenführer ab 36. Auflage!

„Stumme" Stempel (Korkstempel) sind nicht wertmindernd!

1920

1920, 13. März/28. Mai. Freimarken: Abstimmungssymbol (erste Mailänder Ausgabe, sog. I. Sarg-Ausgabe): Stdr. Coen & Co. (10×15); x = dickes, bläuliches bzw. grauweißes Papier (ca. 0,070 mm), y = dünnes, gelbliches Papier (ca. 0,055 mm); Bogen-Wz.; A = nadelstichartig gez. L 11½, B = gez. L 11½.

a) Frauengestalt mit Fahnen, Abstimmungsurne; Inschrift oben „COMMISSION/INTERALLIEE", unten „MARIENWERDER"

Bogen-Wz bei x: „✶✶ O. B. M. ✶✶" (Schreibschrift, 185 mm lang) auf 1 bis 2 waagerechten Bogenreihen im Ober- und Unterrand

Bogen-Wz bei y: „Pergamenata P.&C.-M." (Schreibschrift, 228 mm lang) auf 1 bis 2 waagerechten Bogenreihen im Ober- und Unterrand

Nur 16–30 Marken im Schalterbogen zu 150 Marken weisen Wasserzeichenteile (auch seitenverkehrt) auf. Marken mit Sternen oder Buchstaben 50%, mit vollen Buchstaben 100% Aufschlag.

				✶	✶✶	⊙
1		5 (Pf)	opalgrün (Töne) (13. März) . . . . a			
	x		dickes bläuliches bzw. grauweißes Papier			
	A		nadelstichartig gez. L 11½	1,80	5,—	6,—
	B		gez. L 11½	0,80	2,50	3,—
	y B		dünnes gelbliches Papier, gez. L 11½ . . .	15,—	40,—	75,—
2		10 (Pf)	bräunlichrot bis karmin (13. April) . . . a			
	x		dickes Papier			
	A		nadelstichartig gez. L 11½	8,—	20,—	7,—
	B		gez. L 11½	0,80	2,50	2,50
	y B		dünnes Papier, gez. L 11½	1,80	5,—	3,—
3		15 (Pf)	dkl'- bis schwärzlichgraugrün (13. März) . a			
	x B		dickes Papier, gez. L 11½	0,80	2,50	3,50
	y B		dünnes Papier, gez. L 11½	2,—	6,—	3,50
4		20 (Pf)	braunorange (Töne) (13. März) . . . . a			
	x B		dickes Papier, gez. L 11½	0,80	3,—	2,50
	y B		dünnes Papier, gez. L 11½	2,—	6,—	3,—
5 x		25 (Pf)	blau bis dkl'ultramarin (13. März) . . . . a			
	A		nadelstichartig gez. L 11½	5,—	14,—	5,—
	B		gez. L 11½	0,80	2,50	3,50
6 x B		30 (Pf)	orange bis rötl'orange, dickes Papier, gez. L 11½ (13. April) . . . . a	1,10	3,—	3,50
7 x B		40 (Pf)	orangebraun (Töne), dickes Papier, gez. L 11½ (13. April) . . . . a	0,80	2,50	4,—

			*	**	⊙
8	50 (Pf)	(lebhaft)braunviolett (Töne) (13. März) . . . a			
x		dickes Papier			
A		nadelstichartig gez. L 11½	8,—	20,—	5,—
B		gez. L 11½	*65,—*	*200,—*	15,—
y B		dünnes Papier, gez. L 11½	0,80	2,50	3,—
9 x B	60 (Pf)	bräunlichkarmin bis braunrot, dickes Papier, gez. L 11½ (13. April) . . . . a	5,—	15,—	5,—
10 x B	75 (Pf)	dkl'rötlichbraun (Töne), dickes Papier, gez. L 11½ (13. April) . . . . a	1,10	3,—	3,—
11	1 M	dkl'grün/orangebraun (Töne) (13. April) . . . . a			
x B		dickes Papier, gez. L 11½	5,—	15,—	5,—
y B		dünnes Papier, gez. L 11½	0,80	2,50	2,50
12 x B	2 M	schwärzlichbraunviolett, dickes Papier, gez. L 11½ (13. April) . . . . a	2,50	7,—	6,—
13 x B	3 M	dunkelzinnober bis orangerot (Töne), dickes Papier, gez. L 11½ (13. April) . . . . a	6,—	15,—	9,—
14 x B	5 M	dickes Papier, gez. L 11½ . . . . a			
a		(lebhaft)ultramarin/rot (13. April)	70,—	200,—	120,—
b		dunkelblau/dunkelrot (28. Mai)	35,—	110,—	25,—
		Satzpreis (14 W.)	55,—	160,—	75,—

Auflagen: MiNr. 1 = 2 076 900, MiNr. 2 = 2 399 700, MiNr. 3 = 1 597 800, MiNr. 4 = 3 651 300, MiNr. 5 = 371 850, MiNr. 6 = 240 150, MiNr. 7 = 375 000, MiNr. 8 = 387 900, davon MiNr. 8 B = 15 000, MiNr. 9 = 137 400, MiNr. 10 = 270 300, MiNr. 11 = 1 105 500, MiNr. 12 = 99 150, MiNr. 13 = 90 300, MiNr. 14 a = 6300, MiNr. 14 b = 55 350 Stück

1920, 27. März/11. Mai. Freimarken: Teilauflagen von Marken des Deutschen Reiches (Germania und Repräsentative Darstellungen) mit weitem, dreizeiligem Bdr.-Aufdruck.

			*	**	⊙
15	5 (Pf)	dunkelopalgrün (Töne) (8. Mai) . (85 II)	18,—	50,—	35,—
16	20 (Pf)	dunkelviolettblau (Töne) (8. Mai) . . . . . (87 II)	9,—	25,—	35,—
17	50 (Pf)	dunkelgraulila bis dunkelbräunlichlila/schwarz auf weiß bis mittelchromgelb (9. April) . . . . (91 II)	450,—	1000,—	1000,—
18	75 (Pf)	schwärzlichblaugrün/gelbschwarz bis grünschwarz (27. März) (104)	6,—	15,—	12,—
19	80 (Pf)	karminrot/rotschwarz auf hellrosa (27. März) . . . . (93 II)	90,—	190,—	150,—
20	1 M	dunkelkarminrot bis rotkarmin (27. März) (94 B II)	100,—	230,—	200,—
		Satzpreis (6 W.)	650,—	1500,—	1400,—

FALSCH

Auflagen: MiNr. 15 = 20 000, MiNr. 16 = 50 000, MiNr. 17 = 2600, MiNr. 18 = 100 000, MiNr. 19 = 10 000, MiNr. 20 = 8000 Stück

1920, März. Freimarke: Versuchsaufdrucke auf Marke Deutsches Reich MiNr. 94 B II; I = Blockschrift, II = Mediävalschrift.

I

II

			*	**	⊙
21	1 M	dunkelkarminrot (94 B II)			
I		Aufdruck Blockschrift schwarz		—,—	
II		Aufdruck Mediävalschrift			
a		schwarz	*3500,—*	*5000,—*	*7000,—*
b		rot	*5500,—*	—,—	*7000,—*

Von den Versuchsaufdrucken MiNr. 21 wurde der größte Teil postfrisch in den Handel gebracht, Verwendung auf ✉ ist äußerst selten.

Sogenannte „Neudrucke" vom Originalklischee aus der Zeit der Entente-Kommission mit abweichender Aufdruck- und Urmarkenfarbe haben sich als Privatproduktion von unbefugter Seite herausgestellt. Eine Katalogisierung unterbleibt.

Auflagen: MiNr. 21 I = 20, MiNr. 21 II a = ca. 180, MiNr. 21 II b = ca. 180 Stück

1920, 21. April/11. Mai. Freimarken: Teilauflagen von Marken des Deutschen Reiches (Germania) mit Bdr.-Aufdruck wie MiNr. 15–20 sowie Aufdruck der neuen Wertstufe.

			*	**	⊙
22	**1 M**	auf 2 (Pf) (dunkel)gelbgrau (Töne) (21. April) . . (102)	40,—	150,—	60,—
23	**2 M**	auf 2½ (Pf) (dunkel)olivgrau (Töne) (11. Mai) . . . (98)	20,—	90,—	25,—
24	**3 M**	auf 3 (Pf) (dunkel)-orangebraun (Töne) (9. Mai) . . . . (84 II)	20,—	90,—	25,—
25	**5 M**	auf 7½ (Pf) rötlichorange (Töne) (11. Mai) . . . . (99)	20,—	90,—	25,—
		Satzpreis (4 W.)	100,—	400,—	130,—

FALSCH

Auflagen: MiNr. 22 = 25 000, MiNr. 23 = 40 000, MiNr. 24 = 30 000, MiNr. 25 = 36 000 Stück

1920, 9./16. Juli. Freimarken: Teilauflagen von Marken des Deutschen Reiches (Repräsentative Darstellungen) mit größerem Bdr.-Aufdruck.

			*	**	⊙
26	1 M	dunkelrosa (16. Juli) . . . . (A 113)	3,—	9,—	9,—
27	1.25 M	dunkel(opal)grün (9. Juli) . . . . (113)	4,—	10,—	11,—
28	1.50 M	braunocker bis lebhaftbraunorange (9. Juli) . . . . (114)	5,—	13,—	12,—
29	2.50 M	karmin (Töne) (16. Juli) . . . . (115)	3,—	9,—	11,—
		Satzpreis (4 W.)	15,—	40,—	40,—

Auflagen: MiNr. 26 = 114 000, MiNr. 27 = 115 000, MiNr. 28 = 111 000, MiNr. 29 = 116 000 Stück

1920, 11. Juli/3. Aug. Freimarken: Abstimmungssymbol (zweite Mailänder Ausgabe). Stdr. Coen & Co. (10×15); oWz.; gez. L 11:11¼.

b) Frauengestalt mit Fahnen, Abstimmungsurne; Inschrift oben „PLEBISCITE“, unten „MARIENWERDER/KWIDZYN“

MiNr.	Wert	Farbe		*	**	⊙
30	5 Pf	(dunkel)opalgrün (Töne) *(3. Aug.)*	b	6,—	15,—	2,50
31	10 Pf	bräunlichrot (Töne) *(3. Aug.)*	b	6,—	15,—	2,50
32	15 Pf	dunkel- bis schwärzlichgraugrün *(3. Aug.)*	b	20,—	45,—	17,—
33	20 Pf	(lebhaft)braunorange (Töne) *(3. Aug.)*	b	4,—	10,—	2,50
34	25 Pf	dunkelultramarin (Töne) *(3. Aug.)*	b	20,—	50,—	22,—
35	30 Pf	(rötlich)orange *(3. Aug.)*	b	4,—	10,—	2,—
36	40 Pf	orangebraun (Töne) *(3. Aug.)*	b	4,—	10,—	2,—
37	50 Pf	braunviolett (Töne) *(30. Juli)*	b	3,—	8,—	2,50
38	60 Pf	braunrot (Töne) *(3. Aug.)*	b	10,—	25,—	7,—
39	75 Pf	schwärzlichrötlichbraun (Töne) *(3. Aug.)*	b	10,—	30,—	7,—
40	1 M	dunkelgrün/orangebraun (16. Juli)	b	4,—	10,—	2,—
41	2 M	schwärzlichbraunviolett (11. Juli)	b	4,—	10,—	2,—
42	3 M	dunkelzinnober bis orangerot (Töne) (11. Juli)	b	4,—	10,—	2,50
43	5 M	blau (Töne)/dunkelrosa (11. Juli)	b	6,—	15,—	3,50
		Satzpreis (14 W.)		100,—	250,—	75,—

Angeblich sollten MiNr. 30–39 erst ab 3. August verkauft werden, einzelne Werte kamen aber vorher in Umlauf. Die Daten in Kursivschrift kennzeichnen die gesicherten frühesten Verwendungen.

Die Restbestände der beiden Mailänder Ausgaben (insgesamt 8 068 600 Stück) wurden am 16. 8. 1920 an das Reichspostmuseum in Berlin abgeliefert und befinden sich heute im Archiv der Deutschen Post.

Alle Marienwerder-Marken konnten nach ihrer Frankatur-Ungültigkeit bis 27. 9. 1920 in deutsche Marken umgetauscht werden. Im Innendienst wurden sie teilweise noch bis Ende Oktober verwendet.

Auflagen: MiNr. 30 = 219 000, MiNr. 31 = 216 300, MiNr. 32 = 57 150, MiNr. 33 = 318 900, MiNr. 34 = 58 800, MiNr. 35 = 318 300, MiNr. 36 = 2 050 800, MiNr. 37 = 219 900, MiNr. 38 = 111 600, MiNr. 39 = 106 350, MiNr. 40 = 998 323, MiNr. 41 = 518 400, MiNr. 42 = 517 200, MiNr. 43 = 514 200 Stück

Alle Marken von Marienwerder gültig bis 13. 9. 1920

Notizen:

Oberschlesien

Der Versailler Friedensvertrag sah zunächst vor, dass ganz Oberschlesien (mit Ausnahme einiger Gebiete im Westen) an Polen abgetreten werden sollte. Durch den Widerstand von deutscher, aber auch von englischer Seite wurde dieses Postulat insofern abgemildert, als im Artikel 88 eine Volksabstimmung vorgesehen wurde, bei der die Bevölkerung Oberschlesiens selbst über die Zugehörigkeit zu Deutschland oder Polen entscheiden sollte.

Vom 12.2.1920 bis zum 14.6.1922 übernahm eine interalliierte Regierungs- und Volksabstimmungs-Kommission die Macht in Oberschlesien zum Zwecke der Verwirklichung dieser Abstimmung.

Zur Dokumentation der Eigenständigkeit wurden auch eigene Postwertzeichen eingeführt. Die Marken des Deutschen Reiches verloren mit der Regierungsübernahme der Alliierten ihre Gültigkeit. Die neuen Marken standen jedoch erst am 20.2.1920, mit 7 Tagen Verspätung also, an den Postschaltern zur Verfügung. Bis zu diesem Zeitpunkt mussten zwangsläufig die Marken des Deutschen Reiches weiterverwendet werden. Die in diesem Zeitraum verwendeten Marken des Deutschen Reiches sind deshalb als Vorläufer des Abstimmungsgebietes Oberschlesien anzusehen. Die über den 14.6.1922 (bzw. die stufenweise erfolgte Übergabe der Landesteile an Polen bzw. an das Deutsche Reich) hinaus verwendeten Marken des Abstimmungsgebietes Oberschlesien sind als Nachverwendungen anzusehen.

Hauptsächliche Entwertungen:

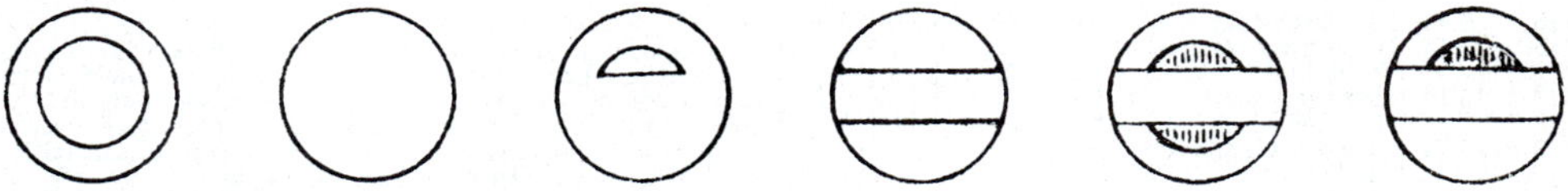

zunehmend perfekte Stempelfälschungen

Vorläufer (12.–19.2.1920):

Marken des Deutschen Reiches mit lesbarem Ortsnamen und Stempeldatum: ⊙ 250,— Aufschlag auf die jeweiligen Notierungen beim Deutschen Reich.

Bewertungs- und Qualitätshinweise:

Die Preisnotierungen gelten für normal zentrierte (siehe „Briefmarken-Qualitätsstufen" im Einleitungsteil, Abb. 18), farbfrische Marken, bei gestempelten Stücken sind leicht verschmierte Stempel (Abb. 25) üblich. Saubere, klare und voll lesbare Stempel ca. 50% Aufschlag (mind. 2,— Euro).

Die Preise der Aufdruckmarken und aller anderen Stücke ab 4,— Euro gelten nur für (BPP-)geprüfte Exemplare.

Alle Farbangaben beziehen sich auf den MICHEL-Farbenführer ab 36. Auflage!

1920

1920, 20. Febr. Freimarken: Ziffern. Bdr. Atelier du Timbre, Paris (10×15, dazwischen ein senkrechter, zwei waagerechte Zwischenstege); gez. K 14:13½.

a

				*	**	⊙
1	2½ Pf	schwärzlichgrau bis grünschwarz	a	0,50	1,50	1,—
2	3 Pf	rotbraun (Töne)	a	0,50	1,50	1,50
3	5 Pf	dunkel(opal)grün	a	0,30	1,50	1,—
4	10 Pf	dunkelrotorange GA	a	0,50	1,50	1,60
5	15 Pf	dkl'(grau)violett bis dkl'bläulichviolett GA	a	0,30	1,50	1,—
6	20 Pf	(dkl'grau)blau bis preußischblau	a	0,30	1,50	1,—
7	50 Pf	lebh'rötlichbraun bis braunpurpur	a	6,—	20,—	10,—
8	1 M	rotkarmin (Töne)	a	6,—	20,—	14,—
9	5 M	dunkelrotorange bis dunkelorange	a	6,—	22,—	14,—
		Satzpreis (9 W.)		20,—	70,—	45,—

Ein Druckbogen besteht aus zwei Schalterbogen, diese aus 6 Blocks mit je 5×5 Marken, getrennt durch einen senkrechten Zwischensteg und zwei waagerechte Zwischenstege.

Auflagen: unbekannt

1920, 6. März/Mai. MiNr. 6 und 9 mit schwarzem (MiNr. 10 und 12) bzw. rotem (MiNr. 11) Bdr.-Aufdruck der Druckerei Erdmann-Raabe (10×15, dazwischen ein senkrechter, zwei waagerechte Zwischenstege).

				*	**	⊙
10	5 Pf auf 20 Pf	(dkl'grau)blau bis preußischblau (19. 3.)	(6)	1,40	3,50	4,—
11	10 Pf auf 20 Pf	(dkl'grau)blau bis preußischblau (6.3.)	(6)	1,40	3,50	4,—
12	50 Pf auf 5 M	dunkel(rot)-orange (12.3.)	(9)	38,—	280,—	65,—
		Satzpreis (3 W.)		40,—	280,—	70,—

Die erste Auflage von MiNr. 12 erschien am 12.3.1920 und war schnell vergriffen. Um den Vorschriften des Berner Weltpostbüros zu genügen, das eine größere Anzahl von Briefmarken nachforderte, wurde behördlich ein Nachdruck angeordnet. Der unterschiedliche Charakter der Aufdruckfarbe ist darauf zurückzuführen.

Katalogisierung nach Aufdrucktypen siehe MICHEL-Deutschland-Spezial Band 1!

Fehlaufdruck (F):

10 F **5 Pf** auf 15 Pf dunkelviolett . (5) *200,— 700,— 800,—*

Der „Fehlaufdruck" 5 Pf auf 15 Pf ist dadurch entstanden, dass beim Druck der MiNr. 10 drei bis fünf Bogen der MiNr. 5 dazwischengelegt wurden. Es kommen die gleichen Aufdrucktypen in der gleichen Verteilung im Bogen wie bei MiNr. 10 vor. Dieser Überdruck wurde im Nachhinein durch die Interalliierte Kommission gebilligt. Danach erfolgten mehrere sog. Nachdrucke (= falsch).

Die Preise gelten nur für (aktuell) (BPP-)geprüfte Stücke.

FALSCH **MiNr. 10–12 mit Prüfzeichen „Haertel", „Dr. Müller" und „Richter" unbedingt nachprüfen lassen!**

Auflagen: MiNr. 10 = 1245000, MiNr. 11 = 3000000, MiNr. 12 = 40050 Stück

1920, 26. März/April. Freimarken. Bdr. Atelier du Timbre, Paris (MiNr. 13–21 15×10, ein waagerechter, zwei senkrechte Zwischenstege, MiNr. 22–29 5×15, zwei waagerechte Zwischenstege); MiNr. 13–21 gez. K 13½:14, MiNr. 22–29 gez. K 14:13½.

b

c

c

b–c) Schlesische Hüttenwerke, Friedenstaube

			*	**	⊙
13	2½ Pf	(dunkel)türkisgrau bis schwarzgrau (26. 3.) . . . . b	0,70	3,—	1,—
14	3 Pf	rötlichbraun bis schwärzl'bräunlichrot (26. 3.) . . . . b	0,70	3,—	1,—
15	5 Pf	dunkel(opal)grün (26. 3.) . b	0,70	3,—	1,—
16	10 Pf	dkl'rotorange bis orangerot (26. 3.) GA . . . . b	0,70	3,—	1,—
17	15 Pf	(dunkel)grauviolett (26. 3.) GA . . . . b	0,70	3,—	1,—
18	20 Pf	kobaltblau bis grünlichblau (26. 3.) . . . . b	1,—	4,—	2,50
19	25 Pf	(lebhaft)braun bis dkl'siena (26. 3.) . . . . b	1,—	3,50	1,—
20	30 Pf	dkl'gelblichorange bis rötlichorange (26. 3.) . . . . b	0,70	3,—	1,—
21	40 Pf	grünoliv (Töne) (26. 3.) . . b	1,—	3,—	1,30
22	50 Pf	(dkl')grau bis blauschwarz (April) c	1,30	4,—	1,—
23	60 Pf	cyanblau, preußischblau (April) c	0,70	3,—	2,—
24	75 Pf	(dkl'grau)grün (April) . . . c	2,—	6,—	2,50
25	80 Pf	rötlichkarmin bis lilabraun (April) c	2,—	6,50	1,30
26	1 M	dkl'karminrot bis rosalila (April) c	2,—	6,50	1,—
27	2 M	mittel- bis dkl'(rot)braun (April) c	2,—	5,50	1,—
28	3 M	lebhaft- bis dkl'(grau)violett (April) c	1,60	5,—	1,—
29	5 M	dkl'rotorange bis rötlichorange (April) c	5,—	20,—	5,50
		Satzpreis (17 W.)	20,—	80,—	25,—

Bei MiNr. 13–21 entspricht die Bogenanordnung der der MiNr. 1–9. Da die Marken im Gegensatz zu MiNr. 1–9 im Querformat sind, ergibt sich eine andere Betrachtungsweise des Bogen.

Auflagen: unbekannt

1921

1921, 20. März. Volksabstimmung. Teilauflagen von MiNr. 16–26 mit schwarzem bzw. rotem Bdr.-Aufdruck.

			*	**	⊙
30	10 Pf	dunkelrotorange . . . . (16) S	5,—	18,—	12,—
31	15 Pf	(dkl')grauviolett . . . . . (17) S	5,—	17,—	12,—
32	20 Pf	kobaltblau bis grünlichblau . . . . (18) S	7,—	30,—	17,—
33	25 Pf	lebhaftbraun . . . . (19) R	15,—	55,—	40,—
34	30 Pf	rötlichorange (Töne) . (20) S	13,—	55,—	25,—
35	40 Pf	grünoliv (Töne) . . . . . (21) R	13,—	55,—	25,—
36	50 Pf	(dunkel)grau (Töne) . . (22) R	13,—	70,—	35,—
37	60 Pf	cyanblau, preußischblau . . . . (23) S	15,—	80,—	30,—
38	75 Pf	(dkl'grau)grün . . . . . . (24) S	15,—	120,—	35,—
39	80 Pf	lilabraun (Töne) . . . . . (25) S	25,—	150,—	45,—
40	1 M	rosalila . . . . (26) S	30,—	160,—	80,—
		Satzpreis (11 W.)	150,—	800,—	350,—

FALSCH Aufdrucke in anderen Farben und verschiedene „Fehldrucke". Vorsicht auch vor Fälschungen dieser Marken (zum Beispiel erkennbar an der „9" und an „1921"), die in großen Mengen in den Handel kamen.

Marken mit Prüfzeichen „Haertel", „Müller" und „Richter" unbedingt nachprüfen lassen.

Auflagen: unbekannt

Gültig am 20.3.1921

1922

1922, 6. März. Freimarken in Zeichnung der MiNr. 23–25, jedoch geänderte Farben mit neuem Bdr.-Wertaufdruck. Bdr. Atelier du Timbre Paris (5×15, zwei waagerechte Zwischenstege); gez. K 14:13½.

			*	**	⊙
41	4 M	auf 60 Pf lebhaftolivgrün bis dkl'grünlicholiv . . . . . (c)	1,—	4,—	2,50
42	10 M	auf 75 Pf dunkelzinnober bis dunkelzinnoberrot . . . (c)	1,50	6,—	3,50
43	20 M	auf 80 Pf gelblichorange bis dunkelorange . . . . . . (c)	8,—	30,—	20,—
		Satzpreis (3 W.)	10,—	40,—	24,—

Auflagen: MiNr. 41 = 600 000, MiNr. 42 = 450 000, MiNr. 43 = 300 000 Stück

Die Übernahme des Abstimmungsgebietes Oberschlesien in die deutsche bzw. polnische Verwaltung erfolgte nach einem im Amtsblatt der Kommission veröffentlichten Zeitplan zwischen dem 18.6. und 10.7.1922. Die Freimarken verloren jeweils nach Übernahme in die deutsche bzw. polnische Verwaltung sofort ihre Frankaturgültigkeit, so dass Mischfrankaturen unzulässig waren.

Dienstmarken

Alle Gebraucht-Preise gelten nur für (BPP-)geprüfte Stücke!

1920

1920, April. Dienstmarken des Deutschen Reiches MiNr. 16–22 mit Bdr.-Aufdruck.

			*	**	⊙
1	5 Pf	schwärzlich(opal)grün . (D 16)	0,40	1,50	4,—
2	10 Pf	dunkelrosarot . . . . (D 17)	0,40	1,50	4,—
3	15 Pf	dunkellilabraun . . . . . . (D 18)	0,40	1,50	4,—
4	20 Pf	dunkelviolettblau . . . . (D 19)	0,40	1,50	4,—
5	30 Pf	dkl'rötlichorange auf mattgelblichorange . . . (D 20)	0,40	1,50	4,—
6	50 Pf	dkl'braunviolett auf mattgelblichorange . . . (D 21)	1,—	3,50	4,—
7	1 M	gelblichrot auf mattgelblichorange . . . (D 22)	8,—	40,—	16,—
		Satzpreis (7 W.)	11,—	50,—	35,—

Auflagen: unbekannt

1920, Juli/1922, Febr. Dienstmarken des Deutschen Reiches MiNr. 23–33, 66 und 70 mit gleichem Bdr.-Aufdruck.

			*	**	⊙
8	5 Pf	schwärzlich(opal)grün (Juli 1920) . . . . (D 23)	1,—	6,—	10,—
9	10 Pf	lilarot (Töne) (Juli 1920) . . . . (D 24)	0,30	2,—	4,—
10	15 Pf	dunkelkarminbraun (Juli 1920) . . . . (D 25)	0,30	2,—	4,—
11	20 Pf	(schwärzlich)violettblau (Töne) (Juli 1920) . . . (D 26)	0,30	2,—	4,—
12	30 Pf	dkl'rotorange auf mattgelblichorange (Juli 1920) . . . . (D 27)	0,30	2,—	4,—
13	40 Pf	schwärzl'rosarot (Okt. 1920) . . . . (D 28)	0,30	2,—	4,—
14	50 Pf	schwärzl'(grau)violett auf mattgelblichorange (Juli 1920) . . (D 29)	0,30	2,—	4,—
15	60 Pf	dunkelrotkarmin bis dunkelkarminrot (Mai 1921) . . . . (D 66)	0,30	2,—	4,—

				*	**	⊙
16	1 M	gelblichrot auf mattgelblichorange (Juli 1920)	(D 30)	0,30	2,—	4,—
17	1.25 M	(schwärzl')preußischblau auf hellgraugelb (Sept. 1920)	(D 31)	0,30	2,—	5,—
18	2 M	schwarzgrauultramarin (Wz. Rauten) (Sept. 1920)	(D 32)	10,—	40,—	15,—
19	2 M	schwarzblau (Wz. Waffeln) (Febr. 1922)	(D 70)	0,30	2,—	4,—
20	5 M	(dkl')siena bis dkl'rotbraun auf hellgraugelb (Sept. 1920)	(D 33)	0,30	2,—	4,—
		Satzpreis (13 W.)		14,—	65,—	65,—

FALSCH Dienstmarke des Deutschen Reiches MiNr. 65 mit gleichem Aufdruck

Auflagen: unbekannt

Ausgabe der französischen Besatzungsbehörde

(sog. Oppelner Notausgabe)

1920

1920, 14.–19. Febr. Freimarken des Deutschen Reiches (Germania und Repräsentative Darstellungen) mit blauem Handstempelaufdruck (Kontrollzeichen).

				*	**	⊙
1	2 (Pf)	(dkl')gelbgrau	(102)	—,—	—,—	*4000,—*
2	2½ (Pf)	dunkellolivgrau	(98)	2200,—	3800,—	900,—
3	3 (Pf)	dkl'olivbraun	(84 II)	—,—	—,—	850,—
4	5 (Pf)	schwärzl'(opal)grün	(85 II)	1200,—	2000,—	600,—
5	7½ (Pf)	rötlichorange	(99)	2200,—	3800,—	1000,—
6	10 (Pf)	(lebh')rotkarmin	(86 II)	800,—	1400,—	380,—
7	15 (Pf)	schwarzviolett	(101)	800,—	1400,—	300,—
8	20 (Pf)	dkl'violettblau	(87 II)	800,—	1400,—	380,—
9	25 (Pf)	rotorange/schwarz auf gelbweiß	(88 II)	—,—	—,—	*4000,—*
10	30 (Pf)	dunkelrotorange/ schwarz auf (weiß)chromgelb	(89 II)	1400,—	2200,—	320,—
11	35 (Pf)	(dkl')braunorange	(103)	1400,—	2200,—	300,—
12	40 (Pf)	dunkelkarminrot bis lilarot/schwarz	(90 II)	900,—	1500,—	300,—
13	50 (Pf)	dunkelgraulila/ schwarz auf (weiß)chromgelb	(91 II)	900,—	1500,—	300,—
14	60 (Pf)	dunkelgraulila	(92 II)	1400,—	2200,—	300,—
15	75 (Pf)	dkl'- bis schwarzblaugrün/gelbschwarz	(104)	800,—	1400,—	300,—
16	80 (Pf)	karmin(rot)/grauschwarz auf mittelgraurot	(93 II)	—,—	—,—	*4000,—*
17	1 M	dunkelkarminrot	(94 B II)	2200,—	3800,—	900,—
18	2 M	dunkelblau	(95 B II)	—,—	—,—	*4000,—*

FALSCH Marken zu 3 M und 5 M (DR MiNr. 96 II–97 II) mit gleichem Aufdruck sind Mache, DR MiNr. 83 mit gleichem Aufdruck ist nur als Fälschung bekannt.

Nationalversammlungs-Marken des Deutschen Reiches mit gleichem Handstempelaufdruck in Blau.

				*	**	⊙
19	10 Pf	karminrot	(107)	1500,—	2500,—	1200,—
20	15 Pf	siena/schwärzl'türkisblau	(108)	—,—	—,—	1200,—
21	25 Pf	dunkelopalgrün/zinnoberrot	(109)	—,—	—,—	*11000,—*
22	30 Pf	dunkelrosalila/zinnoberrot	(110)	1500,—	2500,—	1600,—

FALSCH Marken der Kriegsbeschädigten-Ausgabe des Deutschen Reiches mit gleichem Aufdruck erwiesen sich bisher alle als falsch.

MiNr. 23–24 fallen aus.

Freimarken des Deutschen Reiches (Germania und Repräsentative Darstellungen) mit gleichem Handstempelaufdruck in Rot.

				*	**	⊙
25	5 Pf	schwärzl'(opal)grün	(85 II)	—,—	—,—	10000,—
26	10 Pf	(lebhaft)rotkarmin	(86 II)	—,—	—,—	10000,—
27	15 Pf	schwarzviolett	(101)	—,—	—,—	10000,—
28	20 Pf	dunkelviolettblau	(87 II)	—,—	—,—	4000,—
29	30 Pf	dunkelrotorange/ schwarz auf (weiß)chromgelb	(89 II)	—,—	—,—	10000,—
30	35 Pf	(dkl')braunorange	(103)	—,—	—,—	10000,—
31	40 Pf	dunkelkarminrot bis lilarot/schwarz	(90 II)	—,—	—,—	10000,—
A 31	50 Pf	dunkelgraulila/ schwarz auf hellchromgelb	(91 II)			*20000,—*
32	60 Pf	(dunkel)graulila	(92 II)	—,—	—,—	10000,—
33	75 Pf	schwarzblaugrün/ gelbschwarz	(104)	—,—	—,—	10000,—
34	1 M	dunkelkarminrot bis rotkarmin	(94 B II)			*20000,—*

FALSCH DR MiNr. 108 mit gleichem Handstempelaufdruck erwies sich als falsch. Marken mit Prüfzeichen „Haertel", „Müller" und „Richter" unbedingt nachprüfen lassen.

MiNr. 1–34 wurden vor Ausgabe der Dienstmarken von den Behörden der Interalliierten Kommission gemäß Verordnung der Oberpostdirektion Oppeln verwendet.

Östliches Oberschlesien

1 Marka (M) = 100 Fenigów (F)

Insurgenten-Ausgabe

1921

1921, 14. Juni. Freimarken. Bdr.; A = gez. L 11¼, B = ☐.

a) Oberschlesische Industrielandschaft, polnischer Wappenadler

A = gez. L 11¼

				*	**	⊙
1 A	10 F	orangerot	a	50,—	200,—	100,—
2 A	20 F	dunkelbläulichviolett	a	50,—	200,—	100,—
3 A	30 F	lebhaftrötlichorange	a	50,—	200,—	120,—
4 A	40 F	dunkelgraugrün	a	50,—	200,—	100,—
5 A	50 F	grünlicholiv	a	50,—	200,—	120,—
6 A	60 F	schwarzgraublau	a	50,—	200,—	120,—
7 A	1 M	dunkelorangerot	a	50,—	200,—	120,—
		Satzpreis A (7 W.)		350,—	1400,—	780,—

B = ☐

				*	**	⊙
1 B	10 F	orangerot	a	10,—	45,—	30,—
2 B	20 F	dunkelbläulichviolett	a	10,—	45,—	30,—
3 B	30 F	lebhaftrötlichorange	a	30,—	110,—	100,—
4 B	40 F	dunkelgraugrün	a	10,—	45,—	30,—
5 B	50 F	grünlicholiv	a	30,—	110,—	100,—
6 B	60 F	schwarzgraublau	a	10,—	45,—	30,—
7 B	1 M	dunkelorangerot	a	30,—	110,—	100,—
		Satzpreis B (7 W.)		130,—	500,—	400,—

Alle Marken sind auch mit rauer Zähnung bekannt.

Obgleich von der Interalliierten Kommission verboten, gelangten die Marken im Gebiet der Aufständischen in den normalen Schalterverkauf und hatten innerhalb dieses Gebietes und nach Polen neben den oberschlesischen Marken der Interalliierten Kommission Frankaturkraft. Zwar wurden die Marken international nicht anerkannt, sie sind jedoch keine philatelistische Mache, sondern politisch motiviert.

Auflagen: MiNr. 1 A–7 A = 10 000 Sätze, MiNr. 1 B und 2 B je 140 000, MiNr. 3 B = 40 000, MiNr. 4 B und 6 B je 190 000, MiNr. 5 B und 7 B je 15 000 Stück

Gültig bis 7.7.1921

Private Ausgabe
Feldpost der Aufständischen (Grüne Post)

1921

1921, Mai. Feldpostmarken. Bdr. (5×5); A = gez. L 11½, B = □; mit oder o. G.

a

b

			(✶)	✶	✶✶
1	—	dkl'graugrün bis grün . . . . . a			
A		gez. L 11½	60,—	85,—	170,—
B		□	50,—	80,—	160,—
2	—	dkl'graugrün bis grün . . . . . b			
A		gez. L 11½	60,—	85,—	170,—
B		□	50,—	80,—	160,—

MiNr. 1–2 wurden sowohl ungummiert als auch gummiert (unterschiedliche Konsistenz und Stärke durch Handauftrag) ausgegeben.

MiNr. 1–2 werden nicht (BPP-)geprüft!

Reguläre Ausgabe

1922

1922, 19. Juni/21. Nov. Freimarken. Bdr.; dünnes bis dickes Papier; verschieden gez. L 9–14½.

a) Polnischer Wappenadler

b) Polnischer Wappenadler

c) Bergmann

			✶	✶✶	⊙
1	5 F	blau (19. Juni) . . . . a	1,20	10,—	1,50
2	10 F	dunkelrotviolett (19. Juni) . . . . a	1,20	10,—	1,50
3	20 F	dunkelorangerot (19. Juni) . . . . b	1,20	10,—	1,50
4	40 F	dunkelsiena, dunkelkarminbraun (19. Juni) . . . b	1,20	10,—	1,50
5	50 F	rötlichorange, rotorange (19. Juni) . . . . . b	1,20	10,—	1,50
6	75 F	(dunkel)grünlichblau (19. Juni) . . . . b	1,20	10,—	1,50
7	1 M	schwarz (19. Juni) c	1,20	10,—	1,50
8	1.25 M	schwarzgrün (19. Juni) . . . c	1,20	10,—	2,50
9	2 M	karminrot (19. Juni) c	1,20	10,—	1,50
10	3 M	dunkelgelblichgrün (19. Juni) c	1,20	10,—	1,50
11	4 M	dunkellilaultramarin (19. Juni) c	1,20	10,—	2,—
12	5 M	(mittel)orangebraun (19. Juni) c	1,20	10,—	1,50
13	6 M	(lebhaft)gelblichrot (21. Nov.) c	1,40	15,—	7,—
14	10 M	lilabraun (19. Juni) c	1,40	15,—	1,50
15	20 M	schwärzlichgraulila, dkl'braunviolett (19. Juni) . c	1,40	15,—	1,50
16	50 M	schwärzlichgraulila, schwärzlichgrünoliv (21. Nov.) c	1,40	15,—	11,—
		Satzpreis (16 W.)	20,—	180,—	40,—

Auflagen: MiNr. 1 = 1 970 000, MiNr. 2 = 2 045 000, MiNr. 3 = 2 040 000, MiNr. 4 = 9 380 000, MiNr. 5 = 3 365 000, MiNr. 6 = 2 770 000, MiNr. 7 = 6 245 000, MiNr. 8 = 3 070 000, MiNr. 9 = 4 300 000, MiNr. 10 = 5 238 000, MiNr. 11 = 2 480 000, MiNr. 12 = 3 715 600, MiNr. 13 = 1 635 000, MiNr. 14 = 4 118 800, MiNr. 15 = 4 417 500, MiNr. 16 = 3 840 000 Stück

Polnische Ausgaben in Zeichnung a und b siehe Europa-Katalog Bd. 7, Polen MiNr. 65 ff.

1923

1923, März. Freimarken. Bdr.; dickes Papier; gez. L 10–13½.

c) Bergmann

			✶	✶✶	⊙
17	80 M	dunkelorangerot c	5,—	40,—	22,—
18	100 M	lebhaftgrauviolett c	6,—	40,—	18,—
19	200 M	schwärzlichorange c	9,—	60,—	28,—
20	300 M	mittelblau c	15,—	100,—	100,—
		Satzpreis (4 W.)	35,—	240,—	160,—

Auflagen: MiNr. 17 = 2 000 000, MiNr. 18 = 3 000 000, MiNr. 19 = 2 000 000, MiNr. 20 = 1 000 000 Stück

Nachdem die deutsche Mark die polnische in der Abwertung eingeholt hatte, wurde in den zu Polen gekommenen Teilen Oberschlesiens die polnische Währung eingeführt und MiNr. 1–20 am 30.4.1923 außer Kurs gesetzt.

Papier- und Gummierungsunterschiede:

Aufgrund der kriegs- und nachkriegsbedingten Materialknappheit war die französische Staatsdruckerei gezwungen, für den Druck der Oberschlesien-Ausgaben unterschiedliche Gummierungen zu verwenden. Bei den Papiersorten reicht die Bandbreite in der Stärke von dünn bis dick und in der Farbe von gelb bis graugrün. Da alle Varianten in großer Stückzahl vorkommen, erübrigt sich eine detaillierte Katalogisierung.

Saargebiet

Gebiet an der Südwestgrenze Deutschlands, das den südlichen Teil der damaligen preußischen Rheinprovinz und den westlichen Teil der Bayerischen Pfalz umfasste.

Kurz vor Ende des 1. Weltkrieges wurde das Gebiet an der Mittleren Saar von französischen Truppen besetzt. Im Friedensvertrag von Versailles (unterzeichnet am 28.6.1919, Ratifikation am 16.7.1919 und am 10.1.1920 in Kraft getreten) wurde in den Artikeln 45–50 das Saarstatut festgelegt. Die südlichen Teile der preußischen Rheinprovinz (1465 km²) und die westlichen Teile der Bayerischen Pfalz (416 km²) wurden fremder Verwaltung unterstellt und auf 15 Jahre dem Völkerbund als Treuhänder übertragen. Danach war ein Volksentscheid über die staatliche Zugehörigkeit dieses unter der Bezeichnung „Bassin de la Sarre“ (Saarbecken) neu geschaffenen Gebietes abzuhalten.

In der vom Völkerbund ernannten Regierungskommission, die ihre Tätigkeit unter dem französischen Vorsitzenden V. Rault am 25.2.1920 in Saarbrücken aufnahm und neben der ein beratender Landesrat bestand, überwog der französische Einfluss. Das Eigentum der 66 Steinkohlengruben sowie deren alleinige Ausbeutung ging an Frankreich über. Ab Ende April 1920 erfolgte nach und nach die Währungsumstellung auf französische Franc, am 1. Juni 1923 wurde dieser zum alleinigen Zahlungsmittel erklärt. 1925 wurde das Saargebiet in das französische Zollgebiet einbezogen.

Nachdem im Jahr 1926 der Versuch einer deutsch-französischen Gesamtlösung, in die eine vorzeitige Rückkehr des Saargebietes an das Deutsche Reich eingeschlossen war, an innen- und außenpolitischen Widerständen scheiterte, erfolgte – wie vorgesehen – am 13.1.1935 die Volksabstimmung. Für den Status quo stimmten 8,8%, für eine Vereinigung mit Frankreich 0,4%, für die Rückgliederung an Deutschland 90,8%. Aufgrund dieses Abstimmungsergebnisses wurde das gesamte Saargebiet am 1.3.1935 an Deutschland zurückgegeben und als Saarland einem Reichskommissar unterstellt. Der Franc wurde umgetauscht: 1 Fr = 0,1645 Reichsmark.

Typische im Saargebiet zwischen 1920 und 1935 verwendete Stempel:

Kreisstempel (K 1)

Kreis-Obersegment-Stempel (KOS g)

Doppelkreis-Steg-Stempel (DKS a)

Kreis-Steg-Doppelbogen-Stempel (KSDB a)

Kreis-Steg-Doppelbogen-Gitter-Stempel (KSDBG)

Währung:

Bis 30.11.1923 und ab 1.3.1935: 1 (Reichs-)Mark (M) = 100 (Reichs-)Pfennig (Pf); 1.5.1921 bis 28.2.1935: 1 (franz.) Franc (Fr) = 100 Centimes (C)

Alle Farbangaben beziehen sich auf den MICHEL-Farbenführer ab 36. Auflage.

1920

1920, 29. Jan./1. März. Freimarken: Marken des Deutschen Reiches (Germania und Repräsentative Darstellungen) zum Teil in Neuauflage mit Bdr.-Aufdruck in drei Typen durch die Druckerei Gebr. Hofer.

Billigste Sorte:

Nr.	Wert		Farbe		✶	✶✶	⊙	FDC
1	2	(Pf)	(dunkel)gelbgrau (31. Jan.)	(102)	2,—	5,50	6,—	
2	2½	(Pf)	(dunkel)olivgrau, dunkelgrüngrau (Töne) (5. Febr.)	(98)	2,—	5,50	7,—	
3	3	(Pf)	dunkelockerbraun (Töne) (7. Febr.)	(84 II)	1,30	2,80	3,50	
4	5	(Pf)	dunkel(opal)grün, schwärzlich(bläulich)grün (Töne) (29. Jan.)	(85 II)	0,60	1,20	1,20	50,—
5	7½	(Pf)	gelborange bis (rot)orange (29. Jan.)	(99)	0,80	1,30	2,20	50,—
6	10	(Pf)	lebhaft- bis dunkelkarminrot, dunkel(rosa)rot (29. Jan.)	(86 II)	0,70	1,30	1,30	50,—
7	15	(Pf)	schwärzlichgrauviolett (Töne) (29. Jan.)	(101)	0,60	1,30	1,30	50,—
8	20	(Pf)	dunkelkobalt bis violettblau (29. Jan.)	(87 II)	0,60	1,30	1,30	
9	25	(Pf)	rötlichorange bis rotorange/schwarz auf gelbweiß (6. Febr.)	(88 II)	12,—	30,—	25,—	
10	30	(Pf)	dunkelrotorange/schwarz auf (weiß)chromgelb (10. Febr.)	(89 II)	22,—	45,—	45,—	
11	35	(Pf)	rötlichbraun bis karminbraun (5. Febr.)	(103)	0,70	1,30	1,60	
12	40	(Pf)	(dunkel)rötlichkarmin bis dunkelkarminrot/schwarz (4. Febr.)	(90 II)	0,70	1,50	1,60	
13	50	(Pf)	dunkelbräunlichlila/schwarz auf (weiß)chromgelb (5. Febr.)	(91 II)	0,70	1,80	1,30	
14	60	(Pf)	dunkelgraulila bis graupurpur (9. Febr.)	(92 II)	0,60	1,20	1,30	
15	75	(Pf)	schwärzlichblaugrün bis schwarzgrünblau/ grünschwarz bis gelbschwarz (4. Febr.)	(104)	0,60	1,20	1,50	
16	80	(Pf)	karminrot/grauschwarz auf mittelgraurot (9. Febr.)	(93 II)	240,—	650,—	360,—	
17	1	M	dunkelkarminrot bis rotkarmin, bräunlichkarmin (13. Febr.)	(94 II)	35,—	70,—	50,—	
				Satzpreis (17 W.)	300,—	800,—	450,—	
A 1	2	(Pf)	dunkelblaugrau bis (dunkel)grau	(83 I)	—,—	*10000,—*	—,—	

FALSCH **Alle Preise über 5,— gelten nur für geprüfte Stücke!**

Katalogisierung nach Aufdrucktypen siehe MICHEL-Deutschland-Spezial Band 1!

Nicht ausgegeben:

					✶	✶✶
A 17	3 M		schwarzviolettgrau	(96 B II)	*20000,—*	*42000,—*

Auflagen: MiNr. 1, 3 und 9 je 200 000, MiNr. 2 = 60 000, MiNr. 4 und 6–8 je 5 000 000, MiNr. 5 und 13 je 500 000, MiNr. 10 = 100 000, MiNr. 11 = 600 000, MiNr. 12 und 14 je 800 000, MiNr. 15 = 750 000, MiNr. 16 = 20 000, MiNr. 17 = 40 000 Stück

1920, 1. März. Freimarken für den ehemals bayerischen Teil (Pfalz) des Saargebietes: Teilauflagen von Marken von Bayern mit schwarzem Bdr.-Aufdruck durch die Druckerei Gebr. Hofer.

Aufdruck MiNr. 18–26

Aufdruck MiNr. 27–29

Aufdruck MiNr. 30–31

			✶	✶✶	⊙
18	5 Pf	schwärzlichgelblichgrün bis (dunkel)gelbgrün . . . (112 A)	0,90	2,—	2,—
19	10 Pf	karminrot bis lilarot . . . . (114 A)	0,90	2,—	2,—
20	15 Pf	bräunlichrot . . . . (115 A)	1,20	2,—	2,40
21	20 Pf	dunkelgrün-lichblau (Töne) . . . . (97 II A)	0,80	2,—	2,—
22	25 Pf	olivschwarz (Töne) . . . . (98 II A)	14,—	28,—	20,—
23	30 Pf	dunkel(rötlich)-orange . . . . (99 II A)	8,—	18,—	14,—
24	40 Pf	braunoliv (Töne), olivbraun . . . . (100 II A)	13,—	26,—	20,—
25	50 Pf	rötlichbraun (Töne) . . . . (101 II A)	2,50	5,50	5,50
26	60 Pf	schwärzlich- bis schwarzblaugrün, dkl'graugrün bis schwarzgrün . . . . . (102 II A)	4,—	8,—	10,—
27	1 M	hell- bis dkl'braun, graubraun . . . . (104 II A)	20,—	50,—	40,—
28	2 M	schwarzgrau-violett (Töne) . . . . . (105 II A)	75,—	160,—	170,—
29	3 M	(dunkel)zinnober-rot . . . . (106 II A)	150,—	350,—	200,—
30	5 M	preußischblau . . . . (107 II A)	1000,—	2500,—	1100,—
31	10 M	schwärzlichgelb-lichgrün (Töne) . . . (108 II A)	180,—	450,—	320,—
		Satzpreis (14 W.)	1400,—	3500,—	1900,—

FALSCH **Alle Preise über 5,— gelten nur für (BPP-)geprüfte Stücke!**

Auflagen: MiNr. 18 = 812 000, MiNr. 19 = 412 000, MiNr. 20 = 404 000, MiNr. 21 = 500 000, MiNr. 22 und 24 je 80 000, MiNr. 23 = 101 000, MiNr. 25 = 200 000, MiNr. 26 = 243 000, MiNr. 27 = 61 000, MiNr. 28 = 27 000, MiNr. 29 = 20 050, MiNr. 30 = 12 000, MiNr. 31 = 20 000 Stück

Gültig bis 15.8.1920 und vom 1.9. bis 15.9.1920

1920, März. Freimarken: Teilauflagen von Marken von Bayern mit Bdr.-Aufdruck wie MiNr. 18–26 (MiNr. A 31–C 31) und 30–31 (D 31).

			✶	✶✶	⊙
A 31	2 Pf	dkl'blaugrau . . . (110 A)	1100,—	2500,—	6000,—
B 31	3 Pf	braun . . . . (94 II A)	100,—	280,—	800,—
C 31	7½ Pf	schwärzlichgrün bis schwärzlich-opalgrün . . . . . . (113 A)	40,—	90,—	350,—
D 31	20 M	dunkelgrau-braun . . . . (109 II A)	*160000,—*	*250000,—*	—,—

MiNr. A 31–D 31 sind nicht zum Schalterverkauf gekommen; lediglich an der Hauptkasse des damaligen Hauptpostamtes Saarbrücken 3 wurden wenige Stücke an bevorzugte Privatpersonen abgegeben.

Auflagen: MiNr. A 31 = 1000, MiNr. B 31 = 4000, MiNr. C 31 = 11 000, MiNr. D 31 = urspr. 16 Stück, davon sehr wahrscheinlich eines im Krieg zerstört.

Gültig bis 15.8.1920 und vom 1.9. bis 15.9.1920

1920, 10. April. Freimarken: Teilauflagen von Marken des Deutschen Reiches mit Bdr.-Aufdruck „SAARGEBIET".

			✶	✶✶	⊙
32	5 (Pf)	dkl'l(opal)grün bis schwärzlichgrün . . (85 II)	0,30	0,60	0,60
33	10 (Pf)	lebhaft- bis dkl'karminrot GA . . (86 II)	0,30	0,60	0,60
34	15 (Pf)	dunkelgrauviolett (Töne) GA . . . . (101)	0,30	0,80	0,60
35	20 (Pf)	dunkelkobalt bis violettblau GA . . . . (87 II)	0,30	0,80	0,60
36	30 (Pf)	dkl'rotorange/schwarz auf weißchromgelb (89 II)	0,50	1,20	0,60
37	40 (Pf)	dkl'karminrot/schwarz . . . . (90 II)	0,40	0,80	0,60
38	50 (Pf)	dunkelbräunlichlila/schwarz auf (weiß)chromgelb . . (91 II)	0,70	1,40	0,60
39	60 (Pf)	dunkelgraulila bis graupupur . . . . (92 II)	0,80	2,—	0,60
40	75 (Pf)	schwärzl'blaugrün bis schwarzgrünblau/gelbschwarz . . . . . (104)	0,90	2,—	0,60
41	1.25 M	(dkl')grün, smaragdgrün, (dkl')gelblichgrün . . (113)	3,50	7,—	1,50
42	1.50 M	braunocker (Töne) . (114)	2,50	5,50	1,50
43	2.50 M	(lebh'rot)karmin bis dunkelrosalila, bräunlichlila . . . . . . (115)	6,—	12,—	17,—
		Satzpreis (12 W.)	16,—	30,—	25,—

Auflagen: siehe nach MiNr. 52

Gültig bis 30.4.1921

1920. Freimarken: Teilauflagen von Marken des Deutschen Reiches mit Bdr.-Aufdruck wie MiNr. 32–40.

			✶	✶✶	⊙
44	5 (Pf)	dunkel(gelb)braun bis siena . . . . (140)	0,60	1,30	1,—
45	10 (Pf)	gelblich- bis rötlichorange (Töne) . (141)	0,60	1,30	0,60
46	20 (Pf)	(opal)grün bis dunkelgelblichgrün . . . . (143)	1,20	2,50	0,60
47	30 (Pf)	dunkelpreußischblau GA . . . . (144)	0,70	1,70	0,90
48	40 (Pf)	lebhaftrotkarmin bis lebhaftlilarot . . . . (145)	1,30	2,50	0,90
49	4 M	braunschwarz/lilarot (Töne) . . . . (153)	11,—	24,—	28,—
		Satzpreis (6 W.)	15,—	32,—	30,—

Auflagen: siehe nach MiNr. 52

Gültig bis 30.4.1921

1921

1921, 4./5. Febr. Freimarken: Saargebiet MiNr. 40 mit zusätzlichem Bdr.-Aufdruck der neuen Wertstufe, Deutsches Reich MiNr. 142 mit Bdr.-Aufdruck der neuen Wertstufen und Wappen des Saargebietes.

MiNr.	Wert				✶	✶✶	⊙
50	**20**	auf 75 (Pf)	schwärzlichblaugrün (Töne)/gelbschwarz (4. Febr.)	(40)	0,50	1,50	1,50
51	**5 M**	auf 15 (Pf)	(dunkel)braunkarmin (Töne) (5. Febr.)	(DR 142)	7,—	24,—	20,—
52	**10 M**	auf 15 (Pf)	(dunkel)braunkarmin (Töne) (5. Febr.)	(DR 142)	7,50	25,—	24,—
				Satzpreis (3 W.)	15,—	50,—	45,—

FALSCH MiNr. 51 und 52

Auflagen: MiNr. 32 und 44 zusammen 5 634 002, MiNr. 33 und 45 zusammen 8 029 443, MiNr. 34 = 2 427 121, MiNr. 35, 46 und 50 zusammen 8 824 123, MiNr. 36 und 47 zusammen 3 660 639, MiNr. 37 und 48 zusammen 5 561 299, MiNr. 38 = 2 248 957, MiNr. 39 = 1 468 696, MiNr 40 = 1 208 958, MiNr. 41 = 640 510, MiNr. 42 = 717 359, MiNr. 43 = 357 731, MiNr. 49 = 151 588, MiNr. 51 = 124 938, MiNr. 52 = 116 865 Stück

Gültig bis 30.4.1921

a) Mühle oberhalb Mettlach

b) Bergmann vor Ort

1921, 19. Febr./21. April. Freimarken: Landschaftsbilder (I). Ⓔ Montader; Bdr. Vaugirard, Paris (MiNr. 53–68 10×10, MiNr. 69 2×5 + 2×5, dazwischen senkr. Zwischensteg); MiNr. 53 A–68 A = gez. K 12½, B = gez. L 10½, MiNr. 69 gez. K 12.

c) Förderturm der Grube Reden

d) Schiffe auf der Saar

e) Saarschleife bei Mettlach

f) Schlackenhalde, Völklingen

g) Signalbrücke, Bahnhof Saarbrücken

h) Der „Alte Turm“ (von der ehem. Benediktiner-Abtei), Mettlach

i) „Alte Brücke“, Saarbrücken

k) Drahtseilbahn Fenne

l) Förderturm und Wetterschacht

m) Neues Rathaus Saarbrücken-St. Johann

n) Steingutfabrik Mettlach (ehem. Abtei)

o) Ludwigskirche, Saarbrücken

p) Landratsamt, Saarbrücken

r) Burbacher Hütte

MiNr.	Wert	Farbe	Bild	✶	✶✶	⊙	FDC
53 A	5 Pf	(grau)oliv/dunkelviolettultramarin bis dunkelgraublau (19. März)	a	0,40	0,80	0,60	
54 A	10 Pf	mehrfarbig (23. März)	b	0,40	1,—	0,60	
55	20 Pf	(hell)bläulichgrün bis dunkelgrün/(dunkel)grünlichblau (22. März)	c				
A		gez. K 12½		0,40	0,80	1,30	
B		gez. L 10½		28,—	50,—	280,—	
56 A	25 Pf	lebhaftsiena (Töne)/dunkelblau (Töne) (1. März)	d	0,50	1,—	1,—	
57 A	30 Pf	(dunkel)grünoliv/schwarzrot (20. Febr.) GA	e	3,—	5,—	28,—	
58 A	30 Pf	dunkelblaugrün/schwarzrot (21. Febr.) GA	e	0,50	1,—	0,90	
59 A	40 Pf	(dunkel)orangerot/dunkelrosa (19. Febr.) GA	f	0,50	1,—	0,60	—,—
60 A	50 Pf	grau (Töne)/schwarzgrau (11. April)	g	1,20	2,50	5,—	
61 A	60 Pf	lebhaftrot/dunkelorangebraun (18. April)	h	2,—	4,—	4,50	
62 A	80 Pf	dunkelultramarin (Töne) (22. März)	i	0,90	1,70	1,30	
63 A	1 M	(dunkel)zinnober/(grau)schwarz (5. April)	k	1,—	2,—	2,—	
64 A	1.25 M	schwärzlichgrünblau/(dunkel)gelbbraun (11. April)	l	1,20	3,—	2,50	
65 A	2 M	rotschwarz/gelblichrot (Töne) (18. April)	m	3,—	7,—	5,—	
66 A	3 M	orangebraun (Töne)/schwarz(braun) (5. April)	n	4,—	9,—	12,—	
67 A	5 M	dunkelgrauviolett/(lebhaft)rötlichgelb (18. April)	o	12,—	22,—	28,—	
68 A	10 M	(dunkel)grün/dunkelrötlichbraun (9. April)	p	15,—	25,—	30,—	
69	25 M	schwarz/dunkellilaultramarin/(dunkel)zinnober (21. April)	r	40,—	100,—	100,—	
		Satzpreis (17 W.)		80,—	180,—	220,—	

Bei MiNr. 53–69 gibt es viele Farbtönungen!

Die Preise gelten für handelsübliche, etwas fehlerhafte Zähnung (siehe „Briefmarken-Qualitätsstufen“ im Einleitungsteil, Abb. 13); Stücke mit einwandfreier Zähnung bis zu 100% Aufschlag!

FALSCH 1958/59 wurden von privater Seite (Druckerei Vaugirard) Nachdrucke (von den Originaldruckstöcken) auf vom Original abweichenden weißen und graugrünen Papieren hergestellt.

Auflagen: MiNr. 53 = 1 635 967, MiNr. 54 = 1 186 781, MiNr. 55 = 720 854, MiNr. 56 = 720 272, MiNr. 57 = 200 000, MiNr. 58 = 1 002 046, MiNr. 59 = 1 195 126, MiNr. 60 = 199 998, MiNr. 61 = 199 990, MiNr. 62 = 443 616, MiNr. 63 = 262 955, MiNr. 64 = 199 867, MiNr. 65 = 152 331, MiNr. 66 = 184 016, MiNr. 67 = 115 349, MiNr. 68 = 97 400, MiNr. 69 = 74 657 Stück

Die Restbestände der kompletten Bogen wurden nach Paris zurückgeschickt, wo sie mit den neuen Wertstufen in Francwährung überdruckt wurden. Alle übrigen Restbestände wurden vernichtet.

Gültig bis 30.4.1921

Neue Währung: 1 (franz.) Franc (Fr) = 100 Centimes (C)

1921, 30. April/Aug. Freimarken: Landschaftsbilder (II). MiNr. 55–69 (zum Teil in Neuauflage) mit verschiedenfarbigem Bdr.-Aufdruck der neuen Wertstufen (alte durchbalkt) durch die Druckerei Vaugirard.

					*	**	⊙	FDC
70	**3 C**	auf	20 Pf	Aufdruck (lebhaft)rot (30. April) . . . . . (55)				
A				gez. K 12½	0,50	0,90	0,60	25,—
B				gez. L 10½	6,—	15,—	200,—	
71 A	**5 C**	auf	25 Pf	Aufdruck dunkelorangerot (30. April) . . . . . (56)	0,50	1,—	0,60	25,—
72 A	**10 C**	auf	30 Pf	Aufdruck dunkelviolettultramarin bis dunkelblau (30. April) GA (58)	0,50	1,—	0,60	25,—
73 A	**15 C**	auf	40 Pf	Aufdruck schwarz (30. April) . . . . . (59)	0,60	1,40	0,60	25,—
74 A	**20 C**	auf	50 Pf	Aufdruck (lebhaft)rot (30. April) . . . . . (60)	0,50	1,—	0,60	
75 A	**25 C**	auf	60 Pf	Aufdruck dunkellilaultramarin (30. April) . . . . . (61)	0,60	1,30	0,60	
76 A	**30 C**	auf	80 Pf	Aufdruck schwarz (30. April) . . . . . (62)	2,—	4,50	1,30	
77 A	**40 C**	auf	1 M	Aufdruck (dunkel)lilaultramarin (30. April) . . . . . (63)	2,50	6,—	0,60	
78	**50 C**	auf	1.25 M	Aufdruck schwarz (Mai) . . . . . (64)				
A				gez. K 12½	4,—	10,—	1,30	
B				gez. L 10½	90,—	180,—	180,—	
79 A	**75 C**	auf	2 M	Aufdruck dunkelviolettultramarin bis dunkelblau (30. April) . . . (65)	6,—	18,—	2,50	
80 A	**1 Fr**	auf	3 M	Aufdruck dunkelviolettultramarin bis dunkelblau (30. April) . . . (66)	6,—	18,—	3,—	
81 A	**2 Fr**	auf	5 M	Aufdruck dunkelviolettultramarin bis dunkelblau (30. April) . . . (67)	15,—	40,—	8,—	—,—
82 A	**3 Fr**	auf	10 M	Aufdruck schwarz (30. April) . . . . . (68)	22,—	60,—	32,—	—,—
83	**5 Fr**	auf	25 M	Aufdruck dunkellilaultramarin (Mai) . . . . . (69)	22,—	60,—	45,—	
				Satzpreis (14 W.)	80,—	220,—	90,—	

Alle blauen Aufdruck-Farben schwanken von hell bis dunkel!

Die Preise gelten für handelsübliche, etwas fehlerhafte Zähnung (siehe „Briefmarken-Qualitätsstufen“ im Einleitungsteil, Abb. 13); Stücke mit allseits fehlerloser Zähnung ca. 100% Aufschlag!

Der Überdruck erfolgte in schmalen und breiteren Buchstaben, die Doppelstriche des Aufdrucks weisen unterschiedliche Dicken und bis zu 2 mm Längenunterschiede auf.

Fehlerhafte, verschobene oder sonstige Druckmängel aufweisende Aufdrucke sind häufig.

FALSCH MiNr. 80 mit kopfstehendem Aufdruck, MiNr. 83 Rahmen und Mittelstück entgegengesetzt gedruckt.

Auflagen: MiNr. 70 = 2 379 000, MiNr. 71 = 4 932 900, MiNr. 72 = 5 773 500, MiNr. 73 = 2 325 700, MiNr. 74 = 6 024 100, MiNr. 75 = 1 816 600, MiNr. 76 = 1 349 100, MiNr. 77 = 1 188 800, MiNr. 78 = 1 111 500, MiNr. 79 = 802 000, MiNr. 80 = 719 000, MiNr. 81 = 477 000, MiNr. 82 = 303 200, MiNr. 83 = 330 640 Stück

Gültig bis 28.2.1927

1922

1922, 1. März/Dez. Freimarken: Landschaftsbilder (III). E Montader; Bdr. Vaugirard, Bogen (B) (MiNr. 84–96 10×10, MiNr. 97 2×5 + 2×5, dazwischen senkr. Zwischensteg) und Markenheftchen (MH); MiNr. 84 und 86–95 gez. K 12½:13½, MiNr. 85 und 96 gez. K 13½:12½, MiNr. 97 gez. K 12.

s) Drahtseilbahn Fenne

t) Bergmann

u) „Alte Brücke“, Saarbrücken

v) Neues Rathaus, Saarbrücken-St.-Johann

v

w) Schlackenhalde, Völklingen

x) Steingutfabrik Mettlach (ehem. Abtei)

y) Hafen, Saarbrücken

x

z) Ludwigskirche, Saarbrücken

aa) Förderturm und Wetterschacht

ab) Der „Alte Turm“ (von der ehem. Benediktiner-Abtei), Mettlach

ac) Burbacher Hütte

				*	**	⊙
84	3 C	dunkel(grau)olivgrün/mattorangegelb (April) (B)	s	0,50	0,90	0,80
85	5 C	schwarz/dunkelgelb(lich)orange bis dunkelorange (1. März) (B) (MH)	t	0,50	0,90	0,50
86	10 C	dunkelopalgrün bis dunkelgrün/orangeweiß (1. März) (B) GA	u	0,50	0,90	0,50
87	15 C	(dunkel)rötlichbraun (Töne) (1. März) (B) GA	s	1,50	3,50	0,50
88	20 C	dunkelblau (Töne)/mattgraugelb (Dez.) (B) GA	v	17,—	50,—	0,50
89	25 C	dunkelrosa/mattorangegelb (April) (B)	v	8,—	20,—	2,80
90	30 C	dunkelrosarot bis lilarot/hellorangegelb (Mai) (B)	w	2,50	6,50	2,60
91	40 C	dunkelrötlichbraun/mattgelb (Mai) (B)	x	2,—	5,—	0,50
92	50 C	dunkelultramarin/hellgrüngrau (Mai) (B)	y	1,20	2,50	0,50
93	75 C	dunkelbläulichgrün/orangeweiß (Mai) (B)	x	17,—	50,—	30,—
94	1 Fr	lebhaftbraunrot (Töne) (Mai) (B)	z	3,—	12,—	1,—
95	2 Fr	dunkelgrauviolett bis dunkelbraunviolett/mattgelb (Mai) (B)	aa	8,—	20,—	4,—
96	3 Fr	orangegelb bis lebhaftgelborange/schwärzlichgrünblau (Mai) (B)	ab	30,—	80,—	8,—
97	5 Fr	(lebhaft)rötlichbraun/lebhaftbraunrot (Töne) (Juli) (B)	ac	30,—	80,—	55,—
		Satzpreis (14 W.)		110,—	330,—	100,—

Die Preise gelten für handelsübliche, etwas fehlerhafte Zähnung (siehe „Briefmarken-Qualitätsstufen" im Einleitungsteil, Abb. 13); Stücke mit allseits fehlerfreier Zähnung mindestens 100% Aufschlag!

Bei MiNr. 84–97 gibt es sehr viele Papier-, Gummierungs- und Farbschwankungen.

MiNr. 85 gibt es auch aus Markenheftchen (= rechter Bogenrand).

Auflagen: MiNr. 84 = 1 045 282, MiNr. 85 = 21 488 300, davon 2 098 000 aus Markenheftchen, MiNr. 86 = 14 122 300, MiNr. 87 = 9 192 000, MiNr. 88 = 3 750 000, MiNr. 89 = 600 000, MiNr. 90 = 10 362 000, MiNr. 91 = 10 733 000, MiNr. 92 = 10 245 000, MiNr. 93 = 250 000, MiNr. 94 = 3 192 000, MiNr. 95 = 650 000, MiNr. 96 = 644 746, MiNr. 97 = 120 000 Stück

Gültig bis 31.12.1933

1923

1923, Sept./Okt. Freimarken: Landschaftsbilder (IV). Wie MiNr. 87–89 und 93, jedoch geänderte Farben.

s

v

v

x

				✶	✶✶	⊙
98	15 C	lebhaftrotorange (Sept.) (B)	s	3,—	8,50	0,50
99	20 C	lebhaftgrünlichblau/ mattorangegelb (Okt.) (B) (MH)	v	5,—	12,—	0,50
100	25 C	rötlichlila/mattrötlichgelb (Okt.) (B) (MH)	v	3,—	8,50	0,50
101	75 C	schwärzlichgraugrün/ mattrötlichgelb (Okt.) (B)	x	40,—	95,—	4,—
		Satzpreis (4 W.)		50,—	120,—	5,—

MiNr. 99 und 100 gibt es auch aus Markenheftchen (= rechter Bogenrand).

Vgl. Bewertungshinweis bei MiNr. 84–97!

Auflagen: MiNr. 98 = 6 821 468, MiNr. 99 = 12 024 000, davon 2 098 000 aus Markenheftchen, MiNr. 100 = 22 352 800, davon 2 098 800 aus Markenheftchen, MiNr. 101 = 2 112 000 Stück

Gültig bis 31.12.1933

1925–1927

1925, 9. April. Freimarken: Madonna von Blieskastel. 🄴 Wagner; RaTdr. Vaugirard (MiNr. 102 7×4 + 7×4, MiNr. 103 5×2 + 5×2, dazwischen jeweils waager. Zwischensteg); MiNr. 102 gez. K 13½:12½, MiNr. 103 gez. K 12.

ad

ae

ad–ae) Madonna von Blieskastel

				✶	✶✶	⊙	FDC
102	45 C	dkl'karminbraun	ad	3,50	8,50	6,50	*50,—*
103	10 Fr	schwarzbraun	ae	20,—	38,—	30,—	*180,—*
		Satzpreis (2 W.)		22,—	45,—	35,—	—,—

Auflagen: MiNr. 102 = 1 099 280, MiNr. 103 = 316 343 Stück

MiNr. 102 gültig bis 31.12.1932, MiNr. 103 bis 28.2.1935

MiNr. 103 mit Aufdruck „Volksabstimmung": MiNr. 194

1926, 25. Okt. Volkshilfe: Pflegedienste (I). 🄴 Wagner; RaTdr. Vaugirard (5×5+5×5, dazwischen senkr. Zwischensteg); gez. K 13½.

af) Kriegsfürsorge

ag) Krankenpflege

ah) Kinderfürsorge

ai) Säuglingspflege

				✶	✶✶	⊙
104	20 C + 20 C	schwarzgrünoliv	af	10,—	25,—	25,—
105	40 C + 40 C	schwärzlichockerbraun	ag	10,—	25,—	25,—
106	50 C + 50 C	dunkelgelblichrot	ah	10,—	25,—	25,—
107	1.50 Fr + 1.50 Fr	dunkelpreußischblau	ai	24,—	55,—	60,—
		Satzpreis (4 W.)		50,—	130,—	130,—
		FDC				*500,—*

Die Preise gelten für fehlerhafte Zähnung. Stücke mit absolut einwandfreier Zähnung bis zu 100% Aufschlag!

Auflagen: MiNr. 104 = 106 574, MiNr. 105 = 112 606, MiNr. 106 = 139 346, MiNr. 107 = 77 961 Stück

Gültig bis 31.1.1927

Mit Aufdruck „1927–28": MiNr. 122–125

1926, 26. Dez./1927, Jan. Freimarken: Landschaftsbilder (V). 🄴 Montader; RaTdr. Vaugirard (5×5 + 5×5, dazwischen senkr. oder waager. Zwischensteg); gez. K 13½.

ak) Marktbrunnen, St. Johann

al) Saartal bei Güdingen

am) Kaserne, Saarlouis

an) Abtei Tholey

ao) Förderanlage

ap) Burbacher Hütte

				✶	✶✶	⊙
108	10 C	dunkelsiena (Jan. 1927)	ak	0,90	1,70	0,60
109	15 C	schwarzgrün (Jan. 1927)	al	0,50	1,30	1,30
110	20 C	schwärzlichrotorange (26.12.1926)	am	0,50	1,30	0,60
111	25 C	schwarzgrünlichblau (Jan. 1927)	an	0,90	1,50	0,60
112	30 C	dunkelgrünoliv (Jan. 1927) GA	ak	1,20	2,—	0,60
113	40 C	schwärzlicholivbraun (Jan. 1927) GA	am	0,90	1,60	0,60

				✶	✶✶	⊙
114	50 C	dunkelrotkarmin (Jan. 1927) . . . . an		1,20	2,50	0,60
115	75 C	schwärzlichviolettbraun (Jan. 1927) . . . . al		0,90	1,60	0,60
116	80 C	dunkelgelblichrot (Jan. 1927) . . . . ao		3,—	8,—	11,—
117	1 Fr	schwärzlichbraunviolett (Jan. 1927) . . . . ao		3,—	7,—	0,60
118	1.50 Fr	schwärzlichgrünlichblau (Jan. 1927) . . . . ap		8,—	22,—	0,60
119	2 Fr	dunkelbräunlichrot (Jan. 1927) . . . . ap		8,—	22,—	0,60
120	3 Fr	schwarzgrünlicholiv (Jan. 1927) . . . . ap		18,—	45,—	1,60
121	5 Fr	dunkelorangebraun (Jan. 1927) . . . . ap		18,—	45,—	9,—
		Satzpreis (14 W.)		60,—	150,—	25,—

Auflagen: MiNr. 108 = 7 414 154, MiNr. 109 = 992 300, MiNr. 110 = 24 431 589, MiNr. 111 = 2 790 766, MiNr. 112 = 21 026 838, MiNr. 113 = 39 261 255, MiNr. 114 = 47 047 852, MiNr. 115 = 6 199 249, MiNr. 116 = 1 408 020, MiNr. 117 = 10 590 575, MiNr. 118 = 7 560 529, MiNr. 119 = 6 197 488, MiNr. 120 = 2 199 081, MiNr. 121 = 466 005 Stück

MiNr. 116 gültig bis 15.4.1930, alle übrigen Werte bis 28.2.1935

Weitere Werte in Zeichnung ao: MiNr. 143; in Zeichnung am: MiNr. 160; MiNr. 114 und 116 mit neuem Wertaufdruck: MiNr. 178 bzw. MiNr. 142

Mit Aufdruck „Volksabstimmung“: MiNr. 179–194

1927, 1. Okt. Volkshilfe: Pflegedienste (II). MiNr. 104–107 mit schwarzem Bdr.-Aufdruck der Jahreszahlen „1927–28“ durch die Druckerei Vaugirard.

						✶	✶✶	⊙
122	20 C	+	20 C	schwarzgrünoliv . . . . (104)		16,—	40,—	45,—
123	40 C	+	40 C	schwärzl'ockerbraun . . (105)		16,—	40,—	45,—
124	50 C	+	50 C	dunkelgelblichrot . . (106)		14,—	30,—	40,—
125	1.50 Fr	+	1.50 Fr	dunkelpreußischblau . . . (107)		22,—	50,—	90,—
				Satzpreis (4 W.)		65,—	160,—	200,—
				FDC				*750,—*

Die Preise gelten für etwas fehlerhafte Zähnung. Stücke mit völlig einwandfreier Zähnung bis zu 100% Aufschlag!

Auflagen: MiNr. 122 = 66 314, MiNr. 123 = 66 807, MiNr. 124 = 78 975, MiNr. 125 = 62 611 Stück

Gültig bis 29.2.1928

1928

1928, 19. Sept. Flugpostmarken. RaTdr. Vaugirard (5×5 + 5×5, dazwischen waager. Zwischensteg); gez. K 13½.

Fa) Doppeldecker Breguet 14 T über Saarbrücken

				✶	✶✶	⊙	FDC*)
126	50 C	dkl'bräunlichrot Fa		5,—	12,—	5,—	2500,—
127	1 Fr	schwärzlichgrauviolett . . . . Fa		8,—	18,—	6,—	2500,—
		Satzpreis (2 W.)		13,—	30,—	11,—	

*) Preise gelten für Belege mit schwarzen Ersttagsstempeln (19.9.) und Flugbestätigungsstempel.

MiNr. 126–127 konnten auch für gewöhnliche Post verwendet werden.

Auflagen: MiNr. 126 = 524 635, MiNr. 127 = 428 552 Stück

Gültig bis 28.2.1935

Mit Aufdruck „Volksabstimmung“: MiNr. 195 und 197

1928, 23. Dez. Volkshilfe: Gemälde (I). Ⓔ Wagner; RaTdr. Vaugirard (5×5 + 5×5), dazwischen senkr. Zwischensteg; gez. K 13½.

ar) Der blinde Bettler; von Joseph L. Dyckmans (1811–1888), belgischer Maler

as) Das Almosen; von Matthäus Schiestl (1869–1939), österr. Maler

at) La Carità (Detail aus Grablegung Christi); von Raffael (1483–1520), ital. Maler und Architekt

					✶	✶✶	⊙
128	40 C	(+ 40 C)	dunkelolivbraun . . . . ar		15,—	38,—	90,—
129	50 C	(+ 50 C)	lebhaftkarminbraun . . . . ar		15,—	38,—	90,—
130	1 Fr	(+ 1 Fr)	schwärzlichgrauviolett ar		15,—	38,—	90,—
131	1.50 Fr	(+ 1.50 Fr)	dunkelpreußischblau . . . . . as		15,—	38,—	90,—
132	2 Fr	(+ 2 Fr)	schwärzlichbraunorange . . as		18,—	40,—	130,—
133	3 Fr	(+ 3 Fr)	schwärzlichgraugrün . as		18,—	40,—	170,—
134	10 Fr	(+ 10 Fr)	dkl'(orange)-braun . . . . at		460,—	900,—	5000,—
			Satzpreis (7 W.)		550,—	1100,—	5500,—
			FDC				*10000,—*

MiNr. 128–134 wurden nur von der Versandstelle in Saarbrücken und in größeren Orten als komplette Serie verkauft.

Auflagen: MiNr. 128–133 je 40 000, MiNr. 134 = 15 000 Stück

Gültig bis 15.4.1929

1929–1930

1929, 22. Dez. Volkshilfe: Gemälde (II). Ⓔ Wagner; RaTdr. Vaugirard (5×5 + 5×5, dazwischen senkr. Zwischensteg); gez. K 13½.

au) Verwaiste Herzen; von Hermann Kaulbach (1846–1909), Maler

av) Hl. Odilia; von Martin Feuerstein (1856–1931), Maler

aw) La Madonnina; von Roberto Ferruzzi (1854–1934), dalmatinischer Maler

					✶	✶✶	⊙
135	40 C	(+ 15 C)	schwarzolivgrün . . . . . . au		2,50	6,50	7,—
136	50 C	(+ 20 C)	schwärzlichrotorange . . au		5,—	12,—	12,—
137	1 Fr	(+ 50 C)	dunkelbraunkarmin . . . . au		5,—	12,—	14,—
138	1.50 Fr	(+ 75 C)	schwärzlichgrünlichblau av		5,—	12,—	14,—
139	2 Fr	(+ 1 Fr)	dunkelbräunlichrot av		5,—	12,—	14,—
140	3 Fr	(+ 2 Fr)	schwarzblaugrün . . . . . . av		10,—	20,—	32,—
141	10 Fr	(+ 8 Fr)	schwarzbraun . . . . aw		60,—	130,—	170,—
			Satzpreis (7 W.)		90,—	200,—	260,—
			FDC				—,—

Auflagen: MiNr. 135 = 194 080, MiNr. 136 = 68 067, MiNr. 137 = 58 412, MiNr. 138 = 56 158, MiNr. 139 = 55 062, MiNr. 140 = 53 834, MiNr. 141 = 40 000

Gültig bis 30.6.1930

FDC = Ersttagsbrief (First Day Cover)

1930, 28. März. Freimarke: Landschaftsbilder (VI). MiNr. 116 mit schwarzem Bdr.-Aufdruck durch die Druckerei Vaugirard.

			✶	✶✶	⊙
142	60 C auf 80 C	dunkelgelblichrot .... (116)	2,50	6,—	3,—
		FDC			40,—

Auflage: 1 270 000 Stück

Gültig bis 28.2.1935

1930, 15. April. Freimarke: Landschaftsbilder (VII). 🄴 Montader; RaTdr. Vaugirard (5×5 + 5×5, dazwischen waager. Zwischensteg); gez. K 13½.

ao) Förderschachtanlage

			✶	✶✶	⊙
143	60 C	dunkelgelblichrot ...... ao	5,—	12,—	0,70
		FDC			15,—

Auflage: 55 683 915 Stück

Gültig bis 28.2.1935

1931

1931, 20. Jan. Volkshilfe: Gemälde (III). 🄴 Wagner; RaTdr. Vaugirard (5×5 + 5×5, dazwischen senkr. Zwischensteg); gez. K 13½.

ax) Der Sicherheitsmann; von Fritz Zolnhofer (1896–1965), Maler

ay) Der barmherzige Samariter; von Josef Heinemann (1825–1901), Maler

az) Im Fenster; von Ferdinand G. Waldmüller (1793–1865), österreichischer Maler

				✶	✶✶	⊙
144	40 C	(+ 15 C)	dunkelbraunorange ..... ax	10,—	25,—	30,—
145	60 C	(+ 20 C)	(dkl')orangerot ax	10,—	24,—	30,—
146	1 Fr	(+ 50 C)	dunkelrötlichkarmin ..... ay	10,—	24,—	60,—
147	1.50 Fr	(+ 75 C)	schwärzlichgrünlichblau . ax	15,—	35,—	60,—
148	2 Fr	(+ 1 Fr)	schwärzlichorangebraun . ay	15,—	35,—	60,—
149	3 Fr	(+ 2 Fr)	schwärzlicholivgrün .... ay	25,—	50,—	60,—
150	10 Fr	(+ 10 Fr)	dunkelbraunorange ..... az	120,—	260,—	360,—
			Satzpreis (7 W.)	200,—	450,—	650,—
			FDC			*1500,—*

Auflagen: MiNr. 144 = 63 664, MiNr. 145 = 77 894, MiNr. 146 = 48 457, MiNr. 147 = 46 052, MiNr. 148 = 42 601, MiNr. 149 = 41 667, MiNr. 150 = 30 000 Stück

Gültig bis 31.8.1931

1931, 23. Dez. Volkshilfe: Gemälde (IV). 🄴 Wagner; RaTdr. Vaugirard (5×5 + 5×5, dazwischen senkr. Zwischensteg); gez. K 13½.

ba) St. Martin und der Bettler; von Fritz Boehle (1873–1916), Maler und Grafiker

bb) Caritas; von Daniel Ridgeway-Knight (1839–1924), englischer Maler

bc) Das Scherflein der Witwe; von Édouard Louis Dubufé (1820–1883), französischer Maler

				✶	✶✶	⊙
151	40 C	(+ 15 C)	schwärzlichbraun ...... ba	16,—	45,—	45,—
152	60 C	(+ 20 C)	dunkelzinnoberrot .... ba	16,—	45,—	45,—
153	1 Fr	(+ 50 C)	dunkelkarminbraun ...... ba	20,—	50,—	70,—
154	1.50 Fr	(+ 75 C)	schwärzlichgrünlichblau . bb	24,—	55,—	70,—
155	2 Fr	(+ 1 Fr)	dkl'karminrot bb	28,—	70,—	70,—
156	3 Fr	(+ 2 Fr)	schwarzgrünoliv .... bb	35,—	90,—	120,—
157	5 Fr	(+ 5 Fr)	schwärzlichbraunorange bc	120,—	320,—	400,—
			Satzpreis (7 W.)	250,—	650,—	800,—
			FDC			*2400,—*

Auflagen: MiNr. 151 = 48 377, MiNr. 152 = 56 488, MiNr. 153 = 36 020, MiNr. 154 = 34 117, MiNr. 155 = 32 145, MiNr. 156 = 31 016, MiNr. 157 = 30 042 Stück

Gültig bis 31.10.1932

1932

✈ 1932, 20. April. Flugpostmarken. RaTdr. Vaugirard (5×5 + 5×5, dazwischen waager. Zwischensteg); gez. K 13½.

Fb) Focke-Wulf A 17 Möwe über dem Flughafen Saarbrücken-St. Arnual und Stiftskirche St. Arnual

			✶	✶✶	⊙	FDC
158	60 C	dkl'gelblichrot . Fb	8,—	20,—	6,—	75,—
159	5 Fr	dkl'orangebraun Fb	55,—	160,—	120,—	300,—
		Satzpreis (2 W.)	60,—	180,—	125,—	—,—

Auflage: 209 898 Stück

Gültig bis 28.2.1935

1932, 20. April. Freimarke: Landschaftsbilder (VIII). 🄴 Montader; RaTdr. Vaugirard (5×5 + 5×5, dazwischen waager. Zwischensteg); gez. K 13½.

am) Kaserne, Saarlouis

			✶	✶✶	⊙	FDC
160	90 C	dunkelrot (Töne) GA ..... am	15,—	45,—	22,—	150,—

Auflage: 209 898 Stück

Gültig bis 28.2.1935

1932, 20. Dez. Volkshilfe: Burgen und Kirchen. 🄴 Wentz; RaTdr. Vaugirard (5×5 + 5×5, dazwischen bei MiNr. 161–166 senkr. und bei MiNr. 167 waager. Zwischensteg); gez. K 13½.

bd) Kirkel, Burgruine

be) Blieskastel, Schlosskirche

bf) Ottweiler, ev. Kirche

bg) Saarbrücken, St.-Michael-Kirche

bh) St. Wendel, Wendelinusbrunnen

bi) Saarbrücken, St.-Johann-Kirche

bk) Illingen, Burg Kerpen

				✶	✶✶	⊙
161	40 C	(+ 15 C)	schwärzlichbraun ...... bd	12,—	40,—	28,—
162	60 C	(+ 20 C)	dunkelorangerot .... be	12,—	40,—	28,—

				*	**	⊙
163	1 Fr	(+ 50 C)	schwärzlichgraupurpur . . bf	18,—	50,—	50,—
164	1.50 Fr	(+ 75 C)	dunkelpreußischblau . . . bg	25,—	75,—	60,—
165	2 Fr	(+ 1 Fr)	(dunkel)karminrot . . . . bh	25,—	75,—	70,—
166	3 Fr	(+ 2 Fr)	schwärzlichgrünoliv . . . . . bi	70,—	160,—	220,—
167	5 Fr	(+ 5 Fr)	schwärzlichbraunorange bk	150,—	320,—	360,—
			Satzpreis (7 W.)	300,—	750,—	800,—
			FDC			2000,—

Auflagen: MiNr. 161 = 34 662, MiNr. 162 = 35 733, MiNr. 163 = 27 898, MiNr. 164 = 26 433, MiNr. 165 = 25 073, MiNr. 166 = 24 533, MiNr. 167 = 23 676 Stück

Gültig bis 30.6.1933

1933–1934

1933, 1. Juni. Explosionsunglück am 10.2.1933 in Neunkirchen. Ⓔ Lempereur; RaTdr. Vaugirard (5×5 + 5×5, dazwischen waager. Zwischensteg); gez. K 13½.

bl) Bergung der Opfer

				*	**	⊙
168	60 C	(+ 60 C)	schwärzlichrotorange . . . . . . bl	20,—	50,—	25,—
169	3 Fr	(+ 3 Fr)	dkl'graugrün . . bl	45,—	110,—	90,—
170	5 Fr	(+ 5 Fr)	schwarzbraunorange . . . . . . bl	45,—	110,—	90,—
			Satzpreis (3 W.)	110,—	270,—	200,—
			FDC			750,—

Auflagen: MiNr. 168 = 41 681, MiNr. 169 = 29 891, MiNr. 170 = 29 015 Stück

Gültig bis 15.3.1934

1934, 15. März. Volkshilfe: Standbilder aus Saarbrückener Kirchen. RaTdr. Vaugirard (5×5 + 5×5, dazwischen senkr. Zwischensteg); gez. K 13½.

bm) „Liebe"

bn) „Sorge"

bo) „Frieden"

bp) „Trost"

br) „Wohlfahrt"

bs) „Wahrheit"

bt) Gräfin Elisabeth von Nassau-Saarbrücken; Grabmal in St. Arnual

bm–bs) Karyatiden in der Ludwigskirche; von Carlo Luca Pozzi (1735–1803), Stuckateur

				*	**	⊙
171	40 C	(+ 15 C)	dunkelbraun (Töne) . . . . . bm	7,—	18,—	20,—
172	60 C	(+ 20 C)	dunkelgelblichrot . . . . bn	7,—	18,—	20,—
173	1 Fr	(+ 50 C)	dunkelbraunviolett . . . . . . bo	9,—	24,—	25,—
174	1.50 Fr	(+ 75 C)	dunkelpreußischblau . . . bp	18,—	45,—	45,—
175	2 Fr	(+ 1 Fr)	karminrot . . . br	16,—	40,—	45,—
176	3 Fr	(+ 2 Fr)	schwarzgrauoliv . . . . bs	18,—	45,—	45,—
177	5 Fr	(+ 5 Fr)	schwärzlichbraunorange . bt	40,—	100,—	110,—
			Satzpreis (7 W.)	110,—	280,—	300,—
			FDC			1000,—

Auflagen: MiNr. 171 = 49 642, MiNr. 172 = 49 540, MiNr. 173 = 42 252, MiNr. 174 = 40 536, MiNr. 175 = 39 596, MiNr. 176 = 38 732, MiNr. 177 = 38 478 Stück

Gültig bis 30.11.1934

Mit Aufdruck „Volksabstimmung": MiNr. 199–205

1934, 1. Nov. Freimarke: Landschaftsbilder (IX). MiNr. 114 mit schwarzem Bdr.-Aufdruck durch die Druckerei Vaugirard.

			*	**	⊙
178	**40 C** auf 50 C	dunkelrotkarmin . . . . . (114)	2,—	5,—	2,—
		FDC			30,—

Auflage: 1 096 100 Stück

Gültig bis 28.2.1935

1934, 1. Nov. Volksabstimmung 1935. MiNr. 103 und Freimarken „Landschaftsbilder", zum Teil in Neuauflagen, mit farbigem Bdr.-Aufdruck ähnlich den jeweiligen Markenfarben durch die Druckerei Vaugirard.

			*	**	⊙	FDC
179	10 C	dunkelsiena . . (108, z.T. neu)	0,50	1,50	0,70	12,—
180	15 C	schwarzgrün . . (109, neu)	0,50	1,50	0,70	12,—
181	20 C	schwärzl'-orange . . . . (110, neu)	0,80	2,—	1,70	12,—
182	25 C	schwarzgrünlichblau (111, neu)	0,80	2,—	1,70	12,—
183	30 C	dunkelgrünoliv (112, neu)	0,50	1,50	0,70	10,—
184	40 C	dunkelolivbraun . (113, neu)	0,50	1,30	0,90	12,—
185	50 C	dunkelrotkarmin . . . . (114)	0,90	2,50	1,70	12,—
186	60 C	dunkelgelblichrot . . . (143, neu)	0,50	1,30	0,70	10,—
187	75 C	schwärzlichviolettbraun . (115, neu)	0,90	2,50	1,70	20,—
188	90 C	dunkelrot . . (160)	0,90	2,50	1,80	20,—
189	1 Fr	schwärzlichbraunviolett . . (117, z.T. neu)	0,90	2,50	2,—	20,—
190	1.50 Fr	schwärzlichgrünblau(118, z.T. neu)	1,60	4,50	4,—	25,—
191	2 Fr	dunkelbräunlichrot (119, z.T. neu)	2,50	6,—	6,—	40,—
192	3 Fr	schwarzgrünlicholiv (120, z.T. neu)	6,—	13,—	12,—	75,—
193	5 Fr	dunkelorangebraun . . . . . (121)	25,—	55,—	40,—	—,—
194	10 Fr	schwarzbraun . . . . . (103)	30,—	65,—	75,—	—,—
		Satzpreis (16 W.)	70,—	160,—	150,—	

Die Aufdruckfarben können von den Markenfarben etwas abweichen.

Auflagen: MiNr. 179–180, 182, 185 und 187–192 je 250 000, MiNr. 181 = 561 000, MiNr. 183 = 706 000, MiNr. 184 = 1 014 000, MiNr. 186 = 1 525 000, MiNr. 193–194 je 70 000 Stück

Von MiNr. 181, 183–184 und 186 wurden Restbestände vernichtet (in obigen Zahlen aber enthalten). Die jeweilige Gesamtmenge der vernichteten Marken wurde bei den jeweiligen Urmarken abgezogen.

Gültig bis 28.2.1935

✈ 1934, 1. Nov. Flugpostmarken: Volksabstimmung 1935. MiNr. 126 (in Neuauflage), 127 und 158–159 mit farbigem Bdr.-Aufdruck ähnlich den jeweiligen Markenfarben durch die Druckerei Vaugirard.

				✶	✶✶	⊙
195	50 C	dkl'bräunlichrot	. (126, neu)	5,—	12,—	9,—
196	60 C	dunkelgelblichrot	. . . (158)	4,—	9,—	3,50
197	1 Fr	schwärzlichgrauviolett	(127)	9,—	20,—	12,—
198	5 Fr	dunkelorangebraun	. . (159)	12,—	25,—	18,—
			Satzpreis (4 W.)	30,—	65,—	40,—
			FDC			300,—

Bei MiNr. 195 handelt es sich um eine eigens für diese Ausgabe hergestellte Neuauflage der MiNr. 126.

Auflagen: MiNr. 195, 197 und 198 je 100 000, MiNr. 196 = 250 000 Stück

Gültig bis 28.2.1935

FDC = Ersttagsbrief (First Day Cover)

1934, 1. Dez. Volkshilfe: Volksabstimmung 1935. MiNr. 171–177 mit farbigem Bdr.-Aufdruck ähnlich den jeweiligen Markenfarben durch die Druckerei Vaugirard.

					✶	✶✶	⊙
199	40 C	(+ 15 C)	dkl'braun	(171)	4,50	10,—	18,—
200	60 C	(+ 20 C)	dunkelgelblichrot	. . . (172)	4,50	10,—	18,—
201	1 Fr	(+ 50 C)	dunkelbraunviolett	. . . (173)	14,—	26,—	32,—
202	1.50 Fr	(+ 75 C)	dunkelpreußischblau	(174)	9,—	22,—	32,—
203	2 Fr	(+ 1 Fr)	karminrot	. (175)	14,—	32,—	45,—
204	3 Fr	(+ 2 Fr)	schwarzgrauoliv	. . (176)	13,—	30,—	40,—
205	5 Fr	(+ 5 Fr)	schwärzlichbraunorange	. . . (177)	19,—	48,—	50,—
				Satzpreis (7 W.)	70,—	170,—	240,—
				FDC			—,—

Auflagen: MiNr. 199 = 89 024, MiNr. 200 = 87 210, MiNr. 201 = 40 312, MiNr. 202 = 40 295, MiNr. 203 = 39 314, MiNr. 204 = 40 288, MiNr. 205 = 40 239 Stück

Gültig bis 28.2.1935

Sämtliche Restbestände der Marken des Saargebietes wurden 1935 vernichtet.

Gemäß dem Ergebnis der Volksabstimmung vom 13.1.1935 wurde das Saargebiet am 1.3.1935 ungeteilt an Deutschland zurückgegeben. Am gleichen Tag kamen die Marken des Deutschen Reiches an die Postschalter. Mischfrankaturen mit Marken des Saargebietes konnte es nicht geben.

Ausgaben des Saarlandes (MiNr. 206–448) siehe nach Berlin (West).

Markenheftchen

Landschaftsbilder, 1924

MH-MiNr.	Ausgabedatum	Enthält H-Blätter (Anzahl)	Nominale	Auflage	Deckel	Preis ✶✶
1	6. 12. 1924	1 (1), 2 (1), 3 (1)	4 Fr	262 350	a (dunkelblau auf mattbraungelb)	2600,—

Der Preis gilt für Markenheftchen mit üblichen kleinen Mängeln; einwandfreie Erhaltung ist sehr selten.

H-Bl. 1 mit MiNr. 85
(H-Bl.-Rand rechts oder links)

H-Bl. 2 mit MiNr. 99
(H-Bl.-Rand oben oder unten)

H-Bl. 3 mit MiNr. 100
(H-Bl.-Rand oben oder unten)

Für die Fertigung der Heftchenblätter wurden extra Bogen hergestellt, die sich von den normalen Schalterbogen durch die fehlenden Reihenwertzahlen auf dem rechten Seitenrand (5 C) bzw. auf dem Oberrand (20 C u. 25 C) unterscheiden.

Normalerweise wurden die H-Blätter wie folgt eingeheftet (Ränder links):

H-Bl. 1 richtigstehend, H-Bl. 2 und 3 Unterrand; oder H-Bl. 1 kopfstehend, H-Bl. 2 und 3 Oberrand.

Selten kommen Abweichungen und/oder vertauschte H-Blätter vor.

MH 1 enthält keine Zwischenblätter.

Gültig bis 31. 12. 1933

Dienstmarken

1922

1922, 1. Juni/1924. Dienstmarken: Freimarken MiNr. 84–94 (zum Teil in Neuauflage) mit diagonalem lebhaftrotem (MiNr. 1–3, 5 und 9–10) bzw. dunkelviolettultramarinem (MiNr. 4, 6–8 und 11) Bdr.-Aufdruck (dick, Grotesk) in zwei Typen durch die Druckerei Vaugirard.

DIENSTMARKE

Type I: fette Buchstaben, mittlere „E"-Balken höherstehend, „S"-Bogen gleichmäßig, symmetrisches „A"

DIENSTMARKE

Type II: halbfette Buchstaben, mittlere „E"-Balken in der Mitte, „S"-Bogen unten deutlich größer, asymmetrisches „A"

				✶	✶✶	⊙
1 I	3 C	dunkel(grau)olivgrün/mattorangegelb (1.6.1922)	(84, z.T. neu)	1,20	3,50	45,—
2 I	5 C	schwarz/dunkel(gelb)orange (1.6.1922)	(85, z.T. neu)	0,50	1,30	0,50
3 I	10 C	dunkel(opal)grün/orangeweiß (1.6.1922)	(86, z.T. neu)	0,50	1,30	0,40
4 I	15 C	(dunkel)rötlichbraun (Töne) (1.6.1922)	(87, z.T. neu)	0,50	1,30	0,40
5 I	20 C	dunkelblau (Töne)/mattgraugelb (1.6.1922)	(88)	0,50	1,30	0,40
6 I	25 C	dunkelrosa/mattorangegelb (1.6.1922)	(89, z.T. neu)	5,—	14,—	1,50
7 I	30 C	dunkelrosarot bis lilarot/hellorangegelb (1.6.1922)	(90)	0,50	1,50	0,40
8 I	40 C	dunkelrötlichbraun/mattgelb (1.6.1922)	(91, z.T. neu)	0,70	2,—	0,40
9 I	50 C	dunkelultramarin/hellgrüngrau (1.6.1922)	(92)	0,70	2,—	0,40
10 I	75 C	dunkelbläulichgrün/orangeweiß (1.6.1922)	(93, neu)	30,—	100,—	35,—
11	1 Fr	lebhaftbraunrot (Töne)	(94)			
I		Aufdruck-Type I (1.6.1922)		60,—	180,—	20,—
II		Aufdruck-Type II (1924)		15,—	40,—	3,—
			Satzpreis mit MiNr. 11 I und II (12 W.)	110,—	350,—	100,—

Die Preise gelten für handelsübliche, etwas fehlerhafte Zähnung (siehe „Briefmarken-Qualitätsstufen" im Einleitungsteil, Abb. 13); Stücke mit allseits fehlerfreier Zähnung mindestens 100% Aufschlag!

Bei MiNr. 1–11 gibt es Papier-, Gummierungs- und Farbschwankungen.

Alle blauen Aufdruck-Farben schwanken von hell bis dunkel.

Auflagen: MiNr. 1, 10 und 11 I je 200 000, MiNr. 2 = 1 789 406, MiNr. 3 = 2 470 614, MiNr. 4 = 316 333, MiNr. 5 = 1 326 810, MiNr. 6 = 1 000 000, MiNr. 7 = 1 859 989, MiNr. 8 = 1 899 943, MiNr. 9 = 1 309 973, MiNr. 11 II = 1 067 748 Stück

Gültig bis 31.12.1933

1923

1923, Nov./1924. Dienstmarken: Freimarken MiNr. 98–101 (MiNr. 15 in Neuauflage) mit diagonalem lebhaftrotem (MiNr. 13 und 15) bzw. dunkelviolettultramarinem (MiNr. 12 und 14) Bdr.-Aufdruck (dick, Grotesk) in zwei Typen durch die Druckerei Vaugirard.

Aufdruck-Typenunterschiede siehe bei MiNr. 1–11!

				✶	✶✶	⊙
12 I	15 C	lebhaftrotorange (Nov. 1923)	(98)	3,—	7,—	0,60
13 I	20 C	lebhaftgrünlichblau/mattorangegelb (Nov. 1923)	(99)	3,—	7,—	0,60
14	25 C	rötlichlila/mattrötlichgelb	(100)			
I		Aufdruck-Type I (Nov. 1923)		3,—	7,—	0,60
II		Aufdruck-Type II (1924)		20,—	50,—	3,—
15 I	75 C	schwärzlichgraugrün/mattrötlichgelb (Nov. 1923)	(101, neu)	6,—	15,—	3,—
			Satzpreis mit MiNr. 14 I und II (5 W.)	35,—	85,—	7,50

Auflagen: MiNr. 12 = 2 210 000, MiNr. 13 = 1 126 000, MiNr. 14 = 3 514 635, MiNr. 15 = 1 228 630 Stück

Gültig bis 31.12.1933

Notizen:

1927

1927, Jan./1930. Dienstmarken: Freimarken MiNr. 112–115, 117 und 119 mit steilem (32°) farbigem Bdr.-Aufdruck (dünn, Antiqua) durch die Druckerei Vaugirard.

				*	**	⊙
16	30 C	dunkelgrünoliv, Aufdruck karminrot bis lebhaftbräunlichrot	(112)	7,—	20,—	1,—
17	40 C	schwärzlicholivbraun, Aufdruck gelblichrot	(113)	7,—	20,—	1,—
18	50 C	dunkelrotkarmin, Aufdruck dunkelviolettultramarin	(114)	25,—	80,—	1,—
19	75 C	schwärzlichviolettbraun, Aufdruck dunkellilarot	(115)	8,—	25,—	1,—
20	1 Fr	schwärzlichbraunviolett, Aufdruck zinnober bis dunkelrotkarmin	(117)	7,—	20,—	1,—
21	2 Fr	dunkelbräunlichrot, Aufdruck violettultramarin (Töne)	(119)	18,—	60,—	2,—
			Satzpreis (6 W.)	70,—	220,—	7,—

Auflagen: MiNr. 16 = 1 082 000, MiNr. 17 = 1 075 000, MiNr. 18 = 2 618 000, MiNr. 19 = 563 000, MiNr. 20 = 209 500, MiNr. 21 = 555 000 Stück

Gültig bis 28.2.1935

1929

1929/1934. Dienstmarken: Freimarken MiNr. 108–115, 117, 119 und 143 mit diagonalem (23–25°) farbigem Bdr.-Aufdruck (dünn, Antiqua) durch die Druckerei Vaugirard.

				*	**	⊙
22	10 C	dunkelsiena, Aufdruck dunkelviolettultramarin	(108)	2,50	10,—	3,—
23	15 C	schwarzgrün, Aufdruck dunkelviolettultramarin	(109)	2,50	10,—	8,—
24	20 C	schwärzlichrotorange, Aufdruck dunkelviolettultramarin	(110)	2,50	10,—	2,—
25	25 C	schwarzgrünlichblau, Aufdruck dunkelviolettultramarin	(111)	3,—	10,—	8,—
26	30 C	dunkelgrünoliv, Aufdruck dunkelorangerot bis karminrot	(112)	2,50	10,—	0,60
27	40 C	schwärzlicholivbraun, Aufdruck orangerot (Töne)	(113)	2,50	10,—	0,40
28	50 C	dunkelrotkarmin, Aufdruck (dunkel)ultramarin bis dunkelblau	(114)	5,—	16,—	0,50
29	60 C	dunkelgelblichrot, Aufdruck schwarz	(143)	1,50	5,—	0,40
30	75 C	schwärzlichviolettbraun, Aufdruck gelblichrot bis karminrot	(115)	3,—	10,—	1,—
31	1 Fr	schwärzlichbraunviolett, Aufdruck gelblichrot	(117)	3,—	20,—	0,50
32	2 Fr	dunkelbräunlichrot, Aufdruck dunkelviolettultramarin	(119)	3,—	20,—	0,50
			Satzpreis (11 W.)	30,—	130,—	24,—

Bei allen Aufdruckfarben gibt es mehr oder weniger starke Schwankungen.

Auflagen: MiNr. 22 = 286 221, MiNr. 23 = 152 805, MiNr. 24 = 664 352, MiNr. 25 = 179 502, MiNr. 26 = 2 125 118, MiNr. 27 = 2 307 410, MiNr. 28 = 2 338 314, MiNr. 29 = 4 700 985, MiNr. 30 = 620 079, MiNr. 31 = 601 363, MiNr. 32 = 3 926 469 Stück

Gültig bis 28.2.1935

Ausgaben des Saarlandes (Dienstmarken MiNr. 33–44) siehe nach Berlin (West)!

Farbschwankungen des Aufdrucks

Bei fast allen Dienstmarken gibt es mehr oder weniger starke Abweichungen der Aufdruckfarben.
Katalogisiert werden nur solche Varianten, die deutlich abgenzbar sind und in der Bewertung Unterschiede rechtfertigen!

Schleswig

Gemäß den Bestimmungen des Versailler Vertrages fand in Nordschleswig unter Aufsicht einer Ententebesetzung und interalliierter Kommission eine Volksabstimmung statt, wobei die Bevölkerung selbst über die Zugehörigkeit zum Deutschen Reich oder zu Dänemark entscheiden sollte.

Vom 26.1. bis 16.6.1920 übernahm eine interalliierte Kommission mit Sitz in Flensburg die Regierungsgewalt. Es entstand so ein eigenständiger interimistischer Staat nur zum Zwecke der Verwirklichung des Plebiszits.

In der 1. Zone wurde am 10.2.1920 gewählt, wobei sich die Mehrheit für den Anschluss an Dänemark entschied. In der 2. Zone wählte die dort ansässige Bevölkerung am 14.3.1920 den Verbleib im Deutschen Reich.

Die in der Besatzungszeit extra ausgegebenen Marken wurden in Kopenhagen gedruckt; die Marken für die Dienstpost der Kommission erhielten den Aufdruck „C·I·S“.

Hauptsächliche Entwertungen:

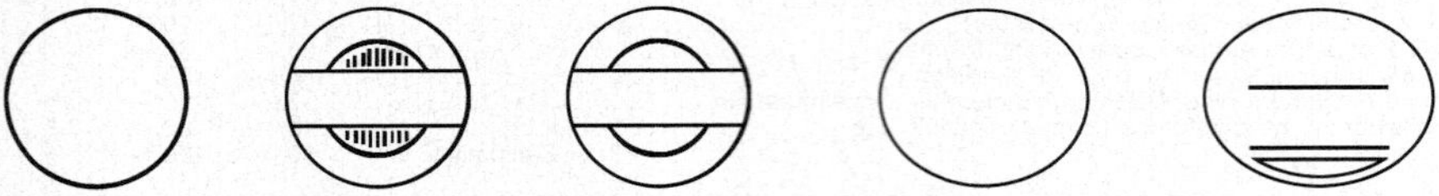

Type B Type E Type H Type I Type II

Postort-Tagesstempel (in 3 Typen) Bahnpoststempel (in 2 Typen)

Wasserzeichen:

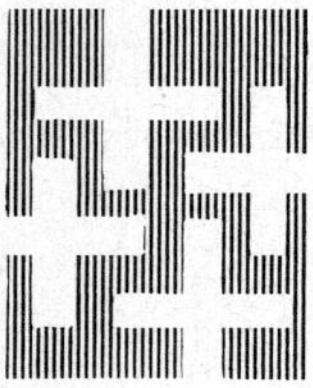

Wz. 1 Kreuze mehrfach

Währung:

1 Mark (M) = 100 Pfennig (Pf), ab 20.5.1920 in der 1. Zone: 1 (dän.) Krone (Kr) = 100 Øre (Ø)

Bewertungs- und Qualitätshinweise:

Die Preisnotierungen gelten für normal zentrierte (siehe „Briefmarken-Qualitätsstufen“ im Einleitungsteil, Abb. 18), farbfrische Marken, bei gestempelten Stücken sind leicht verschmierte Stempel (Abb. 25) üblich. Saubere, klare und voll lesbare Stempel mind. 200% Aufschlag (außer Flensburg 10.2.20 und 14.3.20), mindestens aber 2,— Euro.

Raue Zähnung (siehe Abb.) ist bei sämtlichen Werten bekannt (jeweils doppelte Preise).

Notizen:

1920

1920, 25. Jan. Freimarken: Wappen und Landschaft. Ⓔ Carstens; Bdr. Thiele (MiNr. 1–10 10×10, MiNr. 11–14 5×10); Wz. 1; gez. K 14:14½.

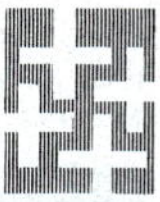

Wz. 1

a) Wappen, Inschriften farbig

b) Wappen, Inschriften weiß

b

c) Landschaft mit Hünengrab

					✶	✶✶	⊙
1	2½	Pf	dunkelolivgrau	a	0,20	1,—	1,20
2	5	Pf	dunkelolivgrün	a	0,20	1,—	1,20
3	7½	Pf	gelbbraun	a	0,20	1,—	1,20
4	10	Pf	dunkelrosarot	a	0,20	1,—	1,20
5	15	Pf	dunkelbräunlichlila	a	0,20	1,—	1,20
6	20	Pf	dunkelgrauultramarin	a	0,20	1,—	1,20
7	25	Pf	dunkelorange, dunkelgelblichorange	b	0,40	2,—	1,20
8	35	Pf	braun	b	0,50	3,—	1,50
9	40	Pf	dunkelgrauviolett	b	0,40	2,—	1,20
10	75	Pf	dunkelblaugrün	b	0,50	3,—	1,20
11	1	M	dunkelbraun	c	0,50	3,—	1,20
12	2	M	blau	c	0,70	5,—	2,—
13	5	M	dunkelgelblichgrün	c	1,50	8,—	2,50
14	10	M	dunkelorangerot	c	4,50	28,—	5,—
			Satzpreis (14 W.)		10,—	60,—	22,—

Raue Zähnung siehe Hinweis bei Bewertungs- und Qualitätshinweisen.

Auflagen: Zu den Auflagezahlen gibt es in der Literatur so unterschiedliche Angaben, dass von einer Aufstellung Abstand genommen werden muss.

Gültig in der 1. Zone bis 27.5.1920, in der 2. Zone bis 27.6.1920

Ausgabe für die 1. Zone

1920, 20./28. Mai. Freimarken: Wappen und Landschaft. Wie MiNr. 1–14, jedoch in dänischer Währung mit Bdr.-Aufdruck in (Schwarz)Blau.

d) Wappen, Inschriften farbig

e) Wappen, Inschriften weiß

f) Landschaft mit Hünengrab

f

					✶	✶✶	⊙
15	1	Ø	schwärzlicholivgrau (20. Mai)	d	0,20	1,—	3,—
16	5	Ø	dunkelolivgrün (20. Mai)	d	0,20	1,—	2,50
17	7	Ø	dunkelgelbbraun (20. Mai)	d	0,20	1,—	2,—
18	10	Ø	dunkelrosarot (20. Mai)	d	0,20	1,—	2,—
19	15	Ø	bräunlichlila (21. Mai)	d	0,20	2,—	3,50
20	20	Ø	dunkelblau (20. Mai)	d	0,20	1,—	3,50
21	25	Ø	dunkelorange (21. Mai)	e	0,20	1,60	10,—
22	35	Ø	braun (22. Mai)	e	1,—	8,—	18,—
23	40	Ø	dunkelgrauviolett (20. Mai)	e	0,30	3,50	6,—
24	75	Ø	dunkelblaugrün (21. Mai)	e	0,50	4,50	10,—
25	1	Kr	dunkelbraun (20. Mai)	f	0,70	5,50	16,—
26	2	Kr	dunkelblau (28. Mai)	f	8,—	55,—	60,—
27	5	Kr	dkl'gelblichgrün (28. Mai)	f	4,—	40,—	60,—
28	10	Kr	dunkelorangerot (28. Mai)	f	9,—	60,—	110,—
			Satzpreis (14 W.)		24,—	180,—	300,—

Raue Zähnung siehe Hinweis bei Bewertungs- und Qualitätshinweisen.

Auflagen: Zu den Auflagezahlen gibt es in der Literatur so unterschiedliche Angaben, dass von einer Aufstellung Abstand genommen werden muss.

Gültig bis 17.7.1920

Dienstmarken

Alle Preise gelten nur für BPP-geprüfte Stücke.

1920

C·I·S

1920, 25. Jan. Freimarken MiNr. 1–14 mit Bdr.-Aufdruck in Dunkelblau.

					✶	✶✶	⊙
1	2½	Pf	dunkelolivgrau	(1)	75,—	150,—	110,—
2	5	Pf	dunkelolivgrün	(2)	75,—	150,—	130,—
3	7½	Pf	gelbbraun	(3)	75,—	150,—	110,—
4	10	Pf	dunkelrosarot	(4)	75,—	150,—	150,—
5	15	Pf	dunkelbräunlichlila	(5)	50,—	100,—	75,—
6	20	Pf	dunkelgrauultramarin	(6)	75,—	150,—	80,—
7	25	Pf	dunkelorange, dunkelgelblichorange	(7)	150,—	340,—	220,—
8	35	Pf	braun	(8)	150,—	340,—	220,—
9	40	Pf	dunkelgrauviolett	(9)	130,—	250,—	130,—
10	75	Pf	dunkelblaugrün	(10)	150,—	300,—	320,—
11	1	M	dunkelbraun	(11)	150,—	300,—	300,—
12	2	M	blau	(12)	220,—	450,—	320,—
13	5	M	dunkelgelblichgrün	(13)	320,—	650,—	500,—
14	10	M	dunkelorangerot	(14)	600,—	1200,—	750,—
			Satzpreis (14 W.)		2200,—	4500,—	3200,—

FALSCH

MiNr. 1–14 wurden von der Commission Internationale Slesvig (C.I.S.) vom 26.1. bis 16.6.1920 zur Frankierung ihrer Dienstpost verwendet.

Auflagen: Zu den Auflagezahlen gibt es in der Literatur so unterschiedliche Angaben, dass von einer Aufstellung Abstand genommen werden muss.

Die Restbestände der Dienstmarken wurden im August 1920 vernichtet.

Gültig bis 16.6.1920

Belgische Militärpost im Rheinland

Währung: 1 Franc (belg.) (Fr) = 100 Centimes (C)

1919, 20. Sept. Freimarken: Belgische Marken von 1915 mit zweizeiligem schwarzem Bdr.-Aufdruck. I = Aufdrucktype I, II = Aufdrucktype II; A = gez. L 13¾–14¼, C = gez. L 14¾–15.

ALLEMAGNE

DUITSCHLAND

Aufdrucktype I:
Zeilenabstand 11,5 mm
(MiNr. 1–7, 15 und 16)

ALLEMAGNE

DUITSCHLAND

Aufdrucktype II:
Zeilenabstand 2 mm, erstes „D“ von „DUITSCHLAND“ unter Zwischenraum zwischen „A“ und „G“ in „ALLEMAGNE“
(MiNr. 8–14, erste Aufdruckplatte)

Aufdrucktype III: Ähnlich Aufdrucktype II, jedoch Zeilenabstand nur 1 mm, „D“ unter zweitem „A“ (MiNr. 11 III–14 III und 17, zweite Aufdruckplatte)

				✶	✶✶	⊙
1 I A	1 C	orange	(113)	0,40	1,50	0,80
2 I A	2 C	dunkelbraun	(114)	0,40	1,50	0,80
3 I A	5 C	grün	(116)	0,80	2,—	1,50
4 I A	10 C	karmin	(117)	1,50	7,—	3,—
5 I A	15 C	violett	(118)	0,80	3,—	1,50
6 I A	20 C	lila	(119)	1,20	4,—	1,50
7 I A	25 C	blau	(120)	1,50	6,—	2,50
8 II	35 C	rotbraun/schwarz				
A		gez. L 13¾–14¼	(121 A)	1,50	6,—	1,50
C		gez. L 14¾–15	(121 C)	—,—	—,—	—,—
9 II A	40 C	grün/schwarz	(122)	1,50	7,—	3,—
10 II	50 C	karmin/schwarz				
A		gez. L 13¾–14¼	(123 A)	7,50	25,—	14,—
C		gez. L 14¾–15	(123 C)	—,—	—,—	—,—
11 II	1 Fr	violett				
A		gez. L 13¾–14¼	(125 A)	28,—	80,—	25,—
C		gez. L 14¾–15	(125 C)	*200,—*	—,—	*200,—*
12 II	2 Fr	blaugrau				
A		gez. L 13¾–14¼	(126 A)	50,—	180,—	60,—
C		gez. L 14¾–15	(126 C)	—,—	—,—	*270,—*
13 II	5 Fr	blau				
A		gez. L 13¾–14¼	(144 A)	11,—	45,—	15,—
C		gez. L 14¾–15	(144 C)	—,—	—,—	*150,—*
14 II	10 Fr	braun				
A		gez. L 13¾–14¼	(128 A)	60,—	200,—	80,—
C		gez. L 14¾–15	(128 C)	—,—	—,—	—,—

1920. Freimarken: Neuauflage der Franc-Werte. III = Aufdrucktype III; A = gez. L 13¾–14¼, C = gez. L 14¾–15.

				✶	✶✶	⊙
11 III	1 Fr	violett				
A		gez. L 13¾–14¼	(125 A)	35,—	90,—	30,—
C		gez. L 14¾–15	(125 C)	—,—	—,—	—,—
12 III	2 Fr	blaugrau				
A		gez. L 13¾–14¼	(126 A)	50,—	180,—	60,—
C		gez. L 14¾–15	(126 C)	—,—	—,—	—,—
13 III	5 Fr	blau				
A		gez. L 13¾–14¼	(144 A)	15,—	55,—	20,—
C		gez. L 14¾–15	(144 C)	—,—	—,—	—,—
14 III	10 Fr	braun				
A		gez. L 13¾–14¼	(128 A)	70,—	200,—	100,—
C		gez. L 14¾–15	(128 C)	—,—	—,—	—,—

1921, 1. Juni. Freimarken: Erg.-Werte mit gleichem Aufdruck (MiNr. 15 und 16 wie MiNr. 1–7, MiNr. 17 wie MiNr. 11 III–14 III).

				✶	✶✶	⊙
15 I	3 C	blaugrau	(115)	0,40	2,—	3,—
16 I	25 C	schwarzblau	(143)	5,—	17,—	15,—
17 III	65 C	lilarot/schwarz	(124)	4,—	12,—	15,—
		Satzpreis MiNr. 1–17 (17 W., billigste Sorte)		170,—	600,—	240,—

MiNr. 1–17 waren für die belgischen Besatzungstruppen im Rheinland und deren Gefolge im Postverkehr mit Belgien, Belgisch-Kongo und Frankreich nebst Kolonien bestimmt und wurden nur von diesen benutzt. Entwertung: „Postes militaires Belgique – België Legerposterij“.

FALSCH Aufdruckfälschungen aller Ausgaben meist auf gebrauchten Urmarken mit unleserlichen Poststempeln, Aufdrucke also über den Poststempeln. Feldpoststempel von 1918–1929 mit vierstelligen Jahreszahlen sind immer falsch.

Gültig bis 30.4.1931

Achtung! Bis einschließlich MICHEL-Deutschland 2015/2016 waren MiNr. 1 I–7 I, 15 I und 16 I als MiNr. 1–7, 15 und 16 , MiNr. 8 II–14 II als MiNr. 8–14, MiNr. 11 III–14 III als 11 I–14 I und MiNr. 17 III als MiNr. 17 gelistet.

Ausgaben für Eupen und Malmédy

Am 15.1.1920 ging die Post dieses Gebietes an Belgien über. Bis 27.1.1920 konnten noch deutsche Marken allein oder in Verbindung mit den belgischen Marken verwendet werden.

Stempel:

Deutsche Stempel waren bis 20.1.1920 in Gebrauch. Belgische Stempel von Eupen und Malmédy haben Datum und Uhrzeit auf einer Linie und im unteren Teil 7 Punkte (= 7P) bzw. die Postamtsbezeichnung oder – bei zweisprachigen Stempeln – den Ortsnamen in der zweiten Sprache. Ihr Durchmesser ist meist 27 mm.

Gebiet Eupen: EUPEN A 1 A, EUPEN B 1 B, EUPEN C 1 C, EUPEN D 1 D, EUPEN 2, ASTENET 7P, EYNATTEN 7P, HERBESTHAL A 7P A, HERBESTHAL B 7P B, HERBESTHAL C 7P C, HERBESTHAL D 7P D, HERGENRATH 7P, MORESNET 7P, NEU-MORESNET 7P, LA-CALAMINE-NEU-MORESNET (28 mm), KETTENIS 7P, LONTZEN 7P, RAEREN 7P

Gebiet Malmédy: AMEL 7P (bis Mai 1920), AMEL AMLEVE (ab Mai 1920), BÜLLINGEN 7P (bis Mai 1920), BÜLLINGEN BULLANGE (ab Mai 1920), BÜTGENBACH 7P, BURG-REULAND 7P, ELSENBORN A 1 A, ELSENBORN B 1 B, ELSENBORN C 1 C, ELSENBORN 2, MALMÉDY A 7P A, MALMÉDY B 7P B, MALMÉDY C 7P C, LIGNEUVILLE 7P, LOSHEIM 7 P (nur bis 30.10.1921, dann Rückgabe an das Deutsche Reich), MANDERFELD 7P, MONTENAU 7P, OUDLER 7P (bis Mai 1920), UDLER OUDLER (ab Mai 1920), RECHT 7P, ROCHERATH 7P, ST VITH A 7P A, ST VITH B 7P B, ST VITH C 7P C, SCHÖNBERG 7P, SOURBRODT 7P (bis Mai 1920), SOURBRODT SURBROT (ab Mai 1920), WEISMES 7P (bis Mai 1920), WAIMES WEISMES (ab Mai 1920), WAIMES A WEISMES A (ab 1921), WEYWERTZ 7P (bis Mai 1920), WEYWERTZ WEYWERCE (ab Mai 1920), XHOFFRAIX 7P

Bahnpoststempel: KALTERHERBERG-ST VITH, LOSHEIM MALMÉDY

Feldpoststempel BELGISCHE LEGERPOSTERIJ mit Nummern 9 und 10 waren auf dem Truppenübungsplatz Elsenborn in Gebrauch.

Gemeinsame Ausgaben der Belgischen Post für Eupen und Malmédy

Währung: 1 Mark (Mk) = 100 Pfennig (PF)

1920, 15. Jan. Freimarken von Belgien mit vierzeiligem Bdr.-Aufdruck in Schwarz (MiNr. 1–5) bzw. Rot (MiNr. 6–7); A = gez. L 13¾ bis 14¼, C = gez. L 14¾–15.

					✶	✶✶	⊙
1 A	**5 PF**	auf 5 C	grün	(116)	0,40	1,50	1,30
2 A	**10 PF**	auf 10 C	karmin	(117)	0,40	1,80	1,50
3 A	**15 PF**	auf 15 C	violett	(118)	0,70	2,50	2,—
4 A	**20 PF**	auf 20 C	lila	(119)	0,70	3,—	2,50
5 A	**30 PF**	auf 25 C	blau	(120)	1,—	3,50	2,50
6	**75 PF**	auf 50 C	karmin/schwarz				
A			gez. L 13¾–14¼	(123 A)	20,—	75,—	25,—
C			gez. L 14¾–15	(123 C)	*100,—*	*300,—*	*250,—*
7	**1.25 Mk**	auf 1 Fr	violett				
A			gez. L 13¾–14¼	(125 A)	28,—	100,—	26,—
C			gez. L 14¾–15	(125 C)	*100,—*	*300,—*	*250,—*
				Satzpreis A (7 W.)	50,—	180,—	60,—

Zehn Aufdruck-Satztypen entsprechen den senkrechten Bogenreihen; sie unterscheiden sich durch verschiedene Stellungen der Zeilen zueinander und verschiedene Abstände zwischen Wertangabe und „PF". **Preise gleich!**

Gültig bis 4.3.1920 im Kreis Malmédy; bis 19.3.1920 im Kreis Eupen

Separate Ausgaben der Belgischen Post für Eupen und für Malmédy

Währung: 1 Franc (Fr) = 100 Centimes (C)

Eupen

1920, 20. März. Freimarken von Belgien mit waagerechtem Bdr.-Aufdruck „Eupen" in zwei verschiedenen Größen (bei MiNr. 1 bis 10 = 8 mm, bei MiNr. 11–14 = 11,5 mm lang); A = gez. L 13¾ bis 14¼, C = gez. L 14¾–15; I = Type I, II = Type II.

Type I:
Ornament gebrochen

Type II:
Ornamant nicht gebrochen

				✶	✶✶	⊙
1 A I	1 C	orange	(113 I)	0,50	1,20	1,20
2 A	2 C	dunkelbraun				
I		Type I	(114 I)	0,50	1,20	1,20
II		Type II	(114 II)	—,—	—,—	—,—
3 A	5 C	grün				
I		Type I	(116 I)	0,80	1,50	1,20
II		Type II	(116 II)	—,—	—,—	—,—
4 A I	10 C	karmin	(117 I)	1,30	2,50	1,70
5 A	15 C	violett				
I		Type I	(118 I)	—,—		
II		Type II	(118 II)	1,80	3,50	1,70
6 A I	20 C	lila	(119 I)	2,—	4,—	2,—
7 A I	25 C	blau	(120)	1,80	3,50	2,50
8	35 C	rotbraun/schwarz				
A		gez. L 13¾–14¼	(121 A)	2,50	5,—	2,50
C		gez. L 14¾–15	(121 C)	*100,—*	*200,—*	*160,—*
9	40 C	grün/schwarz				
A		gez. L 13¾–14¼	(122 A)	3,—	6,—	3,—
C		gez. L 14¾–15	(122 C)	*100,—*	*200,—*	*160,—*
10	50 C	karmin/schwarz				
A		gez. L 13¾–14¼	(123 A)	8,—	17,—	10,—
C		gez. L 14¾–15	(123 C)	—,—	—,—	*200,—*
11	1 Fr	violett				
A		gez. L 13¾–14¼	(125 A)	32,—	65,—	25,—
C		gez. L 14¾–15	(125 C)	—,—	—,—	—,—
12	2 Fr	blaugrau				
A		gez. L 13¾–14¼	(126 A)	55,—	110,—	40,—
C		gez. L 14¾–15	(126 C)	—,—	—,—	—,—
13	5 Fr	blau				
A		gez. L 13¾–14¼	(144 A)	18,—	35,—	15,—
C		gez. L 14¾–15	(144 C)	—,—	—,—	—,—
14	10 Fr	braun				
A		gez. L 13¾–14¼	(128 A)	80,—	150,—	65,—
C		gez. L 14¾–15	(128 C)	—,—	*500,—*	—,—

1921, März. Freimarken von Belgien mit waagerechtem Bdr.-Aufdruck „Eupen" wie MiNr. 1–14 (bei MiNr. 15 und 16 = 8 mm, bei MiNr. 17 = 11,5 mm lang).

				✶	✶✶	⊙
15	3 C	blaugrau	(115)	0,80	1,50	5,—
16	25 C	schwarzblau	(143)	6,—	12,—	22,—
17	65 C	lilarot/schwarz	(124)	4,50	9,—	28,—
		Satzpreis MiNr. 1–17 (17 W.)		200,—	420,—	200,—

Gültig bis 30.4.1931

Portomarken

1920, 12. März. Portomarken von Belgien mit Aufdruck „Eupen“.

				✶	✶✶	⊙
1	5 C	grün	(17)	1,30	2,50	1,50
2	10 C	karmin	(18)	2,50	5,—	2,50
3	20 C	resedagrün	(19)	5,—	10,—	6,—
4	30 C	hellblau	(20)	5,—	10,—	6,—
5	50 C	grau	(21)	25,—	50,—	20,—
			Satzpreis (5 W.)	38,—	75,—	36,—

Gültig bis 30.4.1931

Malmédy

1920, 8. März. Freimarken von Belgien mit waagerechtem Bdr.-Aufdruck „Malmédy“ in drei verschiedenen Größen (bei MiNr. 1 bis 7 = 10 mm, bei MiNr. 8–10 = 11,5 mm, bei MiNr. 11–14 = 15 mm lang); A = gez. L 13¾–14¼, C = gez. L 14¾–15.

Type I:
Ornament gebrochen,
Rahmen berührt

Type II:
Ornament nict gebrochen,
Rahmen berührt

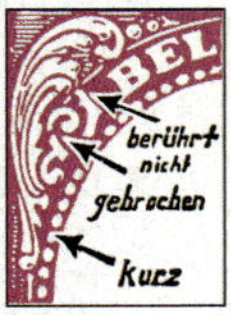

Type III:
Ornament gebrochen,
Rahmen nicht berührt

				✶	✶✶	⊙
1 A I	1 C	orange	(113 I)	0,60	1,20	1,20
2 A	2 C	dunkelbraun				
I		Type I	(114 I)	0,60	1,20	1,20
II		Type II	(114 II)	—,—	—,—	—,—
3 A	5 C	grün				
I		Type I	(116 I)	0,90	1,70	1,20
II		Type II	(116 II)	—,—	—,—	—,—
4 A	10 C	karmin				
I		Type I	(117 I)	1,30	2,50	1,70
III		Type III	(117 III)	—,—	—,—	—,—
5 A	15 C	violett				
I		Type I	(118 I)			*500,—*
II		Type II	(118 II)	2,—	4,—	2,—
6 A I	20 C	lila	(119 I)	2,50	5,—	2,50
7 A I	25 C	blau	(120)	2,—	4,—	2,50
8	35 C	rotbraun/schwarz				
A		gez. L 13¾–14¼	(121 A)	2,50	5,—	2,50
C		gez. L 14¾–15	(121 C)	*100,—*	*200,—*	*160,—*
9	40 C	grün/schwarz				
A		gez. L 13¾–14¼	(122 A)	2,50	5,—	3,—
C		gez. L 14¾–15	(122 C)	*100,—*	*200,—*	*160,—*
10	50 C	karmin/schwarz				
A		gez. L 13¾–14¼	(123 A)	10,—	20,—	10,—
C		gez. L 14¾–15	(123 C)	*100,—*	—,—	*200,—*
11	1 Fr	violett				
A		gez. L 13¾–14¼	(125 A)	32,—	65,—	25,—
C		gez. L 14¾–15	(125 C)	—,—	—,—	—,—
12	2 Fr	blaugrau				
A		gez. L 13¾–14¼	(126 A)	55,—	110,—	40,—
C		gez. L 14¾–15	(126 C)	—,—	—,—	—,—
13	5 Fr	blau				
A		gez. L 13¾–14¼	(144 A)	18,—	35,—	22,—
C		gez. L 14¾–15	(144 C)	—,—	—,—	—,—
14	10 Fr	braun				
A		gez. L 13¾–14¼	(128 A)	80,—	150,—	75,—
C		gez. L 14¾–15	(128 C)	—,—	—,—	—,—

1921, März. Freimarken von Belgien mit waagerechtem Bdr.-Aufdruck „Malmédy“ wie MiNr. 1–14, jedoch in nur zwei verschiedenen Größen (bei MiNr. 15 und 16 = 10 mm, bei MiNr. 17 = 15 mm lang).

				✶	✶✶	⊙
15	3 C	blaugrau	(115)	0,60	1,20	5,—
16	25 C	schwarzblau	(143)	6,—	12,—	22,—
17	65 C	lilarot/schwarz	(124)	4,50	9,—	28,—
			Satzpreis MiNr. 1–17 (17 W.)	200,—	420,—	200,—

FALSCH

Gültig bis 30.4.1931

Portomarken

1920, 5. März. Portomarken von Belgien mit Aufdruck „Malmédy“.

				✶	✶✶	⊙
1	5 C	grün	(17)	2,50	5,—	1,50
2	10 C	karmin	(18)	5,—	10,—	2,50
3	20 C	resedagrün	(19)	18,—	35,—	15,—
4	30 C	hellblau	(20)	10,—	20,—	11,—
5	50 C	grau	(21)	20,—	40,—	15,—
			Satzpreis (5 W.)	50,—	110,—	45,—

Gültig bis 30.4.1931

Die Marken Eupens konnten auch in Malmédy, die Malmédys auch in Eupen verwendet werden. Ab 1.8.1921 waren sie in ganz Belgien gültig, umgekehrt waren belgische Marken dann auch in Eupen und Malmédy gültig.

Notizen:

Freie Stadt Danzig

Im Jahre 1814 vereinigte sich die Hansestadt Danzig mit Preußen und wurde Hauptstadt der Provinz Westpreußen. Durch den Versailler Vertrag (Inkrafttreten am 10.1.1920) wurde die Stadt Danzig vom Deutschen Reich abgetrennt und durch die alliierten und assoziierten Mächte mit der Bezeichnung „Freie Stadt Danzig" mit Wirkung ab 15.11.1920 bei weitgehender innerer Autonomie und polnischen Sonderrechten im Hafengebiet und auf den Eisenbahnlinien unter den Schutz des Völkerbundes gestellt. Am 1.10.1921 wurde die Freie Stadt Danzig Mitglied des Weltpostvereins.

Das Staatsgebiet umfasste die zwei Stadtkreise Danzig (einschließlich Oliva) und Zoppot sowie die Städte Tiegenhof und Neuteich und 252 Landgemeinden in den Landkreisen Danziger Höhe, Danziger Niederung und Großes Werder.

Am 1.9.1939 wurde Danzig nach der Besetzung durch deutsche Truppen als Hauptstadt des neu errichteten Reichsgaues Danzig-Westpreußen wieder dem Deutschen Reich eingegliedert.

Am 26.3.1945 wurde Danzig von sowjetischen Truppen erobert und im April der polnischen Verwaltung unterstellt. Seit 1990 gehört Danzig (Gdansk) auch völkerrechtlich zu Polen.

Typische in Danzig zwischen 1920 und 1939 verwendete Stempel:

Kreisstempel mit Segment oben

Kreisstegstempel mit Bogen oben

Kreisstegstempel mit Bögen oben und unten

Kreisstegstempel mit Gitterbögen oben und unten (Schweizer Stempel)

Zweikreisstegstempel

Vor- und Mitläufer:

Vom 10. Januar bis 13. Juni 1920 wurden nur Marken des Deutschen Reiches verwendet (= Vorläufer).

Vom 14. Juni bis 19. Juli durften diese Marken sowohl alleine als auch zusammen mit Marken von Danzig verwendet werden (= Mitläufer).

Nachfolgende Preise gelten für Vorläufer (lesbare Stempeldaten vom 10.1. bis 13.6.1920); Mitläufer (Stempeldaten vom 14.6. bis 19.7.1920) verdienen ca. 100% Aufschlag.

Alle Stücke müssen geprüft, ab MiNr. 98 INFLA-geprüft sein (Kreis- oder Quadratsignum)!

Folgende Marken und Zusammendrucke aus MH des Deutschen Reiches mit Danziger Abstempelungen haben bisher vorgelegen:

MiNr.	⊙	MiNr.	⊙	MiNr.	⊙	MiNr.	⊙	MiNr.	⊙
84 II	130,—	94 B II	40,—	104	25,—	114	200,—	S 3	250,—
85 II	5,—	95 B II	350,—	105	100,—	115	250,—	S 9	—,—
86 II	5,—	96 B II	—,—	106	75,—	117	—,—	S 11	250,—
87 II	5,—	97 A II	1000,—	107	10,—	118	—,—	S 12	—,—
88 II	7,50	97 B II	500,—	108	10,—	119	300,—	S 13	250,—
89 II	75,—	98	90,—	109	65,—	120	300,—	S 14	500,—
90 II	6,50	99	25,—	110	100,—	121	300,—		
91 II	130,—	100	50,—	111	180,—	122	300,—	W 5	250,—
92 II	2000,—	101	10,—	112	200,—	123	300,—	W 12	250,—
93 I	—,—	102	25,—	A 113	250,—	124	300,—		
93 II	15,—	103	40,—	113	—,—	142	130,—		

Besonderheiten:

Korkstempel siehe Hinweis nach MiNr. 46

Nicht ausgegebene Marken:

MiNr. A I – A III siehe nach MiNr. 15
MiNr. I und II siehe nach MiNr. 40

Blockaufstellung:

Block 1 siehe nach MiNr. 270
Block 2 siehe nach MiNr. 271
Block 3 siehe nach MiNr. 275

Alle Farbangaben beziehen sich auf den MICHEL-Farbenführer ab 36. Auflage!

Qualitäts- und Bewertungshinweise:

Die ab MiNr. 16 auf vielen Marken zu findenden kleineren oder größeren Farbpunkte sind miteingefärbte Abdrucke von Platten-(Klischee-)Nägeln. Stücke mit Nagelabdrucken verdienen geringfügige Aufschläge.

Aus drucktechnischen Gründen sind die Bogenober- oder Unterränder aller Inflations-Aufdruckmarken sehr oft mehr oder weniger stark beschädigt, keine Wertminderung!

Durch Einlegen zu vieler Bogen in die Zähnungsmaschine tritt bei fast allen in Danzig gedruckten Marken die sogenannte „raue" Zähnung auf, Preise wie bei „normaler" Zähnung.

Bewertung von gebrauchten Marken 1920–1923 (MiNr. 1–192):

▨ = nicht prüfbare bzw. nicht eindeutig als zeitgerecht (oder rückdatiert) bestimmbare Stempel
⊙ = zeitgerechte Entwertungen, INFLA-Prüfung erforderlich (Befund/Attest oder Kreis-bzw. Quadratsignum)!

Wasserzeichen:

Wz. 1 Rauten

Wz. 2 Waben
X = stehend
Y = liegend

Wz. 3 kleine Maschen
X = stehend
Y = liegend

Wz. 4 Fliesen

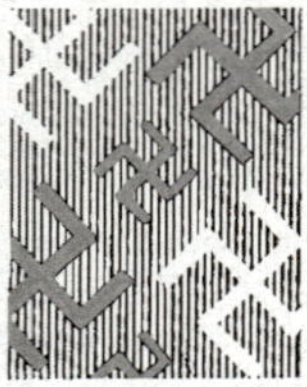

Wz. 5 Hakenkreuze

Währung:

Bis 21.10.1923: 1 Mark (M) = 100 Pfennig (Pf); ab 22.10.1923: 1 Danziger Gulden (G) = 100 Pfennig (Pf); bis 17. Dezember 1923 blieb neben dem Gulden auch die Mark gesetzliches Zahlungsmittel.

1920

1920, 14. Juni/21. Dez. Freimarken: Teilauflagen von Marken des Deutschen Reiches (Germania und Repräsentative Darstellungen) mit waagerechtem, schwarzem Bdr.-Aufdruck durch die Reichsdruckerei Berlin; sogen. „Berliner Aufdruck“.

					✶	✶✶	◍	⊙
1	5	(Pf)	dunkelopalgrün bis dunkel(grau)grün (14. Juni)	(85 II)	0,40	1,70	0,60	2,60
2	10	(Pf)	(dunkel)karminrot, rötlich- bis (lebhaft)rotkarmin (14. Juni) [GA]	(86 II)	0,40	1,70	0,40	2,50
3	15	(Pf)	dunkelbraunkarmin (Töne) (14. Juni) [GA]	(142)	0,40	1,70	0,40	4,50
4	20	(Pf)	(dunkel)violettblau (14. Juni) [GA]	(87 II)	0,40	2,—	1,30	4,50
5	30	(Pf)	dunkelrotorange/schwarz auf hellchromgelb (14. Juni)	(89 II)	0,40	2,—	0,40	3,—
6	40	(Pf)	lebhaftlilarot bis lebhaftrotkarmin (Töne) (13. Sept.)	(145)	0,40	2,—	0,40	2,—
7	50	(Pf)	dunkelgraulila/schwarz auf hellchromgelb (14. Juni)	(91 II)	0,50	1,70	0,40	4,60
8	1	M	rot bis dunkelrosa (14. Juni)	(A 113)	0,50	2,50	0,70	5,50
9	1.25	M	dunkel- bis schwärzlichopalgrün, (dunkel)bläulichgrün (14. Juni)	(113)	0,50	2,50	0,70	5,50
10	1.50	M	gelbbraun bis (lebhaft)orangebraun (20. Juli)	(114)	1,—	4,20	2,—	7,—
11	2	M	dunkelkobalt(blau) bis schwarzblau (14. Juni)	(95 B II)	3,50	15,—	8,—	28,—
12	2.50	M	(dunkel)rosalila bis lilarot (14. Juni)	(115)	3,50	15,—	5,50	15,—
13	3	M	violettschwarz bis schwarzgrauviolett (20. Juli)	(96 B II)	10,—	60,—	14,—	130,—
14	4	M	braunschwarz/lilarot (Töne) (21. Dez.)	(153)	4,80	28,—	7,—	45,—
15	5	M	grünschwarz/(lebhaft)lilarot bis dunkelkarmin (14. Juni)					
A			26:17 Zähnungslöcher	(97 A II)	*3000,—*	*8500,—*		
B			25:17 Zähnungslöcher	(97 B II)	3,—	15,—	4,50	45,—
				Satzpreis (15 W.)	25,—	150,—	35,—	300,—

Bei MiNr. 1–15 gibt es sehr starke Farbschwankungen!

Den Aufdruck gibt es matt (15,5 mm) und spätere Auflagen glänzend (15 mm).

Abarten:

		✶	✶✶	◍	⊙
1 F	Paar mit und ohne Aufdruck	100,—	400,—	—,—	—,—
5 F	Paar mit und ohne Aufdruck			—,—	—,—
7 F	Paar mit und ohne Aufdruck	180,—	800,—		—,—
8 F	Paar mit und ohne Aufdruck	100,—	350,—	—,—	—,—

[FALSCH] Aufdruckfälschungen

Auflagen:

MiNr. 1 = 1 882 000	MiNr. 4 = 6 141 000	MiNr. 7 = 986 000	MiNr. 10 = 407 000	MiNr. 13 = 175 600
MiNr. 2 = 3 059 000	MiNr. 5 = 3 148 000	MiNr. 8 = 517 000	MiNr. 11 = 395 700	MiNr. 14 = 360 000
MiNr. 3 = 2 743 000	MiNr. 6 = 4 842 000	MiNr. 9 = 437 500	MiNr. 12 = 395 000	MiNr. 15 = 381 600

Gültig bis 30.9.1922

Nicht ausgegeben:

					✶	✶✶
A I	5	(Pf)	siena bis lilabraun	(140)	150,—	300,—
A II	10	(Pf)	rötlichorange	(141)	150,—	300,—
A III	40	(Pf)	(lebh')lilarot/schwarz	(90 II)	150,—	300,—

1920, 10. Aug./20. Nov. Freimarken: MiNr. 4 und 5 von Danzig mit zusätzlichem, verschiedenfarbigem Aufdruck der neuen Wertstufe (alte mit Sternchen überdruckt) durch die Druckerei Sauer (Danzig).

				✶	✶✶	⊘	⊙
16	**5**	auf 30 (Pf) Aufdruck schwärzlichblauviolett (1. Nov.)	(5)	0,30	1,30	0,30	2,80
17	**10**	auf 20 (Pf) Aufdruck lebhaftlilakarmin (17. Aug.)	(4)	0,30	1,80	0,30	2,80
18	**25**	auf 30 (Pf) Aufdruck dunkelsmaragdgrün (10. Aug.)	(5)	0,30	1,80	0,30	2,80
19	**60**	auf 30 (Pf) Aufdruck dunkelbraunrot (20. Nov.)	(5)	0,80	5,—	1,30	7,—
20	**80**	auf 30 (Pf) Aufdruck schwärzlichblauviolett (20. Nov.)	(5)	0,80	5,—	1,30	7,—
			Satzpreis (5 W.)	2,50	14,—	3,50	22,—

Bei MiNr. 16–20, besonders auffällig bei MiNr. 18, gibt es klare, glänzende und verschwommene, mattere Aufdrucke. Alle Aufdruckfarben variieren stark.

19 F	Paar mit und ohne Aufdruck	75,—	250,—

FALSCH

Auflagen: MiNr. 16 = 2 978 000, MiNr. 17 = 3 908 000, MiNr. 18 = 2 300 000, MiNr. 19 und 20 je 900 000 Stück

Gültig bis 30.6.1922

1920, 20. Aug. Freimarken: Teilauflagen von Marken des Deutschen Reiches (Germania) mit schrägem Aufdruck, „DEUTSCHES REICH" überbalkt, durch die Druckerei Sauer; Aufdruck bei MiNr. 21–23 dunkelviolettultramarin, bei MiNr. 24–25 dunkelrosarot; sogen. „Schräg(auf)drucke".

				✶	✶✶	⊘	⊙
21	5 (Pf)	dunkel- bis schwärzlich(grau)grün	(85 II)	0,60	3,—	0,90	3,50
22	15 (Pf)	schwärzlichgrauviolett bis schwarzbraunviolett	(101)	0,80	4,—	0,90	7,—
23	20 (Pf)	dunkelviolettblau (Töne)	(87 II)	0,80	4,—	0,90	3,50
24	25 (Pf)	dunkelrötlichorange/schwarz auf gelbweiß	(88 II)	0,80	4,—	0,90	3,50
25	75 (Pf)	schwärzlichgrünblau/gelbschwarz	(104)	0,80	4,—	0,90	7,—
			Satzpreis (5 W.)	3,50	18,—	4,50	24,—

Die Aufdruckfarben variieren!

Den Schrägaufdruck (MiNr. 21–25, 32–40, 47 und 72) gibt es in 10 leicht voneinander abweichenden Typen. Von 12 angefertigten waagerechten Zehnerklischees wurden 10 zu einer Aufdruckplatte vereinigt. Die durch den Druck verschmutzte und teilweise beschädigte Platte wurde zum Reinigen auseinandergeschraubt, anschließend wurden die Zehnerklischees in anderer Reihenfolge wieder zusammengesetzt. Insgesamt gab es durch 4 Reinigungsvorgänge 5 Plattenzustände.

FALSCH Viele Aufdruckfälschungen!

Auflagen: MiNr. 21 = 1 362 000, MiNr. 22 = 606 900, MiNr. 23 = 793 600, MiNr. 24 = 670 800, MiNr. 25 = 1 478 900 Stück

Gültig bis 31.3.1923

Weitere Werte mit gleichem Aufdruck: MiNr. 32–40, 47

1920, 20. Aug. Freimarken: Marke Danzig MiNr. 5 und Teilaufauflagen von Marken des Deutschen Reiches (Germania) mit hell(grün)grauem Netzunterdruck sowie verschiedenen Aufdrucken durch die Druckerei Sauer; I = Spitzen des Netzunterdrucks nach oben, II = Spitzen nach unten.

I

II

				✶	✶✶	⊘	⊙
26 I	**1 M** auf 30 (Pf)	dunkelrotorange/schwarz auf hellchromgelb	(5) S	1,—	7,—	1,80	5,—
27	**1¼ M** auf 3 (Pf)	dunkelorangebraun bis (dunkel)braun (Töne)	(84 II) R				
I		Spitzen nach oben		1,20	7,—	1,80	7,—
II		Spitzen nach unten		40,—	150,—	50,—	120,—
28	**2 M** auf 35 (Pf	mittel- bis lebhaftrötlichbraun (Töne)	(103) Bl				
I		Spitzen nach oben		1,80	12,—	1,80	6,—
II		Spitzen nach unten		500,—	2000,—	300,—	700,—
29	**3 M** auf 7½ (Pf)	rötlichorange bis rotorange	(99) Gr				
I		Spitzen nach oben		1,20	7,—	1,80	10,—
II		Spitzen nach unten		30,—	150,—	20,—	65,—
30	**5 M** auf 2 (Pf	dunkelgelbgrau (Töne)	(102) R				
I		Spitzen nach oben		1,20	7,—	2,50	12,—
II		Spitzen nach unten		30,—	150,—	35,—	170,—
31	**10 M** auf 7½ (Pf)	rötlichorange bis rotorange	(99) S				
I		Spitzen nach oben		3,—	40,—	9,—	26,—
II		Spitzen nach unten		6,50	32,—	15,—	55,—
			Satzpreis I (6 W.)	8,—	80,—	18,—	55,—
			Satzpreis II (5 W.)	600,—	2400,—	400,—	1100,—

Alle Aufdruckfarben variieren!

FALSCH

Auflagen (I und II zusammen): MiNr. 26 = 600 000, MiNr. 27 = 250 000, MiNr. 28 = 400 000, MiNr. 29 = 250 000, MiNr. 30 = 200 000, MiNr. 31 = 233 500 Stück

Gültig bis 31.3.1923

Gleiche Marken mit Netzunterdruck in lebhaftlilagrau: MiNr. 41–46

1920, 30. Aug. Freimarken: Sogen. „kleiner Innendienst". Teilauflagen von Marken des Deutschen Reiches (Germania) mit schrägem Aufdruck wie MiNr. 21–25 (MiNr. 32–36 dkl'violettultramarin, MiNr. 37–40 dkl'rosarot) durch die Druckerei Sauer.

				*	**	⊘	⊙
32	2 (Pf)	dunkelgelbgrau (Töne)	(102)	120,—	500,—	240,—	550,—
33	2½ (Pf)	(dunkel)olivgrau	(98)	170,—	700,—	350,—	700,—
34	3 (Pf)	(dunkel)orangebraun bis (dunkel)braun (Töne)	(84 II)	12,—	45,—	20,—	60,—
35	7½ (Pf)	rötlichorange bis rotorange	(99)	45,—	180,—	65,—	190,—
36	10 (Pf)	dunkelrosarot bis (lebhaft)rotkarmin	(86 II)	4,—	18,—	8,—	35,—
37	30 (Pf)	dunkelrotorange/schwarz auf hellchromgelb	(89 II)	60,—	200,—	110,—	250,—
38	40 (Pf)	(dunkel)karminrot bis lilarot/schwarz	(90 II)	2,50	10,—	3,—	22,—
39	50 (Pf)	dunkelgraulila (Töne)/schwarz auf hellchromgelb	(91 II)	200,—	680,—	350,—	1000,—
40	80 (Pf)	karmin bis dunkelrötlichkarmin/schwarz auf mittelgraurot	(93 II)	2,80	10,—	5,—	45,—
			(Satzpreis 9 W.)	600,—	2300,—	1100,—	2700,—

Alle Aufdruckfarben variieren stark!

FALSCH Über 100 verschiedene Fälschungen bekannt; ebenfalls private „Nachdrucke" von Originalklischees.

Auflagen:

MiNr. 32 = 13 100 | MiNr. 33 = 9 900 | MiNr. 34 = 45 300 | MiNr. 35 = 26 000 | MiNr. 36 = 77 900 | MiNr. 37 = 18 900 | MiNr. 38 = 185 100 | MiNr. 39 = 10 900 | MiNr. 40 = 117 100

Gültig bis 31.12.1922

1920. Aushilfsmarken für Postkarten (Ganzstücke): irrtümlich überdruckte Freimarken des Deutschen Reiches MiNr. 86 und 99, auf leere Kartonvorlagen geklebt.

MiNr. I und II wurden vom Publikum der Post zurückgegeben.

				(*)	⊙
I	**30** auf 7½ (Pf)	rötlichorange bis rotorange	(99)		—,—
II	**30** auf 10 (Pf)	karminrot (Töne)	(86)	*7500,—*	—,—

1920, 1. Nov. Freimarken: Wie MiNr. 26–31, jedoch Netzunterdruck lebhaftlilagrau.

				*	**	⊘	⊙
41	**1 M** auf 30 (Pf)	dunkelrotorange/schwarz auf hellchromgelb	(5) S				
I		Spitzen nach oben		100,—	420,—	35,—	90,—
II		Spitzen nach unten		1,50	6,50	3,—	12,—
42	**1¼ M** auf 3 (Pf)	(dunkel)orangebraun bis (dunkel)braun (Töne)	(84 II) R				
I		Spitzen nach oben		6,—	25,—	7,50	25,—
II		Spitzen nach unten		8,—	40,—	13,—	42,—
43	**2 M** auf 35 (Pf)	mittel- bis lebhaftrötlichbraun	(103) Bl				
I		Spitzen nach oben		15,—	60,—	45,—	170,—
II		Spitzen nach unten		35,—	160,—	60,—	330,—
44	**3 M** auf 7½ (Pf)	rötlichorange bis rotorange	(99) Gr				
I		Spitzen nach oben		2,50	12,—	3,—	20,—
II		Spitzen nach unten		50,—	300,—	100,—	500,—
45	**5 M** auf 2 (Pf)	dunkelgelbgrau (Töne)	(102) R				
I		Spitzen nach oben		1,50	5,50	3,—	20,—
II		Spitzen nach unten		10,—	50,—	10,—	45,—
46	**10 M** auf 7½ (Pf)	rötlichorange bis rotorange	(99) S				
I		Spitzen nach oben		1,50	10,—	2,50	20,—
II		Spitzen nach unten		16,—	80,—	35,—	130,—
			Satzpreis I (6 W.)	120,—	500,—	90,—	340,—
			Satzpreis II (6 W.)	120,—	650,—	220,—	1000,—

FALSCH

Auflagen: MiNr. 41 = 300 000, MiNr. 42 = 350 000, MiNr. 43 = 68 500, MiNr. 44 = 250 000, MiNr. 45 = 400 000, MiNr. 46 = 250 000 Stück

Gültig bis 31.12.1922

Korkstempelentwertungen:

Marken auf Paketkarten durften gemäß einer Verordnung nicht abgelöst werden. Um zu verhindern, dass sie inoffiziell in Sammlerhände gelangten, sollten sie unbrauchbar gemacht werden. Dies geschah meist durch zusätzliche Sicherungsstempel (von den Beamten aus Kork und anderen Materialien hergestellt). Solche Entwertungen entstammen reinem Bedarf und sind philatelistisch vollwertig.

1920, 30. Aug. Freimarken: Sogen. „großer Innendienst“. Teilauflagen von Marken des Deutschen Reiches MiNr. 92, 94 und 95 mit verschiedenen Bdr.-Aufdrucken (MiNr. 47 dkl'violettultramarin; MiNr. 48 und 49 dunkelrot bis schwärzlichrosa) durch die Druckerei Sauer.

			✱	✱✱	▨	⊙
47	60 (Pf)	dunkelgraupurpur . . (92 II)	1400,—	3000,—	2500,—	4000,—
48	1 M	karminrot (Töne) . (94 B II)	1400,—	3000,—	2500,—	4000,—
49	2 M	dunkelblau (Töne) . (95 B II)	1400,—	3000,—	2500,—	4000,—
		Satzpreis (3 W.)	4000,—	9000,—	7500,—	12000,—

Die Aufdruckfarben variieren!

MiNr. 47–49 durften nicht an das Publikum abgegeben werden, sie sollten von den Beamten aufgeklebt werden; die meisten Marken wurden jedoch unter der Hand verkauft.

FALSCH Prüfung dringend erforderlich! Vgl. Hinweis bei MiNr. 32–40!

Auflagen: MiNr. 47 = 2400, MiNr. 48 = 2120, MiNr. 49 = 2280 Stück

Gültig bis 31.3.1923

1920, 29. Sept. Flugpostmarken (I): Aufnahme des Flugpostdienstes Stettin–Danzig–Königsberg am 1.10.1920. Freimarke Danzig MiNr. 6 mit Bdr.-Aufdruck (MiNr. 50 und 52 dkl'lilaultramarin, MiNr. 51 dkl'bräunlichrot) durch die Druckerei Sauer.

			✱✱	▨	⊙
50	**40** (Pf)	auf 40 (Pf) lebhaftlilarot (Töne) . . . . . (6)	6,—	3,50	14,—
51	**60** (Pf)	auf 40 (Pf) lebhaftlilarot (Töne) . . . . . (6)	6,—	3,50	14,—
52	**1 M**	auf 40 (Pf) lebhaftlilarot (Töne) . . . . . (6)	6,—	3,50	18,—
		Satzpreis (3 W.) ✱ 4,50	18,—	10,—	45,—

FALSCH Aufdruckfälschungen

Auflagen: je 400 000 Stück

Gültig bis 30.6.1922

1921

1921, 31. Jan. Proklamation des Staates Freie Stadt Danzig (15.11.1920). E Hellingrath; Bdr. Sauer (MiNr. 53–57 10×10, MiNr. 58–62 10×5); Wz. 2 X; sägezahnartig ⊡ 13½.

a

b

Wz. 2 große Waben

a–b) Kogge (bewaffnetes Handelsschiff)

			✱✱	▨	⊙
53	5 (Pf)	braun (Töne)/braunviolett a	2,—	0,30	2,50
54	10 (Pf)	rotorange/schwarzviolett . a	2,—	0,30	2,50
55	25 (Pf)	grün (Töne)/lilarot . . . . . . a	3,—	0,80	2,50
56	40 (Pf)	karmin (Töne) . . . . a	20,—	4,—	7,—
57	80 (Pf)	ultramarin (Töne) bis dunkelgraublau . . . . a	3,—	0,60	8,—
58	1 M	karmin/schwärzlichgrau . b	10,—	2,50	9,—
59	2 M	schwärzlichlilaultramarin/schwarzgrün . . . . b	28,—	6,—	25,—
60	3 M	violettschwarz/dunkelbläulichgrün . . . . . b	10,—	3,50	13,—
61	5 M	blauschwarz/lilarot (Töne) b	10,—	3,50	12,—
62	10 M	schwarzgraugrün/lebhaftbraunorange . . . . . b	20,—	5,50	40,—
		Satzpreis (10 W.) ✱ 20,—	100,—	25,—	100,—

MiNr. 53–62 sind oft schlecht oder nur teilweise durchstochen.

Die Preise gelten für übliche, etwas fehlerhafte Durchstiche. Einwandfrei durchstochene Marken verdienen Preisaufschläge!

Auflagen:

MiNr. 53 = 4 103 400	MiNr. 57 = 497 300	MiNr. 60 = 352 250
MiNr. 54 = 4 085 900	MiNr. 58 = 509 800	MiNr. 61 = 356 950
MiNr. 55 = 2 951 000	MiNr. 59 = 351 500	MiNr. 62 = 305 550
MiNr. 56 = 2 441 100		

Gültig bis 31.3.1923

a

1921, 11. März. Proklamation des Staates Freie Stadt Danzig. Wie MiNr. 55–57, jedoch gez. K 14.

			✱✱	▨	⊙
63	25 (Pf)	grün (Töne)/lilarot . . . . . a	5,50	1,—	2,20
64	40 (Pf)	karmin (Töne) . . . . a	5,50	1,—	3,40
65	80 (Pf)	ultramarin (Töne) bis dunkelgraublau . . . . a	35,—	12,—	28,—
		Satzpreis (3 W.) ✱ 8,—	45,—	14,—	32,—

FALSCH MiNr. 65 (Nachzähnungen von ungezähnter MiNr. 57); Prüfung anzuraten!

Auflagen (umstritten): MiNr. 63 = 245 700, MiNr. 64 = 400 700, MiNr. 65 = 725 400 Stück

Gültig bis 31.3.1923

✈ 1921, 3. Mai/1922, 15. Mai. Flugpostmarken (II). E Buchholz; Bdr. Sauer (MiNr. 66–69 10×10, MiNr. 70 und 71 5×10); X = Wz. 2 X, Y = Wz. 2 Y; MiNr. 66–69 gez. K 14, MiNr. 70 und 71 sägezahnartig ⊡ 13½.

Fa

Fb

Fa–Fb) Eindecker-Flugzeug über Silhouette von Danzig

			✱✱	▨	⊙
66	40 (Pf)	bläulichgrün (3.5.1921) . . . . Fa			
X		Wz. 2 X (stehend)	2,—	0,50	7,—
Y		Wz. 2 Y (liegend)	130,—	100,—	2500,—
67	60 (Pf)	dunkelviolettpurpur (3.5.1921) . . . . Fa			
X		Wz. 2 X	2,—	0,50	6,—
Y		Wz. 2 Y	*700,—*	160,—	*2800,—*
68	1 M	lilarot bis (dunkel)-karminrot (3.5.1921) . Fa			
X		Wz. 2 X	2,—	0,50	6,—
Y		Wz. 2 Y		*27000,—*	
69	2 M	braunorange (Töne) (3.5.1921) . . . . Fa			
X		Wz. 2 X	2,—	0,50	6,—
Y		Wz. 2 Y	250,—	220,—	
70	5 M	schwärzlichviolettblau (3.5.1921) . . . . Fb			
X		Wz. 2 X	7,—	2,50	12,—
Y		Wz. 2 Y	*3500,—*	*3000,—*	
71	10 M	schwärzlichgelbgrün (15.5.1922) . . . . Fb			
X		Wz. 2 X	12,—	5,50	55,—
Y		Wz. 2 Y	75,—	160,—	
		Satzpreis X (6 W.) ✱ 5,—	30,—	10,—	85,—

MiNr. 70 und 71 sind oft schlecht oder nur teilweise durchstochen. **Die Preise gelten für übliche, etwas fehlerhafte Durchstiche, einwandfrei durchstochene Marken verdienen Preisaufschläge!**

Zur Entwertung von Flugbriefen dienten eigene ovalförmige Flugpoststempel (z.B. Danzig 1 und 5, Danzig-Langfuhr). Die Marken, besonders MiNr. 69, sind oft stark verschmiert.

Auflagen: MiNr. 66 = 760 900, MiNr. 67 = 760 000, MiNr. 68 = 704 400, MiNr. 69 = 583 800, MiNr. 70 = 351 450, MiNr. 71 = 194 800 Stück

MiNr. 66–69 gültig bis 30.9.1923, MiNr. 70 und 71 bis 2.11.1923

Weitere Werte in gleicher Zeichnung: MiNr. 112–118, 133

1921, 6. Mai. Freimarke: Danzig MiNr. 25 mit schwarzviolettblauem Bdr.-Aufdruck des neuen Wertes durch die Druckerei Sauer.

			✱	✱✱	▨	⊙
72	**60**	auf 75 (Pf) schwärzlichgrünblau/schwarz . (25)	1,20	7,—	1,—	4,50
72 F		Paar mit und ohne Schrägaufdruck und Balken		50,—	150,—	200,—

Auflage: 930 000 Stück

Gültig bis 30.6.1922

1921, 3. Juni. Freimarken: Kleines Staatswappen im Achteck (I). Ⓔ Buchholz und Petersen; Bdr. Sauer (10×10); MiNr. 83–86 mit hell(grün)grauem Rosettenunterdruck; MiNr. 73–85 Wz. 2 X, MiNr. 86 Wz. 2 Y; gez. K 14.

c) Kleines Staatswappen

				★★	◍	⊙
73	5	(Pf)	dunkelorange c	1,20	0,20	4,—
74	10	(Pf)	dunkel- bis schwärzlichbraun c	1,—	0,20	4,—
75	15	(Pf)	schwärzlichgrün c	1,—	0,20	2,—
76	20	(Pf)	dunkelgrau GA c	1,—	0,20	2,—
77	25	(Pf)	schwarzgrün c	1,—	0,20	2,50
78	30	(Pf)	(dunkel)violettultramarin/ karminrot c	1,20	0,20	2,50
79	40	(Pf)	(dunkel)gelblichgrün/ karminrot GA c	1,20	0,20	2,—
80	50	(Pf)	schwarzgrün/ karminrot GA c	1,20	0,20	2,—
81	60	(Pf)	lilarot (Töne) c	2,—	0,50	5,50
82	80	(Pf)	schwarzviolettultramarin/ karminrot GA c	1,20	0,50	4,50
83	1	M	rötlichorange/karminrot c	1,80	0,50	2,50
84	1.20	M	schwärzlichviolettblau c	9,—	1,50	6,50
85	2	M	dunkelgelbgrau/ karminrot c	20,—	6,50	10,—
86	3	M	braunviolett/karminrot c	60,—	12,—	35,—
			Satzpreis (14 W.) ✶ 17,—	100,—	20,—	75,—

Bei allen Marken MiNr. 73–86 gibt es starke Farbschwankungen!

83 Y	mit liegendem (statt stehendem) Wz.	—,—	—,—	
86 X	mit stehendem Wz. ohne Rosettenunterdruck . . .	400,—	200,—	1500,—

Rosettenunterdruck scheinbar über dem Markenbild ist auf alterungsbedingte Veränderung zurückzuführen.

Auflagen:

MiNr. 73 = 2 426 500	MiNr. 78 = 2 291 600	MiNr. 83 = 5 017 300
MiNr. 74 = 5 036 200	MiNr. 79 = 3 104 100	MiNr. 84 = 776 500
MiNr. 75 = 3 400 400	MiNr. 80 = 4 929 800	MiNr. 85 = 319 500
MiNr. 76 = 3 116 800	MiNr. 81 = 4 391 000	MiNr. 86 = 231 000
MiNr. 77 = 3 553 900	MiNr. 82 = 790 200	

Gültig bis 30.9.1923

Weitere Werte in gleicher Zeichnung: MiNr. 93–98, 103–105, 108 bis 111, 123–126, 138, 140; MiNr. 86 in anderer Farbe: MiNr. 104

1921, 1. Aug./1922, März. Freimarken: Großes Staatswappen, Großformat (I). Ⓔ Buchholz; Bdr. Sauer (5×5); hell(grün)grauer Rosettenunterdruck; X = Wz. 2 X, Y = Wz. 2 Y; sägezahnartig durchstochen 13½.

d) Großes Staatswappen (Großformat)

				★★	◍	⊙
87	5	M	mehrfarbig . . . . d			
X			Wz. 2 X (1.8.1921)	8,50	3,50	20,—
Y			Wz. 2 Y (März 1922)	10,—	4,—	80,—
88	10	M	mehrfarbig . . . . d			
X			Wz. 2 X (1.8.1921)	8,50	3,50	30,—
Y			Wz. 2 Y (März 1922)	10,—	4,—	100,—
89	20	M	rot/schwarz . . . . d			
X			Wz. 2 X (1.8.1921)	8,50	3,50	60,—
Y			Wz. 2 Y (März 1922)	10,—	4,—	180,—
			Satzpreis X (3 W.) ✶ 4,50	25,—	10,—	110,—
			Satzpreis Y (3 W.) ✶ 4,50	30,—	12,—	350,—

Betr. Durchstich vgl. Hinweis bei MiNr. 70 und 71!

Bei MiNr. 87–89 gibt es viele Farbabweichungen infolge mangelhafter Zurichtung!

MiNr. 87 gibt es auch auf dickem Papier (keine Preisunterschiede!).

Auflagen: MiNr. 87 = 373 575, MiNr. 88 = 286 200, MiNr. 89 = 292 375 Stück

Gültig bis 30.9.1923

Weiterer Wert in gleicher Zeichnung: MiNr. 99

1921, 16. Okt. Tuberkulose-Woche. Ⓔ Hellingrath; Bdr. Sauer (MiNr. 90 und 91 10×10, MiNr. 92 5×5); Wz. 2 X; MiNr. 90 und 91 gez. K 14, MiNr. 92 sägezahnartig ⁅⁆ 13½.

e

f

e–f) Hl. Georg tötet den Drachen

				★★	◍	⊙
90	30	+30 (Pf)	dunkelgrün/(dunkel) gelblichorange . . e	2,—	1,20	140,—
91	60	+60 (Pf)	rosakarmin/ gelblichorange . . e	7,—	2,—	140,—
92	1.20	+1.20 M	schwärzlichultramarin/ gelblichorange . . . f	11,—	2,80	140,—
			Satzpreis (3 W.) ✶ 4,50	20,—	6,—	400,—

Auflagen: MiNr. 90 = 517 800, MiNr. 91 = 315 200, MiNr. 92 = 316 200 Stück

Gültig bis 30.11.1921, jedoch Nachverwendungen bekannt

Betr. Durchstich bei MiNr. 92 und 99–101 vgl. Hinweis bei MiNr. 70 und 71!

1922

1922, 1. Febr. Freimarken: Kleines Staatswappen im Achteck (II). Ⓔ Buchholz und Petersen; Bdr. Sauer (10×10); MiNr. 95–98 mit hell(grün)grauem Rosettenunterdruck; Wz. 2 X; gez. K 14.

c) Kleines Staatswappen im Achteck

				★★	◍	⊙
93	75	(Pf)	dunkelviolettpurpur (Töne) c	1,—	0,30	2,—
94	80	(Pf)	dunkelgrün (Töne) . . . c	1,—	0,30	40,—
95	1.25	M	(dunkel)graupurpur/ karminrot c	1,—	0,30	2,50
96	2	M	karminrot (Töne) c	1,—	0,30	2,—
97	2.40	M	dunkelbraun/karminrot c	8,—	2,50	45,—
98	4	M	dunkelviolettultramarin (Töne) c	8,—	2,50	12,—
			Satzpreis (6 W.) ✶ 4,—	20,—	6,—	90,—

Auflagen: MiNr. 93 = 4 060 000, MiNr. 94 = 845 800, MiNr. 95 = 1 855 900, MiNr. 96 = 3 984 200, MiNr. 97 = 318 600, MiNr. 98 = 410 300 Stück

Gültig bis 30.9.1923

Weitere Werte in gleicher Zeichnung: MiNr. 73–86, 103–105, 108 bis 111, 123–126, 138, 140

1922, 1. Febr./März. Freimarke: Großes Staatswappen, Großformat (II). Ⓔ Buchholz; Bdr. Sauer (5×5); hell(grün)grauer Rosettenunterdruck; X = Wz. 2 X, Y = Wz. 2 Y; sägezahnartig ⁅⁆ 13½.

d) Großes Staatswappen (Großformat)

				✶	★★	◍	⊙
99	9	M	dunkelrötlichorange/ dunkelmagenta d				
X			Wz. 2 X (1. Febr.)	3,50	18,—	10,—	180,—
Y			Wz. 2 Y (März) . .	3,50	18,—	10,—	220,—

Auflage: 175 500 Stück

Gültig bis 30.9.1923

Weitere Werte in gleicher Zeichnung: MiNr. 87–89

1922, 10. März/20. Okt. Freimarken: Großes Staatswappen, großes Hochformat. Ⓔ Buchholz; Bdr. Sauer (5×5); MiNr. 100 hell(grün)grauer, MiNr. 101 mattoranger Rosetten-Unterdruck; X = Wz. 2 X, Y = Wz. 2 Y; sägezahnartig durchstochen 13½.

g

g I

g–g I) Großes Staatswappen (großes Hochformat)

				★★	◍	⊙
100	50 M	(lila)rot/gold (10. März) g				
X		Wz. 2 X		12,—	8,—	300,—
Y		Wz. 2 Y		12,—	6,50	300,—
101	100 M	dunkelzinnoberrot/dunkelgrünoliv (20. Okt.) . . g I				
X		Wz. 2 X		55,—	15,—	4200,—
Y		Wz. 2 Y		12,—	7,—	350,—
		Satzpreis X (2 W.)	★ 12,—	60,—	22,—	4500,—
		Satzpreis Y (2 W.)	★ 6,50	24,—	13,—	650,—

Auflagen: MiNr. 100 = 297 500, MiNr. 101 = 166 400 Stück

Gültig bis 30.9.1923

1922, 15. Mai. Freimarke: MiNr. 98 mit karminrotem Bdr.-Aufdruck des neuen Wertes durch die Druckerei Sauer.

			★	★★	◍	⊙
102	8 auf 4 M	dunkelviolettultramarin . (98)	0,40	1,60	1,—	20,—
102 F II		Paar mit und ohne Aufdruck	150,—	400,—	—,—	

FALSCH

Auflage: 500 000 Stück

Gültig bis 30.9.1923

1922, 29. Juli. Freimarken: Kleines Staatswappen im Achteck (III). Ⓔ Buchholz und Petersen; Bdr. Sauer (10×10); hell(grün)grauer Rosettenunterdruck; Wz. 2 X; gez. K 14.

c) Kleines Staatswappen im Achteck

				★★	◍	⊙
103	1.50 M	dkl'graugrün (Töne) . . c		1,—	0,50	2,50
104	3 M	lilarot bis dkl'karminrot c		1,—	0,50	2,50
105	8 M	mittel- bis lebhaft-preußischblau c		3,—	2,—	25,—
		Satzpreis (3 W.)	★ 1,—	5,—	3,—	30,—

Auflagen: MiNr. 103 = 4 001 600, MiNr. 104 = 2 284 400, MiNr. 105 = 417 000 Stück

Gültig bis 30.9.1923

Weitere Werte in gleicher Zeichnung: MiNr. 73–86, 108–111, 123 bis 126, 138, 140; MiNr. 104 in anderer Farbe: MiNr. 86

1922, 2. Okt. Freimarken: Kleines Staatswappen im Achteck (IV). MiNr. 104 und 105 mit schwarzem (MiNr. 106) bzw. rotem (MiNr. 107) Bdr.-Aufdruck des neuen Wertes durch die Druckerei Sauer.

				★★	◍	⊙
106	6 auf 3 M	lilarot bis (dkl')karminrot . . . (104)		1,80	0,70	3,—
107	20 auf 8 M	mittel- bis lebhaft-preußischblau . . . (105)		1,80	0,70	20,—
		Satzpreis (2 W.)	★ 0,80	3,50	1,30	23,—
106 F II		Paar mit und ohne Aufdruck		800,—		

Auflagen: MiNr. 106 = 1 668 700, MiNr. 107 = 407 400 Stück

Gültig bis 30.9.1923

1922, 30. Okt./24. Nov. Freimarken: Kleines Staatswappen im Achteck (V). Ⓔ Buchholz und Petersen; Bdr. Sauer (10×10); hell(grün)grauer Rosettenunterdruck; Wz. 2 X; gez. K 14.

c) Kleines Staatswappen im Achteck

				★★	◍	⊙
108	5 M	schwärzlich-opalgrün (9. Nov.) c		1,—	0,40	2,—
109	6 M	karminrot bis rotkarmin (30. Okt.) c		1,—	0,40	2,—
110	10 M	orange (Töne) (9. Nov.) . . . c		1,—	0,40	2,—
111	20 M	(lebhaft)braun-orange (30. Okt.) c		1,—	0,40	2,—
		Satzpreis (4 W.)	★ 0,80	3,50	1,60	7,50
108 Y		mit liegendem Wz.		150,—	70,—	340,—

Auflagen: MiNr. 108 und 124 zus. 4 769 700, MiNr. 109 = 3 297 700, MiNr. 110 und 125 zus. 6 585 500, MiNr. 111 und 126 zus. 5 866 100 Stück

Gültig bis 2.11.1923

Weitere Werte in gleicher Zeichnung: MiNr. 73–86, 93–98, 103–105, 123–126, 138, 140

1923

✈ 1923, 3./10. Jan. Flugpostmarken (III): Wie MiNr. 66–71, jedoch auf dünnem, durchscheinendem Papier mit Wz. 3 Y; MiNr. 118 mit hell(grün)grauem Rosettenunterdruck; MiNr. 112–115 gez. K 14, MiNr. 116–118 sägezahnartig ⬚ 13½.

Fa

Fb

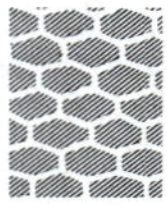
Wz. 3: kleine Maschen (hier Y = liegend)

				★★	◍	⊙
112	40 (Pf)	dunkelopalgrün (3. Jan.) . . . . Fa		3,50	2,50	300,—
113	60 (Pf)	dunkelviolett-purpur (3. Jan.) . . . . Fa		3,50	2,50	400,—
114	1 M	(dkl')karminrot (Töne) (3. Jan.) . . . . Fa		3,50	2,50	200,—
115	2 M	braunorange (Töne) (3. Jan.) . . . . Fa		3,50	2,50	150,—
116	5 M	schwärzlichviolettblau (3. Jan.) . . . . Fb		3,50	1,20	150,—
117	10 M	schwarzgelblichgrün (Töne) (3. Jan.) . . . . Fb		3,50	1,20	150,—
118	20 M	dunkelbraunorange (Töne) (10. Jan.) . . . . Fb		3,50	1,20	35,—
		Satzpreis (7 W.)	★ 4,50	24,—	13,—	1300,—

Prüfung erforderlich!

Betr. Durchstich bei MiNr. 116–118 vgl. Hinweis bei MiNr. 70 und 71!

Auflagen:

MiNr. 112 = 498 600	MiNr. 115 = 486 500	MiNr. 117 = 785 250
MiNr. 113 = 497 700	MiNr. 116 = 818 600	MiNr. 118 = 842 900
MiNr. 114 = 496 000		

MiNr. 112–115 gültig bis 30.9.1923, MiNr. 116–118 bis 2.11.1923

1923, 24. Jan./27. Febr. Freimarken: Großes Staatswappen, langes Querformat (I). Ⓔ Buchholz; Bdr. Sauer (5×10); hell(grün)grauer Rosettenunterdruck; Wz. 3 Y; gez. K 14.

h) Großes Staatswappen (kleines Wappen im Kreis)

				★★	◍	⊙
119	250 M	(lebhaft)rot/schwärzlich-purpurviolett (24. Jan.) . h		3,—	0,50	100,—
120	500 M	(lebhaft)rot/schwarz-graugrün (24. Jan.) . . . . h		3,—	0,50	40,—
121	1000 M	(lebhaft)rot/schwarz-braun (24. Jan.) . . . . h		3,—	0,50	26,—
122	5000 M	(lebhhaft)rot/silber (27. Febr.) . . . . . . h		10,—	7,50	80,—
		Satzpreis (4 W.)	★ 3,50	18,—	9,—	240,—

Auflagen: MiNr. 119 = 473 000, MiNr. 120 = 757 750, MiNr. 121 = 768 100, MiNr. 122 = 406 200 Stück

Gültig bis 2.11.1923

Weitere Werte in gleicher Zeichnung: MiNr. 147–149

1922, 21. Nov./1923, Sept. Freimarken: Kleines Staatswappen im Achteck (VI) und großes Staatswappen, kleines Hochformat (I). ◨ Buchholz und Petersen (MiNr. 123–126, A 124), Petersen (MiNr. 127–129); Bdr. Sauer (10×10); hell(grün)grauer Rosettenunterdruck; dünnes, durchscheinendes Papier; X = Wz. 3 X, Y = Wz. 3 Y; gez. K 14.

c

i

i I

c) Kleines Wappen im Achteck
i–i I) Großes Wappen, kleines Hochformat

			✶✶	▨	⊙
123 Y	4 M	schwärzlichultramarin (16.12.1922) c	1,20	0,50	3,—
124	5 M	schwärzl'opalgrün (Töne) (Jan. 1923) c			
X		Wz. 3 X	2,80	1,—	6,50
Y		Wz. 3 Y	1,20	0,50	2,50
125	10 M	rötlichorange (Töne) (Jan. 1923) c			
X		Wz. 3 X	2,50	1,—	5,50
Y		Wz. 3 Y	1,20	0,50	2,—
126	20 M	dunkelbraunorange (Jan. 1923) c			
X		Wz. 3 X	2,50	1,—	4,50
Y		Wz. 3 Y	1,20	0,50	2,50
127	50 M	(lebhaft)rot/mittelgrünlichblau (21.11.1922) i			
X		Wz. 3 X	2,50	1,—	5,—
Y		Wz. 3 Y	1,20	0,50	2,20
128	100 M	(lebhaft)rot/schwarzolivgrün (14.12.1922) . . . . i I			
X		Wz. 3 X	6,—	1,—	6,50
Y		Wz. 3 Y	1,20	0,50	2,20
129	150 M	(lebh')rot/schwärzlichpurpurviolett (23.1.1923) . i I	1,20	0,50	4,50
		Satzpreis X (5 W.) ✶ 3,50	16,—	5,—	28,—
		Satzpreis Y (7 W.) ✶ 1,40	8,—	3,50	18,—

			✶	✶✶
A 124 Y	6 M	rotkarmin c	*2500,—*	*5500,—*
124 Z		mit Wz. 4	3500,—	5000,—

Auflagen:

MiNr. 123 = 2 508 000	MiNr. 125 = 6 585 500	MiNr. 128 = 3 935 600
MiNr. 124 = 4 769 700	MiNr. 126 = 5 866 100	MiNr. 129 = 1 646 000
MiNr. A 124 = 200	MiNr. 127 = 5 314 400	

In den Angaben zu MiNr. 124, 125 und 126 sind die Auflagenhöhen von MiNr. 108, 110 und 111 enthalten.

MiNr. 123 gültig bis 30.9.1923, MiNr. 124–129 bis 2.11.1923

Weitere Werte in Zeichnung c: MiNr. 73–86, 93–98, 103–105, 108 bis 111, 138, 140

Weitere Werte in Zeichnung i und i I: MiNr. 139, 141–142

1923, 22. März. Freimarke: Großes Staatswappen, kleines Querformat (I). ◨ Buchholz; Bdr. Sauer (10×10); hell(grün)grauer Rosettenunterdruck; Wz. 3 Y; gez. K 14.

k) Großes Staatswappen (kleines Wappen im Oval)

			✶	✶✶	▨	⊙
130	300 M	(lebhaft)rot/bläulichgrün . . . k	0,30	0,90	0,50	3,50

Auflage: 2 085 900 Stück

Gültig bis 2.11.1923

Weitere Werte in gleicher Zeichnung: MiNr. 143–146, 151–157

1923, 12. März. Kleinrentnerhilfe. ◨ Buchholz; Bdr. Sauer (5×10); hell(grün)grauer Rosettenunterdruck; Wz. 3 X; gez. K 14.

l) Rentner, Silhouette von Danzig

			✶✶	▨	⊙
131	50 + 20 M	dkl'rötlichkarmin (Töne) l	1,40	0,80	55,—
132	100 + 30 M	mittel- bis lebhaftlilabraun l	1,40	0,80	55,—
		Satzpreis (2 W.) ✶ 0,60	2,80	1,60	110,—

		✶	✶✶	▨	⊙
131 Y–132 Y	mit Wz. 3 Y (ohne Unterdr.) je	100,—	250,—		

Auflagen: MiNr. 131 = 976 550, MiNr. 132 = 985 000 Stück

Gültig bis 30.4.1923, jedoch Nachverwendungen bekannt

✈ 1923, 5. Febr./27. April. Flugpostmarken (IV). ◨ Buchholz; Bdr. Sauer (MiNr. 133 10×10, MiNr. 134–137 5×10); MiNr. 134–137 mit weißgrauem Rosettenunterdruck; Wz. 3 Y; gez. K 14.

Fa

Fc

Fa–Fc) Eindecker-Flugzeug über Silhouette von Danzig

			✶✶	▨	⊙
133	25 M	mittel(grau)grünblau (27. April) . . . . Fa	2,—	0,90	5,50
134	50 M	rotorange (27. April) . . . Fc	2,—	0,90	30,—
135	100 M	dunkelrosa (5. Febr.) . . . Fc	2,—	0,90	4,—
136	250 M	schwärzlichbraun (Töne) (27. April) . . . . . . Fc	3,—	0,90	40,—
137	500 M	lilarot bis magenta (27. April) . . . . Fc	3,—	0,90	30,—
		Satzpreis (5 W.) ✶ 3,—	12,—	4,50	100,—

		✶	✶✶
134 X–135 X	mit Wz. 3 X . . . . je	75,—	200,—
137 X	mit Wz. 3 X	75,—	200,—

Auflagen: MiNr. 133 = 2 895 400, MiNr. 134 = 989 500, MiNr. 135 = 1 150 800, MiNr. 136 = 967 850, MiNr. 137 = 984 000 Stück

Gültig bis 2.11.1923

1923, 15. Mai/20. Juli. Freimarken: Kleines Staatswappen im Achteck (VII) und großes Staatswappen, kleines Hochformat (II). ◨ Buchholz und Petersen (MiNr. 138, 140), Petersen (MiNr. 139, 14–142); Bdr. Sauer (10×10); MiNr. 138–141 Wz. 3 X, MiNr. 142 Wz. 3 Y; gez. K 14.

c

i

i I

			✶✶	▨	⊙
138	40 M	hellgrünlichblau bis mittel(grau)grünblau (15. Mai) . c	1,20	0,70	13,—
139	50 M	mittelgrünlichblau (Töne) (20. Juli) i	1,20	0,70	200,—
140	80 M	(lebhaft)rot (15. Mai) c	1,20	0,70	70,—
141	100 M	schwärzlicholivgrün (20. Juli) . . . . i I	1,20	0,70	6,—
142	200 M	rötlichorange bis rotorange (20. Juli) i	1,20	0,70	2,80
		Satzpreis (5 W.) ✶ 1,30	6,—	3,50	280,—

Auflagen: MiNr. 138 = 1 085 100, MiNr. 139 = 799 200, MiNr. 140 = 1 094 900, MiNr. 141 = 1 807 300, MiNr. 142 = 2 465 300 Stück

Gültig bis 2.11.1923

Weitere Werte in Zeichnung c: MiNr. 73–86, 93–98, 103–105, 108 bis 111

Weitere Werte in Zeichnung i und i I: MiNr. 127–129

1923, 15. Mai/3. Aug. Freimarken: Großes Staatswappen, kleines Querformat (II). ◨ Buchholz; Bdr. Sauer (5×10); weißgrauer Rosettenunterdruck; MiNr. 143–145 Wz. 3 Y, MiNr. 146 Wz. 3 X; gez. K 14.

k) Großes Staatswappen (kleines Wappen im Oval)

			✶✶	▨	⊙
143	250 M	(lebh')rot/schwärzl'purpurviolett (15. Mai) . . . . k	1,—	0,70	16,—
144	500 M	(lebhaft)rot/schwärzl'graugrün (29. Juni) . . . . k	1,—	0,70	3,50
145	1000 M	(lebhaft)rot/schwarzbraun (29. Juli) . . . . k	1,—	0,70	3,50
146	3000 M	(lebhaft)rot/dunkelviolettblau (3. Aug.) . . . . k	1,—	0,70	16,—
		Satzpreis (4 W.) ✶ 1,20	4,—	2,50	35,—

		*	**	⊘	⊙
144 X	mit Wz. 3 X	200,—	650,—	300,—	—,—
145 X	mit Wz. 3 X	300,—	950,—	300,—	

Auflagen: MiNr. 143 = 1 098 000, MiNr. 144 = 2 612 100, MiNr. 145 = 1 738 900, MiNr. 146 = 1 056 500 Stück

Gültig bis 2.11.1923

Weitere Werte in gleicher Zeichnung: MiNr. 130, 151–157

1923, 8./20. Aug. Freimarken: Großes Staatswappen, langes Querformat (II). [E] Buchholz; Bdr. Sauer (MiNr. 47 5×10, MiNr. 148 und 149 5×5); weißgrauer Rosettenunterdruck; MiNr. 147 und 148 Wz. 3 Y, MiNr. 149 Wz. 3 X, gez. K 14.

h) Großes Staatswappen (kleines Wappen im Kreis)

			**	⊘	⊙
147	10 000 M	rot/rotorange (8. Aug.) . . . . h	4,—	0,80	18,—
148	20 000 M	rot/mittelgrünlichblau (Töne) (13. Aug.) . . . . . h	6,—	1,30	32,—
149	50 000 M	rot bis dkl'rosa/schwärzlicholivgrün (20. Aug.) . h	6,—	1,30	26,—
		Satzpreis (3 W.) * 2,40	15,—	3,30	75,—

Auflagen: MiNr. 147 = 881 100, MiNr. 148 = 422 325, MiNr. 149 = 483 400 Stück

Gültig bis 2.11.1923

Weitere Werte in gleicher Zeichnung: MiNr. 119–122

1923, 14. Aug. Freimarke: Großes Staatswappen, langes Querformat (III). MiNr. 148 mit dunkelrosarotem Bdr.-Aufdruck durch die Druckerei Sauer.

			*	**	⊘	⊙
150	**100 000**	auf 20 000 M rot/mittelgrünlichblau . . (148)	1,50	5,50	7,50	140,—

Auflage: 284 000 Stück

Gültig bis 2.11.1923

1923, 24. Juli/16. Sept. Freimarken: Großes Staatswappen, kleines Querformat (III). [E] Buchholz; Bdr. Sauer (10×10); MiNr. 155–157 mit weißgrauem Rosettenunterdruck; Wz. 3 Y; gez. K 14.

k) Großes Staatswappen (kleines Wappen im Oval)

			**	⊘	⊙
151	1 000 M	dunkelorangebraun (Töne) (24. Juli) . . . . k	0,90	0,50	5,—
152	5 000 M	rotkarmin (Töne) (15. Aug.) . . . . k	0,90	0,50	2,20
153	20 000 M	mittelgrünlichblau (Töne) (25. Aug.) . . . k	0,90	0,50	2,20
154	50 000 M	dunkelgrün (Töne) (1. Sept.) . . . . k	0,90	0,50	2,20
155	100 000 M	schwärzlichultramarin (6. Sept.) . . . . k	0,90	0,50	2,60
156	250 000 M	schwärzl'purpurviolett (11. Sept.) . . . . k	0,90	0,50	2,60
157	500 000 M	schwarzgraugrün (16. Sept.) . . . . k	0,90	0,50	2,60
		Satzpreis (7 W.) * 1,40	6,—	3,50	18,—

Auflagen:
MiNr. 151 = 1 949 000
MiNr. 152 = 1 928 600
MiNr. 153 = 1 970 600
MiNr. 154 = 2 909 600
MiNr. 155 = 2 197 600
MiNr. 156 = 1 411 400
MiNr. 157 = 1 991 000

Gültig bis 2.11.1923

Weitere Werte in gleicher Zeichnung: MiNr. 130, 143–146

1923, 1. Sept./1. Okt. Freimarken: Marken Danzig MiNr. 141, 142 und 154 mit schwarzem Bdr.-Aufdruck des neuen Wertes, Urwerte zu 10 000 M und 1 Mio M ohne Aufdruck nicht ausgegeben. Bdr. Postdruckerei Danzig, Druck der nicht ausgegebenen Urwerte durch die Druckerei Sauer (MiNr. 158–167 10×10, MiNr. 168 5×10); MiNr. 168 mit mattgrauem Rosettenunterdruck; MiNr. 158–160 und 162–168 Wz. 3 Y, MiNr. 161 Wz. 3 X, gez. K 14.

MiNr. 158

MiNr. 161

MiNr. 162

k

h

				*	**	⊘	⊙
158	**40 T**	auf 200 M rötlich- bis rotorange (1. Sept.)	(142)	1,—	7,—	2,50	280,—
159	**100 T**	auf 200 M rötlich- bis rotorange (1. Sept.)	(142)	1,—	6,50	2,50	30,—
160	**250 T**	auf 200 M rötlich- bis rotorange (1. Sept.)	(142)	7,50	40,—	17,—	400,—
161	**400 T**	auf 100 M schwärzlicholivgrün (24. Sept.)	(141)	0,70	4,—	0,80	15,—
162	**500 T**	auf 50 000 M dunkelgrün (Töne) (8. Sept.)	(154)	0,50	2,80	0,80	6,50
163	**1 Mio**	auf 10 000 M (lebhaft)rotorange (13. Sept.)	(k)	4,50	20,—	8,—	650,—
164	**1 Mio**	auf 10 000 M rötlich- bis rotkarmin (19. Sept.)	(k)	0,30	1,40	0,80	2,40
165	**2 Mio**	auf 10 000 M rötlich- bis rotkarmin (19. Sept.)	(k)	0,30	1,40	0,80	2,80
166	**3 Mio**	auf 10 000 M rötlich- bis rotkarmin (23. Sept.)	(k)	0,30	1,40	0,80	5,—
167	**5 Mio**	auf 10 000 M rötlich- bis rotkarmin (23. Sept.)	(k)	0,40	2,—	0,80	2,40
168	**10 Mio**	auf 1 Mio M (lebhaft)rotorange (1. Okt.)	(h)	0,50	4,—	1,50	120,—
		Satzpreis (11 W.)		17,—	90,—	35,—	1400,—

Paare mit und ohne Aufdruck (F I):

		*	**	⊘	⊙
158 F I	. . . .	—,—	—,—		
161 F I	. . . .	—,—	—,—		

[FALSCH] Doppelte und kopfstehende Aufdrucke;

Auflagen:
MiNr. 158 = 346 000
MiNr. 159 = 428 000
MiNr. 160 = 200 000
MiNr. 161 = 676 500
MiNr. 162 = 980 800
MiNr. 163 = 223 600
MiNr. 164 = 1 978 300
MiNr. 165 = 1 982 100
MiNr. 166 = 1 666 000
MiNr. 167 = 1 947 100
MiNr. 168 = 617 600

Gültig bis 2.11.1923

1923, 15./23. Okt. Freimarken: Ohne Aufdruck nicht ausgegebene Marke (Druck Sauer) mit schwarzem (MiNr. 169–173), bzw. (rosa)rotem (MiNr. 174–176) Bdr.-Aufdruck der neuen Werte durch die Postdruckerei Danzig; Wz. 3 Y; gez. K 14.

					✶	✶✶	⊘	⊙
169	**10 Mio**	auf 10 000 M	lebhaftgrauviolettblau (15. Okt.)	(k)	0,50	2,30	0,90	9,—
170	**20 Mio**	auf 10 000 M	lebhaftgrauviolettblau (15. Okt.)	(k)	0,50	2,30	0,90	11,—
171	**25 Mio**	auf 10 000 M	lebhaftgrauviolettblau (15. Okt.)	(k)	0,30	2,30	0,90	42,—
172	**40 Mio**	auf 10 000 M	lebhaftgrauviolettblau (22. Okt.)	(k)	0,30	2,30	0,90	42,—
173	**50 Mio**	auf 10 000 M	lebhaftgrauviolettblau (15. Okt.)	(k)	0,30	2,30	0,90	35,—
174	**100 Mio**	auf 10 000 M	lebhaftgrauviolettblau (22. Okt.)	(k)	0,30	2,30	0,90	5,—
175	**300 Mio**	auf 10 000 M	lebhaftgrauviolettblau (23. Okt.)	(k)	0,30	2,30	0,90	15,—
176	**500 Mio**	auf 10 000 M	lebhaftgrauviolettblau (23. Okt.)	(k)	0,30	2,30	0,90	3,50
			Satzpreis (8 W.)		2,50	18,—	7,—	150,—

		✶	✶✶	⊘	⊙
169 X	mit Wz. 3 X	90,—	300,—		
170 X	mit Wz. 3 X	90,—	300,—	—,—	—,—

Der Aufdruck der MiNr. 174 ist auch auf MiNr. 56 (Kogge) bekannt.

Auflagen:

MiNr. 169 = 874 100
MiNr. 170 = 857 100
MiNr. 171 = 914 400
MiNr. 172 = 726 600
MiNr. 173 = 919 100
MiNr. 174 = 1 397 200
MiNr. 175 = 1 026 100
MiNr. 176 = 1 157 000

Gültig bis 2.11.1923

✈ 1923, 18. Okt. Flugpostmarken (V). Ⓔ Buchholz; Bdr. Sauer (10×10); Wz. 3 Y; gez. K 14.

m

m I
m) Posthorn, Silhouette eines Flugzeugs

					✶	✶✶	⊘	⊙
177		250 000 M	lebhaftrot (Töne)	m	0,40	1,50	1,50	480,—
178		500 000 M	lebhaftrot (Töne)	m	0,40	1,50	1,50	480,—
179	**2 Mio**	auf 100 000 M	lebhaftrot (Töne)/schwarz	m I	0,40	1,50	1,50	480,—
180	**5 Mio**	auf 50 000 M	lebhaftrot (Töne)/schwarz	m I	0,40	1,50	1,50	480,—
			Satzpreis (4 W.)		1,50	6,—	5,50	1800,—

Wz. 3 X (stehend statt liegend) (X):

	✶	✶✶	⊘	⊙
177 X	60,—	150,—	250,—	
178 X	60,—	150,—	250,—	
179 X	120,—	300,—	250,—	
180 X	140,—	340,—	250,—	

Auflagen: MiNr. 177 = 936 900, MiNr. 178 = 948 900, MiNr. 179 = 1 180 000, MiNr. 180 = 1 184 900 Stück

Gültig bis 2.11.1923

Neue Währung: 1 Gulden (G) = 100 Pfennig

Mischfrankaturen zwischen Papiermark- und Guldenwerten waren vom 31.10. bis 2.11.1923 möglich (Umrechnung: 200 Mio Mark = 5 Pfennig).

1923, 31. Okt./5. Nov. Freimarken: Großes Wappen, Hochformat (Zeichnung i und i I) und großes Wappen, langes Querformat (Zeichnung h) in geänderten Farben und mit schwarzem Bdr.-Aufdruck des neuen Wertes durch die Postdruckerei Danzig; Wz. 4; gez. K 14.

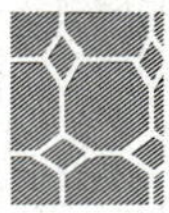

Wz. 4
Fliesen

						✶	✶✶	⊘	⊙	FDC
181	**5 Pf**	auf	50 M	lilarot (Töne) (31. Okt.)	i	0,60	2,80	0,50	2,50	50,—
182	**10 Pf**	auf	50 M	lilarot (Töne) (31. Okt.)	i	0,60	2,80	0,50	2,50	50,—
183	**20 Pf**	auf	100 M	lilarot (Töne) (31. Okt.)	i I	0,60	2,80	0,50	2,50	50,—
184	**25 Pf**	auf	50 M	lilarot (Töne) (31. Okt.)	i	4,50	20,—	10,—	42,—	200,—
185	**30 Pf**	auf	50 M	lilarot (Töne) (31. Okt.)	i	4,50	20,—	2,50	6,50	75,—
186	**40 Pf**	auf	100 M	lilarot (Töne) (31. Okt.)	i I	2,80	13,—	2,50	11,—	75,—
187	**50 Pf**	auf	100 M	lilarot (Töne) (31. Okt.)	i I	2,80	16,—	3,50	15,—	100,—
188	**75 Pf**	auf	100 M	lilarot (Töne) (31. Okt.)	i I	10,—	35,—	20,—	70,—	250,—
189	**1 G**	auf	1 Mio M	lilarot (Töne) (5. Nov.)	h	5,50	30,—	7,50	18,—	
190	**2 G**	auf	1 Mio M	lilarot (Töne) (5. Nov.)	h	15,—	45,—	20,—	75,—	
191	**3 G**	auf	1 Mio M	lilarot (Töne) (5. Nov.)	h	28,—	140,—	75,—	200,—	
192	**5 G**	auf	1 Mio M	lilarot (Töne) (5. Nov.)	h	32,—	150,—	80,—	700,—	
				Satzpreis (12 W.)		100,—	450,—	220,—	1100,—	

FALSCH Ganzfälschungen

MiNr. 181–192 sollten nur INFLA-geprüft erworben werden.

Auflagen:

MiNr. 181 = 1 487 900
MiNr. 182 = 1 829 400
MiNr. 183 = 1 566 800
MiNr. 184 = 160 900
MiNr. 185 = 342 100
MiNr. 186 = 395 100
MiNr. 187 = 279 800
MiNr. 188 = 73 700
MiNr. 189 = 269 200
MiNr. 190 = 79 800
MiNr. 191 = 43 200
MiNr. 192 = 34 600

Gültig bis 28.2. 1927

1924

1924, 19. Jan./1938. Freimarken: Staatswappen im Oval (I). Ⓔ Buchholz; Bdr. Postdruckerei Danzig (10×10); Wz. 3 Y; gez. K 14.

p

p I

p–p I) Staatswappen (im Oval)

MiNr.	Wert	Farbe	**	⊙
193	5 (Pf)	rötlich- bis rotorange . . . . p		
x		auf weiß (19.1.24)	32,—	1,30
y		auf mattchromgelb *(Feb. 35)* . . .	8,50	0,70
194	10 (Pf)	dkl'grün bis dkl'smaragdgrün . p		
x		auf weiß (19.1.24)	35,—	1,30
y		auf mattchromgelb *(März 35)* . . .	25,—	0,60
195 x	15 (Pf)	dkl'grünlichgrau bis schwarzbläulichgrau (19.1.24) p	22,—	0,80
196 x	20 (Pf)	karminrot bis lilarot/zinnoberrot bis dkl'rosa GA (26.1.24) . p I	55,—	0,80
197 x	25 (Pf)	dkl'- bis schwarztürkisgrau/(lebhaft)zinnoberrot (12.3.24) p I	150,—	4,50
198 x	30 (Pf)	lebhaft- bis dkl'(opal)grün/(dkl')zinnoberrot (12.3.24) . . . p I	70,—	1,—
199 x	40 (Pf)	schwärzlichviolettultramarin/cyanblau bis lebhaftpreußischblau (14.2.24) . . . . p I	50,—	1,20
200	50 (Pf)	dkl'ultramarin (Töne)/(lebhaft) zinnoberrot bis dkl'rosa . . . . p I		
x		auf weiß (12.3.24)	90,—	10,—
y		auf mattchromgelb	70,—	40,—
201	75 (Pf)	dkl'violettpurpur bis braunviolett/zinnoberrot bis dkl'rosa . . . . p I		
x		auf weiß (12.3.24)	60,—	10,—
y		auf mattchromgelb	25,—	35,—
		Satzpreis (9 W.) ✶ 110,—	450,—	28,—

Bei MiNr. 193–201 gibt es sehr starke Farbschwankungen.

Alle Preise ab 3,— Euro gelten nur für geprüfte Stücke; bei niedrigeren Preisen werden evtl. Prüfgebühren nicht berücksichtigt!

		✶	**
193 y X	mit Wz. 3 X	130,—	500,—

MiNr. 193–194 wurden auch in Markenheftchen (MH 1–6) ausgegeben.

Auflagen: unbekannt

MiNr. 193, 194, 200 und 201 gültig bis 30.9.1939, MiNr. 195 bis 31.10.1929, MiNr. 196–199 bis 31.1.1938

Weitere Werte in Zeichnung p: MiNr. 214–216, 236, 245–248, 272 bis 273, 289–295

Weitere Werte in Zeichnung p I: 243–244, 249–250, 269, 296

1932, Juli/1935. Freimarken: Staatswappen. Wie MiNr. 193 und 194, jedoch Rollenzähnung (fehlende Zähnungslöcher in den Ecken).

MiNr.	Wert	Farbe	✶	**	⊙
193 D	5 (Pf)	rotorange (Töne) . p			
x		auf weiß (Juli 1932)	30,—	150,—	12,—
y		auf mattchromgelb (Okt. 1935)	14,—	40,—	11,—
194 D	10 (Pf)	grün bis dkl'grün . p			
x		auf weiß (31.7.32) .	35,—	140,—	15,—
y		auf mattchromgelb (Okt. 1935)	20,—	70,—	13,—

Waagerechte Paare (nur aus Bogen):

		✶	**	⊙
193 D x / 193 D x	. . . .	120,—	400,—	400,—
193 D y / 193 D y	. . . .	75,—	200,—	200,—
194 D x / 194 D x	. . . .	110,—	300,—	400,—
194 D y / 194 D y	. . . .	100,—	250,—	350,—

Auflagen: unbekannt *Gültig bis 30.9.1939*

✈ 1924, Juni. Flugpostmarken (VI). Ⓔ Buchholz; Bdr. Postdruckerei Danzig (MiNr. 202–205 10×10, MiNr. 206 10×5); MiNr. 206 mit weißgrauem Rosettenunterdruck; Wz. 3 X; gez. K 14.

r

s

r–s) Eindecker über Silhouette von Danzig, Staatswappen

MiNr.	Wert	Farbe	**	⊙
202	10 (Pf)	(lebh')rot bis dkl'rosa *(4. Juni)* . r	100,—	4,50
203	20 (Pf)	rotlila *(4. Juni)* . . . . r	8,—	2,—
204	40 (Pf)	dunkelbraun (Töne) *(4. Juni)* . . . r	10,—	2,50
205	1 G	dunkelgraugrün *(4. Juni)* . . . . . r	10,—	6,—
206	2½ G	dunkelbraunkarmin *(4. Juni)* . . s	75,—	42,—
		Satzpreis (5 W.) ✶ 55,—	200,—	55,—

Für MiNr. 202–206 wurde kein Ausgabetag festgelegt! Die Angaben in Kursivschrift sind die bisher bekannten frühesten Stempeldaten.

FALSCH Ⓔ von MiNr. 202 und 206 gibt es Ganzfälschungen!

Auflagen: MiNr. 202–205 unbekannt, MiNr. 206 = 100 000 Stück

Gültig bis 30.9.1939

1924, 22. Sept./28. Nov. Freimarken: Ansichten (I). Ⓔ Hellingrath; StTdr. Reichsdruckerei Berlin (MiNr. 207–209 5×10, MiNr. 210 und 211 10×5); MiNr. 207–209 Wz. 1 X, MiNr. 210–211 Wz. 1 Y; gez. K 14.

t) Schloss und Kloster Oliva

u) Kran und Lange Brücke, Danzig

v) Zoppot

w) Marienkirche, Danzig

x) Langer Markt und Rathaus, Danzig

MiNr.	Wert	Farbe	**	⊙	FDC
207	1 G	(dunkel)grünoliv/schwarz (22. Sept.) . . . . t	130,—	55,—	—,—
208	2 G	dunkelbraunpurpur/schwarz (22. Sept.) . . . . u	250,—	130,—	
209	3 G	dunkelblau/schwarz (28. Nov.) v	27,—	6,—	120,—
210	5 G	mittelbraunkarmin/grauschwarz (28. Nov.) . . . . . . w	27,—	10,—	150,—
211	10 G	dunkelsiena/grauschwarz (28. Nov.) x	130,—	130,—	
		Satzpreis (5 W.) ✶ 110,—	550,—	320,—	

Vorsicht! MiNr. 208 nicht mit MiNr. 213 verwechseln!

Bei MiNr. 207–211 sind viele sogen. „Retuschen" (Ergänzungen der Mittelstücke durch Bleistift- oder Tuschestriche) bekannt. Nicht prüfbar!

Auflagen: MiNr. 207 und 208 je 50 000, MiNr. 209–211 unbekannt

MiNr. 207 und 208 gültig bis 9.1.1925, MiNr. 209–211 bis 30.9.1939

Weitere Ausgaben in Zeichnung t: MiNr. 212 (Bildbreite 31,5 mm), 297 (Bildbreite 32,5 mm); in Zeichnung u: MiNr. 213

1925–1929

1925, 1. Jan. Freimarken: Ansichten (II). Wie MiNr. 207 und 208, jedoch geänderte Farben.

u

				★★	⊙
212	1 G	dunkelgelb(lich)orange/ (grau)schwarz	t	80,—	5,—
213	2 G	magenta/grauschwarz	u	20,—	10,—
		Satzpreis (2 W.) ✱ 24,—		100,—	15,—

Auflagen: unbekannt *Gültig bis 30.9.1939*

MiNr. 213 mit Aufdruck des neuen Wertes und „Deutsches Reich" siehe Deutsches Reich MiNr. 729

1925, 20. Aug./1935, Febr. Freimarken: Staatswappen im Oval (II). Ⓔ Buchholz; Bdr. Postdruckerei Danzig (10×10); Wz. 3 Y; gez. K 14.

p) Staatswappen (im Oval)

				★★	⊙
214	15 (Pf)	orangerot bis rot	p		
x		auf weiß (20.8.1925)		35,—	1,30
y		auf mattchromgelb (Febr. 1935)		15,—	1,30
215	35 (Pf)	ultramarin (Töne) (21.10.1925)	p	35,—	1,80
		Satzpreis (2 W.) ✱ 8,—		50,—	3,—

MiNr. 214 wurde auch in Markenheftchen (MH 1–6) ausgegeben.

Auflagen: unbekannt *Gültig bis 30.9.1939*

Weitere Werte in gleicher Zeichnung: MiNr. 193–195, 216, 236, 245 bis 248, 272–273, 289–295

MiNr. 215 mit Aufdruck des neuen Wertes und „Deutsches Reich" siehe Deutsches Reich MiNr. 717

1927, 10. Febr./1935, Okt. Freimarke: Staatswappen im Oval (III). Ⓔ Buchholz; Bdr. Postdruckerei Danzig (10×10); Wz. 3 Y; gez. K 14.

p) Staatswappen (im Oval)

				✱	★★	⊙
216	3 (Pf)		p			
x		dunkelgelbbraun auf weiß (10.2.1927)		3,—	12,—	2,50
y		(lebhaft)rötlichbraun auf mattchromgelb (Okt. 1935)		1,50	6,—	1,80

Auflage: unbekannt *Gültig bis 30.9.1939*

Weitere Werte in gleicher Zeichnung: MiNr. 193–195, 214–215, 236, 245–248, 272–273, 289–295

1929, 7. Juli. Internationale philatelistische Ausstellung. Ⓔ und StTdr. Reichsdruckerei Berlin (10×5); oWz.; gez. K 14.

y) Neptunbrunnen

				★★	⊙	Ⓢ
217	10 (+ 10 Pf)	schwärzlichgelblichgrün/ schwarz	y	10,—	7,50	2,—
218	15 (+ 15 Pf)	lilarot/schwarz	y	10,—	7,50	2,—
219	25 (+ 25 Pf)	lebhaftblau bis dkl'graublau/schwarz	y	35,—	60,—	16,—
		Satzpreis (3 W.) ✱ 16,—		55,—	75,—	20,—
		FDC			250,—	

Vorsicht! Wegen der schwefelsäurehaltigen Gummierung treten, besonders bei MiNr. 219, starke Verfärbungen auf!

Bei MiNr. 217–219 befindet sich meistens in der Nähe des 12. Zahnes der waagerechten Zähnung oben oder unten ein schwarzer Kontrollpunkt.

Auf dem Ausstellungspostamt wurden MiNr. 217–219 mit zwei verschiedenen Sonderstempeln entwertet.

Sog. Retuschen (Ergänzungen des Mittelstücks) durch Bleistiftstriche bekannt. Nicht prüfbar!

Auflage: 100 000 Sätze *Gültig bis 31.8.1929*

1930–1933

1930, 15. Nov. 10 Jahre Freie Stadt Danzig. Freimarken MiNr. 193, 194, 196–201, 212, 214 und 215 mit (grau)schwarzem (MiNr. 220, 222–225, 228 und 229), (dunkel)violettem (MiNr. 221), (lebhaft)rotem (MiNr. 226), rosakarminem (MiNr. 227) und lilarotem (MiNr. 230) Bdr.-Aufdruck durch die Postdruckerei Danzig.

				★★	⊙
220	5 (Pf)	rotorange (Töne)	(193 x)	12,—	4,50
221	10 (Pf)	grün bis dunkelgrün	(194 x)	18,—	5,50
222	15 (Pf)	orangerot bis rot	(214 x)	24,—	13,—
223	20 (Pf)	karminrot/(dkl')zinnoberrot	(196 x)	12,—	7,—
224	25 (Pf)	schwarztürkisgrau/dkl'rosa	(197 x)	30,—	13,—
225	30 (Pf)	dunkelopalgrün/dkl'rosa	(198 x)	45,—	30,—
226	35 (Pf)	(grau)ultramarin (Töne)	(215)	180,—	120,—
227	40 (Pf)	schwärzlichviolettultramarin/ lebhaftpreußischblau	(199 x)	55,—	45,—
228	50 (Pf)	schwärzlichultramarin/ (lebhaft)zinnoberrot	(200 x)	160,—	100,—
229	75 (Pf)	dunkelviolettpurpur/ (dunkel)zinnoberrot	(201 x)	160,—	110,—
230	1 G	dunkelorange/grauschwarz	(212)	160,—	100,—
		Satzpreis (11 W.) ✱ 200,—		850,—	500,—

FALSCH

Auflagen:

MiNr. 220 = 97 500	MiNr. 224 = 54 700	MiNr. 228 = 26 000
MiNr. 221 = 97 500	MiNr. 225 = 39 500	MiNr. 229 = 27 500
MiNr. 222 = 97 200	MiNr. 226 = 37 300	MiNr. 230 = 27 500
MiNr. 223 = 54 700	MiNr. 227 = 38 500	

Gültig bis 31.1.1938

1932, 11. Juli. Luftpostausstellung (Luposta). Freimarken MiNr. 207–211 mit verschiedenfarbigem Bdr.-Aufdruck durch die Druckerei Sauer.

						★★	⊙	Ⓢ
231	10+10 (Pf)	auf 1 G	(d'kl)grünoliv/ schwarz	(207) Gr	45,—	45,—	28,—
232	15+15 (Pf)	auf 2 G	d'klbraunpurpur/ schwarz	(208) V	45,—	45,—	28,—
233	20+20 (Pf)	auf 3 G	d'klblau/ schwarz	(209) Bl	45,—	45,—	28,—
234	25+25 (Pf)	auf 5 G	mittelbraunkarmin/grauschwarz	(210) K	45,—	45,—	28,—
235	30+30 (Pf)	auf 10 G	dunkelsiena/ grauschwarz	(211) Br	45,—	45,—	28,—
			Satzpreis (5 W.) ✱ 55,—		220,—	220,—	140,—
			FDC				*500,—*

Auflage: 52 000 Sätze *Gültig bis 31.1.1938*

1933, 27. April. Freimarke: Staatswappen im Oval (IV). Ⓔ Buchholz; Bdr. Postdruckerei Danzig (10×10); Wz. 3 Y; gez. K 14.

p) Staatswappen (im Oval)

				✱	★★	⊙	FDC
236	7 (Pf)	gelbgrün bis dunkelgelblichgrün	p	2,—	6,50	3,50	30,—

Auflage: unbekannt

MiNr. 236 wurde am 16.6.1937 aus dem Verkehr gezogen, aber nicht ausdrücklich für ungültig erklärt!

Weitere Werte in gleicher Zeichnung: MiNr. 193–195, 214–216, 245 bis 248, 272–273, 289–295

MiNr. 236 mit Aufdruck des neuen Wertes und „Deutsches Reich" siehe Deutsches Reich MiNr. 721

1934–1935

1934, 15. Jan. Winterhilfswerk. Freimarken MiNr. 193, 194 und 214 mit schwarzem Bdr.-Aufdruck durch die Postdruckerei Danzig.

				✶	✶✶	⊙
237	5 + 5	(Pf) rotorange (Töne)	(193 x)	11,—	55,—	25,—
238	10 + 5	(Pf) (dkl')grün	(194 x)	28,—	130,—	60,—
239	15 + 5	(Pf) orangerot bis rot	(214 x)	16,—	100,—	45,—
		Satzpreis (3 W.)		55,—	270,—	130,—
		FDC				—,—

FALSCH

Auflagen: unbekannt, verkauft je ca. 12 500 Stück, Restbestände vernichtet

Gültig bis 15.5.1935

1934, 28. Dez./1936, 23. Dez. Freimarken: MiNr. 215 und 236 mit verschiedenfarbigem Bdr.-Aufdruck der neuen Wertstufe durch die Postdruckerei Danzig; alte Wertangabe mit Strichen (MiNr. 240 und 241) oder Viereck (MiNr. 242) unkenntlich gemacht.

			✶✶	⊙
240	**6** auf 7 (Pf)	Aufdruck schwärzlichrosarot (28.12.1934) (236)	5,—	2,—
241	**8** auf 7 (Pf)	Aufdruck schwärzlichviolettultramarin (5.6.1935) (236)	10,—	2,80
A 241	**8** auf 7 (Pf)	Aufdruck schwärzlichrosarot (13.7.1936) (236)	7,50	3,—
B 241	**8** auf 7 (Pf)	Aufdruck dunkelblaugrün (23.12.1936) (236)	5,50	3,—
242	**30** auf 35 (Pf)	Aufdruck schwärzlichviolettultramarin (28.12.1934) (215)	50,—	30,—
		Satzpreis (5 W.) ✶ 18,—	75,—	40,—

Achtung! MiNr. 241 war früher unter MiNr. 241 a, MiNr. A 241 unter MiNr. 241 b, MiNr. B 241 unter MiNr. 241 c katalogisiert!

Auflagen: MiNr. 240 = 200 000, MiNr. 241, A 241 und B 241 je 100 000, MiNr. 242 = 100 000 Stück

MiNr. 241, A 241 und B 241 gültig bis 31.1.1938, MiNr. 240 und 242 bis 31.8.1938

1935, 15. April. Freimarken: Staatswappen im Oval (V). Ⓔ Buchholz; Bdr. Postdruckerei Danzig (10×10); Wz. 3 Y; gez. K 14.

p I) Staatswappen (im Oval)

				✶✶	⊙	FDC
243	40 (Pf)	schwärzlichgelbbraun/zinnoberrot	p I	50,—	15,—	100,—
244	60 (Pf)	schwarzbläulichgrün/zinnoberrot	p I	50,—	22,—	100,—
		Satzpreis (2 W.) ✶ 16,—		100,—	35,—	

Auflagen: je 100 000 Stück *Gültig bis 31.1.1938*

Weitere Werte in gleicher Zeichnung: MiNr. 196–201, 249, 250, 269, 296

1935, 5. Juni/5. Sept. Freimarken: Staatswappen im Oval (VI). Ⓔ Buchholz; Bdr. Postdruckerei Danzig (10×10); Wz. 3 Y; gez. K 14.

p) Staatswappen (im Oval)

				✶✶	⊙
245	20 (Pf)	schwarztürkisgrau (20. Juni)	p	12,—	3,—
246	25 (Pf)	lilarot (Töne) (5. Juni) GA	p	70,—	2,—
247	30 (Pf)	dunkelgraupurpur (21. Aug.)	p	10,—	5,—
248	40 (Pf)	schwärzlichlilaultramarin (20. Juni)	p	12,—	4,50
249	70 (Pf)	dunkelgelbgrün (Töne)/zinnoberrot (5. Sept.)	p I	20,—	9,—
250	80 (Pf)	schwärzlichbraunorange/zinnoberrot (5. Sept.)	p I	20,—	9,—
		Satzpreis (6 W.) ✶ 30,—		140,—	30,—

Auflagen: unbekannt *Gültig bis 30.9.1939*

Weitere Werte in Zeichnung p: MiNr. 193–195, 214–216, 236, 272 bis 273, 289–295

Weitere Werte in Zeichnung p I: MiNr. 196–201, 243–244, 269, 296

✈ 1935, 24. Okt. Flugpostmarken (VII): Flugzeug. Ⓔ Buchholz; Bdr. Postdruckerei Danzig (10×10); MiNr. 251–254 Wz. 3 X, MiNr. 255 Wz. 3 Y; gez. K 14.

z) Flugzeug Junkers W-33

aa) Stil. Flugzeug mit Inschrift

				✶	✶✶	⊙
251	10 (Pf)	lebhaftrot GA	z	2,—	10,—	1,—
252	15 (Pf)	dunkelgelborange	z	2,—	10,—	1,50
253	25 (Pf)	schwarzbläulichgrün	z	2,—	10,—	2,—
254	50 (Pf)	dunkelpreußischblau	z	10,—	30,—	12,—
255	1 G	dunkellila	aa	4,—	20,—	17,—
		Satzpreis (5 W.)		20,—	80,—	32,—
		FDC				75,—

Auflagen: MiNr. 251 = 1 200 000, MiNr. 252 = 555 000, MiNr. 253–255 je 199 000 Stück

Gültig bis 30.9.1939

Weitere Werte in Zeichnung z: MiNr. 298–301

1935, 16. Dez. Winterhilfswerk: Bauwerke. Ⓔ Buchholz; Bdr. Postdruckerei Danzig (MiNr. 256 und 258 10×5, MiNr. 257 5×10); MiNr. 256 und 258 Wz. 3 X, MiNr. 257 Wz. 3 Y; gez. K 14.

ab) Stockturm (um 1390)

ac) Leeges Tor (1626)

ad) Georgshalle (1487)

				✶	✶✶	⊙
256	5 + 5 Pf	lebhaftrotorange	ab	0,80	3,—	2,—
257	10 + 5 Pf	dunkelgrün	ac	1,40	5,—	3,—
258	15 + 10 Pf	(lebhaft)rot	ad	3,30	14,—	4,50
		Satzpreis (3 W.)		5,50	22,—	9,50
		FDC				50,—

Auflage: 200 000 Sätze *Gültig bis 31.5.1936*

1936–1937

1936, 23. Juni. 125 Jahre Ostseebad Brösen. Ⓔ Buchholz; Bdr. Postdruckerei Danzig (MiNr. 259 und 260 5×10, MiNr. 261 10×5); MiNr. 259 und 260 Wz. 3 Y, MiNr. 261 Wz. 3 X; gez. K 14.

ae) Badestrand

af) Strand

ag) Krieger-Ehrenmal

				✶✶	⊙	FDC
259	10 Pf	schwarzopalgrün bis schwärzlichblaugrün	ae	5,—	1,50	100,—
260	25 Pf	lilarot	af	5,—	2,80	50,—
261	40 Pf	preußischblau (Töne)	ag	12,—	5,50	50,—
		Satzpreis (3 W.) ✶ 5,50		22,—	9,50	

MiNr. 259–261 wurden vom 23.6. bis 30.9.1936 zu gewissen Tageszeiten (nicht an Sonntagen) mit Sonderstempel entwertet (100% Aufschlag).

Auflagen: MiNr. 259 = 500 000, MiNr. 260 = 400 000, MiNr. 261 = 200 000 Stück

Gültig bis 31.1.1938

1936, 25. Nov. Winterhilfswerk: Bauwerke. 🄴 **Buchholz; Bdr. Postdruckerei Danzig (10×5); MiNr. 262–264 Wz. 3 X, MiNr. 265 und 266 Wz. 3 Y; gez. K 14.**

ah) Milchkannenturm (1517–1519)

ai) Frauentor (1482)

ak) Krantor (1443)

al) Langgartentor (1628)

am) Hohes Tor (1588)

				✶✶	⊙
262	10 + 5 Pf	blau	ah	15,—	6,—
263	15 + 5 Pf	schwärzlichopalgrün	ai	15,—	8,—
264	25 + 10 Pf	braunkarmin	ak	20,—	12,—
265	40 + 20 Pf	dkl'gelbbraun/dkl'braunkarmin	al	20,—	14,—
266	50 + 20 Pf	lebh'grünlichblau/dunkelblau	am	30,—	20,—
		Satzpreis (5 W.) ✶ 18,—		100,—	60,—
		FDC			*450,—*

Auflagen: MiNr. 262–264 unbekannt, MiNr. 265 = 100 000, MiNr. 266 = 90 000 Stück

Gültig bis 31.5.1937

1937, 27. März. Danziger Luftschutz (DLB); 🄴 **Volmar; Bdr. Postdruckerei Danzig (10×10); Wz. 3 Y; gez. K 14.**

an) Stadtsilhouette, Abzeichen

				✶	✶✶	⊙
267	10 (Pf)	schwärzlichkobalt	an	0,70	3,—	1,50
268	15 (Pf)	dunkelbraunkarmin	an	2,—	8,—	3,—
		Satzpreis (2 W.)		2,50	11,—	4,50
		FDC				25,—

Auflagen: unbekannt

Gültig bis 30.9.1939

1937, 17. April. Freimarke: Staatswappen im Oval (VII). 🄴 **Buchholz; Bdr. Postdruckerei Danzig (10×10); Wz. 3 Y; gez. K 14.**

p I) Staatswappen (im Oval)

				✶	✶✶	⊙	FDC
269	55 (Pf)	dunkelbraunkarmin/ zinnoberrot	p I	10,—	30,—	18,—	—,—

Auflage: unbekannt

Gültig bis 30.9.1939

Weitere Werte in gleicher Zeichnung: MiNr. 196–201, 243–244, 249 bis 250, 296

1937, 6. Juni. Blockausgabe: Danziger Landespostwertzeichen-Ausstellung „DAPOSTA". 🄴 **Lütcke; Bdr. Sauer; Wz. 3 Y; gez. Ks 14.**

ao) Marienkirche ao I

ap) Marienkirche, Flugzeug Junkers W 33 ap I

				✶	✶✶	⊙
270	50 (Pf)	schwarzgrün bis schwärzlichopalgrün	ao	2,—	6,50	25,—
Block 1		(148×105 mm)	ao I	5,—	16,—	180,—
			FDC			150,—
			Ⓢ			25,—

✈ Flp.-Blockausgabe

				✶	✶✶	⊙
271	50 (Pf)	schwarz(grau)blau bis schwärzlichviolett-ultramarin	ap	2,—	6,50	25,—
Block 2		(148×105 mm)	ap I	5,—	16,—	180,—
			FDC			150,—
			Ⓢ			25,—

Postpreis: Blocksatz 2 Gulden

Auflagen: Bl. 1 = 140 000, Bl. 2 = 530 000 Blocks

Gültig bis 30.9.1939

1937, 24. Juni/24. Aug. Freimarke: Staatswappen im Oval (VIII). Wie MiNr. 194 y, jedoch geänderte Farbe; A = gez. K 14, D = Rollenzähnung.

p) Staatswappen (im Oval)

			✶	✶✶	⊙	FDC
272	10 (Pf)	bläulichgrün (Töne) . . . . p				
A		gez. K 14 (24. Juni)	6,—	20,—	2,—	15,—
D		Rollenzähnung (24. Aug.)	13,—	45,—	18,—	—,—

(Automaten-)Marken mit Rollenzähnung siehe Hinweis nach MiNr. 194 D!

MiNr. 272 wurde auch im Markenheftchen (MH 6) ausgegeben.

Auflagen: unbekannt

Gültig bis 30.9.1939

1937, 14. Aug. Freimarke: Staatswappen im Oval (IX). 🄴 **Buchholz; Bdr. Postdruckerei Danzig (10×10); Wz. 3 Y; gez. K 14.**

p) Staatswappen (im Oval)

				✶	✶✶	⊙	FDC
273	8 (Pf)	dkl'gelblichgrün	p	2,—	10,—	7,50	30,—

Auflage: unbekannt

Gültig bis 30.9.1939

Weitere Werte in gleicher Zeichnung: MiNr. 193–195, 214–216, 236, 245–248, 289–295

1937, 30. Okt. Errichtung eines Danziger Dorfs in Magdeburg. 🄴 **Brandt; Bdr. Postdruckerei Danzig (10×10); X = Wz. 3 X, Y = Wz. 3 Y; gez. K 14.**

ar) Danziger Dorf

as) Wappen von Danzig und Magdeburg, Danziger Dorf

			✶	✶✶	⊙
274	25 (Pf)	lilarot (Töne) . . . . . ar			
X		Wz. 3 X	13,—	45,—	50,—
Y		Wz. 3 Y	3,50	18,—	7,—

				✶	✶✶	⊙
275 X	40 (Pf)	blau/zinnoberrot . . as		3,50	18,—	7,—
			Satzpreis (2 W.)	7,—	35,—	14,—
			FDC			75,—

Postpreis: Satz 1.30 Gulden

MiNr. 274 X stammt aus Block 3!

Auflage: 103 000 Sätze *Gültig bis 30.9.1939*

1937, 28. Nov. Blockausgabe: Danziger Leistungsschau. 🄴 **Brandt; Bdr. Postdruckerei Danzig; Wz. 3 X; gez. K 14.**

at

		✶	✶✶	⊙	Ⓢ
Block 3	mit MiNr. 274 X und 275 X (146×105 mm) . . . at	60,—	140,—	500,—	110,—
	. . . . FDC				1400,—

Postpreis: 1.50 Gulden

Block 3 wurde am 28.11. nur auf dem Messepostamt der Leistungsschau, ab 29.11. allgemein verkauft.

Farbtönungen bei den Blockmarken, der Inschrift und dem Papier bekannt!

Auflage: 100 000 Blocks *Gültig bis 30.9.1939*

1937, 13. Dez. Winterhilfswerk: Denkmäler. 🄴 **Buchholz; Bdr. Postdruckerei Danzig (10×5); Wz. 3 X; gez. K 14.**

au) Madonna (Artushof)

av) Merkur (Artushof)

aw) Der goldene Kerl (Rathausturm)

ax) Neptunbrunnen

ay) Hl. Georg

				✶✶	⊙
276	5 + 5 Pf	dunkelviolett . . . . au		12,—	10,—
277	10 + 5 Pf	dunkelsiena . . . . av		12,—	7,50
278	15 + 5 Pf	ultramarin/dunkelgelblichorange . . . . aw		12,—	11,—
279	25 + 10 Pf	schwärzlichopalgrün/lebhaftbläulichgrün . . . . . . ax		18,—	15,—
280	40 + 25 Pf	lilarot (Töne)/kobaltblau . . . ay		30,—	20,—
		Satzpreis (5 W.)	✶ 20,—	80,—	60,—
		FDC			130,—

MiNr. 277 in Dunkelbraun und ungezähnt entstammt einem durch die Arge Danzig privat produzierten Block mit einem nicht perforierten waagerechten Nachdruck-Paar der MiNr. 277.

Auflagen: MiNr. 276–279 unbekannt, MiNr. 280 = 158 000 Stück

Gültig bis 30.6.1938

1938

1938, 22. Febr. 150. Geburtstag von Arthur Schopenhauer. 🄴 **Buchholz; RaTdr. Reichsdruckerei Berlin (10×5); gez. K 14.**

az) Erstes Ölgemälde von Hamel (1856)

ba) Ölgemälde von Ruhl (1814/15)

bb) Zweite Schäfersche Fotografie (1859)

az–bb) A. Schopenhauer (1788–1860), Philosoph

			✶	✶✶	⊙
281	15 (Pf)	indigo . . . . az	1,80	5,—	3,—
282	25 (Pf)	schwärzlichbraun . . . . ba	4,20	15,—	10,—
283	40 (Pf)	rot (Töne) . . . . bb	1,80	5,—	4,—
		Satzpreis (3 W.)	7,50	25,—	17,—
		FDC			50,—

FALSCH

Auflage: 203 000 Sätze *Gültig bis 30.9.1939*

1938, 28. Nov. Winterhilfswerk: Schiffe. 🄴 **Gruber (MiNr. 284 bis 287) und Lienau (MiNr. 288); RaTdr. Reichsdruckerei Berlin (5×10); gez. K 14.**

bc) Segelyacht Peter von Danzig

bd) Saugbagger Fu Shing

be) Dampfer Columbus

bf) Motorschiff Hansestadt Danzig

bg) Karavelle Peter von Danzig

				✶✶	⊙
284	5 + 5 (Pf)	schwarzopalgrün . . . . bc		10,—	2,20
285	10 + 5 (Pf)	schwärzlichorangebraun . bd		10,—	4,—
286	15 + 10 (Pf)	schwärzlichgrünlicholiv . . be		12,—	4,—
287	25 + 10 (Pf)	schwärzlichlilaultramarin . . bf		15,—	6,—
288	40 + 15 (Pf)	dunkellilabraun . . . . bg		20,—	9,—
		Satzpreis (5 W.)	✶ 12,—	65,—	25,—
		FDC			75,—

FALSCH

Auflage: 480 000 Sätze *Gültig bis 30.6.1939*

1938, Juli/1939. Freimarken: Staatswappen im Oval (X) und Ansichten. 🄴 **Buchholz (MiNr. 289–296) und Hellingrath (MiNr. 297); Bdr. Postdruckerei Danzig (MiNr. 289–296, 10×10) und Reichsdruckerei Berlin (MiNr. 297, 5×10); Wz. 5; gez. K 14.**

Wz. 5

p

p I

t I

			✶✶	⊙
289	3 (Pf)	rötlichbraun (Juli 1938) . . . . p	3,80	9,—
290	5 (Pf)	mittelgelblichrot (23.7.1938) . . . . p	3,80	2,50
291	8 (Pf)	grünlicholiv (Sept. 1938) . . . . p	22,—	40,—
292	10 (Pf)	dunkelbläulichgrün (Okt. 1938) . p	3,80	2,50
293	15 (Pf)	lebhaftrot (Töne) (Okt. 1938) . . . . p	7,50	10,—
294	25 (Pf)	dkl'rosarot bis lilarot (23.7.1938) p	7,—	8,—
295	40 (Pf)	schwärzlichlilaultramarin (19.7.1938) . . . . p	13,—	35,—
296	50 (Pf)	lebhaftblau/zinnoberrot (Juni 1939) . . . . p I	13,—	160,—

				**	⊙
297	1 G	gelblichrot/schwarz (Okt. 1938) . t I		32,—	140,—
		Satzpreis (9 W.)	* 24,—	100,—	400,—

MiNr. 290 neigt zu Farbveränderungen in bräunliche Töne.

FALSCH ⓔ **Die Gebraucht-Preise gelten nur für geprüfte Stücke!**

MiNr. 290, 292 und 293 wurden auch im Markenheftchen (MH 7) ausgegeben.

Auflagen: unbekannt *Gültig bis 30.9.1939*

Weitere Werte in Zeichnung p: MiNr. 193–195, 214–216, 236, 245 bis 248, 272–273

Weitere Werte in Zeichnung p I: MiNr. 196–201, 243–244, 249–250, 269

Weitere Werte in Zeichnung t: MiNr. 207, 212

Mit Aufdruck neuer Werte und „Deutsches Reich" siehe Deutsches Reich MiNr. 716, 718–720, 722, 724–728

1938, 18. Juli/1939. Freimarken: Staatswappen im Kreis. Wie MiNr. 290 und 292, jedoch Rollenzähnung.

			*	**	⊙	FDC
290 D	5 (Pf)	mittelgelbllichrot (24.8.) . . . . p	1,50	6,50	9,—	—,—
292 D	10 (Pf)	dunkelbläulich grün (18.7.) p	3,—	22,—	12,—	—,—

MiNr. 290 D neigt zu Farbveränderungen in bräunliche Töne.

FALSCH ⓔ

Auflagen: unbekannt *Gültig bis 30.9.1939*

✈ 1938, Juli/1939, 13. Febr. Flugpostmarken (VIII): Flugzeug. Ⓔ Buchholz; Bdr. Postdruckerei Danzig (10×10); Wz. 5; gez. K 14.

z) Flugzeug Junkers W-33

				*	**	⊙
298	10 Pf	lebhaftrot (Juli 1938) . . . z		1,50	6,—	5,—
299	15 Pf	gelborange (8.7.1938) . . z		2,50	15,—	16,—
300	25 Pf	schwarzbläulichgrün (Juli 1938) . . . . z		2,—	9,—	8,50
301	50 Pf	dunkel(grau)kobalt (13.2.1939) . . . . z		5,—	25,—	75,—
		Satzpreis (4 W.)		11,—	55,—	100,—

Vorsicht! MiNr. 298 ist wasserempfindlich! Der ⊙-Preis gilt für beim Ablösen leicht verfärbte Marken!

FALSCH ⓔ

Auflagen: MiNr. 298 = 796 000, MiNr. 299 = 198 000, MiNr. 300 = 397 000, MiNr. 301 = 199 000 Stück

Gültig bis 30.9.1939

Weitere Werte in gleicher Zeichnung: MiNr. 251–254

1939

1939, 7. Jan. Tag der Briefmarke; 125. Jahrestag der Wiedervereinigung der Hansestadt Danzig mit Preußen. Ⓔ und RaTdr. Reichsdruckerei Berlin (10×5); gez. K 14.

bh) Turnierritter des Danziger Maiumrittes (1500)

bi) Unterzeichnung des Neutralitätsvertrages zwischen Danzig und Schweden (1630)

bk) Die Franzosen verlassen Danzig (2.1.1814)

bl) Schlacht von Weichselmünde (1577)

			*	**	⊙
302	5 Pf	schwarzolivgrün . . . . . bh	0,70	2,50	2,50
303	10 Pf	rötlichbraun . . . . bi	1,—	3,50	3,—
304	15 Pf	schwarzblau . . . . bk	1,50	5,—	3,50
305	25 Pf	schwarzbraunkarmin . . bl	2,—	6,—	5,—
		Satzpreis (4 W.)	5,—	17,—	14,—
		FDC			38,—

FALSCH ⓔ

Auflage: 200 000 Sätze *Gültig bis 30.6.1939*

1939, 29. April. Deutsche Ärzte und Naturforscher. Ⓔ und RaTdr. Reichsdruckerei Berlin (10×5); gez. K 13¼:14¼.

bm) Johann Gregor Mendel (1822–1884), Entdecker der Vererbungsgesetze

bn) Robert Koch (1843–1910), Bakteriologe, Nobelpreis 1905

bo) Wilhelm Röntgen (1845–1923), Physiker, Nobelpreis 1901

			*	**	⊙
306	10 (Pf)	lebhaftrotbraun . . . . bm	0,80	2,—	1,—
307	15 (Pf)	blauschwarz . . . . . . bn	0,80	3,50	2,50
308	25 (Pf)	schwarzolivgrau . . . bo	1,50	3,50	3,50
		Satzpreis (3 W.)	3,—	9,—	7,—
		FDC			25,—

Auflage: 650 000 Sätze *Gültig bis 30.9.1939*

Markenheftchen

1925–1938. Staatswappen im Kreis

MH-MiNr. (Ordn.-Nr. bzw. HAN)	Ausgabe-Datum	Nominale	MH-Preis ✱✱	H-Bl-MiNr.	mit MiNr.	H-Bl-Preise ✱✱	⊙
1 (3, 4, 6)	August 1925	1,80 G	*7500,—*	**1**	6×193 x	—,—	—,—
				2	6×194 x	—,—	—,—
				3	6×214 x	—,—	—,—
2 (1–3)	April 1928	3 G	*6500,—*	**4 x**	10×193 x	—,—	—,—
				5 x	10×194 x	—,—	—,—
				6 x	10×214 x	—,—	—,—
3 (HAN 430, 131, 133, 134)	April 1930	3 G	*4000,—*	4 x	10×193 x	—,—	—,—
				5 x	10×194 x	—,—	—,—
				6 x	10×214 x	—,—	—,—
4 (HAN 135)	Januar 1935	3 G	—,—	4 x	10×193 x	—,—	—,—
				5 x	10×194 x	—,—	—,—
				6 x	10×214 x	—,—	—,—
5 (HAN 136)	Januar 1936	3 G	*13000,—*	**4 y**	10×193 y	—,—	—,—
				5 y	10×194 y	—,—	—,—
				6 y	10×214 y	—,—	—,—
6 (HAN 537)	Mai 1937	3 G	*8000,—*	4 y	10×193 y	—,—	—,—
				7	10×272 A	—,—	—,—
				6 y	10×214 y	—,—	—,—
7 (HAN 938)	September 1938	3 G	*14000,—*	**8 y**	10×290 x	—,—	—,—
				9 y	10×292 x	—,—	—,—
				10 y	10×293 x	—,—	—,—

Die Existenz des MH 4 ist umstritten!

	5	5	5
	5	5	5

H-Blatt 1

	10	10	10
	10	10	10

H-Blatt 2

	15	15	15
	15	15	15

H-Blatt 3

	5	5	5	5	5
	5	5	5	5	5

H-Blatt 4

	10	10	10	10	10
	10	10	10	10	10

H-Blatt 5

	15	15	15	15	15
	15	15	15	15	15

H-Blatt 6

	10	10	10	10	10
	10	10	10	10	10

H-Blatt 7

	5	5	5	5	5
	5	5	5	5	5

H-Blatt 8

	10	10	10	10	10
	10	10	10	10	10

H-Blatt 9

	15	15	15	15	15
	15	15	15	15	15

H-Blatt 10

Dienstmarken

Dienstmarken durften nur von Behörden verwendet werden; die Sendungen waren mit dem Aufbringen eines Dienstsiegels zu kennzeichnen. Da der Gebrauch der Dienstmarken erst ab dem 1. September 1921 obligatorisch war, kommen bis dahin, wie später auch in der Inflationszeit, Mischfrankaturen von Frei- und Dienstmarken vor.

Entgegen den Vorschriften gibt es auch mit Dienstmarken frankierte Sendungen von Privatpersonen, die geduldet und ohne Nachporto zugestellt wurden.

Der Aufdruck „D M“ ist häufig verschieden stark, infolge von Klischeeabnutzung kommen bei fast allen Werten Verstümmelungen vor. Durch mangelhafte Bogeneinlage sind Aufdruckverschiebungen wie „M D“, „D M D“, „M D M“ relativ häufig anzutreffen. Diese Passerverschiebungen verdienen folgenden Zuschlag zum Markenpreis: ✶ 15,—, ✶✶ 60,—, ▨ 20,—, ⊙ 60,—.

Weiter gibt es Aufdrucke nur „D“ und nur „M“; Zuschlag zum Markenpreis: ✶ 20,—, ✶✶ 80,—, ▨ 40,—, ⊙ 75,—.

1921/1922

1921, 25. Aug. Dienstmarken: Freimarken kleines Staatswappen im Achteck MiNr. 73–86 mit schwarzem Bdr.-Aufdruck (fett, gerade) durch die Druckerei Sauer; MiNr. 1–13 Wz. 2 X, MiNr. 14 Wz. 2 Y.

			✶✶	▨	⊙
1	5 (Pf)	dunkelorange . . . . . . (73)	0,80	0,30	38,—
2	10 (Pf)	dunkelviolettpurpur . . (74)	0,80	0,30	9,—
3	15 (Pf)	schwärzlichgrün . . . . (75)	0,80	0,30	10,—
4	20 (Pf)	dunkelgrau . . . . (76)	0,80	0,30	10,—
5	25 (Pf)	schwarzgrün . . . . (77)	0,80	0,30	8,—
6	30 (Pf)	(dunkel)violettultramarin/ karminrot . . . . (78)	1,80	0,70	8,—
7	40 (Pf)	(dunkel)gelblichgrün/ karminrot . . . . (79)	0,80	0,30	15,—
8	50 (Pf)	schwarzgrün/ karminrot . . . . (80)	0,80	0,30	6,50
9	60 (Pf)	lilarot . . . . (81)	0,80	0,30	6,—
10	80 (Pf)	schwarzviolettultramarin/ karminrot . . . . (82)	3,80	1,50	20,—
11	1 M	rötlichorange/ karminrot . . . . (83)	0,80	0,30	4,—
12	1.20 M	schwärzlichviolettblau (84)	5,50	1,50	30,—
13	2 M	dunkelgelbgrau/ karminrot . . . . (85)	85,—	16,—	75,—
14	3 M	braunviolett/karminrot (86)	50,—	14,—	70,—
		Satzpreis (14 W.) ✶ 35,—	150,—	35,—	300,—

Bei allen Werten MiNr. 1–14 gibt es starke Farbschwankungen!

		✶	✶✶	▨	⊙
5 Y	mit liegendem (statt stehendem) Wz. . . .	350,—	1000,—	500,—	

5 F	Paar mit und ohne Aufdruck . .	200,—	500,—
8 F	Paar mit und ohne Aufdruck . .		—,—

FALSCH MiNr. 2 und 9

Auflagen:

MiNr. 1 = 589 200	MiNr. 6 = 411 500	MiNr. 11 = 909 600
MiNr. 2 = 1 287 000	MiNr. 7 = 395 100	MiNr. 12 = 211 200
MiNr. 3 = 769 800	MiNr. 8 = 857 100	MiNr. 13 = 60 200
MiNr. 4 = 667 200	MiNr. 9 = 595 100	MiNr. 14 = 62 500
MiNr. 5 = 746 400	MiNr. 10 = 200 000	

Gültig bis 30.9.1923

1922, 15. Febr. Dienstmarken: Freimarken kleines Staatswappen im Achteck MiNr. 93–98 mit schwarzem Bdr.-Aufdruck (fett, gerade) durch die Druckerei Sauer; Wz. 2 X.

			✶✶	▨	⊙
15	75 (Pf)	dunkelviolettpurpur (Töne) . . . . (93)	1,—	0,50	3,50
16	80 (Pf)	dunkelgrün (Töne) . (94)	1,—	3,20	300,—
17	1.25 M	(dunkel)graupurpur/ karminrot . . . . (95)	1,—	0,50	100,—
18	2 M	karminrot (Töne) . . . (96)	1,—	0,50	4,—
19	2.40 M	dunkelbraun/ karminrot . . . . (97)	14,—	3,20	80,—
20	4 M	dunkelviolettultramarin (Töne) . . . . (98)	14,—	1,20	120,—
		Satzpreis (6 W.) ✶ 3,50	30,—	9,—	600,—

		✶	✶✶	▨	⊙
16 Y	mit liegendem (statt stehendem) Wz. .	10,—	30,—	40,—	1800,—

Auflagen: MiNr. 15 = 925 100, MiNr. 16 = 338 700, MiNr. 17 = 199 800, MiNr. 18 = 202 300, MiNr. 19 = 160 000, MiNr. 20 = 178 600 Stück

Gültig bis 30.9.1923

1922, März. Dienstmarke: Freimarke Großes Staatswappen MiNr. 87 mit schwarzem Bdr.-Aufdruck (halbfett, kursiv) durch die Druckerei Sauer. X = Wz. 2 X, Y = Wz. 2 Y.

			✶	✶✶	▨	⊙
21	5 M	mehrfarbig . . (87)				
X		Wz. 2 X	5,—	25,—	13,—	130,—
Y		Wz. 2 Y	4,—	20,—	8,—	140,—

Auflage: 91 250 Stück *Gültig bis 30.9.1923*

1922, 29. Juli/16. Dez. Dienstmarken: Freimarken kleines Staatswappen im Achteck MiNr. 103 bis 104, 106, 108–111 mit schwarzem Bdr.-Aufdruck (fett, gerade) durch die Druckerei Sauer; Wz. 2 X.

			✶✶	▨	⊙
22	1.50 M	dunkelgraugrün (Töne) (29. Juli) . . . (103)	1,20	0,60	9,—
23	3 M	lilarot bis dkl'karminrot (29. Juli) . . . . (104)	1,20	0,60	15,—
24	5 M	schwärzlichopalgrün (21. Nov.) . . . . (108)	1,20	0,60	40,—
25	**6** auf 3 M	lilarot bis dkl'karminrot (2. Okt.) . . . . (106)	1,20	1,—	18,—
26	6 M	karminrot bis rotkarmin (30. Okt.) . . . . (109)	1,20	0,60	18,—
27	10 M	orange (Töne) (21. Nov.) . . . . (110)	1,20	0,60	18,—
28	20 M	(lebhaft)braunorange (16. Dez.) . . . . (111)	1,20	0,60	25,—
		Satzpreis (7 W.) ✶ 2,50	8,—	4,—	130,—

		✶	✶✶	▨	⊙
24 Y	mit liegendem (statt stehendem) Wz. .	10,—	40,—	15,—	320,—

22 F II	Paar mit und ohne Aufdruck (Feld 10–20)	250,—	600,—

Auflagen: MiNr. 22 = 956 100, MiNr. 23 = 453 100, MiNr. 24 und 30 = 1 148 800, MiNr. 25 = 302 900, MiNr. 26 = 1 397 100, MiNr. 27 und 31 = 1 549 400, MiNr. 28 und 32 = 1 081 200 Stück

MiNr. 22, 23 und 25 gültig bis 30.9.1923, MiNr. 24 und 26–28 bis 2.11.1923

1922, 16. Dez./1923, 2. Juli. Dienstmarken: Freimarken kleines und großes Staatswappen MiNr. 123–128 und 130 mit schwarzem Bdr.-Aufdruck (fett, gerade) durch die Druckerei Sauer; X = Wz. 3 X, Y = Wz. 3 Y.

			**	▨	⊙
29 Y	4 M	schwärzlichultramarin (16.12.1922) . . . . . (123 Y)	1,80	0,80	50,—
30	5 M	schwärzlichopalgrün (10.1.1923)			
X		Wz. 3 X . . . . (124 X)	4,50	3,—	*1000,—*
Y		Wz. 3 Y . . . . (124 Y)	1,80	1,—	60,—
31	10 M	rötlichorange (10.1.1923)			
X		Wz. 3 X . . . . (125 X)	4,50	3,—	350,—
Y		Wz. 3 Y . . . . (125 Y)	1,80	0,80	10,—
32 Y	20 M	dunkelbraunorange (10.1.1923) . . . . . . (126 Y)	1,80	0,80	12,—
33	50 M	(lebhaft)rot/mittelgrünlichblau (10.1.1923)			
X		Wz. 3 X . . . . (127 X)	4,50	3,—	*700,—*
Y		Wz. 3 Y . . . . (127 Y)	1,80	0,80	10,—
34	100 M	(lebhaft)rot/schwarzolivgrün (21.2.1923)			
X		Wz. 3 X . . . . (128 X)	4,50	3,—	80,—
Y		Wz. 3 Y . . . . (128 Y)	1,80	0,80	18,—
35 Y	300 M	(lebhaft)rot/bläulichgrün (2.7.1923) . . . . (130 Y)	1,80	0,80	600,—
		Satzpreis X (4 W.) ✶ 4,—	18,—	12,—	*1800,—*
		Satzpreis Y (7 W.) ✶ 2,—	12,—	5,—	550,—

Die Urmarke MiNr. 124 Z (Wz. 4) gibt es mit dem Aufdruck „D M", die Echtheit des Aufdrucks ist zur Zeit nicht geklärt!

		✶	**	▨	⊙
32 X	mit Wz. 3 X	—,—	—,—		

Auflagen: MiNr. 29 = 249 200, MiNr. 33 = 1 316 500, MiNr. 34 = 990 800, MiNr. 35 = 702 300 Stück

Die Auflagenzahlen von MiNr. 30–32 sind in MiNr. 24, 27 und 28 enthalten!

MiNr. 29 gültig bis 30.9.1923, MiNr. 30–35 bis 2.11.1923

1923

1923, 20./29. Juli. Dienstmarken: Freimarken kleines und großes Staatswappen MiNr. 139, 141, 142, 144 und 145 mit schwarzem Bdr.-Aufdruck (fett, gerade) durch die Druckerei Sauer.

			**	▨	⊙
36	50 M	mittelgrünlichblau (20.7.) . . . . (139)	2,—	1,—	1900,—
37	100 M	schwärzlicholivgrün (20.7.) . . . . (141)	2,—	1,—	550,—
38	200 M	rötlichorange bis rotorange (20.7.) . . . . (142)	2,—	1,—	40,—
39	500 M	(lebhaft)rot/schwärzlichgraugrün (20.7.) . . . . . (144)	2,—	1,—	600,—
40	1000 M	(lebhaft)rot/schwarzbraun (29.7.) (145)	2,—	1,—	120,—
		Satzpreis (5 W.) ✶ 1,50	10,—	5,—	3100,—

		✶	**	▨	⊙
40 X	mit stehendem (statt liegendem) Wz. . .	200,—	700,—		

Auflagen: MiNr. 36 = 507 700, MiNr. 37 = 1 274 800, MiNr. 38 = 898 000, MiNr. 39 = 499 900, MiNr. 40 = 696 400 Stück

Gültig bis 2.11.1923

Neue Währung ab 22.10.1923: 1 Gulden (G) = 100 Pfennig

1924

1924, 1. März/1925. Dienstmarken: Freimarken Staatswappen MiNr. 193–201 und 214–215 mit grauem (MiNr. 44 und 48) bzw. schwarzem (MiNr. 41–43, 45–47, 49–51) Bdr.-Aufdruck (mager, Frakturschrift zweizeilig) durch die Postdruckerei Danzig.

			**	⊙
41	5 (Pf)	rötlich- bis rotorange (1.3.24) (193 x)	10,—	4,—
42	10 (Pf)	(dunkel)grün bis (dunkel)-smaragdgrün (1.3.24) . . . . . (194 x)	10,—	4,—
43	15 (Pf)	dunkelgrünlichgrau bis schwarzbläulichgrau (1.3.24) . . . . . . (195 x)	10,—	4,—
44	15 (Pf)	orangerot bis rot (1925) . . . . (214 x)	80,—	12,—
45	20 (Pf)	karminrot/(lebhaft)zinnoberrot (1.3.24) . (196 x)	10,—	2,50
46	25 (Pf)	dunkel- bis schwarztürkisgrau/lebhaftzinnoberrot . . . . (197 x)	70,—	32,—
47	30 (Pf)	(lebhaft)grün bis dunkelgrün/(dkl')zinnoberrot (12.3.24) . . (198 x)	10,—	4,50
48	35 (Pf)	ultramarin (Töne) (1925) . . . . . (215)	280,—	60,—
49	40 (Pf)	schwärzlichviolettultramarin/lebhaftpreußischblau (Töne) (1.3.24) . . . . (199 x)	25,—	10,—
50	50 (Pf)	dunkelultramarin/(dunkel)zinnoberrot (12.3.24) . . . . . . (200 x)	100,—	50,—
51	75 (Pf)	dunkelviolettpurpur/zinnoberrot (12.3.24) . . . . . . (201 x)	220,—	140,—
		Satzpreis (11 W.) ✶ 200,—	800,—	300,—

FALSCH Aufdruckfälschungen

Auflagen:

MiNr. 41 = 953 200	MiNr. 45 = 527 700	MiNr. 49 = 184 900
MiNr. 42 = 2 156 400	MiNr. 46 = 72 900	MiNr. 50 = 88 200
MiNr. 43 = 815 900	MiNr. 47 = 484 900	MiNr. 51 = 18 200
MiNr. 44 = 98 200	MiNr. 48 = 97 100	

Gültig bis 31.3.1927

Bewertung von gebrauchten Marken 1920–1923 (MiNr. 1–192):
▨ = nicht prüfbare bzw. nicht eindeutig als zeitgerecht (oder rückdatiert) bestimmbare Stempel
⊙ = zeitgerechte Entwertungen, INFLA-Prüfung erforderlich (Befund/Attest oder Kreis-bzw. Quadratsignum)!

Der Stempel Danzig 1 z (z in Blockschrift) auf Inflationsmarken ist immer rückdatiert = [Rückdatiert-Symbol]!

Portomarken:

Auf der Grundlage einer Senatsverfügung wurden ab dem 1.10.1921 Portomarken für nicht oder nicht genügend freigemachte Postsendungen sowie für Verzollungs- und Paketlagergebühren eingeführt und entsprechend den Vorschriften über die zu erhebenden Gebührensätze verwendet. Während der Hochinflation wurden teilweise auch Freimarken und Mischfrankaturen Freimarken/Portomarken zur Nachtaxierung benutzt.

MiNr. I siehe nach MiNr. 29

1921

1921, 1. Okt./1922, 30. Okt. Portomarken: Kleines Wappen von Danzig. E Buchholz; Bdr. Sauer (10×5); Wz. 2 Y; gez. K 14.

Pa) Kleines Wappen von Danzig

					✶	✶✶	◍	⊙
1	10 (Pf)	dunkelviolettpurpur bis dunkelbraunviolett (1.10.1921)	Pa		0,40	1,50	0,60	22,—
2	20 (Pf)	dunkelviolettpurpur bis dunkelbraunviolett (1.10.1921)	Pa		0,40	1,50	0,60	20,—
3	40 (Pf)	dunkelviolettpurpur bis dunkelbraunviolett (1.10.1921)	Pa		0,40	1,50	0,60	18,—
4	60 (Pf)	dunkelviolettpurpur bis dunkelbraunviolett (1.10.1921)	Pa		0,40	1,50	0,60	16,—
5	75 (Pf)	dunkel(violett)purpur (10.6.1922)	Pa		0,40	1,50	0,60	60,—
6	80 (Pf)	dunkelviolettpurpur bis dunkelbraunviolett (1.10.1921)	Pa		0,40	1,50	0,60	16,—
7	120 (Pf)	dunkelviolettpurpur bis dunkelbraunviolett (1.10.1921)	Pa		0,40	1,50	0,60	22,—
8	200 (Pf)	dunkel(violett)purpur (10.6.1922)	Pa		1,—	4,50	1,30	40,—
9	240 (Pf)	dunkelviolettpurpur bis dunkelbraunviolett (1.10.1921)	Pa		0,40	2,50	1,30	30,—
10	300 (Pf)	dunkel(violett)purpur (10.6.1922)	Pa		1,—	4,50	1,30	30,—
11	400 (Pf)	dunkelviolettpurpur bis dunkelbraunviolett (1.10.1921)	Pa		1,—	4,50	1,30	30,—
12	500 (Pf)	dunkelviolettpurpur bis dunkelbraunviolett (1.10.1921)	Pa		1,—	4,50	1,30	26,—
13	800 (Pf)	dunkelviolettpurpur bis dunkelbraunviolett (1.2.1922)	Pa		1,—	4,50	1,30	100,—
14	20 M	dunkel(violett)purpur (30.10.1922)	Pa		1,—	4,50	1,30	80,—
				Satzpreis (14 W.)	8,50	40,—	13,—	450,—

Mit Wz. 2 X:

	✶	✶✶	◍	⊙
2 X	150,—	400,—		
5 X	100,—	300,—		
6 X	100,—	300,—		
7 X			500,—	
9 X	150,—			

Auflagen:

MiNr. 1 = 996 250	MiNr. 4 = 702 150	MiNr. 7 = 609 800	MiNr. 10 = 598 700	MiNr. 13 = 598 300
MiNr. 2 = 797 600	MiNr. 5 = 594 000	MiNr. 8 = 598 750	MiNr. 11 = 614 500	MiNr. 14 = 1 270 250
MiNr. 3 = 745 550	MiNr. 6 = 678 950	MiNr. 9 = 609 650	MiNr. 12 = 1 586 200	

In den Auflagenzahlen von MiNr. 8, 10, 11, 12, 13 und 14 sind auch diejenigen von MiNr. 16, 17, 18, 19, 20 und 22 enthalten!

Gültig bis 2.11.1923

1923

1923, 1. Jan./3. April. Portomarken: Kleines Wappen von Danzig. E Buchholz; Bdr. Sauer (10×5); MiNr. 24 und 25 mit mattgrauem Rosettenunterdruck; X = Wz. 3 X, Y = Wz. 3 Y; gez. K 14.

Pa) Kleines Wappen von Danzig

					✶	✶✶	◍	⊙
15 Y	100 (Pf)	dunkel(violett)purpur (1. Jan.)	Pa		1,—	3,—	1,—	*900,—*
16 Y	200 (Pf)	dunkel(violett)purpur (1. Jan.)	Pa		3,50	10,—	5,—	*1600,—*
17 Y	300 (Pf)	dunkel(violett)purpur (1. Jan.)	Pa		1,—	3,—	1,—	*1500,—*
18 Y	400 (Pf)	dunkel(violett)purpur (1. Jan.)	Pa		1,—	3,—	1,—	*1500,—*
19	500 (Pf)	dunkel(violett)purpur	Pa					
X		Wz. 3 X (3. April)			1,—	2,80	1,30	700,—
Y		Wz. 3 Y (1. Jan.)			1,—	3,—	1,—	400,—
20 X	800 (Pf)	dunkel(violett)purpur (1. Jan.)	Pa		1,70	9,—	5,—	*2200,—*
21	10 M	dunkel(violett)purpur	Pa					
X		Wz. 3 X (3. April)			1,—	2,80	1,30	300,—
Y		Wz. 3 Y (1. Jan.)			1,—	3,—	1,—	30,—
22 Y	20 M	dunkel(violett)purpur (1. Jan.)	Pa		1,—	3,—	1,—	140,—
23 Y	50 M	dunkel(violett)purpur (1. Jan.)	Pa		1,—	3,—	1,—	20,—
24 X	100 M	dunkel(violett)purpur (3. April))	Pa		1,—	2,80	1,30	30,—
25 X	500 M	dunkel(violett)purpur (3. April)	Pa		1,—	2,80	1,30	20,—
				Satzpreis X (5 W.)	5,50	20,—	10,—	*3200,—*
				Satzpreis Y (8 W.)	10,—	30,—	12,—	*6000,—*

Viele Stempelfälschungen!

Auflagen: MiNr. 15 = 522 500, MiNr. 21 = 1 511 650, MiNr. 23 = 522 500, MiNr. 24 = 1 373 500, MiNr. 25 = 892 200 Stück; die Auflagenzahlen von MiNr. 16–20 und 22 sind in den MiNrn. 8 und 10–14 enthalten, siehe dort!

Gültig bis 2.11.1923

1923, 1. Okt. Portomarken: MiNr. 22 X, 23 X und 25 X mit schwarzem Bdr.-Aufdruck des neuen Wertes, alte Wertangabe durchbalkt, durch die Druckerei Sauer; ohne Unterdruck.

			✶	✶✶	◍	⊙
26	**5000** auf 50 M dunkel(violett)purpur	(23 X)	0,50	3,—	1,—	*1700,—*
27	**10000** auf 20 M dunkel(violett)purpur	(22 X)	0,50	3,—	1,—	*1700,—*
28	**50000** auf 500 M dunkel(violett)purpur	(25 X)	0,50	3,—	1,—	*1700,—*
29	**100000** auf 20 M dunkel(violett)purpur	(22 X)	1,—	5,—	2,—	*2000,—*
		Satzpreis (4 W.)	2,50	14,—	5,—	*7000,—*

Auflagen: MiNr. 26 = 684 800, MiNr. 27 = 610 450, MiNr. 28 = 680 050, MiNr. 29 = 355 200 Stück

Gültig bis 2.11.1923

Nicht ausgegeben:

1923, Okt. Portomarke: MiNr. 24 X mit schwarzem Bdr.-Aufdruck des neuen Wertes wie bei MiNr. 26–29; I = Aufdruck matt, rußig, II = Aufdruck glänzend; ohne Unterdruck.

			✶	✶✶
I / I	1000 auf 100 M dunkel(violett)purpur	Pa	150,—	350,—
I / II	1000 auf 100 M dunkel(violett)purpur	Pa	180,—	450,—

Auflage (geschätzt): ca. 2000 Stück

Zoppoter Provisorien:

Ab Mitte September 1923 wurden vom Postamt Zoppot mit Handstempel-Aufdruck "T" im Kreis versehene Freimarken (ab MiNr. 145) als Nachportomarken verwendet. BPP-Prüfung nur auf ✉!

FALSCH Prüfung unerlässlich!

Neue Währung: 1 Gulden (G) = 100 Pfennig (Pf)

1923

1923, 24. Nov. Portomarken: Großes Staatswappen. E Buchholz; Bdr. Postdruckerei Danzig (10×10); Wz. 4; gez. K 14.

Pb) Großes Staatswappen

			✶	✶✶	⊙
30	5 (Pf) dunkelkobalt (Töne)/schwarz	Pb	1,—	4,—	1,—
31	10 (Pf) dunkelkobalt (Töne)/schwarz	Pb	0,50	4,—	1,—
32	20 (Pf) dunkelkobalt (Töne)/schwarz	Pb	1,60	7,—	2,50
33	30 (Pf) dunkelkobalt (Töne)/schwarz	Pb	10,—	35,—	2,50
34	40 (Pf) dunkelkobalt (Töne)/schwarz	Pb	2,80	10,—	4,—
35	50 (Pf) dunkelkobalt (Töne)/schwarz	Pb	2,80	10,—	3,—
36	60 (Pf) dunkelkobalt (Töne)/schwarz	Pb	15,—	60,—	24,—
37	100 (Pf) dunkelkobalt (Töne)/schwarz	Pb	22,—	100,—	13,—
		Satzpreis (8 W.)	55,—	220,—	50,—

Auflagen:

MiNr. 30 = 4 000 000	MiNr. 32 = 2 000 000	MiNr. 34 = 3 000 000	MiNr. 36 = 2 000 000
MiNr. 31 = 1 500 000	MiNr. 33 = 3 000 000	MiNr. 35 = 4 000 000	MiNr. 37 = 3 000 000

Gültig bis 31.10.1939

1927

1927, 13. Dez. Portomarken: Großes Staatswappen. Wie MiNr. 30–37, neue Wertstufen.

Pb

Pc

Pb–Pc) Großes Staatswappen

			✶	✶✶	⊙
38	15 (Pf) dunkelkobalt (Töne)/schwarz	Pb	1,50	7,—	2,—
39	3 G dunkelkobalt (Töne)/lilarot	Pc	11,—	55,—	60,—
		Satzpreis (2 W.)	12,—	60,—	60,—

FALSCH Ganzfälschungen von MiNr. 39

Auflagen: MiNr. 38 = 1 300 000, MiNr. 39 = 1 000 000 Stück

MiNr. 38 gültig bis 31.10., MiNr. 39 bis 30.9.1939

1932

1932, 20. Dez. Portomarken: MiNr. 34, 36 und 37 mit lebhaftrotem Bdr.-Aufdruck des neuen Wertes, alte Wertangabe durchbalkt, durch die Postdruckerei Danzig.

			✶	✶✶	⊙
40	**5** auf 40 (Pf) dunkelkobalt (Töne)/schwarz	(34)	3,30	25,—	10,—
41	**10** auf 60 (Pf) dunkelkobalt (Töne)/schwarz	(36)	40,—	160,—	12,—
42	**20** auf 100 (Pf) dunkelkobalt (Töne)/schwarz	(37)	3,30	15,—	10,—
		Satzpreis (3 W.)	45,—	200,—	30,—

FALSCH MiNr. 41

Auflagen (sehr umstritten): MiNr. 40 und 42 je 180 000, MiNr. 41 = 280 000 Stück

Gültig bis 31.10.1939

1938

1938, 5. Mai/1939. Portomarken: Großes Staatswappen. Wie MiNr. 30–37, jedoch Wz. 5.

Pb) Großes Staatswappen

			✶	✶✶	⊙
43	10 (Pf) dunkelkobalt/schwarz (1939)	Pb	1,50	7,—	90,—
44	30 (Pf) dunkelkobalt/schwarz (5.5.1938)	Pb	2,50	10,—	80,—
45	40 (Pf) dunkelkobalt/schwarz (1939)	Pb	7,50	35,—	150,—
46	60 (Pf) dunkelkobalt/schwarz (1939)	Pb	7,50	50,—	150,—
47	100 (Pf) dunkelkobalt/schwarz (5.5.1938)	Pb	12,—	50,—	100,—
		Satzpreis (5 W.)	30,—	150,—	550,—

Auflage: 100 000 Sätze

Gültig bis 31.10.1939

Prüfungen und Prüfordnung

Der beste Schutz gegen den Erwerb falscher oder minderwertiger Marken ist der Einkauf im guten Fachgeschäft. In Zweifelsfällen ist die Hinzuziehung eines Experten angebracht.

Prüfordnung. Die von den Spitzenverbänden der Sammler und Händler anerkannten Experten für Marken, Abstempelungen und Erhaltung prüfen nach einheitlichen Richtlinien, die jeder Philatelist kennen sollte.

Ergänzend sei hier nochmals darauf hingewiesen, dass die MICHEL-Redaktion keine Markenprüfungen vornimmt.

Polnische Post im Hafen von Danzig (Port Gdańsk)

Die polnische Hafenpost war für den Postverkehr zwischen dem Hafen von Danzig und Polen und umgekehrt zuständig.

MiNr. 26–37 waren auch in Polen frankaturgültig.

Die Marken von Polen MiNr. 201–359, Dienstmarken MiNr. 17–21 und Portomarken MiNr. 65–69 waren auch im Bereich der polnischen Hafenpost gültig (unüberdruckte polnische Marken mit Stempeln PORT GDAŃSK mindestens dreifache Preise).

Am 1. September 1939 wurde der polnische Postdienst eingestellt.

Währung: 1 Złoty (Zł) = 100 Groszy (Gr)

Bei den Ausgaben von Port Gdańsk kommen bei ungebrauchten Marken manchmal kleine ungummierte Stellen vor; kein Mangel!

Alle ⊙-Preise gelten nur für Abstempelungen eines der drei polnischen Postämter in Danzig! Mit polnischen Ortsstempeln ca. 25% Aufschlag!

FALSCH Aufdruckfälschungen aller Werte

1925–1927

1925, 5. Jan. Freimarken: Neu gedruckte Marken Polen MiNr. 201–211 mit dunkelbraunem bis schwarzem Bdr.-Aufdruck durch die Staatl. Grafische Anstalt Warschau (P. Z. G.).

				*	**	⊙
1	1 Gr	braunorange	(201)	0,50	6,—	3,—
2	2 Gr	(dunkel)braun	(202)	0,50	5,—	7,—
3	3 Gr	rötlichorange	(203)	0,50	5,—	2,—
4	5 Gr	dunkelgrauoliv	(204)	15,—	120,—	10,—
5	10 Gr	(dunkel)grünblau	(205)	5,—	80,—	4,—
6	15 Gr	dunkelrosa	(206)	28,—	250,—	10,—
7	20 Gr	dunkelgrauultramarin	(207)	1,50	10,—	2,—
8	25 Gr	lebhaftkarminbraun	(208)	1,50	10,—	2,—
9	30 Gr	schwärzlichviolett	(209)	1,50	10,—	2,—
10	40 Gr	blauschwarz	(210)	1,50	10,—	2,—
11	50 Gr	dunkellilapurpur	(211)	5,—	45,—	3,—
		Satzpreis (11 W.)		60,—	550,—	45,—

MiNr. 1–11 weichen sowohl in den Farben als auch im Papier leicht von den polnischen Urmarken ab!

Auflagen:

MiNr. 1 = 398 000	MiNr. 5 = 487 000	MiNr. 9 = 500 000
MiNr. 2 = 500 000	MiNr. 6 = 485 000	MiNr. 10 = 444 000
MiNr. 3 = 490 000	MiNr. 7 = 497 000	MiNr. 11 = 500 000
MiNr. 4 = 487 000	MiNr. 8 = 495 000	

MiNr. 1–6 gültig bis 1.5.1933, MiNr. 7, 9–11 bis 15.9.1936, MiNr. 8 bis 1.6.1936

1926, 12. April. Freimarken: Marken Polen MiNr. 236 I und 237 I mit halbfettem (7,1 mm hoch), MiNr. 238 I mit fettem (8,1 mm hoch) schwarzem Bdr.-Aufdruck durch die Staatl. Grafische Anstalt, Warschau (P. Z. G.).

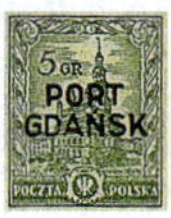

				*	**	⊙
12	5 Gr	(lebhaft)gelbgrün (Töne)	(236 I)	45,—	170,—	50,—
13	10 Gr	lebhaftgrauviolett (Töne)	(237 I)	12,—	50,—	20,—
14	15 Gr	lebhaftkarminrot	(238 I)	60,—	330,—	70,—
		Satzpreis (3 W.)		110,—	550,—	140,—

Auflagen: MiNr. 12–14 je 200 220 Stück

Gültig bis 1.5.1933

1926/27. Freimarken: Marken Polen MiNr. 236 II-238 II und 239 mit fettem schwarzem Bdr.-Aufdruck (8,7 mm hoch) durch die Staatl. Grafische Anstalt, Warschau (P. Z. G.).

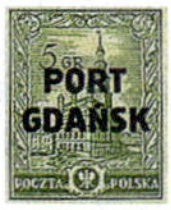

				*	**	⊙
15	5 Gr	gelbgrün (Töne)	(236 II)	1,50	7,—	2,50
16	10 Gr	lebhaftgrauviolett (Töne)	(237 II)	1,50	7,—	2,50
17	15 Gr	lebhaftkarminrot	(238 II)	30,—	*130,—*	5,—
18	20 Gr	bräunlichrot	(239)	3,—	18,—	2,50
		Satzpreis (4 W.)		35,—	*150,—*	12,—

Auflagen: MiNr. 15 = 1 200 000, MiNr. 16 = 1 160 000, MiNr. 16 = 335 000, MiNr. 17 = 1 013 500, MiNr. 18 = 810 000 Stück

Gültig bis 1.5.1933

1928/29

1928, 15. Febr. Freimarke: Marke Polen MiNr. 253 mit gleichem Bdr.-Aufdruck wie MiNr. 15–18.

				*	**	⊙
19	25 Gr	lebhaftbraunocker bis lebhaftbraunorange	(253)	5,—	25,—	4,—

Auflage: 1 020 000 Stück *Gültig bis 1.5.1933*

1929, 28. Mai/1930, 11. April. Freimarken: Marken Polen MiNr. 261–263 mit schwarzem Bdr.-Aufdruck (7,3 mm hoch) durch die Staatl. Grafische Anstalt, Warschau (P. Z. G.).

				*	**	⊙
20	5 Gr	schwärzlichgrauviolett (28.5.29)	(261)	1,50	10,—	2,50
21	10 Gr	dunkelgelblichgrün (11.4.30)	(262)	1,50	10,—	2,50
22	25 Gr	mittelbraunrot (Töne) (23.11.29)	(263)	3,—	20,—	2,50
		Satzpreis (3 W.)		6,—	40,—	7,—

Auflagen: MiNr. 20 = 2 606 950, MiNr. 21 = 1 012 350, MiNr. 22 = 4 273 550 Stück

MiNr. 20 gültig bis 1.6.1936, MiNr. 21 und 22 bis 15.9.1936

Die Verwendung von MiNr. 22 wurde nach Außerkurssetzung weiter geduldet.

1929, 30. Nov. Freimarke: Marke Polen MiNr. 258 x mit schwarzem Bdr.-Aufdruck (8,3 mm hoch) durch die Staatl. Grafische Anstalt, Warschau (P. Z. G.); mattchromgelbes, senkr. gestreiftes Papier.

				*	**	⊙
23	1 Zł	schwarzgrau	(258 x)	28,—	80,—	45,—

FALSCH

Auflage: 181 200 Stück

Gültig bis 1.6.1936

1930–1934

1930, 5. Jan. Freimarke: Marke Polen MiNr. 259 mit schwarzem Bdr.-Aufdruck (7,4 mm hoch) durch die Staatl. Grafische Anstalt, Warschau (P. Z. G.).

				*	**	⊙
24	15 Gr	violettultramarin bis dkl'grauultramarin ...	(259)	4,—	27,—	7,50

Auflage: 777 300 Stück

Gültig bis 1.6.1936

1933, 1. Juli. Freimarke: Marke Polen MiNr. 258 y mit schwärzl'violettultramarinem Bdr.-Aufdruck durch die Polnische Staatsdruckerei, Warschau (P. W. P. W.).

				*	**	⊙
25	1 Zł	schwarzgrau	(258 y)	75,—	180,—	170,—

FALSCH schwarzer Aufdruck

Auflage: 108 600 Stück

Gültig bis 15.9.1936

1934, 1. Okt./1935, 30. Okt. Freimarken: Marken Polen MiNr. 272–274 mit schwarzem Bdr.-Aufdruck wie MiNr. 20–22.

				*	**	⊙
26	5 Gr	dunkelbläulichviolett bis mittel(grau)violettblau (1.10.1934)	(272)	3,50	15,—	8,—
27	10 Gr	dunkelgelblichgrün (30.10.35)	(273)	40,—	140,—	130,—
28	15 Gr	mittelbraunrot (Töne) (1.10.34)	(274)	3,50	15,—	8,—
		Satzpreis (3 W.)		45,—	170,—	140,—

Auflagen: MiNr. 26 = 322 600, MiNr. 27 = 54 000, MiNr. 28 = 529 950 Stück

Gültig bis 15.9.1936

1936–1938

1936, 15. Aug./1937, 25. Okt. Freimarken: Marken Polen MiNr. 301 und 305 mit einzeiligem, MiNr. 303 mit zweizeiligem schwarzem Bdr.-Aufdruck durch die Polnische Staatsdruckerei, Warschau (P. W. P. W.); I = Platte I, Bildformat 28,3×21,3 mm, II = Platte II, Bildformat 28,5×22 mm.

				*	**	⊙
29	5 Gr	dunkelviolettblau (15.8.36)	(301)	3,—	17,—	30,—
30	15 Gr	(dunkel)grünlichblau (10.9.36)	(303)	3,—	17,—	30,—
31	25 Gr	schwärzlichgrünlichblau	(305)			
I		Platte I (10.9.1936)		3,—	17,—	10,—
II		Platte II (25.10.1937) ...		6,—	40,—	17,—
		Satzpreis (3 W.)		9,—	50,—	70,—

Auflagen: MiNr. 29 = 205 000, MiNr. 30 = 363 500, MiNr. 31 I = 619 500, MiNr. 31 II = 350 000 Stück

MiNr. 29 und 30 gültig bis 15.11.1937, MiNr. 31 bis 31.8.1939

1937, 5. Juni. Freimarken: Marken Polen MiNr. 315 mit zweizeiligem, MiNr. 317 mit einzeiligem schwarzem Bdr.-Aufdruck durch die Polnische Staatsdruckerei, Warschau (P. W. P. W.)

				*	**	⊙
32	5 Gr	schwärzl'blauviolett ..	(315)	1,10	5,—	15,—
33	15 Gr	dunkelbraunrot	(317)	1,10	5,—	15,—
		Satzpreis (2 W.)		2,20	10,—	30,—

Auflagen: MiNr. 32 = 567 500, MiNr. 33 = 400 000 Stück

Gültig bis 31.8.1939

1938, 11. Nov. 20. Jahrestag der Gründung der Republik Polen. Ⓔ Boratynski; StTdr. Polnische Staatsdruckerei, Warschau (P. W. P. W.); gez. K 12½:12¾.

a) Kaufleute, Krantor, Kogge

				*	**	⊙
34	5 Gr	orangerot	a	0,50	5,—	25,—
35	15 Gr	(lebhaft)rötlichbraun	a	0,50	5,—	25,—
36	25 Gr	dunkelbraunviolett	a	0,50	5,—	25,—
37	55 Gr	violettultramarin	a	1,50	10,—	40,—
		Satzpreis (4 W.)		3,—	25,—	110,—
		FDC				80,—

Auflagen: MiNr. 34, 35 und 37 je 500 000, MiNr. 36 = 1 000 000 Stück

Gültig bis 31.8.1939

Nebenstehende Marke ist eine nicht amtliche Werbemarke des polnischen Schulvereins. Sie wurde aber am Postschalter verkauft.

Am 1. September 1939 wurde der polnische Postdienst eingestellt.

Memelgebiet

(litauisch: Klaipéda)

Das Gebiet umfasste den Streifen nördlich der Memel bzw. des Ruß bis zur litauischen Grenze einschließlich des entsprechenden nördlichen Teils der Kurischen Nehrung (Karte siehe MICHEL-Atlas zur Deutschland-Philatelie). Heute gehört das Gebiet zu Litauen.

Gemäß Artikel 99 des Versailler Vertrages wurde das vorher zum Deutschen Reich gehörende Memelgebiet ohne Volksabstimmung an die alliierten Mächte abgetreten (10.1.1920). Frankreich übernahm als Vertreter der Allierten am 15.2.1920 die Mandatsverwaltung, am 10.1.1923 erfolgte die militärische Besetzung durch Litauen. Am 16.2.1923 genehmigte die Pariser Botschafterkonferenz die Angliederung an Litauen unter Zusicherung autonomer Verwaltung. Durch die „Konvention über das Memelgebiet“ erhielt Litauen am 8.5.1924 die volle Souveränität über das Gebiet.

Am 22.3.1939 trat Litauen das Memelgebiet wieder an das Deutsche Reich ab. Als Folge des Zweiten Weltkrieges wurde es nach Besetzung durch die sowjetischen Truppen ab Oktober 1944 am 7.4.1948 in die damalige Litauische SSR eingegliedert.

Postgeschichte:

Bis zur Ausgabe eigener Marken ab 7.7.1920 wurden die Marken des Deutschen Reiches verwendet, die bis zum 20.7.1920 aufgebraucht werden konnten.

Unter der französischen Mandatsverwaltung wurde die Landespostdirektion Memel gebildet, die Bestimmungen und Tarife der Deutschen Reichspost blieben jedoch weiterhin in Kraft.

Auch nach dem Einmarsch der litauischen Truppen (10.1.1923) und der Unterstellung der Postverwaltung unter das Verkehrsministerium in Kowno änderte sich an Bestimmungen und Posttarifen bis zum 15.4.1923 nichts. Ab 16.4.1923 wurden alle Postleistungen in der am 1.10.1922 in Litauen eingeführten Litas-Währung berechnet (ab MiNr. 167).

Mit Rückgabe des Memelgebietes an das Deutsche Reich galten ab 23.3.1939 (im Grenzgebiet zu Ostpreußen schon ab 22.3.) wieder die Marken und Posttarife des Deutschen Reiches. Litauische Marken waren jedoch bis zum 31.3.1939 noch zugelassen (Umrechnungskurs: 1 Pf = 2,5 Centu).

Hauptsächliche Entwertungen:

Nicht ausgegebene Marken:

MiNr. A I–A II siehe bei MiNr. 1–17, MiNr. I siehe nach MiNr. 120.

Währungen:

Bis 15.4.1923 (sowie ab 22./23.3.1939): 1 Mark (M) = 100 Pfennige (Pf)
(während der litauischen Besetzung Währungsbezeichnung „Markiu“ bzw. „Markés“ [M])

Ab 16.4.1923: 1 Litas (L) = 100 Centu, Centai (C); 1 L entsprach 0,1 US-Dollar

Bewertungshinweise:

Die Preise gelten für farbfrische, leicht dezentrierte Stücke (siehe „Briefmarken-Qualitätsstufen im Einleitungsteil, Abb. 18), bei gestempelten Stücken sind leicht verschmierte Stempel üblich.

Alle Preisnotierungen ab 4,— Euro gelten nur für (BPP-)geprüfte Stücke; bei niedrigeren Preisen werden evtl. Prüfgebühren nicht berücksichtigt.

Alle Farbangaben beziehen sich auf den MICHEL-Farbenführer ab 36. Auflage.

Französische Mandats-Verwaltung

1920

1920, ab Anf. Aug. Teilauflagen von Freimarken des Deutschen Reiches mit zweizeiligem (MiNr. 1–8 und 14–17) bzw. einzeiligem (MiNr. 9–13) schwarzem Bdr.-Aufdruck durch die Staatsdruckerei Berlin.

					✶	✶✶	⊙
1	5	(Pf)	dunkel(grau)grün bis schwärzlich(opal)grün	(85 II)	2,—	12,—	20,—
2	10	(Pf)	karminrot, (lebhaft)rotkarmin	(86 II)	2,50	12,—	12,—
3	15	(Pf)	(dunkel)braunlila bis dunkelbraunpurpur	(142)	3,50	17,—	16,—
4	20	(Pf)	(dunkel)lilaultramarin bis dunkelviolettblau	(87 II)	1,50	8,—	7,—
5	30	(Pf)	dunkelrotorange/schwarz	(89 II)	1,70	10,—	11,—
6	40	(Pf)	(dunkel)karminrot bis (lebhaft)lilarot/schwarz GA	(90 II)	0,30	1,50	4,50
7	50	(Pf)	dunkelgraulila (Töne)/schwarz GA	(91 II)	0,40	1,80	4,50
8	75	(Pf)	schwarz(blau)grün/schwarz	(104)	3,50	18,—	30,—
9	1	M	dunkelkarminrot bis rotkarmin, 25:17 Zähnungslöcher	(94 B II)	0,40	1,80	4,50
10	1.25	M	dunkelopalgrün bis dunkelgrün	(113)	17,—	70,—	65,—
11	1.50	M	gelbbraun bis lebhaftbraunorange	(114)	6,—	30,—	40,—
12	2	M	blau bis schwarzblau	(95 B II)	10,—	70,—	18,—
13	2.50	M	(lebhaft)rotkarmin bis (dunkel)karminlila	(115)	15,—	70,—	80,—
14	10	(Pf)	gelblichorange bis rötlichorange	(141)	0,40	1,80	4,50
15	30	(Pf)	dunkelpreußischblau GA	(144)	0,50	2,—	4,50
16	60	(Pf)	(grün)oliv bis (dunkel)grauoliv	(147)	2,—	7,—	8,—
17	80	(Pf)	lilaultramarin bis lebhaft(grau)violettultramarin	(149)	1,80	10,—	13,—
				Satzpreis (17 W.)	65,—	300,—	330,—
A 9	1	M	rot (Töne)	(A 113 a)	—,—	—,—	

Die meisten Farben der MiNr. 1–17 schwanken stark.

Nicht ausgegeben:

A I	60 (Pf)	dunkelgraulila	(92 II a)	*7000,—*	*15000,—*
A II	80 (Pf)	karminrot/rotschwarz auf hellrosa	(93 II a)	*7000,—*	*15000,—*

FALSCH Aufdruckfälschungen

Auflagen: MiNr. 1 = 214 000, MiNr. 2 und 8 je 58 000, MiNr. 3 = 48 000, MiNr. 4 = 397 000, MiNr. 5 = 106 000, MiNr. 6 = 1 206 000, MiNr. 7 = 340 000, MiNr. 9 = 151 600, MiNr. 10 = 17 000, MiNr. 11 = 27 000, MiNr. 12 = 65 000, MiNr. 13 = 25 000, MiNr. 14 = 344 000, MiNr. 15 = 450 000, MiNr. 16 = 103 000, MiNr. 17 = 89 000 Stück

Gültig bis 31.10.1920

1920, 7. Juli/1922, 5. April. Freimarken von Frankreich mit schwarzem (MiNr. 18–28 und 31) bzw. rotem (MiNr. 29 und 32–33) Bdr.-Aufdruck durch die Staatsdruckerei Paris, Landesname und Wertangabe gerade, erster Buchstabe der Währungsbezeichnung klein.

							✶	✶✶	⊙
18	**5**	**pf**	auf	5 C	graugrün bis schwärzlichgrün (7.7.1920)	(116)	1,—	6,—	4,50
19	**10**	**pf**	auf	10 C	(dunkel)orangerot (Töne) (7.7.1920)	(117)	0,80	4,—	3,50
20	**20**	**pf**	auf	25 C	(dunkel)blau bis preußischblau (7.7.1920)	(119)	1,50	6,—	5,—
21	**30**	**pf**	auf	30 C	dunkel(rötlich)orange (7.7.1920)	(120)	1,—	5,—	4,50
22	**40**	**pf**	auf	20 C	rotbraun bis (grau)lilabraun (7.7.1920)	(118)	1,50	6,50	4,50
23	**50**	**pf**	auf	35 C	(dunkel)rotviolett (7.7.1920)	(121)	0,40	2,50	4,50
24	**60**	**pf**	auf	40 C	(dunkel)graurot/türkisgrau (7.7.1920)	(96)	0,60	3,—	5,—
25	**80**	**pf**	auf	45 C	dunkelgrün(oliv)/grauultramarin (7.7.1920)	(122)	1,50	6,50	6,—
26	**1**	**m**	auf	50 C	lebhaftbraun bis dunkelorangebraun/hellblaugrau (7.7.1920)	(97)	0,70	4,—	5,—
27	**1.25**	**m**	auf	60 C	dunkelgrauviolett/kobalt (7.7.1920)	(138)	1,60	7,—	12,—
28	**2**	**m**	auf	1 Fr	lebhaftbräunlichkarmin/grünlichgelb (7.7.1920)	(98)	0,80	4,—	4,50
29	**3**	**m**	auf	2 Fr	(dunkel)rötlichorange/hellgrünlichblau (27.1.1921)	(139)	30,—	120,—	90,—
30	**3**	**m**	auf	5 Fr	dunkelblau/hellbraunocker (7.7.1920)	(100)	40,—	150,—	90,—
31	**4**	**m**	auf	2 Fr	(dunkel)rötlichorange/hellgrünlichblau	(139)			
I					Abstand zwischen „mark“ und Balken 1,9 mm (6.12.1920)		0,60	2,—	5,—
II					Abstand zwischen „mark“ und Balken 1,45 mm (5.4.1922)		0,60	2,—	5,—
32	**10**	**m**	auf	5 Fr	schwärzlichblau/hellbraunocker (16.12.1920)	(100)	4,—	16,—	20,—
33	**20**	**m**	auf	5 Fr	schwärzlichblau/hellbraunocker (27.1.1921)	(100)	60,—	250,—	200,—
						Satzpreis (16 W.)	120,—	550,—	450,—

Die meisten Farben der MiNr. 18–33 schwanken.

MiNr. 18–33 wurden auf verschiedenen Papiersorten gedruckt. Das sog. GC-Papier (Grande Consommation [Massenverbrauch]) gibt es in (gelblich)grau bis bräunlichgrau bzw. leicht gelblich bis weiß. Es ist ein minderwertiges, poröses Papier. Die GC-Papier-Bogen weisen in der Mitte des oberen und unteren Bogenrandes die Papierkennzeichnung „GC“ in Markenfarbe auf. Katalogisierung der verschiedenen Papiersorten siehe MICHEL-Deutschland-Spezial Band 1.

FALSCH Aufdruckfälschungen, hauptsächlich bei MiNr. 29–33

Auflagen: MiNr. 18 = 1 215 000, MiNr. 19 = 1 141 115, MiNr. 20 = 1 800 615, MiNr. 21 = 1 673 315, MiNr. 22 = 2 579 115, MiNr. 23 = 974 015, MiNr. 24 = 382 275, MiNr. 25 = 358 350, MiNr. 26 = 1 153 875, MiNr. 27 = 141 375, MiNr. 28 = 801 675, MiNr. 29 = 32 550, MiNr. 30 = 31 950, MiNr. 31 = 267 525, MiNr. 32 = 73 500, MiNr. 33 = 22 125 Stück

Gültig bis 31.3.1923

MiNr. 19–20, 23–26, 28 und 31 mit weiterem Aufdruck: MiNr. 34–35, 40, 42–44, 46, 47–48, 50–51, 80

1921

1921, April. Freimarken. MiNr. 19 und 22 mit zusätzlichem Stdr.-Aufdruck der neuen Wertstufen in Schwarzultramarin durch die Druckerei Siebert (Memel).

			*	**	⊙
34	15	auf 10 pf auf 10 C (dunkel)orangerot ... (19)	0,50	4,—	2,50
35	60	auf 40 pf auf 20 C grau- bis lilabraun ... (22)	0,50	4,—	2,50
		Satzpreis (2 W.)	1,—	8,—	5,—

FALSCH kopfstehende Aufdrucke in Bdr. statt Stdr. (aus Paris)

Auflagen: MiNr. 34 = 600 000, MiNr. 35 = 1 394 400 Stück

Gültig bis 31.3.1923

1921, 14. Mai/1922, 15. Sept. Freimarken von Frankreich mit schwarzem (MiNr. 36) bzw. (dunkel)rosarotem (MiNr. 37–39) Bdr.-Aufdruck durch die Staatsdruckerei Paris; Landesname und Wertangabe gerade, erster Buchstabe der Währungsbezeichnung jetzt groß; I = senkrechter Abstand zwischen „Mark“ und Balken 1,9 mm, II = Abstand 1,45 mm.

			*	**	⊙
36	60 Pf	auf 40 C (dunkel)graurot bis mittelkarminrot/türkisgrau bis grüngrau (14.5.1921) ... (96)	6,—	25,—	25,—
37	3 M	auf 60 C dunkelgrauviolett (Töne)/kobalt (Töne) (14.5.1921) ... (138)	3,—	25,—	10,—
38	10 M	auf 5 Fr schwärzlichblau/hellbraunocker ... (100)			
I		Abstand zwischen „Mark“ und Balken 1,9 mm (14.5.1921) ...	3,—	25,—	11,—
II		Abstand zwischen „Mark“ und Balken 1,45 mm (5.5.1922) ...	3,50	30,—	16,—
39	20 M	auf 45 C dunkelgrün/grauultramarin ... (122)			
I		Abstand zwischen „Mark“ und Balken 1,9 mm (14.5.1921) ...	8,—	35,—	35,—
II		Abstand zwischen „Mark“ und Balken 1,45 mm (15.9.1922) ...	6,—	35,—	55,—
		Satzpreis (4 W.)	18,—	110,—	80,—

Auflagen: MiNr. 36 = 144 525, MiNr. 37 = 347 175, MiNr. 38 I = 159 300, MiNr. 38 II = unbekannt, MiNr. 39 I = 54 000, MiNr. 39 II = 44 025 Stück

Gültig bis 31.3.1923

MiNr. 36–37 mit weiterem Aufdruck: MiNr. 41, 45, 49, 79

✈ 1921, 6./30. Juli. Flugpostmarken (I). Freimarken MiNr. 24–26, 28, 31 und 36–37 mit dunkelblauem Stdr.-Aufdruck (Grotesk) durch die Druckerei Siebert (Memel); I = ohne Punkt oben im „T“, II = mit Punkt oben im „T“.

			*	**	⊙
40	60 pf	auf 40 C (dunkel)graurot/türkisgrau ... (24)			
I		ohne Punkt im „T“ (6. Juli) ...	40,—	160,—	200,—
II		mit Punkt im „T“ (19. Juli) ...	55,—	200,—	350,—
41	60 Pf	auf 40 C mittelkarminrot/türkisgrau (30. Juli) ... (36)	5,—	20,—	25,—
42	80 pf	auf 45 C dunkelgrün(oliv)/grauultramarin (6. Juli) ... (25)	5,—	20,—	25,—
43	1 m	auf 50 C lebhaftbraun/hellblaugrau ... (26)			
I		ohne Punkt im „T“ (6. Juli) ...	6,—	25,—	18,—
II		mit Punkt im „T“ (30. Juli) ...	6,—	25,—	50,—
44	2 m	auf 1 Fr lebhaftbräunlichkarmin/grünlichgelb (6. Juli) ... (28)	4,50	20,—	20,—
45	3 M	auf 60 C dunkelgrauviolett (Töne)/kobalt (Töne) (6. Juli) ... (37)	4,—	15,—	20,—
46	4 m	auf 2 Fr rötlichorange/grautürkis (6. Juli) ... (31)	5,—	20,—	25,—
		Satzpreis (7 W.)	65,—	280,—	330,—

FALSCH Aufdrucke in Bdr., auch Fälschungen in Stdr.

Auflagen: MiNr. 40 I = 15 000, MiNr. 40 II = 8 025, MiNr. 41 = 82 125, MiNr. 42 = 65 250, MiNr. 43 I = 95 250, MiNr. 43 II = unbekannt, MiNr. 44 = 65 250, MiNr. 45 = 65 250, MiNr. 46 = 65 250 Stück

Gültig bis 31.3.1923

1921, 15. Nov./2. Dez. Freimarken. MiNr. 20 und 23 mit zusätzlichem dunkelblauem (MiNr. 47) bzw. rotem (MiNr. 48) Stdr.-Aufdruck der neuen Wertstufen durch die Druckerei Siebert (Memel).

				✶	✶✶	⊙
47	**15**	auf 20 pf auf 25 C preußischblau (15. Nov.)	(20)	0,50	3,—	4,—
48	**15**	auf 50 pf auf 35 C (dunkel)rotviolett (2. Dez.)	(23)	0,50	3,—	4,—
			Satzpreis (2 W.)	1,—	6,—	8,—

FALSCH kopfstehende Aufdrucke in Bdr. statt Stdr. (aus Paris)

Auflagen: MiNr. 47 = 300 000, MiNr. 48 = 747 000 Stück

Gültig bis 31.3.1923

1922

1922, 6./27. Jan. Freimarken. MiNr. 26, 28 und 36 mit zusätzlichem dunkelblauem Stdr.-Aufdruck der neuen Wertstufen durch die Druckerei Siebert (Memel).

				✶	✶✶	⊙
49	**75**	auf 60 Pf auf 40 C mittelkarminrot/grüngrau (27. Jan.)	(36)	1,—	7,—	5,—
50	**1.25**	auf 1 m auf 50 C lebhaftbraun/hellblaugrau (6. Jan.)	(26)	0,80	5,—	4,—
51	**5.00**	auf 2 m auf 1 Fr lebhaftbräunlichkarmin/grünlichgelb (7. Jan.)	(28)	1,20	8,—	6,—
			Satzpreis (3 W.)	3,—	20,—	15,—

FALSCH Aufdrucke in Bdr., schwarze Aufdrucke, Wertangabe „75" in Hohlschrift, kopfstehende Aufdrucke in Bdr.

Auflagen: MiNr. 49 und 51 je 202 500, MiNr. 50 = 450 000 Stück

Gültig bis 31.3.1923

1922, 2. Jan./Juli. Freimarken von Frankreich mit schwarzem (MiNr. 52–64, 67 und 69–70) bzw. rotem (MiNr. 65–66, 68 und 71) Bdr.-Aufdruck durch die Staatsdruckerei Paris, Landesname und Wertangabe kursiv.

				✶	✶✶	⊙
52	**5 Pf**	auf 5 C lebhaft- bis dunkelorange (2. Jan.)	(140)	0,30	1,50	1,80
53	**10 Pf**	auf 10 C (dunkel)orangerot (24. Jan.)	(117)	1,—	6,—	7,—
54	**10 Pf**	auf 10 C dunkelopalgrün bis dunkelgrün (18. Jan.)	(141)	0,30	1,50	1,80
55	**15 Pf**	auf 10 C dunkelopalgrün (18. Jan.)	(141)	0,30	1,50	1,80
56	**20 Pf**	auf 20 C grau- bis lilabraun (24. Jan.)	(118)	10,—	45,—	50,—
57	**20 Pf**	auf 25 C blau bis dunkelblau (24. Jan.)	(119)	10,—	45,—	50,—
58	**25 Pf**	auf 5 C lebhaft- bis dunkelorange (22. März)	(140)	0,30	1,50	1,80
59	**30 Pf**	auf 30 C (dunkel)orangerot (18. Jan.)	(142)	1,50	6,—	7,—
60	**40 Pf**	auf 40 C (dunkel)graurot/türkisgrau (3. Jan.)	(96)	0,30	1,50	1,80
61	**50 Pf**	auf 50 C (schwarz)graublau bis preußischblau (24. Jan.)	(143)	0,30	1,50	1,80
62	**75 Pf**	auf 35 C (dunkel)rotviolett (22. März)	(121)	0,40	1,50	1,80
63	**80 Pf**	auf 45 C dunkelgrün/grauultramarin (24. Jan.)	(122)	0,40	1,50	1,80
64	**1 M**	auf 40 C (dunkel)graurot/türkisgrau (15. April)	(96)	0,40	1,50	3,—
65	**1.25 M**	auf 60 C dunkelgrauviolett/kobalt (9. April)	(138)	0,40	1,50	3,—
66	**1.50 M**	auf 45 C dunkelgrün/grauultramarin (9. April)	(122)	0,40	1,50	3,—
67	**2 M**	auf 1 Fr lebhaftbräunlichkarmin/grünlichgelb (16. April)	(98)	0,40	1,50	3,—
68	**3 M**	auf 60 C (dunkel)grauviolett/kobalt (9. April)	(138)	1,50	6,—	7,—
69	**5 M**	auf 1 Fr lebhaftbräunlichkarmin/grünlichgelb (22. April)	(98)	0,40	1,60	4,—
70	**6 M**	auf 2 Fr (dunkel)rötlichorange/hellgrünlichblau (15. April)	(139)	0,40	1,60	4,—
71	**9 M**	auf 5 Fr schwärzlichblau/hellbraunocker (22. April)	(100)	0,50	3,—	4,—
			Satzpreis (20 W.)	28,—	130,—	150,—

Die meisten Farben der MiNr. 52–71 schwanken.

Auflagen: MiNr. 52 = 213 000, MiNr. 53 = 143 100, MiNr. 54 = 139 500, MiNr. 55 = 208 500, MiNr. 56–57 je 67 500, MiNr. 58 = 394 000, MiNr. 59 = 132 300, MiNr. 60 = 157 500, MiNr. 61 = 508 500, MiNr. 62 = 300 000, MiNr. 63 = 142 200, MiNr. 64 = 134 700, MiNr. 65 = 156 750, MiNr. 66 = 213 000, MiNr. 67 = 142 950, MiNr. 68 = 93 750, MiNr. 69–70 je 105 225, MiNr. 71 = 111 000 Stück

Gültig bis 31.3.1923

MiNr. 54, 56, 60–61 und 63–71 mit weiterem Aufdruck: MiNr. 72–78, 81–83, 108–109, 119–120, 123

Notizen:

✈ 1922, 12. Mai. Flugpostmarken (II). Freimarken MiNr. 31, 37, 60 und 63–71 mit dunkelblauem Stdr.-Aufdruck (Schreibschrift) durch die Druckerei Siebert (Memel).

MiNr.	Ausgabe		✶	✶✶	⊙
72	40 Pf auf 40 C (dunkel)graurot/türkisgrau	(60)	0,50	7,50	5,—
73	80 Pf auf 45 C dunkelgrün/grauultramarin	(63)	0,50	7,50	5,—
74	1 M auf 40 C (dunkel)graurot/türkisgrau	(64)	0,50	7,50	5,—
75	1.25 M auf 60 C dunkelgrauviolett/kobalt	(65)	1,—	12,—	8,—
76	1.50 M auf 45 C dunkelgrün/grauultramarin	(66)	1,—	12,—	8,—
77	2 M auf 1 Fr lebhaftbräunlichkarmin/grünlichgelb	(67)	1,—	12,—	8,—
78	3 M auf 60 C (dunkel)grauviolett/kobalt	(68)	1,—	12,—	8,—
79	3 M auf 60 C dunkelgrauviolett/kobalt	(37)	160,—	500,—	1400,—
80	4 m auf 2 Fr (dunkel)rötlichorange/hellgrünlichblau	(31)	1,—	12,—	8,—
81	5 M auf 1 Fr lebhaftbräunlichkarmin/grünlichgelb	(69)	1,50	12,—	8,—
82	6 M auf 2 Fr (dunkel)rötlichorange/hellgrünlichblau	(70)	1,50	12,—	8,—
83	9 M auf 5 Fr schwärzlichblau/hellbraunocker	(71)	1,50	12,—	8,—
	Satzpreis (ohne MiNr. 79, 11 W.)		10,—	100,—	80,—

FALSCH Bdr.-Aufdrucke und kopfstehende Aufdrucke auf MiNr. 79 und 83

MiNr. 79

Auflagen: MiNr. 72–78 und 80–83 je 120 000, MiNr. 79 = 7 500 Stück

Gültig bis 31.3.1923

1922, 12. Sept. Freimarken von Frankreich mit schwarzem Bdr.-Aufdruck durch die Staatsdruckerei Paris, Landesname und Wertangabe kursiv.

MiNr.	Ausgabe		✶	✶✶	⊙
84	35 Pf auf 35 C (dunkel)rotviolett	(121)	0,20	1,30	1,—
85	75 Pf auf 15 C graugrün (Töne)	(109)	0,20	1,30	1,—
86	1 M auf 25 C blau bis dunkelblau	(119)	0,20	1,30	1,—
87	1¼ M auf 30 C (dunkel)orangerot	(142)	0,20	1,30	1,—
88	2 M auf 45 C dunkelgrün/grauultramarin	(122)	1,—	4,—	3,50
89	2¼ M auf 40 C (dunkel)graurot/türkisgrau	(96)	0,20	1,30	1,—
90	2½ M auf 60 C dunkelgrauviolett/kobalt	(138)	1,—	4,—	3,50
91	4 M auf 45 C dunkelgrün/grauultramarin	(122)	0,20	1,30	1,—
92	6 M auf 60 C dunkelgrauviolett/kobalt	(138)	0,20	1,30	1,—
93	9 M auf 1 Fr lebhaftbräunlichkarmin/grünlichgelb	(98)	0,20	1,30	1,—
94	12 M auf 40 C (dunkel)graurot/türkisgrau	(96)	0,50	2,50	3,—
95	20 M auf 2 Fr (dunkel)rötlichorange/hellgrünlichblau	(139)	0,30	2,—	2,50
96	30 M auf 5 Fr schwärzlichblau/hellbraunocker	(100)	3,50	20,—	25,—
97	50 M auf 2 Fr (dunkel)rötlichorange/hellgrünlichblau	(139)	10,—	60,—	60,—
	Satzpreis (14 W.)		16,—	100,—	100,—

Auflagen: MiNr. 84 = 397 500, MiNr. 85 = 504 000, MiNr. 86 = 801 000. MiNr. 87 = 388 500, MiNr. 88 und 92 je 331 500, MiNr. 89–90 und 94 je 221 250, MiNr. 91 = 664 500, MiNr. 93 = 322 250, MiNr. 95 = 162 000, MiNr. 96 = 79 500, MiNr. 97 = 59 250 Stück

Gültig bis 31.3.1923

MiNr. 86 und 88 mit weiterem Aufdruck: MiNr. 121–122

✈ 1922, 17. Okt. Flugpostmarken (III). Freimarken von Frankreich mit schwarzem (MiNr. 98–99, 102 und 104–106) bzw. rotem (MiNr. 100–101, 103 und 107) Bdr.-Aufdruck durch die Staatsdruckerei Paris.

MiNr.	Ausgabe		✶	✶✶	⊙
98	40 Pf auf 40 C (dunkel)graurot/türkisgrau	(96)	1,70	10,—	20,—
99	1 M auf 40 C (dunkel)graurot/türkisgrau	(96)	1,70	10,—	20,—
100	1.25 M auf 60 C dunkelgrauviolett/kobalt	(138)	1,70	10,—	20,—
101	1.50 M auf 45 C dunkelgrün/grauultramarin	(122)	1,70	10,—	20,—
102	2 M auf 1 Fr lebhaftbräunlichkarmin/grünlichgelb	(98)	1,70	10,—	20,—
103	3 M auf 60 C dunkelgrauviolett/kobalt	(138)	1,70	10,—	20,—
104	4 M auf 2 Fr (dunkel)rötlichorange/hellgrünlichblau	(139)	1,70	10,—	20,—
105	5 M auf 1 Fr lebhaftbräunlichkarmin/grünlichgelb	(98)	1,70	10,—	20,—
106	6 M auf 2 Fr (dunkel)rötlichorange/hellgrünlichblau	(139)	1,70	10,—	20,—
107	9 M auf 5 Fr schwärzlichblau/hellbraunocker	(100)	1,70	10,—	20,—
	Satzpreis (10 W.)		17,—	100,—	200,—

Auflage: 120 000 Sätze

Gültig bis 31.3.1923

1922, 22. Okt. Freimarken von Memel MiNr. 54 und 56 mit zusätzlichem schwarzem Bdr.-Aufdruck „Mark“ durch die Staatsdruckerei Paris.

MiNr.	Ausgabe		✶	✶✶	⊙
108	M auf 10 Pf auf 10 C dunkelopalgrün	(54)	1,—	5,—	10,—
109	M auf 20 Pf auf 20 C grau- bis lilabraun	(56)	0,50	3,—	6,—
	Satzpreis (2 W.)		1,50	8,—	16,—

Auflagen: MiNr. 108 = 150 000, MiNr. 109 = 400 000 Stück

Gültig bis 31.3.1923

1922, Dez. Freimarken von Frankreich mit schwarzem (MiNr. 110, 112, 114–116 und 118) bzw. rotem (MiNr. 111, 113 und 117) Bdr.-Aufdruck durch die Staatsdruckerei Paris, Landesname und Wertangabe kursiv.

					✶	✶✶	⊙
110	**3 M**	auf 5 C	lebhaft- bis dunkelorange	(140)	0,50	6,—	6,50
111	**6 M**	auf 15 C	graugrün (Töne)	(109)	1,—	7,—	6,50
112	**8 M**	auf 30 C	(dunkel)orangerot	(142)	1,—	8,—	17,—
113	**10 M**	auf 45 C	dunkelgrün/grauultramarin	(122)	1,—	8,—	6,50
114	**20 M**	auf 40 C	(dunkel)graurot/türkisgrau	(96)	1,—	8,—	6,50
115	**30 M**	auf 60 C	dunkelgrauviolett/kobalt	(138)	1,—	8,—	6,50
116	**40 M**	auf 1 Fr	lebhaftbräunlichkarmin/grünlichgelb	(98)	1,—	8,—	8,50
117	**80 M**	auf 2 Fr	(dunkel)rötlichorange/hellgrünlichblau	(139)	1,—	8,—	8,50
118	**100 M**	auf 5 Fr	schwärzlichblau/hellbraunocker	(100)	1,50	10,—	16,—
				Satzpreis (9 W.)	9,—	70,—	80,—

Auflagen: MiNr. 110 = 400 000, MiNr. 111 = 500 000, MiNr. 112 und 114 je 150 000, MiNr. 113 = 302 250, MiNr. 115 = 187 750, MiNr. 116 = 151 500, MiNr. 117 = 210 825, MiNr. 118 = 127 750 Stück

Gültig bis 31.3.1923

1922, Dez. Freimarken von Memel MiNr. 60 und 65 mit zusätzlichem schwarzem Bdr.-Aufdruck eines Balkens und „Mark" (MiNr. 119) bzw. „80" (MiNr. 120) durch die Staatsdruckerei Paris.

					✶	✶✶	⊙
119	**M**	auf 40 Pf auf 40 C	(dunkel)graurot/türkisgrau	(60)	1,—	6,—	6,50
120	**80**	auf 1.25 M auf 60 C	dunkelgrauviolett/kobalt	(65)	1,50	8,—	9,50
				Satzpreis (2 W.)	2,50	14,—	16,—

Auflagen: MiNr. 119 = 137 850, MiNr. 120 = 106 500 Stück

Gültig bis 31.3.1923

MiNr. 120 mit weiterem Aufdruck: MiNr. 164–166

1923

Nicht mehr ausgegeben:

1923. Freimarke von Frankreich MiNr. 100 mit schwarzem Bdr.-Aufdruck (kursiv) durch die Staatsdruckerei Paris, Landesname und Wertangabe kursiv.

					✶	✶✶
I	**500 M**	auf 5 Fr	schwärzlichblau/hellbraunocker	(100)	1200,—	3000,—

Auflage: 150 Stück

Litauische Besetzung

☞ **Bei vielen Marken der litauischen Besetzung gibt es falsche Abstempelungen; bei teureren gestempelten Marken ist eine (BPP-)Prüfung dringend anzuraten.**

1923, 26. Jan. Freimarken. MiNr. 61, 86 und 88 mit rotem (MiNr. 121–122) bzw. schwarzem (MiNr. 123) Stdr.-Aufdruck durch die Druckerei Rytas AG (Memel).

					✶	✶✶	⊙
121	**10**	auf 2 M auf 45 C	dunkelgrün/grauultramarin	(88)	2,50	15,—	17,—
122	**25**	auf 1 M auf 25 C	blau bis dunkelblau	(86)	2,50	15,—	17,—
123	**Mark**	auf 50 Pf auf 50 C	(schwarz)graublau bis preußischblau	(61)	3,—	20,—	22,—
				Satzpreis (3 W.)	8,—	50,—	55,—

Auflagen: MiNr. 121 = 100 500, MiNr. 122 = 100 500, MiNr. 123 = 80 100 Stück

Gültig bis 9.6.1923

1923, 5. Febr. Freimarken. Nicht ausgegebene Dienstmarken von Litauen mit schwarzem Stdr.-Aufdruck (Schrift gerade) durch die Staatsdruckerei Kowno. Urmarken Stdr. (10×10); gez. L 11.

a) Aufdruck gerade, Großbuchstaben, Bogen über „TARNYBINIS"

MiNr.						✶	✶✶	⊙
124	**10 M**	auf	5 C	grünlichblau	a	1,—	20,—	9,—
125	**25 M**	auf	5 C	grünlichblau	a	1,—	20,—	9,—
126	**50 M**	auf	25 C	dunkelzinnoberrot	a	1,—	20,—	9,—
127	**100 M**	auf	25 C	dunkelzinnoberrot	a	1,20	25,—	9,—
128	**400 M**	auf	1 L	braun (Töne)	a	2,—	35,—	14,—
				Satzpreis (5 W.)		6,—	120,—	50,—

Bei MiNr. 124 und 126–128 lautet die Währungsbezeichnung „MARKIU", bei MiNr. 125 „MARKĖS".

Auflagen: MiNr. 124 = 375 200, MiNr. 125 = 509 400, MiNr. 126 = 376 700, MiNr. 127 = 360 500, MiNr. 128 = 294 400 Stück

Gültig bis 9.6.1923

MiNr. 125 und 127–128 mit weiterem Aufdruck: MiNr. 230–232

1923, 7. Febr. Freimarken. Nicht ausgegebene Dienstmarken von Litauen mit verschiedenfarbigem Bdr.-Aufdruck (Schrift gerade und kursiv) durch die Druckerei Rytas AG (Memel). Urmarken Stdr. (10×10); gez. L 11.

b) Aufdruck gerade und kursiv, Groß- und Kleinbuchstaben, Doppelbalken über „TARNYBINIS"

MiNr.						✶	✶✶	⊙
129	**10 M**	auf	5 C	grünlichblau, Aufdruck schwarz	b	1,50	18,—	15,—
130	**25 M**	auf	5 C	grünlichblau, Aufdruck rot	b	1,50	18,—	15,—
131	**50 M**	auf	25 C	dunkelzinnoberrot, Aufdruck schwarz	b	1,50	18,—	15,—
132	**100 M**	auf	25 C	dunkelzinnoberrot, Aufdruck grün	b	1,50	18,—	15,—
133	**400 M**	auf	1 L	braun (Töne), Aufdruck rot	b	2,—	25,—	20,—
134	**500 M**	auf	1 L	braun (Töne), Aufdruck blau	b	2,—	25,—	20,—
				Satzpreis (6 W.)		10,—	120,—	100,—
129 I	**10 M**	auf	5 C	grünlichblau, Aufdruck ohne „(Memel)" und Doppelbalken	b	10,—	50,—	80,—

MiNr. 129 I wurde entgegen den Vorschriften des Weltpostvereins nur mit der noch nicht angemeldeten Landesbezeichnung Klaipeda überdruckt. Bei der Vorlage stellte sich jedoch heraus, dass die zusätzliche Bezeichnung „Memel" erforderlich ist. Da jedoch schon 29 700 Stück gedruckt waren, wurde MiNr. 129 I trotzdem ausgegeben.

Die Währungsbezeichnung lautet bei allen Marken „Markiu", auch bei MiNr. 130.

Auflagen: MiNr. 129 = 99 900, MiNr. 129 I = 29 700, MiNr. 130 = 99 400, MiNr. 131 = 278 600, MiNr. 132 = 98 300, MiNr. 133 = 99 800, MiNr. 134 = 99 700 Stück

Gültig bis 9.6.1923

MiNr. 131 mit weiterem Aufdruck: MiNr. 233

1923, Mitte Febr. Freimarken. Nicht ausgegebene Dienstmarken von Litauen mit verschiedenfarbigem Bdr.-Aufdruck (Schrift kursiv) durch die Staatsdruckerei Kowno. Urmarken Stdr. (10×10); gez. L 11.

c

c

c) Aufdruck gerade und kursiv, Groß- und Kleinbuchstaben, vier Sternchen über „TARNYBINIS"

MiNr.						✶	✶✶	⊙
135	**10 M**	auf	5 C	grünlichblau, Aufdruck rot	c	1,80	25,—	12,—
136	**20 M**	auf	5 C	grünlichblau, Aufdruck rot	c	1,80	25,—	12,—
137	**25 M**	auf	25 C	dunkelzinnoberrot, Aufdruck blau	c	1,80	25,—	16,—
138	**50 M**	auf	25 C	dunkelzinnoberrot, Aufdruck blau	c	3,50	44,—	16,—
139	**100 M**	auf	1 L	braun (Töne), Aufdruck schwarz	c	3,50	48,—	22,—
140	**200 M**	auf	1 L	braun (Töne), Aufdruck schwarz	c	5,—	65,—	25,—
				Satzpreis (6 W.)		16,—	220,—	100,—

Bei MiNr. 135–136 und 138–140 lautet die Währungsbezeichnung „MARKIU", bei MiNr. 137 „MARKĖS".

Auflagen: MiNr. 135 und 139–140 je 100 000, MiNr. 136 = 110 000, MiNr. 137–138 je 120 000 Stück

Gültig bis 9.6.1923

Notizen:

1923, 27. Febr./12. April. Freimarken: Wappenreiter. Stdr. Staatsdruckerei Kowno (10×10); gez. L 11.

d e f

d–f) Wappenreiter

					✶	✶✶	⊙
141	10 M	hellbraun (27. Febr.)		d	0,40	5,—	8,50
142	20 M	dunkelrötlichgelb (27. Febr.)		d	0,40	5,—	8,50
143	25 M	lebhaftrötlichorange (27. Febr.)		d	0,40	5,—	10,—
144	40 M	lebhaftgrauviolett (27. Febr.)		d	0,40	5,—	8,50
145	50 M	gelbgrün (27. Febr.)		d	1,50	12,—	18,—
146	100 M	dunkelrosa (27. Febr.)		e	0,70	5,—	9,—
147	300 M	oliv (12. April)		e	7,50	90,—	180,—
148	400 M	dunkelolivbraun (27. Febr.)		e	0,70	6,—	9,—
149	500 M	graulila, braunpurpur (12. April)		e	7,50	90,—	180,—
150	1000 M	grünlichblau (27. Febr.)		f	1,30	10,—	15,—
			Satzpreis (10 W.)		20,—	230,—	440,—

Bei MiNr. 141–142 und 144–150 lautet die Währungsbezeichnung „MARKIU“, bei MiNr. 143 „MARKÉS“.

Auflagen: MiNr. 141 = 603 500, MiNr. 142 = 335 300, MiNr. 143 = 245 800, MiNr. 144 = 261 300, MiNr. 145 = 84 200, MiNr. 146 = 298 200, MiNr. 147 = 69 000, MiNr. 148 = 125 000, MiNr. 149 = 67 000, MiNr. 150 = 129 000 Stück

Gültig bis 9.6.1923

Mit Aufdruck: MiNr. 167–173, 174–175, 176–182, 183–192, 206–229

1923, 12. April. Angliederung des Memellandes an Litauen (sogen. Hafenjubiläums-Ausgabe). Stdr. Druckerei Morgolin (Kowno) (10×10); gez. L 11.

g) Schiff

h) Anker

i) Leuchtturm

					✶	✶✶	⊙
151	40 M	oliv		g	5,50	40,—	50,—
152	50 M	dunkelockerbraun		g	5,50	40,—	50,—
153	80 M	dunkelgelblichgrün		g	5,50	40,—	50,—
154	100 M	zinnoberrot		g	5,50	40,—	50,—
155	200 M	dunkelblau		h	5,50	40,—	50,—
156	300 M	dunkelockerbraun		h	5,50	40,—	50,—
157	400 M	braunpurpur		h	5,50	40,—	50,—
158	500 M	orange		h	5,50	40,—	50,—
159	600 M	oliv		h	5,50	40,—	50,—
160	800 M	blau		i	5,50	40,—	50,—
161	1000 M	braunpurpur		i	5,50	40,—	50,—
162	2000 M	zinnoberrot		i	5,50	40,—	50,—
163	3000 M	dunkelgelblichgrün		i	5,50	40,—	50,—
			Satzpreis (13 W.)		70,—	500,—	650,—

Die Preise für gestempelte Werte beziehen sich auf die Stempel „KLAIPEDA ✶ a ✶“ bzw. „KLAIPEDA ✶ c ✶“

FALSCH ©

Gültig bis 9.6.1923

Auflage: ca. 30 500 Sätze

Mit Aufdruck: MiNr. 193–205, 234–237

1923, 13. April. Freimarken. MiNr. 120 mit zusätzlichem grünem Stdr.-Aufdruck durch die Druckerei Rytas AG (Memel).

					✶	✶✶	⊙
164	**100 M**	auf 80 auf 1.25 M auf 60 C dunkelgrauviolett/kobalt		(120)	4,50	18,—	90,—
165	**400 M**	auf 80 auf 1.25 M auf 60 C dunkelgrauviolett/kobalt		(120)	6,—	20,—	90,—
166	**500 M**	auf 80 auf 1.25 M auf 60 C dunkelgrauviolett/kobalt		(120)	4,50	18,—	90,—
			Satzpreis (3 W.)		15,—	55,—	270,—

Auflage: 49 000 Sätze (davon angeblich nur je 25 Stück am Postschalter verkauft)

Gültig bis 9.6.1923

Nach Einführung der Litaswährung am 16.4.1923 konnten die Marken der litauischen Besetzung in Markwährung (MiNr. 121–166) zum Kurs von ca. 40 Mark = 1 Cent verwendet werden. Mark und Litas wurden lt. Tagesnotierung der Deutschen Reichsbank über den US-Dollar umgerechnet.

Neue Währung ab 16. April 1923:

100 Centu (C) = 1 Litas (L) = 0,1 US-$

1923, 16./20. April. Freimarken. MiNr. 143, 147 und 149 mit verschiedenfarbigem Bdr.-Aufdruck durch die Druckerei Lituania (Memel), Währungsbezeichnung „CENTU“.

						✶	✶✶	⊙
167	**2 C**	auf	300 M	oliv, Aufdruck rot (16. April)	(147)	8,—	45,—	20,—
168	**3 C**	auf	300 M	oliv, Aufdruck rot (16. April)	(147)	9,—	50,—	25,—
169	**10 C**	auf	25 M	lebhaftrötlichorange, Aufdruck schwarz (16. April)	(143)	9,—	50,—	20,—
170	**15 C**	auf	25 M	lebhaftrötlichorange, Aufdruck schwarz (16. April)	(143)	9,—	50,—	20,—
171	**20 C**	auf	500 M	graulila, braunpurpur, Aufdruck blau (20. April)	(149)	14,—	65,—	40,—
172	**30 C**	auf	500 M	graulila, braunpurpur, Aufdruck schwarz (16. April)	(149)	11,—	50,—	20,—
173	**50 C**	auf	500 M	graulila, braunpurpur, Aufdruck grün (16. April)	(149)	17,—	100,—	40,—
					Satzpreis (7 W.)	75,—	400,—	180,—

168 F	Paar mit und ohne Aufdruck		—,—	
172 F	Paar mit und ohne Aufdruck		—,—	

Da der kleinen Druckerei nicht genügend Buchstaben und Ziffern zur Herstellung einer 100er-Platte zur Verfügung standen, konnten nur 50er-Überdruckplatten hergestellt werden, so dass die 100er-Bogen der Urmarken zweimal durch die Druckmaschine geführt werden mussten. Auch innerhalb der 50er-Platten wurden jeweils zwei verschiedene Typen des „U“ und der Wertziffern verwendet werden; Katalogisierung siehe MICHEL-Deutschland-Spezial Band 1.

Auflagen: MiNr. 167–168 und 171–173 je 100 000, MiNr. 169–170 je 220 000 Stück

1923, 16. April/16. Mai. Freimarken: Wie MiNr. 147 und 149, jedoch mit Aufdruck „CENT.“

						✶	✶✶	⊙
174	**5 C**	auf	300 M	oliv, Aufdruck rot (16. April)	(147)	5,—	35,—	25,—
175	**30 C**	auf	500 M	graulila, braunpurpur, Aufdruck schwarz (16. Mai)	(149)	8,—	55,—	35,—
					Satzpreis (2 W.)	13,—	90,—	60,—

Siehe auch Bemerkung zu MiNr. 167–173.

Auflage: je 130 000 Stück

1923, 23. April/2. Mai. Freimarken. MiNr. 142, 144–148 und 150 mit schwarzem Bdr.-Aufdruck durch die Druckerei Lituania (Memel); neue größere Wertziffern.

						✶	✶✶	⊙
176	**2 C**	auf	20 M	dunkelrötlichgelb (30. April)	(142)	5,—	25,—	20,—
177	**2 C**	auf	50 M	gelbgrün (17. Mai)	(145)	5,—	25,—	20,—
178	**3 C**	auf	40 M	lebhaftgrauviolett (13. Mai)	(144)	8,—	35,—	18,—
179	**3 C**	auf	300 M	oliv (23. April)	(147)	5,—	25,—	15,—
180	**5 C**	auf	100 M	dunkelrosa (2. Mai)	(146)	12,—	65,—	15,—
181	**10 C**	auf	400 M	dunkelolivbraun (12. Mai)	(148)	25,—	125,—	30,—
182	**1 L**	auf	1000 M	grünlichblau (18. Mai)	(150)	35,—	200,—	100,—
					Satzpreis (7 W.)	90,—	500,—	200,—

Anders als bei den vorhergehenden Ausgaben wurden bei MiNr. 176–182 für den Aufdruck 100er-Platten hergestellt. Dazu wurden die bisherigen Zifferntypen in größerem Schriftgrad, sowie neue Zifferntypen verwendet. Für den Litas-Wert kamen völlig andere, noch größere Zifferntypen zum Einsatz. Siehe MICHEL-Deutschland-Spezial Band 1.

Auflagen: MiNr. 176 = 100 000, MiNr. 177 und 180 je 220 000, MiNr. 178 und 179 je 200 000, MiNr. 181 = 120 000, MiNr. 182 = 130 000 Stück

1923, Mai. Freimarken. MiNr. 141–146, 148 und 150 mit schwarzem Bdr.-Aufdruck durch die Druckerei Lituania (Memel); neue einheitliche Wertziffern.

						✶	✶✶	⊙
183	**2 C**	auf	10 M	hellbraun	(141)	8,—	30,—	100,—
184	**2 C**	auf	20 M	dunkelrötlichgelb	(142)	25,—	100,—	180,—
185	**2 C**	auf	50 M	gelbgrün	(145)	10,—	50,—	120,—
186	**3 C**	auf	10 M	hellbraun	(141)	25,—	100,—	160,—
187	**3 C**	auf	40 M	lebhaftgrauviolett	(144)	30,—	120,—	280,—
188	**5 C**	auf	100 M	dunkelrosa	(146)	15,—	60,—	50,—
189	**10 C**	auf	400 M	dunkelolivbraun	(148)	200,—	950,—	850,—
190	**15 C**	auf	25 M	lebhaftrötlichorange	(143)	200,—	950,—	850,—
191	**50 C**	auf	1000 M	grünlichblau	(150)	8,—	30,—	15,—
192	**1 L**	auf	1000 M	grünlichblau	(150)	10,—	50,—	30,—
					Satzpreis (10 W.)	500,—	2400,—	2600,—

Auflagen: MiNr. 183 = 40 000, MiNr. 184 = 13 000, MiNr. 185 und 188 je 37 000, MiNr. 186 = 33 000, MiNr. 187 = 14 000, MiNr. 189–190 je 7 000, MiNr. 191 = 200 000, MiNr. 192 = 300 000 Stück

MiNr. 167–237 gültig bis 31.8.1925

1923, Juni. Angliederung des Memellandes an Litauen. MiNr. 151–163 mit Bdr.-Aufdruck durch die Druckerei Lituania (Memel).

					✶	✶✶	⊙
193	15 C	auf 40 M	oliv	(151)	6,50	30,—	40,—
194	30 C	auf 50 M	dunkelockerbraun	(152)	6,50	30,—	30,—
195	30 C	auf 80 M	dunkelgelblichgrün	(153)	6,50	30,—	50,—
196	30 C	auf 100 M	zinnoberrot	(154)	6,50	30,—	20,—
197	50 C	auf 200 M	dunkelblau	(155)	6,50	30,—	40,—
198	50 C	auf 300 M	dunkelockerbraun	(156)	6,50	30,—	20,—
199	50 C	auf 400 M	braunpurpur	(157)	6,50	30,—	35,—
200	50 C	auf 500 M	orange	(158)	6,50	30,—	20,—
201	1 L	auf 600 M	oliv	(159)	6,50	35,—	45,—
202	1 L	auf 800 M	blau	(160)	7,50	35,—	45,—
203	1 L	auf 1000 M	braunpurpur	(161)	7,—	35,—	45,—
204	1 L	auf 2000 M	zinnoberrot	(162)	7,50	35,—	45,—
205	1 L	auf 3000 M	dunkelgelblichgrün	(163)	7,50	35,—	45,—
				Satzpreis (13 W.)	85,—	400,—	450,—
200 F			Paar mit und ohne Aufdruck			350,—	—,—

FALSCH Aufdruckfälschungen, besonders bei ⊙

Auflagen: MiNr. 193, 195, 197, 199 und 201–205 je 70 000, MiNr. 194 = 162 700, MiNr. 196 = 163 100, MiNr. 198 = 162 600, MiNr. 200 = 163 000 Stück

1923, Dez. Freimarken. MiNr. 141–146, 148 und 150 mit geändertem Bdr.-Aufdruck in Grün bzw. Rot durch die Druckerei Lituania (Memel).

					✶	✶✶	⊙
206	15 C	auf 10 M	hellbraun	(141) Gr	40,—	250,—	300,—
207	15 C	auf 20 M	dunkelrötlichgelb	(142) Gr	4,—	25,—	40,—
208	15 C	auf 25 M	lebhaftrötlichorange	(143) Gr	6,50	35,—	80,—
209	15 C	auf 40 M	lebhaftgrauviolett	(144) Gr	2,50	15,—	40,—
210	15 C	auf 50 M	gelbgrün	(145) R	3,50	15,—	30,—
211	15 C	auf 100 M	dunkelrosa	(146) Gr	3,50	15,—	30,—
212	15 C	auf 400 M	dunkelolivbraun	(148) Gr	3,—	15,—	25,—
213	15 C	auf 1000 M	grünlichblau	(150) R	80,—	500,—	600,—
214	25 C	auf 10 M	hellbraun	(141) Gr	14,—	70,—	150,—
215	25 C	auf 20 M	dunkelrötlichgelb	(142) Gr	3,50	15,—	40,—
216	25 C	auf 25 M	lebhaftrötlichorange	(143) Gr	7,—	35,—	60,—
217	25 C	auf 40 M	lebhaftgrauviolett	(144) Gr	6,—	35,—	60,—
218	25 C	auf 50 M	gelbgrün	(145) R	3,50	20,—	30,—
219	25 C	auf 100 M	dunkelrosa	(146) Gr	3,—	15,—	30,—
220	25 C	auf 400 M	dunkelolivbraun	(148) Gr	3,—	15,—	30,—
221	25 C	auf 1000 M	grünlichblau	(150) R	80,—	500,—	600,—
222	30 C	auf 10 M	hellbraun	(141) Gr	40,—	250,—	300,—
223	30 C	auf 20 M	dunkelrötlichgelb	(142) Gr	6,—	30,—	50,—
224	30 C	auf 25 M	lebhaftrötlichorange	(143) Gr	7,—	30,—	80,—
225	30 C	auf 40 M	lebhaftgrauviolett	(144) Gr	5,—	20,—	30,—
226	30 C	auf 50 M	gelbgrün	(145) R	4,—	25,—	30,—
227	30 C	auf 100 M	dunkelrosa	(146) Gr	4,—	25,—	30,—
228	30 C	auf 400 M	dunkelolivbraun	(148) Gr	4,—	25,—	30,—
229	30 C	auf 1000 M	grünlichblau	(150) R	80,—	500,—	600,—
				Satzpreis (24 W.)	400,—	2400,—	3200,—

Auch bei dieser Ausgabe gibt es Aufdrucktypen, vgl. MICHEL-Deutschland-Spezial Band 1.

Falschstempel: besonders KLAIPEDA-PARODA

FALSCH Aufdruckfälschungen

Auflagen: MiNr. 206 und 222 je 28 500, MiNr. 207 = 48 900, MiNr. 208 und 224 je 35 000, MiNr. 209 und 225 je 40 000, MiNr. 210 und 226 je 84 000, MiNr. 211 = 89 000, MiNr. 212 und 228 je 110 000, MiNr. 213 = 12 700, MiNr. 214 = 39 500, MiNr. 215 = 51 800, MiNr. 216 = 37 200, MiNr. 217 = 41 700, MiNr. 218 = 87 800, MiNr. 219 = 83 800, MiNr. 220 = 127 000, MiNr. 221 und 229 = 12 600, MiNr. 223 = 49 000, MiNr. 227 = 79 990 Stück

1923, Nov. Freimarken. MiNr. 125, 127–128 und 131 mit Bdr.-Aufdruck in Rot bzw. Grün durch die Druckerei Lituania (Memel); Ziffern aus MiNr. 183–205, Buchstaben neu.

						✶	✶✶	⊙
230	10 C	auf 25 M	auf 5 C	grünlichblau, Aufdruck rot	(125)	40,—	500,—	150,—
231	15 C	auf 100 M	auf 25 C	dunkelzinnoberrot, Aufdruck grün	(127)	50,—	600,—	450,—
232	30 C	auf 400 M	auf 1 L	grünlichblau, Aufdruck rot	(128)	10,—	80,—	60,—
233	60 C	auf 50 M	auf 25 C	dunkelzinnoberrot, Aufdruck grün	(131)	50,—	550,—	400,—
					Satzpreis (4 W.)	150,—	1700,—	1000,—

MiNr. 230–233 weisen eine sehr empfindliche Gummierung auf, daher haben viele Marken Haftstellen. Die Postfrisch-Preise gelten für einwandfreie Stücke!

Für MiNr. 231 wurden zwei Aufdruckplatten verwendet, die sich durch die Abstände zwischen den Doppelbalken und den Zierbalken unterscheiden. Außerdem gibt es 3 Aufdrucktypen (vgl. MICHEL-Deutschland-Spezial Band 1).

FALSCH Aufdruckfälschungen

Auflagen: MiNr. 230 = 50 600, MiNr. 231 = 16 500, MiNr. 232 = 88 260, MiNr. 233 = 19 970 Stück

1923, Dez. Angliederung des Memellandes an Litauen. MiNr. 152, 154, 156 und 158 mit grünem Bdr.-Aufdruck durch die Druckerei Lituania (Memel).

Type I

Type II

Type I = schlanke Ziffern, dünne Schrift

			✶	✶✶	⊙
234 I	**15 C** auf 50 M dunkelockerbraun	(152)	*300,—*	*2000,—*	2500,—
235 I	**25 C** auf 100 M zinnoberrot	(154)	*120,—*	*700,—*	1500,—
236 I	**30 C** auf 300 M dunkelockerbraun	(156)	*220,—*	*1100,—*	1600,—
237 I	**60 C** auf 500 M orange	(158)	*130,—*	*700,—*	1500,—
		Satzpreis I (4 W.)	*750,—*	*4500,—*	7000,—

Type II = dicke, bauchige Ziffern, fettere Schrift (Feld 100)

			✶	✶✶	⊙
234 II	**15 C** auf 50 M dunkelockerbraun	(152)	*1500,—*	*4500,—*	*6000,—*
235 II	**25 C** auf 100 M zinnoberrot	(154)	*1500,—*	*6000,—*	*4000,—*
236 II	**30 C** auf 300 M dunkelockerbraun	(156)	*1200,—*	*3000,—*	*4500,—*
237 II	**60 C** auf 500 M orange	(158)	*800,—*	*2000,—*	*3000,—*
		Satzpreis II (4 W.)	*5000,—*	*15000,—*	*17000,—*

FALSCH Aufdruckfälschungen

Auflagen: MiNr. 234 = 5700, MiNr. 235 = 6500, MiNr. 236 = 5400, MiNr. 237 = 6800 Stück

MiNr. 167–237 gültig bis 31.8.1925

Bereits ab 5.8.1923 konnten amtlich neben den Memelmarken die Marken Litauens verwendet werden. Es waren somit zwei Jahre lang Mischfrankaturen aus Memel- und Litauenmarken möglich. Am 1. Juni 1925 wurde der Verkauf von Memelmarken durch die Post eingestellt. Bis Ende August 1925 konnten die Memelmarken aufgebraucht werden. Ab 1. Juni 1925 bis zur Rückgabe des Memellandes an das Deutsche Reich wurden nur noch litauische Marken an den Schaltern verkauft.

Lokalausgabe

Deutsche Verwaltung (ab 22.3.1939) für das Memelland

1939, 22. März. Marken von Litauen MiNr. 425–428 mit Bdr.- Aufdruck in 3 Typen.

Type I

Type II

Type III

Type I: höchste Spitze der Elchschaufel unter Mitte des „n“ in „Memelland“ (40× im Bogen)
Type II: höchste Spitze der Elchschaufel unter rechtem Stamm des „n“ in „Memelland“ (46× im Bogen)
Type III: höchste Spitze der Elchschaufel unter Mitte des „d“ von „Memelland“ (14× im Bogen)

				✶	✶✶	⊙
I		15 C dunkelrosarot	(425)			
	I	Type I		8,50	40,—	45,—
	II	Type II		7,50	35,—	38,—
	III	Type III		23,—	100,—	180,—
II		30 C dunkelgrün	(426)			
	I	Type I		8,50	40,—	45,—
	II	Type II		7,50	35,—	38,—
	III	Type III		23,—	100,—	180,—
III		35 C rosakarmin	(427)			
	I	Type I		6,50	30,—	35,—
	II	Type II		5,50	25,—	28,—
	III	Type III		16,—	70,—	85,—
IV		60 C schwarzgraublau	(428)			
	I	Type I		7,—	32,—	38,—
	II	Type II		6,—	28,—	32,—
	III	Type III		18,—	80,—	95,—
			Satzpreis I (4 W.)	30,—	140,—	160,—
			Satzpreis II (4 W.)	26,—	120,—	130,—
			Satzpreis III (4 W.)	80,—	350,—	500,—

MiNr. I–IV wurden nicht postamtlich ausgegeben. Der freie Verkauf (auch illegal am Postschalter in Memel) sowie die Verwendung zur Frankatur wurden jedoch bis zum 31.3.1939 geduldet.

Litauen MiNr. 273 und 288–289 mit Aufdruck Hakenkreuz und Inschrift „Wir sind frei!“ sind Mache.

Auflagen: MiNr. I–II je 30 000, MiNr. III = 70 000, MiNr. IV = 50 000 Stück

Böhmen und Mähren

Protektorat (15.3.1939–8.5.1945)

Das Protektorat „Böhmen und Mähren“ umfasste all jene Gebiete der Tschechoslowakei, die weder zu den 1938 an das Deutsche Reich angegliederten sudetendeutschen Gebieten noch zu den von Ungarn und Polen besetzten Gebieten oder zum am 14. März 1939 gegründeten deutschen Satellitenstaat Erste Slowakische Republik gehörten.

Am 15. März 1939 besetzten deutsche Truppen das verbleibende Staatsgebiet; am 16. März wurde in Prag das Protektorat proklamiert. Mit dem Volksaufstand und Einmarsch sowjetischer Truppen in Prag am 9. Mai 1945 wurde die tschechoslowakische Verwaltung schließlich wiederhergestellt.

Postgeschichte:

Nach Errichtung des Protektorates am 15.3.1939 wurden bis zur Ausgabe eigener Protektoratsmarken die postgültigen Marken der Tschechoslowakei weiter benutzt, die auch bis 15.12.1939 noch aufgebraucht werden konnten. Die Marken wurden bis 30.11.1939 am Schalter verkauft. Die Portomarken wurden (vermutlich aufgrund einer internen Verfügung) bis Mitte Januar 1940 weiterverwendet. Die Post des Protektorates unterstand der Postaufsicht des Deutschen Reiches. Alle Marken des Protektorates sind in der Druckerei „Böhmische Graphische Union A.G., Prag“ hergestellt.

Mischfrankaturen möglich: 13.4. bis 15.12.1939 Marken des Protektorates mit Marken der Tschechoslowakei, bei Portomarken bis 1940.

Währung:

1 koruna (tschechische Krone [Kč]) bzw. Protektoratskrone [K] = 100 haléřů (Heller [H])

Vor- und Mitläufer des Protektorates, Bogenanordnungen und Plattenzeichen siehe MICHEL-Deutschland-Spezial Band 1.

1939–1940

1939, 13. April. Freimarke: Staatspräsident Masaryk. Ⓔ Heinz; StTdr. (20×10); gez. L 12½.

Aa) T. G. Masaryk (1850–1937), 1. Staatspräsident der Tschechoslowakei

				✶	✶✶	⊙
A 1	1 K	dunkellilarot (Töne)	Aa	1,—	3,50	0,30

MiNr. A 1 trägt noch nicht die Aufschrift „BÖHMEN UND MÄHREN“, wurde aber erst nach Errichtung des Protektorates herausgegeben.

Auflage: 33 799 200 Stück *Gültig bis 15.12.1939*

✈ 1939, 22. April. Flugpostmarke: Flugzeug über Landschaft. Ⓔ Seizinger; StTdr. (10×5 bzw. 10×10); gez. L 13¾.

Ba) Flugzeug Fokker F VIII b, 3m

				✶	✶✶	⊙
B 1	30 H	schwärzlichbraunviolett	Ba	0,80	2,50	0,40

MiNr. B 1 trägt noch nicht die Aufschrift „BÖHMEN UND MÄHREN“, wurde aber erst nach Errichtung des Protektorates herausgegeben.

Auflage: 3 074 000 Stück *Gültig bis 15.12.1939*

1939, 15. Juli. Freimarken: Kopfbilder und Landschaften. Marken der Tschechoslowakei MiNr. 277–281, 347, 349–350, 351–355, 357–359, 386, 400 sowie Böhmen und Mähren MiNr. A 1 (zum Teil in Neuauflage) mit zweizeiligem RaTdr.-Aufdruck „BÖHMEN u. MÄHREN / ČECHY a MORAVA“, alter Landesname dreifach durchstrichen.

					✶	✶✶	⊙
1	5	H	schwarzkobalt (Wappen)	(277)	0,50	1,20	6,—
2	10	H	dunkelorangebraun (Wappen)	(278)	0,50	1,20	6,—
3	20	H	rot (Töne) (Wappen)	(279)	0,60	1,50	6,—
4	25	H	schwarzbläulichgrün (Wappen)	(280)	0,30	1,—	10,—
5	30	H	dunkelrotlila (Wappen)	(281)	0,50	1,50	6,—
6	40	H	schwärzlichblau (Comenius)	(347)	4,—	12,—	24,—
7	50	H	schwärzlichbläulichgrün (Škodawerke)	(400)	0,30	1,—	6,—
8	60	H	schwärzlichviolettpurpur (Štefánik)	(349)	4,—	11,—	28,—
9	1	Kč	schwärzlichrosalila (Masaryk; Kč, ČESKOSL.)	(350)	0,70	2,—	10,—
10	1	K	schwärzlichrosalila (Masaryk; K, ČESKO-SL.)	(A 1)	0,60	2,—	6,—
11	1.20	Kč	schwärzlichgraulila (Mukačevo-Palanok)	(351)	3,—	8,—	24,—
12	1.50	Kč	karmin (Töne) (Neusohl)	(352)	3,—	9,—	32,—

				✶	✶✶	⊙
13	1.60 Kč	dunkelbräunlicholiv (Kuttenberg)	(386)	4,50	13,—	36,—
14	2 Kč	schwarzblaugrün (Klingenberg)	(353)	1,40	3,50	32,—
15	2.50 Kč	schwärzlichgrauultramarin (Burgruine Strečno)	(354)	3,—	8,—	24,—
16	3 Kč	dunkelsiena (Schloss Groß-Skal)	(355)	3,—	8,—	32,—
17	4 Kč	schwarzviolettpurpur (Bad Podiebrad)	(357)	5,50	15,—	36,—
18	5 Kč	schwarzopalgrün (Olmütz)	(358)	5,50	15,—	45,—
19	10 Kč	schwarzkobaltblau (Pressburg)	(359)	6,—	17,—	70,—
			Satzpreis (19 W.)	45,—	130,—	400,—

Die ⊙-Preise gelten nur für echte und zeitgerechte, aktuell (BPP-)geprüfte Abstempelungen!

MiNr. 10, 11, 14, 16 und 19 wurden nur, MiNr. 7 und 8 zusätzlich auch auf Neuauflagen der Urmarken gedruckt. MiNr. 1–6, 9, 12, 13, 15, 17 und 18 wahrscheinlich ausschließlich auf Urmarken der ursprünglichen Auflage. Bei MiNr. 8 erfolgte der Überdruck überwiegend auf einer Neuauflage der Urmarke, ein geringer Teil jedoch auch auf der Urauflage, bei MiNr. 7 dagegen etwa zu gleichen Teilen auf Ur- und Neuauflage. MiNr. 8 mit Überdruck auf Urauflage selten.

Die neu aufgelegten Urmarken kann man wie folgt von den ursprünglichen Auflagen unterscheiden:

MiNr. 7 – Farbpunkt oberhalb der 1. und unterhalb der 91. Marke in Bg. zu 100 Marken sowie oberhalb der 5. und unterhalb der 50. Marke in Bg. zu 50 Marken
MiNr. 8 – Farbpunkt oberhalb der 1. und 20. Marke sowie unterhalb der Plattennummern 1 bzw. 1A und der 200. Marke
MiNr. 10 – Farbpunkt oberhalb der 1. und 20. Marke sowie unterhalb der Plattennummern 1 bzw. 1A und der 200. Marke
MiNr. 11 – Farbpunkt neben der 1., 10. und 100. Marke der Bogen zu 100 Marken bzw. der 1., 10. und 50. Marke in Bg. zu 50 Marken sowie neben der Plattennummer 1
MiNr. 14 – Zwei Farbpunkte seitlich der 1., 10. und 100. Marke sowie der Plattennummern 1 und 1A der Bogen zu 100 Marken und der 1. und 10. Marke in Bg. zu 50 Marken
MiNr. 16 – Farbpunkt neben der 1., 10. und 100. Marke der Bogen zu 100 Marken bzw. der 1., 10. und 50. Marke in Bg. zu 50 Marken sowie neben der Plattennummer 1
MiNr. 19 – Ein Farbpunkt rechts schräg unter der Plattennummer 1 und zwei Farbpunkte rechts schräg unter der Plattennummer 1A

Alle diese Farbpunkte befinden sich nicht auf den ursprünglichen Auflagen der Urmarken.

FALSCH Es gibt Aufdruckfälschungen, die sämtlich im Buchdruck hergestellt sind. Unterscheidung erkennbar bei Vergrößerung. Echter Aufdruck besteht immer aus einzelnen Farbpunkten (Raster!).

Des Weiteren gibt es eine erhebliche Menge falscher und rückdatierter Stempel, auch mit falschen oder unzutreffenden Prüfzeichen. Alle ⊙-Preise gelten nur für aktuell (BPP-)geprüfte Stücke.

Auflagen: MiNr. 1 = 603 000, MiNr. 2 = 750 000, MiNr. 3 = 790 000, MiNr. 4 = 716 000, MiNr. 5 = 630 000, MiNr. 6 = 276 500, MiNr. 7 = 1 322 000, MiNr. 8 = 277 600, MiNr. 9 = 386 000, MiNr. 10 = 603 000, MiNr. 11 = 276 000, MiNr. 12 = 276 000, MiNr. 13 = 276 000, MiNr. 14 = 432 000, MiNr. 15 = 276 000, MiNr. 16 = 277 000, MiNr. 17 = 275 000, MiNr. 18 = 276 000, MiNr. 19 = 275 000 Stück

Gültig bis 15.12.1939

1939, 29. Juli/1. Dez. Freimarken: Lindenzweig (mit Früchten) und Landschaften. Ⓔ Prof. Schaumann (MiNr. 20–24), Vik (MiNr. 25, 27 und 32–33), Heinz (MiNr. 26), Vondrouš (MiNr. 28–30, 33 und 35–37) und Silovsky (MiNr. 34); MiNr. 20–24 RaTdr. (10×10); gez. K 14; MiNr. 25–28 StTdr. (10×5 bzw. 10×10); gez. L 12½; MiNr. 29–32 StTdr. (16×7 inkl. 12 Leerfelder); gez. L 12½; MiNr. 33–37 (~); gez. L 12½.

a) Lindenzweig mit Früchten

b) Klingenberg

c) Burg Karlstein

d) Kuttenberg

e) Prag

f) Landesmuseum und Turm, Brünn

g) Olmütz

h) Schuhfabrik Bata, Zlin

i) Industriewerke, Mährisch-Ostrau

k) Karlsbrücke, Burg und St.-Veits-Dom, Prag

				✶	✶✶	⊙	FDC
20	5 H	schwärzlichultramarin (30.8.1939)	a	0,10	0,40	0,40	12,—
21	10 H	schwärzlichbraun (30.8.1939)	a	0,10	0,40	0,50	7,—
22	20 H	schwärzlichrosa (30.8.1939)	a	0,10	0,40	0,40	12,—
23	25 H	schwärzlichgrünblau (30.8.1939)	a	0,10	0,40	0,40	25,—
24	30 H	schwarzgraulila (Töne) (30.8.1939)	a	0,10	0,40	0,40	15,—
25	40 H	violettultramarin (15.8.1939)	b	0,10	0,40	0,50	15,—
26	50 H	schwärzlichopalgrün (29.7.1939)	c	0,10	0,40	0,40	7,—
27	60 H	schwärzlichlilapurpur (29.7.1939)	d	0,10	0,40	0,40	7,—
28	1 K	magenta (Töne) (29.7.1939)	e	0,10	0,40	0,40	10,—
29	1.20 K	dunkelbräunlichlila (15.8.1939)	f	0,20	0,40	0,70	15,—
30	1.50 K	karmin (Töne) (15.8.1939)	f	0,10	0,40	0,40	15,—
31	2 K	schwarzopalgrün (15.8.1939)	g	0,10	0,40	0,60	15,—
32	2.50 K	schwarzultramarin (15.8.1939)	g	0,10	0,40	0,40	22,—
33	3 K	schwärzlichviolett- bis schwärzlichlilapurpur (4.11.1939)	h	0,10	0,40	0,40	15,—
34	4 K	schwarzblau bis schwärzlichgrautürkis (1.12.1939)	i	0,10	0,40	0,50	45,—
35	5 K	schwarzopalgrün (30.8.1939)	k	0,30	0,60	1,—	40,—
36	10 K	schwärzlichultramarin (Töne) (30.8.1939)	k	0,20	0,50	1,20	60,—
37	20 K	orangebraun (30.8.1939)	k	0,60	1,50	2,50	150,—
		Satzpreis (18 W.)		2,50	8,—	10,—	

Auflagen: MiNr. 20 = 4 111 600, MiNr. 21 = 6 897 600, MiNr. 22 = 7 446 200, MiNr. 23 = 1 400 200, MiNr. 24 = 9 006 800 Stück

MiNr. 20–37 gültig bis 31.3.1943

In gleicher Zeichnung wie MiNr. 20–24: MiNr. 38, 55, 64; in ähnlicher Zeichnung: MiNr. 65–67

In gleichen Zeichnungen wie MiNr. 27–28 und 35–37: MiNr. 61, 68–69

1940, 31. März/29. Juni. Freimarken: Lindenzweig (mit Früchten) und Landschaften. 🄴 **Prof. Schaumann (MiNr. 38), Vik (MiNr. 39), Silovsky (MiNr. 40) und Vondrouš (MiNr. 41); MiNr. 38 RaTdr. (10×10), gez. K 14; MiNr. 39–41 StTdr. (10×5 bzw. 10×10), gez. L 12½.**

a) Lindenzweig mit Früchten

l) Neuhaus

m) Burg Pernstein

n) Brünn

				✶✶	⊙	FDC
38	40 H	rotorange (10. Juni) . . . . . a		0,30	0,30	12,—
39	50 H	schwarzbläulichgrün (31. März) l		0,30	0,30	10,—
40	80 H	schwärzlichultramarin (29. Juni) . . . . m		0,30	0,40	20,—
41	1.20 K	lebhaftrotbraun (10. Juni) n		0,40	0,30	10,—
		Satzpreis (4 W.)	✶ 0,40	1,30	1,—	

Gültig bis 31.3.1943

In gleicher Zeichnung wie MiNr. 38: MiNr. 20–24, 55, 64; in ähnlicher Zeichnung: MiNr. 65–67

In gleichen Zeichnungen wie MiNr. 40–41: MiNr. 71–72

1939, 25. Aug. Zeitungsmarken: Taube. 🄴 **Prof. Benda; Bdr. (10×10); □.**

o) Stilisierte Taube

			✶✶	⊙
42	2 H	mittel- bis lebhaftbraunocker . . . . o	0,30	0,40
43	5 H	dunkelgrauultramarin . . . . o	0,30	0,40
44	7 H	orangerot . . . . o	0,30	0,40
45	9 H	dunkelsmaragdgrün . . . . o	0,30	0,40
46	10 H	dunkelbräunlichrot . . . . o	0,30	0,40
47	12 H	schwarzviolettblau . . . . o	0,30	0,40
48	20 H	schwarzgrün (Töne) . . . . o	0,30	0,40
49	50 H	rotbraun (Töne) . . . . o	0,30	0,50
50	1 K	dunkelolivgrau (Töne) . . . . o	0,50	1,20
		Satzpreis (9 W.) ✶ 1,—	2,50	4,50
		FDC		100,—

MiNr. 42–50 sind privat gezähnt bekannt.

Gültig bis 31.3.1943

Mit zusätzlicher Inschrift: MiNr. 117–125

1939, 1. Dez. Freimarke für Massenauflieferung von Geschäftsdrucksachen zu ermäßigtem Tarif. MiNr. 46 mit Aufdruck „GD – OT" (= Geschäftsdrucksache – Obchodní tiskopis).

			✶	✶✶	⊙
51	10 H	dunkelbräunlichrot . . . . (46)	0,30	0,80	1,—
		FDC			45,—

MiNr. 51 ist privat gezähnt bekannt.

Gültig bis 31.7.1941

1939, 1. Dez. Zustellungsmarke ausschließlich für Aushändigung an den Empfänger persönlich. 🄴 **Erhardt; RaTdr. (10×5 Kehrdruckpaare); gez. L 13½.**

r) Strahlen

			✶	✶✶	⊙	FDC
52	50 H	schwarzlilaultramarin . . . . r	1,50	3,—	4,—	100,—

Gültig bis 19.4.1941

In gleicher Zeichnung: Portomarke MiNr. 15

1940, 29. Juni. Rotes Kreuz. 🄴 **Geyer; RaTdr. (5×5 Zd); gez. K 13½:13¾.**

s) Rotkreuz-Schwester mit Verwundetem

Zierfeld

				✶✶	⊙	FDC
53	60 H	+ 40 H	schwarzultramarin . . . . s	0,50	1,10	12,—
54	1.20 K	+ 80 H	schwärzlichgraulila . . . . . . s	0,50	1,10	12,—
			Satzpreis (2 W.) ✶ 0,40	1,—	2,20	
			Satzpreis (53 Zf–54 Zf) ✶ 2,50	6,50	6,—	
			FDC (53 Zf–54 Zf)			15,—

MiNr. 53–54 wurden jeweils mit Zierfeld schachbrettartig zusammenhängend im Bogen zu 50 Marken und 50 Zierfeldern gedruckt.

Auflagen: MiNr. 53 = 1 762 000, MiNr. 54 = 1 704 000 Stück

Gültig bis 31.12.1940

a) Lindenzweig mit Früchten

1940, 20. Nov./31. Dez. Freimarken: Lindenzweig (mit Früchten) und Landschaften. 🄴 **Prof. Schaumann (MiNr. 55), Silovsky (MiNr. 56 und 58–60) und Vondrouš (MiNr. 57 und 61); MiNr. 55 RaTdr. (10×10); gez. K 14; MiNr. 56 StTdr. (10×5 bzw. 10×10); gez. L 12½; MiNr. 57–61 StTdr. (7×16 inkl. 12 Leerfelder); gez. L 12½.**

t) Schloss Pardubitz

u) Lainsitzbrücke mit Bechin im Hintergrund

v) Samsonbrunnen und Rathaus, Budweis

w) Ansicht von Kremsier

x) Sala Terrena im Waldstein-(Wallenstein-) Palais, Prag

k) Karlsbrücke, Burg und St.-Veits-Dom, Prag

			✶✶	⊙	FDC
55	50 H	schwarzbläulichgrün bis schwarzopalgrün (20.12.1940) . . . . a	0,40	0,30	7,—
56	2 K	schwarzgraugrün bis schwarzolivgrün (20.12.1940) . . . . t	0,40	0,30	10,—
57	5 K	schwarzbläulichgrün (20.11.1940) . . . . u	0,40	0,30	12,—
58	6 K	schwärzlichbraunpurpur (20.11.1940) v	0,40	0,70	15,—
59	8 K	schwarzgrüngrau (31.12.1940) . . . . w	0,40	0,40	50,—
60	10 K	blau (Töne) (20.11.1940) . . . x	0,80	0,40	50,—
61	20 K	schwärzlich(grau)braun (20.11.1940) . . . . k	1,20	3,—	100,—
		Satzpreis (7 W.) ✶ 1,50	4,—	5,—	

Gültig bis 31.3.1943

In gleicher Zeichnung wie MiNr. 55: MiNr. 20–24, 38, 64; in ähnlicher Zeichnung: MiNr. 65–67

In gleicher Zeichnung wie MiNr. 56: MiNr. 70

Notizen:

1941

1941, 20. April. Rotes Kreuz. Ⓔ Geyer; RaTdr. (5×5 Zd); gez. L 13½:13¾.

y) Rotkreuz-Schwester pflegt Verwundeten

Zierfeld

			✶✶	⊙
62	60 H + 40 H	schwarzblau (Töne) . . . . y	0,60	1,30
63	1.20 K + 80 H	dunkel- bis schwärzlichbraunviolett . . . . y	0,60	1,30
		Satzpreis (2 W.) ✶ 0,40	1,20	2,50
		Satzpreis (62 Zf–63 Zf) ✶ 2,—	5,—	7,—
		FDC (62 Zf–63 Zf)		12,—

MiNr. 62–63 wurden jeweils mit Zierfeld schachbrettartig zusammenhängend im Bogen zu 50 Marken und 50 Zierfeldern gedruckt.

Auflagen: MiNr. 62 = 1 722 061, MiNr. 63 = 1 719 500 Stück

Gültig bis 31.12.1941

1941, 1. Juni. Freimarke: Lindenzweig (mit Früchten). Wie MiNr. 24, jedoch Farbänderung. Ⓔ Prof. Schaumann; RaTdr. (10×10); gez. K 14.

a) Lindenzweig mit Früchten

			✶	✶✶	⊙
64	30 H	dunkelgelbbraun (Töne) . . . a	0,10	0,30	0,30
		FDC			5,—

Gültig bis 31.3.1943

In gleicher Zeichnung: MiNr. 20–24, 38, 55; in ähnlicher Zeichnung: MiNr. 65–67

1941, 28. Juli/1942, Jan. Freimarken: Lindenzweig (mit Blüten statt Früchten) und Landschaften. Ⓔ Prof. Schaumann (MiNr. 65–67), Vondrouš (MiNr. 68 und 71), Vik (MiNr. 69) und Silovsky (MiNr. 70 und 72); StTdr. auf getöntem Papier, MiNr. 65–67 (20×20), MiNr. 68–72 (10×5 bzw. 10×10); gez. L 12½.

a) Lindenzweig mit Früchten (MiNr. 20–24, 38, 55 und 64)

z) Lindenzweig mit Blüten (MiNr. 65–67)

			✶	✶✶	⊙
65	60 H	schwärzlichviolett (28.7.1941) GA . . . . z	0,10	0,30	0,30
66	80 H	lebhaftorangerot (Anfang 1942) . . . . z	0,10	0,30	0,30
67	1 K	dunkelrötlichbraun (Jan. 1942) GA . . . . z	0,10	0,30	0,30
68	1.20 K	rot (Töne) (1942) . . . . e	0,10	0,30	0,30
69	1.50 K	schwärzlichlilarot (Töne) (Anfang 1942) . . . . d	0,10	0,30	0,30
70	2 K	cyanblau (Jan. 1942) . . . . t	0,10	0,30	0,30
71	2.50 K	lebhaftlilaultramarin (Anfang 1942) . . . . n	0,10	0,30	0,30
72	3 K	dunkeloliv (Anf. 1942) . . m	0,10	0,30	0,30
		Satzpreis (8 W.)	0,80	1,80	1,40

Bei allen Werten gibt es teils deutliche Farbabweichungen auch innerhalb der beiden Auflagen.

Gültig bis 31.3.1943

In ähnlicher Zeichnung wie MiNr. 65–67: MiNr. 20–24, 38, 55, 64

In gleichen Zeichnungen wie MiNr. 68–72: MiNr. 27–28, 40–41, 56

MiNr. 68 und 71 mit Aufdruck: MiNr. 83–84

1941, 25. Aug. 100. Geburtstag von Antonín Dvořák. Ⓔ Prof. Sejpka; StTdr. (10×5 inkl. Zf bzw. 5×5 Zd); gez. L 12½.

aa) A. Dvořák (1841–1904), tschechischer Komponist

Zierfeld

			✶✶	⊙
73	60 H	dunkelgrauviolett . . . . aa	0,60	0,70
74	1.20 K	schwarzviolettbraun (Töne) . . . aa	0,60	0,70
		Satzpreis (2 W.) ✶ 0,40	1,20	1,40
		Satzpreis (73 Zf–74 Zf) ✶ 1,—	2,50	3,—
		FDC (73 Zf–74 Zf)		15,—

MiNr. 73–74 wurden jeweils mit Zierfeld schachbrettartig zusammenhängend sowohl im Bogen zu 50 Marken und 50 Zierfeldern als auch im Bogen zu 25 Marken und 25 Zierfeldern gedruckt.

Auflage: 2 200 000 Sätze *Gültig bis 31.12.1941*

1941, 7. Sept. Prager Messe (7.–14. Sept.). Ⓔ Prof. Sejpka (MiNr. 75–76) und Silovsky (MiNr. 77, 78); RaTdr. (10×10); gez. K 13½:13¾.

ab) „Landwirtschaft" (Ochsengespann)

ac) „Industrie" (Hochofen)

			✶	✶✶	⊙
75	30 H	schwärzlichrötlichbraun ab	0,20	0,30	0,50
76	60 H	schwarzopalgrün . . . . . ab	0,20	0,30	0,50
77	1.20 K	dunkelbraunlila . . . . ac	0,20	0,30	0,50
78	2.50 K	schwarzkobalt . . . . ac	0,20	0,30	2,50
		Satzpreis (4 W.)	0,50	1,20	4,—
		FDC			20,—

MiNr. 75–78 auf postamtlichem Schmuckblatt 25,—

Auflage: 2 000 000 Sätze *Gültig bis 31.12.1941*

1941, 26. Okt. 150. Todestag von Wolfgang Amadeus Mozart. Ⓔ Geyer (MiNr. 79–80), Langenberger (MiNr. 81–82) und Prof. Sejpka (Zierfelder); RaTdr. (5×5 Zd); gez. K 13½:13¾.

Zierfeld — ad) Tyl-Theater, Prag

Zierfeld — ae) W. A. Mozart (1756–1791), Komponist

			✶✶	⊙
79	30 H + 30 H	(dunkel)siena . . . . . . ad	0,40	0,40
80	60 H + 60 H	schwarzgrünblau . . . ad	0,40	0,40
81	1.20 K + 1.20 K	dunkelrosa . . . . ae	0,40	0,40
82	2.50 K + 2.50 K	dunkelviolettultramarin . . . . ae	0,80	0,80
		Satzpreis (4 W.) ✶ 1,—	2,—	2,—
		Satzpreis (79 Zf–82 Zf) ✶ 2,—	4,—	5,—
		FDC (79 Zf–82 Zf)		18,—

MiNr. 79–82 wurden jeweils mit Zierfeld schachbrettartig zusammenhängend im Bogen zu 50 Marken und 50 Zierfeldern gedruckt.

Auflagen: MiNr. 79 = 1 967 000, MiNr. 80 = 2 130 000, MiNr. 81 = 1 983 200, MiNr. 82 = 2 000 200 Stück

Gültig bis 31.1.1942

1942

1942, 15. März. 3. Jahrestag der Errichtung des Protektorats. MiNr. 68 und 71 mit blauem (MiNr. 83) bzw. rotem (MiNr. 84) StTdr.-Aufdruck des Staatswappens des Deutschen Reiches sowie der Daten „15. III. 1939“ und „15. III. 1942“.

			✶	✶✶	⊙
83	1.20 K	rot (Töne) . . . . (68)	0,50	1,30	1,50
84	2.50 K	lebhaftlilaultramarin . . (71)	0,50	1,30	1,50
		Satzpreis (2 W.)	1,—	2,50	3,—
		FDC			20,—

Im Hinblick auf die beschränkte Nutzfläche der Plattendruckmaschine wurden nur Bogenteile, bestehend aus drei waagerechten Reihen zu je 8 Marken, vom rechten Bogenrand der Urmarken bedruckt.

Auflage: 1 050 000 Sätze *Gültig bis 31.12.1942*

1942, 20. April. 53. Geburtstag von Adolf Hitler. Ⓔ Prof. Sejpka; StTdr. (16×7 inkl. 12 Leerfelder); gez. L 12½.

af) A. Hitler am Rednerpult

			✶✶	⊙
85	30 (H) + 20 (H)	dunkelrötlichbraun . af	0,30	0,40
86	60 (H) + 40 (H)	schwarzgrünblau . . af	0,30	0,40
87	1.20 (K) + 80 (H)	braunpurpur . . . . . . af	0,30	0,40
88	2.50 (K) + 1.50 (K)	schwärzlichblau . . . af	0,60	1,30
		Satzpreis (4 W.) ✶ 0,60	1,50	2,50
		FDC		12,—

Auflage: 2 130 000 Sätze *Gültig bis 31.12.1942*

1942, 1./22. Juli. Freimarken: Adolf Hitler. Ⓔ Prof. Sejpka; MiNr. 89–94 RaTdr. (10×10); gez. K 14, MiNr. 95–100 StTdr. (20×10), MiNr. 101–106 StTdr. (10×5 bzw. 10×10), MiNr. 107–110 StTdr. (16×7 inkl. 12 Leerfelder); gez. L 12½.

ag

ah

ai

ak

al

am

ag–am) A. Hitler (1889–1945), Reichskanzler

			✶✶	⊙	FDC
89	10 (H)	grünschwarz (1.7.) . . . ag	0,40	0,40	
90	30 (H)	dunkelorangebraun (1.7.) . . . . ag	0,40	0,40	
91	40 (H)	schwärzlichpreußischblau (1.7.) . . ag	0,40	0,40	
92	50 (H)	schwarzopalgrün (1.7.) GA . . . . ag	0,40	0,40	
93	60 (H)	schwarzviolett (1.7.) GA . . . . ag	0,40	0,40	
94	80 (H)	zinnoberrot (1.7.) . . . . ag	0,40	0,40	
95	1 K	dunkelsiena (1.7.) . . . . ah	0,40	0,40	
96	1.20 (K)	lilarot (1.7.) GA . . . . . . ai	0,40	0,40	
97	1.50 (K)	(dunkel)bräunlichkarmin (1.7.) . . . . ai	0,40	0,40	
98	1.60 (K)	schwärzlichgrünblau (1.7.) . . . . ai	0,40	0,40	
99	2 K	blau (1.7.) . . . . ah	0,40	0,40	
100	2.40 (K)	dunkelbraunorange (1.7.) . . . . ai	0,40	0,40	
101	2.50 (K)	violettultramarin (22.7.) . . . . ak	0,40	0,40	10,—
102	3 K	schwärzlicholiv (22.7.) al	0,40	0,40	10,—
103	4 K	dunkelpurpur (22.7.) . . al	0,40	0,40	10,—
104	5 K	schwarzbläulichgrün (22.7.) . . . . al	0,40	0,40	10,—
105	6 K	dunkelrötlichbraun (22.7.) . . . . al	0,40	0,50	10,—
106	8 K	schwarzblau (22.7.) . . . al	0,40	0,50	10,—
107	10 K	schwärzlichgraugrün (22.7.) . . . . am	0,40	1,—	15,—
108	20 K	schwarzgrauviolett (22.7.) . . . . am	0,80	1,20	40,—
109	30 K	schwarzrosa (Töne) (22.7.) . . . . am	1,20	2,50	60,—
110	50 K	schwarzultramarin (22.7.) . . . . am	2,40	3,50	150,—
		Satzpreis (22 W.) ✶ 4,50	12,—	15,—	

Auflagen: MiNr. 89 = 4 261 000, MiNr. 90 = 16 131 923, MiNr. 91 = 3 871 200, MiNr. 92 = 9 612 000, MiNr. 93 = 54 718 800, MiNr. 94 = 23 111 800, MiNr. 95 = 8 000 000, MiNr. 96 = 57 433 000, MiNr. 97 = 12 500 000, MiNr. 98 = 10 359 000, MiNr. 99 = 5 300 800, MiNr. 100 = 12 600 000, MiNr. 101 = 6 376 000, MiNr. 102 = 4 110 000, MiNr. 103 = 7 320 600, MiNr. 104 = 5 371 150, MiNr. 105 = 4 544 000, MiNr. 106 = 7 763 115, MiNr. 107 = 5 366 400, MiNr. 108 = 4 222 600, MiNr. 109 = 4 250 000, MiNr. 110 = 2 890 800

MiNr. 89–110 waren bis zur Besetzung der einzelnen Poststellen durch die sowjetische bzw. amerikanische Armee kursfähig. Formelle Einstellung der Kursfähigkeit erfolgte durch Erlass des tschechoslowakischen Postministeriums vom 16. Mai 1945.

Weiterer Wert in ähnlicher Zeichnung: MiNr. 142

1942, 1. Sept. Rotes Kreuz. Ⓔ Geyer; RaTdr. (10×10); gez. K 13½:13¾.

an) Rotkreuz-Schwester pflegt Verwundeten

			✶✶	⊙
111	60 H + 40 H	schwärzlichgrauultramarin . . . . an	0,30	0,40
112	1.20 (K) + 80 (H)	dunkelgraulila . . . . . an	0,40	0,40
		Satzpreis (2 W.) ✶ 0,30	0,70	0,80
		FDC		10,—

Auflage: 2 340 000 Sätze *Gültig bis 31.12.1942*

1943

1943, 10. Jan. Tag der Briefmarke. Ⓔ Erhardt; RaTdr. (10×10); gez. K 13½:13¾.

ao) Reitender Postbote (18. Jh.)

			✶	✶✶	⊙
113	60 (H)	schwarzrotviolett . . . . . ao	0,20	0,70	0,70
		FDC			7,50

Auflage: 1 980 000 Stück *Gültig bis 30.6.1943*

1943, 29. Jan. Winterhilfswerk. Ⓔ Langenberger; RaTdr. (10×10); gez. K 13½:13¾.

ap) Kaiser Karl IV. (1316–1378)

ar) Peter Parler (1330–1399), Dombaumeister

as) König Johann der Blinde (1296–1346)

			✶✶	⊙
114	60 (H) + 40 (H)	schwärzlichviolett . ap	0,30	0,30
115	120 (H) + 80 (H)	(dunkel)rötlichkarmin . . . . ar	0,30	0,30
116	250 (H) + 150 (H)	dunkellilaultramarin . . . . as	0,30	0,30
		Satzpreis (3 W.) ✶ 0,30	0,80	0,80
		FDC		10,—

Auflage: 2 000 500 Sätze *Gültig bis 30.6.1943*

1943, 15. Febr. Zeitungsmarken. Wie MiNr. 42–50 mit zusätzlicher Inschrift „DEUTSCHES REICH". E Prof. Benda; Bdr. (10×10); □.

at) Stilisierte Taube

			✶	✶✶	⊙
117	2 (H)	mittelbraunocker . . . . . . at	0,10	0,30	0,30
118	5 (H)	lebhaftgrauultramarin . . at	0,10	0,30	0,30
119	7 (H)	dunkelgelblichrot . . . . . . at	0,10	0,30	0,30
120	9 (H)	dunkelsmaragdgrün . . . . at	0,10	0,30	0,30
121	10 (H)	rot . . . . at	0,10	0,30	0,30
122	12 (H)	dunkellilaultramarin . . . . at	0,10	0,30	0,30
123	20 (H)	schwarzgrün . . . . at	0,10	0,30	0,30
124	50 (H)	dunkelkarminbraun . . . . at	0,10	0,30	0,30
125	1 K	olivgrau . . . . at	0,10	0,30	0,30
		Satzpreis (9 W.)	0,60	1,50	1,60
		FDC			120,—

MiNr. 117–125 sind privat gezähnt bekannt.

Auflagen: MiNr. 117 = 1 000 800, MiNr. 118 = 34 840 000, MiNr. 119 = 1 120 200, MiNr. 120 = 1 200 000, MiNr. 121 = 5 670 800, MiNr. 122 = 2 000 000, MiNr. 123 = 3 618 000, MiNr. 124 = 2 879 000, MiNr. 125 = 1 980 000 Stück

MiNr. 117–125 waren die einzigen Marken, die nach Wiedererrichtung der tschechoslowakischen Postverwaltung im Mai 1945 aufgebraucht werden durften, und zwar bis zum 31.12.1945.

1943, 20. April. 54. Geburtstag von Adolf Hitler. E Schmidt; StTdr. (16×7 inkl. 12 Leerfelder); gez. L 12½.

av) A. Hitler am Fenster der Prager Burg

			✶✶	⊙
126	60 (H) + 140 (H)	schwarzgraupurpur av	0,40	0,80
127	120 (H) + 380 (H)	karminrot (Töne) . . . av	0,40	0,80
		Satzpreis (2 W.) ✶ 0,30	0,80	1,50
		FDC		10,—

Auflage: 2 400 000 Sätze *Gültig bis 30.9.1943*

1943, 22. Mai. 130. Geburtstag von Richard Wagner. E Erhardt (MiNr. 128 und 130) und Langenberger (MiNr. 129); RaTdr. (10×10); gez. K 13½:13¾.

aw) Szenenbild aus „Die Meistersinger von Nürnberg"

ax) R. Wagner (1813–1883), Komponist

ay) Szenenbild aus „Siegfried"

			✶	✶✶	⊙
128	60 (H)	schwärzlichviolett . . . . aw	0,20	0,30	0,50
129	120 (H)	rosakarmin . . . . ax	0,20	0,30	0,50
130	250 (H)	dunkellilaultramarin . . . ay	0,20	0,30	0,60
		Satzpreis (3 W.)	0,40	0,80	1,50
		FDC			12,—

Auflagen: MiNr. 128 = 1 930 000, MiNr. 129 = 2 100 000, MiNr. 130 = 1 980 200 Stück

Gültig bis 30.9.1943

1943, 28. Mai. 1. Todestag von Reinhard Heydrich. E Rotter; RaTdr. (10×10); gez. K 13½:13¾.

az) R. Heydrich (1904–1942), Stellvertretender Reichsprotektor von Böhmen und Mähren

			✶	✶✶	⊙
131	60 (H) + 440 (H)	violettschwarz az	0,40	1,10	2,—
		FDC			25,—
		Gedenkblatt		40,—	
		Geschenkheft		*1200,—*	

Auf dem rechten unteren Bogenrand befindet sich die Inschrift „Bildhauer F. Rotter" in gesetzten Lettern.

Die Teilnehmer der Gedenkfeier sowie andere hochstehende Persönlichkeiten erhielten einen frankaturfähigen Sonderdruck der Marke MiNr. 131, den sog. Heydrichblock. FALSCH, ⊛.

		✶	✶✶	⊙
Block I	schwarz auf hellgelbem Kunstdruckpapier 101×146 mm, gez. Ks 13¼:13¾ . . .	*12000,—*	*20000,—*	*27000,—*

Auflage: 1000 links unten nummerierte Blocks in Schutztaschen mit gleicher Nummerierung wie die Blocks, von denen nur etwa die Hälfte an die Teilnehmer der Trauerfeier abgegeben wurden. (Bl. I in Schutztasche ca. 30% Aufschlag).

Block I ist nicht zu verwechseln mit den Gedenkblättern mit aufgeklebter MiNr. 131.

Die Geschenkheftchen enthalten je einen postfrischen und einen gestempelten Viererblock der MiNr. 131, Auflage 25 Stück, davon 6, die auch MiNr. 131 I enthalten.

Auflage: 1 280 000 Stück *Gültig bis 30.9.1943*

MiNr. 85–131 tragen die Landesbezeichnung „Deutsches Reich", MiNr. 132–142 die Landesbezeichnung „Großdeutsches Reich".

1943, 16. Sept. Rotes Kreuz. E Erhardt; RaTdr. (10×10); gez. K 13½:13¾.

ba) Adler auf Rotem Kreuz

			✶	✶✶	⊙
132	120 (H) + 880 (H)	grauschwarz/ karminrot . . ba	0,30	1,—	0,60
		FDC			15,—

Aufgrund starker Farbüberlappungen ist keine einheitliche Farbabgrenzung möglich; die bisherige Unterteilung in „a" und „b" muss entfallen.

Auflage: 2 580 000 Stück *Gültig bis 31.12.1943*

1944

1944, 15. März. 5. Jahrestag der Errichtung des Protektorats. E Erhardt; RaTdr. (10×10); gez. K 13½:13¾.

bb) Chodische und hanakische Volkstracht

bc) Wappen des Deutschen Reiches, Wappenschilder von Böhmen und Mähren

			✶✶	⊙
133	120 (H) + 380 (H)	dunkelrosakarmin bb	0,40	0,40
134	420 (H) + 1080 (H)	schwärzlich-orangebraun . . . . bc	0,40	0,40
135	10 K + 20 K	schwarz-ultramarin . . . . . . bb	0,40	0,40
		Satzpreis (3 W.) ✶ 0,50	1,—	1,20
		FDC		15,—

Auflage: 3 000 000 Sätze *Gültig bis 31.12.1944*

1944, 20. April. 55. Geburtstag von Adolf Hitler. E Erhardt; RaTdr. (10×10); gez. K 13½:13¾.

bd) A. Hitler vor Portal des neuen Rathauses, Brünn

			✶✶	⊙
136	60 (H) + 140 (H)	schwarz(ocker)-braun . . . . bd	0,50	0,40
137	120 (H) + 380 (H)	schwarzbläulich-grün . . . . bd	0,50	0,40
		Satzpreis (2 W.) ✶ 0,40	1,—	0,70
		FDC		15,—

Auflage: 2 920 800 Sätze *Gültig bis 31.12.1944*

1944, 12. Mai. 60. Todestag von Friedrich Smetana. Ⓔ Prof. Sejpka; StTdr. (16×7 inkl. 12 Leerfelder); gez. L 12½.

be) F. Smetana (1824–1884), tschechischer Komponist

MiNr.	Wert	Farbe	Type	**	⊙
138	60 (H) + 140 (H)	schwarzbläulichgrün	be	0,40	0,40
139	120 (H) + 380 (H)	karminbraun	be	0,40	0,40
		Satzpreis (2 W.) * 0,30		0,70	0,70
			FDC		15,—

Auflage: 3 000 800 Sätze

1944, 21. Nov. 600 Jahre St.-Veits-Dom in Prag. Ⓔ Schmidt; StTdr. (16×7 inkl. 12 Leerfelder); gez. L 12½.

bf) St.-Veits-Dom, Prag

MiNr.	Wert	Farbe	Type	*	**	⊙
140	150 (H)	dunkelrotbraun	bf	0,20	0,40	0,40
141	250 (H)	violettschwarz	bf	0,20	0,40	0,50
		Satzpreis (2 W.)		0,30	0,70	0,80
			FDC			15,—

Auflage: 3 000 800 Sätze

1945

1945, 1. Febr. Freimarke: Adolf Hitler. Ⓔ Schmidt nach Foto von H. Hoffmann; StTdr. (10×5 bzw. 10×10); gez. L 12½.

bg) A. Hitler (1889–1945), Reichskanzler

MiNr.	Wert	Farbe	Type	*	**	⊙
142	4.20 (K)	schwarzgelbsmaragdgrün	bg	0,30	0,70	0,70
			FDC			55,—

MiNr. 138–142 gültig bis zur Besetzung der einzelnen Poststellen durch sowjetische bzw. amerikanische Truppen. Formelle Kursfähigkeit bis 16.5.1945 laut Erlass des tschechoslowakischen Postministeriums.

Weitere Werte: MiNr. 89–110

Dienstmarken

1941

1941, 1. Jan. Dienstmarken: Ziffernzeichnung. Ⓔ Erhardt; Bdr. (10×10); gez. K 14.

Da) Wertangabe im Lorbeerkranz

MiNr.	Wert	Farbe	Type	*	**	⊙
1	30 H	dunkelbraunocker	Da	0,20	0,30	0,30
2	40 H	schwärzlichpreußischblau	Da	0,20	0,30	0,30
3	50 H	dunkelgelbsmaragdgrün	Da	0,20	0,30	0,30
4	60 H	schwarzgrün	Da	0,20	0,30	0,30
5	80 H	orangerot	Da	0,40	1,—	0,30
6	1 K	siena (Töne)	Da	0,20	0,50	0,30
7	1.20 K	schwarzrosa (Töne)	Da	0,20	0,50	0,30
8	1.50 K	schwarzrotlila	Da	0,30	0,80	0,30
9	2 K	dunkelkobaltblau	Da	0,30	0,80	0,30
10	3 K	bräunlicholiv	Da	0,30	0,80	0,30
11	4 K	schwärzlichlilapurpur	Da	0,40	1,—	0,60
12	5 K	dunkelgelb(lich)orange	Da	1,—	2,50	1,20
		Satzpreis (12 W.)		3,50	9,—	4,—

Gültig bis 31.3.1943

1943

1943, 15. Febr. Dienstmarken: Adler mit Wappenschildern. Ⓔ Erhardt; Bdr. (10×10); gez. K 14.

Db) Adler mit Wappenschild Böhmens, Reichsabzeichen

MiNr.	Wert	Farbe	Type	*	**	⊙
13	30 (H)	braunocker	Db	0,20	0,30	0,50
14	40 (H)	schwarzpreußischblau	Db	0,20	0,30	0,50
15	50 (H)	dunkelolivgrün	Db	0,20	0,30	0,50
16	60 (H)	schwarzpurpurviolett	Db	0,20	0,30	0,50
17	80 (H)	dunkelzinnober	Db	0,20	0,30	0,50
18	1 K	schwärzlichbraun	Db	0,20	0,30	0,50
19	1.20 (K)	schwarzrosa (Töne)	Db	0,20	0,30	0,50
20	1.50 (K)	rotbraun (Töne)	Db	0,20	0,30	0,50
21	2 K	mittelblau	Db	0,20	0,30	0,50
22	3 K	dunkelbräunlicholiv	Db	0,20	0,30	0,50
23	4 K	dunkellilapurpur	Db	0,20	0,30	0,60
24	5 K	schwarzopalgrün	Db	0,20	0,30	0,60
		Satzpreis (12 W.)		1,20	3,—	6,—

Gültig bis 31.12.1944

Portomarken

1939

1939, 1. Dez./1940, 10. Juni. Portomarken: Wertangaben in Zweigen und Blumen. Ⓔ Erhardt; Bdr. (5×10); gez. K 14.

Pa) Stilisierte Zweige und Blumen

MiNr.	Wert	Farbe	Type	*	**	⊙
1	5 H	dunkelkarminrot (1.12.1939)	Pa	0,20	0,30	0,40
2	10 H	dunkelkarminrot (1.12.1939)	Pa	0,20	0,30	0,40
3	20 H	dunkelkarminrot (1.12.1939)	Pa	0,20	0,30	0,40
4	30 H	dunkelkarminrot (1.12.1939)	Pa	0,20	0,30	0,40
5	40 H	dunkelkarminrot (1.12.1939)	Pa	0,20	0,30	0,40
6	50 H	dunkelkarminrot (1.12.1939)	Pa	0,20	0,30	0,40
7	60 H	dunkelkarminrot (1.12.1939)	Pa	0,20	0,30	0,40
8	80 H	dunkelkarminrot (10.6.1940)	Pa	0,20	0,30	0,40
9	1 K	dunkellilaultramarin (1.12.1939)	Pa	0,20	0,30	0,50
10	1.20 K	dunkellilaultramarin (10.6.1940)	Pa	0,20	0,40	0,50
11	2 K	dunkellilaultramarin (1.12.1939)	Pa	0,50	1,20	1,50
12	5 K	dunkellilaultramarin (1.12.1939)	Pa	0,60	1,40	2,—
13	10 K	dunkellilaultramarin (1.12.1939)	Pa	0,80	2,—	2,50
14	20 K	dunkellilaultramarin (1.12.1939)	Pa	1,60	4,—	4,—
		Satzpreis (14 W.)		4,50	11,—	14,—

MiNr. 13–14 kommen echt gelaufen ausschließlich auf Postformularen mit charakteristischem Rand vor, welche der Abrechnung von Zustellgebühren dienten, die bei Zustellung von Geldbeträgen beim Empfänger fällig wurden.

Gültig bis 31.3.1943

1939, 1. Dez. Portomarke für Zustellung zu eigenen Händen des Empfängers. ⓔ Erhardt; RaTdr. (10×5 Kehrdruckpaare); gez. L 13½.

r) Strahlen

			*	**	⊙
15	50 H schwarzlilarosa	r	0,80	2,—	4,—

Gültig bis 19.4.1941

In gleicher Zeichnung: MiNr. 52

Zulassungsmarke

1943, 10. Juli. Zulassungsmarke für Pakete aus dem Protektorat nach dem Ghetto Theresienstadt. Bdr. Böhmische Graphische Union A.G., Prag (5×5); gez. L 10½.

a) Landschaft

			*	**	⊙
1	— schwärzlichgraugrün	a	250,—	650,—	500,—

Pakete an Insassen des Ghettos durften nur befördert werden, wenn die Zulassungsmarke auf dem Paket selbst (nicht der Begleitkarte) aufgeklebt war; daher kommen echt gestempelte, unbeschädigte Stücke kaum vor. Die Zuteilung von MiNr. 1 erfolgte in einem bürokratischen Verfahren auf Antrag des Ghetto-Insassen an den von ihm vorgesehenen Paketsender durch den Ältestenrat der Juden in Prag.

Vollständige 25er-Bogen sind sehr selten und werten erheblich mehr als die Summe der Einzelmarken.

Rot-Kreuz-Souvenir-Blocks (170×130 mm):

Anlässlich der Besuche ausländischer Rot-Kreuz-Delegationen, die erstmalig im Juni 1944 stattfanden, erhielt jedes Kommissionsmitglied zum Abschied eine Mappe, die Fotos aus dem Lager enthielt, außerdem drei Souvenir-Blocks mit jeweils einem Viererblock der Zulassungsmarke in den drei Farben schwarz, braun und grün. Diese Blocks bestanden aus ungummiertem, weißem Qualitätspapier mit fortlaufender Nummerierung (dreistellige Ziffern) am unteren Blockrand, bei den Blocks in schwarzer Farbe mit Zahlen in Schwarz und bei denen in brauner und grüner Farbe mit Zahlen in Rot. Die Marken der Blocks waren für den Paketversand nicht gültig.

		(*)
RK 1	RK-Souvenir-Block schwarz, ungezähnt	800,—
RK 2	RK-Souvenir-Block braun, ungezähnt	800,—
RK 3	RK-Souvenir-Block grün, ungezähnt	*10000,—*

FÄLSCH Es gibt eine Vielzahl von Fälschungen auf diversen Papiersorten, z. B. auf graustichigem, schlechtem Papier, aber auch auf Papier mit optischem Aufheller, im Viererblock, in anderen Einheiten oder als Rot-Kreuz-Souvenir-Blocks gedruckt. Prüfung ratsam.

Auflage: ca. 100 000, ausgegeben 76 000 Stück

Lokalausgaben Mährisch-Ostrau

Am Abend des 14. März 1939 wurde die Stadt Mährisch-Ostrau durch deutsche Truppen besetzt. Bis zum Eintreffen der Postmarken des Protektorates wurden die Marken der Tschechoslowakei unverändert weiter verwendet, teils mit nachstehenden Aufdrucken versehen und an den Postschaltern zum Nennwert verkauft. Gelaufene Poststücke mit diesen Marken – auch ins Ausland – sind nachgewiesen. (—,—).

1939, 16. März. Frei- und Sondermarken der Tschechoslowakei mit dreizeiligem Bdr.-Aufdruck.

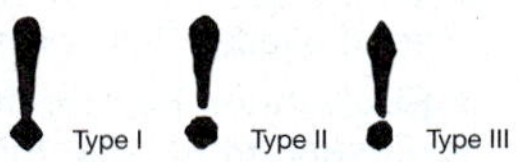

Ausrufezeichen in 3 Typen:
I = Notierung, II = 50% Aufschlag, III = 100% Aufschlag

Freimarken: Staatswappen. Freimarken der Tschechoslowakei MiNr. 277–281.

				*	**	⊙
1	5 H	schwarzkobalt	(277)	18,—	28,—	35,—
2	10 H	dunkelorangebraun	(278)			
w		auf gew. Papier		14,—	20,—	22,—
x		auf Pergamentpapier		*200,—*	*320,—*	—,—
3	20 H	rot (Töne)				
A		vierseitig gezähnt	(279 A)			
w		auf gew. Papier		14,—	20,—	22,—
x		auf Pergamentpapier		*600,—*	*900,—*	*900,—*
B		senkrecht gezähnt	(279 B)	*600,—*	*900,—*	*900,—*
4	25 H	schwärzlichbläulichgrün	(280)	22,—	35,—	35,—
5	30 H	dunkelrotlila	(281)	14,—	20,—	22,—
		Satzpreis (5 W.)		80,—	120,—	130,—

Auflagen (ca): MiNr. 1 = 2500, MiNr. 2 und 3 je 3100, MiNr. 4 und 5 je 2500 Stück

Gültig bis 15.12.1939

Freimarken: Kopfbilder und Landschaften. Freimarken der Tschechoslowakei MiNr. 347, 349–359, 386 und 402.

				*	**	⊙
6	40 H	schwärzlichblau (Comenius)	(347)	15,—	22,—	30,—
7	50 H	schwarzopalgrün (Štefánik 1938)	(402)	20,—	30,—	32,—
8	60 H	schwärzlichviolettpurpur (Štefánik 1935)	(349)	20,—	22,—	30,—
9	1 Kč	schwärzlichrosalila (Masaryk 1935)	(350)	12,—	16,—	22,—
10	1.20 Kč	schwärzlichgraulila (Mukačevo-Palanok)	(351)	40,—	45,—	50,—
11	1.50 Kč	karmin (Töne) (Neusohl)	(352)	30,—	45,—	50,—
12	1.60 Kč	dunkelbräunlicholiv (Kuttenberg)	(386)	30,—	45,—	50,—
13	2 Kč	schwarzblaugrün (Klingenberg)	(353)	30,—	45,—	50,—
14	2.50 Kč	schwärzlichgrauultramarin (Burgruine Strečno)	(354)	30,—	45,—	50,—
15	3 Kč	dunkelsiena (Schloss Groß-Skal)	(355)	30,—	45,—	50,—
16	3.50 Kč	schwärzlichviolettpurpur (Austerlitz)	(356)	40,—	60,—	100,—
17	4 Kč	schwarzviolettpurpur (Bad Podiebrad)	(357)	40,—	60,—	100,—
18	5 Kč	schwarzopalgrün (Olmütz)	(358)	90,—	130,—	170,—
19	10 Kč	schwarzkobaltblau (Pressburg)	(359)	100,—	150,—	200,—
		Satzpreis (14 W.)		500,—	750,—	950,—

Auflagen (ca): MiNr. 6 und 8 je 2500, MiNr. 7 und 9 je 3000, MiNr. 10–19 je 800 Stück

Freimarken: Flugzeuge über Landschaften. Flugpostmarken der Tschechoslowakei MiNr. 303–310. A = gez. L 13¾, B = gez. L 12¼, D = gez. L 13¾:12¼.

				*	**	⊙
20 A	50 H	schwärzlichgrün	(303 A)	180,—	250,—	180,—
21 A	1 Kč	lilarot	(304 A)	180,—	250,—	180,—
22 A	2 Kč	schwarzgrün	(305 A)	220,—	320,—	220,—
23 A	3 Kč	dunkelbraunlila	(306 A)	260,—	380,—	320,—
24	4 Kč					
A		gez. L 13¾, schwarzgraublau	(307 A)	300,—	450,—	320,—
B		gez. L 12¼, dunkelblau	(307 B)	900,—	1300,—	750,—

Nr.	Wert	Farbe	MiNr.	*	**	⊙
25 A	5 Kč	schwärzlichrötlichbraun	(308 A)	300,—	450,—	320,—
26 A	10 Kč	schwärzlichultramarin	(309 A)	400,—	600,—	380,—
27	20 Kč	schwarzblau				
A		gez. L 13¾	(310 A)	600,—	900,—	550,—
B		gez. L 12¼	(310 B)	450,—	650,—	450,—
D		gez. 13¾:12¼	(310 D)	1100,—	1700,—	1300,—
		Satzpreis (8 W.)		2200,—	3200,—	2300,—

Auflagen (ca): je 200 Stück

Sondermarken: 88. Geburtstag von Thomáš Garrigue Masaryk. Wohlfahrtsmarken der Tschechoslowakei MiNr. 389 und 390.

Nr.	Wert	Farbe	MiNr.	*	**	⊙
28	50 H + 50 H	schwärzlichopalgrün	(389)	180,—	280,—	300,—
29	1 Kč + 50 H	(dunkel)rotkarmin	(390)	180,—	280,—	300,—
		Satzpreis (2 W.)		350,—	550,—	600,—

Auflagen (ca): je 300 Stück

Sondermarke: Briefmarkenausstellung, Pilsen. Sondermarke der Tschechoslowakei MiNr. 400.

Nr.	Wert	Farbe	MiNr.	*	**	⊙
A 29	50 H	schwärzlichbläulichgrün	(400)	*1600,—*	*2000,—*	—,—

Auflage (ca): 100 Stück

Sondermarken: 20 Jahre Republik. Sondermarken der Tschechoslowakei MiNr. 404 und 405.

Nr.	Wert	Farbe	MiNr.	*	**	⊙
30	2 Kč	schwärzlichviolettultramarin	(404)	45,—	60,—	90,—
31	3 Kč	schwärzlichrötlichbraun	(405)	45,—	60,—	90,—
		Satzpreis (2 W.)		90,—	120,—	180,—

Auflagen (ca): je 1000 Stück

Freimarken: Taube. Zeitungsmarken der Tschechoslowakei MiNr. 364–372.

Nr.	Wert	Farbe	MiNr.	*	**	⊙
32	2 H	lebhaftbraunocker	(364)	40,—	55,—	65,—
33	5 H	kobalt	(365)	40,—	55,—	65,—
34	7 H	lebhaftrot	(366)	40,—	55,—	65,—
35	9 H	dunkelsmaragdgrün	(367)	40,—	55,—	65,—
36	10 H	schwärzlichrot	(368)	40,—	55,—	65,—
37	12 H	schwärzlichviolettblau	(369)	40,—	55,—	65,—
38	20 H	schwarzgraugrün	(370)	40,—	55,—	65,—
39	50 H	rotbraun	(371)	40,—	55,—	65,—
40	1 Kč	dunkelolivgrau	(372)	40,—	55,—	65,—
		Satzpreis (9 W.)		350,—	480,—	580,—

Auflagen (ca): je 700 Stück

Alle Marken von Mährisch-Ostrau sollten nur (BPP)-geprüft erworben werden!

Bewertungshinweise:

Die Preise gelten für farbfrische, leicht dezentrierte Stücke (siehe „Briefmarken-Qualitätsstufen" im Einleitungsteil, Abb. 18), bei gestempelten Stücken sind leicht verschmierte Stempel üblich.
Alle Preisnotierungen über 5,— Euro gelten nur für geprüfte Stücke; bei niedrigeren Preisen werden evtl. Prüfgebühren nicht berücksichtigt.

Prüfungen und Prüfordnung

Der beste Schutz gegen den Erwerb falscher oder minderwertiger Marken ist der Einkauf im guten Fachgeschäft. In Zweifelsfällen ist die Hinzuziehung eines Experten angebracht.

Prüfordnung. Die von den Spitzenverbänden der Sammler und Händler anerkannten Experten für Marken, Abstempelungen und Erhaltung prüfen nach einheitlichen Richtlinien, die jeder Philatelist kennen sollte.

Ergänzend sei hier nochmals darauf hingewiesen, dass die MICHEL-Redaktion keine Markenprüfungen vornimmt.

Generalgouvernement

Das Generalgouvernement wurde am 26.10.1939, nach Beendigung des Polenfeldzuges, errichtet. Der Amtssitz befand sich anfänglich in Lodz und wurde nach Eingliederung von Lodz in das Deutsche Reich ab 7.11.1939 nach Krakau verlegt. Es war aus Sicht des Deutschen Reiches Ausland und unterlag dadurch der Zoll- und Devisenkontrolle. Die Verwaltungsvorschriften waren denen im Deutschen Reich angelehnt, aber nicht identisch.

Die Marken des Generalgouvernements hatten nur in den Distrikten Krakau, Lublin, Radom und Warschau (ab 1.8.1941 zusätzlich in Galizien) Gültigkeit, nicht aber in den Gebieten von Polnisch-Oberschlesien, Warthegau (Posen bis Lodz/Litzmannstadt), Olsa-Gebiet (Österreichisch-Schlesien), Danziger Korridor, Reg.-Bez. Zichenau, Kreis Suwalki (Sudauen) und Restkreis Soldau, da diese Gebiete dem Deutschen Reich eingegliedert waren und deutsche Reichspostmarken verwendeten.

Anfänglich waren deutsche Marken ohne Aufdruck zum Kurs von 1 Pfennig = 2 Groschen in Verwendung. Die Marken des Deutschen Reiches waren amtlich gültig bis 15.12.1939. Sie wurden jedoch bis Herbst 1940 toleriert. Auch Mischfrankaturen waren ab 1.12.1939 möglich. Die polnische Zivilbevölkerung bezahlte bis zum 31.3.1940 im Inlands- und Auslandsverkehr die reichsdeutschen Auslandsgebühren, im Ortsverkehr die reichsdeutschen Ferngebühren.

Es befinden sich mehrere Poststempel des Generalgouvernements in Privathand; sie werden oft zu Nachstempelungen benutzt.

Währung: 1 Złoty (Zł) = 100 Groschen (Gr) (= 50 Rpf)

MiNr. I–III siehe nach MiNr. 125

Deutsche Post Osten

1939

1939, 1./4. Dez. Freimarken: Teilauflagen von Marken des Deutschen Reiches MiNr. 513, 514, 516–525 und 528 (Hindenburg-Medaillon) mit schwarzem Bdr.-Aufdruck durch die Reichsdruckerei Berlin, Werte in polnischer Währung.

							*	**	⊙	FDC
1	**6 Gr**	auf	3	(Pf)	dunkelbraunocker (1. Dez.)	(513)	0,30	1,50	0,50	20,—
2	**8 Gr**	auf	4	(Pf)	schwärzlichgrauultramarin (Töne) (1. Dez.)	(514)	0,30	1,50	0,50	20,—
3	**12 Gr**	auf	6	(Pf)	schwärzlichgrün bis schwärzlichopalgrün (1. Dez.) GA	(516)	0,30	1,50	0,50	20,—
4	**16 Gr**	auf	8	(Pf)	gelblichrot bis zinnober (4. Dez.)	(517)	0,70	2,—	1,30	20,—
5	**20 Gr**	auf	10	(Pf)	dunkelrötlichbraun (Töne) (4. Dez.)	(518)	0,30	1,50	0,50	20,—
6	**24 Gr**	auf	12	(Pf)	schwärzlichrosa(rot) (Töne) (1. Dez.)	(519)	0,30	1,50	0,40	25,—
7	**30 Gr**	auf	15	(Pf)	dunkel bis schwarzrotlila (4. Dez.) GA	(520)	0,70	2,20	1,30	25,—
8	**40 Gr**	auf	20	(Pf)	(lebhaft)cyanblau (4. Dez.)	(521)	0,70	2,20	0,50	25,—
9	**50 Gr**	auf	25	(Pf)	(mittel)lilaultramarin (1. Dez.)	(522)	0,70	2,20	1,—	25,—
10	**60 Gr**	auf	30	(Pf)	dunkelbräunlicholiv (1. Dez.)	(523)	0,70	2,20	0,50	30,—
11	**80 Gr**	auf	40	(Pf)	dunkellilapurpur (4. Dez.)	(524)	0,70	2,20	1,—	35,—
12	**1 Zł**	auf	50	(Pf)	schwarzgrün (Töne)/grauschwarz (1. Dez.)	(525)	1,50	5,50	2,—	40,—
13	**2 Zł**	auf	100	(Pf)	schwärzlichgelborange/grauschwarz (1. Dez.)	(528)	3,—	10,—	3,50	50,—
						Satzpreis (13 W.)	10,—	36,—	14,—	
						FDC 1 (1. Dez.)				140,—
						FDC 2 (4. Dez.)				100,—

Bei fast allen Werten sind (z. T. sehr starke) Aufdruckverschiebungen bekannt (z.B. „24 Groschen“ unten statt oben usw.).

Auflagen: unbekannt

Gültig bis 30.9.1940

Generalgouvernement

1940

1940, 8./18. März. Teilauflagen von Marken von Polen mit schwarzem Bdr.-Aufdruck durch die Staatsdruckerei Wien.

Marschall Edward Śmigty-Rydz (Polen MiNr. 319–320). Ⓔ Chrostowski; StTdr. Staatliche Wertpapierdruckerei Warschau (PWPW) (10×10); gez. K 12½:12¾.

							*	**	⊙	FDC
14	**24 Gr**	auf	25	Gr	schwärzlichgrünlichblau (18. März)	(319)	1,50	4,—	3,—	—,—
15	**50 Gr**	auf	55	Gr	dunkelviolettultramarin (8. März)	(320)	0,40	1,—	1,—	—,—

Staatspräsident Ignacy Mościcki (Polen MiNr. 325). 🄴 **Chrostowski; StTdr. PWPW (10×10); gez. K 12½:12¾.**

						✶	✶✶	⊙	FDC
16	40 Gr	auf	30 Gr	braunpurpur (8. März)	(325)	0,50	1,50	1,—	—,—

20 Jahre Republik Polen (Polen MiNr. 331, 332, 335, 336 und 338–343). 🄴 **Boratyński (MiNr. 17–27), Watorek (MiNr. 28) und Rozwadowski (MiNr. 29); StTdr. PWPW (10×10); gez. K 12½:12¾, MiNr. 29 ~.**

MiNr. 17

MiNr. 19

MiNr. 21

MiNr. 22

MiNr. 23

MiNr. 24

MiNr. 25

MiNr. 26

MiNr. 27

MiNr. 28

MiNr. 29

						✶	✶✶	⊙	FDC
17	2 Gr	auf	5 Gr	orangerot (Töne) (8. März)	(331)	0,30	0,50	0,40	—,—
18	4 (Gr)	auf	5 Gr	orangerot (Töne) (8. März)	(331)	0,30	0,50	0,40	—,—
19	6 (Gr)	auf	10 Gr	schwärzlich- bis schwarzgelblichgrün (18. März)	(332)	0,30	0,50	0,40	—,—
20	8 (Gr)	auf	10 Gr	schwärzlich- bis schwarzgelblichgrün (8. März)	(332)	0,30	0,50	0,40	—,—
21	10 (Gr)	auf	10 Gr	schwärzlich- bis schwarzgelblichgrün (8. März)	(332)	0,30	0,50	0,40	—,—
22	24 Gr	auf	25 Gr	dunkelbraunviolett (18. März) 🄶🄰	(335)	0,30	0,50	0,40	—,—
23	30 (Gr)	auf	30 Gr	dunkelrosa (Töne) (8. März)	(336)	0,30	0,50	0,40	—,—
24	50 (Gr)	auf	50 Gr	dunkellilapurpur (8. März)	(338)	0,30	0,70	0,70	—,—
25	60 (Gr)	auf	55 Gr	dunkel(violett)ultramarin (8. März)	(339)	8,—	20,—	18,—	—,—
26	80 (Gr)	auf	75 Gr	schwärzlich- bis schwarzopalgrün (8. März)	(340)	8,—	20,—	18,—	—,—
27	1 Zł	auf	1 Zł	(lebhaft)rötlichorange (8. März)	(341)	8,50	22,—	18,—	—,—
28	2 Zł	auf	2 Zł	lebhaftmagenta (8. März)	(342)	3,—	8,—	7,—	—,—
29	3 Zł	auf	3 Zł	dunkelblau (Töne) (8. März)	(343)	4,—	11,—	10,—	—,—

Bei MiNr. 23 gestempelt sind Verfärbungen in bräunlich bekannt.

Winterhilfswerk (Polen MiNr. 348–350). 🄴 **Boratyński; StTdr. PWPW (10×10); gez. K 12¾:12½.**

						✶	✶✶	⊙	FDC
30	30 Gr	auf	5 + 5 Gr	zinnoberrot (Töne) (8. März)	(348)	0,30	0,70	0,70	—,—
31	40 Gr	auf	25 + 10 Gr	dunkelbraunviolett (Töne) (18. März)	(349)	0,30	0,70	0,70	—,—
32	1 Zł	auf	55 + 15 Gr	dunkel- bis schwärzlichultramarin (8. März)	(350)	4,50	13,—	11,—	—,—

Königin Jadwiga und König Jagiello von Litauen (Polen MiNr. 355). 🄴 **Boratyński; StTdr. PWPW (10×10); gez. K 12½:12¾.**

						✶	✶✶	⊙	FDC
33	12 (Gr)	auf	15 Gr	schwärzlichbraunorange (8. März) 🄶🄰	(355)	0,30	0,70	0,40	—,—
34	16 (Gr)	auf	15 Gr	schwärzlichbraunorange (8. März)	(355)	0,30	0,70	0,40	—,—

Portomarken von Polen (MiNr. 95–99) als Freimarken verwendet. 🄴 **Kreb; Bdr. PWPW (10×10); gez. K 12½:12.**

						✶	✶✶	⊙	FDC
35	50 (Gr)	auf	20 Gr	schwärzlichbläulichgrün (Töne) (18. März)	(P 95)	1,40	3,50	4,—	—,—
36	50 (Gr)	auf	25 Gr	schwärzlichbläulichgrün (Töne) (18. März)	(P 96)	6,—	18,—	16,—	—,—
37	50 (Gr)	auf	30 Gr	schwärzlichbläulichgrün (Töne) (18. März)	(P 97)	18,—	50,—	35,—	—,—
38	50 (Gr)	auf	50 Gr	schwärzlichbläulichgrün (Töne) (18. März)	(P 98)	1,—	3,—	3,—	—,—
39	50 (Gr)	auf	1 Zł	schwärzlichbläulichgrün (Töne) (18. März)	(P 99)	2,—	5,—	4,—	—,—
					Satzpreis MiNr. 14–39 (26 W.)	60,—	170,—	150,—	

FALSCH Aufdruckfälschungen, besonders bei MiNr. 36–37

Auflagen: MiNr. 14 = 236 000, MiNr. 15 = 718 000, MiNr. 16 = 286 000, MiNr. 17 = 2 488 000, MiNr. 18 = 2 211 000, MiNr. 19 = 2 226 000, MiNr. 20 = 1 540 000, MiNr. 21 = 3 132 000, MiNr. 22 = 3 400 000, MiNr. 23 = 1 238 000, MiNr. 24 = 1 033 000, MiNr. 25–27 und 36 je 36 000, MiNr. 28 = 104 000, MiNr. 29 = 84 000, MiNr. 30 = 762 000, MiNr. 31 = 850 000, MiNr. 32 = 56 000, MiNr. 33 = 3 290 000, MiNr. 34 = 1 217 000, MiNr. 35 = 332 000, MiNr. 37 = 20 000, MiNr. 38 = 344 000, MiNr. 39 = 162 000 Stück

Gültig bis 30.11.1941

1940, 5. Aug./5. Sept. Freimarken: Bauwerke. Ⓔ **Puchinger; RaTdr. (10×5) gez. K 13¾:14.**

a) Florianstor, Krakau

b) Sandomiersk-Bastei der Burg in Krakau

c) Krakauer Tor, Lublin

d) Hof der alten Universität Krakau mit Kopernikus-Denkmal

e) Dominikanerkirche, Krakau

f) Burg Wawel, Krakau

g) Brigittenkirche, Lublin

h) Sukiennice-Arkaden, Krakau

i) Rathausturm, Krakau

k) Burghof, Krakau

l) Marienkirche, Krakau

m) Brühlsches Palais, Warschau

				**	⊙
40	6 (Gr)	schwärzl'orangebraun (5. Aug.)	a	0,60	0,80
41	8 (Gr)	dunkelbraunorange (5. Aug.)	b	0,60	0,80
42	10 (Gr)	schwärzlichsmaragdgrün (5. Aug.)	c	0,60	0,30
43	12 (Gr)	schwarzgrün (5. Aug.) GA	d	6,—	0,70
44	20 (Gr)	schwarzbraun (5. Aug.)	e	0,60	0,30
45	24 (Gr)	schwärzlichbräunlichrot (5. Aug.) GA	f	0,60	0,30
46	30 (Gr)	schwärzlich(purpur)violett (5. Aug.) GA	g	0,60	0,30
47	40 (Gr)	schwärzlichpreußischblau (5. Aug.)	h	0,60	0,30
48	50 (Gr)	schwärzlichkobalt (5. Aug.)	i	0,60	0,30
49	60 (Gr)	schwarzgrünoliv (5. Aug.)	k	0,60	0,30
50	80 (Gr)	schwarzgrauviolett (5. Aug.)	l	1,60	0,50
51	1 Zł	dunkelmagenta (5. Sept.)	m	7,—	1,50
		Satzpreis (12 W.) ✶ 6,—		20,—	6,50
		FDC MiNr. 40–50			70,—
		FDC MiNr. 51			30,—

Auflagen: unbekannt

Gültig bis 1.12.1941

In geänderten Farben und neuer Wertstufe: MiNr. 66–70

1940, 17. Aug. Rotes Kreuz. MiNr. 43, 45, 48 und 50 in geänderten Farben mit orangerotem Bdr.-Aufdruck.

				**	⊙
52	12 + **8** (Gr)	schwarzbräunlicholiv	(43)	5,—	4,—
53	24 + **16** (Gr)	schwarzbräunlicholiv	(45)	5,—	4,—
54	50 + **50** (Gr)	schwarzbräunlicholiv	(48)	5,—	5,50
55	80 + **80** (Gr)	schwarzbräunlicholiv	(50)	5,—	7,50
		Satzpreis (4 W.) ✶ 6,—		20,—	20,—
		FDC			25,—

Ⓢ KRAKAU, WARSCHAU, LUBLIN, RADOM

Auflagen: unbekannt

Gültig bis 30.11.1941

Ab MiNr. 40 wurden alle Marken (einschließlich Dienst- und Zustellungsmarken) in der Staatsdruckerei Wien hergestellt.

1940, 26. Okt. 1 Jahr Generalgouvernement. Ⓔ **Engelhardt-Kyffhäuser; Handpressendruck auf kartonähnlichem Papier (5×10); gez. L 13¾:14.**

n) Marie Eppler

o) Bäuerin

p) Bauer

n–p) Szenen aus der Umsiedlung der Wolhynien-Deutschen

				**	⊙
56	12 + 38 (Gr)	schwarzopalgrün auf mattgraugelb	n	3,—	3,50
57	24 + 26 (Gr)	bräunlichkarmin auf mattorange	o	3,—	3,50
58	30 + 20 (Gr)	schwarzviolett auf mattchromgelb	p	5,—	6,—
		Satzpreis (3 W.) ✶ 3,50		11,—	13,—
		FDC			20,—

Ⓢ KRAKAU, WARSCHAU, LUBLIN, RADOM

Auflagen: unbekannt

Gültig bis 31.7.1941

r) Bauer

1940, 1. Dez. Winterhilfe. Ⓔ **Engelhardt-Kyffhäuser; StTdr. (5×10); gez. K 12¼.**

				**	⊙
59	12 + 8 (Gr)	schwarzgrün	r	2,—	2,—
60	24 + 16 (Gr)	schwärzlichrosarot	r	2,—	2,50
61	30 + 30 (Gr)	dunkelkarminbraun	r	3,50	3,—
62	50 + 50 (Gr)	violettultramarin	r	3,50	3,50
		Satzpreis (4 W.) ✶ 3,50		11,—	11,—
		FDC			80,—

Auflagen: unbekannt

Gültig bis 31.7.1941

1941

1941, 20. April/10. Juli. Bauwerke. MiNr. 63–64 Ⓔ **Prof. Fahringer und Prof. Gessner, StTdr. (5×10), gez. K 13½:14¼; MiNr. 65** Ⓔ **Prof. Gessner und Kreb, StTdr. (Klb. 2×4), gez. L 14½.**

s) Barbakan (Torzwinger), Krakau

t) Kloster Tyniec

u) Burg und Stadt Krakau

					**	⊙	FDC
63	2 Zł	schwärzlichlilaultramarin (22. Mai)	s		2,20	1,—	80,—
64	4 Zł	dunkelgraugrün (10. Juli)	t		2,20	2,—	80,—
65	10 Zł	schwärzlichrosa/schwarzbraun (20. April)	u		2,70	3,—	40,—
		Satzpreis (3 W.) ✶ 2,50			7,—	6,—	

	✶	**	⊙
Kleinbogen 1, 2, 4 (MiNr. 65) (mit Formnr. 1, 2, 4) . . . . je	30,—	80,—	120,—
Kleinbogen 3 (MiNr. 65) (mit Formnr. 3) . . . . je	50,—	140,—	200,—

Auflagen: unbekannt

Gültig bis Januar 1945

In gleicher Aufmachung: MiNr. 113–116

Notizen:

1941, 15. Aug./8. Sept. Freimarken: Bauwerke. Wie MiNr. 41, 43, 46 und 51, jedoch geänderte Farben sowie neue Wertstufe (MiNr. 69).

b) Sandomiersk-Bastei der Burg in Krakau

v) Rathaus von Sandomierz

				★★	⊙
66	8 (Gr)	schwarzgraublau (8. Sept.)	b	2,20	0,70
67	12 (Gr)	schwärzlichbläulichviolett (15. Aug.) GA	d	1,20	0,40
68	30 (Gr)	dunkelbraunlila (8. Sept.)	g	1,20	0,70
69	48 (Gr)	schwärzlichbraunorange (8. Sept.)	v	1,80	1,20
70	1 Zł	schwarzgrünblau (8. Sept.)	m	1,80	1,20
		Satzpreis (5 W.) ✶ 3,—		8,—	4,—
		FDC 15.8.			5,—
		FDC 8.9.			80,—

Auflagen: unbekannt

Gültig bis Januar 1945

Ab 1. August 1941 war der Distrikt Galizien (Lemberg) dem Generalgouvernement eingegliedert.

1941, 26. Okt. Freimarken: Adolf Hitler. Ⓔ Prof. Dachauer; RaTdr. (10×5); gez. K 14:14¼.

w) A. Hitler (1889–1945)

				★★	⊙
71	2 (Gr)	schwärzlichtürkisgrau	w	0,40	0,40
72	6 (Gr)	orangebraun	w	0,40	0,40
73	8 (Gr)	schwarzblau	w	0,40	0,40
74	10 (Gr)	schwärzlichsmaragdgrün	w	0,40	0,40
75	12 (Gr)	schwarzblauviolett GA	w	0,40	0,40
76	16 (Gr)	schwarzrotorange bis schwärzlichgelblichrot	w	4,—	2,50
77	20 (Gr)	schwarzolivbraun	w	0,40	0,40
78	24 (Gr)	schwärzlichbräunlichrot	w	0,40	0,40
79	30 (Gr)	schwärzlichgraulila	w	0,40	0,40
80	32 (Gr)	schwarzbläulichgrün	w	0,50	0,50
81	40 (Gr)	schwärzlichkobalt	w	0,40	0,30
82	48 (Gr)	lebhaftrötlichbraun	w	3,50	1,—
		Satzpreis (12 W.) ✶ 3,50		11,—	8,—
		FDC			25,—

Ⓢ KRAKAU, LEMBERG, LUBLIN, RADOM, WARSCHAU.

PH MiNr. 77

Auflagen: unbekannt

Gültig bis Januar 1945

In gleicher Aufmachung wie MiNr. 77, jedoch mit Bild des Generalgouverneurs Frank: Diese Propagandafälschung wurde in England zu Kriegspropagandazwecken hergestellt und von der polnischen Untergrundbewegung auf Briefen mit Propagandaschriften in den Postverkehr geschleust. Vgl. Kapitel „Kriegs- und Propagandafälschungen" im MICHEL-Deutschland-Spezial Band 1.

1942

1942, 7. April/1944. Freimarken: Adolf Hitler. Ⓔ Prof. Dachauer; StTdr. (10×5); A = (grob) gez. L 12½, B = (fein, gleichmäßig) gez. K 14:14½.

w) A. Hitler (1889–1945)

					★★	⊙
83 A		50 (Gr)	schwärzlichlila-ultramarin (7.4.1942)	w	1,30	1,30
84 A		60 (Gr)	schwarzoliv (7.4.1942)	w	1,30	1,30
85 A		80 (Gr)	schwarzrotlila (7.4.1942)	w	1,30	1,30
86		1.00 Zł	schwarzgrünblau	w		
	A		gez. L 12½ (7.4.1942)		1,30	1,30
	B		gez. K 14:14¼ (1944)		2,50	15,—
87		1.20 Zł	schwarzsiena	w		
	A		gez. L 12½ (7.4.1942)		2,—	2,—
	B		gez. K 14:14¼ (1944)		5,—	20,—
88		1.60 Zł	schwarzlilaultramarin	w		
	A		gez. L 12½ (7.4.1942)		2,—	3,—
	B		gez. K 14:14¼ (1944)		5,—	25,—
			Satzpreis A (6 W.) ✶ 3,—		9,—	9,—
			Satzpreis B (3 W.) ✶ 3,50		12,—	60,—
			FDC A je			50,—
			FDC B je			—,—

MiNr. 83 A–88 A sind meist mangelhaft gezähnt; die Preise gelten für etwas fehlerhafte, grobe Zähnung; völlig einwandfrei gezähnte Exemplare erfordern, besonders gebraucht, Aufschläge.

Auflagen: unbekannt

Gültig bis Januar 1945

Wie MiNr. 83–85, jedoch RaTdr.: MiNr. 110–112

1942, 20. April. 53. Geburtstag von Adolf Hitler. Ⓔ Prof. Dachauer; Handpressen-Kupferdruck (5×5); kartonähnliches Papier (sogen. Japanpapier); gez. L 10¾.

x) A. Hitler (1889–1945)

				★★	⊙
89	30 (Gr) + 1 Zł	dunkelbraunrot auf hellchromgelb	x	1,50	2,—
90	50 (Gr) + 1 Zł	schwarzviolettblau auf hellchromgelb	x	1,50	2,—
91	1.20 (Zł) + 1 Zł	rötlichbraun auf hellchromgelb	x	1,50	2,—
		Satzpreis (3 W.) ✶ 1,—		4,—	6,—
		FDC			10,—
		Ⓢ KRAKAU			

Auflagen: unbekannt

Gültig bis 31.12.1943

1942, 15. Aug. 600 Jahre Stadt Lublin. Ⓔ Gessner; RaTdr. (5×10); gez. L 12½.

y) Alt-Lublin

z) Neu-Lublin

				★★	⊙
92	12 + 8 (Gr)	schwärzlichrotviolett	y	0,80	0,80
93	24 + 6 (Gr)	braunrot	z	0,80	0,80
94	50 + 50 (Gr)	schwarzgrauultramarin	y	0,80	1,50
95	1 + 1 Zł	schwärzlichopalgrün	z	1,60	2,—
		Satzpreis (4 W.) ✶ 1,20		4,—	5,—
		FDC			12,—
		Ⓢ LUBLIN, 3.–4. X.42			

MiNr. 92–95 sind oft unsauber gezähnt, keine Wertminderung!

Auflagen: unbekannt

Gültig bis Januar 1945

1942, 20. Nov. Kulturträger (I); 3 Jahre Generalgouvernement. Ⓔ **Prof. Dachauer; StTdr. (10×5); gez. K 14.**

aa) Veit Stoß (um 1447/48–1533), Bildhauer

ab) Porträt eines jungen Mannes; Gemälde von Hans Dürer (1490–1534)

ac) Johann Chr. Schuch (1752 bis 1813), Architekt

ad) Josef Elsner (1769–1854), Komponist

ae) Nikolaus Kopernikus (1473–1543), Astronom

Die Marken MiNr. 96 und 97 weisen gegenüber neueren Nachschlagewerken andere Jahreszahlen auf.

					✱✱	⊙
96	12 + 18 Gr	schwärzlichviolett	. . . . aa		0,40	0,50
97	24 + 26 Gr	dunkelbräunlichrot	. . . . ab		0,40	0,50
98	30 + 30 Gr	schwärzlichbraunpurpur	. . . ac		0,40	0,50
99	50 + 50 Gr	schwärzlilaultramarin	. . . . . . ad		0,40	0,80
100	1 + 1 Zł	schwarzbläulichgrün	. . . . . . ae		0,40	1,—
			Satzpreis (5 W.)	✶ 0,60	2,—	3,20
			FDC			10,—
			Ⓢ KRAKAU			

Auflagen: unbekannt

Gültig bis Januar 1945

MiNr. 100 in geänderter Farbe und seitlichem Eindruck: MiNr. 104

Weitere Ausgabe „Kulturträger": MiNr. 120–124

1943

1943, 20. April. 54. Geburtstag von Adolf Hitler. Ⓔ **Prof. Dachauer; StTdr. (5×5); gez. K 14.**

af) A. Hitler (1889–1945)

					✱✱	⊙
101	12 (Gr) + 1 Zł	dunkelgrauviolett	. . . . . af		1,50	1,70
102	24 (Gr) + 1 Zł	karmin (Töne)	. . . . af		1,50	1,70
103	84 (Gr) + 1 Zł	schwarzopalgrün	. . . . . af		1,50	1,70
			Satzpreis (3 W.)	✶ 1,20	4,—	5,—
			FDC			12,—
			Ⓢ KRAKAU			

Auflagen: unbekannt

Gültig bis Januar 1945

1943, 23. Mai. 400. Todestag von Nikolaus Kopernikus. Ähnlich MiNr. 100, jedoch geänderte Farbe sowie links und rechts mit senkrechtem Eindruck des Sterbetages und des Gedenktages; StTdr. (Klb. 5×2); gez. K 14.

ae I

			✶	✱✱	⊙
104	1 + 1 Zł	schwärzlich-rosakarmin . . . . ae I	0,50	1,—	2,—
		Ⓢ KRAKAU			3,—
		FDC			5,—
		Kleinbogen	13,—	30,—	50,—
		FDC			70,—

Infolge ungenauen Schnittes kommen Kleinbogen mit gezähntem Rand bzw. gezähnten Rändern vor.

Auflagen: unbekannt

Gültig bis Januar 1945

FDC = Ersttagsbrief (First Day Cover)

1943, 13. Aug./14. Sept. 3 Jahre NSDAP im Generalgouvernement. Ⓔ **Kreb; kombinierter RaTdr. und Prägedruck (10×5); gez. K 14.**

ag) Krakauer Tor, Lublin

ah) Tuchhalle, Krakau

ai) Verwaltungsgebäude, Radom

ak) Brühlsches Palais, Warschau

al) Rathaus, Lemberg

					✱✱	⊙
105	12 + 38 (Gr)	schwarzopalgrün (14.9.)	. . ag		0,80	1,20
106	24 + 76 (Gr)	rot (Töne) (13.8.)	. . . . ah		0,80	1,20
107	30 + 70 (Gr)	schwärzl'lilapurpur (14.9.)	. . ai		0,80	1,20
108	50 (Gr) + 1 Zł	schwärzlichkobalt (14.9.)	. . . . ak		0,80	1,20
109	1 Zł + 2 Zł	schwarzgraublau (14.9.)	. . . . al		0,80	1,20
			Satzpreis (5 W.)	✶ 1,—	4,—	6,—
			FDC 13.8.			4,—
			FDC 14.9.			15,—

FALSCH Vorsicht vor entfernter Prägung!

Auflagen: unbekannt

Gültig bis Januar 1945

1943, 25. Juni/15. Juli. Freimarken: Adolf Hitler. Wie MiNr. 83–85, jedoch jetzt RaTdr. und leicht geänderte Farben.

					✱✱	⊙
110	50 (Gr)	dunkellilaultramarin (25. Juni)	. . w		1,—	1,—
111	60 (Gr)	schwärzlicholiv (15. Juli)	. . . . . . w		1,—	1,—
112	80 (Gr)	schwärzlichbraunviolett (15. Juli)	. . . . w		1,—	1,—
			Satzpreis (3 W.)	✶ 0,50	3,—	3,—
			FDC 15.7. je			40,—
			FDC 25.6. je			60,—

Auflagen: unbekannt

Gültig bis Januar 1945

In StTdr.: MiNr. 83–85

1943, 10. April/1944, 11. Febr. Freimarken: Bauwerke. Ⓔ **Fahringer (MiNr. 113–114), Puchinger (MiNr. 115) und Gessner (MiNr. 116); StTdr. (5×5); gez. K 13¾:14¼.**

am) Barbakan (Torzwinger), Krakau

an) Kloster Tyniec

ao) Stadt Lemberg

ap) Burg und Stadt Krakau

					✱✱	⊙
113	2 Zł	schwarzgraugrün (10.4.1943)	. . am		1,—	1,—
114	4 Zł	schwarzgrauviolett (10.4.1943)	. an		3,—	3,—
115	6 Zł	rotschwarz (11.2.1944)	. . . . ao		1,50	1,50
116	10 Zł	dunkelrötlichbraun/ schwarz (26.10.1943)	. . . . ap		1,50	2,—
			Satzpreis (4 W.)	✶ 2,—	7,—	7,—
			FDC MiNr. 113–114			80,—
			FDC MiNr. 115			80,—
			FDC MiNr. 116*)			20,—

*) mit Sonderstempel „KRAKAU / VIER JAHRE / GENERALGOUVERNEMENT"

Auflagen: unbekannt

Gültig bis Januar 1945

In gleicher Aufmachung: MiNr. 63–65

1944

1944, 20. April. 55. Geburtstag von Adolf Hitler. Ⓔ Kreb; RaTdr. (5×5); gez. K 14:13¾.

aq) A. Hitler (1889–1945)

				✶✶	⊙
117	12 (Gr) + 1 Zł	schwärzlichgrün	aq	0,50	1,20
118	24 (Gr) + 1 Zł	karminbraun (Töne)	aq	0,50	1,20
119	84 (Gr) + 1 Zł	schwarzblauviolett	aq	0,50	1,20
		Satzpreis (3 W.) ✶ 0,40		1,50	3,50
		FDC			8,—
		Ⓢ KRAKAU			

Auflagen: unbekannt

Gültig bis Januar 1945

1944, 15. Juli. Kulturträger (II). Ⓔ Prof. Dachauer; StTdr. (10×5); gez. K 14.

ar) Konrad Celtis (1459–1508), Humanist

as) Andreas Schlüter (ca. 1664–1714), Baumeister und Bildhauer

at) Hans Boner (auch Bauer) (1463–1523), Handelsherr

au) August der Starke (1670 bis 1733), König von Polen

av) Georg Gottlieb Pusch (1791–1846), Geologe

				✶✶	⊙
120	12 + 18 Gr	schwarzgrün	ar	0,40	1,50
121	24 + 26 Gr	schwarzrosa	as	0,40	1,50
122	30 + 30 Gr	schwarzgraulila	at	0,40	2,—
123	50 + 50 Gr	dunkelviolettultramarin	au	0,40	2,50
124	1 + 1 Zł	dunkelrötlichbraun	av	0,40	2,50
		Satzpreis (5 W.) ✶ 0,50		2,—	10,—
		FDC			15,—

Auflagen: unbekannt

Gültig bis Januar 1945

1944, 26. Okt. 5 Jahre Generalgouvernement. Ⓔ Stübinger; StTdr. (Klb. 2×4); gez. K 14½.

aw) Burg von Krakau

				✶	✶✶	⊙
125	10 + 10Zł	schwärzlichrot/grünschwarz	aw	8,—	20,—	50,—
		FDC *)				70,—
		Kleinbogen 1 (mit Sektorennr. 1)		160,—	220,—	*700,—*
		Kleinbogen 2 (mit Sektorennr. 2)		200,—	400,—	*1000,—*
		Kleinbogen 3 (mit Sektorennr. 3)		160,—	220,—	450,—
		Kleinbogen 4 (mit Sektorennr. 4)		160,—	220,—	450,—

*) mit Ⓢ „KRAKAU / FÜNF JAHRE GENERALGOUVERNEMENT"

Vorsicht vor den vielen Stempelfälschungen!

Auflagen: unbekannt

Gültig bis Januar 1945

Notizen:

Nicht ausgegeben:

Freimarken: Land und Leute. Ⓔ Prof. Puchinger; StTdr. (5×5+5×5, dazwischen 4 waager. Zwischenstege); gez. K 12¼:12½.

ax) Bohrtürme

ay) Goralenpaar

az) Orthodoxe Holzkirche in Tatarow

				✶	✶✶
I	6 (Gr)	dunkelbraun	ax	250,—	*700,—*
II	24 (Gr)	dunkelkarmin	ay	200,—	*550,—*
III	40 (Gr)	blau	az	200,—	*550,—*
		Satzpreis (3 W.)		650,—	*1800,—*

Eine 12-Gr-Marke mit Motiv Panjewagen ist ein Probedruck.

Diese Ausgabe wurde nie von der Deutschen Post Osten in Krakau genehmigt und ist amtlich nicht legitimiert. Sie gelangte nach Kriegsende aus der Wiener Staatsdruckerei in den Handel und in Sammlerhände.

Auflagen: unbekannt

Dienstmarken

Alle Dienstmarken waren bis Frühjahr 1945 frankaturgültig.

1940

1940, 1./5. April. Dienstmarken: Hoheitszeichen, Großformat. Ⓔ Kreb; RaTdr., Wertangaben Bdr. (10×5); MiNr. 1–12 gez. K 12½, MiNr. 13–15 gez. K 13¾:14½.

Da) Hoheitszeichen, Bildgröße 31,2×23,2 mm

Db) Hoheitszeichen, Bildgröße 35,2×26,2 mm

				✶✶	⊙
1	6 Gr	(lebhaft)braun (1. April)	Da	2,—	3,—
2	8 Gr	dunkeltürkisgrau (1. April)	Da	2,—	3,—
3	10 Gr	dunkelopalgrün (1. April)	Da	2,—	3,—
4	12 Gr	schwarzopalgrün (1. April)	Da	2,—	2,—
5	20 Gr	dunkelsiena (1. April)	Da	2,—	3,—
6	24 Gr	dunkelbräunlichrot (1. April)	Da	25,—	2,—
7	30 Gr	schwärzlichrosalila (1. April)	Da	2,—	3,—
8	40 Gr	schwärzlichblauviolett (1. April)	Da	2,—	6,—
9	48 Gr	schwärzlichbraunoliv (1. April)	Da	8,—	6,—
10	50 Gr	schwärzlichcyanblau (1. April)	Da	2,—	3,—
11	60 Gr	schwarzgrünoliv (1. April)	Da	2,—	3,—
12	80 Gr	dunkelgraupurpur (1. April)	Da	2,—	3,—
13	1 Zł	schwarzgrau/schwärzlichbraunlila (5. April)	Db	5,—	6,—
14	3 Zł	schwarzgrau/braunrot (5. April)	Db	5,—	6,—
15	5 Zł	schwarzgrau/braunorange (5. April)	Db	7,—	8,—
		Satzpreis (15 W.) ✶ 20,—		70,—	60,—
		FDC 1.4.			80,—
		FDC 5.4.			50,—

Auflagen: unbekannt

Gültig bis Januar 1945

1940, 22. Juli/5. Aug. Dienstmarken: Hoheitszeichen, Kleinformat. Ⓔ Kreb; RaTdr., Wertangaben Bdr. (10×10); gez. K 12.

Dc) Hoheitszeichen, Kleinformat

				✶✶	⊙
16	6 Gr	schwarzgelbbraun (5. Aug.)	Dc	1,80	1,50
17	8 Gr	schwarzpreußischblau (5. Aug.)	Dc	1,80	1,80
18	10 Gr	schwarzgelbsmaragdgrün (5. Aug.)	Dc	2,—	2,—
19	12 Gr	schwarzgrün (5. Aug.)	Dc	1,80	1,80
20	20 Gr	schwärzlichbraun (22. Juli)	Dc	1,80	1,50
21	24 Gr	schwärzlichbräunlichrot (5. Aug.)	Dc	1,80	1,50
22	30 Gr	lilakarmin (22. Juli)	Dc	2,—	2,—

				✶✶	⊙
23	40 Gr	schwarzgrauviolett (22. Juli)	Dc	2,—	2,—
24	50 Gr	schwärzlichkobaltblau (22. Juli)	Dc	2,—	2,—
		Satzpreis (9 W.) ✶ 6,—		17,—	15,—
		FDC 22.7.			40,—
		FDC 5.8.			40,—

Auflagen: unbekannt

Gültig bis Januar 1945

1943

1943, Febr. Dienstmarken: Hoheitszeichen über Burg Krakau. 🄴 Kreb; RaTdr., Wertangaben Bdr. (10×10); gez. K 14.

Dd) Hoheitszeichen, Silhouette der Burg in Krakau

				✶✶	⊙
25	6 (Gr)	orangebraun	Dd	0,80	1,—
26	8 (Gr)	schwarzgraublau	Dd	0,80	1,—
27	10 (Gr)	dunkelsmaragdgrün	Dd	0,80	1,—
28	12 (Gr)	dunkelblauviolett	Dd	0,80	1,—
29	16 (Gr)	dunkelzinnober	Dd	0,80	1,—
30	20 (Gr)	schwärzlicholivbraun	Dd	0,80	1,—
31	24 (Gr)	dunkelbräunlichrot	Dd	0,80	1,—
32	30 (Gr)	dunkelgraulila	Dd	0,80	1,—
33	40 (Gr)	kobaltblau	Dd	0,80	1,—
34	60 (Gr)	dunkelgrauoliv	Dd	0,80	1,—
35	80 (Gr)	braunlila bis dunkelbraunpurpur	Dd	0,80	1,—
36	100 (Gr)	schwärzlichgrautürkis	Dd	1,50	2,—
		Satzpreis (12 W.) ✶ 2,50		10,—	12,—

Auflagen: unbekannt

Gültig bis Januar 1945

Zustellungsmarken

(sog. Poststützpunktmarken)

1940, 1. Dez. Zustellungsmarken: Ziffern im Zieroval. RaTdr. (5×10); gez. K 13¾:14.

Za) Ziffern im Zieroval

				✶✶	〰	⊙
1	10 Gr	zinnober	Za	1,50	1,—	1,50
2	20 Gr	zinnober	Za	1,50	1,—	1,50
3	30 Gr	zinnober	Za	1,50	1,50	2,—
4	50 Gr	zinnober	Za	3,50	2,—	3,—
		Satzpreis (4 W.) ✶ 3,—		8,—	5,50	8,—

Diese Marken dienten in den Landbezirken zur Erhebung der Zustellgebühren, die den Stützpunkten bzw. Gemeinden verblieben. Die Marken wurden auf die Rückseiten der Poststücke geklebt und zuerst handschriftlich, später auch mit Rahmen- oder Langstempeln des Poststützpunktes entwertet. Ovalstempel sind Gefälligkeitsentwertungen der Sammlerstelle Krakau.

Gültig bis 28.2.1942

Feldeisenbahn: Es handelt sich nicht um Briefmarken, sondern um sog. „Evidenzmarken". Sie wurden in die Ausweise von bei der Feldeisenbahn beschäftigten Arbeitern eingeklebt (Wz. Vierpass).

Sudetenland

Örtliche amtliche Ausgaben; Urmarken der Tschechoslowakei mit Aufdrucken

Das Gebiet längs der Sudeten gehörte als Randgebiet Böhmens zu Österreich, bevor es 1918 in der Tschechoslowakei aufging. Durch das Münchner Abkommen vom 29. und 30. September 1938 wurde die Zustimmung zur Angliederung des Sudetenlandes an Deutschland ausgesprochen. Im Zuge der Sudetenkrise räumten tschechische Truppen einige deutschsprachige Gebiete bereits vor der Unterzeichnung des Münchner Abkommens. Daraufhin begann die Sudetendeutsche Partei in den Bereichen Asch und Rumburg bereits ab 21. September 1938 mit der Ausgabe eigener Briefmarken.

Am 1. Oktober 1938 wurde das Sudetenland von der Tschechoslowakei an das Deutsche Reich abgetreten. Bis zum Eintreffen genügender Bestände deutscher Briefmarken wurden teilweise die Marken der Tschechoslowakei unverändert weiter verwendet, teils von der Sudetendeutschen Partei mit einem Aufdruck versehen und an den Postschaltern verkauft. Die Verwendung der Marken der Tschechoslowakei ohne und mit Aufdruck endete nach Runderlass der OPD Dresden spätestens am 20. Oktober 1938. Danach waren nur noch Marken der deutschen Post frankaturgültig.

Es gibt nur sieben von der Sudetendeutschen Partei autorisierte Ausgaben. Die Überdrucke wurden in größter Eile gefertigt, trotzdem geschah dies sehr sorgfältig. Dennoch vorkommende Besonderheiten, wie vertauschte Aufdruckfarben oder-typen, kopfstehende oder seitenverkehrte Aufdrucke sind sehr selten.

Die in vielen anderen Städten und Orten – außer den nachfolgend katalogisierten Ausgaben – überdruckten Marken weisen nur sogenannte „Sudetendeutsche Erinnerungsüberdrucke" auf und sind nicht als postamtliche Ausgaben anzusehen. Es fanden auch besondere „Befreiungs-Abstempelungen" Verwendung.

Entwertungen

In der Übergangszeit wurden folgende Stempelgattungen verwendet:

1. unveränderte Poststempel der Tschechoslowakei,
2. Stempel mit entfernter tschechischer Inschrift,
3. alte österreichische Poststempel,
4. Aushilfsstempel (meistens einzeiliger Ortsname),
5. Sonderstempel (meistens Gummistempel), jedenfalls immer mit den Zusätzen; sie wurden Anfang November 1938 von der Reichspost eingezogen.

Porto- und Zeitungsmarken wurden als gewöhnliche Freimarken verwendet.

FALSCH **Von allen Ausgaben gibt es sowohl Aufdruck- als auch Stempelfälschungen. (BPP-)Prüfung aller teureren Marken ist dringend anzuraten!**

Asch

Asch liegt im sogenannten „Ascher Zipfel" zwischen dem Fichtel- und dem Erzgebirge, nur wenige Kilometer von der bayerischen Grenze entfernt.

Bereits am 21.9.1938 hatten die tschechischen Organe das Gebiet verlassen und die Sudetendeutsche Partei übernahm die Staatsgewalt.

1938, 22. Sept. Freimarken: Marken der Tschechoslowakei MiNr. 278–280 (Staatswappen), MiNr. 350 (Masaryk) und MiNr. 360 (Benesch) mit schwarzem (MiNr. 4 auch lebhaftmagenta) Bdr.-Aufdruck der neuen Wertstufe durch die Buchdruckerei Gugath.

					✶	✶✶	⊙
1	**50** H	auf 25 H	schwärzlich(bläulich)grün auf weiß(grün)	(280)			
I			fetter Aufdruck		35,—	60,—	30,—
II			dünner Aufdruck		200,—	360,—	140,—
2	**1.20** (Kč)	auf 10 H	dunkelorangebraun	(278)	75,—	120,—	40,—
3	**1.20** (Kč)	auf 20 H	rot (Töne)	(279)	18,—	30,—	20,—
4	**1.20** (Kč)	auf 50 H	schwarzbläulichgrün (Töne)	(360)			
a			Aufdruck lebhaftmagenta		18,—	30,—	15,—
b			Aufdruck schwarz		700,—	1000,—	600,—
5	**1.20** (Kč)	auf 1 Kč	schwärzlichrosalila	(350)	55,—	90,—	20,—
				Satzpreis (5 W.)	200,—	300,—	110,—

MiNr. 1 II befindet sich im Bogen auf der untersten waagerechten Reihe (Feld 41–50).

Abarten:

2 z	auf durchsichtigem Pergamentpapier	100,—	180,—	200,—
3 z	auf rötlichem Papier			—,—
4 a F	senkrechtes Paar mit und ohne Aufdruck	—,—	500,—	

Auflagen: MiNr. 1 I = 11 421, MiNr. 1 II = 1269, MiNr. 2 = 7850, MiNr. 3 = 18 144, MiNr. 4 a = 43 200, MiNr. 4 b = 100, MiNr. 5 = 12 140 Stück

Gültig bis 19.10.1938

Karlsbad

Karlsbad liegt zwischen Kaiserwald und Duppauer Gebirge an der Mündung der Tepl in die Eger und war der bedeutendste Kurort im Egerland.

Da nach der Erstausgabe der eigenen Marken am 1.10.1938 das Postamt abends von ca. 17.30 Uhr bis zum 3.10.1938 wieder in tschechischem Besitz war, sind Erstabstempelungen (EST) vom 1. Oktober sehr gesucht. An diesem Tag waren noch nicht alle Marken verfügbar.

Die Gebraucht-Preise gelten für Stempel Karlsbad 1 (4 d). Andere Abstempelungen, z.B. Karlsbad 5, Fischern und Pirkenhammer sind wesentlich seltener (ca. 100% Aufschlag)!

1938, 1. Okt. Freimarken, Sondermarken und Blocks der Tschechoslowakei mit verschiedenfarbigen Handstempel-Aufdrucken „Karlsbad / 1.X.1938“ und Hakenkreuz in 3 Typen.

Aufdrucktype I (für kleinformatige Marken)

Aufdrucktype II (für hochformatige Marken)

Aufdrucktype III (für querformatige Marken)

Freimarken: Staatswappen. Marken der Tschechoslowakei MiNr. 277–281 mit dunkelrosa (MiNr. 1 und 4) bzw. lebhaftblaugrünem (MiNr. 2–3 und 5) Handstempel-Aufdruck in Type I.

				✶	✶✶	⊙	EST
1	5 H	schwarzkobalt, Aufdruck dunkelrosa	(277)	200,—	320,—	180,—	
2	10 H	dunkelorangebraun, Aufdruck lebhaftblaugrün	(278)	35,—	45,—	30,—	500,—
3	20 H	rot (Töne), Aufdruck lebhaftblaugrün					
A		vierseitig gez. L 9¾	(279 A)	35,—	45,—	30,—	300,—
B		senkrecht gez. L 9¾ (aus Rollen)	(279 B)	*1000,—*	*1500,—*	*1400,—*	
4	25 H	schwärzlichbläulichgrün, Aufdruck dunkelrosa	(280)	160,—	250,—	180,—	
5	30 H	dunkelrotlila, Aufdruck lebhaftblaugrün	(281)	35,—	45,—	30,—	500,—
2 F		Aufdruck dunkelrosa (statt lebhaftblaugrün)				*1200,—*	
4 F		Aufdruck lebhaftblaugrün (statt dunkelrosa)		—,—			
5 F		Aufdruck dunkelbläulichviolett (statt lebhaftblaugrün)		*1200,—*			

Auflagen: MiNr. 1 = 164, MiNr. 2 = 2220, MiNr. 3 = 2815, MiNr. 4 = 155, MiNr. 5 = 1910 Stück

Freimarken: Kopfbilder. Marken der Tschechoslowakei MiNr. 347–350 und 360 mit dunkelrosa (MiNr. 6–7) bzw. lebhaftblaugrünem (MiNr. 8–9) Handstempel-Aufdruck in Type I.

				✶	✶✶	⊙	EST
6	40 H	schwärzlichblau, Aufdruck dunkelrosa	(347)	140,—	200,—	80,—	250,—
A 6	50 H	schwarzbläulichgrün, Aufdruck dunkelrosa	(348)			*1800,—*	
7	50 H	schwarzbläulichgrün, Aufdruck dunkelrosa	(360)	40,—	60,—	24,—	50,—
8	60 H	schwärzlichviolettpurpur, Aufdruck lebhaftblaugrün	(349)	100,—	160,—	80,—	
9	1 Kč	schwärzlichrosalila, Aufdruck lebhaftblaugrün	(350)	40,—	60,—	24,—	50,—
6 F I		Aufdruck lebhaftblaugrün (statt dunkelrosa)		—,—			
7 F		Aufdruck lebhaftblaugrün (statt dunkelrosa)		*1000,—*			
8 F		Aufdruck dunkelrosa (statt lebhaftblaugrün)				*1400,—*	
9 F		Aufdruck dunkelbläulichviolett (statt lebhaftblaugrün)		—,—		*1000,—*	

Auflagen: MiNr. 6 = 410, MiNr. A 6 = unbekannt, MiNr. 7 = 3670, MiNr. 8 = 730, MiNr. 9 = 5270 Stück

Freimarken: Landschaften. Marken der Tschechoslowakei MiNr. 351–359 und 386 mit verschiedenfarbigem Handstempel-Aufdruck in Type I (MiNr. 10–16) bzw. Type II (MiNr. 17–19).

				✶	✶✶	⊙	EST
10	1.20 Kč	schwärzlichgraulila, Aufdrucktype I, lebhaftblaugrün	(351)	110,—	200,—	90,—	800,—
11	1.50 Kč	karmin (Töne), Aufdrucktype I, lebhaftblaugrün	(352)	180,—	250,—	180,—	800,—
12	1.60 Kč	dunkelbräunlicholiv, Aufdrucktype I, dunkelbläulichviolett	(386)	90,—	160,—	110,—	700,—
13	2 Kč	schwarzblaugrün, Aufdrucktype I, dunkelbläulichviolett	(353)	180,—	250,—	170,—	
14	2.50 Kč	dunkelgrauultramarin, Aufdrucktype I, dunkelrosa	(354)	90,—	160,—	170,—	
15	3 Kč	dunkelsiena, Aufdrucktype I, dunkelrosa, rot	(355)	180,—	250,—	200,—	500,—
16	3.50 Kč	schwärzlichviolettpurpur, Aufdrucktype I, lebhaftblaugrün	(356)	280,—	450,—	400,—	700,—
17	4 Kč	schwärzlichviolettpurpur, Aufdrucktype II, lebhaftblaugrün	(357)	280,—	450,—	400,—	*3000,—*
18	5 Kč	schwarzopalgrün, Aufdrucktype II, dunkelbläulichviolett	(358)	*500,—*	*800,—*	*750,—*	
19	10 Kč	schwarzkobaltblau, Aufdrucktype II, dunkelbläulichviolett	(359)	*1100,—*	*1700,—*	*1600,—*	
11 F I		Aufdruck dunkelbläulichviolett (statt lebhaftblaugrün)		*1000,—*		*1000,—*	
11 F II		Aufdruck blau				*1400,—*	
13 F I		Aufdruck lebhaftblaugrün (statt dunkelbläulichviolett)		*1000,—*	*1500,—*		
13 F II		Aufdruck dunkelrosa (statt dunkelbläulichviolett)				*1500,—*	
17 F I		Aufdrucktype III (statt Type II)		—,—			
17 F II		Aufdruck dunkelbläulichviolett (statt lebhaftblaugrün)		*1200,—*			
19 F		Aufdrucktype III (statt Type II)		*4000,—*		*5000,—*	

MiNr. 17 weist in der Regel einen senkrechten Aufdruck auf.

Auflagen: MiNr. 10 = 394, MiNr. 11 = 210, MiNr. 12 = 305, MiNr. 13 = 240, MiNr. 14 = 270, MiNr. 15 = 198, MiNr. 16 = 112, MiNr. 17 = 118, MiNr. 18 = 80, MiNr. 19 = 58 Stück

Freimarken: Flugpostmarken der Tschechoslowakei MiNr. 303–310 mit dunkelbläulichviolettem (MiNr. 20–23 und 25–27) bzw. dunkelrosa (MiNr. 24) Handstempel-Aufdruck in Type I (MiNr. 20–21) bzw. Type III (MiNr. 22–27).

				✶	✶✶	⊙
20	50 (H)	schwärzlichgrün, Aufdrucktype I, dunkelbläulichviolett	(303)	*500,—*	*600,—*	*500,—*
21	1 Kč	lilarot (Töne), Aufdrucktype I, dunkelbläulichviolett	(304)	*500,—*	*600,—*	*500,—*
22	2 Kč	schwarzgrün, Aufdrucktype III, dunkelbläulichviolett	(305)	*1500,—*	*2000,—*	*1800,—*
23	3 Kč	schwärzlichbräunlichlila, Aufdrucktype III, dunkelbläulichviolett	(306)	*1800,—*	—,—	*1900,—*
24	4 Kč	schwarzgraublau, Aufdrucktype III, dunkelrosa	(307)	*3500,—*	—,—	*3500,—*
25	5 Kč	schwärzlichsiena, Aufdrucktype III, dunkelbläulichviolett	(308)	*2000,—*	—,—	*3000,—*
26	10 Kč	lilaultramarin, Aufdrucktype III, dunkelbläulichviolett	(309)	*3300,—*	*5000,—*	*3300,—*
27	20 Kč	schwarzblau (Töne), Aufdrucktype III, dunkelbläulichviolett	(310)	*3500,—*	—,—	*3500,—*

Die Preise gelten für Marken mit Zähnung L 13¾; Stücke mit Zähnung L 12¼ oder Mischzähnung 100% Aufschlag!

		✶	✶✶	⊙
20 F	Aufdruck dunkelrosa (statt dunkelbläulichviolett)			900,—
21 F	Aufdruck lebhaftblaugrün (statt dunkelbläulichviolett)			900,—
24 F	Aufdruck dunkelbläulichviolett (statt dunkelrosa)	—,—	—,—	*6000,—*

Auflagen: MiNr. 20–21 je 105, MiNr. 22 = 31, MiNr. 23 und 25 je 25, MiNr. 24 = 17, MiNr. 26 = 20, MiNr. 27 = 18 Stück

Freimarken: Zustellungsmarken der Tschechoslowakei MiNr. Zu 359 und Zu 360 mit dunkelrosa (MiNr. 28) bzw. dunkelbläulichviolettem (MiNr. 29) Handstempelaufdruck in Type I.

				✶	✶✶	⊙	EST
28	50 H	schwärzlichultramarin, Aufdruck dunkelrosa	(Zu 359)	200,—	350,—	180,—	500,—
29	50 H	lebhaftmagenta, Aufdruck dunkelbläulichviolett	(Zu 360)	200,—	350,—	180,—	500,—

Preise für die beiden Zähnungen 13¾:13½:13¾ und L 13¾ gleich.

		✶	✶✶	⊙
29 F	Aufdruck dunkelrosa (statt dunkelbläulichviolett) (✉)			*2500,—*

Der Aufdruck bei MiNr. 28–29 ist üblicherweise kopfstehend.

Auflagen: MiNr. 28 = 214, MiNr. 29 = 232 Stück

Freimarken: Portomarken der Tschechoslowakei MiNr. P 55–P 66 mit dunkelbläulichviolettem (MiNr. 30–36) bzw. dunkelrosa (MiNr. 37–41) Handstempel-Aufdruck in Type III.

				✶	✶✶	⊙	EST
30	5 H	dunkelrot (Töne), Aufdruck dunkelbläulichviolett	(P 55)	180,—	300,—	250,—	
31	10 H	dunkelrot (Töne), Aufdruck dunkelbläulichviolett	(P 56)	55,—	100,—	65,—	
32	20 H	dunkelrot (Töne), Aufdruck dunkelbläulichviolett	(P 57)	30,—	55,—	35,—	*250,—*
33	30 H	dunkelrot (Töne), Aufdruck dunkelbläulichviolett	(P 58)	110,—	190,—	180,—	*500,—*
34	40 H	dunkelrot (Töne), Aufdruck dunkelbläulichviolett	(P 59)	110,—	190,—	190,—	*500,—*
35	50 H	dunkelrot (Töne), Aufdruck dunkelbläulichviolett	(P 60)	35,—	60,—	50,—	*250,—*
36	60 H	dunkelrot (Töne), Aufdruck dunkelbläulichviolett	(P 61)	26,—	50,—	45,—	*250,—*
37	1 Kč	dunkelkobalt, Aufdruck dunkelrosa	(P 62)	55,—	100,—	65,—	*300,—*
38	2 Kč	dunkelkobalt, Aufdruck dunkelrosa	(P 63)	130,—	240,—	200,—	*500,—*
39	5 Kč	dunkelkobalt, Aufdruck dunkelrosa	(P 64)	650,—	1000,—	800,—	
40	10 Kč	dunkelkobalt, Aufdruck dunkelrosa	(P 65)	*1400,—*	*2200,—*	*2000,—*	
41	20 Kč	dunkelkobalt, Aufdruck dunkelrosa	(P 66)	*5000,—*	—,—	*5000,—*	

		✶	✶✶	⊙
31 F	Aufdruck dunkelrosa (statt dunkelbläulichviolett)			*3000,—*
32 F	Aufdruck dunkelrosa (statt dunkelbläulichviolett)	*250,—*	*400,—*	
34 F	Aufdruck dunkelrosa (statt dunkelbläulichviolett)	*500,—*		
36 F	Aufdruck dunkelrosa (statt dunkelbläulichviolett)	*300,—*	*500,—*	
38 F	Aufdruck dunkelbläulichviolett (statt dunkelrosa)	*500,—*	—,—	
40 F	Aufdruck dunkelbläulichviolett (statt dunkelrosa)	*700,—*	*3000,—*	*4000,—*
41 F	Aufdruck dunkelbläulichviolett (statt dunkelrosa)		—,—	

Auflagen: MiNr. 30 = 134, MiNr. 31 = 460, MiNr. 32 = 820, MiNr. 33 = 237, MiNr. 34 = 205, MiNr. 35 = 640, MiNr. 36 = 824, MiNr. 37 = 490, MiNr. 38 = 205, MiNr. 39 = 75, MiNr. 40 = 45, MiNr. 41 = 20 Stück

Sondermarken: Marken der Tschechoslowakei MiNr. 318 (Tyrš), 338 (Štefánik), 374 (Gefecht bei Zborov, Legionärsmarke 1937), 377–378 (Purkyně) und 379–380 (Tod von Masaryk) mit verschiedenfarbigem Handstempel-Aufdruck in Type I (MiNr. A 41–B 41 und 45) bzw. in Type II (MiNr. 42–44 und 46).

				✶	✶✶	⊙
A 41	60 H	schwärzlichgraupurpur, Aufdrucktype I, dunkelbläulichviolett	(318)	*2000,—*	—,—	
B 41	50 H	(dunkel)blaugrün, Aufdrucktype I, dunkelrosa	(338)			
42	1 Kč	dunkelrötlichkarmin, Aufdrucktype II, dunkelbläulichviolett	(374)	*5000,—*		
43	50 H	dunkelgrünlichblau, Aufdrucktype II, dunkelbläulichviolett	(377)	*2500,—*	*3000,—*	*2000,—*
44	1 Kč	karminrot, Aufdrucktype II, dunkelbläulichviolett	(378)	*2500,—*	*3000,—*	*2000,—*
45	50 H	grünschwarz, Aufdrucktype I, dunkelrosa	(379)	160,—	250,—	200,—
46	2 Kč	grünschwarz, Aufdrucktype II, dunkelbläulichviolett	(380)	250,—	350,—	260,—

B 41 ist bisher nur auf ✉ belegt.

		✶	✶✶	⊙
45 F 1	Aufdruck dunkelbläulichviolett (statt dunkelrosa)	*1500,—*		*2000,—*
45 F 2	Aufdruck magenta (statt dunkelrosa)		—,—	
46 F 1	Aufdruck lebhaftblaugrün (statt dunkelbläulichviolett)	*1000,—*		
46 F 2	Aufdruck dunkelrosa (statt dunkelbläulichviolett), zusätzlich überdrucktes Zierfeld	*2500,—*		—,—

Auflagen: MiNr. 45 = 180, MiNr. 46 = 114 Stück, Rest unbekannt

Blockausgabe: Block 1 der Tschechoslowakei (Briefmarkenausstellung Preßburg) mit dunkelrosa (MiNr. 47) bzw. dunkelblauviolettem (MiNr. 48) Handstempel-Aufdruck in Type III.

				✶	✶✶	⊙
47	50 H	dunkellilaultramarin, Aufdruck dunkelrosa	(384)	*1100,—*	*1700,—*	*1300,—*
48	1 Kč	schwärzlichrotkarmin, Aufdruck dunkelblauviolett	(385)	*1100,—*	*1700,—*	*1300,—*
Block 1		(150×110 mm)	(Bl. 1)	*3200,—*	*4000,—*	*2800,—*
Block 1 F		Aufdruck auf MiNr. 48 dunkelrosa (statt dunkelbläulichviolett)		—,—	—,—	

Auflage: 144 Blocks

Sondermarken: Marken der Tschechoslowakei MiNr. 387–388 (Sokol-Winterspiele) und MiNr. 389 und 390 (Masaryk mit Kind) mit verschiedenfarbigem Handstempel-Aufdruck in Type II.

				✶	✶✶	⊙
49	50 H	dunkelopalgrün, Aufdruck dunkelbläulichviolett	(387)	200,—	300,—	240,—
50	1 Kč	lilakarmin, Aufdruck dunkelbläulichviolett	(388)	220,—	350,—	240,—
51	50 H + 50 H	schwärzlichopalgrün, Aufdruck dunkelrosa bis magenta	(389)	180,—	250,—	240,—
52	1 Kč + 50 H	(dunkel)rotkarmin, Aufdruck lebhaftblaugrün	(390)	170,—	250,—	240,—
51 F		Aufdruck dunkelbläulichviolett (statt dunkelrosa bis magenta)		*2500,—*		*2500,—*

Auflagen: MiNr. 49–50 je 110, MiNr. 51 = 113, MiNr. 52 = 144 Stück

Blockausgabe: Block 3 der Tschechoslowakei (Masaryk mit Kind) mit dunkelrosa Handstempel-Aufdruck in Type II.

				✶	✶✶	⊙
53	2 Kč + 3 Kč	olivschwarz, Aufdruck dunkelrosa	(391)	*1800,—*	*2200,—*	*1500,—*
Block 2		(71×91 mm)	(Bl. 3)	*9000,—*	*13000,—*	*10000,—*
Block 2 F		Aufdruck dunkelbläulichviolett (statt dunkelrosa)		—,—		

Auflage: 60 Blocks

Sondermarken: Marken der Tschechoslowakei MiNr. 392–394 (Legionärsmarken 1938) und 395–397 (Fügner) mit dunkelblauviolettem Handstempel-Aufdruck in Type II.

				✶	✶✶	⊙	EST
54	50 H	schwärzlichopalgrün, Aufdruck dunkelblauviolett (Bachmatsch)	(392)	180,—	250,—	220,—	
55	50 H	schwärzlichopalgrün, Aufdruck dunkelblauviolett (Vouziers)	(393)	180,—	250,—	220,—	
56	50 H	schwärzlichopalgrün, Aufdruck dunkelblauviolett (Doss Alto)	(394)	180,—	250,—	220,—	500,—
57	50 H	schwärzlichblaugrün, Aufdruck dunkelblauviolett	(395)	120,—	160,—	130,—	500,—
58	1 Kč	karminrot, Aufdruck dunkelblauviolett	(396)	130,—	180,—	160,—	500,—
59	2 Kč	schwärzlichpreußischblau, Aufdruck dunkelblauviolett	(397)	90,—	150,—	110,—	500,—
56 F I		Aufdrucktype III (statt Type II)		*1500,—*	*2000,—*	*1500,—*	
56 F II		Aufdruck dunkelrosa			*5000,—*	*5000,—*	
57 F		Aufdrucktype III (statt Type II)				*2500,—*	
58 F		Aufdrucktype III (statt Type II)		—,—		*2500,—*	
59 F		Aufdrucktype III (statt Type II)		—,—		*2000,—*	

Auflagen: MiNr. 54 = 126, MiNr. 55 = 124, MiNr. 56 = 150, MiNr. 57 = 297, MiNr. 58 = 255, MiNr. 59 = 415 Stück

Blockausgabe: Block 4 der Tschechoslowakei (Briefmarkenausstellung PRAGA) mit dunkelrosa (MiNr. 60) bzw. dunkelblauviolettem (MiNr. 61) Handstempel-Aufdruck in Type III.

				✶	✶✶	⊙
60	50 H	(dunkel)lilaultramarin, Aufdruck dunkelrosa	(398)	*1200,—*	*1800,—*	*1400,—*
61	1 Kč	schwärzlichrosarot, Aufdruck dunkelblauviolett	(399)	*1200,—*	*1800,—*	*1400,—*
Block 3		(148×105 mm)	(Bl. 4)	*4000,—*	*5600,—*	*4000,—*

Auflage: 85 Blocks

Sondermarken: Marken der Tschechoslowakei MiNr. 400 (Briefmarkenausstellung Pilsen) und 401 (Briefmarkenausstellung Kaschau) mit dunkelrosa Handstempel-Aufdruck in Type I.

				✶	✶✶	⊙	EST
62	50 H	schwärzlichbläulichgrün, Aufdruck dunkelrosa	(400)	55,—	90,—	50,—	300,—
63	50 H	schwärzlichbläulichgrün, Aufdruck dunkelrosa	(401)	65,—	100,—	65,—	300,—

Auflagen: MiNr. 62 = 615, MiNr. 63 = 452 Stück

Alle Marken von Karlsbad gültig bis 17.10.1938, in Karlsbad selbst nur bis 6.10.1938

Konstantinsbad

Der Kurort Konstantinsbad liegt im Westböhmischen Bäderdreieck inmitten von Wäldern unweit von Pilsen.

Die Postverwaltung organisierte auch das Postwesen für die Orte Girsch, Neumarkt, Plau (mit Marienbad), Tschihana, Weseritz und Zebau.

1938, 2. Okt. Freimarken und Sondermarken der Tschechoslowakei mit schwarzem Bdr.-Aufdruck „Sudetenland“ durch Buchdruckerei Metka.

Freimarken: Staatswappen. Marken der Tschechoslowakei MiNr. 277–281.

					*	**	⊙
1	5	H	schwarzkobalt	(277)	*450,—*	*700,—*	*600,—*
2	10	H	dunkelorangebraun	(278)	*300,—*	*500,—*	*400,—*
3	20	H	rot (Töne)	(279)	*300,—*	*500,—*	*400,—*
4	25	H	schwärzlichbläulichgrün	(280)	*500,—*	*700,—*	*600,—*
5	30	H	dunkelrotlila	(281)	*300,—*	*500,—*	*400,—*

Auflagen: MiNr. 1 = 100, MiNr. 2–3 und 5 je 150, MiNr. 4 = 75 Stück

Freimarken: Kopfbilder. Marken der Tschechoslowakei MiNr. 338, 347–350 und 360.

					*	**	⊙
6	40	H	schwärzlichblau (Comenius)	(347)	*200,—*	*300,—*	*260,—*
7	50	H	schwarzbläulichgrün (Beneš 1936)	(348)	*360,—*	*500,—*	*450,—*
8	50	H	schwarzbläulichgrün (Beneš 1937)	(360)	*200,—*	*300,—*	*260,—*
9	50	H	dunkelblaugrün (Štefánik 1935)	(338)	*3200,—*	*5000,—*	*2500,—*
10	60	H	schwärzlichviolettpurpur (Štefánik 1936)	(349)	*200,—*	*350,—*	*260,—*
11	1	Kč	schwärzlichrosalila (Masaryk)	(350)	*200,—*	*350,—*	*260,—*

Auflagen: MiNr. 6, 8 und 10–11 je 150, MiNr. 7 = 75, MiNr. 9 = 20 Stück

Freimarken: Landschaften. Marken der Tschechoslowakei MiNr. 351–359 und 386.

					*	**	⊙
12	1.20	Kč	schwärzlichgraulila (Mukačevo-Palanok)	(351)	*1400,—*	*2000,—*	*2000,—*
13	1.50	Kč	karmin (Töne) (Neusohl)	(352)	*1400,—*	*2000,—*	*2000,—*
14	1.60	Kč	dunkelbräunlicholiv (Kuttenberg)	(386)	*1400,—*	*2000,—*	*2000,—*
15	2	Kč	schwarzblaugrün (Klingenberg)	(353)	*1400,—*	*2000,—*	*2000,—*
16	2.50	Kč	dunkelgrauultramarin (Burgruine Strečno)	(354)	*3000,—*		*3000,—*
17	3	Kč	dunkelsiena (Schloss Groß-Skal)	(355)	*3000,—*		*3000,—*
18	3.50	Kč	schwärzlichviolettpurpur (Austerlitz)	(356)	*3000,—*		*3000,—*
19	4	Kč	schwärzlichviolettpurpur (Bad Podiebrad)	(357)	*10000,—*		*10000,—*
20	5	Kč	schwarzopalgrün (Olmütz)	(358)	*10000,—*		*10000,—*
21	10	Kč	schwarzkobaltblau (Pressburg)	(359)	*10000,—*		*10000,—*

Auflagen: MiNr. 12–15 je 50, MiNr. 16–18 je 20, MiNr. 19–21 je 5 Stück

Sondermarken: Marken der Tschechoslowakei MiNr. 377–380, 389–390, 392–397 und 400–401.

					*	**	⊙
22	50	H	dunkelgrünlichblau (Purkyně)	(377)	*3000,—*		*2500,—*
23	1	Kč	(dunkel)karminrot (Purkyně)	(378)	*3500,—*		*2500,—*
24	50	H	grünschwarz (Tod von Masaryk)	(379)	*3500,—*	*5000,—*	*3000,—*
25	2	Kč	grünschwarz (Tod von Masaryk)	(380)	*4500,—*		*4500,—*
26	50	H	+ 50 H schwärzlichopalgrün (Masaryk mit Kind)	(389)	*3000,—*		*2500,—*
27	1	Kč	+ 50 H (dunkel)rotkarmin (Masaryk mit Kind)	(390)	*3000,—*		*2500,—*
28	50	H	schwärzlichopalgrün (Bachmatsch)	(392)	*1500,—*	*2300,—*	*2000,—*
29	50	H	schwärzlichopalgrün (Vouziers)	(393)	*1500,—*	*2500,—*	*2500,—*
30	50	H	schwärzlichopalgrün (Doss Alto)	(394)	*1500,—*	*2500,—*	*2500,—*
31	50	H	schwärzlichblaugrün (Fügner)	(395)	*1500,—*	*2500,—*	*2500,—*
32	1	Kč	karminrot (Fügner)	(396)	*1500,—*	*2500,—*	*2500,—*
33	2	Kč	schwärzlichpreußischblau (Fügner)	(397)	*1500,—*	*2500,—*	*2500,—*
34	50	H	schwärzlichbläulichgrün (Briefmarkenausstellung Pilsen)	(400)	500,—	750,—	750,—
35	50	H	schwärzlichbläulichgrün (Briefmarkenausstellung Kaschau)	(401)	500,—	750,—	750,—

Auflagen: MiNr. 22–24 und 26–27 je 20, MiNr. 25 = 10, MiNr. 28–33 je 50, MiNr. 34–35 je 100 Stück

Alle Marken von Konstantinsbad gültig bis 10.10.1938

Niklasdorf

Niklasdorf liegt in Mährisch-Schlesien nur ca. 10 km von der ehemals deutschen Grenze entfernt und war während der Sudetenkrise stark umkämpft. So wechselte das Postamt vom 22. bis 27.9.1938 mehrfach die Besitzer zwischen Tschechen und dem Freikorps der Sudetendeutschen Partei.

1938, 28. Sept. Freimarken, Sondermarken und Blocks der Tschechoslowakei mit schwarzem Bdr.-Aufdruck der neuen Wertangabe.

Freimarken:

						✶	✶✶	⊙
1	1 Kč	auf	5 H	schwarzkobalt (Staatswappen)	(277)	600,—	1000,—	1000,—
2	1 Kč	auf	10 H	dunkelorangebraun (Staatswappen)	(278)	600,—	1000,—	1000,—
3	1 Kč	auf	20 H	rot (Töne) (Staatswappen)	(279)	1000,—	1400,—	1400,—
4	1 Kč	auf	30 H	dunkelrotlila (Staatswappen)	(281)	400,—	600,—	600,—
5	1 Kč	auf	40 H	schwärzlichblau (Comenius)	(347)	1200,—	1600,—	1600,—
6	1 Kč	auf	50 H	schwarzbläulichgrün (Beneš 1937)	(360)	1200,—	1600,—	1600,—
7	1.20 Kč	auf	60 H	dunkelbraunlila (Masaryk 1926)	(243)	1500,—	2000,—	2000,—
8	1.20 Kč	auf	5 H	schwarzkobalt (Staatswappen)	(277)	700,—	1000,—	1000,—
9	1.20 Kč	auf	50 H	schwarzbläulichgrün (Beneš 1936)	(348)	1200,—	1600,—	1600,—
10	1.20 Kč	auf	1 Kč	schwärzlichrosalila (Masaryk 1935)	(350)	1500,—	2000,—	2000,—
11	2 Kč	auf	5 H	mittelgelblichgrün (Hradschin 1918)	(2 a)	2200,—	—,—	2200,—
A 11	2 Kč	auf	1 Kč	dunkelrot (Töne) (Masaryk 1927)	(244)			2500,—
12	2 Kč	auf	5 H	schwarzkobalt (Staatswappen)	(277)	220,—	300,—	300,—
13	2 Kč	auf	20 H	rot (Töne) (Staatswappen)	(279)	220,—	300,—	300,—
14	2 Kč	auf	25 H	schwärzlichbläulichgrün (Staatswappen)	(280)	300,—	400,—	400,—
15	2 Kč	auf	30 H	dunkelrotlila (Staatswappen)	(281)	180,—	300,—	300,—
16	2 Kč	auf	40 H	dunkelrotbraun (Staatswappen)	(282 b)	300,—	500,—	500,—
17	2 Kč	auf	1 Kč	karminrot (Masaryk 1930)	(297)	1200,—	1600,—	1600,—
A 17	2 Kč	auf	40 H	schwärzlichblau (Comenius)	(347)	1200,—	1600,—	1600,—
18	2 Kč	auf	50 H	schwarzbläulichgrün (Beneš 1936)	(348)	180,—	280,—	280,—
19	2 Kč	auf	1 Kč	schwärzlichrosalila (Masaryk 1935)	(350)	180,—	280,—	280,—
20	2 Kč	auf	1.20 Kč	schwärzlichgraulila (Mukačevo-Palanok)	(351)	700,—	1000,—	1000,—
21	2 Kč	auf	1.50 Kč	karmin (Töne) (Neusohl)	(352)	1200,—	1600,—	1600,—
22	2 Kč	auf	50 H	schwarzbläulichgrün (Beneš 1937)	(360)	150,—	240,—	240,—
23	4.50 Kč	auf	1.20 Kč	dunkelgraulila (Kloster Strahov)	(249)	850,—	1200,—	1200,—
24	4.50 Kč	auf	1.20 Kč	schwärzlichgraulila (Mukačevo-Palanok)	(351)	1500,—	2000,—	2000,—
25	4.50 Kč	auf	1.50 Kč	karmin (Töne) (Neusohl)	(352)	1400,—	2000,—	2000,—
26	4.50 Kč	auf	2 H	schwarzblaugrün (Klingenberg)	(353)	550,—	700,—	700,—
27	4.50 Kč	auf	2.50 Kč	dunkelgrauultramarin (Burgruine Strečno)	(354)			10000,—
28	4.50 Kč	auf	1.60 Kč	dunkelbräunlicholiv (Kuttenberg)	(386)	700,—	1000,—	1000,—

Auflagen: MiNr. 1–2 je 75, MiNr. 4 und 16 je 120, MiNr. 8, 20 und 28 je 40, MiNr. 12 = 300, MiNr. 13 = 350, MiNr. 14 = 160, MiNr. 15 = 560, MiNr. 18 und 22 je 700, MiNr. 19 = 620, MiNr. 23 = 30, MiNr. 25 = 45, MiNr. 26 = 50, MiNr. 27 = 2 Stück, Rest unbekannt

Blocks:

						✶	✶✶	⊙
29	4.50 Kč	auf	50 H	dunkellilaultramarin	(384)	—,—	—,—	—,—
30	4.50 Kč	auf	1 Kč	schwärzlichrotkarmin	(385)	—,—	—,—	—,—
Block 1	(150×110 mm) (Briefmarkenausstellung Pressburg)				(Bl. 1)	2800,—	—,—	3000,—
31	4.50 Kč	auf	2 Kč + 3 Kč	olivschwarz	(391)	—,—	—,—	—,—
Block 2	(71×91 mm) (Masaryk mit Kind)				(Bl. 3)	2800,—	—,—	3000,—
32	4.50 Kč	auf	50 H	(dunkel)lilaultramarin	(398)	—,—	—,—	—,—
33	4.50 Kč	auf	1 Kč	schwärzlichrosarot	(399)	—,—	—,—	—,—
Block 3	(148×105 mm) (Briefmarkenausstellung PRAGA)				(Bl. 4)	2800,—	—,—	3000,—

Auflage: Bl. 2 = 10 Blocks, Block 1 und 3 unbekannt

Sondermarken:

						✶	✶✶	⊙
A 33	1.20 Kč	auf	1 Kč	schwarzrosa (Schloss Frauenberg)	(271)	2400,—		
34	1.20 Kč	auf	60 H	schwärzlichgraupurpur (Tyrš)	(318)	1000,—	1300,—	1300,—
35	1.20 Kč	auf	50 H	dunkelopalgrün auf hellgelb (85. Geburtstag Masaryk)	(332)	1000,—	1300,—	1300,—
36	1.20 Kč	auf	50 H	schwärzlichbläulichgrün (Hl. Methodius)	(339)	260,—	400,—	400,—
37	1.20 Kč	auf	50 H	schwarzbläulichgrün (Mácha)	(345)	1100,—	1400,—	1400,—
38	1.20 Kč	auf	50 H + 50 H	dunkelgrünblau (Muttertag)	(361)	1100,—	1400,—	1400,—
39	1.20 Kč	auf	1 Kč + 50 H	dunkelrosalila (Muttertag)	(362)	1100,—	1400,—	1400,—
40	1.20 Kč	auf	50 H	schwarz(opal)grün (Legionärsmarke 1937, Zborov)	(373)	1100,—	1400,—	1400,—
41	1.20 Kč	auf	50 H	dunkelgrünlichblau (Purkyně)	(377)	500,—	800,—	800,—
42	1.20 Kč	auf	50 H	grünschwarz (Tod von Masaryk)	(379)	260,—	400,—	400,—
43	1.20 Kč	auf	50 H	dunkelopalgrün (Sokol-Winterspiele)	(387)	1000,—	1300,—	1300,—
44	1.20 Kč	auf	50 H	schwärzlichopalgrün (Legionärsmarke 1938, Bachmatsch)	(392)	1000,—	1500,—	1500,—
45	1.20 Kč	auf	50 H	schwärzlichblaugrün (Fügner)	(395)	1000,—	1500,—	1500,—
46	1.20 Kč	auf	1 Kč	karminrot (Fügner)	(396)	800,—	1200,—	1200,—
47	1.20 Kč	auf	50 H	schwärzlichbläulichgrün (Briefmarkenausstellung Pilsen)	(400)	200,—	320,—	320,—
48	1.20 Kč	auf	50 H	schwärzlichbläulichgrün (Briefmarkenausstellg. Kaschau)	(401)	900,—	1200,—	1200,—
49	2 Kč	auf	30 H	schwarz (Schloss Grätz)	(267)	1000,—	1300,—	1300,—
A 49	2 Kč	auf	40 H	rotbraun (Rathaus Leutschau)	(268)	550,—	800,—	800,—
50	2 Kč	auf	60 H	schwärzlichgraupurpur (Tyrš)	(318)	1200,—	2000,—	2000,—
51	2 Kč	auf	50 H	schwarzgelblichgrün (Smetana)	(321)	1200,—	2000,—	2000,—

							*	**	⊙
A 51	**2 Kč**	auf	50 H		dunkelopalgrün auf hellgelb (Töne) (85. Geburtstag Masaryk)	(332)	—,—		
52	**2 Kč**	auf	1 Kč		dunkelrötlichkarmin auf hellgelb (85. Geburtstag Masaryk)	(333)	1000,—	1300,—	1300,—
53	**2 Kč**	auf	50 H		(dunkel)blaugrün auf hellgelb (Štefánik)	(338)	700,—	1100,—	1100,—
A 53	**2 Kč**	auf	50 H		schwärzlichbläulichgrün (Hl. Methodius)	(339)	700,—	1100,—	1100,—
54	**2 Kč**	auf	1 Kč		schwärzlichrötlichkarmin (Hl. Methodius)	(340)	400,—	750,—	600,—
55	**2 Kč**	auf	2 Kč		dunkelblau (Töne) (Hl. Methodius)	(341)	1000,—	1300,—	1300,—
56	**2 Kč**	auf	50 H	+ 50 H	schwarzblaugrün (Kinderhilfe 1936)	(342)	600,—	1000,—	1000,—
57	**2 Kč**	auf	1 Kč	+ 50 H	dunkelmagenta (Kinderhilfe 1936)	(343)	500,—	800,—	800,—
58	**2 Kč**	auf	1 Kč		schwärzlichrosalila (Mácha)	(346)	1000,—	1300,—	1300,—
59	**2 Kč**	auf	50 H	+ 50 H	dunkelgrünblau (Muttertag)	(361)	1000,—	1300,—	1300,—
60	**2 Kč**	auf	50 H		schwärzlichopalgrün (Legionärsmarke 1937, Zoborov)	(373)	500,—	800,—	800,—
61	**2 Kč**	auf	1 Kč		dunkelmagenta (Legionärsmarke 1937, Zoborov)	(374)	260,—	400,—	400,—
62	**2 Kč**	auf	50 H		dunkelgrünlichblau (Purkyně)	(377)	260,—	400,—	400,—
63	**2 Kč**	auf	1 Kč		karminrot (Töne) (Purkyně)	(378)	1000,—	1500,—	1500,—
64	**2 Kč**	auf	50 H		grünschwarz (Tod von Masaryk)	(379)	1000,—	1300,—	1300,—
65	**2 Kč**	auf	50 H		dunkelopalgrün (Sokol-Winterspiele)	(387)	700,—	1100,—	1100,—
66	**2 Kč**	auf	1 Kč		lilakarmin (Sokol-Winterspiele)	(388)	260,—	400,—	400,—
67	**2 Kč**	auf	50 H	+ 50 H	schwärzlichopalgrün (Masaryk mit Kind)	(389)	600,—	1000,—	1000,—
68	**2 Kč**	auf	1 Kč	+ 50 H	(dunkel)rotkarmin (Masaryk mit Kind)	(390)	900,—	1300,—	1300,—
69	**2 Kč**	auf	50 H		schwärzlichopalgrün (Legionärsmarke 1938, Bachmatsch)	(392)	900,—	1300,—	1300,—
70	**2 Kč**	auf	50 H		schwärzlichopalgrün (Legionärsmarke 1938, Vouziers)	(393)	1000,—	1300,—	1300,—
71	**2 Kč**	auf	50 H		schwärzlichblaugrün (Fügner)	(395)	400,—	700,—	700,—
72	**2 Kč**	auf	1 Kč		karminrot (Fügner)	(396)	180,—	300,—	300,—
73	**2 Kč**	auf	50 H		schwärzlichbläulichgrün (Briefmarkenausstellung Pilsen)	(400)	180,—	300,—	300,—
74	**2 Kč**	auf	50 H		schwärzlichbläulichgrün (Briefmarkenausstellg. Kaschau)	(401)	1300,—	2000,—	2000,—
75	**4.50 Kč**	auf	1 Kč		schwarzrosa (Schloss Frauenberg)	(271)	1300,—	1800,—	1800,—
76	**4.50 Kč**	auf	50 H		schwarzgelblichgrün (Smetana)	(321)	800,—	1200,—	1200,—
77	**4.50 Kč**	auf	50 H		dunkelgrün (20 Jahre Legionen 1934)	(322)	1100,—	1400,—	1400,—
78	**4.50 Kč**	auf	1 Kč		dunkelbräunlichlila (20 Jahre Legionen 1934)	(323)	1100,—	1400,—	1400,—
79	**4.50 Kč**	auf	2 Kč		schwarzkobalt (20 Jahre Legionen 1934)	(324)	1100,—	1400,—	1400,—
80	**4.50 Kč**	auf	3 Kč		rötlichbraun (20 Jahre Legionen 1934)	(325)	1000,—	1400,—	1400,—
81	**4.50 Kč**	auf	1 Kč		braunlila (100 Jahre Nationalhymne)	(330)	1400,—	2000,—	2000,—
82	**4.50 Kč**	auf	2 Kč		dunkelkobalt (100 Jahre Nationalhymne)	(331)	1400,—	2000,—	2000,—
83	**4.50 Kč**	auf	50 H		dunkelopalgrün auf hellgelb (85. Geburtstag Masaryk)	(332)	1000,—	1300,—	1300,—
84	**4.50 Kč**	auf	1 Kč		dunkelrötlichkarmin auf hellgelb (85. Geburtstag Masaryk)	(333)	1000,—	1300,—	1300,—
85	**4.50 Kč**	auf	2 Kč		dunkelviolettblau auf hellgelb (85. Geburtstag Masaryk)	(334)	1000,—	1300,—	1300,—
86	**4.50 Kč**	auf	3 Kč		dunkelorangebraun auf hellgelb (85. Geburtstag Masaryk)	(335)	1000,—	1300,—	1300,—
87	**4.50 Kč**	auf	1 Kč		dunkelrosakarmin (Gefallenendenkmal)	(336)	800,—	1200,—	1200,—
88	**4.50 Kč**	auf	2 Kč		schwarzgraublau (Gefallenendenkmal)	(337)	800,—	1200,—	1200,—
89	**4.50 Kč**	auf	50 H		schwärzlichbläulichgrün (Hl. Methodius)	(339)	800,—	1200,—	1200,—
90	**4.50 Kč**	auf	1 Kč		schwärzlichrötlichkarmin (Hl. Methodius)	(340)	800,—	1200,—	1200,—
91	**4.50 Kč**	auf	2 Kč		dunkelblau (Töne) (Hl. Methodius)	(341)	800,—	1200,—	1200,—
92	**4.50 Kč**	auf	50 H	+ 50 H	schwarzblaugrün (Kinderhilfe)	(342)	1300,—	2400,—	2400,—
93	**4.50 Kč**	auf	1 Kč	+ 50 H	dunkelmagenta (Kinderhilfe)	(343)	1300,—	2400,—	2400,—
94	**4.50 Kč**	auf	2 Kč	+ 50 H	(dunkel)ultramarin (Kinderhilfe)	(344)	900,—	1400,—	1400,—
95	**4.50 Kč**	auf	50 H		schwarzgrün (Mácha)	(345)	200,—	320,—	320,—
96	**4.50 Kč**	auf	1 Kč		schwärzlichrosalila (Mácha)	(346)	200,—	320,—	320,—
97	**4.50 Kč**	auf	50 H	+ 50 H	dunkelgrünblau (Muttertag)	(361)	800,—	1200,—	1200,—
98	**4.50 Kč**	auf	1 Kč	+ 50 H	dunkelrosalila (Muttertag)	(362)	800,—	1200,—	1200,—
99	**4.50 Kč**	auf	2 Kč	+ 1 Kč	schwärzlichultramarin (Töne) (Muttertag)	(363)	800,—	1200,—	1200,—
100	**4.50 Kč**	auf	50 H		schwarz(opal)grün (Legionärsmarke 1937)	(373)	500,—	800,—	800,—
101	**4.50 Kč**	auf	1 Kč		dunkelrötlichkarmin (Legionärsmarke 1937, Zborov)	(374)	320,—	500,—	500,—
102	**4.50 Kč**	auf	2 Kč		schwärzlichbläulichgrün (Hradschin)	(375)	1100,—	1400,—	1400,—
103	**4.50 Kč**	auf	2.50 Kč		schwärzlichultramarin (Hradschin)	(376)	1100,—	1400,—	1400,—
104	**4.50 Kč**	auf	50 H		dunkelgrünlichblau (Purkyně)	(377)	1100,—	1400,—	1400,—
105	**4.50 Kč**	auf	1 Kč		karminrot (Töne) (Purkyně)	(378)	1600,—	2000,—	2000,—
106	**4.50 Kč**	auf	50 H		grünschwarz (Tod von Masaryk)	(379)	220,—	350,—	350,—
107	**4.50 Kč**	auf	2 Kč		grünschwarz (Tod von Masaryk)	(380)	1200,—	2200,—	2200,—
108	**4.50 Kč**	auf	50 H		schwarzbläulichgrün (Aufdruck „B.I.T. 1937“)	(381)	220,—	350,—	350,—
109	**4.50 Kč**	auf	1 Kč		karmin (Töne) (Aufdruck „B.I.T. 1937“)	(382)	300,—	400,—	400,—
110	**4.50 Kč**	auf	2 Kč		schwarzblaugrün (Aufdruck „B.I.T. 1937“)	(383)	300,—	400,—	400,—
111	**4.50 Kč**	auf	1 Kč		lilakarmin (Sokol-Winterspiele)	(388)	500,—	800,—	800,—
112	**4.50 Kč**	auf	50 H	+ 50 H	schwärzlichopalgrün (Masaryk mit Kind)	(389)	300,—	400,—	400,—
113	**4.50 Kč**	auf	1 Kč	+ 50 H	(dunkel)rotkarmin (Masaryk mit Kind)	(390)	500,—	800,—	800,—
114	**4.50 Kč**	auf	50 H		schwärzlichopalgrün (Legionärsmarke 1938, Bachmatsch)	(392)	1200,—	1700,—	1700,—
115	**4.50 Kč**	auf	50 H		schwärzlichopalgrün (Legionärsmarke 1938, Vouziers)	(393)	1100,—	1400,—	1400,—
116	**4.50 Kč**	auf	50 H		schwärzlichblaugrün (Legionärsmarke 1938, Doss Alto)	(394)	1100,—	1400,—	1400,—
117	**4.50 Kč**	auf	50 H		schwärzlichblaugrün (Fügner)	(395)	300,—	500,—	500,—
118	**4.50 Kč**	auf	1 Kč		karminrot (Fügner)	(396)	350,—	500,—	500,—
119	**4.50 Kč**	auf	2 Kč		schwärzlichpreußischblau (Fügner)	(397)	450,—	800,—	800,—
120	**4.50 Kč**	auf	50 H		schwärzlichbläulichgrün (Briefmarkenausstellung Pilsen)	(400)	280,—	400,—	350,—
121	**4.50 Kč**	auf	50 H		schwärzlichbläulichgrün (Briefmarkenausstellg. Kaschau)	(401)	200,—	320,—	320,—

Auflagen: MiNr. 36 und 62 je 70, MiNr. 41, 53 und A 53 je 55, MiNr. 42 und 60–61 je 80, MiNr. 44 und 114 je 30, MiNr. 45, A 49, 50–51, 63, 76, 87–88, 90 und 92 je 40, MiNr. 46, 66 und 111 je 75, MiNr. 47 = 130, MiNr. 54, 65, 68, 89, 91 und 93 je 50, MiNr. 56–57, 71, 94, 100, 112–113 und 118–119 je 100, MiNr. 67, 69, 97–99 und 101 je 60, MiNr. 72 und 108–110 je 150, MiNr. 73 = 140, MiNr. 95–96 je 120, MiNr. 106 und 120 je 110, MiNr. 107 = 45, MiNr. 117 und 121 je 125 Stück, Rest unbekannt

Alle Marken von Niklasdorf gültig bis 6.10.1938

Reichenberg und Maffersdorf

Die Industriestädte Reichenberg und Maffersdorf (heute Liberec und Vratislavica nad Nisou) liegen im nördlichen deutschstämmigen Sudetengebiet, nahe der Grenzen zu Deutschland und Polen.

Bei beiden Postämtern kamen ähnliche, jedoch unterscheidbare Handstempel-Aufdrucke zur Verwendung.

Hauptmerkmale zur Unterscheidung sind die Stellung und die Form des Ausrufezeichens sowie die Aufdruckfarbe.

Reichenberg:

In Reichenberg kamen vier Aufdruckstempel zum Einsatz: Bei dreien steht das Ausrufezeichen direkt unterhalb des „i" in „sind", bei einem zwischen dem „i" und dem „n". Die Form dieses Ausrufezeichens ist dick, unförmig und vereinzelt durch Abnutzung des Stempels deformiert.

Die Aufdruckfarbe ist blau, später violettschwarz bis grauschwarz.

Maffersdorf:

In Maffersdorf war nur ein Aufdruckstempel im Einsatz: Das Ausrufezeichen steht unterhalb des Wortes „sind" zwischen den Buchstaben „i" und „n" wie beim vierten Aufdruckstempel in Reichenberg. Die Form dieses Ausrufezeichens ist schlank, fein und oben rund.

Die Aufdruckfarbe ist schwarzbraun bis schwarz.

Der Maffersdorfer Aufdruck lässt sich außerdem durch den Neigungswinkel des Hakenkreuzes vom vierten Reichenberger Aufdruck unterscheiden.

Maffersdorf: Die Verlängerung des rechten Hakenkreuzbalkens berührt oben den Anstrich des „W" von „Wir".

Reichenberg: Die Verlängerung des rechten Hakenkreuzbalkens berührt oben den Mittelbalken des „W" von „Wir".

Die Ausgabepreise, die für den Aufdruck zu zahlen waren, und die Auflagenhöhe waren in Reichenberg und Maffersdorf verschieden. Es handelt sich um zwei eigenständige Ausgaben, die jedoch wegen der besseren Vergleichbarkeit in einem gemeinsamen Kapitel gegenübergestellt werden.

Reichenberg

1938, 8. Okt. Freimarken, Sondermarken und Blocks der Tschechoslowakei mit (anfangs) blauem, (später) violettschwarzem bis grauschwarzem Handstempel-Aufdruck.

Freimarken:

				*	**	⊙
1	5 H	schwarzultramarin (Töne) (Taube)	(162)	4000,—		8000,—
A 1	10 H	mittelockerbraun (Taube)	(165)	4000,—		8000,—
2	15 H	schwarzbräunlichrot (Taube)	(166)	2500,—		2500,—
3	20 H	dunkelrötlichorange (Taube)	(167)	2500,—		2500,—
4	100 H	schwarzrötlichbraun (Republik)	(177)			2500,—
5	100 H	dunkelrosa auf gelb (Töne) (Allegorie)	(202)	2000,—		2000,—
A 5	50 H	schwärzlichgrün (Töne) (Masaryk 1927)	(238)			2500,—
6	60 H	schwärzlichgraulila (Töne) (Masaryk 1927)	(239)			2500,—
A 6	50 H	schwärzlichgrün (Töne) (Masaryk 1927)	(240)			3500,—
7	30 H	schwärzlichgrün (Töne) (Burg Pernstein)	(246)			2500,—
8	40 H	lebhaftsiena (Burg Arwa)	(248)			2500,—
9	1.20 Kč	schwärzlichgraulila (Töne) (Kloster Strahov)	(249)	3500,—		3500,—
A 9	30 H	schwärzlichopalgrün (Töne) (Burg Pernstein)	(258)			2500,—
10	1.50 Kč	rot (Töne) (Burg Karlstein)	(261)			5000,—
11	5 H	schwarzkobalt (Staatswappen)	(277)	200,—	400,—	200,—
12	10 H	dunkelorangebraun (Staatswappen)	(278)	20,—	30,—	20,—
13	20 H	rot (Töne) (Staatswappen)				
A		vierseitig gez. L 9¾	(279 A)	40,—	65,—	20,—
B		nur senkrecht gez. L 9¾ (aus Rollen)	(279 B)	3200,—		3400,—
14	25 H	schwärzlichbläulichgrün (Staatswappen)	(280)	180,—	350,—	80,—
15	30 H	dunkelrotlila (Staatswappen)	(281)	30,—	40,—	20,—
16	40 H	(Staatswappen)				
a		rötlichbraun	(282 a)	3000,—		4000,—
b		dunkelrotbraun	(282 b)	4000,—		
A 16	2 Kč	schwarzopalgrün (Töne) (Schloss Pernstein)	(288)			2500,—
17	3 Kč	dunkelrotbraun (Töne) (Burg Arwa)	(290)	3500,—		3500,—
A 17	3 Kč	siena (Töne) (Dom zu Brünn)	(291)	2500,—		

				✶	✶✶	⊙
18	10 Kč	schwarzlilaultramarin (Niklaskirche, Prag)	(294)	*4000,—*	*4500,—*	*4000,—*
A 18	50 H	schwarzgrün (Töne) (Masaryk 1930)	(295 II)			*2500,—*
19	1 Kč	karminrot (Masaryk 1930)				
A		vierseitig gez. L 9¾	(297 A)			*3000,—*
B		nur senkrecht gez. L 9¾ (aus Rollen)	(297 B)	—,—		*3000,—*
20	5 Kč	schwarzblaugrün (Böhmisch Krumau)	(313)	*2000,—*		*2000,—*
21	40 H	schwärzlichblau (Comenius)	(347)	45,—	75,—	25,—
22	50 H	schwarzbläulichgrün (Beneš)	(348)	350,—	600,—	*380,—*
23	60 H	schwärzlichviolettpurpur (Štefánik)	(349)	30,—	50,—	20,—
24	1 Kč	schwärzlichrosalila (Masaryk 1935)	(350)	25,—	40,—	20,—
25	1.20 Kč	schwärzlichgraulila (Mukačevo-Palanok)	(351)	55,—	90,—	30,—
26	1.50 Kč	karmin (Töne) (Neusohl)	(352)	130,—	200,—	120,—
27	2 Kč	(Klingenberg)	(353)			
a		schwarzblaugrün		180,—	300,—	200,—
b		dunkelbläulichgrün				*2000,—*
28	2.50 Kč	dunkelgrauultramarin (Burgruine Strečno)	(354)	50,—	90,—	50,—
29	3 Kč	dunkelsiena (Schloss Groß-Skal)	(355)	180,—	300,—	200,—
30	3.50 Kč	schwärzlichviolettpurpur (Austerlitz)	(356)	200,—	350,—	300,—
31	4 Kč	schwärzlichviolettpurpur (Bad Podiebrad)	(357)	180,—	320,—	180,—
32	5 Kč	schwarzopalgrün (Olmütz)	(358)	250,—	400,—	250,—
33	10 Kč	schwarzkobaltblau (Pressburg)	(359)	*550,—*	*1000,—*	*900,—*
34	50 H	schwarzbläulichgrün (Beneš 1937)	(360)	20,—	30,—	20,—
35	1.60 Kč	dunkelbräunlicholiv (Kuttenberg)	(386)	55,—	90,—	60,—

Auflagen: MiNr. 11 = 150, MiNr. 12 = 1000, MiNr. 13 A = 800, MiNr. 13 B = 20, MiNr. 14 = 200, MiNr. 15 = 1100, MiNr. 16 und 18 je 10, MiNr. 21 = 700, MiNr. 22 = 50, MiNr. 23 = 1500, MiNr. 24 = 1100, MiNr. 25 = 600, MiNr. 26 = 380, MiNr. 27 = 250, MiNr. 28 = 400, MiNr. 29 = 300, MiNr. 30 = 150, MiNr. 31 = 180, MiNr. 32 = 100, MiNr. 33 = 70, MiNr. 34 = 1500, MiNr. 35 = 500 Stück; Rest unbekannt

Auflagen:

MiNr. 11 = 150	MiNr. 14 = 200	MiNr. 21 = 700	MiNr. 25 = 600	MiNr. 29 = 300	MiNr. 33 = 70	Restliche MiNrn. unbekannt
MiNr. 12 = 1000	MiNr. 15 = 1100	MiNr. 22 = 50	MiNr. 26 = 380	MiNr. 30 = 150	MiNr. 34 = 1500	
MiNr. 13 A = 800	MiNr. 16 = 10	MiNr. 23 = 1500	MiNr. 27 = 250	MiNr. 31 = 180	MiNr. 35 = 500	
MiNr. 13 B = 20	MiNr. 18 = 10	MiNr. 24 = 1100	MiNr. 28 = 400	MiNr. 32 = 100		

Freimarken: Flugpostmarken der Tschechoslowakei MiNr. 303–310 mit gleichem Handstempel-Aufdruck.

				✶	✶✶	⊙
36	50 H	schwärzlichgrün	(303)	100,—	180,—	100,—
37	1 Kč	lilarot	(304)	100,—	180,—	100,—
38	2 Kč	schwarzgrün	(305)	280,—	550,—	250,—
39	3 Kč	schwärzlichbräunlichlila	(306)	550,—	950,—	550,—
40	4 Kč	schwarzgraublau (Töne)				
a		Format 32×21,5 mm	(307 a)	900,—	1700,—	*950,—*
b		Format 31×22,5 mm	(307 b)			—,—
41	5 Kč	schwärzlichsiena	(308 b)	900,—	1700,—	*950,—*
42	10 Kč					
a		lilaultramarin	(309 b)	1000,—	2000,—	*2000,—*
b		violettblau	(309 a)			—,—
43	20 Kč	schwarzblau (Töne)				
A		gez. L 13¾	(310 A)	*3500,—*		*4800,—*
B		gez. L 12¼	(310 B)	*2500,—*	*3500,—*	*3500,—*

Wenn nicht ausdrücklich anders angegeben, gelten die Preise für Marken mit Zähnung L 13¾. Stücke mit Zähnung L 12¼ oder Mischzähnung 100% Aufschlag.

Auflagen: MiNr. 36–37 je 400, MiNr. 38 = 150, MiNr. 39 = 100, MiNr. 40–41 je 50, MiNr. 42 = 30, MiNr. 43 = 20 Stück

Freimarken: Zustellungsmarken der Tschechoslowakei MiNr. Zu 359–Zu 360 mit gleichem Handstempel-Aufdruck.

				✶	✶✶	⊙
44	50 H	schwärzlichultramarin				
A		gez. L 13¾:13½:13¾	(Zu 359 A)	350,—	550,—	500,—
B		gez. L 13¾	(Zu 359 B)	300,—	500,—	450,—
45	50 H	lebhaftmagenta				
A		gez. L 13¾:13½:13¾	(Zu 360 A)	350,—	550,—	500,—
B		gez. L 13¾	(Zu 360 B)	300,—	500,—	450,—

Auflagen: MiNr. 44–45 je 100 Stück

Freimarken: Zeitungsmarken der Tschechoslowakei MiNr. 13, 15–17, 189–191 (Falke), 326–328 (Falke mit Aufdruck „O.T.") und 364–372 (Taube) mit violettschwarzem Handstempel-Aufdruck.

				✶	✶✶	⊙
A 45	10 H	grünblau	(13)			*4500,—*
46	10 H	schwärzlichgraupurpur	(15)	*3000,—*		*4500,—*
47	20 H	dunkelkobalt	(16)	*3000,—*		*3500,—*
48	30 H	siena	(17)	*4000,—*		*3500,—*
49	5 H	schwärzlichgraugrün	(189 b)	*4000,—*		*4000,—*

				*	**	⊙
50	50 H	orange	(190)	*3500,—*	—,—	*3500,—*
51	100 H	braunrot	(191)	*4000,—*		*4500,—*
52	10 H	schwarzgraulila	(326)	170,—	300,—	250,—
53	20 H	dunkelultramarin	(327)	170,—	300,—	250,—
54	30 H	siena	(328)	170,—	300,—	250,—
55	2 H	lebhaftbraunocker	(364)	45,—	80,—	50,—
56	5 H	kobalt	(365)	180,—	350,—	*300,—*
57	7 H	lebhaftrot	(366)	100,—	180,—	130,—
58	9 H	dunkelsmaragdgrün	(367)	85,—	140,—	100,—
59	10 H	schwärzlichrot	(368)	60,—	100,—	60,—
60	12 H	schwärzlichviolettblau	(369)	60,—	100,—	80,—
61	20 H	schwarzgraugrün	(370)	90,—	180,—	120,—
62	50 H	rotbraun	(371)	90,—	180,—	120,—
63	1 Kč	dunkelolivgrau	(372)	160,—	350,—	160,—

Bei allen Marken gibt es Farbschwankungen.

MiNr. 55–63 sind auch mit Privatzähnung bekannt.

Auflage: MiNr. A 45 unbekannt, MiNr. 46–48 und 50 je 10, MiNr. 49 unbekannt, MiNr. 51 = 5, MiNr. 52–54 je 250, MiNr. 55 = 650, MiNr. 56 = 100, MiNr. 57 = 480, MiNr. 58 = 450, MiNr. 59 = 500, MiNr. 60 = 430, MiNr. 61 = 280, MiNr. 62 = 250, MiNr. 63 = 180 Stück

Freimarken: Portomarken der Tschechoslowakei MiNr. P 55–P 66 mit gleichem Handstempel-Aufdruck.

				*	**	⊙
64	5 H	dunkelrot (Töne)	(P 55)	75,—	100,—	90,—
65	10 H	dunkelrot (Töne)	(P 56)	75,—	100,—	90,—
66	20 H	dunkelrot (Töne)	(P 57)	90,—	130,—	100,—
67	30 H	dunkelrot (Töne)	(P 58)	110,—	170,—	130,—
68	40 H	dunkelrot (Töne)	(P 59)	150,—	230,—	200,—
69	50 H	dunkelrot (Töne)	(P 60)	150,—	230,—	200,—
70	60 H	dunkelrot (Töne)	(P 61)	170,—	250,—	220,—
71	1 Kč	dunkelkobalt (Töne)	(P 62)	170,—	250,—	220,—
72	2 Kč	dunkelkobalt (Töne)	(P 63)	*550,—*	*1000,—*	*1000,—*
73	5 Kč	dunkelkobalt (Töne)	(P 64)	*550,—*	*1000,—*	*1000,—*
74	10 Kč	dunkelkobalt (Töne)	(P 65)	*1000,—*	*2000,—*	*2000,—*
75	20 Kč	dunkelkobalt (Töne)	(P 66)	*1300,—*	*2500,—*	*2500,—*

Auflagen: MiNr. 64–65 je 400, MiNr. 66 = 300, MiNr. 67 = 250, MiNr. 68–69 je 200, MiNr. 70–71 je 150, MiNr. 72–73 je 80, MiNr. 74 = 60, MiNr. 75 = 50 Stück

Blocks:

			*	**	⊙
76	50 H dunkellilaultramarin	(384)	*250,—*	*300,—*	*300,—*
77	1 Kč schwärzlichrotkarmin	(385)	*250,—*	*300,—*	*300,—*
Block 1	(150 × 110 mm) (Briefmarkenausstellung Pressburg)	(Bl. 1)	*900,—*	*1200,—*	*1200,—*
78	10 H schwärzlichrot	(368)	50,—	60,—	60,—
Block 2	(150 × 165 mm) (Briefmarkenausstellung Pressburg)	(Bl. 2)	*1700,—*	*2500,—*	*1400,—*
79	2 Kč + 3 Kč olivschwarz	(391)	—,—	—,—	—,—
Block 3	(71 × 91 mm) (Masaryk mit Kind)	(Bl. 3)	*4500,—*	*7800,—*	*6500,—*
80	50 H (dunkel)lilaultramarin	(398)	*300,—*	*500,—*	*400,—*
81	1 Kč schwärzlichrosarot	(399)	*300,—*	*500,—*	*400,—*
Block 4	(148 × 105 mm) (Briefmarkenausstellung PRAGA)	(Bl. 4)	*1700,—*	*2800,—*	*2300,—*

Auflagen: Bl. 1 = 350, Bl. 2 unbekannt, Bl. 3 = 40, Bl. 4 = 300 Blocks

Sondermarken:

				*	**	⊙
82	15 H	schwärzlichgraugrün (Löwe)	(34 a)			*2500,—*
83	25 H	dunkelbraun (Löwe)	(35 a)			*2500,—*
84	50 H	ultramarin (Löwe)	(36)			*2500,—*
85	75 H	schwarzpreußischblau (Mutter Republik)	(37)			*2500,—*
86	100 H	schwarzviolettbraun (Mutter Republik)	(38 a)			*2500,—*
87	120 H	schwärzlichviolett auf hellgelb (Mutter Republik)	(39)			*2500,—*
88	80 H	schwarzbläulichviolett (Hussit)	(181)	*2200,—*		*3000,—*
89	2 Kč	dunkelultramarin (Dom zu Brünn)	(273)			*3000,—*
90	2.50 Kč	schwärzlichblau (Hohe Tatra)	(274)	*2200,—*		*2200,—*
91	5 Kč	schwarzgrauviolett	(276)	*2200,—*		*2200,—*
92	1 Kč	karminrot (Tyrš)	(315)			*4000,—*
A 93	50 H	dunkelgrün (Neutra)	(319)			*3000,—*
93	60 H	schwärzlichgraupurpur (Tyrš)	(318)	*3000,—*	*5000,—*	*3500,—*
94	50 H	dunkelgrün (Legionärsmarke 1935)	(322)			*2400,—*
95	2 Kč	schwarzkobalt (Legionärsmarke 1935)	(324)	*4000,—*		*4000,—*

					✶	✶✶	⊙
96	50 H		dunkelgrünblau (Dvořák)	(329)			5000,—
97	2 Kč		dunkelkobalt (100 Jahre Nationalhymne)	(331)	2200,—		2500,—
98	50 H		dunkelopalgrün auf hellgelb (85. Geburtstag Masaryk)	(332)	2200,—		2200,—
99	1 Kč		dunkelrötlichkarmin auf hellgelb (85. Geburtstag Masaryk)	(333)	4000,—		5000,—
100	2 Kč		dunkelviolettblau auf hellgelb (85. Geburtstag Masaryk)	(334)	2400,—		2400,—
101	3 Kč		dunkelorangebraun auf hellgelb (85. Geburtstag Masaryk)	(335)	2200,—		2400,—
102	1 Kč		dunkelrosakarmin (Gefallenendenkmal)	(336)	300,—	400,—	300,—
103	2 Kč		schwarzgraublau (Gefallenendenkmal)	(337)	300,—	400,—	300,—
104	50 H		(dunkel)blaugrün (Štefánik)	(338)	900,—	1200,—	1000,—
105	50 H		schwärzlichbläulichgrün (hl. Methodius)	(339)	2500,—		5000,—
106	1 Kč		schwärzlichrötlichkarmin (hl. Methodius)	(340)	2500,—		5000,—
107	2 Kč		dunkelblau (Töne) (hl. Methodius)	(341)	2500,—		5000,—
108	50 H	+ 50 H	schwarzblaugrün (Kinderhilfe 1936)	(342)			4000,—
109	1 Kč	+ 50 H	dunkelmagenta (Kinderhilfe 1936)	(343)			4000,—
110	2 Kč	+ 50 H	(dunkel)ultramarin (Kinderhilfe 1936)	(344)			4000,—
111	50 H		schwarzgrün (Mácha)	(345)	1000,—	1500,—	1500,—
112	1 Kč		schwärzlichrosalila (Mácha)	(346)	1000,—	1500,—	1500,—
113	50 H	+ 50 H	dunkelgrünblau (Muttertag)	(361)	300,—	450,—	250,—
114	1 Kč	+ 50 H	dunkelrosalila (Muttertag)	(362)	300,—	450,—	250,—
115	2 Kč	+ 1 Kč	schwärzlichultramarin (Muttertag)	(363)	300,—	450,—	250,—
116	50 H		schwarz(opal)grün (Legionärsmarke 1937)	(373)	300,—	450,—	500,—
117	1 Kč		dunkelrötlichkarmin (Legionärsmarke 1937)	(374)	300,—	450,—	500,—
118	2 Kč		schwärzlichbläulichgrün (Hradschin)	(375)	600,—	900,—	900,—
119	2.50 Kč		schwärzlichultramarin (Hradschin)	(376)	650,—	1000,—	1000,—
120	50 H		dunkelgrünlichblau (Purkyně)	(377)	1000,—	1500,—	1500,—
121	1 Kč		karminrot (Purkyně)	(378)	1000,—	1500,—	1500,—
122	50 H		grünschwarz (Tod von Masaryk)	(379)	120,—	180,—	160,—
123	2 Kč		grünschwarz (Tod von Masaryk)	(380)	200,—	300,—	280,—
124	50 H		schwarzbläulichgrün (Aufdruck „B.I.T. 1937")	(381)	100,—	180,—	180,—
125	1.50 Kč		karmin (Töne) (Aufdruck „B.I.T. 1937")	(382)	100,—	180,—	180,—
126	2 Kč		schwarzblaugrün (Aufdruck „B.I.T. 1937")	(383)	100,—	180,—	180,—
127	50 H		dunkelopalgrün (Sokol-Winterspiele)	(387)	250,—	350,—	250,—
128	1 Kč		lilakarmin (Sokol-Winterspiele)	(388)	250,—	350,—	250,—
129	50 H	+ 50 H	schwärzlichopalgrün (Masaryk mit Kind)	(389)	200,—	350,—	200,—
130	1 Kč	+ 50 H	(dunkel)rotkarmin (Masaryk mit Kind)	(390)	200,—	350,—	200,—
131	50 H		schwärzlichopalgrün (Legionärsmarke 1938)	(392)	300,—	500,—	400,—
132	50 H		schwärzlichopalgrün (Legionärsmarke 1938)	(393)	300,—	500,—	400,—
133	50 H		schwärzlichblaugrün (Legionärsmarke 1938)	(394)	250,—	300,—	300,—
134	50 H		schwärzlichblaugrün (Fügner)	(395)	250,—	400,—	300,—
135	1 Kč		karminrot (Fügner)	(396)	250,—	400,—	300,—
136	2 Kč		schwärzlichpreußischblau (Fügner)	(397)	250,—	400,—	300,—
137	50 H		schwärzlichbläulichgrün (Ausstellung Pilsen)	(400)	250,—	400,—	300,—
138	50 H		schwärzlichbläulichgrün (Ausstellung Kaschau)	(401)	90,—	150,—	45,—

Auflagen: MiNr. 93 = 10, MiNr. 102–103, 116–117 und 131–132 je 100, MiNr. 104 = 40, MiNr. 108–110 je 5, MiNr. 111–112 und 120–121 je 50, MiNr. 113–115 und 122 je 150, MiNr. 118 = 80, MiNr. 119 = 70, MiNr. 123 = 75, MiNr. 124–128 je 200, MiNr. 129–130 je 180, MiNr. 133–134 und 137 je 200, MiNr. MiNr. 135–136 je 250, MiNr. 138 = 400 Stück; Rest unbekannt

Alle Marken von Reichenberg und Maffersdorf gültig bis 16.10.1938

Maffersdorf

1938, 8. Okt. Freimarken, Sondermarken und Blocks der Tschechoslowakei mit schwarzbraunem bis schwarzem Handstempel-Aufdruck.

Freimarken:

				✶	✶✶	⊙
4	100 H	schwarzrötlichbraun (Republik)	(177)			2500,—
11	5 H	schwarzkobalt (Staatswappen)	(277)	200,—	350,—	100,—
12	10 H	dunkelorangebraun (Staatswappen)	(278)	160,—	300,—	80,—
13	20 H	rot (Töne) (Staatswappen)				
A		vierseitig gez. L 9¾	(279 A)	30,—	50,—	15,—
14	25 H	schwärzlichbläulichgrün (Staatswappen)	(280)	200,—	350,—	100,—
15	30 H	dunkelrotlila (Staatswappen)	(281)	160,—	300,—	50,—
18	10 Kč	schwarzlilaultramarin (Niklaskirche, Prag)	(294)	5000,—		
21	40 H	schwärzlichblau (Comenius)	(347)	240,—	350,—	70,—
22	50 H	schwarzbläulichgrün (Beneš)	(348)	300,—	500,—	100,—
23	60 H	schwärzlichviolettpurpur (Štefánik)	(349)	240,—	450,—	80,—
24	1 Kč	schwärzlichrosalila (Masaryk 1935)	(350)	45,—	60,—	15,—
25	1.20 Kč	schwärzlichgraulila (Mukačevo-Palanok)	(351)	100,—	180,—	100,—
26	1.50 Kč	karmin (Töne) (Neusohl)	(352)	100,—	180,—	100,—
27	2 Kč	(Klingenberg)	(353)			
a		schwarzblaugrün		100,—	180,—	100,—
b		dunkelbläulichgrün				2000,—
28	2.50 Kč	dunkelgrauultramarin (Burgruine Strečno)	(354)	100,—	200,—	120,—
29	3 Kč	dunkelsiena (Schloss Groß-Skal)	(355)	130,—	200,—	40,—
30	3.50 Kč	schwärzlichviolettpurpur (Austerlitz)	(356)	250,—	400,—	180,—
31	4 Kč	schwärzlichviolettpurpur (Bad Podiebrad)	(357)	250,—	400,—	180,—

					*	**	⊙
32		5 Kč	schwarzopalgrün (Olmütz)	(358)	*250,—*	*400,—*	*180,—*
33		10 Kč	schwarzkobaltblau (Pressburg)	(359)	200,—	350,—	150,—
34		50 H	schwarzbläulichgrün (Beneš 1937)	(360)	*60,—*	*90,—*	40,—
35		1.60 Kč	dunkelbräunlicholiv (Kuttenberg)	(386)	*100,—*	*180,—*	100,—

Auflagen: MiNr. 11 = 500, MiNr. 12 = 1000, MiNr. 13 A = 1500, MiNr. 14 = 400, MiNr. 15 = 1000, MiNr. 21 = 600, MiNr. 22 = 500, MiNr. 23 = 1000, MiNr. 24 = 2100, MiNr. 25–26 je 500, MiNr. 27 = 600, MiNr. 28 = 400, MiNr. 29 = 600, MiNr. 30–31 je 350, MiNr. 32 = 400, MiNr. 33 = 350, MiNr. 34 = 900, MiNr. 35 = 500 Stück; Rest unbekannt

MiNr. 1–10 und 16, 17, 19, 20 siehe bei Reichenberg.

Freimarken: Flugpostmarken der Tschechoslowakei MiNr. 303–310 mit gleichem Handstempel-Aufdruck.

					*	**	⊙
36		50 H	schwärzlichgrün	(303)	*120,—*	*180,—*	*120,—*
37		1 Kč	lilarot	(304)	*120,—*	*180,—*	*120,—*
38		2 Kč	schwarzgrün	(305)	*120,—*	*180,—*	*120,—*
39		3 Kč	schwärzlichbräunlichlila	(306)	*120,—*	*180,—*	*120,—*
40		4 Kč	schwarzgraublau (Töne)				
	a		Format 32×21,5 mm	(307 a)	*140,—*	*220,—*	*120,—*
41		5 Kč	schwärzlichsiena	(308 b)	*140,—*	*220,—*	*120,—*
42		10 Kč					
	a		lilaultramarin	(309 b)	*260,—*	*550,—*	*220,—*
43		20 Kč	schwarzblau (Töne)				
	A		gez. L 13¾	(310 A)	*2000,—*		
	B		gez. L 12¼	(310 B)	*260,—*	*550,—*	*220,—*

Wenn nicht ausdrücklich anders angegeben, gelten die Preise für Marken mit Zähnung L 13¾. Stücke mit Zähnung L 12¼ oder Mischzähnung 100% Aufschlag.

Auflagen: MiNr. 36–43 je 350 Stück

Freimarken: Zustellungsmarken der Tschechoslowakei MiNr. Zu 359–Zu 360 mit gleichem Handstempel-Aufdruck.

					*	**	⊙
44		50 H	schwärzlichultramarin				
	A		gez. L 13¾:13½:13¾	(Zu 359 A)	*1500,—*		*1800,—*
	B		gez. L 13¾	(Zu 359 B)	*1500,—*		*1800,—*
45		50 H	lebhaftmagenta				
	A		gez. L 13¾:13½:13¾	(Zu 360 A)	*1500,—*		*1800,—*
	B		gez. L 13¾	(Zu 360 B)	*1500,—*		*1800,—*

Auflagen: MiNr. 44–45 je 50 Stück

Freimarken: Zeitungsmarken der Tschechoslowakei MiNr. 17, 190 (Falke) und 365, 368–372 (Taube) mit schwarzbraunem bis schwarzem Handstempel-Aufdruck.

				*	**	⊙
48	30 H	siena	(17)	*500,—*	*1000,—*	*500,—*
50	50 H	orange	(190)	*500,—*	*1000,—*	*500,—*
56	5 H	kobalt	(365)	*45,—*	*80,—*	*55,—*
59	10 H	schwärzlichrot	(368)	*50,—*	*90,—*	*55,—*
60	12 H	schwärzlichviolettblau	(369)	*250,—*	*350,—*	*250,—*
61	20 H	schwarzgraugrün	(370)	*250,—*	*350,—*	*250,—*
62	50 H	rotbraun	(371)	*250,—*	*350,—*	*250,—*
63	1 Kč	dunkelolivgrau	(372)	*250,—*	*350,—*	*250,—*

Bei allen Marken gibt es Farbschwankungen.

Auflage: MiNr. 48 = 100, MiNr. 50 = 100, MiNr. 56 = 1000, MiNr. 59 = 600, MiNr. 60–63 je 200 Stück

MiNr. A 45, 46, 47, 49, 51–55 und 57–58 siehe bei Reichenberg.

Freimarken: Portomarken der Tschechoslowakei MiNr. P 55–P 62 mit gleichem Handstempel-Aufdruck.

				✶	✶✶	⊙
64	5 H	dunkelrot (Töne)	(P 55)	*1200,—*		*1200,—*
65	10 H	dunkelrot (Töne)	(P 56)	*1200,—*		*1200,—*
66	20 H	dunkelrot (Töne)	(P 57)	*1200,—*		*1200,—*
67	30 H	dunkelrot (Töne)	(P 58)	*1200,—*		*1200,—*
68	40 H	dunkelrot (Töne)	(P 59)	*1200,—*		*1200,—*
69	50 H	dunkelrot (Töne)	(P 60)	*1200,—*		*1200,—*
70	60 H	dunkelrot (Töne)	(P 61)	*1200,—*		*1200,—*
71	1 Kč	dunkelkobalt (Töne)	(P 62)	*1200,—*		*1200,—*

Auflagen: MiNr. 64–71 je 50 Stück

MiNr. 72–75 siehe bei Reichenberg.

Block:

			✶	✶✶	⊙
79	2 Kč + 3 Kč olivschwarz	(391)	—,—	—,—	—,—
Block 3	(71 × 91 mm) (Masaryk mit Kind)	(Bl. 3)	*4500,—*	—,—	*8000,—*

Auflage: Bl. 3 = 20 Blocks

MiNr. 76–78 und 80–81, Bl. 1–2 und 4 siehe bei Reichenberg.

Sondermarken:

				✶	✶✶	⊙
93	60 H	schwärzlichgraupurpur (Tyrš)	(318)	—,—		
96	50 H	dunkelgrünblau (Dvořák)	(329)	*3000,—*		*6500,—*
102	1 Kč	dunkelrosakarmin (Gefallenendenkmal)	(336)	600,—	1000,—	600,—
103	2 Kč	schwarzgraublau (Gefallenendenkmal)	(337)	600,—	1000,—	600,—
104	50 H	(dunkel)blaugrün (Štefánik)	(338)	*3000,—*	*4000,—*	*3000,—*
111	50 H	(dunkel)ultramarin (Mácha)	(345)	200,—	250,—	250,—
112	1 Kč	schwarzbläulichgrün (Mácha)	(346)	200,—	250,—	250,—
113	50 H + 50 H	dunkelgrünblau (Muttertag)	(361)			
114	1 Kč + 50 H	dunkelrosalila (Muttertag)	(362)			
115	2 Kč + 1 Kč	schwärzlichultramarin (Muttertag)	(363)			
116	50 H	schwarz(opal)grün (Legionärsmarke 1937)	(373)	450,—	600,—	900,—
117	1 Kč	dunkelrötlichkarmin (Legionärsmarke 1937)	(374)	450,—	600,—	1000,—
118	2 Kč	schwärzlichbläulichgrün (Hradschin)	(375)	*1200,—*	*1500,—*	*1500,—*
119	2.50 Kč	schwärzlichultramarin (Hradschin)	(376)	*1200,—*	*1500,—*	*1500,—*
120	50 H	dunkelgrünlichblau (Purkyně)	(377)	220,—	400,—	220,—
121	1 Kč	karminrot (Purkyně)	(378)	250,—	400,—	220,—
122	50 H	grünschwarz (Tod von Masaryk)	(379)	220,—	400,—	280,—
123	2 Kč	grünschwarz (Tod von Masaryk)	(380)	300,—	450,—	300,—
124	50 H	schwarzbläulichgrün (Aufdruck „B.I.T. 1937“)	(381)	250,—	400,—	200,—
125	1.50 Kč	karmin (Töne) (Aufdruck „B.I.T. 1937“)	(382)	250,—	400,—	200,—
126	2 Kč	schwarzblaugrün (Aufdruck „B.I.T. 1937“)	(383)	250,—	400,—	200,—
127	50 H	dunkelopalgrün (Sokol-Winterspiele)	(387)	150,—	230,—	170,—
128	1 Kč	lilakarmin (Sokol-Winterspiele)	(388)	150,—	230,—	170,—
129	50 H + 50 H	schwärzlichopalgrün (Masaryk mit Kind)	(389)	300,—	450,—	350,—
130	1 Kč + 50 H	(dunkel)rotkarmin (Masaryk mit Kind)	(390)	300,—	450,—	350,—
131	50 H	schwärzlichopalgrün (Legionärsmarke 1938)	(392)	180,—	280,—	80,—
132	50 H	schwärzlichopalgrün (Legionärsmarke 1938)	(393)	180,—	280,—	80,—
133	50 H	schwärzlichblaugrün (Legionärsmarke 1938)	(394)	110,—	180,—	55,—
134	50 H	schwärzlichblaugrün (Fügner)	(395)	140,—	180,—	80,—
135	1 Kč	karminrot (Fügner)	(396)	140,—	180,—	80,—
136	2 Kč	schwärzlichpreußischblau (Fügner)	(397)	140,—	180,—	80,—
137	50 H	schwärzlichbläulichgrün (Ausstellung Pilsen)	(400)	60,—	90,—	35,—
138	50 H	schwärzlichbläulichgrün (Ausstellung Kaschau)	(401)	60,—	85,—	35,—

Auflagen: MiNr. 102–103 und 118–119 je 50, MiNr. 104 = 10, MiNr. 111–112, 120–121 und 124–126 je 200, MiNr. 113–115 je 1, MiNr. 116–117 und 122 je 80, MiNr. 123 = 75, MiNr. 127–128 je 500, MiNr. 129–130 je 100, MiNr. 131 = 600, MiNr. 132 und 134–136 je 700, MiNr. 133 = 1000, MiNr. 137 = 900, MiNr. 138 = 800 Stück; Rest unbekannt

MiNr. 82–92, 94–95, 97–101 und 105–110 siehe bei Reichenberg

Alle Marken von Reichenberg und Maffersdorf gültig bis 16.10.1938

Rumburg

Die Stadt Rumburg (Rumburk) liegt an der Mandau im Norden Tschechiens, nahe der deutschen Grenze. Der Bezirk Rumburg (sogenanntes nordböhmisches Niederland) bestand aus ca. 50 Orten, 42 davon mit eigenen Postämtern. Haupt- und Verteilungspostamt war Rumburg.

Das Gebiet wurde bereits am 21./22. September 1938 von der tschechischen Verwaltung geräumt.

1938, 26. Sept. Freimarken: Freimarken, Zeitungsmarken und Sondermarken der Tschechoslowakei mit schwarzem Bdr.-Aufdruck durch die Buchdruckerei Pfeiffer in vier Typen.

Aufdruck-Type I

Aufdruck-Type II

Aufdruck-Type III

Aufdruck-Type IV

Freimarken: Freimarken der Tschechoslowakei MiNr. 277–281 (Staatswappen), MiNr. 347, 349–350 und 360 (Kopfbilder) sowie MiNr. 351–358 und 386 (Landschaften) mit schwarzem Bdr. Aufdruck in Type I, MiNr. 18 in Type IV.

				✶	✶✶	⊙
1	5 H	schwarzkobalt (Staatswappen)	(277)	50,—	100,—	90,—
2	10 H	dunkelorangebraun (Staatswappen)	(278)	3,50	7,—	6,—
3	20 H	rot (Töne) (Staatswappen)	(279)	3,50	7,—	4,50
4	25 H	schwärzlichbläulichgrün (Staatswappen)	(280)	35,—	75,—	70,—
5	30 H	dunkelrotlila (Staatswappen)	(281)	5,—	10,—	5,—
6	40 H	schwärzlichblau (Comenius)	(347)	5,—	10,—	6,—
7	50 H	schwarzbläulichgrün (Beneš 1937)	(360)	5,—	10,—	4,—
8	60 H	schwärzlichviolettpurpur (Štefánik)	(349)	5,—	10,—	6,—
9	1 Kč	schwärzlichrosalila (Masaryk 1935)	(350)	5,—	10,—	4,—
10	1.20 Kč	schwärzlichgraulila (Mukačevo-Palanok)	(351)	10,—	20,—	18,—
11	1.50 Kč	karmin (Töne) (Neusohl)	(352)	11,—	22,—	20,—
12	1.60 Kč	dunkelbräunlicholiv (Kuttenberg)	(386)	30,—	60,—	60,—
13	2 Kč	schwarzblaugrün bis dunkelbläulichgrün (Klingenberg)	(353)	30,—	60,—	60,—
14	2.50 Kč	dunkelgrauultramarin (Burgruine Strečno)	(354)	10,—	20,—	20,—
15	3 Kč	dunkelsiena (Schloss Groß-Skal)	(355)	10,—	20,—	20,—
16	3.50 Kč	schwärzlichviolettpurpur (Austerlitz)	(356)	180,—	300,—	250,—
17	4 Kč	schwärzlichviolettpurpur (Bad Podiebrad)	(357)	120,—	200,—	150,—
18	5 Kč	schwarzopalgrün (Olmütz)	(358)	120,—	220,—	200,—

Auflagen: MiNr. 1 = 2790, MiNr. 2 = 29 800, MiNr. 3 = 81 800, MiNr. 4 = 3680, MiNr. 5 = 48 900, MiNr. 6 = 33 800, MiNr. 7 = 107 900, MiNr. 8 = 21 800, MiNr. 9 = 124 200, MiNr. 10 = 9400, MiNr. 11 = 8600, MiNr. 12 = 4300, MiNr. 13 = 4350, MiNr. 14 = 9100, MiNr. 15 = 9700, MiNr. 16 = 1000, MiNr. 17 = 1250, MiNr. 18 = 1100 Stück

Freimarken: Zeitungsmarken der Tschechoslowakei MiNr. 15–17 und 190–191 (Falke) sowie 364–372 (Taube) mit schwarzem Bdr.-Aufdruck in Type II.

					✶	✶✶	⊙
19	**100 H**	auf 10 H	schwärzlichgraupurpur	(15)	40,—	80,—	80,—
20	**100 H**	auf 20 H	dunkelkobalt	(16)	200,—	400,—	250,—
21	**100 H**	auf 30 H	siena	(17)	*800,—*	*1300,—*	*1300,—*
22	**100 H**	auf 50 H	orange	(190)	*700,—*	*1100,—*	*900,—*
23	**100 H**	auf 100 H	braunrot	(191)	*2000,—*	*3000,—*	*3000,—*
24	**50 H**	auf 2 H	lebhaftbraunocker	(364)	6,50	15,—	100,—
25	**50 H**	auf 5 H	kobalt	(365)	6,—	15,—	100,—
26	**50 H**	auf 7 H	lebhaftrot	(366)	6,—	15,—	100,—
27	**100 H**	auf 2 H	lebhaftbraunocker	(364)	5,—	12,—	7,—
28	**100 H**	auf 5 H	kobalt	(365)	5,—	12,—	7,—
29	**100 H**	auf 7 H	lebhaftrot	(366)	6,—	14,—	12,—
30	**100 H**	auf 9 H	dunkelsmaragdgrün	(367)	6,—	14,—	12,—
31	**100 H**	auf 10 H	schwärzlichrot	(368)	20,—	35,—	25,—
32	**100 H**	auf 12 H	schwärzlichviolettblau	(369)	30,—	50,—	45,—
33	**100 H**	auf 20 H	schwarzgraugrün	(370)	10,—	20,—	15,—
34	**100 H**	auf 50 H	rotbraun	(371)	35,—	60,—	55,—
35	**100 H**	auf 1 Kč	dunkelolivgrau	(372)	38,—	65,—	60,—

Auflagen: MiNr. 19 = 2500, MiNr. 20 = 350, MiNr. 21–22 je 200, MiNr. 23 = 69, MiNr. 24 = 8500, MiNr. 25 = 11 200, MiNr. 26 = 16 200, MiNr. 27 = 36 000, MiNr. 28 = 45 300, MiNr. 29 = 10 000, MiNr. 30 = 9900, MiNr. 31 = 3550, MiNr. 32 = 2749, MiNr. 33 = 6200, MiNr. 34 = 1919, MiNr. 35 = 1800 Stück

Freimarken: Portomarken der Tschechoslowakei MiNr. 55–62 mit schwarzem Bdr.-Aufdruck in Type III.

				✶	✶✶	⊙
36	**100 H**	auf 5 H dunkelrot (Töne)	(P 55)	45,—	90,—	35,—
37	**100 H**	auf 10 H dunkelrot (Töne)	(P 56)	45,—	90,—	40,—
38	**100 H**	auf 20 H dunkelrot (Töne)	(P 57)	50,—	100,—	45,—
39	**100 H**	auf 30 H dunkelrot (Töne)	(P 58)	22,—	45,—	22,—
40	**100 H**	auf 40 H dunkelrot (Töne)	(P 59)	22,—	45,—	22,—
41	**100 H**	auf 50 H dunkelrot (Töne)	(P 60)	14,—	28,—	18,—
42	**100 H**	auf 60 H dunkelrot (Töne)	(P 61)	28,—	45,—	35,—
43	**100 H**	auf 1 Kč dunkelkobalt (Töne)	(P 62)	14,—	28,—	18,—

Auflagen: MiNr. 36 = 4800, MiNr. 37 = 4200, MiNr. 38 = 4000, MiNr. 39 = 6100, MiNr. 40 = 7200, MiNr. 41 = 10 400, MiNr. 42 = 5500, MiNr. 43 = 10 100 Stück

Freimarken: Sondermarken der Tschechoslowakei MiNr. 387, 389 bis 390, 392–394 und 400–401 mit schwarzem Bdr.-Aufdruck in Type IV, MiNr. 51–52 in Type I.

				✶	✶✶	⊙
44	50 H	dunkelopalgrün (Sokol-Winterspiele)	(387)	*2000,—*	*3000,—*	*3000,—*
45	50 H + 50 H	schwärzlichopalgrün (Masaryk mit Kind)	(389)	160,—	220,—	200,—
46	1 Kč + 50 H	(dunkel)rotkarmin (Masaryk mit Kind)	(390)	200,—	300,—	280,—
47	50 H	schwärzlichopalgrün (Legionärsmarke 1938, Bachmatsch)	(392)	*900,—*	*1400,—*	*1400,—*
48	50 H	schwärzlichopalgrün (Legionärsmarke 1938, Vouziers)	(393)	*2000,—*	*3000,—*	*3000,—*
49	50 H	schwärzlichblaugrün (Legionärsmarke 1938, Doss Alto)	(394)	20,—	40,—	35,—
50	2 Kč	schwärzlichpreußischblau (Fügner)	(397)	30,—	50,—	45,—
51	50 H	schwärzlichbläulichgrün (Briefmarkenausstellung Pilsen)	(400)	6,—	12,—	12,—
52	50 H	schwärzlichbläulichgrün (Briefmarkenausstellung Kaschau)	(401)	6,—	12,—	10,—

Auflagen: MiNr. 44 und 48 je 50, MiNr. 45 = 600, MiNr. 46 = 500, MiNr. 47 = 392, MiNr. 49 = 7750, MiNr. 50 = 4380, MiNr. 51 = 13 050, MiNr. 52 = 17 000 Stück

Alle Marken von Rumburg gültig bis 20.10.1938

Sudetendeutsches Niederland

1938, Sept. Nicht ausgegebene Marken. Bdr.; A = gez. L 10, B = □.

			✶	✶✶
I–III	50 H, 60 H, 1 Kr			
A	gez. L 10	Satzpreis A (3 W.)	260,—	550,—
B	□	Satzpreis B (3 W.)	260,—	550,—

Eine amtliche Legitimation der MiNr. I–III kann nicht nachgewiesen werden.

Deutsche Besetzungsausgaben 1939/1945

(Zweiter Weltkrieg)

In diesem Kapitel sind alle Ausgaben zusammengefasst, die von der deutschen Besatzungsmacht angeordnet, ausgegeben, genehmigt oder stillschweigend geduldet worden sind, auch wenn die ausgebenden Postverwaltungen eigene, von der deutschen Militärverwaltung eingesetzte Landesbehörden (z.B. Albanien, Kanal-Inseln, Lettland, Litauen, Montenegro, Serbien usw.) waren.

Wenn bei einzelnen Ausgaben nicht ausdrücklich anders angegeben, gelten alle Preise für Stücke in völlig einwandfreier Erhaltung!

Albanien

Landespost während der deutschen Besetzung (8.9.1943–29.11.1944)

Währung: 1 Frank (Fr) = 100 Qind (Q)

Viele Marken von Albanien sind mit Falschstempeln im Umlauf; alle Gebraucht-Preise gelten für (BPP-)geprüfte Stücke.

1943, Sept. Freimarken: Marken von Albanien MiNr. 299–305, 307–310 und Eilmarke MiNr. 320 mit lilarotem (MiNr. 1–5 und 7–13), schwärzlichlilabraunem (MiNr. 6) oder schwärzlichbräunlichkarminfarbenem (MiNr. 14) Bdr.-Aufdruck. MiNr. 1 und 9 zusätzlich mit neuem Wertaufdruck.

					**	⊙
1	**1 Q**	auf 3 Q	schwärzlichgelbbraun	(300)	2,—	10,—
2	2 Q		schwarzbräunlicholiv	(299)	2,—	10,—
3	3 Q		schwärzlichgelbbraun	(300)	2,—	10,—
4	5 Q		schwärzlichgrün	(301)	2,—	10,—
5	10 Q		schwärzlichorangebraun	(302)	2,—	10,—
6	15 Q		dunkelrosarot	(303)	2,—	10,—
7	25 Q		dunkelultramarin	(304)	2,—	10,—
8	30 Q		dunkelviolett	(305)	2,—	10,—
9	**50 Q**	auf 65 Q	(lebhaft)karminbraun	(307)	3,—	15,—
10	65 Q		(lebhaft)karminbraun	(307)	3,—	15,—
11	1 Fr		schwarzopalgrün	(308)	30,—	30,—
12	2 Fr		dunkelbräunlichkarmin	(309)	40,—	100,—
13	3 Fr		schwarzolivbraun	(310)	280,—	250,—

Eilmarke

14	25 Q	schwärzlichbläulichviolett	(320)	120,—	40,—
		Satzpreis MiNr. 1–14 (14 W.)	✶ 190,—	480,—	500,—

Bei MiNr. 1–14 gibt es zahlreiche Aufdruckfehler. Außerdem gibt es noch eine Reihe von Abweichungen, die durch die Abnutzung der Drucklettern entstanden sind, wie fehlende Buchstaben und verstümmelte Ziffern, wie z.B. „1913“ statt „1943“ und „Sbtator“ statt „Shtator“.

Nicht ausgegeben / Probedruck

			✶	**
I	5 Q	schwärzlichgrün (Aufdruck auf Flugpostmarke Albanien MiNr. 313)	*1000,—*	*2000,—*

Bei MiNr. I handelt es sich wahrscheinlich um einen Probedruck.

FALSCH

Auflagen unbekannt *Gültig bis 29.11.1944*

1944, 22. Sept. Hilfe zugunsten der Opfer der Luftangriffe. RaTdr.; gez. L 14.

a) Bombengeschädigte, Trümmer

					**	⊙
15	5 Q +	5 (Q)	schwärzlichopalgrün	a	15,—	20,—
16	10 Q +	5 (Q)	schwärzlichbraun	a	15,—	20,—
17	15 Q +	5 (Q)	dunkellilarot	a	15,—	20,—
18	15 Q +	10 (Q)	dunkelgrauultramarin	a	15,—	20,—
19	1 Fr +	50 (Q)	schwärzlichgrünoliv	a	15,—	20,—
20	2 Fr +	1 (Fr)	schwärzlichgrauviolett	a	15,—	20,—
21	3 Fr +	1.50 (Fr)	schwärzlichorange	a	15,—	20,—
			Satzpreis (7 W.)	✶ 45,—	100,—	140,—

Auflagen unbekannt *Gültig bis 29.11.1944*

Alpenvorland – Adria

Marken mit Inschrift „Alpenvorland/Adria“ und Motiven ähnlich Laibach MiNr. 45–60 sind nach dem Krieg gedruckte Phantasieprodukte.

Elsass

Das Elsass erstreckt sich über den westlichen Teil der Oberrheinischen Tiefebene und reicht im Nordwesten bis auf das lothringische Plateau. Es grenzt im Norden und Osten an Deutschland und im Süden an die Schweiz.
Der Waffenstillstand von Compiègne (in Frankreich auch von Rethondes) wurde am 22.6.1940 zwischen dem Deutschen Reich und Frankreich beschlossen und trat am 25.6.1940 in Kraft. Damit war der deutsche Westfeldzug beendet. Die deutsche Wehrmacht besetzte das Elsass, unterstellte es einer reichsdeutschen Zivilverwaltung und schloss es mit dem Gau Baden zusammen.

Die französischen Marken blieben bis 17.8.1940 frankaturgültig, damit waren drei Tage lang Mischfrankaturen mit MiNr. 1–16 möglich (✉ mind. 40,—). Ab 15.7.1941 waren die Marken des Deutschen Reiches (MiNr. 751–759 bereits ab 5.11.1940), Lothringens und Luxemburgs ebenso gültig wie die Marken des Elsass im Altreich, in Lothringen und in Luxemburg (dort bereits ab 1.4.1941). Die Deutsche Dienstpost benutzte von Anfang an nur deutsche Marken ohne Aufdruck.

1944 begann unter Beteiligung der neuformierten französischen Armee der Einmarsch der Alliierten, das Elsass kam wieder unter französische Verwaltung.

Währung: 1 Reichsmark (M) = 100 Reichspfennig (Pf)

Die Postgebühren des Elsass entsprachen denen des Deutschen Reiches (siehe dort).

1940, 15. Aug. Freimarken: Marken des Deutsches Reiches MiNr. 513–528 (Hindenburg) mit schwarzem Bdr.-Aufdruck.

					**	⊙
1	3	(Pf)	dunkelbraunocker	(513)	0,70	0,70
2	4	(Pf)	schwärzlichgrau-ultramarin (Töne)	(514)	1,40	1,40
3	5	(Pf)	(gelb)smaragdgrün GA	(515)	0,70	0,70
4	6	(Pf)	schwarz(grau)grün bis schwarzopalgrün GA	(516)	0,70	0,70
5	8	(Pf)	zinnober (Töne)	(517)	0,70	0,70
6	10	(Pf)	dunkelrötlichbraun (Töne)	(518)	0,70	1,—
7	12	(Pf)	schwärzlichrosa(rot)	(519)	0,70	0,70
8	15	(Pf)	dunkel- bis schwarzrotlila	(520)	1,50	1,40
9	20	(Pf)	(lebhaft)cyanblau	(521)	1,50	1,40
10	25	(Pf)	(mittel)lilaultramarin	(522)	2,—	2,—
11	30	(Pf)	dunkelbräunlicholiv	(523)	3,—	2,20
12	40	(Pf)	dunkellilapurpur	(524)	3,—	2,20
13	50	(Pf)	schwarzgrün/grauschwarz	(525)	5,—	3,50
14	60	(Pf)	dunkelkarminlila/grauschwarz	(526)	6,—	4,—
15	80	(Pf)	dunkelkobalt/grauschwarz	(527)	7,—	6,—
16	100	(Pf)	schwärzlichgelborange/grauschwarz	(528)	20,—	6,50
			Satzpreis (16 W.)	✶ 20,—	55,—	35,—

		✶	**	⊙
2 F	senkrechtes Paar mit und ohne Aufdruck	—,—	—,—	—,—

Mit alten französischen oder provisorischen Poststempeln ist diese Ausgabe gesucht (⊙ mind 40,—).

Gültig bis 31.12.1941. Ab 1.1.1942 wurden nur noch deutsche Reichspostmarken ohne Aufdruck verwendet.

1944, 7. Dez. Marken mit Aufdruck „saverne libre" auf Deutsches Reich MiNr. 781–786, 789–799 und 826 bis 827 waren amtlich nicht genehmigt.

Notizen:

Estland

Landespost während der deutschen Besetzung (Juli 1941 bis Oktober 1944)

Mit der Besetzung Estlands durch deutsche Truppen im Sommer 1941 nahm die estnische Landespost schrittweise mit und ohne Genehmigung deutscher Behörden ihre Tätigkeit wieder auf. Die zunächst nur in Dorpat verausgabten Marken MiNr. 1–9 gelangten so landesweit zur Ausgabe. Ihr Schalterverkauf endete im Laufe des Dezember 1941.

Mit dem Aufbau der Deutschen Dienstpost gelangten parallel zu MiNr. 1–9 Marken des Deutschen Reiches in Hindenburg- und Hitlerzeichnung zunächst ohne Aufdruck „Ostland“ zur Ausgabe, bevor ab 4. November 1941 auch im Generalbezirk Estland des Postkommissariats Ostland ausschließlich dessen Marken ausgegeben wurden (siehe dort).

Währung: 1 Rubel (R) = 100 Kopeken (K) = 10 Reichspfennig (RPf)

Alle Marken MiNr. 1–9 sind falsch gestempelt im Umlauf; alle ⊙-Preise gelten nur für (BPP-)geprüfte Stücke!

1941, 7./12. Aug. Freimarken: Landespost. Ⓔ V. Krass; Bdr. Ilutrükk (10×10); x = dickes, gestrichenes Papier, bräunliche Gummierung, y = gewöhnliches Papier, weiße Gummierung; gez. L 11¼.

a) Hakenkreuz, Wertziffer, estnisches Wappen

				✶	✶✶	⊙
1	15 (K)	(schwärzlich)rötlichbraun	a			
x		dickes, gestrichenes Papier, bräunliche Gummierung (7.8.)		12,—	24,—	24,—
y		gewöhnliches Papier, weiße Gummierung (12.8.)		10,—	20,—	20,—
2	20 (K)	dunkelsmaragdgrün (Töne)	a			
x		dickes, gestrichenes Papier, bräunliche Gummierung (7.8.)		8,—	20,—	20,—
y		gewöhnliches Papier, weiße Gummierung (12.8.)		7,—	18,—	18,—
3	30 (K)	schwarz(lila)ultramarin	a			
x		dickes, gestrichenes Papier, bräunliche Gummierung (7.8.)		8,—	20,—	20,—
y		gewöhnliches Papier, weiße Gummierung (12.8.)		7,—	18,—	18,—
		Satzpreis x (3 W.)		27,—	60,—	60,—
		Satzpreis y (3 W.)		24,—	55,—	55,—

Auflagen: MiNr. 1 x = 100 000, MiNr. 2 x = 250 000, MiNr. 3 x = 250 000; MiNr. 1 y = 200 000, MiNr. 2 y = 250 000, MiNr. 3 y = 250 000 Stück

Gültig bis 30.4.1942

1941, 22. Sept. Freimarken: Wiederaufbau. Ⓔ H. Sarap; RaTdr. Ilutrükk (Hochformate 10×5, Querformate 5×10) mit lilagrauem bzw. gelbgrauem netzförmigem Überdruck; Hochformate gez. L 11:11¼, Querformate ~.

b) Turm „Der lange Hermann“ in Reval (Tallinn)

c) Steinbrücke in Dorpat (Tartu)

d) Mittelalterliche Befestigungen in Narva

e) Ansicht von Reval (Tallinn)

f) Universität in Dorpat (Tartu)

g) Hermannsfeste in Narva

				✶	✶✶	⊙
4	15 + 15 (K)	(dunkel)braun (Töne)	b	0,30	0,80	6,—
5	20 + 20 (K)	dunkellilapurpur (Töne)	c	0,30	0,80	6,—
6	30 + 30 (K)	schwärzlichlilaultramarin (Töne)	d	0,30	0,80	6,—
7	50 + 50 (K)	schwärzlichgelbsmaragdgrün (Töne)	e	0,30	0,80	12,—
8	60 + 60 (K)	lilarot (Töne)	f	0,30	0,80	10,—
9	100 + 100 (K)	schwarztürkisgrau (Töne)	g	0,50	1,20	12,—
		Satzpreis (6 W.)		2,—	5,—	50,—

Die gesamte erste Auflage (lilagrauer Netzüberdruck, lebhafte Farben) weist matte weiße Gummierung auf. Die Marken MiNr. 4–6 wurden auch in einer zweiten Auflage (gelbgrauer Netzüberdruck, trübe Fraben) mit glänzender, meist bräunlicher Gummierung hergestellt (Preise gleich).

Auflage: 1. Auflage 15 000 Sätze

Gültig bis 30.4.1942

Bis zur Räumung des Gebietes waren deutsche Marken mit Aufdruck „Ostland“ in Verwendung, siehe dort.

Notizen:

Lokalausgaben

Alle Marken der Lokalausgaben sind mit falschen Aufdrucken und/oder Falschstempeln in Umlauf.
Alle Preise gelten nur für (BPP-)geprüfte Stücke.

Elwa (bei Dorpat)

1941, 10. Juli. Freimarken: Frei- und Sondermarken der Sowjetunion bzw. von Estland (MiNr. 162) mit zweizeiligem schwarzem Handstempel-Aufdruck.

Freimarken:

				*	**	⊙
1	1 K	schwärzlich(gelblich)orange				
X		ohne Wasserzeichen (Werktätige 1940)	(672 I A)	90,—	160,—	160,—
Y		mit Wasserzeichen 7 (Werktätige 1929)	(365 A)	1500,—	2500,—	2500,—
2	2 K	lebhaftgelblichgrün (Werktätige 1938)	(673 I A)	120,—	200,—	200,—
3	3 K	dunkelgrünlichblau (Werktätige 1929)	(367 B)	400,—	650,—	650,—
4	4 K	schwärzlichrosalila (Werktätige 1929)	(368 A)	700,—	1200,—	1200,—
5	5 K	(dunkel)bräunlichrot (Werktätige 1939)	(676 I A)	140,—	220,—	220,—
6	10 K	dunkelpreußischblau (Werktätige 1938)	(677 I A)	120,—	200,—	220,—
7	15 K	dunkelgraugrün (Werktätige 1939)	(679 I A)	140,—	220,—	220,—
8	20 K	schwarzgelbgrün (Werktätige 1937)	(578 A)	140,—	220,—	220,—
9	30 K	dunkelviolettultramarin (Werktätige 1939)	(682 I A)	140,—	220,—	220,—
10	50 K	(lebhaft)braun (Werktätige 1940)	(683 I A)	370,—	600,—	650,—
11	60 K	lilarot (Werktätige 1939)	(684 IV A)	320,—	500,—	550,—
A 11	1 R	schwärzlichzinnoberrot (Moskauer Kreml)	(812)	*3500,—*	*5500,—*	*5500,—*
B 11	2 R	braunorange (Moskauer Kreml)	(813)	*3500,—*	*5500,—*	*5500,—*
12	3 R	schwarzopalgrün (Lenin 1939)	(687)	1500,—	2200,—	2200,—
13	5 R	rötlichbraun (Lenin 1939)	(688)	1500,—	2200,—	2200,—
A 13	10 R	grünschwarz (Lenin 1939)	(689)	*3500,—*	*5500,—*	*5500,—*

Paare mit und ohne Aufdruck:

	*	**	⊙
1 X F	*800,—*	*1300,—*	*1500,—*
3 F	*900,—*	*1500,—*	
5 F	*900,—*	*1500,—*	
6 F	*900,—*	*1500,—*	
7 F	*900,—*	*1500,—*	
8 F	*900,—*	*1500,—*	
9 F	*900,—*	*1500,—*	
10 F	*900,—*	*1500,—*	
11 F	*900,—*	*1500,—*	

FALSCH

Auflagen: MiNr. 1 X = 600, MiNr. 1 Y = 50, MiNr. 2 = 600, MiNr. 3 = 200, MiNr. 4 = 300, MiNr. 5 = 600, MiNr. 6–9 je 400, MiNr. 10–11 je 200, MiNr. A 11–B 11 unbekannt, MiNr. 12 = 80, MiNr. 13 = 70, MiNr. A 13 = unbekannt

Verschiedene Sondermarken:

				*	**	⊙
B 13	5 K	schwärzlichgraupurpur (23 Jahre Rote Armee)	(793 C)			*13000,—*
C 13	10 K	dunkelviolettultramarin (23 Jahre Rote Armee)	(794 C)			*13000,—*
D 13	15 K	rot (20. Jahrestag der Erstürmung der Landenge von Perekop)	(781 A)		*13000,—*	*13000,—*
E 13	15 K	karmin (Sportabzeichen „GTO“)	(753 A)			*15000,—*
F 13	20 K	lebhaftrot (23 Jahre Rote Armee)	(796 A)			*15000,—*
14	30 K	schwarzrotbraun (20. Todestag von K. Timirjasew)	(751)	800,—	1200,—	1200,—
A 14	30 K	schwarzbraunkarmin (Sportabzeichen „GTO“)	(754)	*2200,—*	*3500,—*	*3500,—*
B 14	30 K	schwärzlichorangebraun/schwärzlichrot (Perekop)	(782 A)	*13000,—*	*13000,—*	
C 14	30 K	schwärzlichockerbraun (Töne) (23 Jahre Rote Armee)	(797 A)			*13000,—*
D 14	30 K	karminrot (20. Todestag von N. Schukowskij)	(802)		*7000,—*	*7000,—*
E 14	30 K	schwärzlichrosarot (Karelo – Finnische SSR)	(810 A)	*4000,—*	*7000,—*	
15	45 K	dunkelblaugrün (Karelo – Finnische SSR)	(811 A)	*4000,—*	*7000,—*	*7000,—*
A 15	45 K	dunkelgraugrün (23 Jahre Rote Armee)	(798 C)			*13000,—*
16	50 K	schwärzlichlilakarmin (Perekop)	(783 A)	800,—	1200,—	1200,—
A 16	50 K	dunkelviolettultramarin (23 Jahre Rote Armee)	(799 A)			*13000,—*
17	60 K	schwärzlichviolettultramarin (Töne) (10. Todestag von N. Majakowskij)	(747)	800,—	1200,—	1200,—
18	60 K	schwarzlilaultramarin (Sportabzeichen „GTO“)	(756)	350,—	600,—	600,—
A 18	60 K	schwärzlichpreußischblau (Perekop)	(784 A)	*12000,—*	*20000,—*	*—,—*
19	80 K	dunkelbräunlichrot (Forschungsstation Nordpol 1)	(587)	350,—	600,—	600,—

20	1 R	schwarz/dunkelrot (20 Jahre Rote Armee)	(594)	350,—	600,—	600,—
21	1 R	olivschwarz (Perekop)	(785 A)	350,—	600,—	800,—
22	1 R	schwärzlichgrün (Technisierung)	(792 A)	700,—	1100,—	1100,—
23	1 R	schwarzockerbraun (Töne) (Festung Ismail)	(809)	700,—	1100,—	1100,—
A 23	1 R	schwärzlichgrünblau (23 Jahre Rote Armee)	(800 A)			*13000,—*

Paar mit und ohne Aufdruck:

14 F		*2000,—*	*3500,—*

Auflagen: MiNr. 14 = 100, MiNr. 17 = 100, 18–21 je 200, MiNr. 22–23 je 100 Stück, Rest unbekannt

Sondermarken Landwirtschaftliche Ausstellung Moskau 1940:

				✶	✶✶	⊙
24	10 K	mehrfarbig	(763)	400,—	750,—	700,—
25	15 K	mehrfarbig	(764)	*2000,—*	*7000,—*	*3500,—*
A 25	30 K	mehrfarbig	(765)	*2000,—*	*3500,—*	*3500,—*
B 25	30 K	mehrfarbig	(766)	*4500,—*	*7000,—*	*7000,—*
26	30 K	mehrfarbig	(767)	450,—	800,—	800,—
27	30 K	mehrfarbig	(768)	900,—	1500,—	1500,—
28	30 K	mehrfarbig	(769)	*2000,—*	*3500,—*	*3500,—*
29	30 K	mehrfarbig	(770)	450,—	800,—	800,—
30	30 K	mehrfarbig	(771)	*2600,—*	*4000,—*	*5000,—*
31	30 K	mehrfarbig	(772)	*2500,—*	*4000,—*	*4000,—*
32	30 K	mehrfarbig	(773)	450,—	800,—	800,—
33	30 K	mehrfarbig	(774)	*4500,—*	*7000,—*	*7000,—*
34	30 K	mehrfarbig	(775)	—,—	—,—	*8000,—*
35	30 K	mehrfarbig	(776)	650,—	1100,—	1100,—
36	30 K	mehrfarbig	(777)	*2000,—*	*3500,—*	*3500,—*
37	50 K	mehrfarbig	(778)	600,—	1000,—	1000,—
38	60 K	mehrfarbig	(779)	650,—	1100,—	1000,—

Paar mit und ohne Aufdruck:

38 F			*4000,—*

Auflagen: MiNr. 24, 26, 29, 32, 35 und 37 je 200, MiNr. 38 = 100 Stück, Rest unbekannt

Weitere verschiedene Sondermarken:

				✶	✶✶	⊙
A 38	10 K	schwarzgrün (Perekop)	(780 A)	—,—	*4000,—*	*3500,—*
39	10 K	dunkelgraugrün (Festung Ismail)	(806)	*5000,—*	*10000,—*	*10000,—*
40	15 K	dunkelgrauultramarin (Schukowskij)	(801)	*4000,—*	*10000,—*	*10000,—*
41	15 K	schwarzorangebraun (Kirgisische ASSR)	(804 A)	*3000,—*	*6000,—*	*6000,—*
42	15 K	schwärzlichrosarot (Festung Ismail)	(807)	*2000,—*	*4000,—*	*4000,—*
43	30 K	schwarzpreußischblau/schwärzlichorangerot (Weltausstellung New York)	(693 B)	*3000,—*	*6000,—*	*6000,—*
44	30 K	schwarzopalgrün (Töne) (West-Ukraine/West-Weißrussland)	(737)	*3000,—*	*6000,—*	*6000,—*
45	30 K	blauschwarz (Festung Ismail)	(808)	*3000,—*	*6000,—*	*6000,—*
46	30 K	schwärzlichbraun (Technisierung)	(789 A)	*3000,—*	*6000,—*	*6000,—*
A 46	50 K	preußischblau/dunkelorangebraun (Weltausstellung New York)	(694 A)	—,—	*18000,—*	
47	50 K	schwarzlilaultramarin (Sportabzeichen „GTO“)	(755)	*2000,—*	*4000,—*	*4000,—*
A 47	50 K	braunkarmin (Schukowskij)	(803)	*4000,—*	*7000,—*	*7000,—*
48	60 K	schwärzlichockerbraun (Technisierung)	(791 A)	*2000,—*	*4000,—*	*4000,—*
49	15 (S)	braunrot (100 Jahre Briefmarken)	(Estland 162)	*2500,—*	*4000,—*	*5000,—*

Auflagen: unbekannt

Über die Auflagenhöhen liegen stark abweichende Zahlen aus verschiedenen Quellen vor, daher werden die Auflagenzahlen ohne jede Gewähr aufgeführt. Sind keine Angabe gemacht, handelt es sich um Marken, die von Postkunden vorgelegt und beim Postamt mit Handstempelaufdruck „Eesti Post“ versehen wurden. In diesen Fällen beträgt die Auflage jeweils nur wenige Exemplare.

Gültig bis 15.8.1941, in Ausnahmefällen bis 22.9.1941

Hummuli

1941. Freimarken der Sowjetunion mit schrägem violettem Handstempelaufdruck „EESTI POsT“, „EESTI POST“ oder „Eesti Post“ wurden von den Behörden nicht anerkannt.

Mõisaküla (Moiseküll)

1941, 4. Aug. Freimarken: Frei- und Sondermarken der Sowjetunion bzw. Sondermarken von Estland (MiNr. 160) mit schrägem (MiNr. 1–3) bzw. senkrechtem schwarzem Bdr.-Aufdruck „VABA EESTI" (= Freies Estland) im Kasten (MiNr. 4–7); MiNr. 4–7 mit neuem Wertaufdruck.

					✶	✶✶	⊙
1		10 K	dunkelpreußischblau (Werktätige 1938)	(677 I A)	250,—	450,—	450,—
2		20 K	schwarzgelbgrün (Werktätige 1937)	(578 A)	150,—	300,—	300,—
3		60 K	lilarot (Werktätige 1939)	(684 IV A)	600,—	1000,—	1000,—
4	1.20 auf	1 K	dunkel(gelb)orange (Werktätige 1940)	(672 I A)	300,—	500,—	500,—
5	1.20 auf	3 (S)	dunkelrotorange (100 Jahre Briefmarken)	(Estland 160)	*2500,—*	*4000,—*	*5500,—*
6	1.20 auf	5 K	(dunkel)bräunlichrot (Werktätige 1939)	(676 I A)	300,—	500,—	500,—
7	2.40 auf	50 K	mehrfarbig (Landwirtschaftliche Ausstellung 1940)	(778)	*14000,—*	*20000,—*	*20000,—*

FALSCH

Auflagen: MiNr. 1 = 500, MiNr. 2 = 1000, MiNr. 3 = 200, MiNr. 4 = 400, MiNr. 5 = 80, MiNr. 6 = 500, MiNr. 7 = 25 Stück

Gültig bis 15.8.1941

Nõo (Nüggen)

1941, Juli. Freimarken: Freimarken der Sowjetunion (Werktätige) mit handschriftlicher Aufschrift „Eesti / Post", a = mit roter, c = mit grüner Tinte.

a = rote Tinte

				✶	✶✶	⊙
1 a	5 K	(dunkel)bräunlichrot	(676 I A)	*9000,—*	*15000,—*	*15000,—*
2 a	10 K	dunkelpreußischblau	(677 I A)	3000,—	5000,—	4000,—
3 a	15 K	dunkelgraugrün	(679 I A)	*7000,—*	*12000,—*	*10000,—*
4 a	20 K	schwarzgelbgrün	(578 A)	3000,—	5000,—	4000,—
5 a	30 K	dunkelviolettultramarin	(682 I A)	3000,—	5000,—	4000,—
			Satzpreis (5 W.)	*25000,—*	*42000,—*	*37000,—*

c = grüne Tinte

				✶	✶✶	⊙
1 c	5 K	(dunkel)bräunlichrot	(676 I A)	*4500,—*	*8000,—*	*6500,—*
2 c	10 K	dunkelpreußischblau	(677 I A)	1700,—	3000,—	2500,—
3 c	15 K	dunkelgraugrün	(679 I A)	*4500,—*	*8000,—*	*6500,—*
4 c	20 K	schwarzgelbgrün	(578 A)	1700,—	3000,—	2500,—
5 c	30 K	dunkelviolettultramarin	(682 I A)	1700,—	3000,—	2500,—
			Satzpreis (5 W.)	*14000,—*	*25000,—*	*20000,—*

Es besteht der dringende Verdacht, dass die früher katalogisierte schwarze Tinte durch eine Verfärbung oder Manipulation der grünen Tinte entstanden ist; 1 b–5 b wurden daher gestrichen.

FALSCH

Auflagen: unbekannt

Gültig bis 13.8.1941

Otepää (Odenpäh)

1941, 22. Juli. Freimarken: Wappenschild. E A. Valdmaa; Bdr. Gemeindedruckerei Otepää (5×4); A = gez. L 10¾, B = □.

Type I: Wappenschild unten spitz

Type II: Wappenschild unten abgerundet

					✶	✶✶	⊙
1		20 + 20 (K)	schwarz/violettultramarin, Type II	a			
A			gez. L 10¾		100,—	240,—	200,—
B			geschnitten		2000,—	3500,—	5000,—
2		30 + 30 (K)	schwarz/violettultramarin	a			
A			gez. L 10¾				
	I		Type I		150,—	300,—	300,—
	II		Type II		220,—	400,—	450,—
B			geschnitten				
	I		Type I		600,—	1000,—	1200,—
	II		Type II		150,—	300,—	400,—
				Satzpresi (2 W.)	250,—	500,—	500,—

FALSCH

Auflagen: MiNr. 1 A = 2035, MiNr. 1 B = 60, MiNr. 2 A I = 2340, MiNr. 2 B I = 270, MiNr. 2 A II = 1040, MiNr. 2 B II = 1384 Stück

Gültig bis 15.8.1941

Pärnu (Pernau)

1941, 16. Aug./14. Sept. Freimarken: Freimarken der Sowjetunion (Werktätige) mit dreizeiligem schwarzem Bdr.-Aufdruck in zwei Typen durch Druckerei Mühlmann, Pernau.

Type I

Type II

I = Type I (16. Aug.)

					*	**	⊙
5 I	5 K	(dunkel)bräunlichrot		(676 I A)	17,—	35,—	60,—
6 I	10 K	dunkelpreußischblau		(677 I A)	17,—	35,—	60,—
7 I	15 K	dunkelgraugrün		(679 I A)	14,—	30,—	50,—
8 I	20 K	schwarzgelbgrün		(578 A)	40,—	80,—	150,—
9 I	30 K	dunkelviolettultramarin		(682 I A)	14,—	30,—	50,—
10 I	50 K	(lebhaft)braun (Töne)		(683 I A)	*2000,—*	*3600,—*	*3600,—*
				Satzpreis (6 W.)	*2100,—*	*3800,—*	*3900,—*

II = Type II (14. Sept., nicht frankaturgültig, evtl. Abstempelungen immer ◍)

					*	**
1 II	1 K	dunkel(gelb)orange		(672 I A)	1,50	4,—
2 II	2 K	lebhaftgelblichgrün		(673 I A)	1,50	4,—
3 II	3 K	dunkelgrünlichblau				
	A	gez. K 12:12½		(367 A)	80,—	150,—
	B	geschnitten		(367 B)	1,80	5,—
4 II	4 K	schwärzlichrosalila		(368 A)	1,50	4,—
5 II	5 K	(dunkel)bräunlichrot		(676 I A)	1,50	4,—
6 II	10 K	dunkelpreußischblau		(677 I A)	1,50	4,—
7 II	15 K	dunkelgraugrün		(679 I A)	1,50	4,—
8 II	20 K	schwarzgelbgrün		(578 A)	1,50	4,—
9 II	30 K	dunkelviolettultramarin		(682 I A)	1,50	4,—
10 II	50 K	(lebhaft)braun		(683 I A)	1,50	4,—
				Satzpreis (11 W.) (mit MiNr. 3 A und 3 B)	90,—	180,—

FALSCH MiNr. 10 I u. a. Teilzähnungen von MiNr. 3 nur geprüft erwerben.

Auflagen: Type I: MiNr. 5 I–6 I je 10 000, MiNr. 7 I = 20 000, MiNr. 8 I = 6000, MiNr. 9 I = 30 000, MiNr. 10 I = 800 Stück; Type II: MiNr. 1 II–2 II je 90 000, MiNr. 3 II A = 12 240, MiNr. 3 II B = 71 400, MiNr. 4 II = 91 800, MiNr. 5 II–9 II je 204 000, MiNr. 10 II = 153 000 Stück

Gültig bis 25.8.1941

Puka

Angeblich im Juli 1941 erschienene Freimarken der Sowjetunion MiNr. 578 und 682 mit waagerechtem zweizeiligem schwarzem Handstempelaufdruck „Puka / 9. juul. 1941“ sind nicht amtlich.

Rakvere (Wesenberg)

1941. Freimarken und Sondermarken der Sowjetunion MiNr. 578, 676, 682 und 751 mit Aufdruck „RAKVERE / ESTLAND / 7. VIII. 41“ sind nicht amtlich.

Prüfungen und Prüfordnung

Der beste Schutz gegen den Erwerb falscher oder minderwertiger Marken ist der Einkauf im guten Fachgeschäft. In Zweifelsfällen ist die Hinzuziehung eines Experten angebracht.

Prüfordnung. Die von den Spitzenverbänden der Sammler und Händler anerkannten Experten für Marken, Abstempelungen und Erhaltung prüfen nach einheitlichen Richtlinien, die jeder Philatelist kennen sollte.

Ergänzend sei hier nochmals darauf hingewiesen, dass die MICHEL-Redaktion keine Markenprüfungen vornimmt.

Frankreich

Mit dem Angriff auf die Niederlande, Belgien, Luxemburg und Nordfrankreich begann die deutsche Wehrmacht am 10. Mai 1940 den „Westfeldzug“.

Am 10. Juni 1940 wurde Paris zur offenen Stadt erklärt und am 14. Juni von deutschen Truppen eingenommen. Regierungschef Paul Reynaud verkündete am 16. Juni seinen Rücktritt, Marschall Pétain wurde zum neuen Staatschef bestimmt, der nur einen Tag darauf um einen Waffenstillstand mit dem Deutschen Reich bat. Dieser wurde am 22. Juni zwischen dem Deutschen Reich und Frankreich beschlossen und trat am 25. Juni in Kraft. Es ergab sich die Teilung Frankreichs in einen unter deutscher Militärverwaltung stehenden Nord-Westteil sowie einen unbesetzten Südteil mit Vichy als Sitz der französischen Regierung mit Staatschef Pétain.

Bereits ab 10. August 1940 nahm die französische Landespost den nach der Besetzung zunächst ruhenden Postverkehr wieder auf, verwendet wurden weiterhin die Marken Frankreichs und es galten weiterhin die französischen Postgebühren.

In Dünkirchen, Lorient und St. Nazaire gab es lokale Aushilfsausgaben.

Währung:

1 Franc (Fr) = 100 Centimes (C)

Literatur: W. Tust/W. Pickenpack: „Deutsche Besetzung in Frankreich 1940/45“, Heft 41 der Schriftenreihe „Neues Handbuch der Briefmarkenkunde“, 1971.

Dünkirchen

Am 26. Mai erfolgte der deutsche Befehl zum Angriff auf Dünkirchen nahe der belgischen Grenze. Nach weitgehend erfolgreicher Evakuierung der britischen und französischen Soldaten wurde die Stadt am 4. Juni 1940 von der deutschen Wehrmacht eingenommen. Der Postverkehr kam für die Zivilbevölkerung fast völlig zum Erliegen. Um vor allem Flüchtlingen, Kriegsgefangenen und Fremdarbeitern eine Verständigungsmöglichkeit zu geben, wurde vom deutschen Militärkommando in Dünkirchen angeordnet, ab dem 1. 7. wieder einen provisorischen Postverkehr aufzunehmen. Zugelassen waren offene gewöhnliche Briefe und Postkarten.

Zur Freimachung wurden vorhandene französische Marken mit einem Handstempel-Aufdruck versehen. Es standen nur größere, das normale Freimarkenformat überragende Stempel zur Verfügung, weshalb jeweils zwei Marken mit dem Aufdruck versehen wurden und am Postschalter nur paarweise verkauft wurden. Bei den großformatigen Frei- und Sondermarken erhielten Hochformate einen senkrechten (von unten nach oben), Querformate einen waagerechten Aufdruck.

Diese Aushilfsausgaben wurden bis zur Wiedereröffnung der französischen Landespost (10. 8. 1940) verwendet, es kommen aber auch echt gelaufene Briefe nach dem 9. 8. vor, da einige Postämter ihre Restbestände aufbrauchten.

1940, ab 1. Juli. Freimarken: Französische Freimarken mit dreizeiligem Handstempelaufdruck „Besetztes / Gebiet / Nordfrankreich“ im Rahmen, jeweils über 2 Marken gehend.

MiNr. 2
Urmarken-Type I
Gürtelschnalle breit
Falten durchgehend

MiNr. 2
Urmarken-Type II
Gürtelschnalle schmal
Falten unterbrochen

Type I (Dünkirchen):
Rahmen oben
abgerundet

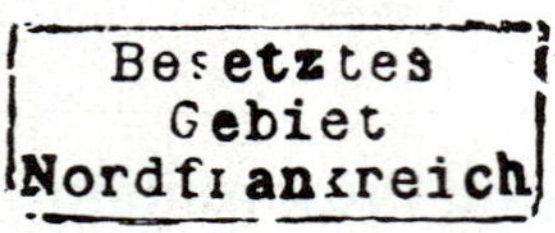

Type II
(Coudekerque-Branche):
Rahmen mit spitzen Ecken

Alle Preise gelten nur für Paare!

					*	**	⊙
1		40 C	dunkelviolett (Merkurkopf) (Juli)	(382)			
I			Aufdrucktype I		*5500,—*	*9000,—*	*8000,—*
II			Aufdrucktype II		900,—	1500,—	*3000,—*
2		50 C	lebhaft- bis dunkelrosa (Friedensallegorie) (1. Juli)	(276)			
I			Aufdrucktype I				
	I		Urmarke Type I		160,—	300,—	350,—
	II		Urmarke Type II		180,—	350,—	400,—
II			Aufdrucktype II		750,—	1400,—	2500,—
3		50 C	schwärzlichblau (Merkurkopf) (1. Juli)	(384)			
I			Aufdrucktype I		160,—	300,—	400,—
II			Aufdrucktype II		600,—	1000,—	2000,—

MiNr. 1 I wurde nur mit senkrechtem Aufdruck ausgegeben; bei MiNr. 2 I und 3 I Preise für waagerechten und senkrechten Aufdruck gleich, MiNr. 1 II–3 II mit senkrechtem Aufdruck 30% Aufschlag.

FALSCH ©

Auflagen (ca): MiNr. 1 I = 300, MiNr. 1 II = 500, MiNr. 2 I = 10 000, MiNr. 2 II = 500, MiNr. 3 I = 3000, MiNr. 3 II = 1500 Stück

Einzelmarken siehe unter MiNr. 49–88

Da die gelieferten und vorhandenen Vorräte nicht ausreichten, um einen reibungslosen Postverkehr zu gewährleisten, ließen einzelne Postvorsteher auch andere als die unter MiNr. 1–3 gelisteten Briefmarkenpaare mit dem Stempel Type I (Postämter: Teteghem/Ghyvelde/Malo les Bains), bzw. Type II (Coudekerque-Branche) versehen. Die Paare wurden bei der Freimachung manchmal getrennt und nur eine Marke verwendet.

Bei den großformatigen Frei- und Sondermarken erhielten Hochformate überwiegend einen senkrechten (meist von unten nach oben), Querformate einen waagerechten Aufdruck.

Paare und Einzelmarken mit einem Postwert von mehr als 1 Fr wurden entweder aus Unkenntnis der Postgebühren, aus Übereifer oder aus philatelistischen Gründen mit dem Aufdruck versehen.

1940, ab Juli. Freimarken: Freimarken von Frankreich (Merkurkopf, Säerin, Friedensallegorie, Iris und Ceres) mit schwarzem Handstempelaufdruck wie bei MiNr. 1–3.

Alle Preise gelten nur für Paare!

MiNr.		Wert			✶	✶✶	⊙
4 II		1 C	schwärzlichorangebraun (Merkurkopf), Aufdrucktype II	(373)	1400,—	2500,—	—,—
5 II		2 C	schwarzopalgrün (Merkurkopf), Aufdrucktype II	(374)	1400,—	2500,—	—,—
6		5 C	karmin (Töne) (Merkurkopf)	(375)			
	I		Aufdrucktype I		1800,—	3000,—	1000,—
	II		Aufdrucktype II		1400,—	2500,—	—,—
7		10 C	lebhaftlilaultramarin (Merkurkopf)	(376)			
	I		Aufdrucktype I		1800,—	3000,—	1000,—
	II		Aufdrucktype II		1400,—	2500,—	—,—
8		15 C	lebhaftbraunorange (Merkurkopf)	(378)			
	I		Aufdrucktype I		1800,—	3000,—	1000,—
	II		Aufdrucktype II		1400,—	2500,—	—,—
9 II		20 C	dunkelgraulila (Säerin), Aufdrucktype II	(185)	1400,—	2500,—	—,—
10		20 C	violettpurpur (Töne) (Merkurkopf)	(379)			
	I		Aufdrucktype I		1800,—	3000,—	1500,—
	II		Aufdrucktype II		1400,—	2500,—	—,—
11		25 C	schwärzlichopalgrün (Merkurkopf)	(380)			
	I		Aufdrucktype I		1200,—	2000,—	700,—
	II		Aufdrucktype II		1400,—	2500,—	—,—
12 I		30 C	dunkelbräunlichrot (Säerin), Aufdrucktype I	(363)	1800,—	3000,—	1500,—
13		30 C	dunkelrot (Töne) (Merkurkopf)	(381)			
	I		Aufdrucktype I		1800,—	3000,—	1500,—
	II		Aufdrucktype II		1400,—	2500,—	
14		45 C	schwärzlichsmaragdgrün (Merkurkopf)	(383)			
	I		Aufdrucktype I		3000,—	5000,—	3000,—
	II		Aufdrucktype II		1400,—	2500,—	—,—
15 II		60 C	braunocker (Töne) (Friedensallegorie), Aufdrucktype II	(367)	1400,—	2500,—	—,—
16 II		70 C	dunkellila (Merkurkopf), Aufdrucktype II	(388)	1400,—	2500,—	—,—
17 II		75 C	grünoliv (Töne) (Friedensallegorie), Aufdrucktype II	(278)	1400,—	2500,—	—,—
18		80 C	schwärzlichorange (Friedensallegorie)	(390)			
	I		Aufdrucktype I		3500,—	5000,—	3000,—
	II		Aufdrucktype II		1400,—	2500,—	—,—
19 II		90 C	lebhaftultramarin (Friedensallegorie), Aufdrucktype II	(393)	1400,—	2500,—	—,—
20		1 Fr	schwärzlichgrün (Iris)	(394)			
	I		Aufdrucktype I		1200,—	2000,—	1000,—
	II		Aufdrucktype II		1400,—	2500,—	—,—
21 I		1 Fr	dunkelrosarot (Iris), Aufdrucktype I	(395)	1200,—	2000,—	1000,—
22 II		1,25 Fr	lebhaftmagenta (Friedensallegorie), Aufdrucktype II	(396)	*7000,—*	*12000,—*	
23		1,40 Fr	lebhaftviolettpurpur (Friedensallegorie)	(398)			
	I		Aufdrucktype I		3000,—	5000,—	3000,—
	II		Aufdrucktype II		1400,—	2500,—	
24		1,50 Fr	dunkelblau (Friedensallegorie)	(282)			
	I		Aufdrucktype I		3000,—	5000,—	3000,—
	II		Aufdrucktype II		1400,—	2500,—	
25		2 Fr	lilarot (Töne) (Ceres)	(401)			
	I		Aufdrucktype I		3000,—	5000,—	3000,—
	II		Aufdrucktype II		1400,—	2500,—	
26 II		2,25 Fr	lilaultramarin (Ceres), Aufdrucktype II	(402)	1400,—	2500,—	
27		2,50 Fr	schwärzlichgrün (Ceres)	(403)			
	I		Aufdrucktype I		2000,—	3500,—	2000,—
	II		Aufdrucktype II		1400,—	2500,—	—,—
28		3 Fr	schwarzviolettblau (Ceres)	(405)			
	I		Aufdrucktype I		3000,—	5000,—	3000,—
	II		Aufdrucktype II		*7000,—*	*12000,—*	

MiNr. 20 I und 21 I wurden in Paaren mit senkrechtem und waagerechtem Aufdruck ausgegeben (Preise gleich). Alle übrigen Werte mit Aufdrucktype I wurden nur in Paaren mit senkrechtem Aufdruck ausgegeben. Alle Werte mit Aufdrucktype II wurden in Paaren mit waagerechtem Aufdruck ausgegeben.

FALSCH

Auflagen: MiNr. 6 I–8 I, 10 I, 12 I–14 I und 18 I je 300, , MiNr. 11 I = 800, MiNr. 20 I = 1200, MiNr. 21 I = 3000, MiNr. 24 I, 27 I und 28 I je 250 Stück; MiNr. 4 II–28 II je 80–100 Stück

Einzelmarken mit anderer Aufdruckstellung oder -type siehe unter MiNr. 49–88

1940, ab Juli. Freimarken: Großformatige Frei- und Sondermarken von Frankreich mit schwarzem Handstempelaufdruck in Type II.

Alle Bewertungen gelten für Einzelmarken!

				*	**	⊙
29	40 C + 10 C	purpur (Töne), P. de Chavannes (1939)	(450)	1500,—	2400,—	—,—
30	40 C + 60 C	mehrfarbig, Postmuseum (1939)	(461)	1500,—	2400,—	—,—
31	40 C + 60 C	schwärzlichbraun, Soldaten (1940)	(464)	1500,—	2400,—	—,—
32	70 C + 10 C	schwärzlichrotbraun, G. Debussy (1939)	(451)	1500,—	2400,—	
33	70 C + 80 C	mehrfarbig, Geburtenrückgang (1939)	(455)	1500,—	2400,—	
34	80 C + 45 C	schwärzlichrötlichbraun, Marschall J. Joffre (1940)	(467)	1500,—	2400,—	—,—
35	90 (C) + 30 C	schwärzlichgrünblau, Gesellschaft für Gesundheitspflege (1939)	(437)	1500,—	2400,—	
36	90 C + 35 C	mehrfarbig, 75 Jahre Rotes Kreuz (1939)	(440)	1500,—	2400,—	
37	90 (C) + 35 C	schwärzlichzinnoberrot, Arbeitslosenkinder (1939)	(447)	1500,—	2400,—	
38	90 C + 10 C	lilapurpur (Töne), H. de Balsac (1939)	(452)	1500,—	2400,—	
39	90 C + 60 C	mehrfarbig, Geburtenrückgang (1939)	(456)	1500,—	2400,—	
40	1 Fr + 50 C	dunkelgrünlichblau, Soldaten (1940)	(465)	1500,—	2400,—	—,—
41	1 Fr + 25 C	dunkelzinnoberrot, Ausstellung Übersee (1940)	(467)	1500,—	2400,—	—,—
42	1 Fr + 50 C	schwärzlichgraupurpur, Marschall F. Foch (1940)	(468)	1500,—	2400,—	—,—
43	1,50 Fr + 50 (C)	lebhaftbraunrot, General J. Gallieni (1940)	(469)	1500,—	2400,—	
44	2,25 Fr + 25 C	dunkelviolettultramarin, C. Bernard (1939)	(453)	1800,—	2500,—	
45	2,50 Fr + 50 (C)	dunkelviolettultramarin, Bäuerin hinter Pflug (1940)	(470)	1800,—	2500,—	
46	5 Fr	schwarzviolettblau, Altstadt Carcassonne (1938)	(413)	*6000,—*	*10000,—*	
47	10 Fr	rotschwarz, Festungsturm Vincennes (1938)	(414)	*6000,—*	*10000,—*	
48	20 Fr	schwärzlichopalgrün, Hafen St. Malo (1938)	(415)	*6000,—*	*10000,—*	

Hochformatige Marken weisen senkrechten, querformatige waagerechten Handstempelaufdruck auf.

Um Unterschlagungen zu vermeiden, wurden ca. 80% der Marken auf der Gummiseite mit dem Tagesstempel „Coudekerque-Branche" abgestempelt. Auch Marken mit rückseitiger Unterschrift des Postamtsleiters sind bekannt. Derartige Kennzeichnungen sind keine Wertminderung.

FALSCH

Auflagen: MiNr. 29–45 je etwa 80–100 Stück, MiNr. 46–48 je ca. 10 Stück

Marken mit Aufdrucktype I siehe ab MiNr. 89

Einige kleinere Postämter (Cassel, Bergues, Esquelbecq) erhielten nicht genug überdruckte Marken und verwendeten daher zwischen dem 5. Juli und 10. August 1940 statt des Handstempelaufdrucks einen handschriftlichen Vermerk mit gleichem Text. Diese Provisorien wurden nicht verkauft, sondern erst bei Briefaufgabe gefertigt. Ungebrauchte Stücke sind daher nicht möglich.

1940, ab 5. Juli. Provisorien: Freimarken von Frankreich (Merkur, Friedensallegorie und Iris) mit handschriftlicher Aufschrift „Besetztes Gebiet Nordfrankreich" mit schwarzer Tinte.

				⊙
1 Pv	40 C	dunkelviolett (Merkurkopf)	(Paar 382)	4000,—
2 Pv	50 C	lebhaft- bis dunkelrosa (Friedensallegorie)	(Paar 276)	2500,—
3 Pv	50 C	schwärzlichblau (Merkurkopf)	(Paar 384)	2500,—
10 Pv	20 C	violettpurpur (Merkurkopf)	(Einzelmarke 379)	4000,—
11 Pv	25 C	schwärzlichopalgrün (Merkurkopf)	(Viererblock 380)	3000,—
20 Pv	1 Fr	schwärzlichgrün (Iris)	(Einzelmarke 394)	2500,—
21 Pv	1 Fr	dunkelrosarot (Iris)	(Einzelmarke 395)	nur auf ✉ bekannt

1940, ab Juli. Noch im Besitz des Publikums vorhandene französische Marken mit schwarzem Handstempelaufdruck in Type I.

Kleinformatige Freimarken; die Bewertungen gelten für Einzelmarken! Zu den ⊙- und ✉-Preisen siehe Fußnote.

				*	**	⊙*	✉*
49	½ C auf 1 C	dunkelolivbraun (Säerin)	(284)	*3000,—*			
50	5 C	dunkel(blau)grün (Allrgorie, Typ Blanc)	(90)			400,—	1000,—
51	5 C	wie MiNr. 6 I, jedoch waagerechter Aufdruck (Merkurkopf)	(375)			200,—	400,—
52	10 C	wie MiNr. 7 I, jedoch waagerechter Aufdruck (Merkurkopf)	(376)			200,—	400,—
53	15 C	karminbraun (Säerin)	(184)			400,—	1000,—
54	15 C	rotorange (Merkurkopf)	(377)			300,—	600,—
55	15 C	wie MiNr. 8 I, jedoch waagerechter Aufdruck (Merkurkopf)	(378)			300,—	600,—
56	20 C	wie MiNr. 9, jedoch Aufdrucktype I (Säerin)	(185)			400,—	1000,—
57	20 C	wie MiNr. 10 I, jedoch waagerechter Aufdruck (Merkurkopf)	(379)	*1500,—*	*2500,—*	300,—	600,—
58	25 C auf 35 C	grauviolett (Säerin)	(201)			400,—	1000,—
59	25 C	wie MiNr. 11 I, jedoch waagerechter Aufdruck (Merkurkopf)	(380)	600,—	1000,—	200,—	400,—
60	30 C	grünlichblau (Töne), A. Briand	(287)			500,—	1000,—
61	30 C	wie MiNr. 12 I, jedoch waagerechter Aufdruck (Säerin)	(363)			500,—	1000,—
62	30 C	wie MiNr. 13 I, jedoch waagerechter Aufdruck (Merkurkopf)	(381)			200,—	400,—
63	35 C	dunkelblau (Säerin)	(364)			500,—	1200,—
64	40 C	wie MiNr. 1 I, jedoch waagerechter Aufdruck (Merkurkpf)	(382)	*3000,—*	*5000,—*	*1000,—*	*2500,—*
65	45 C	wie MiNr. 14 I, jedoch waagerechter Aufdruck (Merkurkopf)	(383)			300,—	600,—
66	50 C	orangerot (Töne) (Säerin)	(161)			*650,—*	*1200,—*
67	50 C	wie MiNr. 3 I, jedoch Einzelmarke (Merkurkopf)	(384)			200,—	400,—
68	50 C + 25 C	lebhaftzinnober (Säerin)	(233)			*2000,—*	*4000,—*
69	50 C + 25 C	lebhaftrotorange (Säerin)	(245)			*2000,—*	*4000,—*
70	50 C auf 60 C	hellgrauviolett (Säerin)	(202)	*3000,—*		400,—	1000,—
71	50 C auf 65 C	rötlichlebhaftkarmin (Säerin)	(203)	*3000,—*		400,—	1000,—
72	50 C auf 1.05 Fr	orangerot (Säerin)	(207)			400,—	1000,—
73	50 C auf 1.25 Fr	schwärzlicholiv (Friedensallegorie)	(295)			500,—	*1200,—*
74	55 C	dunkelgrauviolett (Friedensallegorie)	(366)			400,—	800,—
75	60 C	dunkelgelblichrot (Merkurkopf)	(387)			400,—	800,—
76	70 C	wie MiNr. 16, jedoch Aufdrucktype I (Merkurkopf)	(388)			300,—	600,—
77	75 C	schwärzlichlila, Doumer	(288)			*700,—*	*1500,—*
78	75 C	wie MiNr. 17, jedoch Aufdrucktype I (Friedensallegorie)	(278)			*600,—*	*1500,—*
79	80 C	wie MiNr. 18 I, jedoch waager. Aufdruck (Friedensallegorie)	(390)			400,—	800,—
80	90 C	schwärzlichrosa (Friedensallegorie)	(279)			*600,—*	*1500,—*
81	90 C	smaragdgrün (Friedensallegorie)	(392)			300,—	600,—
82	90 C	wie MiNr. 19, jedoch Aufdrucktype I (Friedensallegorie)	(393)			300,—	600,—
83	1 Fr	karminlila (Töne) (Friedensallegorie)	(369)			*600,—*	*1500,—*
84	1 Fr	wie MiNr. 20 I, jedoch Einzelmarke (Iris)	(394)			300,—	600,—
85	1 Fr	wie MiNr. 21 I, jedoch Einzelmarke (Iris)	(395)			300,—	500,—
86	1.40 Fr	wie MiNr. 23 I, jedoch waagerechter Aufdruck (Friedensallegorie)	(398)			*700,—*	
87	1.50 Fr	wie MiNr. 24 I, jedoch waagerechter Aufdruck (Friedensallegorie)	(282)			*700,—*	
88	2 Fr	wie MiNr. 25 I, jedoch waagerechter Aufdruck (Ceres)	(401)			*1000,—*	

⊙, ✉*) Der überwiegende Teil der gebrauchten Marken liegt auf ✉ vor, lose gestempelte Marken sind nur in Einzelfällen nachgewiesen. ⊙-Preise gelten für lose gestempelte Marken sowie für Marken auf Brief, wenn sie nicht die teuersten Marken auf dem Beleg sind; für die jeweils teuerste Marke auf portogerechtem ✉ gilt der ✉-Preis. Zur Bewertung überfrankierter Briefe sind die ⊙-Preise der auf dem Brief befindlichen Marken ohne jeden Zuschlag heranzuziehen.

Die kleinformatigen Freimarken wurden einzeln waagerecht oder gemeinsam mit bis zu zwei anderen Marken auf Brief übergehend überdruckt. Es gibt auch Paare und größere Einheiten mit gemeinsamem, waagerechtem oder senkrechtem Aufdruck.

FALSCH

Auflagen: unbekannt

Notizen:

Sondermarken und großformatige Freimarken; die Bewertungen gelten für Einzelmarken!
Zu den ⊙- und ✉-Preisen siehe Fußnote.

				*	**	⊙*	✉*
89	20 C	schwärzlichgrautürkis, 100. Todestag von C. J. Rouget de Lisle	(319)			500,—	1000,—
90	20 C	lebhaftviolettpurpur, Weltausstellung 1937	(328)			400,—	800,—
91	20 C + 10 C	braunrot, J. Callot	(336)			400,—	800,—
92	20 C + 10 C	dunkelsiena, Sport- und Freizeitgestaltung	(348)			400,—	800,—
93	30 C	dunkelgrünblau, Weltausstellung 1937	(329)			300,—	600,—
94	30 C	dunkelgraugrün, 1. Todestag von J. Mermoz	(343 a)			700,—	1500,—
95	30 C	dunkelgrün, Eisenbahnkongress	(345)			500,—	1000,—
96	30 C + 10 C	schwärzlichsmaragdgrün, A. France	(351)			400,—	800,—
97	30 C + 10 C	dunkelkarminbraun, A. France	(416)			500,—	1000,—
98	35 C + 10 C	schwärzlichgrün, J. Callot	(417)			500,—	1000,—
99	40 C	dunkelpreußischblau, 100. Todestag von J. M. Jacquard	(290)			500,—	1000,—
100	40 C	siena, 100. Todestag von C. J. Rouget de Lisle	(320)			500,—	1000,—
101	40 C	braunrot, 22. Todestag von J. Jaurès	(324)			400,—	800,—
102	40 C	schwärzlichviolettblau, Weltausstellung 1937	(330)			300,—	600,—
103	40 C + 10 C	smaragdgrün, H. Berlioz	(337)			400,—	800,—
104	40 C + 10 C	braunrot, Sport- und Freizeitgestaltung	(349)			400,—	800,—
105	40 C + 10 C	purpur (Töne), P. Puris de Chavannes	(450)			600,—	800,—
106	40 C + 60 C	mehrfarbig, Postmuseum	(461)			300,—	600,—
107	40 C + 60 C	schwärzlichbraun, Soldaten	(464)	3000,—	4500,—	300,—	600,—
108	50 C	dunkelblau, 100. Jt. der Befreiung von Orleans	(237)			800,—	1600,—
109	50 C	dunkelkobalt/dunkelrosa, 100 J. Algerien zu Frankreich	(247)	3500,—	5000,—	700,—	1400,—
110	50 C	dunkelorangerot, Tagung des Internationalen Arbeitsamts	(249)	2000,—	3000,—	500,—	1000,—
111	50 C	(dunkel)gelblichrot, Weltausstellung 1937	(331)	2000,—	3000,—	300,—	600,—
112	50 C + 10 C	dunkellilaultramarin, „La Mansarde“	(303)	3500,—	5000,—	400,—	1000,—
113	50 C + 10 C	dunkelbräunlichrot, Arbeitslosenkinder	(317)	3500,—	5000,—	400,—	800,—
114	50 C + 10 C	dunkelbräunlichrot, V. Hugo	(338)	3500,—	5000,—	400,—	800,—
115	50 C + 10 C	schwärzlichsiena, Sport- und Freizeitgestaltung	(350)	3500,—	5000,—	400,—	800,—
116	50 C + 20 C	dunkelrötlichkarmin, P. Loti	(358)	3500,—	5000,—	400,—	1000,—
117	50 C + 25 C	schwarzgraublau, Nansen-Fonds	(357)			500,—	1000,—
118	50 C + 2 Fr	dunkelzinnoberrot, „Musica“	(304)	3500,—	5000,—	400,—	1000,—
119	50 C + 2 Fr + 20 C	dunkelzinnoberrot, „Musica“	(335)	3500,—	5000,—	400,—	800,—
120	55 C	grauviolett (Töne), 100. Geburtstag von L. Gambetta	(407)			500,—	1000,—
121	55 C	schwärzlichopalgrün, J. de la Fontaine	(429)			400,—	800,—
122	55 C + 10 C	dunkelbraunviolett, H. Berlioz	(418)			500,—	1000,—
123	55 C + 45 C	dunkelrot, Sanitätsdienst-Denkmal	(426)			400,—	800,—
124	55 C + 70 C	dunkelrotbraun, Infanteriedenkmal	(423)			500,—	1000,—
125	65 C + 10 C	violettultramarin, V. Hugo	(419)			500,—	1000,—
126	65 C + 25 C	schwärzlichrotbraun, Gesellschaft für Gesundheitspflege	(361)			500,—	1000,—
127	65 C + 35 C	schwarzopalgrün, Gesellschaft für Meeresforschung	(406)			500,—	1000,—
128	65 C + 35 C	dunkelviolttultramarin, Kathedrale von Reims	(430)			500,—	1000,—
129	65 C + 35 C	bräunlichkarmin, 20. Jahrestag des Waffenstillstands	(434)			500,—	1000,—
130	65 C + 60 C	karminrot, Rückkehr aus Spanien	(432)			500,—	1000,—
131	65 C + 60 C	dunkelgrünlichblau, Soziales Hilfswerk der Studenten	(435)			500,—	1000,—
132	65 C + 1.10 Fr	schwärzlichtürkisblau, Infanteriedenkmal	(424)			500,—	1000,—
133	70 C	schwarz, Südfranzösin	(408)			300,—	500,—
134	70 C	braunrot, 100 Jahre Turm Straßburger Münster	(458)			300,—	500,—
135	70 C + 10 C	schwärzlichrotbraun, C. Debussy	(451)			600,—	800,—
136	70 C + 30 C	schwärzlichrotbraun, Nationaldenkmal Boulogne-Sur-Mer	(462)			400,—	800,—
137	70 C + 50 C	rot (Töne), Pionierdenkmal	(441)			500,—	1000,—
138	70 C + 80 C	mehrfarbig, Mutter mit Kindern	(455)			400,—	600,—
139	75 C	schwärzlichgrün, Internationaler Sparkassenkongress	(299)			500,—	1000,—
140	75 C	schwärzlichrot, 300. Todestag von J. Callot	(302)			500,—	1000,—
141	75 C	dkl'grünlichblau, 150. Todestag von J.-F. Pilatre de Rozier	(318)			600,—	1200,—
142	75 C	dunkelbräunlichrot, Denkmal bei Vimy	(322)			500,—	1000,—
143	75 C	karminbraun, P. Corneille	(341)			500,—	1000,—
144	75 C + 50 C	dunkelviolett, Freiheitsstatue New York	(312)			600,—	1200,—
145	80 C + 45 C	schwärzlichrötlichbraun, Marschall J. Joffre	(467)			400,—	800,—
146	80 C + 1 Fr	dunkelgrün/rot, Rotes Kreuz	(471)			800,—	2000,—
147	85 C	dunkelgraugrün, Flugzeug über Paris	(305)			600,—	1200,—
148	90 C	dunkelbräunlichrot, 100. Geburtstag von M. Berthelot	(223)			500,—	1000,—
149	90 C	bräunlichrot (Töne), Kongress der Amerikanischen Legion	(224)			400,—	800,—
150	90 C	rötlichlila, Le Puy	(286)			300,—	600,—
151	90 C	lilarot, Weltausstellung 1937	(332)			400,—	800,—
152	90 C	schwärzlichzinnoberrot, R. Descartes	(347)			1300,—	2500,—
153	90 C	schwärzlichgrün, Straße über den Col de Ilseran	(372)			400,—	800,—
154	90 C	karminrot (Töne), Pau	(409)			300,—	600,—
155	90 C	lilaultramarin, Schlachtschiff „Clemenceau“	(443)			300,—	600,—
156	90 C	dunkelzinnoberrot, 1400. Geburtstag von G. von Tours	(454)			400,—	800,—
157	90 C	blauschwarz, 150. Jahrestag der Französischen Revolution	(457)			400,—	800,—
158	90 C	olivschwarz, 23. Jahrestag des Sieges bei Verdun	(459)			300,—	500,—
159	90 C	schwärzlichviolettbraun, Guillotiére-Brücke, Lyon	(463)	3000,—	4000,—	300,—	500,—
160	90 C + 10 C	dunkelrosarot, A. Rodin	(352)			500,—	1000,—
161	90 C + 10 C	lilapurpur, H. de Balzac	(452)			600,—	800,—
162	90 C + 25 C	dunkelrotbraun, Rundfunk für Blinde	(436)			500,—	1000,—
163	90 C + 30 C	dunkelgrünlichblau, Gesellschaft für Gesundheit	(437)			400,—	700,—
164	90 C + 35 C	schwärzlichgraubraun, L. Trulin	(438)			400,—	900,—
165	90 C + 35 C	mehrfarbig, 75 Jahre Rotes Kreuz	(440)			500,—	1000,—
166	90 C + 35 C	dunkelgrünblau, neues Postministerium	(442)			400,—	800,—
167	90 (C) + 35 C	schwärzlichzinnoberrot, Arbeitslosenkinder	(447)			400,—	800,—
168	90 C + 35 C	lilapurpur, J. B. Charcot	(460)			500,—	1000,—
169	90 C + 50 C	dunkellilapurpur, 50 Jahre Eiffelturm	(448)			500,—	1000,—

				✶	✶✶	⊙*	✉*
170	90 C + 60 C	schwärzlichsiena, Mutter mit Kindern	(456)			300,—	600,—
171	1 Fr + 10 C	bräunlichkarmin, A. Rodin	(420)	*3500,—*	*5000,—*	500,—	1000,—
172	1 Fr + 25 C	dunkelzinnoberrot, Ausstellung „Übersee Frankreich“	(466)	*3000,—*	*4500,—*	500,—	1000,—
173	1 Fr + 50 C	dunkelgrünlichblau, Soldaten	(465)	*3000,—*	*4500,—*	500,—	1000,—
174	1 Fr + 50 C	schwärzlichgraupurpur, Marschall F. Foch	(468)	*3000,—*	*4500,—*	500,—	1000,—
175	1.50 Fr	dunkellilarot, Kongress der Amerikanischen Legion	(225)			600,—	
176	1.50 Fr	schwärzlichgrünlichblau, Passagierschiff „Normandie“	(316)			600,—	
177	1.50 Fr	dunkelblau, Denkmal bei Vimy	(323)			*800,—*	
178	1.50 Fr	lilaultramarin, 22. Todestag von J. Jaures	(325)			*800,—*	
179	1.50 Fr	schwärzlichlilaultramarin, Postflugzeuge	(326)			*800,—*	
180	1.50 Fr	dunkelviolettblau, Welausstellung 1937	(333)			*800,—*	
181	1.50 Fr	dunkelgrünlichblau, Internationale Friedensvereinigung	(334)			*800,—*	
182	1.50 Fr	schwärzlichlilaultramarin, Internat. Skimeisterschaften	(340)			*800,—*	
183	1.50 Fr	dunkelgrünlichblau, Weltausstellung	(342)			*500,—*	
184	1.50 Fr	schwärzlichlilaultramarin, Eisenbahnkongress	(346)			*900,—*	
185	1.50 Fr + 50 C	dunkellilaultramarin, L. Pasteur	(339)			*800,—*	
186	1.50 Fr + 50 C	lebhaftbraunrot, General J. Galliéni	(469)			*500,—*	
187	1.75 Fr	lilaultramarin, 150 Jahre Amerikanische Verfassung	(362)			*800,—*	
188	1.75 Fr	schwärzlichviolttultramarin, Fußball-WM 1938	(427)			*600,—*	
189	1.75 Fr	schwärzlichlilaultramarin, Champagne	(428)			*500,—*	
190	1.75 Fr	violettultramarin, Königlicher Besuch aus GBR	(431)			*600,—*	
191	1.75 Fr + 25 C	dunkelgraublau, L. Pasteur	(421)			*800,—*	
192	1.75 Fr + 50 C	schwärzlichviolettultramarin, 40. Jahrestag der Entdeckung des Radiums	(433)			*800,—*	
193	1.75 Fr + 75 C	dunkellilaultramarin, Kongress für Kunstgeschichte	(422)			*800,—*	
194	2 Fr	dunkelgrün, Bretonische Flusslandschaft	(296)			*800,—*	
195	2 Fr	schwärzlichgraubraun, Triumphbogen in Aransio	(410)			*500,—*	
196	2.15 Fr	dunkelrotbraun, Grubenarbeiter	(411)			*600,—*	
197	2.25 Fr	grünlichblau, 100. Geburtstag von P. Cézanne	(439)			*600,—*	
198	2.25 Fr	lilaultramarin, Weltausstellung New York	(444)			*600,—*	
199	2.25 Fr	dunkelblau, 100 Jahre Photographie	(446)			*600,—*	
200	2.25 Fr	lilaultramarin, Ausstellung „Das Wasser“	(449)			*500,—*	
201	2.25 Fr + 25 C	schwärzlichultramarin, C. Bernard	(453)			*500,—*	
202	2.25 Fr + 50 (C)	dunkelviolettultramarin, Bäuerin	(470)			*500,—*	
203	3 Fr	violettultramarin, Flugzeug über Paris	(309)			*500,—*	
204	3 Fr	dunkelgrauviolett, J. Mermoz	(344)			*800,—*	
205	3 Fr	dunkelbraunrot, Papstpalast in Avignon	(412)			*800,—*	
206	3.50 Fr	dunkelbraunorange, Flugzeug über Paris	(310)			*800,—*	
207	5 Fr	schwärzlichsiena, Mont-Saint-Michel	(240)			*800,—*	
208	5 Fr	dunkelviolettultramarin, Altstadt Carcassonne	(413)			*800,—*	
209	10 Fr	lebhaftlilaultramarin, Hafen von La Rochelle	(241)			*1000,—*	
210	20 Fr	schwärzlichgraugrün, Hafen von Saint Malo	(415)			*1000,—*	
211	50 Fr	schwärzlichlilaultramarin, C. Ader	(425)		*8000,—*	*800,—*	

⊙, ✉*) Der überwiegende Teil der gebrauchten Marken liegt auf ✉ vor, lose gestempelte Marken sind nur in Einzelfällen nachgewiesen. ⊙-Preise gelten für lose gestempelte Marken sowie für Marken auf Brief, wenn sie nicht die teuersten Marken auf dem Beleg sind; für die jeweils teuerste Marke auf portogerechtem ✉ gilt der ✉-Preis. Zur Bewertung überfrankierter Briefe sind die ⊙-Preise der auf dem Brief befindlichen Marken ohne jeden Zuschlag heranzuziehen.

Hochformatige Marken weisen einen senkrechten oder waagerechten, auf Brief übergehenden, querformatige Marken einen waagerechten Handstempelaufdruck auf. Es gibt auch Paare mit gemeinsamem, waagerechtem oder senkrechtem Aufdruck und gemeinsamen Aufdruck auf zwei verschiedenen Einzelmarken.

FALSCH

Auflagen: meist je 20–200 Stück

Von allen Marken gibt es viele Aufdruck- und Stempelfälschungen; alle Preise gelten nur für (BPP-)geprüfte Stücke!

Bei Dünkirchen gibt es einige mehr oder weniger stark überfrankierte Briefe.
Zur Bewertung sind die Gestempelt-Preise ohne jeden weiteren Zuschlag heranzuziehen.

Notizen:

Festung Lorient

Die Stadt Lorient liegt an der Atlantikküste in der Bretagne im Nordosten Frankreichs. Sie wurde am 25. Juni 1940 von der deutschen Wehrmacht besetzt, ab Sommer 1944 wurde die durch heftige Bombenangriffe 1942/43 fast völlig zerstörte und zum großen Teil evakuierte Stadt von den alliierten Streitkräften belagert. Neben den deutschen Festungstruppen, die sich in den Kessel von Lorient gerettet hatten, lebten dort fast nur noch von der Organisation Todt verpflichteten Fremdarbeiter. Die deutschen Streitkräfte konnten diesen Kessel mit dem extrem wichtigen U-Boot-Stützpunkt bis 10. Mai 1945 verteidigen.

Die Verbindung zum befreiten Teil Frankreichs war ab Sommer 1944 völlig abgeschnitten, im Kessel Lorient bestanden auch keine Postämter mehr. Im Dezember 1944 wurde zwischen der Festungsleitung, dem französischen Roten Kreuz und der französischen Befreiungsarmee eine Einigung erzielt, den Postverkehr wieder aufzunehmen. Die Abwicklung übernahm die zentrale Zensurstelle des Generalkommandos, gleichzeitig konnte damit die notwendige Zensur der Zivilpost ausgeübt werden.

Die Poststücke wurden von der Zivilbevölkerung offen bei den verschiedenen Büros der Stadt- und Landkommandatur abgegeben und von dort der zentralen Zensurstelle überbracht. Die gesammelte Korrespondenz wurde bei den von Zeit zu Zeit stattfindenden Zusammentreffen zwischen deutschen und alliierten Offizieren im sogen. Niemandsland zur Weiterleitung an das Rote Kreuz übergeben, das wiederum die Postübergabe an französische Postbehörden organisierte. Zur gleichen Zeit wurde auf dem Seeweg eine Postverbindung zur benachbarten deutschen Atlantikfestung St. Nazaire eingerichtet.

Sendungen in den Kessel erhielten den Festungszensurprüfstempel als Ankunftsstempel, der meistens auch als Aufgabe-/Entwertungsstempel benutzt wurde.

1945, Ende Jan./Febr. Freimarken: Marken von Frankreich mit zweizeiligem Metall-Handstempel-Aufdruck „Festung Lorient" durch das Büro der zentralen Überwachungsstelle in Schwarz, bei MiNr. B 12 in Schwarz bzw. Dunkelblauviolett und Dunkelrosakarmin.

Kleinformatige Freimarken in Zeichnung Merkurkopf, Pétain, Triumphbogen und Wappen:

				*	**	⊙
1	10 C	lebhaftlilaultramarin, Merkurkopf	(557)	500,—	800,—	800,—
2	30 C	rot (Töne), Merkurkopf	(558)	500,—	800,—	800,—
A 2	30 C	dunkelkarmin, Merkurkopf	(381)	600,—	900,—	900,—
3	40 C	grauviolett, Merkurkopf	(559)	900,—	1400,—	1500,—
4	50 C	(dunkel)grünblau, Merkurkopf	(560)	400,—	600,—	600,—
5	60 C	schwärzlichviolett, Pétain	(516)	1200,—	1800,—	2000,—
6	70 C	rotorange (Töne), Pétain	(518)	650,—	1100,—	1100,—
7	80 C	(dunkel)smaragdgrün, Pétain	(520)	650,—	1100,—	1100,—
8	1 Fr	dunkelrosa, Pétain	(521)	900,—	1500,—	1600,—
9	1,20 Fr	lebhaftrotbraun, Pétain	(522)	900,—	1500,—	1500,—
10	1,50 Fr	karmin (Töne), Pétain	(524)	400,—	600,—	600,—
11	2 Fr	schwärzlichopalgrün, Pétain	(525)	1000,—	1600,—	1600,—
12	4 Fr	lebhaftlilaultramarin, Pétain	(579)	1100,—	1800,—	1800,—
A 12	4 Fr	schwärzlichviolettultramarin, Triumphbogen	(646)	8000,—	12 000,—	10 000,—
B 12	4,50 Fr	schwarzgrün, Pétain	(530)			
a		Aufdruck schwarz und dunkelrosakarmin		3000,—	5000,—	5000,—
b		Aufdruck dunkelblauviolett und dunkelrosakarmin		3200,—	5500,—	6000,—
13	4,50 Fr	schwarzgrün, Pétain	(580)	3000,—	4500,—	5000,—
14	5 Fr	mehrfarbig, Provinzwappen Flandern	(615)	3000,—	5000,—	6000,—
15	5 Fr	schwarz, Triumphbogen	(647)	7000,—	10 000,—	10 000,—
A 15	10 Fr	dunkelorange, Triumphbogen	(648)		25 000,—	20 000,—

Abarten:

		*	**
1 F	Paar mit und ohne Aufdruck		7000,—
6 F	Paar mit und ohne Aufdruck		7500,—
10 F	Paar mit und ohne Aufdruck	3000,—	5000,—
14 F	Paar mit und ohne Aufdruck	6000,—	11000,—

FALSCH

Auflagen: MiNr. 1 = 650, MiNr. 2 und A 2 zusammen 600, MiNr. 3 = 180, MiNr. 4 = 1800, MiNr. 5 = 105, MiNr. 6 = 300, MiNr. 7 = 300, MiNr. 8 = 150, MiNr. 9 = 180, MiNr. 10 = 1800, MiNr. 11 = 150, MiNr. 12 = 200, MiNr. A 12 = 25, MiNr. B 12 = 70, MiNr. 13 = 100, MiNr. 14 = 75, MiNr. 15 = 30, MiNr. A 15 = 4 Stück.

Von allen Marken gibt es viele Aufdruck- und Stempelfälschungen; alle Preise gelten nur für (BPP-)geprüfte Stücke!

Notizen:

Großformatige Frei- und Sondermarken

				✶	✶✶	⊙
16	65 C + 1,50 Fr	karmin, Molière	(624)	*10000,—*	*15000,—*	*10000,—*
17	80 C + 2,20 Fr	schwarzgrün, J. Hardouin-Mansart	(625)	*10000,—*	*15000,—*	*10000,—*
A 17	1,20 Fr + 2,80 Fr	schwarz, B. Pascal	(626)	*10000,—*	*15000,—*	*10000,—*
18	1,50 Fr + 3,50 Fr	schwärzlichgraubraun, 88. Geb. von Marschall Pétain	(619)	*10000,—*	*15000,—*	*10000,—*
19	1,50 Fr + 3,50 Fr	lilaultramarin, Le Grand Condé	(627)	*10000,—*	*15000,—*	*10000,—*
20	2 Fr + 4 Fr	karminbraun, J. B. Colbert	(628)	*10000,—*	*15000,—*	*10000,—*
21	4 Fr + 6 Fr	dunkelorangerot, König Louis XIV	(629)	*10000,—*	*15000,—*	*10000,—*
22	4 Fr	dunkelviolettultramarin, Befreiung Frankreichs	(673)			nur auf ✉ bekannt
23	10 Fr	schwärzlichgrün, Belfried von Arras	(578)			nur auf ✉ bekannt

FALSCH

Auflagen: MiNr. 1–A 17 und 19–21 je 15, MiNr. 18 = 20, MiNr. 22 und 23 je 1 Stück

Saint-Nazaire

Die Hafenstadt Saint-Nazaire gehört zum Departement Loire-Atlantique und liegt an der Mündung der Loire in den Atlantischen Ozean. Ab Ende Mai/Anfang Juni 1940 war Saint-Nazaire von der deutschen Wehrmacht besetzt; Anfang 1941 wurde von der deutschen Besatzungsmacht mit der Errichtung eines großen U-Boot-Stützpunktes entlang der Küstenlinie begonnen. Ende 1942 wurde der gesamte Komplex zu einer Kriegswerft umgerüstet.

Trotz starker Bombenangriffe gelang es den alliierten Kräften nicht, den Stützpunkt lahmzulegen; sie beschlossen Anfang 1943, die Stadt unbewohnbar zu machen. Am 28. 1. 1943 wurde Saint-Nazaire fast völlig zerstört. Die Restbevölkerung sowie die Behörden wurden in Nebengemeinden evakuiert, die Handelskammer sowie die Unterpräfektur wurden nach La Baule und das Hauptpostamt nach Nantes überführt. Ab 19. 8. 1944 wurde der Postverkehr innerhalb des Festungsgebietes weiter aufrechterhalten. Zur Freimachung dienten französische Dauermarken, in Anbetracht der Markenknappheit gab die Handelskammer jedoch eigene, von Unterpräfekt Antoine Benedetti autorisierte Aushilfsausgaben heraus. Der Postverkehr zur deutschen Atlantik-Festung Lorient auf dem Seeweg wurde Anfang Januar 1945 aufgenommen. Erst am 8. 5. 1945 kapitulierte die deutsche Wehrmacht.

1945, 9. April. Freimarken der Handelskammer Saint-Nazaire. E Guillaume; Stdr. La Mouette (Klb. 2×5) auf dickem farbigem Papier; o. G.; gez. L 11½.

a) Galeere

				(✶)	⊙	FDC
1	50 C	schwarzopalgrün auf mittelgraugrün	a	300,—	280,—	700,—
2	2 Fr	dunkellilabraun auf mittelgraugrün	a	300,—	280,—	700,—
			Satzpreis (2 W.)	600,—	550,—	
			Kleinbogensatz (2 Klb)	*7000,—*	*7500,—*	

MiNr. 2 wurde in zwei Auflagen gedruckt:
Auflage 1: waagerechter Markenabstand im Kleinbogen ca. 3 mm (20% Aufschlag)
Auflage 2: Markenabstand ca. 6mm

Achtung! MiNr. 1 und 2 sind sehr lichtempfindlich

Am 8. Mai 1945 legten die eingeschlossenen deutschen Truppen die Waffen nieder. Es wurde angeordnet, dass alle noch verfügbaren Marken mit dem Stempel „Liberation" zu versehen sind ((✶) ca. 100% Aufschlag, ⊙ und ✉ 20%).

FALSCH

Auflagen (in Klammern: mit Aufdruck „Liberation"): MiNr. 1 = 30 000 (12 000), MiNr. 2 = 20 000 (5000) Stück

Die früher an dieser Stelle katalogisierte Freimarke für Einschreibesendungen (MiNr. 3) hat sich als Privatausgabe herausgestellt. Katalogisierung siehe unter MICHEL-Deutschland-Spezial Band 1.

Französische **Paketmarken** mit zweizeiligem Aufdruck in Kursiv „Oberkommando / der Wehrmacht" sind Mache.

Von MiNr. 1 und 2 gibt es Ganz- und viele Stempelfälschungen; die Preise gelten nur für (BPP)-geprüfte Stücke!!

Kanalinseln

(Normannische Inseln)

Die Kanalinseln sind eine Inselgruppe im Ärmelkanal westlich der französischen Halbinsel Cotentin. Politisch sind sie in die Amtsbezirke oder Vogteien (= engl. „bailiwick“) von Guernsey und Jersey unterteilt. Staatsoberhaupt ist die britische Krone, jedoch gehören die Inseln nicht zu Großbritannien, sondern sind als Kronbesitz direkt der britischen Krone unterstellt („crown dependency“).

Als für die Briten abzusehen war, dass die Inseln für die deutschen Truppen von großer strategischer Bedeutung waren, wurden in der letzten Juni-Woche 1940 ein Großteil der wehrfähigen Männer und viele Kinder mit ihren Müttern nach England evakuiert. Am Nachmittag des 30. Juni landete ein deutsches Flugzeug auf dem Zivilflugplatz der Insel Guernsey und der Pilot stellte fest, dass die Insel entmilitarisiert war. Daraufhin wurden vom 1.–3. Juli die Kanalinseln praktisch kampflos besetzt.

Die auf den Inseln gültigen Marken von Großbritannien blieben auch nach der deutschen Besetzung für die Zivilbevölkerung in Verwendung. Die Verwendung von Marken mit Hakenkreuz-Aufdruck war auf den Inseln verboten, solche Marken sind nie zur Ausgabe gelangt.

Am 9. Mai 1945 wurden die Inseln kampflos den britischen Truppen übergeben.

Von allen Marken der Kanalinseln gibt es Ganz- und Stempelfälschungen!

Währung: 1 Shilling = 12 Pence (P)

Alle ⊙-Preise gelten für Entwertungen mit Einkreisstempel. Entwertungen mit Zweikreis- oder Maschinenstempel 50% Aufschlag.

Alle Farbbezeichnungen beziehen sich auf den MICHEL-Farbenführer ab 37. Auflage.

Guernsey

(Mit Alderney, Brecqhou, Herm, Jethou, Sark und zahlreichen weiteren, nicht permanent bewohnten Inseln)

Halbierungen (zugelassen bis 22. 2. 1941, auf Nebenpostämtern bis Ende Juli 1941 geduldet)

1940, 27. Dez. Freimarken von Großbritannien MiNr. 201 und 218 schräg halbiert.

				✉
I	2 P	rotorange	(201)	30,—
II	2 P	rotorange	(218)	25,—

1940, 27. Dez. Im Besitz des Publikums befindliche Freimarken von Großbritannien schräg halbiert.

				✉
130 H	2 P	orange	(130)	140,—
157 H	2 P	orange	(157)	140,—
178 H	2 P	rötlichorange	(178)	140,—

ⓔ

Halbierungen anderer Marken waren nicht zugelassen!

1941, 18. Febr./1944, 12. April. Freimarken: Wappen. Ⓔ E. W. Vaudin; Bdr. Guernsey Press Co. (6×10); verschiedene Papiere oWz.; Rädchendurchstich.

a) Wappen

				✶	✶✶	⊙
1	½ P	smaragdgrün bis (lebhaft)grün (7. 4. 1941)	a	4,—	10,—	10,—
2	1 P	dunkelzinnoberrot bis schwärzlichrosa (18. 2. 1941)	a			
u		normales Papier (0,091–0,12 mm)		7,—	18,—	18,—
v		dünnes Papier (bis 0,090 mm)		5,—	15,—	15,—
w		dickes Papier (über 0,12 mm)		10,—	25,—	40,—
3	2½ P	schwärzlichultramarin (12. 4. 1944)	a	12,—	30,—	25,—
			Satzpreis (3 W.)	20,—	55,—	50,—

FALSCH ⓔ

Auflagen: MiNr. 1 = 1 656 240, MiNr. 2 = 2 384 600, MiNr. 3 = 418 800 Stück

1942, 11. März/7. April. Freimarken: Wappen. Wie MiNr. 1 und 2, jedoch auf eigentlich weißem, jedoch unterschiedlich graublau verfärbtem französischem Banknotenpapier mit Wz. Schlingen in 4 verschiedenen Stellungen.

Wz. Schlingen

				✶	✶✶	⊙
4	½ P	(dunkel)grün (11. 3.)	a	14,—	30,—	75,—
5	1 P	dunkelrot (7. 4.)	a	14,—	30,—	75,—
			Satzpreis (2 W.)	28,—	60,—	150,—

ⓔ

Auflagen: MiNr. 4 = 120 000, MiNr. 5 = 122 000 Stück

MiNr. 1–5 gültig bis 13. 4. 1946, ab der deutschen Kapitulation auch in das Ausland

Jersey

(Mit den nicht permanent bewohnten Inseln Les Ecréhous, Les Dirouilles, Les Minquiers, Les Pierres de Lecq und zahlreichen weiteren kleinen Inseln).

1941, 29. Jan./1942, 1. April. Freimarken: Wappen. 🄴 N. V. L. Rybot; Bdr. Jersey Evening Post (6×10); y = weißes bis grauweißes Papier, z = gestrichenes weißes Papier; oWz.; gez. L 11.

a) Wappen

				✶	✶✶	⊙
1 y	½ P	lebhaftgelbsmaragdgrün (29. 1. 1942)	a	4,50	10,—	10,—
2	1 P	(lebhaft)rot (1. 4. 1941)	a			
y		Papier y		4,50	10,—	10,—
z		Papier z		35,—	80,—	120,—
		Satzpreis (2 W.)		9,—	20,—	20,—

Auflagen: MiNr. 1 = 703 500, MiNr. 2 = 1 030 620 Stück

1943, 1./29. Febr. Freimarken: Ansichten von Jersey. 🄴 E. Blampied; Bdr. Staatsdruckerei Paris (3×10 + 3×10, dazwischen senkrechter Zwischensteg); normales oder graues Papier; gez. K 13¾:13½.

b) Tor zur alten Jersey-Farm

c) Bucht von Portelet

d) Leuchtturm von La Corbière

e) Ruinen des Fort Elisabeth

d) Schloss Mont Orgueil

g) Einsammeln von Seetang

				✶	✶✶	⊙
3	½ P	schwärzlich- bis schwarzsmaragdgrün (1. 6. 1943)	b	9,—	20,—	20,—
4	1 P	dunkelzinnoberrot (1. 6. 1943)	c	3,50	8,—	8,—
5	1½ P	dunkelorangebraun (8. 6. 1943)	d	3,50	8,—	8,—
6	2 P	(dunkel)orange (8. 6. 1943)	e	3,50	8,—	8,—
7	2½ P	lebhaftlilaultramarin (Töne) (29. 6. 1943)	f	3,50	8,—	8,—
8	3 P	schwärzlichkarminlila (29. 6. 1943)	g	3,50	8,—	8,—
		Satzpreis (6 W.)		26,—	60,—	60,—

Auflagen: MiNr. 3 = 480 000, MiNr. 4 = 840 000, MiNr. 5 = 360 000, MiNr. 6 = 360 000, MiNr. 7 = 720 000, MiNr. 8 = 360 000 Stück

MiNr. 1–8 gültig bis 13.4.1946, ab der deutschen Kapitulation auch in das Ausland

◪: Auf Jersey wurden die für Guernsey angeordneten Halbierungen von britischen Marken amtlich nicht zugelassen.

Alle ⊙-Preise der Ausgaben der Kanalinseln gelten nur für (BPP-)geprüfte Stücke!

Angaben zur Schalterbogengröße

Soweit bekannt, wird bei den jeweiligen Ausgaben von Deutschland und Europa die Markenanzahl im Schalterbogen angegeben.

Dabei bedeutet die in Klammern stehenden Zahlenangaben z. B.:

(5×10)	= 5 Marken waagerecht nebeneinander in 10 Reihen untereinander = 50 Marken im Schalterbogen
(10×5)	= 10 Marken waagerecht nebeneinander in 5 Reihen untereinander = 50 Marken im Schalterbogen
(5×10 + 5×10)	= jeweils 5 Marken waagerecht nebeneinander in 10 Reihen untereinander, getrennt durch einen Zwischensteg = 100 Marken
(1×5 Zd.)	= Zusammendruck gemäß Abbildung in 5 Reihen untereinander
(5×1 Zd.)	= Zusammendruck gemäß Abbildung in 5 Reihen nebeneinander

Kotor

(Cattaro; Boka Kotorska)

Landespost während der deutschen Besetzung (Okt. 1943–14.11. 1944)

Kotor liegt am südöstlichen Ende der Bucht von Kotor in Montenegro.

Es war bis 1918 Teil der Österreichisch-Ungarischen Monarchie und wurde nach Kriegsende 1918 an Jugoslawien angegliedert. Im April 1941 fiel Kotor mit der Besetzung von Jugoslawien unter italienische Besatzung, es wurden italienische Marken verwendet. Die für das Gebiet der Boka Kotorska (Bucht von Cattaro) eingerichtete Postdirektion errichtete im Okt. 1943 eine eigene Landespost unter Aufsicht der deutschen Militärverwaltung. Vor Ausgabe eigener Marken waren die Marken MiNr. 1–9 von Montenegro, Landespost unter deutscher Besetzung, sowie anfänglich noch italienische Freimarken ohne Aufdruck in Gebrauch.

Währung: 1 Lira (L) = 100 Centesimi (C), ab Sept. 1944: 1 Reichsmark (M) = 100 Reichspfennig (Pf)

Viele Marken von Kotor sind mit Aufdruck- und Stempelfälschungen im Umlauf, alle Preise gelten nur für (BPP-)geprüfte Stücke!

1944, Jan. Freimarken: Marken von Italien MiNr. 301, 303, 304, 305 und 307 mit schwärzlichrosarotem (MiNr. 1–4) bzw. schwarzem (MiNr. 5 und 6) Bdr.-Aufdruck durch die Druckerei OBOD (10×10).

					✶	✶✶	⊙
1 X	**0.50 L**	auf 10 C	schwärzlichbraun	(301)	65,—	140,—	120,—
2	**1 L**	auf 25 C	schwarzgrün	(304)			
X			Wz. Krone normal		140,—	300,—	250,—
Y			Wz. Krone kopfstehend		140,—	300,—	250,—
3	**1.50 L**	auf 50 C	schwarzviolett	(307)			
X			Wz. Krone normal		65,—	140,—	120,—
Y			Wz. Krone kopfstehend		100,—	200,—	250,—
4 X	**3 L**	auf 30 C	schwarzbraun	(305)	65,—	140,—	120,—
5 X	**4 L**	auf 20 C	rot (Töne)	(303)	65,—	140,—	120,—
6 X	**10 L**	auf 20 C	rot (Töne)	(303)	65,—	140,—	120,—
				Satzpreis (6 W.)	450,—	1000,—	850,—

Aufdrucktypen siehe MICHEL-Deutschland-Spezial.

FALSCH Aufdruckfälschungen, Brieffälschungen mit ⊜ bekannt.

Ähnliche Aufdrucke „PODGORITZA" und „HERCEGNOVI" sind Mache.

Auflage: ca. 5000 Sätze

Neue Währung: 1 Reichsmark (M) = 100 Reichspfennig (Pf)

1944, 16. Sept. Freimarken: Marken von Jugoslawien MiNr. 398 und 399 mit schwarzem Bdr.-Aufdruck durch die Druckerei OBOD (10×10).

					✶	✶✶	⊙
7	**0.10 M**	auf 3 D	lebhaftbraunrot	(398)	23,—	50,—	7,—
8	**0.15 M**	auf 3 D	lebhaftbraunrot	(398)	23,—	50,—	7,—
9	**0.25 M**	auf 4 D	dunkelultramarin	(399)	23,—	50,—	12,—
10	**0.50 M**	auf 4 D	dunkelultramarin	(399)	23,—	50,—	20,—
				Satzpreis (4 W.)	90,—	200,—	45,—

⊜

Auflage: ca. 50 000 Sätze

Nicht ausgegeben:

1944. Freimarken. Ⓔ Christ; RaTdr. Staatsdr. Wien (Zd-Klb. 3×2 bzw. 3×3); gez. L 14½.

a) Landkarte der Bucht von Kotor

b) Schäferin beim Spinnen

c) Njegoš-Kapelle auf dem Lovćen

d) Nationalgardist

e) Tryphon-Kathedrale, Kotor

f) Winzerin mit Früchtekorb

				✶	✶✶
I	10 Pf		a	450,—	900,—
II	15 Pf		b	450,—	900,—
III	25 Pf		c	450,—	900,—
IV	50 Pf		d	450,—	900,—
V	60 Pf		e	450,—	900,—
VI	80 Pf		f	450,—	900,—
		Zd-Kleinbogen 1 (mit MiNr. I–VI)		4000,—	9000,—

Mit aufgehelltem Hintergrund:

VII	15 Pf		b	1200,—	2000,—
VIII	50 Pf		d	1200,—	2000,—
IX	80 Pf		f	1200,—	2000,—
		Zd-Kleinbogen 2 (mit MiNr. I–IX)		9000,—	16000,—

MiNr. I–IX wurden in Kleinbogen jeweils in den Farben Schwärzlichultramarin, Schwarzultramarin, Dunkelrotbraun, Schwarzgrün, Schwarzolivbraun, Schwarzrosa und Dunkelkarmin geduckt. Preise gleich!

Feldpoststempel waren auf MiNr. 1–10 nicht möglich, Zensurstempel „Cattaro“ und Ringstempel „Platzkommandantur Cattaro“ sind Fälschungen! Die Verwendung von italienischen Steuermarken war nicht erlaubt.

Sogenannte Ausgaben für Podgoritza oder z. B. Hercegnovi (ähnlich MiNr. 1–6) sind Mache; sie wurden widerrechtlich in der unzureichend überwachten Druckerei hergestellt.

Kurland

Kurland, eine Landschaft in Lettland zwischen Ostsee, Rigaischem Meerbusen, Semgallen und Litauen, war ab Juni 1941 bis zur Kapitulation am 9. Mai 1945 verwaltungstechnisch dem Reichskommissariat Ostland zugeordnet. Ab Oktober 1944 war das Gebiet von jeder Landverbindung abgeschnitten. Für den zivilen Postverkehr wurden im April 1945 Marken verausgabt, zu deren Herstellung Reichspostmarken aus den Beständen der Feldpostleitstelle in Libau herangezogen wurden.

Postgebühren:

Die Postgebühren Kurlands entsprachen denen des Deutschen Reiches (siehe dort). Ortspostgebühren waren jedoch nicht zugelassen.

Währung: 1 Reichsmark = 100 Reichspfennig (Pf)

Die Aufdrucke wurden in der Zeitungsdruckerei „Kurzemes vārds“ (Das Wort von Kurland) hergestellt.

Von allen Marken gibt es Aufdruck- und Stempelfälschungen. Alle Preise gelten nur für (BPP-)geprüfte Stücke.

1945, 20. April. Freimarken: Marken des Deutschen Reiches MiNr. 784, 791 und 826 (Hitler) mit schwarzem Bdr.-Aufdruck und neuer Wertangabe, alte Wertangabe durchbalkt.

						✶	✶✶	⊙
1	6	auf	5 (Pf)	schwarzgelbgrün (Töne)	(784)	45,—	90,—	80,—
2	6	auf	10 (Pf)	dkl'siena/schwarzrotbraun	(826)	17,—	35,—	32,—
3	6	auf	20 (Pf)	dkl'kobalt	(791)	10,—	20,—	18,—

Auflagen: MiNr. 1 = 45 000, MiNr. 2 = 75 000, MiNr. 3 = 125 000 Stück

Notizen:

1945, 20. April. Freimarke: Feldpostpäckchen-Zulassungsmarke MiNr. 2 mit schwarzem Bdr.-Aufdruck. A = gez. 13¾:14, B = sägezahnartig ⬚.

					✶	✶✶	⊙
4	12	auf (—)	bräunlichrot bis lebhaftbraunrot				
A			gez. K 13¾:14	(2 A)	60,—	120,—	90,—
B			sägezahnartig durchstochen	(2 B)	8,—	20,—	20,—
			Satzpreis MiNr. 1–4 (mit MiNr. 4 A und B, 5 W.)		130,—	250,—	240,—

Von allen Werten gibt es zahlreiche Aufdruckfehler.

Auflage: MiNr. 4 (A+B) = 1 750 000 Stück

Feldpostmarke MiNr. 4 senkrecht halbiert für Luftfeldpostbriefe der Truppen ausgegeben, siehe Militär-(Feld-)Postmarke MiNr. 16

MiNr. 1–4 gültig bis 8. 5. 1945

Echte Abstempelungen auf Marken von Kurland liegen aus vielen Postorten vor; nur zuverlässig gesicherte werden BPP-geprüft.

Einige Stempel wurden von privater Seite nachverwendet, die meisten dieser Nachverwendungen sind als „Gefälligkeitsstempel“ im Umlauf.

Laibach (Ljubljana)

Landespost während der deutschen Besetzung (9.9.1943–8./9. Mai 1945)

Nach der Besetzung des ganzen adriatischen Küstenlandes Anfang 1943 durch die deutsche Wehrmacht und Entfernung aller italienischen Regierungsstellen am 9. September 1943 wurde für die Zivilverwaltung der Provinz Laibach eine slowenische Provinzialverwaltung gebildet, die von der deutschen Militärverwaltung u. a. beauftragt wurde, den Postdienst mit eigenen Marken weiterzuführen. Die bis dahin gültigen Marken Italiens (Annektion am 3. Mai 1941) blieben als Vor- und Mitläufer weiterhin gültig. Bei Markenmangel zeitweise Barfrankierung, auch Verwendung von Portomarken als Freimarken und umgekehrt.

Währung: 1 Lira (L) = 100 Centesimi (C)

Alle Gebraucht-Preise gelten nur für (BPP-)geprüfte Stücke; bei teureren ungebrauchten Marke ist eine Prüfung anzuraten.

Aufdr.-Type I

Aufdr.-Type II

Aufdr.-Type III

1944, 5. Jan. Freimarken: Marken von Italien MiNr. 299, 301–311, 314 und 633 mit verschiedenfarbigem Bdr.-Aufdruck in drei Typen; MiNr. 14–15 und 17–19 außerdem mit gleichfarbigem Aufdruck der neuen Wertstufen.

					✶	✶✶	⊙
1	5 C		schwarzockerbraun (Töne), Aufdruck II schwarzviolettultramarin	(299)	0,50	1,50	7,—
2	10 C		dunkelsiena (Töne), Aufdruck I schwarzviolettultramarin	(301)	0,50	1,50	7,—
3	15 C		schwarzgraugrün, Aufdruck II dunkelrosarot	(302)	0,50	1,50	7,—
4	20 C		rot (Töne), Aufdruck I schwarzviolettultramarin	(303)	0,50	1,50	7,—
5	25 C		schwarzgrün, Aufdruck II dunkelrosarot	(304)	0,50	1,50	7,—
6	30 C		dunkelsiena (Töne), Aufdruck I schwarzviolettultramarin	(305)	0,50	1,50	7,—
7	35 C		schwärzlichkobalt, Aufdruck II dunkelrosarot	(306)	0,50	1,50	7,—
8	50 C		schwärzlichblauviolett, Aufdruck I dunkelrosarot	(307)	0,50	1,50	10,—
9	75 C		schwärzlichrosa, Aufdruck II schwarzviolettultramarin	(308)	0,50	1,50	15,—
10	1 L		schwärzlichgrauviolett, Aufdruck I schwarzviolettultramarin	(633)	0,50	1,50	15,—
11	1.25 L		schwärzlichultramarin, Aufdruck II dunkelrosarot	(309)	0,50	1,50	5,—
12	1.75 L		(lebhaft)gelblichrot, Aufdruck I schwarzviolettultramarin	(310)	10,—	22,—	35,—
13	2 L		schwarzrosa (Töne), Aufdruck II schwarzviolettultramarin	(311)	0,50	1,50	10,—
14	**2.55 L**	auf 5 C	schwarzockerbraun (Töne), Aufdruck III schwarz	(299)	4,—	10,—	18,—
15	**5 L**	auf 25 C	schwarzgrün, Aufdruck II schwarzviolettultramarin	(304)	4,—	10,—	30,—
16	10 L		dunkelbläulichviolett, Aufdruck I schwarz	(314)	18,—	40,—	80,—
17	**20 L**	auf 20 C	rot (Töne), Aufdruck II schwarzgrün	(303)	22,—	45,—	90,—
18	**25 L**	auf 2 L	schwarzrosa (Töne), Aufdruck I schwarzgrün	(311)	18,—	40,—	180,—
19	**50 L**	auf 1.75 L	(lebhaft)gelblichrot, Aufdruck II dunkelzinnoberrot	(310)	80,—	150,—	300,—

1944. Eilmarke von Italien MiNr. 414 Bdr.-Aufdruck wie bei MiNr. 1–19.

				✶	✶✶	⊙
20	1.25 L	grün, Aufdruck I schwarzgrün	(414)	18,—	40,—	37,—
			Satzpreis MiNr. 1–20 (20 W.)	180,—	370,—	800,—

Marken mit Bogenrandwasserzeichen (Buchstaben oder Reste davon) 300% Aufschlag, mind. aber ✶ 20,—, ✶✶ 40,—, ⊙ 60,—.

Bei MiNr. 1–20 gibt es zahlreiche Aufdruckfehler.

FALSCH

Auflagen: MiNr. 1 = 492 675, MiNr. 2 = 241 799, MiNr. 3 = 64 088, MiNr. 4 = 196 408, MiNr. 5 = 201 668, MiNr. 6 = 621 283, MiNr. 7 = 93 735, MiNr. 8 = 662 760, MiNr. 9 = 72 986, MiNr. 10 = 67 621, MiNr. 11 = 201 699, MiNr. 12 = 30 937, MiNr. 13 = 39 799, MiNr. 14 = 152 038, MiNr. 15 = 33 282, MiNr. 16 = 24 378, MiNr. 17 = 33 488, MiNr. 18 = 25 167, MiNr. 19 = 23 952, MiNr. 20 = 140 844 Stück

✈ 1944, 5. Jan. Flugpostmarken Italien MiNr. 328, 330–332, 360 und 408–409 mit Bdr.-Aufdruck wie MiNr. 1–20.

				✶	✶✶	⊙
21	25 C	schwarzopalgrün, Aufdruck II dunkelrosarot	(408)	20,—	40,—	60,—
22	50 C	schwarzsiena, Aufdruck I dunkelrosarot	(328)	20,—	40,—	200,—
23	75 C	schwärzlichbraunorange, Aufdruck II schwarzgrün	(409)	20,—	40,—	60,—
24	1 L	schwärzlichviolett, Aufdruck I dunkelrosarot	(330)	20,—	40,—	200,—
25	2 L	dunkelblau (Töne), Aufdruck II schwarzviolettultramarin	(331)	20,—	40,—	130,—
26	5 L	schwärzlichgrün, Aufdruck I dunkelrosarot	(332)	20,—	40,—	200,—
27	10 L	schwärzlichrosa (Töne), Aufdruck II schwarzgrün	(360)	20,—	40,—	130,—

✈ 1944. Flugpost-Eilmarke Italien MiNr. 490 mit Bdr.-Aufdruck wie MiNr. 1–20.

				✶	✶✶	⊙
28	2 L	schwarzgrautürkis, Aufdruck I schwarzviolettultramarin	(490)	20,—	40,—	130,—
			Satzpreis MiNr. 21–28 (8 W.)	150,—	320,—	1100,—

Bei MiNr. 21–28 gibt es zahlreiche Aufdruckfehler.

FALSCH

Auflagen: MiNr. 21 = 34 323, MiNr. 22 = 20 307, MiNr. 23 = 25 234, MiNr. 24 = 20 378, MiNr. 25 = 24 844, MiNr. 26 = 21 798, MiNr. 27 = 24 146, MiNr. 28 = 21 314 Stück

1944, Febr. Rotes Kreuz. Eilmarken von Italien MiNr. 414 und 436 mit Bdr.-Aufdruck wie MiNr. 1–20 und zusätzlichem Aufdruck eines Roten Kreuzes und des Zuschlagswertes.

					✶	✶✶	⊙
29	1.25 L	+ **50 L**	grün, Aufdruck II dunkelrosarot	(414)	65,—	150,—	750,—
30	2.50 L	+ **50 L**	(dunkel)rotorange, Aufdruck I dunkelrosarot	(436)	65,—	150,—	750,—
				Satzpreis (2 W.)	130,—	300,—	1500,—

FALSCH

Auflagen: je 16 000 Stück

Aufdruck-Type IV

Aufdruck-Type V

1944, Febr. Für die Obdachlosen. Eilmarken von Italien MiNr. 414 und 436 mit neuem verschiedenfarbigem Bdr.-Aufdruck im Kreis, zusätzlichem Aufdruck „DEN OBDACHLOSEN“ und „BREZDOMCEN“ (Type IV = Inschriften deutsch-slowenisch, Type V = Inschriften slowenisch-deutsch) und des Zuschlagswertes.

					✶	✶✶	⊙
31	1.25 L	**+ 50 L**	grün, Aufdruck IV schwarzviolettultramarin	(414)	75,—	150,—	750,—
32	2.50 L	**+ 50 L**	(dunkel)rotorange, Aufdruck V schwarzgrün	(436)	75,—	150,—	750,—
				Satzpreis (2 W.)	150,—	300,—	1500,—

FALSCH

Auflagen: MiNr. 31 = 15 600, MiNr. 32 = 15 674 Stück

1944, Febr. Für die Waisen. Flugpostmarken von Italien MiNr. 328, 330–332 und 408–409 mit Bdr.-Aufdruck im Kreis, zusätzlichem Aufdruck „DEN WAISEN“ und „SIROTAM“ (Type IV = Inschriften deutsch-slowenisch, Type V = Inschriften slowenisch-deutsch) und des Zuschlagswertes.

					✶	✶✶	⊙
33	25 C	**+ 10 L**	schwarzopalgrün, Aufdruck IV schwarzviolettultramarin	(408)	28,—	55,—	500,—
34	50 C	**+ 10 L**	schwarzsiena, Aufdruck V schwarzviolettultramarin	(328)	28,—	55,—	500,—
35	75 C	**+ 20 L**	schwärzlichbraunorange, Aufdruck IV schwarzviolettultramarin	(409)	28,—	55,—	500,—
36	1 L	**+ 20 L**	schwärzlichviolett, Aufdruck V schwarzviolettultramarin	(330)	28,—	55,—	500,—
37	2 L	**+ 20 L**	dunkelblau (Töne), Aufdruck IV dunkelrosarot	(331)	28,—	55,—	500,—
38	5 L	**+ 20 L**	schwärzlichgrün, Aufdruck V schwarzviolettultramarin	(332)	28,—	55,—	500,—
				Satzpreis (6 W.)	160,—	320,—	3000,—

FALSCH

Auflagen: MiNr. 33 = 16 113, MiNr. 34 = 15 995, MiNr. 35 = 16 697, MiNr. 36 = 15 981, MiNr. 37 = 16 000, MiNr. 38 = 15 973 Stück

1944, Febr. Winterhilfe. Flugpostmarken von Italien MiNr. 328, 330–332 und 408–409 mit Bdr.-Aufdruck in Type I und II, zusätzlichem Bdr.-Aufdruck „WINTERHILFE / ZIMSKA/POMOC“ (bei Aufdrucktype II in umgekehrter Reihenfolge) und des Zuschlagswertes.

					✶	✶✶	⊙
39	25 C	**+ 10 L**	schwarzopalgrün, Aufdruck II schwarzviolettultramarin	(408)	28,—	55,—	500,—
40	50 C	**+ 10 L**	schwarzsiena, Aufdruck I schwarzviolettultramarin	(328)	28,—	55,—	500,—
41	75 C	**+ 20 L**	schwärzlichbraunorange, Aufdruck II schwarzviolettultramarin	(409)	28,—	55,—	500,—
42	1 L	**+ 20 L**	schwärzlichviolett, Aufdruck I schwarzviolettultramarin	(330)	28,—	55,—	500,—
43	2 L	**+ 20 L**	dunkelblau (Töne), Aufdruck II dunkelrosarot	(331)	28,—	55,—	500,—
44	5 L	**+ 20 L**	schwärzlichgrün, Aufdruck I schwarzviolettultramarin	(332)	28,—	55,—	500,—
				Satzpreis (6 W.)	160,—	320,—	3000,—

FALSCH

Auflagen: MiNr. 39 = 16 155, MiNr. 40 = 15 990, MiNr. 41 = 16 033, MiNr. 42 = 15 997, MiNr. 43 = 15 996, MiNr. 44 = 15 992 Stück

Alle Aufdruck-Marken von Laibach sind mit Aufdruck- und Stempelfälschungen bekannt!

1945, März/Mai. Freimarken: Ansichte aus Slowenien. RaTdr. (10×10); gez. L 10½:11½, Hochformate ~.

a) Kreuzgrotte bei Laas

b) Zirknitzer See

c) Franzdorfer Viadukt

d) Bauernhaus am Laibacher Moor

e) Kapitelkirche in Rudolfswert

f) Teilansicht von Reifnitz (Ribnica)

g) Alte Burg in Laibach

h) Hauptplatz in Gottschee (Kočevje)

i) Wasserfall „Die Hölle" bei Franzendorf (Borovnica)

k) Schloss von Landstraß (Konstanjevica)

l) Schloss Auersperg

m) Schloss Seisenberg (Zuzemperk)

n) Landschaft am Fluss Gurk (Krka)

o) Wasserschloss Wördl an der Gurk (Otočec)

p) Bauernhof in der Unterkrain

r) Burg und Kirche Tabor

					*	**	⊙
45	5 C	schwarz		a	0,30	1,70	5,—
46	10 C	rot- bis braunorange		b	0,30	1,70	5,—
47	20 C	dunkelrotbraun		c	0,30	1,70	5,—
48	25 C	schwarzblaugrün		d	0,30	1,70	5,—
49	50 C	dunkelviolett		e	0,30	1,70	5,—
50	75 C	dunkelrosarot		f	0,30	1,70	5,—
51	1 L	schwärzlichgraugrün		g	0,30	1,70	5,—
52	1.25 L	dunkelultramarin		h	0,30	1,70	10,—
53	1.50 L	schwarzbraunoliv		i	0,30	1,70	10,—
54	2 L	dunkelviolettultramarin		k	0,70	1,70	12,—
55	2.50 L	schwärzlichockerbraun		l	0,70	1,70	12,—
56	3 L	purpur (Töne)		m	1,30	4,50	20,—
57	5 L	schwärzlichrotbraun		n	2,20	5,50	20,—
58	10 L	schwarzblaugrün		o	5,50	11,—	90,—
59	20 L	dunkelblau bis schwarzgrünlichblau		p	30,—	65,—	320,—
60	30 L	lilarot		r	160,—	300,—	1200,—
			Satzpreis (16 W.)		200,—	400,—	1700,—

Auflage: 14 900 Sätze

Die Marken MiNr. 45–60 erhielten nach der jugoslawischen Besetzung 1945 den Aufdruck „JUGOSLAVIJA / SLOVENIJA / 9.5. / 1945 / JUGOSLAVIJA", dazu kleiner Stern über Bergzacken.

Siehe MICHEL-Europa Band 2, Jugoslawien, Slowenien MiNr. 1–16.

Nicht ausgegeben:

1945. Verdiente Slowenen. Ⓔ J. Trpin; RaTdr. Katoliška Tiskarna (10×1 Zd); A = gez. L 11, B = □.

I

Simon Gregorčič (1844–1906), Priester und Dichter

II

Johann Weichard Valvasor (1641–1693), Historiker

III

Primož Trubar (1508–1586), Pfarrer und Reformator

IV

Ivan Tavcar (1851–1923), Politiker

V

Ivan Cankar (1876–1918), Schriftsteller

VI

Anton Martin Slomšek (1800–1862), Bischof

A = gez. L 11

		*	**
I A–VI A	je	40,—	75,—
	Satzpreis (6 W.)	240,—	500,—
	senkrechter Sechserstreifen (Zd)	350,—	600,—

B = □

		*	**
I B–VI B	je	25,—	50,—
	Satzpreis (6 W.)	150,—	350,—
	senkrechter Sechserstreifen (Zd)	200,—	400,—

MiNr. I–VI wurden jeweils in den Farben Dunkelkobalt, Schwärzlichgrün, Dunkelbräunlichkarmin, Dunkelpurpur, Dunkelrosa, Lebhaftgelbbraun und Dunkelsiena senkrecht zusammenhängend gedruckt. Preise gleich.

FALSCH Von allen Varianten existieren gefährliche Fälschungen; Prüfung dringend anzuraten.

Auflagen: unbekannt

Portomarken

1944. Portomarken von Italien MiNr. 24–27, 30 und 32–33 mit Bdr.-Aufdruck des Krainer Wappenadlers und den Inschriften „PROVINZ LAIBACH / LJUBLJANSKA POKRAJINA“ (Type IV = Inschriften deutsch-slowenisch, Type V = Inschriften slowenisch-deutsch); bei MiNr. 5–6 Inschriften gerade, oben und unten (Typen VI und VII).

				*	**	⊙
1	5 C	braun bis siena, Aufdruck IV schwärzlichsiena	(24)	5,—	12,—	100,—
2	10 C	dunkelultramarin, Aufdruck V schwarzlilaultramarin	(25)	5,—	12,—	100,—
3	20 C	dunkelrosarot, Aufdruck IV dunkellilarot	(26)	2,—	6,—	10,—
4	25 C	schwärzlichsmaragdgrün, Aufdruck V schwarzolivgrün	(27)	2,—	6,—	10,—
5	**30** (C) auf 50 C	schwärzlichbläulichviolett, Aufdruck VI schwarz	(30)	2,—	6,—	10,—
6	**40** (C) auf 5 C	braun, Aufdruck VII schwarzviolett	(24)	2,—	6,—	10,—
7	50 C	dunkelviolett, Aufdruck IV schwärzlichviolett	(30)	2,—	6,—	10,—
8	1 L	rotorange, Aufdruck V dunkelrot	(32)	5,—	12,—	100,—
9	2 L	dunkelgrün, Aufdruck IV schwarzviolettultramarin	(33)	5,—	12,—	100,—
			Satzpreis (9 W.)	30,—	75,—	450,—

FALSCH

Auflagen: MiNr. 1 = 49 590, MiNr. 2 = 47 545, MiNr. 3 = 297 258, MiNr. 4 = 303 909, MiNr. 5 = 500 943, MiNr. 6 = 184 956, MiNr. 7 = 234 287, MiNr. 8 = 87 486, MiNr. 9 = 70 900 Stück

Alle Marken von Laibach gültig bis 8. Mai 1945

Lettland

Landespost während der deutschen Besetzung (1.7. bis 30.10.1941)

Die frühere Postverwaltung Lettlands nutzte das Zurückweichen der sowjetischen Truppen und nahm mit dem 1. Juli 1941 ihre durch die Angliederung an die UdSSR unterbrochene Tätigkeit auf dem Territorium Lettlands wieder auf und verausgabte ohne deutsche Genehmigung ab dem 17.7.1941 überdruckte sowjetische Dauermarken. Auf Verlangen der Mitte August 1941 sich auch in Lettland etablierenden Deutschen Dienstpost Ostland wurden diese Marken zum 31.10.1941 außer Kurs gesetzt.

Währung: 1 Rubel = 100 Kopeken (K)

1941, 17./23. Juli. Freimarken: Marken der Sowjetunion MiNr. 578, 676–677, 679 und 682–683 mit schwarzgrünem (MiNr. 1–4 und 6) bzw. schwarzem (MiNr. 5) Bdr.-Aufdruck.

				*	**	⊙
1	5 K	dunkelbräunlichrot (18. Juli)	(676)	0,70	4,—	5,—
2	10 K	dunkelpreußischblau (18. Juli)	(677)	0,70	4,—	5,—
3	15 K	dunkelgraugrün (19. Juli)	(679)	40,—	75,—	90,—
4	20 K	schwarzgelbgrün (17. Juli)	(578)	0,70	4,—	5,—
5	30 K	dunkelviolettultramarin (17. Juli)	(682)	0,70	4,—	5,—
6	50 K	(lebhaft)braun (23. Juli)	(683)	3,—	10,—	12,—
			Satzpreis (6 W.)	45,—	100,—	120,—

FALSCH

Auflagen (Anzahl der verkauften Marken): MiNr. 1 = 1 190 000, MiNr. 2 = 1 030 000, MiNr. 3 = 96 000, MiNr. 4 = 990 000, MiNr. 5 = 3 130 000, MiNr. 6 = 193 000 Stück

Gültig bis 30.10.1941

Nach Einrichtung der deutschen Zivilverwaltung gelangten im November 1941 deutsche Marken mit Aufdruck „OSTLAND“ zur Verwendung (siehe unter Ostland). Von 1944–1991 wurden die Marken der Sowjetunion verwendet.

Litauen

Landespost während der deutschen Besetzung (25.6.1941–Herbst 1944)

Der baltische Staat Litauen grenzt an Lettland im Norden, Weißrussland im Osten und Polen im Süden. Nach der Besetzung durch deutsche Truppen wurden unter deutscher Oberhoheit provisorisch bestimmte Verwaltungen, darunter die Postverwaltung, erneut in Tätigkeit gesetzt; die Postverwaltung von Litauen errichtete mit Genehmigung der deutschen Militärverwaltung eine Landespost.

Währung: 1 Rubel (R) = 100 Kopeken (K)

Abstempelungen zu philatelistischen Zwecken (◍) werten 50% der ⊙-Preise.

Viele Marken des gesamten Gebietes sind mit Aufdruck- und Stempelfälschungen im Umlauf. Die Preise für alle teureren ungebrauchten und für alle gebrauchten Marken gelten nur für (BPP-)geprüfte Stücke!

Landesausgabe

1941, 5. Juli. Freimarken (Werktätige) und Sondermarke (W. Majakowskij) der Sowjetunion mit schwarzem Bdr.-Aufdruck durch die Druckerei Spindulys.

					*	**	⊙
1	2	K	lebhaftgelblichgrün	(673)	50,—	100,—	180,—
2	5	K	(dunkel)bräunlichrot	(676)	2,50	5,—	15,—
3	10	K	dunkelpreußischblau	(677)	2,50	5,—	15,—
4	15	K	dunkelgraugrün	(679)	2,50	5,—	15,—
5	20	K	schwarzgelbgrün	(578)	2,50	5,—	15,—
6	30	K	dunkelviolettultramarin	(682)	2,50	5,—	15,—
7	50	K	(lebhaft)braun	(683)	9,—	18,—	30,—
8	60	K	lilarot	(684)	16,—	30,—	60,—
9	80	K	lebhaftultramarin	(748)	16,—	30,—	60,—
				Satzpreis (9 W.)	100,—	200,—	400,—

Abarten:

		*	**	⊙
3 x	auf weißem Kartonpapier (0,10 mm)	120,—	200,—	
7 F I	Paar mit und ohne Aufdruck	—,—	—,—	
7 F II	senkrechtes Paar, 1 Marke mit Aufdruck, 1 Marke mit Blindaufdruck	—,—	—,—	

Achtung! MiNr. 7 F I war früher unter 7 I katalogisiert.

Zahlreiche fehlerhafte Aufdrucke sind bekannt.

FALSCH

Auflagen: MiNr. 1 = 70 000, MiNr. 2 und 4 je 2 000 000, MiNr. 3 = 1 940 000, MiNr. 5 = 2 600 000, MiNr. 6 = 10 000 000, MiNr. 7 = 750 000, MiNr. 8 = 500 000, MiNr. 9 = 330 000 Stück, davon am Schalter verkauft: MiNr. 1 = 19 000, MiNr. 2 = 105 000, MiNr. 3 = 125 000, MiNr. 4 = 135 000, MiNr. 5 = 175 000, MiNr. 6 = 195 000, MiNr. 7 = 85 000, MiNr. 8 = 85 000 (?), MiNr. 9 = 85 000 Stück

Gültig bis 31.8.1941

Ausgabe für das südlitauische Wilna-Gebiet

1941, 16. Juli. Freimarken (Werktätige) und Sondermarken (Forschungsstation „Nordpol 1" und 20 Jahre Rote Armee) der Sowjetunion mit schwarzem (MiNr. 10–17) bzw. dunkelgrünem (MiNr. 18), waagerechtem Bdr.-Aufdruck durch die Druckerei Spindulys.

					*	**	⊙
10	5	K	(dunkel)bräunlichrot	(676)	1,50	4,—	5,—
11	10	K	dunkelpreußischblau	(677)	1,50	4,—	5,—
12	15	K	dunkelgraugrün	(679)	1,50	4,—	5,—
13	20	K	schwarzgelbgrün	(578)	4,—	10,—	15,—
14	30	K	dunkelviolettultramarin	(682)	4,—	10,—	10,—
15	50	K	(lebhaft)braun	(683)	4,—	10,—	10,—
16	60	K	lilarot	(684)	4,—	10,—	12,—
17	80	K	dunkelbräunlichrot	(587)	380,—	900,—	300,—
18	1	R	schwarz/dunkelrot	(594)	*1100,—*	*2600,—*	900,—
				Satzpreis (9 W.)	*1500,—*	*3500,—*	1200,—

Abarten:

		*	**	⊙
12 F I	Paar mit und ohne Aufdruck	—,—	—,—	
12 F II	Paar, 1 Marke nur Blindaufdruck	—,—	—,—	

FALSCH

Auflagen: MiNr. 10–12 und MiNr. 14 je 80 000, MiNr. 13 = 40 000, MiNr. 15 = 30 000, MiNr. 16 = 40 200, MiNr. 17 = 8000, MiNr. 18 = 5000 Stück

Nach Einrichtung der deutschen Zivilverwaltung im September 1941 gelangten deutsche Marken mit Aufdruck „OSTLAND" zur Verwendung (Ausgabe der Ostland-Marken ab 4.11.1941, siehe dort).

Lokalausgaben

Alsedžiai (Alsedschen)

1941, ab Ende Juni. Freimarken (Werktätige) und Sondermarken (Forschungsstation „Nordpol 1" und 20 Jahre Rote Armee) der Sowjetunion mit schwarzgrauem Handstempel-Aufdruck „Laisvi/Alsedžiai/24–VI–41".

					*	**	⊙
1	2	K	lebhaftgelblichgrün	(673)	*1500,—*	*2500,—*	*2800,—*
2	5	K	dunkelbräunlichrot	(676)	*200,—*	*450,—*	*500,—*
3	10	K	dkl'preußischblau	(677)	*200,—*	*450,—*	*500,—*
4	15	K	dunkelgraugrün	(679)	*200,—*	*450,—*	*500,—*
5	20	K	schwarzgelbgrün	(578)	*200,—*	*450,—*	*500,—*
6	30	K	dkl'violettultramarin	(682)	*200,—*	*450,—*	*500,—*
7	50	K	(lebhaft)braun	(683)	*200,—*	*450,—*	*500,—*
8	60	K	lilarot	(684)	*200,—*	*450,—*	*500,—*
9	80	K	dkl'bräunlichrot	(587)	*4000,—*	*7000,—*	*7000,—*
10	1	R	schwarz/dunkelrot	(594)	*2800,—*	*5000,—*	*5000,—*

FALSCH

Die heute nicht mehr genau feststellbaren Auflagen sind sehr gering, da die in dem kleinen Postamt vorgefundenen Bestände an Urmarken klein waren und erst aus Vorräten der Bevölkerung ergänzt werden mussten.

Auflage: Etwa 100 vollständige Sätze

1941, ab Ende Juni. Freimarken der Sowjetunion MiNr. 688, 689 (Lenin) und MiNr. 812 (Moskauer Kreml) mit Aufdruck wie bei MiNr. 1–10.

					*	**
A 10	5	R	rötlichbraun	(688)	*8000,—*	—,—
B 10	10	R	grünschwarz	(689)	*8000,—*	—,—
C 10	1	R	schwärzlichzinnober	(812)	—,—	—,—

Auflagen: unbekannt

1941, ab Ende Juni. Freimarken: Marken der Sowjetunion MiNr. 763–779 (Allunionsausstellung für Landwirtschaft) mit gleichem Handstempel-Aufdruck wie bei MiNr. 1– C 10.

				*	**	⊙
11	10 K	mehrfarbig	(763)	5000,—	8000,—	8000,—
12	15 K	mehrfarbig	(764)	5000,—	8000,—	8000,—
13	30 K	mehrfarbig	(765)	5000,—	8000,—	8000,—
14	30 K	mehrfarbig	(766)	5000,—	8000,—	8000,—
15	30 K	mehrfarbig	(767)	5000,—	8000,—	8000,—
16	30 K	mehrfarbig	(768)	5000,—	8000,—	8000,—
17	30 K	mehrfarbig	(769)	5000,—	8000,—	8000,—
18	30 K	mehrfarbig	(770)	5000,—	8000,—	8000,—
19	30 K	mehrfarbig	(771)	5000,—	8000,—	8000,—
20	30 K	mehrfarbig	(772)	5000,—	8000,—	8000,—
21	30 K	mehrfarbig	(773)	5000,—	8000,—	8000,—
22	30 K	mehrfarbig	(774)	5000,—	8000,—	8000,—
23	30 K	mehrfarbig	(775)	5000,—	8000,—	8000,—
24	30 K	mehrfarbig	(776)	5000,—	8000,—	8000,—
25	30 K	mehrfarbig	(777)	5000,—	8000,—	8000,—
26	50 K	mehrfarbig	(778)	5000,—	8000,—	8000,—
27	60 K	mehrfarbig	(779)	5000,—	8000,—	8000,—

FALSCH

Auflagen: unbekannt

1941, Juli. Freimarken: Verschiedene Sondermarken der Sowjetunion (verschiedene Ausgabe-Anlässe) mit gleichem Handstempel-Aufdruck wie bei MiNr. 1–27.

				*	**	⊙
28	15 K	karmin	(753)	5000,—	8000,—	8000,—
29	15 K	schwärzlichgelbgrün	(795)	5000,—	8000,—	8000,—
30	20 K	lebhaftrot	(796)	5000,—	8000,—	8000,—
31	30 K	karminrot	(802)	6000,—	10000,—	10000,—
32	45 K	dunkelblaugrün	(811)	5000,—	8000,—	8000,—
33	50 K	rötlichbraun	(705)	5000,—	8000,—	8000,—
34	50 K	dunkelviolettultramarin	(799)	6000,—	10000,—	10000,—
35	80 K	schwarzgraupurpur	(707)	5000,—	8000,—	8000,—
36	1 R	schwärzlichgrünblau	(800)	5000,—	8000,—	8000,—

FALSCH

Auflagen: unbekannt

1941, Juli. Sondermarke von Litauen MiNr. 437 (Frieden) mit gleichem Handstempel-Aufdruck.

				*	**	⊙
A 36	5 C	karminbraun	(437)	—,—	—,—	

Auflage: unbekannt

Panevežys (Ponewesch)

1941, ab Ende Juni. Freimarken der Sowjetunion MiNr. 676, 679 und 682 (Werktätige) mit vierzeiligem schwarzem Handstempel-Aufdruck „Laisva / Lietuva / 27 VI 41 / Panevežys".

				*	**	⊙
1	5 K	bräunlichrot	(676)	300,—	500,—	600,—
2	15 K	dunkelgraugrün	(679)	300,—	500,—	600,—
3	30 K	dunkelviolettultramarin	(682)	300,—	500,—	600,—
		Satzpreis (3 W.)		900,—	1500,—	1800,—

FALSCH

Auflagen: je ca. 1000 Stück

1941, Juli. Freimarken der Sowjetunion MiNr. 578, 676–679, 682 und 684 (Werktätige) mit gleichem Aufdruck wie MiNr. 1–3, jedoch jetzt im verschiedenfarbigem Bdr.

				*	**	⊙
4	5 K	(lebhaft)bräunlichrot	(676)			
a		Aufdruck karminrot		30,—	60,—	140,—
b		Aufdruck schwarz		32,—	65,—	140,—
c		Aufdruck schwärzlichrotviolett		10,—	22,—	50,—
5	10 K	dunkelpreußischblau, Aufdruck schwärzlichgrün	(677)	32,—	65,—	130,—
6	15 K	dunkelgraugrün	(679)			
a		Aufdruck karminrot		30,—	60,—	130,—
b		Aufdruck schwarz		32,—	65,—	140,—
c		Aufdruck schwärzlichrotviolett		10,—	22,—	70,—
7	20 K	schwarzgelbgrün	(578)			
a		Aufdruck schwärzlichgrün		45,—	100,—	140,—
b		Aufdruck schwärzlichrotviolett		10,—	22,—	70,—
8	30 K	dunkelviolettultramarin	(682)			
a		Aufdruck karminrot		35,—	70,—	140,—
b		Aufdruck schwarz		40,—	80,—	240,—
c		Aufdruck schwärzlichrotviolett		10,—	22,—	55,—
9	60 K	lilarot, Aufdruck schwärzlichgrün	(684)	35,—	70,—	150,—
		Satzpreis (6 W.)		100,—	220,—	500,—

FALSCH

Auflagen: MiNr. 4 a = 5000, MiNr. 4 b = 5000, MiNr. 4 c = 10 000, MiNr. 5 = 5000, MiNr. 6 a = 5000, MiNr. 6 b = 5000, MiNr. 6 c = 8000, MiNr. 7 a = 5000, MiNr. 7 b = 10 000, MiNr. 8 a = 5000, MiNr. 8 b = 5000, MiNr. 8 c = 20 000, MiNr. 9 = 5000 Stück

Raseiniai (Rossingen)

1941, ab Ende Juni. Freimarken der Sowjetunion (Werktätige) mit schwarzem senkrechtem Bdr.-Aufdruck (von unten nach oben) in drei Typen.

Aufdruck-Type I

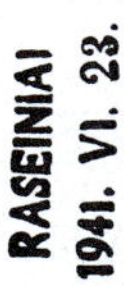

Aufdruck-Type II

Aufdruck-Type III

				*	**	⊙
1	5 K	lebhaftbräunlichrot	(676)			
I		Aufdruck-Type I		7,—	14,—	18,—
II		Aufdruck-Type II		28,—	50,—	60,—
III		Aufdruck-Type III		7,—	15,—	25,—
2	10 K	dunkelpreußischblau	(677)			
I		Aufdruck-Type I		5,—	11,—	13,—
II		Aufdruck-Type II		14,—	28,—	35,—
III		Aufdruck-Type III		7,—	15,—	25,—
3	15 K	dunkelgraugrün	(679)			
I		Aufdruck-Type I		7,—	15,—	26,—
II		Aufdruck-Type II		28,—	50,—	60,—
III		Aufdruck-Type III		11,—	22,—	35,—
4	20 K	schwarzgelbgrün	(578)			
I		Aufdruck-Type I		7,—	15,—	26,—
II		Aufdruck-Type II		18,—	35,—	45,—
III		Aufdruck-Type III		9,—	18,—	28,—
5	30 K	dunkelviolettultramarin	(682)			
I		Aufdruck-Type I		5,—	10,—	13,—
II		Aufdruck-Type II		14,—	28,—	40,—
III		Aufdruck-Type III		6,—	12,—	24,—
6	50 K	(lebhaft)braun	(683)			
I		Aufdruck-Type I		10,—	20,—	26,—
II		Aufdruck-Type II		34,—	60,—	80,—
III		Aufdruck-Type III		15,—	30,—	45,—
7	60 K	lilarot	(684)			
I		Aufdruck-Type I		7,—	15,—	18,—
II		Aufdruck-Type II		34,—	60,—	80,—
III		Aufdruck-Type III		11,—	22,—	40,—
		Satzpreis I (7 W.)		45,—	100,—	140,—
		Satzpreis II (7 W.)		160,—	300,—	380,—
		Satzpreis III (7 W.)		65,—	120,—	220,—

Auflagen: MiNr. 1 I = 7440, MiNr. 2 I = 8560, MiNr. 3 I = 6160, MiNr. 4 I = 8640, MiNr. 5 I = 23 120, MiNr. 6 I = 5760, MiNr. 7 I = 6120; MiNr. 1 II = 1860, MiNr. 2 II = 2140, MiNr. 3 II = 1540, MiNr. 4 II = 2160, MiNr. 5 II = 5780, MiNr. 6 II = 1440, MiNr. 7 II = 1530; MiNr. 1 III und 4 III je 4000, MiNr. 2 III und 5 III je 5000, MiNr. 3 III und 6 III je 3200, MiNr. 7 III = 3000 Stück

1941, Juli. Verschiedene Sondermarken der Sowjetunion mit waagerechtem schwarzem Bdr.-Aufdruck.

			*	**	⊙
8	80 K	dunkelbräunlichrot .... (587)	450,—	850,—	1100,—
9	80 K	schwarzgraupurpur ... (707)	30,—	60,—	110,—
10	80 K	lebhaftlilaultramarin ... (748)	40,—	75,—	110,—
11	1 R	schwarz/dunkelrot .... (594)	30,—	60,—	110,—
		Satzpreis (4 W.)	550,—	1000,—	1400,—

FALSCH MiNr. 8

Auflagen: MiNr. 8 = 750, MiNr. 9 = 3300, MiNr. 10 = 2650, MiNr. 11 = 3700 Stück

Rokiškis (Rakischki)

1941, 30. Juni. Freimarken der Sowjetunion (Werktätige) mit waagerechtem Bdr.-Aufdruck in drei Typen; a = Aufdruck schwarz, b = Aufdruck braunrot.

I

II

III

I = kleine breite Monatszahl „VI", 1,7 mm hoch, Bindestrich davor und dahinter
II = kleine schmale „VI", 1,7 mm hoch, zwei Bindestriche davor und dahinter
III = große schmale „VI", 2,25 mm hoch, Bindestrich davor und dahinter

			*	**	⊙
1 a	5 K	dunkelbräunlichrot, Aufdruck schwarz ... (676)			
I		Type I	8,—	16,—	28,—
II		Type II	10,—	20,—	34,—
III		Type III	11,—	22,—	37,—
2	10 K	dunkelpreußischblau . (677)			
a		Aufdruck schwarz			
I		Type I	8,—	16,—	28,—
II		Type II	10,—	20,—	34,—
III		Type III	11,—	22,—	37,—
b		Aufdruck braunrot			
I		Type I	10,—	20,—	40,—
II		Type II	12,—	25,—	50,—
III		Type III	13,—	28,—	55,—
3	15 K	dunkelblaugrün ..... (679)			
a		Aufdruck schwarz			
I		Type I	7,—	14,—	25,—
II		Type II	8,—	18,—	28,—
III		Type III	9,—	19,—	30,—
b		Aufdruck braunrot			
I		Type I	8,—	16,—	28,—
II		Type II	10,—	20,—	34,—
III		Type III	11,—	22,—	37,—
4	20 K	schwarzgelbgrün ... (578)			
a		Aufdruck schwarz			
I		Type I	8,—	16,—	30,—
II		Type II	10,—	20,—	35,—
III		Type III	11,—	22,—	38,—
b		Aufdruck braunrot			
I		Type I	13,—	26,—	50,—
II		Type II	16,—	32,—	60,—
III		Type III	17,—	34,—	65,—
5	30 K	dunkelviolettultramarin (682)			
a		Aufdruck schwarz			
I		Type I	7,—	14,—	22,—
II		Type II	9,—	18,—	26,—
III		Type III	10,—	20,—	28,—
b		Aufdruck braunrot			
I		Type I	8,—	16,—	28,—
II		Type II	10,—	20,—	34,—
III		Type III	11,—	22,—	37,—
6	50 K	(lebhaft)braun ...... (683)			
a		Aufdruck schwarz			
I		Type I	150,—	260,—	550,—
II		Type II	180,—	360,—	450,—
III		Type III	200,—	400,—	500,—
b		Aufdruck braunrot			
I		Type I	200,—	340,—	400,—
II		Type II	240,—	500,—	600,—
III		Type III	260,—	550,—	—,—
7 a	60 K	lilarot, Aufdruck schwarz (684)			
I		Type I	18,—	35,—	55,—
II		Type II	22,—	42,—	65,—
III		Type III	24,—	45,—	70,—
		Satzpreis a (7 W.)	200,—	350,—	500,—
		Satzpreis b (5 W.)	230,—	400,—	540,—

Nicht zur Verwendung gelangt:

			*	**
I	2 K	lebhaftgelblichgrün .... (673)		
a		Aufdruck schwarz	*700,—*	*1200,—*
b		Aufdruck braunrot	*700,—*	*1200,—*

FALSCH Aufdruckfälschungen! Prüfung ratsam!

Auflagen: MiNr. 1 a =13 800, MiNr. 2 a = 10 000, MiNr. 2 b = 8000, MiNr. 3 a = 15 000, MiNr. 3 b = 12 000, MiNr. 4 a = 8000, MiNr. 4 b = 7000, MiNr. 5 a = 15 000, MiNr. 5 b = 20 000, MiNr. 6 a = 1500, MiNr. 6 b = 2500, MiNr. 7 a = 10 000 Stück

Telšiai (Telschen)

Die Marken von Telschen wurden in der Bischöflichen Druckerei hergestellt. Der Aufdruck erfolgte in drei verschiedenen Aufdruckgrößen.

I II III

I = „L" und „T" 2 mm hoch
II = „L" und „T" 2,5 mm hoch
III = „L" und „T" 3,5 mm hoch

1941, 30. Juni. Freimarken der Sowjetunion (Werktätige) mit waagerechtem schwarzem Bdr.-Aufdruck.

			*	**	⊙
1	5 K	dunkelbräunlichrot .. (676)			
I		Type I	13,—	25,—	35,—
II		Type II	27,—	50,—	70,—
III		Type III	11,—	22,—	30,—
2	10 K	dunkelpreußischblau . (677)			
I		Type I	16,—	30,—	60,—
II		Type II	27,—	50,—	70,—
III		Type III	13,—	26,—	35,—
3	15 K	dunkelblaugrün ..... (679)			
I		Type I	10,—	20,—	30,—
II		Type II	27,—	50,—	70,—
III		Type III	9,—	18,—	28,—
4	20 K	schwarzgelbgrün ... (578)			
I		Type I	13,—	25,—	35,—
II		Type II	45,—	80,—	100,—
III		Type III	11,—	22,—	30,—
5	30 K	dunkelviolettultramarin (682)			
I		Type I	30,—	55,—	90,—
II		Type II	34,—	60,—	100,—
III		Type III	27,—	50,—	80,—
6	50 K	(lebhaft)braun ...... (683)			
I		Type I	18,—	35,—	65,—
II		Type II	34,—	60,—	100,—
III		Type III	17,—	32,—	60,—
7	60 K	lilarot .... (684)			
I		Type I	18,—	35,—	60,—
II		Type II	30,—	55,—	90,—
III		Type III	15,—	30,—	55,—
		Satzpreis (7 W.)	100,—	200,—	300,—

Auflagen: MiNr. 1 = 16 500, MiNr. 2 = 11 900, MiNr. 3 = 26 700, MiNr. 4 = 16 000, MiNr. 5 = 5800, MiNr. 6 = 9000, MiNr. 7 = 11 000 Stück

1941, 3. Juli. Sondermarken der Sowjetunion (Nordpolflug 1938 und Majakowskij 1940) mit Bdr.-Aufdruck wie bei MiNr. 1–7.

			✶	✶✶	⊙
8		80 K dunkelbräunlichrot . . (587)			
	I	Type I	160,—	300,—	400,—
	II	Type II	170,—	320,—	400,—
	III	Type III	140,—	260,—	320,—
9		80 K lebhaftultramarin . . . . (748)			
	I	Type I	*1700,—*	*2800,—*	*3500,—*
	II	Type II	*1700,—*	*2800,—*	*3500,—*
	III	Type III	*1000,—*	*1800,—*	*2200,—*

Auflagen: MiNr. 8 = 2500, MiNr. 9 = 600 Stück

1941, 3. Juli. Sondermarke der Sowjetunion (Rote Armee 1938) mit schwarzem senkrechtem Bdr.-Aufdruck von unten nach oben.

			✶	✶✶	⊙
10		80 K schwarz/dunkelrot . (594)			
	I	Type I	190,—	350,—	450,—
	II	Type II	130,—	250,—	350,—
	III	Type III	100,—	200,—	280,—

Auflage: 3000 Stück

1941, 3. Juli. Sondermarken der Sowjetunion (Allunionsausstellung für Landwirtschaft 1940) mit Bdr.-Aufdruck wie bei MiNr. 1–9.

			✶	✶✶	⊙
11		10 K mehrfarbig, Type III (763)	*280,—*	*500,—*	*600,—*
12		15 K mehrfarbig, Type III (764)	*280,—*	*500,—*	*600,—*
13		30 K mehrfarbig . . . . (765)			
	I	Type I	*240,—*	*450,—*	*500,—*
	III	Type III	*1300,—*	*2000,—*	*—,—*
14		30 K mehrfarbig . . . . (766)			
	II	Type II	*1300,—*	*2000,—*	*—,—*
	III	Type III	*240,—*	*450,—*	*500,—*
15		30 K mehrfarbig . . . . (767)			
	I	Type I	*400,—*	*700,—*	*800,—*
	II	Type II	*800,—*	*1400,—*	*1700,—*
	III	Type III	*400,—*	*700,—*	*800,—*
16		30 K mehrfarbig . . . . (768)			
	I	Type I	*240,—*	*450,—*	*500,—*
	III	Type III	*1300,—*	*2000,—*	*—,—*
17		30 K mehrfarbig . . . . (769)			
	I	Type I	*240,—*	*450,—*	*500,—*
	III	Type III	*400,—*	*700,—*	*900,—*
18		30 K mehrfarbig . . . . (771)			
	II	Type II	*400,—*	*700,—*	*900,—*
	III	Type III	*240,—*	*450,—*	*500,—*
19		30 K mehrfarbig . . . . (772)			
	II	Type II	*400,—*	*700,—*	*900,—*
	III	Type III	*240,—*	*450,—*	*500,—*
20		30 K mehrfarbig . . . . (774)			
	I	Type I	*240,—*	*450,—*	*500,—*
	III	Type III	*400,—*	*700,—*	*900,—*
21		30 K mehrfarbig . . . . (775)			
	II	Type II	*1300,—*	*2000,—*	*—,—*
	III	Type III	*240,—*	*450,—*	*500,—*
22		30 K mehrfarbig . . . . (776)			
	II	Type II	*240,—*	*450,—*	*500,—*
	III	Type III	*240,—*	*450,—*	*500,—*
23		30 K mehrfarbig . . . . (777)			
	II	Type II	*240,—*	*450,—*	*500,—*
	III	Type III	*240,—*	*450,—*	*500,—*
24		50 K mehrfarbig . . . . (778)			
	I	Type I	*240,—*	*450,—*	*500,—*
	III	Type III	*280,—*	*500,—*	*600,—*
25		60 K mehrfarbig . . . . (779)			
	I	Type I	*280,—*	*450,—*	*500,—*
	III	Type III	*280,—*	*500,—*	*600,—*
		Satzpreis (15 W.)	*4000,—*	*7000,—*	*8000,—*

FALSCH Von fast allen Marken von Telschen sind Aufdruckfälschungen bekannt! **(BPP-)Prüfung dringend anzuraten!**

Auflagen: unbekannt

Ukmerge (Wilkomir)

1941. Freimarken der Sowjetunion (Werktätige) mit schwarzem Bdr.-Aufdruck von oben nach unten.

		✶	✶✶	⊙
1	5 K dunkelbräunlichrot . . . . . (676)	140,—	250,—	250,—
2	10 K dunkelpreußischblau . . . (677)	140,—	250,—	250,—
3	15 K dunkelgraugrün . . . . . . (679)	140,—	250,—	250,—
4	20 K schwarzgelbgrün . . . . . . (578)	250,—	450,—	500,—
5	30 K dunkelviolettultramarin . (682)	170,—	300,—	350,—
	Satzpreis (5 W.)	800,—	1500,—	1600,—

Auflage: 1000 Sätze

Zarasai (Zargrad)

1941, 30. Juni. Freimarken der Sowjetunion (Werktätige) mit waagerechtem Aufdruck in Schwarz (MiNr. 1 a–7 a) bzw. in Braunlila (MiNr. 1 b) oder in Braunrot (MiNr. 2 b–7 b), verschiedene Typen.

Type I

Type II A

Type II B

Type III

I = „Z“ von „Zarasai“, 2,25 mm hoch, Monatsangabe „VI“ 1,7 mm hoch, Schriftbild breit
II A = „Z“ von „Zarasai“, 2,8 mm hoch, Monatsangabe „VI“ 2,25 mm hoch, Schriftbild schmal, je ein Bindestrich vor und hinter „VI“
II B = wie Type II A, jedoch je zwei Bindestriche
III = „Z“ von „Zarasai“, 2,8 mm hoch, „VI“ ca. 2,8 mm hoch

			✶	✶✶	⊙
1		5 K dunkelbräunlichrot (676)			
	a	Aufdruck schwarz			
	I	Type I	14,—	25,—	40,—
	II A	Type II A	30,—	55,—	90,—
	II B	Type II B	28,—	50,—	80,—
	III	Type III	22,—	40,—	70,—
	b	Aufdruck braunlila			
	I	Type I	1500,—	2800,—	3000,—
	II A	Type II A	—,—	—,—	—,—
	II B	Type II B	—,—	—,—	—,—
	III	Type III	2500,—	4500,—	5000,—

MiNr.			✶	✶✶	⊙
2		10 K dunkelpreußischblau ....(677)			
a		Aufdruck schwarz			
	I	Type I	14,—	25,—	40,—
	II A	Type II A	30,—	55,—	90,—
	II B	Type II B	28,—	50,—	80,—
	III	Type III	22,—	40,—	70,—
b		Aufdruck braunrot			
	I	Type I	25,—	45,—	90,—
	II A	Type II A	55,—	100,—	180,—
	II B	Type II B	50,—	90,—	160,—
	III	Type III	40,—	75,—	140,—
3		15 K dunkelgraugrün ..(679)			
a		Aufdruck schwarz			
	I	Type I	14,—	25,—	40,—
	II A	Type II A	30,—	55,—	90,—
	II B	Type II B	28,—	50,—	80,—
	III	Type III	22,—	40,—	70,—
b		Aufdruck braunrot			
	I	Type I	25,—	45,—	90,—
	II A	Type II A	55,—	100,—	180,—
	II B	Type II B	50,—	90,—	160,—
	III	Type III	40,—	75,—	140,—
4		20 K schwarzgelbgrün .(578)			
a		Aufdruck schwarz			
	I	Type I	14,—	25,—	40,—
	II A	Type II A	30,—	55,—	90,—
	II B	Type II B	28,—	50,—	80,—
	III	Type III	22,—	40,—	70,—
b		Aufdruck braunrot			
	I	Type I	28,—	50,—	70,—
	II A	Type II A	65,—	120,—	160,—
	II B	Type II B	55,—	100,—	140,—
	III	Type III	45,—	80,—	120,—
5		30 K dunkelviolett-ultramarin ....(682)			
a		Aufdruck schwarz			
	I	Type I	14,—	25,—	40,—
	II A	Type II A	30,—	55,—	90,—
	II B	Type II B	28,—	50,—	80,—
	III	Type III	22,—	40,—	70,—
b		Aufdruck braunrot			
	I	Type I	28,—	50,—	70,—
	II A	Type II A	65,—	120,—	160,—
	II B	Type II B	55,—	100,—	140,—
	III	Type III	45,—	80,—	120,—
6		50 K (lebhaft)braun ....(683)			
a		Aufdruck schwarz			
	I	Type I	200,—	350,—	350,—
	II A	Type II A	—,—	—,—	—,—
	II B	Type II B	—,—	—,—	—,—
	III	Type III	270,—	500,—	600,—
b		Aufdruck braunrot			
	I	Type I	190,—	350,—	450,—
	II A	Type II A	—,—	—,—	—,—
	II B	Type II B	—,—	—,—	—,—
	III	Type III	280,—	500,—	750,—
7		60 K lilarot, ...(684)			
a		Aufdruck schwarz			
	I	Type I	50,—	90,—	200,—
	II A	Type II A	110,—	200,—	360,—
	II B	Type II B	100,—	180,—	320,—
	III	Type III	80,—	150,—	280,—
b		Aufdruck braunrot			
	I	Type I	—,—	—,—	
	II A	Type II A	—,—	—,—	
	II B	Type II B	—,—	—,—	
	III	Type III	—,—	—,—	
		Satzpreis a (7 W.)	280,—	500,—	700,—
		Satzpreis b (ohne MiNr. 7 b, 6 W.)	1800,—	3000,—	3500,—

FALSCH

Auflagen: unbekannt

Außerdem wurden in einigen Orten, z. B. in Anyksciai und Pajuris, die sowjetischen Marken mit Handstempeln aus Typenkästen überdruckt, jedoch ohne Ortsnamen, nur mit dem Datum des deutschen Besetzungstages (in Anyksciai und Pajuris: „1941 VI. 23."). Freimarken „Werktätige" mit Handstempelaufdruck ✶✶ *800,—*, Sondermarken ✶✶ —,—.

Lothringen

Lothringen ist eine Region im Nordosten Frankreichs an den Oberläufen der Flüsse Maas, Mosel, Saar und Saône. Sie grenzt an Belgien, Luxemburg und Deutschland.
Der Waffenstillstand von Compiègne (in Frankreich auch von Rhetondes) wurde am 22.6.1940 zwischen dem Deutschen Reich und Frankreich beschlossen und trat am 25.6.1940 in Kraft. Damit war der deutsche Westfeldzug beendet. Das besetzte Lothringen wurde einem Chef der deutschen Zivilverwaltung unterstellt.

Ab 15.7.1941 waren die Marken des Deutschen Reiches (MiNr. 751–759 bereits ab 5.11.1940), des Elsass und Luxemburgs ebenso gültig wie die Marken Lothringens im Altreich, im Elsass und in Luxemburg (dort bereits ab 1.4.1941). Die Deutsche Dienstpost benutzte von Anfang an nur deutsche Marken ohne Aufdruck.

1944/45 wurde Lothringen in der Schlacht um Lothringen von den alliierten Streitkräften zurückerobert und kam wieder unter französische Verwaltung.

Währung: 1 Reichsmark = 100 Reichspfennig (Pf)

1940, 21. Aug. Freimarken: Marken des Deutschen Reiches MiNr. 513–528 (Hindenburg) mit schwarzem Bdr.-Aufdruck.

MiNr.			✶✶	⊙
1	3 (Pf)	dunkelbraunocker ....(513)	1,70	1,20
2	4 (Pf)	schwärzlichgrauultramarin (Töne) ....(514)	1,70	1,20
3	5 (Pf)	(gelb)smaragdgrün GA .....(515)	1,70	1,20
4	6 (Pf)	schwarz(grau)grün bis schwarzopalgrün GA ......(516)	1,70	0,80
5	8 (Pf)	zinnober (Töne) ....(517)	1,70	1,20
6	10 (Pf)	dunkelrötlichbraun (Töne) ...(518)	1,70	0,80
7	12 (Pf)	schwärzlichrosa(rot) ....(519)	1,70	0,80
8	15 (Pf)	dunkel- bis schwarzrotlila ...(520)	1,70	1,20
9	20 (Pf)	(lebhaft)cyanblau ....(521)	2,20	1,50
10	25 (Pf)	(mittel)lilaultramarin ....(522)	2,20	1,50
11	30 (Pf)	dunkelbräunlicholiv ....(523)	2,20	1,80
12	40 (Pf)	(dunkel)lilapurpur ....(524)	2,20	1,80
13	50 (Pf)	schwarzgrün/grauschwarz ..(525)	4,50	3,50
14	60 (Pf)	dunkelkarminlila/grauschwarz (526)	4,50	4,—
15	80 (Pf)	dunkelkobalt/grauschwarz ..(527)	7,—	4,50
16	100 (Pf)	schwärzlichgelborange/grauschwarz ....(528)	12,—	8,—
		Satzpreis (16 W.) ✶ 18,—	50,—	35,—

Mit alten französischen Poststempeln oder provisorischen Stempeln ist diese Ausgabe gesucht (⊙ mind. 40,—).

Gültig bis 31.12.1941, ab 1.1.1942 wurden nur noch deutsche Reichspostmarken ohne Aufdruck verwendet.

Luxemburg

Am 10. Mai 1940 marschierte die deutsche Wehrmacht in Luxemburg ein und besetzte es ohne nennenswerten Widerstand. Bis Ende Juli 1940 stand Luxemburg unter deutscher Militärverwaltung, danch wurde es einem Chef der deutschen Zivilverwaltung unterstellt.

Die Marken des Großherzogtums verloren mit dem 30.9.1940 offiziell ihre Gültigkeit, konnten jedoch bis 2.10.1940 noch aufgebraucht werden. Damit waren zwei Tage lang Mischfrankaturen mit MiNr. 1–16 möglich. Ab 1.4.1941 waren zusätzlich die Marken des Deutschen Reiches, des Elsass und Lothringens gültig, die Marken Luxemburgs konnten ab 15.7.1941 auch in Deutschland, im Elsass und in Lothringen verwendet werden. Die Deutsche Dienstpost benutzte von Anfang an nur deutsche Marken ohne Aufdruck.

Währung: 1 Reichsmark = 100 Reichspfennig (Pf)

1940, 1. Okt. Freimarken: Marken des Deutschen Reiches MiNr. 513–528 (Hindenburg) mit schwarzem Bdr.-Aufdruck.

				✶✶	⊙
1	3 (Pf)	dunkelbraunocker	(513)	0,70	0,60
2	4 (Pf)	schwärzlichgrauultramarin (Töne)	(514)	0,70	0,60
3	5 (Pf)	(gelb)smaragdgrün GA	(515)	0,70	0,60
4	6 (Pf)	schwarz(grau)grün bis schwarzopalgrün GA	(516)	0,70	0,60
5	8 (Pf)	zinnober (Töne)	(517)	0,70	0,60
6	10 (Pf)	dunkelrötlichbraun (Töne)	(518)	0,70	0,60
7	12 (Pf)	schwärzlichrosa(rot)	(519)	0,70	0,60
8	15 (Pf)	dunkel- bis schwarzrotlila GA	(520)	1,50	1,20
9	20 (Pf)	(lebhaft)cyanblau	(521)	1,50	1,40
10	25 (Pf)	(mittel)lilaultramarin	(522)	1,50	2,—
11	30 (Pf)	dunkelbräunlicholiv	(523)	1,50	2,—
12	40 (Pf)	(dunkel)lilapurpur	(524)	2,—	2,—
13	50 (Pf)	schwarzgrün/grauschwarz	(525)	4,—	4,—
14	60 (Pf)	dunkelkarminlila/grauschwarz	(526)	4,—	4,—
15	80 (Pf)	dunkelkobalt/grauschwarz	(527)	8,—	8,—
16	100 (Pf)	schwärzlichgelborange/ grauschwarz	(528)	18,—	8,—
		Satzpreis (16 W.) ✶ 15,—		45,—	35,—

Auflagen: unbekannt

Gültig bis 31.12.1941

1940, 5. Dez. Freimarken von Luxemburg mit schwarzem Bdr.-Aufdruck des neuen Wertes, alter Wert mit Rosetten oder Strichen überdruckt.

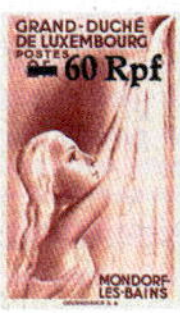

						✶✶	⊙
17	3 Rpf	auf	15 C	schwarz	(221)	0,30	0,40
18	4 Rpf	auf	20 C	rötlichorange bis rotorange	(168)	0,30	0,40
19	5 Rpf	auf	35 C	schwärzlich-gelblichgrün	(223)	0,30	0,40
20	6 Rpf	auf	10 C	dunkel- bis schwärzlicholiv	(167)	0,30	0,40
21	8 Rpf	auf	25 C	schwärzl'braun	(187)	0,30	0,40
22	10 Rpf	auf	40 C	schwarzbraun-oliv	(170)	0,30	0,40
23	12 Rpf	auf	60 C	schwärzlich-opalgrün	(206)	0,30	0,40
24	15 Rpf	auf	1 Fr	karminrot (Töne)	(224)	0,30	0,40
25	20 Rpf	auf	50 C	rötlichbraun	(171)	0,30	0,80
26	25 Rpf	auf	5 C	schwärzlich-braunviolett	(166)	0,30	1,50
27	30 Rpf	auf	70 C	schwarzblau-violett	(281)	0,30	0,80
28	40 Rpf	auf	75 C	dkl'ockerbraun	(189)	1,—	1,50
29	50 Rpf	auf	1¼ Fr	schwärzlichgrün	(239)	0,50	0,80
30	60 Rpf	auf	2 Fr	(dunkel)karminrot	(332)	5,—	12,—
31	80 Rpf	auf	5 Fr	schwarzblaugrün	(258)	2,—	2,50
32	100 Rpf	auf	10 Fr	schwarzopalgrün	(283)	3,50	3,50
				Satzpreis (16 W.) ✶ 6,—		15,—	26,—

Auflagen: unbekannt

Gültig bis 31.3.1941

1941, 12. Jan. Winterhilfswerk. Marken des Deutschen Reiches MiNr. 751–759 mit schwarzem Bdr.-Aufdruck.

					✶✶	⊙
33	3 + 2	(Pf)	dunkelbraun	(751)	–,70	–,80
34	4 + 3	(Pf)	schwarzblau	(752)	–,70	–,80
35	5 + 3	(Pf)	smaragdgrün	(753)	–,70	–,80
36	6 + 4	(Pf)	schwarzgrün	(754)	–,70	–,80
37	8 + 4	(Pf)	dunkelrotorange	(755)	–,70	–,80
38	12 + 6	(Pf)	karminrot	(756)	–,70	–,80
39	15 +10	(Pf)	dunkelbraunkarmin	(757)	1,—	2,—
40	25 +15	(Pf)	violettultramarin	(758)	2,—	4,50
41	40 +35	(Pf)	schwärzlichrotlila	(759)	3,—	7,50
			Satzpreis (9 W.) ✶3,50		10,—	18,—

Auflagen: unbekannt

Gültig bis 31.6.1941

Ab 1.1.1942 bis zur Wiedererrichtung des Großherzogtums 1944 galten nur noch die Marken Deutschlands, die bis 29.9.1944 verwendet werden durften. Danach war bis zur Herausgabe eigener Marken Barfreimachung angeordnet.

Mazedonien

Landespost während der deutschen Besetzung (8. Sept.–13. Nov. 1944)

Als sowjetrussische Truppen Bulgarien am 8. Sept. 1944 besetzten, zogen zeitgleich deutsche Truppen in Mazedonien ein, auch, um damit ein Vorrücken der Alliierten an die Adria zu unterbinden.

Bulgarische Marken wurden mit einem zweisprachigen Kreisstempel „SKOPJE“ mit Stempeldatum 30.X.44–9.XI.44 entwertet. Vorkommende violette Abstempelungen „KUMANOVO“ sind immer Gefälligkeitsabstempelungen.

Nach Abzug der deutschen Truppen wurde Mazedonien wieder in Jugoslawien eingegliedert.

Währung: 1 Lew (L) = 100 Stotinki (St)

FALSCH

Alle Werte sind mit Aufdruck-und Stempelfälschungen im Umlauf. Alle Preise gelten nur für (BPP-)geprüfte Stücke.

1944, 30. Okt. Freimarken: Marken von Bulgarien MiNr. 407, 408, 413–415 und 439–441 mit schwarzblauem (MiNr. 1 und 8) bzw. dunkelrosarotem (MiNr. 2–7) Bdr.-Aufdruck in kyrillischer Schrift.

Aufdruck-Typen:

9 — Type I, 9 unten spitz

9 — Type II, 9 unten rund

					*	**	⊙
1		1 L auf 10 St	dunkelrotorange	(407)			
	I		Aufdrucktype I (Feld 45, 95)		70,—	140,—	200,—
	II		Aufdrucktype II		5,—	10,—	20,—
2		3 L auf 15 St	lebhaftkobalt bis kobaltblau	(408)			
	I		Aufdrucktype I (Feld 45, 95)		70,—	140,—	200,—
	II		Aufdrucktype II		5,—	10,—	20,—
3		6 L auf 10 St	schwärzlichviolettultramarin	(413)			
	I		Aufdrucktype I (Feld 44)		130,—	250,—	450,—
	II		Aufdrucktype II		6,—	12,—	30,—
4		9 L auf 15 St	schwarzgrünlichblau	(414)			
	I		Aufdrucktype I (Feld 44)		130,—	250,—	450,—
	II		Aufdrucktype II		6,—	12,—	30,—
5		9 L auf 15 St	schwarzolivbraun	(415)			
	I		Aufdrucktype I (Feld 44)		130,—	250,—	500,—
	II		Aufdrucktype II		10,—	20,—	35,—
6		15 L auf 4 L	braunschwarz	(439)			
	I		Aufdrucktype I		30,—	60,—	70,—
	II		Aufdrucktype II (Feld 8, 11, 12, 13, 36, 41, 46, 47, 49, 52, 61, 66, 67, 72, 74, 76, 82)		60,—	120,—	300,—
7		20 L auf 7 L	schwärzlichblau	(440)			
	I		Aufdrucktype I (Feld 44)		300,—	500,—	900,—
	II		Aufdrucktype II		50,—	100,—	80,—
8		30 L auf 14 L	schwärzlichbraunorange	(441)			
	I		Aufdrucktype I		55,—	110,—	130,—
	II		Aufdrucktype II (Feld 8, 11, 12, 13, 36, 41, 46, 47, 49, 52, 61, 66, 67, 72, 74, 76, 82)		60,—	120,—	180,—
			Satzpreis (8 W.)		160,—	320,—	400,—

Paare mit und ohne Aufdruck (F):

		*	**	⊙
1 F V		140,—	250,—	
1 F VI	ein Aufdruck im Blinddruck	140,—	250,—	
2 F V		140,—	250,—	
6 F VIII	ein Aufdruck im Blinddruck	240,—	400,—	
8 F V		500,—	800,—	

Achtung! Paare mit und ohne Aufdruck waren bis MICHEL-Deutschland-Spezial 2012 ohne den Buchstaben „F“ katalogisiert.

Bei allen Werten gibt es zahlreiche Aufdruckfehler.

FALSCH

Auflage: 24 680 Sätze

Montenegro

Landespost während der deutschen Besetzung (30. Sept. 1943–Mitte Nov. 1944)

Im September 1943 löste die deutsche Militärverwaltung die bisherige italienische Verwaltung (Governatorato del Montenegro) ab; Träger der deutschen Verwaltung war die Feldkommandantur 1040, die bald darauf die amtliche Bezeichnung Feldkommandantur Montenegro führte. Das Gebiet von Kotor (Cattaro) erhielt eine eigene Verwaltung und Post (siehe Kotor).

Am 10. November 1943 wurde eine Zivilverwaltung unter einem „Nationalen Verwaltungsausschuss" errichtet; ihm unterstand auch die Landespost, die Postämter in Bar, Budua, Cetinje, Podgorica und Nikšic unterhielt.

Alle Aufdrucke wurden von der montenegrinischen Staatsdruckerei Obod hergestellt.

MiNr. 1–9 wurden auch in Kotor vor dessen eigener Ausgaben verwendet.

Die ▨-Preise gelten für geprüfte Abstempelungen „Berane" und „Rozai". Diese Postämter wurden während der deutschen Besetzung geschlossen, die dort verwendeten Stempel wurden in Cetinje für Gefälligkeitsabstempelungen verwendet.

Währung: 1 Lira (L) = 100 Centesimi (C), ab 1944: 1 Reichsmark (RM) (=10 Lire) =100 Reichspfennig

Alle Marken sind mit Aufdruck- bzw. Stempelfälschungen im Umlauf. Alle Preise gelten nur für (BPP-)geprüfte Stücke.

1943, 22. Nov. Freimarken : Marken von Jugoslawien MiNr. 398–399 mit schwarzem Bdr.-Aufdruck, Wertangabe in italienischer Währung.

Aufdrucktypen:

MiNr. 1 und 3

Type I

Type II

MiNr. 9

Type I

Type II

Type III

Type IV

				✶	✶✶	▨	⊙
1	0.50 L	auf 3 Din (lebhaft)braunrot	(398)				
I		Kopf der „5" der Wertangabe „0.50" geschweift		10,—	20,—	18,—	35,—
II		Kopf der „5" der Wertangabe „0.50" gerade		12,—	25,—	50,—	100,—
2	1 L	auf 3 Din (lebhaft)braunrot	(398)	10,—	20,—	18,—	35,—
3	1.50 L	auf 3 Din (lebhaft)braunrot	(398)				
I		Kopf der „5" der Wertangabe „0.50" geschweift		10,—	20,—	18,—	35,—
II		Kopf der „5" der Wertangabe „0.50" gerade		12,—	24,—	50,—	100,—
4	2 L	auf 3 Din (lebhaft)braunrot	(398)	15,—	32,—	35,—	70,—
5	4 L	auf 3 Din (lebhaft)braunrot	(398)	15,—	32,—	35,—	70,—
6	5 L	auf 4 Din lebhaftviolettultramarin	(399)	15,—	32,—	35,—	70,—
7	8 L	auf 4 Din lebhaftviolettultramarin	(399)	35,—	75,—	70,—	140,—
8	10 L	auf 4 Din lebhaftviolettultramarin	(399)	40,—	80,—	110,—	220,—
9	20 L	auf 4 Din lebhaftviolettultramarin	(399)				
I		Kopf der „2" der Wertangabe „20" rund		100,—	200,—	250,—	50,—
II		Kopf der „2" der Wertangabe „20" spitz		120,—	250,—	380,—	750,—
III		Kopf der „2" links rund, rechts spitz		170,—	350,—	800,—	1500,—
IV		Kopf der „2" links spitz, rechts rund		170,—	350,—	800,—	1500,—
			Satzpreis (9 W.)	250,—	500,—	580,—	1100,—

FALSCH

Auflagen: unbekannt

1943, 9. Dez. Freimarken: Marken MiNr. 56–60 und Flugpostmarken MiNr. 62–65 von Montenegro, italienische Regentschaft, mit schwarzem Bdr.-Aufdruck.

					✱	✱✱	▨	⊙
10	25 C	dunkelgrün (Töne)	(56)	30,—	60,—	120,—	240,—
11	50 C	rötlichlila	(57)	30,—	60,—	120,—	240,—
12	1.25 L	(kobalt)blau	(58)	30,—	60,—	120,—	240,—
13	2 L	dunkelopalgrün	(59)	30,—	60,—	120,—	240,—
14	5 L	dunkellilarot auf hellbraunorange	(60)	300,—	600,—	1500,—	3000,—
15	50 C	dunkelorangebraun	(62)	30,—	60,—	120,—	240,—
16	1 L	(dunkel)ultramarin	(63)	30,—	60,—	120,—	240,—
17	2 L	lebhaftmagenta	(64)	30,—	60,—	120,—	240,—
18	5 L	olivgrün	(65)	30,—	60,—	120,—	240,—
19	10 L	schwärzlichbräunlichkarmin auf hellbraunorange	(66)	*3900,—*	*7000,—*	*13000,—*	*26000,—*
			Satzpreis (10 W.)	*4200,—*	*8000,—*	*15000,—*	*30000,—*

Marken zu 15 und 20 C gibt es nur mit falschen Aufdrucken (trotz Prüfzeichen!).

Zahlreiche Buchstabenbeschädigungen und -variationen; keine 20% der 40 Bogenfelder weisen völlig einwandfreie Aufdrucke auf.

FALSCH

Auflage: 1000 Sätze

1944, 22. Mai. Flüchtlingshilfe. Marken von Jugoslawien MiNr. 398–399, Montenegro, italienische Regentschaft, MiNr. 56–59 sowie Flugpostmarken Montenegro, italienische Regentschaft, MiNr. 62–64 mit schwarzem Bdr.-Aufdruck, neue Wertangabe in Reichsmark.

					✱	✱✱	▨	⊙
20	0.15 + 0.85 RM	auf 3 Din (lebhaft)braunrot	(398)	27,—	80,—	120,—	240,—
21	0.15 + 0.85 RM	auf 4 Din lebhaftviolettultramarin	(399)	27,—	80,—	120,—	240,—
22	0.15 + 0.85 RM	auf 25 C dunkelgrün (Töne)	(56)	27,—	65,—	120,—	240,—
23	0.15 + 1.35 RM	auf 50 C rötlichlila	(57)	27,—	65,—	120,—	240,—
24	0.25 + 1.75 RM	auf 1.25 L (kobalt)blau	(58)	27,—	65,—	120,—	240,—
25	0.25 + 1.75 RM	auf 2 L dunkelopalgrün	(59)	27,—	65,—	120,—	240,—
26	0.15 + 0.85 RM	auf 50 C dunkelorangebraun	(62)	27,—	65,—	120,—	240,—
27	0.25 + 1.25 RM	auf 1 L (dunkel)ultramarin	(63)	27,—	65,—	120,—	240,—
28	0.50 + 1.50 RM	auf 2 L lebhaftmagenta	(64)	27,—	65,—	120,—	240,—
			Satzpreis (9 W.)	240,—	600,—	1000,—	2000,—

FALSCH

Auflage: ca. 5000 Sätze

1944, 31. Juli. Rotes Kreuz. Marken von Jugoslawien MiNr. 398 und 399, Montenegro, italienische Regentschaft, MiNr. 56 und 57 sowie Flugpostmarken Montenegro, italienische Regentschaft, MiNr. 62–64 mit (dunkel)rotem Bdr.-Aufdruck.

					✱	✱✱	▨	⊙
29	0.15 + 0.85 RM	auf 25 C dunkelgrün (Töne)	(56)	22,—	50,—	100,—	220,—
30	0.15 + 1.35 RM	auf 50 C rötlichlila	(57)	22,—	50,—	100,—	220,—
31	0.50 + 2.50 RM	auf 3 Din (lebhaft)braunrot	(398)	22,—	60,—	100,—	220,—
32	0.50 + 2.50 RM	auf 4 Din lebhaftviolettultramarin	(399)	22,—	60,—	100,—	220,—
33	0.25 + 1.75 RM	auf 50 C dunkelorangebraun	(62)	22,—	50,—	100,—	220,—
34	0.25 + 2.75 RM	auf 1 L (dunkel)ultramarin	(63)	22,—	50,—	100,—	220,—
35	0.50 + 2.00 RM	auf 2 L lebhaftmagenta	(64)	22,—	50,—	100,—	220,—
			Satzpreis (7 W.)	150,—	350,—	700,—	1500,—

MiNr. 29 und 30 sowie 33–35 weisen normalerweise ein zu kleines „g“ in „Montenegro“ auf (das „g“ erscheint dadurch höherstehend). Nur ein Feld des jeweiligen Bogens zeigt ein normales „g“.

Auflage: ca. 5000 Sätze

Ostland

(Estland, Lettland, Litauen und Weißrussland)

Nach dem Angriff auf die Sowjetunion am 22.6.1941 wurde am 25.6.1941 das Reichskommissariat Ostland gegründet. Bis zur Ausgabe der Ostlandmarken am 4.11.1941 galten alle deutschen Postwertzeichen, auch Dienstmarken und Parteidienstmarken, als frankaturgültig. Sie galten auch nach der Herausgabe der eigenen Ostland-Überdruckmarken weiter, jedoch wurden von den baltischen Zivilpostämtern in Estland, Lettland, Litauen, Weißrussland und an den Dienstpostämtern der Deutschen Dienstpost Ostland sowie bei den Postämtern der Deutschen Post Ostland nur Ostlandwerte verkauft.

Die Landespostausgaben von Estland MiNr. 1–9 konnten neben den Ostland-Marken bis 30.4.1942 weiter verwendet werden.

Nach Kriegsende im Frühjahr 1945 wurde das Reichskommissariat Ostland aufgelöst.

Währung: 1 Reichsmark = 100 Reichspfennig (Pf)

1941, 4. Nov./Anfang 1943. Freimarken: Marken des Deutschen Reiches MiNr. 781 bis 798 und 826, 827 (Hitler) mit schwarzem Bdr.-Aufdruck.

				✶✶	⊙
1	1 (Pf)	dunkel- bis schwarzgrau	(781)	–,30	–,30
2	3 (Pf)	dunkelgelbbraun (Töne)	(782)	–,30	–,30
3	4 (Pf)	dunkel- bis schwärzlich-preußischblau	(783)	–,30	–,30
4	5 (Pf)	schwarzgelbgrün (Töne) GA	(784)	–,30	–,30
5	6 (Pf)	dunkelbläulichviolett (Töne) GA	(785)	–,30	–,30
6	8 (Pf)	orangerot bis zinnober	(786)	–,30	–,30
7	10 (Pf)	(dunkel)siena (Töne)	(787)	1,60	1,80
8	12 (Pf)	lilarot	(788)	1,60	1,80
9	15 (Pf)	lilabraun bis karminbraun	(789)	–,30	–,30
10	16 (Pf)	dunkelgrünblau	(790)	–,30	–,30
11	20 (Pf)	ultramarin bis dunkelkobalt	(791)	–,30	–,30
12	24 (Pf)	dunkelorangebraun	(792)	–,30	–,30
13	25 (Pf)	dunkelviolettultramarin bis dunkellilaultramarin	(793)	–,30	–,30
14	30 (Pf)	schwärzlichgrün(lich)oliv	(794)	–,30	–,30
15	40 (Pf)	dunkellilapurpur (Töne)	(795)	–,30	–,30
16	50 (Pf)	schwarzopalgrün	(796)	–,30	–,30
17	60 (Pf)	dunkelkarminbraun bis braunkarmin	(797)	–,30	–,30
18	80 (Pf)	schwarz(grau)blau (Töne)	(798)	–,30	–,80
19	10 (Pf)	dunkelsiena bis schwarz-rotbraun	(826)	1,—	4,—
20	12 (Pf)	rot (Töne)	(827)	1,—	3,50
		Satzpreis MiNr. 1–20 (20 W.) ✶ 4,—		10,—	16,—

Paare mit und ohne Aufdruck:

	✶	✶✶	⊙
9 F	450,—	800,—	
11 F	450,—	800,—	
14 F	450,—	800,—	
18 F	450,—	800,—	

Zusammendrucke (aus Automatenrollen)

Zd-MiNr.	MiNr.	Werte	Preise ✶	✶✶	⊙
S 1	3/5	4 + 6	3,50	7,—	35,—
S 2	3/5/3	4 + 6 + 4	5,—	10,—	50,—
S 3	5/3	6 + 4	3,50	7,—	35,—
S 4	5/3/5	6 + 4 + 6	5,—	10,—	50,—

	✶	✶✶	⊙
Zd.-Elferstreifen 4+6+4	22,—	45,—	*500,—*
Rollenende 1 + 4 Lf	25,—	50,—	80,—

Auflagen: unbekannt

Gültig bis Mai 1945

Notizen:

Russland

Block 1 siehe nach MiNr. 13, Block 2 siehe nach MiNr. 17, Block 3–4 siehe nach MiNr. 18

Währung: 1 Rubel = 100 Kopeken (K) = 10 Reichspfennig (Pf)

Pleskau (Pskow)

Stadtpost der deutschen Feldkommandantur (7. August 1941 bis 30. April 1942)

Während des Einmarsches in die Sowjetunion ab 22.6.1941 erreichten die deutschen Truppen am 9. Juli 1941 die im Nordwesten Russlands, nahe der Grenze zu Estland an der Südspitze des Pleskauer Sees liegende Stadt Pleskau. Die Besetzung dauerte dort bis zum 23. Juli 1944.

Vor Ausgabe eigener Marken wurden die am 7.–9.8.1941 in den Briefkästen vorgefundenen, mit sowjetischen Marken frankierten Sendungen und sowjetischen Ganzsachen mit einem primitiven Gummihandstempel „PLESKAU" in Violett oder Rot schräg von unten nach oben oder von oben nach unten über die Marken bzw. Wertstempel gehend überdruckt und dann erst mit dem Poststempel abgestempelt (Stempel violett ✉ 2500,—, Stempel rot ✉ —,—).

Am 1.5.1942 wurde das Stadtpostamt Pleskau als Dienstpostamt der Deutschen Dienstpost Ostland übernommen.

Bis zum 31.5.1942 galt die bisherige letzte Stadtkindergärtenausgabe von 3 Werten (MiNr. 14–16) weiter zu 1/10 des Nennwertes in RM. Es wurden sofort die deutschen Gebührentarife eingeführt. Ab 1.6.1942 galten nur noch die Werte der Hitlerausgabe mit Aufdruck „Ostland" als frankaturgültige Ausgabe.

Viele Marken von Pleskau sind mit Aufdruck- und Stempelfälschungen im Umlauf. Alle Preise gelten nur für (BPP-)geprüfte Stücke!

1941, 7. Aug. Freimarken: Freimarken der Sowjetunion (Werktätige) mit schrägem Handstempelaufdruck „PLESKAU" von links unten nach rechts oben.

				✶	✶✶	⊙
I	5 K	dunkelbräunlichrot, Aufdruck grauultramarin	(676 I A)	*2000,—*	*3000,—*	
II	10 K	dunkelpreußischblau, Aufdruck grauultramarin	(677 I A)	*1500,—*	*2500,—*	*3000,—*
III	15 K	dunkelgraugrün	(679 I A)			
a		Aufdruck grauultramarin		*1500,—*	*2500,—*	
b		Aufdruck dunkelrosarot		*1500,—*	*2500,—*	
IV	20 K	dunkelolivgrün	(680 I A)			
a		Aufdruck (grau)ultramarin		*1500,—*	*2500,—*	
b		Aufdruck dunkelrosarot		*1500,—*	*2500,—*	
V	30 K	dunkelviolettultramarin	(682 I A)			
a		Aufdruck (grau)ultramarin				*—,—*
b		Aufdruck dunkelrosarot				*3000,—*

Wegen der geringen Auflage wurden MiNr. I–V nicht frei verkauft, sondern Behörden und Firmen zur Verfügung gestellt.

Auflagen: MiNr. I = 24, MiNr. V = 100 Stück. Gesamtauflage von MiNr. I–V = 300 Stück

1941, 9. Aug. Freimarke: Freimarke Deutsches Reich MiNr. 512 (Hindenburg) mit senkrechtem Handstempelaufdruck (von oben nach unten) im Rahmen.

				✶	✶✶	⊙
1	**20 K**	auf 1 (Pf) schwarz	(512)			
a		Aufdruck schwarz		350,—	650,—	650,—
b		Aufdruck dunkelrosarot		280,—	550,—	500,—

Auflagen: MiNr. 1 a = 1165, MiNr. 1 b = 1150 Stück

Nicht mehr ausgegeben:

				✶	✶✶	⊙
VI	**60 K**	auf 3 (Pf) dunkelbraunocker	(513)	*1800,—*	*3000,—*	*3500,—*
VII	**60 K**	auf 4 (Pf) schwärzlichgrauultramarin	(514)	*2800,—*	*4000,—*	*—,—*

Infolge eines inzwischen eingegangenen Verbotes der Verwendung von reichsdeutschen Marken wurden MiNr. VI und VII schnellstmöglich vom Schalter zurückgezogen und nicht weiter ausgegeben.

Auflagen: unbekannt

1941. Freimarken: Freimarken der Sowjetunion (Werktätige) mit schwarzem Handstempel-Aufdruck wie bei MiNr. 1.

				✶	✶✶	⊙
2	**20 K** auf 1 K					
a		schwärzlichgelblichorange, mit Wz.	(365 A X)	85,—	150,—	150,—
b		schwärzlichorange, ohne Wz.	(672 I A)	*2600,—*	*4000,—*	*4000,—*
3	**20 K** auf 3 K	dunkelgrünlichblau	(367 B X)	900,—	1400,—	1600,—
4	**20 K** auf 5 K	dunkelbräunlichrot	(676 I A)	35,—	80,—	90,—
5	**20 K** auf 10 K	dunkelpreußischblau GA	(677 I A)	35,—	80,—	90,—
6	**20 K** auf 15 K	dunkelgraugrün	(679 I A)	35,—	80,—	90,—
7	**60 K** auf 20 K	schwarzgelbgrün GA	(578 A)	35,—	80,—	90,—
8	**60 K** auf 30 K	(dunkel)violettultramarin	(682 I A)	35,—	80,—	90,—
9	**60 K** auf 50 K	(lebhaft)braun GA	(683 I A)	35,—	80,—	90,—
			Satzpreis (8 W.)	1100,—	2000,—	2200,—

Auflagen: MiNr. 2 a = 2350, MiNr. 2 b = 100, MiNr. 3 = 757, MiNr. 4 = 3898, MiNr. 5 = 3751, MiNr. 6 = 3606, MiNr. 7 = 3582, MiNr. 8 = 4010, MiNr. 9 = 2347 Stück

1941, 18. Okt./1942, 5. Jan. Freimarken: Stadtwappen und Kathedrale. E Alexejev; Bdr. Chlebnikov (Klb. 5×2); x = weißes Papier, weiße Gummierung, y = dickes graues, holzhaltiges Papier, gelbliche Gummierung; gez. L 11¼.

a) Pleskauer Stadtwappen

b) Kathedrale von Pleskau

				✶	✶✶	⊙
10	20 K	lebhaftbraunrot (Töne)	a			
x		weißes Papier, weiße Gummierung (18.10.1941)		13,—	25,—	23,—
y		graues, holzhaltiges Papier, gelbliche Gummierung (5.1.1942)		13,—	25,—	23,—
11	60 K	schwärzlichgelblichgrün	b			
x		weißes Papier, weiße Gummierung (18.10.1941)		13,—	25,—	23,—
y		graues, holzhaltiges Papier, gelbliche Gummierung (5.1.1942)		13,—	25,—	23,—
		Satzpreis x (2 W.)		25,—	50,—	45,—
		Satzpreis y (2 W.)		25,—	50,—	45,—
		Kleinbogensatz x (2 Klb.)		280,—	500,—	450,—
		Kleinbogensatz y (2 Klb.)		280,—	500,—	450,—

Auflagen: MiNr. 10 x = 15 050, MiNr. 10 y = 16 980, MiNr. 11 x = 16 900, MiNr. 11 y = 17 579 Stück

Mit geänderten Farben und anderem Papier siehe MiNr. 14 und 15

1941, 18. Okt./1942, 5. Jan. Hilfe für Stadtkindergärten. E Alexejev; Bdr. Chlebnikov (Klb. 5×2); x = weißes Papier, weiße Gummierung, y = weißes Papier, gelbliche Gummierung; oWz.; gez. L 11¼.

c) Mutter Gottes mit Jesuskind von Lebjatowo

				✶	✶✶	⊙
12	60 + 40 K	lebhaftbräunlichrot bis dunkelrötlichbraun	c			
x		weißes Papier, weiße Gummierung (18.10.1941)		25,—	50,—	60,—
y		weißes Papier, gelbliche Gummierung (5.1.1942)		25,—	50,—	60,—
		Kleinbogen x		280,—	500,—	600,—
		Kleinbogen y		280,—	500,—	600,—

Auflagen: MiNr. 12 x = 15 715, MiNr. 12 y = 12 550 Stück

Auf holzhaltigem, gelblichem Papier oWz. siehe MiNr. 16–18

Notizen:

1941, 1. Dez. Blockausgabe: Hilfe für die Stadtkindergärten. Wie MiNr. 12, 4 mal im Block; Bdr. Chlebnikov; X = Wz. 1 stehend, Y = Wz. 1 liegend; □; o. G.

c

d

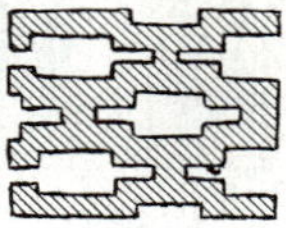

Wz. 1 liegend

				(✱)	⊙
13		60 + 40 K	dunkelrötlichbraun c		
	X		Wz. 1 stehend	300,—	350,—
	Y		Wz. 1 liegend	500,—	600,—
Block 1			(121×163 mm) .... d		
	X		Wz. 1 stehend	1700,—	1700,—
	Y		Wz. 1 liegend	2500,—	2500,—

Verkaufspreis: 5 Rubel.

Die Blocks wurden teilweise vom ausgebenden Postamt mit Stempel nur am Blockrand versehen; Preise wie (✱).

Auflagen: Bl. 1 X = 1539, Bl. 1 Y = 769 Blocks

Mit Kreuz in Markenfarbe in der oberen Umrandungslinie: Block 2, mit rotem Kreuz: Block 3 und 4

1942, 2./16. März. Freimarken: Stadtwappen und Kathedrale. Wie MiNr. 10 und 11, jedoch geänderte Farben und auf holzhaltigem, gelblichem Papier; Bdr.; A = gez. L 11¼, B = □.

			✱	✱✱	⊙
14	20 K	dunkelgelbgrün (Töne) .... a			
A		gez. L 14¼ (16. März)	7,—	15,—	13,—
B		geschnitten (2. März)	28,—	50,—	50,—
15	60 K	lebhaftzinnober (Töne) .... b			
A		gez. L 14¼ (16. März)	7,—	15,—	13,—
B		geschnitten (2. März)	28,—	50,—	50,—
		Satzpreis A (2 W.)	14,—	30,—	25,—
		Satzpreis B (2 W.)	55,—	100,—	100,—
		Kleinbogensatz A (2 Klb.)	150,—	300,—	280,—
		Kleinbogensatz B (2 Klb.)	600,—	1000,—	1000,—

Marken mit Teilen des Fabrikwasserzeichens „LIGAT" 100% Aufschlag

Auflagen: MiNr. 14 A = 26000, MiNr. 14 B–15 B je 3000, MiNr. 15 A = 28000 Stück

Andere Farben und anderes Papier siehe MiNr. 10 und 11

1942, 27. Febr./16. März. Hilfe für die Stadtkindergärten: Wie MiNr. 12, jedoch auf holzhaltigem, gelblichem dünnerem Papier; Bdr.; oWz. A = gez. L 11¼, B = □.

			✱	✱✱	⊙
16	60 + 40 K	dunkelrötlichbraun c			
A		gez. L 11¼ (16. März)	15,—	30,—	30,—
B		geschnitten (27. Febr.)	75,—	140,—	150,—
		Kleinbogen A	160,—	300,—	300,—
		Kleinbogen B	800,—	1400,—	1400,—

Marken mit Teilen des Fabrikwasserzeichens „LIGAT" 100% Aufschlag

Auflagen: MiNr. 16 A = 24100, MiNr. 16 B = 3000 Stück

Auf weißem, holzfreiem Papier oWz. siehe MiNr. 12

1942, 28. Febr. Blockausgabe: Deutsches Rotes Kreuz. Wie Block 1, jedoch mit Kreuz in Markenfarbe in oberer Umrandungslinie; Bdr. Chlebnikov; holzhaltiges, gelbliches Papier; X = Fabrikwasserzeichen „LIGAT“ im Blockrand, Z = ohne Fabrikwasserzeichen; □.

c

e

					✶	✶✶	⊙
17	60 + 40 K	dunkelrötlichbraun (Töne)	c		100,—	200,—	220,—
Block 2		(121 × 163 mm)	e				
X		mit Fabrikwasserzeichen „LIGAT“ im Blockrand			450,—	850,—	1300,—
Z		ohne Fabrikwasserzeichen			900,—	1700,—	2600,—

Verkaufspreis: 10 Rubel

Block 2 X I	mit zusätzlichem roten Kreuz über dunkelrötlichbraunem Kreuz	4000,—	6500,—	*10000,—*
Block 2 Z I	mit zusätzlichem roten Kreuz über dunkelrötlichbraunem Kreuz	*8000,—*	*13000,—*	*20000,—*

Die Blocks wurden teilweise vom ausgebenden Postamt mit einem Stempel am Blockrand (nicht auf den Marken) versehen. Preise wie ✶.

Auflage: 2597 Blocks

Ohne Kreuz in oberer Umrandungslinie siehe Block 1, mit rotem Kreuz siehe Block 3–4

1942, März. Blockausgabe: Deutsches Rotes Kreuz. Wie Block 2, jedoch rotes Kreuz in der oberen Umrandungslinie; Bdr.; x = holzhaltiges Papier, gelbliche Gummierung, y = weißes Papier, weiße Gummierung; X = mit Fabrikwasserzeichen „LIGAT“ im Blockrand, Y = ohne Fabrikwasserzeichen; gez. L 11¼.

c

f

			✶	✶✶	⊙
18	60 + 40 K	dunkelrötlichbraun (Töne) c			
x		holzhaltiges Papier und gelbliche Gummierung	70,—	150,—	150,—
y		weißes Papier und weiße Gummierung	70,—	150,—	150,—
Block 3		mit MiNr. 18 x (ca. 114×152–160 mm) . . . . . f			
X		mit Fabrikwasserzeichen „LIGAT" im Blockrand	450,—	850,—	850,—
Z		ohne Fabrikwasserzeichen	850,—	1600,—	1600,—
Block 4 Z		mit MiNr. 18 y, ohne Fabrik-Wz. (114×152 mm)	450,—	800,—	800,—

Verkaufspreis je Block: 10 Rubel

Die Blocks wurden teilweise vom ausgebenden Postamt mit Stempel am Blockrand (nicht auf den Marken) versehen. Preise wie ✶.

Die Einzelmarken aus Block 2–4 sind anhand von Druck- und leichten Farbunterschieden von den jeweiligen Bogenmarken unterscheidbar. Prüfung erforderlich!

FÄLSCH

Auflagen: Bl. 3 = 2575, Bl. 4 = 2645 Blocks

Ohne Kreuz in oberer Umrandungslinie siehe Block 1, mit Kreuz in Markenfarbe siehe Block 2

Ljady, Regierungsbezirk Leningrad

Kreisbotenpost der deutschen Kreiskommandantur (Juli/August 1941 – Frühjahr 1943)

Ljady liegt ca. 170 km südwestlich von Leningrad (heute St. Petersburg) am Fluss Pljussa und war eine der nördlichsten Stützpunkte der deutschen Wehrmacht in Russland.

Die Marken dienten angeblich zur Deckung der Unkosten der Botenpost der deutschen Kreiskommandantur im partisanendurchsetzten Bezirk, der im Westen bis an den Peipussee, im Osten bis an die Straße Riga–Leningrad und im Norden bis zu den Osminosümpfen reichte.

Die Entwertung der Marken erfolgte mit aufgefundenen russischen Stempeln, die den Orts- und Regierungsbezirk-(Oblast-)Namen aufweisen.

Viele Aufdruck- und Stempelfälschungen sind bekannt; die Preise gelten nur für (BPP-)geprüfte Stücke!

1941, Dez. Freimarken: Marke des Deutschen Reiches MiNr. 512 und Marke Ostland MiNr. 1 mit Bdr.-Aufdruck; a = Aufdruck schwarz, b = Aufdruck schwarzgrauviolett.

			(✶)	✶	✶✶	⊘[1]	⊙
1	**60** (K) auf 1 (Pf)	schwarz . . . . . (DR 512)					
a		Aufdruck schwarz	*2400,—*	*4000,—*	*6000,—*	*2800,—*	*8000,—*
b		Aufdruck schwarzgrauviolett	*1300,—*	*2000,—*	*3500,—*	*1500,—*	*6000,—*
2	**60** (K) auf 1 (Pf)	dunkel- bis schwärzlichgrau . . . . . (WK 2 Ost 1)					
a		Aufdruck schwarz	120,—	160,—	300,—	*500,—*	1500,—
b		Aufdruck schwarzgrauviolett	80,—	120,—	200,—	*400,—*	1000,—

[1]) Für Sammler wurden Briefstücke mit Abstempelungen zu philatelistischen Zwecken fabriziert, Stempeldaten 12.10.1941 und 12.11.1941.

Der schwarzgrauviolette Aufdruck bei MiNr. 1 b und 2 b schlägt immer zur Markenrückseite durch.

FÄLSCH

Auflagen (ca.): MiNr. 1 a = 100, MiNr. 1 b = 200, MiNr. 2 a = 1000, MiNr. 2 b = 2000 Stück

Beendigung der Botenpost im Frühjahr 1943; eine Beförderung war durch zunehmende Partisanentätigkeit praktisch nicht mehr möglich.

Preisspalteneintrag —,—

Die Bezeichnung „—,—" innerhalb der Preisspalten besagt: Diese Marke gibt es, eine Preisfestsetzung ist jedoch nicht möglich, weil Bewertungsunterlagen fehlen. Dies muss nicht zwangsläufig bedeuten, dass die Marke sehr teuer ist. Ist weder „—,—" noch ein Preis eingetragen, gibt es diese Marke in der jeweiligen Erhaltung nicht bzw. wurde sie noch nicht vorgelegt.

Wir bitten unsere Leser, in diesen Fällen von Preisanfragen abzusehen; der Redaktion liegen keine entsprechenden Informationen vor.

Luga

Luga liegt am gleichnamigen Fluss im Regierungsbezirk Leningrad, ca. 140 km südlich von St. Petersburg (früher Leningrad). Die Stadt war vom 24. August 1941 bis 12. Februar 1944 von der deutschen Wehrmacht besetzt.

Nicht ausgegeben:

1941, Okt./Nov. Freimarken der Sowjetunion (Werktätige) mit schwarzem Bdr.-Aufdruck der neuen Wertstufe durch die Druckerei Chlebnikov.

						*	**
I	20	auf 5 (K)	dunkelbräunlichrot		(676 I A)	80,—	180,—
II	20	auf 10 (K)	dunkelpreußischblau		(677 I A)	80,—	180,—
III	20	auf 15 (K)	dunkelgraugrün		(679 I A)	80,—	180,—
IV	60	auf 20 (K)	schwarzgelbgrün		(578 A)	80,—	180,—
V	60	auf 30 (K)	dunkelviolettultramarin		(682 I A)	80,—	180,—
					Satzpreis (5 W.)	380,—	900,—

Auflage (ca.): je 1100 Stück

1941, Okt./Nov. Wie MiNr. I–V, jedoch mit zusätzlichem diagonalem (von links unten nach rechts oben), schwärzlichviolettblauem Bdr.-Aufdruck „LUGA" im Kasten.

					*	**
VI	20	auf 5 (K)	dunkelbräunlichrot	(676 I A)	*380,—*	*750,—*
VII	20	auf 10 (K)	dunkelpreußischblau	(677 I A)	*380,—*	*750,—*
VIII	20	auf 15 (K)	dunkelgraugrün	(679 I A)	*380,—*	*750,—*
IX	60	auf 20 (K)	schwarzgelbgrün	(578 A)	*400,—*	*800,—*
X	60	auf 30 (K)	dunkelviolettultramarin	(682 I A)	*400,—*	*800,—*

FALSCH

Auflagen: unbekannt

MiNr. I–X wurden vorbereitet, jedoch durch Verbot vom 18.10.1941 nich ausgegeben.

Alle Marken von Luga mit Entwertungsstempeln sind Schwindelerzeugnisse!

Hinweise für den Nutzer

Sollten Sie Irrtümer, Satz- oder Druckfehler entdecken, bitten wir Sie, uns diese mitzuteilen. Sie tragen so dazu bei, dass wir diese Fehler für die nächste Auflage korrigieren können. Für Ihre Mithilfe bedanken wir uns bereits an dieser Stelle.

Vergessen Sie bitte in Ihrem eigenen Interesse nie, auf Ihrem Schreiben deutlich Ihren Namen und Ihre genaue Anschrift mit Postleitzahl, nach Möglichkeit auch Ihre telefonische Erreichbarkeit anzugeben.

Serbien

Landespost während der deutschen Besetzung (April 1941–Oktober 1944)

Die Achsenmächte Deutschland und Italien begannen am 6. April 1941 den Balkanfeldzug; in nur elf Tagen kapitulierte die jugoslawische Regierung. Das Königreich Jugoslawien wurde in zehn Teile mit unterschiedlichem staatsrechtlichem Status aufgeteilt.

Serbien (mit dem Westbanat, ohne Mazedonien) wurde unter deutsche Militärverwaltung gestellt.

Die Marken sind auf Anordnung des deutschen Oberbefehlshabers in Serbien von der Landespost verausgabt und in der staatlichen Markendruckerei in Belgrad gedruckt worden.

Block 1 siehe nach MiNr. 51 | Block 2 siehe nach MiNr. 53 | Block 3 siehe nach MiNr. 91 | Block 4 siehe nach MiNr. 93

MiNr. I–IV siehe nach MiNr. 107

Währung: 1 Dinar (Din) = 100 Para

Vorsicht vor Falschstempeln (auch Ⓢ), die bei allen Marken vorkommen.

Die Postfrischpreise gelten für Stücke mit typischem Serbiengummi (Schlieren, Patzer in der manuell aufgetragenen Gummierung). Völlig einwandfreie Gummierung erfordert teilweise Zuschläge! Die Preise für ⊙ gelten nur für (BPP-)geprüfte Stücke.

1941, 2. Juni. Freimarken: Neuauflagen der Freimarken von Jugoslawien MiNr. 393–407 mit farbigem Netzüberdruck und schwarzem Bdr.-Aufdruck von links oben nach rechts unten (Grotesk); Bdr. (10×10); gez. K 12½.

cm) König Peter II. (1923–1970)

				*	**	⊙
1	0.25 D	olivschwarz, Netz hellgelblichgrün	(cm)	0,70	1,50	10,—
2	0.50 D	lebhaftrötlichorange bis rotorange, Netz hellrosalila	(cm)	0,70	1,50	5,—
3	1 D	dunkelsmaragdgrün, Netz hellgelblichgrün GA	(cm)	0,70	1,50	5,—
4	1.50 D	dunkelrosa, Netz hellrosalila	(cm)	0,70	1,50	5,—
5	2 D	lilakarmin, Netz hellrosalila	(cm)	0,70	1,50	5,—
6	3 D	braunrot, Netz hellrosalila	(cm)	2,—	4,—	40,—
7	4 D	violettultramarin, Netz hellgelblichgrün	(cm)	1,50	3,—	8,—
8	5 D	dunkelblau, Netz hellgelblichgrün	(cm)	2,—	4,—	20,—
9	5.50 D	dunkelviolettbraun, Netz hellrosalila	(cm)	2,—	4,—	20,—
10	6 D	schwärzlichgraublau, Netz hellrosalila	(cm)	2,—	4,—	20,—
11	8 D	dunkelbraun, Netz hellgelblichgrün	(cm)	4,—	8,—	30,—
12	12 D	dunkelpurpurviolett, Netz hellgelblichgrün	(cm)	4,—	8,—	30,—
13	16 D	dunkelbraunviolett, Netz hellrosalila	(cm)	5,—	12,—	100,—
14	20 D	lebhaftkobaltblau, Netz hellgelblichgrün	(cm)	22,—	38,—	350,—
15	30 D	rötlichlila, Netz hellgelblichgrün	(cm)	42,—	80,—	1400,—
			Satzpreis (15 W.)	90,—	170,—	2000,—

Abarten:

		*	**
2 F III	Paar mit und ohne Aufdruck	*1500,—*	*2500,—*
3 F III	Paar mit und ohne Aufdruck	—,—	—,—
5 F III	Paar mit und ohne Aufdruck	—,—	—,—

FALSCH

Achtung! Die fehlenden Aufdrucke waren bis 2013 ohne den Buchstaben „F" katalogisiert.

Auflage: 50 000 Sätze

Gültig bis 28.2.1943

MiNr. 1–3 mit zusätzlichem Aufdruck „BANAT" in lateinischer und kyrillischer Schrift sowie neuen Wertaufdrucken 1, 2, 3, 5, 10, 15, 20, 25, 30, 40 (D) (sog. „Lokalausgabe Werschetz 1942") sind nach den bisherigen Erkenntnissen keine amtliche Ausgaben.

✈ 1941, 10. Juli. Flugpostmarken. Neuauflagen der Flugpostmarken von Jugoslawien MiNr. 340–347 und 426–427 mit farbigem (oft schwach sichtbarem) Netzüberdruck, bei Hochformaten waagerecht, bei Querformaten senkrecht, sowie Odr.-Aufdruck in rötlichlila (MiNr. 16–18, 20 und 22–25) bzw. dunkelbraunkarmin (MiNr. 19 und 21); Odr. (10×10); A = gez. L 12½, B = gez. L 11 bzw. 11½.

Ff) Kirche Sveti Jovan am Ohridsee

Fg) Insel Rab

Fh) Sarajevo

Fi) Ljubljana (Laibach)

Fk) Junkers JU 86 über Dom in Zagreb

Fl) Fokker F VII über Savebrücke in Belgrad

Aufdrucktypen bei MiNr. 16–30:

I: von links oben nach rechts unten, 30 mm lang
II: von links oben nach rechts unten, 32¼ mm lang
III: von links unten nach rechts oben, 33½ mm lang
IV: von links oben nach rechts unten, 30½ mm lang
V: von links unten nach rechts oben, 27 mm lang

				✶	✶✶	⊙
16	0.50 D	schwärzlichrötlichbraun, Netz mattrosa, Aufdruck I	(Ff)	10,—	20,—	220,—
17	1 D	schwarzgelblichgrün, Netz mattsmaragdgrün, Aufdruck I	(Fg)	10,—	20,—	220,—
18	2 D	schwärzlichgraublau, Netz mattgrünlichblau, Aufdruck II	(Fh)	10,—	20,—	220,—
19	2.50 D	karmin, Netz mattrosa, Aufdruck III	(Fi)	10,—	20,—	220,—
20	5 D	schwärzlichbraunviolett, Netz mattgrauviolett, Aufdruck I	(Ff)	10,—	20,—	220,—
21	10 D	dunkelbräunlichkarmin, Netz mattrosa, Aufdruck I	(Fg)	10,—	20,—	220,—
22	20 D	schwarzopalgrün, Netz mattsmaragdgrün, Aufdruck II	(Fh)	16,—	40,—	220,—
23	30 D	schwärzlichultramarin, Netz mattgrünlichblau, Aufdruck III	(Fi)	16,—	40,—	220,—
24	40 D	schwarzbläulichgrün, Netz mattgrünlichblau, Aufdruck IV	(Fk)			
A		gez. L 12½		20,—	40,—	800,—
B		gez. L 11		*450,—*	*900,—*	*2500,—*
25	50 D	schwarzgraublau, Netz mattgrünlichblau, Aufdruck V	(Fl)			
A		gez. L 12½		30,—	60,—	1400,—
B		gez. L 11½		*750,—*	*1800,—*	
			Satzpreis (10 W.)	140,—	300,—	3800,—

Von MiNr. 25 B sind nur Doppeldruck-Exemplare der Urmarke bekannt.

Auflage: 30 000 Sätze

Gültig bis 31.10.1941

1941, 28. Juli. Flugpostmarken: Wie MiNr. 21–25, jedoch ohne Netzüberdruck und mit Odr.-Aufdruck der neuen Wertstufen; gez. L 12½.

					✶	✶✶	⊙
26	**1** (D)	auf 10 D	dunkelbräunlichkarmin, Aufdruck I	(Fg)	8,—	17,—	250,—
27	**3 D**	auf 20 D	schwarzopalgrün, Aufdruck II	(Fh)	8,—	17,—	250,—
28	**6 D**	auf 30 D	schwärzlichultramarin, Aufdruck III	(Fi)	8,—	17,—	250,—
29	**8 D**	auf 40 D	schwarzbläulichgrün, Aufdruck IV	(Fk)	16,—	30,—	500,—
30	**12 D**	auf 50 D	schwarzgraublau, Aufdruck V	(Fl)	20,—	40,—	1100,—
				Satzpreis (5 W.)	60,—	120,—	2200,—

Auflage: 40 000 Sätze

Gültig bis 31.10.1941

1941, 1. Sept. Freimarken: Wie MiNr. 1–15, jedoch jetzt Aufdruck von links unten nach rechts oben (Antiqua).

cm) König Peter II. (1923–1970)

				✶	✶✶	⊙
31	0.25 D	olivschwarz, Netz hellgelblichgrün	(cm)	0,70	1,50	30,—
32	0.50 D	lebhaftrötlichorange bis rotorange, Netz hellrosalila	(cm)	0,70	1,50	7,—
33	1 D	dunkelsmaragdgrün, Netz hellgelblichgrün	(cm)	0,70	1,50	7,—
34	1.50 D	dunkelrosa, Netz hellrosalila	(cm)	0,70	1,50	7,—
35	2 D	lilakarmin, Netz hellrosalila	(cm)	0,80	1,50	7,—
36	3 D	braunrot, Netz hellrosalila	(cm)	1,10	2,50	26,—
37	4 D	violettultramarin, Netz hellgelblichgrün	(cm)	1,10	2,50	7,—
38	5 D	dunkelblau, Netz hellgelblichgrün	(cm)	1,10	2,50	13,—
39	5.50 D	dunkelviolettbraun, Netz hellrosalila	(cm)	2,20	5,—	26,—
40	6 D	schwärzlichgraublau, Netz hellrosalila	(cm)	2,20	5,—	26,—
41	8 D	dunkelbraun, Netz hellgelblichgrün	(cm)	2,50	5,50	40,—
42	12 D	dunkelpurpurviolett, Netz hellgelblichgrün	(cm)	2,80	6,—	40,—
43	16 D	dunkelbraunviolett, Netz hellrosalila	(cm)	3,20	7,—	130,—
44	20 D	lebhaftkobaltblau, Netz hellgelblichgrün	(cm)	3,20	7,—	400,—
45	30 D	rötlichlila, Netz hellgelblichgrün	(cm)	28,—	50,—	1300,—
			Satzpreis (15 W.)	50,—	100,—	2000,—

Abarten:

37 F II	Paar mit und ohne Aufdruck	*1000,—*	*2000,—*
42 F II	Paar mit und ohne Aufdruck	*1000,—*	*2000,—*

Achtung! Die fehlenden Aufdrucke waren bis 2013 ohne den Buchstaben „F“ (statt dessen mit römischer Nummer I) katalogisiert.

Auflage: 50 000 Sätze

Gültig bis 28.2.1943

a) Festungswerke Semendria

b) Flüchtlinge

1941, 22. Sept. Hilfe für die katastrophengeschädigte Bevölkerung der Stadt Semendria. 🄴 Grujić; Odr. (5×10); gestrichenes Papier; A = gez. L 11½:12½, B = gez. L 12½.

				✶	✶✶	⊙
46 A	0.50 + 1 D	schwärzlichsiena/weißbraun	a	1,50	4,—	2,50
47 A	1 + 2 D	schwärzlichgrün/mattgrün	b	1,50	4,—	3,—
48	1.50 + 3 D	schwärzlichgraulila/mattbraunpurpur	b			
A		gez. L 11½:12½		3,—	6,50	4,50
B		gez. L 12½		5,50	12,—	20,—
49 A	2 + 4 D	schwärzlichultramarin/weiß blau	a	3,—	6,50	7,—
		Satzpreis A (4 W.)		9,—	20,—	17,—
		FDC Belgrad (Ⓢ schwarz oder violett)				35,—
		FDC Semendria (Ⓢ schwarz)				75,—

Auflage: 102 000 Sätze

Gültig bis 22.1.1942

1941, 22. Sept. Blockausgabe. Hilfe für die katastrophengeschädigte Bevölkerung der Stadt Semendria. Marken in Zeichnung der MiNr. 47 und 49, jedoch mit geänderten Farben und Zuschlagsbeträgen. Odr. auf dickem Papier; Bl. 1 gez. Ks 11½, Bl. 2 = □.

b) Flüchtlinge — a) Festungswerke Semendria — a I — a I

Wappen und Inschrift rot, Landesname grün

				✶	✶✶	⊙
50	1 + 49 D	karminrot	b	—,—	90,—	—,—
51	2 + 48 D	schwarzgrün	a	—,—	90,—	—,—
Block 1	(149×109 mm), gez.		a I	150,—	350,—	900,—
			FDC			1000,—

Wappen und Inschrift grün, Landesname rot

				✶	✶✶	⊙
52	1 + 49 D	schwarzgrün	b	—,—	90,—	—,—
53	2 + 48 D	karminrot	a	—,—	90,—	—,—
Block 2	(149×109 mm), □		a I	150,—	350,—	900,—
			FDC			1000,—

Auflage: je 22 000 Blocks

Gültig bis 22.1.1942

1941, 5. Dez. Hilfe für die serbischen Kriegsgefangenen. Ⓔ Lj. Čučakovic; Odr. (5×5); gestrichenes Papier I, III und IV = mit lebhaftrosarotem, II = ohne Netzüberdruck; verschiedene Typen; gez. K 11½.

c) Beweinung Christi; Ausschnitt aus einem Fresko aus der Pantaleonskirche zu Nerezi bei Skopje (12. Jh.)

Typenunterschiede:

III II IV

MiNr. 54–57 wurden jeweils in Druckbogen mit zwei Schalterbogen (5×5) gedruckt. Aufgrund der Markenanordnung im Schalterbogen ergeben sich waagerechte und senkrechte Typenkombinationen (vgl. Feldangaben bei den Typen).

Typenpaare 20%, Dreier- bzw. Viererkombinationen 30% Aufschlag auf die Summe der Einzelmarken.

Typen aus Bogen mit Netzüberdruck „Spitzen nach oben"

Type I = Netzüberdruck Spitzen nach oben, kein Buchstabe „E" in der Markenmitte (Feld 1–6, 10, 11, 15, 16, 20–25)
Type II = ohne Netzüberdruck (Feld 8, 12–14, 18)
Type III = Netzüberdruck Spitzen nach oben, Buchstabe „E" in der Markenmitte nach links (Feld 7, 17)
Type IV = Netzüberdruck Spitzen nach oben, Buchstabe „E" in der Markenmitte nach rechts (Feld 9, 19)

Typen aus Bogen mit Netzüberdruck „Spitzen nach unten“

Type A I = Netzüberdruck Spitzen nach unten, kein Buchstabe „E“ in der Markenmitte (Feld 1–6, 10, 11, 15, 16, 20–25)
Type II = ohne Netzüberdruck (Feld 8, 12–14, 18)
Type A III = Netzüberdruck Spitzen nach unten, Buchstabe „E“ in der Markenmitte nach links (Feld 7, 17)
Type A IV = Netzüberdruck Spitzen nach unten, Buchstabe „E“ in der Markenmitte nach rechts (Feld 9, 19)

			✶	✶✶	⊙	FDC
54	0.50 + 1.50 D	schwärzlichrötlichbraun/rotbraun c				
I		Type I	0,80	2,—	8,—	
II		Type II	2,30	5,—	25,—	
III		Type III	30,—	75,—	90,—	
IV		Type IV	30,—	75,—	90,—	
A I		Type A I	35,—	60,—	140,—	
A III		Type A III	140,—	270,—	*1500,—*	
A IV		Type A IV	140,—	270,—	*1500,—*	
55	1 + 3 D	schwarzopalgrün/schwärzlichopalgrün c				
I		Type I	0,80	2,—	8,—	
II		Type II	2,30	5,—	25,—	
III		Type III	30,—	75,—	90,—	
IV		Type IV	30,—	75,—	90,—	
A I		Type A I	35,—	60,—	140,—	
A III		Type A III	24,—	40,—	250,—	
A IV		Type A IV	24,—	40,—	250,—	
56	2 + 6 D	dunkelbräunlichrot/dunkelrot c				
I		Type I	0,80	2,—	8,—	
II		Type II	2,30	5,—	25,—	
III		Type III	30,—	75,—	90,—	
IV		Type IV	30,—	75,—	90,—	
A I		Type A I	0,80	2,—	8,—	
A III		Type A III	10,—	20,—	140,—	
A IV		Type A IV	10,—	20,—	140,—	
57	4 + 12 D	schwarzpreußischblau/dunkelblau c				
I		Type I	0,80	2,—	8,—	
II		Type II	2,30	5,—	25,—	
III		Type III	30,—	75,—	90,—	
IV		Type IV	30,—	75,—	90,—	
A I		Type A I	0,80	2,—	8,—	
A III		Type A III	10,—	20,—	140,—	
A IV		Type A IV	10,—	20,—	140,—	
		Satzpreis I (4 W.)	3,—	8,—	30,—	75,—
		Satzpreis II (4 W.)	9,—	20,—	100,—	150,—
		Satzpreis III (4 W.)	120,—	300,—	350,—	500,—
		Satzpreis IV (4 W.)	90,—	200,—	350,—	500,—
		Satzpreis A I (4 W.)	70,—	120,—	290,—	400,—
		Satzpreis A III (4 W.)	180,—	350,—	*2000,—*	—,—
		Satzpreis A IV (4 W.)	180,—	350,—	*2000,—*	—,—

Marken mit Stecherzeichen (A II):

Die mittleren Marken der Schalterbogen mit Netzüberdruck „Spitzen nach unten“ (Feld 13, bei MiNr. 54 und 55 nur in Teilauflage) weisen rechts in Schulterhöhe das Stecherzeichen „Lj“ in vier Typen auf.

Type I

Type II

Type III

Type IV

Preise der verschiedenen Typen gleich!

	✶	✶✶	⊙
54 A II	*400,—*	*700,—*	*3200,—*
55 A II	*80,—*	*150,—*	*500,—*
56 A II	*24,—*	*40,—*	*250,—*
57 A II	*24,—*	*40,—*	*250,—*

FALSCH

Auflagen: MiNr. 54 = 337 858, MiNr. 55 = 337 801, MiNr. 56 = 337 931, MiNr. 57 = 337 328 Stück

Gültig bis 5.4.1942

1942, 1. Jan. Anti-Freimaurer-Ausstellung in Belgrad (Okt. 1941). Ⓔ **Grujić; Odr. (5×5); gestrichenes Papier; gez. K 11½.**

d

e

f

g

d–g) Symbolische Darstellungen

				✶	✶✶	⊙
58	0.50 + 0.50 D	lebhaftrötlichbraun	d	2,50	5,—	4,50
59	1 + 1 D	dunkelopalgrün	e	2,50	5,—	4,50
60	2 + 2 D	(dunkel)rosakarmin	f	2,50	5,—	8,—
61	4 + 4 D	schwärzlichpreußischblau	g	2,50	5,—	8,—
		Satzpreis (4 W.)		10,—	20,—	25,—
		FDC I				55,—
		FDC II				150,—
		FDC III				200,—

FDC I = Inschrift mit Linienornament; FDC II = wie I, jedoch Druckfarbe Gold auf Blau; FDC III = nummerierter FDC mit erweiterter Inschrift in Gold und goldenem Ⓢ.

Mit Stecherzeichen kyrillisches „S“ über bzw. neben Wertkästchen (Feld 13):

		✶	✶✶	⊙
58 I		30,—	60,—	
59 I		30,—	60,—	

Mit Stecherzeichen kyrillisches „SG“ oben links unter Inschrift bzw. über Wertkästchen (Feld 13):

		✶	✶✶	⊙
60 I		30,—	60,—	
61 I		30,—	60,—	
	Satz MiNr. 58 I–61 I	120,—	240,—	

FALSCH

Auflage: 303 074 Sätze

Gültig bis 31.3.1942

1942, 24. März. Hilfe für die Kriegsgefangenen: Zeichnungen wie MiNr. 54–57, Odr., geänderte Farben; dickes Papier; ohne Netzüberdruck. A = gez. K 11½, B = gez. K:L:K:K 11½ (rechte senkrechte Bogenreihe.

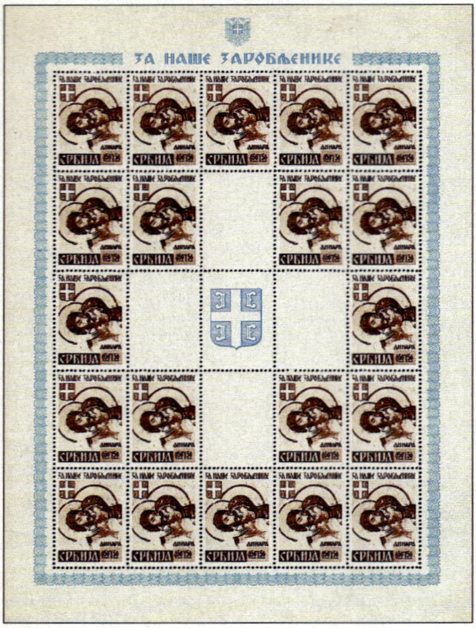

Schalterbogen MiNr. 62–65

c) Beweinung Christi; Ausschnitt aus einem Fresko aus der Pantaleonskirche zu Nerezi bei Skopje (12. Jh.)

			✶	✶✶	⊙
62	0.50 + 1.50 D	schwärzlichsiena/mittelbraun . . . c			
A		gez. K 11½	2,—	7,—	5,—
B		gez. K:L:K:K 11½	3,—	8,—	10,—
63	1 + 3 D	schwarzopalgrün/dunkelblaugrün . . . c			
A		gez. K 11½	2,—	7,—	5,—
B		gez. K:L:K:K 11½	3,—	8,—	10,—
64	2 + 6 D	dunkelbraunkarmin/dunkellilarot . . . c			
A		gez. K 11½	2,—	7,—	5,—
B		gez. K:L:K:K 11½	3,—	8,—	10,—
65	4 + 12 D	schwarzblau/ultramarin . . . c			
A		gez. K 11½	2,—	7,—	5,—
B		gez. K:L:K:K 11½	3,—	8,—	10,—
		Satzpreis A (4 W.)	8,—	28,—	20,—
		Satzpreis B (4 W.)	12,—	32,—	40,—
		FDC			60,—

Bei MiNr. 64 A ist ein Bogen rechts durchgezähnt bekannt (—,—).

Auflage: 317 771 Sätze

Gültig bis 24.4.1942

✈ 1942, 5. Juli. Flugpostmarken: Neuauflagen der Freimarken von Jugoslawien MiNr. 397, 399, 404, 406 und 407 mit lebhaftgrünblauem Netzüberdruck sowie schwarzem Bdr.-Aufdruck des (neuen) Wertes, eines Flugzeuges und des Landesnamens; Bdr. (10×10); gez. K 12½.

cm) König Peter II. (1923–1970)

					✶	✶✶	⊙
66	**2**	auf	2 Din	lilakarmin . . . (cm)	0,50	1,50	2,50
67	**4**	auf	4 Din	violettultramarin . . . (cm)	0,50	1,50	2,50
68	**10**	auf	12 Din	dunkelpurpurviolett . . . (cm)	0,50	1,50	5,—
69	**14**	auf	20 Din	lebhaftkobaltblau . . . (cm)	0,50	1,50	5,—
70	**20**	auf	30 Din	rötlichlila . . . (cm)	1,—	2,50	20,—
				Satzpreis (5 W.)	3,—	8,—	35,—

68 F	ohne Netzüberdruck	*500,—*	*800,—*	

Auflage: 164 413 Sätze

Gültig bis 28.2.1943

1942, 10. Jan./1943. Freimarken: Serbische Klöster. Ⓔ **Džanga; Bdr. (10×5, Querformate ~); gestrichenes Papier; gez. K 11½:11¾, Querformate ~.**

h) Kloster Lazarica

i) Kloster Kalenić

k) Kloster Ravanica

l) Kloster Manasija

m) Kloster Ljubostinja

n) Kloster Sopoćani

o) Kloster Žića

p) Kloster Gornjak

r) Kloster Studenica

				✶	✶✶	⊙
71	0.50 D	dunkelpurpurviolett (Töne) (10. 1. 42)	h	0,30	0,60	0,60
72	1 D	schwärzlichrosa bis lebhaftrot (10. 1. 42)	i	0,30	0,60	0,60
73	1.50 D	dunkelbräunlichrot (Töne) (10. 1. 42)	k	2,20	4,50	8,—
74	1.50 D	schwarzgelblichgrün (1943)	k	0,30	0,60	0,60
75	2 D	schwarzviolettpurpur (10. 1. 42)	l	0,30	0,60	0,60
76	3 D	dunkelkobaltblau (10. 1. 42)	m	2,20	4,50	8,—
77	3 D	rötlichlila (1943)	m	0,30	0,60	0,60
78	4 D	lilaultramarin (10. 1. 42)	n	0,30	0,60	0,60
79	7 D	schwarzgraugrün (10. 1. 42)	o	0,30	0,60	0,60
80	12 D	dunkelmagenta (Töne) (10. 1. 42)	p	0,30	0,60	4,—
81	16 D	schwarzgraugrün (10. 1. 42)	r	3,50	9,—	4,50
		Satzpreis (11 W.)		10,—	22,—	28,—

Auflage: 474 200 Sätze

Gültig bis Aufbrauch

1942, 13. Sept. Für die Armen. Ⓔ **Grujić; Odr. (4×4); dickes Papier; gez. K 11¾.**

Schalterbogen MiNr. 82–85

s) Mutter mit Kindern

				✶	✶✶	⊙
82	2 + 6 D	violettschwarz/schwärzlichviolett	s	10,—	25,—	20,—
83	4 + 8 D	schwärzlichlilaultramarin/schwärzlichkobalt	s	10,—	25,—	20,—
84	7 + 13 D	schwarzopalgrün/schwärzlichbläulichgrün	s	10,—	25,—	20,—
85	20 + 40 D	schwärzlichbräunlichlila/dunkelmagenta	s	10,—	25,—	20,—
		Satzpreis (4 W.)		40,—	100,—	80,—
		Zd-Bogen		250,—	450,—	550,—

Mit Stecherzeichen (I):

Teilauflagen von MiNr. 82–85 weisen auf Feld 6 (MiNr. 82), Feld 7 (MiNr. 83), Feld 10 (MiNr. 84) oder Feld 11 (MiNr. 85) im Knie der Mutter (MiNr. 82–84 schräg links unten, MiNr. 85 schräg links oben neben der Wertangabe) die Stecherzeichen „S.G." bzw. „V.G." in kyrillisch auf.

82 I–85 I	mit Stecherzeichen	je	60,—	100,—	140,—
	Zd-Bogen mit Stecherzeichen	je	*500,—*	*900,—*	—,—

Auflage: 52 000 Sätze

Gültig bis 12.11.1942

1943, 16. Mai. Hilfe für die serbischen Kriegsinvaliden. ⊡ **Grujić; Odr.; gestrichenes Papier; gez. K 11¾:11½, Querformate ~.**

t) Zerbrochenes Schwert, von Dornen umrankt

u) Sterbender Krieger mit Fahne, Landeswappen

v) Verwundeter, Landeswappen

w) Schwester verbindet Verwundeten

				✶	✶✶	⊙
86	1.50 + 1.50 D	dunkelsiena/lebhaftsiena	t	4,—	8,50	5,—
87	2 + 3 D	schwarzopalgrün/blaugrün	u	4,—	8,50	5,—
88	3 + 5 D	schwärzlichlila/lebhaftlila	v	6,—	14,—	7,—
89	4 + 10 D	schwarzultramarin/dunkelultramarin	w	6,—	14,—	8,—
			Satzpreis (4 W.)	20,—	45,—	25,—

MiNr. 86–89 wurden nur zusammen mit den Blocks abgegeben; größte bekannte Einheit: 5 Stück.

Auflage: 100 000 Sätze

Gültig bis 16.9.1943

1943, 16. Mai. Blockausgabe: Hilfe für die serbischen Kriegsinvaliden. Marken in Zeichnung von MiNr. 86 und 89 sowie 87–88 zu je einem Block zusammengefasst, geänderte Zuschlagsbeträge. ⊡ **Grujić; Odr.; dickes Papier; Block 3 komb. gez. K und L 11½, Block 4 gez. K 11½.**

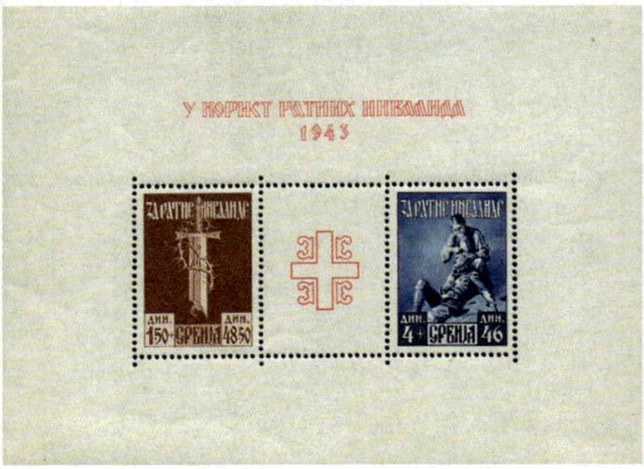

w I

v I

				✶	✶✶	⊙
90	1.50 + 48.50 D	dunkelsiena/lebhaftsiena	t	40,—	80,—	—,—
91	4 + 46 D	schwarzultramarin/dunkelultramarin	w	40,—	80,—	—,—
Block 3	(ca. 148×110 mm)		w I	140,—	300,—	*8000,—*
92	2 + 48 D	schwarzopalgrün/blaugrün	u	40,—	80,—	—,—
93	3 + 47 D	schwärzlichlila/lebhaftlila	v	40,—	80,—	—,—
Block 4	(ca. 150×110 mm)		v I	140,—	300,—	*8000,—*

Auflagen: je 20 000 Blocks

Gültig bis 16.9.1943

Alle Zuschriften, auch E-Mails, Fax etc., werden aufmerksam gelesen, aber nicht immer beantwortet. Anfragen, die ausschließlich im eigenen Interesse gestellt werden, beantworten wir in aller Regel nur dann, wenn Rückporto (Ausland Antwortschein) beiliegt.

1943, 15. Okt. 100 Jahre serbische Post. 🄴 **Grujić; Odr. (4×6); dickes Papier; A = gez. K 13:12½, B = gez. K 13:12½:13: L 12½.**

x) Postreiter

y) Alte Postkutsche

z) Bahnpostwagen

aa) Postomnibus

ab) Postflugzeug Junkers Ju 52

Schalterbogen MiNr. 94–98

			*	**	⊙	FDC
94	3 D	mehrfarbig . . . x				
A		gez. K 13:12½	1,50	3,50	7,—	
B		gez. K 13:12½:13:L 12½	2,50	5,—	12,—	
95 A	8 D	mehrfarbig . . . y	1,50	3,50	7,—	
96 A	9 D	mehrfarbig . . . z	1,50	3,50	7,—	
97	30 D	mehrfarbig . . . aa				
A		gez. K 13:12½	1,50	3,50	7,—	
B		gez. K 13:12½:13:L 12½	2,50	5,—	12,—	
98 A	50 D	mehrfarbig . . . ab	1,50	3,50	7,—	
		Satzpreis A (5 W.)	7,—	17,—	35,—	75,—
		Zd-Bogen	45,—	90,—	120,—	

Ein Zd-Bogen (A) mit links durchgezähntem Rand bekannt (—,—).

Auflage: 250 000 Sätze

Gültig bis 31.12.1943

1943, 11. Dez. Hilfe für die Bombengeschädigten in Niš. Neuauflagen der Marken MiNr. 71, 72, 74, 75 und 77–81; hellgelblichgrüner Netzüberdruck; schwarzer Bdr.-Aufdruck mit neuem Zuschlagsbetrag. Bdr.; gez. K 11½.

			*	**	⊙
99	0.50 + **2** D	dunkelpurpurviolett . . . (h)	0,80	2,—	60,—
100	1 + **3** D	schwärzlichrosa . . . (i)	0,80	2,—	60,—
101	1.50 + **4** D	schwarzgelblichgrün . . . (k)	0,80	2,—	60,—
102	2 + **5** D	schwarzviolettpurpur . . . (l)	0,80	2,—	60,—
103	3 + **7** D	rötlichlila . . . (m)	0,80	2,—	60,—
104	4 + **9** D	lilaultramarin . . . (n)	0,80	2,—	60,—
105	7 + **15** D	schwarzgraugrün . . . (o)	1,50	3,50	60,—
106	12 + **25** D	dunkelmagenta . . . (p)	1,50	3,50	280,—
107	16 + **33** D	schwarzgraugrün . . . (r)	2,20	6,—	450,—
		Satzpreis (9 W.)	10,—	25,—	1100,—

Abart:

105 F Fehlfarbe Dunkelpurpurviolett . . . *1300,—* *2000,—*

Auflage: 100 000 Sätze

Gültig bis Aufbrauch

Nicht mehr ausgegeben:

ac

1944. Winterhilfe. Odr. (4×4 [je 4 Viererblocks]); o.G.; A = gez. K 12½, B = □.

				(✱)
I	6 + 20 D	karminbraun	ac	
A		gez. K 12½		*2000,—*
B		geschnitten		*1000,—*
II	9 + 30 D	schwarzgrau	ac	
A		gez. K 12½		*2000,—*
B		geschnitten		*1000,—*
III	15 + 50 D	dunkelultramarin	ac	
A		gez. K 12½		*2000,—*
B		geschnitten		*1000,—*
IV	20 + 100 D	dunkelbräunlichkarmin	ac	
A		gez. K 12½		*2000,—*
B		geschnitten		*1000,—*
			Satzpreis A (4 W.)	*8000,—*
			Satzpreis B (4 W.)	*4000,—*
			Zd-Bogen A	*25000,—*
			Zd-Bogen B	*16000,—*

Die Farben von MiNr. I–IV variieren stark.

Dienstmarke

Da) Serbisches Kreuz

1943, 1. Jan. Dienstmarke: Serbisches Kreuz. Ⓔ Grujić; Bdr. (10×5); gestrichenes Papier; gez. K 12½:12¾.

				✱	✱✱	⊙
1	3 D	lebhaftbraunpurpur	Da	1,—	3,—	3,—

⊜

Auflage: 12 000 000 Stück

Gültig bis Aufbrauch

Portomarken

Alle ⊙-Preise gelten nur für (BPP-)geprüfte Stücke.

Pa) Ziffernzeichnung

Pb) Wappen

1941, 24. Juni. Portomarken: Nicht ausgegebene Portomarken von Jugoslawien mit schwarzem Bdr.-Aufdruck des Landesnamens. Ⓔ Grujić; Bdr. (10×5); gez. K 12½.

				✱	✱✱	⊙
1	0.50 D	dunkelviolett	Pa	1,30	3,—	50,—
2	1 D	schwärzlichrötlichkarmin	Pa	1,30	3,—	50,—
3	2 D	schwärzlichblau	Pa	1,30	3,—	50,—
4	3 D	(dunkel)rot (Töne)	Pa	1,30	3,—	75,—
5	4 D	dunkelgrauultramarin	Pb	2,50	5,—	180,—
6	5 D	rotorange	Pb	2,50	5,—	180,—
7	10 D	dunkelviolett	Pb	4,50	8,—	450,—
8	20 D	schwärzlichgelblichgrün	Pb	16,—	25,—	1200,—
			Satzpreis (8 W.)	30,—	55,—	2200,—

Abart:

2 F I	Paar mit und ohne Aufdruck	350,—	600,—

⊜

Auflage: 47 805 Sätze

MiNr. 1–4 gültig bis zum Aufbrauch, MiNr. 5–8 gültig bis 24.3.1942

⊜ Falschstempel (auch Ⓢ) kommen bei allen Ausgaben vor. Die Preise für gestempelte Marken gelten nur für (BPP-) geprüfte Stücke!

Pc) Ziffernzeichnung

Pd) Wappen

1942, 10. Jan. Portomarken: Marken in Zeichnung von MiNr. 2–8, jedoch jetzt Landesname andersfarbig eingedruckt. Ⓔ Grujić; Bdr. (10×5); gez. K 12½.

				✶	✶✶	⊙
9	1 D	schwärzlichrötlichkarmin/schwärzlichsmaragdgrün	Pc	1,40	3,—	10,—
10	2 D	schwärzlichblau/dunkelrosarot	Pc	1,40	3,—	10,—
11	3 D	(dunkel)rot/dunkelultramarin	Pc	1,40	3,—	15,—
12	4 D	dunkelgrauultramarin/dunkelrosarot	Pd	1,40	3,—	15,—
13	5 D	rotorange/kobalt	Pd	2,20	4,50	40,—
14	10 D	dunkelviolett/dunkelrosarot	Pd	2,20	4,50	40,—
15	20 D	schwärzlichgelblichgrün/dunkelrosarot	Pd	15,—	30,—	180,—
		Satzpreis (7 W.)		25,—	50,—	300,—

Auflage: 51 400 Sätze

MiNr. 9–11 gültig bis zum Aufbrauch, MiNr. 12–15 gültig bis 24.3.1942

Pe) Serbischer Doppeladler

1943, 1. Juli. Portomarken: Serbischer Doppeladler. Ⓔ Guljević; Bdr. (10×5); gez. K 12½.

				✶	✶✶	⊙
16	0.50 D	braunschwarz	Pe	2,—	4,50	10,—
17	3 D	schwärzlichpurpurviolett	Pe	2,—	4,50	10,—
18	4 D	schwärzlichkobaltblau	Pe	2,—	4,50	10,—
19	5 D	schwarzgelblichgrün	Pe	2,—	4,50	10,—
20	6 D	dunkelrötlichorange	Pe	2,—	4,50	40,—
21	10 D	schwärzlichrosa	Pe	5,—	7,—	40,—
22	20 D	schwarzlilaultramarin	Pe	15,—	27,—	80,—
		Satzpreis (7 W.)		30,—	55,—	200,—

MiNr. 16 weist immer braune Gummierung auf.

Auflage: 97 850 Sätze

Gültig bis Aufbrauch

Südtirol/Italien

Eine angeblich für die „Region Südtirol“ vorbereitete Ausgabe, schwarzer, zweizeiliger Aufdruck „Deutsches Reich“ und neue Wertangaben auf italienischen Freimarken ist private Schwindelausgabe, desgleichen italienische Marken mit Aufdruck „Deutsche / Militär / Verwaltung / Luftpost / RM 5.00“ und eines Flugzeugs. Hitlermarken mit senkrechtem zweizeiligem Aufdruck „INTENDENZA / DELLA ZONA“ sind ebenfalls Fälschungen zum Schaden der Sammler.

Ukraine

Die Ukraine ist der flächenmäßig größte Staat, dessen Grenzen ausschließlich in Europa liegen. Im Norden grenzt sie an Weißrussland, im Nordosten und Osten an Russland, im Süden an das Schwarze Meer, im Südwesten an Rumänien und Moldawien und im Westen an Ungarn, Slowakei und Polen.

Während der deutschen Besetzung standen weite Teile des Territoriums der Ukraine vom Juni 1941 bis August/Oktober 1943 unter deutscher Zivilverwaltung.

Bis zur Ausgabe der Ukrainemarken am 14.11.1941 waren alle deutschen Postwertzeichen, auch Dienstmarken und Parteidienstmarken, frankaturgültig. Sie galten auch nach der Ausgabe eigener Marken weiter, obwohl an den Postämtern der Zivilpost und an den Dienstpostämtern der Deutschen Dienstpost nur Marken mit Aufdruck „UKRAINE“ verkauft wurden.

Allgemeine Ausgaben

1941, 14. Nov./1943. Freimarken: Marken des Deutsches Reichs MiNr. 781–798 sowie MiNr. 826 und 827 (A. Hitler) mit schwarzem Bdr.-Aufdruck.

				*	**	⊙
1	1 (Pf)	dunkel- bis schwärzlichgrau	(781 a)	0,20	0,30	0,30
2	3 (Pf)	dunkelgelbbraun	(782)	0,20	0,30	0,30
3	4 (Pf)	dunkel- bis schwärzlichpreußischblau	(783)	0,20	0,30	0,30
4	5 (Pf)	schwarzgelbgrün (Töne) [GA]	(784)	0,20	0,30	0,30
5	6 (Pf)	dunkelbläulichviolett (Töne) [GA]	(785)	0,20	0,30	0,30
6	8 (Pf)	orangerot bis zinnober	(786)	0,20	0,30	0,30
7	10 (Pf)	siena (Töne)	(787)	0,30	1,30	2,—
8	12 (Pf)	lilarot	(788)	0,30	1,30	2,—
9	15 (Pf)	lilabraun bis karminbraun	(789)	0,20	0,30	0,30
10	16 (Pf)	dunkelgrünblau	(790)	0,20	0,30	0,30
11	20 (Pf)	ultramarin bis dunkelkobalt	(791)	0,20	0,30	0,30
12	24 (Pf)	dunkelorangebraun	(792)	0,20	0,30	0,30
13	25 (Pf)	dunkelviolettultramarin bis dunkellilaultramarin	(793)	0,20	0,30	0,30
14	30 (Pf)	schwärzlichgrünoliv	(794)	0,20	0,30	0,30
15	40 (Pf)	dunkellilapurpur (Töne)	(795)	0,20	0,30	0,30
16	50 (Pf)	schwarzopalgrün (Töne)	(796)	0,20	0,30	0,30
17	60 (Pf)	dunkelkarminbraun bis braunkarmin	(797)	0,20	0,30	0,30
18	80 (Pf)	schwarz(grau)blau	(798)	0,20	0,30	0,30
19	10 (Pf)	dunkelsiena (1943)	(826)	0,20	0,70	5,—
20	12 (Pf)	rot (Töne) (1943)	(827)	0,20	0,70	3,—
			Satzpreis (20 W.)	3,50	8,—	15,—

Auflagen: unbekannt

Hilfspostmarken der Ukrainischen Zivilpost

Die Hilfspostmarken der Cholm-Ausgabe vom 20.4.1941 sollen nach der Besetzung durch deutsche Truppen verwendet worden sein. Die Marken von 5 Gr bis 5.30 Zl wurden überwiegend auf farbigem Papier ohne Gummi gedruckt und blieben ungezähnt. Die Motive sind Pläne des Distrikts und der Stadt Cholm, Wappen des Gebiets, ukrain. Dreizack, ein Porträt S. Shramchenkos sowie Türme, Kirchen und andere Bauwerke (je 250,—). Probedrucke in abweichenden Farben und/oder Papieren sind bekannt.

Weitere Ausgaben wurden nach dem Verbot durch die deutschen Besatzer produziert. Hierbei handelt es sich um Werbe- oder Spendenvignetten. Literatur: Dr. Hans-Dieter Lutz „Deutsche Besetzung Ukraine 1941–1944“ (2 Bände, 2013).

Notizen:

Sonderausgaben der Deutschen Zivilverwaltung (vor Einrichtung der Deutschen Dienstpost)

In den entlegenen Gebietskommissariaten von Alexanderstadt, Sarny und Wosnessensk bestand bis zur Einrichtung der Deutschen Dienstpost eine Ukrainische Post. Sie wurde von der Deutschen Zivilverwaltung ins Leben gerufen und überwacht, bestand einige Monate und versah den gesamten dienstlichen und zivilen Post- und Telegrafenbetrieb. Die Entwertung der Marken erfolgte teils mit Federstrich, teils mit vorhandenen oder neu beschafften Poststempeln.

Gebiet Alexanderstadt (Bolschaja Alexandrowka)

Das am 15.11.1941 gebildete Kreisgebiet Bolschaja Alexandrowka im Generalbezirk Nikolajew wurde am 1.5.1942 in Alexanderstadt umbenannt. Es liegt in der südlichen Uraine am Fluss Inhulez in der Dnepr-Region. MiNr. 1–16 wurden in den Kreisen Alexanderstadt, Beresnegowartyi, Kronau und Nowo Woronzowka verwendet.

„16.8.41“ im Handstempelaufdruck ist das Datum der Eroberung der Bezirkshauptstadt Nikolajew, „B. ALEX“ ist die Abkürzung für Bolschaja Alexandrowka.

Viele Aufdruck- und Stempelfälschungen sind im Umlauf. Alle Preise gelten nur für (BPP-)geprüfte Stücke.

1941, 15. Dez. Freimarke: Freimarke der Sowjetunion MiNr. 677 (Werktätige) mit vierzeiligem schwarzem Handstempelaufdruck; Hakenkreuz Type I (seitenverkehrt, 7 mm).

				*	**	⊙
1	**1.50 (R)** auf 10 K	dunkelpreußischblau	(677 I A)	350,—	650,—	500,—

FALSCH

Gültig bis 16.5.1942

1942, Jan./März. Freimarken: Freimarken der Sowjetunion (Werktätige und 20 Jahre Rote Armee) mit vierzeiligem schwarzem Handstempel-Aufdruck wie bei MiNr. 1, jedoch Hakenkreuz jetzt richtigstehend. II = Hakenkreuz 6 mm, III = Hakenkreuz 4 mm.

II = Type II (Hakenkreuz 6 mm)

				*	**	⊙
4 II	**1.50 (R)** auf 10 K	dunkelpreußischblau	(677 I A)	45,—	100,—	300,—
5 II	**1.50 (R)** auf 15 K	dunkelgraugrün	(679 I A)	*3500,—*	*5000,—*	*7000,—*
6 II	**1.50 (R)** auf 20 K	schwarzgelbgrün	(578 A)	*1100,—*	*2000,—*	*2200,—*

III = Type III (Hakenkreuz 4 mm)

				*	**	⊙
2 III	**1 (R)** auf 10 K	dunkelpreußischblau	(677 I A)	*20000,—*	*30000,—*	*30000,—*
3 III	**1.50 (R)** auf 5 K	(dunkel)bräunlichrot	(676 I A)	*20000,—*	*30000,—*	*40000,—*
4 III	**1.50 (R)** auf 10 K	dunkelpreußischblau	(677 I A)	*750,—*	*1300,—*	*2500,—*
5 III	**1.50 (R)** auf 15 K	dunkelgraugrün	(679 I A)	40,—	80,—	220,—
6 III	**1.50 (R)** auf 20 K	schwarzgelbgrün	(578 A)	35,—	75,—	120,—
7 III	**1.50 (R)** auf 30 K	dunkelviolettultramarin	(682 I A)	120,—	220,—	600,—
8 III	**2 (R)** auf 5 K	(dunkel)bräunlichrot	(676 I A)	*1200,—*	*2000,—*	*5000,—*
9 III	**3 (R)** auf 20 K	schwarzgelbgrün	(578 A)	*8000,—*	*15000,—*	*1800,—*
10 III	**3 (R)** auf 50 K	lilarot	(655)	170,—	300,—	350,—
11 III	**3 (R)** auf 60 K	lilarot	(684 IV A)	130,—	240,—	550,—
12 III	**3 (R)** auf 1 R	schwärzlichblau bis schwärzlichultramarin				
X		Wz. Winkelmuster	(392 AZ)	*4000,—*	*6000,—*	*6000,—*
Y		Wz. Mäandermuster	(392 DX)	*1500,—*	*2400,—*	*2400,—*
13 III	**5 (R)** auf 10 K	rotlila	(699 A)	*9000,—*	*15000,—*	*13000,—*
14 III	**5 (R)** auf 40 K	dunkelbraunlila	(654)	*1200,—*	*2000,—*	*3000,—*
15 III	**10 (R)** auf 1 R	schwärzlichblau bis schwärzlichultramarin	(392 DX)	*700,—*	*1200,—*	*3500,—*
16 III	**10 (R)** auf 1 R	schwarz/dunkelrot	(594)	*20000,—*	*30000,—*	*32000,—*

Bei MiNr. 1–16 gelten alle Preise für die bei diesen Ausgaben typischen mangelhaften Handstempelaufdrucke und unregelmäßige Zähnung, außerdem bei MiNr. 12 Y und 15 für Stücke mit leichten Stockflecken. Bessere Erhaltung erfordert deutliche Aufschläge.

Marken mit amtlicher Nachmalung (nur geprüft erwerben) 200% Aufschlag

FALSCH

Gültig bis 16.5.1942

Gebiet Sarny

Die Stadt Sarny liegt im Nordwesten der Ukraine am Fluss Slutsch im Verwaltungsbezirk Riwne.

Vom 1.10.1941 bis 4.12.1941 war der zivile ukrainische Postdienst unter Kontrolle der öffentlichen deutschen Zivilverwaltung in Tätigkeit. Zur sicheren Abrechnung der vorgeschriebenen Barfrankierung wurden Kontrollzeichen auf die Poststücke geklebt. Nach Übernahme des Postdienstes durch die Deutsche Dienstpost am 5.12.1941 wurden diese Kontrollzeichen ungültig. MiNr. 1–6 wurden in den Kreisen Sarny, Dombrowicsa, Kleseow, Rafalowka und Rokitnow verwendet.

Viele Aufdruck- und Stempelfälschungen sind im Umlauf. Alle Preise gelten nur für (BPP-)geprüfte Marken.

1941, 18. Okt. Freimarken: Kontrollzeichen. Bdr. (5×5); verschiedene Typen; farbiges, vorderseitig glänzendes Papier; bei MiNr. 3 Wz. Wellenlinien und rückseitiger Druck schwarz durchbalkt; o.G.; A = gez. L 11, B = □.

a

					(✱)	⊙
1	50 K	schwarz auf dunkel- bis schwärzlichgraublau	a			
A		gez. L 11			250,—	320,—
B		geschnitten			*9000,—*	*10000,—*
2	1.50 Krb	schwarz auf lebhaftoliv- bis mittelockerbraun	a			
A		gez. L 11			200,—	300,—
B		geschnitten			*1400,—*	*2000,—*
3 A	3.00 Krb	schwarz auf mattgrau, gez. L 11	a		*1600,—*	*2200,—*

Typen bei MiNr. 1–3 und 4–6:

MiNr. 1 und 4:

Type I „K" von „Kontrollzeichen" lateinisch, Punkt hinter Wertbezeichnung unten
Feld 1–8, 10–13, 16–18; Preise wie angegeben
Type II „K" von „Kontrollzeichen" kyrillisch, Punkt hinter Wertbezeichnung unten
Feld 15, 19, 21–25; 50% Aufschlag
Type III „K" von „Kontrollzeichen" kyrillisch, Punkt hinter Wertbezeichnung oben
Feld 14; 100% Aufschlag
Type VII vorletzter Buchstabe im kyrillischen Wort „КОНТРОЛЪНИЙ" „Н" statt „И"
Feld 9; 100% Aufschlag
Type VIII letzter Buchstabe im kyrillischen Wort „КОНТРОЛЪНИЙ" beschädigt („Ў" statt „Й"), sonst wie Type II
Feld 20; 100% Aufschlag

I	I	I	I	I
I	I	I	VII	I
I	I	I	III	II
I	I	I	II	VIII
II	II	II	II	II

MiNr. 2 und 5:

Type I wie bei MiNr. 1 und 4
Feld 1–4, 7, 8, 10, 13, 17–19; Preise wie angegeben
Type II wie bei MiNr. 1 und 4
Feld 11, 12, 15, 16, 21–25; 50% Aufschlag
Type IV „K" von „Kontrollzeichen" lateinisch, Punkt hinter Wertbezeichnung oben
Feld 14; 100% Aufschlag
Type V kyrillisches „P" in der Wertbezeichnung unten ohne Fuß (wie „D")
Feld 5; 100% Aufschlag
Type VII wie bei MiNr. 1 und 4
Feld 9; 100% Aufschlag
Type IX letzter Buchstabe im kyrillischen Wort „КОНТРОЛЪНИЙ" beschädigt („Ў" statt „Й"), sonst wie Type I
Feld 20; 100% Aufschlag
Type X oberer Balken der Wertziffer „5" geschweift (statt gerade), sonst wie Type I
Feld 6; 100% Aufschlag

I	I	I	I	V
X	I	I	VII	I
II	II	I	IV	II
II	I	I	I	IX
II	II	II	II	II

MiNr. 3 und 6:

Type I wie bei MiNr. 1, 2 und 4, 5
Feld 1–8, 10, 11, 13, 16, 17; Preise wie angegeben
Type II wie bei MiNr. 1, 2 und 4, 5
Feld 15, 19, 21–25; 50% Aufschlag
Type III wie bei MiNr. 1 und 4
Feld 14; 100% Aufschlag
Type VI erste „0" der Wertangabe mager
Feld 12, 18; 80% Aufschlag
Type VII wie bei MiNr. 1, 2 und 4, 5
Feld 9; 100% Aufschlag
Type VIII wie bei MiNr. 1 und 4
Feld 20; 100% Aufschlag

I	I	I	I	I
I	I	I	VII	I
I	VI	I	III	II
I	I	VI	II	VIII
II	II	II	II	II

Auflagen (ca.): MiNr. 1 A = 800, MiNr. 1 B = 25, MiNr. 2 A = 1300, MiNr. 2 B = 250, MiNr. 3 A = 260 Stück

Gültig bis 28.10.1941

1941, 28. Okt. Freimarken: Kontrollzeichen. MiNr. 1–3 mit dunkellilarotem Bdr.-Aufdruck „GK.–Ssarny“.

				(✶)	⊙
4 A	50 K	schwarz auf dunkel- bis schwärzlichgraublau, gez. L 11	(1 A)	120,—	160,—
5	1.50 Krb	schwarz auf mittelocker- bis lebhaftolivbraun			
A		gez. L 11	(2 A)	80,—	80,—
B		geschnitten	(2 B)	150,—	200,—
6 A	3.00 Krb	schwarz auf mattgrau	(3 A)	350,—	450,—

Typen und deren Aufschläge siehe bei MiNr. 1–3.

Auflagen: MiNr. 4 A = 2361, MiNr. 5 A = 3212, MiNr. 5 B = 544, MiNr. 6 A = 671 Stück

Gültig bis 5.12.1941

Gebiet Wosnessensk

Die südukrainische Stadt Wosnessensk liegt am linken Ufer des Südlichen Bug beim Zusammenfluss mit dem Mertwowid im Generalbezirk Nikolajew. Das am 15.11.1941 gebildete Kreisgebiet umfasste die Rayons Arbusinka, Bratskoje, Jelanez und Wosnessensk.

a

1942, Febr. Freimarken: Post. Bdr. (Klb. 3×2); o.G.; gez. L 8.

				(✶)	⊙
1	60 K	schwarz	a	200,—	350,—
2	1.20 Krb	schwarz	a	150,—	250,—
			Satzpreis (2 W.)	350,—	600,—
			Kleinbogensatz (2 Klb.)	—,—	—,—

Die Kleinbogen sind stets mehr oder weniger verzähnt. MiNr. 2 wurde in 2 Auflagen in gleicher Auflagenhöhe gedruckt, wobei bei einem Teil der ersten Auflage die 3 oberen Marken oben ungezähnt blieben. Keine Preisunterschiede.

FALSCH

Auflagen: MiNr. 1 = 1250, MiNr. 2 = 2200 Stück

Gültig bis 30.6.1942

Hilfspostausgaben der Deutschen Zivilverwaltung nach Abzug der Dienstpost

Nach dem etappenweisen Abzug der Deutschen Dienstpost, der gleichzeitig mit dem Zurückgehen der Truppen erfolgte, übernahmen die noch tätigen Gebietskommissare die Postverbindung zu den nächsten rückwärtigen deutschen Dienstpostämtern. Die hierfür erhobene Sondergebühr (Kurier- und Postgebühr) wurde durch eine besondere Marke quittiert, die durch das datumlose Dienstsiegel des jeweiligen Gebietskommissars entwertet wurde. Die so freigemachten Postsachen wurden auf dem zuständigen Dienstpostamt dann mit Hitlermarken mit Aufdruck „Ukraine“ entsprechend der Postgebühr zusätzlich frankiert und mit Poststempel entwertet.

Diese Ausgaben haben den Charakter von Dienstmarken, da ein Bedürfnis nach einem zivilen Postverkehr zu der Zeit kaum mehr bestand.

Südukraine

1944, 3. Febr. Freimarken: Bäuerin. Stdr. (6×7); o.G; grob gez. 8.

a) Bäuerin mit Getreidegarbe

				(✶)	⊙
1	18 (Pf)	lebhaftrot, Bobrinez	a	*800,—*	*1500,—*
2	18 (Pf)	lebhaftbraungelb, Cherson	a	*75,—*	*250,—*
3	18 (Pf)	gelblichrot, Dolinska	a	*75,—*	*250,—*
4	18 (Pf)	lebhaftviolettultramarin, Golowanewsk	a	*350,—*	*1000,—*
5	18 (Pf)	schwarzbraun, Kamenka	a	*500,—*	*1200,—*
6	18 (Pf)	schwärzlichgelbsmaragdgrün, Kriwoj Rog	a	*75,—*	*250,—*
7	18 (Pf)	dunkelrotbraun, Nowo Mirgorod	a	*350,—*	*1000,—*
			Satzpreis (7 W.)	*2200,—*	*5200,—*

FALSCH Bei allen Marken (BBP-)Prüfung dringend anzuraten.

Auflagen (ca.): MiNr. 1 = 378, MiNr. 2–4 und 6–7 je 2100, MiNr. 5 = 546 Stück

Gültig bis 26.3.1944

Nordukraine

Viele Ganz- und Stempelfälschungen sind im Umlauf. Alle Preise gelten nur für (BPP-)geprüfte Stücke.

Luboml, Wladimir-Wolynsk und Gorochow

Luboml und die deutlich größere Stadt Wladimir-Wolynsk liegen im Nordwesten der Ukraine in der Oblast Wolhynien, nahe der Grenze zu Polen. Gorochow, ebenfalls in der Oblast Wolhynien befindlich, liegt ca. 50 km südlich von Luzk und ca. 90 km nördlich von Lemberg.

Alle Preise gelten nur für (BPP-)geprüfte Stücke!

1944, April. Freimarken: Hakenkreuz mit Ornamenten. Bdr. (3×5); gelbliches Papier; o.G.; gez. L 11.

a) Gebietskommissar Luboml

b) Gebietskommissar Wladimir-Wolynsk

				(✱)	⊙
8	6 + 9 (Pf)	dunkelbläulichviolett/schwarz	a	150,—	150,—
9	12 + 18 (Pf)	dunkelrosarot/schwarz	a	150,—	150,—
10	24 + 36 (Pf)	dunkelpreußischblau/schwarz	a	150,—	150,—
11	60 + 90 (Pf)	schwärzlichsmaragdgrün/schwarz	a	550,—	400,—
			Satzpreis (4 W.)	1000,—	800,—
12	6 + 9 (Pf)	dunkelbläulichviolett/schwarz	b	150,—	150,—
13	12 + 18 (Pf)	dunkelrosarot/schwarz	b	150,—	150,—
14	24 + 36 (Pf)	dunkelpreußischblau/schwarz	b	150,—	150,—
15	60 + 90 (Pf)	schwärzlichsmaragdgrün/schwarz	b	550,—	400,—
			Satzpreis (4 W.)	1000,—	800,—

Auflagen: MiNr. 8 und 12 zusammen 2025, MiNr. 9 und 13 zusammen 1500, MiNr. 10 und 14 zusammen 1005, MiNr. 11 und 15 zusammen 510 Stück

Gültig bis Juni 1944

1944, März. Freimarke: Umriss des Gebietskommissariats Gorochow. Bdr. (2+2); gelbliches Papier; o.G.; A = gez. L 11¼, B = □.

c) Umriss des Gebietskommissariats Gorochow, Inschrift

				(✱)	⊙
16	12 + 28 (Pf)	(dunkel)braunrot/schwarz	c		
A		gez. L 11¼		2200,—	8000,—
B		geschnitten		35000,—	
			Kleinbogen A	20000,—	
			Kleinbogen B	150000,—	

MiNr. 16 wurde im Kleinbogen zu vier Marken gedruckt, zwei auf der Vorder- und zwei auf der Rückseite. Die rechte (obere) Marke ist dabei jeweils normal, die linke (untere) Marke kopfstehend gedruckt. Auf den jeweils unbedruckten Feldern des Kleinbogens scheint der Druck der Vorder- bzw. Rückseite durch.

		(✱)	⊙
16 A Kdr s	Kehrdruck senkrecht, 1 Marke auf der Rückseite	9000,—	
16 A Kdr w	Kehrdruck waagerecht, 1 Marke auf der Rückseite	6500,—	

FALSCH

Auflagen: MiNr. 16 A = 192, MiNr. 16 B = 8 Stück

Nicht ausgegeben:

Nachdem die erste Ausgabe der Gebietsausgaben Nordukraine MiNr. 8–15 aufgebraucht war, erfolgte von der Deutschen Zivilverwaltung der Druck einer zweiten Ausgabe. Man benutzte Druckstöcke und Farben der ersten Auflage, vorgesehen war jedoch die Verwendung von Leinenpapier. Wie bei der ersten Ausgabe sollten die Marken ungummiert bleiben. Zusätzlich wurde die Abkürzung „(Ukr)“ eingedruckt, das Wort „Gebietskommissar“ beibehalten.

Diese Ausführung wurde dann aber abgelehnt; das Leinenpapier erschien ungeeignet, der Text zu lang. Druckfehler hatten sich ebenfalls eingeschlichen. Deshalb wurden MiNr. 17–28 hergestellt und ausgegeben.

			(✱)
I–IV	Gorochow	Satzpreis (4 W.)	6000,—
V–VIII	Luboml	Satzpreis (4 W.)	6000,—
IX–XII	Wladimir-Wolynsk	Satzpreis (4 W.)	6000,—

1944, 15. Juni. Freimarken: Hakenkreuz mit Ornamenten. Ähnlich wie MiNr. 8–15, jedoch weißes Kunstdruckpapier. Inschrift ohne „Gebietskommissar“, mit „(Ukraine)“; gez. L 10¾.

d) Gorochow

					✶	✶✶	⊙
17	6 + 9 (Pf)	dunkelviolett/schwarz	d		90,—	200,—	150,—
18	12 + 18 (Pf)	dunkelrosarot/schwarz	d		90,—	200,—	150,—
19	24 + 36 (Pf)	schwärzlichkobaltblau/schwarz	d		90,—	200,—	150,—
20	60 + 90 (Pf)	(dunkel)smaragdgrün/schwarz	d		90,—	200,—	150,—
				Satzpreis (4 W.)	350,—	800,—	600,—

MiNr. 17, 19 und 20 wurden auf mattem oder glänzendem, MiNr. 18 nur auf mattem Kunstdruckpapier gedruckt (Preise gleich).

Typen bei MiNr. 17–28:

Type I

Type II

Type III

Type I: fettes erstes „e“ in „Deutsche“ (Feld 1, 4, 7, 10, 13)
Type II: fettes „h“ in „Deutsche“ (Feld 2, 5, 8, 11, 14)
Type III: fettes „p“ in „Hilfspost“ (Feld 3, 6, 9, 12, 15)

Preise bei Einzelmarken gleich, komplette Sätze mit einheitlichen Typen 20% Aufschlag auf Satzpreis.

Auflage: je 1200 Stück.

Gültig bis 17.7.1944

1944, 15. Juni. Freimarken: Hakenkreuz mit Ornamenten. Ähnlich wie MiNr. 8–15, jedoch weißes Kunstdruckpapier. Inschrift ohne „Gebietskommissar“, mit „(Ukraine)“ bzw. „(Ukr.)“; gez. L 10¾.

a I) Luboml

b I) Wladimir-Wolynsk

						✶✶	⊙
21	6 + 9 (Pf)	dunkelviolett/schwarz	a I		90,—	200,—	150,—
22	12 + 18 (Pf)	dunkelrosarot/schwarz	a I		90,—	200,—	150,—
23	24 + 36 (Pf)	schwärzlichkobaltblau/schwarz	a I		90,—	200,—	150,—
24	60 + 90 (Pf)	(dunkel)smaragdgrün/schwarz	a I		90,—	200,—	150,—
				Satzpreis (4 W.)	350,—	800,—	600,—
25	6 + 9 (Pf)	dunkelviolett/schwarz	b I		90,—	200,—	150,—
26	12 + 18 (Pf)	dunkelrosarot/schwarz	b I		90,—	200,—	150,—
27	24 + 36 (Pf)	schwärzlichkobaltblau/schwarz	b I		90,—	200,—	150,—
28	60 + 90 (Pf)	(dunkel)smaragdgrün/schwarz	b I		90,—	200,—	150,—
				Satzpreis (4 W.)	350,—	800,—	600,—

MiNr. 21 und 24 sowie 25–28 wurden auf mattem oder glänzendem, MiNr. 22 und 23 nur auf mattem Kunstdruckpapier gedruckt (Preise gleich).

Typen siehe bei MiNr. 17–20.

Auflage: je 1200 Stück

Gültig bis 17.7.1944

Notizen:

Zante

Zakynthos

Landespost während der deutschen Besetzung (Sept. 1943–Sept. 1944)

Nach Abzug der italienischen Truppen wurde die südlichste der größeren Ionischen Inseln von der deutschen Wehrmacht unter Hauptmann Lüth besetzt, der durch Anordnung vom 20.10.1943 dem lokalen Präfekten den Auftrag zur Ausgabe der provisorischen Marken erteilte. Bis zur Ausgabe der Aufdruckmarken wurden die Marken MiNr. 15–23 der Ionischen Inseln weiterbenutzt.

MiNr. 1–3 waren bis 29. 10. 1943 frankaturgültig, eine Weiterverwendung wurde durch die griechische Regierung untersagt, die Handstempel wurden vernichtet. Ab 30. 10. wurden griechische Marken ohne Aufdruck verwendet.

Währung: 1 Lira = 100 Centesimi (C) = 8 Drachmen

Von den Ausgaben von Zante sind viele Aufdruck- und Stempelfälschungen im Umlauf. Alle Preise gelten nur für (BPP-)geprüfte Stücke!

1943, 22. Okt. Freimarke: Marke der Ionischen Inseln mit Handstempel-Aufdruck; I = Aufdruck schwarz, II = Aufdruck lilarot.

			*	**	⊘
I	10 C	schwarz(oliv)braun .... (16)			
I		Aufdruck schwarz	100,—	180,—	250,—
II		Aufdruck lilarot	600,—	1000,—	1200,—

Abart:

I I F	Paar mit und ohne Aufdruck	*1000,—*	*1800,—*

MiNr. I ist nicht offiziell an die Schalter gekommen, es sind jedoch Gefälligkeitsabstempelungen auf losen Marken und auf Brief bekannt.

Auflagen: MiNr. I I = ca. 1000, MiNr. I II = ca. 500 Stück

1943, 22. Okt. Freimarken: Freimarken und Flugpostmarke der Ionischen Inseln MiNr. 18, 20 und 23 mit Handstempel-Aufdruck; I = Aufdruck schwarz, II = Aufdruck lilarot.

			*	**	⊙
1	25 C	schwarzgrün .... (18)			
I		Aufdruck schwarz	40,—	80,—	60,—
II		Aufdruck lilarot	60,—	120,—	90,—
2	50 C	schwarzviolett .... (20)			
I		Aufdruck schwarz	40,—	80,—	60,—
II		Aufdruck lilarot	60,—	120,—	90,—
3	50 C	schwarzsiena .... (23)			
I		Aufdruck schwarz	50,—	100,—	90,—
II		Aufdruck lilarot	260,—	450,—	400,—
		Satzpreis I (3 W.)	110,—	210,—	200,—
		Satzpreis II (3 W.)	300,—	600,—	550,—

Abarten:

		*	**	⊙
1 I F	Paar mit und ohne Aufdruck	350,—	600,—	
1 II F	Paar mit und ohne Aufdruck	—,—	—,—	
2 I F	Paar mit und ohne Aufdruck	350,—	600,—	
3 I F	Paar mit und ohne Aufdruck	350,—	600,—	

Auflagen: MiNr. 1 I–3 I je 15 000, MiNr. 1 II und 2 II je 3000, MiNr. 3 II = 2000 Stück

Gültig bis 29. 10. 1943

FALSCH Handstempel-Aufdrucke auf anderen italienischen Freimarken und Hitlermarken, deutsche und italienische Marken mit Aufdruck „Deutsche Militärverwaltung/Zante“, sogen. „Not-Frankaturen“ und Barfreimachungen mit zusätzlichem Handstempel.

Notizen:

Zara

Landespost während der deutschen Besetzung (28. September 1943 – 31. Dezember 1943)

Zara (heute Zadar) ist eine Hafenstadt in Norddalmatien im Süden Kroatiens. Das Gebiet gehörte bis Kriegsende 1918 zur Österreich-Ungarischen Monarchie. Nach Ende des Ersten Weltkrieges wurde das Gebiet Italien zuerkannt. Nach dem Waffenstillstand der Regierung Badoglio mit den alliierten Streitkräften im September 1943 besetzte die deutsche Wehrmacht alle bis dahin von Italien kontrollierten Gebiete Dalmatiens, Griechenlands und der Inseln der Ägäis wie des Dodekanes. Das Gebiet der Stadt Zara und des Umlandes Zara behielt den Status einer italienischen Exklave, den es im Jahre 1919 durch die Friedensverträge in Paris erhalten hatte: die bestehenden Zivilbehörden blieben unter deutscher Besetzung im Amt. Dier Herausgabe eigener Briefmarken für die Provinzialpost (Landespost) Zara wurde deutscherseits genehmigt, italienische Marken wurden mit von der deutschen Militärkommandantur vorgeschriebenen Aufdrucken versehen. Die Ausgaben wurden von der italienischen Behörde veranlasst, wobei die deutschen Dienststellen nur die Überwachung des Transports und der Druckerei durchführten.

Der zunächst durch Kriegseinfluss kaum gestörte Postdienst im Zivilbereich erfolgte durch Überstellung per Schiff und auch durch Mitgabe, die durch eine ansässige Transportfirma über den postalischen Knotenpunkt Boccaniazzo/Bocanjač nach Triest regelmäßig durchgeführt wurde. Auch private Postmitnahme erfolgte.

Die genannten Auflagezahlen wurden seitens der Postdirektion Zara offiziell dekretiert. Die Druckformen für die 1. Ausgabe (MiNr. 1–31 und Portomarken) wurden nach Beendigung der Arbeit zerlegt, die der 2. Ausgabe (MiNr. 32–38) wurden vernichtet. Die Postdirektion wurde am 16.12.1943 mit weiten Teilen der Stadt völlig durch Bombenangriff zerstört, wobei noch vorhandene Bestände verbrannten. Danach arbeitete nur noch das Zweigpostamt 1 (Barcagno). Die Räumung der Stadt wurde am 31.12.1943 endgültig abgeschlossen und der einheimischen Bevölkerung das Betreten des Stadtbereichs strikt verboten. Stempel und andere Utensilien gelangten z. T. später in Privathände, jedoch keine Druckformen oder Lettern.

Seit Kriegsende 1945 gehörte das Gebiet zu Jugoslawien, seit 1991 zu Kroatien.

Währung: 100 Centesimi (C) = 1 Lira (L)

Viele Aufdruck- und Stempelfälschungen sind im Umlauf. Alle Preise gelten nur für (BPP-)geprüfte Stücke!

1943, 9. Okt. Freimarken: Freimarken von Italien („Serie Imperiale") mit schwarzem senkrechtem (MiNr. 1, 13, 14, 15) bzw. waagerechtem (MiNr. 2–12, 16–19) Bdr.-Aufdruck durch die Druckerei Tipografia E. de Schoenfeld, Zara.

					*	**	⊙
1	5 C	schwarzockerbraun	(299)	100,—	160,—	180,—
2	10 C	schwärzlichbraun bis dunkelsiena	(301)	6,—	12,—	15,—
3	15 C	schwarzgraugrün	(302)	8,—	16,—	25,—
4	20 C	rot (Töne)	(303)	6,—	12,—	17,—
5	25 C	schwarzgrün	(304)	6,—	12,—	17,—
6	30 C	dunkelsiena (Töne)	(305)	6,—	12,—	17,—
7	35 C	schwärzlichkobalt	(306)	280,—	480,—	550,—
8	75 C	schwärzlichrosa	(308)	17,—	30,—	40,—
9	1 L	schwärzlichgrauviolett	(633)	8,—	15,—	20,—
10	1.25 L	schwärzlichultramarin	(309)	8,—	15,—	25,—
11	1.75 L	gelblichrot (Töne)	(310)	24,—	40,—	65,—
12	2 L	schwarzrosa	(311)	100,—	160,—	160,—
13	2.55 L	schwarzgrünblau	(312)	280,—	480,—	650,—
14	3.70 L	dunkelbläulichviolett	(359)	1600,—	2600,—	2800,—
15	5 L	dunkelrosarot	(313)	100,—	160,—	160,—
16	10 L	dunkelbläulichviolett	(314)	1200,—	2000,—	2000,—
17	20 L	dunkelgrün	(315)	—,—	*20000,—*	*20000,—*
18	25 L	schwärzlichgrautürkis	(316)	—,—	*65000,—*	*65000,—*
19	50 L	schwärzlichgrauviolett	(317)	—,—	*50000,—*	*45000,—*
7 X		kopfstehendes Wz.		*3000,—*	*5000,—*	*10000,—*

MiNr. 7 X wurde überwiegend unerkannt auf Satzbriefen verklebt.

Typenunterschiede

Type I

Type II

Type III

Type IV

Type I = „D“ von „Deutsche“ und „B“ von „Besetzung“ jeweils gotisch;
Feld 1–6, 11, 12, 14–16, 21–26, 31–36, 41–46, 51–55, 61–65, 71–75, 81–85, 91–95 (54 × im Bogen); Preise wie angegeben

Type II = „D“ von „Deutsche“ und „B“ von „Besetzung“ jeweils lateinisch;
Feld 17–20, 27–30, 37–40, 47–50, 56–60, 66–70, 76–80, 86–90, 96–100 (41 × im Bogen); Preise wie angegeben

Type III = „D“ von „Deutsche“ gotisch, „B“ von „Besetzung“ lateinisch; Feld 7–10;
MiNr. 1, 7, 12, 13 und 15 je 400%, MiNr. 2–6 und 8–11 je 500%, MiNr. 14 und 16 je 300% Aufschlag

Type IV = „D“ von „Deutsche“ halbfett, „B“ von „Besetzung“ normal gotisch; Feld 13;
MiNr. 1, 7, 12, 13 und 15 je 800%, MiNr. 2–6 und 8–11 je 1000% Aufschlag, MiNr. 14 und 16 je —,—

FALSCH

Auflagen (in Klammern angeblich vernichtete Stücke): MiNr. 1 = 5000, MiNr. 2 = 100 000 (60 000), MiNr. 3 = 50 000 (30 000), MiNr. 4 = 100 000 (58 000), MiNr. 5 = 100 000 (60 000), MiNr. 6 = 100 000 (60 000), MiNr. 7 = 2649, MiNr. 8 = 20 000 (10 000), MiNr. 9 = 100 000 (60 000), MiNr. 10 = 40 000 (20 000), MiNr. 11 = 10 000 (2000), MiNr. 12 = 5000 (1000), MiNr. 13 = 2000, MiNr. 14 = 800, MiNr. 15 = 5000 (1000), MiNr. 16 = 1045, MiNr. 17 = 71, MiNr. 18 = 32, MiNr. 19 = 47 Stück

1943, 9. Okt. Freimarke: Marke Italien MiNr. 307 mit Kriegspropagandafeldern. Aufdruck wie bei MiNr. 1–19 waagerecht über Marke und Propagandafeldfeld.

				✶	✶✶	⊙
20	50 C	schwärzlichblauviolett	(307)			
1		Propagandafeld 3 = Flugzeug		40,—	70,—	80,—
2		Propagandafeld 4 = Stahlhelm		40,—	70,—	80,—
3		Propagandafeld 2 = Artillerie		40,—	70,—	80,—
4		Propagandafeld 1 = Marine		40,—	70,—	80,—

Typenunterschiede (vgl. Abbildungen und Beschreibungen bei MiNr. 1–19):

Type I und Type II Preise wie angegeben; Type III je ✶ 270,—, ✶✶ 400,—, ⊙ 450,—; Type IV je —,—.

MiNr. 20 mit Aufdrucktype I und Propagandafeld mit Aufdrucktype II (Feld 28, 33, 38, 43, 48) 400% Aufschlag.

Auflage: je 50 000 Stück, davon je 25 000 angeblich vernichtet.

1943, 9. Okt. Freimarken: Eilmarken von Italien MiNr. 414 und 436 mit größerem Aufdruck als bei MiNr. 1–20.

				✶	✶✶	⊙
21	1.25 L	grün (Töne)	(414)	15,—	30,—	35,—
22	2.50 L	(dunkel)rotorange	(436)	140,—	250,—	240,—
			Satzpreis (2 W.)	150,—	280,—	270,—

Auflagen: MiNr. 21 = 30 000, davon angeblich 10 000 vernichtet, MiNr. 22 = 5000 Stück

1943, 9. Okt. Freimarken: Flugpostmarken und Flugpost-Eilmarke (MiNr. 31) von Italien mit Aufdruck wie bei MiNr. 1–20 bzw. bei MiNr. 28 und 31 wie bei MiNr. 21–22.

				✶	✶✶	⊙
23	25 C	schwarzopalgrün	(408)	12,—	25,—	25,—
24	50 C	schwarzsiena	(328)	12,—	25,—	25,—
25	75 C	schwärzlichbraunorange	(409)	380,—	650,—	650,—
26	80 C	dunkelorangerot	(329)	30,—	60,—	85,—
27	1 L	schwärzlichviolett	(330)	15,—	30,—	30,—
28	2 L	dunkelblau (Töne)	(331)	35,—	70,—	80,—
29	5 L	schwärzlichgrün	(332)	*6500,—*	*11000,—*	*11000,—*
30	10 L	schwärzlichrosa	(360)	—,—	*40000,—*	*35000,—*
31	2 L	schwarzgrautürkis	(490)	30,—	60,—	60,—

Typenunterschiede bei MiNr. 23–27, 29, 30 (vgl. Abbildungen und Beschreibungen bei MiNr. 1–19):

Type I und II: Preise wie angegeben
Type III: MiNr. 23, 24 und 26–27 je 500%, MiNr. 25 300% Aufschlag, MiNr. 29 und 30 je —,—
Type IV: MiNr. 23, 24 und 26–27 je 900%, MiNr. 25 600% Aufschlag, MiNr. 29 und 30 je —,—

FALSCH Kopfstehende und doppelte Aufdrucke sind ausnahmslos Fälschungen, ebenso Aufdrucke auf deutschen Freimarken. „Flugpostbriefe“ nach Triest, Venedig oder Genua sind Fälschungen, da die Flugverbindung nach Triest ausschließlich militärischen Zwecken diente (es wurde keine Zivilpost befördert.

Auflagen (in Klammern angeblich vernichtete Stücke): MiNr. 23 = 30 000 (12 000), MiNr. 24 = 30 000 (10 000), MiNr. 25 = 2000, MiNr. 26 = 10 000 (2000), MiNr. 27 = 50 000 (25 000), MiNr. 28 = 9255 (1500), MiNr. 29 = 130, MiNr. 30 = 50, MiNr. 31 = 9255 Stück

Nicht ausgegeben (Probedruck)

1943, Nov. Freimarke: Freimarke Italien MiNr. 303 (Cäsar) mit neuem Bdr.-Aufdruck „ZARA“ im Linienband.

				✶	✶✶
I	20 C	rot (Töne)	(303)	*5000,—*	*7000,—*

Nachdem MiNr. 1–31 innerhalb weniger Wochen größtenteils aufgebraucht oder ausverkauft waren, entschloss sich die Militärbehörde, noch vorhandene Werte mit einem einfacheren Aufdruck zu versehen.
MiNr. I wurde postalisch nicht verwendet und an Interessenten verteilt.

FALSCH

Auflage: 200 Stück

1943, 6. Nov. Freimarken: Freimarken (MiNr. 32–36) Und Eilmarken (MiNr. 37, 38) von Italien (König Viktor Emanuel III.) mit neuem durchgehendem Bdr.-Aufdruck durch die Druckerei Tipografia E. de Schoenfeld, Zara. MiNr. 35 und 36 mit Kriegspropagandafeldern, bei MiNr. 37 und 38 Aufdruck zweimal über die Marke gehend.

				✶	✶✶	⊙
32	50 C	schwärzlichblauviolett	(307)	10,—	20,—	25,—
33	75 C	schwärzlichrosa	(308)	10,—	20,—	25,—
34	1.25 L	schwärzlichultramarin	(309)	60,—	110,—	160,—
35	25 C	schwarzgrün	(304)			
1		Propagandafeld 3 = Flugzeug		25,—	45,—	45,—
2		Propagandafeld 4 = Stahlhelm		25,—	45,—	45,—
3		Propagandafeld 2 = Artillerie		25,—	45,—	45,—
4		Propagandafeld 1 = Marine		25,—	45,—	45,—
36	30 C	dunkelsiena	(305)			
1		Propagandafeld 3 = Flugzeug		25,—	45,—	45,—
2		Propagandafeld 4 = Stahlhelm		25,—	45,—	45,—
3		Propagandafeld 2 = Artillerie		25,—	45,—	45,—
4		Propagandafeld 1 = Marine		25,—	45,—	45,—
37	1.25 L	grün (Töne)	(414)	13,—	25,—	50,—
38	2.50 L	(dunkel)rotorange	(436)	180,—	300,—	350,—
			Satzpreis (7 W.)	320,—	550,—	700,—

Typenunterschiede:

Type I

Type II

Type III

Type IV

Type V

MiNr. 35 1 mit Type V und IV

Type I	=	beide „A“ von „ZARA“ schmal (Feld 1–80, 91–98); Preis wie angegeben
Type II	=	beide „A“ breit (Feld 87, 88, 90, 99, 100); je 300% Aufschlag
Type III	=	beide A-Typen in „ZARA“ enthalten (Feld 81–84, 89); je 300% Aufschlag
Type IV	=	beide „A“ in „ZARA“ in Fremdtype (Feld 86); 500% Aufschlag
Type V	=	zweites „A“ von „ZARA“ kleiner (Feld 85); 500% Aufschlag

Stücke von MiNr. 35–38 mit Type III und II oder Type V und IV auf einer Marke je 500% Aufschlag.

FALSCH Ganzfälschungen, kopfstehende oder verschobene Aufdrucke.

Auflagen (in Klammern angeblich vernichtete Stücke): MiNr. 32 = 50 000 (15 000), MiNr. 33 = 50 000 (30 000), MiNr. 34 = 6158 (1500), MiNr. 35 und 36 je Propagandafeld 12 500 (MiNr. 35 1 = 2500, MiNr. 35 2 = 3500, MiNr. 35 3 = 4500, MiNr. 35 4 = 5500, MiNr. 36 1 = 4500, MiNr. 36 2 = 2500, MiNr. 36 3 = 5500, MiNr. 36 4 = 3500), MiNr. 37 = 10 000 (3000), MiNr. 38 = 5000 (500) Stück

Portomarken

1943, 9. Okt. Portomarken: Portomarken von Italien (Staatswappen) mit senkrechtem Bdr.-Aufdruck wie bei MiNr. 1–31 von oben nach unten, Wz. „Krone“ nach links liegend bzw. bei MiNr. 3 und 7 Aufdruck von unten nach oben, Wz. „Krone“ nach rechts liegend, MiNr. 10 mit beiden Wz.-Stellungen.

				✶	✶✶	⊙
1	5 C	braun bis siena	(24)	40,—	70,—	120,—
2	10 C	dunkelultramarin	(25)	40,—	70,—	120,—
3	20 C	dunkelrosarot	(26)	40,—	70,—	120,—
4	25 C	schwärzlichsmaragdgrün	(27)	650,—	1000,—	*1200,—*
5	30 C	dunkelzinnoberrot	(28)	40,—	70,—	120,—
6	40 C	olivschwarz	(29)	40,—	70,—	120,—
7	50 C	schwärzlichbläulichviolett	(30)	40,—	70,—	120,—
8	60 C	schwarzgrünblau	(31)	650,—	1000,—	*1200,—*
9	1 L	rotorange	(32)	650,—	1000,—	*1200,—*
10	2 L	dunkelgrün	(33)			
X		Wz. rechtsliegend		900,—	1500,—	*1700,—*
Y		Wz. linksliegend		900,—	1500,—	*1700,—*
11	5 L	(dunkel)blauviolett	(34)	650,—	1000,—	*1200,—*
		Satzpreis (11 W.)		3500,—	5500,—	*6500,—*

Typenunterschiede (vgl. Abbildungen und Beschreibungen bei MiNr. 1–19):

Type I und Type II Preise wie angegeben.

1 III–3 III, 5 III–7 III	je	220,—	350,—	800,—
4 III, 8 III–11 III	je	*3000,—*	*5000,—*	*7000,—*
1 IV–3 IV, 5 IV–7 IV	je	300,—	500,—	1200,—
4 IV, 8 IV–11 IV	je	—,—	—,—	—,—

FALSCH

Auflagen (in Klammern angeblich vernichtete Stücke): MiNr. 1–3 je 5000 (1500), MiNr. 4 = 1000 (200), MiNr. 5–7 je 5000 (1500), MiNr. 8–11 je 1000 (200) Stück

Alle Marken von Zara gültig bis Ende Dezember 1943

Private Ausgaben 1939/45

(Spendenvignetten Belgien/Flämische und Wallonische Legion, Brač, Dänemark/Dänische Legion, Frankreich/Freiwilligen-Legion, Nationales Indien)

Diese privaten Spendenvignetten wurden von den einheimischen Fürsorge-Organisationen zugunsten der freiwilligen Soldaten in der Waffen-SS und in der Wehrmacht und ihren Familien herausgegeben. Die Vignetten hatten keine postalische Bedeutung und konnten von den Käufern – als Förderer der Legion – auf eigenen Postsendungen zu Propaganda- und Werbezwecken Verwendung finden. Zweckdienliche Verwendung auf privater Bedarfspost mit Abstempelung einheimischer Postämter ist sehr selten.

Keine dieser Ausgaben werden (BPP-)geprüft!

Katalogisierung siehe MICHEL-Deutschland-Spezial Band 1!

Feldpostmarken

Zulassungsmarken für Feldpost im Zweiten Weltkrieg

Allgemeine Ausgaben

Zulassungsmarken MiNr. 1 bis 4 verausgabt durch den Heeresfeldpostmeister im OKH (Oberkommando des Heeres).

Die Zulassungsmarke MiNr. 1 für Luftfeldpostbriefe und -Karten wurde zur Bereitstellung schnellerer Postverbindungen kontingentiert an Soldaten, deren Einheiten am Luftfeldpostdienst angeschlossen waren, an Frontabschnitten im Osten, auf Kreta und Rhodos und in Skandinavien ausgegeben und war im Verkehr Front-Heimat, Front-Front und Heimat-Front gültig.

Die Zulassungsmarke MiNr. 2 für Feldpostpäckchen diente zur Steuerung des Päckchenversandes Heimat-Front.

Die Zulassungsmarken MiNr. 3 und 4 für Feldpostpäckchen Heimat-Front wurden in einmaligen Aktionen an Einheiten mit Feldpostnummer ausgegeben, nachden der gesamte Feldpost-Päckchenverkehr über 100 Gramm kriegsbedingt schon eingestellt worden war.

Aktuelle (BPP-)Prüfung aller Aufdruckmarken und teureren Marken dringend anzuraten!

✈ 1942, 18. April/1943. Zulassungsmarke für Luftfeldpostbriefe. Ⓔ E. Meerwald; Bdr. Reichsdruckerei Berlin (10×10); A = gez. K 13¾:14, B = sägezahnartig ⬚.

Ma) Transportflugzeug Ju 52

				✶	✶✶	⊙
1	(–)	lilaultramarin bis lebhaftgrauultramarin	Ma			
A		gez. K 13¾:14 (18.4.1942)		0,40	0,90	0,60
B		sägezahnartig durchstochen (1943)		0,30	0,60	1,—

Die Soldaten erhielten von April 1942 bis April 1943 monatlich je vier Marken, ab Mai 1943 je acht Marken zugeteilt. Zur Zulassung musste eine Marke für jede Karte oder jeden Brief, ab 1. Juni 1943 zwei Marken für jeden Brief, ab 1.1.1945 nach Skandinavien wieder 1 Marke je Brief verwendet werden, die Hälfte der Zuteilungen war für Sendungen Heimat-Front bestimmt.

In England hergestellte Fälschungen für Propagandazwecke sind am offenen Peilrahmen, an der abweichenden Zähnung K 12¾, der fetteren Inschrift und am grauen Papier zu erkennen (siehe Kapitel Kriegs- und Propagandafälschungen im MICHEL-Deutschland-Spezial Band 1).

FALSCH MiNr. 1 mit Aufdruck ähnlich dem „Vukovar"-Aufdruck (siehe MiNr. 6); MiNr. 1 U auf Brief, Linienzähnung

Auflage: unbekannt

1942, 10. Juli/1943. Zulassungsmarke für Feldpostpäckchen. Ⓔ Marggraff; Bdr. Reichsdruckerei Berlin (10×10); A = gez. K 13¾:14, B = sägezahnartig ⬚.

Mb) Hoheitsadler

				✶	✶✶	▨	⊙
2	(—)	dunkelbräunlichrot bis schwarzbräunlichrot	Mb				
A		gez. K 13¾:14 (10.7.1942)		0,40	0,90	0,40	15,—
B		sägezahnartig durchstochen (1943)		0,30	0,60	3,50	120,—

MiNr. 2 wurde abgestempelt mit Feldpoststempel für 50 Pf auch am Sammlerschalter abgegeben.

Päckchensendungen bis 250 Gramm waren portofrei, von 250–1000 Gramm betrug die Gebühr 20 Pf; die Zulassungsmarken mussten zusätzlich aufgeklebt werden. Ab 1.9.1942 wurde die Gewichtsgrenze auf 2000 Gramm erhöht, die Gebühr für 1000–2000 Gramm betrug 40 Pf und zwei Zulassungsmarken. Ab 23.6.1944 wurde das Gewicht auf 100 Gramm (Westfront 20 Gramm) beschränkt, wobei von 20–100 Gramm eine Zulassungsmarke erforderlich war.

Die Soldaten erhielten vom 10.7.1942 bis 31.8.1942 monatlich je eine Marke, ab 1.9.1942 bis Herbst 1944 zwei Zulassungsmarken für Päckchen Richtung Heimat-Front. Je nach Transportlage konnte durch vorübergehende Einstellung oder zusätzliche Ausgabe von Zulassungsmarken die Versandmenge gesteuert werden.

Auflage: unbekannt

1944, 24. Nov. Freimarke Deutsches Reich MiNr. 795 mit schwarzem Bdr.-Aufdruck durch die Reichsdruckerei als Zulassungsmarke für Feldpostpäckchen bis 2 kg.

				✶	✶✶	▨	⊙
3	(—)	dunkellilapurpur (Töne)	(795)	–,70	1,50	4,—	350,—

Die ▨-Preise gelten für nicht prüfbare, die ⊙-Preise für (BPP-)geprüfte Stücke.

Paare mit verschieden hohem oder seitlich versetztem Aufdruck verdienen keinen Aufschlag!

Die Marke war für Feldpostpäckchen mit Winterbekleidung von der Heimat an die Front bestimmt und wurde an Sammler nicht abgegeben.

FALSCH kopfstehende und doppelte Aufdrucke

Auflage: unbekannt

1944, 20. Okt. Zulassungsmarke für Weihnachtspäckchen bis 1 kg Richtung Heimat-Front. Wie MiNr. 2, jedoch kleineres Format und gez. K 14.

Mb I) Hoheitsadler

				✶	✶✶	⊘	⊙
4	(—)	(dunkel)smaragdgrün	(Mb I)	–,80	1,70	2,50	260,—

Die ⊘-Preise gelten für nicht prüfbare, die ⊙-Preise für (BPP-)geprüfte Stücke.

MiNr. 4 wurde nicht an Sammler abgegeben.

In Kurland wurde MiNr. 4 halbiert als Zulassungsmarke für Luftpost verwendet (siehe MiNr. 16).

FALSCH MiNr. 4 mit Aufdruck „Inselpost"

Auflage: unbekannt

Örtliche Ausgaben

Alle Preise gelten nur für aktuell (BPP-)geprüfte Stücke!

Tunis

1943, April. Feldpostpäckchen-Zulassungsmarke für die in Nordafrika befindlichen Truppen. Ⓔ Roleff; Stdr. der PROP. Kp. Tunis (10×5); a = weißes bis hellgelbgraues, dickes Papier, b = hell- bis mittelchromgelbes, wabenartig genetztes Papier; gestreifte Gummierung; mangelhaft gez. L 11½.

Md) Dattelpalme mit Hakenkreuz im Mäanderrahmen

			(✶)	✶	✶✶	⊙
5	(—)	braun bis schwärzlichsiena . . . . . (Md)				
a		weißes bis hellgelbgraues, dickes Papier	180,—	400,—	700,—	800,—
b		hell- bis mittelchromgelbes, genetztes Papier	500,—	1600,—	3000,—	3000,—

Die Marken galten nur für Feldpostpäckchen von Tunis nach der Heimat.
Die Sendungen mussten nach den Gebührensätzen für Feldpostpäckchen freigemacht werden.

Entwertung durch Gummistempel in violettblauer Farbe und in verschiedenen Typen „Bei der Feldpost eingeliefert“. Entwertungen mit Feldpoststempeln kommen vor. Vorsicht vor Nachstempelungen!

Grüne Stempel 15%, rote Stempel 25% Aufschlag.

FALSCH

Auflage: etwa 1 000 000 Stück, davon aber mindestens 620 000 Stück vernichtet

Inselpost: Zulassungsmarken für Luftfeldpostbriefe bis 20 Gramm für die auf Kreta und der östlichen Ägäis abgeschnittenen deutschen Truppen (MiNr. 6–12)

Durch die Rückeroberung des griechischen Festlandes durch die alliierten Streitkräfte waren die auf Kreta und den Ägäischen Inseln liegenden deutschen Truppen im Herbst 1944 ihres Versorgungsweges über See beraubt. Die Postversorgung konnte nur noch auf dem Luftwege erfolgen und machte eine erhebliche Einschränkung des Feldpostverkehrs notwendig.

Im Bereich der griechischen Inseln wurden folgende Kommandostellen ernannt: 1. „Kommandant des festen Platzes KRETA“, 2. „Kommandant OST-ÄGÄIS“ und 3. Kommandant fester Platz „LEROS“ (Fernschreiben vom 13.10.1944), die in ihren Anordnungen von der Heeresgruppe E und untereinander unabhängig waren. Der zuständige Armeefeldpostmeister hatte für den ganzen Raum der drei neuen Befehlsbereiche angeordnet, dass nur noch Luftfeldpostbriefe mit Feldpostmarken, die mit dem Aufdruck „Inselpost“ versehen waren, in beiden Richtungen befördert werden durften. Hierzu wurde ein großer Bestand (200 000 Stück) der vorhandenen Feldpostpäckchenmarken MiNr. 2 B in Vukovar (Kroatien) überdruckt (1. Allgemeine Ausgabe, MiNr. 6). Das Flugzeug, das fast die gesamte Auflage an Bord hatte, wurde auf seinem Versorgungsflug im Oktober 1944 abgeschossen. Hierdurch wurden bis auf einen geringen Restbestand, der in Vukovar verblieben war, die Inselpostmarken vernichtet. Die technischen Schwierigkeiten zur Beschaffung neuer Marken (2. Allgemeine Ausgabe von Agram, MiNr. 10) sowie spätere Nachschubschwierigkeiten führten zu den verschiedenen, lokalen Ausgaben auf den Inseln durch Anordnungen der Kommandanten 1–3 (siehe oben) für ihre Bereiche.

Sämtlichen Einheiten wurden zur Vereinfachung des Postdienstes Ende Oktober 1944 neue Feldpostnummern zugeteilt:

für die Einheiten auf	Kreta	68 000–68 059 (Milos 68 030)
	Rhodos	68 060–68 089 (Piskopi 68 086)
	Leros	68 090–68 096
	Kos (Coos) . .	68 097–68 099

Die Leitung der Inselpostbriefe erfolgte über das Luftgaupostamt Wien, das als Zusatz zur Feldpostnummer angegeben werden musste.

Die italienischen Kampfwilligen auf den Inseln erhielten ebenfalls Inselpostmarken. Es kommen daher bei den MiNr. 7–12 italienische Heimatabstempelungen vor. Italienische Ortsstempel auf MiNr. 7–12 bedingen Aufschläge von 20 bis 100%.

Weitere Einzelheiten siehe „Handbuch und Katalog für Inselpost 1944/45“ von W. Rungas und E. Sauer.

FALSCH Es kommen zahllose Fälschungen und Verfälschungen aller Inselpost-Zulassungsmarken vor: Phantasieaufdrucke (auch auf anderen Urmarken), Aufdruckfälschungen, Zähnungsfälschungen, Farbfälschungen (durch Nachmalen schwarzer Farbe auf blaue Aufdrucke bei MiNr. 10), Stempelfälschungen, Montage loser gestempelter (echter) Marken auf nicht dazugehörige Briefe, Ganzfälschungen (Marke und Aufdruck) und Fälschungen von Prüfzeichen

Fälschungen zum Schaden der Post, die durch handschriftliche Nachzeichnung, Schreibmaschinenschrift oder private Aufdrucke „INSELPOST“ hergestellt und unbeanstandet befördert wurden.

Eine aktuelle (BPP-)Prüfung aller Aufdruckmarken ist unerlässlich!

Notizen:

Erste allgemeine Insel-Ausgabe, „Vukovar-Aufdruck“

✈ 1944, Okt. Zulassungsmarke für Luftfeldpostbriefe. MiNr. 2 B mit schwarzem Offset-Litho-Aufdruck in Groteskschrift durch die Kartenstelle der Heeresgruppe F, Vukovar.

				✶	✶✶	◍	⊙
6	(—)	dunkel- bis schwarzbräunlichrot	(2 B)	1300,—	2000,—	1500,—	*32000,—*

MiNr. 6 war zur Verwendung auf allen Inseln vorgesehen. Auf Rhodos wurden einige Stücke regulär abgegeben und verwendet.

FALSCH Vukovar-Aufdruck auf MiNr. 1 A, 1 B und 2 A immer falsch! Prüfung unerlässlich!

Ein Großteil der Auflage von 200 000 Stück wurde durch einen Flugzeugabschuss im Oktober 1944 bei Saloniki vernichtet. Von dem in Vukovar verbliebenen Restbestand von ca. 2000 Stück, darunter der Druckausschuss (Doppeldrucke, kopfstehende Aufdrucke usw.), kamen ca. 800 Stück im November 1944 nach Rhodos, wo eine Verteilung an Sammler erfolgte; die Marken erhielten zum Teil Gefälligkeitsstempel mit Feldpost-Normstempeln (Kennbuchstaben „d“ oder „e“), die auf Bedarfspost normalerweise nicht vorkommen oder mit italienischem Stempel „RODI EGEO“.

Erinnerungspostkarten in Verbindung mit anderen Inselpost-Marken von der Panzergrenadier-Brigade und Militärverwaltung Rhodos sind bekannt und im Handel.

Insel Kreta

✈ 1944, Nov. Zulassungsmarke für Luftfeldpostbriefe. MiNr. 1 mit orangerotem bis zinnoberrotem Bdr.-Aufdruck durch die Druckerei der Front-Zeitung „Veste Kreta“.

				✶	✶✶	◍*	⊙
7	(—)	lilaultramarin bis lebhaftgrauultramarin					
A		gez. K 13¾:14	(1 A)	240,—	400,—	350,—	350,—
B		sägezahnartig durchstochen	(1 B)	1700,—	3000,—	*5000,—*	*7500,—*

*) Preise gelten für Feldpost-Stempel von den Inseln.

MiNr. 7 wurde an der Front nur auf Kreta verwendet.

Gleicher Aufdruck auf MiNr. 2 A ist ungeklärt.

Schwarze Aufdrucke sind immer falsch.

Von MiNr. 7 wurden nur senkrechte halbe Bogen überdruckt.

FALSCH

Auflagen: MiNr. 7 A = ca. 98 000, MiNr. 7 B = ca. 2000 Stück

Insel Rhodos

✈ 1944, Nov. Zulassungsmarke für Luftfeldpostbriefe. MiNr. 1 mit schwarzem Bdr.-Aufdruck durch Tipografia Rodi; I = Aufdruck mager, II = Aufdruck fett.

Aufdruck mager

Aufdruck fett

				✶	✶✶	◍	⊙
8	(—)	lilaultramarin bis lebhaftgrauultramarin					
A I		gez. K 13¾:14, Aufdruck mager	(1 A)	*8500,—*	*15000,—*	3600,—	4000,—
B		sägezahnartig durchstochen	(1 B)				
I		Aufdruck mager		250,—	400,—	80,—	120,—
II		Aufdruck fett		80,—	140,—	70,—	100,—

Bei MiNr. 8 wurden nur waagerechte halbe Bogen überdruckt.

MiNr. 8 wurde auf Rhodos, Leros, Kos, Kalymnos und Piskopi verwendet.

FALSCH MiNr. 8 A I (aus MiNr. 8 B)

Auflagen: MiNr. 8 A und 8 B zusammen 40 000 Stück

✈ 1944, Nov. Zulassungsmarke für Luftfeldpostbriefe. MiNr. 2 B mit schwarzem Bdr.-Aufdruck durch Tipografia Rodi.

				✶	✶✶	◍	⊙
9	(—)	dunkel- bis schwarzbräunlichrot	(2 B)	300,—	550,—	300,—	400,—

MiNr. 9 wurde an der Front nur auf Rhodos verwendet.

Bei MiNr. 9 wurden nur waagerechte halbe Bogen überdruckt.

FALSCH gezähnt

Auflage: 60 000 Stück (ca. 35 000 davon vernichtet)

Zweite allgemeine Insel-Ausgabe, „Agramer-Aufdruck“

✈ 1944, Nov. Zulassungsmarke für Luftfeldpostbriefe. MiNr. 2 mit (hell)blauem bis schwarzblauem Bdr.-Aufdruck in kursiver Antiquaschrift durch die Staatsdruckerei Agram und/oder Atzinger, Agram; I = Platten I/1–I/3; II = Platte II; verschiedene Aufdruckwinkel.

Platten I/1–I/3

Platte II (kürzerer Aufdruck, meist Spieß hinter „T“)

				✶	✶✶	⊘	⊙
10		(—)	dunkel- bis schwarzbräunlichrot				
	A		gez. K 13¾:14 ..... (2 A)				
	a		Aufdruck blauschwarz, 38–40°, Platte I/1	*7000,—*	*10000,—*		
	b II		Aufdruck dunkelblau, 38–40°, Platte II	400,—	700,—	500,—	550,—
	d		Aufdruck schwarzblau, 38–40°, Platte I/1	1300,—	2000,—		2000,—
	B		sägezahnartig durchstochen ..... (2 B)				
	a		Aufdruck blauschwarz, 38–40°, Platte I/1	*2500,—*	*4000,—*		1200,—
	b I		Aufdruck dunkelblau, 30–40°, Platten I/1–I/3	30,—	50,—	35,—	70,—
	b II		Aufdruck dunkelblau, 38–40°, Platte II	120,—	200,—	50,—	80,—
	c		Aufdruck hellblau (wässrig), 30–36°, Platte I/2	80,—	140,—	90,—	170,—
	d		Aufdruck schwarzblau, 38–40°, Platte I/1	400,—	700,—		500,—

Der Aufdruckwinkel ist von der Grundlinie des Markenbildes zu messen; kleinere Schwankungen ergaben sich durch Verschiebungen beim Anlegen in die Druckmaschine. Magere und fettere Aufdrucke kommen vor, außerdem verschobene und beschädigte Aufdrucke sowie andere Unregelmäßigkeiten (keine Preisaufschläge).

MiNr. 10 wurde auf allen Inseln verwendet.

FALSCH alle Aufdrucktypen, Farben und Zähnung/Durchstich

Auflagen: MiNr. 10 A und 10 B zusammen 1500000 Stück (davon gezähnt ca. 5000)

Insel Leros

✈ 1945, Febr. Zulassungsmarke für Luftfeldpostbriefe. MiNr. 1 mit a = schwarzblauviolettem, b = (hell)rötlichviolettem Rollen-Handstempelaufdruck in verschiedenen Typen durch die Abteilung IV a der Festungsbrigade 968 in Porto Lago.

				✶	✶✶	⊘	⊙
11		(—)	lilaultramarin bis lebhaftgrauultramarin				
	A		gez. K 13¾:14 ..... (1 A)				
	a		Aufdruck schwarzblauviolett	1100,—	1800,—	800,—	1200,—
	b		Aufdruck (hell)rötlichviolett	1900,—	3000,—		2200,—
	B		sägezahnartig durchstochen ..... (1 B)				
	a		Aufdruck schwarzblauviolett	400,—	700,—	400,—	450,—
	b		Aufdruck (hell)rötlichviolett	900,—	1500,—		1000,—

Typenunterschiede:

Type I
„P“ mit enger Schlinge, letztes „S“ mit gleichmäßigen Schleifen

Type II
„P“ mit weiter Schlinge, letztes „S“ mit größerer unterer Schleife

Type III
„P“ mit enger Schlinge, letztes „S“ mit größerer unterer Schleife

Type IV
„P“ mit weiter Schlinge, letztes „S“ mit gleichmäßigen Schleifen

Preise der verschiedenen Typen gleich.

Vorsicht, die Aufdruckfarbe ist sehr feuchtigkeitsempfindlich; die Gebraucht-Preise gelten nur für Stücke, die nicht oder kaum verwaschen sind!

MiNr. 11 wurde auf Leros, Kos und Kalymnos verwendet.

FALSCH

Auflagen: MiNr. 11 A = ca. 1200, MiNr. 11 B = ca. 14800 Stück

Notizen:

1945, Febr. Zulassungsmarke für Luftfeldpostbriefe. MiNr. 2 mit Aufdruck wie bei MiNr. 11.

				✶	✶✶	⊙
A 11	(—)	dunkel- bis schwarzbräunlichrot				
A a		gez. K 13¾:14, Aufdruck schwarzblauviolett	(2 A)	nur auf ✉ bekannt		
B		sägezahnartig durchstochen	(2 B)			
a		Aufdruck schwarzblauviolett		2800,—	4500,—	
b		Aufdruck (hell)rötlichviolett		3500,—	5500,—	

Von MiNr. 2 B wurden zwei linke Bogenhälften oder Teile davon, von MiNr. 2 A wenige Exemplare versuchsweise überdruckt. Eine reguläre Verwendung ist im Moment nur für MiNr. A 11 A a nachgewiesen.

FALSCH

Auflage: unbekannt

Insel Rhodos

✈ 1944, 22. Dez. Zulassungsmarke für Luftfeldpostbriefe. Neuauflage 1938/39 der Marke Ägäische Inseln MiNr. 105 mit schwarzem Bdr.-Aufdruck durch Tipografia Rodi in 5 Typen.

					✶	✶✶	▨	⊙
12	(—)	auf 5 Cent	schwärzlichlilarot	(105)				
I		Type I			160,—	300,—	300,—	500,—
II		Type II			500,—	900,—	900,—	2000,—
III		Type III			200,—	400,—	400,—	800,—
IV		Type IV			600,—	1000,—	1000,—	2400,—
V		Type V			500,—	900,—	900,—	1800,—

Typenunterschiede:

Type I

Type II

Type III

Type IV

Type V

Type I = „1944“ halbfette Antiquaschrift, „9“ schmal, „4“ geschlossen; „1“ von „1944“ unter „EI“ in „WEIHNACHTEN“, „9“ unter „HN“, „44“ unter „C“ und unter „TE“; Zeilenabstand 1,4 mm.
Type II = Jahreszahl wie Type I, jedoch größerer Zwischenraum zwischen „19“ und „44“; „1“ von „1944“ unter „WE“, „9“ unter „IH“, „44“ unter „A“ und „HT“.
Type III = „1944“ halbfette Groteskschrift, „9“ breit, „4“ offen (auf Feld 1 nur in einer der beiden Druckplatten).
Type IV = wie Type III, jedoch „W“ von „WEIHNACHTEN“ verstümmelt.
Type V = wie Type I, jedoch Zeilenabstand 1,8 mm.

Die Aufdrucke wurden auf Veranlassung des Kommandeurs Ostägäis vorgenommen, eine Genehmigung des Heeresfeldpostmeisters war nicht notwendig. Die Marken wurden für zusätzliche Luftfeldpostbriefe in Richtung Heimat ausgegeben. Jeder Soldat auf Rhodos, Kalymnos, Kos und Leros erhielt 2 Stück. Ein großer Teil der Bedarfspost wurde bei einem Flugzeugabsturz vernichtet. Für einen Brief genügte eine Einzelfrankatur. Trotzdem kommen Mischfrankaturen mit MiNr. 1 und 8–11 vor (selten).

MiNr. 12 wurde auf Rhodos, Leros, Kos und Kalymnos verwendet.

FALSCH

Auflage: 25 000 Stück, davon ca. 10 000 bei Flugzeugabsturz vernichtet

Amtlich nicht genehmigte Neudrucke:

Unter Verwendung des Original-Druckmaterials wurden neben der genehmigten Auflage von 25 000 Stück zeitnah private Neudrucke hergestellt. Alle bis heute bekannt gewordenen verschobenen, geteilten und kopfstehenden Aufdrucke sind als Neudrucke anzusehen. Ebenso Paare oder größere Einheiten bei denen nicht alle Marken einen Aufdruck tragen.
Marken mit Feldpost-Normstempeln mit Kennbuchstaben „d“ und „e“ mit Daten 24.12. und 25.12.44 sind ebenfalls ausnahmslos private, nicht genehmigte Neudrucke.

Marken mit Feldpost-Normstempeln mit Kennbuchstaben „d“ und „e“ mit Daten 24. 12. und 25. 12. 44 sind ebenfalls fast ausnahmslos nicht genehmigte Neudrucke unter Verwendung von Original-Druckplattenmaterial.

Weitere örtlichen Ausgaben

Alle Preise gelten nur für aktuell (BPP-)geprüfte Marken!

Hela

1945, März. Feldpostbrief-Zulassungsmarke für die auf der Halbinsel Hela vom Landweg abgeschnittenen deutschen Truppen. Odr. Korps-Kartenstelle Hela (10×15); o. G.; □; Schnittlinienmarkierung zwischen den Marken durch gestrichelte Linien.

Me) Inschrift, U-Boot

			(✱)	⊘	⊙
13	(—)	. . . . . Me			
a		ultramarin (früher Druck)	400,—	1100,—	2800,—
b		violettultramarin bis (dunkel)lilaultramarin	320,—	900,—	2000,—
c		(dunkel)grauultramarin (später Druck)	700,—	1500,—	3800,—

Die Herausgabe der Hela-Marke ist von der 31. Inf.-Division veranlasst und zur Postversorgung durch U-Boote bestimmt gewesen, wobei die Anzahl der Postsendungen kontingentiert werden musste. Bis zur Kapitulation am 8. Mai 1945 konnten jedoch Überwasserschiffe nach Hela einfahren, so dass die Marken ihrer ursprünglichen Bestimmung nicht gerecht wurden. Echt gelaufene Briefe, mit Transportschiffen über Dänemark nach Deutschland befördert, sind sehr selten.

Auflage: ca. 150 000 Stück

Kuban

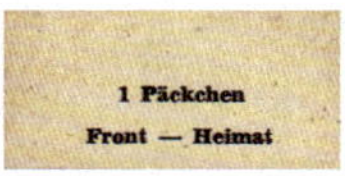

1943, 17. April. Zulassungsmarke für Feldpostpäckchen bis 1000 g. Bdr. durch die Frontzeitung „Kämpfer im Kaukasus" in vier Typen; Zeitungspapier; Format ca. 48×16 mm; o. G.; □.

Mf

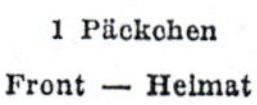

Type I

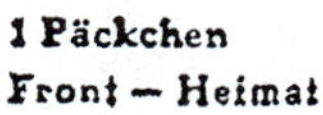

Type II

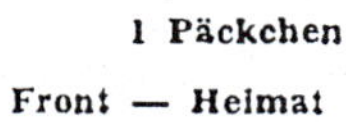

Type III

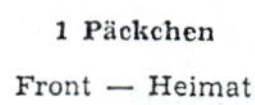

Type IV

Type I = „1 Päckchen" in der Mitte über „Front – Heimat" („Front – Heimat" halbfett)
Type II = „1 Päckchen" und „Front – Heimat" linksbündig
Type III = „1 Päckchen" rechtsbündig oder etwas weiter nach rechts
Type IV = wie Type I, jedoch „Front – Heimat" mager

			(✱)	⊙
14	(—)	schwarz . . . . . Mf		
I		Type I	6500,—	6000,—
II		Type II	7500,—	7000,—
III		Type III	*11 000,—*	7500,—
IV		Type IV	—,—	

Die Marken galten nur für Feldpostpäckchen bis 1000 Gramm aus dem Kuban-Brückenkopf in die Heimat. Zusätzlich war eine Freigebühr von 20 Pfennig erforderlich. Die Herausgabe der amtlich als „Zulassungsscheine" bezeichneten Marken war vom zuständigen Armeefeldpostmeister zur Lockerung einer Päckchensperre veranlasst worden.

Auflage: ca. 1 000 000 Stück, davon der größte Teil vernichtet

Krim

1943, Nov. Zulassungsmarke für Feldpostpäckchen bis 1000 g. Bdr. durch die Frontzeitung „Der Kampf" in zwei Typen (10×10); Zeitungspapier; I = Format 41×23 mm, II = Format 36×28 mm; o. G.; mangelhaft gez.

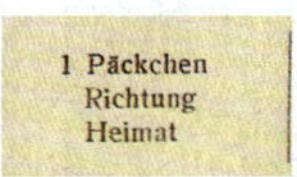

Type I:
Format 41×23 mm,
beide „n" normal

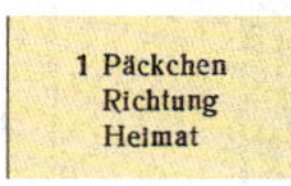

Type II:
Format 36×28 mm,
„n" in „Päckchen" oder „Richtung" kopfstehendes „u"

			(✱)	⊘	⊙
15	(—)	schwarz . . . . . Mg			
I		Type I	1600,—		1600,—
II		Type II	1600,—	1500,—	2000,—

Die Marken galten nur für Feldpostpäckchen bis 1000 Gramm von der Halbinsel Krim in die Heimat. Zusätzlich war eine Freigebühr von 20 Pfennig erforderlich. Die Herausgabe der amtlich als „Zulassungsscheine" bezeichneten Marken war vom zuständigen Armeefeldpostmeister zur Lockerung einer Päckchensperre veranlasst worden.

Auflage: unbekannt

Kurland

✈ 1945, Mitte März. Zulassungsmarke MiNr. 4 senkrecht halbiert als Zulassungsmarke für Luftfeldpost.

				(★) ✉
16	(—)	(dunkel)smaragdgrün	(4)	60,—

Die Marken wurden mit Papierschneidemaschinen halbiert. Häufig wurde die Zähnung nicht mittig durchtrennt, sodass senkrecht ungezähnte Halbierungen herstellungsbedingt vorkommen.

Die halbierten Marken wurden zum Schutz gegen Fälschungen auf Karten und Briefe (Feldpostvordrucke) geklebt und mit dem Dienststempel der Feldpost-Leitstelle 734 (halb) Libau (lq und 17092) versehen.

Die Zahl der erhaltenen und echt geflogenen „Kurland-Schnellbriefe" ist gering und stammt fast ausschließlich aus dem Zeitabschnitt Mitte März bis gegen Ende April, adressiert in die bis dahin von den Alliierten noch nicht besetzten Gebiete Deutschlands.

Leer gestempelte Karten und Briefe zusätzlich mit dem Stempel DDPO Libau „c" wurden nachträglich „hergestellt".

[FALSCH] Stempelfälschungen und nachträgliche Beschriftungen mit Absendern kommen vor. Echte Feldpostbriefe aus Kurland wurden nachträglich zu Kurlandschnellbriefen verfälscht.

Auflage: unbekannt

Ruhrkessel

✈ 1945, April. Zulassungsmarke für Luftfeldpostbriefe der im Ruhrkessel eingeschlossenen deutschen Truppen. Freimarke Deutsches Reich MiNr. 782 mit schwarzem Bdr.-Aufdruck durch die Druckerei Kämper, Meinerzhagen (sogen. „Ruhrkesselmarke").

					★	★★	⊙
17	(—)	auf 3 (Pf)	dunkelgelbbraun (Töne)	(782)	30,—	70,—	55,—

Die vollständigen Zusammenhänge, die zur Herstellung dieses Aufdruckprovisoriums führten, lassen sich heute nicht mehr mit letzter Sicherheit aufklären. Die vorgesehene Verwendung als Zulassungsmarke für einen geregelten Luftfeldpostdienst konnte infolge der sich überstürzenden Kriegsereignisse nicht mehr realisiert werden.

[FALSCH] Zahlreiche Aufdruck- und Stempelfälschungen sowie nachgummierte Marken sind bekannt!

Auflage: ca. 200 000 Stück

Saloniki

Nicht amtlich ausgegeben:

1944, Juni. Militärpostmarken von Italien mit dunkelrosarotem bzw. schwarzem Bdr.-Aufdruck. MiNr. I–III ohne, MiNr. IV–VI mit milchig-weißem Untergrund.

ohne milchig-weißem Untergrund (1. Auflage)

				*	**
I	20 C	rot (Töne), Aufdruck schwarz	(4)	1200,—	2300,—
II	50 C	schwärzlichblauviolett, Aufdruck dunkelrosarot	(7)	1000,—	2000,—
III	50 C	schwarzsiena, Aufdruck dunkelrosarot	(15)	1000,—	2000,—

mit milchig-weißem Untergrund (2. Auflage), Aufdruck dunkelrosarot

				*	**
IV	25 C	dunkelgrün (Töne)	(5)	1200,—	2200,—
V	50 C	schwärzlichblauviolett	(7)	650,—	1200,—
VI	50 C	schwarzsiena	(15)	650,—	1200,—

MiNr. I–VI gebraucht sehr selten (je —,—)!

Auf Privatinitiative eines Offiziers im Stab des Oberkommandos der Heeresgruppe E in Saloniki/Griechenland wurden erbeutete italienische Militärpostmarken mit einem fünfzeiligen Überdruck „Soldaten-/Päckchen/Hakenkreuz/Front-/Heimat" in schwarzer bzw. dunkelrosaroter Farbe versehen. Angeblich sollten diese Marken in einem Truppenversuch die hand-, maschinengeschriebenen oder gestempelten Klebezettel „Zollfreie Monatssendung für Monat..." ersetzen. Als Päckchen mit diesen Marken bekannt wurden, verfügte das OKW im Heeresverordnungsblatt 26, Teil C von 1944 die Unzulässigkeit dieser Maßnahme. Die Beförderung bereits unterwegs befindlicher Päckchen mit diesen Marken soll toleriert worden sein.

Nachdem ein Probeaufdruck von MiNr. II in Gold wegen Farbmangels nicht weiter ausgeführt werden konnte, auch der gewöhnliche dunkelrosarote Aufdruck von MiNr. II und III schlecht lesbar war, wurden bei der 2. Auflage MiNr. IV–VI vor dem eigentlichen Überdrucken mit einem milchig-weißen Unterdruck versehen.

Auflagen: unbekannt

Phantasie-Produkte

Marken Deutsches Reich MiNr. 791 (Hitler) mit erhabener rückseitiger Prägung „FELD/POST", Italien MiNr. 662 (Eilmarke Dom Palermo) mit Aufdruck „Feldpost/2 kg", Kroatien Militär-(Feldpost) Marke MiNr. 2 mit rotem Aufdruck „Feldpost" sind wie die nach dem Krieg auf Blockränder von Bl. 7 und 8 des Deutschen Reichs erzeugte „Narvik-Marke" reine Phantasie-Produkte.

Prüfungen und Prüfordnung

Der beste Schutz gegen den Erwerb falscher oder minderwertiger Marken ist der Einkauf im guten Fachgeschäft. In Zweifelsfällen ist die Hinzuziehung eines Experten angebracht.

Prüfordnung. Die von den Spitzenverbänden der Sammler und Händler anerkannten Experten für Marken, Abstempelungen und Erhaltung prüfen nach einheitlichen Richtlinien, die jeder Philatelist kennen sollte.

Ergänzend sei hier nochmals darauf hingewiesen, dass die MICHEL-Redaktion keine Markenprüfungen vornimmt.

Deutsche Dienstpost 1939–1945

Von 1939–1945 bestanden folgende Deutsche Dienstposten, die Sendungen durch besondere Stempel kennzeichneten: Adria, Alpenvorland, Bezirk Bialystok, Böhmen-Mähren, Elsass, Distrikt Galizien, Generalgouvernement, Lothringen, Luxemburg, Niederlande, Oslo, Osten, Ostland, Südostpreußen, Südsteiermark-Südkärnten-Krain, Bezirk Suwalki und Ukraine (Oslo-Päckchen-Zulassungsmarke ✶ *1700,—,* ✶✶ *2200,—,* ⊙ *3000,—*).

Ausführliche Aufstellungen siehe „Handbuch und Stempelkatalog der Deutschen Dienstpost 1939 bis 1945“ von Dr. H. Schultz.

Notizen:

Deutsche Lokalausgaben

Ausgaben 1923

Im letzten Stadium der Inflation wurden amtliche und amtlich genehmigte Gebührenzettel in vielen Orten notwendig, da die Reichsdruckerei und die in ihrem Auftrage Postwertzeichen herstellenden Privatdruckereien den Markenbedarf nicht mehr bewältigen konnten.

Die Ausführung der Gebührenzettel war im Post-Nachrichtenblatt durch Verfügung 624 und Dienstvorschrift A.D.A.V. 2 § 4 vorgeschrieben (Inschrift „Gebühr bezahlt“ bzw. „taxe perçue“ und Namenszug). Nicht immer wurde genau nach dieser Vorschrift verfahren, so dass bei einzelnen Postämtern abweichende Zettel Verwendung fanden.

Ausführliche Katalogisierung siehe MICHEL-Deutschland-Spezial.

Nachfolgend einige Beispiele für Gebührenzettel von 1923.

Bergisch Gladbach

Schliersee

Dippoldiswalde

Ausgaben ab 1945

Sämtliche Marken des Deutschen Reiches mit Überdruck wurden, soweit nicht schon früher geschehen, Anfang August 1945 zurückgezogen und durften zur Freimachung nicht mehr benutzt werden, in der Reichspostdirektion Chemnitz mit Ablauf des 8.8.1945. Stempeldaten sind noch einige Tage danach möglich.

Im Bundesland Sachsen durften vom 29.10. bis 10.12.1945 sämtliche deutschen Lokalausgaben zur Freimachung verwendet werden, soweit sie nicht schon vorher für ungültig erklärt worden waren, seit dem 11.12.1945 nur noch die Lokalausgaben der sowjetischen Besatzungszone. In der Provinz Sachsen durften seit dem 10.1.1946 alle noch gültigen Lokalausgaben der sowjetischen Besatzungszone zur Freimachung verwendet werden, vermutlich ab Ende Dezember 1945 auch in der Provinz Brandenburg, in Mecklenburg-Vorpommern und in Thüringen. Dem lagen die Verfügung der Zentralverwaltung für das Post- und Fernmeldewesen in der sowjetischen Besatzungszone Deutschlands vom 6.12.1945 und vielleicht eine weitere Verfügung vom 23.12.1945 zugrunde. Marken der westlichen Besatzungszonen durften nicht verwendet werden.

Alle Lokalausgaben sollten mit Ablauf des 31.3.1946 ungültig werden. Diese Anordnung wurde am 1.4.1946 widerrufen. In der sowjetischen Besatzungzone wurden die Sonderwertzeichen, deren Verkauf zu Wohlfahrtszwecken kurzfristig zugelassen war (also die Zuschlagsmarken) am 5.4.1946 außer Kurs gesetzt, soweit nicht schon früher geschehen. Mit Ablauf des 31.10.1946 verloren alle Lokalausgaben ihre Gültigkeit.

Abweichungen sind bei den einzelnen Lokalausgaben angegeben.

Die in den Kopftexten immer wiederkehrende Bezeichnung „Freimarken der Hitlerkopf-Ausgabe“ bezieht sich auf die Ausgaben der Deutschen Reichspost 1941/44, MiNr. 781–802 und 826–827.

Nichtamtliche Ausgaben/Privaterzeugnisse sowie „Sächsische Schwärzungen“ siehe MICHEL-Deutschland-Spezial Band 2.

Gemäß den Richtlinien des BPP werden einige Ausgaben oder einzelne MiNr. mit folgenden Hinweisen gekennzeichnet:

1 = wird nicht geprüft, da aus technischen Gründen nicht prüfbar
2 = wird derzeit nicht geprüft (Ausgabe ungeklärt)
3 = wird nur als Barfrankatur geprüft
4 = sogen. „Sächsische Schwärzung“ – Unkenntlichmachung C

Fehlende Hinweise bedeuten, dass die Ausgaben uneingeschränkt geprüft werden!

Altdöbern

MiNr. I–VIII werden derzeit nicht BPP-geprüft.

1945, Ende Dez. Gebührenzettel. Violetter einzeiliger Ortstempel, kleine Wertziffern (4 mm hoch); I = Schrift von links unten nach rechts oben, Wertziffern links oben und rechts unten; II = Schrift von links oben nach rechts unten, Wertziffern links unten und rechts oben; weißes bis graustichiges Papier, weiße bis gelbliche Gummierung; Format 24×26 mm (handgezogen abgegrenzt).

a) MiNr. 1

a) MiNr. 2

			*	**	⊙
1	6 (Pf)	Wertziffern violett (29.12) a			
I		Stellung I	750,—	1300,—	1000,—
II		Stellung II	600,—	1000,—	1100,—
2	12 (Pf)	Wertziffern rot (27.12) . . . a			
I		Stellung I	650,—	1200,—	1500,—
II		Stellung II	1300,—	2000,—	1000,—

Ein Wert zu 10 (Pf) mit violettem Ortsnamen und violetter Wertziffer befindet sich bei den Akten der Postbezirksdirektion Potsdam.

1946, Jan./Feb. Gebührenzettel wie MiNr. 1–2, jedoch große Wertziffern (5 mm hoch), nur Stellung I, Ortsname (On.) und Wertziffern (Wzf.) verschiedenfarbig.

3 c

4 a

5 a

			*	**	⊙
3	6 (Pf)	. . . . a I			
a		Wzf. u. On. schwarz (3.2.)	800,—	1200,—	1200,—
b		Wzf. violett, On. schwarz (18.2.)	*3000,—*	*5000,—*	—,—
c		Wzf. u. On. violett (10.1.)	600,—	1000,—	600,—
4	10 (Pf)	. . . . a I			
a		Wzf. u. On. violett	1500,—	2400,—	
b		Wzf. grün (handschr.), On. violett (8.1.)	1400,—	2200,—	2400,—
5	12 (Pf)	. . . . a I			
a		Wzf. rot, On. violett (16.1.)	1300,—	2000,—	1300,—
b		Wzf. u. On. violett (23.1.)			3000,—
c		Wzf. u. On. schwarz (29.1.)	1500,—	2700,—	—,—

Es sind auch nachfolgende Marken bekannt, deren Verwendung jedoch nicht nachgewiesen ist. **2**

			**
I	8 (Pf)	Wertziffer violett, Ortsname schwarz	*750,—*
II	10 (Pf)	Wertziffer und Ortsname schwarz	*750,—*
IV	15 (Pf)	Wertziffer und Ortsname schwarz	*750,—*
V	20 (Pf)	Wertziffer und Ortsname schwarz	*750,—*
VI	30 (Pf)	Wertziffer und Ortsname schwarz	*750,—*

Eine Verwendung ist ebenfalls nicht nachgewiesen bei Marken mit 6 mm hoher Wertziffer (violett) und 38 mm langem und 9 mm hohem Ortsnamen (violett). **2**

b

1946, Mitte Jan. Geviertelte Postverschlusszettel der Postagentur Wormlage als Gebührenzettel. Format ca. 20×23 mm; schwarzer Bdr.; Ortsstempel (violett) wie bei MiNr. 1–2 I; Wertziffer rechts unten, handschriftlich in Blau; Zettelabgrenzung blau; gummiert; einseitig gez.

			*	**	⊙
6	6 (Pf)	(16.1.) . . . . b	*1500,—*	*2500,—*	*2500,—*
6 I		Wertziffern aufgestempelt			—,—

FALSCH u. a. Wertziffer doppelt und Wort „Wormlage“ fehlt

b

1946, Anfang Jan. Wie MiNr. 6, jedoch Wertziffer und Zettelabgrenzung grün.

			*	**	⊙
7	10 (Pf)	(8.1.) . . . . b	*1300,—*	*2100,—*	1400,—

1946, Anfang Jan. Wie MiNr. 6, jedoch Wertziffer und Zettelabgrenzung rot.

			*	**	⊙
8	12 (Pf)	(2.1.) . . . . b	—,—	—,—	1800,—

Von MiNr. 8 sind auch Stücke mit roten Wertziffern links oben und rechts unten bekannt:

		*	**	⊙
8 I	Wertziffern aufgestempelt (3.1.)	—,—	—,—	2500,—
8 II	Wertziffern handschriftlich (22.2.)	1100,—	1800,—	2600,—

FALSCH u. a. Wertziffer doppelt und Wort „Wormlage“ fehlt

Verwendung bis April 1946

Altenburg (Thüringen): 1

Marken der Hitlerkopf-Ausgabe MiNr. 781, 782, 784–786, 791, 826 und 827 mit schwarzem Klecksstempel und Ortsnamen sind nicht postamtlich!

Altentreptow

1945, 10. Juli. Etiketten als Behelfsmarken. Handschriftlicher Eintrag (Tinte) der Gebührenhöhe; Bdr. weißes Papier; verschiedene Formate; gez. L 11½ oder L 11.

			⊙
1	10 (Pf)	blau	1400,—
2	20 (Pf)	blau	1400,—

MiNr. 1 und 2 sind auch mit Abstempelungen aus den Nachbarorten Cölln und Siedenbollentin bekannt.

Verwendung bis etwa Mitte August 1945

Alt-Golm
(damaliges Leitpostamt Bad Saarow) 2

wird derzeit nicht geprüft

1945, Juli. Postverschlusszettel als Gebührenzettel. Ortsname und Gebührenhöhe in Schreibmaschinenschrift (kursiv), bez. sowie Datum handschriftlich eingetragen; waager. gez. oder achteckig □.

			*	**	⊙
1	10 (Pf)	schwarz	—,—	—,—	—,—
2	15 (Pf)	schwarz	—,—	—,—	—,—

Verwendung bis Mitte August 1945

Apolda

1945, 12./21. Juli. Freimarken: Baumstumpf mit neuen Zweigen. Bdr. R. Gerecke (10×5); I = Bögen des Unterdrucks nach oben, II = Bögen nach unten gewölbt; gez. L 11½ (Randstücke z. T. außen ungezähnt).

I

II

MiNr. 1–3 lassen sich in folgende Typen unterteilen:

Type I = Bögen des Unterdrucks nach oben (I. Auflage)
Type II = Bögen des Unterdrucks nach unten (II. Auflage)

			✶✶	▨	⊙1)
1	5 (Pf)	grün			
I		Type I (12.7.)	60,—	15,—	45,—
II		Type II (20.7.)	40,—	9,—	40,—
2 II	6 (Pf)	violett, Type II (17.7.)	40,—	9,—	40,—
3	8 (Pf)				
I		braunorange, Type I (12.7.)	75,—	15,—	50,—
II		hellorange, Type II (21.7.)	55,—	9,—	50,—
		Satzpreis (3 W.) ✶ 60,—	130,—	25,—	130,—

1) Bewertung gilt nur für geprüfte Marken!

Verkauf bis 21.7.1945

FALSCH Ganzfälschungen

Auflagen: MiNr. 1 = 23 250, MiNr. 2 = 18 100, MiNr. 3 = 17 650 Stück

Gültig bis 31.10.1946, Bedarfsgebrauch bis November 1945 festgestellt

Arnsberg (Westfalen)

1945, 8. Juli. Gebührenzettel. Dienststempel (mit oder ohne Unterscheidungsbuchstaben b oder c); gelbliches Papier; Format 40×40; Bogen 5×5; gez., Randmarken ein- oder zweiseitig ungez.

			✶	✶✶	⊙
1	6 Pf	violett auf gelb GA	75,—	150,—	80,—

Auflage: 5000 Stück

Gültig bis 31.1.1946

Aschaffenburg 1

Postverschlusszettel mit rotem Kastenstempel sowie 3 „Wiederaufbaumarken" sind „Nichtamtliche Ausgaben/Privaterzeugnisse"!

Bad Gottleuba 4

Freimarken der Hitlerkopf-Ausgabe mit Aufdruck des Stadtsiegels siehe Alliierte Besetzung – Sowjet. Zone – Bundesland Sachsen („Sächsische Schwärzungen", Unkenntlichmachung C) im MICHEL-Deutschland-Spezial.

Bad Liebenwerda 1

Marken der Hitlerkopf-Ausgabe mit Überstempelung „9. Mai 1945. Wir sind frei von der Hitlertyrranei" sind private Mache.

Bad Nauheim

Freistempelabdruck (Postalia) auf unregelmäßig abgeschnittenen (ca. 40 mm breit) braunen Kleberollen ist orts- und zeitübliche Barfrankatur 3!

1945, Dez. Postverschlusszettel als Briefmarken. Bdr.; Handstempel „gebühr bezahlt", Eintrag der Gebührenhöhe I = mit Handstempel, Wertziffern einzeln aneinandergesetzt, ca. 5 mm hoch, Punkte hinter jeder Ziffer; weißes, gummiertes Papier, Format ca. 45×45 mm; waager. gez. 12½.

a

			✶	✶✶	⊙
1	42 (Pf)	schwarz . . . a			
I		Geb.-Höhe Handstpl.	550,—	1000,—	850,—
2	54 (Pf)	schwarz . . . a			
I		Geb.-Höhe Handstpl.	550,—	1000,—	850,—
3	70 (Pf)	schwarz . . . a			
I		Geb.-Höhe Handstpl.	750,—	1300,—	1000,—

Verwendung bis Ende Februar 1946

Die früher katalogisierten MiNrn. 1 II–3 II sowie A 1–A 3 haben sich als nichtamtliche Ausgaben/Privaterzeugnisse herausgestellt.

1946, 11. März. Postverschlusszettel als Briefmarken. I = Postamt eng (19 mm), II = Postamt weit (24 mm). Farbiger Bdr.-Eindruck des Stadtwappens, Gebühr bezahlt sowie Wertangabe (waager. Dreierstreifen), Signa zweier Postbeamter; verschiedene Papiersorten; Format schwankend bis zu 50×50 mm; ein- oder zweiseitig senkr. ⌷.

c

Type I

Type II

			✶✶	⊙
4	80 Pf	schwarz . . . c		
I		Type I	40,—	90,—
II		Type II	40,—	85,—
5	84 Pf	schwarz/bläulichviolett . . . c		
I		Type I	40,—	90,—
II		Type II	40,—	85,—
6	104 Pf	schwarz/dunkelgraublau . . . c		
I		Type I	40,—	90,—
II		Type II	40,—	85,—
7	108 Pf	schwarz/smaragdgrün . . . c		
I		Type I	40,—	90,—
II		Type II	40,—	85,—
8	140 Pf	schwarz/bräunlichrot . . . c		
I		Type I	70,—	100,—
II		Type II	70,—	100,—
		Satzpreis Type I (5 W.) ✶ 120,—	230,—	450,—
		Satzpreis Type II (5 W.) ✶ 120,—	230,—	400,—

Bei MiNr. 4–8 treten viele Farbschwankungen auf.

Vorsicht vor rückdatierten Stempeln!

MiNr. 4–8 wurden in waagerechten Dreierstreifen mit senkrechtem farbigem Durchstich zwischen den Marken gedruckt. Daher existieren einseitig rechts durchstochene, zweiseitig rechts und links durchstochene und einseitig links durchstochene Marken.

Bad Saarow (Mark)

1945, Mitte Juli. Postverschlusszettel als Gebührenzettel. Bdr., Gebührenhöhe in Schreibmaschinenschrift (kursiv); waager. gez.

				*	**	⊙
1	10 Pf	grauschwarz		400,—	900,—	600,—
2	15 Pf	grauschwarz				350,—

MiNr. 1 wurde vom Postamt achteckig beschnitten.

Weitere Wertstufen zu 5, 6, 8 und 12 Pf sind nachträgliche Anfertigungen mittels echter Postverschlusszettel und der Original-Schreibmaschine; sie wurden meist mit rückdatierten Stempeln versehen, auch „Briefe“ wurden fabriziert! „Nichtamtliche Ausgaben/Privaterzeugnisse“!

FALSCH Vorsicht vor den vielen Fälschungen, **Nachprüfung dringend anzuraten!**

Verwendung bis 20.8.1945

Bad Schmiedeberg (Dübener Heide)

Da Bad Schmiedeberg seinerzeit von der OPD Leipzig bzw. PD Halle abgeschnitten war, erfolgte die Herausgabe der Marken in lokaler Initiative. Ein Verkauf der Marken an das Publikum fand nicht statt.

1945, 15. Juni. Lokale Schwärzung der Freimarken der Hitlerkopf-Ausgabe mit rundem Gummistempel-Aufdruck in schwarzer, bei MiNr. 9 auch in blauer Farbe (Durchmesser 18–19 mm).

				✉
1	3 (Pf)	dunkelgelbbraun (Töne)	(782)	400,—
2	4 (Pf)	dunkelpreußischblau	(783)	400,—
3	5 (Pf)	schwarzgelbgrün (Töne)	(784)	400,—
4	6 (Pf)	bläulichviolett	(785)	400,—
5	8 (Pf)	zinnober	(786)	*1400,—*
6	10 (Pf)	dunkelsiena	(826)	400,—
7	12 (Pf)	rot (Töne)	(827)	400,—
8	15 (Pf)	karminbraun	(789)	500,—
9	20 (Pf)	kobalt	(791)	
a		Aufdruck schwarz		500,—
b		Aufdruck blau		900,—
10	25 (Pf)	violettultramarin	(793)	
11	30 (Pf)	schwärzlichgrün(lich)oliv	(794)	500,—
12	40 (Pf)	dunkellilapurpur	(795)	500,—
13	60 (Pf)	karminbraun	(797)	*1400,—*

Der Wert zu 25 Pf hat bisher nicht vorgelegen, ist aber in der Aufstellung des Postamtes enthalten. Es sollen außerdem die Werte zu 42, 50 Pf sowie 1 M überdruckt worden sein.

Insgesamt wurden für 866,27 M Marken verkauft.

Vorsicht: Die Lokalausgabe Bad Schmiedeberg (Dübener Heide) ist nicht zu verwechseln mit den sog. „Sächsischen Schwärzungen“ von Schmiedeberg (Bez. Dresden).

Verwendung bis Ende Juli 1945

Bad Wiessee 1

Etiketten in 2 Formaten (28 × 21 mm bzw. 62 × 27 mm) mit rotem Kreisstempel von ca. 22 mm Ø mit zweizeiligem Text „Gebühr / bezahlt“, Wert mit Schreibmaschine (mitunter handschriftlich) eingesetzt, sind Erzeugnisse einer Privatperson, die auf ✉ vom Postamt unbeanstandet geduldet wurden.

Bamberg 1

Blaue Etiketten zu 6 Pf (31,5 × 21,5 mm, ohne Dreiecke in den Ecken), 12 Pf und 24 Pf (je 33 × 19,5 mm, mit Dreiecken in den Ecken) sind private Gebührenzettel, die unbeanstandet geduldet wurden.

Barsinghausen (Deister) 1

Marken der Hitlerkopf-Ausgabe mit Schwärzung mittels Bdr.-Aufdruck (zwei oder drei Balken) sind „Nichtamtliche Ausgaben/Privaterzeugnisse“!

Berlstedt (Kreis Weimar) 2

wird derzeit nicht BPP-geprüft.

1945, Juli. Gebührenzettel. Handschriftlicher Eintrag „Bezahlt“, Gebührenhöhe und Pfennigzeichen mittels Gummistempel eingedruckt; gelbliches Papier; Format ca. 22 × 22 mm; □.

a

				*	**	⊙
1	6 Pf	lila auf gelb	a	550,—	900,—	1600,—
2	12 Pf	lila auf gelb	a	550,—	900,—	1600,—

1945, Juli. Gebührenzettel. Handschriftlicher Eintrag "Porto 12 Pf bezahlt!"; weißes Papier; Format ca. 44 × 17 mm; □.

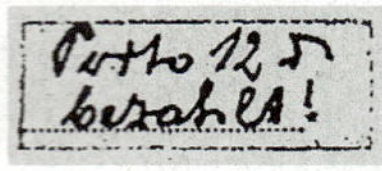

d

				*	**	⊙
3	12 (Pf)	violett	d	—,—	—,—	—,—

Verwendung bis Ende Sept. 1945

Weitere Gebührenzettel sind „Nichtamtliche Ausgaben/Privaterzeugnisse“!

Birkenfeld 1

Gebührenzettel mit Stempel „Taxe percue“ sind „Nichtamtliche Ausgaben/Privaterzeugnisse“!

Brackwede (Westf.)

1946, 5. April. Gebührenzettel. Rechteckstempel (ca. 28 × 13 mm) mit oder ohne handschriftlichen Eintrag der Gebührenhöhe über dem Rechteckstempel; □.

		✉
1	Gebühr bezahlt	—,—

Verwendung bis 11. April 1946

Brandis (Bez. Leipzig) 1

Marken Alliierte Besetzung – Gemeinschaftsausgaben MiNr. 915, 917, 918 und 927 (1. Kontrollratsausgabe) jeweils im Viererblock überdruckt sind nicht amtlich!

Braunsbedra (über Merseburg)

Die Poststelle (I) Braunsbedra gehörte bis zum 22. Juli 1945 zur OPD Leipzig, ab 23. Juli zur PD Halle (Saale). Da beide Direktionen noch keine Anordnung für den Postverkehr erlassen hatten, erfolgte die Verwendung der Marken in lokaler Initiative.

1945, Juli. Lokale Schwärzung der Freimarken der Hitlerkopf-Ausgabe (runder Korkstempel oder formlos).

				✉
4	6 (Pf)	bläulichviolett	(785)	300,—
7	12 (Pf)	rot (Töne)	(827)	400,—

MiNr. 1–3, 5 und 6 bleiben vorerst frei.

Verwendung bis Ende Juli 1945

Bredelar 3

Runder Zettel (Oblate) mit Postsiegel und handschriftl. Vermerk „Geb. bzlt." ist orts- und zeitübliche Barfrankatur!

Breitnau (Schwarzwald) siehe Titisee

Bünde (Westfalen)

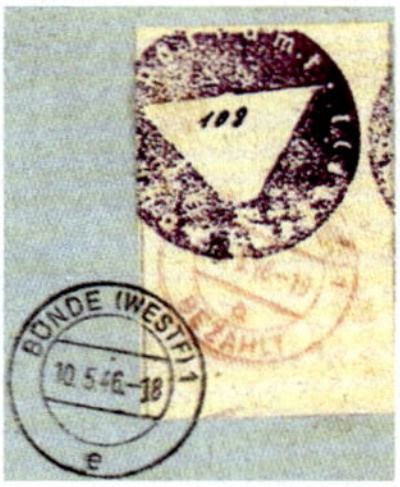

1946, 15. März. Gebührenzettel. Violettes Dienstsiegel mit ausgespartem Dreieck, darin handschriftlicher Eintrag der Gebührenhöhe (mit oder ohne Dezimalpunkt), roter Kontroll-Doppelkreis-Stempel BEZAHLT; Bogen 2×5; Format ca. 36×57 mm; grauweißes Papier; gummiert; □.

				*	**	⊙
1	0.80	(Pf)	(Päckchen)	900,—	2000,—	1000,—
2	0.84	(Pf)	(E'-Briefe)	900,—	2000,—	800,—
3	1.08	(M)	(E'-Briefe über 20 g)	900,—	2000,—	800,—
4	1.40	(M)	(E'-Päckchen)	900,—	2000,—	1000,—

Die Herstellung der Gebührenzettel erfolgte jeweils nach dem Tagesbedarf bei Markenmangel.

Verwendung bis 23. Mai 1946

Burgstädt 4

Freimarken der Hitlerkopf-Ausgabe mit Aufdruck einer Scheibe in Sechseckumrandung siehe Alliierte Besetzung – Sowjet. Zone – Bundesland Sachsen („Sächsische Schwärzungen", Unkenntlichmachung C) im MICHEL-Deutschland-Spezial.

Chemnitz 4

Siehe Alliierte Besetzung – Sowjet. Zone – Bundesland Sachsen („Sächsische Schwärzungen"); Marken mit Aufdruck eines violetten Sternes mit Hammer und Sichel siehe bei Unkenntlichmachung C im MICHEL-Deutschland-Spezial.

Cottbus

1946, 17. Jan. Wiederaufbau: Stadt- und Landkreis-Ansichten. Bdr. Reimer Nachf. Kuhn (10×5, Querformate 5×10); Markwerte mit farbigem Unterdruck; gez. L 11.

a) Landgerichtsturm

b) Kinderheim Branitzer Park

c) Mühle am Spreewehr

d) Spreewaldidyll

e) Spremberger Turm

f) Altmarkt

g) Spreewaldtracht

h) Lindenpforte

i) Altes Stadttor

k) Altes Rathaus

l) Alte Cottbuser Postkutsche

m) Grabpyramide im Branitzer Park

n) Stadtmauer

o) Wernersteg

p) Neues Rathaus

r) Spreewäldlerinnen in Spreelandschaft

s) Alt-Cottbus und Stadtwappen

t) Alte Gerberhäuser

u) Partie am Volkspark

v) Stadttheater Cottbus

				**	⊙
1	1 + 1 (Pf)	lilabraun	a	2,—	3,—
2	3 + 2 (Pf)	schwärzlichgelbbraun	b	2,—	3,—
3	4 + 2 (Pf)	lebhaftrötlichorange	c	2,—	3,—
4	5 + 3 (Pf)	grün	d	2,—	3,—
5	6 + 3 (Pf)	rötlichlila	e	2,—	3,—
6	8 + 4 (Pf)	orange	f	2,—	3,—
7	10 + 5 (Pf)	(lebhaft)blau	g	2,—	3,—
8	12 + 6 (Pf)	dunkelgelbgrün	h	2,—	3,—
9	15 + 7 (Pf)	mittelsiena	i	2,—	3,—
10	20 + 10 (Pf)	dunkelgraurot	k	2,—	3,—
11	25 + 12 (Pf)	dunkelblau	l	2,—	3,—
12	30 + 15 (Pf)	dunkelrotviolett	m	2,—	3,—
13	40 + 20 (Pf)	dunkelolivgrün	n	2,—	3,—
14	50 + 25 (Pf)	grünblau	o	2,—	3,—
15	60 + 30 (Pf)	lebhaftkarmin	p	2,—	3,—
16	80 + 40 (Pf)	schwärzlichultramarin	r	2,—	3,—
17	1 M + 50 (Pf)	hellkobaltblau/dkl'siena	s	10,—	8,—
18	2 + 1 M	hellrötlichorange/lebhaftbraunorange	t	10,—	8,—
19	3 + 1.50 M	helllilarot/gelbgrün	u	10,—	8,—
20	5 + 2.50 M	hellgelblichgrün/lilabraun	v	10,—	8,—
		Satzpreis (20 W.) * 30,—		65,—	80,—

FALSCH sogen. "Prüwer-Briefe" mit Stempeldaten vor 17.1.1946 (z.B. Dez. 1945 und 10.1.1946)

Auflagen (angeblich): MiNr. 1, 2, 4, 5, 7–16 je 100 000, MiNr. 3 und 6 je 280 000, MiNr. 17–20 je 50 000 Stück

1946, 17. Jan. Wiederaufbau: Stadt- und Landkreis-Ansichten. Wie MiNr. 17–20, jedoch ohne Unterdruck.

				**	⊙
21	1 M + 50 (Pf)	dunkelsiena	s	15,—	8,—
22	2 M + 1 M	lebhaftbraunorange	t	15,—	8,—
23	3 M + 1.50 M	gelbgrün	u	15,—	8,—
24	5 M + 2.50 M	lilabraun	v	15,—	11,—
		Satzpreis (4 W.) * 30,—		60,—	35,—

Auflage: 50 000 Sätze

1946, 17. Jan. Tag der Briefmarke. MiNr. 1, 2, 4, 5, 7–9 mit Aufdruck in verschiedenen Typen, alter Zuschlagswert durchstrichen.

					**	⊙
25	1 (Pf)	**+ 2 M**	lilabraun	(1)	2,50	3,50
26	3 (Pf)	**+ 2.50 M**	schwärzl'gelbbraun	(2)	2,50	3,50
27	5 (Pf)	**+ 3 M**	grün	(4)	2,50	3,50
28	6 (Pf)	**+ 3.50 M**	rötlichviolett	(5)	2,50	3,50
29	10 (Pf)	**+ 4 M**	(lebhaft)blau	(7)	2,50	3,50
30	12 (Pf)	**+ 4.50 M**	dunkelgelbgrün	(8)	2,50	3,50
31	15 (Pf)	**+ 5 M**	mittelsiena	(9)	2,50	3,50
			Satzpreis (7 W.) * 7,—		15,—	24,—

Katalogisierung der verschiedenen Aufdrucktypen siehe MICHEL-Deutschland-Spezial.

Auflage: 100 000 Sätze

1946, 17. Jan. Wiederaufbau: Stadt- und Landkreis-Ansichten. Wie MiNr. 11, jedoch geänderte Farben und □.

				**	⊙
32	25 + 12 (Pf)	lebhaftrötlichorange I		12,—	16,—
33	25 + 12 (Pf)	lebhaftorangegelb I		8,—	30,—
		Satzpreis (2 W.)	* 9,—	20,—	45,—

Zähnung L 10½ bei MiNr. 32 und 33 ist nicht amtlich!

Auflagen: MiNr. 32 = 50 000, MiNr. 33 = 100 000 Stück

1946, 17. Jan. Tag der Briefmarke. MiNr. 32 mit Aufdruck wie bei MiNr. 25–31.

			*	**	⊙
34	25 (Pf)	**+ 10 M** lebhaftrötlich-orange . . . . (32)	4,50	10,—	15,—

Auflage: 50 000 Stück

MiNr. 1–34 gültig bis 19.1. und vom 15.2. bis 5.4.1946, in der Provinz Brandenburg bis 31.10.1946

Crimmitschau 4

Freimarken der Hitlerkopf-Ausgabe mit Aufdruck von 4 Quadraten oder einem durchkreuzten Quadrat siehe Alliierte Besetzung – Sowjet. Zone – Bundesland Sachsen („Sächsische Schwärzungen", Unkenntlichmachung C) im MICHEL-Deutschland-Spezial.

Dahme (Holstein) 3

Zettel (hellchromgelb) mit handschriftlich „RM 40 Rpf / Nachweis in" /sowie Handstempel „Dahme/Holst." und Signum von 1 oder 2 Beamten ist orts- und zeitübliche Barfrankatur!

Demmin (Vorpommern)

1945, 11. Juli. Etiketten als Behelfsmarken. Rahmen Bdr. (9×8), handschriftlicher Eintrag (Tinte) der Gebührenhöhe; weißes Papier; verschiedene Formen und Rahmengrößen; gez. ca. L 11½.

a
Format 16×8 mm

b
Format 20×12 mm

c
Format 24×15 mm

					⊙
1	10	(Pf)	blau	a	
2	20	(Pf)	blau	a	1000,—
3	10	(Pf)	blau	b	900,—
4	20	(Pf)	blau	b	900,—
5	10	(Pf)	blau	c	1100,—
6	20	(Pf)	blau	c	1100,—

Die Etiketten MiNr. 1 und 2 wurden auch in Altentreptow verwendet.

MiNr. 1 ist echt gebraucht bisher nicht bekannt geworden.

MiNr. 2–6 wurden nur in der Zeit zwischen 11.7. und 1.8.1945 zur Freimachung von Postsendungen benutzt. Die Ausgabe erfolgte durch das Postamt auf Anregung des zuständigen Landrats. Eine Zustimmung der RPD Schwerin lag nicht vor.

Aus postalischen Formblättern wurden mit MiNr. 3 Notpostkarten gefertigt.

Auflage: 2000 Sätze

☞ Zweikreisstempel Demmin mit Kennbuchstaben „f" und Datum 23.7. immer falsch!

Dessau 1

Marken der Provinz Sachsen (SBZ MiNr. 87–89) mit Bdr.-Aufdruck „Dessau" sind „Nichtamtliche Ausgaben/Privaterzeugnisse"!

Döbeln (Sachsen)

Vor Ausgabe von MiNr. 1 gelangten die üblichen Schwärzungen zur Verwendung.

1945, 13. Juli. Freimarke DR MiNr. 785 mit Bdr.-Aufdruck eines Rechtecks aus Punktquadraten, darüber Ortsname, darunter 6.5.1945 (Datum des russischen Einmarsches).

				*	**	⊙
1	6 (Pf)	(dkl')bläulichviolett	(785)	12,—	20,—	40,—

Halbe Aufdrucke sowie Aufdrucke ohne Datum sind Passerverschiebungen (Druckzufall!).

Auflage: 250 000 Stück, davon angeblich 160 000 verkauft, Rest am 13.8.1945 amtlich vernichtet

Gültig bis 3.8.1945

Weitere Ausgaben sind „Nichtamtliche Ausgaben/Privaterzeugnisse"!

Dresden (OPD) 1 4

Siehe Alliierte Besetzung – Sowjet. Zone – Bundesland Sachsen („Sächsische Schwärzungen") im MICHEL-Deutschland-Spezial.

Düsseldorf 9 3

Gebührenzettel mit rotem Ovalstempel „DÜSSELDORF 9 / Gebühr bezahlt" ist orts- und zeitübliche Barfrankatur.

Düsseldorf-Gerresheim 3

1945, Sept. Gebührenzettel. Zweizeilige Schreibmaschinen-Inschrift (Kohlepapier-Durchschlag bzw. Matrizen-Abzug); postamtliches Formularpapier (rückseitig teilweise bedruckt); Format ca. 60×15 mm; o.G.; □.

Die zwei Textzeilen stehen nicht immer gleich übereinander.

		✉
1	ohne Wertangabe, schwarz	6500,—

Auflage: ca. 500 Stück

1946. Gebührenzettel. Zweizeilige Schreibmaschineninschrift „Gebühr/bezahlt"; weißes Papier; Format ca. 25×12 mm.

		✉
2	ohne Wertangabe	*9500,—*

Gleiche Zettel mit handschriftlicher Signatur „Kr" wurden in den 50er Jahren ungebraucht gefälligkeitshalber abgegeben.

Ebingen 3

Aufkleber (weiß, hellgelbgrün, hellrot) mit handschriftlichem Eintrag der Gebührenhöhe (16 Pf, 84 Pf, 1.08 RM, 1.40 RM) sind orts- und zeitübliche Barfrankatur!

Abkürzungen der Druckverfahren:

Bdr.	=	Buchdruck
Hfdr.	=	Heißfoliendruck
Odr.	=	Offsetdruck
Pdr.	=	Prägedruck
RaTdr.	=	Rastertiefdruck
Stdr.	=	Steindruck
StTdr.	=	Stichtiefdruck

Eckartsberga

Ungebrauchte Gebührenzettel stammen aus Restbeständen, die nach Ablauf der Gültigkeit abgegeben wurden; sie werden nicht geprüft. Stempeldaten 1.9.–3.10.1945 werden derzeit nicht geprüft!

1945, 25. Juli / 8. Aug. Gebührenzettel. Beschriftung mit Schreibmaschine, ab 4.8.1945 auch mit schwarzem Kohlepapier vervielfältigt, handschriftlicher Eintrag (Tinte) des Datums, Signum eines Beamten: I = Bu (Busch), II = W (Weidner), III = ohne Signum; farbiges Papier aus postdienstlichen Formblättern, rückseitig, teilweise beidseitig bedruckt; Format MiNr. 1 bis A3 ca. 25×30 mm, MiNr. 4 ca. 30×30 mm; □; o.G.

Type I

Type II

				⊙
1		6 Pf	schwarz (25.7.)	
	I		Signum Bu	270,—
	II		Signum W	400,—
	III		ohne Signum	600,—
2		12 Pf	schwarz auf rosa (25.7.)	
	I		Signum Bu	170,—
	II		Signum W	300,—
	III		ohne Signum ✉	400,—
3		24 Pf	schwarz auf hellbraun	
	I		Signum Bu (25.7.)	650,—
	II		Signum W (13.8.)	1200,—
	III		ohne Signum	1200,—
A 3		40 Pf	schwarz auf rot	
	I		Signum Bu (25.7.)	5500,—
	III		ohne Signum	8000,—
4		42 Pf	schwarz (8.8.)	
	I		Signum Bu	270,—
	II		Signum W ✉	—,—
	III		ohne Signum	600,—

Formatschwankungen sind häufig, da die Zettel per Hand geschnitten wurden!

Da der PA-Leiter Karl Busch vor dem 4. Sept. aus dem Postdienst entlassen wurde, sind mit dem Signum „BU" versehene Gebührenzettel mit späteren Stempeldaten mit Skepsis zu betrachten.

Sie werden derzeit nicht geprüft 2

FALSCH

Auflagen (einschl. nach dem 31.8.1945 hergestellte Zettel): MiNr. 1 = 2880, MiNr. 2 = 4240, MiNr. 3 = 1600, MiNr. A 3 = 48, MiNr. 4 = 770 Stück

Bedarfsmäßige Verwendung bis 28.8.1945 nachgewiesen

Eilenburg 1

Marken der Provinz Sachsen (SBZ, MiNr. 87–89) mit Bdr.-Aufdruck „Eilenburg" sind „Nichtamtliche Ausgaben/Privaterzeugnisse"!

Ellingen (Bayern)

1945, Sept. Gebührenzettel. Bdr.-Eindruck "Gebühr bezahlt", darunter 27 mm langer waagerechter Strich, a = ohne, b = mit handschriftlichem Eintrag der Gebührenhöhe (rot oder schwarz); grünes Papier; Format ca. 43×13 mm; Klb. 2×5; teilgez. L 13½ oder □.

			✉
1			
	a	ohne Gebührenhöhe	250,—
	b	Gebührenhöhe handschr.	400,—

Die Ausgabe von MiNr. 1 erfolgte, weil kein Gebührenstempel beschafft werden konnte. Ungebrauchte Stücke wurden nicht abgegeben und werden nicht BPP-geprüft.

Auflage: 5000 Stück *Verwendung bis Anfang 1946*

Etzdorf (über Roßwein) 1

Halbierte Oblaten als Gebührenzettel sind „Nichtamtliche Ausgaben/Privaterzeugnisse"!

Falkensee 1

Marken „Falke über Wellen" sind „Nichtamtliche Ausgaben/Privaterzeugnisse"!

Finsterwalde (Niederlausitz)

1946, 16. Febr. Wiederaufbau. Ⓔ Michaelis und Grahlow; Bdr. Espenhahn (MiNr. 1 und 2 10×5, MiNr. 3–12 10×10); mattgraubraunes Papier; Spargummierung; □.

a) Notenband, Rathaus, Stadtwappen

					✶✶	⊙
1	3 + 2 Pf	lebhaftsiena (viele Töne)	a		0,50	1,20
2	4 + 3 Pf	dunkelgrüngrau	a		0,50	1,20
3	5 + 5 Pf	schwärzlichsmaragdgrün	a		0,50	1,20
4	6 + 4 Pf	schwärzlichblauviolett	a		0,50	1,20
5	8 + 7 Pf	gelblichrot	a		0,50	1,20
6	10 + 8 Pf	schwarzviolettbraun	a		0,50	1,20
7	12 + 8 Pf	dunkelrosarot	a		0,50	1,20
8	20 + 10 Pf	dunkelblau	a		0,50	1,20
9	30 + 20 Pf	schwarzbläulichgrün	a		0,50	1,20
10	40 + 35 Pf	dunkelkarmin	a		0,50	1,20
11	42 + 38 Pf	lebhaftsiena	a		0,50	1,20
12	60 + 40 Pf	schwärzlichviolettpurpur	a		0,50	1,20
		Satzpreis (12 W.)		✶ 2,—	5,—	14,—

Auflage: 500 000 Sätze

Blockausgabe:

				✶	✶✶	⊙
13	3 + 17 Pf	orangebraun	a	—,—	—,—	—,—
14	6 + 24 Pf	schwärzlichblauviolett	a	—,—	—,—	—,—
15	8 + 32 Pf	gelblichrot	a	—,—	—,—	—,—
16	12 + 48 Pf	dunkelrosarot	a	—,—	—,—	—,—
Block 1		kleines Wappen (107×150 mm)	b	40,—	80,—	100,—
Block 2		großes Wappen (107×150 mm)	b	40,—	80,—	100,—

Block 1 (kleines Stadtwappen)

Block 2 (großes Stadtwappen)

Block 1 und 2 wurden im Druckbogen zusammenhängend gedruckt; versehentlich wurden einige Exemplare nicht getrennt.

Auflagen: Bl. 1 und 2 je 15 000 Blocks

Wegen Unklarheiten im Genehmigungsverfahren wurde der Schalterverkauf von MiNr. 1–12 sowie Block 1 und 2 zwischen 18.2.1946, 18 Uhr, und 27.3.1946, 15 Uhr, gesperrt; während dieser Zeit besaßen die Marken keine Frankaturkraft. Die schriftliche Genehmigung der Zentralverwaltung Berlin trägt das Datum 29.3.1946. Die Druckstöcke wurden am 16.3.1946 vernichtet.

Gültig bis 18.2. und vom 27.3. bis 31.3.1946

Ausgabe „Umsiedler-Hilfe" ist „Nichtamtliche Ausgabe/Privaterzeugnis".

Flensburg

1945, Sept. Gebührenzettel für Päckchen. Eintrag der Gebührenhöhe und Nachw. mit Schreibmaschine, Ortsangabe per Handstempel in verschiedenen Typen und Farben, Signum des Annahmebeamten; weißes, ungummiertes Papier; verschiedene Formate um 50×20 mm; □.

I kleiner Ortsstempel in Rot

		✉
I	40 (Pf) schwarz	*1000,—*

II großer Ortsstempel in Schwarz

		✉
II	40 (Pf) schwarz	*1200,—*

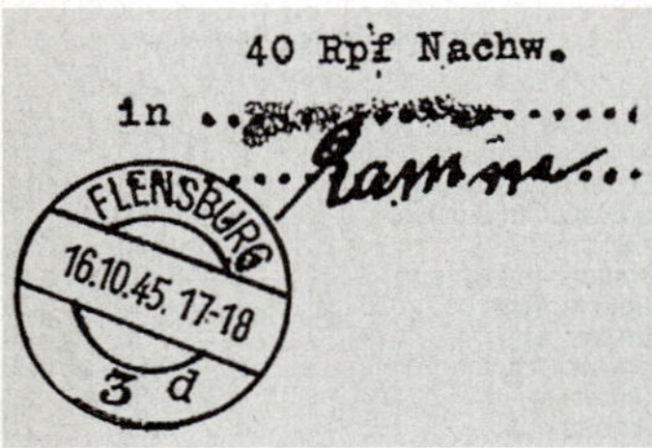

III kleinerer Ortsstempel in Violett

		✉
III	40 (Pf) schwarz	1200,—

Verwendung: MiNr. I in Flensburg 1, MiNr. II und III in Flensburg 3

1945, Sept. Gebührenzettel für Päckchen. Rechteckstempel „Gebühr bezahlt", Ortsangabe per Handstempel, handschriftlicher Eintrag der Gebührenhöhe, Signum des Annahmebeamten; weißes, ungummiertes Papier; Format 61×30 mm; □.

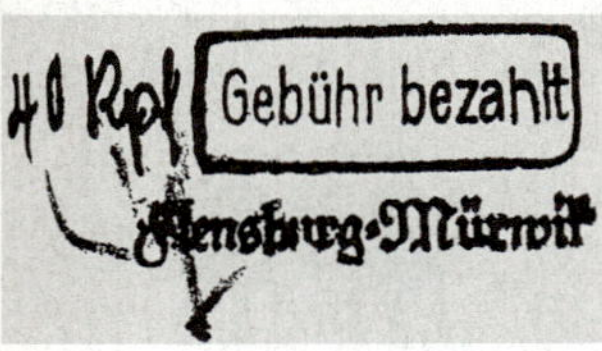

		✉
IV	40 (Pf) violett	—,—

1945, Sept./1946, 8. Jan. Gebührenzettel für Einschreibebriefe und Päckchen. Schreibmaschinenschrift, Signum des Annahmebeamten; Bogen 4×6 oder 4×8; weißes, ungummiertes Papier; □.

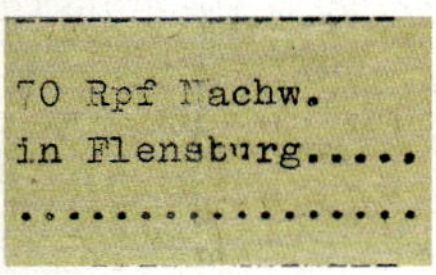

		✉
1	30 (Pf) schwarz (8. Jan. 46)	500,—
2	40 (Pf) schwarz (Sept. 45)	1500,—
3	70 (Pf) schwarz	1100,—

Für Gebührenzettel ohne Signum sind nur ca. 80% obiger Preise zu rechnen!

Auflage: unbekannt

Frammersbach **3**

Aufkleber mit Inschrift „POSTAMT" und Kastenstempel „Gebühr bezahlt" (violett) ist orts- und zeitübliche Barfrankatur!

Frankenau (Hessen) ist „Nichtamtliche Ausgabe/Privaterzeugnis" **1**

Frankenberg (Sachsen) ist „Nichtamtliche Ausgabe/Privaterzeugnis" **1**!

Fredersdorf (bei Berlin)

Am 2. Juli 1945 begann die Verwendung des Petschaftsstempels F.M im Kreise.

F.M sind die Initialen des Postmeisters Franz Massino; als Aufdruck konnte die Abkürzung ebenso Fredersdorf/Mark als auch Frei-Marke heißen.

Die Urmarken des Deutschen Reiches stammen nicht aus Beständen des Postamts, sondern wurden bei Vorlage gegen nochmalige Entrichtung des Nennwerts überdruckt.

Bei gestempelten Marken lassen sich aufgrund neuer Forschungsergebnisse echte und rückdatierte Notstempel unterscheiden. Viele der in der Vergangenheit katalogisierten Marken, oft mit Stempeldaten Juli und August 1945, weisen einen durch ölhaltige Stempelfarbe aufgequollenen Stempel auf, wie es ihn echt erst im Winter 45/46 gab.

Alle Bewertungen gelten nur für (BPP-)geprüfte Stücke!

1945, ab 2. Juli. Freimarken der Hitlerkopf-Ausgabe mit Aufdruck „F.M" im Kreis in bläulichvioletter Stempelfarbe; A = gez. L 12½, B = gez. K 14.

					⊙
1		1 (Pf)	dunkel- bis schwärzlichgrau	(781 a)	7,50
2		3 (Pf)	dunkelgelbbraun	(782)	7,50
3		4 (Pf)	dunkelpreußischblau	(783)	7,50
4		5 (Pf)	schwarzgelbgrün (Töne)	(784)	7,50
5		6 (Pf)	lebhaftviolett (Töne)	(785)	7,50
6		8 (Pf)	zinnober	(786)	7,50
7		10 (Pf)	dunkelsiena	(826 a)	7,50
8		12 (Pf)	rot (Töne)	(827)	7,50
9		15 (Pf)	lilabraun bis karminbraun	(789)	7,50
10		16 (Pf)	dunkelgrünblau	(790)	20,—
11		20 (Pf)	kobalt	(791)	8,—
12		24 (Pf)	dunkelorangebraun	(792)	20,—
13		25 (Pf)	dunkelviolettultramarin	(793)	8,—
14		30 (Pf)	schwärzlichgrün(lich)oliv	(794)	8,—
15		40 (Pf)	dunkellilapurpur (Töne)	(795)	8,—
16		42 (Pf)	schwärzlich(gelb)smaragdgrün	(A 795)	25,—
17		50 (Pf)	schwarzopalgrün	(796)	12,—
18		60 (Pf)	karminbraun	(797)	12,—
19		80 (Pf)	schwarz(grau)blau	(798)	16,—
20		1 RM	schwarzgrün		
	A		gez. L 12½	(799 A)	70,—
	B		gez. K 14	(799 B)	70,—
21		2 RM	schwarzviolett		
	A		gez. L 12½	(800 A)	80,—
	B		gez. K 14	(800 B)	70,—
22		3 RM	dunkelbräunlichrot		
	A		gez. L 12½	(801 A)	90,—
	B		gez. K 14	(801 B)	90,—
23		5 RM	dunkelviolettultramarin		
	A		gez. L 12½	(802 A)	100,—
	B		gez. K 14	(802 B)	100,—
				Satzpreis (23 W.)	530,—
24		10 (Pf)	siena (StTdr.)	(787)	260,—
25		12 (Pf)	lilarot (StTdr.)	(788)	500,—

1945, Juli. Marke Deutsches Reich MiNr. 908 (Volkssturm) mit Aufdruck „F.M“ im Kreis.

				⊙
26	(12 Pf)	rosakarmin	(908)	130,—

Weitere Sondermarken des Deutschen Reiches, die mit dem Aufdruck versehen wurden:

			⊙
F 887	54 (Pf)	55. Geburtstag von A. Hitler	350,—
F 907	6 (Pf)	Stadt Oldenburg	180,—
F 909	12 (Pf)	SA	350,—
F 910	12 (Pf)	SS	350,—

Behördendienstmarken des Deutschen Reiches mit dem Aufdruck:

			◍
FD 132	3 (Pf)	dunkelockerbraun (Töne)	90,—
FD 133	4 (Pf)	schwärzlichpreußischblau	90,—
FD 134	5 (Pf)	gelbsmaragdgrün	90,—
FD 168	5 (Pf)	schwärzlicholivgrün	90,—
FD 169	6 (Pf)	schwärzlichpurpurviolett	90,—
FD 170	8 (Pf)	dunkelgelblichrot	90,—
FD 171	10 (Pf)	schwärzlichsiena	90,—
FD 172	12 (Pf)	lilarot	90,—
FD 173	15 (Pf)	lebhaftbraunkarmin	90,—
FD 174	20 (Pf)	lebhaftkobalt	90,—
FD 175	30 (Pf)	grauoliv	90,—
FD 176	40 (Pf)	lilapurpur	90,—
FD 177	50 (Pf)	schwarzbläulichgrün	90,—

MiNr. 27–49 entfallen, da jetzt mit der jeweiligen Nummer der Urmarke aufgeführt bzw. echt gestempelt nicht bekannt!

MiNr. 1–26, Sonder- und Dienstmarken mit F.M-Überdruck werden ungebraucht nicht geprüft, da sich der Original-Petschaft-Stempel in Privathand befindet. Aus diesem Grund entfällt die ✱✱-Bewertung!

FALSCH **Alle Fredersdorfer Notstempel kommen auch rückdatiert vor. Altprüfungen entsprechen oft nicht dem heutigen Stand der Forschung. Nachprüfung dringend anzuraten!**

1945, Juni. Behelfsmarken aus Klebe-Etiketten (ohne „F.M“). Blauer (Doppel-)Rahmen in verschiedenen Größen, verschiedene Formate; Wertziffer mit Handstempel in verschiedenen Farben eingesetzt; mit oder ohne Signum eines Schalterbeamten; gez.

a (MiNr. 51)

a (MiNr. 53)

				✱✱	⊙
50	5 (Pf)	a		60,—	15,—
51	6 (Pf)	a		60,—	15,—
52	8 (Pf)	a		60,—	15,—
53	XII (Pf)	a		60,—	15,—
		Satzpreis (4 W.)	✱ 120,—	240,—	60,—

1945, ab Sept. Behelfsmarken aus Klebe-Etiketten. Liegende Rechtecke in verschiedenen Formaten; blauer Doppel- oder Blumenornament-Rahmen; bläulichvioletter oder mittelrosafarbener Petschaftsaufdruck (F.M); Wertziffer (bläulichviolett oder mittelrosa) mit Handstempel eingesetzt; gez.

b

			✱	✱✱	⊙
54	5 (Pf)	b	120,—	220,—	100,—
55	6 (Pf)	b	120,—	220,—	100,—
56	8 (Pf)	b	120,—	220,—	100,—
57	XII (Pf)	b	120,—	220,—	100,—
		Satzpreis (4 W.)	480,—	850,—	400,—
A 57	10 (Pf)	b	120,—	220,—	170,—
B 57	15 (Pf)	b	120,—	220,—	170,—
C 57	30 (Pf)	b	120,—	220,—	170,—

c

1945, ab Sept. Behelfsmarken aus Klebe-Etiketten. Wie MiNr. 54–57, jedoch stehende Rechtecke.

			✱	✱✱	⊙
58	5 (Pf)	c	160,—	280,—	120,—
59	6 (Pf)	c	160,—	280,—	120,—
60	8 (Pf)	c	160,—	280,—	120,—
61	XII (Pf)	c	160,—	280,—	120,—
		Satzpreis (4 W.)	640,—	1100,—	480,—
A 61	30 (Pf)	c	*250,—*	*450,—*	*250,—*

d

1945, Okt./Dez. Behelfsmarken aus Klebe-Etiketten. Wie MiNr. 54–57, jedoch geschnitten oder ausgestanzt.

			✱	✱✱	⊙
62	5 (Pf)	d	24,—	40,—	20,—
63	6 (Pf)	d	24,—	40,—	20,—
64	8 (Pf)	d	24,—	40,—	20,—
65	12 (Pf)	d	24,—	40,—	20,—
66	30 (Pf)	d	24,—	40,—	20,—
		Satzpreis (5 W.)	120,—	200,—	100,—
A 66	3 (Pf)	d	130,—	220,—	220,—
B 66	4 (Pf)	d	130,—	220,—	220,—
C 66	10 (Pf)	d	130,—	220,—	220,—

1945, Nov. Freimarken der Inflationsausgabe 1922/23 mit bläulichviolettem Petschaftsaufdruck „F.M“, bei MiNr. 68 Wertziffer mit bläulichviolettem Handstempel aufgedruckt.

				⊙
67	6 (Pf)	auf 6 Mk dunkelblau (17.11.)	(228 I)	100,—
68	12 (Pf)	auf 5 Mk orange (19.11.)	(238)	100,—

Von den Urmarken DR MiNr. 228 I und 238 schenkte ein Neuenhagener Sammler Mitte November dem Postamt jeweils 6 Bogen. Die daraus produzierten Behelfsmarken wurden am Schalter verkauft.

Weitere Inflationsmarken des Deutschen Reiches wurden erst Ende November überdruckt, als das Postamt bereits mit den Berliner Bärenmarken beliefert worden war.

			⊙
F 224	2 Mk	Posthorn	380,—
F 241	6 (Pf)	auf 20 Mk Bergarbeiter	380,—

1945, 14. Dez. bis 1946, 10. Jan. Für die Fredersdorfer Kinder. Marken All. Besetzung – Berlin-Brandenburg MiNr. 2 A und 5 A mit bläulichviolettem bis blauschwarzem Handstempelaufdruck.

				⊙
69	6 Pf	(+ 4 Pf) lebh'purpurviolett bis dkl'violett	(2 A)	20,—
70	12 Pf	(+ 8 Pf) (mittelkarmin)rot	(5 A)	20,—

Die Marken wurden mit einem Zuschlag von 4 bzw. 8 Pf verkauft.

MiNr. 67–70 werden ungebraucht nicht geprüft, da sich die Originalhandstempel in Privathand befinden.

Freiburg (Breisgau) 3

Aufkleber mit (Hand-)Rechteckstempel „Taxe/perçue“ und „Rpf“, handschriftlichem Eintrag der Gebührenhöhe und Signum ist orts- und zeitübliche Barfrankatur!

Freudenstadt (Südwürttemb.-Hohenz.)

Als Ersatz für die durch die Kriegsereignisse vernichteten Gebühr-bezahlt-Stempel ließ das Postamt Freudenstadt Gebührenzettel drucken. Sie wurden nicht an das Publikum abgegeben, sondern vom Schalterbeamten auf die aufgelieferten Poststücke aufgeklebt. Der Tagesstempel sollte neben den Gebührenzetteln angebracht werden; es kommen jedoch relativ häufig abgestempelte Stücke vor.

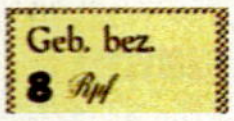

1945, ab 26. Sept. Gebührenzettel. Bdr. (2×10); farbiges Papier; glatte Gummierung, MiNr. 3 und 6 Spargummierung; gez. L 11.

1. Druckauflage: MiNr. 1–3 (26.9.1945)

Waagerechte Zwischentrennlinie schmal, aus nur 4 Punktrastern bestehend. Bei MiNr. 1 und 2 stehen die Wertziffern „6" bzw. „8" unter dem „G" von „Geb.".

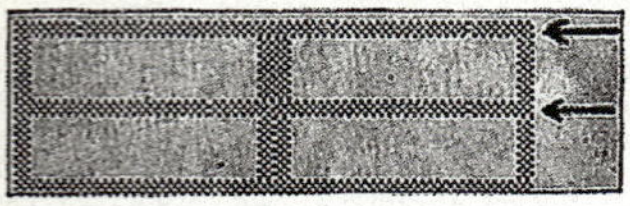

a

					*	**	⊙
1	6 Pf	schwarz auf gelb	....	a	300,—	600,—	140,—
2	8 Pf	schwarz auf chamois	.....	a	350,—	650,—	250,—
3	12 Pf	schwarz auf rosa	....	a	250,—	450,—	140,—

2. Druckauflage: MiNr. 4 und 5 (9.11.1945); MiNr. 6 (5.10.1945 und 9.11.1945)

Waagerechte Zwischentrennlinie breit, aus 8 Punktrastern bestehend. Bei MiNr. 4 und 5 stehen die Wertziffern „6" bzw. „8" jetzt unter dem „e" von „Geb.".

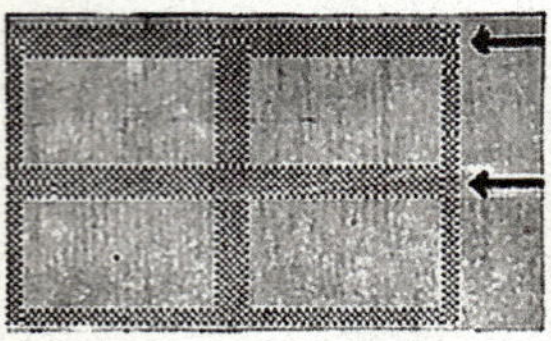

b

					*	**	⊙
4	6 Pf	schwarz auf gelb	....	b	300,—	500,—	150,—
5	8 Pf	schwarz auf goldgelb	.....	b	450,—	700,—	280,—
6	12 Pf	schwarz auf rosa	....	b	220,—	450,—	100,—

Vorsicht! Das Papier von MiNr. 1–6 ist wasserempfindlich!

FALSCH Eine Fälschung ist in Kleinbogen zu 5 senkrechten Feldern im Februar 1946 mit den Werten zu 6, 8 und 12 Rpf in einer Auflage von je 1040 Stück hergestellt worden. Die Fälschung erkennt man daran, dass die Wertziffern „6" und „8" unter „Geb." zwischen „G" und „e" stehen. Bei dem Wert zu 12 Rpf ist die Schleifenspitze von „Rpf" genau unter dem Punkt hinter „bez.". Diese Fälschung kommt nicht nur ungestempelt, sondern auch auf Briefen mit verfälschten Stempeln vor.

Vorsicht vor verfälschten Stempeln auf Gebührenzetteln der 1. und 2. Druckauflage.

Auflagen: MiNr. 1 = 10 000, MiNr. 2 = 5000, MiNr. 3 = 16 000, MiNr. 4 = 5860, MiNr. 5 = 2500, MiNr. 6 = 30 740 (5.10.1945) und 14 000 (9.11.1945) Stück

Frohburg (Bez. Leipzig) 3

Aufkleber in Oblatenform mit schwarzem Rechteckstempel „Gebühr/bezahlt" ist orts- und zeitübliche Barfrankatur!

Glauchau (Sachsen)

1945, 2.–13. Juni. Freimarken der Hitlerkopf-Ausgabe mit Bdr.-Aufdruck (10×10) der Fa. Schultz, teilweise alter Wert überdruckt und neue Wertangabe.

MiNr. 1–2

MiNr. 3–6

MiNr. 7–11

MiNr. 12

MiNr. 13–18

					**	⊙
1	10 auf 3 (Pf)	dunkelgelbbraun (12./13.6.)	....	(782)	1,20	1,50
2	10 auf 10 (Pf)	dunkelsiena (Bdr.) (12./13.6.)	....	(826)	1,20	1,50
3	15 auf 4 (Pf)	dunkelpreußischblau (12./13.6.)	....	(783)	1,80	1,50
4	15 auf 5 (Pf)	schwarzgelbgrün (12./13.6.)	....	(784)	1,80	1,50
5	15 auf 6 (Pf)	(dunkel)bläulichviolett (Töne)	....	(785)	1,20	1,50
6	15 auf 8 (Pf)	zinnober (12./13.6.)	..	(786)	1,50	2,50
7	25 auf 12 (Pf)	rot (Töne) (7.6.)	......	(827)	1,10	1,50
8	25 auf 15 (Pf)	karminbraun (Töne) (12./13.6.)	....	(789)	1,20	1,50
9	25 auf 16 (Pf)	dunkelgrünblau (12./13.6.)	....	(790)	50,—	50,—
10	25 auf 20 (Pf)	kobalt (12./13.6.)	....	(791)	1,10	2,—
11	25 auf 24 (Pf)	dunkelorangebraun (12./13.6.)	....	(792)	15,—	25,—
12	25 auf 42 (Pf)	schwärzlichgelbsmaragdgrün (12./13.6.)	....	(A 795)	1,10	1,50
13	25 (Pf)	violettultramarin (12./13.6.)	....	(793)	3,50	5,—
14	30 (Pf)	schwärzlichgrünlicholiv (12./13.6.)		(794)	1,10	1,50
15	40 (Pf)	dunkellilapurpur (12./13.6.)	....	(795)	1,50	2,50
16	50 (Pf)	schwarzopalgrün (12./13.6.)	....	(796)	2,50	3,50
17	60 (Pf)	karminbraun (12./13.6.)		(797)	3,—	4,—
18	80 (Pf)	schwarzgraublau (12./13.6.)	....	(798)	13,—	20,—
		Satzpreis (18 W.)		* 50,—	100,—	120,—

			*	**	⊙
19	10 auf 10 (Pf)	siena (StTdr.) ..... (12./13.6.) .... (787)	30,—	60,—	70,—

Auflagen:

MiNr. 1 = 115 000	MiNr. 8 = 60 000	MiNr. 14 = 105 000
MiNr. 2 = 70 000	MiNr. 9 = 12 500	MiNr. 15 = 65 000
MiNr. 3 = 52 000	MiNr. 10 = 230 000	MiNr. 16 = 65 000
MiNr. 4 = 62 500	MiNr. 11 = 20 000	MiNr. 17 = 60 000
MiNr. 5 = 1 085 000	MiNr. 12 = 60 000	MiNr. 18 = 20 000
MiNr. 6 = 57 500	MiNr. 13 = 50 000	MiNr. 19 = 10 000
MiNr. 7 = 850 000		

Von MiNr. 5, 7 und 10 wurden die Restbestände Anfang September an die russische Ortskommandantur abgeliefert, so dass nur folgende Anzahl als verkauft gelten kann: MiNr. 5 = 434 000, MiNr. 7 = 362 000, MiNr. 10 = 201 000 Stück

1945, 15./16. Juni. Partei-Dienstmarken des Deutschen Reiches mit Bdr.-Aufdruck (10×10).

					**	⊙
20	15 auf 1 (Pf)	schwarztürkisgrau	..	(D 155)	180,—	170,—
21	15 auf 3 (Pf)	dunkelgelblichbraun		(D 156)	14,—	22,—
22	15 auf 4 (Pf)	schwarzgrünlichgrau		(D 157)	22,—	35,—
23	15 auf 5 (Pf)	dunkelgrünoliv	.....	(D 158)	22,—	35,—
24	15 auf 6 (Pf)	lebhaftblauviolett	...	(D 159)	9,—	13,—
25	15 auf 8 (Pf)	zinnober	....	(D 160)	70,—	100,—
26	15 auf 12 (Pf)	dunkelrosarot	.....	(D 161)	13,—	18,—
27	15 auf 24 (Pf)	braunorange	......	(D 163)	180,—	160,—
28	15 auf 30 (Pf)	dunkelgrauoliv	.....	(D 164)	35,—	50,—
29	15 auf 40 (Pf)	purpur	....	(D 165)	35,—	50,—
		Satzpreis (10 W.)		* 330,—	550,—	650,—

FALSCH Alle Marken sollten (BPP-)geprüft werden, da bereits vor Ende 1945 Fälschungen aufgetaucht sind!

Auflagen:

MiNr. 20 = 1 000	MiNr. 24 = 20 000	MiNr. 27 = 1 000
MiNr. 21 = 10 000	MiNr. 25 = 2 000	MiNr. 28 = 3 000
MiNr. 22 = 5 000	MiNr. 26 = 10 000	MiNr. 29 = 3 000
MiNr. 23 = 5 000		

1945, 15./16. Juni. Behörden-Dienstmarken des Deutschen Reiches mit Bdr.-Aufdruck (10×10).

					**	⊙
30	25 auf 3 (Pf)	dunkelockerbraun	.	(D 166)	26,—	35,—
31	25 auf 5 (Pf)	dunkelolivgrün	....	(D 168)	22,—	22,—
32	25 auf 6 (Pf)	schwarzopalgrün	..	(D 135)	55,—	70,—
33	25 auf 6 (Pf)	purpurviolett	......	(D 169)	30,—	45,—
34	25 auf 8 (Pf)	dunkelgelblichrot	..	(D 170)	80,—	90,—
35	25 auf 10 (Pf)	dunkelrötlichbraun	.	(D 137)	1100,—	1200,—
36	25 auf 12 (Pf)	schwärzlichrosa	...	(D 172)	26,—	35,—
37	25 auf 12 (Pf)	lilarot	....	(D 172)	22,—	26,—
38	25 auf 15 (Pf)	schwärzlichrotlila	..	(D 139)	1100,—	1200,—
39	25 auf 20 (Pf)	mittelkobaltblau	...	(D 140)	180,—	180,—
40	25 auf 30 (Pf)	dunkelbräunlicholiv		(D 141)	1100,—	1200,—

					✶✶	⊙
41	**25** auf 40	(Pf)	dunkellilapurpur . . .	(D 142)	180,—	180,—
42	**25** auf 50	(Pf)	dunkelgelborange .	(D 143)	130,—	150,—
			Satzpreis (13 W.) ✶ 2600,—		4000,—	4400,—

FALSCH Alle Marken sollten (BPP-)geprüft werden, da bereits vor Ende 1945 Fälschungen aufgetaucht sind!

Auflagen:

MiNr. 30 = 4 000	MiNr. 35 = 200	MiNr. 39 = 1 000
MiNr. 31 = 8 000	MiNr. 36 = 17 000	MiNr. 40 = 200
MiNr. 32 = 3 000	MiNr. 37 = 8 000	MiNr. 41 = 1 000
MiNr. 33 = 8 000	MiNr. 38 = 200	MiNr. 42 = 2 000
MiNr. 34 = 3 000		

Globig 3

Aufkleber mit handschriftlichem Vermerk „Gebühr bezahlt“ ist orts- und zeitübliche Barfrankatur!

Görlitz

1945, 12. Juni. Freimarken. E Höhne und Zobel; Bdr. Hoffmann & Reiber (Klb. 5×2 auf hellgraugelbem bzw. 5×4 auf hellgelbgrauem Papier); glatte, glänzende Gummierung; gez. L 13¾.

a) Ziffer

b) Stadtwappen

					✶✶	⊙
1	5	(Pf)	schwärzlicholivgrün, dkl'graugrün	a	9,—	12,—
2	6	(Pf)	dunkelbraunviolett GA	a	12,—	12,—
3	8	(Pf)	rotorange	b	9,—	12,—
4	12	(Pf)	lilarot, magenta, karmin	b	28,—	12,—
			Satzpreis (4 W.) ✶ 26,—		55,—	45,—
			Kleinbogen 1 (MiNr. 1)		200,—	
			Kleinbogen 2 (MiNr. 2)		200,—	
			Kleinbogen 3 (MiNr. 3)		200,—	
			Kleinbogen 4 (MiNr. 4)		900,—	

Auflagen siehe nach MiNr. 16

1945, Mitte Aug. Freimarken wie MiNr. 1–4 (5×4), hellgelbgraues Papier, jedoch Spargummierung.

					✶✶	⊙
5	5	(Pf)	schwärzl'olivgrün, dkl'graugrün	a	12,—	48,—
6	6	(Pf)	dunkelviolett	a	12,—	48,—
7	8	(Pf)	rotorange	b	35,—	55,—
8	12	(Pf)	(lebhaft)karminrot	b	12,—	48,—
			Satzpreis (4 W.) ✶ 35,—		70,—	190,—

Auflagen siehe nach MiNr. 16

1945, Mitte Aug. Freimarken. Zeichnung wie MiNr. 1–8; Bdr. (5×4); weißes, gestrichenes Papier; gez. L 13¾.

					✶✶	⊙
9	5	(Pf)	schwärzl'olivgrün, dkl'graugrün	a	4,—	10,—
10	6	(Pf)	GA (dunkel)rotviolett	a	4,—	10,—
11	8	(Pf)	rotorange	b	4,—	10,—
12	12	(Pf)	lilarot	b	4,—	10,—
			Satzpreis (4 W.) ✶ 7,—		15,—	40,—

Auflagen siehe nach MiNr. 16

1945, Ende Sept. Freimarken wie MiNr. 9–12, jedoch auf gelbem, gestrichenem Papier mit glatter Gummierung.

					✶✶	⊙
13	5	(Pf)	dunkelgraugrün	a	3,30	6,—
14	6	(Pf)	braunviolett	a	3,30	6,—
15	8	(Pf)	rotorange	b	3,30	6,—
16	12	(Pf)	dunkelrosarot	b	3,30	6,—
			Satzpreis (4 W.) ✶ 6,—		13,—	24,—

Gesamtauflagen nach Wertstufen: 5 Pf = 231 860, 6 Pf = 291 520, 8 Pf = 231 100, 12 Pf = 283 380 Stück

MiNr. 1–16 gültig bis 31.10.1946

Gößnitz 3

Aufkleber mit rotem Tagesstempel („BEZAHLT“ integriert) ist orts- und zeitübliche Barfrankatur!

Grabow

1945, Mai. Lokale Schwärzung der Freimarken der Hitlerkopf-Ausgabe mit schwarzer, runder, mitunter unregelmäßiger Kopfbildüberdeckung (Gummistempel).

					✉
A 1	1	(Pf)	dunkel- bis schwärzlichgrau	(781)	900,—
1	3	(Pf)	dunkelgelbbraun	(782)	300,—
2	4	(Pf)	dunkelpreußischblau	(783)	600,—
3	5	(Pf)	schwarzgelbgrün	(784)	300,—
4	6	(Pf)	(dunkel)bläulichviolett	(785)	230,—
5	8	(Pf)	zinnober	(786)	450,—
6	10	(Pf)	dunkelsiena	(826)	300,—
A 6	12	(Pf)	lilarot (StTdr.)	(788)	900,—
7	12	(Pf)	rot (Töne)	(827)	170,—
8	15	(Pf)	karminbraun (Töne)	(789)	300,—
A 8	16	(Pf)	dunkelgrünblau	(790)	900,—
9	20	(Pf)	kobalt	(791)	400,—
10	24	(Pf)	dunkelorangebraun	(792)	800,—
A 10	25	(Pf)	(dunkel)violettultramarin	(793)	900,—
11	30	(Pf)	schwärzlichgrünlicholiv	(794)	800,—
12	40	(Pf)	dunkellilapurpur	(795)	900,—
13	42	(Pf)	schwärzlichgelbsmaragdgrün	(A 795)	900,—
14	50	(Pf)	schwarzopalgrün	(796)	900,—
15	60	(Pf)	karminbraun	(797)	900,—
16	80	(Pf)	schwarz(grau)blau	(798)	900,—

Bei MiNr. A 1–16 kommen 2 verschiedene Zweikreisstempel vor: b und c ohne Postleitzahl.

Prüfbar sind derzeit nur der b-Stempel ohne PLGZ und der c-Stempel!

Auflagen (ca):

MiNr. A 1 = 30	MiNr. A 6 = 5	MiNr. 11 = 100
MiNr. 1 = 300	MiNr. 7 = 1500	MiNr. 12 = 80
MiNr. 2 = 150	MiNr. 8 = 300	MiNr. 13 = 20
MiNr. 3 = 300	MiNr. A 8 = 5	MiNr. 14 = 20
MiNr. 4 = 600	MiNr. 9 = 250	MiNr. 15 = 10
MiNr. 5 = 200	MiNr. 10 = 100	MiNr. 16 = 10
MiNr. 6 = 500	MiNr. A 10 = 20	

Gültig bis 27. Juli 1945

Greven (Westf.) 3

Aufkleber mit rotem Handstempel „Gebühr/bezahlt“ im Rahmenrechteck, handschriftl. Eintrag der Gebührenhöhe, ist orts- und zeitübliche Barfrankatur!

Großräschen

(einschließlich Grube Ilse und Freienhufen)

Alle Ausgaben (MiNr. 43–46 mit Unterbrechung von März bis 16. Okt. 1945) gültig bis 31.10.1946

V 1

1945, ca. 6. Aug. Rechteckige Wertpaketzettel als Gebührenzettel. Gebührenhöhe handschriftlich eingetragen (Tinte); Kurzschriftstempel; „Wertpaket“ teilweise durchstrichen; gez.

				✶	✶✶	⊙
V 1	10	(Pf)	schwarz auf rosa	480,—	800,—	650,—

Auflage: 1160 Stück, ansonsten siehe auch nach MiNr. V 27

1945, Anf. Aug. Dreieckige Nachnahmezettel als Gebührenzettel. Drei verschiedene Typen, Gebührenhöhe handschriftlich in Rot oder Blau eingetragen (Tinte); „Nachnahme" durchstrichen; Kurzschriftstempel in verschiedenen Stellungen; gez. L 11½ (Type A I und II) oder □ (Type I).

Type A I: „Nachnahme" in Antiqua, darüber Geb.-Höhe, darunter „Remboursement", gezähnt L 11½

Type I: „Nachnahme" in Fraktur, Geb.-Höhe 1 mal oder 2 mal unten, mit „Remboursement", geschnitten

Type II: „Nachnahme" in Fraktur, darüber Geb.-Höhe, ohne „Remboursement", gez. L 11½

				✶	✶✶	⊙
V 2		15 (Pf)	schwarz auf bräunlichrot			
	A I		Type A I, gez. L 11½ ..	170,—	300,—	300,—
	I		Type I, geschnitten ...	300,—	500,—	350,—
	II		Type II, gez. L 11½ ...	300,—	500,—	300,—

©

1945, 28. Juli. Postzettel für unzustellbare Sendungen aus dem Ausland als Gebührenzettel. Grüne Rahmen, verschiedene schwarze Inschriften in Deutsch und Französisch, diagonaler Kurzschriftstempel, Gebührenhöhe handschriftlich (blaue Tinte) links oben und rechts unten; gez.

V 3 a

V 4 e

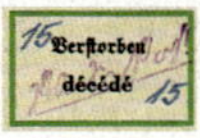

V 5 f

V 6 h

Bisher festgestellte Zettel-Inschriften:

a = Unbekannt – inconnu
b = Nicht abgeholt – non réclamé
c = Annahme verweigert – refusé
d = Firma erloschen – raison sociale n'existe plus
e = Ungenügende Adresse – insuffisance d'adresse
f = Verstorben – décédé
g = Abgereist, ohne Angabe der Adresse – parti, sans laisser d'adresse
h = Verreist – en voyage

Die Preise gelten für die jeweils häufigsten Inschriften, höherwertige Inschriften bis ca. 1000,—.

			✶✶	⊙
V 3	5 (Pf)	grün/schwarz, a, f	650,—	500,—
V 4	10 (Pf)	grün/schwarz, a, b, e, f, g	550,—	350,—
V 5	15 (Pf)	grün/schwarz, c, d, e, f, g, h	450,—	350,—
V 6	30 (Pf)	grün/schwarz, h	550,—	400,—

Preise ✶ max. 50% der ✶✶-Preise

Auflage (insgesamt): 5000 Stück

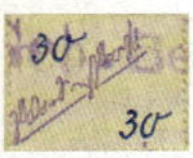

V 6 R

Um die Bestände voll nutzen zu können, wurden auch aus den unbedruckten Bogenrändern der MiNr. V 3–V 6 Gebührenzettel hergestellt. Diagonaler Kurzschriftstempel, Geb.-Höhe handschriftlich eingetragen, Formate teilweise kleiner, oft teilgezähnt.

		✶	✶✶	⊙
V 4 R	10 (Pf)	600,—	1000,—	800,—
V 5 R	15 (Pf)	600,—	1000,—	800,—
V 6 R	30 (Pf)	600,—	1000,—	800,—

1945, ab 20. Aug. Uhrzeitklebezettel (Anzeige der Leerungszeiten von Briefkästen) als Gebührenzettel. Teilweise schwarze Umrandung, Stundenangabe handschr. doppelt durchstrichen, Gebührenhöhe in gleicher Farbe handschriftlich eingetragen (Tinte, versch. Farben), waager. Kurzschriftstempel; Format ca. 23×23 mm; gez. oder teilgez.

V 7

V 8

V 9

			✶	✶✶	⊙
V 7	10 (Pf)	schwarz oder blau .... je	270,—	600,—	450,—
V 8	15 (Pf)	rot	—,—		—,—
V 9	30 (Pf)	schwarz oder blau .... je	270,—	600,—	450,—

Die Farbangaben beziehen sich auf die handschriftl. Tinteneintragungen.

1945, ab ca. 6. Aug. (Gelb)grüne postamtliche Zollformulare und Formblätter als Gebührenzettel. Gebührenhöhe links oben und rechts unten bzw. nur rechts oben handschr. eingetragen, diagonaler Kurzschriftstempel; Format ca. 24×24 mm (Abweichungen!); gez. oder teilgez. (auch durchstichartiger Rand).

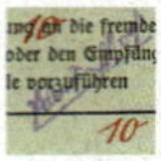

V 10

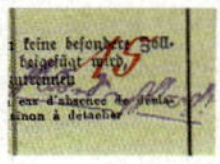

V 11 a

V 11 c

V 12

				✶✶	⊙
V 10		10 (Pf)	rot auf (gelb)grün	650,—	500,—
V 11		15 (Pf)	rot auf (gelb)grün		
	a		mit nur einer Wertangabe auf dem Formblatt „ZOLL-DOUANE"	—,—	400,—
	b		mit zwei Wertangaben auf dem Formblatt „Vom Empfänger einzuziehen"	—,—	500,—
	c		mit zwei Wertangaben auf dem Formblatt „Begleitschein = Stück"	—,—	500,—
V 12		30 (Pf)	schwarz auf (gelb)grün	—,—	500,—

Preise ✶ 60% der ✶✶-Preise

Die Farbangaben beziehen sich auf die handschr. Eintragung der Gebührenhöhe.

Auflagen: siehe Hinweis nach MiNr. V 27

1945, ab 20. Aug. Bisherige Gebührenzettel mit geänderten Gebührenhöhen. Neue Geb.-Höhe handschriftlich (auch bei Urmarken mit doppelten Wertangaben nur einmal) eingetragen (blaue oder schwarze Tinte), alte Werte in gleicher Farbe durchstrichen.

			✶✶	⊙
V 13	6 auf 10 (Pf)	(Wertpaket) (V 1)	—,—	*1200,—*
V 14	6 auf 10 (Pf)	(Uhrzeit) (V 7)	—,—	400,—
V 15	6 auf 10 (Pf)	(Begleitscheinstück) (V 10)	—,—	500,—
V A 15	8 auf 10 (Pf)	(Postzettel) (V 4)		
V 16	12 auf 15 (Pf)	(Uhrzeit) (V 8)	700,—	400,—
V 17	12 auf 15 (Pf)	(Begleitscheinstück) (V 11 c)	—,—	500,—
V 18	24 auf 30 (Pf)	(Postzettel) (V 6)	650,—	500,—
V 19	24 auf 30 (Pf)	(Begleitscheinstück), neuer Wert mit violettem Handstempel eingedr. (V 12)	—,—	650,—

Preise ✶ 60% der ✶✶-Preise

1945, ab ca. 6. Aug. (V 20) bzw. ab ca. 20. Aug. (V 21–V 27). Bisherige Gebührenzettel mit neuen Wertstufen.

V 20 a

V 20 c

V 21 a

V 21 d

V 25 g

V 26

V 27

V 20: a = mit nur einer Wertangabe in Blau auf dem Formblatt „ZOLL-DOUANE"
b = wie a, jedoch Wertangabe in Rot
c = mit zwei Wertangaben in Blau auf dem Formblatt „Vom Empfänger einzuziehen"
V 21, V 24, V 25 a–d, f, g siehe bei MiNr. V 3–V6

				✶✶	⊙
V 20		5 (Pf)	blau bzw. rot auf (gelb)grün		
	a			500,—	400,—
	b			—,—	400,—
	c			—,—	400,—
V 21		6 (Pf)	rot/schwarz auf grün (Postzettel) a, b, c, d	500,—	350,—
V 22		6 (Pf)	rot (Uhrzeit)	—,—	350,—
V A 22		6 (Pf)	rot auf (gelb)grün (Zoll)	*8500,—*	3000,—
V 23		8 (Pf)	rot (Uhrzeit)	400,—	350,—
V 24		8 (Pf)	rot/schwarz auf grün (Postzettel) f	—,—	600,—

				✶✶	⊙
V 25	12	(Pf)	rot/schwarz auf grün (Postzettel) b, f, g	500,—	350,—
V 26	12	(Pf)	rot (Uhrzeit)	400,—	350,—
V 27	40	(Pf)	schwarz (Uhrzeit)	700,—	350,—

Preise ✶ 60% der ✶✶-Preise. Die Preise von MiNr. V 21, V 24 und V 25 gelten für die jeweils häufigsten Inschriften, höherwertige Inschriften bis ca. 1000,—.

V 25 weist immer nur eine Wertangabe auf.

Die Wertangabe „40“ bei MiNr. V 27 ist durch Übermalen der „1“ von MiNr. V 7 entstanden.

(F) V 22, V 25

Insgesamt wurden bis Sept. 1945 für 1048,56 RM Marken V 1 –V 27 verkauft, die Auflagen einzelner Werte sind nicht bekannt. Die Auflagen der von Nov. 1945 bis Jan. 1946 für Sammler und Händler hergestellten frankaturgültigen Neudrucke fast aller Werte sind nicht bekannt.

1945, 27. Aug. Notmarken (erste Zwischenausgabe). Violetter Handstempel „Post“ (V 28, V 29, V 31) bzw. schwarzer Bdr.-Eindruck „Postamt / Großräschen / 15“ (V 30), darüber Schlägel und Eisen mit blauer Tinte eingezeichnet, rechts daneben handschriftl. Wertangabe (blaue bzw. rote Tinte). Waager. Kurzschriftstempel; farbiges Papier; Format ca. 25×25 mm; Bogen 30×40; gez., Bogenränder □.

V 28

V 29

V 30

V 31

				✶	✶✶	⊙
V 28	6	(Pf)	blau auf grün	600,—	1300,—	1300,—
V 29	8	(Pf)	blau auf orangerot	600,—	1300,—	1300,—
V 30	8	(Pf)	blau/schwarz auf orangerot	—,—	—,—	*4500,—*
V 31	12	(Pf)	blau auf grün	600,—	1300,—	1300,—

Auflagen (angeblich): MiNr. V 28, V 29 und V 31 je 1 Bogen (= je 120 Stück), MiNr. 30 = 4 Stück (aus oberster Bogenreihe der MiNr. V 29)

1945, 28. Aug. Notmarken (zweite Zwischenausgabe). Wie MiNr. V 28, V 29 und V 31, jedoch Schlägel und Eisen mit violettem Handstempel eingesetzt, bei MiNr. V 32 Wertziffer eingestempelt.

				✶	✶✶	⊙
V 32	6	(Pf)	violett auf grün	850,—	1800,—	1600,—
V 33	8	(Pf)	violett auf grün	600,—	1300,—	1300,—
V 34	10	(Pf)	rot auf grün	600,—	1300,—	1300,—

Auflagen (wahrscheinlich): je 1 Bogen (= je 120 Stück)

1945, Sept. Freimarken. Violetter bis schwarzer Handstempel „Post“, darunter violetter Kurzschriftstempel, Gebührenhöhe handschriftlich (rote oder blaue Tinte), MiNr. 1–3, 5 und 6 ohne (oH), MiNr. 4 und 7–12 mit violettem oder schwarzem Gummi-Handstempel-Aufdruck Schlägel und Eisen links (Hl) oder rechts (Hr) oben; z. T. farbiges Papier; Bogen 10×12; gez. 11½, Bogenränder □.

MiNr. 4

MiNr. 9

MiNr. 11

					✶✶	⊙
1	3	(Pf)	auf weiß, oH (Okt.)	a	9,—	6,—
2	4	(Pf)	auf weiß, oH (Okt.)	a	9,—	6,—
3	5	(Pf)	auf gelb, oH (Sept.)	a	9,—	6,—
4	6	(Pf)	auf grün, Hl (Sept.)	a	9,—	6,—
5	8	(Pf)	auf blau, oH (Sept.)	a	9,—	6,—
6	10	(Pf)	auf gelb, oH (Sept.)	a	9,—	6,—
7	12	(Pf)	auf grün, Hl (Sept.)	a	9,—	6,—
8	20	(Pf)	auf blau, Hl (Sept.)	a	9,—	6,—
9	24	(Pf)	Hr (Sept.)	a	9,—	6,—
10	30	(Pf)	auf gelb, Hl (Sept.)	a	9,—	6,—
11	40	(Pf)	Hl (Sept.)	a	9,—	6,—
12	60	(Pf)	auf grün, Hr (Sept.)	a	9,—	6,—
			Satzpreis (12 W.) ✶ 45,—		90,—	70,—

Die Farbangaben beziehen sich nur auf die Papierfarbe!

Die Bewertungen bei MiNr. 4 und 7–12 gelten für violette Aufdrucke Schlägel und Eisen; schwarze Aufdrucke 100% Aufschlag!

(F)

Auflage: etwa 18 000 Sätze

b

1945, 26. Okt./10. Nov. Freimarken. Bdr. Schröter (4×4); zusätzlicher Kurzschriftstempel; vier verschiedene Typen; z. T. farbiges Papier; A = gez. oder teilgez. 11½, B = □ (mit Schnittlinien).

Der Druck der MiNr. 13–24 erfolgte in 2 Auflagen von 2 Platten (Platte 1 = 26.10., Platte 2 = 10.11., MiNr. 19, 21 und 23 nur Platte 2), in vier Typen.

Katalogisierung siehe MICHEL-Deutschland-Spezial.

					✶✶	⊙
13	3	Pf	schwarz auf weiß	b		
A			gez. 11½		3,50	2,50
B			geschnitten		80,—	80,—
14	4	Pf	schwarz auf weiß	b		
A			gez. 11½		3,50	2,50
B			geschnitten		80,—	80,—
15	5	Pf	schwarz auf gelb	b		
A			gez. 11½		3,50	2,50
B			geschnitten		80,—	80,—
16	6	Pf	schwarz auf grün	b		
A			gez. 11½		3,50	2,50
B			geschnitten		80,—	80,—
17	8	Pf	schwarz auf blau	b		
A			gez. 11½		3,50	2,50
B			geschnitten		80,—	80,—
18	10	Pf	schwarz auf gelb	b		
A			gez. 11½		3,50	2,50
B			geschnitten		80,—	80,—
19	12	Pf	schwarz auf rosalila (10.11.)	b		
A			gez. 11½		3,50	2,50
B			geschnitten		80,—	80,—
20	20	Pf	schwarz auf blau	b		
A			gez. 11½		3,50	2,50
B			geschnitten		80,—	80,—
21	24	Pf	schwarz auf rosalila (10.11.)	b		
A			gez. 11½		3,50	2,50
B			geschnitten		80,—	80,—
22	30	Pf	schwarz auf gelb	b		
A			gez. 11½		3,50	2,50
B			geschnitten		80,—	80,—
23	40	Pf	schwarz auf grün (10.11.)	b		
A			gez. 11½		3,50	2,50
B			geschnitten		80,—	80,—
24	60	Pf	schwarz auf grün	b		
A			gez. 11½		3,50	2,50
B			geschnitten		80,—	80,—
			Satzpreis A (12 W.) ✶ 18,—		40,—	30,—
			Satzpreis B (12 W.) ✶ 550,—		950,—	950,—

Die geschnittenen Bogen der MiNr. 13–24 weisen Schnittlinien auf.

Auflagen: MiNr. 13 A–18 A, 20 A, 22 A und 24 A je 52 000, MiNr. 19 A und 25 zusammen, MiNr. 21 A und 26 zusammen, MiNr. 23 A und 27 zusammen jeweils 52 000 Stück, MiNr. 13 B–24 B je 512 Sätze

1945, 26. Okt. Freimarken. Wie MiNr. 19, 21 und 23, jedoch geänderte Farben; nur gez. oder teilgez. 11½.

b

					✶✶	⊙
25	12	Pf	schwarz auf grün	b	65,—	65,—
26	24	Pf	schwarz auf lila	b	65,—	65,—
27	40	Pf	schwarz auf lila	b	65,—	65,—
			Satzpreis (3 W.) ✶ 100,—		190,—	190,—

1945, Mitte Nov. Freimarken. Wie MiNr. 6 und 10, jedoch geänderte Papierfarben, Handstempel „Post“ rot, Formate schwankend.

28 I

28 II

30

					✶	✶✶	⊙
28	10	(Pf)	auf orange	a			
I			ohne Hämmer (oH)		100,—	220,—	150,—
II			mit Hämmern rechts (Hr)		70,—	140,—	140,—
29	30	(Pf)	auf orange, Hl	a	500,—	1000,—	1000,—
30	30	(Pf)	auf rosa, Hl	a	70,—	140,—	190,—

Auflagen: unbekannt

1945, 20. Dez. Freimarken. 🄴 **Brückner; Bdr. Schröter (4×4); dünnes Papier, gelbliche Gummierung oder graues, dickes Papier, bräunlichgelbliche Gummierung oder gestrichenes weißes Papier, weiße Gummierung; □.**

c

					✱✱	⊙
31	3 Pf	braunschwarz	c		1,—	1,—
32	4 Pf	braunschwarz	c		1,—	1,—
33	5 Pf	dunkelgelblichgrün	c		1,—	1,—
34	6 Pf	lebhaftcyanblau	c		1,—	1,—
35	8 Pf	dunkelsiena	c		1,—	1,—
36	10 Pf	gelborange	c		1,—	1,—
37	12 Pf	mittelrot	c		1,—	1,—
38	20 Pf	hellblau	c		1,—	1,—
39	24 Pf	gelblichgrün	c		1,—	1,—
40	30 Pf	lebhaftgelblichorange	c		1,—	1,—
41	40 Pf	hellrot	c		1,—	1,—
42	60 Pf	dunkelrotbraun	c		1,—	1,—
		Satzpreis (12 W.)		✱ 5,—	12,—	12,—

MiNr. 34 dreiseitig gezähnt und MiNr. 37 zwei- bzw. dreiseitig gezähnt, kommen auf Geschäftsbriefen der Ilse-Bergbau A.-G. vor. Es sind dies keine amtlichen Zähnungen; auf ✉ gesucht. Komplett angebotene Sätze sowie andere Zähnungen (auch auf anderen Werten) sind dagegen Machwerk!

FALSCH und FäIl MiNr. 31 x–und 42 x

Auflagen: MiNr. 31–33, 35, 36, 38–42 je 178332, MiNr. 34 = 226332, MiNr. 37 = 214332 Stück

1946, 20. Jan. Solidarität. Bdr. Ferling (5×5); A = gez. L 10¾, B = □, C = gez. L 11½.

d) Bergmann

e) Glasbläser

f) Hausneubau

g) Brikett

					✱✱	⊙
43	6 + 24 (Pf)	lebhaftbraunrot	d			
A		gez. L 10¾			1,—	5,—
B		geschnitten			4,—	10,—
C		gez. L 11½			1,50	10,—
44	12 + 28 (Pf)	schwärzlichgrün	e			
A		gez. L 10¾			1,—	5,—
B		geschnitten			4,—	10,—
C		gez. L 11½			1,—	5,—
45	24 + 36 (Pf)	schwarzgrauviolett	f			
A		gez. L 10¾			1,—	5,—
B		geschnitten			4,—	10,—
C		gez. L 11½			1,—	5,—
46	40 + 40 (Pf)	mittelviolettultramarin	g			
A		gez. L 10¾			1,—	5,—
B		geschnitten			4,—	10,—
C		gez. L 11½			2,50	10,—
		Satzpreis A (4 W.)		✱ 1,70	4,—	20,—
		Satzpreis B (4 W.)		✱ 7,50	16,—	40,—
		Satzpreis C (4 W.)		✱ 2,60	6,—	30,—

Auflagen: A und C zusammen = 143500, B = 10000 Sätze

Alle Ausgaben gültig bis 31.10.1946, MiNr. 43–46 nur gültig bis 31.3.1946

Halberstadt 🅰1

Überkleber mit blauem Setzkasten-Stempel „Porto/bezahlt" ist „Nichtamtliche Ausgabe/Privaterzeugnis"!

Gemäß den Richtlinien des BPP werden einige Ausgaben oder einzelne MiNr. mit folgenden Hinweisen gekennzeichnet:

- **1 = wird nicht geprüft, da aus technischen Gründen nicht prüfbar**
- **2 = wird derzeit nicht geprüft (Ausgabe ungeklärt)**
- **3 = wird nur als Barfrankatur geprüft**
- **4 = sogen. „Sächsische Schwärzung" – Unkenntlichmachung C**

Fehlende Hinweise bedeuten, dass die Ausgaben uneingeschränkt geprüft werden!

Hamm (Westfalen)

a

1945, Mitte Dez. Postamtliche farbige Streckenbriefformulare als Briefmarken. Violetter bis roter Rechteckstempel „Gebühr/bezahlt" mit Schrift in fetter Antiqua, darüber handschriftlich Gebührenhöhe (Tinte), dazu Dienststempel (violett oder rot, 35 mm Durchmesser) mit gotischer Schrift „Postamt Hamm (Westf.) 1 c"; o.G.; □.

				(✱)	⊙
1	40 Pf	violett bis rot	a	800,—	900,—
2	54 Pf	violett bis rot	a	1400,—	1500,—
3	70 Pf	violett bis rot	a	800,—	900,—

1945, Mitte Dez. Wie MiNr. 1–3, jedoch Rechteckstempel „Gebühr bezahlt" mit Schrift in magerer Antiqua.

b

				(✱)	⊙
4	40 Pf	violett bis rot	b	650,—	650,—
5	54 Pf	violett bis rot	b	650,—	700,—
6	70 Pf	violett bis rot	b	650,—	700,—

Marken mit Dienststempel mit lateinischen Buchstaben (Grotesk) sind äußerst fragwürdig, Bedarfsbelege haben bisher nicht vorgelegen; Marken mit solchen Dienststempeln werden nicht geprüft!

Marken mit unten eingedrücktem „G" von „Gebühr" im Rechteckstempel haben sich als Fälschungen erwiesen!

Hartha (Kreis Döbeln) 3

Gestanzte Verschlusszettel in Oblatenform mit Ovalstempel „HARTHA / Datum / Gebühr bezahlt" sind orts- und zeitübliche Barfrankatur!

Herrnhut 1

Marken der Hitlerkopf-Ausgabe mit Bdr.-Aufdruck „HERRNHUT" sind „Nichtamtliche Erzeugnisse/Privatausgaben"!

Holzhausen (Sachsen)

Siehe Alliierte Besetzung – Sowjet. Zone – West-Sachsen

Husum

1945, Sept., 1946. Gebührenzettel. Gebührenhöhe und Nachweis in Schreibmaschinenschrift, Namenszüge zweier Beamter; MiNr. 1 = gelbes Papier, Format ca. 90×25 mm; Bogen 2×10; MiNr. 2 = weißes Papier, Format ca. 60×40 mm; Bogen 5×10; □.

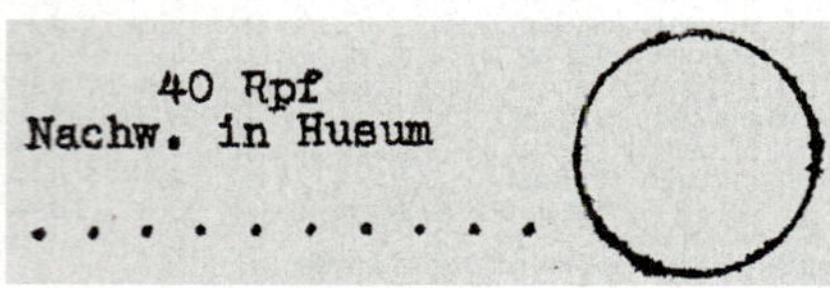

a

				✉
1	40 (Pf)	schwarz	a	4500,—
2	80 (Pf)	schwarz	b	2500,—

Die Gebührenzettel wurden bei Markenmangel für Päckchen verwendet.

Kiel, Postamt 1

1945, Okt. Gebührenzettel. Gebührenhöhe und Nachweis in Schreibmaschinenschrift, Namenszüge (meist) zweier Beamter; weißes Papier; Rahmen punktiert; Format ca. 66×34 mm; I = ohne, II = mit zusätzlichem R-Zettel; ☐.

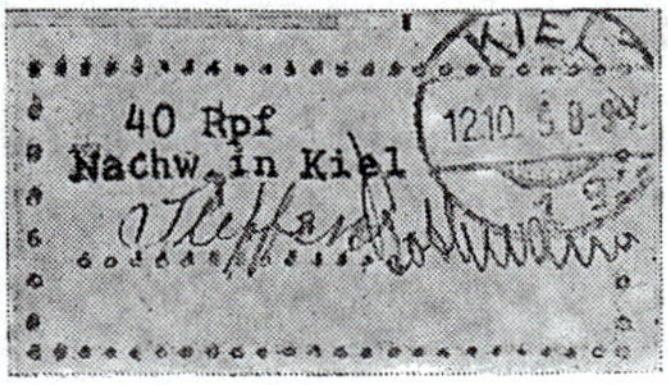

			✉
1	40 (Pf)	schwarz	
I		ohne R-Zettel	1000,—
II		mit zusätzl. R-Zettel	—,—

Kirchheim siehe Mindelheim

Köln (Rhein), Postamt 10

Ungebrauchte Gebührenzettel werden nicht geprüft!

1946, 21. Mai. Postamtliche Briefbundvorbindezettel als Gebührenzettel. Fünfzeiliger Gummi-Rechteckstempel; Signa zweier Beamter; rosafarbiges Papier; a = Stempelfarbe lilarot, b = Stempelfarbe blauschwarz; o.G.; ☐.

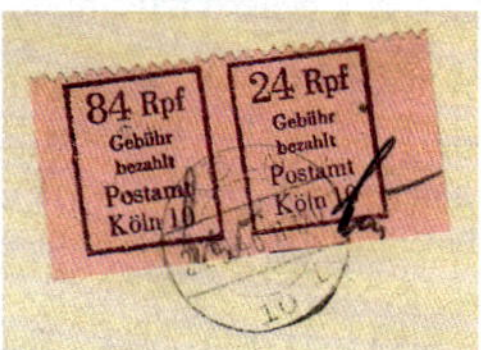

			✉
1	24 (Pf)	auf rosa	
a		Stempel lilarot	500,—
b		Stempel blauschwarz	600,—
2	84 (Pf)	auf rosa	
a		Stempel lilarot	700,—
b		Stempel blauschwarz	900,—

Weitere vorhanden gewesene Stempel (6, 12 und 16 Pf) sind nicht auf diesen Gebührenzetteln verwendet worden!

FALSCH **Fast alle auf dem Markt befindlichen Belege, auch solche mit diversen Prüfzeichen, sind falsch! Unbedingt nachprüfen lassen!**

Fälschungen:

Hitlermarken 1 Pf-5 M sowie Sondermarke 600 Jahre Oldenburg mit Handstempelaufdruck eines Posthorns und Durchbalkung von „Deutsches Reich"

Königstein (Taunus) **3**

Aufgeklebter Freistempel-Abdruck (Postalia) mit Datumstempel ist orts- und zeitübliche Barfrankatur!

Langenargen (Bodensee)

Vierzeiliger Rechteckstempel, handschriftlicher Eintrag der Gebührenhöhe und Signum ist Ganzsachenausschnitt; Katalogisierung siehe MICHEL-Ganzsachen Deutschland, Abschnitt „Notausgaben unter Alliierter Besetzung – Französische Zone"!

Lauterbach 1

Kurierpost-Briefmarke ist „Nichtamtliche Ausgabe/Privaterzeugnis"!

Lichtenstein (Sachsen) **4**

Freimarken der Hitlerkopf-Ausgabe mit Aufdruck von 4 Quadraten im Kreis oder durchkreuztem Kreis siehe Alliierte Besetzung – Sowjet. Zone – Bundesland Sachsen („Sächsische Schwärzungen", Unkenntlichmachung C) im MICHEL-Deutschland-Spezial.

Limbach (Sachsen) **1**

In Limbach wurden am 10.2.1947 von privater Seite mit Aufdruck versehene Marken MiNr. 937 der Kontrollrats-Ziffernausgabe überdruckt „zur Erinnerung an die Woche der Volkssolidarität Limbach (Sachsen) vom 28. Juli bis 4. Aug. 1946".

Löbau (Sachsen)

Die Löbauer Provisorien wurden in allen Postämtern und Poststellen im gesamten Kreis Löbau verwendet.

Stempel von Löbau mit Kennbuchstaben „i" und „n" kommen sehr häufig rückdatiert vor.

Alle Löbau-Überdruckmarken gültig vom 30. Mai bis Ende Juni 1945

Alle Preise gelten nur für aktuell (BPP-)geprüfte Marken (ab 1992), sonst gilt ND-Bewertung!

1945, 30. Mai. Lokale Unkenntlichmachung der Freimarken der Hitlerkopfausgabe mit Handstempelaufdruck in Blauviolett.

(„D" ist Anfangsbuchstabe des Postbeamten Dutschke)

					✶	✶✶	⊙
1	6	(Pf)	schwärzlichrotviolett	(785)	1100,—	1700,—	2500,—
2	12	(Pf)	rot (Töne)	(827)	—,—	—,—	*4000,—*

MiNr. 1 ist echt bisher nur mit kopfstehendem Aufdruck bekannt.

FALSCH

Auflagen: MiNr. 1 ca. 100, MiNr. 2 = 50 Stück

1945, 30. Mai. Lokale Unkenntlichmachung der Freimarken der Hitlerkopfausgabe. Wie MiNr. 1–2, jedoch Aufdruckfarbe Schwarz.

					✶	✶✶	⊙
3	1	(Pf)	dunkelgrau	(781)	35,—	70,—	50,—
4	3	(Pf)	dunkelgelbbraun	(782)	9,—	20,—	50,—
5	4	(Pf)	dunkelpreußischblau	(783)	9,—	20,—	50,—
6	5	(Pf)	dunkelolivgrün	(784)	12,—	25,—	50,—
7	6	(Pf)	(dunkel)bläulichviolett	(785)	3,50	8,—	50,—
8	8	(Pf)	zinnober	(786)	7,50	16,—	50,—
9	10	(Pf)	dunkelsiena	(826)	9,—	20,—	50,—
10	12	(Pf)	rot (Töne)	(827)	3,50	8,—	50,—
11	15	(Pf)	karminbraun	(789)	9,—	20,—	50,—
12	16	(Pf)	dunkelgrünblau	(790)	20,—	60,—	100,—
13	20	(Pf)	kobalt	(791)	9,—	20,—	60,—
14	24	(Pf)	dunkelorangebraun	(792)	17,—	50,—	80,—
15	25	(Pf)	violettultramarin	(793)	9,—	20,—	60,—
16	30	(Pf)	schwärzlichgrünlicholiv	(794)	9,—	20,—	60,—
17	40	(Pf)	dunkellilapurpur	(795)	9,—	20,—	60,—
18	42	(Pf)	schwärzlichgelbsmaragdgrün	(A 795)	9,—	20,—	60,—
19	50	(Pf)	schwarzopalgrün	(796)	9,—	20,—	60,—
20	60	(Pf)	karminbraun	(797)	9,—	20,—	60,—
21	80	(Pf)	schwarzgraublau	(798)	10,—	22,—	70,—
22	1	M	schwarzgrün				
A			gez. L 12½	(799 A)	—,—	—,—	
B			gez. K 14	(799 B)	27,—	55,—	100,—
23	2	M	schwarzviolett				
A			gez. L 12½	(800 A)	220,—	500,—	
B			gez. K 14	(800 B)	220,—	500,—	
24	3	M	dunkelbräunlichrot				
A			gez. L 12½	(801 A)	—,—	—,—	
B			gez. K 14	(801 B)	—,—	—,—	
25	5	M	dunkelviolettultramarin				
A			gez. L 12½	(802 A)	—,—	—,—	
B			gez. K 14	(802 B)	—,—	—,—	
26	10	(Pf)	siena (StTdr.)	(787)	—,—	—,—	—,—
27	12	(Pf)	lilarot (StTdr.)	(788)	—,—	—,—	—,—

FALSCH Stempel mit Daten vor dem 30.5.1945 sind immer rückdatiert!

Neudrucke (ND):

3 ND	10,—			**22 A ND**	40,—
4 ND	5,—	**13 ND**	5,—	**22 B ND**	10,—
5 ND	5,—	**14 ND**	5,—	**23 A ND**	50,—
6 ND	5,—	**15 ND**	3,—	**23 B ND**	50,—
7 ND	5,—	**16 ND**	5,—	**24 A ND**	40,—
8 ND	5,—	**17 ND**	5,—	**24 B ND**	70,—
9 ND	5,—	**18 ND**	5,—	**25 A ND**	40,—
10 ND	4,—	**19 ND**	5,—	**25 B ND**	70,—
11 ND	5,—	**20 ND**	5,—	**26 ND**	120,—
12 ND	5,—	**21 ND**	7,—	**27 ND**	120,—

Vorsicht: Neudrucke werden oft als Originale angeboten (auch mit Alt-Prüfungen)! Gestempelte ND sind immer Stempelfälschungen!

Auflagen (ca.):

MiNr. 3 =	2 000	MiNr. 15–20 je	20 000
MiNr. 4–6 je	20 000	MiNr. 21 =	10 000
MiNr. 7 =	50 000	MiNr. 22 =	2 000
MiNr. 8–9 je	20 000	MiNr. 23 =	800
MiNr. 10 =	50 000	MiNr. 24 =	600
MiNr. 11–13 je	20 000	MiNr. 25 =	500
MiNr. 14 =	10 000	MiNr. 26–27 wenige Stücke	

1945, ca. 30. Mai. Lokale Unkenntlichmachung der Marke Deutsches Reich MiNr. 908 (Volkssturm), Aufdruck wie bei MiNr. 3–27.

		✶	✶✶	ND ✶✶	⊙
28	12 + 8 (Pf) rosakarmin (908)	—,—	—,—	100,—	—,—

FALSCH Stempel mit Daten vor dem 30.5.1945 sind immer zurückdatiert!

Auflage (ca.): 200 Stück

1945, ca. 30. Mai. Lokale Unkenntlichmachung von Marken der Hindenburg-Ausgabe, Aufdruck wie bei MiNr. 3–27.

			✶	✶✶	ND ✶✶
29	1 (Pf) schwarz	(512)	110,—	200,—	15,—
30	3 (Pf) dunkelbraunocker	(513)	120,—	220,—	20,—
31	5 (Pf) (gelb)smaragdgrün	(514)	120,—	230,—	25,—

FALSCH

MiNr. 29 und 31 stammen immer aus dem Einheitsgeberstreifen II (Katalogisierung siehe MICHEL-Deutschland-Spezial). MiNr. 30 ebenfalls, aber auch teilweise aus überdruckten Bogenrestbeständen der Marke DR MiNr. 513. Bogenrandstücke und waagerechte Paare der MiNr. 30 sind von Spezialisten gesucht!

MiNr. 1–31 gültig bis Ende Juni 1945

Löhne (Westfalen)

1945, 24. Aug. Gebührenzettel als Briefmarken. Handstempel Amtswappen im Kreis mit Inschrift „Amt Löhne Westfalen", quer durch Kreis Rechteckstempel „Gebühr/bezahlt", Wertangabe oben in Schreibmaschinenschrift; gelbliches Papier (Formblatt-MiNr. C 227); Bogen 6×4; Format ca. 31×26 mm; o. G.; gez. 11½ (obere, rechte und untere Bogenränder ungez.).

a

b

c

			(✶)	⊙
1	42 (Pf) grün/rot auf gelblich	a	250,—	150,—
2	70 (Pf) rot/schwarz auf gelblich	b	250,—	150,—
3	1 M schwarz/rot auf gelblich	c	250,—	150,—
	Satzpreis (3 W.)		750,—	450,—

Marken ohne rückseitigem Aufdruck (F):

Normalerweise wurden auf die Bogenrückseite jeweils über vier Marken gehende schwarze Stempel „PA Löhne (Westf.) Bahnhof" als Schutzaufdruck angebracht.

1 F	ohne rückseitigem Stempel	380,—	350,—
2 F	ohne rückseitigem Stempel	380,—	350,—
3 F	ohne rückseitigem Stempel	380,—	350,—

Die Gebührenzettel wurden am Postschalter an Kunden verkauft und von diesen auf die Sendungen geklebt. Als die OPD Münster davon erfuhr, verbot sie sofort die weitere Verwendung.

FALSCH

Auflagen: MiNr. 1 und 2 je 1500, MiNr. 3 = 1000 Stück, Restbestände (ca. 400 bis 500 je Wert) amtlich vernichtet

Verwendung bis 25. März 1946

Lohne (Oldenburg) **3** **1**

Roter Rechteckstempel „Gebühr/bezahlt" auf der Rückseite alter Formblätter ist orts- und zeitübliche Barfrankatur!

Weitere Ausgaben sind „Nichtamtliche Ausgaben/Privaterzeugnisse"!

Lübbenau (im Spreewald)

1946, 18. April. Wiederaufbau. Bdr. C. E. Seidenberg (10×8); zum Teil farbiges Papier; A = gez. L 10¼:11¼, B = ☐.

a) Junger Baum

b) Stadtwappen

c) Fabrikanlage

			✶✶	⊙
1	5 + 5 (Pf)	dunkelsmaragdgrün auf weißgrün . . . a		
A		gez. L 10¼:11¼	2,30	6,—
B		geschnitten	10,—	15,—
2	6 + 4 (Pf)	schwärzlichviolettbraun . . . b		
A		gez. L 10¼:11¼	2,30	6,—
B		geschnitten	10,—	15,—
3	8 + 7 (Pf)	lebhaftrotorange auf mattorangegelb . . . a		
A		gez. L 10¼:11¼	2,30	6,—
B		geschnitten	10,—	15,—
4	10 + 10 (Pf)	orangebraun . . . c		
A		gez. L 10¼:11¼	2,30	6,—
B		geschnitten	10,—	15,—
5	12 + 8 (Pf)	lebhaftrot auf mattorangegelb . . . b		
A		gez. L 10¼:11¼	2,30	6,—
B		geschnitten	10,—	15,—
6	16 + 9 (Pf)	schwärzlichblaugrün auf hellgrautürkis . . . a		
A		gez. L 10¼:11¼	2,30	6,—
B		geschnitten	10,—	15,—
7	24 + 16 (Pf)	lebhaftrotbraun auf mittelgrautürkis . . . c		
A		gez. L 10¼:11¼	2,30	6,—
B		geschnitten	10,—	15,—
8	30 + 30 (Pf)	dunkelgraugrün . . . b		
A		gez. L 10¼:11¼	2,30	6,—
B		geschnitten	10,—	15,—
		Satzpreis A (8 W.) ✶ 8,—	15,—	45,—
		Satzpreis B (8 W.) ✶ 40,—	80,—	120,—

Notizen:

1946, 18. Apr. Solidaritätsaktion. Bdr. C. E. Seidenberg (5×10); zum Teil farbiges Papier; A = gez. 10¼:11¼, B = □.

d) Stadtwappen (links)

e) Stadtwappen (Mitte)

f) Familie

			✱✱	⊙
9	10 + 20 (Pf)	dunkelsmaragdgrün auf weißgrün . . . . d		
A		gez. L 10¼:11¼	3,—	5,—
B		geschnitten	15,—	15,—
10	12 + 28 (Pf)	schwärzlichviolettbraun . . e		
A		gez. L 10¼:11¼	3,—	5,—
B		geschnitten	15,—	15,—
11	16 + 34 (Pf)	lebhaftrotorange auf mattorangegelb . . . . . . f		
A		gez. L 10¼:11¼	3,—	5,—
B		geschnitten	15,—	15,—
12	24 + 56 (Pf)	lebhaftorangebraun auf mattorangegelb . . . . . . f		
A		gez. L 10¼:11¼	3,—	5,—
B		geschnitten	15,—	15,—
		Satzpreis A (4 W.) ✶ 5,—	12,—	20,—
		Satzpreis B (4 W.) ✶ 30,—	60,—	60,—

Auflagen: 1 A–12 A = 50 000, 1 B–12 B = 10 000 Sätze

MiNr. 1–12 gültig bis 31.10.1946

Lübz (Mecklenburg) **3**

Aufkleber mit schwarzgrauem Stempel „Gebühr/bezahlt", handschriftl. Eintrag der Gebührenhöhe und Signum ist orts- und zeitübliche Barfrankatur!

Lüchow 2

wird derzeit nicht BPP-geprüft.

1946, Mai. Gebührenzettel. Dreizeiliger Text in Schreibmaschinenschrift im Rechteck, handschriftl. Eintrag der Gebührenhöhe und Signum; grauweißes Papier; Format ca. 42×14,5 mm; □.

			✉
1	75 (Pf)	schwarz	2000,—

Lütjenburg (Ostholstein)

Vorläufer:

Vor Verwendung der gedruckten Gebührenzettel wurden kurze Zeit Zettel mit Schreibmaschinenschrift und Namenszug eines Beamten (Bogen 4×12) verwendet.

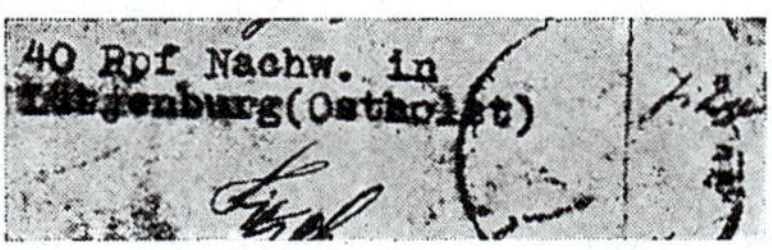

			✉
V 1	40 (Pf)	. . . .	2000,—

1945, Sept. Gebührenzettel. Bdr. (4×12), Namenszug eines Beamten; bräunliches Papier; gez. 11¼.

			✶	✱✱	⊙
1	40 (Pf)	schwarzblau	400,—	850,—	800,—

Ⓕ Vorsicht vor rückdatierten Stempeln!

Mainz 1

Hitlermarken 1 Pf–1 M mit violettem Handstempelaufdruck eines Posthorns sind Fälschungen!

Marne (Holstein) **3**

Oberränder von AM-Post-Marken mit violettem Handstempelaufdruck „40 Rpf/Nachw./Marne (Holst.)" auf der Gummiseite sind orts- und zeitübliche Barfrankatur!

Meißen

MiNr. 2–26 ungebraucht werden nicht geprüft!
Soweit Fälschungen der Aufdrucke eindeutig nachweisbar sind, werden sie als „falsch" gekennzeichnet.

1945, 15. Juni. Freimarke der Hitlerkopf-Ausgabe DR MiNr. 785 mit waagerechtem orangerotem Handstempelaufdruck.

			✶	✱✱	⊙
B 1	6 (Pf)	lebhaftviolett . . . . (785)	*1600,—*	*3000,—*	*4000,—*

Orangerote Handstempel-Aufdrucke auf weiteren Wertstufen sind Fälschungen!

FALSCH (BPP-)Prüfung dringend anzuraten, da der größte Teil der angebotenen Marken falsch ist! Marken mit dem grünen Signum „VOGEL MEISSEN" haben sich bisher stets als Fälschungen erwiesen. Auch die Altsignaturen „Dr. Dub" und „Richter" sind keine Garantie für die Echtheit des Aufdrucks.

Auflage (angeblich): 50 Stück

1945, 15. Juni. Freimarken der Hitlerkopf-Ausgabe mit Handstempelaufdruck wie MiNr. B 1, jedoch Stempelfarbe Blauviolett.

				✱✱ 1	⊙
2	1 (Pf)	dunkel- bis schwärzlichgrau	(781)	25,—	25,—
3	3 (Pf)	dunkelgelbbraun	(782)	13,—	13,—
4	4 (Pf)	dunkelpreußischblau	(783)	13,—	14,—
5	5 (Pf)	schwarzgelbgrün	(784)	13,—	13,—
6	6 (Pf)	(dunkel)bläulichviolett	(785)	13,—	15,—
7	8 (Pf)	zinnober	(786)	13,—	13,—
8	10 (Pf)	dunkelsiena	(826)	13,—	15,—
9	12 (Pf)	rot (Töne)	(827)	13,—	13,—
10	15 (Pf)	karminbraun (Töne)	(789)	13,—	13,—
11	16 (Pf)	dunkelgrünblau	(790)	50,—	60,—
12	20 (Pf)	kobalt	(791)	13,—	13,—
13	24 (Pf)	dunkelorangebraun	(792)	40,—	50,—
14	25 (Pf)	violettultramarin	(793)	13,—	13,—
15	30 (Pf)	schwärzlichgrünlicholiv	(794)	13,—	13,—
16	40 (Pf)	dunkellilapurpur	(795)	13,—	13,—
17	42 (Pf)	schwärzlichgelbsmaragdgrün	(A 795)	25,—	30,—
18	50 (Pf)	schwarzopalgrün	(796)	18,—	18,—
19	60 (Pf)	karminbraun	(797)	18,—	18,—
20	80 (Pf)	schwarzgraublau	(798)	24,—	24,—
21	1 M	schwarzgrün			
A		gez. L 12½	(799 A)	150,—	200,—
B		gez. K 14	(799 B)	65,—	65,—
		Satzpreis (20 W.) ✶ 180,—		420,—	450,—

Das Postamt Sörnewitz benutzte bei einer Teilauflage auch schwarze Stempelfarbe (Aufschlag 300%)!

Von MiNr. 2–20 sollen am Postschalter ca. je 500, von MiNr. 21 nur 150 Stück verkauft worden sein; die Urmarken wurden jedoch auch auf Vorlage von Schalterkunden mit dem Handstempelaufdruck versehen!

Nur auf Vorlage wurden folgende Frei- und Sondermarken überdruckt:

				✶1	✶✶1	⊙
22	2 M	schwarzviolett				
A		gez. L 12½	(800 A)	75,—	170,—	170,—
B		gez. K 14	(800 B)	50,—	120,—	140,—
23	3 M	dunkelbräunlichrot				
A		gez. L 12½	(801 A)	60,—	140,—	180,—
B		gez. K 14	(801 B)	100,—	220,—	200,—
24	5 M	dunkelviolettultramarin				
A		gez. L 12½	(802 A)	90,—	200,—	220,—
B		gez. K 14	(802 B)	270,—	600,—	600,—
25	10 (Pf)	siena (StTdr.)	(787)	180,—	400,—	450,—
26	12 (Pf)	lilarot (StTdr.)	(788)	220,—	500,—	750,—

A 26	3 + 7 (Pf)	rotschwarz	(844)	800,—
B 26	6 + 14 (Pf)	schwärzlichgraugrün	(845)	800,—
C 26	8 + 22 (Pf)	indigo	(846)	800,—
D 26	12 + 38 (Pf)	bräunlichkarmin	(847)	800,—
E 26	24 + 76 (Pf)	schwärzlichbraunkarmin	(848)	800,—
F 26	40 + 160 (Pf)	schwarzgrauoliv	(849)	800,—
H 26	12 + 8 (Pf)	dunkelrosarot	(906)	1000,—
I 26	54 + 96 (Pf)	magenta	(887)	—,—

MiNr. G 26 entfällt, da die Urmarke Dt. Reich MiNr. 813 nur bis 31. 12. 1942 gültig war.

W 1	Rekl. A 18+4 (Pf)		(W 151)		800,—
W 2	Rekl. A 20+20+6 (Pf)		(W 155)		*800,—*
W 3	6 + 3 (Pf)		(W 149)	—,—	
S 1	3 + 6 (Pf)		(S 274)		1000,—
S 2	6 + 4 (Pf)		(S 292) ⊠		2000,—
S 3	5 + 1 (Pf)		(S 270) ⊠		1200,—

FALSCH

Der Handstempel wurde normalerweise waagerecht angebracht, es kommen jedoch auch schräge, senkrechte, doppelte und kopfstehende Stempelungen vor (Aufschlag mind. 100%).

Zum Überdrucken wurden mehrere Gummistempel verwendet. Aufgrund des Herstellungsverfahrens (Gummi-Handstempel mit Anilinfarbe) fallen die Aufdrucke sehr unterschiedlich aus (Buchstabenhöhe variiert um 0,7 mm). Eine Echtheitsprüfung ungebrauchter Marken ist daher nicht hinreichend sicher möglich.

FALSCH

MiNr. B 1–26 gültig bis 23.6.1945

1945, 23. Juni. Freimarken der Hitlerkopf-Ausgabe mit schrägem Bdr.-Aufdruck durch die Druckerei Volksstimme; MiNr. 27 und 29 Aufdruck gelb, MiNr. 28 und 30 Aufdruck orangerot.

				✶	✶✶	⊙
27	5 (Pf)	dkl'olivgrün	(784)	550,—	1300,—	1300,—
28	5 (Pf)	dkl'olivgrün	(784)	550,—	1300,—	1300,—
29	6 (Pf)	lebhaftviolett (Töne)	(785)	550,—	1300,—	1300,—
30	6 (Pf)	lebhaftviolett (Töne)	(785)	550,—	1300,—	1300,—
		Satzpreis (4 W.)		2200,—	5000,—	5000,—

FALSCH

Auflagen: MiNr. 27, 29, 30 = 100, MiNr. 28 = 200 Stück.

Gültig nur am 23.6.1945

1945, 23. Juni. Freimarken der Hitlerkopf-Ausgabe mit Bdr.-Aufdruck wie MiNr. 27–30, jedoch Aufdruckfarbe Schwarz.

					✶✶	⊙
31	5 (Pf)	schwarzgelbgrün	(784)		40,—	18,—
32	6 (Pf)	dunkelbläulichviolett	(785)		3,—	3,50
33	8 (Pf)	orangerot	(786)		8,—	10,—
34	12 (Pf)	rot (Töne)	(827)		3,—	4,—
		Satzpreis (4 W.)		✶ 25,—	50,—	35,—

Auflagen: MiNr. 31 = 20000, MiNr. 32 = 435000, MiNr. 33 = 90000, MiNr. 34 = 470000 Stück

Gültig am 23.6. und vom 5.7.–5.8.1945

1945, 31. Dez. Wiederaufbau (I). Ⓔ Schiffner (MiNr. 35, 36, 38) und Quiel (MiNr. 37); Bdr. Sächs. Volkszeitung (10×5); A = gez. L 11¾, B = □, D = gez. 10¾.

a) Haus- und Weinbau

b) Porzellanindustrie

c) Stahlträger

d) Brückenbau

					✶✶	⊙
35	5 + 15 (Pf)	dunkelolivgrün	a			
A		gez. L 11¾			2,50	9,—
B		geschnitten			300,—	150,—
36	6 + 24 (Pf)	dunkelgrauviolett	b			
A		gez. L 11¾			4,—	9,—
B		geschnitten			300,—	200,—
D		gez. L 10¾			2,50	5,—
37	8 + 32 (Pf)	gelblichrot	c			
A		gez. L 11¾			2,50	6,50
B		geschnitten			250,—	200,—
D		gez. L 10¾			3,50	9,—
38	12 + 48 (Pf)	braunrot (Töne)	d			
A		gez. L 11¾			2,50	6,50
B		geschnitten			150,—	150,—
D		gez. L 10¾			6,—	17,—
		Satzpreis A (4 W.)		✶ 5,—	11,—	30,—
		Satzpreis B (4 W.)		✶ 650,—	1000,—	700,—
		Satzpreis D (3 W.)		✶ 5,—	12,—	30,—

Auflagen: MiNr. 35 = 50000, MiNr. 36 = 200000, MiNr. 37 = 100000, MiNr. 38 = 200000 Stück.

Gültig bis 5.4.1946

1946, 10. Jan. Blockausgabe: Wiederaufbau (II). Ⓔ Schiffner und Quiel; Bdr. Sächs. Volkszeitung; nur Blockmarken (mangelhaft) gummiert; C = Liniendurchstich.

				✶✶	⊙
35 C	5 + 15 (Pf)	dunkelolivgrün	a	50,—	150,—
36 C	6 + 24 (Pf)	dunkelgrauviolett	b	50,—	150,—
37 C	8 + 32 (Pf)	gelblichrot	c	50,—	150,—
38 C	12 + 48 (Pf)	braunrot	d	50,—	150,—
Block 1	(104×149 mm)		e	270,—	1400,—

Auflage: 6000 Blocks

Gültig bis 5.4.1946

Mindelheim (und Kirchheim)

a

1945, Nov. Gebührenzettel. Bdr., Wertangabe handschriftlich eingetragen; Bogen 4×7; gez. L 11½, Bogenränder □.

				⊙
1	... Pf	schwarz	a	150,—

Auflage: ca. 8000 Stück

Verwendung bis Ende Dezember 1945

Weitere Ausgabe ist „Nichtamtliche Ausgabe/Privaterzeugnis"!

Mühlberg (Elbe) 1

Marken der Hitlerkopf-Ausgabe mit Bdr.-Aufdruck „Blut und Tränen …" sind „Nichtamtliche Ausgaben/Privaterzeugnisse"!

Naumburg (Saale) 1

Marken der Hitlerkopf-Ausgabe mit Bdr.-Aufdruck neuer Wertstufen sind „Nichtamtliche Ausgaben/Privaterzeugnisse"!

Nahbollenbach (Nahe) 3

Aufkleber mit violettem Rahmenstempel „Gebühr/bezahlt", mit oder ohne handschriftl. Eintrag der Gebührenhöhe, gez., ist orts- und zeitübliche Barfrankatur!

Netzschkau-Reichenbach (Sachsen)

1945, 24. Juli. Freimarken der Hitlerkopf-Ausgabe mit schwarzem Bdr.-Aufdruck in verschiedenen Typen durch die Druckerei M. Schwabe.

				✶✶	⊙
1	1 (Pf)	dunkel- bis schwärzlichgrau	(781)	100,—	100,—
2	3 (Pf)	dunkelgelbbraun	(782)	12,—	12,—
3	4 (Pf)	dunkelpreußischblau	(783)	15,—	15,—
4	5 (Pf)	schwarzgelbgrün	(784)	22,—	22,—
5	6 (Pf)	(dunkel)bläulichviolett	(785)	6,—	6,—
6	8 (Pf)	zinnober	(786)	40,—	40,—
7	10 (Pf)	dunkelsiena	(826)	150,—	150,—
8	12 (Pf)	rot (Töne)	(827)	6,—	6,—
9	15 (Pf)	karminbraun	(789)	180,—	150,—
10	16 (Pf)	dunkelgrünblau	(790)	120,—	130,—
11	20 (Pf)	kobalt	(791)	200,—	250,—
		Satzpreis (11 W.) ✶ 500,—		850,—	850,—

Katalogisierung nach Aufdrucktypen siehe MICHEL-Deutschland-Spezial.

FALSCH Fälschungen sind hauptsächlich an der Jahreszahl zu erkennen. Neuerdings tauchen verschiedene gefährliche Fälschungen auf, die durch den sauberen Aufdruck auffallen. Prüfung ratsam!

Auflagen:

MiNr. 1 = 1600	MiNr. 5 = 21200	MiNr. 9 = 1100
MiNr. 2 = 14400	MiNr. 6 = 6200	MiNr. 10 = 2000
MiNr. 3 = 12000	MiNr. 7 = 1100	MiNr. 11 = 1000
MiNr. 4 = 7700	MiNr. 8 = 85200	

Gültig bis 8.8.1945

Neustadt (Schwarzwald) **3**

Aufkleber mit rotem Kastenstempel „Gebühr bezahlt / Porto…" auf farbigem Papier ist orts- und zeitübliche Barfrankatur!

Niesky (Oberlausitz)

Niesky unterstand nach Kriegsende zunächst keiner OPD und brachte in Eigeninitiative (nach dem Görlitzer Vorbild) ab Ende Juli 1945 eigene Briefmarken heraus; ab 4. August 1945 wurde Niesky der OPD Dresden untergeordnet.

1945, 26. Juli. Freimarken. Bdr. Hoffmann & Reiber (Kleinbogen 5×2); Bildformat 19,7×22,5 mm; hellgelbgraues, holzhaltiges Papier; glatte Gummierung; gez. L 13¾.

a) Wertziffer

b) Stadtwappen

				✶	✶✶	⊙
1	6 Pf	braunviolett	a	90,—	200,—	190,—
2	12 Pf	karminrot	b	70,—	150,—	150,—
		Satzpreis (2 W.)		160,—	350,—	340,—
		Kleinbogensatz (2 Klb.)			4500,—	

Auflagen: MiNr. 1 = 6400, MiNr. 2 = 6500 Stück

b

1945, 30. Aug. Freimarken. Bdr. (5×4); Bildformat 19,7×22,5 mm; klares Druckbild; weißes, gestrichenes Papier; glatte Gummierung; gez. L 13¾.

				✶✶	⊙
3	6 Pf	dunkelbraunviolett	b	100,—	170,—
4	12 Pf	lebhaft(rot)karmin	b	100,—	170,—
		Satzpreis (2 W.) ✶ 90,—		200,—	340,—

Auflagen: MiNr. 3 = 10240, MiNr. 4 = 12100 Stück

1945, 22. Sept. Freimarken. Bdr. (5×8); Bildformat 19,3×21,8 mm; gelbliches, holzhaltiges Papier; Spargummierung; gez. L 13¾.

				✶✶	⊙
5	6 Pf	dunkelgrauviolett	a	90,—	220,—
6	6 Pf	dunkelgrauviolett	b	90,—	270,—
7	12 Pf	lebhaftkarminrot	b	40,—	120,—
		Satzpreis (3 W.) ✶ 100,—		220,—	600,—

Auflagen: MiNr. 5 und 6 je 10000; MiNr. 7 = 20000 Stück

1945, 22. Sept. Freimarken. Bdr. (5×8); Bildformat 19,3×21,8 mm; deutlich durchschlagende Bildkonturen, starker Farbauftrag; hellchromgelbes, gestrichenes Papier; glatte Gummierung; gez. L 13¾.

				✶✶	⊙
8	6 Pf	dunkelrotviolett	a	13,—	20,—
9	6 Pf	dunkelrotviolett	b	15,—	30,—
10	12 Pf	(dunkel)orangerot	b	7,50	10,—
		Satzpreis (3 W.) ✶ 16,—		35,—	60,—

Auflagen: MiNr. 8 und 9 je 16500, MiNr. 10 = 33000 Stück

1945, 22. Sept. Freimarken. Wie MiNr. 8–10, jedoch auf weißem, gestrichenem Papier.

				✶✶	⊙
11	6 Pf	dunkelviolett	a	13,—	25,—
12	6 Pf	dunkelviolett	b	15,—	30,—
13	12 Pf	(dunkel)rosarot	b	7,50	15,—
		Satzpreis (3 W.) ✶ 16,—		35,—	70,—

Auflagen: MiNr. 11 zus. mit MiNr. 16 und MiNr. 12 zus. mit MiNr. 17 je 26490, MiNr. 13 zus. mit MiNr. 18 = 43800 Stück

1945, 16. Okt. Freimarken. Bdr. (5×4); Bildformat 19,5×22,2 mm; schwach durchschlagende Bildkonturen, dünnerer Farbauftrag; hellchromgelbes, gestrichenes Papier, glatte Gummierung; gez. L 13¾.

				✶✶	⊙
14	6 Pf	dunkelviolettpurpur (Töne)	a	5,50	10,—
15	6 Pf	dunkelviolettpurpur (Töne)	b	5,50	10,—
		Satzpreis (2 W.) ✶ 5,—		11,—	20,—

Auflagen: MiNr. 14 und 15 je 23500 Stück

1945, 16. Okt. Freimarken. Wie MiNr. 14–15, jedoch auf weißem, gestrichenem Papier; MiNr. 18 schmalere Buchstaben als MiNr. 13.

				✶✶	⊙
16	6 Pf	violettpurpur	a	120,—	180,—
17	6 Pf	violettpurpur	b	120,—	180,—
18	12 Pf	(lebhaft)rosarot	b	25,—	50,—
		Satzpreis (3 W.) ✶ 120,—		260,—	400,—

Auflagen siehe bei MiNr. 11–13

Durch die Neubearbeitung haben sich Änderungen von MiNr. ergeben. Nachprüfung der Marken dringend anzuraten!

MiNr. 1–18 gültig bis 31.10.1946

Oberlungwitz 3

Aufkleber mit Zweikreisstempel „OBERLUNGWITZ 1 / d / BEZAHLT" und Datum ist orts- und zeitübliche Barfrankatur!

Oldenburg 1

Blockausgaben Landeshilfe Oldenburg sind „Nichtamtliche Ausgaben/Privatererzeugnisse"!

Oldenswort (über Husum) **1**

Wertstempel aus Postkarten der RPD Kiel mit dreizeiligem Text „Freigebühr/vorausgezahlt/6 Pfennige" sowie schrägem Frakturstempel „Oldenswort" ist nicht postamtlich!

Perleberg (Brandenburg)

Ungebrauchte Marken werden nicht BPP-geprüft.

1945, 11. Juni. Freimarken der Hitlerkopf-Ausgabe mit schwarzem Handstempel-Aufdruck in drei Typen.

				** 1	⊙
1	5 (Pf)	dunkelolivgrün	(784)	27,—	22,—
2	6 (Pf)	lebhaft(blau)violett	(785)	22,—	22,—
3	8 (Pf)	zinnober	(786)	27,—	22,—
4	12 (Pf)	rot (Töne)	(827)	55,—	22,—
5	42 (Pf)	schwärzlichgelbsmaragdgrün	(A 795)	130,—	100,—
		Satzpreis (5 W.) * 140,—		260,—	180,—

Darstellung der Aufdrucktypen siehe MICHEL-Deutschland-Spezial.

FALSCH

Auflagen: MiNr. 1 und 3 je 3000, MiNr. 2 und 4 je 5000, MiNr. 5 = 1000 Stück

Gültig bis 26.6.1945

Pirna 4

Freimarken der Hitlerkopf-Ausgabe mit schwarzem Korkstempelaufdruck sowie mit Aufdruck eines violetten oder roten fünfstrahligen Sterns (KZ-Insassen) siehe Alliierte Besetzung – Sowjet. Zone – Bundesland Sachsen („Sächsische Schwärzungen", Unkenntlichmachungen B und C) im MICHEL-Deutschland-Spezial.

Aufdruck „Pirna / 1945" auf Gitter ist Mache!

Plauen (Vogtland)

1945, 15. Dez. Wiederaufbau; Volkshilfe. Ⓔ Grossmann und Schmidt; Odr. M. Wieprecht (5×10); verschiedene Papiersorten, glatte oder Spargummierung; gez. 12½.

a) Stadtwappen

b) Zerstörte Elsterbrücke

c) Elsterbrücke

d) Rathaus

e) Denkmal hl. Georg als Drachentöter

f) Plauener Spitzen

g) Eingang zum Stadttheater

					**	⊙
1	5 + 3 Pf	bläulichgrün	a		1,—	3,50
2	6 + 4 (Pf)	oliv	b		1,—	3,50
3	6 + 4 Pf	oliv	c		1,—	3,50
4	8 + 6 Pf	dunkelzinnober	d		1,—	3,50
5	12 + 8 Pf	rötlichkarmin (Töne)	e		1,—	3,50
6	20 + 10 Pf	ultramarin	f		12,—	25,—
7	20 + 10 (Pf)	ultramarin	g		12,—	25,—
		Satzpreis (7 W.) * 13,—			28,—	65,—

Auflagen: MiNr. 1 = 160 000, MiNr. 2 = 175 000, MiNr. 3 = 175 000, MiNr. 4 = 164 000, MiNr. 5 = 768 000, MiNr. 6 = 50 000, MiNr. 7 = 50 000 Stück

Alle gebraucht-Preise gelten für (BPP-)geprüfte Stücke!

Gültig bis 5.4.1946

Pretzsch (Elbe) 1

Freimarken der Hitlerkopf-Ausgabe mit schwarzem oder violettem Aufdruck in Ellipsenform „Postamt/Pretzsch (Elbe)" sind Mache!

Ravensburg 1

Marken der Hitlerkopf-Ausgabe mit Bdr.-Aufdruck des Lothringer Kreuzes und Text sind „Nichtamtliche Ausgaben/Privaterzeugnisse"!

Reichenbach (Vogtland) **siehe Netzschkau**

Reit im Winkl 1

Rosarote Aufkleber in Format ca. 40×36 mm mit violettem Siegel „POSTAMT REIT I. WINKL", in der Mitte großes Siegeszeichen „V", darüber Morsezeichen und Wertangabe, darunter Kastenstempel „Gebühr bezahlt", gummiert, □, sind Mache!

Reutlingen 1

Runde Verschlusszettel mit Tagesstempel Reutlingen sind Fälschungen!

Röhrmoos

1945, Okt. Gebührenzettel. Roter Rechteckstempel mit abgerundeten Ecken, Gebührenhöhe handschriftlich daneben gesetzt; weißes Papier; Format ca. 35×16 mm; □.

		✉
1		2000,—

Roßwein (Sachsen) 1

Viererblock der Marken von Westsachsen (SBZ) MiNr. 119 mit Bdr.-Aufdruck ist „Nichtamtliche Ausgabe/Privaterzeugnis"!

Rothenburg über Könnern (Saale) 2

1945, 14. Juli. Lokale Schwärzung der Freimarken der Hitlerkopf-Ausgabe, rund bis oval, mit Tinte oder Kopierstift.

				✉
1	1 (Pf)	dunkel- bis schwärzlichgrau	(781)	*250,—*
A 1	6 (Pf)	(dunkel)bläulichviolett bis (schwärzlich)rotviolett	(785)	*400,—*
B 1	12 (Pf)	rot (Töne)	(827)	*400,—*
C 1	15 (Pf)	karminbraun	(789)	*250,—*
D 1	12 (Pf)	lilarot	(788)	*600,—*
2	16 (Pf)	dunkelgrünblau	(790)	*250,—*

Stempeldaten bis 18. Juli 1945

Ründeroth (Rheinland) 1

Gebührenzettel sind „Nichtamtliche Ausgaben/Privaterzeugnisse"!

Saalfeld (Saale) 1

Freimarken der Hitlerkopf-Ausgabe mit Aufdruck Saalfeld, bzw. Aufdruck von Balken und 2 Dreiecken sind Schwindelerzeugnis!

Säckingen (Rhein) 1

Freimarken der Hitlerkopfausgabe mit schrägem Aufdruck „Säckingen a. Rh." sind Schwindelerzeugnis!

Saig (Schwarzwald) **siehe Titisee**

Saulgau (Württemberg) **1**

Marken der Hitlerkopf-Ausgabe mit Bdr.-Aufdruck eines „V“ sind „Nichtamtliche Ausgaben/Privaterzeugnisse“!

Schwarzenbach (Saale) **3**

Postverschlusszettel mit schwarzer Inschrift „Postamt“ und Stern im Doppelkreis, mit rotem Ovalstempel „Schwarzenbach a. Saale / Gebühr bezahlt / Datum“, ist orts- und zeitübliche Barfrankatur!

Schwarzenberg (Erzgebirge) **4**

Freimarken der Hitlerkopf-Ausgabe mit schwarzem oder dunkelviolettem Handstempelaufdruck der Schlosssilhouette mit oder ohne Ortsnamen siehe Alliierte Besetzung – Sowjet. Zone – Bundesland Sachsen („Sächsische Schwärzungen“, Unkenntlichmachung C) im MICHEL-Deutschland-Spezial.

Spremberg (Niederlausitz)

1945, 1. Nov. Gebührenzettel. Gebührenzahlen von Datum-Bänderstempel in blauviolett oder rot; weißes Papier; Format mittlere Breite 11,5 bis 15,5 mm, mittlere Höhe 8,5–11 mm; unregelmäßig geschnitten.

			✉
I	3 (Pf)	blauviolett	1200,—
III	6 (Pf)	blauviolett	800,—
V	12 (Pf)		
a		blauviolett	800,—
b		rot	1000,—

Gebührenzettel zu 5 (MiNr. II) und 8 Pf (MiNr. IV) sollen nach Feststellungen der Zentralverwaltung existieren, lagen bisher aber nur auf gefälschten oder zweifelhaften Belegen vor!

Die Gebührenzettel wurden in der Regel nicht abgestempelt; zusätzlich zum Tagesstempel wurde immer ein „Gebühr-bezahlt“-Stempel gesetzt!

FALSCH

Achtung! Die große Mehrheit der auf dem Markt befindlichen Belege ist gefälscht oder fraglich! Zettel mit wesentlich kleineren Formaten (Breite unter 11 mm, Höhe unter 8 mm), meist voll abgestempelt, sollten nur mit neuerer (BPP-)Prüfung akzeptiert werden!

Verwendungszeit (lt. zweifelhafter Auskunft des Hauptkassenführers): 1.11. bis 15.11.1945
auf Bedarfspost belegt: 1.11. bis 10.11.1945

1945, 3. Dez. Freimarken (I). Bdr. W. Kolbe (6×4); graues, gefasertes (1. und 2. Auflage) und leicht gelbliches, gefasertes (3. Auflage) Papier; gez. L 10¾; 1. u. 2. Aufl. mit Bogenunterrand, Bogenseitenränder □, 3. Aufl. ohne Unterrand, alle Bogenränder □.

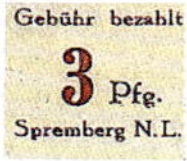

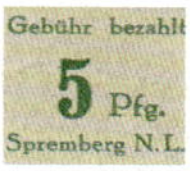

a

				✶	✶✶	⊙
1	3 Pf	dunkelbräunlichrot	a	14,—	27,—	20,—
2	4 Pf		a			
a		(lebhaft)blau		14,—	27,—	20,—
b		violettultramarin (1. Aufl.)		130,—	200,—	150,—
3	5 Pf	(dunkel)smaragdgrün	a	14,—	27,—	20,—
4	6 Pf		a			
a		violettultramarin		14,—	27,—	20,—
b		lebhaftblau (1. Aufl.)		130,—	200,—	150,—
5	8 Pf	orangerot	a	14,—	27,—	20,—
6	12 Pf	rot	a	14,—	27,—	20,—
		Satzpreis (6 W.)		80,—	160,—	120,—

Bei MiNr. 1–22 treten starke Farbschwankungen auf!

Die früher unter 2 F und 4 F katalogisierten Farbvarianten sind jetzt unter 2 b und 4 b katalogisiert!

Auflagen: MiNr. 1, 2 und 5 je 16 800, MiNr. 4 = 44 000, MiNr. 6 = 54 000 Stück

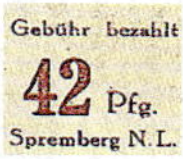

a

1946, 3. Jan. Freimarken (II). Bdr. W. Kolbe (5×6); weißes bis gelblich getöntes, holzfreies Papier; A = gez. L 10¾ (Bogenränder □), B = □.

				✶✶	⊙
7	3 Pf	braunrot	a		
A		gez. L 10¾		0,80	0,80
B		geschnitten		0,70	0,90
8	4 Pf	lebhaftblau	a		
A		gez. L 10¾		0,80	0,80
B		geschnitten		0,70	0,90
9	5 Pf	smaragdgrün	a		
A		gez. L 10¾		0,80	0,80
B		geschnitten		0,70	0,90
10	6 Pf	violettultramarin	a		
A		gez. L 10¾		0,80	0,80
B		geschnitten		0,70	0,90
11	8 Pf	(dunkel)orangerot	a		
A		gez. L 10¾		0,80	0,80
B		geschnitten		0,70	0,90
12	12 Pf	orangerot bis rot	a		
A		gez. L 10¾		0,80	0,80
B		geschnitten		0,70	0,90
13	42 Pf	lebhaftlilakarmin	a		
A		gez. L 10¾		0,80	0,80
B		geschnitten		0,70	0,90
14	54 Pf	lebhaftsmaragdgrün	a		
A		gez. L 10¾		0,80	0,80
B		geschnitten		0,70	0,90
		Satzpreis A (8 W.) ✶ 2,—		6,—	6,—
		Satzpreis B (8 W.) ✶ 1,50		5,—	7,—

Auflagen:

MiNr. 7 A = 219 840 Stück	MiNr. 7 B = 140 310 Stück
MiNr. 8 A = 219 720 Stück	MiNr. 8 B = 140 310 Stück
MiNr. 9 A = 225 810 Stück	MiNr. 9 B = 140 310 Stück
MiNr. 10 A = 270 900 Stück	MiNr. 10 B = 140 310 Stück
MiNr. 11 A = 225 960 Stück	MiNr. 11 B = 140 310 Stück
MiNr. 12 A = 270 930 Stück	MiNr. 12 B = 140 310 Stück
MiNr. 13 A = 219 750 Stück	MiNr. 13 B = 140 310 Stück
MiNr. 14 A = 225 780 Stück	MiNr. 14 B = 140 310 Stück

MiNr. 1–14 gültig bis 31.10.1946

Notizen:

a

1946, 25. Febr. Wiederaufbau (I). Neu gedruckte Freimarken wie MiNr. 11 und 12 mit zusätzlichem schwarzem Aufdruck auf dunkelgelblichrotem Papier.

			✶✶	⊙
15	8 Pf + **1 M**	rot/schwarz auf dkl'gelblichrot bis dkl'zinnober . b		
A		gez. L 10¾	40,—	*80,—*
B		geschnitten	*2500,—*	*3000,—*
16	12 Pf + **1 M**	rot/schwarz auf dkl'gelblichrot bis dkl'zinnober . b		
A		gez. L 10¾	40,—	*80,—*
B		geschnitten	*3500,—*	*3000,—*
		Satzpreis A (2 W.) ✶ 40,—	80,—	*160,—*
		Satzpreis B (2 W.) ✶ *4000,—*	*6000,—*	*6000,—*

FALSCH geschnittene Marken (die Marken müssen das Außenformat gezähnter Marken aufweisen). Vorsicht vor privaten Nachdrucken, aktuelle BPP-Prüfung dringend anzuraten!

Auflagen: A = 12 000, B = unbekannt

Gültig bis 28.2. und vom 22.3. bis 31.3.1946

1946, 25. Febr. Wiederaufbau (II). Wie MiNr. 15 und 16, jedoch geänderte Farben auf weißem, holzfreiem Papier.

			✶✶	⊙
17	8 Pf + **1 M**	gelb(lich)orange . . . . b		
A		gez. L 10¾	2,—	4,—
B		geschnitten	2,—	4,—
18	12 Pf + **1 M**	orangerot bis rot . . . . b		
A		gez. L 10¾	2,—	4,—
B		geschnitten	2,—	4,—
		Satzpreis A (2 W.) ✶ 1,60	4,—	8,—
		Satzpreis B (2 W.) ✶ 1,60	4,—	8,—

Auflagen: A = 180 000, B = 90 000 Sätze

Gültig bis 28.2. und vom 22.3. bis 31.3.1946

Weitere Marken sind „Nichtamtliche Ausgaben/Privaterzeugnisse"!

Stade 3

Aufkleber mit rotem Zweikreisstegstempel „STADE 1 / BEZAHLT" und Datum, □, ist orts- und zeitübliche Barfrankatur!

St. Georgen 3

Zettel mit zweizeiligem Rechteckstempel „Gebühr bezahlt / Port payé", darunter handschriftl. Wertangabe und Namensstempel „Rieger" ist orts- und zeitübliche Barfrankatur!

Storkow (Mark)

1946, 23. Jan. Wiederaufbau. Marken Alliierte Besetzung – Berlin und Brandenburg MiNr. 1–7 mit Bdr.-Aufdruck in Lebhaftmagenta von Punkten, „+10 / STADT STORKOW".

				✶✶	⊙
1	5 + **10** (Pf)	schwärzlichgelbgrün	(1 A)	2,50	4,—
2	5 + **10** (Pf)	schwärzlichgelbgrün	(1 B)	2,50	4,—
3	6 + **10** (Pf)	dunkelpurpurviolett	(2 A)	2,50	4,—
4	8 + **10** (Pf)	orangerot	(3 A)	2,50	4,—
5	10 + **10** (Pf)	mittelsiena	(4 A)	2,50	4,—
6	12 + **10** (Pf)	(karmin)rot	(5 A)	2,50	4,—
7	20 + **10** (Pf)	(dunkel)blau	(6 A)	2,50	4,—
8	30 + **10** (Pf)	bräunlicholiv	(7 A)	2,50	4,—
		Satzpreis (8 W.) ✶ 9,—		20,—	30,—

MiNr. 1–8 gibt es mit den gleichen Papier- und Gummierungsunterschieden wie bei den Marken Berlin und Brandenburg MiNr. 1–7; Wertverhältnisse wie dort!

Auflage: 50 000 Sätze

Gültig bis 5.4.1946, in der Provinz Brandenburg bis 31.10.1946

a) Stadtwappen

1946, 31. Jan. Freimarken: Stadtwappen. Bdr. Muschke (10×10); MiNr. 9–13 weißes, MiNr. 14 gelbliches Papier; A = gez. L 10½:10¾, B = □.

			✶✶	⊙
9	3 (Pf)	lebhaftorangegelb . . . . a		
A		gez. L 10½:10¾	3,30	6,—
B		geschnitten	350,—	—,—
10	4 (Pf)	dunkelgraublau . . . . a		
A		gez. L 10½:10¾	3,30	6,—
B		geschnitten	120,—	—,—
11	5 (Pf)	schwärzlichgelblichgrün . . . . . . a		
A		gez. L 10½:10¾	3,30	6,—
B		geschnitten	90,—	—,—
12	6 (Pf)	dunkelrötlichlila . . . . a		
A		gez. L 10½:10¾	3,30	6,—
B		geschnitten	75,—	—,—
13	8 (Pf)	dunkelorange . . . . a		
A		gez. L 10½:10¾	3,30	6,—
B		geschnitten	350,—	
14	12 (Pf)	schwarz auf gelblich . . . . a		
A		gez. L 10½:10¾	3,30	6,—
B		geschnitten	90,—	—,—
		Satzpreis A (6 W.) ✶ 9,—	19,—	35,—
		Satzpreis B (6 W.)	1000,—	—,—

Auflagen: MiNr. 9–11 je 100 000, MiNr. 12 a = 5000, MiNr. 12 b = 145 000, MiNr. 13 = 100 000, MiNr. 14 = 150 000 Stück

Gültig bis 31.10.1946

1946, 31. Jan. Blockausgabe: Opfer des Faschismus. Bdr.; Muschke; (grau)weißes bis gelbliches, gestrichenes Papier; A = gez. K 10½, B = □, C = gez. Ks 10½.

b) Stacheldrahtornament, KZ-Symbol

c) (Kammzähnung, A)

			✶	✶✶	⊙
15	12 + 38 Pf	dunkelrosarot . . . . . . b			
A		gez. K 10½	6,—	12,—	25,—
Block 1	(75×100 mm)	 c			
A		gez. K 10½ (Kamm)	17,—	30,—	120,—
B		geschnitten	320,—	550,—	
C		gez. Ks 10½ (Kasten)	160,—	300,—	250,—

Block 1 B gebraucht lag bisher nur als Ganzfälschung vor.

Auflage: 67 000 Blocks

1946, 31. Jan. Blockausgabe: Opfer des Faschismus. Wie Block 1, jedoch grünliches Papier und Wz. sphärische Dreiecke mit stumpfen Spitzen.

			✶	✶✶	⊙
16	12 + 38 (Pf)	dunkelrosarot auf grünlich . . . . b			
A		gez. K 10½	13,—	25,—	100,—
B		geschnitten	—,—	—,—	
Block 2	(75×100 mm)	 c			
A		gez. K 10½ (Kamm)	25,—	50,—	200,—
B		geschnitten	400,—	850,—	
C		gez. Ks 10½ (Kasten)	—,—	—,—	

Auflage: 33 000 Blocks

Gültig bis 5.4.1946, in der Provinz Brandenburg bis 31.10.1946

Strausberg (bei Berlin)

MiNr. 1–33 sind „Nichtamtliche Ausgaben / Privaterzeugnisse"!

a

1946, 30. Jan. Wiederaufbau. Bdr. Heine und Weber (4×5); A = gez. L 11½, B = □.

			✶✶	⊙
34	5 + 45 (Pf)	rötlichkarmin . . . . a		
A		gez. L 11½	2,—	3,—
B		geschnitten	2,—	3,—
35	6 + 44 (Pf)	rötlichkarmin . . . . a		
A		gez. L 11½	2,—	3,—
B		geschnitten	2,—	3,—
36	8 + 42 (Pf)	rötlichkarmin . . . . a		
A		gez. L 11½	2,—	3,—
B		geschnitten	2,—	3,—
37	12 + 38 (Pf)	rötlichkarmin . . . . a		
A		gez. L 11½	2,—	3,—
B		geschnitten	2,—	3,—
		Satzpreis A (4 W.) ✶ 2,50	8,—	12,—
		Satzpreis B (4 W.) ✶ 2,50	8,—	12,—
		Viererstreifen A ✶ 4,50	10,—	25,—
		Viererstreifen B ✶ 4,50	10,—	25,—

MiNr. 34–37 wurden waagerecht zusammenhängend gedruckt.

Auflagen: A = 50 000, B = 100 000 Sätze

Gültig bis 31.1.1946

1946, 30. Jan. Blockausgabe: Wiederaufbau. Bdr. Heine und Weber in zwei Typen; □.

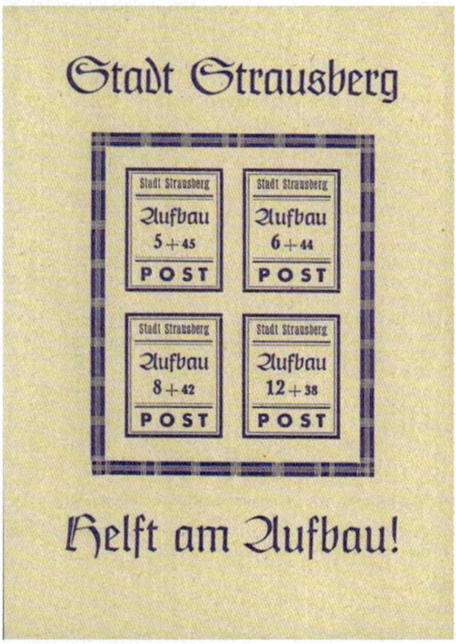

b

Die untere Leiste des Zierrahmens um die Marken ist bei allen Blocks in zwei Typen zu unterscheiden:

Type I: Insgesamt 43 Querstriche, davon in der rechten Ecke 5

Type II: Insgesamt 44 Querstriche symmetrisch angeordnet, davon in der rechten Ecke 6

			✶	✶✶	⊙
38	5 + 45 (Pf)	dunkelblauviolett . a	0,80	2,—	3,—
39	6 + 44 (Pf)	dunkelblauviolett . a	0,80	2,—	3,—
40	8 + 42 (Pf)	dunkelblauviolett . a	0,80	2,—	3,—
41	12 + 38 (Pf)	dunkelblauviolett . a	0,80	2,—	3,—
Block 1	(105×148 mm)	. . . . b	27,—	55,—	25,—*
42	5 + 45 (Pf)	schwarz . . . . a	0,80	2,—	3,—
43	6 + 44 (Pf)	schwarz . . . . a	0,80	2,—	3,—
44	8 + 42 (Pf)	schwarz . . . . a	0,80	2,—	3,—
45	12 + 38 (Pf)	schwarz . . . . a	0,80	2,—	3,—
Block 2	(105×148 mm)	. . . . b	27,—	55,—	25,—*
		Blockpaar	54,—	110,—	50,—*

Preise der beiden Typen gleich!

*) Preise gelten für Gefälligkeitsabstempelungen (nach 31.1.46); zeitgerechte Entwertungen (nur 30.–31.1.) mindestens 200,— (nur mit aktueller (BPP-)Prüfung).

Die Ausgabe der Marken MiNr. 34–37 und der Blocks 1 und 2 wurde von der Zentralverwaltung für das Post- und Fernmeldewesen Berlin nachträglich genehmigt.

Auflagen: Block 1 und 2 je 50 000 Blocks

Gültig bis 31.1.1946

Weitere Ausgaben (und 1 Block) sind „Nichtamtliche Ausgaben/Privaterzeugnisse"!

Titisee (Schwarzwald)

Ungebrauchte Gebührenzettel werden nicht BPP-geprüft.

1945, Nov./Dez. Gebührenzettel. Hektographierte Handschrift „Gebühr / bezahlt / 12 Rpf", dazu Signum des Beamten; Bogen 6×6; □.

a

			✶■	✶✶■	⊙
1	12 Pf	violett . . . . a	300,—	500,—	600,—

FALSCH

Auflage: ca. 1500 Stück

1945, Nov./Dez. Gebührenzettel. Dreizeilige Schreibmaschinenschrift, Signum des Beamten. Bogen 6×6; □.

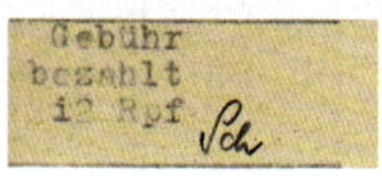

b

			✶■	✶✶■	⊙
2	12 Pf	schwarz . . . . b	500,—	800,—	900,—

FALSCH

Von MiNr. 1 und 2 sind auch handschriftlich aufgewertete Zettel auf 24 bzw. 84 Pf bekannt.

Auflage: ca. 300 Stück

1946, Mai/Juni. Gebührenzettel. Drei- oder vierzeiliger, zweisprachiger Text in Schreibmaschinenschrift, handschriftlicher Eintrag der Gebührenhöhe, meistens Signum eines Beamten; Bogen 6×6; □.

c

			✶■	✶✶■	⊙
3	... Pf	schwarz c	380,—	650,—	1000,—

Von den Gebührenzetteln MiNr. 3 sind zahlreiche Abweichungen, wie z. B. Zeilenanfang links nicht gleichmäßig, geänderte Zeilenreihenfolge, sowie Tippfehler bekannt (keinerlei Aufschläge).

MiNr. 3 wurde bei den Poststellen Falkau, Breitnau und Saig (im Okt. 1946 zurückgezogen) zur Freimachung von Auslandsbriefsendungen verwendet. In Titisee sollen damit nur Päckchen frankiert worden sein, allerdings lagen auch mit MiNr. 3 frankierte Inlandsbriefe vor.

Nach Eintreffen der Gebührenstempel wurden die Restbestände von MiNr. 1–3 bei den Poststellen Breitnau und Saig verbraucht.

Ein weiterer zweizeiliger Zettel „Gebühr bezahlt / 12 Rpf“ in Schreibmaschinenschrift ist Mache!

Trochtelfingen (Hohenzollern) **3**

Aufkleber (Hochrechteck) mit rotem Rechteckstempel „Gebühr bezahlt / … Rpf“, Gebührenhöhe handschriftlich eingetragen, darüber oder darunter Tagesstempel, ist orts- und zeitübliche Barfrankatur!

Unna (Westfalen)

1945, 6. Dez. Gebührenzettel. Bdr. Zeitvogel & Lomb (1×5); (hell)gelbes Papier; ein- oder mehrseitig gez. L 11½.

			★★	⊙
1	3 Pf	schwarz auf (hell)gelb	120,—	50,—
2	6 Pf	schwarz auf (hell)gelb	120,—	50,—
3	12 Pf	schwarz auf (hell)gelb	120,—	50,—
		Satzpreis (3 W.) ✶ 190,—	350,—	150,—

Die Gebührenzettel wurden meist zusammen mit AM-Post-Marken verwendet. Weil die Gültigkeit angezweifelt wurde, wurden sie der zuständigen RPD vorgelegt, die eine Weiterverwendung untersagte.

FALSCH Die aktuelle philatelistische Forschung zu dieser Lokalausgabe hat ergeben, dass ein Nachdruck (Fälschung) der MiNr. 1–3 auf gelblichem Papier und mit Druckbildabweichungen existiert. Für postfrische Marken wird daher eine (BPP-)Prüfung bzw. Nachprüfung empfohlen.

Auflage (angeblich): 4200 Sätze (zur Frankatur verwendet nur insgesamt ca. 6000 Stück)

Verwendet bis 12.12.1945

Weitere Gebührenzettel sind „Nichtamtliche Ausgaben / Privaterzeugnisse“!

Vlotho (Westfalen) **3**

Rosettenartig gestanzter, weißer Verschlusszettel (sogen. Oblaten), Durchmesser ca. 40 mm, mit Ovalstempel „VLOTHO / Datumbrücke / Gebühr bezahlt“, ist orts- und zeitübliche Barfrankatur!

Walldorf (Werra) **1**

Gedenkblätter zur Tausend-Jahr-Feier mit Marken All. Besetzung – Gemeinschaftsausgaben MiNr. 915 und 917 (1. Kontrollratsausgabe) mit Sonderstempel vom 2.11.1946 sind keine amtlichen Ausgaben!

Wallhausen (Helme) **3**

Aufkleber mit rotem Handstempel „Geb. Bez.“, Gebühr handschriftlich eingetragen, ist orts- und zeitübliche Barfrankatur!

Wankum (über Geldern) **3**

Aufkleber aus liniertem Papier mit handschriftlichem rotem Eintrag „Geb. bez. / 1.08“, ist orts- und zeitübliche Barfrankatur!

Wasungen (Thüringen) **1**

Block mit Marken zu 2, 10, 30 und 42 Pf. Blockinschrift „STADT WASUNGEN / 1946 / IM JAHRE DES / WIEDERAUFBAUES / 10 Mark – Auflage 25 000 STCK.“ ist keine amtliche Ausgabe!

Westerland (Sylt) **3**

Aufkleber aus benutzten Streifen von Additionsmaschinen, mit Rotstift umrandet, mit zweizeiligem Handstempel „… Rm … Rpf Nachw. / in Westerland (Sylt)“, Gebührenhöhe handschriftlich eingetragen sowie 2 Namenszügen, ist orts- und zeitübliche Barfrankatur!

Westerstede (Kreis Ammerland) **1**

Marken der Hitlerkopf-Ausgabe mit Bdr.-Aufdruck eines „V“ sind „Nichtamtliche Ausgaben/Privaterzeugnisse“!

Westrhauderfehn (Kreis Leer) **3**

Aufkleber mit zweizeiligem Rechteckstempel „Taxe perçue / … RM … Rpf“, Gebührenhöhe handschriftlich eingetragen, ist orts- und zeitübliche Barfrankatur!

Wilhelmshaven **3**

Aufkleber mit zweizeiligem violettem Handstempelaufdruck „… Rm … Rpf / Nachw. in Wilhelmshaven“, Gebührenhöhe handschriftlich eingetragen, Signum des Annahmebeamten, ist orts- und zeitübliche Barfrankatur!

Winzeln (Württemberg) **3**

Aufkleber mit zweizeiligem violettem Rechteckstempel „Gebühr bezahlt / … Rpf“, Gebührenhöhe handschriftlich eingetragen, Poststempel dazugeklebt, ist orts- und zeitübliche Barfrankatur!

Wittenberg-Lutherstadt

MiNr. 1–19 und I–V werden derzeit nicht BPP-geprüft.

1945, Juli. Freimarken der Hitlerkopf-Ausgabe mit rundem, schwarzem Handstempelaufdruck (Durchmesser Pfennigwerte 16,5, Markwerte 20,5 mm). 2

				★★	⊙
1	1 (Pf)	dunkel- bis schwärzlichgrau	(781)	10,—	10,—
2	3 (Pf)	dunkelgelbbraun	(782)	10,—	10,—
3	4 (Pf)	dunkelpreußischblau	(783)	10,—	10,—
4	5 (Pf)	schwarzgelbgrün	(784)	10,—	10,—
5	6 (Pf)	(dunkel)bläulichviolett	(785)	10,—	10,—
6	8 (Pf)	zinnober	(786)	10,—	10,—
7	10 (Pf)	dunkelsiena	(826)	20,—	20,—
8	12 (Pf)	rot (Töne)	(827)	20,—	20,—
9	15 (Pf)	karminbraun (Töne)	(789)	15,—	15,—
10	16 (Pf)	dunkelgrünblau	(790)	15,—	15,—
11	20 (Pf)	kobalt	(791)	15,—	15,—
12	24 (Pf)	dunkelorangebraun	(792)	20,—	20,—
13	25 (Pf)	(dunkel)violettultramarin	(793)	15,—	15,—
14	30 (Pf)	schwärzlichgrünlicholiv	(794)	25,—	25,—
15	40 (Pf)	dunkellilapurpur	(795)	25,—	25,—
16	42 (Pf)	schwärzlichgelbsmaragdgrün	(A 795)	20,—	20,—
17	50 (Pf)	schwarzopalgrün	(796)	20,—	20,—
18	60 (Pf)	karminbraun	(797)	40,—	40,—
19	80 (Pf)	schwarzgraublau	(798)	40,—	40,—
		Satzpreis (19 W.) ✶ 200,—		350,—	350,—

Stempel mit April-Daten sind Fälschungen (Rückdatierungen)!

Auflage (angeblich): 1000 Sätze *Gültig bis 13.8.1945*

Auf Vorlage von Schalterkunden wurden auch folgende Werte mit dem Stempel versehen:

2

				★★	⊙
I	10 (Pf)	dunkelsiena (StTdr.)	(787)	200,—	200,—
II	12 (Pf)	lilarot (StTdr.)	(788)	200,—	200,—
A II	1 M	schwarzgrün			
A		gez. L 12½	(799 A)	190,—	180,—
B		gez. K 14	(799 B)	100,—	80,—
III	2 M	schwarzviolett			
A		gez. L 12½	(800 A)	220,—	200,—
B		gez. K 14	(800 B)	100,—	90,—
IV	3 M	dunkelbräunlichrot	(801 A)	130,—	120,—
V	5 M	dunkelviolettultramarin			
A		gez. L 12½	(802 A)	150,—	140,—
B		gez. K 14	(802 B)	150,—	140,—

MiNr. 20 fällt aus.

1946, 8. März. Freimarke Sowjet. Zone – Provinz Sachsen MiNr. 81 mit (lila)rotem Handstempelaufdruck von links oben nach rechts unten.

			*	**	⊙
21	**4 Pf** auf 20 Pf hellblau				
X		Wz. 1 X . (81 X)	40,—	80,—	70,—

MiNr. 21 mit Wz. 1 Y hat sich bisher immer als falsch herausgestellt.

Durch die Gebührenerhöhung vom 1.3.1946 entstand ein Mangel an 24-Pf-Marken. Der Stellenvorsteher des Postamtes veranlasste ohne Kenntnis und Genehmigung der OPD Halle den Aufdruck. Die Marken wurden angeblich vom 8.–11. März 1946 am Schalter verkauft. Am 11. März verbot der Amtsvorsteher den weiteren Verkauf. Restbestände wurden bis Ende März 1946 im Innendienst zum Nennwert der Urmarke (20 Pf) auf Paketkarten, Postanweisungen und Zahlkarten aufgebraucht.

Auflage: 10 000 Stück *Verwendung bis Ende April 1946*

Block „400. Todestag von Martin Luther" sowie Gebührenzettel ähnlich Spremberg MiNr. 1–6 sind „Nichtamtliche Ausgaben/Privaterzeugnisse"!

Wuppertal-Elberfeld 6

1946, 19. Juni. Gebührenzettel. Roter oder violetter Rechteckstempel in zwei Typen, darüber Gebührenhöhe a = handschriftlich, b = mit violettem (Töne) Stempel eingesetzt; braunes Papier; Format ca. 35×25 mm; □.

Type I a
Gebührenhöhe handschr.

Type I b
Gebührenhöhe Stempel

Type II (nur b)
Gebührenhöhe Stempel

			✉
1	80 Pf	rot(violett)/violett auf braun	
II b		Type II, Geb.-Höhe Stempel	900,—
2	84 Pf	rot(violett)/violett auf braun	
I b		Type I, Geb.-Höhe Stempel	450,—
II b		Type II, Geb.-Höhe Stempel	450,—
3	108 Pf	rot(violett)/schwarzblau auf braun	
I a		Type I, Geb.-Höhe handschr.	900,—
4	120 Pf	rot(violett)/violett auf braun	
I a		Type I, Geb.-Höhe handschr.	900,—
II b		Type II, Geb.-Höhe Stempel	900,—
5	140 Pf	rot(violett)/violett auf braun	
I b		Type I, Geb.-Höhe Stempel	450,—

Nach Auskunft des Postamtes sollten die Gebührenzettel lediglich auf „Sendungen größeren Umfanges" verwendet werden, doch gibt es auch Paketkarten und Briefe mit diesen Zetteln.

Insgesamt wurden von MiNr. 1–5 höchstens 1400 Stück verwendet.

Verwendung bis 28. Juni 1946

Wuppertal-Barmen 6 3

Aufkleber mit (braun)rotem Ovalstempel „WUPPERTAL-BARMEN 6 / Datumbrücke / Gebühr bezahlt" ist orts- und zeitübliche Barfrankatur!

Wuppertal-Wichlinghausen 3

Aufkleber aus Postverschlusszettel mit schwarzer Inschrift „Postamt" und Stern im Doppelkreis, in der Mitte „Wuppertal- / Barmen 1", darüber roter Ovalstempel „WUPPERTAL-WICHLINGHAUSEN / Datum / Gebühr bezahlt", ist orts- und zeitübliche Barfrankatur!

Wurzen (Sachsen) 4

Freimarken der Hitlerkopf-Ausgabe mit schwarzem Handstempel-Aufdruck eines Quadrates mit stilisiertem Rosenornament siehe Alliierte Besetzung – Sowjet. Zone – Bundesland Sachsen („Sächsische Schwärzungen", Unkenntlichmachung C) im MICHEL-Deutschland-Spezial.

Deutschland unter alliierter Besetzung

Von Beginn der Besetzung an bis 4.6.1945 unterstanden die besetzten Gebiete der Militärregierung der jeweiligen Streitkräfte, also der angloamerikanischen (SHAEF), französischen bzw. sowjetrussischen. Am 5.6.1945 wurde der Alliierte Kontrollrat errichtet, der verbliebene Rest des Deutschen Reiches wurde in vier Besatzungszonen eingeteilt. Groß-Berlin wurde dabei ausgeklammert und unter eine eigene Viermächte-Verwaltung gestellt. Die territorialen Veränderungen, die sich durch die endgültigen Zonengrenzfestlegungen dabei ergaben, waren im Wesentlichen bis Anfang August abgeschlossen. 1948 kam es durch die politischen Ereignisse zur zuerst wirtschaftlichen und schließlich 1949 zur politischen Spaltung Deutschlands mit der Gründung der Bundesrepublik am 23.5.1949 und der DDR am 7.10.1949.

Postgeschichte:

Mit der Besetzung der jeweiligen Orte durch die alliierten Streitkräfte war jeglicher Postdienst vollständig unterbunden worden. Die Wiederaufnahme erfolgte örtlich bzw. gebietsweise sehr unterschiedlich. Näheres siehe bei den einzelnen Gebieten. Zwischen den vier Zonen wurde der Verkehr ab 24.10.1945 wieder zugelassen. Der Auslandsverkehr wurde ab 1.4.1946 wieder aufgenommen, außer mit Finnland, Jugoslawien, Japan und Spanien. Nur Kriegsgefangenenpost war bereits seit 1945 ins Ausland gestattet.

Für die amerikanische und britische Zone wurde eine gemeinsame Postverwaltung mit einheitlichen Briefmarken eingerichtet, während die Franzosen für ihre Zone eigene Marken einführten. In der Sowjetzone gaben die einzelnen Oberpostdirektionen jeweils eigene Marken heraus. Ab Februar 1946 wurden gemeinsame Wertzeichen für die amerikanische, britische und sowjetische Zone eingeführt. Die Franzosen schlossen sich nicht an, vielmehr führten sie ab 1947 für jedes der drei Länder ihrer Zone sowie für das Saarland eigene Ausgaben ein. Mit der Währungsreform am 21.6.1948 erfolgte schließlich auch die postalische Spaltung in West- und Ostdeutschland.

Gemeinschaftsausgaben für die amerikanische, britische und sowjetische Besatzungszone

Die Gemeinschaftsausgaben sollten lt. Kontrollratsbeschluss für alle Besatzungszonen sowie für alle vier Sektoren von Groß-Berlin gültig sein. Die französische Besatzungsbehörde führte jedoch für ihre Zone diese Ausgaben nicht ein und gab zunächst eine für ihre gesamte Zone geltende Ausgabe und später für jedes Gebiet ihrer Zone eigene Marken heraus (siehe dort). Die bisherigen Zonen- und Lokalausgaben, soweit nicht schon vorher außer Kurs gesetzt, durften innerhalb ihrer Zonen bis Ende Oktober 1946 aufgebraucht werden.

Nach der Währungsreform (Westliche Besatzungszonen: 21.6.1948, Sowjetische Besatzungszone und Groß-Berlin: 24.6.1948) erschienen in der amerikanischen und britischen Besatzungszone eigene gemeinsame Marken. Ebenso wurden auch für die sowjetische Zone Marken herausgegeben. Die eigenständigen Ausgaben für die Länder der französischen Besatzungszone wurden fortgesetzt.

Besonderheiten:

Alle Farbangaben beziehen sich auf den MICHEL-Farbenführer ab 36. Auflage!

Alle Preise ab 5,— Euro gelten nur für ARGE- oder BPP-farbbestimmte Marken; alle ⊙-Preise ab 25,— Euro gelten nur für (BPP-)geprüfte Stücke.

POL-Lochungen siehe Anmerkung nach MiNr. 970

Block 12 A und B siehe nach MiNr. 937

Wasserzeichen:

Wz. 6
DEUTSCHE POST mehrfach
X = fallend

Wz. 6
Y = steigend

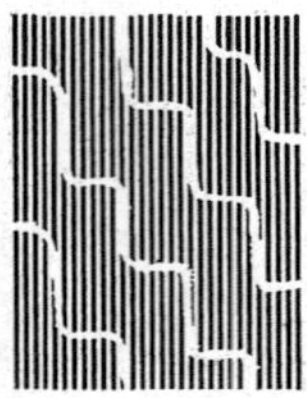

Wz. 7
Stufen (steil) fallend

Währung:

1 Reichsmark (RM) = 100 Reichspfennig (Pf)

Bei Ausgaben, die mit gekennzeichnet sind, gelten die ⊙-Preise nur für (BPP-)geprüfte Stücke!

Qualitätshinweis:

Wenn bei einzelnen Ausgaben nicht ausdrücklich anders vermerkt, gelten alle Preise für Stücke mit leichten Zähnungsfehlern (siehe „Briefmarken-Qualitätsstufen" im Einleitungsteil, Abb. 13), leicht dezentrierte Stücke (Abb. 18) und Stücke mit klaren Abstempelungen, bei denen Ort und Datum einwandfrei identifizierbar sind (Abb. 24).

MiNr. 911–970 gültig bis 22.6.1948, in Berlin und in der Sowjetischen Zone bis 31.7.1948

1946

1946, Febr./Mai. Freimarken: I. Kontrollratsausgabe. Bdr. Staatsdruckerei Berlin (MiNr. 911–936 10×10, MiNr. 937 10×5); MiNr. 920, 923 und 925 auch aus Markenheftchen; Wz. 6 X; gez. K 14.

Wz. 6
X = fallend

po pp

				✶	✶✶	⊙
911	1 Pf	schwarz *(11. Febr.)*	po	0,20	0,30	4,—
912	2 Pf	violettschwarz bis schwarz *(19. April)*	po	0,20	0,30	0,30
913	3 Pf	dunkelgelbbraun *(11. Febr.)*	po	0,20	0,30	5,—
914	4 Pf	graublau bis schwärzlichblau *(10. Febr.)*	po	0,20	0,30	6,—
915	5 Pf	(dunkelgelblich)grün bis smaragdgrün *(7. Febr.)* GA	po	0,20	0,30	0,80
916	6 Pf	dunkelpurpurviolett bis dunkelblauviolett (Töne), grauviolett *(12. Febr.)* GA	po	0,20	0,50	0,30
917	8 Pf	orangerot bis (dunkel)zinnober *(11. Febr.)*	po	0,20	0,30	0,30
918	10 Pf	dunkelorangebraun bis schwärzlichsiena, schwarzgelbbraun *(11. Febr.)* GA	po	0,20	0,30	0,80
919	12 Pf	rot bis dunkelrosa *(2. Febr.)* GA	po	0,20	0,30	0,30
920	12 Pf	dunkelgrau bis dunkeltürkisgrau, dunkelgrün(lich)grau *(14. April)* GA	po	0,20	0,30	0,30
921	15 Pf	bräunlichlila bis (dunkel)braunkarmin *(11. Febr.)*	po	0,20	0,30	10,—
922	15 Pf	dunkel- bis schwärzlichgelb(lich)grün, dunkelsmaragdgrün *(14. April)*	po	0,20	0,30	0,50
923	16 Pf	schwarzgrünlichblau bis schwarzopalgrün *(11. Febr.)*	po	0,20	0,30	0,50
924	20 Pf	(grau)cyanblau bis lebhaftpreußischblau *(11. Febr.)*	po	0,20	0,30	0,50
925	24 Pf	braunorange bis schwärzlichrotorange *(11. Febr.)*	po	0,20	0,30	0,30
926	25 Pf	ultramarin bis (lebhaftgrau)violettultramarin *(11. Febr.)*	po	0,20	0,30	10,—
927	25 Pf	dunkelorangegelb bis dunkelgelborange (Töne) *(19. April)*	po	0,20	0,30	1,50
928	30 Pf	(dunkel)grauoliv bis dunkelbraunoliv *(11. Febr.)*	po	0,20	0,30	0,30
929	40 Pf	(dunkel)karminlila bis dunkellilapurpur *(11. Febr.)*	po	0,20	0,30	0,50
930	42 Pf	(dunkel)smaragdgrün *(11. Febr.)*	po	1,—	3,—	40,—
931	45 Pf	rot (Töne) *(20. April)* GA	po	0,20	0,30	0,50
932	50 Pf	schwärzlichgraugrün bis schwärzlichgrünoliv *(11. Febr.)*	po	0,20	0,30	0,30
933	60 Pf	(dunkelbräunlich)rot bis schwärzlichgraurot *(11. Febr.)*	po	0,20	0,30	0,50
934	75 Pf	(grau)mittellilaultramarin bis (lebhaft)violettultramarin *(25. April)*	po	0,20	0,30	0,30
935	80 Pf	(dunkelgrau)lilaultramarin bis schwarzgraublau *(11. Febr.)*	po	0,20	0,30	0,50
936	84 Pf	(dunkel)grün bis dunkel(gelb)smaragdgrün *(10. April)*	po	0,20	0,30	0,30
937	1 RM	(schwärzlich)braunoliv bis lebhaftbräunlicholiv *(12. Mai)*	pp	0,20	0,30	0,50
		Satzpreis (27 W.)		2,50	7,50	80,—

Die Daten in Kursivschrift bezeichnen die bisher bekannt gewordenen frühesten Verwendungen.

Der ⊙-Preis für MiNr. 930 gilt nur für echt gestempelte, (BPP-)geprüfte Stücke.

MiNr. 923 d ist wasserempfindlich!

MiNr. 911–937 sind sehr reich an Farbvarianten. Einige dieser Unterschiede werden durch abweichende Gummierung (weiß über gelblich bis gelbbräunlich) hervorgerufen. Durch Farbvermischungen sind häufig die sonst weißen Stellen des Markenbildes (Ziffer, Schrift) getönt.

Bei fast allen Werten finden sich fehlende Zähnungslöcher, verschobene Zähnung, „Nähmaschinenzähnung“ oder durchstichähnliche Zähnung. All dies ist lediglich auf fehlerhaftes Arbeiten der Kammzähnungsmaschine zurückzuführen.

Abarten:

		✶✶	⊙
913 y	auf dünnem Papier (unter 0,065 mm)	100,—	150,—
917 y	auf dünnem Papier (unter 0,065 mm)	100,—	150,—
919 x	auf dickem Papier (mind. 0,12 mm)	200,—	
919 y	auf dünnem Papier (unter 0,065 mm)	120,—	
922 F	Fehlfarbe Hellgelbgrün	*700,—*	*1200,—*
929 x	auf dickem Papier (mind. 0,12 mm)	100,—	
935 F	Fehlfarbe Schwärzlichviolettblau	*320,—*	*450,—*

Die früher an dieser Stelle gelistete MiNr. 919 F wird nicht BPP-geprüft; eine Katalogisierung unterbleibt.

Auflagen:

MiNr. 911 = 17 400 000
MiNr. 912 = 152 300 000
MiNr. 913 = 18 600 000
MiNr. 914 = 12 800 000
MiNr. 915 = 83 780 000
MiNr. 916 = 633 700 000

MiNr. 917 = 275 270 000
MiNr. 918 = 470 600 000
MiNr. 919
incl. 920 = 940 900 000
MiNr. 921
incl. 922 = 129 100 000

MiNr. 923 = 236 400 000
MiNr. 924 = 147 200 000
MiNr. 925 = 1 058 200 000
MiNr. 926
incl. 927 = 109 200 000

MiNr. 928 = 142 880 000
MiNr. 929 = 111 700 000
MiNr. 930 = 4 800 000
MiNr. 931 = 55 700 000
MiNr. 932 = 106 900 000
MiNr. 933 = 122 900 000

MiNr. 934 = 119 300 000
MiNr. 935 = 121 100 000
MiNr. 936 = 119 300 000
MiNr. 937 = 45 700 000

MiNr. 931 mit Aufdruck „BERLIN 5“ siehe Berlin (West) MiNr. 64
Mit Aufdruck Posthörnchen siehe Alliierte Besetzung – Amerikanische und Britische Zone MiNr. 52–68
Mit Bezirksstempelaufdruck siehe Sowjetische Zone – Allgemeine Ausgaben MiNr. I a–I y
Mit Aufdruck „Sowjetische Besatzungszone“ siehe Sowjetische Zone – Allgemeine Ausgaben MiNr. 207–211
Zusammendrucke siehe bei MH 50

1946, 8. Dez. Blockausgabe: Briefmarkenausstellung, Berlin. Ⓔ **Goldammer; Bdr. Staatsdr. Berlin; Wz. 6 X; A = gez. Ks 14, B = □.**

po I

gez. Ks 14

					✶	✶✶	⊙
924 A	20 Pf	hellblau		po	6,—	15,—	50,—
925 A	24 Pf	mittelbraunorange		po	6,—	15,—	50,—
929 A	40 Pf	dunkellila		po	6,—	15,—	50,—
Block 12 A		(107×51 mm)		po I	25,—	60,—	170,—
				FDC			550,—
				Ⓢ			200,—

geschnitten

					✶	✶✶	⊙
924 B	20 Pf	hellblau		po	7,—	17,—	60,—
925 B	24 Pf	mittelbraunorange		po	7,—	17,—	60,—
929 B	40 Pf	dunkellila		po	7,—	17,—	60,—
Block 12 B		(107×51 mm)		po I	25,—	60,—	200,—
				FDC			550,—
				Ⓢ			250,—

Alle Blockeinzelmarkenpreise gelten für Stücke mit anhängenden Blockrandresten!

Bei Block 12 sind Gummibüge üblich.

Block 12 (gez. oder geschn.) wurde nur in Verbindung mit einer Eintrittskarte zum Gesamtpreis von 6,— RM abgegeben.

Auflagen: A und B je 200 000 Blocks

MiNr. 938–940 fallen aus.

1947

1947, 4. März/1948. Leipziger Frühjahrsmesse. Ⓔ **Gruner; I = KuTdr. Giesecke & Devrient („Leipziger Druck“), II = StTdr. Staatsdruckerei Berlin („Berliner Druck“) (5×5); Wz. 7 X; A = gez. L 13, B = gez. K 13¼:13, C = Kreuzkammzähnung K 13¼, D = gez. L 13¼, E = gez. L 13¼:13.**

pr) Verleihung des Marktrechts (1160) durch Markgraf Otto von Meissen

ps) Schutz fremder Messebesucher (1268); Erlass durch Markgraf Dietrich von Landsberg

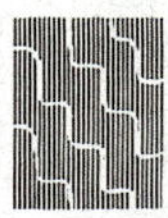

Wz. 7

Kupfertiefdruck (4.3.1947)

					✶	✶✶	⊙
941 I	24+26 (Pf)	dunkelbraunrot, rötlichbraun	pr				
A		gez. L 13			20,—	85,—	170,—
C		gez. K 13¼			0,20	1,50	6,50
D		gez. L 13¼			15,—	40,—	120,—
E		gez. L 13¼:13			*600,—*	*1400,—*	*1100,—*
942 I	60+40 (Pf)	lebhaftlilaultramarin, dkl'lilaultramarin	ps				
A		gez. L 13			10,—	55,—	150,—
C		gez. K 13¼			0,20	1,50	6,50
D		gez. L 13¼			5,—	15,—	70,—
				Satzpreis I (2 W.)	0,40	3,—	12,—
				FDC			25,—
				Ⓢ[1]			—,—

Stichtiefdruck (1948), gez. K 13¼:13

					✶	✶✶	⊙
941 II B	24+26 (Pf)	dunkelbraunrot, rötlichbraun	pr		0,20	1,50	6,50
942 II B	60+40 (Pf)	lebhaftlilaultramarin, dkl'lilaultramarin	ps		0,20	1,50	6,50
				Satzpreis II (2 W.)	0,40	3,—	12,—
				FDC[1]			—,—

[1]) Die Messe-Sonderstempel „– (10 b) Leipzig C 1 05.03.47–18 d“ (zweiter Messetag) und „09.03.47–18 d“ (letzter Messetag) wurden noch bis Juni 1948 in Berlin W 8 (Sammler-Schalter) zur Abstempelung von Gedenkblättern und Sammlerbriefen benutzt; daher kommen auch die erst 1948 in Berlin nachgedruckten Marken mit Stempeldaten vor ihrem Ausgabetag vor.

Von MiNr. 941 II B und 942 II B sind Bogen bekannt, die durch leicht verschobenen Kammschlag Linienzähnung vortäuschen.

Unterscheidungsmerkmale:

KuTdr.

StTdr.

Kreuzkammzähnung (sogen. Kreuzzähnung)

I KuTdr: tiefer gestochen, daher kräftigere Linien, etwas weniger konturiert, Bildformat bis zu 2 mm differierend; Doppelkammzähnung: die Marken haben oben und unten je 29, auf den Seiten 23 Zahnlöcher, die eine Unterbrechung nach dem 7. bzw. 16. Zahnloch aufweisen; Bogenmerkmale: durchgezähnte Seitenränder; Druckvermerk links unten M 301/0864 in 5 verschiedenen Ausführungen (besonders erkennbar an der „4")

II StTdr: feinere Linien, klarer konturiert, durch die feinere Ausführung wirkt das gesamte Bild etwas heller; Bogenmerkmale: nicht durchgezähnte Seitenränder, ohne Druckvermerk. Der „Leipziger Druck" ist wasserempfindlich.

Auflagen: I = 1 200 000 Sätze, II = 2 500 000 Sätze

1947, 1. März/1948, 1. Febr. Freimarken: II. Kontrollratsausgabe. Ⓔ Brand (Zeichnung pt), Luckenbach (pu), Rogmann (pv), Banach (pw) und Höpfner (px); MiNr. 943–958 Bdr. (10×10), MiNr. 959–962 StTdr. Staatsdr. Berlin (10×5); Wz. 6 X; gez. K 14.

pt) Pflanzer

pt

pu) Sämann

pu

pv) Arbeiter

pt

pw) Maurer und Bäuerin

pu

pw

pt

pv

pu

pw

pv

pv

pv

pw

px) Friedenstaube über entfesselten Händen

px

px

px

					✶	✶✶	⊙	FDC
943	2	Pf	schwarzbraun bis (braun)schwarz (1.3.1947)	pt	0,20	0,30	0,50	20,—
944	6	Pf	dunkel(grau)violett bis dunkelrotviolett (1.3.1947)	pt	0,20	0,30	0,30	
945	8	Pf	dkl'zinnoberrot bis (dkl')orangerot, schwärzlichgraurot (1.3.1947)	pu	0,20	0,30	0,50	
946	10	Pf	dunkelgelbgrün bis gelblichgrün (1.2.1948) GA	pu	0,20	0,30	0,80	20,—
947	12	Pf	dunkelgrautürkis bis dunkelgraublau (1.3.1947) GA	pv	0,20	0,30	0,30	20,—
948	15	Pf	(dunkel)siena bis dunkel(orange)braun (1.2.1948)	pt	0,20	0,50	15,—	30,—
949	16	Pf	dunkel- bis schwarzbläulichgrün, schwärzlichopalgrün (1.3.1947)	pw	0,20	0,30	0,50	20,—
950	20	Pf	(mittel)blau bis (dunkel)kobalt(blau) (1.3.1947)	pu	0,20	0,30	2,—	20,—
951	24	Pf	(dunkel)braunorange bis orangebraun (1.3.1947)	pw	0,20	0,30	0,50	20,—
952	25	Pf	dunkelgelborange bis dunkelgelblichorange (1.3.1947)	pt	0,20	0,30	2,—	20,—
953	30	Pf	bräunlichrot bis rot (1.2.1948) GA	pv	0,20	0,50	4,—	20,—
954	40	Pf	dunkelrosalila bis dunkelgraulila (1.3.1947)	pu	0,20	0,30	0,80	20,—
955	50	Pf	(dunkel)lilaultramarin bis violettultramarin (1.2.1948)	pw	0,20	0,50	2,50	20,—
956	60	Pf	(hell)braunkarmin bis braunrot (1.3.1947)	pv	0,20	0,30	0,50	20,—
A 956	60	Pf	lebhaftkarminbraun bis lebhaftrotbraun (1.2.1948)	pv	0,20	0,30	1,—	20,—
957	80	Pf	dunkelviolettultramarin bis schwarzgraublau (1.3.1947)	pv	0,20	0,30	2,—	20,—
958	84	Pf	(dunkel)grün bis (dunkel)smaragdgrün (Töne) (1.3.1947)	pw	0,20	0,50	3,—	20,—
959	1	M	schwarzgraugelb bis schwärzlicholivgelb, dunkelbräunlicholiv (1.5.1947)	px	0,20	0,40	0,50	25,—
960	2	M	schwarzviolettbraun bis schwarzbraunviolett (1.5.1947)	px	0,20	0,40	2,—	50,—
961	3	M	(lebh')bräunlichrot bis (lebh')braunrot (Töne) (1.5.1947)	px	0,20	0,40	25,—	100,—
962	5	M	dunkellilaultramarin bis schwärzlich(violett)ultramarin (1.2.1948)	px	1,—	3,50	60,—	110,—
			Satzpreis (21 W.)		3,—	10,—	120,—	

Vorsicht! Zahlreiche Werte sind wasser- bzw. lichtempfindlich!

Weitere FDC-Bewertungen:

	FDC
943–945, 947, 949–952, 954, 956, 957, 958 (1.3.1947)	200,—
946, 948, 953, 955, A 956, 962 (1.2.1948)	220,—

		✶	✶✶	⊙
953 F	Fehlfarbe lebhaftbraunrot	*600,—*	*2000,—*	—,—

Auflagen:

MiNr. 943 = 313 200 000	MiNr. 948 = 68 100 000	MiNr. 952 = 88 700 000	MiNr. 956 = 226 300 000 (mit A 956)	MiNr. 959 = 77 200 000
MiNr. 944 = 866 700 000	MiNr. 949 = 322 800 000	MiNr. 953 = 70 600 000	MiNr. 957 = 184 200 000	MiNr. 960 = 24 250 000
MiNr. 945 = 341 200 000	MiNr. 950 = 225 100 000	MiNr. 954 = 163 100 000	MiNr. 958 = 47 400 000	MiNr. 961 = 19 800 000
MiNr. 946 = 277 900 000	MiNr. 951 = 1 431 600 000	MiNr. 955 = 71 600 000		MiNr. 962 = 9 600 000
MiNr. 947 = 1 350 200 000				

Mit Aufdruck Posthörnchen siehe Alliierte Besetzung – Amerikanische und Britische Zone MiNr. 36–51
Mit Aufdruck „BERLIN“ siehe Berlin (West) MiNr. 1–34 sowie MiNr. 65–67
Mit Bezirksstempel-Aufdruck siehe Sowjetische Zone – Allgemeine Ausgaben MiNr. 166–181 und MiNr. II a–II d
Mit Aufdruck „Sowjetische Besatzungszone“ siehe Sowjetische Zone – Allgemeine Ausgaben MiNr. 182–197

1947, 15. Mai. 50. Todestag von Heinrich von Stephan. Ⓔ Goldammer; Odr. Staatsdr. Berlin (10×5); Wz. 6 X; gez. K 14.

py) H. von Stephan (1831–1897), Postfachmann, Mitbegründer des Weltpostvereins

py

				✶	✶✶	⊙	FDC
963	24 Pf	schwärzlichrotorange bis (hell)braunorange	py	0,10	0,50	2,—	
964	75 Pf	(dunkel)violettultramarin	py	0,10	0,50	2,—	
			Satzpreis (2 W.)	0,20	1,—	4,—	50,—

Auflagen: MiNr. 963 = 30 000 000, MiNr. 964 = 10 000 000 Stück

Mit Bezirksstempel-Aufdruck siehe Sowjetische Zone – Allgemeine Ausgaben MiNr. III a–III b

1947, 2. Sept. Leipziger Herbstmesse. Ⓔ Gruner; Odr. Staatsdr. Berlin (5×5); Wz. 6 Y; gez. K 13¼:13.

pz) Verleihung des Messeprivilegs (1497) durch Kaiser Maximilian (1459–1519)

ra) Schätzung und Erhebung des Budenzinses (1365)

				✶	✶✶	⊙	Ⓢ	FDC
965	12 (Pf)	dunkelrosarot (Töne)	pz	0,20	0,60	5,—	2,50	—,—
966	75 (Pf)	(dunkel)lilaultramarin (Töne)	ra	0,20	0,60	5,—	2,50	—,—
			Satzpreis (2 W.)	0,40	1,20	10,—	5,—	18,—

Der Messe-Sonderstempel wurde zur Abstempelung von sog. Gedenkblättern (Abb. Kaiser Maximilian oder mit Wiedergabe der Urkunde) benutzt.

Auflage: 10 000 000 Sätze

1948

1948, 2. März. Leipziger Frühjahrsmesse. Ⓔ Gruner; StTdr. Staatsdr. Berlin (5×5); Wz. 6 Y; gez. K 13¼:13.

rb) Vor den Zollschranken (1388)

rc) Errichtung von Stapellagern (1433)

				✶	✶✶	⊙	FDC
967	50 (Pf)	schwärzlichlilaultramarin bis schwärzlichviolettultramarin	rb	0,20	0,60	2,—	
968	84 (Pf)	schwärzlich(opal)grün bis dunkelgraugrün	rc	0,20	0,60	3,—	
			Satzpreis (2 W.)	0,40	1,20	5,—	18,—

Vorsicht! MiNr. 967 und 968 sind sehr wasserempfindlich!

Auflage: 12 000 000 Sätze

Weitere Ausgaben „Leipziger Messe“ siehe Sowjetische Zone und Deutsche Demokratische Republik

MiNr. 967–968 mit Bezirksstempel-Aufdruck siehe Sowjetische Zone – Allgemeine Ausgaben MiNr. III c–III d.

Alle Ausgaben zur Leipziger Messe sind auch auf Gedenkblättern oder Ersttagskarten bekannt.

1948, 22. Mai. Exportmesse Hannover. 🄴 **Hoepfner; Odr. Staatsdr. Berlin (5×10 oder 5×10 Zd); Wz. 6 Y; gez. K 14:13¾.**

rd) Abwiegen der Waren; Skulptur von Adam Kraft (um 1460–1508/09), Bildhauer

rd

				✶	✶✶	⊙	FDC
969	24 (Pf)	karminrot bis schwärzlichrosarot	rd	0,20	0,50	2,—	
970	50 (Pf)	dunkelviolettblau bis lilaultramarin (Töne)	rd	0,20	0,50	3,—	
		Satzpreis (2 W.)		0,30	1,—	5,—	20,—

MiNr. 969–970 wurden auch schachbrettartig zusammenhängend gedruckt.

Viererblocks:

V Zd 1

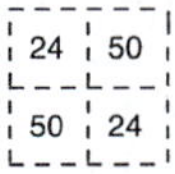

V Zd 2

		✶✶	⊙	FDC
V Zd 1	Viererblock	30,—	80,—	150,—
V Zd 2	Viererblock	50,—	280,—	*350,—*

Die ⊙-Preise für die Viererblocks gelten nur für (BPP-)geprüfte Stücke!

Auflage: 12 000 000 Sätze (davon 1 000 000 in Zusammendruckbogen)

MiNr. 969–970 mit Bezirksstempel-Aufdruck siehe Sowjetische Zone – Allgemeine Ausgaben MiNr. IV a–IV b

MiNr. 911–970 gültig bis 22.6.1948; in Berlin und in der Sowjetischen Zone gültig bis 31.7.1948

Die Ausgabe einheitlicher Marken für die Amerikanische, Britische und Sowjetische Zone wurde am 20. Juni 1948 eingestellt.

POL-Lochungen:

1926 begannen verschiedene Polizeibehörden, als Kontrollmaßnahme die von ihnen benutzten Freimarken mit einer „POL"-Lochung zu versehen. Ab 8.4.1930 wurde diese Maßnahme bei allen größeren Polizeibehörden Preußens ministeriell angeordnet. Auch nach 1945 behielten einzelne Polizeibehörden diese Lochung bei. Katalogisierung siehe MICHEL-Deutschland-Spezial!

Markenheftchen, Markenheftchenblätter, Zusammendrucke

1946. Ziffernserie

MH-MiNr.	Ausgabe-Datum	Nominale	Auflage	MH-Preis ✶✶	H-Bl. MiNr.	mit MiNr.	H-Bl.-Preise ✶	✶✶	⊙
50	Mai 1947	3,— RM	600 000	60,—	**123** (1)	5×920/3×923	12,—	27,—	150,—
					124 (1)	8×925	12,—	27,—	*200,—*

H-Blatt 123

H-Blatt 124

H-Blatt-Ränder: Bei H-Blatt 123 entweder graue Strichleiste (7 mm oder 13 mm Abstand vom Markenbild des 12-Pf.-Wertes) oder blaugrüne Strichleiste (6 mm oder 7 mm Abstand vom Markenbild des 16-Pf.-Wertes). Bei H-Blatt 124 entweder unbedruckt oder orangebraune Strichleiste (7 mm oder 11 mm oder 16 mm Abstand vom Markenbild). Infolge Abschnitt der 13 mm grauen Leiste erscheint der Rand des H-Blattes 123 auch unbedruckt. Der linke Rand der H-Bl. 123 und 124 ist immer durchgezähnt.

⊙-Preise gelten für (BPP-)geprüfte Stücke mit H-Blatt-Rand; H-Blatt 123 ohne Rand 30% Abschlag, H-Blatt 124 ohne Rand Einzelmarkenpreis!

Zusammendrucke aus H-Blatt 123:

Zd-MiNr.	MiNr.	Werte	Preise ✶	✶✶	⊙
W 158	923/920	16+12	8,—	18,—	70,—
S 294	920/923	12+16	1,—	4,—	12,—

Berlin und Brandenburg

Bereich Groß-Berlin (Magistratspost) und Provinz Brandenburg (OPD Potsdam)

Am 19. Mai 1945 ging auf Anordnung des sowjetischen Militärkommandanten die Zuständigkeit für das Postwesen in Groß-Berlin auf den neu eingesetzten Magistrat der Stadt über. An dieser städtischen Zuständigkeit änderte sich auch nichts, als am 11. Juli 1945 die Verwaltung Groß-Berlins von der neu geschaffenen Alliierten Kommandantur für die Stadt Berlin (als gemeinschaftliches Organ aller vier Besatzungsmächte) übernommen wurde. So wurde auch der Magistratsbeschluss vom 20. Mai, für Groß-Berlin eigene Marken herauszugeben, die zunächst nur für den Postverkehr innerhalb Berlins gelten sollten, anerkannt.

Ab 3. (innerhalb von Groß-Berlin und nach bestimmten Orten der SBZ) bzw. 7. August (nach allen Orten der SBZ) konnten diese Marken für Briefe und Postkarten verwendet werden. Die übrigen Postsendungen waren ab 15. (in die SBZ) bzw. 24. Oktober 1945 (in die Westzonen) erlaubt.

Die sogenannten „Bärenmarken" MiNr. 1–7 wurden ab 28.10.1945 auch in der Provinz Brandenburg (OPD Potsdam, SBZ) verausgabt und frankaturgültig.

Vom 8.12.1945–31.10.1946 waren alle AM-Post-Marken (MiNr. 1–35 der Amerikanischen und Britischen Zone) in allen Sektoren Berlins gültig. Außerdem durften von Ende Dezember 1945 bis 18.7.1946 die OPD- und Lokalausgaben der Sowjetischen Besatzungszone, soweit sie nicht schon außer Kurs gesetzt waren, in Berlin zur Frankatur verwendet werden. Sie verdienen geringe Aufpreise. Die Gemeinschaftsausgaben der Alliierten Besetzung wurden in allen Sektoren Berlins verwendet.

In Berlin durften unkenntlich gemachte Ausgaben des Deutschen Reichs nicht verwendet werden.

Ab 12.11.1945 waren die OPD-Ausgaben, vermutlich ab Ende Dezember 1945 auch die Lokalausgaben fremder Ausgabebezirke der Sowjetischen Besatzungszone, auch in der Provinz Brandenburg gültig.

Die Farbangaben beziehen sich auf den MICHEL-Farbenführer ab 36. Auflage!

Die Bewertungen gelten für Marken mit leicht unregelmäßigem Durchstich (siehe „Briefmarken-Qualitätsstufen" im Einleitungsteil, Abb. 8), mit einwandfreier Zähnung (Abb. 12), mit leichter Dezentrierung (Abb. 18) und klarer Abstempelung (Abb. 24).

1945

1945, 3. Aug./6. Dez. Freimarken: Berliner Bär und Eiche: E Goldammer (MiNr. 1, 3, 7) und Schwabe (MiNr. 2, 4–6); Odr. Staatsdruckerei Berlin (10×10); verschiedene Papiersorten, versch. Gummierungen; A = gez. K 14 (MiNr. 1 und 5 auch sägezahnartig ⬚ 13½), B = zickzackförmig ⬚ 13½.

a

b

c

d

e

f

g) Eichenbäumchen, Kriegsruinen am Belle-Alliance-Platz

a–f) Berliner Bär als Wappentier und in verschiedenen Darstellungen als Symbol des Wiederaufbaus

Unterscheidungsmerkmal der Durchstiche:

/\/\/\/\ Durchstich MiNr. 1 A und 5 A sägezahnartig

⎍⎍⎍ Durchstich MiNr. 1 B–7 B zickzackförmig

A = gez. K 14 (MiNr. 1 und 5 auch sägezahnartig ⬚ 13½ (3. Aug.)

				✶	✶✶	⊙	FDC
1 A	5 (Pf)	schwärzlichgelbgrün GA	a	0,10	0,40	0,70	60,—
2 A	6 (Pf)	lebhaftgrauviolett bis dunkelviolett GA	b	0,10	0,40	0,50	60,—
3 A	8 (Pf)	(lebhaft)orangerot (Töne)	c	0,10	0,40	0,50	60,—
4 A	10 (Pf)	lebhaftsiena (Töne)	d	0,10	0,40	0,70	70,—
5 A	12 (Pf)	mittelkarminrot bis (mittel)rot	e	0,10	0,40	0,50	60,—
6 A	20 (Pf)	lebhaftblau bis dunkelblau (Töne)	f	0,10	0,40	0,70	70,—
7 A	30 (Pf)	bräunlicholiv, schwärzlichbraunoliv	g	0,10	0,40	1,—	70,—
			Satzpreis (7 W.)	0,70	2,50	4,50	350,—

B = zickzackförmig ⬚ 13½ (6. Dez.)

				✶	✶✶	⊙	FDC
1 B	5 (Pf)	schwärzlichgelbgrün GA	a	6,—	16,—	170,—	—,—
2 B	6 (Pf)	lebhaftgrauviolett bis dunkelviolett GA	b	7,—	26,—	150,—	—,—
3 B	8 (Pf)	(lebhaft)orangerot (Töne)	c	6,—	16,—	130,—	—,—
4 B	10 (Pf)	lebhaftsiena (Töne)	d	7,—	26,—	150,—	—,—
5 B	12 (Pf)	mittelkarminrot bis (mittel)rot	e	8,—	32,—	170,—	—,—
6 B	20 (Pf)	lebhaftblau bis dunkelblau (Töne)	f	7,—	26,—	150,—	—,—
7 B	30 (Pf)	bräunlicholiv, schwärzlichbraunoliv	g	10,—	38,—	180,—	—,—
			Satzpreis (7 W.)	50,—	180,—	1100,—	—,—

Die ⊙-Preise für MiNr. 1 B–7 B gelten nur für (BPP-)geprüfte Stücke!

MiNr. 1–7 wurden zwar ab Mitte Juni schon am Postschalter verkauft, jedoch wurden Privatbriefe erst – laut amtl. Verfügung – ab 3. August zur Beförderung (nur im sowjetischen Sektor) zugelassen.

Bitte bedenken Sie, dass sich dieses Standard-Nachschlagewerk auf die wesentlichen Unterschiede der Briefmarken beschränkt. Ausführliche Katalogisierungen müssen Spezialwerken und Handbüchern der einzelnen Sammelgebiete vorbehalten bleiben.

Abarten:

		✱✱	⊙
2 A s	auf dünnem Papier (dünner als 0,06 mm)	25,—	50,—
4 A s	auf dünnem Papier (dünner als 0,06 mm)	25,—	80,—
5 A s	auf dünnem Papier (dünner als 0,06 mm)	25,—	40,—
6 A s	auf dünnem Papier (dünner als 0,06 mm)	25,—	40,—
7 A s	auf dünnem Papier (dünner als 0,06 mm)	25,—	50,—

Hufeisenaufdruck „Burg, Spreewald“ oder dreizeiliger Aufdruck „Berlin im Aufbau“ auf Berliner Bärenmarken sind reine Phantasieerzeugnisse!

Auflagen A (unüberdruckt gebliebene Stücke, ca.): MiNr. 1 A = 38 000 000, MiNr. 2 A = 45 000 000, MiNr. 3 A = 46 000 000, MiNr. 4 A = 15 000 000, MiNr. 5 A = 73 000 000, MiNr. 6 A = 18 000 000, MiNr. 7 A = 19 000 000 Stück; Auflagen B: 100 000 Sätze, MiNr. 3 B = 130 000 Stück

MiNr. 2 A und 5 A mit vierzeiligem Handstempelaufdruck „RETTET / das KIND / Fredersdorf b. Bln.“ siehe Deutsche Lokalausgaben – Fredersdorf, MiNr. 69–70

Mit rotem Rasterüberdruck und Aufdruck „+10 Stadt Storkow“ siehe Deutsche Lokalausgaben – Storkow, MiNr. 1–8

Mit Aufdruck „Sowjetische / Besatzungs- / Zone“ siehe Sowjetische Zone – Allgemeine Ausgaben MiNr. 200–206

Gültig bis 31.10.1946

Sowjetische Zone

Während in den amerikanisch und britisch besetzten Teilen der späteren Sowjetischen Zone der Postverkehr sofort nach der Besetzung eingestellt wurde, wurde er in den sowjetisch besetzten Teilen meist nicht oder nur kurz unterbrochen. Erst einige Wochen später wurde der Postverkehr auch dort eingeschränkt oder ganz eingestellt.

Die Wiederaufnahme des Postverkehrs erfolgte örtlich bzw. bezirksweise zu höchst unterschiedlichen Zeitpunkten. In den ersten Monaten gab es keine zentrale Postverwaltung, jede Oberpostdirektion organisierte den Postdienst, einschließlich der Ausgabe von Marken, autonom gemäß den Anweisungen der sowjetischen Militäradministration. In verschiedenen Städten und Bezirken wurden auch Lokalausgaben mit eigenen Zeichnungen ausgegeben (siehe Deutsche Lokalausgaben ab 1945). Ab 8.9.1945 wurde das Postwesen in der Sowjetischen Zone durch die Zentralverwaltung für das Post- und Fernmeldewesen verwaltet.

Seit 18.8.1945 bestand innerhalb der gesamten Sowjetischen Zone wieder ein eingeschränkter Postverkehr, am 22.9.1945 fielen die meisten Beschränkungen weg. Ab 24.10.1945 war der Postverkehr nach allen vier Besatzungszonen erlaubt. Der Postverkehr mit dem Ausland wurde ab 1.4.1946 mit folgenden Ausnahmen wieder zugelassen: Finnland ab 18.2.1947, Jugoslawien ab 12.5.1947, Japan ab 23.10.1952 und Spanien ab 8.7.1957.

Nach Einführung der Alliierten Gemeinschaftsausgaben blieben alle noch frankaturgültigen OPD- und Lokalausgaben für eine Übergangszeit weiter gültig.

Besonderheiten:

Abbildungsgrößen siehe Anmerkung nach MiNr. 99
Entwertungen siehe Anmerkung nach MiNr. 91
Markenerhaltung siehe Anmerkung nach MiNr. 19
Postmeistertrennungen siehe Anmerkung nach MiNr. 28
Stempelfälschungen siehe Anmerkung nach MiNr. 52

Blockaufstellung:

Bl. 1 siehe nach MiNr. 102
Bl. 2 siehe nach MiNr. 106
Bl. 3 siehe nach MiNr. 111
Bl. 4 siehe nach MiNr. 115
Bl. 5 siehe nach MiNr. 165
Bl. 6 siehe nach MiNr. 239

Nicht ausgegebene Marken:
MiNr. A IV–A VII siehe vor MiNr. 116
MiNr. B I siehe vor MiNr. 42

Die Farbangaben beziehen sich auf den MICHEL-Farbenführer ab 36. Auflage!

Wasserzeichen:

Wz. 1
Stufen
X = fallend,
Y = steigend

Wz. 2
Griechische
Buchstaben

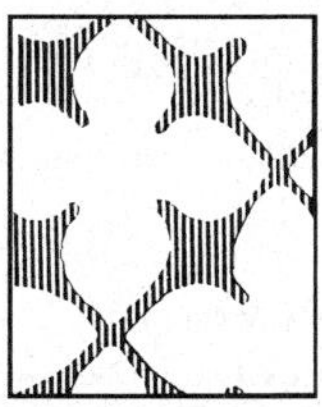
Wz. 3
Kreuzblumen
(= Wz. 1 DDR)

1 Reichsmark (RM) = 100 Reichspfennig (Pf); ab 24.6.1948: 1 Deutsche Mark (Ost) (DM) = 100 Pfennig (Pf)

Lokalausgaben: Altdöbern, Altentreptow, Alt-Golm, Apolda, Bad Saarow (Mark), Bad Schmiedeberg, Berlstedt, Braunsbedra, Cottbus, Demmin, Döbeln, Eckartsberga, Erkner, Finsterwalde, Fredersdorf, Glauchau, Görlitz, Grabow, Großräschen, Löbau, Lübbenau, Meißen, Netzschkau-Reichenbach, Niesky, Perleberg, Plauen, Rothenburg, Spremberg, Storkow, Strausberg, Wittenberg-Lutherstadt.

Katalogisierung siehe bei Deutsche Lokalausgaben ab 1945

Markenerhaltung und -bewertung:

Bei den meisten Ausgaben zwischen 1945 und 1948 müssen infolge herstellungsbedingter Mängel Einschränkungen hinsichtlich der sonst üblichen philatelistischen Qualitätsansprüche gemacht werden. Typisch sind schlechte Zähnung, mangelhafte Zentrierung, Markenverschiebungen, unterschiedliche Größe der Marken, mangelhafte Gummierung, Fremdkörpereinschlüsse in Papier oder Gummi sowie ölige schlechte Stempelfarben. Für die Marken der SBZ lassen sich jedoch keine einheitlichen Qualitätskriterien bezüglich Durchstich, Zähnung und Zentrierung festlegen. Entscheidend für die Qualitätseinstufung ist letztendlich die Platzierung des Prüfzeichens. Marken in einwandfreier Erhaltung gelten in der Regel als Luxusqualität und verdienen deutliche Aufschläge.
Die Preise für geschnittene Marken gelten für allseits vollrandige Stücke, bei denen das Markenbild an keiner Stelle berührt ist (siehe „Briefmarken-Qualitätsstufen“ im Einleitungsteil, Abb. 2) bzw. für gestempelte Marken mit klaren, deutlich erkennbaren Stempeln mit eindeutig identifizierbarem Ort und Datum (Abb. 24).

Mecklenburg-Vorpommern

OPD Schwerin

Mecklenburg war von Westen her bis zur Linie Insel Poel-Wismar-Bad Kleinen-Schwerin-Plate-Ludwigslust-Neue Elde (diese Orte jeweils eingeschlossen) britisch, östlich davon sowjetisch besetzt. Am 1.7.1945 übernahm die sowjetische Militäradministration auch den Westteil. Der westlich der Oder-Neiße-Linie gelegene Teil Pommerns war postalisch Mecklenburg zugeordnet.

Im bis 30.6.1945 britisch besetzten Teil wurde ein beschränkter Postverkehr am 14.6.1945 wieder aufgenommen (siehe auch Amerikanische und Britische Zone). Im sowjetisch verwalteten Gebiet war ab ca. Mitte Mai der Postverkehr zuerst nur ganz vereinzelt örtlich wieder aufgenommen worden, wobei bis zur Ausgabe der eigenen Marken Barfrankierung durchgeführt wurde oder lokale Notpostwertzeichen hergestellt wurden. Vereinzelt kamen dabei auch abweichende Postgebühren zur Anwendung.

Ab 2.8.1945 bestand wieder allgemeiner Postverkehr mit den anderen Teilen der SBZ.

In Mecklenburg-Vorpommern waren ab Ende Dezember 1945 auch die übrigen OPD- und Lokalausgaben der SBZ gültig. Mit dem 31.3.1946 wurde die Ausgabe eigener Marken eingestellt. Die kursgültigen Bestände durften bis zum 31.10.1946 aufgebraucht werden.

Alle ⊙-Preise gelten nur für (BPP-)geprüfte Stücke!

1945

1945, 28. Aug./1946, 1. März. Freimarken: 1. Ausgabe. Ⓔ Otto; Bdr. Sandmeyer (10×10); weißes (MiNr. 9, 15, 17–18) oder farbiges Papier (MiNr. 8, 10–14, 16, 19); gez. L 10¾.

h) Wertziffer

i) Pflügender Bauer

j) Getreideähren, Bauernhaus

					✶	✶✶	⊙	FDC
8		6 Pf	schwarz GA	h				
	x		auf hellbläulichgrün (Töne) (28.8.1945)		0,30	0,50	3,—	—,—
	y		auf opalgrün [„maigrün“] (Sept. 1945)		60,—	120,—	240,—	
9		6 Pf	auf weißem Papier	h				
	a		dunkelrotviolett (16.11.1945)		8,—	20,—	5,—	—,—
	b		dunkelpurpur (7.1.1946)		1,50	4,—	6,50	—,—
10		6 Pf	grauviolett auf hellbläulichgrün (11.1.1946)	h	1,50	4,—	5,—	—,—
11		8 Pf		i				
	x		magenta auf lilarosa (6.10.1945)		0,40	0,80	3,—	—,—
	y		dunkelrosarot auf lebhaftlilarosa (1.3.1946)		1,60	4,—	35,—	—,—
12		8 Pf	schwarz auf lilarosa (19.10.1945)	i	2,50	6,—	13,—	—,—
13		8 Pf	dunkelgraulila auf hellbläulichgrün (3.11.1945)	i	0,70	1,50	6,—	—,—
14		8 Pf	schwarz auf hellbläulichgrün (2.11.1945)	i	4,—	15,—	16,—	—,—
15		8 Pf	siena bis mittelsiena auf weißem Papier (7.1.1946)	i	0,60	1,20	6,—	—,—
16		12 Pf	schwarz auf lilarosa (28.8.1945)	j	0,30	0,70	3,—	*2000,—*
17		12 Pf	lilakarmin auf weißem Papier (9.11.1945)	j	0,40	0,90	3,—	—,—
18		12 Pf	(dunkel)rosa(rot) bis bräunlichrot auf weißem Papier (20.12.1945)	j				
	I		Platte 1		9,—	30,—	50,—	
	II		Platte 2		2,50	7,—	16,—	—,—
19		12 Pf	dunkelrosarot auf (lebhaft)lilarosa (Töne) (30.1.1946)	j	0,40	1,—	3,20	—,—
			Satzpreis (12 billigste W.)		12,—	42,—	75,—	

Plattenmerkmale der MiNr. 16–19:

I = Platte 1 (dünner, weißer Rahmen): MiNr. 16, 17, 18 I

II = Platte 2 (dicker, weißer Rahmen): MiNr. 18 II, 19

Die Marken von Mecklenburg-Vorpommern sind unter heute nicht mehr vorstellbaren Notverhältnissen gedruckt worden. Das Papier ist hygroskopisch (daher häufig Gelbflecke) und reißt sehr leicht ein (Vorsicht!). Bei manchen Marken schlägt der Druck bei längerem Wässern durch, besonders bei MiNr. 15. Außer den angegebenen Druck- und Papierfarben gibt es bei allen Marken zahlreiche weitere Tönungen!

Die Handlinienzähnung verursachte zahlreiche Fehlzähnungen mannigfaltigster Art.

Stempelfälschungen und Nachstempelungen

FALSCH Marken mit Aufdruck „20.12.45“

Auflagen:

MiNr. 8 x	= 6 946 000	MiNr. 10	= 1 994 000	MiNr. 13	= 1 002 000	MiNr. 17	= 3 390 000
MiNr. 8 y (ca.)	= 50 000	MiNr. 11 x	= 2 993 000	MiNr. 14	= 495 000	MiNr. 18	= 1 592 000
MiNr. 9 a	= 1 950 000	MiNr. 11 y	= 1 000 000	MiNr. 15	= 1 030 000	MiNr. 19	= 1 982 000
MiNr. 9 b	= 2 040 000	MiNr. 12	= 500 000	MiNr. 16	= 7 000 000		

Gültig bis 31.10.1946

1945, 21. Okt. Opfer des Faschismus. 🄴 **Bartholomäus; Bdr. Niemann (10×5); gez. L 10¾.**

k) Rudolf Breitscheid (1874–1944), Politiker

l) Dr. Erich Klausener (1885–1934), kath. Kirchenpolitiker

m) Ernst Thälmann (1886–1944), Politiker

				✱	✱✱	⊙	FDC
20	6 + 14 (Pf)	hell(bläulich)grün bis grün	k	14,—	40,—	80,—	
21	8 + 22 (Pf)	violettpurpur	l	14,—	40,—	80,—	
22	12 + 28 (Pf)	lebhaftrot bis dunkelrot, orangerot (Töne)	m	14,—	40,—	80,—	
		Satzpreis (3 W.)		40,—	120,—	240,—	350,—

FALSCH 🅔 Zähnung 11½ auf dünnerem Papier. Farbe von MiNr. 21 hellviolettpurpur, von MiNr. 22 rosarot. – Diese Fälschungen sind mit Falschstempel von Tarnow, Polz und Schwerin entwertet.

Viele Stempelfälschungen und Nachstempelungen!

Auflagen: MiNr. 20 = 203 400, MiNr. 21 = 198 900, MiNr. 22 = 199 200 Stück

Gültig bis 20.11.1945, jedoch bis 28.2.1946 zumeist nicht beanstandet

1945, 8. Dez./31. Dez. Bodenreform: „Junkerland in Bauernhand". 🄴 **Bartholomäus; Bdr. Niemann (10×10); gez. L 10¾.**

n) Pflügender Bauer

o) Sämann

p) Schnitter

				✱	✱✱	⊙	FDC
23	6 + 14 (Pf)		n				
a		grün (8. Dez.)		3,50	9,—	55,—	
b		dunkelgelbgrün (31. Dez.)		3,—	9,—	55,—	
24	8 + 22 (Pf)		o				
a		siena (8. Dez.)		3,—	9,—	55,—	
b		mittelsiena (31. Dez.)		3,—	9,—	55,—	
25	12 + 28 (Pf)		p				
a		rot (Töne) (8. Dez.)		3,—	9,—	55,—	
b		lebhaftgelblichrot bis rotorange (31. Dez.)		3,—	9,—	55,—	
		Satzpreis a (3 W.)		9,—	26,—	160,—	200,—
		Satzpreis b (3 W.)		9,—	26,—	160,—	—,—

FALSCH gez. 11½, 🅔 wie MiNr. 20–22

Auflagen: MiNr. 23 a = 204 000, MiNr. 23 b = 217 300, MiNr. 24 a = 209 700, MiNr. 24 b = 209 200, MiNr. 25 a = 207 700, MiNr. 25 b = 217 400 Stück

Gültig bis 28.2.1946

1945, 31. Dez. Kinderhilfe. 🄴 **Bartholomäus; Bdr. Niemann (10×10); gez. L 10¾.**

q) Kleinkind

r) Mädchen

s) Knabe

				✱	✱✱	⊙	FDC
26	6 + 14 (Pf)	hell- bis dunkelrötlichorange	q	3,50	7,50	60,—	
27	8 + 22 (Pf)	hellultramarin (Töne)	r	1,30	4,—	60,—	
28	12 + 28 (Pf)	rosarot bis dunkelrosa	s	1,30	4,—	60,—	
		Satzpreis (3 W.)		6,—	15,—	180,—	—,—

FALSCH 🅔 wie bei MiNr. 20–22

Auflagen: MiNr. 26 = 411 000, MiNr. 27 = 448 000, MiNr. 28 = 416 000 Stück

Gültig bis 28.2.1946

Postmeistertrennungen:

Zahlreiche geschnitten ausgegebene Bogen der OPD-Ausgaben wurden von Postämtern und Postbenutzern nachträglich mittels verschiedenster Werkzeuge mit Zähnungen oder Durchstichen versehen, um die Abtrennung der Marken vom Bogen zu erleichtern. Soweit sie nachweislich von Postämtern angefertigt wurden, werden sie unter der Bezeichnung „Postmeistertrennungen" katalogisiert. Alle von anderen Einrichtungen oder Personen gefertigten Trennungen sind als privat anzusehen und können nicht katalogisiert werden.

Postmeistertrennungen sollten nur (BPP-)geprüft erworben werden!

1946

t) Neubauernhäuser

t) Rothirsche mit Baumgruppe

1946, 17. Jan./25. Febr. Freimarken: sogen. Abschiedsserie. Ⓔ Bartholomäus nach Motiven von E. Wriedt; Bdr. Niemann (MiNr. 29–36) und Sandmeyer (MiNr. 37–40) (10×10); verschiedene Papiersorten; gez. L 10¾ (MiNr. 33, 36–40) bzw. □ (MiNr. 29–32, 34 und 35).

u) Rothirsche mit Baumgruppe

v) Fischerboote

w) Bauer

x) Windmühle

y) Pflügender Bauer

z) Neubau eines Hauses

aa) Motorpflug

ab) Hafen mit Getreidespeicher

ac) Fabriken

ad) Bäuerin am Spinnrad

MiNr. 29–40 lassen sich nach folgenden Papiersorten unterteilen:

x = dickes, weißes Kreidepapier (1. Auflage); 0,095–0,115 mm
y = bei MiNr. 29–36: mittelfeines, graustichiges Papier, wenig wolkig, weniger rau, wenige oder keine Einschlüsse (2. Auflage) (0,07–0,11 mm)
bei MiNr. 37–40: gelbliches bis gelbbräunliches, wolkiges Papier mit grober Oberfläche und (Holz-)Einschlüssen (2. Auflage) (0,08–0,12 mm)

					✶	✶✶	⊙	FDC
29		3 Pf	geschnitten	t				
	x		matt- bis lebhaftorangebraun, Papier x (17. Jan.)		15,—	30,—	70,—	—,—
	y		mittelorangebraun, Papier y (25. Febr.)		1,50	4,—	60,—	—,—
30 x		4 Pf	dunkelultramarin (Töne), Papier x, geschnitten (17. Jan.)	u	18,—	45,—	80,—	—,—
31 y		4 Pf	lebh'bräunlichrot bis lebh'karminbraun, Papier y, geschnitten (25. Febr.)	u	1,50	4,—	60,—	—,—
32		5 Pf	geschnitten	v				
	x		smaragdgrün bis mittelgrün, Papier x (17. Jan.)		10,—	24,—	70,—	—,—
	y		lebhaftgelblichgrün, Papier y (25. Febr.)		1,50	4,—	60,—	—,—
33		6 Pf	gez. L 10¾	w				
	x		blauviolett bis (schwärzlich)violettblau, Papier x (17. Jan.)		6,—	17,—	35,—	—,—
	y		dunkelrotviolett bis grauviolett, Papier y (Febr.)		1,—	2,—	9,—	
34		8 Pf	geschnitten	x				
	x		rotorange, Papier x (17. Jan.)		12,—	30,—	65,—	—,—
	y		rotorange bis schwärzlichorange, Papier y (25. Febr.)		1,50	3,50	60,—	—,—
35		10 Pf	geschnitten	y				
	x		matt- bis lebhaftsiena, Papier x (22. Jan.)		12,—	30,—	65,—	—,—
	y		lebhaftsiena, Papier y (25. Febr.)		1,20	3,50	60,—	
36		12 Pf	gez. L 10¾	z				
	x		dunkelgraurot bis lebhaftbraunrot, Papier x (22. Jan.)		1,50	4,50	30,—	—,—
	y		(braun)rot bis mittelrosarot, Papier y (Febr.)		0,80	2,—	4,50	
37 y		15 Pf	gelbbraun bis braunorange, Papier y, gez. L 10¾ (24. Jan.)	aa	0,80	2,—	10,—	—,—
38 y		20 Pf	blau bis schwärzlichgrauultramarin, Papier y, gez. L 10¾ (29. Jan.)	ab	1,20	3,—	13,—	—,—
39 y		30 Pf	lebh'- bis schwärzlichbläulichgrün, Papier y, gez. L 10¾ (26. Jan.)	ac	1,—	2,50	15,—	—,—
40 y		40 Pf	(hellviolett)purpur (Töne), Papier y, gez. L 10¾ (22. Jan)	ad	1,—	2,50	15,—	—,—
			Satzpreis x (7 W.)		70,—	150,—	400,—	
			Satzpreis y (11 W.)		12,—	30,—	300,—	

FALSCH Stempelfälschungen und Nachstempelungen

Auflagen:

MiNr. 29 x = 207 800
MiNr. 29 y = 421 200
MiNr. 30 x = 212 400
MiNr. 31 y = 434 400
MiNr. 32 x = 218 000
MiNr. 32 y = 419 000
MiNr. 33 x = 510 000
MiNr. 33 y = 836 000
MiNr. 34 x = 213 000
MiNr. 34 y = 428 200
MiNr. 35 x = 214 000
MiNr. 35 y = 415 000
MiNr. 36 x = 518 000
MiNr. 36 y = 2 280 000
MiNr. 37 y = 998 200
MiNr. 38 y = 1 000 000
MiNr. 39 y = 1 004 000
MiNr. 40 y = 946 000

Gültig bis 31.10.1946

Bundesland Sachsen

Aufbrauchsprovisorien, sogen. „Sächsische Schwärzungen“

Nach der Besetzung, in einigen Gegenden erst einige Wochen danach, wurde der Postverkehr vorübergehend eingestellt. Die Wiederaufnahme erfolgte im Bereich der OPD Dresden am 23. Mai 1945. In der RPD Chemnitz wurde der Postverkehr durch die Sowjetische Besetzung meist nicht unterbrochen. Die diesbezüglichen Verfügungen besagten, dass bis zur Ausgabe neuer Marken die am 8.5.1945 noch gültigen Postwertzeichen des Deutschen Reichs weiterverwendet werden konnten, jedoch Kopfbilder bzw. nationalsozialistische Merkmale unkenntlich gemacht werden mussten, die Wertangabe aber lesbar bleiben musste.

Diese Unkenntlichmachung hatte durch die Postämter vor dem Verkauf zu erfolgen; die in Publikumshänden befindlichen Marken konnten durch den Postkunden selbst vor Einlieferung der Sendungen „geschwärzt“ werden. Form und Ausführung waren nicht vorgeschrieben; daher entstanden Aufdrucke, Überstempelungen mit Kork-, Gummi- oder ähnlichen Stempeln, Verschmierungen (einschließlich Fingerabdrücke), Übermalungen sowie Überklebungen.

Als Aufbrauchsprovisorien („Sächsische Schwärzungen“) können nur solche Marken angesehen werden, die nach der Besetzung als Frankatur verwendet wurden. Sie dürfen keinesfalls mit den vor der Besetzung eingelieferten und erst danach zugestellten Briefen (sogenannte Überroller) verwechselt werden, die aus allen Teilen des Deutschen Reichs (einschließlich des Protektorates Böhmen und Mähren sowie des Generalgouvernements) vorkommen können; die Marken auf diesen Überrollern wurden teilweise vor der Zustellung ebenfalls unkenntlich gemacht.

Sächsische Schwärzungen sind ✱ und ✱✱ nicht prüfbar.

Arten der Unkenntlichmachung:

A = formlose Kleckse oder Verschmierungen (Farbe, Tusche, Tinte, Fingerabdrücke usw.)

B = Vollkreise (Kork-, Gummi-, Holzstempel, Aufdrucke) etwa 10 bis 25 mm Ø

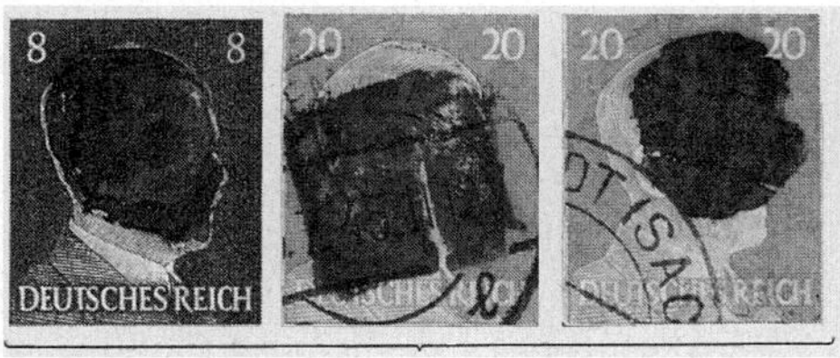

A

B

C = für einzelne Postämter typische sonstige Formen (Kreise mit Merkmalen, Rechtecke, Sechsecke, Sterne, Zahlen, Balken usw.)

Aue

Burgstädt

Chemnitz 3

Chemnitz 4

Chemnitz 10

Chemnitz
(für KZ-Insassen)

Crimmitschau

Dresden A I

Dresden A 16

Dresden N 23

Hohndorf

Langenchursdorf

Lichtenstein

Mülsen St. Jacob

Pirna (KZler)

Katalogisierung siehe MICHEL-Deutschland-Spezial Band 2!

Ost-Sachsen

OPD Dresden,
dazu seit 4.8.1945 die westlich der Neiße gelegenen Teile Niederschlesiens (Görlitz, Hoyerswerda und Niesky) und vom 1.10.1945–31.1.1946 mit OPD Leipzig und früherer OPD Chemnitz

Ab 23. Mai 1945 wurde der Postverkehr zuerst örtlich wieder aufgenommen und allmählich auf den gesamten OPD-Bezirk ausgedehnt. Ab Juni 1945 bestand wieder Postverbindung mit einigen, ab 9.8.1945 mit allen Gebieten der SBZ. Zuerst, bei Markenmangel auch später, wurde Barfrankierung durchgeführt. Vom 23.5.–20.6.1945 waren Aufbrauchsprovisorien in Verwendung (siehe Bundesland Sachsen). Vom 21.–27.6. erfolgte im Allgemeinen wieder Barfrankierung. Ab 28.6. wurden die OPD-Ausgaben verwendet. Über die Postverhältnisse in Glauchau während der amerikanischen Besetzung siehe Amerikanische und Britische Zone bzw. Deutsche Lokalausgaben ab 1945.

In Sachsen durften vom 29.10. bis 10.12.1945 sämtliche noch gültige deutsche Zonen-, OPD- und Lokalausgaben zur Freimachung verwendet werden, ab 11.12.1945 nur noch die OPD- und Lokalausgaben der Sowjetischen Zone.

⊙-Preise ab 3,— Euro gelten nur für (BPP-)geprüfte Stücke!

1945

Nicht ausgegeben:

1945, Juni. Freimarke: Ziffern im Kreis, deutsche und russische Inschrift (POTSCHTA). Ⓔ Chemnitz; RaTdr. Welzel (10×10); □.

ae) Ziffern im Kreis, Inschrift deutsch und russisch

			✱	✱✱	⊘
B I	12 (Pf)	.... ae			
a		hellrot (Töne), ✉ rosakarmin (sog. „Wasserfarbe")	240,—	600,—	
b		rot bis dunkelrot, ✉ dunkelrosa (sog. „Ölfarbe")	260,—	650,—	800,—

Nach heutigem Kenntnisstand war MiNr. B I zwar zur Ausgabe vorgesehen, wurde dann aber auf Befehl des Sowjetischen Stadtkommandanten nicht ausgegeben. Alle unter ⊘ gelisteten Stücke wurden von unbefugter Seite mit echten Poststempeln entwertet. Der genaue Zeitpunkt der Abstempelung lässt sich trotz umfangreicher Recherchen nicht mehr feststellen.

Farbfehlstellen resultieren aus längerer Aufbewahrung unter nicht weichmacherfreier Folie. Vorsicht!

[FALSCH] u. a. Bdr., ✉ gelbliches Papier, Odr. auf originalähnlichem Papier

Auflage: unbekannt

MiNr. B I war bis einschließlich MICHEL-Deutschland 2014/2015 als MiNr. 41 katalogisiert.

> Weiterführende Literatur: Strobel, Wolfgang, „Die Potschta-Marke in Dresden 1945. Eine postgeschichtliche Studie" in: Rundbrief 72 der Arbeitsgemeinschaft Deutsche Notmaßnahmen ab 1945 e.V., August 2014.

1945, 28. Juni/4. Okt. Freimarken: Ziffernserie, nur deutsche Inschrift. Ⓔ Chemnitz; RaTdr. Welzel (ab 8. Aug. im Besitz der Sächsischen Volkszeitung) (10×10); A = □, B I = amtl. Linien-⌗ 13–13½, B II = ⌗ 10, C = amtl. (Versuchs)zähnung L 11, D–P = versch. Postmeistertrennungen.

af) Ziffer im Kreis, Inschrift nur deutsch

				✱	✱✱	⊙	FDC
42 A	5 (Pf)	orangebraun (Töne) (6. Juli)	af	0,40	1,—	2,60	150,—
43	6 (Pf)	[GA]	af				
A		geschnitten					
a		schwarzgelbgrün (30. Juni)		3,50	10,—	12,—	200,—
b		schwarzblaugrün (26. Juli)		15,—	45,—	50,—	
B		amtl. Linien-Durchstich					
I		⌗ 13–13½, schwarzgelbgrün (3. Juli)		4,—	10,—	13,—	
II		⌗ 10 (19. Juli)					
a		schwarzgelbgrün		5,50	14,—	22,—	
b		schwarzblaugrün		4,50	10,—	20,—	
C		amtl. Versuchszähnung L 11, schwarzblaugrün (26. Juli)		80,—	240,—	250,—	
44 A	8 (Pf)		af				
a		(dunkel)braunviolett (3. Juli)		0,50	1,30	2,60	150,—
b		lebhaft- bis schwarz(grau)violett, schwarzviolett (7. Juli)		25,—	60,—	100,—	—,—
45 A	10 (Pf)	dunkel- bis schwarzsiena (3. Juli)	af	0,60	1,50	5,50	100,—
46 A	12 (Pf)	rot bis dunkelrosarot (28. Juni)	af	0,40	1,50	2,60	150,—
47 A	15 (Pf)	dunkelbraungelb bis lebhaftgelbocker (10. Juli)	af	0,60	1,20	3,50	120,—
48 A	20 (Pf)	dunkelpreußischblau bis schwärzlichblaugrau (26. Juli)	af	0,80	1,60	3,50	120,—
49 A	25 (Pf)	blau (Töne) (5. Juli)	af	0,60	1,20	3,50	120,—
50 A	40 (Pf)	dunkelrötlichlila (7. Juli)	af	0,60	1,20	3,50	120,—
		Satzpreis (9 W.)		6,—	18,—	35,—	

Achtung! Amtliche Versuchszähnung C nicht mit Postmeistertrennung D II verwechseln!

Postmeistertrennungen:

Zur Erleichterung und Beschleunigung der Trennung wurden die Bogen von MiNr. 42–50 im Bezirk Dresden nachträglich mit Postmeistertrennungen versehen und wurden auch nachträglich von der OPD Dresden anerkannt.

D Coswig, 1.7.–4.10.1945

I = gez. L 10

				✶✶	⊙
42 D I	5 (Pf)	orangebraun	af	220,—	20,—
43 D I	6 (Pf)		af		
a		schwarzgelbgrün		30,—	14,—
b		schwarzblaugrün		120,—	110,—
44 D I	8 (Pf)		af		
a		(dunkel)braunviolett		60,—	18,—
b		schwarz(grau)violett		650,—	110,—
45 D I	10 (Pf)	dunkelsiena	af	50,—	10,—
46 D I	12 (Pf)	rot bis dunkelrosarot	af	9,—	8,—
47 D I	15 (Pf)	dunkelbraungelb bis lebhaftgelbocker	af	35,—	15,—
48 D I	20 (Pf)	dunkelpreußischblau bis schwärzlichgraublau	af	100,—	60,—
49 D I	25 (Pf)	blau (Töne)	af	25,—	10,—
50 D I	40 (Pf)	dunkelrötlichlila	af	30,—	12,—
		Satzpreis (9 W.) ✶ 250,—		550,—	160,—

II = gez. L 11

				✶✶	⊙
42 D II	5 (Pf)	orangebraun	af	25,—	50,—
43 D II	6 (Pf)		af		
a		schwarzgelbgrün		50,—	80,—
b		schwarzblaugrün		200,—	*800,—*
44 D II	8 (Pf)		af		
a		(dunkel)braunviolett		35,—	60,—
b		schwarz(grau)violett		280,—	200,—
45 D II	10 (Pf)	dunkelsiena	af	25,—	50,—
46 D II	12 (Pf)	rot bis dunkelrosarot	af	20,—	35,—
47 D II	15 (Pf)	dunkelbraungelb bis lebhaftgelbocker	af	40,—	70,—
48 D II	20 (Pf)	dunkelpreußischblau bis schwärzlichgraublau	af	90,—	130,—
49 D II	25 (Pf)	blau (Töne)	af	35,—	55,—
50 D II	40 (Pf)	dunkelrötlichlila	af	45,—	70,—
		Satzpreis (9 W.) ✶ 180,—		350,—	600,—

III = gez. L 11½

				✶✶	⊙
42 D III	5 (Pf)	orangebraun	af	25,—	40,—
43 D III	6 (Pf)		af		
a		schwarzgelbgrün		90,—	120,—
b		schwarzblaugrün		450,—	450,—
44 D III	8 (Pf)		af		
a		(dunkel)braunviolett		25,—	40,—
b		schwarzgrauviolett		240,—	*500,—*
45 D III	10 (Pf)	dunkelsiena	af	25,—	45,—
46 D III	12 (Pf)	rot bis dunkelrosarot	af	24,—	35,—
47 D III	15 (Pf)	dunkelbraungelb bis lebhaftgelbocker	af	28,—	60,—
48 D III	20 (Pf)	dunkelpreußischblau bis schwärzlichblaugrau	af	120,—	150,—
49 D III	25 (Pf)	blau (Töne)	af	30,—	50,—
50 D III	40 (Pf)	dunkelrötlichlila	af	35,—	60,—
		Satzpreis (9 W.) ✶ 160,—		400,—	550,—

E Großröhrsdorf; 30.7.–24.9.1945; nur senkrecht gez. L 10½

				✶✶	⊙
42 E	5 (Pf)	orangebraun	af	18,—	35,—
43 E	6 (Pf)	schwarzgelbgrün	af	360,—	450,—
44 E	8 (Pf)	(dunkel)braunviolett	af	18,—	30,—
45 E	10 (Pf)	dunkelsiena	af	55,—	90,—
46 E	12 (Pf)	rot bis dunkelrosarot	af	26,—	40,—
47 E	15 (Pf)	dunkelbraungelb	af	55,—	80,—
48 E	20 (Pf)	dunkelpreußischblau bis schwärzlichgraublau	af	30,—	45,—
49 E	25 (Pf)	blau (Töne)	af	170,—	300,—
50 E	40 (Pf)	dunkelrötlichlila	af	70,—	130,—
		Satzpreis (9 W.) ✶ 380,—		800,—	1200,—

allseitig gez. L 10½ (Versuchszähnung)

				✶	✶✶	⊙
46 E Z	12 (Pf)	rot	af	320,—	700,—	1000,—

Bogenrandstücke blieben teilweise dreiseitig ungezähnt (kein Aufschlag).

FALSCH

F Klotzsche; 4.7.–20.9.1945; gez. L 10¾–11

				✶✶	⊙
42 F	5 (Pf)	orangebraun	af	80,—	140,—
43 F	6 (Pf)	schwarzgelbgrün	af	200,—	*420,—*
44 F	8 (Pf)		af		
a		(dunkel)braunviolett		220,—	*950,—*
b		schwarz(grau)violett		*1700,—*	*1900,—*
45 F	10 (Pf)	dunkelsiena	af	100,—	190,—
46 F	12 (Pf)	rot	af	15,—	25,—
47 F	15 (Pf)	dunkelbraungelb bis lebhaftgelbocker	af	500,—	*1700,—*
48 F	20 (Pf)	dunkelpreußischblau bis schwärzlichblaugrau	af	45,—	160,—
49 F	25 (Pf)	blau (Töne)	af	250,—	*420,—*
50 F	40 (Pf)	dunkelrötlichlila	af	300,—	*1600,—*
		Satzpreis (9 W.) ✶ 700,—		1700,—	*5500,—*

Die Klotzscher Zähnung L 10¾–11 unterscheidet sich von der Zähnung L 11 von Coswig (D II) durch ihre Unregelmäßigkeit und sehr mangelhafte Ausführung.

FALSCH

G Loschwitz; 2.7.–10.9.1945; Linien-⌷ 9½–11

				✶✶	⊙
42 G	5 (Pf)	orangebraun	af	9,—	8,50
43 G	6 (Pf)		af		
a		schwarzgelbgrün		65,—	30,—
b		schwarzblaugrün		800,—	400,—
44 G	8 (Pf)		af		
a		(dunkel)braunviolett		10,—	17,—
b		schwarzviolett		160,—	140,—
45 G	10 (Pf)	dunkelsiena	af	9,—	8,50
46 G	12 (Pf)	rot bis dunkelrosarot	af	15,—	13,—
47 G	15 (Pf)	dunkelbraungelb bis lebhaftgelbocker	af	9,—	8,50
48 G	20 (Pf)	dunkelpreußischblau bis schwärzlichgraublau	af	12,—	13,—
49 G	25 (Pf)	blau (Töne)	af	9,—	11,—
50 G	40 (Pf)	dunkelrötlichlila	af	12,—	11,—
		Satzpreis (9 W.) ✶ 60,—		150,—	120,—

Der Durchstich von MiNr. 42 G–50 G wurde mittels Handrädchens durchgeführt und ist immer unregelmäßig. Paare bzw. Viererblöcke, anhand derer der Durchstich besser zu erkennen ist, verdienen eine höhere Bewertung.

Ab Ende Juli wurden in Loschwitz auch von der OPD gelieferte Durchstiche 43 B II verkauft (auch bei kompletten Durchstichsätzen). Prüfung ratsam!

Postmeistertrennungen:

Zahlreiche geschnitten ausgegebene Bogen der OPD-Ausgaben wurden von Postämtern und Postbenutzern nachträglich mittels verschiedenster Werkzeuge mit Zähnungen oder Durchstichen versehen, um die Abtrennung der Marken vom Bogen zu erleichtern. Soweit sie nachweislich von Postämtern angefertigt wurden, werden sie unter der Bezeichnung „Postmeistertrennungen“ katalogisiert. Alle von anderen Einrichtungen oder Personen gefertigten Trennungen sind als privat anzusehen und können nicht katalogisiert werden.

Postmeistertrennungen sollten nur (BPP-)geprüft erworben werden!

In **Pirna, Seiffen, Sohland, Dittmannsdorf** und **Dresden N 31** erfolgten Durchstiche seitens des Postamtes, die jedoch von der OPD Dresden nicht anerkannt wurden, obgleich Sendungen unbeanstandet befördert wurden.

H Pirna; 1.7.–2.10.1945. Nachträglicher Durchstich 9¾–10 mittels Handrädchen, kleine Schnitte unregelmäßig. Satz (9 W). ★★ 2300,— ⊙ 2700,—

L, M Seiffen; 5.7.–25.9.1945. Nachträglicher ⌷ 9¾. Satz (7 W., nicht MiNr. 43 und 49) ★★ 15000,— ⊙ 11000,—

N Sohland; Juli 1945. Nachträglicher Durchstich 9¾–10 mittels Nähmaschine. Satz (6 W., nicht MiNr. 43, 44 und 49) ⊙ *25000,—*

O Dittmannsdorf / über Dresden A 28. Nachträglicher ⌷ 12½ mittels Nähmaschine (MiNr. 42, 43 45, 46, 47) —,—.

P Dresden N 31. Nachträglicher ⌷ 9¾ mittels Nähmaschine (MiNr. 43 und 46) —,—.

Außer den katalogisierten sind vorkommende Zähnungsarten privaten Ursprungs.

FALSCH Postmeistertrennungen sollten nur (BPP-)geprüft erworben werden. Die Preise gelten nur für geprüfte Stücke!

Die Markengröße von MiNr. 43, 44 und 46 beträgt 17,75×21,75 mm, alle anderen Werte 18,5×22,5 mm.

Die Bogen der MiNr. 43, 44 und 46 wurden aus vier, die der anderen MiNr. aus zwei verschiedenen Platten zusammengesetzt, die nicht immer genau untereinander standen. Daher kommen Bogen mit unterschiedlichen Markenzwischenräumen vor.

Mitunter wurden die Druckbogen in Handarbeit mittels Schere in Schalterbogen getrennt. Daher kommen Bogen vor, deren untere bzw. obere Bogenränder unregelmäßige, gelegentlich schräg verlaufende Trennschnitte aufweisen.

FALSCH Marken in anderen Farben sind chemisch verfärbte Stücke (MiNr. 42 hellorangerot, [mennige], MiNr. 43 lebhaftgrünlichblau [türkisblau], MiNr. 50 rotlilapurpur). Außerdem sind Ganzfälschungen der MiNr. 43 in Bdr. (alle Farbvarianten) sowie MiNr. 43 A auch in RaTdr. und Odr. bekannt.

Auflagen:

MiNr. 42 = 2 011 400	MiNr. 43 B = 2 690 400	MiNr. 44 a = 1 717 600	MiNr. 46 a = 5 547 300	MiNr. 48 = 1 307 800
MiNr. 43 A a = 3 023 300	MiNr. 43 C = 36 400	MiNr. 44 b = 300 000	MiNr. 46 b = 1 414 400	MiNr. 49 = 1 018 200
MiNr. 43 A b = 1 200 000		MiNr. 45 = 1 011 400	MiNr. 47 = 1 008 000	MiNr. 50 = 1 011 000

Auflagen Postmeistertrennungen (in obigen Auflagen enthalten):

MiNr. 42 D = 12 500	MiNr. 44 D = 15 000	MiNr. 46 D = 40 000	MiNr. 47 D = 10 000	MiNr. 49 D = 12 500
MiNr. 42 E = 15 000	MiNr. 44 E = 12 000	MiNr. 46 E = 9 000	MiNr. 47 E = 3 000	MiNr. 49 F = 2 400
MiNr. 42 F = 5 000	MiNr. 44 F = 2 500	MiNr. 46 EZ = 500	MiNr. 47 F = 1 000	MiNr. 49 G = 16 000
MiNr. 42 G = 37 000	MiNr. 44 G = 26 000	MiNr. 46 F = 80 000	MiNr. 47 G = 19 000	MiNr. 50 D = 10 000
MiNr. 43 D = 20 000	MiNr. 45 D = 20 000	MiNr. 46 G = 38 000	MiNr. 48 D = 5 000	MiNr. 50 E = 2 600
MiNr. 43 E = 1 000	MiNr. 45 E = 9 000		MiNr. 48 E = 8 000	MiNr. 50 F = 1 500
MiNr. 43 F = 25 000	MiNr. 45 F = 5 000		MiNr. 48 F = 5 200	MiNr. 50 G = 16 000
MiNr. 43 G = 48 000	MiNr. 45 G = 18 000		MiNr. 48 G = 16 000	

1945, 3. Nov./5. Dez. Freimarken: Ziffernserie. Odr. Ulbrich (10×10); x = glatte oder waager. gestreifte, y = Spargummierung; I = Type I, II = Type II; ☐.

af

x = glatte oder waager. gestreifte Gummierung

				★	★★	⊙	FDC
51 x	3 (Pf)	(hell)graubraun bis schwarzbraun	af				
I		Type I		0,40	1,—	3,50	25,—
II		Type II		1,80	4,—	32,—	
52 x	10 (Pf)	grau bis dunkelgrau (3. Nov.)	af	0,40	1,—	3,50	25,—
		Satzpreis (2 W.)		0,70	2,—	7,—	

y = Spargummierung

				★	★★	⊙
51 y	3 (Pf)	(hell)graubraun bis schwarzbraun	af			
I		Type I		1,80	4,—	450,—
II		Type II		40,—	90,—	*1700,—*
52 y	10 (Pf)	grau bis dunkelgrau (3. Nov.)	af	2,20	5,—	80,—
		Satzpreis (2 W.)		4,—	9,—	500,—

Type I: Wertziffer „3“ mit spitzem Kopf; Feld 1–10, 12–30, 32–50, 52–70, 72–90, 92–100
Type II: Wertziffer „3“ mit stumpfem Kopf; Feld 11, 31, 51, 71, 91

In Teilauflage weist Feld 70 ebenfalls die stumpfe Wertziffer „3“ (ähnlich Type II) auf.

MiNr. 51 F und 52 F nicht mit farbstarken Drucken bzw. Schmitzdrucken der Normalmarken (Druckzufälligkeiten!) verwechseln. Prüfung ratsam.

Die Markenbreite von MiNr. 51 und 52 ist im Gegensatz zu allen anderen Ziffernausgaben 17 mm (statt 18 mm).

Gezähnte Marken MiNr. 51–52 sind private Machwerke!

FALSCH Marken auf mehr oder weniger braunem Papier (Sonnenbestrahlung)

Auflagen: MiNr. 51 = 7 053 100, MiNr. 52 = 5 023 200 Stück

Stempelfälschungen:

Die meisten gestempelten teureren Ausgaben zwischen 1945 und 1949 kommen häufig mit falschen oder verfälschten Abstempelungen vor. Bei teuren Marken oder Blocks ist Prüfung dringend anzuraten!

1945, 3./5. Nov. Freimarken: Ziffernserie, „POST“ in etwas dünneren Buchstaben. RaTdr. Sächsische Volkszeitung (10×10); graustichiges Papier; □.

af I

				✱	✱✱	⊙	FDC
53	4 (Pf)	dunkel- bis schwarz(grau)blau (5. Nov.)	af I	0,20	0,50	2,50	30,—
54	20 (Pf)	blau bis lebhaftpreußischblau (3. Nov.)	af I	0,20	0,40	2,50	30,—
55	30 (Pf)	lebhaftbraungelb (Töne) (5. Nov.)	af I	0,20	0,40	2,50	35,—
		Satzpreis (3 W.)		0,50	1,20	7,—	
		FDC mit MiNr. 53 und 55					45,—

Auflagen: MiNr. 53 = 3 309 500, MiNr. 54 = 3 197 500, MiNr. 55 = 3 136 200 Stück

1945, 3. Nov./21. Dez. Freimarken: Ziffernserie. Bdr. Giesecke & Devrient (10×10); gez. K 13:12½.

af

				✱	✱✱	⊙	FDC
56	3 (Pf)	lebhaft- bis dunkelorangebraun (21. Dez.)	af	0,20	0,50	2,50	30,—
57	5 (Pf)	dunkelgrün bis schwärzlicholivgrün (3. Nov.)	af	0,20	0,50	2,50	30,—
58	6 (Pf)	(dunkel)grauviolett bis dunkel(blau)violett (3. Nov.)	af	0,20	0,50	2,50	20,—
59	8 (Pf)	dunkelgelborange (Töne) (3. Nov.)	af	0,20	0,50	2,50	30,—
60	12 (Pf)	orangerot bis zinnober (3. Nov.)	af	0,20	0,50	2,50	25,—
		Satzpreis (5 W.)		0,80	2,50	12,—	
		FDC mit MiNr. 57–60					60,—

Marken mit violettem Kastenstempel „Bundesland/Sachsen“ sind Phantasie-Erzeugnisse (kommen aber auch gestempelt vor)!

Auflagen: MiNr. 56 = 8 445 000, MiNr. 57 = 6 055 000, MiNr. 58 = 21 040 000, MiNr. 59 = 6 000 000, MiNr. 60 = 21 140 000 Stück

1946

1946, 15. Jan./1. Febr. Freimarken: Ziffernserie. RaTdr. Sächsische Volkszeitung (10×10); verschiedene Papiersorten; □.

af

				✱	✱✱	⊙	FDC
61	4 (Pf)	(dunkel)grünlichgrau (15. Jan.)	af	0,20	0,40	1,50	90,—
62	6 (Pf)	dunkelrotviolett bis grauviolett (22. Jan.)	af	0,20	0,40	1,50	30,—
63	12 (Pf)	dunkelrosarot (Töne) (1. Febr.)	af	0,20	0,40	1,50	30,—
		Satzpreis (3 W.)		0,50	1,10	4,—	

Abart:

		✱✱	⊙
61 F	Fehlfarbe Grüngrau, auf braunem Klebebandstreifen gedruckt	*1800,—*	

Gezähnte Marken MiNr. 61–63 sind privater Natur, sie wurden unbeanstandet verwendet.

Auflagen: MiNr. 61 = 2 317 800, MiNr. 63 = 2 651 300 Stück

1946, 6. Febr. Wiederaufbau. Ⓔ Walter; RaTdr. Sächsische Volkszeitung (10×5); verschieden gez. L 11–L 11½.

ag) Zwinger, Dresden

ah) Neues Rathaus, Dresden

				✱	✱✱	⊙	FDC
64	6 + 44 (Pf)	dunkelgraugrün, dunkelgrünoliv (Töne)	ag	0,30	1,30	8.50	60,—
65	12 + 88 (Pf)	(dunkel)orangerot	ah	0,30	1,30	8,50	60,—
		Satzpreis (2 W.)		0,60	2,60	17,—	

Von MiNr. 64–65 sind Bogen mit Papierfalten sowie Marken mit waagerechten Farbstrichen (schartige Rakel) bekannt.

FALSCH ungezähnte Marken

Auflagen: MiNr. 64 = 1 861 550, MiNr. 65 = 1 559 550 Stück

Gültig bis 31.3.1946, weitere Verwendung bis 31.10.1946 häufig nicht beanstandet

MiNr. 42–63 (einschließlich Postmeistertrennungen) gültig bis 31.10.1946

Provinz Sachsen

PD Provinz Sachsen

(in Halle/Saale) (ab 23.7. einschließlich des Regierungsbezirks Merseburg und ab 26.7.1945 einschließlich RPD Magdeburg)

In Teilen der britisch besetzten RPD Magdeburg wurde der Postverkehr im Juni 1945 wieder eröffnet.

Nach der sowjetischen Besetzung Anfang Juli 1945 wurde der Postverkehr am 2.7.1945 im Stadt- und Landkreis Halle (Saale) eröffnet und Ende Juli 1945 allmählich erweitert, bis er ab 10.8.1945 mit allen Teilen der SBZ wieder möglich war. Vereinzelt wurden Aufbrauchsprovisorien verwendet (siehe Deutsche Lokalausgaben ab 1945), meist wurde bis zur Ausgabe eigener Marken Barfrankierung durchgeführt.

In der Provinz Sachsen durften seit dem 10.1.1946 alle noch gültigen OPD- und Lokalausgaben der Sowjetischen Zone zur Freimachung verwendet werden.

Einzelne örtliche Notausgaben siehe Deutsche Lokalausgaben ab 1945

MiNr. 66–86 und 90–91 gültig bis 31.10.1946, MiNr. 87–89 bis 31.3.1946 (danach bis 31.10.1946 häufig nicht beanstandet)

⊙-Preise gelten nur für (BPP-)geprüfte Stücke!

1945

1945, ab 10. Okt.*) Freimarken: Provinzwappen. Ⓔ Manz; Bdr. Giesecke & Devrient (10×10); X = Wz. 1 X, Y = Wz. 1 Y; □.

ai) Wappen der Provinz Sachsen

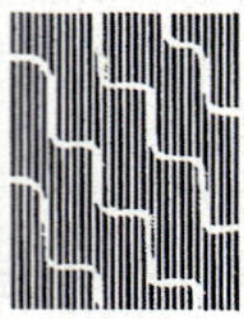

Wz. 1 X
Stufen fallend

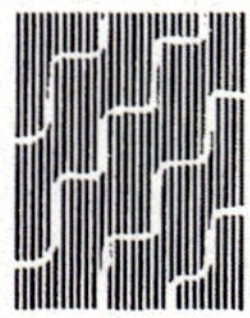

Wz. 1 Y
Stufen steigend

					✶	✶✶	⊙	FDC
66 X	1 Pf	schwärzlichgrünlichblau	ai	0,20	0,80	6,—	
67 X	3 Pf	(dunkel)orangebraun (Töne)	ai	0,20	0,80	4,—	
68 X	5 Pf	dunkelolivgrün GA	ai	0,70	2,—	15,—	
69 X	6 Pf	(dunkel)grauviolett bis rötlichgrauviolett GA	ai	0,50	1,40	3,—	25,—
70 X	8 Pf	gelblichrot (Töne)	ai	0,20	0,80	4,—	
71 X	12 Pf	dunkelrosarot	ai	0,20	0,80	3,—	25,—
		Satzpreis (6 W.)		2,—	5,50	32,—	

*) Der Erstausgabetag 10.10.1945 ist nur bei MiNr. 69 und 71 gesichert, der 16.10.1945 nur bei MiNr. 70.

Mit Wz. 1 Y (Y):

				✶	✶✶	⊙
66 Y	1 Pf	schwärzl'grünl'blau	ai	1700,—	4000,—	*10000,—*
67 Y	3 Pf	(dunkel)orangebraun	ai	2500,—	5000,—	*9000,—*
68 Y	5 Pf	dunkelolivgrün	ai	7000,—	18000,—	*28000,—*
70 Y	8 Pf	gelblichrot	ai	2500,—	6000,—	*9000,—*

FALSCH Wz. 1 Y

Postmeistertrennungen:

A = gez. L 11½ (Wittenberg-Lutherstadt mit ZwPÄ Kleinwittenberg, Piesteritz, Pratau, Reinsdorf und PST I Nudersdorf sowie benachbarte PÄ wie Annaburg, Jessen, Kemberg, Pretzsch und Zahna mit nachgeordneten Dienststellen; Ende Okt.)

				✶✶	⊙
66 X A	1 Pf	schwärzlichgrünlichblau	ai	45,—	120,—
67 X A	3 Pf	(dunkel)orangebraun (Töne)	ai	45,—	120,—
68 X A	5 Pf	dunkelolivgrün	ai	45,—	120,—
69 X A	6 Pf	(dunkel)grauviolett bis rötlichgrauviolett	ai	45,—	100,—
70 X A	8 Pf	gelblichrot (Töne)	ai	45,—	100,—
71 X A	12 Pf	dunkelrosarot	ai	45,—	100,—
		Satzpreis (6 W.)		250,—	650,—

B = gez. L 11½ (Naumburg [Saale])

Die Außenränder der Bogen wurden nicht mitgezähnt; es kommen daher ein- und zweiseitig ungezähnte Marken vor, Preisaufschlag ca. 20%.

				✶✶	⊙
69 X B	6 Pf	(dunkel)grauviolett bis rötlichgrauviolett	ai	80,—	180,—
71 X B	12 Pf	dunkelrosarot	ai	80,—	180,—

MiNr. 69 X B und 71 X B wurden irrtümlich auf der Rückseite auch mit dem Privataufdruck Domstadt/Naumburg Saale versehen (Nichtamtliche Lokalausgabe).

C = gez. L 11½ (Diesdorf)

				⊙	✉
69 X C	6 Pf	(rötlich)grauviolett	ai	1200,—	1400,—
71 X C	12 Pf	dunkelrosarot	ai	*1600,—*	*1900,—*

Die Zähnungen A, B und C unterscheiden sich nur geringfügig voneinander. Prüfung unerlässlich!

D = unregelmäßig ⬚ (mittels Nähmaschine, Schneiderädchen u. ä.) (Berga, Görzke, Gommern, Großwusterwitz, Halle 8, Kölleda, Mageburg BPA 7, Möckern, Naumburg, Osterweddingen, Schlieben, Schwanebeck, Vitzenburg, Völpke und Weißenfels)

				⊙	✉
66 X D	1 Pf	schwärzlichgrünlichblau	ai	750,—	1100,—
67 X D	3 Pf	(dunkel)orangebraun	ai	650,—	1000,—
68 X D	5 Pf	dunkelolivgrün	ai	*1700,—*	*2200,—*
69 X D	6 Pf	(dunkel)grauviolett bis rötlichgrauviolett	ai	200,—	500,—
70 X D	8 Pf	gelblichrot (Töne)	ai	400,—	800,—
71 X D	12 Pf	dunkelrosarot	ai	150,—	400,—

Bei losen Stücken ist es nur möglich, die Postmeistertrennungen D von den privaten zu unterscheiden, wenn der komplette Stempel lesbar ist.

Neben den (amtl.) Postmeistertrennungen gibt es zahlreiche Privattrennungen/Durchstiche mittels Nähmaschinen, Schneiderädchen und ähnlicher Instrumente, die auf Bedarfsbriefen sehr gesucht sind. Prüfung unerlässlich!

Auflagen: MiNr. 66 und 68 je 1 050 000, MiNr. 67 und 70 je 2 050 000, MiNr. 69 = 10 400 000, MiNr. 71 = 10 050 000 Stück

1945, Dez. Freimarke: Provinzwappen. **E Manz; Bdr. Giesecke & Devrient (10×10); Wz. 1 X; □.**

ai) Wappen der Provinz Sachsen

				*	**	⊙
72	10 Pf	(dunkel)rötlichbraun *(29. Dez.)*	ai	7,—	15,—	200,—

Die Datumsangabe in Kursivschrift bezeichnet die bisher bekanntgewordene früheste Verwendung.

Auflage: 215 000 Stück

1945, Nov./Dez. Freimarken: Provinzwappen. **E Manz; Bdr. Giesecke & Devrient (10×10); X = Wz. 1 X, Y = Wz. 1 Y; gez. K 13:12½.**

ai) Wappen der Provinz Sachsen

Wz. 1 X (fallend)

				*	**	⊙
73 X	1 Pf	schwärzlichgrünlichblau	ai	0,10	0,30	3,—
74 X	3 Pf	(dunkel)gelbbraun (Töne)	ai	0,10	0,30	3,—
75 X	5 Pf	schwärzlicholivgrün bis graugrün	ai	0,10	0,30	3,—
76 X	6 Pf	(dunkel)grauviolett bis rötlichviolett	ai	0,80	2,—	3,50
77 X	8 Pf	gelblichrot (Töne)	ai	0,10	0,30	3,50
78 X	10 Pf	rötlichbraun bis siena *(3.11.1945)*	ai	0,80	2,—	3,50
79 X	12 Pf	dunkelrosarot bis helllilakarmin	ai	0,10	0,30	3,—
80 X	15 Pf	mittellilakarmin bis braunrot	ai	120,—	280,—	700,—
81 X	20 Pf	hellblau (Töne) *(27.10.1945)*	ai	0,20	0,40	5,—
82 X	24 Pf	dunkelbraunorange *(27.10.1945)*	ai	0,20	0,40	5,—
83 X	30 Pf	dunkeloliv bis bräunlicholiv *(27.10.1945)*	ai	0,20	0,40	5,—
84 X	40 Pf	dunkellilapurpur bis dunkelbräunlichlila *(27.10.1945)*	ai	0,80	2,—	10,—
		Satzpreis X (ohne MiNr. 80, 11 W.)		3,—	8,—	45,—

Wz. 1 Y (steigend)

				*	**	⊙
73 Y	1 Pf	schwärzlichgrünlichblau	ai	0,10	0,30	12,—
74 Y	3 Pf	(dunkel)gelbbraun (Töne)	ai	0,10	0,30	8,50
75 Y	5 Pf	schwärzlicholivgrün bis graugrün	ai	0,10	0,30	13,—
76 Y	6 Pf	(dunkel)grauviolett bis rötlichviolett	ai	0,10	0,30	3,—
77 Y	8 Pf	gelblichrot (Töne)	ai	0,10	0,30	4,—
78 Y	10 Pf	rötlichbraun bis siena	ai	0,10	0,30	4,—
79 Y	12 Pf	dunkelrosarot bis helllilakarmin	ai	0,10	0,30	3,—
80 Y	15 Pf	mittellilakarmin bis braunrot	ai	0,10	0,30	30,—
81 Y	20 Pf	hellblau (Töne)	ai	6,—	14,—	40,—
83 Y	30 Pf	dunkeloliv bis bräunlicholiv	ai	6,—	14,—	40,—
84 Y	40 Pf	dunkellilapurpur bis dunkelbräunlichlila	ai	8,—	18,—	110,—
		Satzpreis Y (11 W.)		20,—	45,—	250,—

Auflagen: MiNr. 73 = 4 060 000; MiNr. 74 = 6 085 000; MiNr. 75 = 4 965 000, MiNr. 76 = 15 125 000; MiNr. 77 = 6 025 000; MiNr. 78 = 5 293 000; MiNr. 79 = 15 260 000; MiNr. 80 X = 5 000; MiNr. 80 Y = 2 095 000; MiNr. 81 = 6 065 000; MiNr. 82 = 2 040 000; MiNr. 83 = 4 035 000; MiNr. 84 = 4 090 000

MiNr. 81 mit Schrägaufdruck „4 Rpf. bez" (sogen. Wittenberg-Provisorium) siehe Lokalausgaben ab 1945 Wittenberg-Lutherstadt

1945, 17. Dez. Bodenreform in der Provinz Sachsen (I). **E Gebauer; Bdr. Ebelt (5×10); verschiedene Papiersorten; □.**

ak) Pflügender Bauer

				*	**	⊙	FDC
85	6 (Pf)	(dunkel)grün (Töne), smaragdgrün	ak	0,20	0,40	3,—	25,—
86	12 (Pf)	dunkelrosarot (Töne), lebhaftlilarot	ak	0,20	0,40	3,—	25,—
		Satzpreis (2 W.)		0,30	0,70	6,—	

Postmeistertrennungen:

A = vierseitig gez. L 11½, B = waager. gez. L 11½, C = senkr. gez. L 11½ (Wittenberg-Lutherstadt)
D = unregelmäßig durchstochen (Bad Dürenberg, Bad Liebenwerda, Berga, Börnicke, Gommern, Görzke, Großwusterwitz, Kamern, Mücheln, Neumark, Oschersleben, Piesteritz, Quedlinburg, Querfurt, Schlieben, Schwanebeck)

				**	⊙
85	6 (Pf)	(dkl')grün, smaragdgrün	ak		
A		vierseitig gez.		7,—	30,—
B		waagerecht gez.		10,—	80,—
C		senkrecht gez.		10,—	80,—
D		unregelmäßig ⌷			*250,—*

				✱✱	⊙
86	12 (Pf)	dkl'rosarot, lebh'lilarot	ak		
A		vierseitig gez.		7,—	30,—
B		waagerecht gez.		10,—	80,—
C		senkrecht gez.		10,—	80,—
D		unregelmäßig ⛶			*250,—*

Auflagen: MiNr. 85 = 12 025 000, MiNr. 86 = 12 020 000 Stück

In leicht geänderter Zeichnung auf dünnem, durchsichtigem Papier mit Wz. 2: MiNr. 90–91

1946

1946, 19. Jan./21. Febr. Wiederaufbau. E Gebauer; Bdr. Giesecke & Devrient (10×7); A = gez. K 13¼:13, B = ☐.

al) Wohnungsbau

am) Brücken- und Wasserstraßenbau

an) Maschinenbau

A = gez. K 13¼:13 (19.1.1946)

			✱	✱✱	⊙	FDC
87 A	6 + 4 (Pf) schwärzlichopalgrün	al	0,10	0,40	3,—	
88 A	12 + 8 (Pf) (dunkel)rot	am	0,10	0,40	3,—	
89 A	42 + 28 (Pf) dkl'bläulichviolett	an	0,10	0,40	3,—	
	Satzpreis A (3 W.)		0,30	1,10	9,—	50,—

B = geschnitten (21.2.1946)

			✱	✱✱	⊙	FDC
87 B	6 + 4 (Pf) schwärzlichopalgrün	al	0,20	0,60	*50,—*	
88 B	12 + 8 (Pf) (dunkel)rot	am	0,20	0,60	*50,—*	
89 B	42 + 28 (Pf) dkl'bläulichviolett	an	0,20	0,70	*50,—*	
	Satzpreis B (3 W.)		0,60	1,90	*150,—*	*300,—*

Auflagen: MiNr. 87 A und 88 A je 8 876 000, MiNr. 89 A = 4 665 000 Stück; B = 675 500 Sätze

Gültig bis 31.3.1946, weitere Verwendung bis 31.10.1946 toleriert

1946, 21. Febr. Bodenreform in der Provinz Sachsen (II). E Gebauer; Bdr. Giesecke & Devrient (5×10); sogen. „Zigarettenpapier"; Wz. 2 in verschiedenen Lagen; gez. K 13:13¼.

ak I) Pflügender Bauer

			✱	✱✱	⊙	FDC
90	6 (Pf) dunkelopalgrün	ak I	0,10	0,40	8,50	—,—
91	12 (Pf) rot (Töne), dunkelrosa	ak I	0,10	0,40	8,50	—,—
	Satzpreis (2 W.)		0,20	0,70	17,—	

Das Wz. ist nur schwach sichtbar!

Das Papier der MiNr. 90–91 (sehr dünn, glasig, durchscheinend, sogen. Zigarettenpapier) war ursprünglich für griechische Steuermarken bestimmt.

Die Zeichnung wurde etwas abgeändert (z.B. Sonne, Sonnenstrahlen, Wolken), im allgemeinen etwas klareres Bild als bei MiNr. 85–86.

Auflage: 6 050 000 Sätze

MiNr. 66–86 und 90–91 gültig bis 31.10.1946, MiNr. 87–89 bis 31.3.1946 (danach bis 31.10.1946 häufig nicht beanstandet)

Entwertungen:

Ab 1945 waren neben den neugefertigten oder weiterverwendeten üblichen Normstempeln der Deutschen Reichspost auch zahlreiche altdeutsche, aptierte Dritte-Reich-Stempel sowie Notstempel (aus Gummi, Holz etc.) in Gebrauch. Manche davon wurden auch nach Gründung der DDR weiter benutzt.

Thüringen

OPD Erfurt

Thüringen war bis 3.7.1945 amerikanisch besetzt (siehe Amerikanische und Britische Zone). Es bestand nur örtlich ein beschränkter Postverkehr. Nach dem Besatzungswechsel wurde der Postverkehr ab 17.7.1945 in ganz Thüringen und nach angrenzenden Gebieten und ab 18. August nach der gesamten SBZ wieder aufgenommen. Vereinzelt wurden Lokalausgaben ausgegeben (siehe dort). Im Allgemeinen jedoch wurde bis zur Ausgabe der OPD-Marken nur Barfrankierung angewendet.

In Thüringen waren ab dem 23.11.1945 alle noch gültigen OPD-Ausgaben und vermutlich ab Ende Dezember 1945 auch alle Lokalausgaben der Sowjetischen Zone nur Frankatur zugelassen.

MiNr. 92–111 und Block 1–3 gültig bis 31.10.1946, MiNr. 112–115 und Block 4 bis 31.3.1946, danach bis 31.10.1946 häufig nicht beanstandet

⊙-Preise gelten nur für (BPP-)geprüfte Stücke!

1945

1945, 1. Okt./1946, 1. Jan. Freimarken. Ⓔ Schoner; Bdr. Ohlenrothsche Druckerei (10×10); verschiedene Papiersorten; X = Vollgummierung, Y = Spargummierung; A = gez. L 11, B = □.

ao) Tannen im Thüringer Wald

ao

ap) Posthorn und Brief

aq) Friedrich von Schiller (1759–1805), Dichter

ar) Johann Wolfgang von Goethe (1749–1832), Dichter

X = Vollgummierung

MiNr.	Wert	Farbe	Bild	*	**	⊙
92 A X	3 (Pf)	orangebraun bis dkl'gelbbraun, siena *(4.1.1946)*	ao	0,20	0,50	4,—
93 A X	4 (Pf)	bläulichschwarzgrau bis bläulichgrauschwarz *(4.1.1946)*	ao	0,20	0,50	4,—
94 A X	5 (Pf)	(dkl')gelblichgrün, dkl'smaragd grün *(20.10.1945)*	ao	0,20	0,50	5,—
95 A X	6 (Pf)	dkl'grün bis schwärzlichopalgrün *(1.10.1945)* GA	ap	0,20	0,50	3,—
96 A X	8 (Pf)	rotorange bis gelblichrot *(29.10.1945)*	ap	0,20	0,50	3,50
97 A X	12 (Pf)	(lebh')karminrot, dkl'bräunlichrot *(19.10.1945)*	aq	0,20	0,50	3,—
98	20 (Pf)	preußischblau bis grünlichblau *(24.11.1945)*	ar			
A X		gezähnt L 11		0,20	0,50	3,—
B X		geschnitten		0,20	0,50	4,50
99	30 (Pf)	(dkl')olivgrau bis schwarzoliv, lebh'graubraun *(22.12.1945)*	ar			
A X		gezähnt L 11		0,70	2,—	4,50
B X		geschnitten		3,50	14,—	40,—
		Satzpreis X (einschl. 98 B und 99 B, 10 W.)		5,—	18,—	65,—

Y = Spargummierung

MiNr.	Wert	Farbe	Bild	*	**	⊙
92 A Y	3 (Pf)	orangebraun bis dkl'gelbbraun, siena *(4.1.1946)*	ao	0,60	2,—	8,50
93 A Y	4 (Pf)	bläulichschwarzgrau bis bläulichgrauschwarz *(4.1.1946)*	ao	1,70	4,—	24,—
94 A Y	5 (Pf)	(dkl')gelblichgrün, dkl'smaragd grün *(20.10.1945)*	ao	0,40	1,—	8,50
95 A Y	6 (Pf)	dkl'grün bis schwärzlichopalgrün *(1.10.1945)* a	ap	0,40	1,—	3,—
96 A Y	8 (Pf)	rotorange bis gelblichrot *(29.10.1945)*	ap	0,50	1,—	8,50
97 A Y	12 (Pf)	(lebh')karminrot, dkl'bräunlichrot *(19.10.1945)*	aq	1,—	3,—	8,50
98	20 (Pf)	preußischblau bis grünlichblau *(24.11.1945)*	ar			
A Y		gezähnt L 11		1,—	3,—	20,—
B Y		geschnitten		1,—	3,—	25,—
99	30 (Pf)	(dkl')olivgrau bis schwarzoliv, lebh'graubraun *(22.12.1945)*	ar			
A Y		gezähnt L 11		1,—	3,—	11,—
B Y		geschnitten		2,—	4,50	20,—
		Satzpreis Y (10 W.)		9,—	25,—	130,—

Die Daten in Kursivschrift geben die bisher bekannten frühesten Verwendungen an.

Bei MiNr. 92–99 gibt es erhebliche rohstoffbedingte Abweichungen des Papiers und der Druckfarbe!

FALSCH Fälschungen sind die sogen. Glanzdrucke (Lacküberzug; alle Werte). Es handelt sich um zum Schaden der Sammler nachpräparierte Marken!

MiNr. 99 mit Trauerrand ist Privatmache!

Auflagen: MiNr. 92 = 2 000 000, MiNr. 93 = 2 700 000, MiNr. 94 = 4 600 000, MiNr. 95 = 35 700 000, MiNr. 96 = 4 600 000, MiNr. 97 = 27 000 000, MiNr. 98 = 6 200 000, MiNr. 99 = 4 000 000 Stück

Abbildungsgrößen:

Die Normalmarken und die meisten Blocks werden in ½-Größe wiedergegeben. Der Vergrößerungsmaßstab für die verschiedenen Typen wird so gewählt, dass die Verschiedenheiten deutlich erkennbar sind.

1945, 18. Dez. Blockausgabe: Weihnachten; Antifaschismus. Ⓔ **Schoner; Bdr. Ohlenrothsche Druckerei (Kleinbogen 2×3); t = weißes bis gelblichgraues Papier; x = weißes bis gelbliches Kartonpapier; □, Blockrand gez. L 11.**

ao I

Papier t

					✱	✱✱	⊙
100 t	3	(Pf)	dunkelbraunocker (Töne)	ao	80,—	150,—	300,—
101 t	4	(Pf)	bläulichschwarzgrau bis blauschwarz	ao	80,—	150,—	300,—
102 t	5	(Pf)	dunkelsmaragdgrün	ao	80,—	150,—	300,—
Block 1 t			(78×38 mm)	ao I	800,—	1600,—	3200,—
				FDC t			6000,—
				Klb. t	6000,—	10000,—	28000,—

Papier x

					✱	✱✱	⊙
100 x	3	(Pf)	dunkelbraunocker (Töne)	ao	25,—	40,—	150,—
101 x	4	(Pf)	bläulichschwarzgrau bis blauschwarz	ao	25,—	40,—	150,—
102 x	5	(Pf)	dunkelsmaragdgrün	ao	25,—	40,—	150,—
Block 1 x			(78×38 mm)	ao I	220,—	450,—	1100,—
				FDC x			1800,—
				Klb. x	1800,—	3000,—	7500,—

Postpreis: 2 RM

Achtung! Block 1 t nur (BPP)-geprüft erwerben!

Jeder der sechs Blocks im Kleinbogen weist eigene Plattenmerkmale auf. Da Auflagenhöhe und Preise gleich sind, wird auf eine gesonderte Katalogisierung der Typen verzichtet. Abbildung siehe MICHEL-Deutschland-Spezial.

FALSCH

Auflagen: Bl. 1 t = 12 840, Block 1 x = 32 220 Blocks

1945, 18. Dez. Blockausgabe: Weihnachten; soziale Wohlfahrt. Ⓔ **Schoner; Bdr. Ohlenrothsche Druckerei; t = weißes bis gelblichgraues Papier, x = weißes bis gelbliches Kartonpapier; □.**

ar I

Papier t

					✱	✱✱	⊙	FDC
103 t	4	(Pf)	bläulichschwarzgrau bis blauschwarz	ao	50,—	100,—	250,—	
104 t	6	(Pf)	schwärzlichopalgrün	ap	50,—	100,—	250,—	
105 t	12	(Pf)	(lebhaft)karminrot	aq	50,—	100,—	250,—	
106 t	20	(Pf)	preußischblau bis grünlichblau	ar	50,—	100,—	250,—	
Block 2 t			(120×120 mm)	ar I	800,—	1800,—	3300,—	7000,—

Papier x

					✱	✱✱	⊙	FDC
103 x	4	(Pf)	bläulichschwarzgrau bis blauschwarz	ao	60,—	120,—	300,—	
104 x	6	(Pf)	schwärzlichopalgrün	ap	60,—	120,—	300,—	
105 x	12	(Pf)	(lebhaft)karminrot	aq	60,—	120,—	300,—	
106 x	20	(Pf)	preußischblau bis grünlichblau	ar	60,—	120,—	300,—	
Block 2 x			(120×120 mm)	ar I	900,—	2300,—	4000,—	—,—

Postpreis: 10 RM

Block 2 wurde mit 4 verschiedenen Druckplatten gedruckt, die eigene Plattenmerkmale aufweisen. Da Auflagenhöhe und Preise gleich sind, wird auf eine gesonderte Katalogisierung verzichtet. Abb. siehe MICHEL-Deutschland-Spezial.

Mangelhafte Zentrierung bzw. leichte Markenverschiebungen sind üblich und verdienen weder Preisminderungen noch -aufschläge. Außerdem gibt es Über- und Untermaße. Untermaße bis zu 1 mm sind als herstellungsbedingt zu tolerieren.

FALSCH

Auflagen: Bl. 2 t = 26 000, Bl. 2 x = 5 000 Blocks

1946

1946, 27. März. Blockausgabe: Wiederaufbau des Deutschen Nationaltheaters Weimar. Ⓔ Schoner; Bdr. Giesecke & Devrient; verschiedene Papiersorten; X = Wz. 1 X, Y = Wz. 1 Y; A = □, o.G., B = sägezahnartig □, oWz.

as) Friedrich von Schiller (1759–1805), Dichter

at) Johann Wolfgang von Goethe (1749–1832), Dichter

au) Franz Liszt (1811–1886), österreich.-ungar. Komponist und Pianist

av) Christoph Martin Wieland (1733–1813), Dichter

aw) Deutsches Nationaltheater Weimar

aw I

A = geschnitten

Wz. 1 X

				(✱)	⊙	FDC
107 A X	6 (Pf)	dunkel(grau)braun	as	3,50	10,—	
108 A X	10 (Pf)	(dunkel)graugrün	at	3,50	10,—	
109 A X	12 (Pf)	(dunkel)braunviolett	au	3,50	10,—	
110 A X	16 (Pf)	braunrot bis lebh'karminbraun	av	3,50	10,—	
111 A X	40 (Pf)	lebh'violettultramarin	aw	3,50	10,—	
Block 3 A X	(105×105 mm)		aw I	25,—	80,—	380,—

Wz. 1 Y

				(✱)	⊙	FDC
107 A Y	6 (Pf)	dunkel(grau)braun	as	—,—	—,—	
108 A Y	10 (Pf)	(dunkel)graugrün	at	—,—	—,—	
109 A Y	12 (Pf)	(dunkel)braunviolett	au	—,—	—,—	
110 A Y	16 (Pf)	braunrot bis lebh'karminbraun	av	—,—	—,—	
111 A Y	40 (Pf)	lebh'violettultramarin	aw	—,—	—,—	
Block 3 A Y	(105×105 mm)		aw I	*30000,—*	*32000,—*	

B = durchstochen, oWz.

				✱	✱✱	⊙	FDC
107 B	6 (Pf)	dunkel(orange)braun	as	5,—	10,—	20,—	
108 B	10 (Pf)	(dunkel)graugrün	at	5,—	10,—	20,—	
109 B	12 (Pf)	(dunkel)braunviolett	au	5,—	10,—	20,—	
110 B	16 (Pf)	braunrot bis lebhaftkarminbraun	av	5,—	10,—	20,—	
111 B	40 (Pf)	lebhaftviolettultramarin	au	5,—	10,—	20,—	
Block 3 B	(105×105 mm)		aw I	35,—	90,—	220,—	380,—

Postpreis: 7,50 RM

Block 3 wurde im Großbogen mit 6 Druckplatten und zusätzlich bei Block 3 B mit einer „Durchstichdruckplatte“ gedruckt. Dadurch entstanden 12 verschiedene Blocktypen. Da Auflagenhöhe und Preise gleich sind, wird auf eine Einzelkatalogisierung verzichtet, Untermaße bis zu 1 mm sind als herstellungsbedingt zu tolerieren.

Auflagen: Bl. 3 A = 252 000, Bl. 3 B = 184 000 Blocks

1946, 30. März. Wiederaufbau zerstörter Brücken in Thüringen. Ⓔ Schoner; Bdr. Ohlenrothsche Druckerei (5×10); Spargummierung; □.

ax) Saalburger Brücke

ay) Camsdorfer Brücke, Jena

az) Saalebrücke, Göschwitz

ba) Ilmbrücke, Mellingen

				✱	✱✱	⊙	FDC
112	10 + 60 (Pf)	dunkelrötlichbraun	ax	0,30	1,—	12,—	
113	12 + 68 (Pf)	dunkelorangerot bis rot	ay	0,30	1,—	12,—	
114	16 + 74 (Pf)	schwarzblaugrün	az	0,30	1,—	12,—	
115	24 + 76 (Pf)	gelbbraun bis mittelsiena, mittelrötlichbraun	ba	0,30	1,—	12,—	
			Satzpreis (4 W.)	1,—	4,—	45,—	120,—

MiNr. 92–111 und Block 1–3 gültig bis 31.10.1946, MiNr. 112–115 und Block 4 bis 31.3.1946, danach bis 31.10.1946 häufig nicht beanstandet

Blockausgabe:

ba I

			✶	✶✶	⊙	FDC
Block 4	(119×119 mm)	ba I	200,—	450,—	1700,—	2500,—

Postpreis: 5 RM

Block 4 wurde in zwei Auflagen mit insgesamt 4 Typen gedruckt. Katalogisierung und Abb. der Typen siehe MICHEL-Deutschland-Spezial.

FALSCH

Von MiNr. 112–115 sind viele Druck-, Papier- und Farbschwankungen bekannt. Untermaße bis zu 1 mm sind als herstellungsbedingt zu tolerieren.

Auflagen: 1 000 000 Sätze, Bl. 4 = 29 100 Blocks

Anzeigen

West-Sachsen

OPD Leipzig

Der westlich der Mulde und der Zwickauer Mulde gelegene Teil der RPD Leipzig war bis 30.6.1945 amerikanisch besetzt. In dieser Zeit war jeglicher Postverkehr eingestellt. Er begann erst wieder unter sowjetischer Besetzung. Am 9.7.1945 wurde bei mehreren Postämtern im Stadtkreis Leipzig der Postverkehr eröffnet, welcher jedoch am Folgetag durch den sowjetischen Stadtkommandanten wieder verboten wurde. Am 20.7.1945 wurde er in beschränktem Umfang erneut eröffnet; die darauf folgende schriftliche Verfügung der OPD Leipzig trägt das Datum 23.7.1945. Am 28.7.1945 wurde der Postverkehr auf den Landkreis Leipzig erweitert. Am 6.8.1945 wurden Postkarten und Briefe nach der gesamten Sowjetischen Zone zugelassen.

Bis zur Ausgabe der OPD-Marken wurde allgemein Barfrankierung durchgeführt.

Vom 1.10.1945 bis 31.1.1946 war die OPD Leipzig vorübergehend aufgelöst; es bestand eine Abwicklungsstelle.

Das Gebiet der aufgelösten OPD Chemnitz gehörte seit 1.2.1946 zur OPD Leipzig. Vorher siehe unter Bundesland Sachsen und Ost-Sachsen.

Gültigkeit fremder Zonen-, OPD- und Lokalausgaben siehe bei Ost-Sachsen!

⊙-Preise gelten nur für (BPP-)geprüfte Stücke!

MiNr. 116–137, Block 5 und MiNr. 150–165 gültig bis 31.10.1946, MiNr. 138–149 gültig bis 31.3.1946 (weitere Verwendung bis 31.10.1946 häufig nicht beanstandet)

1945

Ohne Genehmigung zur Ausgabe gelangt:

1945, 3. Aug. Freimarken: Deutsches Reich MiNr. 785, 786 und 827 mit Bdr.-Aufdruck von Giesecke & Devrient (sogen. „Holzhausen-Ausgabe“).

				✶	✶✶	⊙
A I	6 (Pf)	lebhaft(blau)violett, Aufdruck schwarz	(785)	32,—	85,—	*450,—*
A II	8 (Pf)	zinnober, Aufdruck hellbraun	(786)	35,—	100,—	*450,—*
A III	12 (Pf)	rot (Töne), Aufdruck rotbraun	(827)	28,—	75,—	*350,—*

Infolge allgemeinen Verbots der Verwendung früherer Marken mit Unkenntlichmachung wurden die bereits bei den Postämtern des OPD-Bezirks Leipzig zum Verkauf bereitstehenden Bestände der MiNr. A I bis A III am 3.8.1945 wieder eingezogen. Nur bei den Postämtern von Holzhausen und Zwenkau (angeblich auch in Böhlen), wo das Verbot angeblich verspätet eintraf, sollen am 3.8.1945 vormittags einige Marken zum Schalterverkauf gekommen sein.

Auflagen: MiNr. A I und A II je 6100, MiNr. A III = 11 100 Stück

Nicht ausgegeben:

Die OPD Leipzig hatte im Juni 1945 die Bestände an früheren Dauer- und Dienstmarken der zu ihrem Bezirk gehörenden Postämter eingezogen und überdrucken lassen. Diese wurden trotz des Überdruckes später durch die OPD Leipzig vernichtet. Nachfolgende überdruckte Marken gelangten nicht zum Schalterverkauf:

				✶✶
A IV	5 (Pf)	schwarzgelbgrün (Töne)	(784)	400,—
A V	10 (Pf)	dunkelsiena	(826)	400,—
A VI	16 (Pf)	dunkelgrünblau	(790)	350,—
A VII	20 (Pf)	kobalt	(791)	450,—

Bis zum Erscheinen der neuen OPD-Marken wurden die Postgebühren am Schalter entrichtet (Gebühr-bezahlt-Stempel).

1945, 28. Sept. Freimarken: Ziffern (I). Bdr. Giesecke & Devrient (10×10); X = Wz. 1 X, Y = Wz. 1 Y; □; A–G = verschiedene Postmeistertrennungen.

bb) Ziffernzeichnung

X = Wz. 1 X (Stufen fallend)

				✶	✶✶	⊙	FDC
116 X	5 Pf	schwärzlicholivgrün	bb	0,10	0,30	3,—	
117 X	6 Pf	(lebhaft)grauviolett bis dunkelrotviolett	bb	0,10	0,30	3,—	
118 X	8 Pf	lebhaftrotorange	bb	0,10	0,30	3,—	
119 X	12 Pf	lebhaftkarminrot	bb	0,10	0,30	3,—	
			Satzpreis (4 W.)	0,40	1,20	10,—	*250,—*

Y = Wz. 1 Y (Stufen steigend)

				✶	✶✶	⊙	FDC
116 Y	5 Pf	schwärzlicholivgrün	bb	1,50	5,—	35,—	
117 Y	6 Pf	(lebhaft)grauviolett bis dunkelrotviolett	bb	5,—	20,—	25,—	
118 Y	8 Pf	lebhaftrotorange	bb	1,50	5,—	25,—	
119 Y	12 Pf	lebhaftkarminrot	bb	5,—	10,—	22,—	
			Satzpreis (4 W.)	13,—	40,—	100,—	*400,—*

Postmeistertrennungen:

A = gez. L 11½ (Mügeln)

MiNr.				**	⊙
116 A		5 Pf	schwärzlicholivgrün . . . . bb		
	X		Wz. 1 X	70,—	200,—
	Y		Wz. 1 Y	350,—	700,—
117 A		6 Pf	(lebhaft)grauviolett . . . . bb		
	X		Wz. 1 X	70,—	200,—
	Y		Wz. 1 Y	500,—	900,—
118 A		8 Pf	lebhaftrotorange . . . . bb		
	X		Wz. 1 X	70,—	200,—
	Y		Wz. 1 Y	700,—	1000,—
119 A		12 Pf	lebhaftkarminrot . . . . bb		
	X		Wz. 1 X	70,—	200,—
	Y		Wz. 1 Y	750,—	1200,—
			Satzpreis X (4 W.)	280,—	800,—
			Satzpreis Y (4 W.)	2300,—	3000,—

B = gez. L 11¼ –11½ (Roßwein)

MiNr.				**	⊙
116 B		5 Pf	schwärzlicholivgrün . . . . bb		
	X		Wz. 1 X	50,—	200,—
	Y		Wz. 1 Y	*2500,—*	—,—
117 B X		6 Pf	(lebhaft)grauviolett, dunkelrotviolett, Wz. 1 X . . . bb	42,—	130,—
118 B		8 Pf	lebhaftrotorange . . . . bb		
	X		Wz. 1 X	42,—	130,—
	Y		Wz. 1 Y	*2200,—*	
119 B		12 Pf	lebhaftkarminrot . . . . bb		
	X		Wz. 1 X	42,—	130,—
			Satzpreis X (4 W.)	170,—	550,—

C = □ 10 (Roßwein)

MiNr.				**	⊙
116 C		5 Pf	schwärzlicholivgrün . . . . bb		
	X		Wz. 1 X	60,—	200,—
	Y		Wz. 1 Y	110,—	400,—
117 C		6 Pf	lebhaftgrauviolett bis dunkelrotviolett . . . . bb		
	X		Wz. 1 X	32,—	130,—
	Y		Wz. 1 Y	—,—	
118 C X		8 Pf	lebhaftrotorange . . . . bb	32,—	130,—
119 C X		12 Pf	lebhaftkarminrot . . . . bb	32,—	130,—
			Satzpreis X (4 W.)	150,—	550,—

D = □ 16 (Roßwein)

MiNr.				**	⊙
116 D		5 Pf	schwärzlicholivgrün . . . . bb		
	X		Wz. 1 X	40,—	130,—
	Y		Wz. 1 Y	350,—	1000,—
117 D		6 Pf	lebhaftgrauviolett . . . . bb		
	X		Wz. 1 X	22,—	80,—
118 D		8 Pf	lebhaftrotorange . . . . bb		
	X		Wz. 1 X	22,—	80,—
	Y		Wz. 1 Y	300,—	1000,—
119 D		12 Pf	lebhaftkarminrot . . . . bb		
	X		Wz. 1 X	22,—	80,—
	Y		Wz. 1 Y	*1600,—*	*2100,—*
			Satzpreis X (4 W.)	100,—	350,—

B/D = gez. L 11½ und □ 16 (Roßwein)

MiNr.			**	⊙
117 B/D X	6 Pf	(lebhaft)grauviolett	1100,—	1500,—
119 B/D X	12 Pf	lebhaftkarminrot	900,—	1300,—

MiNr. 117 Zähnung nur waagerecht, MiNr. 119 Zähnung nur senkrecht

C/D = □ 10 und 16 (Roßwein)

MiNr.			**	⊙
118 C/D X	8 Pf	lebhaftrotorange . . . . bb	*2700,—*	
119 C/D X	12 Pf	lebhaftkarminrot . . . . bb		—,—

Bei den B- und C-Trennungen von Roßwein sind die Seitenränder der äußeren Marken im Bogen nicht gezähnt bzw. durchstochen.

E = □ 10¼ (Gaschwitz)

MiNr.				⊙
116 E		5 Pf	schwärzlicholivgrün . . . . .bb	
	X		Wz. 1 X	*2300,—*
	Y		Wz. 1 Y	—,—
117 E		6 Pf		
	X		(lebhaft)grauviolett bis dunkelrotviolett . . . . .bb	*2300,—*
	Y		(lebhaft)grauviolett	*2800,—*
118 E X		8 Pf	lebhaftrotorange . . . . bb	*2500,—*
119 E		12 Pf	lebhaftkarminrot . . . . bb	
	X		Wz. 1 X	*2500,—*
	Y		Wz. 1 Y	*2800,—*
			Satzpreis (4 W.)	*9000,—*

F = □ 9½ (Holzhausen)

MiNr.				⊙
116 F X		5 Pf	schwärzlicholivgrün . . . . bb	*2300,—*
117 F X		6 Pf	lebhaftgrauviolett bis dunkelrotviolett, Wz. 1 X . . . . bb	*2300,—*
118 F		8 Pf	lebhaftrotorange . . . . bb	
	X		Wz. 1 X	*2300,—*
	Y		Wz. 1 Y	*2500,—*
119 F		12 Pf	lebhaftkarminrot . . . . bb	
	X		Wz. 1 X	*2300,—*
	Y		Wz. 1 Y	*2500,—*
			Satzpreis (4 W.)	*9000,—*

G = Nähmaschinen-□ (Kriebitzsch)

MiNr.				⊙
116 G		5 Pf	schwärzlicholivgrün . . . . bb	
	X		Wz. 1 X	280,—
117 G		6 Pf	lebhaftgrauviolett bis dunkelrotviolett . . . . bb	
	X		Wz. 1 X	300,—
	Y		Wz. 1 Y	—,—
118 G		8 Pf	lebhaftrotorange . . . . bb	
	X		Wz. 1 X	280,—
	Y		Wz. 1 Y	450,—
119 G		12 Pf	lebhaftkarminrot . . . . bb	
	X		Wz. 1 X	280,—
			Satzpreis X (4 W.)	1100,—

Postmeistertrennungen A–D mit Falz werten ca. 60% der Postfrisch-Bewertungen!

Die Postmeistertrennungen E–G sind ungebraucht nicht prüfbar!

Neben den (amtl.) Postmeistertrennungen gibt es einige Privattrennungen/Durchstiche mittels Nähmaschinen, Schneiderädchen und ähnlicher Instrumente, die auf Bedarfsbrief gesucht sind. Prüfung unerlässlich!

Auflagen: MiNr. 116 = 3 000 000, MiNr. 117 = 8 000 000, MiNr. 118 = 5 000 000, MiNr. 119 = 14 000 000 Stück

Auflagen Postmeistertrennungen: A = 3000, B = 8200, C = 2500, D = 18 000, E = 1000, F = 5000, G = 650 Sätze

1945, 12. Okt. Freimarken: MiNr. 116–119 mit amtlicher (Versuchs-)Zähnung L 10¾; Wz. 1 X.

bb) Ziffernzeichnung

MiNr.			*	**	⊙	FDC
120 X	5 Pf	schwärzlicholivgrün GA . . . . bb	5,50	22,—	58,—	700,—
121 X	6 Pf	(lebhaft)grauviolett (Töne) GA . . . . . bb	5,—	22,—	45,—	700,—
122 X	8 Pf	lebhaftrotorange (Töne) . . . . bb	5,—	22,—	45,—	700,—
123 X	12 Pf	lebhaftkarminrot (Töne) . . . . bb	5,—	22,—	45,—	700,—
		Satzpreis (4 W.)	20,—	80,—	190,—	

MiNr. 120–123 mit Wz. 1 Y und Zähnung L 10¾: Die bisher bekanntgewordenen Stücke weisen geringfügige Abweichungen bei der Zähnung von der amtlichen Versuchszähnung auf. Es ist sehr wahrscheinlich, dass es sich um eine Privatzähnung handelt. Aus diesem Grund wird auf eine Katalogisierung dieser Stücke verzichtet.

Auflagen: MiNr. 120 X = 105 000, MiNr. 121 X = 155 000, MiNr. 122 X = 115 000, MiNr. 123 X = 190 000 Stück

In gleicher Zeichnung: MiNr. 126–137

1945, 18. Okt. Musterschau Leipziger Erzeugnisse. Bdr. Giesecke & Devrient (10×10); X = Wz. 1 X, Y = Wz. 1 Y; gez. K 13:12½.

bc) Ausstellungsplakat

X = Wz. 1 X (fallend)

MiNr.	Wert	Farbe	Type	✶	✶✶	⊙	FDC
124 X	6 (Pf)	dkl'bläulichgrün (Töne)	bc	15,—	32,—	120,—	
125 X	12 (Pf)	rot bis lebhaftkarminrot	bc	17,—	38,—	140,—	
		Satzpreis (2 W.)		32,—	70,—	250,—	—,—

Y = Wz. 1 Y (steigend)

MiNr.	Wert	Farbe	Type	✶	✶✶	⊙	FDC
124 Y	6 (Pf)	dkl'bläulichgrün (Töne)	bc	0,40	1,20	3,80	
125 Y	12 (Pf)	rot bis lebhaftkarminrot	bc	0,40	1,20	3,80	
		Satzpreis (2 W.)		0,80	2,40	7,50	150,—

Verkauf erfolgte beim Postamt 1 in Leipzig einschl. Zw. PA. C 4 und W 7 sowie bei den Sonderpostämtern im Messegelände. Abgabe höchstens 5 Sätze auf Eintrittskarte vom 18.10. bis 23.10.1945, ab 24.10. nur gegen Lösung einer Spendenkarte zu 1 RM je 5 Satz für den Wiederaufbaufonds der Stadt Leipzig.

Auflagen: MiNr. 124 = 1 090 000, MiNr. 125 = 1 082 800 Stück, davon ca. 20% mit Wz. 1 X

1945, 9. Nov./1946, Febr. Freimarken: Ziffern (II); Bdr. Giesecke & Devrient (10×10); w = dünnes, grauweißes Papier mit feiner Netzstruktur, z = weißes, gestrichenes Kreidepapier; X = Wz. 1 X, Y = Wz. 1 Y; gez. K 13:12½.

bb) Ziffernzeichnung

X = Wz. 1 X (fallend)

MiNr.	Wert	Farbe	Type	✶✶	⊙	FDC
126 X w	3 Pf	lebh'gelbbraun bis dkl'braun (9. Nov.)	bb	0,30	3,—	30,—
127 X	4 Pf	dunkel- bis schwarzgraublau	bb			
w		Papier w (9. Nov.)		0,50	4,50	30,—
z		Papier z (Febr. 1946)		4,50	120,—	
128 X w	5 Pf	schwärzlicholivgrün (12. Nov.) GA	bb	0,30	3,—	30,—
129 X w	6 Pf	lebh'grauviolett (12. Nov.) GA	bb	0,30	3,—	25,—
130 X w	8 Pf	lebhaftrotorange (12. Nov.)	bb	0,30	6,—	30,—
131 X w	10 Pf	(schwärzlich)grau (15. Nov.)	bb	0,30	5,50	30,—
132 X w	12 Pf	rot bis lebh'karminrot (12. Nov.)	bb	0,30	3,—	25,—
133 X w	15 Pf	lebhaftbraunkarmin bis mittellilakarmin (15. Nov.)	bb	1,—	5,50	—,—
134 X	20 Pf	mittel- bis lebhaftblau	bb			
w		Papier w (9. Nov.)		0,40	20,—	50,—
z		Papier z (Febr. 1946)		4,50	120,—	
135 X	30 Pf	hell- bis dunkelbräunlicholiv	bb			
w		Papier w (9. Nov.)		1,—	6,—	—,—
z		Papier z (Febr. 1946)		4,50	120,—	
136 X	40 Pf	(dkl')rotlila bis dkl'rötlichlila	bb			
w		Papier w (15. Nov.)		2,50	6,—	40,—
z		Papier z (Febr. 1946)		4,—	120,—	
137 X w	60 Pf	hell- bis schwärzlichbraunkarmin, karminbraun (15. Nov.)	bb	4,50	25,—	65,—
		Satzpreis X w (12 W.) ✶3,—		10,—	80,—	
		Satzpreis X z (4 W.) ✶7,50		18,—	450,—	

Y = Wz. 1 Y (steigend) (nur Papier w)

MiNr.	Wert	Farbe	Type	✶✶	⊙	FDC
126 Y w	3 Pf	lebh'gelbbraun bis dkl'braun (9. Nov.)	bb	0,30	3,—	30,—
127 Y w	4 Pf	dunkel- bis schwarzgraublau (9. Nov.)	bb	0,50	6,50	30,—
128 Y w	5 Pf	schwärzlicholivgrün (12. Nov.) GA	bb	1,50	11,—	30,—
129 Y w	6 Pf	lebh'grauviolett (12. Nov.) GA	bb	0,60	20,—	25,—
130 Y w	8 Pf	lebhaftrotorange (12. Nov.)	bb	0,30	12,—	30,—
131 Y w	10 Pf	(schwärzlich)grau (15. Nov.)	bb	0,30	12,—	—,—
133 Y w	15 Pf	lebhaftbraunkarmin bis mittellilakarmin (15. Nov.)	bb	0,50	12,—	50,—
134 Y w	20 Pf	mittel- bis lebhaftblau (9. Nov.)	bb	1,—	5,—	40,—
135 Y w	30 Pf	hell- bis dunkelbräunlicholiv (9. Nov.)	bb	1,—	3,—	40,—
136 Y w	40 Pf	(dkl')rotlila bis dkl'rötlichlila (15. Nov.)	bb	2,50	16,—	—,—
137 Y w	60 Pf	hell- bis schwärzlichbraunkarmin, karminbraun (15. Nov.)	bb	1,—	34,—	65,—
		Satzpreis Y (11 W.)		8,—	120,—	

Weitere FDC-Bewertungen:

	FDC
126 w, 127 w, 134 w, 135 w (9. Nov.)	100,—
128 w –130 w, 132 w (12. Nov.)	90,—
131 w, 133 w, 136 w (15. Nov.)	130,—

Auflagen:

MiNr. 126 = 9 241 000	MiNr. 129 = 11 715 000	MiNr. 132 = 14 480 000	MiNr. 135 = 4 132 500
MiNr. 127 = 4 107 500	MiNr. 130 = 7 535 000	MiNr. 133 = 3 050 000	MiNr. 136 = 3 798 000
MiNr. 128 = 5 720 000	MiNr. 131 = 4 068 500	MiNr. 134 = 4 132 500	MiNr. 137 = 2 978 500

MiNr. 126, 127 und 134 mit Aufdruck „1.7.1946/1. Jahrestag der roten Armee“ oder „Leipzig / 30.6.1946 / Ja!“ sind private Erzeugnisse!

1946

1946, 7./28. Jan. Volkssolidarität. Ⓔ **Horn; Bdr. Giesecke & Devrient (10×10); Wz. 1 Y; gez. K 13:12½.**

bd) Wertziffer(n) im Figurenkreis

MiNr.	Wert	Farbe	Type	✶	✶✶	⊙	FDC
138	3 + 2 Pf	hellbraun, gelbbraun (7. Jan.)	bd	0,20	0,80	4,—	25,—
139	4 + 3 Pf	dunkelblaugrau (28. Jan.)	bd	0,20	0,80	4,—	50,—
140	5 + 3 Pf	schwärzlicholivgrün (28. Jan.)	bd	0,20	0,80	4,—	50,—
141	6 + 4 Pf	(lebhaft)grauviolett (Töne) (7. Jan.)	bd	0,20	0,80	4,—	25,—
142	8 + 4 Pf	orange (28. Jan.)	bd	0,20	0,80	4,—	50,—
143	10 + 5 Pf	lebhaftgrau (28. Jan.)	bd	0,20	0,80	4,—	50,—
144	12 + 6 Pf	(lebhaft)rot (7. Jan.)	bd	0,20	0,80	4,—	25,—
145	15 + 10 Pf	karminbraun bis hellbraunkarmin (28. Jan.)	bd	0,20	0,80	4,—	65,—
146	20 + 10 Pf	blau (28. Jan.)	bd	0,20	0,80	4,—	75,—
147	30 + 20 Pf	dunkelgrauoliv (Töne) (28. Jan.)	bd	0,20	0,80	5,—	—,—
148	40 + 30 Pf	karminlila bis dunkellila (7. Jan.)	bd	0,20	0,80	4,—	—,—
149	60 + 40 Pf	(schwärzlich)bräunlichlila (28. Jan.)	bd	0,20	0,80	6,—	—,—
		Satzpreis (12 W.)		2,40	9,—	50,—	—,—

Die Farben von MiNr. 138–149 schwanken!

MiNr. 138, 141, 144 und 148 wurden am Ausgabetag (7.1.1946) wieder zurückgezogen und erst wieder am 28.1.1946 zusammen mit den anderen acht Werten verkauft. Briefe mit Abstempelung zwischen 7. und 27.1.1946 werden von Spezialisten gesucht (150,— Aufschlag).

Auflagen:

MiNr. 138 = 2 125 000
MiNr. 139 = 1 085 000
MiNr. 140 = 1 080 000
MiNr. 141 = 2 125 000
MiNr. 142 = 1 080 000
MiNr. 143 = 1 080 000
MiNr. 144 = 2 125 000
MiNr. 145 = 1 065 000
MiNr. 146 = 1 050 000
MiNr. 147 = 1 065 000
MiNr. 148 = 1 405 000
MiNr. 149 = 1 060 000

Gültig bis 31.3.1946, weitere Verwendung bis 31.10.1946 häufig nicht beanstandet

1946, 12. Febr. Freimarken: sogen. Abschiedsserie. Bdr. Giesecke & Devrient (10×10); X = Wz. 1 X, Y = Wz. 1 Y; gez. K 13:12¾.

be) Leipziger Stadtwappen

bf) Nikolaikirche, Leipzig

bg) Neues Rathaus, Leipzig

X = Wz. 1 X (fallend)

MiNr.	Wert	Farbe	Type	✶	✶✶	⊙	FDC
150 X	3 (Pf)	dunkelgelbbraun (Töne)	be	10,—	25,—	250,—	
151 X	4 (Pf)	schwarzgraublau	be	90,—	240,—	1200,—	
153 X	6 (Pf)	(dunkelrot)violett	bf	35,—	75,—	400,—	
155 X	12 (Pf)	rot	bg	55,—	110,—	700,—	
		Satzpreis X (4 W.)		190,—	450,—	2500,—	—,—

Y = Wz. 1 Y (steigend)

MiNr.	Wert	Farbe	Type	✶	✶✶	⊙	FDC
150 Y	3 (Pf)	dunkelgelbbraun (Töne)	be	0,20	0,50	8,—	
151 Y	4 (Pf)	schwarzgraublau	be	0,20	0,50	8,—	
152 Y	5 (Pf)	schwärzlicholivgrün	bf	0,20	0,50	8,—	
153 Y	6 (Pf)	(dunkelrot)violett	bf	0,20	0,50	8,—	
154 Y	8 (Pf)	mittel- bis lebh'orange	bg	0,20	0,50	7,—	
155 Y	12 (Pf)	rot	bg	0,20	0,50	8,—	
		Satzpreis Y (6 W.)		1,—	2,80	45,—	70,—

Auflagen: MiNr. 150 und 151 je 1 075 000, MiNr. 152 = 985 000, MiNr. 153 = 1 050 000, MiNr. 154 = 1 000 000, MiNr. 155 = 1 060 000 Stück

1946, 15. März. Freimarken wie MiNr. 150–155, jedoch auf Papier oWz; x = graues, y = gelbliches Papier.

x = graues Papier

MiNr.	Wert	Farbe	Type	✶	✶✶	⊙	FDC
156 x	3 (Pf)	(dkl')gelbbraun (Töne)	be	0,20	0,60	12,—	
157 x	4 (Pf)	schwärzlichblaugrau	be	0,20	0,60	12,—	
158 x	5 (Pf)	schwärzlicholivgrün	bf	0,20	0,60	12,—	
159 x	6 (Pf)	violett (Töne)	bf	0,20	0,60	12,—	
160 x	8 (Pf)	lebhaftrotorange	bg	0,20	0,60	12,—	
161 x	12 (Pf)	rot (Töne)	bg	0,20	0,60	12,—	
		Satzpreis (6 W.)		1,—	3,50	70,—	75,—

y = gelbliches Papier

MiNr.	Wert	Farbe	Type	✶	✶✶	⊙	FDC
156 y	3 (Pf)	(dkl')gelbbraun (Töne)	be	1,50	3,50	80,—	
157 y	4 (Pf)	schwärzlichblaugrau	be	1,50	4,—	80,—	
158 y	5 (Pf)	schwärzlicholivgrün	bf	1,50	3,50	80,—	
159 y	6 (Pf)	violett (Töne)	bf	2,—	5,50	220,—	
160 y	8 (Pf)	lebhaftrotorange	bg	1,50	5,—	380,—	
161 y	12 (Pf)	rot (Töne)	bg	1,50	5,—	100,—	
		Satzpreis (6 W.)		9,—	26,—	900,—	1000,—

Auflagen: MiNr. 156 und 161 je 1 060 000, MiNr. 157 und 160 je 1 590 000, MiNr. 158 = 1 580 000, MiNr. 159 = 1 595 000 Stück

1946, 8./20. Mai. Leipziger Messe. Bdr. Giesecke & Devrient (10×5); X = Wz. 1 X, Y = Wz. 1 Y (X und Y weißes Papier, Vollgummierung), Z = oWz. (graues Papier, Spargummierung); A = gez. K 13¼:13, B = ☐.

bh) Marktplatz mit altem Rathaus, Leipzig

A = gez. K 13¼:13 (8. Mai)

Nr.	Wert	Beschreibung		✶	✶✶	⊙
162 A	6 + 14 (Pf)	schwärzlichpurpurviolett	bh			
X		Wz. 1 X		0,10	0,30	6,—
Y		Wz. 1 Y		0,20	0,50	6,—
Z		oWz.		0,50	1,20	9,—
163 A	12 + 18 (Pf)	dkl'blaugrau bis dkl'graublau	bh			
X		Wz. 1 X		0,50	1,—	10,—
Y		Wz. 1 Y		0,20	0,50	20,—
Z		oWz.		0,40	1,20	10,—
164 A	24 + 26 (Pf)	bräunlichorange	bh			
X		Wz. 1 X		0,10	0,30	6,—
Y		Wz. 1 Y		0,20	0,50	6,—
Z		oWz.		0,40	1,20	6,—
165 A	84 + 66 (Pf)	schwärzlich(gelb)smaragdgrün	bh			
X		Wz. 1 X		0,20	0,50	20,—
Y		Wz. 1 Y		0,60	1,50	20,—
		Satzpreis A X (4 W.)		0,90	2,—	30,—
		FDC A X				45,—
		Satzpreis A Y (4 W.)		1,—	3,—	50,—
		FDC A Y				55,—
		Satzpreis A Z (3 W.)		1,10	3,60	25,—

B = geschnitten (20. Mai)

Nr.	Wert	Beschreibung		✶	✶✶	⊙
162 B	6 + 14 (Pf)	schwärzlichpurpurviolett	bh			
X		Wz. 1 X		0,50	1,30	30,—
Y		Wz. 1 Y		1,50	6,—	40,—
163 B	12 + 18 (Pf)	dkl'blaugrau bis dkl'graublau	bh			
X		Wz. 1 X		0,50	1,30	30,—
Y		Wz. 1 Y		5,—	15,—	50,—
164 B	24 + 26 (Pf)	bräunlichorange	bh			
X		Wz. 1 X		0,50	1,30	30,—
Y		Wz. 1 Y		2,50	7,50	50,—
165 B	84 + 66 (Pf)	schwärzlich(gelb)smaragdgrün	bh			
X		Wz. 1 X		0,50	1,30	40,—
Y		Wz. 1 Y		5,—	17,—	100,—
		Satzpreis B X (4 W.)		2,—	5,—	130,—
		FDC B X				100,—
		Satzpreis B Y (4 W.)		12,—	45,—	240,—
		FDC B Y				250,—

Blockausgabe; weißes Papier, Vollgummierung, C = ☐, um die Marken graue Umrandungslinien.

bh II

X = Wz 1 X

Nr.	Wert	Beschreibung		✶	✶✶	Ⓢ*)
162 C X	6 + 14 (Pf)	schwärzlichpurpurviolett	bh I	*14,—*	*30,—*	—,—
163 C X	12 + 18 (Pf)	dkl'blaugrau bis graublau	bh I	*14,—*	*30,—*	—,—
164 C X	24 + 26 (Pf)	bräunlichorange	bh I	*14,—*	*30,—*	—,—
165 C X	84 + 66 (Pf)	schwärzlichsmaragdgrün	bh I	*14,—*	*30,—*	—,—
Block 5 X	(105×105 mm)		bh II	110,—	230,—	350,—
		FDC X				—,—

Y = Wz 1 Y

				✶	✶✶	Ⓢ*)
162 C Y	6 + 14 (Pf)	schwärzlichpurpurviolett	bh I	20,—	50,—	—,—
163 C Y	12 + 18 (Pf)	dkl'blaugrau bis graublau	bh I	20,—	50,—	—,—
164 C Y	24 + 26 (Pf)	bräunlichorange	bh I	20,—	50,—	—,—
165 C Y	84 + 66 (Pf)	schwärzlichsmaragdgrün	bh I	20,—	50,—	—,—
Block 5 Y	(105 × 105 mm)		bh II	100,—	230,—	350,—
			FDC Y			—,—

*) Die Ⓢ-Bewertungen gelten für den üblichen Messe-Sonderstempel. Entwertungen mit Tagesstempel ca. 100% Aufschlag.

Postpreis: 20 RM

Block 5 weist fast immer Gummibüge auf; kein Abschlag!

Block 5 wurde mit 8 Plattentypen gedruckt. Die Markenklischees auf den Blocks wurden von einem Teil der Markenklischees der Sonderausgabe verwendet. Da Auflagenhöhe und Preise gleich sind, wird auf eine gesonderte Katalogisierung der Typen verzichtet.

Sonderdruck (Großblock) (S) **(8. Mai):**

Nummerierte Großblocks mit Leipziger Messemarken 1946 wurden zunächst nur an Aussteller der ersten Friedensmesse (8. –12.5.1946) gegen einen Spendenbeitrag von 200,— RM ausgegeben. Ende 1946 war er für einen Betrag von 300,— RM vom Leipziger Messeamt beziehbar. Der Großblock wurde nur auf ungummiertem Stufenwasserzeichenpapier im Format DIN A5 gedruckt. Auf dem Unterrand (nicht als Entwertung zu betrachten!) sitzt ein Handsonderstempelabdruck der Leipziger Messe vom 8.5.46, der nur auf den Großblocks verwendet wurde. Ausgegeben wurde der Großblock in einer gefalteten Schutzhülle mit grauer Beschriftung und dem Verkaufspreis von 300,— RM. Die Nummerierung sitzt 7-stellig in der unteren Blockumrandung. Die Preisnotierungen beziehen sich auf Großblocks mit Schutzhülle (ohne Schutzhülle 15% Abschlag).

		(✶)	⊙
Block 5 S X	Wz. 1 X	500,—	1500,—
Block 5 S Y	Wz. 1 Y	43000,—	

Sonderdruck 5 S wurde nur mit zwei Plattentypen gedruckt, die typengleich mit zwei Plattentypen von Block 5 sind, bei denen aber in der Blockrandbeschriftung 20 RM entfernt wurde (Preise gleich).

Type I: wie Type VI von Block 5; Type II: wie Type VII von Block 5

Von Block 5 und Block 5 S gibt es Über- und Untermaße (meistens in der Höhe), Schwankungen bis ca. 1 mm müssen als herstellungsbedingt toleriert werden!

Auflagen: A X und A Y = 2 092 000, A Z = 563 850, B X und B Y = 503 900 Sätze; Block 5 = 94 400 Blocks; GB 7 = 1140 Großbogen

Anzeigen

Allgemeine Ausgaben für die gesamte Sowjetische Zone

Nach der am 21.6.1948 in den drei Westzonen durchgeführten Währungsreform, die zu einem Bruch zwischen der sowjetischen Militäradministration (SMA) und den übrigen Alliierten führte, setzte die SMA für den 24.6.1948 eine eigene Währungsreform fest, die sowohl die SBZ als auch das gesamte Gebiet von Groß-Berlin einschloss (siehe auch Berlin [West]). Von diesem Tag an durften von den Postämtern keine der alten Marken in Reichsmark-Währung mehr verkauft werden, jedoch blieben solche, die sich in den Händen der Postbenutzer befanden, zu 1/10 ihres Frankaturwertes bis zum 31.7.1948 weiter frankaturgültig.

Da am 24.6.1948 keine einheitliche Ausgabe in neuer Währung verfügbar war (diese begannen erst am 3.7. mit der Maschinenaufdruck-Ausgabe MiNr. 182–197) und auch nicht so schnell beschafft werden konnte, wurde angeordnet, dass alle bei den Postämtern vorrätigen Pfennigwerte der 2. Kontrollratsausgabe (MiNr. 943–958) mit dem Aufdruck eines Bezirksstempel versehen und gegen neue Währung verkauft werden sollten.

Das Telegramm der Hauptverwaltung der Post in der Sowjetischen Zone zur Anfertigung der Bezirksaufdrucke spricht unmissverständlich nur von den Marken der Kontrollratsserie II (sog. Bilderserie, und hierbei wieder nur von den Pfennigwerten). Niemand wusste bei Herausgabe des Telegramms am 23.6.1948 zu sagen, wann die endgültige Serie mit Maschinenaufdruck an die Schalter kommen könnte. Es blieb also den Amtsvorstehern weitgehend überlassen, wie sie die Situation in ihrem Postamt lösen sollten. Es ist nach Jahren der Forschung festzustellen, dass eine ganze Reihe von Postämtern neben den Markwerten (Friedenstaube) auch Marken der Ziffernserie 1946, die Hannovermesse-Marken und auch die Stephanwerte sowie in drei Orten Leipziger Messemarken überstempelten. Es ist anzunehmen, dass Markenmangel der Grund gewesen ist, weshalb entgegen der Anweisung diese angeführten Werte mit überstempelt wurden. Unkenntnis der eingesetzten Hilfskräfte (denn die Überdrucke sollten abends oder nachts nach Dienstschluss hergestellt werden) oder das Unvermögen, die Markenmenge für den nächsten Tag vorauszuahnen, mögen ebenfalls triftige Gründe sein.

Aufgrund des verhältnismäßig primitiven Herstellungsverfahrens kam es bereits während der Kurszeit der Marken zu zahlreichen Fälschungen. Darüber hinaus wurden nach dem Ende der amtlichen Herstellungszeit, die am 2.7.1948 ablief, teils noch während der Kurszeit, teils danach, in sehr großem Umfang gefälligkeitshalber oder aus Gewinnsucht von Postangestellten illegal solche Aufdrucke angefertigt.

Alle Preise der Bezirksstempel-Ausgaben gelten nur für (BPP-)geprüfte Stücke mit deutlichen Aufdrucken; ungeprüfte Stücke sind wie unüberstempelte Marken zu bewerten. Die ⊙-Preise gelten für Marken mit identifizierbaren Entwertungsstempeln, sonst werten die Marken wie ✶✶-Marken mit geprüftem Bezirksstempelaufdruck (Ausnahme: im Block geprüfte Stücke).

FALSCH **Altsignaturen entsprechen nicht immer dem heutigen Stand der Forschung. Nachprüfung erforderlich!**

Im MICHEL-Deutschland wird nur die jeweils billigste Sorte aus allen zehn Bezirken erfasst. Einzelaufstellung nach Bezirken siehe MICHEL-Deutschland-Spezial.

1948

1948, 24. Juni. Freimarken: Alliierte Besetzung – Gemeinschaftsausgaben MiNr. 943–958 (II. Kontrollratsausgabe) mit Bezirksstempel-Aufdruck.

Billigste Sorte (aus allen 10 Bezirken):

MiNr.	Wert	Farbe		✶	✶✶	⊙
166	2 Pf	schwarz (Töne)	(943)	3,—	5,—	15,—
167	6 Pf	violett (Töne)	(944)	3,—	5,—	7,—
168	8 Pf	orangerot (Töne), zinnober	(945)	3,—	5,—	7,—
169	10 Pf	gelbgrün (Töne), gelblichgrün GA	(946)	3,—	5,—	7,—
170	12 Pf	dunkelblaugrau, dunkelgrünlichblau GA	(947)	3,—	4,50	5,—
171	15 Pf	siena (Töne), braun (Töne)	(948)	4,—	10,—	50,—
172	16 Pf	dunkelgrün (Töne)	(949)	3,—	5,—	8,—
173	20 Pf	blau (Töne), kobalt	(950)	3,—	5,—	13,—
174	24 Pf	hellorangebraun (Töne)	(951)	3,—	4,50	5,—
175	25 Pf	(lebhaft)gelborange	(952)	7,—	16,—	60,—
176	30 Pf	rot (Töne) GA	(953)	3,—	5,—	9,—
177	40 Pf	dunkelrosalila bis karminlila (Töne)	(954)	3,—	5,50	9,—
178	50 Pf	violettblau bis violettultramarin (Töne)	(955)	3,50	7,50	13,—
179	60 Pf	(dunkel)karminrot bis rotkarmin (Töne)	(956)	90,—	250,—	400,—
A 179	60 Pf	karminbraun (Töne)	(A 956)	3,—	7,—	5,50
180	80 Pf	violettblau (Töne)	(957)	3,—	6,50	5,50
181	84 Pf	smaragdgrün (Töne)	(958)	7,50	16,—	50,—
		Satzpreis (ohne MiNr. 179, 16 W.)		45,—	100,—	260,—

FALSCH Aufdruckfälschungen sind äußerst häufig.

Auflagen (Gesamtauflagen für alle Bezirke):

MiNr. 166 = 1 742 169	MiNr. 170 = 6 372 788	MiNr. 174 = 6 163 042	MiNr. 178 = 882 095
MiNr. 167 = 3 546 390	MiNr. 171 = 732 719	MiNr. 175 = 605 623	MiNr. 179 und A 179 zus. = 1 100 196
MiNr. 168 = 1 849 258	MiNr. 172 = 1 472 063	MiNr. 176 = 920 701	MiNr. 180 = 919 841
MiNr. 169 = 2 026 119	MiNr. 173 = 1 202 212	MiNr. 177 = 996 865	MiNr. 181 = 484 690

Bezirksstempel-Aufdrucke auf Freimarken der I. Kontrollratsausgabe

Billigste Sorte (aus allen 10 Bezirken):

				✶	✶✶	⊙
I aa	1 Pf	schwarz	(911)			—,—
I a	2 Pf	schwarz	(912)	25,—	40,—	260,—
I b	5 Pf	gelblichgrün, smaragdgrün	(915)	12,—	20,—	45,—
I c	6 Pf	violett (viele Töne)	(916)	200,—	350,—	1300,—
I d	8 Pf	orangerot, zinnober	(917)	20,—	35,—	160,—
I e	10 Pf	braun (Töne), siena GA	(918)	55,—	120,—	300,—
I g	12 Pf	grau (viele Töne) GA	(920)	350,—	800,—	2000,—
I h	15 Pf	braunlila (Töne)	(921)	50,—	130,—	120,—
I i	15 Pf	gelblichgrün (Töne)	(922)	11,—	18,—	35,—
I k	16 Pf	dunkelgrünblau (Töne)	(923)	220,—	420,—	1100,—
I l	20 Pf	blau (Töne)	(924)	25,—	65,—	100,—
I m	24 Pf	braunorange (Töne), hellorangebraun	(925)	130,—	180,—	700,—
I n	25 Pf	lebhaftviolettultramarin bis ultramarin	(926)	1500,—	3000,—	5000,—
I o	25 Pf	gelborange (Töne)	(927)	15,—	22,—	55,—
I p	30 Pf	lebhaftbräunlicholiv bis lebhaftbraunoliv	(928)	16,—	30,—	75,—
I r	40 Pf	dunkellila (Töne)	(929)	1100,—	2500,—	3200,—
I s	45 Pf	mittelrot GA	(931)	15,—	25,—	80,—
I t	50 Pf	dunkelgrün bis schwarzgrün (Töne)	(932)	20,—	45,—	120,—
I u	60 Pf	braunrot bis dunkelbraunrot	(933)	1800,—	3700,—	4700,—
I v	75 Pf	violettblau, violettultramarin	(934)	17,—	28,—	120,—
I w	80 Pf	schwarzblau, dunkelpreußischblau	(935)	380,—	900,—	1000,—
I x	84 Pf	grün (Töne)	(936)	15,—	25,—	60,—
I y	1 RM	oliv (Töne)	(937)			*13000,—*

Wenn komplette ungebrauchte Ziffernsätze angeboten werden, handelt es sich stets um Nachstempelungen, insbesondere mit Berliner, Chemnitzer, Dresdener oder Leipziger Aufdrucken. Ziffernmarken wurden stets nur mit wenigen Werten und in verschiedenen Orten verwendet. Die Ziffernmarken zu 3, 4 und 42 Pf haben sich bisher stets als falsch überstempelt herausgestellt.

Bezirksstempel-Aufdrucke auf Markwerten der II. Kontrollratsausgabe

Billigste Sorte (aus allen 10 Bezirken):

				✶	✶✶	⊙
II a	1 M	mattbraunoliv bis bräunlicholiv	(959)	15,—	30,—	30,—
II b	2 M	violettpurpur bis dunkelviolett	(960)	20,—	30,—	120,—
II c	3 M	bräunlichrot bis braunrot (Töne)	(961)	32,—	60,—	250,—
II d	5 M	dunkelviolettblau, dunkelviolettultramarin	(962)	80,—	200,—	1000,—

Bezirksstempel-Aufdrucke auf Sondermarken der Alliierten Besetzung – Gemeinschaftsausgaben

Billigste Sorte (aus allen 10 Bezirken):

				✶	✶✶	⊙
Auf Stephan-Gedenkserie:						
III a	24 Pf	(dunkel)braunorange (Töne)	(963)	16,—	30,—	80,—
III b	75 Pf	dunkelviolettultramarin	(964)	20,—	50,—	120,—
Auf Leipziger Frühjahrsmesse 1948:						
III c	50 Pf	dunkelviolettblau	(967)	600,—	900,—	*15000,—*
III d	84 Pf	grün (Töne)	(968)	900,—	1300,—	*12000,—*
Auf Hannover-Messe:						
IV a	24 Pf	karminrot bis (lebhaft)rot (Töne)	(969)	20,—	40,—	80,—
IV b	50 Pf	(dunkel)violettblau (Töne)	(970)	18,—	30,—	120,—

Für Marken auf größeren Paketkartenausschnitten Mindestaufschlag 100,—

Bezirksstempel-Aufdrucke auf Markenheftchen der Alliierten Besetzung – Gemeinschaftsausgaben

		✶	✶✶
MH I 3 RM	(MH 50)	—,—	*9000,—*

		✶	✶✶	⊙
H-Bl. 1	(H-Bl. 123)	—,—	*6500,—*	—,—
H-Bl. 2	(H-Bl. 124)	—,—	*2400,—*	—,—

Zusammendrucke:

Zd-MiNr.	MiNr.	Werte	Preise ✶	✶✶	⊙
AW 1	I k/I g	16+12	1200,—	2000,—	4200,—
AS 1	I g/I k	12+16	700,—	1300,—	3600,—

FALSCH Alle Sondermarken der Leipziger Herbstmesse 1947 (Alliierte Besetzung – Gemeinschaftsausgaben MiNr. 965–966) mit Bezirksstempeln haben echt bisher nicht vorgelegen!

Die Marken zur Hannover-Messe sind relativ häufig im Vogtland überdruckt worden, da deren Lieferung erst kurz vor der Währungsreform eintraf. Die OPD Schwerin erhielt diese Sondermarken nicht rechtzeitig zur Währungsreform, so dass sie mit Aufdruck 37 und 38 nicht existieren.

Werte der Stephan-Gedenkserie sind besonders im Bezirk 3, 16 , 36 und 41 vorgekommen, die Masse der Überdrucke verschiedener PÄ ist sehr fraglich und zu 90% falsch.

Die häufigsten Fälschungen, illegalen Aufdrucke usw. seien hier aufgeführt:

Bezirk 3	Berlin 4, 7, 8, 9, 17, 25, 34, 54, 55, 58, 66, 92, 113, 115, Berlin-Baumschulenweg, -Buchholz, -Karow, -Kaulsdorf, -Lichtenberg, -Mahlsdorf, -Weißensee.
Bezirk 14	Dresden 1, 6, A 19, 20, 26, 28, A 39, A 53, Bautzen, Bischofswerda, Elbau, Freiberg, Graupa, Großenhain, Görlitz, Herrnhut, Löbau, Meißen, Niederoderwitz, Pirna-Copitz, Riesa, Schirgiswalde, Zittau.
Bezirk 16	Altenburg, Apolda, Arnstadt, Ellrich, Erfurt, Gera, Greußen, Ilmenau, Jena, Katzhütte, Meiningen, Meuselwitz, Oelze, Orlamünde, Saalfeld, Schleusingen, Schweina, Sonneberg, Steinbach, Bad Sulza, Tanna.
Bezirk 20	Bitterfeld, Calbe (Saale), Dessau, Halberstadt, Halle, Harzgerode, Heringen, Hettstedt, Bad Liebenwerda, Magdeburg, Osterwieck, Pretzsch, Rosslau, Staßfurt, Wegeleben, Weißenfels, Wolfen, Wittenberg, Zeitz.
Bezirk 27	Leipzig S 3, 9, 12, 18, 22, 23, 24, 25, N 26, W 35, 37, 40, Chemnitz 8, 14, 19, 21, Aue, Burgstädt, Borna, Engelsdorf, Gaschwitz, Glösa, Hainichen, Hohnstädt, Markkleeberg, Miltitz, Pegau, Taucha, Wurzen.
Bezirk 29/2°	Schönebeck 1, Thale, Köthen, Quedlinburg, Raguhn.
Bezirk 36	Altenhof, Birkenwerder, Brandenburg 3, Caputh, Cottbus, Eichwalde, Finsterwalde, Forst, Grube Ilse, Jüterbog, Luckenwalde, Michendorf, Oranienburg, Potsdam, Potsdam-Babelsberg, Bad Saarow, Senftenberg, Spremberg, Wildau, Wittenberge 1.
Bezirk 37	Bützow, Crivitz, Bad Doberan, Fürstenberg, Güstrow, Lübz, Schwerin, Sellin.
Bezirk 38	Anklam, Greifswald, Pasewalk, Saßnitz.
Bezirk 41	Chemnitz 1 u. 4, Crossen, Bad Elster, Erlbach, Gelenau, Glauchau, Netzschkau, Niederwiesa, Ölsnitz i. V., Plauen, Reichenbach, Schwarzenberg, Treuen, Zwickau.

Fälschungen zum Schaden der Post sind u. a. von 20 Bitterfeld, 27 Aue (Sachs), 27 Chemnitz, Quedlinburg (ohne Bezirkszahl), 41 Schwarzenberg und 41 Wildenfels bekannt geworden, auf Brief oder Paketkartenausschnitt sehr selten.

Gültigkeit der Allgemeinen Ausgaben: MiNr. 166–181 waren auch in den Westsektoren von Berlin bis 10.7.1948, MiNr. 182–231 bis 20. März 1949 gültig.

1948, 3. Juli. Freimarken: Teilauflagen, z.T. Neuauflagen von Marken Alliierte Besetzung – Gemeinschaftsausgaben MiNr. 943–958 mit Bdr.-Aufdruck durch Giesecke & Devrient, Noack, Universal sowie Vobach.

				✶	✶✶	▨	⊙	FDC
182	2 Pf	schwarz(grau)braun bis (braun)schwarz	(943)	0,20	0,50	0,30	0,50	30,—
183	6 Pf	dunkel(rot)violett bis schwärzlichbläulichviolett	(944)	0,20	0,50	0,40	0,50	25,—
184	8 Pf	(dunkel)zinnoberrot bis dunkel(orange)rot	(945)	0,20	0,50	0,40	0,50	30,—
185	10 Pf	dunkel- bis schwärzlichgelb(lich)grün	(946)	0,20	0,50	0,40	0,60	25,—
186	12 Pf	dunkelgrautürkis bis dunkelgraublau	(947)	0,20	0,50	0,40	0,50	25,—
187	15 Pf	(dunkel)siena bis dunkel(rötlich)braun	(948)	0,20	0,60	0,40	0,60	30,—
188	16 Pf	dunkel- bis schwarzbläulichgrün, schwärzlichopalgrün	(949)	0,20	0,50	0,60	0,80	30,—
189	20 Pf	(mittel)blau bis grünlichblau	(950)	0,20	0,50	0,40	0,60	25,—
190	24 Pf	(dunkel)braunorange bis orangebraun	(951)	0,20	0,50	0,30	0,40	25,—
191	25 Pf	dunkelgelborange bis dunkelgelblichorange	(952)	0,20	0,50	0,30	0,40	25,—
192	30 Pf	(bräunlich)rot bis lebhaftbräunlichkarmin	(953)	0,80	2,50	0,40	0,60	40,—
193	40 Pf	dunkelrosalila bis dunkelgraulila	(954)	0,20	0,50	0,40	0,60	40,—
194	50 Pf	(dunkel)lilaultramarin bis violettultramarin	(955)	0,30	0,70	0,80	2,—	35,—
195	60 Pf	dunkelkarminrot bis braunrot	(956)	35,—	80,—	—,—	180,—	—,—
A 195	60 Pf	lebhaftkarminbraun bis lebhaftrotbraun	(A 956)	0,40	1,50	0,80	2,—	
196	80 Pf	dunkelviolettultramarin bis schwarzgraublau	(957)	1,—	3,—	1,—	4,—	35,—
197	84 Pf	(dunkel)grün bis gelbsmaragdgrün	(958)	1,—	3,50	1,40	4,—	35,—
		Satzpreis (ohne MiNr. 195, 16 W.)		5,—	16,—	8,—	18,—	

Ursprünglich war von der Postverwaltung der SBZ vorgesehen, MiNr. 182–197 sofort nach Auslieferung an die einzelnen Postämter in Gebrauch zu nehmen. Erst durch Anweisung vom 1.7.1948 wurde der 3. Juli einheitlich für die gesamte SBZ als Erstausgabetag festgelegt. In Halle (Saale) wurden MiNr. 182–183, 185, 186, 188, 190, 192–194, A 195, 196 und 197 am 30.6. und 1.7.1948 vorverwendet.

Aufdruckabarten:

		✶✶	⊙
182 F	Paar mit und ohne Aufdruck	250,—	
183 F	Paar mit und ohne Aufdruck	100,—	150,—
184 F	Paar mit und ohne Aufdruck	—,—	
185 F	Paar mit und ohne Aufdruck	250,—	
186 F	Paar mit und ohne Aufdruck	250,—	250,—
187 F I	Paar mit und ohne Aufdruck	200,—	250,—
188 F	Paar mit und ohne Aufdruck	150,—	
190 F	Paar mit und ohne Aufdruck	250,—	250,—

Aufdruckabarten (Fortsetzung):

		✶✶	⊙
191 F	Paar mit und ohne Aufdruck		—,—
192 F	Paar mit und ohne Aufdruck	100,—	—,—
193 F	Paar mit und ohne Aufdruck	150,—	200,—
194 F	Paar mit und ohne Aufdruck	—,—	
A 195 F	Paar mit und ohne Aufdruck	100,—	100,—
196 F	Paar mit und ohne Aufdruck	—,—	
197 F	Paar mit und ohne Aufdruck	—,—	

[FALSCH] Aufdruck auf allen Werten

[ATT] In Zschopau und einigen umliegenden Ämtern kam MiNr. 195 mit falschem Gummihandstempel-Aufdruck am Schalter zum Verkauf, die Postbeamte in Zusammenarbeit mit Privatpersonen den Schalterbeständen beigemengt hatten. Kennzeichen: Breitere Schrift, erste Aufdruckzeile 13,1 statt 12,6 mm; eine kleine Teilmenge wurde unerkannt im Postverkehr verbraucht.

Auflagen:

MiNr. 182 = 20 343 500	MiNr. 186 = 73 148 500	MiNr. 190 = 78 210 300	MiNr. 194 = 16 878 800
MiNr. 183 = 38 781 100	MiNr. 187 = 13 289 300	MiNr. 191 = 12 231 400	MiNr. 195 = 21 211 700
MiNr. 184 = 24 118 500	MiNr. 188 = 15 658 700	MiNr. 192 = 21 968 000	MiNr. 196 = 14 900 100
MiNr. 185 = 29 367 400	MiNr. 189 = 20 247 600	MiNr. 193 = 19 330 200	MiNr. 197 = 6 141 400

In den Westsektoren Berlins besaßen MiNr. 182–197 gleichfalls Frankaturkraft, jedoch fand ein Schalterverkauf in den Westsektoren nicht statt. In den Westsektoren Berlins aufgegebene Postsendungen kommen mit Mischfrankaturen (Posthornaufdrucke Bizone und Schwarzaufdruck Berlin [West]) vor.

Gültig bis 28.2.1950, bis 20.3.1949 auch in West-Berlin

1948, 29. Aug. Leipziger Herbstmesse. [E] Gruner; Odr. Giesecke & Devrient (5×5); Wz. 3; gez. K 13½ (Kreuzkammzähnung).

bi) Der erste Neujahrsmarkt (1459)

bk) Zuzug auswärtiger Tuchmacher (1469)

Wz. 3 Kreuzblumen

			✶	✶✶	⊙	Ⓢ	FDC
198	16 + 9 (Pf) dunkelviolettbraun	bi	0,30	0,90	0,80	0,70	
199	50 + 25 (Pf) (dunkel)lilaultramarin bis schwarzviolettultramarin	bk	0,30	0,90	0,80	0,70	
	Satzpreis (2 W.)		0,60	1,80	1,50	1,40	7,—

Auflage: 6 000 000 Sätze

Gültig bis 30.4.1950, bis 20.3.1949 auch in Berlin (West)

1948, Sept. Freimarken: Alliierte Besetzung – Berlin und Brandenburg MiNr. 1 A–7 A zum Teil in Neuauflage mit Bdr.-Aufdruck von Giesecke & Devrient sowie Noack.

				✶	✶✶	◍	⊙
200	5 (Pf)	schwärzlichgelb(lich)grün [GA] (*19. Sept.*)					
A		gezähnt K 14	(1 A A)	0,20	0,50	1,—	2,50
B		sägezahnartig	(1 A B)	0,20	0,50	1,—	2,—
201 A	6 (Pf)	lebhaftgrauviolett bis dunkelviolett (*13. Sept.*)	(2 A)	0,20	0,50	1,—	2,—
202 A	8 (Pf)	(lebhaft)orangerot (Töne) (*13. Sept.*)	(3 A)	0,20	0,50	1,—	2,50
203 A	10 (Pf)	lebhaftsiena (Töne!), (orange)braun (*9. Sept.*)	(4 A)	0,20	0,50	1,—	2,50
204 A	12 (Pf)	mittelkarminrot bis (mittel)rot (*13. Sept.*)	(5 A)	0,30	0,70	1,50	20,—
205 A	20 (Pf)	lebhaftblau bis dunkelblau (*14. Sept.*)	(6 A)	0,20	0,50	1,50	1,20
206 A	30 (Pf)	(dunkel)bräunlicholiv, schwärzlichbraunoliv (*10. Sept.*)	(7 A)	0,20	0,50	1,50	8,50
		Satzpreis (mit MiNr. 200 A und B, 8 W.)		1,50	4,—	9,—	40,—

Für die (Bogen-)Entwertung für phil. Zwecke (◍) wurde folgender Stempel verwendet: Zweikreisstegstempel BERLIN W 8 -a c-

Aufdruckabarten:

		✶✶	⊙
200 A F	Paar mit und ohne Aufdruck	250,—	
200 B F	Paar mit und ohne Aufdruck	200,—	
201 A F	Paar mit und ohne Aufdruck	*350,—*	
202 A F	Paar mit und ohne Aufdruck	—,—	
203 A F	Paar mit und ohne Aufdruck	—,—	—,—

[FALSCH] Marken Berlin und Brandenburg mit Aufdruck „Russische“ (statt „Sowjetische“) Besatzungszone

Auflagen: MiNr. 200 A = 3 864 500, MiNr. 200 B = 1 937 000, MiNr. 201 = 6 680 100, MiNr. 202 = 46 960 400, MiNr. 203 = 5 445 600, MiNr. 204 = 1 194 800, MiNr. 205 = 2 553 900, MiNr. 206 = 1 235 900 Stück

Gültig bis 28.2.1950, bis 20.3.1949 auch in Berlin (West)

Entwertungen:

Ab 1945 waren neben den neugefertigten oder weiterverwendeten üblichen Normstempeln der Deutschen Reichspost auch zahlreiche altdeutsche, aptierte Dritte-Reich-Stempel sowie Notstempel (aus Gummi, Holz etc.) in Gebrauch. Viele davon wurden auch nach Gründung der DDR weiter benutzt.

1948, Sept. Freimarken: Alliierte Besetzung – Gemeinschaftsausgaben MiNr. 915, 928, 931, 934, 936 zum geringen Teil in Neuauflage mit Bdr.-Aufdruck durch Giesecke & Devrient sowie Noack.

				*	**	⊘	⊙
207	5 (Pf)	(dunkelgelblich)grün bis smaragdgrün (*8. Sept.*)	(915)	0,30	1,—	0,90	2,—
208	30 (Pf)	(dunkel)grauoliv bis (dunkel)bräunlicholiv (*17. Sept.*)	(928)	0,50	1,60	2,50	4,—
209	45 (Pf)	lebhaftrot bis dunkelrot (*9. Sept.*)	(931)	0,30	0,80	1,—	1,50
210	75 (Pf)	lebhaft- bis dunkel(lila)ultramarin, lebhaftviolettultramarin (*17. Sept.*)	(934)	0,30	0,80	1,—	1,50
211	84 (Pf)	dunkel(opal)grün bis dunkel(gelb)smaragdgrün (*3. Sept.*)	(936)	0,50	1,80	2,—	4,—
		Satzpreis (5 W.)		1,50	6,—	7,—	13,—

Abarten:

		**	⊙
207 F I	Paar mit und ohne Aufdruck	—,—	*2400,—*
208 F	Paar mit und ohne Aufdruck	150,—	
209 F	Paar mit und ohne Aufdruck	150,—	
210 F	Paar mit und ohne Aufdruck	—,—	
211 F	Paar mit und ohne Aufdruck	—,—	

FALSCH Fä (auch auf anderen, nicht ausgegebenen Wertstufen)

Auflagen: MiNr. 207 = 13 238 000, MiNr. 208 = 1 695 000, MiNr. 209 = 2 557 600, MiNr. 210 = 4 212 900, MiNr. 211 = 4 370 200 Stück

Gültig bis 28.2.1950, bis 20.3.1949 auch in Berlin (West)

1948, ab 11. Okt. Freimarken: Persönlichkeiten aus Politik, Kunst und Wissenschaft. E Ilgenfritz; Bdr. Giesecke & Devrient (10×10); Wz. 3; gez. K 13:12½.

bl) Käthe Kollwitz (1867–1945), Grafikerin und Malerin

bm) Gerhart Hauptmann (1862–1946), Dichter, Dramatiker, Nobelpreis 1912

bn) Karl Marx (1818–1883), Philosoph und Nationalökonom

bo) August Bebel (1840–1913), sozialdemokr. Parteiführer

bp) Friedrich Engels (1820–1895), Publizist, Sozialist

bq) Georg Hegel (1770–1831), Philosoph

br) Prof. Rudolf Virchow (1821 bis 1902), Pathologe, Medizinhistoriker, Politiker

bl

bs) Ernst Thälmann (1886–1944), Politiker

br

bp

bm

bn

bq

bs

bo

				*	**	⊙
212	2 (Pf)	dunkel- bis schwarz(blau)grau, grauschwarz (13. Okt.) *(15. Okt.)*	bl	0,40	2,—	2,—
213	6 (Pf)	dunkel- bis schwärzlich(grau)violett (11. Okt.) *(15. Okt.)*	bm	0,40	2,—	2,—
214	8 (Pf)	schwärzlichbräunlichrot bis schwarzrot *(15. Okt.)*	bn	0,40	2,—	2,—
215	10 (Pf)	dunkel- bis schwärzlichbläulichgrün, schwärzlich(opal)grün (16. Okt.) *(21. Okt.)* GA	bo	0,40	2,—	1,50
216	12 (Pf)	blau bis violettultramarin (11. Okt.) *(15. Okt.)* GA	bp	1,30	4,50	1,—
217	15 (Pf)	dunkelbraun bis schwarzorangebraun (16. Okt.) *(22. Okt.)*	bq	0,50	1,50	3,—
218	16 (Pf)	(dunkel)grünlichblau bis schwärzlichpreußischblau (16. Okt.) *(22. Okt.)*	br	3,—	8,—	3,—
219	20 (Pf)	(dunkel)lilakarmin bis dunkel(braun)karmin (27. Okt.) *(6. Nov.)* GA	bl	0,50	2,—	2,—
220	24 (Pf)	rot bis dunkelkarminrot (4. Nov.) *(9. Nov.)*	bs	1,—	5,—	2,—
221	25 (Pf)	(dunkel)bräunlicholiv bis dunkeloliv (27. Okt.) *(6. Nov.)*	br	0,60	2,—	2,50
222	30 (Pf)	dunkelzinnoberrot bis dunkelrot (27. Okt.) *(6. Nov.)*	bp	1,—	5,—	3,—
223	40 (Pf)	(dunkel)lilapurpur bis (dunkel)karminlila (27. Okt.) *(6. Nov.)*	bm	6,50	20,—	3,50
224	50 (Pf)	dunkelviolettblau bis lilaultramarin (10. Nov.) *(25. Nov.)*	bn	0,50	2,—	2,50
225	60 (Pf)	dunkelgraugrün bis schwärzlicholivgrün *(15. Okt.)*	bq	3,—	10,—	3,50
226	80 (Pf)	dunkellilaultramarin bis schwarzblauviolett *(29. Nov.)*	bs	0,50	2,—	2,—
227	84 (Pf)	(lebhaft)braunkarmin bis dunkelkarminbraun *(29. Nov.)*	bo	0,50	3,20	6,—
		Satzpreis (16 W.)		15,—	65,—	40,—

Die gerade gedruckten Daten sind die Auslieferungsdaten der entsprechenden Wertstufen aus der Druckerei, die kursiv gedruckten Daten bezeichnen die bisher bekannten frühesten Verwendungen. Amtliche Ausgabedaten wurden nicht festgelegt.

Bei allen Marken vorkommende Büge sind herstellungsbedingt, keine Wertminderung!

Preise für philatelistische Abstempelung ⊘ mindestens wie ⊙.

Für die (Bogen-)Entwertung für phil. Zwecke wurde folgender Stempel verwendet: Zweikreisstegstempel BERLIN W 8 -a c-

MiNr. 212–227 weisen eine Vielzahl von Farbtönungen und -varianten auf, die auch durch die Verschiedenheit der verwendeten Papiersorten bedingt sind!

Vom 14.6. bis 15.9.1949 wurden die Marken der Sowjetischen Zone in West-Berlin nicht anerkannt: „Postkrieg" siehe MICHEL-Briefe Deutschland.

Auflagen: unbekannt

MiNr. 212, 214–225, 227 gültig bis 28.2.1954, MiNr. 226 bis 15.4.1953, MiNr. 213 auf Briefen an Lotterie-Teilnehmer bis 31.3.1954, bis 20.3.1949 auch in Berlin (West)

MiNr. 212–227 mit Wz. DDR Posthorn siehe DDR MiNr. 327–341

1948, 23. Okt. Tag der Briefmarke. Ⓔ **Müller; Odr. Giesecke & Devrient (10×5); Wz. 3; gez. K 13:13½.**

bt) Wahrzeichen des Instituts für Philatelie

			✶	✶✶	⊙	Ⓢ	FDC*
228	12 + 3 (Pf) (dunkel)orangerot (Töne)	bt	0,30	1,—	1,30	1,50	—,—

*) nur mit Abstempelung vom 23.10.1948. ✉ mit dem Datum des Tages der Briefmarke, dem 24.10.1948, sind keine FDC.

Auflage: 5 000 000 Stück

Gültig bis 30.4.1950, bis 20.3.1949 auch in Berlin (West)

1949

1949, 15. Jan. 30. Todestag von Karl Liebknecht und Rosa Luxemburg. Ⓔ **Müller; Odr. Deutsche Wertpapier-Druckerei (vormals Giesecke & Devrient) (5×10); Wz. 3; gez. K 13½:13.**

bu) K. Liebknecht (1871–1919), Politiker; R. Luxemburg (1871–1919), Politikerin, Mitbegründerin der KPD

			✶	✶✶	⊙	FDC
229	24 (Pf) bräunlichrot (Töne)	bu	0,30	1,—	1,30	20,—

Auflage: 5 000 000 Stück

Gültig bis 31.12.1951, auf Sendungen aus West-Berlin in die Sowjetische Zone bis 30.3.1949

1949, 6. März. Leipziger Frühjahrsmesse. Ⓔ **Gruner; Odr. Deutsche Wertpapier-Druckerei (5×5); Wz. 3; gez. K 13½ (Kreuzkammzähnung).**

bv) Erste Messe im Rathaus-Neubau (1556)

bw) Die Italiener Pietro und Lorenzo Saliti aus Pisa auf der Leipziger Messe (1536)

			✶	✶✶	⊙	Ⓢ amtl.	FDC
230	30 + 15 (Pf) dunkelorangerot bis dunkelzinnoberrot	bv	1,50	4,80	5,50	8,—	
231	50 + 25 (Pf) schwärzlichultramarin bis dkl'violettultramarin	bw	2,—	5,50	6,—	9,—	
		Satzpreis (2 W.)	3,50	10,—	11,—		15,—

Die Kreuzkammzähnung K 13½ ergibt in der Regel 29 waagerechte und 23 senkrechte Zähnungslöcher. Einige Bogen weisen allerdings 24 senkrechte Zähnungslöcher auf, die Marken sind dann um ca. 2,5 mm größer (ca. 120% Aufschlag).

Auflage: 2 500 000 Sätze

Gültig bis 30.6.1951

1949, 13. Mai. Wahlen zum 3. Volkskongress. Ⓔ **Gravenhorst; Odr. Deutsche Wertpapier-Druckerei (5×10); Wz. 3; gez. K 13:13½.**

bx) Friedenstaube mit Ölzweig

			✶	✶✶	⊙	FDC
232	24 Pf (lebhaft)rotkarmin bis lilarot	bx	0,70	2,—	2,80	15,—

Aufgrund starker Farbschwankungen und -überlappungen ist keine einheitliche Farbbestimmung möglich, die bisherige Unterteilung in "a" und "b" muss entfallen!

Auflagen (einschl. MiNr. 233): 3 500 000 Stück

Gültig bis 31.12.1951

1949, 29. Mai. Tagung des 3. Volkskongresses. MiNr. 232 mit schwarzem Bdr.-Aufdruck.

			✶	✶✶	⊙	FDC
233	24 Pf (lebhaft)rotkarmin bis lilarot	(232)	0,80	2,60	3,80	17,—

Aufgrund starker Farbschwankungen und -überlappungen ist keine einheitliche Farbbestimmung möglich, die bisherige Unterteilung in "a" und "b" muss entfallen!

Auflage siehe bei MiNr. 232

Gültig bis 31.12.1951

1949, 20. Juli. 200. Geburtstag von Johann Wolfgang von Goethe. Ⓔ Schoner; Odr. Deutsche Wertpapier-Druckerei (10×5); Wz. 3; gez. K 13½:13.

by) Goethe als Student; Gemälde von Georg Friedrich Schmoll (1731–1785)

bz) Goethe in der Campagna; Gemälde von Johann Heinrich Wilhelm Tischbein (1751–1829)

ca) Goethe als Dichter und Minister; Gemälde von Johann Heinrich Lips (1758–1817); schweizer. Maler und Kupferstecher

cb) Goethe als 68-jähriger; Gemälde von Josef Stieler (1781–1858)

cc) Goethe im Alter; Kupferstich von Karl August Schwerdtgeburth (1785–1878)

by–cc) J. W. von Goethe (1749–1832), Dichter

			✶	✶✶	⊙	Ⓢ	FDC
234	6 + 4 (Pf) dunkelbraunviolett	by	1,20	3,—	3,50	5,—	
235	12 + 8 (Pf) (lebhaft)braun (Töne)	bz	1,20	3,—	3,50	5,—	
236	24 + 16 (Pf) lebhaftkarminbraun	ca	1,—	2,50	3,—	5,—	
237	50 + 25 (Pf) dunkelblau	cb	1,—	2,50	3,—	5,—	
238	84 + 36 (Pf) schwarzbräunlicholiv	cc	1,50	4,—	6,—	8,—	
	Satzpreis (5 W.)		5,50	15,—	18,—		60,—

Auflage: 1 250 000 Sätze

Gültig bis 30.6.1951

1949, 22. Aug. Blockausgabe: Goethe-Festwochen, Weimar. Ⓔ Gravenhorst; StTdr. Deutsche Wertpapier-Druckerei; Wz. 3; gez. K 14:14¼, nur Marke gummiert.

cd) Johann Wolfgang von Goethe (1749–1832), Dichter; Kreideporträt von Julius Sebbers (1804–1837)

cd I

			✶	✶✶	Ⓢ*	Ⓢ**	FDC
239	50 Pf + 4,50 DM dunkel- bis schwärzlichlilaultramarin (viele Töne)	cd	80,—	150,—	180,—	280,—	
Block 6	(106×104 mm)	cd I	150,—	220,—	300,—	600,—	4000,—

*Preis gilt für Sonderstempel (15 a) "WEIMAR 1 1749/Namenszug Goethes/1949 28.8.49"; Sonderstempel (10 b) "LEIPZIG C1/28.8.49/GOETHE" ca. 1600,— (Prüfung dringend anzuraten!).
**Preise gelten für Sonderstempel (15 a) "WEIMAR 1749/Goethejahr 1949/Goethes Weimar grüßt die Welt" (Erdkugel mit Spruchband); sonstige Sonderstempel und Tagesstempel je —,—; beide Sonderstempel Weimar auf einem Block 500,—.

Ⓢ Leipzig

Postpreis: 5,— DM

Verkauf vom 22.–29.8.1949 nur in Weimar nur zusammen mit einer Eintrittskarte zur Goetheausstellung und am Sammlerschalter in Berlin (Ost) W 8

Auflage: 150 000 Blocks

Gültig bis 30.6.1951

1949, 30. Aug. Leipziger Herbstmesse. Ⓔ Gruner; Odr. Deutsche Wertpapier-Druckerei (5×5); Wz. 3; gez. K 13½ (Kreuzkammzähnung).

ce) Russische Kaufleute auf der Messe (1650)

cf) Der junge Goethe auf der Messe (1765)

			✶	✶✶	Ⓢ	⊙	amtl. FDC
240	12 + 8 (Pf) schwarzblaugrau bis schwarzgraublau	ce	2,50	6,—	7,—	10,—	
241	24 + 16 (Pf) karminbraun bis lebhaftbraunkarmin	cf	3,—	7,—	8,—	12,—	
	Satzpreis (2 W.)		5,50	13,—	15,—	22,—	20,—

Auflage: 2 000 000 Sätze

Gültig bis 30.6.1951

Deutsche Demokratische Republik

Die Deutsche Demokratische Republik (DDR) wurde am 7.10.1949 auf dem Gebiet der Sowjetischen Besatzungszone Deutschlands gegründet. Die bis dahin bestehende Hauptverwaltung für das Post- und Fernmeldewesen der Deutschen Wirtschaftskommission für die Sowjetische Besatzungszone wurde zum Ministerium für Post- und Fernmeldewesen umgebildet, dem die Deutsche Post unterstand.

Bis zum 31. Dezember 1952 erfolgte die Organisation eines einheitlichen Post- und Fernmeldeverkehrs über 7 Oberpostdirektionen (Dresden, Erfurt, Halle, Potsdam, Schwerin, Berlin und Leipzig). Nach der Neugliederung der Länder der DDR ab 1. Januar 1953 in Verwaltungsbezirke wurden 15 Bezirksdirektionen für Post- und Fernmeldewesen gebildet.

Bei Gründung der Deutschen Demokratischen Republik waren auf ihrem Territorium weiterhin die Postwertzeichen der Sowjetischen Besatzungszone bis zu den für die einzelnen Ausgaben festgelegten Gültigkeitsterminen gültig.

Die DDR war Mitglied des Weltpostvereins und des Internationalen Fernmeldevereins.

Am 1.7.1990 bildete die Deutsche Demokratische Republik eine Währungsunion mit der Bundesrepublik Deutschland und trat dieser am 3.10.1990 bei.

Ab 2.7.1990 waren die Ausgaben der Deutschen Bundespost und der Deutschen Bundespost Berlin auch auf dem Gebiet der Deutschen Demokratischen Republik gültig. Gleichzeitig durften die von diesem Zeitpunkt an in der Deutschen Demokratischen Republik herausgegebenen Postwertzeichen der Deutschen Post auch in der Bundesrepublik Deutschland und in Berlin (West) verwendet werden.

Besonderheiten:

Amtl. Entwertungen für philatelistische Zwecke 1949–64
 siehe Anm. nach MiNr. 397, ab 1965 siehe nach MiNr. 1145
Abkürzungen der Druckereien siehe Anmerkung nach MiNr. 316
Blockabbildungen siehe Anmerkung nach MiNr. 293
Bogenabstempelungen siehe Anmerkung nach MiNr. 353
Ersttagsbriefe siehe Anmerkungen nach MiNr. 353 und 1101
Kleine-Fälschungen siehe Anmerkung nach MiNr. 442

Blockaufstellung siehe nach MiNr. 3365

MiNr. I–III und Bl. I siehe nach MiNr. 2883

Alle Farbangaben beziehen sich auf den MICHEL-Farbenführer ab 36. Auflage!

Für die verschiedenen Druckereien werden folgende Abkürzungen verwendet:

DE = Druckhaus Einheit Leipzig
GW = Graphische Werkstätten Leipzig
DWD = Deutsche Wertpapierdruckerei (VEB)
WPD = VEB Wertpapierdruckerei der DDR
WPL = Wertpapierdruckerei Leipzig

Wasserzeichen:

Wz. 1 (= Wz. 3 Sowjetische Zone) Kreuzblumen

Wz. 2 X DDR Posthorn waagerecht

Wz. 2 Y DDR Posthorn senkrecht

Wz. 3 X DDR Kreuzblüten richtigstehend

Wz. 3 Y DDR Kreuzblüten seitenverkehrt

Währung:

1 Deutsche Mark der Deutschen Notenbank (DM), ab 1.8.1964: 1 Mark der Deutschen Notenbank (MDN), ab 1.1.1968: 1 Mark der Deutschen Demokratischen Republik (M), ab 1.7.1990: 1 Deutsche Mark (DM) = 100 Pfennig.

Preise ab 1955 ungebraucht für ✶✶, für ✶ mindestens 60% Nachlass

Bewertungshinweise:

Wenn bei einzelnen Ausgaben nicht ausdrücklich anders vermerkt, gelten alle Preise für einwandfrei gezähnte, gut zentrierte Stücke (siehe „Briefmarken-Qualitätsstufen“ im Einleitungsteil, Abb. 12 und 17).

Ab 1955 Ungebraucht-Preise nur für ✶✶, für ✶ mindestens 60% Nachlass.

Die ⊙-Preise gelten nur für prüfbare, klare Abstempelungen, bei denen Ort und Datum identifizierbar sind (Abb. 24)!

Wenn bei einzelnen Ausgaben nicht ausdrücklich anders angegeben, gelten die ⊚-Preise für amtliche (Bogen-)Entwertungen für philatelistische Zwecke von Hand (Abb. 24 oder 27); gedruckte amtliche (Bogen-)Entwertungen (meist Abb. 27) werten, wenn nicht bei einzelnen Ausgaben anders angegeben, ca. 50% der ⊚-Preise!

1949

1949, 9. Okt. 75 Jahre Weltpostverein (UPU). Ⓔ Jacob und Weise; Odr. DWD (5×5); Wz. 1; gez. K 13½.

cg) Brieftaube, Erdkugel

				✶	✶✶	⊚	⊙	FDC*
242	50 Pf	mittelkobalt/schwärzlichlilaultramarin	cg	3,50	14,—	14,—	24,—	400,—

*) kein amtlicher FDC

Auflage: 3 000 000 Stück

Gültig bis 31.12.1951

1949, 27. Okt. Gründungskonferenz der Internationalen Gewerkschaftsvereinigung für die Post im Weltgewerkschaftsbund. 🄴 **Gravenhorst; Odr. DWD (10×10); Wz. 1; gez. K 13:12½.**

ch) Brandenburger Tor, Berlin; Erdkugel zwischen Postbotin und Postboten

				✶	✶✶	⊘	⊙	FDC*
243	12 (Pf)	violettultramarin	ch	2,60	10,—	10,—	25,—	200,—
244	30 (Pf)	rot bis dunkelzinnoberrot	ch	3,50	14,—	20,—	40,—	200,—
		Satzpreis (2 W.)		6,—	24,—	30,—	65,—	400,—

*) kein amtlicher FDC

Auflagen: MiNr. 243 = 1 500 000, MiNr. 244 = 750 000 Stück *Gültig bis 31.12.1951*

1949, 30. Okt. Tag der Briefmarke. 🄴 **Gravenhorst; Odr. DWD (5×10); Wz. 1; gez. K 13:13½.**

ci) Marke Bayern MiNr. 1 unter der Lupe

				✶	✶✶	⊘	⊙	FDC*
245	12 + 3 (Pf)	braunschwarz/hellgelbgrau	ci	2,—	8,—	8,—	12,—	25,—

*) kein amtlicher FDC

FALSCH grünliche Marken sind Verfärbungen!

Auflage: 1 000 000 Stück *Gültig bis 30.6.1951*

1950

ck) Abfahrtslauf

cl) Eiskunstlauf

1950, 2. März. Erste Wintersportmeisterschaften der DDR, Schierke. 🄴 **Gravenhorst; Odr. DWD (5×10); Wz. 1; gez. K 13:13½.**

				✶	✶✶	⊘	⊙	FDC*
246	12 (Pf)	schwärzlichviolettblau	ck	2,—	7,—	6,—	8,—	—,—
247	24 (Pf)	schwärzlichcyanblau	cl	3,—	9,—	8,—	14,—	—,—
		Satzpreis (2 W.)		5,—	16,—	14,—	22,—	2200,—

*) kein amtlicher FDC

Verkauf ab 2.3. in Schierke, ab 5.3. in Leipzig, ab 6.3. bei allen Postämtern

Auflage: 2 000 000 Stück *Gültig bis 31.12.1951*

1950, 5. März. Leipziger Frühjahrsmesse. 🄴 **Gruner; Odr. DWD (5×5); Wz. 1; gez. K 13½ (Kreuzkammzähnung).**

cm) August der Starke präsentiert das erste sogen. "Böttger-Steinzeug" auf der Leipziger Ostermesse 1710

cn) Einblick in das zu einem städtischen Kaufhaus umgebaute Gewandhaus während der ersten Mustermesse 1894

				✶	✶✶	⊘	⊙	FDC*
248	24 + 12 (Pf)	dunkelpurpur	cm	2,60	10,—	12,—	20,—	—,—
249	30 + 14 (Pf)	dunkelrosalila	cn	3,—	12,—	14,—	20,—	—,—
		Satzpreis (2 W.)		5,50	22,—	26,—	40,—	50,—

*) kein amtlicher FDC

Auflage: 1 000 000 Sätze *Gültig bis 30.6.1951*

In gleicher Aufmachung: Gemeinschaftsausgaben MiNr. 941, 942, 965 bis 968; Sowjetische Besatzungszone MiNr. 198, 199, 230, 231, 240 und 241

1950, 1. Mai. 60 Jahre Tag der Arbeit (1. Mai). 🄴 **Nix; Bdr. DWD (5×10); Wz. 1; gez. K 13:13½.**

co) Inschrift, Erdkugel mit Sonne

				✶	✶✶	⊘	⊙	FDC*
250	30 (Pf)	karminrot	co	5,—	22,—	20,—	35,—	120,—

*) kein amtlicher FDC

Auflage: 1 000 000 Stück *Gültig bis 31.12.1951*

1950, 27. Mai/1951. Freimarken: Präsident Wilhelm Pieck (I). 🄴 **Gravenhorst; MiNr. 251 bis 252 Bdr. (10×10), MiNr. 253 Bdr. (5×10), MiNr. 254 Odr., MiNr. 255 StTdr. (5×10) DWD; Wz. 1; MiNr. 251–252 gez. K 13:12½, MiNr. 253–255 gez. K 13:13½.**

cp

cq

cp–cq) W. Pieck (1876–1960), Mitbegründer des Spartakusbundes und der KPD, erster Präsident der DDR

				✶	✶✶	▨	⊙	FDC*
251	12 (Pf)	(dunkel)violettultramarin GA (27.5.50)	cp	5,—	26,—	2,50	2,50	150,—
252	24 (Pf)	(dunkel)braunorange bis dunkelzinnoberrot (27.5.50)	cp	7,50	36,—	1,60	1,60	200,—
253	1 DM	dunkelbräunlicholiv bis (dunkel)grünoliv (27.5.50)	cq	7,50	36,—	6,50	8,—	300,—
254	2 DM	lebhaftbraunrot bis dunkelrot (27.5.50)	cq	4,—	22,—	6,—	8,—	350,—
255	5 DM	schwarzblau (Töne) (3.1.1951)	cq	2,—	10,—	2,—	50,—	2600,—
		Satzpreis (5 W.)		25,—	130,—	18,—	70,—	1000,—

*) kein amtlicher FDC

Häufig auftretende, herstellungsbedingte Gummibüge, keine Wertminderung!

Auflagen: MiNr. 255 = 2 000 000 Stück, MiNr. 251–254 unbekannt

MiNr. 251–253 und 255 gültig bis 31.3.1962, MiNr. 254 gültig bis 2.10.1990

Weitere Ausgaben siehe Zusammenfassung nach Jahreszusammenstellungen

1950, 14. Juni. 200. Todestag von Johann Sebastian Bach. 🄴 **Jacob und Weise; Odr. DWD (5×10); MiNr. 256 Papier fl.; Wz. 1; gez. K 13:13½.**

cr) Antike: Hirtenknabe mit Doppelflöte

cs) Mittelalter: Mädchen mit Handorgel

ct) Barock: Porträt nach einem Gemälde eines unbekannten Malers (von Fachleuten wird bestritten, dass das Gemälde, wie ursprünglich angenommen, Bach darstellt)

cu) Notenfolge b-a-c-h, angestimmt von drei singenden Masken

				✶✶	▨	⊙
256	12 + 4 (Pf)	bläulichgrün (Töne)	cr	8,—	6,—	12,—
257	24 + 6 (Pf)	mittelbraunoliv	cs	8,—	6,—	12,—
258	30 + 8 (Pf)	bräunlichrot	ct	12,—	12,—	20,—
259	50 + 16 (Pf)	preußischblau (Töne)	cu	22,—	20,—	35,—
		Satzpreis (4 W.) ✶ 10,—		50,—	44,—	75,—
			FDC*			1400,—

*) kein amtlicher FDC; Ⓢ nicht am Ersttag

Auflage: 1 000 000 Sätze

Gültig bis 30.6.1951

1950, 1. Juli. Deutsche Briefmarkenausstellung DEBRIA, Leipzig. 🄴 **Gravenhorst; Odr. DWD (5×10); Wz. 1; gez. K 13:13½.**

cv) Erdkugel, Friedensstaube, Marke Sachsen MiNr. 1

				✶	✶✶	▨	⊙
260	84 + 41 (Pf)	dunkelbräunlichrot	cv	11,—	55,—	14,—	30,—
			FDC*				800,—

*) kein amtlicher FDC; Ⓢ nicht am Ersttag

MiNr. 260 ungezähnt stammt aus Block 7 (MiNr. 272).

Auflage: 750 000 Stück

Gültig bis 30.6.1951

1950, 10. Juli. 250 Jahre Deutsche Akademie der Wissenschaften zu Berlin. 🄴 **Kreische; Odr. DWD (10×10); Wz. 1; gez. K 13:12½.**

cw) Leonhard Euler (1707–1783), schweizer. Mathematiker, Physiker und Astronom

cx) Alexander Freiherr von Humboldt (1769 bis 1859), Naturforscher und Geograph

cy) Theodor Mommsen (1817–1903), Historiker und Jurist; Nobelpreis 1902

cz) Wilhelm Freiherr von Humboldt (1767–1835), Gelehrter und Staatsmann

da) Hermann von Helmholtz (1821–1894), Physiker, Physiologe und Philosoph

db) Max Planck (1858–1947), Physiker; Nobelpreis 1918

dc) Jacob Grimm (1785–1863), Germanist, Märchenforscher

dd) Walther Nernst (1864 bis 1941) Physiker und Physikochemiker; Nobelpreis 1920

de) Gottfried Wilhelm Leibniz (1646–1716), Philosoph und Universal-Gelehrter, Begründer d. Akademie

df) Adolf Harnack (1851–1930), Kulturpolitiker und Kirchenhistoriker

				✶✶	▨	⊙
261	1 (Pf)	dunkelgrau	cw	5,—	2,—	5,—
262	5 (Pf)	dunkelopalgrün	cx	7,—	5,—	10,—
263	6 (Pf)	schwärzlichblauviolett (Töne)	cy	14,—	5,—	10,—
264	8 (Pf)	lebhaftbräunlichkarmin (Töne)	cz	16,—	10,—	18,—
265	10 (Pf)	dunkelgraugrün	da	14,—	10,—	20,—
266	12 (Pf)	schwärzlichkobalt (Töne)	db	10,—	4,—	8,—
267	16 (Pf)	schwärzl'grünblau	dc	20,—	20,—	35,—

				**	◍	⊙
268	20 (Pf)	braunlila (Töne) . . . . dd		18,—	16,—	25,—
269	24 (Pf)	bräunlichrot (Töne) . de		18,—	4,—	7,—
270	50 (Pf)	(dkl')lilaultramarin . . . df		28,—	20,—	25,—
		Satzpreis (10 W.)	✶ 40,—	150,—	90,—	150,—
		FDC*				800,—

*) kein amtlicher FDC

MiNr. 261–270 wurden in zwei Auflagen gedruckt, die sich in den Fraben unterscheiden. Preise gleich.

Auflagen: MiNr. 261, 262, 264, 265, 267, 268 und 270 je 2 000 000, MiNr. 263 = 5 000 000, MiNr. 266 und 269 je 10 000 000 Stück

Gültig bis 31.3.1952

In gleicher Aufmachung siehe MiNr. 574–576

1950, 26. Aug. Blockausgabe: Deutsche Briefmarkenausstellung DEBRIA, Leipzig. Ⓔ Gravenhorst; Odr. DWD; Wz. 1; □.

df I

ci) Marke Bayern MiNr. 1 unter der Lupe

cv) Erdkugel, Friedenstaube, Marke Sachsen MiNr. 1

				**	⊙	FDC(A)
271	12 + 3 (Pf) grauschwarz ci			50,—	55,—	
272	84 + 41 (Pf) bräunlichrot cv			50,—	55,—	
Block 7	(92×52 mm)	. . . df I	✶ 40,—	160,—	170,—	200,—
		Ⓢ (4 verschiedene) je			140,—	

Falz-Preis gilt für Blocks, bei denen sich der Falz auf den Marken befindet. Preise für Blocks mit Falz am Blockrand wie Summe der **-Preise der Einzelmarken.

Block 7 weist häufig herstellungsbedingte leichte Gummierungsmängel auf; keine Wertminderung!

Verkauf zunächst nur auf der postalischen Sonderschau im Rahmen der DEBRIA, bei den Messepostämtern in Leipzig und über die Versandstelle für Sammelmarken in Berlin, ab 29.8. bei allen Postämtern in Leipzig.

FALSCH oWz. Ⓟ, haupts. Stempel vom letzten Gültigkeitstag

Auflage: 750 000 Blocks, davon 733 100 zur Ausgabe gelangt, der Rest wegen großer Druckmängel amtlich vernichtet.

Gültig bis 30.6.1951

1950, 1. Sept. 750 Jahre Mansfelder Kupferschieferbergbau. Ⓔ Gravenhorst; Odr. DWD (5×10); Wz. 1; gez. K 13:13½.

dg) Bergmann mit Stirnlampe und Presslufthammer vor Ort

dh) Gießer beim Abstich am Hochofen

				**	◍	⊙
273	12 (Pf)	(dkl')blau bis dkl'violettultramarin . . . . dg		7,—	8,—	15,—
274	24 (Pf)	bräunlichrot (Töne) . dh		11,—	8,—	15,—
		Satzpreis (2 W.)	✶ 4,—	18,—	16,—	30,—
		FDC*				90,—

*) kein amtlicher FDC

Auflage: 2 000 000 Sätze

Gültig bis 31.12.1951

1950, 28. Sept. Volkswahlen am 15.10.1950. Ⓔ Gravenhorst; Odr. DWD (5×10); Wz. 1; gez. K 13:13½.

di) Wahlurne, Friedenstaube, Maurerkelle, Hammer, Ähre, Buch und Retorte

			✶	**	◍	⊙
275	24 (Pf)	schwärzlich-orangerot . . . di	3,50	16,—	5,—	10,—
		FDC (A)				1000,—

Auflage: 5 000 000 Stück

Gültig bis 31.12.1951

1950, 15. Dez. Frieden. Ⓔ Martens; Odr. DWD (10×5); Wz. 1; gez. K 13½:13.

dk) Panzer

dl) Bombenangriff

dm) Kernwaffendetonation

dn) Soldatenfriedhof

dk–dn) im Vordergrund abwehrende Hand, Friedenstaube

				**	◍	⊙
276	6 (Pf)	schwärzlichviolettblau . . . . dk		5,—	3,50	6,—
277	8 (Pf)	lebhaftsiena . . . . dl		4,50	2,—	6,—
278	12 (Pf)	schwärzlichgrauultramarin . . . . dm		5,50	4,50	8,—
279	24 (Pf)	orangerot . . . . dn		6,—	3,—	6,—
		Satzpreis (4 W.)	✶ 4,—	20,—	13,—	26,—
		FDC (A)				350,—

MiNr. 276–279 wurden auf dünnem, durchscheinendem (1. Aufl.) und auf dickem, nicht durchscheinendem Papier (2. und 3. Aufl.) gedruckt. Preise gleich!

Auflage: 6 000 000 Sätze

Gültig bis 31.3.1952

1951

1951, 3. Febr. Wintersportmeisterschaften der DDR, Oberhof. Ⓔ Prof. Kreische; Odr. DWD (5×10); Wz. 1; gez. K 13:13½.

do) Zweierbob

dp) Skispringen

				**	◍	⊙
280	12 (Pf)	dunkelgrünblau . . . . do		9,—	8,—	15,—
281	24 (Pf)	rötlichkarmin . . . . . . dp		12,—	10,—	18,—
		Satzpreis (2 W.)	✶ 4,50	20,—	18,—	32,—
		FDC (A)				200,—

Auflage: 2 000 000 Sätze

Gültig bis 31.3.1952

1951, 4. März. Leipziger Frühjahrsmesse. Ⓔ Pruggmayer; Odr. DWD (5×10); Wz. 1; gez. K 13:13½.

dr) Messezeichen vor Industrieanlage

				**	◍	⊙
282	24 (Pf)	lebhaftrotkarmin . . . . dr		16,—	12,—	23,—
283	50 (Pf)	lebhaftlilaultramarin . dr		17,—	12,—	23,—
		Satzpreis (2 W.)	✶ 7,50	32,—	24,—	45,—
		FDC				100,—

Auflage: 1 000 000 Sätze

Gültig bis 31.3.1952

1951, 22. April. Deutsch-polnische Freundschaft. Ⓔ Martens; Odr. DWD (5×5); Wz. 1; gez. K 13½.

ds) Die Präsidenten der DDR, Wilhelm Pieck, und der Republik Polen, Boleslaw Bierut, reichen sich die Hände; symbolische Darstellung der Oder-Neiße-Grenze, Friedenstaube

				**	◍	⊙
284	24 (Pf)	(dunkel)rot (Töne) . . . ds		20,—	18,—	34,—
285	50 (Pf)	(dunkel)blau . . . . ds		20,—	18,—	34,—
		Satzpreis (2 W.)	✶ 10,—	40,—	35,—	65,—
		FDC (A)				*2400,—*

Auflage: 1 000 000 Sätze

Gültig bis 31.1.1953

1951, 27. Juni. Deutsch-chinesische Freundschaft. Ⓔ Martens; Odr. DWD (5×5); Wz. 1; gez. K 13½.

dt) Mao Zedong (1893–1976), chines. revolutionärer Staatsmann; Gemälde

du) Das Land wird neu vermessen; Holzschnitt von Niu Wen

dt

				★★	▨	⊙
286	12 (Pf)	schwärzlichgrün . . . . dt		90,—	25,—	40,—
287	24 (Pf)	dunkelrosarot . . . . . du		140,—	30,—	60,—
288	50 (Pf)	dunkellilaultramarin . dt		90,—	30,—	55,—
		Satzpreis (3 W.)	★ 100,—	320,—	80,—	150,—
		FDC (A)				500,—
		Ⓢ				—,—

287 w auf Kartonpapier (Papierstärke 0,17 mm) . . . . *1500,—*

MiNr. 286–288 mit reinweißer oder grauweißer, bei MiNr. 287 stark hygroskopischer Gummierung; MiNr. 287 auch mit glatter, gelblicher Gummierung.

Vorsicht vor Nachgummierungen!

FALSCH gez. L 14, oWz.

Auflage: 1 000 000 Sätze *Gültig bis 31.1.1953*

1951, 3. Aug. Weltfestspiele der Jugend und Studenten für den Frieden, Berlin. Ⓔ Eigler und Bade; Odr. DWD (10×5); Wz. 1; gez. K 13½:13.

dv) Jugendlicher hisst Festspielflagge vor Brandenburger Tor, Berlin

dw) Volkstanzgruppe

dv

dw

				★★	▨	⊙
289	12 (Pf)	lebhaftsiena/hellbraunorange auf weißgrau dv		14,—	7,—	13,—
290	24 (Pf)	karminrot/lebhaftgelbgrün auf weißgrau . . dw		14,—	4,—	8,—
291	30 (Pf)	dunkelbläulichgrün/hellgelbbraun auf weißgrün . . . . dv		16,—	7,50	15,—
292	50 (Pf)	schwärzlichviolettblau/rötlichkarmin auf mattgraublau . . . . dw		16,—	7,50	15,—
		Satzpreis (4 W.)	★ 14,—	60,—	25,—	50,—
		FDC				50,—
		amtl. Faltkarte				55,—

Auflagen: MiNr. 289–290 je 3 000 000, MiNr. 291–292 je 1 500 000 Stück

Gültig bis 31.1.1953

1951, 2. Sept. Erster Fünfjahrplan. Ⓔ Koch; Bdr. DWD (10×10); Wz. 1; gez. K 13:12½.

dx) Symbol des Fünfjahrplanes: 5, Hammer, Zirkel und Ähren

			★	★★	▨	⊙
293	24 (Pf)	mehrfarbig . dx	1,50	5,—	2,50	5,—
		FDC				24,—

Auflage: 10 000 000 Stück *Gültig bis 31.1.1953*

Blockabbildungen

sind aus technischen Gründen nicht immer maßstabsgetreu wiedergegeben. Da jedoch bei Blocks ausnahmslos Größenangaben gemacht werden, ist die Originalgröße erkennbar.

1951, 7. Okt. 80. Geburtstag von Karl Liebknecht. Ⓔ Weiß; Odr. DWD (10×5); Wz. 1; gez. K 13½:13.

dy) K. Liebknecht (1871–1919), Politiker; rote Fahne

			★	★★	▨	⊙
294	24 (Pf)	schwarzviolettultramarin/lebhaftrot . . dy	1,50	6,—	2,50	4,—
		FDC (A)				35,—

Auflage: 5 000 000 Stück *Gültig bis 31.1.1953*

1951, 28. Okt. Tag der Briefmarke. Ⓔ Eigler und Bade; Odr. DWD (5×10); Wz. 1; gez. K 13:13½.

dz) Philatelist berät junge Sammler

			★	★★	▨	⊙
295	12 (Pf)	violettultramarin . . . . . dz	1,50	7,—	3,—	5,—
		FDC				9,—

Auflage: 2 000 000 Stück *Gültig bis 31.1.1953*

1951, 1./15. Dez. Deutsch-sowjetische Freundschaft. Ⓔ Gruner; Odr. DWD (5×5); Wz. 1; gez. K 13½.

ea) Stalinpreisträger Pawel Bykow und Nationalpreisträger Erich Wirth

eb) Jossif Wissarionowitsch Stalin und Wilhelm Pieck

				★★	▨	⊙
296	12 (Pf)	(dunkel)violettultramarin (15.12.) . . . . . . ea		6,—	4,—	10,—
297	24 (Pf)	(dunkel)zinnoberrot (1.12.) . . . . eb		7,—	5,—	10,—
		Satzpreis (2 W.)	★ 3,—	13,—	9,—	20,—
		FDC 1 (A) (MiNr. 296)				28,—
		FDC 2 (MiNr. 297)				28,—

MiNr. 296–297 wurden auf rauem sowie auf intensiv weißem, glattem Papier gedruckt. Preise gleich.

Auflage: 2 000 000 Sätze *Gültig bis 31.1.1953*

1952

1952, 12. Jan. Wintersportmeisterschaften der DDR, Oberhof. Ⓔ Liedke und Weber; Odr. DWD (10×5); Wz. 1; gez. K 13½:13.

ec) Skilanglauf

ed) Skispringen

				★★	▨	⊙
298	12 (Pf)	bläulichgrün . . . . ec		7,50	4,—	8,—
299	24 (Pf)	dunkelgrauultramarin . . . . ed		7,50	5,—	8,—
		Satzpreis (2 W.)	★ 3,50	15,—	9,—	16,—
		FDC				20,—

MiNr. 298–299 wurden auf rauem sowie auf intensiv weißem, glattem Papier gedruckt. Preise gleich.

Auflage: 2 000 000 Sätze *Gültig bis 31.1.1953*

1952, 26. März. 125. Todestag von Ludwig van Beethoven. Ⓔ **Eigler; Odr. DWD (10×5); Wz. 1; gez. K 13½:13.**

ee

ef

ee–ef) L. van Beethoven (1770–1827), Komponist

			✶✶	▨	⊙
300	12 (Pf)	hellgrauultramarin/ lilaultramarin . . . . . . ee	3,—	1,—	1,40
301	24 (Pf)	lebhaftgrau/dunkel- rotbraun . . . . ef	4,—	1,50	2,—
		Satzpreis (2 W.) ✶ 1,50	7,—	2,50	3,40
		FDC			6,—

Auflage: 2 305 000 Sätze *Gültig bis 31.1.1953*

In gleicher Aufmachung: MiNr. 308–310

1952, 1. Mai. Staatsbesuch von Klement Gottwald. Ⓔ **Eigler; RaTdr. DE (5×10); Wz. 1; gez. K 13:13½.**

eg) K. Gottwald (1896–1953), Präsident der Tschechoslowakischen Republik, Hradschin, Prag und Brandenburger Tor, Berlin

			✶	✶✶	▨	⊙
302	24 (Pf)	lebhaftviolett- ultramarin . . eg	0,80	4,50	2,50	4,—
		FDC (A)				30,—

Auflage: 2 000 000 Stück *Gültig bis 31.1.1953*

1952, 1. Mai. Nationales Aufbauprogramm Berlin. Ⓔ **Eigler und Bade; Odr. DWD (5×10); Wz. 1; gez. K 13:13½.**

eh) Schuttabräumung

ei) Rohbau

ek) Dachstuhlbau

el) Bauleiter und Handwerker mit Bauzeichnung

			✶✶	▨	⊙
303	12 + 3 (Pf)	(bläulich)violett . . . eh	3,50	1,—	1,50
304	24 + 6 (Pf)	lebhaftbraunrot . . . ei	2,—	1,—	2,—
305	30 + 10 (Pf)	schwärzlichgelb- lichgrün . . . . ek	3,50	1,—	8,—
306	50 + 10 (Pf)	lilaultramarin . . . . . el	3,50	2,—	15,—
		Satzpreis (4 W.) ✶ 2,50	12,—	5,—	25,—
		FDC			15,—

Auflagen: MiNr. 303–304 je 2 500 000, MiNr. 305–306 je 1 500 000 Stück

Gültig bis 30.6.1955

1952, 5. Mai. Internationale Radfernfahrt für den Frieden Warschau – Berlin – Prag. Ⓔ **Liedke und Weber; RaTdr. DE (10×5); Wz. 1; gez. K 13½:13.**

em) Radrennfahrer auf der Strecke

			✶	✶✶	▨	⊙
307	12 (Pf)	dkl'kobalt . em	1,20	4,50	2,40	3,50
		FDC				6,—

Auflage: 2 000 000 Stück *Gültig bis 31.1.1953*

1952, 5. Juli. Händelfest, Halle (Saale): Berühmte Komponisten. Ⓔ **Eigler; Odr. DWD (10×5); Wz. 2 Y; gez. K 13½:13.**

en) Georg Friedrich Händel (1685–1759)

eo) Albert Lortzing (1801–1851)

ep) Carl Maria von Weber (1786–1826)

			✶✶	▨	⊙
308	6 (Pf)	mattsiena/dkl'siena . en	3,50	1,50	3,—
309	8 (Pf)	mattlilarot/lilarot . . . . eo	3,50	2,50	5,—
310	50 (Pf)	mattultramarin/schwärz- lichultramarin . . . . . . ep	3,50	3,—	6,—
		Satzpreis (3 W.) ✶ 3,—	10,—	7,—	14,—
		FDC			15,—

Auflagen: MiNr. 308–309 je 2 000 000, MiNr. 310 = 1 500 000 Stück

Gültig bis 31.12.1953

In gleicher Aufmachung: MiNr. 300–301

1952, 11. Aug. Geburts- und Todestage berühmter Persönlichkeiten. Ⓔ **Eigler; RaTdr. DE (5×10); Wz. 1; gez. K 13:13½.**

er) Victor Hugo (1802–1885), französ. Dichter

es) Leonardo da Vinci (1452–1519), ital. Maler, Ingenieur, Erfinder

et) Nikolaj Gogol (1809–1852) russischer Dichter

eu) Avicenna (Ibn Sinā) (980–1037), persischer Philosoph und Arzt

			✶✶	▨	⊙
311	12 (Pf)	(dunkel)braun . . . . . . er	4,—	5,—	8,—
312	20 (Pf)	schwärzlichgelb- lichgrün . . . . es	4,—	5,—	12,—
313	24 (Pf)	karminrot . . . . et	4,—	5,—	8,—
314	35 (Pf)	schwärzlich- cyanblau . . . . eu	6,—	6,—	18,—
		Satzpreis (4 W.) ✶ 4,50	18,—	20,—	45,—
		FDC			40,—

Auf MiNr. 314 ist nicht das richtige Geburtsjahr von Avicenna (nach unserer Zeitrechnung 980), sondern fälschlicherweise 952 angegeben. Nach mohammedanischer Zeitrechnung ist Avicenna im Jahre 358 in Buchara geboren und 415 gestorben.

Vorsicht! MiNr. 311 ist sehr benzinempfindlich!

Auflagen: MiNr. 311 und 313 je 1 500 000, MiNr. 312 und 314 je 1 000 000 Stück

Gültig bis 31.12.1953

1952, 7. Sept. Leipziger Herbstmesse. Ⓔ **Eigler; RaTdr. DE (5×10); Wz. 2 X; gez. K 13:13½.**

ev) Leipziger Stadtwappen mit Messezeichen; Schwermaschinenbau, Erdkugel, Friedenstaube

			✶	✶✶	▨	⊙
315	24 (Pf)	lilarot . . . . . . ev	1,—	3,—	1,50	3,—
316	35 (Pf)	schwärzlich- ultramarin . . ev	1,—	3,—	2,—	4,50
		Satzpreis (2 W.)	2,—	6,—	3,50	7,50
		FDC				10,—

Auflagen: MiNr. 315 = 2 500 000, MiNr. 316 = 1 500 000 Stück

Gültig bis 31.12.1953

Abkürzungen der Druckereien:

DE = Druckhaus Einheit Leipzig
DWD = Deutsche Wertpapierdruckerei (VEB)
WPL = Wertpapierdrruckerei Leipzig
GW = Graphische Werkstätten Leipzig
WPD = VEB Wertpapierdrruckerei der DDR

1952, 15. Okt. 100. Todestag von Friedrich Ludwig Jahn. Ⓔ **Eigler; Odr. DWD (10×5); X = Wz. 2 X, Y = Wz. 2 Y; gez. K 13½:13.**

ew) F. L. Jahn (1778–1852), „Turnvater", Begründer der deutschen Turnbewegung

			✶	✶✶	◍	⊙
317	12 (Pf)	(dunkel)lila-ultramarin . ew				
X		Wz. 2 X	18,—	60,—	25,—	60,—
Y		Wz. 2 Y	0,80	2,50	2,—	3,—
		FDC*				80,—

*) kein amtlicher FDC

Auflage: 2 000 000 Stück *Gültig bis 31.12. 1953*

1952, 18. Okt. 450 Jahre Universität Halle-Wittenberg. Ⓔ **Gruner; RaTdr. DE (5×10); Wz. 2 X; gez. K 13:13½.**

ex) Augusteum in Wittenberg, ältestes noch von der Universität benutztes Gebäude (Teilansicht)

			✶	✶✶	◍	⊙
318	24 (Pf)	schwärzlichgelblichgrün ... ex	1,—	2,50	1,20	2,—
		FDC				6,—

Auflage: 8 000 000 Stück *Gültig bis 31.12. 1953*

FDC = Ersttagsbrief (First Day Cover)

1952, 26. Okt. Tag der Briefmarke. Ⓔ **Eigler; RaTdr. DE (10×5); Wz. 2 Y; gez. K 13½:13.**

ey) Fahnen, Ährenkranz, Marke DDR MiNr. 252, Friedenstaube, Hammer

			✶	✶✶	◍	⊙
319	24 (Pf)	karminbraun ey	0,80	3,50	1,30	2,50
		FDC				6,—

Auflage: 2 000 000 Stück *Gültig bis 31.12. 1953*

1952, 8. Dez. Völkerkongress für den Frieden, Wien. Ⓔ **Eigler; RaTdr. DE (10×5); Wz. 2 X; gez. K 13½:13.**

ez) Erdkugel mit Fahnenband, Friedenstaube über Stephansdom, Wien

			✶	✶✶	◍	⊙
320	24 (Pf)	lebhaft-magenta ... ez	0,80	2,50	2,50	5,—
321	35 (Pf)	dunkel- bis schwärzlich-ultramarin .. ez	0,80	2,50	4,—	9,—
		Satzpreis (2 W.)	1,60	5,—	6,—	14,—
		FDC				18,—

Auflagen: MiNr. 320 = 5 000 000, MiNr. 321 = 2 000 000 Stück

Gültig bis 31.12. 1953

1952, Aug./1953. Freimarken: Präsident Wilhelm Pieck (II). Ⓔ **Gravenhorst; MiNr. 322–325 Bdr. DWD und GW (10×10, MiNr. 325 5×10), MiNr. 326 Odr. GW (75er Raster, 5×10); v = gestrichenes Papier, z = gewöhnliches Papier; X = Wz. 2 X, Y = Wz. 2 Y; MiNr. 322–324 gez. K 13:12½, MiNr. 325–326 gez. K 13:13½.**

cp

cq

cp–cq) W. Pieck (1876–1960), Mitbegründer des Spartakusbundes und der KPD, erster Präsident der DDR

X = Wz. 2 X

				✶	✶✶	◍	⊙
322 z X	5 (Pf)	(dunkelsmaragd)grün, gew. Papier	cp	2,50	10,—	4,—	8,—
323	12 (Pf)	dkl'blau, dkl'violettultramarin GA	cp				
v X		gestrichenes Papier		12,—	40,—	2,—	3,60
z X		gewöhnliches Papier		8,—	25,—		4,50
324	24 (Pf)	dunkelrot (Töne)	cp				
v X		gestrichenes Papier		8,—	25,—	1,60	4,—
z X		gewöhnliches Papier		12,—	35,—		6,50
325	1 DM	dunkeloliv (Töne)	cq				
v X		gestrichenes Papier		9,—	35,—	20,—	32,—
z X		gewöhnliches Papier		18,—	50,—	25,—	36,—
326 v X	2 DM	bräunlichrot (Töne), gestr. Papier	cq	9,—	35,—	4,—	13,—
			Satzpreis (5 W.)	35,—	130,—	30,—	55,—
			FDC 322 z X				600,—

Y = Wz. 2 Y

				✶	✶✶	◍	⊙
322 z Y	5 (Pf)	(dunkelsmaragd)grün, gew. Papier	cp	15,—	50,—	20,—	50,—
323	12 (Pf)	dkl'blau, dkl'violettultramarin GA	cp				
v Y		gestrichenes Papier		200,—	500,—		140,—
z Y		gewöhnliches Papier		—,—	—,—		—,—
324	24 (Pf)	dunkelrot (Töne)	cp				
v Y		gestrichenes Papier		—,—	—,—		400,—
z Y		gewöhnliches Papier		—,—	—,—		2000,—

MiNr. 322–325 gültig bis 31.3.1962, MiNr. 326 bis 2.10.1990

Weitere Ausgaben „Präsident Wilhelm Pieck" siehe Zusammenfassung nach Jahreszusammenstellungen

1952, Sept./1953. Freimarken: Persönlichkeiten aus Politik, Kunst und Wissenschaft. Zeichnungen wie Alliierte Besetzung – Sowjetische Zone MiNr. 212–227. Ⓔ Ilgenfritz; Bdr. DWD und GW (10×10); v = gestrichenes Papier, x = gestrichenes Papier mit Lacküberzug, z = gewöhnliches Papier; Wz. 2 X; gez. K 13:12½.

bl) Käthe Kollwitz (1867–1945) Grafikerin und Malerin

bm) Gerhart Hauptmann (1862–1946), Dichter, Dramatiker, Nobelpreis 1912

bn) Karl Marx (1818–1883), Philosoph und Nationalökonom

bo) August Bebel (1840–1913), sozialdemokr. Parteiführer

bq) Georg Hegel (1770–1831), Philosoph

br) Prof. Rudolf Virchow (1821 bis 1902), Pathologe, Medizinhistoriker, Politiker

bl

br

bp) Friedrich Engels (1820–1895), Publizist, Sozialist

bm

bn

bq

bs) Ernst Thälmann (1886–1944), Politiker

bs

bo

			✱	✱✱	▨	⊙	FDC
327	2 (Pf)	dunkelgrau bis grauschwarz . . . . . bl					
v		gestrichenes Papier (Ende 1952) (DWD und GW)	1,—	3,60	4,—	12,—	
z		gewöhnliches Papier (Okt. 1952) (DWD)	8,—	20,—	18,—	32,—	
328	6 (Pf)	dunkelbläulichviolett bis dunkelblauviolett . . . . . bm					
v		gestrichenes Papier (1953) (DWD und GW)	1,—	3,60	2,50	5,50	
z		gewöhnliches Papier (Nov. 1952) (DWD)	35,—	100,—	6,—	18,—	
329	8 (Pf)	(dunkel)bräunlichrot . . . . . bn					
v		gestrichenes Papier (1953) (DWD und GW)	1,—	2,40	2,50	7,50	
z		gewöhnliches Papier (Okt. 1952) (DWD)	1,50	4,50	2,50	8,50	
330	10 (Pf)	(dunkel)bläulichgrün GA . . . . . bo					
v		gestrichenes Papier (1953) (DWD und GW)	1,50	7,—	4,—	8,50	
z		gewöhnliches Papier (Okt. 1952) (DWD)	2,50	7,—	4,—	10,—	
331	15 (Pf)	dunkelbraun, dunkel- bis schwarzolivbraun . . . . . bq					
v		gestrichenes Papier (1953) (DWD und GW)	7,—	20,—	16,—	100,—	
z		gewöhnliches Papier (Febr. 1953) (DWD)	5,—	16,—	16,—	65,—	
332	16 (Pf)	dunkelgrünblau bis (dunkel)blaugrün . . . . . br					
v		gestrichenes Papier (1953) (DWD und GW)	2,—	6,—	4,—	6,—	
z		gewöhnliches Papier (Sept. 1952) (DWD)	4,—	11,—	6,—	12,—	
333	20 (Pf)	bräunlichkarmin (Töne) GA . . . . . bl					
v		gestrichenes Papier (1953) (DWD und GW)	4,—	11,—	4,—	9,50	
z		gewöhnliches Papier (Okt. 1952) (DWD)	3,—	10,—	2,50	11,—	
334	25 (Pf)	grauoliv bis schwärzlichbraunoliv . . . . . br					
v		gestrichenes Papier (1953) (GW)	120,—	350,—	300,—	600,—	
z		gewöhnliches Papier (April 1953) (DWD)	60,—	200,—	280,—	450,—	
335	30 (Pf)	(lebhaft)rot GA . . . . . bp					
v		gestrichenes Papier (1953) (DWD und GW)	8,—	25,—	10,—	18,—	
z		gewöhnliches Papier (Dez. 1952) (DWD)	40,—	110,—	50,—	140,—	
336	40 (Pf)	dunkelrotlila bis lila . . . . . bm					
v		gestrichenes Papier (Ende 1952) (DWD und GW)	1,50	5,—	5,—	8,—	
z		gewöhnliches Papier (Okt. 1952) (GW)	8,—	25,—	5,—	8,—	
337 v	50 (Pf)	dunkelviolettblau, gestrichenes Papier (März 1953) (GW) . . . . bn	10,—	30,—	22,—	42,—	
338	60 (Pf)	schwärzlichgrün . . . . . bq					
v		gestrichenes Papier (1953) (DWD und GW)	2,—	6,—	4,—	7,—	
z		gewöhnliches Papier (Okt. 1952) (GW)	5,—	17,—	4,—	9,—	
339	80 (Pf)	dunkellilaultramarin, schwarzblau . . . . . bs					
v		gestrichenes Papier (Ende 1952) (DWD)	3,—	8,—	2,50	5,50	
x		gestrichenes Papier mit Lacküberzug (März 1953) (DWD und GW)	3,—	10,—	400,—[1]	1600,—	
z		gewöhnliches Papier (Okt. 1952) (DWD)	6,—	16,—		15,—	
340 v	80 (Pf)	dunkelrosarot (Töne), gestr. Papier (16.4.1953) (GW) . . . . . bs	5,—	15,—	10,—	17,—	500,—
341 v	84 (Pf)	braunkarmin (Töne), gestr. Papier (Nov. 1952) (DWD und GW) bo	30,—	80,—	100,—	350,—	
		Satzpreis (15 billigste W.)	130,—	400,—	450,—	1000,—	

1) Der Stempelabdruck stammt von einem im Gültigkeitszeitraum im Einsatz befindlichen Poststempel. Das zeitgerechte Stempeldatum kann nicht zweifelsfrei bestätigt werden.

Alle Preise über 5,— Euro gelten nur für einwandfreie Stücke, mit sauberen Abstempelungen und aktueller (BPP-)Prüfung!

Mit Wz. 2 Y (Y):

	✱	✱✱	▨	⊙
327 v Y . . .	40,—	100,—		160,—
328 v Y . . .	15,—	40,—	15,—	40,—
329 v Y . . .	6,—	25,—	15,—	40,—
329 z Y . . .		*3500,—*		*4000,—*

	✱	✱✱	⊙
330 v Y	*1000,—*	*3000,—*	*1400,—*
330 z Y	*2000,—*	*4500,—*	*5000,—*
332 v Y	—,—	—,—	*12000,—*
333 v Y	*1000,—*	*2000,—*	*1400,—*

	✱	✱✱	⊙
335 v Y	30,—	75,—	100,—
336 v Y	*2000,—*	*5000,—*	*6500,—*
338 v Y	6,—	18,—	26,—

Wegen ungenügender Festigkeit der Farbe wurde MiNr. 339 x im März 1953 mit einem Lacküberzug (bläulich, gelblich, fast weiß) versehen an einige Postämter ausgeliefert. Dabei wurde nicht beachtet, dass nach den Festlegungen der Allgemeinen Dienstanweisung der Deutschen Post Marken, die mit Lack überzogen waren, ungültig waren, da auf diesen die Stempelabdrucke nicht ausreichend hafteten. Daher wurden die Bestände entsprechend einer Verfügung vom 21.3.1953 vom Verkauf zurückgezogen und am 15.4.1953 außer Kurs gesetzt, nachdem in den Bereichen der Bezirksdirektionen Cottbus, Erfurt, Halle (Saale), Chemnitz, Leipzig und der OPD Berlin insgesamt 44 374 Stück an den Postschaltern verkauft worden waren. Am 27.5.1953 wurden jedoch 100 000 Stück aus den vorhandenen Beständen exportiert und weitere 16 000 Stück ab Juni 1953 an organisierte Sammler bis zu 3 und an eingetragene Dauerbezieher 2 Stück postfrisch verkauft; 100 000 Stück wurden in das Archiv des Ministeriums für Post- und Fernmeldewesen genommen. Echt während der Gültigkeit verwendet ist diese Marke selten.

Prüfung erforderlich!

Auflagen: unbekannt

Gültig bis 28.2.1954, MiNr. 339 bis 15.4.1953, MiNr. 328 auf Briefen an Lotterie-Einnehmer bis 31.3.1954

1953

1953, 3. Jan./2. Febr. Freimarken: Präsident Wilhelm Pieck (III, neue Zeichnung). 🄴 Eigler; RaTdr.; MiNr. 342 GW und DE, MiNr. 343 DE (5×10); Wz. 2 X; gez. K 13:13½.

fa) W. Pieck (1876–1960), Mitbegründer des Spartakusbundes und der KPD, erster Präsident der DDR

				*	**	▨	⊙	FDC*)
342	1 DM	dunkelbräunlicholiv, schwarz(grau)oliv (2.2.53)	fa	4,50	15,—	0,80	3,50	800,—
343	2 DM	braunrot (3.1.53)	fa	4,—	11,—	0,80	2,50	700,—
			Satzpreis (2 W.)	8,50	25,—	1,50	6,—	

*) kein amtlicher FDC

MiNr. 342–343 70er Raster

Auflagen: unbekannt

Weitere Ausgaben „Präsident Wilhelm Pieck" siehe Zusammenstellung nach Jahreszusammenstellungen

1953, 14. März/5. Mai. 70. Todestag von Karl Marx. 🄴 Thomas und Eigler; RaTdr. GW, MiNr. 348 und 350 DE (Hochformate 10×5, Querformate 5×10); Hochformate Wz. 2 Y, Querformate Wz. 2 X; Hochformate gez. K 13½:13, Querformate ~.

fb) Eisenhüttenkombinat Ost; Fahne mit Kopfbildern von Marx, Engels, Lenin und Stalin

fc) Kommunistisches Manifest, Marx und Engels

fd) Kreml, Moskau; Fahne mit Kopfbildern von Marx, Engels, Lenin und Stalin

fe) Demonstrationszug

ff) Karl Marx liest aus seinem Werk „Das Kapital"

fg) Karl Marx (1818–1883), Philosoph und Nationalökonom

fh) Karl Marx am Rednerpult

fi) Karl Marx und Friedrich Engels

fk) Arbeiter, Fahne mit Kopfbildern von Marx, Engels, Lenin und Stalin

fl) Karl-Marx-Allee (Stalinallee), Berlin; Karl-Marx-Medaillon

				*	**	▨	⊙
344	6 (Pf)	mehrfarbig (5. Mai)	fb	0,40	1,50	1,—	2,—
345	10 (Pf)	grautürkis/dunkelorangebraun (Töne) (5. Mai)	fc	1,60	5,—	1,—	2,—
346	12 (Pf)	schwarzolivgrün/karminrot (5. Mai)	fd	0,40	1,50	1,—	2,—
347	16 (Pf)	lilaultramarin/karminrot (5. Mai)	fe	1,20	4,—	2,50	6,50
348	20 (Pf)	dunkelbraun/gelbocker (14. März)	ff	0,40	1,50	1,—	3,—
349	24 (Pf)	dunkelsiena/dunkelzinnober (14. März)	fg	1,20	4,—	1,—	2,50
350	35 (Pf)	dunkelbraunlila/chromgelb (5. Mai)	fh	1,20	4,—	3,50	8,—
351	48 (Pf)	schwarzgrünoliv/rötlichbraun (5. Mai)	fi	0,60	2,—	1,—	3,—
352	60 (Pf)	schwärzlichrotbraun/orangerot (5. Mai)	fk	1,80	5,—	3,50	10,—
353	84 (Pf)	dunkelkobalt/braun (14. März)	fl	1,20	4,—	2,50	7,—
			Satzpreis (10 W.)	9,—	28,—	17,—	45,—
			FDC 1 (MiNr. 348, 349, 353)				7,—
			FDC 2 (MiNr. 345, 347, 352)				9,—
			FDC 3 (MiNr. 344, 346, 350, 351)				8,—

MiNr. 344–353 ungezähnt siehe MiNr. 386 B–395 B (Block 8 B und 9 B)

MiNr. 345, 347, 352 und 353 mit Wz. 2 Y siehe MiNr. 392 A–395 A (Block 9 A)

Auflagen: MiNr. 344 und 346 je 10 000 000, MiNr. 345, 350, 351, 353 je 4 000 000, MiNr. 347 = 5 000 000, MiNr. 348 und 352 je 2 000 000, MiNr. 349 = 12 000 000 Stück

Gültig bis 30.6.1955

Ersttagsbriefe (FDC):

FDC = amtlicher illustrierter FDC
FDC (A) = amtlicher nicht illustrierter FDC
FDC* = nicht amtlicher FDC

Bedarfsbriefe mit Ersttagsverwendung sind meist erheblich teurer!

Amtliche (Bogen-)Entwertungen für philatelistische Zwecke:

Diese Entwertungsform (von Hand oder gedruckt) wurde in der DDR zu einem eigenständigen Produktionszweig. Bedient wurden damit Versandstellenbezieher (Sammler und Händler), der staatliche Briefmarkenhandel und der Briefmarken-Export. Bei Briefmarken, die in Schalterbogen verausgabt wurden, wendete man aus rationellen Gründen die Entwertung in der Mitte eines Viererblocks an, jedoch wurden auf Kundenwunsch auch per Hand Voll- oder Halbabstempelungen vorgenommen. Von den ca. 60 000–80 000 in der DDR verwendeten Stempeln wurden neben den ausgabebezogenen Sonderstempeln etwa 200 Stempel für die amtl. (Bogen-)Entwertung für philatelistische Zwecke eingesetzt. **Diese Abstempelungen werden von den Prüfern des BPP mit ▨ gekennzeichnet (gedruckte Stempel mit dem Zusatz „G")!**

1953, 28. März. 85. Geburtstag von Maksim Gorkij. Ⓔ Eigler; RaTdr. DE (10×5); Wz. 2 Y; gez. K 13½:13.

fm) M. Gorkij (1868–1936), russischer Schriftsteller

				✱	✱✱	◍	⊙
354	35 (Pf)	schwärzl'braun	fm	0,30	0,80	0,60	1,—
		FDC (A)					35,—

Auflage: 5 000 000 Stück *Gültig bis 31.12.1953*

1953, 2. Mai. Internationale Radfernfahrt für den Frieden Prag – Berlin – Warschau. Ⓔ Eigler; Odr. GW (10×5); Wz. 2 Y; gez. K 13½:13.

fn

fo

fp

fn–fp) Radrennfahrer auf der Strecke

				✱✱	◍	⊙
355	24 (Pf)	dunkelopalgrün	fn	2,50	2,50	6,—
356	35 (Pf)	lebhaftviolettultramarin	fo	1,50	1,50	3,—
357	60 (Pf)	braun (Töne)	fp	2,—	2,—	6,—
		Satzpreis (3 W.) ✱ 2,—		6,—	6,—	15,—
		FDC				15,—

Auflagen: MiNr. 355 = 4 000 000, MiNr. 356, 357 je 2 500 000 Stück

Gültig bis 31.12.1953

1953, 6. Juli. 700 Jahre Stadt Frankfurt a. d. Oder. Ⓔ Gruner; Odr. GW (5×10); Wz. 2 X; gez. K 13:13½.

fr) Heinrich von Kleist (1777 bis 1811), Dichter; links und rechts Ansichten seines Geburtshauses (im Krieg zerstört)

fs) Marienkirche

ft) Blick auf die Altstadt von der Löweninsel, Friedensglocke

fu) Rathaus (erb. 14. Jh.), Stadtwappen

				✱✱	◍	⊙
358	16 (Pf)	rötlichbraun	fr	1,70	2,50	6,—
359	20 (Pf)	schwärzlichblaugrün	fs	1,20	2,50	5,—
360	24 (Pf)	dunkelrosarot	ft	1,70	2,50	6,50
361	35 (Pf)	lebhaftlilaultramarin	fu	2,50	3,50	6,50
		Satzpreis (4 W.) ✱ 1,60		7,—	11,—	24,—
		FDC				25,—

Auflage: 2 500 000 Sätze *Gültig bis 31.12.1953*

1953, 10. Aug./21. Nov./Nachdruck (N) 1957. Freimarken: Fünfjahrplan (I). Ⓔ Gruner; Odr. GW (10×10); Wz. 2 X; gez. K 13:12½.

fv) Steinkohlenhauer

fw) Frau am Schaltrad

fx) Arbeiter aus Ost und West reichen sich die Hände

fy) lernende Jugend, dahinter Bild von Karl Marx

fz) Arbeiter tauschen Erfahrungen aus

ga) Bauer, Handwerker, Intellektueller

gb) Frau am Fernschreiber

gc) Stahlschmelzer, Hüttenwerk

gd) Werktätige vor Kurhaus Bad Elster

ge) Karl-Marx-Allee (Stalinallee), Berlin

gf) Arbeiter bei der Rekonstruktion einer Dampflokomotive BR 52

gg) Volkstanzgruppe

gh) ehem. Sporthalle in der Karl-Marx-Allee (Stalinallee), Berlin

gi) Chemiker, Chemiewerk

gk) Zwinger, Dresden

gl) Hochseeschiff auf Stapel

gm) Mähdrescher

gn) Familie, Hochhaus an der Weberwiese, Berlin

				✱	✱✱	◍	⊙	N (1957) ◍
362	1 (Pf)	(grau)schwarz (Töne) (10. Aug.)	fv	0,30	2,—	0,70	0,70	0,20
363	5 (Pf)	gelbsmaragdgrün (10. Aug.)	fw	0,80	2,50	2,—	2,—	0,20
364	6 (Pf)	blauviolett (10. Aug.)	fx	1,—	2,50	1,50	2,—	0,20
365	8 (Pf)	dunkelbraunorange (Töne) (10. Aug.)	fy	1,—	3,50	2,—	2,—	0,20
366	10 (Pf)	bläulichgrün (10. Aug.)	fz	0,70	2,50	1,50	1,50	0,20
367	12 (Pf)	mittelblau (10. Aug.)	ga	0,70	3,50	1,60	2,20	0,20
368	15 (Pf)	(bläulich)violett (10. Aug.)	gb	1,30	4,—	3,80	3,80	0,20
369	16 (Pf)	dunkelblauviolett (10. Aug.)	gc	3,—	8,—	5,—	6,—	0,20
370	20 (Pf)	schwärzlichgrünoliv (10. Aug.)	gd	2,—	6,—	5,—	5,—	0,20
371	24 (Pf)	(dunkel)bräunlichrot (Töne) (21. Nov.)	ge	3,50	12,—	1,60	2,—	0,20
372	25 (Pf)	schwärzlich- bis schwarzopalgrün (10. Aug.)	gf	2,—	8,—	7,—	8,50	0,20
373	30 (Pf)	bräunlichrot (10. Aug.)	gg	8,—	25,—	8,—	8,—	0,20
374	35 (Pf)	lebhaftlilaultramarin (Töne) (10. Aug.)	gh	6,—	20,—	8,—	8,—	0,20
375	40 (Pf)	dunkelrosa (Töne) (10. Aug.)	gi	4,—	16,—	5,—	6,—	0,20
376	48 (Pf)	dunkelpurpurviolett (10. Aug.)	gk	4,—	16,—	5,—	7,—	0,20
377	60 (Pf)	dunkelultramarin (Töne) (10. Aug.)	gl	4,—	16,—	12,—	14,—	0,20
378	80 (Pf)	dunkeltürkisblau (10. Aug.)	gm	4,—	18,—	11,—	12,—	0,20
379	84 (Pf)	dunkelrötlichbraun (Töne) (10. Aug.)	gn	4,—	16,—	30,—	40,—	0,20
		Satzpreis (18 W.)		45,—	150,—	110,—	130,—	3,—
		FDC 1 (MiNr. 362, 365, 369, 370, 375, 378)					35,—	
		FDC 2 (MiNr. 363, 367, 368, 372, 376, 377)					45,—	
		FDC 3 (MiNr. 364, 366, 373, 374, 379)					60,—	
		FDC 4 (MiNr. 371)					30,—	

MiNr. 362–379 weisen häufig herstellungsbedingte leichte Gummibüge auf, keine Wertminderung!

		✱	✱✱	⊙
367 Y mit Wz. 2 Y	gn	350,—	750,—	220,—

Unterscheidungsmerkmale der Ausgaben „Fünfjahrplan“ im Odr. (MiNr. 362–379) und Bdr. (MiNr. 405–422, 435–442, 453–458, 577–585, 704):

Odr.: unscharfe Druckkonturen, Halbtöne durch Rasterpunkte, Staatsbezeichnung in dünner Schrift, „A“ in „DEMOKRATISCHE“ unter „HE“ von „DEUTSCHE“, Endbogen der 5 im Fünfjahrplanemblem berührt nicht den linken Zirkelschenkel. Alle Wertstufen ohne Namen von Entwerfer und Stecher unter dem Markenbild.

Bdr.: scharfe Druckkonturen, Halbtöne durch Schraffur, Staatsbezeichnung in starker Schrift, „A“ in „DEMOKRATISCHE“ unter „E“ von „DEUTSCHE“, Endbogen der 5 im Fünfjahrplanemblem berührt den linken Zirkelschenkel. MiNr. 405, 406, 408, 409, 411, 413–416 und 418–422 mit Namen des Entwerfers E(rich) GRUNER und des Stechers K(arl) WOLF auf dem Markenunterrand.

Nachdrucke 1957:

Odr., aufgedruckte Stempel Bdr. DWD (10×10); ohne Gummierung; Wz. 2 X; gez. K 13:12½.

Bei einigen Werten sind Stücke ohne aufgedruckte Stempel bekannt (F):

	(✱)
362 N F	150,—
366 N F	150,—
371 N F	150,—
372 N F	150,—
374 N F	150,—
375 N F	150,—
377 N F	150,—
378 N F	150,—

Merkmale der Nachdrucke der 1. Ausgabe (Odr.):

„A“ in „DEMOKRATISCHE“ unter „E“; klarer Druck; rückseitig glattes Papier. Außerdem Abweichungen gegenüber dem Markenbild der Originalausgabe:

362 N	1 (Pf)	weiße Umrisslinien der Lorbeerblätter
363 N	5 (Pf)	Abstand der Schrift der Staatsbezeichnung vom linken und rechten Bildrand geringer
364 N	6 (Pf)	seitlicher Abstand der Schrift vom Bildrand geringer; Lorbeerblätter dunkel, kaum hervortretend
365 N	8 (Pf)	seitlicher Abstand der Schrift vom Bildrand geringer; Innenflächen der Lorbeerblätter dunkel
366 N	10 (Pf)	seitlicher Abstand der Schrift vom Bildrand geringer; Innenflächen der Lorbeerblätter dunkel
367 N	12 (Pf)	Schrift stärker
368 N	15 (Pf)	seitlicher Abstand der Schrift vom Bildrand geringer
369 N	16 (Pf)	„6“ vom rechten Bildrand weiter entfernt; seitlicher Abstand der Schrift vom Bildrand geringer
370 N	20 (Pf)	Abstand des „N“ von „WERKTÄTIGEN“ vom rechten Bildrand größer
371 N	24 (Pf)	seitlicher Abstand der Schrift vom Bildrand geringer; Abstand des „R“ von „REPUBLIK“ zu waagerechtem Lorbeerblatt gering
372 N	25 (Pf)	Abstand des „R“ von „REPUBLIK“ zu waagerechtem Lorbeerblatt gering
373 N	30 (Pf)	rechtes oberes Lorbeerblatt berührt rechten Bildrand, wird jedoch nicht von ihm geschnitten
374 N	35 (Pf)	Gebäudeschatten am linken Bildrand heller; Fahnenstange deutlich hervortretend
375 N	40 (Pf)	äußere rechte Granne der Ähre berührt rechten Bildrand
376 N	48 (Pf)	„DRESDEN ZWINGER-AUFBAU“ dünne Schrift
377 N	60 (Pf)	Reling berührt nicht oberen Bildrand
378 N	80 (Pf)	linkes Gitter am Mähdrescheraufbau nur angedeutet
379 N	84 (Pf)	dunkle Fenster und Tür im Hochhaus

Zur Abstempelung wurden gedruckte Zweikreisstegstempel, außer Doppelbrückenstempel GERA * 4 e, verwendet:

gedruckte Stempel		Daten
COTTBUS 1	n	05.1.56–11; 14.2.56–11; 12.3.56–11; 17.4.56–11; 5.5.56–11; 19.6.56–11
DRESDEN N 25	i	01.12.56–12
ERFURT 1	k	07.12.56–17
GERA 4	a	14.4.56–16; 15.5.56–17; 16.6.56–21
GERA 4	*e	12.1.56–18–19; 13.2.56–19–20; 14.3.56–20–21
HALLE (SAALE) 2	ba	10.12.56–13
KARL-MARX-STADT C 1	ac	15.11.56–10
KARL-MARX-STADT 4	m	15.12.56–11
LEIPZIG C 1	bl	17.12.56–15
LEIPZIG O 5	g	–5.12.56–16
MAGDEBURG BPA 7	gg	10.1.56–10; 11.2.56–10; 12.3.56–10; 14.4.56–10; 15.5.56–10; 26.6.56–10
POTSDAM 1	z	–3.1.56–15; –6.2.56–15; 7.3.56–15; 15.4.56–15; 20.5.56–15; 23.6.56–15
ROSTOCK 2	b	–1.1.56–13; –2.2.56–12; 13.3.56–11; 15.4.56–14; 17.5.56–15; 19.6.56–18
SCHWERIN (MECKL) 1	ag	10.1.56–15; 14.2.56–16; 17.4.56–18; 18.5.56–19; 29.6.56–14

FALSCH

Auflage der Nachdrucke: 20 000 000 Sätze

MiNr. 362, 364, 365, 367, 369, 371, 374, 376, 377 gültig bis 31.3.1959, MiNr. 363, 366, 368, 370, 372, 373, 375, 378 bis 31.12.1962

MiNr. 371 mit Aufdruck des neuen Wertes siehe MiNr. 439; weitere Ausgaben siehe Zusammenfassung nach Jahreszusammenstellungen

Anzeigen

1953, 29. Aug. Leipziger Herbstmesse. 🄴 **Gruner; RaTdr. GW (5×10); Wz. 2 X; gez. K 13:13½.**

go) Messegelände, Bagger

gp) Messegelände, Kartoffelrodemaschine

			✶✶	▨	⊙
380	24 (Pf)	braunrot (Töne) . . . . go	3,50	3,50	6,—
381	35 (Pf)	schwärzlichgrün . . . gp	3,50	3,50	6,—
		Satzpreis (2 W.) ✶ 2,—	7,—	7,—	12,—
		FDC			16,—

Auflagen: MiNr. 380 = 3 000 000, MiNr. 381 = 1 500 000 Stück

Gültig bis 30.6.1955

1953, 16. Sept. 200. Todestag berühmter deutscher Baumeister. 🄴 **Eigler; RaTdr. DE (5×10); X = Wz. 2 X, Y = Wz. 2 Y; gez. K 13:12½.**

gr) Georg Wenzeslaus von Knobelsdorff (1699–1753), Staatsoper Berlin

gs) Balthasar Neumann (1687–1753), Residenz Würzburg

			✶✶	▨	⊙
382	24 (Pf)	lebhaftmagenta . . . gr			
X		Wz. 2 X	3,—	1,20	2,50
Y		Wz. 2 Y	50,—	30,—	60,—
383 X	35 (Pf)	schwärzlichpreußischblau . . . . gs	3,—	2,—	4,—
		Satzpreis (2 W.) ✶ 1,20	6,—	3,—	6,—
		FDC			8,—

Vorsicht! MiNr. 382 ist wasserempfindlich!

Auflagen: MiNr. 382 = 2 000 000, MiNr. 383 = 1 200 000 Stück

Gültig bis 30.6.1955

1953, 16. Okt. 400. Todestag von Lucas Cranach d. Ä. 🄴 **Eigler; RaTdr. DE (5×10); X = Wz. 2 X, Y = Wz. 2 Y; gez. K 13:13½.**

gt) L. Cranach d. Ä. (1472–1553), Maler und Zeichner

			✶	✶✶	▨	⊙
384	24 (Pf)	dkl'ockerbraun gt				
X		Wz. 2 X	0,90	3,50	1,50	3,—
Y		Wz. 2 Y	20,—	45,—	70,—	80,—
		FDC				5,—

Auflage: 2 000 000 Stück *Gültig bis 30.6.1955*

1953, 23. Okt. Ein Jahr Deutsches Rotes Kreuz in der DDR. 🄴 **Eigler; RaTdr. GW (10×5); X = Wz. 2 X, Y = Wz. 2 Y; gez. K 13½:13.**

gu) Erste-Hilfe-Leistung im Sanitätsraum eines Industriebetriebes, Rotes Kreuz

			✶	✶✶	▨	⊙
385	24 (Pf)	braun/dunkelzinnoberrot . gu				
X		Wz. 2 X	900,—	1800,—		350,—
Y		Wz. 2 Y	0,80	3,—	1,60	3,50
		FDC				7,—

Vorsicht! MiNr. 385 ist wasserempfindlich!

Auflage: 5 000 000 Stück *Gültig bis 30.6.1955*

Ab MiNr. 384 waren alle postamtlichen Ersttagsbriefumschläge, die bereits den Tagesstempelabdruck des ersten Ausgabetages der Wertzeichen aufwiesen, weitere 7 Tage ohne nochmalige Gebühr zur Postbeförderung zugelassen.

1953, 24. Okt./10. Dez. Blockausgabe: Karl-Marx-Jahr. 🄴 **Eigler; RaTdr. GW; Wz. 2 Y; Bl. 8 A = gez. K 13½:13 und L 13½ (oben), Bl. 9 A = gez. K 13:13½ und L 13½ (links), Bl. 8 B und 9 B = □.**

gv

gw

			✶	✶✶	Ⓢ	⊙	FDC*)
386	6 (Pf)	mehrfarbig . . . . fb					
A		gezähnt (10.12.) siehe bei MiNr. 344 Y					
B		geschnitten (24.10.)	5—	15,—	20,—	30,—	
387	12 (Pf)	schwarzolivgrün/karminrot . . . . . . fd					
A		gezähnt (10.12.) siehe bei MiNr. 346 Y					
B		geschnitten (24.10.)	5—	15,—	20,—	30,—	
388	20 (Pf)	dunkelbraun/gelbocker . . . . ff					
A		gezähnt (10.12.) siehe bei MiNr. 348 Y					
B		geschnitten (24.10.)	5—	15,—	20,—	30,—	
389	24 (Pf)	dunkelsiena/dunkelzinnober . . . . . . fg					
A		gezähnt (10.12.) siehe bei MiNr. 349 I Y					
B		geschnitten (24.10.)	5—	15,—	20,—	30,—	

				*	**	Ⓢ	⊙	FDC*)
390	35 (Pf)	dunkelbraunlila/chromgelb	fh					
A		gezähnt (10.12.) siehe bei MiNr. 350 Y						
B		geschnitten (24.10.)		5—	15,—	20,—	30,—	
391	48 (Pf)	schwarzgrünoliv/rötlichbraun	fi					
A		gezähnt (10.12.) siehe bei MiNr. 351 Y						
B		geschnitten (24.10.)		5—	15,—	20,—	30,—	
Block 8		(148×105 mm)	gv					
A		gezähnt (10.12.)		40,—	100,—	150,—	220,—	600,—
B		geschnitten (24.10.)		40,—	100,—	150,—	220,—	600,—
392	10 (Pf)	grautürkis/dunkelorangebraun (Töne)	fc					
A		gezähnt (10.12.)		7,—	16,—	20,—	30,—	
B		geschnitten (24.10.)		7,—	16,—	20,—	30,—	
393	16 (Pf)	lilaultramarin/karminrot	fe					
A		gezähnt (10.12.)		7,—	16,—	20,—	30,—	
B		geschnitten (24.10.)		7,—	16,—	20,—	30,—	
394	60 (Pf)	schwärzlichrotbraun/orangerot	fk					
A		gezähnt (10.12.)		7,—	16,—	20,—	30,—	
B		geschnitten (24.10.)		7,—	16,—	20,—	30,—	
395	84 (Pf)	dunkelkobalt/braun	fl					
A		gezähnt (10.12.)		7,—	16,—	20,—	30,—	
B		geschnitten (24.10.)		7,—	16,—	20,—	30,—	
Block 9		(148×105 mm)	gw					
A		gezähnt (10.12.)		30,—	100,—	150,—	220,—	600,—
B		geschnitten (24.10.)		30,—	100,—	150,—	220,—	600,—

*) kein amtlicher FDC
Postpreis je Block 2,50 DM

	*	**	Ⓢ	⊙
Gesamtpreis (4 Blocks)	140,—	400,—	600,—	850,—

Falz-Preise gelten für Blocks, bei denen sich der Falz auf den Marken befindet.

Sonderstempel mit Datum 23.10.53-12 (Vor-Ersttag) beruhen auf falscher Datumseinstellung!

Die Einzelmarken der Blocks unterscheiden sich von den Marken der Ausgabe vom 14.3./5.5. (MiNr. 344–353) geringfügig im Markenbild. Block 8 A hat wie diese ebenfalls stehendes Wasserzeichen 2 Y. Die Einzelmarken aus Block 9 A unterscheiden sich von denen der MiNr. 344–353 außerdem durch stehendes Wasserzeichen 2 Y statt liegendem Wasserzeichen 2 X.

Restbestände der Blocks 8 A und 9 A wurden von der Post nachträglich (1955) bis auf einen ca. 5 mm breiten Rand um die Marken beschnitten und zum Nominalpreis (ohne Blockzuschlag) verkauft (Blockpaar 150,—).

Auflage: je 300 000 Blocks *Gültig bis 30.6.1955*

1953, 25. Okt. Tag der Briefmarke. Ⓔ **Gruner; RaTdr. GW (10×5); X = Wz. 2 X, Y = Wz. 2 Y; gez. K 13½:13.**

gx) Landzusteller mit Fahrrad übergibt Postsendung

				*	**	⊘	⊙	FDC
396	24 (Pf)	blauschwarz	gx					
X		Wz. 2 X		40,—	100,—	150,—	250,—	
Y		Wz. 2 Y		1,—	3,50	1,—	1,80	3,50

Der Verkauf der Marken erfolgte bereits am 24.10.1953. Sie durften jedoch erst ab 25.10. für die Freimachung von Postsendungen verwendet werden.

Auflage: 2 000 000 Stück *Gültig bis 30.6.1955*

1953, 2. Nov. 75 Jahre Leipziger Zoo. Ⓔ **Gruner; RaTdr. DE (5×10); Wz. 2 X; gez. K 13:13½.**

gv) Löwenpaar (Panthera leo)

				*	**	⊘	⊙	FDC
397	24 (Pf)	schwärzlicholivbraun	gy	0,70	2,50	1,—	1,80	3,—

Auflage: 2 300 000 Stück *Gültig bis 30.6.1955*

Amtliche (Bogen-)Entwertung für philatelistische Zwecke im Zeitraum 1949–1964:

Folgende Stempel wurden verwendet (weitere gedruckte siehe bei Freimarken-Ausgaben):

Berlin W 8 b mit Gitter (1949–51), ohne Gitter (1952–59)
Berlin W 8 z (1949–55)
Berlin W 8 ab (50–60), ac (59–64), ad (Typ I 49–51, Typ II 51–60), al (62–64), an (Ende 50–54), ao (60–62), zz (1962)
Berlin W 66 b (1955)
Berlin C 2 qu (1959–64)
Leipzig C 1 ab (56–64), ce (56–59), df (56–59)
Leipzig C 13 aa (56–64)
Leipzig N 18 w (1956)

Zur Ausgabe gehörende (gedruckte) Sonderstempel

Nicht zur Ausgabe gehörende Sonderstempel:

BERLIN C 2	**MUSEUM FÜR DEUTSCHE GESCHICHTE, Daten 1.9.–30.11.1953**
BERLIN W 8	**KARL-MARX-KOPFBILD, Daten ab 10.8.1953 bis Ende 1953**
BERLIN W 8	**TAG DER BRIEFMARKE 25.10.1953**
BERLIN W 8	**KAMPFTAG DER WERKTÄTIGEN 01.5.1954**
BERLIN W 8	**TAG DER BRIEFMARKE 24.10.54**
BERLIN C 2	**DEMOKRATISCHER MAGISTRAT VON GROSS-BERLIN**
BERLIN W 8	**PRESSEZENTRUM THÄLMANNPLATZ**

1953, 9./30. Nov. Deutsche Patrioten. Ⓔ Bade und Eigler; RaTdr. GW (5×10); X = Wz. 2 X, Y = Wz. 2 Y; gez. K 13:12½.

gz) Thomas Müntzer (um 1489/90–1525), Theologe und Revolutionär, Anführer im Bauernkrieg in Thüringen; kämpfende Bauern mit Bundschuhflagge

ha) Karl Reichsfreiherr vom und zum Stein (1757–1831), preuß. Staatsmann; Pergamentrolle mit von ihm herbeigeführten Reformen

hb) Ferdinand von Schill (1776–1809), preuß. Offizier und Freiheitskämpfer; angreifende Husaren

hc) Gebhard Leberecht Fürst Blücher von Wahlstatt (1742–1819), preuß. Generalfeldmarschall und Heerführer der Befreiungskriege; Angriff preuß. und russ. Truppen

hd) Studentendemonstration auf der Wartburg 1817

he) Barrikadenkämpfe während der Revolution 1848

				✶	✶✶	◍	⊙
398	12 (Pf)	dunkelrötlichbraun (9.11.)	gz				
X		Wz. 2 X		0,50	1,80	0,80	2,—
Y		Wz. 2 Y		8,—	30,—	—,—	24,—
399	16 (Pf)	schwärzlichorangebraun (30.11.)	ha				
X		Wz. 2 X		0,50	1,80	0,80	2,—
Y		Wz. 2 Y		25,—	70,—	—,—	90,—
400	20 (Pf)	dunkelrosakarmin (9.11.)	hb				
X		Wz. 2 X		0,50	1,80	0,50	1,—
Y		Wz. 2 Y		12,—	38,—	—,—	60,—
401	24 (Pf)	dunkelblau (9.11.)	hc				
X		Wz. 2 X		0,50	1,80	0,50	1,—
Y		Wz. 2 Y		—,—	—,—	—,—	—,—
402	35 (Pf)	schwärzlichgraugrün (30.11.)	hd				
X		Wz. 2 X		1,—	3,—	2,—	4,—
403 X	48 (Pf)	schwarzbraun, Wz. 2 X (30.11.)	he	1,—	5,—	1,60	3,—
		Satzpreis (6 W.)		4,—	15,—	6,—	13,—
		FDC 1 (MiNr. 398, 400, 401)					7,—
		FDC 2 (MiNr. 399, 402, 403)					10,—

Auflagen: MiNr. 398–401 je 2 100 000, MiNr. 402 und 403 je 1 300 000 Stück

Gültig bis 30.6.1955

1953, 13. Nov. 125. Todestag von Franz Schubert. Ⓔ Eigler; RaTdr. DE (10×5); Wz. 2 Y; gez. K 13½:13.

hf) F. Schubert (1797–1828), österreich. Komponist

				✶	✶✶	◍	⊙	FDC*
404	48 (Pf)	dunkelbraunorange (Töne)	hf	1,—	3,80	2,—	4,—	160,—

*) kein amtlicher FDC

Auflage: 1 300 000 Stück

Gültig bis 31.6.1955

1953, 21. Nov./Neudruck (ND) 1957. Freimarken: Fünfjahrplan (II). Ⓔ Gruner; Bdr. GW Bogen (B) (10×10) und Markenheftchen (MH); x = gestrichenes, y = gewöhnliches Papier; X = Wz. 2 X, Y = Wz. 2 Y; gez. K 13:12½.

fv) Steinkohlenhauer

fw) Frau am Schaltrad

fx) Arbeiter reichen sich die Hände

fy) Lernende Jugend, dahinter Bild von Karl Marx

fz) Arbeiter tauschen Erfahrungen aus

ga) Bauer, Handwerker, Intellektueller

gb) Frau am Fernschreiber

gc) Stahlschmelzer, Hüttenwerk

gd) Werktätige vor Kurhaus Bad Elster

ge) Karl-Marx-Allee (Stalinallee), Berlin

gf) Arbeiter bei der Rekonstruktion einer Dampflokomotive BR 52

gg) Volkstanzgruppe

gh) Ehem. Sporthalle in der Karl-Marx-Allee (Stalinallee), Berlin

gi) Chemiker, Chemiewerk

gk) Zwinger, Dresden

gl) Hochseeschiff auf Stapel

gm) Mähdrescher

gn) Familie, Hochhaus an der Weberwiese, Berlin

				✶	✶✶	◍	⊙	FDC*	ND (1957) ◍
405 x	1 (Pf)	schwarz (Töne) (21.11.53) (B)	fv						
X		Wz. 2 X		0,20	1,—	0,20	0,50	100,—	0,20
Y		Wz. 2 Y		0,90	2,50	2,50	6,—		
406 x	5 (Pf)	gelbsmaragdgrün (Töne) (28.12.53)	fw						
X		Wz. 2 X (B) (MH)		1,—	3,—	0,30	0,60	100,—	0,20
Y		Wz. 2 Y (B)		180,—	450,—		250,—		
407 x	6 (Pf)	blauviolett (Töne) (21.11.53) (B)	fx						
X		Wz. 2 X		1,50	5,—	0,50	0,60	100,—	0,20
Y		Wz. 2 Y		120,—	350,—	100,—	250,—		

			✶	✶✶	⊘	⊙	FDC*	ND (1957) ⊘
408 x X	8 (Pf)	dunkelbraunorange (Töne), Wz. 2 X (28.12.53) (B) fy	1,50	5,—	0,40	0,70	100,—	0,20
409 x	10 (Pf)	bläulichgrün (Töne) (21.11.53) (B) . . . . fz						
X		Wz. 2 X	14,—	45,—	0,30	0,60	100,—	0,20
Y		Wz. 2 Y	15,—	50,—	28,—	60,—		
410 x	12 (Pf)	dunkeltürkisblau (Töne) (21.11.53) (B) . . . . ga						
X		Wz. 2 X	2,—	7,—	0,40	0,80	100,—	0,20
Y		Wz. 2 Y	8,—	25,—	12,—	24,—		
411 x	15 (Pf)	hellpurpurviolett bis dkl'violett (25.1.54) (B) . . . . gb						
X		Wz. 2 X	6,—	22,—	0,70	2,—	450,—	0,20
Y		Wz. 2 Y	—,—	—,—		*3000,—*		
412 x	16 (Pf)	schwärzlichblauviolett (21.11.53) (B) . . . . gc						
X		Wz. 2 X	1,50	5,—	1,—	2,—	100,—	0,20
Y		Wz. 2 Y		—,—		*900,—*		
413 x	20 (Pf)	schwärzlichgrünoliv (6.2.54) (B) . . . . gd						
X		Wz. 2 X	20,—	90,—	1,—	2,—	400,—	0,20
Y		Wz. 2 Y	150,—	400,—	150,—	220,—		
414 x	24 (Pf)	bräunlichkarmin (Töne) (28.12.53) (B) . . . . ge						
X		Wz. 2 X	2,—	8,—	0,40	0,80	100,—	0,20
Y		Wz. 2 Y	220,—	600,—		600,—		
415 x	25 (Pf)	dunkel- bis schwärzlichopalgrün (21.11.53) (B) . gf						
X		Wz. 2 X	1,50	5,—	1,—	2,—	120,—	0,20
Y		Wz. 2 Y	*250,—*	*650,—*		300,—		
416	30 (Pf)	bräunlichrot (Töne) (B) . . . . gg						
x		gestrichenes Papier (21.11.53)						
X		Wz. 2 X	3,50	10,—	1,—	2,50	120,—	0,20
Y		Wz. 2 Y	—,—	—,—		—,—		
y		gewöhnliches Papier (22.5..56)						
X		Wz. 2 X	8,—	20,—		16,—	130,—	
417	35 (Pf)	violettultramarin (B) . . . . gh						
x		gestrichenes Papier (21.11.53)						
X		Wz. 2 X	1,50	6,—	1,20	3,50	130,—	0,20
Y		Wz. 2 Y				—,—		
y X		gewöhnliches Papier Wz. 2 X (Juli 1956)	9,—	22,—		18,—		
418 x	40 (Pf)	dunkelrosarot (15.2.54) (B) . . . . gi						
X		Wz. 2 X	3,50	12,—	1,20	2,—	400,—	0,20
Y		Wz. 2 Y	10,—	30,—	30,—	35,—		
419 x X	48 (Pf)	violettpurpur (28.12.53) (B) . . . . gk	3,50	12,—	1,80	3,—	180,—	0,20
420 x X	60 (Pf)	dunkelkobalt (21.11.53) (B) . . . . gl	6,—	22,—	2,—	4,—	180,—	0,20
421 x	80 (Pf)	grünblau (Töne) (21.11.53) (B) . . . . gm						
X		Wz. 2 X	1,50	5,—	2,—	3,50	180,—	0,20
Y		Wz. 2 Y	15,—	40,—	20,—	35,—		
422 x X	84 (Pf)	siena (Töne) (28.12.53) (B) . . . . gn	6,—	20,—	2,—	4,—	180,—	0,20
		Satzpreis (18 W.)	70,—	250,—	17,—	30,—		3,—
		FDC 1 (MiNr. 405, 407, 409, 410, 412, 415,416, 420, 421)					*1000,—*	
		FDC 2 (MiNr. 406, 408, 414, 419, 422)					*1000,—*	

*) kein amtlicher FDC

MiNr. 406 wurde auch in Markenheftchen (MH 1) ausgegeben.

MiNr. 405–422 weisen häufig herstellungsbedingte leichte Gummibüge auf, keine Wertminderung.

Unterscheidungsmerkmale der Ausgaben "Fünfjahrplan" im Odr. und Bdr. siehe bei MiNr. 362–369!

Neudrucke 1957 (⊘, ⊞ ⊘):

Bdr., aufgedruckte Stempel Bdr. DWD (10×10); ohne Gummierung; Wz. 2 X; gez. K 13:12½.

Merkmale der Neudrucke der 2. Ausgabe (Bdr.) (⊘, ⊞ ⊘):

Klarer Druck, rückseitig glattes Papier, meist raue Zähnung. Im Markenbild unterscheiden sich die Neudrucke nicht von den Originalen.

Verwendete gedruckte Stempel siehe bei MiNr. 362–379

		(✶)
422 ND F	ohne aufgedruckten Stempel	140,—

Auflage der Neudrucke: 20 000 000 Sätze

MiNr. 405, 407, 408, 410, 412–414, 417, 419, 420, 422 gültig bis 31.3.1959, MiNr. 406, 409, 411, 415, 417, 418, 421 bis 31.12.1962

Weitere Ausgaben siehe Zusammenfassung nach Jahreszusammenstellungen

1954

1954, 20. Jan. 225. Geburtstag von Gotthold Ephraim Lessing. Ⓔ Eigler; RaTdr. GW (10×5); Wz. 2 Y; gez. K 13½:13.

hg) G. E. Lessing (1729–1781), Dichter und Philosoph

			✶	✶✶	⊘	⊙
423	20 (Pf)	dkl'graugrün hg	1,—	2,70	1,20	2,20
		FDC				3,50

Auflage: 2 000 000 Stück — *Gültig bis 30.6.1955*

1954, 25. Jan. Viermächtekonferenz, Berlin. Ⓔ Gruner; RaTdr. GW (10×5); Wz. 2 Y; gez. K 12½:13.

hh) Friedenstaube über Verhandlungstisch, Schriftband, Demonstrationszug

			✶	✶✶	⊘	⊙
424	12 (Pf)	dunkelblau . hh	0,60	2,—	1,20	2,50
		FDC*				75,—

*) kein amtlicher FDC

Am ersten Ausgabetag wurden von privater Seite 200 Umschläge (Ersttagsbrief mit Posthorn) vor Eingehen des entsprechenden Verbotes zusätzlich mit dem Sonderstempel Berlin (West) vom 25.1.1954 versehen.

Auflage: 5 000 000 Stück — *Gültig bis 30.6.1955*

1954, 5. März. 1. Todestag von Jossif W. Stalin. Ⓔ Eigler; RaTdr. GW (10×5); Wz. 2 Y; gez. K 13½:13.

hi) J. W. Stalin (1879–1953), sowjetischer Staatsmann

			✶	✶✶	⊘	⊙
425	20 (Pf)	mehrfarbig . . hi	1,—	3,50	1,30	2,50
		FDC				3,50

Auflage: 3 700 000 Stück — *Gültig bis 30.6.1955*

1954, 30. April. Internationale Radfernfahrt für den Frieden Warschau – Berlin – Prag. Ⓔ Petersen; RaTdr. GW (5×10); Wz. 2 X; gez. K 13:12½.

hk) Radrennfahrer bei einer Ortsdurchfahrt

hl) Radrennfahrer auf der Strecke

			✶✶	⊘	⊙
426	12 (Pf)	schwärzlichockerbraun hk	2,—	1,—	1,80
427	24 (Pf)	dunkelgraugrün . . . . . hl	2,50	1,50	2,50
		Satzpreis (2 W.) ✶ 1,40	4,50	2,50	4,—
		FDC			7,—

Auflage: 3 000 000 Sätze — *Gültig bis 30.6.1955*

1954, 3. Juni. Deutschlandtreffen der Jugend, Berlin. Ⓔ Bade/Eigler (MiNr. 428) und Eigler (MiNr. 429); RaTdr. GW (10×5); Wz. 2 Y; gez. K 13½:13.

hm) Volkstanzpaar, Jugendliche mit Fahnen

hn) Jugendliche vor Fahne

			✶✶	⊘	⊙
428	12 (Pf)	schwärzlichsmaragdgrün . . . . hm	1,50	1,20	2,—
429	24 (Pf)	dkl'bräunlichkarmin . hn	1,50	1,20	2,—
		Satzpreis (2 W.) ✶ 0,80	3,—	2,40	4,—
		FDC			5,—

Auflage: 3 000 000 Sätze — *Gültig bis 30.6.1955*

1954, 12. Juli. 80. Todestag von Fritz Reuter. Ⓔ Eigler; RaTdr. GW (10×5); Wz. 2 Y; gez. K 13½:13.

ho) F. Reuter (1810–1874), niederdeutscher Mundart-Schriftsteller

			✶	✶✶	⊘	⊙
430	24 (Pf)	schw'braun ho	0,80	2,—	1,40	2,50
		FDC				5,—

Auflage: 1 500 000 Stück — *Gültig bis 30.6.1955*

1954, 16. Aug. Hilfe für die Hochwasser-Geschädigten. Ⓔ Eigler; Odr. GW (5×10); oWz.; gez. K 13:13½.

hp) Talsperre Sosa

			✶	✶✶	⊘	⊙
431	24 + 6 (Pf)	schwärzlicholivgrün . . hp	0,30	1,—	1,—	2,—
		FDC (A)				3,50

Druck auf Papier ohne Wasserzeichen, da auch Papierfabriken vom Hochwasser betroffen waren.

Auflage: 2 500 000 Stück — *Gültig bis 31.12.1956*

Mit neuem Wertaufdruck siehe MiNr. 449

1954, 18. Aug. 10. Todestag von Ernst Thälmann. Ⓔ Eigler; RaTdr. GW (10×5); X = Wz. 2 X, Y = Wz. 2 Y; gez. K 13½:13.

hr) E. Thälmann (1886–1944), Politiker

			✶	✶✶	⊘	⊙
432	24 (Pf)	mehrfarbig hr				
X		Wz. 2 X			400,—	
Y		Wz. 2 Y	0,50	1,50	1,10	2,—
		FDC				2,50

Auflage: 4 000 000 Stück — *Gültig bis 31.12.1956*

1954, 4. Sept. Leipziger Herbstmesse. Ⓔ Gruner; RaTdr. GW (5×10); Wz. 2 X; gez. K 13:13½.

hs) Grimmaische Straße mit Messehaus „Handelshof", Leipzig

			✶✶	⊘	⊙
433	24 (Pf)	dunkelbräunlichrot . . hs	1,—	1,—	2,—
434	35 (Pf)	schwärzlichblau . . . . hs	1,—	1,—	2,—
		Satzpreis (2 W.) ✶ 0,50	2,—	2,—	4,—
		FDC			4,—

Auflagen: MiNr. 433 = 3 000 000, MiNr. 434 = 1 500 000 Stück

Gültig bis 31.12.1956

1954, 1. Okt./Neu- und Nachdruck (ND, N) 1957. Freimarken: Fünfjahrplan (III). Verschiedene Marken der II. (Bdr.-)Ausgabe (MiNr. 439 auch I. Ausgabe) mit neuem Wertaufdruck; I = Urmarke Bdr., II = Urmarke Odr.; g = glänzender Bdr.-Aufdruck, m = matter Odr.-Aufdruck.

		✶	✶✶	⊘	⊙	ND (1957) ⊘
MiNr. 435–442	Satzpreis (8 billigste W.)	7,—	32,—	5,—	13,—	1,80

g = (stumpf)glänzender Bdr.-Aufdruck:

MiNr.					✶	✶✶	⊘	⊙	FDC*	ND (1957) ⊘
435 I g	**5**	auf	6 (Pf)	blauviolett (Töne) (1.10.54) . . . . . (407)						
X				Wz. 2 X	0,40	1,50	0,30	0,60	*80,—*	0,20
Y				Wz. 2 Y	—,—	—,—		—,—		
436 I g	**5**	auf	8 (Pf)	dunkelbraunorange (Töne) (1.10.54) (408)						
X				Wz. 2 X	0,50	1,80	0,30	0,60	*80,—*	0,30
Y				Wz. 2 Y		*2000,—*		—,—		
437 I g	**10**	auf	12 (Pf)	dunkeltürkisblau (1.10.54) . . . . . (410)						
X				Wz. 2 X	0,40	1,80		0,80	*80,—*	0,30
Y				Wz. 2 Y	*25,—*	*80,—*	30,—	50,—		
438 I g	**15**	auf	16 (Pf)	schwärzlichblauviolett (1.10.54) . (412)						
X				Wz. 2 X	0,40	1,50	0,30	0,60	*80,—*	0,30
Y				Wz. 2 Y	12,—	35,—	16,—	30,—		
439	**20**	auf	24 (Pf)							
a				bräunlichkarmin (Töne)						
I g				Urmarke Bdr. (1.10.54) . . . . (414)						
X				Wz. 2 X	0,70	2,50		1,60	*80,—*	0,20
Y				Wz. 2 Y	150,—	400,—		260,—		
II g X				Urmarke Odr. (▣ orange, hellrot), Wz. 2 X (11.11.54) . . . . (371)	1000,—	2600,—		2400,—		
b II g X				bräunl'karmin, Neudruck der Odr.-Urmarke (▣ karmin), Wz. 2 X (16.3.55) . . . . (ND)	0,40	1,50	0,60	1,20		
c g X				rot, Nachdruck der Odr.-Urmarke, Wz. 2 X . . . . (N)						0,20
440 I g	**40**	auf	48 (Pf)	violettpurpur (1.10.54) . . . . (419)						
X				Wz. 2 X	1,20	5,—	1,—	4,—	*100,—*	0,20
Y				Wz. 2 Y	150,—	400,—		250,—		
441 I g X	**50**	auf	60 (Pf)	dunkelkobalt, Wz. 2 X (1.10.54) . (420)	1,—	5,—	1,—	2,60	*100,—*	0,20
442 I g	**70**	auf	84 (Pf)	siena (Töne) (1.10.54) . . . . (422)						
X				Wz. 2 X	3,—	14,—	1,—	3,—	*120,—*	0,20
Y				Wz. 2 Y	100,—	300,—		160,—		

m = (rußig)matter Odr.-Aufdruck (nur Bdr.-Urmarken):

MiNr.					✶	✶✶	⊘	⊙
435 m	**5**	auf	6 (Pf)	blauviolett (Töne) . . . . (407)				
X				Wz. 2 X	0,40	1,50		1,30
Y				Wz. 2 Y	10,—	30,—	20,—	35,—
436 m X	**5**	auf	8 (Pf)	dunkelbraunorange (Töne), Wz. 2 X . . . . (408)	0,60	2,20		0,80
437 m	**10**	auf	12 (Pf)	dunkeltürkisblau . . . . (410)				
X				Wz. 2 X	0,40	1,80		0,80
Y				Wz. 2 Y	10,—	30,—	30,—	40,—
438 m	**15**	auf	16 (Pf)	schwärzlichblauviolett . . . . (412)				
X				Wz. 2 X	0,70	2,40		1,30
Y				Wz. 2 Y	15,—	45,—	30,—	50,—
439 m X	**20**	auf	24 (Pf)	dunkelbräunlichrot (Töne), Wz. 2 X . . . . (414)	0,70	2,50	0,60	1,20
442 m	**70**	auf	84 (Pf)	siena (Töne) . . . . (422)				
X				Wz. 2 X	12,—	35,—		12,—
Y				Wz. 2 Y	*130,—*	*400,—*		160,—

MiNr. 439 a II stammt von einigen Bogen der Urmarke MiNr. 371 (Odr.), die versehentlich anstelle der MiNr. 414 überdruckt und ab Mitte November 1954 bei einigen Postämtern ausgegeben wurden. Es wurden schätzungsweise 10 Bogen der MiNr. 371 überdruckt, von denen etwa 600 Marken erhalten geblieben sind. Ausgabe und Auflieferung sind nachgewiesen in Langewiesen (Thür.) am 11.11.1954 (frühestes bekanntes Datum); Eigersburg (Thür.); Oschatz (Sachs.) am 13.11.1954; Mügeln b. Oschatz am 15.11.1954 und 30.11.1954; Markleeberg; Leipzig BPA 32, S 3, S 41, O 5 und C 1 sowie Zufallsauflieferungen in einigen anderen Orten.

FALSCH Prüfung erforderlich!

Um Spekulationen zu unterbinden, wurde 1955 ein Neudruck der MiNr. 371 mit markenfarbigen Summen- und Reihenwertzahlen in Höhe von 2 000 000 Stück hergestellt und im Buchdruck überdruckt (MiNr. 439 b).

Der Nachdruck der Offsetdruck-Marke (MiNr. 439 c ND unterscheidet sich neben der abweichenden Farbe Rot (statt bräunlichkarmin) von den Originalen der MiNr. 439 a II und der Neuauflage MiNr. 439 b II durch die Schriftleiste „A" in „DEMOKRATISCHE" unter „E" (siehe Anmerkung zu den Nachdrucken der 1. Ausgabe nach MiNr. 379 N). Breite Bogenober- und -unterränder mit Schnörkeln und Inschrift in Markenfarbe „Ungültig Werthlos" (150% Aufschlag).

Aufdrucke:

Neben der glänzenden Oberfläche ist der Buchdruck-Aufdruck besonders bei postfrischen Marken durch die Schattierung, das auf der Markenrückseite reliefartig sichtbare mehr oder weniger tiefe Einpressen der Druckelemente, zu erkennen.

Neu- und Nachdrucke 1957 (ND, N) (⊘, ⊞ ⊘):

Bdr.; aufgedruckte Stempel Bdr. DWD (10×10); ohne Gummierung; Wz. 2 X; gez. K 13:12½.

Die Neudrucke der Buchdruck-Marken unterscheiden sich im Markenbild nicht von den Originalen. Ihr Druck ist jedoch klarer, und sie haben rückseitig glattes Papier und meist raue Zähnung. Sie tragen keine Druckvermerke oder Randdrucke in Schnörkelschrift.

FALSCH MiNr. 439 a II; Prüfung erforderlich!
Vorsicht vor Aufdruckfälschungen, besonders bei Odr.-Marken und verschiedenen Abarten!

Auflage der Neu- und Nachdrucke: 20 000 000 Sätze

MiNr. 439 am 16.11.1956 vom Schalterverkauf zurückgezogen, MiNr. 435–442 gültig bis 31.5.1962

Weitere Ausgaben siehe Zusammenfassung nach Jahreszusammenstellungen

FALSCH Sogenannte „Kleine-Fälschungen“

MiNr. 438 ohne Wertaufdruck: Fälschung!

Erwiesene Fälschungen lagen auch vor von den Aufdrucken der 3. Ausgabe Motive des Fünfjahrplanes MiNr. 435–442, insbesondere auch der MiNr.439 a II und der überdruckten Hochwassermarke MiNr. 449!

Kleine hat weiter Ganzfälschungen mit veränderten Texten von MiNr. 534, 543, 544, 548, 549, 559 und 560 hergestellt und größtenteils mit selbst angefertigten Poststempeln entwertet, um sie als echt gelaufen zu deklarieren. Aber auch Markenfälschungen mit echten Poststempeln kommen vor.

Kleine wurde auch überführt, echte Marken rückseitig mit Propagandatexten bedruckt zu haben, die er als Erzeugnisse antikommunistischer Organisationen ausgab, die aber eigene „Gründungen“ zwecks Vertrieb seiner Produkte waren (W. G. Osten, Ost-West-Verein, dazu für Aufdruckmarken „Interessengemeinschaft kriegsbeschädigter Philatelisten“). Viele dieser Texte sind jedoch erst nachträglich durch Ablösen und Wiederaufkleben unter den Marken bereits gelaufener Postsendungen angebracht worden.

1954, 6. Okt. 5 Jahre Deutsche Demokratische Republik. Ⓔ Gruner; RaTdr. GW (5×10); Wz. 2 X; gez. K 13:12½.

ht) Wilhelm Pieck (1876–1960), erster Präsident der DDR; Fahnen, Benzinwerk Böhlen und Traktor

				✶✶	⊘	⊙
443	20 (Pf)	dunkelorangebraun . ht		3,50	1,60	2,50
444	35 (Pf)	schwarzpreußischblau ht		3,50	1,80	3,—
		Satzpreis (2 W.)	✶ 1,80	7,—	3,40	5,50
		FDC				7,—

Auflagen: MiNr. 443 = 5 000 000, MiNr. 444 = 2 500 000 Stück

Gültig bis 31.12.1956

1954, 23. Okt. Tag der Briefmarke. Ⓔ Eigler; RaTdr. GW (5×10); X = Wz. 2 X, Y = Wz. 2 Y; A = gez. K 13:13½.

hu) Kölner Dom, Marke ähnlich DDR MiNr. 364, Völkerschlachtdenkmal, Leipzig

			✶	✶✶	⊘	⊙
445 A	20 (Pf)	dunkelrotlila hu				
X		Wz. 2 X	0,60	2,—	1,—	2,20
Y		Wz. 2 Y	20,—	50,—	15,—	60,—
		FDC				3,—

Auflage: 3 000 000 Stück *Gültig bis 31.12.1956*

1954, 30. Okt. Blockausgabe: Erste Zentrale Briefmarkenausstellung der Betriebsarbeitsgemeinschaften Philatelie, Berlin. Ⓔ Eigler; RaTdr. GW; X = Wz. 2 X, Y = Wz. 2 Y; □.

hu

hv

			✶	✶✶	⊙
445 B	20 (Pf)	dunkelrotlila ..... hu			
X		Wz. 2 X	7,—	30,—	30,—
Y		Wz. 2 Y	200,—	500,—	600,—
Block 10	(60×80 mm)	.... hv			
X		Wz. 2 X	12,—	50,—	50,—
Y		Wz. 2 Y	320,—	1000,—	1200,—
		FDC (X)*			200,—
		Ⓢ X			60,—

*) kein amtlicher FDC

Postpreis: 30 Pf

Falz-Preis gilt für Block, bei dem sich der Falz auf der Marke befindet.

Auflage: 500 000 Blocks *Gültig bis 31.12.1956*

MiNr. 446 fällt aus.

1955

1955, 21. Febr. Leipziger Frühjahrsmesse. Ⓔ Gruner; RaTdr. GW (5×10); X = Wz. 2 X, Y = Wz. 2 Y; gez. K 13:13½.

hw) Messepavillon der UdSSR auf der Technischen Messe

hx) Messepavillon der Volksrepublik China auf der Technischen Messe

			✶✶	⊘	⊙
447	20 (Pf)	dunkelviolettpurpur hw			
X		Wz. 2 X	1,—	1,20	2,—
Y		Wz. 2 Y		50,—	
448	35 (Pf)	dunkelblau, dunkellilaultramarin .... hx			
X		Wz. 2 X	2,—	1,20	2,—
Y		Wz. 2 Y		—,—	
		Satzpreis (2 W.)	3,—	2,40	4,—
		FDC			5,—

Auflagen: MiNr. 447 = 3 000 000, MiNr. 448 = 2 000 000 Stück

Gültig bis 31.12.1956

1955, 25. Febr. Hilfe für die Hochwassergeschädigten. MiNr. 431 mit Bdr.-Aufdruck.

		✶✶	⊘	⊙
449	**20 + 5** auf 24 + 6 (Pf) schwärzlicholivgrün (431)	1,20	0,70	1,40
	FDC (A)			3,50

Auflage: 2 500 000 Stück *Gültig bis 31.12.1956*

1955, 1. März. Internationaler Frauentag. Ⓔ Gruner; RaTdr. GW (5×10); Wz. 2 X; gez. K 13:13½.

hy) Drei Frauen unterschiedlicher Hautfarbe, Demonstration

				★★	⊘	⊙
450	10 (Pf)	schwärzlichgrün	hy	1,40	0,60	1,—
451	20 (Pf)	rot	hy	1,40	0,60	1,—
		Satzpreis (2 W.)		2,80	1,20	2,—
		FDC				3,—

Auflage: 3 000 000 Sätze *Gültig bis 31.12.1956*

1955, 15. März. Internationale Konferenz der Werktätigen des öffentlichen Dienstes im Weltgewerkschaftsbund (WGB), Wien. Ⓔ Gruner; RaTdr. GW (5×10); Wz. 2 X; gez. K 13:12½.

hz) Demonstration, Fahne des Weltgewerkschaftsbundes (WGB)

				★★	⊘	⊙
452	10 (Pf)	schwarz/bräunlichrot	hz	1,20	1,20	2,—
		FDC				3,—

Auflage: 5 000 000 Stück *Gültig bis 31.12.1956*

FDC = Ersttagsbrief (First Day Cover)

1955, 22. Jan./15. Aug./Neudruck (ND) 1957. Freimarken: Fünfjahrplan (IV). Ⓔ Gruner; Bdr. GW, MiNr. 453, 454 und 456 auch DWD Bogen (B) (10×10) und Markenheftchen (MH); Wz. 2 X; gez. K 13:12½.

ga

gc

ge

gk

gl

gn

				★★	⊘	⊙	ND (1957) ⊘
453	10 (Pf)	dunkeltürkisblau *(22. Jan.)* GA (B) (MH)	ga	2,50	0,60	0,70	0,30
454	15 (Pf)	schwärzlichblauviolett *(15. Aug.)* (B)	gc	4,50	0,60	0,70	0,30
455	20 (Pf)	dunkebräunlichrot *(22. Jan.)* GA (B) (MH)	ge	2,50	0,60	0,70	0,30
456	40 (Pf)	violettpurpur *(22. Jan.)* (B)	gk	7,—	0,80	0,90	0,30
457	50 (Pf)	dunkelkobalt *(22. Jan.)* (B)	gl	11,—	0,90	1,—	0,30
458	70 (Pf)	siena *(15. Aug.)* (B)	gn	13,—	1,20	1,30	0,30
		Satzpreis (6 W.)		40,—	4,50	5,—	1,80

Die Daten in Kursivschrift bezeichnen die bisher bekanntgewordenen frühesten Verwendungen. Offizielle Erstausgabetage wurden nicht bestimmt.

MiNr. 453 und 454 ohne, MiNr. 455–458 mit Namen des Entwerfers (E)rich GRUNER und des Stechers K(arl) WOLF auf dem Markenunterrand.

MiNr. 453 und 455 wurden auch in Markenheftchen (MH 1) ausgegeben.

Unterscheidungsmerkmale der Ausgaben „Fünfjahrplan" im Odr. und Bdr. siehe bei MiNr. 362–379.

Neudrucke 1957 (⊘, ⊞ ⊘):

Bdr., aufgedruckte Stempel Bdr. DWD (10×10); ohne Gummierung; Wz. 2 X; gez. K 13:12½.

Die Neudrucke der 4. Ausgabe unterscheiden sich im Markenbild nicht von den Originalen. Ihr Druck ist jedoch klarer und sie haben rückseitig glattes Papier und meist raue Zähnung. Sie tragen keine Druckvermerke oder Randdrucke in Schnörkelschrift.

Auflage der Neudrucke: 20 000 000 Sätze

MiNr. 455 am 16.11.1961 vom Schalterverkauf zurückgezogen, gültig bis 31.5.1962; MiNr. 453, 454, 456–458 gültig bis 31.12.1962

Weitere Ausgaben siehe Zusammenfassung nach Jahreszusammenstellungen

1955, 9. April. Internationaler Tag der Befreiung vom Faschismus. Ⓔ Eigler; RaTdr. GW (10×5); Wz. 2 Y; A = gez. K 13½:13, B = □.

ia) Ehrenmal auf dem Friedhof Brandenburg (Havel)

				★★	⊘	⊙
459 A	10 (Pf)	dunkellilaultramarin	ia	1,—	1,—	2,50
460 A	20 (Pf)	dunkelkarminlila	ia	1,40	1,60	3,—
		Satzpreis (2 W.)		2,40	2,60	5,50
		FDC (A)				7,—

Blockausgabe, Wz. 2 X, □

ib

				★★	⊙
459 B	10 (Pf)	dunkellilaultramarin	ia	5,—	7,—
460 B	20 (Pf)	dunkelkarminlila	ia	5,—	7,—
Block 11	(73×99 mm)		ib	20,—	35,—
			FDC*		170,—
			Ⓢ		30,—

*) kein amtlicher FDC

Postpreis: 50 Pf

Der Abstand der Marken in Block 11 beträgt in der Regel 4,5 mm. Markenverschiebungen kommen vor.

Auflagen: 3 000 000 Sätze, Bl. 11 = 750 000 Blocks

Gültig bis 31. 12.1956

MiNr. 461 und 462 fallen aus

1955, 15. April. 10. Jahrestag der Befreiung vom Faschismus. Ⓔ **Eigler; RaTdr. GW (10×5); Wz. 2 Y; gez. K 12½:13.**

ic) Ehrenmal für die gefallenen Soldaten der Roten Armee, Berlin-Treptow

				★★	▨	⊙
463	20 (Pf)	dunkelrotlila	ic	2,—	1,50	2,50
			FDC (A)			15,—

Auflage: 3 000 000 Stück *Gültig bis 31.12.1956*

1955, 30. April. 150. Todestag von Friedrich Schiller. Ⓔ **Eigler; (MiNr. 464), Götze (MiNr. 465) und Schoner (MiNr. 466); RaTdr. GW (10×5); X = Wz. 2 X, Y = Wz. 2 Y; A = gez. K 13½:13, B = □.**

id

ie

if

id–if) F. Schiller (1759–1805), Dichter

				★★	▨	⊙
464 A Y	5 (Pf)	schwärzl'graugrün	id	3,50	3,—	4,—
465 A	10 (Pf)	dunkelblau	ie			
X		Wz. 2 X			50,—	*3500,—*
Y		Wz. 2 Y		0,80	0,50	0,80
466 A	20 (Pf)	schwärzlichsiena	if			
X		Wz. 2 X				*3000,—*
Y		Wz. 2 Y		0,80	0,50	0,80
		Satzpreis (3 W.)		5,—	4,—	5,50
		FDC				7,—

Blockausgabe, Wz. 2 X, □.

ig

				★★	⊙
464 B	5 (Pf)	schwärzlichgraugrün	id	5,—	7,—
465 B	10 (Pf)	dunkelblau	ie	5,—	7,—

				★★	⊙
466 B	20 (Pf)	schwärzlichsiena	if	5,—	7,—
Block 12	(73×100 mm)		ig	24,—	30,—
			FDC*		140,—
			Ⓢ		36,—

*) kein amtlicher FDC

Postpreis: 50 Pf

Der Abstand zwischen MiNr. 464 B und 465 B beträgt in der Regel 4,5 mm. Abstände zwischen 3 und 6,5 mm kommen vor.

Auflagen: MiNr. 464 A = 750 000, MiNr. 465 A und 466 A je 3 000 000 Stück, Block 12 = 750 000 Blocks

Gültig bis 31.12.1956

MiNr. 467–469 fallen aus.

1955, 30. April. Internationale Radfernfahrt für den Frieden Prag – Berlin – Warschau. Ⓔ **Petersen; RaTdr. GW (10×5); Wz. 2 Y; gez. K 13½:13.**

ih) Radrennfahrer, Wappen von Prag, Berlin und Warschau

				★★	▨	⊙
470	10 (Pf)	dunkelgrünblau	ih	1,—	0,80	1,50
471	20 (Pf)	lilarot	ih	1,—	1,—	2,—
		Satzpreis (2 W.)		2,—	1,80	3,50
		FDC				3,50

Auflage: 3 000 000 Sätze *Gültig bis 31.12.1956*

1955, 20. Juni. Führer der deutschen Arbeiterbewegung. Ⓔ **Eigler und Petersen; RaTdr. GW (5×10); Wz. 2 X; gez. K 13:12½.**

ii) Karl Liebknecht (1871–1919), Politiker; Kundgebung

ik) August Bebel (1840–1913), sozialdemokr. Parteiführer; Versammlung

il) Franz Mehring (1846–1919), Politiker und Schriftsteller; Leipziger Volkszeitung

im) Ernst Thälmann (1886–1944), Politiker; Hafenarbeiter

in) Clara Zetkin (1857–1933), Politikerin (KPD); Versammlung

io) Wilhelm Liebknecht (1826–1900), Politiker; Gerichtssaal

ip) Rosa Luxemburg (1870–1919), Politikerin, Mitbegründerin der KPD; Kundgebung

				★★	▨	⊙
472	5 (Pf)	dunkelbläulichgrün	ii	0,40	0,40	1,—
473	10 (Pf)	dunkelultramarin	ik	0,60	0,40	1,—
474	15 (Pf)	dunkelblauviolett	il	8,—	4,—	12,—
475	20 (Pf)	dunkelrosarot	im	0,60	0,40	1,—
476	25 (Pf)	schwarzblau	in	0,60	0,40	1,—
477	40 (Pf)	lilarot	io	3,—	0,40	1,—
478	60 (Pf)	dunkelbraun	ip	0,60	0,40	1,—
		Satzpreis (7 W.)		12,—	6,—	18,—
		FDC 1 (MiNr. 472, 473, 476, 477)				5,—
		FDC 2 (MiNr. 474, 475, 478)				18,—

Vorsicht! MiNr. 474 ist wasserempfindlich!

Auflagen: MiNr. 472, 473 und 478 je 4 000 000, MiNr. 474 = 750 000, MiNr. 476 und 477 je 2 000 000, MiNr. 475 = 5 000 000 Stück

Gültig bis 31.12.1956

Die Bildbeschreibungen zu den Markenabbildungen sind so ausführlich wie möglich gehalten!

1955, 29. Aug. Leipziger Herbstmesse. Ⓔ **Gruner; RaTdr. GW (5×10); Wz. 2 X; gez. K 13:13½.**

ir) Erzeugnisse der optischen Industrie, Messehallen

is) Keramische Erzeugnisse, Eingang zur Mädlerpassage

				★★	▩	⊙
479	10	(Pf)	blau . . . . ir	1,—	0,70	1,20
480	20	(Pf)	dunkelgrünoliv . . . . . . is	1,—	0,70	1,20
			Satzpreis (2 W.)	2,—	1,40	2,40
			FDC			2,50

Auflage: 6 000 000 Sätze *Gültig bis 31.12.1956*

1955, 3. Sept. 10 Jahre Bodenreform. Ⓔ **Petersen; Odr. GW (MiNr. 481 und 482 10×5, MiNr. 483 5×10); Hochformate Wz. 2 Y, Querformat Wz. 2 X; Hochformate gez. K 13½:13, Querformat ~.**

it) Überreichung der Besitzurkunde

iu) Errichtung einer Neubauernsiedlung

iv) Mähdrescher im Einsatz

				★★	▩	⊙
481	5	(Pf)	dunkelgraugrün . . . . . it	7,—	6,—	8,—
482	10	(Pf)	lilaultramarin . . . . iu	1,—	0,50	1,—
483	20	(Pf)	mittelkarminbraun . . . iv	1,—	0,50	1,—
			Satzpreis (3 W.)	9,—	7,—	10,—
			FDC			10,—

Vorsicht! MiNr. 483 ist wasserempfindlich!

FALSCH MiNr. 483 mit rückseitigem Propagandatext

Auflagen: MiNr. 481 = 750 000, MiNr. 482 und 483 je 3 000 000 Stück

Gültig bis 31.12.1956

1955, 10. Okt. 10 Jahre Volkssolidarität. Ⓔ **Hohler und Schreiber; Odr. GW (10×5); Wz. 2 Y; gez. K 13½:13.**

iw) Mann mit Opferschale und Zeichen der Volkssolidarität vor Erdhalbkugeln

				★★	▩	⊙
484	10	(Pf)	schwarzgraublau . . . iw	0,90	0,70	1,20
			FDC			14,—

Auflage: 3 000 000 Stück *Gültig bis 31.12.1956*

1955, 7. Nov. 60. Todestag von Friedrich Engels. Ⓔ **Thomas; RaTdr. GW (10×5); X = Wz. 2 X, Y = Wz. 2 Y; A = gez. K 13½:13, B = □.**

ix) F. Engels und Karl Marx im Generalrat der I. Internationale 1864

iy) K. Marx und F. Engels bei der Abfassung des Kommunistischen Manifestes

iz) F. Engels als Redakteur der Neuen Rheinischen Zeitung

ka) F. Engels (1820–1895), Publizist, Sozialist

kb) F. Engels (Jugendbildnis)

kc) F. Engels als Teilnehmer an der Märzrevolution 1848/49

				★★	▩	⊙
485 A	5	(Pf)	schwärzl'preußischblau/braungelb . . . ix			
X			Wz. 2 X	30,—	12,—	20,—
Y			Wz. 2 Y	0,40	0,30	0,50
486 A Y	10	(Pf)	schwarzlilaultramarin/braungelb . . . . iy	0,80	0,30	0,50
487 A Y	15	(Pf)	schwarzbläul'grün/braungelb . . . . iz	0,80	0,30	0,50
488 A Y	20	(Pf)	dunkellilabraun/dkl'chromgelb . . . ka	1,60	0,30	0,50
489 A Y	30	(Pf)	braunorange/blaugrau . . . . kb	10,—	10,—	13,—
490 A Y	70	(Pf)	olivschwarz/rosa . . kc	5,—	0,40	1,—
			Satzpreis (6 W.)	18,—	11,—	16,—
			FDC 1 (MiNr. 485 A, 490 A)			2,50
			FDC 2 (MiNr. 486 A–489 A)			14,—

Blockausgabe, Wz. 2 Y, □ (10. Dez.)

kl

				★★	⊙
485 B	5	(Pf)	schwärzlichpreußischblau/braungelb ix	8,—	10,—
486 B	10	(Pf)	schwärzlichlilaultramarin/braungelb . . . . iy	8,—	10,—
487 B	15	(Pf)	schwarzbläulichgrün/braungelb . . . . iz	8,—	10,—
488 B	20	(Pf)	dunkellilabraun/dunkelchromgelb . . . . ka	8,—	10,—
489 B	30	(Pf)	braunorange/blaugrau . . . . kb	8,—	10,—
490 B	70	(Pf)	olivschwarz/rosa . . . . kc	8,—	10,—
Block 13			(148×105 mm) . . . . k	80,—	180,—
			▩		120,—
			FDC*		300,—
			Ⓢ "Monat der dt.-sowj. Freundschaft"		250,—
			Ⓢ "5. Kongress der dt.-sowj. Freundschaft"		250,—

*) kein amtlicher FDC

Bei Block 13 sind zahlreiche Formatunterschiede und Passerverschiebungen bekannt.

Auflagen: MiNr. 485 A und 486 A je 5 000 000, MiNr. 487 A und 490 A je 2 000 000, MiNr. 488 A = 6 000 000, MiNr. 489 A = 750 000 Stück, Block 13 = 448 000 Blocks

Nach Außerkurssetzung wurden 1957 aus weiteren 121 000 Blocks, die über die Auflage von 448 000 Stück hinaus gedruckt worden waren, die Marken ausgeschnitten und exportiert.

Gültig bis 31.12.1956

1955, 14. Nov. Wiederhergestellte historische Bauwerke. Ⓔ **Eigler; RaTdr. GW (10×5); Wz. 2 Y; gez. K 13½:13.**

kd) Magdeburger Dom

ke) Deutsche Staatsoper, Berlin

kf) Altes Rathaus, Leipzig

kg) Rotes Rathaus, Berlin
kh) Erfurter Dom
ki) Dresdner Zwinger

				★★	▨	⊙
491	5 (Pf)	braunschwarz	kd	1,—	0,50	1,20
492	10 (Pf)	dunkelgraugrün	ke	1,—	0,50	1,20
493	15 (Pf)	braunviolett	kf	1,—	0,50	1,20
494	20 (Pf)	lilarot	kg	1,—	1,—	2,—
495	30 (Pf)	schwarzrötlichbraun	kh	9,—	13,—	22,—
496	40 (Pf)	schwärzlichblau	ki	2,—	1,—	2,—
		Satzpreis (6 W.)		15,—	16,—	28,—
		FDC 1 (MiNr. 491, 493, 496)				5,—
		FDC 2 (MiNr. 492, 494, 495)				25,—

Auflagen: MiNr. 491, 492, 494 je 3 000 000, MiNr. 493, 496 je 2 000 000, MiNr. 495 = 750 000 Stück

Gültig bis 31.12.1956

In Zeichnung kg mit Eindruck: MiNr. 557 und 558

1955, 21. Nov. 400. Todestag von Georgius Agricola. Ⓔ Eigler; Odr. GW (10×5); Wz. 2 Y; gez. K 13½:13.

kk) G. Agricola (1494–1555), Humanist, Arzt und Mineraloge

				★★	▨	⊙
497	10 (Pf)	dunkelbraun	kk	0,90	0,70	1,20
			FDC*			60,—

*) kein amtlicher FDC

Auflage: 3 000 000 Stück

Gültig bis 31.12.1956

MiNr. 498–503 fallen aus.

1955, 15. Dez. Von der Sowjetunion zurückgeführte Gemälde der Dresdner Gemäldegalerie (I). Ⓔ Gruner; RaTdr. GW (10×5); Wz. 2 Y; gez. K 13½:13.

km) Bildnis eines jungen Mannes; von Albrecht Dürer (1471–1528), Maler und Grafiker
kn) Das Schokoladenmädchen; von Jean Etienne Liotard (1702–1789), franz.-schweizer. Maler
ko) Bildnis eines Knaben; von Pinturicchio (um 1454–1513), italien. Maler

kp) Selbstbildnis mit Saskia; von Rembrandt (1606–1669), niederl. Maler
kr) Brieflesendes Mädchen am Fenster (Detail); von Jan Vermeer van Delft (1632–1675), holländ. Maler
ks) Die Sixtinische Madonna (Detail); von Raffael (1483 bis 1520), italien. Maler und Architekt

				★★	▨	⊙
504	5 (Pf)	rotbraun	km	0,80	0,30	0,50
505	10 (Pf)	dunkelorangebraun	kn	0,80	0,30	0,50
506	15 (Pf)	lebhaftbraunlila	ko	28,—	28,—	40,—
507	20 (Pf)	schwarzorangebraun	kp	0,80	0,30	0,50
508	40 (Pf)	schwarzgrünoliv	kr	0,80	0,50	1,—
509	70 (Pf)	dunkelblau	ks	2,—	1,—	2,—
		Satzpreis (6 W.)		32,—	30,—	42,—
		FDC 1 (MiNr. 504, 506–508)				45,—
		FDC 2 (MiNr. 505, 509)				5,—

Auf MiNr. 507 ist der Name falsch mit „HARMENSZ REMBRANDT VAN RYN" angegeben.

Auflagen: MiNr. 504, 505, 507 je 4 000 000, MiNr. 506 = 750 000, MiNr. 508, 509 je 2 000 000 Stück

Gültig bis 31.12.1956

Weitere Ausgaben „Von der Sowjetunion zurückgeführte Gemälde..." siehe MiNr. 586–591 und 693–697

1956

1956, 27. Jan. 200. Geburtstag von Wolfgang Amadeus Mozart. Ⓔ Eigler; RaTdr. GW (10×5); Wz. 2 Y; gez. K 13½:13.

kt

ku

kt–ku) W. A. Mozart (1756–1791), Komponist

				★★	▨	⊙
510	10 (Pf)	schwärzl'graugrün	kt	15,—	12,—	14,—
511	20 (Pf)	lebhaftbraunrot	ku	5,—	3,—	4,—
		Satzpreis (2 W.)		20,—	15,—	18,—
			FDC			20,—

Auflagen: MiNr. 510 = 750 000, MiNr. 511 = 3 000 000 Stück

Gültig bis 31.3.1958

1956, 1. Febr. Eröffnung des zivilen Luftverkehrs in der DDR. Ⓔ Eigler; MiNr. 512 Odr., MiNr. 513–515 RaTdr. GW (5×10); Wz. 2 X; gez. K 13:12½.

kv) Fahne der Deutschen Lufthansa der DDR, Flughafengebäude

kw kx ky

kw–ky) Flugzeuge (Iljuschin IL 14) der Deutschen Lufthansa der DDR

				★★	▨	⊙
512	5 (Pf)	mehrfarbig	kv	17,—	12,—	15,—
513	10 (Pf)	schwärzl'opalgrün	kw	1,—	0,50	1,—
514	15 (Pf)	blau	kx	1,—	0,50	1,—
515	20 (Pf)	bräunlichrot	ky	1,—	0,50	1,—
		Satzpreis (4 W.)		20,—	13,—	18,—
			FDC			20,—

Auflagen: MiNr. 512 = 750 000, MiNr. 513–515 je 5 000 000 Stück

Gültig bis 31.3.1958

1956, 17. Febr. 100. Todestag von Heinrich Heine. Ⓔ Eigler; RaTdr. GW (10×5); Wz. 2 Y; gez. K 13½:13.

kz

la

kz–la) H. Heine (1797–1856), Dichter und Satiriker

				★★	▨	⊙
516	10 (Pf)	schwarzbläulichgrün	kz	14,—	7,50	10,—
517	20 (Pf)	bräunlichrot	la	3,—	0,80	2,—
		Satzpreis (2 W.)		17,—	8,—	12,—
			FDC			14,—

Auflagen: MiNr. 516 = 750 000, MiNr. 517 = 4 000 000 Stück

Gültig bis 31.3.1958

Aufdruck

Wenn die Farbe des Aufdrucks nicht angegeben ist, ist der Aufdruck immer schwarz.

1956, 25. Febr. Leipziger Frühjahrsmesse. ⓔ Gruner; RaTdr. GW (5×10); Wz. 2 X; gez. K 13:13½.

Ib) Eisenbahndrehkräne

				★★	⊘	⊙
518	20 (Pf)	dunkelbräunlichrot . . Ib		1,—	0,70	1,—
519	35 (Pf)	dunkellilaultramarin . . Ib		1,50	1,10	1,60
		Satzpreis (2 W.)		2,50	1,80	2,50
		FDC				2,50

Vorsicht! MiNr. 518 ist wasserempfindlich!

Auflage: 5 000 000 Sätze *Gültig bis 31.3.1958*

1956, 16. April. 70. Geburtstag von Ernst Thälmann. ⓔ Eigler; Odr. GW (5×10); Wz. 2 X; A = gez. K 13:13½, B = □.

Ic) E. Thälmann (1886–1944), Politiker; rote Fahne

			★★	⊘	⊙
520 A	20 (Pf)	mehrfarbig Ic	0,80	0,50	0,80
		FDC			1,20

Blockausgabe, □ (25. Mai)

If

			★★	⊘	⊙
520 B	20 (Pf)	mehrfarbig Ic	7,—	25,—	35,—
Block 14	(74×100 mm)	. . . . If	12,—	32,—	40,—
		FDC*			160,—

*) kein amtlicher FDC

Postpreis: 40 Pf

Block 14 sollte ursprünglich zusammen mit MiNr. 520 A am 16. April 1956 erscheinen, wurde jedoch aus „drucktechnischen Gründen", wie postamtlich angegeben, erst am 25. Mai ausgegeben.

Auflagen: MiNr. 520 A = 6 000 000 Stück, Block 14 = 750 000 Blocks

Gültig bis 31.3.1958

1956, 30. April. Internationale Radfernfahrt für den Frieden Warschau – Berlin – Prag. ⓔ Petersen; Odr. GW (10×5); Wz. 2 Y; gez. K 13½:13.

Id) Hand mit Lorbeerzweig vor Speichenrad

Ie) Wappen von Warschau, Berlin und Prag vor Speichenrad

			★★	⊘	⊙
521	10 (Pf)	dunkelgraugrün/ dunkelolivgrün . . . . . Id	1,—	0,40	1,—
522	20 (Pf)	lebhaftmagenta . . . . . Ie	1,—	0,40	1,—
		Satzpreis (2 W.)	2,—	0,70	2,—
		FDC			2,—

Auflage: 5 000 000 Sätze *Gültig bis 31.3.1958*

MiNr. 523 fällt aus.

1956, 1. Juni. 750 Jahre Dresden. ⓔ Götze; Odr. GW (10×5); Wz. 2 Y; gez. K 13½:13.

Ig) Neubauten am Altmarkt mit Kreuzkirche und Rathaus

Ih) Elbbrücke, Schlossturm und katholische Hofkirche

Ii) Technische Hochschule mit Turm der Sternwarte

			★★	⊘	⊙
524	10 (Pf)	schwärzl'opalgrün . . Ig	0,50	0,30	0,50
525	20 (Pf)	lebhaftkarminrot . . . . Ih	0,50	0,30	0,50
526	40 (Pf)	schwärzlichpurpurviolett Ii	2,—	2,60	3,—
		Satzpreis (3 W.)	3,—	3,—	4,—
		FDC			14,—

Vorsicht! MiNr. 526 ist sehr wasserempfindlich!

Auflagen: MiNr. 524 und 525 je 5 000 000, MiNr. 526 = 1 000 000 Stück

Gültig bis 31.3.1958

1956, 30. Juni. 10 Jahre Volkseigene Betriebe (VEB). ⓔ Petersen; Odr. GW (10×5); Wz. 2 Y; gez. K 13½:13.

Ik) Arbeiter mit VEB-Emblem, Fabrikanlage

			★★	⊘	⊙
527	20 (Pf)	dunkelrosa . . . . Ik	0,60	0,30	0,50
		FDC			1,20

Auflage: 5 000 000 Stück *Gültig bis 31.3.1958*

1956, 20. Juli. 100. Todestag von Robert Schumann (I). ⓔ Eigler; RaTdr. GW (5×10); Wz. 2 X; gez. K 13:13½.

Il) R. Schumann (1810–1856), Komponist; Notenblatt

			★★	⊘	⊙
528	10 (Pf)	dkl'smaragdgrün Il	2,50	1,80	*20,—*
529	20 (Pf)	rot Il	1,50	0,30	*10,—*
		Satzpreis (2 W.)	4,—	2,—	*30,—*
		FDC			4,—

Die Noten im Hintergrund stammen nicht von Robert Schumann, sondern aus Franz Schuberts Vertonung von Goethes „Wanderers Nachtlied". Die Marken wurden deshalb am 23. Juli vom Verkauf zurückgezogen und am 30. September 1956 außer Kurs gesetzt. Später jedoch wurden die vorhandenen Bestände, zum Teil mit Sonderstempeln versehen, an Sammler abgegeben. Eine zweite Ausgabe mit berichtigtem Notenblatt erschien am 8. Oktober 1956.

Auflagen: MiNr. 528 = 1 000 000, MiNr. 529 = 5 000 000 Stück

Gültig bis 30.9.1956

Mit berichtigtem Notenblatt: MiNr. 541–542

1956, 25. Juli. Deutsches Turn- und Sportfest, Leipzig. ⓔ Petersen; Odr. GW (10×5); Wz. 2 Y; gez. K 13½:13.

Im) Fußball

In) Speerwerfen

Io) Hürdenlauf

Ip) Turnen an den Ringen

			★★	⊘	⊙
530	5 (Pf)	dunkelgraugrün . . . . Im	0,40	0,30	0,50
531	10 (Pf)	schwärzlichviolettblau (Töne) . . . . In	0,40	0,30	0,50

			**	◍	⊙
532	15 (Pf)	dunkellilapurpur . . . . lo	2,80	2,20	3,—
533	20 (Pf)	dkl'rosarot (Töne) . . . lp	0,40	0,30	0,50
		Satzpreis (4 W.)	4,—	3,—	4,50
		FDC			5,—

Vorsicht! MiNr. 532 ist sehr wasserempfindlich!

Auflagen: MiNr. 530, 531, 533 je 5 000 000, MiNr. 532 = 1 000 000 Stück

Gültig bis 31.3.1958

1956, 13. Aug. 1. Todestag von Thomas Mann. 🄴 Bengs; Odr. GW (10×5); Wz. 2 Y; gez. K 13½:13.

lr) Th. Mann (1875–1955), Schriftsteller, Nobelpreis 1929

			**	◍	⊙
534	20 (Pf)	blauschwarz . . . . lr	1,30	0,70	1,20
		FDC			1,80

Auf MiNr. 534 ist das Porträt von Thomas Mann seitenverkehrt dargestellt. Thomas Mann trug den Scheitel links, also auf der Marke vom Betrachter aus gesehen rechts.

FALSCH Ganzfälschung mit veränderter Inschrift

Auflage: 5 000 000 Stück *Gültig bis 31.3.1958*

1956, 20. Aug. 100. Geburtstag von Jakub Bart-Ćišinski. 🄴 Eigler nach Vorlage von Schlosser; RaTdr. GW (10×5); Wz. 2 Y; gez. K 13½:13.

ls) J. Bart-Ćišinski (1856–1909), sorbischer Dichter

			**	◍	⊙
535	50 (Pf)	dunkelviolettbraun . . ls	1,30	0,70	1,20
		FDC			2,—

Auflage: 2 000 000 Stück *Gültig bis 31.3.1958*

1956, 1. Sept. Leipziger Herbstmesse. 🄴 Hoepfner; RaTdr. GW (10×5); Wz. 2 Y; gez. K 13½:13.

lt) Plauener Spitze, Messezeichen

lu) Sport-Segelboot, Messezeichen

			**	◍	⊙
536	10 (Pf)	dunkelgrün/schwarz . lt	0,50	0,50	0,80
537	20 (Pf)	lebhaftrotkarmin/ schwarz . . . . lu	0,50	0,50	0,80
		Satzpreis (2 W.)	1,—	1,—	1,50
		FDC			1,50

MiNr. 536 mit Wz. X entstammt gestohlener Makulatur.

Auflage: 6 000 000 Sätze *Gültig bis 31.3.1958*

1956, 8. Sept. Aufbau Nationaler Gedenkstätten. 🄴 Weiß; Odr. GW (5×5); Wz. 2 Y; gez. K 13½:13.

lv) Glockenturm der Gedenkstätte Buchenwald bei Weimar, Inschrift

			**	◍	⊙
538	20 + 80 (Pf)	karminrot lv	1,40	5,—	20,—
		FDC			7,—

Auflage: 1 200 000 Stück *Gültig bis 31.3.1959*

Mit Aufdruck siehe MiNr. 651

> Ab MiNr. 520 A wurden die meisten Ausgaben auf 2 Sorten gestrichenem Papier gedruckt: 1. wie bisher leicht gelbliches Papier, UV nicht leuchtend und 2. rein weißes Papier mit optischem Aufheller, UV violett- bis bläulichweiß hell leuchtend. Keine besondere Bewertung.

1956, 28. Sept. Olympische Sommerspiele, Melbourne. 🄴 Zethmeyer; Odr. GW (10×5); Wz. 2 Y; gez. K 13½:13.

lw) Olympische Ringe, Lorbeerzweig, Fackel

lx) Olympische Ringe, Speerwerfer der Antike

			**	◍	⊙
539	20 (Pf)	lebhaftbraunrot . . . . lw	0,60	0,50	1,—
540	35 (Pf)	dunkelgraublau lx	1,—	0,70	1,—
		Satzpreis (2 W.)	1,50	1,20	2,—
		FDC			1,50

Vorsicht! MiNr. 539 ist wasserempfindlich!

Auflagen: MiNr. 539 = 5 000 000, MiNr. 540 = 3 000 000 Stück

Gültig bis 31.3.1958

1956, 8. Okt. 100. Todestag von Robert Schumann (II). 🄴 Eigler; RaTdr. GW (5×10); Wz. 2 X; gez. K 13:13½.

ly) R. Schumann (1810–1856), Komponist; berichtigtes Notenblatt

			**	◍	⊙
541	10 (Pf)	dkl'smaragdgrün . . . . ly	6,—	2,20	4,—
542	20 (Pf)	rot . . . . ly	3,50	0,50	1,—
		Satzpreis (2 W.)	9,50	2,60	5,—
		FDC			4,—

Noten bei MiNr. 528–529 II

Noten bei MiNr. 541–542 ly

Die berichtigten Noten bei MiNr. 541 und 542 enthalten einen Auszug aus Robert Schumanns Vertonung von Eichendorffs „Mondnacht".

Auflagen: MiNr. 541 = 1 000 000, MiNr. 542 = 5 000 000 Stück

Gültig bis 31.3.1958

Mit falschem Notenblatt: MiNr. 528-529

1956, 17. Okt. 500 Jahre Universität Greifswald. 🄴 Bengs und Skribelka; Odr. GW (5×10); Wz. 2 X; gez. K 13:13½.

lz) Klassisches Siegel des Rektors der Universität

			**	◍	⊙
543	20 (Pf)	lilakarmin . . . . lz	0,80	0,50	0,60
		FDC			1,20

FALSCH Ganzfälschungen in zwei Ausführungen mit veränderter Inschrift und Wappenfigur.

Auflage: 5 000 000 Stück *Gültig bis 31.3.1958*

1956, 27. Okt. Tag der Briefmarke. 🄴 Hohler; Odr. GW (10×5); Wz. 2 Y; gez. K 13½:13.

ma) Mittelalterlicher Postläufer um 1450

			**	◍	⊙
544	20 (Pf)	bräunlichrot . . . . . . ma	0,80	0,50	0,60
		FDC			1,20

FALSCH Ganzfälschungen mit veränderter Inschrift

Auflage: 5 000 000 Stück *Gültig bis 31.3.1958*

1956, 9. Nov. 110 Jahre Carl-Zeiss-Werke Jena. Ⓔ **Bengs und Skribelka; Odr. GW (10×5); X = Wz. 2 X, Y = Wz. 2 Y; MiNr. 545 und 547 gez. K 12½:13, MiNr. 546 ~.**

mb) Ernst Abbe (1840–1905), Physiker und Sozialreformer (ab 1889 Inhaber der Carl-Zeiss-Werke)

mc) Fabrikanlage des VEB Carl Zeiss Jena

md) Carl Zeiss (1816–1888), Mechaniker, Gründer der Werke

				**	⊘	⊙
545		10 (Pf)	schwarzolivgrün (Töne) .... mb			
	X		Wz. 2 X	*3000,—*	—,—	*2500,—*
	Y		Wz. 2 Y	0,40	0,30	0,40
546		20 (Pf)	(lebhaft)braunrot (Töne) .... mc			
	X		Wz. 2 X	0,40	0,30	0,40
	Y		Wz. 2 Y	—,—	—,—	—,—
547 Y		25 (Pf)	schwarzviolettultramarin (Töne) .... md	0,60	0,40	0,60
			Satzpreis (3 W.)	1,40	0,80	1,40
			FDC			2,—

Vorsicht! MiNr. 546 ist wasserempfindlich!

Auflagen: MiNr. 545, 546 je 5 000 000, MiNr. 547 = 3 000 000 Stück

Gültig bis 31.3.1959

1956, 10. Dez. Tag der Menschenrechte. Ⓔ **Bengs und Skribelka; Odr. GW (10×5); Wz. 2 Y; gez. K 13½:13.**

me) Asiatin mit Blumen

mf) Afrikanerin mit Kind

mg) Europäer, Friedenstaube

			**	⊘	⊙
548	5 (Pf)	mattolivgelb/dunkelgrauoliv .... me	1,60	1,30	20,—
549	10 (Pf)	mattgraurot/dkl'rotbraun .... mf	0,30	0,30	0,50
550	25 (Pf)	mattviolettblau/schwärzlichlilaultramarin .... mg	0,30	0,30	0,50
		Satzpreis (3 W.)	2,—	1,80	20,—
		FDC*			70,—

*) kein amtlicher FDC

Ein amtlicher Ersttagsbriefumschlag mit dem Wortlaut des Artikels 1, Absatz 1 des Entwurfs der UN-Menschenrechtskonvention wurde wegen eines Satzfehlers (fehlender Bindestrich) zurückgezogen. Einzelne Stücke wurden jedoch ausgegeben und von Sammlern für nichtamtliche FDC verwendet.

Ⓔ MiNr. 548

Auflagen: MiNr. 548 = 1 000 000, MiNr. 549 = 5 000 000, MiNr. 550 = 3 000 000 Stück

Gültig bis 31.3.1958

1956, 14. Dez. Tierpark Berlin. Ⓔ **Bengs; RaTdr. GW (5×10); Wz. 2 X; gez. K 13:12½.**

mh) Indische Elefanten (Elephas maximus)

mi) Rosaflamingos (Phoenicopterus ruber roseus)

mk) Spitzmaulnashorn (Diceros bicornis)

ml) Ladakh-Wildschafe (Ovis ammon vignei)

mm) Wisent (Bison bonasus)

mn) Eisbär (Ursus maritimus)

			**	⊘	⊙
551	5 (Pf)	grünschwarz/dkl'braungrau ..... mh	0,30	0,20	0,30
552	10 (Pf)	schwärzlichgrün/dkl'braungrau ..... mi	0,30	0,20	0,30
553	15 (Pf)	dunkelbraunviolett/dkl'braungrau ..... mk	5,—	4,—	6,—
554	20 (Pf)	dunkelbräunlichrot/dkl'braungrau ..... ml	0,30	0,20	0,50
555	25 (Pf)	schwärzl'ockerbraun/dkl'braungrau .... mm	0,30	0,20	0,50
556	30 (Pf)	dunkelviolettultramarin/dkl'braungrau ..... mn	0,30	0,20	0,50
		Satzpreis (6 W.)	6,—	5,—	8,—
		FDC 1 (MiNr. 551–553)			6,—
		FDC 2 (MiNr. 554–556)			1,50

Vorsicht! MiNr. 553 ist wasserempfindlich!

Auflagen: MiNr. 551, 552, 554–556 je 6 000 000, MiNr. 553 = 1 000 000 Stück

Gültig bis 31.3.1959

1956, 20. Dez. Hilfe für Ungarn. Ⓔ **Eigler; Odr. DWD (10×5); Wz. 3 X; gez. K 13½:13.**

kg I) Rotes Rathaus, Berlin; Aufdruck

			**	⊘	⊙
557	20 + **10** (Pf)	dkl'rosarot ..... kg I	0,90	0,50	0,80
		FDC*			26,—

*) kein amtlicher FDC

Auflage: 3 000 000 Stück *Gültig bis 31.3.1959*

In gleicher Zeichnung, jedoch ohne Eindruck: MiNr. 494

1956, 20. Dez. Hilfe für Ägypten. Ⓔ **Eigler; Odr. DWD (10×5); Wz. 3 X; gez. K 13½:13.**

kg II) Rotes Rathaus, Berlin; Aufdruck

			**	⊘	⊙
558	20 + **10** (Pf)	dkl'rosarot .... kg II	0,90	0,50	0,80
		FDC*			26,—

*) kein amtlicher FDC

Auflage: 3 000 000 Stück *Gültig bis 31.3.1959*

In gleicher Zeichnung, jedoch ohne Eindruck: MiNr. 494

Wasserzeichen

X (richtig stehend)

Y (seitenverkehrt)

Wz. 3
DDR und Kreuzblüten

Ab. MiNr. 557 wurde das neue Wasserzeichen „DDR und Kreuzblüten" (Wz. 3) eingeführt. Soweit nicht anders angegeben, wurden Marken mit dem Wz. 3 X auf gestrichenem, mit WZ. 3 Y auf gewöhnlichem Papier gedruckt.

Gleichzeitig wurde der Briefmarkendruck wieder von der Deutschen Wertpapierdruckerei übernommen. Marken im Rastertiefdruck wurden bis zur MiNr. 755 weiterhin von den Graphischen Werkstätten Leipzig gedruckt.

1957

1957, 1. März. Leipziger Frühjahrsmesse. Ⓔ Bengs und Skribelka; Odr. DWD (5×10); Wz. 3 X; gez. K 13:12½.

mr) 10 000 t-Motorfrachtschiff

ms) Elektrolokomotive

			**	⊘	⊙
559	20 (Pf)	lebhaftrotkarmin . . . mr	0,40	0,30	0,60
560	25 (Pf)	dunkelkobalt . . . . . . ms	0,40	0,30	0,60
		Satzpreis (2 W.)	0,80	0,40	1,—
		FDC			1,—

FÄLSCH Sehr schlecht ausgeführte Ganzfälschungen im Bdr. mit veränderter Inschrift, auch mit Farbvertauschung beider Werte.

Auflagen: MiNr. 559 = 5 000 000, MiNr. 560 = 4 000 000 Stück

Gültig bis 31.3.1959

1957, 12. April. Naturschutzwoche. Ⓔ Schoner; RaTdr. GW (5×10); Wz. 3 X; gez. K 13:12½.

mt) Silberdistel (Wetterwurz) (Carlina acaulis)

mu) Smaragdeidechse (Lacerta viridis)

mv) Marien-Frauenschuh (Cypripedium calceolus)

			**	⊘	⊙
561	5 (Pf)	dunkelsiena . . . . mt	0,30	0,20	0,30
562	10 (Pf)	schwarzgraugrün . . mu	3,—	2,80	3,50
563	20 (Pf)	lebhaftbraunrot . . . . mv	0,30	0,20	0,30
		Satzpreis (3 W.)	3,20	3,—	4,—
		FDC			5,—

Auflagen: MiNr. 561, 563 je 4 000 000 Stück, MiNr. 562 = 1 100 000 Stück

Gültig bis 31.3.1959

1957, 18. April. 175. Geburtstag von Friedrich Fröbel. Ⓔ Bengs; Odr. DWD (5×10); Wz. 3 X; gez. K 13:13½.

mw) Spielende Kinder im Fröbelschen Kindergarten

mx) F. Fröbel (1782–1852), Pädagoge, Gründer von Kindergärten; spielende Kinder

			**	⊘	⊙
564	10 (Pf)	schwarz/oliv . . . . . . mw	1,60	1,20	2,—
565	20 (Pf)	schwarz/dkl'braunorange . . . . mx	0,30	0,20	0,50
		Satzpreis (2 W.)	1,80	1,30	2,50
		FDC			2,—

Auflage: MiNr. 564 = 1 100 000, MiNr. 565 = 5 000 000 Stück

Gültig bis 31.3.1959

1957, 25. April. Aufbau nationaler Gedenkstätten. Ⓔ Skribelka; Odr. DWD (5×5); Wz. 3 X; MiNr. 566 gez. K 13:13½, MiNr. 567 ~.

my) Mahnmal Ravensbrück

mz) Mahnmal Ravensbrück mit Blick auf den See

			**	⊘	⊙
566	5 + 5 (Pf)	schwärzlichgrün . . . . my	0,40	0,30	0,60
567	20 + 10 (Pf)	dkl'rosarot . . . . . mz	0,50	0,50	1,20
		Satzpreis (2 W.)	0,90	0,80	1,80
		FDC			2,—

Auflage: 1 500 000 Sätze *Gültig bis 31.3.1959*

MiNr. 567 mit Datums-Eindruck und Wz. 3 Y: MiNr. 720

1957, 30. April. Internationale Radfernfahrt für den Frieden Prag-Berlin-Warschau. Ⓔ Petersen (Idee von Willner); Odr. DWD (5×10); Wz. 3 X; gez. K 13:13½.

na) Streckenskizze, Karlsbrücke in Prag, Rotes Rathaus in Berlin und Kulturpalast in Warschau

			**	⊘	⊙
568	5 (Pf)	rotorange . . . . na	0,50	0,40	0,60
		FDC			1,20

Schwarzer Bdr.-Aufdruck: Mannschaftssieger: / Deutsche / Demokratische Republik auf MiNr. 568 ist privaten Ursprungs.

Auflage: 9 000 000 Stück *Gültig bis 31.3.1959*

1957, 3. Mai. Kohlebergbau. Ⓔ Heiß; Odr. DWD (MiNr. 569 und 570 5×10, MiNr. 571 10×5); Wz. 3 X; MiNr. 569 und 570 gez. K 13:12½, MiNr. 571 gez. K 13½:13.

nb) Schaufelradbagger

nc) Förderbrücke im Tagebau

nd) Bergmann vor Ort

			**	⊘	⊙
569	10 (Pf)	schwärzl'opalgrün . . nb	0,30	0,30	0,50
570	20 (Pf)	siena . . . . nc	0,30	0,30	0,50
571	25 (Pf)	schwarzviolettultramarin . . . . nd	3,—	1,80	2,50
		Satzpreis (3 W.)	3,50	2,40	3,50
		FDC			3,50

Vorsicht! MiNr. 570 ist wasserempfindlich!

Auflagen: MiNr. 569, 570 je 5 000 000, MiNr. 571 = 1 100 000 Stück

Gültig bis 31.3.1959

1957, 7. Mai. Welttag des Roten Kreuzes. Ⓔ Rose und Prieß; RaTdr. GW (5×10); Wz. 3 X; gez. K 13:12½.

ne) Henry Dunant (1828–1910), schweizer. Mitbegründer des Roten Kreuzes, Friedens-Nobelpreis 1901

nf) H. Dunant im Alter

ne–nf) Auf jeder Marke außerdem stilis. Erdkugel und rotes Kreuz

			**	⊘	⊙
572	10 (Pf)	mehrfarbig . . . . ne	0,30	0,30	0,60
573	25 (Pf)	mehrfarbig . . . . nf	0,30	0,30	0,60
		Satzpreis (2 W.)	0,60	0,60	1,—
		FDC			2,50

Auflagen: MiNr. 572 = 5 000 000, MiNr. 573 = 4 000 000 Stück

Gültig bis 31.3.1959

1957, 7. Juni. Berühmte Naturwissenschaftler. Ⓔ Zethmeyer; RaTdr. GW (10×10); Wz. 3 X; gez. K 13:12½.

ng) Joachim Jungius (1587–1657), Arzt und Naturforscher

nh) Leonhard Euler (1707–1783), Mathematiker, Physiker und Astronom

ni) Heinrich Hertz (1857–1894), Physiker

				★★	▨	⊙
574	5 (Pf)	schwärzl'ockerbraun	ng	2,—	1,50	2,—
575	10 (Pf)	schwärzl'olivgrün . . .	nh	0,30	0,30	0,50
576	20 (Pf)	bräunlichrot	ni	0,30	0,30	0,50
		Satzpreis (3 W.)		2,50	2,—	3,—
		FDC				4,—

Vorsicht! MiNr. 576 ist wasserempfindlich!

Auflagen: MiNr. 574 = 1 100 000, MiNr. 575 und 576 je 5 000 000 Stück

Gültig bis 31.3.1959

In gleicher Aufmachung siehe MiNr. 261–270

1957, Jan./1959, Dez. Freimarken: Fünfjahrplan (A = V / B = VI). Ⓔ Gruner; Bdr. DWD Bogen (B) (10×10), Markenheftchen (MH) und Rollen (R); Wz. 3 X; A = gez. K 13:12½, B = gez. K 14.

fw

ga

gc

ge

gf

gg

gk

gl

gn

				★★	▨	⊙
577	5 (Pf)		gelbsmaragdgrün . . fw			
		A	gez. K 13:12½ (März 57) (B) (MH)	1,—	0,30	0,50
		B	gez. K 14 (Nov. 58) (B) (R)	1,—	0,30	0,40
578	10 (Pf)		lebh'kobaltblau GA . ga			
		A	gez. K 13:12½ (Jan. 57) (B) (MH)	7,—	0,30	0,70
		B	gez. K 14 (Aug. 58) (B) (R)	0,30	0,30	0,40
579	15 (Pf)		dkl'blauviolett (B) (R) gc			
		A	gez. K 13:12½ (Anf. 57)	1,—	0,30	0,60
		B	gez. K 14 (Aug. 1958) . .	1,—	0,30	0,40
580	20 (Pf)		dkl'bräunlichrot . . . . ge			
		A	gez. K 13:12½ (Mai 57) (B) (MH)	0,40	0,30	0,60
		B	gez. K 14 (Jan. 59) (B) (R)	0,30	0,30	0,40
581	25 (Pf)		dunkel- bis schwärzlich-opalgrün (B) . . . . gf			
		A	gez. K 13:12½ (Anf. 57)	0,40	0,30	1,20
582	30 (Pf)		bräunlichrot (B) . . . . gg			
		A	gez. K 13:12½ (Anf. 57)	0,70	0,30	0,70
		B	gez. K 14 (Mai 1959) . . .	0,30	0,30	0,40
583	40 (Pf)		violettpurpur . . . . . . gk			
		A	gez. K 13:12½ (Anf. 57) (B)	1,20	0,30	0,70
		B	gez. K 14 (Mai 59) (B) (R)	0,30	0,30	0,40
584	50 (Pf)		dunkelkobalt (B) . . . . gl			
		A	gez. K 13:12½ (Mai 57) .	1,50	0,30	0,70
		B	gez. K 14 (Aug. 1959) . .	0,30	0,30	0,80
585	70 (Pf)		siena (B) . . . . gn			
		A	gez. K 13:12½ (Anf. 57)	3,—	0,30	0,70
		B	gez. K 14 (Dez. 1959) . .	0,30	0,30	1,30
			Satzpreis A (9 W.)	16,—	2,40	6,—
			Satzpreis B (8 W.)	3,—	2,40	4,—

MiNr. 577 A und 580 A bis 585 A mit Namen des Entwerfers E(rich) GRUNER und des Stechers K(arl) WOLF auf dem Markenunterrand, alle anderen Werte ohne diese Angaben.

Die Bildhöhe beträgt bei MiNr. 577 A bis 585 A 22 mm, bei MiNr. 577 B bis 585 B 22,5 mm.

MiNr. 577 A, 578 A und 580 A wurden auch in Markenheftchen (MH 2 und 3) ausgegeben.

Waagerechtes Paar (aus Bogen):

		★★	▨	⊙
578 B/578 B	. . . .	35,—	35,—	60,—

Einzelmarken mit anhängendem Bogenrand 60% vorstehender Paarpreise.

MiNr. 580 B wurde am 4. Sept. 1959 zur Eröffnung der Briefmarkenausstellung DEBRIA in Berlin in Bogen zu 60 Marken und 40 Zierfeldern in 10 waagerechten Reihen in der Anordnung: 580 B + Zf + 580 B + 580 B + Zf + 580 B + Zf + 580 B + Zf + 580 B ausgegeben. Gedruckte Stempel weisen das Datum –3.9.59.–10 auf.

W Zd 20

		★★	▨	⊙	FDC
580 B Zf	(W Zd 19)	3,—	1,—	2,—	12,—
	waager. Zehnerstreifen	25,—	5,—	40,—	

MiNr. 580 B Zf ausgegeben am 4.9.1959 nur bei den Sonderpostämtern der DEBRIA, ab 7.9.1959 an allen Postämtern.

Auflage: 2 600 000 Zusammendrucke

MiNr. 580 am 16.11.1961 vom Schalterverkauf zurückgezogen. Gültig bis 31.5.1962. MiNr. 577–579 und 581–585 gültig bis 31.12.1962

Weitere Ausgaben siehe Zusammenstellung nach Jahreszusammenstellungen

1957, 26. Juni. Von der Sowjetunion zurückgeführte Gemälde der Dresdener Gemäldegalerie (II). Ⓔ Gruner; RaTdr. GW (10×5); Wz. 3 X; gez. K 13½:13.

nk) Heilige Familie mit Elisabeth und Johannes; von Andrea Mantegna (1431–1506), italien. Maler und Kupferstecher

nl) Die Tänzerin Barberina Campanini; von Rosalba Carriera (1675–1757), italien. Malerin

nm) Bildnis des Sieur de Morette; von Hans Holbein d. J. (1497 bis 1543), Maler und Zeichner

nn) Der Zinsgroschen; von Tizian (ca. 1490 bis 1576), italien. Maler

no) Saskia mit der roten Blume; von Rembrandt (1606–1669), niederl. Maler

np) Ein junger Fahnenträger; von Giovanni Battista Piazzetta (1682 bis 1754), italien. Maler und Radierer

				★★	▨	⊙
586	5 (Pf)	schwarzbraun	nk	0,40	0,30	0,50
587	10 (Pf)	dunkelgrünlicholiv . . .	nl	0,40	0,30	0,50
588	15 (Pf)	dunkelolivbraun . . .	nm	0,40	0,30	0,50
589	20 (Pf)	dunkelbräunlichrot . .	nn	0,40	0,30	0,50
590	25 (Pf)	braunlila	no	0,40	0,30	0,50
591	40 (Pf)	schwarzgraublau . . .	np	6,—	2,60	3,50
		Satzpreis (6 W.)		8,—	4,—	6,—
		FDC 1 (MiNr. 586, 588, 591)				5,—
		FDC 2 (MiNr. 587, 589, 590)				2,—

Auf MiNr. 591 ist der Name falsch mit „PIAZETTA" angegeben.

Auflagen: MiNr. 586–590 je 6 000 000, MiNr. 591 = 1 100 000 Stück

Gültig bis 31.3.1959

Weitere Ausgaben „Von der Sowjetunion zurückgeführte Gemälde…" siehe MiNr. 504–509 und 693–697

1957, 5. Juli. 100. Geburtstag von Clara Zetkin. Ⓔ Skribelka; RaTdr. GW (5×10); Wz. 3 X; gez. K 13:13½.

nr) C. Zetkin (1857–1933), Politikerin (KPD); rote Nelke

				★★	▨	⊙
592	10 (Pf)	schwarzolivgrün/zinnoberrot	nr	0,90	0,40	0,80
		FDC				1,20

Auflage: 5 000 000 Stück

Gültig bis 31.3.1959

1957, 14. Aug. 1. Todestag von Bertolt Brecht. 🄴 Friebel; RaTdr. GW (10×5); Wz. 3 X; gez. K 13½:13.

ns) B. Brecht (1898–1956), Dramatiker und Dichter

				★★	◍	⊙
593	10 (Pf)	dunkelgraugrün	. . . . ns	0,40	0,30	0,60
594	25 (Pf)	schwärzlichblau	. . . . ns	0,60	0,30	0,60
			Satzpreis (2 W.)	1,—	0,60	1,—
			FDC Ⓣ			1,20
			FDC Ⓢ			220,—

Der Sonderstempel wurde wegen falscher Schreibweise des Vornamens (Bertold statt Bertolt) zurückgezogen.

Auflagen: MiNr. 593 = 5 000 000, MiNr. 594 = 3 000 000 Stück

Gültig bis 31.3.1959

1957, 23. Aug. Weltgewerkschaftskongress, Leipzig. 🄴 Weiß; Odr. DWD (10×5); Wz. 3 X; gez. K 13½:13.

nt) Emblem des IV. Weltgewerkschaftskongresses

				★★	◍	⊙
595	20 (Pf)	zinnoberrot/schwarz	. nt	0,80	0,40	0,80
			FDC			1,—

Auflage: 5 000 000 Stück *Gültig bis 31.3.1959*

1957, 30. Aug. Leipziger Herbstmesse. 🄴 Skribelka; Odr. DWD (10×5); Wz. 3 Y; gez. K 13½:13.

nu) Messezeichen

				★★	◍	⊙
596	20 (Pf)	schwärzlichrosa/mittelrötlichorange	. . . . . . nu	0,40	0,30	0,50
597	25 (Pf)	dunkelcyanblau/mattcyanblau	. . . . nu	0,40	0,30	0,50
			Satzpreis (2 W.)	0,80	0,60	1,—
			FDC			1,50

Auflagen: MiNr. 596 = 5 000 000, MiNr. 597 = 4 000 000 Stück

Gültig bis 31.3.1959

1957, 10. Okt. Sparwochen. 🄴 Grohmann; Odr. DWD (10×5); Wz. 3 Y; gez. K 13½:13.

nv) Sparbuch, Schriftband

				★★	◍	⊙
598	10 (Pf)	mehrfarbig	. . . . nv	1,—	0,80	1,50
599	20 (Pf)	mehrfarbig	. . . . nv	0,40	0,40	1,—
			Satzpreis (2 W.)	1,40	1,20	2,50
			FDC			2,50

Auflagen: MiNr. 598 = 1 100 000, MiNr. 599 = 5 000 000 Stück

Gültig bis 31.3.1959

1957, 25. Okt. Tag der Briefmarke. 🄴 Bengs; Odr. DWD (10×5); Wz. 3 X; gez. K 13½:13.

nw) Postreiter um 1563

				★★	◍	⊙
600	5 (Pf)	grauschwarz auf mattbraun (Töne)	. . nw	0,70	0,30	0,60
			FDC			1,—

Auflage: 6 000 000 Stück *Gültig bis 31.3.1959*

1957, 7. Nov. 40. Jahrestag der Oktoberrevolution in Russland. 🄴 Heartfield; RaTdr. GW (10×5); Wz. 3 X; gez. K 12½:13.

nx) Sturm auf das Winterpalais, davor Arm mit Gewehr, rote Fahne

				★★	◍	⊙
601	10 (Pf)	dunkelgrün/rot	. . . . . nx	0,30	0,30	0,40
602	25 (Pf)	blau/rot	. . . . nx	0,30	0,30	0,60
			Satzpreis (2 W.)	0,60	0,60	1,—
			FDC			1,20

Auflagen: MiNr. 601 = 5 000 000, MiNr. 602 = 3 500 000 Stück

Gültig bis 31.3.1959

1957, 7. Nov. Internationales Geophysikalisches Jahr (I). 🄴 Vogenauer; Odr. DWD (10×5); Wz. 3 X; gez. K 12½:13.

ny) Künstlicher Erdsatellit Sputnik I, Teil der Erdkugel, Mond

				★★	◍	⊙
603	10 (Pf)	schwarzblau	. . . . ny	0,50	0,30	0,60
			FDC			1,—

Auflage: 10 000 000 Stück *Gültig bis 31.3.1959*

Weitere Ausgabe „Internationales Geophysikalisches Jahr“: MiNr. 616–617

1957, 22. Nov. 1. Todestag von Günther Ramin und Hermann Abendroth. 🄴 Weiß; Odr. DWD (10×5); Wz. 3 X; gez. K 13½:13.

nz) G. Ramin (1898 bis 1956), Organist, Thomaskantor

oa) H. Abendroth (1883–1956), Dirigent

				★★	◍	⊙
604	10 (Pf)	grünl'oliv/schwarz	. . nz	1,30	1,20	2,—
605	20 (Pf)	rotorange/schwarz	. . oa	0,30	0,20	0,30
			Satzpreis (2 W.)	1,60	1,30	2,20
			FDC (A)			15,—

Nachauflage mit gedrucktem Stempel:

			◍
605 N	20 (Pf)	braunorange/schwarz	0,10

Auflagen: MiNr. 604 = 1 100 000, MiNr. 605 = 5 000 000 Stück

Gültig bis 31.3.1959

Amtliche (Bogen-)Entwertungen für philatelistische Zwecke:

Diese Entwertungsform (von Hand oder gedruckt) wurde in der DDR zu einem eigenständigen Produktionszweig. Bedient wurden damit Versandstellenbezieher (Sammler und Händler), der staatliche Briefmarkenhandel und der Briefmarken-Export. Bei Briefmarken, die in Schalterbogen verausgabt wurden, wendete man aus rationellen Gründen die Entwertung in der Mitte eines Viererblocks an, jedoch wurden auf Kundenwunsch auch per Hand Voll- oder Halbabstempelungen vorgenommen. Von den ca. 60 000–80 000 in der DDR verwendeten Stempeln wurden neben den ausgabebezogenen Sonderstempeln etwa 200 Stempel für die amtl. (Bogen-)Entwertung für philatelistische Zwecke eingesetzt. **Diese Abstempelungen werden von den Prüfern des BPP mit ◍ gekennzeichnet (gedruckte Stempel mit dem Zusatz „G“)!**

1957, 3. Dez. Aufbau Nationaler Gedenkstätten. Ⓔ **Bengs und Skribelka; RaTdr. GW (10×5); Wz. 3 X; A = gez. K 13½:13.**

ob) Ernst Thälmann (1886–1944), Politiker

oc) Rudolf Breitscheid (1874–1944), Politiker

od) Paul Schneider (1897–1939), evang. Theologe, Märtyrer

			★★	⊘	⊙
606 A	20 + 10 (Pf)	dunkelgrau-lila/grau . . . . ob	0,30	0,30	0,50
607 A	25 + 15 (Pf)	schwarzviolettultramarin/grau . . . . oc	0,30	0,30	0,50
608 A	40 + 20 (Pf)	dunkelbläulichviolett/grau . . od	0,50	0,60	1,—
		Satzpreis (3 W.)	1,10	1,20	2,—
		FDC			2,—

Auflagen: je 2 000 000 Stück

Gültig bis 31.3.1960

MiNr. 606–608 geschnitten siehe MiNr. 606 B–608 B (Block 15) nach MiNr. 651

In gleicher Aufmachung: MiNr. 635–639, 715–719, 752–756, 765 bis 767

✈ **1957, 13. Dez. Flugpostmarken.** Ⓔ **Vogenauer; Odr. DWD (MiNr. 609–612 10×10, MiNr. 613 bis 615 10×5); X = Wz. 3 X, Y = Wz. 3 Y; gewöhnliches Papier, MiNr. 613 auch gestrichenes Papier; MiNr. 609–612 gez. K 13:12½, MiNr. 613–615 gez. K 13:13½.**

oe

of

oe–of) stilisiertes Flugzeug

			★★	⊘	⊙
609 Y	5 (Pf)	dunkelgrünlichgrau/schwarz . . . . oe	5,—	0,30	0,50
610 Y	20 (Pf)	lilarot/schwarz . . . . . oe	0,30	0,30	0,50
611 Y	35 (Pf)	violettblau/schwarz . oe	0,30	0,30	0,50
612 Y	50 (Pf)	dunkelbraunrot/schwarz . . . . oe	0,40	0,30	0,50
613	1 DM	bräunlicholiv/lebhaftgelb . . . . of			
X		Wz. 3 X, gestrichenes Papier	—,—	*2000,—*	*3000,—*
Y		Wz. 3 Y, gewöhnliches Papier	1,40	0,30	1,10
614 Y	3 DM	schwärzlichlilabraun/lebhaftgelb . . . . of	2,20	0,60	2,—
615 Y	5 DM	schwarzgraublau/lebhaftgelb (Töne) . . . of	5,—	0,90	3,40
		Satzpreis (7 W.)	14,—	2,50	8,—
		FDC 1 (MiNr. 609, 611, 615)			6,—
		FDC 2 (MiNr. 610, 612–614)			3,50

Für die (Bogen-)Entwertung für philatelistische Zwecke wurden auch folgende gedruckte Stempel verwendet:

BERLIN 2 102 ad 15.11.67.–10; BERLIN N 4 bp 2.1.58.–13; BERLIN W N 8 ab 31.3.59.–10; COTTBUS 1 n 4.1.58.–10; ERFURT 1 W 24.12.57.–11; GERA 4 a 23.12.57.–17; HALLE/Saale 2 ba 26.12.57.–13; HALLE (Saale) 2 bn 28.12.57.–13; LEIPZIG C 1 da 18.12.57.–9; MAGDEBURG BPA 7 kk 7.1.58.–9; MEININGEN 1 *a* 23.12.57.–11; POTSDAM 1 z 28.12.57.–12.

Die amtlich als „Luftpostausgabe" bezeichneten Marken konnten auch zur Freimachung anderer Sendungen benutzt werden.

Luftpostsendungen konnten auch mit anderen Postwertzeichen freigemacht werden.

Auflagen: MiNr. 611 = 18 000 000, MiNr. 614 und 615 je 4 500 000 Stück

Gültig bis 2.10.1990

Weitere Ausgaben Flugpostmarken in anderer Zeichnung und RaTdr.: MiNr. 2751–2753, 2831–2832, 2868, 2967, 3128–3129

1958

1958, 5. Febr. Internationales Geophysikalisches Jahr (II). Ⓔ **Vogenauer; Odr. DWD (10×5); Wz. 3 Y; gez. K 12½:13.**

og) Stratosphärenballon (Höhenforschung)

oh) Schiff mit Echolot (Tiefseeforschung)

			★★	⊘	⊙
616	20 (Pf)	karminrot . . . . og	0,70	0,30	0,50
617	25 (Pf)	mittelkobaltblau . . . . oh	2,60	1,80	3,—
		Satzpreis (2 W.)	3,20	2,—	3,50
		FDC (A)			20,—

Auflagen: MiNr. 616 = 5 000 000, MiNr. 617 = 1 100 000 Stück

Gültig bis 31.3.1960

Weitere Ausgabe „Internationales Geophysikalisches Jahr": MiNr. 603

1958, 27. Febr. Leipziger Frühjahrsmesse. Ⓔ **Rehm; Odr. DWD (5×10); Wz. 3 Y; gez. K 13:13½.**

oi) Erdkugel, Friedenstaube, Messezeichen

			★★	⊘	⊙
618	20 (Pf)	schwärzlichrosa . . . . oi	0,40	0,20	0,50
619	25 (Pf)	hellviolettultramarin . oi	0,50	0,30	0,50
		Satzpreis (2 W.)	0,90	0,50	1,—
		FDC			1,—

Auflagen: MiNr. 618 = 5 000 000, MiNr. 619 = 4 000 000 Stück

Gültig bis 31.3.1960

1958, 6. März. Konferenz der Minister des Post- und Fernmeldewesens der sozialistischen Länder, Moskau. Ⓔ **Prieß; Odr. DWD (5×10); Wz. 3 Y; gez. K 13:12½.**

ok) Sendemast, Morsezeichen (Zusammenarbeit-Konferenz in Moskau), Posthorn, Inschrift

ol) Sendemast, Inschrift in Form von Radiowellen, Posthorn

			★★	⊘	⊙
620	5 (Pf)	türkisgrau/schwarz . ok	1,—	0,80	1,50
621	20 (Pf)	dunkelgraurot/grauschwarz . . . . ol	0,50	0,30	0,50
		Satzpreis (2 W.)	1,50	1,—	2,—
		FDC (A)			15,—

Auflagen: MiNr. 620 = 1 100 000, MiNr. 621 = 5 000 000 Stück

Gültig bis 31.3.1960

1957/58. Freimarken: Präsident Wilhelm Pieck (IV). Ⓔ **Eigler; RaTdr. GW (5×10); Wz. 3 X; gez. K 13:13½.**

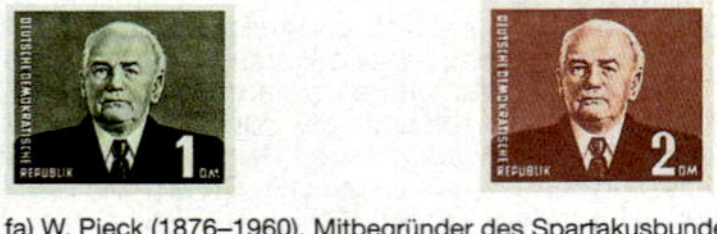

fa) W. Pieck (1876–1960), Mitbegründer des Spartakusbundes und der KPD, erster Präsident der DDR

			✱✱	▨	⊙
622	1 DM	schwarzoliv (1957) . . . . fa	3,—	0,50	2,—
623	2 DM	schwarzbraun-orange (1958) . . . . fa	6,—	0,50	2,—
		Satzpreis (2 W.)	9,—	1,—	4,—

MiNr. 622–623 100er Raster, gestrichenes Papier ⌸ leuchtend weiß, jedoch Wz. 3 X.

Auflagen: unbekannt

MiNr. 622 gültig bis 31.3.1962, MiNr. 623 gültig bis 2.10.1990

Weitere Ausgaben siehe Zusammenfassung nach Jahrgangswerttabelle

1958, 20. März. 100. Geburtstag von Heinrich Zille. Ⓔ **Friebel; Odr. DWD (10×5); Wz. 3 X; gez. K 13½:13.**

om) „Zillegören“

on) H. Zille (1858 bis 1929), satirischer Zeichner, Selbstporträt

			✱✱	▨	⊙
624	10 (Pf)	schwarzopalgrün/dunkelbraungrau . . om	3,20	1,70	2,50
625	20 (Pf)	lilarot/dkl'braungrau on	0,80	0,30	0,50
		Satzpreis (2 W.)	4,—	2,—	3,—
		FDC			3,50

Auflagen: MiNr. 624 = 1 100 000, MiNr. 625 = 5 000 000 Stück

Gültig bis 31.3.1960

1958, 23. April. 100. Geburtstag von Max Planck. Ⓔ **Skribelka; Odr. DWD (10×5); Wz. 3 X; gez. K 13½:13.**

oo) „h“ (Symbol für das physikalische Wirkungsquantum), Namenszug

op) M. Planck (1858 bis 1947), Physiker, Nobelpreis 1918

			✱✱	▨	⊙
626	10 (Pf)	graugrün (Töne) . . . . oo	1,50	1,40	2,—
627	20 (Pf)	dunkelrosalila . . . . . op	0,50	0,30	0,50
		Satzpreis (2 W.)	2,—	1,60	2,50
		FDC			2,50

Auflagen: MiNr. 626 = 1 100 000, MiNr. 627 = 6 000 000 Stück

Gültig bis 31.3.1960

1958, 4. Juni. Landwirtschaftsausstellung, Markkleeberg. Ⓔ **Rose; Odr. DWD (5×10); Wz. 3 X; MiNr. 628 gez. K 13:13½, MiNr. 629 und 630 gez. K 13:12½.**

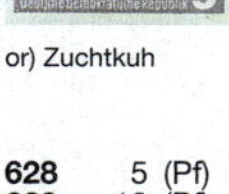

or) Zuchtkuh

os) Mähhäcksler

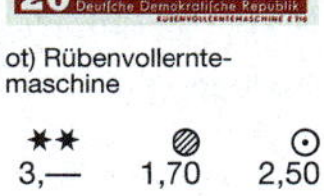

ot) Rübenvollerntemaschine

			✱✱	▨	⊙
628	5 (Pf)	grau/braunschwarz . or	3,—	1,70	2,50
629	10 (Pf)	dunkelsmaragdgrün/mattsmaragdgrün . . os	0,50	0,30	0,50
630	20 (Pf)	dunkelbräunlichrot/helllilarot . . . . ot	0,50	0,30	0,50
		Satzpreis (3 W.)	4,—	2,20	3,50
		FDC			4,—

Auflagen: MiNr. 628 = 1 100 000, MiNr. 629 und 630 je 6 000 000 Stück

Gültig bis 31.3.1960

1958, 19. Juni. Charles Robert Darwin und Carl von Linné. Ⓔ **Skribelka; Odr. DWD (5×10); Wz. 3 Y; gez. K 13:13½.**

ou) Ch. R. Darwin (1809–1882), brit. Biologe, Begründer der Selektionstheorie

ov) C. von Linné (1707–1778), schwed. Naturforscher, Begründer der systematischen Benennung in der Biologie

			✱✱	▨	⊙
631	10 (Pf)	schwärzlichopalgrün/schwarz . . . . ou	1,80	1,30	2,—
632	20 (Pf)	dunkelbräunlichrot/schwarz . . . . ov	0,30	0,30	0,30
		Satzpreis (2 W.)	2,—	1,60	2,20
		FDC (A)			35,—

Auflagen: MiNr. 631 = 1 100 000, MiNr. 632 = 6 000 000 Stück

Gültig bis 31.3.1960

1958, 25. Juni. Parteitag der Sozialistischen Einheitspartei Deutschlands (SED). Ⓔ **Sauer; Odr. DWD (5×10); Wz. 3 X; gez. K 13:13½.**

ow) Emblem des 5. Parteitages der SED

			✱✱	▨	⊙
633	10 (Pf)	dunkelrosa . . . . ow	0,50	0,40	0,70
		FDC (A)			10,—

Auflage: 10 000 000 Stück *Gültig bis 31.3.1960*

1958, 5. Juli. Bau des Seehafens Rostock (I). Ⓔ **Bengs; Odr. DWD (10×5); Wz. 3 Y; gez. K 13½:13.**

ox) Sieben Türme (Wahrzeichen Rostocks), Hochseeschiffe

			✱✱	▨	⊙
634	20 (Pf)	gelblichrot . . . . ox	1,—	0,40	0,70
		FDC			1,—

Auflage: 6 000 000 Stück *Gültig bis 31.3.1960*

Weitere Ausgaben „Seehafen Rostock“: MiNr. 663–664, 763

1958, 11. Juli. Aufbau Nationaler Gedenkstätten. Ⓔ **Bengs und Skribelka; RaTdr. GW (10×5); Wz. 3 X; gez. K 13½:13.**

oy) Albert Kuntz (1896–1945), Kupferschmied, Parteifunktionär (KPD)

oz) Rudi Arndt (1909–1940), Mitglied des Kommunist. Jugendverbandes

pa) Kurt Adams (1889–1944), Pädagoge, Sozialdemokrat

pb) Rudolf Renner (1894–1940), kommunist. Journalist

pc) Walter Stoecker (1891–1939), Parteifunktionär (KPD)

			✱✱	▨	⊙
635	5 + 5 (Pf)	mehrfarbig . . . . oy	0,40	1,—	2,—
636	10 + 5 (Pf)	mehrfarbig . . . . oz	0,40	1,—	2,—
637	15 + 10 (Pf)	mehrfarbig . . . . pa	0,40	4,—	6,—
638	20 + 10 (Pf)	mehrfarbig . . . . pb	0,40	1,—	2,—
639	25 + 15 (Pf)	mehrfarbig . . . . pc	1,40	15,—	18,—
		Satzpreis (5 W.)	3,—	22,—	30,—
		FDC 1 (MiNr. 635, 636, 639)			25,—
		FDC 2 (MiNr. 637, 638)			10,—

Vorsicht! MiNr. 637 ist wasserempfindlich!

Auflagen: MiNr. 635, 637, 639 je 1 100 000, MiNr. 636 und 638 je 2 000 000 Stück

Gültig bis 31.3.1961

In gleicher Aufmachung: MiNr. 606–608, 715–719, 752–756, 765 bis 767

1958, 22. Juli. Pferderennen „Großer Preis der DDR“, Berlin und Hoppegarten. ⓔ **Schoner; RaTdr. GW (5×10); Wz. 3 X; gez. K 13:12½.**

pd) Pferde auf der Weide

pe) Trabrennen

pf) Galopprennen

				**	▨	⊙
640	5 (Pf)	schwarzbraun . . . . . pd		3,—	3,20	5,—
641	10 (Pf)	schwarzgelblichgrün pe		0,30	0,30	0,50
642	20 (Pf)	rotbraun . . . . pf		0,30	0,30	0,50
		Satzpreis (3 W.)		3,50	3,60	6,—
		FDC				6,—

Vorsicht! MiNr. 642 ist wasserempfindlich!

Auflagen: MiNr. 640 = 1 1000 000, MiNr. 641 und 642 je 6 000 000 Stück

Gültig bis 31.3.1960

1958, 7. Aug. 300. Jahrestag der Herausgabe der gesamten didaktischen Werke von Comenius „Opera didactica omnia“. ⓔ **Friebel; Odr. DWD (5×10); Wz. 3 Y; gez. K 13:13½.**

pg) J. A. Comenius (1592–1670), tschech. Geistlicher und Pädagoge

ph) Schulunterricht im 17. Jahrhundert

			**	▨	⊙
643	10 (Pf)	bläulichgrün/grauschwarz . . . . pg	2,—	1,40	2,—
644	20 (Pf)	dunkelrotorange/schwärzlichgrau . . . ph	0,30	0,20	0,50
		Satzpreis (2 W.)	2,20	1,60	2,50
		FDC (A)			35,—

Auflagen: MiNr. 643 = 1 1000 000, MiNr. 644 = 6 000 000 Stück

Gültig bis 31.3.1960

1958, 7. Aug. 10 Jahre Pionierorganisation Ernst Thälmann. ⓔ **Klöpfel; Odr. DWD (10×5); Wz. 3 X; gez. K 12½:13.**

pi) Hornist, Pionierwimpel, Zeltlager

pk) Junge Pioniere, Fahne der Organisation

			**	▨	⊙
645	10 + 5 (Pf)	(dunkel)bläulichgrün . . . . pi	0,50	0,30	0,70
646	20 + 10 (Pf)	rot . . . . pk	0,50	0,30	0,70
		Satzpreis (2 W.)	1,—	0,60	1,40
		FDC			1,50

Auflage: 2 000 000 Sätze *Gültig bis 31.3.1960*

1958, 19. Aug. 400 Jahre Friedrich-Schiller-Universität Jena. ⓔ **Schoner; Odr. DWD (5×10); Wz. 3 Y; gez. K 13:12½.**

pl) Siegel der Universität

pm) Universitätsgebäude

			**	▨	⊙
647	5 (Pf)	dunkelgrau/schwarz . pl	1,80	1,40	2,—
648	20 (Pf)	dunkelbräunlichrot/grau . . . . pm	0,40	0,30	0,50
		Satzpreis (2 W.)	2,20	1,60	2,50
		FDC			3,—

Auflagen: MiNr. 647 = 1 100 000, MiNr. 648 = 6 000 000 Stück

Gültig bis 31.3.1960

1958, 29. Aug. Leipziger Herbstmesse. ⓔ **Prieß; Odr. DWD (5×10); Wz. 3 X; gez. K 13:12½.**

pn) Frau in hamsterfellgefüttertem Mantel, Leipziger Hauptbahnhof

po) Frau in Karakul-Pelzmantel, Altes Rathaus Leipzig

			**	▨	⊙
649	10 (Pf)	dunkelgelblichgrün/dunkelsiena . . . . pn	0,40	0,30	0,40
650	25 (Pf)	dunkelkobalt/schwarz . . . . po	0,40	0,30	0,60
		Satzpreis (2 W.)	0,80	0,60	1,—
		FDC			1,—

Auflagen: MiNr. 649 = 7 000 000, MiNr. 650 = 4 000 000 Stück

Gültig bis 31.3.1960

1958, 15. Sept. Einweihung der Nationalen Gedenkstätte Buchenwald. MiNr. 538 mit Aufdruck. ⓔ **Weiß; Odr. DWD (5×5); Wz. 3 X; gez. K 13½:13.**

pp) Glockenturm der Gedenkstätte Buchenwald, Aufdruck

			**	▨	⊙
651	20 + 20 (Pf)	(lebhaft)karminrot/(braun)schwarz pp	0,80	0,70	1,20
		FDC			2,50

Auflage: 2 000 000 Stück *Gültig bis 31.3.1961*

Ohne Aufdruck und Wz. 2 Y siehe MiNr. 538

1958, 15. Sept. Blockausgabe: Einweihung der Nationalen Gedenkstätte Buchenwald. ⓔ **Bengs; RaTdr. GW; Wz. 3 X; B = ☐.**

ob oc od pr

			**	⊙
606 B	20 + 10 (Pf)	dunkelgraulila/grau . . . . ob	12,—	20,—
607 B	25 + 15 (Pf)	schwarzviolettultramarin/grau . . . . oc	12,—	20,—
608 B	40 + 20 (Pf)	dunkelbläulichviolett/grau . . . . od	12,—	20,—
Block 15	(140×95 mm)	. . . . pr	60,—	160,—
		FDC*		1000,—
		Ⓢ		130,—

*) kein amtlicher FDC

Der Block wurde bei den meisten Postämtern erst ab 23.10.1958 verkauft.

Postpreis: 1,50 DM

Auflage: 440 000 Blocks *Gültig bis 31.3.1961*

MiNr. 606–608 gezähnt siehe MiNr. 606 A–608 A

MiNr. 652–654 fallen aus.

1958, 19. Sept. Volkskampf gegen den Atomtod. 🄴 **Sauer; Odr. DWD (5×10); Wz. 3 X; gez. K 13:13½.**

ps) Drei Arme von Menschen verschiedener Hautfarbe zerbrechen Atombombe

			✱✱	⊘	⊙
655	20 (Pf)	lilarot . . . . ps	0,40	0,20	0,30
656	25 (Pf)	dunkelcyanblau . . . . ps	0,60	0,30	0,70
		Satzpreis (2 W.)	1,—	0,50	1,—
		FDC (A)			20,—

Auflagen: MiNr. 655 = 6 000 000, MiNr. 656 = 4 000 000 Stück

Gültig bis 31.3.1960

1958, 19. Sept. Erste Sommerspartakiade der befreundeten Armeen, Leipzig. 🄴 **Leisner; Odr. DWD (10×5); Wz. 3 X; gez. K 13½:13.**

pt) Soldat beim Überwinden einer Eskaladierwand

pu) Emblem der Spartakiade

pv) Sportler mit roter Fahne, Landkarte

			✱✱	⊘	⊙
657	10 (Pf)	mittelgrün/dunkelbraun . . . . pt	2,—	1,20	2,—
658	20 (Pf)	bräunlichkarmin/orangegelb . . . . pu	0,40	0,30	0,50
659	25 (Pf)	lebhafttürkisblau/lebhaftrot . . . . pv	0,40	0,30	0,50
		Satzpreis (3 W.)	2,80	1,60	3,—
		FDC			3,—

Auflagen: MiNr. 657 = 1 145 000, MiNr. 658 = 6 000 000, MiNr. 659 = 3 500 000 Stück

Gültig bis 31.3.1960

1958, 23. Okt. Tag der Briefmarke. 🄴 **Bengs; Odr. DWD (5×10); Wz. 3 Y; gez. K 13:12½.**

pw) Vierspänniger Postwagen der sächsischen Personenpost (17. Jahrhundert)

px) Vierachsiger Bahnpostwagen und Verkehrsflugzeug Typ 152

			✱✱	⊘	⊙
660	10 (Pf)	schwärzl'opalgrün . pw	2,50	1,50	2,50
661	20 (Pf)	lebh'braunkarmin . . . px	0,50	0,30	0,50
		Satzpreis (2 W.)	3,—	1,70	3,—
		FDC			3,50

Auflagen: MiNr. 660 = 1 100 000, MiNr. 661 = 6 000 000 Stück

Gültig bis 31.3.1960

1958, 7. Nov. 40. Jahrestag der Novemberrevolution in Deutschland. 🄴 **Zimmermann; Odr. DWD (10×5); Wz. 3 X; gez. K 12½:13.**

py) Arbeiter mit Gewehr, Soldat der Nationalen Volksarmee

			✱✱	⊘	⊙
662	20 (Pf)	schwärzlichviolettbraun/zinnoberrot . . . . py	11,—	19,—	65,—
		FDC Ⓢ			90,—
		FDC Ⓣ			75,—

MiNr. 662 wurde noch am Ausgabetag gegen 15.00 Uhr mit KS-Telegramm Nr. 5 vom Schalterverkauf zurückgezogen. Bereits der Post zur Beförderung übergebene Sendungen, auch solche aus Briefkästen, wurden gestempelt befördert und ohne Beanstandungen zugestellt. Entwertungen vom 7.11.1958 bis 16.00 Uhr kommen vor. Bei einigen Postämtern wurde die Marke entgegen den Anweisungen noch am 8.11. entwertet; auch spätere Verwendung ohne Beanstandung bekannt. Alle anderen Sendungen mussten mit einem zusätzlichen Postwertzeichen freigemacht werden. Es gibt auch Briefe, bei denen MiNr. 662 mit einer gültigen Marke überklebt wurde (selten).

Ⓢ Der Sonderstempel (Bild eines Matrosen) wurde beim Postamt Berlin W 8 am 7.11.1958 bis 14.00 verwendet. Es gibt wenige FDC mit diesem. Die Marken wurden für ungültig erklärt und gegen gültige Postwertzeichen umgetauscht.

Vom 11. bis 21.11.1958 war MiNr. 662 wieder zur Freimachung zugelassen und wurde meist entwertet, manchmal erst beim Zustellpostamt. Ab 22.11.1958 wurde MiNr. 662 blau umrandet und der Stempel neben die Marke gesetzt. Teilweise wurde Nachgebühr erhoben.

Vorsicht vor auf den Ersttag rückdatierten Stempelverfälschungen!

Auflage: 1 500 000, davon 726 000 Stück am Ausgabetag verkauft

1958, 24. Nov. Bau des Seehafens Rostock (II). 🄴 **Bengs; Odr. DWD (10×5); Wz. 3 Y; gez. K 13½:13.**

pz) Frachtschiff „Freundschaft“ beim Löschen der Ladung im Rostocker Hafen

ra) Frachtschiff „Frieden“ beim Einlaufen in den Rostocker Hafen

			✱✱	⊘	⊙
663	10 (Pf)	opalgrün . . . . pz	0,30	0,20	0,20
664	25 (Pf)	cyanblau . . . . ra	1,40	1,50	2,20
		Satzpreis (2 W.)	1,60	1,60	2,40
		FDC			2,50

Auflagen: MiNr. 663 = 7 000 000, MiNr. 664 = 1 100 000 Stück

Gültig bis 31.3.1960

Weitere Ausgaben „Seehafen Rostock“: MiNr. 634, MiNr. 663 mit Aufdruck siehe MiNr. 763

1958, 29. Nov. 10 Jahre Magistrat von Groß-Berlin, Wiederherstellung des Brandenburger Tores. 🄴 **Friebel; Odr. DWD (5×10); Wz. 3 Y; gez. K 13:13½.**

rb) Brandenburger Tor, Berlin

			✱✱	⊘	⊙
665	20 (Pf)	lebhaftlilarot . . . . rb	0,50	0,30	0,50
666	25 (Pf)	schwärzlichpreußischblau . . . . rb	3,50	2,—	3,—
		Satzpreis (2 W.)	4,—	2,20	3,50
		FDC			6,—

Auflagen: MiNr. 665 = 7 000 000, MiNr. 666 = 1 100 000 Stück

Gültig bis 31.3.1960

1958, 2. Dez. Von der Sowjetunion zurückgeführte antike Kunstschätze (I). 🄴 **Wittkugel; Odr. DWD (10×5); Wz. 3 X; gez. K 13½:13.**

rc) Mädchenkopf aus einem griechischen Grabrelief (5. Jahrh. v. Chr.)

rd) Gigantenkopf aus dem Fries des Pergamon-Altars

			✱✱	⊘	⊙
667	10 (Pf)	hellbläulichgrün/schwarz . . . . rc	1,80	1,30	2,—
668	20 (Pf)	hellkarminrot/schwarz . . . . rd	0,30	0,30	0,50
		Satzpreis (2 W.)	2,—	1,50	2,50
		FDC			3,—

Auflagen: MiNr. 667 = 1 100 000, MiNr. 668 = 7 000 000 Stück

Gültig bis 31.3.1960

Weitere Ausgabe „Von der Sowjetunion zurückgeführte antike Kunstschätze“ siehe MiNr. 742–745

1958, 10. Dez. 10. Jahrestag der Allgemeinen Erklärung der Menschenrechte durch die UNO. 🄴 Stauf; Odr. DWD (5×10); Wz. 3 Y; gez. K 13:12½.

re) Afrikaner und Europäer

rf) Asiatin und Europäerin

				**	⊘	⊙
669	10 (Pf)	opalgrün/schwarz . . .	re	0,30	0,30	0,40
670	25 (Pf)	lebhaftgrünlichblau/ schwarz	rf	2,50	1,40	2,—
		Satzpreis (2 W.)		2,80	1,50	2,20
		FDC (A)				15,—

Auflagen: MiNr. 669 = 3 000 000, MiNr. 670 = 1 100 000 Stück

Gültig bis 31.3.1960

1958, 27. Dez. 1. Todestag von Otto Nuschke. 🄴 Klöpfel; Odr. DWD (10×5); Wz. 3 X; gez. K 13½:13.

rg) O. Nuschke (1883–1957), Politiker, Journalist, stellvertretender Vorsitzender des Ministerrats der DDR

				**	⊘	⊙
671	20 (Pf)	lebhaftrot	rg	0,40	0,40	0,70
		FDC (A)				15,—

Auflage: 3 000 000 Stück *Gültig bis 31.3.1960*

1958, 30. Dez. 40 Jahre Kommunistische Partei Deutschlands (KPD). 🄴 Prieß; Odr. DWD (5×10); Wz. 3 Y; gez. K 13:12½.

rh) Titel der Zeitung „Die Rote Fahne“, rote Fahne

				**	⊘	⊙
672	20 (Pf)	lebhaftrot	rh	0,50	0,40	0,70
		FDC (A)				15,—

Auflage: 5 000 000 Stück *Gültig bis 31.3.1960*

1959

1959, 3. Jan. 83. Geburtstag von Präsident Wilhelm Pieck. 🄴 Bengs; RaTdr. GW (10×5); Wz. 3 X; gez. K 13½:13.

ri) W. Pieck (1876–1960), Mitbegründer des Spartakusbundes und der KPD, erster Präsident der DDR

				**	⊘	⊙
673	20 (Pf)	schwärzl'orangerot . .	ri	0,60	0,30	0,50
		FDC (A)				15,—

Vorsicht! MiNr. 673 ist wasserempfindlich!

Auflage: 4 500 000 Stück *Gültig bis 31.3.1962*

In gleicher Zeichnung, grauschwarz: MiNr. 784

1959, 15. Jan. 40. Todestag von Rosa Luxemburg und Karl Liebknecht. 🄴 Stauf; Odr. DWD (5×10); Wz. 3 Y; gez. K 13:13½.

rk) R. Luxemburg (1870 bis 1919), Politikerin, Mitbegründerin der KPD; Rede vor einer Versammlung

rl) K. Liebknecht (1871–1919), Politiker; Ansprache vor Arbeitern

				**	⊘	⊙
674	10 (Pf)	dunkelopalgrün/ schwärzlichgrau	rk	2,60	1,60	2,50
675	20 (Pf)	dunkelbräunlichrot/ grauschwarz	rl	0,30	0,20	0,50
		Satzpreis (2 W.)		2,80	1,80	3,—
		FDC				3,—

Auflagen: MiNr. 674 = 1 100 000, MiNr. 675 = 8 000 000 Stück

Gültig bis 31.3.1961

1959, 28. Febr. 150. Geburtstag von Felix Mendelssohn Bartholdy (1809–1847), Komponist. 🄴 Israel; StTdr. DWD (5×10); Wz. 3 Y; gez. K 14.

rm) Gewandhaus, Leipzig

rn) Noten des Einleitungsthemas zum ersten Satz der Sinfonie Nr. 4 A-Dur (Italienische Sinfonie)

				**	⊘	⊙
676	10 (Pf)	dkl'opalgrün auf grünweiß	rm	0,50	0,40	1,—
677	25 (Pf)	dkl'blau auf blauweiß	rn	2,—	3,50	6,—
		Satzpreis (2 W.)		2,40	3,80	7,—
		FDC (A)				9,—

Auflagen: MiNr. 676 = 8 000 000, MiNr. 677 = 4 100 000 Stück

Gültig bis 31.3.1961

1959, 28. Febr. Leipziger Frühjahrsmesse. 🄴 Dorfstecher; Odr. DWD (5×10); Wz. 3 Y; gez. K 13:12½.

ro) Sinnbildliche Darstellung des Kombinats „Schwarze Pumpe“; Messezeichen

rp) Schmalfilmkamera und Fotoapparate aus dem VEB Kamera- und Kinowerke, Dresden; Messezeichen

				**	⊘	⊙
678	20 (Pf)	lilarot	ro	0,40	0,30	0,50
679	25 (Pf)	mittel(grau)violettultramarin	rp	0,50	0,30	0,50
		Satzpreis (2 W.)		0,90	0,40	1,—
		FDC				1,—

Auflagen: MiNr. 678 = 8 000 000, MiNr. 679 = 4 000 000 Stück

Gültig bis 31.3.1961

1959, 2. April. 5 Jahre Jugendweihe. 🄴 Skribelka; Odr. DWD (10×5); Wz. 3 Y; gez. K 13½:13.

rr

rs

rr–rs) Junge und Mädchen mit dem Buch „Weltall, Erde, Mensch“, sinnbildliche Darstellungen aus Industrie und Landwirtschaft

				**	⊘	⊙
680	10 (Pf)	mattgrünoliv/ schwarz	rr	2,—	1,30	2,—
681	20 (Pf)	hellrotorange/ schwarz	rs	0,30	0,30	0,50
		Satzpreis (2 W.)		2,20	1,50	2,50
		FDC (A)				6,—

Auflagen: MiNr. 680 = 1 100 000, MiNr. 681 = 8 000 000 Stück

Gültig bis 31.3.1961

1959, 27. April. 200. Todestag von Georg Friedrich Händel. 🄴 Bengs; Odr. DWD (10×5); Wz. 3 Y; gez. K 13½:13.

rt) Händelstandbild, Halle; Stadtwappen, Oboe

ru) G. F. Händel (1685–1759), Komponist

			★★	▨	⊙
682	10 (Pf)	dunkelopalgrün/ grauschwarz . . . . rt	2,20	1,40	2,—
683	20 (Pf)	mittelkarminrot/ grauschwarz . . . . ru	0,30	0,30	0,50
		Satzpreis (2 W.)	2,40	1,60	2,50
		FDC			2,50

Auflagen: MiNr. 682 = 1 100 000, MiNr. 683 = 8 000 000 Stück

Gültig bis 31.3.1961

1959, 6. Mai. 100. Todestag von Alexander von Humboldt. 🄴 Thieme; Odr. DWD (10×5); Wz. 3 Y; gez. K 13½:13.

rv) A. von Humboldt (1769–1859), Naturforscher und Gelehrter; mittelamerikanische Landschaft

rw) A. v. Humboldt; Schlitten in sibirischer Winterlandschaft

			★★	▨	⊙
684	10 (Pf)	schwärzlichopalgrün . rv	1,80	1,40	2,—
685	20 (Pf)	bräunlichrot . . . . rw	0,40	0,30	0,50
		Satzpreis (2 W.)	2,20	1,60	2,50
		FDC			2,50

Auflagen: MiNr. 684 = 1 100 000, MiNr. 685 = 8 000 000 Stück

Gültig bis 31.3.1961

1959, 30. Mai. Konferenz der Minister des Post- und Fernmeldewesens der sozialistischen Länder (OSS), Berlin. 🄴 Vogenauer; Odr. DWD (10×5); Wz. 3 Y; gez. K 13½:13.

rx) Emblem der Konferenz

			★★	▨	⊙
686	20 (Pf)	mehrfarbig . . . . rx	0,40	0,30	0,50
687	25 (Pf)	mehrfarbig . . . . rx	1,—	1,—	1,50
		Satzpreis (2 W.)	1,40	1,20	2,—
		FDC			2,50

Auflagen: MiNr. 686 = 8 000 000, MiNr. 687 = 1 100 000 Stück

Gültig bis 31.3.1961

1959, 26. Juni. Naturschutz. 🄴 Oehlke; Odr. DWD (5×10); Wz. 3 Y; gez. K 13:13½.

ry) Fisch- oder Graureiher (Ardea cinerea) und Gemeine Kiefer (Pinus sylvestris)

rz) Rohrdommel (Botaurus stellaris) und Gemeines Schilfrohr (Phragmites communis)

sa) Tagpfauenauge (Vanessa io) und Maiglöckchen (Convallaria majalis)

sb) Elbebiber (Castor fiber albicus)

sc) Honigbiene (Apis mellifera) und Salweide (Salix caprea)

			★★	▨	⊙
688	5 (Pf)	mehrfarbig . . . . ry	0,30	0,30	0,30
689	10 (Pf)	mehrfarbig . . . . rz	0,30	0,30	0,30
690	20 (Pf)	mehrfarbig . . . . sa	0,30	0,30	0,30
691	25 (Pf)	mehrfarbig . . . . sb	0,50	0,30	0,30
692	40 (Pf)	mehrfarbig . . . . sc	7,50	4,50	5,50
		Satzpreis (5 W.)	8,50	5,—	6,—
		FDC 1 (MiNr. 688–690)			1,50
		FDC 2 (MiNr. 691, 692)			7,—

▨: Im Juni 1960 erschien eine Nachauflage von MiNr. 688–691 mit gedrucktem Stempel LEIPZIG C 1 ce 03.3.60–17.

Auflagen: MiNr. 688–690 je 6 000 000, MiNr. 691 = 5 000 000, MiNr. 692 = 1 100 000 Stück

Gültig bis 31.3.1961

In gleicher Aufmachung: MiNr. 737–741

1959, 29. Juni. Von der Sowjetunion zurückgeführte Gemälde der Dresdener Gemäldegalerie (III). 🄴 Gruner; RaTdr. GW (10×5); Wz. 3 X; gez. K 13½:13.

sd) Selbstbildnis im Kostüm einer Vestalin; von Angelica Kauffmann (1741–1807), schweizer.-italien. Malerin und Radiererin

se) Die Dame mit dem Klöppelkissen; von Gabriel Metsu (1629 bis 1667), niederl. Maler

sf) Des Meisters Nichte Mlle. Lavergne; von Jean-Etienne Liotard (1702–1789), frz.-schweizer. Maler

sg) Die Alte mit dem Kohlenbecken; von Peter Paul Rubens (1577–1640), flämischer Maler

sh) Junger Mann im schwarzen Rock; von Frans Hals (1581/85–1666), holländ. Maler

			★★	▨	⊙
693	5 (Pf)	schwärzlichbraun- oliv . . . . sd	0,30	0,30	0,30
694	10 (Pf)	schwarzsmaragd- grün . . . . se	0,30	0,30	0,30
695	20 (Pf)	schwärzl'rotorange . . sf	0,30	0,30	0,30
696	25 (Pf)	dunkelrötlichbraun . . sg	0,50	0,30	0,50
697	40 (Pf)	dunkelbraunlila . . . . sh	6,50	3,50	5,—
		Satzpreis (5 W.)	7,50	4,—	6,—
		FDC 1 (MiNr. 693–695)			1,50
		FDC 2 (MiNr. 696, 697)			6,—

Auflagen: MiNr. 693–695 je 6 000 000, MiNr. 696 = 4 000 000, MiNr. 697 = 1 100 000 Stück

Gültig bis 31.3.1961

Weitere Ausgaben „Von der Sowjetunion zurückgeführte Gemälde…": MiNr. 504–509, 586–591

1959, 2. Juli. Heimische Vögel. 🄴 Brylka; Odr. DWD (5×10); Wz. 3 Y; gez. K 13:13½.

si) Kormoran (Phalacrocorax carbo)

sk) Schwarzstorch (Ciconia nigra)

sl) Uhu (Bubo bubo)

sm) Birkhuhn (Tetrao tetrix)

sn) Wiedehopf (Upupa epops)

so) Wanderfalke (Falco peregrinus)

			★★	▨	⊙
698	5 (Pf)	gelb/schwarz . . . . si	0,30	0,30	0,40
699	10 (Pf)	mattgrün/schwarz . . sk	0,30	0,30	0,40
700	15 (Pf)	mattblauviolett/ schwarz . . . . sl	6,50	3,20	4,—
701	20 (Pf)	hellrosa/schwarz . . . sm	0,30	0,30	0,40
702	25 (Pf)	hellgrünlichblau/ schwarz . . . . sn	0,30	0,30	0,40

				★★	⊘	⊙
703	40 (Pf)	graurot/schwarz . . . . so		0,30	0,30	0,40
			Satzpreis (6 W.)	7,50	4,—	6,—
			FDC 1 (MiNr. 698, 699, 703)			2,—
			FDC 2 (MiNr. 700–702)			6,—

Auflagen: MiNr. 698 und 702 je 5 000 000, MiNr. 699 und 701 je 6 000 000, MiNr. 700 = 1 100 000, MiNr. 703 = 4 500 000 Stück

Gültig bis 31.3.1961

1959, Juli. Freimarke: Fünfjahrplan (A = VII, B = VIII). Ⓔ Gruner; Bdr. DWD Bogen (B) (10×10) und Markenheftchen (MH); X = Wz. 3 X, gestrichenes, Y = Wz. 3 Y, normales Papier; A = gez. K 13:12½, B = gez. K 14.

fz

			★★	⊘	⊙
704	10 (Pf)	bläulichgrün . . . . fz			
A		gez. K 13:12½			
X		Wz. 3 X (B) (MH) . . .	0,70	0,50	1,—
Y		Wz. 3 Y (MH) . . . . . 1200,—			
B X		gez. K 14 (B)	1,50	0,50	1,—

MiNr. 704 ohne Namen des Zeichners und Stechers auf dem Markenunterrand.

MiNr. 704 A X wurde auch in Markenheftchen (MH 3) ausgegeben, MiNr. 704 A Y stammt nur aus Markenheftchen.

Gültig bis 31.12.1962, jedoch bis 6.1.1963 nicht beanstandet

Weitere Ausgaben siehe Zusammenfassung nach Jahreszusammenstellungen

1959, 25. Juli. Weltfestspiele der Jugend und Studenten, Wien. Ⓔ Prieß; Odr. DWD (MiNr. 705 10×5, MiNr. 706 5×10); Wz. 3 Y; MiNr. 705 gez. K 12½:13, MiNr. 706 ~.

sp) Jugendliche verschiedener Hautfarbe, Emblem

sr) Weißes und schwarzes Mädchen, Emblem

				★★	⊘	⊙
705	20 (Pf)	rosarot (Töne) . . . . . sp		0,40	0,30	0,50
706	25 (Pf)	cyanblau . . . . sr		1,20	1,—	1,50
			Satzpreis (2 W.)	1,60	1,30	2,—
			FDC			3,—

Auflagen: MiNr. 705 = 4 500 000, MiNr. 706 = 1 100 000 Stück

Gültig bis 31.3.1961

1959, 10. Aug. Deutsches Turn- und Sportfest, Leipzig. Ⓔ Wittkugel; Odr. DWD (5×10); Wz. 3 X; gez. K 13:13½.

ss) Gymnastik mit Reifen

st) Hochsprung

su) Turnen am Seitpferd

sv) Gymnastik mit den Keulen

sw) Feuerwerk über Leipziger Zentralstadion, Glockenturm

				★★	⊘	⊙
707	5 + 5 (Pf)	rötlichorange . . . . . ss		0,30	0,30	0,40
708	10 + 5 (Pf)	schwärzl'opalgrün . st		0,30	0,30	0,40
709	20 +10 (Pf)	lilarot . . . . su		0,30	0,30	0,40
710	25 +10 (Pf)	dunkelcyanblau . . . sv		0,30	0,30	0,40
711	40 +20 (Pf)	(lila)purpur . . . . sw		2,20	0,70	1,50
			Satzpreis (5 W.)	3,40	1,60	3,—
			FDC 1 (MiNr. 707, 708, 711)			4,50
			FDC 2 (MiNr. 709, 710)			1,50

Vorsicht! MiNr. 711 ist sehr wasserempfindlich!

Im März 1960 erschien eine Nachauflage von MiNr. 707–710 mit gedruckten Stempeln LEIPZIG C 1 ce 03.3.60–17 und LEIPZIG C 1 df–4.3.60-15.

Auflagen: MiNr. 707 = 5 000 000, MiNr. 708 und 709 je 3 000 000, MiNr. 710 = 2 500 000, MiNr. 711 = 1 100 000 Stück

Gültig bis 31.3.1961

1959, 17. Aug. Leipziger Herbstmesse. Ⓔ Deutschendorf; Odr. DWD (5×10); Wz. 3 Y; gez. K 13:12½.

sx) Neubauten in Leipzig, Teil einer stilisierten Erdkugel, Messezeichen

				★★	⊘	⊙
712	20 (Pf)	hellrot/mittelgrau . . . sx		0,50	0,40	0,70
			FDC			1,20

Auflage: 6 000 000 Stück *Gültig bis 31.3.1961*

1959, 1. Sept. 75 Jahre Jenaer Glaswerke. Ⓔ Bengs; Odr. DWD (MiNr. 713 5×10, MiNr. 714 10×5); Wz. 3 Y; MiNr. 713 gez. K 13:12½, MiNr. 714 ~.

sy) Teegeschirr aus Jenaer Glas

sz) Labor-Bi-Destillationsapparat

				★★	⊘	⊙
713	10 (Pf)	lebh'bläulichgrün . . . sy		0,30	0,30	0,50
714	25 (Pf)	mittelblau . . . . sz		2,40	1,50	2,—
			Satzpreis (2 W.)	2,60	1,80	2,50
			FDC			3,—

Auflagen: MiNr. 713 = 5 000 000, MiNr. 714 = 1 100 000 Stück

Gültig bis 31.3.1961

1959, 3. Sept. Aufbau der Nationalen Gedenkstätte Ravensbrück: KZ-Opfer der SPD und KPD. Ⓔ Skribelka; RaTdr. GW (10×5); Wz. 3 Y; gez. K 13½:13.

ta) Tilde Klose (1892–1945)

tb) Käthe Niederkirchner (1909–1944)

tc) Charlotte Eisenblätter (1903–1944)

td) Olga Benario-Prestes (1908–1942)

te) Maria Grollmuss (1896–1944)

				★★	⊘	⊙
715	5 + 5 (Pf)	mehrfarbig . . . . ta		0,30	0,30	0,50
716	10 + 5 (Pf)	mehrfarbig . . . . tb		0,30	0,30	0,50
717	15 +10 (Pf)	mehrfarbig . . . . tc		0,30	0,30	0,50
718	20 +10 (Pf)	mehrfarbig . . . . td		0,30	0,30	0,50
719	25 +15 (Pf)	mehrfarbig . . . . te		0,50	1,20	2,—
			Satzpreis (5 W.)	1,50	2,40	4,—
			FDC 1 (MiNr. 715–717)			2,—
			FDC 2 (MiNr. 718, 719)			3,50

Auflagen: MiNr. 715 und 717 je 2 500 000, MiNr. 716 und 718 je 3 000 000, MiNr. 719 = 1 100 000 Stück

Gültig bis 31.3.1961

In gleicher Aufmachung: MiNr. 606–608, 635–639, 752–756, 765 bis 767

1959, 11. Sept. Einweihung der Nationalen Mahn- und Gedenkstätte Ravensbrück. Zeichnung wie MiNr. 567 mit Datums-Eindruck. Ⓔ Skribelka; Odr. DWD (5×5); Wz. 3 Y; gez. K 13½:13.

tf) Mahnmal Ravensbrück mit Blick auf den See

				★★	⊘	⊙
720	20 +10 (Pf)	lilarot/ schwarz . . . . tf		0,70	0,40	0,70
			FDC			1,30

Auflage: 3 000 000 Stück *Gültig bis 31.3.1961*

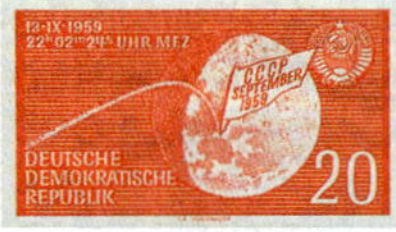

1959, 21. Sept. Landung der sowjetischen Weltraumrakete „Lunik 2" auf dem Mond. Ⓔ **Vogenauer; Odr. DWD (5×5); X = Wz. 3 X, Y = Wz. 3 Y; gez. K 13½:13.**

tg) Mond, Raketenflugbahn, Landungsdaten, Staatswappen der UdSSR

				★★	◎	⊙
721	20 (Pf)	lebhaftrot .... tg				
X		Wz. 3 X			—,—	
Y		Wz. 3 Y		0,80	0,50	1,—
		FDC (A)				5,—

Im Februar 1960 erschien eine Nachauflage mit gedrucktem Stempel BERLIN W 8 ad–4.2.60–12.

Auflage: 6 000 000 Stück *Gültig bis 31.3.1961*

1959, 6. Okt. 10 Jahre Deutsche Demokratische Republik. Ⓔ **Grünewald; Odr. DWD (10×5); X = Wz. 3 X, Y = Wz. 3 Y; gez. K 13½:13.**

th) Mähdrescher

ti) FDGB-Erholungsheim Fritz Heckert

tk) Dresdner Zwinger

tl) Hüttenarbeiter, Werkanlage

tm) Chemiker, Kombinat

tn) Zentralstadion Leipzig

to) Traktorfahrerin

tp) Passagierflugzeug

tr) Hochseehandelsschiff in der Werft

ts) Erster Kernreaktor der DDR

th–ts) Auf jeder Marke außerdem Fahne der DDR

			★★	◎	⊙
722 Y	5 (Pf)	mehrfarbig .... th	0,30	0,30	0,50
723	10 (Pf)	mehrfarbig .... ti			
X		Wz. 3 X	—,—	—,—	—,—
Y		Wz. 3 Y	0,30	0,30	0,50
724 Y	15 (Pf)	mehrfarbig .... tk	0,30	0,30	0,50
725 Y	20 (Pf)	mehrfarbig .... tl	0,30	0,30	0,50
726 Y	25 (Pf)	mehrfarbig .... tm	0,30	0,30	0,50
727	40 (Pf)	mehrfarbig .... tn			
X		Wz. 3 X	40,—		50,—
Y		Wz. 3 Y	0,30	0,30	0,50
728 Y	50 (Pf)	mehrfarbig .... to	0,30	0,30	0,50
729 Y	60 (Pf)	mehrfarbig .... tp	0,30	0,30	0,50
730 Y	70 (Pf)	mehrfarbig .... tr	0,30	0,30	0,50
731 Y	1 DM	mehrfarbig .... ts	0,50	0,60	1,—
		Satzpreis (10 W.)	2,20	2,40	5,—
		FDC 1 (MiNr. 722, 724, 728)			2,—
		FDC 2 (MiNr. 723, 727, 729)			2,50
		FDC 3 (MiNr. 725, 731)			2,50
		FDC 4 (MiNr. 726, 730)			1,50

MiNr. 722–731 wurden auf dünnem und dickem Papier gedruckt (Preise gleich!).

MiNr. 723 X hat seit vielen Jahren nicht vorgelegen. Um Ihren Nachweis zu erbringen, wird um Meldung an den BPP gebeten.

Auflagen:

MiNr. 722 = 11 500 000	MiNr. 726 = 11 500 000	MiNr. 730 = 14 000 000
MiNr. 723 = 45 000 000	MiNr. 727 = 8 000 000	MiNr. 731 = 2 500 000
MiNr. 724 = 3 500 000	MiNr. 728 = 3 500 000	
MiNr. 725 = 33 000 000	MiNr. 729 = 3 000 000	

Gültig bis 31.12.1962, jedoch bis 6.1.1963 nicht beanstandet

Wenn bei einzelnen Ausgaben nicht ausdrücklich anders angegeben, gelten die ◎-Preise für amtliche (Bogen-)Entwertungen für philatelistische Zwecke von Hand (siehe „Briefmarken-Qualitätsstufen" im Einleitungsteil, Abb. 24 oder 27); gedruckte Stempel (meist Abb. 27) werten, wenn nicht bei einzelnen Ausgaben anders angegeben, ca. 50% der ◎-Preise!

1959, 28. Okt. 1. Todestag von Johannes Robert Becher. Ⓔ **Ilgenfritz; Odr. DWD (5×5 Zd); Wz. 3 Y; gez. K 13:13½.**

tt) J. R. Becher (1891–1958), Schriftsteller

			★★	◎	⊙
732	20 (Pf)	rot/dkl'preußischblau tt	1,60	0,30	0,50
		FDC			*50,—*
		Zusammendruck	2,40	1,—	1,50
		FDC			2,80

MiNr. 732 wurde mit senkrecht anhängendem Zierfeld gedruckt.

Auflage: 6 000 000 Stück *Gültig bis 31.3.1961*

1959, 10. Nov. 200. Geburtstag von Friedrich Schiller. Ⓔ **Müller; StTdr. DWD (5×10); Wz. 3 Y; gez. K 14.**

tu) Wohnhaus Schillers in Weimar

tv) F. Schiller (1759–1805), Dichter

			★★	◎	⊙
733	10 (Pf)	schwärzlichblaugrün auf grauweiß .... tu	1,90	1,40	2,—
734	20 (Pf)	braunkarmin auf weißrosa .... tv	0,70	0,30	0,50
		Satzpreis (2 W.)	2,50	1,50	2,50
		FDC			2,50

Auflagen: MiNr. 733 = 1 100 000, MiNr. 734 = 13 500 000 Stück

Gültig bis 31.3.1961

1959, 17. Nov. Tag der Briefmarke. Ⓔ **Bengs; Odr. DWD (10×5); Wz. 3 Y; gez. K 13½:13.**

tw) Postreiter, Postmeilensäule (18. Jh.)

tx) Zustellerin mit Moped

			★★	◎	⊙
735	10 (Pf)	schwärzl'opalgrün . . tw	1,70	1,30	2,—
736	20 (Pf)	lebhaftlilakarmin .... tx	0,30	0,30	0,40
		Satzpreis (2 W.)	2,—	1,50	2,20
		FDC			2,50

Auflagen: MiNr. 735 = 1 100 000, MiNr. 736 = 5 000 000 Stück

Gültig bis 31.3.1961

1959, 27. Nov. Waldtiere. Ⓔ **Stauf; Odr. DWD (5×10); Wz. 3 Y; gez. K 13:12½.**

ty) Eichhörnchen (Sciurus vulgaris)

tz) Europäische Feldhasen (Lepus europaeus)

ua) Rehe (Capreolus capreolus)

ub) Rotwild (Cervus elaphus)

uc) Europäische Luchse (Lynx lynx)

				★★	⊘	⊙
737	5 (Pf)	mehrfarbig	ty	0,50	0,30	0,30
738	10 (Pf)	mehrfarbig	tz	0,60	0,30	0,30
739	20 (Pf)	mehrfarbig	ua	0,60	0,30	0,30
740	25 (Pf)	mehrfarbig	ub	0,70	0,30	0,50
741	40 (Pf)	mehrfarbig	uc	15,—	4,50	6,—
		Satzpreis (5 W.)		17,—	5,—	7,—
		FDC 1 (MiNr. 737, 739, 740)				2,50
		FDC 2 (MiNr. 738, 741)				6,50

Auflagen: MiNr. 737 = 7 000 000, MiNr. 738 = 8 000 000, MiNr. 739 = 6 000 000, MiNr. 740 = 5 500 000, MiNr. 741 = 1 100 000 Stück

Gültig bis 31.3.1961

In gleicher Aufmachung: MiNr. 688–692

1959, 29. Dez. Von der Sowjetunion zurückgeführte antike Kunstschätze (II). 🄴 Wittkugel; Odr. DWD (MiNr. 742–744 10×5, MiNr. 745 5×5); Wz. 3 X; gez. K 13½:13.

ud) Kopf einer attischen Göttin (580 v. Chr.)

ue) Prinzessinnenkopf aus Tell el-Amarna (um 1360 v. Chr.)

uf) Bronzefigur aus Tobrak-Kale, Armenien (700 v. Chr.)

ug) Zeusaltar, Pergamon (185 bis 160 v. Chr.)

				★★	⊘	⊙
742	5 (Pf)	mehrfarbig	ud	0,40	0,30	0,30
743	10 (Pf)	mehrfarbig	ue	0,40	0,30	0,30
744	20 (Pf)	mehrfarbig	uf	0,40	0,30	0,30
745	25 (Pf)	mehrfarbig	ug	1,—	1,—	1,70
		Satzpreis (4 W.)		2,20	1,50	2,50
		FDC				5,—

Auflagen: MiNr. 742 = 5 000 000, MiNr. 743 und 744 je 8 000 000, MiNr. 745 = 1 100 000 Stück

Gültig bis 31.3.1961

Weitere Ausgabe „Von der Sowjetunion zurückgeführte antike Kunstschätze": MiNr. 667–668

1960

1960, 27. Jan. Olympische Sommer- und Winterspiele, Rom und Squaw Valley. 🄴 Volkamer; Odr. DWD (5×10); Wz. 3 Y; gez. K 13:13½.

uh) Boxen

ui) Kurzstreckenlauf

uk) Skispringen

ul) Segeln

				★★	⊘	⊙
746	5 (Pf)	lebhaftsiena/dunkelchromgelb	uh	6,—	3,—	5,—
747	10 (Pf)	schwärzl'smaragdgrün/dunkelchromgelb	ui	0,30	0,30	0,30
748	20 (Pf)	karminrot/dunkelchromgelb	uk	0,30	0,30	0,30
749	25 (Pf)	ultramarin/dunkelchromgelb	ul	0,30	0,30	0,30
		Satzpreis (4 W.)		6,50	3,50	5,50
		FDC 1 (MiNr. 746, 749)				7,—
		FDC 2 (MiNr. 747, 748)				1,—

Im August 1960 erschien eine Nachauflage von MiNr. 749 mit gedrucktem Stempel LEIPZIG C 1 ce 03.3.60–17.

Auflagen: MiNr. 746 = 1 025 000, MiNr. 747 und 748 je 8 005 000, MiNr. 749 = 7 005 000 Stück

Gültig bis 31.3.1962

1960, 17. Febr. Leipziger Frühjahrsmesse. 🄴 Deutschendorf; Odr. DWD (5×10); Wz. 3 Y; gez. K 13:12½.

um) Nordeingang der Technischen Messe, Teil einer stilisierten Erdkugel, Messezeichen

un) Ringmessehaus, Teil einer stilisierten Erdkugel, Messezeichen

				★★	⊘	⊙
750	20 (Pf)	bräunlichrot/mittelgrau	um	0,30	0,20	0,30
751	25 (Pf)	mittelblau/mittelgrau	un	0,30	0,20	0,30
		Satzpreis (2 W.)		0,50	0,40	0,60
		FDC				1,—

Auflagen: MiNr. 750 = 8 000 000, MiNr. 751 = 4 000 000 Stück

Gültig bis 31.3.1962

1960, 25. Febr./5. Mai. Aufbau der Nationalen Gedenkstätte Sachsenhausen: Kz-Opfer. 🄴 Skribelka; MiNr. 752–754 RaTdr. GW, MiNr. 755 und 756 Odr. DWD (10×5); Wz. 3 X; gez. K 13½:13.

uo) Lothar Erdmann (1888–1939)

up) Ernst Schneller (1890–1944)

ur) Lambert Horn (1899–1939)

us) Gustl Sandtner (1893–1944)

nt) Hans Rothbarth (1904–1944)

				★★	⊘	⊙
752	5 + 5 (Pf)	mfg. (25.2.)	uo	0,30	0,30	0,50
753	10 + 5 (Pf)	mfg. (25.2.)	up	0,30	0,30	0,50
754	20 + 10 (Pf)	mfg. (25.2.)	ur	0,30	0,30	0,50
755	25 + 10 (Pf)	mfg. (5.5.)	us	0,30	0,30	0,50
756	40 + 20 (Pf)	mfg. (5.5.)	ut	2,20	3,—	4,—
		Satzpreis (5 W.)		3,20	3,80	6,—
		FDC 1 (MiNr. 752–754)				1,50
		FDC 2 (MiNr. 755, 756)				6,—

Auflagen: MiNr. 752 = 2 500 000, MiNr. 753–755 je 3 000 000, MiNr. 756 = 1 100 000 Stück

Gültig bis 31.3.1962

In gleicher Aufmachung: MiNr. 606–608, 635–639, 715–719, 765 bis 767

Ab MiNr. 755 wurden alle Marken von der Deutschen Wertpapierdruckerei gedruckt.

1960, 7. April. Einheimische Heilpflanzen. 🄴 Friebel; Odr. (10×5); Wz. 3 Y; gez. K 12½:13.

uu) Roter Fingerhut (Digitalis purpurea)

uv) Echte Kamille (Matricaria chamomilla)

uw) Pfefferminze (Mentha piperita)

ux) Schlafmohn (Papaver somniferum)

uy) Heckenrose (Rosa canina)

				★★	◍	⊙
757	5 (Pf)	mehrfarbig . . . . uu		0,30	0,20	0,30
758	10 (Pf)	mehrfarbig . . . . uv		0,30	0,20	0,30
759	15 (Pf)	mehrfarbig . . . . uw		0,30	0,20	0,30
760	20 (Pf)	mehrfarbig . . . . ux		0,30	0,20	0,30
761	40 (Pf)	mehrfarbig . . . . uy		6,50	3,—	5,—
		Satzpreis (5 W.)		7,50	3,60	6,—
		FDC 1 (MiNr. 757, 759, 760)				1,50
		FDC 2 (MiNr. 758, 761)				7,50

Auflagen: MiNr. 757 = 6 000 000, MiNr. 758 = 8 000 000, MiNr. 759 = 5 500 000, MiNr. 760 = 7 000 000, MiNr. 761 = 1 100 000 Stück

Gültig bis 31.3.1962

1960, 22. April. 90. Geburtstag von Wladimir Iljitsch Lenin. Ⓔ Grünewald; StTdr. (10×5); Wz. 3 Y; gez. K 14.

uz) W. I. Lenin (1870–1924), russischer revolutionärer Staatsmann

			★★	◍	⊙
762	20 (Pf)	lilakarmin (Töne) . . . . uz	0,50	0,30	0,50
		FDC			1,—

Auflage: 19 000 000 Stück *Gültig bis 31.3.1962*

1960, 28. April. Inbetriebnahme des Hochseehafens Rostock. MiNr. 663 mit Aufdruck.

pz

			★★	◍	⊙
763	10 (Pf)	opalgrün . . . . pz	0,80	0,50	1,—
		FDC (A)			3,—

Auflage: 6 000 000 Stück *Gültig bis 31.3.1962*

Weitere Ausgaben „Seehafen Rostock“: MiNr. 634, 663–664

1960, 5. Mai. 15. Jahrestag der Befreiung vom Faschismus. Ⓔ Böhnke; Odr. (5×5); Wz. 3 X; gez. K 13:13½.

va) Soldat der Roten Armee mit befreitem Häftling eines Konzentrationslagers

			★★	◍	⊙
764	20 (Pf)	dkl'rosarot (Töne) . . . va	0,50	0,40	0,80
		FDC			1,—

Auflage: 8 000 000 Stück *Gültig bis 31.3.1962*

1960, 8. Juni. Aufbau der Nationalen Gedenkstätte Sachsenhausen: KZ-Opfer. Ⓔ Skribelka; Odr. (10×5); Wz. 3 X; gez. K 13½:13.

vb) Max Lademann (1896–1941)

vc) Lorenz Breunig (1882–1945)

vd) Matthias Thesen (1891–1944)

			★★	◍	⊙
765	10 + 5 (Pf)	mehrfarbig . . . . vb	0,30	0,20	0,30
766	15 + 5 (Pf)	mehrfarbig vc	1,—	0,70	1,50
767	20 + 10 (Pf)	mehrfarbig . . . . vd	0,30	0,20	0,30
		Satzpreis (3 W.)	1,60	1,—	2,—
		FDC			3,—

Auflagen: MiNr. 765 und 767 je 4 000 000, MiNr. 766 = 1 100 000 Stück

Gültig bis 31.3.1962

In gleicher Aufmachung: MiNr. 606–608, 635–639, 715–719, 752 bis 756

1960, 23. Juni. Stapellauf des FDGB-Urlauberschiffs MS „Fritz Heckert“. Ⓔ Prieß; Odr. (5×5); Wz. 3 X; gez. K 13½:13.

ve) Modell und Plan von MS „Fritz Heckert“

vf) MS „Fritz Heckert“ auf der Helling Wismar, Stadtwappen

vg) MS „Fritz Heckert“ und Segelboot vor Stubbenkammer, FDGB-Abzeichen

vh) MS „Fritz Heckert“ vor St. Petersburg (Leningrad), Kreuzer „Aurora“, Wetterfahne des Admiralspalastes

			★★	◍	⊙
768	5 (Pf)	mehrfarbig . . . . ve	0,30	0,20	0,50
769	10 + 5 (Pf)	mehrfarbig . . . . vf	0,30	0,20	0,30
770	20 + 10 (Pf)	mehrfarbig . . . . vg	0,30	0,20	0,30
771	25 (Pf)	mehrfarbig . . . . vh	5,50	6,—	9,—
		Satzpreis (4 W.)	6,—	6,50	10,—
		FDC 1 (MiNr. 768, 771)			9,—
		FDC 2 (MiNr. 769, 770)			1,—

Auflagen: MiNr. 768 = 5 000 000, MiNr. 769 = 3 000 000, MiNr. 770 = 5 500 000, MiNr. 771 = 1 100 000 Stück

Gültig bis 31.3.1962

1960, 2. Juli. Lenin- und Thälmann-Denkmäler. Ⓔ Schoner; Odr. (5×5); Wz. 3 Y; gez. K 13:13½.

vi) Lenin-Denkmal, Lutherstadt Eisleben

vk) Thälmann-Denkmal, Puschkin (UdSSR)

			★★	◍	⊙
772	10 (Pf)	dunkelgraugrün vi	0,30	0,30	0,70
773	20 (Pf)	dunkelrosa . . . . vk	0,30	0,30	0,70
		Satzpreis (2 W.)	0,60	0,60	1,40
		FDC (A)			4,—

Verkauf ab 2.7.1960 in Lutherstadt Eisleben, ab 4.7.1960 bei allen Postämtern.

Auflagen: MiNr. 772 = 4 000 000, MiNr. 773 = 6 000 000 Stück

Gültig bis 31.3.1962

1960, 28. Juli. 250 Jahre Porzellanmanufaktur Meißen. Ⓔ Widmann; Odr. (10×5); Wz. 3 X; gez. K 12½:13.

vl) Maskentänzer

vm) Teller mit Meißner Schwertern

vn) Fischotter

vo) Töpfer

vp) Kaffeekanne

			✱✱	▨	⊙
774	5 (Pf)	dunkelgraublau/ orange vl	0,30	0,30	0,50
775	10 (Pf)	dunkelgraublau/ smaragdgrün . . . . . vm	0,30	0,30	0,30
776	15 (Pf)	dunkelgraublau/ dkl'purpurviolett . . . . vn	4,50	4,50	6,—
777	20 (Pf)	dunkelgraublau/ dkl'orangerot . . . . . . vo	0,30	0,30	0,50
778	25 (Pf)	dunkelgraublau/ lebhaftgelboliv . . . . . vp	0,30	0,30	0,50
		Satzpreis (5 W.)	5,50	5,—	7,50
		FDC 1 (MiNr. 774, 776, 777)			8,—
		FDC 2 (MiNr. 775, 778)			1,—

Auflagen: MiNr. 774, 775 und 777 je 7 000 000, MiNr. 776 = 1 100 000, MiNr. 778 = 6 000 000 Stück

Gültig bis 31.3.1962

1960, 3. Aug. Radweltmeisterschaften, Leipzig, Chemnitz (Karl-Marx-Stadt) und Hohenstein-Ernstthal. Ⓔ **Schoner; Odr. (5×10); Wz. 3 Y; MiNr. 779 gez. K 13:13½, MiNr. 780 gez. K 13:12½.**

vr) Radrennfahrer im Weltmeister-Trikot

vs) Bahnfahrer

			✱✱	▨	⊙
779	20 + 10 (Pf)	mehrfarbig . . . . vr	0,30	0,30	0,50
780	25 + 10 (Pf)	mehrfarbig . . . . vs	1,80	3,50	4,50
		Satzpreis (2 W.)	2,—	3,80	5,—
		FDC			6,50

Auflagen: MiNr. 779 = 4 000 000, MiNr. 780 = 1 100 000 Stück

Gültig bis 31.3.1962

1960, 29. Aug. Leipziger Herbstmesse. Ⓔ **Deutschendorf (MiNr. 781 und 782) und Leitner (MiNr. 782); Odr. (5×10); Wz. 3 Y; gez. K 13:12½.**

vt) Neu erbautes Opernhaus in Leipzig

vu) PKW „Wartburg", Campingausrüstung und Segelboot

			✱✱	▨	⊙
781	20 (Pf)	bräunlichkarmin/ blaugrau . . . . vt	0,40	0,30	0,30
782	25 (Pf)	türkisblau/ lebhaftgraubraun . . . vu	0,40	0,40	0,70
		Satzpreis (2 W.)	0,80	0,50	1,—
		FDC			1,—

Auflagen: MiNr. 781 = 6 000 000, MiNr. 782 = 4 000 000 Stück

Gültig bis 31.3.1962

1960, 8. Sept./1961, 20. April. Nationale Mahn- und Gedenkstätte Sachsenhausen. Ⓔ **Skribelka; Odr. (5×5 und 5×3 Zd); Wz. 3 Y; gez. K 13:13½.**

vv) Mahnmal der Gedenkstätte Sachsenhausen

Zusammendruck

			✱✱	▨	⊙
783	20 + 10 (Pf)	 vv			
a		karminrot (8.9.1960)	0,50	0,40	1,—
b		lilarot (20.4.1961)	1,—	0,30	1,—
		FDC (783 a)			1,30
		Zusammendruck	1,40	0,60	1,30
		FDC			2,—

MiNr. 783 a erschien anlässlich des Internationalen Gedenktages für die Opfer des Faschismus am 8.9.1960; MiNr. 783 b wurde mit waagerecht anhängendem Zierfeld gedruckt und anlässlich der Einweihung der Gedenkstätte am 20.4.1961 ausgegeben.

Auflagen: MiNr. 783 a = 3 000 000, MiNr. 783 b = 3 000 000 Stück

Gültig bis 31.3.1963

1960, 10. Sept. Tod von Präsident Wilhelm Pieck. Ⓔ **Bengs; Odr. (10×5); Wz. 3 X; A = gez. K 13½:13, B = ☐.**

ri) W. Pieck (1876–1960), Mitbegründer des Spartakusbundes und der KPD, erster Präsident der DDR

			✱✱	▨	⊙
784 A	20 (Pf)	schwärzlichgrau . . . ri	0,60	0,40	0,80
		FDC (A)			3,—

Blockausgabe, ☐:

vw

			✱✱	⊙
784 B	20 (Pf)	schwärzlichgrau (Töne) . . . . . . ri	0,40	0,50
Block 16	(88×108 mm)	. . . . vw	1,80	2,80
		FDC*		*120,—*
		Ⓢ		2,50

*) kein amtlicher FDC

Auflagen: MiNr. 784 A = 8 000 000 Stück, Block 16 = 2 100 000 Blocks

Gültig bis 31.3.1962

Weitere Ausgaben siehe Zusammenfassung nach Jahreszusammenstellungen

MiNr. 785 fällt aus

1960, 19. Sept. Schach-Olympiade, Leipzig. Ⓔ **Ilgenfritz; StTdr. (5×10); Wz. 3 Y; gez. K 14.**

vx) Turm

vy) Springer

vz) Figuren-Ensemble

vx bis vz) Historische Schachfiguren, Abzeichen der Schach-Olympiade

			★★	⊘	⊙
786	10 + 5 (Pf)	dunkelopalgrün vx	0,30	0,30	0,40
787	20 + 10 (Pf)	lilakarmin . . . . . . vy	0,30	0,30	0,40
788	25 + 10 (Pf)	blau . . . . vz	1,—	3,60	4,50
		Satzpreis (3 W.)	1,50	4,—	5,—
		FDC			5,—

Auflagen: MiNr. 786 und 787 je 4 000 000, MiNr. 788 = 1 100 000 Stück

Gültig bis 31.3.1962

1960, 6. Okt. Tag der Briefmarke. Ⓔ Bengs; Odr. (5×10); Wz. 3 Y; gez. K 13:12½.

wa) Postkraftwagen

wb) Bahnpostwagen (19. Jh.)

			★★	⊘	⊙
789	20 (Pf)	mehrfarbig . . . . wa	0,30	0,30	0,50
790	25 (Pf)	mehrfarbig . . . . wb	3,80	2,—	3,—
		Satzpreis (2 W.)	4,—	2,20	3,50
		FDC (A)			10,—

Auflagen: MiNr. 789 = 8 000 000, MiNr. 790 = 1 100 000 Stück

Gültig bis 31.3.1962

1960, 20. Okt. 400 Jahre Dresdener Kunstsammlungen. Ⓔ Volkamer; Odr. (10×5); Wz. 3 X; gez. K 12½:13.

wc) Schaumünze (1518) mit Kopfbild von Hans Burgkmair d. Ä. (1473–1531), Maler, Zeichner und Holzschnitzer

wd) Das tanzende Bauernpaar; Kupferstich von Albrecht Dürer (1471–1528), Maler und Grafiker

			★★	⊘	⊙
791	20 (Pf)	mehrfarbig . . . . wc	0,30	0,20	0,40
792	25 (Pf)	mattgrauultramarin/grauschwarz . . . . . . wd	2,—	2,40	3,80
		Satzpreis (2 W.)	2,20	2,50	4,—
		FDC			4,50

Auflagen: MiNr. 791 = 4 000 000, MiNr. 792 = 1 100 000 Stück

Gültig bis 31.3.1962

1960, 27. Okt. 200. Geburtstag von August Wilhelm Anton Graf Neidhardt von Gneisenau; Ⓔ Weiß; Odr. (MiNr. 793 5×10, MiNr. 794 10×5); Wz. 3 Y; MiNr. 793 gez. K 13:12½, MiNr. 794 ~.

we

wf

we–wf) A. W. A. Graf Neidhardt von Gneisenau (1760–1831), preuß. Heerführer

			★★	⊘	⊙
793	20 (Pf)	lebhaftbraunrot/schwarz . . . . we	0,30	0,20	0,50
794	25 (Pf)	dkl'graublau . . . . wf	1,70	1,70	2,50
		Satzpreis (2 W.)	2,—	1,90	3,—
		FDC (A)			10,—

Auflagen: MiNr. 793 = 5 000 000, MiNr. 794 = 1 100 000 Stück

Gültig bis 31.3.1962

> Ab MiNr. 384 waren alle postamtlichen Ersttagsbriefumschläge, die bereits den Tagesstempelabdruck des ersten Ausgabetages der Wertzeichen aufwiesen, weitere 7 Tage ohne nochmalige Gebühr zur Postbeförderung zugelassen.

1960, 4. Nov. 150 Jahre Humboldt-Universität zu Berlin, 250 Jahre Charité, Berlin. Ⓔ Schoner; Odr. (5×10 und 5×5 Zd); Wz. 3 Y; gez. K 13:12½.

wg) Rudolf Virchow (1821–1902), Pathologe, Medizinhistoriker, Politiker

wh) Robert Koch (1843 bis 1910), Bakteriologe, Nobelpreis 1905

wi) Humboldt-Universität, Denkmale der Brüder W. u. A. Freiherren von Humboldt

wk) Vorderseite der Festplakette (Kopfbilder von W. und A. von Humboldt)

wl) Wilhelm Griesinger (1817–1868), Psychiater und Internist

			★★	⊘	⊙
795	5 (Pf)	mittelockerbraun/braunschwarz . . . . . wg	0,30	0,20	0,30
796	10 (Pf)	graugrün/braunschwarz . . . . wh	0,30	0,20	0,30
797	20 (Pf)	mehrfarbig . . . . wi	0,30	0,20	0,30
798	25 (Pf)	cyanblau/braunschwarz . . . . wk	0,30	0,20	0,30
799	40 (Pf)	rotkarmin/braunschwarz . . . . wl	3,—	1,80	3,50
		Satzpreis (5 W.)	4,—	2,40	4,50
		FDC 1 (MiNr. 795, 798, 799)			5,—
		FDC 2 (MiNr. 796, 797)			1,—

MiNr. 799 wurde nur einzeln, MiNr. 795 und 798 sowie 796 und 797 wurden sowohl einzeln als auch senkrecht zusammenhängend gedruckt.

Auflagen: MiNr. 795 = 6 000 000, davon 3 000 000 aus Zd-Bogen, MiNr. 796 und 797 je 8 000 000, davon je 3 000 000 aus Zd-Bogen, MiNr. 798 = 11 000 000, davon 3 000 000 aus Zd-Bogen, MiNr. 799 = 1 100 000 Stück

Gültig bis 31.3.1962

1960, 10. Nov. Tag des Chemiearbeiters. Ⓔ Stauf; Odr. (5×10); Wz. 3 X; gez. K 13:13½.

wm) Wissenschaftler, chemische Formel

wn) Chemiearbeiter, Düngemittel, Ähre

wo) Chemiearbeiterin, PKW „Trabant“

wp) Laborantin, Kleid aus Kunstfasergewebe

wm–wp) Im Hintergrund Destillationskolonne

			★★	⊘	⊙
800	5 (Pf)	dunkelrosarot/dunkelblaugrau . . . wm	0,30	0,30	0,30
801	10 (Pf)	gelbl'orange/dkl'gelbsmaragdgrün . . . . . wn	0,30	0,30	0,30
802	20 (Pf)	lebhaftkobaltblau/dunkelrosa . . . . wo	0,30	0,30	0,30
803	25 (Pf)	rötlichgelb/mittelviolettultramarin . . . . . . wp	2,20	2,80	4,50
		Satzpreis (4 W.)	2,80	3,20	5,—
		FDC 1 (MiNr. 800, 803)			6,—
		FDC 2 (MiNr. 801, 802)			1,—

Auflagen: MiNr. 800 = 4 000 000, MiNr. 801 und 802 je 5 000 000, MiNr. 803 = 1 000 000 Stück

Gültig bis 31.3.1962

1960, 5. Dez. 125 Jahre Deutsche Eisenbahnen. Ⓔ Dorfstecher; Odr. (5×10, MiNr. 805 B 1×10); Wz. 3 Y; A = gez. K 13:12½, B = ☐, C = gez. K 13:13½.

wr) Doppelstock-Gliederzug „Express junger Sozialisten“

ws) Neuer Bahnhof Sassnitz-Hafen, Eisenbahnfähre „Sassnitz“

wt) Diesellokomotive BR 118 (V 180) mit Doppelstock-Gliederzug, erste Dampflokomotive „Adler“

			★★	◍	⊙
804 C	10 (Pf)	smaragdgrün/ schwarz .... wr	0,30	0,30	0,40
805	20 (Pf)	orangerot/schwarz ws			
A		gez. K 13:12½	0,30	0,30	0,40
B		☐	7,—	3,50	6,—
806 C	25 (Pf)	lebhaftkobaltblau/ schwarz .... wt	6,—	6,—	8,50
		Satzpreis (3 W.)	6,50	6,50	9,—
		FDC 1 (MiNr. 804 C, 805 A, 806 C)			13,—
		FDC 2 (MiNr. 805 B)			17,—

MiNr. 805 B wurde im senkrechten Zehnerstreifen mit allseitiger weißer Umrandung gedruckt. Dementsprechend müssen auch Einzelmarken auf zwei oder drei Seiten die weiße Umrandung aufweisen.

Auflagen: MiNr. 804 C = 22 000 000, MiNr. 805 A = 6 000 000, MiNr. 805 B = 2 000 000, MiNr. 806 C = 1 000 000 Stück

Gültig bis 31.3.1962

1961

1961, 3. Jan. 85. Geburtstag von Präsident Wilhelm Pieck. 🄴 **Eigler; Odr. (5×10); Wz. 3 X; gez. K 13:13½.**

fa I) W. Pieck (1876–1960), Mitbegründer des Spartakusbundes und der KPD, erster Präsident der DDR; Lebensdaten

			★★	◍	⊙
807	20 (Pf)	dunkelorangerot/ schwarz .... fa I	0,50	0,40	0,70
		FDC (A)			15,—

Auflage: 6 000 000 Stück *Gültig bis 31.3.1962*

Weitere Ausgaben siehe Zusammenfassung nach Jahreszusammenstellungen

1961, 6. Febr. Aufbau und Erhaltung der Nationalen Gedenkstätten Buchenwald, Ravensbrück und Sachsenhausen: KZ-Opfer (I). 🄴 **DWD; Odr. (10×5); Wz. 3 X; gez. K 13½:13.**

wu) Werner Kube (1923–1945)

wv) Hanno Günther (1921–1942)

ww) Elvira Eisenschneider (1924–1944)

wx) Hertha Lindner (1920–1943)

wy) Herbert Tschäpe (1913–1944)

			★★	◍	⊙
808	5 + 5 (Pf)	mehrfarbig ... wu	0,30	0,30	0,40
809	10 + 5 (Pf)	mehrfarbig .... wv	0,30	0,30	0,40
810	15 + 5 (Pf)	mehrfarbig ... ww	1,40	2,80	4,—
811	20 + 10 (Pf)	mehrfarbig .... wx	0,30	0,30	0,40
812	25 + 10 (Pf)	mehrfarbig .... wy	0,30	0,30	0,40
		Satzpreis (5 W.)	2,—	3,50	5,50
		FDC (A) 1 (MiNr. 808, 809, 811)			1,50
		FDC (A) 2 (MiNr. 810, 812)			6,50

Auflagen: MiNr. 808 = 2 500 000, MiNr. 809 und 811 je 3 000 000, MiNr. 810 = 1 100 000, MiNr. 812 = 2 000 000 Stück

Gültig bis 31.12.1962, jedoch bis 6.1.1963 nicht beanstandet

Weitere Ausgabe „Aufbau und Erhaltung der Nationalen Gedenkstätten...": MiNr. 849–853

1961, 3. März. Leipziger Frühjahrsmesse. 🄴 **Dorfstecher; Odr. (10×5); Wz. 3 Y; gez. K 13½:13.**

wz) 380-Kilovolt-Schalter

xa) Leipziger Pressezentrum

			★★	◍	⊙
813	10 (Pf)	smaragdgrün/ schwarzgrau ...... wz	0,40	0,30	0,50
814	25 (Pf)	mittelviolettultramarin/ schwarzgrau ...... xa	0,40	0,30	0,70
		Satzpreis (2 W.)	0,80	0,50	1,20
		FDC			1,50

Auflagen: MiNr. 813 = 8 000 000, MiNr. 814 = 4 000 000 Stück

Gültig bis 31.12.1962, jedoch bis 6.1.1963 nicht beanstandet

1961, 14. März. Freimarken: Landschaften und historische Bauten (I). 🄴 **Gruner; Bdr. (10×10); Wz. 3 X; gez. K 14.**

xb) Sächsische Schweiz, Lilienstein

xc) Oberharz, Blick zum Brocken

			★★	◍	⊙
815	20 (Pf)	lebhaftrotbraun .... xb	0,30	0,30	0,70
816	25 (Pf)	dunkelviolettultramarin xc	0,30	0,30	0,70
		Satzpreis (2 W.)	0,60	0,50	1,40
		FDC (A)			2,50

Auflagen: MiNr. 815 = 83 000 000, MiNr. 816 = 21 000 000 Stück

MiNr. 815 gültig bis 31.12.1962 (bis 6.1.1963 nicht beanstandet), MiNr. 816 gültig bis 31.3.1965

Weitere Ausgabe „Landschaften und historische Bauten": MiNr. 835–837

1961, 10. April. Hochseefischerei. 🄴 **Dorfstecher (MiNr. 817, 819) und Stauf (MiNr. 818, 820); StTdr. (5×10); X = Wz. 3 X, Y = Wz. 3 Y; gez. K 14.**

xd) Fischtrawler

xe) Fischer beim Einholen der Netze

xf) Fischereihilfsschiff „Robert Koch"

xg) Arbeiterin an Fischverarbeitungsmaschine

			★★	◍	⊙
817	10 (Pf)	dunkelgraugrün .. xd			
X		Wz. 3 X	60,—	15,—	45,—
Y		Wz. 3 Y	0,30	0,30	0,30
818 Y	20 (Pf)	dkl'braunkarmin .. xe	0,30	0,30	0,30
819 Y	25 (Pf)	dkl'grünlichblau ... xf	0,30	0,30	0,30
820 Y	40 (Pf)	schwarzgrauviolett .... xg	2,80	2,20	3,40
		Satzpreis (4 W.)	3,20	2,50	4,—
		FDC 1 (MiNr. 817 Y, 820 Y)			7,50
		FDC 2 (MiNr. 818 Y, 819 Y)			1,—

Auflagen: MiNr. 817 = 30 000 000, MiNr. 818 = 16 000 000, MiNr. 819 = 3 000 000, MiNr. 820 = 1 000 000 Stück

Gültig bis 31.12.1962, jedoch bis 6.1.1963 nicht beanstandet

1961, 20. April. 15 Jahre Sozialistische Einheitspartei Deutschlands (SED). 🄴 **Volkamer und Sauer; Odr. (5×5); Wz. 3 Y; gez. K 13½:13.**

xh) Vereinigung zweier Demonstrationszüge, Kopfbilder von Marx, Engels und Lenin

			★★	◍	⊙
821	20 (Pf)	dunkelrosa .... xh	0,60	0,40	0,70
		FDC (A)			3,—

Auflage: 6 000 000 Stück

Gültig bis 31.12.1962, jedoch bis 6.1.1963 nicht beanstandet

1961, 18./20. April. Erster bemannter Weltraumflug. Ⓔ **Urbschat; Odr. (5×10); Wz. 3 Y; gez. K 13:12½.**

xi) Endstufe der Trägerrakete des Raumschiffs „Wostok I", Teil der Erdkugel

xk) Kosmonaut Juri Gagarin (1934–1968) im Raumschiff

xl) Weltraumkapsel am Fallschirm über Wolkendecke

			**	◍	⊙
822	10 (Pf)	lebhaftblaugrün/dunkelrosarot (18.4.) . xi	1,50	1,—	1,50
823	20 (Pf)	dunkelrosarot (Töne) (20.4.) . . . . xk	1,50	1,—	1,50
824	25 (Pf)	dkl'türkisblau (20.4.) . xl	5,50	6,—	9,—
		Satzpreis (3 W.)	8,50	8,—	12,—
		FDC 1 (A) (MiNr. 822)			7,—
		FDC 2 (A) (MiNr. 823–824)			12,—

Auflagen: MiNr. 822 und 823 je 5 000 000, MiNr. 824 = 1 000 000 Stück

Gültig bis 31.12.1962, jedoch bis 6.1.1963 nicht beanstandet

1961, 9. Mai. 100 Jahre Dresdner Zoo. Ⓔ **Naumann; Odr. (5×10); Wz. 3 Y; gez. K 13:12½.**

xm) Grant-Zebra (Equus quagga granti)

xn) Kilimandscharo-Guerezas (Colobus abessinicus caudatus)

			**	◍	⊙
825	10 (Pf)	schwärzl'gelblichgrün/schwarz . . . . xm	6,—	6,—	8,—
826	20 (Pf)	mehrfarbig . . . . xn	1,—	0,50	1,—
		Satzpreis (2 W.)	7,—	6,50	9,—
		FDC			9,—

Auflagen: MiNr. 825 = 1 000 000, MiNr. 826 = 6 000 000 Stück

Gültig bis 31.12.1962, jedoch bis 6.1.1963 nicht beanstandet

1961, 25. Mai. Pioniertreffen, Erfurt. Ⓔ **Friebel; Odr. (5×10); X = Wz. 3 X, Y = Wz. 3 Y; gez. K 13:12½.**

xo) Junge Pioniere beim Volleyballspiel

xp) Junge Pioniere beim Volkstanz

xr) Junge Pioniere beim Flugmodellbau

			**	◍	⊙
827	10 + 5 (Pf)	mehrfarbig . . xo			
X		Wz. 3 X	30,—	8,—	30,—
Y		Wz. 3 Y	0,30	0,20	0,30
828 Y	20 + 10 (Pf)	mehrfarbig, Wz. 3 Y . . . . . xp	0,30	0,20	0,30
829	25 + 10 (Pf)	mehrfarbig . . . xr			
X		Wz. 3 X	3,80	3,—	4,50
Y		Wz. 3 Y	35,—	15,—	35,—
		Satzpreis (3 W.)	4,—	3,40	5,—
		FDC			6,—

Auflagen: MiNr. 827 und 828 je 4 000 000, MiNr. 829 = 1 000 000 Stück

Gültig bis 31.12.1962, jedoch bis 6.1.1963 nicht beanstandet

Nach Schließung der Staatsgrenze der DDR zu Berlin (West) und Errichtung der Mauer am 13.8.1961 mussten Personen aus dem Währungsgebiet der Deutschen Bundesbank, die keinen Personalausweis der DDR besaßen, zwischen dem 14.8. und 30.9.1961 die Postgebühren in Deutscher Mark der Deutschen Bundesbank (DM West) entrichten. Sie erhielten dafür eine postamtliche Bestätigung, die auf die Postsendung geklebt werden konnte.

1961, 3. Juni. Kunstturn-Europapokal der Frauen, Leipzig. Ⓔ **Bley; Odr. (MiNr. 830 bis 831 10×5, MiNr. 832 5×10); Wz. 3 X; MiNr. 830–831 gez. K 13½:13, MiNr. 832 ~.**

xs) Bodenturnen

xt) Turnen am Schwebebalken

xu) Turnen am Stufenbarren

			**	◍	⊙
830	10 (Pf)	weißgrün/dunkelbläulichgrün . . . . xs	0,30	0,20	0,30
831	20 (Pf)	rötlichlila . . . . xt	0,30	0,20	0,30
832	25 (Pf)	kobalt . . . . xu	7,—	5,60	8,50
		Satzpreis (3 W.)	7,—	6,—	9,—
		FDC			9,—

Vorsicht! MiNr. 831 ist wasserempfindlich!

Auflagen: MiNr. 830 und 831 je 6 000 000, MiNr. 832 = 1 030 000 Stück

Gültig bis 31.12.1962, jedoch bis 6.1.1963 nicht beanstandet

1961, 22. Juni. 1000 Jahre Stadt Halle (Saale). Ⓔ **Voigt; Odr. (5×10); Wz. 3 Y; gez. K 13:12½.**

xv) Hallknechte vor Burg Giebichenstein

xw) Chemiker vor charakteristischen Bauwerken (5 Türme, Wahrzeichen von Halle [Saale])

			**	◍	⊙
833	10 (Pf)	mehrfarbig xv	1,70	1,—	1,50
834	20 (Pf)	mehrfarbig . . . . xw	1,70	1,—	1,50
		Satzpreis (2 W.)	3,40	2,—	3,—
		FDC			3,—

Auflagen: MiNr. 833 = 6 025 000, MiNr. 834 = 6 000 000 Stück

Gültig bis 31.12.1962, jedoch bis 6.1.1963 nicht beanstandet

1961, 22. Juni. Freimarken: Landschaften und historische Bauten (II). Ⓔ **Gruner; Bdr. (10×10); Wz. 3 X; gez. K 14.**

xx) Ruine Rudelsburg a. d. Saale

xy) Wartburg bei Eisenach

xz) Rathaus Wernigerode

			**	◍	⊙
835	5 (Pf)	dunkelblaugrau xx	0,30	0,20	0,30
836	10 (Pf)	grün (Töne) GA . . . . . xy	0,30	0,20	0,30
837	20 (Pf)	dunkelbräunlichrot . . xz	0,30	0,20	0,30
		Satzpreis (3 W.)	0,90	0,50	0,90
		FDC			2,—

MiNr. 836 geschnitten, ohne Wz., stammt aus Privatganzsache PU 13.

Auflagen: MiNr. 835 = 69 000 000, MiNr. 836 = 99 000 000, MiNr. 837 = 65 000 000 Stück

Gültig bis 31.12.1962, jedoch bis 6.1.1963 nicht beanstandet

Weitere Ausgabe „Landschaften und historische Bauten": MiNr. 815–816

1961, 6. Juli. Weltmeisterschaften im Kanuslalom und im Wildwasserrennen, Rote Weißeritz bei Dresden. Ⓔ **Volkamer; Odr. (5×10); Wz. 3 X; gez. K 13:12½.**

ya) Kajak-Einer

yb) Kanadier-Einer

yc) Kanadier-Zweier

			★★	◍	⊙
838	5 (Pf)	hellblaugrau/dunkelpreußischblau . . . . . ya	3,80	3,20	5,50
839	10 (Pf)	mittelgrünlichgrau/dunkelgrünoliv . . . . . yb	0,30	0,20	0,30
840	20 (Pf)	türkisgrau/dunkelbräunlichkarmin . . . . yc	0,30	0,20	0,30
		Satzpreis (3 W.)	4,—	3,50	6,—
		FDC			6,—

Auflagen: MiNr. 838 = 1 000 000, MiNr. 839 und 840 je 8 000 000 Stück

Gültig bis 31.12.1962, jedoch bis 6.1.1963 nicht beanstandet

1961, 21. Juli. Weltmeisterschaften im Angeln. 🄴 Bengs; Odr. (5×10); Wz. 3 X; gez. K 13:12½.

yd) Turnierangeln: Zielwurf

ye) Sportangeln am fließenden Wasser

			★★	◍	⊙
841	10 (Pf)	lebhaftbläulichgrün/hellpreußischlau . . . . yd	3,80	3,20	5,50
842	20 (Pf)	lebhaftlilakarmin/helltürkisblau . . . . . . ye	0,40	0,40	0,50
		Satzpreis (2 W.)	4,—	3,50	6,—
		FDC			5,—

Auflagen: MiNr. 841 = 1 000 000, MiNr. 842 = 6 000 000 Stück

Gültig bis 31.3.1963

1961, 23. Aug. Leipziger Herbstmesse. 🄴 Dorfstecher und Brückels; Odr. (10×5); Wz. 3 Y; gez. K 13½:13.

yf) Alte Waage, Leipzig

yg) Alte Börse, Leipzig

			★★	◍	⊙
843	10 (Pf)	dunkelolivgelb/dunkelblaugrün . . . . yf	0,30	0,20	0,30
844	25 (Pf)	hellgrünlichblau/lebhaftlilaultramarin . . . yg	1,30	0,40	0,70
		Satzpreis (2 W.)	1,50	0,50	1,—
		FDC			1,—

Auflagen: MiNr. 843 = 6 000 000, MiNr. 844 = 4 000 000 Stück

Gültig bis 31.12.1962, jedoch bis 6.1.1963 nicht beanstandet

1961, 29. Aug./1972. Freimarken: Staatsratsvorsitzender Walter Ulbricht. Kleinformat (I). 🄴 und Bdr. DWD; Bogen (B) (10×10), Markenheftchen (MH) und Rollen (R); X = Wz. 3 X, Y = Wz. 3 Y, Z = Wz. 1; gez. K 14.

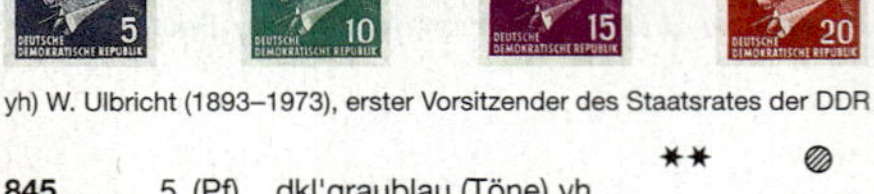

yh) W. Ulbricht (1893–1973), erster Vorsitzender des Staatsrates der DDR

			★★	◍	⊙
845	5 (Pf)	dkl'graublau (Töne) yh			
X		Wz. 3 X (B) (MH) (R) . .	0,30	0,20	0,30
Y		Wz. 3 Y (B) (MH)	3,—	5,—	10,—
846	10 (Pf)	(dkl')opalgrün GA . yh			
X		Wz. 3 X (B) (MH) (R) . .	0,30	0,30	1,70
Y		Wz. 3 Y (B) (MH) (R) . .	1,—	4,—	4,—
Z		Wz. 1 (R)	5,—		20,—
847	15 (Pf)	(dkl')lilapurpur GA . yh			
X		Wz. 3 X (B)	0,40	0,20	0,30
Y		Wz. 3 Y (B)	10,—	8,—	5,—
Z		Wz. 1 (B)	15,—	10,—	15,—
848	20 (Pf)	(dunkel)rot, schwärzlichrosa . . . . yh			
X		Wz. 3 X (B)	0,50	0,30	0,70
Y		Wz. 3 Y (B) (R)	1,20		10,—
		Satzpreis (4 W.)	1,40	0,70	3,—
		FDC 1 (MiNr. 845, 848)			2,50
		FDC 2 (MiNr. 846, 847)			2,50

Waagerechte Paare (aus Bogen):

845 X/845 X	. . . .	2,50	1,20	5,—
846 X/846 X	. . . .	3,50	5,—	7,—
846 Y/846 Y	. . . .	40,—	10,—	75,—
848 X/848 X	. . . .	4,—	1,—	12,—
848 Y/848 Y	. . . .	400,—		600,—

Rollenmarken mit rückseitiger Nummer (R):

	Einzelm. ★★	⊙	5er-Str. ★★
845 X R (Oktober 1965)	2,—	6,—	4,—
846 X R (Oktober 1965)	2,—	6,—	6,—
846 Y R (Oktober 1968)	100,—	300,—	400,—
846 Z R (Mai 1967)	8,—	24,—	36,—
848 X R (Oktober 1965)	6,—	18,—	14,—
848 Y R (Ende 1968)	4,—	12,—	12,—

Alle ◍-Bewertungen gelten für amtliche (Bogen-)Entwertungen für philatelistische Zwecke im Zeitraum 1961–1973. Für spätere Bogenentwertungen (1978/79) sind je nach Stempelqualität Preisabschläge bis 75% gerechtfertigt; mit Stempeldaten 1990 Preisabschläge bis 50%.

Rollenmarken ohne Zählnummer siehe MICHEL-Deutschland-Spezial.

Durch Versagen des Nummerators sind Rollen mit zwischendurch fehlenden oder nicht fortlaufenden Zahlen bekannt. Auch nach dem Druck zusammengesetzte Rollen kommen vor.

Leerfelder an Rollenmarken ohne Zählnummer sind amtlich.

FALSCH Leerfelder mit Zählnummern bzw. ohne Wz.

Auflagen:
MiNr. 845 = 1 605 660 000, davon 1 416 880 000 aus Bogen, 21 470 000 aus MH, 1 200 000 aus MHB, 166 110 000 aus Rollen
MiNr. 846 = 5 450 640 000, davon 5 323 870 000 aus Bogen, 42 930 000 aus MH, 1 200 000 aus MHB, 46 890 000 X/Y und 35 750 000 Z aus Rollen
MiNr. 847 = 689 040 000, davon 639 040 000 X/Y und 50 000 000 Z (aus Bogen)
MiNr. 848 = 1 827 710 000, davon 1 757 250 000 aus Bogen und 70 460 000 aus Rollen

Gültig bis 2.10.1990

Weitere Ausgaben siehe Zusammenfassung nach Jahreszusammenstellungen

1961, 7. Sept. Aufbau und Erhaltung der Nationalen Gedenkstätten Buchenwald, Ravensbrück und Sachsenhausen: KZ-Opfer (II). 🄴 DWD; Odr. (MiNr. 849–851 10×5, MiNr. 852–853 5×5); Wz. 3 X; MiNr. 849–851 gez. K 13½:13, MiNr. 852–853 gez. K 13½.

yi) Carlo Schönhaar (1924–1942)

yk) Herbert Baum (1912–1942)

yl) Liselotte Herrmann (1909–1938)

ym) Sophie Scholl (1921–1943), Hans Scholl (1918–1943)

yn) Hilde Coppi (1909–1943), Hans Coppi (1916–1942)

			★★	◍	⊙
849	5 + 5 (Pf)	mehrfarbig . . . . . yi	0,30	0,30	0,70
850	10 + 5 (Pf)	mehrfarbig . . . . yk	0,30	0,30	0,70
851	20 + 10 (Pf)	mehrfarbig . . . . yl	0,30	0,30	0,70
852	25 + 10 (Pf)	mehrfarbig . . . ym	0,30	0,30	0,70
853	40 + 20 (Pf)	mehrfarbig . . . . yn	2,40	6,50	10,—
		Satzpreis (5 W.)	3,—	7,50	12,—
		FDC 1 (MiNr. 849–851)			2,50
		FDC 2 (MiNr. 852–853)			11,—

Auflagen: MiNr. 849–852 je 2 000 000, MiNr. 853 = 1 000 000 Stück

Gültig bis 31.12.1962, jedoch bis 6.1.1963 nicht beanstandet

Weitere Ausgabe „Aufbau und Erhaltung der Nationalen Gedenkstätten...": MiNr. 808–812

1961, 13. Sept. Internationale Gartenbauausstellung (IGA), Erfurt. ⓔ DWD; RaTdr. (10×5); Wz. 3 X; gez. K 14.

yo) Gartentulpen (Tulipa gesneriana)

yp) Dahlien (Dahlia pinnata)

yr) Edelrose (Rosa spec.)

			**	⊘	⊙
854	10 (Pf)	mehrfarbig . . . . yo	0,50	0,30	0,80
855	20 (Pf)	mehrfarbig . . . . yp	0,50	0,30	0,80
856	40 (Pf)	mehrfarbig . . . . yr	11,—	11,—	15,—
		Satzpreis (3 W.)	12,—	11,—	16,—
		FDC			15,—

Auflagen: MiNr. 854 = 7 000 000, MiNr. 855 = 15 000 000, MiNr. 856 = 1 000 000 Stück

Gültig bis 31.12.1962, jedoch bis 6.1.1963 nicht beanstandet

1961, 19. Okt./23. Nov. 150. Geburtstag von Franz Liszt. ⓔ Deutschendorf; StTdr. (10×5); Wz. 3 X; gez. K 14.

ys) F. Liszt (1811–1886), österr.-ungar. Komponist und Pianist; Hector Berlioz (1803–1869), französ. Komponist

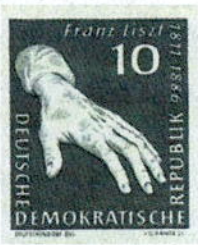

yt) Jugendhand von F. Liszt; Skulptur

yu) F. Liszt; Relief

yv) F. Liszt; Frédéric Chopin (1810–1849), polnisch-französ. Pianist und Komponist

			**	⊘	⊙
857	5 (Pf)	dunkelgrau (23. Nov.) ys	0,30	0,20	0,50
858	10 (Pf)	dunkelbläulichgrün (19. Okt.). . . . . yt	2,50	2,80	4,50
859	20 (Pf)	karminrot (19. Okt.). . yu	0,30	0,20	0,50
860	25 (Pf)	schwärzlichultramarin (23. Nov.). . . . . yv	3,—	3,40	5,—
		Satzpreis (4 W.)	6,—	6,50	10,—
		FDC 1 (MiNr. 857, 860)			8,—
		FDC 2 (MiNr. 858, 859)			4,—

Auflagen: MiNr. 857 und 859 je 6 000 000, MiNr. 858 und 860 je 1 000 000 Stück

Gültig bis 31.12.1962, jedoch bis 6.1.1963 nicht beanstandet

1961, 25. Okt. Tag der Briefmarke. ⓔ Dorfstecher und Brückels; Odr. (5×10); Wz. 3 Y; gez. K 13:13½.

yw) Fernsehkamera vor Bildschirm

yx) Studiomikrophon vor Skala eines Rundfunkempfängers

			**	⊘	⊙
861	10 (Pf)	dunkelopalgrün/schwarz . . . . yw	2,—	3,20	5,—
862	20 (Pf)	orangerot/schwarz . . yx	0,30	0,30	0,70
		Satzpreis (2 W.)	2,20	3,50	5,50
		FDC			5,50

Auflagen: MiNr. 861 = 1 000 000, MiNr. 862 = 8 000 000 Stück

Gültig bis 31.12.1962, jedoch bis 6.1.1963 nicht beanstandet

1961, 11. Dez. Besuch des sowjetischen Kosmonauten German Titow. ⓔ Sauer; Odr. (5×5); Wz. 3 X; gez. K 13½.

yy) German Stepanowitsch Titow (1935–2000) mit Jungen Pionieren

yz) G. S. Titow in Leipzig

za) G. S. Titow im Raumschiff „Wostok 2"

zb) G. S. Titow erhält von W. Ulbricht den Karl-Marx-Orden

zc) Raumschiff „Wostok 2" auf der Umlaufbahn um die Erde, im Hintergrund der Mond

zd) G. S. Titow und W. Ulbricht auf der Fahrt durch Berlin

			**	⊘	⊙
863	5 (Pf)	lilarot/schwarzblauviolett . . . . yy	0,30	0,20	0,30
864	10 (Pf)	graugrün/dkl'rosarot yz	0,30	0,20	0,30
865	15 (Pf)	blau/violettpurpur . . . za	10,—	11,—	14,—
866	20 (Pf)	blau/dunkelrötlichkarmin . . . . zb	0,30	0,20	0,30
867	25 (Pf)	dunkelrosarot/dunkelcyanblau . . . . zc	0,30	0,20	0,50
868	40 (Pf)	lilarot/dunkelviolettultramarin . . . . zd	1,80	0,60	1,—
		Satzpreis (6 W.)	13,—	12,—	16,—
		FDC 1 (MiNr. 863, 868)			2,—
		FDC 2 (MiNr. 864, 866)			1,50
		FDC 3 (MiNr. 865, 867)			14,—

Vorsicht! MiNr. 865 ist wasserempfindlich!

Auflagen: MiNr. 863 = 3 500 000, MiNr. 864 und 866 je 4 000 000, MiNr. 865 = 1 000 000, MiNr. 867 und 868 je 3 000 000 Stück

Gültig bis 31.12.1962, jedoch bis 6.1.1963 nicht beanstandet

1962

1962, 16. Febr. Geschützte Tiere (I). ⓔ Naumann; RaTdr. (5×10); Wz. 3 X; gez. K 14.

ze) Rote Waldameisen (Formica rufa)

zf) Maus- oder Kleines Wiesel (Mustela nivalis)

zg) Waldspitzmäuse (Sorex araneus)

zh) Braune Langohrfledermaus (Plecotus auritus)

			**	⊘	⊙
869	5 (Pf)	mehrfarbig . . . . ze	5,—	7,50	10,—
870	10 (Pf)	lebhaftsmaragdgrün/dunkelrotbraun . . . . . zf	0,30	0,30	0,50
871	20 (Pf)	mehrfarbig . . . . zg	0,30	0,30	0,50
872	40 (Pf)	mehrfarbig . . . . zh	0,70	0,50	1,—
		Satzpreis (4 W.)	6,—	8,—	12,—
		FDC 1 (MiNr. 869, 872)			11,—
		FDC 2 (MiNr. 870, 871)			1,50

Auflagen: MiNr. 869 = 1 000 000, MiNr. 870 = 14 000 000, MiNr. 871 = 13 000 000, MiNr. 872 = 12 000 000 Stück

Gültig bis 31.3.1964

Weitere Ausgabe „Geschützte Tiere": MiNr. 978–982

1962, 22. Febr. Leipziger Frühjahrsmesse. ⊡ Dorfstecher und Brückels; Odr. (10×5); Wz. 3 Y; gez. K 13½:13.

zi) Zum Kaffeebaum, Leipzig

zk) Gohliser Schlösschen, Leipzig

zl) Romanus-Haus, Leipzig

				★★	▨	⊙
873	10 (Pf)	dunkelgrünlicholiv/ schwarzolivbraun . . . zi		0,30	0,20	0,30
874	20 (Pf)	lebh'zinnober/schwarz- grauultramarin . . . . . zk		0,40	0,20	0,30
875	25 (Pf)	hellkobaltblau/ dunkelsiena . . . . zl		1,—	1,—	1,60
		Satzpreis (3 W.)		1,50	1,40	2,—
		FDC				2,—

Auflagen: MiNr. 873 = 8 000 000, MiNr. 874 = 6 000 000, MiNr. 875 = 3 000 000 Stück

Gültig bis 31.3.1964

1962, 1. März. 6 Jahre Nationale Volksarmee (NVA). ⊡ Stauf; Odr. (5×10); Wz. 3 Y; gez. K 13:12½.

zm) Pilot in der Kanzel, Jagdflugzeuge der Luftstreitkräfte

zn) Soldat, Schützenpanzerwagen der Landstreitkräfte

zo) Soldat und Arbeiter, Industriebetrieb, Traktor

zp) Signalgast, Küstenschutzschiff der Marine

zr) Soldat, Panzer

			★★	▨	⊙
876	5 (Pf)	türkisblau . . . . zm	0,30	0,20	0,50
877	10 (Pf)	bläulichgrün . . . . zn	0,30	0,20	0,30
878	20 (Pf)	lebhaftrot . . . . zo	0,30	0,20	0,30
879	25 (Pf)	lebhaftlilaultramarin . zp	0,30	0,40	1,—
880	40 (Pf)	orangebraun . . . . zr	2,—	1,80	2,50
		Satzpreis (5 W.)	3,—	2,80	4,50
		FDC 1 (MiNr. 876, 878, 879)			1,50
		FDC 2 (MiNr. 877, 880)			4,—

Auflagen: MiNr. 876 = 3 500 000, MiNr. 877 = 8 000 000, MiNr. 878 = 6 000 000, MiNr. 879 = 3 000 000, MiNr. 880 = 1 100 000 Stück

Gültig bis 31.3.1964

1962, 22. März. Erhaltung der Nationalen Mahn- und Gedenkstätten: Antifaschisten, KZ-Opfer (I). ⊡ DWD; StTdr. (10×5); Wz. 3 Y; gez. K 14.

zs) Danielle Casanova (1909–1943), französ. Jugendfunktionärin, Partisanin

zt) Julius Fucik (1903–1943), tschech. Schriftsteller und Journalist, Widerstandskämpfer

zu) Johanna Jannetje Schaft (1920–1945), niederl. Studentin, Widerstandskämpferin

zv) Pawel Finder (1904–1944) poln. Parteifunktionär

zw) Soja Anatoljewna Kosmodemjanskaja (1923–1941), sowjet. Komsomolzin, Partisanin

			★★	▨	⊙
881	5 + 5 (Pf)	blauschwarz . . . zs	0,30	0,20	0,50
882	10 + 5 (Pf)	schwärzlich- opalgrün . . . . . . zt	0,30	0,20	0,50
883	20 + 10 (Pf)	dunkellilabraun zu	0,30	0,20	0,50
884	25 + 10 (Pf)	schwärzlich- kobalt . . . . zv	0,30	0,20	0,50
885	40 + 20 (Pf)	schwärzlich- braun . . . . zw	2,—	2,60	4,50
		Satzpreis (5 W.)	2,80	3,40	6,50
		FDC 1 (MiNr. 882, 884)			1,50
		FDC 2 (MiNr. 881, 883, 885)			6,—

Auflagen: MiNr. 881 und 884 je 2 000 000, MiNr. 882 und 883 je 2 500 000, MiNr. 885 = 1 000 000 Stück

Gültig bis 31.3.1964

Weitere Ausgabe „Erhaltung der Nationalen Mahn- und Gedenkstätten…": MiNr. 918–921

1962, 26. April. Internationale Radfernfahrt für den Frieden Berlin – Prag – Warschau. ⊡ Grünewald; Odr. (5×10); Wz. 3 X; gez. K 13:12½.

zx) Radrennfahrer vor Prager Burg

zy) Radrennfahrer mit Trikots in den Nationalfarben der Mannschaften der Volksrepublik Polen, der CSSR und der DDR vor Palast für Kultur und Wissenschaft, Warschau

zz) Radrennfahrer im gelben Trikot vor Rotem Rathaus, Berlin; Friedenstaube

			★★	▨	⊙
886	10 (Pf)	mehrfarbig . . . . zx	0,30	0,30	0,50
887	20 + 10 (Pf)	mehrfarbig . . . . zy	0,30	0,30	0,50
888	25 (Pf)	mehrfarbig . . . . zz	1,70	1,70	3,—
		Satzpreis (3 W.)	2,—	2,—	4,—
		FDC			4,50

Auflagen: MiNr. 886 = 6 000 000, MiNr. 887 = 3 000 000, MiNr. 888 = 1 000 000 Stück

Gültig bis 31.3.1964

1962, 17. Mai. 200. Geburtstag von Johann Gottlieb Fichte. ⊡ Dorfstecher (MiNr. 889) und Hennig (MiNr. 890); Odr. (5×10); Wz. 3 X; gez. K 13:13½.

aaa) Geburtshaus von J. G. Fichte in Rammenau, Krs. Bischofswerda

aab) J. G. Fichte (1762–1814), Philosoph; Namenszug

			★★	▨	⊙
889	10 (Pf)	lebhaftgelbsmaragd- grün/schwarz . . . . . aaa	1,80	2,40	4,—
890	20 (Pf)	rot/schwarz . . . . . . aab	0,30	0,30	0,50
		Satzpreis (2 W.)	2,—	2,60	4,50
		FDC			4,—

Auflagen: MiNr. 889 = 1 100 000, MiNr. 890 = 6 000 000 Stück

Gültig bis 31.3.1964

1962, 7. Juni. 20. Jahrestag der Zerstörung von Lidice (Mittelböhmen). ⊡ Weiß; Odr. (10×5); Wz. 3 X; gez. K 12½:13.

aac) Kreuz mit Dornenkrone, Rose (symbol. Darstellung des tschech. Nationaldenkmals und des Rosengartens in Lidice)

			**	▨	⊙
891	20 (Pf)	dunkelrosa/schwarz aac	0,30	0,20	0,50
892	25 (Pf)	mittelkobaltblau/ schwarz . . . . aac	1,20	1,60	2,—
		Satzpreis (2 W.)	1,50	1,80	2,50
		FDC			2,50

Vorsicht! MiNr. 891 ist wasserempfindlich!

Auflagen: MiNr. 891 = 6 000 000, MiNr. 892 = 1 100 000 Stück

Gültig bis 31.3.1964

1962, 18. Juni. 80. Geburtstag von Georgi M. Dimitrow. ⊡ Bengs; RaTdr. (10×5 und 3×5 Zd); Wz. 3 X; gez. K 14.

aae) G. M. Dimitrow (1882–1949), bulgar. Politiker — Zierfeld — aad) G. M. Dimitrow vor dem Reichsgericht in Leipzig

			**	▨	⊙
893	5 (Pf)	dunkelblaugrün/ schwarz . . . . aad	0,70	0,50	1,—
894	20 (Pf)	lebhaftmagenta/ schwarz . . . . aae	0,30	0,20	0,50
		Satzpreis (2 W.)	1,—	0,70	1,50
		FDC			2,—
		Dreierstreifen	7,—	50,—	70,—
		FDC			75,—

MiNr. 893–894 wurden sowohl einzeln als auch durch Zierfeld verbunden, waagerecht zusammenhängend gedruckt.

Auflagen: MiNr. 893 = 2 200 000, MiNr. 894 = 9 100 000 Stück, davon je 1 100 000 Stück aus Zusammendruck-Bogen

Gültig bis 31.3.1964

1962, 26. Juni. Nationale Landwirtschaftsausstellung, Markkleeberg. ⊡ Walch; Odr. (5×10); Wz. 3 X; gez. K 13:12½.

aaf) Maislegemaschine, Maiskolben — aag) Kühe im Weidemelkstand — aah) Mähdrescher, Weizenähren

			**	▨	⊙
895	10 (Pf)	mehrfarbig . . . . aaf	0,30	0,20	0,30
896	20 (Pf)	mehrfarbig . . . . aag	0,30	0,20	0,30
897	40 (Pf)	mehrfarbig . . . . aah	2,—	1,80	3,50
		Satzpreis (3 W.)	2,40	2,20	4,—
		FDC			4,—

Auflagen: MiNr. 895 und 896 je 3 000 000, MiNr. 897 = 1 100 000 Stück

Gültig bis 31.3.1964

1962, 2. Juli. Ostseewoche, Rostock. ⊡ Prieß (MiNr. 898) und Schneider (MiNr. 899–900); Odr. (MiNr. 898 und 900 5×10, MiNr. 899 10×5); Wz. 3 X; MiNr. 898 und 900 gez. K 13:13½, MiNr. 899 ~.

aai) Karte der Ostsee — aak) Hochhaus in der Langen Straße, Rostock — aal) Motorschiff „Frieden" (10 020 tdw) im Hafen Rostock

			**	▨	⊙
898	10 (Pf)	lebhaftblaugrün/ lebhaftblau . . . . aai	0,30	0,20	0,30
899	20 (Pf)	bräunlichrot/hell- chromgelb . . . . aak	0,30	0,20	0,30
900	25 (Pf)	lebhaftkobaltblau/ dunkelgraugelb . . . . aal	2,60	2,50	4,—
		Satzpreis (3 W.)	3,—	2,80	4,50
		FDC			4,—

Auflagen: MiNr. 898 und 899 je 6 000 000, MiNr. 900 = 1 100 000 Stück

Gültig bis 31.3.1964

1962, 17. Juli. Weltfestspiele der Jugend und Studenten, Helsinki (I). ⊡ Skribelka; Odr. (5×3 Zd); Wz. 3 X; gez. K 13½:13.

aao) Friedenstaube

aap) Nationaltheater, Helsinki

aam) Brandenburger Tor, Berlin

aan) Jugendliche verschiedener Rassen

aam–aap) Über alle vier Marken gehend Abzeichen der Spiele

			**	▨	⊙
901	5 (Pf)	mehrfarbig . . . . . . aam	2,50	4,—	5,—
902	5 (Pf)	mehrfarbig . . . . aan	2,50	4,—	5,—
903	20 (Pf)	mehrfarbig . . . . aao	2,50	4,—	5,—
904	20 (Pf)	mehrfarbig . . . . aap	2,50	4,—	5,—
		Satzpreis (4 W.)	10,—	15,—	20,—
		Viererblock	13,—	40,—	70,—
		FDC			70,—

MiNr. 901–904 wurden zusammenhängend in Viererblockanordnung gedruckt.

Auflage: 1 100 000 Sätze *Gültig bis 31.3.1964*

1962, 17. Juli. Weltfestspiele der Jugend und Studenten, Helsinki (II). ⊡ Dorfstecher und Hennig; RaTdr. (4×10 Zd); Wz. 3 X; gez. K 14.

aar) Volkstanzpaar — aas) Jugendliche verschiedener Nationen

aar–aas) Über beide Marken gehend Abzeichen der Spiele

			**	▨	⊙
905	10 + 5 (Pf)	mehrfarbig . . . . aar	0,40	0,20	0,30
906	15 + 5 (Pf)	mehrfarbig . . . . aas	0,40	0,20	0,30
		Satzpreis (2 W.)	0,80	0,30	0,50
		Zusammendruck	1,50	1,40	2,50
		FDC			3,—

MiNr. 905–906 wurden waagerecht zusammenhängend gedruckt.

Auflage: 4 000 000 Sätze *Gültig bis 31.3.1964*

1962, 7. Aug. Schwimm-Europameisterschaften, Leipzig. ⊡ Prieß; Odr. (5×10 und 2×5 Zd); Wz. 3 X; gez. K 13:13½.

aat) Freistilschwimmen — aau) Rückenschwimmen — aav) Wasserspringen

aaw) Delphinschwimmen — aax) Brustschwimmen — aay) Wasserball

			**	▨	⊙
907	5 (Pf)	lebhaftgrünblau/ rotorange . . . . aat	0,30	0,30	0,40
908	10 (Pf)	lebhaftgrünblau . . . aau	0,30	0,30	0,40
909	20 + 10 (Pf)	lebhaftgrünblau/karminlila . . . . aav	0,30	0,30	0,50
910	25 (Pf)	lebhaftgrünblau/lebhaftviolettultramarin . . . . aaw	0,30	0,30	0,50
911	40 (Pf)	lebhaftgrünblau/ blauviolett . . . . aax	1,50	1,50	3,—

			★★	⊘	⊙
912	70 (Pf)	lebhaftgrünblau/ lebhaftkarminbraun aay	0,30	0,30	0,50
		Satzpreis (6 W.)	2,—	2,—	5,—
		FDC			10,—
		Sechserblock	2,50	2,50	10,—
		FDC			12,—

MiNr. 907–912 wurden sowohl einzeln als auch zusammenhängend in Sechserblockanordnung gedruckt.

Auflagen: MiNr. 907 = 6 400 000, MiNr. 908 = 7 400 000, MiNr. 909 = 4 400 000, MiNr. 910 = 4 900 000, MiNr. 911 = 2 660 000, MiNr. 912 = 4 400 000 Stück, davon je 1 400 000 aus Zd.-Bogen

Gültig bis 31.3.1964

1962, 28. Aug. Leipziger Herbstmesse. ◻ Dorfstecher; komb. RaTdr. und StTdr. (10×5); Wz. 3 X; gez. K 14.

aaz) Städtisches Kaufhaus, Leipzig

aba) Eingang zur Mädler-Passage, Leipzig

abb) Vorderteil eines Flugzeuges, Flugplatz Leipzig

			★★	⊘	⊙
913	10 (Pf)	schwarz/smaragdgrün . . . . aaz	0,30	0,20	0,50
914	20 (Pf)	schwarz/rot . . . . . . aba	0,40	0,20	0,50
915	25 (Pf)	schwarz/mittelkobaltblau . . . . aab	1,—	1,—	1,40
		Satzpreis (3 W.)	1,60	1,40	2,40
		FDC			2,—

Auflagen: MiNr. 913 und 914 je 6 000 000, MiNr. 915 = 3 000 000 Stück

Gültig bis 31.3.1964

1962, 3. Sept. 10 Jahre Hochschule für Verkehrswesen „Friedrich List", Dresden. ◻ Bengs; Odr. (5×9); Wz. 3 Y; gez. K 13½:13.

abc) Flugzeug, Diesellokomotive, Schiff, Sendemast

			★★	⊘	⊙
916	5 (Pf)	hellkobaltblau/rotschwarz . . . . abc	0,40	0,20	0,40
		FDC (A)			1,80

Auflage: 6 000 000 Stück *Gültig bis 31.3.1964*

1962, 13. Sept. Blockausgabe: Erster Gruppenflug der Raumschiffe Wostok 3 und Wostok 4. ◻ Urbschat; Odr.; Wz. 3 X; □.

abe

abd) Pawel Romanowitsch Popowitsch (1930–2009) und Andrijan Grigorjewitsch Nikolajew (1929–2004), sowjetische Kosmonauten; Flugbahnen der Raumschiffe

			★★	⊙	FDC*
917	70 (Pf)	schwarzblau/gelb . abd	2,50	3,50	
Block 17	(89×107 mm)	. . . . abe	4,—	7,—	40,—
				Ⓢ 6,—	

*) kein amtlicher FDC

Auflage: 1 100 000 Blocks *Gültig bis 31.3.1964*

1962, 4. Okt. Erhaltung der Nationalen Mahn- und Gedenkstätten: Antifaschisten, KZ-Opfer (II). ◻ DWD; StTdr. (MiNr. 918 bis 921 10×5, MiNr. 922 5×10); Wz. 3 Y; gez. K 14.

abf) René Blieck (1910–1945), belg. Schriftsteller, Partisan

abg) Alfred Klahr (1904–1944), österr. Nationalökonom, Widerstandskämpfer

abh) José Diaz (1896–1942), span. Gewerkschaftsführer

abi) Julius Alpari (1882–1944), ungar. Redakteur und Parteiführer

abk) Die Brüder Cervi (†1943): Ovidio (*1918), Agostino (*1916), Antenore (*1904), Aldo (*1909), Gelindo (*1901), Fernando (*1911), Ettore (*1921); italien. Partisanen

			★★	⊘	⊙
918	5 + 5 (Pf)	schwarzblaugrau (Töne) abf	0,30	0,30	0,40
919	10 + 5 (Pf)	schwärzlichgrün . . . . abg	0,30	0,30	0,40
920	15 + 5 (Pf)	schwärzlichviolett . . . . abh	0,30	0,30	0,40
921	20 + 10 (Pf)	dkl'braunrot . . abi	0,30	0,30	0,50
922	70 + 30 (Pf)	schwarzbraun abk	2,20	3,20	5,—
		Satzpreis (5 W.)	2,80	3,80	6,50
		FDC 1 (MiNr. 918, 922)			6,—
		FDC 2 (MiNr. 919–921)			1,—

Auflagen: MiNr. 918 und 920 je 2 500 000, MiNr. 919 und 921 je 3 000 000, MiNr. 922 = 1 100 000 Stück

Gültig bis 31.3.1964

Weitere Ausgabe „Erhaltung der Nationalen Gedenkstätten…": MiNr. 881–885

1962, 25. Okt. 10 Jahre Deutscher Fernsehfunk (DFF); Tag der Briefmarke. ◻ Bengs; Odr. (5×9); Wz. 3 Y; gez. K 13½:13.

abl) Bildschirm mit Sendezeichen des Deutschen Fernsehfunks, Sendemast und Empfangsantennen

abm) Junge Philatelisten vor Erdkarte

			★★	⊘	⊙
923	20 (Pf)	(grau)smaragdgrün/schwarzrot . . . . abl	0,30	0,30	0,50
924	40 (Pf)	lebhaftbräunlichlila/rotschwarz . . . . . . abm	2,—	2,40	3,50
		Satzpreis (2 W.)	2,20	2,50	4,—
		FDC			3,50

Auflagen: MiNr. 923 = 6 000 000, MiNr. 924 = 1 100 000 Stück

Gültig bis 31.3.1964

1962, 15. Nov. 100. Geburtstag von Gerhart Hauptmann. ◻ Dorfstecher; Odr. (5×10); Wz. 3 Y; gez. K 13:13½.

abn) G. Hauptmann (1862–1946), Dichter, Dramatiker, Nobelpreis 1912

			★★	⊘	⊙
925	20 (Pf)	dkl'graurot/schwarz abn	0,50	0,20	0,40
		FDC			0,70

Auflage: 6 000 000 Stück *Gültig bis 31.3.1964*

1962, 28. Dez. 5 Jahre sowjetische Weltraumflüge. ⓔ Urbschat; Odr. (Klb. 4×2); Wz. 3 X; gez. K 12½:13.

abp abs abu abv

abo abr abt abw

abo) Weltraumhunde „Belka“ und „Strelka“
abp) Kosmonaut Juri Gagarin und Wostok 1
abr) Sputnik 1, 2 und 3
abs) Kosmonaut German Titow und Wostok 2
abt) Lunik 1 und 2
abu) Kosmonauten Andrijan Nikolajew und Pawel Popowitsch
abv) Erste interplanetare Station und Flugbahn
abw) Lunik 3

abo–abw) Über alle 8 Marken gehend Darstellung des Weltalls mit Erde und Mond

			✱✱	▨	⊙
926	5 (Pf)	mehrfarbig . . . . abo	2,—	2,80	5,—
927	10 (Pf)	mehrfarbig . . . . abp	2,—	2,80	5,—
928	15 (Pf)	mehrfarbig . . . . abr	4,—	4,50	7,50
929	20 (Pf)	mehrfarbig . . . . abs	4,—	4,50	7,50
930	25 (Pf)	mehrfarbig . . . . abt	4,—	4,50	7,50
931	30 (Pf)	mehrfarbig . . . . abu	4,—	4,50	7,50
932	40 (Pf)	mehrfarbig . . . . abv	2,—	2,80	5,—
933	50 (Pf)	mehrfarbig . . . . . . abw	2,—	2,80	5,—
		Satzpreis (8 W.)	24,—	28,—	50,—
		Kleinbogen	40,—	60,—	90,—
		FDC			90,—

Auflage: 1 100 000 Sätze *Gültig bis 31.3.1964*

Amtliche (Bogen-)Entwertung für philatelistische Zwecke im Zeitraum 1949–1964:

Folgende Stempel wurden verwendet (weitere gedruckte siehe bei Freimarken-Ausgaben):

Berlin W 8 b mit Gitter, ohne Gitter
Berlin W 8 z
Berlin W 8 ab, ac, ad, al, an, ao, zz
Berlin W 66 b
Berlin C 2 qu
Leipzig C 1 ab, ce, df
Leipzig C 13 aa
Leipzig N 18 w

Zur Ausgabe gehörende (gedruckte) Sonderstempel

Nicht zur Ausgabe gehörende Sonderstempel:

BERLIN C 2	**MUSEUM FÜR DEUTSCHE GESCHICHTE**
BERLIN W 8	**KARL-MARX-KOPFBILD**
BERLIN W 8	**TAG DER BRIEFMARKE**
BERLIN W 8	**KAMPFTAG DER WERKTÄTIGEN**
BERLIN C 2	**DEMOKRATISCHER MAGISTRAT VON GROSS-BERLIN**
BERLIN W 8	**PRESSEZENTRUM THÄLMANNPLATZ**

Eine ausführliche Auflistung ist bei den für DDR zuständigen Verbandsprüfern erhältlich!

1963

1963, 2. Jan./1972, Nov. Freimarken: Staatsratsvorsitzender Walter Ulbricht. Kleinformat (II). ⓔ und Bdr. DWD Bogen (B) (10×10) und Rollen (R). X = Wz. 3 X, Y = Wz. 3 Y, Z = Wz. 1; gez. K 14.

yh) W. Ulbricht (1893–1973), erster Vorsitzender des Staatsrates der DDR

			✱✱	▨	⊙
934 X	25 (Pf)	preußischblau (2.1.63) (B) . . . . . . yh	0,40	0,20	0,30
935	30 (Pf)	lilarot (B) . . . . yh			
X		Wz. 3 X (2.1.63)	0,30	0,20	0,40
Y		Wz. 3 Y (Feb. 69)	0,40	0,30	2,—
936	40 (Pf)	blauviolett (B) . . . . yh			
X		Wz. 3 X (2.1.63)	0,30	0,20	0,40
Y		Wz. 3 Y (Nov. 72)	2,—	0,80	2,—
937	50 (Pf)	dunkelultramarin, violettultramarin . . yh			
X		Wz. 3 X (11.2.63) (B) (R)	0,30	0,20	0,30
Z		Wz. 1 (Mai 67) (R) . . .	4,—		20,—
938	70 (Pf)	(dkl')rötlichbraun (B) yh			
X		Wz. 3 X (11.2.63)	0,40	0,20	0,40
Z		Wz. 1 (Feb. 67)	7,—	5,—	8,—
		Satzpreis (5 W.)	1,40	0,90	1,80
		FDC 1 (MiNr. 934–936)			2,50
		FDC 2 (MiNr. 937–938)			3,—

Alle ▨-Bewertungen gelten für (Bogen-)Entwertungen für phil. Zwecke im Zeitraum 1963–1973. Vgl. Hinweis bei MiNr. 845–848.

Bei allen Werten gibt es Farbschwankungen!

Waagerechtes Paar (aus Bogen):

	✱✱	▨	⊙
937 X/937 X	1,—	0,50	2,—

Rollenmarken mit rückseitiger Nummer (R):

	Einzelm. ✱✱	Einzelm. ⊙	5er-Str. ✱✱
937 X R (Oktober 1965)	12,—	36,—	25,—
937 Z R (Mitte 1967)	9,—	27,—	18,—

Rollenmarken ohne Zählnummer siehe MICHEL-Deutschland-Spezial.

Auflagen:

MiNr. 934 = 144 770 000
MiNr. 935 = 165 120 000
MiNr. 936 = 273 380 000
MiNr. 937 = 188 800 000, davon 176 420 000 aus Bogen, 3 050 000 X und 9 330 000 Z aus Rollen
MiNr. 938 = 280 940 000, davon 230 940 000 X und 50 000 000 Z (aus Bogen)

Gültig bis 2.10.1990

Weitere Ausgaben siehe Zusammenfassung nach Jahreszusammenstellungen

1963, 2. Jan. 100. Geburtstag von Baron Pierre de Coubertin. ⓔ Bengs und Skribelka; Odr. (10×5); Wz. 3 Y; gez. K 13½:13.

abx) Baron P. de Coubertin (1863 bis 1937), franz. Gründer der Olympischen Spiele der Neuzeit

aby) Olympiastadion Athen (1896)

			✱✱	▨	⊙
939	20 (Pf)	lilarot/mittelgrau . . . abx	0,30	0,30	0,50
940	25 (Pf)	dunkelcyanblau/dunkelocker . . . . . . aby	2,—	3,—	5,—
		Satzpreis (2 W.)	2,20	3,20	5,50
		FDC			5,—

Auflagen: MiNr. 939 = 6 000 000, MiNr. 940 = 1 060 000 Stück

Gültig bis 31.3.1965

1963, 15. Jan. Parteitag der Sozialistischen Einheitspartei Deutschlands (SED). Ⓔ **Sauer; Odr. (5×10); Wz. 3 X; gez. K 13:13½.**

abz) Parteitags-Emblem

				✱✱	▨	⊙
941	10 (Pf)	mehrfarbig . . . . abz		0,40	0,20	0,40
			FDC			1,—

Auflage: 6 000 000 Stück *Gültig bis 31.3.1965*

1963, 6. Febr. Kampf gegen die Malaria. Ⓔ **Hennig und Dorfstecher; Odr. (5×10); Wz. 3 X; gez. K 13:12½.**

aca) Schädlingsbekämpfer mit Spritzgerät

acb) Rotes Kreuz mit Äskulapstab

acc) Gefleckte Malariamücke (Anopheles maculipennis); gelbes Kreuz auf schwarzem Grund

aca–acc) Weltkarte

				✱✱	▨	⊙
942	20 (Pf)	mehrfarbig . . . . aca		0,30	0,30	0,40
943	25 (Pf)	mehrfarbig . . . . acb		0,30	0,30	0,40
944	50 (Pf)	mehrfarbig . . . . acc		1,50	1,60	2,80
			Satzpreis (3 W.)	1,80	2,—	3,50
			FDC			4,—

Auflagen: MiNr. 942 = 6 000 000, MiNr. 943 = 3 000 000, MiNr. 944 = 1 100 000 Stück

Gültig bis 31.3.1965

1963, 14. Febr. Internationale Rauchwarenauktion, Leipzig. Ⓔ **Dorfstecher, Hennig und Stauf; RaTdr. (5×10); Wz. 3 X; gez. K 14.**

acd) Silberfuchs (Vulpes vulpes)

ace) Karakulschaf (Ovis ammon)

				✱✱	▨	⊙
945	20 (Pf)	mehrfarbig . . . . acd		0,30	0,30	0,50
946	25 (Pf)	mehrfarbig . . . . ace		1,80	2,80	4,—
			Satzpreis (2 W.)	2,—	3,—	4,50
			FDC			4,50

Auflagen: MiNr. 945 = 7 000 000, MiNr. 946 = 1 100 000 Stück

Gültig bis 31.3.1965

1963, 26. Febr. Leipziger Frühjahrsmesse. Ⓔ **Dorfstecher; komb. StTdr. und RaTdr. (10×5); Wz. 3 X; gez. K 14.**

acf) Barthels Hof, Leipzig

acg) Neues Rathaus, Leipzig (Haupteingang, Ausländertreffpunkt)

ach) Glockenturm-Hochhaus, Leipzig

				✱✱	▨	⊙
947	10 (Pf)	schwarz/mitteloliv-gelb . . . . acf		0,30	0,20	0,50
948	20 (Pf)	schwarz/rötlich-orange . . . . acg		0,40	0,30	0,70
949	25 (Pf)	schwarz/hellpreußisch-blau . . . . ach		1,50	1,60	2,40
			Satzpreis (3 W.)	2,—	2,—	3,50
			FDC			3,—

Auflagen: MiNr. 947 und 948 je 6 000 000, MiNr. 949 = 4 000 000 Stück

Gültig bis 31.3.1965

1963, 12. März. Blockausgabe: Chemische Industrie. Ⓔ **DWD; Odr.; Dederongewebe; ☐; o.G.**

acl

aci) Laborantin an modernen labortechnischen Geräten

ack) Destillationskolonne der Petrolchemie

				(✱)	⊙
950	50 (Pf)	dunkelultramarin/grau . . . . aci		1,80	4,—
951	70 (Pf)	grau/dunkelultramarin . . . . ack		1,80	4,—
Block 18	(105×74 mm)	. . . . acl		5,—	30,—
			FDC*		150,—
			Ⓢ		22,—

*) kein amtlicher FDC

Fehlerhafter Schnitt des Blocks kommt vor. Schiefwinkelige Blocks durch nachträgliche Verformung des Dederongewebes sind die Regel!

Auflage: 1 100 000 Blocks *Gültig bis 31.3.1965*

1963, 9. April. Berühmte deutsche Schriftsteller und Opernkomponisten. Ⓔ **Friebel; Odr. (5×10); Wz. 3 X; gez. K 13:12½.**

acm) Johann Gottfried Seume (1763–1810), Schriftsteller; Szene aus seinem Werk „Spaziergang nach Syrakus“

acn) Friedrich Hebbel (1813–1863), Dichter; Szene aus seinem Drama „Maria Magdalena“

aco) Georg Büchner (1813–1837), Schriftsteller; Szene aus seinem Drama „Woyzeck“

acp) Richard Wagner (1813–1883), Komponist; Szene aus seiner Oper „Der fliegende Holländer“

				✱✱	▨	⊙
952	5 (Pf)	lebhaftolivgelb/schwarz . . . . acm		0,30	0,30	0,50
953	10 (Pf)	opalgrün/schwarz . acn		0,30	0,30	0,40
954	20 (Pf)	rotorange/schwarz . aco		0,30	0,30	0,40
955	25 (Pf)	mittelgrauultramarin/schwarz . . . . acp		2,—	2,50	3,50
			Satzpreis (4 W.)	2,50	3,—	4,50
			FDC 1 (A) (MiNr. 952, 955)			4,—
			FDC 2 (A) (MiNr. 953, 954)			2,—

Auflagen: MiNr. 952 = 5 000 000, MiNr. 953 und 954 je 7 000 000, MiNr. 955 = 1 100 000 Stück

Gültig bis 31.3.1965

1963, 14. Mai. 100 Jahre Internationales Rotes Kreuz. Ⓔ **Rose; Odr. (5×10); Wz. 3 X; gez. K 13:12½.**

acr) Rotkreuz-Schwester beim Anlegen eines Verbandes

acs) Krankentransportfahrzeug (Barkas B 1000), Poliklinik

				✱✱	▨	⊙
956	10 (Pf)	mehrfarbig . . . . acr		1,40	1,40	2,20
957	20 (Pf)	mehrfarbig . . . . acs		0,30	0,30	0,40
			Satzpreis (2 W.)	1,60	1,60	2,50
			FDC			3,—

Auflagen: MiNr. 956 = 1 100 000, MiNr. 957 = 6 000 000 Stück

Gültig bis 31.3.1965

1963, 27. Mai. Erhaltung der Nationalen Mahn- und Gedenkstätten: ermordete antifaschistische Sportler. Ⓔ **Stauf; komb. StTdr. und RaTdr. (5×5 Zd); Wz. 3 X; gez. K 14.**

act) Walter Bohne (1903–1944), Langstreckenläufer

acu) Werner Seelenbinder (1904–1944), Ringer

acv) Albert Richter (1912–1940), Bahnradsportler

acw) Heinz Steyer (1909–1944), Fußballspieler

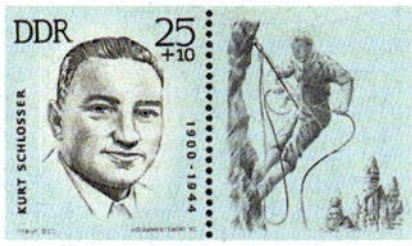

acx) Kurt Schlosser (1900–1944), Bergsteiger

			★★	◎	⊙
958	5 + 5 (Pf)	mattgelb/schwarz . . . . . act	0,30	0,30	0,50
959	10 + 5 (Pf)	mattgelboliv/schwarz . . acu	0,30	0,30	0,50
960	15 + 5 (Pf)	mattkarmingrau/schwarz . acv	0,30	0,30	0,50
961	20 + 10 (Pf)	mattrotorange/schwarz acw	0,30	0,30	0,50
962	25 + 10 (Pf)	weißblaugrün/schwarz . . . . . acx	2,40	6,—	10,—
		Satzpreis 1 (5 W.)	3,—	7,—	12,—
		Satzpreis 2 (5 W. mit Zf)	12,—	30,—	45,—
		FDC 1 (W Zd 70, 73)			5,—
		FDC 2 (W Zd 71, 72)			5,—
		FDC 3 (W Zd 74)			25,—

MiNr. 958–962 wurden jeweils mit waagerecht anhängenden Zierfeldern (in Markenfarbe) gedruckt.

Auflagen: MiNr. 958 und 960 je 2 500 000, MiNr. 959 und 961 je 3 000 000, MiNr. 962 = 1 100 000 Zusammendrucke

Gültig bis 31.3.1965

In gleicher Aufmachung: MiNr. 983–987

1963, 13. Juni. Deutsches Turn- und Sportfest, Leipzig. Ⓔ **Grünewald; Odr. (10×5); Wz. 3 X; gez. K 12½:13.**

acy) Turnen an Holmen (Männer)

acz) Gymnastik mit Bändern (Frauen)

ada) Staffellauf (Männer)

			★★	◎	⊙
963	10 + 5 (Pf)	mehrfarbig . . . acy	0,30	0,20	0,50
964	20 + 10 (Pf)	mehrfarbig . . . acz	0,30	0,20	0,50
965	25 + 10 (Pf)	mehrfarbig . . . ada	4,—	3,50	5,—
		Satzpreis (3 W.)	4,50	3,80	6,—
		FDC			5,50

Auflagen: MiNr. 963 und 964 je 3 000 000, MiNr. 965 = 1 100 000 Stück

Gültig bis 31.3.1965

1963, 18. Juni. 75 Jahre Kampflied der internat. sozialistischen Arbeiterbewegung „Die Internationale". Ⓔ **Kosak; Odr. (5×10); Wz. 3 X; gez. K 13:13½.**

adb) Eugène Pottier (1816–1887), Textdichter

adc) Pierre-Chrétien de Geyter (Degeyter) (1848–1932), Komponist

adb–adc) Auf beiden Marken außerdem Noten des Vorspiels und der Anfangstakte

			★★	◎	⊙
966	20 (Pf)	lebhaftrot/schwarz . adb	0,30	0,30	0,50
967	25 (Pf)	mattlilaultramarin/schwarz . . . . adc	1,40	1,60	2,50
		Satzpreis (2 W.)	1,60	1,80	3,—
		FDC (A)			3,50

Auflagen: MiNr. 966 = 6 000 000, MiNr. 967 = 1 100 000 Stück

Gültig bis 31.3.1965

1963, 25. Juni. Freimarken: Staatsratsvorsitzender Walter Ulbricht. Großformat (I). Ⓔ **Wolf; StTdr. (10×5); Wz. 3 X; gez. K 14.**

add) W. Ulbricht (1893–1973), erster Vorsitzender des Staatsrates der DDR

			★★	◎	⊙
968	1 DM	schwarzgrünoliv . . add	1,—	0,80	1,—
969	2 DM	siena . . . . add	2,—	0,80	1,—
		Satzpreis (2 W.)	3,—	1,60	2,—
		FDC			10,—

Währungsbezeichnung auf Marken und Bogenoberrand: DM (Deutsche Mark der Deutschen Notenbank)

Auflagen siehe nach MiNr. 1482

Gültig bis 2.10.1990

Weitere Ausgaben siehe Zusammenfassung nach Jahreszusammenstellungen

1963, 18. Juli. Gruppenflug der Raumschiffe Wostok 5 und Wostok 6. Ⓔ **Skribelka und Bengs; RaTdr. (5×5 Zd); Wz. 3 X; gez. K 14.**

ade) Walentina Tereschkowa (*1937) im Raumanzug, Wostok 6

adf) Waleri Bykowski (*1934) im Raumanzug, Wostok 5

ade–adf) Über beide Marken gehend Teil der Erdkugel

			★★	◎	⊙
970	20 (Pf)	mehrfarbig . . . . ade	1,—	0,30	0,40
971	20 (Pf)	mehrfarbig . . . . adf	1,—	0,30	0,40
		Satzpreis (2 W.)	2,—	0,60	0,80
		Zusammendruck	2,40	0,60	1,50
		FDC			3,—

MiNr. 970–971 wurden waagerecht zusammenhängend gedruckt.

Auflage: 9 500 000 Sätze

Gültig bis 31.3.1965

Als Grundlage für die Ermittlung von Preisnotierungen dienten Verkaufspreislisten des Briefmarkenhandels und Arbeitsvorlagen von Arbeitsgemeinschaften sowie Sammlern im In- und Ausland.

1963, 30. Juli. Weltmeisterschaftsläufe im Motocross, Apolda; Motorradrennen, Sachsenring. ⓔ **Deutschendorf; komb. StTdr. und RaTdr. (MiNr. 972 10×5, MiNr. 973 und 974 5×10); Wz. 3 X; gez. K 14.**

adg) Motocross, 250-cm³-Klasse

adh) Motorradrennen, 125-cm³-Klasse

adi) Motorradrennen, 250-cm³-Klasse

				★★	◍	⊙
972	10 (Pf)	mehrfarbig .... adg		4,—	4,50	6,50
973	20 (Pf)	mehrfarbig .... adh		0,30	0,30	0,50
974	25 (Pf)	mehrfarbig .... adi		0,30	0,30	1,—
			Satzpreis (3 W.)	4,50	5,—	8,—
			FDC			7,—

Auflagen: MiNr. 972 = 1 100 000, MiNr. 973 = 6 000 000, MiNr. 974 = 3 500 000 Stück

Gültig bis 31.3.1965

1963, 20. Aug. Internationale Mahn- und Gedenkstätten. ⓔ **Weiß; Odr. (5×5); Wz. 3 X; gez. K 13:13½.**

adk) Denkmal mit Flammenschale, Treblinka (Polen)

				★★	◍	⊙
975	20 (Pf)	zinnober/dunkel-ultramarin .... adk		0,40	0,30	0,50
			FDC			0,70

Auflage: 8 000 000 Stück *Gültig bis 31.3.1965*

Übersicht der Ausgaben „Internationale Mahn- und Gedenkstätten"

Nominale	Darstellung	MiNr.
10 (Pf)	Buchenwald	3197
25 (Pf)	Berlin	1798
25 (Pf)	Berlin-Treptow	1604
25 (Pf)	Fort de Breendonk	1410
25 (Pf)	Kopenhagen/Ryvangen	1512
25 (Pf)	Kragujevac	1311
25 (Pf)	Langenstein-Zwieberge	1878
25 (Pf)	Oradour-sur-Glane	1206
25 (Pf)	Putten	1141
25 (Pf)	St. Petersburg (Leningrad)	1048
25 (Pf)	Wiltz	1705
35 (Pf)	Ardeatinische Höhlen (bei Rom)	1981
35 (Pf)	Auschwitz-Birkenau	2735
35 (Pf)	Berlin-Schönholz	2262
35 (Pf)	Budapest (Ehrenmal)	2169
35 (Pf)	Budapest (Gedenkstätte)	3122
35 (Pf)	Châteaubriant	1982
35 (Pf)	Como	3196
35 (Pf)	Dresden (TU)	2897
35 (Pf)	Majdanek	2538
35 (Pf)	Mauthausen	2356
35 (Pf)	Mittelbau-Dora	2451
35 (Pf)	Ravensbrück	3274
35 (Pf)	Sachsenhausen	3051
35 (Pf)	Sassnitz	2639
35 (Pf)	Seelower Höhen	2939
35 (Pf)	Wien	2093
35 (Pf)	Wolgograd (Stalingrad)	2830

1963, 27. Aug. Leipziger Herbstmesse. ⓔ **Dorfstecher; Odr. (5×5 Zd); Wz. 3 X; gez. K 13½:13.**

adl) Pkw, Triebwagen

adm) Verkehrsflugzeug, Autobus

adl–adm) Über beide Marken gehend stilis. Erdkugel, Messezeichen

				★★	◍	⊙
976	10 (Pf)	mehrfarbig .... adl		0,90	0,20	0,30
977	10 (Pf)	mehrfarbig ...... adm		0,90	0,20	0,30
			Satzpreis (2 W.)	1,80	0,30	0,50
			Zusammendruck	2,80	0,50	1,20
			FDC			1,20

MiNr. 976–977 wurden waagerecht zusammenhängend gedruckt.

Auflage: 8 000 000 Stück *Gültig bis 31.3.1965*

1963, 10. Sept. Geschützte Tiere (II). ⓔ **Naumann; RaTdr. (5×10); Wz. 3 X; gez. K 14.**

adn) Hirschkäfer (Lucanus cervus)

ado) Fleckenstreifiger Feuersalamander (Salamandra salamandra terrestris)

adp) Europäische Sumpfschildkröte (Emys orbicularis)

adr) Wechselkröte (Bufo viridis)

ads) Braunbrustigel (Erinaceus europaeus)

				★★	◍	⊙
978	10 (Pf)	mehrfarbig .... adn		0,30	0,30	0,50
979	20 (Pf)	mehrfarbig .... ado		0,30	0,30	0,30
980	30 (Pf)	mehrfarbig .... adp		0,30	0,30	0,50
981	50 (Pf)	mehrfarbig .... adr		4,—	4,—	6,—
982	70 (Pf)	mehrfarbig .... ads		0,70	0,70	1,50
			Satzpreis (5 W.)	5,—	5,—	8,50
			FDC 1 (MiNr. 978, 980, 981)			6,—
			FDC 2 (MiNr. 979, 982)			1,50

Auflagen: MiNr. 978 = 13 000 000, MiNr. 979 = 9 000 000, MiNr. 980 und 982 je 3 000 000, MiNr. 981 = 1 100 000 Stück

Gültig bis 31.3.1965

Weitere Ausgabe „Geschützte Tiere": MiNr. 869–872

1963, 24. Sept. Erhaltung der Nationalen Mahn- und Gedenkstätten: ermordete antifaschistische Sportler. ⓔ **Stauf; komb. RaTdr. und StTdr. (5×5 Zd); Wz. 3 X; gez. K 14.**

adt) Hermann Tops (1897–1944), Sportfunktionär

adu) Käthe Tucholla (1910–1943), Feldhockeyspielerin

adv) Rudolf Seiffert (1908–1945), Langstreckenschwimmer

adw) Ernst Grube (1890–1945), Sportfunktionär

adx) Kurt Biedermann (1903–1942), Wildwasserkanute

			★★	▨	⊙
983	5 + 5 (Pf)	mattolivgelb/schwarz . . . . adt	0,30	0,30	0,60
984	10 + 5 (Pf)	mattgrün/schwarz . . . . . . .adu	0,30	0,30	0,60
985	15 + 5 (Pf)	mattgrauviolett/schwarz . . . . adv	0,30	0,30	0,60
986	20 + 10 (Pf)	mattgraurot/schwarz . . . . . . adw	0,30	0,30	0,60
987	40 + 20 (Pf)	mattblaugrün/schwarz . . . . adx	2,80	3,60	5,—
		Satzpreis 1 (5 W.)	3,50	4,—	7,—
		Satzpreis 2 (5 W. mit Zf)	12,—	24,—	35,—
		FDC 1 (W Zd 98, 101)			3,50
		FDC 2 (W Zd 99, 100)			3,50
		FDC 3 (W Zd 102)			14,—

MiNr. 983–987 wurden jeweils mit waagerecht anhängenden Zierfeldern (in Markenfarbe) gedruckt.

Auflagen: MiNr. 983 und 985 je 2 600 000, MiNr. 984 und 986 je 3 000 000, MiNr. 987 = 1 160 000 Zusammendrucke

Gültig bis 31.3.1965

In gleicher Aufmachung: MiNr. 958–962

1963, 10. Okt. 150. Jahrestag der Befreiungskriege. 🄴 **Weiß; Odr. (5×5); Wz. 3 X; gez. K 13½:13.**

ady) August Wilhelm Anton Graf Neidhardt von Gneisenau (1760–1831), preuß. Heerführer; Gebhard Leberecht Fürst Blücher von Wahlstatt (1742–1819), preuß. Generalfeldmarschall, Heerführer

adz) Kosaken und Landwehr auf dem Kreuzberg, Berlin

aea) Ernst Moritz Arndt (1769–1860), Dichter und polit. Schriftsteller; Karl Reichsfreiherr vom und zum Stein (1757–1831), preuß. Staatsmann

aeb) Freischar von Adolf Freiherr von Lützow (1782–1834); Gemälde von Hans Kohlschein (1879–1948) (Detail)

aec) Gerhard von Scharnhorst (1755–1813), preuß. General; Fürst Michail Kutusow (1745–1813), russischer Feldmarschall

			★★	▨	⊙
988	5 (Pf)	mehrfarbig . . . . ady	0,30	0,30	0,50
989	10 (Pf)	mehrfarbig . . . . adz	0,30	0,30	0,40
990	20 (Pf)	mehrfarbig . . . . aea	0,30	0,30	0,40
991	25 (Pf)	mehrfarbig . . . . aeb	0,30	0,30	0,50
992	40 (Pf)	mehrfarbig . . . . aec	2,80	1,60	2,50
		Satzpreis (5 W.)	3,—	2,40	4,—
		FDC 1 (MiNr. 988, 991)			0,70
		FDC 2 (MiNr. 989, 990)			0,80
		FDC 3 (MiNr. 992)			3,50

Auflagen: MiNr. 988 und 989 je 5 000 000, MiNr. 990 = 6 000 000, MiNr. 991 = 3 500 000, MiNr. 992 = 1 200 000 Stück

Gültig bis 31.3.1965

1963, 17. Okt./19. Nov. Besuch sowjetischer Kosmonauten. 🄴 **Sauer; Odr. (MiNr. 993 und 996 10×5, MiNr. 994 und 995 5×9; Wz. 3 X; MiNr. 993 und 996 gez. K 13½, MiNr. 994 und 995 gez. K 13:13½.**

aed) Walentina Tereschkowa (*1937), Raumschiff nach dem Start

aee) W. Tereschkowa; Kundgebung

aef) Juri Gagarin (1934–1968), Kundgebung

aeg) W. Tereschkowa im Raumanzug; Blick durch Bordfenster eines Raumschiffs

			★★	▨	⊙
993	10 (Pf)	mittelviolettultramarin/dkl'graugrün (17.10.) aed	0,30	0,30	0,40
994	20 (Pf)	mehrfarbig (17.10.) . aee	0,30	0,30	0,40
995	20 (Pf)	mehrfarbig (19.11.) . aef	0,30	0,30	0,40
996	25 (Pf)	gelblichorange/mittelblau (17.10.) . . . . . . aeg	5,—	3,—	4,—
		Satzpreis (4 W.)	5,50	3,40	5,—
		FDC 1 (MiNr. 993, 994, 996)			5,—
		FDC 2 (MiNr. 995)			1,50

Auflagen: MiNr. 993–995 je 6 000 000, MiNr. 996 = 1 200 000 Stück

Gültig bis 31.3.1965

1963, 8. Nov. 25. Jahrestag der Novemberpogrome („Reichskristallnacht", 9./10.11.1938). 🄴 **Sauer und Naumann; Odr. (10×5); Wz. 3 X; gez. K 13½:13.**

aeh) Brennende Synagoge, mit Kette umwundener Davidstern

			★★	▨	⊙
997	10 (Pf)	mehrfarbig . . . . aeh	0,40	0,30	0,60
		FDC (A)			2,—

Auflage: 5 500 000 Stück

Gültig bis 31.3.1965

1963, 25. Nov. Tag der Briefmarke. 🄴 **Dorfstecher; Odr. (5×10); Wz. 3 X; gez. K 13:12½.**

aei) Briefverteilmaschine, Posthorn

aek) Gabelstapler mit Rollpalette, Bahnpostwagen, Posthorn

			★★	▨	⊙
998	10 (Pf)	mehrfarbig . . . . aei	2,20	2,40	3,80
999	20 (Pf)	mehrfarbig . . . . aek	0,30	0,30	0,50
		Satzpreis (2 W.)	2,40	2,60	4,—
		FDC			4,—

Auflagen: MiNr. 998 = 1 100 000, MiNr. 999 = 6 000 000 Stück

Gültig bis 31.3.1965

1963, 16. Dez. Olympische Winterspiele, Innsbruck: Skispringen. 🄴 **Friebel; Odr. (5×9); Wz. 3 X; gez. K 13½:13.**

ael) Anlauf

aem) Absprung

aen) Flugphase

aeo) Aufsprung

			★★	▨	⊙
1000	5 (Pf)	mehrfarbig . . . . . . ael	0,30	0,30	0,50
1001	10 (Pf)	mehrfarbig . . . . . aem	0,30	0,30	0,50
1002	20 + 10 (Pf)	mehrfarbig . . . aen	0,30	0,30	0,50
1003	25 (Pf)	mehrfarbig . . . . . aeo	2,60	2,80	4,50
		Satzpreis (4 W.)	3,—	3,20	6,—
		FDC 1 (MiNr. 1000, 1003)			4,50
		FDC 2 (MiNr. 1001, 1002)			1,—

Auflagen: MiNr. 1000 = 5 000 000, MiNr. 1001 = 8 000 000, MiNr. 1002 = 4 000 000, MiNr. 1003 = 1 200 000 Stück

Gültig bis 31.3.1965

1964

1964, 15. Jan. Schmetterlinge. Ⓔ **Prieß; RaTdr. (5×10); Wz. 3 X; gez. K 14.**

aep) Admiral (Vanessa atalanta)

aer) Hochalpen-Apollo (Parnassius phoebus) aes) Schwalbenschwanz (Papilio machaon) aet) Postillion (Colias croceus) aeu) Großer Fuchs (Nymphalis polychloros)

				★★	▨	⊙
1004	10 (Pf)	mehrfarbig .... aep		0,50	0,20	0,30
1005	15 (Pf)	mehrfarbig .... aer		0,50	0,20	0,40
1006	20 (Pf)	mehrfarbig .... aes		0,50	0,20	0,40
1007	25 (Pf)	mehrfarbig .... aet		0,50	0,20	0,40
1008	40 (Pf)	mehrfarbig .... aeu		7,—	3,—	4,50
			Satzpreis (5 W.)	9,—	3,60	6,—
			FDC 1 (MiNr. 1004, 1006, 1007)			1,50
			FDC 2 (MiNr. 1005, 1008)			6,—

Auflagen: MiNr. 1004 und 1006 je 27 000 000, MiNr. 1005 und 1007 je 3 500 000, MiNr. 1008 = 1 200 000 Stück

1964, 6. Febr. Berühmte Künstler. Ⓔ **Böhme; Odr. (5×10); Wz. 3 X; gez. K 13:12½.**

aev) Quadriga auf dem Brandenburger Tor, Berlin; Namenszug des Bildhauers und Grafikers Gottfried Schadow (1764–1850)

aew) Schlussstein der Eingangsfront des ehemaligen Zeughauses, Berlin; Namenszug des Bildhauers und Baumeisters Andreas Schlüter (1664–1714)

aex) William Shakespeare (1564–1616), engl. Dramatiker, Schauspieler und Dichter; Namenszug

				★★	▨	⊙
1009	20 (Pf)	hellkarminrot/blauschwarz .... aev		0,30	0,20	0,20
1010	25 (Pf)	hellgrünlichblau/braunviolett ...... aew		0,30	0,20	0,40
1011	40 (Pf)	mattviolett/schwärzlichgrünlichblau ... aex		1,60	1,40	2,40
			Satzpreis (3 W.)	2,20	1,80	3,—
			FDC (A)			3,50

Auflagen: MiNr. 1009 = 8 000 000, MiNr. 1010 = 3 500 000, MiNr. 1011 = 1 200 000 Stück

1964, 26. Febr. Leipziger Frühjahrsmesse. Ⓔ **Dorfstecher; Odr. (3×5 Zd); Wz. 3 X; gez. K 13:13½.**

aez) Braunigkes Hof, um 1700

aey) Messehalle 18 (Elektrotechnik)

				★★	▨	⊙
1012	10 (Pf)	gelbsmaragdgrün/schwarz .... aey		3,—	0,40	1,—
1013	20 (Pf)	lebhaftrot/schwarz . aez		3,—	0,40	1,—
			Satzpreis (2 W.)	6,—	0,80	2,—
			Viererblock	25,—	2,40	4,—
			FDC			8,—

MiNr. 1012–1013 wurden schachbrettartig mit Zierfeld zusammenhängend in Viererblockanordnung gedruckt, wobei die waagerechten Reihen 1, 3 und 5 mit MiNr. 1012, die waagerechten Reihen 2 und 4 mit Zierfeld beginnen.

Auflage: 6 000 000 Sätze

1964, 24. März. Erhaltung der Nationalen Mahn- und Gedenkstätten: Antifaschisten, KZ-Opfer. Ⓔ **Sauer; Odr. (5×5); Wz. 3 X; gez. K 13½, MiNr. 1019 gez. K 13½:13.**

afa) Anton Saefkow (1903–1944)

afb) Franz Jacob (1906–1944)

afc) Bernhard Bästlein (1894–1944)

afd) Harro Schulze-Boysen (1909–1942)

afe) Adam Kuckhoff (1887–1943)

aff) Mildred (1902–1943) und Arvid Harnack (1901–1942)

afa–afc) Im Hintergrund Antifaschisten beim illegalen Anbringen von Losungen gegen Hitler und Krieg

afd–aff) Im Hintergrund Antifaschisten bei der Herstellung illegaler Flugblätter

				★★	▨	⊙
1014	5 + 5 (Pf)	rotbraun/graublau .... afa		0,30	0,20	0,50
1015	10 + 5 (Pf)	rotbraun/dunkelgrau ..... afb		0,30	0,20	0,50
1016	15 + 5 (Pf)	rotbraun/dkl'bläulichviolett .... afc		0,30	0,20	0,50
1017	20 + 5 (Pf)	lilarot/dunkelbräunlicholiv .... afd		0,30	0,30	0,50
1018	25 + 10 (Pf)	lebhaftkobalt/dunkelbräunlicholiv .... afe		0,50	0,30	1,—
1019	40 + 10 (Pf)	rotbraun/dunkelbräunlicholiv .... aff		1,50	2,—	3,50
			Satzpreis (6 W.)	3,20	3,20	6,50
			FDC 1 (MiNr. 1014, 1018)			1,50
			FDC 2 (MiNr. 1015, 1016)			1,50
			FDC 3 (MiNr. 1017, 1019)			4,—

Auflagen: MiNr. 1014 und 1018 je 2 500 000, MiNr. 1015–1017 je 3 000 000, MiNr. 1019 = 1 200 000 Stück

1964, 15. April. 70. Geburtstag von Nikita Chruschtschow. Ⓔ **Sauer; Odr. (9×5); Wz. 3 X; gez. K 13:13½.**

afg) N. Chruschtschow (1894–1971), sowjet. Politiker; Arbeiter

afh) N. Chruschtschow, Kosmonauten W. Tereschkowa und J. Gagarin, Flugbahnen im All

				★★	▨	⊙
1020	25 (Pf)	dunkelgraublau .... afg		0,30	0,20	0,40
1021	40 (Pf)	dunkelviolettpurpur/olivschwarz .... afh		3,50	2,60	4,20
			Satzpreis (2 W.)	3,80	2,80	4,50
			FDC			5,—

Auflagen: MiNr. 1020 = 3 000 000, MiNr. 1021 = 1 200 000 Stück

Alle vom 1.1.1964 bis 30.6.1990 ausgegebenen Postwertzeichen (MiNr. 1004 bis 3343) waren bis 2.10.1990 gültig.

1964, 13. Mai. Deutschlandtreffen der Jugend, Berlin. Ⓔ Walter; Odr. (5×10); Wz. 3 X; gez. K 13:13½.

afi) Jugendliche vor Fahnen

afk) Jugendliche Sportler

afl) Musizierende Jugendliche vor Brandenburger Tor, Berlin

				★★	⊘	⊙
1022	10 (Pf)	mehrfarbig .... afi		0,30	0,20	0,30
1023	20 (Pf)	mehrfarbig .... afk		0,30	0,20	0,30
1024	25 (Pf)	mehrfarbig .... afl		2,—	1,—	2,—
			Satzpreis (3 W.)	2,40	1,30	2,50
			FDC			2,50

Auflagen: MiNr. 1022 und 1023 je 7 000 000, MiNr. 1024 = 1 200 000 Stück

1964, 1. Juni. Tag des Kindes: Figuren aus Kindersendungen des Deutschen Fernsehfunks. Ⓔ Klemke; Odr. (5×5); Wz. 3 X; gez. K 13:13½.

afm) Flax und Krümel mit Struppi

afn) Meister Nadelöhr

afo) Pittiplatsch

afp) Sandmännchen

afr) Bummi und Schnatterinchen

				★★	⊘	⊙
1025	5 (Pf)	mehrfarbig .... afm		0,30	0,20	0,40
1026	10 (Pf)	mehrfarbig .... afn		0,30	0,20	0,50
1027	15 (Pf)	mehrfarbig .... afo		0,30	0,20	0,50
1028	20 (Pf)	mehrfarbig .... afp		0,30	0,20	0,50
1029	40 (Pf)	mehrfarbig .... afr		1,80	2,20	3,50
			Satzpreis (5 W.)	3,—	2,80	5,—
			FDC 1 (MiNr. 1025, 1028)			1,20
			FDC 2 (MiNr. 1026, 1027)			1,20
			FDC 3 (MiNr. 1029)			3,—

Auflagen: MiNr. 1025 und 1027 je 4 000 000, MiNr. 1026 = 6 000 000, MiNr. 1028 = 5 500 000, MiNr. 1029 = 1 200 000 Stück

1964, 25. Juni. Frauenkongress der DDR. Ⓔ Böhme; Odr. (5×9); Wz. 3 X; gez. K 13½:13.

afs) Frau mit Kind, Bild von Jenny Marx

aft) Technikerinnen, Transistorschaltung

afu) Viehzüchterinnen, Schweine vor Mastanlage

				★★	⊘	⊙
1030	20 (Pf)	mehrfarbig .... afs		0,40	0,20	0,30
1031	25 (Pf)	mehrfarbig .... aft		1,20	1,—	1,80
1032	70 (Pf)	mehrfarbig .... afu		0,80	0,20	0,50
			Satzpreis (3 W.)	2,40	1,40	2,50
			FDC			2,50

Auflagen: MiNr. 1030 = 6 000 000, MiNr. 1031 = 1 200 000, MiNr. 1032 = 3 500 000 Stück

1964, 15. Juli. Olympische Sommerspiele, Tokio (I). Ⓔ Stauf; komb. StTdr. und RaTdr. (5×10); Wz. 3 X; gez. K 14.

afv) Radrennen

afw) Volleyball

afx) Judo

afy) Wasserspringen

afz) Langstreckenlauf

aga) Springreiten

afv–aga) Auf jeder Marke zusätzlich die olympischen Ringe

				★★	⊘	⊙
1033	5 (Pf)	mehrfarbig ..... afv		0,30	0,30	0,50
1034	10 (Pf)	mehrfarbig ..... afw		0,30	0,30	0,50
1035	20 (Pf)	mehrfarbig ..... afx		0,30	0,30	0,50
1036	25 (Pf)	mehrfarbig ..... afy		0,30	0,30	0,50
1037	40 + 20 (Pf)	mehrfarbig ..... afz		0,30	0,30	0,50
1038	70 (Pf)	mehrfarbig ..... aga		2,—	2,—	3,—
			Satzpreis (6 W.)	3,50	3,50	5,50
			FDC 1 (MiNr. 1033, 1034, 1038)			4,—
			FDC 2 (MiNr. 1035–1037)			2,—

Auflagen: MiNr. 1033 und 1036 je 4 000 000, MiNr. 1034 und 1035 je 8 000 000, MiNr. 1037 = 3 500 000, MiNr. 1038 = 1 200 000 Stück

1964, 15. Juli. Olympische Sommerspiele, Tokio (II). Ⓔ Bengs und Skribelka; Odr. (2×5 Zd); Wz. 3 X; gez. K 13:13½.

agb) Kunstspringen
agc) Springreiten
agd) Volleyball
age) Radrennen
agf) Langstreckenlauf
agg) Judo

agb–agg) Über alle 6 Marken gehend die olympischen Ringe

				★★	⊘	⊙
1039	10 (Pf)	mehrfarbig ..... agb		3,—	3,50	5,—
1040	10 + 5 (Pf)	mehrfarbig ..... agc		3,—	3,50	5,—
1041	10 (Pf)	mehrfarbig ..... agd		3,—	3,50	5,—
1042	10 (Pf)	mehrfarbig ..... age		3,—	3,50	5,—
1043	10 + 5 (Pf)	mehrfarbig ...... agf		3,—	3,50	5,—
1044	10 (Pf)	mehrfarbig ..... agg		3,—	3,50	5,—
			Satzpreis (6 W.)	18,—	20,—	30,—
			Sechserblock	26,—	30,—	50,—
			FDC			65,—

MiNr. 1039–1044 wurden zusammenhängend in Sechserblockanordnung gedruckt.

Auflage: 2 000 000 Sätze

Die ⊙-Preise gelten nur für prüfbare, klare Abstempelungen, bei denen Ort und Datum einwandfrei identifizierbar sind (siehe „Briefmarken-Qualitätsstufen" im Einleitungsteil, Abb. 24).

Soweit bei einzelnen Ausgaben nicht ausdrücklich anders vermerkt, gelten die ⊘-Preise für amtliche (Bogen-)Entwertungen für philatelistische Zwecke von Hand. Gedruckte Stempel 50% der ⊘-Bewertungen.

1964, 29. Juli. Pioniertreffen, Chemnitz (Karl-Marx-Stadt). ◻ **Friebel; Odr. (5×10); Wz. 3 X; gez. K 13½:13.**

agh) Junge Pioniere beim Lernen

agi) Junge Pioniere pflanzen einen Baum

agk) Junge Pioniere beim Ballspiel

			✱✱	⊘	⊙
1045	10 + 5 (Pf)	mehrfarbig . . . . . agh	2,50	0,50	1,—
1046	20 + 10 (Pf)	mehrfarbig . . . . . agi	2,50	0,50	1,—
1047	25 + 10 (Pf)	mehrfarbig . . . . agk	5,—	5,—	6,—
		Satzpreis (3 W.)	10,—	6,—	8,—
		FDC			8,—

Bei MiNr. 1045–1047 wurden jeweils 3 Marken richtigstehend und 2 Marken kopfstehend in einer waagerechten Reihe des Schalterbogens kehrdruckartig angeordnet.

Auflagen: MiNr. 1045 = 3 000 000, MiNr. 1046 = 2 500 000, MiNr. 1047 = 1 200 000 Stück

1964, 12. Aug. Internationale Mahn- und Gedenkstätten. ◻ **Weiß; Odr. (5×5); Wz. 3 X; gez. K 13:13½.**

agl) Denkmal in der Mahn- und Gedenkstätte St. Petersburg (Leningrad)

			✱✱	⊘	⊙
1048	25 (Pf)	mehrfarbig . . . . agl	1,20	0,30	0,50
		FDC			0,80

Auflage: 2 500 000 Stück

Weitere Ausgaben „Internationale Mahn- und Gedenkstätten" siehe Übersichtstabelle nach MiNr. 975

1964, 1. Sept. Für den Weltfrieden. ◻ **Voigt; RaTdr. (5×10); Wz. 3 X; gez. K 14.**

agm) Frédéric Joliot-Curie (1900–1958), französ. Atomphysiker, Nobelpreis 1935

agn) Bertha Freifrau von Suttner (1843 bis 1914), österreich. Schriftstellerin, Friedens-Nobelpreis 1905

ago) Carl von Ossietzky (1889–1938), Publizist, Friedens-Nobelpreis 1936

			✱✱	⊘	⊙
1049	20 (Pf)	dunkelrosa/braunschwarz . . . . agm	0,30	0,20	0,30
1050	25 (Pf)	mittelultramarin/braunschwarz . . . . agn	0,30	0,20	0,30
1051	50 (Pf)	mittelrotviolett/braunschwarz . . . . ago	1,50	1,—	1,50
		Satzpreis (3 W.)	2,—	1,40	2,—
		FDC			2,—

Auflagen: MiNr. 1049 = 22 000 000, MiNr. 1050 = 3 000 000, MiNr. 1051 = 1 200 000 Stück

1964, 3. Sept. Leipziger Herbstmesse. ◻ **Bengs; RaTdr. (3×5 Zd. + 5×MiNr. 1052); Wz. 3 X; gez. K 14.**

agp) Mittelalterliche Glaswerkstatt, Pokal   Zierfeld   agr) Neuzeitliche Armaturen aus Jenaer Glas

			✱✱	⊘	⊙
1052	10 (Pf)	mehrfarbig . . . . agp	0,70	0,20	0,30
1053	15 (Pf)	mehrfarbig . . . . agr	0,70	0,20	0,30
		Satzpreis (2 W.)	1,40	0,30	0,50
		Dreierstreifen	2,80	0,70	1,—
		FDC			2,50

Auflagen: MiNr. 1052 = 11 000 000, davon 8 250 000 in Dreierstreifen, MiNr. 1053 (sowie Dreierstreifen) = 8 250 000 Stück

1964, 16. Sept. 100. Jahrestag der Gründung der Ersten Internationalen Arbeiterassoziation (Internationale). ◻ **Weiß; RaTdr. (5×10); Wz. 3 X; gez. K 14.**

ags) Stempelabdruck der Ersten Internationale

			✱✱	⊘	⊙
1054	20 (Pf)	dunkelorangerot/schwarz . . . . ags	0,30	0,20	0,30
1055	25 (Pf)	lebhaftgrauultramarin/schwarz . . . . ags	0,80	0,80	1,20
		Satzpreis (2 W.)	1,—	1,—	1,50
		FDC			2,—

Auflagen: MiNr. 1054 = 4 000 000, MiNr. 1055 = 1 200 000 Stück

1964, 23. Sept. Nationale Briefmarkenausstellung, Berlin. ◻ **Bengs; Odr. (5×5); Wz. 3 X; gez. K 13:13½.**

agt) Marke DDR MiNr. 663

agu) Marke DDR MiNr. 278

agv) Marke DDR MiNr. 504

			✱✱	⊘	⊙
1056	10 + 5 (Pf)	dkl'gelblich-orange/dkl'gelbsmaragdgrün . agt	0,30	0,20	0,30
1057	20 + 10 (Pf)	dkl'lila/dkl'grau-ultramarin . . . . agu	0,40	0,30	0,50
1058	50 (Pf)	dunkelgrüngrau/rötlichbraun . . agv	2,20	1,80	3,20
		Satzpreis (3 W.)	2,80	2,20	4,—
		FDC			4,—

Auflagen: MiNr. 1056 und 1057 je 3 000 000, MiNr. 1058 = 1 200 000 Stück

Ab MiNr. 755 wurden, wenn im Kopftext nicht ausdrücklich anders angegeben, alle Marken von der Deutschen Wertpapierdruckerei gedruckt.

Ab 1.8.1964: 1 Mark der Deutschen Notenbank (MDN) = 100 Pfennig

1964, 6. Okt. 15 Jahre DDR. Ⓔ **Hennig und Dorfstecher; Odr. (5×10); Wz. 3 X; A = gez. K 13½:13, B = ☐.**

agw) Schweißer, Schiff am Kai

agx) Melkerin, Milchviehanlage

agy) Studentin mit Mikroskop, Hörsaal

agz) Hüttenwerker, Hochofenanlage

aha) Fahne vor Neubauten am Alexanderplatz, Berlin

ahb) Chemiker, Chemieanlage

ahc) Ingenieur, Werkzeugmaschine

ahd) Angehöriger der Kampfgruppen, Industrieanlage

ahe) Messefiguren, Altes Rathaus, Leipzig

ahf) Vermessungs-ingenieur, Braun-kohlentagebau

ahg) Winterurlauberin, verschneite Ortschaft

ahh) Wissenschaftler, optisches Gerät

ahi) Bildhauer, Dresdner Zwinger

ahk) Bauarbeiter, Wohnbauten

ahl) Textilarbeiterin, Webstuhl

				★★	⊘	⊙
1059 A	10 (Pf)	mehrfarbig	..... agw	0,40	0,40	0,60
1060 A	10 (Pf)	mehrfarbig	..... agx	0,40	0,40	0,60
1061 A	10 (Pf)	mehrfarbig	..... agy	0,40	0,40	0,60
1062 A	10 (Pf)	mehrfarbig	..... agz	0,40	0,40	0,60
1063 A	10 (Pf)	mehrfarbig	..... aha	0,40	0,40	0,60
1064 A	10 (Pf)	mehrfarbig	..... ahb	0,40	0,40	0,60
1065 A	10 (Pf)	mehrfarbig	..... ahc	0,40	0,40	0,60
1066 A	10 (Pf)	mehrfarbig	..... ahd	0,40	0,40	0,60
1067 A	10 (Pf)	mehrfarbig	..... ahe	0,40	0,40	0,60
1068 A	10 (Pf)	mehrfarbig	...... ahf	0,40	0,40	0,60
1069 A	10 (Pf)	mehrfarbig	..... ahg	0,40	0,40	0,60
1070 A	10 (Pf)	mehrfarbig	..... ahh	0,40	0,40	0,60
1071 A	10 (Pf)	mehrfarbig	...... ahi	0,40	0,40	0,60
1072 A	10 (Pf)	mehrfarbig	..... ahk	0,40	0,40	0,60
1073 A	10 (Pf)	mehrfarbig	...... ahl	0,40	0,40	0,60
			Satzpreis (15 W.)	6,—	6,—	9,—
			FDC 1 (MiNr. 1059–1063)			3,50
			FDC 2 (MiNr. 1064–1068)			3,50
			FDC 3 (MiNr. 1069–1073)			3,50

Es kommen auch andere FDC-Aufteilungen vor.

Blockausgabe, ☐, o.G.

ahm) Karte and Staatswappen der DDR, inscription

				(✱)	⊙
1059 B	10 (Pf)	mehrfarbig	.... agw	1,40	1,80
1060 B	10 (Pf)	mehrfarbig	.... agx	1,40	1,80
1061 B	10 (Pf)	mehrfarbig	.... agy	1,40	1,80
1062 B	10 (Pf)	mehrfarbig	.... agz	1,40	1,80
1063 B	10 (Pf)	mehrfarbig	.... aha	1,40	1,80
1064 B	10 (Pf)	mehrfarbig	.... ahb	1,40	1,80
1065 B	10 (Pf)	mehrfarbig	.... ahc	1,40	1,80
1066 B	10 (Pf)	mehrfarbig	.... ahd	1,40	1,80
1067 B	10 (Pf)	mehrfarbig	.... ahe	1,40	1,80
1068 B	10 (Pf)	mehrfarbig	.... ahf	1,40	1,80
1069 B	10 (Pf)	mehrfarbig	.... ahg	1,40	1,80
1070 B	10 (Pf)	mehrfarbig	.... ahh	1,40	1,80
1071 B	10 (Pf)	mehrfarbig	.... ahi	1,40	1,80
1072 B	10 (Pf)	mehrfarbig	.... ahk	1,40	1,80
1073 B	10 (Pf)	mehrfarbig	.... ahl	1,40	1,80
Block 19	(210×285 mm)		.... ahm	65,—	100,—
			FDC*		*1500,—*
			Ⓢ		75,—

*) kein amtlicher FDC

Auflagen: MiNr. 1059 A, 1060 A, 1062 A–1064 A, 1066 A, 1069 A, 1070 A, 1072 A und 1073 A je 4 000 000, MiNr. 1061 A = 5 000 000, MiNo. 1065 A, 1067 A, 1068 A und 1071 A je 3 500 000 Stück, Block 19 = 1 200 000 Blocks

MiNr. 1063 A mit Aufdruck: MiNr. 1125

1964, 25. Nov. Volkstrachten (I). ◰ **Friebel; RaTdr. (5×5 Zd); Wz. 3 X; gez. K 14.**

ahn–aho) Mönchgut (Rügen)

ahn aho

ahp ahr ahs aht

ahp–ahr) Spreewald ahs–aht) Thüringen

			★★	⊘	⊙
1074	5 (Pf)	mehrfarbig . . . . ahn	8,—	6,—	10,—
1075	5 (Pf)	mehrfarbig . . . . aho	8,—	6,—	10,—
1076	10 (Pf)	mehrfarbig . . . . ahp	2,50	1,40	1,80
1077	10 (Pf)	mehrfarbig . . . . ahr	2,50	1,40	1,80
1078	20 (Pf)	mehrfarbig . . . . ahs	2,50	1,40	1,80
1079	20 (Pf)	mehrfarbig . . . . aht	2,50	1,40	1,80
		Satzpreis 1 (6 W.)	25,—	17,—	25,—
		Satzpreis 2 (3 Zd.)	60,—	25,—	55,—
		FDC 1 (W Zd 144)			40,—
		FDC 2 (W Zd 146)			2,50
		FDC 3 (W Zd 148)			2,50

Marken der gleichen Wertstufen wurden, in der Reihenfolge Frau/Mann und Mann/Frau schachbrettartig versetzt, zusammenhängend gedruckt.

Auflagen: MiNr. 1074 und 1075 je 1 200 000, MiNr. 1076–1079 je 6 000 000 Stück

Weitere Ausgaben „Volkstrachten": MiNr. 1214–1219, 1353 bis 1356

1964, 9. Dez. Freimarke: Staatsratsvorsitzender Walter Ulbricht. Kleinformat (III). ◰ **und Bdr. DWD (10×10); Wz. 3 X; gez. K 14.**

yh) W. Ulbricht (1893–1973), erster Vorsitzender des Staatsrates der DDR

			★★	⊘	⊙
1080	60 (Pf)	dunkelgrünlicholiv (Töne) . . . . yh	0,40	0,30	0,70
		FDC			12,—

Die ⊘-Bewertung gilt für (Bogen-)Entwertung für phil. Zwecke im Zeitraum 1964–1973. Vgl. Hinweis bei MiNr. 845–848.

Auflage: 111 190 000 Stück

Weitere Ausgaben siehe Zusammenfassung nach Jahreszusammenstellungen

1964, 29. Dez. Blockausgabe: Internationale Jahre der ruhigen Sonne. ◰ **Urbschat; Odr.; Wz. 3 X; gez. Ks 13½:13.**

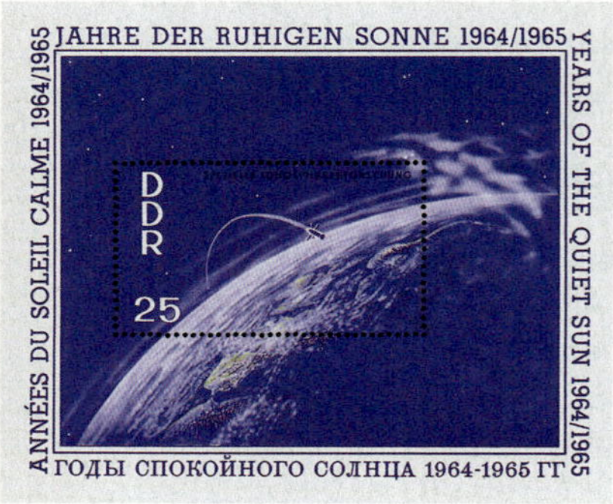

ahv

ahu) Teil der Erdkugel, Satellit

ahx

ahw) Sonne mit Korona und Protuberanzen

ahz

ahy) Satellitenbahnen vor Erdkugel mit Strahlungsgürtel

			★★	Ⓢ	⊙	FDC*
1081	25 (Pf)	mehrfarbig ahu	4,—		6,—	8,—
Block 20	(108×90 mm)	. . ahv	7,—	10,—	12,—	35,—
1082	40 (Pf)	mehrfarbig ahw	1,80		2,—	3,—
Block 21	(108×90 mm)	. . ahx	3,20	4,50	6,—	35,—
1083	70 (Pf)	mehrfarbig ahy	1,30		2,40	4,—
Block 22	(108×90 mm)	. . ahz	2,60	4,—	6,—	35,—
		Satzpreis (3 Blocks)	12,—	18,—	24,—	

*) kein amtlicher FDC

Auflagen: Block 20 = 1 200 000, Block 21 = 1 600 000, Block 22 = 1 700 000 Blocks

1965

1965, 14. Jan. 90. Geburtstag von Dr. Albert Schweitzer. ◰ **Weiß; RaTdr. (5×5); Wz. 3 X; gez. K 14.**

aia) Dr. A. Schweitzer (1875–1965), elsäss. Missionsarzt, evang. Theologe, Musiker, Friedens-Nobelpreis 1952; Urwaldlandschaft

aib) Dr. A. Schweitzer, Demonstration gegen Kernwaffen

aic) Dr. A. Schweitzer am Harmonium, Faksimile aus dem Orgel-Präludium h-moll von Johann Sebastian Bach

aia–aic) Auf jeder Marke Namenszug von Dr. A. Schweitzer

			★★	⊘	⊙
1084	10 (Pf)	mehrfarbig . . . . aia	0,80	0,30	0,40
1085	20 (Pf)	mehrfarbig . . . . aib	0,80	0,30	0,40
1086	25 (Pf)	mehrfarbig . . . . aic	4,50	2,60	4,50
		Satzpreis (3 W.)	6,—	2,80	5,—
		FDC			4,50

Auflagen: MiNr. 1084 = 10 000 000, MiNr. 1085 = 6 000 000, MiNr. 1086 = 1 200 000 Stück

1965, 10. Febr. Freimarken: Staatsratsvorsitzender Walter Ulbricht. Grossformat (II). 🄴 **Wolf; StTdr. (10×5); Wz. 3 X; gez. K 14.**

add I) W. Ulbricht (1893–1973), erster Vorsitzender des Staatsrates der DDR

				★★	◍	⊙
1087	1 MDN	schwarzgrünoliv	add I	0,60	0,60	1,50
1088	2 MDN	siena	add I	0,70	0,70	2,50
		Satzpreis (2 W.)		1,30	1,30	4,—
		FDC				12,—

Auflagen siehe nach MiNr. 1482

Weitere Ausgaben siehe Zusammenfassung nach Jahreszusammenstellungen

1965, 22. Febr. 125. Geburtstag von August Bebel. 🄴 **Weiß; RaTdr. (10×5); Wz. 3 X; gez. K 14.**

aie) A. Bebel (1840–1913), sozialdemokratischer Parteiführer

				★★	◍	⊙
1089	20 (Pf)	mehrfarbig	aie	0,50	0,20	0,40
		FDC (A)				1,40

Auflage: 10 000 000 Stück

1965, 25. Febr. Leipziger Frühjahrsmesse. 🄴 **Dorfstecher; RaTdr. (10×5); Wz. 3 X; gez. K 14.**

aif) Goldmedaille des Leipziger Messeamtes, Vorderseite

aig) Goldmedaille, Rückseite

aih) Chemieanlage

				★★	◍	⊙
1090	10 (Pf)	dunkellila/gold	aif	0,30	0,20	0,40
1091	15 (Pf)	dunkellila/gold	aig	0,30	0,20	0,40
1092	25 (Pf)	mehrfarbig	aih	0,70	0,30	0,50
		Satzpreis (3 W.)		1,20	0,60	1,20
		FDC				1,40

Auflagen: MiNr. 1090 und 1091 je 6 000 000, MiNr. 1092 = 4 000 000 Stück

1965, 24. März. 10 Jahre Tierpark Berlin. 🄴 **Bengs; RaTdr. (MiNr. 1093 10×5, MiNr. 1094 und 1095 5×10); Wz. 3 X; gez. K 14.**

aii) Angola-Giraffe (Giraffa camelopardalis angolensis)

aik) Grüner Leguan (Iguana iguana)

ail) Weißschwanz-Gnu (Connochaetes gnou)

				★★	◍	⊙
1093	10 (Pf)	dunkelgrün/dunkelblaugrau	aii	0,30	0,20	0,30
1094	25 (Pf)	schwärzlichlilaultramarin/dkl'blaugrau	aik	0,30	0,20	0,40
1095	30 (Pf)	dunkelbraun/dunkelblaugrau	ail	2,50	1,80	2,80
		Satzpreis (3 W.)		3,—	2,20	3,50
		FDC				3,50

Auflagen: MiNr. 1093 = 19 000 000, MiNr. 1094 = 4 000 000, MiNr. 1095 = 1 300 000 Stück

1965, 24. März. 120. Geburtstag von Wilhelm Röntgen. 🄴 **Weiß; RaTdr. (10×5); Wz. 3 X; gez. K 14.**

aim) W. Röntgen (1845–1923), Physiker, Nobelpreis 1901

				★★	◍	⊙
1096	10 (Pf)	mehrfarbig	aim	0,60	0,20	0,40
		FDC (A)				1,40

Auflage: 6 000 000 Stück

1965, 15. April. 700. Geburtstag von Dante Alighieri. 🄴 **Weiß; RaTdr. (10×5); Wz. 3 X; gez. K 14.**

ain) Dante Alighieri (1265–1321), italien. Dichter, Gelehrter, Politiker

				★★	◍	⊙
1097	50 (Pf)	mehrfarbig	ain	2,20	0,30	0,50
		FDC (A)				1,40

Auflage: 1 300 000 Stück

1965, 15. April. Start des sowjetischen Raumschiffes „Woschod 2". 🄴 **Bengs; Odr. (5×10); Wz. 3 X; gez. K 13½:13.**

aio) Kosmonauten Pawel I. Beljajew (1925–1970) und Alexej A. Leonow (*1934) im Raumanzug

aip) Alexej A. Leonow (*1934) im Weltraum, Teile des Raumschiffs und der Erdoberfläche

				★★	◍	⊙
1098	10 (Pf)	dunkelrosarot	aio	0,40	0,20	0,50
1099	25 (Pf)	lebh'lilaultramarin	aip	2,60	2,—	3,—
		Satzpreis (2 W.)		3,—	2,20	3,50
		FDC (A)				3,50

Auflagen: MiNr. 1098 = 5 000 000, MiNr. 1099 = 3 700 000 Stück

1965, 27. April. Europameisterschaften im Boxen, Berlin. 🄴 **Hennig; RaTdr. (10×5); Wz. 3 X; gez. K 14.**

air) Lorbeerzweige, Boxhandschuhe

ais) Lorbeerkranz, Boxhandschuh

				★★	◍	⊙
1100	10 + 5 (Pf)	mehrfarbig	air	0,30	0,20	0,30
1101	20 (Pf)	mehrfarbig	ais	1,—	1,—	1,50
		Satzpreis (2 W.)		1,20	1,20	1,80
		FDC				2,—

Auflagen: MiNr. 1100 = 4 000 000, MiNr. 1101 = 1 300 000 Stück

Von der Deutschen Post der DDR wurden anlassunabhängige, nur mit Posthorn bedruckte Ersttagsbriefkuverts vertrieben. Sie konnten mit beliebiger Markenzusammenstellung für FDCs verwendet werden.

1965, 5. Mai. 20. Jahrestag der Befreiung vom Faschismus. ⓔ **Sauer; RaTdr. (5×5); Wz. 3 X; gez. K 14.**

ait) Georgi Dimitrow vor dem Reichsgericht in Leipzig, Titelblatt der Zeitung Die Rote Fahne

aiu) Illegales Ankleben des Manifests der Brüsseler Parteikonferenz der KPD

aiv) Angehörige der antifaschistischen Internationalen Brigaden in Spanien

aiw) Demonstration für die Freiheit Ernst Thälmanns

aix) Gründer und Gründungsurkunde des Nationalkomitees „Freies Deutschland“

aiy) Walter Ulbricht und Erich Weinert agitieren an der Front, Manifest des Nationalkomitees Freies Deutschland

aiz) Soldaten der Roten Armee befreien Häftlinge eines Konzentrationslagers

aka) Rotarmisten hissen die Flagge der Sowjetunion auf dem Reichstagsgebäude in Berlin

akb) Demonstration zur Vereinigung von KPD und SPD zur SED

				★★	⊘	⊙
1102	5 + 5 (Pf)	mehrfarbig	. . . . ait	0,30	0,30	0,50
1103	10 + 5 (Pf)	mehrfarbig	. . . aiu	0,30	0,30	0,50
1104	15 + 5 (Pf)	mehrfarbig	. . . . aiv	0,30	0,30	0,50
1105	20 + 10 (Pf)	mehrfarbig	. . . aiw	0,30	0,30	0,50
1106	25 + 10 (Pf)	mehrfarbig	. . . . aix	0,30	0,30	0,50
1107	40 (Pf)	mehrfarbig	. . . . aiy	0,30	0,30	0,50
1108	50 (Pf)	mehrfarbig	. . . . aiz	0,30	0,30	0,50
1109	60 (Pf)	mehrfarbig	. . . aka	3,50	3,50	4,—
1110	70 (Pf)	mehrfarbig	. . . akb	0,30	0,30	0,50
			Satzpreis (9 W.)	5,50	5,50	8,—
	FDC 1 (MiNr. 1102, 1106, 1108)					2,—
	FDC 2 (MiNr. 1103, 1105, 1110)					2,—
	FDC 3 (MiNr. 1104, 1107, 1109)					4,—

Auflagen: MiNr. 1102–1104 und 1107 je 3 500 000, MiNr. 1105 = 3 700 000, MiNr. 1106, 1108 und 1110 je 3 000 000, MiNr. 1109 = 1 300 000 Stück

1965, 12. Mai. 20 Jahre Deutscher Demokratischer Rundfunk. ⓔ **Grünewald; Odr. (10×5); Wz. 3 X; gez. K 12½:13.**

akc) Sendemast vor Erdkugel

akd) Arbeiter mit Mikrofon, Sendemast, Chemieanlage

				★★	⊘	⊙
1111	20 (Pf)	mehrfarbig	. . . . akc	0,40	0,20	0,40
1112	40 (Pf)	(grau)violettblau/ schwarz	. . . . akd	1,80	1,10	1,50
			Satzpreis (2 W.)	2,20	1,30	1,80
			FDC			2,—

Auflagen: MiNr. 1111 = 6 000 000, MiNr. 1112 = 1 300 000 Stück

1965, 17. Mai. 100 Jahre Internationale Fernmeldeunion (ITU). ⓔ **Bobbe; Odr. (10×5); Wz. 3 X; gez. K 12½:13.**

ake) Schema für die trägerfrequente Umsetzung des Sprachfrequenzbandes

akf) Blockschaltbild für eine Fernsprechvermittlung mit Koordinatenschalter und Register

ake–akf) Auf beiden Marken außerdem ITU-Emblem

				★★	⊘	⊙
1113	20 (Pf)	mehrfarbig	. . . . ake	0,50	0,20	0,40
1114	25 (Pf)	mehrfarbig	. . . . akf	2,50	0,60	1,—
			Satzpreis (2 W.)	3,—	0,80	1,40
			FDC			2,—

Auflagen: MiNr. 1113 = 6 000 000, MiNr. 1114 = 1 300 000 Stück

1965, 10. Juni. 20 Jahre Freier Deutscher Gewerkschaftsbund (FDGB); 20 Jahre Weltgewerkschaftsbund (WGB). ⓔ **Weiß; RaTdr. (MiNr. 1115 10×5, MiNr. 1116 5×10); Wz. 3 X; gez. K 14.**

akg) Abzeichen des FDGB, Lorbeerkranz

akh) Kundgebungsteilnehmer in zwei symbolischen Erdhalbkugeln

				★★	⊘	⊙
1115	20 (Pf)	(dkl')rosarot/gold	. . akg	0,50	0,30	0,50
1116	25 (Pf)	mehrfarbig	. . . . akh	2,—	0,70	1,—
			Satzpreis (2 W.)	2,50	1,—	1,50
			FDC			2,—

Auflagen: MiNr. 1115 = 6 000 000, MiNr. 1116 = 1 300 000 Stück

1965, 16. Juni. 800 Jahre Chemnitz (Karl-Marx-Stadt). ⓔ **Gottschall; RaTdr. (10×5); Wz. 3 X; gez. K 14.**

aki) Stilisierte Werkzeugmaschine, Chemieanlage

akk) Roter Turm

akl) Rathaus

				★★	⊘	⊙
1117	10 (Pf)	gold/smaragdgrün	. aki	0,30	0,20	0,40
1118	20 (Pf)	gold/dkl'rosarot	. . . akk	0,30	0,20	0,40
1119	25 (Pf)	gold/mittelblau	. . . . akl	1,40	0,80	1,20
			Satzpreis (3 W.)	2,—	1,20	2,—
			FDC			2,—

Auflagen: MiNr. 1117 und 1118 je 6 000 000, MiNr. 1119 = 1 300 000 Stück

1965, 21. Juni. Konferenz der Minister des Post- und Fernmeldewesens der sozialistischen Länder (OSS), Peking. ⓔ **Stauf; Odr. (10×5); Wz. 3 X; gez. K 13½:13.**

akm) Karl Marx und Wladimir Iljitsch Lenin

				★★	⊘	⊙
1120	20 (Pf)	mehrfarbig	. . . . . . akm	0,70	0,20	0,40
			FDC (A)			1,30

Auflage: 6 000 000 Stück

Sofern nicht anders angegeben, wurden die Ausgaben der DDR ab MiNr. 1126 auf gestrichenem Papier ohne Wasserzeichen gedruckt.

1965, 5. Juli. 90. Geburtstag von Wilhelm Külz. 🄴 **Weiß; RaTdr. (10×5); Wz. 3 X; gez. K 14.**

akn) W. Külz (1875–1948), Jurist, Politiker

				✱✱	▨	⊙
1121	25 (Pf)	mehrfarbig .... akn		1,10	0,20	0,40
			FDC (A)			1,30

Auflage: 3 000 000 Stück

1965, 5. Juli. Weltfriedenskongress, Helsinki. 🄴 **Bengs; Odr. (10×5); Wz. 3 X; gez. K 13:13½.**

ako) Friedenstauben um Erdkugel, Flagge von Finnland

			✱✱	▨	⊙
1122	10 + 5 (Pf)	lebh'lilaultramarin/ dunkelsmaragd- grün .... ako	0,30	0,20	0,30
1123	20 + 5 (Pf)	dkl'rosa/dkl'- violettblau ...... ako	0,60	0,40	0,70
		Satzpreis (2 W.)	0,90	0,50	0,90
		FDC			1,50

Auflagen: MiNr. 1122 = 4 000 000, MiNr. 1123 = 1 300 000 Stück

1965, 28. Juli. 75. Geburtstag von Erich Weinert. 🄴 **Weiß; RaTdr. (10×5); Wz. 3 X; gez. K 14.**

akp) E. Weinert (1890–1953), Schriftsteller

				✱✱	▨	⊙
1124	40 (Pf)	mehrfarbig .... akp		0,60	0,20	0,40
			FDC (A)			1,30

Auflage: 4 000 000 Stück

1965, 23. Aug. Hilfe für Vietnam. MiNr. 1063 A mit Odr.-Aufdruck.

			✱✱	▨	⊙
1125	10 + **10** (Pf) mfg.	.... (aha I)	0,50	0,20	0,40
		FDC (A)			1,40

Auflage: 4 000 000 Stück

Abkürzungen der Druckereien:

DE = Druckhaus Einheit Leipzig
GW = Graphische Werkstätten Leipzig
DWD = Deutsche Wertpapierdruckerei (VEB)
WPD = VEB Wertpapierdruckerei der DDR
WPL = Wertpapierdruckerei Leipzig

1965, 25. Aug. 800 Jahre Stadt Leipzig. 🄴 **Bobbe und Dorfstecher; RaTdr. (5×5); gez. K 14.**

aks) Wiederaufgebaute „Alte Waage“ und Neubau Katharinenstraße

akt) Altes Rathaus

aku) Eingang zum Opernhaus und Neues Hauptpostamt

akv) Hotel Stadt Leipzig

			✱✱	▨	⊙
1126	10 (Pf)	mehrfarbig .... aks	0,30	0,20	0,40
1127	25 (Pf)	mehrfarbig .... akt	0,30	0,20	0,40
1128	40 (Pf)	mehrfarbig .... aku	0,30	0,20	0,40
1129	70 (Pf)	gold/violettultram. . akv	2,40	1,10	1,80
		Satzpreis (4 W.)	3,—	1,70	3,—
		FDC 1 (MiNr. 1126, 1129)			2,50
		FDC 2 (MiNr. 1127, 1128)			1,50

Auflagen: MiNr. 1126 = 8 000 000, MiNr. 1127 und 1128 je 3 500 000, MiNr. 1129 = 1 300 000 Stück

MiNr. 1126–1129 siehe auch Blocks 23–24

1965, 2. Sept. Leipziger Herbstmesse. 🄴 **Dorfstecher; RaTdr. (10×5); gez. K 14.**

akw) Fotoapparate: Praktika mat, Praktisix II

akx) Musikinstrumente: Klavichord, Elektrogitarre

aky) Feinmechanisch-optische Geräte: Mikroskop

			✱✱	▨	⊙
1130	10 (Pf)	mehrfarbig. ...... akw	0,40	0,20	0,30
1131	15 (Pf)	mehrfarbig. .... akx	0,40	0,20	0,30
1132	25 (Pf)	mehrfarbig. .... aky	0,90	0,30	0,50
		Satzpreis (3 W.)	1,70	0,60	1,—
		FDC			1,20

Auflagen: MiNr. 1130 = 6 000 000, MiNr. 1131 = 5 000 000, MiNr. 1132 = 3 000 000 Stück

1965, 4. Sept. Blockausgabe: Internationale Briefmarkenausstellung der Messestätte INTERMESS III, Leipzig. 🄴 **Bobbe und Dorfstecher; RaTdr.; gez. Ks 14.**

akz

ala

		✶✶	Ⓢ	⊙
Block 23	(137×99 mm) . . . . akz	4,—	5,—	6,—
	FDC*			*35,—*
Block 24	(137×99 mm) . . . . ala	2,50	3,—	5,—
	FDC*			*20,—*
	Satzpreis (2 Blocks)	6,50	8,—	11,—

*) kein amtlicher FDC

Postpreise: Block 23 = 90 Pf, Block 24 = 80 Pf

Auflagen: je 1 300 000 Blocks

1965, 15. Sept. Weltmeisterschaften im Modernen Fünfkampf, Leipzig. ◧ **Hennig; Odr. (10×5); gez. K 13½:13.**

alb) Springreiten

alc) Degenfechten

ald) Schießen (Pistole)

ale) Freistilschwimmen

alf) Geländelauf

			✶✶	◍	⊙
1133	10 (Pf)	mehrfarbig. . . . . . alb	0,30	0,20	0,50
1134	10 + 5 (Pf)	lebh'lilaultramarin/ mittelgrünblau . . . alc	0,30	0,20	0,50
1135	10 + 5 (Pf)	mehrfarbig . . . . . . ald	0,30	0,20	0,50
1136	10 (Pf)	mehrfarbig. . . . . . . ale	0,30	0,20	0,50
1137	10 (Pf)	mehrfarbig. . . . . . alf	2,80	3,—	4,50
		Satzpreis (5 W.)	3,80	3,50	6,50
		FDC 1 (MiNr. 1133, 1134, 1137)			5,50
		FDC 2 (MiNr. 1135, 1136)			1,50

Auflagen: MiNr. 1133 und 1136 je 5 000 000, MiNr. 1134 = 4 000 000, MiNr. 1135 = 3 000 000, MiNr. 1137 = 1 300 000 Stück

1965, 1. Okt. Besuch sowjetischer Kosmonauten. ◧ **Rieß; RaTdr. (2×5 Zd); Wz. 3 X; gez. K 14.**

alg) Alexej A. Leonow (*1934); Brandenburger Tor, Berlin

ali) Stilisiertes Raumschiff, Kosmonauten, Teil der Erdkugel

alh) Pawel I. Beljajew (1925–1970); Rotes Rathaus, Berlin

			✶✶	◍	⊙
1138	20 (Pf)	mehrfarbig. . . . . alg	0,60	0,70	1,50
1139	20 (Pf)	mehrfarbig. . . . . alh	0,60	0,70	1,50
1140	25 (Pf)	mehrfarbig. . . . . ali	0,60	0,70	1,50
		Satzpreis (3 W.)	1,80	2,—	4,50
		Dreierstreifen	3,80	5,50	9,—
		FDC			9,—

MiNr. 1138–1140 wurden waagerecht zusammenhängend gedruckt.

Auflage: 4 000 000 Sätze

1965, 19. Okt. Internationale Mahn- und Gedenkstätten. ◧ **Weiß; Odr. (5×5); Wz. 3 X; gez. K 13:13½.**

alk) Mahnmal Putten (Niederlande)

			✶✶	◍	⊙
1141	25 (Pf)	mehrfarbig. . . . . alk	1,—	0,20	0,40
		FDC			0,70

Auflage: 3 000 000 Stück

Weitere Ausgaben „Internationale Mahn- und Gedenkstätten" siehe Übersichtstabelle nach MiNr. 975

1965, 11. Nov. 200 Jahre Bergakademie Freiberg. ◧ **Klemke; Odr. (5×10); gez. K 13:12½.**

ali) Treibofen (nach historischen Holzschnitten)

alm) Erzgewinnung (nach hist. Holzschnitten)

aln) Proustit-Erz (Erzgebirge)

alo) Schwefel

			✶✶	◍	⊙
1142	10 (Pf)	mehrfarbig. . . . . all	0,30	0,20	0,30
1143	15 (Pf)	mehrfarbig. . . . . . . alm	0,70	1,—	1,50
1144	20 (Pf)	mehrfarbig. . . . . aln	0,30	0,20	0,30
1145	25 (Pf)	mehrfarbig. . . . . alo	0,30	0,20	0,50
		Satzpreis (4 W.)	1,50	1,50	2,50
		FDC 1 (MiNr. 1142, 1144)			0,50
		FDC 2 (MiNr. 1143, 1145)			2,50

Auflagen: MiNr. 1142 und 1144 je 5 000 000, MiNr. 1143 = 1 400 000, MiNr. 1145 = 4 000 000 Stück

Amtliche (Bogen-)Entwertung für philatelistische Zwecke ab 1965:

Folgende Stempel wurden verwendet:

102 Berlin 2 ab, ad, ae, af
1085 Berlin ZAW a, d, k, j
1085 Berlin ZPF d, f, g, k, m, n, o, p, s, u
701 Leipzig 1 d, ah, at, ax

Zur Ausgabe gehörende (gedruckte) Sonderstempel.

Eine ausführliche Auflistung der verwendeten Stempel ist bei der Arbeitsgemeinschaft DDR Spezial erhältlich.

1965, 8. Dez. 150. Geburtstag von Adolph von Menzel. 🄴 **Weiß; RaTdr. (10×5); Wz. 3 X; gez. K 14.**

alp) A. von Menzel (1815–1905), Maler und Grafiker

				★★	◍	⊙
1146	10 (Pf)	mehrfarbig. . . . . alp		1,—	0,20	0,40
		FDC (A)				1,30

Auflage: 7 000 000 Stück

1965, 8. Dez. Europäische Greifvögel. 🄴 **Bengs; RaTdr. (10×5); gez. K 14.**

alr) Rotmilan oder Gabelweihe (Milvus milvus)

als) Bart- oder Lämmergeier (Gypaëtus barbatus aureus)

alt) Mäusebussard (Buteo buteo)

alu) Turmfalke (Falco tinnunculus)

alv) Habicht (Accipiter gentilis)

alw) Steinadler (Aquila chrysaetos)

			★★	◍	⊙
1147	5 (Pf)	mehrfarbig. . . . . alr	0,30	0,20	0,40
1148	10 (Pf)	mehrfarbig. . . . . als	0,30	0,20	0,40
1149	20 (Pf)	mehrfarbig. . . . . alt	0,30	0,20	0,40
1150	25 (Pf)	mehrfarbig. . . . . alu	0,30	0,20	0,50
1151	40 (Pf)	mehrfarbig. . . . . alv	0,50	0,20	0,50
1152	70 (Pf)	mehrfarbig. . . . . alw	4,50	2,80	4,50
		Satzpreis (6 W.)	6,—	3,50	6,50
		FDC 1 (MiNr. 1147, 1148, 1152)			5,—
		FDC 2 (MiNr. 1149–1151)			2,—

Auflagen: MiNr. 1147 = 5 000 000, MiNr. 1148 = 6 000 000, MiNr. 1149 = 8 000 000, MiNr. 1150 und 1151 je 4 000 000, MiNr. 1152 = 1 400 000 Stück

1965, 14. Dez. 1. Todestag von Otto Grotewohl. 🄴 **Bengs; RaTdr. (10×5); Wz. 3 X; gez. K 14.**

alx) O. Grotewohl (1894–1964), Politiker, erster Ministerpräsident der DDR

			★★	◍	⊙
1153	20 (Pf)	dkl'grau/schwarz . . . alx	0,90	0,20	0,40
		FDC (A)			1,80

Auflage: 6 000 000 Stück

1966

1966, 3. Jan. Blockausgabe: 50. Jahrestag der Reichskonferenz der Spartakusgruppe. 🄴 **Weiß; RaTdr.; gez. Ks 14.**

aly) Ausschnitt aus einem Spartakusbrief ama

alz) Karl Liebknecht (1871–1919) und Rosa Luxemburg (1871–1919), Begründer des Spartakusbundes

			★★	⊙	FDC*
1154	20 (Pf)	dunkelrosarot/ schwarz . . . . aly	0,50	0,80	
1155	50 (Pf)	dunkelrosarot/ schwarz . . . . alz	0,50	0,80	
Block 25	(138×99 mm)	. . . . ama	2,50	7,—	18,—
		Ⓢ		4,—	

*) kein amtlicher FDC

Vorsicht! Farbe Dunkelrosarot ist bei einer Teilauflage wasserempfindlich!

Auflage: 2 000 000 Blocks

1966, 25. Jan. Rennrodel-Weltmeisterschaften, Friedrichroda (Thüringen). 🄴 **Hennig und Dorfstecher; Odr. (5×10); gez. K 13½:13.**

amb) Damen-Einsitzer

amc) Herren-Doppelsitzer

amd) Herren-Einsitzer

			★★	◍	⊙
1156	10 (Pf)	mehrfarbig . . . . . . amb	0,30	0,20	0,40
1157	20 (Pf)	mehrfarbig . . . . . . amc	0,30	0,20	0,40
1158	25 (Pf)	mehrfarbig . . . . . . amd	1,50	1,—	1,50
		Satzpreis (3 W.)	1,80	1,30	2,20
		FDC			2,50

Die Weltmeisterschaften konnten wegen ungünstiger Witterungsverhältnisse nicht durchgeführt werden.

Auflagen: MiNr. 1156 und 1157 je 8 000 000, MiNr. 1158 = 1 300 000 Stück

1966, 24. Febr. Leipziger Frühjahrsmesse. 🄴 **Dorfstecher; Odr. (5×10); gez. K 13:12½.**

ame) Elektronischer Lochkartenrechner

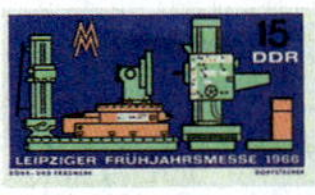

amf) Bohr- und Fräswerk

			★★	◍	⊙
1159	10 (Pf)	mehrfarbig . . . . . . ame	0,30	0,20	0,30
1160	15 (Pf)	mehrfarbig . . . . amf	1,30	0,30	0,50
		Satzpreis (2 W.)	1,60	0,50	0,80
		FDC			0,80

Auflagen: MiNr. 1159 = 8 000 000, MiNr. 1160 = 5 000 000 Stück

1966, 1. März. 10 Jahre Nationale Volksarmee (NVA). Ⓔ **Weiß; RaTdr. (5×10); Wz. 3 X; gez. K 14.**

amg) Soldat, Nationalgalerie, Berlin

amh) Soldat, Brandenburger Tor, Berlin

ami) Soldat, Chemieanlage

amk) Soldat, Kartoffelvollerntemaschine

			★★	⊘	⊙
1161	5 (Pf)	mehrfarbig . . . . . . amg	0,30	0,20	0,40
1162	10 (Pf)	mehrfarbig . . . . . . amh	0,30	0,20	0,40
1163	20 (Pf)	mehrfarbig . . . . ami	0,30	0,20	0,40
1164	25 (Pf)	mehrfarbig . . . . . . amk	1,30	1,—	1,50
		Satzpreis (4 W.)	2,20	1,50	2,50
		FDC 1 (MiNr. 1161, 1164)			3,—
		FDC 2 (MiNr. 1162, 1163)			1,—

Auflagen: MiNr. 1161 = 5 000 000, MiNr. 1162 und 1163 je 8 000 000, MiNr. 1164 = 1 400 000 Stück

1966, 1. März. 150. Geburtstag von Jan Arnost Smoler. Ⓔ **Hansky und Stauf; Odr. (10×5); gez. K 13:13½.**

aml) J. A. Smoler (Ernst Schmoler) (1816–1884), sorbischer Wissenschaftler und Verleger

amm) Haus der Sorben in Bautzen

aml–amm) Auf beiden Marken außerdem Inschrift in deutscher und sorbischer Sprache sowie Zeichen der Sorben

			★★	⊘	⊙
1165	20 (Pf)	mehrfarbig . . . . aml	0,30	0,20	0,30
1166	25 (Pf)	mehrfarbig . . . . . . amm	0,70	0,60	1,—
		Satzpreis (2 W.)	1,—	0,80	1,30
		FDC			1,50

Auflagen: MiNr. 1165 = 6 000 000, MiNr. 1166 = 1 400 000 Stück

1966, 7. März. 20 Jahre Freie Deutsche Jugend (FDJ). Ⓔ **Dorfstecher; Odr. (10×5); gez. K 13½:13.**

amn) FDJ-Abzeichen „Für gutes Wissen"

			★★	⊘	⊙
1167	20 (Pf)	mehrfarbig . . . . . . amn	0,70	0,20	0,40
		FDC (A)			1,20

Auflage: 7 000 000 Stück

1966, 7. März. Erste weiche Mondlandung durch Luna 9. Ⓔ **Pochanke und Stauf; RaTdr. (5×10); gez. K 14.**

amo) Mondsonde Luna 9 auf der Mondoberfläche, Erdkugel

			★★	⊘	⊙
1168	20 (Pf)	mehrfarbig . . . . . . amo	2,50	0,50	1,—
		FDC (A)			2,—

Auflage: 4 000 000 Stück

1966, 28. März. Sicherheit im Straßenverkehr (I). Ⓔ **Gottschall (MiNr. 1169, 1171–1172) und Detlefsen (MiNr. 1170); Odr. (5×10); gez. K 13:13½.**

amp) Verkehrszeichen

amr) Kind mit Roller vor PKW

ams) Radfahrer zeigt Richtungswechsel an

amt) Motorradfahrer, Bierglas, Krankentransportwagen

			★★	⊘	⊙
1169	10 (Pf)	mehrfarbig . . . . . . amp	0,30	0,20	0,30
1170	15 (Pf)	mehrfarbig . . . . amr	0,30	0,20	0,30
1171	25 (Pf)	mehrfarbig . . . . ams	0,30	0,20	0,30
1172	50 (Pf)	mehrfarbig . . . . amt	1,20	0,70	1,60
		Satzpreis (4 W.)	1,70	1,20	2,50
		FDC			2,50

Auflagen: MiNr. 1169 = 8 000 000, MiNr. 1170 und 1171 je 4 000 000, MiNr. 1172 = 1 400 000 Stück

Weitere Ausgaben „Sicherheit im Straßenverkehr": MiNr. 1444 bis 1447, 2078–2082

1966, 31. März. 20 Jahre Sozialistische Einheitspartei Deutschlands (SED). Ⓔ **Hennig (MiNr. 1173, 1175 und 1176), Sauer (MiNr. 1174) und Weiß (MiNr. 1177); RaTdr. (5×5); gez. K 14.**

amu) Demonstration für die Vereinigung von KPD und SPD

amv) Demonstration, Fahne mit Kopfbildern von K. Marx und W. I. Lenin

amw) K. Marx und F. Engels, Titelblatt des Kommunistischen Manifests

amx) W. Pieck und O. Grotewohl, symbolischer Händedruck

amy) W. Ulbricht wird mit Blumen begrüßt

			★★	⊘	⊙
1173	5 (Pf)	mehrfarbig . . . . . . amu	0,30	0,20	0,40
1174	10 (Pf)	mehrfarbig . . . . . . amv	0,30	0,20	0,40
1175	15 (Pf)	schwärzl'gelblichgrün/ schwarz . . . . amw	0,30	0,20	0,40
1176	20 (Pf)	dkl'rötlichkarmin/ schwarz . . . . amx	0,30	0,20	0,40
1177	25 (Pf)	mehrfarbig . . . . . . amy	2,—	1,50	2,50
		Satzpreis (5 W.)	3,—	2,—	4,—
		FDC 1 (MiNr. 1173, 1174, 1177)			3,—
		FDC 2 (MiNr. 1175, 1176)			1,—

Auflagen: MiNr. 1173 = 10 000 000, MiNr. 1174 = 16 000 000, MiNr. 1175 = 7 000 000, MiNr. 1176 = 15 000 000, MiNr. 1177 = 4 000 000 Stück

1966, 26. April. Einweihung des neuen Verwaltungsgebäudes der Weltgesundheitsorganisation (WHO). Ⓔ **Dorfstecher; Odr. (3×10); gez. K 13:12½.**

amz) Emblem und Verwaltungsgebäude der WHO in Genf

			★★	⊘	⊙
1178	20 (Pf)	mehrfarbig . . . . . . amz	0,50	0,40	0,80
		FDC			1,—

Auflage: 6 000 000 Stück

1966, 17. Mai. Natur- und Landschaftsschutzgebiete. Ⓔ Stauf; Odr. (5×10); gez. K 13:12½.

ana) Landschaftsschutzgebiet Spreewald

anb) Naturschutzgebiet Königsstuhl (Insel Rügen)

anc) Landschaftsschutzgebiet Sächsische Schweiz

and) Naturschutzgebiet Westdarß

ane) Naturschutzgebiet Teufelsmauer bei Thale (Harz)

anf) Landschaftsschutzgebiet Feldberger Seen (Mecklenburg)

				✱✱	▨	⊙
1179	10 (Pf)	mehrfarbig . . . . ana		0,30	0,20	0,30
1180	15 (Pf)	mehrfarbig . . . . anb		0,30	0,20	0,30
1181	20 (Pf)	mehrfarbig . . . . anc		0,30	0,20	0,30
1182	25 (Pf)	mehrfarbig . . . . and		0,30	0,20	0,40
1183	30 (Pf)	mehrfarbig . . . . ane		2,40	1,30	2,—
1184	50 (Pf)	mehrfarbig . . . . anf		0,30	0,20	0,50
		Satzpreis (6 W.)		3,50	2,—	3,50
		FDC 1 (MiNr. 1179, 1180, 1184)				2,50
		FDC 2 (MiNr. 1181–1183)				2,—

Auflagen: MiNr. 1179 = 9 000 000, MiNr. 1180 und 1184 je 5 000 000, MiNr. 1181 = 8 000 000, MiNr. 1182 = 4 000 000, MiNr. 1183 = 1 400 000 Stück

1966, 26. Mai. Plauener Spitze (I). Ⓔ Rahm; Odr. (10×5); gez. K 13:13½.

ang

anh

ani

ank

ang–ank) Verschiedene Blütenmuster

			✱✱	▨	⊙
1185	10 (Pf)	schwarzgrün/hellsmaragdgrün . . . . ang	0,30	0,20	0,40
1186	20 (Pf)	schwarzpreußischblau/hellcyanblau . . . . . . anh	0,30	0,20	0,40
1187	25 (Pf)	dunkelbräunlichkarmin/mittelrosarot . . . . . . ani	0,30	0,20	0,40
1188	50 (Pf)	schwarzblauviolett/hellviolett . . . . ank	2,80	1,50	2,20
		Satzpreis (4 W.)	3,50	2,—	3,20
		FDC 1 (MiNr. 1185, 1188)			2,50
		FDC 2 (MiNr. 1186, 1187)			1,—

Auflagen: MiNr. 1185 = 9 000 000, MiNr. 1186 = 8 000 000, MiNr. 1187 = 4 000 000, MiNr. 1188 = 1 400 000 Stück

Weitere Ausgabe „Plauener Spitze“: MiNr. 1963–1966

1966, 28. Juni/16. Aug. Internationale Gartenbau-Ausstellung (IGA), Erfurt. Ⓔ Grünewald; komb. StTdr. und RaTdr. (5×5); gez. K 14.

ani) Maiglöckchen (Convallaria majalis)

anm) Indische Azalee (Rhododendron simsii)

ann) Dahlie (Dahlia pinnata)

ano) Persisches Alpenveilchen (Cyclamen persicum)

			✱✱	▨	⊙
1189	20 (Pf)	mehrfarbig (16.8.) . . anl	0,30	0,20	0,40
1190	25 (Pf)	mehrfarbig (28.6.) . anm	0,30	0,20	0,40
1191	40 (Pf)	mehrfarbig (28.6.) . ann	0,40	0,30	0,60
1192	50 (Pf)	mehrfarbig (28.6.) . ano	4,80	4,50	6,—
		Satzpreis (4 W.)	5,50	5,—	7,—
		FDC 1 (MiNr. 1189)			1,—
		FDC 2 (MiNr. 1190, 1191)			2,—
		FDC 3 (MiNr. 1192)			6,—

Auflagen: MiNr. 1189 = 8 000 000, MiNr. 1190 = 5 000 000, MiNr. 1191 = 4 000 000, MiNr. 1192 = 1 400 000 Stück

1966, 12. Juli. Weltmeisterschaften im Fallschirmspringen, Leipzig. Ⓔ Hennig; Odr. (10×5); gez. K 12½:13.

anp) Einzelzielspringen (Landung)

anr) Gruppenzielspringen (Sinkphase)

ans) Figurenspringen (freier Fall)

			✱✱	▨	⊙
1193	10 (Pf)	mehrfarbig . . . . anp	0,30	0,30	0,40
1194	15 (Pf)	mehrfarbig . . . . anr	0,70	0,70	1,50
1195	20 (Pf)	mehrfarbig . . . . ans	0,30	0,30	0,40
		Satzpreis (3 W.)	1,—	1,—	2,—
		FDC			1,80

Auflagen: MiNr. 1193 = 8 000 000, MiNr. 1194 = 1 400 000, MiNr. 1195 = 9 000 000 Stück

1966, 15. Juli. Kämpfer der Internationalen Brigaden in Spanien. Ⓔ Stauf nach Entwürfen von Sauer; RaTdr. (5×5); gez. K 14.

ant) Hans Kahle (1899–1947); Noten und Text des Liedes „Die Thälmann-Kolonne“ von P. Dessau; Abzeichen der Internationalen Brigaden

anu) Willi Bredel (1901–1964); Mitglieder der Internationalen Brigaden beim Unterricht

anv) Hans Beimler (1895–1936); Straßenkampf in Madrid unter der Losung „No pasaran!“ (Sie kommen nicht durch!)

anw) Heinrich Rau (1899–1961); Vorbeimarsch von Mitgliedern der Internationalen Brigaden nach der Schlacht bei Brunete

anx) Hans Marchwitza (1890 bis 1965); Mitglieder der Internationalen Brigaden von verschiedenen Kontinenten

any) Artur Becker (1905–1938); Kampfszene aus der Schlacht am Ebro

ant–any) Außerdem auf jeder Marke rote Fahne und Fahne der Internationalen Brigaden in Spanien

				✶✶	▨	⊙
1196	5 (Pf)	mehrfarbig	..... ant	0,30	0,20	0,40
1197	10 + 5 (Pf)	mehrfarbig	..... anu	0,30	0,20	0,40
1198	15 (Pf)	mehrfarbig	..... anv	0,30	0,20	0,40
1199	20 + 10 (Pf)	mehrfarbig	.... anw	0,30	0,20	0,40
1200	25 + 10 (Pf)	mehrfarbig	.... anx	0,30	0,20	0,40
1201	40 + 10 (Pf)	mehrfarbig	.... any	2,—	1,50	2,—
			Satzpreis (6 W.)	3,50	2,50	4,—
			FDC 1 (MiNr. 1196, 1198)			0,70
			FDC 2 (MiNr. 1197, 1200)			0,80
			FDC 3 (MiNr. 1199, 1201)			3,—

Auflagen: MiNr. 1196 und 1198 je 4 000 000, MiNr. 1197, 1199 und 1200 je 3 000 000, MiNr. 1201 = 1 400 000 Stück

1966, 16. Aug. Weltmeisterschaften im Kanurennsport, Berlin. 🄴 Hennig; Odr. (3×10); gez. K 13:12½.

anz) Kanadier-Einer der Herren

aoa) Kajak-Zweier der Frauen

				✶✶	▨	⊙
1202	10 + 5 (Pf)	mehrfarbig	..... anz	0,30	0,20	0,40
1203	15 (Pf)	mehrfarbig	..... aoa	1,40	1,20	2,—
			Satzpreis (2 W.)	1,70	1,30	2,40
			FDC			2,50

Auflagen: MiNr. 1202 = 6 000 000, MiNr. 1203 = 1 400 000 Stück

1966, 29. Aug. Leipziger Herbstmesse. 🄴 Dorfstecher; Odr. (5×10); gez. K 13:12½.

aob) Fernsehgerät, Messezeichen

aoc) Elektrische Schreibmaschine mit Streifenlocher, Messezeichen

				✶✶	▨	⊙
1204	10 (Pf)	mehrfarbig	.... aob	0,80	0,20	0,30
1205	15 (Pf)	mehrfarbig	.... aoc	1,80	0,30	0,50
			Satzpreis (2 W.)	2,50	0,50	0,80
			FDC			0,80

Auflagen: MiNr. 1204 = 8 000 000, MiNr. 1205 = 6 000 000 Stück

1966, 9. Sept. Internationale Mahn- und Gedenkstätten. 🄴 Weiß; Odr. (5×5); Wz. 3 X; gez. K 13:13½.

aod) Mahnmal der Gedenkstätte Oradour-sur-Glane; Ruinen des Dorfes, französische Nationalfarben

				✶✶	▨	⊙
1206	25 (Pf)	mehrfarbig	.... aod	0,50	0,30	0,50
			FDC			0,80

Auflage: 7 000 000 Stück

Weitere Ausgaben „Internationale Mahn- und Gedenkstätten" siehe Übersichtstabelle nach MiNr. 975

1966, 13. Sept. Blutspendewesen; Zusammenarbeit der internationalen Hilfsorganisationen; Gesundheitserziehung. 🄴 Prieß; RaTdr. (10×5); Wz. 3 X; gez. K 14.

aoe) Internat. Symbol für das Blutspendewesen

aof) Symbol für Internat. Zusammenarbeit, Zeichen der Organisationen Roter Halbmond, Rotes Kreuz und Roter Löwe

aog) Fackel mit Äskulapstab (Symbol für gesunde Lebensführung und Gesundheitserziehung)

				✶✶	▨	⊙
1207	5 (Pf)	opalgrün (Töne)/dkl'zinnoberrot	.... aoe	0,30	0,20	0,30
1208	20 + 10 (Pf)	dkl'bläulichviolett/dkl'zinnoberrot	.... aof	0,50	0,20	0,40
1209	40 (Pf)	mittelkobaltblau/dkl'zinnoberrot	.... aog	2,20	0,70	1,20
			Satzpreis (3 W.)	3,—	1,—	1,80
			FDC			1,80

Auflagen: MiNr. 1207 = 6 000 000, MiNr. 1208 = 4 000 000, MiNr. 1209 = 1 400 000 Stück

1966, 22. Sept. Welt- und Europameisterschaften im Gewichtheben, Berlin. 🄴 Bobbe und Bläser; Odr. (5×10); gez. K 13½:13.

aoh) Reißen

aoi) Stoßen

				✶✶	▨	⊙
1210	15 (Pf)	mehrfarbig	..... aoh	1,80	1,80	2,50
1211	20 + 5 (Pf)	mehrfarbig	...... aoi	0,50	0,20	0,50
			Satzpreis (2 W.)	2,20	2,—	3,—
			FDC			3,40

Auflagen: MiNr. 1210 = 1 400 000, MiNr. 1211 = 6 000 000 Stück

1966, 10. Okt. Kongress der Internationalen Organisation der Journalisten (OIJ), Berlin. 🄴 Dorfstecher; Odr. (10×5); MiNr. 1212 gez. K 13:13½, MiNr. 1213 ~.

aok) Kongresshalle am Alexanderplatz, Berlin

aol) Abzeichen der OIJ

				✶✶	▨	⊙
1212	10 (Pf)	mehrfarbig	.... aok	0,60	0,50	0,90
1213	20 (Pf)	schwarzlilaultramarin/gelborange	.... aol	0,30	0,30	0,40
			Satzpreis (2 W.)	0,80	0,60	1,30
			FDC			1,20

Auflagen: MiNr. 1212 = 1 400 000, MiNr. 1213 = 8 000 000 Stück

aom aon

1966, 25. Okt. Volkstrachten (II). 🄴 **Friebel; RaTdr. (5×5 Zd); gez. K 14.**

aom–aon) Altenburg (Thüringen)

aoo aop

aoo–aop) Mecklenburg

aor aos

aor–aos) Magdeburger Börde

				★★	▨	⊙
1214	5 (Pf)	mehrfarbig ...... aom		0,50	0,20	0,50
1215	10 (Pf)	mehrfarbig .... aon		0,50	0,20	0,50
1216	10 (Pf)	mehrfarbig .... aoo		0,50	0,20	0,50
1217	15 (Pf)	mehrfarbig .... aop		0,50	0,20	0,50
1218	20 (Pf)	mehrfarbig .... aor		2,50	2,—	3,50
1219	30 (Pf)	mehrfarbig .... aos		2,50	2,—	3,50
		Satzpreis 1 (6 W.)		7,—	4,80	9,—
		Satzpreis 2 (3 Zd.)		9,—	7,50	12,—
		FDC 1 (MiNr. 1214–1215)				1,20
		FDC 2 (MiNr. 1216–1217)				1,30
		FDC 3 (MiNr. 1218–1219)				12,—

MiNr. 1214 und 1215, 1216 und 1217, 1218 und 1219 wurden jeweils waagerecht zusammenhängend gedruckt (Trachtenpaare).

Auflagen: MiNr. 1214 –1217 je 6 000 000, MiNr. 1218 und 1219 je 1 500 000 Stück

Weitere Ausgaben „Volkstrachten“: MiNr. 1074–1079, 1353–1356

1966, 25. Okt. Unbesiegbares Vietnam (I). 🄴 **Schütz; Odr. (5×10); gez. K 13½:13.**

aot) Bewaffnetes Mädchen pflanzt eine Blume

			★★	▨	⊙
1220	20 + 5 (Pf)	mattrosa/ schwarz .... aot	0,80	0,30	0,50
		FDC (A)			1,—

Auflage: 9 000 000 Stück

Weitere Ausgaben „Unbesiegbares Vietnam“: MiNr. 1371, 1476, 1602, 1699, 1736, 1886, 2463

1966, 8. Nov. Zierfische. 🄴 **Prieß; Odr. (5×10); gez. K 13:12½.**

aou) Phantomsalmler (Megalamphodus megalopterus)

aov) Roter Neon (Cheirodon axelrodi)

aow) Perlbuntbarsch (Cichlasoma cyanoguttatum)

aox) Blauer Prachtkärpfling (Aphyosemion coeruleum)

aoy) Schmetterlingsbuntbarsch (Microgeophagus ramirezi)

aoz) Honiggurami (Colisa chuna)

			★★	▨	⊙
1221	5 (Pf)	mehrfarbig .... aou	0,30	0,20	0,40
1222	10 (Pf)	mehrfarbig .... aov	0,30	0,20	0,40
1223	15 (Pf)	mehrfarbig ...... aow	3,—	2,50	3,50
1224	20 (Pf)	mehrfarbig .... aox	0,30	0,20	0,40
1225	25 (Pf)	mehrfarbig .... aoy	0,30	0,20	0,50
1226	40 (Pf)	mehrfarbig .... aoz	0,40	0,20	0,50
		Satzpreis (6 W.)	4,—	3,50	5,—
		FDC 1 (MiNr. 1221, 1223, 1226)			5,—
		FDC 2 (MiNr. 1222, 1224, 1225)			1,50

Auflagen: MiNr. 1221 = 6 000 000, MiNr. 1222 = 8 000 000, MiNr. 1223 = 1 500 000, MiNr. 1224 = 7 000 000, MiNr. 1225 und 1226 je 4 000 000 Stück

1966, 8. Nov. Petrochemie. 🄴 **Weiß; Odr. (5×5); gez. K 13½:13.**

apa) Erdölfeld mit Bohrtürmen

apb) Teilansicht der VEB Leunawerke

apa–apb) Auf beiden Marken außerdem der Streckenverlauf der Erdölleitung aus der UdSSR

			★★	▨	⊙
1227	20 (Pf)	lebhaftrot/schwarz . apa	0,30	0,30	0,40
1228	25 (Pf)	lebhaftpreußischblau/ schwarz .... apb	1,—	0,50	0,70
		Satzpreis (2 W.)	1,20	0,70	1,—
		FDC (A)			2,50

Auflagen: MiNr. 1227 = 8 000 000, MiNr. 1228 = 1 400 000 Stück

1966, 23. Nov. Vorderasiatisches Museum Berlin: Kunstwerke. 🄴 **Hennig; RaTdr. (5×5); gez. K 14.**

apc) Ischtar-Tor (Detail): Stier in Angriffsstellung

apd) Ischtar-Tor (Detail): Gehörnter Schlangengreif (Drache)

ape) Prachtstraße (Detail): Löwe mit gesenktem Schweif

apf) Thronsaalfassade (Detail): Löwe mit erhobenem Schweif

apc–apf) Wanddekors aus gebrannten und emaillierten Ziegeln, entstanden unter König Nebukadnezar II. um 580 v. Chr. in Babylon

			★★	▨	⊙
1229	10 (Pf)	mehrfarbig .... apc	0,30	0,30	0,40
1230	20 (Pf)	mehrfarbig .... apd	0,30	0,30	0,40
1231	25 (Pf)	mehrfarbig .... ape	0,30	0,30	0,50
1232	50 (Pf)	mehrfarbig .... apf	0,70	1,40	2,—
		Satzpreis (4 W.)	1,20	2,—	3,20
		FDC 1 (MiNr. 1229, 1230)			0,60
		FDC 2 (MiNr. 1231, 1232)			3,—

Auflagen: MiNr. 1229 = 18 000 000, MiNr. 1230 = 14 000 000, MiNr. 1231 = 5 000 000, MiNr. 1232 = 1 500 000 Stück

1966, 23. Nov. 900 Jahre Wartburg bei Eisenach (1967). 🄴 **Rieß; Odr. (5×5); gez. K 13:13½.**

apg) Wartburg, Teilansicht vom Osten mit Wehrgängen, Neuer Kemenate und Bergfried

aph) Wartburg, gotische Vogtei (Aufenthalt Luthers 1521/22)

api) Wartburg, Palas (romanische Hoffront des Landgrafenhauses), erbaut um 1200

				**	⊘	⊙
1233	10 + 5	(Pf)	dunkelgrau-blau . . . . apg	0,50	0,20	0,40
1234	20	(Pf)	dkl'grauoliv . . . . . . aph	0,50	0,20	0,40
1235	25	(Pf)	dkl'violettbraun . . . . api	1,—	0,40	0,80
			Satzpreis (3 W.)	2,—	0,80	1,50
			FDC			2,—

Auflagen: MiNr. 1233 = 7 500 000, MiNr. 1234 = 11 000 000, MiNr. 1235 = 1 500 000 Stück

1966, 8. Dez. Märchen (I): Tischlein deck dich. Ⓔ Hennig und Bläser; Odr. (Klb. 2×3); gez. K 13½:13.

apk) Der erste Sohn verlässt den Vater
apl) Tischlein deck dich
apm) Der diebische Wirt
apn) Goldesel streck dich
apo) Knüppel aus dem Sack
app) Rückkehr des dritten Sohnes
apk–app) Szenen aus dem Märchen der Brüder Grimm

				**	⊘	⊙
1236	5	(Pf)	mehrfarbig . . . . apk	0,30	0,40	0,70
1237	10	(Pf)	mehrfarbig . . . . apl	0,30	0,40	0,70
1238	20	(Pf)	mehrfarbig . . . . . . apm	0,80	0,90	1,50
1239	25	(Pf)	mehrfarbig . . . . apn	0,80	0,90	1,50
1240	30	(Pf)	mehrfarbig . . . . apo	0,30	0,40	0,70
1241	50	(Pf)	mehrfarbig . . . . app	0,30	0,40	0,70
			Satzpreis (6 W.)	2,80	3,40	5,—
			Kleinbogen	3,50	6,—	9,—
			FDC*			30,—

*) kein amtlicher FDC

MiNr. 1236–1241 wurden zusammenhängend im Kleinbogen gedruckt.

Auflage: 2 000 000 Sätze

Übersicht der Kleinbogen-Ausgaben „Märchen":

Märchen-Darstellung	MiNr.
Tischlein deck dich	1236–1241
König Drosselbart	1323–1328
Der gestiefelte Kater	1426–1431
Jorinde und Joringel	1450–1455
Brüderchen und Schwesterchen	1545–1550
Die Bremer Stadtmusikanten	1717–1722
Die Schneekönigin	1801–1806
Auf des Hechtes Geheiß	1901–1906
Zwitscher hin, zwitscher her	1995–2000
Des Kaisers neue Kleider	2096–2098
Rumpelstilzchen	2187–2192
Sechse kommen durch die ganze Welt	2281–2286
Rapunzel	2382–2387
Märchen von der toten Zarentochter und den 7 Recken	2914–2919
Versch. Märchen der Brüder Grimm	2987–2992

1966, 8. Dez. Geschützte heimische Pflanzen (I). Ⓔ Klemke; Odr. (10×5); gez. K 12½:13.

apr) Lungenenzian (Gentiana pneumonanthe)

aps) Rotes Waldvögelein (Cephalanthera rubra)

apt) Bergwohlverleih (Arnika) (Arnica montana)

				**	⊘	⊙
1242	10	(Pf)	mehrfarbig . . . . apr	0,30	0,20	0,40
1243	20	(Pf)	mehrfarbig . . . . aps	0,30	0,20	0,40
1244	25	(Pf)	mehrfarbig . . . . apt	1,70	1,—	2,—
			Satzpreis (3 W.)	2,20	1,30	2,80
			FDC			3,—

Auflagen: MiNr. 1242 = 8 000 000, MiNr. 1243 = 6 000 000, MiNr. 1244 = 1 500 000 Stück

Weitere Ausgaben "Geschützte heimische Pflanzen": MiNr. 1456 bis 1461 und 1563–1568

1967

1967, 24. Jan. Bedeutende Bauwerke (I). Ⓔ Dorfstecher; RaTdr. (MiNr. 1245 und 1248 5×10, MiNr. 1246, 1247, 1249 und 1250 10×5); gez. K 14.

apu) Schloss Wörlitz (erbaut 1769–1773)

apv) Rathaus Stralsund, Nordfassade am Markt (erb. um 1500)

apw) Kloster Chorin, Westfassade (erb. um 1300)

apx) Ribbeckhaus in Berlin, Fassade (erb. 1624)

apy) Schloss Moritzburg, Zeitz (erb. 1657–1667)

apz) Ehem. Altes Rathaus Potsdam (erb. 1753)

				**	⊘	⊙
1245	5	(Pf)	mehrfarbig . . . . apu	0,30	0,20	0,40
1246	10	(Pf)	mehrfarbig . . . . apv	0,30	0,20	0,40
1247	15	(Pf)	mehrfarbig . . . . . . apw	0,30	0,20	0,40
1248	20	(Pf)	mehrfarbig . . . . apx	0,30	0,20	0,40
1249	25	(Pf)	mehrfarbig . . . . apy	0,30	0,20	0,40
1250	40	(Pf)	mehrfarbig . . . . apz	1,80	1,—	1,70
			Satzpreis (6 W.)	3,—	1,60	3,50
			FDC 1 (MiNr. 1245, 1246, 1250)			2,50
			FDC 2 (MiNr. 1247, 1248, 1249)			1,—

Auflagen: MiNr. 1245 = 6 000 000, MiNr. 1246 = 10 000 000, MiNr. 1247 = 5 000 000, MiNr. 1248 = 11 000 000, 1249 = 4 000 000, MiNr. 1250 = 1 500 000 Stück

Weitere Ausgaben „Bedeutende Bauwerke": MiNr. 1379–1382, 1434–1439, 1661–1666

Prüfungen und Begutachtungen von Briefmarken sowie Ermittlungen von MICHEL-Nummern etc. sind aus Zuständigkeits- bzw. Zeitgründen nicht möglich.

1967, 15. Febr. Biathlon-Weltmeisterschaften, Altenberg. Ⓔ **Rieß; Odr. (3×10); gez. K 13:12½.**

ara) Liegend-Schießen

arb) Stehend-Schießen

arc) Staffellauf, Wechsel

				✱✱	◍	⊙
1251	10	(Pf)	mehrfarbig . . . . ara	0,30	0,20	0,30
1252	20	(Pf)	mehrfarbig . . . . arb	0,30	0,20	0,30
1253	25	(Pf)	mehrfarbig . . . . arc	0,90	0,60	1,50
			Satzpreis (3 W.)	1,20	0,80	2,—
			FDC 1 (MiNr. 1251, 1252)			0,60
			FDC 2 (MiNr. 1253)			1,60

Auflagen: MiNr. 1251 und 1252 je 9 000 000, MiNr. 1253 = 1 500 000 Stück

1967, 2. März. Leipziger Frühjahrsmesse. Ⓔ **Dorfstecher; Odr. (10×5); Wz. 3 X; gez. K 13½:13.**

ard) Rundstrickmaschine „Multilock“, Messezeichen

are) 2-Meter-Universalspiegelteleskop, Milchstraße, Firmenzeichen des VEB Carl Zeiss JENA, Messezeichen

				✱✱	◍	⊙
1254	10	(Pf)	mehrfarbig . . . . ard	0,30	0,20	0,30
1255	15	(Pf)	violettultramarin/ hellbraunoliv . . . . . . are	1,20	0,30	0,50
			Satzpreis (2 W.)	1,50	0,50	0,80
			FDC			1,—

Auflagen: MiNr. 1254 = 7 000 000, MiNr. 1255 = 5 000 000 Stück

1967, 7. März. 20 Jahre Demokratischer Frauenbund Deutschlands (DFD). Ⓔ **Detlefsen; Odr. (5×5); gez. K 13:13½.**

arf) Frau mit Kind (Familie)

arg) Frau am Schaltpult (Beruf)

				✱✱	◍	⊙
1256	20	(Pf)	mehrfarbig . . . . arf	0,30	0,20	0,50
1257	25	(Pf)	mehrfarbig . . . . arg	1,—	0,90	1,50
			Satzpreis (2 W.)	1,20	1,—	2,—
			FDC			2,—

Auflagen: MiNr. 1256 = 10 000 000, MiNr. 1257 = 1 500 000 Stück

1967, 22. März. Parteitag der Sozialistischen Einheitspartei Deutschlands (SED) (I). Ⓔ **Sauer; RaTdr. (3×10); gez. K 14.**

arh) Regiepult einer Chemie-Anlage

ari) W. Ulbricht mit Arbeitern

ark) Soldaten, Industrie-Anlage

arl) Mähdrescherbrigade

ark–arl) Auf allen Marken außerdem Kopfbilder von Marx, Engels und Lenin

				✱✱	◍	⊙
1258	10	(Pf)	mehrfarbig . . . . arh	0,30	0,30	0,50
1259	20	(Pf)	mehrfarbig . . . . ari	0,30	0,30	0,50
1260	25	(Pf)	mehrfarbig . . . . ark	0,30	0,30	0,50
1261	40	(Pf)	mehrfarbig . . . . arl	0,50	1,—	1,50
			Satzpreis (4 W.)	1,20	1,80	3,—
			FDC 1 (MiNr. 1258, 1261)			2,—
			FDC 2 (MiNr. 1259, 1260)			1,—

Auflagen: MiNr. 1258 = 7 000 000, MiNr. 1259 = 8 000 000, MiNr. 1260 = 5 000 000, MiNr. 1261 = 2 000 000 Stück

1967, 29. März. Staatliche Kunstsammlungen Dresden, Galerie Neue Meister: Gemälde. Ⓔ **Bengs, DWD und Staatl. Kunstsammlungen Dresden; RaTdr. (5×5); gez. K 14.**

arm) Bildnis Madame de R., Mischtechnik auf Holz; von Ferdinand Hodler (1853–1918), schweiz. Maler

arn) Peter im Tierpark; von Harald Hakenbeck (*1926)

arp) Zwei Frauen aus Tahiti; von Paul Gauguin (1848 bis 1903), französ. Maler

aro) Venezianische Episode; von Rudolf Bergander (1909 bis 1970)

arr) Großmutter und Enkelin; von Julius Scholtz (1825–1893)

ars) Hünengrab im Schnee; von Caspar David Friedrich (1774–1840), Maler und Zeichner

				✱✱	◍	⊙
1262	20	(Pf)	mehrfarbig . . . . arm	0,30	0,20	0,30
1263	25	(Pf)	mehrfarbig . . . . arn	0,30	0,20	0,30
1264	30	(Pf)	mehrfarbig . . . . aro	0,30	0,20	0,50
1265	40	(Pf)	mehrfarbig . . . . arp	0,30	0,20	0,50
1266	50	(Pf)	mehrfarbig . . . . arr	2,—	1,60	3,—
1267	70	(Pf)	mehrfarbig . . . . ars	0,40	0,30	0,80
			Satzpreis (6 W.)	3,—	2,50	5,—
			FDC 1 (MiNr. 1262, 1266)			3,—
			FDC 2 (MiNr. 1263, 1264)			2,50
			FDC 3 (MiNr. 1265, 1267)			1,50

Auflagen: MiNr. 1262 = 8 000 000, MiNr. 1263 = 4 000 000, MiNr. 1264, 1265 und 1267 je 3 500 000, MiNr. 1266 = 1 500 000 Stück

1967, 6. April. Parteitag der Sozialistischen Einheitspartei Deutschlands (SED) (II). Ⓔ **Detlefsen; Odr. (10×3); gez. K 12½:13.**

art) Traktorfahrer, landwirtschaftl. Maschinen

aru) Lehrer mit Schülern, Industrieanlage

arv) Familie, Wohnhäuser

arw) Soldaten, Staatswappen

art–arw) Auf allen Marken außerdem Flagge mit Kopfbildern von Marx, Engels und Lenin

			✶✶	⊘	⊙
1268	5 (Pf)	mehrfarbig . . . . art	0,30	0,30	0,40
1269	10 (Pf)	mehrfarbig . . . . aru	0,30	0,30	0,40
1270	15 (Pf)	mehrfarbig . . . . arv	0,50	0,60	1,—
1271	20 (Pf)	mehrfarbig . . . . arw	0,30	0,30	0,40
		Satzpreis (4 W.)	1,—	1,20	2,—
		FDC 1 (MiNr. 1268, 1271)			0,60
		FDC 2 (MiNr. 1269, 1270)			2,—

Auflagen: MiNr. 1268 und 1271 je 5 000 000, MiNr. 1269 = 7 000 000, MiNr. 1270 = 2 000 000 Stück

1967, 27. April. Geschützte Vögel. ⓔ Mailick; RaTdr. (10×5); gez. K 14.

arx) Schleiereule (Tyto alba)

ary) Grauer Kranich (Grus grus)

arz) Wanderfalke (Falco peregrinus)

asa) Gimpel (Pyrrhula pyrrhula)

asb) Eisvogel (Alcedo atthis)

asc) Blauracke (Coracias garrulus)

			✶✶	⊘	⊙
1272	5 (Pf)	mehrfarbig . . . . arx	0,30	0,20	0,30
1273	10 (Pf)	mehrfarbig . . . . ary	0,30	0,20	0,30
1274	20 (Pf)	mehrfarbig . . . . arz	0,30	0,20	0,30
1275	25 (Pf)	mehrfarbig . . . . asa	0,30	0,20	0,30
1276	30 (Pf)	mehrfarbig . . . . asb	5,—	2,60	4,20
1277	40 (Pf)	mehrfarbig . . . . asc	0,40	0,20	0,40
		Satzpreis (6 W.)	6,—	3,50	5,50
		FDC 1 (MiNr. 1272, 1274, 1277)			1,—
		FDC 2 (MiNr. 1273, 1275, 1276)			5,—

Auflagen: MiNr. 1272 = 6 000 000, MiNr. 1273 und 1274 je 10 000 000, MiNr. 1275 = 5 000 000, MiNr. 1276 = 1 500 00, MiNr. 1277 = 4 000 000 Stück

1967, 10. Mai. Internationale Radfernfahrt für den Frieden Warschau – Berlin – Prag. ⓔ Wagner und Baumann; Odr. (5×10); Wz. 3 Y; gez. K 13:12½.

asd) Stadtwappen von Warschau, Berlin und Prag, Räder, stilisierte Tauben

ase) Radrennfahrer, stilisierte Tauben

			✶✶	⊘	⊙
1278	10 (Pf)	mehrfarbig . . . . asd	0,30	0,20	0,30
1279	25 (Pf)	lebhaftgrünlichblau/ lilakarmin . . . . ase	0,60	0,50	0,80
		Satzpreis (2 W.)	0,80	0,70	1,—
		FDC			1,20

Auflagen: MiNr. 1278 = 14 000 000, MiNr. 1279 = 1 500 000 Stück

Wasserzeichen

Wenn die Angabe eines Wasserzeichens (Wz.) fehlt, ist die Marke immer ohne Wz.

1967, 1. Juni. Kinderzeichnungen. ⓔ Schütz; Odr. (5×10); gez. K 13:12½.

asf) Kater

asg) Schneewittchen

ash) Feuerwehr

asi) Hahn

ask) Blumenstrauß

asl) Spielende Kinder

asf–asl) Die Zeichnungen stammen von sechs- bis siebenjährigen Kindern

			✶✶	⊘	⊙
1280	5 (Pf)	mehrfarbig . . . . asf	0,30	0,20	0,30
1281	10 (Pf)	mehrfarbig . . . . asg	0,30	0,20	0,30
1282	15 (Pf)	mehrfarbig . . . . ash	0,30	0,20	0,30
1283	20 (Pf)	mehrfarbig . . . . asi	0,30	0,20	0,30
1284	25 (Pf)	mehrfarbig . . . . ask	0,30	0,20	0,50
1285	30 (Pf)	mehrfarbig . . . . asl	1,30	1,—	1,50
		Satzpreis (6 W.)	2,20	2,—	3,20
		FDC 1 (MiNr. 1280, 1282, 1285)			2,50
		FDC 2 (MiNr. 1281, 1283, 1284)			1,—

Auflagen: MiNr. 1280 = 6 000 000, MiNr. 1281 und 1283 je 8 000 000, MiNr. 1282 = 5 000 000, MiNr. 1284 = 4 000 000, MiNr. 1285 = 1 500 000 Stück

1967, 7. Juni. Vermisste Gemälde. ⓔ Deutschendorf; RaTdr. (MiNr. 1286 und 1288 5×10, MiNr. 1287 und 1289–1291 10×5); gez. K 14.

asm) Drei Reiter; von Peter Paul Rubens (1577–1640), flämischer Maler

asn) Traubenpflückendes Mädchen; von Gerard Dou (1613–1675), holländ. Maler

aso) Frühlingsidyll; von Hans Thoma (1839–1924)

asp) Bildnis der Hofopernsängerin W. Schroeder-Devrient; von Karl Begas (1794–1854)

asr) Junges Mädchen im Strohhut; von Salomon de Bray (1597 bis 1664), holländ. Maler, Baumeister und Dichter

ass) Die vier Evangelisten; von Jakob Jordaens (1593–1678), flämischer Maler

			✶✶	⊘	⊙
1286	5 (Pf)	mattgrünlichblau/ blau . . . . asm	0,30	0,20	0,30
1287	10 (Pf)	mattgelbbraun/ schwärzlichgelbbraun . . . . asn	0,30	0,20	0,30
1288	20 (Pf)	mattgelbgrün/ schwärzlichgelblichgrün . . . . aso	0,30	0,20	0,30
1289	25 (Pf)	weißbräunlichlila/ dunkelbräunlichlila . . . . asp	0,30	0,20	0,50
1290	40 (Pf)	weißoliv/schwärzlicholiv . . . . asr	0,30	0,20	0,50
1291	50 (Pf)	weißbraun/schwärzlichbraun . . . . ass	1,90	1,20	3,—
		Satzpreis (6 W.)	2,80	2,—	4,50
		FDC 1 (MiNr. 1286, 1289, 1290)			1,50
		FDC 2 (MiNr. 1287, 1288, 1291)			3,50

Auflagen: MiNr. 1286 = 6 000 000, MiNr. 1287 = 16 000 000, MiNr. 1288 = 11 000 000, MiNr. 1289 = 4 500 000, MiNr. 1290 = 5 000 000, MiNr. 1291 = 1 500 000 Stück

1967, 14. Juni. Landwirtschaftsausstellung (AGRA), Markkleeberg. ⓔ **Bengs; Odr. (10×5); gez. K 12½:13.**

ast) Emblem der agra, Skizze des Territoriums der DDR

				★★	⊘	⊙
1292	20 (Pf)	mehrfarbig	.... ast	0,40	0,30	0,50
			FDC (A)			1,50

Auflage: 5 000 000 Stück

1967, 6. Juli/27. Sept. Berühmte Persönlichkeiten (I). ⓔ **Bitzer; StTdr. (10×5); gez. K 14.**

asu) Georg Herwegh (1817–1875), Dichter

asv) Marie Curie (1867–1934), poln.-französ. Chemikerin, Nobelpreis 1903 und 1911

asw) Käthe Kollwitz (1867–1945), Grafikerin und Malerin

asx) Johann Joachim Winckelmann (1717 bis 1768), Archäologe und Historiker

asy) Theodor Storm (1817 bis 1888), Dichter und Schriftsteller

				★★	⊘	⊙
1293	5 (Pf)	rotbraun (27.9.)	... asu	0,30	0,20	0,30
1294	10 (Pf)	schwarzgraublau (6.7.)	.... asv	0,30	0,20	0,30
1295	20 (Pf)	karminbraun (6.7.)	.... asw	0,30	0,20	0,30
1296	25 (Pf)	dunkelbraun (27.9.)	.... asx	0,30	0,20	0,40
1297	40 (Pf)	schwarzgraugrün (27.9.)	.... asy	1,—	0,70	1,30
			Satzpreis (5 W.)	2,—	1,20	2,50
		FDC 1 (A) (MiNr. 1293, 1296, 1297)				4,50
		FDC 2 (MiNr. 1294, 1295)				4,—

Auflagen: MiNr. 1293 = 6 000 000, MiNr. 1294 und 1295 je 8 000 000, MiNr. 1296 = 5 000 000, MiNr. 1297 = 1 500 000 Stück

Weitere Ausgaben „Berühmte Persönlichkeiten" in gleicher Aufmachung: 1644–1649, 1707, 1731–1735; in anderer Ausführung (Querformat): MiNr. 1386–1390, 1440–1443, 1534–1539

1967, 18. Juli. Deutsche Spielkarten. ⓔ **Bobbe; RaTdr. (5×5); gez. K 14.**

asz) Schellen-Unter/Karo-Bube

ata) Herz-Unter/Herz-Bube

atb) Grün-Unter/Pik-Bube

atc) Eichel-Unter/Kreuz-Bube

				★★	⊘	⊙
1298	5 (Pf)	mehrfarbig	.... asz	0,30	0,20	0,30
1299	10 (Pf)	mehrfarbig	.... ata	0,30	0,20	0,30
1300	20 (Pf)	mehrfarbig	.... atb	0,30	0,20	0,30
1301	25 (Pf)	mehrfarbig	.... atc	6,50	3,80	6,50
			Satzpreis (4 W.)	7,—	4,—	7,—
		FDC 1 (MiNr. 1298, 1300)				1,—
		FDC 2 (MiNr. 1299, 1301)				6,50

Auflagen: MiNr. 1298 = 5 000 000, MiNr. 1299 und 1300 je 10 000 000, MiNr. 1301 = 1 500 000 Stück

1967, 15. Aug. Vollblutmeeting der sozialistischen Länder, Hoppegarten. ⓔ **Hennig und Bläser; Odr. (5×5); gez. K 13½.**

atd) Mutterstute mit Fohlen

ate) Zuchthengst

atf) Galopprennen

atg) Spielende Jährlingshengste

				★★	⊘	⊙
1302	5 (Pf)	mehrfarbig	.... atd	0,30	0,20	0,30
1303	10 (Pf)	mehrfarbig	.... ate	0,30	0,20	0,30
1304	20 (Pf)	mehrfarbig	.... atf	0,30	0,20	0,30
1305	50 (Pf)	mehrfarbig	.... atg	4,—	2,50	3,80
			Satzpreis (4 W.)	4,50	3,—	4,50
		FDC 1 (MiNr. 1302, 1305)				4,—
		FDC 2 (MiNr. 1303, 1304)				1,—

Auflagen: MiNr. 1302 = 6 000 000, MiNr. 1303 und 1304 je 10 000 000, MiNr. 1305 = 1 500 000 Stück

1967, 30. Aug. Leipziger Herbstmesse. ⓔ **Bengs; RaTdr. (5×10); gez. K 14.**

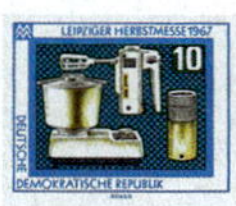

ath) Elektrische Küchengeräte

ati) Pelzmantel, Firmenzeichen des Außenhandelsunternehmens Interpelz

				★★	⊘	⊙
1306	10 (Pf)	mehrfarbig	.... ath	0,50	0,20	0,30
1307	15 (Pf)	mehrfarbig	.... ati	1,10	0,50	0,80
			Satzpreis (2 W.)	1,60	0,70	1,—
			FDC			1,20

Auflagen: MiNr. 1306 = 8 000 000, MiNr. 1307 = 5 000 000 Stück

1967, 5. Sept. 50. Jahrestag der revolutionären Matrosenbewegung. ⓔ **Schneider; Odr. (5×5); gez. K 13½:13.**

atk) Max Reichpietsch, Großlinienschiff „Friedrich der Große"

atl) Albin Köbis, Großlinienschiff „Prinzregent Luitpold"

atm) Demonstration, Schlachtkreuzer der Seydlitz-Klasse

				★★	⊘	⊙
1308	10 (Pf)	mehrfarbig	.... atk	0,30	0,20	0,30
1309	15 (Pf)	mehrfarbig	.... atl	1,50	0,70	1,—
1310	20 (Pf)	mehrfarbig	.... atm	0,50	0,20	0,30
			Satzpreis (3 W.)	2,20	1,—	1,50
		FDC 1 (A) (MiNr. 1308, 1309)				2,50
		FDC 2 (A) (MiNr. 1310)				0,50

Auflagen: MiNr. 1308 und 1310 je 8 000 000, MiNr. 1309 = 1 500 000 Stück

1967, 20. Sept. Internationale Mahn- und Gedenkstätten. Ⓔ **Weiß; Odr. (5×5); gez. K 13:13½.**

atn) Figuren des Mahnmals Kragujevac, Serbien

				★★	⊘	⊙
1311	25 (Pf)	mehrfarbig	.... atn	0,90	0,40	0,70
			FDC			1,—

Auflage: 4 000 000 Stück

Weitere Ausgaben „Internationale Mahn- und Gedenkstätten" siehe Übersichtstabelle nach MiNr. 975

1967, 6. Okt. 50. Jahrestag der Oktoberrevolution in Russland. Ⓔ **Gottschall, Rieß und Detlefsen; RaTdr. (5×10); A = gez. K 14.**

ato) Arbeiter mit roter Fahne, Titel der Zeitung Die Rote Fahne

atp) Elektriker, Staudamm, Hochspannungsleitung

atr) Skulptur des sowjetischen Ehrenmals in Berlin-Treptow, zerbrochener Adler

ats) Soldaten der Sowjetarmee und der Nationalen Volksarmee der DDR

att) Lenin, Kreuzer „Aurora"

ato–att) Auf allen Marken außerdem Hammer und Sichel

				★★	⊘	⊙
1312 A	5 (Pf)	mehrfarbig	...... ato	0,30	0,20	0,30
1313 A	10 (Pf)	mehrfarbig	...... atp	0,30	0,20	0,30
1314 A	15 (Pf)	mehrfarbig	...... atr	0,30	0,20	0,30
1315 A	20 (Pf)	mehrfarbig	...... ats	0,40	0,20	0,30
1316 A	40 (Pf)	mehrfarbig	...... att	3,—	2,50	4,—
			Satzpreis (5 W.)	4,—	3,—	5,—
			FDC 1 (MiNr. 1312 A, 1316 A)			4,—
			FDC 2 (MiNr. 1313 A–1315 A)			1,50

Auflagen: MiNr. 1312 A = 6 000 000, MiNr. 1313 A und 1315 A je 8 000 000, MiNr. 1314 A = 5 000 000, MiNr. 1316 A = 1 500 000 Stück

Prüfungen und Prüfordnung

Der beste Schutz gegen den Erwerb falscher oder minderwertiger Marken ist der Einkauf im gutberufenen Fachgeschäft. In Zweifelsfällen ist die Hinzuziehung eines Experten angebracht.

Prüfordnung. Die von den Spitzenverbänden der Sammler und Händler anerkannten Experten für Marken, Abstempelungen und Erhaltung prüfen nach einheitlichen Richtlinien, die jeder Philatelist kennen sollte.

Ergänzend sei hier nochmals darauf hingewiesen, dass die MICHEL-Redaktion keine Markenprüfungen vornimmt.

1967, 6. Okt. Blockausgabe: Jubiläums-Briefmarkenausstellung 50 Jahre Roter Oktober, Chemnitz (Karl-Marx-Stadt). Ⓔ **Gottschall, Rieß und Detlefsen; RaTdr.; B = ☐ (Zähnung aufgedruckt).**

ats att atu

				★★	⊙	FDC*
1315 B	20 (Pf)	mehrfarbig	...... ats	0,50	0,50	
1316 B	40 (Pf)	mehrfarbig	...... att	0,50	0,50	
Block 26	(129×85 mm)		.... atu	1,60	4,50	18,—
			Ⓢ		2,—	

*) kein amtlicher FDC

Postpreis: 85 Pf

Auflage: 2 000 000 Blocks

1967, 17. Okt. 450. Jahrestag des Thesenanschlags an der Schlosskirche Wittenberg durch Martin Luther (1483–1546), Reformator. Ⓔ **Stauf; komb. StTdr. und RaTdr. (MiNr. 1317 und 1319 10×5, MiNr. 1318 5×10); gez. K 14.**

atv) Martin Luther mit Doktorhut; Kupferstich von Lucas Cranach d. Ä. (1472–1553), Maler und Zeichner

atw) Lutherhaus, Wittenberg

atx) Schlosskirche in Wittenberg; Kupferstich von Lucas Cranach d. Ä.

				★★	⊘	⊙
1317	20 (Pf)	schwarzbraun/graulila	.... atv	0,30	0,20	0,30
1318	25 (Pf)	schwarzbraun/mittelpreußischblau	.... atw	0,30	0,20	0,30
1319	40 (Pf)	schwarzbraun/graugelb	.... atx	3,50	1,—	1,80
			Satzpreis (3 W.)	4,—	1,30	2,40
			FDC			2,50

Auflagen: MiNr. 1317 = 8 000 000, MiNr. 1318 = 5 000 000, MiNr. 1319 = 1 500 000 Stück

1967, 15. Nov. Messe der Meister von morgen (MMM). Ⓔ **Rieß; komb. StTdr. und RaTdr. (2×5 Zd); gez. K 14.**

aty) Beratung, Emblem der MMM

aua) Auszeichnung, Medaille der MMM

atz) Jungarbeiter, Abzeichen der FDJ

				★★	⊘	⊙
1320	20 (Pf)	mehrfarbig	.... aty	0,60	0,50	1,—
1321	20 (Pf)	mehrfarbig	.... atz	0,60	0,50	1,—
1322	25 (Pf)	mehrfarbig	.... aua	0,60	0,50	1,—
			Satzpreis (3 W.)	1,80	1,50	3,—
			Dreierstreifen	5,—	5,—	8,—
			FDC			8,—

MiNr. 1320–1322 wurden waagerecht zusammenhängend gedruckt.

Auflage: 4 000 000 Sätze

1967, 27. Nov. Märchen (II): König Drosselbart. Ⓔ **Bläser; Odr. (Klb. 2×3); gez. K 13½:13.**

aub
auc
aud
aue
auf
aug

aub–aug) Szenen aus dem Märchen der Brüder Grimm

				★★	⊘	⊙
1323	5 (Pf)	mehrfarbig	. . . . aub	0,30	0,30	0,50
1324	10 (Pf)	mehrfarbig	. . . . auc	0,30	0,30	0,50
1325	15 (Pf)	mehrfarbig	. . . . aud	1,—	1,20	2,—
1326	20 (Pf)	mehrfarbig	. . . . aue	1,—	1,20	2,—
1327	25 (Pf)	mehrfarbig	. . . . auf	0,30	0,30	0,50
1328	30 (Pf)	mehrfarbig	. . . . aug	0,30	0,30	0,50
			Satzpreis (6 W.)	2,60	3,50	6,—
			Kleinbogen	7,—	7,—	9,—
			FDC*			30,—

*) kein amtlicher FDC

MiNr. 1323–1328 wurden zusammenhängend im Kleinbogen gedruckt.

Auflage: 2 000 000 Sätze

Weitere Kleinbogen „Märchen“ siehe Übersichtstabelle nach MiNr. 1241

1967, 27. Nov. Stätten des klassischen deutschen Humanismus. Ⓔ **Dorfstecher und Bobbe; Odr. (5×10); gez. K 13:12½.**

auh) Goethehaus, Weimar

aui) Schillerhaus, Weimar

				★★	⊘	⊙
1329	20 (Pf)	mehrfarbig	. . . . auh	0,30	0,20	0,30
1330	25 (Pf)	mehrfarbig	. . . . aui	1,90	0,60	1,10
			Satzpreis (2 W.)	2,20	0,80	1,40
			FDC			1,40

Auflagen: MiNr. 1329 = 7 000 000, MiNr. 1330 = 1 500 000 Stück

1967, 6. Dez./1970, Mai. Freimarke: Staatsratsvorsitzender Walter Ulbricht. Kleinformat (IV). Ⓔ **und Bdr. DWD (10×10); Wz. 3 X; gez. K 14.**

yh) W. Ulbricht (1893–1973), erster Vorsitzender des Staatsrates der DDR

				★★	⊘	⊙
1331	80 (Pf)	cyanblau (Töne)	. . . . yh	0,60	0,40	0,50
			FDC (A)			40,—

Auflage: 50 480 000 Stück

Weitere Ausgaben siehe Zusammenfassung nach Jahreszusammenstellungen

1967, 6. Dez. 15 Jahre landwirtschaftliche Produktionsgenossenschaften (LPG). Ⓔ **Rieß; Odr. (3×10); gez. K 13:12½.**

auk) Bäuerin und Bauern, moderne Stallanlage mit Futtersilos

				★★	⊘	⊙
1332	10 (Pf)	mehrfarbig	. . . . auk	0,40	0,20	0,40
			FDC (A)			0,70

Auflage: 5 000 000 Stück

1967, 6. Dez. Volkskunst aus dem Erzgebirge. Ⓔ **Dorfstecher; RaTdr. (10×5); gez. K 14.**

aul) Nussknacker, 2 Räuchermännchen

aum) Lichterengel, Bergmann

				★★	⊘	⊙
1333	10 (Pf)	mehrfarbig	. . . . aul	0,80	0,50	0,90
1334	20 (Pf)	mehrfarbig	. . . . . . aum	0,30	0,20	0,30
			Satzpreis (2 W.)	1,—	0,60	1,20
			FDC			1,—

Auflage: 8 000 000 Sätze

1968

Ab 1.1.1968: 1 Mark der Deutschen Demokratischen Republik (M) = 100 Pfennig

1968, 17. Jan. Olympische Winterspiele, Grenoble. Ⓔ **Dorfstecher und Platzer; Odr. (10×5); gez. K 13½:13.**

aun) Eisschnelllauf

auo) Rennrodeln

aup) Alpiner Skilauf (Slalom)

aur) Eishockey

aus) Eiskunstlauf (Paare)

aut) Skilanglauf

aun–aut) Auf allen Marken außerdem die olympischen Ringe

				★★	⊘	⊙
1335	5 (Pf)	mehrfarbig	. . . . . aun	0,30	0,20	0,30
1336	10 + 5 (Pf)	mehrfarbig	. . . . . auo	0,30	0,20	0,30
1337	15 (Pf)	mehrfarbig	. . . . . aup	0,30	0,20	0,30
1338	20 (Pf)	mehrfarbig	. . . . . . aur	0,30	0,20	0,30
1339	25 (Pf)	mehrfarbig	. . . . . aus	0,30	0,20	0,50
1340	30 (Pf)	mehrfarbig	. . . . . . aut	4,—	1,40	3,—
			Satzpreis (6 W.)	5,—	2,20	4,50
			FDC 1 (MiNr. 1335, 1338, 1340)			3,—
			FDC 2 (MiNr. 1336, 1337, 1339)			1,—

Auflagen: MiNr. 1335 = 5 000 000, MiNr. 1336 = 6 000 000, MiNr. 1337 und 1339 je 4 000 000, MiNr. 1338 = 8 000 000, MiNr. 1340 = 1 500 000 Stück

Die amtlichen FDC sind immer in der Form gelistet, in der sie offiziell angekündigt wurden: 1 FDC mit allen Marken des Satzes oder mehrere FDC, auf die die Marken des Satzes verteilt sind. Diverse Kombinationen kommen vor. Die FDC-Preise gelten für alle Kombinationen, sofern der Marken-Satz komplett ist.

1968, 24. Jan. Erfolge der sowjetischen Raumfahrt. 🄴 **Gottschall; RaTdr. (5×10); gez. K 14.**

auu) Interplanetare Station „Venus 4", Venus; erste weiche Landung am 18.10.1967

auv) Raumschiffe „Kosmos 186" und „Kosmos 188", Erde; erste automatische Kopplung am 30.10.1967

				★★	⊘	⊙
1341	20 (Pf)	mehrfarbig	auu	0,30	0,20	0,30
1342	25 (Pf)	mehrfarbig	auv	1,30	0,70	1,—
			Satzpreis (2 W.)	1,50	0,80	1,30
			FDC			1,30

Auflagen: MiNr. 1341 = 6 000 000, MiNr. 1342 = 2 000 000 Stück

1968, 24. Jan. 75 Jahre Meteorologisches Hauptobservatorium Potsdam; Meteorologischer Dienst der DDR; Welttag der Meteorologie. 🄴 **Rieß und Gottschall; Odr. (2×5 Zd); gez. K 13½:13.**

auw) Aktinometer (Strahlenmessgerät), Meteorologisches Hauptobservatorium Potsdam, Sonne

aux) Antenne, Satellitenaufnahme der Erdoberfläche Europas

auy) Getreidefeld bei Tag und Nacht, Feldfrüchte

				★★	⊘	⊙
1343	10 (Pf)	mehrfarbig	auw	0,50	0,40	1,—
1344	20 (Pf)	mehrfarbig	aux	0,50	0,40	1,—
1345	25 (Pf)	mehrfarbig	auy	0,50	0,40	1,—
			Satzpreis (3 W.)	1,50	1,20	3,—
			Dreierstreifen	5,50	5,50	9,—
			FDC			12,—

MiNr. 1343–1345 wurden waagerecht zusammenhängend gedruckt.

Auflage: 4 000 000 Sätze

1968, 21. Febr. Nationale Mahn- und Gedenkstätte Sachsenhausen: Glasfenster. 🄴 **Bengs; RaTdr. (5×5); gez. K 14.**

auz) Illegaler Kampf

ava) Befreiung

avb) Partisanenkampf

auz–avb) Glasfenster des Triptychons des Museums für den antifaschistischen Befreiungskampf der europäischen Völker; von Walter Womacka (1925–2010)

				★★	⊘	⊙
1346	10 (Pf)	mehrfarbig	auz	0,30	0,20	0,30
1347	20 (Pf)	mehrfarbig	ava	0,30	0,20	0,30
1348	25 (Pf)	mehrfarbig	avb	0,50	0,30	0,60
			Satzpreis (3 W.)	0,80	0,60	1,20
			FDC 1 (MiNr. 1346, 1347)			0,50
			FDC 2 (MiNr. 1348)			1,30

Auflagen: MiNr. 1346 = 9 000 000, MiNr. 1347 = 8 000 000, MiNr. 1348 = 1 500 000 Stück

1968, 29. Febr. Leipziger Frühjahrsmesse. 🄴 **Dorfstecher; RaTdr. (3×10); gez. K 14.**

avc) Dieselelektrische Lokomotive DE II

avd) Fang- and Gefrierschiff der Atlantik-Serie

				★★	⊘	⊙
1349	10 (Pf)	mehrfarbig	avc	0,40	0,20	0,50
1350	15 (Pf)	mehrfarbig	avd	1,10	0,50	1,—
			Satzpreis (2 W.)	1,50	0,70	1,50
			FDC			1,50

Auflagen: MiNr. 1349 = 6 000 000, MiNr. 1350 = 4 000 000 Stück

1968, 14. März. 100. Geburtstag von Maksim Gorkij. 🄴 **Preuss; StTdr. (10×5); gez. K 14.**

ave) M. Gorkij (1868–1936), russischer Schriftsteller; Ansicht von Nishnij Nowgorod (Gorkij)

avf) Das Lied vom Sturmvogel (sinnbildl. Darstellung)

				★★	⊘	⊙
1351	20 (Pf)	dunkelsiena/karminbraun	ave	0,40	0,20	0,40
1352	25 (Pf)	dunkelsiena/karminbraun	avf	0,80	0,40	0,90
			Satzpreis (2 W.)	1,20	0,60	1,30
			FDC			1,50

Auflagen: MiNr. 1351 = 8 000 000, MiNr. 1352 = 1 600 000 Stück

1968, 14. März. Volkstrachten (III). 🄴 **Friebel; RaTdr. (10×5); gez. K 14.**

avg) Brautjungfer aus Bluno (Krs. Hoyerswerda)

avh) Brautjungfer aus Schleife (Krs. Weißwasser)

avi) Brautjungfer aus Crostwitz (Krs. Kamenz)

avk) Ledige Patin aus dem Spreewald

avg–avk) Sorbische Frauen-Festtrachten

				★★	⊘	⊙
1353	10 (Pf)	mehrfarbig	avg	0,30	0,20	0,30
1354	20 (Pf)	mehrfarbig	avh	0,30	0,20	0,30
1355	40 (Pf)	mehrfarbig	avi	0,30	0,20	0,40
1356	50 (Pf)	mehrfarbig	avk	3,20	1,20	2,—
			Satzpreis (4 W.)	3,80	1,70	3,—
			FDC 1 (MiNr. 1353, 1356)			2,50
			FDC 2 (MiNr. 1354, 1355)			0,70

Auflagen: MiNr. 1353 und 1354 je 8 000 000, MiNr. 1355 = 5 000 000, MiNr. 1356 = 1 600 000 Stück

Weitere Ausgaben „Volkstrachten": MiNr. 1074–1079, 1214 bis 1219

1968, 26. März. Niederwild. 🄴 **Naumann; Odr. (5×10); gez. K 13½:13.**

avl) Jagdfasane (Phasianus colchicus)

avm) Rebhühner (Perdix perdix)

avn) Stockenten (Anas platyrhynchos)

avo) Europäische Graugänse (Anser anser)

avp) Ringeltauben (Columba palumbus)

avr) Feldhasen (Lepus europaeus)

				**	⊘	⊙
1357	10 (Pf)	mehrfarbig	avl	0,30	0,30	0,40
1358	15 (Pf)	mehrfarbig	avm	0,30	0,30	0,40
1359	20 (Pf)	mehrfarbig	avn	0,30	0,30	0,40
1360	25 (Pf)	mehrfarbig	avo	0,30	0,30	0,50
1361	30 (Pf)	mehrfarbig	avp	0,30	0,30	0,50
1362	40 (Pf)	mehrfarbig	avr	3,50	6,50	9,50
		Satzpreis (6 W.)		4,50	7,50	11,—
		FDC 1 (MiNr. 1357, 1361, 1362)				10,—
		FDC 2 (MiNr. 1358–1360)				1,—

Auflagen: MiNr. 1357 und 1359 je 7 000 000, MiNr. 1358 = 5 000 000, MiNr. 1360 und 1361 je 4 000 000, MiNr. 1362 = 1 600 000 Stück

1968, 25. April. Kongress des Freien Deutschen Gewerkschaftsbundes (FDGB), Berlin. Ⓔ Rieß; RaTdr. (10×5); gez. K 14.

avs) Fritz Heckert (1884–1934); Gemälde von Erich Hening (1923–1978)

avt) Bauarbeiter und junges Paar, Neubauten

avs–avt) Auf beiden Marken außerdem das Abzeichen des FDGB-Kongresses

				**	⊘	⊙
1363	10 (Pf)	mehrfarbig	avs	0,30	0,30	0,40
1364	20 (Pf)	mehrfarbig	avt	0,30	0,30	0,50
		Satzpreis (2 W.)		0,50	0,50	0,80
		FDC				1,—

Auflagen: MiNr. 1363 = 6 000 000, MiNr. 1364 = 5 000 000 Stück

1968, 25. April. 150. Geburtstag von Karl Marx. Ⓔ Weiß; RaTdr. (3×5 Zd); A = gez. K 14, B = ☐.

avu) Titelseite des Manifest der Kommunistischen Partei

avv) K. Marx (1818–1883), Philosoph und Nationalökonom

avw) Titelseite des ersten Bandes von Das Kapital

				**	⊘	⊙
1365 A	10 (Pf)	lebhaftgrünoliv/ schwarz	avu	0,30	0,30	0,60
1366 A	20 (Pf)	mehrfarbig	avv	0,30	0,30	0,60
1367 A	25 (Pf)	mehrfarbig	avw	0,30	0,30	0,60
		Satzpreis (3 W.)		0,80	0,80	1,80
		Dreierstreifen		2,—	5,—	7,—
		FDC				8,—

Blockausgabe, ☐ (Zähnung aufgedruckt)

				**	⊙	FDC*
1365 B	10 (Pf)	lebhaftgrünoliv/ schwarz	avu	0,30	0,30	
1366 B	20 (Pf)	mehrfarbig	avv	0,30	0,30	
1367 B	25 (Pf)	mehrfarbig	avw	0,30	0,30	
Block 27	(126×86 mm)		avx	1,70	5,—	15,—
			Ⓢ		4,50	

*) kein amtlicher FDC

MiNr. 1365 A–1367 A wurden waagerecht zusammenhängend gedruckt.

Auflagen: 4 000 000 Sätze, Block 27 = 2 000 000 Blocks

1968, 8. Mai. Internationales Jahr der Menschenrechte. Ⓔ Detlefsen; Odr. (10×5); gez. K 13½:13.

avy) Hammer und Amboss (Recht auf Arbeit)

avz) Baum, Erdkugel (Recht auf Leben)

awa) Taube, Sonne (Recht auf Frieden)

				**	⊘	⊙
1368	5 (Pf)	dunkelbraunkarmin/ mittelgraulila	avy	0,30	0,20	0,30
1369	10 (Pf)	lebhaftolivbraun/ mattolivbraun	avz	0,30	0,20	0,30
1370	25 (Pf)	dunkelgrünlichblau/ hellgrünlichblau	awa	1,—	0,50	1,—
		Satzpreis (3 W.)		1,50	0,80	1,50
		FDC				2,—

Auflagen: MiNr. 1368 = 5 000 000, MiNr. 1369 = 8 000 000, MiNr. 1370 = 1 600 000 Stück

1968, 8. Mai. Unbesiegbares Vietnam (II). Ⓔ Schütz; Odr. (10×5); gez. K 13½:13.

awb) Bewaffnete Mutter mit Kind

				**	⊘	⊙
1371	10 + 5 (Pf)	mehrfarbig	awb	0,30	0,20	0,40
		FDC (A)				1,30

Auflage: 9 000 000 Stück

Weitere Ausgaben „Unbesiegbares Vietnam": MiNr. 1220, 1476, 1602, 1699, 1736, 1886, 2463

1968, 6. Juni. Internationale Leichtathletikspiele der Junioren, Leipzig; Ruder-Europameisterschaften der Frauen, Berlin; Weltmeisterschaften im Turnierangeln, Güstrow. Ⓔ Rieß; RaTdr. (5×10); gez. K 14.

awc) Hochsprung

awd) Rudern

awe) Turnierangeln

				**	⊘	⊙
1372	20 (Pf)	mehrfarbig	awc	0,40	0,30	0,60
1373	20 (Pf)	mehrfarbig	awd	0,40	0,40	0,60
1374	20 (Pf)	mehrfarbig	awe	0,60	0,40	0,70
		Satzpreis (3 W.)		1,40	1,10	2,—
		FDC (A)				3,—

Auflagen: MiNr. 1372 = 5 900 000, MiNr. 1073 = 5 975 000, MiNr. 1074 = 5 075 000 Stück

1968, 20. Juni. Kinder- und Jugendspartakiade, Berlin. Ⓔ Platzer; Odr. (10×5); gez. K 13½:13.

awf) Brennende Fackel, Brandenburger Tor, Berlin

awg) Brennende Fackel, stilisiertes Sportstadion

				★★	⊘	⊙
1375	10 (Pf)	mehrfarbig . . . . awf		0,30	0,20	0,30
1376	25 (Pf)	mehrfarbig . . . . . . awg		1,10	0,70	1,20
		Satzpreis (2 W.)		1,30	0,80	1,50
		FDC				2,—

Auflagen: MiNr. 1375 = 8 000 000, MiNr. 1376 = 1 600 000 Stück

1968, 20. Juni. Weltfestspiele der Jugend und Studenten, Sofia. Ⓔ Hennig; Odr. (10×5); gez. K 13½:13.

awh

awi

awh–awi) Emblem der Weltfestspiele: stilis. Blume, Erdkugel

			★★	⊘	⊙
1377	20 + 5 (Pf)	mehrfarbig . . . . . awh	0,40	0,20	0,50
1378	25 (Pf)	mehrfarbig . . . . . . awi	0,90	0,50	1,—
		Satzpreis (2 W.)	1,30	0,70	1,50
		FDC			2,—

Für einen großen Teil der Auflage von MiNr. 1377 wurde beim Druck Transparentweiß verwendet, das zu einer alterungsbedingten Vergilbung des Papiers führt.

Auflagen: MiNr. 1377 = 5 000 000, MiNr. 1378 = 1 500 000 Stück

1968, 25. Juni. Bedeutende Bauwerke (II). Ⓔ Dorfstecher; RaTdr. (MiNr. 1379 und 1381 10×5, MiNr. 1380 und 1382 5×5); gez. K 14.

awk) Rathaus Wernigerode

awl) Schloss Moritzburg bei Dresden

awm) Rathaus Greifswald

awn) Neues Palais, Sanssouci, Potsdam

			★★	⊘	⊙
1379	10 (Pf)	mehrfarbig . . . . awk	0,30	0,30	0,40
1380	20 (Pf)	mehrfarbig . . . . awl	0,30	0,30	0,40
1381	25 (Pf)	mehrfarbig . . . . . . awm	0,30	0,30	0,40
1382	30 (Pf)	mehrfarbig . . . . awn	1,—	1,—	1,80
		Satzpreis (4 W.)	1,50	1,50	2,50
		FDC 1 (MiNr. 1379, 1382)			3,—
		FDC 2 (MiNr. 1380, 1381)			0,50

Auflagen: MiNr. 1379 = 9 000 000, MiNr. 1380 = 8 000 000, MiNr. 1381 = 5 000 000, MiNr. 1382 = 1 600 000 Stück

Weitere Ausgaben "Bedeutende Bauwerke": MiNr. 1245–1250, 1434–1439, 1661–1666

1968, 27. Juni. 75. Geburtstag von Walter Ulbricht. Ⓔ Rieß; komb. StTdr. und RaTdr. (5×10); gez. K 14.

awo) W. Ulbricht (1893–1973), erster Vorsitzender des Staatsrates der DDR; Staatswappen

			★★	⊘	⊙
1383	20 (Pf)	mehrfarbig . . . . . . awo	0,70	0,20	0,40
		FDC			0,70

Auflage: 8 000 000 Stück

1968, 4. Juli. 750 Jahre Rostock. Ⓔ Dorfstecher; RaTdr. (5×10); gez. K 14.

awp) Historische Stadtansicht und Stadtwappen von Rostock

awr) Bekannte Bauwerke und Stadtwappen von Rostock

			★★	⊘	⊙
1384	20 (Pf)	mehrfarbig . . . . . . awp	0,30	0,20	0,30
1385	25 (Pf)	mehrfarbig . . . . awr	0,60	0,50	1,—
		Satzpreis (2 W.)	0,80	0,70	1,30
		FDC			1,50

Auflagen: MiNr. 1384 = 12 000 000, MiNr. 1385 = 1 600 000 Stück

1968, 17. Juli. Berühmte Persönlichkeiten (II). Ⓔ Stauf; StTdr. (5×10); gez. K 14.

aws) Karl Landsteiner (1868–1943), österreich.-amerik. Bakteriologe, Nobelpreis 1930

awt) Emanuel Lasker (1868–1941), Schriftsteller und Philosoph, Schachmeister

awu) Hanns Eisler (1898–1962), Komponist

awv) Dr. Ignaz Semmelweis (1818–1865), ungar. Arzt und Geburtshelfer

aww) Max von Pettenkofer (1818–1901), Hygieniker

			★★	⊘	⊙
1386	10 (Pf)	dunkelgraugrün . . . aws	0,30	0,20	0,30
1387	15 (Pf)	grauschwarz . . . . . awt	0,30	0,20	0,30
1388	20 (Pf)	rotbraun . . . . awu	0,30	0,20	0,30
1389	25 (Pf)	dkl'grünlichblau . . . awv	0,30	0,20	0,30
1390	40 (Pf)	braunlila . . . . aww	0,90	0,60	1,40
		Satzpreis (5 W.)	1,70	1,40	2,50
		FDC 1 (A) (MiNr. 1386, 1388, 1389)			1,20
		FDC 2 (A) (MiNr. 1387, 1390)			2,50

Auflagen: MiNr. 1386 und 1388 je 8 000 000, MiNr. 1387 = 5 000 000, MiNr. 1389 = 4 500 000, MiNr. 1390 = 1 600 000 Stück

Weitere Ausgaben „Berühmte Persönlichkeiten" in gleicher Aufmachung: MiNr. 1440–1443, 1534–1539; in anderer Ausführung (Hochformat): MiNr. 1293–1297, 1644–1649, 1707, 1731 bis 1735

1968, 13. Aug. Weltmeisterschaften im Motorkunstflug, Magdeburg. Ⓔ Grünewald; Odr. (10×5); gez. K 12½:13.

awx) Sportflugzeug Typ Trener

awy) Sportflugzeuge Typ Trener beim Spiegelflug

			★★	⊘	⊙
1391	10 (Pf)	mehrfarbig . . . . awx	0,30	0,20	0,30
1392	25 (Pf)	mehrfarbig . . . . awy	0,80	0,50	0,90
		Satzpreis (2 W.)	1,—	0,70	1,20
		FDC			1,80

Auflagen: MiNr. 1391 = 12 000 000, MiNr. 1392 = 1 600 000 Stück

Lesen Sie bitte auch das Vorwort!

1968, 20. Aug. Staatliche Kunstsammlungen Dresden, Galerie Neue Meister: Gemälde. 🄴 **Deutschendorf; RaTdr. (MiNr. 1393 und 1394 5×10, MiNr. 1395–1398 10×5); gez. K 14.**

awz) Junges Paar am Strand; von Walter Womacka (1925–2010)

axa) Mähende Bergbauern; von Albin Egger-Lienz (1868 bis 1925), Tiroler Maler

axb) Kopfbild eines Bergbauernmädchens; von Wilhelm Leibl (1844–1900)

axc) Bildnis der Tochter in chinesischer Tracht; von José Venturelli (1924–1988), chilen. Maler

axd) Oberschülerin Petra; von Paul Michaelis (1914–2005)

axe) Mädchen mit Gitarre in der Landschaft; von Louis Anton Gottlieb Castelli (1805–1849), italien. Maler

				✶✶	⊘	⊙
1393	10 (Pf)	mehrfarbig	awz	0,30	0,20	0,30
1394	15 (Pf)	mehrfarbig	axa	0,30	0,20	0,30
1395	20 (Pf)	mehrfarbig	axb	0,30	0,20	0,30
1396	40 (Pf)	mehrfarbig	axc	0,50	0,20	0,50
1397	50 (Pf)	mehrfarbig	axd	0,50	0,30	0,70
1398	70 (Pf)	mehrfarbig	axe	3,—	1,30	2,50
		Satzpreis (6 W.)		4,50	2,20	4,50
		FDC 1 (MiNr. 1393, 1396, 1397)				1,50
		FDC 2 (MiNr. 1394, 1395, 1398)				3,50

Auflagen: MiNr. 1393 und 1395 je 12 000 000, MiNr. 1394 = 4 000 000, MiNr. 1396 und 1397 je 3 500 000, MiNr. 1398 = 1 600 000 Stück

1968, 29. Aug. Leipziger Herbstmesse. 🄴 **Dorfstecher; RaTdr. (5×10); gez. K 14.**

axf) Modelleisenbahnen

				✶✶	⊘	⊙
1399	10 (Pf)	mehrfarbig	axf	0,40	0,30	0,40
			FDC			0,70

Auflage: 12 000 000 Stück

1968, 11. Sept. Nach 1945 erbaute Talsperren. 🄴 **Weiß; Odr. (MiNr. 1400 und 1403 5×10, MiNr. 1401 und 1402 10×5); MiNr. 1400 und 1403 gez. K 13:12½, MiNr. 1401 und 1402 ~.**

axg) Talsperre Spremberg

axh) Talsperre Pöhl (Kreis Plauen)

axi) Ohratalsperre (Kreis Gotha)

axk) Rappbodetalsperre (Kreis Wernigerode)

				✶✶	⊘	⊙
1400	5 (Pf)	mehrfarbig	axg	0,30	0,30	0,40
1401	10 (Pf)	mehrfarbig	axh	0,30	0,30	0,40
1402	15 (Pf)	mehrfarbig	axi	0,50	0,50	1,20
1403	20 (Pf)	mehrfarbig	axk	0,30	0,30	0,50
		Satzpreis (4 W.)		1,20	1,20	2,20
		FDC 1 (MiNr. 1400, 1403)				0,70
		FDC 2 (MiNr. 1401, 1402)				1,50

Auflagen: MiNr. 1400 = 6 000 000, MiNr. 1401 und 1403 je 12 000 000, MiNr. 1402 = 1 600 000 Stück

1968, 18. Sept. Olympische Sommerspiele, Mexiko-Stadt. 🄴 **Hennig; RaTdr. (MiNr. 1404 und 1409 5×10, MiNr. 1405–1408 10×5); gez. K 14.**

axl) Kurzstreckenlauf

axm) Stabhochsprung

axn) Fußball

axo) Kunstturnen (Stufenbarren)

axp) Wasserball

axr) Rudern (Einer)

				✶✶	⊘	⊙
1404	5 (Pf)	mehrfarbig	axl	0,30	0,20	0,30
1405	10 + 5 (Pf)	mehrfarbig	axm	0,30	0,20	0,30
1406	20 + 10 (Pf)	mehrfarbig	axn	0,30	0,20	0,30
1407	25 (Pf)	mehrfarbig	axo	0,30	0,20	0,30
1408	40 (Pf)	mehrfarbig	axp	0,30	0,20	0,50
1409	70 (Pf)	mehrfarbig	axr	2,—	1,60	2,50
		Satzpreis (6 W.)		3,—	2,50	4,—
		FDC 1 (MiNr. 1404, 1406, 1407)				1,50
		FDC 2 (MiNr. 1405, 1408, 1409)				3,50

Auflagen: MiNr. 1404 = 6 000 000, MiNr. 1405 und 1406 je 3 500 000, MiNr. 1407 und 1408 je 4 000 000, MiNr. 1409 = 1 600 000 Stück

1968, 10. Okt. Internationale Mahn- und Gedenkstätten. 🄴 **Weiß; Odr. (5×5); gez. K 13:13½.**

axs) Mahnmal Fort de Breendonk, Belgien

				✶✶	⊘	⊙
1410	25 (Pf)	mehrfarbig	axs	0,50	0,20	0,40
			FDC			0,70

Auflage: 4 500 000 Stück

Weitere Ausgaben „Internationale Mahn- und Gedenkstätten" siehe Übersichtstabelle nach MiNr. 975

1968, 16. Okt. Nützliche Käfer. 🄴 **Prieß; Odr. (10×5); gez. K 13½:13.**

axt) Feldsandlaufkäfer (Cicindela campestris)

axu) Schaufellaufkäfer (Cychrus caraboides)

axv) Zweipunkt-Marienkäfer (Adalia bipunctata)

axw) Feldlaufkäfer (Carabus arcensis)

axx) Feuerfleck-Stutzkäfer (Hister bipustulatus)

axy) Schwarzhals-Buntkäfer (Pseudoclerops mutillarius)

				★★	⊘	⊙
1411	10 (Pf)	mehrfarbig	. . . . axt	0,30	0,20	0,30
1412	15 (Pf)	mehrfarbig	. . . . axu	0,30	0,20	0,30
1413	20 (Pf)	mehrfarbig	. . . . axv	0,30	0,20	0,30
1414	25 (Pf)	mehrfarbig	. . . . axw	2,50	2,20	3,50
1415	30 (Pf)	mehrfarbig	. . . . axx	0,30	0,20	0,50
1416	40 (Pf)	mehrfarbig	. . . . axy	0,30	0,20	0,50
			Satzpreis (6 W.)	3,40	3,—	5,—
			FDC 1 (MiNr. 1411, 1414, 1415)			4,—
			FDC 2 (MiNr. 1412, 1413, 1416)			1,—

Auflagen: MiNr. 1411 und 1413 je 12 000 000, MiNr. 1412 und 1415 je 4 000 000, MiNr. 1414 = 1 600 000, MiNr. 1416 = 3 500 000 Stück

1968, 29. Okt. 50. Jahrestag der Novemberrevolution in Deutschland. ⓔ Gottschall; Odr. (3×10); gez. K 13:12½.

axz) Wladimir Iljitsch Lenin; Faksimile seines Briefes an die Spartakusgruppe vom 18.10.1918

aya) Bewaffnete Arbeiter, Matrosen und Soldaten; Titelleiste der Zeitung „Die Rote Fahne“

ayb) Karl Liebknecht und Rosa Luxemburg; Kopf der Zeitung „Neues Deutschland“

				★★	⊘	⊙
1417	10 (Pf)	mehrfarbig	. . . . axz	0,30	0,30	0,40
1418	20 (Pf)	mehrfarbig	. . . . aya	0,30	0,30	0,40
1419	25 (Pf)	mehrfarbig	. . . . ayb	0,60	0,60	1,—
			Satzpreis (3 W.)	1,—	1,—	1,50
			FDC			2,—

Auflagen: MiNr. 1417 und 1418 je 12 000 000, MiNr. 1419 = 1 600 000 Stück

1968, 12. Nov. Orchideen. ⓔ Gottschall; RaTdr. (5×6); gez. K 13.

ayc) Laelio-Cattleya Maggie Raphaela alba rubra

ayd) Paphiopedilum albertianum

aye) Cattleya fabia

ayf) Cattleya aclandiae

ayg) Sobralia macrantha

ayh) Dendrobium alpha

				★★	⊘	⊙
1420	5 (Pf)	mehrfarbig	. . . . ayc	0,30	0,20	0,30
1421	10 (Pf)	mehrfarbig	. . . . ayd	0,30	0,20	0,30
1422	15 (Pf)	mehrfarbig	. . . . aye	0,30	0,20	0,30
1423	20 (Pf)	mehrfarbig	. . . . ayf	0,30	0,20	0,30
1424	40 (Pf)	mehrfarbig	. . . . ayg	0,30	0,20	0,50
1425	50 (Pf)	mehrfarbig	. . . . ayh	2,20	1,60	3,50
			Satzpreis (6 W.)	3,20	2,50	5,—
			FDC 1 (MiNr. 1420, 1425)			3,50
			FDC 2 (MiNr. 1421, 1424)			1,—
			FDC 3 (MiNr. 1422, 1423)			1,—

Auflagen: MiNr. 1420 = 6 000 000, MiNr. 1421 und 1423 je 12 000 000, MiNr. 1422 und 1424 je 5 000 000, MiNr. 1425 = 1 600 000 Stück

1968, 27. Nov. Märchen (III): Der gestiefelte Kater. ⓔ Bläser; Odr. (Klb. 2×3); gez. K 13½:13.

ayi
ayk
ayl
aym
ayn
ayo

ayi–ayo) Szenen aus dem Märchen der Brüder Grimm

				★★	⊘	⊙
1426	5 (Pf)	mehrfarbig	. . . . ayi	0,30	0,30	0,50
1427	10 (Pf)	mehrfarbig	. . . . ayk	0,30	0,30	0,50
1428	15 (Pf)	mehrfarbig	. . . . ayl	1,20	1,20	2,—
1429	20 (Pf)	mehrfarbig	. . . . . . aym	1,20	1,20	2,—
1430	25 (Pf)	mehrfarbig	. . . . ayn	0,30	0,30	0,50
1431	30 (Pf)	mehrfarbig	. . . . ayo	0,30	0,30	0,50
			Satzpreis (6 W.)	3,—	3,—	6,—
			Kleinbogen	6,50	12,—	15,—
			FDC*			30,—

*) kein amtlicher FDC

MiNr. 1426–1431 wurden zusammenhängend im Kleinbogen gedruckt.

Auflage: 2 000 000 Sätze

Weitere Kleinbogen „Märchen“ siehe Übersichtstabelle nach MiNr. 1241

1968, 3. Dez. 20 Jahre Pionierorganisation Ernst Thälmann. Ⓔ **Uhlich; Odr. (5×10); gez. K 13:13½.**

ayp

ayr

ayp–ayr) Spielende und musizierende Kinder der Pionierorganisation

				★★	⊘	⊙
1432	10 (Pf)	mehrfarbig	. . . . ayp	0,30	0,20	0,30
1433	15 (Pf)	mehrfarbig	. . . . ayr	0,80	0,40	0,70
			Satzpreis (2 W.)	1,—	0,60	1,—
			FDC			1,—

Auflagen: MiNr. 1432 = 10 000 000, MiNr. 1433 = 4 000 000 Stück

1969

1969, 15. Jan. Bedeutende Bauwerke (III). Ⓔ **Dorfstecher; RaTdr. (MiNr. 1434, 1436, 1437, 1439 10×5, MiNr. 1435 und 1438 5×10); gez. K 14.**

ays) Rathaus Tangermünde (erbaut um 1430)

ayt) Deutsche Staatsoper Berlin (erb. 1741–1743)

ayu) Wallpavillon, Dresdner Zwinger (erb. 1709 bis 1732)

ayv) Bürgerhaus, Luckau (erb. 1699)

ayw) Dornburger Schloss (erb. 1736–1747)

ayx) Haus „Zum Stockfisch“, Erfurt (erb. 1607)

				★★	⊘	⊙
1434	5 (Pf)	mehrfarbig	. . . . ays	0,30	0,20	0,30
1435	10 (Pf)	mehrfarbig	. . . . ayt	0,30	0,20	0,30
1436	20 (Pf)	mehrfarbig	. . . . ayu	0,30	0,20	0,30
1437	25 (Pf)	mehrfarbig	. . . . ayv	1,—	0,70	1,50
1438	30 (Pf)	mehrfarbig	. . . . ayw	0,30	0,20	0,30
1439	40 (Pf)	mehrfarbig	. . . . ayx	0,30	0,20	0,30
			Satzpreis (6 W.)	2,—	1,50	3,—
			FDC 1 (MiNr. 1434, 1435, 1439)			0,70
			FDC 2 (MiNr. 1436–1438)			2,50

Auflagen: MiNr. 1434 = 8 000 000, MiNr. 1435 und 1436 je 12 000 000, MiNr. 1437 = 1 700 000, MiNr. 1438 = 3 500 00, MiNr. 1439 = 4 000 000 Stück

Weitere Ausgaben „Bedeutende Bauwerke“: MiNr. 1245–1250, 1379–1382, 1661–1666

1969, 5. Febr. Berühmte Persönlichkeiten (III). Ⓔ **Stauf; StTdr. (5×10); gez. K 14.**

ayy) Martin Andersen-Nexö (1869–1954), dän. Schriftsteller

ayz) Otto Nagel (1894–1967), Maler und Grafiker

aza) Alexander Freiherr von Humboldt (1769–1859), Naturforscher und Geograph

azb) Theodor Fontane (1819–1898), Dichter und Schriftsteller

				★★	⊘	⊙
1440	10 (Pf)	schwarzgrauoliv	. . . ayy	0,30	0,20	0,30
1441	20 (Pf)	schwärzl'rotbraun	. ayz	0,30	0,20	0,30
1442	25 (Pf)	schwärzlichblau	. . . aza	1,—	0,50	0,80
1443	40 (Pf)	dunkelsiena	. . . . . . azb	0,30	0,20	0,40
			Satzpreis (4 W.)	1,50	1,10	1,80
			FDC 1 (A) (MiNr. 1440, 1443)			1,20
			FDC 2 (A) (MiNr. 1441, 1442)			2,50

Auflagen: MiNr. 1440 und 1441 je 12 000 000, MiNr. 1442 = 1 700 000, MiNr. 1443 = 4 000 000 Stück

Weitere Ausgaben „Berühmte Persönlichkeiten“ in gleicher Aufmachung: MiNr. 1386–1390, 1534–1539; in anderer Ausführung (Hochformat): MiNr. 1293–1297, 1644–1649, 1707, 1731 bis 1735

1969, 18. Febr. Sicherheit im Straßenverkehr (II). Ⓔ **Heinrich; Odr. (5×10); gez. K 13:13½.**

azc) Aufmerksamkeit und Rücksichtnahme auf Fußgänger

azd) Immer rechtzeitig orientieren (Ampel)

aze) Vorsicht an Bahnübergängen

azf) Im Zweifelsfall nie überholen

				★★	⊘	⊙
1444	5 (Pf)	mehrfarbig	. . . . azc	0,30	0,20	0,30
1445	10 (Pf)	mehrfarbig	. . . . azd	0,30	0,20	0,30
1446	20 (Pf)	mehrfarbig	. . . . aze	0,30	0,20	0,30
1447	25 (Pf)	mehrfarbig	. . . . azf	0,60	0,50	0,80
			Satzpreis (4 W.)	1,20	0,70	1,50
			FDC 1 (MiNr. 1444, 1447)			1,80
			FDC 2 (MiNr. 1445, 1446)			0,70

Auflagen: MiNr. 1444 = 8 000 000, MiNr. 1445 und 1446 je 12 000 000, MiNr. 1447 = 1 700 000 Stück

Weitere Ausgaben „Sicherheit im Straßenverkehr“: MiNr. 1169 bis 1172, 2078–2082

1969, 26. Febr. Leipziger Frühjahrsmesse. Ⓔ **Dorfstecher; RaTdr. (5×10); gez. K 14.**

azg) Mähdrescher E 512

azh) Zweifarben-Offset-Bogendruckmaschine Planeta-Variant

				★★	⊘	⊙
1448	10 (Pf)	mehrfarbig	. . . . azg	0,30	0,20	0,30
1449	15 (Pf)	mehrfarbig	. . . . azh	0,30	0,20	0,50
			Satzpreis (2 W.)	0,50	0,40	0,70
			FDC			0,70

Auflagen: MiNr. 1448 = 12 000 000, MiNr. 1449 = 6 000 000 Stück

Amtliche (Bogen-)Entwertungen für philatelistische Zwecke:

Diese Entwertungsform (von Hand oder gedruckt) wurde in der DDR zu einem eigenständigen Produktionszweig. Bedient wurden damit Versandstellenbezieher (Sammler und Händler), der staatliche Briefmarkenhandel und der Briefmarken-Export. Bei Briefmarken, die in Schalterbogen verausgabt wurden, wendete man aus rationellen Gründen die Entwertung in der Mitte eines Viererblocks an, jedoch wurden auf Kundenwunsch auch per Hand Voll- oder Halbabstempelungen vorgenommen. Von den ca. 60 000–80 000 in der DDR verwendeten Stempeln wurden neben den ausgabebezogenen Sonderstempeln etwa 200 Stempel für die amtl. (Bogen-)Entwertung für philatelistische Zwecke eingesetzt. **Diese Abstempelungen werden von den Prüfern des BPP mit ⊘ gekennzeichnet (gedruckte Stempel mit dem Zusatz „G“)!**

1969, 18. März. Märchen (IV): Jorinde und Joringel. 🄴 **Bläser; Odr. (Klb. 2×3); gez. K 13½:13.**

azi
azk
azl
azm
azn
azo

azi–azo) Szenen aus dem Märchen der Brüder Grimm

				✱✱	▨	⊙
1450	5 (Pf)	mehrfarbig	azi	0,30	0,30	0,50
1451	10 (Pf)	mehrfarbig	azk	0,30	0,30	0,50
1452	15 (Pf)	mehrfarbig	azl	0,60	0,70	1,50
1453	20 (Pf)	mehrfarbig	azm	0,60	0,70	1,50
1454	25 (Pf)	mehrfarbig	azn	0,30	0,30	0,50
1455	30 (Pf)	mehrfarbig	azo	0,30	0,30	0,50
			Satzpreis (6 W.)	2,—	2,50	5,—
			Kleinbogen	3,—	3,50	7,—
			FDC*			30,—

*) kein amtlicher FDC

MiNr. 1450–1455 wurden zusammenhängend im Kleinbogen gedruckt.

Auflage: 2 500 000 Sätze

Weitere Kleinbogen „Märchen“ siehe Übersichtstabelle nach MiNr. 1241

1969, 15. April. Geschützte heimische Pflanzen (II). 🄴 **Deutschendorf; RaTdr. (10×5); gez. K 14.**

azp) Märzenbecher (Leucojum vernum)

azr) Frühlings-Adonisröschen (Adonis vernalis)

azs) Trollblume (Trollius europaeus)

azt) Türkenbund (Lilium martagon)

azu) Stranddistel (Eryngium maritimum)

azv) Breitblättriges Knabenkraut (Dactylorchis latifolia)

				✱✱	▨	⊙
1456	5 (Pf)	mehrfarbig	azp	0,30	0,20	0,30
1457	10 (Pf)	mehrfarbig	azr	0,30	0,20	0,30
1458	15 (Pf)	mehrfarbig	azs	0,30	0,20	0,30
1459	20 (Pf)	mehrfarbig	azt	0,30	0,20	0,30
1460	25 (Pf)	mehrfarbig	azu	3,20	2,—	3,20
1461	30 (Pf)	mehrfarbig	azv	0,40	0,20	0,30
			Satzpreis (6 W.)	4,20	2,80	4,50
			FDC 1 (MiNr. 1456, 1459, 1461)			2,—
			FDC 2 (MiNr. 1457, 1458, 1460)			3,—

Auflagen: MiNr. 1456 = 10 000 000, MiNr. 1457 und 1459 je 12 000 000, MiNr. 1458 = 6 000 000, MiNr. 1460 = 1 700 000, MiNr. 1461 = 3 500 000 Stück

Weitere Ausgaben „Geschützte heimische Pflanzen“: MiNr. 1242 bis 1244, 1563–1568

1969, 23. April. Waldschutz. 🄴 **Naumann; Odr. (10×5); gez. K 12½:13.**

azw) Aufzucht von Nadelbäumen im Pflanzgarten

azx) Holzeinschlag und Harzgewinnung

azy) Der Wald regelt den Wasserhaushalt der Natur

azz) Waldsee mit Zeltplatz

				✱✱	▨	⊙
1462	5 (Pf)	mehrfarbig	azw	0,30	0,20	0,30
1463	10 (Pf)	mehrfarbig	azx	0,30	0,20	0,30
1464	20 (Pf)	mehrfarbig	azy	0,30	0,20	0,30
1465	25 (Pf)	mehrfarbig	azz	2,20	1,20	1,80
			Satzpreis (4 W.)	3,—	1,60	2,60
			FDC 1 (MiNr. 1462, 1465)			2,—
			FDC 2 (MiNr. 1463, 1464)			0,80

Auflagen: MiNr. 1462 = 8 000 000, MiNr. 1463 und 1464 je 12 000 000, MiNr. 1465 = 1 700 000 Stück

1969, 23. April. 50 Jahre Liga der Rotkreuzgesellschaften. 🄴 **Wolfgramm (MiNr. 1466) und Bengs (MiNr. 1467); Odr. (10×5); gez. K 12½:13.**

baa

bab

baa–bab) Symbole der Organisationen Roter Halbmond, Rotes Kreuz, Roter Löwe und Rote Sonne

				✱✱	▨	⊙
1466	10 (Pf)	mehrfarbig	baa	0,30	0,20	0,30
1467	15 (Pf)	mehrfarbig	bab	1,70	0,60	0,80
			Satzpreis (2 W.)	2,—	0,80	1,—
			FDC			1,—

Auflagen: MiNr. 1466 = 12 000 000, MiNr. 1467 = 1 700 000 Stück

1969, 21. Mai. Minerale aus den Sammlungen der Bergakademie Freiberg (I). 🄴 **Grünewald; RaTdr. (10×5); gez. K 14.**

bac) Erythrin (Kobaltblüte), Schneeberg (Erzgebirge)

bad) Fluorit (Flussspat), Halsbrücke (Erzgebirge)

bae) Galenit (Bleiglanz), Neudorf (Harz)

baf) Rauchquarz, Lichtenberg (Thüringen)

bag) Calcit (Kalkspat), Niederrabenstein (Erzgebirge)

bah) Silber aus Brand bei Freiberg, Grube Himmelsfürst

				★★	◍	⊙
1468	5 (Pf)	mehrfarbig	bac	0,30	0,20	0,30
1469	10 (Pf)	mehrfarbig	bad	0,30	0,20	0,30
1470	15 (Pf)	mehrfarbig	bae	0,30	0,20	0,30
1471	20 (Pf)	mehrfarbig	baf	0,30	0,20	0,30
1472	25 (Pf)	mehrfarbig	bag	1,—	0,70	1,50
1473	50 (Pf)	mehrfarbig	bah	0,30	0,20	0,50
		Satzpreis (6 W.)		2,—	1,40	3,—
		FDC 1 (MiNr. 1468, 1470, 1473)				1,50
		FDC 2 (MiNr. 1469, 1471, 1472)				2,—

Auflagen: MiNr. 1468 = 8 000 000, MiNr. 1469 = 13 000 000, MiNr. 1470 = 4 500 000, MiNr. 1471 = 12 000 000, MiNr. 1472 = 1 700 000, MiNr. 1473 = 3 500 000 Stück

Weitere Ausgaben „Minerale aus den Sammlungen der Bergakademie Freiberg": MiNr. 1737–1742, 2006–2011

1969, 28. Mai. Nationaler Frauenkongress. ◫ Rieß; StTdr. (5×10); gez. K 14.

bai

bak

bai–bak) Frauenköpfe und Symbole aus Industrie, Landwirtschaft und Wissenschaft

				★★	◍	⊙
1474	20 (Pf)	lebh'braunkarmin/dkl'-grauultramarin	bai	0,30	0,20	0,40
1475	25 (Pf)	blau/dkl'karminrot	bak	1,10	0,40	0,80
		Satzpreis (2 W.)		1,30	0,50	1,20
		FDC				1,20

Auflage: MiNr. 1474 = 10 000 000, MiNr. 1475 = 1 700 000 Stück

1969, 4. Juni. Unbesiegbares Vietnam (III). ◫ Schütz; Odr. (10×5); gez. K 13½:13.

bal) Bewaffnete Vietnamesen

				★★	◍	⊙
1476	10 + 5 (Pf)	mehrfarbig	bal	0,40	0,20	0,40
		FDC				0,70

Auflage: 9 000 000 Stück

Weitere Ausgaben „Unbesiegbares Vietnam": MiNr. 1220, 1371, 1602, 1699, 1736, 1886, 2463

1969, 4. Juni. Nationale Briefmarkenausstellung 20 Jahre DDR, Magdeburg (I). ◫ Hennig; RaTdr. (10×5); gez. K 14.

bam) Abzeichen des Philatelistenverbandes der DDR im Deutschen Kulturbund

				★★	◍	⊙
1477	10 (Pf)	mehrfarbig	bam	0,40	0,20	0,40
		FDC (A)				1,—

Auflage: 12 000 000 Stück

Weitere Werte: MiNr. 1513–1514

Ersttagsbriefe (FDC):

FDC = amtlicher illustrierter FDC
FDC (A) = amtlicher nicht illustrierter FDC
FDC* = nicht amtlicher FDC

Bedarfsbriefe mit Ersttagsverwendung sind meist erheblich teurer!

1969, 4. Juni. Weltfriedenstreffen, Berlin. ◫ Rieß; Odr. (2×5 Zd); gez. K 13½:13.

ban) Mann mit Kindern verschiedener Hautfarbe

bao) Berliner Bauwerke: Brandenburger Tor, Staatsratsgebäude, Sowjetisches Ehrenmal in Treptow, Turm des Roten Rathauses, Fernsehturm, Haus des Lehrers und Kongresshalle am Alexanderplatz

bap) Arbeiter verschiedener Völker

				★★	◍	⊙
1478	10 (Pf)	mehrfarbig	ban	0,70	1,—	1,80
1479	20 + 5 (Pf)	mehrfarbig	bao	0,70	1,—	1,80
1480	25 (Pf)	mehrfarbig	bap	0,70	1,—	1,80
		Satzpreis (3 W.)		2,—	3,—	5,—
		Dreierstreifen		4,50	5,50	9,—
		FDC				9,—

MiNr. 1478–1480 wurden waagerecht zusammenhängend gedruckt.

Auflage: 4 000 000 Sätze

1969, 4. Juni. Freimarken: Staatsratsvorsitzender Walter Ulbricht. Großformat (III). ◫ Wolf; StTdr. (10×5); gez. K 14.

add II) W. Ulbricht (1893–1973), erster Vorsitzender des Staatsrates der DDR

				★★	◍	⊙
1481	1 M	schwarzgrünoliv	add II	0,50	1,40	1,50
1482	2 M	siena	add II	0,60	1,60	1,70
		Satzpreis (2 W.)		1,—	3,—	3,—
		FDC (A)				40,—

Auflagen: MiNr. 968, 1087 und 1481 zusammen 57 385 000, MiNr. 969, 1088 und 1482 zusammen 29 882 000 Stück

Weitere Ausgaben siehe Zusammenfassung nach Jahreszusammenstellungen

1969, 18. Juni. Deutsches Turn- und Sportfest, Leipzig. ◫ Rieß; komb. StTdr. und RaTdr. (5×10); gez. K 14.

bas) Eröffnungsveranstaltung am Völkerschlachtdenkmal

bat) Gymnastische Übungen

bau) Sportschau im Zentralstadion

bav) Ausstellung „Kunst und Sport"

baw) Leichtathleten, Fahnenschwingerin

bax) Fahnenweihe vor dem Alten Rathaus

				★★	◍	⊙
1483	5 (Pf)	mehrfarbig	bas	0,30	0,20	0,30
1484	10 + 5 (Pf)	mehrfarbig	bat	0,30	0,20	0,30
1485	15 (Pf)	mehrfarbig	bau	0,30	0,20	0,30
1486	20 + 5 (Pf)	mehrfarbig	bav	0,30	0,20	0,30
1487	25 (Pf)	mehrfarbig	baw	2,—	0,50	1,50
1488	30 (Pf)	mehrfarbig	bax	0,20	0,20	0,30
		Satzpreis (6 W.)		3,50	1,20	2,80
		FDC 1 (MiNr. 1483–1484, 1488)				1,20
		FDC 2 (MiNr. 1485–1487)				2,40

Auflagen: MiNr. 1483–1486 je 5 000 000, MiNr. 1487 = 1 700 000, MiNr. 1488 = 3 500 000 Stück

1969, 20. Juni. 75 Jahre olympische Bewegung der Neuzeit. 🄴 **Stauf; komb. StTdr. und RaTdr. (5×5); gez. K 14.**

bay) Baron Pierre de Coubertin (1863–1937), französ. Pädagoge und Historiker, Gründer der Olympischen Spiele der Neuzeit; Büste von Wieland Förster (*1930), Bildhauer

baz) Coubertin-Stele im Hain von Olympia (Griechenland)

				★★	◍	⊙
1489	10 (Pf)	violettschwarz/hellgrünlichblau	bay	0,30	0,20	0,40
1490	25 (Pf)	violettschwarz/hellkarminrot	baz	0,90	0,90	1,40
		Satzpreis (2 W.)		1,20	1,10	1,80
		FDC				1,50

Auflagen: MiNr. 1489 = 6 000 000, MiNr. 1490 = 1 700 000 Stück

1969, 29. Juli. Schach-Mannschaftsweltmeisterschaft der Studenten, Dresden; Weltmeisterschaften im Hallenradsport, Erfurt; Volleyball-Weltpokal, Berlin. 🄴 **Stauf; RaTdr. (10×5); gez. K 14.**

bba) Schachfigur: Springer

bbb) Rad

bbc) Volleyball, Netz

				★★	◍	⊙
1491	20 (Pf)	mehrfarbig	bba	0,30	0,20	0,30
1492	20 (Pf)	mehrfarbig	bbb	0,30	0,20	0,30
1493	20 (Pf)	mehrfarbig	bbc	0,30	0,20	0,30
		Satzpreis (3 W.)		0,80	0,40	0,80
		FDC (A)				3,—

Auflage: 6 000 000 Sätze

1969, 27. Aug. Leipziger Herbstmesse. 🄴 **Dorfstecher; Odr. (10×5); gez. K 12½:13.**

bbd) Stilisierte Darstellung des Programms kompletter Raumgestaltung „intecta“

				★★	◍	⊙
1494	10 (Pf)	mehrfarbig	bbd	0,30	0,30	0,50
		FDC				0,70

Auflage: 12 000 000 Stück

1969, 23. Sept. 20 Jahre DDR (I). 🄴 **Voigt und Lipsch; RaTdr. (5×10); gez. K 14.**

bbe) Haus der Schifffahrt, Hotel Warnow, Rostock

bbf) Haus der Kultur und Bildung, Neubrandenburg

bbg) Interhotel, Nikolai-Kirche, Potsdam

bbh) Wohngebäude, Eisenhüttenstadt

bbi) Warenhaus, Hoyerswerda

bbk) Wohngebäude, Magdeburg

bbl) Wohngebiet, Halle-Neustadt

bbm) Wohnhochhaus, Hotel Thüringen-Tourist, Suhl

bbn) Kulturpalast, Dresden

bbo) Universitätshochhaus, Leipzig

bbp) Wohngebäude, Chemnitz (Karl-Marx-Stadt)

bbr) Strausberger Platz, Karl-Marx-Allee, Berlin

				★★	◍	⊙
1495	10 (Pf)	mehrfarbig	bbe	0,30	0,20	0,30
1496	10 (Pf)	mehrfarbig	bbf	0,30	0,20	0,30
1497	10 (Pf)	mehrfarbig	bbg	0,30	0,20	0,30
1498	10 (Pf)	mehrfarbig	bbh	0,30	0,20	0,30
1499	10 (Pf)	mehrfarbig	bbi	0,30	0,20	0,30
1500	10 (Pf)	mehrfarbig	bbk	0,30	0,20	0,30
1501	10 (Pf)	mehrfarbig	bbl	0,30	0,20	0,30
1502	10 (Pf)	mehrfarbig	bbm	0,30	0,20	0,30
1503	10 (Pf)	mehrfarbig	bbn	0,30	0,20	0,30
1504	10 (Pf)	mehrfarbig	bbo	0,30	0,20	0,30
1505	10 (Pf)	mehrfarbig	bbp	0,30	0,20	0,30
1506	10 (Pf)	mehrfarbig	bbr	0,30	0,20	0,30
		Satzpreis (12 W.)		3,—	1,80	3,—
		FDC 1 (MiNr. 1495, 1497, 1503)				0,70
		FDC 2 (MiNr. 1496, 1502, 1504)				0,70
		FDC 3 (MiNr. 1498, 1500, 1506)				0,70
		FDC 4 (MiNr. 1499, 1501, 1505)				0,70

Blockausgabe, gez. Ks 14

bbs) Berlin: Rotes Rathaus, Marienkirche, Fernsehturm

bbt

				★★	⊙	FDC*
1507	1 M	mehrfarbig	bbs	1,—	2,—	
Block 28		(88×110 mm)	bbt	2,20	6,—	35,—
			Ⓢ		4,—	

*) kein amtlicher FDC

Auflagen: 10 000 000 Sätze, Block 28 = 2 200 000 Blocks

Ab MiNr. 755 wurden, wenn im Kopftext nicht ausdrücklich anders angegeben, alle Marken von der Deutschen Wertpapierdruckerei gedruckt.

1969, 6. Okt. Blockausgabe: 20 Jahre DDR (II). Ⓔ **Stauf; Odr.; gez. Ks 13:12½.**

bbv

bbu) Festzug

				★★	⊙	FDC*
1508	1 M	mehrfarbig	.... bbu	2,20	1,60	
Block 29	(110×154 mm)		.... bbv	2,50	5,—	75,—
			Ⓢ		3,50	

*) kein amtlicher FDC

Auflage: 2 200 000 Blocks

1969, 6. Okt. 20 Jahre DDR (III): Eröffnung des Fernseh- und UKW-Turms der Deutschen Post, Berlin. Ⓔ **Detlefsen; RaTdr. (10×5); gez. K 14.**

bbw) Fernseh- und UKW-Turm, Berlin

bbx) Testbild mit Kugel des Turms

				★★	◍	⊙
1509	10 (Pf)	mehrfarbig	...... bbw	0,30	0,20	0,30
1510	20 (Pf)	mehrfarbig	.... bbx	0,30	0,20	0,50
			Satzpreis (2 W.)	0,50	0,40	0,80
			FDC			0,70

Amtliche (Bogen-)Entwertung für philatelistische Zwecke ab 1965:

Folgende Stempel wurden verwendet:

102 Berlin 2 ab, ad, ae, af
1085 Berlin ZAW a, d, j, k
1085 Berlin ZPF d, f, g, k, m, n, o, p, s, u
701 Leipzig 1 d, ah, at, ax

Zur Ausgabe gehörende (gedruckte) Sonderstempel.

Eine ausführliche Auflistung der verwendeten Stempel ist bei der Arbeitsgemeinschaft DDR Spezial erhältlich.

Blockausgabe, gez. Ks 14

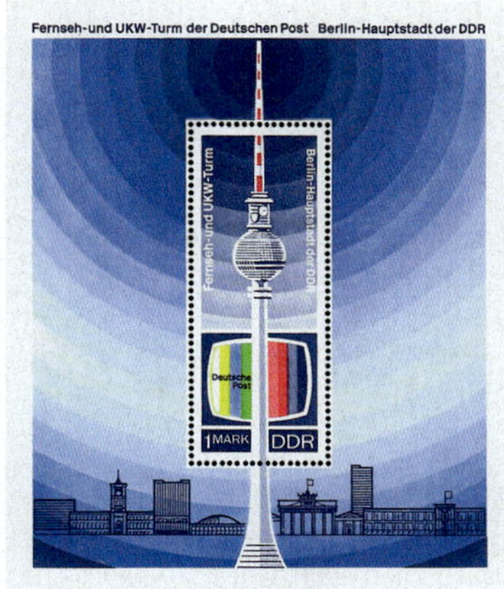

bbz

bby) Fernseh- und UKW-Turm, Testbild

				★★	⊙	FDC*
1511	1 M	mehrfarbig	.... bby	1,—	3,—	
Block 30	(94×114 mm)		.... bbz	1,70	5,—	45,—
			Ⓢ		3,80	

*) kein amtlicher FDC

Auflagen: MiNr. 1509 = 11 975 000, MiNr. 1510 = 12 625 000 Stück, Bl. 30 = 3 790 000 Blocks

1969, 28. Okt. Internationale Mahn- und Gedenkstätten. Ⓔ **Gottschall und Rieß; Odr. (5×5); gez. K 13:13½.**

bca) Figurengruppe des Mahnmals Kopenhagen/Ryvangen

				★★	◍	⊙
1512	25 (Pf)	mehrfarbig	.... bca	0,80	0,20	0,40
			FDC			0,60

Auflage: 3 500 000 Stück

Weitere Ausgaben „Internationale Mahn- und Gedenkstätten" siehe Übersichtstabelle nach MiNr. 975

1969, 28. Okt. Nationale Briefmarkenausstellung 20 Jahre DDR, Magdeburg (II). Ⓔ **Hennig; Odr. (3×10); gez. K 13:12½.**

bcb) Otto-von-Guericke-Denkmal, Dom, Hotel International

bcc) Experiment mit den Magdeburger Halbkugeln; histor. Darstellung des Versuchs von Otto von Guericke (1602–1686), Staatsmann und Physiker

				★★	◍	⊙
1513	20 (Pf)	mehrfarbig	..... bcb	0,30	0,20	0,30
1514	40 + 10 (Pf)	mehrfarbig	.... bcc	1,30	0,80	1,20
			Satzpreis (2 W.)	1,50	1,—	1,50
			FDC			1,50

Auflagen: MiNr. 1513 = 8 000 000, MiNr. 1514 = 2 000 000 Stück

Weiterer Wert: MiNr. 1477

1969, 28. Okt. Kongress des Internationalen Messeverbandes (UFI), Leipzig. ◰ **Bertholdt; Odr. (5×10); gez. K 13:13½.**

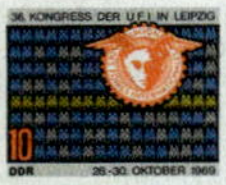

bcd) Emblem der UFI, Hintergrund Messezeichen (vielfach)

			★★	⊘	⊙
1515	10 (Pf)	mehrfarbig . . . . bcd	0,30	0,20	0,30
1516	15 (Pf)	mehrfarbig . . . . bcd	2,—	0,40	0,70
		Satzpreis (2 W.)	2,20	0,60	1,—
		FDC			1,—

Auflagen: MiNr. 1515 = 12 000 000, MiNr. 1516 = 1 700 000 Stück

1969, 12. Nov. 50 Jahre Internationale Arbeitsorganisation (IAO). ◰ **Dorfstecher; RaTdr. (10×5); gez. K 14.**

bce) Emblem der IAO; Fäuste mit Schraubenschlüsseln

			★★	⊘	⊙
1517	20 (Pf)	dunkelbläulichgrün/ silber . . . . bce	0,30	0,20	0,30
1518	25 (Pf)	lila/silber . . . . bce	2,—	0,40	0,70
		Satzpreis (2 W.)	2,20	0,50	1,—
		FDC			1,50

Auflagen: MiNr. 1517 = 12 000 000, MiNr. 1518 = 1 700 000 Stück

1969, 12. Nov. 550 Jahre Universität Rostock. ◰ **Bertholdt; Odr. (10×5); gez. K 12½:13.**

bcf) Universitätsgebäude, Signet der Universität

bcg) Läufer einer Dampfturbine, Messkurve, Signet der Universität

			★★	⊘	⊙
1519	10 (Pf)	mehrfarbig . . . . bcf	0,30	0,20	0,30
1520	15 (Pf)	mehrfarbig . . . . bcg	1,50	0,30	0,50
		Satzpreis (2 W.)	1,80	0,40	0,80
		FDC			1,50

Auflagen: MiNr. 1519 = 10 000 000, MiNr. 1520 = 1 700 000 Stück

1969, 25. Nov. Volkskunst aus der Lausitz. ◰ **Dorfstecher; Odr. (MiNr. 1521 und 1523 5×5 Zd., MiNr. 1522 10×5); gez. K 13½:13.**

bch) Form für Weihnachtsgebäck

bci) Teller

bck) Handgeformtes Backwerk

			★★	⊘	⊙
1521	10 (Pf)	mehrfarbig . . . . bch	1,20	1,20	2,40
1522	20 + 5 (Pf)	mehrfarbig . . . . bci	0,40	0,40	0,70
1523	50 (Pf)	mehrfarbig . . . . bck	2,—	2,—	3,—
		Satzpreis 1 (3 W.)	3,50	3,50	6,—
		Satzpreis 2 (1 Zd., 1 W.)	7,50	6,—	9,—
		FDC			9,—

MiNr. 1521 und 1523 wurden waagerecht zusammenhängend gedruckt.

Auflagen: MiNr. 1521 und 1523 je 3 000 000, MiNr. 1522 = 4 000 000 Stück

1969, 2. Dez. Flugzeuge (I). ◰ **Bormann und Bormann; Odr. (5×10); gez. K 13:12½.**

bcl) Reiseverkehrsmaschine Antonow AN 24

bcm) Reiseverkehrsmaschine Iljuschin IL 18

bcn) Reiseverkehrsmaschine Tupolew TU 134

bco) Turbinenhubschrauber für Spezialflüge Mil MI 8

			★★	⊘	⊙
1524	20 (Pf)	mehrfarbig . . . . bcl	0,30	0,20	0,30
1525	25 (Pf)	mehrfarbig . . . . . . bcm	1,40	1,20	2,—
1526	30 (Pf)	mehrfarbig . . . . bcn	0,30	0,20	0,40
1527	50 (Pf)	mehrfarbig . . . . bco	0,30	0,20	0,50
		Satzpreis (4 W.)	2,—	1,60	3,—
		FDC 1 (A) (MiNr. 1524, 1527)			1,50
		FDC 2 (A) (MiNr. 1525, 1526)			3,50

Auflagen: MiNr. 1524 = 10 000 000, MiNr. 1525 = 1 700 000, MiNr. 1526 und 1527 je 3 500 000 Stück

Weitere Werte: MiNr. 1749–1752

1969, 10. Dez. Staatliche Kunstsammlungen, Dresden, Galerie Neue Meister: Werke russischer und sowjetischer Maler. ◰ **Naumann und Deutschendorf; RaTdr. (6×5); gez. K 13.**

bcp) Bildnis einer sibirischen Lehrerin; von Dimitrij Konstantinowitsch Sweschnikow (1912–1997)

bcr) Der Stahlwerker; von Wladimir Alexandrowitsch Serow (1910–1968)

bcs) Stillleben; von Eranul Arschakowna Aslamasjan (1910–1998)

bct) Warmer Tag; von Jakob Dorofejewitsch Romas (1902–1969)

bcu) Und wieder wird es Frühling; von Leonid Wassiljewitsch Kabatschek (1924–2002)

bcv) Mann am Fluss; von Wladimir Jegorowitsch Makowskij (1846–1920)

			★★	⊘	⊙
1528	5 (Pf)	mehrfarbig . . . . bcp	0,30	0,20	0,30
1529	10 (Pf)	mehrfarbig . . . . bcr	0,30	0,20	0,30
1530	20 (Pf)	mehrfarbig . . . . bcs	0,30	0,20	0,30
1531	25 (Pf)	mehrfarbig . . . . bct	1,20	1,30	2,20
1532	40 (Pf)	mehrfarbig . . . . bcu	0,30	0,20	0,30
1533	50 (Pf)	mehrfarbig . . . . bcv	0,30	0,20	0,50
		Satzpreis (6 W.)	2,40	2,20	3,80
		FDC 1 (MiNr. 1528, 1533)			1,—
		FDC 2 (MiNr. 1529, 1532)			1,—
		FDC 3 (MiNr. 1530, 1531)			2,50

Auflagen: MiNr. 1528 = 10 000 000, MiNr. 1529 und 1530 je 12 000 000, MiNr. 1531 = 1 700 000, MiNr. 1532 = 5 000 000, MiNr. 1533 = 3 000 000 Stück

1970

1970, 20. Jan. Berühmte Persönlichkeiten (IV). Ⓔ Stauf; StTdr. (5×10); gez. K 14.

bcw) Ernst Barlach (1870–1938), Bildhauer, Grafiker, Dichter

bcx) Johannes Gutenberg (um 1397–1468), Erfinder des Buchdrucks

bcy) Kurt Tucholsky (1890–1935), Schriftsteller

bcz) Ludwig van Beethoven (1770–1827), Komponist

bda) Friedrich Hölderlin (1770–1843), Dichter

bdb) Georg Hegel (1770–1831), Philosoph

				★★	⊘	⊙
1534	5	(Pf)	schwarzlila-ultramarin .... bcw	0,30	0,20	0,30
1535	10	(Pf)	dunkelgraubraun .. bcx	0,30	0,20	0,30
1536	15	(Pf)	dunkelviolettblau .. bcy	0,30	0,20	0,30
1537	20	(Pf)	braunviolett ...... bcz	0,40	0,20	0,30
1538	25	(Pf)	schwärzlichgrün-lichblau .... bda	2,50	0,80	1,30
1539	40	(Pf)	dunkelrötlichlila ... bdb	0,50	0,20	0,50
			Satzpreis (6 W.)	4,20	1,50	3,—
			FDC 1 (A) (MiNr. 1534, 1536, 1539)			1,50
			FDC 2 (A) (MiNr. 1535, 1537, 1538)			2,—

Auflagen: MiNr. 1534 = 5 000 000, MiNr. 1535 und 1537 je 12 000 000, MiNr. 1536 und 1539 je 4 000 000, MiNr. 1538 = 1 700 000 Stück

Weitere Ausgaben „Berühmte Persönlichkeiten" in gleicher Aufmachung: MiNr. 1386–1390, 1440–1443; in anderer Ausführung (Hochformat): MiNr. 1293–1297, 1644–1649, 1707, 1731 bis 1735

1970, 20. Jan. Freimarke: Staatsratsvorsitzender Walter Ulbricht. Kleinformat (V). Ⓔ und Bdr. DWD Rollen (R); Wz. 3 Y; gez. K 14.

yh) W. Ulbricht (1893–1973), erster Vorsitzender des Staatsrates der DDR (Währungsbez. „M")

				★★	⊙
1540	1	M	braunoliv (Töne) (R) .... yh	1,—	6,—
			FDC (A)		40,—

Rollenmarke mit rückseitiger Nummer (R):

		Einzelm. ★★	Einzelm. ⊙	5er-Str. ★★
1540 R	....	4,50	14,—	12,—

Auflage: 9 790 000 Stück

Weitere Ausgaben siehe Zusammenfassung nach Jahreszusammenstellungen

1970, 5. Febr. Internationale Leipziger Rauchwarenauktion. Ⓔ Bengs; RaTdr. (5×5); gez. K 14.

bdc) Hauskaninchen (Oryctolagus cuniculus f. domestica)

bdd) Rotfuchs (Vulpes vulpes)

bde) Nerz (Mustela lutreola)

bdf) Großhamster (Cricetus cricetus)

				★★	⊘	⊙
1541	10	(Pf)	mehrfarbig .... bdc	0,30	0,20	0,30
1542	20	(Pf)	mehrfarbig .... bdd	0,30	0,20	0,30
1543	25	(Pf)	mehrfarbig .... bde	3,20	3,—	4,—
1544	40	(Pf)	mehrfarbig .... bdf	0,40	0,20	0,50
			Satzpreis (4 W.)	4,—	3,50	5,—
			FDC 1 (MiNr. 1541, 1544)			1,50
			FDC 2 (MiNr. 1542, 1543)			4,—

Auflagen: MiNr.: 1541 und 1542 je 12 000 000, MiNr. 1543 = 1 700 000, MiNr. 1544 = 4 000 000 Stück

1970, 17. Febr. Märchen (V): Brüderchen und Schwesterchen. Ⓔ Bläser und Bläser; Odr. (Klb. 2×3); gez. K 13½:13.

bdg
bdh
bdi
bdk
bdl
bdm

bdg–bdm) Szenen aus dem Märchen der Brüder Grimm

				★★	⊘	⊙
1545	5	(Pf)	mehrfarbig .... bdg	0,30	0,40	0,60
1546	10	(Pf)	mehrfarbig .... bdh	0,30	0,40	0,60
1547	15	(Pf)	mehrfarbig .... bdi	0,70	0,80	1,50
1548	20	(Pf)	mehrfarbig .... bdk	0,70	0,80	1,50
1549	25	(Pf)	mehrfarbig .... bdl	0,30	0,40	0,60
1550	30	(Pf)	mehrfarbig ...... bdm	0,30	0,40	0,60
			Satzpreis (6 W.)	2,50	3,—	5,—
			Kleinbogen	6,—	4,50	10,—
			FDC*			25,—

*) kein amtlicher FDC

MiNr. 1545–1550 wurden zusammenhängend im Kleinbogen gedruckt.

Auflage: 2 500 000 Sätze

Weitere Kleinbogen „Märchen" siehe Übersichtstabelle nach MiNr. 1241

1970, 24. Febr. Leipziger Frühjahrsmesse. Ⓔ Gottschall; Odr. (MiNr. 1551 5×10, MiNr. 1552 10×5); MiNr. 1551 gez. K 13:12½, MiNr. 1552 ~.

bdn) Koordinatenschalterzentrale ATZ 65

bdo) Hochspannungs-Prüftransformator

				★★	⊘	⊙
1551	10	(Pf)	mehrfarbig .... bdn	0,30	0,20	0,30
1552	15	(Pf)	mehrfarbig .... bdo	0,60	0,30	0,50
			Satzpreis (2 W.)	0,80	0,40	0,80
			FDC			0,80

Auflagen: MiNr. 1551 = 12 000 000, MiNr. 1552 = 6 000 000 Stück

1970, 10. März. Archäologische Funde. ◻ **Voigt; RaTdr. (6×5); gez. K 13.**

bdp) Reiterstein (um 700); Fundort Hornhausen, Kreis Oschersleben

bdr) Spangenhelm (um 500); Stößen, Kreis Hohenmölsen

bds) Bronzebecken (um 1000 v. Chr.); Schadeleben, Kreis Aschersleben

bdt) Tontrommel (um 2500 v. Chr.); Leuna-Rössen, Kreis Merseburg

bdp–bdt) Die Fundstücke befinden sich im Landesmuseum für Vorgeschichte, Halle

				★★	◍	⊙
1553	10 (Pf)	mehrfarbig	. . . . bdp	0,30	0,20	0,30
1554	20 (Pf)	mehrfarbig	. . . . bdr	0,30	0,20	0,30
1555	25 (Pf)	mehrfarbig	. . . . bds	0,80	1,40	2,20
1556	40 (Pf)	mehrfarbig	. . . . bdt	0,30	0,20	0,40
			Satzpreis (4 W.)	1,60	2,—	3,—
			FDC 1 (MiNr. 1553, 1556)			1,—
			FDC 2 (MiNr. 1554, 1555)			2,—

Auflagen: MiNr. 1553 und 1554 je 12 000 000, MiNr. 1555 = 1 700 000, MiNr. 1556 = 4 000 000 Stück

1970, 16. April. 100. Geburtstag von Wladimir Iljitsch Lenin. ◻ **Stauf; komb. StTdr. und RaTdr. (5×5); gez. K 14.**

bdu) W. I. Lenin, Titelseite der Zeitung Iskra, Setzpult, Schnellpresse

bdv) W. I. Lenin (1870–1924), russischer revolutionärer Staatsmann; Clara Zetkin (1857–1933), Politikerin (KPD)

bdw) W. I. Lenin, Titel seines Werkes „Staat und Revolution“

bdx) Lenin-Denkmal, Eisleben

bdy) Leninplatz und Lenin-Denkmal, Berlin

				★★	◍	⊙
1557	10 (Pf)	mehrfarbig	. . . . bdu	0,30	0,20	0,40
1558	20 (Pf)	mehrfarbig	. . . . bdv	0,30	0,20	0,40
1559	25 (Pf)	mehrfarbig	. . . . . . bdw	2,20	2,—	3,—
1560	40 (Pf)	mehrfarbig	. . . . bdx	0,30	0,20	0,40
1561	70 (Pf)	mehrfarbig	. . . . bdy	0,40	0,20	0,50
			Satzpreis (5 W.)	3,—	2,80	4,50
			FDC 1 (MiNr. 1557, 1558)			1,—
			FDC 2 (MiNr. 1559, 1560)			3,—
			FDC 3 (MiNr. 1561)			1,—

Blockausgabe, gez. Ks 14

bdz) W. I. Lenin

bea

				★★	⊙	FDC*
1562	1 M	mehrfarbig	. . . . bdz	1,30	2,—	
Block 31	(118×83 mm)		. . . . bea	2,20	11,—	30,—
			Ⓢ		4,50	

*) kein amtlicher FDC

Auflagen: MiNr. 1557 = 6 000 000, MiNr. 1558 = 5 000 000, MiNr. 1559 = 1 700 000, MiNr. 1560 und 1561 je 3 000 000 Stück, Bl. 31 = 1 700 000 Blocks

1970, 28. April. Geschützte heimische Pflanzen (III). ◻ **Gottschall; RaTdr. (10×5); gez. K 14.**

beb) Seekohl (Crambe maritima)

bec) Aufrechte Kuh- oder Küchenschelle (Pulsatilla vulgaris)

bed) Fransenenzian (Gentiana ciliata)

bee) Helmknabenkraut (Orchis militaris)

bef) Sumpfporst (Ledum palustre)

beg) Rundblättriges Wintergrün (Pyrola rotundifolia)

				★★	◍	⊙
1563	10 (Pf)	mehrfarbig	. . . . beb	0,30	0,20	0,30
1564	20 (Pf)	mehrfarbig	. . . . bec	0,30	0,20	0,30
1565	25 (Pf)	mehrfarbig	. . . . bed	2,—	2,20	3,50
1566	30 (Pf)	mehrfarbig	. . . . bee	0,30	0,20	0,30
1567	40 (Pf)	mehrfarbig	. . . . bef	0,30	0,20	0,30
1568	70 (Pf)	mehrfarbig	. . . . beg	0,40	0,20	0,50
			Satzpreis (6 W.)	3,20	3,—	5,—
			FDC 1 (MiNr. 1563, 1564, 1568)			1,—
			FDC 2 (MiNr. 1565–1567)			4,—

Auflagen: MiNr. 1563 und 1564 je 12 000 000, MiNr. 1565 = 1 700 000, MiNr. 1566 und 1567 je 3 500 000, MiNr. 1568 = 4 000 000 Stück

Weitere Ausgaben „Geschützte heimische Pflanzen“: MiNr. 1242 bis 1244, 1456–1461

1970, 5. Mai. 25. Jahrestag der Befreiung vom Faschismus. 🄴 **Stauf (MiNr. 1569) und Gottschall (MiNr. 1570 und 1571); Odr. (5×5); gez. K 13:13½.**

beh) Soldat der Roten Armee hisst Flagge der Sowjetunion auf dem Reichstagsgebäude, Berlin

bei) Titel der Zeitung Neues Deutschland; Kremlturm, Moskau; Portal des Staatsratsgebäudes, Berlin; Staatswappen

bek) Gebäude des Rates für Gegenseitige Wirtschaftshilfe, Moskau; Flaggen der Mitgliedsländer

				★★	⊘	⊙
1569	10 (Pf)	mehrfarbig	.... beh	0,30	0,20	0,30
1570	20 (Pf)	mehrfarbig	.... bei	0,30	0,20	0,30
1571	25 (Pf)	mehrfarbig	.... bek	1,50	0,80	1,40
			Satzpreis (3 W.)	2,—	1,20	2,—
			FDC			2,—

Blockausgabe, 🄴 **Sauer und Stauf, gez. Ks 13½:13.**

bel) Figurengruppe in der Mahn- und Gedenkstätte Buchenwald; von Fritz Cremer (1906–1993) bem

				★★	⊙	FDC*
1572	70 (Pf)	mehrfarbig	.... bel	1,30	3,—	
Block 32	(135×105 mm)		.... bem	2,—	7,—	15,—
				Ⓢ	3,80	

*) kein amtlicher FDC

Block 32 weist rechts in der ersten Zeile der Randbeschriftung immer den Setzfehler „SCWÖREN" („H" fehlt) auf.

Auflagen: MiNr. 1569 = 5 000 000, MiNr. 1570 = 6 000 000, MiNr. 1571 = 1 900 000 Stück, Bl. 32 = 2 000 000 Blocks

1970, 13. Mai. 25 Jahre Deutscher Demokratischer Rundfunk. 🄴 **Gottschall; Odr. (3×5 Zd); gez. K 13½:13.**

ben) Kurzwellenantenne, Abzeichen von Radio Berlin International, Erdkugel

beo) Funkhaus des Deutschen Rundfunks in Berlin, Abzeichen des Berliner Rundfunks, von Radio DDR und des Deutschlandsenders

				★★	⊘	⊙
1573	10 (Pf)	mehrfarbig	.... ben	0,70	0,70	1,—
1574	15 (Pf)	mehrfarbig	.... beo	1,—	1,—	2,—
			Satzpreis (2 W.)	1,70	1,70	3,—
			Paar	4,50	3,—	6,—
			FDC			6,—

MiNr. 1573 und 1574 wurden waagerecht zusammenhängend gedruckt.

MiNr. 1573 sowie der FDC weisen immer den Setzfehler „INTERNATIAONAL" auf.

Auflage: 3 000 000 Sätze

1970, 19. Mai. Welt-Getreide- und Brotkongress, Dresden. 🄴 **Bertholdt; Odr. (3×5 Zd); gez. K 13½:13.**

bep) Ähre, Erdkugel

Zierfeld

ber) Ähre vor Kulturpalast, Dresden

				★★	⊘	⊙
1575	20 (Pf)	mehrfarbig	.... bep	0,90	0,90	2,—
1576	25 (Pf)	mehrfarbig	.... ber	0,90	0,90	2,—
			Satzpreis (2 W.)	1,80	1,80	4,—
			Dreierstreifen	5,—	5,—	9,—
			FDC			7,—

MiNr. 1575 und 1576 wurden, durch Zierfeld verbunden, waagerecht zusammenhängend gedruckt.

Auflage: 4 000 000 Sätze

1970, 9. Juni. 25 Jahre Freier Deutscher Gewerkschaftsbund (FDGB); 25 Jahre Weltgewerkschaftsbund (WGB). 🄴 **Bengs; Odr. (5×10); gez. K 13:12½.**

bes) Fritz-Heckert-Medaille und Abzeichen des FDGB

bet) Abzeichen des WGB

				★★	⊘	⊙
1577	20 (Pf)	mehrfarbig	.... bes	0,30	0,20	0,30
1578	25 (Pf)	mehrfarbig	.... bet	0,70	0,60	1,—
			Satzpreis (2 W.)	0,90	0,70	1,20
			FDC			1,50

Auflagen: MiNr. 1577 = 10 000 000, MiNr. 1578 = 1 700 000 Stück

1970, 23. Juni. 25 Jahre Deutsche Volkspolizei. 🄴 **Zill; Odr. (5×10); gez. K 13:12½.**

beu) Verkehrsüberwachung durch Motorradstreife

bev) Volkspolizistin, Kinder

bew) Funkstreifenwagen Typ Wolga

bex) Transportpolizist mit Funksprechgerät

bey) Tragflächenboot Typ Wolga der Wasserschutzpolizei

				★★	⊘	⊙
1579	5 (Pf)	mehrfarbig	.... beu	0,30	0,20	0,30
1580	10 (Pf)	mehrfarbig	.... bev	0,30	0,20	0,30
1581	15 (Pf)	mehrfarbig	...... bew	0,30	0,20	0,30
1582	20 (Pf)	mehrfarbig	.... bex	0,30	0,20	0,30
1583	25 (Pf)	mehrfarbig	.... bey	3,—	0,30	0,80
			Satzpreis (5 W.)	4,—	0,80	1,80
			FDC 1 (MiNr. 1579, 1583)			1,50
			FDC 2 (MiNr. 1580–1582)			0,70

Auflagen: MiNr. 1579, 1580 und 1582 je 6 000 000, MiNr. 1581 = 4 000 000, MiNr. 1583 = 1 700 000 Stück

1970, 23. Juni. Archäologische Forschung der Humboldt-Universität Berlin. Ⓔ Bertholdt; RaTdr. (5×5); gez. K 14.

bez) Die Götter Amon, Schu und Tefnut

bfa) Kopfbild des Königs Arnekhamani

bfb) Rinderfries (Detail)

bfc) Kopfbild des Prinzen Arka

bfd) Gott Arensnuphis

bfe) Gezähmte Kriegselefanten, Gefangene

bff) Kopfbild des Löwengottes Apedemak

bez–bff) Motive aus dem Löwentempel in Mussawwarat, Sudan

				★★	⊘	⊙
1584	10 (Pf)	mehrfarbig	bez	0,30	0,20	0,30
1585	15 (Pf)	mehrfarbig	bfa	0,30	0,20	0,30
1586	20 (Pf)	mehrfarbig	bfb	0,30	0,20	0,30
1587	25 (Pf)	mehrfarbig	bfc	0,90	0,80	2,—
1588	30 (Pf)	mehrfarbig	bfd	0,30	0,20	0,30
1589	40 (Pf)	mehrfarbig	bfe	0,30	0,20	0,30
1590	50 (Pf)	mehrfarbig	bff	0,30	0,20	0,30
			Satzpreis (7 W.)	2,—	1,60	3,50
			FDC 1 (MiNr. 1584, 1590)			1,—
			FDC 2 (MiNr. 1585, 1587, 1588)			3,—
			FDC 3 (MiNr. 1586, 1589)			1,—

Auflagen: MiNr. 1584 und 1586 je 8 000 000, MiNr. 1585, 1588 und 1589 je 3 500 000, MiNr. 1587 = 1 700 000, MiNr. 1590 = 3 000 000 Stück

1970, 1. Juli. 20. Jahrestag des Görlitzer Abkommens zur Oder-Neiße-Grenze. Ⓔ Gottschall; Odr. (3×10); gez. K 13:12½.

bfg) Staatswappen der DDR und von Polen, Fahnenband

				★★	⊘	⊙
1591	20 (Pf)	mehrfarbig	bfg	0,40	0,20	0,40
			FDC			1,40

Auflage: 4 500 000 Stück

1970, 1. Juli. 25 Jahre Deutscher Kulturbund (DKB). Ⓔ Voigt; RaTdr. (3×5 Zd); gez. K 14.

bfh) Ehrennadel für 20-jährige Mitgliedschaft im DKB
Zierfeld
bfi) Johannes-R.-Becher-Medaille

				★★	⊘	⊙
1592	10 (Pf)	mehrfarbig	bfh	2,20	2,40	5,—
1593	25 (Pf)	mehrfarbig	bfi	2,20	2,40	5,—
			Satzpreis (2 W.)	4,40	4,80	10,—
			Dreierstreifen	11,—	13,—	20,—
			FDC			15,—

MiNr. 1592 und 1593 wurden, durch Zierfeld verbunden, waagerecht zusammenhängend gedruckt; am rechten Rand befinden sich Leerfelder (in Markengröße).

Auflage: 3 500 000 Sätze

1970, 14. Juli. Kinder- und Jugendspartakiade, Berlin. Ⓔ Bengs; RaTdr. (5×10); gez. K 14.

bfk) Turnen am Seitpferd

bfl) Hürdenlauf

				★★	⊘	⊙
1594	10 (Pf)	mehrfarbig	bfk	0,30	0,20	0,30
1595	20 + 5 (Pf)	mehrfarbig	bfl	0,50	0,20	0,30
			Satzpreis (2 W.)	0,70	0,30	0,60
			FDC			0,70

Auflagen: MiNr. 1594 = 8 000 000, MiNr. 1595 = 4 000 000 Stück

1970, 28. Juli. Pioniertreffen, Cottbus. Ⓔ Detlefsen; Odr. (1×10 Zd); gez. K 13:12½.

bfm bfn

bfm–bfn) Junge und Mädchen mit zusammengeknüpften Pionier-Halstüchern

				★★	⊘	⊙
1596	10 + 5 (Pf)	mehrfarbig	bfm	0,30	0,40	0,70
1597	25 + 5 (Pf)	mehrfarbig	bfn	0,30	0,40	0,70
			Satzpreis (2 W.)	0,60	0,80	1,40
			Paar	1,30	3,—	4,50
			FDC			4,50

MiNr. 1596 und 1597 wurden waagerecht zusammenhängend gedruckt.

Auflage: 3 500 000 Sätze

1970, 28. Juli. 25. Jahrestag der Unterzeichnung des Potsdamer Abkommens. Ⓔ Steinwendner; Odr. (2×5 Zd); gez. K 13½:13.

bfo) Innenhof des Schlosses Cecilienhof, Potsdam
bfr) Delegationen der UdSSR, Großbritanniens und der USA während der Konferenz
bfp) Titelseite der Broschüre „Potsdamer Abkommen, Dokumente zur Deutschlandfrage“

				★★	⊘	⊙
1598	10 (Pf)	mehrfarbig	bfo	0,30	0,30	0,50
1599	20 (Pf)	mehrfarbig	bfp	0,30	0,30	0,50
1600	25 (Pf)	dunkelrosarot/schwarz	bfr	0,30	0,30	0,50
			Satzpreis (3 W.)	0,90	0,70	1,20
			Dreierstreifen	2,50	3,50	4,50
			FDC			4,50

MiNr. 1598–1600 wurden waagerecht zusammenhängend gedruckt.

Auflage: 4 000 000 Sätze

Von der Deutschen Post der DDR wurden anlassunabhängige, nur mit Posthorn bedruckte Ersttagsbriefkuverts vertrieben. Sie konnten mit beliebiger Markenzusammenstellung für FDC verwendet werden.

1970, 25. Aug. Leipziger Herbstmesse. Ⓔ **Dorfstecher; RaTdr. (10×5); gez. K 14.**

bfs) Herrenarmbanduhr Kaliber 74, Kleintaschenuhr Kaliber 78

				★★	◍	⊙
1601	10 (Pf)	mehrfarbig .... bfs		0,40	0,20	0,40
			FDC			0,70

Auflage: 10 000 000 Stück

1970, 2. Sept. Unbesiegbares Vietnam (IV): 1. Todestag von Präsident Ho Chi Minh. Ⓔ **Bobbe; Odr. (10×5); gez. K 13:13½.**

bft) Ho Chi Minh (1890–1969), erster Präsident von Nord-Vietnam

				★★	◍	⊙
1602	20 + 5 (Pf)	mehrfarbig ...... bft		0,50	0,20	0,40
			FDC (A)			1,20

Auflage: 5 000 000 Stück

Weitere Ausgaben „Unbesiegbares Vietnam": MiNr. 1220, 1371, 1476, 1699, 1736, 1886, 2463

1970, 2. Sept. Widerstandskämpfer; Internationale Mahn- und Gedenkstätten. Ⓔ **Detlefsen; Odr. (MiNr. 1603 5×10, MiNr. 1604 10×5); MiNr. 1603 gez. K 13:12½, MiNr. 1604 ~.**

bfu) Theodor Neubauer (1890–1945), Magnus Poser (1907–1944)

bfv) Mutter Heimat; Skulptur des sowjet. Ehrenmals, Berlin-Treptow

				★★	◍	⊙
1603	20 (Pf)	mehrfarbig .... bfu		0,30	0,30	0,40
1604	25 (Pf)	mehrfarbig .... bfv		0,30	0,30	0,60
			Satzpreis (2 W.)	0,50	0,50	1,—
			FDC			1,—

Auflagen: MiNr. 1603 = 5 000 000, MiNr. 1604 = 3 500 000 Stück

Weitere Ausgaben „Internationale Mahn- und Gedenkstätten" siehe Übersichtstabelle nach MiNr. 975

1970, 15. Sept. Weltmeisterschaften im Orientierungslauf, Friedrichroda. Ⓔ **Bobbe; Odr. (5×10); gez. K 13:12½.**

bfw) Wettkampfkarte, Sportkompass

bfx) Wettkampfkarte, Läufer in verschiedenen Wettkampfphasen

				★★	◍	⊙
1605	10 (Pf)	mehrfarbig .... bfw		0,30	0,20	0,30
1606	25 (Pf)	mehrfarbig .... bfx		1,40	0,40	0,80
			Satzpreis (2 W.)	1,60	0,60	1,—
			FDC			1,40

Auflagen: MiNr. 1605 = 8 000 000, MiNr. 1606 = 1 700 000 Stück

1970, 22. Sept. Kunstwoche. Ⓔ **Wittkugel und Naumann; MiNr. 1607, 1608, 1611 und 1612 RaTdr., MiNr. 1609 und 1610 Odr. (5×5); gez. K 14.**

bfy) Der 70. Geburtstag des Waldarbeiters Scharf

bfz) Mädchenbildnis

bga) Nie wieder Krieg; Plakat für den mitteldeutschen Jugendtag 1924, Leipzig

bgb) Mutter mit Kind auf dem Arm

bgc) Kopf des Güstrower Ehrenmals

bgd) Der Flötenspieler

bfy–bfz) Gemälde von Otto Nagel (1894–1964), Maler und Grafiker

bga–bgb) Arbeiten von Käthe Kollwitz (1867–1945), Grafikerin und Malerin

bgc–bgd) Plastiken von Ernst Barlach (1870–1938), Bildhauer, Grafiker, Dichter

				★★	◍	⊙
1607	10 (Pf)	mehrfarbig .... bfy		0,30	0,20	0,30
1608	20 (Pf)	mehrfarbig .... bfz		0,30	0,20	0,30
1609	25 (Pf)	mattrosalila/schwarzsiena .... bga		1,—	1,20	2,50
1610	30 (Pf)	mattbräunlichrot/braunschwarz .... bgb		0,30	0,20	0,30
1611	40 (Pf)	dunkelorangegelb/braunschwarz .... bgc		0,30	0,20	0,30
1612	50 (Pf)	dunkelgelbocker/braunschwarz .... bgd		0,30	0,20	0,40
			Satzpreis (6 W.)	2,—	2,—	4,—
			FDC 1 (MiNr. 1607, 1608)			0,50
			FDC 2 (MiNr. 1609, 1610)			3,—
			FDC 3 (MiNr. 1611, 1612)			1,50

Auflagen: MiNr. 1607 und 1608 je = 8 000 000, MiNr. 1609 = 1 700 000, MiNr. 1610 und 1612 je 3 500 000, MiNr. 1611 = 5 000 000 Stück

1970, 1. Okt. Nationale Briefmarkenausstellung der Jugend, Chemnitz (Karl-Marx-Stadt). Ⓔ **Voigt; RaTdr. (5×5); gez. K 14.**

bge) Der kleine Trompeter; Denkmal des Hornisten des Roten Frontkämpferbundes Fritz Weineck (1897–1925) in Halle

bgf) DDR MiNr. 726

				★★	◍	⊙
1613	10 (Pf)	mehrfarbig ..... bge		0,30	0,40	0,70
1614	15 + 5 (Pf)	mehrfarbig ...... bgf		0,30	0,40	0,70
			Satzpreis (2 W.)	0,40	0,70	1,40
			FDC			1,50

Auflagen: MiNr. 1613 = 6 000 000, MiNr. 1614 = 3 500 000 Stück

1970, 1. Okt. Manöver „Waffenbrüderschaft". Ⓔ Bernsdorf und Wende; Odr. (3×10); gez. K 13:12½.

bgg) Emblem des Herbstmanövers der Armeen des Warschauer Paktes auf dem Territorium der DDR

				★★	⊘	⊙
1615	10 (Pf)	mehrfarbig	bgg	0,30	0,30	0,40
1616	20 (Pf)	mehrfarbig	bgg	0,30	0,30	0,50
			Satzpreis (2 W.)	0,50	0,50	0,90
			FDC 1 (MiNr. 1615)			0,50
			FDC 2 (MiNr. 1616)			0,50

Auflagen: MiNr. 1615 = 6 000 000, MiNr. 1616 = 3 500 000 Stück

1970, 6. Okt. Tierpark Berlin. Ⓔ Naumann; RaTdr. (10×5); gez. K 14.

bgh) Moschusochse (Ovibos moschatus)

bgi) Schuhschnabel (Balaeniceps rex)

bgk) Mendesantilope (Addax nasomaculatus)

bgl) Malaienbär (Helarctos malayanus)

				★★	⊘	⊙
1617	10 (Pf)	mehrfarbig	bgh	0,40	0,20	0,40
1618	15 (Pf)	mehrfarbig	bgi	0,40	0,20	0,40
1619	20 (Pf)	mehrfarbig	bgk	0,70	0,40	0,70
1620	25 (Pf)	mehrfarbig	bgl	6,50	6,50	9,—
			Satzpreis (4 W.)	8,—	7,—	10,—
			FDC 1 (MiNr. 1617, 1620)			10,—
			FDC 2 (MiNr. 1618, 1619)			1,—

Auflagen: MiNr. 1617 und 1619 je 12 000 000, MiNr. 1618 = 4 000 000, MiNr. 1620 = 1 700 000 Stück

1970, 20. Okt. 25 Jahre Vereinte Nationen (UNO). Ⓔ Gottschall; RaTdr. (6×5); gez. K 13.

bgm) UNO-Gebäude in New York, Emblem

				★★	⊘	⊙
1621	20 (Pf)	mehrfarbig	bgm	0,80	0,30	0,40
			FDC			0,70

Auflage: 8 000 000 Stück

1970, 24. Nov. 150. Geburtstag von Friedrich Engels. Ⓔ Stauf; komb. StTdr. und RaTdr. (10×5); gez. K 14.

bgn) F. Engels (1820 bis 1895), Publizist, Sozialist

bgo) F. Engels und Karl Marx (1818–1883), Philosoph und Nationalökonom; Losung

bgp) F. Engels, Titel seines Werkes Anti-Dühring

				★★	⊘	⊙
1622	10 (Pf)	mehrfarbig	bgn	0,30	0,20	0,30
1623	20 (Pf)	mehrfarbig	bgo	0,30	0,20	0,30
1624	25 (Pf)	mehrfarbig	bgp	1,50	0,80	1,50
			Satzpreis (3 W.)	2,—	1,10	2,—
			FDC			1,80

Auflagen: MiNr. 1622 = 10 000 000, MiNr. 1623 = 8 000 000, MiNr. 1624 = 2 000 000 Stück

1970, 2. Dez. Kakteen (I). Ⓔ Gottschall; RaTdr. (10×5); gez. K 14.

bgr) Blattkaktus (Epiphyllum hybride)

bgs) Bischofsmütze (Astrophytum myriostigma)

bgt) Echinocereus salm-dyckianus

bgu) Königin der Nacht (Selenicereus grandiflorus)

bgv) Borstiger Hakenstachelkaktus (Hamatocactus setispinus)

bgw) Warzenkaktus (Mamillaria boolii)

				★★	⊘	⊙
1625	5 (Pf)	mehrfarbig	bgr	0,30	0,20	0,30
1626	10 (Pf)	mehrfarbig	bgs	0,30	0,20	0,30
1627	15 (Pf)	mehrfarbig	bgt	0,30	0,20	0,30
1628	20 (Pf)	mehrfarbig	bgu	0,30	0,20	0,30
1629	25 (Pf)	mehrfarbig	bgv	2,—	1,80	3,50
1630	30 (Pf)	mehrfarbig	bgw	0,30	0,20	0,30
			Satzpreis (6 W.)	3,—	2,60	5,—
			FDC 1 (MiNr. 1625, 1627, 1628)			1,—
			FDC 2 (MiNr. 1626, 1629, 1630)			4,—

Auflagen: MiNr. 1625 = 8 000 000, MiNr. 1626 und 1628 je 12 000 000, MiNr. 1627 = 5 000 000, MiNr. 1629 = 1 800 000, MiNr. 1630 = 3 500 000 Stück

Weitere Ausgaben „Kakteen" in gleicher Aufmachung: MiNr. 1922 bis 1927; in anderer Ausführung: MiNr. 2802–2807

1970, 10. Dez. Blockausgabe: 200. Geburtstag von Ludwig van Beethoven. Ⓔ Stauf; StTdr.; gez. Ks 14.

bgy

bgx) L. van Beethoven (1770–1827), Komponist

				★★	⊙	FDC
1631	1 M	schwärzl'blaugrau	bgx	1,—	1,—	
Block 33	(80×55 mm)		bgy	2,—	4,—	4,—
					Ⓢ 3,50	

Auflage: 1 900 000 Blocks

1971

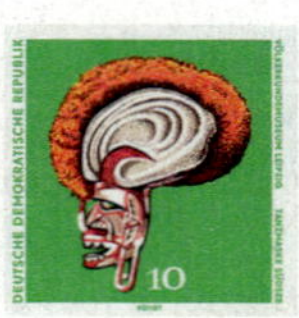

1971, 12. Jan. Museum für Völkerkunde, Leipzig: Ausstellungsstücke. Ⓔ Voigt; RaTdr. (6×5); gez. K 13.

bgz) Tanzmaske aus Neuirland (Bismarck-Archipel, Ozeanien) (19. Jh.)

bha) Frauenkopf (Bronze) aus Nigeria (18. Jh.)

bhb) Teekanne (Kupfer) aus Thailand (19. Jh.)

bhc) Tongefäß aus Mexiko (6.–8. Jh.)

				★★	▨	⊙
1632	10 (Pf)	mehrfarbig	. . . . bgz	0,30	0,20	0,30
1633	20 (Pf)	mehrfarbig	. . . . bha	0,30	0,20	0,30
1634	25 (Pf)	mehrfarbig	. . . . bhb	0,80	0,60	1,30
1635	40 (Pf)	mehrfarbig	. . . . bhc	0,30	0,20	0,30
			Satzpreis (4 W.)	1,50	1,—	2,—
			FDC 1 (MiNr. 1632, 1635)			0,70
			FDC 2 (MiNr. 1633, 1634)			1,70

Auflagen: MiNr. 1632 und 1633 je 12 000 000, MiNr. 1634 = 1 800 000, MiNr. 1635 = 4 000 000 Stück

1971, 11. Febr. 10 Jahre bemannte sowjetische Weltraumflüge. Ⓔ Zill; Odr. (Klb. 2×4); gez. K 13:12½.

bhd) Venussonde Venus 5 (gelandet 16.5.1969)
bhe) Modell einer Orbitalstation
bhf) Mondsonde Luna 16 (gelandet 24.9.1970), Mondsatellit Luna 10
bhg) Kopplung von Sojus 4 an Sojus 5; Staffelflug Sojus 6, 7 und 8; 18-Tage-Flug Sojus 9
bhh) Strahlungs-Messsatellit Proton 1, Wostok-Rakete
bhi) Nachrichtensatellit Molnija 1
bhk) Erstflug von Juri Gagarin (1934–1968) mit Wostok 1 (12.4.1961)
bhl) Ausstieg von Alexej A. Leonow (*1934) aus Woßchod 2

				★★	▨	⊙
1636	20 (Pf)	mehrfarbig	. . . . bhd	0,30	0,50	0,70
1637	20 (Pf)	mehrfarbig	. . . . bhe	0,30	0,50	0,70
1638	20 (Pf)	mehrfarbig	. . . . bhf	0,60	0,80	1,—
1639	20 (Pf)	mehrfarbig	. . . . bhg	0,60	0,80	1,—
1640	20 (Pf)	mehrfarbig	. . . . bhh	0,60	0,80	1,—
1641	20 (Pf)	mehrfarbig	. . . . bhi	0,60	0,80	1,—
1642	20 (Pf)	mehrfarbig	. . . . bhk	0,30	0,50	0,70
1643	20 (Pf)	mehrfarbig	. . . . bhl	0,30	0,50	0,70
			Satzpreis (8 W.)	3,50	5,—	6,50
			Kleinbogen	5,50	6,—	10,—
			FDC*			100,—

*) kein amtlicher FDC

MiNr. 1636–1643 wurden zusammenhängend im Kleinbogen gedruckt.

Auflage: 2 000 000 Sätze

Alle vom 1. 1. 1964 bis 30. 6. 1990 ausgegebenen Postwertzeichen (MiNr. 1004 bis 3343) waren bis 2. 10. 1990 frankaturgültig.

1971, 23. Febr. Berühmte Persönlichkeiten (V). Ⓔ Stauf; StTdr. (10×5); gez. K 14.

bhm) Johannes Robert Becher (1881–1951), Schriftsteller und Dichter

bhn) Heinrich Mann (1871–1950), Schriftsteller

bho) John Heartfield (1891–1968), Grafiker und Bildpublizist

bhp) Willi Bredel (1901–1964), Schriftsteller

bhr) Franz Mehring (1846–1919), Politiker und Schriftsteller

bhs) Johannes Kepler (1571–1630), Astronom und Naturwissenschaftler

				★★	▨	⊙
1644	5 (Pf)	mehrfarbig	. . . . . . bhm	0,30	0,20	0,30
1645	10 (Pf)	mehrfarbig	. . . . bhn	0,30	0,20	0,30
1646	15 (Pf)	mehrfarbig	. . . . bho	0,30	0,20	0,30
1647	20 (Pf)	mehrfarbig	. . . . bhp	0,30	0,20	0,30
1648	25 (Pf)	mehrfarbig	. . . . bhr	0,60	0,50	1,—
1649	50 (Pf)	mehrfarbig	. . . . bhs	0,30	0,20	0,50
			Satzpreis (6 W.)	1,60	1,20	2,80
			FDC 1 (A) (MiNr. 1644, 1645, 1649)			2,—
			FDC 2 (A) (MiNr. 1646–1648)			2,—

Auflagen: MiNr. 1644 = 7 000 000, MiNr. 1645 = 10 000 000, MiNr. 1646 = 5 000 000, MiNr. 1647 = 8 000 000, MiNr. 1648 = 1 800 000, MiNr. 1649 = 3 500 000 Stück

Weitere Ausgaben „Berühmte Persönlichkeiten" in gleicher Aufmachung: MiNr. 1293–1297, 1707, 1731–1735; in anderer Ausführung (Querformat): MiNr. 1386–1390, 1440–1443, 1534 bis 1539

1971, 23. Febr. 100. Geburtstag von Rosa Luxemburg und Karl Liebknecht. Ⓔ Voigt; RaTdr. (5×5 Zd); gez. K 14.

bht) K. Liebknecht (1871–1919), Politiker, Mitbegründer der KPD
bhu) R. Luxemburg (1871–1919), Politikerin, Mitbegründerin der KPD

				★★	▨	⊙
1650	20 (Pf)	mehrfarbig	. . . . bht	0,50	0,50	1,—
1651	25 (Pf)	mehrfarbig	. . . . bhu	0,50	0,50	1,—
			Satzpreis (2 W.)	1,—	1,—	2,—
			Paar	1,30	1,80	2,50
			FDC			3,—

MiNr. 1650 und 1651 wurden waagerecht zusammenhängend gedruckt.

Auflage: 4 000 000 Sätze

1971, 1. März. 15 Jahre Nationale Volksarmee (NVA); Ⓔ Bernsdorf; RaTdr. (5×5); gez. K 14.

bhv) Soldat, Emblem der NVA

				★★	▨	⊙
1652	20 (Pf)	mehrfarbig	. . . . bhv	0,40	0,20	0,40
			FDC (A)			2,—

Auflage: 6 000 000 Stück

1971, 9. März. Leipziger Frühjahrsmesse. ◰ **Detlefsen; Odr. (5×10); gez. K 13:12½.**

bhw) Selbstfahrende Großbrech- und Förderanlage, SKET Magdeburg

bhx) Kältebagger SRs (K) 470, TAKRAF Leipzig

				★★	⊘	⊙
1653	10 (Pf)	mehrfarbig . . . . . . bhw		0,30	0,20	0,30
1654	15 (Pf)	mehrfarbig . . . . bhx		0,30	0,20	0,30
			Satzpreis (2 W.)	0,40	0,30	0,50
			FDC			0,70

Auflagen: MiNr. 1653 = 10 000 000, MiNr. 1654 = 5 000 000 Stück

1971, 9. März. 100 Jahre Pariser Kommune. ◰ **Deutschendorf; RaTdr. (6×5); gez. K 13.**

bhy) Ausrufung der Pariser Kommune auf dem Rathausplatz

bhz) Von Frauen verteidigte Barrikade auf dem Place blanche

bia) L'Internationale; Zeichnung von Th. A. Steinlen (1859–1923) für die Zeitschrift Internationale

bib) Faksimile des Titelblatts „Der Bürgerkrieg in Frankreich" von K. Marx

				★★	⊘	⊙
1655	10 (Pf)	mehrfarbig . . . . bhy		0,40	0,20	0,30
1656	20 (Pf)	mehrfarbig . . . . bhz		0,40	0,20	0,30
1657	25 (Pf)	mehrfarbig . . . . bia		0,60	0,50	1,20
1658	30 (Pf)	mehrfarbig . . . . bib		0,40	0,20	0,30
			Satzpreis (4 W.)	1,80	1,—	2,—
			FDC 1 (MiNr. 1655, 1658)			1,—
			FDC 2 (MiNr. 1656, 1657)			1,50

Auflagen: MiNr. 1655 = 10 000 000, MiNr. 1656 = 8 000 000, MiNr. 1657 = 1 800 000, MiNr. 1658 = 3 500 000 Stück

1971, 30. März. Erstes mobiles Mondlabor „Lunochod 1". ◰ **Detlefsen; RaTdr. (3×10); gez. K 14.**

bic) Lunochod 1 verlässt die Rampe

			★★	⊘	⊙
1659	20 (Pf)	mehrfarbig . . . . bic	0,70	0,40	0,70
		FDC			1,—

Auflage: 10 200 000 Stück

1971, 6. April. 20 Jahre Nationales Olympisches Komitee (NOK). ◰ **Dorfstecher; Odr. (5×5); gez. K 13½:13.**

bid) Der Diskuswerfer von Myron, Abzeichen des NOK, Ausspruch von Pierre de Coubertin

			★★	⊘	⊙
1660	20 (Pf)	mehrfarbig . . . . bid	0,90	0,30	0,50
		FDC			0,70

Auflage: 8 000 000 Stück

1971, 6. April. Bedeutende Bauwerke (IV): Gebäude in Berlin. ◰ **Dorfstecher; RaTdr. (10×5, Querformate 5×10); gez. K 14.**

bie) Marienkirche (erbaut um 1250)

bif) Schloss Köpenick (erb. 1681)

big) Alte Bibliothek (erb. 1774–1780)

bih) Ermelerhaus (erb. im 18. Jh.)

bii) Neue Wache (erb. 1816–1818)

bik) Nationalgalerie (erb. 1866–1872)

				★★	⊘	⊙
1661	10 (Pf)	mehrfarbig . . . . bie		0,30	0,20	0,30
1662	15 (Pf)	mehrfarbig . . . . bif		0,30	0,20	0,30
1663	20 (Pf)	mehrfarbig . . . . big		0,30	0,20	0,30
1664	25 (Pf)	mehrfarbig . . . . bih		3,20	2,80	4,—
1665	50 (Pf)	mehrfarbig . . . . bii		0,30	0,20	0,50
1666	70 (Pf)	mehrfarbig . . . . bik		0,40	0,20	0,50
			Satzpreis (6 W.)	4,50	3,50	5,50
			FDC 1 (MiNr. 1661, 1664, 1666)			4,50
			FDC 2 (MiNr. 1662, 1663, 1665)			1,50

Auflagen: MiNr. 1661 = 12 000 000, MiNr. 1662 = 5 500 000, MiNr. 1663 = 10 000 000, MiNr. 1664 = 1 800 000, MiNr. 1665 und 1666 je 3 500 000 Stück

Weitere Ausgaben „Bedeutende Bauwerke": MiNr. 1245–1250, 1379–1382, 1434–1439

1971, 20. April. 25 Jahre Sozialistische Einheitspartei Deutschlands (SED). ◰ **Detlefsen; komb. Odr. und Prägedr. (5×5); gez. K 13:13½.**

bil) Händedruck, Zahl 25 in lateinischen Ziffern

			★★	⊘	⊙
1667	20 (Pf)	mehrfarbig . . . . bil	0,40	0,20	0,40
		FDC			0,70

Auflage: 8 000 000 Stück

1971, 4. Mai. Sorbische Mädchen-Tanztrachten (I). Bildformat 32,5×41,5 mm (B); ◰ **Leitner und Deutschendorf; Odr. (5×5); gez. K 13½.**

bim) Schleifer Tracht

bin) Hoyerswerdaer Tracht

bio) Niedersorbische Tracht aus Cottbus

bip) Tracht der katholischen Sorben aus Kamenz

			★★	⊘	⊙
1668	10 (Pf)	mehrfarbig . . . . bim	0,30	0,20	0,30
1669	20 (Pf)	mehrfarbig . . . . bin	0,30	0,20	0,30

				**	⊘	⊙
1670	25 (Pf)	mehrfarbig	bio	0,70	1,—	1,50
1671	40 (Pf)	mehrfarbig	bip	0,30	0,30	0,40
		Satzpreis (4 W.)		1,30	1,70	2,50
		FDC 1 (MiNr. 1668, 1670)				2,—
		FDC 2 (MiNr. 1669, 1671)				1,—

Auflagen: MiNr. 1668 = 11 000 000, MiNr. 1669 = 8 000 000, MiNr. 1670 = 1 800 000, MiNr. 1671 = 3 500 000 Stück

In gleicher Zeichnung wie MiNr. 1668 und 1669, jedoch kleinerem Format: MiNr. 1723–1724

1971, 18. Mai. 500. Geburtstag von Albrecht Dürer. Ⓔ Naumann; Odr. (10×5); gez. K 12½:13.

bir) Selbstbildnis als Akt; Pinselzeichnung (Detail)

bis) Drei Bauern im Gespräch; Kupferstich

bit) Bildnis des Philipp Melanchthon; Kupferstich

bir–bit) Werke von A. Dürer (1471–1528), Maler, Grafiker; aus den Staatlichen Kunstsammlungen Dresden

				**	⊘	⊙
1672	10 (Pf)	mehrfarbig	bir	0,30	0,20	0,30
1673	40 (Pf)	mehrfarbig	bis	0,30	0,20	0,30
1674	70 (Pf)	mehrfarbig	bit	2,—	1,—	1,80
		Satzpreis (3 W.)		2,50	1,20	2,40
		FDC				3,50

Auflagen: MiNr. 1672 = 16 500 000, MiNr. 1673 = 8 000 000, MiNr. 1674 = 1 800 000 Stück

1971, 9. Juni. Parteitag der Sozialistischen Einheitspartei Deutschlands (SED) (I). Ⓔ Grünewald; RaTdr. (10×5); gez. K 14.

biu) Bauarbeiter, Wohnhäuser

biv) Mann, technische Anlagen

biw) Frau, landwirtschaftliche Anlagen

bix) Soldat, Raketen

biu–bix) Auf allen Marken außerdem Emblem des Parteitages

				**	⊘	⊙
1675	5 (Pf)	mehrfarbig	biu	0,30	0,20	0,30
1676	10 (Pf)	mehrfarbig	biv	0,30	0,20	0,30
1677	20 (Pf)	mehrfarbig	biw	0,30	0,20	0,30
1678	25 (Pf)	mehrfarbig	bix	0,40	0,30	0,70
		Satzpreis (4 W.)		0,90	0,80	1,50
		FDC				1,70

Auflagen: MiNr. 1675 = 7 000 000, MiNr. 1676 = 9 000 000, MiNr. 1677 = 8 000 000, MiNr. 1678 = 2 200 000 Stück

1971, 9. Juni. Parteitag der Sozialistischen Einheitspartei Deutschlands (SED) (II). Ⓔ Gottschall; RaTdr. (10×5); gez. K 14.

biy) Emblem des Parteitages

				**	⊘	⊙
1679	20 (Pf)	mehrfarbig	biy	0,40	0,20	0,40
		FDC				1,50

Auflage: 8 000 000 Stück

1971, 22. Juni. 20 Jahre Internationale Föderation der Widerstandskämpfer (FIR). Ⓔ Dorfstecher; Odr. (2×5 Zd); gez. K 13½.

biz) Missbraucht und geschunden, wozu? Zierfeld bka) Jedem das Seine

biz–bka) Lithografien aus dem Buchenwald-Zyklus von Fritz Cremer (1906 bis 1993)

				**	⊘	⊙
1680	20 (Pf)	mattockerbraun/ blauschwarz	biz	0,60	0,70	1,20
1681	25 (Pf)	hellpreußischblau// blauschwarz	bka	0,60	0,70	1,20
		Satzpreis (2 W.)		1,20	1,40	2,40
		Dreierstreifen		1,80	2,50	4,—
		FDC				3,50

MiNr. 1680 und 1681 wurden, durch Zierfeld verbunden, waagerecht zusammenhängend gedruckt.

Auflage: 4 000 000 Sätze

1971, 22. Juni. Grünes Gewölbe, Dresden: Kunstwerke. Ⓔ Voigt; RaTdr. (6×5); gez. K 13.

bkb) Kirschkern mit 180 Köpfen (um 1590)

bkc) Goldenes Vlies (um 1730)

bkd) Prunkkanne aus Nürnberg (um 1530)

bke) Mohr als Kesselpauker (um 1720)

bkf) Schreibzeugkästchen (1562)

bkg) Anhänger St. Georg (um 1570)

				**	⊘	⊙
1682	5 (Pf)	mehrfarbig	bkb	0,30	0,30	0,40
1683	10 (Pf)	mehrfarbig	bkc	0,30	0,30	0,40
1684	15 (Pf)	mehrfarbig	bkd	0,30	0,30	0,40
1685	20 (Pf)	mehrfarbig	bke	0,30	0,30	0,40
1686	25 (Pf)	mehrfarbig	bkf	0,70	0,70	1,60
1687	30 (Pf)	mehrfarbig	bkg	0,30	0,30	0,40
		Satzpreis (6 W.)		1,70	1,70	3,—
		FDC 1 (MiNr. 1682, 1687)				0,70
		FDC 2 (MiNr. 1683, 1685)				0,50
		FDC 3 (MiNr. 1684, 1686)				2,50

Auflagen: MiNr. 1682 = 12 600 000, MiNr. 1683 = 14 700 000, MiNr. 1684 = 10 800 000, MiNr. 1685 = 9 300 000, MiNr. 1686 = 1 800 000, MiNr. 1687 = 4 500 000 Stück

1971, 6. Juli. 50. Jahrestag der mongolischen Volksrevolution. Ⓔ Gottschall; Odr. (10×5); gez. K 13:13½.

bkh) Staatswappen der Mongolei

				**	⊘	⊙
1688	20 (Pf)	mehrfarbig	bkh	0,40	0,30	0,40
		FDC				0,70

Auflage: 8 000 000 Stück

1971, 8. Juli. Freimarke: Staatsratsvorsitzender Walter Ulbricht. Kleinformat (VI). Ⓔ und Bdr. DWD (10×10); Wz. 3 X; gez. K 14.

yh) W. Ulbricht (1893–1973), erster Vorsitzender des Staatsrates der DDR

			★★	⊘	⊙
1689	35 (Pf)	(dunkel)grünblau (Töne) . . . . yh	0,40	0,40	0,70
		FDC (A)			40,—

Die ⊘-Bewertung gilt für Stücke mit (Bogen-)Entwertung für philatelistische Zwecke im Zeitraum 1971–1973. Vgl. Hinweis bei MiNr. 845–748.

Auflage: 104 500 000 Stück

Weitere Ausgaben siehe Zusammenfassung nach Jahreszusammenstellungen

1971, 13. Juli. 25 Jahre Kinderhilfsfonds der Vereinten Nationen (UNICEF). Ⓔ Gottschall; RaTdr. (6×5); gez. K 13.

bki) Kindergesicht, Emblem der UNICEF

			★★	⊘	⊙
1690	20 (Pf)	mehrfarbig . . . . bki	0,50	0,30	0,40
		FDC			0,70

Auflage: 13 200 000 Stück

1971, 12. Aug. 10 Jahre Berliner Mauer. Ⓔ Bernsdorf; RaTdr. (10×5); gez. K 14.

bkk) Soldat der NVA, Angehöriger der Kampfgruppen, Brandenburger Tor

bkl) Brandenburger Tor, Neubauten

			★★	⊘	⊙
1691	20 (Pf)	mehrfarbig . . . . bkk	0,80	0,30	0,50
1692	35 (Pf)	mehrfarbig . . . . bkl	2,—	1,20	2,—
		Satzpreis (2 W.)	2,80	1,50	2,50
		FDC			6,—

Auflagen: MiNr. 1691 = 6 000 000, MiNr. 1692 = 4 000 000 Stück

1971, 24. Aug. Schiffbau. Ⓔ Bertholdt; StTdr. (3×10); gez. K 14.

bkm) Fahrgastschiff „Iwan Franko“ (19 861 BRT)

bkn) Frachtmotorschiff „Vladimir Ilyich“, Typ 17 (9323 BRT)

bko) Frachtmotorschiff „Rostock“, Typ XD (8501 BRT)

bkp) Transport- und Verarbeitungsschiff „Junge Welt“ (10 193 BRT)

bkr) Teilcontainer-Frachtmotorschiff Typ 451

bks) Expeditionsschiff „Akademik Kurtschatow“ (5460 BRT)

			★★	⊘	⊙
1693	10 (Pf)	dkl'violettbraun . . . bkm	0,30	0,20	0,30
1694	15 (Pf)	graubraun/schwarzultramarin . . . . bkn	0,30	0,20	0,30
1695	20 (Pf)	dunkelgraugrün . . . bko	0,30	0,20	0,30
1696	25 (Pf)	dkl'grünlichblau . . . bkp	1,30	1,20	2,20
1697	40 (Pf)	schwärzlichbräunlichrot . . . . . . bkr	0,30	0,20	0,30
1698	50 (Pf)	schwärzlichultramarin . . . . bks	0,30	0,20	0,30
		Satzpreis (6 W.)	2,40	2,—	3,50
		FDC 1 (MiNr. 1693, 1695, 1698)			1,50
		FDC 2 (MiNr. 1694, 1696, 1697)			3,—

Auflagen: MiNr. 1693 = 11 000 000, MiNr. 1694 = 5 500 000, MiNr. 1695 = 11 500 000, MiNr. 1696 = 1 800 000, MiNr. 1697 = 4 000 000, MiNr. 1698 = 3 000 000 Stück

1971, 2. Sept. Unbesiegbares Vietnam (V). Ⓔ Rieß; komb. StTdr. und RaTdr. (10×5); gez. K 14.

bkt) Bewaffnete Vietnamesin mit Kind, Reisbauer vor aufgehender Sonne

			★★	⊘	⊙
1699	10 + 5 (Pf)	mehrfarbig . . . . . . bkt	0,40	0,20	0,40
		FDC			0,70

Auflage: 7 000 000 Stück

Weitere Ausgaben „Unbesiegbares Vietnam“: MiNr. 1220, 1371, 1476, 1602, 1736, 1886, 2463

1971, 2. Sept. Leipziger Herbstmesse. Ⓔ Rieß; Odr. (10×5); gez. K 13½:13.

bku) Butadien-Gewinnungsanlage des VEB Maschinen- und Apparatebau Grimma (MAG)

bkv) Reformierungsanlage SKL

			★★	⊘	⊙
1700	10 (Pf)	mehrfarbig . . . . bku	0,30	0,30	0,40
1701	25 (Pf)	mehrfarbig . . . . bkv	0,30	0,30	0,50
		Satzpreis (2 W.)	0,50	0,40	0,80
		FDC			1,—

Auflagen: MiNr. 1700 = 10 000 000, MiNr. 1701 = 5 500 000 Stück

1971, 23. Sept. Internationales Jahr gegen Rassismus. Ⓔ Rieß; RaTdr. (6×5); gez. K 13.

bkw) Gestreckte Arme; Fotomontage von John Heartfield (1891–1968), Grafiker und Bildpublizist; Emblem

			★★	⊘	⊙
1702	35 (Pf)	mehrfarbig . . . . . bkw	0,40	0,20	0,40
		FDC (A)			0,70

Auflage: 7 000 000 Stück

Am 1.7.1971 trat der vom XVI. Weltpostkongress beschlossene Weltpostvertrag für den gesamten grenzüberschreitenden Postverkehr der DDR in Kraft. Ab diesem Zeitpunkt galten auch für den Postverkehr nach der Bundesrepublik Deutschland und Berlin (West) die Gebühren des Auslandsverkehrs.

1971, 5. Okt. Tag der Philatelisten. Ⓔ **Rieß; komb. StTdr. und RaTdr. (5×10); gez. K 14.**

bkx) Postaustausch auf einem Flugplatz

bky) Postmeilensäulen (18. Jh.), Messwagen von Zürner

				✱✱	▨	⊙
1703	10 + 5 (Pf)	mehrfarbig	..... bkx	0,30	0,20	0,30
1704	25 (Pf)	mehrfarbig	..... bky	0,50	0,50	1,—
			Satzpreis (2 W.)	0,80	0,60	1,30
			FDC			1,50

Auflagen: MiNr. 1703 = 4 500 000, MiNr. 1704 = 1 800 000 Stück

1971, 5. Okt. Internationale Mahn- und Gedenkstätten. Ⓔ **Detlefsen; RaTdr. (5×5); gez. K 14.**

bkz) Mahnmal Wiltz, Luxemburg

				✱✱	▨	⊙
1705	25 (Pf)	mehrfarbig	.... bkz	0,30	0,20	0,40
			FDC			0,70

Auflage: 4 000 000 Stück

Weitere Ausgaben „Internationale Mahn- und Gedenkstätten" siehe Übersichtstabelle nach MiNr. 975

1971, 5. Okt. Einweihung des Karl-Marx-Monuments, Chemnitz (Karl-Marx-Stadt). Ⓔ **Gottschall; RaTdr. (5×5); gez. K 14.**

bla) Karl-Marx-Monument von Lew Kerbel (1917–2003), sowjetischer Bildhauer

				✱✱	▨	⊙
1706	35 (Pf)	mehrfarbig	.... bla	0,50	0,20	0,40
			FDC			0,70

Auflage: 6 000 000 Stück

1971, 13. Okt. Berühmte Persönlichkeiten (VI). Ⓔ **Stauf; StTdr. (10×5); gez. K 14.**

blb) Prof. Rudolf Virchow (1821–1902), Pathologe, Medizinhistoriker, Politiker

				✱✱	▨	⊙
1707	40 (Pf)	dkl'braunlila	...... blb	0,50	0,20	0,40
			FDC (A)			1,50

Auflage: 5 500 000 Stück

Weitere Ausgaben „Berühmte Persönlichkeiten" in gleicher Aufmachung: MiNr. 1293–1297, 1644–1649, 1731–1735; in anderer Ausführung (Querformat): MiNr. 1386–1390, 1440–1443, 1534–1539

1971, 26. Okt. Musikinstrumenten-Museum, Markneukirchen: Musikinstrumente der Völker. Ⓔ **Dorfstecher; RaTdr. (5×5); gez. K 14.**

blc) Darbuka (Handpauke), Nordafrika

bld) Mongolische Morin chur (Pferdegeige)

ble) Violine von Johann Adam Lorenz, Markneukirchen

blf) Mandolone (Bassmandoline), Italien

blg) Dudelsack, Böhmen

blh) Kasso (Harfen-Lauteninstrument), Sudan

				✱✱	▨	⊙
1708	10 (Pf)	mehrfarbig	.... blc	0,30	0,20	0,30
1709	15 (Pf)	mehrfarbig	.... bld	0,30	0,20	0,30
1710	20 (Pf)	mehrfarbig	.... ble	0,30	0,20	0,30
1711	25 (Pf)	mehrfarbig	.... blf	0,30	0,20	0,30
1712	40 (Pf)	mehrfarbig	.... blg	0,30	0,20	0,30
1713	50 (Pf)	mehrfarbig	.... blh	1,10	1,—	2,—
			Satzpreis (6 W.)	2,—	1,80	3,50
			FDC 1 (MiNr. 1708, 1710, 1713)			3,—
			FDC 2 (MiNr. 1709, 1711, 1712)			1,20

Auflagen: MiNr. 1708 = 16 000 000, MiNr. 1709 = 7 000 000, MiNr. 1710 = 12 000 000, MiNr. 1711 = 5 000 000, MiNr. 1712 = 4 000 000, MiNr. 1713 = 2 000 000 Stück

1971, 9. Nov. 125 Jahre Carl Zeiss JENA. Ⓔ **Uttikal; RaTdr. (2×5 Zd); gez. K 14.**

bli) Geodätisches Gerät „Dahlta 010 A" aus der Theodolit-Typenreihe GEOmat

bll) Raumflugplanetarium

blk) Mikroskop „ERGAVAL" aus der „MIKROVAL"-Reihe

bli–bll) Auf allen Marken außerdem das Firmenzeichen von Carl Zeiss JENA

				✱✱	▨	⊙
1714	10 (Pf)	mehrfarbig	.... bli	0,50	0,50	1,—
1715	20 (Pf)	mehrfarbig	.... blk	0,50	0,50	1,—
1716	25 (Pf)	mehrfarbig	.... bll	0,50	0,50	1,—
			Satzpreis (3 W.)	1,50	1,50	3,—
			Dreierstreifen	4,20	4,20	6,—
			FDC			5,—

MiNr. 1714–1716 wurden waagerecht zusammenhängend gedruckt.

Auflage: 4 000 000 Sätze

Satzpreise sind, wenn nicht anders angegeben, nach den niedrigsten Preisen eines Satzes ohne Unterarten errechnet.

1971, 23. Nov. Märchen (VI): Die Bremer Stadtmusikanten. 🄴 **Bläser und Bläser; Odr. (Klb. 2×3); gez. K 13½: 13.**

blm
bln
blo
blp
blr
bls

blm–bls) Szenen aus dem Märchen der Brüder Grimm

				★★	◍	⊙
1717	5 (Pf)	mehrfarbig	. . . . blm	0,30	0,20	0,50
1718	10 (Pf)	mehrfarbig	. . . . bln	0,30	0,20	0,50
1719	15 (Pf)	mehrfarbig	. . . . blo	0,70	1,—	1,50
1720	20 (Pf)	mehrfarbig	. . . . blp	0,70	1,—	1,50
1721	25 (Pf)	mehrfarbig	. . . . blr	0,30	0,20	0,50
1722	30 (Pf)	mehrfarbig	. . . . bls	0,30	0,20	0,50
			Satzpreis (6 W.)	2,50	2,80	5,—
			Kleinbogen	4,50	12,—	20,—
			FDC*			25,—

*) kein amtlicher FDC

MiNr. 1717–1722 wurden zusammenhängend im Kleinbogen gedruckt.

Auflage: 2 000 000 Sätze

Weitere Kleinbogen „Märchen“ siehe Übersichtstabelle nach MiNr. 1241

1971, 23. Nov. Sorbische Mädchen-Tanztrachten (II). Bildformat 23×28 mm (MH). 🄴 **Leitner und Deutschendorf; Odr.; gez. K 13½:13.**

bim I bin I

				★★	⊙
1723	10 (Pf)	mehrfarbig	. . . . bim I	0,30	0,30
1724	20 (Pf)	mehrfarbig	. . . . bin I	0,70	0,50
			Satzpreis (2 W.)	1,—	0,60

FDC siehe bei MH 5

MiNr. 1723–1724 stammen aus MH 5

Katalogisierung der Zusammendrucke siehe bei MH 5

Auflagen: MiNr. 1723 = 60 000 000, MiNr. 1724 = 20 000 000 Stück

In gleicher Zeichnung, jedoch größerem Format: MiNr. 1668 bis 1669

Abkürzungen der Druckverfahren:

Bdr.	=	Buchdruck
Hfdr.	=	Heißfoliendruck
Odr.	=	Offsetdruck
Pdr.	=	Prägedruck
RaTdr.	=	Rastertiefdruck
Stdr.	=	Steindruck
StTdr.	=	Stichtiefdruck

1971, 7. Dez. Olympische Winterspiele 1972, Sapporo. 🄴 **Gottschall; RaTdr. (5×5); gez. K 14.**

blt) Rennrodeln (Doppelsitzer)

blu) Eiskunstlaufen (Paare)

blv) Eisschnelllauf

blw) Skilanglauf

blx) Biathlon

bly) Skispringen

				★★	◍	⊙
1725	5 (Pf)	mehrfarbig	. . . . . . blt	0,30	0,20	0,30
1726	10 + 5 (Pf)	mehrfarbig	. . . . . . blu	0,30	0,20	0,30
1727	15 + 5 (Pf)	mehrfarbig	. . . . . . blv	0,30	0,20	0,30
1728	20 (Pf)	mehrfarbig	. . . . . . blw	0,30	0,20	0,30
1729	25 (Pf)	mehrfarbig	. . . . . . blx	1,70	1,40	2,50
1730	70 (Pf)	mehrfarbig	. . . . . . bly	0,30	0,20	0,50
			Satzpreis (6 W.)	2,80	2,—	4,—
			FDC 1 (MiNr. 1725, 1728, 1730)			1,50
			FDC 2 (MiNr. 1726, 1727, 1729)			6,—

Auflagen: MiNr. 1725 = 7 000 000, MiNr. 1726 = 5 000 000, MiNr. 1727 und 1730 je 3 500 000, MiNr. 1728 = 10 000 000, MiNr. 1729 = 1 800 000 Stück

1972

1972, 25. Jan. Berühmte Persönlichkeiten. (VII). 🄴 **Stauf; StTdr. (10×5); gez. K 14.**

blz) Johannes Tralow (1882–1968), Schriftsteller und Regisseur

bma) Leonhard Frank (1882–1961), Schriftsteller

bmb) Korla A. Kocor (1822–1904), sorbischer Komponist

bmc) Heinrich Schliemann (1822–1890), Kaufmann und Altertumsforscher

bmd) Friederike Caroline Neuber (1697–1760) Schauspielerin und Theaterleiterin

				★★	◍	⊙
1731	10 (Pf)	dunkelgraugrün . . . . blz		0,30	0,30	0,40
1732	20 (Pf)	dunkelbräunlichlila	bma	0,30	0,30	0,40
1733	25 (Pf)	dkl'vio'ultramarin	. bmb	0,30	0,30	0,40
1734	35 (Pf)	schwärzlich-orangebraun	bmc	0,30	0,30	0,40
1735	50 (Pf)	dkl'grauviolett	bmd	1,—	1,50	2,50
			Satzpreis (5 W.)	1,80	2,—	3,50
			FDC 1 (A) (MiNr. 1731, 1733, 1734)			1,50
			FDC 2 (A) (MiNr. 1732, 1735)			3,—

Auflagen: MiNr. 1731 = 8 000 000, MiNr. 1732 = 6 000 000, MiNr. 1733 = 4 000 000, MiNr. 1734 = 5 000 000, MiNr. 1735 = 1 900 000 Stück

Weitere Ausgaben „Berühmte Persönlichkeiten“ in gleicher Aufmachung: MiNr. 1293–1297, 1644–1649, 1707; in anderer Ausführung (Querformat): MiNr. 1386–1390, 1440–1443, 1534–1539

1972, 22. Febr. Unbesiegbares Vietnam (VI). ⓔ **Rieß; Odr. (10×5); gez. K 13½:13.**

bme) Vietnamesin, Bauern bei der Feldbestellung

			★★	▨	⊙
1736	10 + 5 (Pf) mehrfarbig . . . . . bme		0,40	0,20	0,40
	FDC				0,70

Auflage: 5 000 000 Stück

Weitere Ausgaben „Unbesiegbares Vietnam": MiNr. 1220, 1371, 1476, 1602, 1699, 1886, 2463

1972, 22. Febr. Minerale aus den Sammlungen der Bergakademie Freiberg (II). ⓔ **Grünewald; RaTdr. (6×5); gez. K 13.**

bmf) Gips aus der Mansfelder Mulde bei Eisleben

bmg) Rauchquarz auf Zinnwaldit, Zinnwald (Erzgebirge)

bmh) Malachit mit Limonit, Ullersreuth (Vogtland)

bmi) Amethyst, Wiesenbad (Erzgebirge)

bmk) Halit, blau, mit Sylvin aus Merkers (Rhön)

bml) Proustit, Schneeberg (Erzgebirge)

				★★	▨	⊙
1737	5 (Pf)	mehrfarbig . . . . bmf		0,30	0,20	0,30
1738	10 (Pf)	mehrfarbig . . . . . . bmg		0,30	0,20	0,30
1739	20 (Pf)	mehrfarbig . . . . bmh		0,30	0,20	0,30
1740	25 (Pf)	mehrfarbig . . . . bmi		0,30	0,20	0,30
1741	35 (Pf)	mehrfarbig . . . . bmk		0,30	0,20	0,30
1742	50 (Pf)	mehrfarbig . . . . bml		1,20	1,30	2,—
		Satzpreis (6 W.)		2,50	2,—	3,50
		FDC 1 (MiNr. 1737, 1739, 1742)				2,50
		FDC 2 (MiNr. 1738, 1740, 1741)				1,50

Auflagen: MiNr. 1737 und 1741 je 6 000 000, MiNr. 1738 und 1739 je 10 200 000, MiNr. 1740 = 5 100 000, MiNr. 1742 = 1 920 000 Stück

Weitere Ausgaben „Minerale aus den Sammlungen der Bergakademie Freiberg": MiNr. 1468–1473, 2006–2011

1972, 7. März. Leipziger Frühjahrsmesse: 50 Jahre Teilnahme der UdSSR. ⓔ **Stauf; RaTdr. (5×10); gez. K 14.**

bmm) Ausstellungspavillon der UdSSR, Messezeichen

bmn) Staatsflaggen der DDR und der UdSSR, Messezeichen

				★★	▨	⊙
1743	10 (Pf)	mehrfarbig . . . . . . bmm		0,30	0,20	0,30
1744	25 (Pf)	mehrfarbig . . . . . . bmn		0,30	0,30	0,50
		Satzpreis (2 W.)		0,50	0,40	0,80
		FDC				0,80

Auflagen: MiNr. 1743 = 8 000 000, MiNr. 1744 = 5 000 000 Stück

Alle vom 1.1.1964 bis 30.6.1990 ausgegebenen Postwertzeichen (MiNr. 1004 bis 3343) waren bis 2.10.1990 gültig.

1972, 23. März. Blockausgaben: 100 Jahre Meteorologen-Versammlungen. ⓔ **Gottschall; Odr.; gez. Ks 13:12½.**

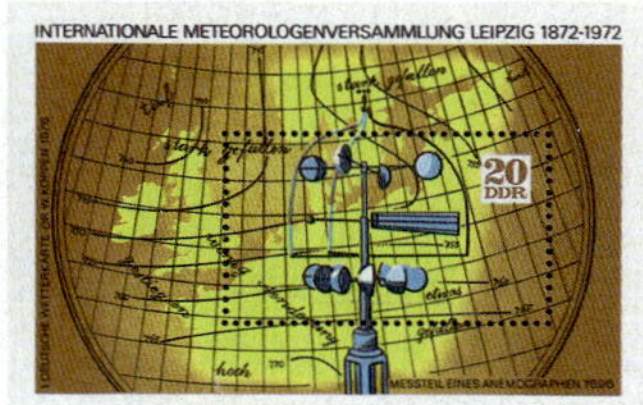

bmp

bmo) Messteil eines Anemographen (Windmesser) von 1896, erste deutsche Wetterkarte von W. Köppen aus dem Jahre 1876

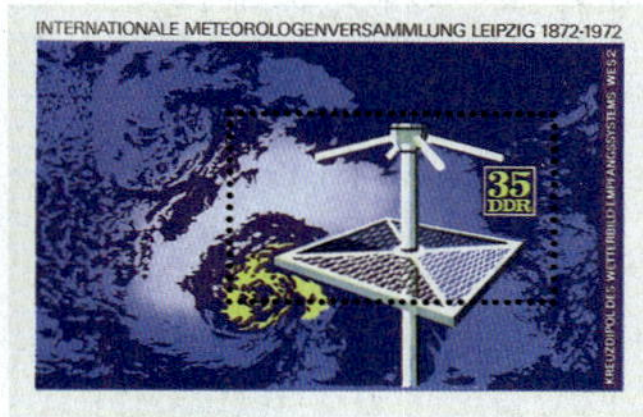

bms

bmr) Kreuzdipol des Wetterbild-Empfangssystems WES 2, Wolkenaufnahmen durch einen Satelliten

bmu

bmt) Wettersatellit Meteor, neuzeitliche Wetterkarte

			★★	Ⓢ	⊙
1745	20 (Pf)	mehrfarbig . . . . . . bmo	0,80	0,90	1,50
Block 34	(85×57 mm)	. . . . .bmp	0,90	1,10	2,50
		FDC			3,50
1746	35 (Pf)	mehrfarbig . . . . bmr	0,80	0,90	1,50
Block 35	(85×57 mm)	. . . . .bms	0,90	1,20	2,50
		FDC			3,50
1747	70 (Pf)	mehrfarbig . . . . bmt	0,70	0,90	1,50
Block 36	(85×57 mm)	. . . . .bmu	0,90	1,10	2,50
		FDC			3,50
		Satzpreis (3 Blocks)	2,60	3,40	7,50

Auflagen: je 2 500 000 Blocks

1972, 4. April. Welt-Gesundheitstag; Welt-Herzmonat. ⓔ **Dorfstecher; RaTdr. (6×5); gez. K 13.**

bmv) Emblem der Weltgesundheitsorganisation (WHO)

				★★	▨	⊙
1748	35 (Pf)	mehrfarbig . . . . . . bmv		0,40	0,20	0,40
		FDC				0,70

Auflage: 5 100 000 Stück

1972, 25. April. Flugzeuge (II). ⓔ **Bormann; RaTdr. (5×10); gez. K 14.**

bmw) Universalhubschrauber Kamow Ka 26

bmx) Landwirtschaftsflugzeug Z 37 bmy) Reiseverkehrsmaschine Iljuschin IL 62 bmz) Düsenflugzeug, Leitwerk

				★★	⊘	⊙
1749	5 (Pf)	mehrfarbig	...... bmw	0,30	0,30	0,50
1750	10 (Pf)	mehrfarbig	...... bmx	0,30	0,30	0,50
1751	35 (Pf)	mehrfarbig	...... bmy	0,30	0,30	0,50
1752	1 M	mehrfarbig	...... bmz	1,70	2,—	3,50
			Satzpreis (4 W.)	2,40	2,50	5,—
			FDC 1 (MiNr. 1749, 1752)			4,—
			FDC 2 (MiNr. 1750, 1751)			1,—

Auflagen: MiNr. 1749 und 1751 je 5 000 000, MiNr. 1750 = 18 000 000, MiNr. 1752 = 1 900 000 Stück

Weitere Werte: MiNr. 1524–1527

1972, 16. Mai. Olympische Sommerspiele, München. ⓔ **Gottschall; RaTdr. (5×5); gez. K 14.**

bna) Ringen

bnb) Turmspringen

bnc) Stabhochspringen

bnd) Rudern

bne) Handball

bnf) Turnen

				★★	⊘	⊙
1753	5 (Pf)	mehrfarbig	..... bna	0,30	0,20	0,30
1754	10 + 5 (Pf)	mehrfarbig	..... bnb	0,30	0,20	0,30
1755	20 (Pf)	mehrfarbig	..... bnc	0,30	0,20	0,30
1756	25 + 10 (Pf)	mehrfarbig	.... bnd	0,30	0,20	0,40
1757	35 (Pf)	mehrfarbig	..... bne	0,30	0,20	0,50
1758	70 (Pf)	mehrfarbig	..... bnf	3,40	2,20	3,—
			Satzpreis (6 W.)	4,50	3,—	4,50
			FDC 1 (MiNr. 1753, 1754, 1758)			3,80
			FDC 2 (MiNr. 1755–1757)			1,20

Auflagen: MiNr. 1753 = 8 000 000, MiNr. 1754 = 5 000 000, MiNr. 1755 = 13 000 000, MiNr. 1756 = 3 500 000, MiNr. 1757 = 7 000 000, MiNr. 1758 = 1 900 000 Stück

1972, 24. Mai. 25 Jahre Gesellschaft für Deutsch-Sowjetische Freundschaft (DSF). ⓔ **Rieß; komb. StTdr. und RaTdr. (5×5); gez. K 14.**

bng) Staatsflaggen der UdSSR und der DDR

bnh) Leonid Breschnew (1906–1982) und Erich Honecker (1912–1994); Staatsflaggen

				★★	⊘	⊙
1759	10 (Pf)	mehrfarbig	.... bng	1,30	1,—	1,30
1760	20 (Pf)	mehrfarbig	.... bnh	1,30	1,—	1,70
			Satzpreis (2 W.)	2,50	2,—	3,—
			FDC			3,—

Auflagen: MiNr. 1759 = 6 000 000, MiNr. 1760 = 5 000 000 Stück

1972, 24. Mai. Kongress des Freien Deutschen Gewerkschaftsbundes (FDGB), Berlin. ⓔ **Heise; Odr. (3×5 Zd); gez. K 13½:13.**

bni) Arbeiterin und Arbeiter am Schaltpult, Stahlwerk Silbitz

Zierfeld

bnk) Lesende Arbeiterin und Arbeiter, Kulturpalast, Dresden

				★★	⊘	⊙
1761	10 (Pf)	mehrfarbig	.... bni	0,40	0,20	0,50
1762	35 (Pf)	lebhaftocker/ ultramarin	.... bnk	0,40	0,20	0,50
			Satzpreis (2 W.)	0,80	0,40	1,—
			Dreierstreifen	1,50	1,30	2,—
			FDC			2,—

Auflage: 4 000 000 Sätze

1972, 13. Juni. Internationale Rosenausstellung, Erfurt (I). Bildformat 36×36 mm (B); ⓔ **Gottschall; RaTdr. (6×5); gez. K 13.**

bnl) Karneol-Rose (Teehybride) bnm) Bergers Rose Iga Erfurt (Polyantharose) bnn) Charme (Polyantharose)

bno) Izetka Spreeathen (Teehybride) bnp) Izetka Köpenicker Sommer (Floribundarose) bnr) Professor Knöll (Teehybride)

				★★	⊘	⊙
1763	5 (Pf)	mehrfarbig	.... bnl	0,30	0,20	0,30
1764	10 (Pf)	mehrfarbig	...... bnm	0,30	0,20	0,30
1765	15 (Pf)	mehrfarbig	.... bnn	1,70	1,70	3,50
1766	20 (Pf)	mehrfarbig	.... bno	0,30	0,20	0,30
1767	25 (Pf)	mehrfarbig	.... bnp	0,30	0,20	0,30
1768	35 (Pf)	mehrfarbig	.... bnr	0,30	0,20	0,30
			Satzpreis (6 W.)	2,80	2,50	5,—
			FDC 1 (MiNr. 1763, 1768)			0,70
			FDC 2 (MiNr. 1764, 1766)			0,70
			FDC 3 (MiNr. 1765, 1767)			4,—

Auflagen: MiNr. 1763 = 7 200 000, MiNr. 1764 und 1766 je 8 100 000, MiNr. 1765 = 1 900 000, MiNr. 1767 und 1768 je 4 200 000 Stück

In gleichen Zeichnungen wie MiNr. 1764, 1767 und 1768, jedoch kleinerem Format: MiNr. 1778–1780

1972, 4. Juli. 500. Geburtstag von Lucas Cranach d. Ä. Ⓔ Naumann; RaTdr. (5×5); gez. K 14.

bns) Bildnis eines jungen Mannes

bnt) Junge Mutter mit Kind

bnu) Bildnis Margarete Luther

bnv) Ruhende Quellnymphe

bns–bnv) Gemälde von L. Cranach d. Ä. (1472–1553), Maler und Zeichner

				✶✶	⊘	⊙
1769	5 (Pf)	mehrfarbig . . . . bns		0,30	0,30	0,40
1770	20 (Pf)	mehrfarbig . . . . bnt		0,30	0,30	0,40
1771	35 (Pf)	mehrfarbig . . . . bnu		0,30	0,30	1,—
1772	70 (Pf)	mehrfarbig . . . . bnv		2,40	3,60	6,—
		Satzpreis (4 W.)		3,—	4,20	7,50
		FDC 1 (MiNr. 1769, 1771)				1,—
		FDC 2 (MiNr. 1770, 1772)				6,—

Auflagen: MiNr. 1769 und 1770 je 7 000 000, MiNr. 1771 = 4 000 000, MiNr. 1772 = 1 900 000 Stück

1972, 8. Aug. 20 Jahre Gesellschaft für Sport und Technik (GST). Ⓔ Gottschall; RaTdr. (10×5); gez. K 14.

bnw) Marschkompass, Motorrad-Patrouillenfahren

bnx) Fallschirme, Motor-Kunstflugzeug

bny) Zielscheiben, milit. Hindernislauf

bnz) Amateur-Funkstation, Morsetaste, Morsestreifen

boa) Segelschiff, Schiffsschraube

			✶✶	⊘	⊙
1773	5 (Pf)	mehrfarbig . . . . . . bnw	0,30	0,20	0,30
1774	10 (Pf)	mehrfarbig . . . . bnx	0,30	0,20	0,30
1775	20 (Pf)	mehrfarbig . . . . bny	0,30	0,20	0,30
1776	25 (Pf)	mehrfarbig . . . . bnz	0,70	0,70	1,50
1777	35 (Pf)	mehrfarbig . . . . boa	0,30	0,20	0,30
		Satzpreis (5 W.)	1,50	1,30	2,50
		FDC 1 (MiNr. 1773–1775)			0,70
		FDC 2 (MiNr. 1776, 1777)			2,50

Auflagen: MiNr. 1773 = 7 000 000, MiNr. 1774 = 11 500 000, MiNr. 1775 = 10 500 000, MiNr. 1776 = 1 900 000, MiNr. 1777 = 5 000 000 Stück

1972, 22. Aug. Internationale Rosenausstellung, Erfurt (II). Bildformat 23×28 mm (MH). Ⓔ Gottschall; Odr.; gez. K 13½:13.

bnm I

bnp I

bnr I

			✶✶	⊙
1778	10 (Pf)	mehrfarbig . . . . bnm I	0,30	0,20
1779	25 (Pf)	mehrfarbig . . . . bnp I	1,40	0,50
1780	35 (Pf)	mehrfarbig . . . . bnr I	1,40	0,50
		Satzpreis (3 W.)	3,—	1,20

FDC siehe bei MH 6

MiNr. 1778–1780 stammen aus MH 6

Auflagen: MiNr. 1778 = 56 000 000, MiNr. 1779 und 1780 je 14 000 000 Stück

In gleichen Zeichnungen, jedoch größerem Format: MiNr. 1764, 1767, 1768

1972, 22. Aug. Internationales Jahr des Buches. Ⓔ Naumann; RaTdr. (5×5); gez. K 14.

bob) Lesender junger Mann; Gemälde von Jutta Damme (1929–2002)

			✶✶	⊘	⊙
1781	50 (Pf)	mehrfarbig . . . . bob	0,70	0,40	1,—
		FDC (A)			1,80

Auflage: 4 000 000 Stück

1972, 29. Aug. Leipziger Herbstmesse. Ⓔ Deutschendorf; Odr. (MiNr. 1782 10×5, MiNr. 1783 5×10); MiNr. 1782 gez. K 12½:13, MiNr. 1783 ~.

boc) Tageslicht-Schreibprojektor Polylux

bod) Pentacon-Audiovision: Automat. Kleinbildprojektor ASPECTOMAT J 24 B

			✶✶	⊘	⊙
1782	10 (Pf)	mehrfarbig . . . . boc	0,30	0,20	0,30
1783	25 (Pf)	mehrfarbig . . . . bod	0,30	0,30	0,50
		Satzpreis (2 W.)	0,60	0,40	0,80
		FDC			0,80

Auflagen: MiNr. 1782 = 7 000 000, MiNr. 1783 = 5 000 000 Stück

1972, 19. Sept. 90. Geburtstag von Georgi Dimitrow. Ⓔ Gottschall; Odr. (5×10); gez. K 13:13½.

boe) G. Dimitrow (1882–1949), bulgar. Politiker

			✶✶	⊘	⊙
1784	20 (Pf)	mehrfarbig . . . . boe	0,50	0,30	0,40
		FDC			0,70

Auflage: 4 500 000 Stück

1972, 19. Sept. Internationale Briefmarkenausstellung „Interartes", Berlin. Ⓔ Gottschall; RaTdr. (5×5); gez. K 14.

bof) Vogelfangszene (Relief), Ägypten (um 2400 v. Chr.)

bog) Speerträger (Relief), Persien (um 500 v. Chr.)

boh) Tierteppich, Anatolien (um 1400)

boi) Weintraubenverkäuferinnen in Südfrankreich; Gemälde von Max Lingner (1888–1959)

				★★	◎	⊙
1785	10 (Pf)	mehrfarbig . . . . . . bof		0,30	0,20	0,30
1786	15 + 5 (Pf)	mehrfarbig . . . . . bog		1,—	0,80	1,50
1787	20 (Pf)	mehrfarbig . . . . . boh		0,30	0,20	0,30
1788	35 + 5 (Pf)	mehrfarbig . . . . . . boi		0,30	0,20	0,30
		Satzpreis (4 W.)		1,50	1,30	2,40
		FDC 1 (MiNr. 1785, 1788)				0,60
		FDC 2 (MiNr. 1786, 1787)				2,40

Auflagen: MiNr. 1785 und 1787 je 8 000 000, MiNr. 1786 = 2 000 000, MiNr. 1788 = 4 000 000 Stück

1972, 3. Okt. Deutsches Rotes Kreuz der DDR. 🄴 Detlefsen; Odr. (2×5 Zd); gez. K 13½:13.

bok) Sanitäter leisten Hilfe (Pflegedienst)

bom) Rotes Kreuz mit eingezeichneten Erdteilen, Transportmittel für Hilfsgüter (Internat. Arbeit)

bol) Rettungsboot (Wasserrettungsdienst)

			★★	◎	⊙
1789	10 (Pf)	mehrfarbig . . . . bok	0,40	0,30	0,50
1790	15 (Pf)	mehrfarbig . . . . bol	0,40	0,30	0,50
1791	35 (Pf)	mehrfarbig . . . . . . bom	0,40	0,30	0,50
		Satzpreis (3 W.)	1,20	0,80	1,50
		Dreierstreifen	2,—	2,50	3,50
		FDC			3,50

MiNr. 1789–1791 wurden waagerecht zusammenhängend gedruckt.

Auflage: 2 200 000 Sätze

1972, 17. Okt. Erd- und Himmelsgloben. 🄴 Dorfstecher; RaTdr. (5×5); gez. K 14.

bon) Arabischer Himmelsglobus (1279)

boo) Erdglobus von J. Praetorius (1568)

bop) Globusuhr von J. Reinhold und G. Roll (1586)

bor) Globusuhr von J. Bürgi (1590)

bos) Armillarsphäre von J. Moeller (1687)

bot) Heraldischer Himmelsglobus (1690)

			★★	◎	⊙
1792	5 (Pf)	mehrfarbig . . . . bon	0,30	0,20	0,30
1793	10 (Pf)	mehrfarbig . . . . boo	0,30	0,20	0,30
1794	15 (Pf)	mehrfarbig . . . . bop	2,50	3,50	4,50
1795	20 (Pf)	mehrfarbig . . . . bor	0,30	0,20	0,30
1796	25 (Pf)	mehrfarbig . . . . bos	0,30	0,20	0,30
1797	35 (Pf)	mehrfarbig . . . . bot	0,30	0,20	0,50
		Satzpreis (6 W.)	3,50	4,50	6,—
		FDC 1 (MiNr. 1792, 1794, 1795)			5,—
		FDC 2 (MiNr. 1793, 1796, 1797)			2,—

Auflagen: MiNr. 1792 = 6 000 000, MiNr. 1793 = 10 000 000, MiNr. 1794 = 1 900 000, MiNr. 1795 = 8 000 000, MiNr. 1796 = 5 000 000, MiNr. 1797 = 4 000 000 Stück

1972, 24. Okt. Internationale Mahn- und Gedenkstätten. 🄴 Platzer; Odr. (10×5); gez. K 12½:13.

bou) Denkmal für den gemeinsamen Kampf der polnischen Soldaten und deutschen Antifaschisten, Berlin

			★★	◎	⊙
1798	25 (Pf)	mehrfarbig . . . . bou	0,50	0,20	0,40
		FDC			0,70

Auflage: 4 000 000 Stück

Weitere Ausgaben „Internationale Mahn- und Gedenkstätten" siehe Übersichtstabelle nach MiNr. 975

1972, 2. Nov. Zentrale Messe der Meister von morgen (MMM), Leipzig. 🄴 Rieß; RaTdr. (2×5 Zd); gez. K 14.

bov) Lernende junge Arbeiter

Zierfeld

bow) Jugendliche an einer Reibschweißmaschine

			★★	◎	⊙
1799	10 (Pf)	mehrfarbig . . . . bov	0,30	0,30	0,50
1800	25 (Pf)	mehrfarbig . . . . . . bow	0,30	0,30	0,50
		Satzpreis (2 W.)	0,60	0,60	1,—
		Dreierstreifen	1,20	1,80	2,—
		FDC			2,—

MiNr. 1799 und 1800 wurden, durch Zierfeld verbunden, waagerecht zusammenhängend gedruckt.

Auflage: 2 200 000 Sätze

1972, 28. Nov. Märchen (VII): Die Schneekönigin. 🄴 Bläser; Odr. (Klb. 3×2); gez. K 13:13½.

box boy boz

bpa bpb bpc

box–bpc) Szenen aus dem Wintermärchen von Hans Christian Andersen (1805–1875), dänischer Dichter

				✶✶	◍	⊙
1801	5 (Pf)	mehrfarbig	box	0,30	0,30	0,50
1802	10 (Pf)	mehrfarbig	boy	0,70	1,—	1,50
1803	15 (Pf)	mehrfarbig	boz	0,30	0,30	0,50
1804	20 (Pf)	mehrfarbig	bpa	0,30	0,30	0,50
1805	25 (Pf)	mehrfarbig	bpb	0,70	1,—	1,50
1806	35 (Pf)	mehrfarbig	bpc	0,30	0,30	0,50
			Satzpreis (6 W.)	2,50	3,—	5,—
			Kleinbogen	6,—	13,—	18,—
			FDC*			30,—

*) kein amtlicher FDC

MiNr. 1801–1806 wurden zusammenhängend im Kleinbogen gedruckt.

Auflage: 2 000 000 Sätze

Weitere Kleinbogen „Märchen" siehe Übersichtstabelle nach MiNr. 1241

1972, 28. Nov. Figuren des Kinderfernsehens der DDR: Handpuppen. 🄴 Bläser; Odr. (Klb. 2×3); gez. K 13½:13.

bpd) Mauz und Hoppel
bpe) Fuchs und Elster
bpf) Herr Uhu
bpg) Frau Igel und Borstel
bph) Schnuffel und Pieps
bpi) Paulchen aus der Kinderbibliothek

				✶✶	◍	⊙
1807	5 (Pf)	mehrfarbig	bpd	0,30	0,30	0,50
1808	10 (Pf)	mehrfarbig	bpe	0,30	0,30	0,50
1809	15 (Pf)	mehrfarbig	bpf	0,90	1,—	1,50
1810	20 (Pf)	mehrfarbig	bpg	0,90	1,—	1,50
1811	25 (Pf)	mehrfarbig	bph	0,30	0,30	0,50
1812	35 (Pf)	mehrfarbig	bpi	0,30	0,30	0,50
			Satzpreis (6 W.)	2,50	3,20	5,—
			Kleinbogen	3,60	4,—	10,—
			FDC*			25,—

*) kein amtlicher FDC

MiNr. 1807–1812 wurden zusammenhängend im Kleinbogen gedruckt.

Auflage: 2 000 000 Sätze

1972, 5. Dez. 50 Jahre Union der Sozialistischen Sowjetrepubliken (UdSSR). 🄴 Grünewald; RaTdr. (10×5); gez. K 14.

bpk) Staatswappen der UdSSR

				✶✶	◍	⊙
1813	20 (Pf)	mehrfarbig	bpk	0,50	0,20	0,40
			FDC			0,70

Auflage: 5 000 000 Stück

Satzpreise können stark abgerundet sein!

1972, 5. Dez. Blockausgabe: 175. Geburtstag von Heinrich Heine. 🄴 Dorfstecher; Odr.; gez. Ks 12½:13.

bpl) H. Heine (1797–1856), Dichter und Satiriker

bpm

				✶✶	⊙	FDC*
1814	1 M	mehrfarbig	bpl	1,30	3,—	
Block 37	(61×86 mm)		bpm	2,—	5,—	18,—
			Ⓢ		2,—	

*) kein amtlicher FDC

Auflage: 2 500 000 Blocks

1973

1973, 23. Jan. Bedeutende Persönlichkeiten (I). 🄴 Stauf; Odr. (10×5); gez. K 13½:13.

bpn) Michelangelo da Caravaggio (1573–1610), italien. Maler

bpo) Friedrich Wolf (1888–1953), Dramatiker und Filmautor
bpp) Max Reger (1873–1916), Komponist
bpr) Max Reinhardt (1873–1943), österr. Theaterleiter
bps) Johannes Dieckmann (1893–1969), Politiker

				✶✶	◍	⊙
1815	5 (Pf)	lebhaftsiena	bpn	0,80	0,80	1,50
1816	10 (Pf)	graugrün	bpo	0,30	0,20	0,30
1817	20 (Pf)	dunkelgraulila	bpp	0,30	0,20	0,30
1818	25 (Pf)	dunkel(grau)-ultramarin	bpr	0,30	0,20	0,30
1819	35 (Pf)	bräunlichkarmin	bps	0,30	0,20	0,30
			Satzpreis (5 W.)	1,50	1,40	2,50
		FDC 1 (A) (MiNr. 1815–1817)				2,—
		FDC 2 (A) (MiNr. 1818, 1819)				1,50

Auflagen: MiNr. 1815 = 1 900 000, MiNr. 1816 und 1817 je 6 000 000, MiNr. 1818 und 1819 je 5 000 000 Stück

Weitere Ausgaben „Bedeutende Persönlichkeiten" in gleicher Aufmachung: MiNr. 1941–1945, 2025–2029; in anderer Ausführung siehe Übersichtstabelle nach MiNr. 2202

1973, 23. Jan. Freimarken: Aufbau in der DDR. Großformat 29×24 mm (I). 🄴 Gottschall; StTdr. (5×10); gez. K 14.

bpt) Lenindenkmal, Wohnhochhaus, Berlin

bpu) Karl-Marx-Monument vor Neubauten, Chemnitz (Karl-Marx-Stadt)

			★★	⊘	⊙
1820	20 (Pf)	rosakarmin (Töne) . bpt	1,—	0,30	0,30
1821	35 (Pf)	lebhaftpreußischblau (Töne) . . . . bpu	1,—	0,30	0,40
		Satzpreis (2 W.)	2,—	0,60	0,70
		FDC (A)			3,50

Weitere Ausgaben siehe Zusammenfassung nach Jahreszusammenstellungen

1973, 6. Febr. Museum für Naturkunde, Berlin: Paläontologische Sammlungen. 🄴 **Voigt; RaTdr. (6×5); gez. K 13.**

bpv) Älteste Nadelgehölze (Lebachia speciosa)

bpw) Karbonischer Farnsamer (Sphenopteris hollandica)

bpx) Flugsaurier (Pterodactylus kochi)

bpy) Permischer Farn (Botryopteris)

bpz) Urvogel (Archaeopteryx lithographica)

bra) Trilobit (Odontopleura ovata)

			★★	⊘	⊙
1822	10 (Pf)	mehrfarbig . . . . bpv	0,30	0,20	0,30
1823	15 (Pf)	mehrfarbig . . . . . . bpw	0,30	0,20	0,30
1824	20 (Pf)	mehrfarbig . . . . bpx	0,30	0,20	0,30
1825	25 (Pf)	mehrfarbig . . . . bpy	0,30	0,20	0,30
1826	35 (Pf)	mehrfarbig . . . . bpz	0,30	0,20	0,30
1827	70 (Pf)	mehrfarbig . . . . bra	1,80	1,80	3,40
		Satzpreis (6 W.)	2,80	2,50	4,80
		FDC 1 (MiNr. 1822, 1827)			3,50
		FDC 2 (MiNr. 1823, 1825)			0,70
		FDC 3 (MiNr. 1824, 1826)			0,80

Auflagen: MiNr. 1822 = 10 200 000, MiNr. 1823 = 4 500 000, MiNr. 1824 = 8 100 000, MiNr. 1825 und 1826 je 5 100 000, MiNr. 1827 = 1 900 000 Stück

1973, 13. Febr. 500. Geburtstag von Nikolaus Kopernikus. 🄴 **Stauf; Odr. (3×5); gez. K 13½:13.**

brb) N. Kopernikus (1473–1543), Astronom; Titelblatt und Seite aus seinem Werk De revolutionibus (Über die Umdrehungen der Himmelskörper)

			★★	⊘	⊙
1828	70 (Pf)	mehrfarbig . . . . brb	1,—	0,50	1,40
		FDC			1,50

Auflage: 3 500 000 Stück

1973, 13. Febr. Weltfestspiele der Jugend und Studenten, Berlin (I). 🄴 **Gottschall; Odr. (10×5); gez. K 12½:13.**

brc) Fahnenblock, Weltzeituhr auf dem Alexanderplatz, Berlin

brd) Jugendliche, Friedenstaube

			★★	⊘	⊙
1829	10 + 5 (Pf)	mehrfarbig . . . . . . brc	0,30	0,30	0,40
1830	25 + 5 (Pf)	mehrfarbig . . . . . . brd	0,30	0,30	0,50
		Satzpreis (2 W.)	0,50	0,50	0,80
		FDC			1,—

Auflage: 10 000 000 Sätze

Weitere Ausgaben "Weltfestspiele ...": MiNr. 1862–1866, Block 38

1973, 13. Febr. Rennrodel-Weltmeisterschaften, Oberhof. 🄴 **Grünewald; Odr. (10×3); gez. K 12½:13.**

bre) Rennrodelbahn, Oberhof (Thüringen)

			★★	⊘	⊙
1831	35 (Pf)	mehrfarbig . . . . bre	0,50	0,40	0,70
		FDC			1,—

Auflage: 6 000 000 Stück

1973, 6. März. Leipziger Frühjahrsmesse. 🄴 **Detlefsen; Odr. (5×10); gez. K 13:12½.**

brf) Exaktfeldhäcksler E 280 im Komplexeinsatz

brg) Drehmaschine DFS 400 NC für Futter- und Spitzenteile mit numerischer Steuerung

			★★	⊘	⊙
1832	10 (Pf)	mehrfarbig . . . . brf	0,30	0,30	0,40
1833	25 (Pf)	mehrfarbig . . . . brg	0,40	0,40	0,70
		Satzpreis (2 W.)	0,50	0,50	1,—
		FDC			1,20

Auflagen: MiNr. 1832 = 8 000 000, MiNr. 1833 = 5 000 000 Stück

1973, 20. März. Geschützte Singvögel. 🄴 **Voigt, RaTdr. (5×10); gez. K 14.**

brh) Sommergoldhähnchen (Regulus ignicapillus)

bri) Bindenkreuzschnabel (Loxia leucoptera)

brk) Seidenschwanz (Bombycilla garrulus)

brl) Weißstern- und Rotstern-Blaukehlchen (Luscinia svecica cyanecula und Luscinia svecica svecica)

brm) Stieglitz (Carduelis carduelis)

brn) Pirol (Oriolus oriolus)

bro) Gebirgsstelze (Motacilla cinerea)

brp) Mauerläufer (Tichodroma muraria)

			★★	⊘	⊙
1834	5 (Pf)	mehrfarbig . . . . brh	0,30	0,30	0,40
1835	10 (Pf)	mehrfarbig . . . . bri	0,30	0,30	0,40
1836	15 (Pf)	mehrfarbig . . . . brk	0,30	0,30	0,40
1837	20 (Pf)	mehrfarbig . . . . brl	0,30	0,30	0,40
1838	25 (Pf)	mehrfarbig . . . . brm	0,30	0,30	0,40
1839	35 (Pf)	mehrfarbig . . . . brn	0,30	0,30	0,40
1840	40 (Pf)	mehrfarbig . . . . bro	0,30	0,30	0,40
1841	50 (Pf)	mehrfarbig . . . . brp	3,—	3,—	3,50
		Satzpreis (8 W.)	4,—	4,—	5,50
		FDC 1 (MiNr. 1834, 1835, 1841)			3,50
		FDC 2 (MiNr. 1836–1838)			1,—
		FDC 3 (MiNr. 1839, 1840)			1,50

Auflagen: MiNr. 1834 = 10 000 000, MiNr. 1835 = 15 000 000, MiNr. 1836 = 5 000 000, MiNr. 1837 = 12 000 000, MiNr. 1838 und 1839 je 6 000 000, MiNr. 1840 = 4 000 000, MiNr. 1841 = 2 000 000 Stück

Lesen Sie bitte auch das Vorwort!

1973, 10. April. Freimarken: Aufbau in der DDR. Großformat 29×24 mm (II). Ⓔ **Gottschall; StTdr. (5×10); gez. K 14.**

brr) Alfred-Brehm-Haus; Tierpark Berlin

brs) Neptunbrunnen und Wohnhochhaus, Rathausstr., Berlin

			**	⊘	⊙
1842	5 (Pf)	bläulichgrün (Töne) . brr	0,30	0,30	0,50
1843	10 (Pf)	gelbsmaragdgrün (Töne) GA .... brs	0,40	0,30	0,50
		Satzpreis (2 W.)	0,70	0,50	1,—
		FDC			3,50

Weitere Ausgaben siehe Zusammenfassung nach Jahreszusammenstellungen

1973, 13. Juni/1977. Freimarken: Aufbau in der DDR. Großformat 29×24 mm (III). Ⓔ **Gottschall; StTdr. (5×10); gez. K 14.**

bsc) Neubauten auf der Fischerinsel, Berlin

bsd) Alexanderplatz, Berlin

			**	⊘	⊙
1853	15 (Pf)	lebhaftviolettbraun (Töne) .... bsc	0,50	0,30	0,40
1854	25 (Pf)	blaugrün (Töne) GA bsd	1,—	0,30	0,40
		Satzpreis (2 W.)	1,50	0,60	0,80
		FDC (A)			3,50

Weitere Ausgaben siehe Zusammenfassung nach Jahreszusammenstellungen

1973, 22. Mai. Vereinigter Schienenfahrzeugbau. Ⓔ **Glinski; Odr. (3×10); gez. K 13:12½.**

brt) Elektrolokomotive BR 211

bru) Maschinenkühlwagen MK 4

brv) Weitstrecken-Personenwagen Typ 47 D/k

brw) Spezialgüterwagen

brx) Doppelstock-Standard-Sitzwagen

bry) Reisezugwagen Typ Y B/70

			**	⊘	⊙
1844	5 (Pf)	mehrfarbig .... brt	0,30	0,20	0,30
1845	10 (Pf)	mehrfarbig .... bru	0,30	0,20	0,30
1846	20 (Pf)	mehrfarbig .... brv	0,30	0,20	0,30
1847	25 (Pf)	mehrfarbig .... brw	0,30	0,20	0,30
1848	35 (Pf)	mehrfarbig .... brx	0,30	0,20	0,30
1849	85 (Pf)	mehrfarbig .... bry	2,50	2,40	4,—
		Satzpreis (6 W.)	4,—	3,40	5,50
		FDC 1 (MiNr. 1844, 1848, 1849)			5,—
		FDC 2 (MiNr. 1845–1847)			1,—

Auflagen: MiNr. 1844 und 1848 je 5 100 000, MiNr. 1845 = 7 200 000, MiNr. 1846 und 1847 je 6 000 000, MiNr. 1849 = 1 900 000 Stück

1973, 29. Mai. Bedeutende Theaterinszenierungen. Ⓔ **Grünewald; RaTdr. (6×5); gez. K 13.**

brz) König Lear, Tragödie v. W. Shakespeare; Inszenierung von Wolfgang Langhoff (1901 bis 1966) am Deutschen Theater Berlin

bsa) Ein Sommernachtstraum, Komödie von W. Shakespeare; Inszenierung von Walter Felsenstein (1901 bis 1975) an der Komischen Oper in Berlin

bsb) Mutter Courage, Schauspiel von Bertolt Brecht; Inszenierung von Bertolt Brecht (1898–1956) und Erich Engel (1891–1966) am Berliner Ensemble

			**	⊘	⊙
1850	10 (Pf)	mehrfarbig .... brz	0,30	0,20	0,30
1851	25 (Pf)	mehrfarbig .... bsa	0,30	0,20	0,30
1852	35 (Pf)	mehrfarbig .... bsb	0,90	0,80	1,50
		Satzpreis (3 W.)	1,20	1,10	2,—
		FDC 1 (MiNr. 1850, 1851)			0,80
		FDC 2 (MiNr. 1852)			2,20

Auflagen: MiNr. 1850 = 8 100 000, MiNr. 1851 = 6 000 000, MiNr. 1852 = 1 900 000 Stück

1973, 13. Juni. Persönlichkeiten der deutschen Arbeiterbewegung. Ⓔ **Stauf; Odr. (10×5); gez. K 13½:13.**

bse) Hermann Matern (1893–1971), Partei- und Staatsfunktionär

			**	⊘	⊙
1855	40 (Pf)	dunkelrosalila ..... bse	0,50	0,30	0,50
		FDC (A)			1,50

Auflage: 5 000 000 Stück

Übersicht der Marken „Persönlichkeiten der deutschen Arbeiterbewegung" in gleicher oder ähnlicher Ausführung (10 Pf).

Darstellung	MiNr.	Darstellung	MiNr.
Ackermann, Anton	2920	Kurella, Alfred	2921
André, Etkar	1908	Lehmann, Helmut	2688
Arendsee, Martha	2012	Leuschner, Bruno	3300
Baron, Erich	2589	Maron, Karl	2766
Baumann, Edith	3222	Meier, Otto	3223
Blenkle, Conrad	2590	Merker, Paul	1909
Breitscheid, Rudolf	1915	Meyer, Ernst	2264
Buchwitz, Otto	2455	Miller, Josef	2767
Bürger, Kurt	1916	Moltmann, Carl	1917
Dahlem, Franz	2765	Norden, Albert	2851
Dengel, Philipp	2454	Oelßner, Alfred	3224
Duncker, Hermann	1910	Oelßner, Fred	2768
Ebert, Friedrich	2849	Pieck, Wilhelm	2106
Eggerath, Werner	2500	Rädel, Siegfried	2769
Eisler, Gerhart	2266	Rau, Heinrich	2457
Ewert, Arthur	2591	Schehr, John	2110
Fechner, Max	2686	Schön, Otto	2922
Florin, Wilhelm	1913	Schumann, Georg	2108
Frölich, August	2265	Selbmann, Fritz	3225
Gäbler, Fritz	3082	Siewert, Robert	3083
Geschke, Ottomar	2687	Stoecker, Walter	2592
Große, Fritz	2850	Thälmann, Ernst	2107
Grotewohl, Otto	1912	Vesper, Walter	3084
Handke, Georg	1914	Warnke, Herbert	2689
Heckert, Fritz	1911	Weinert, Erich	3301
Hoernle, Edwin	1907	Winzer, Otto	2690
Koenen, Bernhard	2456	Zetkin, Clara	3085
Koenen, Wilhelm	2109		

1973, 26. Juni. Historische Gedenkstätten in Weimar. Ⓔ **Dorfstecher; Odr. (10×5); gez. K 12½:13.**

bsf) Johann Wolfgang v. Goethe (1749–1832), Dichter; Goethehaus

bsg) Christoph Martin Wieland (1733–1813), Dichter; Wielandhaus (Oßmannstedt)

bsh) Friedrich Schiller (1759–1805), Dichter; Schillerhaus

bsi) Johann Gottfried Herder (1744–1803), Schriftsteller; Philosoph und Theologe; Herderhaus

bsk) Lucas Cranach d. Ä. (1472–1553), Maler und Zeichner; Cranachhaus

bsl) Franz Liszt (1811–1886), österreich.-ungar. Komponist und Pianist; Liszthaus

					★★	◍	⊙
1856	10	(Pf)	mehrfarbig	bsf	0,30	0,20	0,30
1857	15	(Pf)	mehrfarbig	bsg	0,30	0,20	0,30
1858	20	(Pf)	mehrfarbig	bsh	0,30	0,20	0,30
1859	25	(Pf)	mehrfarbig	bsi	0,30	0,20	0,30
1860	35	(Pf)	mehrfarbig	bsk	0,30	0,20	0,30
1861	50	(Pf)	mehrfarbig	bsl	2,50	1,20	2,50
			Satzpreis (6 W.)		3,50	2,—	4,—
			FDC 1 (MiNr. 1856, 1859, 1861)				3,—
			FDC 2 (MiNr. 1857, 1858, 1860)				1,20

Auflagen: MiNr. 1856 = 15 000 000, MiNr. 1857 und 1860 je 5 000 000, MiNr. 1858 = 13 000 000, MiNr. 1859 = 6 000 000, MiNr. 1861 = 1 900 000 Stück

1973, 3. Juli. Weltfestspiele der Jugend und Studenten, Berlin (II). 🄴 **Gottschall; Odr. Bogen (B) (10×5) und Markenheftchen (MH); gez. K 12½:13.**

bsm) Feuerwerk, Fernseh- und UKW-Turm, Weltzeituhr, Berlin

bsn) Asiate und Europäer, Buch, Gittermast

bso) Bauarbeiter, Erdölleitung, Isolatoren

bsp) Afrikaner und Europäer, Glaskolben, Staudamm

bsr) Embleme des Weltbundes der Demokrat. Jugend und des Weltstudentenbundes

					★★	◍	⊙
1862	5	(Pf)	mehrfarbig (B) (MH)	bsm	0,30	0,20	0,30
1863	15	(Pf)	mehrfarbig (B)	bsn	0,30	0,20	0,30
1864	20	(Pf)	mehrfarbig (B) (MH)	bso	0,30	0,20	0,30
1865	30	(Pf)	mehrfarbig (B)	bsp	1,10	0,50	1,10
1866	35	(Pf)	mehrfarbig (B)	bsr	0,30	0,20	0,30
			Satzpreis (5 W.)		1,80	1,10	2,20
			FDC 1 (MiNr. 1862, 1863, 1865)				2,—
			FDC 2 (MiNr. 1864, 1866)				1,20

MiNr. 1862 und 1864 wurden auch in Markenheftchen (MH 7) ausgegeben.

Auflagen: MiNr. 1862 und 1864 je 7 000 000, MiNr. 1863 und 1866 je 5 000 000, MiNr. 1865 = 3 000 000 Stück

1973, 26. Juli. Blockausgabe: Weltfestspiele der Jugend und Studenten, Berlin (III). 🄴 **Detlefsen; Odr.; gez. Ks 12½:13.**

bss) Brandenburger Tor, Berlin; Emblem der Spiele

bst

					★★	⊙	FDC*
1867	50	(Pf)	mehrfarbig	bss	1,—	0,60	
Block 38	(86×108 mm)			bst	1,40	2,50	20,—
				Ⓢ		1,—	

*) kein amtlicher FDC

Auflage: 3 500 000 Blocks

Weitere Ausgaben „Weltfestspiele …“: MiNr. 1829–1830, 1862 bis 1866

Spendenmarken mit Frankaturkraft siehe nach MiNr. 3365

1973, 26. Juli/1989. Freimarken: Aufbau in der DDR. Kleinformat 21,5×17,5 mm (I). 🄴 **Gottschall; RaTdr. Bogen (B) (10×10) und Rollen (R); gez. K 14.**

brs I) Neptunbrunnen und Wohnhochhaus, Rathausstr., Berlin

bpt I) Lenindenkmal, Wohnhochhaus, Berlin

					★★	⊙
1868	10	(Pf)	gelbsmaragdgrün	brs I	0,50	0,80
1869	20	(Pf)	rötlichlila	bpt I	0,50	0,80
			Satzpreis (2 W.)		1,—	1,50
			FDC v (A)			3,50

Senkrechte Paare (aus Bogen) (Nov. 1974):

	★★	⊙
1868/1868	20,—	90,—
1869/1869	15,—	75,—

Rollenmarken mit rückseitiger Nummer (R):

	Einzelmarken			5er-Str.
	★★	◍	⊙	★★
1868 R	1,—	0,60	2,—	4,—
1869 R	1,—	0,60	2,—	4,—

MiNr. 1868 R und 1869 R wurden in Rollen zu 1000 Stück ausgegeben. Die Zählnummern sind waagerecht, bei Endziffer 5 dreistellig und bei Endziffer 0 vierstellig.

Von MiNr. 1868 R und 1869 R sind senkrecht zusammenhängende Paare sowie Bogenteile und Stücke mit anhängendem Bogenrand bekannt. Sie stammen aus unzertrennt gebliebenen Rollenbahnbogen. Auch Bogenteile mit rückseitiger Zählnummer sind bekannt (25% Aufschlag).

Weitere Ausgaben siehe Zusammenfassung nach Jahreszusammenstellungen

Bewertungshinweise:

Wenn bei einzelnen Ausgaben nicht ausdrücklich anders vermerkt, gelten alle Preise für einwandfrei gezähnte, gut zentrierte Stücke (siehe „Briefmarken-Qualitätsstufen“ im Einleitungsteil, Abb. 12 und 17).

Ab 1955 Ungebraucht-Preise nur für ★★, für ★ mindestens 60% Nachlass.

Die ⊙-Preise gelten nur für prüfbare, klare Abstempelungen, bei denen Ort und Datum identifizierbar sind (Abb. 24)!

Wenn bei einzelnen Ausgaben nicht ausdrücklich anders angegeben, gelten die ◍-Preise für amtliche (Bogen-)Entwertungen für philatelistische Zwecke von Hand (Abb. 24 oder 27); gedruckte amtliche (Bogen-)Entwertungen (meist Abb. 27) werten, wenn nicht bei einzelnen Ausgaben anders angegeben, ca. 50% der ◍-Preise!

1973, 8. Aug. Tod von Walter Ulbricht. E **Wolf; StTdr. (10×5); gez. K 14.**

add III) W. Ulbricht (1893–1973), erster Vorsitzender des Staatsrates der DDR

				★★	▨	⊙
1870	20 (Pf)	schwarz . . . . add III		0,70	0,40	0,70
			FDC (A)			2,—

Auflage: 5 000 000 Stück

Weitere Ausgaben (Freimarken) siehe Zusammenfassung nach Jahreszusammenstellungen

1973, 14. Aug. 10 Jahre vereinigte Energiesysteme „Frieden". E **Detlefsen; RaTdr. (10×5); gez. K 14.**

bsu) Energieverbundnetz der sozialistischen Länder, Hochspannungsmast

				★★	▨	⊙
1871	35 (Pf)	mehrfarbig . . . . bsu		0,50	0,40	0,80
			FDC			1,—

Auflage: 4 500 000 Stück

1973, 28. Aug. Leipziger Herbstmesse. E **Gottschall; RaTdr. (5×10); gez. K 14.**

bsv

bsw

bsv–bsw) EXPOVITA, Ausstellung von Geräten zur Freizeitgestaltung

				★★	▨	⊙
1872	10 (Pf)	mehrfarbig . . . . bsv		0,30	0,20	0,30
1873	25 (Pf)	mehrfarbig . . . . bsw		0,40	0,30	0,50
			Satzpreis (2 W.)	0,60	0,40	0,80
			FDC			1,—

Auflagen: MiNr. 1872 = 7 000 000, MiNr. 1873 = 5 000 000 Stück

1973, 11. Sept. 20 Jahre Kampfgruppen. E **Rieß; Odr. (5×10); gez. K 13:12½.**

bsx) Angehöriger und Abzeichen der Kampfgruppen

bsy) Angehörige der Kampfgruppen, Brandenburger Tor, Berlin

				★★	▨	⊙
1874	10 (Pf)	mehrfarbig . . . . bsx		0,30	0,20	0,30
1875	20 (Pf)	mehrfarbig . . . . bsy		0,40	0,20	0,40
			Satzpreis (2 W.)	0,60	0,40	0,70
			FDC			1,80

Blockausgabe, gez. Ks 12½:13.

bsz) Angehörige des Roten Frontkämpferbundes, der Internationalen Brigaden in Spanien und der Kampfgruppen

bta

			★★	⊙	FDC*
1876	50 (Pf)	mehrfarbig . . . . bsz	0,70	1,—	
Block 39	(61×86 mm)	. . . . bta	1,30	2,50	*25,—*
		Ⓢ		1,20	

*) kein amtlicher FDC

Auflagen: 6 000 000 Sätze, Bl. 39 = 2 200 000 Blocks

1973, 11. Sept. 15 Jahre Zeitschrift „Probleme des Friedens und des Sozialismus". E **Rieß; RaTdr. (5×10); gez. K 14.**

btb) Stilis. Erdkugel, rote Fahne

				★★	▨	⊙
1877	20 (Pf)	gold/dunkelrosa . . . btb		0,60	0,30	0,50
			FDC			0,70

Auflage: 6 000 000 Stück

1973, 18. Sept. Internationale Mahn- und Gedenkstätten. E **Detlefsen; RaTdr. (5×5); gez. K 14.**

btc) Mahnmal in der Mahn- und Gedenkstätte Langenstein-Zwieberge

				★★	▨	⊙
1878	25 (Pf)	mehrfarbig . . . . btc		0,60	0,30	0,50
			FDC			0,70

Auflage: 4 000 000 Stück

Weitere Ausgaben „Internationale Mahn- und Gedenkstätten" siehe Übersichtstabelle nach MiNr. 975

1973, 18. Sept. Freimarken: Aufbau in der DDR. Großformat 29×24 mm (IV). E **Gottschall; StTdr. (5×10); gez. K 14.**

btd) Brandenburger Tor, Berlin

bte) Neue Wache, Berlin

btf) Altes Rathaus und Wohnhochhaus, Wintergartenstr., Leipzig

btg) Sowjetisches Ehrenmal, Berlin-Treptow

				★★	▨	⊙
1879	40 (Pf)	schwärzlichgrauviolett (Töne) . . . . . . btd		0,50	0,30	0,70
1880	50 (Pf)	dunkelultramarin . . . bte		0,60	0,30	0,80
1881	70 (Pf)	dunkelbraunrot (Töne) . . . . btf		0,70	0,30	1,—
1882	1 M	schwärzlichgrauoliv (Töne) . . . . btg		1,20	0,30	1,50
			Satzpreis (4 W.)	3,—	1,20	4,—
			FDC (A) 1 (MiNr. 1879, 1882)			4,50
			FDC (A) 2 (MiNr. 1880, 1881)			3,50

Auflagen: unbekannt

Weitere Ausgaben siehe Zusammenfassung nach Jahreszusammenstellungen

Die amtlichen FDC sind immer in der Form gelistet, in der sie offiziell angekündigt wurden: 1 FDC mit allen Marken des Satzes oder mehrere FDC, auf die die Marken des Satzes verteilt sind. Diverse Kombinationen kommen vor. Die FDC-Preise gelten für alle Kombinationen, sofern der Marken-Satz komplett ist.

1973, 19. Sept. Aufnahme in die Vereinten Nationen (UNO). 🄴 **Gottschall; RaTdr. (5×6); gez. K 14.**

bth) UNO-Gebäude, New York; UNO-Emblem; Staatswappen der DDR

				★★	⊘	⊙
1883	35 (Pf)	mehrfarbig	. . . . bth	0,60	0,30	0,50
			FDC			1,—

Auflage: 8 000 000 Stück

1973, 4. Okt. Briefmarkenausstellung junger Philatelisten der DDR. 🄴 **Gottschall; RaTdr. (10×5); gez. K 14.**

bti) Junges Paar; Gemälde von Günter Glombitza (1938–1984)

			★★	⊘	⊙
1884	20 + 5 (Pf) mehrfarbig	. . . . . . bti	0,40	0,20	0,50
		FDC			0,70

Auflage: 4 500 000 Stück

1973, 11. Okt. Weltgewerkschaftskongress, Warna. 🄴 **Detlefsen; RaTdr. (5×10); gez. K 14.**

btk) Emblem des Weltgewerkschaftsbundes (WGB)

				★★	⊘	⊙
1885	35 (Pf)	mehrfarbig	. . . . btk	0,50	0,40	0,80
			FDC			1,—

Auflage: 4 500 000 Stück

1973, 11. Okt. Unbesiegbares Vietnam (VII). 🄴 **Gottschall; RaTdr. (5×10); gez. K 14.**

btl) Kindergesicht, Symbole des Aufbaus

			★★	⊘	⊙
1886	10 + 5 (Pf) mehrfarbig	. . . . . . btl	0,40	0,20	0,50
		FDC			0,70

Auflage: 5 000 000 Stück

Weitere Ausgaben „Unbesiegbares Vietnam": MiNr. 1220, 1371, 1476, 1602, 1699, 1736, 2463

1973, 23. Okt. Tage der sowjetischen Wissenschaft und Technik in der DDR. 🄴 **Gottschall (MiNr. 1887 und 1889) und Pröbrock (MiNr. 1888); RaTdr. (MiNr. 1887 und 1889 10×5, MiNr. 1888 5×10); gez. K 14.**

btm) Raketenstart

btn) Karte der UdSSR, Hammer und Sichel

bto) Erdöldestillationswerk Rjasan

				★★	⊘	⊙
1887	10 (Pf)	mehrfarbig	. . . . btm	0,30	0,20	0,30
1888	20 (Pf)	mehrfarbig	. . . . btn	0,30	0,20	0,30
1889	25 (Pf)	mehrfarbig	. . . . bto	1,—	0,80	1,70
			Satzpreis (3 W.)	1,30	1,10	2,20
			FDC			2,50

Auflagen: MiNr. 1887 = 8 000 000, MiNr. 1888 = 6 000 000, MiNr. 1889 = 1 900 000 Stück

1973, 5. Nov. Solidarität mit dem chilenischen Volk. 🄴 **Rieß; RaTdr. (10×5); gez. K 14.**

btp) Luis Corvalán (1916–2010), chilen. Arbeiterführer

btr) Salvador Allende Gossens (1908–1973), Präsident Chiles

			★★	⊘	⊙
1890	10 + 5 (Pf) mehrfarbig	. . . . btp	0,30	0,30	0,50
1891	25 + 5 (Pf) mehrfarbig	. . . . . btr	0,50	0,50	1,—
		Satzpreis (2 W.)	0,70	0,70	1,50
		FDC			1,70

Auflage: 5 000 000 Sätze

1973, 13. Nov. Staatliche Kunstsammlungen Dresden, Galerie Alte Meister: Gemälde. 🄴 **Naumann; RaTdr. (5×5); gez. K 14.**

bts) Kind mit Puppe; von Christian Leberecht Vogel (1759–1816), Maler

btt) Madonna mit der Rose; von Parmigianino (1503–1540), italien. Maler und Radierer

btu) Frau mit geflochtenem blondem Haar; von Peter Paul Rubens (1577–1640), flämischer Maler

btv) Dame in Weiß; von Tizian (ca. 1490–1576), italien. Maler

btw) Archimedes; von Domenico Fetti (1589–1624), italien. Maler

btx) Ein Blumenstrauß mit blauer Schwertlilie; von Jan Dividsz de Heem (1606–1683/84), niederländ. Maler

				★★	⊘	⊙
1892	10 (Pf)	mehrfarbig	. . . . bts	0,30	0,20	0,30
1893	15 (Pf)	mehrfarbig	. . . . btt	0,30	0,20	0,30
1894	20 (Pf)	mehrfarbig	. . . . btu	0,30	0,20	0,30
1895	25 (Pf)	mehrfarbig	. . . . btv	0,30	0,20	0,30
1896	35 (Pf)	mehrfarbig	. . . . btw	0,30	0,20	0,30
1897	70 (Pf)	mehrfarbig	. . . . btx	2,80	2,—	3,—
			Satzpreis (6 W.)	3,50	3,—	4,50
			FDC 1 (MiNr. 1892, 1897)			3,50
			FDC 2 (MiNr. 1893, 1895)			0,70
			FDC 3 (MiNr. 1894, 1896)			0,80

Auflagen: MiNr. 1892 = 13 000 000, MiNr. 1893 und 1896 je 4 500 000, MiNr. 1894 = 8 000 000, MiNr. 1895 = 5 000 000, MiNr. 1897 = 1 900 000 Stück

1973, 20. Nov. 25. Jahrestag der Allgemeinen Erklärung der Menschenrechte durch die UNO. ⓔ **Dorfstecher; RaTdr. (6×5); gez. K 13.**

bty) Emblem

				★★	◍	⊙
1898	35 (Pf)	mehrfarbig	. . . . bty	0,60	0,40	0,80
			FDC			1,—

Auflage: 5 100 000 Stück

1973, 20. Nov. Freimarken: Aufbau in der DDR. Großformat 29×24 mm (V). ⓔ **Gottschall; StTdr. (5×10); gez. K 14.**

btz) Denkmal auf dem Ernst-Thälmann-Platz, Neubauten, Halle/Saale

bua) Staatswappen

				★★	◍	⊙
1899	30 (Pf)	dunkelzinnober	. . . . btz	0,50	0,30	0,80
1900	2 M	karminrot	. . . . bua	1,50	0,40	2,40
			Satzpreis (2 W.)	2,—	0,60	3,—
			FDC (A)			6,—

Auflagen:

Weitere Ausgaben siehe Zusammenfassung nach Jahreszusammenstellungen

1973, 4. Dez. Märchen (VIII): Auf des Hechtes Geheiß. ⓔ **Bläser; Odr. (Klb. 3×2); gez. K 13:13½.**

bub buc bud

bue buf bug

bub–bug) Szenen aus dem russischen Volks-Wintermärchen, überarbeitet von Graf Alexej Tolstoi (1883–1945), russ. Erzähler

				★★	◍	⊙
1901	5 (Pf)	mehrfarbig	. . . . bub	0,30	0,30	0,50
1902	10 (Pf)	mehrfarbig	. . . . buc	1,—	1,50	2,50
1903	15 (Pf)	mehrfarbig	. . . . bud	0,30	0,30	0,50
1904	20 (Pf)	mehrfarbig	. . . . bue	0,30	0,30	0,50
1905	25 (Pf)	mehrfarbig	. . . . buf	1,—	1,50	2,50
1906	35 (Pf)	mehrfarbig	. . . . bug	0,30	0,30	0,50
			Satzpreis (6 W.)	3,—	4,—	7,—
			Kleinbogen	3,60	9,—	11,—
			FDC*			25,—

*) kein amtlicher FDC

MiNr. 1901–1906 wurden zusammenhängend im Kleinbogen gedruckt.

Auflage: 2 000 000 Sätze

Weitere Kleinbogen „Märchen“ siehe Übersichtstabelle nach MiNr. 1241

1974

1974, 8. Jan./9. Juli. Persönlichkeiten der deutschen Arbeiterbewegung (II). ⓔ **Stauf; Odr. (10×5); gez. K 13½:13.**

buh) Edwin Hoernle (1883–1952)

bui) Etkar André (1894–1936)

buk) Paul Merker (1894–1969)

bul) Hermann Duncker (1874–1960)

bum) Fritz Heckert (1884–1936)

bun) Otto Grotewohl (1894–1964)

buo) Wilhelm Florin (1894–1944)

bup) Georg Handke (1894–1962)

bur) Rudolf Breitscheid (1874–1944)

bus) Kurt Bürger (1894–1951)

but) Carl Moltmann (1884–1960)

				★★	◍	⊙
1907	10 (Pf)	dkl'grüngrau (8.1.)	. buh	0,30	0,20	0,50
1908	10 (Pf)	braunviolett (8.1.)	. . bui	0,30	0,20	0,50
1909	10 (Pf)	dkl'graublau (8.1.)	. buk	0,30	0,20	0,50
1910	10 (Pf)	rotbraun (8.1.)	. . . . . bul	0,30	0,20	0,50
1911	10 (Pf)	dunkelgraugrün (8.1.)	. . . . bum	0,30	0,20	0,50
1912	10 (Pf)	lebhaftbraunrot (8.1.)	. . . . bun	0,30	0,20	0,50
1913	10 (Pf)	dunkelblau (8.1.)	. . buo	0,30	0,20	0,50
1914	10 (Pf)	dkl'olivbraun (8.1.)	. bup	0,30	0,20	0,50
1915	10 (Pf)	dunkelgrünlichblau (9.7.)	. . . . bur	0,30	0,20	0,50
1916	10 (Pf)	schwarzblauviolett (9.7.)	. . . . bus	0,30	0,20	0,50
1917	10 (Pf)	dkl'gelbbraun (9.7.)	but	0,30	0,20	0,50
			Satzpreis (11 W.)	3,20	1,80	4,—
			FDC 1 (A) (MiNr. 1907–1909)			1,50
			FDC 2 (A) (MiNr. 1910, 1911)			1,—
			FDC 3 (A) (MiNr. 1912–1914)			1,50
			FDC 4 (A) (MiNr. 1915–1917)			2,—

Auflage: 10 000 000 Sätze

Weitere Ausgaben „Persönlichkeiten der deutschen Arbeiterbewegung“ siehe Übersichtstabelle nach MiNr. 1855

1974, 22. Jan. 25 Jahre Rat für Gegenseitige Wirtschaftshilfe (RGW). ⓔ **Rieß; RaTdr. (6×5); gez. K 13.**

buu) Sinnbildliche Darstellung mit Flaggen der Mitgliedsländer

				★★	◍	⊙
1918	20 (Pf)	mehrfarbig	. . . . buu	0,50	0,20	0,50
			FDC			0,70

Auflage: 8 100 000 Stück

Notizen:

1974, 22. Jan. Freimarken: Aufbau in der DDR. Großformat 29×24 mm (VI). ☒ Gottschall; StTdr. (5×10); gez. K 14.

buv) Kronentor des Dresdner Zwingers

buw) Kröpeliner Tor und Haus Sonne, Rostock; Teepott und Leuchtturm, Warnemünde

				★★	▨	⊙
1919	60 (Pf)	dkl'graupurpur . . . . buv		0,80	0,30	1,—
1920	80 (Pf)	schw'violettblau . . buw		1,—	0,30	1,50
		Satzpreis (2 W.)		1,80	0,60	2,50
		FDC (A)				4,—

Auflagen:

Weitere Ausgaben siehe Zusammenfassung nach Jahreszusammenstellungen

1974, 22. Jan. Gedenken an Pablo Neruda. ☒ Detlefsen; RaTdr. (5×10); gez. K 14.

bux) P. Neruda (1904–1973), chilenischer Lyriker, Nobelpreis 1971

			★★	▨	⊙
1921	20 (Pf)	mehrfarbig . . . . bux	0,50	0,30	0,50
		FDC			0,70

Auflage: 5 000 000 Stück

1974, 12. Febr. Kakteen (II). ☒ Gottschall; RaTdr. (10×5); gez. K 14.

buy) Kugelkaktus (Echinopsis multiplex)

buz) Kugelkaktus (Lobivia haageana)

bva) Igelkaktus (Porodia sanguiniflora)

bvb) Igelkaktus (Gymnocalycium monvillei)

bvc) Igelkaktus (Neoporteria rapifera)

bvd) Igelkaktus (Notocactus concinnus)

			★★	▨	⊙
1922	5 (Pf)	mehrfarbig . . . . buy	0,30	0,20	0,30
1923	10 (Pf)	mehrfarbig . . . . buz	0,30	0,20	0,30
1924	15 (Pf)	mehrfarbig . . . . bva	2,50	2,50	4,—
1925	20 (Pf)	mehrfarbig . . . . bvb	0,30	0,20	0,30
1926	25 (Pf)	mehrfarbig . . . . bvc	0,30	0,20	0,50
1927	35 (Pf)	mehrfarbig . . . . bvd	0,30	0,20	0,50
		Satzpreis (6 W.)	3,50	3,20	5,50
		FDC 1 (MiNr. 1922, 1924, 1925)			3,50
		FDC 2 (MiNr. 1923, 1926, 1927)			1,50

Auflagen: MiNr. 1922 = 6 000 000, MiNr. 1923 = 20 000 000, MiNr. 1924 = 2 000 000, MiNr. 1925 = 16 000 000, MiNr. 1926 und 1927 je 5 000 000 Stück

Weitere Ausgaben „Kakteen" in gleicher Aufmachung: MiNr. 1625 bis 1630; in anderer Ausführung: MiNr. 2802–2807

1974, 26. Febr. Hallenhandball-Weltmeisterschaft der Männer. ☒ Rieß; Odr. (3×5 Zd); gez. K 13:13½.

bve) Torwurf bvf) Abwehr bvg) Torhüter

bve–bvg) Spielszene

			★★	▨	⊙
1928	5 (Pf)	mehrfarbig . . . . bve	0,40	0,40	0,70
1929	10 (Pf)	mehrfarbig . . . . bvf	0,40	0,40	0,70
1930	35 (Pf)	mehrfarbig . . . . bvg	0,40	0,40	0,70
		Satzpreis (3 W.)	1,20	1,20	2,—
		Dreierstreifen	1,50	1,60	2,50
		FDC			4,—

MiNr. 1928–1930 wurden waagerecht zusammenhängend gedruckt.

Auflage: 3 600 000 Sätze

1974, 5. März. Leipziger Frühjahrsmesse. ☒ Reißmüller (MiNr. 1931) und Detlefsen (MiNr. 1932); RaTdr. (MiNr. 1931 10×5, MiNr. 1932 5×10); gez. K 14.

bvh) Gleichspannungs-Prüfanlage für Hochspannungen bis 2000 kV

bvi) Datenverarbeitungsanlage ROBOTRON EC 2040 (Zentraleinheit)

			★★	▨	⊙
1931	10 (Pf)	mehrfarbig . . . . bvh	0,30	0,20	0,30
1932	25 (Pf)	mehrfarbig . . . . bvi	0,40	0,30	0,50
		Satzpreis (2 W.)	0,60	0,40	0,80
		FDC			1,—

Auflagen: MiNr. 1931 = 8 000 000, MiNr. 1932 = 5 000 000 Stück

1974, 19. März. Europäische Giftpilze. ☒ Deutschendorf; Odr. (10×5); gez. K 13:13½.

bvk) Riesen-Rötling (Rhodophyllus sinuatus)

bvl) Satanspilz (Boletus satanas)

bvm) Pantherpilz (Amanita pantherina)

bvn) Roter Fliegenpilz (Amanita muscaria)

bvo) Frühjahrslorchel (Gyromitra esculenta)

bvp) Ziegelroter Risspilz (Inocybe patouillardii)

bvr) Grüner Knollenblätterpilz (Amanita phalloides)

bvs) Feldtrichterling (Clitocybe dealbata)

			★★	▨	⊙
1933	5 (Pf)	mehrfarbig . . . . bvk	0,30	0,20	0,30
1934	10 (Pf)	mehrfarbig . . . . bvl	0,30	0,20	0,30
1935	15 (Pf)	mehrfarbig . . . . . . bvm	0,30	0,20	0,30
1936	20 (Pf)	mehrfarbig . . . . bvn	0,30	0,20	0,30
1937	25 (Pf)	mehrfarbig . . . . bvo	0,30	0,20	0,30
1938	30 (Pf)	mehrfarbig . . . . bvp	0,30	0,20	0,50

				**	⊘	⊙
1939	35 (Pf)	mehrfarbig .... bvr		0,30	0,20	0,50
1940	40 (Pf)	mehrfarbig .... bvs		2,—	1,20	2,80
		Satzpreis (8 W.)		3,50	2,50	5,—
		FDC 1 (MiNr. 1933, 1935, 1940)				3,50
		FDC 2 (MiNr. 1934, 1936, 1938)				1,50
		FDC 3 (MiNr. 1937, 1939)				1,50

Auflagen: MiNr. 1933 = 10 000 000, MiNr. 1934 = 15 000 000, MiNr. 1935 = 5 000 000, MiNr. 1936 = 12 000 000, MiNr. 1937 und 1939 je 6 000 000, MiNr. 1938 = 4 000 000, MiNr. 1940 = 2 000 000 Stück

Ausgabe „Europäische Speisepilze": MiNr. 2551–2556

1974, 26. März. Bedeutende Persönlichkeiten (II). 🄴 **Stauf; Odr. (10×5); gez. K 13½:13.**

bvt) Robert Kirchhoff (1824–1887), Physiker

bvu) Immanuel Kant (1724 bis 1804), Philosoph

bvv) Ehm Welk (1884–1966), Schriftsteller

bvw) Johann Gottfried von Herder (1744 bis 1803), Schriftsteller, Philosoph und Theologe

bvx) Lion Feuchtwanger (1884–1958), Schriftsteller

			**	⊘	⊙
1941	5 (Pf)	schwarzgrau/ mittelgrau .... bvt	0,30	0,20	0,30
1942	10 (Pf)	schwarzviolett-ultramarin/hell-violettultramarin ... bvu	0,30	0,20	0,30
1943	20 (Pf)	dunkelbraunrot/ lebh'bräunlichlila .. bvv	0,30	0,20	0,30
1944	25 (Pf)	schwärzlichgraugrün/ mittelbläulichgrün . bvw	0,30	0,20	0,50
1945	35 (Pf)	siena/mattsiena ... bvx	0,80	0,60	1,70
		Satzpreis (5 W.)	1,50	1,20	3,—
		FDC 1 (MiNr. 1941–1943)			0,70
		FDC 2 (MiNr. 1944, 1945)			3,—

Auflagen: MiNr. 1941 und 1942 je 7 000 000, MiNr. 1943 = 10 000 000, MiNr. 1944 = 5 000 000, MiNr. 1945 = 2 000 00 Stück

Weitere Ausgaben „Bedeutende Persönlichkeiten" in gleicher Aufmachung: MiNr. 1815–1819, 2025–2029; in anderer Ausführung siehe Übersichtstabelle nach MiNr. 2202

1974, 16. April. 25. Jahrestag des ersten Weltfriedenskongresses, Paris. 🄴 **Detlefsen; RaTdr. (6×5), gez. K 13.**

bvy) Erdkugel mit dem Wort Frieden in 5 Sprachen

			**	⊘	⊙
1946	35 (Pf)	mehrfarbig .... bvy	0,50	0,40	0,70
		FDC			1,—

Auflage: 3 600 000 Stück

1974, 16. April. Freimarken: Aufbau in der DDR. Kleinformat 21,5×17,5 mm (II). 🄴 **Gottschall; RaTdr. Rollen; gez. K 14.**

brr I) Pelikan; Alfred-Brehm-Haus, Tierpark Berlin

bte I) Neue Wache, Berlin

			**	⊘	⊙
1947	5 (Pf)	lebh'bläulichgrün .. brr I	0,30	0,20	0,40
1948	50 (Pf)	dunkelkobalt ..... bte I	0,90	0,70	2,—
		Satzpreis (2 W.)	1,10	0,80	2,40
		FDC (A)			4,—

Rollenmarken mit rückseitiger Nummer (R):

		Einzelmarken			5er-Str.
		**	⊘	⊙	**
1947 R	....	1,—	2,—	3,—	3,—
1948 R	....	3,—	3,—	9,—	9,—

MiNr. 1947 R und 1948 R wurden in Rollen zu 1000 Stück ausgegeben. Die Zählnummern sind waagerecht, bei Endziffer 5 dreistellig und bei Endziffer 0 vierstellig.

Von MiNr. 1948 R sind senkrecht zusammenhängende Paare sowie Bogenteile und Stücke mit anhängendem Bogenrand bekannt. Sie stammen aus unzertrennt gebliebenen Rollenbahnbogen. Auch Bogenteile mit rückseitiger Zählnummer sind bekannt (25% Aufschlag).

Weitere Ausgaben siehe Zusammenfassung nach Jahreszusammenstellungen

1974, 30. April. 25 Jahre DDR. 🄴 **Detlefsen; RaTdr. (6×5); gez. K 13.**

bvz

bwa

bwb

bwc

bvz–bwc) Motive aus dem gesellschaftlichen Leben

			**	⊘	⊙
1949	10 (Pf)	mehrfarbig .... bvz	0,30	0,30	0,40
1950	20 (Pf)	mehrfarbig ...... bwa	0,30	0,30	0,40
1951	25 (Pf)	mehrfarbig ...... bwb	0,30	0,30	0,40
1952	35 (Pf)	mehrfarbig ...... bwc	1,10	1,—	1,70
		Satzpreis (4 W.)	1,50	1,50	2,50
		FDC 1 (MiNr. 1949, 1951)			0,70
		FDC 2 (MiNr. 1950, 1952)			2,50

Auflagen: MiNr. 1949 = 6 000 000, MiNr. 1950 = 5 100 000, MiNr. 1951 = 4 500 000, MiNr. 1952 = 3 600 000 Stück

1974, 7. Mai. Leuchttürme. 🄴 **Bertholdt; Odr. (10×5); gez. K 14.**

bwd) Buk (erbaut 1878)

bwe) Warnemünde (erb. 1898)

bwf) Darßer Ort (erb. 1848)

bwg) Arkona (erb. 1827 und 1902)

bwh) Greifswalder Oie (erb. 1855)

			**	⊘	⊙
1953	10 (Pf)	mehrfarbig ...... bwd	0,30	0,20	0,30
1954	15 (Pf)	mehrfarbig ...... bwe	0,30	0,20	0,30
1955	20 (Pf)	mehrfarbig .... bwf	0,30	0,20	0,30
1956	35 (Pf)	mehrfarbig ...... bwg	0,30	0,20	0,30
1957	40 (Pf)	mehrfarbig ...... bwh	1,40	1,20	2,—
		Satzpreis (5 W.)	2,—	1,60	3,—
		FDC 1 (MiNr. 1953, 1954, 1956)			1,—
		FDC 2 (MiNr. 1955, 1957)			3,—

Auflagen: MiNr. 1953 = 15 000 000, MiNr. 1954 und 1956 je 5 000 000, MiNr. 1955 = 12 000 000, MiNr. 1957 = 2 000 000 Stück

In gleicher Aufmachung: MiNr. 2045–2049

1974, 21. Mai. 200. Geburtstag von Caspar David Friedrich. 🄴 **Naumann; RaTdr. (5×5); gez. K 14.**

bwi) Zwei Männer in Betrachtung des Mondes

bwk) Die Lebensstufen

bwl) Das große Gehege bei Dresden

bwm) Ausblick ins Elbtal

bwi–bwn) Gemälde von C. D. Friedrich (1774–1840), Maler und Zeichner

				★★	⊘	⊙
1958	10 (Pf)	mehrfarbig	.... bwi	0,30	0,20	0,30
1959	20 (Pf)	mehrfarbig	...... bwk	0,30	0,20	0,30
1960	25 (Pf)	mehrfarbig	.... bwl	2,—	2,—	3,—
1961	35 (Pf)	mehrfarbig	...... bwm	0,30	0,20	0,30
			Satzpreis (4 W.)	2,50	2,40	3,80
			FDC 1 (MiNr. 1958, 1961)			0,70
			FDC 2 (MiNr. 1959, 1960)			3,—

Blockausgabe, 🄴 **Rieß; StTdr; gez. Ks 14**

bwn) Selbstbildnis

bwo

				★★	⊙	FDC
1962	70 (Pf)	schwarzbraun	... bwn	1,—	2,—	
Block 40	(80×55 mm)		.... bwo	1,60	3,—	3,—
					Ⓢ 2,20	

Auflagen: MiNr. 1958 = 15 000 000, MiNr. 1959 = 12 000 000, MiNr. 1960 = 3 500 000, MiNr. 1961 = 4 500 000 Stück, Bl. 40 = 2 200 000 Blocks

1974, 11. Juni. Plauener Spitze (II). 🄴 **Gottschall; Odr. (10×5); gez. K 13½:13.**

bwp

bwr

bws

bwt

bwp–bwt) Verschiedene Muster

				★★	⊘	⊙
1963	10 (Pf)	mehrfarbig	...... bwp	0,30	0,20	0,30
1964	20 (Pf)	mehrfarbig	.... bwr	0,30	0,20	0,30
1965	25 (Pf)	mehrfarbig	.... bws	1,50	1,30	2,30
1966	35 (Pf)	mehrfarbig	.... bwt	0,30	0,20	0,30
			Satzpreis (4 W.)	2,—	1,80	3,—
			FDC 1 (MiNr. 1963, 1966)			0,70
			FDC 2 (MiNr. 1964, 1965)			2,50

Auflagen: MiNr. 1963 = 15 000 000, MiNr. 1964 = 12 000 000, MiNr. 1965 = 2 000 000, MiNr. 1966 = 5 000 000 Stück

Weitere Ausgabe „Plauener Spitze": MiNr. 1185–1188

1974, 11. Juni. Freimarke: Aufbau in der DDR. Großformat 29×24 mm (VII). 🄴 **Gottschall; StTdr. (5×10); gez. K 14.**

bua) Staatswappen

				★★	⊘	⊙
1967	3 M	dunkelrotlila	.... bua	5,—	1,20	8,—
			FDC (A)			12,—

Weitere Ausgaben siehe Zusammenfassung nach Jahreszusammenstellungen

1974, 9. Juli. Freimarke: Aufbau in der DDR. Kleinformat 21,5×17,5 mm (III). 🄴 **Gottschall; RaTdr. Rollen; gez. K 14.**

bfg I) Sowjetisches Ehrenmal, Berlin-Treptow

				★★	⊘	⊙
1968	1 M	schwärzlicholiv	.... btg I	2,—	2,—	4,—
			FDC (A)			8,—

Rollenmarke mit rückseitiger Nummer (R):

		Einzelmarke		5er-Str.	
		★★	⊘	⊙	★★
1968 R	....	4,50	4,50	10,—	15,—

MiNr. 1968 R wurde in Rollen zu 1000 Stück ausgegeben. Die Zählnummern sind waagerecht, bei Endziffer 5 dreistellig und bei Endziffer 0 vierstellig.

Von MiNr. 1968 R sind senkrecht zusammenhängende Paare sowie Bogenteile und Stücke mit anhängendem Bogenrand bekannt. Sie stammen aus unzertrennt gebliebenen Rollenbahnbogen. Auch Bogenteile mit rückseitiger Zählnummer sind bekannt (25% Aufschlag).

Weitere Ausgaben siehe Zusammenfassung nach Jahreszusammenstellungen

1974, 13. Aug. Internationaler Kongress für Pferdezucht der sozialistischen Staaten, Berlin. 🄴 **Naumann; RaTdr. (5×5); gez. K 14.**

bwu) Edles Warmblut; Springreiten

bwv) Traber; Trabrennen

bww) Haflinger

bwx) Englisches Vollblut; Galopprennen

				★★	⊘	⊙
1969	10 (Pf)	mehrfarbig	...... bwu	0,30	0,30	0,40
1970	20 (Pf)	mehrfarbig	.... bwv	0,30	0,30	0,40
1971	25 (Pf)	mehrfarbig	...... bww	1,70	2,20	3,—
1972	35 (Pf)	mehrfarbig	...... bwx	0,30	0,30	0,50
			Satzpreis (4 W.)	2,40	2,60	4,—
			FDC 1 (MiNr. 1969, 1971)			3,—
			FDC 2 (MiNr. 1970, 1972)			1,—

Auflagen: MiNr. 1969 = 10 000 000, MiNr. 1970 = 8 000 000, MiNr. 1971 = 2 000 000, MiNr. 1972 = 3 500 000 Stück

1974, 27. Aug. Leipziger Herbstmesse. Ⓔ **Reißmüller; Odr. (5×10); gez. K 13:12½.**

bwy) Eisenbahndrehkran EDK 2000

bwz) Rübenrodelader KS-6

				★★	▨	⊙
1973	10 (Pf)	mehrfarbig . . . . bwy		0,30	0,20	0,30
1974	25 (Pf)	mehrfarbig . . . . bwz		0,40	0,30	0,50
			Satzpreis (2 W.)	0,60	0,40	0,80
			FDC			2,50

Auflagen: MiNr. 1973 = 7 000 000, MiNr. 1974 = 5 000 000 Stück

1974, 10. Sept. Schlossmuseum Arnstadt: Puppenhaus „Mon plaisir". Ⓔ **Gottschall; RaTdr. DWD; (5×5); gez. K 14.**

bxa) Porzellan- und Spiegelkabinett

bxb) Ausrufer einer Schaubude

bxc) Weinprobe im Hofkeller

bxd) Böttgermeister und Geselle

bxe) Dudelsackspieler (Bärentanz)

bxf) Fleischermeisterin und Bettlerin

				★★	▨	⊙
1975	5 (Pf)	mehrfarbig . . . . bxa		0,30	0,30	0,40
1976	10 (Pf)	mehrfarbig . . . . bxb		0,30	0,30	0,40
1977	15 (Pf)	mehrfarbig . . . . bxc		0,30	0,30	0,40
1978	20 (Pf)	mehrfarbig . . . . bxd		0,30	0,30	0,40
1979	25 (Pf)	mehrfarbig . . . . bxe		1,50	1,50	3,—
1980	35 (Pf)	mehrfarbig . . . . bxf		0,30	0,30	0,50
			Satzpreis (6 W.)	2,40	2,40	4,50
			FDC 1 (MiNr. 1975, 1977, 1978)			0,80
			FDC 2 (MiNr. 1976, 1979, 1980)			3,40

Auflagen: MiNr. 1975 = 6 000 000, MiNr. 1976 = 12 000 000, MiNr. 1977 und 1980 je 4 000 000, MiNr. 1978 = 10 000 000, MiNr. 1979 = 2 000 000 Stück

1974, 24. Sept. Internationale Mahn- und Gedenkstätten. Ⓔ **Detlefsen; RaTdr. (5×5); gez. K 14.**

bxg) Mahnmal in den Ardeatinischen Höhlen bei Rom

bxh) Nationales Monument zum Gedenken der Helden der Résistance Française bei Châteaubriant, Frankreich

				★★	▨	⊙
1981	35 (Pf)	mehrfarbig . . . . bxg		0,40	0,40	0,80
1982	35 (Pf)	mehrfarbig . . . . bxh		0,40	0,40	0,80
			Satzpreis (2 W.)	0,80	0,70	1,50
			FDC			1,70

Auflagen: MiNr. 1981 = 3 000 000, MiNr. 1982 = 3 500 000 Stück

Weitere Ausgaben „Internationale Mahn- und Gedenkstätten" siehe Übersichtstabelle nach MiNr. 975

1974, 3. Okt. Blockausgabe: 25 Jahre DDR. Ⓔ **Detlefsen; RaTdr.; gez. Ks 13:13½.**

bxi) Familie, Neubauten, Staatswappen

bxk

			★★	⊙	FDC*
1983	1 M	mehrfarbig . . . . bxi	1,30	2,—	
Block 41	(90×108 mm)	. . . . bxk	2,—	5,—	40,—
		Ⓢ		2,—	

*) kein amtlicher FDC

Auflage: 2 000 000 Blocks

1974, 9. Okt. 100 Jahre Weltpostverein (UPU). Ⓔ **Gottschall; RaTdr. (10×5); gez. K 14.**

bxl) Modernes Frachtschiff und alter Raddampfer

bxm) Diesellokomotive und historische Lokomotive

bxn) Düsenflugzeug und Kolbenmotorflugzeug

bxo) Postauto und Postkutsche

bxl–bxo) Auf jeder Marke außerdem Briefumschlagrückseite, UPU-Emblem

				★★	▨	⊙
1984	10 (Pf)	mehrfarbig . . . . bxl		0,30	0,20	0,30
1985	20 (Pf)	mehrfarbig . . . . . . bxm		0,30	0,20	0,30
1986	25 (Pf)	mehrfarbig . . . . bxn		0,30	0,20	0,30
1987	35 (Pf)	mehrfarbig . . . . bxo		1,20	1,—	1,50
			Satzpreis (4 W.)	1,80	1,40	2,20
			FDC 1 (MiNr. 1984, 1987)			2,—
			FDC 2 (MiNr. 1985, 1986)			0,70

Auflagen: MiNr. 1984 = 15 000 000, MiNr. 1985 = 12 000 000, MiNr. 1986 = 3 500 000, MiNr. 1987 = 2 000 000 Stück

1974, 24. Okt. Tag der Philatelisten; Briefmarkenausstellung „DDR 74", Chemnitz (Karl-Marx-Stadt). Ⓔ **Gottschall; Odr. (3×5 Zd); gez. K 13:13½.**

bxp) Reliefausschnitt von Eberhard Roßdeutscher (1921–1980)

bxr) Reliefausschnitt von Joachim Jastram

bxs) Reliefausschnitt von Martin Wetzel (1929–2008)

bxp–bxs) Details aus einem plastischen Ensemble nach Lobgedichten von Bertolt Brecht (1898–1956), Dramatiker und Dichter

				**	◍	⊙
1988	10 + 5 (Pf)	mehrfarbig	. . . . . bxp	0,30	0,20	0,50
1989	20 (Pf)	mehrfarbig	. . . . bxr	0,30	0,20	0,50
1990	25 (Pf)	mehrfarbig	. . . . bxs	0,30	0,20	0,50
			Satzpreis (3 W.)	0,80	0,60	1,50
			Dreierstreifen	1,50	1,30	2,—
			FDC			2,—

MiNr. 1988–1990 wurden waagerecht zusammenhängend gedruckt.

Auflage: 2 550 000 Sätze

1974, 26. Nov. Zeichnungen Junger Pioniere. Ⓔ Detlefsen; Odr. (Klb. 2×2 + Zierfeld); gez. Ks 14.

bxt) Über allem strahlt die Sonne; von Gabriele Mlosch (9 Jahre)

bxu) Carsten, bester Schwimmer der Klasse; von Michael Kluge (10 Jahre)

bxv) Mein Freund Sascha; von Birk Ozminski (9 Jahre)

bxw) Ich an der Wandtafel; von Petra Westphal (7 Jahre)

				**	◍	⊙
1991	20 (Pf)	mehrfarbig	. . . . bxt	0,40	0,40	1,—
1992	20 (Pf)	mehrfarbig	. . . . bxu	0,40	0,40	1,—
1993	20 (Pf)	mehrfarbig	. . . . bxv	0,40	0,40	1,—
1994	20 (Pf)	mehrfarbig	. . . . . . bxw	0,40	0,40	1,—
			Satzpreis (4 W.)	1,50	1,50	4,—
			Kleinbogen	2,—	3,—	5,—
			FDC*			20,—

*) kein amtlicher FDC

MiNr. 1991–1994 wurden mit Zierfeld zusammenhängend im Kleinbogen gedruckt.

Auflage: 2 500 000 Sätze

1974, 3. Dez. Märchen (IX): Zwitscher hin und zwitscher her. Ⓔ Bläser und Bläser; Odr. (Klb. 3×2); gez. K 13:13½.

bxx bxy bxz

bya byb byc

bxx–byc) Szenen aus dem russischen Volks-Wintermärchen, überarbeitet von Graf Alexej Tolstoi (1883–1945), russischer Erzähler

				**	◍	⊙
1995	10 (Pf)	mehrfarbig	. . . . bxx	0,30	0,30	0,50
1996	15 (Pf)	mehrfarbig	. . . . bxy	1,10	1,10	2,—
1997	20 (Pf)	mehrfarbig	. . . . bxz	0,30	0,30	0,50
1998	30 (Pf)	mehrfarbig	. . . . bya	0,30	0,30	0,50
1999	35 (Pf)	mehrfarbig	. . . . byb	1,10	1,10	2,—
2000	40 (Pf)	mehrfarbig	. . . . byc	0,30	0,30	0,50
			Satzpreis (6 W.)	3,—	3,—	6,—
			Kleinbogen	3,80	6,—	9,—
			FDC*			30,—

*) kein amtlicher FDC

MiNr. 1995–2000 wurden zusammenhängend im Kleinbogen gedruckt.

Auflage: 2 000 000 Sätze

Weitere Kleinbogen „Märchen“ siehe Übersichtstabelle nach MiNr. 1241

1974, 10. Dez. Staatliche Museen Berlin: Gemälde. Ⓔ Naumann; RaTdr. (5×5); gez. K 14.

byd) Stillleben mit Sonnenblumen und Quitten; von Ronald Paris (*1933)

bye) Sinnendes Mädchen; von Wilhelm Lachnit (1899–1962)

byf) Fischerhaus in Vitte; von Harald Hakenbeck (*1926)

byg) Mädchenporträt in Rot; von Rudolf Bergander (1909–1970)

byh) Meine Eltern III; von Willi Sitte (1921–2013)

				**	◍	⊙
2001	10 (Pf)	mehrfarbig	. . . . byd	0,30	0,20	0,30
2002	15 (Pf)	mehrfarbig	. . . . bye	0,30	0,20	0,30
2003	20 (Pf)	mehrfarbig	. . . . byf	0,30	0,20	0,30
2004	35 (Pf)	mehrfarbig	. . . . byg	0,30	0,20	0,30
2005	70 (Pf)	mehrfarbig	. . . . byh	2,—	1,60	3,—
			Satzpreis (5 W.)	2,80	2,20	4,—
			FDC 1 (MiNr. 2001, 2002)			0,50
			FDC 2 (MiNr. 2003, 2004)			1,—
			FDC 3 (MiNr. 2005)			3,50

Auflagen: MiNr. 2001 und 2003 je 8 000 000, MiNr. 2002 = 5 000 000, MiNr. 2004 = 3 500 000, MiNr. 2005 = 2 000 000 Stück

1974, 17. Dez. Minerale aus den Sammlungen der Bergakademie Freiberg (III). Ⓔ Grünewald; RaTdr. (5×10); gez. K 4.

byl) Bandjaspis, Gnandstein (Sachsen)

byk) Rauchquarz, Pechtelsgrün (Vogtland)

byl) Topas, Schneckenstein (Vogtland)

bym) Amethyst mit Quarz, Geyer (Erzgebirge)

byn) Aquamarin, Irfersgrün (Vogtland)

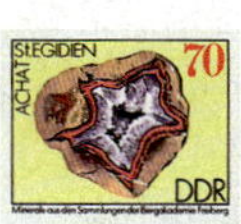

byo) Achat im Porphyr, Sankt Egidien (Sachsen)

				★★	⊘	⊙
2006	10 (Pf)	mehrfarbig	. . . . byi	0,30	0,20	0,30
2007	15 (Pf)	mehrfarbig	. . . . byk	0,30	0,20	0,30
2008	20 (Pf)	mehrfarbig	. . . . byl	0,30	0,20	0,30
2009	25 (Pf)	mehrfarbig	. . . . . . bym	0,30	0,20	0,30
2010	35 (Pf)	mehrfarbig	. . . . byn	0,30	0,20	0,30
2011	70 (Pf)	mehrfarbig	. . . . byo	2,—	1,60	3,—
			Satzpreis (6 W.)	3,—	2,20	4,50
			FDC 1 (MiNr. 2006, 2007, 2011)			4,—
			FDC 2 (MiNr. 2008–2010)			1,50

Auflagen: MiNr. 2006 = 15 000 000, MiNr. 2007 = 6 000 000, MiNr. 2008 = 12 000 000, MiNr. 2009 und 2010 je 3 500 000, MiNr. 2011 = 2 000 000 Stück

Weitere Ausgaben „Minerale aus den Sammlungen der Bergakademie Freiberg": MiNr. 1468–1473, 1737–1742

1975

1975, 14. Jan. Persönlichkeiten der deutschen Arbeiterbewegung (III). Ⓔ Stauf; Odr. (10×5); gez. K 13½:13.

byp) Martha Arendsee (1885–1953)

				★★	⊘	⊙
2012	10 (Pf)	karmin	. . . . byp	0,40	0,20	0,40
			FDC (A)			0,70

Auflage: 8 000 000 Stück

Weitere Ausgaben „Persönlichkeiten der deutschen Arbeiterbewegung" siehe Übersichtstabelle nach MiNr. 1855

1975, 11. Febr. 450. Jahrestag des Deutschen Bauernkrieges. Ⓔ Müller; Odr. (Klb.); gez. Ks 12½:13.

byr bys

byt byu byv byw

byr) Bauern bei der Fronarbeit
bys) Bauern bei der Abgabe des Zehnten
byt) Thomas Müntzer (um 1489/90–1525), Theologe und Revolutionär, Anführer im Bauernkrieg in Thüringen
byu) Revolutionäre Bauern
byv) Revolutionärer Bauer mit Sturmfahne
byw) Bauer vor Gericht

				★★	⊘	⊙
2013	5 (Pf)	mehrfarbig	. . . . byr	0,40	0,40	1,—
2014	10 (Pf)	mehrfarbig	. . . . bys	0,40	0,40	1,—
2015	20 (Pf)	mehrfarbig	. . . . byt	0,40	0,40	1,—
2016	25 (Pf)	mehrfarbig	. . . . byu	0,70	0,70	1,50
2017	35 (Pf)	mehrfarbig	. . . . byv	0,70	0,70	1,50
2018	50 (Pf)	mehrfarbig	. . . . byw	0,40	0,40	1,—
			Satzpreis (6 W.)	3,—	3,—	7,—
			Kleinbogen	5,50	4,50	11,—
			FDC*			30,—

*) kein amtlicher FDC

Die Unterdruckfarbe schwankt zwischen hellblaugrau und blaugrau.

MiNr. 2013–2018 wurden mit Zierfeld zusammenhängend im Kleinbogen gedruckt.

Auflage: 2 000 000 Sätze

1975, 25. Febr. Internationales Jahr der Frau. Ⓔ Rieß; Odr. (3×5 Zd); gez. K 13:13½.

byx byy byz

byx–byz) Frauen verschiedener Nationen, Emblem der UNO für das Internationale Jahr der Frau

				★★	⊘	⊙
2019	10 (Pf)	mehrfarbig	. . . . byx	0,30	0,30	0,50
2020	20 (Pf)	mehrfarbig	. . . . byy	0,30	0,30	0,50
2021	25 (Pf)	mehrfarbig	. . . . byz	0,30	0,30	0,50
			Satzpreis (3 W.)	0,80	0,80	1,50
			Dreierstreifen	1,40	1,30	2,—
			FDC			2,—

MiNr. 2019–2021 wurden waagerecht zusammenhängend gedruckt.

Auflage: 4 000 000 Sätze

1975, 4. März. Freimarke: Aufbau in der DDR. Kleinformat 21,5×17,5 mm (IV). Ⓔ Gottschall; RaTdr. Rollen; gez. K 14.

bsd I) Alexanderplatz, Berlin

				★★	⊘	⊙
2022	25 (Pf)	dkl'blaugrün	. . . . . bsd I	0,60	0,50	1,—
			FDC (A)			7,—

Rollenmarke mit rückseitiger Nummer (R):

		Einzelmarke			5er-Str.
		★★	⊘	⊙	★★
2022 R	. . . .	2,50	2,—	7,—	7,—

MiNr. 2022 R wurde in Rollen zu 1000 Stück ausgegeben. Die Zählnummern sind waagerecht, bei Endziffer 5 dreistellig, bei Endziffer 0 vierstellig.

Von MiNr. 2022 R sind senkrecht zusammenhängende Paare sowie Bogenteile und Stücke mit anhängendem Bogenrand bekannt. Sie stammen aus unzertrennt gebliebenen Rollenbahnbogen. Auch Bogenteile mit rückseitiger Zählnummer sind bekannt (25% Aufschlag).

Weitere Ausgaben siehe Zusammenfassung nach Jahreszusammenstellungen

1975, 4. März. Leipziger Frühjahrsmesse. Ⓔ Bertholdt; RaTdr. (5×10); gez. K 14.

bza) Mikrofilm-Aufnahmekamera PENTAKTA A 100

bzb) SKET-Zementwerk nach dem Trockenverfahren

				★★	⊘	⊙
2023	10 (Pf)	mehrfarbig	. . . . bza	0,30	0,20	0,30
2024	25 (Pf)	mehrfarbig	. . . . bzb	0,30	0,30	0,50
			Satzpreis (2 W.)	0,60	0,40	0,80
			FDC			0,70

Auflagen: MiNr. 2023 = 8 000 000, MiNr. 2024 = 4 500 000 Stück

Alle vom 1.1.1964 bis 30.6.1990 ausgegebenen Postwertzeichen (MiNr. 1004 bis 3343) waren bis 2.10.1990 gültig

1975, 18. März. Bedeutende Persönlichkeiten (III). 🄴 **Stauf; Odr. (10×5); gez. K 13½:13.**

bzc) Hans Otto (1900–1933), Schauspieler

bzd) Thomas Mann (1875–1955), Schriftsteller, Nobelpreis 1929

bze) Dr. Albert Schweitzer (1875–1965), elsäss. Missionsarzt, evang. Theologe, Musiker, Friedens-Nobelpreis 1952

bzf) Michelangelo (1475–1564), ital. Bildhauer, Maler, Baumeister, Dichter

bzg) André Marie Ampère (1775–1836), französ. Mathematiker und Physiker

				**	◙	⊙
2025	5 (Pf)	dunkelgraublau . . . bzc		0,30	0,20	0,30
2026	10 (Pf)	dkl'bräunlichlila . . . bzd		0,30	0,20	0,30
2027	20 (Pf)	schwarzopalgrün . . bze		0,30	0,20	0,30
2028	25 (Pf)	schwarzrötl'braun . . bzf		0,30	0,20	0,70
2029	35 (Pf)	dkl'lilaultramarin . . bzg		1,—	0,60	1,50
		Satzpreis (5 W.)		1,80	1,30	3,—
		FDC 1 (A) (MiNr. 2025, 2027)				0,50
		FDC 2 (A) (MiNr. 2026, 2028, 2029)				3,50

Auflagen: MiNr. 2025 = 4 500 000, MiNr. 2026 = 15 000 000, MiNr. 2027 = 7 000 000, MiNr. 2028 = 4 000 000, MiNr. 2029 = 2 000 000 Stück

Weitere Ausgaben „Bedeutende Persönlichkeiten" in gleicher Aufmachung: MiNr. 1815–1819, 1941–1945; in anderer Ausführung siehe Übersichtstabelle nach MiNr. 2202

1975, 25. März. Zootiere. 🄴 **Zieger; Odr. (MiNr. 2030–2032 und 2037 10×5, MiNr. 2033–2036 5×10); Hochformate gez. K 13½:13, Querformate ∼.**

bzh) Ararauna (Ara ararauna)

bzi) Orang-Utan (Pongo pygmaeus)

bzk) Sibirischer Steinbock (Capra ibex sibirica)

bzl) Panzernashorn (Rhinoceros unicornis)

bzm) Zwergflusspferd (Choeropsis liberiensis)

bzn) Kegelrobbe (Halichoerus grypus)

bzo) Sibirischer Tiger (Panthera tigris altaica)

bzp) Böhm-Zebra (Equus quagga boehmi)

			**	◙	⊙
2030	5 (Pf)	mehrfarbig . . . . bzh	0,30	0,20	0,30
2031	10 (Pf)	mehrfarbig . . . . bzi	0,30	0,20	0,30
2032	15 (Pf)	mehrfarbig . . . . bzk	0,30	0,20	0,30
2033	20 (Pf)	mehrfarbig . . . . bzl	0,30	0,20	0,30
2034	25 (Pf)	mehrfarbig . . . . . . bzm	0,30	0,20	0,30
2035	30 (Pf)	mehrfarbig . . . . bzn	0,30	0,20	0,30
2036	35 (Pf)	mehrfarbig . . . . bzo	0,30	0,20	0,30
2037	50 (Pf)	mehrfarbig . . . . bzp	1,80	2,—	3,50
		Satzpreis (8 W.)	3,50	3,—	5,50
		FDC 1 (MiNr. 2030, 2035, 2036)			1,50
		FDC 2 (MiNr. 2031, 2032, 2034)			1,—
		FDC 3 (MiNr. 2033, 2037)			3,50

Auflagen: MiNr. 2030 und 2032 je 5 000 000, MiNr. 2031 = 15 000 000, MiNr. 2033 = 7 000 000, MiNr. 2034–2036 je 4 000 000, MiNr. 2037 = 2 000 000 Stück

Notizen:

1975, 6. Mai. 30. Jahrestag der Befreiung vom Faschismus. 🄴 **Detlefsen; RaTdr. (5×5); gez. K 14.**

bzr) Sowjetisches Ehrenmal, Berlin-Treptow

bzs) Denkmalgruppe in der Nationalen Mahn- und Gedenkstätte Buchenwald (Detail); von Fritz Cremer (1903–1993)

bzt) Aufbauhelferin; Plastik

bzu) Arbeiter und Soldaten; RGW-Gebäude, Moskau

			**	◙	⊙
2038	10 (Pf)	mehrfarbig . . . . bzr	0,30	0,30	0,30
2039	20 (Pf)	mehrfarbig . . . . bzs	0,30	0,30	0,30
2040	25 (Pf)	mehrfarbig . . . . bzt	0,30	0,30	0,30
2041	35 (Pf)	mehrfarbig . . . . bzu	0,80	0,60	1,30
		Satzpreis (4 W.)	1,30	1,10	2,—
		FDC 1 (MiNr. 2038, 2040)			0,70
		FDC 2 (MiNr. 2039, 2041)			2,—

Blockausgabe, ☐

bzw

bzv) Soldat der Roten Armee hisst rote Fahne auf dem Reichstagsgebäude, Berlin

			**	⊙	FDC*
2042	50 (Pf)	mehrfarbig . . . . bzv	0,70	2,—	
Block 42	(107×89 mm)	. . . . bzw	1,20	2,50	60,—
		Ⓢ		1,60	

*) kein amtlicher FDC

Auflagen: MiNr. 2038 und 2039 je 6 000 000, MiNr. 2040 = 4 000 000, MiNr. 2041 = 2 000 000 Stück, Bl. 42 = 2 000 000 Blocks

1975, 6. Mai. 20 Jahre Warschauer Vertrag. 🄴 **Rieß; RaTdr. (5×5); gez. K 14.**

bzx) Soldaten der Sowjetarmee und der Nationalen Volksarmee der DDR, Industrieanlagen

			**	◙	⊙
2043	20 (Pf)	mehrfarbig . . . . bzx	1,30	0,40	1,—
		FDC (A)			2,—

Auflage: 7 000 000 Stück

1975, 13. Mai. Festival der Freundschaft der Jugend der UdSSR und der DDR, Halle/Saale. Ⓔ **Detlefsen; RaTdr. (10×5); gez. K 14.**

bzy) Verschlungene Fahnenbänder, Abzeichen des Komsomol und der FDJ

				✶✶	▨	⊙
2044	10 (Pf)	mehrfarbig	. . . . bzy	0,50	0,20	0,40
			FDC			0,50

Auflage: 6 000 000 Stück

1975, 13. Mai. Leuchttürme, Leit-, Leucht- und Molenfeuer. Ⓔ **Bertholdt; Odr. (10×5); gez. K 14.**

bzz) Leitfeuer Timmendorf (erbaut 1872)

caa) Leuchtfeuer Gellen (erb. 1905)

cab) Molenfeuer Sassnitz (erb. 1904)

cac) Leuchtturm Dornbusch (erb. 1888)

cad) Leitfeuer Peenemünde (erb. 1954)

				✶✶	▨	⊙
2045	5 (Pf)	mehrfarbig	. . . . bzz	0,30	0,20	0,30
2046	10 (Pf)	mehrfarbig	. . . . caa	0,30	0,20	0,30
2047	20 (Pf)	mehrfarbig	. . . . cab	0,30	0,20	0,30
2048	25 (Pf)	mehrfarbig	. . . . cac	0,30	0,20	0,30
2049	35 (Pf)	mehrfarbig	. . . . cad	1,—	0,80	1,50
			Satzpreis (5 W.)	2,—	1,40	2,60
			FDC 1 (MiNr. 2045, 2047)			0,50
			FDC 2 (MiNr. 2046, 2048, 2049)			3,50

Auflagen: MiNr. 2045 und 2048 je 5 500 000, MiNr. 2046 = 15 000 000, MiNr. 2047 = 8 000 000, MiNr. 2049 = 2 000 000 Stück

In gleicher Aufmachung: MiNr. 1953–1957

1975, 21. Mai. 100. Jahrestag des Zusammenschlusses der Sozialdemokratischen Arbeiterpartei und des Allgemeinen Deutschen Arbeitervereins zur Sozialistischen Arbeiterpartei Deutschlands; 100. Jahrestag der Veröffentlichung der Programmkritik durch Karl Marx. Ⓔ **Rieß; RaTdr. (3×5 Zd); gez. K 14.**

cae) Wilhelm Liebknecht (1826–1900) und August Bebel (1840–1913)

caf) Tagungsstätte des Vereinigungskongresses „Tivoli“, Gotha; Titelseite des Protokolls

cag) Karl Marx (1818–1883) und Friedrich Engels (1820–1895)

				✶✶	▨	⊙
2050	10 (Pf)	mehrfarbig	. . . . cae	0,30	0,20	0,40
2051	20 (Pf)	mehrfarbig	. . . . caf	0,30	0,20	0,40
2052	25 (Pf)	mehrfarbig	. . . . cag	0,30	0,20	0,40
			Satzpreis (3 W.)	0,90	0,60	1,20
			Dreierstreifen	1,30	1,30	2,40
			FDC			2,50

MiNr. 2050–2052 wurden waagerecht zusammenhängend gedruckt.

Auflage: 3 000 000 Sätze

1975, 10. Juni. 25 Jahre Eisenhüttenstadt. Ⓔ **Voigt; Odr. (5×5); gez. K 13:13½.**

cah) Wissenschaftliche Zusammenarbeit der sozialistischen Länder; Mosaik von Walter Womacka (1925–2010)

				✶✶	▨	⊙
2053	20 (Pf)	mehrfarbig	. . . . cah	0,40	0,20	0,40
			FDC			0,50

Auflage: 7 000 000 Stück

1975, 10. Juni. 30 Jahre Freier Deutscher Gewerkschaftsbund (FDGB). Ⓔ **Detlefsen; RaTdr. (5×5); gez. K 14.**

cai) Bauarbeiter, Neubauten, FDGB-Abzeichen

				✶✶	▨	⊙
2054	20 (Pf)	mehrfarbig	. . . . cai	0,40	0,20	0,40
			FDC			0,60

Auflage: 8 000 000 Stück

1975, 24. Juni. Alte Uhren. Ⓔ **Dorfstecher und Ziratzki, Fotos: Reinhold; RaTdr. (5×5); gez. K 14.**

cak) Automatenuhr (Türmchenuhr) von Paulus Schuster (1585)

cal) Astronomische Stutzuhr eines Augsburger Meisters (um 1560)

cam) Tafelaufsatz-Automatenuhr von Hans Schlottheim (um 1600)

can) Stutzuhr (Hubertusuhr) von Johann Heinrich Köhler und J. G. Graupner (um 1720)

cao) Stutzuhr von Johann Heinrich Köhler (um 1700)

cap) Geographisch-astronomische Kunstuhr von Johannes Klein (1738)

				✶✶	▨	⊙
2055	5 (Pf)	mehrfarbig	. . . . cak	0,30	0,20	0,30
2056	10 (Pf)	mehrfarbig	. . . . cal	0,30	0,20	0,30
2057	15 (Pf)	mehrfarbig	. . . . . . cam	1,50	1,50	3,—
2058	20 (Pf)	mehrfarbig	. . . . can	0,30	0,20	0,30
2059	25 (Pf)	mehrfarbig	. . . . cao	0,30	0,20	0,30
2060	35 (Pf)	mehrfarbig	. . . . cap	0,30	0,20	0,50
			Satzpreis (6 W.)	2,50	2,40	4,50
			FDC 1 (MiNr. 2055, 2060)			0,80
			FDC 2 (MiNr. 2056, 2058)			0,70
			FDC 3 (MiNr. 2057, 2059)			4,—

Auflagen: MiNr. 2055 = 5 000 000, MiNr. 2056 = 10 000 000, MiNr. 2057 = 2 000 000, MiNr. 2058 = 8 000 000, MiNr. 2059 = 4 000 000, MiNr. 2060 = 3 500 000 Stück

1975, 2. Juli. 275 Jahre Akademie der Wissenschaften, Berlin. 🄴 Bengs; Odr. (5×5); gez. K 13½:13.

car) Deutsches Wörterbuch von Jacob und Wilhelm Grimm

cas) Karl-Schwarzschild-Observatorium, Tautenburg bei Jena

cat) Theoria cum praxi (Theorie und Praxis): Elektronenmikroskop und Chemieanlage

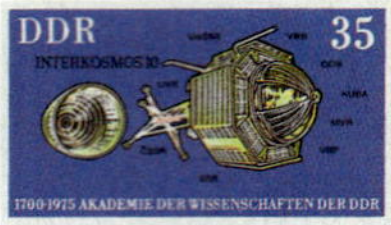

cau) Satellit „Interkosmos 10“

					**	⊘	⊙
2061	10	(Pf)	mehrfarbig	car	0,30	0,20	0,30
2062	20	(Pf)	mehrfarbig	cas	0,30	0,20	0,30
2063	25	(Pf)	mehrfarbig	cat	0,30	0,20	0,30
2064	35	(Pf)	mehrfarbig	cau	1,—	0,90	2,—
			Satzpreis (4 W.)		1,50	1,40	2,80
			FDC 1 (MiNr. 2061, 2062)				0,50
			FDC 2 (MiNr. 2063, 2064)				3,—

Auflagen: MiNr. 2061 = 9 000 000, MiNr. 2062 = 7 000 000, MiNr. 2063 = 5 000 000, MiNr. 2064 = 2 000 000 Stück

1975, 15. Juli. Kinder- und Jugendspartakiade, Berlin. 🄴 Bremer; Odr. (10×5); gez. K 13½:13.

cav) Fackellauf

caw) Hürdenlauf

cax) Schwimmen

cay) Turnen am Schwebebalken

					**	⊘	⊙
2065	10	(Pf)	hellgraurot/ schwarz	cav	0,30	0,20	0,30
2066	20	(Pf)	dunkelrötlichgelb/ schwarz	caw	0,30	0,20	0,30
2067	25	(Pf)	lebhaftgraublau/ schwarz	cax	0,30	0,20	0,30
2068	35	(Pf)	lebhaftgelbgrün/ schwarz	cay	1,—	0,90	1,80
			Satzpreis (4 W.)		1,50	1,40	2,50
			FDC 1 (MiNr. 2065, 2067)				0,70
			FDC 2 (MiNr. 2066, 2068)				3,—

Auflagen: MiNr. 2065 = 9 000 000, MiNr. 2066 = 8 000 000, MiNr. 2067 = 5 000 000, MiNr. 2068 = 2 000 000 Stück

1975, 30. Juli. Unterzeichnung der Schlussakte der Konferenz über Sicherheit und Zusammenarbeit in Europa (KSZE), Helsinki. 🄴 Bertholdt; RaTdr. (6×5); gez. K 13.

caz) Landkarte von Europa, Strahlenkranz

					**	⊘	⊙
2069	20	(Pf)	mehrfarbig	caz	0,50	0,30	0,50
			FDC (A)				0,70

Auflage: 6 000 000 Stück

1975, 19. Aug. Blumenzüchtungen. 🄴 Naumann; RaTdr. (10×5); gez. K 14.

cba) Sommeraster (Callistephus chinensis), Meisteraster Harzgruß

cbb) Pelargonie (Pelargonium zonale), PAC-Mini-Pelargonie

cbc) Gerbera (Gerbera jamesonii), Auriga, Markal

cbd) Gartennelke (Dianthus caryophyllus), Barther Frühling

cbe) Chrysantheme (Chrysanthemum indicum), Ziero

cbf) Gartenstiefmütterchen (Viola x wittrockiana)

					**	⊘	⊙
2070	5	(Pf)	mehrfarbig	cba	0,30	0,20	0,30
2071	10	(Pf)	mehrfarbig	cbb	0,30	0,20	0,30
2072	20	(Pf)	mehrfarbig	cbc	0,30	0,20	0,30
2073	25	(Pf)	mehrfarbig	cbd	0,30	0,20	0,30
2074	35	(Pf)	mehrfarbig	cbe	0,30	0,20	0,40
2075	70	(Pf)	mehrfarbig	cbf	2,80	2,40	4,—
			Satzpreis (6 W.)		3,80	3,—	5,50
			FDC 1 (MiNr. 2070, 2071, 2075)				4,20
			FDC 2 (MiNr. 2072–2074)				1,30

Auflagen: MiNr. 2070 = 6 000 000, MiNr. 2071 = 14 000 000, MiNr. 2072 = 8 000 000, MiNr. 2073 und 2074 je 4 500 000, MiNr. 2075 = 2 000 000 Stück

1975, 28. Aug. Leipziger Herbstmesse. 🄴 Bertholdt; RaTdr. (MiNr. 2076 10×5, MiNr. 2077 5×10); gez. K 14.

cbg) Universalnarkoseeinheit Medimorph

cbh) Motorrad IFA MZ TS 250

					**	⊘	⊙
2076	10	(Pf)	mehrfarbig	cbg	0,30	0,20	0,30
2077	25	(Pf)	mehrfarbig	cbh	0,50	0,30	0,70
			Satzpreis (2 W.)		0,70	0,40	1,—
			FDC				1,—

Auflagen: MiNr. 2076 = 7 000 000, MiNr. 2077 = 4 500 000 Stück

1975, 9. Sept. Sicherheit im Straßenverkehr (III). 🄴 Rieß; Odr. (5×10); gez. K 13:12½.

cbi) Schülerlotse

cbk) Verkehrsregelung durch die Volkspolizei

cbl) Verkehrspolizist im operativen Dienst, Verkehrssicherheitsplakette

cbm) Technische Kfz-Überprüfung

cbn) Verkehrsunterricht

				★★	◎	⊙
2078	10 (Pf)	mehrfarbig	. . . . cbi	0,30	0,20	0,30
2079	15 (Pf)	mehrfarbig	. . . . cbk	1,60	0,80	1,80
2080	20 (Pf)	mehrfarbig	. . . . cbl	0,30	0,20	0,30
2081	25 (Pf)	mehrfarbig	. . . . . . cbm	0,30	0,20	0,30
2082	35 (Pf)	mehrfarbig	. . . . cbn	0,30	0,20	0,50
			Satzpreis (5 W.)	2,40	1,50	3,—
			FDC 1 (MiNr. 2078, 2081, 2082)			1,—
			FDC 2 (MiNr. 2079, 2080)			3,50

Auflagen: MiNr. 2078 = 15 000 000, MiNr. 2079 = 2 000 000, MiNr. 2080 = 8 000 000, MiNr. 2081 = 5 000 000, MiNr. 2082 = 4 500 000 Stück

Weitere Ausgaben „Sicherheit im Straßenverkehr": MiNr. 1169 bis 1172, 1444–1447

1975, 23. Sept. Internationale Solidarität. 🄴 **Gottschall; Odr. (10×5); gez. K 13:13½.**

cbv) Erhobene Faust, roter Stern

				★★	◎	⊙
2089	10 + 5 (Pf)	mehrfarbig	. . . . . cbv	0,40	0,20	0,40
			FDC (A)			0,70

Auflage: 3 500 000 Stück

1975, 15. Sept. Sowjetisch-amerikanisches Raumfahrtunternehmen Sojus-Apollo. 🄴 **Bertholdt; RaTdr. (MiNr. 2083 und 2084 5×5, MiNr. 2085 3×5); gez. K 14.**

cbo) Raumkapsel Sojus beim Start

cbp) Annäherungsmanöver

cbr) Kopplungsmanöver Sojus 19/Apollo 18

				★★	◎	⊙
2083	10 (Pf)	mehrfarbig	. . . . cbo	0,30	0,20	0,30
2084	20 (Pf)	mehrfarbig	. . . . cbp	0,30	0,20	0,30
2085	70 (Pf)	mehrfarbig	. . . . cbr	2,—	1,80	2,50
			Satzpreis (3 W.)	2,20	2,—	3,—
			FDC			4,—

Auflagen: MiNr. 2083 und 2084 je 6 000 000, MiNr. 2085 = 2 000 000 Stück

1975, 14. Okt. Welt-Braille-Jahr; 150 Jahre Braille-Blindenschrift. 🄴 **Gottschall; RaTdr. (5×10); gez. K 14.**

cbw) Louis Braille (1809–1852), franz. Blindenlehrer und Kirchenorganist; Blindenschriftraster

cbx) Hände lesen das Wort Braille in Blindenschrift

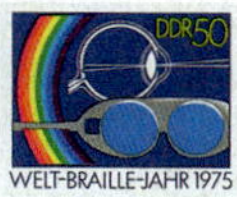

cby) Auge (Querschnitt), Schutzbrille

cbw–cby) Auf allen Marken außerdem Spektralfarben des Sonnenlichts

				★★	◎	⊙
2090	20 (Pf)	mehrfarbig	. . . . . . cbw	0,30	0,20	0,30
2091	35 (Pf)	mehrfarbig	. . . . cbx	0,30	0,20	0,30
2092	50 (Pf)	mehrfarbig	. . . . cby	1,60	1,50	2,50
			Satzpreis (3 W.)	2,—	1,80	3,—
			FDC			3,50

Auflagen: MiNr. 2090 = 7 000 000, MiNr. 2091 = 4 500 000, MiNr. 2092 = 2 000 000 Stück

1975, 23. Sept. 1000 Jahre Weimar. 🄴 **Dorfstecher; Odr. (5×5); MiNr. 2086 und 2088 gez. K 13½:13, MiNr. 2087 ∼.**

cbs) Stadtansicht um 1650; Kupferstich von Matthäus Merian d. Ä. (1593–1650), Radierer

cbt) Denkmal in der Mahn- und Gedenkstätte Buchenwald bei Weimar

cbu) Historische und moderne Gebäude in Weimar

				★★	◎	⊙
2086	10 (Pf)	mehrfarbig	. . . . cbs	0,30	0,20	0,30
2087	20 (Pf)	mehrfarbig	. . . . cbt	0,30	0,20	0,30
2088	35 (Pf)	mehrfarbig	. . . . cbu	0,60	0,50	1,—
			Satzpreis (3 W.)	1,—	0,80	1,50
			FDC 1 (MiNr. 2086, 2087)			0,50
			FDC 2 (MiNr. 2088)			2,—

Auflagen: MiNr. 2086 = 9 000 000, MiNr. 2087 = 7 000 000, MiNr. 2088 = 2 000 000 Stück

1975, 14. Okt. Internationale Mahn- und Gedenkstätten. 🄴 **Grünewald; RaTdr. (5×5); gez. K 14.**

cbz) Figur von Fritz Cremer (1906–1993) im Mahnmal in Wien

				★★	◎	⊙
2093	35 (Pf)	mehrfarbig	. . . . cbz	0,50	0,20	0,50
			FDC			0,70

Auflage: 3 500 000 Stück

Weitere Ausgaben „Internationale Mahn- und Gedenkstätten" siehe Übersichtstabelle nach MiNr. 975

1975, 21. Okt. Tag der Philatelisten. 🄴 **Rieß; RaTdr. (5×10); gez. K 14.**

cca) Restauriertes Posttor, Wurzen (1734)

ccb) Neues Postamt, Bärenfels (Osterzgebirge)

				★★	◎	⊙
2094	10 + 5 (Pf)	mehrfarbig	. . . . . cca	0,50	0,50	1,—
2095	20 (Pf)	mehrfarbig	. . . . . . ccb	0,30	0,30	0,40
			Satzpreis (2 W.)	0,70	0,70	1,40
			FDC			1,40

Auflagen: MiNr. 2094 = 3 000 000, MiNr. 2095 = 6 000 000 Stück

1975, 18. Nov. Märchen (X): Des Kaisers neue Kleider. 🄴 Bläser; Odr. (Klb. 1×3); gez. K 14:13.

ccc

ccd

cce

ccc–cce) Szenen aus dem Märchen von Hans Christian Andersen (1805 bis 1875), dänischer Dichter

				✶✶	▨	⊙
2096	20 (Pf)	mehrfarbig	ccc	0,50	0,50	1,—
2097	35 (Pf)	mehrfarbig	ccd	0,80	0,80	2,—
2098	50 (Pf)	mehrfarbig	cce	0,50	0,50	1,—
			Satzpreis (3 W.)	1,80	1,80	4,—
			Kleinbogen	2,50	2,50	6,—
			FDC*			20,—

*) kein amtlicher FDC

MiNr. 2096–2098 wurden zusammenhängend im Kleinbogen gedruckt.

Auflage: 2 000 000 Sätze

Weitere Kleinbogen „Märchen" siehe Übersichtstabelle nach MiNr. 1241

1975, 2. Dez. Olympische Winterspiele 1976, Innsbruck. 🄴 Rieß; RaTdr. (5×5); gez. K 14.

ccf) Massen-Rodelwettkämpfe

ccg) Rennrodelbahn, Oberhof

cch) Eisschnelllaufbahn, Berlin

cci) Skisprung-Schanze am Rennsteig, Oberhof

cck) Eissporthalle Chemnitz (Karl-Marx-Stadt)

ccl) Massen-Skilanglauf, Schmiedefeld

ccf–ccl) Auf allen Marken außerdem die olympischen Ringe

				✶✶	▨	⊙
2099	5 (Pf)	mehrfarbig	ccf	0,30	0,20	0,30
2100	10 + 5 (Pf)	mehrfarbig	ccg	0,30	0,20	0,30
2101	20 (Pf)	mehrfarbig	cch	0,30	0,20	0,30
2102	25 + 5 (Pf)	mehrfarbig	cci	0,30	0,20	0,30
2103	35 (Pf)	mehrfarbig	cck	0,30	0,20	0,40
2104	70 (Pf)	mehrfarbig	ccl	2,20	1,80	2,60
			Satzpreis (6 W.)	3,40	2,50	4,—
			FDC 1 (MiNr. 2099, 2103)			0,70
			FDC 2 (MiNr. 2100, 2102)			0,80
			FDC 3 (MiNr. 2101, 2104)			4,—

Blockausgabe, gez. Ks 14

ccm) Ansicht von Innsbruck und Umgebung

ccn

				✶✶	⊙	FDC*
2105	1 M	mehrfarbig	ccm	1,50	3,—	
Block 43	(80×55 mm)		ccn	2,50	5,—	15,—
			Ⓢ		2,—	

*) kein amtlicher FDC

Auflagen: MiNr. 2099 und 2100 je 4 500 000, MiNr. 2101 = 7 000 000, MiNr. 2102 und 2103 je 4 000 000, MiNr. 2104 = 2 000 000 Stück, Bl. 43 = 2 000 000 Blocks

1975, 30. Dez. Persönlichkeiten der deutschen Arbeiterbewegung (IV). 🄴 Stauf; Odr. (10×5); gez. K 13½:13.

cco) Wilhelm Pieck (1876–1960), erster Präsident der DDR

				✶✶	▨	⊙
2106	10 (Pf)	mittelcyanblau/ braunschwarz	cco	0,30	0,20	0,50
			FDC (A)			1,20

Auflage: 12 000 000 Stück

Weitere Ausgaben „Persönlichkeiten der deutschen Arbeiterbewegung" siehe Übersichtstabelle nach MiNr. 1855

1976

1976, 13. Jan. Persönlichkeiten der deutschen Arbeiterbewegung (V). 🄴 Stauf; Odr. (10×5); gez. K 13½:13.

ccp) Ernst Thälmann (1886–1944)

ccr) Georg Schumann (1886–1945)

ccs) Wilhelm Koenen (1886–1963)

cct) John Schehr (1896–1934)

				✶✶	▨	⊙
2107	10 (Pf)	lebhaftrotkarmin/ braunschwarz	ccp	0,30	0,20	0,40
2108	10 (Pf)	gelblichgrün/ braunschwarz	ccr	0,30	0,20	0,40
2109	10 (Pf)	hellbraunorange/ braunschwarz	ccs	0,30	0,20	0,40
2110	10 (Pf)	lebhaftviolett/ braunschwarz	cct	0,30	0,20	0,40
			Satzpreis (4 W.)	0,80	0,60	1,50
			FDC (A) 1 (MiNr. 2107, 2108)			1,50
			FDC (A) 2 (MiNr. 2109, 2110)			1,50

FALSCH MiNr. 2107 in Mattviolett

Auflage: 12 000 000 Sätze

Weitere Ausgaben „Persönlichkeiten der deutschen Arbeiterbewegung" siehe Übersichtstabelle nach MiNr. 1855

Die Bildbeschreibungen zu den Markenabbildungen sind so ausführlich wie möglich gehalten!

1976, 27. Jan. Silbermann-Orgeln. ⓔ **Voigt; RaTdr. (10×5); gez. K 14.**

ccu) St. Georgenkirche, Rötha bei Leipzig

ccv) Dom, Freiberg

ccw) Kirche, Fraureuth bei Werdau

ccx) Katholische Hofkirche, Dresden

				★★	◍	⊙
2111	10 (Pf)	mehrfarbig	ccu	0,30	0,20	0,30
2112	20 (Pf)	mehrfarbig	ccv	0,30	0,20	0,30
2113	35 (Pf)	mehrfarbig	ccw	0,30	0,20	0,40
2114	50 (Pf)	mehrfarbig	ccx	1,50	1,—	2,—
		Satzpreis (4 W.)		2,—	1,50	3,—
		FDC 1 (MiNr. 2111, 2113)				0,70
		FDC 2 (MiNr. 2112, 2114)				2,80

Auflagen: MiNr. 2111 = 15 000 000, MiNr. 2112 = 7 000 000, MiNr. 2113 = 4 500 000, MiNr. 2114 = 2 000 000 Stück

1976, 3. Febr. Blockausgabe: Dr. Richard Sorge. ⓔ **Stauf; Odr; □, Zähnung aufgedruckt.**

ccy) Dr. R. Sorge (1895–1944), Journalist, Agent

ccz

				★★	⊙	FDC*
2115	1 M	grüngrau/violettschwarz	ccy	1,80	3,—	
Block 44	(81×64 mm)		ccz	2,20	5,—	15,—
			Ⓢ		2,20	

*) kein amtlicher FDC

Auflage: 2 100 000 Blocks

1976, 24. Febr. 20 Jahre Nationale Volksarmee (NVA). ⓔ **Müller; Odr. (5×5); gez. K 14.**

cda) Soldaten der Luft-, Land- und Seestreitkräfte, Truppenfahne

cdb) Luft-, Land- und Seestreitkräfte, Truppenfahne

				★★	◍	⊙
2116	10 (Pf)	mehrfarbig	cda	0,30	0,20	0,30
2117	20 (Pf)	mehrfarbig	cdb	0,40	0,30	0,50
		Satzpreis (2 W.)		0,60	0,50	0,80
		FDC				1,—

Auflagen: MiNr. 2116 = 8 000 000, MiNr. 2117 = 6 000 000 Stück

1976, 2. März. 100 Jahre Telefon. ⓔ **Glinski; Odr. (10×5); gez. K 13½:13.**

cdc) Telefonapparat

				★★	◍	⊙
2118	20 (Pf)	lebh'grünlichblau	cdc	0,40	0,20	0,40
		FDC (A)				1,30

Auflage: 6 000 000 Stück

1976, 9. März. Leipziger Frühjahrsmesse. ⓔ **Reißmüller; RaTdr. (MiNr. 2119 10×5, MiNr. 2120 5×10); gez. K 14.**

cdd) Wohnhochhaus Wintergartenstraße, Leipzig

cde) Supertrawler der Atlantik-Serie

				★★	◍	⊙
2119	10 (Pf)	mehrfarbig	cdd	0,30	0,30	0,40
2120	25 (Pf)	mehrfarbig	cde	0,50	0,30	0,50
		Satzpreis (2 W.)		0,70	0,50	0,80
		FDC				1,—

Auflagen: MiNr. 2119 = 8 000 000, MiNr. 2120 = 4 500 000 Stück

1976, 22. April. Eröffnung des Palastes der Republik, Berlin. ⓔ **Gottschall; RaTdr. (5×5); gez. K 14.**

cdf) Palast der Republik (Vorderansicht)

				★★	◍	⊙
2121	10 (Pf)	mehrfarbig	cdf	0,90	0,20	0,50
		FDC				1,80

Auflage: 15 000 000 Stück

In gleicher Zeichnung: MiNr. 2125 (Block 45)

1976, 27. April. Bodenfunkstelle Intersputnik. ⓔ **Bertholdt; RaTdr. (10×5); gez. K 14.**

cdg) Bodenfunkstelle Intersputnik der Deutschen Post, Berlin

				★★	◍	⊙
2122	20 (Pf)	mehrfarbig	cdg	0,40	0,20	0,50
		FDC (A)				1,30

Auflage: 7 000 000 Stück

1976, 11. Mai. Parteitag der Sozialistischen Einheitspartei Deutschlands (SED). ⓔ **König (MiNr. 2123), Bertholdt (MiNr. 2124) und Gottschall (Block 45); RaTdr. (5×5); gez. K 14.**

cdh) K. Marx, F. Engels und W. I. Lenin, Emblem

cdi) Industrieanlage, Wohnungsneubauten, Emblem

				★★	◍	⊙
2123	10 (Pf)	mehrfarbig	cdh	0,30	0,20	0,30
2124	20 (Pf)	mehrfarbig	cdi	0,30	0,20	0,50
		Satzpreis (2 W.)		0,60	0,40	0,80
		FDC				1,—

★★ = Ungebraucht mit Originalgummi (postfrisch)

⊙ = Mit Poststempel gebraucht

Blockausgabe, gez. Ks 14

cdk

cdf) Palast der Republik, Berlin

			★★	⊙	FDC*
2125	1 M mehrfarbig	cdf	1,40	2,50	
Block 45	(110×90 mm)	cdk	1,70	4,—	40,—
		Ⓢ		1,60	

*) kein amtlicher FDC

Auflagen: MiNr. 2123 = 10 000 000, MiNr. 2124 = 8 000 000 Stück, Bl. 45 = 2 200 000 Blocks

In gleicher Zeichnung wie MiNr. 2125: MiNr. 2121

1976, 18. Mai. Olympische Sommerspiele, Montreal. 🄴 Rieß; RaTdr. (5×5); gez. K 14.

cdl) Radrennfahrer bei der kleinen Friedensfahrt

cdm) Schwimmhalle der Deutschen Hochschule für Körperkultur, Leipzig

cdn) Stadt- und Sporthalle Suhl

cdo) Ruderregattastrecke, Brandenburg

cdp) Schießsportanlage, Suhl

cdr) Meilenlauf

cdl–cdr) Auf allen Marken außerdem die olympischen Ringe

				★★	▨	⊙
2126	5 (Pf)	mehrfarbig	cdl	0,30	0,20	0,30
2127	10 + 5 (Pf)	mehrfarbig	cdm	0,30	0,20	0,30
2128	20 (Pf)	mehrfarbig	cdn	0,30	0,20	0,30
2129	25 (Pf)	mehrfarbig	cdo	0,30	0,20	0,30
2130	35 +10 (Pf)	mehrfarbig	cdp	0,30	0,20	0,50
2131	70 (Pf)	mehrfarbig	cdr	2,50	2,20	3,50
		Satzpreis (6 W.)		3,50	3,—	5,—
		FDC 1 (MiNr. 2126, 2130)				0,70
		FDC 2 (MiNr. 2127, 2129)				0,80
		FDC 3 (MiNr. 2128, 2131)				3,50

Blockausgabe, gez. Ks 14

cds) Zentralstadion, Leipzig

cdt

			★★	⊙	FDC*
2132	1 M mehrfarbig	cds	1,50	3,—	
Block 46	(80×55 mm)	cdt	1,90	4,—	20,—
		Ⓢ		1,90	

*) kein amtlicher FDC

Auflagen: MiNr. 2126 = 6 000 000, MiNr. 2127 und 2130 je 4 000 000, MiNr. 2128 = 8 000 000, MiNr. 2129 = 5 000 000, MiNr. 2131 = 2 000 000 Stück, Bl. 46 = 2 000 000 Blocks

1976, 25. Mai. Parlament der Freien Deutschen Jugend (FDJ), Berlin. 🄴 Rieß; RaTdr. (5×10); gez. K 14.

cdu) Verschlungene farbige Fahnenbänder, Abzeichen der FDJ

cdv) Jugendliche, Industrieanlagen

				★★	▨	⊙
2133	10 (Pf)	mehrfarbig	cdu	0,30	0,20	0,30
2134	20 (Pf)	mehrfarbig	cdv	0,30	0,30	0,50
		Satzpreis (2 W.)		0,50	0,40	0,80
		FDC				1,—

Auflagen: MiNr. 2133 = 6 000 000, MiNr. 2134 = 5 000 000 Stück

1976, 15. Juni. Heimische Orchideen. 🄴 Grünewald; Odr. (10×5); gez. K 12½:13.

cdw) Bocks-Riemenzunge (Himantoglossum hircinum)

cdx) Fleischrotes Knabenkraut (Dactylorhiza incarnata)

cdy) Rote Spitzorchis (Anacamptis pyramidalis)

cdz) Holunderknabenkraut (Dactylorhiza sambucina)

cea) Wanzenknabenkraut (Orchis coriophora)

ceb) Frauenschuh (Cypripedium calceolus)

				★★	▨	⊙
2135	10 (Pf)	mehrfarbig	cdw	0,30	0,20	0,30
2136	20 (Pf)	mehrfarbig	cdx	0,30	0,20	0,30
2137	25 (Pf)	mehrfarbig	cdy	0,30	0,20	0,40
2138	35 (Pf)	mehrfarbig	cdz	0,30	0,20	0,40
2139	40 (Pf)	mehrfarbig	cea	0,30	0,20	0,40
2140	50 (Pf)	mehrfarbig	ceb	2,80	2,—	3,50
		Satzpreis (6 W.)		3,80	2,80	5,—
		FDC 1 (MiNr. 2135, 2136, 2140)				4,—
		FDC 2 (MiNr. 2137–2139)				2,—

Auflagen: MiNr. 2135 = 15 000 000, MiNr. 2136 = 7 000 000, MiNr. 2137 = 5 000 000, MiNr. 2138 und 2139 je 4 500 000, MiNr. 2140 = 2 000 000 Stück

1976, 22. Juni. Staatliche Museen Berlin: Bronzeplastiken. 🄴 **Wittkugel; RaTdr. (5×5); gez. K 14.**

cec) Shetland-Pony; von Heinrich Drake (1903–1994)

ced) Tanzpause; von Walter Arnold (1909–1979)

cee) Am Strand; von Ludwig Engelhardt (1924–2001)

cef) Hermann Duncker; von Walter Howard (1910–2005)

ceg) Das Gespräch; von Gustav Weidanz (1889–1970)

				★★	⊘	⊙
2141	10 (Pf)	braunschwarz/ hellblaugrün	cec	0,30	0,20	0,30
2142	20 (Pf)	lebhaftocker/ braunschwarz	ced	0,30	0,20	0,30
2143	25 (Pf)	mattgelbbraun/ braunschwarz	cee	0,30	0,20	0,30
2144	35 (Pf)	mittelolivgrün/ braunschwarz	cef	0,30	0,20	0,30
2145	50 (Pf)	mittelorangerot/ braunschwarz	ceg	2,—	1,70	3,—
		Satzpreis (5 W.)		2,80	2,40	4,—
		FDC 1 (A) (MiNr. 2141, 2144)				1,—
		FDC 2 (A) (MiNr. 2142, 2143)				1,—
		FDC 3 (A) (MiNr. 2145)				4,—

Auflagen: MiNr. 2141 und 2142 je 8 000 000, MiNr. 2143 und 2144 je 5 000 000, MiNr. 2145 = 2 000 000 Stück

1976, 29. Juni. Konferenz der kommunistischen Parteien und der Arbeiterparteien Europas, Berlin. 🄴 **Gottschall; RaTdr. (5×5); gez. K 14.**

ceh) Kopfbilder von K. Marx, F. Engels und W. I. Lenin, rote Fahnen, Bauwerke am Alexanderplatz, Berlin

				★★	⊘	⊙
2146	20 (Pf)	mehrfarbig	ceh	0,50	0,20	0,40
		FDC				0,70

Auflage: 6 000 000 Stück

1976, 27. Juli. Historische Kutschen. 🄴 **Bobbe; RaTdr. (5×10); gez. K 14.**

cei) Staatswagen (um 1790)

cek) Russischer Einspänner (um 1800)

cel) Einzugswagen (um 1840)

cem) Galawagen (um 1860)

cen) Postwagen (um 1850)

ceo) Stadtwagen (1889)

				★★	⊘	⊙
2147	10 (Pf)	mehrfarbig	cei	0,30	0,20	0,30
2148	20 (Pf)	mehrfarbig	cek	0,30	0,20	0,30
2149	25 (Pf)	mehrfarbig	cel	0,30	0,20	0,30
2150	35 (Pf)	mehrfarbig	cem	0,30	0,20	0,50
2151	40 (Pf)	mehrfarbig	cen	0,30	0,20	0,50
2152	50 (Pf)	mehrfarbig	ceo	3,—	2,80	4,—
		Satzpreis (6 W.)		3,50	3,50	5,50
		FDC 1 (MiNr. 2147, 2148, 2151)				1,50
		FDC 2 (MiNr. 2149, 2150, 2152)				5,—

Auflagen: MiNr. 2147 = 15 000 000, MiNr. 2148 = 8 000 000, MiNr. 2149 und 2150 je 4 500 000, MiNr. 2151 = 5 000 000, MiNr. 2152 = 2 000 000 Stück

1976, 5. Aug. Briefmarkenausstellung junger Philatelisten der DDR, Gera. 🄴 **Rieß; Odr. (2×10 Zd); gez. K 13:12½.**

cep) Gera um 1652 — Zierfeld — cer) Historische und moderne Gebäude in Gera

				★★	⊘	⊙
2153	10 + 5 (Pf)	mehrfarbig	cep	0,30	0,20	0,50
2154	20 (Pf)	mehrfarbig	cer	0,30	0,20	0,50
		Satzpreis (2 W.)		0,40	0,40	1,—
		Dreierstreifen		1,20	1,—	2,—
		FDC				1,50

MiNr. 2153 und 2154 wurden, durch Zierfeld verbunden, waagerecht zusammenhängend gedruckt.

Auflage: 3 000 000 Sätze

1976, 17. Aug. Hunderassen. 🄴 **Zieger; Odr. (5×10); gez. K 14.**

ces) Deutscher Boxer

cet) Airedale-Terrier

ceu) Deutscher Schäferhund

cev) Collie (Schottischer Schäferhund)

cew) Riesenschnauzer

cex) Deutsche Dogge

				★★	⊘	⊙
2155	5 (Pf)	mehrfarbig	ces	0,30	0,30	0,40
2156	10 (Pf)	mehrfarbig	cet	0,30	0,30	0,40
2157	20 (Pf)	mehrfarbig	ceu	0,30	0,30	0,40
2158	25 (Pf)	mehrfarbig	cev	0,30	0,30	0,50
2159	35 (Pf)	mehrfarbig	cew	0,30	0,30	0,50
2160	70 (Pf)	mehrfarbig	cex	2,60	2,60	4,50
		Satzpreis (6 W.)		3,60	3,60	6,—
		FDC 1 (MiNr. 2155, 2160)				4,50
		FDC 2 (MiNr. 2156, 2159)				0,70
		FDC 3 (MiNr. 2157, 2158)				0,80

Auflagen: MiNr. 2155 = 6 000 000, MiNr. 2156 = 15 000 000, MiNr. 2157 = 7 000 000, MiNr. 2158 und 2159 je 4 500 000, MiNr. 2160 = 2 000 000 Stück

1976, 1. Sept. Leipziger Herbstmesse. 🄴 **Bertholdt; Odr. (5×10); gez. K 13:12½.**

cey) Erdöldestillationsanlage (Anlage zur primären Erdölverarbeitung AWT 6)

cez) Deutsche Bücherei, Leipzig

				★★	⊘	⊙
2161	10 (Pf)	mehrfarbig	cey	0,30	0,20	0,30
2162	25 (Pf)	mehrfarbig	cez	0,40	0,20	0,50
		Satzpreis (2 W.)		0,60	0,40	0,80
		FDC				1,—

Auflagen: MiNr. 2161 = 8 000 000, MiNr. 2162 = 4 500 000 Stück

1976, 21. Sept. Brücken. 🄴 **Reißmüller; RaTdr. (3×10); gez. K 14.**

cfa) Brücke über den Templiner See

cfb) Brücke am Adlergestell, Berlin

cfc) Elbbrücke bei Roßlau

cfd) Göltzschtal-Viadukt

cfe) Elbbrücke, Magdeburg

cff) Brücke am Großen Dreesch, Schwerin

				✱✱	⊘	⊙
2163	10 (Pf)	mehrfarbig	.... cfa	0,30	0,30	0,40
2164	15 (Pf)	mehrfarbig	.... cfb	0,30	0,30	0,40
2165	20 (Pf)	mehrfarbig	.... cfc	0,30	0,30	0,40
2166	25 (Pf)	mehrfarbig	.... cfd	0,30	0,30	0,40
2167	35 (Pf)	mehrfarbig	.... cfe	0,30	0,30	0,40
2168	50 (Pf)	mehrfarbig	.... cff	2,—	2,—	3,50
			Satzpreis (6 W.)	3,—	2,80	5,—
			FDC 1 (MiNr. 2163, 2166, 2167)			1,50
			FDC 2 (MiNr. 2164, 2165, 2168)			4,—

Auflagen: MiNr. 2163 und 2165 je 8 100 000, MiNr. 2164 = 5 100 000, MiNr. 2166 und 2167 je 4 500 000, MiNr. 2168 = 2 100 000 Stück

1976, 5. Okt. Internationale Mahn- und Gedenkstätten. 🄴 **Grünewald; RaTdr. (5×5); gez. K 14.**

cfg) Figurengruppe im Mahn- und Ehrenmal Budapest

				✱✱	⊘	⊙
2169	35 (Pf)	mehrfarbig	.... cfg	0,50	0,40	0,60
			FDC			1,—

Auflage: 4 500 000 Stück

Weitere Ausgaben „Internationale Mahn- und Gedenkstätten“ siehe Übersichtstabelle nach MiNr. 975

1976, 19. Okt. Internationale Briefmarkenausstellung sozialistischer Länder SOZPHILEX '77, Berlin (I). 🄴 **Detlefsen; Odr. (10×5); gez. K 13:13½.**

cfh) Fernsehturm, Berlin; ausgestrahlte Funkwellen

				✱✱	⊘	⊙
2170	10 + 5 (Pf)	lebhaftzinnoberrot/dunkelkobalt GA	...... cfh	0,40	0,20	0,50
			FDC			0,60

Auflage: 4 000 000 Stück

Weitere Ausgabe „SOZPHILEX '77“: MiNr. 2247–2248 und Block 48

1976, 19. Okt. Historisches Kunsthandwerk. 🄴 **Voigt; RaTdr. (10×5); gez. K 14.**

cfi) Kanne; Gelbguss (um 1500)

cfk) Deckelvase; Fayence (um 1710)

cfl) Tafelaufsatz; Porzellan (um 1768)

cfm) Lastenträger; Silber vergoldet (um 1700)

cfn) Vase; Überfangglas (um 1900)

cfi–cfn) Exponate aus dem Kunstgewerbemuseum Berlin, Schloss Köpenick

				✱✱	⊘	⊙
2171	10 (Pf)	mehrfarbig	.... cfi	0,30	0,20	0,30
2172	20 (Pf)	mehrfarbig	.... cfk	0,30	0,20	0,30
2173	25 (Pf)	mehrfarbig	.... cfl	0,30	0,20	0,30
2174	35 (Pf)	mehrfarbig	.... cfm	0,30	0,20	0,50
2175	70 (Pf)	mehrfarbig	.... cfn	2,20	2,20	3,80
			Satzpreis (5 W.)	3,—	2,80	5,—
			FDC 1 (MiNr. 2171, 2173, 2174)			1,50
			FDC 2 (MiNr. 2172, 2175)			3,50

Auflagen: MiNr. 2171 = 15 000 000, MiNr. 2172 = 7 000 000, MiNr. 2173 = 5 000 000, MiNr. 2174 = 4 500 000, MiNr. 2175 = 2 000 000 Stück

1976, 9. Nov. Zierfische: Guppys (Poecilia reticulata). 🄴 **Zieger; Odr. (5×10); gez. K 13½:13.**

cfo) Spitzschwanz-Guppy

cfp) Doppelschwert-Guppy

cfr) Fahnenschwanz-Guppy

cfs) Untenschwert-Guppy

cft) Triangel-Guppy

cfu) Rundschwanz-Guppy

				✱✱	⊘	⊙
2176	10 (Pf)	mehrfarbig	.... cfo	0,30	0,20	0,30
2177	15 (Pf)	mehrfarbig	.... cfp	0,30	0,20	0,30
2178	20 (Pf)	mehrfarbig	.... cfr	0,30	0,20	0,30
2179	25 (Pf)	mehrfarbig	.... cfs	0,30	0,20	0,30
2180	35 (Pf)	mehrfarbig	.... cft	0,30	0,20	0,30
2181	70 (Pf)	mehrfarbig	.... cfu	2,40	2,—	3,50
			Satzpreis (6 W.)	3,40	2,80	5,—
			FDC 1 (MiNr. 2176, 2177, 2181)			5,—
			FDC 2 (MiNr. 2178–2180)			1,50

Auflagen: MiNr. 2176 = 15 000 000, MiNr. 2177 und 2180 je 4 500 000, MiNr. 2178 = 7 000 000, MiNr. 2179 = 5 000 000, MiNr. 2181 = 2 100 000 Stück

1976, 23. Nov. Archäologische Funde in der DDR. 🄴 **Dorfstecher; RaTdr. (6×5), gez. K 13.**

cfv) Tongefäße (3. Jtsd. v. Chr.)

cfw) Bronzener Kultwagen (um 1300 v. Chr.)

cfx) Römische Goldmünze (sog. Aureus) des Tetricus (270–273)

cfy) Goldener Anhänger (um 950)

cfz) Römischer Glasbecher (3. Jh.)

				★★	▨	⊙
2182	10 (Pf)	mehrfarbig .... cfv		0,30	0,20	0,30
2183	20 (Pf)	mehrfarbig .... cfw		0,30	0,20	0,30
2184	25 (Pf)	mehrfarbig .... cfx		0,30	0,20	0,30
2185	35 (Pf)	mehrfarbig .... cfy		0,30	0,20	0,30
2186	70 (Pf)	mehrfarbig .... cfz		2,20	2,20	4,—
			Satzpreis (5 W.)	3,—	2,80	5,—
			FDC 1 (MiNr. 2182, 2185)			1,—
			FDC 2 (MiNr. 2183, 2184)			1,—
			FDC 3 (MiNr. 2186)			4,—

Auflagen: MiNr. 2182 = 8 100 000, MiNr. 2183 = 7 200 000, MiNr. 2184 = 5 100 000, MiNr. 2185 = 4 500 000, MiNr. 2186 = 2 100 000 Stück

1976, 14. Dez. Märchen (XI): Rumpelstilzchen. ⊡ **Rosié; Odr. (Klb. 3×2); gez. K 13:13½.**

cga cgb cgc

cgd cge cgf

cga–cgf) Szenen aus dem Märchen der Brüder Grimm

				★★	▨	⊙
2187	5 (Pf)	mehrfarbig .... cga		0,30	0,20	0,50
2188	10 (Pf)	mehrfarbig .... cgb		0,70	0,70	1,30
2189	15 (Pf)	mehrfarbig .... cgc		0,30	0,20	0,50
2190	20 (Pf)	mehrfarbig .... cgd		0,30	0,20	0,50
2191	25 (Pf)	mehrfarbig .... cge		0,70	0,70	1,30
2192	30 (Pf)	mehrfarbig .... cgf		0,30	0,20	0,50
			Satzpreis (6 W.)	2,50	2,20	4,50
			Kleinbogen	3,20	3,20	7,—
			FDC*			25,—

*) kein amtlicher FDC

MiNr. 2187–2192 wurden zusammenhängend im Kleinbogen gedruckt.

Auflage: 2 100 000 Sätze

Weitere Kleinbogen „Märchen" siehe Übersichtstabelle nach MiNr. 1241

1976, 14. Dez. Staatliche Kunstsammlungen Dresden, Galerie Alte Meister: Gemälde. ⊡ **Naumann; RaTdr. (10×5); gez. K 14.**

cgg) Die Luft; von Rosalba Carriera (1675–1757), italien. Malerin

cgh) Maria mit dem Kinde; von Bartolomé Estebán Murillo (1618–1682), span. Maler

cgi) Eine Gambenspielerin; von Bernardo Strozzi (1581–1644); italien. Maler, Weltgeistlicher

cgk) Die verlassene Ariadne; von Angelica Kauffmann (1741 bis 1807), schweizer. Malerin und Radiererin

cgl) Alter Mann mit schwarzer Kappe; von Bartolomeo Nazzari (1699–1758), italien. Maler

cgm) Der brieflesende Offizier; von Gerard Terborch (1617–1681), niederländ. Maler

				★★	▨	⊙
2193	10 (Pf)	mehrfarbig .... cgg		0,30	0,20	0,30
2194	15 (Pf)	mehrfarbig .... cgh		0,30	0,20	0,30
2195	20 (Pf)	mehrfarbig .... cgi		0,30	0,20	0,30
2196	25 (Pf)	mehrfarbig .... cgk		0,30	0,20	0,30
2197	35 (Pf)	mehrfarbig .... cgl		0,30	0,20	0,30
2198	70 (Pf)	mehrfarbig ...... cgm		2,50	1,80	3,50
			Satzpreis (6 W.)	3,50	2,50	5,—
			FDC 1 (MiNr. 2193, 2194, 2198)			4,—
			FDC 2 (MiNr. 2195–2197)			1,50

Auflagen: MiNr. 2193 = 15 000 000, MiNr. 2194 = 5 000 000, MiNr. 2195 = 8 000 000, MiNr. 2196 und 2197 je 4 500 000, MiNr. 2198 = 2 100 000 Stück

1977

1977, 8. Febr. Bedeutende Persönlichkeiten (IV). ⊡ **Stauf; Odr. (5×10); gez. K 13:12½.**

cgn) Arnold Zweig (1887–1968), Schriftsteller; Ausspruch

cgo) Otto von Guericke (1602–1686), Staatsmann und Physiker; Magdeburger Halbkugeln

cgp) Albrecht Daniel Thaer (1752–1828), Arzt und Landwirt; landwirtschaftliche Symbole

cgr) Gustav Hertz (1887–1975), Physiker, Nobelpreis 1925; Teil eines Schemas einer Anlage zur Trennung von Isotopen durch Diffusion

				★★	▨	⊙
2199	10 (Pf)	hellrötlichkarmin/ braunschwarz .... cgn		0,30	0,20	0,30
2200	20 (Pf)	hellgrau/ braunschwarz .... cgo		0,30	0,20	0,30
2201	35 (Pf)	mattgrün/ braunschwarz .... cgp		0,30	0,20	0,50
2202	40 (Pf)	mittelgrünblau/ braunschwarz ..... cgr		1,—	1,—	1,50
			Satzpreis (4 W.)	1,60	1,30	2,50
			FDC 1 (A) (MiNr. 2199, 2201)			1,—
			FDC 2 (A) (MiNr. 2200, 2202)			3,—

Auflagen: MiNr. 2199 = 15 000 000, MiNr. 2200 = 8 000 000, MiNr. 2201 = 4 500 000, MiNr. 2202 = 2 100 000 Stück

Weitere Ausgaben „Bedeutende Persönlichkeiten" in gleicher Aufmachung siehe nachfolgende Übersichtstabelle; in anderer Ausführung: MiNr. 1815–1819, 1941–1945, 2025–2029

Übersicht der Ausgaben „Bedeutende Persönlichkeiten" in gleicher Aufmachung

Nominale	Darstellung	MiNr.
5 (Pf)	Döbereiner, Johann Wolfgang	2492
5 (Pf)	Hahn, Otto	2406
5 (Pf)	Liebig, Justus von	2336
10 (Pf)	Barkhausen, Heinrich	2603
10 (Pf)	Beckmann, Johann	3234
10 (Pf)	Diesterweg, Adolph	3320
10 (Pf)	Dietzgen, Joseph	2337
10 (Pf)	Joliot-Curie, Frédéric	2493
10 (Pf)	Laue, Max von	2407
10 (Pf)	Mauersberger, Rudolf	3233
10 (Pf)	Ossietzky, Carl von	3231
10 (Pf)	Renn, Ludwig	3230
10 (Pf)	Scharrer, Adam	3232
10 (Pf)	Tucholsky, Kurt	3321
10 (Pf)	Uhland, Ludwig	3091
10 (Pf)	Zweig, Arnold	2199
15 (Pf)	Döblin, Alfred	2338
20 (Pf)	Becher, Johannes Robert	2604
20 (Pf)	Gauß, Carl Friedrich	2215
20 (Pf)	Guericke, Otto von	2200
20 (Pf)	Loch, Hans	2339
20 (Pf)	Naumann, Johann Friedrich	2494
20 (Pf)	Scheunert, Arthur	2408
20 (Pf)	Zweig, Arnold	3092
25 (Pf)	Brugsch, Theodor	2340
25 (Pf)	Dedekind, Richard	2605
25 (Pf)	Kekulé, Friedrich August	2409
25 (Pf)	Wegener, Alfred	2495
35 (Pf)	Clausewitz, Carl von	2496
35 (Pf)	Forster, Georg	2410
35 (Pf)	Hauptmann, Gerhart	3093
35 (Pf)	Jahn, Friedrich Ludwig	2341
35 (Pf)	Telemann, Georg Philipp	2606
35 (Pf)	Thaer, Albrecht Daniel	2201
40 (Pf)	Hertz, Gustav	2202
50 (Pf)	Chamisso, Adelbert von	2607
50 (Pf)	Hertz, Gustav	3094
70 (Pf)	Graefe, Albrecht von	2342
70 (Pf)	Lessing, Gotthold Ephraim	2411
70 (Pf)	Raabe, Wilhelm	2608
70 (Pf)	Weigel, Helene	2497

1977, 24. Febr. Naturdenkmäler. ⊡ Rieß; Odr. (10×5); gez. K 12½:13.

cgs) Der Spring; Karstquelle bei Plaue

cgt) Kleine Orgel; Sandsteinsäulen bei Jonsdorf

cgu) Tausendjährige Ivenacker Eichen bei Stavenhagen

cgv) Steinerne Rose bei Saalburg

cgw) Rauenscher Stein; Findling bei Fürstenwalde

					★★	⊘	⊙
2203	10 (Pf)	mehrfarbig	....	cgs	0,30	0,20	0,30
2204	20 (Pf)	mehrfarbig	....	cgt	0,30	0,20	0,30
2205	25 (Pf)	mehrfarbig	....	cgu	0,30	0,20	0,30
2206	35 (Pf)	mehrfarbig	....	cgv	0,30	0,20	0,30
2207	50 (Pf)	mehrfarbig	......	cgw	1,60	1,50	3,—
		Satzpreis (5 W.)			2,40	2,20	4,—
		FDC 1 (MiNr. 2203–2205)					1,—
		FDC 2 (MiNr. 2206, 2207)					4,—

Auflagen: MiNr. 2203 = 15 000 000, MiNr. 2204 = 8 000 000, MiNr. 2205 = 5 000 000, MiNr. 2206 = 4 500 000, MiNr. 2207 = 2 100 000 Stück

1977, 8. März. Leipziger Frühjahrsmesse. ⊡ Bertholdt; RaTdr. (5×10); gez. K 14.

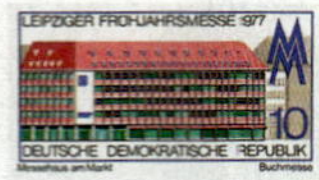

cgx) Messehaus am Markt, Leipzig; Buchmesse

cgy) Anlage zum Gießen und Walzen von Aluminiumbreitband im VEB Leichtmetallwerk Nachterstedt

					★★	⊘	⊙
2208	10 (Pf)	mehrfarbig	....	cgx	0,30	0,20	0,30
2209	25 (Pf)	mehrfarbig	....	cgy	0,30	0,20	0,50
		Satzpreis (2 W.)			0,50	0,30	0,80
		FDC					0,80

Auflagen: MiNr. 2208 = 8 000 000, MiNr. 2209 = 4 500 000 Stück

1977, 22. März. Historische sorbische Trachten. ⊡ Detlefsen; RaTdr. (10×5); gez. K 14.

cgz) Senftenberg

cha) Bautzen

chb) Klitten

chc) Nochten

chd) Muskau

					★★	⊘	⊙
2210	10 (Pf)	mehrfarbig	....	cgz	0,30	0,20	0,30
2211	20 (Pf)	mehrfarbig	....	cha	0,30	0,20	0,30
2212	25 (Pf)	mehrfarbig	....	chb	0,30	0,20	0,30
2213	35 (Pf)	mehrfarbig	....	chc	0,30	0,20	0,30
2214	70 (Pf)	mehrfarbig	....	chd	2,60	2,—	3,—
		Satzpreis (5 W.)			3,40	2,60	4,—
		FDC 1 (MiNr. 2210, 2212, 2213)					1,—
		FDC 2 (MiNr. 2211, 2214)					3,50

Auflagen: MiNr. 2210 = 15 000 000, MiNr. 2211 = 8 000 000, MiNr. 2212 = 5 000 000, MiNr. 2213 = 4 500 000, MiNr. 2214 = 2 100 000 Stück

1977, 19. April. Bedeutende Persönlichkeiten (V): 200. Geburtstag von Carl Friedrich Gauß. ⊡ Stauf; Odr. (5×10); gez. K 13:12½.

che) C. F. Gauß (1777–1855), Mathematiker, Astronom, Physiker; Siebzehneck mit Zirkel und gleichschenkligem Dreieck (Zeichen der Olympiaden junger Mathematiker der DDR)

					★★	⊘	⊙
2215	20 (Pf)	mattultramarin/ braunschwarz	....	che	0,70	0,30	0,40
		FDC					0,70

Auflage: 8 000 000 Stück

Weitere Ausgaben „Bedeutende Persönlichkeiten" in gleicher Aufmachung siehe Übersichtstabelle nach MiNr. 2202; in anderer Ausführung: MiNr. 1815–1819, 1941–1945, 2025–2029

1977, 19. April. Internationale Radfernfahrt für den Frieden Warschau – Berlin – Prag. Ⓔ **Lindner und Diedrichs; RaTdr. (3×5 Zd); gez. K 14.**

chf) Radwechsel chg) Spurt chh) Zieldurchfahrt

				★★	⊘	⊙
2216	10 (Pf)	mehrfarbig	. . . . chf	0,30	0,30	0,70
2217	20 (Pf)	mehrfarbig	. . . . chg	0,30	0,30	0,70
2218	35 (Pf)	mehrfarbig	. . . . chh	0,30	0,30	0,70
			Satzpreis (3 W.)	0,90	0,90	2,—
			Dreierstreifen	1,60	1,60	3,50
			FDC			3,—

MiNr. 2216–2218 wurden waagerecht zusammenhängend gedruckt.

Auflage: 3 000 000 Sätze

1977, 3. Mai. Kongress des Freien Deutschen Gewerkschaftsbundes (FDGB), Berlin. Ⓔ **Grünewald; RaTdr. (6×5); gez. K 13.**

chi) Fahnen, symbolischer Händedruck

				★★	⊘	⊙
2219	20 (Pf)	mehrfarbig	. . . . chi	0,40	0,20	0,40
			FDC			0,60

Auflage: 8 100 000 Stück

1977, 17. Mai. 25 Jahre Gesellschaft für Sport und Technik (GST). Ⓔ **Haller; RaTdr. (5×10); gez. K 14.**

chk) Schießen chl) Tauchen chm) Modellbau

				★★	⊘	⊙
2220	10 (Pf)	mehrfarbig	. . . . chk	0,30	0,20	0,30
2221	20 (Pf)	mehrfarbig	. . . . chl	0,30	0,20	0,30
2222	35 (Pf)	mehrfarbig	. . . . . . chm	0,90	0,90	1,50
			Satzpreis (3 W.)	1,30	1,20	2,—
			FDC			2,50

Auflagen: MiNr. 2220 und 2221 je 8 000 000, MiNr. 2222 = 2 100 000 Stück

1977, 17. Mai. Weltfernmeldetag. Ⓔ **Bertholdt; Odr. (10×5); gez. K 14.**

chn) Kanalumsetzerschrank VKM mit mechanischen Filtern, Emblem des Internationalen Fernmeldevereins (UIT)

				★★	⊘	⊙
2223	20 (Pf)	mehrfarbig	. . . . chn	0,60	0,20	0,40
			FDC			0,60

Auflage: 8 000 000 Stück

1977, 14. Juni. Alte Musikinstrumente aus dem Vogtland. Ⓔ **Dorfstecher; RaTdr. (5×5); gez. K 14.**

cho) Akkordeon (um 1900)

chp) Diskant-Gambe (1747)

chr) Oboe (1785), Klarinette (1830), Querflöte (1817)

chs) Konzertzither (1891)

cht) Trompete (1860)

				★★	⊘	⊙
2224	10 (Pf)	mehrfarbig	. . . . cho	0,30	0,20	0,30
2225	20 (Pf)	mehrfarbig	. . . . chp	0,30	0,20	0,30
2226	25 (Pf)	mehrfarbig	. . . . chr	0,30	0,20	0,30
2227	35 (Pf)	mehrfarbig	. . . . chs	0,30	0,20	0,30
2228	70 (Pf)	mehrfarbig	. . . . cht	2,60	2,40	4,—
			Satzpreis (5 W.)	3,20	3,—	5,—
			FDC 1 (MiNr. 2224, 2227)			0,70
			FDC 2 (MiNr. 2225, 2226)			0,80
			FDC 3 (MiNr. 2228)			3,50

Auflagen: MiNr. 2224 und 2225 je 8 000 000, MiNr. 2226 = 5 000 000, MiNr. 2227 = 4 500 000, MiNr. 2228 = 2 100 000 Stück

1977, 28. Juni. 400. Geburtstag von Peter Paul Rubens. Ⓔ **Naumann; RaTdr. (5×5); gez. K 14.**

chu) Bathseba am Springbrunnen

chv) Merkur und Argus

chw) Der trunkene Herkules

chx) Dianas Heimkehr von der Jagd

chy) Die Alte mit dem Kohlenbecken chz) Leda mit dem Schwan

chu–chz) Gemälde von P. P. Rubens (1577–1640), flämischer Maler

				**	◎	⊙
2229	10 (Pf)	mehrfarbig	. . . . chu	0,30	0,20	0,30
2230	15 (Pf)	mehrfarbig	. . . . chv	0,30	0,20	0,30
2231	20 (Pf)	mehrfarbig	. . . . chw	0,30	0,20	0,30
2232	25 (Pf)	mehrfarbig	. . . . chx	0,30	0,20	0,30
2233	35 (Pf)	mehrfarbig	. . . . chy	0,30	0,20	0,50
2234	50 (Pf)	mehrfarbig	. . . . chz	4,—	2,60	4,50
			Satzpreis (6 W.)	5,—	3,50	6,—
			FDC 1 (MiNr. 2229, 2231)			0,80
			FDC 2 (MiNr. 2230, 2232, 2234)			4,—
			FDC 3 (MiNr. 2233)			0,70

Auflagen: MiNr. 2229 und 2231 je 8 000 000, MiNr. 2230 = 5 000 000, MiNr. 2232 und 2233 je 4 500 000, MiNr. 2234 = 2 100 000 Stück

1977, 28. Juni. Blockausgabe: 30 Jahre Gesellschaft für Deutsch-Sowjetische Freundschaft (DSF). Ⓔ **Müller; RaTdr.; gez. Ks 14.**

cia) Goldene Ehrennadel der DSF

cib

				**	⊙	FDC
2235	50 (Pf)	mehrfarbig	. . . . cia	1,—	1,80	
Block 47	(80×55 mm)		. . . . cib	1,30	2,50	5,—
			Ⓢ		1,50	

Von Block 47 sind stark verschnittene Exemplare bekannt.

Auflage: 2 100 000 Blocks

1977, 12. Juli. Moderne Technik in der Landwirtschaft. Ⓔ **Glinski; Odr. (3×10); gez. K 13:12½.**

cic) Traktor T 150-K mit Pflug 6 PHX-35

cid) Düngerstreuer DO 32/N auf LKW W 50 cie) Kartoffel-Rodelader E 684

cif) Hochdrucksammelpresse K 453 cig) Melkkarussell M 693–40

				**	◎	⊙
2236	10 (Pf)	mehrfarbig	 cic	0,30	0,20	0,30
2237	20 (Pf)	mehrfarbig	. . . . cid	0,30	0,20	0,30
2238	25 (Pf)	mehrfarbig	. . . . cie	0,30	0,20	0,30
2239	35 (Pf)	mehrfarbig	. . . . cif	0,30	0,20	0,50
2240	50 (Pf)	mehrfarbig	. . . . cig	2,20	2,—	3,20
			Satzpreis (5 W.)	3,—	2,80	4,50
			FDC 1 (MiNr. 2236, 2237, 2240)			4,—
			FDC 2 (MiNr. 2238, 2239)			1,50

Auflagen: MiNr. 2236 und 2237 je 8 100 000, MiNr. 2238 = 5 100 000, MiNr. 2239 = 4 500 000, MiNr. 2240 = 2 100 000 Stück

1977, 19. Juli. Turn- und Sportfest; Kinder- und Jugendspartakiade, Leipzig. Ⓔ **Lehmann; Odr. (5×10); gez. K 13:12½.**

cih) Hochsprung cii) Meilenlauf cik) Hürdenlauf

cil) Rhythmische Sportgymnastik cim) Tanz cin) Fackelläufer, rote Fahnen

				**	◎	⊙
2241	5 (Pf)	mehrfarbig	. . . . . cih	0,30	0,20	0,30
2242	10 + 5 (Pf)	mehrfarbig	 cii	0,30	0,20	0,30
2243	20 (Pf)	mehrfarbig	. . . . . cik	0,30	0,20	0,30
2244	25 + 5 (Pf)	mehrfarbig	 cil	0,30	0,20	0,40
2245	35 (Pf)	mehrfarbig	. . . . cim	0,30	0,20	0,40
2246	40 (Pf)	mehrfarbig	. . . . . cin	2,—	2,—	3,20
			Satzpreis (6 W.)	3,—	2,80	4,50
			FDC 1 (MiNr. 2241, 2242)			0,50
			FDC 2 (MiNr. 2243, 2246)			3,—
			FDC 3 (MiNr. 2244, 2245)			1,50

Auflagen: MiNr. 2241 = 5 000 000, MiNr. 2242 und 2244 je 4 000 000, MiNr. 2243 = 8 000 000, MiNr. 2245 = 4 500 000, MiNr. 2246 = 2 100 000 Stück

1977, 16. Aug. Internationale Briefmarkenausstellung sozialistischer Länder SOZPHILEX ’77, Berlin (II). Ⓔ **Naumann; RaTdr. (10×5 und Klb. 2×2); gez. K 14.**

cio) Brot für alle (Detail); Gemälde von Wolfram Schubert (*1926)

cip) ... wenn Kommunisten träumen (Detail); Gemälde von Walter Womacka (1925–2010)

				**	◎	⊙
2247	10 (Pf)	mehrfarbig	. . . . cio	0,30	0,20	0,50
2248	25 (Pf)	mehrfarbig	. . . . cip	0,60	0,50	1,—
			Satzpreis (2 W.)	0,80	0,70	1,50
			FDC			1,50
			Kleinbogen 1 mit 4×MiNr. 2247	1,40	1,20	2,—
			Kleinbogen 2 mit 4×MiNr. 2248	2,60	2,50	4,—
			Satzpreis (2 Klb.)	4,—	3,60	6,—
			FDC*			25,—

*) kein amtlicher FDC

MiNr. 2247 und 2248 wurden sowohl jeweils einzeln als auch jeweils im Kleinbogen gedruckt.

Blockausgabe, gez. Ks 13:12½

cir) Weltjugendlied; Gemälde von Lothar Zitzmann (1924–1977)

cis

				**	⊙	FDC*
2249	50 + 20 (Pf)	mehrfarbig	. . . . . cir	1,50	2,—	
Block 48	(85×54 mm)		. . . . cis	1,70	4,—	15,—
			Ⓢ		1,50	

*) kein amtlicher FDC

Auflagen: MiNr. 2247 = 16 400 000, MiNr. 2248 = 12 900 000 Stück, davon je 4 400 000 aus Kleinbogen, Bl. 48 = 2 100 000 Blocks

Weitere Ausgabe „SOZPHILEX ’77“: MiNr. 2170

1977, 30. Aug. Leipziger Herbstmesse. 🄴 **Reißmüller; RaTdr. (10×5); gez. K 14.**

cit) Konsument-Warenhaus und Fußgängerbrücke, Leipzig

ciu) Kunstgewerbe aus Glas und Holz; Exponate aus der expertic-Serie

				★★	▨	⊙
2250	10 (Pf)	mehrfarbig . . . . cit		0,40	0,20	0,30
2251	25 (Pf)	mehrfarbig . . . . ciu		0,40	0,30	0,50
		Satzpreis (2 W.)		0,80	0,40	0,80
		FDC				0,90

Auflagen: MiNr. 2250 = 8 000 000, MiNr. 2251 = 4 500 000 Stück

1977, 6. Sept. Blockausgabe: 100. Geburtstag von Feliks Dserschinskij. 🄴 **Stauf; Odr.; gez. Ks 12½:13.**

civ) F. Dserschinskij, Junge Pioniere

Zierfeld

ciw) F. Dserschinskij (1877–1926), sowjet. Politiker

			★★	⊙	FDC*
2252	20 (Pf)	mehrfarbig civ	0,60	1,—	
2253	35 (Pf)	mehrfarbig . . . . ciw	0,60	1,40	
Block 49	(127×69 mm)	 cix	1,60	4,—	20,—
		Ⓢ		2,—	

*) kein amtlicher FDC

Auflage: 2 800 000 Blocks

1977, 13. Sept. Verkehrsmuseum Dresden. 🄴 **Detlefsen; RaTdr. (5×10); gez. K 14.**

ciy) Älteste Original-Dampflokomotive in der DDR „Muldenthal" (1861)

ciz) Ältester elektrischer Straßenbahntriebwagen von Dresden (1896)

cka) Erstes flugfähiges deutsches Motorflugzeug von Hans Grade (1909)

ckb) Phänomobil-Dreiradwagen (1924)

ckc) Erstes Personendampfschiff auf der Oberelbe „Königin Maria" (1837)

			★★	▨	⊙
2254	5 (Pf)	mehrfarbig . . . . ciy	0,30	0,20	0,40
2255	10 (Pf)	mehrfarbig . . . . ciz	0,30	0,20	0,40
2256	20 (Pf)	mehrfarbig . . . . cka	0,30	0,20	0,40
2257	25 (Pf)	mehrfarbig . . . . ckb	0,30	0,20	0,40
2258	35 (Pf)	mehrfarbig . . . . ckc	3,—	2,40	3,50
		Satzpreis (5 W.)	4,—	3,—	5,—
		FDC 1 (MiNr. 2254–2256)			1,—
		FDC 2 (MiNr. 2257, 2258)			4,—

Auflagen: MiNr. 2254 = 4 500 000, MiNr. 2255 = 15 000 000, MiNr. 2256 = 8 000 000, MiNr. 2257 = 5 000 000, MiNr. 2258 = 2 100 000 Stück

1977, 20. Sept. 60. Jahrestag der Oktoberrevolution in Russland. 🄴 **Gottschall; RaTdr. (5×10); gez. K 14.**

ckd) Panzerkreuzer „Aurora"

cke) Sturm auf das Winterpalais

			★★	▨	⊙
2259	10 (Pf)	mehrfarbig . . . . ckd	0,40	0,20	0,40
2260	25 (Pf)	mehrfarbig . . . . cke	0,60	0,50	1,—
		Satzpreis (2 W.)	1,—	0,70	1,40
		FDC			1,20

Blockausgabe, gez. Ks 12½:13

ckf) Wladimir Iljitsch Lenin (1870–1924), russischer Revolutionär und Politiker

ckg

			★★	⊙	FDC*
2261	1 M	mehrfarbig . . . . ckf	2,—	3,—	
Block 50	(55×86 mm)	. . . . ckg	2,40	4,—	15,—
		Ⓢ		2,—	

*) kein amtlicher FDC

Auflagen: MiNr. 2259 = 8 000 000, MiNr. 2260 = 4 500 000 Stück, Bl. 50 = 2 200 000 Blocks

1977, 20. Sept. Internationale Mahn- und Gedenkstätten. 🄴 **Rieß; Odr. (5×5); gez. K 14.**

ckh) Sowjetisches Ehrenmal Berlin-Schönholz

			★★	▨	⊙
2262	35 (Pf)	mehrfarbig . . . . ckh	0,50	0,20	0,40
		FDC			0,80

Auflage: 3 500 000 Stück

Weitere Ausgaben „Internationale Mahn- und Gedenkstätten" siehe Übersichtstabelle nach MiNr. 975

1977, 18. Okt. Internationale Solidarität. 🄴 **Platzer; Odr. (10×5); gez. K 14.**

cki) Faust mit Flammenschale

			★★	▨	⊙
2263	10 + 5 (Pf)	mehrfarbig . . . . . . cki	0,40	0,20	0,40
		FDC			0,60

Auflage: 3 500 000 Stück

1977, 18. Okt. Persönlichkeiten der deutschen Arbeiterbewegung (VI). 🄴 **Stauf; Odr. (10×5); gez. K 14.**

ckk) Ernst Meyer (1887–1930)

ckl) August Frölich (1877–1966)

ckm) Gerhart Eisler (1897–1968)

				**	⊘	⊙
2264	10 (Pf)	hellbraunoliv/ braunschwarz	ckk	0,30	0,30	0,50
2265	10 (Pf)	hellbraunrot/ braunschwarz	ckl	0,30	0,30	0,50
2266	10 (Pf)	hellblaugrün/ schwarzbraun	ckm	0,30	0,30	0,50
		Satzpreis (3 W.)		0,60	0,60	1,50
		FDC (A)				2,50

Auflage: 12 000 000 Sätze

Weitere Ausgaben „Persönlichkeiten der deutschen Arbeiterbewegung" siehe Übersichtstabelle nach MiNr. 1855

1977, 18. Okt. Blockausgabe: 200. Geburtstag von Heinrich von Kleist. 🄴 **Rosié; Odr.; gez. Ks 14.**

ckn) H. von Kleist (1777–1811), Dichter

cko

				**	⊙	FDC
2267	1 M	schwarz/lebhaftrot	ckn	2,20	3,—	
Block 51	(82×55 mm)		cko	3,20	4,—	5,—
					Ⓢ 2,50	

Auflage: 2 100 000 Blocks

1977, 8. Nov. Zentrale Messe der Meister von morgen (MMM). 🄴 **Schütz; RaTdr. (2×10 Zd); gez. K 14.**

ckp) Nach rechts aufsteigende Rakete mit MMM-Schweif

Zierfeld

ckr) Nach links aufsteigende Rakete mit MMM-Schweif

				**	⊘	⊙
2268	10 (Pf)	mehrfarbig	ckp	0,30	0,20	0,50
2269	20 (Pf)	mehrfarbig	ckr	0,30	0,20	0,50
		Satzpreis (2 W.)		0,60	0,40	1,—
		Dreierstreifen		1,10	1,10	2,—
		FDC				2,—

Auflage: 3 000 000 Sätze

1977, 15. Nov. Jagdwesen. 🄴 **Naumann; RaTdr. (10×5); gez. K 14.**

cks) Mufflon (Ovis ammon musimon)

ckt) Rothirsch (Cervus elaphus)

cku) Fasanenjagd

ckv) Vom Nest auffliegende Stockente, Fuchs

ckw) Traktorfahrer rettet Rehkitz

ckx) Wildschwein (Sus scrofa)

				**	⊘	⊙
2270	10 (Pf)	mehrfarbig	cks	0,30	0,20	0,30
2271	15 (Pf)	mehrfarbig	ckt	2,50	2,50	3,50
2272	20 (Pf)	mehrfarbig	cku	0,30	0,20	0,30
2273	25 (Pf)	mehrfarbig	ckv	0,30	0,20	0,30
2274	35 (Pf)	mehrfarbig	ckw	0,30	0,20	0,40
2275	70 (Pf)	mehrfarbig	ckx	0,40	0,20	0,40
		Satzpreis (6 W.)		3,50	3,—	5,—
		FDC 1 (MiNr. 2270, 2271)				4,—
		FDC 2 (MiNr. 2272, 2275)				1,—
		FDC 3 (MiNr. 2273, 2274)				1,—

Auflagen: MiNr. 2270 = 15 000 000, MiNr. 2271 = 2 100 000, MiNr. 2272 = 8 000 000, MiNr. 2273–2275 je 4 500 000 Stück

1977, 22. Nov. Feuerwehr. 🄴 **Bertholdt; Odr. (Querformate 5×10, Hochformate 10×5); gez. K 14.**

cky) Wettkampf mit Sturmleitern

ckz) Kindergruppe besucht die Feuerwehr

cla) Feuerwachturm, Löschfahrzeug, Tanklöschfahrzeug

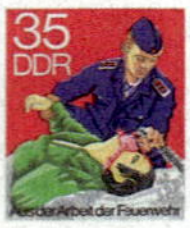

clb) Erste Hilfe: künstliche Beatmung

clc) Feuerlöschboot im Einsatz

				**	⊘	⊙
2276	10 (Pf)	mehrfarbig	cky	0,30	0,20	0,30
2277	20 (Pf)	mehrfarbig	ckz	0,30	0,20	0,30
2278	25 (Pf)	mehrfarbig	cla	0,30	0,20	0,30
2279	35 (Pf)	mehrfarbig	clb	0,30	0,20	0,30
2280	50 (Pf)	mehrfarbig	clc	2,40	2,20	3,—
		Satzpreis (5 W.)		3,—	2,80	4,—
		FDC 1 (MiNr. 2276, 2278)				0,70
		FDC 2 (MiNr. 2277, 2279)				0,80
		FDC 3 (MiNr. 2280)				3,—

Auflagen: MiNr. 2276 = 15 000 000, MiNr. 2277 = 8 000 000, MiNr. 2278 = 5 000 000, MiNr. 2279 = 4 500 000, MiNr. 2280 = 2 100 000 Stück

1977, 22. Nov. Märchen (XII): Sechse kommen durch die ganze Welt. 🄴 **Rosié; Odr. (Klb. 3×2); gez. K 13:13½.**

cld cle clf

clg clh cli

cld–cli) Szenen aus dem Märchen der Brüder Grimm

				★★	⊘	⊙
2281	5 (Pf)	mehrfarbig	. . . . cld	0,30	0,20	0,50
2282	10 (Pf)	mehrfarbig	. . . . cle	0,90	0,90	1,50
2283	20 (Pf)	mehrfarbig	. . . . clf	0,30	0,20	0,50
2284	25 (Pf)	mehrfarbig	. . . . clg	0,30	0,20	0,50
2285	35 (Pf)	mehrfarbig	. . . . clh	0,90	0,90	1,50
2286	60 (Pf)	mehrfarbig	 cli	0,30	0,20	0,50
			Satzpreis (6 W.)	2,50	2,50	5,—
			Kleinbogen	4,50	4,—	8,—
			FDC*			25,—

*) kein amtlicher FDC

MiNr. 2281–2286 wurden zusammenhängend im Kleinbogen gedruckt.

Auflage: 2 100 000 Sätze

Weitere Ausgaben „Märchen“ siehe Übersichtstabelle nach MiNr. 1241

1978

1978, 10. Jan. Arzneipflanzen. Ⓔ **Heise; RaTdr. (5×10); gez. K 14.**

clk) Hagebutten der Heckenrose (Rosa canina)

cll) Blätter der Hängebirke (Betula pendula)

clm) Blüten der Echten Kamille (Matricaria chamomilla)

cln) Blätter des Huflattichs (Tussilago farfara)

clo) Blüten der Sommerlinde (Tilia platyphyllos)

clp) Blüten des Schwarzen Holunders (Sambucus nigra)

				★★	⊘	⊙
2287	10 (Pf)	mehrfarbig	. . . . clk	0,30	0,20	0,30
2288	15 (Pf)	mehrfarbig	 cll	0,30	0,20	0,30
2289	20 (Pf)	mehrfarbig	. . . . clm	0,30	0,20	0,30
2290	25 (Pf)	mehrfarbig	. . . . cln	0,30	0,20	0,30
2291	35 (Pf)	mehrfarbig	. . . . clo	0,30	0,20	0,30
2292	50 (Pf)	mehrfarbig	. . . . clp	2,60	2,50	4,—
			Satzpreis (6 W.)	3,50	3,—	5,—
			FDC 1 (MiNr. 2287, 2290, 2291)			1,50
			FDC 2 (MiNr. 2288, 2289, 2292)			4,50

Auflagen: MiNr. 2287 = 15 000 000, MiNr. 2288 und 2291 je 4 500 000, MiNr. 2289 = 8 000 000, MiNr. 2290 = 5 000 000, MiNr. 2292 = 2 100 000 Stück

1978, 17. Jan. 5. Todestag von Amilcar Cabral. Ⓔ **Grünewald; Odr. (10×5); gez. K 14.**

clr) A. Cabral (1924–1973), Freiheitskämpfer aus Guinea-Bissau

				★★	⊘	⊙
2293	20 (Pf)	mehrfarbig	. . . . clr	0,50	0,40	0,60
			FDC			1,—

Auflage: 8 000 000 Stück

1978, 24. Jan. Fachwerkbauten (I). Ⓔ **Grünewald; RaTdr. (10×5); gez. K 14.**

cls) Rathaus Suhl-Heinrichs (Henneberger Fachwerk) (18. Jh.)

clt) Bauernhaus, Niederoderwitz (Umgebindehaus) (18. Jh.)

clu) Bauernhaus, Strassen (Niederdeutsch) (17. Jh.)

clv) Bürgerhaus, Quedlinburg (Klopstockhaus) (17. Jh.)

clw) Lutherhaus, Eisenach (Lutherstadt) (Ende 15. Jh.)

				★★	⊘	⊙
2294	10 (Pf)	mehrfarbig	. . . . cls	0,30	0,20	0,30
2295	20 (Pf)	mehrfarbig	. . . . clt	0,30	0,20	0,30
2296	25 (Pf)	mehrfarbig	. . . . clu	0,30	0,20	0,30
2297	35 (Pf)	mehrfarbig	 clv	0,30	0,20	0,30
2298	40 (Pf)	mehrfarbig	. . . . clw	2,40	2,20	3,50
			Satzpreis (5 W.)	3,—	2,80	4,50
			FDC 1 (MiNr. 2294, 2295)			0,50
			FDC 2 (MiNr. 2296, 2297)			1,—
			FDC 3 (MiNr. 2298)			3,50

Die Inschrift "Bürgerhaus" auf MiNr. 2298 ist nicht korrekt.

Auflagen: MiNr. 2294 = 15 000 000, MiNr. 2295 = 8 000 000, MiNr. 2296 = 5 000 000, MiNr. 2297 = 4 500 000, MiNr. 2298 = 2 100 000 Stück

Weitere Ausgaben „Fachwerkbauten“: MiNr. 2623–2628

1978, 9. Febr. Posttransport früher und heute. Ⓔ **Detlefsen; Odr. (2×5 Zd); gez. K 13:12½.**

clx) Postfahrzeug (1921)

cly) Postfahrzeug (1978)

clz) Bahnpostwagen (1896)

cma) Bahnpostwagen (1978)

				★★	⊘	⊙
2299	10 (Pf)	mehrfarbig	 clx	0,30	0,30	0,50
2300	20 (Pf)	mehrfarbig	. . . . cly	0,50	0,50	1,—
2301	25 (Pf)	mehrfarbig	. . . . clz	0,60	0,60	1,—
2302	35 (Pf)	mehrfarbig	. . . . . . cma	0,80	0,80	1,50
			Satzpreis (4 W.)	2,—	2,—	4,—
			Viererblock	3,50	3,50	7,—
			FDC*			6,—

*) kein amtlicher FDC

MiNr. 2299–2302 wurden zusammenhängend in Viererblockanordnung gedruckt.

Auflage: 2 100 000 Sätze

1978, 21. Febr. Kostbarkeiten von slawischen Stätten. Ⓔ **Bobbe; RaTdr. (10×5); gez. K 14.**

cmb) Ohrgehänge (Silber) (11. Jh.)

cmc) Ohrring (Silber), Bodelwitz (10. Jh.)

cmd) Beschlag einer Schwertscheide (Bronze), Nimschütz (10. Jh.)

cme) Pferd (Kleinplastik aus Bronze), Brandenburg (12. Jh.)

cmf) Arabische Silbermünze (Halbdirham), Ralswiek (781)

				★★	⊘	⊙
2303	10 (Pf)	mehrfarbig	. . . . . . cmb	0,30	0,20	0,30
2304	20 (Pf)	mehrfarbig	. . . . . . cmc	0,30	0,20	0,30
2305	25 (Pf)	mehrfarbig	. . . . . . cmd	0,30	0,20	0,30
2306	35 (Pf)	mehrfarbig	. . . . . . cme	0,30	0,20	0,50
2307	70 (Pf)	mehrfarbig	. . . . cmf	2,—	2,—	3,20
			Satzpreis (5 W.)	2,80	2,50	4,50
			FDC 1 (MiNr. 2303, 2305, 2306)			1,40
			FDC 2 (MiNr. 2304, 2307)			3,60

Auflagen: MiNr. 2303 = 15 000 000, MiNr. 2304 = 8 000 000, MiNr. 2305 = 5 000 000, MiNr. 2306 = 4 500 000, MiNr. 2307 = 2 100 000 Stück

1978, 7. März. Leipziger Frühjahrsmesse. 🄴 **Reißmüller; RaTdr. (10×5); gez. K 14.**

cmg) Königshaus am Markt, Leipzig

cmh) Universalmesskammer UMK 10/1318, Firmenzeichen des VEB Carl Zeiss Jena

				★★	◎	⊙
2308	10 (Pf)	mehrfarbig . . . . . . cmg		0,30	0,20	0,30
2309	25 (Pf)	mehrfarbig . . . . . . cmh		0,50	0,40	0,70
			Satzpreis (2 W.)	0,70	0,50	1,—
			FDC			0,70

Auflagen: MiNr. 2308 = 8 000 000, MiNr. 2309 = 4 500 000 Stück

1978, 21. März. Interkosmosprogramm. 🄴 **Bertholdt; RaTdr. (5×5); gez. K 14.**

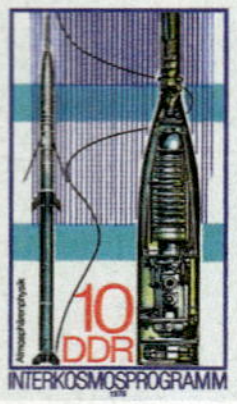

cmi) Meteorologische Rakete M 100 (Atmosphärenphysik)

cmk) Satellit „Interkosmos I“ (Kosmische Physik)

cml) Satellit „Meteor“ mit Infrarot-Fourier-Spektrometer (Kosmische Meteorologie)

				★★	◎	⊙
2310	10 (Pf)	mehrfarbig . . . . cmi		0,30	0,30	0,40
2311	20 (Pf)	mehrfarbig . . . . . . cmk		0,30	0,30	0,40
2312	35 (Pf)	mehrfarbig . . . . cml		1,20	1,20	2,—
			Satzpreis (3 W.)	1,50	1,50	2,60
			FDC 1 (MiNr. 2310, 2311)			0,50
			FDC 2 (MiNr. 2312)			2,—

Blockausgabe, gez. Ks 14

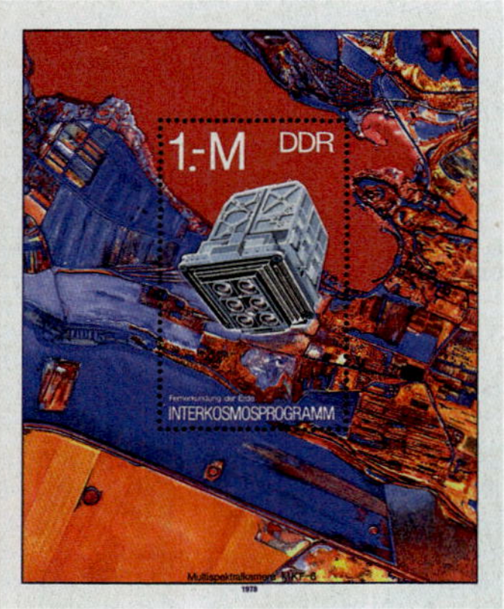

cmn) Fernerkundung der Erde mit der Multispektralkamera MKF-6

cmn

			★★	⊙	FDC*
2313	1 M	mehrfarbig . . . . cmm	2,20	3,50	
Block 52	(90×110 mm)	. . . . cmn	3,—	5,—	40,—
				Ⓢ 2,40	

*) kein amtlicher FDC

Auflagen: MiNr. 2310 und 2311 je 8 000 000, MiNr. 2312 = 5 000 000 Stück, Bl. 52 = 2 100 000 Blocks

Sofern nicht anders angegeben, wurden die Ausgaben der DDR ab MiNr. 1126 auf gestrichenem Papier ohne Wasserzeichen gedruckt.

1978, 4. April. 200. Jahrestag der Gründung der ersten staatlichen Bildungseinrichtung für Gehörlose. 🄴 **Rieß; Odr. (5×10); gez. K 13:12½.**

cmo) Samuel Heinicke (1727–1790), Taubstummenlehrer, Begründer der Bildungseinrichtung; Leipzig um 1800

cmp) Buchstaben a, b und c des Daktylalphabetes, Schüler mit elektroakustischer Hörhilfe

				★★	◎	⊙
2314	20 (Pf)	mehrfarbig . . . . . . cmo		0,30	0,30	0,40
2315	25 (Pf)	mehrfarbig . . . . . . cmp		0,80	0,80	1,30
			Satzpreis (2 W.)	1,—	1,—	1,50
			FDC			1,80

Auflagen: MiNr. 2314 = 8 000 000, MiNr. 2315 = 2 100 000 Stück

1978, 25. April. Weltfernmeldetag. 🄴 **Bertholdt; RaTdr. (MiNr. 2316 5×10, MiNr. 2317 10×5); gez. K 14.**

cmr) Fernseh- und Richtfunkturm Dequede, Tonübertragungswagen FZ 34

cms) Fernseh- und UKW-Turm Dresden, Richtfunkleitstelle im Fernseh- und UKW-Turm Berlin

				★★	◎	⊙
2316	10 (Pf)	mehrfarbig . . . . cmr		0,30	0,20	0,20
2317	20 (Pf)	mehrfarbig . . . . . . cms		0,30	0,30	0,70
			Satzpreis (2 W.)	0,60	0,50	0,90
			FDC			1,20

Auflagen: MiNr. 2316 = 15 000 000, MiNr. 2317 = 8 000 000 Stück

1978, 9. Mai. Paradetrachten aus dem Bergbau und Hüttenwesen. 🄴 **Haller; Odr. (10×5); gez. K 12½:13.**

cmt) Sächsischer Bergmann

cmu) Freiberger Hüttenmann

cmv) Bergakademist

cmw) Oberberghauptmann

cmt–cmw) Paradetrachten des 19. Jahrhunderts aus dem sächsischen Erzgebirge

				★★	◎	⊙
2318	10 (Pf)	mehrfarbig . . . . cmt		0,30	0,20	0,30
2319	20 (Pf)	mehrfarbig . . . . . . cmu		0,30	0,20	0,30
2320	25 (Pf)	mehrfarbig . . . . cmv		0,30	0,20	0,30
2321	35 (Pf)	mehrfarbig . . . . . . cmw		1,50	1,—	2,20
			Satzpreis (4 W.)	2,—	1,50	3,—
			FDC 1 (MiNr. 2318, 2320)			0,80
			FDC 2 (MiNr. 2319, 2321)			2,20

Auflagen: MiNr. 2318 = 15 000 000, MiNr. 2319 = 8 000 000, MiNr. 2320 = 5 000 000, MiNr. 2321 = 2 100 000 Stück

1978, 23. Mai. 100 Jahre Zoologischer Garten Leipzig: Junge Raubkatzen. 🄴 **Heise und Lissmann; RaTdr. (5×10); gez. K 14.**

cmx) Löwe (Panthera leo)

cmy) Leopard (Panthera pardus)

cmz) Sibirischer Tiger (Panthera tigris altaica)

cna) Irbis (Uncia uncia)

				★★	◍	⊙
2322	10 (Pf)	mehrfarbig . . . . . . cmx		0,30	0,20	0,30
2323	20 (Pf)	mehrfarbig . . . . . . cmy		0,30	0,20	0,30
2324	35 (Pf)	mehrfarbig . . . . . . cmz		0,30	0,20	0,50
2325	50 (Pf)	mehrfarbig . . . . cna		1,60	1,50	2,50
			Satzpreis (4 W.)	2,50	2,—	3,50
			FDC 1 (MiNr. 2322, 2325)			3,50
			FDC 2 (MiNr. 2323, 2324)			1,—

Auflagen: MiNr. 2322 = 15 000 000, MiNr. 2323 = 8 000 000, MiNr. 2324 = 5 000 000, MiNr. 2325 = 2 100 000 Stück

1978, 13. Juni. Containertransport. 🄴 **Glinski; Odr. (10×5); gez. K 12½:13.**

cnb) Beladen eines Großcontainers

cnc) Umsetzen auf einen Sattelschlepper

cnd) Großcontainer-Umschlagbahnhof

cne) Umsetzen auf Überseefrachter „Boltenhagen“

				★★	◍	⊙
2326	10 (Pf)	mehrfarbig . . . . cnb		0,30	0,20	0,30
2327	20 (Pf)	mehrfarbig . . . . cnc		0,30	0,20	0,30
2328	35 (Pf)	mehrfarbig . . . . cnd		0,30	0,20	0,50
2329	70 (Pf)	mehrfarbig . . . . cne		2,20	1,70	3,—
			Satzpreis (4 W.)	2,80	2,20	4,—
			FDC 1 (MiNr. 2326, 2329)			3,50
			FDC 2 (MiNr. 2327, 2328)			1,—

Auflagen: MiNr. 2326 = 15 000 000, MiNr. 2327 = 8 000 000, MiNr. 2328 = 4 500 000, MiNr. 2329 = 2 100 000 Stück

1978, 20. Juni. Altafrikanische Kunstschätze in Museen der DDR. 🄴 **Gottschall; RaTdr. (5×5); gez. K 14.**

cnf) Rinderfigur, Ton (1. Hälfte des 2. Jh. v. Chr.)

cng) Frauenkopf, Ton (1. Hälfte des 2. Jh. v. Chr.)

cnh) Oberarmreif, Gold mit Glasfuß (1. Jh. v. Chr.)

cni) Schild eines Ringes, Gold (1. Jh. v. Chr.)

cnk) Platte eines Siegelringes, Gold (1. Jh. v. Chr.)

cnl) Halsschmuck, Halbedelstein/Fayence (1. Jh. v. Chr.)

				★★	◍	⊙
2330	5 (Pf)	mehrfarbig . . . . cnf		0,30	0,20	0,30
2331	10 (Pf)	mehrfarbig . . . . cng		0,30	0,20	0,30
2332	20 (Pf)	mehrfarbig . . . . cnh		0,30	0,20	0,30
2333	25 (Pf)	mehrfarbig . . . . cni		0,30	0,20	0,30
2334	35 (Pf)	mehrfarbig . . . . cnk		0,30	0,20	0,30
2335	40 (Pf)	mehrfarbig . . . . cnl		1,50	1,30	2,60
			Satzpreis (6 W.)	2,50	2,20	4,—
			FDC 1 (MiNr. 2330, 2334)			0,70
			FDC 2 (MiNr. 2331, 2335)			3,—
			FDC 3 (MiNr. 2332, 2333)			0,80

Auflagen: MiNr. 2330 = 5 000 000, MiNr. 2331 und 2332 je 8 000 000, MiNr. 2333 und 2334 je 4 500 000, MiNr. 2335 = 2 100 000 Stück

1978, 18. Juli. Bedeutende Persönlichkeiten (VI). 🄴 **Stauf; Odr. (5×10); gez. K 13:12½.**

cnm) Justus von Liebig (1803–1873), Chemiker und Naturforscher; Symbole der Agrikulturchemie

cnn) Joseph Dietzgen (1828–1888), sozialist. Philosoph; Buchtitel

cno) Alfred Döblin (1878–1957), Schriftsteller; Buchtitel

cnp) Hans Loch (1898–1960), Politiker; Namenszug

cnr) Theodor Brugsch (1878–1963), Internist; Transgrafik eines Menschen, EKG

cns) Friedrich Ludwig Jahn (1778–1852), „Turnvater“, Begründer der deutschen Turnbewegung; Turner

cnt) Albrecht von Graefe (1828–1870), Augenarzt; Instrumente der Augenheilkunde

				★★	◍	⊙
2336	5 (Pf)	graugelb/braunschwarz . . . . cnm		0,30	0,20	0,30
2337	10 (Pf)	hellgrauultramarin/braunschwarz . . . . cnn		0,30	0,20	0,30
2338	15 (Pf)	mittelgelboliv/braunschwarz . . . . cno		0,30	0,20	0,30
2339	20 (Pf)	mattultramarin/braunschwarz . . . . cnp		0,30	0,20	0,30
2340	25 (Pf)	mittelgraurot/braunschwarz . . . . . cnr		0,30	0,20	0,30
2341	35 (Pf)	hellgelblichgrün/braunschwarz . . . . cns		0,30	0,20	0,30
2342	70 (Pf)	mittelgraubraun/braunschwarz . . . . . cnt		1,70	1,50	3,—
			Satzpreis (7 W.)	2,80	2,50	4,50
			FDC 1 (A) (MiNr. 2336, 2342)			4,—
			FDC 2 (A) (MiNr. 2337, 2339, 2340)			1,—
			FDC 3 (A) (MiNr. 2338, 2341)			1,—

Auflagen: MiNr. 2336 und 2340 je 5 000 000, MiNr. 2337 = 15 000 000, MiNr. 2338 und 2341 je 4 500 000, MiNr. 2339 = 8 000 000, MiNr. 2342 = 2 100 000 Stück

Weitere Ausgaben „Bedeutende Persönlichkeiten“ in gleicher Aufmachung siehe Übersichtstabelle nach MiNr. 2202; in anderer Ausführung: MiNr. 1815–1819, 1941–1945, 2025–2029

1978, 18. Juli. Briefmarkenausstellung der Jugend, Cottbus. 🄴 **Rieß; Odr. (2×10 Zd); gez. K 13:12½.**

cnu) Cottbus um 1730 Zierfeld cnv) Historische und neuzeitliche Gebäude in Cottbus

				★★	◍	⊙
2343	10 + 5 (Pf)	mehrfarbig . . . . . cnu		0,30	0,30	0,50
2344	20 (Pf)	mehrfarbig . . . . cnv		0,30	0,30	0,50
			Satzpreis (2 W.)	0,50	0,50	1,—
			Dreierstreifen	0,80	0,80	1,50
			FDC			1,50

MiNr. 2343 und 2344 wurden, durch Zierfeld verbunden, waagerecht zusammenhängend gedruckt.

Auflage: 3 000 000 Sätze

1978, 25. Juli. Weltfestspiele der Jugend und Studenten, Havanna. Ⓔ **Gottschall; Odr. (2×10 Zd); gez. K 13:12½.**

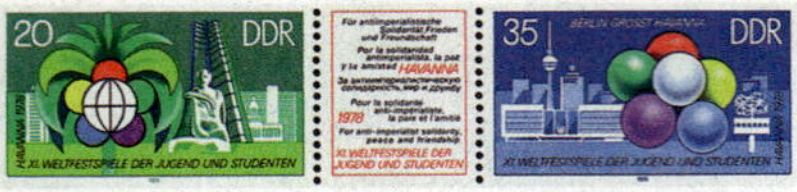

cnw) Festivalblume, Bauwerke in Havanna — Zierfeld — cnx) Festivalblume, Bauwerke in Berlin

			✶✶	▨	⊙
2345	20 (Pf)	mehrfarbig . . . . cnw	0,40	0,40	1,—
2346	35 (Pf)	mehrfarbig . . . . cnx	0,40	0,40	1,—
		Satzpreis (2 W.)	0,80	0,80	2,—
		Dreierstreifen	1,40	1,40	3,—
		FDC			2,50

MiNr. 2345 und 2346 wurden, durch Zierfeld verbunden, waagerecht zusammenhängend gedruckt.

Auflage: 3 000 000 Sätze

1978, 25. Juli. Kupferstichkabinett der Staatlichen Museen Berlin: Zeichnungen. Ⓔ **Naumann; Odr. (Klb. 3×2); gez. Ks 14.**

cny
cnz
coa
cob
coc
cod

cny) Landsknecht mit geschulterter Hellebarde; von Hans Schäufelein (um 1480/1485–1538/1540), Maler und Holzschnittzeichner
cnz) Studie einer Briefleserin; von Jean-Antoine Watteau (1684–1721), französ. Maler
coa) Sitzender Knabe; von Gabriel Metsú (1629–1667), niederländ. Maler
cob) Sitzender junger Mann, Brot schneidend; von Cornelis Saftleven (1607–1681), holländ. Maler
coc) Heiliger Antonius in der Landschaft; von Matthias Grünewald (um 1470/1475–1528), Maler
cod) Sitzender Mann im Lehnstuhl; von Abraham von Diepenbeeck (1596–1675), niederländ. Maler und Zeichner für Kupferstichwerke

			✶✶	▨	⊙
2347	10 (Pf)	hellgraugelb/ violettschwarz . . . . cny	0,30	0,30	0,50
2348	20 (Pf)	hellgraugelb/ violettschwarz . . . . cnz	1,—	1,—	2,—
2349	25 (Pf)	hellgraugelb/ violettschwarz . . . . coa	0,30	0,30	0,50
2350	30 (Pf)	hellgraugelb/ violettschwarz . . . . cob	0,30	0,30	0,50
2351	35 (Pf)	hellgraugelb/ violettschwarz . . . . coc	1,—	1,—	2,—
2352	50 (Pf)	hellgraugelb/ violettschwarz . . . . cod	0,30	0,30	0,50
		Satzpreis (6 W.)	2,80	2,80	6,—
		Kleinbogen	3,60	3,60	8,—
		FDC*			25,—

*) kein amtlicher FDC

MiNr. 2347– 2352 wurden zusammenhängend im Kleinbogen gedruckt.

Auflage: 2 100 000 Sätze

1978, 29. Aug. Leipziger Herbstmesse. Ⓔ **Bertholdt; RaTdr. (MiNr. 2353 5×10, MiNr. 2354 10×5); gez. K 14.**

coe) IFA-Kleintransporter Multicar 25

cof) Messehaus „Drei Könige", Petersstraße, Leipzig

			✶✶	▨	⊙
2353	10 (Pf)	mehrfarbig . . . . coe	0,30	0,20	0,40
2354	25 (Pf)	mehrfarbig . . . . cof	0,50	0,40	0,50
		Satzpreis (2 W.)	0,70	0,50	0,80
		FDC			0,70

Auflagen: MiNr. 2353 = 8 000 000, MiNr. 2354 = 4 500 000 Stück

1978, 4. Sept. Gemeinsamer Weltraumflug UdSSR-DDR (I). Ⓔ **Bertholdt; RaTdr. (5×5); gez. K 14.**

cog) Raumschiff Sojus, Interkosmos-Emblem, Emblem des 1. gemeinsamen Weltraumfluges

			✶✶	▨	⊙
2355	20 (Pf)	mehrfarbig . . . . cog	0,50	0,30	0,40
		FDC			0,70

Auflage: 8 000 000 Stück

1978, 5. Sept. Internationale Mahn- und Gedenkstätten. Ⓔ **Grünewald; RaTdr. (5×5); gez. K 14.**

coh) Denkmal der DDR „O Deutschland, bleiche Mutter" (Detail) in der Mahn- und Gedenkstätte Mauthausen (Österreich); von Fritz Cremer (1906–1993)

			✶✶	▨	⊙
2356	35 (Pf)	mehrfarbig . . . . coh	0,50	0,30	0,70
		FDC			1,—

Auflage: 3 500 000 Stück

Weitere Ausgaben „Internationale Mahn- und Gedenkstätten" siehe Übersichtstabelle nach MiNr. 975

1978, 19. Sept. 25 Jahre Kampfgruppen. Ⓔ **König und Diedrichs; RaTdr. (2×10 Zd); gez. K 14.**

coi) Kampfgruppeneinheit, Traktor, Industrieanlagen — Zierfeld — cok) Soldaten der Sowjetarmee, der NVA und Mitglieder der Kampfgruppen, Kämpfer des Roten Frontkämpferbundes (RFB)

			✶✶	▨	⊙
2357	20 (Pf)	mehrfarbig . . . . coi	0,50	0,40	0,70
2358	35 (Pf)	mehrfarbig . . . . cok	0,50	0,40	0,70
		Satzpreis (2 W.)	1,—	0,70	1,40
		Dreierstreifen	1,60	1,60	2,50
		FDC			2,50

MiNr. 2357 und 2358 wurden, durch Zierfeld verbunden, waagerecht zusammenhängend gedruckt.

Auflage: 3 000 000 Sätze

1978, 21. Sept. Gemeinsamer Weltraumflug UdSSR-DDR (II). Ⓔ **Bertholdt (MiNr. 2359–2360, 2362–2363) und Glinski (MiNr. 2361); Odr. (MiNr. 2359–2360 und 2362 5×10, MiNr. 2361 10×5); MiNr. 2359–2360 und 2362 gez. K 13½:13, MiNr. 2361 ∼.**

col) Raumschiff Sojus 22, Multispektralkamera MKF-6 M

com) Albert Einstein (1879–1955), deutsch-amerik. Physiker, Nobelpreis 1921; Raumschiff Sojus 31

con) Sigmund Jähn (*1937), erster deutscher Kosmonaut

coo) Otto Lilienthal (1848–1896), Ingenieur und Flugpionier; Orbitalstation Salut mit angekoppeltem Raumschiff Sojus

col–coo) Auf allen Marken außerdem Interkosmos-Emblem

				★★	⊘	⊙
2359	5 (Pf)	mehrfarbig	.... col	0,30	0,30	0,40
2360	10 (Pf)	mehrfarbig	.... com	0,30	0,30	0,40
2361	20 (Pf)	mehrfarbig	.... con	0,30	0,30	0,40
2362	35 (Pf)	mehrfarbig	.... coo	1,—	1,—	1,70
			Satzpreis (4 W.)	1,60	1,50	2,50
			FDC 1 (MiNr. 2359, 2361)			0,70
			FDC 2 (MiNr. 2360, 2362)			2,80

Blockausgabe, gez. Ks 14

cor

cop) Kosmonauten Waleri Bykowski (*1934) und Sigmund Jähn, Orbitalkomplex, Interkosmos-Emblem, Emblem des 1. gemeinsamen Weltraumfluges

			★★	⊙	FDC*
2363	1 M mehrfarbig	.... cop	1,80	3,50	
Block 53	(110×90 mm)	.... cor	2,40	5,—	25,—
		Ⓢ		2,40	

*) kein amtlicher FDC

Eine Nachbildung des während des gemeinsamen Weltraumfluges UdSSR-DDR an Bord des Raumschiffes verwendeten Zusatzstempels mit dem im All eingestellten Datum 27.–8.78.–20 wurde als Nebenstempel auf die amtlichen FDC (auch MiNr. 2355) sowie Ende Oktober 1978 beim Zentralen Postverkehrsamt 1085 Berlin, PF 400, auf Postsendungen mit den Sonderausgaben zum gemeinsamen Weltraumflug UdSSR-DDR sowie bei Abstempelungen zu philatelistischen Zwecken aufgedruckt.

Auflagen: MiNr. 2359 = 5 000 000, MiNr. 2360 = 15 000 000, MiNr. 2361 = 8 000 000, MiNr. 2362 = 4 000 000 Stück, Bl. 53 = 2 000 000 Blocks

1978, 26. Sept. Zirkuskunst in der DDR (I). 🄴 Grünewald; RaTdr. (2×2 Zd); gez. K 14.

cos) Pyramide mit 7 Artisten

cot) Elefant auf Dreirad

cou) Pferdedressur

cov) Eisbärendressur

				★★	⊘	⊙
2364	5 (Pf)	mehrfarbig	.... cos	0,40	0,70	1,20
2365	10 (Pf)	mehrfarbig	.... cot	0,70	1,—	1,80
2366	20 (Pf)	mehrfarbig	.... cou	1,20	1,80	3,—
2367	35 (Pf)	mehrfarbig	.... cov	2,—	3,50	5,50
			Satzpreis (4 W.)	4,—	7,—	11,—
			Viererblock	8,—	16,—	20,—
			FDC (A)			20,—

MiNr. 2364–2367 wurden zusammenhängend in Viererblockanordnung in Schalterbogen gedruckt, die beschnitten (Format 147×250 mm) und unbeschnitten (Format 177×250 mm) vorkommen.

Auflage: 3 000 000 Sätze

Weitere Ausgabe „Zirkuskunst in der DDR“: MiNr. 2983–2986

1978, 3. Okt. Zentrales Jugendobjekt „Drushba-Trasse“: Bau des Teilabschnittes Krementschug-Bar der Erdgasfernleitung von Orenburg (Ural) bis zur Westgrenze der UdSSR. 🄴 Reißmüller; Odr. (5×10); gez. K 13:12½.

cow) Verlegen eines Rohrstückes, Ehrenabzeichen „Erbauer der Drushba-Trasse“

				★★	⊘	⊙
2368	20 (Pf)	mehrfarbig	...... cow	0,50	0,20	0,40
			FDC			0,60

Auflage: 8 000 000 Stück

1978, 3. Okt. Internationales Jahr gegen Rassismus. 🄴 Detlefsen; Odr. (10×5); gez. K 12½:13.

cox) Afrikaner hinter Stacheldraht

				★★	⊘	⊙
2369	20 (Pf)	mehrfarbig	.... cox	0,50	0,20	0,40
			FDC			0,50

Auflage: 8 000 000 Stück

1978, 24. Okt. 250 Jahre Staatliche Wissenschaftliche Museen Dresden. 🄴 Zill; RaTdr. (10×5); gez. K 14.

coy) Ritter- oder Segelfalter (Papilio hahneli)

coz) Turkestan-Agame (Agama lehmanni)

cpa) Achat (Fundort Wiederau, Krs. Rochlitz)

cpb) Fossiler Froschlurch (Palaeobatrachus diluvianus) aus dem Polierschiefer von Seifhennersdorf (Oberlausitz)

cpc) Augsburger Stutzuhr (1710)

cpd) Gregorianisches Tisch-Spiegelteleskop (Löser-Werkstatt von Schloss Reinharz, um 1750)

				★★	⊘	⊙
2370	10 (Pf)	mehrfarbig	.... coy	0,30	0,20	0,30
2371	20 (Pf)	mehrfarbig	.... coz	0,30	0,20	0,30
2372	25 (Pf)	mehrfarbig	.... cpa	0,30	0,20	0,30
2373	35 (Pf)	mehrfarbig	.... cpb	0,30	0,20	0,30
2374	40 (Pf)	mehrfarbig	.... cpc	0,30	0,20	0,30
2375	50 (Pf)	mehrfarbig	.... cpd	2,50	2,20	4,50
			Satzpreis (6 W.)	3,50	3,—	6,—
			FDC 1 (MiNr. 2370, 2373, 2375)			4,50
			FDC 2 (MiNr. 2371, 2372, 2374)			1,50

Auflagen: MiNr. 2370 = 15 000 000, MiNr. 2371 = 8 000 000, MiNr. 2372 = 5 000 000, MiNr. 2373 und 2374 je 4 500 000, MiNr. 2375 = 2 100 000 Stück

1978, 21. Nov. Jagdwaffen aus Suhl. 🄴 Grünewald; RaTdr. (3×3 Zd); gez. K 14.

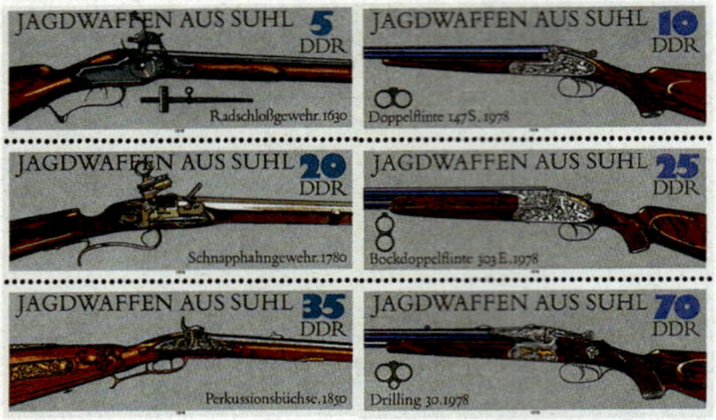

cpe) Radschlossgewehr (1630) cpf) Doppelflinte 147 S (1978)

cpg) Schnapphahngewehr (1780) cph) Bock-Doppelflinte 303 E (1978)

cpi) Perkussionsbüchse (1850) cpk) Drilling 30 (1978)

					★★	⊘	⊙
2376	5	(Pf)	mehrfarbig	cpe	0,30	0,20	0,30
2377	10	(Pf)	mehrfarbig	cpf	0,30	0,20	0,50
2378	20	(Pf)	mehrfarbig	cpg	0,30	0,30	1,—
2379	25	(Pf)	mehrfarbig	cph	0,40	0,40	1,—
2380	35	(Pf)	mehrfarbig	cpi	0,60	0,60	1,20
2381	70	(Pf)	mehrfarbig	cpk	1,20	1,20	2,50
				Satzpreis (6 W.)	3,—	2,80	6,50
				Dreierstr. 1 (MiNr. 2376, 2378, 2380)	1,80	1,60	3,—
				Dreierstr. 2 (MiNr. 2377, 2379, 2381)	3,20	2,90	5,—
				Satzpreis (2 Dreierstreifen)	5,—	4,50	8,—
				FDC 1 (Dreierstreifen 1)			2,—
				FDC 2 (Dreierstreifen 2)			5,—

MiNr. 2376, 2378 und 2380 sowie MiNr. 2377, 2379 und 2381 wurden jeweils senkrecht zusammenhängend gedruckt.

Auflage: 3 060 000 Sätze

1978, 21. Nov. Märchen (XIII): Rapunzel. 🄴 Rosié; Odr. (Klb. 3×2); gez. K 13:13½.

cpl cpm cpn

cpo cpp cpr

cpl–cpr) Szenen aus dem Märchen der Brüder Grimm

					★★	⊘	⊙
2382	10	(Pf)	mehrfarbig	cpl	0,30	0,20	0,50
2383	15	(Pf)	mehrfarbig	cpm	1,10	1,10	2,—
2384	20	(Pf)	mehrfarbig	cpn	0,30	0,20	0,50
2385	25	(Pf)	mehrfarbig	cpo	0,30	0,20	0,50
2386	35	(Pf)	mehrfarbig	cpp	1,10	1,10	2,—
2387	50	(Pf)	mehrfarbig	cpr	0,30	0,20	0,50
				Satzpreis (6 W.)	3,40	3,—	6,—
				Kleinbogen	3,80	3,80	8,—
				FDC*			22,—

*) kein amtlicher FDC

MiNr. 2382–2387 wurden zusammenhängend im Kleinbogen gedruckt.

Auflage: 2 000 000 Sätze

Weitere Kleinbogen „Märchen“ siehe Übersichtstabelle nach MiNr. 1241

1979

1979, 9. Jan. Heimische Singvögel. 🄴 Gottschall; RaTdr. (10×5); gez. K 14.

cps) Buchfinken (Fringilla coelebs)

cpt) Kleiber (Sitta europaea)

cpu) Rotkehlchen (Erithacus rubecula)

cpv) Karmingimpel (Carpodacus erythrinus)

cpw) Blaumeise (Parus caeruleus)

cpx) Bluthänflinge (Acanthis cannabina)

					★★	⊘	⊙
2388	5	(Pf)	mehrfarbig	cps	0,30	0,20	0,30
2389	10	(Pf)	mehrfarbig	cpt	0,30	0,20	0,30
2390	20	(Pf)	mehrfarbig	cpu	0,30	0,20	0,30
2391	25	(Pf)	mehrfarbig	cpv	0,30	0,20	0,30
2392	35	(Pf)	mehrfarbig	cpw	0,30	0,20	0,30
2393	50	(Pf)	mehrfarbig	cpx	2,80	1,40	3,20
				Satzpreis (6 W.)	4,—	2,40	4,50
				FDC 1 (MiNr. 2388, 2391, 2392)			1,50
				FDC 2 (MiNr. 2389, 2390, 2393)			3,50

Auflagen: MiNr. 2388 = 5 000 000, MiNr. 2389 = 16 000 000, MiNr. 2390 = 8 000 000, MiNr. 2391 = 4 000 000, MiNr. 2392 = 4 500 000, MiNr. 2393 = 2 000 000 Stück

1979, 23. Jan. Geflügelrassen. 🄴 Bertram; Odr. (5×10); gez. K 14.

cpy) Chabo Siro (Zwerghuhn)

cpz) Kraienkopp (Landhuhn)

cra) Porzellanfarbiger federfüßiger Zwerg

crb) Sachsenhuhn

crc) Phönix (japan. Zierhuhn)

crd) Gestreifter Italiener (Landhuhn)

					★★	⊘	⊙
2394	10	(Pf)	mehrfarbig	cpy	0,30	0,20	0,30
2395	15	(Pf)	mehrfarbig	cpz	0,30	0,20	0,30
2396	20	(Pf)	mehrfarbig	cra	0,30	0,20	0,30
2397	25	(Pf)	mehrfarbig	crb	0,30	0,20	0,30
2398	35	(Pf)	mehrfarbig	crc	0,30	0,20	0,30
2399	50	(Pf)	mehrfarbig	crd	2,50	2,—	3,—
				Satzpreis (6 W.)	3,50	2,80	4,50
				FDC 1 (MiNr. 2394, 2396, 2399)			3,50
				FDC 2 (MiNr. 2395, 2397, 2398)			1,50

FALSCH Farbverfälschung bei MiNr. 2395

Auflagen: MiNr. 2394 = 15 000 000, MiNr. 2395 und 2396 je 4 500 000, MiNr. 2396 = 8 000 000, MiNr. 2397 = 5 000 000, MiNr. 2399 = 2 100 000 Stück

Die MICHEL-Redaktion nimmt keine Markenprüfungen vor!

1979, 6. Febr. Fernsprechvermittlung und Telegrammübermittlung früher und heute. Ⓔ **Lehmann; RaTdr. (5×5); gez. K 14.**

cre) Fernsprechvermittlung um 1900 und 1979

crf) Telegrammübermittlung 1880 und 1979

				★★	⊘	⊙
2400	20 (Pf)	mehrfarbig	.... cre	0,30	0,20	0,30
2401	35 (Pf)	mehrfarbig	.... crf	0,90	0,80	1,—
			Satzpreis (2 W.)	1,10	0,90	1,30
			FDC			2,—

Auflagen: MiNr. 2400 = 8 000 000, MiNr. 2401 = 2 000 000 Stück

1979, 20. Febr. Blockausgabe: 100. Geburtstag von Albert Einstein. Ⓔ **Rieß; Odr.; gez. Ks 14.**

crg) A. Einstein (1879–1955), deutsch-amerik. Physiker, Nobelpreis 1921

crh

				★★	⊙	FDC*
2402	1 M	mehrfarbig	.... crg	1,80	3,—	
Block 54	(55×86 mm)		.... crh	2,60	4,50	15,—
				Ⓢ	2,40	

*) kein amtlicher FDC

Auflage: 2 000 000 Blocks

1979, 6. März. Leipziger Frühjahrsmesse. Ⓔ **Scheuner; Odr. (MiNr. 2403 10×5, MiNr. 2304 5×10); gez. K 14.**

cri) Max-Klinger-Haus, Petersstr., Leipzig

crk) Waagerecht-Bohr- und Fräsmaschine

				★★	⊘	⊙
2403	10 (Pf)	mehrfarbig	.... cri	0,30	0,20	0,30
2404	25 (Pf)	mehrfarbig	.... crk	0,40	0,30	0,60
			Satzpreis (2 W.)	0,60	0,40	0,80
			FDC			1,—

Auflagen: MiNr. 2403 = 16 000 000, MiNr. 2404 = 4 000 000 Stück

1979, 20. März. Weltschifffahrtstag. Ⓔ **Bertholdt; RaTdr. (5×5); gez. K 14.**

crl) Containerschiff „Meridian“, Schlepper, Weltkarte, Emblem der IMO (Internationale Seeschifffahrtsorganisation)

				★★	⊘	⊙
2405	20 (Pf)	mehrfarbig	.... crl	0,80	0,30	0,40
			FDC			0,80

Auflage: 8 000 000 Stück

1979, 20. März. Bedeutende Persönlichkeiten (VII). Ⓔ **Stauf; Odr. (5×10); gez. K 13:12½.**

crm) Otto Hahn (1879–1968), Chemiker, Nobelpreis 1944; Formel der Kernspaltung von Atomen

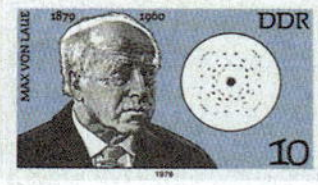

crn) Max von Laue (1879–1960), Physiker, Nobelpreis 1914; Laue-Diagramm der Zinkblende

cro) Arthur Scheunert (1879–1957), Physiologe; Symbol für Ernährungsforschung

crp) August Kekulé von Stradonitz (1829 bis 1896), Chemiker; Formel des Benzolringes

crr) Georg Forster (1754–1794), Natur- und Völkerkundler; Forschungsschiff „Resolution“ des Kapitäns James Cook

crs) Gotthold Ephraim Lessing (1729–1781), Dichter und Philosoph; Titelblatt zu Nathan der Weise

			★★	⊘	⊙
2406	5 (Pf)	mattrötlichbraun/ schwarzbraun .... crm	0,30	0,20	0,30
2407	10 (Pf)	mattgrauultramarin/ schwarzbraun ..... crn	0,30	0,20	0,30
2408	20 (Pf)	mittelolivgelb/ schwarzbraun ..... cro	0,30	0,20	0,30
2409	25 (Pf)	weißsmaragdgrün/ schwarzbraun ..... crp	0,30	0,20	0,30
2410	35 (Pf)	mattblaugrün/ schwarzbraun ..... crr	0,30	0,20	0,30
2411	70 (Pf)	mattrotkarmin/ schwarzbraun ..... crs	2,50	1,50	3,—
		Satzpreis (6 W.)	3,50	2,40	4,50
		FDC 1 (A) (MiNr. 2406, 2407, 2411)			5,—
		FDC 2 (A) (MiNr. 2408–2410)			1,50

Auflagen: MiNr. 2406 = 5 000 000, MiNr. 2407 = 16 000 000, MiNr. 2408 = 8 000 000, MiNr. 2409 = 4 000 000, MiNr. 2410 = 4 500 000, MiNr. 2411 = 2 000 000 Stück

Weitere Ausgaben „Bedeutende Persönlichkeiten“ in gleicher Aufmachung siehe Übersichtstabelle nach MiNr. 2202; in anderer Ausführung: MiNr. 1815–1819, 1941–1945, 2025–2029

1979, 3. April. Automobilbau in Zwickau. Ⓔ **Rieß; Odr. (Klb. 3×1); gez. K 14.**

crt) Horch 8 (Bj. 1911)

Zierfeld

cru) Trabant 601 S de luxe (Bj. 1978)

				★★	⊘	⊙
2412	20 (Pf)	mehrfarbig	.... crt	0,40	0,40	0,80
2413	35 (Pf)	mehrfarbig	.... cru	0,70	0,70	1,50
			Satzpreis (2 W.)	1,—	1,—	2,20
			Kleinbogen	2,50	2,—	3,50
			FDC			5,—

MiNr. 2412 und 2413 wurden, durch Zierfeld verbunden, zusammenhängend im Kleinbogen gedruckt.

Auflage: 2 000 000 Sätze

In den MICHEL-Nachschlagewerken werden Bogen nur dann als Kleinbogen katalogisiert, wenn sie höchstens 10 Marken (+ evtl. Zierfelder) enthalten.

1979, 17. April. Schienenfahrzeuge. 🄴 **Glinski; RaTdr. (6×5); gez. K 13.**

crv) Triebwagenzug MXA

crw) Selbstentladewagen Us-y

crx) Diesellokomotive BR 110

cry) Autotransportwagen Laaes

					★★	◍	⊙
2414	5 (Pf)	mehrfarbig	crv		0,30	0,20	0,30
2415	10 (Pf)	mehrfarbig	crw		0,30	0,20	0,30
2416	20 (Pf)	mehrfarbig	crx		0,30	0,20	0,30
2417	35 (Pf)	mehrfarbig	cry		1,—	0,80	1,70
				Satzpreis (4 W.)	1,80	1,30	2,50
				FDC 1 (MiNr. 2414, 2416)			0,50
				FDC 2 (MiNr. 2415, 2417)			2,50

Auflagen: MiNr. 2414 = 5 100 000, MiNr. 2415 und 2416 je 8 100 000, MiNr. 2417 = 2 010 000 Stück

1979, 8. Mai. Indische Miniaturen. 🄴 **Gottschall; RaTdr. (5×5); gez. K 14.**

crz) Durga (18. Jh.)

csa) Mahavira (15.–16. Jh.)

csb) Todi Ragini (17. Jh.)

csc) Asavari Ragini (17. Jh.)

					★★	◍	⊙
2418	20 (Pf)	mehrfarbig	crz		0,30	0,20	0,30
2419	35 (Pf)	mehrfarbig	csa		0,30	0,20	0,30
2420	50 (Pf)	mehrfarbig	csb		0,30	0,20	0,30
2421	70 (Pf)	mehrfarbig	csc		2,80	2,60	4,20
				Satzpreis (4 W.)	3,50	3,—	5,—
				FDC 1 (MiNr. 2418, 2421)			4,—
				FDC 2 (MiNr. 2419, 2420)			1,50

Auflagen: MiNr. 2418 = 8 000 000, MiNr. 2419 = 4 500 000, MiNr. 2420 = 4 000 000, MiNr. 2421 = 2 000 000 Stück

1979, 22. Mai. Internationales Jahr des Kindes. 🄴 **Lüders; RaTdr. (10×5); gez. K 14.**

csd) Spielende Kinder

cse) Arzt mit Kindern verschiedener Völker

					★★	◍	⊙
2422	10 (Pf)	mehrfarbig	csd		0,30	0,30	0,40
2423	20 (Pf)	mehrfarbig	cse		0,50	0,50	1,—
				Satzpreis (2 W.)	0,70	0,70	1,30
				FDC			1,80

Auflagen: MiNr. 2422 = 16 000 000, MiNr. 2423 = 8 000 000 Stück

1979, 22. Mai. FDJ-Initiative Berlin. 🄴 **Lehmann; Odr. (5×10); gez. K 13:12½.**

csf) Wohnkomplex Leipziger Straße, Berlin

csg) Großbaustelle der Jugend in Berlin-Marzahn

					★★	◍	⊙
2424	10 (Pf)	mehrfarbig	csf		0,30	0,30	0,40
2425	20 (Pf)	mehrfarbig	csg		0,40	0,40	0,70
				Satzpreis (2 W.)	0,60	0,50	1,—
				FDC			1,—

Auflagen: MiNr. 2424 = 16 000 000, MiNr. 2425 = 8 000 000 Stück

1979, 22. Mai. Nationales Jugendfestival, Berlin. 🄴 **Grünewald; RaTdr. (2×10 Zd); gez. K 14.**

csh) Fackelzug anlässlich der Gründung der DDR (7.10.1949) — Zierfeld — csi) Kundgebung

					★★	◍	⊙
2426	10 + 5 (Pf)	mehrfarbig	csh		0,30	0,30	0,50
2427	20 (Pf)	mehrfarbig	csi		0,30	0,30	0,50
				Satzpreis (2 W.)	0,60	0,60	1,—
				Dreierstreifen	1,—	1,—	1,50
				FDC			2,—

MiNr. 2426 und 2427 wurden, durch Zierfeld verbunden, waagerecht zusammenhängend gedruckt.

Auflage: 4 500 000 Sätze

1979, 5. Juni. Landwirtschaftsausstellung „agra", Markkleeberg. 🄴 **König; RaTdr. (10×5); gez. K 14.**

csk) Ausstellungs-Emblem

					★★	◍	⊙
2428	10 (Pf)	mehrfarbig	csk		0,50	0,20	0,40
				FDC			0,80

Auflage: 16 000 000 Stück

1979, 26. Juni. 70 Jahre Eisenbahnfährverbindung Sassnitz-Trelleborg. 🄴 **Zill; RaTdr. (2×10 Zd); gez. K 14.**

csl) Eisenbahnfährschiff „Rostock" — Zierfeld — csm) Eisenbahnfährschiff „Rügen"

					★★	◍	⊙
2429	20 (Pf)	mehrfarbig	csl		0,40	0,40	0,80
2430	35 (Pf)	mehrfarbig	csm		0,40	0,40	0,80
				Satzpreis (2 W.)	0,80	0,80	1,50
				Dreierstreifen	1,80	1,40	2,50
				FDC			2,50

MiNr. 2429 und 2430 wurden, durch Zierfeld verbunden, waagerecht zusammenhängend gedruckt.

Auflage: 3 500 000 Sätze

1979, 26. Juni. Rehabilitation von Behinderten. Ⓔ **Rieß; Odr. (5×10); gez. K 13:12½.**

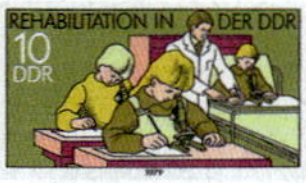
csn) Unterricht im Krankenhaus

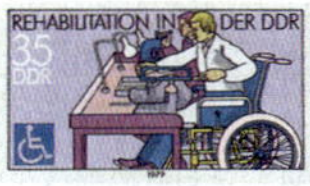
cso) Arbeitstätigkeit im Betrieb

				**	▨	⊙
2431	10 (Pf)	mehrfarbig	csn	0,30	0,20	0,30
2432	35 (Pf)	mehrfarbig	cso	0,60	0,50	1,—
			Satzpreis (2 W.)	0,70	0,60	1,30
			FDC			1,80

Auflagen: MiNr. 2431 = 16 000 000, MiNr. 2432 = 2 000 000 Stück

1979, 3. Juli. Kinder- und Jugendspartakiade, Berlin. Ⓔ **Lüders; Odr. (5×10); gez. K 13:12½.**

csp) Radrennen

csr) Rollschuhlaufen

				**	▨	⊙
2433	10 (Pf)	mehrfarbig	csp	0,30	0,20	0,30
2434	20 (Pf)	mehrfarbig	csr	0,60	0,50	0,80
			Satzpreis (2 W.)	0,70	0,60	1,—
			FDC			2,—

Bei einer Teilauflage der MiNr. 2434 hat die Verwendung von Transparentweiß zu einer altersbedingten Vergilbung des Papiers geführt.

Auflagen: MiNr. 2433 = 16 000 000, MiNr. 2434 = 8 000 000 Stück

1979, 17. Juli. Internationale Gartenbauausstellung (IGA), Erfurt: Dahlien. Ⓔ **Bobbe; RaTdr. (6×5); gez. K 13.**

css) Rubens; Semikaktus-Dahlie

cst) Rosalie; Ball-Dahlie

csu) Corinna; Hirschgeweih-Dahlie

csv) Dolli; Schmuck-Dahlie (Neuzüchtung)

csw) Carola; Kaktus-Dahlie (Neuzüchtung)

csx) Don Lorenzo; Halskrausen-Dahlie

				**	▨	⊙
2435	10 (Pf)	mehrfarbig	css	0,30	0,20	0,30
2436	20 (Pf)	mehrfarbig	cst	0,30	0,20	0,30
2437	25 (Pf)	mehrfarbig	csu	0,30	0,20	0,30
2438	35 (Pf)	mehrfarbig	csv	0,30	0,20	0,30
2439	50 (Pf)	mehrfarbig	csw	0,30	0,20	0,50
2440	70 (Pf)	mehrfarbig	csx	3,—	2,80	4,50
			Satzpreis (6 W.)	4,—	3,60	6,—
			FDC 1 (MiNr. 2435, 2440)			5,—
			FDC 2 (MiNr. 2436, 2437)			0,80
			FDC 3 (MiNr. 2438, 2439)			1,20

Auflagen: MiNr. 2435 = 16 200 000, MiNr. 2436 = 8 100 000, MiNr. 2437 und 2439 je 4 200 000, MiNr. 2438 = 4 500 000, MiNr. 2440 = 2 010 000 Stück

1979, 7. Aug. Nationale Briefmarkenausstellung DDR '79, Dresden. Ⓔ **Rieß; RaTdr. (10×5); gez. K 14.**

csy) Gänsediebbrunnen, Weiße Gasse, Dresden

csz) Pusteblumenbrunnen, Prager Straße, Dresden

				**	▨	⊙
2441	10 + 5 (Pf)	mehrfarbig	csy	0,60	0,50	1,—
2442	20 (Pf)	mehrfarbig	csz	0,30	0,20	0,30
			Satzpreis (2 W.)	0,70	0,60	1,20
			FDC			1,50

Blockausgabe, Odr., gez. Ks 13:12½

cta) Historische und moderne Bauwerke in Dresden

ctb

				**	⊙	FDC*
2443	1 M	mehrfarbig	cta	1,80	2,50	
Block 55	(86×55 mm)	. . . .	ctb	2,50	3,50	15,—
			Ⓢ		2,20	

*) kein amtlicher FDC

Bei einer Teilauflage von Block 55 hat die Verwendung von Transparentweiß zu einer altersbedingten Vergilbung des Papiers geführt.

Auflagen: MiNr. 2441 = 3 500 000 Stück, MiNr. 2442 = 8 000 000 Stück, Bl. 55 = 2 000 000 Blocks

1979, 7. Aug. Internationaler Kongress der Lehrkräfte für russische Sprache und Literatur, Berlin. Ⓔ **Detlefsen; RaTdr. (6×5); gez. K 13.**

ctc) Russisches Alphabet, Erdkarte

				**	▨	⊙
2444	20 (Pf)	mehrfarbig	ctc	0,40	0,20	0,40
			FDC			0,70

Auflage: 8 100 000 Stück

1979, 21. Aug. 50 Jahre Musikinstrumenten-Museum Leipzig: Ausstellungsstücke. Ⓔ **Detlefsen; RaTdr. (5×5); gez. K 14.**

ctd) Lira da Gamba (Italien 1592)

cte) Serpent (Frankreich 17. bis 18. Jh.)

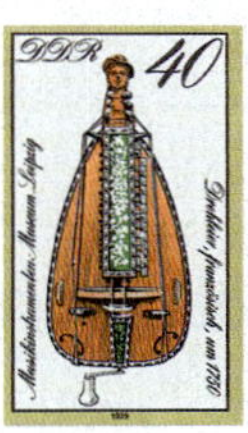
ctf) Drehleier (Frankreich um 1750)

ctg) Tenor-Flügelhorn (Deutschland vor 1850)

				★★	⊘	⊙
2445	20 (Pf)	mehrfarbig	ctd	0,30	0,20	0,30
2446	25 (Pf)	mehrfarbig	cte	0,30	0,20	0,30
2447	40 (Pf)	mehrfarbig	ctf	0,30	0,20	0,40
2448	85 (Pf)	mehrfarbig	ctg	2,80	2,20	4,—
			Satzpreis (4 W.)	3,40	2,60	5,—
			FDC 1 (MiNr. 2445, 2447)			1,—
			FDC 2 (MiNr. 2446, 2448)			5,—

Auflagen: MiNr. 2445 = 8 000 000, MiNr. 2446 = 4 000 000, MiNr. 2447 = 4 500 000, MiNr. 2448 = 2 000 000 Stück

1979, 21. Aug. Internationaler Kongress für Pferdezucht der sozialistischen Staaten, Berlin. Ⓔ Naumann; Odr. (5×5); gez. K 14.

cth) Galopprennen

cti) Dressur (Pas de deux)

				★★	⊘	⊙
2449	10 (Pf)	mehrfarbig	cth	0,30	0,20	0,30
2450	25 (Pf)	mehrfarbig	cti	1,—	0,90	1,20
			Satzpreis (2 W.)	1,20	1,—	1,50
			FDC			2,—

Auflagen: MiNr. 2449 = 16 000 000, MiNr. 2450 = 2 000 000 Stück

1979, 28. Aug. Internationale Mahn- und Gedenkstätten. Ⓔ Detlefsen; RaTdr. (5×5); gez. K 14.

ctk) Figurengruppe in der Mahn- und Gedenkstätte Mittelbau-Dora bei Nordhausen

				★★	⊘	⊙
2451	35 (Pf)	lebhaftviolettblau/ schwarz	ctk	0,60	0,40	0,70
			FDC			0,70

Auflage: 3 500 000 Stück

Weitere Ausgaben „Internationale Mahn- und Gedenkstätten" siehe Übersichtstabelle nach MiNr. 975

1979, 28. Aug. Leipziger Herbstmesse. Ⓔ Bertholdt; RaTdr. (MiNr. 2452 10×5, MiNr. 2453 5×10); gez. K 14.

ctl) Teddybär

ctm) Wohngebäude „Großer Blumenberg", Leipzig (erb. 1826–1832)

				★★	⊘	⊙
2452	10 (Pf)	mehrfarbig	ctl	0,30	0,20	0,30
2453	25 (Pf)	mehrfarbig	ctm	0,30	0,20	0,40
			Satzpreis (2 W.)	0,50	0,30	0,70
			FDC			1,—

Auflagen: MiNr. 2452 = 16 000 000, MiNr. 2453 = 4 000 000 Stück

1979, 11. Sept. Persönlichkeiten der deutschen Arbeiterbewegung (VII). Ⓔ Stauf; Odr. (10×5); gez. K 14.

ctn) Philipp Dengel (1888–1948)

cto) Otto Buchwitz (1879–1964)

ctp) Bernhard Koenen (1889–1964)

ctr) Heinrich Rau (1899–1961)

				★★	⊘	⊙
2454	10 (Pf)	mehrfarbig	ctn	0,30	0,20	0,50
2455	10 (Pf)	mehrfarbig	cto	0,30	0,20	0,50
2456	10 (Pf)	mehrfarbig	ctp	0,30	0,20	0,50
2457	10 (Pf)	mehrfarbig	ctr	0,30	0,20	0,50
			Satzpreis (4 W.)	0,80	0,60	2,—
			FDC 1 (A) (MiNr. 2454, 2456)			1,20
			FDC 2 (A) (MiNr. 2455, 2457)			1,20

Auflagen: 12 000 000 Sätze

Weitere Ausgaben „Persönlichkeiten der deutschen Arbeiterbewegung" siehe Übersichtstabelle nach MiNr. 1855

1979, 2. Okt. 30 Jahre DDR. Ⓔ Grünewald; RaTdr. (6×5); gez. K 13.

cts) Bauarbeiter, Wohnhaus

ctt) Jugendliche

ctu) Soldaten der NVA

ctv) Arbeiter, Sowjetsoldat

cts–ctv) Auf allen Marken außerdem Staatsflagge

				★★	⊘	⊙
2458	5 (Pf)	mehrfarbig	cts	0,30	0,20	0,30
2459	10 (Pf)	mehrfarbig	ctt	0,30	0,20	0,30
2460	15 (Pf)	mehrfarbig	ctu	0,50	0,30	0,80
2461	20 (Pf)	mehrfarbig	ctv	0,30	0,20	0,30
			Satzpreis (4 W.)	1,—	0,80	1,60
			FDC 1 (MiNr. 2458, 2460)			1,50
			FDC 2 (MiNr. 2459, 2461)			0,50

Blockausgabe, gez. Ks 14

ctw) Familie, Wohnhaus, Staatsflagge

ctx

			★★	⊙	FDC*
2462	1 M mehrfarbig	ctw	1,60	2,50	
Block 56	(90×110 mm)	ctx	2,—	3,50	20,—
		Ⓢ		1,80	

*) kein amtlicher FDC

Zusammenhängende und verschnittene Blocks stammen aus der Makulatur.

Auflagen: MiNr. 2458 = 5 100 000, MiNr. 2459 und 2461 je 8 100 000, MiNr. 2460 = 4 200 000 Stück, Bl. 56 = 2 100 000 Blocks

1979, 6. Nov. Unbesiegbares Vietnam (VIII). Ⓔ Preuß; Odr. (10×5); gez. K 14.

cty) Soldat, Mutter mit Kind

			★★	▨	⊙
2463	10 + 5 (Pf) gelblichrot/ schwarz	cty	0,50	0,30	0,40
		FDC			0,70

Auflage: 3 500 000 Stück

Weitere Ausgaben „Unbesiegbares Vietnam": MiNr. 1220, 1371, 1476, 1602, 1699, 1736, 1886

1979, 6. Nov. Meissener Porzellan (I). Ⓔ Haller und Stauf; RaTdr. (2×2 Zd); gez. K 14.

ctz) Sich schminkendes Mädchen (1966/67)

cua) Kaffeekanne, Form „Altozier" (18. Jh.)

cub) Kaffeekanne, Form „Großer Ausschnitt" (1973/74)

cuc) Deckelvase (18. Jh.)

cud) Papagei auf Stamm mit Kirschen (18. Jh.)

cue) Harlekin mit Deckelkanne (18. Jh.)

cuf) Blumenverkäuferin (18. Jh.)

cug) Sakeflasche (18. Jh.)

				★★	▨	⊙
2464	5 (Pf)	mehrfarbig	ctz	0,30	0,30	0,40
2465	10 (Pf)	mehrfarbig	cua	0,30	0,30	0,50
2466	15 (Pf)	mehrfarbig	cub	0,30	0,30	0,70
2467	20 (Pf)	mehrfarbig	cuc	0,40	0,40	1,—
2468	25 (Pf)	mehrfarbig	cud	0,50	0,50	1,—
2469	35 (Pf)	mehrfarbig	cue	0,80	0,80	1,30
2470	50 (Pf)	mehrfarbig	cuf	1,10	1,10	2,—
2471	70 (Pf)	mehrfarbig	cug	1,50	1,50	3,50
		Satzpreis (8 W.)		5,—	5,—	10,—
		Viererblock 1 (MiNr. 2464–2467)		4,—	3,—	5,—
		FDC 1 (A)				4,—
		Viererblock 2 (MiNr. 2468–2471)		8,—	7,50	14,—
		FDC 2 (A)				12,—
		Satzpreis (2 Viererblocks)		12,—	10,—	19,—

MiNr. 2464–2467 und 2468–2471 wurden jeweils zusammenhängend in Viererblockanordnung in Schalterbogen gedruckt, die beschnitten (Format 147×247 mm) und unbeschnitten (Format 177×247 mm) vorkommen; bei den Bogen mit Viererblock 1 befinden sich an beiden Seitenrändern, bei den Bogen mit Viererblock 2 normalerweise nur am rechten Seitenrand (aus falsch getrennten Druckbogen aber auch am linken vorkommend) Leerfelder in Markengröße.

Auflage: 3 000 000 Sätze

Weitere Ausgaben „Meissener Porzellan": MiNr. 2667–2670, 3241 bis 3244

1979, 20. Nov. Historische Puppen. Ⓔ Bertram; Odr. (Klb. 3×2); gez. K 14.

cuh) Stoffpuppe (um 1800)

cui) Keramikfigürchen (um 1960)

cuk) Kronendöckchen (um 1780)

cul) Strohpuppe (um 1900)

cum) Gliederpuppe (um 1800)

cun) Stehaufpuppe (um 1820)

				★★	▨	⊙
2472	10 (Pf)	mehrfarbig	cuh	0,30	0,30	0,50
2473	15 (Pf)	mehrfarbig	cui	1,20	1,20	2,—
2474	20 (Pf)	mehrfarbig	cuk	0,30	0,30	0,50
2475	35 (Pf)	mehrfarbig	cul	0,30	0,30	0,50
2476	50 (Pf)	mehrfarbig	cum	1,20	1,20	2,—
2477	70 (Pf)	mehrfarbig	cun	0,30	0,30	0,50
		Satzpreis (6 W.)		3,—	3,—	6,—
		Kleinbogen		4,40	4,50	9,—
		FDC*				24,—

*) kein amtlicher FDC

MiNr. 2472–2477 wurden zusammenhängend im Kleinbogen gedruckt.

Auflage: 2 000 000 Sätze

Die amtlichen FDC sind immer in der Form gelistet, in der sie offiziell angekündigt wurden: 1 FDC mit allen Marken des Satzes oder mehrere FDC, auf die die Marken des Satzes verteilt sind. Diverse Kombinationen kommen vor. Die FDC-Preise gelten für alle Kombinationen, sofern der Marken-Satz komplett ist.

1980

1980, 15. Jan. Olympische Winterspiele, Lake Placid. ⓔ Gottschall; RaTdr. (5×5); gez. K 14.

cuo) Bobstart; Ölpastell von Günther Rechn (*1944)

cup) Balance auf dem Eis; Ölgemälde von Johanna Starke (1921–2011)

cur) Spezialspringer; Plastik von Günther Schütz (*1934)

cus) Startvorbereitung; Mischtechnik von Axel Wunsch (*1941)

				★★	⊘	⊙
2478	10 (Pf)	mehrfarbig	cuo	0,30	0,20	0,50
2479	20 (Pf)	mehrfarbig	cup	0,30	0,20	0,50
2480	25 + 10 (Pf)	mehrfarbig	cur	0,30	0,20	0,50
2481	35 (Pf)	mehrfarbig	cus	1,80	1,30	2,—
		Satzpreis (4 W.)		2,40	1,80	3,50
		FDC 1 (MiNr. 2478, 2481)				2,50
		FDC 2 (MiNr. 2479, 2480)				1,—

Blockausgabe, gez. Ks 14.

cut) Skiläuferinnen; Ölgemälde von Lothar Zitzmann (1924–1977)

cuu

				★★	⊙	FDC*
2482	1 M	mehrfarbig	cut	1,80	3,—	
Block 57	(80×55 mm)		cuu	2,50	5,—	16,—
					Ⓢ 2,20	

*) kein amtlicher FDC

Auflagen: MiNr. 2478 und 2479 je 8 000 000, MiNr. 2480 = 3 500 000, MiNr. 2481 = 2 000 000 Stück, Bl. 57 = 2 000 000 Blocks

1980, 29. Jan. Freimarken: Aufbau in der DDR. Kleinformat 21,5×17,5 mm (V). ⓔ Gottschall; StTdr. (10×10); gez. K 14.

brr I) Pelikan; Alfred-Brehm-Haus, Tierpark Berlin

cuv) Palast der Republik, Berlin

bpt I) Lenindenkmal, Wohnhochhaus, Berlin

				★★	⊘	⊙
2483	5 (Pf)	bläulichgrün (Töne)	brr I	0,30	0,20	0,40
2484	10 (Pf)	dkl'gelbsmaragdgrün (Töne) GA	cuv	0,30	0,20	0,40
2485	20 (Pf)	rosakarmin (Töne)	bpt I	0,60	0,30	0,40
		Satzpreis (3 W.)		1,10	0,60	1,20
		FDC (A)				4,—

Weitere Ausgaben siehe Zusammenfassung nach Jahreszusammenstellungen

1980, 29. Jan. Barockgärten. ⓔ Gabriel; RaTdr. (5×5); gez. K 14.

cuw) Stille Musik, Großsedlitz

cux) Orangerie im Belvedere, Weimar

cuy) Parterre, Dornburg

cuz) Schlosspark, Rheinsberg

				★★	⊘	⊙
2486	10 (Pf)	mehrfarbig	cuw	0,30	0,20	0,30
2487	20 (Pf)	mehrfarbig	cux	0,30	0,20	0,30
2488	50 (Pf)	mehrfarbig	cuy	0,30	0,20	0,30
2489	70 (Pf)	mehrfarbig	cuz	1,80	1,80	3,40
		Satzpreis (4 W.)		2,50	2,40	4,—
		FDC 1 (MiNr. 2486, 2489)				4,—
		FDC 2 (MiNr. 2487, 2488)				1,—

Auflagen: MiNr. 2486 = 16 000 000, MiNr. 2487 = 8 000 000, MiNr. 2488 = 3 500 000, MiNr. 2489 = 2 000 000 Stück

1980, 5. Febr. Nachrichtenübertragungsmittel der Deutschen Post. ⓔ Gottschall; RaTdr. (5×5); gez. K 14.

cva) Nachrichtenübertragung über Kabel- und Funkverbindungen: Kabelverlegung, Intersputnik

cvb) UKW und Fernsehen

				★★	⊘	⊙
2490	10 (Pf)	mehrfarbig	cva	0,30	0,20	0,30
2491	20 (Pf)	mehrfarbig	cvb	0,30	0,20	0,40
		Satzpreis (2 W.)		0,50	0,30	0,70
		FDC				0,80

Auflagen: MiNr. 2490 = 16 000 000, MiNr. 2491 = 8 000 000 Stück

1980, 26. Febr. Bedeutende Persönlichkeiten (VIII). ⓔ Stauf; Odr. (5×10); gez. K 13:12½.

cvc) Johann Wolfgang Döbereiner (1780 bis 1849), Chemiker; Döbereinersches Feuerzeug

cvd) Frédéric Joliot-Curie (1900–1958), französ. Atomphysiker, Nobelpreis 1935; Atommodell, Friedenstaube

cve) Johann Friedrich Naumann (1780–1857), Ornithologe; Rötelfalke (Falco naumanni)

cvf) Alfred Wegener (1880–1930), Geophysiker und Meteorologe; Erdkarte der Kontinentaldrift im Eozän

cvg) Carl von Clausewitz (1780–1831), preußischer General und Philosoph; Buchtitel „Vom Kriege"

cvh) Helene Weigel (1900–1971), Schauspielerin und Intendantin; Gebäude des „Berliner Ensemble"

				★★	⊘	⊙
2492	5 (Pf)	graugelb/braunschwarz	cvc	0,30	0,20	0,30
2493	10 (Pf)	mehrfarbig	cvd	0,30	0,20	0,30
2494	20 (Pf)	lebhaftgelbgrün/braunschwarz	cve	0,30	0,20	0,30
2495	25 (Pf)	mehrfarbig	cvf	0,30	0,20	0,30
2496	35 (Pf)	mattultramarin/braunschwarz	cvg	0,30	0,20	0,40

				**	⊘	⊙
2497	70 (Pf)	hellrotbraun/ braunschwarz	cvh	1,60	1,30	2,—
		Satzpreis (6 W.)		2,50	2,—	3,50
		FDC 1 (A) (MiNr. 2492, 2495, 2497)				4,50
		FDC 2 (A) (MiNr. 2493, 2494, 2496)				1,50

Auflagen: MiNr. 2492 = 5 000 000, MiNr. 2493 = 16 000 000, MiNr. 2494 = 8 000 000, MiNr. 2495 = 4 000 000, MiNr. 2496 = 4 500 000, MiNr. 2497 = 2 000 000 Stück

Weitere Ausgaben „Bedeutende Persönlichkeiten" in gleicher Aufmachung siehe Übersichtstabelle nach MiNr. 2202; in anderer Ausführung: MiNr. 1815–1819, 1941–1945, 2025–2029

1980, 4. März. Leipziger Frühjahrsmesse. 🄴 Reißmüller; RaTdr. (MiNr. 2498 10×5, MiNr. 2499 5×10); gez. K 14.

cvi) Universität, Leipzig

cvk) Traktor ZT 303

				**	⊘	⊙
2498	10 (Pf)	mehrfarbig	cvi	0,30	0,20	0,30
2499	25 (Pf)	mehrfarbig	cvk	0,40	0,30	0,60
		Satzpreis (2 W.)		0,60	0,40	0,90
		FDC				1,—

Auflagen: MiNr. 2498 = 16 000 000, MiNr. 2499 = 4 000 000 Stück

1980, 18. März. Persönlichkeiten der deutschen Arbeiterbewegung (VIII). 🄴 Stauf; Odr. (10×5); gez. K 14.

cvl) Werner Eggerath (1900–1977)

				**	⊘	⊙
2500	10 (Pf)	mittelbräunlichrot/ schwarzbraun	cvl	0,60	0,40	0,70
		FDC (A)				1,20

Auflage: 16 000 000 Stück

Weitere Ausgaben „Persönlichkeiten der deutschen Arbeiterbewegung" siehe Übersichtstabelle nach MiNr. 1855

1980, 18. März. Freimarke: Aufbau in der DDR. Kleinformat 21,5×17,5 mm (VI). 🄴 Gottschall; StTdr. (10×10); gez. K 14.

bsc I) Neubauten auf der Fischerinsel, Berlin

				**	⊘	⊙
2501	15 (Pf)	mittelbraunpurpur (Töne)	bsc I	0,50	0,30	1,—
		FDC (A)				2,20

Weitere Ausgaben siehe Zusammenfassung nach Jahreszusammenstellungen

1980, 11. April. Blockausgabe: Interkosmos-Programm: Gemeinsame bemannte Weltraumflüge. 🄴 Lewinowskij und Glinski; Odr.; gez. Ks 14.

cvn

cvm) Kosmonauten, Orbitalkomplex, Interkosmos-Emblem

				**	⊙	FDC*
2502	1 M	mehrfarbig	cvm	1,80	3,—	
Block 58	(110×90 mm)		cvn	2,40	4,—	25,—
			Ⓢ		2,20	

*) kein amtlicher FDC

Auflage: 2 000 000 Blocks

Parallelausgabe mit Bulgarien MiNr. 2884/Bl. 102, Polen MiNr. 2680/Bl. 82, Sowjetunion MiNr. 4943/Bl. 146 und Tschechoslowakei MiNr. 2558–2562/Bl. 40

1980, 22. April. Olympische Sommerspiele, Moskau (I). Gottschall; RaTdr. (5×5); gez. K 14.

cvo) Am Schwebebalken; Plastik von Erich Wurzer (1913–1986)

cvp) Läufer vor dem Ziel; Öltempera von Lothar Zitzmann (1924–1977)

cvr) Vierer ohne; Gemälde von Wilfried Falkenthal (*1942)

				**	⊘	⊙
2503	10 (Pf)	mehrfarbig	bvo	0,30	0,20	0,30
2504	20 + 5 (Pf)	mehrfarbig	bvp	0,30	0,20	0,30
2505	50 (Pf)	mehrfarbig	bvr	1,60	1,40	2,—
		Satzpreis (3 W.)		2,20	1,80	2,50
		FDC 1 (MiNr. 2503, 2504)				0,50
		FDC 2 (MiNr. 2505)				2,50

Auflagen: MiNr. 2503 = 16 000 000, MiNr. 2504 = 3 500 000, MiNr. 2505 = 2 000 000 Stück

Weitere Ausgabe „Olympische Sommerspiele, Moskau": MiNr. 2528–2530 und Block 60

1980, 13. Mai. Freimarke: Aufbau in der DDR. Kleinformat 21,5×17,5 mm (VII). 🄴 Gottschall; StTdr. (10×10); gez. K 14.

bpu I) Karl-Marx-Monument vor Neubauten, Chemnitz (Karl-Marx-Stadt)

				**	⊘	⊙
2506	35 (Pf)	preußischblau (Töne)	bpu I	0,60	0,40	0,80
		FDC (A)				2,50

Weitere Ausgaben siehe Zusammenfassung nach Jahreszusammenstellungen

1980, 13. Mai. 25 Jahre Warschauer Vertrag. 🄴 **Lehmann; RaTdr. (10×5); gez. K 14.**

cvs) Flaggen der Vertragsstaaten, rote Fahne

				★★	⊘	⊙
2507	20 (Pf)	mehrfarbig . . . . cvs		0,60	0,20	0,40
			FDC			0,70

Auflage: 8 000 000 Stück

1980, 27. Mai. Bauwerke im bauhaus-Stil. 🄴 **Grünewald; RaTdr. (Hochformate 10×5, Querformate 5×10); gez. K 14.**

cvt) Konsum-Gebäude, Dessau-Törten (1928); Architekt: Walter Gropius (1883–1969)

cvu) Gedenkstätte der Sozialisten, Berlin-Friedrichsfelde (1926); Architekt: Ludwig Mies van der Rohe (1886–1969)

cvv) Denkmal für die März-Gefallenen, Weimar (1922); Architekt: Walter Gropius

cvw) Stahlhaus, Dessau-Törten (1926); Architekten: Georg Muche (1895–1987) und Richard Paulick (1903–1979)

cvx) Gewerkschaftsschule, Bernau (1928 bis 1930); Architekt: Hannes Meyer (1889–1954)

cvy) bauhaus-Gebäude, Dessau (1926); Architekt: Walter Gropius

			★★	⊘	⊙
2508	5 (Pf)	mehrfarbig . . . . cvt	0,30	0,20	0,30
2509	10 (Pf)	mehrfarbig . . . . cvu	0,30	0,20	0,30
2510	15 (Pf)	mehrfarbig cvv	0,30	0,20	0,30
2511	20 (Pf)	mehrfarbig . . . . cvw	0,30	0,20	0,30
2512	50 (Pf)	mehrfarbig cvx	0,40	0,20	0,30
2513	70 (Pf)	mehrfarbig . . . . cvy	2,40	2,20	3,50
		Satzpreis (6 W.)	4,—	3,—	4,50
		FDC 1 (MiNr. 2508, 2510, 2512)			1,50
		FDC 2 (MiNr. 2509, 2511, 2513)			4,—

Auflagen: MiNr. 2508 = 5 000 000, MiNr. 2509 = 16 000 000, MiNr. 2510 = 4 000 000, MiNr. 2511 = 8 000 000, MiNr. 2512 = 3 500 000, MiNr. 2513 = 2 000 000 Stück

1980, 10. Juni. Arbeiterfestspiele der DDR, Bezirk Rostock. 🄴 **Bertholdt; RaTdr. (5×10); gez. K 14.**

cvz) Bauwerke im Bezirk Rostock

cwa) Trachtenpaar aus Mönchgut (Rügen)

			★★	⊘	⊙
2514	10 (Pf)	mehrfarbig . . . . cvz	0,30	0,20	0,30
2515	20 (Pf)	mehrfarbig . . . . cwa	0,40	0,30	0,50
		Satzpreis (2 W.)	0,60	0,40	0,80
		FDC			0,80

Auflagen: MiNr. 2514 = 16 000 000, MiNr. 2515 = 8 000 000 Stück

1980, 10. Juni. 25 Jahre INTERFLUG; Internat. Luftpostausstellung AEROSOZPHILEX. 🄴 **Bormann und Bormann; Odr. (2×5 Zd); gez. K 13:12½.**

cwb cwc

cwd cwe

cwb) Radarkomplex Avia-D/Coren, Berlin Schönefeld (Flugsicherung)
cwc) Flugzeug, Abfertigungsgebäude, Berlin Schönefeld (Flughafen)
cwd) Polnisches Landwirtschaftsflugzeug PLZ-106 A (Agrarflug)
cwe) Doppeldecker AN 2, Multispektralkamera MKF 6 M (Bildflug)

			★★	⊘	⊙
2516	20 (Pf)	mehrfarbig . . . . . . cwb	0,40	0,40	0,70
2517	25 (Pf)	mehrfarbig . . . . . . cwc	0,40	0,40	0,70
2518	35 (Pf)	mehrfarbig . . . . . . cwd	0,60	0,60	1,20
2519	70 (Pf)	mehrfarbig . . . . cwe	1,20	1,20	2,—
		Satzpreis (4 W.)	2,50	2,50	4,50
		Viererblock	3,50	3,50	6,—
		FDC			7,—

Blockausgabe, gez. Ks 14

cwf) Vierstrahliges Langstreckenflugzeug IL 62, Erdkugel (Verkehrsflug)

cwg

			★★	⊙	FDC*
2520	1 M + 10 (Pf) mfg . . . . cwf		1,80	3,—	
Block 59	(65×95 mm) . . . . cwg		2,80	6,—	25,—
		Ⓢ		2,50	

*) kein amtlicher FDC

MiNr. 2516–2519 wurden zusammenhängend in Viererblockanordnung gedruckt.

Auflagen: 3 500 000 Sätze, Bl. 59 = 2 000 000 Blocks

1980, 10. Juni. Freimarke: Aufbau in der DDR. Kleinformat 21,5×17,5 mm (VIII). 🄴 **Gottschall; StTdr. (10×10); gez. K 14.**

bsd I) Alexanderplatz, Berlin

			★★	⊘	⊙
2521	25 (Pf)	blaugrün GA . . . . . bsd I	0,50	0,40	0,80
		FDC (A)			2,50

Weitere Ausgaben siehe Zusammenfassung nach Jahreszusammenstellungen

1980, 24. Juni. Vom Aussterben bedrohte Tiere (I). 🄴 **Bengs; Odr. (5×10); gez. K 14.**

cwh) Okapi (Okapia johnstoni)

cwi) Katzenbären (Ailurus fulgens)

cwk) Mähnenwolf (Chrysocyon brachyurus)

cwl) Arabische Oryx-Antilope (Oryx leucoryx)

cwm) Weißer Ohrfasan (Crossoptilon crossoptilon)

cwn) Moschusochsen (Ovibos moschatus)

				★★	▨	⊙
2522	5 (Pf)	mehrfarbig	cwh	0,30	0,20	0,30
2523	10 (Pf)	mehrfarbig	cwi	0,30	0,20	0,30
2524	15 (Pf)	mehrfarbig	cwk	0,30	0,20	0,30
2525	20 (Pf)	mehrfarbig	cwl	0,30	0,20	0,30
2526	25 (Pf)	mehrfarbig	cwm	0,30	0,20	0,30
2527	35 (Pf)	mehrfarbig	cwn	2,20	1,60	2,50
		Satzpreis (6 W.)		3,—	2,40	4,—
		FDC 1 (MiNr. 2522, 2524, 2526)				1,—
		FDC 2 (MiNr. 2523, 2525, 2527)				4,—

Auflagen: MiNr. 2522 = 5 000 000, MiNr. 2523 = 16 000 000, MiNr. 2524 = 4 000 000, MiNr. 2525 = 8 000 000, MiNr. 2526 = 3 500 000, MiNr. 2527 = 2 000 000 Stück

Weitere Ausgaben „Vom Aussterben bedrohte Tiere“: MiNr. 2952 bis 2956, 3107–3110

1980, 8. Juli. Olympische Sommerspiele, Moskau (II). 🄴 **Gottschall; RaTdr. (5×5); gez. K 14.**

cwo) Judo; Ölgemälde von Erhard Schmidt (*1933)

cwp) Schwimmer; Ölgemälde von Willi Sitte (1921–2013)

cwr) Spurt; Bronzeplastik von Siegfried Schreiber (1928–1988)

				★★	▨	⊙
2528	10 (Pf)	mehrfarbig	cwo	0,30	0,20	0,30
2529	20 + 10 (Pf)	mehrfarbig	cwp	0,30	0,20	0,30
2530	50 (Pf)	mehrfarbig	cwr	1,70	1,30	2,50
		Satzpreis (3 W.)		2,—	1,60	3,—
		FDC 1 (MiNr. 2528, 2529)				0,60
		FDC 2 (MiNr. 2530)				3,40

Blockausgabe, gez. Ks 14

cws) Spinnaker; Ölgemälde von Karl Raetsch (1930–2004)

cwt

				★★	⊙	FDC*
2531	1 M	mehrfarbig	cws	1,80	3,—	
Block 60	(80×55 mm)		cwt	2,80	4,—	12,—
			Ⓢ		2,40	

*) kein amtlicher FDC

Auflagen: MiNr. 2528 = 16 000 000, MiNr. 2529 = 3 000 000, MiNr. 2530 = 2 100 000 Stück, Bl. 60 = 2 100 000 Blocks

Weitere Ausgabe „Olympische Sommerspiele, Moskau“: MiNr. 2503–2505

1980, 22. Juli. Briefmarkenausstellung der Jugend, Zella-Mehlis. 🄴 **Rieß; Odr. (2×10 Zd); gez. K 13:12½.**

cwu) Suhl um 1700 Zierfeld cwv) Historische und neuzeitliche Gebäude in Suhl

				★★	▨	⊙
2532	10 + 5 (Pf)	mehrfarbig	cwu	0,40	0,40	0,70
2533	20 (Pf)	mehrfarbig	cwv	0,40	0,40	0,70
		Satzpreis (2 W.)		0,80	0,80	1,40
		Dreierstreifen		1,50	1,30	2,—
		FDC				1,80

MiNr. 2532 und 2533 wurden, durch Zierfeld verbunden, waagerecht zusammenhängend gedruckt.

Auflage: 3 500 000 Sätze

1980, 12, Aug. Optisches Museum der Carl-Zeiss-Stiftung Jena. 🄴 **Voigt; RaTdr. (5×2 Zd); gez. K 14.**

cww) Mikroskop von Huntley, London (1740)

cwx) Mikroskop von Magny; Paris (um 1751)

cwy) Mikroskop von Amici, Modena (1845)

cwz) Mikroskop von Zeiss, Jena (1873)

				★★	▨	⊙
2534	20 (Pf)	mehrfarbig	cww	0,40	0,40	0,70
2535	25 (Pf)	mehrfarbig	cwx	0,40	0,40	0,70
2536	35 (Pf)	mehrfarbig	cwy	0,70	0,70	1,—
2537	70 (Pf)	mehrfarbig	cwz	1,—	1,—	2,—
		Satzpreis (4 W.)		2,50	2,50	4,—
		Viererblock		3,60	3,60	6,—
		FDC (A)				5,50

MiNr. 2534 und 2537 wurden zusammenhängend in Viererblockanordnung gedruckt.

Auflage: 3 500 000 Sätze

1980, 26. Aug. Internationale Mahn- und Gedenkstätten. 🄴 **Rieß; RaTdr. (5×5); gez. K 14.**

cxa) Mahnmal in der Gedenkstätte Majdanek (Polen)

				★★	▨	⊙
2538	35 (Pf)	mehrfarbig	cxa	0,60	0,40	0,70
		FDC				0,80

Auflage: 3 500 000 Sätze

Weitere Ausgaben „Internationale Mahn- und Gedenkstätten“ siehe Übersichtstabelle nach MiNr. 975

1980, 26. Aug. Leipziger Herbstmesse. ◰ **Rieß; RaTdr. (5×10); gez. K 14.**

cxb) Leipzig-Information am Sachsenplatz

cxc) Textima-Teppichwirkmaschine „Licoflor"

				★★	▨	⊙
2539	10 (Pf)	mehrfarbig	cxb	0,30	0,20	0,30
2540	25 (Pf)	mehrfarbig	cxc	0,60	0,30	0,50
		Satzpreis (2 W.)		0,80	0,40	0,80
		FDC				1,—

Auflagen: MiNr. 2539 = 16 000 000, MiNr. 2540 = 4 000 000 Stück

1980, 26. Aug. Freimarke: Aufbau in der DDR. Kleinformat 21,5×17,5 mm (IX). ◰ **Gottschall; StTdr. (10×10); gez. K 14.**

btd I) Brandenburger Tor, Berlin

				★★	▨	⊙
2541	40 (Pf)	schwärzlichgrauviolett (Töne)	btd I	1,—	0,40	1,—
		FDC (A)				4,—

Weitere Ausgaben siehe Zusammenfassung nach Jahreszusammenstellungen

1980, 9. Sept. Interparlamentarische Konferenz, Berlin. ◰ **Bobbe; RaTdr. (5×10); gez. K 14.**

cxd) Teilansicht des Berliner Stadtzentrums mit Palast der Republik und Fernseh- und UKW-Turm

				★★	▨	⊙
2542	20 (Pf)	mehrfarbig (Töne)	cxd	0,90	0,30	0,50
		FDC				0,60

Auflage: 8 000 000 Stück

1980, 23. Sept. 400. Geburtstag von Frans Hals. ◰ **Naumann; RaTdr. (5×5); gez. K 14.**

cxe) Lachender Knabe mit einer Flöte

cxf) Bildnis eines jungen Mannes im gelbgrauen Rock

cxg) Der Mulatte

cxh) Bildnis eines jungen Mannes im schwarzen Rock

cxe–cxh) Gemälde von F. Hals (1581/85–1666), holländischer Maler

				★★	▨	⊙
2543	10 (Pf)	mehrfarbig	cxe	0,30	0,20	0,30
2544	20 (Pf)	mehrfarbig	cxf	0,30	0,20	0,30
2545	25 (Pf)	mehrfarbig	cxg	0,30	0,20	0,30
2546	35 (Pf)	mehrfarbig	cxh	1,20	1,—	2,—
		Satzpreis (4 W.)		1,70	1,50	2,80
		FDC 1 (MiNr. 2543, 2546)				3,—
		FDC 2 (MiNr. 2544, 2545)				1,—

Blockausgabe, gez. Ks 14

cxi) Selbstbildnis; Kreidezeichnung

cxk

				★★	⊙	FDC*
2547	1 M	mehrfarbig	cxi	1,80	3,50	
Block 61	(80×55 mm)		cxk	2,50	5,—	20,—
			Ⓢ		2,—	

*) kein amtlicher FDC

Auflagen: MiNr. 2543 = 16 000 000, MiNr. 2544 = 8 000 000, MiNr. 2545 = 3 500 000, MiNr. 2546 = 2 000 000 Stück, Bl. 61 = 2 000 000 Blocks

1980, 14. Okt. Internationale Solidarität. ◰ **Voigt; RaTdr. (10×5); gez. K 14.**

cxl) Erhobene Faust, roter Stern, durchbrochener Stacheldraht

				★★	▨	⊙
2548	10 + 5 (Pf)	kobaltblau/dunkelrosa	cxl	0,70	0,20	0,50
		FDC				0,70

Auflage: 3 500 000 Stück

1980, 14. Okt. Freimarken: Aufbau in der DDR. Kleinformat 21,5×17,5 mm (X). ◰ **Gottschall; StTdr. (10×10); gez. K 14.**

bte I) Neue Wache, Berlin

bua I) Staatswappen

				★★	▨	⊙
2549	50 (Pf)	dunkelultramarin	bte I	0,70	0,40	1,60
2550	2 M	karminrot	bua I	2,20	0,80	2,50
		Satzpreis (2 W.)		2,80	1,20	4,—
		FDC (A)				7,—

Weitere Ausgaben siehe Zusammenfassung nach Jahreszusammenstellungen

1980, 28. Okt. Europäische Speisepilze. ◰ **Schmidt; Odr. (10×5); gez. K 13:13½.**

cxm) Orangerote Rotkappe (Leccinum testaceo scabrum)

cxn) Flockenstieliger Hexenröhrling (Boletus erythropus)

cxo) Wiesenchampignon (Agaricus campestris)

cxp) Maronenröhrling (Xerocomus badius)

cxr) Steinpilz (Boletus edulis)

cxs) Pfifferling (Cantharellus cibarius)

				★★	▨	⊙
2551	5 (Pf)	mehrfarbig	cxm	0,30	0,20	0,30
2552	10 (Pf)	mehrfarbig	cxn	0,30	0,20	0,30
2553	15 (Pf)	mehrfarbig	cxo	0,30	0,20	0,30

				★★	▨	⊙
2554	20 (Pf)	mehrfarbig	. . . . cxp	0,30	0,20	0,30
2555	35 (Pf)	mehrfarbig	. . . . cxr	0,30	0,20	0,30
2556	70 (Pf)	mehrfarbig	. . . . cxs	2,20	2,—	3,50
			Satzpreis (6 W.)	3,20	2,80	5,—
			FDC 1 (MiNr. 2551, 2552, 2556)			5,—
			FDC 2 (MiNr. 2553–2555)			1,50

Auflagen: MiNr. 2551 = 5 000 000, MiNr. 2552 = 16 000 000, MiNr. 2553 = 3 500 000, MiNr. 2554 = 8 000 000, MiNr. 2555 = 4 000 000, MiNr. 2556 = 2 000 000 Stück

Ausgabe „Europäische Giftpilze": MiNr. 1933–1940

1980, 11. Nov. Geophysik. 🄴 Grünewald; Odr. (2×5 Zd); gez. K 13:12½.

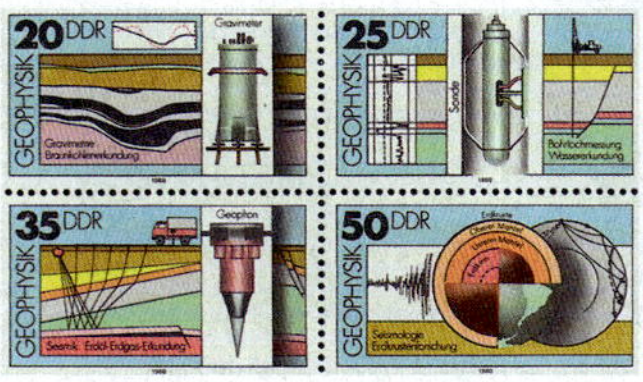

cxt) Gravimetrie

cxu) Bohrlochmessung, Wassererkundung

cxv) Seismik

cxw) Seismologie

				★★	▨	⊙
2557	20 (Pf)	mehrfarbig	. . . . cxt	0,40	0,20	0,50
2558	25 (Pf)	mehrfarbig	. . . . cxu	0,50	0,40	0,70
2559	35 (Pf)	mehrfarbig	 cxv	0,60	0,60	1,20
2560	50 (Pf)	mehrfarbig	. . . . cxw	1,—	1,—	2,—
			Satzpreis (4 W.)	2,50	2,20	4,—
			Viererblock	3,50	3,—	6,—
			FDC			5,—

MiNr. 2557–2560 wurden zusammenhängend in Viererblockanordnung gedruckt.

Auflage: 3 500 000 Sätze

1980, 11. Nov. Freimarke: Aufbau in der DDR. Kleinformat 21,5×17,5 mm (XI). 🄴 Gottschall; StTdr. (10×10); gez. K 14.

btg I) Sowjetisches Ehrenmal, Berlin-Treptow

				★★	▨	⊙
2561	1 M	schwärzlichgrauoliv	. btg I	1,20	0,70	2,—
			FDC (A)			6,—

Weitere Ausgaben siehe Zusammenfassung nach Jahreszusammenstellungen

1980, 25. Nov. Schmalspurbahnen (I). 🄴 Glinski; Odr. (2×10 Zd); gez. K 13:12½.

cxx) Lokomotive Zierfeld cxz) Personenwagen

cxx/cxz) Traditionsbahn Radebeul Ost-Radeburg (Spurweite 750 mm)

cxy) Lokomotive Zierfeld cya) Personenwagen

cxy/cya) Bahn Bad Doberan-Kühlungsborn (Spurweite 900 mm)

				★★	▨	⊙
2562	20 (Pf)	mehrfarbig	 cxx	0,40	0,40	1,—
2563	20 (Pf)	mehrfarbig	. . . . cxy	0,40	0,40	1,—
2564	25 (Pf)	mehrfarbig	. . . . cxz	0,40	0,40	1,—
2565	35 (Pf)	mehrfarbig	. . . . cya	0,40	0,40	1,—
			Satzpreis (4 W.)	1,60	1,60	4,—
			Dreierstreifen 1 (MiNr. 2562, 2564)	2,—	2,—	2,50
			FDC (A)			3,—
			Dreierstreifen 2 (MiNr. 2563, 2565)	2,—	2,—	2,50
			FDC (A)			3,—
			Satzpreis (2 Dreierstreifen)	4,—	4,—	5,—

MiNr. 2562 und 2564 sowie 2563 und 2565 wurden jeweils, durch Zierfeld verbunden, waagerecht zusammenhängend gedruckt.

Weitere Ausgaben „Schmalspurbahnen": MiNr. 2629–2632, 2792 bis 2795, 2864–2867

1980, 9. Dez. Historisches Spielzeug (I): Verkehrsmittel. 🄴 Bertram; Odr. (Klb. 3×2); gez. K 14.

cyb) Lokomotive (um 1850) cyc) Flugzeug (vor 1914) cyd) Dampfwalze (um 1920)

cye) Schiff (um 1825) cyf) Auto (um 1900) cyg) Ballon (um 1920)

				★★	▨	⊙
2566	10 (Pf)	mehrfarbig	. . . . cyb	0,30	0,30	0,50
2567	20 (Pf)	mehrfarbig	. . . . cyc	1,20	1,20	1,80
2568	25 (Pf)	mehrfarbig	. . . . cyd	0,30	0,30	0,50
2569	35 (Pf)	mehrfarbig	. . . . cye	0,30	0,30	0,50
2570	40 (Pf)	mehrfarbig	. . . . cyf	1,20	1,20	1,80
2571	50 (Pf)	mehrfarbig	. . . . cyg	0,30	0,30	0,50
			Satzpreis (6 W.)	3,50	3,50	5,50
			Kleinbogen	4,—	3,80	7,—
			FDC*			25,—

*) kein amtlicher FDC

MiNr. 2566–2571 wurden zusammenhängend im Kleinbogen gedruckt.

Auflage: 2 000 000 Sätze

Weitere Kleinbogen „Historisches Spielzeug": MiNr. 2661 bis 2666, 2758–2763

1981

1981, 13. Jan. Blockausgabe: 225. Geburtstag von Wolfgang Amadeus Mozart. 🄴 Gottschall; Odr.; gez. Ks 14.

cyh) W. A. Mozart (1756–1791), Komponist

cyi

				★★	⊙	FDC*
2572	1 M	mehrfarbig	. . . . cyh	2,—	3,—	
Block 62	(55×80 mm)		. . . . cyi	3,—	4,—	40,—
			Ⓢ		2,40	

*) kein amtlicher FDC

Auflage: = 2 000 000 Blocks

Bitte teilen Sie uns von Ihnen festgestellte Fehler mit, damit wir sie berichtigen können.

1981, 13. Jan. Seltene Gehölze. Ⓔ **Bobbe und Bobbe; RaTdr. (Hochformate 10×5, Querformate 5×10); gez. K 14.**

cyk) Johannis-Apfel (Malus pumila)

cyl) Schneeglöckchenbaum (Halesia carolina)

cym) Blasenstrauch (Colutea arborescens)

cyn) Paulownie (Paulownia tomentosa)

cyo) Deutsches Geißblatt (Lonicera periclymenum)

cyp) Echter Gewürzstrauch (Calycanthus floridus)

				★★	⊘	⊙
2573	5 (Pf)	mehrfarbig .... cyk		0,30	0,20	0,30
2574	10 (Pf)	mehrfarbig .... cyl		0,30	0,20	0,30
2575	20 (Pf)	mehrfarbig ...... cym		0,30	0,20	0,30
2576	25 (Pf)	mehrfarbig .... cyn		0,30	0,20	0,30
2577	35 (Pf)	mehrfarbig .... cyo		0,30	0,20	0,30
2578	50 (Pf)	mehrfarbig .... cyp		2,50	2,20	3.60
		Satzpreis (6 W.)		3,60	3,—	5,—
		FDC 1 (MiNr. 2573, 2574, 2578)				4,—
		FDC 2 (MiNr. 2575–2577)				1,50

Auflagen: MiNr. 2573 = 5 000 000, MiNr. 2574 = 17 000 000, MiNr. 2575 = 8 000 000, MiNr. 2576 = 4 000 000, MiNr. 2577 = 4 500 000, MiNr. 2578 = 2 000 000 Stück

1981, 20. Jan. 150. Geburtstag von Heinrich von Stephan. Ⓔ **Stauf; Odr. (10×5); gez. K 13:13½.**

cyr) H. von Stephan (1831–1897), Postfachmann, Mitbegründer des Weltpostvereins (UPU)

			★★	⊘	⊙
2579	10 (Pf)	gelbschwarz/ lebhaftgraugelb .... cyr	0,70	0,30	0,50
		FDC (A)			1,40

Auflage: 16 000 000 Stück

1981, 27. Jan. 25 Jahre Nationale Volksarmee (NVA). Ⓔ **Zill; RaTdr. (5×10); gez. K 14.**

cys) Vereidigung in der Mahn- und Gedenkstätte Sachsenhausen

cyt) Großer Wachaufzug, Neue Wache, Berlin

			★★	⊘	⊙
2580	10 (Pf)	mehrfarbig .... cys	0,30	0,20	0,30
2581	20 (Pf)	mehrfarbig .... cyt	0,40	0,20	0,30
		Satzpreis (2 W.)	0,70	0,40	0,60
		FDC			3,—

Auflagen: MiNr. 2580 = 16 000 000, MiNr. 2581 = 8 000 000 Stück

1981, 10. Febr. Parteitag der Sozialistischen Einheitspartei Deutschlands (SED), Berlin (I). Ⓔ **Rieß; RaTdr. (5×5); gez. K 14.**

cyu) Karl Marx und Wladimir Iljitsch Lenin, rote Fahne

			★★	⊘	⊙
2582	10 (Pf)	mehrfarbig .... cyu	0,70	0,20	0,50
		FDC (A)			0,70

Auflage: 16 000 000 Stück

Weitere Ausgabe: MiNr. 2595–2598 und Block 63

1981, 10. Febr. Bildungseinrichtungen der Deutschen Post. Ⓔ **Lehmann; Odr. (5×5); gez. K 14.**

cyv) Lehrlingsausbildung im Post- und Zeitungswesen

cyw) Lehrlingsausbildung im Fernsprech- und Fernschreibwesen

cyx) Lehrlingsausbildung im Funkwesen

cyy) Ingenieurschule „Rosa Luxemburg" der Deutschen Post, Leipzig

cyz) Hochschule für Verkehrswesen „Friedrich List", Dresden

			★★	⊘	⊙
2583	5 (Pf)	mehrfarbig .... cyv	0,30	0,20	0,30
2584	10 (Pf)	mehrfarbig .... cyw	0,30	0,20	0,30
2585	15 (Pf)	mehrfarbig .... cyx	0,30	0,20	0,30
2586	20 (Pf)	mehrfarbig .... cyy	0,30	0,20	0,40
2587	25 (Pf)	mehrfarbig .... cyz	1,40	1,—	1,50
		Satzpreis (5 W.)	2,20	1,60	2,80
		FDC 1 (MiNr. 2583, 2585, 2586)			0,70
		FDC 2 (MiNr. 2584, 2587)			3,—

Auflagen: MiNr. 2583 = 5 000 000, MiNr. 2584 = 16 000 000, MiNr. 2585 = 4 500 000, MiNr. 2586 = 8 000 000, MiNr. 2587 = 2 000 000 Stück

1981, 10. Febr. Freimarke: Aufbau in der DDR. Kleinformat 21,5×17,5 mm (XII). Ⓔ **Gottschall; StTdr. (10×10); gez. K 14.**

btz I) Denkmal auf dem Ernst-Thälmann-Platz, Neubauten, Halle/Saale

			★★	⊘	⊙
2588	30 (Pf)	dkl'zinnober ..... btz I	0,60	0,40	1,50
		FDC (A)			3,—

Weitere Ausgaben siehe Zusammenfassung nach Jahreszusammenstellungen

1981, 24. Febr. Persönlichkeiten der deutschen Arbeiterbewegung (IX). Ⓔ **Stauf; Odr. (10×5); gez. K 14.**

cza) Erich Baron (1881–1933)

czb) Conrad Blenkle (1901–1943)

czc) Arthur Ewert (1890–1959)

czd) Walter Stoecker (1891–1939)

			★★	⊘	⊙
2589	10 (Pf)	lebhaftgraugrün/ rotschwarz .... cza	0,30	0,20	0,30
2590	10 (Pf)	graugelb/rot- schwarz .... czb	0,30	0,20	0,30

				★★	⊘	⊙
2591	10 (Pf)	lebhaftgraublau/ rotschwarz	czc	0,30	0,20	0,30
2592	10 (Pf)	mattsiena/rot- schwarz	czd	0,30	0,20	0,30
		Satzpreis (4 W.)		1,—	0,50	0,80
		FDC 1 (MiNr. 2589, 2590)				0,70
		FDC 2 (MiNr. 2591, 2592)				0,70

Auflage: 10 000 000 Sätze

Weitere Ausgaben „Persönlichkeiten der deutschen Arbeiterbewegung" siehe Übersichtstabelle nach MiNr. 1855

1981, 10. März. Leipziger Frühjahrsmesse. ⓔ Reißmüller; RaTdr. (MiNr. 2593 10×5, MiNr. 2594 5×10); gez. K 14.

cze) Hotel Merkur, Leipzig

czf) TAKRAF-Bandabsetzer für Tagebaubetriebe

				★★	⊘	⊙
2593	10 (Pf)	mehrfarbig	cze	0,30	0,20	0,30
2594	25 (Pf)	mehrfarbig	czf	0,50	0,30	0,50
		Satzpreis (2 W.)		0,70	0,40	0,80
		FDC				1,—

Auflagen: MiNr. 2593 = 16 000 000, MiNr. 2594 = 4 000 000 Stück

1981, 24. März. Parteitag der Sozialistischen Einheitspartei Deutschlands (SED), Berlin (II): Gemälde. ⓔ Glinski; RaTdr. (5×5); gez. K 14.

czg) Ernst Thälmann; von Willi Sitte (1921–2013)

czh) Brigadier; von Bernhard Heisig (1925–2011)

czi) Festtag; von Rudolf Bergander (1909–1970)

czk) Waffenbrüder; von Paul Michaelis (1914–2005)

				★★	⊘	⊙
2595	10 (Pf)	mehrfarbig	czg	0,30	0,20	0,30
2596	20 (Pf)	mehrfarbig	czh	0,30	0,20	0,30
2597	25 (Pf)	mehrfarbig	czi	1,—	0,80	1,80
2598	35 (Pf)	mehrfarbig	czk	0,30	0,20	0,30
		Satzpreis (4 W.)		1,60	1,30	2,60
		FDC 1 (MiNr. 2595, 2598)				0,80
		FDC 2 (MiNr. 2596, 2597)				2,40

Blockausgabe, gez. Ks 14

czm

czl) Wenn Kommunisten träumen (Detail); von Walter Womacka (1925–2010)

				★★	⊘	Ⓢ	⊙
2599	1 M	mehrfarbig	czl	1,50	0,60	1,—	1,50
Block 63		(108×83 mm)	czm	2,—	1,70	1,70	2,50
		FDC*					25,—

*) kein amtlicher FDC

⊘: Blocks mit gedrucktem Stempel tragen das Datum vom 23.3.1981, obwohl der Verkauf erst am 24.3. begann. Durch das Ministerium für Post- und Fernmeldewesen der DDR wurden daraufhin beide Tage als Ersttag anerkannt.

Auflagen: MiNr. 2595 = 16 000 000, MiNr. 2596 = 8 000 000, MiNr. 2597 = 3 500 000, MiNr. 2598 = 4 500 000 Stück, Block 63 = 2 200 000 Blocks

Weitere Ausgabe: MiNr. 2582

1981, 24. März. Blockausgabe: Sport- und Erholungszentrum Berlin. ⓔ Rieß; Odr.; gez. Ks 14.

czo

czn) Sport- und Erholungszentrum Berlin, Leninallee

				★★	⊙	FDC*
2600	1 M	mehrfarbig	czn	1,80	3,—	
Block 64		(110×90)	czo	2,80	5,—	25,—
			Ⓢ		2,50	

*) kein amtlicher FDC

Auflage: 2 000 000 Blocks

1981, 21. April. Rationelle Energieanwendung. ⓔ Bobbe; Odr. (10×5 und Klb. 5×2); gez. K 12½:13.

czp) Braunkohlebrikett, Steckdose, Stecker

				★★	⊘	⊙
2601	10 (Pf)	mittelrotorange/ schwarz	czp	0,30	0,20	0,40
		FDC				0,70
		Kleinbogen		3,—	2,50	5,—
		FDC*				60,—

*) kein amtlicher FDC

MiNr. 2601 wurde sowohl einzeln als auch im Kleinbogen gedruckt.

Auflage: 29 000 000 Stück, davon 21 000 000 aus Kleinbogen

1981, 21. April. Freimarke: Aufbau in der DDR. Kleinformat 21,5×17,5 mm (XIII). ⓔ Gottschall; StTdr. (10×10); gez. K 14.

btf I) Altes Rathaus und Wohnhochhaus, Wintergartenstraße, Leipzig

				★★	⊘	⊙
2602	70 (Pf)	dunkelbraunrot (Töne)	btf I	0,90	0,50	1,60
		FDC (A)				4,—

Weitere Ausgaben siehe Zusammenfassung nach Jahreszusammenstellungen

1981, 5. Mai. Bedeutende Persönlichkeiten (IX). Ⓔ **Stauf; Odr. (5×10); gez. K 13:12½.**

czr) Heinrich Barkhausen (1881–1956), Elektrotechniker; Barkhausensche Röhrenformel

czs) Johannes Robert Becher (1891–1958), Schriftsteller und Dichter; Vers aus dem Werk „Jahrhundert"

czt) Richard Dedekind (1831–1916), Mathematiker; Primfaktor-Zerlegung eines Ideals

czu) Georg Philipp Telemann (1681–1767), Komponist; Notenblatt

czv) Adelbert von Chamisso (1781 bis 1838), Dichter und Naturforscher; Zweige des Kalifornischen Kappenmohns (Eschscholzia californica)

czw) Wilhelm Raabe (1831–1910), Dichter und Erzähler; Buchtitel „Die Chronik der Sperlingsgasse"

				★★	⊘	⊙
2603	10 (Pf)	mattblau/braunschwarz	czr	0,30	0,20	0,30
2604	20 (Pf)	hellbräunlichrot/braunschwarz	czs	0,30	0,20	0,30
2605	25 (Pf)	mattorangebraun/braunschwarz	czt	2,80	2,—	3,—
2606	35 (Pf)	lebhaftbläulichviolett/braunschwarz	czu	0,30	0,20	0,30
2607	50 (Pf)	hellgrünlicholiv/braunschwarz	czv	0,40	0,20	0,40
2608	70 (Pf)	hellolivbraun/braunschwarz	czw	0,60	0,20	0,50
		Satzpreis (6 W.)		4,20	2,60	4,50
		FDC 1 (A) (MiNr. 2603, 2604, 2608)				1,—
		FDC 2 (A) (MiNr. 2605–2607)				4,—

Auflagen: MiNr. 2603 = 16 000 000, MiNr. 2604 = 8 000 000, MiNr. 2605 = 2 000 000, MiNr. 2606–2608 je 3 500 000 Stück

Weitere Ausgaben „Bedeutende Persönlichkeiten" in gleicher Aufmachung siehe Übersichtstabelle nach MiNr. 2202; in anderer Ausführung: MiNr. 1815–1819, 1941–1945, 2025–2029

1981, 19. Mai. Parlament der Freien Deutschen Jugend (FDJ), Berlin. Ⓔ **Detlefsen; Odr. (2×10 Zd); gez. K 13:12½.**

czx) Mitglieder der FDJ, Fahne mit den Bildnissen von Thälmann und Pieck

Zierfeld

czy) Mitglieder der FDJ und ausländische Jugendliche bei der Berufsausbildung, FDJ-Fahne

				★★	⊘	⊙
2609	10 (Pf)	mehrfarbig	czx	0,30	0,30	0,50
2610	20 (Pf)	mehrfarbig	czy	0,30	0,30	0,50
		Satzpreis (2 W.)		0,60	0,60	1,—
		Dreierstreifen		1,10	1,—	1,80
		FDC				1,50

MiNr. 2609 und 2610 wurden, durch Zierfeld verbunden, waagerecht zusammenhängend gedruckt.

Auflage: 4 500 000 Sätze

1981, 9. Juni. Landschaftsparks. Ⓔ **Dorfstecher; Odr. (10×5); gez. K 12½:13.**

czz) Wörlitz (Schloss)

daa) Tiefurt (Musentempel)

dab) Neuhardenberg (Marxwalde) (Schloss)

dac) Branitz (Blick vom Herrmannshügel)

dad) Berlin-Treptow (Große Liegewiese)

dae) Wiesenburg

				★★	⊘	⊙
2611	5 (Pf)	mehrfarbig	czz	0,30	0,20	0,30
2612	10 (Pf)	mehrfarbig	daa	0,30	0,20	0,30
2613	15 (Pf)	mehrfarbig	dab	0,30	0,20	0,30
2614	20 (Pf)	mehrfarbig	dac	0,30	0,20	0,30
2615	25 (Pf)	mehrfarbig	dad	2,—	1,50	3,—
2616	35 (Pf)	mehrfarbig	dae	0,30	0,20	0,50
		Satzpreis (6 W.)		3,—	2,50	4,50
		FDC 1 (MiNr. 2611, 2612, 2616)				1,—
		FDC 2 (MiNr. 2613–2615)				4,—

Auflagen: MiNr. 2611 = 5 000 000, MiNr. 2612 = 16 000 000, MiNr. 2613 und 2616 je 4 500 000, MiNr. 2614 = 8 000 000, MiNr. 2615 = 2 100 000 Stück

1981, 23. Juni. Kinder- und Jugendspartakiade, Berlin. Ⓔ **Rieß; RaTdr. (5×10); gez. K 14.**

daf) Jugendliche bei Sport und Spiel

dag) Jugendliche bei künstlerischer Gymnastik

				★★	⊘	⊙
2617	10 + 5 (Pf)	mehrfarbig	daf	0,70	0,50	0,80
2618	20 (Pf)	mehrfarbig	dag	0,30	0,20	0,50
		Satzpreis (2 W.)		1,—	0,70	1,30
		FDC				1,30

Auflagen: MiNr. 2617 = 3 500 000, MiNr. 2618 = 8 000 000 Stück

1981, 23. Juni. 200. Geburtstag von Karl Friedrich Schinkel. Ⓔ **Bengs; komb. StTdr. und RaTdr. (5×10); gez. K 14.**

dah) Schauspielhaus, Berlin (erb. 1818–1821)

dai) Altes Museum, Berlin (erb. 1824–1830)

dah–dai) Bauwerke, errichtet nach Stichvorlagen von K. F. Schinkel (1781 bis 1841), Baumeister und Maler

				★★	⊘	⊙
2619	10 (Pf)	mattchromgelb/schwarz	dah	1,10	0,20	0,30
2620	25 (Pf)	mattchromgelb/schwarz	dai	2,50	1,10	1,60
		Satzpreis (2 W.)		3,50	1,20	1,80
		FDC				3,50

Auflagen: MiNr. 2619 = 8 000 000, MiNr. 2620 = 2 100 000 Stück

1981, 23. Juni. Internationales Jahr der Behinderten. Ⓔ **Rieß; Odr. (2×10 Zd); gez. K 13:12½.**

dak) Rollstuhlfahrer beim Speerwurf

Zierfeld

dal) Behinderte besuchen Museum

				★★	⊘	⊙
2621	5 (Pf)	mehrfarbig	dak	0,30	0,20	0,50
2622	15 (Pf)	mehrfarbig	dal	0,30	0,20	0,50
		Satzpreis (2 W.)		0,60	0,40	1,—
		Dreierstreifen		0,90	0,70	1,50
		FDC				1,50

Auflage: 3 500 000 Sätze

1981, 7. Juli. Fachwerkbauten (II). Ⓔ **Grünewald; RaTdr. (Hochformate 10×5, Querformate 5×10); gez. K 14.**

dam) Umgebindehaus, Zaulsdorf (nach 1800)

dan) Zuckerhut (Pfarrwitwenhaus), Groß Zicker (nach 1700)

dao) Wohnstallhaus, Weckersdorf (nach 1700)

dap) Löwinghaus, Pillgram (18. Jh.)

dar) Bauernhaus, Eschenbach (Vogtland) (1741)

das) Giebellaubenhaus, Lüdersdorf (um 1800)

				★★	▨	⊙
2623	10 (Pf)	mehrfarbig	...... dam	0,30	0,20	0,30
2624	20 (Pf)	mehrfarbig	.... dan	0,30	0,20	0,30
2625	25 (Pf)	mehrfarbig	.... dao	0,30	0,20	0,30
2626	35 (Pf)	mehrfarbig	.... dap	0,30	0,20	0,50
2627	50 (Pf)	mehrfarbig	.... dar	0,40	0,20	0,60
2628	70 (Pf)	mehrfarbig	.... das	3,40	2,60	4,—
			Satzpreis (6 W.)	4,50	3,50	6,—
		FDC 1 (MiNr. 2623, 2625, 2627)				1,50
		FDC 2 (MiNr. 2624, 2626, 2628)				5,—

Auflagen: MiNr. 2623 = 16 000 000, MiNr. 2624 = 8 000 000, MiNr. 2625 und 2627 je 3 500 000, MiNr. 2626 = 4 000 000, MiNr. 2628 = 2 000 000 Stück

Weitere Ausgabe „Fachwerkbauten“: MiNr. 2294–2298

1981, 21. Juli. Schmalspurbahnen (II). Ⓔ **Glinski; Odr. (2×10 Zd); gez. K 13:12½.**

dat) Lokomotive Zierfeld dav) Packwagen

dat/dav) Bahn Freital-Kurort Kipsdorf (Spurweite 750 mm)

dau) Lokomotive Zierfeld daw) Personenwagen

dau/daw) Bahn Putbus-Göhren (Spurweite 750 mm)

				★★	▨	⊙
2629	5 (Pf)	mehrfarbig	.... dat	0,30	0,20	0,50
2630	5 (Pf)	mehrfarbig	.... dau	0,30	0,20	0,50
2631	15 (Pf)	mehrfarbig	.... dav	0,30	0,20	0,50
2632	20 (Pf)	mehrfarbig	.... daw	0,30	0,20	0,50
			Satzpreis (4 W.)	1,20	0,80	2,—
		Dreierstreifen 1 (MiNr. 2629, 2631)		1,10	1,—	1,50
			FDC			1,70
		Dreierstreifen 2 (MiNr. 2630, 2632)		1,10	1,—	1,50
			FDC			1,70
		Satzpreis (2 Dreierstreifen)		2,20	2,—	3,—

Auflage: 3 500 000 Sätze

Weitere Ausgaben „Schmalspurbahnen“: MiNr. 2562–2565, 2792 bis 2795, 2864–2867

1981, 21. Juli. Freimarke: Aufbau in der DDR. Kleinformat 21,5×17,5 mm (XIV): Ⓔ **Gottschall; StTdr. (10×10); gez. K 14.**

bua I) Staatswappen

				★★	▨	⊙
2633	3 M	dunkelrotlila	.... bua I	3,50	1,—	4,—
			FDC (A)			13,—

Weitere Ausgaben siehe Zusammenfassung nach Jahreszusammenstellungen

1981, 18. Aug. Leipziger Herbstmesse. Ⓔ **Haller; RaTdr. (MiNr. 2634 10×5, MiNr. 2635 5×10); gez. K 14.**

dax) Erdöldestillationsanlage Leipzig-Grimma

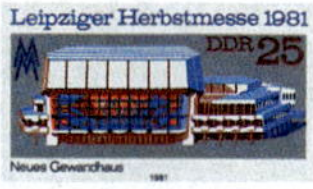

day) Neues Gewandhaus, Leipzig

				★★	▨	⊙
2634	10 (Pf)	mehrfarbig	.... dax	0,30	0,20	0,30
2635	25 (Pf)	mehrfarbig	.... day	0,50	0,40	0,60
			Satzpreis (2 W.)	0,70	0,50	0,80
			FDC			1,—

Auflagen: MiNr. 2634 = 16 000 000, MiNr. 2635 = 4 000 000 Stück

1981, 18. Aug. Kostbarkeiten in Bibliotheken der DDR. Ⓔ **Müller; RaTdr. (10×5); gez. K 14.**

daz) Papyros Ebers (Detail), Universitätsbibliothek Leipzig

dba) Maya-Handschrift (Detail), Sächsische Landesbibliothek Dresden

dbb) Miniatur und Zeilen eines Sonetts von Petrarca, Deutsche Staatsbibliothek Berlin

				★★	▨	⊙
2636	20 (Pf)	mehrfarbig	.... daz	0,30	0,20	0,30
2637	35 (Pf)	mehrfarbig	.... dba	0,30	0,20	0,30
2638	50 (Pf)	mehrfarbig	.... dbb	1,80	1,80	2,50
			Satzpreis (3 W.)	2,20	2,—	3,—
			FDC			3,40

Auflagen: MiNr. 2636 = 8 000 000, MiNr. 2637 = 4 000 000, MiNr. 2638 = 2 100 000 Stück

1981, 8. Sept. Internationale Mahn- und Gedenkstätten. Ⓔ **Detlefsen; RaTdr. (5×5); gez. K 14.**

dbc) Ehrenmal für die antifaschistischen Widerstandskämpfer, Sassnitz

				★★	▨	⊙
2639	35 (Pf)	mehrfarbig	.... dbc	0,60	0,40	0,70
			FDC			1,—

Auflage: 3 500 000 Stück

Weitere Ausgaben "Internationale Mahn- und Gedenkstätten" siehe Übersichtstabelle nach MiNr. 975

1981, 22. Sept. Karl-Sudhoff-Institut, Leipzig: Medizinhistorische Sammlung. Ⓔ **Hennig; RaTdr. (MiNr. 2640–2643 5×10, MiNr. 2644 und 2645 10×5); gez. K 14.**

dbd) Bilsenkraut (Hyoscyamus niger), Räucherpfanne (16. Jh.)

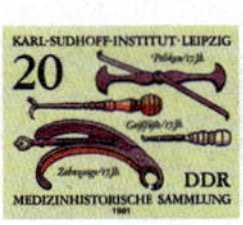

dbe) Pelikan, Geißfüße, Zahnzange (17. Jh.)

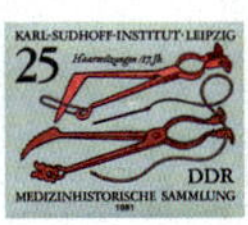

dbf) Haarseilzangen (17. Jh.)

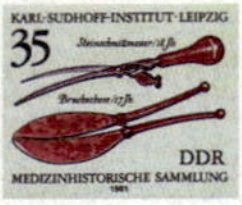

dbg) Steinschnittmesser (18. Jh.), Bruchschere (17. Jh.)

dbh) Geburtszange (18. Jh.), Speculum (17. Jh.)

dbi) Elevatoren (17. Jh.)

				✶✶	▨	⊙
2640	10 (Pf)	mehrfarbig .... dbd		0,30	0,20	0,30
2641	20 (Pf)	mehrfarbig .... dbe		0,30	0,20	0,30
2642	25 (Pf)	mehrfarbig .... dbf		0,30	0,20	0,40
2643	35 (Pf)	mehrfarbig .... dbg		0,30	0,20	0,50
2644	50 (Pf)	mehrfarbig .... dbh		3,—	3,—	4,—
2645	85 (Pf)	mehrfarbig .... dbi		0,60	0,40	0,80
		Satzpreis (6 W.)		4,40	4,—	6,—
		FDC 1 (MiNr. 2640, 2641, 2645)				2,—
		FDC 2 (MiNr. 2642–2644)				4,50

Auflagen: MiNr. 2640 und 2641 je 8 000 000, MiNr. 2642 und 2645 je 3 500 000, MiNr. 2643 = 4 000 000, MiNr. 2644 = 2 100 000 Stück

1981, 6. Okt. Tag der Philatelisten. 🄴 **Rieß; RaTdr. (5×10); gez. K 14.**

dbk) Brief von Friedrich Engels (1840)

dbl) Postkarte von Karl Marx (1878)

			✶✶	▨	⊙
2646	10 + 5 (Pf)	mehrfarbig ..... dbk	1,—	0,70	1,—
2647	20 (Pf)	mehrfarbig .... dbl	0,30	0,20	0,30
		Satzpreis (2 W.)	1,30	0,80	1,30
		FDC			2,—

Auflagen: MiNr. 2646 = 3 500 000, MiNr. 2647 = 8 000 000 Stück

1981, 6. Okt. Internationale Solidarität. 🄴 **Lehmann; RaTdr. (10×5); gez. K 14.**

dbm) Afrikaner mit gesprengten Ketten, aufgehende Sonne

			✶✶	▨	⊙
2648	10 + 5 (Pf)	mehrfarbig ..... dbm	0,60	0,20	0,40
		FDC			0,70

Auflage: 3 500 000 Stück

1981, 6. Okt. Freimarken: Aufbau in der DDR. Kleinformat 21,5×17,5 mm (XV). 🄴 **Gottschall; StTdr. (10×10); gez. K 14.**

buv I) Kronentor des Dresdner Zwingers

duw I) Kröpeliner Tor und Haus Sonne, Rostock; Teepott und Leuchtturm, Warnemünde

			✶✶	▨	⊙
2649	60 (Pf)	dkl'graupurpur ... buv I	0,90	0,40	1,—
2650	80 (Pf)	dkl'lilaultramarin . buw I	1,10	0,50	1,50
		Satzpreis (2 W.)	2,—	0,90	2,50
		FDC (A)			5,—

Weitere Ausgaben siehe Zusammenfassung nach Jahreszusammenstellungen

1981, 20. Okt. Binnenschiffe. 🄴 **Reißmüller; RaTdr. (5×10); gez. K 14.**

dbn) Schubschiff (1969–1970)

dbo) Schubverband: Kanalschubschiff (1964 bis 1966) und 2 Schubprähme (ab 1964)

dbp) Dieselelektrisches Seitenrad-Fahrgastschiff (1961–1964)

dbr) Eisbrecher der Oderserie (1957–1958)

dbs) Motorgüterschiff (1961–1963)

dbt) Eimerketten-Schwimmbagger (1970)

			✶✶	▨	⊙
2651	10 (Pf)	mehrfarbig .... dbn	0,30	0,20	0,30
2652	20 (Pf)	mehrfarbig .... dbo	0,30	0,20	0,30
2653	25 (Pf)	mehrfarbig .... dbp	0,30	0,20	0,30
2654	35 (Pf)	mehrfarbig .... dbr	0,30	0,20	0,50
2655	50 (Pf)	mehrfarbig .... dbs	0,40	0,20	0,50
2656	85 (Pf)	mehrfarbig .... dbt	3,20	3,—	4,50
		Satzpreis (6 W.)	4,50	3,80	6,—
		FDC 1 (MiNr. 2651, 2652, 2656)			5,—
		FDC 2 (MiNr. 2653–2655)			2,—

Auflagen: MiNr. 2651 = 16 000 000, MiNr. 2652 = 8 000 000, MiNr. 2653 und 2655 je 3 500 000, MiNr. 2654 = 4 000 000, MiNr. 2656 = 2 100 000 Stück

1981, 10. Nov. Technische Denkmale (I): Windmühlen. 🄴 **Berthold; RaTdr. (10×5); gez. K 14.**

dbu) Galerie – Holländermühle, Dabel (1892)

dbv) Turm – Holländermühle, Pahrenz

dbw) Turm – Holländermühle, Dresden-Gohlis

dbx) Bockwindmühle, Ballstedt (1850)

			✶✶	▨	⊙
2657	10 (Pf)	mehrfarbig .... dbu	0,30	0,20	0,30
2658	20 (Pf)	mehrfarbig .... dbv	0,30	0,20	0,30
2659	25 (Pf)	mehrfarbig .... dbw	0,30	0,20	0,30
2660	70 (Pf)	mehrfarbig .... dbx	2,—	1,80	2,80
		Satzpreis (4 W.)	2,50	2,20	3,50
		FDC 1 (MiNr. 2657, 2660)			3,50
		FDC 2 (MiNr. 2658, 2659)			0,70

Auflagen: MiNr. 2657 = 16 000 000, MiNr. 2658 = 8 000 000, MiNr. 2659 = 3 500 000, MiNr. 2660 = 2 100 000 Stück

Weitere Ausgaben „Technische Denkmale": MiNr. 2957, 2958, 3015–3018, 3203–3207

1981, 24. Nov. Historisches Spielzeug (II): Tiere. 🄴 **Bertram; Odr. (Klb. 2×3); gez. K 13½:13.**

dby) Bemalte Gliederschlange aus Holz (um 1850)

dbz) Teddybär (ca. seit 1910)

dca) Badefisch aus Zelluloid (um 1935)

dcb) Steckenpferd (um 1850)

dcc) Kuckuck (um 1800)

dcd) Springfrosch (um 1930)

				**	⊘	⊙
2661	10 (Pf)	mehrfarbig	dby	0,30	0,30	0,50
2662	20 (Pf)	mehrfarbig	dbz	0,30	0,30	0,50
2663	25 (Pf)	mehrfarbig	dca	1,20	1,20	2,—
2664	35 (Pf)	mehrfarbig	dcb	1,20	1,20	2,—
2665	40 (Pf)	mehrfarbig	dcc	0,30	0,30	0,50
2666	70 (Pf)	mehrfarbig	dcd	0,30	0,30	0,50
		Satzpreis (6 W.)		3,50	3,50	6,—
		Kleinbogen		4,40	5,—	9,—
		FDC*				25,—

*) kein amtlicher FDC

MiNr. 2661–2666 wurden zusammenhängend im Kleinbogen gedruckt.

Auflage: 2 100 000 Sätze

Weitere Kleinbogen „Historisches Spielzeug": MiNr. 2566 bis 2571, 2758–2763

1982

1982, 26. Jan. Meissener Porzellan (II). **Ⓔ Lüders; RaTdr. (5×2 Zd); gez. K 14.**

dce) Kanne (um 1715)

dcf) Bechervase (um 1715)

dcg) Oberon (1969)

dch) Vase „Tag und Nacht" (1979)

				**	⊘	⊙
2667	10 (Pf)	mehrfarbig	dce	0,30	0,30	0,50
2668	20 (Pf)	mehrfarbig	dcf	0,40	0,40	1,—
2669	25 (Pf)	mehrfarbig	dcg	0,60	0,60	1,20
2670	35 (Pf)	mehrfarbig	dch	0,80	0,80	1,50
		Satzpreis (4 W.)		2,—	2,—	4,—
		Viererblock		2,80	2,40	5,—
		FDC				5,—

MiNr. 2667–2670 wurden zusammenhängend in Viererblockanordnung gedruckt.

Auflage: 3 500 000 Sätze

Weitere Ausgaben „Meissener Porzellan": MiNr. 2464–2671, 3241 bis 3244

1982, 26. Jan. Blockausgabe: 300. Geburtstag von Johann Friedrich Böttger. Ⓔ Gottschall; Odr.; gez. Ks 14.

dci) J. F. Böttger (1682–1719), Alchimist; Steinzeugmedaille

dck) Böttgers Petschaft

dcl

				**	⊙	FDC*
2671	50 (Pf)	mehrfarbig	dci	1,—	1,80	
2672	50 (Pf)	mehrfarbig	dck	1,—	1,80	
Block 65	(90×110 mm)		dcl	3,20	5,—	15,—
			Ⓢ		2,50	

*) kein amtlicher FDC

Auflage: 2 100 000 Blocks

1982, 9. Febr. Bauten der Deutschen Post. Ⓔ Lehmann; RaTdr. (5×5); gez. K 14.

dcm) Postamt Bad Liebenstein

dcn) Technisches Fernmeldedienstgebäude, Berlin

dco) Hauptpostamt Erfurt

dcp) Hauptpostamt Dresden 6

				**	⊘	⊙
2673	20 (Pf)	mehrfarbig	dcm	0,30	0,20	0,30
2674	25 (Pf)	mehrfarbig	dcn	0,30	0,20	0,30
2675	35 (Pf)	mehrfarbig	dco	0,30	0,20	0,30
2676	50 (Pf)	mehrfarbig	dcp	2,40	1,70	3,—
		Satzpreis (4 W.)		3,—	2,20	3,80
		FDC 1 (MiNr. 2673, 2676)				2,80
		FDC 2 (MiNr. 2674, 2675)				1,20

Auflagen: MiNr. 2673 = 8 000 000, MiNr. 2674 = 3 500 000, MiNr. 2675 = 4 000 000, MiNr. 2676 = 2 100 000 Stück

1982, 23. Febr. Internationale Leipziger Rauchwarenauktion. Ⓔ Heise; RaTdr. (MiNr. 2677 10×5, MiNr. 2678–2680 5×10); gez. K 14.

dcr) Steppenmurmeltier (Marmota bobac)

dcs) Iltis (Putorius putorius)

dct) Nerz (Mustela lutreola)

dcu) Steinmarder (Martes foina)

				**	⊘	⊙
2677	10 (Pf)	mehrfarbig	dcr	0,30	0,20	0,30
2678	20 (Pf)	mehrfarbig	dcs	0,30	0,20	0,30
2679	25 (Pf)	mehrfarbig	dct	0,30	0,20	0,30
2680	35 (Pf)	mehrfarbig	dcu	1,50	1,30	2,20
		Satzpreis (4 W.)		2,20	1,80	3,—
		FDC 1 (MiNr. 2677, 2680)				2,50
		FDC 2 (MiNr. 2678, 2679)				1,—

Auflagen: MiNr. 2677 = 16 000 000, MiNr. 2678 = 8 000 000, MiNr. 2679 = 3 500 000, MiNr. 2680 = 2 100 000 Stück

Ersttagsbriefe (FDC):

FDC = amtlicher illustrierter FDC
FDC (A) = amtlicher nicht illustrierter FDC
FDC* = nicht amtlicher FDC

Bedarfsbriefe mit Ersttagsverwendung sind meist erheblich teurer!

1982, 9. März. Blockausgabe: 150. Todestag von Johann Wolfgang von Goethe; 225. Geburtstag von Friedrich von Schiller (1984). ☒ Rieß; Odr.; gez. Ks 14.

dcx

dcv) J. W. von Goethe (1749–1832), Dichter

dcw) F. von Schiller (1759–1805), Dichter

				★★	⊙	FDC*
2681	50 (Pf)	mehrfarbig	dcv	1,30	2,—	
2682	50 (Pf)	mehrfarbig	dcw	1,30	2,—	
Block 66	(110×90 mm)		dcx	3,50	5,—	15,—
				Ⓢ	2,80	

*) kein amtlicher FDC

Auflage: 2 100 000 Blocks

1982, 9. März. Leipziger Frühjahrsmesse. ☒ Rieß; Odr. (5×10); gez. K 13:12½.

dcy) Westeingang zum Messegelände

dcz) Ausschnitt aus dem Warmteil einer Rohrstoßbankanlage

				★★	▨	⊙
2683	10 (Pf)	mehrfarbig	dcy	0,30	0,20	0,30
2684	25 (Pf)	mehrfarbig	dcz	0,40	0,30	0,70
		Satzpreis (2 W.)		0,60	0,40	0,90
		FDC				1,—

Auflagen: MiNr. 2683 = 16 000 000, MiNr. 2685 = 4 500 000 Stück

1982, 23. März. Blockausgabe: 100. Jahrestag der Entdeckung des Tuberkulose-Erregers durch Robert Koch. ☒ Grünewald; Odr.; gez. Ks 14.

dda) R. Koch (1843 bis 1910), Bakteriologe, Nobelpreis 1905

ddb

				★★	⊙	FDC
2685	1 M	mehrfarbig	dda	1,80	3,—	
Block 67	(80×55 mm)		ddb	2,50	4,—	7,—
				Ⓢ	2,20	

Auflage: 2 100 000 Blocks

Alle vom 1. 1. 1964 bis 30. 6. 1990 ausgegebenen Postwertzeichen (MiNr. 1004 bis 3343) waren bis 2. 10. 1990 gültig.

1982, 23. März. Persönlichkeiten der deutschen Arbeiterbewegung (X). ☒ Stauf; StTdr. (10×5); gez. K 14.

ddc) Max Fechner (1892–1973)

ddd) Ottomar Geschke (1882–1957)

dde) Helmut Lehmann (1882–1959)

ddf) Herbert Warnke (1902–1975)

ddg) Otto Winzer (1902–1975)

				★★	▨	⊙
2686	10 (Pf)	dunkellilabraun	ddc	0,30	0,20	0,30
2687	10 (Pf)	schwärzl'opalgrün	ddd	0,30	0,20	0,30
2688	10 (Pf)	schwärzlichgrauviolett	dde	0,30	0,20	0,30
2689	10 (Pf)	dunkelgrünlichblau (Töne)	ddf	0,30	0,20	0,30
2690	10 (Pf)	schwärzl'grauoliv	ddg	0,30	0,20	0,30
		Satzpreis (5 W.)		1,—	0,60	1,20
		FDC 1 (A) (MiNr. 2686, 2687, 2690)				1,50
		FDC 2 (A) (MiNr. 2688, 2689)				1,—

Auflage: 6 000 000 Sätze

Weitere Ausgaben „Persönlichkeiten der deutschen Arbeiterbewegung" siehe Übersichtstabelle nach MiNr. 1855

1982, 6. April. Giftpflanzen. ☒ Bobbe und Bobbe; Odr. (10×5); gez. K 14.

ddh) Herbstzeitlose (Colchicum autumnale)

ddi) Sumpf-Schweinsohr (Calla palustris)

ddk) Sumpf-Porst (Ledum palustre)

ddl) Rotbeerige Zaunrübe (Bryonia dioica)

ddm) Blauer Eisenhut (Aconitum napellus)

ddn) Schwarzes Bilsenkraut (Hyoscyamus niger)

				★★	▨	⊙
2691	10 (Pf)	mehrfarbig	ddh	0,30	0,20	0,30
2692	15 (Pf)	mehrfarbig	ddi	0,30	0,20	0,30
2693	20 (Pf)	mehrfarbig	ddk	0,30	0,20	0,30
2694	25 (Pf)	mehrfarbig	ddl	0,30	0,20	0,30
2695	35 (Pf)	mehrfarbig	ddm	0,30	0,20	0,50
2696	50 (Pf)	mehrfarbig	ddn	2,—	1,70	3,—
		Satzpreis (6 W.)		3,—	2,50	4,50
		FDC 1 (MiNr. 2691, 2693, 2696)				4,—
		FDC 2 (MiNr. 2692, 2694, 2695)				1,—

Auflagen: MiNr. 2691 = 16 000 000, MiNr. 2692 und 2695 je 5 000 000, MiNr. 2693 = 8 000 000, MiNr. 2694 = 4 500 000, MiNr. 2696 = 2 100 000 Stück

1982, 20. April. Internationale Buchkunstausstellung (IBA), Leipzig. ☒ Bobbe; RaTdr. (3×5 Zd); gez. K 14.

ddo) Initiale „I"

Zierfeld

ddp) Emblem der iba

				★★	⊘	⊙
2697	15 (Pf)	mehrfarbig	ddo	0,50	0,50	1,—
2698	35 (Pf)	mehrfarbig	ddp	0,50	0,50	1,—
			Satzpreis (2 W.)	1,—	1,—	2,—
			Dreierstreifen	1,70	1,50	3,50
			FDC			4,—

Auflage: 3 600 000 Sätze

1982, 20. April. Kongress des Freien Deutschen Gewerkschaftsbundes (FDGB), Berlin: Gemälde. Ⓔ Glinski; RaTdr. (5×5); gez. K 14.

ddr) Mutter mit Kind; von Walter Womacka (1925–2010)

dds) Diskussion im Neuererkollektiv; von Willi Neubert (1920–2011)

ddt) Junges Paar; von Karl-Heinz Jakob (1929–1997)

				★★	⊘	⊙
2699	10 (Pf)	mehrfarbig	ddr	0,30	0,20	0,30
2700	20 (Pf)	mehrfarbig	dds	0,30	0,20	0,30
2701	25 (Pf)	mehrfarbig	ddt	0,70	0,60	1,40
			Satzpreis (3 W.)	1,30	1,—	2,—
			FDC			2,50

Auflagen: MiNr. 2699 = 16 000 000, MiNr. 2700 = 8 000 000, MiNr. 2701 = 2 100 000 Stück

1982, 18. Mai. Geschützte Greifvögel. Ⓔ Zill; RaTdr. (MiNr. 2702, 2704 und 2705 10×5, MiNr. 2703 5×10); gez. K 14.

ddu) Fischadler (Pandion haliaëtus), Nisthilfe

ddv) Seeadler (Haliaeetus albicilla), Winterfütterung

ddw) Steinkauz (Athene noctua), Niströhre

ddx) Uhu (Bubo bubo), künstliche Nestnische

				★★	⊘	⊙
2702	10 (Pf)	mehrfarbig	ddu	0,30	0,20	0,30
2703	20 (Pf)	mehrfarbig	ddv	0,30	0,20	0,30
2704	25 (Pf)	mehrfarbig	ddw	0,30	0,20	0,30
2705	35 (Pf)	mehrfarbig	ddx	1,70	1,50	2,80
			Satzpreis (4 W.)	2,60	2,—	3,60
			FDC 1 (MiNr. 2702, 2704)			0,70
			FDC 2 (MiNr. 2703, 2705)			3,—

Auflagen: MiNr. 2702 = 16 000 000, MiNr. 2703 = 8 000 000, MiNr. 2704 = 4 500 000, MiNr. 2705 = 2 100 000 Stück

1982, 8. Juni. Arbeiterfestspiele der DDR, Bezirk Neubrandenburg. Ⓔ Bertholdt; RaTdr. (5×10); gez. K 14.

ddy) Bauwerke im Bezirk Neubrandenburg

ddz) Trachtenpaar vor Landwirtschaftsanlage

				★★	⊘	⊙
2706	10 (Pf)	mehrfarbig	ddy	0,30	0,20	0,40
2707	20 (Pf)	mehrfarbig	ddz	0,50	0,40	0,60
			Satzpreis (2 W.)	0,70	0,60	1,—
			FDC			1,20

Auflagen: MiNr. 2706 = 16 000 000, MiNr. 2707 = 8 000 000 Stück

1982, 8. Juni. Blockausgabe: 100. Geburtstag von Georgi M. Dimitrow (1882–1949), bulgar. Politiker. Ⓔ Grünewald; RaTdr.; gez. Ks 14.

dea) Gedenkmedaille

deb

				★★	⊙	FDC
2708	1 M	mehrfarbig	dea	2,—	3,—	
Block 68	(80×55 mm)		deb	3,40	4,—	7,—
			Ⓢ		3,40	

Auflage: 2 100 000 Blocks

1982, 22. Juni. Hochseeschiffe. Ⓔ Bertholdt; RaTdr. (3×10); gez. K 14.

dec) Motorschiff „Frieden“, Stückgutschiff Typ IV

ded) Motorschiff „Fichtelberg“, Ro-Ro-Schiff

dee) Motorschiff „Brocken“, Spezial-Schwergutschiff

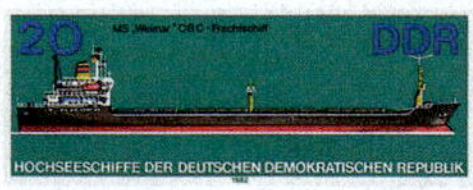

def) Motorschiff „Weimar“, OBC-Frachtschiff

deg) Dampfschiff „Vorwärts“, erstes Handelsschiff der DDR

deh) Motorschiff „Berlin – Hauptstadt der DDR“, Semicontainerschiff

				★★	⊘	⊙
2709	5 (Pf)	mehrfarbig	dec	0,30	0,20	0,30
2710	10 (Pf)	mehrfarbig	ded	0,30	0,20	0,30
2711	15 (Pf)	mehrfarbig	dee	0,30	0,20	0,30
2712	20 (Pf)	mehrfarbig	def	0,30	0,20	0,30
2713	25 (Pf)	mehrfarbig	deg	0,30	0,20	0,30
2714	35 (Pf)	mehrfarbig	deh	1,60	1,40	2,50
			Satzpreis (6 W.)	2,50	2,20	4,—
			FDC 1 (MiNr. 2709, 2710, 2714)			3,—
			FDC 2 (MiNr. 2711–2713)			1,—

Auflagen: MiNr. 2709, 2711 und 2713 je 5 100 000, MiNr. 2710 und 2712 je 8 100 000, MiNr. 2714 = 2 100 000 Stück

1982, 22. Juni. 30 Jahre Gesellschaft für Sport und Technik (GST). Ⓔ Gottschall; Odr. (5×10); gez. K 13:12½.

dei) Ausbildung und Wehrsport in der GST

				★★	⊘	⊙
2715	20 (Pf)	mehrfarbig	dei	0,50	0,20	0,40
			FDC			0,70

Auflage: 8 000 000 Stück

1982, 6. Juli. Sorbische Volksbräuche. 🄴 **Scheuner; Odr. (1×5 Zd); gez. K 13:12½.**

dek) Vogelhochzeit del) Zampern dem) Waleien
den) Ostereiermalen deo) Johannisreiter dep) Bescherkind

				✱✱	▨	⊙
2716	10 (Pf)	mehrfarbig	. . . . dek	0,30	0,20	0,30
2717	20 (Pf)	mehrfarbig	. . . . del	0,30	0,20	0,50
2718	25 (Pf)	mehrfarbig	. . . . . . dem	0,40	0,40	1,—
2719	35 (Pf)	mehrfarbig	. . . . den	0,70	0,70	1,50
2720	40 (Pf)	mehrfarbig	. . . . deo	0,80	0,80	1,50
2721	50 (Pf)	mehrfarbig	. . . . dep	1,—	1,—	2,—
			Satzpreis (6 W.)	3,40	3,—	6,50
			Sechserblock	5,—	4,50	9,—
			FDC*			25,—

*) kein amtlicher FDC

MiNr. 2716–2721 wurden zusammenhängend in Sechserblockanordnung gedruckt.

Auflage: 3 600 000 Sätze

1982, 6. Juli. Briefmarkenausstellung der Jugend, Schwerin. 🄴 **Rieß; Odr. (2×10 Zd); gez. K 13:12½.**

der) Schwerin (um 1640); Kupferstich von Kaspar Merian Zierfeld des) Historische und neuzeitliche Gebäude in Schwerin

				✱✱	▨	⊙
2722	10 + 5 (Pf)	mehrfarbig	. . . . . . der	0,40	0,40	0,70
2723	20 (Pf)	mehrfarbig	. . . . . . des	0,40	0,40	0,70
			Satzpreis (2 W.)	0,80	0,80	1,40
			Dreierstreifen	2,—	1,50	2,50
			FDC			2,50

MiNr. 2722 und 2723 wurden, durch Zierfeld verbunden, waagerecht zusammenhängend gedruckt.

Auflage: 3 500 000 Sätze

1982, 20. Juli. Pioniertreffen, Dresden. 🄴 **Lehmann; RaTdr. (5×10); gez. K 14.**

det) Pioniere, Fahne

deu) Trommel, Fanfare, rote Nelken

				✱✱	▨	⊙
2724	10 + 5 (Pf)	mehrfarbig	. . . . . . det	0,60	0,50	1,—
2725	20 (Pf)	mehrfarbig	. . . . . . deu	0,30	0,20	0,30
			Satzpreis (2 W.)	0,80	0,70	1,30
			FDC			1,20

Auflagen: MiNr. 2724 = 3 500 000, MiNr. 2725 = 8 000 000 Stück

1982, 10. Aug. Staatliches Museum Schwerin: Gemälde niederländischer Maler. 🄴 **Naumann; RaTdr. (5×5); gez. K 14.**

dev) Bewegte See; von Ludolf Backhuysen (1631–1708)

dew) Das Hauskonzert; von Frans van Mieris d. Ä. (1635–1681)

dex) Die Torwache; von Carel Fabritius (1622–1654)

dey) Bauerngesellschaft; von Adrian Brouwer (1606–1638)

dez) Frühstückstisch mit Schinken; von Willem Claesz Heda (1593–1680)

dfa) Flusslandschaft; von Jan van Goyen (1596–1656)

				✱✱	▨	⊙
2726	5 (Pf)	mehrfarbig	. . . . dev	0,30	0,20	0,30
2727	10 (Pf)	mehrfarbig	. . . . dew	0,30	0,20	0,30
2728	20 (Pf)	mehrfarbig	. . . . dex	0,30	0,20	0,30
2729	25 (Pf)	mehrfarbig	. . . . dey	0,30	0,20	0,40
2730	35 (Pf)	mehrfarbig	. . . . dez	0,30	0,20	0,50
2731	70 (Pf)	mehrfarbig	. . . . dfa	2,40	1,80	3,20
			Satzpreis (6 W.)	3,50	2,60	5,—
			FDC 1 (MiNr. 2726, 2729, 2731)			4,—
			FDC 2 (MiNr. 2727, 2728, 2730)			1,—

Auflagen: MiNr. 2726, 2729 und 2730 je 5 000 000, MiNr. 2727 = 16 000 000, MiNr. 2728 = 8 000 000, MiNr. 2731 = 2 100 000 Stück

1982, 24. Aug. Ministerkonferenz der Organisation für die Zusammenarbeit der sozialistischen Länder auf dem Gebiet des Post- und Fernmeldewesens (OSS), Chemnitz (Karl-Marx-Stadt). 🄴 **Rieß; RaTdr. (3×10 Zd); gez. K 14.**

dfb) Karl-Marx-Monument, Bauwerke in Chemnitz (Karl-Marx-Stadt)

Zierfeld

				✱✱	▨	⊙
2732	10 (Pf)	mehrfarbig	. . . . dfb	0,30	0,10	0,30
			Zusammendruck	0,60	0,40	0,80
			FDC			1,50

MiNr. 2732 wurde mit waagerecht anhängendem Zierfeld gedruckt.

Auflage: 8 100 000 Stück

1982, 24. Aug. Leipziger Herbstmesse. 🄴 **Grünewald; Odr. (5×10); gez. K 13:12½.**

dfc) Messehaus „Stentzlers Hof“, Leipzig

dfd) Erzeugnisse des VEB Ostseeschmuck

				✱✱	▨	⊙
2733	10 (Pf)	mehrfarbig	. . . . dfc	0,30	0,20	0,30
2734	25 (Pf)	mehrfarbig	. . . . dfd	0,30	0,30	0,60
			Satzpreis (2 W.)	0,50	0,40	0,80
			FDC			1,—

Auflagen: MiNr. 2733 = 16 000 000, MiNr. 2734 = 4 500 000 Stück

1982, 7. Sept. Internationale Mahn- und Gedenkstätten. Ⓔ **Detlefsen; RaTdr. (5×5); gez. K 14.**

dfe) Denkmal Auschwitz-Birkenau

				★★	⊘	⊙
2735	35 (Pf)	mehrfarbig	. . . . dfe	0,50	0,40	0,70
			FDC			1,—

Auflage: 4 000 000 Stück

Weitere Ausgaben "Internationale Mahn- und Gedenkstätten" siehe Übersichtstabelle nach MiNr. 975

1982, 7. Sept. Kongress der Internationalen Föderation der Widerstandskämpfer (FIR), Berlin. Ⓔ **Bobbe; Odr. (10×5); gez. K 14.**

dff) FIR-Abzeichen

				★★	⊘	⊙
2736	10 (Pf)	mehrfarbig	. . . . dff	0,50	0,30	0,50
			FDC			0,60

Auflage: 16 000 000 Stück

1982, 21. Sept. Herbstblumen. Ⓔ **Müller; RaTdr. (5×10); gez. K 14.**

dfg) Herbstanemone (Anemone hupehensis)

dfh) Studentenblume (Tagetes patula)

dfi) Mittagsgold (Gazania Hybr.)

dfk) Sonnenblume (Helianthus annuus)

dfl) Wucherblume (Chrysanthemum carinatum)

dfm) Schmuckkörbchen (Cosmos bipinnatus)

				★★	⊘	⊙
2737	5 (Pf)	mehrfarbig	. . . . dfg	0,30	0,20	0,30
2738	10 (Pf)	mehrfarbig	. . . . dfh	0,30	0,20	0,30
2739	15 (Pf)	mehrfarbig	. . . . dfi	0,30	0,20	0,30
2740	20 (Pf)	mehrfarbig	. . . . dfk	0,30	0,20	0,30
2741	25 (Pf)	mehrfarbig	. . . . dfl	0,30	0,20	0,30
2742	35 (Pf)	mehrfarbig	. . . . dfm	2,40	1,80	3,—
			Satzpreis (6 W.)	3,40	2,60	4,50
			FDC 1 (MiNr. 2737, 2738, 2742)			4,—
			FDC 2 (MiNr. 2739–2741)			1,—

Auflagen: MiNr. 2737, 2739 und 2741 je 5 000 000, MiNr. 2738 = 16 000 000, MiNr. 2740 = 8 000 000, MiNr. 2742 = 2 100 000 Stück

1982, 21. Sept. Solidarität mit dem palästinensischen Volk. Ⓔ **Korn; Odr. (10×5); gez. K 14.**

dfn) Palästinensische Familie, Lebensbaum

				★★	⊘	⊙
2743	10 + 5 (Pf)	mehrfarbig	. . . . . . dfn	0,50	0,30	0,40
			FDC			0,70

Auflage: 3 500 000 Stück

1982, 5. Okt. Industrieverband Fahrzeugbau (IFA): Nutzfahrzeuge. Ⓔ **Gottschall; Odr. (5×10); gez. K 13:12½.**

dfo) Krankenwagen Barkas B 1000

dfp) Wasch- und Sprühfahrzeug M 25

dfr) Reiseomnibus LD 3000

dfs) Pritschenfahrzeug LD 3000

dft) Pritschenfahrzeug W 50

dfu) Milchtank-Sattelzug W 50

				★★	⊘	⊙
2744	5 (Pf)	mehrfarbig	. . . . dfo	0,30	0,20	0,30
2745	10 (Pf)	mehrfarbig	. . . . dfp	0,30	0,20	0,30
2746	20 (Pf)	mehrfarbig	. . . . dfr	0,30	0,20	0,30
2747	25 (Pf)	mehrfarbig	. . . . dfs	0,30	0,20	0,40
2748	35 (Pf)	mehrfarbig	. . . . dft	0,30	0,20	0,50
2749	85 (Pf)	mehrfarbig	. . . . dfu	2,80	2,20	3,50
			Satzpreis (6 W.)	4,—	3,—	5,—
			FDC 1 (MiNr. 2744, 2745, 2749)			5,—
			FDC 2 (MiNr. 2746–2748)			1,—

Auflagen: MiNr. 2744, 2747 und 2748 je 5 000 000, MiNr. 2745 = 16 000 000, MiNr. 2746 = 8 000 000, MiNr. 2749 = 2 100 000 Stück

1982, 19. Okt. Zentrale Messe der Meister von morgen (MMM), Leipzig. Ⓔ **Haller; Odr. (10×5); gez. K 14.**

dfv) Messe-Emblem, Abzeichen der FDJ

				★★	⊘	⊙
2750	20 (Pf)	mehrfarbig	. . . . dfv	0,40	0,20	0,40
			FDC			0,70

Auflage: 8 000 000 Stück

✈ **1982, 26. Okt. Flugpostmarken (I).** Ⓔ **Glinski; RaTdr. (10×10); gez. K 14.**

dfw) Stilis. Flugzeug mit Brief

				★★	⊘	⊙
2751	30 (Pf)	bläulichgrün/ schwarz	. . . . dfw	0,30	0,20	0,50
2752	40 (Pf)	schwarzgrün/ schwarz	. . . . dfw	0,40	0,20	0,50
2753	1 M	ultramarin/ schwarz	. . . . dfw	1,20	0,60	1,—
			Satzpreis (3 W.)	1,80	1,—	2,—
			FDC (A)			3,50

In gleicher Zeichnung: MiNr. 2831–2832, 2868, 2967, 3128 bis 3129; in anderer Zeichnung und Odr.: MiNr. 609–615

1982, 9. Nov. 500. Geburtstag von Martin Luther (1983) (I). Ⓔ **Schmidt; RaTdr. (5×5, MiNr. 2755 auch Klb. 5×2); gez. K 14.**

dfx) Stadtsiegel von Eisleben (um 1500)

dfy) M. Luther als Junker Jörg; Gemälde von Lucas Cranach d. Ä. (1472–1538), Maler und Zeichner

dfz) Stadtsiegel von Wittenberg (um 1500)

dga) Martin Luther (1483–1546), Reformator; Porträt aus der Cranach-Werkstatt

				✱✱	⊘	⊙
2754	10 (Pf)	mehrfarbig	dfx	0,30	0,20	0,30
2755	20 (Pf)	mehrfarbig	dfy	0,30	0,20	0,30
2756	35 (Pf)	mehrfarbig	dfz	0,50	0,20	0,40
2757	85 (Pf)	mehrfarbig	dga	4,—	2,50	4,—
		Satzpreis (4 W.)		5,—	3,—	5,—
		FDC 1 (MiNr. 2754, 2757)				4,50
		FDC 2 (MiNr. 2755, 2756)				0,50
		Kleinbogen (MiNr. 2755)		10,—	10,—	15,—
		FDC* (Klb.)				120,—
		amtl. MK mit MiNr. 2757 (1/82)				6,—

*) kein amtlicher FDC

MiNr. 2755 wurde auch im Kleinbogen gedruckt.

Auflagen: MiNr. 2754 = 16 000 000, MiNr. 2755 = 29 000 000, davon 21 000 000 aus Kleinbogen, MiNr. 2756 = 5 000 000, MiNr. 2757 = 2 225 000 Stück, davon 125 000 auf amtl. MK

Weitere Ausgabe „500. Geburtstag von Martin Luther“: MiNr. 2833 (Block 73)

1982, 23. Nov. Historisches Spielzeug (III): Handwerker. 🄴 **Bertram; Odr. (Klb. 3×2); gez. K 14.**

dgb) Zimmermann
dgc) Schuhmacher
dgd) Bäcker
dge) Büttner
dgf) Gerber
dgg) Wagner

				✱✱	⊘	⊙
2758	10 (Pf)	mehrfarbig	dgb	0,30	0,30	0,50
2759	20 (Pf)	mehrfarbig	dgc	1,40	1,40	2,—
2760	25 (Pf)	mehrfarbig	dgd	0,30	0,30	0,50
2761	35 (Pf)	mehrfarbig	dge	0,30	0,30	0,50
2762	40 (Pf)	mehrfarbig	dgf	1,40	1,40	2,—
2763	70 (Pf)	mehrfarbig	dgg	0,30	0,30	0,50
		Satzpreis (6 W.)		3,50	3,50	6,—
		Kleinbogen		4,40	4,40	8,—
		FDC*				25,—

*) kein amtlicher FDC

MiNr. 2758–2763 wurden zusammenhängend im Kleinbogen gedruckt.

Auflage: 2 100 000 Sätze

Weitere Kleinbogen „Historisches Spielzeug“: MiNr. 2566–2571, 2661–2666

1983

1983, 11. Jan. Blockausgabe: 150. Geburtstag von Johannes Brahms. 🄴 **Rieß; Odr.; gez. Ks 14.**

dgh) J. Brahms (1833–1897), Komponist

dgi

				✱✱	⊙	FDC*
2764	1.15 M	mehrfarbig	dgh	2,—	3,50	
Block 69	(55×80 mm)		dgi	3,50	6,—	35,—
			Ⓢ		2,80	

*) kein amtlicher FDC

Auflage: 2 100 000 Blocks

1983, 25. Jan. Persönlichkeiten der deutschen Arbeiterbewegung (XI). 🄴 **Stauf; StTdr. (10×5); gez. K 14.**

dgk) Franz Dahlem (1892–1981)

dgl) Karl Maron (1903–1975)

dgm) Josef Miller (1883–1964)

dgn) Fred Oelßner (1903–1977)

dgo) Siegfried Rädel (1893–1943)

				✱✱	⊘	⊙
2765	10 (Pf)	dunkelviolettbraun	dgk	0,30	0,20	0,30
2766	10 (Pf)	schwarzbläulichgrün	dgl	0,30	0,20	0,30
2767	10 (Pf)	schwarzoliv	dgm	0,30	0,20	0,30
2768	10 (Pf)	schwärzlichgrauviolett	dgn	0,30	0,20	0,30
2769	10 (Pf)	schwarzviolettultramarin	dgo	0,30	0,20	0,30
		Satzpreis (5 W.)		1,—	0,60	1,20
		FDC 1 (A) (MiNr. 2765, 2766)				1,—
		FDC 2 (A) (MiNr. 2767–2769)				1,50

Auflage: 6 000 000 Sätze

Weitere Ausgaben „Persönlichkeiten der deutschen Arbeiterbewegung“ siehe Übersichtstabelle nach MiNr. 1855

1983, 8. Febr. Weltkommunikationsjahr. 🄴 **Glinski; RaTdr. (5×10); gez. K 14.**

dgp) Schema eines Tastwahl-Telefonapparates, internationale Fernsprechverbindungen

dgr) Küstenfunkstelle Rügen-Radio, Schiffe

dgs) Postbeförderung auf dem See- und Luftweg

dgt) Lichtleiterkabel mit 4 optischen Leitern

					✱✱	⊘	⊙
2770	5 (Pf)	mehrfarbig	dgp		0,30	0,20	0,30
2771	10 (Pf)	mehrfarbig	dgr		0,30	0,20	0,30
2772	20 (Pf)	mehrfarbig	dgs		0,30	0,20	0,30
2773	35 (Pf)	mehrfarbig	dgt		1,70	1,—	2,20
			Satzpreis (4 W.)		2,50	1,50	3,—
			FDC 1 (MiNr. 2770, 2773)				2,—
			FDC 2 (MiNr. 2771, 2772)				0,50

Auflagen: MiNr. 2770 = 4 500 000, MiNr. 2771 = 16 000 000, MiNr. 2772 = 8 000 000, MiNr. 2773 = 2 100 000 Stück

1983, 8. Febr. 100. Geburtstag von Otto Nuschke. 🄴 **Müller; Odr. (5×10); gez. K 14.**

dgu) O. Nuschke (1883–1957), CDU-Politiker

				✱✱	⊘	⊙
2774	20 (Pf)	mehrfarbig	dgu	0,60	0,20	0,50
			FDC			0,70

Auflage: 8 000 000 Stück

1983, 22. Febr. Historische Rathäuser. 🄴 **Zill; RaTdr. (MiNr. 2775 und 2778 5×10, MiNr. 2776 und 2777 10×5); gez. K 14.**

dgv) Rathaus Stolberg (Harz) (erb. 1482)

dgw) Rathaus Gera (erb. 1573 bis 1576)

dgx) Rathaus Pößneck (erb. 1478–1486)

dgy) Rotes Rathaus Berlin (erb. 1861–1869)

				✱✱	⊘	⊙
2775	10 (Pf)	mehrfarbig	dgv	0,30	0,20	0,30
2776	20 (Pf)	mehrfarbig	dgw	0,30	0,20	0,30
2777	25 (Pf)	mehrfarbig	dgx	0,30	0,20	0,30
2778	35 (Pf)	mehrfarbig	dgy	1,70	1,30	2,50
			Satzpreis (4 W.)	2,50	1,80	3,20
			FDC 1 (MiNr. 2775, 2778)			3,—
			FDC 2 (MiNr. 2776, 2777)			0,70

Auflagen: MiNr. 2775 = 24 000 000, MiNr. 2776 = 8 000 000, MiNr. 2777 = 4 500 000, MiNr. 2778 = 2 100 000 Stück

1983, 8. März. Leipziger Frühjahrsmesse. 🄴 **Glinski; RaTdr. (5×10); gez. K 14.**

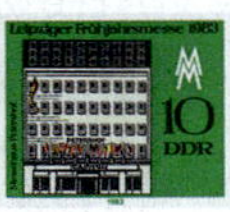

dgz) Messehaus „Petershof“, Leipzig

dha) Robotron-Mikrorechner

				✱✱	⊘	⊙
2779	10 (Pf)	mehrfarbig	dgz	0,30	0,20	0,30
2780	25 (Pf)	mehrfarbig	dha	0,50	0,30	0,70
			Satzpreis (2 W.)	0,80	0,40	1,—
			FDC			1,20

Auflagen: MiNr. 2779 = 24 000 000, MiNr. 2780 = 4 500 000 Stück

1983, 22. März. Paul Robeson. 🄴 **Lindner; Odr. (5×10); gez. K 13:12½.**

dhb) P. Robeson (1898–1976), afroamerikanischer Schauspieler und Sänger, dreisprachige Inschrift

				✱✱	⊘	⊙
2781	20 (Pf)	mehrfarbig	dhb	0,40	0,30	0,60
			FDC			0,70

Auflage: 8 000 000 Stück

1983, 22. März: Blockausgabe: Widerstandsorganisation Schulze-Boysen/Harnack. 🄴 **Stauf; Odr.; gez. Ks 13:12½.**

dhd

dhc) Arvid Harnack (1901–1942), Harro Schulze-Boysen (1909–1942), John Sieg (1903–1942), antifaschistische Widerstandskämpfer

				✱✱	⊙	FDC*
2782	85 (Pf)	schwarz/ mattolivgelb	dhc	1,40	2,50	
Block 70	(80×55 mm)		dhd	1,80	3,—	12,—
			Ⓢ		1,80	

*) kein amtlicher FDC

Auflage: 2 100 000 Blocks

1983, 11. April. 100. Todestag von Karl Marx. 🄴 **Gottschall; Odr. (5×10); gez. K 13:12½.**

dhe) K. Marx in jungen Jahren, Zeitungstitel

dhf) K. Marx, Aufstand der Seidenweber von Lyon (1831), Zeitschriftentitel

dhg) K. Marx und F. Engels, Titelblatt „Manifest der Kommunistischen Partei“

dhh) K. Marx, Titel seines Werks „Das Kapital“ in 3 Sprachen

dhi) K. Marx, Ausschnitt der „Randglossen zum Programm der deutschen Arbeiterpartei“

dhk) Erdkugel, rote Fahne mit Kopfbildern von K. Marx, F. Engels und W. I. Lenin

				✱✱	⊘	⊙
2783	10 (Pf)	mehrfarbig	dhe	0,30	0,20	0,30
2784	20 (Pf)	mehrfarbig	dhf	0,30	0,20	0,30
2785	35 (Pf)	mehrfarbig	dhg	0,30	0,20	0,30
2786	50 (Pf)	mehrfarbig	dhh	0,30	0,20	0,50
2787	70 (Pf)	mehrfarbig	dhi	0,50	0,30	0,50
2788	85 (Pf)	mehrfarbig	dhk	3,—	3,—	4,50
			Satzpreis (6 W.)	4,50	4,—	6,—
			FDC 1 (MiNr. 2783, 2786, 2788)			5,50
			FDC 2 (MiNr. 2784, 2785, 2787)			1,50
			amtl. MK mit MiNr. 2786 (1/83)			7,—

Blockausgabe, 🄴 **Rieß, gez. Ks 14**

dhl) K. Marx (1818 bis 1883), Philosoph und Nationalökonom

dhm

				✱✱	⊙	FDC*
2789	1.15 M	mehrfarbig	dhl	2,—	3,—	
Block 71	(83×55 mm)		dhm	3,—	5,—	15,—
			Ⓢ		2,40	

*) kein amtlicher FDC

Auflagen: MiNr. 2783 und 2784 je 8 000 000, 2785 und 2786 je 5 000 000, MiNr. 2787 = 5 100 000, davon 100 000 auf amtl. MK, MiNr. 2788 = 2 100 000 Stück, Bl. 71 = 2 100 000 Blocks

1983, 19. April. Staatliche Museen Berlin: Kunstwerke. Ⓔ Bobbe; RaTdr. (10×5); gez. K 14.

dhn) Athene aus Pergamon; Marmorstatue (2. Jh. v. Chr.)

dho) Amazone; Bronzestatue (um 430 v. Chr.)

				**	⊘	⊙
2790	10 (Pf)	mehrfarbig .... dhn		0,30	0,20	0,30
2791	20 (Pf)	mehrfarbig .... dho		0,50	0,30	0,50
			Satzpreis (2 W.)	0,80	0,40	0,80
			FDC			0,80

Auflagen: MiNr. 2790 = 16 000 000, MiNr. 2791 = 8 000 000 Stück

1983, 17. Mai. Schmalspurbahnen (III). Ⓔ Glinski; Odr. (2×10 Zd); gez. K 13:12½.

dhp) Lokomotive Zierfeld dhr) Personenwagen

dhp–dhr) Bahn Wernigerode – Nordhausen (Harzquerbahn) (Spurweite 1000 mm)

dhs) Lokomotive Zierfeld dht) Güterwagen

dhs–dht) Bahn Zittau – Kurort Oybin/Kurort Jonsdorf (Spurweite 750 mm)

				**	⊘	⊙
2792	15 (Pf)	mehrfarbig .... dhp		0,50	0,50	1,20
2793	20 (Pf)	mehrfarbig .... dhr		0,50	0,50	1,20
2794	20 (Pf)	mehrfarbig .... dhs		0,50	0,50	1,20
2795	50 (Pf)	mehrfarbig .... dht		0,50	0,50	1,20
			Satzpreis (4 W.)	2,—	2,—	4,—
			Dreierstreifen 1 (MiNr. 2792, 2793)	2,—	1,50	3,—
			FDC			4,50
			Dreierstreifen 2 (MiNr. 2794, 2795)	2,—	1,50	3,—
			FDC			4,50
			Satzpreis (2 Dreierstreifen)	4,—	3,—	6,—

MiNr. 2792 und 2793 sowie 2794 und 2795 wurden jeweils, durch Zierfeld verbunden, waagerecht zusammenhängend gedruckt.

Auflage: 3 500 000 Sätze

Weitere Ausgaben „Schmalspurbahnen": MiNr. 2562–2565, 2629 bis 2632, 2864–2867

1983, 7. Juni. Kostbare Sand- und Sonnenuhren. Ⓔ Rieß; RaTdr. (10×5, MiNr. 2798 auch Klb. 4×2); gez. K 14.

dhu) Kanzelsanduhr mit Wandbrett (1674)

dhv) Kanzelsanduhr (um 1700)

dhw) Horizontal-Tischsonnenuhr (1611)

dhx) Äquatorial-Tischsonnenuhr (um 1750)

dhy) Äquatorial-Tischsonnenuhr (um 1760)

dhz) Tischsonnenuhr „Mittagskanone" (um 1800)

dhu–dhz) Exponate aus der Uhrensammlung des Staatlichen Mathematisch-Physikalischen Salons im Dresdner Zwinger

				**	⊘	⊙
2796	5 (Pf)	mehrfarbig .... dhu		0,30	0,20	0,30
2797	10 (Pf)	mehrfarbig .... dhv		0,30	0,20	0,30
2798	20 (Pf)	mehrfarbig ...... dhw		0,30	0,20	0,30
2799	30 (Pf)	mehrfarbig .... dhx		0,30	0,20	0,50
2800	50 (Pf)	mehrfarbig .... dhy		0,50	0,30	0,70
2801	85 (Pf)	mehrfarbig .... dhz		3,20	3,—	4,50
			Satzpreis (6 W.)	4,50	4,—	6,—
			FDC 1 (MiNr. 2796, 2799, 2800)			1,50
			FDC 2 (MiNr. 2797, 2798, 2801)			5,—
			Kleinbogen (MiNr. 2798)	3,—	3,—	6,—
			FDC*			40,—

*) kein amtlicher FDC

MiNr. 2798 wurde sowohl einzeln als auch im Kleinbogen gedruckt.

Auflagen: MiNr. 2796, 2799, 2800 je 5 000 000, MiNr. 2797 = 16 000 000, MiNr. 2798 = 24 800 000, davon 16 800 000 aus Kleinbogen, MiNr. 2801 = 2 100 000 Stück

1983, 21. Juni. Kakteen (III). Ⓔ Gottschall; RaTdr. (10×5); gez. K 14.

dia) Warzenkaktus (Coryphanta elephantidens)

dib) Igelkaktus (Thelocactus schwarzii)

dic) Prismenkaktus (Leuchtenbergia principis)

did) Kugelkaktus (Submatucana madisoniorum)

die) Igelkaktus (Oroya peruviana)

dif) Igelkaktus (Copiapoa cinerea)

				**	⊘	⊙
2802	5 (Pf)	mehrfarbig .... dia		0,30	0,20	0,30
2803	10 (Pf)	mehrfarbig .... dib		0,30	0,20	0,30
2804	20 (Pf)	mehrfarbig .... dic		0,30	0,20	0,30
2805	25 (Pf)	mehrfarbig .... did		0,30	0,20	0,40
2806	35 (Pf)	mehrfarbig .... die		0,30	0,20	0,50
2807	50 (Pf)	mehrfarbig .... dif		2,—	1,80	3,—
			Satzpreis (6 W.)	3,—	2,50	4,50
			FDC 1 (MiNr. 2802, 2805, 2806)			1,50
			FDC 2 (MiNr. 2803, 2804, 2807)			3,50

Auflagen: MiNr. 2802 = 5 000 000, MiNr. 2803 = 16 000 000, MiNr. 2804 = 8 000 000, MiNr. 2805 = 3 500 000, MiNr. 2806 = 4 000 000, MiNr. 2807 = 2 100 000 Stück

Weitere Ausgaben „Kakteen" in anderer Ausführung: MiNr. 1625 bis 1630, 1922–1927

1983, 5. Juli. Stifter des Naumburger Doms. Ⓔ Grünewald; RaTdr. (2×3 Zd); gez. K 13.

dig) Thimo und Wilhelm

dih) Gepa und Gerburg

dii) Hermann und Reglindis

dik) Eckehard und Uta

			**	⊘	⊙
2808	20 (Pf)	mehrfarbig .... dig	0,50	0,50	1,—
2809	25 (Pf)	mehrfarbig .... dih	0,60	0,60	1,20

				★★	◍	⊙
2810	35 (Pf)	mehrfarbig	. . . . dii	0,70	0,70	1,20
2811	85 (Pf)	mehrfarbig	. . . . dik	1,70	1,70	3,50
			Satzpreis (4 W.)	3,50	3,50	6,50
			Viererblock	4,50	3,80	10,—
			FDC*			30,—

*) kein amtlicher FDC

MiNr. 2808–2811 wurden zusammenhängend in Viererblockanordnung gedruckt.

Auflage: 3 500 000 Sätze

1983, 5. Juli. Internationale Briefmarkenausstellung junger Philatelisten der sozialistischen Länder JUNIOR-SOZPHILEX, Berlin. ⧉ Detlefsen; Odr. (MiNr. 2812 10×5, MiNr. 2813 5×10); MiNr. 2812 gez. K 12½:13, MiNr. 2813 ~.

dil) Glasewaldt und Zinna verteidigen die Barrikade – 18. März 1848; Lithografie von Theodor Hosemann (1807–1875)

dim) Polytechnischer Unterricht; Gemälde von Harald Metzkes (*1929)

				★★	◍	⊙
2812	10 + 5 (Pf)	mehrfarbig	. . . . . . dil	0,80	0,70	1,—
2813	20 (Pf)	mehrfarbig	. . . . . dim	0,30	0,20	0,30
			Satzpreis (2 W.)	1,10	0,80	1,30
			FDC			1,50

Auflagen: MiNr. 2812 = 3 500 000, MiNr. 2813 = 8 000 000 Stück

1983, 19. Juli. Turn- und Sportfest; Kinder- und Jugendspartakiade, Leipzig. ⧉ Lehmann; RaTdr. (5×10); gez. K 14.

din) Ballübung

dio) Volleyball

				★★	◍	⊙
2814	10 + 5 (Pf)	mehrfarbig	. . . . . . din	0,70	0,50	0,80
2815	20 (Pf)	mehrfarbig	. . . . . . dio	0,30	0,20	0,40
			Satzpreis (2 W.)	0,90	0,60	1,20
			FDC			1,20

Auflagen: MiNr. 2814 = 3 500 000, MiNr. 2815 = 8 000 000 Stück

1983, 19. Juli. 200. Geburtstag von Simón de Bolívar. ⧉ Detlefsen; RaTdr. (5×10); gez. K 14.

dip) S. de Bolívar (1783–1830), lateinamerik. Politiker und Freiheitskämpfer; Alexander Freiherr von Humboldt (1769–1859), Naturforscher und Geograph

				★★	◍	⊙
2816	35 (Pf)	mehrfarbig	. . . . dip	0,70	0,40	0,70
			FDC			1,—

Auflage: 5 000 000 Stück

1983, 9. Aug. Stadtwappen (I). ⧉ Stier; RaTdr. (MiNr. 2817 10×5, MiNr. 2818–2821 10×10); gez. K 14.

dir) Berlin

dis) Cottbus

dit) Dresden

diu) Erfurt

div) Frankfurt/Oder

				★★	◍	⊙
2817	50 (Pf)	mehrfarbig	. . . . dir	1,—	0,80	1,50
2818	50 (Pf)	mehrfarbig	. . . . dis	1,—	0,80	1,50
2819	50 (Pf)	mehrfarbig	. . . . dit	1,—	0,80	1,50
2820	50 (Pf)	mehrfarbig	. . . . diu	1,—	0,80	1,50
2821	50 (Pf)	mehrfarbig	. . . . div	1,—	0,80	1,50
			Satzpreis (5 W.)	5,—	4,—	7,50
			FDC 1 (MiNr. 2817, 2821)			3,—
			FDC 2 (MiNr. 2818–2820)			4,50

Auflagen: MiNr. 2817–2820 je 2 500 000, MiNr. 2821 = 2 100 000 Stück

Weitere Ausgaben „Stadtwappen“: MiNr. 2857–2861, 2934–2938

1983, 30. Aug. Leipziger Herbstmesse. ⧉ Volkamer; RaTdr. (5×10); gez. K 14.

diw) Zentral-Messepalast, Leipzig

dix) Mikrorechner-Schaltkreis

				★★	◍	⊙
2822	10 (Pf)	mehrfarbig	. . . . diw	0,30	0,20	0,30
2823	25 (Pf)	mehrfarbig	. . . . dix	0,60	0,30	0,50
			Satzpreis (2 W.)	0,80	0,40	0,70
			FDC			0,80

Auflagen: MiNr. 2822 = 16 000 000, MiNr. 2823 = 4 500 000 Stück

1983, 6. Sept. Blockausgabe: 30 Jahre Kampfgruppen. ⧉ Naumann; Odr.; gez. Ks 12½:13.

diy) Angehöriger der Kampfgruppen

diz

				★★	⊙	FDC
2824	1 M	mehrfarbig	. . . . diy	1,50	3,—	
Block 72	(63×86 mm)		. . . . diz	2,80	3,50	4,—
			Ⓢ		2,—	

Auflage: 2 100 000 Blocks

1983, 6. Sept. 200. Todestag von Leonhard Euler. ⧉ Bengs; Odr. (5×10); gez. K 13:12½.

dka) L. Euler (1707–1783), schweizer. Mathematiker, Physiker, Astronom; Polyeder mit Formel

				★★	◍	⊙
2825	20 (Pf)	blau/schwarz	. . . . . dka	0,60	0,30	0,50
			FDC			0,70

Auflage: 8 000 000 Stück

1983, 20. Sept. Staatliche Schlösser und Gärten: Potsdam-Sanssouci. ⧉ Korn; Odr. (5×10); gez. K 13:12½.

dkb) Schloss Sanssouci

dkc) Chinesisches Teehaus

dkd) Schloss Charlottenhof

dke) Marstall/Filmmuseum

				✶✶	⊘	⊙
2826	10 (Pf)	mehrfarbig . . . . dkb		0,30	0,20	0,30
2827	20 (Pf)	mehrfarbig . . . . dkc		0,30	0,20	0,50
2828	40 (Pf)	mehrfarbig . . . . dkd		0,50	0,30	0,50
2829	50 (Pf)	mehrfarbig . . . . dke		3,—	3,—	4,—
		Satzpreis (4 W.)		4,—	3,50	5,—
		FDC 1 (A) (MiNr. 2826, 2829)				4,—
		FDC 2 (A) (MiNr. 2827, 2828)				1,—

Auflagen: MiNr. 2826 = 24 000 000, MiNr. 2827 = 8 000 000, MiNr. 2828 = 4 500 000, MiNr. 2829 = 2 100 000 Stück

1983, 4. Okt. Internationale Mahn- und Gedenkstätten. 🄴 **Gottschall; RaTdr. (5×5); gez. K 14.**

dkf) Monument „Mutter Heimat“ auf dem Mamajew-Kurgan (= Grabhügel) bei Wolgograd (Stalingrad)

			✶✶	⊘	⊙
2830	35 (Pf)	mehrfarbig . . . . dkf	0,60	0,30	0,60
		FDC			1,—

Auflage: 4 000 000 Stück

Weitere Ausgaben „Internationale Mahn- und Gedenkstätten“ siehe Übersichtstabelle nach MiNr. 975

✈ 1983, 4. Okt. Flugpostmarken (II). 🄴 **Glinski; RaTdr. (10×10); gez. K 14.**

dfw) Stilis. Flugzeug mit Brief

			✶✶	⊘	⊙
2831	5 (Pf)	hellkobaltblau/ schwarz . . . . dfw	0,30	0,20	0,50
2832	20 (Pf)	gelblichorange/ schwarz . . . . dfw	0,30	0,20	0,50
		Satzpreis (2 W.)	0,50	0,40	1,—
		FDC (A)			2,—

Die amtlich als „Luftpostdauerserie“ bezeichneten Marken waren wie Freimarken zu behandeln. Sie konnten auch zur Freimachung anderer Sendungen benutzt werden. Luftpostsendungen konnten auch mit anderen Postwertzeichen freigemacht werden.

In gleicher Zeichnung: MiNr. 2751–2753, 2868, 2967, 3128 bis 3129; in anderer Zeichnung und Odr.: MiNr. 609–615

1983, 18. Okt. Blockausgabe: 500. Geburtstag von Martin Luther (II). 🄴 **Schmidt; Odr.; gez. Ks 14.**

dkh

dkg) Initialen von M. Luther (1483–1546), Reformator

			✶✶	⊙	FDC*
2833	1 M	mehrfarbig . . . . dkg	2,60	4,—	
Block 73	(108×83 mm)	. . . . dkh	3,50	6,—	15,—
		Ⓢ		3,—	

*) kein amtlicher FDC

Auflage: 2 100 000 Blocks

1983, 8. Nov. Solidarität mit Nicaragua. 🄴 **Hennig; Odr. (5×10); gez. K 14.**

dki) Lesen und Schreiben lernende Familie, Soldat, Fahnen

			✶✶	⊘	⊙
2834	10 + 5 (Pf)	mehrfarbig . . . . . dki	0,40	0,20	0,40
		FDC			0,70

Auflage: 3 500 000 Stück

1983, 8. Nov. Thüringer Glas. 🄴 **Bertholdt; RaTdr. (10×5); gez. K 14.**

dkk) Kampfhahn dkl) Glasbecher dkm) Glasvase dkn) Zierglas

			✶✶	⊘	⊙
2835	10 (Pf)	mehrfarbig . . . . dkk	0,30	0,20	0,30
2836	20 (Pf)	mehrfarbig . . . . dkl	0,30	0,20	0,30
2837	25 (Pf)	mehrfarbig . . . . . . dkm	0,30	0,20	0,50
2838	70 (Pf)	mehrfarbig . . . . dkn	2,60	2,—	3,—
		Satzpreis (4 W.)	3,50	2,50	4,—
		FDC 1 (MiNr. 2835, 2838)			4,—
		FDC 2 (MiNr. 2836, 2837)			1,—

Auflagen: MiNr. 2835 = 16 000 000, MiNr. 2836 = 8 000 000, MiNr. 2837 = 4 500 000, MiNr. 2838 = 2 100 000 Stück

1983, 22. Nov. Olympische Winterspiele 1984, Sarajevo. 🄴 **Rieß; RaTdr. (5×10); gez. K 14.**

dko) Rennrodeln (Doppelsitzer, Herren)

dkp) Nordische Kombination dkr) Skilanglauf dks) Biathlon

			✶✶	⊘	⊙
2839	10 + 5 (Pf)	mehrfarbig . . . dko	0,30	0,20	0,30
2840	20 + 10 (Pf)	mehrfarbig . . . dkp	0,30	0,20	0,30
2841	25 (Pf)	mehrfarbig . . . dkr	0,30	0,20	0,30
2842	35 (Pf)	mehrfarbig . . . dks	2,—	1,30	2,50
		Satzpreis (4 W.)	2,80	1,80	3,40
		FDC 1 (MiNr. 2839, 2842)			3,—
		FDC 2 (MiNr. 2840, 2841)			0,70

Blockausgabe, gez. Ks 13:12½

dkt) Olympisches Zentrum, Sarajevo

dku

			✶✶	⊙	FDC*
2843	85 (Pf)	mehrfarbig . . . . dkt	1,50	3,—	
Block 74	(82×57 mm)	. . . . dku	2,20	4,—	15,—
		Ⓢ		2,—	

*) kein amtlicher FDC

Auflagen: MiNr. 2839 und 2841 je 5 000 000, MiNr. 2840 = 4 500 000, MiNr. 2842 = 2 100 000 Stück, Bl. 74 = 2 100 000 Blocks

Ab MiNr. 755 wurden alle Marken von der Deutschen Wertpapierdruckerei gedruckt!

1983, 22. Nov. Blockausgabe: Neujahr 1984. Ⓔ **Hennig; RaTdr.; gez. Ks 14.**

dkv
dkw
dkx
dky
dkz

dkv–dky) Neujahrsglückwünsche in Deutsch, Russisch, Englisch, Französisch und Spanisch; Friedenstauben, Kleeblatt

				★★	⊙	FDC*
2844	10 (Pf)	mehrfarbig	. . . . dkv	0,30	0,30	
2845	20 (Pf)	mehrfarbig	. . . . . . dkw	0,30	0,50	
2846	25 (Pf)	mehrfarbig	. . . . dkx	0,50	1,—	
2847	35 (Pf)	mehrfarbig	. . . . dky	0,70	1,20	
Block 75	(93×83 mm)		. . . . dkz	2,20	4,—	20,—
				Ⓢ	2,20	

*) kein amtlicher FDC

Auflage: 2 100 000 Blocks

1984

1984, 10. Jan. 100 Jahre Jenaer Glas. Ⓔ **Bertholdt; Odr. (10×5); gez. K 12½:13.**

dla) Otto Schott (1851–1935), Chemiker und Glastechniker; oxydische Formel des Boro-Silikat-Glases

				★★	▨	⊙
2848	20 (Pf)	mehrfarbig	. . . . dla	0,50	0,30	0,60
			FDC			3,—

Auflage: 8 000 000 Stück

1984, 24. Jan. Persönlichkeiten der deutschen Arbeiterbewegung (XII). Ⓔ **Stauf; StTdr. (10×5); gez. K 14.**

dlb) Friedrich Ebert (1894–1979)

dlc) Fritz Große (1904–1957)

dld) Albert Norden (1904–1982)

				★★	▨	⊙
2849	10 (Pf)	mehrfarbig	. . . . dlb	0,30	0,20	0,30
2850	10 (Pf)	mehrfarbig	. . . . dlc	0,30	0,20	0,30
2851	10 (Pf)	mehrfarbig	. . . . dld	0,30	0,20	0,30
			Satzpreis (3 W.)	0,60	0,50	0,80
			FDC (A)			1,50

Auflage: 6 000 000 Sätze

Weitere Ausgaben „Persönlichkeiten der deutschen Arbeiterbewegung" siehe Übersichtstabelle nach MiNr. 1855

★★ = Ungebraucht mit Originalgummi (postfrisch)
▨ = Entwertet zu philatelistischen Zwecken
⊙ = Mit Poststempel gebraucht

1984, 24. Jan. Blockausgabe: 175. Geburtstag von Felix Mendelssohn Bartholdy. Ⓔ **Gottschall; Odr.; gez. Ks 14.**

dlf

dle) F. Mendelssohn Bartholdy (1809–1847), Komponist

				★★	⊙	FDC*
2852	85 (Pf)	mehrfarbig	. . . . dle	1,20	2,—	
Block 76	(83×57 mm)		. . . . dlf	1,40	2,50	15,—
			Ⓢ		1,40	

*) kein amtlicher FDC

Auflage: 2 100 000 Blocks

1984, 7. Febr. Postmeilensäulen. Ⓔ **Gottschall; RaTdr. (10×5); gez. K 14.**

dlg) Viertelmeilenstein, Mühlau (1725); Halbmeilensäule Oederan (1722)

dlh) Ganzmeilensäulen Johanngeorgenstadt (1723) und Schönbrunn (1724)

dli) Distanzsäule Freiberg (1723) (Detail)

dik) Distanzsäule Pegau (1723)

				★★	▨	⊙
2853	10 (Pf)	mehrfarbig	. . . . dlg	0,30	0,20	0,30
2854	20 (Pf)	mehrfarbig	. . . . dlh	0,40	0,30	0,60
2855	35 (Pf)	mehrfarbig	. . . . dli	0,50	0,40	1,—
2856	85 (Pf)	mehrfarbig	. . . . dlk	1,—	1,—	2,20
			Satzpreis (4 W.)	2,—	1,80	4,—
			FDC 1 (MiNr. 2853, 2856)			4,—
			FDC 2 (MiNr. 2854, 2855)			0,80

Auflagen: MiNr. 2853 = 16 000 000, MiNr. 2854 = 8 000 000, MiNr. 2855 = 5 000 000, MiNr. 2856 = 2 100 000 Stück

1984, 21. Febr. Stadtwappen (II). Ⓔ **Stier; RaTdr. (10×10); gez. K 14.**

dll) Gera

dlm) Halle

dln) Chemnitz (Karl-Marx-Stadt)

dlo) Leipzig

dlp) Magdeburg

				★★	▨	⊙
2857	50 (Pf)	mehrfarbig	. . . . dll	0,60	0,50	0,90
2858	50 (Pf)	mehrfarbig	. . . . dlm	0,60	0,50	0,90
2859	50 (Pf)	mehrfarbig	. . . . dln	0,60	0,50	0,90
2860	50 (Pf)	mehrfarbig	. . . . dlo	0,60	0,50	0,90
2861	50 (Pf)	mehrfarbig	. . . . dlp	1,—	1,—	1,40
			Satzpreis (5 W.)	3,40	3,—	5,—
			FDC 1 (MiNr. 2857, 2859, 2860)			3,50
			FDC 2 (MiNr. 2858, 2861)			2,50

Auflagen: MiNr. 2857–2860 je 4 500 000, MiNr. 2861 = 2 100 000 Stück

Weitere Ausgaben „Stadtwappen": MiNr. 2817–2821, 2934–2938

1984, 6. März. Leipziger Frühjahrsmesse. 🄴 **Volkamer; RaTdr. (5×10); gez. K 14.**

dlr) Altes Rathaus, Leipzig

dls) Automatische Fertigungslinie für Karosserieblechteile

				★★	⊘	⊙
2862	10 (Pf)	mehrfarbig	dlr	0,30	0,20	0,30
2863	25 (Pf)	mehrfarbig	dls	0,40	0,30	0,60
		Satzpreis (2 W.)		0,60	0,40	0,80
		FDC				1,50

Auflagen: MiNr. 2862 = 16 000 000, MiNr. 2863 = 4 500 000 Stück

1984, 20. März. Schmalspurbahnen (IV). 🄴 **Glinski; Odr. (2×10 Zd); gez. K 13:12½.**

dlt) Lokomotive Zierfeld dlw) Personenwagen

dlt/dlw) Bahn Cranzahl – Kurort Oberwiesenthal (Spurweite 750 mm)

dlu) Lokomotive Zierfeld dlv) Personenwagen

dlu/dlv) Selketalbahn (Spurweite 1000 mm)

				★★	⊘	⊙
2864	30 (Pf)	mehrfarbig	dlt	0,30	0,30	0,50
2865	40 (Pf)	mehrfarbig	dlu	0,40	0,40	0,70
2866	60 (Pf)	mehrfarbig	dlv	0,50	0,50	1,—
2867	80 (Pf)	mehrfarbig	dlw	0,80	0,80	1,60
		Satzpreis (4 W.)		2,—	2,—	3,50
		Dreierstreifen 1 (MiNr. 2864, 2867)		2,—	1,60	3,—
		FDC				4,—
		Dreierstreifen 2 (MiNr. 2865, 2866)		2,—	1,40	2,50
		FDC				4,—
		Satzpreis (2 Dreierstreifen)		4,—	3,—	5,50

MiNr. 2864 und 2867 sowie 2865 und 2866 wurden, jeweils durch Zierfeld verbunden, waagerecht zusammenhängend gedruckt.

Auflage: 3 500 000 Sätze

Weitere Ausgaben „Schmalspurbahnen“: MiNr. 2562–2565, 2629 bis 2632, 2792–2795

✈ **1984, 10. April. Flugpostmarke (III).** 🄴 **Glinski; RaTdr. (10×10); gez. K 14.**

dfw) Stilis. Flugzeug mit Brief

				★★	⊘	⊙
2868	3 M	schwärzlichgelbbraun/ schwarz	dfw	3,50	2,—	6,—
		FDC (A)				8,—

In gleicher Zeichnung: MiNr. 2751–2753, 2831–2832, 2967, 3128 bis 3129; in anderer Zeichnung und Odr.: MiNr. 609–615

1984, 24. April. Generalversammlung der Internationalen Gesellschaft für Denkmalpflege (ICOMOS), Rostock und Dresden. 🄴 **Zill; RaTdr. (MiNr. 2869 bis 2870 und 2872 5×10, MiNr. 2871 10×5); gez. K 14.**

dlx) Rathaus, Rostock

dly) Albrechtsburg, Meißen

dlz) Steintor, Rostock

dma) Stallhof, Dresden

				★★	⊘	⊙
2869	10 (Pf)	mehrfarbig	dlx	0,30	0,20	0,30
2870	15 (Pf)	mehrfarbig	dly	0,30	0,20	0,40
2871	40 (Pf)	mehrfarbig	dlz	0,60	0,40	1,—
2872	85 (Pf)	mehrfarbig	dma	1,50	1,30	2,50
		Satzpreis (4 W.)		2,50	2,—	4,—
		FDC 1 (MiNr. 2869, 2872)				4,—
		FDC 2 (MiNr. 2870, 2871)				0,80

Auflagen: MiNr. 2869 = 16 000 000, MiNr. 2870 = 4 500 000, MiNr. 2871 = 5 000 000, MiNr. 2872 = 2 100 000 Stück

1984, 8. Mai. Tagung der Ständigen Kommission des Rates für gegenseitige Wirtschaftshilfe (RGW) für die Zusammenarbeit auf dem Gebiet des Post- und Fernmeldewesens, Krakau. 🄴 **Korn; RaTdr. (10×5); gez. K 14.**

dmb) RGW-Gebäude, Moskau; Posthorn, Telefon, Brief

				★★	⊘	⊙
2873	70 (Pf)	mehrfarbig	dmb	0,90	0,40	0,80
		FDC (A)				2,50

Auflage: 4 000 000 Stück

1984, 22. Mai. Kunstguss aus Lauchhammer. 🄴 **Korn; RaTdr. (10×5); gez. K 14.**

dmc) Durchbrochene Schale (Mitte 19. Jh.)

dmd) Aufsteigender; Plastik von Fritz Cremer (1906–1993)

				★★	⊘	⊙
2874	20 (Pf)	mehrfarbig	dmc	0,30	0,20	0,50
2875	85 (Pf)	mehrfarbig	dmd	1,10	1,10	2,—
		Satzpreis (2 W.)		1,40	1,30	2,50
		FDC				2,50

Auflagen: MiNr. 2874 = 8 000 000, MiNr. 2875 = 2 100 000 Stück

1984, 5. Juni. Theaterpuppen. 🄴 **Haller (MiNr. 2876 und 2877) und Lindner (FDC); RaTdr. (10×5); gez. K 14.**

dme) Marionettenkasper

dmf) Handpuppenkasper

				★★	⊘	⊙
2876	50 (Pf)	mehrfarbig	dme	0,70	0,70	1,—
2877	80 (Pf)	mehrfarbig	dmf	1,20	1,20	2,—
		Satzpreis (2 W.)		1,80	1,80	3,—
		FDC				3,50

Auflagen: MiNr. 2876 = 4 500 000, MiNr. 2877 = 2 100 000 Stück

Von der Deutschen Post der DDR wurden anlassunabhängige, nur mit Posthorn bedruckte Ersttagsbriefkuverts vertrieben. Sie konnten mit beliebiger Markenzusammenstellung für FDC verwendet werden.

1984, 5. Juni. Nationales Jugendfestival, Berlin. Ⓔ Lehmann; Odr. (2×10 Zd); gez. K 13:12½.

dmg) Demonstrationszug Zierfeld dmh) Jugendliche Bauarbeiter

			★★	⊘	⊙
2878	10 + 5 (Pf)	mehrfarbig . . . . . dmg	0,30	0,20	0,50
2879	20 (Pf)	mehrfarbig . . . . . dmh	0,30	0,30	0,50
		Satzpreis (2 W.)	0,60	0,50	1,—
		Dreierstreifen	1,50	0,80	1,50
		FDC			2,—

MiNr. 2878–2879 wurden, durch Zierfeld verbunden, waagerecht zusammenhängend gedruckt.

Auflage: 3 500 000 Sätze

1984, 19. Juni. Arbeiterfestspiele der DDR, Bezirk Gera. Ⓔ Bertholdt; Odr. (2×10 Zd); gez. K 13:12½.

dmi) Historische und moderne Gebäude im Bezirk Gera Zierfeld dmk) Trachtenpaar, Industriebauten

			★★	⊘	⊙
2880	10 (Pf)	mehrfarbig . . . . dmi	0,30	0,20	0,30
2881	20 (Pf)	mehrfarbig . . . . . . dmk	0,30	0,30	0,50
		Satzpreis (2 W.)	0,60	0,50	0,80
		Dreierstreifen	1,20	0,80	1,20
		FDC			1,30

MiNr. 2880–2881 wurden, durch Zierfeld verbunden, waagerecht zusammenhängend gedruckt.

Auflage: 3 500 000 Sätze

1984, 3. Juli. Nationale Briefmarkenausstellung, Halle. Ⓔ Voigt; Odr. (10×5); gez. K 14.

dml) Salzträger

dmm) Hallore mit seiner Braut

			★★	⊘	⊙
2882	10 + 5 (Pf)	mehrfarbig . . . . . dml	0,30	0,20	0,30
2883	20 (Pf)	mehrfarbig . . . . dmm	0,40	0,30	0,60
		Satzpreis (2 W.)	0,60	0,40	0,80
		FDC			1,50

Auflagen: MiNr. 2882 = 3 500 000, MiNr. 2883 = 8 000 000 Stück

Nicht ausgegeben:

1984. Olympische Sommerspiele, Los Angeles. RaTdr. (5×10); gez. K 14.

eak I

eam I

ean I

				★★
I	5 (Pf)	mehrfarbig . . . . eak I		*3000,—*
II	20 + 10 (Pf)	mehrfarbig . . . . eam I		*7000,—*
III	25 (Pf)	mehrfarbig . . . . ean I		*3000,—*
			Satzpreis (3 W.)	*13000,—*
Block I	85 (Pf)	(55×80 mm) . . . . .eas I		*24000,—*

MiNr. I–III und Block I wurden vorbereitet, wegen des Olympia-Boykotts der Ostblockstaaten aber nicht ausgegeben. Die Zeichnungen der Marken sind – bis auf die entsprechenden Inschriften – identisch mit der Olympia-Ausgabe 1988 (MiNr. 3183, 3185, 3186, Bl. 94)

1984, 7. Aug. Historische Siegel (I). Ⓔ Haller; Odr. (5×2 Zd.); gez. K 14.

dmn) Siegel der Bäcker von Berlin (1442)

dmo) Siegel der Wollweber von Berlin (1442)

dmp) Siegel der Wollweber von Cölln an der Spree (1442)

dmr) Siegel der Schuster von Cölln an der Spree (1442)

			★★	⊘	⊙
2884	5 (Pf)	mehrfarbig . . . . . . dmn	0,40	0,20	0,50
2885	10 (Pf)	mehrfarbig . . . . . . dmo	0,70	0,40	1,—
2886	20 (Pf)	mehrfarbig . . . . . . dmp	1,30	0,50	1,—
2887	35 (Pf)	mehrfarbig . . . . dmr	2,20	2,—	3,—
		Satzpreis (4 W.)	4,50	3,—	5,50
		Viererblock	6,—	4,—	7,—
		FDC			7,—

MiNr. 2884–2887 wurden zusammenhängend in Viererblockanordnung gedruckt.

Auflage: 3 500 000 Sätze

Weitere Ausgabe „Historische Siegel": MiNr. 3156–3159

1984, 21. Aug. 35 Jahre Deutsche Demokratische Republik (I). Ⓔ Bertholdt; Odr. (5×10); gez. K 14.

dms) Neues und renovierte Wohngebäude

dmt) Kohlebagger, Schaltkreis

			★★	⊘	⊙
2888	10 (Pf)	mehrfarbig . . . . . . dms	0,30	0,20	0,30
2889	20 (Pf)	mehrfarbig . . . . dmt	0,40	0,40	0,70
		Satzpreis (2 W.)	0,60	0,50	1,—
		FDC			1,20

Blockausgabe, gez. Ks 14

dmu) Staatsratsgebäude, Berlin

dmv

			★★	⊙	FDC*
2890	1 M	mehrfarbig . . . . dmu	1,—	2,—	
Block 77	(80×55 mm)	. . . . dmv	1,50	3,—	12,—
		Ⓢ		1,40	

*) kein amtlicher FDC

Auflagen: MiNr. 2888 = 16 000 000, MiNr. 2889 = 8 000 000 Stück, Bl. 77 = 2 100 000 Blocks

Wichtige philatelistische Informationen

finden Sie in der Einführung sowie in den Vortexten und Anmerkungen zu den einzelnen Ländern.

1984, 28. Aug. Leipziger Herbstmesse. Ⓔ **Gottschall; RaTdr. (10×5); gez. K 14.**

dmw) Fregehaus, Katharinenstraße, Leipzig

dmx) Bleikristalldose, Olbernhau

				✶✶	⊘	⊙
2891	10 (Pf)	mehrfarbig	...... dmw	0,30	0,20	0,30
2892	25 (Pf)	mehrfarbig	...... dmx	0,40	0,30	0,50
			Satzpreis (2 W.)	0,60	0,40	0,80
			FDC			1,—

Auflagen: MiNr. 2891 = 16 000 000, MiNr. 2892 = 4 500 000 Stück

1984, 11. Sept. 35 Jahre Deutsche Demokratische Republik (II). Ⓔ **Glinski; RaTdr. (3×10); gez. K 14.**

dmy) Eisenhüttenkombinat Ost

dmz) Waffenbrüderschaft

dna) Petrolchemisches Kombinat Schwedt

				✶✶	⊘	⊙
2893	10 (Pf)	mehrfarbig	...... dmy	0,30	0,20	0,30
2894	20 (Pf)	mehrfarbig	...... dmz	0,30	0,30	0,70
2895	25 (Pf)	mehrfarbig	.... dna	0,40	0,30	0,70
			Satzpreis (3 W.)	0,90	0,80	1,50
			FDC			1,80

Blockausgabe, Odr., gez. Ks 14

dnc

dnb) Wohnungsneubauten, Familie

			✶✶	⊙	FDC*
2896	1 M lilarot	.... dnb	1,—	2,—	
Block 78	(110×90 mm)	.... dnc	1,80	3,—	12,—
		Ⓢ		1,80	

*) kein amtlicher FDC

Auflagen: MiNr. 2893–2894 je 8 100 000, MiNr. 2895 = 5 100 000 Stück, Bl. 78 = 2 100 000 Blocks

1984, 18. Sept. Internationale Mahn- und Gedenkstätten. Ⓔ **Detlefsen; RaTdr. (5×5); gez. K 14.**

dnd) Widerstandskämpfer in der Mahn- und Gedenkstätte im Georg-Schumann-Bau der TU Dresden; Gruppenplastik von Arnd Wittig (1921–1999)

				✶✶	⊘	⊙
2897	35 (Pf)	mehrfarbig	.... dnd	0,90	0,40	0,70
			FDC			2,—

Auflage: 4 000 000 Stück

Weitere Ausgaben „Internationale Mahn- und Gedenkstätten" siehe Übersichtstabelle nach MiNr. 975

1984, 4. Okt. 35 Jahre Deutsche Demokratische Republik (III). Ⓔ **Rieß; RaTdr. (5×5); gez. K 14.**

dne) Bauwesen

dnf) Landesverteidigung

dng) Industrie

dnh) Landwirtschaft

				✶✶	⊘	⊙
2898	10 (Pf)	mehrfarbig	.... dne	0,30	0,20	0,30
2899	20 (Pf)	mehrfarbig	.... dnf	0,30	0,20	0,50
2900	25 (Pf)	mehrfarbig	.... dng	0,40	0,30	0,70
2901	35 (Pf)	mehrfarbig	.... dnh	0,50	0,50	1,—
			Satzpreis (4 W.)	1,40	1,20	2,50
			FDC 1 (MiNr. 2898, 2901)			1,40
			FDC 2 (MiNr. 2899, 2900)			1,40
			amtl. MK mit 2901 (1/84)			5,—

Blockausgabe, gez. Ks 14

dnk

dni) Friedenstaube, Staatswappen

			✶✶	⊙	FDC*
2902	1 M mehrfarbig	.... dni	1,—	2,—	
Block 79	(108×88 mm)	.... dnk	1,40	3,—	12,—
		Ⓢ		1,40	

*) kein amtlicher FDC

Auflagen: MiNr. 2898 = 16 000 000, MiNr. 2899 = 8 000 000, MiNr. 2900 bis 2901 je 5 000 000 Stück, davon bei MiNr. 2901 70 000 auf MK, Bl. 79 = 2 100 000 Blocks

1984, 4. Okt. Briefmarkenausstellung der Jugend, Magdeburg. 🄴 **Rieß; Odr. (2×10 Zd); gez. K 13:12½.**

dnl) Magdeburg (um 1551) — Zierfeld — dnm) Historische und moderne Gebäude der Stadt Magdeburg

				**	⊘	⊙
2903	10 + 5 (Pf)	mehrfarbig	...... dnl	0,30	0,30	0,50
2904	20 (Pf)	mehrfarbig	..... dnm	0,30	0,30	0,50
			Satzpreis (2 W.)	0,40	0,40	1,—
			Dreierstreifen	1,40	1,—	1,20
			FDC			1,80

MiNr. 2903–2904 wurden, durch Zierfeld verbunden, waagerecht zusammenhängend gedruckt.

Auflage: 3 500 000 Sätze

1984, 23. Okt. Grünes Gewölbe Dresden: Kunstwerke. 🄴 **Detlefsen; I = RaTdr. (10×5), gez. K 14; II = Odr. (Klb. 4×2), gez. K 12½:13.**

dnn) Der Frühling — dno) Der Sommer — dnp) Der Herbst — dnr) Der Winter

dnn–dnr) Elfenbeinskulpturen aus dem Zyklus „Die Dresdener Jahreszeiten“ von Balthasar Permoser (1651–1732), Bildhauer

				**	⊘	⊙
2905 I	10 (Pf)	mehrfarbig	..... dnn	0,30	0,20	0,30
2906	20 (Pf)	mehrfarbig	..... dno			
I		RaTdr.	....	0,30	0,20	0,40
II		Odr.	....	0,40	0,40	0,70
2907 I	35 (Pf)	mehrfarbig	..... dnp	0,50	0,50	1,—
2908 I	70 (Pf)	mehrfarbig	..... dnr	1,—	1,—	2,—
			Satzpreis (4 W.)	2,—	1,80	3,50
			FDC 1 (MiNr. 2905 I, 2908 I)			2,50
			FDC 2 (MiNr. 2906 I, 2907 I)			1,50
			Kleinbogen (MiNr. 2906 II)	3,20	3,20	5,—
			FDC*			25,—
			amtl. MK mit MiNr. 2905 I (2/84)			4,—

*) kein amtlicher FDC

2906 I RaTdr.

2906 II Odr.

Auflagen: MiNr. 2905 I = 24 000 000, davon 70 000 auf MK, MiNr. 2906 I = 8 000 000, MiNr. 2906 II = 16 800 000, MiNr. 2907 I = 5 000 000, MiNr. 2908 I = 2 100 000 Stück

1984, 23. Okt. Internationale Solidarität. 🄴 **Detlefsen; RaTdr. (10×5); gez. K 14.**

dns) Weberknoten, roter Stern

				**	⊘	⊙
2909	10 + 5 (Pf)	mehrfarbig	..... dns	0,50	0,30	0,50
			FDC			0,70

Auflage: 3 500 000 Stück

1984, 6. Nov. Burgen (I). 🄴 **Russewa-Hoyer; Odr. (5×10); gez. K 14.**

dnt) Burg Falkenstein bei Hettstedt (12. Jh.)

dnu) Burg Kriebstein bei Hainichen (12. Jh.) — dnv) Burg Ranis bei Pößneck (11. Jh.) — dnw) Neuenburg bei Nebra (11. Jh.)

				**	⊘	⊙
2910	10 (Pf)	mehrfarbig	.... dnt	0,30	0,20	0,30
2911	20 (Pf)	mehrfarbig GA	.... dnu	0,30	0,20	0,60
2912	35 (Pf)	mehrfarbig GA	.... dnv	0,80	0,60	1,—
2913	80 (Pf)	mehrfarbig GA	.... dnw	1,20	1,—	2,—
			Satzpreis (4 W.)	2,50	2,—	3,80
			FDC 1 (MiNr. 2910, 2913)			3,—
			FDC 2 (MiNr. 2911, 2912)			1,50

Auflagen: MiNr. 2910 = 24 000 000, MiNr. 2911 = 8 000 000, MiNr. 2912 = 5 000 000, MiNr. 2913 = 2 100 000 Stück

Weitere Ausgabe „Burgen“: MiNr. 2976–2979

1984, 27. Nov. Märchen (XIV): Märchen von der toten Zarentochter und den 7 Recken. 🄴 **Klemke; Odr. (Klb. 2×3); gez. K 13½:13.**

dnx
dny
dnz
doa
dob
doc

dnx–doc) Szenen aus dem Märchen von Aleksandr Sergejewitsch Puschkin (1799–1837), russ. Dichter

				**	⊘	⊙
2914	5 (Pf)	mehrfarbig	.... dnx	0,50	0,30	0,50
2915	10 (Pf)	mehrfarbig	.... dny	0,50	0,30	0,50
2916	15 (Pf)	mehrfarbig	.... dnz	3,50	2,—	3,—
2917	20 (Pf)	mehrfarbig	.... doa	3,50	2,—	3,—
2918	35 (Pf)	mehrfarbig	.... dob	0,50	0,30	0,50
2919	50 (Pf)	mehrfarbig	.... doc	0,50	0,30	0,50
			Satzpreis (6 W.)	9,—	5,—	8,—
			Kleinbogen	13,—	6,—	10,—
			FDC*			25,—

*) kein amtlicher FDC

MiNr. 2914–2919 wurden zusammenhängend im Kleinbogen gedruckt.

Auflage: 2 100 000 Sätze

Weitere Kleinbogen „Märchen“ siehe Übersichtstabelle nach MiNr. 1241

1985

1985, 8. Jan. Persönlichkeiten der deutschen Arbeiterbewegung. (XIII). 🄴 Stauf; StTdr. (10×5); gez. K 14.

dod) Anton Ackermann (1905–1973)

doe) Alfred Kurella (1895–1975)

dof) Otto Schön (1905–1968)

				★★	⊘	⊙
2920	10 (Pf)	braunschwarz	dod	0,30	0,20	0,30
2921	10 (Pf)	schwärzl'rotbraun	doe	0,30	0,20	0,30
2922	10 (Pf)	violettschwarz	dof	0,30	0,20	0,30
		Satzpreis (3 W.)		0,50	0,40	0,80
		FDC (A)				1,50

Auflage: 6 000 000 Sätze

Weitere Ausgaben „Persönlichkeiten der deutschen Arbeiterbewegung“ siehe Übersichtstabelle nach MiNr. 1855

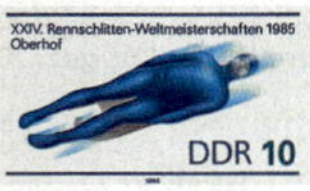

1985, 22. Jan. Rennrodel-Weltmeisterschaften, Oberhof. 🄴 Lenz; RaTdr. (5×10); gez. K 14.

dog) Einsitzer

				★★	⊘	⊙
2923	10 (Pf)	mehrfarbig	dog	0,40	0,20	0,40
		FDC				0,60

Auflage: 24 000 000 Stück

1985, 5. Febr. Historische Briefkästen. 🄴 Lindner; Odr. (10×5 und 5×2 Zd); gez. K 14.

doh) Erster amtl. eingeführter Holz-Briefkasten (bis ca. 1850)

doi) Gusseiserner Briefkasten (um 1860)

dok) Gusseiserner Briefkasten (um 1900)

dol) Briefkasten aus Blech und Gusseisen (um 1920)

				★★	⊘	⊙
2924	10 (Pf)	mehrfarbig	doh	0,30	0,30	0,40
2925	20 (Pf)	mehrfarbig	doi	0,30	0,30	0,50
2926	35 (Pf)	mehrfarbig	dok	0,40	0,40	0,70
2927	50 (Pf)	mehrfarbig	dol	0,60	0,60	1,—
		Satzpreis (4 W.)		1,40	1,40	2,50
		FDC 1 (MiNr. 2924, 2927)				1,50
		FDC 2 (MiNr. 2925, 2926)				1,—
		Viererblock		1,80	2,50	4,—
		FDC				4,—
		amtl. MK (1–4/1985)				10,—

MiNr. 2924–2927 wurden sowohl einzeln als auch zusammenhängend in Viererblockanordnung gedruckt.

Auflagen: MiNr. 2924 = 27 500 000, MiNr. 2925 = 11 500 000, MiNr. 2926 = 8 500 000, MiNr. 2927 = 5 600 000 Stück, davon je 3 500 000 aus Zusammendruckbogen sowie je 70 000 auf MK

1985, 12. Febr. Blockausgabe: Wiedereröffnung der Semperoper, Dresden. 🄴 Kraus; komb. StTdr. und Odr.; gez. Ks 13:12½.

dom) Semperoper (1985)

don

				★★	⊙	FDC*
2928	85 (Pf)	mehrfarbig	dom	1,10	2,—	
Block 80	(57×80 mm)		don	1,30	2,50	15,—
			Ⓢ		1,60	

*) kein amtlicher FDC

Auflage: 2 100 000 Blocks

1985, 5. März. Leipziger Frühjahrsmesse. 🄴 Volkamer; RaTdr. (10×5); gez. K 14.

doo) Bach-Denkmal an der Thomaskirche, Leipzig

dop) Kanne mit Weinlaub-Dekor (Meissener Porzellan)

				★★	⊘	⊙
2929	10 (Pf)	mehrfarbig	doo	0,30	0,20	0,30
2930	25 (Pf)	mehrfarbig	dop	0,40	0,30	0,50
		Satzpreis (2 W.)		0,60	0,40	0,80
		FDC				0,80

Auflagen: MiNr. 2929 = 24 000 000, MiNr. 2930 = 4 500 000 Stück

1985, 19. März. Blockausgabe: 300. Geburtstag von Johann Sebastian Bach und Georg Friedrich Händel; 400. Geburtstag von Heinrich Schütz. 🄴 Gottschall; Odr.; gez. Ks 14.

dor

dos

dot

dou

dor) J. S. Bach (1685–1750), Komponist — Zierfeld: Bachs letzte Handschrift (1750): Kunst der Fuge

dos) G. F. Händel (1685–1759), Komponist — Zierfeld: Hallesche Händelausgabe (1961): Concerto grosso, Opus 6 Nr. 5, 5. Satz Allegro

dot) H. Schütz (1585–1672), Komponist — Zierfeld: Erstdruck Dresden (1648): Geistliche Chor-Music Nr. 4

				✶✶	⊙	FDC*
2931	10 (Pf)	mehrfarbig	dor	0,80	1,—	
2932	20 (Pf)	mehrfarbig	dos	0,80	1,—	
2933	85 (Pf)	mehrfarbig	dot	1,—	2,—	
Block 81	(90×115 mm)		dou	2,80	4,—	15,—
			Ⓢ		3,—	

*) kein amtlicher FDC

Auflage: 2 100 000 Blocks

1985, 9. April. Stadtwappen (III). 🄴 **Stier; RaTdr. (10×10); gez. K 14.**

dov) Neubrandenburg

dow) Potsdam

dox) Rostock

doy) Schwerin

doz) Suhl

				✶✶	⊘	⊙
2934	50 (Pf)	mehrfarbig	dov	0,60	0,50	0,90
2935	50 (Pf)	mehrfarbig	dow	0,60	0,50	0,90
2936	50 (Pf)	mehrfarbig	dox	0,60	0,50	0,90
2937	50 (Pf)	mehrfarbig	doy	0,60	0,50	0,90
2938	50 (Pf)	mehrfarbig	doz	1,—	1,—	1,40
			Satzpreis (5 W.)	3,20	3,—	5,—
			FDC 1 (MiNr. 2934, 2935)			2,—
			FDC 2 (MiNr. 2936–2938)			3,—

Auflagen: MiNr. 2934–2937 je 4 500 000, MiNr. 2938 = 2 100 000 Stück

Weitere Ausgaben „Stadtwappen": MiNr. 2817–2821, 2857–2861

1985, 16. April. Internationale Mahn- und Gedenkstätten. 🄴 **Zill; RaTdr. (10×5); gez. K 14.**

dpa) Ehrenmal in der Gedenkstätte der Befreiung auf den Seelower Höhen (Brandenburg)

				✶✶	⊘	⊙
2939	35 (Pf)	mehrfarbig	dpa	0,60	0,40	0,70
			FDC			0,80

Auflage: 4 000 000 Stück

Weitere Ausgaben „Internationale Mahn- und Gedenkstätten" siehe Übersichtstabelle nach MiNr. 975

1985, 23. April. 100. Geburtstag von Egon Erwin Kisch. 🄴 **Grünewald; RaTdr. (3×10 Zd); gez. K 14.**

Zierfeld

dpb) E. E. Kisch (1885–1948), böhmischer Journalist und Schriftsteller

				✶✶	⊘	⊙
2940	35 (Pf)	mehrfarbig	dpb	0,40	0,30	0,60
			Zusammendruck	0,60	0,50	1,—
			FDC			1,20

MiNr. 2940 wurde mit waagerecht anhängendem Zierfeld gedruckt.

Auflage: 4 200 000 Stück

1985, 7. Mai. 40. Jahrestag der Befreiung vom Faschismus. 🄴 **Gottschall; RaTdr. (5×5); gez. K 14.**

dpc) Weltraumflug UdSSR-DDR (1978); S. Jähn, W. Bykowski

dpd) Kohle und Energie; Förderrekord 1948 durch A. Hennecke (1905–1975)

dpe) Landwirtschaft: Genossenschaftsbauern, Traktoren

dpf) Wissenschaft und Technik; Arbeiterinnen, Schaltkreis

				✶✶	⊘	⊙
2941	10 (Pf)	mehrfarbig	dpc	0,30	0,30	0,40
2942	20 (Pf)	mehrfarbig	dpd	0,30	0,30	0,50
2943	25 (Pf)	mehrfarbig	dpe	0,30	0,30	0,70
2944	50 (Pf)	mehrfarbig	dpf	0,60	0,70	1,50
			Satzpreis (4 W.)	1,40	1,50	3,—
			FDC 1 (MiNr. 2941, 2944)			1,50
			FDC 2 (MiNr. 2942, 2943)			0,70

Blockausgabe, 🄴 **Detlefsen, Odr., gez. Ks 12½:13**

dpg) Ehrenmal für die gefallenen sowjetischen Soldaten, Berlin-Treptow

dph

				✶✶	⊙	FDC*
2945	1 M	mehrfarbig	dpg	1,20	2,—	
Block 82	(55×80 mm)		dph	1,50	3,—	12,—
			Ⓢ		1,50	

*) kein amtlicher FDC

Auflagen: MiNr. 2941–2942 je 8 000 000, MiNr. 2943 = 6 000 000, MiNr. 2944 = 2 100 000 Stück, Bl. 82 = 2 100 000 Blocks

1985, 14. Mai. 30 Jahre Warschauer Vertrag. 🄴 **Gottschall; Odr. (3×10); gez. K 13:12½.**

dpi) Wort FRIEDEN aus den Flaggen der Mitgliedsländer Bulgarien, Ungarn, DDR, Polen, Rumänien, UdSSR und ČSSR

				✶✶	⊘	⊙
2946	20 (Pf)	mehrfarbig	dpi	0,50	0,30	0,40
			FDC			0,80

Auflage: 8 100 000 Stück

1985, 21. Mai. Parlament der Freien Deutschen Jugend (FDJ), Berlin. 🄴 Reißmüller; Odr. (2×10 Zd); gez. K 13:12½.

dpk) Historische und moderne Bauten in Berlin, FDJ-Emblem — Zierfeld — dpl) Ernst Thälmann (1886–1944), Politiker; Fahnen, FDJ-Emblem

				**	▨	⊙
2947	10 + 5 (Pf)	mehrfarbig	dpk	0,30	0,20	0,30
2948	20 (Pf)	mehrfarbig	dpl	0,30	0,20	0,50
			Satzpreis (2 W.)	0,60	0,40	0,80
			Dreierstreifen	0,80	0,80	1,—
			FDC			1,—

MiNr. 2947–2948 wurden, durch Zierfeld verbunden, waagerecht zusammenhängend gedruckt.

Auflage: 3 500 000 Sätze

1985, 28. Mai. Session des Internationalen Olympischen Komitees (IOC), Berlin. 🄴 Korn; Odr. (5×5 Zd); gez. K 14.

dpm) Olympische Flagge

Zierfeld

				**	▨	⊙
2949	35 (Pf)	mehrfarbig	dpm	0,70	0,30	0,60
			Zusammendruck	1,30	1,—	1,50
			FDC			2,50
			ETB 1/1985*)			9,—

*) enthält zusätzlich Schwarzdruck des Zd. der MiNr. 2949

Postpreis ETB 1/1985 15,— M

MiNr. 2949 wurde mit Zierfeld schachbrettartig zusammenhängend gedruckt.

Auflage: 3 600 000 Stück, davon 60 000 auf ETB

1985, 28. Mai. Internationale Solidarität. 🄴 Rieß; RaTdr. (5×10); gez. K 14.

dpn) Wort Solidarität in Weltkarte, Friedenstaube

				**	▨	⊙
2950	10 + 5 (Pf)	mehrfarbig	dpn	0,40	0,20	0,50
			FDC			0,60

Auflage: 3 500 000 Stück

1985, 11. Juni. 40 Jahre Freier Deutscher Gewerkschaftsbund (FDGB). 🄴 Glinski; RaTdr. (5×10); gez. K 14.

dpo) Zahl „40“ aus roten Fahnen

				**	▨	⊙
2951	20 (Pf)	mehrfarbig	dpo	0,40	0,20	0,50
			FDC			0,60

Auflage: 8 000 000 Stück

1985, 25. Juni. Vom Aussterben bedrohte Tiere (II). 🄴 Soest; RaTdr. (MiNr. 2952 10×5, MiNr. 2953 bis 2956 5×10); gez. K 14.

dpp) Harpyie (Harpia harpyja)

dpr) Rothalsgans (Branta ruficollis) — dps) Brillenbär (Tremarctos ornatus) — dpt) Banteng (Bos javanicus) — dpu) Sunda-Gavial (Tomistoma schlegelii)

				**	▨	⊙
2952	5 (Pf)	mehrfarbig	dpp	0,30	0,20	0,30
2953	10 (Pf)	mehrfarbig	dpr	0,30	0,20	0,30
2954	20 (Pf)	mehrfarbig	dps	0,30	0,20	0,50
2955	50 (Pf)	mehrfarbig	dpt	0,60	0,50	1,—
2956	85 (Pf)	mehrfarbig	dpu	1,20	1,20	2,—
			Satzpreis (5 W.)	2,50	2,20	4,—
			FDC 1 (MiNr. 2952, 2956)			2,50
			FDC 2 (MiNr. 2953–2955)			0,70
			amtl. MK (5–9/1985)			12,—

Auflagen: MiNr. 2952 = 6 000 000, MiNr. 2953 = 24 000 000, MiNr. 2954 = 8 000 000, MiNr. 2955 = 5 000 000, MiNr. 2956 = 2 100 000 Stück, davon je 70 000 auf MK

Weitere Ausgaben „Vom Aussterben bedrohte Tiere“: MiNr. 2522 bis 2527, 3107–3110

1985, 9. Juli. Technische Denkmale (II): Dampfmaschinen. 🄴 Glinski; RaTdr. (MiNr. 2957 10×5, MiNr. 2958 5×10); gez. K 14.

dpv) Bock-Dampfmaschine (1833), Gera — dpw) Balancier-Dampfmaschine (1848), Freiberg

				**	▨	⊙
2957	10 (Pf)	mehrfarbig	dpv	0,30	0,20	0,50
2958	85 (Pf)	mehrfarbig	dpw	1,10	1,—	1,50
			Satzpreis (2 W.)	1,30	1,20	2,—
			FDC 1 (MiNr. 2957)			0,60
			FDC 2 (MiNr. 2958)			1,40

Auflagen: MiNr. 2957 = 24 000 000, MiNr. 2958 = 2 100 000 Stück

Weitere Ausgaben „Technische Denkmale“: MiNr. 2657–2660, 3015–3018, 3203–3207

1985, 23. Juli. Weltfestspiele der Jugend und Studenten, Moskau. 🄴 Lehmann; Odr. (2×10 Zd); gez. K 13:12½.

dpx) Studierende Jugendliche verschiedener Nationalitäten — Zierfeld — dpy) Demonstrierende Jugendliche verschiedener Nationalitäten

				**	▨	⊙
2959	20 + 5 (Pf)	mehrfarbig	dpx	0,30	0,30	0,50
2960	50 (Pf)	mehrfarbig	dpy	0,50	0,50	1,—
			Satzpreis (2 W.)	0,80	0,80	1,50
			Dreierstreifen	1,30	1,20	2,—
			FDC			2,50

MiNr. 2959–2960 wurden, durch Zierfeld verbunden, waagerecht zusammenhängend gedruckt.

Auflage: 3 500 000 Sätze

1985, 13. Aug. Weltmeisterschaft im Orientierungstauchen, Neuglobsow. 🄴 Zill; RaTdr. (3×10); gez. K 14.

dpz) Taucher an Wendeboje — dra) Streckentaucher

				**	▨	⊙
2961	10 (Pf)	mehrfarbig	dpz	0,30	0,30	0,50
2962	70 (Pf)	mehrfarbig	dra	1,—	1,—	1,50
			Satzpreis (2 W.)	1,20	1,20	2,—
			FDC			1,80

Auflagen: MiNr. 2961 = 8 100 000, MiNr. 2962 = 2 100 000 Stück

1985, 27. Aug. Leipziger Herbstmesse. 🄴 **Grünewald; RaTdr. (10×5); gez. K 14.**

drb) Bosehaus am Thomaskirchhof, Leipzig

drc) Bachtrompete „Meister Johannes Scherzer“

				**	⊘	⊙
2963	10 (Pf)	mehrfarbig .... drb		0,30	0,20	0,40
2964	25 (Pf)	mehrfarbig .... drc		0,50	0,30	0,50
			Satzpreis (2 W.)	0,70	0,40	0,80
			FDC			0,60

Auflagen: MiNr. 2963 = 24 000 000, MiNr. 2964 = 4 500 000 Stück

1985, 10. Sept. Internationale Briefmarkenausstellung SOZPHILEX ’85, Berlin. 🄴 **Glinski; Odr. Bogen (5×10 Zd), Markenheftchen; gez. K 13:12½.**

drd

dre

drd–dre) Personenpostwagen (19. Jh.); Relief von Hermann Steinemann

				**	⊘	⊙
2965	5 (Pf)	mehrfarbig GA ... drd		0,30	0,30	0,40
2966	20 + 5 (Pf)	mehrfarbig ...... dre		0,30	0,30	0,50
			Satzpreis (2 W.)	0,50	0,50	0,80
			Zusammendruck	0,70	0,70	1,—
			FDC			1,—

MiNr. 2965–2966 wurden waagerecht zusammenhängend in Bogen, in Markenheftchen (MH 8) und Markenheftchenbogen gedruckt.

Katalogisierung der Zusammendrucke siehe bei MH 8.

Auflage: 3 500 000 Sätze

✈ **1985, 10. Sept. Flugpostmarke. (IV).** 🄴 **Glinski; RaTdr. (10×10); gez. K 14.**

dfw) Stilis. Flugzeug mit Brief

				**	⊘	⊙
2967	5 M	rot/schwarz .... dfw		5,—	1,80	4,—
			FDC (A)			8,—

In gleicher Zeichnung: MiNr. 2751–2753, 2831–2832, 2868, 3128 bis 3129; in anderer Zeichnung und Odr.: MiNr. 609–615

1985, 24. Sept. Eisenbahnwesen. 🄴 **Detlefsen; Odr. (10×5); gez. K 12½:13.**

drf) Gleisbildstellwerk; Meldetafel GS II DR (Ausschnitt)

drg) Dampflok „Saxonia“ (1838); Konstrukteur Joh. Schubert; Elektrolok BR 250

drh) Elektrifizierung mittels Hubschrauber

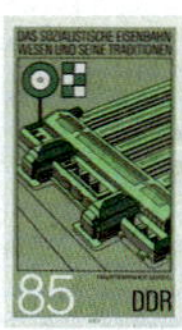

dri) Hauptbahnhof Leipzig, Signale

				**	⊘	⊙
2968	20 (Pf)	mehrfarbig .... drf		0,30	0,20	0,40
2969	25 (Pf)	mehrfarbig .... drg		0,40	0,30	0,60
2970	50 (Pf)	mehrfarbig GA .... drh		0,80	0,70	1,50
2971	85 (Pf)	mehrfarbig GA ..... dri		1,20	1,20	2,—
			Satzpreis (4 W.)	2,60	2,40	4,50
			FDC 1 (MiNr. 2968, 2971)			2,40
			FDC 2 (MiNr. 2969, 2970)			1,—

Auflagen: MiNr. 2968 = 8 000 000, MiNr. 2969 = 6 000 000, MiNr. 2970 = 4 500 000, MiNr. 2971 = 2 100 000 Stück

1985, 8. Okt. Historische Brücken in Berlin. 🄴 **Korn; I = RaTdr. (5×10), gez. K 14; II = Odr. (Klb. 2×4), gez. K 13:12½.**

drk) Gertraudenbrücke

drl) Jungfernbrücke

drm) Weidendammer Brücke

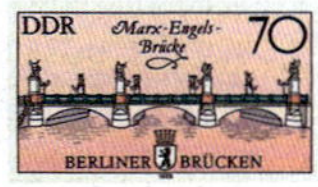

drn) Schlossbrücke (Marx-Engels-Brücke)

				**	⊘	⊙
2972 I	10 (Pf)	mehrfarbig ...... drk		0,30	0,30	0,40
2973	20 (Pf)	mehrfarbig ...... drl				
I		RaTdr.		0,30	0,30	0,50
II		Odr.		0,50	0,50	1,—
2974 I	35 (Pf)	mehrfarbig ..... drm		0,50	0,50	0,90
2975 I	70 (Pf)	mehrfarbig ..... drn		0,80	0,80	1,40
			Satzpreis (4 W.)	1,80	1,80	3,—
			FDC 1 (MiNr. 2972 I, 2975 I)			2,—
			FDC 2 (MiNr. 2973 I, 2974 I)			1,—
			FDC 3 (MiNr. 2973 II)			20,—
			Kleinbogen (MiNr. 2973 II)	4,—	4,—	8,—
			FDC*			25,—

*) kein amtlicher FDC

2973 I RaTdr.

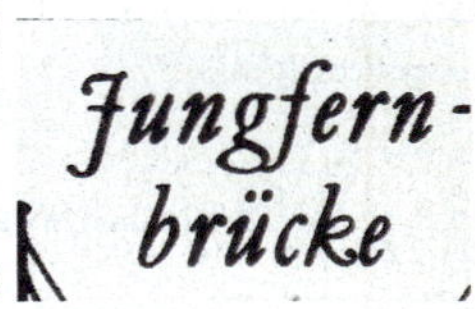

2973 II Odr.

Auflagen: MiNr. 2972 I = 24 000 000, MiNr. 2973 I = 8 000 000, MiNr. 2973 II = 16 800 000, MiNr. 2974 I = 4 500 000, MiNr. 2975 I = 2 100 000 Stück

1985, 15. Okt. Burgen (II). 🄴 **Russewa-Hoyer; Odr. (5×10); gez. K 14.**

dro) Burg Hohnstein bei Sebnitz (14. Jh.)

drp) Rochsburg bei Rochlitz (12. Jh.)

drr) Burg Schwarzenberg bei Schwarzenberg (12. Jh.)

drs) Burg Stein (Zwickau-Land) (12./13. Jh.)

				**	⊘	⊙
2976	10 (Pf)	mehrfarbig .... dro		0,30	0,30	0,40
2977	20 (Pf)	mehrfarbig GA .... drp		0,30	0,30	0,50
2978	35 (Pf)	mehrfarbig GA ..... drr		0,40	0,40	0,70
2979	80 (Pf)	mehrfarbig GA .... drs		1,20	1,20	2,—
			Satzpreis (4 W.)	2,—	2,—	3,50
			FDC 1 (MiNr. 2976, 2979)			2,—
			FDC 2 (MiNr. 2977, 2978)			0,70

Auflagen: MiNr. 2976 = 16 000 000, MiNr. 2977 = 8 000 000, MiNr. 2978 = 5 500 000, MiNr. 2979 = 2 100 000 Stück

Weitere Ausgabe „Burgen“: MiNr. 2910–2913

Ab 1. 7. 1971 trat der vom XVI. Weltpostkongress beschlossene Weltpostvertrag für den gesamten grenzüberschreitenden Postverkehr der DDR in Kraft. Ab diesem Zeitpunkt galten auch für den Postverkehr nach der Bundesrepublik Deutschland und Berlin (West) die Gebühren des Auslandsverkehrs.

1985, 22. Okt. 175 Jahre Humboldt-Universität zu Berlin; 275 Jahre Charité, Berlin. ⓔ **Bobbe; Odr. (10×5); gez. K 14.**

drt) Mittelteil der Humboldt-Universität

dru) Historisches Gebäude und Neubau der Charité

				✶✶	⊘	⊙
2980	20 (Pf)	mehrfarbig	drt	0,30	0,20	0,40
2981	85 (Pf)	mehrfarbig	dru	1,20	1,20	1,80
		Satzpreis (2 W.)		1,50	1,40	2,20
		FDC				2,—
		ETB 2/1985*)				10,—

*) enthält zusätzlich Schwarzdruck der MiNr. 2980–2981

Postpreis ETB 2/1985 15,— M

Auflagen: MiNr. 2980 = 8 000 000, MiNr. 2981 = 2 100 000 Stück, davon je 60 000 auf ETB

1985, 22. Okt. 40 Jahre Vereinte Nationen (UNO). ⓔ **Detlefsen; RaTdr. (6×5), gez. K 13.**

drv) UNO-Emblem; Schloss Cecilienhof, Potsdam

				✶✶	⊘	⊙
2982	85 (Pf)	mehrfarbig	drv	1,20	0,60	1,20
		FDC				1,50

Auflage: 3 600 000 Stück

1985, 12. Nov. Zirkuskunst in der DDR (II). ⓔ **Lehmann; RaTdr. (2×2 Zd); gez. K 14.**

drw) Elefantendressur

drx) Luftakrobatik am Schwungtrapez

dry) Radäquilibristik

drz) Tigerdressur

				✶✶	⊘	⊙
2983	10 (Pf)	mehrfarbig	drw	0,40	0,40	0,80
2984	20 (Pf)	mehrfarbig	drx	0,60	0,60	1,—
2985	35 (Pf)	mehrfarbig	dry	1,20	1,20	1,80
2986	50 (Pf)	mehrfarbig	drz	1,80	1,80	2,50
		Satzpreis (4 W.)		4,—	4,—	6,—
		Viererblock		7,50	17,—	20,—
		FDC*				50,—

*) kein amtlicher FDC

MiNr. 2983–2986 wurden zusammenhängend in Viererblockanordnung gedruckt.

Auflage: 3 000 000 Sätze

Weitere Ausgabe „Zirkuskunst in der DDR“: MiNr. 2364–2367

1985, 26. Nov. Märchen (XV): 200. Geburtstag der Brüder Grimm. ⓔ **Klemke; Odr. (Klb. 2×3); gez. K 13½:13.**

dsa) Wilhelm Grimm (1786–1859) und Jacob Grimm (1785–1863), Germanisten, Märchenforscher

dsb) Szene aus „Das tapfere Schneiderlein“

dsc) Szene aus „Hans im Glück“

dsd) Szene aus „Der gestiefelte Kater“

dse) Szene aus „Die sieben Raben“

dsf) Szene aus „Der süße Brei“

				✶✶	⊘	⊙
2987	5 (Pf)	mehrfarbig	dsa	0,30	0,20	0,50
2988	10 (Pf)	mehrfarbig	dsb	0,30	0,20	0,50
2989	20 (Pf)	mehrfarbig	dsc	0,70	1,70	2,—
2990	25 (Pf)	mehrfarbig	dsd	0,70	1,70	2,—
2991	35 (Pf)	mehrfarbig	dse	0,30	0,20	0,50
2992	85 (Pf)	mehrfarbig	dsf	0,30	0,20	0,50
		Satzpreis (6 W.)		2,60	4,—	6,—
		Kleinbogen		3,60	9,—	10,—
		FDC*				20,—
		ETB 3/1985				11,—

*) kein amtlicher FDC

Postpreis ETB 3/1985 15,— M

MiNr. 2987–2992 wurden zusammenhängend im Kleinbogen gedruckt.

Auflage: 2 100 000 Sätze, davon 60 000 auf ETB

Weitere Kleinbogen „Märchen“ siehe Übersichtstabelle nach MiNr. 1241

1986

1986, 21. Jan. Denkmale der Wasserwirtschaft. ⓔ **Glinski; MiNr. 2993, 2995 und 2996 StTdr., MiNr. 2994 komb. StTdr. und RaTdr. (10×5); gez. K 14.**

dsg) Handständerkolbenpumpe, Berlin (um 1900)

dsh) Wasserturm Berlin-Altglienicke (1906)

dsi) Wasserwerk Berlin-Friedrichshagen (1893)

dsk) Rappbodetalsperre (1959)

				✶✶	⊘	⊙
2993	10 (Pf)	schwärzlichopalgrün/dkl'karmin	dsg	0,30	0,20	0,30
2994	35 (Pf)	mehrfarbig	dsh	0,40	0,30	0,60
2995	50 (Pf)	dkl'karminbraun/schwärzlicholiv	dsi	0,70	0,70	1,30

			**	◍	⊙
2996	70 (Pf)	schwarzgraublau/ dkl'rötlichbraun . . . dsk	0,90	0,90	1,80
		Satzpreis (4 W.)	2,20	2,—	4,—
		FDC 1 (MiNr. 2993, 2996)			2,—
		FDC 2 (MiNr. 2994, 2995)			2,—
		ETB 1/1986*			11,—

*) enthält zusätzlich Schwarzdruck der MiNr. 2993–2996

Postpreis ETB 1/1986 15,— M

Auflagen: MiNr. 2993 = 8 000 000, MiNr. 2994 = 5 000 000, MiNr. 2995 = 4 000 000, MiNr. 2996 = 2 100 000 Stück, davon je 60 000 auf ETB

1986, 4. Febr. Historische Postuniformen. Ⓔ Gottschall; I = RaTdr. (10×5), gez. K 14; II = Odr. (5×2 Zd), gez. K 12½:13.

dsl) Sächsischer Postillion (um 1850)

dsm) Preußischer Briefträger (um 1850)

dsn) Preußischer Postbeamter (um 1850)

dso) Mecklenburger Postbeamter (um 1850)

			**	◍	⊙
2997 I	10 (Pf)	mehrfarbig . . . . dsl	0,30	0,20	0,30
2998 I	20 (Pf)	mehrfarbig . . . dsm	0,50	0,30	0,50
2999 I	85 (Pf)	mehrfarbig . . . dsn	1,40	1,30	1,80
3000 I	100 (Pf)	mehrfarbig . . . dso	1,80	1,80	3,—
		Satzpreis (4 W.)	4,—	3,50	5,50
		FDC 1 (MiNr. 2997 I, 3000 I)			3,—
		FDC 2 (MiNr. 2998 I, 2999 I)			3,—
		amtl. MK (1–4/1986)			12,—
2997 II	10 (Pf)	mehrfarbig . . . . dsl	0,30	0,20	0,30
2998 II	20 (Pf)	mehrfarbig . . . dsm	0,40	0,30	0,50
2999 II	85 (Pf)	mehrfarbig . . . dsn	1,40	1,30	1,80
3000 II	100 (Pf)	mehrfarbig . . . dso	1,80	1,80	3,—
		Satzpreis (4 W.)	3,80	3,50	5,50
		Viererblock	4,50	4,—	7,—
		FDC			6,—

Vorsicht! MiNr. 2997–3000 sind wasserempfindlich!

MiNr. 2997 I–3000 I wurden einzeln, MiNr. 2997 II–3000 II zusammenhängend in Viererblockanordnung gedruckt. Sie unterscheiden sich auch geringfügig in der Farbwiedergabe.

Auflagen: MiNr. 2997 I–2998 I je 8 000 000, MiNr. 2999 I = 4 000 000, MiNr. 3000 I = 2 100 000, davon je 55 000 auf MK, MiNr. 2997 II–3000 II je 3 500 000 Stück

1986, 18. Febr. 30 Jahre Nationale Volksarmee (NVA). Ⓔ Zill; RaTdr. (3×10 Zd); gez. K 14.

dsp) Truppenfahne der NVA

Zierfeld

			**	◍	⊙
3001	20 (Pf)	mehrfarbig . . . . dsp	0,70	0,40	0,70
		Zusammendruck	1,—	0,60	1,—
		FDC			1,50

MiNr. 3001 wurde mit waagerecht anhängendem Zierfeld gedruckt.

Auflage: 8 100 000 Stück

1986, 18. Febr. 40 Jahre Freie Deutsche Jugend (FDJ). Ⓔ Abramowski-Lautenschläger; RaTdr. (5×10); gez. K 14.

dsr) Fahne der FDJ

			**	◍	⊙
3002	20 (Pf)	mehrfarbig . . . . dsr	0,50	0,40	0,60
		FDC			0,70

Auflage: 8 000 000 Stück

1986, 11. März. Leipziger Frühjahrsmesse. Ⓔ Bertholdt; Odr. (5×10); gez. K 13:12½.

dss) Messeemblem, Messegebäude 1946

dst) Fabriktrawler der Atlantik-488-Serie

			**	◍	⊙
3003	35 (Pf)	mehrfarbig . . . . dss	0,40	0,30	0,50
3004	50 (Pf)	mehrfarbig GA . . . . dst	0,60	0,50	0,80
		Satzpreis (2 W.)	1,—	0,80	1,30
		FDC			1,20

Weitere GA: Nominale 40 Pf in Zeichnung dss

Auflagen: MiNr. 3003 = 4 500 000, MiNr. 3004 = 4 000 000 Stück

1986, 25. März. 25 Jahre bemannter Weltraumflug. Ⓔ Glinski; Odr. (2×2 Zd); gez. K 14.

dsu) Jurij Gagarin (1934–1968), sowjetischer Kosmonaut; Raumschiff „Wostok"

dsv) Kosmonauten Waleri Bykowski (*1934) und Sigmund Jähn (*1937); Orbitalkomplex, Interkosmos-Emblem

dsw) Venussonde „Venera", Fourier-Spektrometer, Umlaufbahn um die Venus

dsx) Multispektralkamera MKF-6, Orbitalkomplex, Erdaufnahme, Flugzeug, Forschungsschiff

			**	◍	⊙
3005	40 (Pf)	mehrfarbig . . . . dsu	0,40	0,60	1,—
3006	50 (Pf)	mehrfarbig . . . . dsv	0,50	0,60	1,—
3007	70 (Pf)	mehrfarbig . . . . dsw	0,70	0,80	1,50
3008	85 (Pf)	mehrfarbig . . . . dsx	0,90	1,—	1,50
		Satzpreis (4 W.)	2,50	3,—	5,—
		Viererblock	4,—	5,50	9,50
		FDC*			*40,—*

*) kein amtlicher FDC

MiNr. 3005–3008 wurden zusammenhängend in Viererblockanordnung gedruckt.

Auflage: 3 500 000 Sätze

1986, 8. April. Parteitag der Sozialistischen Einheitspartei Deutschlands (SED). Ⓔ Kraus; Odr. (5×10); gez. K 13½:13.

dsy) Karl Marx (1818–1883), Friedrich Engels (1820–1895), Wladimir Iljitsch Lenin (1870–1924)

dsz) Ernst Thälmann (1886–1944), Politiker

dta) Wilhelm Pieck (1876–1960), 1. Präsident der DDR; Otto Grotewohl (1894–1964), Politiker

dtb) Junge Familie mit Kind

			**	◍	⊙
3009	10 (Pf)	mehrfarbig . . . . dsy	0,30	0,30	0,40
3010	20 (Pf)	mehrfarbig . . . . dsz	0,30	0,30	0,50
3011	50 (Pf)	mehrfarbig . . . . dta	0,60	0,60	1,—
3012	85 (Pf)	mehrfarbig . . . . dtb	1,20	1,20	1,80
		Satzpreis (4 W.)	2,20	2,20	3,50
		FDC 1 (MiNr. 3009, 3012)			1,80
		FDC 2 (MiNr. 3010, 3011)			1,40

Blockausgabe, gez. Ks 13:14

dtc) Bauarbeiter übergibt Schlüssel

dtd

			★★	⊙	FDC*
3013	1 (M) mehrfarbig	dtc	1,20	2,50	
Block 83	(80×55 mm)	dtd	1,40	3,—	10,—
		Ⓢ		1,60	

*) kein amtlicher FDC

Auflagen: MiNr. 3009–3010 je 8 000 000, MiNr. 3011 = 3 500 000, MiNr. 3012 = 2 100 000 Stück, Bl. 83 = 2 100 000 Blocks

1986, 15. April. Übergabe des Ernst-Thälmann-Parks, Berlin. 🄴 Kraus; RaTdr. (10×5); gez. K 14.

dte) Ernst-Thälmann-Denkmal

				★★	▨	⊙
3014	20 (Pf)	mehrfarbig	dte	0,50	0,40	0,60
			FDC			0,70

Auflage: 8 000 000 Stück

1986, 20. Mai. Technische Denkmale (III): Historische Straßenbahnen. 🄴 Berthold; RaTdr. (5×10); gez. K 14.

dtf) Dresdner Pferdebahn (1886)

dtg) Leipziger Straßenbahn (1896)

dth) Berliner Straßenbahn (1910)

dti) Hallesche Straßenbahn (1928)

				★★	▨	⊙
3015	10 (Pf)	mehrfarbig	dtf	0,30	0,30	0,50
3016	20 (Pf)	mehrfarbig	dtg	0,30	0,30	0,50
3017	40 (Pf)	mehrfarbig	dth	0,70	0,80	1,—
3018	70 (Pf)	mehrfarbig	dti	1,—	1,—	1,50
		Satzpreis (4 W.)		2,—	2,20	3,50
		FDC 1 (MiNr. 3015, 3018)				1,80
		FDC 2 (MiNr. 3016, 3017)				1,—

Auflagen: MiNr. 3015 = 40 000 000, MiNr. 3016 = 8 000 000, MiNr. 3017 = 4 000 000, MiNr. 3018 = 2 100 000 Stück

Weitere Ausgaben „Technische Denkmale": MiNr. 2657–2660, 2957–2958, 3203–3207

1986, 27. Mai. 125 Jahre Dresdner Zoo. 🄴 Zieger; Odr. (10×5); gez. K 14.

dtk) Sumatra-Orang-Utan (Pongo pygmaeus abeli)

dtl) Kilimandscharoguereza (Colobus abyssinicus caudatus)

dtm) Mandrill (Mandrillus sphinx)

dtn) Katta (Lemur catta)

				★★	▨	⊙
3019	10 (Pf)	mehrfarbig	dtk	0,30	0,20	0,40
3020	20 (Pf)	mehrfarbig	dtl	0,50	0,40	0,60
3021	50 (Pf)	mehrfarbig	dtm	1,—	1,—	1,40
3022	70 (Pf)	mehrfarbig	dtn	1,20	1,20	2,—
		Satzpreis (4 W.)		3,—	2,80	4,—
		FDC 1 (MiNr. 3019, 3022)				2,—
		FDC 2 (MiNr. 3020, 3021)				2,—
		amtl. MK (5–8/1986)				11,—

Auflagen: MiNr. 3019–3020 je 8 000 000, MiNr. 3021 = 4 000 000, MiNr. 3022 = 2 100 000 Stück, davon je 55 000 auf MK

1986, 3. Juni. 750 Jahre Berlin (I). 🄴 Glinski; MiNr. 3023–3025 komb. StTdr. und Odr., MiNr. 3026 StTdr. (MiNr. 3023 und 3026 10×5, MiNr. 3024 bis 3025 5×10); Hochformate gez. K 12½:13, Querformate ~.

dto) Ältestes Stadtsiegel (1253)

dtp) Ältester Stadtplan (1648)

dtr) Ältestes Stadtwappen (um 1280)

dts) Nicolaikirche (um 1832)

				★★	▨	⊙
3023	10 (Pf)	mehrfarbig	dto	0,30	0,20	0,30
3024	20 (Pf)	mehrfarbig	dtp	0,60	0,30	0,50
3025	50 (Pf)	mehrfarbig	dtr	1,20	0,80	1,30
3026	70 (Pf)	dkl'oliv/dkl'siena	dts	2,—	1,30	2,—
		Satzpreis (4 W.)		4,—	2,50	4,—
		FDC 1 (MiNr. 3023, 3026)				2,20
		FDC 2 (MiNr. 3024, 3025)				1,80

Blockausgabe, StTdr., gez. Ks 12½:13

dtt) Haus des Ministerrats der DDR

dtu

			★★	⊙	FDC*
3027	1 M schwärzlichgraugrün	dtt	1,50	2,—	
Block 84	(55×80 mm)	dtu	1,60	2,50	10,—
		Ⓢ		1,80	
	ETB 2/1986** (MiNr. 3023–3026 und Bl. 84)				25,—

*) kein amtlicher FDC

**) enthält zusätzlich Schwarzdruck von Block 84

Postpreis ETB 2/1986 18,— M

Auflagen: MiNr. 3023 = 24 000 000, MiNr. 3024 = 8 000 000, MiNr. 3025 bis 3026 je 4 000 000 Stück, Bl. 84 = 2 100 000 Blocks, davon je 55 000 auf ETB

Weitere Ausgaben „750 Jahre Berlin": MiNr. 3071–3078, Bl. 89

Notizen:

1986, 17. Juni. Arbeiterfestspiele der DDR, Bezirk Magdeburg. Ⓔ **Zill; Odr. (2×10 Zd); gez. K 13:12½.**

dtv) Trachtenpaar, Traktor, Förderbagger, Fachwerkhaus — Zierfeld — dtw) Frachtkähne im Elbhafen von Magdeburg, Stadtansicht

				★★	⊘	⊙
3028	20 (Pf)	mehrfarbig	dtv	0,40	0,40	0,80
3029	50 (Pf)	mehrfarbig	dtw	0,40	0,40	1,—
			Satzpreis (2 W.)	0,80	0,80	1,80
			Dreierstreifen	1,30	1,30	2,50
			FDC			2,50

MiNr. 3028–3029 wurden, durch Zierfeld verbunden, waagerecht zusammenhängend gedruckt.

Auflage: 3 500 000 Sätze

1986, 22. Juli. Briefmarkenausstellung der Jugend, Berlin. Ⓔ **Rieß; Odr. (2×10 Zd); gez. K 13:12½.**

dtx) Berlin (um 1652) — Zierfeld — dty) Historische und moderne Gebäude der Stadt Berlin

				★★	⊘	⊙
3030	10 + 5	(Pf) mehrfarbig	dtx	0,30	0,30	0,50
3031	20 (Pf)	mehrfarbig	dty	0,30	0,30	0,50
			Satzpreis (2 W.)	0,60	0,60	1,—
			Dreierstreifen	0,80	1,—	2,20
			FDC			2,—

MiNr. 3030–3031 wurden, durch Zierfeld verbunden, waagerecht zusammenhängend gedruckt.

GA Nominale 10 Pf in Zeichnung dty

Auflage: 3 500 000 Sätze

1986, 29. Juli. Schlösser. Ⓔ **Russewa-Hoyer; Odr. (5×10, MiNr. 3032–3033 auch Klb. 2×2); gez. K 13:12½.**

dtz) Schloss Schwerin

dua) Schloss Güstrow

dub) Schloss Rheinsberg

duc) Schloss Ludwigslust

				★★	⊘	⊙
3032	10 (Pf)	mehrfarbig	dtz	0,30	0,20	0,30
3033	20 (Pf)	mehrfarbig	dua	0,30	0,20	0,40
3034	85 (Pf)	mehrfarbig	dub	1,10	1,10	1,50
3035	1 M	mehrfarbig	duc	1,50	1,50	2,50
			Satzpreis (4 W.)	3,—	2,80	4,50
			FDC 1 (MiNr. 3032, 3035)			3,—
			FDC 2 (MiNr. 3033, 3034)			2,—
			Kleinbogen 1 (MiNr. 3032)	0,80	0,80	1,50
			Kleinbogen 2 (MiNr. 3033)	1,40	1,40	2,50
			Satzpreis (2 Klb.)	2,20	2,20	4,—
			FDC*			22,—

*) kein amtlicher FDC

Auflagen: MiNr. 3032 = 32 400 000, davon 8 400 000 aus Klb., MiNr. 3033 = 16 400 000, davon 8 400 000 aus Klb., MiNr. 3034 = 4 000 000, MiNr. 3035 = 2 100 000 Stück

Satzpreise können stark abgerundet sein!

1986, 5. Aug. Internationales Jahr des Friedens. Ⓔ **Kaiser; RaTdr. (6×5); gez. K 13.**

dud) Friedenstauben, UNO-Emblem, Hände

				★★	⊘	⊙
3036	35 (Pf)	mehrfarbig	dud	0,70	0,50	1,—
			FDC			1,30
			ETB 3/1986*			10,—

*) enthält zusätzlich Schwarzdruck der MiNr. 3036

Postpreis ETB 3/1986 10,— M

GA: Nominale 85 Pf in Zeichnung dud

Auflage: 4 000 000 Stück, davon 50 000 auf ETB

1986, 5. Aug. 25 Jahre Berliner Mauer. Ⓔ **Grünewald; Odr. (5×10); gez. K 14.**

due) Mitglieder der Kampfgruppen der Arbeiterklasse und der Freien Deutschen Jugend, Brandenburger Tor, Staatswappen

				★★	⊘	⊙
3037	20 (Pf)	mehrfarbig	due	1,20	0,70	1,20
			FDC			5,—

Auflage: 8 000 000 Stück

1986, 19. Aug. Blockausgabe: Leipziger Herbstmesse. Ⓔ **Volkamer; Odr.; gez. Ks 14.**

duf) Ring-Messehaus

dug) Historische Marktszene

duh

				★★	⊙	FDC
3038	25 (Pf)	mehrfarbig	duf	0,30	0,70	
3039	85 (Pf)	mehrfarbig	dug	1,—	2,—	
Block 85	(82×57 mm)		duh	1,60	3,—	8,—
			Ⓢ		1,60	

Auflage: 2 100 000 Blocks

1986, 2. Sept. Historische Münzen: Städtetaler. Ⓔ **Reißmüller; RaTdr. (6×5); gez. K 13.**

dui) Stadttaler Rostock (1637)

duk) Stadttaler Nordhausen (1660)

dul) Stadttaler Erfurt (1633)

dum) Stadttaler Magdeburg (1638)

dun) Stadttaler Stralsund (1622)

				★★	⊘	⊙
3040	10 (Pf)	mehrfarbig	dui	0,30	0,20	0,30
3041	35 (Pf)	mehrfarbig	duk	0,40	0,30	0,70
3042	50 (Pf)	mehrfarbig	dul	0,60	0,50	1,—
3043	85 (Pf)	mehrfarbig	dum	1,—	1,—	1,50
3044	1 M	mehrfarbig	dun	1,40	1,40	2,—
			Satzpreis (5 W.)	3,50	3,40	5,—
			FDC 1 (MiNr. 3040, 3042, 3043)			2,50
			FDC 2 (MiNr. 3041, 3044)			3,50

Auflagen: MiNr. 3040 = 8 100 000, MiNr. 3041 = 5 100 000, MiNr. 3042–3043 je 4 200 000, MiNr. 3044 = 2 100 000 Stück

1986, 2. Sept. Weltmeisterschaften im Sportschießen, Suhl. ⊡ Haller; RaTdr. (10×5); gez. K 14.

duo) Gewehrschießen

dup) Pistolenschießen

dur) Skeetschießen

				★★	⊘	⊙
3045	20 (Pf)	mehrfarbig	duo	0,30	0,20	0,50
3046	70 (Pf)	mehrfarbig	dup	1,—	0,90	1,30
3047	85 (Pf)	mehrfarbig	dur	1,20	1,10	1,80
			Satzpreis (3 W.)	2,50	2,20	3,50
			FDC			3,—

Auflagen: MiNr. 3045 = 8 000 000, MiNr. 3046 = 4 000 000, MiNr. 3047 = 2 100 000 Stück

1986, 9. Sept. 40 Jahre Grenztruppen. ⊡ Klaus Bensdorf; RaTdr. (10×5); gez. K 14.

dus) Soldat der Grenztruppen, Grenzpfahl

				★★	⊘	⊙
3048	20 (Pf)	mehrfarbig	dus	1,—	0,70	1,20
			FDC			2,—

Auflage: 8 000 000 Stück

1986, 9. Sept. Weltgewerkschaftskongress, Berlin. ⊡ Detlefsen; RaTdr. (5×5 Zd); gez. K 14.

dut) Weltkugeln, Flaggenband

Zierfeld

				★★	⊘	⊙
3049	70 (Pf)	mehrfarbig	dut	0,70	0,70	1,30
			Zusammendruck	1,20	1,—	1,50
			FDC			2,—

MiNr. 3049 wurde mit anhängendem Zierfeld schachbrettartig zusammenhängend gedruckt.

Auflage: 3 600 000 Stück

1986, 11. Sept. 50. Jahrestag der Formierung der Internationalen Brigaden in Spanien. ⊡ Gottschall; RaTdr. (5×10); gez. K 14.

duu) Denkmal der deutschen Interbrigadisten im Volkspark Friedrichshain, Berlin

				★★	⊘	⊙
3050	20 (Pf)	mehrfarbig	duu	0,50	0,30	0,60
			FDC			0,70

MiNr. 3050 wurde beim Postamt 5 in Zwickau sowie einigen anderen Postämtern irrtümlich bereits am 9. Sept. vormittags einige Stunden verkauft und verwendet (entsprechende Briefbelege selten und gesucht).

Auflage: 8 000 000 Stück

1986, 23. Sept. Internationale Mahn- und Gedenkstätten: 25 Jahre Mahn- und Gedenkstätte Sachsenhausen. ⊡ Detlefsen; RaTdr. (5×5); gez. K 14.

duv) Figurengruppe vor Stele in der Gedenkstätte Sachsenhausen

				★★	⊘	⊙
3051	35 (Pf)	mehrfarbig	duv	0,60	0,40	0,70
			FDC			1,20

Auflage: 4 000 000 Stück

Weitere Ausgaben „Internationale Mahn- und Gedenkstätten" siehe Übersichtstabelle nach MiNr. 975

1986, 23. Sept. Eröffnung der Eisenbahnfährverbindung zwischen Mukran, DDR und Klaipeda (Memel), Litauen (UdSSR). ⊡ Berthold; RaTdr. (2×10 Zd); gez. K 14.

duw) Doppelstockfährbrücken

dux) Zweideckfährschiff

				★★	⊘	⊙
3052	50 (Pf)	mehrfarbig	duw	0,50	0,50	1,—
3053	50 (Pf)	mehrfarbig	dux	0,50	0,50	1,—
			Satzpreis (2 W.)	1,—	1,—	2,—
			Zusammendruck	1,70	1,70	2,50
			FDC			2,50

MiNr. 3052–3053 wurden waagerecht zusammenhängend gedruckt.

Auflage: 3 500 000 Sätze

Parallelausgabe mit Sowjetunion MiNr. 5642

1986, 4. Nov. Internationale Solidarität. ⊡ Rieß; RaTdr. (5×10); gez. K 14.

duy) Hilfe für die Entwicklungsländer

				★★	⊘	⊙
3054	10 + 5 (Pf)	mehrfarbig	duy	0,40	0,30	0,50
			FDC			0,70

Auflage: 3 500 000 Stück

1986, 4. Nov. Blockausgabe: 200. Geburtstag von Carl Maria von Weber. ⊡ Rieß; Odr.; gez. Ks 14.

duz) C. M. von Weber (1786–1826), Komponist

dva

				★★	⊙	FDC
3055	85 (Pf)	mehrfarbig	duz	1,10	2,—	
Block 86	(83×57 mm)		dva	1,50	2,50	12,—
			Ⓢ		1,40	

Auflage: 2 100 000 Blocks

1986, 18. Nov. 69. Geburtstag von Indira Gandhi. Ⓔ Detlefsen; RaTdr. (5×10); gez. K 14.

dvb) I. Gandhi (1917–1984), indische Politikerin

				★★	▨	⊙
3056	10 (Pf)	ockerbraun/schw.	. dvb	0,40	0,20	0,40
			FDC			0,60

Auflage: 8 000 000 Stück

1986, 18. Nov. Erzgebirgische Schwibbogen. Ⓔ Scheuner; Odr. (Klb. 2×3); gez. K 14.

dvc) 1778
dvd) 1796
dve) 1810
dvf) 1821
dvg) 1830
dvh) 1925

dvc–dvh) „Schwibbogen" genannte Weihnachtsleuchter aus Johanngeorgenstadt

				★★	▨	⊙
3057	10 (Pf)	mehrfarbig	. . . . dvc	0,30	0,20	0,50
3058	20 (Pf)	mehrfarbig	. . . . dvd	0,30	0,20	0,50
3059	25 (Pf)	mehrfarbig	. . . . dve	0,70	0,70	1,—
3060	35 (Pf)	mehrfarbig	. . . . dvf	0,70	0,70	1,—
3061	40 (Pf)	mehrfarbig	. . . . dvg	0,30	0,20	0,50
3062	85 (Pf)	mehrfarbig	. . . . dvh	0,30	0,20	0,50
			Satzpreis (6 W.)	2,50	2,20	4,—
			Kleinbogen	3,—	3,60	6,—
			FDC*			15,—

*) kein amtlicher FDC

MiNr. 3057–3062 wurden zusammenhängend im Kleinbogen gedruckt.

Auflage: 2 100 000 Stück

1987

1987, 20. Jan. Historische Denkmale: Rolandsäulen (I). Ⓔ Soest; RaTdr. (10×5); gez. K 14.

dvi) Stendal (1525)

dvk) Halle (1719)

dvl) Brandenburg (1474)

dvm) Quedlinburg (1460)

				★★	▨	⊙
3063	10 (Pf)	mehrfarbig	. . . . dvi	0,30	0,20	0,30
3064	20 (Pf)	mehrfarbig	. . . . dvk	0,30	0,20	0,40
3065	35 (Pf)	mehrfarbig	. . . . dvl	0,40	0,40	0,80
3066	50 (Pf)	mehrfarbig	. . . . . . dvm	0,70	0,70	1,—
			Satzpreis (4 W.)	1,50	1,40	2,50
			FDC 1 (MiNr. 3063, 3066)			1,40
			FDC 2 (MiNr. 3064, 3065)			0,80

Auflagen: MiNr. 3063 = 18 000 000, MiNr. 3064 = 8 000 000, MiNr. 3065 = 3 500 000, MiNr. 3066 = 2 100 000 Stück

Weitere Ausgabe „Rolandsäulen": MiNr. 3285–3288

1987, 3. Febr. Historische Postgebäude. Ⓔ Detlefsen; RaTdr. (5×10 und 2×5 Zd); gez. K 14.

dvn) Postamt Freiberg
dvo) Postamt Perleberg 1
dvp) Postamt Weimar
dvr) Postamt Kirschau

				★★	▨	⊙
3067	10 (Pf)	mehrfarbig	. . . . . dvn	0,30	0,30	0,40
3068	20 (Pf)	mehrfarbig	. . . . . dvo	0,30	0,30	0,50
3069	70 (Pf)	mehrfarbig	. . . . . dvp	0,70	0,70	1,—
3070	1,20 (M)	mehrfarbig	. . . . . . dvr	1,40	1,40	2,40
			Satzpreis (4 W.)	2,50	2,50	4,—
			FDC 1 (MiNr. 3067, 3070)			2,40
			FDC 2 (MiNr. 3068, 3069)			1,80
			Viererblock	3,—	3,—	4,50
			FDC			5,—
			amtl. MK (1–4/1987)			11,—

MiNr. 3067–3070 wurden sowohl einzeln als auch zusammenhängend in Viererblockanordnung gedruckt.

Auflagen: MiNr. 3067 = 21 500 000, MiNr. 3068 = 11 500 000, MiNr. 3069 = 7 000 000, MiNr. 3070 = 5 600 000 Stück, davon je 3 500 000 aus Zusammendruckbogen sowie je 55 000 auf MK

1987, 17. Febr. 750 Jahre Berlin (II). Ⓔ Glinski; StTdr. (MiNr. 3071 10×5, MiNr. 3072–3074 5×10, MiNr. 3075–3078 Klb. 2×2); MiNr. 3071 und 3075 gez. K 12½:13, MiNr. 3072–3074 und 3076–3078 gez. K 13:12½.

dvs) Palais Ephraim

dvt) Alt-Marzahn, Neubauten

dvu) Marx-Engels-Forum

dvv) Friedrichstadtpalast

				★★	▨	⊙
3071	20 (Pf)	dunkelviolettbraun/ bläulichgrün	. . . . . . dvs	0,30	0,20	0,40
3072	35 (Pf)	schwarzblaugrün/ dunkelmagenta	. . . . dvt	0,50	0,30	0,70
3073	70 (Pf)	dunkelblau/dunkel- orangerot	. . . . dvu	1,—	0,90	1,50
3074	85 (Pf)	schwärzlichbraunoliv/ dkl'smaragdgrün	. . dvv	1,50	1,30	2,50
			Satzpreis (4 W.)	3,20	2,50	5,—
			FDC 1 (MiNr. 3071, 3074)			2,50
			FDC 2 (MiNr. 3072, 3073)			2,50
			amtl. MK (5–8/1987)			11,—

MK 5/87 bis 8/87 wurden erst am 22. Sept. ausgegeben.

MiNr. 3071–3074 auf ETB siehe bei Block 89

Notizen:

			✶✶	▨	⊙
3075	10 (Pf)	dunkelviolettbraun/ bläulichgrün GA . . . dvs	0,30	0,40	0,70
3076	10 (Pf)	schwarzblaugrün/ dunkelmagenta . . . . dvt	0,30	0,40	0,70
3077	20 (Pf)	dunkelblau/ dunkelorangerot . . dvu	0,30	0,40	0,70
3078	20 (Pf)	schwärzlichbraunoliv/ dkl'smaragdgrün . . dvv	0,30	0,40	0,70
		Satzpreis (4 W.)	1,—	1,50	2,50
		Kleinbogen 1 (MiNr. 3075)	1,20	1,60	3,—
		Kleinbogen 2 (MiNr. 3076)	1,20	1,60	3,—
		Kleinbogen 3 (MiNr. 3077)	1,50	1,80	3,—
		Kleinbogen 4 (MiNr. 3078)	1,50	1,80	3,—
		Satzpreis (4 Klb.)	5,—	6,50	12,—
		FDC 1 (mit Klb. 1)			*10,—*
		FDC 2 (mit Klb. 2)			*10,—*
		FDC 3 (mit Klb. 3)			*10,—*
		FDC 4 (mit Klb. 4)			*10,—*

Weitere GA: Nominale 10 Pf in Zeichnung dvu, Nominale je 30 Pf in Zeichnungen dvt und dvv

Auflagen: MiNr. 3071 = 8 000 000, MiNr. 3072–3073 je 4 000 000, MiNr. 3074 = 2 100 000 Stück, davon je 55 000 auf ETB und je 55 000 auf amtl. MK, MiNr. 3075–3078 je 8 400 000 Stück

Weitere Ausgaben „750 Jahre Berlin": MiNr. 3023–3026 sowie Bl. 84 und 89

1987, 3. März. 40 Jahre Demokratischer Frauenbund Deutschlands (DFD); Bundeskongress, Berlin. Ⓔ Reißmüller; Odr. (5×10); gez. K 13¼.

dvw) Frau mit roter Blume im Haar

			✶✶	▨	⊙
3079	10 (Pf)	mehrfarbig . . . . dvw	0,40	0,40	0,60
		FDC			1,—

Auflage: 18 000 000 Stück

1987, 10. März. Leipziger Frühjahrsmesse. Ⓔ Bertholdt; Odr. (5×10); gez. K 13:12½.

dvx) Neubau Messehalle 20, Technische Messe

dvy) Händler vor der Waage am Markt (um 1804)

			✶✶	▨	⊙
3080	35 (Pf)	mehrfarbig . . . . dvx	0,40	0,30	0,70
3081	50 (Pf)	mehrfarbig GA . . . . dvy	0,80	0,80	1,—
		Satzpreis (2 W.)	1,20	1,10	1,70
		FDC			1,60

Weitere GA: Nominale 40 Pf in Zeichnung dvx

Auflagen: MiNr. 3080 = 4 000 000, MiNr. 3081 = 2 100 000 Stück

1987, 24. März. Persönlichkeiten der deutschen Arbeiterbewegung (XIV). Ⓔ Stauf; StTdr. (10×5); gez. K 14.

dvz) Fritz Gäbler (1897–1974)

dwa) Robert Siewert (1887–1973)

dwb) Walter Vesper (1897–1978)

dwc) Clara Zetkin (1857–1933), Politikerin

			✶✶	▨	⊙
3082	10 (Pf)	braunschwarz . . . . dvz	0,30	0,20	0,30
3083	10 (Pf)	schwarzgraugrün . dwa	0,30	0,20	0,30
3084	10 (Pf)	blauschwarz . . . . . dwb	0,30	0,20	0,30
3085	10 (Pf)	violettschwarz . . . . dwc	0,30	0,20	0,30
		Satzpreis (4 W.)	1,—	0,60	1,—
		FDC 1 (A) (MiNr. 3082, 3084)			0,70
		FDC 2 (A) (MiNr. 3083, 3085)			0,70

Auflage: 6 000 000 Sätze

Weitere Ausgaben „Persönlichkeiten der deutschen Arbeiterbewegung" siehe Übersichtstabelle nach MiNr. 1855

1987, 7. April. Kongress des Freien Deutschen Gewerkschaftsbundes (FDGB), Berlin. Ⓔ Korn; Odr. (2×10 Zd); gez. K 13:12½.

dwd) Wohnungsbau Zierfeld dwe) Technologie

			✶✶	▨	⊙
3086	20 (Pf)	mehrfarbig . . . . . . dwd	0,30	0,30	0,40
3087	50 (Pf)	mehrfarbig . . . . . . dwe	0,60	0,60	1,—
		Satzpreis (2 W.)	0,80	0,80	1,40
		Dreierstreifen	1,20	1,80	2,50
		FDC			3,—

MiNr. 3086–3087 wurden, durch Zierfeld verbunden, waagerecht zusammenhängend gedruckt.

Auflage: 3 500 000 Sätze

1987, 7. April. Kongress des Deutschen Roten Kreuzes der DDR, Dresden. Ⓔ Link; RaTdr. (5×10); gez. K 14.

dwf) DRK-Fahne, Weltkarte, Friedenstauben

			✶✶	▨	⊙
3088	35 (Pf)	mehrfarbig . . . . dwf	0,60	0,40	0,60
		FDC			0,60

Auflage: 3 500 000 Stück

1987, 7. April. 75 Jahre Deutsches Hygiene-Museum, Dresden. Ⓔ Lindner; RaTdr. (10×5); gez. K 14.

dwg) Karl August Lingner (1861–1916), Gründer; Museumsgebäude

			✶✶	▨	⊙
3089	85 (Pf)	mehrfarbig . . . . . . dwg	1,10	1,—	1,50
		FDC			1,50

Auflage: 3 000 000 Stück

1987, 21. April. 35 Jahre Landwirtschaftliche Produktionsgenossenschaften (LPG). Ⓔ Rieß; Odr. (5×10), gez. K 13:12½.

dwh) Landwirtschaftsmaschinen, Pferdepflug

			✶✶	▨	⊙
3090	20 (Pf)	mehrfarbig . . . . . . dwh	0,50	0,40	0,70
		FDC			0,70

Auflage: 8 000 000 Stück

1987, 5. Mai Bedeutende Persönlichkeiten (X). Ⓔ Gottschall; Odr. (5×10); gez. K 13:12½.

dwi) Ludwig Uhland (1787–1862), Dichter und Germanist

dwk) Arnold Zweig (1887–1968), Schriftsteller

dwl) Gerhart Hauptmann (1862–1946), Dichter, Dramatiker, Nobelpreis 1912

dwm) Gustav Hertz (1887–1975), Physiker, Nobelpreis 1925

			✶✶	▨	⊙
3091	10 (Pf)	mehrfarbig . . . . dwi	0,30	0,30	0,40
3092	20 (Pf)	mehrfarbig . . . . . . dwk	0,30	0,30	0,60
3093	35 (Pf)	mehrfarbig . . . . dwl	0,50	0,50	0,90

				✱✱	⊘	⊙
3094	50 (Pf)	mehrfarbig . . . . . . dwm		0,80	0,80	1,20
		Satzpreis (4 W.)		1,80	1,80	3,—
		FDC 1 (MiNr. 3091, 3094)				1,80
		FDC 2 (MiNr. 3092, 3093)				1,20

Auflagen: MiNr. 3091–3092 je 8 000 000, MiNr. 3093 = 3 500 000, MiNr. 3094 = 2 100 000 Stück

Weitere Ausgaben „Bedeutende Persönlichkeiten" in gleicher Aufmachung siehe Übersichtstabelle nach MiNr. 2202; in anderer Ausführung: MiNr. 1815–1819, 1941–1945, 2025–2029

1987, 19. Mai / 1988, 29. Nov. Süßwasserfische. ⓔ **Kraus; Odr. (5×10, MiNr. 3096 I und 3097 I auch Klb. 2×2); I = mit Jahreszahl, II = ohne Jahreszahl (MH); gez. K 13:12½.**

dwn) Blei (Abramis brama)

dwo) Bachforelle (Salmo trutta f. fario)

dwp) Wels (Silurus glanis)

dwr) Äsche (Thymallus thymallus)

dws) Barbe (Barbus barbus)

dwt) Hecht (Esox lucius)

				✱✱	⊘	⊙
3095 I	5 (Pf)	mfg (19.5.1987) . dwn		0,30	0,20	0,30
3096	10 (Pf)	mehrfarbig . . . . . dwo				
I		mit Jahreszahl 1987 (19.5.1987)		0,30	0,30	0,60
II		ohne Jahresz. (B) (MH) (29.11.1988)		0,30	0,30	0,60
3097 I	20 (Pf)	mfg (19.5.1987) . dwp		0,30	0,20	0,50
3098 I	35 (Pf)	mfg (19.5.1987) . dwr		0,50	0,50	0,80
3099 I	50 (Pf)	mfg (19.5.1987) . dws		0,70	0,50	0,80
3100 I	70 (Pf)	mfg (19.5.1987) . dwt		1,—	1,—	1,50
		Satzpreis (6 W.)		3,—	2,50	4,40
		FDC 1 (MiNr. 3095 I, 3097 I, 3100 I)				2,50
		FDC 2 (MiNr. 3096 I, 3098 I, 3099 I)				1,50
		FDC 3* (MiNr. 3096 II)				—,—
		ETB 1/1987				10,—
		Kleinbogen 1 (MiNr. 3096 I, 16.6.1987)		1,20	1,20	2,50
		Kleinbogen 2 (MiNr. 3097 I, 16.6.1987)		1,20	1,20	3,—
		Satzpreis (2 Klb.)		2,40	2,40	5,50
		FDC*				13,—

*) kein amtlicher FDC

MiNr. 3096 II wurde auch in Markenheftchen (MH 9) ausgegeben.

Postpreis ETB 1/1987 (MiNr. 3095 I–3100 I) 12,— M (Auflage 55 000 Stück)

Auflagen: MiNr. 3095 I = 6 000 000, MiNr. 3096 I = 26 400 000, davon 8 400 000 aus Kleinbogen, MiNr. 3096 II = 77 000 000, MiNr. 3097 I = 16 400 000, davon 8 400 000 aus Kleinbogen, MiNr. 3098 I–3099 I je 3 500 000, MiNr. 3100 I = 2 100 000 Stück

1987, 16. Juni. Feuerwehren: Löschfahrzeuge. ⓔ **Lüders; Odr. (5×10 und 2×5 Zd); gez. K 13:12½.**

dwu) Bespannte Handdruckspritze (1756)

dwv) Mobile Dampfspritze (1903)

dww) Löschfahrzeug Lf 15 (1919)

dwx) Löschfahrzeug LF 16-TS 8 (1971)

				✱✱	⊘	⊙
3101	10 (Pf)	mehrfarbig . . . . . . dwu		0,30	0,30	0,40
3102	25 (Pf)	mehrfarbig . . . . dwv		0,30	0,30	0,60
3103	40 (Pf)	mehrfarbig . . . . . . dww		0,60	0,60	1,—
3104	70 (Pf)	mehrfarbig . . . . . . dwx		1,—	1,—	1,50
		Satzpreis (4 W.)		2,—	2,—	3,50
		FDC 1 (MiNr. 3101, 3104)				1,80
		FDC 2 (MiNr. 3102, 3103)				1,70
		Viererblock		2,80	2,80	4,50
		FDC				4,50

MiNr. 3101–3104 wurden sowohl einzeln als auch zusammenhängend in Viererblockanordnung gedruckt.

Auflagen: MiNr. 3101 = 18 300 000, MiNr. 3102 und 3103 je 5 800 000, MiNr. 3104 = 4 400 000 Stück, davon je 2 300 000 aus Zusammendruckbogen

1987, 16. Juni. Internationale Solidarität: Kampf gegen Apartheid. ⓔ **Bertholdt; Odr. (5×10); gez. K 14.**

dwy) Afrikanerin mit Kind

				✱✱	⊘	⊙
3105	10 + 5	(Pf) mehrfarbig . . . dwy		0,40	0,30	0,50
		FDC				0,70

Auflagen: 3 500 000 Stück

1987, 7. Juli. Blockausgabe: 100 Jahre Esperanto. ⓔ **Haller; Odr.; gez. Ks 14.**

dwz) Ludwig Lazarus Zamenhof (1859–1917), polnischer Augenarzt, Erfinder der Welthilfssprache Esperanto

dxa

				✱✱	⊙	FDC*
3106	85 (Pf)	mehrfarbig . . . . dwz		1,—	2,—	
Block 87	(55×80 mm)	. . . . dxa		1,20	2,50	10,—
		Ⓢ			1,60	

*) kein amtlicher FDC

Auflage: 2 100 000 Blocks

1987, 7. Juli. Weltweiter Naturschutz: Vom Aussterben bedrohte Tiere (III): Fischotter. RaTdr. (5×10); gez. K 14.

dxb

dxc

dxd

dxe

dxb–dxe) Fischotter (Lutra lutra)

				✱✱	⊘	⊙
3107	10 (Pf)	mehrfarbig . . . . dxb		0,30	0,20	0,30
3108	25 (Pf)	mehrfarbig . . . . dxc		0,30	0,20	0,50
3109	35 (Pf)	mehrfarbig GA . . . . dxd		0,50	0,40	0,90
3110	60 (Pf)	mehrfarbig . . . . dxe		1,20	1,20	1,80
		Satzpreis (4 W.)		2,20	2,—	3,50
		FDC 1 (MiNr. 3107, 3110)				2,—
		FDC 2 (MiNr. 3108, 3109)				1,50

Weitere GA: Nominale 20 Pf in Zeichnung dxc, Nominale 80 Pf in Zeichnung dxe

Auflagen: MiNr. 3107 = 24 000 000, MiNr. 3108–3109 je 3 500 000, MiNr. 3110 = 2 100 000 Stück

Weitere Ausgaben „Vom Aussterben bedrohte Tiere": MiNr. 2522 bis 2527, 2952–2956

1987, 21. Juli. Turn- und Sportfest; Kinder- und Jugendspartakiade, Leipzig. Ⓔ Lehmann; RaTdr. (5×10); gez. K 14.

dxf) Tauziehen

dxg) Handball

dxh) Weitsprung

dxi) Tischtennis

dxk) Kegeln

dxl) Meilenlauf

				★★	▨	⊙
3111	5 (Pf)	mehrfarbig	dxf	0,30	0,20	0,30
3112	10 (Pf)	mehrfarbig	dxg	0,30	0,20	0,30
3113	20 + 5 (Pf)	mehrfarbig	dxh	0,30	0,20	0,50
3114	35 (Pf)	mehrfarbig	dxi	0,40	0,30	0,70
3115	40 (Pf)	mehrfarbig	dxk	0,60	0,50	1,—
3116	70 (Pf)	mehrfarbig	dxl	0,90	0,90	1,50
		Satzpreis (6 W.)		2,50	2,20	4,—
		FDC 1 (MiNr. 3111, 3112, 3116)				1,80
		FDC 2 (MiNr. 3113–3115)				1,70

Auflagen: MiNr. 3111 = 6 000 000, MiNr. 3112 = 8 000 000, MiNr. 3113 = 5 000 000, MiNr. 3114–3115 je 3 500 000, MiNr. 3116 = 2 250 000 Stück

1987, 4. Aug. 35 Jahre Gesellschaft für Sport und Technik (GST). Ⓔ Rieß; Odr. (5×10); gez. K 13:12½.

dxm) GST-Mitglieder in verschiedenen Ausbildungsdisziplinen

				★★	▨	⊙
3117	10 (Pf)	mehrfarbig	dxm	0,40	0,20	0,40
			FDC			0,60

Auflage: 8 000 000 Stück

1987, 11. Aug. Tag der Philatelisten. Ⓔ Bertholdt; RaTdr. (2×10 Zd); gez. K 14.

dxn) Ehemaliges Hofpostamt, Berlin (um 1760) — Zierfeld — dxo) Wartenbergpalais, Berlin

				★★	▨	⊙
3118	10 + 5 (Pf)	mehrfarbig	dxn	0,30	0,30	0,50
3119	20 (Pf)	mehrfarbig	dxo	0,30	0,30	0,50
		Satzpreis (2 W.)		0,40	0,60	1,—
		Dreierstreifen		0,70	1,60	2,—
			FDC			2,50

MiNr. 3118–3119 wurden, durch Zierfeld verbunden, waagerecht zusammenhängend gedruckt.

Auflage: 3 500 000 Sätze

1987, 25. Aug. Blockausgabe: Leipziger Herbstmesse. Ⓔ Scheuner; Odr.; gez. Ks 13¼:13.

dxp

dxr

dxs

dxp–dxr) Historische Messeszene (1804) nach Kupferstich von Christian Gottfried Heinrich Geißler (1770–1841)

				★★	⊙	FDC
3120	40 (Pf)	mehrfarbig	dxp	0,50	0,70	
3121	50 (Pf)	mehrfarbig	dxr	0,70	1,—	
Block 88	(81×57 mm)		dxs	1,60	2,50	7,—
			Ⓢ		1,60	

Auflage: 2 400 000 Blocks

1987, 8. Sept. Internationale Mahn- und Gedenkstätten. Ⓔ Gottschall; RaTdr. (5×5); gez. K 14.

dxt) Skulptur in der Mahn- und Gedenkstätte Budapest

				★★	▨	⊙
3122	35 (Pf)	mehrfarbig	dxt	0,50	0,30	0,60
			FDC			0,70

Auflage: 3 500 000 Sätze

Weitere Ausgaben „Internationale Mahn- und Gedenkstätten“ siehe Übersichtstabelle nach MiNr. 975

1987, 8. Sept. Blockausgabe: 750 Jahre Berlin (III). Ⓔ Glinski; komb. StTdr. und Odr.; gez. Ks 14.

dxu) Ernst-Thälmann-Denkmal im Ernst-Thälmann-Park, Berlin

dxv

				★★	⊙	FDC
3123	1.35 M	mehrfarbig	dxu	1,80	2,50	
Block 89	(80×56 mm)		dxv	2,—	3,50	11,—
			Ⓢ		2,—	
		ETB 2/1987*				
		(MiNr. 3071–3074 und Bl. 89)			25,—	

*) Enthält zusätzlich Schwarzdruck von Block 89

Postpreis ETB 2/1987 18,— M (Auflage 55 000)

Auflage: 2 400 000 Blocks

Weitere Ausgaben „750 Jahre Berlin“: MiNr. 3023–3026, 3071 bis 3078, Block 84

Amtliche (Bogen-)Entwertung für philatelistische Zwecke ab 1965:

Folgende Stempel wurden verwendet:

102 Berlin 2 ab, ad, ae, af
1085 Berlin ZAW a, d, j, k
1085 Berlin ZPF d, f, g, k, m, n, o, p, s, u
701 Leipzig 1 d, ah, at, ax

Zur Ausgabe gehörende (gedruckte) Sonderstempel.

Eine ausführliche Auflistung der verwendeten Stempel ist bei der Arbeitsgemeinschaft DDR Spezial erhältlich.

1987, 22. Sept. Kunstausstellung der DDR, Dresden. 🄴 **Gottschall; Odr. (5×5); gez. K 14.**

dxw) Weidendammbrücke; Kreidezeichnung von Arno Mohr (1910–2001)

dxx) Sie wollten nur Lesen und Schreiben lehren; Gemälde von Willi Sitte (1921–2013)

dxy) Großer trauernder Mann; Bronzeplastik von Wieland Förster (geb. 1930)

dxz) Schale; von Gerd Lucke (geb. 1943)

				✶✶	⊘	⊙
3124	10 (Pf)	mehrfarbig ...... dxw		0,30	0,30	0,50
3125	50 (Pf)	mehrfarbig .... dxx		0,60	0,70	1,20
3126	70 (Pf)	mehrfarbig .... dxy		0,80	0,90	1,50
3127	1 M	mehrfarbig .... dxz		1,20	1,40	2,—
		Satzpreis (4 W.)		2,80	3,20	5,—
		FDC 1 (MiNr. 3124, 3127)				2,50
		FDC 2 (MiNr. 3125, 3126)				3,50

Auflagen: MiNr. 3124 = 8 000 000, MiNr. 3125–3126 je 3 000 000, MiNr. 3127 = 2 200 000 Stück

1987, 6. Okt. Flugpostmarken (V). 🄴 **Glinski; RaTdr. (10×10); gez. K 14.**

dfw) Stilis. Flugzeug mit Brief

			✶✶	⊘	⊙
3128	15 (Pf)	lebhaftviolettpurpur/ schwarz .... dfw	0,30	0,20	0,40
3129	25 (Pf)	dunkelolivgelb/ schwarz .... dfw	0,40	0,30	0,50
		Satzpreis (2 W.)	0,60	0,50	0,90
		FDC (A)			1,50

Die amtlich als „Luftpostdauerserie" bezeichneten Marken waren wie Freimarken zu behandeln. Sie konnten auch zur Freimachung anderer Sendungen benutzt werden. Luftpostsendungen konnten auch mit anderen Postwertzeichen freigemacht werden.

In gleicher Zeichnung: MiNr. 2751–2753, 2831–2832, 2868, 2967; in anderer Zeichnung und Odr.: MiNr. 609–615

1987, 27. Okt. 70. Jahrestag der Oktoberrevolution in Russland. 🄴 **Rieß; RaTdr. (5×10); gez. K 14.**

dya) Wladimir Iljitsch Lenin; Smolny-Gebäude, St. Petersburg (Leningrad); Panzerkreuzer „Aurora"

dyb) Türme und Roter Stern des Kremlpalastes, Moskau

			✶✶	⊘	⊙
3130	10 (Pf)	mehrfarbig .... dya	0,30	0,20	0,30
3131	20 (Pf)	mehrfarbig .... dyb	0,30	0,20	0,40
		Satzpreis (2 W.)	0,60	0,40	0,70
		FDC			0,70

Auflage: 8 000 000 Sätze

1987, 3. Nov. 30 Jahre Messe der Meister von morgen (MMM). 🄴 **Reißmüller; Odr. (5×10); gez. K 13:12½.**

dyc) Jugendlicher am Personalcomputer PC 1715

dyd) Schweißroboter ZIM 10-S

dyc–dyd) außerdem Messesymbol und FDJ-Abzeichen

			✶✶	⊘	⊙
3132	10 (Pf)	mehrfarbig .... dyc	0,30	0,20	0,30
3133	20 (Pf)	mehrfarbig .... dyd	0,30	0,20	0,40
		Satzpreis (2 W.)	0,60	0,40	0,70
		FDC			0,70

Auflage: 8 000 000 Sätze

1987, 24. Nov. Weihnachtspyramiden aus dem Erzgebirge. 🄴 **Scheuner; Odr. (Klb. 3×2); gez. K 12½:13.**

dye) Annaberg (um 1810)

dyf) Freiberg (um 1830)

dyg) Neustädtel (um 1870)

dyh) Schneeberg (um 1870)

dyi) Lößnitz (um 1880)

dyk) Seiffen (um 1910)

			✶✶	⊘	⊙
3134	10 (Pf)	mehrfarbig .... dye	0,30	0,40	0,60
3135	20 (Pf)	mehrfarbig .... dyf	0,70	0,80	1,20
3136	25 (Pf)	mehrfarbig .... dyg	0,30	0,40	0,60
3137	35 (Pf)	mehrfarbig .... dyh	0,30	0,40	0,60
3138	40 (Pf)	mehrfarbig .... dyi	0,70	0,80	1,20
3139	85 (Pf)	mehrfarbig .... dyk	0,30	0,40	0,60
		Satzpreis (6 W.)	2,50	3,—	4,50
		Kleinbogen	3,40	4,—	6,—
		FDC*			15,—

*) kein amtlicher FDC

MiNr. 3134–3139 wurden zusammenhängend im Kleinbogen gedruckt.

Auflage: 2 100 000 Sätze

1988

1988, 19. Jan. Olympische Winterspiele, Calgary. 🄴 **Gottschall; RaTdr. (10×5); gez. K 14.**

dyl) Skispringen

dym) Eisschnelllauf

dyn) Viererbob

dyo) Biathlon

				★★	◎	⊙
3140	5 (Pf)	mehrfarbig	..... dyl	0,30	0,20	0,30
3141	10 (Pf)	mehrfarbig	.... dym	0,30	0,20	0,30
3142	20 + 10 (Pf)	mehrfarbig	.... dyn	0,50	0,40	0,80
3143	35 (Pf)	mehrfarbig	..... dyo	0,60	0,50	0,80
			Satzpreis (4 W.)	1,70	1,30	2,20
			FDC 1 (MiNr. 3140, 3143)			1,—
			FDC 2 (MiNr. 3141, 3142)			1,—

Blockausgabe, gez. Ks 13:12½

dyp) Rennrodeln – Doppel- und Einsitzer

dyr

				★★	⊙	FDC*
3144	1,20 M	mehrfarbig	..... dyp	1,80	2,50	
Block 90	(80×55 mm)		.... dyr	2,—	3,—	12,—
				Ⓢ	1,70	

*) kein amtlicher FDC

Auflagen: MiNr. 3140 = 6 000 000, MiNr. 3141 = 8 000 000, MiNr. 3142 = 3 500 000, MiNr. 3143 = 2 100 000 Stück, Bl. 90 = 2 100 000 Blocks

1988, 2. Febr. Gebäude der Deutschen Post. Ⓔ **Rieß; RaTdr. (5×10); gez. K 14.**

dys) Postamt Berlin-Buch

dyt) Postmuseum der DDR, Berlin

dyu) Hauptpostamt Berlin-Marzahn

				★★	◎	⊙
3145	15 (Pf)	mehrfarbig	.... dys	0,30	0,20	0,50
3146	20 (Pf)	mehrfarbig	.... dyt	0,50	0,20	0,50
3147	50 (Pf)	mehrfarbig	.... dyu	1,20	0,80	1,—
			Satzpreis (3 W.)	2,—	1,20	2,—
			FDC			2,50
			amtl. MK (1–3/1988)			10,—

GA: Nominalen 10 Pf und 25 Pf in Zeichnung dyt

Auflagen: MiNr. 3145 = 4 000 000, MiNr. 3146 = 8 000 000, MiNr. 3147 = 2 150 000 Stück

1988, 2. Febr. Blockausgabe: 90. Geburtstag von Bertolt Brecht. Ⓔ **Lehmann; Odr.; gez. Ks 13:12½.**

dyv) B. Brecht (1898–1956), Dramatiker und Dichter

dyw

				★★	⊙	FDC*
3148	70 (Pf)	mehrfarbig	.... dyv	1,10	2,—	
Block 91	(57×82 mm)		.... dyw	1,30	2,50	12,—
				Ⓢ	1,80	

*) kein amtlicher FDC

Die Blockgröße schwankt zwischen 55×81 und 59×83 mm.

Auflage: 2 100 000 Blocks

1988, 16. Febr. Bromelien. Ⓔ **Glinski; Odr. (10×5); gez. K 14.**

dyx) Tillandsia macrochlamys

dyy) Tillandsia bulbosa

dyz) Tillandsia kalmbacheri

dza) Guzmania blassii

				★★	◎	⊙
3149	10 (Pf)	mehrfarbig	.... dyx	0,30	0,20	0,30
3150	25 (Pf)	mehrfarbig	.... dyy	0,30	0,20	0,50
3151	40 (Pf)	mehrfarbig	.... dyz	0,50	0,50	0,80
3152	70 (Pf)	mehrfarbig	.... dza	0,80	0,80	1,50
			Satzpreis (4 W.)	1,80	1,70	3,—
			FDC 1 (MiNr. 3149, 3152)			2,—
			FDC 2 (MiNr. 3150, 3151)			1,50

Auflagen: MiNr. 3149 = 18 000 000, MiNr. 3150–3151 je 3 500 000, MiNr. 3152 = 2 100 000 Stück

1988, 8. März. Leipziger Frühjahrsmesse: 75 Jahre Messehaus „Mädler-Passage“. Ⓔ **Scheuner; Odr. (10×5); gez. K 12½:13.**

dzb) Portal zur Gaststätte Auerbachs Keller

dzc) Mephisto und Faust; Bronze-Figurengruppe an der Treppe zu Auerbachs Keller

				★★	◎	⊙
3153	20 (Pf)	mehrfarbig	.... dzb	0,30	0,20	0,40
3154	70 (Pf)	mehrfarbig	.... dzc	1,20	0,80	1,—
			Satzpreis (2 W.)	1,50	1,—	1,40
			FDC			2,—

GA: Nominale 1,20 M in Zeichnung dzc

Auflagen: MiNr. 3153 = 8 000 000, MiNr. 3154 = 2 350 000 Stück

1988, 8. März. Blockausgabe: 200. Geburtstag von Joseph Freiherr von Eichendorff. Ⓔ **Rieß; Odr.; gez. Ks 14.**

dzd) J. Frh. v. Eichendorff (1788–1857), Dichter

dze

				★★	⊙	FDC*
3155	70 (Pf)	mehrfarbig	.... dzd	1,30	1,80	
Block 92	(82×57 mm)		.... dze	1,60	2,50	10,—
				Ⓢ	1,40	

*) kein amtlicher FDC

Auflage: 2 100 000 Blocks

Amtliche (Bogen-)Entwertungen für philatelistische Zwecke:

Diese Entwertungsform (von Hand oder gedruckt) wurde in der DDR zu einem eigenständigen Produktionszweig. Bedient wurden damit Versandstellenbezieher (Sammler und Händler), der staatliche Briefmarkenhandel und der Briefmarken-Export. Bei Briefmarken, die in Schalterbogen verausgabt wurden, wendete man aus rationellen Gründen die Entwertung in der Mitte eines Viererblocks an, jedoch wurden auf Kundenwunsch auch per Hand Voll- oder Halbabstempelungen vorgenommen. Von den ca. 60 000–80 000 in der DDR verwendeten Stempeln wurden neben den ausgabebezogenen Sonderstempeln etwa 200 Stempel für die amtl. (Bogen-)Entwertung für philatelistische Zwecke eingesetzt.

Diese Abstempelungen werden von den Prüfern des BPP mit ◎ gekennzeichnet (gedruckte Stempel mit dem Zusatz „G“)!

1988, 22. März. Historische Siegel (II). ⓔ Bobbe; RaTdr. (10×5 und 5×2 Zd); gez. K 14.

dzf) Siegel der Sattler von Mühlhausen (1565)

dzg) Siegel der Fleischer von Dresden (1564)

dzh) Siegel der Schmiede von Nauen (16. Jh.)

dzi) Siegel der Tuchmacher von Frankfurt (Oder) (16. Jh.)

				★★	▨	⊙
3156	10 (Pf)	mehrfarbig .... dzf		0,30	0,30	0,40
3157	25 (Pf)	mehrfarbig .... dzg		0,30	0,30	0,50
3158	35 (Pf)	mehrfarbig .... dzh		0,40	0,40	0,70
3159	50 (Pf)	mehrfarbig .... dzi		0,50	0,50	1,—
			Satzpreis (4 W.)	1,40	1,40	2,50
			FDC 1 (MiNr. 3156, 3159)			1,30
			FDC 2 (MiNr. 3157, 3158)			1,30
			Viererblock	2,—	2,—	3,—
			FDC			3,—

Bei MiNr. 3156 wurde „Mühlhausen" fehlerhaft mit Schluss- statt mit langem s geschrieben.

MiNr. 3156–3159 wurden sowohl einzeln als auch in Viererblockanordnung zusammenhängend gedruckt.

Auflagen: MiNr. 3156 = 26 300 000, MiNr. 3157–3158 je 5 800 000, MiNr. 3159 = 4 400 000 Stück, davon je 2 300 000 aus Zusammendruckbogen

Weitere Ausgabe „Historische Siegel": MiNr. 2884–2887

1988, 22. März. Antarktisforschungsstation der DDR „Georg Forster". ⓔ Reißmüller; Odr. (5×10); gez. K 13:12½.

dzk) Forschungsstation (Teilansicht), Königin-Maud-Land

				★★	▨	⊙
3160	35 (Pf)	mehrfarbig .... dzk		0,60	0,40	0,60
			FDC			1,20

Auflage: 3 500 000 Stück

1988, 5. April. Stadtansichten: Kreisstädte im Norden der DDR. ⓔ Bertholdt; RaTdr. (5×10); gez. K 14.

dzl) Wismar

dzm) Anklam

dzn) Ribnitz-Damgarten

dzo) Stralsund

dzp) Bergen

dzr) Greifswald

				★★	▨	⊙
3161	5 (Pf)	mehrfarbig ...... dzl		0,30	0,20	0,30
3162	10 (Pf)	mehrfarbig ..... dzm		0,30	0,20	0,30
3163	25 (Pf)	mehrfarbig ..... dzn		0,30	0,20	0,50
3164	60 (Pf)	mehrfarbig ..... dzo		0,70	0,60	1,—
3165	90 (Pf)	mehrfarbig ..... dzp		1,—	1,—	1,40
3166	1,20 M	mehrfarbig ...... dzr		1,30	1,30	2,—
			Satzpreis (6 W.)	3,50	3,40	5,—
			FDC 1 (MiNr. 3161, 3164, 3165)			2,50
			FDC 2 (MiNr. 3162, 3163, 3166)			2,50

Auflagen: 3161 = 6 000 000, MiNr. 3162 = 24 000 000, MiNr. 3163 = 3 500 000, MiNr. 3164–3165 je 3 000 000, MiNr. 3166 = 2 100 000 Stück

1988, 5. April. Blockausgabe: 500. Geburtstag von Ulrich von Hutten. ⓔ Abramowski-Lautenschläger; Odr.; gez. Ks 12½:13.

dzs) U. von Hutten (1488–1523), Reichsritter und Humanist

dzt

			★★	⊙	FDC*
3167	70 (Pf)	mehrfarbig .... dzs	0,90	1,50	
Block 93	(55×80 mm)	.... dzt	1,40	2,—	10,—
		Ⓢ		1,20	

*) kein amtlicher FDC

Auflage: 2 100 000 Blocks

1988, 7. Juni. Arbeiterfestspiele der DDR, Bezirk Frankfurt/Oder. ⓔ Kraus; Odr. (2×10 Zd); gez. K 13:12½.

dzu) Bauwerke im Bezirk Frankfurt/Oder | Zierfeld | dzv) Gebäude der Stadt Frankfurt/Oder

dzu–dzv) Volkstanz und Gymnastikgruppen

				★★	▨	⊙
3168	20 (Pf)	mehrfarbig .... dzu		0,30	0,30	0,50
3169	50 (Pf)	mehrfarbig .... dzv		0,60	0,70	1,—
			Satzpreis (2 W.)	0,80	1,—	1,50
			Dreierstreifen	1,40	1,20	2,—
			FDC			3,—

MiNr. 3168–3169 wurden, durch Zierfeld verbunden, waagerecht zusammenhängend gedruckt.

Auflage: 3 000 000 Sätze

1988, 21. Juni. 10. Jahrestag des gemeinsamen Weltraumfluges UdSSR-DDR (I). ⓔ Kraus; Odr. (5×5); gez. K 14.

dzw) Kosmonauten Sigmund Jähn und Waleri Bykowski beim Signieren der Landekapsel des Raumschiffs Sojus 29

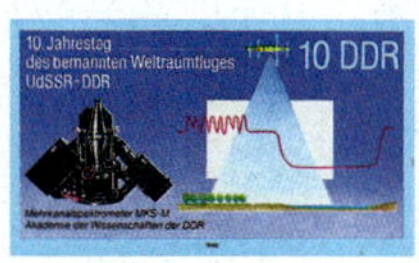

dzx) Mehrkanalspektrometer MKS-M, Messkurve

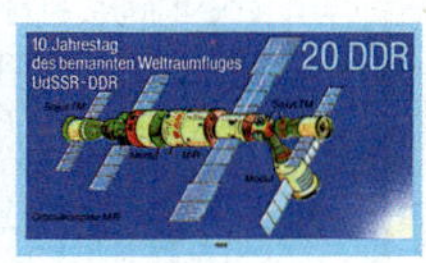

dzy) Orbitalkomplex MIR

				★★	▨	⊙
3170	5 (Pf)	mehrfarbig .... dzw		0,30	0,20	0,30
3171	10 (Pf)	mehrfarbig .... dzx		0,30	0,20	0,30
3172	20 (Pf)	mehrfarbig .... dzy		0,30	0,30	0,60
			Satzpreis (3 W.)	0,80	0,70	1,20
			FDC			1,80
			ETB 1/1988			10,—
			amtl. MK (4/1988) (MiNr. 3170)			3,—

Postpreis ETB 1/1988 10,– M

Auflagen: MiNr. 3170 = 2 200 000, MiNr. 3171–3172 je 8 000 000 Stück

In gleichen Zeichnungen: MiNr. 3190–3192

Alle vom 1.1.1964 bis 30.6.1990 ausgegebenen Postwertzeichen (MiNr. 1004 bis 3343) waren bis 2.10.1990 gültig.

1988, 21. Juni. Briefmarkenausstellung der Jugend, Erfurt und Chemnitz (Karl-Marx-Stadt). Ⓔ **Rieß; RaTdr. (2×10 Zd); gez. K 14.**

dzz) Erfurt (um 1520) Zierfeld eab) Historische und moderne Gebäude in Erfurt

eaa) Chemnitz (um 1620) Zierfeld eac) Historische und moderne Gebäude in Chemnitz (Karl-Marx-Stadt)

			★★	◍	⊙
3173	10 + 5 (Pf) mehrfarbig	dzz	0,30	0,40	0,70
3174	20 + 5 (Pf) mehrfarbig	eaa	0,30	0,40	0,70
3175	25 (Pf) mehrfarbig	eab	0,30	0,40	0,70
3176	50 (Pf) mehrfarbig	eac	0,70	0,90	1,50
	Satzpreis (4 W.)		1,50	2,—	3,50
	Dreierstreifen 1 (MiNr. 3173, 3175)		0,80	1,50	2,50
	Dreierstreifen 2 (MiNr. 3174, 3176)		1,20	2,50	4,—
	Satzpreis (2 Dreierstreifen)		2,—	4,—	6,50
	FDC 1 (MiNr. 3173, 3175)				2,—
	FDC 2 (MiNr. 3174, 3176)				3,—

MiNr. 3173/3175 und 3174/3176 wurden, jeweils durch Zierfeld verbunden, waagerecht zusammenhängend gedruckt.

Auflage: 3 000 000 Sätze

1988, 5. Juli. 35 Jahre Kampfgruppen. Ⓔ **Rieß; RaTdr. (5×10); gez. K 14:13¾.**

ead) Vereidigung

eae) Ernst-Thälmann-Ehrung eaf) Appell dag) Waffenübergabe

			★★	◍	⊙
3177	5 (Pf) mehrfarbig	ead	0,30	0,20	0,30
3178	10 (Pf) mehrfarbig	eae	0,30	0,20	0,30
3179	15 (Pf) mehrfarbig	eaf	0,30	0,20	0,50
3180	20 (Pf) mehrfarbig	eag	0,30	0,20	0,50
	Satzpreis (4 W.)		1,10	0,80	1,50
	FDC 1 (MiNr. 3177, 3180)				0,70
	FDC 2 (MiNr. 3178, 3179)				0,70

Auflagen: MiNr. 3177 = 6 000 000, MiNr. 3178 = 24 000 000, MiNr. 3179 = 2 100 000, MiNr. 3180 = 8 000 000 Stück

1988, 19. Juli. Pioniertreffen, Chemnitz (Karl-Marx-Stadt). Ⓔ **Soest; Odr. (2×10 Zd); gez. K 13:12½.**

eah) Gebäude in Chemnitz (Karl-Marx-Stadt), Luftballons, Friedenstauben Zierfeld eai) Junge Pioniere mit Musikinstrumenten, Luftballons, Friedenstauben

			★★	◍	⊙
3181	10 (Pf) mehrfarbig	eah	0,30	0,30	0,50
3182	10 + 5 (Pf) mehrfarbig	eai	0,30	0,30	0,50
	Satzpreis (2 W.)		0,50	0,50	1,—
	Dreierstreifen		1,50	1,50	2,—
	FDC				2,50

MiNr. 3181–3182 wurden, durch Zierfeld verbunden, waagerecht zusammenhängend gedruckt.

Auflage: 3 000 000 Sätze

1988, 9. Aug. Olympische Sommerspiele, Seoul. Ⓔ **Detlefsen; RaTdr. (5×10); gez. K 14.**

eak) Schwimmen

eal) Hallenhandball

eam) Hürdenlauf

ean) Rudern

eao) Boxen

eap) Radfahren

			★★	◍	⊙
3183	5 (Pf) mehrfarbig	eak	0,30	0,30	0,40
3184	10 (Pf) mehrfarbig	eal	0,30	0,30	0,40
3185	20 + 10 (Pf) mehrfarbig	eam	0,40	0,40	0,70
3186	25 (Pf) mehrfarbig	ean	0,40	0,40	0,60
3187	35 (Pf) mehrfarbig	eao	0,40	0,40	0,70
3188	50 + 20 (Pf) mehrfarbig	eap	0,90	0,90	1,50
	Satzpreis (6 W.)		2,40	2,40	4,—
	FDC 1 (MiNr. 3183, 3184, 3188)				1,60
	FDC 2 (MiNr. 3185–3187)				1,60

Blockausgabe, Odr., gez. Ks 13:12½

ear) Staffellauf

eas

			★★	⊙	FDC
3189	85 (Pf) mehrfarbig	ear	1,50	3,—	
Block 94	(54×80 mm)	eas	2,40	4,—	12,—
		Ⓢ		2,50	

Auflagen: MiNr. 3183 = 6 000 000, MiNr. 3184 = 8 000 000, MiNr. 3185 und 3188 je 3 000 000, MiNr. 3186 = 3 500 000, MiNr. 3187 = 2 100 000 Stück, Bl. 94 = 2 100 000 Blocks

1988, 30. August. 10. Jahrestag des gemeinsamen Weltraumfluges UdSSR-DDR (II). Ⓔ **Kraus; Odr. (Klb. 2×2); gez. K 14.**

dzw) Kosmonauten Sigmund Jähn und Waleri Bykowski beim Signieren der Landekapsel des Raumschiffs Sojus 29

dzx) Mehrkanalspektrometer MKS-M, Messkurve dzy) Orbitalkomplex MIR

			★★	◍	⊙
3190	10 (Pf) mehrfarbig	dzw	0,30	0,30	0,50
3191	20 (Pf) mehrfarbig	dzx	0,40	0,40	0,50

				★★	▨	⊙
3192	35 (Pf)	mehrfarbig .... dzy		0,80	0,80	1,—
			Satzpreis (3 W.)	1,50	1,50	2,—
			Kleinbogen 1 (MiNr. 3190)	1,30	1,30	2,—
			Kleinbogen 2 (MiNr. 3191)	1,70	1,70	2,—
			Kleinbogen 3 (MiNr. 3192)	3,50	3,50	8,—
			Satzpreis (3 Klb.)	6,50	6,50	8,—
			FDC*			22,—

*) kein amtlicher FDC

Auflage: 8 400 000 Sätze

In gleichen Zeichnungen: MiNr. 3170–3172

1988, 30. Aug. Blockausgabe: Leipziger Herbstmesse. ⓔ Arnold; Odr.; gez. Ks 14.

eaw

eat) Warenkontrolle (um 1810)

eau) Völkerschlachtdenkmal, Leipzig

eav) Messeszene (um 1820)

			★★	⊙	FDC*
3193	5 (Pf)	mehrfarbig ...... eat	0,30	0,60	
3194	15 (Pf)	mehrfarbig ..... eau	0,30	0,60	
3195	100 (Pf)	mehrfarbig ..... eav	1,—	2,—	
Block 95	(110×90 mm)	.... eaw	2,50	3,—	12,—
		Ⓢ		2,20	

*) kein amtlicher FDC

Auflage: 2 400 000 Blocks

1988, 13. Sept. Internationale Mahn- und Gedenkstätten. ⓔ Detlefsen; RaTdr. (5×5); gez. K 14.

eax) Denkmal für die europäische Widerstandsbewegung gegen Faschismus, Como; von Gianni Colombo (1937–1993), italien. Bildhauer und Keramiker

			★★	▨	⊙
3196	35 (Pf)	mehrfarbig .... eax	0,50	0,40	0,70
		FDC			0,80

Auflage: 3 500 000 Stück

Weitere Ausgaben „Internationale Mahn- und Gedenkstätten" siehe Übersichtstabelle nach MiNr. 975

1988, 13. Sept. Internationale Mahn- und Gedenkstätten: 30 Jahre Mahn- und Gedenkstätte Buchenwald. ⓔ Detlefsen; RaTdr. (5×5); gez. K 14.

eay) Denkmal auf dem Ettersberg bei Weimar; von Fritz Cremer (1906–1993)

			★★	▨	⊙
3197	10 (Pf)	mehrfarbig .... eay	0,30	0,20	0,50
		FDC (A)			0,60

Auflage: 8 000 000 Stück

Weitere Ausgaben „Internationale Mahn- und Gedenkstätten" siehe Übersichtstabelle nach MiNr. 975

1988, 20. Sept. 500 Jahre Schiffer-Compagnie, Stralsund: Segelschiffe. ⓔ Bertholdt; Odr. (8×5); gez. K 13.

eaz) Brigg „Adolph Friedrich" (1863)

eba) Bark „Gartenlaube" (1872)

ebb) Brigantine „Auguste Mathilde" (1830)

ebc) Brigg „Hoffnung" (1844)

				★★	▨	⊙
3198	5 (Pf)	mehrfarbig ..... eaz		0,40	0,30	0,50
3199	10 (Pf)	mehrfarbig ..... eba		0,40	0,30	0,50
3200	70 (Pf)	mehrfarbig ..... ebb		1,—	1,—	1,50
3201	1,20 M	mehrfarbig ..... ebc		1,50	1,50	2,50
			Satzpreis (4 W.)	3,20	3,—	5,—
			FDC 1 (MiNr. 3198, 3201)			2,50
			FDC 2 (MiNr. 3199, 3200)			2,—
			ETB 2/1988			11,—

Postpreis ETB 2/1988 12,— M (Auflage 50 000)

Auflagen: MiNr. 3198 = 6 000 000, MiNr. 3199 = 8 000 000, MiNr. 3200 = 3 000 000, MiNr. 3201 = 2 160 000 Stück

1988, 4. Okt. Internationale Solidarität. ⓔ Gottschall; RaTdr. (3×10 Zd); gez. K 14.

ebd) Farbiges Kind in ärztlicher Behandlung

Zierfeld

				★★	▨	⊙
3202	10 + 5 (Pf)	mehrfarbig ..... ebd		0,60	0,60	0,80
			Zusammendruck a	1,—	1,—	1,50
			FDC a			2,—
			Zusammendruck b	1,—	1,—	1,50
			FDC b			2,—

MiNr. 3202 wurde mit Zierfeld zusammenhängend gedruckt, wobei schwarze (a) und rote (b) Zierfelder schachbrettartig abwechseln.

Auflage: 3 500 000 Stück

1988, 18. Okt. Technische Denkmale (IV): Schiffshebewerke, Hub- und Zugbrücken. ⓔ Bertholdt; RaTdr. (5×10); gez. K 14.

ebe) Hubbrücke über Stromelbe, Magdeburg

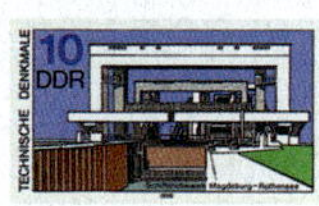

ebf) Schiffshebewerk, Magdeburg-Rothensee

ebg) Schiffshebewerk, Niederfinow

ebh) Klappbrücke über die Ruppiner Wasserstraße mit Schleuse, Altfriesack

ebi) Ziegelgraben-Klappbrücke, Rügendamm bei Stralsund

			★★	▨	⊙
3203	5 (Pf)	mehrfarbig .... ebe	0,30	0,20	0,30
3204	10 (Pf)	mehrfarbig .... ebf	0,30	0,20	0,30
3205	35 (Pf)	mehrfarbig .... ebg	0,40	0,30	0,50

				★★	⊘	⊙
3206	70 (Pf)	mehrfarbig	ebh	0,80	0,80	1,40
3207	90 (Pf)	mehrfarbig	ebi	1,—	1,—	1,50
		Satzpreis (5 W.)		2,50	2,40	4,—
		FDC 1 (MiNr. 3203, 3205, 3206)				2,20
		FDC 2 (MiNr. 3204, 3207)				1,80
		amtl. MK (5–9/1988)				16,—

Auflagen: MiNr. 3203 = 6 000 000, MiNr. 3204 = 24 000 000, MiNr. 3205 = 3 500 000, MiNr. 3206 = 3 000 000, MiNr. 3207 = 2 150 000 Stück, davon je 50 000 auf MK

Weitere Ausgaben „Technische Denkmale“: MiNr. 2657–2660, 2957–2958, 3015–3018

1988, 8. Nov. 50. Jahrestag der Novemberpogrome („Reichskristallnacht“, 9./10.11.1938). Ⓔ Glinski; RaTdr. (10×5); gez. K 14.

ebk) Siebenarmiger Leuchter (Menora)

				★★	⊘	⊙
3208	35 (Pf)	mehrfarbig	ebk	0,60	0,40	0,60
		FDC				0,80

Auflage: 3 500 000 Stück

1988, 8. Nov. 100. Geburtstag von Max Lingner. Ⓔ Detlefsen; Odr. (5×5); gez. K 14.

ebl) Im Boot

ebm) Mademoiselle Yvonne ebn) Frei, stark und glücklich ebo) Neue Ernte

ebl–ebo) Gemälde von M. Lingner (1888–1959), Maler und Pressezeichner

				★★	⊘	⊙
3209	5 (Pf)	mehrfarbig	ebl	0,40	0,30	0,50
3210	10 (Pf)	mehrfarbig	ebm	0,40	0,30	0,50
3211	20 (Pf)	mehrfarbig	ebn	0,40	0,30	0,50
3212	85 (Pf)	mehrfarbig	ebo	1,30	1,10	1,50
		Satzpreis (4 W.)		2,50	2,—	3,—
		FDC 1 (MiNr. 3209, 3212)				2,—
		FDC 2 (MiNr. 3210, 3211)				1,—

Auflagen: MiNr. 3209 = 6 000 000, MiNr. 3210–3211 je 8 000 000, MiNr. 3212 = 2 100 000 Stück

Die Deutsche Post der DDR brachte seit 1985 ETB in zwei Versionen heraus: zum einen in einer „Jahressammlung der Postwertzeichen der Deutschen Post“ (alle Ausgaben eines Jahrgangs auf vorderseitig durchnummerierten, nicht illustrierten Faltblättern), zum anderen zu ausgewählten Ausgaben auf rückseitig nummerierten, illustrierten Faltblättern. Die letztgenannten ETB sind bei den entsprechenden Markenausgaben, die ETB-Jahressammlungen nach den Jahreszusammenstellungen erfasst.

1988, 22. Nov. Blockausgabe: 100. Geburtstag von Friedrich Wolf. Ⓔ Soest; Odr.; gez. Ks 14.

ebr

ebp) Dr. F. Wolf (1888–1953), Arzt, Schriftsteller und Dramatiker

				★★	⊙	FDC*
3213	110 (Pf)	mehrfarbig	ebp	1,30	3,50	
Block 96	(87×59 mm)		ebr	1,50	4,50	10,—
			Ⓢ		3,—	

*) kein amtlicher FDC

Auflage: 2 100 000 Blocks

1988, 22. Nov. 40 Jahre Weltgesundheitsorganisation (WHO). Ⓔ Lenz; RaTdr. (10×5); gez. K 14.

ebs) WHO-Emblem, Staatswappen der DDR

				★★	⊘	⊙
3214	85 (Pf)	mehrfarbig	ebs	1,20	0,60	1,—
		FDC				1,20

Auflage: 3 000 000 Stück

1988, 22. Nov. Erzgebirgische Klöppelspitze. Ⓔ Scheuner; Odr. (Klb. 3×2); gez. K 12½:13.

ebt
ebu
ebv
ebw
ebx
eby

ebt–eby) Exponate der Bezirksausstellung „Erzgebirgische Klöppelspitze“

				★★	⊘	⊙
3215	20 (Pf)	mehrfarbig	ebt	0,30	0,30	0,50
3216	25 (Pf)	mehrfarbig	ebu	0,70	0,70	1,—
3217	35 (Pf)	mehrfarbig	ebv	0,30	0,30	0,50
3218	40 (Pf)	mehrfarbig	ebw	0,30	0,30	0,50
3219	50 (Pf)	mehrfarbig	ebx	0,70	0,70	1,—
3220	85 (Pf)	mehrfarbig	eby	0,30	0,30	0,50
		Satzpreis (6 W.)		2,50	2,50	4,—
		Kleinbogen		3,—	3,—	5,—
		FDC*				20,—

*) kein amtlicher FDC

MiNr. 3215–3220 wurden zusammenhängend im numerierten Kleinbogen gedruckt.

Auflage: 1 900 000 Sätze

1989

1989, 10. Jan. 40 Jahre Rat für gegenseitige Wirtschaftshilfe (RGW). Ⓔ **Gottschall; RaTdr. (6×5); gez. K 13.**

ebz) Flaggen der Mitgliedstaaten vor roter Fahne

				★★	▨	⊙
3221	20 (Pf)	mehrfarbig . . . . ebz		0,60	0,30	0,50
		FDC				0,70

Auflage: 8 100 000 Stück

1989, 24. Jan. Persönlichkeiten der deutschen Arbeiterbewegung (XV). Ⓔ **Stauf; StTdr. (10×5); gez. K 14.**

eca) Edith Baumann (1909–1973)

ecb) Otto Meier (1889–1962)

ecc) Alfred Oelßner (1879–1962)

ecd) Fritz Selbmann (1899–1975)

			★★	▨	⊙
3222	10 (Pf)	dkl'braunkarmin . . . eca	0,30	0,20	0,30
3223	10 (Pf)	schwarzopalgrün . . ecb	0,30	0,20	0,30
3224	10 (Pf)	schw'graubraun . . . ecc	0,30	0,20	0,30
3225	10 (Pf)	dkl'viol'ultramarin . ecd	0,30	0,20	0,30
		Satzpreis (4 W.)	0,70	0,50	1,—
		FDC 1 (A) (MiNr. 3222, 3225)			0,70
		FDC 2 (A) (MiNr. 3223, 3224)			0,70

Auflage: 8 000 000 Sätze

Weitere Ausgaben „Persönlichkeiten der deutschen Arbeiterbewegung" siehe Übersichtstabelle nach MiNr. 1855

1989, 7. Febr. Fernsprechapparate im Wandel der Zeiten. Ⓔ **Korn; Odr. (5×10 und 2×5 Zd); gez. K 14.**

ece) Telefonapparat von Philipp Reis (1861)

ecf) Wandapparat von Siemens & Halske (1882)

ecg) Wandapparat OB 03 (1903)

ech) Tischapparat OB 05 (1905)

			★★	▨	⊙
3226	10 (Pf)	mehrfarbig . . . . ece	0,30	0,30	0,40
3227	20 (Pf)	mehrfarbig . . . . ecf	0,30	0,30	0,50
3228	50 (Pf)	mehrfarbig . . . . ecg	0,60	0,60	1,—
3229	85 (Pf)	mehrfarbig . . . . ech	1,—	1,—	1,30
		Satzpreis (4 W.)	2,—	2,—	3,—
		FDC 1 (MiNr. 3226, 3229)			1,80
		FDC 2 (MiNr. 3227, 3228)			1,—
		amtl. MK (1–4/1989)			11,—
		Viererblock	2,50	2,80	3,50
		FDC			3,50

MiNr. 3226–3229 wurden sowohl einzeln als auch zusammenhängend in Viererblockanordnung gedruckt.

Auflagen: MiNr. 3226 = 34 300 000, MiNr. 3227 = 10 300 000, MiNr. 3228 = 5 300 000, MiNr. 3229 = 4 400 000 Stück, davon je 2 300 000 aus Zusammendruckbogen sowie je 50 000 auf MK

1989, 28. Febr. Bedeutende Persönlichkeiten (XI). Ⓔ **Gottschall; RaTdr. (5×10); gez. K 14.**

eci) Ludwig Renn (1889–1979), Schriftsteller

eck) Carl von Ossietzky (1889–1938), Publizist, Friedens-Nobelpreis 1936

ecl) Adam Scharrer (1889–1948), Schriftsteller

ecm) Rudolf Mauersberger (1889–1971), Kantor der Dresdner Kreuzkirche, Komponist

ecn) Johann Beckmann (1739–1811), Philosoph und Ökonom

			★★	▨	⊙
3230	10 (Pf)	mehrfarbig . . . . eci	0,30	0,20	0,30
3231	10 (Pf)	mehrfarbig . . . . eck	0,30	0,20	0,30
3232	10 (Pf)	mehrfarbig . . . . ecl	0,30	0,20	0,30
3233	10 (Pf)	mehrfarbig . . . . . . ecm	0,30	0,20	0,30
3234	10 (Pf)	mehrfarbig . . . . ecn	0,30	0,20	0,30
		Satzpreis (5 W.)	1,—	0,70	1,40
		FDC 1 (MiNr. 3230–3232)			1,—
		FDC 2 (MiNr. 3233, 3234)			1,—

Auflagen: MiNr. 3230 und 3232–3234 je 8 000 000, MiNr. 3231 = 32 000 000 Stück

Weitere Ausgaben „Bedeutende Persönlichkeiten" in gleicher Aufmachung siehe Übersichtstabelle nach MiNr. 2202; in anderer Ausführung: MiNr. 1815–1819, 1941–1945, 2025–2029

1989, 7. März. Leipziger Frühjahrsmesse. Ⓔ **Volkamer; Odr. (5×10); gez. K 14.**

eco) Messehaus „Handelshof" am Naschmarkt

ecp) Alte Börse am Leipziger Naschmarkt; Kupferstich von Gabriel Bodenehr (1700)

			★★	▨	⊙
3235	70 (Pf)	mehrfarbig . . . . eco	0,90	0,80	1,40
3236	85 (Pf)	mehrfarbig . . . . ecp	1,10	1,10	1,60
		Satzpreis (2 W.)	2,—	1,90	3,—
		FDC			3,—

GA: Nominale 1,35 M in Zeichnung eco

Auflagen: MiNr. 3235 = 3 500 000, MiNr. 3236 = 2 350 000 Stück

1989, 21. März. Blockausgabe: 500. Geburtstag von Thomas Müntzer (I). Ⓔ **Schmidt; Odr.; gez. Ks 13:12½.**

ecr) Th. Müntzer (um 1489–1525), Theologe und Revolutionär

ecs

			★★	⊙	FDC*
3237	110 (Pf)	hellgelbocker/ schwarz . . . . ecr	1,30	2,50	
Block 97	(86×66 mm)	. . . . ecs	1,60	3,50	10,—
		Ⓢ		2,60	

*) kein amtlicher FDC

Auflage: 2 100 000 nummerierte Blocks

Weitere Ausgabe „500. Geburtstag von Thomas Müntzer": MiNr. 3269–3273

1989, 4. April. 150. Jahrestag der Inbetriebnahme der ersten deutschen Ferneisenbahn Leipzig–Dresden; 200. Geburtstag von Friedrich List. 🄴 **Glinski; Odr. (5×10); gez. K 14.**

ect) F. List (1789–1846) Wirtschaftswissenschaftler — ecu) Dresdner Bahnhof in Leipzig (1839) — ecv) Leipziger Bahnhof in Dresden (um 1839)

				✶✶	◍	⊙
3238	15 (Pf)	mehrfarbig	.... ect	0,40	0,30	0,50
3239	20 (Pf)	mehrfarbig	.... ecu	0,40	0,20	0,50
3240	50 (Pf)	mehrfarbig	.... ecv	0,70	0,70	1,—
			Satzpreis (3 W.)	1,50	1,20	2,—
			FDC			2,—
			ETB 1/1989*			17,—

*) enthält zusätzlich Schwarzdruck der MiNr. 3238

Postpreis ETB 1/1989 16,– M

Auflagen: MiNr. 3238 = 4 000 000, MiNr. 3239 = 8 000 000, MiNr. 3240 = 2 100 000 Stück, davon je 50 000 auf ETB

1989, 18. April. Meissener Porzellan (III): 250 Jahre Zwiebelmuster. 🄴 **Rieß; Odr.; I = Format 25,5×43 mm (10×5), gez. K 12½:13; II = Format 32,5×55 mm (2×2 Zd), gez. K 14.**

ecw) Teedose (18. Jh.) — ecx) Vase (1908) — ecy) Brotbrett (1855) — ecz) Kaffeekanne (1745)

I Format 25,5×43 mm, gez. K 12½:13

				✶✶	◍	⊙
3241 I	10 (Pf)	mehrfarbig	..... ecw	0,30	0,30	0,50
3242 I	20 (Pf)	mehrfarbig	..... ecx	0,30	0,40	0,50
3243 I	35 (Pf)	mehrfarbig	..... ecy	0,50	0,70	1,—
3244 I	70 (Pf)	mehrfarbig	..... ecz	1,—	1,20	2,—
			Satzpreis (4 W.)	2,—	2,50	4,—
			FDC 1 (MiNr. 3241 I, 3244 I)			2,50
			FDC 2 (MiNr. 3242 I, 3243 I)			1,50

II Format 32,5×55 mm, gez. K 14

				✶✶	◍	⊙
3241 II	10 (Pf)	mehrfarbig	.... ecw I	0,40	0,20	0,40
3242 II	20 (Pf)	mehrfarbig	.... ecx I	0,40	0,30	0,50
3243 II	35 (Pf)	mehrfarbig	.... ecy I	0,60	0,50	0,90
3244 II	70 (Pf)	mehrfarbig	.... ecz I	1,20	1,20	1,80
			Satzpreis (4 W.)	2,50	2,20	3,50
			Viererblock	2,80	2,80	4,—
			FDC			4,—

MiNr. 3241 I–3244 I wurden einzeln, MiNr. 3241 II–3244 II zusammenhängend in Viererblockanordnung gedruckt.

Auflagen: MiNr. 3241 I–3242 I je 8 000 000, MiNr. 3243 I = 3 500 000, MiNr. 3244 I = 2 100 000, MiNr. 3241 II–3244 II je 3 000 000 Stück

Weitere Ausgaben „Meissener Porzellan": MiNr. 2464–2471, 2667 bis 2670

Ersttagsbriefe (FDC):

FDC = amtlicher illustrierter FDC
FDC (A) = amtlicher nicht illustrierter FDC
FDC* = nicht amtlicher FDC

Bedarfsbriefe mit Ersttagsverwendung sind meist erheblich teurer!

1989, 2. Mai. Internationale Buchkunstausstellung (IBA), Leipzig. 🄴 **Bobbe und Bobbe; RaTdr. (10×5); gez. K 14.**

eda) Initiale „I" — edb) Initiale „B" — edc) Initiale „A"

				✶✶	◍	⊙
3245	20 (Pf)	mehrfarbig	..... eda	0,30	0,20	0,40
3246	50 (Pf)	mehrfarbig	..... edb	0,60	0,50	0,90
3247	1,35 (M)	mehrfarbig	..... edc	1,70	1,70	2,50
			Satzpreis (3 W.)	2,50	2,40	3,80
			FDC			3,50

Auflagen: MiNr. 3245 = 8 000 000, MiNr. 3246 = 3 000 000, MiNr. 3247 = 2 100 000 Stück

1989, 9. Mai. Pfingsttreffen der Freien Deutschen Jugend (FDJ), Berlin; Weltfestspiele der Jugend und Studenten, Pjöngjang. 🄴 **Lehmann; Odr. (2×10 Zd); gez. K 13:12½.**

ede) Bauwerke im Zentrum Berlins, Emblem — Zierfeld — edd) Bauwerke in Pjöngjang, Emblem

				✶✶	◍	⊙
3248	20 (Pf)	mehrfarbig	..... edd	0,40	0,50	0,80
3249	20 + 5 (Pf)	mehrfarbig	..... ede	0,40	0,50	0,80
			Satzpreis (2 W.)	0,80	1,—	1,50
			Dreierstreifen	0,90	1,30	2,—
			FDC			2,—

MiNr. 3248–3249 wurden, durch Zierfeld verbunden, waagerecht zusammenhängend gedruckt.

MiNr. 3248 und 3249 wurden beim Postamt Heiligenstadt irrtümlich bereits am 2. Mai vormittags kurze Zeit verkauft.

Auflage: 3 000 000 Sätze

1989, 16. Mai. 225. Geburtstag von Johann Gottfried Schadow. 🄴 **Rieß; RaTdr. (10×5); gez. K 14.**

edf) Prinzessin Luise

edg) Prinzessin Friederike

edf–edg) Details aus dem Doppelstandbild der Prinzessinnen Luise und Friederike von Preußen; von J. G. Schadow (1764–1850), Bildhauer und Grafiker

				✶✶	◍	⊙
3250	50 (Pf)	mehrfarbig	.... edf	0,80	0,60	1,—
3251	85 (Pf)	mehrfarbig	.... edg	1,40	1,20	2,—
			Satzpreis (2 W.)	2,20	1,80	3,—
			FDC			3,—

Auflagen: MiNr. 3250 = 3 000 000, MiNr. 3251 = 2 100 000 Stück

1989, 16. Mai. 100 Jahre Carl-Zeiss-Stiftung, Jena. 🄴 **Haller; RaTdr. (3×5 Zd); gez. K 14.**

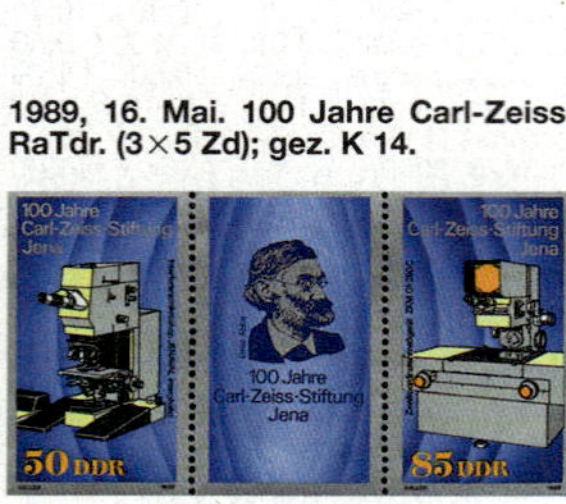

edh) Interferenzmikroskop „JENAVAL interphako"

Zierfeld

edi) Zweikoordinatenmessgerät ZKM 01–250 C

				★★	⊘	⊙
3252	50 (Pf)	mehrfarbig	edh	0,50	0,50	0,80
3253	85 (Pf)	mehrfarbig	edi	1,—	1,—	1,50
			Satzpreis (2 W.)	1,50	1,50	2,20
			Dreierstreifen	2,—	1,80	3,—
			FDC			2,50

MiNr. 3252–3253 wurden, durch Zierfeld verbunden, waagerecht zusammenhängend gedruckt.

Auflage: 3 000 000 Sätze

1989, 23. Mai. 200. Jahrestag der Antrittsrede Friedrich Schillers an der Universität Jena. Ⓔ Kraus; RaTdr. (3×5 Zd); gez. K 14.

edk) Titelseite der Antrittsrede „Was heißt und zu welchem Ende studiert man Universalgeschichte?“

Zierfeld

edl) Ausschnitt aus der Antrittsrede

				★★	⊘	⊙
3254	25 (Pf)	mehrfarbig	edk	0,30	0,40	0,80
3255	85 (Pf)	mehrfarbig	edl	0,90	1,—	1,80
			Satzpreis (2 W.)	1,20	1,40	2,50
			Dreierstreifen	1,40	2,50	3,50
			FDC			3,50

MiNr. 3254–3255 wurden, durch Zierfeld verbunden, waagerecht zusammenhängend gedruckt.

Auflage: 3 000 000 Sätze

1989, 13. Juni. Blockausgabe: Alfred Edmund und Christian Ludwig Brehm. Ⓔ Soest; Odr.; gez. Ks 14.

edo

edm) A. E. Brehm (1829–1884), Zoologe

edn) Chr. L. Brehm (1787–1864), luther. Pfarrer und Ornithologe

				★★	⊙	FDC*
3256	50 (Pf)	mehrfarbig	edm	0,60	5,—	
3257	85 (Pf)	mehrfarbig	edn	1,20	8,—	
Block 98	(110×80 mm)		edo	2,50	15,—	20,—
			Ⓢ		12,—	

*) kein amtlicher FDC

Auflage: 2 100 000 Blocks

1989, 4. Juli. 200. Jahrestag der Französischen Revolution. Ⓔ Rieß; RaTdr. (3×10); gez. K 13.

edp) Sturm auf die Bastille

edr) Fahnenträger der Sansculotten, bewaffnete Bürger

eds) Erstürmung der Tuilerien

				★★	⊘	⊙
3258	5 (Pf)	mehrfarbig	edp	0,30	0,40	0,70
3259	20 (Pf)	mehrfarbig	edr	0,30	0,40	0,70
3260	90 (Pf)	mehrfarbig	eds	1,—	1,60	2,60
			Satzpreis (3 W.)	1,50	2,40	4,—
			FDC 1 (MiNr. 3258, 3259)			1,50
			FDC 2 (MiNr. 3260)			2,50

Auflagen: MiNr. 3258 = 6 000 000, MiNr. 3259 = 8 100 000, MiNr. 3260 = 2 100 000 Stück

1989, 18. Juli. Internationaler Kongress für Pferdezucht der sozialistischen Staaten, Berlin. Ⓔ Abramowski-Lautenschläger; Odr. (5×5); gez. K 13½.

edt) Haflinger

edu) Englisches Vollblut

edv) Kaltblut

edw) Edles Warmblut

				★★	⊘	⊙
3261	10 (Pf)	mehrfarbig	edt	0,30	0,30	0,40
3262	20 (Pf)	mehrfarbig	edu	0,30	0,30	0,40
3263	70 (Pf)	mehrfarbig	edv	0,80	0,80	1,20
3264	110 (Pf)	mehrfarbig	edw	1,30	1,30	2,—
			Satzpreis (4 W.)	2,40	2,40	4,—
			FDC 1 (MiNr. 3261, 3264)			3,—
			FDC 2 (MiNr. 3262, 3263)			2,—

Auflagen: MiNr. 3261–3262 je 8 000 000, MiNr. 3263 = 3 200 000, MiNr. 3264 = 2 100 000 Stück

1989, 8. Aug. Nationale Briefmarkenausstellung, Magdeburg. Ⓔ Rieß; Odr. (5×10 und 4×5); gez. K 13:12½.

edx) Eulenspiegelbrunnen

edy) Teufelsbrunnen

				★★	⊘	⊙
3265	20 (Pf)	mehrfarbig	edx	0,30	0,20	0,40
3266	70 + 5 (Pf)	mehrfarbig	edy	1,—	0,90	1,60
			Satzpreis (2 W.)	1,20	1,10	2,—
			FDC			2,—

MiNr. 3265–3266 wurden jeweils sowohl in Bogen zu 50 Marken als auch jeweils in Bogen zu 10 waager. Markenpaaren mit Zwischenstegen gedruckt.

Auflagen: MiNr. 3265 = 11 900 000, MiNr. 3266 = 6 900 000 Stück, davon je 3 900 000 aus Zwischenstegbogen

1989, 22. Aug. Blockausgabe: Leipziger Herbstmesse. Ⓔ Zill; Odr.; gez. Ks 14.

eeb

edz eea

edz–eea) Neubauten am Westeingang des Messegeländes

				★★	⊙	FDC*
3267	50 (Pf)	mehrfarbig .... edz		0,70	1,20	
3268	85 (Pf)	mehrfarbig .... eea		1,—	2,—	
Block 99	(105×75 mm)	.... eeb		1,90	4,—	12,—
		Ⓢ			1,90	

*) kein amtlicher FDC

Auflage: 2 100 000 Blocks

1989, 22. Aug. 500. Geburtstag von Thomas Müntzer (II). 🄴 **Schmitdt; Odr. (5×5, MiNr. 3271 auch Klb. 2×2); gez. K 14.**

eec) Verkündigung an den Bauern

eed) Lebensbrunnen

eee) Müntzer in der Schlacht

eef) Die lutherisch Strebkatz

eeg) Justitia/Narr

eec–eeg) Frühbürgerliche Revolution in Deutschland 1525 (Details); Monumentalgemälde von Werner Tübke (1929–2004)

			★★	⊘	⊙
3269	5 (Pf)	mehrfarbig .... eec	0,30	0,30	0,50
3270	10 (Pf)	mehrfarbig .... eed	0,30	0,30	0,50
3271	20 (Pf)	mehrfarbig .... eee	0,30	0,30	0,50
3272	50 (Pf)	mehrfarbig .... eef	0,60	0,80	1,20
3273	85 (Pf)	mehrfarbig .... eeg	1,30	1,50	2,—
		Satzpreis (5 W.)	2,60	3,—	4,50
		FDC 1 (MiNr. 3269, 3272)			1,50
		FDC 2 (MiNr. 3270, 3271)			1,—
		FDC 3 (MiNr. 3273)			1,50
		ETB 2/1989			9,—
		amtl. MK (5–9/1989)			11,—
		Kleinbogen mit MiNr. 3271	2,50	2,50	4,50
		FDC*			15,—

*) kein amtlicher FDC

Postpreis ETB 2/1989 12,— M

Die Unterdruckfarbe der Kleinbogen mit MiNr. 3271 schwankt!

Auflagen: MiNr. 3269 = 6 000 000, MiNr. 3270 = 8 000 000, MiNr. 3271 = 16 400 000, davon 8 400 000 aus Kleinbogen, MiNr. 3272 = 3 200 000, MiNr. 3273 = 2 100 000 Stück

Weitere Ausgabe „500. Geburtstag von Thomas Müntzer": Block 97

1989, 5. Sept. Internationale Mahn- und Gedenkstätten: 30 Jahre Nationale Mahn- und Gedenkstätte Ravensbrück. 🄴 **Rieß; RaTdr. (5×5); gez. K 14.**

eeh) Müttergruppe; Bronzeplastik in der Mahn- und Gedenkstätte Ravensbrück

			★★	⊘	⊙
3274	35 (Pf)	mehrfarbig .... eeh	0,50	0,50	0,80
		FDC			1,30

Auflage: 3 500 000 Stück

Weitere Ausgaben „Internationale Mahn- und Gedenkstätten" siehe Übersichtstabelle nach MiNr. 975

1989, 5. Sept. Internationale Solidarität. 🄴 **Lehmann; RaTdr. (10×5); gez. K 14.**

eei) Afrikanische Kinder, UNICEF-Emblem

			★★	⊘	⊙
3275	10 + 5 (Pf)	mehrfarbig ...... eei	0,30	0,30	0,50
		FDC			0,80

Auflage: 3 000 000 Stück

1989, 19. Sept. Blattkakteenzüchtungen. 🄴 **Gottschall; Odr. (5×8); gez. K 13.**

eek) Epiphyllum-Hybride „Adriana"

eel) Epiphyllum-Hybride „Feuerzauber"

eem) Epiphyllum-Hybride „Franzisko"

			★★	⊘	⊙
3276	10 (Pf)	mehrfarbig .... eek	0,30	0,20	0,30
3277	35 (Pf)	mehrfarbig .... eel	0,50	0,40	0,70
3278	50 (Pf)	mehrfarbig ...... eem	0,80	0,80	1,40
		Satzpreis (3 W.)	1,50	1,40	2,40
		FDC			1,80

GA: Nominale 135 Pf in Zeichnung eel

Auflagen: MiNr. 3276 = 8 000 000, MiNr. 3277 = 3 600 000, MiNr. 3278 = 2 100 000 Stück

1989, 3. Okt. 40 Jahre Deutsche Demokratische Republik. 🄴 **Rieß; Odr. (5×5); gez. K 14.**

een) Lernende Jugend

eeo) Genossenschaftsbauern, Mähdrescher

eep) Frauen und Männer mit Bebauungsmodell, Parteifahnen

eer) Moderner Maschinenbau

een–eer) Friedenstaube, Staatsflagge

			★★	⊘	⊙
3279	5 (Pf)	mehrfarbig .... een	0,30	0,30	0,50
3280	10 (Pf)	mehrfarbig .... eeo	0,30	0,30	0,50
3281	20 (Pf)	mehrfarbig .... eep	0,40	0,50	0,80
3282	25 (Pf)	mehrfarbig .... eer	0,40	0,50	0,80
		Satzpreis (4 W.)	1,40	1,60	2,50
		FDC 1 (MiNr. 3279, 3282)			4,—
		FDC 2 (MiNr. 3280, 3281)			3,50

Die Preisnotierungen sind Richtwerte für Marken in handelsüblicher Qualität. Preisbewegungen nach oben und unten sind aufgrund von Angebot und Nachfrage die Regel.

Blockausgabe, gez. Ks 14

eet

ees) Bauarbeiter

		★★	⊙	FDC
3283	135 (Pf) mehrfarbig . . . . . ees	3,80	3,50	
Block 100	(113×96 mm) . . . . eet	6,—	6,—	20,—
	Ⓢ		4,50	
	ETB 3/1989 (MiNr. 3279–3282 und Bl. 100)		8,—	

Postpreis ETB 3/1989 10,— M

Auflagen: MiNr. 3279 = 6 000 000, MiNr. 3280–3281 je 8 000 000, MiNr. 3282 = 2 100 000 Stück, Bl. 100 = 2 100 000 nummerierte Blocks, davon je 40 000 auf ETB

1989, 7. Nov. 100. Geburtstag von Jawaharlal Nehru. 🄴 Detlefsen; RaTdr. (5×10); gez. K 14.

eeu) J. Nehru, Ehrentitel Pandit (1889–1964), indischer Politiker

		★★	▨	⊙
3284	35 (Pf) mehrfarbig . . . . eeu	0,50	0,50	0,70
	FDC			1,—

Auflage: 3 500 000 Stück

1989, 7. Nov. Historische Denkmale: Rolandsäulen (II). 🄴 Soest; RaTdr. (10×5); gez. K 14.

eev) Zerbst (1445)

eew) Halberstadt (1433)

eex) Buch/ Altmark (1611)

eey) Perleberg (1546)

		★★	▨	⊙
3285	5 (Pf) mehrfarbig . . . . eev	0,30	0,20	0,30
3286	10 (Pf) mehrfarbig . . . . eew	0,30	0,20	0,30
3287	20 (Pf) mehrfarbig . . . . eex	0,30	0,20	0,50
3288	50 (Pf) mehrfarbig . . . . eey	0,60	0,60	1,—
	Satzpreis (4 W.)	1,30	1,20	2,—
	FDC 1 (MiNr. 3285, 3288)			1,30
	FDC 2 (MiNr. 3286, 3287)			0,70

Bei MiNr. 3286 wurde „Halberstadt" sowie bei MiNr. 3285 „Zerbst" fehlerhaft mit Schluss-s statt mit langem s geschrieben.

Auflagen: MiNr. 3285 = 6 000 000, MiNr. 3286 = 24 000 000, MiNr. 3287 = 8 000 000, MiNr. 3288 = 2 100 000 Stück

Weitere Ausgabe „Rolandsäulen": MiNr. 3063–3066

1989, 28. Nov. Erzgebirgische Leuchterspinnen. 🄴 Scheuner; Odr., Kleinbogenrand komb. StTdr. und Odr. (Klb. 3×2); gez. K 14.

eez) Schneeberg (um 1860)
efa) Laufleuchter, Schwarzenberg (um 1850)
efb) Annaberg (um 1800)
efc) Seiffen (um 1900)
efd) Seiffen (um 1930)
efe) Annaberg (um 1925)

		★★	▨	⊙
3289	10 (Pf) mehrfarbig . . . . eez	0,30	0,30	0,50
3290	20 (Pf) mehrfarbig . . . . efa	0,70	0,70	1,—
3291	25 (Pf) mehrfarbig . . . . efb	0,30	0,30	0,50
3292	35 (Pf) mehrfarbig . . . . efc	0,30	0,30	0,50
3293	50 (Pf) mehrfarbig . . . . efd	0,70	0,70	1,—
3294	70 (Pf) mehrfarbig . . . . efe	0,30	0,30	0,50
	Satzpreis (6 W.)	2,50	2,50	4,—
	Kleinbogen	3,—	3,50	5,—
	FDC*			20,—

*) kein amtlicher FDC

MiNr. 3289–3294 wurden zusammenhängend im Kleinbogen gedruckt.

Auflage: 2 100 000 Sätze

1990

1990, 9. Jan. Die Biene. 🄴 Abramowski-Lautenschläger; Odr. (5×10); gez. K 14.

eff) Apfelblüte

efg) Blühendes Heidekraut

efh) Rapsblüte

efi) Rotkleeblüte

eff–efi) Honigbiene (Apis mellifica)

		★★	▨	⊙
3295	5 (Pf) mehrfarbig . . . . eff	0,30	0,30	0,40
3296	10 (Pf) mehrfarbig . . . . efg	0,30	0,30	0,40
3297	20 (Pf) mehrfarbig . . . . efh	0,30	0,30	0,60
3298	50 (Pf) mehrfarbig . . . . efi	0,80	0,80	1,20
	Satzpreis (4 W.)	1,50	1,50	2,40
	FDC 1 (MiNr. 3295, 3298)			1,70
	FDC 2 (MiNr. 3296, 3297)			1,50

Auflagen: MiNr. 3295 = 6 000 000, MiNr. 3296 = 32 000 000, MiNr. 3297 = 8 000 000, MiNr. 3298 = 2 100 000 Stück

Notizen:

1990, 12. Jan. 500 Jahre internationale Postverbindungen in Europa (I). ⓔ **Bundesdruckerei Berlin; Odr. (10×5); gez. K 13:13½.**

efk) Der kleine Postreiter (Detail); Stich von Albrecht Dürer (1471–1528), Maler und Grafiker

				★★	◍	⊙
3299	35 (Pf)	mehrfarbig	. . . . efk	0,60	0,80	1,—
			FDC (A)			1,30

ETB mit bildgleicher Marke siehe Bundesrepublik Deutschland MiNr. 1445, ETB 2/1990.

Auflage: 4 000 000 Stück

Weitere Ausgabe „500 Jahre intern. Postverbindungen in Europa": MiNr. 3354–3357

Parallelausgabe mit Belgien MiNr. 2402, Berlin (West) MiNr. 860, Bundesrepublik Deutschland MiNr. 1445 und Österreich MiNr. 1978

1990, 16. Jan. Persönlichkeiten der deutschen Arbeiterbewegung (XVI). ⓔ **Stauf; Odr. (10×5); gez. K 13½:14.**

efl) Bruno Leuschner (1910–1965), KPD- und SED-Funktionär

efm) Erich Weinert (1890–1953), Schriftsteller

				★★	◍	⊙
3300	10 (Pf)	dunkelgraubraun	. . . efl	0,30	0,30	0,50
3301	10 (Pf)	schwarzgraublau	. . efm	0,30	0,30	0,50
			Satzpreis (2 W.)	0,60	0,60	1,—
			FDC (A)			1,20

Auflage: 20 000 000 Sätze

Weitere Ausgaben „Persönlichkeiten der deutschen Arbeiterbewegung" siehe Übersichtstabelle nach MiNr. 1855

1990, 6. Febr. Tag der Werktätigen des Post- und Fernmeldewesens: Historische Posthausschilder. ⓔ **Bertholdt; MiNr. 3302 bis 3305 Format 27,5×33 mm, RaTdr. (10×5), gez. K 13¾:14; MiNr. 3306–3309 Format 36×45 mm, Odr. (2×2 Zd), gez. K 13¼.**

efn efo efp efr

efn) Fürstliche Thurn- und Taxissche Lehnspost-Expedition des Fürstentums Schwarzburg-Rudolstadt, Blankenburg

efo) Königlich-Sächsische Briefsammlung (um 1830)

efp) Kaiserliche Postagentur (um 1880)

efr) Posthülfstelle des Landpostdienstes (um 1900)

Format 27,5×33 mm, Odr., gez. K 13¾:14

				★★	◍	⊙
3302	10 (Pf)	mehrfarbig	. . . . . . efn	0,30	0,20	0,30
3303	20 (Pf)	mehrfarbig	. . . . . . efo	0,30	0,20	0,40
3304	50 (Pf)	mehrfarbig	. . . . . . efp	1,—	0,80	1,20
3305	110 (Pf)	mehrfarbig	. . . . . . efr	2,—	1,80	2,60
			Satzpreis (4 W.)	3,50	2,80	4,50
			FDC 1 (MiNr. 3302, 3305)			3,80
			FDC 2 (MiNr. 3303, 3304)			1,70
			amtl. MK (1–4/1990)			10,—

Format 36×45 mm, Odr., gez. K 13¼

3306	10 (Pf)	mehrfarbig	. . . . . efn I	0,50	0,20	0,30
3307	20 (Pf)	mehrfarbig	. . . . . efo I	0,50	0,30	0,40
3308	50 (Pf)	mehrfarbig	. . . . . efp I	1,—	0,80	1,20
3309	110 (Pf)	mehrfarbig	. . . . . efr I	2,—	1,80	2,60
			Satzpreis (4 W.)	3,80	3,—	4,50
			Viererblock	4,—	4,—	6,—
			FDC*			15,—

*) kein amtlicher FDC

MiNr. 3302–3305 wurden einzeln, MiNr. 3306–3309 zusammenhängend in Viererblockanordnung gedruckt.

MiNr. 3302–3305 unterscheiden sich von MiNr. 3306–3309 auch noch in der Farbe des Wappenrahmens mit Wertangabe und Landesnamen.

Auflagen: MiNr. 3302 = 24 000 000, MiNr. 3303 = 8 000 000, MiNr. 3304 = 3 000 000, MiNr. 3305–3309 je 2 100 000 Stück

1990, 20. Febr. 150. Geburtstag von August Bebel. ⓔ **Kraus; RaTdr. (5×10); gez. K 14.**

efs) A. Bebel (1840–1913), sozialdemokratischer Parteiführer

				★★	◍	⊙
3310	20 (Pf)	mehrfarbig	. . . . efs	0,60	0,60	0,80
			FDC			1,—

Auflage: 8 000 000 Stück

1990, 20. Febr. Historische Flugmodelle; Europäische Luftpostausstellung „Lilienthal '91". ⓔ **Rieß; Odr. (5×8); gez. K 13.**

eft) Entwurf eines Schwingflügel-Flugzeugs von Leonardo da Vinci (1452–1519), italienischer Maler, Ingenieur und Erfinder

efu) Entwurf eines Schwingflügel-Flugzeugs von Melchior Bauer (1733–?), Flugpionier

efv) Schwingflügel-Flugzeug von Albrecht-Ludwig Berblinger (1770–1829), Flugpionier

efw) Normalsegelapparat von Otto Lilienthal (1848–1896), Ingenieur

				★★	◍	⊙
3311	20 (Pf)	mehrfarbig	. . . . . . eft	0,30	0,20	0,50
3312	35 + 5 (Pf)	mehrfarbig	. . . . . . efu	0,60	0,60	1,—
3313	50 (Pf)	mehrfarbig	. . . . . . efv	0,80	0,70	1,—
3314	90 (Pf)	mehrfarbig	. . . . . efw	1,40	1,40	2,—
			Satzpreis (4 W.)	3,—	2,80	4,50
			FDC 1 (MiNr. 3311, 3314)			2,50
			FDC 2 (MiNr. 3312, 3313)			2,—
			ETB 1/1990			8,—

Postpreis ETB 1/1990 12,— M

Auflagen: MiNr. 3311 = 8 000 000, MiNr. 3312 = 3 500 000, MiNr. 3313 = 3 000 000, MiNr. 3314 = 2 100 000 Stück

1990, 28. Febr. „Wir sind das Volk". ⓔ **Fiedler nach Idee Köhler; RaTdr. (6×5); gez. K 13.**

efx) Nikolaikirche, Leipzig; Demonstranten; Stadtwappen

				★★	◍	⊙
3315	35 + 15 (Pf)	mehrfarbig	. . . . . efx	1,20	0,90	1,30
			FDC (A)			2,20

Auflage: 7 200 000 Stück

1990, 6. März. Leipziger Frühjahrsmesse. 🄴 **Volkamer; Odr. (10×5); gez. K 12½:13.**

efy) Siegel des Messeprivilegs von 1268

efz) Siegel des Messeprivilegs von 1497

efy–efz) Historische Stadtansicht von Leipzig

				★★	⊘	⊙
3316	70 (Pf)	mehrfarbig .... efy		1,70	0,90	1,50
3317	85 (Pf)	mehrfarbig .... efz		1,80	1,10	2,—
			Satzpreis (2 W.)	3,50	2,—	3,50
			FDC			3,50

GA: Nominale 135 (Pf) in Zeichnung efz

Auflagen: MiNr. 3316 = 3 000 000, MiNr. 3317 = 2 300 000 Stück

1990, 6. März. Museum für Deutsche Geschichte im Zeughaus Berlin. 🄴 **Ebert; RaTdr. (10×5); gez. K 14.**

ega

egb

ega–egb) Köpfe sterbender Krieger; Schlusssteinreliefs von Fensterwölbungen am Berliner Zeughaus von Andreas Schlüter (um 1660–1714), Bildhauer und Baumeister

				★★	⊘	⊙
3318	40 (Pf)	mehrfarbig .... ega		0,70	1,—	1,40
3319	70 (Pf)	mehrfarbig .... egb		1,—	1,20	1,60
			Satzpreis (2 W.)	1,70	2,20	3,—
			FDC			3,—

Auflagen: MiNr. 3318 = 3 000 000, MiNr. 3319 = 2 100 000 Stück

1990, 20. März. Bedeutende Persönlichkeiten (XII). 🄴 **Glinski; RaTdr. (5×10); gez. K 14.**

egc) Friedrich Adolph Wilhelm Diesterweg (1790–1866), Pädagoge

egd) Kurt Tucholsky (1890–1935), Schriftsteller

				★★	⊘	⊙
3320	10 (Pf)	mehrfarbig .... egc		0,40	0,40	0,60
3321	10 (Pf)	mehrfarbig .... egd		0,40	0,40	0,60
			Satzpreis (2 W.)	0,70	0,70	1,20
			FDC			1,50

Auflage: 8 000 000 Sätze

Weitere Ausgaben „Bedeutende Persönlichkeiten" in gleicher Aufmachung siehe Übersichtstabelle nach MiNr. 2202; in anderer Ausführung: MiNr. 1815–1819, 1941–1945, 2025–2029

1990, 3. April. 100 Jahre Tag der Arbeit (1. Mai). 🄴 **Haller; RaTdr. (10×5); gez. K 14.**

ege) Historisches Mai-Schmuckblatt (um 1890)

egf) Rote Nelke

				★★	⊘	⊙
3322	10 (Pf)	mehrfarbig .... ege		0,60	0,60	1,30
3323	20 (Pf)	mehrfarbig .... egf		0,90	1,—	1,30
			Satzpreis (2 W.)	1,50	1,50	2,50
			FDC			2,50

Auflage: 8 000 000 Sätze

1990, 17. April. 100 Jahre Museum für Naturkunde der Humboldt-Universität Berlin. 🄴 **Lange; Odr. (MiNr. 3324–3326 5×10, MiNr. 3327–3328 10×5, MiNr. 3325 auch Klb. 2×2); Querformate gez. K 13:12½, Hochformate ~.**

egg) Dicraeosaurus hansemanni

egh) Kentrurosaurus aethiopicus

egi) Dysalotosaurus lettow-vorbecki

egk) Brachiosaurus brancai

egl) Schädel des Brachiosaurus

				★★	⊘	⊙
3324	10 (Pf)	mehrfarbig .... egg		0,30	0,20	0,30
3325	25 (Pf)	mehrfarbig .... egh		0,30	0,20	0,50
3326	35 (Pf)	mehrfarbig .... egi		0,40	0,40	0,70
3327	50 (Pf)	mehrfarbig .... egk		0,60	0,60	1,—
3328	85 (Pf)	mehrfarbig .... egl		1,30	1,30	1,50
			Satzpreis (5 W.)	2,80	2,60	4,—
			FDC 1 (MiNr. 3324–3326)			2,—
			FDC 2 (MiNr. 3327, 3328)			2,50
			Kleinbogen (MiNr. 3325)	2,—	2.—	2,50
			FDC*			15,—

*) kein amtlicher FDC

Auflagen: MiNr. 3324 = 8 000 000, MiNr. 3325 = 12 000 000, davon 8 000 000 aus Kleinbogen, MiNr. 3326 = 4 000 000, MiNr. 3327 = 3 000 000, MiNr. 3328 = 2 000 000 Stück

1990, 8. Mai. 150 Jahre Briefmarken. 🄴 **Gottschall; Odr. (10×5); gez. K 14.**

egm) Marke Großbritannien MiNr. 1

egn) Marke Sachsen MiNr. 1

ego) Marke DDR MiNr. 242

				★★	⊘	⊙
3329	20 (Pf)	mehrfarbig . egm		0,50	0,50	0,80
3330	35 + 15 (Pf)	mehrfarbig . egn		0,90	0,90	1,30
3331	110 (Pf)	mehrfarbig . ego		2,40	2,40	3,50
			Satzpreis (3 W.)	3,60	3,60	5,50
			FDC			6,—

Auflagen: MiNr. 3329 = 8 000 000, MiNr. 3330 = 4 000 000, MiNr. 3331 = 2 200 000 Stück

1990, 15. Mai. 125 Jahre Internationale Fernmeldeunion (ITU). 🄴 **Rieß; Odr. (10×5); gez. K 14.**

egp) Typendruck-Telegraph (1855) von David Edward Hughes (1831–1900), brit. Erfinder; Porträt

egr) Verteilergestänge für Telefonleitungen am Postamt Köpenick

egs) Fernseh- und UKW-Turm und Senderegie (Rundfunk)

egt) Nachrichtensatellit vom Typ Molnija vor Erdkugel

				★★	⊘	⊙
3332	10 (Pf)	mehrfarbig .... egp		0,40	0,40	0,70
3333	20 (Pf)	mehrfarbig .... egr		0,40	0,40	0,70
3334	25 (Pf)	mehrfarbig .... egs		0,40	0,40	0,70
3335	50 (Pf)	mehrfarbig .... egt		1,30	1,30	1,40
			Satzpreis (4 W.)	2,50	2,50	3,50
			FDC 1 (MiNr. 3332, 3335)			1,80
			FDC 2 (MiNr. 3333, 3334)			1,20

Blockausgabe, Ⓔ Gottschall, gez. Ks 14

egv

egu) Philipp Reis (1834–1874), Physiker, Erfinder des Telefons

				★★	⊙	FDC
3336	70 (Pf)	mehrfarbig	egu	2,40	3,—	
Block 101	(82×57 mm)		egv	2,60	4,—	12,—
			Ⓢ		2,50	
		ETB 3/1990 (MiNr. 3332–3335 und Bl. 101)			8,—	

Postpreis ETB 3/1990 10,— M

Auflagen: MiNr. 3332 = 24 000 000, MiNr. 3333 = 8 000 000, MiNr. 3334 = 4 000 000, MiNr. 3335 = 2 000 000, Bl. 101 = 2 000 000 Stück, davon je 40 000 auf ETB

1990, 15. Mai. 70. Geburtstag von Papst Johannes Paul II. Ⓔ Rieß; Odr. (10×5); gez. K 14.

egw) Papst Johannes Paul II. (1920–2005, reg. ab 1978)

				★★	▨	⊙
3337	35 (Pf)	mehrfarbig	egw	1,20	1,50	2,—
			FDC			2,—

Auflage: 4 000 000 Stück

1990, 5. Juni. Briefmarkenausstellung der Jugend, Halle. Ⓔ Rieß; Odr. (2×10 Zd); gez. K 13:12½.

egx) Halle (Anfang 18. Jh.) — Zierfeld — egy) Historische und moderne Gebäude in Halle

				★★	▨	⊙
3338	10 + 5 (Pf)	mehrfarbig	egx	0,40	0,60	1,—
3339	20 (Pf)	mehrfarbig	egy	0,40	0,60	1,—
			Satzpreis (2 W.)	0,80	1,10	2,—
			Dreierstreifen	1,—	1,30	2,20
			FDC			2,—

MiNr. 3338–3339 wurden, durch Zierfeld verbunden, waagerecht zusammenhängend gedruckt.

Auflage: 3 000 000 Sätze

1990, 19. Juni. Kostbarkeiten in Bibliotheken der DDR. Ⓔ Lehmann; Odr. (5×10); gez. K 13:12½.

egz) Ordensregeln der Ritter des Hospitals St. Marien des deutschen Hauses in Jerusalem (1264)

eha) Rudimentum novitiorum Lübeck (1475)

ehb) Nizami, Chosrou wa Schirin, Persien (18. Jh.)

ehc) Einband aus der Musikbibliothek der Prinzessin Anna Amalia von Preußen (18. Jh.)

egz–ehc) Exponate aus der Deutschen Staatsbibliothek, Berlin

				★★	▨	⊙
3340	20 (Pf)	mehrfarbig	egz	0,60	0,30	0,50
3341	25 (Pf)	mehrfarbig	eha	0,60	0,30	0,50
3342	50 (Pf)	mehrfarbig	ehb	1,60	0,90	1,40
3343	110 (Pf)	mehrfarbig	ehc	2,80	2,20	3,—
			Satzpreis (4 W.)	5,50	3,50	5,—
			FDC 1 (MiNr. 3340, 3343)			4,50
			FDC 2 (MiNr. 3341, 3342)			2,—

Auflagen: MiNr. 3340 = 8 000 000, MiNr. 3341 = 4 000 000, MiNr. 3342 = 3 000 000, MiNr. 3343 = 2 100 000 Stück

Ab 1.7.1990: 1 Deutsche Mark (DM) = 100 Pfennig

1990, 2. Juli. Freimarken: Bauwerke und Denkmäler. Ⓔ Detlefsen; RaTdr. Bogen (B) (10×10), Rollen (R) und Markenheftchen (MH); gez. K 14¼:14.

ehd) Albrechtsburg und Dom, Meißen

ehe) Goethe-Schiller-Denkmal, Weimar

ehf) Brandenburger Tor, Berlin

ehg) Kyffhäuser-Denkmal, Kyffhäuserberg

ehh) Semper-Oper, Dresden

ehi) Schloss Sanssouci, Potsdam

ehk) Wartburg, Eisenach

ehl) Dom, Magdeburg

ehm) Schloss, Schwerin

				★★	▨	⊙
3344	10 (Pf)	dkl'ultramarin (B)	ehd	0,50	0,50	0,40
3345	30 (Pf)	dunkelgrünoliv (B) (MH) GA	ehe	1,—	1,—	0,40
3346	50 (Pf)	schwärzlichsmaragdgrün (B) (R) (MH)	ehf	1,—	1,—	0,70
3347	60 (Pf)	(dkl')rotbraun (B)	ehg	1,—	1,—	1,—
3348	70 (Pf)	schwärzl'braun (B)	ehh	1,—	1,—	1,—
3349	80 (Pf)	schwärzlichorangerot (B)	ehi	1,—	1,—	1,30
3350	100 (Pf)	lilakarmin (B)	ehk	1,50	1,50	1,—
3351	200 (Pf)	dkl'bläulichviolett (B)	ehl	3,—	3,—	2,50
3352	500 (Pf)	schwärzlichgelbsmaragdgrün (B)	ehm	6,—	6,—	6,—
			Satzpreis (9 W.)	16,—	16,—	14,—
			FDC 1 (A) (MiNr. 3344, 3345, 3352)			14,—
			FDC 2 (A) (MiNr. 3346, 3347, 3351)			8,—
			FDC 3 (A) (MiNr. 3348–3350)			8,—

Rollenmarke mit rückseitiger Nummer (R): (31.7.1990):

	Einzelmarke			5er-Str.
	★★	▨	⊙	★★
3346 R	2,—	6,50	6,—	10,—

MiNr. 3345 und 3346 wurden auch in Markenheftchen (MH 10) ausgegeben.

Auflagen: MiNr. 3344 = 170 000 000, MiNr. 3345 = 283 640 000, davon 33 600 000 aus MH und MHB, MiNr. 3346 = 352 240 000, davon 39 640 000 aus MH und MHB, sowie 7 600 000 aus Rollen, MiNr. 3347 = 55 000 000, MiNr. 3348 = 75 000 000, MiNr. 3349 = 50 500 000, MiNr. 3350 = 45 000 000, MiNr. 3351 = 80 000 000, MiNr. 3352 = 25 500 000 Stück

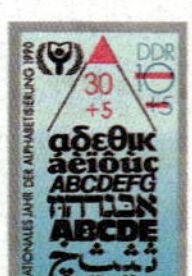

1990, 24. Juli. Internationales Jahr der Alphabetisierung; Ⓔ Gottschall; RaTdr. (10×5); Roter Bdr.-Aufdruck; gez. K 14.

ehn) Buchstaben verschiedener Schriften

				★★	▨	⊙
3353	**30 + 5** (Pf)	auf 10 + 5 (Pf) mehrfarbig	ehn	1,20	1,20	1,40
			FDC			13,—

Die vorbereitete Marke musste aufgrund der Währungsumstellung mit einem neuen Wertaufdruck versehen werden; die Reihenwertzahlen wurden nicht der geänderten Nominale angepasst.

Auflage: 3 000 000 Stück

1990, 28. Aug. 500 Jahre internationale Postverbindungen in Europa (II). ⓔ **Rieß; Odr. (5×10); gez. K 13:12½.**

eho) Briefbote (Kartenspiel aus dem 15. Jh.), Briefbote (um 1486)

ehp) Der kleine Postreiter, Stich von A. Dürer (16. Jh.), Postreiter (um 1590)

ehr) Kutschwagen (um 1595), Postwagen (1750)

ehs) Bahnpostwagen (1872), Bahnpostwagen (um 1900)

				★★	⊘	⊙
3354	30 (Pf)	mehrfarbig . . . . . eho		0,50	0,50	0,50
3355	50 (Pf)	mehrfarbig . . . . . ehp		0,70	0,70	0,70
3356	70 (Pf)	mehrfarbig . . . . . . ehr		0,90	0,90	1,30
3357	100 (Pf)	mehrfarbig . . . . . ehs		1,50	1,50	1,50
			Satzpreis (4 W.)	3,50	3,50	4,—
			FDC 1 (MiNr. 3354, 3357)			5,—
			FDC 2 (MiNr. 3355, 3356)			5,—
			ETB 4/1990			12,—
			amtl. MK (5–8/1990)			12,—

Postpreis ETB 4/1990 12,— DM

Auflagen: MiNr. 3354–3355 je 8 000 000, MiNr. 3356 = 5 000 000, MiNr. 3357 = 3 500 000 Stück, davon je 40 000 auf ETB

Weitere Ausgabe „500 Jahre intern. Postverbindungen in Europa": MiNr. 3299

1990, 18. Sept. Wiederaufbau der Neuen Synagoge Berlin. ⓔ **Lenz; Odr. (10×5); gez. K 14.**

eht) Louis Lewandowski (1821–1894), Komponist

ehu) Neue Synagoge Berlin (Centrum Judaicum)

				★★	⊘	⊙
3358	30 (Pf)	mehrfarbig . . . . . eht		0,40	0,40	0,40
3359	50 + 15 (Pf)	mehrfarbig . . . . ehu		0,80	0,80	0,80
			Satzpreis (2 W.)	1,20	1,20	1,20
			FDC			2,80

Auflagen: MiNr. 3358 = 8 000 000, MiNr. 3359 = 4 000 000 Stück

1990, 2. Okt. Kongress der Internationalen Astronautischen Föderation (IAF), Dresden. ⓔ **Glinski; RaTdr. (5×10); gez. K 14.**

ehv) Bauwerke in Dresden

ehw) Erde

ehx) Mond

ehy) Mars

				★★	⊘	⊙
3360	30 (Pf)	schwarz/helltürkisgrau . . . . ehv		0,30	0,30	0,30
3361	50 (Pf)	mehrfarbig . . . . . ehw		0,60	0,60	0,60
3362	70 (Pf)	mehrfarbig . . . . . ehx		1,—	1,30	1,30
3363	100 (Pf)	mehrfarbig . . . . . ehy		1,40	1,40	1,40
			Satzpreis (4 W.)	3,20	3,20	3,50
			FDC 1 (MiNr. 3360, 3363)			3,—
			FDC 2 (MiNr. 3361, 3362)			2,50
			amtl. MK (9–12/1990)			10,—

Auflagen: MiNr. 3360 = 6 000 000, MiNr. 3361–3362 je 9 000 000, MiNr. 3363 = 4 500 000 Stück

1990, 2. Okt. 100. Todestag von Heinrich Schliemann. ⓔ **Fiedler; RaTdr. (MiNr. 3364 10×5, MiNr. 3365 5×10); gez. K 14.**

ehz) Doppelhenkelbecher (Troja) (ca. 2600 bis 1900 v. Chr.)

eia) Doppelgefäß (Troja) (ca. 2600 bis 1800 v. Chr.)

ehz–eia) H. Schliemann (1822–1890), Altertumsforscher

				★★	⊘	⊙
3364	30 (Pf)	mehrfarbig . . . . ehz		0,50	0,50	0,50
3365	50 (Pf)	mehrfarbig . . . . eia		1,—	1,—	1,—
			Satzpreis (2 W.)	1,50	1,50	1,50
			FDC			2,50

Auflagen: MiNr. 3364 = 5 000 000, MiNr. 3365 = 9 000 000 Stück

Alle vom 1.1.1964 bis 30.6.1990 ausgegebenen Postwertzeichen (MiNr. 1004–3343) waren bis 2.10.1990 frankaturgültig.

Ab 2.7.1990 ausgegebene Postwertzeichen der Deutschen Post waren bis 31.12.1991 auch in der Bundesrepublik Deutschland und in Berlin (West) gültig. Ab 1.7.1990 durften die Ausgaben der Deutschen Bundespost und der Deutschen Bundespost Berlin auch in der Deutschen Demokratischen Republik verwendet werden.

Blockaufstellung

Jahrgangswerttabelle

Die Aufstellung folgt der numerischen Reihenfolge der Katalogisierung ohne Rücksicht auf die Chronologie eventueller Ergänzungswerte. Einzelmarken aus Blocks sind nicht berechnet. Bei Zusammendrucken verschiedener Werte und bei Zusammendruck-Kleinbogen (nicht bei „normalen“ Kleinbogen) sind deren Preise zur Berechnung herangezogen; wurden sowohl Einzelmarken als auch Zusammendrucke ausgegeben, werden nur die Zusammendrucke berechnet. Die Preise für gebrauchte Marken und Blocks gelten für die jeweils billigere Art von ⊘, Ⓢ oder ⊙. Nach- oder Neudrucke werden nicht berücksichtigt.

Die Preise unter „Summe der Einzelausgaben“ sind die Addition der MICHEL-Preisnotierungen eines Jahrganges.
Die Bewertungen unter „kompletter Jahrgang“ basieren auf den im Fachhandel üblichen Jahrgangspreisen.

Jahr	MiNr.	Nominalwert inkl. Zuschlag M, ab Juli 1990 DM	Summe der Einzelausgaben ★★	Summe der Einzelausgaben Ⓢ, ⊘, ⊙	Kompletter Jahrgang ★★	Kompletter Jahrgang Ⓢ, ⊘, ⊙
1949	242–245	1,07	46,—	52,—	40,—	45,—
1950	246–279	16,50	659,—	400,—	600,—	380,—
1951	280–297	4,94	503,—	199,—	450,—	180,—
1952	298–341	14,53	620,50	542,50	580,—	500,—
1953	342–422 (mit Block 8/9 A und B)	33,19	911,70	786,20	820,—	750,—
1954	423–Block 10	6,21	113,20	73,50	100,—	70,—
1955	447–509	13,90	273,40	272,70	250,—	250,—
1956	510–558	10,10	114,70	100,10	100,—	80,—
1957	559–615 (mit 577–585 A und B)	22,60	64,20	29,10	55,—	20,—
1958	616–672	13,85	130,70	203,80	120,—	180,—
1959	673–745 (mit 704 A und B)	16,55	80,—	47,50	65,—	40,—
1960	746–806 (mit 805 A und B)	12,50	68,90	55,80	60,—	50,—
1961	807–868	11,35	85,60	83,30	64,—	60,—
1962	869–933	15,15	99,70	207,—	75,—	150,—
1963	934–1003	19,45	81,40	122,40	60,—	90,—
1964	1004–Block 22	18,95	244,50	189,20	190,—	150,—
1965	1084–1153	20,85	67,20	47,—	50,—	40,—
1966	1154–1244	19,35	69,90	53,20	50,—	45,—
1967	1245–1334	19,85	67,30	48,—	50,—	40,—
1968	1335–1433	21,70	63,70	63,20	50,—	50,—
1969	1434–1533	23,80	63,10	52,20	50,—	45,—
1970	1534–Block 33	23,90	83,50	80,50	65,—	65,—
1971	1632–1730	22,70	52,—	51,10	35,—	40,—
1972	1731–Block 37	20,70	52,10	56,80	35,—	45,—
1973	1815–1906	26,30	49,90	41,50	35,—	30,—
1974	1907–2011	28,20	58,—	49,90	40,—	40,—
1975	2012–2106	22,75	49,60	40,20	35,—	35,—
1976	2107–2198	25,45	52,20	44,60	40,—	35,—
1977	2199–2286	23,85	57,90	48,70	45,—	40,—
1978	2287–2387	26,70	67,10	68,60	50,—	50,—
1979	2388–2477	24,85	63,90	51,80	45,—	35,—
1980	2478–2571	33,30	70,20	56,90	50,—	40,—
1981	Block 62–2666	29,80	68,60	50,60	50,—	35,—
1982	2667–2763	26,75	67,10	53,60	45,—	35,—
1983	2764, Block 69–Block 75	27,25	69,—	53,90	45,—	35,—
1984	2848–2919 (mit 2906 I + II)	27,35	60,70	43,30	40,—	30,—
1985	2920–2992 (mit 2973 I + II)	29,90	51,70	60,40	35,—	45,—
1986	2993–3062 (mit 2997–3000 I + II)	33,—	56,80	53,40	40,—	38,—
1987	3063–3139 (mit 3096 I + II)	26,75	42,10	41,50	30,—	35,—
1988	3140–3220	30,15	51,30	49,60	35,—	35,—
1989	3221–3294 (mit 3241–44 I + II)	30,55	50,30	61,40	35,—	45,—
1990	3295–3343	19,40	41,60	37,60	35,—	27,—
Summe alte Währung		**892,79 M**				
1990	3344–3365	18,10	26,60	25,60	20,—	20,—
Summe neue Währung		**18,10 DM**				
Gesamtsumme			**5669,90**	**4749,20**		
Komplette Sammlung					**3200,—**	**3000,—**

Notizen:

Jahreszusammenstellungen der Deutschen Post DDR

Die nachfolgend aufgeführten Jahreszusammenstellungen enthalten in Klemmtaschen die postfrischen Briefmarken sowie ungebrauchte Ganzsachen der Deutschen Post DDR mit einem erläuternden Text. Format: 150×209 mm.

Nr.	Ausgabejahr	Postpreis	enthält außerdem	Auflage	Preis
1	1984	97,50 M	Schwarzdrucke der MiNr. 2882–2883 und 2910–2913; Sonderumschlag U1	56000 nummeriert	100,—
2	1985	107,— M	Schwarzdrucke der MiNr. 2965–2966 und 2972 I–2975 I; Sonderumschläge U2 und U3; Sonderpostkarte P 93	60000 nummeriert	80,—
3	1986	114,— M	Schwarzdrucke der MiNr. 3030–3031 und 3032–3035; Sonderumschläge U4 und U5; Postkarten P 86 I und P 87 I; Sonderpostkarte P 94	60000 nummeriert	100,—
4	1987	118,50 M	Schwarzdrucke der MiNr. 3107–3110 und 3118–3119, Postkarte P 88, Sonderpostkarten P 95–98, Sonderumschläge U6 und U7	50000 nummeriert	120,—
5	1988	118,50 M	Sonderumschlag U8, Sonderpostkarten P 99–100 Schwarzdrucke MiNr. 3160, 3173/3175	34000 nummeriert	130,—
6	1989	123,50 M	Sonderumschläge U9 und U10, Sonderpostkarten P 101–104 Schwarzdrucke MiNr. 3238–3240, 3265–3266 sowie Erinnerungsblatt zur Öffnung des Brandenburger Tores m. MiNr. 2541	27000 nummeriert	170,—
7	1990*	149,— DM	Sonderumschlag U11, Postkarten P 89, P90, P 107 I, P 108 II; P 109 (3×); Sonderpostkarten P 105–P 106; Bildpostkarten P 91–P 92 Schwarzdruck (145×203 mm) mit DDR MiNr. 3299, Berlin MiNr. 860, Bundesrepublik MiNr. 1445 Marken Bundesrepublik MiNr. 1477–1487, Teile von DDR MHB 20 und 21	56000	130,—

* ausgegeben von der Deutschen Bundespost

Ersttagsblatt-Jahressammlungen der Deutschen Post DDR

Die nachfolgend aufgeführten Jahressammlungen enthalten in Faltblättern mit zusätzlichem erläuternden Text, Format 144×203 mm, eingeklebte und mit Ersttags-Sonderstempel handgestempelte Briefmarken und blankogestempelte Ganzsachen der Deutschen Post der DDR.

Nr.	Ausgabejahr	Postpreis	enthält außerdem	Auflage	Preis
1	1985	120,— M	Sonderumschläge U2 und U3; Sonderpostkarten P 93 und 4 × P 93 mit unterschiedlichen Privatzudrucken	15000 nummeriert	220,—
2	1986	135,— M	Sonderumschläge U4 und U5, Postkarten P 86 I, 87 I; Sonderpostkarte 94, Telegrammblatt T 2	20000 nummeriert	120,—
3	1987	140,— M	Vergrößerte Schwarz-Weiß-Wiedergabe der MiNr. 3160; Sonderumschläge U6 und U7; Postkarte P 88; Sonderpostkarten P 95–98	21000 nummeriert	170,—
4	1988	140,— M	Sonderumschlag U8, Sonderpostkarten P 99 und 100	21500 nummeriert	160,—
5	1989	142,— M	Sonderumschläge U9–10, Sonderpostkarten P 101–104 sowie Erinnerungsblatt zur Öffnung des Brandenburger Tores mit MiNr. 2541	16000 nummeriert	220,—
6	1990*	195,— DM	Sonderumschlag U11, Postkarten P 89, P 90, P 107 und P 108; Bildpostkarten P 91–P 92 und P 109 (3×); Sonderpostkarten P 105–P 106; Marken der Bundesrepublik Deutschland MiNr. 1477–1478, Teile von DDR MHB 20 und 21	20000 nummeriert	220,—

* ausgegeben von der Deutschen Bundespost

Jahres-Exklusivzusammenstellungen mit Eckrand-Viererblocks

Die nachfolgend aufgeführten Exklusivzusammenstellungen wurden mit Genehmigung und unter Verwendung der amtlichen Postembleme der Deutschen Post DDR und der Deutschen Bundespost erstellt. Sie enthalten auf Kartonblättern (Format 239×298 mm), mit zusätzlichen erläuternden Texten, in Klemmtaschen Eckrand-Viererblocks der postfrischen Briefmarken der Deutschen Post der DDR (mit kompletten Druckvermerken) und der Deutschen Bundespost, ab Beitritt der DDR sowie Ganzsachen.

Nr.	Ausgabejahr	enthält außerdem	Auflage	Preis
1	1989	Schwarzdruck 3265/3266 S, Sonderpostkarten P 101–104 Sonderumschläge U9–U10	850 nummeriert	800,—
2	1990*	Postkarten P 89–P 90, P 107 II, P 108; Bildpostkarten P 91–P 92 P 109 (3×), Sonderpostkarten P 105–P 106, Sonderumschlag U11	1250 nummeriert	700,—

* ausgegeben von der Deutschen Bundespost

Die Deutsche Post der DDR brachte seit 1985 ETB in zwei Versionen heraus: zum einen in einer „Jahressammlung der Postwertzeichen der Deutschen Post" (alle Ausgaben eines Jahrgangs auf vorderseitig durchnummerierten, nicht illustrierten Faltblättern), zum anderen zu ausgewählten Ausgaben auf rückseitig nummerierten, illustrierten Faltblättern.
Die letztgenannten ETB sind bei den entsprechenden Markenausgaben katalogisiert, die ETB-Jahressammlungen sind nach den Jahreszusammenstellungen erfasst.

Zusammenfassung von Freimarken-Serien

1950–1958. Freimarken: Präsident Wilhelm Pieck

cp

cq

fa

Nominale	Druck	Wz.	Ausgabe	Zeichen	MiNr.
5 (Pf)	Bdr.	Wz. 2	22. 9. 52	cp	322
12 (Pf)	Bdr.	Wz. 1	27. 5. 50	cp	251
12 (Pf)	Bdr.	Wz. 2	Aug. 52	cp	323
24 (Pf)	Bdr.	Wz. 1	27. 5. 50	cp	252
24 (Pf)	Bdr.	Wz. 2	Aug. 52	cp	324
1 DM	Bdr.	Wz. 1	27. 5. 50	cq	253
1 DM	Bdr.	Wz. 2	Okt. 52	cq	325
1 DM	RaTdr.	Wz. 2	2. 2. 53	fa	342
1 DM	RaTdr.	Wz. 3	57	fa	622
2 DM	Odr.	Wz. 1	27. 5. 50	cq	254
2 DM	Odr.	Wz. 2	Mai 53	cq	326
2 DM	RaTdr.	Wz. 2	3. 1. 53	fa	343
2 DM	RaTdr.	Wz. 3	58	fa	623
5 DM	StTdr.	Wz. 1	3. 1. 51	cq	255

Sondermarken zu Geburtstagen bzw. Tod in ähnlichen Zeichnungen: MiNr. 673 (3. 1. 59), 784 A und Block 16 (10. 9. 60) und 807 (3. 1. 61)

1953–1959. Freimarken: Fünfjahrplan

fv

fw

fx

fy

fz

ga

gb

gc

gd

ge

gf

gg

gh

gi

gk

gl

gm

gn

Ⓔ = mit Entwerfer- und Stecherzeichen am Markenunterrand

Nominale (Pf)	Druck	Wz.	Ausgabe	Zeichen	MiNr.
1	Odr.	2	10. 8. 53	fv	362
1	Bdr.	2	21. 11. 53	fv Ⓔ	405
5	Odr.	2	10. 8. 53	fw	363
5	Bdr.	2	28. 12. 53	fw Ⓔ	406
5	Bdr.	3	März 57	fw Ⓔ	577 A
5	Bdr.	3	Nov. 58	fw	577 B
5 auf 6	Bdr.	2	1. 10. 54	fx	435
5 auf 8	Bdr.	2	1. 10. 54	fy Ⓔ	436
6	Odr.	2	10. 8. 53	fx	364
6	Bdr.	2	21. 11. 53	fx	407
8	Odr.	2	10. 8. 53	fy	365
8	Bdr.	2	28. 12. 53	fy Ⓔ	408
10	Odr.	2	10. 8. 53	fz	366
10	Bdr.	2	21. 11. 53	fz Ⓔ	409
10	Bdr.	3	Juli 59	fz	704 A
10	Bdr.	3	Juli 59	fz	704 B
10	Bdr.	2	21. 1. 55	ga	453
10	Bdr.	3	Jan. 57	ga	578 A
10	Bdr.	3	Aug. 58	ga	578 B
10 auf 12	Bdr.	2	1. 10. 54	ga	437
12	Odr.	2	10. 8. 53	ga	367
12	Bdr.	2	21. 11. 53	ga	410
15	Odr.	2	10. 8. 53	gb	368
15	Bdr.	2	25. 1. 54	gb Ⓔ	411
15	Bdr.	2	15. 8. 55	gc	454
15	Bdr.	3	Anf. 57	gc	579 A
15	Bdr.	3	Mai 58	gc	579 B
15 auf 16	Bdr.	2	1. 10. 54	gc	438
16	Odr.	2	10. 8. 53	gc	369
16	Bdr.	2	21. 11. 53	gc	412
20	Odr.	2	10. 8. 53	gd	370
20	Bdr.	2	6. 2. 54	gd Ⓔ	413
20	Bdr.	2	22. 1. 55	ge Ⓔ	455
20	Bdr.	3	Mai 57	ge Ⓔ	580 A
20	Bdr.	3	Jan. 59	ge	580 B
20 auf 24	Bdr.	2	1. 10. 54	ge Ⓔ	439 a I
20 auf 24	Odr.	2	11. 11. 54	ge	439 a II
20 auf 24	Odr.	2	16. 3. 55	ge	439 b
24	Odr.	2	21. 11. 53	ge	371
24	Bdr.	2	28. 12. 53	ge Ⓔ	414
25	Odr.	2	10. 8. 53	gf	372
25	Bdr.	2	21. 11. 53	gf Ⓔ	415
25	Bdr.	3	Anf. 57	gf Ⓔ	581 A
30	Odr.	2	10. 8. 53	gg	373
30	Bdr.	2	21. 11. 53	gg Ⓔ	416
30	Bdr.	3	Anf. 57	gg Ⓔ	582 A
30	Bdr.	3	Mai 59	gg	582 B
35	Odr.	2	10. 8. 53	gh	374
35	Bdr.	2	21. 11. 53	gh	417
40	Odr.	2	10. 8. 53	gi	375
40	Bdr.	2	15. 2. 54	gi Ⓔ	418
40	Bdr.	2	22. 1. 55	gk Ⓔ	456
40	Bdr.	3	Anf. 57	gk Ⓔ	583 A
40	Bdr.	3	Mai 59	gk	583 B
40 auf 48	Bdr.	2	1. 10. 54	gk Ⓔ	440
48	Odr.	2	10. 8. 53	gk	376
48	Bdr.	2	28. 12. 53	gk Ⓔ	419
50	Bdr.	2	22. 1. 55	gl Ⓔ	457
50	Bdr.	3	Mai 57	gl Ⓔ	584 A
50	Bdr.	3	Aug. 59	gl	584 B
50 auf 60	Bdr.	2	1. 10. 54	gl Ⓔ	441
60	Odr.	2	10. 8. 53	gl	377
60	Bdr.	2	21. 11. 53	gl Ⓔ	420
70	Bdr.	2	15. 8. 55	gn Ⓔ	458
70	Bdr.	3	Anf. 57	gn Ⓔ	585 A
70	Bdr.	3	Dez. 59	gn	585 B
70 auf 84	Bdr.	2	1. 10. 54	gn Ⓔ	442
80	Odr.	2	10. 8. 53	gm	378
80	Bdr.	2	21. 11. 53	gm Ⓔ	421
84	Odr.	2	10. 8. 53	gn	379
84	Bdr.	2	28. 12. 53	gn Ⓔ	422

1961–1972. Freimarken: Staatsratsvorsitzender Walter Ulbricht

yh

add

add I

add II

Nominale	Druck	Wz.	Ausgabe	Zeichen	MiNr.
5 Pf	Bdr.	3 X, Y	29. 8. 61	yh	845
10 Pf	Bdr.	3 X, Y, Z	29. 8. 61	yh	846
15 Pf	Bdr.	3 X, Y, Z	29. 8. 61	yh	847
20 Pf	Bdr.	3 X, Y	29. 8. 61	yh	848
25 Pf	Bdr.	3 X	2. 1. 63	yh	934
30 Pf	Bdr.	3 X, Y	2. 1. 63	yh	935
35 Pf	Bdr.	3 X	8. 7. 71	yh	1689
40 Pf	Bdr.	3 X, Y	2. 1. 63	yh	936
50 Pf	Bdr.	3 X, Z	11. 2. 63	yh	937
60 Pf	Bdr.	3 X	9. 12. 64	yh	1080
70 Pf	Bdr.	3 X, Z	11. 2. 63	yh	938
80 Pf	Bdr.	3 X	6. 12. 67	yh	1331
1 M	Bdr.	3 Y	20. 1. 70	yh	1540
1 M	StTdr.	oWz.	4. 6. 69	add II	1481
1 DM	StTdr.	3 X	25. 6. 63	add	968
1 MDN	StTdr.	3 X	10. 2. 65	add I	1087
2 M	StTdr.	oWz.	4. 6. 69	add II	1482
2 DM	StTdr.	3 X	25. 6. 63	add	969
2 MDN	StTdr.	3 X	10. 2. 65	add I	1088

1973–1974. Freimarken: Aufbau in der DDR, Großformat 29 x 24 mm

brr

brs

bsc

bpt

bsd

btz

bpu

btd

bte

buv

btf

buw

btg

bua

Nominale	Druck	Ausgabedatum	Zeichen	MiNr.
5 Pf	StTdr.	10. 4. 73	brr	1842
10 Pf	StTdr.	10. 4. 73	brs	1843
15 Pf	StTdr.	13. 6. 73	bsc	1853
20 Pf	StTdr.	23. 1. 73	bpt	1820
25 Pf	StTdr.	13. 6. 73	bsd	1854
30 Pf	StTdr.	20. 11. 73	btz	1899
35 Pf	StTdr.	23. 1. 73	bpu	1821
40 Pf	StTdr.	18. 9. 73	btd	1879
50 Pf	StTdr.	18. 9. 73	bte	1880
60 Pf	StTdr.	22. 1. 74	buv	1919
70 Pf	StTdr.	18. 9. 73	btf	1881
80 Pf	StTdr.	22. 1. 74	buw	1920
1 M	StTdr.	18. 9. 73	btg	1882
2 M	StTdr.	20. 11. 73	bua	1900
3 M	StTdr.	11. 6. 74	bua	1967

Unterscheidungsmerkmale RaTdr. und StTdr.:

Rastertiefdruck (RaTdr.): Halbtöne flächig wirkend, bei Vergrößerung Rasterpunkte erkennbar; unbedruckte Papieroberfläche gelblich oder weiß

Stichtiefdruck (StTdr.): Halbtöne durch Strichraster, Linien glatt; unbedruckte Papieroberfläche mehr oder weniger in Markenfarbe verfärbt

1973–1981. Freimarken: Aufbau in der DDR, Kleinformat 21,5 x 17,5 mm

cuv

Nominale	Druck	Ausgabedatum	Zeichen	MiNr.
5 Pf	RaTdr.	16. 4. 74	brr I	1947
5 Pf	StTdr.	29. 1. 80	brr I	2483
10 Pf	RaTdr.	26. 7. 73	brs I	1868
10 Pf	StTdr.	29. 1. 80	cuv	2484
15 Pf	StTdr.	18. 3. 80	bsc I	2501
20 Pf	RaTdr.	26. 7. 73	bpt I	1869
20 Pf	StTdr.	29. 1. 80	bpt I	2485
25 Pf	RaTdr.	4. 3. 75	bsd I	2022
25 Pf	StTdr.	10. 6. 80	bsd I	2521
30 Pf	StTdr.	10. 2. 81	btz I	2588
35 Pf	StTdr.	13. 5. 80	bpu I	2506
40 Pf	StTdr.	26. 8. 80	btd I	2541
50 Pf	RaTdr.	16. 4. 74	bte I	1948
50 Pf	StTdr.	14. 10. 80	bte I	2549
60 Pf	StTdr.	6. 10. 81	buv I	2649
70 Pf	StTdr.	21. 4. 81	btf I	2602
80 Pf	StTdr.	6. 10. 81	buw I	2650
1 M	RaTdr.	9. 7. 74	btg I	1968
1 M	StTdr.	11. 11. 80	btg I	2561
2 M	StTdr.	14. 10. 80	bua I	2550
3 M	StTdr.	21. 7. 81	bua I	2633

Spendenmarken mit Frankaturkraft

1971

Nicht ausgegeben:

1971. Spendenmarke zur gleichzeitigen Freimachung der Einsendungen für das Preisausschreiben der Zeitung „Junge Welt“ und der Gesellschaft zur Förderung des Olympischen Gedankens. RaTdr. (10×5); gez. K 14¼:14.

a) Emblem

			★★
I	1 (M) mehrfarbig	a	18,—

MiNr. I war bereits an die Postämter verteilt, ehe die Marke zugunsten von MiNr. 1 und 2 zurückgezogen wurde.

MiNr. I ist auch gestempelt und auf ✉ bekannt geworden, es handelt sich um versehentlich im Postverkehr durchgeschlüpfte Stücke.

Auflage: 2 000 000 Stück, davon wurden angeblich weniger als 1000 Stück verkauft und weitere ca. 20 000 Stück gelagert, der Rest wurde vernichtet.

1972/1973

1972/1973. Spendenmarken zur gleichzeitigen Freimachung der Einsendungen für das Preisausschreiben der Zeitung „Junge Welt“ und des Jugendstudios DT 64 zu den 10. Weltfestspielen der Jugend und Studenten 1973 in Berlin. Ⓔ DWD; RaTdr. (6×5); gez. K 13.

b) Emblem der Weltfestspiele

			★★
1	1 (M) gelblichorange/dunkelmagenta/grün/grauultramarin	b	18,—
2	1 (M) mittelviolett/lilarot/schwarz/cyanblau	b	18,—
	Satzpreis (2 W.)		36,—

Die Spendenmarken MiNr. 1 und 2 wurden auf Tippscheine für die 1., 2. und 3. Runde des Preisausschreibens aufgeklebt und an die Redaktion eingesandt. Sie waren nicht zu entwerten.

Nach Abschluss des Preisausschreibens wurden die Tippscheine, mit einem Nebenstempel der Redaktion versehen, zum Verkaufspreis von 1,— M an Sammler abgegeben.

Lose gestempelte Spendenmarken sind nicht prüfbar.

Eine Spendenmarke aus dem Jahre 1979 zum Nationalen Jugendfestival der DDR in ähnlicher Zeichnung wie MiNr. 1 und 2, aber mit dem Emblem des Festivals in der Bildmitte, hatte keine Frankaturkraft.

Markenheftchen, Markenheftchenblätter, Zusammendrucke

Alle Preise bei Heftchenblättern verstehen sich für Stücke mit Rand, ohne Rand 30% Abschlag!

Abbildung der H-Blätter in ⅓-Größe

1955/1960. Fünfjahrplan

MH-MiNr.	Ausgabe-Datum	Nominale	Auflagen	MH-Preise ★★	H-Bl. MiNr.	mit MiNr.	H-Bl.-Preise ★★	⊚
1	März 1955	2,— M		120,—	**1** (1)	3×406 X + 3×453 X	35,—	40,—
					2 (1)	3×406 X + 3×455 X	35,—	40,—
					3 (1)	4×453 X + 2×455 X	40,—	45,—
2	Sept. 1957	2,— M		170,—	**4** (1)	3×577 A + 3×578 A	35,—	40,—
					5 (1)	3×577 A + 3×580 A	35,—	35,—
					6 (1)	4×578 A + 2×580 A	50,—	60,—
3	Dez. 1960	2,— M		16,—	**7** (1)	6×577 A	6,50	6,—
					8 (1)	6×704 A	4,50	6,—
					9 (1)	5×580 A + 1 x 704 A	9,—	10,—

H-Blatt 1

H-Blatt 2

H-Blatt 3

H-Blatt 4

H-Blatt 5

H-Blatt 6

H-Blatt 7

H-Blatt 8

H-Blatt 9

Zusammendrucke aus H-Blättern und Markenheftchenbogen:

Zd-MiNr.	MiNr.	Werte	Preise ★★	⊚
März 1955 (H-Bl. 1–3, Markenheftchenbogen zu MH 1)				
W 5	453 X + 455 X	10 + 20	8,—	6,—
WZ 1	406 X + Z + 406 X	5 + Z + 5	7,—	6,—
WZ 2	453 X + Z + 453 X	10 + Z + 10	14,—	10,—
WZ 3	455 X + Z + 453 X	20 + Z + 10	14,—	10,—
WZ 4	455 X + Z + 455 X	20 + Z + 20	20,—	18,—
S 5	453 X + 406 X	10 + 5	6,—	5,—
S 6	455 X + 406 X	20 + 5	7,50	5,—
SZ 1	406 X + Z + 453 X	5 + Z + 10	9,—	6,50
SZ 2	406 X + Z + 455 X	5 + Z + 20	9,—	6,50
SZ 3	453 X + Z + 453 X	10 + Z + 10	8,—	6,50
SZ 4	455 X + Z + 455 X	20 + Z + 20	20,—	18,—
Sept. 1957 (H-Bl. 4–6, Markenheftchenbogen zu MH 2)				
W 6	578 A + 580 A	10 + 20	12,—	9,—
WZ 5	577 A + Z + 577 A	5 + Z + 5	5,—	4,—
WZ 6	578 A + Z + 578 A	10 + Z + 10	40,—	25,—
WZ 7	580 A + Z + 578 A	20 + Z + 10	22,—	15,—
WZ 8	580 A + Z + 580 A	20 + Z + 20	20,—	15,—

Zd-MiNr.	MiNr.	Werte	Preise ★★	⊚
Sept. 1957 (Fortsetzung)				
S 7	578 A + 577 A	10 + 5	9,—	3,—
S 8	580 A + 577 A	20 + 5	9,—	3,—
SZ 5	577 A + Z + 578 A	5 + Z + 10	10,—	7,—
SZ 6	577 A + Z + 580 A	5 + Z + 20	10,—	7,—
SZ 7	578 A + Z + 578 A	10 + Z + 10	18,—	12,—
SZ 8	580 A + Z + 580 A	20 + Z + 20	11,—	6,—
Dez. 1960 (H-Bl. 9, Markenheftchenbogen zu MH 3)				
W 7	580 A + 704 A	20 + 10	8,—	7,—
WZ 9	704 A + Z + 704 A	10 + Z + 10	10,—	8,—
WZ 10	704 A + Z + 580 A	10 + Z + 20	20,—	13,—
S 9	580 A + 704 A	20 + 10	8,—	7,—
SZ 9	577A + Z + 577A	5 + Z + 5	5,—	3,—
SZ 10	704 A + Z + 704 A	10 + Z + 10	6,—	4,—
SZ 11	704 A + Z + 580 A	10 + Z + 20	20,—	15,—

Zwischenstege (Z) immer mit rotem Andreaskreuz

1962/1968. Walter Ulbricht

MH-MiNr.	Ausgabe-Datum	Nominale	Auflagen	MH-Preise **	H-Bl. MiNr.	mit MiNr.	H-Bl.-Preise **	⊙
4 a	Nov. 1962	2,— DM		65,—	**10 X** (1)	8×845 X	30,—	40,—
					11 X (2)	8×846 X	15,—	20,—
4 b	Ende 1966	2,— MDN		65,—	**10 X** (1)	8×845 X	30,—	40,—
					11 X (2)	8×846 X	15,—	20,—
4 c	Ende 1968	2,— Mark		70,—	**10 Y** (1)	8×845 Y	15,—	20,—
					11 Y (2)	8×846 Y	10,—	15,—

H-Blatt 10

H-Blatt 11

Zusammendrucke aus Markenheftchenbogen:

Zd-MiNr.	MiNr.	Werte	Preise **	◍
WZ 11	845 X + Z + 845 X	5 + Z + 5	20,—	10,—
WZ 12	846 X + Z + 846 X	10 + Z + 10	20,—	10,—
SZ 12	845 X + Z + 845 X	5 + Z + 5	2,50	2,—
SZ 13	846 X + Z + 846 X	10 + Z + 10	2,50	2,—

Zwischenstege (Z) immer mit rotem Monogramm

1971. Sorbische Tanztrachten

MH-MiNr.	Ausgabe-Datum	Nominale	Auflagen	MH-Preis **	H-Bl. MiNr.	mit MiNr.	H-Bl.-Preise **	◍	FDC
5	23. 11. 1971	2,— M		12,—	**12** (2)	4×1723	1,80	1,50	*16,—*
					13 (2)	2×1723 + 2×1724	4,—	3,—	*40,—*

H-Blatt 12

H-Blatt 13

Zusammendrucke aus H-Blatt 13 und Markenheftchenbogen:

Zd-MiNr.	MiNr.	Werte	Preise **	◍
W 8	1723 + 1724	10 + 20	1,80	1,40
W 9	1723 + 1724 + 1723	10 + 20 + 10	3,—	2,—
W 10	1724 + 1723	20 + 10	1,80	1,70
W 11	1724 + 1723 + 1724	20 + 10 + 20	3,—	2,—
WZ 13 I	1723 + Z I + 1723	10 + Z I + 10	140,—	100,—
WZ 13 II	1723 + Z II + 1723	10 + Z II + 10	5,—	4,—
WZ 14 I	1724 + Z I + 1723	20 + Z I + 10	140,—	100,—
WZ 14 II	1724 + Z II + 1723	20 + Z II + 10	5,—	3,50
SZ 14 II	1723 + Z II + 1723	10 + Z II + 10	1,50	1,—
SZ 15 II	1724 + Z II + 1724	20 + Z II + 20	5,—	4,—

I = Zwischensteg ohne, II = Zwischensteg mit Firmenstempel

Bitte bedenken Sie, dass sich dieses Standard-Nachschlagewerk auf die wesentlichen Unterschiede der Briefmarken beschränkt. Ausführliche Katalogisierungen müssen Spezialwerken und Handbüchern der einzelnen Sammelgebiete vorbehalten bleiben.

1972/73. Rosenausstellung (kleines Format)

MH-MiNr.	Ausgabe-Datum	Nominale	Auflagen	MH-Preise ★★	H-Bl. MiNr.	mit MiNr.	H-Bl.-Preise ★★	◍	FDC
6 I	22. 8. 1972	2,— M		10,—	**14** (2)	4×1778	1,40	1,—	*50,—*
					15 (1)	2×1779 + 2 x 1780	6,—	4,—	*90,—*
6 II	1973	2,— M		50,—					

I = Heftchen mit 3 Zwischenblättern (Postgebühren und Reklamen), II = ohne Zwischenblätter

H-Blatt 14

H-Blatt 15

Zusammendrucke aus H-Blatt 15 und Markenheftchenbogen:

Zd-MiNr.	MiNr.	Werte	Preise ★★	◍
W 12	1779 + 1780	25 + 35	4,—	3,—
W 13	1779 + 1780 + 1779	25 + 35 + 25	6,—	4,—
W 14	1780 + 1779	35 + 25	4,—	3,—
W 15	1780 + 1779 + 1780	35 + 25 + 35	6,—	4,—

Zd-MiNr.	MiNr.	Werte	Preise ★★	◍
WZ 15	1778 + Z + 1778	10 + Z + 10	8,—	7,—
WZ 16	1780 + Z + 1779	35 + Z + 25	14,—	12,—
SZ 16	1778 + Z + 1778	10 + Z + 10	4,—	3,—
SZ 17	1779 + Z + 1779	25 + Z + 25	6,—	4,—
SZ 18	1780 + Z + 1780	35 + Z + 35	6,—	4,—

1973. Weltfestspiele der Jugend

MH-MiNr.	Ausgabe-Datum	Nominale	Auflagen	MH-Preis ★★	H-Bl. MiNr.	mit MiNr.	H-Bl.-Preise ★★	◍	FDC
7	26. 7. 1973	1,— M		4,50	**16** (1)	4×1862	2,—	1,30	90,—
					17 (1)	4×1864	2,—	1,30	90,—

H-Blatt 16

H-Blatt 17

Zusammendrucke aus Markenheftchenbogen:

Zd-MiNr.	MiNr.	Werte	Preise ★★	◍
WZ 17	1862 + Za + 1862	5 + Za + 5	5,—	3,50
WZ 18	1864 + Za + 1864	20 + Za + 20	5,—	3,50

Zd-MiNr.	MiNr.	Werte	Preise ★★	⊙
SZ 19	1862 + Zb + 1862	5 + Zb + 5	2,—	1,50
SZ 20	1864 + Zb + 1864	20 + Zb + 20	2,—	1,50

Za = Zwischensteg in Markengröße, Zb = Zwischensteg in halber Markengröße

1985. Sozphilex '85

MH-MiNr.	Ausgabe-Datum	Nominale	Auflagen	MH-Preis ★★	H-Bl. MiNr.	mit MiNr.	H-Bl.-Preise ★★	◍	FDC
8	10. 9. 1985	2,40 M		8,—	**18** (2)	4×2965 + 4×2966	3,50	3,50	80,—

H-Blatt 18

H-Blatt 19

Zusammendrucke aus H-Blatt 18 und Markenheftchenbogen:

Zd-MiNr.	MiNr.	Werte	Preise **	⊙	FDC
W 16	2965 + 2966	5 + 20	1,—	1,—	25,—
W 17	2965 + 2966 + 2965	5 + 20 + 5	1,80	1,50	60,—
W 18	2966 + 2965	20 + 5	1,20	1,20	40,—
W 19	2966 + 2965 + 2966	20 + 5 + 20	2,50	1,20	60,—

Zd-MiNr.	MiNr.	Werte	Preise **	⊙	FDC
WZ 19	2966 + Z + 2965	20 + Z + 5	1,50	2,—	75,—
SZ 21	2965 + Z + 2965	5 + Z + 5	1,20	1,—	75,—
SZ 22	2966 + Z + 2966	20 + Z + 20	1,50	1,50	75,—

1988. Süßwasserfische

MH-MiNr.	Ausgabe-Datum	Nominale	Auflagen	MH-Preis **	H-Bl. MiNr.	mit MiNr.	H-Bl.-Preise **	⊙	FDC
9	29. 11. 1988	2,— M		7,50	**19** (5)	4×3096 II	1,50	1,50	75,—

Zusammendrucke aus Markenheftchenbogen:

Zd-MiNr.	MiNr.	Werte	Preise **	⊙	FDC
WZ 20	3096 II + Z + 3096 II	10 + Z + 10	1,80	1,60	100,—

Zd-MiNr.	MiNr.	Werte	Preise **	⊙	FDC
SZ 23	3096 II + Z + 3096 II	10 + Z + 10	1,20	1,—	100,—

1990. Bauwerke und Denkmäler

MH-MiNr.	Ausgabe-Datum	Nominale	Auflagen	MH-Preis **	H-Bl. MiNr.	mit MiNr.	H-Bl.-Preise **	⊙	FDC
10	2. 10. 1990	6,40 DM	2 795 000	10,—	**20** (1)	8×3345	4,—	3,—	15,—
					21 (1)	8×3346	5,—	3,50	20,—

H-Blatt 20

H-Blatt 21

Zusammendrucke aus Markenheftchenbogen:

Zd-MiNr.	MiNr.	Werte	Preise **	⊙	FDC
WZ 21	3345 + Z + 3345	30 + Z + 30	5,—	3,50	40,—
WZ 22	3346 + Z + 3346	50 + Z + 50	5,—	3,50	40,—

Zd-MiNr.	MiNr.	Werte	Preise **	⊙	FDC
SZ 24	3345 + Z + 3345	30 + Z + 30	2,50	2,—	40,—
SZ 25	3346 + Z + 3346	50 + Z + 50	2,50	2,—	40,—

Sondermarken-Heftchen mit variablem Inhalt:

Die Herstellung der Sondermarken-Heftchen erfolgte aufgrund zentraler Weisungen. Benutzt wurden Postwertzeichen aus normalen Schalterbogen, die hierfür wegen ihrer Eignung (Format) vorgesehen waren und von vornherein in höheren Auflagen hergestellt wurden. Der Inhalt kann bei gleichem Deckel unterschiedlich sein, daher wurde auf die übliche Nummerierung verzichtet. Meist wurden je 10 Marken, dem Gesamtnominalwert von 1,— M oder 2,— M entsprechend, mit den Bogenrändern in die Deckel eingeklebt. Für die Deckel wurden sehr unterschiedliche Karton- und Papierqualitäten verwendet.

Katalogisierung siehe MICHEL-Deutschland-Spezial Band 2!

Dienstmarken

Sendungen staatlicher Organe, Verwaltungen und Betriebe mussten ab 15. 8.1954 mit Dienstmarken frankiert oder mittels Absenderfrei-Stempel freigemacht werden.

Ungebraucht durften diese Marken während der Kurszeit an das Publikum nicht abgegeben werden. Nach der Außerkurssetzung wurden verschiedene Serien durch die staatliche Markenverkaufsstelle DIA auch postfrisch ins Ausland verkauft.

Die Dienstmarken waren nur innerhalb der DDR (einschl. Berlin-Ost) gültig.

A Verwaltungspost B

Amtliche Bogenentwertungen für philatelistische Zwecke (◍):

Die meisten Marken aus MiNr. 1–33 wurden zu Handelszwecken von Hand bogenweise mit Tagesstempeln, Sonderstempeln, Rollenstempeln oder Werbestempeln mit amtlicher Stempelfarbe entwertet. Die Stempel wurden meist in der Mitte eines Viererblocks angebracht, es kommen jedoch auch starke Abweichungen vor. Für Bogenentwertungen benutzte Stempel siehe MICHEL-Deutschland-Spezial.

Klischee-(Bogen)Entwertung (◍ Kl) gibt es ab MiNr. 34 und bei allen Nach- und Neudrucken. Diese Klischeestempel sind an der glänzenden (Druck-)Farbe erkennbar.

Alle Bogen- und Klischee-Entwertungen werden von den Prüfern im BPP mit ◍ signiert!

Folgende Stempel wurden von unberufener Seite benutzt und sind daher als falsch anzusehen:

Vorsicht vor weiteren Stempelfälschungen und Nachstempelungen bei allen Dienstmarken!

Alle ⊙-Preise gelten nur für bedarfsgestempelte, ab 3,— Euro auch geprüfte Stücke!

Nach- und Neudrucke:

1957 und 1958 wurden von fast allen Marken der Verwaltungspost B Nach- bzw. Neudrucke hergestellt. Diese Bogen sind nicht gummiert und weisen 25 Klischeestempel (glänzende Farbe) auf, die jeweils in der Mitte eines Viererblocks angebracht sind.

Im Gegensatz zu den Bogen der Originalmarken sind die Reihenzähler 4 mm hoch in Groteskschrift (Original 3 mm, Antiqua), die Bogenränder weisen keine bzw. keine vergleichbaren Druckvermerke auf. Dafür befinden sich am oberen und unteren Bogenrand Schnörkel, die zusammengesetzt die Worte „Ungültig" und „Werthlos" ergeben.

Original: Reihenzähler 3 mm hoch, Antiqua, alle Bogenränder bis zu 10 Schutzlinien in Markenfarbe, mit Druckvermerk

Nachdruck: Reihenzähler 4 mm hoch, Grotesk; Bogenränder ohne Schutzlinien, Bogenober- und -Unterränder mit verschnörkelten Worten „Ungültig" und „Werthlos"; kein Druckvermerk

Weitere Unterscheidungsmerkmale siehe bei den einzelnen Ausgaben!

1954

1954, 15. Aug./1. Okt. / Nachdruck 1957, Mai–Sept. Dienstmarken für Verwaltungspost B. 1. Ausgabe; 🄴 Eigler; Odr. GW, Nachdrucke DWD (10×10); x = gestrichenes Papier; X = Wz. 2 X, Y = Wz. 2 Y; gez. K 13:12½.

DA a) Staatswappen in Zeichnung 1

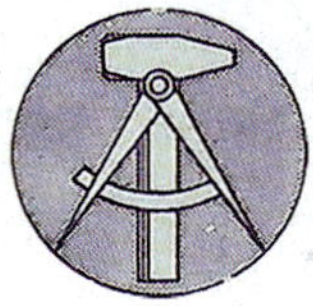

Zeichnung 1: Zirkelbogen nach links, Zirkelknopf geschlossen, Hammerschatten links

X = Wz. 2 X

					★★	◍	⊙	Nachdr. ◍ Kl
1 x X	5	(Pf)	dunkelgelbsmaragdgrün (15. Aug.)	DA a	15,—	0,30	0,50	0,10
2 x X	6	(Pf)	dunkelbläulichviolett (15. Aug.)	DA a	8,—	0,50	2,50	0,10
3 x X	8	(Pf)	(dunkel)braunorange (15. Aug.)	DA a	10,—	0,30	0,50	0,10
4 x X	10	(Pf)	(dunkel)bläulichgrün (15. Aug.)	DA a	22,—	0,30	0,50	0,10
5 x X	12	(Pf)	(dunkel)kobaltblau (15. Aug.)	DA a	38,—	0,30	0,50	0,10
6 x X	15	(Pf)	schwärzlich(rot)violett (1. Okt.)	DA a	38,—	0,30	0,50	0,10
7 x X	16	(Pf)	schwärzlich(rot)violett (15. Aug.)	DA a	8,—	0,30	0,50	0,10
8 x X	20	(Pf)	schwärzlicholiv bis schwarzgelboliv (15. Aug.)	DA a	15,—	0,30	0,50	0,10
9 x X	24	(Pf)	schwärzlichrosa (15. Aug.)	DA a	8,—	0,30	0,50	0,10
10 x X	25	(Pf)	schwarzopalgrün (1. Okt.)	DA a	8,—	0,50	5,—	0,10
11 x X	30	(Pf)	lebhaftbräunlichrot (Töne) (15. Aug.)	DA a	8,—	0,30	0,50	0,10
12 x X	40	(Pf)	dunkelrosarot (15. Aug.)	DA a	11,—	0,30	0,50	0,10
13 x X	48	(Pf)	(lebhaft)violettpurpur (15. Aug.)	DA a	5,—	1,—	14,—	
14 x X	50	(Pf)	(lebhaft)violettpurpur (1. Okt.)	DA a	5,—	0,30	0,50	0,10
15 x X	60	(Pf)	ultramarin (15. Aug.)	DA a	5,—	0,30	0,80	0,10
16 x X	70	(Pf)	(lebhaft)rötlichbraun (1. Okt.)	DA a	5,—	0,30	0,50	0,10
17 x X	84	(Pf)	(lebhaft)rötlichbraun (15. Aug.)	DA a	11,—	3,—	30,—	
			Satzpreis (17 W., N 15 W.)		220,—	8,—	55,—	1,50
			FDC 1 (MiNr. 1–5, 7, 8)				130,—	
			FDC 2 (MiNr. 9, 11–13, 15, 17)				130,—	
			FDC 3 (MiNr. 6, 10, 14, 16)				250,—	

Y = Wz. 2 Y

					★★	◍	⊙
1 x Y	5	(Pf)	dunkelgelbsmaragdgrün (15. Aug.)	DA a	*1200,—*		*200,—*
6 x Y	15	(Pf)	schwärzlich(rot)violett (1. Okt.)	DA a	*350,—*	7,—	30,—
8 x Y	20	(Pf)	schwärzlicholiv bis schwarzgelboliv (15. Aug.)	DA a			*400,—*
10 x Y	25	(Pf)	schwarzopalgrün (1. Okt.)	DA a	20,—	8,—	15,—
14 x Y	50	(Pf)	(lebhaft)violettpurpur (1. Okt.)	DA a	—,—		—,—

Bei allen Werten gibt es Farbschwankungen!

Unterscheidungsmerkmale Offsetdruck (Odr.) und Buchdruck (Bdr.):

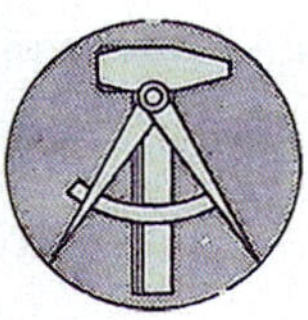

Odr. (MiNr. 1–17):
Rasterpunkte im Mittelstück
(nur unter Lupe erkennbar)

Bdr. (MiNr. 18–41):
senkr. Striche im Mittelstück
(mit bloßem Auge erkennbar)

Weitere Unterscheidungsmerkmale Original und Nachdruck:

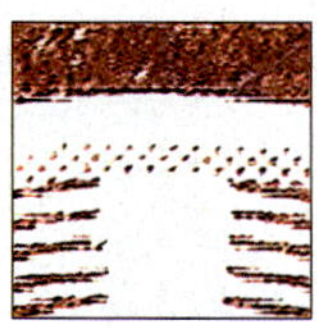

Original: drei diagonale Rasterpunktreihen über freiem Raum zwischen den Grannen

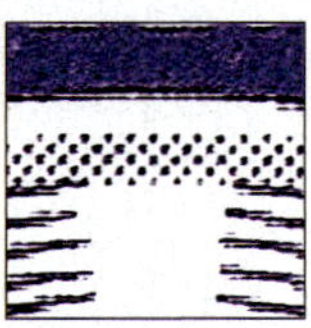

Nachdruck: fünf Rasterpunktreihen zwischen den Grannen

MiNr. 3–15 mit Lochung C. Z. in verschiedenen Stellungen sind firmengelochte Marken der Carl-Zeiss-Werke Jena.

Vorsicht vor Stempelfälschungen und Nachstempelungen!

MiNr. 8 und 9 in Zähnung L 11, oWz., Bogen 5×4 siehe Kapitel „Kriegs-, Post- und Propagandafälschungen“ im MICHEL-Deutschland-Spezial.

Auflagen: unbekannt

1954, ab Aug./1956, Mai–Juni / Nachdruck 1957, Mai–Sept. Dienstmarken für Verwaltungspost B. 2. Ausgabe (Zeichnung 2, ab Aug. 1954) und 4. Ausgabe (Zeichnung 4, Mai–Juni 1956); 🄴 Eigler; Bdr. GW, Nachdrucke DWD (10×10); x = gestrichenes, bei MiNr. 22 gewöhnliches Papier; X = Wz. 2 X, Y = Wz. 2 Y; gez. K 13:12½.

DA b) Staatswappen in Zeichnung 2 bzw. Zeichnung 4

Zeichnung 2: Zirkelbogen nach rechts, Zirkelknopf geschlossen, Hammerschatten links

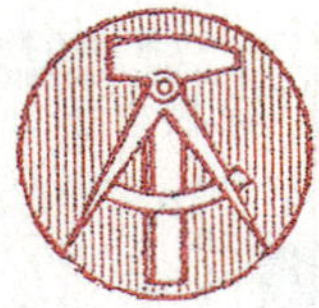

Zeichnung 4: Zirkelbogen nach rechts, Zirkelknopf offen, Hammerschatten links

Zeichnung 2 und 4 unterscheiden sich nur geringfügig voneinander. Katalogisiert wird nur die jeweils billigere Sorte. Für eine differenziertere Listung siehe MICHEL-Deutschland-Spezial.

X = Wz. 2 X

					✱✱	⊘	⊙	Nachdr. ⊘ Kl
18 x X	5	(Pf)	(dunkel)smaragdgrün	DA b	5,—	0,30	0,50	0,10
19 x X	10	(Pf)	lebhaft- bis dunkelbläulichgrün	DA b	4,—	0,30	0,50	0,10
20 x X	12	(Pf)	schwärzlichpreußischblau	DA b	4,—	0,30	0,50*)	0,10
21 x X	15	(Pf)	schwarzgrauviolett	DA b	4,—	0,30	0,50	0,10
22 x X	20	(Pf)	schwarzgelboliv	DA b	320,—	0,30	0,50	0,10
23 x X	25	(Pf)	schwärzlichopalgrün	DA b	3,—	0,50	3,—	0,10
24 x X	30	(Pf)	lebhaftbräunlichrot	DA b	6,—	0,50	3,50	0,10
25 x X	40	(Pf)	rot (Töne)	DA b	8,—	0,30	0,50	0,10
26 x X	50	(Pf)	dunkelpurpur bis schwärzlichpurpur	DA b	3,—	0,30	0,80	0,10
27 x X	70	(Pf)	(lebhaft)siena	DA b	3,—	0,30	2,—	0,10
			Satzpreis (✱✱ ohne MiNr. 22, 9 W.)		40,—	3,—	12,—	1,—

Y = Wz. 2 Y

					✱✱	⊘	⊙
18 x Y	5	(Pf)	(dunkel)smaragdgrün	DA b	250,—		150,—
27 x Y	70	(Pf)	(lebhaft)siena	DA b	350,—		500,—

*) Bewertung gilt für Stempeldaten ab 1.10.1954; frühere Daten: ⊙ 25,—

Die Nachdrucke der MiNr. 18, 19, 21 und 22 wurden von der Original-Druckplatte der Zeichnung 4 gefertigt, wobei durch Retusche die Zeichnung 2 wiederhergestellt wurde. Dabei entstanden unregelmäßige Zeichnungen der Zirkel, die teilweise stark von den Originalen abweichen.

MiNr. 20 N sowie 23 N–27 N unterscheiden sich im Markenbild nicht von den Originalen!

Obwohl die Nachdrucke erst 1957 gedruckt wurden, weisen sie gedruckte Stempeldaten aus 1956 auf.

👁 Vorsicht vor Stempelfälschungen und Nachstempelungen!

Auflagen: unbekannt

1955

1955, Nov. / Nachdruck 1957, Mai–Sept. Dienstmarke für Verwaltungspost B. 3. Ausgabe; 🄴 Eigler; Bdr. GW, Nachdrucke DWD (10×10); x = gestrichenes Papier; X = Wz. 2 X; gez. K 13:12½.

DA c) Staatswappen in Zeichnung 3

Zeichnung 3: Zirkelbogen nach links, Zirkelknopf geschlossen, Hammerschatten rechts

					✱✱	⊘	⊙	Nachdr. ⊘ Kl
28 x X	20	(Pf)	schwarzgelboliv	DA c	50,—	0,30	0,50	0,10

Die 3. Ausgabe sollte ursprünglich mehrere Werte umfassen. In Gesetzblatt I, Nr. 90 über Staatswappen und Staatsflagge wurde dann jedoch die Zirkelbogenstellung nach rechts endgültig festgelegt, sodass keine weiteren Werte mit Zirkelbogenstellung nach links hergestellt wurden.

MiNr. 28 N unterscheidet sich im Markenbild nicht vom Original!
Obwohl die Nachdrucke erst 1957 hergestellt wurden, weisen sie gedruckte Stempeldaten aus 1956 auf.

Auflagen: unbekannt

Die Werte zu 6, 8, 12, 16, 24, 48, 60 und 84 Pf der Dienstmarken der Verwaltungspost B gültig bis 31.3.1959, übrige Werte gültig bis 30.4.1960, Aufbrauch bis 7.6.1960 geduldet

1956

1956. Dienstmarken für Verwaltungspost B. 5. Ausgabe (Zeichnung 2) und 6. Ausgabe (Zeichnung 4). Wie MiNr. 18–27, jedoch y = gefasertes Papier; Wz. 2 X.

				★★	⊘	⊙
29 y	5 (Pf)	(dunkel)smaragdgrün	DA b	*700,—*	1,—	1,50
30 y	10 (Pf)	bläulichgrün (Töne)	DA b	70,—	1,—	1,50
31 y	15 (Pf)	schwarzgrauviolett	DA b	*280,—*	1,—	3,—
32 y	20 (Pf)	schwarzgelboliv	DA b	*300,—*	1,—	1,50
33 y	40 (Pf)	rot (Töne)	DA b	80,—	1,—	1,50
			Satzpreis (5 W.)	*1400,—*	4,50	9,—

Zu den Zeichnungsunterschieden siehe bei MiNr. 18–27!

Zu MiNr. 29–33 sind keine Nach- oder Neudrucke bekannt.

Auflagen: unbekannt

1957

1957, ab März / 1960 / Nachdruck 1958, Febr.–März. Dienstmarken für Verwaltungspost B. 7. Ausgabe; Ⓔ Eigler; Bdr. DWD (10×10); y = gefasertes Papier; X = Wz. 3 X, Y = Wz. 3 Y; A = gez. K 13:12½, B = gez. K 14.

DA b) Staatswappen in Zeichnung 4

A = gez. K 13:12½ (1957–1960)

				★★	⊘	⊙	Nachdr. ⊘ Kl
34 y A	5 (Pf)	(dunkel)smaragdgrün (1957)	DA b				
X		Wz. 3 X					0,50
Y		Wz. 3 Y		0,50	0,30	0,50	0,50
35 y A	10 (Pf)	bläulichgrün (1957)	DA b				
X		Wz. 3 X					0,50
Y		Wz. 3 Y		0,50	0,30	0,50	0,50
36 y A	15 (Pf)	schwarzgrauviolett (1957)	DA b				
X		Wz. 3 X					0,50
Y		Wz. 3 Y		0,50	0,30	0,50	0,50
37 y A	20 (Pf)	schwarzgelboliv (1957)	DA b				
X		Wz. 3 X					0,50
Y		Wz. 3 Y		0,50	0,30	0,50	0,50
38 y A	30 (Pf)	bräunlichrot (1958)	DA b				
X		Wz. 3 X					0,50
Y		Wz. 3 Y		0,80	2,50	80,—	0,50
39 y A	40 (Pf)	rot (Töne) (1958)	DA b				
X		Wz. 3 X					0,50
Y		Wz. 3 Y		0,50	0,30	0,50	0,50
40 y A Y	50 (Pf)	dunkelpurpur, Wz. 3 Y (1960)	DA b	1,60	2,50	*2200,—*	
41 y A Y	70 (Pf)	rötlichbraun, Wz. 3 Y (1958)	DA b	1,60	2,50	80,—	
			Satzpreis (8 W., N = 6 W.)	6,50	9,—	—,—	3,—

B = gez. K 14 (1958)

				★★	⊘	⊙
34 y B Y	5 (Pf)	(dunkel)smaragdgrün, Wz. 3 Y	DA b	0,50	0,30	0,50
35 y B Y	10 (Pf)	bläulichgrün, Wz. 3 Y	DA b	0,50	0,30	0,50
36 y B Y	15 (Pf)	schwarzgrauviolett, Wz. 3 Y	DA b	0,50	0,30	0,50
37 y B Y	20 (Pf)	schwarzgelboliv, Wz. 3 Y	DA b	0,50	0,30	0,50
			Satzpreis (4 W.)	2,—	1,20	2,—

Alle Zuschriften, auch E-Mails, Fax etc., werden aufmerksam gelesen, aber nicht immer beantwortet. Anfragen, die ausschließlich im eigenen Interesse gestellt werden, beantworten wir in aller Regel nur dann, wenn Rückporto (Ausland Antwortschein) beiliegt.

B Verwaltungspost A

Zentraler Kurierdienst

MiNr. I–II siehe nach MiNr. 15 | *MiNr. III–X siehe nach MiNr. 31*

Die Einführung eines Zentralen Kurierdienstes (ab 10. Okt. 1955 zunächst nur für Sendungen von und nach Berlin, ab 1. April 1956 für das gesamte Staatsgebiet) stellte eine Maßnahme zur Sicherung des Versandes und der Zustellung der internen Dienstpost wichtiger Behörden und Industriebetriebe dar. Der Versand von ZKD-Sendungen war nur ZKD-Teilnehmern untereinander gestattet. Die Briefhüllen mussten von den Empfangsstellen nach einer gewissen Aufbewahrungsfrist vernichtet und durften nicht an Sammler abgegeben werden. Vorher sollten die Wertstreifen schon durch Einschneiden oder dgl. unbrauchbar gemacht werden. Diese Verfügung wurde jedoch mitunter übertreten, Briefausschnitte oder Ganzbriefe sind daher relativ selten. Nach Außerkurssetzung kamen verschiedene Ausgaben offiziell in den Handel; teilweise handelt es sich um Nachdrucke für Sammlerzwecke.

(Bogen-)Entwertungen für philatelistische Zwecke (⊘):

Bogenentwertungen:

Die meisten Marken aus MiNr. 1–15 wurden zu Handelszwecken von Hand bogenweise mit Tages- oder Rollenstempel mit amtlicher Stempelfarbe entwertet. Die Stempel wurden meist in der Mitte eines Viererblocks angebracht, es kommen jedoch auch Abweichungen vor.

Klischee-(Bogen-)Entwertungen (⊘ Kl) (gedruckte Stempel):

Von MiNr. 1–5 wurden Originalbogen zu Handelszwecken nachträglich mit Klischeestempeln überdruckt. Diese Stempel sind regelmäßig in der Mitte eines Viererblocks angebracht. Zu erkennen sind sie an der glänzenden Druckfarbe.

Verwendete Stempel siehe MICHEL-Deutschland-Spezial.

Gedruckte Stempel werten ca. 70% der ⊘-Bewertungen.

Alle Bogen- und Klischee-Entwertungen werden von den Prüfern im BPP mit ⊘ signiert!

Entwertungen mittels Ungültig-Stempel (≡ U):

Nach Außerkurssetzung wurden MiNr. 9, 13, 15, 22–31 und Nachdrucke aus 16 N–31 N sowie MiNr. III–X mit nebenstehendem Ungültig-Stempel versehen und in den Verkehr gebracht. Diese Marken sind unter ≡ U bewertet.

Nach- und Neudrucke (N bzw. ND):

Zu Handelszwecken wurden von MiNr. 1–5 Neu- und von MiNr. 7 sowie 16–29 Nachdrucke in Bogenform hergestellt. Diese Bogen von MiNr. 1–5 sind nicht gummiert (MiNr. 16–29 gummiert) und weisen Klischeestempel (glänzende Farbe) auf, die regelmäßig in der Mitte eines Viererblocks angebracht sind.

Unterscheidungsmerkmale zu den Originalmarken siehe bei den einzelnen Ausgaben!

1956

1956, 1. April. Dienstmarken für Verwaltungspost A (ZKD) (I). Odr. GW (10×10); Wz. 2 X; gez. K 13:12½.

DBa) Ziffern im Viereck

				★★	⊘	⊙	Neudr. ⊘ Kl
1	5 (Pf)	schwärzlichgrau bis schwarz	DBa	0,30	0,30	3,50	0,20
2	10 (Pf)	schwärzlichgrau bis schwarz	DBa	0,30	0,30	1,20	0,20
3	20 (Pf)	schwärzlichgrau bis schwarz	DBa	0,40	0,30	0,70	0,20
4	40 (Pf)	schwärzlichgrau bis schwarz	DBa	0,50	0,30	5,—	0,20
5	70 (Pf)	schwärzlichgrau bis schwarz	DBa	0,60	0,60	150,—	0,20
		Satzpreis (5 W.)		2,—	1,80	150,—	0,80

Unterscheidungsmerkmale zwischen Originalen und Neudrucken:

Originale: Raster oberhalb des linken unteren Eckornaments wird durch zwei Punkte begrenzt

Neudrucke: Raster wird durch 3 Punkte begrenzt

Außerdem haben die Neudrucke im Gegensatz zu den Originalen teilweise sehr schlechte Zähnung, die Reihenzahlen sind fetter, die Bogenunterränder weisen keine Druckvermerke auf. Statt der Druckvermerke sind am Unterrand Schnörkel, die die Worte „Ungültig" und „Werthlos" ergeben (siehe Abb. bei Verwaltungspost B). Von den Klischee-Entwertungen unterscheiden sie sich durch die fehlende Gummierung.

		⊘
4 ND F	Neudruck in Fehlfarbe Lilaschwarz	—,—

FALSCH MiNr. 5 auf Päckchenadresse als Teilfälschung mit Stempel Senftenberg d.

besonders MiNr. 5! Häufige Stempelfälschungen: Karl-Marx-Stadt 1 m; Rostock 1 w; Saalfeld (Saale) 1 e, 1 h; Senftenberg d; Sonneberg (Thür.) 1 a, 1 n; Wernigerode i, p; Vorsicht vor weiteren Stempelfälschungen und Nachstempelungen!

Auflagen: MiNr. 1 = 5 750 000, MiNr. 2 = 7 900 000, MiNr. 3 = 8 850 000, MiNr. 4 = 8 550 000, MiNr. 5 = 2 000 000 Stück *Gültig bis 30.9.1956*

1956, 1. Okt. Dienstmarken für den ZKD (II). Odr. GW (5×10); gestrichenes Papier; Wz. 2 X; gez. K 13:12½.

DBb) Landesname in schraffiertem Grund, Inschrift

				★★	⊘	≡U	⊙
6 X	10 (Pf)	mittelviolettpurpur/schwarz	DBb	1,20	1,—		1,50
7 X	20 (Pf)	mittelviolettpurpur/schwarz	DBb	180,—	1,—		1,50
8 X	40 (Pf)	mittelviolettpurpur/schwarz	DBb	2,—	1,—		2,50
9 X	70 (Pf)	mittelviolettpurpur/schwarz	DBb	3,—	3,50	2,—	65,—
			Satzpreis (4 W.)	180,—	6,50		70,—

⊜ besonders MiNr. 9! Häufige Stempelfälschungen: Potsdam-Babelsberg 1 i; Schlettau (Erzgeb.) a; Sonneberg (Thür.) 1 a; Wernigerode i sowie Rollenstempel Karl-Marx-Stadt 7 e. Vorsicht vor weiteren Stempelfälschungen und Nachstempelungen!

Auflagen: unbekannt

Gültig bis 30.4.1957 (Nachverwendungen bekannt)

Unterscheidungsmerkmal zwischen den Drucken von GW und DWD:

MiNr. 6–13 Graphische Werkstätten

Untere Schleife des „S" in „KURIER-DIENST" endet mit schrägem Abschlussbalken; Spitzen der in Blitzstrahlen (nicht in der Abb.) auslaufenden Hintergrundlinien berühren sich gegenseitig

MiNr. 7 N, 14–15, I und II

Untere Schleife des „S" endet spitz; Spitzen der in Blitzstrahlen (nicht in der Abb.) auslaufenden Hintergrundlinien berühren sich nicht

1957. Nachdruck der MiNr. 7. Odr. DWD (5×10); Wz. 2 Y; gez. K 13:12½.

				★★
7 N	20 (Pf)	mittelviolettpurpur/schwarz auf gelblichem Papier, matte Gummierung	DBb	5,—

Die Bogen von MiNr. 7 N weisen am Bogenunterrand den Druckvermerk auf, die Reihenwertzähler oben sind dünner, die Reihenzähler unten dicker als beim Original. Außerdem befinden sich am rechten Seitenrand die Worte „Ungültig, Werthlos" in violetter Schnörkelschrift.

1957

1957, 1. April. Dienstmarken für den ZKD (III). MiNr. 6–9 mit schwarzem oder violettem Aufdruck von Kontrollzahlen mittels Gummiwalze von Hand.

				★★	⊘	≡U	⊙
10	10 (Pf)	mittelviolettpurpur/schwarz	(6)	0,70	0,50		1,50
11	20 (Pf)	mittelviolettpurpur/schwarz	(7)	2,—	0,50		1,50
12	40 (Pf)	mittelviolettpurpur/schwarz	(8)	0,70	1,—		3,—
13	70 (Pf)	mittelviolettpurpur/schwarz	(9)	3,50	5,—	5,—	65,—
			Satzpreis (4 W.)	6,50	7,—		70,—

Vorsicht! Bei längerer Wässerung verfärbt sich der schwarze Aufdruck in Richtung Violett; Vorsicht vor Verwechslungen mit violetten Aufdrucken!

Spezialkatalogisierung nach Kontrollzahlen siehe MICHEL-Deutschland-Spezial.

Neudrucke:

Die Neudrucke sind nur in wenigen Ausnahmefällen (z. B. abweichende Aufdruckfarbe) von den Originalen zu unterscheiden; sie gibt es nur ★★ und bei MiNr. 13 mit ≡U.

⊜ Besonders MiNr. 13. Häufige Stempelfälschungen: Sonneberg (Thür) 1 a; 1 n; Wernigerode i; Wittenberg Lutherstadt 1 d. Vorsicht vor weiteren Stempelfälschungen und Nachstempelungen!

Auflagen: unbekannt

Gültig bis 31.12.1957

Nicht ausgegeben:

1957, Anf. April. Dienstmarken für den ZKD. Odr. DWD (5×10); Zeichnung wie 7 N; Wz. 3 X; gez. K 13:12½.

				★★	≡U
I	10 (Pf)	mittelviolettpurpur/schwarz	DBb I	1,—	
II	20 (Pf)	mittelviolettpurpur/schwarz	DBb I	1,—	2,50

Abb. und Beschreibung der Unterscheidungsmerkmale der Drucke von GW und DWD siehe nach MiNr. 9!

MiNr. I und II sind bedarfsmäßig nicht verwendet worden, nach Ablauf der Kursfähigkeit der ZKD-Marken wurden sie jedoch an Sammler verkauft. Dennoch echt gebrauchte Marken auf Bedarfssendungen wurden unerkannt verwendet (—,—). Prüfung dringend anzuraten!

⊜ MiNr. I und II lose gestempelt

1957, 15. April. Dienstmarken für den ZKD (IV). Ohne Aufdruck nicht ausgegebene Marken MiNr. I und II mit schwarzem oder violettem Aufdruck von Kontrollzahlen mittels Gummiwalze von Hand.

				★★	▨	≡U	⊙
14	10 (Pf)	mittelviolettpurpur/schwarz	(I)	2,50	3,—		5,—
15	20 (Pf)	mittelviolettpurpur/schwarz	(II)	2,—	2,50	5,—	4,—
		Satzpreis (2 W.)		4,50	5,50		9,—

Abb. und Beschreibung der Unterscheidungsmerkmale der Drucke von GW und DWD nach MiNr. 9.

Katalogisierung nach Kontrollzahlen siehe MICHEL-Deutschland-Spezial.

Nach Außerkurssetzung wurden Marken mit Aufdruck 1600 (violett) an Sammler verkauft.

Vereinzelt wurden Marken bereits vor dem 1. April verwendet.

Auflagen: unbekannt *Gültig bis 31.12.1957*

Ausgaben Wertstreifen in Billettform

Die Kennzeichnung der Wertstufen erfolgte durch einen (10 Pf) bzw. zwei (20 Pf) Balken.

Die Kennbuchstaben bezeichnen die Ausgabebezirke; Katalogisierungen nach Ausgabebezirken siehe MICHEL-Deutschland-Spezial.

Von vielen Werten gibt es Nachdrucke; Unterscheidungsmerkmale siehe bei den einzelnen Ausgaben!

1958

1958, 2. Jan. Wertstreifen für den ZKD. Dünne Wertbalken. Bdr. VEB Kassenblock-, Billett- und Formulardruck (in Rollen); senkr. gez. 10.

Dbc) Landesname in schraffiertem Grund, dünne Balken statt Wertzahlen, Inschrift

				★★	⊙	Nachdr. N ★★	Nachdr. N ≡U
16	(10 Pf)	orangegelb/orangerot (ein Wertbalken)	Dbc	*80,—*	6,50	10,—	9,—
17	(20 Pf)	orangegelb/orangerot (zwei Wertbalken)	Dbc	*150,—*	4,—	20,—	9,—

Außer an den Kontrollnummern lassen sich die Originale nach folgenden Merkmalen von den Nachdrucken unterscheiden:

MiNr. 16	Original:	Wertstriche 4,5 mm lang, Abstand von Wertstrich zu Wertstrich 27 mm
	Nachdruck:	Wertstriche 3,7 mm lang, Abstand von Wertstrich zu Wertstrich 31 mm
MiNr. 17	Original:	Wertstriche 4,5 mm lang, Abstand von Wertstrichen zu Wertstrichen 27 mm bei 5- bis 6-stelligen, 29,5 mm bei 7-stelligen Kontrollnummern
	Nachdruck:	Wertstriche 3,7 mm lang, Abstand von Wertstrichen zu Wertstrichen 30,5 mm

1958, März. Wertstreifen für den ZKD. Wie MiNr. 16–17, jedoch dicke Wertbalken und farbiges Faserpapier.

Dbd) Landesname in schraffiertem Grund, dicke Wertbalken, Inschrift

				★★	⊙	Nachdr. N ★★	Nachdr. N ≡U
18	(10 Pf)	mittelbraungelb/dkl'gelblichrot auf hellolivgrau (ein Wertbalken)	Dbd	*100,—*	8,—	15,—	15,—
19	(20 Pf)	mittelbraungelb/dkl'gelblichrot auf hellolivgrau (zwei Wertbalken)	Dbd	*60,—*	5,—	22,—	15,—

Außer an den Kontrollnummern lassen sich die Originale nach folgenden Merkmalen von den Nachdrucken unterscheiden:

MiNr. 18	Original:	Wertbalken 3,7 mm lang, Abstand von Wertbalken zu Wertbalken 30 mm
	Nachdruck:	Wertbalken 3,6 mm lang, Abstand von Wertbalken zu Wertbalken 31,5 mm
MiNr. 19	Original:	Wertbalkenabstand zueinander 0,8 mm
	Nachdruck:	Wertbalkenabstand zueinander 1,5 mm

FALSCH Marken auf weißem Papier.

1958, Sept. Wertstreifen für den ZKD. Wie MiNr. 18–19, jedoch geänderte Farben und nicht farbiges Papier.

				★★	≡U	⊙	Nachdr. N ★★	Nachdr. N ≡U
20	(10 Pf)	hell- bis mittelviolettultramarin/dkl'braunrot (ein Wertbalken)	DBd	*35,—*	6,—	8,—	15,—	22,—
21	(20 Pf)	hell- bis mittelviolettultramarin/dkl'braunrot (zwei Wertbalken)	DBd	*200,—*	6,—	5,—	60,—	22,—

Außer an den Kontrollnummern lassen sich die Originale nach folgenden Merkmalen von den Nachdrucken unterscheiden:

MiNr. 20	Original:	Wertbalken 3,8 mm lang
	Nachdruck:	Wertbalken 4,5 mm lang
MiNr. 21	Original:	Wertbalken 3,8 mm lang, Wertbalkenabstand zueinander 0,8 mm
	Nachdruck:	Wertbalken 4,5 mm lang, Wertbalkenabstand zueinander 1,5 mm

1958, Dez. Wertstreifen für den ZKD. Wie MiNr. 20–21, jedoch abermals geänderte Farben.

				**	≡U	⊙	Nachdr. N **	Nachdr. N ≡U
22	(10 Pf)	orange/(dunkel)braunviolett (ein Wertbalken)	DBd	20,—	20,—	10,—	100,—	25,—
23	(20 Pf)	orange/(dunkel)braunviolett (zwei Wertbalken)	DBd	*220,—*		8,—	35,—	25,—

Außer an den Kontrollnummern lassen sich die Originale nach folgenden Merkmalen von den Nachdrucken unterscheiden:

MiNr. 22	Unterscheidung nur nach Kontrollnummern	
MiNr. 23	Original:	Wertbalkenabstand zueinander 0,8 mm
	Nachdruck:	Wertbalkenabstand zueinander 1,5 mm

1959

1959, März. Wertstreifen für den ZKD. Neue Zeichnung. Bdr. KBF (in Rollen); senkrecht gez. 10.

Dbe) Inschrift, schraffierter Grund, Balken statt Wertzahlen

				**	≡U	⊙	Nachdr. N **	Nachdr. N ≡U
24	(10 Pf)	smaragdgrün/(dkl')braunviolett/rot (ein Wertbalken)	DBe	10,—	10,—	8,—		
25	(20 Pf)	(lebh')orangegelb/rotbraun/lilaultramarin (zwei Wertbalken)	DBe	*60,—*	11,—	7,—	15,—	10,—

Unterscheidungsmerkmale (außer den Kontrollnummern) der Originale von den Nachdrucken bei MiNr. 24–29:

Original
Kennbuchstabe klein, nach rechts geneigt

Nachdruck
Kennbuchstabe größer, senkrecht stehend

1959, Juli. Wertstreifen für den ZKD. Wie MiNr. 24–25, jedoch geänderte Farben.

				**	≡U	⊙
26	(10 Pf)	lebhaftgraublau/schwarz (ein Wertbalken)	DBe	12,—	25,—	75,—
27	(20 Pf)	(dkl')zinnober/lilaultramarin/smaragdgrün (zwei Wertbalken)	DBe	12,—	25,—	10,—

1959, Nov. Wertstreifen für den ZKD. Wie MiNr. 24–27, jedoch erneut geänderte Farben.

				**	≡U	⊙	Nachdr. N **	Nachdr. N ≡U
28	(10 Pf)	lebh'graublau/dkl'bräunlichrot/schwarz (ein Wertbalken)	DBe	45,—	35,—	85,—		
29	(20 Pf)	braunorange/schwarz/dunkelrotviolett (zwei Wertbalken)	DBe	30,—		7,—	18,—	35,—

1959, Dez. Wertstreifen für den ZKD. Alte Zeichnung. Bdr. KBF (in Rollen); senkrecht gez. 10.

DBc) Landesname in schraffiertem Grund, dicke Balken statt Wertzahlen, Inschrift

				**	≡U	⊙
30	(10 Pf)	(dunkel)smaragdgrün/dunkelgraurot (ein Wertbalken)	DBc	10,—	15,—	10,—
31	(20 Pf)	(dunkel)smaragdgrün/dunkelgraurot (zwei Wertbalken)	DBc	12,—	18,—	5,50

Nicht ausgegeben:

1960, Sept. Wertstreifen wie MiNr. 24–29, jedoch geänderte Farben.

				✶✶	≡U
III	(10 Pf)	mittelblau/schwarz/zinnoberrot	DBe	10,—	60,—
IV	(20 Pf)	lebhaftbraunviolett/dunkelzinnoberrot/schwarz	DBe	10,—	60,—

Von MiNr. III und IV wurden auch einige Sätze lose ⊙, auf Briefstücken und Briefen verkauft, um den Nachweis über die bedarfsmäßige Verwendung dieser ZKD-Streifen zu erbringen. Diese wenigen im Handel befindlichen Stücke tragen die Merkmale echt gelaufener Poststücke. Die Streifen sind teilweise eingerissen oder eingeschnitten. Trotzdem ist nach letzten Forschungsergebnissen eine bedarfsmäßige postalische Verwendung der MiNr. III und IV nicht nachzuweisen!

1960, Sept. Wertstreifen wie MiNr. 24–29, jedoch abermals geänderte Farben.

				✶✶	≡U
V	(10 Pf)	lebhaftorange/lebhaftbraunkarmin/lebhaftrot	DBe	5,—	20,—
VI	(20 Pf)	lebhaftbraunviolett/orangebraun/lebhaftrot	DBe	5,—	20,—
VII	(10 Pf)	mittelsmaragdgrün/orangebraun/schwarz	DBe	5,—	20,—
VIII	(20 Pf)	lebhaftrot/(lebhaft)orangebraun/grauschwarz	DBe	5,—	20,—
IX	(10 Pf)	orange/lebhaftrot/schwarz	DBe	5,—	20,—
X	(20 Pf)	lebhaftzinnoberrot/schwarz/dunkelkobalt	DBe	5,—	20,—
			Satzpreis (6 W.)	30,—	110,—

C Laufkontrollzettel des ZKD

Dienststellen der Deutschen Volkspolizei sowie 80 der Vereinigung Volkseigener Betriebe angehörenden Firmen erhielten diese Laufkontrollzettel, um mit ihrer Hilfe Kontrollen über Anzahl und Laufzeit der ZKD-Sendungen durchzuführen. Die Freimachung der Sendungen erfolgte mittels Frei- oder Kastenstempel (die Laufkontrollzettel hatten keinen Frankaturwert).

Den Sendungen wurden Karten mit folgendem Hinweis beigefügt: „Mitteilung für den Empfänger dieser ZKD-Sendung. Der zu dieser ZKD-Sendung gehörende Briefumschlag wird vom Ministerium des Innern zu Prüfzwecken benötigt. Es wird gebeten, den Briefumschlag kurzfristig dem örtlich zuständigen Volkspolizei-Kreisamt zuzuleiten. Ministerium des Innern, Abteilung ZKD/VS".

1963

1963, 10. Aug. Laufkontrollzettel für Dienststellen der Deutschen Volkspolizei. Bdr. DWD; Wz. 1; gez. K 13:12½.

DCa) Staatswappen, Bezirks-Kennbuchstaben, Inschrift

				✶✶	≡U	⊙
1	(—)	orange/lebhaftmagenta, Bln (Berlin) *(20. Aug.)*	DCa	2,50	3,—	15,—
2	(—)	bräunlicholiv/lebhaftmagenta, Cbs (Cottbus) *(20. Aug.)*	DCa	2,50	3,—	15,—
3	(—)	mittelgrauviolett/lebhaftmagenta, Ddn (Dresden) *(14. Aug.)*	DCa	2,50	3,—	15,—
4	(—)	smaragdgrün/lebhaftmagenta, Eft (Erfurt) *(10. Aug.)*	DCa	2,50	3,—	15,—
5	(—)	türkisblau/lebhaftmagenta, Ffo (Frankfurt/Oder *(19. Aug.)*	DCa	2,50	3,—	20,—
6	(—)	hellviolettultramarin/dkl'violettultramarin, Gra (Gera) *(13. Aug.)*	DCa	2,50	3,—	20,—
7	(—)	mittelrötlichbraun/dkl'violettultramarin, Hle (Halle/Saale) *(21. Aug.)*	DCa	6,—	3,—	15,—
8	(—)	dkl'braunlila/lebh'magenta, KMS (Chemnitz [Karl-Marx-Stadt]) *(12. Aug.)*	DCa	2,50	3,—	15,—
9	(—)	rot/dunkelviolettultramarin, Lpz (Leipzig) *(19. Aug.)*	DCa	2,50	3,—	15,—
10	(—)	karminlila/dunkelviolettultramarin, Mbg (Magdeburg) *(12. Aug.)*	DCa	2,50	3,—	15,—
11	(—)	lebh'bläulichgrün/dkl'violettultramarin, Nbg (Neubrandenburg) *(14. Aug.)*	DCa	2,50	3,—	25,—
12	(—)	dkl'olivgrau/dkl'violettultramarin, Pdm (Potsdam) *(15. Aug.)*	DCa	2,50	3,—	20,—
13	(—)	dkl'purpurviolett/dkl'violettultramarin, Rst (Rostock) *(12. Aug.)*	DCa	2,50	3,—	25,—
14	(—)	braunorange/dkl'violettultramarin, Shl (Suhl) *(14. Aug.)*	DCa	2,50	3,—	25,—
15	(—)	lebhaftrötlichgelb/lilarot, Swn (Schwerin) *(13. Aug.)*	DCa	2,50	3,—	25,—
			Satzpreis (15 W.)	40,—	40,—	280,—

Die Angaben nach den Farbbezeichnungen beziehen sich auf die Bezirks-Kennbuchstaben und (in Klammern und kursiv) auf die bisher bekanntgewordenen frühesten Verwendungen!

Gültig bis 28.8.1963, Spätverwendungen bis Sept./Okt. bekannt

1964

1964, 17. Febr. Laufkontrollzettel für die Vereinigung Volkseigener Betriebe (VVB). MiNr. 1–15 mit rotem Bdr.-Aufdruck von vierstelligen Kontrollnummern.

				**	≡U	⊙
16	(—)	orange/lebhaftmagenta, Bln, Aufdr. 1150	(1)	23,—	18,—	40,—
17	(—)	bräunlicholiv/lebhaftmagenta, Cbs, Aufdr. 1060	(2)	23,—	18,—	50,—
18	(—)	mittelgrauviolett/lebhaftmagenta, Ddn, Aufdr. 1120	(3)	23,—	18,—	40,—
19	(—)	smaragdgrün/lebhaftmagenta, Eft, Aufdr. 1090	(4)	23,—	18,—	50,—
20	(—)	türkisblau/lebhaftmagenta, Ffo, Aufdr. 1050	(5)	23,—	18,—	50,—
21	(—)	hellviolettultramarin/dunkelviolettultramarin, Gra, Aufdr. 1101	(6)	23,—	18,—	50,—
22	(—)	mittelrötlichbraun/dunkelviolettultramarin, Hle, Aufdr. 1081–1083	(7)	23,—	18,—	50,—
23	(—)	dunkelbraunlila/lebhaftmagenta, KMS, Aufdr. 1141	(8)	23,—	18,—	40,—
24	(—)	rot/dunkelviolettultramarin, Lpz, Aufdr. 1131	(9)	23,—	18,—	50,—
25	(—)	karminlila/dunkelviolettultramarin, Mgb, Aufdr. 1071	(10)	23,—	18,—	50,—
26	(—)	lebhaftbläulichgrün/dunkelviolettultramarin, Nbg, Aufdr. 1030	(11)	23,—	18,—	50,—
27	(—)	dunkelolivgrau/dunkelviolettultramarin, Pdm, Aufdr. 1040	(12)	23,—	18,—	50,—
28	(—)	dunkelpurpurviolett/dunkelviolettultramarin, Rst, Aufdr. 1011	(13)	23,—	18,—	40,—
29	(—)	braunorange/dunkelviolettultramarin, Shl, Aufdr. 1111	(14)	23,—	18,—	60,—
30	(—)	lebhaftrötlichgelb/lilarot, Swn, Aufdr. 1020	(15)	23,—	18,—	50,—
			Satzpreis (17 W.)	380,—	280,—	—,—

Gültig bis 29.2.1964

1964, 1. Juni. Laufkontrollzettel für die Vereinigung Volkseigener Betriebe (VVB). MiNr. 1–15 mit lilarotem Bdr.-Aufdruck von durch Schrägstrich getrennten Kontrollnummern.

				**	≡U
31	(—)	Bln, Aufdruck 2/1–2/17	(1) je	32,—	17,—
32	(—)	Cbs, Aufdruck 2/1–2/4	(2) je	32,—	17,—
33	(—)	Ddn, Aufdruck 2/1–2/7	(3) je	32,—	17,—
34	(—)	Eft, Aufdruck 2/1–2/4	(4) je	32,—	17,—
35	(—)	Ffo, Aufdruck 2/1	(5)	32,—	17,—
36	(—)	Gra, Aufdruck 2/1–2/2	(6) je	32,—	17,—
37	(—)	Hle, Aufdruck 2/1–2/13	(7) je	32,—	17,—
38	(—)	KMS, Aufdruck 2/1–2/12	(8) je	32,—	17,—
39	(—)	Lpz, Aufdruck 2/1–2/14	(9) je	32,—	17,—
40	(—)	Mbg, Aufdruck 2/1–2/3	(10) je	32,—	17,—
41	(—)	Nbg, Aufdruck 2/1	(11)	32,—	17,—
42	(—)	Pdm, Aufdruck 2/1	(12)	32,—	17,—
43	(—)	Rst, Aufdruck 2/1–2/2	(13) je	32,—	17,—
44	(—)	Shl, Aufdruck 2/1–2/2	(14) je	32,—	17,—
45	(—)	Swn, Aufdruck 2/1	(15)	32,—	17,—
		Satzpreis (alle Aufdr., 84 W.)		2600,—	1400,—

Preise für echt gebraucht (⊙) siehe MICHEL-Deutschland-Spezial.

Auf die Farbangaben wurde aus Platzgründen verzichtet, die Farben entsprechen den Urmarken MiNr. 1–15!

Gültig bis 8.6.1964, Spätverwendungen bis 15.7. bekannt

1964, 24. Juni. Laufkontrollzettel für die Vereinigung Volkseigener Betriebe (VVB). Wie MiNr. 32–45, jedoch schwarze, etwas kleinere Kontrollnummern, bei MiNr. 46 und 52–54 Bezirks-Kennbuchstaben der Urmarken durchbalkt, neue (schwarz) eingedruckt.

				**	≡U
46	(—)	**Bln** auf Ffo, Aufdruck 2/1–2/17	(5) je	33,—	22,—
47	(—)	Cbs, Aufdruck 2/1–2/4	(2) je	33,—	22,—
48	(—)	Ddn, Aufdruck 2/1–2/7	(3) je	33,—	22,—
49	(—)	Eft, Aufdruck 2/1–2/4	(4) je	33,—	22,—
50	(—)	Ffo, Aufdruck 2/1	(5)	33,—	
51	(—)	Gra, Aufdruck 2/1–2/2	(6) je	33,—	22,—
52	(—)	**Hle** auf Swn, Aufdruck 2/1–2/13	(15) je	33,—	22,—
53	(—)	**KMS** auf Pdm, Aufdruck 2/1–2/12	(12) je	33,—	22,—
54	(—)	**Lpz** auf Nbg, Aufdruck 2/1–2/14	(11) je	33,—	22,—
55	(—)	Mbg, Aufdruck 2/1–2/3	(10) je	33,—	22,—
56	(—)	Nbg, Aufdruck 2/1	(11)	33,—	22,—
57	(—)	Pdm, Aufdruck 2/1	(12)	33,—	22,—
58	(—)	Rst, Aufdruck 2/1–2/2	(13) je	33,—	22,—
59	(—)	Shl, Aufdruck 2/1–2/2	(14) je	33,—	22,—
60	(—)	Swn, Aufdruck 2/1	(15)	33,—	22,—
		Satzpreis (alle Aufdr., 84 W.; ≡U. 83 W.)		2700,—	1800,—

MiNr. 50 ist nur postfrisch bekannt.

Preise für echt gebraucht (⊙) siehe MICHEL-Deutschland-Spezial.

Auf die Farbangaben wurde aus Platzgründen verzichtet, die Farben entsprechen den Urmarken MiNr. 2–15!

Gültig bis 6.7.1964, Spätverwendungen bis 15.7. bekannt

D Für vertrauliche Dienstsachen

Die Aufkleber wurden mit Tagesstempeln oder ZKD-Maschinen-Freistempeln entwertet; häufig sind auch beide Entwertungsarten auf einer Marke zu finden!

1965

1965, 1. April. Aufkleber für vertrauliche Dienstsachen. Bdr. KBF (in Rollen); weißes Papier; A = senkrecht gez. 9½, C = gez. links 9½, rechts 12¼ bzw. ~.

DDa) Inschrift, Staatswappen

				**	⊙
1	20 (Pf)	bräunlichrot/schwarz	DDa		
A		senkr. gez. 9½		250,—	35,—
C		senkr. gez. 9½ und 12¼		1000,—	80,—

1965, 1. April. Aufkleber für vertrauliche Dienstsachen. Wie MiNr. 1, jedoch auf farbigem Papier, senkr. gez. 9½.

				**	⊙
2	20 (Pf)	schwarz auf helllilarosa	DDa	*2800,—*	*350,—*

MiNr. 1–2 mit aufgedruckten Zahlen sind nicht amtlich!

1965, 1. Juni/1966. Aufkleber für vertrauliche Dienstsachen. Odr. DWD (5×10); x = gewöhnliches, y = gestrichenes Papier; gez. 13:12½.

DDb) Inschrift, Staatswappen

				**	▨	⊙
3	20 (Pf)	rot/schwarz	DDb			
x		gew. Papier		3,—	2,—	6,—
y		gestr. Papier (1965)		2,40	2,—	9,—

MiNr. 3 mit Eindruck ZKD 4a, Wertziffer mit Viereck überdruckt, wurde für beanstandete, neu verpackte Sendungen als Ersatzmarke ohne Frankaturkraft verwendet. ☐ wurden zu Handelszwecken abgegeben.

MiNr. 1–3 gültig bis 31.8.1969

Die Laufzettel des ZKD hatten keinen Frankaturwert; sie dienten zur Feststellung von Anzahl und Laufzeit der ZKD-Sendungen

E Für Sendungen mit Zustellungsurkunde

Entwertungen wie bei D

1965

1965, 1. April. Dienstmarke für Sendungen mit Zustellungsurkunde. Bdr. KBF (in Rollen); senkrecht gez. 9½.

DEa) Staatswappen, Inschrift

				★★	⊙
1	65 (Pf)	bläulichgrün	DEa	*300,—*	*80,—*

1965, 1. Juni/1966. Dienstmarke für Sendungen mit Zustellungsurkunde. Odr. DWD (5×10); x = gewöhnliches, y = gestrichenes Papier; gez. 13:12½.

DEb) Staatswappen, Inschrift

			★★	◍	⊙
2	65 (Pf)	gelblichgrün/ schwarz .... DEb			
x		gew. Papier	2,60	5,—	22,—
y		gestr. Papier (1966)	3,—	5,—	26,—

MiNr. 2 mit Eindruck ZKD 4b, Wertziffer mit Viereck überdruckt, wurde für beanstandete, neu verpackte Sendungen als Ersatzmarke ohne Frankaturkraft verwendet.

MiNr. 1–2 gültig bis 31.8.1969

Einschreibemarken (Nummernzettel Selbstbedienung)

für Selbstbedienungs-Postämter (SbPÄ)

Zeichenerklärung

✱✱ G = Dienstleistungs- (DT) und Quittungsteil (QT) (amtlich) getrennt

✱✱ Z = Dienstleistungs- (DT) und Quittungsteil (QT) zusammenhängend

Erläuterungen:

Die Versuchsausgaben wurden in der Regel vom Automaten nur zerteilt ausgegeben.
Fehlen bei den Katalogisierungen Preisangaben für ✱✱G, gab es keine amtliche Trennung; trotzdem getrennte Paare werten ca. 1/3 der Preise für ✱✱Z.

Zusammenhängende Paare wurden direkt am Schalter verkauft bzw. dem Automaten entnommen (WK-3-Automaten wurden ab 1970 nach und nach auf zusammenhängende Paare umgestellt) oder sie stammen aus dem Export. Ab 6.4.1970 wurden auf Pergamin-Papier gedruckte Paare vom Zentralamt für Werbung an Sammler abgegeben. Sammelwürdig sind sowohl getrennte als auch zusammenhängende Paare!

Wichtige Hinweise:

Da je nach Nachbestellung der einzelnen Postämter einzelne Ausgaben mit neuem Druckstock nachgedruckt wurden, kann es vielfältige, teils recht auffällige Unterschiede im Markenbild geben. Der Druck erfolgte auf alten Maschinen, es gibt sehr viele Druckzufälligkeiten und Unregelmäßigkeiten. Nachträgliche Änderungen der Einschreibemarken durch Stempel oder handschriftliche Ergänzungen sind in vielen Fällen nicht nachprüfbar; die meisten Veränderungen wurden von privater Seite initiiert bzw. selbst vorgenommen und wurden amtlich zeitweise toleriert oder die Marken sind im Postverkehr durchgeschlüpft.

Die Zähnung ist im Normalfall, bedingt durch die maschinelle Trennung bei der Automatenabgabe, sehr unregelmäßig.

Neben den Sb-Nummernzetteln aus Automaten fanden auch normale R-Zettel und zusätzliche Einschreibgebühr in Briefmarken Verwendung!

Katalogisiert wird nur die billigste Sorte; ausführliche Katalogisierung siehe MICHEL-Deutschland-Spezial Band 2.

1966

Versuchsausgabe Ahlbeck

Vom 31.10.–4.11.1966 wurde anlässlich einer Arbeitstagung der Abteilung Post- und Zeitungswesen des Ministeriums für Post- und Fernmeldewesen den Tagungsteilnehmern in Ahlbeck der erste Automat für Einschreibe-Zettel vorgeführt. Die hierfür benutzten Einschreibezettel kamen postamtlich nicht zur Verwendung, sie sind aber als ungebrauchte Paare in den Handel gekommen.

1966, 31. Okt. Einschreibe-Gebührenzettel mit Eindruck, fünfstellige, laufende Nummer; gez. 9½, zwischen den Zetteln gleicher Nr. ☐.

			✱✱Z
I	50 (Pf)	rosakarmin bis rotlila/schwarz	*500,—*

1967

1967, ab 13. April. Einschreibe-Gebührenzettel für Sb-Versuchspostämter. Dienstleistungs- und Quittungsteil in gleicher Zeichnung. Bdr. VEB Kassenblock-, Billett- und Formulardruck (KBF) (in Rollen); x = dickes, (grau)weißes, gefasertes Papier, y = durchscheinendes Pergamin-Papier; A = gez. 9½, C = gez. 12½.

Ea

				✱✱G	✱✱Z
1	50 Pf	rosakarmin bis rotlila/schwarz	Ea		
A x		gez. 9½, dickes, (grau)weißes, gefasertes Papier		2,—	10,—
C x		gez. 12½, dickes, (grau)weißes, gefasertes Papier		10,—	50,—
C y		gez. 12½, durchscheinendes Pergamin-Papier			30,—

SbPA-Marken ohne Rotliladruck und nur mit schwarzer Nummer stammen aus Teststreifen für die Monteure zum Einstellen der WK-3-E-Selbstbedienungsautomaten.

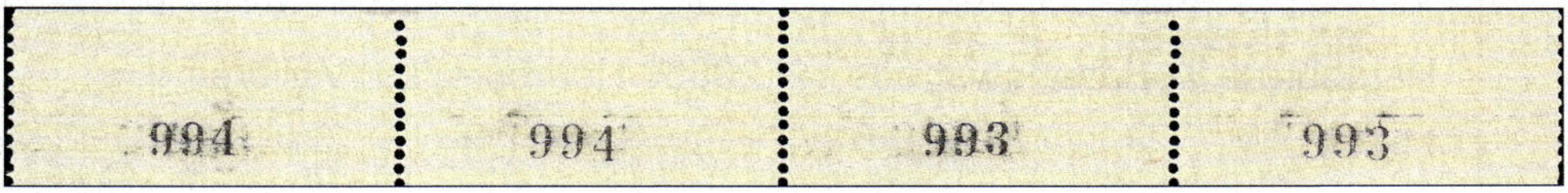

1968

1968, ab März. Einschreibe-Gebührenzettel für SbPÄ. DT und QT in unterschiedlicher Zeichnung. Bdr. KBF (in Rollen); durchscheinendes Pergamin-Papier; vier verschiedene Typen; verschiedene Zähnungen.

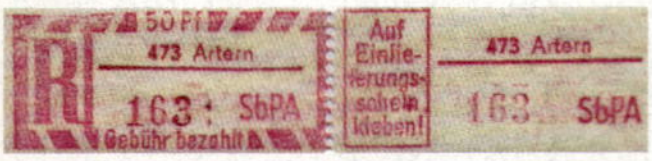

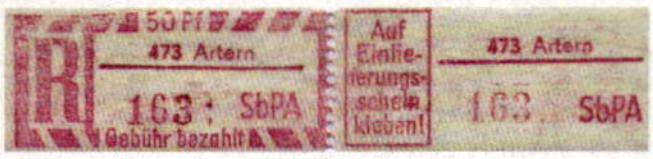

Eb

			✶✶G	✶✶Z
2	50 Pf	rosakarmin bis rotlila (Töne) . . Eb		
A		senkrecht gez. 9½		2,—
C		senkrecht gez. 12½	0,60	2,—
D		senkrecht gez. 12½:9½:12½		2,—
E		senkrecht gez. 9½:12½:9½		2,—
F		gez. 10¾		2,—
G		gez. 10		2,—

Bei den Zähnungen D und E ist die mittlere Angabe jeweils die Zähnung zwischen Dienstleistungs- und Quittungsteil.

1983

1983, Juli. Einschreibe-Gebührenzettel für SbPÄ. DT und QT in unterschiedlicher Zeichnung. Bdr. KBF (in Rollen); durchscheinendes Pergamin-Papier; senkrecht gez. 10.

Ec

				✶✶Z
3	50 Pf	rosakarmin bis rotlila (Töne)	Ec	2,—

Paketgebührenmarken (Nummernzettel)

Für Selbstbedienungs-Postämter (SbPÄ)

Pa

1968, 16. Mai. Paketnummernzettel. Bdr. KBF (in Rollen); Pergamin-Papier; senkrecht gez. 12½.

			✶✶
1	50 (Pf)	schwarz . . . . Pa	
1092		Postamt 1092	8,—
1137		Postamt 1137	20,—

Die Paketmarke ist einteilig. Ab 14.4.1969 durften Pakete nach West-Berlin und in das Bundesgebiet nicht mehr über die Selbstbedienungseinrichtungen der Postämter 1092 und 1137 augegeben werden.

Wegen hoher Kosten und mangelnder Nutzung durch die Bevölkerung wurde die Paket-Selbstbedienung 1970 eingestellt.

Ganzsachen-Ausschnitte als Freimarken verwendet

Da die Postordnung der DDR vom 3.4.1959 kein Verbot der Verwendung von Wertstempeln aus Ganzsachen (Postkarten, Faltbriefen usw.) enthielt, kommen Postsendungen mit aufgeklebten Ganzsachenausschnitten als Frankatur vor.

Katalogisierungen von Ganzsachen siehe MICHEL-Ganzsachen Deutschland.

Berlin (West)

Nach der Kapitulation der deutschen Streitkräfte im Mai 1945 wurde die ehemalige Reichshauptstadt Berlin aus dem Gebiet des übrigen besetzten Deutschlands ausgegliedert und unter eine eigene Vier-Mächte-Verwaltung gestellt. Der Magistrat der Stadt Berlin hatte auch das Postwesen zu verwalten (siehe Berlin und Brandenburg vor SBZ).

Die durch die sowjetische Währungsreform vom 24.6.1948 eingeleiteten politischen Ereignisse führten zu der Spaltung in einen West- und einen Ostteil der Stadt. Während der Ostteil der Stadt die Ausgaben der Sowjetischen Besatzungszone und nur diese im Postverkehr verwendete und schließlich völlig in das Gebiet der DDR integriert wurde, wurden für West-Berlin nach einer kurzen Übergangszeit eigene Postwertzeichen geschaffen.

Die Währungsreform in den drei westlichen Besatzungszonen hatte das Gebiet von Groß-Berlin nicht einbezogen, die in der Sowjetischen Besatzungszone schloss ausdrücklich das gesamte Stadtgebiet von Groß-Berlin ein. Dies wurde von den westlichen Alliierten nicht anerkannt. Statt dessen wurde zum 25.6.1948 eine eigene Währungsreform verfügt. Die Ostmark blieb jedoch weiterhin gültiges Zahlungsmittel und auch alle Postwertzeichen der SBZ blieben in West-Berlin frankaturgültig.

Ab 28.12.1948 konnten bestimmte Postgebühren nur noch in DM (West) entrichtet werden. Mit einer zweiten Währungsreform vom 21.3.1949 wurde die DM (West) zum alleinigen Zahlungsmittel erklärt.

Ab 21.3.1949 waren nur noch die eigenen Ausgaben für Berlin gültig, jedoch wurden bereits ab 27.10.1949 die Ausgaben der Bundesrepublik Deutschland sowie alle noch gültigen Wertzeichen der Länder der französischen Zone und der Bizone zur Frankatur auf Sendungen in die Westzonen zugelassen. Näheres siehe „Übersicht über die in Berlin (West) gültigen Postwertzeichen“ im MICHEL-Deutschland-Spezial.

Nach Gründung der Bundesrepublik Deutschland verblieb West-Berlin als eigenständige politische Einheit, wurde dann jedoch allmählich dem Bundesgebiet in zahlreichen Belangen angegliedert. Zwar wurden eigene Postwertzeichen bis Ende 1990 beibehalten, jedoch hatten diese und die bundesdeutschen wechselseitige Frankaturgültigkeit.

Vom 2.7.1990 bis 31.12.1991 durften die Marken der Deutschen Demokratischen Republik mit Inschrift „Deutsche Post“ einschließlich MiNr. 3353 mit Inschrift „DDR“ auch im gesamten Bundesgebiet sowie in Berlin (West) verwendet werden. Gleichzeitig durften die Ausgaben der Deutschen Bundespost Berlin auch in der DDR verwendet werden.

Berlin unter alliierter Verwaltung siehe Berlin und Brandenburg (vor SBZ)!

Besonderheiten:

Amtliche Ersttagsbriefe siehe Anmerkung nach MiNr. 20
Entwertungen der Deutschen Bundespost Berlin siehe Anmerkung nach Vor- und Mitläufer
Ersttagsblätter (ETB) siehe Anmerkung nach MiNr. 60 und 162
Fluoreszierendes Papier siehe Anmerkung nach MiNr. 507
Ganzsachenausschnitte siehe Anmerkung nach MiNr. 778
Nachdrucke siehe Anmerkung nach MiNr. 73
Rollenmarken (R) siehe Anmerkung nach MiNr. 491 und Katalogisierung bei den jeweiligen Ausgaben
Stempelfälschungen siehe Anmerkung nach MiNr. 198

Blockaufstellung siehe vor Jahrgangswerttabelle

Alle Farbangaben beziehen sich auf den MICHEL-Farbenführer ab 36. Auflage.

Alle Ausgaben wurden in der Bundesdruckerei Berlin hergestellt.

Wasserzeichen

Wz. 1 X
DEUTSCHE POST
fallend

Wz. 1 Y
DEUTSCHE POST
steigend

Wz. 2
Kreuze und Ringe

Wz. 3
DBP und Kreuzblüten

Bis 24.6.1948 1 Reichsmark (RM) = 100 Reichspfennig (Pf), vom 24.6.1948–20.3.1949 1 Mark (M) (Ost) = 100 Pfennig (Pf), ab 25.6.1948 1 Deutsche Mark (DM) (West) = 100 Pfennig (Pf).

Preise ab 1955 ungebraucht für ★★, für ★ mindestens 60% Nachlass

Wenn bei einzelnen Ausgaben nicht ausdrücklich anders vermerkt, gelten alle Preise für einwandfrei gezähnte (siehe „Briefmarken-Qualitätsstufen“ im Einleitungsteil, Abb. 12), gut zentrierte (Abb. 17) Stücke mit klaren Abstempelungen aus dem Bundesgebiet (ab MiNr. 68), bei denen Ort und Datum einwandfrei identifizierbar sind (Abb. 24). Deutlich identifizierbare Abstempelungen aus Berlin rechtfertigen Preisaufschläge bis zu ca. 25%.

☞ Vorsicht vor Falschstempeln! – Alle ⊙-Preise ab 25,— Euro von MiNr. 1–134 gelten nur für BPP-geprüfte Stücke.

Vor- und Mitläufer:

Die Preise gelten für Stücke mit vollem lesbarem Stempel (Ort und Datum). Marken, die nur Teile des Stempels erkennen lassen, können nicht als Vor- oder Mitläufer eingestuft werden.

1. Gemeinschaftsausgaben der Alliierten Besetzung: Möglicher Verwendungszeitraum: 24.6.–31.7.1948

Marken MiNr. 911–937 und 941–962 mit Berliner Stempeln ca. 10% Aufschlag

Block 12 und MiNr. 963–970 mit Berliner Stempeln ca. 20% Aufschlag

2. Ausgaben der Bizone:

Möglicher Verwendungszeitraum: MiNr. 36–68 und I/I–A IX/II 25.6.–19.9.1948

Kat.-Nr.	⊙	Kat.-Nr.	⊙	Kat.-Nr.	⊙	Kat.-Nr.	⊙
36 I	8,—	42 II	10,—	64 I	600,—	I/I	300,—
37 I	8,—	43 II	10,—	65 I	50,—	II/I	400,—
38 I	8,—	44 II	15,—	66 I	40,—	III/I	550,—
39 I	8,—	45 II	110,—	67 I	50,—	IV/I	300,—
40 I	8,—	46 II	10,—	68 I	50,—	V/I	400,—
41 I	100,—	47 II	10,—			VI/I	450,—
42 I	12,—	48 II	10,—	52 II	200,—	VII/I	1800,—
43 I	12,—	49 II	60,—	53 II	300,—	VIII/I	500,—
44 I	8,—	A 49 II	18,—	54 II	300,—	IX/I	500,—
45 I	10,—	50 II	24,—	55 II	150,—		
46 I	45,—	51 II	18,—	56 II	2800,—	I/II	450,—
47 I	30,—			57 II	100,—	II/II	500,—
48 I	25,—	52 I	80,—	58 II	50,—	III/II	750,—
49 I	600,—	53 I	150,—	59 II	300,—	IV/II	500,—
A 49 I	20,—	54 I	40,—	60 II	600,—	V/II	400,—
50 I	35,—	55 I	100,—	61 II	120,—	VI/II	650,—
51 I	30,—	56 I	1400,—	62 II	400,—	VII/II	3000,—
		57 I	100,—	63 II	40,—	VIII/II	600,—
36 II	15,—	58 I	50,—	64 II	650,—	IX/II	600,—
37 II	15,—	59 I	500,—	65 II	45,—		
38 II	15,—	60 I	600,—	66 II	45,—	A IX/I	
39 II	8,—	61 I	140,—	67 II	40,—	A IX/II	4000,—
40 II	10,—	62 I	50,—	68 II	40,—		
41 II	10,—	63 I	50,—				

3. Allgemeine Ausgaben der SBZ: Möglicher Verwendungszeitraum: vom jeweiligen Ausgabedatum bis 10.7.1948 (MiNr. 166 bis 179) bzw. 20.3.1949 (MiNr. 182–195)

Bezirkshandstempel-Aufdrucke (Die Aufschläge beziehen sich auf die Marken MiNr. 166–IV b der Sowjetischen Zone):

Es gelten folgende Bewertungen (nur für ⊙):

Bezirk 3 (Magistratspost Berlin): 10% Aufschlag,
Bezirk 36 (OPD Potsdam): 30% Aufschlag,
Andere Bezirke: 100% Aufschlag auf die jeweiligen ⊙-Preise.

Weitere Ausgaben:

Kat.-Nr.	⊙	Kat.-Nr.	⊙	Kat.-Nr.	⊙	Kat.-Nr.	⊙
182	3,—	A 195	5,—	207	10,—	220	8,50
183	2,50	196	6,—	208	11,—	221	11,—
184	2,50	197	5,—	209	11,—	222	11,—
185	2,50			210	11,—	223	10,—
186	2,50	198	140,—	211	11,—	224	10,—
187	4,—	199	140,—			225	10,—
188	2,50			212	8,50	226	13,—
189	3,—	200	4,50	213	8,50	227	14,—
190	2,50	201	4,50	214	8,50		
191	5,—	202	4,50	215	8,50	228	40,—
192	4,—	203	4,50	216	7,50	229	50,—
193	4,50	204	5,50	217	13,—	230	50,—
194	3,—	205	4,50	218	8,50	231	50,—
195	200,—	206	5,—	219	11,—		

Entwertungen der Deutschen Bundespost Berlin

Neben den allgemein im Gebrauch befindlichen Normstempeln (Zweikreis-Stempel mit Datumbrücke) waren bis Anfangs der 1960er Jahre auch weiterverwendete Stempel der Deutschen Reichspost in Gebrauch. Diese wurden ab 1962 durch Postleitzahlen-Stempel ersetzt, wobei anstelle des Innenkreises ein Steigbügel erforderlich wurde. Darüber hinaus gab es bis ca. 1970 Posthilfsstellen-Stempel, meist ein- oder zweizeilige Kastenstempel (eckig oder abgerundet). In der Regel handelte es sich hierbei um Gummistempel, für die blaue oder violette Stempelkissenfarbe verwendet wurde. Bei teuren Marken werden diese Stempel häufig chemisch entfernt und die Marken nachgummiert. Vorsicht vor solchen Verfälschungen!

1948

1948, 3. Sept./6. Sept. Freimarken: Marken Alliierte Besetzung – Gemeinschaftsausgaben MiNr. 943–962 (II. Kontrollratsausgabe) größtenteils in Neuauflage mit schwarzem Bdr.-Aufdruck (glänzend oder mattrußig).

MiNr.	Wert	Farbe	Type	✶	✶✶	⊙	FDC
1	2 Pf	braunschwarz bis schwarz (3. Sept.)	(z. T. 943)	1,20	3,—	6,—	—,—
2	6 Pf	schwärzlichpurpurviolett bis dunkelviolett (3. Sept.)	(z. T. 944)	2,50	4,—	6,—	—,—
3	8 Pf	(lebhaft)orangerot bis rotorange (3. Sept.)	(z. T. 945)	1,—	2,50	6,—	—,—
4	10 Pf	(dunkel)gelbgrün bis olivgrün (3. Sept.) GA	(z. T. 946)	1,—	3,—	1,80	—,—
5	12 Pf	dunkelblaugrau bis schwärzlichgrautürkis (3. Sept.) GA	(z. T. 947)	1,—	2,50	1,80	—,—
6	15 Pf	mittel- bis dunkelsiena (Töne) (3. Sept.)	(z. T. 948)	5,50	14,—	80,—	—,—
7	16 Pf	dunkel- bis schwarzblaugrün, dunkel(bläulich)grün (3. Sept.)	(z. T. 949)	1,20	3,—	2,50	—,—
8	20 Pf	lebhaftblau bis lebhaftpreußischblau (3. Sept.)	(z. T. 950)	2,60	7,50	9,—	—,—
9	24 Pf	(lebhaft)braunorange (Töne) (3. Sept.)	(z. T. 951)	0,80	2,20	0,60	—,—
10	25 Pf	hell- bis lebhaftgelblichorange (Töne) (3. Sept.)	(z. T. 952)	6,—	20,—	60,—	—,—
11	30 Pf	mittelrot bis (rosa)rot (Töne) (3. Sept.)	(z. T. 953)	2,30	6,—	10,—	—,—
12	40 Pf	dunkelrosalila bis dunkelrotlila (3. Sept.)	(z. T. 954)	3,—	8,—	10,—	—,—
13	50 Pf	(lebhaft)lilaultramarin (Töne) (3. Sept.)	(z. T. 955)	3,50	10,—	30,—	—,—
14	60 Pf	lebhaftrotbraun (Töne) (3. Sept.)	(z. T. A 956)	1,50	4,—	0,60	—,—
15	80 Pf	dunkellilaultramarin (Töne) (3. Sept.)	(z. T. 957)	4,—	13,—	30,—	—,—
16	84 Pf	smaragdgrün bis (dunkel)olivgrün (3. Sept.)	(z. T. 958)	5,—	18,—	100,—	—,—
17	1 M	lebhaftbräunlicholiv bis mittelbraunoliv (6. Sept.)	(959)	17,—	50,—	160,—	—,—
18	2 M	schwärzlichviolettbraun bis dunkelbraunkarmin (6. Sept.)	(z. T. 960)	20,—	55,—	500,—	—,—
19	3 M	(lebhaft)bräunlichrot (Töne) (6. Sept.)	(z. T. 961)	26,—	70,—	700,—	—,—
20	5 M	schwärzlich- bis schwarzlilaultramarin (6. Sept.)	(z. T. 962)	35,—	80,—	750,—	
			Satzpreis (20 W.)	130,—	360,—	2400,—	

Weitere FDC-Bewertungen:

		FDC
1–16	(3.9.1948)	3000,—
18–20	(6.9.1948)	—,—
17	(amtl. FDC [a] zur Eröffnung des Postschnelldienstes, 1.3.1949)	*750,—*

Papiervarianten:

		✶	✶✶	⊙
2 x	dickes Papier (über 0,09 mm)	35,—	50,—	60,—
2 y	sehr dünnes Papier (unter 0,06 mm, nicht erkennbares Wz.)	*800,—*	*1300,—*	*1300,—*
3 y	sehr dünnes Papier (unter 0,06 mm, nicht erkennbares Wz.)	*450,—*	*750,—*	*1300,—*
4 y	sehr dünnes Papier (unter 0,06 mm, nicht erkennbares Wz.)	—,—	—,—	
5 x	dickes Papier (über 0,09 mm)	40,—	70,—	80,—
5 y	sehr dünnes Papier (unter 0,06 mm, nicht erkennbares Wz.)	160,—	300,—	340,—
9 y	sehr dünnes Papier (unter 0,06 mm, nicht erkennbares Wz.)	180,—		*1300,—*

MiNr. 1–20 wurden von der Postverwaltung der sowjetischen Besatzungszone einschließlich Ostsektor Berlins nicht anerkannt. Nach diesem Gebiet konnten daher von den West-Berlinern nur Marken der SBZ benutzt werden, die jedoch nur im Ostsektor oder in der SBZ erhältlich waren. Die West-Berliner Postämter beförderten solche Sendungen mit SBZ-Marken bis zur Einführung der DM-West in West-Berlin am 21.3.1949. Siehe auch Kapitel „Postkrieg“ im MICHEL-Briefe Deutschland.

FALSCH

Auflagen:

MiNr. 1 = 4 500 000	MiNr. 6 = 2 800 000	MiNr. 11 = 2 300 000	MiNr. 16 = 1 500 000
MiNr. 2 = 9 000 000	MiNr. 7 = 10 000 000	MiNr. 12 = 2 900 000	MiNr. 17 = 1 300 000*
MiNr. 3 = 6 400 000	MiNr. 8 = 3 300 000	MiNr. 13 = 3 600 000	MiNr. 18 = 1 100 000
MiNr. 4 = 6 600 000	MiNr. 9 = 11 200 000	MiNr. 14 = 3 900 000	MiNr. 19 = 900 000
MiNr. 5 = 11 000 000	MiNr. 10 = 1 200 000	MiNr. 15 = 2 700 000	MiNr. 20 = 1 000 000

*) davon 4000 auf amtl. FDC

Gültig bis 31.3.1949

Amtliche Ersttagsbriefe (amtl. FDC)

Die amtlichen Ersttagsbriefe können vor allem an den folgenden Texten, die auf dem linken Teil der Umschläge stehen, von den privaten unterschieden werden.

a) Hauptverwaltung der Abteilung für Post- und Fernmeldewesen des Magistrats von Groß-Berlin (MiNr. 17)
b) Sonderbriefmarken der Magistratsabteilung Post- und Fernmeldewesen (von) Groß-Berlin (MiNr. 61/63, 71, 72/73)
c) Sonderbriefmarke(n) der Senatsverwaltung für Post- und Fernmeldewesen in Berlin (MiNr. 74, 76+78, 80/81, 87, 94, 98, 100)
d) Mit Sonderpostwertzeichen der Senatsverwaltung für Post- und Fernmeldewesen in Berlin (MiNr. 88/90)
e) Mit Sonderbriefmarke „Werner von Siemens“ / Erstausgabe der Senatsverwaltung für Post- und Fernmeldewesen in Berlin (MiNr. 97)
f) Ersttagsbriefumschlag aus Anlass der Herausgabe von weiteren drei Markenwerten der Sonderpostwertzeichenserie „Männer aus der Geschichte Berlins“ am 24. Januar 1953 (MiNr. 92+96+99)
g) Text wie unter c), jedoch ohne „für“ vor „Post-“ (MiNr. 93, 107, 108, 110/111, 115, 116)
h) Ergänzungswert der Bautenserie / Herausgegeben von der Senatsverwaltung Post- und Fernmeldewesen in Berlin (MiNr. 113)
i) Neuer Wert der Bautenserie usw. (wie h) (MiNr. 112)
k) Sonderbriefmarke(n) der Landespostdirektion Berlin ... (MiNr. 117, 119, 120, 124, 125, 126/127, 128, 129/130, 131, 132/134)
l) Neuer Wert der Bautenserie / Herausgegeben von der Landespostdirektion Berlin (MiNr. 122)

Obige Kennbuchstaben sind in die FDC-Zeile, die nach den jeweiligen Ausgaben steht, in Klammern gesetzt.

1949

1949, 20. Jan./21. März. Freimarken: Marken Alliierte Besetzung – Gemeinschaftsausgaben MiNr. 943–946, 948, 950, 952–957, 959–960 (II. Kontrollratsausgabe) größtenteils in Neuauflage mit rotem Bdr.-Aufdruck.

					✶	✶✶	⊙	FDC
21	2 Pf	braunschwarz bis schwarz (21. März)	(z. T. 943)		1,—	3,50	3,—	—,—
22	6 Pf	schwärzlichpurpurviolett bis dunkelviolett (21. März)	(z. T. 944)		6,—	25,—	3,—	—,—
23	8 Pf	(lebhaft)orangerot bis rotorange (21. März)	(z. T. 945)		18,—	45,—	6,—	—,—
24	10 Pf	(dunkel)gelbgrün (Töne) (20. Jan.) GA	(z. T. 946)		2,—	6,—	1,80	—,—
25	15 Pf	mittel- bis dunkelsiena (Töne) (20. Jan.)	(z. T. 948)		4,—	13,—	2,50	—,—
26	20 Pf	lebhaftblau bis (lebhaft)preußischblau (20. Jan.)	(z. T. 950)		1,50	4,50	1,50	—,—
27	25 Pf	hell- bis lebhaftgelblichorange (Töne) (21. März)	(z. T. 952)		40,—	100,—	55,—	—,—
28	30 Pf	mittelrot bis (rosa)rot (21. März)	(z. T. 953)		35,—	90,—	6,50	—,—
29	40 Pf	dunkelrosalila bis dunkelrotlila (21. März)	(z. T. 954)		35,—	90,—	18,—	—,—
30	50 Pf	(lebhaft)lilaultramarin (Töne) (21. März)	(z. T. 955)		35,—	90,—	10,—	—,—
31	60 Pf	lebhaftbraunrot (Töne) (20. Jan.)	(z. T. A 956)		5,—	13,—	0,80	—,—
32	80 Pf	dunkellilaultramarin (Töne) (21. März)	(z. T. 957)		55,—	130,—	10,—	—,—
33	1 M	hell- bis mittelbraunoliv (21. März)	(neu)		220,—	550,—	550,—	
34	2 M	schwärzlichviolettbraun bis dunkelbraunkarmin (21. März)	(z. T. 960)		110,—	300,—	280,—	
				Satzpreis (14 W.)	550,—	1400,—	900,—	

Weitere FDC-Bewertungen:

	FDC
21–23, 27–30, 32–34 (21. März)	20000,—
24–26, 31 (20. Jan.)	1500,—

Abarten:

	✶✶	⊙
21 F senkrechtes Paar mit und ohne Aufdruck	750,—	800,—
24 F senkrechtes Paar mit und ohne Aufdruck	*1000,—*	
32 F senkrechtes Paar mit und ohne Aufdruck		—,—

Aufdruckverschiebungen sind bekannt, bei MiNr. 34 auch unterschiedliche Markengrößen. Es gibt Stücke mit roten Punkten (von der Aufdruckfarbe). Marken mit mittelbräunlichrotem Aufdruck sind durch zu heißes Wasserbad beschädigte Stücke.

MiNr. 21–34 existieren auch auf philatelistischen Geschenkbelegen an hochgestellte Persönlichkeiten. Diese Belege weisen das Stempeldatum 20.3.1949 auf.

FALSCH Vorsicht vor Aufdruckfälschungen!

Auflagen:

MiNr. 21 = 4 600 000
MiNr. 22 = 5 600 000
MiNr. 23 = 4 000 000
MiNr. 24 = 6 900 000
MiNr. 25 = 3 400 000
MiNr. 26 = 6 900 000
MiNr. 27 = 2 400 000
MiNr. 28 = 1 900 000
MiNr. 29 = 2 000 000
MiNr. 30 = 1 900 000
MiNr. 31 = 5 900 000
MiNr. 32 = 3 000 000
MiNr. 33 = 1 000 000
MiNr. 34 = 1 000 000

MiNr. 21–34 wurden am 11.11.1949 vom Schalterverkauf zurückgezogen.

Gültig bis 31.1.1950, ab 20.1.1950 auch in der Bundesrepublik Deutschland

1949, 9. April. 75 Jahre Weltpostverein (UPU). Odr. (MiNr. 35–39 10×10, MiNr. 40–41 10×5); Wz. 1 X; MiNr. 35–39 gez. K 14, MiNr. 40–41 gez. K 13¾:14.

a

b

Wz. 1

a–b) Heinrich von Stephan (1831–1897), Postfachmann, Mitbegründer des Weltpostvereins

					✶	✶✶	⊙	FDC
35	12 (Pf)	dunkelgrautürkis	a		7,50	30,—	10,—	
36	16 (Pf)	bläulichgrün	a		15,—	50,—	20,—	
37	24 (Pf)	dunkelrötlichorange	a		10,—	40,—	1,—	
38	50 (Pf)	dunkelgrauoliv (Töne)	a		65,—	180,—	50,—	
39	60 (Pf)	lebhaftbräunlichkarmin	a		68,—	220,—	40,—	
40	1 DM	grauoliv	b		35,—	150,—	120,—	
41	2 DM	schwarzgraupurpur	b		45,—	150,—	80,—	
				Satzpreis (7 W.)	220,—	750,—	320,—	*8000,—*

Die Preise von MiNr. 35–41 verstehen sich für Marken mit den üblichen leichten Gummibügen!

FALSCH FDC

Auflagen: MiNr. 35 = 2 950 000, MiNr. 36 = 2 000 000, MiNr. 37 = 4 950 000, MiNr. 38 = 750 000, MiNr. 39 = 700 000, MiNr. 40 = 370 000, MiNr. 41 = 340 000 Stück

Gültig bis 30.6.1951

1949, 21. März/25. Okt. Freimarken: Berliner Bauten (I). [E] Goldammer; MiNr. 42–56 Bdr., MiNr. 57–60 StTdr.; MiNr. 42–56 Bogen (B) (10×10), Markenheftchen (MH) und Rollen (R), MiNr. 57–60 nur Bogen (B) (5×10); MiNr. 47 in zwei Typen; Wz. 1 Y; gez. K 14.

c) Brandenburger Tor

d) Schöneberger Rathaus

e) Tegeler Schloss

f) Reichstagsgebäude

d

g) Kolonnaden am Kleistpark, Schöneberg

h) Flugzeug Douglas DC-4 über Flughafen Tempelhof

i) Technische Hochschule

e

g

d

f

k) Nationalgalerie

i

i

l) Flugzeug Douglas DC-4 „Skymaster“ über Flughafen Tempelhof

m) Gendarmenmarkt

n) Brandenburger Tor

o) Tegeler Schloss

MiNr.	Wert		Beschreibung	Type	✶	✶✶	⊙	FDC
42	1	Pf	schwarz, lilaschwarz (Töne) (21.3.1949) (B) (MH)	c	0,30	0,50	0,50	—,—
43	4	Pf	lebhaftgelbbraun (7.5.1949) (B) (MH)	d	0,30	1,—	0,50	—,—
44	5	Pf	bläulichgrün (7.5.1949) (B)	e	0,30	1,20	0,50	—,—
45	6	Pf	violettpurpur (7.5.1949) (B)	f	0,50	2,—	1,50	—,—
46	8	Pf	rotorange (7.5.1949) (B) [GA]	d	0,50	2,—	1,50	—,—
47	10	Pf	gelblichgrün (7.5.1949) [GA]	g				
I			Type I (B) (MH)		0,30	1,—	0,50	—,—
II			Type II (R)		25,—	80,—	30,—	
48	15	Pf	braun bis dunkelbraun (30.5.1949) (B)	h	4,50	16,—	1,20	—,—
49	20	Pf	rot (17.6.1949) (B) (MH) [GA]	i	1,80	6,—	0,50	—,—
50	25	Pf	orange (7.5.1949) (B)	e	8,—	30,—	1,20	—,—
51	30	Pf	violettblau (2.7.1949) (B)	g	4,—	14,—	1,—	—,—
52	40	Pf	lilarot (7.5.1949) (B)	d	6,—	22,—	1,—	—,—
53	50	Pf	bräunlicholiv (2.7.1949) (B)	f	6,—	22,—	0,50	—,—
54	60	Pf	karminbraun (7.5.1949) (B)	k	20,—	70,—	0,50	—,—
55	80	Pf	schwarzblau (7.5.1949) (B)	i	4,—	18,—	1,—	—,—
56	90	Pf	lebhaftgrün (7.5.1949) (B)	i	4,—	20,—	1,20	—,—
57	1	DM	dunkelgelboliv (17.6.1949) (B)	l	7,50	30,—	1,50	—,—
58	2	DM	schwarzpurpur (22.7.1949) (B)	m	20,—	80,—	2,—	—,—
59	3	DM	dunkelbräunlichrot (25.10.1949) (B)	n	90,—	300,—	20,—	—,—
60	5	DM	lilaultramarin (25.10.1949) (B)	o	45,—	160,—	20,—	—,—
			Satzpreis (19 W.)		200,—	750,—	50,—	

[FALSCH] FDC

Weitere FDC-Bewertungen:

	FDC
43–47, 50, 52, 54–56 (7.5.1949)	—,—
49, 57 (17.6.1949)	—,—
51, 53 (2.7.1949)	—,—
59, 60 (25.10.1949)	—,—

Ersttagsblätter (ETB):

Nachdem im Jahre 1955 die Ausgabe der amtlichen Ersttagsumschläge eingestellt wurde, erschien ein mit Marke MiNr. 135 beklebtes und der Entwertung mit Ersttags- bzw. Sonderstempel dienendes Gedenkblatt mit näheren Angaben über das Marken-Motiv. Dieses Gedenkblatt wurde gegen Entrichtung des Nennwertes der daraufgeklebten Marke von der Versandstelle abgegeben. Vorher war bereits am 7.1.1956 ein ähnliches Gedenkblatt der Landespost Berlin mit der Stephan-Gedenkmarke der Deutschen Bundespost (siehe diesen Abschnitt MiNr. 227), entwertet vom Postamt Berlin SW 61, in einer Auflage von 10 000 Exemplaren herausgegeben worden.

Nach Einstellung der Ausgabe amtlicher ETB am 7. Mai 1959 seitens der Landespostdirektion Berlin setzten Berufsphilatelisten die Herausgabe fort. Diese privaten ETB können nicht katalogisiert werden.

Ab 1975 wurden wieder amtliche Ersttagsblätter ausgegeben, die mit Ersttagssonderstempeln entwertet sind.

Unterscheidungsmerkmale der Typen I und II bei MiNr. 47:

47 Type I

47 Type II

Markenbildbreite:	**Type I (Plattendruck)** 22,1 mm	**Type II (Rollendruck)** 22,7 mm
Lumen und rechter Rand der „0“ in „10 Pfg“:	unscharf ansetzende grüne Linien, auch links bei „P“	scharf abgesetzte grüne Linien, auch links bei „P“
Vorderkante des mittleren Beetes:	verschmiert, dick, hängt zusammen mit erster Schraffierungslinie des Beetes; diese Linie geht links bis in die Kolonnaden	deutlich fein; Beetkante und Beetschraffierung getrennt, Schraffierungslinie ist links deutlich getrennt von den Kolonnaden
Unterste Himmelsschraffur bei „10“:	3 Doppelpunktgruppen	6 kontinuierliche Punkte ....
„POST“:	Vordergrund-Schraffierung endet vor dem „P“	Vordergrund -Schraffierung endet mit Punkt über „P“
„KLEISTPARK“	recht schräg stehendes „S“	das „S“ wesentlich steiler

Auflagen:

MiNr. 42 = 100 990 000	MiNr. 47 = 475 635 000	MiNr. 52 = 15 340 000	MiNr. 57 = 14 380 000
MiNr. 43 = 120 620 000	MiNr. 48 = 30 030 000	MiNr. 53 = 24 780 000	MiNr. 58 = 4 025 000
MiNr. 44 = 69 940 000	MiNr. 49 = 108 360 000	MiNr. 54 = 32 460 000	MiNr. 59 = 1 975 000
MiNr. 45 = 20 680 000	MiNr. 50 = 32 360 000	MiNr. 55 = 18 470 000	MiNr. 60 = 1 780 000
MiNr. 46 = 42 190 000	MiNr. 51 = 24 130 000	MiNr. 56 = 8 270 000	

Weitere Ausgaben „Berliner Bauten“: MiNr. 112–113, 121–123

Gültig bis 31.12.1958

1949, 29. Juli. Goethejahr 1949: 200. Geburtstag von Johann Wolfgang von Goethe. Ⓔ Müller; Odr. (5×10); Wz. 1 Y; gez. K 14:13¾.

p) Gemälde von Georg Oswald May (1738–1816)

q) Kreidezeichnung von Johann Heinrich Lips (1758–1817), Schweizer Maler und Kupferstecher

r) Gemälde von Josef Stieler (1781–1858)

p–r) J. W. von Goethe (1749–1832), Dichter; Hintergrund Szenen aus seinen Werken „Iphigenie auf Tauris“ (10 Pf), „Reineke Fuchs“ (20 Pf), „Faust“ (30 Pf)

				*	**	⊙	FDC
61	10 (Pf)	grün	p	40,—	140,—	70,—	
62	20 (Pf)	dunkelrosarot	q	45,—	150,—	70,—	
63	30 (Pf)	dunkelultramarin	r	10,—	40,—	50,—	
			Satzpreis (3 W.)	90,—	320,—	180,—	
			amtlicher FDC (b)				700,—
63 x		dünnes, glasiges Papier		30,—	80,—		

Die Preise bei MiNr. 61–63 gelten für Marken mit den üblichen Gummibügen!

FALSCH

Auflage: 1 000 000 Sätze, davon 2500 auf amtl. FDC

Gültig bis 30.9.1950

1949, 1. Aug. Freimarken: Marken Alliierte Besetzung – Gemeinschaftsausgaben MiNr. 931, 951, 957, 961 (I. und II. Kontrollratsausgabe) größtenteils in Neuauflage mit dunkelgrünem Bdr.-Aufdruck.

				*	**	⊙	FDC
64	**5** (Pf)	auf 45 Pf lebhaftrot (Töne)	(z. T. 931)	1,50	5,—	0,50	—,—
65	**10** (Pf)	auf 24 Pf (lebhaft)braunorange (Töne)	(z. T. 951)	4,—	20,—	0,50	—,—
66	**20** (Pf)	auf 80 Pf dunkellilaultramarin (Töne)	(z. T. 957)	20,—	70,—	17,—	—,—
67	**1** (DM)	auf 3 M (lebhaft)bräunlichrot (Töne)	(z. T. 961)	50,—	160,—	22,—	
			Satzpreis (4 W.)	75,—	250,—	40,—	*6500,—*

FALSCH

Auflagen: MiNr. 64 = 11 150 000, MiNr. 65 = 13 860 000, MiNr. 66 = 2 980 000, MiNr. 67 = 4 900 000 Stück

Gültig bis 30.6.1951

1949, 1. Dez. Für Berliner Währungsgeschädigte. Ⓔ Goldammer; Odr. (10×5); Wz. 1 X; gez. K 13¾:14.

s) Hand hält Opferschale, Hintergrund Berliner Bär

					✶	✶✶	⊙	FDC
68	10 + 5 (Pf)	grün GA	s		40,—	100,—	190,—	
69	20 + 5 (Pf)	lebhaftrotkarmin	s		45,—	120,—	190,—	
70	30 + 5 (Pf)	dunkelgrauultramarin	s		45,—	130,—	230,—	
				Satzpreis (3 W.)	130,—	350,—	600,—	*30000,—*

Blockausgabe (17. Dez.)

s I

			✶	✶✶	⊙	Ⓢ	FDC
Block 1	(110×65 mm)	s I	500,—	950,—	2200,—	2200,—	4500,—

Post-Verkaufspreis: 1,— DM

Blockmarken mit Teilen vom Blockrand ca. doppelte Preise der Bogenmarken.

FALSCH

Auflagen: MiNr. 68 = 159 795, MiNr. 69 = 98 083, MiNr. 70 = 164 105 Stück, Block 1 = 101 892 Blocks

Gültig bis 30.6.1951

1950

Ab 20.1.1950 waren die Marken von Berlin während ihrer Gültigkeitsdauer auch im Gebiet der Bundesrepublik frankaturgültig.

1950, 1. Okt. Eröffnung der Deutschen Industrie-Ausstellung; Marshallplan (ERP: European Recovery Program); Ⓔ Piwczik; StTdr. (10×5); Wz. 2; gez. K 13¾:14.

t) Riese Atlas trägt die Weltkugel

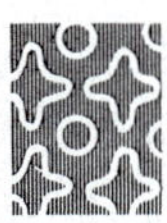

Wz. 2

				✶	✶✶	⊙
71	20 (Pf)	lebhaftbräunlichkarmin	t	40,—	100,—	40,—
		amtl. FDC (b)				140,—

Auflage: 1 000 000 Stück, davon 11 500 auf amtl. FDC *Gültig bis 30.6.1951*

1950, 29. Okt. Wiederaufbau der Berliner Philharmonie. Ⓔ Goldammer (MiNr. 72) und Schnell (MiNr. 73); StTdr. (10×5); Wz. 2; gez. K 13¾:14.

u) Harfe, Lorbeerkranz

v) Singende Engel; Detail aus dem Genter Altar von den Brüdern Hubert (1370–1426) und Jan van Eyck (1390–1441), niederl. Maler

				✶✶	⊙
72	10 + 5 (Pf)	dunkelolivgrün GA	u	50,—	40,—
73	30 + 5 (Pf)	schwarzblau	v	90,—	90,—
		Satzpreis (2 W.) ✶ 50,—		140,—	130,—
		amtl. FDC (b)			300,—

Post-Verkaufspreis des amtl. FDC: 0,80 DM

MiNr. 72–73 wurden erstmalig am 29. und 30. Oktober anlässlich der Konzerte der Berliner Philharmoniker ausgegeben; erst ab 1. November waren die Marken an allen Postämtern West-Berlins erhältlich.

Auflage: 500 000 Sätze, davon 8000 auf amtl. FDC *Gültig bis 30.12.1953*

Von verschiedenen Ausgaben West-Berlins existieren private Nachdrucke. Da diese nicht immer als solche gekennzeichnet sind, sind Verwechslungen mit echten Marken möglich. Bei teuren Marken ist Prüfung ratsam.

1951

1951, 22. April. 100. Todestag von Albert Lortzing. ⓔ Schnell; StTdr. (10×5); Wz. 2; gez. K 13¾:14.

w) A. Lortzing (1801–1851), Komponist

				✶	✶✶	⊙
74	20 (Pf)	schwarzbräunlichrot . . .	w	22,—	60,—	55,—
		amtl. FDC (c)				160,—

Post-Verkaufspreis des amtl. FDC: 0,80 DM

MiNr. 74 wurde erstmalig am 22. April anlässlich des Großtauschtages der Berliner Philatelistenvereine ausgegeben; erst ab 23. April war die Marke an allen Postämtern West-Berlins erhältlich.

Auflage: 500 000 Stück *Gültig bis 31.12.1953*

1951, 1. Mai/6. Aug. Freiheitsglocke (I). ⓔ Schnell; StTdr. (10×5); Wz. 2; gez. K 13¾:14.

x) Freiheitsglocke im Turm des Schöneberger Rathauses in Berlin, Klöppel nach links

				✶✶	⊙
75	5 (Pf)	dunkelbraun (6. Aug.)	x	2,50	8,—
76	10 (Pf)	schwarzblaugrün (1. Mai) GA	x	18,—	25,—
77	20 (Pf)	karminrot (6. Aug.)	x	10,—	25,—
78	30 (Pf)	preußischblau (1. Mai)	x	60,—	90,—
79	40 (Pf)	schwärzlichlilapurpur (6. Aug.) . . .	x	15,—	60,—
		Satzpreis (5 W.) ✶ 30,—		100,—	200,—
		amtl. FDC I (c) (mit MiNr. 76 und 78)			200,—
		FDC II (mit MiNr. 75, 77, 79)			*2500,—*

Post-Verkaufspreis des amtl. FDC: 0,70 DM

FALSCH amtl. FDC

Auflagen: MiNr. 75–77 je 500 000, MiNr. 78–79 je 250 000 Stück, von MiNr. 76 und 78 je 6000 auf amtl. FDC

Gültig bis 31.12.1955

In gleicher Zeichnung, jedoch Klöppel nach rechts: MiNr. 82–86; Klöppel in der Mitte: MiNr. 101–105

MiNr. 77 in geänderter Farbe, Wz. 1 Y und Bdr.-Aufdruck: MiNr. 155

1951, 7. Okt. Tag der Briefmarke; Ausstellung „Briefmarken der Welt“. ⓔ Schnell; StTdr. (10×5); Wz. 2; gez. K 13¾:14.

y) Jungen mit Briefmarkenalbum, Globus

				✶✶	⊙
80	10 + 3 (Pf)	schwärzlichgrün GA	y	26,—	30,—
81	20 + 2 (Pf)	bräunlichrot	y	30,—	40,—
		Satzpreis (2 W.) ✶ 22,—		55,—	70,—
		amtl. FDC (c)			130,—

MiNr. 80–81 wurden vom 7.–14. Oktober nur am Sonderpostamt der Ausstellung „Briefmarken der Welt“ ausgegeben; erst ab 15. Okt. waren die Marken an allen Postämtern West-Berlins erhältlich.

Auflagen: MiNr. 80 = 514 000, MiNr. 81 = 506 000 Stück, davon je 12 000 auf amtl. FDC

Gültig bis 31.10.1954

1951, 23. Dez./1952, 27. Jan. Freiheitsglocke (II). ⓔ Schnell; StTdr. (10×5); Wz. 2; gez. K 13¾:14.

z) Freiheitsglocke im Turm des Schöneberger Rathauses in Berlin, Klöppel nach rechts

				✶✶	⊙	FDC
82	5 (Pf)	schwärzlichbraunoliv (27.1.1952)	z	2,50	2,50	250,—
83	10 (Pf)	dunkelolivgrün (23.12.1951) GA	z	7,50	5,—	120,—
84	20 (Pf)	rot (23.12.1951) GA . . .	z	25,—	20,—	120,—
85	30 (Pf)	schwärzlichviolett-ultramarin (27.1.1952) . .	z	65,—	50,—	250,—
86	40 (Pf)	dunkellilarot (27.1.1952)	z	25,—	20,—	250,—
		Satzpreis (5 W.) ✶ 50,—		120,—	90,—	

Weitere FDC-Bewertungen:

	FDC
82, 85, 86 (27.1.1952)	700,—
83, 84 (23.12.1951)	300,—

Auflage: 1 000 000 Sätze *Gültig bis 31.12.1955*

In gleicher Zeichnung, jedoch Klöppel nach links: MiNr. 75–79; Klöppel in der Mitte: MiNr. 101–105

1952

1952, 26. März. 125. Todestag von Ludwig van Beethoven. ⓔ Schnell; StTdr. (10×5); gez. K 13¾:14.

aa) L. van Beethoven (1770–1827), Komponist; Gesichtsmaske (1812)

				✶	✶✶	⊙
87	30 (Pf)	dunkelblau	aa	17,—	45,—	30,—
		amtl. FDC (c)				120,—

Auflage: 1 000 000 Stück, davon 9000 auf amtl. FDC

Gültig bis 31.12.1953

1952, 20. Juni. Vorolympische Festtage. ⓔ Goldammer; Odr. (10×5); Wz. 2; gez. K 13¾:14.

ab) Fackel, Lorbeerzweig, olympische Ringe

				✶✶	⊙
88	4 (Pf)	mittelbraunorange	ab	1,—	2,50
89	10 (Pf)	smaragdgrün (Töne)	ab	12,—	17,—
90	20 (Pf)	zinnoberrot	ab	18,—	26,—
		Satzpreis (3 W.) ✶ 13,—		30,—	45,—
		amtl. FDC (d)			100,—

Post-Verkaufspreis des amtl. FDC: 0,50 DM

FALSCH

Auflagen: MiNr. 88 = 1 000 000, MiNr. 89 und 90 je 500 000 Stück, davon je 12 000 auf amtl. FDC

Gültig bis 31.12.1953

1952, 12. Okt./1953, 24. Juni. Männer aus der Geschichte Berlins (I). Ⓔ **Goldammer; StTdr. (10×5); Wz. 1 Y; gez. K 13¾:14.**

ac) Carl Friedrich Zelter (1758–1832), Musiker, Begründer der 1. Berliner Liedertafel

ad) Otto Lilienthal (1848–1896), Ingenieur und Flugpionier

ae) Walther Rathenau (1867–1922), Industrieller, Politiker, Schriftsteller

af) Theodor Fontane (1819–1898), Dichter und Schriftsteller

ag) Adolph von Menzel (1815–1905), Maler und Grafiker

ah) Prof. Rudolf Virchow (1821–1902), Pathologe, Medizinhistoriker, Politiker

ai) Werner von Siemens (1816–1892), Ingenieur, Erfinder und Industrieller

ak) Karl Friedrich Schinkel (1781–1841), Baumeister und Maler

al) Max Planck (1858–1947), Physiker, Nobelpreis 1918

am) Wilhelm Frh. von Humboldt (1767–1835), Gelehrter und Politiker

				✶	✶✶	⊙	FDC
91	4 (Pf)	lebhaftsiena (22.11.1952)	ac	0,30	0,70	0,70	120,—
92	5 (Pf)	dunkelblau (24.1.1953)	ad	0,50	1,20	0,70	35,—
93	6 (Pf)	schwarzbraunpurpur (24.6.1953)	ae	2,—	7,—	10,—	60,—
94	8 (Pf)	lebhaftbraunrot (7.3.1953)	af	1,—	2,50	3,—	50,—
95	10 (Pf)	schwarzsmaragdgrün (23.12.1952)	ag	1,50	3,50	0,70	70,—
96	15 (Pf)	schwärzlichblauviolett (24.1.1953)	ah	6,—	18,—	18,—	50,—
97	20 (Pf)	bräunlichkarmin (12.10.1952)	ai	1,—	3,—	1,—	30,—
98	25 (Pf)	dunkelbräunlicholiv (27.5.1953)	ak	20,—	50,—	8,—	30,—
99	30 (Pf)	dunkelbraunviolett (24.1.1953)	al	7,—	20,—	10,—	50,—
100	40 (Pf)	bräunlichschwarz (2.5.1953)	am	9,—	30,—	3,—	30,—
			Satzpreis (10 W.)	45,—	130,—	50,—	

Weitere FDC-Bewertungen (amtl. FDC):

	FDC
92, 96, 99 (f) (24.1.1953)	100,—
93 (g) (24.6.1953)	65,—
94 (c) (7.3.1953)	55,—
97 (e) (12.10.1952)	32,—
98 (c) (27.5.1953)	32,—
100 (c) (2.5.1953)	40,—

Auflagen amtl. FDC: mit MiNr. 92, 96, 99 sowie mit MiNr. 93, 98, 100 je 10 000, mit MiNr. 94 = 9000, mit MiNr. 97 = 25 000 Stück

MiNr. 97 wurde erstmalig am 12. Okt. 1952 anlässlich des Siemens-Jubiläums (75 Jahre Telefon in Deutschland) ausgegeben; erst ab 13.10.1952 war die Marke an allen Postämtern West-Berlins erhältlich.

Auflagen: MiNr. 91 = 18 000 000, MiNr. 92, 94, 96, 98–100 je 5 000 000, MiNr. 93 = 1 000 000, MiNr. 95 = 8 000 000, MiNr. 97 = 7 000 000 Stück

Gültig bis 31.12.1955

Weitere Ausgabe „Männer aus der Geschichte Berlins“: MiNr. 163–172

1953

1953, 28. Juli/9. Okt. Freiheitsglocke (III). Ⓔ **Schnell; StTdr. (10×5); Wz. 1 Y; gez. K 13¾:14.**

an) Freiheitsglocke im Turm des Schöneberger Rathauses in Berlin, Klöppel in der Mitte

				✶	✶✶	⊙	FDC
101	5 (Pf)	dunkelockerbraun (28. Juli)	an	0,50	1,30	1,30	55,—
102	10 (Pf)	schwärzlichopalgrün (9. Okt.)	an	1,—	2,50	2,—	65,—
103	20 (Pf)	zinnoberrot (26. Sept.)	an	3,—	7,—	4,—	100,—
104	30 (Pf)	dunkelkobalt (26. Sept.)	an	5,—	12,—	12,—	100,—
105	40 (Pf)	schwärzlichpurpurviolett (26. Sept.)	an	22,—	60,—	35,—	150,—
			Satzpreis (5 W.)	30,—	80,—	50,—	

Weitere FDC-Bewertung:

	FDC
103–105 (26. Sept.)	420,—

MiNr. 102 auf Schmuckumschlag mit Ersttags-Sonderstempel ist kein amtl. FDC (ausgegeben von der Ausstellungsleitung der „Beverba 1953“).

Auflagen: MiNr. 101 = 2 000 000, MiNr. 102 = 1 700 000, MiNr. 103–105 je 1 000 000 Stück

Gültig bis 31.12.1955

In gleicher Zeichnung, jedoch Klöppel nach links: MiNr. 75–79; Klöppel nach rechts: MiNr. 82–86;
MiNr. 103 in Neuauflage mit Bdr.-Aufdruck: MiNr. 118

1953, 9. Aug. Wiederaufbau der Kaiser-Wilhelm-Gedächtniskirche. 🄴 **Goldammer; StTdr. (10×5); Wz. 1 Y; gez. K 13¾:14.**

ao) Vor der Zerstörung

ap) Ruine

ao–ap) Kaiser-Wilhelm-Gedächtniskirche (1891)

					✶	✶✶	⊙	FDC
106	4 + 1	(Pf)	dunkelsiena	ao	0,30	0,50	20,—	60,—
107	10 + 5	(Pf)	schwarzgelblichgrün	ao	0,70	1,50	55,—	150,—
108	20 + 10	(Pf)	lebhaftlilakarmin	ap	1,20	3,—	55,—	150,—
109	30 + 15	(Pf)	schwarzkobalt	ap	8,—	20,—	100,—	180,—
			Satzpreis (4 W.)		10,—	25,—	230,—	*400,—*
			amtl. FDC I (mit MiNr. 107) (g)					160,—
			amtl. FDC II (mit MiNr. 108) (g)					160,—
			amtl. FDC III (mit MiNr. 106–109) (g)					*400,—*

Post-Verkaufspreis des amtl. FDC I mit MiNr. 107: 0,25 DM; Post-Verkaufspreis des amtl. FDC II mit MiNr. 108: 0,40 DM

Auflagen: MiNr. 106 = 1 200 000, MiNr. 107 und 108 je 450 000, davon je 10 000 auf amtl. FDC, MiNr. 109 = 300 000 Stück

Gültig bis 31.12.1955

1953, 17. Aug. Volksaufstand am 17. Juni in der DDR und Ostberlin. 🄴**?; Bdr. (10×5); Wz. 1 Y; gez. K 13¾:14.**

ar) Kettensprengende Hände, Inschrift

as) Brandenburger Tor, Inschrift

					✶✶	⊙
110	20	(Pf)	gelbschwarz	ar	10,—	2,—
111	30	(Pf)	schwärzlichkarminrot	as	40,—	38,—
			Satzpreis (2 W.) ✶ 14,—		50,—	40,—
			FDC			70,—

Auflagen: MiNr. 110 = 3 000 000, MiNr. 111 = 2 000 000 Stück, davon je 10 000 auf amtl. FDC

Gültig bis 31.12.1955

1953, 29. Aug./1954, 22. Jan. Freimarken: Berliner Bauten (II). 🄴 **Goldammer; Bdr. (10×10); Wz. 1 Y; gez. K 14.**

at) Ausstellungshallen am Funkturm

au) Olympiastadion, Osteingang

					✶✶	⊙
112	4	(Pf)	lebhaftgelbbraun (22.1.1954)	at	6,—	5,—
113	20	(Pf)	(lebhaft)rot (29.8.1953) GA	au	65,—	3,—
			Satzpreis (2 W.) ✶ 25,—		70,—	8,—
			amtl. FDC I (mit MiNr. 112) (i)			25,—
			amtl. FDC II (mit MiNr. 113) (h)			35,—

Auflagen: MiNr. 112 = 24 940 000, davon 13 000 auf amtl. FDC, MiNr. 113 = 61 090 000, davon 10 000 Stück auf amtl. FDC

Gültig bis 31.12.1958

Weitere Ausgaben „Berliner Bauten": MiNr. 42–60, 121–123

MiNr. 114 fällt aus.

1954

1954, 18. Jan. Tod von Prof. Dr. Ernst Reuter. 🄴 **Schnell; StTdr. (5×10); Wz. 1 X; gez. K 14:13¾.**

aw) Prof. Dr. E. Reuter (1889–1953), Politiker, reg. Bürgermeister von Berlin

					✶	✶✶	⊙
115	20	(Pf)	schwärzlichlilabraun	aw	4,—	14,—	2,—
			amtl. FDC (g)				15,—

Auflage: 5 000 000 Stück, davon 18 000 auf amtl. FDC

Gültig bis 31.3.1956

1954, 25. Jan. Viermächte-Konferenz. 🄴**?; Odr. (5×10); Wz. 1 X; gez. K 14:13¾.**

ax) Kleistpark mit Kontrollratsgebäude (ehem. Kammergericht)

					✶	✶✶	⊙
116	20	(Pf)	rot (Töne)	ax	3,50	10,—	5,50
			amtl. FDC (g)				24,—

West-Berliner Ersttags-Stempel zur Viermächte-Konferenz auf DDR-FDC siehe DDR MiNr. 424.

Auflage: 3 000 000 Stück, davon 25 000 auf amtl. FDC

Gültig bis 31.12.1955

1954, 11. Mai. 100. Geburtstag von Ottmar Mergenthaler. 🄴 **Zapf; StTdr. (5×10); Wz. 1 X; gez. K 14:13¾.**

ay) O. Mergenthaler (1854–1899), deutsch-amerik. Uhrmacher, Erfinder der Zeilensetz- und -gießmaschine Linotype

					✶	✶✶	⊙
117	10	(Pf)	schwärzlichopalgrün	ay	1,50	4,—	3,—
			amtl. FDC (k)				18,—

Auflage: 3 000 000 Stück, davon 11 000 auf amtl. FDC

Gültig bis 31.12.1955

1954, 17. Juli. Wahl des Bundespräsidenten. Neuauflage der MiNr. 103 mit Bdr.-Aufdruck.

					✶	✶✶	⊙
118	20	(Pf)	zinnoberrot	(103)	2,—	6,—	6,—
			FDC				60,—

Auflage: 1 000 000 Stück

Gültig bis 31.12.1955

1954, 20. Juli. 10. Jahrestag des Attentats auf Adolf Hitler vom 20. Juli 1944. 🄴 **Gerhardt; Bdr. (10×5); Wz. 1 X; gez. K 13¾:14.**

ba) Mann in Fesseln; Denkmal von Richard Scheibe (1879–1964), Bildhauer

					✶	✶✶	⊙
119	20	(Pf)	dunkelrotkarmin/dunkelolivgrau	ba	2,—	7,—	5,—
			amtl. FDC (k)				20,—

Post-Verkaufspreis des amtl. FDC: 0,30 DM

Auflage: 3 000 000 Stück, davon 18 000 auf amtl. FDC

Gültig bis 31.12.1956

1954, 4. Aug. Nationale Postwertzeichen-Ausstellung. 🄴?; Odr. (10×5); Wz. 1 X; gez. K 13¾:14.

bb) Preußischer Postillion (um 1827)

			✶	✶✶	⊙
120	20 + 10 (Pf)	mehrfarbig . . . . bb	7,—	18,—	35,—
		amtl. FDC (k)			60,—

Auflage: 500 000 Stück, davon 22 400 auf amtl. FDC

Gültig bis 31.12.1955

1954, 10. Aug./23. Okt. Freimarken: Berliner Bauten (III). 🄴 Goldammer (MiNr. 121 und 123) und Görsch (MiNr. 122); Bdr. (10×10); Wz. 1 Y; gez. K 14.

at I) Ausstellungshallen am Funkturm

bc) Amerika-Gedenkbibliothek am Halleschen Tor

bd) Jagdschloss Grunewald

			✶✶	⊙	FDC
121	7 (Pf)	blaugrün (10. Aug.) at I	7,50	2,—	400,—
122	40 (Pf)	mittelviolettpurpur (17. Sept.) . . . . bc	13,—	4,—	50,—
123	70 (Pf)	mittelbräunlicholiv (23. Okt.) . . . . bd	120,—	25,—	1700,—
		Satzpreis (3 W.) ✶ 55,—	130,—	30,—	
		amtl. FDC (mit MiNr. 122)			55,—

Bildinschrift jetzt „DEUTSCHE POST BERLIN", Bildformat von MiNr. 121 (at I) geringfügig größer als bei MiNr. 112 (at)

FALSCH FDC mit MiNr. 123

Auflagen: MiNr. 121 = 42 460 000, MiNr. 122 = 13 840 000, davon 11 600 auf amtl. FDC, MiNr. 123 = 9 640 000 Stück

Gültig bis 31.12.1958

Weitere Ausgaben „Berliner Bauten": MiNr. 42–60, 112–113

1954, 18. Sept. 5. Todestag von Richard Strauss. 🄴 Schnell; StTdr. (10×5); Wz. 1 Y; gez. K 13¾:14.

be) R. Strauss (1864–1949), Komponist und Dirigent

			✶	✶✶	⊙
124	40 (Pf)	dunkellilaultramarin be	4,—	12,—	4,50
		amtl. FDC (k)			30,—

Post-Verkaufspreis des amtl. FDC: 0,50 DM

Auflage: 3 000 000 Stück, davon 13 100 auf amtl. FDC

Gültig bis 31.12.1956

1954, 25. Sept. 100. Todestag von August Borsig (1804–1854), Industrieller, Lokomotivbauer; Deutsche Industrie-Ausstellung. 🄴 Schnell; StTdr. (5×10); Wz. 1 X; gez. K 14:13¾.

bf) Schmiedegruppe (Detail des Beuth-Denkmals) von Friedrich Drake (1805–1882), Bildhauer

			✶	✶✶	⊙
125	20 (Pf)	lebhaftrotbraun . . . . . bf	3,50	9,—	2,20
		amtl. FDC (k)			15,—

Post-Verkaufspreis des amtl. FDC: 0,30 DM

Auflage: 5 000 000 Stück, davon 21 500 auf amtl. FDC

Gültig bis 31.12.1956

1955

1955, 12. März. Taufe des Motorschiffes „Berlin". 🄴 Schulz; StTdr. (5×10); Wz. 1 X; gez. K 14:13¾.

bg) M. S. „Berlin" (früher „Gripsholm", umgetauft in Bremerhaven am 7. Jan. 1955)

			✶✶	⊙
126	10 (Pf)	dunkelgrünlichblau . . . . bg	1,50	1,—
127	25 (Pf)	violettultramarin . . . . bg	9,—	4,50
		Satzpreis (2 W.)	10,—	5,50
		amtl. FDC (k)		15,—

Auflagen: MiNr. 126 = 21 865 000, MiNr. 127 = 5 020 000 Stück, davon je 36 500 auf amtl. FDC

Gültig bis 31.12.1956

1955, 17. Sept. 1. Todestag von Wilhelm Furtwängler; Berliner Festwochen. 🄴 Schnell; StTdr. (10×5); oWz; gez. K 13¾:14.

bh) W. Furtwängler (1886–1954), Dirigent und Komponist

			✶✶	⊙
128	40 (Pf)	lilaultramarin . . . . bh	23,—	23,—
		amtl. FDC (k)		35,—

Post-Verkaufspreis des amtl. FDC: 0,50 DM

Auflage: 1 500 000 Stück, davon 22 000 auf amtl. FDC

Gültig bis 31.12.1956

1955, 17. Okt. Deutscher Bundestag in Berlin. 🄴 Gerhardt; Odr. (10×5); Wz. 3; gez. K 13¾:14.

Wz. 3

bi) Wappen von Berlin auf Bundesadler

			✶✶	⊙
129	10 (Pf)	mehrfarbig . . . . bi	1,—	1,—
130	20 (Pf)	mehrfarbig . . . . bi	6,—	11,—
		Satzpreis (2 W.)	7,—	12,—
		amtl. FDC (k)		20,—

Post-Verkaufspreis des amtl. FDC: 0,40 DM

Auflagen: MiNr. 129 = 5 000 000, MiNr. 130 = 1 000 000 Stück, davon je 28 000 auf amtl. FDC

Gültig bis 31.12.1956

In ähnlicher Zeichnung: MiNr. 136–137

1955, 27. Okt. Tag der Briefmarke. 🄴 Goldammer; Odr. (10×5); Wz. 3; gez. K 13¾:14.

bk) Preußischer Feldpostillion um 1760

			✶✶	⊙
131	25 + 10 (Pf)	mehrfarbig . . . . bk	7,50	18,—
		amtl. FDC (k)		26,—

Post-Verkaufspreis des amtl. FDC: 0,45 DM

Auflage: 750 000 Stück, davon 30 000 auf amtl. FDC

Gültig bis 31.12.1956

1955, 26. Nov. 25 Jahre Bistum Berlin; Wiederaufbau zerstörter Kirchen. 🄴 **Gerhardt; StTdr. (10×5); Wz. 3; gez. K 14.**

bl) Hl. Otto von Bamberg (um 1060–1139), Bischof, „Apostel der Pommern“

bm) Hl. Hedwig (1174–1243), Herzogin, Patronin von Schlesien

bn) Hl. Petrus, Apostel, 1. Bischof von Rom

					★★	⊙
132	7 + 3 (Pf)	dunkelrotbraun	bl		1,—	3,—
133	10 + 5 (Pf)	schwärzlichopalgrün	bm		1,50	3,50
134	20 + 10 (Pf)	dunkelrötlichlila	bn		2,—	4,—
			Satzpreis (3 W.)		4,50	10,—
			amtl. FDC (k)			20,—

Auflage: 1 300 000 Sätze, davon 36 100 auf amtl. FDC

Gültig bis 31.12.1957

1956

1956, 1. März. Freimarke: Berliner Stadtbilder (I). 🄴 **Goldammer; Odr. (10×10); Wz. 3; gez. K 14.**

bo) Funkturm und Ausstellungshallen

				★★	⊙
135	7 (Pf)	(dunkel)bläulichgrün	bo	10,—	3,—
			FDC		120,—
			ETB (2) Ⓣ		50,—

Waagerechtes Paar (aus Bogen):

	★★	⊙
135 / 135	30,—	25,—

Einzelmarke mit anhängendem Bogenrand ★★ und ⊙ 50% vorstehenden Paarpreises.

Auflage: 15 460 000 Stück *Gültig bis 31.12.1957*

Weitere Werte siehe Zusammenfassung nach Jahrgangswerttabelle

1956, 16. März. Deutscher Bundesrat in Berlin. 🄴 **Gerhardt; Odr. (10×5); Wz. 3; gez. K 13¾:14.**

bp) Wappen von Berlin auf Bundesadler

				★★	⊙
136	10 (Pf)	mehrfarbig	bp	1,50	1,—
137	25 (Pf)	mehrfarbig	bp	5,—	5,—
			Satzpreis (2 W.)	6,50	6,—
			FDC		30,—
			ETB (3) Ⓢ		32,—

Auflagen: MiNr. 136 = 20 000 000, MiNr. 137 = 5 000 000 Stück, davon 10 000 bis 20 000 auf ETB

Gültig bis 31.12.1957

In ähnlicher Zeichnung: MiNr. 129–130

1956, 12. Mai. 100 Jahre Verein deutscher Ingenieure (VdI). 🄴 **Goldammer; StTdr. (10×5); Wz. 3; gez. K 13¾:14.**

br) VdI-Emblem, Lorbeerzweig

				★★	⊙
138	10 (Pf)	schwarzgrün	br	2,50	2,—
139	20 (Pf)	dunkelbräunlichrot	br	4,50	6,—
			Satzpreis (2 W.)	7,—	8,—
			FDC		30,—
			ETB (4) Ⓢ		32,—

Auflagen: MiNr. 138 = 5 000 000, MiNr. 139 = 2 500 000 Stück, davon 10 000 bis 20 000 auf ETB

Gültig bis 31.12.1957

FDC = Ersttagsbrief (First Day Cover)

1956, 22. Juni/1962, 8. März. Freimarken: Berliner Stadtbilder (II). 🄴 **Goldammer; MiNr. 140–147 Bdr., MiNr. 148–154 StTdr.; MiNr. 140, 148–151 Bogen (B) (10×10), MiNr. 141–147, 152 Bogen (B) (10×10) und Rollen (R), MiNr. 153–154 Bogen (B) (10×5 bzw. 5×10); Wz. 3; w = gewöhnliches, y = fluoreszierendes Papier; MiNr. 140–152 gez. K 14, MiNr. 153 gez. K 13¾:14, MiNr. 154 ~.**

bs) Brandenburger Tor

bt) Landespostdirektion

bu) Funkturm und Ausstellungshallen

bv) Rathaus Neukölln

bw) Ruine der Kaiser-Wilhelm-Gedächtniskirche

bx) Luftbrückendenkmal, Tempelhof

by) Henry-Ford-Bau der Freien Universität, Dahlem

bz) Lilienthal-Denkmal, Lichterfelde

ca) Schloss Pfaueninsel

cb) Schloss Charlottenburg

cc) Kraftwerk Reuter

cd) Industrie- und Handelskammer mit Börse

ce) Schillertheater

cf) Reiterstandbild „Großer Kurfürst“

cg) Kongresshalle im Tiergarten

				★★	⊙	FDC
140	1 (Pf)	dunkelblaugrau bis grau (B)	bs			
w		gewöhnliches Papier (23.2.1957)		0,30	0,30	12,—
y		fluoreszierendes Papier (8.3.1962)		0,30	0,30	6,50
141	5 (Pf)	lebhaftlilapurpur (23.2.1957) (B) (R)	bt	0,30	0,30	12,—
142	7 (Pf)	lebhaftbläulichgrün (5.10.1956) (B) (R)	bu	0,30	0,30	17,—
143	8 (Pf)	grüngrau (22.6.1956) (B) (R) GA	bv	0,60	0,50	24,—
144	10 (Pf)	smaragdgrün (10.7.1956 (B) (R)) GA	bw	0,30	0,30	24,—

					✶✶	⊙	FDC
145	15 (Pf)	schwärzlichkobalt (10.7.1956 (B) (R)) GA	bx		0,60	0,30	34,—
146	20 (Pf)	karmin (10.7.1956) (B) (R) GA	by		0,60	0,30	24,—
147	25 (Pf)	braunkarmin (9.8.1956) (B) (R)	bz		0,60	0,60	55,—
148	30 (Pf)	dunkelgraugrün (16.11.1957) (B) (R)	ca		1,20	1,20	50,—
149	40 (Pf)	dunkelkobalt (30.7.1957) (B)	cb		12,—	10,—	70,—
150	50 (Pf)	bräunlicholiv (5.10.1956) (B) (R)	cc		1,20	1,20	250,—
151	60 (Pf)	schwärzlichgelbbraun (16.11.1957) (B)	cd		1,20	1,20	200,—
152	70 (Pf)	dunkelbläulichviolett (5.10.1956) (B) (R)	ce		25,—	16,—	450,—
153	1 DM	dunkelgelboliv (10.11.1956) (B)	cf		2,50	3,—	600,—
154	3 DM	dunkelrosakarmin (26.4.1958) (B)	cg		6,—	22,—	600,—
		Satzpreis (mit MiNr. 140 w und y, 16 W.)			50,—	55,—	

MiNr. 140 wurde ab 20. Juli 1960 auch an den Postschaltern der Bundesrepublik Deutschland verkauft.

Weitere FDC-Bewertungen:

	FDC
140 w, 141 (23.2.1957)	20,—
142, 150, 152 (5.10.1956)	500,—
144–146 (10.7.1956)	75,—
148, 151 (16.11.1957)	200,—

Amtliche Ersttagsblätter (ETB):

	ETB
ETB (5) (mit MiNr. 143) Ⓢ	14,—
ETB (6) (mit MiNr. 144) Ⓣ	18,—
ETB (7) (mit MiNr. 145) Ⓣ	18,—
ETB (8) (mit MiNr. 146) Ⓣ	17,—
ETB (9) (mit MiNr. 147) Ⓣ	20,—
ETB 13 (mit MiNr. 142) Ⓣ	12,—
ETB 14 (mit MiNr. 150) Ⓣ	30,—
ETB 15 (mit MiNr. 152) Ⓣ	44,—
ETB 17 (mit MiNr. 153) Ⓢ	360,—
ETB 18 (mit MiNr. 140 w) Ⓢ	5,50
ETB 19 (mit MiNr. 141) Ⓢ	6,50
ETB 24 (mit MiNr. 149) Ⓣ	30,—
ETB 32 (mit MiNr. 148) Ⓣ	14,—
ETB 33 (mit MiNr. 151) Ⓣ	16,—
ETB 37 (mit MiNr. 154) Ⓢ	50,—

Von ETB 37 sind Stücke mit irrtümlich falsch datiertem Stempel 15.10.1957 bekannt.

FALSCH ETB 17 mit eingedruckter Marke

Waagerechte bzw. senkrechte Paare (aus Bogen):

		✶✶	⊙
140 w / 140 w	waagerecht/senkrecht	1,—	2,50
140 y / 140 y	waagerecht/senkrecht	1,—	2,50
141 / 141	senkrecht	1,20	5,—
142 / 142	waagerecht	3,—	18,—
143 / 143	waagerecht	2,—	20,—
144 / 144	waagerecht	1,50	5,—
145 / 145	waagerecht	2,—	30,—
146 / 146	senkrecht	1,50	45,—
147 / 147	waagerecht	3,—	13,—
148 / 148	waagerecht	3,—	20,—
149 / 149	waagerecht/senkrecht	30,—	50,—
150 / 150	waagerecht	5,50	20,—
151 / 151	waagerecht/senkrecht	6,—	36,—
152 / 152	senkrecht	110,—	180,—
153 / 153	waagerecht	7,50	150,—
154 / 154	waagerecht/senkrecht	20,—	400,—

Einzelmarken mit anhängendem Bogenrand ✶✶ und ⊙ bis zu 50% vorstehender Paarpreise

Marken im Querformat stehen in der Rolle nebeneinander, Marken im Hochformat untereinander. Zum Bogennachweis werden daher bei den Querformaten senkrechte, bei den Hochformaten waagerechte Paare gesammelt. Marken im Hochformat, die nicht in Rollen produziert wurden, werden in der Regel in waagerechten Paare gesammelt, bei Querformaten, die ausschließlich im Bogen gedruckt wurden (MiNr. 140, 149, 151, 154), gelten die Preise sowohl für waagerechte als auch für senkrechte Paare.

Rollenmarken mit rückseitiger Nummer (R):

	Einzelmarken		5er-Str.
	✶✶	⊙	✶✶
141 R	8,—	15,—	24,—
142 R	20,—	150,—	58,—
143 R	12,—	170,—	34,—
144 R	15,—	15,—	38,—
145 R	13,—	40,—	35,—
146 R	20,—	130,—	45,—
147 R	23,—	40,—	75,—
152 R	160,—	300,—	480,—

Rollenmarken ohne Zählnummer siehe MICHEL-Deutschland-Spezial sowie MICHEL-Handbuch Rollenmarken!

FALSCH Sogenannte Probedrucke der MiNr. 147, Bdr. auf dünnem, gummiertem Papier oWz., Bildformat 18 × 22 mm, □, sind Ganzfälschungen!

Auflagen (einschließlich ETB):

MiNr. 140 x = 20 700 000
MiNr. 141 = 50 160 000
MiNr. 142 = 54 500 000
MiNr. 143 = 26 600 000
MiNr. 144 = 339 630 000
MiNr. 145 = 53 420 000
MiNr. 146 = 81 980 000
MiNr. 147 = 51 460 000
MiNr. 148 = 10 730 000
MiNr. 149 = 11 365 000
MiNr. 150 = 20 000 000
MiNr. 151 = 13 830 000
MiNr. 152 = 14 250 000
MiNr. 153 = 11 865 000
MiNr. 154 = 2 420 000

ETB-Auflagen: (5)–(9) zwischen 10 000–20 000, 13–15 je 20 000, 17 = 15 000, 18 = 35 000, 19 = 30 000, 24 = 50 000, 32–33 je 60 000, 37 = 50 000 Stück

MiNr. 141–154 gültig bis 31.12.1964, MiNr. 140 bis 31.12.1970

Weitere Werte siehe Zusammenfassung nach Jahrgangswerttabelle

1956, 9. Aug. Berlinhilfe für die Hochwassergeschädigten. Ⓔ **Schnell; komb. Bdr. und StTdr. (10×5); Wz. 1 Y; gez. K 13¾:14.**

			✱✱	⊙
155	20 + 10 (Pf) mittelbraunoliv	(x)	5,—	5,50
		FDC		30,—
		ETB (10) Ⓣ		20,—

Auflage: 1 500 000 Stück, davon 10 000–20 000 auf ETB

Gültig bis 31.12.1957

In anderer Farbe, Wz. 2, ohne Bdr.-Aufdruck: MiNr. 77

1956, 3. Sept. 10. Todestag von Paul Lincke. Ⓔ **Schnell; StTdr. (5×10); Wz. 3; gez. K 14:13¾.**

ci) P. Lincke (1866–1946); Komponist und Musikverleger; Faksimile seiner Notenhandschrift, Schriftzug

			✱✱	⊙
156	20 (Pf) bräunlichrot bis rot	ci	3,—	3,60
		FDC		15,—
		ETB (11) Ⓢ		15,—

Auflage: 2 000 000 Stück, davon 35 000 auf ETB

Gültig bis 31.12.1958

1956, 15. Sept. Deutsche Industrie-Ausstellung, Berlin. Ⓔ **Gerhardt; StTdr. (10×5); Wz. 3; gez. K 14.**

ck) Antennenmasten der Funkstelle Berlin-Nikolassee

			✱✱	⊙
157	25 (Pf) dunkelrotbraun	ck	8,50	12,—
		FDC		24,—
		ETB (12) Ⓢ		19,—

Auflage: 1 500 000 Stück, davon 35 000 auf ETB

Gültig bis 31.12.1958

1956, 26. Okt. Tag der Briefmarke. Ⓔ **Helmcke; Odr. (10×5); Wz. 3; gez. K 13¾:14.**

cl) Brandenburgischer Postreiter (um 1700)

			✱✱	⊙
158	25 + 10 (Pf) mehrfarbig	cl	4,—	4,50
		FDC		16,—
		ETB 16 Ⓢ		10,—

Auflage: 1 500 000 Stück, davon 35 000 auf ETB

Gültig bis 31.12.1958

1957

1957, 7. März. 725 Jahre Stadt Spandau. Ⓔ **Goldammer; StTdr. (5×10); Wz. 3; gez. K 14:13¾.**

cm) Stadtansicht (um 1850)

			✱✱	⊙
159	20 (Pf) lebhaftbraunrot/ schwarzoliv	cm	0,80	1,—
		FDC		8,50
		ETB 20 Ⓢ		5,50

Auflage: 2 000 000 Stück, davon 50 000 auf ETB

Gültig bis 31.12.1958

In gleicher Aufmachung: MiNr. 218–229

1957, 27. April/6. Juli. Internationale Bau-Ausstellung „Interbau", Berlin. Ⓔ **Gerhardt; StTdr. (5×10); Wz. 3; gez. K 14:13¾.**

cn) Modell des Hansaviertels

co) Modell des Ausstellungsgeländes

cp) Modell der Kongresshalle

cn–cp) Auf allen Marken noch Symbol der Ausstellung

				✱✱	⊙	FDC
160	7 (Pf)	schwärzlichlila-braun (27. April)	cn	0,50	0,50	5,—
161	20 (Pf)	dunkelrötlichkarmin (6. Juli)	co	1,—	1,—	6,—
162	40 (Pf)	dunkelviolettblau (27. April)	cp	2,50	3,—	9,—
		Satzpreis (3 W.)		4,—	4,50	
		FDC mit MiNr. 160 und 162				12,—
		ETB 21 (mit MiNr. 160 und 162) Ⓢ			7,—	
		ETB 23 (mit MiNr. 161) Ⓢ			3,80	

Auflagen: MiNr. 160 = 5 000 000, MiNr. 161 = 3 000 000, MiNr. 162 = 1 500 000 Stück, davon je 50 000 auf ETB

Gültig bis 31.12.1958

Notizen:

Ersttagsblätter (ETB):

Nachdem im Jahre 1955 die Ausgabe der amtlichen Ersttagsumschläge eingestellt wurde, erschien ein mit Marke MiNr. 135 beklebtes und der Entwertung mit Ersttags- bzw. Sonderstempel dienendes Gedenkblatt mit näheren Angaben über das Marken-Motiv. Dieses Gedenkblatt wurde gegen Entrichtung des Nennwertes der daraufgeklebten Marke von der Versandstelle abgegeben. Vorher war bereits am 7.1.1956 ein ähnliches Gedenkblatt der Landespost Berlin mit der Stephan-Gedenkmarke der Deutschen Bundespost (siehe diesen Abschnitt MiNr. 227), entwertet vom Postamt Berlin SW 61, in einer Auflage von 10 000 Exemplaren herausgegeben worden.

Nach Einstellung der Ausgabe amtlicher ETB am 7. Mai 1959 seitens der Landespostdirektion Berlin setzten Berufsphilatelisten die Herausgabe fort. Diese privaten ETB können nicht katalogisiert werden.

Ab 1975 wurden wieder amtliche Ersttagsblätter ausgegeben, die mit Ersttagssonderstempeln entwertet sind.

1957, 22. Juni/1959, 6. Mai. Männer aus der Geschichte Berlins (II). 🄴 **Degner, MiNr. 167 Kunstwerkstätten Bundesdruckerei; StTdr. (10×5); Wz. 3; gez. K 13¾:14.**

cr) Theodor Mommsen (1817–1903), Historiker und Jurist, Nobelpreis 1902

cs) Heinrich Zille (1858–1929), satirischer Zeichner

ct) Prof. Dr. Ernst Reuter (1889–1953), Politiker, reg. Bürgermeister von Berlin

cu) Fritz Haber (1868–1934), Chemiker, Nobelpreis 1918

cv) Friedrich Daniel Ernst Schleiermacher (1768–1834), evang. Theologe und Philosoph

cw) Prof. Ludwig Heck (1860–1951), Zoologe

cx) Prof. Max Reinhardt (1873–1943), österreich. Theaterleiter

cy) Friedrich Carl von Savigny (1779–1861), Rechtslehrer

cz) Alexander Frh. von Humboldt (1769–1859), Naturforscher und Geograph

da) Christian Daniel Rauch (1777–1857), Bildhauer

				★★	⊙	FDC
163	7 (Pf)	grünblau/dunkelsiena (24.10.1958)	cr	0,30	0,30	5,—
164	8 (Pf)	dunkelgrünlichgrau/dunkelsiena (10.1.1958)	cs	0,30	0,30	6,—
165	10 (Pf)	schwärzlichsmaragdgrün/dunkelsiena (29.9.1958)	ct	0,30	0,30	8,—
166	15 (Pf)	violettultramarin/dunkelsiena (30.9.1957)	cu	0,50	1,—	9,—
167	20 (Pf)	lebhaftlilakarmin/dunkelsiena (5.12.1958)	cv	0,30	0,30	10,—
168	20 +10 (Pf)	schwärzlichrosarot/dunkelsiena (7.9.1957)	cw	1,—	1,20	7,50
169	25 (Pf)	dunkelkarmin/dunkelsiena (28.9.1957)	cx	1,20	1,40	10,—
170	30 (Pf)	dunkelgrüngrau/dunkelsiena (22.6.1957)	cy	3,—	3,50	15,—
171	40 (Pf)	dunkelcyanblau/dunkelsiena (6.5.1959)	cz	1,20	1,40	8,—
172	50 (Pf)	dunkelgelboliv/dunkelsiena (3.12.1957)	da	6,—	9,—	15,—
		Satzpreis (10 W.)		14,—	18,—	

Amtliche Ersttagsblätter (ETB):

	ETB
ETB 22 (mit MiNr. 170) Ⓢ	8,50
ETB 26 (mit MiNr. 168) Ⓢ	3,40
ETB 27 (mit MiNr. 169) Ⓢ	3,40
ETB 28 (mit MiNr. 166) Ⓢ	3,40
ETB 35 (mit MiNr. 172) Ⓣ	8,50
ETB 36 (mit MiNr. 164) Ⓢ	0,90
ETB 40 (mit MiNr. 165) Ⓢ	0,70
ETB 41 (mit MiNr. 163) Ⓢ	0,90
ETB 42 (mit MiNr. 167) Ⓢ	0,90
ETB 43 (mit MiNr. 171) Ⓢ	2,50

Auflagen: MiNr. 163 = 5 000 000, MiNr. 164, 166, 168–170 und 172 je 2 000 000, MiNr. 165 = 2 300 000, MiNr. 167 = 6 000 000, MiNr. 171 = 4 000 000 Stück

Auflagen ETB: 22 = 50 000, 26–28 und 35 = 60 000, 36 = 205 000, 40 = 250 000, 41 = 316 000, 42 = 260 000, 43 = 150 000 Stück

Gültig bis 30.6.1960, MiNr. 171 bis 31.12.1960

Weitere Ausgabe „Männer aus der Geschichte Berlins“: MiNr. 91–100

1957, 6. Aug. Jahrestagung des Ostdeutschen Kulturrates, Berlin. 🄴 **Zimbal; StTdr. (10×5); Wz. 3; gez. K 14.**

db) Uta (erste Hälfte des 11. Jh.), Markgräfin von Meißen; Stifterfigur im Naumburger Dom

				★★	⊙
173	25 (Pf)	lebhaftkarminbraun	db	1,20	1,50
		FDC			9,—
		ETB 25 Ⓢ			4,20

Bei MiNr. 173 sind erhebliche Bildformatunterschiede (bis zu 1,5 mm Differenz) bekannt. Für sog. „Riesen“ (40 mm Bildhöhe) Preiszuschlag!

Eine geringe Anzahl von ETB (angeblich 1000) wurde von privater Seite nummeriert und mit einem Zudruck „Ostdeutscher Kulturrat“ mit Datum und teilweise eigenhändiger Unterschrift des Präsidenten v. Henckel-Donnersmarck versehen.

Auflage: 2 000 000 Stück, davon 50 000 auf ETB

Gültig bis 31.12.1958

1957, 15. Okt. Erste konstituierende Sitzung des 3. Deutschen Bundestages in Berlin. 🄴 **Gerhardt; Odr. (10×5); Wz. 3; gez. K 13¾:14.**

dc) Bundesadler, Inschrift

				★★	⊙
174	10 (Pf)	mehrfarbig	dc	1,50	1,50
175	20 (Pf)	mehrfarbig	dc	4,50	4,50
		Satzpreis (2 W.)		6,—	6,—
		FDC			13,—
		ETB 29 Ⓢ			6,—

Auflagen: MiNr. 174 = 3 000 000, MiNr. 175 = 2 000 000 Stück, davon je 60 000 auf ETB

Gültig bis 31.12.1959

1957, 23. Okt. Tag der Briefmarke; Briefmarkenausstellung „BEPHILA“, Berlin. 🄴 Goldammer; Odr. (10×5); Wz. 3; gez. K 13¾:14.

dd) Postillion der Reichspost (1897–1925)

			★★	⊙
176	20 (Pf)	mehrfarbig . . . . dd	1,40	1,50
		FDC		5,50
		ETB 30 Ⓢ		3,20

Auflage: 2500000 Stück, davon 70000 auf ETB

Gültig bis 31.12.1959

1957, 28. Okt. Welt-Frontkämpfer-Kongress, Berlin. 🄴 Gerhard; Odr. (5×10); Wz. 3; gez. K 14:13¾.

de) Emblem des Internationalen Welt-Frontkämpfer-Verbandes

			★★	⊙
177	20 (Pf)	mehrfarbig . . . . de	1,50	1,—
		FDC		5,50
		ETB 31 Ⓢ		2,—

Auflage: 5000000 Stück, davon 85000 auf ETB

Gültig bis 31.12.1959

1957, 30. Nov. Deutsches Mütter-Genesungswerk. 🄴 Schnell; StTdr. (5×10); Wz. 3; gez. K 14:13¾.

df) Elly Heuss-Knapp (1881–1952), Sozial- und Kulturpolitikerin, Gründerin des Deutschen Mütter-Genesungswerkes

			★★	⊙
178	20 + 10 (Pf)	karminrot . . . . df	2,—	3,40
		FDC		5,50
		ETB 34 Ⓢ		3,40

Auflage: 2000000 Stück, davon 60000 auf ETB

Gültig bis 31.12.1959

1958

1958, 13. Aug. Deutscher Katholikentag, Berlin. 🄴 Finke; Odr. (10×5); Wz. 3; gez. K 13¾:14.

dg) Christusdarstellung, Kosmos-Symbol; Werbeplakat des Katholikentags

			★★	⊙	FDC
179	10 (Pf)	lebhaftbläulichgrün/schwarz . . . . dg	0,70	0,80	1,60
180	20 (Pf)	lebhaftgraulila/schwarz . . . . dg	1,30	2,—	2,40
		Satzpreis (2 W.)	2,—	2,80	4,50
		ETB 38 Ⓢ		3,40	

Auflage: 2300000 Sätze, davon 101000 auf ETB

Gültig bis 31.12.1960

1958, 30. Aug. 1. Todestag von Prof. Otto Suhr. 🄴 Schnell; StTdr. (5×10); Wz. 3; gez. K 14:13¾.

dh) Prof. O. Suhr (1894–1957), Politiker, reg. Bürgermeister von Berlin

			★★	⊙
181	20 (Pf)	schwärzlichrosa . . . . dh	1,50	2,20
		FDC		4,50
		ETB 39 Ⓢ		2,50

Auflage: 2300000 Stück, davon 132000 auf ETB

Gültig bis 31.12.1960

1959

1959, 31. Jan./22. Mai. Freimarken: Bundespräsident Theodor Heuss. 🄴 Cordier; MiNr. 182–184 Bdr., MiNr. 185–186 StTdr.; Bogen (B) (10×10) und Rollen (R); Wz. 3; gez. K 14.

di) Th. Heuss (1884–1963), 1. Bundespräsident

			★★	⊙	FDC
182	7 (Pf)	bläulichgrün (10. April) (B) (R) . . . . di	0,40	0,50	22,—
183	10 (Pf)	smaragdgrün (31. Jan.) (B) (R) GA . . . . di	0,40	0,50	7,50
184	20 (Pf)	rötlichkarmin (31. Jan.) (B) (R) GA . . . . di	0,70	0,50	7,50
185	40 (Pf)	blau (22. Mai) (B) (R) . di	3,—	6,—	40,—
186	70 (Pf)	dunkelblauviolett (22. Mai) (B) (R) . . . . . di	11,—	14,—	60,—
		Satzpreis (5 W.)	15,—	20,—	

Weitere FDC-Bewertungen:

	FDC
183, 184 (31. Jan.)	16,—
185, 186 (22. Mai)	100,—

Waagerechte Paare (aus Bogen):

	★★	⊙
182/182	1,50	60,—
183/183	1,20	20,—
184/184	10,—	30,—
185/185	15,—	*200,—*
186/186	35,—	*300,—*
Satzpreis (5 P.)	60,—	*600,—*

Einzelmarken mit anhängendem Bogenrand ★★ und ⊙ bis zu 50% vorstehender Paarpreise

Vorsicht vor Stempelfälschungen bei Einheiten!

Rollenmarken mit rückseitiger Nummer (R):

	Einzelm. ★★	Einzelm. ⊙	5er-Str. ★★
182 R	7,50	20,—	23,—
183 R	5,—	7,—	30,—
184 R	13,—	20,—	28,—
185 R	45,—	85,—	100,—
186 R	40,—	100,—	120,—

Auflagen: Die in Klammern angegebenen Zahlen (R =) sind die schon in der Gesamtauflage enthaltenen Auflagen der in Rollen hergestellten Marken.

MiNr. 182 = 52600000 (R = 4100000), MiNr. 183 = 304500000 (R = 7500000), MiNr. 184 = 74500000 (R = 15500000), MiNr. 185 = 13000000 (R = 2000000), MiNr. 186 = 10000000 (R =1500000)

Gültig bis 31.12.1964

Bildgleiche Marken ohne Inschrift „BERLIN“ siehe Bundesrepublik Deutschland MiNr. 302–306

1959, 14. Febr. Freimarke: Berliner Stadtbilder (III). Wie MiNr. 143, jedoch Farbänderung.

bv) Rathaus Neukölln

			★★	⊙
187	8 (Pf)	dkl'zinnober (B) (R) GA . . . . bv	0,40	0,50
		FDC		16,—

Waagerechtes Paar (aus Bogen):

	★★	⊙
187/187	3,—	10,—

Einzelmarke mit anhängendem Bogenrand ★★ und ⊙ 30% vorstehenden Paarpreises

Rollenmarke mit rückseitiger Nummer (R):

	★★	⊙
187 R	9,—	16,—

Auflage: 30630000 Stück

Gültig bis 31.12.1964

Weitere Werte siehe Zusammenfassung nach Jahrgangswerttabelle

1959, 12. Mai. 10. Jahrestag der Beendigung der Blockade Berlins; Berliner Luftbrücke. Ⓔ Gerhardt; StTdr. (10×5); Wz. 3; gez. K 13¾:14.

dk) Transportmaschinen im Luftkorridor (im Stil des Luftbrückendenkmals)

				★★	⊙
188	25 (Pf)	dunkelbräunlichkarmin/ schwarzgrau	dk	0,80	0,60
			FDC		16,—

Auflage: 5 000 000 Stück *Gültig bis 31.12.1960*

1959, 18. Juni. Kommunaler Weltkongress, Berlin. Ⓔ Gerhardt; Odr. (5×10); Wz. 3; gez. K 14:13¾.,

dl) Erdkugel, Inschrift, Brandenburger Tor

				★★	⊙
189	20 (Pf)	mehrfarbig	dl	1,10	0,60
			FDC		4,50

Auflage: 5 000 000 Stück *Gültig bis 31.12.1960*

1959, 10. Nov. 200. Geburtstag von Friedrich von Schiller. Ⓔ Gerhardt; StTdr. (5×10); Wz. 3; gez. K 14:13¾.

dm) F. von Schiller (1759–1805), Dichter; Pastellzeichnung von Ludovike Simanowiz (1759–1827), Malerin

				★★	⊙
190	20 (Pf)	bräunlichrot/dunkelrotbraun	dm	0,50	0,60
			FDC		5,50

Auflage: 5 000 000 Stück *Gültig bis 31.12.1961*

1960

1960, 27. Mai. 50. Todestag von Robert Koch. Ⓔ Gerhardt; StTdr. (5×10); Wz. 3; gez. K 14:13¾.

dn) R. Koch (1843–1910), Bakteriologe, Nobelpreis 1905; Mikroskop

				★★	⊙
191	20 (Pf)	dunkelbraunlila	dn	0,50	0,60
			FDC		4,50

Auflage: 5 000 000 Stück *Gültig bis 31.12.1961*

1960, 30. Juni. 2. Todestag von Dr. Walther Schreiber. Ⓔ Fincke; StTdr. (5×10); Wz. 3; gez. K 14:13¾.

do) Dr. W. Schreiber (1884–1958), Rechtsanwalt und Politiker, reg. Bürgermeister von Berlin

				★★	⊙
192	20 (Pf)	bräunlichkarmin	do	0,70	0,90
			FDC		4,50

Auflage: 2 750 000 Stück *Gültig bis 31.12.1961*

1960, 15. Sept. Hilfswerk Berlin: Ferienplätze für Berliner Kinder. Ⓔ Wüst; Odr. (10×5); Wz. 3; gez. K 13¾:14.

dp) Junge am Hinterhoffenster

dr) Schulmädchen im Großstadtverkehr

ds) Mädchen im Gebirge

dt) Junge am Meeresstrand

				★★	⊙
193	7 + 3 (Pf)	mehrfarbig	dp	0,30	0,40
194	10 + 5 (Pf)	mehrfarbig	dr	0,30	0,40
195	20 + 10 (Pf)	mehrfarbig	ds	0,70	0,70
196	40 + 20 (Pf)	mehrfarbig	dt	1,70	4,50
			Satzpreis (4 W.)	2,80	6,—
			FDC		12,—

Auflagen: MiNr. 193–195 je 3 000 000, MiNr. 196 = 2 000 000 Stück

Gültig bis 31.12.1962

1961

1961, 16. Febr. 10. Todestag von Hans Böckler. Ⓔ Michel und Kieser; Odr. (10×5); Wz. 3; gez. K 13¾:14.

du) H. Böckler (1875–1951), Gewerkschaftsführer

				★★	⊙
197	20 (Pf)	dunkelzinnoberrot/ braunschwarz	du	0,40	0,50
			FDC		3,50

MiNr. 197 wurde auch an den Postschaltern der Bundesrepublik verkauft.

Auflage: 15 000 000 Stück *Gültig bis 31.12.1962*

1961, 3. Juni. 4. Todestag von Louise Schroeder. Ⓔ Gerhardt; StTdr. (5×10); Wz. 3; gez. K 14:13¾.

dv) L. Schroeder (1887–1957), Politikerin, amt. Oberbürgermeisterin von Berlin

				★★	⊙
198	20 (Pf)	schwarzlilabraun	dv	0,50	0,50
			FDC		3,50

Auflage: 4 000 000 Stück *Gültig bis 31.12.1962*

Ab MiNr. 198 sind alle Ausgaben – wenn nicht ausdrücklich anders angegeben – auf fluoreszierendem Papier gedruckt.
Unterschiedliche Farbe der Fluoreszenz (weiß bzw. gelb) ist fabrikationsbedingt und rechtfertigt keine Preisunterschiede.

Stempelfälschungen

Die meisten Zuschlagsmarken oder gestempelt teureren Ausgaben von Berlin bis 1968 kommen häufig mit falschen oder verfälschten Abstempelungen vor. Bei teureren Marken oder Blocks ist Prüfung anzuraten.

1961, 15. Juni/1962, 12. April. Freimarken: Bedeutende Deutsche. E **Michel und Kieser; MiNr. 199–205 Bdr., MiNr. 206–213 StTdr.; Bogen (B) (10×10), Markenheftchen (MH) und Rollen (R); Wz. 3; gez. K 14.**

dw) Albertus Magnus, Graf von Bollstädt (um 1193–1280), Gelehrter

dx) Hl. Elisabeth (1207–1231), Landgräfin von Thüringen

dy) Johannes Gutenberg (um 1397–1468), Erfinder des Buchdrucks

dz) Albrecht Dürer (1471–1528), Maler und Grafiker

ea) Martin Luther (1483–1546), Reformator

eb) Johann Sebastian Bach (1685–1750), Komponist

ec) Balthasar Neumann (1687–1753), Baumeister

ed) Immanuel Kant (1724–1804), Philosoph

ee) Gotthold Ephraim Lessing (1729–1781), Dichter und Philosoph

ef) Johann Wolfgang von Goethe (1749–1832), Dichter

eg) Friedrich von Schiller (1759–1805), Dichter

eh) Ludwig van Beethoven (1770–1827), Komponist

ei) Heinrich von Kleist (1777–1811), Dichter

ek) Annette Freiin von Droste-Hülshoff (1797–1848), Dichterin

el) Gerhart Hauptmann (1862–1946), Dichter, Dramatiker, Nobelpreis 1912

					✶✶	⊙	FDC
199	5 (Pf)	braunoliv (18.9.1961) (B) (R)	dw	0,30	0,30	1,30
200	7 (Pf)	braunocker (3.8.1961) (B) (R)	dx	0,30	0,50	1,30
201	8 (Pf)	lebhaftbraunviolett, dunkelrotviolett (3.8.1961) (B) (R) GA	dy	0,30	0,50	1,30
202	10 (Pf)	dunkelgrünoliv bis grauoliv (15.6.1961) (B) (MH) (R) GA	dz	0,30	0,30	1,30
203	15 (Pf)	hellblau bis preußischblau (18.9.1961) (B) (R) GA	ea	0,30	0,50	1,30
204	20 (Pf)	mittelbraunrot bis lebhaftbräunlichkarmin (28.6.1961) (B) (R) GA	eb	0,30	0,30	2,—
205	25 (Pf)	schwärzlichorange bis braunorange (7.10.1961) (B) (R)	ec	0,30	0,50	2,20
206	30 (Pf)	braunschwarz (7.10.1961) (B)	ed	0,40	0,70	2,20
207	40 (Pf)	(dunkel)blau (28.6.1961) (B) (R)	ee	0,70	1,30	3,—
208	50 (Pf)	schwärzlichbraunorange (Töne) (1.12.1961) (B)	ef	0,50	1,30	3,50
209	60 (Pf)	dunkelmagenta (12.4.1962) (B)	eg	0,50	1,50	4,—
210	70 (Pf)	schwärzlichgrün (1.12.1961) (B) (R)	eh	0,70	1,50	4,—
211	80 (Pf)	ockerbraun (1.12.1961) (B)	ei	5,—	10,—	18,—
212	1 DM	dunkelviolettblau (18.9.1961) (B)	ek	4,—	4,50	10,—
213	2 DM	dunkelolivgrün (12.4.1962) (B)	el	4,50	6,50	11,—
		Satzpreis (15 W.)		18,—	30,—	

Zahlreiche Farbtönungen

Weitere FDC-Bewertungen:

	FDC
199, 203, 212 (18.9.1961)	10,—
200, 201 (3.8.1961)	2,50
204, 207 (28.6.1961)	4,50
205, 206 (7.10.1961)	4,50
208, 210, 211 (1.12.1961)	20,—
209, 213 (12.4.1962)	13,—

Waagerechte Paare (aus Bogen bzw. Markenheftchenbogen):

	✶✶	⊙
199/199	0,60	6,—
200/200	1,—	15,—
201/201	0,60	15,—
202/202	0,60	6,—
203/203	0,60	10,—
204/204	1,—	10,—
205/205	1,—	20,—
206/206	1,50	25,—
207/207	2,—	75,—
208/208	1,50	50,—
209/209	1,50	50,—
210/210	2,—	70,—
211/211	12,—	150,—
212/212	8,50	75,—
213/213	10,—	110,—
Satzpreis (15 Paare)	40,—	650,—

Einzelmarken mit Bogenrand ✶✶ und ⊙ bis zu 50% vorstehender Paarpreise

Rollenmarken mit rückseitiger Nummer (R):

	Einzelmarken ✶✶	Einzelmarken ⊙	5er-Str. ✶✶
199 R	2,—	3,—	3,—
200 R	30,—	50,—	62,—
201 R	2,60	10,—	4,20
202 R	5,—	2,50	13,—
203 R	6,—	6,50	25,—
204 R	7,50	3,—	28,—
205 R	9,—	17,—	20,—
207 R	20,—	35,—	40,—
210 R	25,—	30,—	55,—

Auflagen:

MiNr. 199 = 72 500 000	MiNr. 203 = 30 500 000	MiNr. 207 = 17 500 000	MiNr. 211 = 9 000 000
MiNr. 200 = 20 000 000	MiNr. 204 = 96 500 000	MiNr. 208 = 11 500 000	MiNr. 212 = 10 000 000
MiNr. 201 = 56 000 000	MiNr. 205 = 19 000 000	MiNr. 209 = 9 000 000	MiNr. 213 = 6 000 000
MiNr. 202 = 247 500 000	MiNr. 206 = 14 000 000	MiNr. 210 = 17 000 000	

Gültig bis 31.12.1970

Bildgleiche Marken ohne Inschrift „BERLIN“ siehe Bundesrepublik Deutschland MiNr. 347–362

MiNr. 214 fällt aus.

1961, 19. Juli. Deutscher Evangelischer Kirchentag, Berlin. 🄴 **Gerhardt; Odr. (5×10); Wz. 3; gez. K 14:13¾.**

en) Marienkirche

eo) Ruine der Kaiser-Wilhelm-Gedächtniskirche

en–eo) Auf beiden Marken fünf Kreuze (Zeichen des Kirchentags)

				★★	⊙	FDC
215	10 (Pf)	grün/schwärzlichblauviolett	en	0,30	0,30	
216	20 (Pf)	graulila/schwärzlichblauviolett	eo	0,30	0,30	
		Satzpreis (2 W.)		0,50	0,50	2,50

Auflagen: MiNr. 215 = 7 000 000, MiNr. 216 = 5 000 000 Stück

Gültig bis 31.12.1963

1961, 3. Aug. Deutsche Rundfunk-, Fernseh- und Phono-Ausstellung, Berlin; 🄴 **Gerhardt; StTdr. (10×5); Wz. 3; gez. K 14.**

ep) Berliner Bär mit Fernsehschirm und Schallplatte (Ausstellungsplakat)

				★★	⊙	FDC
217	20 (Pf)	dunkelkarminrot/schwärzlichrotbraun	ep	0,40	0,50	5,—

Auflage: 7 000 000 Stück

Gültig bis 31.12.1963

1962

1962, 27. Juni/1963, 6. Dez. Alt-Berlin. 🄴 **Hiller; StTdr. (5×10); Wz. 3; gez. K 14:13¾.**

er) Die Linden (um 1650)

es) Waisenbrücke (1783)

et) Mauerstraße (um 1780)

eu) Berliner Schloss (1703)

ev) Potsdamer Platz (um 1825)

ew) Schloss Bellevue (um 1800)

ex) Fischerbrücke (um 1830)

ey) Hallesches Tor (1880)

ez) Parochialkirche (um 1780)

fa) Universität (um 1825)

fb) Opernhaus (um 1780)

fc) Grunewaldsee (um 1790)

				★★	⊙	FDC
218	7 (Pf)	orangebraun/schwarzbräunlicholiv (27.6.1962)	er	0,30	0,30	5,50
219	10 (Pf)	schwärzlichsmaragdgrün/schwarzbräunlicholiv (27.6.1962)	es	0,30	0,30	5,50
220	15 (Pf)	dunkelviolettblau/schwarzgrau (26.4.1963)	et	0,30	0,30	5,50
221	20 (Pf)	dunkelbräunlichrot/lilaschwarz (17.9.1962)	eu	0,30	0,30	5,50
222	25 (Pf)	bräunlicholiv/lilaschwarz (29.8.1963)	ev	0,30	0,30	5,50
223	40 (Pf)	violettultramarin/schwarzgrau (17.9.1962)	ew	0,30	0,50	5,50
224	50 (Pf)	schwarzbraunpurpur/lilaschwarz (14.9.1963)	ex	0,50	0,50	5,50
225	60 (Pf)	magenta/lilaschwarz (25.10.1963)	ey	0,60	0,60	5,50
226	70 (Pf)	dunkelviolettpurpur/schwärzlichgrau (27.7.1962)	ez	0,60	0,60	8,—
227	80 (Pf)	karminrot/lilaschwarz (24.5.1963)	fa	0,80	0,90	8,—
228	90 (Pf)	schwärzlichorange/schwarzbraun (6.12.1963)	fb	1,—	1,—	8,—
229	1 DM	dunkelopalgrün, schwarzbräunlicholiv (7.12.1962)	fc	1,20	1,50	11,—
		Satzpreis (12 W.)		6,50	6,50	

Weitere FDC-Bewertungen

	FDC
218, 219 (27.6.1962)	8,—
221, 223 (17.9.1962)	8,50

Auflagen:

MiNr. 218 = 21 085 000	MiNr. 221 = 40 430 000	MiNr. 224 = 11 280 000	MiNr. 227 = 11 230 000
MiNr. 219 = 98 585 000	MiNr. 222 = 11 480 000	MiNr. 225 = 11 325 000	MiNr. 228 = 7 520 000
MiNr. 220 = 29 430 000	MiNr. 223 = 10 680 000	MiNr. 226 = 7 630 000	MiNr. 229 = 5 575 000

Gültig bis 31.12.1966

In gleicher Aufmachung: MiNr. 159

Nach der am 13.8.1961 in Berlin erfolgten Errichtung der Mauer durch die östlichen Organe, wodurch das Gebiet der Ostwährung von dem der Westwährung abgeschnitten wurde, mussten Personen, die sich zwischen 14.8. und 30.9.1961 in Ostberlin ohne DDR-Ausweis aufhielten, die Portogebühren in Westwährung entrichten. Man erhielt für die in Westmark bezahlten DDR-Marken eine Quittung über den entrichteten Westmarkbetrag, die zu den DDR-Marken auf den Umschlag geklebt werden konnte. Vgl. Notiz nach MiNr. 872 Deutsche Demokratische Republik.

1962, 12. Sept. 50 Jahre Luftpostbeförderung. Ⓔ Michel und Kieser; Odr. (5×10); Wz. 3; gez. K 14:13¾.

fd) „Gelber Hund" (Flugzeug der Euler-Werke) von 1912 vor Düsenflugzeug

				✱✱	⊙	FDC
230	60 (Pf)	kobalt/schwarz	fd	1,—	0,70	3,—

Zur Werbung für die Internationale Luftpostmarkenausstellung LUPOSTA 1962 in Berlin wurde von der Ausstellungsleitung MiNr. 230 mit „LU / POST / A" (dreizeilig) durchlocht und verkauft (Auflage 24 500 Stück).

Auflage: 5 000 000 Stück *Gültig bis 31.12.1963*

1963

1963, 1. März. Freimarke: Berliner Stadtbilder (IV). Ⓔ Goldammer; Odr. (10×10); Wz. 3; gez. K 14.

bs) Brandenburger Tor

				✱✱	⊙
231	3 (Pf)	violettpurpur	bs	0,40	0,40
			FDC		1,50

Waagerechtes Paar (aus Bogen):

	✱✱	⊙
231/231	1,—	3,—

Einzelmarke mit anhängendem Bogenrand ✱✱ 50% vorstehenden Paarpreises, ⊙ 400% Aufschlag auf Einzelmarkenpreis

MiNr. 231 wurde auch an den Postschaltern der Bundesrepublik verkauft.

Auflage: 60 000 000 Stück *Gültig bis 31.12.1970*

Weitere Werte siehe Zusammenfassung nach Jahrgangswerttabelle

1963, 24. Juli. Große Deutsche Funkausstellung, Berlin. Ⓔ Bundesdruckerei Berlin; Odr. (10×5); gez. K 13¾:14.

fe) Berliner Bär mit Funkturm

				✱✱	⊙
232	20 (Pf)	mehrfarbig	fe	0,40	0,40
			FDC		1,30

Auflage: 7 500 000 Stück *Gültig bis 31.12.1964*

1964

1964, 30. Mai. 700 Jahre Schöneberg. Ⓔ Wüst; StTdr. (10×5); Wz. 3; gez. K 13¾:14.

ff) Schöneberger Rathaus

				✱✱	⊙
233	20 (Pf)	schwärzlichrotbraun	ff	0,40	0,40
			FDC		1,50

Auflage: 7 500 000 Stück *Gültig bis 31.12.1965*

1964, 1. Juli. Wiederwahl des Bundespräsidenten Heinrich Lübke (I). Ⓔ Schardt; Odr. (10×5); gez. K 13¾:14.

fg) Dr. h c. H. Lübke (1894–1972), 2. Bundespräsident

				✱✱	⊙
234	20 (Pf)	lebhaftlilarot	fg	0,30	0,30
235	40 (Pf)	(lebhaft)blau	fg	0,50	0,50
			Satzpreis (2 W.)	0,70	0,70
			FDC		2,40

Auflagen: MiNr. 234 = 10 000 000, MiNr. 235 = 7 600 000 Stück

Gültig bis 31.12.1969

In gleicher Zeichnung: MiNr. 314–315

Bildgleiche Marken ohne Inschrift „BERLIN" siehe Bundesrepublik Deutschland MiNr. 429–430

1964, 19. Sept. Hauptstädte der Länder der Bundesrepublik Deutschland: Berlin. Ⓔ H. und H. Schillinger; Odr. (5×10); gez. K 14:13¾.

fh) Berlin, Reichstag

				✱✱	⊙
236	20 (Pf)	mehrfarbig	fh	0,50	0,50
			FDC		1,—

Auflage: 7 000 000 Stück *Gültig bis 31.12.1966*

Bildgleiche Marke ohne Inschrift „BERLIN" siehe Bundesrepublik Deutschland MiNr. 421

1964, 6. Okt. Wohlfahrt: Märchen der Brüder Grimm (I). Ⓔ Börnsen; Odr. (5×10); gez. K 14:13¾.

fi

fk

fl

fm

fi–fm) Szenen aus dem Märchen „Dornröschen"

				✱✱	⊙
237	10 + 5 (Pf)	mehrfarbig	fi	0,30	0,30
238	15 + 5 (Pf)	mehrfarbig	fk	0,30	0,30
239	20 + 10 (Pf)	mehrfarbig	fl	0,50	0,40
240	40 + 20 (Pf)	mehrfarbig	fm	0,70	1,20
			Satzpreis (4 W.)	1,60	2,20
			FDC		5,—

Auflagen: MiNr. 237 = 4 426 000, MiNr. 238 = 3 153 000, MiNr. 239 = 3 111 000, MiNr. 240 = 3 073 000 Stück

Gültig bis 31.12.1966

Bildgleiche Marken ohne Inschrift „BERLIN" siehe Bundesrepublik Deutschland MiNr. 447–450

1964, 21. Nov. 1. Todestag von John F. Kennedy. Ⓔ Gerhardt; StTdr. (10×5); Wz. 3; gez. K 13¾:14.

fn) J. F. Kennedy (1917–1963), 35. Präsident der Vereinigten Staaten von Amerika

				✱✱	⊙
241	40 (Pf)	dunkelviolettultramarin	fn	0,60	0,70
			FDC		1,60

FDC

Auflage: 7 500 000 Stück *Gültig bis 31.12.1966*

Bildgleiche Marke ohne Inschrift „BERLIN" siehe Bundesrepublik Deutschland MiNr. 453

1964, 15. Dez./1965, 29. Mai. Freimarken: Deutsche Bauwerke aus zwölf Jahrhunderten (I). Ⓔ **Rohse; MiNr. 242–244 Bdr., MiNr. 245–249 StTdr.; Bogen (B) (10×10), Markenheftchen (MH) und Rollen (R); gez. K 14.**

fo) Wallpavillon des Zwingers, Dresden

fp) Schloss Tegel, Berlin

fr) Torhalle, Lorsch (Hessen)

fs) Burg Trifels in der Pfalz

ft) Schlosstor, Ellwangen (Jagst)

fu) Treptower Tor, Neubrandenburg

fv) Osthofentor, Soest

fw) Ellinger Tor, Weißenburg (Bayern)

				✶✶	⊙	FDC
242	10 (Pf)	dunkelsiena (12.3.1965) (B) (MH) (R)	fo	0,30	0,30	1,20
243	15 (Pf)	schwärzlichgrün (12.3.1965) (B) (R) GA	fp	0,30	0,30	1,60
244	20 (Pf)	schwärzlichorangerot (12.3.1965) (B) (R) GA	fr	0,30	0,30	1,20
245	40 (Pf)	dunkellilaultramarin (12.3.1965) (B) (R)	fs	0,80	1,50	4,—
246	50 (Pf)	(dunkel)ockerbraun (15.12.1964) (B)	ft	1,80	2,—	9,—
247	60 (Pf)	rosarot (15.12.1964) (B)	fu	1,30	1,50	4,20
248	70 (Pf)	schwarzolivgrün (29.5.1965) (B) (R)	fv	2,50	4,50	13,—
249	80 (Pf)	rotbraun (15.12.1964) (B)	fw	2,50	2,—	13,—
			Satzpreis (8 W.)	9,—	12,—	

Zahlreiche Farbtönungen

Weitere FDC-Bewertungen:

	FDC
242–245 (12.3.1965)	5,—
246, 247, 249 (15.12.1964)	20,—

Waagerechte Paare (aus Bogen bzw. Markenheftchenbogen):

	✶✶	⊙
242/242	1,—	3,—
243/243	2,—	14,—
244/244	2,—	8,—
245/245	8,—	25,—
246/246	10,—	20,—
247/247	8,—	35,—
248/248	35,—	130,—
249/249	10,—	60,—
Satzpreis (8 Paare)	65,—	280,—

Einzelmarken mit anhängendem Bogenrand ✶✶ bis zu 50% vorstehender Paarpreise, ⊙ 700% Aufschlag auf Einzelmarkenpreise

Rollenmarken mit rückseitiger Nummer (R):

	Einzelmarken ✶✶	Einzelmarken ⊙	5er-Str. ✶✶
242 R	7,—	2,50	22,—
243 R	7,—	20,—	17,—
244 R	7,—	2,50	34,—
245 R	15,—	22,—	26,—
248 R	26,—	40,—	62,—

Auflagen: Die in Klammern angegebenen Zahlen (R =) sind die schon in der Gesamtauflage enthaltenen Auflagen der in Rollen hergestellten Marken.

MiNr. 242 = 145 000 000 (R = 40 000 000)
MiNr. 243 = 25 000 000 (R = 4 000 000)
MiNr. 244 = 71 000 000 (R = 11 000 000)

MiNr. 245 = 30 000 000 (R = 3 500 000)
MiNr. 246 = 3 000 000
MiNr. 247 = 6 000 000

MiNr. 248 = 3 000 000 (R = 2 000 000)
MiNr. 249 = 3 000 000

Gültig bis 31.12.1991

Weitere Ausgaben „Deutsche Bauwerke …“, größeres Format: MiNr. 270–285

Bildgleiche Marken ohne Inschrift „BERLIN“ siehe Bundesrepublik Deutschland MiNr. 454–461

1965

1965, 1. April. Jugend: Jagdbares Federwild. Ⓔ **Froitzheim; Odr. (5×10); gez. K 14:13¾.,**

fx) Waldschnepfe (Scolopax rusticola)

fy) Jagdfasan (Phasianus colchicus)

fz) Birkhahn (Tetrao tetrix)

ga) Auerhahn (Tetrao urogallus)

				✶✶	⊙
250	10 + 5 (Pf)	mehrfarbig	fx	0,30	0,30
251	15 + 5 (Pf)	mehrfarbig	fy	0,30	0,30
252	20 + 10 (Pf)	mehrfarbig	fz	0,30	0,30
253	40 + 20 (Pf)	mehrfarbig	ga	0,40	1,—
			Satzpreis (4 W.)	1,—	1,80
			FDC		4,—

Auflagen: MiNr. 250 = 5 351 000, MiNr. 251 = 4 568 000, MiNr. 252 = 4 536 000, MiNr. 253 = 4 484 000 Stück

Gültig bis 31.12.1966

Bildgleiche Marken ohne Inschrift „BERLIN“ siehe Bundesrepublik Deutschland MiNr. 464–467

1965, 28. Aug./1966, 18. Nov. Das neue Berlin. 🄴 **Hiller; komb. StTdr. und Odr. (Hochformate 10×5, Querformate 5×10); Hochformate gez. K 13¾:14, Querformate ~.**

gb) Kaiser-Wilhelm-Gedächtniskirche

gc) Deutsche Oper

gd) Neue Philharmonie

ge) Jüdisches Gemeindehaus

gf) Gedenkstätte Regina Martyrum

gg) Ernst-Reuter-Platz

gh) Europa-Center

gi) Technische Universität Berlin-Charlottenburg

gk) Stadtautobahn

gl) Planetarium und Wilhelm-Foerster-Sternwarte, Berlin-Steglitz

gm) Fernmeldeturm auf dem Schäferberg, Berlin-Wannsee

gn) Universitätsklinikum Steglitz

				**	⊙	FDC
254	10 (Pf)	mehrfarbig (28.8.1965)	gb	0,30	0,30	1,—
255	15 (Pf)	mehrfarbig (23.10.1965)	gc	0,30	0,30	1,—
256	20 (Pf)	mehrfarbig (23.10.1965)	gd	0,30	0,30	1,—
257	30 (Pf)	mehrfarbig (19.4.1966)	ge	0,30	0,30	1,—
258	40 (Pf)	mehrfarbig (28.8.1965)	gf	0,30	0,30	1,—
259	50 (Pf)	mehrfarbig (18.11.1965)	gg	0,30	0,40	1,60
260	60 (Pf)	mehrfarbig (19.4.1966)	gh	0,40	0,50	1,60
261	70 (Pf)	mehrfarbig (18.11.1966)	gi	0,60	0,60	2,—
262	80 (Pf)	mehrfarbig (18.11.1965)	gk	0,60	0,60	2,—
263	90 (Pf)	mehrfarbig (16.9.1966)	gl	0,70	1,—	2,60
264	1 DM	mehrfarbig (16.9.1966)	gm	0,70	1,20	3,50
265	1.10 DM	mehrfarbig (18.11.1966)	gn	0,70	1,30	5,—
		Satzpreis (12 W.)		5,—	7,—	

Weitere FDC-Bewertungen:

	FDC
254, 258 (28.8.1965)	2,—
255, 256 (23.10.1965)	1,70
257, 260 (19.4.1966)	2,80
259, 262 (18.11.1965)	4,—
261, 265 (18.11.1966)	7,50
263, 264 (16.9.1966)	6,50

Auflagen:

MiNr. 254 = 54 100 000	MiNr. 258 = 11 150 000	MiNr. 262 = 8 169 000
MiNr. 255 = 18 873 000	MiNr. 259 = 11 110 000	MiNr. 263 = 10 051 000
MiNr. 256 = 31 050 000	MiNr. 260 = 7 208 000	MiNr. 264 = 10 750 000
MiNr. 257 = 32 510 000	MiNr. 261 = 8 040 000	MiNr. 265 = 6 070 000

Gültig bis 31.12.1970

1965, 6. Okt. Wohlfahrt: Märchen der Brüder Grimm (II). 🄴 **Stefula; Odr. (5×10); gez. K 14:13¾.**

go

gp

gr

gs

go–gs) Szenen aus dem Märchen „Aschenputtel“

				**	⊙
266	10 + 5 (Pf)	mehrfarbig	go	0,30	0,30
267	15 + 5 (Pf)	mehrfarbig	gp	0,30	0,30
268	20 + 10 (Pf)	mehrfarbig	gr	0,30	0,30
269	40 + 20 (Pf)	mehrfarbig	gs	0,40	1,—
		Satzpreis (4 W.)		1,—	1,80
		FDC			4,—

Auflagen: MiNr. 266 = 5 196 000, MiNr. 267 = 4 657 000, MiNr. 268 = 5 401 000, MiNr. 269 = 3 512 000 Stück

Gültig bis 31.12.1967

Bildgleiche Marken ohne Inschrift „BERLIN“ siehe Bundesrepublik Deutschland MiNr. 485–488

1966

1966, 7. Jan./1969, 26. März. Freimarken: Deutsche Bauwerke aus zwölf Jahrhunderten (II). 🄴 **Rohse; StTdr. (10×10); gez. K 14.**

gt) Berliner Tor, Stettin

gu) Pfalzgrafenstein im Rhein bei Kaub

gv) Wallpavillon des Zwingers, Dresden

gw) Torhalle, Lorsch (Hessen)

gx) Nordertor, Flensburg

gx

gy) Burg Trifels in der Pfalz

gz) Schlosstor, Ellwangen (Jagst)

ha) Treptower Tor, Neubrandenburg

hb) Osthofentor, Soest

hc) Ellinger Tor, Weißenburg (Bayern)

hd) Zschokkesches Damenstift, Königsberg

he) Melanchthonhaus, Wittenberg

hf) Trinitatishospital, Hildesheim

hg) Schloss Tegel, Berlin

hh) Bürgerhalle des Rathauses Löwenberg (Schlesien)

				**	⊙	FDC
270	5 (Pf)	(dunkel)olivbraun (15.6.1966)	gt	0,30	0,30	1,—
271	8 (Pf)	dunkelbräunlichlila (15.6.1966) GA	gu	0,30	0,30	1,80

					★★	⊙	FDC
272	10 (Pf)	dunkelsiena (21.6.1967)	gv	0,30	0,30	1,—
273	20 (Pf)	dunkelgrün (17.11.1967) GA	gw	0,30	0,30	1,—
274	30 (Pf)	schwärzlichgrünlicholiv (7.1.1966)	gx	0,30	0,30	1,70
275	30 (Pf)	dunkel-bis schwärzlichrosarot (17.2.1967) GA	gx	0,30	0,30	2,40
276	40 (Pf)	braunoliv (4.8.1967)	gy	0,70	1,—	2,—
277	50 (Pf)	dunkelviolettultramarin (4.8.1967)	gz	0,50	0,60	1,80
278	60 (Pf)	dunkelgelblichrot (14.4.1967)	ha	2,—	2,50	5,—
279	70 (Pf)	schwarzgrüngrau (14.4.1967)	hb	1,—	1,—	2,—
280	80 (Pf)	rötlichbraun (21.6.1967)	hc	1,30	2,50	3,—
281	90 (Pf)	schwarz (15.6.1966)	hd	0,70	1,—	5,—
282	1 DM	dunkelpreußischblau (7.11.1966)	he	0,70	1,—	2,50
283	1.10 DM	dunkelbraunorange (13.12.1966)	hf	1,80	1,80	3,—
284	1.30 DM	dunkelolivgrün (26.3.1969)	hg	3,—	3,—	5,—
285	2 DM	braunviolett (13.12.1966)	hh	3,—	2,50	6,—
			Satzpreis (16 W.)	15,—	18,—	

Weitere FDC-Bewertungen:

	FDC
270, 271, 281 (15.6.1966)	12,—
272, 280 (21.6.1967)	4,—
276, 277 (4.8.1967)	4,—
278, 279 (14.4.1967)	6,50
283, 285 (13.12.1966)	10,—

Auflagen:

MiNr. 270 = 15 000 000	MiNr. 274 = 21 000 000	MiNr. 278 = 6 000 000	MiNr. 282 = 12 000 000
MiNr. 271 = 40 000 000	MiNr. 275 = 45 000 000	MiNr. 279 = 6 000 000	MiNr. 283 = 6 000 000
MiNr. 272 = 210 000 000	MiNr. 276 = 5 000 000	MiNr. 280 = 5 000 000	MiNr. 284 = 4 500 000
MiNr. 273 = 40 000 000	MiNr. 277 = 9 000 000	MiNr. 281 = 6 000 000	MiNr. 285 = 6 000 000

Gültig bis 31.12.1991

Weitere Ausgabe „Deutsche Bauwerke …“, kleineres Format: MiNr. 242–249

Bildgleiche Marken ohne Inschrift „BERLIN“ siehe Bundesrepublik Deutschland MiNr. 489–503

1966, April/1967, 14. April. Freimarken: Brandenburger Tor. Ⓔ Bundesdruckerei Berlin; Bdr. Bogen (B) (10×10), Markenheftchen (MH) und Rollen (R); gez. K 14.

hi) Brandenburger Tor

				★★	⊙	FDC
286	10 (Pf)	schwarzsiena (24.10.1966) (B) (MH) (R)	hi	0,30	0,30	1,20
287	20 (Pf)	schwarzsmaragdgrün (24.10.1966) (B) (MH) (R)	hi	0,30	0,30	1,20
288	30 (Pf)	dunkelrosa (April 1966) (B) (MH) (R)	hi	0,30	0,30	
289	50 (Pf)	indigo (24.10.1966) (B) (R)	hi	0,70	0,50	4,—
290	100 (Pf)	dunkelpreußischblau (14.4.1967) (B) (R)	hi	6,—	6,50	10,—
			Satzpreis (5 W.)	7,50	7,50	
			FDC mit MiNr. 286, 287, 289			6,—

Waagerechte Paare (aus Bogen bzw. Markenheftchenbogen):

	★★	⊙
286/286	1,—	3,—
287/287	2,—	5,50
88/288	2,—	5,50
289/289	4,—	12,—
290/290	18,—	60,—
Satzpreis (5 Paare)	25,—	85,—

Einzelmarken mit anhängendem Bogenrand ★★ bis zu 50% vorstehender Paarpreise, ⊙ 800% Aufschlag auf Einzelmarkenpreise

Rollenmarken mit rückseitiger Nummer (R):

	Einzelmarken ★★	Einzelmarken ⊙	5er-Str. ★★
286 R	1,50	1,—	4,50
287 R	2,50	1,50	5,—
288 R	3,20	2,50	6,50
289 R	7,50	7,—	23,—
290 R	40,—	45,—	90,—

Auflagen aus Bogen und Rollen: MiNr. 286 = 152 500 000, MiNr. 287 = 56 200 000, MiNr. 288 = 54 500 000, MiNr. 289 = 17 000 000, MiNr. 290 = 21 000 000 Stück

Gültig bis 31.12.1991

Bildgleiche Marken ohne Inschrift „BERLIN“ siehe Bundesrepublik Deutschland MiNr. 506–510t

Notizen:

1966, 22. April. Jugend: Hochwild. 🄴 **Froitzheim; RaTdr. (5×10); gez. K 14:13¾.**

hk) Rehbock (Capreolus capreolus) hl) Gämse (Rupicapra rupicapra) hm) Damhirsch (Dama dama) hn) Rothirsch (Cervus elaphus)

				★★	⊙
291	10 + 5 (Pf)	mehrfarbig	hk	0,30	0,30
292	20 + 10 (Pf)	mehrfarbig	hl	0,30	0,30
293	30 + 15 (Pf)	mehrfarbig	hm	0,30	0,40
294	50 + 25 (Pf)	mehrfarbig	hn	0,60	1,—
		Satzpreis (4 W.)		1,30	2,—
		FDC			5,50

Auflagen: MiNr. 291 = 2 913 000, MiNr. 292 = 3 248 000, MiNr. 293 = 2 905 000, MiNr. 294 = 2 900 000 Stück

Gültig bis 31.12.1967

Bildgleiche Marken ohne Inschrift „BERLIN" siehe Bundesrepublik Deutschland MiNr. 511–514

1966, 5. Okt. Wohlfahrt: Märchen der Brüder Grimm (III). 🄴 **Stefula; Odr. (5×10); gez. K 14:13¾.**

ho hp hr hs

ho–hs) Szenen aus dem Märchen „Der Froschkönig"

				★★	⊙
295	10 + 5 (Pf)	mehrfarbig	ho	0,30	0,30
296	20 + 10 (Pf)	mehrfarbig	hp	0,30	0,30
297	30 + 15 (Pf)	mehrfarbig	hr	0,50	0,30
298	50 + 25 (Pf)	mehrfarbig	hs	0,50	1,—
		Satzpreis (4 W.)		1,40	1,80
		FDC			4,—

Auflagen: MiNr. 295 = 5 365 000, MiNr. 296 = 5 527 000, MiNr. 297 = 4 765 000, MiNr. 298 = 3 967 000 Stück

Gültig bis 31.12.1968

Bildgleiche Marken ohne Inschrift „BERLIN" siehe Bundesrepublik Deutschland MiNr. 523–526

1967

1967, 4. April. Jugend: Pelztiere. 🄴 **Froitzheim; Odr. (5×10); gez. K 14:13¾.**

ht) Wildkaninchen (Oryctolagus cuniculus) hu) Hermelin oder Großwiesel (Mustela erminea) hv) Feldhamster (Cricetus cricetus) hw) Rotfuchs (Vulpes vulpes)

				★★	⊙
299	10 + 5 (Pf)	mehrfarbig	ht	0,30	0,30
300	20 + 10 (Pf)	mehrfarbig	hu	0,30	0,30
301	30 + 15 (Pf)	mehrfarbig	hv	0,50	0,40
302	50 + 25 (Pf)	mehrfarbig	hw	1,20	1,80
		Satzpreis (4 W.)		2,20	2,80
		FDC			6,50

Auflagen: MiNr. 299 = 2 682 000, MiNr. 300 = 2 905 000, MiNr. 301 = 2 582 000, MiNr. 302 = 2 573 000 Stück

Gültig bis 31.12.1968

Bildgleiche Marken ohne Inschrift „BERLIN" siehe Bundesrepublik Deutschland MiNr. 529–532

1967, 21. Juni/17. Nov. Berliner Kunstschätze. 🄴 **Finke; StTdr. (10×5); gez. K 13¾:14, MiNr. 308 gez. K 14.**

hx) Büste eines jungen Mannes; Miniatur von Conrad Meit (um 1480–1550/51), Bildhauer

hy) Der Große Kurfürst; Kopf des Reiterstandbildes von Andreas Schlüter (um 1660–1714), Bildhauer und Baumeister

hz) Evangelist Markus; Detail des Münnerstädter Altars von Tilman Riemenschneider (1460–1531), Bildhauer und Bildschnitzer

ia) Kopf der Victoria; Detail der Quadriga auf dem Brandenburger Tor von Gottfried Schadow (1764–1850), Bildhauer und Grafiker

ib) Madonna; Holzarbeit von Joseph Anton Feuchtmeyer (1696–1770), Bildhauer, Stuckator, Kupferstecher

ic) Christus-Johannes-Gruppe; Holzstatue eines unbekannten Meisters aus Oberschwaben (um 1320)

				★★	⊙
303	10 (Pf)	schwarzbraun/hellockerbraun (21. Juni)	hx	0,30	0,30
304	20 (Pf)	grünschwarz/mittelgrauultramarin (31. Okt.)	hy	0,30	0,30
305	30 (Pf)	dunkelsiena/lebhaftgrauoliv (17. Nov.)	hz	0,30	0,30
306	50 (Pf)	rotschwarz/türkisgrau (14. Okt.)	ia	0,50	0,50
307	1 DM	blauschwarz/mattlilaultramarin (17. Nov.)	ib	1,—	1,—
308	1.10 DM	schwarzrötlichbraun/dunkelchromgelb (21. Juni)	ic	1,50	2,—
		Satzpreis (6 W.)		3,50	4,—

FDC-Bewertungen:

	FDC
303	0,60
304	1,—
305	1,—
306	1,40
307	2,40
308	4,—
303, 308 (21.6.)	5,—
305, 307 (17.11.)	3,60

Auflagen: MiNr. 303 = 30 000 000, MiNr. 304–305 je 10 000 000, MiNr. 306 = 7 500 000, MiNr. 307 = 4 500 000, MiNr. 308 = 4 000 000 Stück

Gültig bis 31.12.1969

1967, 19. Juli. Große Deutsche Funkausstellung, Berlin. 🄴 **Kummer; komb. StTdr. und Odr. (10×5); gez. K 13¾:14.**

id) Funkturm, Fernseh-Bildschirm

				★★	⊙
309	30 (Pf)	mehrfarbig	id	0,40	0,50
		FDC			1,20

Auflage: 7 500 000 Stück *Gültig bis 31.12.1969*

1967, 3. Okt. Wohlfahrt: Märchen der Brüder Grimm (IV). 🄴 **Stefula; Odr. (5×10); gez. K 14:13¾.**

ie if ig ih

ie–ih) Szenen aus dem Märchen „Frau Holle"

				★★	⊙
310	10 + 5 (Pf)	mehrfarbig	ie	0,30	0,30
311	20 + 10 (Pf)	mehrfarbig	if	0,30	0,30

			★★	⊙
312	30 + 15 (Pf) mehrfarbig	ig	0,30	0,50
313	50 + 25 (Pf) mehrfarbig	ih	0,70	1,—
		Satzpreis (4 W.)	1,50	2,—
		FDC		6,—

Auflagen: MiNr. 310 = 4 691 000, MiNr. 311 = 4 988 000, MiNr. 312 = 4 516 000, MiNr. 313 = 3 701 000 Stück

Gültig bis 31.12.1969

Bildgleiche Marken ohne Inschrift „BERLIN" siehe Bundesrepublik Deutschland MiNr. 538–541

1967, 14. Okt. Wiederwahl des Bundespräsidenten Heinrich Lübke (II). 🄴 **Schardt; StTdr. (10×5); gez. K 13¾:14.**

fg) Dr. h. c. H. Lübke (1894–1972), 2. Bundespräsident

			★★	⊙
314	30 (Pf) lebhaftlilarot	fg	0,30	0,30
315	50 (Pf) blau	fg	0,50	0,60
		Satzpreis (2 W.)	0,70	0,80
		FDC		2,—

Auflagen: MiNr. 314 = 10 850 000, MiNr. 315 = 7 450 000 Stück

Gültig bis 31.12.1969

In gleicher Zeichnung: MiNr. 234–235

Bildgleiche Marken ohne Inschrift „BERLIN" siehe Bundesrepublik Deutschland MiNr. 542–543

1968

1968, 2. Febr. Jugend: Vom Aussterben bedrohte Tiere. 🄴 **Froitzheim; RaTdr. (5×10); gez. K 14:13¾.**

ii) Mitteleuropäische Wildkatze (Felis silvestris)
ik) Fischotter (Lutra lutra)
il) Europäischer Dachs (Meles meles)
im) Biber (Castor fiber)

			★★	⊙
316	10 + 5 (Pf) mehrfarbig	ii	0,30	0,60
317	20 + 10 (Pf) mehrfarbig	ik	0,40	0,60
318	30 + 15 (Pf) mehrfarbig	il	0,70	1,20
319	50 + 25 (Pf) mehrfarbig	im	2,20	2,60
		Satzpreis (4 W.)	3,60	5,—
		FDC		8,—

Auflagen: MiNr. 316 = 2 590 000, MiNr. 317 = 2 987 000, MiNr. 318 = 2 545 000, MiNr. 319 = 2 534 000 Stück

Gültig bis 31.12.1969

Bildgleiche Marken ohne Inschrift „BERLIN" siehe Bundesrepublik Deutschland MiNr. 549–552.

1968, 16. März. 500 Jahre Kammergericht Berlin. 🄴 **Welde; StTdr. (10×5); gez. K 13¾:14.**

in) Ehemaliges Kammergerichtsgebäude (erbaut um 1735), jetzt Berlin-Museum

			★★	⊙
320	30 (Pf) schwarz	in	0,40	0,50
		FDC		1,20

Auflage: 5 000 000 Stück *Gültig bis 31.12.1969*

1968, 29. April. Deutsches Turnfest, Berlin. 🄴 **Schmitt; Odr. (10×5); gez. K 13¾:14.**

io) Emblem des Deutschen Turnerbundes in drei verschiedenen Größen

			★★	⊙
321	20 (Pf) mehrfarbig	io	0,40	0,50
		FDC		1,—

Auflage: 6 500 000 Stück *Gültig bis 31.12.1969*

1968, 3. Okt. Wohlfahrt: Puppen. 🄴 **Schillinger; Odr. (10×5); gez. K 13¾:14.**

ip) Puppe um 1878
ir) Puppe um 1850
is) Puppe um 1870
it) Puppe um 1885

			★★	⊙
322	10 + 5 (Pf) mehrfarbig	ip	0,30	0,30
323	20 + 10 (Pf) mehrfarbig	ir	0,30	0,30
324	30 + 15 (Pf) mehrfarbig	is	0,30	0,30
325	50 + 25 (Pf) mehrfarbig	it	0,50	1,—
		Satzpreis (4 W.)	1,30	1,80
		FDC		4,50

Auflagen: MiNr. 322 = 5 424 000, MiNr. 323 = 5 427 000, MiNr. 324 = 5 253 000, MiNr. 325 = 3 723 000 Stück

Gültig bis 31.12.1970

1969

MiNr. 326–879 gültig bis 31.12.1991

1969, 6. Febr. Jugend: Pferde. 🄴 **von Andrian; RaTdr. (5×10); gez. K 14:13¾.**

iu) Pony
iv) Kaltblut
iw) Warmblut
ix) Vollblut

			★★	⊙
326	10 + 5 (Pf) mehrfarbig	iu	0,30	0,40
327	20 + 10 (Pf) mehrfarbig	iv	0,40	0,70
328	30 + 15 (Pf) mehrfarbig	iw	0,60	1,—
329	50 + 25 (Pf) mehrfarbig	ix	1,60	2,—
		Satzpreis (4 W.)	2,80	4,—
		FDC		5,—

Auflagen: MiNr. 326 = 2 662 000, MiNr. 327 = 2 722 000, MiNr. 328 = 2 603 000, MiNr. 329 = 2 586 000 Stück

Bildgleiche Marken ohne Inschrift „BERLIN" siehe Bundesrepublik Deutschland MiNr. 578–581

1969, 6. Febr./24. Okt. Berliner des 19. Jahrhunderts. 🄴 **Finke; StTdr. (MiNr. 330 5×10, MiNr. 331–337 10×5); gez. K 13¾:14, MiNr. 330 ∼.**

iy) Droschkenkutscher; Federzeichnung von Heinrich Zille (1858–1929), satir. Zeichner
iz) Zeitungsverkäufer; Zeichnung von Christian Wilhelm Allers (1857–1915), Maler
ka) Pferdeomnibus; Zeichnung von Christian W. Allers

kb) Schusterjunge; Zeichnung von Franz Krüger (1797–1857), Maler

kc) Schuster; Zeichnung von Adolph von Menzel (1815–1905), Maler und Grafiker

kd) Borsigschmiede; Zeichnung von Paul Friedrich Meyerheim (1842–1915), Maler

ke) Berlinerinnen; Zeichnung von Franz Krüger

kf) Am Brandenburger Tor; Zeichnung von Christian W. Allers

					★★	⊙	FDC
330	5	(Pf)	schwarz (26. März)	iy	0,30	0,30	1,—
331	10	(Pf)	schwarzlilabraun (6. Febr.)	iz	0,30	0,30	1,—
332	10	(Pf)	dunkelsiena (24. Okt.)	ka	0,30	0,30	1,—
333	20	(Pf)	schwarzolivgrün (6. Febr.)	kb	0,30	0,30	1,—
334	20	(Pf)	schwarzbläulichgrün (24. Okt.)	kc	0,30	0,30	1,—
335	30	(Pf)	dunkelkarminbraun (26. März)	kd	0,70	0,50	1,50
336	30	(Pf)	dunkelbräunlichkarmin (24. Okt.)	ke	0,70	0,50	1,50
337	50	(Pf)	lebhaftviolettultramarin (26. März)	kf	2,—	2,40	4,50
			Satzpreis (8 W.)		4,50	4,50	

Weitere FDC-Bewertungen:

	FDC
330, 335, 337 (26. März)	6,—
331, 333 (6. Februar)	1,50
332, 334, 336 (24. Oktober)	2,50

Auflagen: MiNr. 330 = 11 420 000, MiNr. 331 = 20 010 000, MiNr. 332 = 20 690 000, MiNr. 333 = 10 060 000, MiNr. 334 = 15 440 000, MiNr. 335 = 6 620 000, MiNr. 336 = 10 600 000, MiNr. 337 = 4 620 000 Stück

1969, 4. Juni. Blockausgabe: 125 Jahre Berliner Zoo. Ⓔ Weber; komb. StTdr. und Odr.; gez. Ks 14:13¾.

kh ki

kk kl

km

kh) Orang-Utan-Familie (Pongo pygmaeus)
ki) Krauskopf-Pelikan-Familie (Pelecanus crispus)
kk) Gaur mit Kalb (Bos gaurus)
kl) Zebra mit Fohlen (Equus quagga)

					★★	⊙
338	10	(Pf)	mehrfarbig	kh	0,60	0,60
339	20	(Pf)	mehrfarbig	ki	0,60	0,60
340	30	(Pf)	mehrfarbig	kk	0,60	0,60
341	50	(Pf)	mehrfarbig	kl	0,60	0,60
Block 2	(99×74 mm)			km	2,50	2,50
					FDC	4,50
					Ⓢ	2,50

Post-Verkaufspreis: 1,30 DM

Auflage: 4 500 000 Blocks

Wenn die Angabe eines Wasserzeichens (Wz.) in den Kopftexten fehlt, ist die Marke immer ohne Wz.!

1969, 21. Juli. Weltkongress des Personals der Post-, Telegrafen- und Telefonbetriebe (IPTT), Berlin. Ⓔ Wilde; Odr. (10×5); gez. K 13¾:14.

kn) Briefträger (Australien)

ko) Telefonistin (Afrika)

kp) Fernmelde-Techniker (Asien)

kr) Luftpost-Verladekräfte (Schweiz)

					★★	⊙
342	10	(Pf)	mehrfarbig	kn	0,30	0,30
343	20	(Pf)	mehrfarbig	ko	0,30	0,30
344	30	(Pf)	schwärzlichgrauviolett/ mattockerbraun	kp	0,70	0,80
345	50	(Pf)	mehrfarbig	kr	1,40	1,60
			Satzpreis (4 W.)		2,50	3,—
				FDC		3,—

Auflagen: MiNr. 342 = 12 000 000, MiNr. 343 = 8 500 000, MiNr. 344 = 6 500 000, MiNr. 345 = 4 000 000 Stück

1969, 12. Sept. 200. Geburtstag von Alexander Freiherr von Humboldt. Ⓔ Bundesdruckerei Berlin; RaTdr. (10×5); gez. K 13¾:14.

ks) A. Frh. von Humboldt (1769–1859), Naturforscher und Gelehrter; Gemälde von Josef Stieler (1781–1856)

					★★	⊙
346	50	(Pf)	mehrfarbig	ks	1,20	1,60
				FDC		3,—

Auflage: 6 500 000 Stück

Parallelausgabe mit Venezuela MiNr. 1800

1969, 12. Sept. 100 Jahre Hochschule für Musik Berlin. Ⓔ Bundesdruckerei Berlin; RaTdr. (10×5); gez. K 13¾:14.

kt) Joseph Joachim (1831–1907), österreich. Violinvirtuose und Komponist, 1. Direktor der Schule; Kreidezeichnung von Adolph von Menzel (1815–1905), Maler und Grafiker

					★★	⊙
347	30	(Pf)	mehrfarbig	kt	0,70	0,60
				FDC		1,30

Auflage: 7 500 000 Stück

1969, 2. Okt. Wohlfahrt: Zinnfiguren. Ⓔ Schillinger; Odr. (10×5); gez. K 13¾:14.

ku) Postwagen (um 1835)

kv) Bäuerin (um 1850)

kw) Marktfrau (um 1850)

kx) Postreiter (um 1860)

					★★	⊙
348	10 + 5	(Pf)	mehrfarbig	ku	0,30	0,30
349	20 + 10	(Pf)	mehrfarbig	kv	0,30	0,30
350	30 + 15	(Pf)	mehrfarbig	kw	0,50	0,50
351	50 + 25	(Pf)	mehrfarbig	kx	1,30	1,30
			Satzpreis (4 W.)		2,—	2,20
				FDC		4,—

Auflagen: MiNr. 348 = 5 523 000, MiNr. 349 = 5 671 000, MiNr. 350 = 5 699 000, MiNr. 351 = 4 375 000 Stück

1969, 13. Nov. Weihnachten. Ⓔ Schillinger; Odr. (10×5); gez. K 13¾:14.

ky) Die drei Heiligen aus dem Morgenland; Zinnfigur (um 1850)

					★★	⊙
352	10 + 5	(Pf)	mehrfarbig	ky	0,50	0,40
				FDC		1,30

Auflage: 5 369 000 Stück

1970

1970, 7. Jan. 150. Geburtstag von Theodor Fontane. Ⓔ Bundesdruckerei Berlin; RaTdr. (10×5); gez. K 13¾:14.

kz) Th. Fontane (1819–1898), Dichter und Schriftsteller; Gemälde (Detail) von Hanns Fechner (1860–1931)

				✶✶	⊙
353	20 (Pf)	mehrfarbig	kz	0,50	0,40
			FDC		1,30

Auflage: 15 365 000 Stück

1970, 5. Febr. Jugend: Minnesänger. Ⓔ Froitzheim; RaTdr. (10×5); gez. K 13¾:14.

la) Heinrich von Stretlingen (2. Hälfte 13. Jh.)

lb) Meinloh von Sevelingen (um 1170)

lc) Burkhart von Hohenfels (1212–1242)

ld) Albrecht von Johannesdorf (1180–1209)

la, lc und ld) Miniaturen der Großen Heidelberger Liederhandschrift
lb) Miniatur der Weingartner Liederhandschrift

				✶✶	⊙
354	10 + 5 (Pf)	mehrfarbig	la	0,30	0,30
355	20 + 10 (Pf)	mehrfarbig	lb	0,50	0,60
356	30 + 15 (Pf)	mehrfarbig	lc	0,70	0,80
357	50 + 25 (Pf)	mehrfarbig	ld	1,60	1,90
			Satzpreis (4 W.)	3,—	3,50
			FDC		5,—

Auflagen: MiNr. 354 = 3 038 000, MiNr. 355 = 3 126 000, MiNr. 356 = 2 987 000, MiNr. 357 = 2 971 000 Stück

1970, 18. Juni. Internationale Filmfestspiele, Berlin. Ⓔ Bundesdruckerei Berlin; RaTdr. (10×5); gez. K 13¾:14.

le) Filmstreifen in den Farben des Spektrums

				✶✶	⊙
358	30 (Pf)	mehrfarbig	le	0,60	0,70
			FDC		1,20

Auflage: 6 000 000 Stück

1970, 23. Juli/1971, 8. April. Freimarken: Bundespräsident Dr. Gustav Heinemann (I). Ⓔ Walter; StTdr. (10×10); gez. K 14.

lf) Dr. G. Heinemann (1899–1976), 3. Bundespräsident

				✶✶	⊙	FDC
359	5 (Pf)	schwarzgrau (23.7.1970)	lf	0,30	0,30	1,20
360	8 (Pf)	olivbraun (8.4.1971) GA	lf	0,90	1,20	1,70
361	10 (Pf)	rötlichbraun (23.10.1970)	lf	0,30	0,30	1,50
362	20 (Pf)	schwärzlichgrün (23.10.1970)	lf	0,30	0,30	1,50
363	30 (Pf)	dunkelbräunlichrot (7.1.1971) GA	lf	1,30	0,60	1,50
364	40 (Pf)	dunkelrotorange (8.4.1971) GA	lf	0,70	0,30	1,50
365	50 (Pf)	dunkelblau (8.4.1971) GA	lf	0,70	0,30	1,50
366	70 (Pf)	schwärzlichviolettbraun (8.4.1971)	lf	0,90	0,80	2,20
367	80 (Pf)	schwarzgrünblau (8.4.1971)	lf	1,20	1,20	2,20
368	90 (Pf)	dunkelmagenta (7.1.1971)	lf	2,40	3,—	5,—
369	1 DM	bräunlicholiv (Töne) (23.7.1970)	lf	1,20	0,90	8,—
370	2 DM	dunkelblauviolett (7.1.1971)	lf	2,50	1,80	7,—
		Satzpreis (12 W.)		12,—	10,—	

Weitere FDC-Bewertungen:

	FDC
359, 369 (23.7.1970)	8,50
360, 364–367 (8.4.1971)	8,50
361, 362 (23.10.1970)	3,—
363, 368, 370 (7.1.1971)	15,—

MiNr. 364 in Lilabraun ist Verfärbung durch chemische Einflüsse!

Bei MiNr. 369 gibt es deutliche Farbschwankungen.

Auflagen:

MiNr. 359 = 21 042 000	MiNr. 365 = 24 429 000
MiNr. 360 = 12 500 000	MiNr. 366 = 13 822 000
MiNr. 361 = 120 236 000	MiNr. 367 = 7 438 000
MiNr. 362 = 117 530 000	MiNr. 368 = 6 400 000
MiNr. 363 = 73 466 000	MiNr. 369 = 15 359 000
MiNr. 364 = 39 837 000	MiNr. 370 = 9 340 000

Weitere Werte siehe Zusammenfassung nach Jahrgangswerttabelle

Bildgleiche Marken ohne Inschrift „BERLIN“ siehe Bundesrepublik Deutschland MiNr. 635–645

MiNr. 371 fällt aus.

1970, 4. Sept. Berliner Festwochen. Ⓔ Hiller; Odr. (10×5); gez. K 13¾:14.

lg) Farbgrafik (Musik, Tanz, Theater und Kunst)

				✶✶	⊙
372	30 (Pf)	mehrfarbig	lg	0,70	0,70
			FDC		1,20

Auflage: 7 500 000 Stück

1970, 6. Okt. Wohlfahrt: Marionetten. Ⓔ de Vries; Odr. (10×5); gez. K 13¾:14.

lh) Kasperl

li) Polichinelle

lk) Punch

ll) Pulcinella

lh–ll) Marionetten der Puppentheatersammlung München

				✶✶	⊙
373	10 + 5 (Pf)	mehrfarbig	lh	0,30	0,30
374	20 + 10 (Pf)	mehrfarbig	li	0,30	0,30
375	30 + 15 (Pf)	mehrfarbig	lk	0,70	0,60
376	50 + 25 (Pf)	mehrfarbig	ll	1,20	1,40
			Satzpreis (4 W.)	2,50	2,50
			FDC		4,—

Auflagen: MiNr. 373 = 6 180 000, MiNr. 374 = 6 031 000, MiNr. 375 = 6 215 000, MiNr. 376 = 4 560 000 Stück

1970, 23. Okt. 175. Geburtstag von Leopold von Ranke. 🄴 **Bundesdruckerei Berlin; RaTdr. (10×5); gez. K 13¾:14.**

lm) L. von Ranke (1795–1886), Historiker; Gemälde von Julius Schrader (1815–1900)

				**	⊙
377	30 (Pf)	mehrfarbig	lm	0,60	0,50
			FDC		1,20

Auflage: 7 500 000 Stück

1970, 12. Nov. Weihnachten. 🄴 **de Vries; Odr. (10×5); gez. K 13¾:14.**

ln) Engel; Krippenfigur aus dem Ursulinerinnen-Kloster Innsbruck (18. Jh.)

				**	⊙
378	10 + 5 (Pf)	mehrfarbig	ln	0,40	0,40
			FDC		1,20

Auflage: 5 545 000 Stück

1971

1971, 18. Jan./3. Mai. Berliner Verkehrsmittel (I): Schienenfahrzeuge. 🄴 **Hiller; Odr. (5×10); gez. K 14.**

lo) Vorortbahn (1925)

lp) Straßenbahn (1890)

lr) Pferde-Straßenbahn (1880)

ls) Stadtbahn (1932)

lt) Straßenbahn (1950)

lu) U-Bahn (1971)

				**	⊙	FDC
379	5 (Pf)	mehrfarbig (3. Mai)	lo	0,30	0,30	1,—
380	10 (Pf)	mehrfarbig (3. Mai)	lp	0,30	0,30	1,—
381	20 (Pf)	mehrfarbig (3. Mai)	lr	0,30	0,30	1,20
382	30 (Pf)	mehrfarbig (18. Jan.)	ls	0,50	0,50	1,20
383	50 (Pf)	mehrfarbig (3. Mai)	lt	2,—	1,80	3,—
384	1 DM	mehrfarbig (18. Jan.)	lu	2,50	2,50	4,—
		Satzpreis (6 W.)		5,50	5,50	

Weitere FDC-Bewertungen:

	FDC
379–381, 383 (3. Mai)	4,—
382, 384 (18. Januar)	7,—

Auflagen: MiNr. 379 = 8 200 000, MiNr. 380 = 25 000 000, MiNr. 381 = 10 000 000, MiNr. 382 = 12 000 000, MiNr. 383 = 6 000 000, MiNr. 384 = 5 000 000 Stück

Weitere Ausgaben „Berliner Verkehrsmittel“: MiNr. 446–451, 483–487

1971, 18. Jan. 100. Jahrestag der Reichsgründung. 🄴 **Stanik; komb. StTdr. und Odr. (10×5); gez. K 13¾:14.**

lv) Reichsadler mit großem Brustschild und Kaiserkrone

				**	⊙
385	30 (Pf)	mehrfarbig	lv	0,70	0,70
			FDC		1,50

Auflage: 7 500 000 Stück

Bildgleiche Marke ohne Inschrift „BERLIN“ siehe Bundesrepublik Deutschland MiNr. 658

1971, 5. Febr. Jugend: Kinderzeichnungen. 🄴 **Lortz; Odr. (5×10); gez. K 14:13¾.**

lw) Fliege; Zeichnung einer 6-jährigen

lx) Fisch; Zeichnung eines 12-jährigen

ly) Stacheltier; Zeichnung eines 12-jährigen

lz) Hahn; Zeichnung eines 13-jährigen

				**	⊙
386	10 + 5 (Pf)	mehrfarbig	lw	0,40	0,40
387	20 + 10 (Pf)	mehrfarbig	lx	0,40	0,40
388	30 + 15 (Pf)	mehrfarbig	ly	0,60	0,70
389	50 + 25 (Pf)	mehrfarbig	lz	1,60	1,70
		Satzpreis (4 W.)		3,—	3,20
			FDC		5,—

Auflagen: MiNr. 386 = 2 757 000, MiNr. 387 = 2 721 000, MiNr. 388 = 2 704 000, MiNr. 389 = 2 694 000 Stück

1971, 21. Mai. 500. Geburtstag von Albrecht Dürer. 🄴 **Fuchs; StTdr. (10×5); gez. K 13¾:14.**

ma) Der Dudelsackpfeifer; Kupferstich von A. Dürer (1471–1528), Maler und Grafiker

				**	⊙
390	10 (Pf)	violettschwarz/dunkelorangebraun	ma	0,60	0,40
			FDC		1,40

Auflage: 20 000 000 Stück

1971, 14. Juli. Internationale Funkausstellung (IFA), Berlin. 🄴 **Hiller; RaTdr. (10×5); gez. K 13¾:14.**

mb) Fernmeldeturm Berlin-Wannsee

				**	⊙
391	30 (Pf)	mehrfarbig	mb	1,—	0,80
			FDC		1,70

Auflage: 7 500 000 Stück

Preise ab 1955 ungebraucht für **, für * mindestens 60% Nachlass

Wenn bei einzelnen Ausgaben nicht ausdrücklich anders vermerkt, gelten alle Preise für einwandfrei gezähnte (siehe „Briefmarken-Qualitätsstufen“ im Einleitungsteil, Abb. 12), gut zentrierte (Abb. 17) Stücke mit klaren Abstempelungen aus dem Bundesgebiet (ab MiNr. 68), bei denen Ort und Datum einwandfrei identifizierbar sind (Abb. 24). Deutlich identifizierbare Abstempelungen aus Berlin rechtfertigen Preisaufschläge bis zu ca. 25%.

Vorsicht vor Falschstempeln! – Alle ⊙-Preise ab 25,— Euro von MiNr. 1–134 gelten nur für (BPP-)geprüfte Stücke.

1971, 14. Juli. 250 Jahre Brandenburgische Konzerte. E **Finke; Odr. (5×10); gez. K 14.**

mc) Johann Sebastian Bach (1685–1750), Komponist; Takte des 2. Brandenburgischen Konzerts

				✱✱	⊙
392	30 (Pf)	mehrfarbig	mc	1,—	0,80
			FDC		1,70

Auflage: 7 500 000 Stück

1971, 25. Juni/1972, 8. März. Freimarken: Bundespräsident Dr. Gustav Heinemann (II). E **Walter; StTdr. (10×10); gez. K 14.**

lf) Dr. G. Heinemann (1899–1976), 3. Bundespräsident

				✱✱	⊙	FDC
393	25 (Pf)	schwärzlicholivgrün (27.8.1971) GA	lf	1,—	0,70	1,70
394	60 (Pf)	schwärzlichlilaultramarin (25.6.1971)	lf	1,—	0,70	1,70
395	120 (Pf)	lebhaftbraunocker (8.3.1972)	lf	1,50	1,20	2,50
396	160 (Pf)	lebhaftrötlichorange (8.3.1972)	lf	2,50	2,50	4,—
		Satzpreis (4 W.)		6,—	5,—	
		FDC mit MiNr. 395 und 396				6,—

MiNr. 396 in Gelbbraun ist Verfärbung durch chemische Einflüsse!

Auflagen: MiNr. 393 = 11 720 000, MiNr. 394 = 12 012 000, MiNr. 395 = 6 946 000, MiNr. 396 = 4 342 000 Stück

Weitere Werte siehe Zusammenfassung nach Jahrgangswerttabelle

Bildgleiche Marken ohne Inschrift „BERLIN" siehe Bundesrepublik Deutschland MiNr. 689–692

1971, 27. Aug. Blockausgabe: 50 Jahre AVUS-Rennen. E **Gerhardt; Odr.; gez. Ks 14:13¾.**

md me

mf mg

mh

md) Opel-Rennwagen, Baujahr 1921
me) Auto-Union-Rennwagen, Baujahr 1936
mf) Mercedes-Benz-Rennwagen SSKL, Baujahr 1931
mg) Mercedes-Benz- und Auto-Union-Rennwagen, Baujahr 1937, in der Nordkurve der AVUS

				✱✱	⊙
397	10 (Pf)	mehrfarbig	md	0,30	0,30
398	25 (Pf)	mehrfarbig	me	0,30	0,30
399	30 (Pf)	mehrfarbig	mf	0,50	0,30
400	60 (Pf)	mehrfarbig	mg	0,80	0,80
Block 3	(99×74 mm)		mh	2,—	1,80
			FDC		4,—
			Ⓢ		1,80

Auflage: 7 500 000 Blocks

1971, 27. Aug. 150. Geburtstag von Hermann von Helmholtz. E **Bundesdruckerei Berlin; RaTdr. (10×5); gez. K 13¾:14.**

mi) H. von Helmholtz (1821–1894), Physiker, Physiologe, Philosoph

				✱✱	⊙
401	25 (Pf)	mehrfarbig	mi	0,70	0,50
			FDC		1,30

Auflage: 7 500 000 Stück

1971, 10. Sept./1974. Freimarken: Unfallverhütung (I). E **Förtsch und Baumgarten; Bdr. Bogen (B) (10×10), Markenheftchen (MH) und Rollen (R); A = vierseitig, C und D = dreiseitig gez. K 14.**

mk) Brand durch Streichholz; ml) Defekte Leiter; mm) Kreissäge; mn) Alkohol am Steuer; mo) Schutzhelm; mp) Defekter Stecker; mr) Nagel im Brett; ms) Verkehrssicherheit – Ball vor Auto; mt) Schwebende Last; mu) Absperrung

				✱✱	⊙	FDC
402 A	5 (Pf)	lebhaftgelblichrot (29.10.1971) (B) (R), vierseitig gezähnt	mk	0,30	0,40	1,30
403	10 (Pf)	siena GA	ml			
A		vierseitig gezähnt (8.3.1972) (B) (MH) (R)		0,30	0,30	1,30
C		oben geschnitten (1974) (MH)		2,50	3,50	
D		unten geschnitten (1974) (MH)		2,50	3,50	
404	20 (Pf)	dunkelpurpurviolett GA	mm			
A		vierseitig gezähnt (5.7.1972) (B) (MH) (R)		0,30	0,30	1,30
C		oben geschnitten (1974) (MH)		3,50	5,—	
D		unten geschnitten (1974) (MH)		3,50	5,—	
405 A	25 (Pf)	bläulichgrün (10.9.1971) (B) (R) GA, vierseitig gezähnt	mn	0,50	0,80	2,60
406	30 (Pf)	karminrot GA	mo			
A		vierseitig gezähnt (8.3.1972) (B) (MH) (R)		0,50	0,60	1,90
C		oben geschnitten (1974) (MH)		2,50	3,50	
D		unten geschnitten (1974) (MH)		2,50	3,50	
407	40 (Pf)	dunkelrosakarmin GA	mp			
A		vierseitig gezähnt (20.6.1972) (B) (MH) (R)		0,50	0,70	2,20
C		oben geschnitten (1974) (MH)		3,50	5,—	
D		unten geschnitten (1974) (MH)		3,50	5,—	
408 A	50 (Pf)	dunkelgrünlichblau (16.1.1973) (B) (R) GA, vierseitig gezähnt	mr	2,50	1,50	3,40
409 A	60 (Pf)	lilaultramarin (10.9.1971) (B) (R) GA, vierseitig gezähnt	ms	2,50	3,—	4,50
410 A	100 (Pf)	braunoliv (5.7.1972) (B) (R) GA, vierseitig gezähnt	mt	2,50	1,50	4,50
411 A	150 (Pf)	dunkelbraunorange (11.9.1972) (B) (R) GA, vierseitig gezähnt	mu	7,50	9,—	13,—
		Satzpreis A (10 W.)		17,—	18,—	
		Satzpreis C, D (8 W.)		24,—	34,—	

Weitere FDC-Bewertungen:

	FDC
403 A, 406 A (8.3.1972)	3,20
404 A, 410 A (5.7.1972)	5,—
405 A, 409 A (10.9.1971)	6,—

Waagerechte Paare (aus Bogen):

	✶✶	⊙
402 A/402 A	1,30	4,—
403 A/403 A	2,—	5,—
404 A/404 A	1,30	3,—
405 A/405 A	1,50	4,—
406 A/406 A	2,—	6,—
407 A/407 A	1,50	4,—
408 A/408 A	6,—	7,50
409 A/409 A	6,—	8,—
410 A/410 A	6,—	10,—
411 A/411 A	16,—	20,—
Satzpreis (10 Paare)	40,—	70,—

Senkrechte Paare (C/D) aus Markenheftchen siehe bei MH 9

Einzelmarken mit anhängendem Bogenrand bis zu 50% vorstehender Paarpreise

Rollenmarken mit rückseitiger Nummer (R):

a = schwarze Zählnummern

	Einzelmarken ✶✶	Einzelmarken ⊙	5er-Str. ✶✶
402 A R a	0,70	1,—	2,—
403 A R a	1,—	1,—	2,20
404 A R a	1,20	1,—	3,—
405 A R a	2,—	1,50	5,50
406 A R a	1,40	1,—	4,—
407 A R a	4,60	1,50	14,—
408 A R a	4,60	3,—	14,—
409 A R a	5,50	6,—	13,—
410 A R a	10,—	3,—	25,—
411 A R a	13,—	25,—	42,—

b = rote Zählnummern

407 A R b	4,—	8,—	8,—
408 A R b	13,—	13,—	28,—
410 A R b	20,—	26,—	34,—

c = grüne Zählnummern

404 A R c	2,70	3,—	4,20
406 A R c	6,—	4,—	15,—
407 A R c	25,—	30,—	50,—

d = blaue Zählnummern

403 A R d	1,60	3,—	4,20
404 A R d	6,50	14,—	13,—
408 A R d	16,—	18,—	30,—
410 A R d	22,—	38,—	34,—

Auflagen: Die in Klammern angegebenen Zahlen (B =) sind die schon in der Gesamtauflage enthaltenen Auflagen der in Bogen hergestellten Marken.

MiNr. 402 = 11 490 000 (B = 3 600 000)
MiNr. 403 = 40 880 000 (B = 2 900 000)
MiNr. 404 = 51 878 000 (B = 3 800 000)
MiNr. 405 = 14 536 000 (B = 3 400 000)
MiNr. 406 = 48 673 000 (B = 2 900 000)
MiNr. 407 = 36 052 000 (B = 3 070 000)
MiNr. 408 = 35 790 000 (B = 2 860 000)
MiNr. 409 = 8 020 000 (B = 3 000 000)
MiNr. 410 = 13 840 000 (B = 3 000 000)
MiNr. 411 = 6 985 000 (B = 2 800 000)

Weiterer Wert siehe Zusammenfassung nach Jahrgangswerttabelle

Bildgleiche Marken ohne Inschrift „BERLIN" siehe Bundesrepublik Deutschland MiNr. 694–703

1971, 5. Okt. Wohlfahrt: Altes Holzspielzeug. 🄴 Schillinger; Odr. (10×5); gez. K 13¾:14.

mv) Kurbelmännchen, bewegliche Figuren

mw) Ritter zu Pferde

mx) Hampel- oder Zappelmann

my) Fahrbare Schaukelamme (19. Jh.)

				✶✶	⊙
412	10 + 5 (Pf)	mehrfarbig	mv	0,30	0,30
413	25 + 10 (Pf)	mehrfarbig	mw	0,30	0,50
414	30 + 15 (Pf)	mehrfarbig	mx	0,70	0,70
415	60 + 30 (Pf)	mehrfarbig	my	1,30	1,50
			Satzpreis (4 W.)	2,50	3,—
			FDC		4,—

Auflagen: MiNr. 412 = 8 156 000, MiNr. 413 = 5 963 000, MiNr. 414 = 6 471 000, MiNr. 415 = 4 488 000 Stück

1971, 26. Okt. 100 Jahre Materialprüfung in Berlin. 🄴 Hiller; RaTdr. (10×5); gez. K 13¾:14.

mz) Mikrobruchgefüge gegossenen reinen Metalls, Mikroskop

				✶✶	⊙
416	30 (Pf)	mehrfarbig	mz	0,60	0,50
			FDC		1,30

Auflage: 7 500 000 Stück

1971, 11. Nov. Weihnachten. 🄴 Schillinger; Odr. (10×5); gez. K 13¾:14.

na) Holzgedrechselter Weihnachtsengel

				✶✶	⊙
417	10 + 5 (Pf)	mehrfarbig	na	0,50	0,40
			FDC		1,—

Auflage: 5 636 000 Stück

1972

1972, 4. Febr. Jugend: Tierschutz. Ⓔ Börnsen; Odr. (5×10); gez. K 14:13¾.

nb) Keine Vogelnester ausrauben! nc) Junge Katzen nicht ertränken! nd) Tiere nicht schlagen! ne) Besonders nachts auf Tiere achten!

				★★	⊙
418	10 + 5 (Pf)	mehrfarbig	nb	0,30	0,30
419	25 + 10 (Pf)	mehrfarbig	nc	0,40	0,40
420	30 + 15 (Pf)	mehrfarbig	nd	0,70	0,70
421	60 + 30 (Pf)	mehrfarbig	ne	1,50	1,70
		Satzpreis (4 W.)		2,80	3,—
			FDC		7,—

Auflagen: MiNr. 418 = 2 820 000, MiNr. 419 = 2 752 000, MiNr. 420 = 2 755 000, MiNr. 421 = 2 741 000 Stück

1972, 4. Febr. 200. Geburtstag von Friedrich Gilly. Ⓔ Bundesdruckerei Berlin; StTdr. (10×5); gez. K 13¾:14.

nf) F. Gilly (1772–1800), Baumeister; Büste von Gottfried Schadow (1764–1850), Bildhauer und Grafiker

				★★	⊙
422	30 (Pf)	schwarzgrau/violettultramarin	nf	0,70	0,50
			FDC		1,30

Auflage: 7 500 000 Stück

1972, 14. April. Gemälde: Berliner Landschaften. Ⓔ Bundesdruckerei Berlin; RaTdr. (5×10); gez. K 13¾.

ng) Am Grunewaldsee; von Alexander von Riesen (1892–1964)

nh) Am Wannsee; von Max Liebermann (1847–1935), Maler und Grafiker

ni) Am Schlachtensee; von Walter Leistikow (1865–1908)

				★★	⊙	FDC
423	10 (Pf)	mehrfarbig	ng	0,30	0,30	1,20
424	25 (Pf)	mehrfarbig	nh	0,60	0,70	1,50
425	30 (Pf)	mehrfarbig	ni	1,—	0,80	2,—
		Satzpreis (3 W.)		1,80	1,60	2,50

Auflagen: MiNr. 423 = 20 350 000, MiNr. 424 = 10 890 000, MiNr. 425 = 10 250 000 Stück

1972, 18. Mai. 150. Todestag von Ernst Theodor Wilhelm (Amadeus) Hoffmann. Ⓔ Hiller; StTdr. (10×5); gez. K 13¾:14.

nk) E. T. W. (A.) Hoffmann (1776–1822), Schriftsteller, Komponist, Maler, Zeichner

				★★	⊙
426	60 (Pf)	blauviolett/grauschwarz	nk	1,40	1,40
			FDC		1,90

Auflage: 6 375 000 Stück

Die Preise der Rollenmarken-Fünferstreifen müssen nicht der Summe der Einzelmarkenpreise entsprechen.

1972, 20. Juni/1973, 16. Jan. Freimarken: Bundespräsident Dr. Gustav Heinemann (III). Ⓔ Walter; StTdr. (10×10); gez. K 14.

lf) Dr. G. Heinemann (1899–1976), 3. Bundespräsident

				★★	⊙	FDC
427	15 (Pf)	olivbraun (20.6.1972)	lf	0,30	0,40	1,30
428	110 (Pf)	olivschwarz (16.1.1973)	lf	1,50	1,50	2,50
429	130 (Pf)	dunkelocker (20.6.1972)	lf	2,—	2,—	3,50
430	140 (Pf)	schwärzlichblaugrün (16.1.1973)	lf	2,—	2,—	3,50
431	150 (Pf)	schwärzlichrosakarmin (5.7.1972)	lf	2,—	1,50	3,—
432	170 (Pf)	dunkelorange (11.9.1972)	lf	2,—	2,20	3,50
433	190 (Pf)	dunkelbraunkarmin (16.1.1973)	lf	2,50	2,40	3,80
		Satzpreis (7 W.)		12,—	11,—	

Weitere FDC-Bewertungen:

	FDC
427, 429 (20.6.1972)	5,—
428, 430, 433 (16.1.1973)	15,—

Auflagen:

MiNr. 427 = 36 000 000	MiNr. 430 = 5 654 000	MiNr. 432 = 5 139 000
MiNr. 428 = 5 849 000	MiNr. 431 = 7 154 000	MiNr. 433 = 4 635 000
MiNr. 429 = 4 645 000		

Weitere Werte siehe Zusammenfassung nach Jahrgangswerttabelle

Bildgleiche Marken ohne Inschrift „BERLIN" siehe Bundesrepublik Deutschland MiNr. 727–732

1972, 18. Juli. 125. Geburtstag von Max Liebermann. Ⓔ Bundesdruckerei Berlin; RaTdr. (10×5); gez. K 13¾:14.

nl) M. Liebermann (1847–1935), Maler und Grafiker, Selbstporträt

				★★	⊙
434	40 (Pf)	mehrfarbig	nl	0,90	0,60
			FDC		1,30

Auflage: 10 980 000 Stück

1972, 5. Okt. Wohlfahrt: Schachfiguren. Ⓔ Schillinger; Odr. (10×5); gez. K 13¾:14.

nm) Springer nn) Turm no) Dame np) König

nm–np) Schachfiguren aus der Fayencemanufaktur Gien (Frankreich), sogenannter „St.-Georgs-Figurensatz" (19. Jh.)

				★★	⊙
435	20 + 10 (Pf)	mehrfarbig	nm	0,50	0,50
436	30 + 15 (Pf)	mehrfarbig	nn	0,80	0,80
437	40 + 20 (Pf)	mehrfarbig	no	2,50	2,50
438	70 + 35 (Pf)	mehrfarbig	np	3,—	3,—
		Satzpreis (4 W.)		6,50	6,50
			FDC		7,—

Auflagen: MiNr. 435 = 6 868 000, MiNr. 436 = 5 644 000, MiNr. 437 = 6 221 000, MiNr. 438 = 4 074 000 Stück

Schachfiguren ohne Inschrift „BERLIN" siehe Bundesrepublik Deutschland MiNr. 742–745

1972, 20. Okt. Tag der Briefmarke. ⓔ **Finke; komb. StTdr. und Odr. (10×5); gez. K 13¾:14.**

nr) Farbwerk, Druckzylinder und Papierbahn einer Spezial-Stichtiefdruck-Rotationsmaschine

				✶✶	⊙
439	20 (Pf)	mehrfarbig	nr	0,80	0,40
			FDC		1,10

Auflage: 24 950 000 Stück

1972, 10. Nov. 150. Todestag von Karl August Fürst von Hardenberg. ⓔ **Bundesdruckerei Berlin; RaTdr. (10×5); gez. K 13¾:14.**

ns) K. A. Fürst von Hardenberg (1750–1822), preuß. Staatsmann; Gemälde von Johann Heinrich Wilhelm Tischbein (1751–1829)

				✶✶	⊙
440	40 (Pf)	mehrfarbig	ns	0,80	0,60
			FDC		1,30

Auflage: 9 630 000 Stück

1972, 10. Nov. Weihnachten. ⓔ **Cordier; Odr. (5×10); gez. K 14:13¾.**

nt) Die Heilige Familie

				✶✶	⊙
441	20 + 10 (Pf)	mehrfarbig	nt	0,70	0,60
			FDC		1,30

Auflage: 5 178 000 Stück

1973

1973, 6. Febr. Jugend: Greifvögel. ⓔ **Magnus; RaTdr. (10×5); gez. K 13¾:14.**

nu) Habicht (Accipiter gentilis)

nv) Wanderfalke (Falco peregrinus)

nw) Sperber (Accipiter nisus)

nx) Steinadler (Aquila chrysaetos)

				✶✶	⊙
442	20 + 10 (Pf)	mehrfarbig	nu	0,60	0,60
443	30 + 15 (Pf)	mehrfarbig	nv	0,80	0,90
444	40 + 20 (Pf)	mehrfarbig	nw	1,20	1,30
445	70 + 35 (Pf)	mehrfarbig	nx	2,—	2,20
			Satzpreis (4 W.)	4,50	5,—
			FDC		15,—

Auflagen: MiNr. 442 = 2 655 000, MiNr. 433 = 2 594 000, MiNr. 444 = 2 597 000, MiNr. 445 = 2 579 000 Stück

1973, 30. April/14. Sept. Berliner Verkehrsmittel (II): Omnibusse. ⓔ **Hiller; Odr. (5×10); gez. K 14.**

ny) Pferdeomnibus (1907)

nz) Obus (1933)

oa) Decksitzautobus (1919)

ob) Doppeldeckautobus (1970)

oc) Doppeldeckautobus (1925)

od) Standardautobus (1973)

				✶✶	⊙	FDC
446	20 (Pf)	mfg. (30. April)	ny	0,50	0,40	1,20
447	20 (Pf)	mfg. (14. Sept.)	nz	0,50	0,40	1,20
448	30 (Pf)	mfg. (30. April)	oa	1,—	0,60	1,50
449	30 (Pf)	mfg. (14. Sept.)	ob	1,50	0,60	1,50
450	40 (Pf)	mfg. (30. April)	oc	1,50	0,90	2,—
451	40 (Pf)	mfg. (14. Sept.)	od	1,50	0,90	2,—
			Satzpreis (6 W.)	6,—	3,50	

Weitere FDC-Bewertungen:

	FDC
446, 448, 450 (30. April)	3,80
447, 449, 451 (14. Sept.)	3,80

Auflagen: MiNr. 446 = 12 750 000, MiNr. 447 = 12 450 000, MiNr. 448 = 6 900 000, MiNr. 449 = 8 050 000, MiNr. 450 = 7 000 000, MiNr. 451 = 8 000 000 Stück

Weitere Ausgaben „Berliner Verkehrsmittel": MiNr. 379–384, 483–487

1973, 25. Mai. 200. Geburtstag von Ludwig Tieck. ⓔ **Bundesdruckerei Berlin; RaTdr. (10×5); gez. K 13¾:14.**

oe) L. Tieck (1773–1853), Dichter; Gemälde von Karl Vogel von Vogelstein (1788–1868)

				✶✶	⊙
452	40 (Pf)	mehrfarbig	oe	0,90	0,60
			FDC		1,30

Auflage: 7 650 000 Stück

1973, 5. Juni. Freimarke: Unfallverhütung (II). ⓔ **Förtsch und Baumgarten; Bdr. Bogen (B) (10×10) und Rollen (R); gez. K 14.**

ms) Verkehrssicherheit – Ball vor Auto

				✶✶	⊙
453	70 (Pf)	dunkelbläulichgrün/ lilaultramarin (B) (R)	ms	1,80	1,40
			FDC		2,50

Waagerechtes Paar (aus Bogen):

	✶✶	⊙
453/453	4,—	17,—

Einzelmarke mit anhängendem Bogenrand bis zu 50% nebenstehender Paarpreise

Rollenmarken mit rückseitiger Nummer (R):

	Einzelm. ✶✶	Einzelm. ⊙	5er-Str. ✶✶
a schwarze Zählnummern			
453 R a	8,—	3,—	17,—
b rote Zählnummern			
453 R b	6,—	13,—	13,—
d blaue Zählnummern			
453 R d	15,—	22,—	40,—

Auflage: 9 290 000 (B = 2 900 000) Stück. (Die in Klammern angegebene Zahl ist die schon in der Gesamtauflage enthaltene Auflage der in Bogen hergestellten Marken).

Weitere Werte siehe Zusammenfassung nach Jahrgangswerttabelle

Bildgleiche Marke ohne Inschrift „BERLIN" siehe Bundesrepublik Deutschland MiNr. 773

1973, 12. Juni. 200. Todestag von Johann Joachim Quantz. ⓔ **Finke; komb. StTdr. und Odr. (10×5); gez. K 13¾:14.**

of) J. J. Quantz (1697–1773), Flötist und Komponist

				✶✶	⊙
454	40 (Pf)	schwarz	of	1,—	0,80
			FDC		1,50

Auflage: 8 500 000 Stück

1973, 23. Aug. Blockausgabe: 50 Jahre Deutscher Rundfunk. Ⓔ Finke; Odr.; gez. Ks 14:13¾.

og) Trichterlautsprecher (1924), Batterieempfänger (1926) ol

oh) Hans Bredow (1879–1959), Ingenieur, Rundfunkpionier, Reismikrophon von 1924

oi) Mädchen vor Fernsehgerät und Video-Cassettenrecorder

ok) Fernsehkamera

				★★	⊙
455	20 (Pf)	braungelb/schwarz	og	1,—	0,80
456	30 (Pf)	mittel(grau)gelb-smaragdgrün/schwarz	oh	1,—	1,—
457	40 (Pf)	dunkelrosa/schwarz	oi	1,—	1,—
458	70 (Pf)	hellkobaltblau/schwarz	ok	1,—	1,50
Block 4		(148×105 mm)	ol	4,50	4,50
			FDC		8,—
			Ⓢ		7,50

Post-Verkaufspreis: 1,80 DM

Auflage: 3 875 010 Blocks

1973, 5. Okt. Wohlfahrt: Musikinstrumente. Ⓔ Monson-Baumgart; Odr. (10×5); gez. K 13¾:14.

om) Drehleier (17. Jh.)

on) Trommel (16. Jh.)

oo) Laute (18. Jh.)

op) Orgel (16. Jh.)

				★★	⊙
459	20 + 10 (Pf)	mehrfarbig	om	0,50	0,50
460	30 + 15 (Pf)	mehrfarbig	on	1,—	1,—
461	40 + 20 (Pf)	mehrfarbig	oo	1,—	1,20
462	70 + 35 (Pf)	mehrfarbig	op	1,60	1,80
			Satzpreis (4 W.)	4,—	4,50
			FDC		5,—

Auflagen: MiNr. 459 = 6 708 000, MiNr. 460 = 5 721 000, MiNr. 461 = 6 375 000, MiNr. 462 = 4 037 000 Stück

1973, 9. Nov. Weihnachten. Ⓔ Monson-Baumgart; komb. StTdr. und Odr. (10×5); gez. K 13¾:14.

or) Weihnachtsstern

				★★	⊙
463	20 + 10 (Pf)	mehrfarbig	or	0,70	0,70
			FDC		1,30

Auflage: 5 175 000 Stück

1974

1974, 15. Febr. 275. Geburtstag von Georg Wenzeslaus von Knobelsdorff. Ⓔ Hiller; StTdr. (10×5); gez. K 13¾:14.

os) G. W. von Knobelsdorff (1699–1753), Baumeister und Maler

				★★	⊙
464	20 (Pf)	schwarzlilabraun	os	0,50	0,40
			FDC		1,30

Auflage: 16 400 000 Stück

1974, 15. Febr. 150. Geburtstag von Robert Kirchhoff. Ⓔ Hiller; komb. StTdr. und Odr. (5×10); gez. K 14:13¾.

ot) R. Kirchhoff (1824–1887), Physiker; Formel für die Berechnung von vermaschten Stromkreisen

				★★	⊙
465	30 (Pf)	helltürkisgrau/schwarzopalgrün	ot	0,50	0,50
			FDC		1,30

Auflage: 7 950 000 Stück

1974, 17. April. 25. Jahrestag der Beendigung der Blockade Berlins; Berliner Luftbrücke. Ⓔ Finke; RaTdr. (10×5); gez. K 14.

ou) Luftbrückendenkmal in Berlin-Tempelhof, Flaggen der Alliierten Schutzmächte

				★★	⊙
466	90 (Pf)	mehrfarbig	ou	3,—	2,—
			FDC		2,80

Auflage: 5 500 000 Stück

1974, 17. April. 125. Geburtstag von Adolf Slaby. Ⓔ Finke; Odr. (5×10); gez. K 14:13¾.

ov) A. Slaby (1849–1913), Funktechniker

				★★	⊙
467	40 (Pf)	schwarz/bräunlichrot	ov	0,70	0,60
			FDC		1,30

Auflage: 6 050 000 Stück

1974, 17. April. Jugend: Elemente internationaler Jugendarbeit. Ⓔ Lorenz; RaTdr. (10×5); gez. K 13¾:14.

ow) Jugend fotografiert

ox) Jugendsport

oy) Jugend musiziert

oz) Jugend hilft

				★★	⊙
468	20 + 10 (Pf)	mehrfarbig	ow	0,50	0,60
469	30 + 15 (Pf)	mehrfarbig	ox	0,50	0,60
470	40 + 20 (Pf)	mehrfarbig	oy	1,—	1,30
471	70 + 35 (Pf)	mehrfarbig	oz	1,60	1,80
			Satzpreis (4 W.)	3,50	4,—
			FDC		11,—

Auflagen: MiNr. 468 = 2 571 000, MiNr. 469 = 2 510 000, MiNr. 470 = 2 507 000, MiNr. 471 = 2 500 000 Stück

1974, 16. Juli. 400 Jahre Gymnasium zum Grauen Kloster, Berlin. 🄴 **Hiller; RaTdr. (10×5); gez. K 14.**

pa) Athene und Hermes, Siegel des Berlinischen Gymnasiums zum Grauen Kloster

				★★	⊙
472	50 (Pf)	mehrfarbig	pa	0,90	0,60
			FDC		1,50

Auflage: 10 550 000 Stück

1974, 15. Okt. 25 Jahre Wohlfahrtsmarken: Blumensträuße. 🄴 **Schillinger; Odr. (5×10); gez. K 14:13¾.**

pb) Frühlingsstrauß

pc) Herbststrauß

pd) Rosenstrauß

pe) Winterlicher Strauß

				★★	⊙
473	30 + 15 (Pf)	mehrfarbig	pb	0,50	0,50
474	40 + 20 (Pf)	mehrfarbig	pc	1,—	1,—
475	50 + 25 (Pf)	mehrfarbig	pd	1,—	1,—
476	70 + 35 (Pf)	mehrfarbig	pe	2,50	2,50
			Satzpreis (4 W.)	5,—	5,—
			FDC		5,50

Auflagen: MiNr. 473 = 5 770 000, MiNr. 474 = 5 745 000, MiNr. 475 = 6 516 000, MiNr. 476 = 4 055 000 Stück

1974, 15. Okt. Inbetriebnahme des neuen Flughafens Berlin-Tegel. 🄴 **Finke; komb. StTdr. und Odr. (5×10); gez. K 14.**

pf) Flughafen-Zentralgebäude mit sechseckigem Flugsteigring

				★★	⊙
477	50 (Pf)	mehrfarbig	pf	1,40	0,80
			FDC		1,70

Auflage: 8 750 000 Stück

1974, 29. Okt. Berliner Porzellan. 🄴 **Hiller; Odr. (10×5); gez. K 14.**

pg) Venus; Figur von Friedrich Elias Meyer d. Ä. (1723–1785), Bildhauer und Porzellan-Modelleur

ph) Die Astronomie; Figur von Wilhelm Christian Meyer (1726–1786), Bildhauer und Porzellan-Modelleur

pi) Die Gerechtigkeit; Figur von J. G. Müller (um 1785)

				★★	⊙
478	30 (Pf)	mehrfarbig	pg	0,60	0,60
479	40 (Pf)	mehrfarbig	ph	0,70	0,70
480	50 (Pf)	mehrfarbig	pi	0,90	0,90
			Satzpreis (3 W.)	2,20	2,20
			FDC		3,—

Auflagen: MiNr. 478 = 11 750 000, MiNr. 479 = 6 900 000, MiNr. 480 = 8 500 000 Stück

1974, 29. Okt. Weihnachten. 🄴 **Schillinger; Odr. (5×10); gez. K 14:13¾.**

pk) Weihnachtlicher Strauß

				★★	⊙
481	30 + 15 (Pf)	mehrfarbig	pk	1,—	1,20
			FDC		1,50

Auflage: 4 956 000 Stück

1975

1975, 15. Jan. 125. Todestag von Gottfried Schadow. 🄴 **Pusch; StTdr. (10×5); gez. K 13¾:14.**

pl) G. Schadow (1764–1850), Bildhauer und Grafiker; Selbstbildnis

				★★	⊙
482	50 (Pf)	dunkelbraunlila	pl	1,—	0,70
			FDC		1,50
			ETB 1/1975		1,—

Auflage: 7 950 000 Stück, davon 390 000 auf ETB

1975, 14. Febr. Berliner Verkehrsmittel (III): Personenschifffahrt. 🄴 **Hiller; Odr. (5×10); gez. K 14.**

pm) Dampfschiff „Prinzeß Charlotte"

pn) Dampfer „Siegfried"

po) Dampfer „Sperber"

pp) Motorschiff „Vaterland"

pr) Motorschiff „Moby Dick"

				★★	⊙	FDC
483	30 (Pf)	mehrfarbig	pm	0,80	0,40	1,50
484	40 (Pf)	mehrfarbig	pn	0,80	0,40	1,50
485	50 (Pf)	mehrfarbig	po	1,20	1,—	2,—
486	60 (Pf)	mehrfarbig	pp	1,30	1,—	3,—
487	70 (Pf)	mehrfarbig	pr	1,80	1,80	3,50
			Satzpreis (5 W.)	6,—	4,50	8,50
			ETB 2/1975		4,—	

Auflagen: MiNr. 483 = 11 950 000, MiNr. 484 = 7 850 000, MiNr. 485 = 9 300 000, MiNr. 486 = 6 450 000, MiNr. 487 = 6 650 000 Stück, davon je 384 000 auf ETB

Weitere Ausgaben „Berliner Verkehrsmittel": MiNr. 379–384, 446–451

1975, 15. April. Jugend: Lokomotiven. 🄴 **Schillinger; Odr. (5×10); gez. K 14.**

ps) Dampflok „Drache"

pt) Dampflok, Baureihe 89

pu) Dampflok, Baureihe 050

pv) Dampflok, Baureihe 10

				★★	⊙
488	30 + 15 (Pf)	mehrfarbig	ps	1,—	0,80
489	40 + 20 (Pf)	mehrfarbig	pt	1,—	1,—
490	50 + 25 (Pf)	mehrfarbig	pu	2,—	1,70
491	70 + 35 (Pf)	mehrfarbig	pv	2,50	3,—
			Satzpreis (4 W.)	6,50	6,50
			FDC		8,50
			ETB 3/1975		5,—

Auflagen: MiNr. 488 = 2 996 000, MiNr. 489 = 2 950 000, MiNr. 490 = 2 953 000, MiNr. 491 = 2 924 000 Stück, davon je 374 800 auf ETB

Rollenmarken (R):

Für den Verkauf aus Automaten wurden Marken in Rollen hergestellt. Ab etwa 1954 trägt jede 5. Marke rückseitig eine Zählnummer. Preise für Einzelmarken mit Zählnummer siehe bei den jeweiligen Markenausgaben. Ausführliche Katalogisierung siehe MICHEL-Deutschland-Spezial und MICHEL Handbuch-Rollenmarken Deutschland.

1975, 15. Mai. 100. Geburtstag von Prof. Ferdinand Sauerbruch. Ⓔ **Finke; komb. StTdr. und Odr. (10×5); gez. K 13¾:14.**

pw) Prof. F. Sauerbruch (1875–1951), Chirurg

				★★	⊙
492	50 (Pf)	mehrfarbig	pw	1,—	0,70
			FDC		1,50
			ETB 4/1975		0,70

Auflage: 8 780 000 Stück, davon 376 800 auf ETB

1975, 15. Mai. Gymnaestrada, Berlin. Ⓔ **Finke; RaTdr. (5×10); gez. K 14:13¾.**

px) Veranstaltungs-Abzeichen

				★★	⊙
493	40 (Pf)	mehrfarbig	px	0,70	0,50
			FDC		1,30
			ETB 5/1975		0,70

Auflage: 7 130 000 Stück, davon 376 700 auf ETB

1975, 15. Mai/1976, 17. Febr. Freimarken: Industrie und Technik (I). Ⓔ **Knoblauch und Beer; StTdr. (10×10); gez. K 14.**

py) Nachrichtensatellit Symphonie

pz) Nahverkehrs-Triebzug ET 420/421

ra) Leuchtturm Alte Weser

rb) Rettungs-Hubschrauber MBB BO 105

rc) Weltraumlabor (Spacelab)

rd) Erdfunkstelle Raisting

re) Schiffbau

rf) Traktor

rg) Braunkohlenförderbagger

rh) Chemieanlage zur Erzeugung von Styrol

ri) Heizkraftwerk

rk) Großhochofen mit Winderhitzeranlage

rl) Bohrinsel

rm) Radioteleskop

					★★	⊙	FDC
494	5	(Pf)	schwarzoliv (14.11.1975)	py	0,30	0,30	0,70
495	10	(Pf)	schwarzlila (14.8.1975)	pz	0,30	0,30	0,70
496	20	(Pf)	orangerot (17.2.1976)	ra	0,30	0,30	1,—
497	30	(Pf)	schwärzlichviolett (14.8.1975)	rb	0,40	0,30	1,50
498	40	(Pf)	bläulichgrün (15.5.1975)	rc	0,60	0,30	2,—
499	50	(Pf)	magenta (15.5.1975)	rd	0,60	0,30	2,50
500	70	(Pf)	lebhaftblau (14.8.1975)	re	1,10	0,60	3,—
501	80	(Pf)	dunkelbläulichgrün (15.10.1975)	rf	1,10	0,30	3,—
502	100	(Pf)	dunkelrötlichbraun (15 5.1975)	rg	1,10	0,60	3,50
503	120	(Pf)	dunkellilaultramarin (15.10.1975)	rh	1,50	1,20	3,50
504	140	(Pf)	dunkelrötlichkarmin (14.11.1975)	ri	1,50	1,70	3,50
505	160	(Pf)	schwärzlicholivgrün (15.10.1975)	rk	3,—	1,70	4,—
506	200	(Pf)	dunkelbraunviolett (14.11.1975)	rl	2,—	1,—	6,—
507	500	(Pf)	schwarzblau (17.2.1976)	rm	7,—	5,—	11,—
			Satzpreis (14 W.)		20,—	13,—	
			ETB 6/1975 (mit MiNr. 498, 499, 502)			1,50	
			ETB 9/1975 (mit MiNr. 495, 497, 500)			1,90	
			ETB 11/1975 (mit MiNr. 501, 503, 505)			2,80	
			ETB 14/1975 (mit MiNr. 494, 504, 506)			1,90	
			ETB 2/1976 (mit MiNr. 496, 507)			4,—	

Weitere FDC-Bewertungen:

	FDC
494, 504, 506 (14.11.1975)	9,—
495, 497, 500 (14.8.1975)	3,50
496, 507 (17.2.1976)	9,—
498, 499, 502 (15.5.1975)	5,—
501, 503, 505 (15.10.1975)	7,50

Auflagen (inklusive ETB): MiNr. 494 = 11 600 00, MiNr. 495 = 131 000 000, MiNr. 496 = 93 000 000, MiNr. 497 = 157 000 000, MiNr. 498 und 499 je 139 000 000, MiNr. 500 = 17 000 000, MiNr. 501 = 59 000 000, MiNr. 502 = 41 000 000, MiNr. 503 = 8 000 000, MiNr. 504 = 11 500 000, MiNr. 505 = 6 500 000, MiNt. 506 = 17 000 000, MiNr. 507 = 13 900 00 Stück
Auflagen ETB: Nr. 6/1975 = 376 800, Nr. 9/1975 = 380 000, Nr. 11/1975 = 385 600, Nr. 14/1975 = 382 200, Nr. 2/1976 = 390 000 Stück

Weitere Werte siehe Zusammenfassung nach Jahrgangswerttabelle
Bildgleiche Marken ohne Inschrift „BERLIN“ siehe Bundesrepublik Deutschland MiNr. 846–859

Fluoreszierendes Papier

Unabhängig von der Zusammensetzung der Fluoreszenzsubstanz gibt es zwei grundsätzlich verschiedene Herstellungsweisen von fluoreszierendem Papier. Abhängig vom Druckverfahren der Marke wird die Fluoreszenzsubstanz entweder (StTdr., Bdr., komb. Verfahren) bereits bei Herstellung des Papiers in den Papierbrei gegeben (Marken fluoreszieren vorder- und rückseitig) oder (Odr., RaTdr.) es wird das fertige Papier mit einer fluoreszenzhaltigen Oberflächenbeschichtung versehen (Marken fluoreszieren nur vorderseitig). Beide Verfahren wurden bei den Marken der Deutschen Bundespost Berlin angewendet.

1975, 15. Juli. Europäisches Denkmalschutzjahr. 🄴 **Rohse; komb. StTdr. und Odr. (5×10); gez. K 14.**

rn) Naunynstraße, Berlin-Kreuzberg

				★★	⊙
508	50 (Pf)	mehrfarbig	rn	1,—	0,80
			FDC		1,50
			ETB 8/1975		1,—

Auflage: 6 950 000 Stück, davon 380 000 auf ETB

1975, 15. Juli. 50. Todestag von Lovis Corinth. 🄴 **Bundesdruckerei Berlin; RaTdr. (10×5); gez. K 13¾:14.**

ro) L. Corinth (1858–1925), Maler und Grafiker; Selbstporträt

				★★	⊙
509	50 (Pf)	mehrfarbig	ro	1,—	0,70
			FDC		1,50
			ETB 7/1975		1,—

Auflage: 8 130 000 Stück, davon 380 000 auf ETB

1975, 15. Okt. Wohlfahrt: Alpenblumen. 🄴 **Schillinger; Odr. (10×5); gez. K 14.**

rp) Gelber Enzian (Gentiana lutea)

rr) Arnika (Arnica montana)

rs) Alpenveilchen (Cyclamen purpurascens)

rt) Stengelloser Enzian (Gentiana clusii)

				★★	⊙
510	30 + 15 (Pf)	mehrfarbig	rp	0,70	0,70
511	40 + 20 (Pf)	mehrfarbig	rr	0,60	0,60
512	50 + 25 (Pf)	mehrfarbig	rs	0,80	0,80
513	70 + 35 (Pf)	mehrfarbig	rt	1,40	1,40
			Satzpreis (4 W.)	3,50	3,50
			FDC		5,—
			ETB 10/1975		2,40

Auflagen: MiNr. 510 = 5 959 000, MiNr. 511 = 6 029 000, MiNr. 512 = 7 565 000, MiNr. 513 = 4 395 000 Stück, davon je 386 800 auf ETB

1975, 14. Nov. Weihnachten. 🄴 **Schillinger; Odr. (10×5); gez. K 14.**

ru) Schneeheide (Erica carnea)

				★★	⊙
514	30 + 15 (Pf)	mehrfarbig	ru	1,—	1,—
			FDC		1,70
			ETB 12/1975		0,70

Auflage: 5 060 000 Stück, davon 385 200 auf ETB

1975, 14. Nov. 100. Geburtstag von Paul Löbe. 🄴 **Finke; StTdr. (5×10); gez. K 14.**

rv) P. Löbe (1875–1967), Politiker, Reichstagspräsident; Reichstagsgebäude

				★★	⊙
515	50 (Pf)	lebhaftbraunrot	rv	1,—	0,70
			FDC		1,30
			ETB 13/1975		0,70

Auflage: 7 050 000 Stück, davon 386 400 auf ETB

1976

1976, 5. Jan. 50 Jahre Internationale Grüne Woche. 🄴 **Hölter; RaTdr. (10×5); gez. K 14.**

rw) Plakat: Ähren mit Inschrift

				★★	⊙
516	70 (Pf)	grün/dunkelrötlichgelb	rw	1,—	1,—
			FDC		1,70
			ETB 1/1976		1,—

Auflage: 6 390 000 Stück, davon 384 000 auf ETB

1976, 6. April. Jugend: Jugend trainiert für Olympia. 🄴 **Schillinger; Odr. (10×5); gez. K 13¾:14.**

rx) Kugelstoßen, Frauen

ry) Hockey

rz) Handball

sa) Schwimmen (Startsprung)

				★★	⊙
517	30 + 15 (Pf)	mehrfarbig	rx	0,80	0,90
518	40 + 20 (Pf)	mehrfarbig	ry	0,80	0,90
519	50 + 25 (Pf)	mehrfarbig	rz	0,80	1,—
520	70 + 35 (Pf)	mehrfarbig	sa	1,80	2,—
			Satzpreis (4 W.)	4,—	4,50
			FDC		10,—
			ETB 3/1976		3,—

Auflagen: MiNr. 517 = 2 857 000, MiNr. 518 und 519 je 2 850 000, MiNr. 520 = 2 840 000 Stück, davon je 384 000 auf ETB

1976, 13. Mai. Hockey-Weltmeisterschaft der Damen, Berlin. 🄴 **Hiller; StTdr. (5×10); gez. K 14.**

sb) Hockey-Spielszene

				★★	⊙
521	30 (Pf)	schwarzgelbsmaragdgrün	sb	1,—	0,50
			FDC		1,30
			ETB 4/1976		0,50

Auflage: 10 000 000 Stück, davon 384 000 auf ETB

1976, 13. Mai. Chorfest des Deutschen Sängerbundes, Berlin. 🄴 **von der Horst-Voigt; RaTdr. (10×5); gez. K 13¾:14.**

sc) Violinschlüssel

				★★	⊙
522	40 (Pf)	mehrfarbig	sc	1,—	0,70
			FDC		1,30
			ETB 5/1976		0,70

Auflage: 7 500 000 Stück, davon 384 000 auf ETB

1976, 13. Mai. 125 Jahre Berliner Feuerwehr. 🄴 **Finke; Odr. (10×5); gez. K 13¾:14.**

sd) Emblem der Berliner Feuerwehr

				★★	⊙
523	50 (Pf)	mehrfarbig	sd	1,50	1,—
			FDC		1,70
			ETB 6/1976		1,—

Auflage: 10 000 000 Stück, davon 384 000 auf ETB

1976, 14. Okt. Wohlfahrt: Gartenblumen. 🄴 **Schillinger; Odr. (10×5); gez. K 14.**

se) Iris (Iris germanica)

sf) Goldlack (Cheiranthus cheiri)

sg) Dahlie (Dahlia variabilis)

sh) Hoher Rittersporn (Delphinium elatum)

				✶✶	⊙
524	30 + 15 (Pf)	mehrfarbig	se	0,50	0,50
525	40 + 20 (Pf)	mehrfarbig	sf	0,50	0,50
526	50 + 25 (Pf)	mehrfarbig	sg	0,80	1,—
527	70 + 35 (Pf)	mehrfarbig	sh	1,20	1,40
			Satzpreis (4 W.)	3,—	3,40
			FDC		4,50
			ETB 7/1976		2,—

Auflagen: MiNr. 524 =6 530 000, MiNr. 525 = 6 555 000, MiNr. 526 = 8 213 000, MiNr. 527 = 4 560 000 Stück, davon je 370 000 auf ETB

1976, 16. Nov. Blockausgabe: Weihnachten. 🄴 **von Andrian; komb. StTdr. und Odr.; gez. Ks 14.**

si) Marienfenster (Ausschnitt) im gotischen Chor der Frauenkirche Esslingen

sk

				✶✶	⊙
528	30 + 15 (Pf)	mehrfarbig	si	0,90	0,80
Block 5	(70×100 mm)		sk	1,—	0,90
			FDC		1,50
			Ⓢ		1,—
			ETB 8/1976		0,90

Auflage: 6 873 000 Blocks, davon 390 000 auf ETB

1976, 16. Nov. Berlin-Ansichten (I). 🄴 **Bundesdruckerei Berlin; StTdr. (5×10); gez. K 14:13¾.**

sl) An der Havel

sm) Zitadelle Spandau

sn) Tiergarten

				✶✶	⊙
529	30 (Pf)	dunkelkobalt/ blauschwarz	sl	0,70	0,50
530	40 (Pf)	dunkelrotbraun/ rotschwarz	sm	1,—	0,50
531	50 (Pf)	dunkelbläulichgrün/ schwarz	sn	1,10	0,50
			Satzpreis (3 W.)	2,80	1,40
			FDC		3,40
			ETB 9/1976		1,50

Auflagen: MiNr. 529 = 14 630 000, MiNr. 530 = 7 630 000, MiNr. 531 = 9 530 000 Stück, davon je 370 000 auf ETB

Weitere Ausgaben „Berlin-Ansichten": MiNr. 578–580, 634–636, 685–687

Notizen:

1977

1977, 13. Jan./1987. Freimarken: Burgen und Schlösser (I). 🄴 **Schillinger; I = Bdr., II = Ldr.; Bogen (B) (10×10), Markenheftchen (MH) und Rollen (R); A = vierseitig, C und D = dreiseitig gez. K 14.**

so) Schloss Glücksburg

sp) Schloss Pfaueninsel, Berlin

sr) Burg Ludwigstein, Werratal

ss) Burg Eltz

st) Schloss Neuschwanstein

su) Marksburg

sv) Wasserschloss Mespelbrunn

sp

sw) Schloss Bürresheim

				✶✶	⊙	FDC
532	10 (Pf)	schwärzlichgraublau GA	so			
A I		vierseitig gezähnt, Bdr. (14.4.1977) (B) (R)		0,30	0,30	1,—
A II		vierseitig gezähnt, Ldr. (1987) (R)		1,80	4,—	
C I		oben geschnitten, Bdr. (Juni 1977) (MH)		0,30	0,40	
D I		unten geschnitten, Bdr. (Juni 1977) (MH)		0,30	0,40	
533	20 (Pf)	dunkelgelblichrot GA	sp			
A I		vierseitig gezähnt, Bdr. (14.4.1977) (B) (R)		0,30	0,30	1,20
534	30 (Pf)	lebhaftolivbraun GA	sr			
A I		vierseitig gezähnt, Bdr.(14.4.1977) (B) (R)		0,30	0,30	1,20
A II		vierseitig gezähnt, Ldr. (1987) (R)		1,80	5,—	
C I		oben geschnitten, Bdr. (Juni 1977) (MH)		1,—	1,30	
D I		unten geschnitten, Bdr. (Juni 1977) (MH)		1,—	1,30	
535	40 (Pf)	bläulichgrün bis blaugrün GA	ss			
A I		vierseitig gezähnt, Bdr. (16.2.1977) (B) (R)		0,40	0,30	1,50
536	50 (Pf)	magenta GA	st			
A I		vierseitig gezähnt, Bdr. (17.5.1977) (B) (R)		0,70	0,30	2,—
C I		oben geschnitten, Bdr. (Juni 1977) (MH)		3,20	4,50	
D I		unten geschnitten, Bdr. (Juni 1977) (MH)		3,20	4,50	

				★★	⊙	FDC
537		60 (Pf)	dunkelockerbraun GA ... su			
	A I		vierseitig gezähnt, Bdr. (13.1.1977) (B) (R)	1,30	0,60	3,—
538		70 (Pf)	lebhaftblau GA ... sv			
	A I		vierseitig gezähnt, Bdr. (17.5.1977) (B) (R)	1,30	0,60	2,50
539		190 (Pf)	braunorange GA ... sp			
	A I		vierseitig gezähnt, Bdr. (16.2.1977) (B) (R)	1,80	1,80	6,—
540		200 (Pf)	schwarzolivgrün GA ... sw			
	A I		vierseitig gezähnt, Bdr. (13.1.1977) (B) (R)	1,80	1,80	6,—
			Satzpreis A I (9 W.)	7,—	6,—	
			Satzpreis C I und D I (6 W.)	9,—	12,—	
			Satzpreis A II (2 W.)	3,50	9,—	
			ETB 1/1977 (mit MiNr. 537 A I, 540 A I)		2,—	
			ETB 3/1977 (mit MiNr. 535 A I, 539 A I)		3,50	
			ETB 5/1977 (mit MiNr. 532 A I, 533 A I, 534 A I)		0,80	
			ETB 8/1977 (mit MiNr. 536 A I, 538 A I)		1,—	

Unterscheidungsmerkmale zwischen Bdr. und Ldr. siehe bei Bundesrepublik Deutschland MiNr. 913–920!

Weitere FDC-Bewertungen:

	FDC
532 A-534 A (14.4.1977)	1,90
535 A, 539 A (16.2.1977)	4,—
536 A, 538 A (17.5.1977)	3,20
537 A, 540 A (13.1.1977)	4,20

Waagerechte Paare (aus Bogen):

	★★	⊙
532 A I/532 A I	1,—	1,50
533 A I/533 A I	1,—	1,50
534 A I/534 A I	1,30	2,—
535 A I/535 A I	1,40	2,—
536 A I/536 A I	2,—	3,—
537 A I/537 A I	3,50	5,—
538 A I/538 A I	3,50	6,—
539 A I/539 A I	5,50	9,—
540 A I/540 A I	6,—	10,—
Satzpreis (9 Paare)	22,—	40,—

Einzelmarken mit anhängendem Bogenrand bis zu 50% vorstehender Paarpreise

Senkrechte Paare (C, D) siehe bei MH 10

Rollenmarken mit rückseitiger Nummer (R):

	Einzelmarken		5er-Str.
	★★	⊙	★★
532 A I R	1,—	1,—	3,—
532 A II R	5,—	6,—	12,—
533 A I R	1,20	1,—	2,50
534 A I R	2,60	2,—	6,—
534 A II R	3,50	6,—	10,50
535 A I R	2,20	2,—	6,—
536 A I R	2,80	2,80	6,60
537 A I R	3,40	2,80	9,—
538 A I R	2,20	4,60	9,—
539 A I R	4,60	6,50	15,—
540 A I R	5,20	10,—	17,—

Auflagen: MiNr. 532 A II und 534 A II je 1 000 000 Stück

Auflagen ETB: 1/1977, 3/1977, 5/1977, 8/1977 je 370 000 Stück

Weitere Werte siehe Zusammenfassung nach Jahrgangswerttabelle

Bildgleiche Marken ohne Inschrift „BERLIN" siehe Bundesrepublik Deutschland MiNr. 913–920

1977, 13. Jan. 200. Geburtstag von Christian Daniel Rauch. ⓔ **Hiller; RaTdr. (10×5); gez. K 13¾:14.**

sx) Eugenie d'Alton; Büste von Chr. D. Rauch (1777–1857), Bildhauer

			✶✶	⊙
541	50 (Pf)	schwarzgrau/ schwarz . . . . sx	1,—	0,70
		FDC		1,30
		ETB 2/1977		0,70

Auflage: 7 500 000 Stück, davon 370 000 auf ETB

1977, 16. Febr. 100. Todestag von Eduard Gaertner. ⓔ **von der Horst-Voigt; komb. StTdr. und Odr. (10×5); gez. K 13¾:14.**

sy) E. Gaertner (1801–1877), Architekturmaler; Selbstporträt

			✶✶	⊙
542	40 (Pf)	mehrfarbig . . . . sy	0,90	0,50
		FDC		1,30
		ETB 4/1977		0,50

Auflage: 5 130 000 Stück, davon 370 000 auf ETB

1977, 14. April. 100. Geburtstag von Georg Kolbe. ⓔ **Finke; RaTdr. (10×5); gez. K 14.**

sz) Brunnenfigur; Plastik von G. Kolbe (1877–1947), Maler und Bildhauer

			✶✶	⊙
543	30 (Pf)	schwärzlichbraunoliv/schwarz . . . . sz	0,70	0,50
		FDC		1,30
		ETB 6/1977		0,70

Auflage: 12 120 000 Stück, davon 370 000 auf ETB

1977, 14. April. Jugend: Deutsche Schiffe. ⓔ **Schillinger; Odr. (5×10); gez. K 14.**

ta) Hansisches Groß-Schiff „Bremer Kogge" (ca. 1380)

tb) Erstes deutsches Dampfschiff im Transatlantikdienst „Helena Sloman" (1850)

tc) Luxus-Passagierschiff „Cap Polonio" (1914–1935)

td) Massengutfrachter „Widar" (1971–1984)

			✶✶	⊙
544	30 + 15 (Pf)	mehrfarbig . . . . ta	0,50	0,60
545	40 + 20 (Pf)	mehrfarbig . . . . tb	0,60	0,70
546	50 + 25 (Pf)	mehrfarbig . . . . tc	1,—	1,20
547	70 + 35 (Pf)	mehrfarbig . . . . td	1,40	1,50
		Satzpreis (4 W.)	3,50	4,—
		FDC		6,—
		ETB 7/1977		2,80

Auflagen: MiNr. 544 = 2 876 000, MiNr. 545 = 2 871 000, MiNr. 546 = 2 872 000, MiNr. 547 = 2 855 000 Stück, davon je 370 000 auf ETB

1977, 17. Mai. Deutscher Evangelischer Kirchentag, Berlin. ⓔ **Bundesdruckerei Berlin; Odr. (5×10); gez. K 14:13¾.**

te) Kirchentagskreuz, Losungsworte

			✶✶	⊙
548	40 (Pf)	mehrfarbig . . . . te	0,70	0,50
		FDC		1,30
		ETB 9/1977		0,50

Auflage: 7 000 000 Stück, davon 370 000 auf ETB

1977, 13. Juli. Internationale Funkausstellung (IFA), Berlin; 100 Jahre Telefon in Deutschland. ⓔ **Hiller; Odr. (10×5); gez. K 14.**

tf) Telefon von 1905 und Tischtelefon mit Tastenwahl von 1977, Ausstellungssignet

			✶✶	⊙
549	50 (Pf)	mehrfarbig . . . . tf	2,20	1,30
		FDC		1,70
		ETB 10/1977		1,—

Auflage: 6 900 000 Stück, davon 370 000 auf ETB

1977, 13. Juli. 100 Jahre Deutsches Patentgesetz. ⓔ **Finke; komb. StTdr. und Odr. (5×10); gez. K 14.**

tg) Ehemaliges Reichspatentamt Berlin-Kreuzberg

			✶✶	⊙
550	60 (Pf)	mehrfarbig . . . . tg	2,—	0,90
		FDC		1,50
		ETB 11/1977		0,70

Auflage: 7 000 000 Stück, davon 370 000 auf ETB

1977, 13. Juli. Europäische Kunstausstellung, Berlin. ⓔ **Bundesdruckerei Berlin; Odr. (10×5); gez. K 14.**

th) Ohne Titel; Gemälde von George Grosz, eigentl. G. Ehrenfried (1893–1959), Maler und Grafiker

			✶✶	⊙
551	70 (Pf)	mehrfarbig . . . . th	1,20	1,30
		FDC		1,70
		ETB 12/1977		1,—

Auflage: 6 850 000 Stück, davon 370 000 auf ETB

1977, 16. Aug. 25. Jahrestag der Wiedereröffnung des Aquariums im Berliner Zoo. ⓔ **von der Horst-Voigt; RaTdr. (5×10); gez. K 14.**

ti) Picassofisch (Rhinecanthus aculeatus)

tk) Löffelstör (Polyodon spathula)

tl) Strahlenschildkröte (Testudo radiata)

tm) Nashornleguan (Cyclura cornuta)

ti–tm) Riesensaurier (Iguanodon), Eingang zum Aquarium im Berliner Zoo

			✶✶	⊙
552	20 (Pf)	mehrfarbig . . . . ti	0,60	0,60
553	30 (Pf)	mehrfarbig . . . . tk	0,90	0,80
554	40 (Pf)	mehrfarbig . . . . tl	1,20	1,—
555	50 (Pf)	mehrfarbig . . . . tm	1,60	1,20
		Satzpreis (4 W.)	4,—	3,50
		FDC		4,—
		ETB 13/1977		2,40

Auflagen: MiNr. 552 = 18 700 000, MiNr. 553 = 13 000 000, MiNr. 554 = 11 050 000, MiNr. 555 = 12 250 000 Stück, davon je 385 000 auf ETB

1977, 13. Okt. Wohlfahrt: Wiesenblumen. 🄴 **Schillinger; Odr. (10×5); gez. K 14.**

tn) Margerite (Chrysanthemum leucanthemum)

to) Sumpfdotterblume (Caltha palustris)

tp) Esparsette (Onobrychis viciifolia)

tr) Vergissmeinnicht (Myosotis palustris)

				✱✱	⊙
556	30 + 15 (Pf)	mehrfarbig	tn	0,40	0,40
557	40 + 20 (Pf)	mehrfarbig	to	0,70	0,70
558	50 + 25 (Pf)	mehrfarbig	tp	0,80	1,—
559	70 + 35 (Pf)	mehrfarbig	tr	1,20	1,50
			Satzpreis (4 W.)	3,—	3,50
			FDC		5,—
			ETB 14/1977		2,40

Auflagen: MiNr. 556 = 7 001 000, MiNr. 557 = 6 932 000, MiNr. 558 = 8 652 000, MiNr. 559 = 4 481 000 Stück, davon je 385 000 auf ETB

1977, 10. Nov. Blockausgabe: Weihnachten. 🄴 **Hansmann; Odr.; gez. Ks 14.**

ts) „Maria mit dem Kinde"; Glasfenster-Ausschnitt, Sakristei der Basilika St. Gereon in Köln

tt

				✱✱	⊙
560	30 + 15 (Pf)	mehrfarbig	ts	0,90	0,90
Block 6	(70×105 mm)		tt	1,—	1,—
			FDC		2,—
			Ⓢ		1,—
			ETB 15/1977		0,70

Auflage: 6 202 000 Blocks, davon 385 000 auf ETB

1978

1978, 12. Jan. 100. Geburtstag von Walter Kollo. 🄴 **Hiller; StTdr. (10×5); gez. K 13¾:14.**

tu) W. Kollo (1878–1940), Operettenkomponist

				✱✱	⊙
561	50 (Pf)	braunrot/dunkelbraun	tu	1,20	1,—
			FDC		1,20
			ETB 1/1978		1,—

Auflage: 7 500 000 Stück, davon 385 000 auf ETB

1978, 13. April. 75 Jahre Amerikanische Handelskammer in Deutschland (ACC). 🄴 **Bundesdruckerei Berlin; StTdr. (5×10); gez. K 14.**

tv) Emblem der Handelskammer

				✱✱	⊙
562	90 (Pf)	schwärzlichviolettultramarin/dunkelrosarot	tv	1,40	1,30
			FDC		2,—
			ETB 2/1978		1,—

Auflage: 6 500 000 Stück, davon 386 000 auf ETB

1978, 13. April. Jugend: Luftfahrt. 🄴 **Haase; Odr. (5×10); gez. K 14.**

tw) Montgolfière (1783)

tx) Lilienthal-Gleiter (1891)

ty) Wright-Doppeldecker (1909)

tz) Etrich/Rumpler-Taube (1910)

				✱✱	⊙
563	30 + 15 (Pf)	mehrfarbig	tw	0,50	0,60
564	40 + 20 (Pf)	mehrfarbig	tx	0,70	0,80
565	50 + 25 (Pf)	mehrfarbig	ty	0,90	1,—
566	70 + 35 (Pf)	mehrfarbig	tz	1,50	1,70
			Satzpreis (4 W.)	3,50	4,—
			FDC		5,50
			ETB 3/1978		2,80

Auflagen: MiNr. 563 = 2 796 000, MiNr. 564 = 2 787 000, MiNr. 565 = 2 968 000, MiNr. 566 = 2 750 000 Stück, davon je 386 000 auf ETB

1978, 13. April. Sporthilfe. 🄴 **Lorenz; Odr. (5×10); gez. K 14.**

ua) Radsport

ub) Fechten

				✱✱	⊙
567	50 + 25 (Pf)	mehrfarbig	ua	1,20	0,80
568	70 + 35 (Pf)	mehrfarbig	ub	1,60	1,40
			Satzpreis (2 W.)	2,80	2,20
			FDC		4,40
			ETB 4/1978		1,80

Auflagen: MiNr. 567 = 2 639 000, MiNr. 568 = 2 579 000 Stück, davon je 386 000 auf ETB

1978, 22. Mai. 150. Geburtstag von Albrecht von Graefe. 🄴 **Finke; StTdr. (10×5); gez. K 14.**

uc) A. von Graefe (1828–1870), Augenarzt; Denkmal an der Charité

				✱✱	⊙
569	30 (Pf)	braunrot/gelbschwarz	uc	0,70	0,50
			FDC		1,30
			ETB 5/1978		0,50

Auflage: 11 614 000 Stück, davon 386 000 auf ETB

1978, 13. Juli. 200. Geburtstag von Friedrich Ludwig Jahn. ☒ Finke; StTdr. (5×10); gez. K 14:13¾.

ud) F. L. Jahn (1778–1852), „Turnvater“, Begründer der deutschen Turnbewegung

			✶✶	⊙
570	50 (Pf) braunkarmin	ud	1,—	0,70
		FDC		1,30
		ETB 6/1978		0,70

Auflage: 6 500 000 Stück, davon 386 000 auf ETB

1978, 17. Aug. Schwimm-Weltmeisterschaften, Berlin. ☒ Lorenz; Odr. (5×10); gez. K 14.

ue) Freistilschwimmen

			✶✶	⊙
571	40 (Pf) mehrfarbig	ue	1,40	1,—
		FDC		1,70
		ETB 7/1978		0,70

Auflage: 7 000 000 Stück, davon 386 000 auf ETB

1978, 12. Okt. 100. Geburtstag von Karl Hofer. ☒ Bundesdruckerei Berlin; RaTdr. (5×5); gez. K 13¾:14.

uf) Das Boot; Gemälde von K. Hofer (1878–1955)

			✶✶	⊙
572	50 (Pf) mehrfarbig	uf	1,—	0,80
		FDC		1,30
		ETB 8/1978		0,50

Auflage: 6 000 000 Stück, davon 386 000 auf ETB

1978, 12. Okt. Wohlfahrt: Waldblumen. ☒ Schillinger; Odr. (10×5); gez. K 14.

ug) Salomonssiegel (Polygonatum multiflorum)

uh) Waldschlüsselblume (Primula elatior)

ui) Rotes Waldvögelein (Cephalanthera rubra)

uk) Günsel (Ajuga reptans)

			✶✶	⊙
573	30 + 15 (Pf) mehrfarbig	ug	0,60	0,60
574	40 + 20 (Pf) mehrfarbig	uh	0,70	0,70
575	50 + 25 (Pf) mehrfarbig	ui	1,—	1,10
576	70 + 35 (Pf) mehrfarbig	uk	1,50	1,60
		Satzpreis (4 W.)	3,50	4,—
		FDC		5,—
		ETB 9/1978		2,40

Auflagen: MiNr. 573 = 9 760 000, MiNr. 574 = 8 314 000, MiNr. 575 = 8 710 000, MiNr. 576 = 4 560 000, davon je 386 000 auf ETB

1978, 16. Nov. Eröffnung der Staatsbibliothek Preußischer Kulturbesitz, Berlin. ☒ Hiller; StTdr. (5×10); gez. K 14.

ul) Neubau der Staatsbibliothek

			✶✶	⊙
577	90 (Pf) dunkelorangerot/schwarzoliv	ul	1,80	1,40
		FDC		2,50
		ETB 10/1978		1,—

Auflage: 6 500 000 Stück, davon 386 000 auf ETB

1978, 16. Nov. Berlin-Ansichten (II). ☒ Falz; StTdr. (5×10); gez. K 14:13¾.

um) Belvedere, Schloss Charlottenburg

un) Shellhaus am Landwehrkanal

uo) Dorfkirche, Alt-Lichtenrade

			✶✶	⊙
578	40 (Pf) bläulichgrün/schwarz	um	0,80	0,50
579	50 (Pf) dunkellilapurpur/schwarz	un	1,—	0,80
580	60 (Pf) dunkelorangebraun/schwarz	uo	1,20	0,90
		Satzpreis (3 W.)	3,—	2,—
		FDC		3,—
		ETB 11/1978		1,50

Auflagen: MiNr. 578 = 12 000 000, MiNr. 579 = 7 500 000, MiNr. 580 = 8 000 000 Stück, davon je 386 000 auf ETB

Weitere Ausgaben „Berlin-Ansichten“: MiNr. 529–531, 634–636, 685–687

1978, 16. Nov. Blockausgabe: Weihnachten. ☒ Fleckhaus; Odr.; gez. Ks 14.

up) Anbetung der Könige; Ausschnitt aus einem Fenster der Frauenkirche, München

ur

			✶✶	⊙
581	30 + 15 (Pf) mehrfarbig	up	0,90	0,90
Block 7	(65×93 mm)	ur	1,—	1,—
		FDC		1,50
		Ⓢ		1,—
		ETB 12/1978		0,70

Auflage: 5 909 000 Blocks, davon 406 000 auf ETB

1978, 16. Nov./1979, 12. Juli. Freimarken: Industrie und Technik (II). Ⓔ **Knoblauch und Beer; StTdr. (10×10); gez. K 14.**

us) Röntgengerät

uu) Löffelbagger

uv) Radlader

uw) Flughafen Frankfurt

					✱✱	⊙	FDC
582	60 (Pf)	schwärzlichrosa (16.11.1978)	us		1,—	0,50	1,50
584	150 (Pf)	dunkelbräunlichrot (12.7.1979)	uu		3,—	1,50	3,50
585	180 (Pf)	schwarzbraun (12.7.1979)	uv		3,50	2,50	4,50
586	230 (Pf)	dunkelrotviolett (17.5.1979)	uw		3,—	2,50	4,20
				Satzpreis (4 W.)	10,—	7,—	
				FDC mit MiNr. 584 und 585			6,50
				ETB 13/1978 (mit MiNr. 582)		0,50	
				ETB 6/1979 (mit MiNr. 586)		1,70	
				ETB 8/1979 (mit MiNr. 584, 585)		3,20	

MiNr. 583 fällt aus.

Auflagen: MiNr. 582 = 63 500 000, davon 386 000 auf ETB, MiNr. 584 und 585 je 6 000 000, davon je 405 000 auf ETB, MiNr. 586 = 7 200 000, davon 405 000 auf ETB

Weitere Werte siehe Zusammenfassung nach Jahrgangswerttabelle

Bildgleiche Marken ohne Inschrift „BERLIN" siehe Bundesrepublik Deutschland MiNr. 990–994

1978, 16. Nov./1979, 14. Febr. Freimarken: Burgen und Schlösser (II). Ⓔ **Schillinger; Bdr. Bogen (B) (10×10) und Rollen (R); gez. K 14.**

ux) Burg Gemen

uy) Burg Vischering

uz) Schwanenburg, Kleve

va) Burg Lichtenberg

					✱✱	⊙	FDC
587	25 (Pf)	dunkelrosa bis dunkelrosarot (11.1.1979) (B) (R) GA	ux		0,80	0,50	1,50
588	90 (Pf)	lilaultramarin (11.1.1979) (B) (R) GA	uy		1,20	1,—	4,—
589	210 (Pf)	rotbraun (14.2.1979) (B) (R) GA	uz		2,60	2,—	5,50
590	230 (Pf)	schwärzlichopalgrün (16.11.1978) (B) (R) GA	va		2,60	2,—	7,50
				Satzpreis (4 W.)	7,—	5,50	
				FDC mit MiNr. 587 und 588			4,—
				ETB 14/1978 (mit MiNr. 590)		2,—	
				ETB 1/1979 (mit MiNr. 587, 588)		1,—	
				ETB 2/1979 (mit MiNr. 589)		1,50	

Waagerechte Paare (aus Bogen):

		✱✱	⊙
587/587		2,—	3,—
588/588		3,50	6,—
589/589		7,—	12,—
590/590		7,—	15,—
	Satzpreis (4 Paare)	19,—	35,—

Einzelmarken mit anhängendem Bogenrand bis zu 50% vorstehender Paarpreise

Rollenmarken mit rückseitiger Nummer (R):

	Einzelmarken		5er-Str.
	✱✱	⊙	✱✱
587 R	1,60	1,80	5,20
588 R	3,—	7,—	9,20
589 R	7,20	12,—	20,—
590 R	9,—	14,—	23,—

Auflagen ETB: 14/1978 = 386 000, 1/1979 und 2/1979 je 405 000 Stück

Weitere Werte siehe Zusammenfassung nach Jahrgangswerttabelle

Bildgleiche Marken ohne Inschrift „BERLIN" siehe Bundesrepublik Deutschland MiNr. 995–999

1979

1979, 14. Febr. Eröffnung des Internationalen Congress-Centrums (ICC), Berlin. ⓔ Finke; komb. StTdr. und Odr. (5×10); gez. K 14:13¾.

vb) Neubau des Internationalen Congress-Centrums

				★★	⊙
591	60 (Pf)	mehrfarbig	vb	1,40	0,90
			FDC		1,50
			ETB 3/1979		1,—

Auflage: 7 500 000 Stück, davon 405 000 auf ETB

1979, 5. April. Jugend: Luftfahrt. ⓔ Haase; Odr. (5×10); gez. K 14.

vc) Segelflugzeug „Vampyr" (1921)

vd) Verkehrsflugzeug Junkers Ju 52/3 m (1932)

ve) Sportflugzeug Messerschmitt Bf/Me 108 „Taifun" (1934)

vf) Verkehrsflugzeug Douglas DC-3 (1935)

				★★	⊙
592	40 + 20 (Pf)	mehrfarbig	vc	1,—	1,—
593	50 + 25 (Pf)	mehrfarbig	vd	1,50	1,50
594	60 + 30 (Pf)	mehrfarbig	ve	1,50	1,50
595	90 + 45 (Pf)	mehrfarbig	vf	2,—	2,—
			Satzpreis (4 W.)	6,—	6,—
			FDC		7,50
			ETB 4/1979		3,50

Auflagen: MiNr. 592 = 3 109 000, MiNr. 593 = 3 106 000, MiNr. 594 = 3 103 000, MiNr. 595 = 3 082 000 Stück, davon je 405 000 auf ETB

1979, 5. April. Sporthilfe. ⓔ Hoch; Odr. (5×10); gez. K 14.

vg) Staffellauf

vh) Bogenschießen

				★★	⊙
596	60 + 30 (Pf)	mehrfarbig	vg	1,20	1,30
597	90 + 45 (Pf)	mehrfarbig	vh	1,60	1,70
			Satzpreis (2 W.)	2,80	3,—
			FDC		5,50
			ETB 5/1979		1,80

Auflagen: MiNr. 596 = 2 844 000, MiNr. 597 = 2 887 000 Stück, davon je 405 000 auf ETB

1979, 17. Mai. 100 Jahre Bundesdruckerei Berlin. ⓔ Hiller; Odr. (10×5); gez. K 14.

vi) Reichsadler und Bundesadler

				★★	⊙
598	60 (Pf)	mehrfarbig	vi	1,80	1,40
			FDC		2,20
			ETB 7/1979		1,—

Auflage: 7 500 000 Stück, davon 405 000 auf ETB

1979, 12. Juli. Weltmeisterschaften im Bogenschießen, Berlin. ⓔ Finke; RaTdr. (5×10); gez. K 14.

vk) Zielscheibe, Pfeile

				★★	⊙
599	50 (Pf)	mehrfarbig	vk	1,—	0,70
			FDC		1,30
			ETB 9/1979		0,70

Auflage: 6 500 000 Stück, davon 405 000 auf ETB

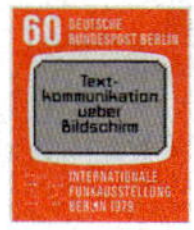

1979, 12. Juli. Internationale Funkausstellung (IFA), Berlin. ⓔ Bundesdruckerei Berlin; RaTdr. (10×5); gez. K 13¾:14.

vl) Fernsehschirm, Ausstellungsemblem

				★★	⊙
600	60 (Pf)	mehrfarbig	vl	1,40	1,—
			FDC		1,70
			ETB 10/1979		0,70

Auflage: 6 500 000 Stück, davon 405 000 auf ETB

1979, 9. Aug. 250. Geburtstag von Moses Mendelssohn. ⓔ Gerstetter; StTdr. (5×10); gez. K 14:13¾.

vm) M. Mendelssohn (1729–1786), Philosoph

				★★	⊙
601	90 (Pf)	schwarz	vm	1,40	1,—
			FDC		2,20
			ETB 11/1979		1,—

Auflage: 6 000 000 Stück, davon 405 000 auf ETB

1979, 9. Aug. 300 Jahre Botanischer Garten Berlin. ⓔ Pusch; Odr. (5×10); gez. K 13¾.

vn) Venusschuh (Paphiopedilum insigne), Großes Tropenhaus

				★★	⊙
602	50 (Pf)	mehrfarbig	vn	1,—	0,70
			FDC		1,50
			ETB 12/1979		0,70

Auflage: 6 500 000 Stück, davon 405 000 auf ETB

1979, 9. Aug. 300 Jahre Straßenbeleuchtung in Berlin: Historische Straßenlaternen. ⓔ Finke; Odr. (5×5); gez. K 13¾.

vo) Gasbetriebene Modell-Leuchte

vp) Elektrische Kohlenbogenleuchte

vr) Gas-Hängeleuchte

vs) Fünfarmiger Kandelaber

				★★	⊙
603	10 (Pf)	mehrfarbig	vo	0,50	0,30
604	40 (Pf)	mehrfarbig	vp	1,—	0,80
605	50 (Pf)	mehrfarbig	vr	1,50	1,—
606	60 (Pf)	mehrfarbig	vs	1,50	1,50
			Satzpreis (4 W.)	4,50	3,50
			FDC		5,—
			ETB 13/1979		2,50

Auflagen: MiNr. 603 = 15 000 000, MiNr. 604 = 12 000 000, MiNr. 605 = 7 500 000, MiNr. 606 = 10 000 000 Stück, davon je 405 000 auf ETB

1979, 11. Okt. Wohlfahrt: Blätter, Blüten und Früchte des Waldes. 🄴 Schillinger; Odr. (5×10); gez. K 14.

vt) Lärche (Larix decidua)

vu) Haselnuss (Corylus avellana)

vv) Rosskastanie (Aesculus hippocastanum)

vw) Schlehe (Prunus spinosa)

				**	⊙
607	40 + 20 (Pf)	mehrfarbig	vt	0,60	0,60
608	50 + 25 (Pf)	mehrfarbig	vu	0,90	0,90
609	60 + 30 (Pf)	mehrfarbig	vv	1,30	1,30
610	90 + 45 (Pf)	mehrfarbig	vw	1,70	1,70
			Satzpreis (4 W.)	4,50	4,50
			FDC		6,—
			ETB 14/1979		3,—

Auflagen: MiNr. 607 = 8 000 000, MiNr. 608 = 8 300 000, MiNr. 609 = 10 200 000, MiNr. 610 = 4 700 000 Stück, davon je 405 000 auf ETB

1979, 14. Nov./1980, Okt. Freimarke: Burgen und Schlösser (III). 🄴 Schillinger; Bdr. Bogen (B) (10×10), Markenheftchen (MH) und Rollen (R); A = vierseitig, C und D = dreiseitig gez. K 14.

vx) Schloss Rheydt

			**	⊙
611	60 (Pf)	dunkelrosakarmin GA vx		
A		viers. gez. (14.11.1979) (B) (R)	1,20	0,60
C		oben geschn. (Okt. 1980) (MH)	5,50	11,—
D		unten geschn. (Okt. 1980) (MH)	5,50	11,—
		FDC A		1,30
		ETB 15/1979		1,—

Waagerechtes Paar (aus Bogen)

	**	⊙
611 A/611 A	2,60	3,50

Rollenmarke mit rückseitiger Nummer (R):

	Einzelm. **	Einzelm. ⊙	5er-Str. **
611 A R	2,—	2,—	6,20

Einzelmarke mit anhängendem Bogenrand bis zu 50% vorstehender Paarpreise

Senkrechtes Paar (C/D) siehe bei MH 12

Auflage ETB: 425 000 Stück

Weitere Werte siehe Zusammenfassung nach Jahrgangswerttabelle

Bildgleiche Marke ohne Inschrift „BERLIN“ siehe Bundesrepublik Deutschland MiNr. 1028

1979, 14. Nov. 125 Jahre Litfaßsäulen. 🄴 Finke; komb. StTdr. und Odr. (10×5); gez. K 13¾:14.

vy) Straßenszene mit Litfaßsäule

				**	⊙
612	50 (Pf)	schwarzviolettblau/ lebhaftlilakarmin	vy	1,90	1,—
			FDC		1,70
			ETB 16/1979		0,70

Auflage: 6 500 000 Stück, davon 405 000 auf ETB

1979, 14. Nov. Weihnachten. 🄴 Steiner; Odr. (5×5); gez. K 13¾.

vz) Die Geburt Christi; Detail der Initiale „H“ aus einer Handschrift der ehem. Zisterzienserabtei Altenberg (16. Jh.)

				**	⊙
613	40 + 20 (Pf)	mehrfarbig	vz	1,20	1,—
			FDC		1,70
			ETB 17/1979		0,70

Auflage: 6 400 000 Stück, davon 415 000 auf ETB

1980

1980, 14. Febr./April. Freimarken: Burgen und Schlösser (IV). 🄴 Schillinger; Bdr. Bogen (B) (10×10), Markenheftchen (MH) und Rollen (R); A = vierseitig, C und D = dreiseitig gez. K 14.

wa) Renaissance-Schloss Wolfsburg

wb) Wasserschloss Inzlingen

			**	⊙	FDC
614	40 (Pf)	dunkelbraun GA . . wa			
A		vierseitig gez. (14.2.) (B) (R)	0,70	0,40	1,50
615	50 (Pf)	gelblichgrün GA . . wb			
A		vierseitig gez. (14.2.) (B) (R)	0,80	0,40	1,50
C		oben geschnitten (April) (MH)	0,80	2,50	
D		unten geschnitten (April) (MH)	0,80	2,50	
		Satzpreis A (2 W.)	1,50	0,80	2,20
		ETB 2/1980		1,20	

Waagerechtes Paar (aus Bogen)

	**	⊙
614 A/614 A	1,60	2,50
615 A/615 A	2,—	2,50

Rollenmarken mit rückseitiger Nummer (R):

	Einzelm. **	Einzelm. ⊙	5er-Str. **
614 A R	2,20	1,—	5,60
615 A R	3,—	2,80	8,—

Marken mit anhängendem Bogenrand bis zu 50% vorstehender Paarpreise

Senkrechtes Paar (C/D) siehe bei MH 11

Auflage ETB: 425 000 Stück

Weitere Werte siehe Zusammenfassung nach Jahrgangswerttabelle

Bildgleiche Marken ohne Inschrift „BERLIN“ siehe Bundesrepublik Deutschland MiNr. 1037–1038

1980, 14. Febr. 100. Geburtstag von Alfred Wegener (1880–1930), Geophysiker und Meteorologe. 🄴 Gerstetter; Odr. (5×5); gez. K 13¾.

wc) Anfangsstadium der Kontinentalverschiebung

				**	⊙
616	60 (Pf)	mehrfarbig	wc	1,60	1,30
			FDC		2,20
			ETB 1/1980		1,—

Auflage: 7 280 000 Stück, davon 425 000 auf ETB

1980, 10. April. Jugend: Luftfahrt. 🄴 Haase; Odr. (5×10); gez. K 14.

wd) Verkehrsflugzeug Vickers Viscount (1950)

we) Verkehrsflugzeug Fokker F 27 Friendship (1955)

wf) Verkehrsflugzeug Sud Aviation Caravelle (1955)

wg) Hubschrauber Sikorsky S-55 (1949)

				✶✶	⊙
617	40 + 20 (Pf)	mehrfarbig	wd	0,90	0,90
618	50 + 25 (Pf)	mehrfarbig	we	1,—	1,—
619	60 + 30 (Pf)	mehrfarbig	wf	1,20	1,30
620	90 + 45 (Pf)	mehrfarbig	wg	1,60	1,80
			Satzpreis (4 W.)	4,50	5,—
			FDC		6,50
			ETB 3/1980		3,50

Auflagen: MiNr. 617 = 3 052 000, MiNr. 618 = 3 031 000, MiNr. 619 = 3 037 000, MiNr. 620 = 3 022 000 Stück, davon je 430 000 auf ETB

1980, 8. Mai. Sporthilfe. 🄴 Hoch; RaTdr. (5×10); gez. K 14.

wh) Speerwerfen

wi) Gewichtheben

wk) Wasserball

				✶✶	⊙
621	50 + 25 (Pf)	mehrfarbig	wh	1,—	1,—
622	60 + 30 (Pf)	mehrfarbig	wi	1,—	1,—
623	90 + 45 (Pf)	mehrfarbig	wk	1,20	1,20
			Satzpreis (3 W.)	3,—	3,—
			FDC		6,—
			ETB 4/1980		2,50

Auflagen: MiNr. 621 = 2 741 000, MiNr. 622 = 2 815 000, MiNr. 623 = 2 757 000 Stück, davon je 430 000 auf ETB

1980, 8. Mai. Deutscher Katholikentag, Berlin. 🄴 Finke; komb. StTdr. und Odr. (10×5); gez. K 13¾:14.

wl) Kardinal Konrad Graf von Preysing-Lichtenegg-Moos (1880–1950), Bischof von Berlin

				✶✶	⊙
624	50 (Pf)	schwarz/magenta	wl	1,—	0,70
			FDC		1,50
			ETB 5/1980		0,70

Auflage: 6 500 000 Stück, davon 430 000 auf ETB

1980, 10. Juli. 150 Jahre Preußische Museen, Berlin. 🄴 Gerstetter; Odr. (5×5); gez. K 13¾.

wm) Operatio; Emaille-Medaillon mit Goldschmiedearbeit (12. Jh.)

wn) Lesende Mönche; Holzskulptur von Ernst Barlach (1870–1938), Bildhauer, Grafiker, Dichter

				✶✶	⊙
625	40 (Pf)	mehrfarbig	wm	0,80	0,60
626	60 (Pf)	mehrfarbig	wn	1,30	0,80
			Satzpreis (2 W.)	2,—	1,40
			FDC		2,20
			ETB 6/1980		1,40

Auflagen: MiNr. 625 = 10 110 000, MiNr. 626 = 7 610 000 Stück, davon je 430 000 auf ETB

1980, 14. Aug. 100. Geburtstag von Robert Stolz. 🄴 Gerstetter; Odr. (5×10); gez. K 14:13¾.

wo) R. Stolz (1880–1975), österreich. Komponist

				✶✶	⊙
627	60 (Pf)	mehrfarbig	wo	1,40	1,—
			FDC		2,50
			ETB 7/1980		1,—

Auflage: 7 610 000 Stück, davon 450 000 auf ETB

1980, 14. Aug. 250. Geburtstag von Friedrich Wilhelm von Steuben. 🄴 Gerstetter; RaTdr. (10×5); gez. K 13¾:14.

wp) F. W. von Steuben (1730–1794), General der amerikanischen Kontinentalarmee

				✶✶	⊙
628	40 (Pf)	mehrfarbig	wp	1,40	0,70
			FDC		1,50
			ETB 8/1980		1,20

Auflage: 10 110 000 Stück, davon 450 000 auf ETB

1980, 9. Okt. Wohlfahrt: Gefährdete Ackerwildkräuter. 🄴 Schillinger; Odr. (5×5); gez. K 13¾.

wr) Breitsame (Orlaya grandiflora)

ws) Acker-Goldstern (Gagea arvensis)

wt) Sommer-Adonisröschen (Adonis aestivalis)

wu) Kleiner Frauenspiegel (Legousia hybrida)

				✶✶	⊙
629	40 + 20 (Pf)	mehrfarbig	wr	0,80	0,90
630	50 + 25 (Pf)	mehrfarbig	ws	1,10	1,10
631	60 + 30 (Pf)	mehrfarbig	wt	1,10	1,10
632	90 + 45 (Pf)	mehrfarbig	wu	1,90	1,90
			Satzpreis (4 W.)	5,—	5,—
			FDC		6,50
			ETB 9/1980		3,50

Auflagen: MiNr. 629 = 9 052 000, MiNr. 630 = 8 830 000, MiNr. 631 = 10 499 000, MiNr. 632 = 5 124 000 Stück, davon je 470 000 auf ETB

1980, 13. Nov. Weihnachten. 🄴 Stelzer; Odr. (5×5); gez. K 13¾.

wv) Verkündigung der Hirten; aus Handschrift aus Altomünster (frühes 12. Jh.)

				✶✶	⊙
633	40 + 20 (Pf)	mehrfarbig	wv	1,20	1,20
			FDC		1,60
			ETB 11/1980		1,—

Auflage: 6 238 000 Stück, davon 470 000 auf ETB

1980, 13. Nov. Berlin-Ansichten (III). 🄴 Schmidt; StTdr. (10×5); gez. K 13¾:14.

ww) Lilienthal-Gedenkstätte, Berlin-Lichterfelde

wx) „Große Neugierde", Schlosspark Klein-Glienicke

wy) Grunewaldturm

				**	⊙
634	40 (Pf)	schwärzlichopalgrün/schwarz	ww	1,—	0,50
635	50 (Pf)	dunkelrotbraun/schwarz	wx	1,10	1,—
636	60 (Pf)	violettultramarin/schwarz	wy	1,50	1,—
			Satzpreis (3 W.)	3,50	2,50
			FDC		3,20
			ETB 10/1980		1,80

Auflagen: MiNr. 634 = 10 110 000, MiNr. 635 = 10 110 000, MiNr. 636 = 8 110 000 Stück, davon je 425 000 auf ETB

Weitere Ausgaben „Berlin-Ansichten": MiNr. 529–531, 578–580, 685–687

1981

1981, 15. Jan. 200. Geburtstag von Achim von Arnim. Ⓔ **Gerstetter; StTdr. (10×5); gez. K 13¾:14.**

wz) A. von Arnim (1781–1831), Dichter

				**	⊙
637	60 (Pf)	schwarzgrünoliv	wz	1,20	0,80
			FDC		1,50
			ETB 1/1981		0,70

Auflage: 6 650 000 Stück, davon 476 000 auf ETB

1981, 15. Jan. 200. Geburtstag von Adelbert von Chamisso. Ⓔ **Gerstetter; Odr. (10×5); gez. K 13¾:14.**

xa) A. von Chamisso (1781–1838), Dichter und Naturforscher

				**	⊙
638	60 (Pf)	mehrfarbig	xa	1,20	0,80
			FDC		1,50
			ETB 2/1981		0,70

Auflage: 6 650 000 Stück, davon 476 000 auf ETB

1981, 15. Jan. 250. Geburtstag von Karl Philipp von Gontard. Ⓔ **Schmidt; Odr. (5×10); gez. K 14.**

xb) K. von Gontard (1731–1791), Architekt; Königskolonnaden am Kleist-Park

				**	⊙
639	50 (Pf)	mehrfarbig	xb	1,20	0,80
			FDC		1,50
			ETB 3/1981		0,70

Auflage: 6 650 000 Stück, davon 476 000 auf ETB

1981, 12. Febr. 200. Geburtstag von Karl Friedrich Schinkel (1781–1841), Baumeister und Maler. Ⓔ **Gerstetter; StTdr. (10×5); gez. K 13¾:14.**

xc) Nationaldenkmal für die Befreiungskriege 1813–1815, Berlin-Kreuzberg

				**	⊙
640	40 (Pf)	schwärzlichbraunocker/ schwarzgrünlicholiv	xc	1,40	1,—
			FDC		1,70
			ETB 4/1981		0,70

Auflage: 12 150 000 Stück, davon 476 000 auf ETB

1981, 10. April. Jugend: Optische Instrumente. Ⓔ **Schillinger; Odr. (5×5); gez. K 13¾.**

xd) Theodolit (um 1810)

xe) Äquatoreal (um 1820)

xf) Mikroskop (1790)

xg) Sextant (um 1830)

				**	⊙
641	40 + 20 (Pf)	mehrfarbig	xd	0,60	0,70
642	50 + 25 (Pf)	mehrfarbig	xe	0,90	1,—
643	60 + 30 (Pf)	mehrfarbig	xf	1,20	1,30
644	90 + 45 (Pf)	mehrfarbig	xg	1,80	2,—
			Satzpreis (4 W.)	4,50	5,—
			FDC		7,—
			ETB 5/1981		3,—

Auflagen: MiNr. 641 = 3 776 000, MiNr. 642 = 3 227 000, MiNr. 643 = 3 265 000, MiNr. 644 = 3 226 000 Stück, davon je 476 000 auf ETB

1981, 10. April. Sporthilfe. Ⓔ **Aretz; Odr. (5×10); gez. K 14.**

xh) Frauen-Gruppengymnastik

xi) Volkslauf

				**	⊙
645	60 + 30 (Pf)	mehrfarbig	xh	1,20	1,10
646	90 + 45 (Pf)	mehrfarbig	xi	1,80	1,70
			Satzpreis (2 W.)	3,—	2,80
			FDC		5,50
			ETB 6/1981		1,80

Auflagen: MiNr. 645 = 4 049 000, MiNr. 646 = 3 462 000 Stück, davon je 476 000 auf ETB

1981, 16. Juli. 150. Geburtstag von Reinhold Begas. Ⓔ **Gerstetter; RaTdr. (5×10); gez. K 14:13¾.**

xk) Amor und Psyche; Marmorskulptur von R. Begas (1831–1911), Bildhauer

				**	⊙
647	50 (Pf)	schwärzlichkobalt/ schwarz	xk	1,—	0,70
			FDC		1,30
			ETB 7/1981		0,70

Auflage: 8 670 000 Stück, davon 476 000 auf ETB

1981, 16. Juli. Preußen-Ausstellung, Berlin-Kreuzberg. Ⓔ **Gerstetter; Odr. (10×5); gez. K 13¾:14.**

xl) Orden „Pour le mérite für Kunst und Wissenschaft"

				**	⊙
648	40 (Pf)	mehrfarbig	xl	1,—	0,70
			FDC		1,30
			ETB 8/1981		0,70

Auflage: 15 170 000 Stück, davon 476 000 auf ETB

1981, 16. Juli. Internationale Funkausstellung (IFA), Berlin. Ⓔ **Gerstetter; Odr. (5×10); gez. K 14:13¾.**

xm) Haus des Rundfunks, Berlin-Charlottenburg

				**	⊙
649	60 (Pf)	mehrfarbig	xm	1,60	1,—
			FDC		1,60
			ETB 9/1981		1,—

Auflage: 7 820 000 Stück, davon 476 000 auf ETB

1981, 8. Okt. Wohlfahrt: Gefährdete Moor-, Sumpfwiesen- und Wasserpflanzen. Ⓔ **Schillinger; Odr. (5×5); gez. K 13¾.**

xn) Schlangenwurz (Calla palustris)

xo) Karlsszepter (Pedicularis sceptrumcarolinum)

xp) Sumpfgladiole (Gladiolus palustris)

xr) Sibirische Schwertlilie (Iris sibirica)

				**	⊙
650	40 + 20 (Pf)	mehrfarbig	xn	1,—	1,—
651	50 + 25 (Pf)	mehrfarbig	xo	1,—	1,—
652	60 + 30 (Pf)	mehrfarbig	xp	1,—	1,—
653	90 + 45 (Pf)	mehrfarbig	xr	2,—	2,—
			Satzpreis (4 W.)	5,—	5,—
			FDC		6,—
			ETB 10/1981		3,50

Auflagen: MiNr. 650 = 9 490 000, MiNr. 651 = 8 746 000, MiNr. 652 = 10 155 000, MiNr. 653 = 4 502 000 Stück, davon je 481 000 auf ETB

1981, 12. Nov. 200. Geburtstag von Peter Christian Wilhelm Beuth. Ⓔ **Schmidt; komb. StTdr. und Odr. (10×5); gez. K 13¾:14.**

xs) P. Chr. W. Beuth (1781–1853), Verwaltungsfachmann

				**	⊙
654	60 (Pf)	ockerbraun/ blauschwarz	xs	1,—	0,90
			FDC		1,50
			ETB 11/1981		0,70

Auflage: 6 670 000 Stück, davon 481 000 auf ETB

1981, 12. Nov. Skulpturen des 20. Jahrhunderts. Ⓔ **Gerstetter; RaTdr. (10×5); gez. K 13¾:14.**

xt) Tänzer Nijinsky (1914); von Georg Kolbe (1877–1947), Maler und Bildhauer

xu) Mutter Erde II (1920); von Ernst Barlach (1870–1938), Bildhauer, Grafiker, Dichter

xv) Kniende Flora (1930); von Richard Scheibe (1879–1964), Bildhauer

				**	⊙
655	40 (Pf)	mehrfarbig	xt	0,70	0,50
656	60 (Pf)	mehrfarbig	xu	1,20	0,80
657	90 (Pf)	mehrfarbig	xv	1,60	1,40
			Satzpreis (3 W.)	3,50	2,60
			FDC		3,50
			ETB 12/1981		1,90

Auflagen: MiNr. 655 = 12 570 000, MiNr. 656 = 8 170 000, MiNr. 657 = 8 270 000 Stück, davon je 481 000 auf ETB

1981, 12. Nov. Weihnachten. Ⓔ **Froitzheim; Odr. (5×5); gez. K 13¾.**

xw) Hl. Drei Könige, Hinterglasmalerei (um 1820) aus Buchers (Böhmerwald)

				**	⊙
658	40 + 20 (Pf)	mehrfarbig	xw	1,20	1,—
			FDC		1,50
			ETB 13/1981		1,—

Auflage: 6 283 000 Stück, davon 481 000 auf ETB

1982

1982, 18. Febr. 750 Jahre Stadt Spandau. Ⓔ **Gerstetter; komb. StTdr. und Odr. (5×10); gez. K 14.**

xx) Spandau (um 1232), Stadtwappen

				**	⊙
659	60 (Pf)	mehrfarbig	xx	1,50	1,20
			FDC		1,90
			ETB 1/1982		1,—

Auflage: 8 200 000 Stück, davon 486 000 auf ETB

1982, 15. April. Jugend: Historische Kraftfahrzeuge. Ⓔ **Schillinger; Odr. (5×10); gez. K 14.**

xy) Daimler-Stahlradwagen (1889)

xz) Wanderer-Puppchen (1911)

ya) Adler-Limousine (1913)

yb) DKW F 1 (1931)

				**	⊙
660	40 + 20 (Pf)	mehrfarbig	xy	0,80	0,90
661	50 + 25 (Pf)	mehrfarbig	xz	0,90	1,—
662	60 + 30 (Pf)	mehrfarbig	ya	1,—	1,20
663	90 + 45 (Pf)	mehrfarbig	yb	1,80	2,—
			Satzpreis (4 W.)	4,50	5,—
			FDC		8,50
			ETB 2/1982		3,50

Auflagen: MiNr. 660 = 3 443 000, MiNr. 661 = 3 409 000, MiNr. 662 = 3 396 000, MiNr. 663 = 3 337 000 Stück, davon je 496 000 auf ETB

1982, 15. April. Sporthilfe. Ⓔ **Buschfeld; Odr. (5×10); gez. K 14.**

yc) Leistungssport: Kurzstreckenlauf

yd) Jugendsport: Volleyball

				**	⊙
664	60 + 30 (Pf)	mehrfarbig	yc	1,20	1,—
665	90 + 45 (Pf)	mehrfarbig	yd	1,80	1,40
			Satzpreis (2 W.)	3,—	2,40
			FDC		4,20
			ETB 3/1982		1,80

Auflagen: MiNr. 664 = 3 204 000, MiNr. 665 = 3 090 000 Stück, davon je 496 000 auf ETB

1982, 15. April. 100 Jahre Berliner Philharmonisches Orchester. Ⓔ **Gerstetter; komb. Odr. und Prägedruck (10×5); gez. K 13¾:14.**

ye) Harfe, Inschrift

				**	⊙
666	60 (Pf)	mehrfarbig	ye	1,50	1,—
			FDC		1,50
			ETB 4/1982		0,70

Auflage: 7 215 000 Stück, davon 496 000 auf ETB

1982, 5. Mai. Aufnahme Salzburger Emigranten in Preußen vor 250 Jahren. Ⓔ **Gerstetter; komb. StTdr. und Odr. (5×10); gez. K 14:13¾.**

yf) Salzburger Emigranten erreichen 1732 die preußische Grenze (Holzschnitt)

				**	⊙
667	50 (Pf)	mehrfarbig	yf	1,—	0,70
			FDC		1,30
			ETB 5/1982		0,70

Auflage: 8 135 000 Stück, davon 496 000 auf ETB

1982, 16. Juni/15. Juli. Freimarken: Industrie und Technik (III). Ⓔ Gerstetter (MiNr. 668), Fuchs (MiNr. 669), Knoblauch und Beer (MiNr. 670, 671) und Falz (MiNr. 672); StTdr. (10×10); gez. K 14.

yg) Farbfernsehkamera

yh) Brauanlage

uu) Löffelbagger

uw) Flughafen Frankfurt

yi) Magnetbahn

					★★	⊙	FDC
668	110	(Pf)	dunkelgraupurpur (16. Juni)	yg	1,70	1,50	3,—
669	130	(Pf)	dunkelmagenta (16. Juni)	yh	2,80	1,80	3,50
670	190	(Pf)	lebhaftgelbbraun (15. Juli)	uu	3,50	3,—	5,—
671	250	(Pf)	schwärzlichgelbsmaragdgrün (15. Juli)	uw	5,—	3,—	6,—
672	300	(Pf)	dunkelbraunoliv (16. Juni)	yi	5,—	3,—	10,—
				Satzpreis (5 W.)	18,—	12,—	
				ETB 6/1982 (mit MiNr. 668, 669, 672)		4,—	
				ETB 8/1982 (mit MiNr. 670, 671)		3,50	

Weitere FDC-Bewertungen:

	FDC
668, 669, 672 (16. Juni)	11,—
670, 671 (15. Juli)	7,50

Auflagen (inklusive ETB): MiNr. 668 = 11 000 000, MiNr. 669 = 10 000 000, MiNr. 670 = 8 500 000, MiNr. 671 = 10 500 000, MiNr. 672 = 10 800 000 Stück
Auflagen ETB: 6/1982 = 496 000, 8/1982 = 516 000 Stück

Weitere Werte siehe Zusammenfassung nach Jahrgangswerttabelle

Bildgleiche Marken ohne Inschrift „BERLIN“ siehe Bundesrepublik Deutschland MiNr. 1134–1138

1982, 16. Juni/15. Juli. Freimarken: Burgen und Schlösser (V). Ⓔ Schillinger; Bdr. Bogen (B) (10×10), Markenheftchen (MH) und Rollen (R); A = vierseitig, C und D = dreiseitig gez. K 14.

yk) Schloss Lichtenstein

yl) Schloss Wilhelmsthal

ym) Schloss Charlottenburg

yn) Schloss Ahrensburg

yo) Schloss Herrenhausen

					★★	⊙	FDC
673 A	35	(Pf)	lebhaftbraunrot, vierseitig gezähnt (16. Juni) (B) (R)	yk	0,40	0,40	2,20
674	80	(Pf)	oliv [GA]	yl			
A			vierseitig gezähnt (16. Juni) (B) (R)		0,80	0,40	2,60
C			oben geschnitten (Juni) (MH)		6,—	9,—	
D			unten geschnitten (Juni) (MH)		6,—	9,—	
675 A	120	(Pf)	violett, vierseitig gezähnt (15. Juli) (B) (R)	ym	1,30	1,20	4,—
676 A	280	(Pf)	lebhaftkobaltblau, vierseitig gezähnt (15. Juli) (B) (R)	yn	4,50	3,—	6,—
677 A	300	(Pf)	lebhaftbräunlichrot, vierseitig gezähnt (16. Juni) (B) (R)	yo	4,50	3,—	9,—
				Satzpreis A (5 W.)	11,—	8,—	
				ETB 7/1982 (mit MiNr. 673 A, 674 A, 677 A)		1,80	
				ETB 9/1982 (mit MiNr. 675 A, 676 A)		2,40	

Weitere FDC-Bewertungen:

	FDC
673 A, 674 A, 677 A (16. Juni)	11,—
675 A, 676 A (15. Juli)	7,50

Waagerechte Paare (aus Bogen):

	★★	⊙
673 A/673 A	1,50	3,60
674 A/674 A	2,—	5,—
675 A/675 A	3,50	7,50
676 A/676 A	9,50	17,—
677 A/677 A	9,50	17,—
Satzpreis (5 Paare)	25,—	50,—

Einzelmarken mit anhängendem Bogenrand bis zu 50% vorstehender Paarpreise

Senkrechtes Paar (C/D) siehe bei MH 13

Rollenmarken mit rückseitiger Nummer (R):

	Einzelmarken		5er-Str.
	★★	⊙	★★
673 A R	1,80	2,40	4,60
674 A R	3,40	1,60	12,50
675 A R	3,60	5.50	9,20
676 A R	7,20	7,80	28,—
677 A R	15,—	9,50	40,—

Auflagen ETB: 7/1982 = 496 000, 9/1982 = 516 000 Stück

Weitere Werte siehe Zusammenfassung nach Jahrgangswerttabelle

Bildgleiche Marken ohne Inschrift „BERLIN“ siehe Bundesrepublik Deutschland MiNr. 1139–1143

1982, 15. Juli. Moderne Gemälde aus Berliner Sammlungen. 🄴 Schmidt; RaTdr. (5×10); gez. K 13¾.

yp) Italienische Steinträger; von Max Pechstein (1881–1955)

yr) Zwei badende Mädchen; von Otto Mueller (1874–1930)

				✱✱	⊙
678	50 (Pf)	mehrfarbig	yp	1,20	0,90
679	80 (Pf)	mehrfarbig	yr	1,80	1,40
			Satzpreis (2 W.)	3,—	2,20
			FDC		3,50
			ETB 10/1982		1,80

Auflagen: MiNr. 678 = 11 485 000, MiNr. 679 = 10 135 000 Stück, davon je 516 000 auf ETB

1982, 14. Okt. Wohlfahrt: Gartenrosen. 🄴 Schillinger; Odr. (10×5); gez. K 13¾:14.

ys) Floribunda-Grandiflora

yt) Teehybride

yu) Floribunda

yv) Miniaturrose

				✱✱	⊙
680	50 + 20 (Pf)	mehrfarbig	ys	1,20	1,20
681	60 + 30 (Pf)	mehrfarbig	yt	1,20	1,20
682	80 + 40 (Pf)	mehrfarbig	yu	2,—	2,—
683	120 + 60 (Pf)	mehrfarbig	yv	3,20	3,20
			Satzpreis (4 W.)	7,50	7,50
			FDC		8,—
			ETB 11/1982		5,—

Auflagen: MiNr. 680 = 13 439 000, MiNr. 681 = 11 941 000, MiNr. 682 = 10 905 000, MiNr. 683 = 4 696 000 Stück, davon je 516 000 auf ETB

1982, 10. Nov. 250. Geburtstag von Carl Gotthard Langhans. 🄴 Gerstetter; komb. StTdr. und Odr. (5×10); gez. K 14.

yw) Schlosstheater in Charlottenburg; Handzeichnung von C. G. Langhans (1732–1808), Baumeister

				✱✱	⊙
684	80 (Pf)	mehrfarbig	yw	2,—	1,60
			FDC		2,40
			ETB 12/1982		1,20

Auflage: 7 635 000 Stück, davon 516 000 auf ETB

1982, 10. Nov. Berlin-Ansichten (IV). 🄴 Gerstetter; StTdr. (10×5); gez. K 13¾:14.

yx) Villa Borsig

yy) Kirche St. Peter und Paul

yz) Villa von der Heydt

				✱✱	⊙
685	50 (Pf)	violettultramarin/schwarz	yx	1,20	0,90
686	60 (Pf)	lebhaftmagenta/schwarz	yy	1,40	1,10
687	80 (Pf)	schwärzl'braunorange/schwarz	yz	2,—	1,20
			Satzpreis (3 W.)	4,50	3,—
			FDC		3,50
			ETB 13/1982		2,50

Auflagen: MiNr. 685 = 12 135 000, MiNr. 686 = 8 135 000, MiNr. 687 = 8 135 000 Stück, davon je 516 000 auf ETB

Weitere Ausgaben „Berlin-Ansichten“: MiNr. 529–531, 578–580, 634–636

1982, 10. Nov. Weihnachten. 🄴 Wiese; Odr. (10×5); gez. K 13¾:14.

za) Die Anbetung der Hl. Drei Könige; Detail des Petri-Altars von Meister Bertram von Minden (um 1345–1415), Maler

				✱✱	⊙
688	50 + 20 (Pf)	mehrfarbig	za	1,20	1,—
			FDC		1,90
			ETB 14/1982		1,—

Auflage: 8 954 000 Stück, davon 516 000 auf ETB

1983

1983, 13. Jan. Historische Straßenpumpen in Berlin. 🄴 Gerstetter; RaTdr. (10×5); gez. K 13¾:14.

zb) Lauchhammerpumpe (um 1900), Klausenerplatz

zc) Ventilbrunnen (um 1900), Chamissoplatz

zd) Lauchhammerpumpe (um 1900), Schlossstraße

ze) Krausepumpe (um 1900), Kurfürstendamm/Ecke Leibnizstraße

				✱✱	⊙
689	50 (Pf)	mehrfarbig	zb	1,50	1,—
690	60 (Pf)	mehrfarbig	zc	1,70	1,—
691	80 (Pf)	mehrfarbig	zd	2,—	1,60
692	120 (Pf)	mehrfarbig	ze	3,—	2,60
			Satzpreis (4 W.)	8,—	6,—
			FDC		7,—
			ETB 1/1983		4,50

Auflagen: MiNr. 689 = 12 130 000, MiNr. 690 = 8 130 000, MiNr. 691 = 8 130 000, MiNr. 692 = 7 630 000 Stück, davon je 526 000 auf ETB

1983, 8. Febr. 150 Jahre Telegraphenlinie Berlin-Coblenz. 🄴 Falz; StTdr. (10×5); gez. K 13¾:14.

zf) Königlich-Preußische Telegraphen-Inspektoren

				✱✱	⊙
693	80 (Pf)	schwarzgraubraun	zf	2,20	2,—
			FDC		2,60
			ETB 2/1983		1,50

Auflage: 8 130 000 Stück, davon 526 000 auf ETB

1983, 12. April. Jugend: Historische Motorräder. 🄴 Schillinger; Odr. (5×10); gez. K 14.

zg) Hildebrand & Wolfmüller (1894)

zh) Wanderer (1908)

zi) DKW-Lomos (1922)

zk) Mars (1925)

				✱✱	⊙
694	50 + 20 (Pf)	mehrfarbig	zg	1,—	0,70
695	60 + 30 (Pf)	mehrfarbig	zh	1,50	1,30
696	80 + 40 (Pf)	mehrfarbig	zi	1,70	1,30
697	120 + 60 (Pf)	mehrfarbig	zk	3,80	3,40
			Satzpreis (4 W.)	8,—	6,50
			FDC		7,50
			ETB 3/1983		4,50

Auflagen: MiNr. 694 = 2 921 000, MiNr. 695 = 2 927 000, MiNr. 696 = 2 922 000, MiNr. 697 = 2 906 000 Stück, davon je 496 000 auf ETB

1983, 12. April. Sporthilfe: Sportereignisse 1983. Ⓔ **Rothacker; RaTdr. (5×10); gez. K 14.**

zl) Europameisterschaften in den Lateinamerikanischen Tänzen, Berlin

zm) Eishockey-Weltmeisterschaft, Düsseldorf, Dortmund, München

					★★	⊙
698	80 + 40 (Pf)	mehrfarbig	....	zl	1,80	1,50
699	120 + 60 (Pf)	mehrfarbig	....	zm	2,70	2,50
				Satzpreis (2 W.)	4,50	4,—
				FDC		6,—
				ETB 4/1983		3,—

Auflagen: MiNr. 698 = 2 762 000, MiNr. 699 = 2 752 000 Stück, davon je 496 000 auf ETB

1983, 5. Mai. 300. Geburtstag von Antoine Pesne. Ⓔ **Schmidt; RaTdr. (10×5); gez. K 13¾:14.**

zn) La Barbarina; Gemälde von A. Pesne (1683–1757), französ. Maler

					★★	⊙
700	50 (Pf)	mehrfarbig	....	zn	1,20	1,—
				FDC		1,50
				ETB 5/1983		0,70

Auflage: 12 130 000 Stück, davon 496 000 auf ETB

1983, 14. Juli. 100. Geburtstag von Joachim Ringelnatz. Ⓔ **Schmidt; Odr. (10×5); gez. K 13¾:14.**

zo) J. Ringelnatz (1883–1934), Maler und Schriftsteller; Scherenschnitt

					★★	⊙
701	50 (Pf)	mehrfarbig	....	zo	1,40	1,—
				FDC		1,50
				ETB 6/1983		1,—

Auflage: 10 130 000 Stück, davon 483 000 auf ETB

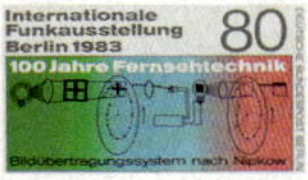

1983, 14. Juli. Internationale Funkausstellung (IFA), Berlin. Ⓔ **Schmidt; Odr. (5×10); gez. K 14.**

zp) Elektrisches Bildübertragungssystem nach Paul Nipkow (1860–1940), Ingenieur

					★★	⊙
702	80 (Pf)	mehrfarbig	....	zp	2,—	1,70
				FDC		2,20
				ETB 7/1983		1,10

Auflage: 10 130 000 Stück, davon 483 000 auf ETB

1983, 13. Okt. Wohlfahrt: Gefährdete Alpenblumen. Ⓔ **Blume; Odr. (10×5); gez. K 13¾:14.**

zr) Berghähnlein (Anemone narcissiflora)

zs) Alpenaurikel (Primula auricula)

zt) Zwerg-Primel (Primula minima)

zu) Einseles Akelei (Aquilegia einseleana)

					★★	⊙
703	50 + 20 (Pf)	mehrfarbig	....	zr	0,80	0,80
704	60 + 30 (Pf)	mehrfarbig	....	zs	1,20	1,20
705	80 + 40 (Pf)	mehrfarbig	....	zt	2,20	2,20
706	120 + 60 (Pf)	mehrfarbig	....	zu	3,—	3,40
				Satzpreis (4 W.)	7,—	7,50
				FDC		9,—
				ETB 8/1983		5,50

Auflagen: MiNr. 703 = 8 540 000, MiNr. 704 = 7 690 000, MiNr. 705 = 11 330 000, MiNr. 706 = 4 230 000 Stück, davon je 463 000 auf ETB

1983, 10. Nov. Weihnachten. Ⓔ **Steiner; Odr. (10×5); gez. K 13¾:14.**

zv) Afrikanische Krippe

					★★	⊙
707	50 + 20 (Pf)	mehrfarbig	....	zv	1,20	1,20
				FDC		2,—
				ETB 9/1983		1,—

Auflage: 6 980 000 Stück, davon 463 000 auf ETB

1984

1984, 12. Jan. Kunstschätze in Berliner Museen. Ⓔ **Görs; Odr. (5×5); gez. K 13¾.**

zw) Königin Kleopatra VII. (Antikenmuseum)

zx) Ehepaar aus der Nekropole von Giza (Ägyptisches Museum)

zy) Göttin mit dem Perlenturban (Museum für Völkerkunde)

zz) Majolika-Schale (Kunstgewerbemuseum)

					★★	⊙
708	30 (Pf)	mehrfarbig	....	zw	1,20	1,—
709	50 (Pf)	mehrfarbig	....	zx	1,60	1,40
710	60 (Pf)	mehrfarbig	....	zy	2,—	1,80
711	80 (Pf)	mehrfarbig	....	zz	2,80	2,50
				Satzpreis (4 W.)	7,50	6,50
				FDC		7,—
				ETB 1/1984		4,50

Auflagen: MiNr. 708 = 14 525 000, MiNr. 709 = 10 092 000, MiNr. 710 = 8 100 000, MiNr. 711 = 8 092 000 Stück, davon je 461 000 auf ETB

1984, 12. April. Jugend: Bestäuberinsekten. Ⓔ **Nitsche; Odr. (10×5); gez. K 13¾:14.**

aaa) Pinselkäfer (Trichius fasciatus), Gemeiner Pastinak (Pastinaca sativa)

aab) Esparsetten-Widderchen (Agrumenia carniolica), Acker-Witwenblume (Knautia arvensis)

aac) Erdhummel (Bombus terrestris), Weißklee (Trifolium repens)

aad) Schwebfliege (Eristalis tenax), Kohl-Gänsedistel (Sonchus oleraceus)

					★★	⊙
712	50 + 20 (Pf)	mehrfarbig	....	aaa	1,30	0,80
713	60 + 30 (Pf)	mehrfarbig	....	aab	1,30	1,—
714	80 + 40 (Pf)	mehrfarbig	....	aac	2,—	1,80
715	120 + 60 (Pf)	mehrfarbig	....	aad	3,—	3,—
				Satzpreis (4 W.)	7,50	6,50
				FDC		7,50
				ETB 2/1984		4,50

Auflagen: MiNr. 712 = 2 619 000, MiNr. 713 = 2 646 000, MiNr. 714 = 2 647 000, MiNr. 715 = 2 637 000 Stück, davon je 441 000 auf ETB

1984, 12. April. Sporthilfe: Olympische Sommerspiele, Los Angeles. Ⓔ **Kefer und Münch; Odr. (5×10); gez. K 14.**

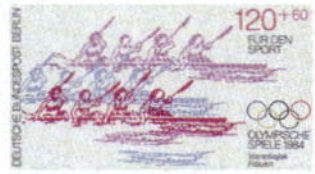

aae) Hürdenlauf, Frauen aaf) Straßenradfahren, Frauen aag) Viererkajak, Frauen

				**	⊙
716	60 + 30 (Pf)	mehrfarbig	aae	2,—	1,40
717	80 + 40 (Pf)	mehrfarbig	aaf	2,—	1,40
718	120 + 60 (Pf)	mehrfarbig	aag	3,50	3,50
			Satzpreis (3 W.)	7,50	6,—
			FDC		8,50
			ETB 3/1984		4,50

Auflagen: MiNr. 716 = 2 502 000, MiNr. 717 = 2 500 000, MiNr. 718 = 2 500 000 Stück, davon je 441 000 auf ETB

1984, 8. Mai. 50. Todestag von Dr. Erich Klausener. Ⓔ **Fuchs; StTdr. (10×5); gez. K 14:13¾.**

aah) E. Klausener (1885–1934), kath. Kirchenpolitiker; Emblem des Katholikentages, Berlin (1934)

				**	⊙
719	80 (Pf)	schwarzbläulichgrün/ schwärzlichopalgrün	aah	1,40	1,—
			FDC		1,70
			ETB 4/1984		1,—

Auflage: 6 600 000 Stück, davon 441 000 auf ETB

1984, 8. Mai. 100 Jahre Strom für Berlin. Ⓔ **Schmidt; RaTdr. (10×5); gez. K 13¾:14.**

aai) Allegorie von Karl Ludwig Sütterlin (1865–1917), Grafiker

				**	⊙
720	50 (Pf)	mehrfarbig	aai	1,20	1,—
			FDC		1,70
			ETB 5/1984		0,70

Auflage: 10 095 000 Stück, davon 441 000 auf ETB

1984, 8. Mai. Konferenz der Europäischen Kulturminister, Berlin. Ⓔ **Gerstetter; Odr. (10×5); gez. K 13¾:14.**

aak) Konferenzemblem

				**	⊙
721	60 (Pf)	mehrfarbig	aak	1,50	1,—
			FDC		1,70
			ETB 6/1984		1,—

Auflage: 8 100 000 Stück, davon 441 000 auf ETB

1984, 19. Juni. 100. Todestag von Alfred Edmund Brehm. Ⓔ **Gerstetter; komb. StTdr. und Odr. (5×10); gez. K 14.**

aal) A. E. Brehm (1829–1884), Zoologe; Weißstorch (Ciconia ciconia)

				**	⊙
722	80 (Pf)	mehrfarbig	aal	2,20	1,70
			FDC		2,20
			ETB 7/1984		1,50

Auflage: 9 100 000 Stück, davon 441 000 auf ETB

1984, 21. Aug. 150. Todestag von Dr. Ernst Ludwig Heim. Ⓔ **Fuchs; StTdr. (10×5); gez. K 13¾:14.**

aam) Dr. E. L. Heim (1747–1834), Arzt

				**	⊙
723	50 (Pf)	braunkarmin/schwarz	aam	1,40	1,—
			FDC		1,60
			ETB 8/1984		1,—

Auflage: 8 590 000 Stück, davon 441 000 auf ETB

1984, 18. Okt. Wohlfahrt: Orchideen. Ⓔ **Jacki; Odr. (5×10); gez. K 14:13¾.**

aan) Kleines Zweiblatt (Listera cordata) aao) Fliegenragwurz (Ophrys insectifera) aap) Echte Sumpfwurz (Epipactis palustris) aar) Wanzen-Knabenkraut (Orchis coriophora)

				**	⊙
724	50 + 20 (Pf)	mehrfarbig	aan	1,80	1,—
725	60 + 30 (Pf)	mehrfarbig	aao	1,80	1,—
726	80 + 40 (Pf)	mehrfarbig	aap	2,50	2,—
727	120 + 60 (Pf)	mehrfarbig	aar	4,50	4,—
			Satzpreis (4 W.)	10,—	8,—
			FDC		11,—
			ETB 9/1984		6,50

Auflagen: MiNr. 724 = 9 105 000, MiNr. 725 = 7 517 000, MiNr. 726 = 10 843 000, MiNr. 727 = 4 213 000 Stück, davon je 435 000 auf ETB

1984, 8. Nov. 100. Geburtstag von Karl Schmidt-Rottluff. Ⓔ **Görs; Odr. (10×5); gez. K 13¾:14.**

aas) Sonnenblumen auf grauem Grund; Gemälde von K. Schmidt-Rottluff (1884–1976), Maler und Grafiker

				**	⊙
728	60 (Pf)	mehrfarbig	aas	1,40	1,—
			FDC		1,70
			ETB 10/1984		1,—

Auflage: 7 650 000 Stück, davon 435 000 auf ETB

1984, 8. Nov. Weihnachten. Ⓔ **Steiner; Odr. (5×10); gez. K 14:13¾.**

aat) Hl. Nikolaus

				**	⊙
729	50 + 20 (Pf)	mehrfarbig	aat	1,40	1,40
			FDC		1,70
			ETB 11/1984		1,—

Auflage: 6 958 000 Stück, davon 435 000 auf ETB

1985

1985, 21. Febr. 200. Geburtstag von Bettina von Arnim. Ⓔ **Görs; komb. StTdr. und Odr. (10×5); gez. K 13¾:14.**

aau) Elisabeth (genannt Bettina) von Arnim (1785–1859), Schriftstellerin; Radierung von Emil Ludwig Grimm (1790–1863)

				**	⊙
730	50 (Pf)	mehrfarbig	aau	1,20	1,10
			FDC		1,70
			ETB 1/1985		1,30

Auflage: 11 550 000 Stück, davon 435 000 auf ETB

1985, 21. Febr. 150. Todestag von Wilhelm Freiherr von Humboldt. 🄴 **Görs; StTdr. (5×10); gez. K 14:13¾.**

aav) W. Frh. von Humboldt (1767–1835); Gelehrter und Staatsmann; Marmorskulptur von Paul Otto (1846–1893)

			**	⊙
731	80 (Pf) mehrfarbig	aav	2,40	2,—
		FDC		2,60
		ETB 2/1985		1,30

Auflage: 7 600 000 Stück, davon 435 000 auf ETB

1985, 21. Febr. Sporthilfe: Basketball-Europameisterschaft der Männer, Stuttgart, Leverkusen und Karlsruhe; 60 Jahre Deutscher Tischtennis-Bund (DTTB). 🄴 **Rothacker; RaTdr. (5×10); gez. K 14.**

aaw) Basketball

aax) Tischtennis

			**	⊙
732	80 + 40 (Pf) mehrfarbig	aaw	1,80	1,80
733	120 + 60 (Pf) mehrfarbig	aax	3,—	3,—
		Satzpreis (2 W.)	4,80	4,80
		FDC		5,50
		ETB 3/1985		3,—

Auflagen: MiNr. 732 = 3 170 000, MiNr. 733 = 2 610 000 Stück, davon je 420 000 auf ETB

1985, 16. April. Bundesgartenschau, Berlin. 🄴 **Görs; Odr. (5×5); gez. K 13¾.**

aay) Emblem

			**	⊙
734	80 (Pf) mehrfarbig	aay	1,70	1,40
		FDC		1,60
		ETB 4/1985		1,30

Auflage: 8 175 000 Stück, davon 440 000 auf ETB

1985, 16. April. Jugend: Historische Fahrräder; Internationales Jahr der Jugend. 🄴 **Schillinger; Odr. (5×10); gez. K 14:13¾.**

aaz) Büssing-Rad (1868)

aba) Kinderdreirad (1885)

abb) Jaray-Rad (1925)

abc) Opel-Rennrad (1925)

			**	⊙
735	50 + 20 (Pf) mehrfarbig	aaz	1,50	1,50
736	60 + 30 (Pf) mehrfarbig	aba	1,50	1,50
737	80 + 40 (Pf) mehrfarbig	abb	2,—	2,20
738	120 + 60 (Pf) mehrfarbig	abc	4,50	4,80
		Satzpreis (4 W.)	9,50	10,—
		FDC		12,—
		ETB 5/1985		6,50

Auflagen: MiNr. 735 = 2 400 000, MiNr. 736 = 2 390 000, MiNr. 737 = 2 410 000, MiNr. 738 = 2 380 000 Stück, davon je 420 000 auf ETB

1985, 7. Mai. 100. Geburtstag von Otto Klemperer. 🄴 **Görs; StTdr. (5×10); gez. K 14.**

abd) O. Klemperer (1885–1973), Dirigent

			**	⊙
739	60 (Pf) schwarzlilaultramarin	abd	1,70	1,40
		FDC		1,80
		ETB 6/1985		1,30

Auflage: 6 100 000 Stück, davon 420 000 auf ETB

1985, 7. Mai. 300 Jahre Berliner Börse. 🄴 **Görs; komb. StTdr. und Odr. (5×10); gez. K 14.**

abe) Gebäude der Berliner Börse (1863–1945)

			**	⊙
740	50 (Pf) mehrfarbig	abe	1,40	1,10
		FDC		1,70
		ETB 7/1985		1,—

Auflage: 9 580 000 Stück, davon 420 000 auf ETB

1985, 16. Juli. Internationale Funkausstellung (IFA), Berlin; 50 Jahre Deutscher Fernsehrundfunk. 🄴 **Görs; Odr. (5×10); gez. K 14.**

abf) Fernsehkamera und Fernsehempfänger „FE 3“ (1935)

			**	⊙
741	80 (Pf) mehrfarbig	abf	2,40	2,—
		FDC		2,50
		ETB 8/1985		1,30

Auflage: 6 100 000 Stück, davon 420 000 auf ETB

1985, 16. Juli. Weltkongress der Internationalen Gesellschaft für Gynäkologie und Geburtshilfe (FIGO), Berlin. 🄴 **Bundesdruckerei Berlin; RaTdr. (10×5); gez. K 13¾:14.**

abg) FIGO-Emblem

			**	⊙
742	60 (Pf) mehrfarbig	abg	1,40	1,10
		FDC		3,—
		ETB 9/1985		1,—

Auflage: 6 575 000 Stück, davon 420 000 auf ETB

1985, 15. Okt. 300. Jahrestag des Edikts von Potsdam. 🄴 **Graschberger; komb. StTdr. und Odr. (5×10); gez. K 14.**

abh) Kurfürstlich Brandenburgisches Siegel und Titel des Edikts von Potsdam

			**	⊙
743	50 (Pf) grauviolett/violettschwarz	abh	1,20	0,90
		FDC		1,50
		ETB 10/1985		1,—

Auflage: 10 075 000 Stück, davon 418 000 auf ETB

1985, 15. Okt. Wohlfahrt: Miniaturen. 🄴 **Börnsen; Odr. (5×10); gez. K 14.**

abi

abk

abl

abm

abi–abm) Streublumen, Beeren, Vögel und Insekten nach Motiven aus den Bordüren eines mittelalterlichen Gebetbuches

			**	⊙
744	50 + 20 (Pf) mehrfarbig	abi	1,50	1,50
745	60 + 30 (Pf) mehrfarbig	abk	2,—	2,—
746	80 + 40 (Pf) mehrfarbig	abl	2,—	2,—
747	120 + 60 (Pf) mehrfarbig	abm	2,50	3,—
		Satzpreis (4 W.)	8,—	8,50
		FDC		10,—
		ETB 11/1985		6,—

Auflagen: MiNr. 744 = 9 490 000, MiNr. 745 = 7 000 000, MiNr. 746 = 11 340 000, MiNr. 747 = 3 970 000 Stück, davon je 418 000 auf ETB

1985, 12. Nov. 50. Todestag von Kurt Tucholsky. 🄴 **Gerstetter; Odr. (10×5); gez. K 13¾:14.**

abn) K. Tucholsky (1890–1935), Schriftsteller

				✱✱	⊙
748	80 (Pf)	mehrfarbig	abn	2,—	1,40
			FDC		2,20
			ETB 12/1985		1,50

Auflage: 6 575 000 Stück, davon 418 000 auf ETB

1985, 12. Nov. Weihnachten: 500. Geburtstag von Hans Baldung. 🄴 **Lüdtke; Odr. (5×5); gez. K 13¾.**

abo) Anbetung der Könige; Mitteltafel des Dreikönigsaltars von Hans Baldung, genannt Grien (1484/85–1545), Maler, Zeichner und Kupferstecher

				✱✱	⊙
749	50 + 20 (Pf)	mehrfarbig	abo	1,50	1,40
			FDC		2,50
			ETB 13/1985		1,30

Auflage: 6 530 000 Stück, davon 418 000 auf ETB

1986

1986, 16. Jan. 100. Geburtstag von Wilhelm Furtwängler. 🄴 **Görs; komb. StTdr. und Odr. (5×10); gez. K 14.**

abp) W. Furtwängler (1886–1954), Dirigent und Komponist; Noten der Violin-Sonate D-Dur

				✱✱	⊙
750	80 (Pf)	mehrfarbig	abp	2,40	2,20
			FDC		2,50
			ETB 1/1986		1,80

Auflage: 7 082 000 Stück, davon 418 000 auf ETB

1986, 13. Febr. Sporthilfe: Jugend-Europameisterschaften im Schwimmen, Berlin; Weltmeisterschaften im Springreiten, Aachen. 🄴 **Hoch; Odr. (5×10); gez. K 14.**

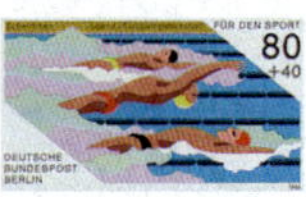

abr) Rückenschwimmen

abs) Springreiten

				✱✱	⊙
751	80 + 40 (Pf)	mehrfarbig	abr	2,20	2,50
752	120 + 55 (Pf)	mehrfarbig	abs	2,80	3,—
			Satzpreis (2 W.)	5,—	5,50
			FDC		6,—
			ETB 2/1986		4,—

Auflagen: MiNr. 751 = 2 334 197, MiNr. 752 = 1 985 523 Stück, davon je 418 000 auf ETB

1986, 13. Febr. 100. Geburtstag von Ludwig Mies van der Rohe. 🄴 **Görs; komb. StTdr. und Odr. (5×10); gez. K 14.**

abt) L. Mies van der Rohe (1886–1969), Architekt; „Neue Nationalgalerie", Berlin

				✱✱	⊙
753	50 (Pf)	mehrfarbig	abt	1,40	1,50
			FDC		1,70
			ETB 3/1986		1,30

Auflage: 8 500 000 Stück, davon 418 000 auf ETB

1986, 10. April. Jugend: Handwerksberufe. 🄴 **Schillinger; Odr. (5×10); gez. K 14.**

abu) Glaser

abv) Schlosser

abw) Schneider

abx) Tischler

				✱✱	⊙
754	50 + 25 (Pf)	mehrfarbig	abu	1,50	1,70
755	60 + 30 (Pf)	mehrfarbig	abv	2,—	2,40
756	70 + 35 (Pf)	mehrfarbig	abw	2,—	2,40
757	80 + 40 (Pf)	mehrfarbig	abx	2,50	2,80
			Satzpreis (4 W.)	8,—	9,—
			FDC		10,—
			ETB 4/1986		5,50

Auflagen: MiNr. 754 = 2 421 356, MiNr. 755 = 2 400 733, MiNr. 756 = 2 391 189, MiNr. 757 = 2 397 546 Stück, davon je 411 000 auf ETB

1986, 10. April. Europatag der Gemeinden und Regionen, Berlin. 🄴 **Lüdtke; Odr. (5×10); gez. K 14.**

aby) Stadtsilhouette, Flaggen europäischer Länder

				✱✱	⊙
758	60 (Pf)	mehrfarbig	aby	1,20	1,30
			FDC		1,50
			ETB 5/1986		1,—

Auflage: 6 089 000 Stück, davon 411 000 auf ETB

1986, 5. Mai. 100. Todestag von Leopold von Ranke. 🄴 **Gerstetter; Odr. (10×5); gez. K 13¾:14.**

abz) L. v. Ranke (1795–1886), Historiker

				✱✱	⊙
759	80 (Pf)	schwarz/mattgelbgrau	abz	2,—	1,70
			FDC		2,20
			ETB 6/1986		1,60

Auflage: 6 089 000 Stück, davon 411 000 auf ETB

1986, 5. Mai. 100. Geburtstag von Gottfried Benn. 🄴 **Schmidt; StTdr. (10×5); gez. K 13¾:14.**

aca) G. Benn (1886–1956), Dichter

				✱✱	⊙
760	80 (Pf)	lilaultramarin	aca	2,—	1,70
			FDC		2,20
			ETB 7/1986		1,60

Auflage: 6 089 000 Stück, davon 411 000 auf ETB

1986, 20. Juni. Portale und Tore in Berlin. 🄴 **Kanior (MiNr. 761), Fuchs (MiNr. 762) und Mauer (MiNr. 763); komb. StTdr. und Odr. (5×10); gez. K 14:13¾.**

acb) Charlottenburger Tor

acc) Greifentor, Schloss Glienicke

acd) Elefantentor, Zoologischer Garten

				✱✱	⊙
761	50 (Pf)	mehrfarbig	acb	1,80	1,80
762	60 (Pf)	mehrfarbig	acc	1,80	1,80
763	80 (Pf)	mehrfarbig	acd	2,—	2,—
			Satzpreis (3 W.)	5,50	5,50
			FDC		6,50
			ETB 8/1986		4,—

Auflagen: MiNr. 761 = 19 589 000, MiNr. 762 = 6 489 000, MiNr. 763 = 7 839 000 Stück, davon je 411 000 auf ETB

1986, 14. Aug. 200. Todestag von König Friedrich dem Großen von Preußen (1712–1786). 🄴 **Görs; RaTdr. (5×10); gez. K 14:13¾.**

ace) Das Flötenkonzert; Gemälde (Detail) von Adolph von Menzel (1815–1905)

				★★	⊙
764	80 (Pf)	mehrfarbig	ace	2,—	1,70
			FDC		3,—
			ETB 9/1986		1,60

Auflage: 11 589 000 Stück, davon 411 000 auf ETB

1986, 16. Okt. Wohlfahrt: Kostbare Gläser. 🄴 **Steiner; Odr. Bagel (10×5); gez. K 13:13¼.**

acf) Kantharos (1. Jh.)

acg) Becher mit Schlangenfadenmuster (um 200)

ach) Kännchen mit Fadenauflage (3. Jh.)

aci) Diatretbecher (4. Jh.)

				★★	⊙
765	50 + 25 (Pf)	mehrfarbig	acf	1,50	1,50
766	60 + 30 (Pf)	mehrfarbig	acg	2,—	2,—
767	70 + 35 (Pf)	mehrfarbig	ach	2,—	2,—
768	80 + 40 (Pf)	mehrfarbig	aci	2,—	2,50
			Satzpreis (4 W.)	7,50	8,—
			FDC		10,—
			ETB 10/1986		5,50

Auflagen: MiNr. 765 = 11 725 000, MiNr. 766 = 7 152 000, MiNr. 767 = 5 343 000, MiNr. 768 = 11 213 000 Stück, davon je 411 000 auf ETB

1986, 13. Nov. Weihnachten. 🄴 **Lüdtke; Odr. (5×5); gez. K 13¾.**

ack) Anbetung der Könige; rechter Flügel des Ortenberger Altars (um 1420)

				★★	⊙
769	50 + 25 (Pf)	mehrfarbig	ack	1,20	1,30
			FDC		1,70
			ETB 11/1986		1,—

Auflage: 6 189 000 Stück, davon 413 000 auf ETB

1986, 13. Nov. Freimarken: Frauen der deutschen Geschichte (I). 🄴 **Aretz; StTdr. (10×10); gez. K 14.**

acl) Christine Teusch (1888–1968), Politikerin

acm) Clara Schumann (1819–1896), Pianistin

				★★	⊙	FDC
770	50 (Pf)	dunkelockerbraun/ schwärzl'grünblau	acl	2,50	3,50	4,—
771	80 (Pf)	schwarzblaugrün/ dunkelbraunrot	acm	1,50	3,50	4,50
			Satzpreis (2 W.)	4,—	7,—	8,—
			ETB 12/1986		4,—	

Auflagen: MiNr. 770=72 413 000, MiNr. 771=30 413 000 Stück, davon je 413 000 auf ETB

Weitere Werte siehe Zusammenfassung nach Jahrgangswerttabelle

Bildgleiche Marken ohne Inschrift „BERLIN“ siehe Bundesrepublik Deutschland MiNr. 1304–1305

1987

1987, 15. Jan. Blockausgabe: 750 Jahre Berlin. 🄴 **Steiner; Odr.; gez. Ks 14.**

acn) Stadtansicht (1650)

aco) Schloss Charlottenburg

acs

acp) Turbinenhalle der Fa. AEG (1909)

acr) Philharmonie und Kammermusiksaal (1987)

				★★	⊙
772	40 (Pf)	mehrfarbig	acn	1,20	1,—
773	50 (Pf)	mehrfarbig	aco	1,20	1,—
774	60 (Pf)	mehrfarbig GA	acp	1,20	1,20
775	80 (Pf)	mehrfarbig	acr	1,40	1,60
Block 8	(130×100 mm)		acs	6,—	6,—
			FDC		8,—
			Ⓢ		6,—
			ETB 1/1987		4,—

Auflage: 6 700 000 Blocks, davon 458 000 auf ETB

1987, 15. Jan. 750 Jahre Berlin. 🄴 **Steiner; Odr. (5×5); gez. K 14.**

act) Sehenswürdigkeiten Berlins, Stadtwappen

				★★	⊙
776	80 (Pf)	mehrfarbig	act	2,40	2,—
			FDC		2,60
			ETB 2/1987		1,80

Auflage: 11 585 000 Stück, davon 428 000 auf ETB

Bildgleiche Marke ohne Inschrift „BERLIN“ siehe Bundesrepublik Deutschland MiNr. 1306

1987, 12. Febr. Sporthilfe: Deutsches Turnfest, Berlin; Judo-Weltmeisterschaften, Essen. 🄴 **Hoch; Odr. (5×10); gez. K 14.**

acu) Gymnastikgruppe

acv) Judo-Kampfszene

				★★	⊙
777	80 + 40 (Pf)	mehrfarbig	acu	2,—	2,—
778	120 + 55 (Pf)	mehrfarbig	acv	2,50	3,—
			Satzpreis (2 W.)	4,50	5,—
			FDC		7,—
			ETB 3/1987		3,50

Auflagen: MiNr. 777 = 2 922 000, MiNr. 778 = 2 404 000 Stück, davon je 413 000 auf ETB

Ganzsachenausschnitte als Freimarken verwendet

Ab 1.1.1981 auf Nicht-Standard-Sendungen und ab 1.7.1982 auf allen Postsendungen waren sämtliche frankaturgültige Postwertzeicheneindrucke aus Ganzsachen ausgeschnitten zur Frankatur zulässig, sofern sie auf dünnem Papier gedruckt sind. Ganzsachenausschnitte auf dickem Papier (z.B. Postkarten) waren für alle Sendungen außer Standardsendungen und Wertbriefen mit Siegelabdruck zulässig.

1987, 12. Febr. 100. Geburtstag von Louise Schroeder. ☒ **Gerstetter; StTdr. (10×5); gez. K 13¾:14.**

acw) L. Schroeder (1887–1957), Politikerin, Oberbürgermeisterin von Berlin

				★★	⊙
779	50 (Pf)	dunkelkarminrot/ schwarzbraun	acw	1,40	1,40
			FDC		1,90
			ETB 4/1987		1,30

Auflage: 9 587 000 Stück, davon 413 000 auf ETB

1987, 9. April. Jugend: Handwerksberufe. ☒ **Schillinger; Odr. (5×10); gez. K 14.**

acx) Böttcher

acy) Steinmetz

acz) Kürschner

ada) Maler/Lackierer

				★★	⊙
780	50 + 25 (Pf)	mehrfarbig	acx	1,20	1,50
781	60 + 30 (Pf)	mehrfarbig	acy	1,30	1,50
782	70 + 35 (Pf)	mehrfarbig	acz	2,—	2,50
783	80 + 40 (Pf)	mehrfarbig	ada	2,—	2,—
			Satzpreis (4 W.)	6,50	7,50
			FDC		9,—
			ETB 5/1987		5,—

Auflagen: MiNr. 780 = 2 352 000, MiNr. 781 = 2 357 000, MiNr. 782 = 2 347 000, MiNr. 783 = 2 354 000 Stück, davon je 411 499 auf ETB

1987, 5. Mai. Ansiedlung der Böhmen in Rixdorf vor 250 Jahren. ☒ **Görs; komb. StTdr. und Odr. (5×10); gez. K 14:13¾.**

adb) Böhmische Glaubensflüchtlinge; Relief am Denkmal König Friedrich Wilhelms I., Berlin-Neukölln

				★★	⊙
784	50 (Pf)	mehrfarbig	adb	1,—	1,20
			FDC		1,50
			ETB 6/1987		0,70

Auflage: 9 588 000 Stück, davon 411 499 auf ETB

1987, 5. Mai. Internationale Bauausstellung (IBA), Berlin. ☒ **Lüdtke; Odr. (5×10); gez. K 14.**

adc) Wohnungsneubau, Berlin-Kreuzberg

				★★	⊙
785	80 (Pf)	mehrfarbig	adc	1,70	1,50
			FDC		1,90
			ETB 7/1987		1,—

Auflage: 7 088 000 Stück, davon 411 499 auf ETB

Beachten Sie die neue Druck-Abkürzung:

Ldr. = indirekter Hochdruck (wie Offsetdruck aussehend; auch Letterset genannt)

1987, 16. Juli. Internationaler Botanischer Kongress, Berlin. ☒ **Gerstetter; Odr. (10×5); gez. K 13¾:14.**

add) Kongressemblem

				★★	⊙
786	60 (Pf)	mehrfarbig	add	1,20	1,30
			FDC		1,80
			ETB 8/1987		1,—

Auflage: 6 088 000 Stück, davon 411 499 auf ETB

1987, 20. Aug. Internationale Funkausstellung (IFA), Berlin; 100 Jahre Schallplatte. ☒ **Görs; Odr. (5×10); gez. K 14.**

ade) Mill-Opera-Grammophon (1907), Schellackplatte, Compact Disc mit Emblem

				★★	⊙
787	80 (Pf)	mehrfarbig	ade	1,60	1,50
			FDC		1,90
			ETB 9/1987		1,30

Auflage: 7 088 000 Stück, davon 411 499 auf ETB

1987, 17. Sept. Freimarke: Frauen der deutschen Geschichte (II). ☒ **Aretz; StTdr. (10×10); gez. K 14.**

adf) Maria Sibylla Merian (1647–1717), Blumen- und Insektenmalerin

				★★	⊙
788	40 (Pf)	lebhaftultramarin/ dunkelkarminlila	adf	1,60	5,—
			FDC		5,50
			ETB 10/1987		3,50

Auflage: 22 287 000 Stück, davon 411 499 auf ETB

Weitere Werte siehe Zusammenfassung nach Jahrgangswerttabelle

Bildgleiche Marke ohne Inschrift „BERLIN" siehe Bundesrepublik Deutschland MiNr. 1331

1987, 15. Okt. Wohlfahrt: Gold- und Silberschmiedekunst. ☒ **Lüdtke; Odr. (5×5); gez. K 14.**

adg) Goldener Haubenschmuck (5. Jh.)

adh) Athenaschale (1. Jh. v. Chr.)

adi) Oberarmschmuck „Armilla" (um 1180)

adk) Schlangenarmreif (um 300 v. Chr.)

				★★	⊙
789	50 + 25 (Pf)	mehrfarbig	adg	1,—	1,30
790	60 + 30 (Pf)	mehrfarbig	adh	1,50	1,70
791	70 + 35 (Pf)	mehrfarbig	adi	1,80	2,20
792	80 + 40 (Pf)	mehrfarbig	adk	2,20	2,60
			Satzpreis (4 W.)	6,50	7,50
			FDC		8,—
			ETB 11/1987		5,—

Auflagen: MiNr. 789 = 9 396 000, MiNr. 790 = 7 214 000, MiNr. 791 = 4 914 000, MiNr. 792 = 11 662 000 Stück, davon je 406 400 auf ETB

Notizen:

1987, 6. Nov./1989, Juni. Freimarken: Sehenswürdigkeiten (I). E **Haase; Ldr. Bogen (B) (10×10), Markenheftchen (MH) und Rollen (R); A = vierseitig, C und D = dreiseitig gez. K 14.**

adl) Eckturm des Schlosses Celle

adm) Turm des Freiburger Münsters

adn) Bavaria, München

ado) Hauptportal der Zeche Zollern II, Dortmund

				★★	⊙	FDC
793 A	30 (Pf)	braunorange/mittelblaugrün, vierseitig gezähnt (6.11.1987) (B) (R)	adl	1,30	1,30	2,50
794	50 (Pf)	mittellilaultramarin/mattbraunoliv	adm			
A		vierseitig gezähnt (6.11.1987) (B) (R)		2,—	1,50	2,50
C		oben geschnitten (Juni 1989) (MH)		6,50	11,—	
D		unten geschnitten (Juni 1989) (MH)		6,50	11,—	
795	60 (Pf)	lebhaftgraugrün/grünschwarz GA	adn			
A		vierseitig gezähnt (6.11.1987) (B) (R)		2,—	1,50	2,50
C		oben geschnitten (Juni 1989) (MH)		12,—	22,—	
D		unten geschnitten (Juni 1989) (MH)		12,—	22,—	
796	80 (Pf)	graugrünblau/dunkelgrünlichgrau GA	ado			
A		vierseitig gezähnt (6.11.1987) (B) (R)		2,—	1,50	2,50
C		oben geschnitten (Juni 1989) (MH)		5,—	14,—	
D		unten geschnitten (Juni 1989) (MH)		5,—	14,—	
			Satzpreis A (4 W.)	7,—	5,50	9,—
			Satzpreis C und D (6 W.)	45,—	90,—	
			ETB 12/1987		2,40	

Waagerechte Paare (aus Bogen)

	★★	⊙
793 A/793 A	3,50	5,—
794 A/794 A	5,—	7,—
795 A/795 A	5,—	7,—
796 A/796 A	5,—	7,—
Satzpreis (4 Paare)	18,—	26,—

Rollenmarken mit rückseitiger Nummer (R):

	Einzelmarken ★★	Einzelmarken ⊙	5er-Str. ★★
793 A R	2,60	2,50	9,—
794 A R	3,—	2,60	13,—
795 A R	3,—	2,—	13,—
796 A R	5,—	2,—	14,—

Einzelmarken mit anhängendem Bogenrand bis zu 50% vorstehender Paarpreise

Auflagen: MiNr. 793 = 6 436 000, MiNr. 794 = 28 336 000, MiNr. 795 = 41 336 000, MiNr. 796 = 25 130 000 Stück, davon je 406 400 auf ETB

Senkrechte Paare (C/D) siehe bei MH 14 und 15

Weitere Werte siehe Zusammenfassung nach Jahrgangswerttabelle

Bildgleiche Marken ohne Inschrift „BERLIN" siehe Bundesrepublik Deutschland MiNr. 1339–1342

1987, 6. Nov. Weihnachten. E **Lüdtke; Odr. (5×5); gez. K 13¾.**

adp) Anbetung der Könige; Miniatur aus einem englischen Psalter (13. Jh.)

				★★	⊙	FDC
797	50 + 25 (Pf)	mehrfarbig	adp	1,20	1,20	2,—
			ETB 13/1987		1,—	

Auflage: 5 890 000 Stück, davon 406 400 auf ETB

1988

1988, 14. Jan./1989, Juni. Freimarken: Sehenswürdigkeiten (II). E **Haase; Ldr. Bogen (B) (10×10), Markenheftchen (MH) und Rollen (R); A = vierseitig, C und D = dreiseitig gez. K 14.**

adr) Flughafen Frankfurt/Main

ads) Hambacher Schloss

				★★	⊙	FDC
798	10 (Pf)	hellcyanblau/indigo	adr			
A		vierseitig gezähnt (14.1.1988) (B) (R)		0,50	0,50	1,20
C		oben geschnitten (Juni 1989) (MH)		1,50	3,50	
D		unten geschnitten (Juni 1989) (MH)		1,50	3,50	
799 A	300 (Pf)	rotbraun/mattbraunocker, vierseitig gezähnt (14.1.1988) (B) (R)	ads	6,—	6,—	14,—
			Satzpreis A (2 W.)	6,50	6,50	15,—
			ETB 1/1988		4,—	

Waagerechte Paare (aus Bogen)

	✶✶	⊙
798 A/798 A	2,—	8,—
799 A/799 A	13,—	26,—

Rollenmarken mit rückseitiger Nummer (R):

	Einzelmarken ✶✶	Einzelmarken ⊙	5er-Str. ✶✶
798 A R	1,—	1,—	3,—
799 A R	13,50	12,—	44,—

Einzelmarken mit anhängendem Bogenrand bis zu 50% vorstehender Paarpreise

Senkrechtes Paar (C/D) siehe bei MH 14

Auflagen: MiNr. 798 = 49 686 000, MiNr. 799 = 7 486 000 Stück, davon je 406 400 auf ETB

Weitere Werte siehe Zusammenfassung nach Jahrgangswerttabelle

Bildgleiche Marken ohne Inschrift „BERLIN“ siehe Bundesrepublik Deutschland MiNr. 1347–1348

1988, 14. Jan. Berlin – Kulturhauptstadt Europas 1988. 🄴 **Schillinger; Odr. (10×5); gez. K 13¾:14.**

adt) Berliner Bär

				✶✶	⊙
800	80 (Pf)	mehrfarbig	adt	2,50	2,50
			FDC		3,—
			ETB 2/1988		1,80

Auflage: 8 093 000 Stück, davon 406 400 auf ETB

1988, 18. Febr. Sporthilfe: Olympische Winterspiele, Calgary; Olympische Sommerspiele, Seoul. 🄴 **Schmitz; Odr. (5×5); gez. K 14.**

adu) Tontaubenschießen adv) Eiskunstlauf adw) Hammerwerfen

				✶✶	⊙
801	60 + 30 (Pf)	mehrfarbig	adu	1,80	1,80
802	80 + 40 (Pf)	mehrfarbig	adv	1,80	1,80
803	120 + 55 (Pf)	mehrfarbig	adw	2,50	2,50
			Satzpreis (3 W.)	6,—	6,—
			FDC		6,50
			ETB 3/1988		4,50

Auflagen: MiNr. 801 = 2 428 000, MiNr. 802 = 2 948 000, MiNr. 803 = 2 403 000 Stück, davon je 406 400 auf ETB

1988, 18. Febr. 100 Jahre Urania Berlin. 🄴 **Siegers; Odr. (5×10); gez. K 14.**

adx) Urania-Gebäude mit Volkssternwarte und Planetarium, Neubauten

				✶✶	⊙
804	50 (Pf)	mehrfarbig	adx	1,80	1,70
			FDC		1,90
			ETB 4/1988		1,60

Auflage: 9 593 000 Stück, davon 406 400 auf ETB

1988, 18. Febr. 100. Geburtstag von Renée Sintenis. 🄴 **Görs; Odr. (5×10); gez. K 14:13¾.**

ady) Großes Vollblutfohlen; Bronzeplastik von R. Sintenis (1888–1965), Bildhauerin

				✶✶	⊙
805	60 (Pf)	mehrfarbig	ady	1,20	1,20
			FDC		1,50
			ETB 5/1988		1,—

Auflage: 6 093 000 Stück, davon 406 400 auf ETB

1988, 14. April. Freimarke: Frauen der deutschen Geschichte (III). 🄴 **Aretz; StTdr. (10×10); gez. K 14.**

adz) Paula Modersohn-Becker (1876–1907), Malerin

				✶✶	⊙
806	10 (Pf)	blauviolett/schwärzlichocker	adz	0,50	2,—
			FDC		2,40
			ETB 6/1988		1,50

Auflage: 27 177 000 Stück, davon 401 800 auf ETB

Weitere Werte siehe Zusammenfassung nach Jahrgangswerttabelle

Bildgleiche Marke ohne Inschrift „BERLIN“ siehe Bundesrepublik Deutschland MiNr. 1359

1988, 14. April. Jugend: 25 Jahre Wettbewerb „Jugend musiziert“. 🄴 **Graschberger; Odr. (5×5); gez. K 14.**

aea) Klaviertrio

aeb) Bläserquintett aec) Trio mit Gitarre, Mandoline und Blockflöte aed) Kinderchor

				✶✶	⊙
807	50 + 25 (Pf)	mehrfarbig	aea	1,50	1,50
808	60 + 30 (Pf)	mehrfarbig	aeb	2,—	2,20
809	70 + 35 (Pf)	mehrfarbig	aec	2,—	2,20
810	80 + 40 (Pf)	mehrfarbig	aed	3,—	3,20
			Satzpreis (4 W.)	8,50	9,—
			FDC		9,—
			ETB 7/1988		5,50

Auflagen: MiNr. 807 = 2 288 000, MiNr. 808 = 2 287 000, MiNr. 809 = 2 292 000, MiNr. 810 = 2 284 000 Stück, davon je 401 800 auf ETB

1988, 5. Mai. Freimarken: Frauen der deutschen Geschichte (IV). 🄴 **Aretz; StTdr. (10×10); gez. K 14.**

aee) Cilly Aussem (1909–1963), Tennisspielerin

aef) Lise Meitner (1878–1968), Physikerin

				✶✶	⊙
811	20 (Pf)	dunkelmagenta/dunkelgraublau	aee	2,—	5,—
812	130 (Pf)	dunkelkobaltblau/schwärzlichviolettblau	aef	4,50	15,—
			Satzpreis (2 W.)	6,50	20,—
			FDC		22,—
			ETB 8/1988		13,—

Auflagen: MiNr. 811=23 302 000, MiNr. 812=4 902 000 Stück, davon je 401 800 auf ETB

Weitere Werte siehe Zusammenfassung nach Jahrgangswerttabelle

Bildgleiche Marken ohne Inschrift „BERLIN“ siehe Bundesrepublik Deutschland MiNr. 1365–1366

1988, 5. Mai. 300. Todestag des Großen Kurfürsten. Ⓔ Gerstetter; komb. StTdr. und Odr. (10×5); gez. K 13¾:14.

aeg) Friedrich Wilhelm (1620–1688, reg. ab 1640), Kurfürst von Brandenburg, mit seiner Familie im Garten des Berliner Schlosses

				★★	⊙
813	50 (Pf)	mehrfarbig	aeg	1,40	1,40
			FDC		1,70
			ETB 9/1988		1,—

Auflage: 9 598 000 Stück, davon 401 800 ETB

1988, 14. Juli. Freimarken: Sehenswürdigkeiten (III). Ⓔ Haase; Ldr. Bogen (B) (10×10) und Rollen (R); gez. K 14.

aeh) Nofretete-Büste, Berlin

aei) St.-Petri-Dom, Schleswig

				★★	⊙
814	70 (Pf)	blau/mattrotorange	aeh	2,—	3,50
815	120 (Pf)	mattrötlichbraun/ hellblaugrün	aei	3,—	4,50
			Satzpreis (2 W.)	5,—	8,—
			FDC		9,—
			ETB 10/1988		4,50

Waagerechte Paare (aus Bogen)

	★★	⊙
814/814	4,—	9,—
815/815	6,—	17,—

Rollenmarken mit rückseitiger Nummer (R):

	Einzelm. ★★	Einzelm. ⊙	5er-Str. ★★
814 R	3,—	5,—	11,50
815 R	5,—	5,—	18,—

Einzelmarken mit anhängendem Bogenrand 50% vorstehender Paarpreise

Auflagen: MiNr. 814 = 11 142 000, MiNr. 815 = 7 942 000 Stück, davon je 401 800 auf ETB

Weitere Werte siehe Zusammenfassung nach Jahrgangswerttabelle

Bildgleiche Marken ohne Inschrift „BERLIN“ siehe Bundesrepublik Deutschland MiNr. 1374–1375

1988, 11. Aug. Freimarke: Sehenswürdigkeiten (IV). Ⓔ Haase; Ldr. Bogen (B) (10×10) und Rollen (R); gez. K 14.

aek) Chilehaus, Hamburg

				★★	⊙
816	40 (Pf)	mehrfarbig GA	aek	2,50	2,80
			FDC		3,—
			ETB 11/1988		1,—

Waagerechtes Paar (aus Bogen)

	★★	⊙
816/816	5,50	8,—

Rollenmarke mit rückseitiger Nummer (R):

	Einzelm. ★★	Einzelm. ⊙	5er-Str. ★★
816 R	2,80	3,60	13,—

Einzelmarke mit anhängendem Bogenrand 50% vorstehender Paarpreise

Auflage: 11 642 000 Stück, davon 401 800 auf ETB

Weitere Werte siehe Zusammenfassung nach Jahrgangswerttabelle

Bildgleiche Marke ohne Inschrift „BERLIN“ siehe Bundesrepublik Deutschland MiNr. 1379

1988, 11. Aug. Jahresversammlungen des Internationalen Währungsfonds (IWF) und der Weltbankgruppe, Berlin. Ⓔ Görs; Odr. (5×5); gez. K 13¾.

ael) Weltkarte

				★★	⊙
817	70 (Pf)	mehrfarbig	ael	1,50	1,30
			FDC		1,50
			ETB 12/1988		1,—

Auflage: 12 196 000 Stück, davon 401 800 auf ETB

1988, 13. Okt. Wohlfahrt: Gold- und Silberschmiedekunst. Ⓔ Lüdtke; Odr. (5×5); gez. K 13¾.

aem) Brustschmuck (um 1700)

aen) Großer Gießlöwe (1540)

aeo) Münzpokal (1536)

aep) Chormantelschließe (um 1400)

				★★	⊙
818	50 + 25 (Pf)	mehrfarbig	aem	1,20	1,20
819	60 + 30 (Pf)	mehrfarbig	aen	1,40	1,40
820	70 + 35 (Pf)	mehrfarbig	aeo	1,60	1,60
821	80 + 40 (Pf)	mehrfarbig	aep	2,—	2,—
			Satzpreis (4 W.)	6,—	6,—
			FDC		7,—
			ETB 13/1988		5,—

Auflagen: MiNr. 818 = 9 319 000, MiNr. 819 = 7 925 000, MiNr. 820 = 4 877 000, MiNr. 821 = 8 623 000 Stück, davon je 398 800 auf ETB

1988, 13. Okt. 150 Jahre Eisenbahn Berlin-Potsdam. Ⓔ Görs; Odr. (5×10); gez. K 14.

aer) Potsdamer Bahnhof, Berlin (1838)

				★★	⊙
822	10 (Pf)	mehrfarbig	aer	0,70	0,60
			FDC		1,40
			ETB 14/1988		0,50

Auflage: 10 750 000 Stück, davon 398 800 auf ETB

1988, 13. Okt. 50. Todestag von Ernst Barlach. Ⓔ Görs; Odr. (5×5); gez. K 13¾.

aes) Der Sammler; Bronzeplastik von E. Barlach (1870–1938), Bildhauer, Grafiker und Dichter

				★★	⊙
823	40 (Pf)	mehrfarbig	aes	0,90	0,70
			FDC		1,10
			ETB 15/1988		0,50

Auflage: 14 450 000 Stück, davon 398 800 auf ETB

1988, 10. Nov. Freimarken: Frauen der deutschen Geschichte (V). Ⓔ Aretz; StTdr. (10×10); gez. K 14.

aet) Dorothea Erxleben (1715–1762), Ärztin

aeu) Therese Giehse (1898–1975), Schauspielerin

aev) Hannah Arendt (1906–1975), Philosophin

aew) Mathilde Franziska Anneke (1817–1884), Frauenrechtlerin

aex) Hedwig Dransfeld (1871–1925), Politikerin

				★★	⊙
824	60	(Pf)	schwarzoliv/dunkelviolett . . . . aet	1,50	5,—
825	100	(Pf)	rot/olivschwarz . . . . aeu	2,50	2,—
826	170	(Pf)	schwarzoliv/schwarz-violettpurpur . . . . aev	3,—	12,—
827	240	(Pf)	schwarzgrünlichblau/ schwärzlichbraunocker . . . . aew	4,—	17,—
828	350	(Pf)	grünschwarz/dunkellilarot . . . aex	7,—	20,—
			Satzpreis (5 W.)	18,—	55,—
			FDC		55,—
			ETB 16/1988		38,—

Auflagen: MiNr. 824 = 57 999 000, MiNr. 825 = 32 099 000, MiNr. 826 und 827 je 10 899 000, MiNr. 828 = 7 299 000 Stück, davon je 398 800 auf ETB

Weitere Werte siehe Zusammenfassung nach Jahrgangswerttabelle

Bildgleiche Marken ohne Inschrift „BERLIN" siehe Bundesrepublik Deutschland MiNr. 1332, 1390–1393

1988, 10. Nov. Weihnachten. 🄴 Runge; Odr. (5×5); gez. K 13¾.

aey) Verkündigung der Hirten; aus dem Evangeliar Heinrichs des Löwen (12. Jh.)

			★★	⊙
829	50 + 25 (Pf)	mehrfarbig . . . . aey	1,60	1,60
		FDC		1,90
		ETB 17/1988		1,30

Auflage: 6 834 000 Stück, davon 398 800 auf ETB

1989

1989, 12. Jan. Freimarke: Frauen der deutschen Geschichte (VI). 🄴 Aretz; StTdr. (10×10); gez. K 14.

aez) Alice Salomon (1872–1948), Frauenrechtlerin und Sozialpädagogin

				★★	⊙
830	500	(Pf)	schwarzbräunlicholiv/ dunkelrot . . . . aez	11,—	45,—
			FDC		50,—
			ETB 1/1989		30,—

Auflage: 8 900 000 Stück, davon 398 800 auf ETB

Weitere Werte siehe Zusammenfassung nach Jahrgangswerttabelle

Bildgleiche Marke ohne Inschrift „BERLIN" siehe Bundesrepublik Deutschland MiNr. 1397

1989, 12. Jan. Freimarken: Sehenswürdigkeiten (V). 🄴 Haase; Ldr. Bogen (B) (10×10) und Rollen (R); gez. K 14.

aeh) Nofretete-Büste, Berlin

afa) Bronzekanne, Reinheim

				★★	⊙
831	20	(Pf)	blau/mattrotorange . . . . aeh	0,50	1,—
832	140	(Pf)	hellolivbraun/ lebhaftrötlichgelb . . . . afa	3,—	5,50
			Satzpreis (2 W.)	3,50	6,50
			FDC		7,—
			ETB 2/1989		4,—

Waagerechte Paare (aus Bogen)

	★★	⊙
831/831	1,50	3,—
832/832	7,50	14,—

Rollenmarken mit rückseitiger Nummer (R):

	Einzelm. ★★	Einzelm. ⊙	5er-Str. ★★
831 R	1,—	1,50	3,60
832 R	4,60	8,—	18,—

Einzelmarken mit anhängendem Bogenrand bis zu 50% vorstehender Paarpreise

Auflagen: MiNr. 831 = 7 265 000, MiNr. 832 = 11 340 000 Stück, davon je 398 000 auf ETB

Weitere Werte siehe Zusammenfassung nach Jahrgangswerttabelle

Bildgleiche Marken ohne Inschrift „BERLIN" siehe Bundesrepublik Deutschland MiNr. 1398 und 1401

1989, 9. Febr. Freimarke: Frauen der deutschen Geschichte (VII). 🄴 Aretz; StTdr. (10×10); gez. K 14.

afb) Emma Ihrer (1857–1911), Politikerin und Gewerkschaftlerin

				★★	⊙
833	5	(Pf)	schwarzblaugrau/ dunkelbraunorange . . . . afb	0,50	2,80
			FDC		3,50
			ETB 3/1989		1,80

Auflage: 8 900 000 Stück, davon 398 800 auf ETB

Weitere Werte siehe Zusammenfassung nach Jahrgangswerttabelle

Bildgleiche Marke ohne Inschrift „Berlin" siehe Bundesrepublik Deutschland MiNr. 1405

1989, 9. Febr./Juni. Freimarken: Sehenswürdigkeiten (VI). 🄴 Haase; Ldr. Bogen (B) (10×10), Markenheftchen (MH) und Rollen (R); A = vierseitig, C und D = dreiseitig gez. K 14.

afc) Wallfahrtskapelle, Altötting

afd) Externsteine, Horn-Bad Meinberg

				★★	⊙
834	100	(Pf)	hellbläulichgrün/ lebhaftocker . . . . afc		
A			vierseitig gez. (9. Febr.) (B) (R) .	1,50	2,—
C			oben geschnitten (Juni) (MH) . .	9,—	14,—
D			unten geschnitten (Juni) (MH) . .	9,—	14,—
835 A	350	(Pf)	lilaultramarin/mittelolivbraun (9. Febr.) (B) (R) . . . . afd	5,50	10,—
			Satzpreis A (2 W.)	7,—	12,—
			FDC		17,—
			ETB 4/1989		5,—

Waagerechte Paare (aus Bogen)

	★★	⊙
834 A/834 A	4,—	6,—
835 A/835 A	14,—	30,—

Rollenmarken mit rückseitiger Nummer (R):

	Einzelm. ★★	Einzelm. ⊙	5er-Str. ★★
834 A R	4,60	2,60	11,50
835 A R	14,—	30,—	90,—

Einzelmarken mit anhängendem Bogenrand bis zu 50% vorstehender Paarpreise

Senkrechtes Paar (C/D) siehe bei MH 15

Auflagen: MiNr. 834 = 50 840 000, MiNr. 835 = 11 950 000 Stück, davon je 398 800 auf ETB

Weitere Werte siehe Zusammenfassung nach Jahrgangswerttabelle

Bildgleiche Marken ohne Inschrift „BERLIN" siehe Bundesrepublik Deutschland MiNr. 1406–1407

1989, 9. Febr. Sporthilfe: Volleyball-Europameisterschaft der Damen, Hamburg, Karlsruhe und Stuttgart; Hockey Champions Trophy, Berlin. 🄴 **Hoch; Odr. (5×5); gez. K 14.**

afe) Volleyball

aff) Feldhockey

					★★	⊙
836	100 + 50 (Pf)	mehrfarbig	afe		3,—	3,—
837	140 + 60 (Pf)	mehrfarbig	aff		4,—	4,50
				Satzpreis (2 W.)	7,—	7,50
				FDC		8,—
				ETB 5/1989		5,—

Auflagen: MiNr. 836 = 2 712 000, MiNr. 837 = 2 289 000 Stück, davon je 398 800 auf ETB

1989, 20. April. Jugend: Zirkus. 🄴 **Kößlinger; Odr. (5×5); gez. K 14.**

afg) Dompteur mit Raubtiergruppe

afh) Trapezkünstler

afi) Jonglierende Seelöwen

afk) Jongleur

					★★	⊙
838	60 + 30 (Pf)	mehrfarbig	afg		2,—	2,—
839	70 + 30 (Pf)	mehrfarbig	afh		2,50	2,50
840	80 + 35 (Pf)	mehrfarbig	afi		3,50	4,—
841	100 + 50 (Pf)	mehrfarbig	afk		4,—	4,50
				Satzpreis (4 W.)	12,—	13,—
				FDC		14,—
				ETB 6/1989		9,—

Auflagen: MiNr. 838 und 839 je 2 157 000, MiNr. 840 = 2 152 000, MiNr. 841 = 2 172 000 Stück, davon je 385 600 auf ETB

1989, 5. Mai. 40. Jahrestag der Beendigung der Blockade von Berlin. 🄴 **Görs; RaTdr. (10×5); gez. K 13¾:14.**

afl) Luftbrückendenkmal, Berlin; stilis. „Rosinenbomber“ mit den Flaggen der Westalliierten

					★★	⊙
842	60 (Pf)	mehrfarbig	afl		1,40	1,60
				FDC		1,90
				ETB 7/1989		1,—

Auflage: 9 600 000 Stück, davon 385 600 auf ETB

1989, 5. Mai. Kongress der Internationalen Organisation der Obersten Rechnungskontrollbehörden, Berlin. 🄴 **Schillinger; Odr. (5×10); gez. K 14.**

afm) Kongressemblem, Rotstift

					★★	⊙
843	80 (Pf)	mehrfarbig	afm		2,20	2,—
				FDC		2,20
				ETB 8/1989		1,50

Auflage: 6 100 000 Stück, davon 385 600 auf ETB

Wichtige philatelistische Informationen

finden Sie in der Einführung sowie in den Vortexten und Anmerkungen zu den einzelnen Ländern.

1989, 13. Juli. Freimarken: Frauen der deutschen Geschichte (VIII). 🄴 **Aretz; StTdr. (10×10); gez. K 14.**

afn) Lotte Lehmann (1888–1976), Sängerin

afo) Luise von Preußen (1776–1810), Königin von Preußen

					★★	⊙
844	180 (Pf)	kobaltblau/schwarzrotlila	afn		4,50	17,—
845	250 (Pf)	rötlichlila/dunkelkobalt	afo		9,50	28,—
				Satzpreis (2 W.)	14,—	45,—
				FDC		45,—
				ETB 9/1989		28,—

Auflage: 6 886 000 Sätze, davon 385 600 auf ETB

Weitere Werte siehe Zusammenfassung nach Jahrgangswerttabelle

Bildgleiche Marken ohne Inschrift „BERLIN“ siehe Bundesrepublik Deutschland MiNr. 1427–1428

1989, 13. Juli. 100. Geburtstag von Ernst Reuter. 🄴 **Aretz; komb. StTdr. und Odr. (5×10); gez. K 14.**

afp) E. Reuter (1889–1953), Politiker, Oberbürgermeister von Berlin

					★★	⊙
846	100 (Pf)	mehrfarbig	afp		2,40	2,20
				FDC		2,80
				ETB 10/1989		1,80

Auflage: 7 100 000 Stück, davon 385 600 auf ETB

1989, 13. Juli. Internationale Funkausstellung (IFA), Berlin. 🄴 **Görs; Odr. (5×10); gez. K 14.**

afr) Satellit, Parabolspiegel (Detail), Ausstellungsemblem

					★★	⊙
847	100 (Pf)	mehrfarbig	afr		2,—	2,—
				FDC		2,50
				ETB 11/1989		1,80

Auflage: 7 100 000 Stück, davon 385 600 auf ETB

1989, 10. Aug. Freimarken: Frauen der deutschen Geschichte (IX). 🄴 **Aretz; StTdr. (10×10); gez. K 14.**

afs) Cécile Vogt (1875–1962), Hirnforscherin

aft) Fanny Hensel (1805–1847), Musikerin

					★★	⊙
848	140 (Pf)	schwärzlichlilaultramarin/lebhaftbraunocker	afs		6,—	15,—
849	300 (Pf)	schwarzrötlichlila/schwärzlichgrün	aft		10,—	25,—
				Satzpreis (2 W.)	16,—	40,—
				FDC		45,—
				ETB 12/1989		28,—

Auflagen: MiNr. 848=9 390 000, MiNr. 849=6 890 000 Stück, davon je 385 600 auf ETB

Weitere Werte siehe Zusammenfassung nach Jahrgangswerttabelle

Bildgleiche Marken ohne Inschrift „BERLIN“ siehe Bundesrepublik Deutschland MiNr. 1432–1433

1989, 10. Aug. 200. Geburtstag von Peter Joseph Lenné. 🄴 **Görs; komb. StTdr. und Odr. (5×10); gez. K 14.**

afu) P. J. Lenné (1789–1866), Gartenarchitekt; Verschönerungsplan des Berliner Zoos

					★★	⊙
850	60 (Pf)	mehrfarbig	afu		1,90	1,70
				FDC		2,20
				ETB 13/1989		1,30

Auflage: 8 600 000 Stück, davon 385 600 auf ETB

1989, 10. Aug. 100. Geburtstag von Carl von Ossietzky. ⓔ **Görs; RaTdr. (5×10); gez. K 14.**

afv) C. v. Ossietzky (1889–1938), Publizist; Titel der Zeitschrift „Die Weltbühne"

			✱✱	⊙
851	100 (Pf) mehrfarbig	afv	2,20	2,20
		FDC		2,50
		ETB 14/1989		1,50

Auflage: 7 115 000 Stück, davon 385 600 auf ETB

1989, 12. Okt. Wohlfahrt: Postbeförderung im Laufe der Jahrhunderte. ⓔ **Steiner; Odr. (5×5); gez. K 13¾.**

afw) Briefbote (15. Jh.)

afx) Brandenburgischer Postwagen (um 1700)

afy) Preußische Postbeamte (19. Jh.)

			✱✱	⊙
852	60 + 30 (Pf) mehrfarbig	afw	2,50	2,50
853	80 + 35 (Pf) mehrfarbig	afx	3,50	3,50
854	100 + 50 (Pf) mehrfarbig	afy	4,50	4,50
		Satzpreis (3 W.)	10,—	10,—
		FDC		12,—
		ETB 15/1989		8,—

Auflage ETB: 385 600

1989, 12. Okt. 450. Jahrestag der Reformation im Kurfürstentum Brandenburg. ⓔ **Görs; Odr. (10×5); gez. K 13¾:14.**

afz) St.-Nikolai-Kirche, Berlin-Spandau

			✱✱	⊙
855	60 (Pf) mehrfarbig	afz	1,50	1,10
		FDC		1,80
		ETB 16/1989		1,—

Auflage: 9 600 000 Stück, davon 381 600 auf ETB

1989, 12. Okt. 300 Jahre Französisches Gymnasium, Berlin. ⓔ **Görs; komb. StTdr. und Odr. (5×10); gez. K 14.**

aga) Schulgebäude (1701–1873), Titelblatt der Schulordnung (1689), erstes Dienstsiegel (1713)

			✱✱	⊙
856	40 (Pf) mehrfarbig	aga	1,20	1,10
		FDC		1,80
		ETB 17/1989		1,—

Auflage: 9 618 000 Stück, davon 381 600 auf ETB

1989, 12. Okt. 100. Geburtstag von Hannah Höch. ⓔ **Schmidt-Dudek; Odr. (5×5); gez. K 13¾.**

agb) Die Journalisten; Gemälde von H. Höch (1889–1978)

			✱✱	⊙
857	100 (Pf) mehrfarbig	agb	2,40	2,—
		FDC		2,50
		ETB 18/1989		1,50

Auflage: 6 120 000 Stück, davon 381 600 auf ETB

1989, 16. Nov. Weihnachten. ⓔ **Stelzer; Odr. (5×5); gez. K 13¾.**

agc) Engel

agd) Anbetung der Könige

agc–agd) Details aus dem „Englischen Gruß" von Veit Stoß (um 1445 bis 1533), Bildhauer, Kupferstecher und Maler, in der St.-Lorenz-Kirche, Nürnberg

			✱✱	⊙
858	40 + 20 (Pf) mehrfarbig	agc	1,50	1,50
859	60 + 30 (Pf) mehrfarbig	agd	2,50	2,50
		Satzpreis (2 W.)	4,—	4,—
		FDC		5,—
		ETB 19/1989		3,—

Auflage ETB: 381 600

1990

1990, 12. Jan. 500 Jahre internationale Postverbindungen in Europa. ⓔ **Bundesdruckerei Berlin; komb. StTdr. und Odr. (10×5); gez. K 13¾:14.**

age) Der kleine Postreiter (Detail); Stich von Albrecht Dürer (1471–1528), Maler und Grafiker

			✱✱	⊙
860	100 (Pf) mehrfarbig	age	3,—	2,80
		FDC		3,20
		ETB 1/1990		3,50

Auflage: 15 618 000 Stück, davon 381 600 auf ETB

Parallelausgabe mit Belgien MiNr. 2402, Bundesrepublik Deutschland MiNr. 1445, DDR MiNr. 3299, Österreich MiNr. 1978

Bildgleiche Marke ohne Inschrift „BERLIN" siehe Bundesrepublik Deutschland MiNr. 1445

1990, 12. Jan. 250 Jahre öffentlicher Personenverkehr in Berlin. ⓔ **Kößlinger; Odr. (5×10); gez. K 14.**

agf) Pferdekutsche

			✱✱	⊙
861	60 (Pf) mehrfarbig	agf	2,40	2,—
		FDC		2,50
		ETB 2/1990		3,50

Auflage: 9 800 000 Stück, davon 381 600 auf ETB

1990, 12. Jan. 150. Geburtstag von Ernst Rudorff. ⓔ **Lüdtke; Odr. (5×10); gez. K 14.**

agg) E. Rudorff (1840–1916), Musiklehrer, Vorkämpfer des Heimat- und Naturschutzes

			✱✱	⊙
862	60 (Pf) mehrfarbig	agg	2,40	2,—
		FDC		2,50
		ETB 3/1990		3,50

Auflage: 14 600 000 Stück, davon 381 600 auf ETB

1990, 15. Febr. Freimarke: Sehenswürdigkeiten (VII). ⓔ **Haase; Ldr. Bogen (B) (10×10) und Rollen (R); gez. K 14.**

agh) Löwenstandbild, Braunschweig

			✱✱	⊙
863	5 (Pf) grünblau/grau (B) (R)	agh	0,40	0,60
		FDC		1,50
		ETB 4/1990		3,50

Waagerechtes Paar (aus Bogen)

		★★	⊙
863/863	....	1,20	2,—

Rollenmarke mit rückseitiger Nummer (R):

		Einzelm. ★★	Einzelm. ⊙	5er-Str. ★★
863 R	....	0,60	2,—	1,80

Einzelmarke mit anhängendem Bogenrand bis zu 50% vorstehender Paarpreise

Auflage: 25 412 000 Stück, davon 381 600 auf ETB

Weitere Werte siehe Zusammenfassung nach Jahrgangswerttabelle

Bildgleiche Marke ohne Inschrift „BERLIN“ siehe Bundesrepublik Deutschland MiNr. 1448

1990, 15. Febr. Sporthilfe: Beliebte Sportarten. 🄴 **Aretz; Odr. (5×5); gez. K 14.**

agi) Wasserball

agk) Rollstuhl-Basketball

			★★	⊙
864	100 + 50 (Pf)	mehrfarbig .... agi	4,—	4,80
865	140 + 60 (Pf)	mehrfarbig .... agk	7,—	8,50
		Satzpreis (2 W.)	11,—	13,—
		FDC		14,—
		ETB 5/1990		8,50

Auflagen: MiNr. 864 = 3 225 000, MiNr. 865 = 3 279 000 Stück, davon je 381 600 auf ETB

1990, 15. Febr. 100 Jahre Freie Volksbühne Berlin. 🄴 **Kößlinger; Odr. (5×5); gez. K 13¾.**

agl) Theater der Freien Volksbühne Berlin, stilis. Theatervorhang

			★★	⊙
866	100 (Pf)	mehrfarbig .... agl	2,50	2,60
		FDC		3,—
		ETB 6/1990		3,50

Auflage: 8 100 000 Stück, davon 381 600 auf ETB

1990, 15. Febr. 40 Jahre Bundeshaus in Berlin. 🄴 **Görs; Odr. (5×10); gez. K 14.**

agm) Bundeshaus in der Bundesallee, Berlin

			★★	⊙
867	100 (Pf)	mehrfarbig .... agm	3,50	2,60
		FDC		3,80
		ETB 7/1990		3,50

Auflage: 8 100 000 Stück, davon 381 600 auf ETB

1990, 19. April. Jugend: 125 Jahre „Max und Moritz“. 🄴 **Schillinger; Odr. (5×5); gez. K 14.**

agn) „Aber Moritz aus der Tasche zieht die Flintenpulverflasche“

ago) „Und der Meister Bäcker schrie: Ach, herrje! Da laufen sie!“

agp) „Wozu müssen auch die beiden Löcher in die Säcke schneiden“

agr) „Schon fasst einer, der voran, Onkel Fritzens Nase an“

agn–agr) Illustrationen aus der Bildgeschichte „Max und Moritz“ von Wilhelm Busch (1832–1908), Maler, Zeichner und Dichter

			★★	⊙
868	60 + 30 (Pf)	mehrfarbig .... agn	2,20	2,60
869	70 + 30 (Pf)	mehrfarbig .... ago	3,40	3,50
870	80 + 35 (Pf)	mehrfarbig .... agp	3,40	3,50
871	100 + 50 (Pf)	mehrfarbig .... agr	3,40	3,50
		Satzpreis (4 W.)	12,—	13,—
		FDC		15,—
		ETB 8/1990		9,50

Auflage ETB: 358 400

1990, 3. Mai. 200 Jahre Drehorgel. 🄴 **Graschberger; Odr. (5×5); gez. K 13¾.**

ags) „Hofsänger in Berlin“; Radierung nach Ludwig Knaus (1829–1910), Maler

			★★	⊙
872	100 (Pf)	mehrfarbig .... ags	2,50	2,40
		FDC		3,—
		ETB 9/1990		3,50

Auflage: 8 140 000 Stück, davon 358 400 auf ETB

1990, 3. Mai. Deutscher Katholikentag, Berlin. 🄴 **Lüdtke; Odr. (5×5); gez. K 13¾.**

agt) Plakat

			★★	⊙
873	60 (Pf)	mehrfarbig .... agt	2,20	2,20
		FDC		2,80
		ETB 10/1990		3,50

Auflage: 14 641 000 Stück, davon 358 400 auf ETB

1990, 21. Juni. Freimarke: Sehenswürdigkeiten (VIII). 🄴 **Haase; Ldr. Bogen (B) (10×10) und Rollen (R); gez. K 14.**

agu) Helgoland

			★★	⊙
874	70 (Pf)	mattlilaultramarin/ schwärzlichrotorange ...... agu	2,80	6,—
		FDC		8,50
		ETB 11/1990		3,50

Waagerechtes Paar (aus Bogen)

		★★	⊙
874/874	....	7,—	17,—

Rollenmarke mit rückseitiger Nummer (R)

		Einzelm. ★★	Einzelm. ⊙	5er-Str. ★★
874 R	....	5,20	8,—	17,50

Einzelmarke mit anhängendem Bogenrand bis zu 50% vorstehender Paarpreise

Auflage: 14 758 000 Stück, davon 358 400 auf ETB

Weitere Werte siehe Zusammenfassung nach Jahrgangswerttabelle

Bildgleiche Marke ohne Inschrift „BERLIN“ siehe Bundesrepublik Deutschland MiNr. 1469

1990, 9. Aug. 100 Jahre Deutsche Pharmazeutische Gesellschaft (DPhG). 🄴 **Ertle; Odr. (5×10); gez. K 14.**

agv) Mörser, Formel-Computerbild (Aspirin), DPhG-Emblem

			★★	⊙
875	100 (Pf)	mehrfarbig .... agv	5,—	4,—
		FDC		4,50
		ETB 12/1990		3,50

Auflage: 8 150 000 Stück, davon 358 400 auf ETB

1990, 27. Sept. Wohlfahrt: Geschichte der Post und Telekommunikation. 🄴 **Steiner; Odr. (5×5); gez. K 13¾.**

agw) Bahnpost (um 1900)

agx) Telefonarbeiten (um 1900)

agy) Elektro-Paket-zustellwagen (um 1930)

				★★	⊙
876	60 + 30 (Pf)	mehrfarbig	agw	2,50	2,50
877	80 + 35 (Pf)	mehrfarbig	agx	3,50	3,50
878	100 + 50 (Pf)	mehrfarbig	agy	4,50	4,50
		Satzpreis (3 W.)		10,—	10,—
		FDC			14,—
		ETB 13/1990			10,—

Auflagen: MiNr. 876 = 8 442 000, MiNr. 877 = 5 334 000, MiNr. 878 = 11 190 000 Stück, davon je 337 200 auf ETB

1990, 27. Sept. 200. Geburtstag von Adolph Diesterweg. 🄴 **Görs; Odr. (10×5); gez. K 13¾:14.**

agz) A. Diesterweg (1790–1866), Pädagoge

				★★	⊙
879	60 (Pf)	mehrfarbig	agz	3,50	3,80
		FDC			4,50
		ETB 14/1990			3,50

Auflage: 6 100 000 Stück, davon 337 200 auf ETB

MiNr. 326 bis 879 gültig bis 31.12.1991

Ganzsachenausschnitte als Freimarken verwendet

Ab 1.1.1981 auf Nicht-Standard-Sendungen und ab 1.7.1982 auf allen Postsendungen waren sämtliche frankaturgültigen Postwertzeicheneindrucke aus Ganzsachen ausgeschnitten zur Frankatur zulässig, sofern sie auf dünnem Papier gedruckt sind. Ganzsachenausschnitte auf dickem Papier (z.B. Postkarten) waren für alle Sendungen außer Standardsendungen und Wertbriefen mit Siegelabdruck zulässig.

Ab MiNr. 198 wurden alle Ausgaben – wenn nicht ausdrücklich anders angegeben – auf fluoreszierendem Papier gedruckt. Unterschiedliche Farbe der Fluoreszenz (weiß bzw. gelb) ist fabrikationsbedingt und rechtfertigt keine Preisunterschiede.

Die Ausgabe besonderer Marken für Berlin (West) wurde Ende 1990 eingestellt.

Angaben zur Schalterbogengröße

Soweit bekannt, wird bei den jeweiligen Ausgaben von Deutschland die Markenanzahl im Schalterbogen angegeben.

Dabei bedeuten die in Klammern stehenden Zahlenangaben z. B.:

(5 × 10)	= 5 Marken waagerecht nebeneinander in 10 Reihen untereinander = 50 Marken im Schalterbogen
(10 × 5)	= 10 Marken waagerecht nebeneinander in 5 Reihen untereinander = 50 Marken im Schalterbogen
(5 × 10 + 5 × 10)	= jeweils 5 Marken waagerecht nebeneinander in 10 Reihen untereinander, getrennt durch einen Zwischensteg = 100 Marken
(1 × 5 Zd.)	= Zusammendruck gemäß Abbildung in 5 Reihen untereinander
(5 × 1 Zd.)	= Zusammendruck gemäß Abbildung in 5 Reihen nebeneinander

Blockaufstellung

Block 1 siehe nach MiNr. 70
Block 2 siehe nach MiNr. 341
Block 3 siehe nach MiNr. 400
Block 4 siehe nach MiNr. 458
Block 5 siehe nach MiNr. 528
Block 6 siehe nach MiNr. 560
Block 7 siehe nach MiNr. 581
Block 8 siehe nach MiNr. 775

Jahrgangswerttabelle

Die Aufstellung folgt der numerischen Reihenfolge der Katalogisierung ohne Rücksicht auf die Chronologie eventueller Ergänzungswerte. Einzelmarken aus Blocks sind nicht berücksichtigt.

Die Preise unter „Summe der Einzelausgaben" sind die Addition der MICHEL-Preisnotierungen eines Jahrganges. Die Bewertungen unter „kompletter Jahrgang" basieren auf den im Fachhandel üblichen Jahrgangspreisen.

Jahr	MiNr.	Nominalwert (inkl. Zuschlag) DM	Summe der Einzelausgaben ★★	Summe der Einzelausgaben ⊙	Kompletter Jahrgang ★★	Kompletter Jahrgang ⊙
1948	1– 20	15,82	360,—	2400,—	360,—	2400,—
1949	21– 70, Block 1	30,22	4770,—	4290,—	4500,—	4000,—
1950	71– 73	–,70	240,—	170,—	240,—	170,—
1951	74– 86	2,65	335,—	415,—	330,—	400,—
1952	87–100	2,27	205,—	125,—	200,—	120,—
1953	101–113	2,74	225,—	328,—	220,—	320,—
1954	115–125	2,97	210,—	93,20	200,—	90,—
1955	126–134	1,95	52,—	68,50	50,—	60,—
1956	135–158 (mit 140 w+y)	9,24	88,30	97,90	80,—	90,—
1957	159–178	4,47	31,—	36,90	22,—	28,—
1958	179–181	–,50	3,50	5,—	3,50	5,—
1959	182–190	2,20	17,80	22,30	15,—	22,—
1960	191–196	1,55	4,—	7,50	4,—	5,—
1961	197–217	8,10	19,80	32,—	12,—	20,—
1962	218–230	6,27	7,50	7,20	5,—	5,—
1963	231–232	–,23	–,80	–,80	–,80	–,80
1964	233–249	6,10	12,80	16,50	8,—	11,—
1965	250–269	9,25	7,—	10,60	5,—	7,—
1966	270–298	15,73	25,20	29,30	15,—	19,—
1967	299–315	7,60	8,30	10,10	5,—	6,50
1968	316–325	3,80	5,70	7,80	5,—	6,—
1969	326–352	8,40	16,70	18,80	10,—	11,—
1970	353–378	11,58	20,30	18,70	12,—	11,—
1971	379–417 (mit 403–404 A, C und D, 406–407 A, C und D)	19,15	65,10	74,60	35,—	40,—
1972	418–441	16,15	28,40	26,20	15,—	14,—
1973	442–463	10,20	23,40	21,—	13,—	13,—
1974	464–481	9,70	18,70	17,30	9,—	9,—
1975	482–515	26,80	42,70	32,60	25,—	18,—
1976	516–531	9,25	15,30	13,40	8,50	7,—
1977	532–Block 6 (mit 532 und 534 A, C, D, I und II, 536 A, C und D)	19,85	39,80	45,10	24,—	25,—
1978	561–590	25,20	30,—	32,40	24,—	18,—
1979	591–613 (mit 611 A, C und D)	17,65	41,10	47,30	24,—	25,—
1980	614–636 (mit 615 A, C und D)	17,30	27,70	27,60	14,—	14,—
1981	637–658	16,15	26,80	23,10	14,—	13,—
1982	659–688 (mit 674 A, C und D)	36,40	70,70	63,60	40,—	35,—
1983	689–707	18,60	35,50	30,90	20,—	17,—
1984	708–729	19,80	43,—	35,10	25,—	20,—
1985	730–749	18,80	39,20	37,10	22,—	20,—
1986	750–771	19,—	42,20	46,40	25,—	28,—
1987	772–797 (mit 794–796 A, C, D)	24,20	89,60	140,60	50,—	70,—
1988	798–829 (mit 798 A, C, D)	32,40	74,10	133,30	45,—	70,—
1989	830–859 (mit 834 A, C, D)	41,95	120,20	229,70	65,—	120,—
1990	860–879	19,75	63,20	67,—	35,—	35,—
Gesamtsumme		**572,64**	**7611,40**	**9355,40**		
Komplette Sammlung					**5500,—**	**7500,—**

Jahreszusammenstellungen der Deutschen Bundespost

siehe Bundesrepublik Deutschland (vor Automatenmarken)

Zusammenfassung von Freimarken-Serien

1949–1964. Freimarken: Berliner Bauten.

c d at e

f at I g h

i au bc k

bd l m

n o

Werte	Daten (Zeichen)	MiNr.	Preise	
1 Pf	21. 3. 1949 (c)	42	–,50	–,50
4 Pf	7. 5. 1949 (d)	43	1,—	–,50
4 Pf	22. 1. 1954 (at)	112	6,—	5,—
5 Pf	7. 5. 1949 (e)	44	1,20	–,50
6 Pf	7. 5. 1949 (f)	45	2,—	1,50
7 Pf	10. 8. 1954 (at I)	121	7,50	2,—
8 Pf	7. 5. 1949 (d)	46	2,—	1,50
10 Pf	7. 5. 1949 (g)	47	1,—	–,50
15 Pf	30. 5. 1949 (h)	48	16,—	1,20
20 Pf	17. 6. 1949 (i)	49	6,—	–,50
20 Pf	29. 8. 1953 (au)	113	65,—	3,—
25 Pf	7. 5. 1949 (e)	50	30,—	1,20
30 Pf	2. 7. 1949 (g)	51	14,—	1,—
40 Pf	7. 5. 1949 (d)	52	22,—	1,—
40 Pf	17. 9. 1954 (bc)	122	13,—	4,—
50 Pf	2. 7. 1949 (f)	53	22,—	–,50
60 Pf	7. 5. 1949 (k)	54	70,—	–,50
70 Pf	23. 10. 1954 (bd)	123	120,—	25,—
80 Pf	7. 5. 1949 (i)	55	18,—	1,—
90 Pf	7. 5. 1949 (i)	56	20,—	1,20
1 DM	17. 6. 1949 (l)	57	30,—	1,50
2 DM	22. 7. 1949 (m)	58	80,—	2,—
3 DM	25. 10. 1949 (n)	59	300,—	20,—
5 DM	25. 10. 1949 (o)	60	160,—	20,—

Satzpreis (24 W.) . . . . 950,— 85,—

1956–1963. Freimarken: Berliner Stadtbilder.

bs bt bo bu

bv bw bx by

bz ca cb cc

cd ce cf cg

Werte	Daten (Zeichen)	MiNr.	Preise	
1 Pf	23. 2. 1957 (bs)	140 w	–,30	–,30
1 Pf	8. 3. 1962 (bs)	140 y	–,30	–,30
3 Pf	1. 3. 1963 (bs)	231	–,40	–,40
5 Pf	23. 2. 1957 (bf)	141	–,30	–,30
7 Pf	1. 3. 1956 (bo)	135	10,—	3,—
7 Pf	5. 10. 1956 (bu)	142	–,30	–,30
8 Pf	22. 6. 1956 (bv)	143	–,60	–,50
8 Pf	14. 2. 1959 (bv)	187	–,40	–,50
10 Pf	10. 7. 1956 (bw)	144	–,30	–,30
15 Pf	10. 7. 1956 (bx)	145	–,60	–,30
20 Pf	10. 7. 1956 (by)	146	–,60	–,30
25 Pf	9. 8. 1956 (bz)	147	–,60	–,60
30 Pf	16. 11. 1957 (ca)	148	1,20	1,20
40 Pf	30. 7. 1957 (cb)	149	12,—	10,—
50 Pf	5. 10. 1956 (cc)	150	1,20	1,20
60 Pf	16. 11. 1957 (cd)	151	1,20	1,20
70 Pf	5. 10. 1956 (ce)	152	25,—	16,—
1 DM	10. 11. 1956 (cf)	153	2,50	3,—
3 DM	26. 4. 1958 (cg)	154	6,—	22,—

Satzpreis (mit 140 w + y, 19 W.) . . . . 60,— 60,—

1964–1969. Freimarken: Deutsche Bauwerke aus zwölf Jahrhunderten.

gt gu fo gv

fp fr gw gx

fs gy ft gz

fu ha fv hb

fw hc hd he

hf

hg

hh

Werte	Daten (Zeichen)	MiNr.	Preise	
5 Pf	15. 6. 1966 (gt)	270	–,30	–,30
8 Pf	15. 6. 1966 (gt)	271	–,30	–,30
10 Pf	12. 3. 1965 (fo)	242	–,30	–,30
10 Pf	21. 6. 1967 (gv)	272	–,30	–,30
15 Pf	12. 3. 1965 (fp)	243	–,30	–,30
20 Pf	12. 3. 1965 (fr)	244	–,30	–,30
20 Pf	17. 11. 1967 (gw)	273	–,30	–,30
30 Pf	7. 1. 1966 (gx)	274	–,30	–,30
30 Pf	17. 12. 1967 (gx)	275	–,30	–,30
40 Pf	12. 3. 1965 (fs)	245	–,80	1,50
40 Pf	4. 8. 1967 (gv)	276	–,70	1,—
50 Pf	15. 12. 1964 (ft)	246	1,80	2,—
50 Pf	4. 8. 1967 (gz)	277	–,50	–,60
60 Pf	15. 12. 1964 (fu)	247	1,30	1,50
60 Pf	14. 4. 1967 (ha)	278	2,—	2,50
70 Pf	29. 5. 1965 (fv)	248	2,50	4,50
70 Pf	14. 4. 1967 (hb)	279	1,—	1,—
80 Pf	15. 12. 1964 (fw)	249	2,50	2,—
80 Pf	21. 6. 1967 (hc)	280	1,30	2,50
90 Pf	15. 6. 1966 (hd)	281	–,70	1,—
1 DM	7. 11. 1966 (he)	282	–,70	1,—
1,10 DM	13. 12. 1966 (hf)	283	1,80	1,80
1,30 DM	26. 3. 1969 (hg)	284	3,—	3,—
2 DM	13. 12. 1966 (hh)	285	3,—	2,50

Satzpreis (24 W.) . . . . 24,— 30,—

1970–1973. Freimarken: Bundespräsident Heinemann.

lf

Werte	Daten (Zeichen)	MiNr.	Preise	
5 Pf	23. 7. 1970 (if)	359	–,30	–,30
8 Pf	8. 4. 1971 (if)	360	–,90	1,30
10 Pf	23. 10. 1970 (if)	361	–,30	–,30
15 Pf	20. 6. 1972 (if)	427	–,30	–,40
20 Pf	23. 10. 1970 (if)	362	–,30	–,30
25 Pf	27. 8. 1971 (if)	393	1,—	–,70
30 Pf	7. 1. 1971 (if)	363	1,30	–,60
40 Pf	8. 4. 1971 (if)	364	–,70	–,30
50 Pf	8. 4. 1971 (if)	365	–,70	–,30
60 Pf	25. 6. 1971 (if)	394	1,—	–,70
70 Pf	8. 4. 1971 (if)	366	–,90	–,80
80 Pf	8. 4. 1971 (if)	367	1,20	1,20
90 Pf	7. 1. 1971 (if)	368	2,40	3,—
1 DM	23. 7. 1970 (if)	369	1,20	–,90
110 Pf	16. 1. 1973 (if)	428	1,50	1,50
120 Pf	8. 3. 1972 (if)	395	1,50	1,20
130 Pf	20. 6. 1972 (if)	429	2,—	2,—
140 Pf	16. 1. 1973 (if)	430	2,—	2,—
150 Pf	5. 7. 1972 (if)	431	2,—	1,50
160 Pf	8. 3. 1972 (if)	396	2,50	2,50
170 Pf	11. 9. 1972 (if)	432	2,—	2,20
190 Pf	16. 1. 1973 (if)	433	2,50	2,40
2 DM	7. 1. 1971 (if)	370	2,50	1,80

Satzpreis (23 W.) . . . . 30,— 26,—

1971–1973. Freimarken: Unfallverhütung.

mk

ml

mm

mn

mo

mp

mr

ms

mt

mu

Werte	Daten (Zeichen)	MiNr.	Preise	
5 Pf	29. 10. 1971 (mk)	402	–,30	–,40
10 Pf	8. 3. 1972 (ml)	403	–,30	–,30
20 Pf	5. 7. 1972 (mm)	404	–,30	–,30
25 Pf	10. 9. 1971 (mn)	405	–,50	–,80
30 Pf	8. 3. 1972 (mo)	406	–,50	–,60
40 Pf	20. 6. 1972 (mp)	407	–,50	–,70
50 Pf	16. 1. 1973 (mr)	408	2,50	1,50
60 Pf	10. 9. 1971 (ms)	409	2,50	3,—
70 Pf	5. 6. 1973 (ms)	453	1,80	1,40
100 Pf	5. 7. 1972 (mt)	410	2,50	1,50
150 Pf	11. 9. 1972 (mu)	411	7,50	9,—

Satzpreis (11 W.) . . . . 18,— 19,—

1975–1982. Freimarken: Industrie und Technik.

py

pz

ra

rb

rc

rd

us

re

rf

rg

yg

rh

yh

ri

uu

rk

ruv

rl

uw

yi

rm

Werte	Daten (Zeichen)	MiNr.	Preise	
5 Pf	14. 11. 1975 (py)	494	–,30	–,30
10 Pf	14. 8. 1975 (pz)	495	–,30	–,30
20 Pf	17. 2. 1976 (ra)	496	–,30	–,30
30 Pf	14. 8. 1975 (rb)	497	–,40	–,30
40 Pf	15. 5. 1975 (rc)	498	–,60	–,30
50 Pf	15. 5. 1975 (rd)	499	–,60	–,30
60 Pf	16. 11. 1978 (us)	582	1,—	–,50
70 Pf	14. 8. 1975 (re)	500	1,10	–,60
80 Pf	15. 10. 1975 (rf)	501	1,10	–,30
100 Pf	15. 5. 1975 (rg)	502	1,10	–,60
110 Pf	16. 6. 1982 (yg)	668	1,70	1,50
120 Pf	15. 10. 1975 (rh)	503	1,50	1,20
130 Pf	16. 6. 1982 (yh)	669	2,80	1,80
140 Pf	14. 11. 1975 (ri)	504	1,50	1,70
150 Pf	12. 7. 1979 (uu)	584	3,50	1,50
160 Pf	15. 10. 1975 (rk)	505	3,—	1,70
180 Pf	12. 7. 1979 (uv)	585	3,50	2,50
190 Pf	15. 7. 1982 (uu)	670	3,50	3,—
200 Pf	14. 11. 1975 (rl)	506	2,—	1,—
230 Pf	17. 5. 1979 (uw)	586	3,—	2,50
250 Pf	15. 7. 1982 (uw)	671	5,—	3,—
300 Pf	16. 6. 1982 (yi)	672	5,—	3,—
500 Pf	17. 2. 1976 (rm)	507	7,—	5,—

Satzpreis (23 W.) . . . . 48,— 32,—

1977–1982. Freimarken: Burgen und Schlösser.

so sp ux sr yk

ss wa st wb su

vx sv yl uy ym

sw uz va yn yo

Werte	Daten (Zeichen)	MiNr.	Preise	
10 Pf	14. 4. 1977 (so)	532	–,30	–,30
20 Pf	14. 4. 1977 (sp)	533	–,30	–,30
25 Pf	11. 1. 1979 (ux)	587	–,80	–,50
30 Pf	14. 4. 1977 (sr)	534	–,30	–,30
35 Pf	16. 6. 1982 (yk)	673	–,40	–,40
40 Pf	16. 2. 1977 (ss)	535	–,40	–,30
40 Pf	14. 2. 1980 (wa)	614	–,70	–,40
50 Pf	17. 5. 1977 (st)	536	–,70	–,30
50 Pf	14. 2. 1980 (wb)	615	–,80	–,40
60 Pf	13. 1. 1977 (su)	537	1,30	–,60
60 Pf	14. 11. 1979 (vx)	611	1,20	–,60
70 Pf	17. 5. 1977 (sv)	538	1,30	–,60
80 Pf	16. 6. 1982 (yl)	674	–,80	–,40
90 Pf	11. 1. 1979 (uy)	588	1,20	1,—
120 Pf	15. 7. 1982 (ym)	675	1,30	1,20
190 Pf	16. 2. 1977 (sp)	539	1,80	1,80
200 Pf	13. 1. 1977 (sw)	540	1,80	1,80
210 Pf	14. 2. 1979 (uz)	589	2,60	2,—
230 Pf	16. 11. 1978 (va)	590	2,60	2,—
280 Pf	15. 7. 1982 (yn)	676	4,50	3,—
300 Pf	16. 6. 1982 (yo)	677	4,50	3,—

Satzpreis (21 W.) . . . . 28,— 20,—

1986–1989. Freimarken: Frauen der deutschen Geschichte.

afb adz aee

adf acl aet acm aeu

aef afs aev afn aew

afo aft aex aez

Werte	Daten (Zeichen)	MiNr.	Preise	
5 Pf	9. 2. 1989 (afb)	833	–,50	2,80
10 Pf	14. 4. 1988 (adz)	806	–,50	2,—
20 Pf	5. 5. 1988 (aee)	811	2,—	5,—
40 Pf	17. 9. 1987 (adf)	788	1,60	5,—
50 Pf	13. 11. 1986 (acl)	770	2,50	3,50
60 Pf	10. 11. 1988 (aet)	824	1,50	5,—
80 Pf	13. 11. 1986 (acm)	771	1,50	3,50
100 Pf	10. 11. 1988 (aeu)	825	2,50	2,—
130 Pf	5. 5. 1988 (aef)	812	4,50	15,—
140 Pf	10. 8. 1989 (afs)	848	6,—	15,—
170 Pf	10. 11. 1988 (aev)	826	3,—	12,—
180 Pf	13. 7. 1989 (afn)	844	4,50	17,—
240 Pf	10. 11. 1988 (aew)	827	4,—	17,—
250 Pf	13. 7. 1989 (afo)	845	9,50	28,—
300 Pf	10. 8. 1989 (aft)	849	10,—	25,—
350 Pf	10. 11. 1988 (aex)	828	7,—	20,—
500 Pf	12. 1. 1989 (aez)	830	11,—	45,—

Satzpreis (17 W.) . . . . 70,— 220,—

1987–1990. Freimarken: Sehenswürdigkeiten.

agh adr aeh adl aek

adm adn agu ado afc

aei afa ads afd

Werte	Daten (Zeichen)	MiNr.	Preise	
5 Pf	15. 2. 1990 (agh)	863	–,40	–,60
10 Pf	14. 1. 1988 (adr)	798	–,50	–,50
20 Pf	12. 1. 1989 (aeh)	831	–,50	1,—
30 Pf	6. 11. 1987 (adl)	793	1,50	1,30
40 Pf	11. 8. 1988 (aek)	816	2,50	2,80
50 Pf	6. 11. 1987 (adm)	794	2,20	1,50
60 Pf	6. 11. 1987 (adn)	795	2,20	1,50
70 Pf	14. 7. 1988 (aeh)	814	2,20	3,50
70 Pf	21. 6. 1990 (agu)	874	2,80	6,—
80 Pf	6. 11. 1987 (ado)	796	2,20	1,50
100 Pf	9. 2. 1989 (afc)	834	1,50	2,—
120 Pf	14. 7. 1988 (aei)	815	3,—	4,50
140 Pf	12. 1. 1989 (afa)	832	3,—	5,50
300 Pf	14. 1. 1988 (ads)	799	6,—	6,—
350 Pf	9. 2. 1989 (afd)	835	5,50	10,—

Satzpreis (15 W.) . . . . 35,— 48,—

Automatenmarken

a) Schloss Charlottenburg

1987, 4. Mai. Freimarke: Schloss Charlottenburg. RaTdr.; Papier fl.; Typendruck über Farbband; ☐ mit je 2 Transportlöchern am Ober- und Unterrand.

				✱✱	⊙	FDC
1	5–9995 (Pf)	(in Stufen von 5 Pf) schwarz, Unterdruck mehrfarbig	a			
	5–100 (Pf)	je Wert		2,—	3,—	5,—
		Höhere Werte	(100 Pf = 1,20)	+2,—	+3,—	+5,—

Versandstellen-Sätze (VS):

MiNr.	Ersttag VS	Wertstufen	✱✱	⊙	⊙ ET
1	04.051987	VS1 Satz 10/40/50/60/70/80/100/110/120/130/190/250/280/300	60,—	100,—	75,—
1	04.05.1987	VS2 Satz 5/65/75/85/145	15,—	30,—	26,—

Jede fünfte Marke von MiNr. 1 weist auf der Rückseite eine Zählnummer auf; Marke mit Zählnummer Aufschlag 50%

Sehr viele Abweichungen und Zufälligkeiten beim Werteindruck bekannt.

FALSCH 0000- und ✱✱✱✱-Drucke („Vier-Sterne-General") ohne den Aufdruck DBP stammen nicht aus Druckern der Deutschen Post.
FALSCH ATM mit Nagler-Nadeldruck (Bund MiNr. 2.2.) wurde nach Ende der Gültigkeit hergestellt.

Gesamtauflage (alle Wertstufen): 36 000 000 Stück

Gültig bis 31.12.1991

Ausführliche Katalogisierung siehe MICHEL-Automatenmarken-Spezial!

Anzeigen

Markenheftchen, Markenheftchenbogen, Zusammendrucke

Katalogisierungsgrundlagen für Zusammendrucke:

Zusammendrucke sind Verbindungen einer Marke mit einer gleichen oder einer oder zwei anderen oder einem oder zwei Anhängseln in Markengröße, wobei gleiche Marken zueinander im Kehrdruck stehen oder durch eine andere Marke oder Anhängsel getrennt sind. Es werden maximal 3er-Zusammendrucke katalogisiert. Die Katalogisierung größerer Einheiten früherer Ausgaben ist historisch bedingt und bleibt bestehen.

Wichtige Bewertungshinweise:

Preise bei Markenheftchen:

Durch den Heftchenbeschnitt ist die H-Blatt-Zähnung vor allem bis MH 8 herstellungsbedingt fast immer an einer oder zwei Seiten leicht angeschnitten, MH mit allseitig vollständiger Zähnung rechtfertigen einen Aufschlag von etwa 20%.
Bei MH mit seitlicher Heftklammer gelten die Preise für solche ohne Knick im Deckelkarton.

✶-Preise bei H-Blättern und Zusammendrucken:

Da es für die Bewertung von Bedeutung ist, ob eine oder mehrere Marken oder eventuell nur Zwischenstege befalzt sind, sind die bis 1960 angegebenen ✶-Preise als Durchschnittspreise anzusehen. Befindet sich bei Zusammendrucken mit Zwischensteg der Falz nur auf dem Zwischensteg, ist der Zusammendruck mit 25% Abschlag vom ✶✶-Preis zu bewerten.

✶✶- und ⨀-Preise bei H-Blättern:

Bis einschließlich MH 8 verstehen sich die Preise für Stücke mit H-Blatt-Rand, ohne Rand 30% Abschlag, ab MH 9 für ✶✶, ⨀ ohne Rand. Alle ✶✶- und ⨀-Preise der H-Blätter 1–10 sowie der Zusammendrucke W 1–SKZ 4 gelten nur für geprüfte Stücke!

Die ⨀-Preise gelten für zeitnah zum Verkaufszeitraum entwertete Stücke. Alle wesentlich später innerhalb des Gültigkeitszeitraumes datierten Stempelabschläge (ab ca. 10 Jahre nach Ausgabe) sind meist wesentlich billiger.

Abbildung der H-Blätter in ⅓-Größe

Die Preise von Einheiten (MH, H-Bl., Zd) können unter der Summe der Einzelpreise liegen!

1949. Berliner Bauten

MH-MiNr.	Ausgabe-Datum	Nominale	Auflage	MH-Preis ✶✶	H-Bl. MiNr.	mit MiNr.	H-Bl.-Preise ✶	✶✶	⨀	FDC
1	1. 11. 1949	2,— DM	100 000	700,—	**1** (1)	R 1a + 5×49	90,—	180,—	300,—	750,—
					2 (1)	R 1b + 5×47 I	90,—	180,—	300,—	750,—
					3 (2)	R 1c + 5×43	12,—	40,—	80,—	100,—
					4 (2)	R 1d + 5×42	12,—	40,—	80,—	100,—

H-Blatt 1

H-Blatt 2

H-Blatt 3

H-Blatt 4

Zusammendrucke aus H-Blättern und Markenheftchenbogen:

Zd-MiNr.	MiNr.	Werte	Preise ✶	✶✶	⨀
W 1	R 1d+42	R 1d+1	5,—	12,—	13,—
W 2	R 1d+42+R 1d	R 1d+1+R 1d	40,—	70,—	75,—
W 3	42+R 1d	1+R 1d	25,—	45,—	50,—
W 4	42+R 1d+42	1+R 1d+1	40,—	70,—	75,—
W 5	R 1c+43	R 1c+4	5,—	12,—	12,—
W 6	R 1c+43+R 1c	R 1c+4+R 1c	40,—	70,—	75,—
W 7	43+R 1c	4+R 1c	25,—	45,—	50,—
W 8	43+R 1c+43	4+R 1c+4	40,—	70,—	75,—
W 9	R 1b+47 I	R 1b+10	40,—	85,—	85,—
W 10	R 1b+47 I+R 1b	R 1b+10+R 1b	350,—	580,—	750,—
W 11	47 I+R 1b	10+R 1b	250,—	420,—	480,—
W 12	47 I+R 1b+47 I	10+R 1b+10	350,—	580,—	750,—
W 13	R 1a+49	R 1a+20	40,—	90,—	100,—
W 14	R 1a+49+R 1a	R 1a+20+R 1a	350,—	580,—	700,—
W 15	49+R 1a	20+R 1a	250,—	420,—	480,—
W 16	49+R 1a+49	20+R 1a+20	350,—	580,—	700,—
S 1	R 1d+42	R 1d+1	5,—	12,—	12,—
S 2	R 1c+43	R 1c+4	5,—	12,—	12,—
S 3	R 1b+47 I	R 1b+10	40,—	85,—	100,—
S 4	R 1a+49	R 1a+20	40,—	90,—	100,—
SZ 1 A	47 I+Z+42	10+Z+1	150,—	320,—	600,—
SZ 1 B	47 I+Z+42	10+Z+1	8,50	14,—	22,—
SZ 2 A	47 I+Z+R 1d+42	10+Z+R 1d+1	180,—	360,—	650,—
SZ 2 B	47 I+Z+R 1d+42	10+Z+R 1d+1	40,—	75,—	110,—
SZ 3 A	49+Z+43	20+Z+4	150,—	320,—	600,—
SZ 3 B	49+Z+43	20+Z+4	8,50	17,—	22,—
SZ 4 A	49+Z+R 1c+43	20+Z+R 1c+4	180,—	360,—	650,—
SZ 4 B	49+Z+R 1c+43	20+Z+R 1c+4	40,—	75,—	110,—
SK 1	42+42	1+1	–,50	1,40	1,60
SK 2	43+43	4+4	1,30	2,60	3,—
SKZ 1 B	47 I+Z+R 1a+49	10+Z+R 1a+20	250,—	450,—	500,—
SKZ 2 B	49+Z+R 1b+47 I	20+Z+R 1b+10	250,—	400,—	480,—

A = durchgezähnter Zwischensteg, B = nicht durchgezähnter Zwischensteg

Fehlt bei den 4er-Zusammendrucken SZ 2, SZ 4, SKZ 1 und SKŻ 2 eine Marke, so sind diese 3er-Einheiten mit ca. 50% des ursprünglichen Preises zu werten.

1952. Berliner Bauten

MH-MiNr.	Ausgabe-Datum	Nominale	Auflage	MH-Preis ✶✶	H-Bl. MiNr.	mit MiNr.	H-Bl.-Preise ✶	✶✶	⨀
2	8. 5. 1952	2,— DM		1300,—	**5** (1)	R 2 + 5×49	50,—	180,—	300,—
					6 (1)	R 3 + 5×47 I	50,—	180,—	300,—
					7 (1)	R 4 + 5×43	50,—	180,—	300,—
					8 (1)	R 5 + 5×43	50,—	180,—	300,—
					9 (1)	R 6 + 5×42	50,—	180,—	300,—
					10 (1)	R 7 + 5×42	50,—	180,—	300,—

H-Blatt 5

H-Blatt 6

H-Blatt 7

H-Blatt 8

H-Blatt 9

H-Blatt 10

Zusammendrucke aus H-Blättern und Markenheftchenbogen:

Zd-MiNr.	MiNr.	Werte	Preise ✶	✶✶	⊙
W 17	49+R 2	20+R 2	20,—	95,—	85,—
W 18	R 2+49+R 2	R 2+20+R 2	90,—	320,—	360,—
W 19	R 2+49	R 2+20	60,—	200,—	250,—
W 20	49+R 2+49	20+R 2+20	90,—	320,—	360,—
W 21	47 I+R 3	10+R 3	20,—	90,—	80,—
W 22	R 3+47 I+R 3	R 3+10+R 3	90,—	320,—	400,—
W 23	R 3+47 I	R 3+10	60,—	200,—	280,—
W 24	47 I+R 3+47 I	10+R 3+10	90,—	320,—	360,—
W 25	43+R 4	4+R 4	8,50	45,—	50,—
W 26	R 4+43+R 4	R 4+4+R 4	30,—	95,—	130,—
W 27	R 4+43	R 4+4	18,—	75,—	80,—
W 28	43+R 4+43	4+R 4+4	30,—	100,—	130,—
W 29	43+R 5	4+R 5	20,—	90,—	80,—
W 30	R 5+43+R 5	R 5+4+R 5	90,—	320,—	360,—
W 31	R 5+43	R 5+4	60,—	200,—	250,—
W 32	43+R 5+43	4+R 5+4	90,—	320,—	360,—

Zd-MiNr.	MiNr.	Werte	Preise ✶	✶✶	⊙
W 33	42+R 6	1+R 6	20,—	90,—	80,—
W 34	R 6+42+R 6	R 6+1+R 6	90,—	320,—	360,—
W 35	R 6+42	R 6+1	60,—	200,—	250,—
W 36	42+R 6+42	1+R 6+1	90,—	320,—	360,—
W 37	42+R 7	1+R 7	8,50	45,—	40,—
W 38	R 7+42+R 7	R 7+1+R 7	30,—	95,—	140,—
W 39	R 7+42	R 7+1	18,—	90,—	130,—
W 40	42+R 7+42	1+R 7+1	30,—	95,—	140,—
S 5	R 2+49	R 2+20	20,—	90,—	85,—
S 6	R 3+47 I	R 3+10	20,—	90,—	85,—
S 7	R 4+43	R 4+4	8,50	40,—	36,—
S 8	R 5+43	R 5+4	20,—	90,—	85,—
S 9	R 6+42	R 6+1	20,—	90,—	85,—
S 10	R 7+42	R 7+1	8,50	40,—	36,—
SZ 5	49+Z+R 5+43	20+Z+R 5+4	50,—	190,—	200,—
SZ 6	47 I+Z+R 6+42	10+Z+R 6+1	50,—	190,—	200,—
SKZ 3	49+Z+R 3+47 I	20+Z+R 3+10	65,—	200,—	250,—
SKZ 4	47 I+Z+R 2+49	10+Z+R 2+20	65,—	200,—	250,—

Fehlt bei den 4er-Zusammendrucken SZ 5, SZ 6, SKZ 3 und SKZ 4 eine Marke, so sind diese 3er-Einheiten mit ca. 50% des ursprünglichen Preises zu werten.

1962. Albrecht Dürer

MH-MiNr.	Ausgabe-Datum	Nominale	Auflage	MH-Preis ✶✶	H-Bl. MiNr.	mit MiNr.	H-Bl.-Preise ✶✶	⊙
3	März 1962	1,— DM	806 500	20,—	**11** (1)	10 × 202	8,—	100,—

H-Blatt 11

Zusammendrucke aus Markenheftchenbogen:

Zd-MiNr.	MiNr.	Werte	Preise ✶✶	⊙
K 3	202+202	10+10	1,20	3,—
KZ 1	202+Z+202	10+Z+10	4,—	10,—

1965. Zwinger Dresden

MH-MiNr.	Ausgabe-Datum	Nominale	Auflage	MH-Preis ✶✶	H-Bl. MiNr.	mit MiNr.	H-Bl.-Preise ✶✶	⊙
4	Juni 1965	1,— DM	510 000	11,—	**12** (1)	10 × 242	6,—	*60,—*

H-Blatt 12

Zusammendrucke aus Markenheftchenbogen:

Zd-MiNr.	MiNr.	Werte	Preise ★★	⊙
K 4	242+242	10+10	–,80	1,50
KZ 2	242+Z+242	10+Z+10	1,80	4,—

1966/1970. Brandenburger Tor

MH-MiNr.	Ausgabe-Datum	Nominale	Auflage	MH-Preise ★★	H-Bl. MiNr.	mit MiNr.	H-Bl.-Preise ★★	⊙	FDC
5	13.12.1966	2,— DM	700 000	17,—	**13** (1)	4×286+2×287+4×288	9,—	35,—	50,—
6	Juli 1970	1,— DM	557 000	6,50	**14** (1)	4×286+2×288	4,—	10,—	
7	Juli 1970	1,— DM	350 000	6,50	**15** (1)	2×287+2×288	3,—	10,—	

H-Blatt 13

H-Blatt 14

H-Blatt 15

Zusammendrucke aus H-Blättern und Markenheftchenbogen:

Zd-MiNr.	MiNr.	Werte	Preise ★★	⊙
13. 12. 1966 (H-Bl. 13, Markenheftchenbogen zu MH 5)				
W 41	287+286	20+10	–,80	1,20
W 42	288+287	30+20	1,—	1,50
W 43	288+287+286	30+20+10	1,20	2,—
K 5	286+286	10+10	1,20	1,50
KZ 3 a[1]	288+Z+288	30+Z+30	3,50	7,50

[1]) KZ 3 a: Zwischensteg mit zwei senkr. dunkelrosa Strichelleisten bedruckt
[2]) KZ 3 b: Zwischensteg mit einer senkr. dunkelrosa Strichelleiste bedruckt

Zd-MiNr.	MiNr.	Werte	Preise ★★	⊙
Juli 1970 (H-Bl. 14, Markenheftchenbogen zu MH 6)				
W 44	288+286	30+10	1,50	2,50
KZ 3 b[2]	288+Z+288	30+Z+30	1,20	1,70
Juli 1970 (H-Bl. 15, Markenheftchenbogen zu MH 7)				
W 45	287+288	20+30	1,20	2,—
K 6	288+288	30+30	1,80	3,50
KZ 4	287+Z+287	20+Z+20	1,50	2,50
WK 2	287+288+288	20+30+30	2,50	5,—

1972/1974. Unfallverhütung

MH-MiNr.	Ausgabe-Datum	Nominale	Auflage	MH-Preise ★★	H-Bl. MiNr.	mit MiNr.	H-Bl.-Preise ★★	⊙	FDC
8	Sept. 1972	2,— DM	1 195 000	14,—	**16** (1)	2×403 A+2×404 A+ 2×406 A+2×407 A	6,50	15,—	
9	1974	2,— DM	5 447 000	26,—	**17** (1)	403 C/D+404 C/D+ 406 C/D+407 C/D	22,—	38,—	60,—

Ab H-Blatt 17 gelten die Preise für Heftchenblätter ohne Rand!

H-Blatt 16

H-Blatt 17

Zusammendrucke aus H-Blättern und Markenheftchenbogen:

Zd-MiNr.	MiNr.	Werte	Preise ★★	⊙
Sept. 1972 (H-Bl. 16, Markenheftchenbogen zu MH 8)				
W 46	403+404	10+20	1,20	2,40
W 47	403+404+406	10+20+30	1,80	3,60
W 48	404+406	20+30	1,50	3,—
W 49	404+406+407	20+30+40	2,40	4,80
W 50	406+407	30+40	1,80	3,60
K 7	407+407	40+40	3,80	7,—
KZ 5	403+Z+403	10+Z+10	2,60	5,—
WK 2	406+407+407	30+40+40	8,—	15,—

Zd-MiNr.	MiNr.	Werte	Preise ★★	⊙
1974 (H-Bl. 17)				
W 51	407 C+403 C	40+10	7,—	8,50
W 52	407 D+403 D	40+10	7,—	8,50
W 53	407 C+403 C+406 C	40+10+30	10,—	12,—
W 54	407 D+403 D+406 D	40+10+30	10,—	12,—
W 55	403 C+406 C	10+30	8,—	10,—
W 56	403 D+406 D	10+30	8,—	10,—
W 57	403 C+406 C+404 C	10+30+20	10,—	12,—
W 58	403 D+406 D+404 D	10+30+20	10,—	12,—
W 59	406 C+404 C	30+20	7,—	8,50
W 60	406 D+404 D	30+20	7,—	8,50

Die Marken aller ab 1965 ausgegebenen Markenheftchen waren bis 31.12.1991 frankaturgültig.

Senkrechte Paare aus H-Blatt 17:

	★★	⊙		★★	⊙		★★	⊙		★★	⊙
403 C/D . . .	5,—	9,—	**404 C/D** . . .	7,—	12,—	**406 C/D** . . .	5,—	9,—	**407 C/D** . . .	7,—	12,—

1977/1982. Burgen und Schlösser

MH-MiNr.	Ausgabe-Datum	Nominale	Auflage	MH-Preise ★★	H-Bl. MiNr.	mit MiNr.	H-Bl.-Preise ★★	⊙
10	Juni 1977	2,— DM	7 300 000	11,—	**18** (1)	2×532 C/D+534 C/D +536 C/D	10,—	14,—
11	April 1980	2,— DM	23 350 000	5,—	**19** (1)	2×532 C/D+534 C/D +615 C/D	4,50	9,—
12	Okt. 1980	3,— DM	3 300 000	18,—	**20** (1)	532 C/D+534 C/D+ 611 C/D+615 C/D	16,—	30,—
13	Juli 1982	3,— DM	3 150 000	17,—	**21** (1)	2×532 C/D+615 C/D +674 C/D	16,—	30,—

H-Blatt 18

H-Blatt 19

H-Blatt 20

H-Blatt 21

Zusammendrucke aus H-Blättern:

Zd-MiNr.	MiNr.	Werte	Preise ★★	⊙
Juni 1977 (H-Bl. 18)				
W 61	536 C+534 C	50+30	5,—	6,—
W 62	536 D+534 D	50+30	5,—	6,—
W 63	536 C+534 C+532 C	50+30+10	5,50	7,—
W 64	536 D+534 D+532 D	50+30+10	5,50	7,—
W 65	534 C+532 C	30+10	1,40	1,80
W 66	534 D+532 D	30+10	1,40	1,80
April 1980 (H-Bl. 19)				
W 67	532 C+534 C	10+30	2,20	2,50
W 68	532 D+534 D	10+30	2,20	2,50
W 69	532 C+534 C+532 C	10+30+10	2,50	2,80
W 70	532 D+534 D+532 D	10+30+10	2,50	2,80
W 71	534 C+532 C+615 C	30+10+50	2,80	4,—
W 72	534 D+532 D+615 D	30+10+50	2,80	4,—
W 73	532 C+615 C	10+50	1,40	2,60
W 74	532 D+615 D	10+50	1,40	2,60

Zd-MiNr.	MiNr.	Werte	Preise ★★	⊙
Okt. 1980 (H-Bl. 20)				
W 75	532 C+615 C+611 C	10+50+60	8,50	17,—
W 76	532 D+615 D+611 D	10+50+60	8,50	17,—
W 77	615 C+611 C	50+60	7,50	15,—
W 78	615 D+611 D	50+60	7,50	15,—
Juli 1982 (H-Bl. 21)				
W 79	532 C+615 C+674 C	10+50+80	7,—	12,—
W 80	532 D+615 D+674 D	10+50+80	7,—	12,—
W 81	615 C+674 C	50+80	7,—	12,—
W 82	615 D+674 D	50+80	7,—	12,—

Senkrechte Paare aus H-Blättern 18–21:

	★★	⊙		★★	⊙		★★	⊙
532 C/D	–,70	1,—	**536 C/D**	6,50	9,50	**615 C/D**	1,60	7,—
534 C/D	2,20	3,—	**611 C/D**	13,—	25,—	**674 C/D**	13,—	20,—

Die gestrichene Oberfläche des sog. Chromolux-Kartons ab MH 9 ist herstellungsbedingt sehr empfindlich. Die MH-Preise gelten für Stücke mit leichten Schlierspuren; MH mit Beschädigungen (z. B. Kratzer) erfordern Abschläge!

1989. Sehenswürdigkeiten

MH-MiNr.	Ausgabe-Datum	Nominale	Auflage	MH-Preis **	H-Bl. MiNr.	mit MiNr.	H-Bl.-Preise **	⊙
14	Juni 1989	3,— DM	6000000	28,—	**22** (1)	2×798 C/D+794 C/D+ 796 C/D	28,—	70,—
15	Juni 1989	5,— DM	5000000	60,—	**23** (1)	798 C/D+795 C/D+ 796 C/D+834 C/D	60,—	120,—

H-Blatt 22

H-Blatt 23

Zusammendrucke aus H-Blättern:

Zd-MiNr.	MiNr.	Werte	Preise **	⊙
Juni 1989 (H-Bl. 22)				
W 83	798 C+794 C	10+50	9,50	20,—
W 84	798 D+794 D	10+50	9,50	20,—
W 85	798 C+794 C+796 C	10+50+80	16,—	40,—
W 86	798 D+794 D+796 D	10+50+80	16,—	40,—
W 87	794 C+796 C	50+80	15,—	35,—
W 88	794 D+796 D	50+80	15,—	35,—

Zd-MiNr.	MiNr.	Werte	Preise **	⊙
Juni 1989 (H-Bl. 23)				
W 89	798 C+795 C	10+60	15,—	32,—
W 90	798 D+795 D	10+60	15,—	32,—
W 91	798 C+795 C+796 C	10+60+80	22,—	55,—
W 92	798 D+795 D+796 D	10+60+80	22,—	55,—
W 93	795 C+796 C	60+80	20,—	45,—
W 94	795 D+796 D	60+80	20,—	45,—
W 95	795 C+796 C+834 C	60+80+100	32,—	60,—
W 96	795 D+796 D+834 D	60+80+100	32,—	60,—
W 97	796 C+834 C	80+100	16,—	40,—
W 98	796 D+834 D	80+100	16,—	40,—

Senkrechte Paare aus H-Blättern 22–23:

	**	⊙
794 C/D	13,—	25,—
795 C/D	25,—	44,—
796 C/D	10,—	30,—
798 C/D	3,—	8,—
834 C/D	18,—	28,—

Saarland

Die alliierten Truppen erreichten Ende 1944 das linke Saarufer, am 21. 3. 1945 hatten sie das gesamte Gebiet des Saarlandes besetzt, jegliches Postwesen kam zum Erliegen. Noch vor der bedingungslosen Kapitulation Deutschlands beauftragten die Amerikaner den Saarbrückener Rechtsanwalt Dr. Hans Neureuter mit der Bildung eines Regierungspräsidiums.

Am 10. 7. 1945 lösten französische Truppen die US-Streitkräfte ab, und am 29. 7. 1945 übernahm die französische Militärregierung die Verwaltung des Saarlandes.

Während bis 31. 8. 1945 jeglicher zivile Postverkehr verboten war, begann der Behördenpostverkehr zwischen franz. und saarl. Behörden, Banken und großen Firmen bereits am 16. 8. 1945. Der allgemeine Postverkehr wurde ab 1. 9. 1945 nach und nach eröffnet. Bis 16. 12. 1945 fand ausschließlich Barfrankierung statt. Auch nach der ab 17. 12. 1945 begonnenen Ausgabe von Briefmarken für die Franz. Zone (Allgemeine Ausgaben, MiNr. 1–13), die auch im Saarland verausgabt und bis zur Ausgabe eigener Marken verwendet wurden, kam es immer wieder zu Engpässen, so dass weiter Barfrankierungen bzw. Teilbarfrankierungen durchgeführt werden mussten. Post ins Ausland war ab 1. 4. 1946 zugelassen.

Im Oktober 1946 wurde das (auf Kosten des späteren Landes Rheinland-Pfalz) um mehr als 100 Gemeinden vergrößerte Saarland aus der Französ. Besatzungszone ausgegliedert und im Rahmen der französ. Militärregierung für Deutschland einer eigenen Behörde unterstellt. Die französ. Zollgrenze wurde am 22. 10. 1946 an die neue saarländisch-deutsche Grenze vorgeschoben, am 22. 12. 1946 wurden für den Warenverkehr die Grenzen zu Deutschland geschlossen und dort Personenkontrollen eingeführt.

Nach den ersten Landtagswahlen am 5. 10. 1947 trat am 17. 12. 1947 die neue Saarländische Verfassung, deren Ziel die Lostrennung von Deutschland und der wirtschaftliche Anschluss an Frankreich war, in Kraft. Ein französ. Hochkommissar übte die Kontrolle über die Regierung aus. Die postalische Trennung der Post des Saarlandes von der franz. Zone erfolgte durch die Konstitutionsverfügung Nr. 254 am 12. 11. 1947. Am 20. 11. 1947 wurde die Franc-Währung eingeführt, am 1. 4. 1948 trat die Zoll- und Währungsunion mit Frankreich in Kraft. Am 5. 8. 1950 wurde das Saarland assoziiertes Mitglied im Europarat.

Ein im Rahmen der Pariser Verträge (1955) zwischen Frankreich und der Bundesrepublik Deutschland vereinbartes „Europäisches Saarstatut" scheiterte in einer Volksabstimmung am 23. 10. 1955 an der Ablehnung der wahlberechtigten Saarländer. Noch in der gleichen Nacht trat die Regierung des Saarlandes zurück, am 28. 12. wurde ein neuer Landtag gewählt.

Am 27. 10. 1956 schlossen Frankreich und die Bundesrepublik Deutschland das Saarabkommen, demgemäß das Saarland am 1. 1. 1957 vorerst nur politisch in die Bundesrepublik Deutschland eingegliedert wurde. Am 6. 7. 1959, 0 Uhr, wurde das Saarland auch wirtschaftlich eingegliedert.

Blockaufstellung: Block 1 und 2 siehe nach MiNr. 259

Alle Farbangaben beziehen sich auf den MICHEL-Farbenführer ab 36. Auflage!

Saargebiet (MiNr. 1–205) siehe nach (Deutsche Abstimmungsgebiete) Oberschlesien!

Wasserzeichen:

Wz. 1
Wellenlinien

Wz. 2
DBP und Kreuzblüten

Währung:

bis 15. 6. 1947: 1 Reichsmark (M) = 100 Reichspfennig (Pf)
16. 6. 1947 bis 19. 11. 1947: 1 Reichsmark (M) = 1 Saarmark
20. 11. 1947 bis 5. 7. 1959: 1 Franc (Fr) = 100 Centime (C); 20 Franc = 1 Saarmark

*Preise ab 1950 ungebraucht für **, für * mindestens 60% Nachlass!*

Alle ⊙-Preise ab 5,— Euro gelten nur für (BPP-)geprüfte Stücke! Bei niedrigeren Bewertungen sind eventuelle Prüfgebühren nicht berücksichtigt.

1947

1947, 20. Jan./7. März. Freimarken: Berufe und Ansichten aus dem Saarland (I) (sogen. „Saar I"). Ⓔ Jonynas; RaTdr. Burda (MiNr. 206–223 10×10, MiNr. 224 10×5, MiNr. 225 5×10); dickes, (grau)gelbliches Papier, (bräunlich)gelbliche Gummierung; X = Wz. 1 X, Y = Wz. 1 Y, Z = ohne Wz; gez. K 14.

bu) Hauer vor Ort, Saarlandschaft

bv) Arbeiter bei Abstich eines Hochofens

bv

bw) Bäuerinnen bei der Rübenernte, Industrieanlagen

bx) Der „Alte Turm" (von der ehem. Benediktiner-Abtei), Mettlach

by) Marschall-Ney-Denkmal, Saarlouis

bz) Große Saarschleife zwischen Mettlach und Merzig

Wz. 1 X fallende Wellenlinien

Wz. 1 Y steigende Wellenlinien

				✶	✶✶	⊙	FDC
206 Z	2 Pf	dunkel- bis schwarzgrau (7. März)	bu	0,10	0,40	0,50	*500,—*
207 Z	3 Pf	orange (Töne) (7. März)	bu	0,10	0,40	0,60	*500,—*
208 Z	6 Pf	schwarzblaugrün (17. Febr.)	bu	0,10	0,40	0,50	35,—
209 Z	8 Pf	rot bis dunkelrosa (7. März)	bu	0,10	0,40	0,40	35,—
210 Z	10 Pf	dunkelviolettpurpur bis dunkelgraupurpur (7. März)	bu	0,10	0,40	0,50	35,—
211	12 Pf	schwarzgrauoliv (Töne) (20. Jan.)	bu				
X		Wz. 1 X		0,20	0,80	0,60	25,—
Y		Wz. 1 Y		0,10	0,40	0,50	12,—
212 Z	15 Pf	(dunkel)siena (Töne) (17. Febr.)	bv	0,10	0,40	8,—	35,—
213 Z	16 Pf	violettultramarin (Töne) (17. Febr.)	bv	0,10	0,40	0,50	35,—
214 Z	20 Pf	(lebhaft)karminrot (7. März)	bv	0,10	0,40	0,50	35,—
215 Z	24 Pf	dunkelbraunorange (Töne) (4. Febr.)	bv	0,10	0,40	0,50	20,—
216 Z	25 Pf	dunkelrosakarmin (7. März)	bw	0,20	0,80	28,—	180,—
217 Z	30 Pf	dunkelgrünlicholiv bis (dunkel)grünoliv (7. März)	bw	0,10	0,40	1,—	35,—
218 Z	40 Pf	(lebhaft)siena (7. März)	bw	0,10	0,40	1,50	35,—
219 Y	45 Pf	dunkelrosarot, Wz. 1 Y (4. Febr.)	bw	0,30	0,80	20,—	150,—
220 Z	50 Pf	schwärzlichlilaultramarin (7. März)	bw	0,30	0,80	28,—	180,—
221 Z	60 Pf	schwärzlichviolettblau (Töne) (7. März)	bx	0,20	0,80	28,—	180,—
222	75 Pf	dunkelultramarin (20. Jan.)	bx				
X		Wz. 1 X		6,—	18,—	1000,—	—,—
Y		Wz. 1 Y		0,10	0,40	0,50	40,—
223 Z	80 Pf	dunkelrötlichorange (7. März)	bx	0,10	0,40	0,50	35,—
224 Z	84 Pf	schwärzlichgelbbraun (17. Febr.)	by	0,10	0,40	0,50	60,—
225 Z	1 M	schwärzlichgraugrün (Töne) (17. Febr.)	bz	0,10	0,40	0,60	60,—
		Satzpreis (20 W.)		2,50	8,—	120,—	

Achtung! MiNr. 206–225 waren früher unter MiNr. 206 I–225 I katalogisiert und wurden bis ca. Mitte 1997 auch mit dem Zusatz „I" signiert!

Auflagen:

MiNr. 206 = 2 029 723	MiNr. 210 = 3 992 581	MiNr. 214 = 3 010 386	MiNr. 218 = 1 515 770	MiNr. 222 = 2 097 554
MiNr. 207 = 1 510 614	MiNr. 211 = 8 267 951	MiNr. 215 = 10 557 895	MiNr. 219 = 1 097 647	MiNr. 223 = 1 514 779
MiNr. 208 = 2 995 533	MiNr. 212 = 1 510 897	MiNr. 216 = 1 019 454	MiNr. 220 = 1 012 256	MiNr. 224 = 2 768 074
MiNr. 209 = 2 506 711	MiNr. 213 = 2 994 626	MiNr. 217 = 1 511 324	MiNr. 221 = 1 012 443	MiNr. 225 = 1 967 432

Gültig bis 27.11.1947

Neue Währung: 1 (franz.) Franc (Fr) = 100 Centimes (C):

1947, 20. Nov./6. Dez. Freimarken: Berufe und Ansichten aus dem Saarland (II) (sogen. „Saar II"). Schwarzer (MiNr. 226–234, 236–238) bzw. roter (MiNr. 235) Bdr.-Aufdruck durch die Malstatt-Burbacher Handelsdruckerei; I = Aufdruck auf MiNr. 206–225 (sogen. „Urdruck"), II = Aufdruck auf ohne Aufdr. nicht mehr ausgegebene Marken (Burda) in z. T. leicht geänderter oder verbesserter Zeichnung bu–bz auf weißem Papier, weiße Gummierung; X = Wz. 1 X, Y = Wz. 1 Y, Z = ohne Wz.; gez. K 14.

Unterscheidungsmerkmale Urdruck und Neuauflage:

Wichtigstes Unterscheidungsmerkmal zwischen Urdruck und Neuauflage sind das Papier und die Gummierung (Urdruck = dickes, [grau]gelbliches Papier, [bräunlich]gelbliche Gummierung; Neuauflage = weißes Papier und weiße Gummierung)!

Außer den Papier- und Gummierungsunterschieden gibt es folgende Zeichnungs-Unterschiede:

Zeichnung bu und bw (MiNr. 206, 207, 210, 211, 217, 220 bzw. 226, 227, 228, 229, 234 und 235):

Urdruck

nur bei MiNr. 210 bzw. 228 I

Neuauflage

nur bei MiNr. 228 II

Zeichnung bv (MiNr. 212–215 bzw. 230–233):

Urdruck

nur bei MiNr. 212 und 213 bzw. 230 I und 231 I

nur bei MiNr. 215 bzw. 233 I

Neuauflage

nur bei MiNr. 230 II und 231 II

nur bei MiNr. 233 II

Zeichnung bx (MiNr. 221 bzw. 236):

Urdruck

Neuauflage

Zeichnung bz (MiNr. 225 bzw. 238):

Urdruck

Währungsbez. Mark (M)

Neuauflage

Währungsbez. Saarmark (SM)

				✶	✶✶	⊙	FDC
226 Z	**10 C** auf 2 Pf	dunkel- bis schwarzgrau (27. Nov.)					
I		Aufdr. auf Urdruck	(206 Z)	45,—	110,—	2000,—	
II		Aufdr. auf Neuauflage	bu I	0,10	0,30	0,70	75,—
227 Z	**60 C** auf 3 Pf	orange (Töne) (27. Nov.)					
I		Aufdr. auf Urdruck	(207 Z)	36,—	100,—	*4000,—*	
II		Aufdr. auf Neuauflage	bu I	0,10	0,30	1,40	75,—
228 Z	**1 Fr** auf 10 Pf	dunkelviolettpurpur bis dunkelgraupurpur (27. Nov.)					
I		Aufdr. auf Urdruck	(210 Z)	3,—	10,—	50,—	200,—
II		Aufdr. auf Neuauflage	bu I	0,10	0,30	0,70	50,—
229	**2 Fr** auf 12 Pf	schwarzgrauoliv (Töne) (20. Nov.)					
X I		Wz. 1 X, Aufdr. auf Urdruck	(211 X)	0,90	2,—	10,—	25,—
Y I		Wz. 1 Y, Aufdr. auf Urdruck	(211 Y)	0,90	2,—	5,—	25,—
Z II		ohne Wz., Aufdr. auf Neuauflage	bu I	0,90	1,50	3,—	40,—
230 Z	**3 Fr** auf 15 Pf	(dunkel)siena (Töne) (20. Nov.)					
I		Aufdr. auf Urdruck	(212 Z)	440,—	900,—	3000,—	*5000,—*
II		Aufdr. auf Neuauflage	bv I	0,10	0,40	1,80	50,—
231 Z	**4 Fr** auf 16 Pf	violettultramarin (Töne) (27. Nov.)					
I		Aufdr. auf Urdruck	(213 Z)	9,—	20,—	*500,—*	—,—
II		Aufdr. auf Neuauflage	bv I	0,10	0,40	10,—	100,—
232 Z	**5 Fr** auf 20 Pf	(lebhaft)karminrot (27. Nov.)					
I		Aufdr. auf Urdruck	(214 Z)	100,—	400,—	*10000,—*	
II		Aufdr. auf Neuauflage	bv I	0,10	0,40	1,30	30,—

MiNr.	Wert		Beschreibung		*	**	⊙	FDC
233 Z	6 Fr	auf 24 Pf	dunkelbraunorange (20. Nov.)					
I			Aufdr. auf Urdruck	(215 Z)	0,30	1,—	6,—	25,—
II			Aufdr. auf Neuauflage	bv I	0,10	0,40	0,80	40,—
234 Z	9 Fr	auf 30 Pf	dunkelgrünlicholiv (Töne) (27. Nov.)					
I			Aufdr. auf Urdruck	(217 Z)	55,—	110,—	1500,—	
II			Aufdr. auf Neuauflage	bw I	0,20	0,50	17,—	150,—
235 Z	10 Fr	auf 50 Pf	schwärzlichlilaultramarin (6. Dez.)					
I			Aufdr. auf Urdruck	(220 Z)	700,—	1500,—	*6000,—*	
II			Aufdr. auf Neuauflage	bw I	0,20	0,50	27,—	150,—
236 Z	14 Fr	auf 60 Pf	schwärzlichviolettblau (27. Nov.)					
I			Aufdr. auf Urdruck	(221 Z)	110,—	220,—	1500,—	
II			Aufdr. auf Neuauflage	bx I	0,20	0,80	17,—	150,—
237 Z	20 Fr	auf 84 Pf	schwärzlichgelbbraun (6. Dez.)					
I			Aufdr. auf Urdruck	(224 Z)	2,50	6,50	10,—	100,—
II			Aufdr. auf Neuauflage	by I	1,—	3,—	28,—	200,—
238 Z	50 Fr		schwärzlichgraugrün (6. Dez.)					
I		auf 1 M	Aufdr. auf Urdruck	(225 Z)	70,—	200,—	350,—	1500,—
II		auf 1 SM	Aufdr. auf Neuauflage	bz I	0,80	1,80	28,—	300,—
				Satzpreis I (13 W.)	1400,—	3500,—	28000,—	
				Satzpreis II (13 W.)	3,—	8,—	130,—	

Die Farben der Neuauflagen können von denen des Urdrucks (auch bedingt durch das andere Papier) leicht abweichen!

FALSCH Vorsicht vor Aufdruck-Fälschungen des Urdrucks!

⊙-Preise des Urdrucks (MiNr. 226 I-238 I) gelten nur für (BPP-)geprüfte Stücke, ältere Prüfzeichen nachprüfen lassen!

Die Stempel „VÖLKLINGEN (SAAR)", „VÖLKLINGEN (SAAR) a" sowie „SAARWELLINGEN a" wurden gestohlen und befinden sich in Privatbesitz; Marken mit diesen Stempeln werden nicht BPP-geprüft.
Die Stempel „SAARBRÜCKEN–2c–28. 12. 47" und „SAARBRÜCKEN–2c–28. 2. 48" sowie „SAARBRÜCKEN–2 l–31. 5. 48" auf Urdruckmarken sind immer falsch. Daneben gibt es auf Urdruckmarken zahlreiche weitere Falschstempel und missbräuchliche Rückdatierungen von echten Poststempeln.

Neuauflage ohne Aufdruck (fA):

	**	⊙
226 II fA	20,—	
227 II fA	40,—	
228 II fA	400,—	
229 II fA	30,—	—,—
230 II fA	30,—	—,—
231 II fA	35,—	
232 II fA	50,—	
233 II fA	30,—	—,—
234 II fA	400,—	
235 II fA	750,—	
236 II fA	170,—	
237 II fA	5000,—	
238 II fA	140,—	

MiNr. 226 II fA-238 II fA stammen aus versehentlich nicht überdruckten Bogen. Nur MiNr. 229 II fA, 230 II fA und 233 II fA wurden an einigen Postämtern abgegeben; diese Werte können bis 27.11.1947 (Marken in deutscher Währung durften danach weder verkauft noch verwendet werden) gebraucht vorkommen.

Achtung! MiNr. 226 II fA-238 II fA waren früher unter MiNr. 206 II-225 II katalogisiert und wurden bis ca. Mitte 1997 auch dementsprechend geprüft und signiert!

Paare mit und ohne Aufdruck (F):

	**	⊙
226 II F	180,—	
227 II F	650,—	
228 II F	750,—	
229 Y I F	1500,—	
229 Z II F	450,—	
230 II F	450,—	
231 II F	450,—	
232 II F	650,—	
233 II F	900,—	
234 II F	1500,—	
235 II F	3000,—	
236 II F	500,—	
237 II F	12000,—	
238 II F	550,—	

Auflagen:

MiNr. 226 I = 8900	MiNr. 229 I	MiNr. 232 I = 8300	MiNr. 234 I = 7700	MiNr. 236 I = 6700
MiNr. 226 II = 2864272	und 229 II = 3243645	MiNr. 232 II = 1628138	MiNr. 234 II = 703010	MiNr. 236 II = 686785
MiNr. 227 I = 7000	MiNr. 230 I = 7900	MiNr. 233 I	MiNr. 235 I = 5700	MiNr. 237 I
MiNr. 227 II = 1194617	MiNr. 230 II = 2596809	und 233 II = 5929687	MiNr. 235 II = 904104	und 237 II = 810873
MiNr. 228 I = 35600	MiNr. 231 I = 16400			MiNr. 238 I = 14600
MiNr. 228 II = 1205314	MiNr. 231 II = 791900			MiNr. 238 II = 571643

Bis zum 22.2.1948 durften MiNr. 226–238 nur auf Sendungen innerhalb des Saargebietes sowie nach Deutschland und Frankreich verwendet werden. Sendungen nach anderen Ländern mussten bar freigemacht werden.

Gültig bis 31.5.1948

1948

1948, 1. April. Freimarken: Wiederaufbau des Saarlandes (sogen. „Saar III“). Ⓔ Decaris; StTdr. Franz. Postwertzeichendruckerei (MiNr. 239–247 10×10, MiNr. 248–251 10×5, MiNr. 252–254 5×5); MiNr. 239–247 gez. K 14:13¼, MiNr. 248–254 gez. K 13.

ca) Händedruck

ca

ca

cb) Arbeiter

cb

cc) Mädchen mit Garbe

cc

cd) Bergmann

cd

ce) Hochofen

cf) Gießerei

cg) Bauarbeiter

ch) Hauptportal der ehem. Benediktinerabtei Mettlach

Fa) Flugzeugschatten über Saarschleife bei Mettlach

					✶✶	⊙	FDC
239	10 C	lebhaftbraunrot	ca		0,90	2,50	150,—
240	60 C	dunkelgrünlichblau	ca		0,90	2,50	150,—
241	1 Fr	schwarz	ca		0,40	0,40	100,—
242	2 Fr	karminrot (Töne)	cb		0,50	0,40	100,—
243	3 Fr	schwarzgraubraun	cb		0,50	0,40	100,—
244	4 Fr	(lebhaft)rot	cc		0,50	0,40	100,—
245	5 Fr	dunkelrotviolett	cc		0,50	0,40	100,—
246	6 Fr	lebhaftbraunrot	cd		0,90	0,40	100,—
247	9 Fr	preußischblau	cd		6,—	0,60	180,—
248	10 Fr	dunkelviolettultramarin	ce		3,50	1,—	100,—
249	14 Fr	dunkelbraunlila	cf		5,—	1,40	200,—
250	20 Fr	dunkelbraunrot	cg		10,—	1,40	300,—
251	50 Fr	schwärzlichgrünlichblau	ch		17,—	3,50	450,—
		Satzpreis (13 W.)		✶ 18,—	45,—	15,—	1400,—

✈ Flugpostmarken

					✶✶	⊙	FDC
252	25 Fr	lebhaftrot	Fa		6,—	4,—	200,—
253	50 Fr	dunkelgrünlichblau	Fa		3,50	3,—	200,—
254	200 Fr	lilarot	Fa		35,—	45,—	300,—
		Satzpreis (3 W.)		✶ 18,—	44,—	50,—	500,—

Auflagen:

MiNr. 239 = 2 140 000	MiNr. 245 = 12 190 000	MiNr. 250 = 4 970 000
MiNr. 240 = 1 970 000	MiNr. 246 = 15 350 000	MiNr. 251 = 4 120 000
MiNr. 241 = 2 020 000	MiNr. 247 = 4 990 000	MiNr. 252 = 966 107
MiNr. 242 = 10 000 000	MiNr. 248 = 6 030 000	MiNr. 253 = 1 019 999
MiNr. 243 = 10 080 000	MiNr. 249 = 2 070 000	MiNr. 254 = 426 711
MiNr. 244 = 5 130 000		

Gültig bis 30.11.1953

Ⓖ Die Stempel „VÖLKLINGEN (SAAR)“, „VÖLKLINGEN (SAAR) a“ sowie „SAARWELLINGEN a“ wurden gestohlen und befinden sich in Privatbesitz. Marken mit diesen Stempeln werden nicht BPP-geprüft.

1948, 12. Okt. Hochwasserhilfe. RaTdr. Vaugirard (5×5+5×5, dazwischen waager. [Querformate] bzw. senkr. [Hochformate] Zwischensteg; gez. K 13½.

ci) Überschwemmter Hafen von Saarbrücken

ck) Straße in Saarbrücken-St. Johann

cl) Landtagsgebäude, Saarbrücken

cm) Straße in Saarbrücken

Fd) Hochwassergebiet bei Saarlouis

					✶✶	⊙
255	5 + 5 Fr	schwärzlicholivgrün	ci		6,—	45,—
256	6 + 4 Fr	dunkelbraunviolett	ck		6,—	40,—
257	12 + 8 Fr	rot (Töne)	cl		9,—	60,—
258	18 + 12 Fr	dunkelpreußischblau	cm		12,—	60,—

✈ Flugpostmarke

					✶✶	⊙
259	25 + 25 Fr	dunkelgraubraun	Fd		30,—	300,—
		Satzpreis (5 W.)		✶ 25,—	58,—	500,—
			FDC			1200,—

Blockausgabe (mit Marken in Zeichnung der MiNr. 255–258), ☐

cm I

✈ Flugpost-Blockausgabe (mit MiNr. 259)

Fd I

			✶	✶✶	⊙
Block 1	(147×104 mm)	cm I	400,—	1000,—	3400,—
		FDC			*6000,—*
Block 2	(90×59 mm)	Fd I	250,—	600,—	2400,—
		FDC			*6000,—*
		Blockpaar	650,—	1600,—	5500,—

Die Preise gelten für Stücke mit den üblichen leichten Druckstellen; absolut einwandfreie Erhaltung mind. 20% Aufschlag!

Postpreis: Bl. 1 = 80,— Fr, Bl. 2 = 60 Fr

Vorsicht! Die braune Farbe der Blockrandinschriften ist sehr wasserempfindlich!

Die Einzelmarken aus Block 1 waren nicht frankaturgültig!

Der Erwerb von Block 1 und 2 wurde vom zusätzlichen Kauf von mindestens vier Sätzen MiNr. 255 bis 259 abhängig gemacht.

Ⓖ alle Werte und beide Blocks

Auflagen: MiNr. 255, 257 und 258 je 138 174, MiNr. 256 = 148 174, MiNr. 259 = 125 674 Stück, Block 1 und 2 je 38 053 Blocks

Gültig bis 31.12.1948

1948, 15. Dez. 1 Jahr Verfassung. RaTdr. Vaugirard (5×5+5×5, dazwischen waager. Zwischensteg); gez. K 13½.

cn) Umrisskarte des Saarlandes

				✶✶	⊙
260	10 Fr	dunkelrot	cn	3,—	5,—
261	25 Fr	schwärzlichgrauultramarin	cn	4,—	10,—
		Satzpreis (2 W.) ✶ 2,50		7,—	15,—
			FDC		50,—

Auflagen: MiNr. 260 = 563 550, MiNr. 261 = 557 350 Stück

Gültig bis 31.10.1949

1949

1949, 11. Jan. Jugendherbergswerk. Ⓔ Mees; RaTdr. Vaugirard (5×5+5×5, dazwischen waager. Zwischensteg); gez. K 13½.

co) Wanderer, Jugendherberge Ludweiler

cp) Wanderer, Jugendherberge Weißkirchen

				✶✶	⊙
262	8 + 5 Fr	schwärzlichbraun	co	4,50	130,—
263	10 + 7 Fr	schwärzlichgrün	cp	5,50	130,—
		Satzpreis (2 W.) ✶ 4,—		10,—	260,—
			FDC		1500,—

Auflage: 326 000 komplette Sätze

Gültig bis 31.10.1949

1949, 2. April. 1 Jahr Universität des Saarlandes, Saarbrücken. Ⓔ Mees; RaTdr. Vaugirard (viermal 5×5, dazwischen ein senkr. (halbe Markengröße) und ein waager. Zwischensteg (in Markengröße); gez. K 13½.

cq) Äskulapstab, Mikroskop, Buch, Retorte

				✶	✶✶	⊙
264	15 Fr	karminrot GA	cq	3,50	9,—	0,60
			FDC			*3000,—*

Auflage: 8 000 000 Stück

Gültig bis 30.6.1957

1949, 25. Sept. Tag des Pferdes. Ⓔ Beutin; RaTdr. Vaugirard (5×5+5×5, dazwischen waager. Zwischensteg); gez. K 13½.

cr) Stute mit Fohlen

cs) Rennpferde

				✶✶	⊙
265	15 + 5 Fr	dunkelbräunlichrot	cr	15,—	40,—
266	25 + 15 Fr	blau	cs	20,—	45,—
		Satzpreis (2 W.) ✶ 15,—		35,—	85,—
			FDC		200,—

Auflagen: MiNr. 265 = 170 328, MiNr. 266 = 169 517 Stück

Gültig bis 31.12.1950

1949, 20. Dez. Volkshilfe: Gemälde (I). Ⓔ und StTdr. Franz. Postwertzeichendruckerei (5×5); gez. K 13.

ct) Das Wunder Moses am Felsenquell; von Bartolomí Esteban Murillo (1617–1682), span. Maler

cu) Heilung des Lahmen am Teiche Bethesda; von B. E. Murillo

cv) Das kranke Kind: von Gabriel Metsu (1629 bis 1667), niederl. Maler

cw) Almosenspende des hl. Thomas von Villanueva; von B. E. Murillo

cx) Madonna von Blieskastel; Holzstatue

					✶✶	⊙
267	8 + 2	Fr	blauschwarz	ct	10,—	50,—
268	12 + 3	Fr	dunkelgraugrün	cu	12,—	60,—
269	15 + 5	Fr	lebhaftbraunkarmin	cv	18,—	100,—
270	25 + 10	Fr	dunkelviolettultramarin	cw	30,—	160,—
271	50 + 20	Fr	schwärzlichviolettbraun	cx	45,—	280,—
			Satzpreis (5 W.) ✶ 45,—		110,—	650,—
				FDC		1200,—

Auflagen: MiNr. 267 = 120 184, MiNr. 268 = 118 786, MiNr. 269 = 118 552, MiNr. 270 = 118 115, MiNr. 271 = 117 669 Stück

Gültig bis 31.12.1950

1949, 1. Dez./1951, 16. Juni. Freimarken: Bilder aus Industrie, Handel, Landwirtschaft und Kultur (sogen. „Saar IV"). Ⓔ Winter (MiNr. 272, 276, 285, 287 und 288), Tschersovsky (MiNr. 273, 274 und 275), Mees (MiNr. 277, 278, 280–282 und 286), Schmidt (MiNr. 279) und Schnei (MiNr. 283 und 284); RaTdr. Vaugirard (MiNr. 272–282 10×5+10×5, dazwischen waager. Zwischensteg; MiNr. 283–288 5×5+5×5, dazwischen bei Hochformaten senkr., bei Querformaten waager. Zwischensteg); gez. K 13½.

cy) Bauhandwerk

cz) L. van Beethoven, Konservatorium

da) Schwerindustrie

da

db) Schlackenkipperzug auf der Halde

dc) Steinkohlenindustrie

dd) Post- und Fernmeldewesen

de) Pressewesen und Druckindustrie

df) Keramik- und Steingutindustrie

dc

df

dg) Landwirtschaft

dh) Eisen- und Stahlindustrie

di) St. Arnual, Fabriken von Halberg

dk) „Der große Stiefel" bei Rentrisch

dl) Grube Reden mit Umgebung

dm) Bliestal mit Wiebelskirchen

				✶✶	⊙	FDC
272	10 C	dunkelbraunpurpur (1.12.1949)	cy	0,40	2,50	120,—
273	60 C	olivschwarz (28.4.1951)	cz	0,40	2,50	120,—
274	1 Fr	karminrot bis bräunlichkarmin (1.12.1949)	da	1,50	0,40	40,—
275	3 Fr	schwarzorangebraun (16.6.1951)	da	10,—	0,50	45,—
276	5 Fr	schwarzgrauviolett (3.4.1950)	db	2,50	0,40	45,—
277	6 Fr	schwärzlichgraugrün (16.6.1951)	dc	13,—	0,50	45,—
278	8 Fr	dunkelbräunlicholiv bis schwärzlichgrauoliv (15.2.1951)	dd	1,50	0,80	50,—
279	10 Fr	dunkelrötlichorange (3.4.1950)	de	6,—	0,40	45,—
280	12 Fr	schwarzgrün bis schwarzopalgrün (1.12.1949) GA	df	18,—	0,40	45,—
281	15 Fr	dunkelorangerot bis rot (3.4.1950)	dc	9,—	0,40	20,—
282	18 Fr	dunkelrötlichkarmin (16.6.1951)	df	3,50	6,50	40,—
283	20 Fr	graublauschwarz (27.4.1950)	dg	2,50	0,40	60,—
284	25 Fr	schwarzkobalt (1.12.1949)	dh	25,—	0,40	75,—
285	30 Fr	braunkarmin (15.2.1951)	di	22,—	0,60	100,—
286	45 Fr	dunkelbraunlila (15.2.1951)	dk	6,—	0,70	100,—
287	60 Fr	schwärzlichgrünoliv (16.6.1951)	dl	10,—	2,50	120,—
288	100 Fr	dunkelbraun (1.12.1949)	dm	13,—	3,—	150,—
		Satzpreis (17 W.) ✶ 60,—		130,—	20,—	900,—

Auflagen:

MiNr. 272 = 5 180 000	MiNr. 278 = 3 581 286	MiNr. 284 = 6 250 000
MiNr. 273 = 3 141 300	MiNr. 279 = 5 581 000	MiNr. 285 = 4 200 000
MiNr. 274 = 9 320 000	MiNr. 280 = 9 280 000	MiNr. 286 = 3 109 911
MiNr. 275 = 4 190 000	MiNr. 281 = 20 070 000	MiNr. 287 = 2 650 871
MiNr. 276 = 10 560 000	MiNr. 282 = 4 020 000	MiNr. 288 = 2 869 276
MiNr. 277 = 4 100 000	MiNr. 283 = 5 299 747	

Gültig bis 30.6.1957

1950

1950, 3. April. 85. Todestag von Adolf Kolping. RaTdr. Vaugirard (10×4+10×4, dazwischen waager. Zwischensteg); gez. K 12¼.

dn) A. Kolping (1813–1865), Mitbegründer der kath. Gesellenvereine

				✶✶	⊙
289	15 + 5 Fr	dunkelkarminrot	dn	32,—	100,—
			FDC		300,—

Auflage: 130 000 Stück *Gültig bis 31.3.1951*

Die meisten Sondermarken des Saarlandes kommen sehr häufig mit Falschstempeln vor; alle ⊙-Preise ab 5,— Euro gelten nur für (BBP-)geprüfte Stücke!

1950, 3. April. 10. Todestag von Peter Wust. RaTdr. Vaugirard (5×5+5×5, dazwischen senkr. Zwischensteg); gez. K 13½.

do) P. Wust (1884–1940), Philosoph

				✶✶	⊙
290	15 Fr	dunkellilarot	do	16,—	10,—
			FDC		180,—

Auflage: 500 000 Stück *Gültig bis 31.3.1951*

1950, 23. April. Internat. Briefmarkenausstellung „IBASA", Saarbrücken; Tag der Briefmarke. Ⓔ Tschersovsky; StTdr. Franz. Postwertzeichendruckerei (Klb. 1×5+1×5, dazwischen senkr. Zwischensteg); gez. K 13.

dp) Postkutsche, Saarbrücker Stadtteil St. Johann

				✶✶	⊙
291	15 + 5 Fr	dunkelkarminbraun/schwärzlichviolettbraun	dp	100,—	140,—
			FDC		350,—
			Kleinbogen	2000,—	6000,—

Die Ausstellung wurde am 22.4.1950 eröffnet, MiNr. 291 wurde aber erst am 23.4. ausgegeben.

Zur Briefmarkenausstellung PHILASAAR, SAMOLUX vom 16.–18.6.1995 in Schmelz erschien ein genehmigter Nachdruck vom Originaldruckstock, in Originalfarben, ungezähnt, auf Büttenkarton im Format 167×124 mm.

Auflage: 124 000 Stück *Gültig bis 31.3.1951*

1950, 28. April. Rotes Kreuz. Ⓔ Schmidt; komb. StTdr. und Bdr. Franz. Postwertzeichendruckerei (5×5); gez. K 14.

dr) Armenspeisung

				✶✶	⊙
292	25 + 10 Fr	dunkelkarminrot/zinnoberrot	dr	34,—	80,—
			FDC		140,—

Auflage: 130 000 Stück *Gültig bis 30.4.1951*

1950, 29. Juni. Heiliges Jahr. Ⓔ Serres; StTdr. Franz Postwertzeichendruckerei (5×5); gez. K 13.

ds) Hl. Petrus; Bronzestatue in der Peterskirche in Rom von Arnolfo di Cambio

				✶✶	⊙
293	12 Fr	schwärzlichgrünoliv	ds	4,—	13,—
294	15 Fr	dunkelkarminbraun	ds	6,—	12,—
295	25 Fr	schwarzkobalt	ds	10,—	26,—
		Satzpreis (3 W.)		20,—	50,—
			FDC		180,—

Auflage: 400 000 komplette Sätze *Gültig bis 31.12.1950*

1950, 8. Juli. 400 Jahre Stadt Ottweiler. RaTdr. Vaugirard (5×5+5×5, dazwischen senkr. Zwischensteg); gez. K 13¾.

dt) Rathausplatz mit Stadthaus und ev. Kirche

				★★	⊙
296	10 Fr	orangebraun	dt	9,—	10,—
			FDC		100,—

Auflage: 300 000 Stück — *Gültig bis 31.3.1951*

1950, 8. Aug. Aufnahme des Saarlandes in den Europarat. Ⓔ Tschersovsky; RaTdr. Vaugirard (5×5+5×5, dazwischen waager. Zwischensteg); gez. K 13¾.

du) Buch, Erdkugel, Schriftband

dv) Buch, Erdkugel, Friedenstaube, Schriftband

				★★	⊙
297	25 Fr	dunkelviolettultramarin (Töne)	du	45,—	15,—

✈ Flugpostmarke

				★★	⊙
298	200 Fr	dunkelbraunrot (Töne)	dv	180,—	310,—
			Satzpreis (2 W.)	220,—	320,—
			FDC		1900,—

Bei MiNr. 297 und 298 gibt es große Farbschwankungen!

Auflagen: MiNr. 297 = 1 260 000, MiNr. 298 = 162 240 Stück

Gültig bis 31.8.1952

1950, 10. Nov. Volkshilfe: Bilder aus der Lutwinus-Legende. Ⓔ Gauer; StTdr. Franz. Postwertzeichendruckerei (5×5); gez. K 13.

dw) Lutwinus bittet um Aufnahme in das Kloster

dx) Lutwinus erbaut die Abtei Mettlach

dy) Lutwinus als Abt

dz) Lutwinus firmt in Reims

ea) Lutwinus betreut Arme und Kranke

dw–ea) Mosaikarbeiten von Alfred Gottwald (1893–1971), Maler

				★★	⊙
299	8 + 2 Fr	dunkelsiena	dw	12,—	40,—
300	12 + 3 Fr	schwärzlicholivgrün	dx	11,—	40,—
301	15 + 5 Fr	lebhaftrotbraun	dy	15,—	65,—
302	25 + 10 Fr	dunkelblau	dz	16,—	90,—
303	50 + 20 Fr	dunkelbraunkarmin	ea	24,—	150,—
			Satzpreis (5 W.)	75,—	380,—
			FDC		750,—

Auflagen: MiNr. 299–302 je 125 000, MiNr. 303 = 120 000 Stück

Gültig bis 31.10.1952

1951

1951, 28. April. Rotes Kreuz. Ⓔ Schmidt; komb. StTdr. und Bdr. Franz. Postwertzeichendruckerei (5×5); gez. K 13.

eb) Mutter mit Kind

				★★	⊙
304	25 + 10 Fr	schwarzgrün/dunkelrosa	eb	24,—	80,—
			FDC		200,—

Auflage: 134 000 Stück — *Gültig bis 30.4.1953*

1951, 29. April. Tag der Briefmarke. Ⓔ Mees; StTdr. Franz. Postwertzeichendruckerei (Klb. 1×5+1×5, dazwischen senkr. Zwischensteg); gez. K 13.

ec) Postbote zu Pferd und zu Fuß (um 1760); Alte Brücke und Schlosskirche, Saarbrücken

				★★	⊙
305	15 Fr	dunkelsiena/dunkelrötlichbraun	ec	12,—	24,—
			FDC		50,—
			Kleinbogen	150,—	380,—

Auflage: 263 000 Stück — *Gültig bis 30.4.1953*

1951, 12. Mai. Saarmesse, Saarbrücken. Ⓔ Tschersovsky; RaTdr. Vaugirard (5×5+5×5, dazwischen senkr. Zwischensteg); gez. K 13¾.

ed) Zahnrad, Ähre, Hand mit Hammer, Messe-Emblem

				★★	⊙
306	15 Fr	schwarz(grau)blaugrün	ed	4,—	9,—
			FDC		65,—

Auflage: 420 000 Stück — *Gültig bis 30.4.1953*

1951, 16. Juni. Ausstellung „Garten und Blumen im sozialen Wohnungsbau des Saarlandes", Mittelbexbach. Ⓔ Blum; StTdr. Franz. Postwertzeichendruckerei (5×5); gez. K 13.

ee) Turm von Bexbach, Blumen

				★★	⊙
307	15 Fr	schwarzopalgrün	ee	4,—	2,20
			FDC		55,—

Auflage: 1 200 000 Stück — *Gültig bis 31.5.1953*

1951, 31. Okt. 375. Jahrestag der Reformation an der Saar. Ⓔ Tschersovsky; StTdr. Franz. Postwertzeichendruckerei (5×5); gez. K 13.

ef) Johannes Calvin (1509–1564), Martin Luther (1483–1546), Reformatoren

				★★	⊙
308	15 + 5 Fr	schwarzsiena	ef	5,—	10,—
			FDC		30,—

Auflage: 285 000 Stück — *Gültig bis 30.11.1953*

1951, 3. Nov. Volkshilfe: Gemälde (II). 🄴 Mees; StTdr. Franz. Postwertzeichendruckerei (5×5); gez. K 13.

eg) Die gute Mutter; von Nicolas B. Lépicié (1735–1784), franz. Maler

eh) Vor dem Theater; von Arthur Kampf (1864–1950), Maler

ei) Die barmherzige Schwester; von Henriette Browne (1829 bis 1901), franz. Malerin

ek) Der barmherzige Samariter; von Iacopo Bassano (um 1510–1592), ital. Maler

el) Der Hl. Martin teilt seinen Mantel mit den Armen; von Antonis van Dyck (1599 bis 1641), fläm. Maler

				✶✶	⊙
309	12 + 3 Fr	schwarzolivgrün	eg	8,—	24,—
310	15 + 5 Fr	schwarzviolett	eh	10,—	24,—
311	18 + 7 Fr	dunkelbräunlichkarmin	ei	9,—	24,—
312	30 + 10 Fr	dunkelviolettultramarin	ek	15,—	45,—
313	50 + 20 Fr	schwarzviolettbraun	el	25,—	90,—
		Satzpreis (5 W.)		65,—	200,—
		FDC			400,—

Auflagen: MiNr. 309 = 138384, MiNr. 310 = 137769, MiNr. 311 = 137293, MiNr. 312 = 136805, MiNr. 313 = 135936 Stück

Gültig bis 31.10.1953

1952

1952, 29. März. Olympische Sommerspiele, Helsinki. 🄴 Tschersovsky (MiNr. 314) und Blum (MiNr. 315); StTdr. Franz. Postwertzeichendruckerei (5×5); gez. K 13.

em) Olympischer Fackelträger

en) Erdkugel, Hand mit Lorbeerzweig

				✶✶	⊙
314	15 + 5 Fr	schwarzopalgrün	em	7,50	15,—
315	30 + 5 Fr	dunkelviolettultramarin	en	7,50	17,—
		Satzpreis (2 W.)		15,—	32,—
		FDC			85,—

Auflagen: MiNr. 314 = 232671, MiNr. 315 = 224854 Stück

Gültig bis 31.3.1954

1952, 30. März. 1. Internat. Motivbriefmarken-Ausstellung „IMOSA", Saarbrücken; Tag der Briefmarke. 🄴 Tschersovsky; StTdr. Franz. Postwertzeichendruckerei (Klb. 5×1+5×1, dazwischen waager. Zwischensteg); gez. K 13.

eo) Reitender Postbote und Mutter mit Kind; Ludwigskirche, Saarbrücken

				✶✶	⊙
316	30 + 10 Fr	schwarzultramarin	eo	15,—	35,—
		FDC			50,—
		Kleinbogen		200,—	550,—

Auflage: 350000 Stück *Gültig bis 31.3.1954*

1952, 26. April. Saarmesse, Saarbrücken. 🄴 Bur; StTdr. Franz. Postwertzeichendruckerei (5×5); gez. K 13.

ep) Erdkugel, Messe-Emblem

				✶✶	⊙
317	15 Fr	dunkelbräunlichkarmin	ep	3,—	1,70
		FDC			60,—

Auflage: 1500000 Stück *Gültig bis 30.4.1954*

1952, 2. Mai. Woche des Roten Kreuzes. 🄴 Hossfeld; StTdr. Franz. Postwertzeichendruckerei (5×5); gez. K 13.

er) Flüchtlingsgruppe, Kreuz

				✶✶	⊙
318	15 Fr	(lebhaft)rot	er	4,50	1,70
		FDC			60,—

Auflage: 1500000 Stück *Gültig bis 30.4.1954*

In den MICHEL-Nachschlagewerken werden Bogen nur dann als Kleinbogen katalogisiert, wenn sie höchstens 10 Marken (+ evtl. Zierfelder) enthalten.

1952, 1. Okt./1955, 18. März. Freimarken: Ansichten aus dem Saarland (sogen. „Saar V"). 🄴 Kratz (MiNr. 319, 327–329), Mees (MiNr. 320, 325 und 332), Frantzen (MiNr. 321, 330 und 337), Geis (MiNr. 322, 323 und 326) und Grittmann (MiNr. 324); StTdr. Franz. Postwertzeichendruckerei (MiNr. 319–332 5×10, MiNr. 337 5×5); gez. K 13.

es I) Schachtanlage

et) Ludwigsgymnasium, Saarbrücken

eu) Brücken in Gersweiler, Hintergrund Burbacher Hütte

ev I) Hauptpostamt Saarbrücken

ev

ex) Hängebrücke in Mettlach, im Hintergrund Gebäude der Fa. Villeroy & Boch

et

ev

es

es I

es I

eu

fc) Neues Bibliotheksgebäude der Uni Saarbrücken

fh) Wiederaufbau der Ludwigskirche, Saarbrücken

MiNr. 322 (ev I)

MiNr. 323 (ev)

MiNr. 327 (es)

MiNr. 319, 328 und 329 (es I)

				✶✶	⊙	FDC
319	1 Fr	schwarzbläulichgrün (12.3.1953)	es I	0,30	0,30	110,—
320	2 Fr	schwärzlichpurpurviolett (23.3.1953)	et	0,30	0,30	110,—
321	3 Fr	schwärzlichbräunlichlila (3.5.1953)	eu	0,30	0,30	220,—
322	5 Fr	schwarzblaugrün (1.10.1952)	ev I	6,—	0,30	120,—
323	5 Fr	schwarzblaugrün, mit zusätzlicher Inschrift (März 1954)	ev	0,30	0,30	
324	6 Fr	dunkelbraunkarmin (1.8.1953)	ex	0,50	0,30	240,—
325	10 Fr	schwarzolivbraun (19.12.1953)	et	0,50	0,30	120,—
326	12 Fr	dunkelsmaragdgrün (12.3.1953) GA	ev	0,90	0,30	120,—
327	15 Fr	rotschwarz (1.10.1952)	es	10,—	0,30	150,—
328	15 Fr	rotschwarz, mit zusätzlicher Inschrift (Okt. 1953)	es I	4,50	0,30	
329	15 Fr	dunkelrosarot, mit zusätzlicher Inschrift (10.1.1955)	es I	0,40	0,30	280,—
330	18 Fr	dunkelbraunkarmin (18.3.1955)	eu	3,50	6,—	160,—
332	30 Fr	dunkelultramarin (3.5.1953)	fc	1,20	1,20	450,—
337	500 Fr	dunkelbräunlichkarmin (1.8.1953)	fh	20,—	80,—	600,—
			Satzpreis (14 W.)	45,—	85,—	2000,—

MiNr. 337

Auflagen:

MiNr. 319 = 4 220 278	MiNr. 323 = 19 945 071	MiNr. 327 = 11 000 000	MiNr. 332 = 8 936 890
MiNr. 320 = 4 978 874	MiNr. 324 = 4 947 790	MiNr. 328 = 13 980 000	MiNr. 337 = 207 305
MiNr. 321 = 5 143 453	MiNr. 325 = 2 969 768	MiNr. 329 = 2 734 488	
MiNr. 322 = 10 000 000	MiNr. 326 = 16 221 735	MiNr. 330 = 936 957	

MiNr. 331 und 333–336 fallen aus.

Gültig bis 30.6.1957

1952, 3. Nov. Volkshilfe: Gemälde (III). Ⓔ und StTdr. Franz. Postwertzeichendruckerei (5×5); gez. K 13.

fi) Graf Stroganoff als Kind; von Jean Baptiste Greuze (1725–1805), franz. Maler

fk) Der göttliche Schäfer (Detail); von Bartolomí Esteban Murillo (1617–1682), span. Maler

fl) Knabenbildnis; von Georg Melchior Kraus (1737–1806), Maler

				✶✶	⊙
338	15 + 5 Fr	schwarzviolettbraun	fi	4,—	14,—
339	18 + 7 Fr	dunkellilarot	fk	6,—	18,—
340	30 + 10 Fr	dunkellilaultramarin	fl	8,—	20,—
			Satzpreis (3 W.)	18,—	50,—
			FDC		75,—

Auflage: 200 000 komplette Sätze

Gültig bis 31.10.1954

Notizen:

1953

1953, 23. März. Internat. Saarmesse, Saarbrücken. Ⓔ Ring; StTdr. Franz. Postwertzeichendruckerei (5×5); gez. K 13.

fm) Messe-Emblem

				✶✶	⊙
341	15 Fr	dunkellilaultramarin	fm	3,50	2,—
			FDC		30,—

Auflage: 1 500 000 Stück

Gültig bis 31.3.1955

1953, 3. Mai. Tag der Briefmarke. Ⓔ Mees; StTdr. Franz. Postwertzeichendruckerei (Klb. 5×1+5×1, dazwischen waager. Zwischensteg); gez. K 13.

fn) Preußischer und bayerischer Postillon (um 1900)

				✶✶	⊙
342	15 Fr	dunkelblau	fn	8,50	16,—
			FDC		25,—
			Kleinbogen	90,—	280,—

Auflage: 350 000 Stück

Gültig bis 30.4.1955

1953, 3. Mai. Rotes Kreuz; 125. Geburtstag von Henri Dunant. Ⓔ und StTdr. Franz. Postwertzeichendruckerei (5×5); gez. K 13.

fo) H. Dunant (1828–1910), schweizer. Mitbegründer des Roten Kreuzes; Friedensnobelpreis 1901

				**	⊙
343	15 + 5 Fr	schwarzbraun/ lebhaftrot	fo	3,50	10,—
			FDC		25,—

Auflage: 300 000 Stück *Gültig bis 30.4.1955*

1953, 16. Nov. Volkshilfe: Gemälde (IV). Ⓔ und StTdr. Franz. Postwertzeichendruckerei (5×5); gez. K 13.

fp) Clarica Strozzi; von Tizian (um 1488–1576), ital. Maler

fr) Die Kinder des Künstlers (Detail aus Caritas); von Peter Paul Rubens (1577–1640), fläm. Maler

fs) Das Kind mit dem Vogel; von P. P. Rubens

				**	⊙
344	15 + 5 Fr	dunkelrotviolett	fp	4,—	7,—
345	18 + 7 Fr	lilakarmin	fr	4,—	7,50
346	30 + 10 Fr	schwarzbraunoliv	fs	6,—	12,—
			Satzpreis (3 W.)	14,—	26,—
			FDC		70,—

Auflage: 250 000 komplette Sätze *Gültig bis 31.10.1955*

1953, 18. Dez. Benediktiner-Abtei Tholey. Ⓔ Schmidt; StTdr. Franz. Postwertzeichendruckerei (5×5); gez. K 13.

ft) Hl. Benedikt entsendet den hl. Maurus zur Ausbreitung des Ordens; Fresko aus dem Stammkloster Monte Cassino

				**	⊙
347	30 + 10 Fr	grauschwarz	ft	3,20	10,—
			FDC		25,—

Auflage: 300 000 Stück *Gültig bis 31.12.1955*

1954

1954, 10. April. Internat. Saarmesse, Saarbrücken. Ⓔ Ring; StTdr. Franz. Postwertzeichendruckerei (5×5); gez. K 13.

fu) Teil des Messegeländes, im Hintergrund Burbacher Hütte

				**	⊙
348	15 Fr	schwarzgelblichgrün	fu	2,60	1,20
			FDC		7,50

Auflage: 1 500 000 Stück *Gültig bis 30.4.1956*

1954, 9. Mai. Tag der Briefmarke. Ⓔ Mees; StTdr. Franz. Postwertzeichendruckerei (Klb. 1×5+1×5, dazwischen senkr. Zwischensteg); gez. K 13.

fv) Postkutsche und Postomnibus vor Saarbrücker Rathaus (um 1920)

				**	⊙
349	15 Fr	lebhaftrot	fv	12,—	17,—
			FDC		20,—
			Kleinbogen	130,—	250,—

Auflage: 350 000 Stück *Gültig bis 30.4.1956*

1954, 10. Mai. Rotes Kreuz. Ⓔ Schmidt; StTdr. Franz. Postwertzeichendruckerei (5×5); gez. K 13.

fw) Kind, Rotes Kreuz

				**	⊙
350	15 + 5 Fr	dunkelsiena	fw	4,—	9,—
			FDC		22,—

Auflage: 300 000 Stück *Gültig bis 30.4.1956*

1954, 14. Aug. Marianisches Jahr: Gemälde. Ⓔ und StTdr. Franz. Postwertzeichendruckerei (Klb. 5×1+5×1, dazwischen waager. Zwischensteg); gez. K 13.

fx) Madonna des Baseler Bürgermeisters Jacob Meyer; von Hans Holbein d. J. (1497–1543), Maler

fy) Sixtinische Madonna (Detail); von Raffael (1483–1520), ital. Maler und Baumeister

fz) Madonna mit der Birnenschnitte (Detail); von Albrecht Dürer (1471–1528), Maler und Grafiker

				**	⊙
351	5 Fr	schwärzlichrosarot	fx	3,—	4,—
352	10 Fr	schwärzlichgrün	fy	3,—	4,—
353	15 Fr	dunkellilaultramarin	fz	4,—	7,—
			Satzpreis (3 W.)	10,—	15,—
			FDC		50,—
			Kleinbogen mit MiNr. 351	35,—	80,—
			Kleinbogen mit MiNr. 352	35,—	80,—
			Kleinbogen mit MiNr. 353	50,—	80,—

Auflage: 1 000 000 komplette Sätze *Gültig bis 31.8.1956*

1954, 15. Nov. Volkshilfe: Gemälde (V). Ⓔ und StTdr. Franz. Postwertzeichendruckerei (5×5); gez. K 13.

ga) Gassenbub mit Melone (Detail aus Die Trauben- und Melonenesser); von Bartolomí Esteban Murillo (1617–1682), span. Maler

gb) Maria de Medici, Tochter des Herzogs Cosimo I. von Florenz; von Agnolo Bronzino (1503–1572), ital. Maler

gc) Der junge Baron Emil von Maucler; von Johann Friedrich Dieterich (1787–1846), Maler

				**	⊙
354	5 + 3 Fr	rot	ga	1,20	1,80
355	10 + 5 Fr	schwärzlichgrün	gb	1,20	1,80
356	15 + 7 Fr	dunkelviolett	gc	1,20	2,50
			Satzpreis (3 W.)	3,50	6,—
			FDC		25,—

Auflage: 550 000 komplette Sätze *Gültig bis 31.10.1956*

1955

1955, 28. Febr. Querfeldein-Radweltmeisterschaften, Saarbrücken. Ⓔ Bartz; RaTdr. Vaugirard (5×5+5×5, dazwischen senkr. Zwischensteg); gez. K 13½.

gd) Radrennfahrer, Flagge des Saarlandes

				✱✱	⊙
357	15 Fr	mehrfarbig	gd	0,50	0,90
			FDC		7,—

Auflage: 1 000 000 Stück *Gültig bis 30.6.1957*

1955, 28. Febr. 50 Jahre Internationaler Rotary-Club. Ⓔ Schmidt; RaTdr. Vaugirard (5×5+5×5, dazwischen senkr. Zwischensteg); gez. K 13½.

ge) Rotary-Emblem, Eisenwerke Neunkirchen

				✱✱	⊙
358	15 Fr	lebhaftbraunrot	ge	0,50	1,20
			FDC		7,—

Auflage: 1 000 000 Stück *Gültig bis 30.6.1957*

1955, 18. April. Internat. Saarmesse, Saarbrücken. Ⓔ Ring; RaTdr. Vaugirard (5×5+5×5, dazwischen senkr. Zwischensteg); gez. K 13½.

gf) Fahnen beteiligter Staaten und Messefahne

				✱✱	⊙
359	15 Fr	mehrfarbig	gf	0,50	0,90
			FDC		7,—

Auflage: 1 000 000 Stück *Gültig bis 30.6.1957*

1955, 5. Mai. Rotes Kreuz. Ⓔ Schmidt; RaTdr. Vaugirard (5×5+5×5, dazwischen senkr. Zwischensteg); gez. K 13½.

gg) Rot-Kreuz-Schwester mit Kleinkind, Rotes Kreuz

				✱✱	⊙
360	15 + 5 Fr	schwarz/lebhaftrot	gg	0,70	1,30
			FDC		9,—

Auflage: 700 000 Stück *Gültig bis 30.6.1957*

1955, 8. Mai. Tag der Briefmarke. Ⓔ Schmidt; StTdr. Franz. Postwertzeichendruckerei (Klb. 5×1+5×1, dazwischen waager. Zwischensteg); gez. K 13.

gh) Landbriefträger, Pfarrkirche von Illingen (Saar)

				✱✱	⊙
361	15 Fr	dunkelbraunkarmin	gh	3,—	3,50
			FDC		10,—
			Kleinbogen	30,—	65,—

Auflage: 850 000 Stück *Gültig bis 30.6.1957*

1955, 22. Okt. Volksbefragung im Saarland. MiNr. 329, 330 und 332 in Neuauflage mit schwarzem Bdr.-Aufdruck durch die Franz. Postwertzeichendruckerei.

				✱✱	⊙
362	15 Fr	dunkelrosarot	(329)	0,60	1,10
363	18 Fr	dunkelbraunkarmin	(330)	0,60	0,80
364	30 Fr	dunkelultramarin	(332)	0,80	1,10
			Satzpreis (3 W.)	2,—	3,—
			FDC		15,—
			Satzpreis mit Ⓢ		12,—

Die Marken wurden einen Tag vor der Volksbefragung ausgegeben. Der Sonderstempel „Heute / Volksbefragung / im / Saarland" weist das Datum 23.10.1955 auf.

Auflage: 1 200 000 komplette Sätze *Gültig bis 30.6.1957*

1955, 10. Dez. Volkshilfe: Gemälde (VI). Ⓔ und StTdr. Franz. Postwertzeichendruckerei (5×5); gez. K 13.

gi) Dürers Mutter

gk) Betende Hände

gl) Alter Mann von Antwerpen

gi–gl) Zeichnungen von Albrecht Dürer (1471–1528), Maler und Grafiker

				✱✱	⊙
365	5 + 3 Fr	(dunkel)grün (Töne)	gi	0,80	1,80
366	10 + 5 Fr	grünoliv (Töne)	gk	1,20	2,40
367	15 + 7 Fr	ockerbraun bis mittelolivbraun	gl	1,60	2,80
			Satzpreis (3 W.)	3,50	7,—
			FDC		20,—

Bei MiNr. 365–367 gibt es deutliche Farbschwankungen!

Auflage: 650 000 komplette Sätze *Gültig bis 30.6.1957*

1956

1956, 14. April. Internationale Saarmesse, Saarbrücken. Ⓔ Ring; RaTdr. Courvoisier (5×5); gez. K 11¾.

gm) Symbole der saarl. Industrie, Messe-Emblem

				✱✱	⊙
368	15 Fr	bräunlichkarmin/gelbgrün	gm	0,50	1,20
			FDC		4,50

Auflage: 1 000 000 Stück *Gültig bis 30.6.1957*

1956, 6. Mai. Tag der Briefmarke. ⊡ **Mees; RaTdr. Courvoisier (5×5); gez. K 11¾.**

gn) Fernmeldeturm, Saarbrücken

				✶✶	⊙
369	15 Fr	schwärzlichgrünblau/ dunkelgraugrün	gn	0,50	1,20
			FDC		5,—

Auflage: 1 000 000 Stück *Gültig bis 30.6.1957*

1956, 7. Mai. Rotes Kreuz. ⊡ **Mees; StTdr. Franz. Postwertzeichendruckerei (5×5); gez. K 13.**

go) Verbandsplatz (um 1870) im Steinbruch bei Saarbrücken; Zeichnung (Detail) von Carl Röchling (1855–1920)

				✶✶	⊙
370	15 + 5 Fr	schwarz(grau)braun	go	0,50	1,20
			FDC		4,50

Auflage: 900 000 Stück *Gültig bis 30.6.1957*

1956, 25. Juli. Olympische Sommerspiele, Melbourne. ⊡ **und StTdr. Franz. Postwertzeichendruckerei (5×5); gez. K 13.**

gp) Jünglingskopf; Statue eines Siegers von Benevent

				✶✶	⊙
371	12 + 3 Fr	graugrün/dunkelblaugrün	gp	0,70	0,90
372	15 + 5 Fr	dunkelbraunpurpur/ schwärzlichockerbraun	gp	0,70	0,90
			Satzpreis (2 W.)	1,40	1,80
			FDC		7,50

Auflage: 1 300 000 komplette Sätze *Gültig bis 31.12.1958*

1956, 29. Okt. Wiederaufbau saarländischer Denkmäler. ⊡ **und StTdr. Franz. Postwertzeichendruckerei (5×5); gez. K 13.**

gr) Winterbergdenkmal Saarbrücken vor der Zerstörung

				✶✶	⊙
373	5 + 2 Fr	dunkelgrün	gr	0,40	0,60
374	12 + 3 Fr	dunkellila bis lilapurpur	gr	0,40	0,60
375	15 + 5 Fr	schwarzockerbraun	gr	0,40	0,80
			Satzpreis (3 W.)	1,20	2,—
			FDC		10,—

Auflagen: MiNr. 373 = 1 115 478, MiNr. 374 = 1 111 486, MiNr. 375 = 1 108 077 Stück

Gültig bis 31.12.1958

1956, 10. Dez. Volkshilfe: Gemälde (VII). ⊡ **und StTdr. Franz. Postwertzeichendruckerei (5×5); gez. K 13.**

gs) La belle ferronnière; von Giovanni Antonio Boltraffio (1467–1516), ital. Maler

gt) Saskia; von Rembrandt (1606–1669), niederl. Maler

gu) Spinett spielende Frau (Detail aus Die Familie van Berchem); von Frans Floris (um 1516–1570), fläm. Maler

				✶✶	⊙
376	5 + 3 Fr	schwärzlichlilaultramarin	gs	0,40	0,40
377	10 + 5 Fr	lilakarmin	gt	0,40	0,60
378	15 + 7 Fr	schwarzgrün	gu	0,40	1,—
			Satzpreis (3 W.)	1,20	2,—
			FDC		12,—

Auflage: 1 000 000 komplette Sätze *Gültig bis 31.12.1958*

Dienstmarken

Alle ⊙-Preise ab 5,— Euro gelten nur für (BPP-)geprüfte Stücke!

1949

1949, 1. Okt. Dienstmarken: Wappen des Saarlandes. 🄴 **Mees; StTdr. Franz. Postwertzeichendruckerei (10×5); gez. K 14:13¼.**

a) Wappen

					✶	✶✶	⊙	FDC
33	10 C	(dunkel)karminrot	Da		0,30	0,60	24,—	
34	30 C	grünlichschwarz	Da		0,30	0,60	28,—	
35	1 Fr	schwärzlichgrünblau	Da		0,30	0,60	1,30	
36	2 Fr	orangerot	Da		0,70	2,50	1,50	
37	5 Fr	dunkelkobalt	Da		0,90	3,—	1,30	
38	10 Fr	gelbschwarz	Da		0,40	1,30	1,30	
39	12 Fr	purpur	Da		4,—	11,—	14,—	130,—
40	15 Fr	schwarzviolettultramarin	Da		0,40	1,30	1,30	
41	20 Fr	schwärzlichsmaragdgrün	Da		0,90	4,—	1,50	
42	30 Fr	lilakarmin	Da		4,—	12,—	6,—	
43	50 Fr	dunkelgrauviolett	Da		0,90	3,50	5,—	
44	100 Fr	dunkelbräunlichkarmin	Da		40,—	120,—	380,—	
				Satzpreis (12 W.)	50,—	150,—	450,—	2500,—

Auflagen: MiNr. 33 = 999 964, MiNr. 34 = 1 499 871, MiNr. 35 = 866 604, MiNr. 36 = 486 503, 37 = 1 995 606, MiNr. 38 = 1 225 984, MiNr. 39 = 399 629, MiNr. 40 = 3 941 473, MiNr. 41 = 996 419, MiNr. 42 = 381 641, MiNr. 43 = 908 472, MiNr. 44 = 80 671 Stück.

Bitte bedenken Sie, dass sich dieses Standard-Nachschlagewerk auf die wesentlichen Unterschiede der Briefmarken beschränkt. Ausführliche Katalogisierungen müssen den MICHEL-Deutschland-Spezialwerken und Handbüchern der einzelnen Sammelgebiete vorbehalten bleiben.

Saarland als Bundesland der Bundesrepublik Deutschland

OPD Saarbrücken

Am 1.1.1957 wurde das Saarland als Bundesland in die Bundesrepublik Deutschland eingegliedert, behielt aber bis zum 5. Juli 1959 die französische Währung bei. Aus diesem Grund gab die Deutsche Bundespost für das Saarland eigene Marken in Franc-Währung heraus.

Seit 6. Juli 1959 werden die Marken der Deutschen Bundespost bzw. Post AG verwendet.

Wenn in den Kopftexten nicht anders erwähnt, wurden die Marken in der Bundesdruckerei Berlin hergestellt.

Obwohl Ausgaben der Deutschen Bundespost, werden MiNr. 379–448 des Saarlandes im Anschluss an die Ausgaben MiNr. 206–378 gelistet, da sie mit diesen ein zusammengehöriges Sammelgebiet bilden.

Preise ungebraucht für ✶✶, für ✶ mindestens 60% Nachlass.

1957

1957, 1. Jan. Eingliederung des Saarlandes in die Bundesrepublik Deutschland. 🄴 Kern; Odr. Bagel (10×5); Wz. 2; gez. K 13:13¼.

gv) Wappen des Saarlandes

Wz. 2 DBP und Kreuzblüten

				✶✶	⊙
379	15 Fr	orangerot/ dunkelpreußischblau	gv	0,70	0,50
				FDC	2,—

Auflage: 2 994 290 Stück *Gültig bis 31.12.1958*

Bildgleiche Marke ohne Inschrift „SAARLAND" siehe Bundesrepublik Deutschland MiNr. 249

1957, 1. Jan./25. Mai. Bundespräsident Theodor Heuss (I). Ohne Währungsbezeichnung. 🄴 Bittrof; MiNr. 380–390 Bdr. (10×10), MiNr. 391–399 StTdr. (MiNr. 391–397 10×10, MiNr. 398 und 399 10×5); Wz. 2; MiNr. 380–397 gez. K 14, MiNr. 398 und 399 gez. K 13¾:14.

gw gw gw gw gw gx gx

gw–gx) Prof. Dr. Th. Heuss (1884–1963), 1. Bundespräsident

				✶✶	⊙	FDC
380	1 (Fr)	(lebhaft)grün (1. Jan.)	gw	0,30	0,30	8,—
381	2 (Fr)	violett (16. März)	gw	0,30	0,30	8,—
382	3 (Fr)	mittel- bis lebh'orangebraun (1. Jan.)	gw	0,30	0,30	8,—
383	4 (Fr)	lilapurpur (16. März)	gw	0,40	1,—	12,—
384	5 (Fr)	gelboliv (Töne) (1. Jan.)	gw	0,30	0,30	8,—
385	6 (Fr)	schwärzlichrosa (16. März)	gw	0,30	0,60	10,—
386	10 (Fr)	(dunkel)türkisgrau (16. März)	gw	0,30	0,40	10,—
387	12 (Fr)	lebhaftgelblichrot (1. Jan.) GA	gw	0,30	0,30	8,—
388	15 (Fr)	lebhaftbläulichgrün (1. Jan.)	gw	0,30	0,30	8,—
389	18 (Fr)	lebhaftrotkarmin (1. Jan.) GA	gw	0,80	3,—	15,—
390	25 (Fr)	purpurviolett (16. März)	gw	0,60	1,—	12,—
391	30 (Fr)	graupurpur bis rotviolett (1. Jan.)	gw	0,60	1,—	12,—
392	45 (Fr)	dunkelgrauoliv (16. März)	gw	1,40	3,50	25,—
393	50 (Fr)	rotbraun (1. Jan.)	gw	1,40	1,60	25,—
394	60 (Fr)	schwärzlichrosarot (16. März)	gw	2,—	4,—	25,—
395	70 (Fr)	dunkelzinnoberrot (16. März)	gw	3,60	6,—	35,—
396	80 (Fr)	oliv (1. Jan.)	gw	1,20	4,60	40,—
397	90 (Fr)	grünlichschwarz (16. März)	gw	3,50	8,—	75,—
398	100 (Fr)	dunkelbräunlichrot (1. Jan.)	gx	3,—	10,—	100,—
399	200 (Fr)	dunkelbläulichviolett (25. Mai)	gx	8,—	32,—	150,—
		Satzpreis (20 W.)		25,—	75,—	

Weitere FDC-Bewertungen:

	FDC
380, 382, 384, 387–389, 391, 393, 396, 398 (1. Jan.)	120,—
381, 383, 385, 386, 390, 392, 394, 395, 397 (16. März)	120,—

Auflagen:

MiNr. 380 = 1 792 677	MiNr. 387 = 24 722 968	MiNr. 394 = 2 605 523
MiNr. 381 = 3 070 802	MiNr. 388 = 39 566 819	MiNr. 395 = 2 565 013
MiNr. 382 = 2 750 006	MiNr. 389 = 3 159 295	MiNr. 396 = 5 516 470
MiNr. 383 = 805 563	MiNr. 390 = 3 466 034	MiNr. 397 = 2 539 846
MiNr. 384 = 24 967 748	MiNr. 391 = 3 339 285	MiNr. 398 = 1 201 078
MiNr. 385 = 3 833 570	MiNr. 392 = 2 349 752	MiNr. 399 = 1 036 058
MiNr. 386 = 2 247 001	MiNr. 393 = 2 437 535	

Gültig bis 30.6.1958

In geänderten Farben, mit Währungsbezeichnung: MiNr. 409–428

Bildgleiche Marken ohne Inschrift „SAARLAND" siehe Bundesrepublik Deutschland MiNr. 177–196 und 259–265

1957, 20. April. Internat. Saarmesse, Saarbrücken. 🄴 Schmidt; Odr. Bagel (10×5); Wz. 2; gez. K 13:13½.

gy) Stahlkocher vor Hochofen, Messe-Emblem

				✶✶	⊙
400	15 Fr	dunkelgraubraun/ dunkelmagenta	gy	0,70	0,50
				FDC	2,—

Auflage: 2 496 734 Stück *Gültig bis 31.12.1958*

1957, 25. Mai. 100 Jahre Stadt Merzig. Ⓔ **Grittmann; StTdr. (5×10); Wz. 2; gez. K 14:13¾.**

gz) Stadtwappen, kath. Pfarrkirche St. Peter

				★★	⊙
401	15 Fr	dunkellilaultramarin	gz	0,30	0,50
			FDC		2,—

Auflage: 3 000 000 Stück *Gültig bis 31.12.1958*

1957, 16. Sept. Europa. Ⓔ **Blank; komb. Odr. und Prägedr. (5×10); gez. K 14:13¾.**

ha) Stilis. Baum

				★★	⊙
402	20 Fr	dunkelorange/ mittelorangegelb	ha	0,80	1,30
403	35 Fr	dunkelbläulichviolett/ hellrosa	ha	1,20	1,80
			Satzpreis (2 W.)	2,—	3,—
			FDC		8,—

Angeblich einfarbige Exemplare der MiNr. 403 (Farbe hellrosa „fehlt") sind durch Witterungseinflüsse ausgebleichte Stücke!

Auflagen: MiNr. 402 = 1 832 220, MiNr. 403 = 1 517 231 Stück

Bildgleiche Marken ohne Inschrift "SAARLAND" siehe Bundesrepublik Deutschland MiNr. 268–269

Gültig bis 5.7.1959

1957, 1. Okt. Wohlfahrt: Kohlebergbau. Ⓔ **Jäger; Odr. (5×10); Wz. 2; gez. K 14:13¾.**

hb) Bergmann mit Grubenlampe hc) Bergmann mit Abbauhammer hd) Bergmann am Kohlenhobel he) Anschläger am Förderschacht

				★★	⊙
404	6 + 4 Fr	lebhaftbraunocker/ braunschwarz	hb	0,30	0,30
405	12 + 6 Fr	braunschwarz/ lebhaftgrünoliv	hc	0,30	0,40
406	15 + 7 Fr	braunschwarz/ lebhaftorangerot	hd	0,40	0,50
407	30 + 10 Fr	braunschwarz/ mattblau	he	0,50	0,90
			Satzpreis (4 W.)	1,50	2,—
			FDC		9,—

Vorsicht! MiNr. 404 ist sehr wasserempfindlich; durch längeres Wasserbad Verfärbung bis Grün!

Auflagen: MiNr. 404 = 1 045 714, MiNr. 405 = 1 036 267, MiNr. 406 = 1 058 289, MiNr. 407 = 1 026 168 Stück

Gültig bis 5.7.1959

Bildgleiche Marken ohne Inschrift „SAARLAND" siehe Bundesrepublik Deutschland MiNr. 270–273

1957, 5. Okt. Internationale Briefwoche. Ⓔ **Neufeld; Odr. (5×10); Wz. 2; gez. K 14:13¾.**

hf) Zwei Tauben mit Briefen im Schnabel

				★★	⊙
408	15 Fr	lebhaftrotkarmin/ gelbschwarz	hf	0,50	0,50
			FDC		2,—

Auflage: 1 999 000 Stück *Gültig bis 5.7.1959*

Bildgleiche Marke ohne Inschrift „SAARLAND" siehe Bundesrepublik Deutschland MiNr. 276

1957, 2. Nov./20. Dez. Freimarken: Bundespräsident Theodor Heuss (II). Mit Währungsbezeichnung. Ⓔ **Bittrof; MiNr. 409–425 Odr. (10×10), MiNr. 426–428 StTdr. (10×5); Wz. 2; MiNr. 409–425 gez. K 14, MiNr. 426–428 gez. K 13¾:14.**

hg hg hh hh hh

hg–hh) Prof. Dr. Th. Heuss (1884–1963), 1. Bundespräsident

				★★	⊙	FDC
409	1 Fr	dunkelgrüngrau (5. Dez.)	hg	0,50	0,30	10,—
410	3 Fr	blau (Töne) (5. Dez.)	hg	0,50	0,30	10,—
411	5 Fr	(dunkel)braunoliv (2. Nov.)	hg	0,50	0,30	5,—
412	6 Fr	dunkelorangebraun (5. Dez.)	hg	0,50	0,60	8,—
413	10 Fr	dunkel(bläulich)violett (2. Nov.)	hg	0,50	0,30	10,—
414	12 Fr	dunkel- bis schwärzlichrotorange (2. Nov.) GA	hg	0,50	0,30	5,—
415	15 Fr	graugrün (Töne) (2. Nov.) GA	hg	0,50	0,30	5,—
416	18 Fr	schwärzlichtürkisgrau (5. Dez.) GA	hg	2,50	6,—	35,—
417	20 Fr	olivgelb (20. Dez.)	hg	1,50	4,—	20,—
418	25 Fr	bräunlichorange (5. Dez.)	hg	0,50	0,50	18,—
419	30 Fr	graulila (Töne) (5. Dez.)	hg	1,20	0,50	18,—
420	35 Fr	mittelsiena (20. Dez.)	hg	3,—	4,—	40,—
421	45 Fr	(lebhaft)bläulichgrün (5. Dez.)	hg	2,50	5,—	50,—
422	50 Fr	(lebhaft)lilabraun (5. Dez.)	hg	1,20	2,50	30,—
423	70 Fr	lebhaftgrün bis smaragdgrün (20. Dez.)	hg	6,—	7,—	70,—
424	80 Fr	graublau (Töne) (20. Dez.)	hg	3,—	6,50	70,—
425	90 Fr	rötlichkarmin (20. Dez.)	hg	7,—	8,—	120,—
426	100 Fr	gelblichorange (20. Dez.)	hh	7,—	9,—	120,—
427	200 Fr	dunkelsmaragdgrün (20. Dez.)	hh	11,—	32,—	250,—
428	300 Fr	dunkelkobalt (20. Dez.)	hh	12,—	36,—	400,—
			Satzpreis (20 W.)	60,—	120,—	

Weitere FDC-Bewertungen:

	FDC
409, 410, 412, 416, 418, 419, 421, 422 (5. Dez.)	100,—
411, 413–415 (2. Nov.)	25,—
417, 420, 423–428 (20. Dez.)	300,—

Auflagen:

MiNr. 409 = 2 280 502	MiNr. 416 = 785 475	MiNr. 423 = 566 356
MiNr. 410 = 2 647 589	MiNr. 417 = 1 543 758	MiNr. 424 = 928 549
MiNr. 411 = 20 128 737	MiNr. 418 = 1 996 083	MiNr. 425 = 482 112
MiNr. 412 = 1 360 400	MiNr. 419 = 1 707 972	MiNr. 426 = 782 329
MiNr. 413 = 2 912 069	MiNr. 420 = 530 388	MiNr. 427 = 382 985
MiNr. 414 = 7 661 932	MiNr. 421 = 596 306	MiNr. 428 = 338 374
MiNr. 415 = 24 191 321	MiNr. 422 = 1 757 008	

Gültig bis 5.7.1959

In anderen Farben, ohne Währungsbezeichnung: MiNr. 380–399

Bildgleiche Marken ohne Inschrift „SAARLAND" siehe Bundesrepublik Deutschland MiNr. 177–196 und 259–265

1958

1958, 9. Jan. 50. Todestag von Wilhelm Busch. 🄴 Michel und Kieser; Odr. Bagel (5×10); Wz. 2; gez. K 13¼:13.

hi) Max und Moritz

hk) W. Busch (1832–1908), Maler, Zeichner, Dichter; Selbstporträt

					★★	⊙
429	12 Fr	dunkelgelboliv/schwarz	. . . .	hi	0,30	0,30
430	15 Fr	lebhaftbräunlichrot/schwarz	. . . .	hk	0,30	0,50
				Satzpreis (2 W.)	0,60	0,80
				FDC		4,—

Auflagen: MiNr. 429 = 1 970 710, MiNr. 430 = 1 998 791 Stück

Gültig bis 5.7.1959

Bildgleiche Marken ohne Inschrift „SAARLAND" siehe Bundesrepublik Deutschland MiNr. 281 und 282

1958, 5. März. Waldbrandverhütung. 🄴 Kern; Odr. (5×10); Wz. 2; gez. K 14:13¾.

hl) Ausgebranntes Waldstück

					★★	⊙
431	15 Fr	zinnober/schwarz	. . . .	hl	0,60	0,60
				FDC		2,—

Vorsicht! MiNr. 431 ist sehr wasserempfindlich! Beim Waschen mit gewöhnlichem Seifenwasser verfärbt sich die Marke gelb.

Auflage: 1 490 810 Stück *Gültig bis 5.7.1959*

Bildgleiche Marke ohne Inschrift „SAARLAND" siehe Bundesrepublik Deutschland MiNr. 283

1958, 18. März. 100. Geburtstag von Rudolf Diesel. 🄴 Schardt; StTdr. (5×10); Wz. 2; gez. K 14.

hm) R. Diesel (1858–1913), Maschinenbau-Ingenieur; Dieselmotor

					★★	⊙
432	12 Fr	schwarzblaugrün	. . . .	hm	0,60	0,60
				FDC		2,—

Auflage: 1 996 595 Stück *Gültig bis 5.7.1959*

Bildgleiche Marke ohne Inschrift „SAARLAND" siehe Bundesrepublik Deutschland MiNr. 284

1958, 1. April. Jugend: Volkslieder. 🄴 Göhlert; Odr. (10×5); Wz. 2; gez. K 13¾:14.

hn) Fuchs; Illustration zum Kinderlied „Fuchs du hast die Gans gestohlen"

ho) Reiter; Illustration zum Volkslied „Ein Jäger aus Kurpfalz"

					★★	⊙
433	12 + 6 Fr	mehrfarbig	. . . .	hn	0,40	0,30
434	15 + 7 Fr	mehrfarbig	. . . .	ho	0,40	0,50
				Satzpreis (2 W.)	0,80	0,70
				FDC		4,—

Auflagen: MiNr. 433 = 1 138 512, MiNr. 434 = 1 138 754 Stück

Gültig bis 5.7.1959

Bildgleiche Marken ohne Inschrift „SAARLAND" siehe Bundesrepublik Deutschland MiNr. 286 und 287

1958, 10. April. Internat. Saarmesse, Saarbrücken. 🄴 Mees; Odr. (10×5); Wz. 2; gez. K 14.

hp) Rathaus Saarbrücken (Silhouette), Messe-Emblem

					★★	⊙
435	15 Fr	bräunlichlila	. . . .	hp	0,50	0,50
				FDC		2,—

Auflage: 1 497 027 Stück *Gültig bis 5.7.1959*

1958, 14. Juni. 400 Jahre Stadt Homburg (Saar). 🄴 Lau; StTdr. (5×10); Wz. 2; gez. K 14:13¾.

hr) Altstadt mit Schlossberg

					★★	⊙
436	15 Fr	schwärzlichgrünoliv	. . . .	hr	0,50	0,50
				FDC		2,—

Auflage: 1 498 555 Stück *Gültig bis 5.7.1959*

1958, 21. Juli. 150 Jahre Deutsche Turnbewegung. 🄴 Göhlert; Odr. (10×5); Wz. 2; gez. K 13¾:14.

hs) Turnerkreuz in Eichenblatt

					★★	⊙
437	12 Fr	mehrfarbig	. . . .	hs	0,50	0,50
				FDC		2,—

Auflage: 1 499 869 Stück *Gültig bis 5.7.1959*

Bildgleiche Marke ohne Inschrift „SAARLAND" siehe Bundesrepublik Deutschland MiNr. 292

1958, 29. Aug. 150. Geburtstag von Hermann Schulze-Delitzsch. 🄴 Eidenbenz; StTdr. (10×5); Wz. 2; gez. K 13¾:14.

ht) H. Schulze-Delitzsch (1808–1883), Genossenschaftsführer

					★★	⊙
438	12 Fr	schwärzlich-smaragdgrün	. . . .	ht	0,50	0,50
				FDC		2,—

Auflage: 1 498 863 Stück *Gültig bis 5.7.1959*

Bildgleiche Marke ohne Inschrift „SAARLAND" siehe Bundesrepublik Deutschland MiNr. 293

1958, 13. Sept. Europa. 🄴 v. d. Vossen; Odr. (10×5); Wz. 2; gez. K 13¾:14.

hu) Stilisierte Taube über Buchstabe „E"

					★★	⊙
439	12 Fr	dunkelgelblichgrün/ hellkobalt (Töne)	. . . .	hu	0,70	1,20
440	30 Fr	lebhaftkobalt/mittelrot	. . . .	hu	0,90	1,80
				Satzpreis (2 W.)	1,60	3,—
				FDC		7,—

Auflagen: MiNr. 439 = 1 982 869, MiNr. 440 = 1 557 151 Stück

Gültig bis 5.7.1959

Bildgleiche Marken ohne Inschrift „SAARLAND" siehe Bundesrepublik Deutschland MiNr. 295 und 296

1958, 1. Okt. Wohlfahrt: Landwirtschaft. 🄴 **Meerwald; Odr. (10×5); Wz. 2; gez. K 13¾:14.**

hv) Friedrich Wilhelm Raiffeisen (1818–1888), Begründer der Raiffeisen-Vereine

hw) Sennerin mit Butterfaß

hx) Winzerin mit Weinrebe

hy) Bauer mit Heugabel

				**	⊙
441	6 + 4 Fr	mehrfarbig	hv	0,30	0,40
442	12 + 6 Fr	mehrfarbig	hw	0,30	0,40
443	15 + 7 Fr	mehrfarbig	hx	0,50	0,80
444	30 + 10 Fr	mehrfarbig	hy	0,60	1,—
			Satzpreis (4 W.)	1,80	2,50
			FDC		6,—

Auflagen: MiNr. 441 = 1 106 351, MiNr. 442 = 1 080 649, MiNr. 443 = 1 091 568, MiNr. 444 = 1 073 530 Stück

Gültig bis 5.7.1959

Bildgleiche Marken ohne Inschrift „SAARLAND“ siehe Bundesrepublik Deutschland MiNr. 297–300

1959

1959, 6. März. 500. Geburtstag von Jakob Fugger. 🄴 **Göhlert; Odr. Bagel (10×5); Wz. 2; gez. K 13:13¼.**

hz) J. Fugger, der Reiche (1459–1525), Großunternehmer, Bankier

				**	⊙
445	15 Fr	mehrfarbig	hz	0,50	0,50
			FDC		2,—

Auflage: 1 984 842 Stück *Gültig bis 5.7.1959*

Bildgleiche Marke ohne Inschrift „SAARLAND“ siehe Bundesrepublik Deutschland MiNr. 307

1959, 1. April. 50 Jahre Großstadt Saarbrücken. 🄴 **Schmidt; StTdr. (5×10); Wz. 2; gez. K 14:13¾.**

ia) Rathaus der Großstadt, „Altes Rathaus“, Burbacher Hütte

				**	⊙
446	15 Fr	kobalt (Töne)	ia	0,50	0,50
			FDC		2,—

Auflage: 1 971 192 Stück *Gültig bis 5.7.1959*

1959, 1. April. Internat. Saarmesse, Saarbrücken. 🄴 **Mylo; Odr. (5×10); Wz. 2; gez. K 14.**

ib) Stilis. Hände, Messegut, Messe-Emblem

				**	⊙
447	15 Fr	bräunlichlila	ib	0,50	0,50
			FDC		2,—

Auflage: 1 998 884 Stück *Gültig bis 5.7.1959*

1959, 6. Mai. 100. Todestag von Alexander Freiherr von Humboldt. 🄴 **Kern; StTdr. (10×5); Wz. 2; gez. K 13¾:14.**

ic) A. Frh. von Humboldt (1769–1859), Naturforscher und Geograph

				**	⊙
448	15 Fr	dunkelpreußischblau	ic	0,50	0,60
			FDC		2,50

Auflage: 1 199 730 Stück *Gültig bis 5.7.1959*

Bildgleiche Marke ohne Inschrift „SAARLAND“ siehe Bundesrepublik Deutschland MiNr. 309

Angaben zur Schalterbogengröße

Soweit bekannt, wird bei den jeweiligen Ausgaben von Deutschland und Europa die Markenanzahl im Schalterbogen angegeben.

Dabei bedeutet die in Klammern stehenden Zahlenangaben z. B.:

(5×10)	= 5 Marken waagerecht nebeneinander in 10 Reihen untereinander = 50 Marken im Schalterbogen
(10×5)	= 10 Marken waagerecht nebeneinander in 5 Reihen untereinander = 50 Marken im Schalterbogen
(5×10 + 5×10)	= jeweils 5 Marken waagerecht nebeneinander in 10 Reihen untereinander, getrennt durch einen Zwischensteg = 100 Marken
(1×5 Zd.)	= Zusammendruck gemäß Abbildung in 5 Reihen untereinander
(5×1 Zd.)	= Zusammendruck gemäß Abbildung in 5 Reihen nebeneinander

Deutschland unter alliierter Besetzung

(Fortsetzung)

Französische Zone

Nach der Festlegung der Zonengrenzen auf der Potsdamer Konferenz vom 26. Juli 1945 umfasste die Französische Zone die heutigen Bundesländer Rheinland-Pfalz und Saarland im Norden und die Regierungsbezirke Freiburg und Tübingen des heutigen Bundeslandes Baden-Württemberg im Süden. Zwischen Nordteil und Südteil der Französischen Zone bestand keine Verbindung. Außerdem wurde der bayrische Landkreis Lindau als Korridor zum französisch besetzten Teil Österreichs der Französischen Zone angegliedert. Das Saarland wurde am 20. November 1946 ausgegliedert und wirtschaftlich Frankreich angeschlossen, die Marken der allgemeinen Ausgabe blieben jedoch bis 27. 11. 1947 gültig.

In den von den französischen Truppen besetzten Teilen Deutschlands bzw. der Französischen Zone war bis 31. 8. 1945 jeglicher zivile Postverkehr verboten (Ausnahme Reutlingen und unter der vorangegangenen amerikanischen Besatzung Ausnahmen z.B. in Neuwied, Pirmasens und Koblenz).

Zwischen Juli und September 1945 begann – regional unterschiedlich – der Behördenpostverkehr in der Französischen Zone. Der private Postverkehr wurde im Nordteil am 1. September 1945, in Südbaden am 17.9.1945 und in Südwürttemberg-Hohenzollern nach dem 20. 9. 1945 aufgenommen. Privatpost vom Nordteil in den Südteil der Französischen Zone war ab dem 15. 10. 1945 und in umgekehrter Richtung ab dem 22.10.1945 (Südbaden) bzw. 26. 10. 1945 (Südwürttemberg-Hohenzollern) gestattet. Zivile Post nach den anderen Besatzungszonen wurde zwischen dem 27. 10. 1945 (Saarland) und dem 1. 11. 1945 zugelassen, der Auslandspostverkehr ab dem 1.4.1946.

Bis einschließlich 16. 12. 1945 fand ausschließlich Barfrankierung bzw. die Verwendung der provisorischen Ganzsachen statt. Auch nach der ab 17. 12. 1945 begonnenen Ausgabe von Briefmarken kam es im Bereich der Französischen Zone noch bis 1948 immer wieder zu erheblichen Engpässen, so dass in weit größerem Maße als in den übrigen Besatzungszonen Barfrankierungen bzw. Teilbarfrankierungen durchgeführt werden mussten.

Ab 1947 wurden für die einzelnen Länder eigenständige, nur im jeweiligen Gebiet gültige Marken ausgegeben. Auch nach der Währungsreform blieben über die Gründung der Bundesrepublik Deutschland hinaus die Marken der Länder der Französischen Zone bis zum 2. 10. 1949 allein im Ausgabegebiet gültig.

Die Marken der Französischen Zone konnten ab 3. 10. 1949 im gesamten Bundesgebiet (auch in den beiden anderen Ländern der Französischen Zone) sowie in den österreichischen Zollausschlussgebieten Kleinwalsertal und Jungholz/Tirol verwendet werden. Ab 27. 10. 1949 war der Gebrauch der Postwertzeichen auch in Berlin (West) auf Sendungen in die Westzonen, ab 7. 11. 1949 auch innerhalb der Westsektoren von Berlin und ab 5. 2. 1950 auf allen Postsendungen zugelassen.

Alle Farbangaben beziehen sich auf den MICHEL-Farbenführer ab 36. Auflage!

Alle Ausgaben der Länder der Französischen Zone wurden, sofern nicht anders im Kopftext vermerkt, in der Druckerei Burda hergestellt.

1 Reichsmark (M) = 100 Reichspfennig (Pf); ab 21. 6. 1948: 1 Deutsche Mark (DM) = 100 Pfennig (Pf bzw. DPf)

Bei allen Freimarken der Länderausgaben der Franz. Zone gibt es zahlreiche Farb-, Papier-, Gummierungs- und Typenvarianten, bei einigen Sondermarken und Blocks Typenunterschiede, die zum Teil mit erheblichen Preisunterschieden verbunden sind. Ausführliche Katalogisierung siehe MICHEL-Deutschland-Spezial!

Satzpreise können stark abgerundet sein.

Stempelfälschungen:

Die meisten gestempelten teureren Ausgaben zwischen 1945 und 1949 kommen häufig mit falschen oder verfälschten Abstempelungen vor. Bei teuren Marken oder Blocks ist Prüfung dringend anzuraten!

Marken der allgemeinen Ausgabe mit Stempeln von saarländischen Orten rechtfertigen, wenn überhaupt, nur einen geringen Aufschlag.

Entwertungen:

Ab 1945 waren neben den neugefertigten oder weiterverwendeten üblichen Normstempeln der Deutschen Reichspost auch zahlreiche altdeutsche, aptierte Dritte-Reich-Stempel sowie Notstempel (aus Gummi, Holz etc.) in Gebrauch. Einige davon wurden auch nach Gründung der Bundesrepublik Deutschland bzw. der DDR (teilweise bis zur Einführung der Postleitzahlen-Stempel) weiter benutzt. Darüber hinaus gab es bis ca. 1970 meist ein- oder zweizeilige Kastenstempel (eckig oder abgerundet). In der Regel handelte es sich hierbei um Gummistempel, für die blaue oder violette Stempelkissenfarbe verwendet wurde. Bei teuren Marken werden diese Stempel häufig chemisch entfernt und die Marken nachgummiert. Vorsicht vor solchen Verfälschungen!

Allgemeine Ausgabe

Die allgemeine Ausgabe wurde auch im Saarland, wie in jedem anderen Teil der französischen Besatzungszone, verausgabt, war dort jedoch nur bis 27.11.1947 gültig.

Nach den bisherigen Forschungsergebnissen wurde die allgemeine Ausgabe außerhalb ihres Verkaufsgebietes nur in den RPD-Bezirken Hamburg und Bremen offiziell geduldet (bis 31.10.1946).

Die Zulässigkeit der vorliegenden Verwendungen der allgemeinen Ausgabe in Berlin bis 18.7.1946 konnte bisher noch nicht nachgewiesen werden. Zumindest ab 19.7.1946 wurde die Verwendung der allgemeinen Ausgabe in Berlin untersagt (Vfg. I C 1 – 2040 vom 19.7.1946).

1945

1945, Dez./1946, April. Freimarken: Wappen der Länder der französ. Zone und deutsche Dichter. 🄴 Louis (MiNr. 1–10) und Ouvre (MiNr. 11–13); MiNr. 1–10 Bdr., MiNr. 11–13 StTdr. Französ. Staatsdruckerei (MiNr. 1–10 5×10+5×10 mit Zwischensteg, MiNr. 11–13 5×5); verschiedene Papiersorten; MiNr. 1–10 gez. K 14:13½, MiNr. 11–13 gez. K 13:13¼.

a) Rheinland

b) Pfalz

c) Württemberg

d) Baden

a

b

e) Saargebiet (Stadtwappen Saarbrücken)

c

e

d

f) Johann Wolfgang von Goethe (1749–1832), Dichter

g) Friedrich von Schiller (1759–1805), Dichter

h) Heinrich Heine (1797–1856), Dichter und Satiriker

					✶	✶✶	⊙
1	1	Pf	mehrfarbig *(11.1.1946)*	a	0,10	0,30	0,30
2	3	Pf	mehrfarbig *(11.1.1946)*	b	0,10	0,30	0,30
3	5	Pf	mehrfarbig *(11.1.1946)*	c	0,10	0,30	0,30
4	8	Pf	mehrfarbig *(11.1.1946)*	d	0,10	0,30	0,30
5	10	Pf	mehrfarbig *(17.12.1945)*	a	4,—	15,—	75,—
6	12	Pf	mehrfarbig *(17.12.1945)*	b	0,10	0,30	0,30
7	15	Pf	mehrfarbig *(11.1.1946)*	e	0,10	0,30	0,30
8	20	Pf	mehrfarbig *(17.12.1945)*	c	0,10	0,30	0,30
9	24	Pf	mehrfarbig *(11.1.1946)*	e	0,10	0,30	0,20
10	30	Pf	mehrfarbig *(17.12.1945)*	d	0,10	0,30	0,30
11	1	M	dunkelsiena *(17.12.1945)*	f	1,20	4,50	24,—
12	2	M	dunkelpreußischblau *(1.4.1946)*	g	1,20	4,50	70,—
13	5	M	braunrot *(1.4.1946)*	h	1,50	5,—	90,—
				Satzpreis (13 W.)	8,—	28,—	250,—

Die Daten in Kursivschrift bezeichnen die bisher bekanntgewordenen frühesten Verwendungen; offizielle Erstausgabetage gibt es nicht.

Bei MiNr. 1–10 gibt es viele Farb- und Papierunterschiede; siehe MICHEL-Deutschland-Spezial Band 2.

Farbabarten:

Nachfolgende Fehler dürfen nicht mit (zufälligen) Farbschwankungen verwechselt werden. Die Abarten der MiNr. 1 und 6–10 entstanden wahrscheinlich unter dem Einfluss von zum Reinigen der Druckmaschine benutzten Chemikalien. Die veränderte(n) Farbe(n) wird (werden) nachfolgend angegeben (... = Originalfarbe).

Bei allen Farbabarten ist die Prüfung unbedingt erforderlich!

		✶	✶✶	⊙
1 F	.../weißgrau/gelbsmaragdgrün	50,—	150,—	150,—
2 F I	dunkelkarminrot/.../weißgelb	50,—	150,—	150,—
2 F II	hell- bis lebhaftrosalila/.../...	18,—	50,—	65,—
6 F	lebhaftbräunlichrot bis lebhaftbraunrot/.../...	35,—	100,—	100,—
7 F I	.../.../lebhaftbraunorange	25,—	75,—	60,—
7 F II	.../.../(dunkel)bräunlichrot	8,—	20,—	25,—
8 F	(dunkel)bräunlichrot/.../...	35,—	100,—	120,—
9 F I	.../.../(dunkel)braunorange	6,—	15,—	15,—
9 F II	.../.../bräunlichrot bis braunrot	6,—	15,—	15,—
9 F III	.../.../lebh'- bis dkl'bräunlichrot	10,—	30,—	32,—
10 F	.../.../dunkelorangegelb/dunkelbräunlichrot	50,—	150,—	150,—

MiNr. 5, 11, 12 und 13 kommen häufig mit falschen oder verfälschten Stempeln vor!

Prüfung dringend anzuraten!

Auflagen:

MiNr. 1 = 21600000	MiNr. 5 = 1137000	MiNr. 8 = 25100000	MiNr. 11 = 1044325
MiNr. 2 = 44800000	MiNr. 6 = 90400000	MiNr. 9 = 64700000	MiNr. 12 = 1032175
MiNr. 3 = 53600000	MiNr. 7 = 22000000	MiNr. 10 = 20500000	MiNr. 13 = 1015200
MiNr. 4 = 43300000			

Gültig bis 20.6.1948, als 10fach-Frankatur teilweise bis 23.6.1948 geduldet

Baden

Diese Ausgaben wurden für den zur Französischen Zone gehörenden Teil Badens (Südbaden) herausgegeben.

Block 1 siehe nach MiNr. 41, Block 2 siehe nach MiNr. 45

1947

1947, 1. Mai. Freimarken: Persönlichkeiten und Ansichten aus Baden (I). Währungsangaben in Reichsmark. Ⓔ Jonynas; RaTdr. (MiNr. 1–11 10×10, MiNr. 12 5×10, MiNr. 13 10×5); verschiedene Papiersorten, verschiedene Gummierungen, versch. Typen; gez. K 14:14¼, MiNr. 13 ∼.

a) Johann Peter Hebel (1760–1826), Heimatdichter

b) Trachtenmädchen vom Bodensee und Konstanz

c) Hans Baldung, genannt Grien (1484/85–1545), Maler, Zeichner, Kupferstecher

a

b

d) Schloss Rastatt

c

d

b

a

c

e) Höllental im Schwarzwald

f) Freiburger Münster

					✶	✶✶	⊙
1	2	Pf	schwarzviolettgrau bis schwarzgrau *(Dez. 1947)*	a	0,10	0,30	0,50
2	3	Pf	siena bis dunkelsiena *(Dez. 1947)*	b	0,10	0,30	0,50
3	10	Pf	schwärzlichpreußischblau bis schwarzblau *(Dez. 1947)*	c	0,10	0,30	0,50
4	12	Pf	schwarzopalgrün (Töne) bis schwarzbläulichgrün *(10. Mai 1947)*	a	0,10	0,30	0,50
5	15	Pf	dunkelbraunpurpur bis dunkelbraunviolett (Töne) *(Dez. 1947)*	b	0,10	0,30	0,50
6	16	Pf	dunkel- bis schwärzlichgrünoliv (Töne) *(Dez. 1947)*	d	0,10	0,30	2,—
7	20	Pf	mittel- bis dunkelkobaltblau (Töne) *(Jan. 1948)*	c	0,10	0,30	0,50
8	24	Pf	dunkelrosa bis dunkelrosarot, rot (Töne) *(1. Mai 1947)*	d	0,10	0,30	0,50
9	45	Pf	magenta bis karmin (Töne) *(Juli 1947)*	b	0,10	0,30	1,20
10	60	Pf	dunkel- bis schwärzlichrotorange (Töne) *(Jan. 1948)*	a	0,10	0,30	0,50
11	75	Pf	dunkel- bis schwärzlichcyanblau (Töne) *(Juni 1947)*	c	0,10	0,30	2,50
12	84	Pf	dunkelgrün bis dunkelopalgrün (Töne) *(August 1947)*	e	0,20	0,30	2,50
13	1	M	mittelbraun bis braun *(August 1947)*	f	0,20	0,40	1,—
			Satzpreis (13 W.)		0,80	4,—	13,—

Die Daten in Kursivschrift bezeichnen die frühesten bisher bekanntgewordenen Verwendungen.

Auflagen:

MiNr. 1 = 7 200 000	MiNr. 3 = 7 100 000	MiNr. 5 = 10 000 000	MiNr. 7 = 10 100 000	MiNr. 9–13 je 5 000 000
MiNr. 2 = 10 100 000	MiNr. 4 = 37 200 000	MiNr. 6 = 6 000 000	MiNr. 8 = 35 000 000	

Gültig bis 20.6.1948, Zehnfachfrankaturen in Baden teilweise geduldet bis 23.6.1948

Währungsreform

Neue Währung: 1 Deutsche Mark (DM) = 100 Pfennig (Pf bzw. DPf)

1948

1948, 21. Juni/Sept. Freimarken: Persönlichkeiten und Ansichten aus Baden (II). Geänderte Farben, zum Teil neue Werte, Währungsangaben in Deutscher Mark; RaTdr. (MiNr. 14–25 10×10, MiNr. 26 5×10, MiNr. 27 10×5), verschiedene Papiersorten, versch. Typen; gez. K 14:14¼, MiNr. 27 ∼.

a) Johann Peter Hebel (1760–1826), Heimatdichter

b) Trachtenmädchen vom Bodensee und Konstanz

g) Schwarzwaldmädel

c) Hans Baldung, genannt Grien (1484/85–1545), Maler, Zeichner, Kupferstecher

a

b

d I) Schloss Rastatt

c I) Hans Baldung

d

g

k) Stephanie (1789–1860), franz. Großherzogin von Baden

a I) Johann Peter Hebel

e I) Höllental im Schwarzwald

f I) Freiburger Münster

					✶	✶✶	⊙
14	2	Pf	lebhaftorange, dunkelgelblichorange (21.6.)	a	0,20	0,50	0,40
15	6	Pf	schwarzlilabraun bis schwarzviolettbraun (21.6.)	b	0,20	0,50	0,40
16	8	DPf	bläulichgrün bis dunkelbläulichgrün (Juli/Aug.)	g	0,30	0,70	1,50
17	10	Pf	dunkel- bis schwärzlichockerbraun, schwarzolivbraun (Töne) (Juli)	c	0,20	0,50	0,40
18	12	Pf	dunkelrosa (Töne) (21.6.)	a	0,20	0,50	0,40
19	15	Pf	kobaltblau bis dunkelkobaltblau (Töne) (21.6.)	b	0,30	0,80	0,80
20	16	DPf	dunkel- bis schwärzlichgrauviolett (Töne) (Aug.)	d I	0,70	2,—	2,50
21	20	DPf	schwärzlichbraunorange bis dunkelgelbbraun (Töne) (Aug.)	c I	3,—	7,—	1,30
22	24	Pf	dunkelopalgrün bis schwärzlichbläulichgrün (Töne) (21.6.)	d	0,30	1,50	0,40
23	30	Pf	magenta (Töne) (Juli)	g	0,70	2,—	1,50
24	50	Pf	kobalt bis dunkelkobalt (21.6.)	k	0,70	2,—	0,40
25	60	DPf	schwärzlich- bis schwarztürkisgrau (Töne) (Aug.)	a I	3,50	8,—	0,80
26	84	DPf	bräunlichkarmin bis dunkelbräunlichkarmin (Töne) (Juli)	e I	4,—	10,—	6,—
27	1	DM	dunkelkobaltblau bis dunkelblau (Töne) (Juli/Aug.)	f I	4,—	9,—	6,—
			Satzpreis (14 W.)		18,—	45,—	22,—
			FDC mit MiNr. 14, 15, 18, 19, 22, 24				130,—

Auflagen: unbekannt *Gültig bis 31.12.1949*

1948, Nov./1949, Mai. Freimarken: Persönlichkeiten und Ansichten aus Baden (III). Nochmals geänderte Farben, zum Teil neue Werte, ohne Währungsangaben; RaTdr. (MiNr. 28–36 10×10, MiNr. 37 5×10); verschiedene Papiersorten, versch. Typen; gez. K 14:14¼.

a II) Johann Peter Hebel

d II) Schloss Rastatt

b II) Trachtenmädchen vom Bodensee

b II

g I) Schwarzwaldmädel

c II) Hans Baldung

c II

d II

a II

e II) Höllental im Schwarzwald

					✶	✶✶	⊙
28	2	(Pf)	lebhaftorange bis dunkelorange (Nov. 1948)	a II	0,70	1,50	0,70
29	4	(Pf)	(dunkel)grauviolett bis (schwärzlich)braunviolett, schwarzblauviolett bis violettschwarz, dunkelviolettgrau (Nov. 1948)	d II	0,40	1,—	0,60
30	5	(Pf)	türkisblau bis dunkeltürkisblau (Töne) (Nov. 1948)	b II	0,50	1,20	0,80
31	6	(Pf)	rotschwarz (Töne) (Nov. 1948)	b II	15,—	35,—	18,—
32	8	(Pf)	(lebhaft)braunkarmin (Nov. 1948) GA	g I	0,50	1,20	1,40
33	10	(Pf)	schwärzlich- bis schwarzopalgrün (Töne) (Nov. 1948) GA	c II	2,20	4,50	0,70
34	20	(Pf)	(dunkel)rosalila bis (dunkel)rotlila, dunkelmagenta, dunkelkarmin (Töne) (Nov. 1948)	c II	0,90	2,—	0,50
35	40	(Pf)	dunkel- bis schwärzlichockerbraun (Dez. 1948)	d II	40,—	75,—	100,—
36	80	(Pf)	dunkelrosa (Töne) (Dez. 1948)	a II	5,—	12,—	8,—
37	90	(Pf)	mittel- bis lebhaftbraunkarmin (Jan. 1949)	e II	38,—	75,—	100,—
			Satzpreis (10 W.)		100,—	200,—	220,—

Auflagen: unbekannt *Gültig bis 31.12.1949*

1949

1949, 24. März. Wiederaufbau der Stadt Freiburg im Breisgau. Ⓔ Dietrich; RaTdr. (10×10); A = gez. K 14:14¼.

u) Kornhaus

v) Turm des Freiburger Münsters

w) Posaunenengel

x) Fischbrunnen

					✶✶	⊙
38 A	4 + 16	(Pf)	schwarzgrauviolett	u	18,—	50,—
39 A	10 + 20	(Pf)	schwarzbläulichgrün	v	18,—	50,—
40 A	20 + 30	(Pf)	dunkelrosa	w	18,—	50,—
41 A	30 + 50	(Pf)	blau	x	20,—	60,—
			Satzpreis (4 W.) ✶ 30,—		70,—	200,—
			FDC			400,—

Blockausgabe, A = gez. K 14:14¼, B = ☐

y

A = gez. K 14:14¼

			✶	✶✶	⊙
Block 1 A	mit MiNr. 38 A–41 A (64×75 mm)	y	35,—	75,—	280,—
		FDC			1000,—

B = geschnitten (☐)

					✶✶	⊙
38 B	4 + 16 (Pf)	schwarzgrauviolett	u		12,—	50,—
39 B	10 + 20 (Pf)	schwarzbläulichgrün	v		12,—	50,—
40 B	20 + 30 (Pf)	dunkelrosa	w		12,—	50,—
41 B	30 + 50 (Pf)	blau	x		12,—	50,—
Block 1 B	(64×75 mm)		y	✶ 35,—	75,—	280,—
			FDC			1000,—

Blockgrößen 1 A und 1 B sehr schwankend; dabei Überformat von mehr als 5 mm Breite bekannt, Prüfung erforderlich.

Von Block 1 zum Teil starke Verzähnungen (häufig FALSCH) bekannt, Prüfung erforderlich

⊘ MiNr. 38 A–41 A sowie Blocks 1 A und 1 B häufig mit Gefälligkeits-Ersttagsstempel „FREIBURG–HASLACH / 24.3.49 / b/ (BREISGAU)"; Satzpreis ⊘ 60,—, Block 1 A und 1 B ⊘ je 80,—.

Der Stempel „Freiburg (Breisgau)–Haslach / b" existiert auch als Falschstempel; Prüfung erforderlich.

Auflagen: MiNr. 38 A = 120 495, MiNr. 39 A = 123 458, MiNr. 40 A = 121 529, MiNr. 41 A = 117 783 Stück; Block 1 A = 67 218, 1 B = 66 347 Blocks. (Die ursprüngliche Auflage betrug angeblich 1 000 000 Sätze, Restbestände wurden vernichtet; durch die Stadtverwaltung Freiburg sind je 100 000 Blocks A und B zusätzlich verkauft worden).

Gültig bis 20.10.1949

1949, 25. Febr. Deutsches Rotes Kreuz. Ⓔ Bargatzky; RaTdr. (10×10); A = gez. K 14:14¼.

z) Wappen von Baden

					✶✶	⊙
42 A	10 + 20 (Pf)	dunkelopalgrün/rot	z		28,—	100,—
43 A	20 + 40 (Pf)	dunkelgrauviolett/rot	z		28,—	100,—
44 A	30 + 60 (Pf)	lebhaftkobaltblau/rot	z		28,—	100,—
45 A	40 + 80 (Pf)	dunkelgrünlichgrau/rot	z		28,—	100,—
		Satzpreis (4 W.)		✶ 45,—	110,—	400,—
			FDC			1000,—
			Ⓢ[1]			600,—

[1] roter Sonderstempel „Freiburg (Breisgau) – Henri Dunant, Gründer des Roten Kreuzes"

Blockausgabe, B = ☐, ohne Gummierung

aa

				(✶)	⊙
42 B	10 + 20 (Pf) dunkelopalgrün/rot		z	20,—	180,—
43 B	20 + 40 (Pf) dunkelgrauviolett/rot		z	20,—	180,—
44 B	30 + 60 (Pf) lebhaftkobaltblau/rot		z	20,—	180,—
45 B	40 + 80 (Pf) dunkelgrünlichgrau/rot		z	20,—	180,—
Block 2	(90×100 mm)		aa	110,—	1500,—
			FDC		2800,—
			Ⓢ[1]		2000,—

[1] roter Sonderstempel „Freiburg (Breisgau) – Henri Dunant, Gründer des Roten Kreuzes"

FALSCH Ganzfälschungen in Bdr. und Odr. bekannt

Auflagen: 600 000 Sätze (wieviel hiervon tatsächlich verkauft wurden, konnte bis jetzt nicht ermittelt werden), Block 2 = 150 000 Blocks

Gültig bis 15.9.1949

1949, 22. Juni/Aug. Europäischer Ingenieur-Kongress, Konstanz. Ⓔ Hund; RaTdr. (5×10); I = erste Auflage, II = zweite Auflage; gez. K 14:14¼.

ab) Ansicht von Konstanz

				✶	✶✶	⊙
46	30 (Pf)	schwärzlichblau	ab			
I		1. Aufl. (22.6.)		12,—	26,—	85,—
II		2. Aufl. (Ende Aug.)		340,—	650,—	1900,—
			FDC (I)*			250,—
			Ⓢ			200,—

*) offizielle Ersttagskarte mit Ⓢ

46 I

I 1. Auflage: Umrahmungslinien des Markenbildes dicker, glatter Strich; Inschriften dick, Schatten dunkel; obere Schleife des „B" von „BADEN" eng (Druckdatum 18.6.1949)

46 II

II 2. Auflage: Umrahmungslinien feine Zickzacklinien; Inschriften fein, Schatten heller, obere Schleife des „B" von „BADEN" weit (Druckdatum 25.8.1949, jedoch oft vom Bogenrand abgetrennt)

Wenngleich die 2. Auflage erst am 25.8.1949 gedruckt wurde, kommt der Sonderstempel mit früheren Daten (zurückdatiert) auf diesen Marken vor (kein Preisaufschlag).

Auflagen: MiNr. 46 I = 225 000, MiNr. 46 II = 25 250 Stück

Gültig bis 31.1.1950

1949, 12. Aug. 200. Geburtstag von Johann Wolfgang von Goethe. RaTdr. (10×10); gez. K 14:14¼.

ac) Relief von Johann Peter Melchior (1742–1825), Bildhauer und Porzellanmodelleur

ad) Zeichnung von Johann Heinrich Lips (1758–1817), schweizer. Maler und Kupferstecher

ae) Relief von Angelica Bellonata Facius (1806–1887), Bildhauerin, Gemmenschneiderin und Medailleurin

ac–ae) J. W. von Goethe (1749–1832), Dichter

					✶✶	⊙
47	10 + 5 (Pf)	schwarzopalgrün	ac		14,—	25,—
48	20 + 10 (Pf)	dunkelrosalila	ad		14,—	25,—
49	30 + 15 (Pf)	dunkelcyanblau	ae		18,—	60,—
		Satzpreis (3 W.)		✶ 20,—	45,—	110,—
		FDC				250,—

Auflage: 400 000 Sätze *Gültig bis 31.3.1950*

1949, 24. Aug. 100. Jahrestag der Badischen Revolution unter Leitung von Carl Schurz. 🄴 Jonynas; RaTdr. (10×5); gez. K 14¼:14.

af) C. Schurz (1829–1906), deutscher Freiheitskämpfer, später amerikan. Staatsmann

					✶✶	⊙
50	10 + 5 (Pf)	schwärzlichopalgrün	af		14,—	38,—
51	20 + 10 (Pf)	dunkelrosalila	af		14,—	38,—
52	30 + 15 (Pf)	dunkelcyanblau	af		18,—	38,—
		Satzpreis (3 W.)		✶ 22,—	45,—	110,—
		FDC				200,—

Auflage: 400 000 Sätze *Gültig bis 31.3.1950*

1949, 27. Aug. 100. Todestag von Conradin Kreutzer. 🄴 Thorweger; RaTdr. (10×10); gez. K 14:14¼.

ag) C. Kreutzer (1780–1849), Komponist

				✶	✶✶	⊙
53	10 (Pf)	schwärzlichgrün	ag	2,—	4,50	15,—
		FDC				45,—
		Messkirch-Ⓢ				20,—

Auflage: 400 000 Stück *Gültig bis 31.3.1950*

1949, 17. Sept. 100 Jahre deutsche Briefmarken. 🄴 Meyer (MiNr. 54) und Pixa (MiNr. 55); RaTdr. (5×10); gez. K 14:14¼.

ah) Vierspänner-Postkutsche

ai) Postomnibus und Flugzeug

					✶✶	⊙
54	10 (Pf)	schwarzopalgrün	ah		7,50	14,—
55	20 (Pf)	(mittel)rotbraun	ai		7,50	14,—
		Satzpreis (2 W.)		✶ 7,—	15,—	28,—
		FDC				*750,—*
		Freiburg-„SÜBA"-Ⓢ				30,—

Auflage: 400 000 Sätze *Gültig bis 31.3.1950*

1949, 4. Okt. 75 Jahre Weltpostverein (UPU). 🄴 Meyer und Pixa; RaTdr. (10×10); gez. K 14:14¼.

ak) Posthorn, Weltkugel, Friedenszweig

					✶✶	⊙
56	20 (Pf)	schwarzrosa	ak		8,—	14,—
57	30 (Pf)	schwarzultramarin	ak		8,—	12,—
		Satzpreis (2 W.)		✶ 7,—	16,—	25,—
		FDC				*220,—*

Ab 3. Oktober 1949 waren die Marken von Baden (Franz. Zone) im gesamten Gebiet der Bundesrepublik Deutschland sowie in den österreichischen Zollausschlussgebieten und ab 27.10.1949 auch in den Westsektoren von Berlin bis zum jeweiligen Ende ihrer Frankaturgültigkeit zur Freimachung zugelassen.

Durch Verfügung der OPD Freiburg vom 17.9.1949 wurden die Marken MiNr. 111 und 112 der Bundesrepublik Deutschland auf der Südwestdeutschen Briefmarkenausstellung „SÜBA" in Freiburg ab 17.9.1949 verkauftund zur Verwendung zugelassen. Entgegen dem ursprünglich beabsichtigten Termin 19.9.1949 wurden Bund MiNr. 112 und 112 damit bereits am 17.9.1949 in der gesamten Französischen Zone gültig.

Zwangszuschlagsmarken

Die Zwangszuschlagsmarken „Notopfer Berlin" mussten im Gebiet des Landes Baden (Franz. Zone) am 1. und 2.7.1949 und dann wieder ab 17.7.1949 bis 31.3.1956 verwendet werden. Lt. Bad. Gesetz- und Verordnungsblatt 28/1949 vom 21.6.1949 waren die Einnahmen als Notopfer für Berlin und Kehl bestimmt.

Kehl

Kurz vor Kriegsende wurde Kehl evakuiert. Nach der Kapitulation gliederten die Franzosen die Stadt zwar nicht förmlich, aber praktisch an Frankreich an. Es wurde dort ausschließlich ein französisches Postamt betrieben, das nur französ. Marken verwendete. Nach Gründung der Bundesrepublik Deutschland wurde Kehl nach und nach an Deutschland zurückgegeben. 1953 erfolgte die endgültige Räumung.

Rheinland-Pfalz

Diese Ausgaben wurden für das zur Französischen Zone gehörende Rheinhessen (vorher Teil von Hessen, jedoch ohne seine rechtsrheinischen Gebiete), das Rheinland sowie die bayerische Pfalz ausgegeben.

Stadt und Landkreis Saarburg wurden am 18.7.1946 dem Saarland angeschlossen. Auf Intervention der übrigen Alliierten kamen am 8.6.1947 Teile des Landkreises Saarburg einschl. der Kreisstadt zurück zu Rheinland-Pfalz. In diesen Postorten waren von Juni bis Anfang Juli 1947 Mischfrankaturen zwischen den Länderausgaben von Rheinland-Pfalz und der Saar möglich.

Die Marken mit Inschrift „SAAR“, Ausgaben ab 1947, siehe Saarland

Block 1 siehe nach MiNr. 45

1947

1947, 5. Mai/1948, Febr. Freimarken: Persönlichkeiten und Ansichten aus Rheinland-Pfalz (I). Währungsangaben in Reichsmark. Ⓔ Jonynas; RaTdr. (MiNr. 1–13 10×10, MiNr. 14 5×10, MiNr. 15 10×5); verschiedene Papiersorten, verschiedene Gummierungen, versch. Typen; gez. K 14:14¼, MiNr. 15 ~.

a) Ludwig van Beethoven (1770–1827), Komponist

b) Wilhelm Emmanuel Freiherr von Ketteler (1811–1877), kath. Bischof, Sozialreformer

c) Winzerin vor Ruine Maxburg, Weinstraße bei Hambach

d) Porta Nigra, Trier

e) Karl Marx (1818–1883), Philosoph und Nationalökonom

f) Teufelstisch bei Kaltenbach

g) Winzerhäuser, St. Martin

h) Wormser Dom

i) Gutenberg-Denkmal, Mainz

k) Mainzer Dom

k

a

i

l) Burg Gutenfels, Pfalz bei Kaub am Rhein

m) Karl der Große (742–814), König der Franken, römischer Kaiser; Goldschmiedearbeit am Aachener Karlsschrein

					✶	✶✶	⊙
1	2	Pf	dunkel- bis schwarztürkisgrau (Töne) *(Okt. 1947)*	a	0,10	0,30	0,40
2	3	Pf	siena bis dunkelsiena (Töne) *(Okt. 1947)*	b	0,10	0,30	0,40
3	10	Pf	schwärzlichpreußischblau (Töne) *(Sept. 1947)*	c	0,10	0,30	0,40
4	12	Pf	schwärzlichbläulichgrün bis schwarzopalgrün *(April 1947)*	d	0,10	0,30	0,40
5	15	Pf	schwarzbraunviolett bis schwarzgrauviolett, violettschwarz (Töne) *(5.5.1947)*	e	0,10	0,30	0,40
6	16	Pf	dunkelgrünlicholiv (Töne) *(Okt. 1947)*	f	0,10	0,30	1,40
7	20	Pf	schwärzlichultramarin bis schwärzl'cyanblau, schwarzkobalt bis schwarzblau *(Okt. 1947)*	g	0,10	0,30	0,40
8	24	Pf	lebhaftrot bis dunkelrosa (Töne) *(April 1947)*	h	0,10	0,30	0,40
9	30	Pf	karmin bis lilarot (Töne) *(Febr. 1948)*	i	0,10	0,30	3,—
10	45	Pf	lilarot bis dunkelmagenta (Töne) *(Mai 1947)*	k	0,10	0,30	0,80
11	50	Pf	ultramarin bis dunkelgrauultramarin (Töne) *(Febr. 1948)*	k	0,15	0,30	3,—
12	60	Pf	dunkel- bis schwärzlichorange (Töne) *(Okt. 1947)*	a	0,10	0,30	0,40
13	75	Pf	blau bis schwärzlichgrauultramarin (Töne) *(Juni 1947)*	i	0,10	0,30	0,80
14	84	Pf	dunkelopalgrün bis schwarzbläulichgrün (Töne) *(Aug. 1947)*	l	0,20	0,40	1,80
15	1	M	gelbbraun bis dunkelorangebraun *(Juli 1947)*	m	0,20	0,40	1,—
			Satzpreis (15 W.)		1,—	4,50	14,—

Auflagen:

MiNr. 1 = 15 100 000	MiNr. 4 = 60 000 000	MiNr. 7 = 15 500 000	MiNr. 10 = 8 000 000	MiNr. 13 = 9 000 000
MiNr. 2 = 20 500 000	MiNr. 5 = 17 100 000	MiNr. 8 = 62 100 000	MiNr. 11 = 10 100 000	MiNr. 14 = 6 000 000
MiNr. 3 = 15 100 000	MiNr. 6 = 8 050 000	MiNr. 9 = 10 000 000	MiNr. 12 = 10 100 000	MiNr. 15 = 10 000 000

Gültig bis 20. 6. 1948, Zehnfachfrankaturen in Rheinland-Pfalz nur selten geduldet bis 23. 6. 1948

Währungsreform

Neue Währung: 1 Deutsche Mark (DM) = 100 Pfennig (Pf bzw. DPf)

1948

1948, 21. Juni/Aug. Freimarken: Persönlichkeiten und Ansichten aus Rheinland-Pfalz (II). Geänderte Farben, zum Teil neue Werte, Währungsangaben in Deutscher Mark. RaTdr. (MiNr. 16–27 10×10, MiNr. 28 5×10, MiNr. 29 10×5); versch. Papiersorten, versch. Typen; gez. K 14:14¼, MiNr. 29 ~.

a) Ludwig van Beethoven (1770–1827), Komponist

b) Wilhelm Emmanuel Freiherr von Ketteler (1811–1877), kath. Bischof, Sozialreformer

d I) Porta Nigra, Trier

c) Winzerin vor Ruine Maxburg, Weinstraße bei Hambach

d) Porta Nigra, Trier

e) Karl Marx (1818–1883), Philosoph und Nationalökonom

f I) Teufelstisch bei Kaltenbach

g I) Winzerhäuser, St. Martin

h) Wormser Dom

i) Gutenberg-Denkmal, Mainz

a I) Ludwig van Beethoven

l I) Burg Gutenfels, Pfalz bei Kaub

m I) Karl der Große

					✶	✶✶	⊙
16	2	Pf	orange, gelborange (Töne) (21. Juni)	a	0,20	0,40	0,40
17	6	Pf	schwärzlichbraun bis schwarzbraun (21. Juni)	b	0,20	0,40	0,40
18	8	DPf	bläulichgrün bis dunkelbläulichgrün (Juli)	d I	0,30	0,60	1,50
19	10	Pf	olivbraun, ockerbraun (Töne) (Juli)	c	0,30	0,60	0,40
20	12	Pf	rot bis dunkelrosa (Töne) (21. Juni)	d	0,30	0,60	0,40
21	15	Pf	lebhaftkobaltblau bis schwärzlichtürkisblau (21. Juni)	e	0,80	1,50	0,80
22	16	DPf	dunkel- bis schwärzlichgrauviolett (Töne) (Aug.)	f I	0,40	1,—	1,80
23	20	DPf	schwärzlichbraunorange bis dunkelgelbbraun (Töne) (Aug.)	g I	1,80	4,—	0,80
24	24	Pf	schwärzlichbläulichgrün bis schwarzblaugrün (Töne) (21. Juni)	h	0,30	0,60	0,40
25	30	Pf	magenta bis karmin (Töne) (Ende Juni)	k	0,70	1,50	0,50
26	50	Pf	schwärzlichkobalt bis schwärzlichgrauultramarin (Töne) (21. Juni)	i	1,—	2,—	0,50
27	60	DPf	schwärzlichgrüngrau bis schwarztürkisgrau (Töne) (Aug.)	a I	6,—	13,—	0,50
28	84	DPf	bräunlichkarmin bis dunkelbräunlichkarmin (Töne) (Juli)	l I	3,—	7,—	7,50
29	1	DM	dunkelcyanblau bis dunkelkobaltblau (Juli)	m I	4,—	8,—	7,50
				Satzpreis (14 W.)	18,—	40,—	22,—
				FDC mit MiNr. 16, 17, 20, 21, 24, 26			150,—

Auflagen: unbekannt

Gültig bis 31.12.1949

t) Hl. Martin

u) Hl. Christophorus

1948, 18. Okt. Hilfswerk Ludwigshafen. 🄴 **Graf; RaTdr. (10×5); gez. K 14¼:14.**

					✶	✶✶	⊙	FDC
30	20 + 30	(Pf)	magenta	t	1,—	2,50	75,—	200,—
31	30 + 50	(Pf)	cyanblau bis blau	u	1,—	2,50	75,—	250,—
				Satzpreis (2 W.)	2,—	5,—	150,—	300,—

Auflage: 370 000 Sätze

Gültig bis 31.1.1949

1948, Nov./1949, Juli. Freimarken: Persönlichkeiten und Ansichten aus Rheinland-Pfalz (III). Nochmals geänderte Farben, zum Teil neue Werte, ohne Währungsangaben; RaTdr. (MiNr. 32–40 10×10, MiNr. 41 5×10); verschiedene Papiersorten, versch. Typen; gez. K 14:14¼.

a II) Ludwig van Beethoven

f II) Teufelstisch bei Kaltenbach

e I) Karl Marx

b I) Freiherr von Ketteler

d II) Porta Nigra, Trier

c I) Winzerin

g II) Winzerhäuser, St. Martin

h I) Wormser Dom

d II

l II) Burg Gutenfels, Pfalz bei Kaub

					✶	✶✶	⊙
32	2	(Pf)	dunkel-, braun-, gelblichorange (Töne) (Nov. 1948)	a II	0,40	1,—	0,50
33	4	(Pf)	dunkelviolettbraun bis schwärzlichgrauviolett, schwärzlichbläulichviolett bis violettschwarz, dunkelgrauviolett (Töne) (Nov. 1948)	f II	0,40	1,—	0,50
34	5	(Pf)	kobaltblau bis dunkelkobaltblau (Töne) (Nov. 1948)	e I	0,50	1,—	0,80
35	6	(Pf)	dunkelbraun bis schwärzlichgraubraun (Nov. 1948)	b I	18,—	35,—	20,—
36	8	(Pf)	karminbraun bis dunkelkarminbraun (Aug./Sept. 1949) GA	d II	40,—	90,—	500,—
37	10	(Pf)	dunkelbläulichgrün bis schwärzlichopalgrün, schwarzgrün (Töne) (Nov. 1948) GA	c I	0,50	1,30	0,50
38	20	(Pf)	dunkelrosalila bis dunkelbräunlichlila, dunkelmagenta (Töne) (Nov. 1948) GA	g II	0,50	1,30	0,50
39	40	(Pf)	dunkelolivbraun bis schwärzlichockerbraun (Töne) (Dez. 1948)	h I	1,80	5,—	5,—
40	80	(Pf)	dunkelrosa bis rot (Töne) (Dez. 1948)	d II	2,—	6,—	6,50
41	90	(Pf)	dunkelkarminbraun bis dunkellilabraun (Töne) (Jan. 1949)	l II	3,—	10,—	20,—
				Satzpreis (10 W.)	60,—	150,—	550,—

Auflagen: unbekannt

Gültig bis 31.12.1949

1949

1949, 25. Febr. Deutsches Rotes Kreuz. Ⓔ Bargatzky; RaTdr. (10×10); A = gez. K 14:14¼.

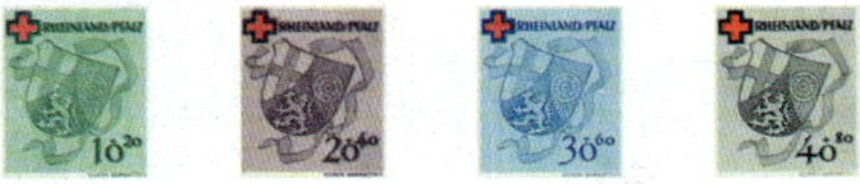

ae) Wappen von Rheinland-Pfalz

					✱✱	⊙
42 A	10 + 20 (Pf)	dunkelopalgrün/rot	ae		22,—	110,—
43 A	20 + 40 (Pf)	dunkelgrauviolett/rot	ae		22,—	110,—
44 A	30 + 60 (Pf)	lebhaftkobaltblau/rot	ae		22,—	110,—
45 A	40 + 80 (Pf)	dunkelgrünlichgrau/rot	ae		22,—	110,—
		Satzpreis (4 W.)		✱ 40,—	85,—	440,—
					FDC	1000,—

Blockausgabe, B = ☐, ohne Gummierung

ae I

					(✱)	⊙
42 B	10 + 20 (Pf)	dunkelopalgrün/rot	ae		20,—	180,—
43 B	20 + 40 (Pf)	dunkelgrauviolett/rot	ae		20,—	180,—
44 B	30 + 60 (Pf)	lebhaftkobaltblau/rot	ae		20,—	180,—
45 B	40 + 80 (Pf)	dunkelgrünlichgrau/rot	ae		20,—	180,—
Block 1	(90×100 mm)		ae I		110,—	1400,—
					FDC	3200,—

FALSCH

Auflagen: 600 000 Sätze, Block 1 = 150 000 Blocks

Gültig bis 15.9.1949

1949, 12. Aug. 200. Geburtstag von Johann Wolfgang von Goethe. RaTdr. (10×10); gez. K 14:14¼.

af) Relief von Johann Peter Melchior (1742–1825), Bildhauer und Porzellanmodelleur

ag) Zeichnung von Johann Heinrich Lips (1758–1817), schweizer. Maler und Kupferstecher

ah) Relief von Angelika Facius

af–ah) J. W. von Goethe (1749–1832), Dichter

					✱✱	⊙
46	10 + 5 (Pf)	schwarzopalgrün	af		10,—	24,—
47	20 + 10 (Pf)	dunkelrosalila	ag		10,—	24,—
48	30 + 15 (Pf)	dunkelcyanblau	ah		15,—	55,—
		Satzpreis (3 W.)		✱ 12,—	35,—	100,—
					FDC	220,—

Auflage: 400 000 Sätze *Gültig bis 31.3.1950*

1949, 17. Sept. 100 Jahre deutsche Briefmarken. Ⓔ Meyer (MiNr. 49) und Pixa (MiNr. 50); RaTdr. (5×10); gez. K 14:14½.

ai) Vierspänner-Postkutsche

ak) Postomnibus und Flugzeug

					✱✱	⊙
49	10 (Pf)	schwarzopalgrün	ai		13,—	25,—
50	20 (Pf)	(mittel)rotbraun	ak		13,—	25,—
		Satzpreis (2 W.)		✱ 13,—	25,—	50,—
					FDC	200,—

Auflage: 300 000 Sätze *Gültig bis 31.3.1950*

1949, 4. Okt. 75 Jahre Weltpostverein (UPU). Ⓔ Meyer und Pixa; RaTdr. (10×10); gez. K 14:14¼.

al) Posthorn, Weltkugel, Friedenszweig

					✱✱	⊙
51	20 (Pf)	schwarzrosa	al		10,—	15,—
52	30 (Pf)	schwarzultramarin	al		10,—	13,—
		Satzpreis (2 W.)		✱ 10,—	20,—	28,—
					FDC	220,—

Auflage: 400 000 Sätze *Gültig bis 31.3.1950*

Ab 3. Oktober 1949 waren die Marken von Rheinland-Pfalz (Franz. Zone) im gesamten Gebiet der Bundesrepublik Deutschland sowie in den österreichischen Zollausschlussgebieten und ab 27.10.1949 auch in den Westsektoren von Berlin bis zum jeweiligen Ende ihrer Frankaturgültigkeit zur Freimachung zugelassen.

Entgegen dem ursprünglich beabsichtigten Termin 19.9.1949 wurden die Marken MiNr. 111 und 112 der Bundesrepublik Deutschland durch Verfügung der OPD Freiburg und OPD Tübingen vom 17.9.1949 ab sofort in der gesamten Französischen Zone frankaturgültig. Im Gegensatz zum Verkauf dieser Sondermarken auf der Südwestdeutschen Briefmarkenausstellung „SÜBA" in Freiburg ab 17.9.1949 sind in Rheinland-Pfalz weder ein Verkauf noch eine Verwendung vor dem 19.9.1949 nachgewiesen.

Zwangszuschlagsmarken

Die Zwangszuschlagsmarke „Notopfer Berlin" der Bizone musste im Lande Rheinland-Pfalz erstmals vom 1.2.1949 bis 31.3.1949 und dann wieder ab 1.7.1949 bis 31.3.1956 verwendet werden.

Württemberg-Hohenzollern

Die nachstehenden Marken wurden für die zur Französischen Zone gehörenden Gebiete Süd-Württemberg, Hohenzollern und der bayerischen Stadt und dem Kreis Lindau verausgabt.

Block 1 siehe nach MiNr. 43

Wz. 1
Kreuze und Ringe

1947

1947, 15. Juni/1948, Febr. Freimarken: Persönlichkeiten und Ansichten aus Württemberg-Hohenzollern (I). Währungsangaben in Reichsmark. ◰ Jonynas; RaTdr. (MiNr. 1–11 10×10, MiNr. 12–13 10×5); verschiedene Papiersorten, verschiedene Gummierungen, versch. Typen; gez. K 14:14¼, MiNr. 12–13 ~.

a) Friedrich von Schiller (1759–1805), Dichter

b) Friedrich Hölderlin (1770–1843), Dichter

c) Stadttor von Wangen (Allgäu)

a

b

d) Kloster Bebenhausen, Innenhof

c

d

b

a

c

e) Schloss Lichtenstein bei Reutlingen

f) Barockkirche Zwiefalten

				✶	✶✶	⊙
1	2 Pf	schwärzlichblaugrau bis schwarzgrau (Töne) *(Jan. 1948)*	a	0,10	0,30	0,80
2	3 Pf	siena bis dunkelsiena (Töne) *(Jan. 1948)*	b	0,10	0,30	0,40
3	10 Pf	schwarzgraublau (Töne) *(Jan. 1948)*	c	0,10	0,30	0,50
4	12 Pf	schwärzlich- bis schwarzgrün, schwarzbläulichgrün (Töne) *(18.6.1947)*	a	0,10	0,30	0,40
5	15 Pf	dunkel- bis schwarzbraunviolett (Töne) *(Febr. 1948)*	b	0,10	0,30	0,60
6	16 Pf	dunkelgrünoliv *(Febr. 1948)*	d	0,10	0,30	1,60
7	20 Pf	lebhaftkobaltblau bis kobaltblau (Töne) *(Febr. 1948)*	c	0,10	0,30	1,60
8	24 Pf	dunkelrosarot, dunkelrosa, lebhaftrot (Töne) *(13.6.1947)*	d	0,10	0,30	0,40
9	45 Pf	lebhaftlilarot bis dunkelmagenta (viele Töne) *(1.7.1947)*	b	0,10	0,30	1,60
10	60 Pf	dunkelorange bis schwärzlichrötlichorange (Töne) *(Febr. 1948)*	a	0,10	0,30	1,—
11	75 Pf	dunkelkobaltblau bis schwärzlichcyanblau (Töne) *(1.7.1947)*	c	0,10	0,50	1,80
12	84 Pf	dunkelgrün bis schwarzopalgrün (Töne) *(Aug. 1947)*	e	0,20	0,50	1,80
13	1 M	lebhaftbraun bis braun (Töne) *(Sept. 1947)*	f	0,20	0,50	1,80
		Satzpreis (13 W.)		1,20	4,50	14,—

Auflagen:

MiNr. 1 = 5 040 000	MiNr. 5 = 9 030 000	MiNr. 8 = 31 200 000	MiNr. 11 = 5 000 000
MiNr. 2 = 15 040 000	MiNr. 6 = 5 040 000	MiNr. 9 = 4 800 000	MiNr. 12 = 5 030 000
MiNr. 3 = 6 050 000	MiNr. 7 = 9 050 000	MiNr. 10 = 5 050 000	MiNr. 13 = 5 020 000
MiNr. 4 = 33 400 000			

Gültig bis 20.6.1948, Zehnfachfrankaturen in Württemberg-Hohenzollern häufig geduldet bis 23.6.1948 (z. T. bis 26.6.1948)

Währungsreform

Neue Währung: 1 Deutsche Mark (DM) = 100 Pfennig (Pf)

1948

1948, 21. Juni/Aug. Freimarken: Persönlichkeiten und Ansichten aus Württemberg-Hohenzollern (II). Geänderte Farben, zum Teil neue Werte, Währungsangaben in Deutscher Mark. RaTdr. (MiNr. 14–25 10×10, MiNr. 26–27 10×5); verschiedene Papiersorten, versch. Typen; gez. K 14:14¼, MiNr. 26–27 ~.

a) Friedrich von Schiller (1759–1805), Dichter

b) Friedrich Hölderlin (1770–1843), Dichter

g) Waldsee, Rathaus

c) Stadttor von Wangen (Allgäu)

a

b

d I) Kloster Bebenhausen, Innenhof

c I) Stadttor Wangen

d

g

h) Ludwig Uhland (1787–1862), Dichter und Germanist

a I) Friedrich von Schiller

e I) Schloss Lichtenstein

f I) Barockkirche Zwiefalten

					✶	✶✶	⊙
14	2 Pf	dunkelorange bis dunkelrötlichorange (Töne) (21. Juni)	a		0,20	0,40	0,50
15	6 Pf	schwärzlichbraun bis schwarzsiena (Töne) (21. Juni)	b		0,20	0,40	0,40
16	8 DPf	dunkelbläulichgrün (Juli)	g		0,50	1,50	3,—
17	10 Pf	schwarzockerbraun (Juli)	c		0,20	0,40	0,50
18	12 Pf	dunkelrosa (Töne) (21. Juni)	a		0,20	0,40	0,40
19	15 Pf	dunkelkobaltblau bis dunkelcyanblau (21. Juni)	b		0,50	1,—	0,50
20	16 DPf	dunkel- bis schwärzlichgrauviolett (Töne) (Aug.)	d I		0,50	1,20	2,—
21	20 DPf	dunkelgelbbraun bis schwärzlichbraunorange (Töne) (Aug.)	c I		1,30	3,—	1,50
22	24 Pf	schwärzlichopalgrün bis schwarzbläulichgrün (Töne) (21. Juni)	d		0,60	1,50	0,80
23	30 Pf	magenta (Töne) (Ende Juni)	g		0,80	2,—	0,80
24	50 Pf	schwärzlichgrauultramarin bis dunkelblau (21. Juni)	h		1,60	4,—	0,80
25	60 DPf	schwärzlich- bis schwarztürkisgrau (Töne) (Aug.)	a I		7,50	15,—	0,80
26	84 DPf	bräunlichkarmin bis lilakarmin (Juli)	e I		2,50	5,—	6,—
27	1 DM	kobalt bis dunkelcyanblau (Töne) (Juli)	f I		2,50	5,—	6,—
				Satzpreis (14 W.)	18,—	40,—	22,—
				FDC mit MiNr. 14, 15, 18, 19, 22, 24			150,—

Auflagen: unbekannt *Gültig bis 31.12.1949*

1948, Nov./1949, 18. Juli. Freimarken: Persönlichkeiten und Ansichten aus Württemberg-Hohenzollern (III). Nochmals geänderte Farben, zum Teil neue Werte, ohne Währungsangaben; RaTdr. (MiNr. 28–36 10×10, MiNr. 37 10×5); verschiedene Papiersorten, versch. Typen; gez. K 14:14¼, MiNr. 37 ~.

a II) Friedrich von Schiller

d II) Kloster Bebenhausen

b I) Friedrich Hölderlin

g I) Waldsee Rathaus

c II) Stadttor Wangen

c II

d II

a II

e II) Schloss Lichtenstein

					✶	✶✶	⊙
28	2 (Pf)	orange bis dunkelrötlichorange, lebhaftbraunorange (Nov. 1948)	a II		0,50	1,30	0,80
29	4 (Pf)	schwärzlichgrauviolett, schwärzlichblauviolett, dunkelviolettgrau (Nov. 1948)	d II		1,50	3,—	0,50
30	5 (Pf)	dunkeltürkisblau (Nov. 1948)	b I		4,—	7,50	3,—
31	6 (Pf)	schwärzlich- bis schwarzbraun (März 1949)	b I		4,—	10,—	7,50
32	8 (Pf)	bräunlichkarmin GA (März 1949)	g I		4,—	10,—	3,—
33	10 (Pf)	schwarzgrün bis schwarzbläulichgrün GA (Nov. 1948)	c II		4,—	9,—	0,50
34	20 (Pf)	dunkelrosalila, karmin, dunkelmagenta (Töne) GA (Nov. 1948)	c II		4,—	10,—	0,50
35	40 (Pf)	dunkelolivbraun (Töne) (1949)	d II		13,—	25,—	50,—
36	80 (Pf)	dunkelrosa bis dunkelrosarot (Dez. 1948)	a II		25,—	50,—	50,—
37	90 (Pf)	braunkarmin (Jan. 1949)	e II		40,—	75,—	130,—
				Satzpreis (10 W.)	90,—	200,—	240,—

Auflagen: unbekannt *Gültig bis 31.12.1949*

1949

1949, 11. Febr. Deutsche Skimeisterschaften (Nordische Kombination), Isny. E Dorner; Odr. Staatsdruckerei Berlin (5×10); Wz. 1; gez. K 14:14¼.

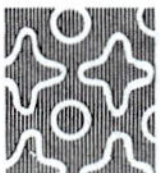
Wz. 1
Kreuze und Ringe

u) Skistöcke, Wappen, Isny mit umliegenden Bergen

v) Skifahrer, Stadtansicht

					✶	✶✶	⊙
38	10 + 4 (Pf)	dunkelgrünblau	u		3,50	10,—	30,—
39	20 + 6 (Pf)	dunkelkarminbraun	u		3,50	10,—	30,—
				Satzpreis (2 W.)	7,—	20,—	60,—
				Ⓢ			40,—
				FDC			110,—

Auflage: 250 000 Sätze *Gültig bis 15.9.1949*

1949, 25. Febr. Deutsches Rotes Kreuz. E Bargatzky; RaTdr. (10×10); A = gez. K 14:14¼.

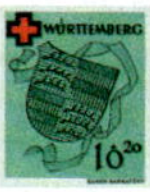

w) Wappen von Württemberg

					✶✶	⊙
40 A	10 + 20 (Pf)	dunkelopalgrün/rot	w		40,—	120,—
41 A	20 + 40 (Pf)	dunkelgrauviolett/rot	w		40,—	120,—
42 A	30 + 60 (Pf)	lebhaftkobaltblau/rot	w		40,—	120,—
43 A	40 + 80 (Pf)	dunkelgrünlichgrau/rot	w		40,—	120,—
				Satzpreis (4 W.) ✶ 80,—	160,—	480,—
				FDC		2800,—

Alle Ausgaben der Länder der Französischen Zone wurden, sofern nicht anders vermerkt, in der Druckerei Burda hergestellt.

Blockausgabe, B = □, ohne Gummierung

w I

					(✶)	⊙
40 B	10 + 20	(Pf)	dunkelopalgrün/rot	w	30,—	250,—
41 B	20 + 40	(Pf)	dunkelgrauviolett/rot	w	30,—	250,—
42 B	30 + 60	(Pf)	lebhaftkobaltblau/rot	w	30,—	250,—
43 B	40 + 80	(Pf)	dunkelgrünlichgrau/rot ..	w	30,—	250,—
Block 1	(90×100 mm)		....	w I	150,—	1800,—
				FDC		3500,—

FALSCH ©

Auflagen: 600 000 Sätze, Bl. 1 = 150 000 Blocks *Gültig bis 15.9.1949*

1949, 12. Aug. 200. Geburtstag von Johann Wolfgang von Goethe. RaTdr. (10×10); gez. K 14:14¼.

x) Relief von Johann Peter Melchior (1742–1825), Bildhauer und Porzellanmodelleur

y) Zeichnung v. Johann Heinrich Lips (1758 bis 1817), schweizer. Maler und Kupferstecher

z) Relief von Angelika Facius

x–z) J. W. von Goethe (1749–1832), Dichter

						✶✶	⊙
44	10 + 5	(Pf)	schwarzopalgrün	x		9,—	25,—
45	20 + 10	(Pf)	dunkelrosalila	y		13,—	35,—
46	30 + 15	(Pf)	dunkelcyanblau	z		13,—	50,—
			Satzpreis (3 W.)		✶ 18,—	35,—	110,—
				FDC			250,—

Auflage: 400 000 Sätze *Gültig bis 31.3.1950*

1949, 3. Sept. 100 Jahre Gustav-Werner-Stiftung. RaTdr. (10×10); gez. K 14:14¼.

aa) Gustav Werner (1809–1887), Gründer des „Bruderhaus“

						✶✶	⊙
47	10 + 5	(Pf)	schwärzlich-blaugrün	aa		6,50	17,—
48	20 + 10	(Pf)	bräunlichlila	aa		6,50	17,—
			Satzpreis (2 W.)		✶ 6,—	13,—	34,—
				FDC			100,—
				Ⓢ			40,—

Auflage: 400 000 Sätze *Gültig bis 31.3.1950*

1949, 17. Sept. 100 Jahre deutsche Briefmarken. 🄴 Meyer (MiNr. 49) und Pixa (MiNr. 50); RaTdr. (5×10); gez. K 14:14¼.

ab) Vierspänner-Postkutsche

ac) Postomnibus und Flugzeug

						✶✶	⊙
49	10	(Pf)	schwarzopalgrün	ab		9,—	16,—
50	20	(Pf)	(mittel)rotbraun	ac		9,—	16,—
			Satzpreis (2 W.)		✶ 9,—	18,—	32,—
				FDC			200,—

Auflage: 300 000 Sätze *Gültig bis 31.3.1950*

1949, 4. Okt. 75 Jahre Weltpostverein (UPU). 🄴 Meyer und Pixa; RaTdr. (10×10); gez. K 14:14¼.

ad) Posthorn, Weltkugel, Friedenszweig

						✶✶	⊙
51	20	(Pf)	schwarzrosa	ad		8,—	13,—
52	30	(Pf)	schwarzultramarin	ad		8,—	12,—
			Satzpreis (2 W.)		✶ 6,—	16,—	25,—
				FDC			220,—

Auflage: 400 000 Sätze *Gültig bis 31.3.1950*

Ab 3. Oktober 1949 waren die Marken von Württemberg-Hohenzollern (Franz. Zone) im gesamten Gebiet der Bundesrepublik Deutschland sowie in den österreichischen Zollausschlussgebieten und ab 27.10.1949 auch in den Westsektoren von Berlin bis zum jeweiligen Ende ihrer Frankaturgültigkeit zur Freimachung zugelassen.

Entgegen dem ursprünglich beabsichtigten Termin 19. 9. 1949 wurden die Marken MiNr. 111 und 112 der Bundesrepublik Deutschland durch Verfügung der OPD Tübingen vom 17. 9. 1949 ab sofort in der gesamten Französischen Zone frankaturgültig.
Im Gegensatz zum Verkauf dieser Sondermarken auf der Südwestdeutschen Briefmarkenausstellung „SÜBA“ in Freiburg ab 17. 9. 1949 sind im OPD-Bezirk Tübingen weder ein Verkauf, noch eine Verwendung vor dem 19. 9. 1949 nachgewiesen.

Zwangszuschlagsmarken

Vom 10.1.1949 bis Ende Mai 1949 und wieder vom 1.1.1950 bis 31.3.1956 waren die Zwangszuschlagsmarken (Berliner Notopfermarken) der Bizone bzw. der Bundesrepublik Deutschland auch in Württemberg als Zwangszuschlagsmarken vorgeschrieben. Vom 1.7. bis 31.12.1949 mussten dann auf Grund des Württemberger Gesetzes vom 24. Juni 1949 nachstehende Wohnungsbau-Abgabe-Marken verwendet werden, sonst gingen die Postsachen an den Absender zurück. Der Verkauf der Wohnungsbau-Abgabe-Marken endete bereits am 29.12.1949. Ab diesem Tag wurden in Württemberg-Hohenzollern wieder die Zwangszuschlagsmarken (Berliner Notopfermarken) verkauft und auch zugelassen.

Wohnungsbaumarken ab 10,— sollten nur geprüft erworben werden!

Vorkommende Wasserzeichen:

Wz. 1 W
stehende Buchstaben
fallende Striche

Wz. 3 X
fallende Wellenlinien

1949

1949, 1. Juli/Aug. Wohnungsbau-Abgabe: Notopfer Berlin mit verschieden rotem Bdr.-Aufdruck in verschiedenen Typen. W = Wz. 1 W, Z = Wz. 3 X; MiNr. 1 = □, MiNr. 2 = verschieden gezähnt.

					✶	✶✶	⊙	FDC
1 a		2 (Pf)	blau bis schwarzblau, Wz. 1 W, geschnitten	R	300,—	750,—	550,—	1300,—
2		2 (Pf)	blau bis schwarzblau, gezähnt	R				
a			Aufdruck a (Aulendorfer Aufdruck, 18,5 mm)					
	A		gez. K 11–11¼					
	W		Wz. 1 W		600,—	1600,—	120,—	440,—
	Z		Wz. 3 X		20,—	60,—	5,—	250,—
	B		gez. L 11¾ (K 14):K 14:K 14 (L 11¾):K 14					
	W		Wz. 1 W		1200,—	3000,—	1300,—	
	Z		Wz. 3 X		20,—	60,—	6,—	180,—
	C Z		gez. K 12–12¼, Wz. 3 X		30,—	80,—	30,—	
	D Z		gez. L 11¾, Wz. 3 X		100,—	220,—	30,—	200,—
	E Z		gez. L 11¾:10¾, Wz. 3 X		25,—	60,—	4,50	220,—
	F Z		gez. L 10¾, Wz. 3 X		1200,—	2800,—	1300,—	
b C Z			Aufdruck b (Alfelder Aufdr., 16,5 mm), gez. K 12–12¼, Wz. 3 X		6,50	14,—	4,50	

Aufdr. a

Aufdruck a (Aulendorfer Aufdruck, Marquart):
Länge 18,5 mm; beide „g“ in „Wohnungsbau-abgabe“ Antiqua;
Farbe Karmin (Töne)

Aufdr. b

Aufdruck b (Alfelder Aufdruck, Wegener):
Länge 16,5 mm; beide„g“ in „Wohnungsbau-abgabe“ Grotesk;
Farbe Orangerot (Töne)

			✶	✶✶	⊙
2 a G W	2 (Pf)	(schwarz)blau, Wz. 1 W (Postmeistertrennung Frohnstetten)			4000,—

FALSCH Teurere Zähnungen und Aufdrucke; ab 10,— MICHEL-Wert gelten alle Preise nur für geprüfte Stücke!

Zähnungsschwankungen um ¼ nach oben oder unten kommen öfters vor.

Bei MiNr. 2 a C Z täuscht verschobener Kammschlag jeder zweiten waager. Reihe oben oder unten Linienzähnungsecken vor (Abb. siehe Amerikanische und Britische Zone – Zwangszuschlagsmarken MiNr. 1 und 2).

Auflagen:

MiNr. 1 a = 20 000	MiNr. 2 a B W = 10 000	MiNr. 2 a DZ = 360 000	MiNr. 2 a F Z = 5 000
MiNr. 2 a A W = 100 000	MiNr. 2 a B Z = 1 500 000	MiNr. 2 a EZ = 1 290 000	MiNr. 2 b C Z = 3 180 000
MiNr. 2 a A Z = 1 710 000	MiNr. 2 a C Z = 600 000		

1949, Aug./Okt. Wohnungsbau-Abgabe: Endgültige Ausgabe. E Oestreich; Bdr. Wegener (10×20); Wz. 3 X; gez. K 12–12¼.

Za

				✶	✶✶	⊙
3	2 (Pf)	hellrötlichgelb bis gelblichorange	Za	1,—	3,—	4,—
3 F		Fehlfarbe Lebhaftorangegelb (✉ orangebraun)			800,—	

Auflage: 25 000 000 Stück

Zwangsverwendung bis 28.12.1949. Dann sollten wieder nur noch Berliner Notopfer-Marken verwendet werden. Nachverwendung von Wohnungsbau-Abgabe-Marken vom 1.1.1950 bis 5.1.1950 erlaubt, aber auch später in der gesamten Französischen Zone geduldet.

Lindau

In dem zur Französischen Zone gehörenden Teil von Bayern, dem Kreis und der Stadt Lindau, waren die Marken von Württemberg-Hohenzollern in Verwendung. Die Notopfer-Berlin-Marken mussten in Lindau vom 10.1.1949–31.5.1949 verwendet werden. Die Wohnungsbau-Abgabe-Marken mussten in diesem Gebiet jedoch nicht verwendet werden.

Amerikanische und Britische Zone (Bizone)

Gemeinsame Ausgaben für die Deutsche Post in diesen beiden Zonen bzw. im Vereinigten Wirtschaftsgebiet

Die Besetzung begann am 11.9.1944. In Aachen, besetzt am 21.10.1944, wurde erstmalig am 24.1.1945 ein auf Behördenpost und Zeitungen beschränkter Postbetrieb aufgenommen. Ab 19.3.1945 wurde dann lokal begrenzte Zivilpost zugelassen, gleichzeitig erfolgte die erste Ausgabe von AM-Post-Marken.

Nach und nach gaben 1945 die anderen Postdirektionen AM-Post-Marken heraus: 20. Juni RPD Braunschweig und RPD Hannover; 25. Juni RPD Hamburg und RPD Kiel; 30. Juni Bonn; 1. Juli RPD Bremen, RPD Dortmund und RPD Münster (Westf.); 2. Juli die übrigen Reichspostdirektionen der Brit. Zone; 5. Juli RPD Frankfurt (ohne PD Darmstadt, die am 23. 7. folgte); 15.–16. Juli Bayern; 27. Juli RPD Kassel; 5. Sept. RPD Stuttgart.

Der Postverkehr (Barfrankierung) wurde überall früher wieder aufgenommen, z. B. in Aschaffenburg am 30. April und der Postverkehr für Behördenbriefe in der Britischen Zone Mitte Mai.

Amerikanische bzw. britische Besetzung von Gebieten der späteren SBZ:

Die amerikanische Besetzung von Thüringen dauerte bis 2.7.1945. Es bestand nur örtlich ein beschränkter Postverkehr, es fand nur Barfrankierung statt. Die Provinz Sachsen war bis Anfang Juli 1945 amerikanisch (Halle/Saale) oder britisch (Magdeburg) besetzt. In Teilen der RPD Magdeburg wurde der Postverkehr im Juni 1945 wieder eröffnet (Barfrankierung). Im Südharzgebiet wurden in den Orten, die aus der RPD Braunschweig ausgegliedert und der OPD Erfurt angegliedert wurden (Ilfeld, Sülzhayn, Niedersachswerfen), AM-Post-Marken ausgegeben, die bis 18.12.1945 in Verwendung waren. Auch in der Provinz Sachsen wurden in den Orten, die aus der RPD Braunschweig ausgegliedert und der OPD Halle angegliedert wurden (Blankenburg/Harz, Elbingerode/Harz und Hasselfelde) vorher AM-Post-Marken ausgegeben.

Der Kreis Glauchau in West-Sachsen war vom 15.4.–14.6.1945 amerikanisch besetzt, der westliche Teil noch bis 30.6.1945. Es wurde eine lokale Aushilfsausgabe verwendet, die bis August in Gebrauch blieb (siehe Deutsche Lokalausgaben ab 1945). AM-Post-Marken wurden hier nicht ausgegeben.

Die amerikanische Besetzung von West-Mecklenburg dauerte bis zum 20. Mai, die sich anschließende britische Besetzung vom 21. Mai bis zum 30. Juni 1945. Der zivile Postverkehr wurde am 14. Juni wieder eröffnet. Es wurden Behelfsganzsachen ausgegeben (siehe MICHEL-Ganzsachen Deutschland). Zugelassen waren für den Zivilverkehr nur einfache Postkarten. Eine – theoretisch mögliche – Verwendung von AM-Post-Marken ist bisher nicht erwiesen.

Besonderheiten:

Durchstich siehe Anmerkung am Schluss der Zwangszuschlagsmarken

Markenerhaltung siehe Anmerkung nach MiNr. 35

Stempelfälschungen siehe Anmerkung nach MiNr. 35

MiNr. I–IX, A I–A IV, A IX siehe nach MiNr. 68, B IX siehe nach MiNr. 100

Block 1 siehe nach MiNr. 105

Preise ab 5,— Euro gelten nur für (BPP-)geprüfte Stücke; bei geringeren Preisnotierungen werden eventuelle Prüfgebühren nicht berücksichtigt!

Die Farbangaben beziehen sich auf den MICHEL-Farbenführer ab 36. Auflage!

Wasserzeichen:

Wz. 1
DP und Striche
in versch. Lagen

Wz. 2
Kreuze und Ringe

Wz. 3
Wellenlinien

1 Reichsmark (RM) = 100 Reichspfennig (Pf); ab 21.6.1948: 1 Deutsche Mark (DM) = 100 Pfennig (Pf)

Entwertungen:

Ab 1945 waren neben den neugefertigten oder weiterverwendeten üblichen Normstempeln der Deutschen Reichspost auch zahlreiche altdeutsche, aptierte Dritte-Reich-Stempel sowie Notstempel (aus Gummi, Holz etc.) in Gebrauch. Einige davon wurden auch nach Gründung der Bundesrepublik Deutschland bzw. der DDR weiter benutzt. Darüber hinaus gab es bis ca. 1970 Stempel der Poststellen II (sog. Landpoststempel), meist ein- oder zweizeilige Kastenstempel (eckig oder abgerundet). In der Regel handelte es sich hierbei um Gummistempel, für die blaue oder violette Stempelkissenfarbe verwendet wurde. Bei teuren Marken werden diese Stempel häufig chemisch entfernt und die Marken nachgummiert. Vorsicht vor solchen Verfälschungen!

1945

a

b

c

1945, 19. März/1946, Jan. Freimarken: „M“ im Oval. Ⓔ Roach; 1. = amerikanischer Druck (a), Odr. Staatsdr. Washington (10×10); 2. = englischer Druck (a), RaTdr. Harrison & Sons (10×10); 3. = deutscher Druck (a, b, c), Odr. Westermann (MiNr. 16–34 10×10, MiNr. 35 5×5); verschiedene Papiersorten; Gummierung weiß bis gelblich, glatt; verschieden gez.

Unterscheidungsmerkmale der drei Drucke:

1. Alle Marken in RaTdr. und mit enger Zähnung (14–14¾) gehören zur englischen Ausgabe (2).

2. Die Werte zu 1, 16, 20, 24, 30, 40, 42, 50, 60, 80 Pf sowie 1 RM (Odr.) gehören zur deutschen Ausgabe (3).

3. Die Werte zu 3, 4, 5, 6, 8, 10, 12, 15 und 25 Pf des amerikanischen (1) und deutschen (3) Druckes unterscheiden sich wie folgt:

Bildformat:	amerikanischer Druck 19,2×22,4 mm deutscher Druck 19,0×22,2 mm
Zeichnung:	Der deutsche Druck weist im Gegensatz zum amerikanischen im rechten oberen Eckornament ein kleines Dreieck sowie neben den unteren Ornamenten Striche in der Papierfarbe auf.

rechts oben
amerikanischer Druck

unten

rechts oben
deutscher Druck

unten

Die im Folgendem angegebenen Preise gelten für Marken in einwandfreier Qualität mit einer für den jeweiligen Druck normalen Zähnung.

1. amerikanischer Druck (Odr., verschiedene Papiersorten, gez. L 10¾–11)

				✶	✶✶	⊙
1	3 Pf	lebhaftblauviolett bis purpurviolett	a	0,10	0,30	2,50
2	4 Pf	dunkelbraungrau (Töne)	a	0,10	0,30	2,—
3	5 Pf	gelbsmaragdgrün (Töne) GA	a	0,10	0,30	0,50
4	6 Pf	(dunkel)gelborange bis orangegelb GA	a	0,10	0,30	0,50
5	8 Pf	rötlichorange bis rotorange	a	0,10	0,30	0,50
6	10 Pf	dunkelorangebraun bis siena	a	0,10	0,30	0,50
7	12 Pf	dunkel(lila)purpur	a	0,30	1,—	0,50
8	15 Pf	lebhaftkarminrot bis lebhaftrotkarmin	a	0,10	0,30	2,—
9	25 Pf	lilaultramarin (Töne)	a	0,10	0,30	2,—
			Satzpreis (9 W.)	1,—	2,60	11,—

Vorsicht! MiNr. 7 ist sehr wasserempfindlich!

MiNr. 5 und 7 mit Aufdruck „Military Permit Office Stamps $ 1“ bzw. „$ 2“ sind Stempelmarken der amerikanischen Besatzungsmacht.

MiNr. 4, 5 und 7 wurden in Berlin an den Postschaltern des amerikanischen und britischen Sektors vom 20.8. bis 17.9.1945 verkauft und waren in diesen Sektoren gültig. Vom 8.12.1945–31.10.1946 waren MiNr. 1–35 in allen Sektoren Berlins gültig. Bewertung dieser Berlin-Belege siehe Berlin unter alliierter Verwaltung.

Aufdrucke „German“; MiNr. 3 und 5 mit Aufdruck „6“; MiNr. 3, 4 und 8 mit Aufdruck „8“ sind privaten Ursprungs!

Auflagen:

MiNr. 1 = 41 290 400	MiNr. 3 = 103 709 200	MiNr. 5 = 126 562 400	MiNr. 7 = 207 925 400	MiNr. 9 = 73 791 200
MiNr. 2 = 40 387 600	MiNr. 4 = 125 183 200	MiNr. 6 = 71 997 600	MiNr. 8 = 71 984 400	

2. englischer Druck (RaTdr., verschiedene Papiersorten, verschieden gez. L 14¼–14¾)

				✶	✶✶	⊙
10	3 Pf	dunkelbläulichviolett bis blauviolett (19.9.1945)	a	0,10	0,30	0,80
11	4 Pf	dunkelgelbgrau (Töne) (14.9.1945)	a	0,10	0,30	0,80
12	5 Pf	gelbsmaragdgrün (Töne) (4.9.1945)	a	0,20	0,80	18,—
13	6 Pf	gelborange (Töne) (28.8.1945)	a	0,10	0,30	0,80
14	8 Pf	rötlichorange bis rotorange (14.9.1945)	a	0,20	0,80	4,—
15	12 Pf	dunkelrotviolett bis dunkelviolettpurpur (28.8.1945)	a	0,10	0,50	0,80
			Satzpreis (6 W.)	0,80	3,—	25,—

Vorsicht! MiNr. 15 ist wasserempfindlich!

MiNr. 10–15 kamen nur in der Britischen Zone zum Verkauf, waren aber auch in der Amerikanischen Zone gültig.

FALSCH MiNr. 12 und 13 auf Papier mit Wz. Ringe

Auflagen: MiNr. 10 = 4 800 000, MiNr. 11 = 8 400 000, MiNr. 12 = 9 900 000, MiNr. 13 = 93 000 000, MiNr. 14 = 16 200 000, MiNr. 15 = 72 600 000 Stück

3. deutscher Druck (Odr., verschiedene Papiersorten, verschieden gez. L 11–11½)

					✶	✶✶	⊙
16	1 Pf	schwarzolivgrau bis olivschwarz (11.10.1945)	a		0,10	0,50	5,—
17	3 Pf	grauviolett bis blauviolett (11.10.1945)	a		0,10	0,50	1,20
18	4 Pf	dunkelbraungrau bis dunkelbräunlicholiv (31.10.1945)	a		0,10	0,50	1,50
19	5 Pf	gelbsmaragdgrün (Töne) (3.9.1945)	a		0,10	0,50	5,—
20	6 Pf	(dkl')gelborange bis orangegelb (21.8.1945)	a		0,10	0,50	1,20
21	8 Pf	rötlichorange bis rotorange (9.10.1945)	a		2,50	8,—	40,—
22	10 Pf	lebhaftorangebraun bis dunkelorangebraun (29.8.1945)	a		0,10	0,50	3,—
23	12 Pf	dunkel(violett)purpur (25.8.1945)	a		0,10	0,50	1,—
24	15 Pf	karminrot bis lebhaftrotkarmin (28.8.1945)	a		0,10	0,50	4,—
25	16 Pf	dunkelgrünblau bis schwarzblaugrün (10.10.1945)	a		0,10	0,50	15,—
26	20 Pf	cyanblau bis lebhaftblau, preußischblau (23.10.1945)	a		0,10	0,50	5,—
27	24 Pf	dunkelsiena bis dunkelbraun (19.10.1945)	a		0,10	0,50	14,—
28	25 Pf	lilaultramarin (Töne) (29.8.1945)	a		0,10	0,50	15,—
29	30 Pf	dunkelgrauoliv bis dunkelolivgrün (11.9.1945)	b		0,10	0,50	2,—
30	40 Pf	magenta bis dunkelrotlila (11.9.1945)	b		0,10	0,50	5,—
31	42 Pf	(dunkel)grün bis dunkelgelbsmaragdgrün (17.9.1945)	b		0,10	0,50	2,—
32	50 Pf	schwarz(oliv)grün (19.9.1945)	b		0,10	0,50	18,—
33	60 Pf	dunkelkarminbraun bis braunkarmin (21.9.1945)	b		0,30	1,—	20,—
34	80 Pf	schwarzviolettultramarin, schwarzblau (21.9.1945)	b		12,—	40,—	300,—
35	1 RM	dunkelgraugrün (Töne) (17.1.1946)	c		2,50	8,—	550,—
				Satzpreis (20 W.)	16,—	55,—	1000,—

Die Daten in Klammern sind Erstverwendungsdaten.

Abarten:

		✶	✶✶	⊙
16 F	Fehlfarbe grünschwarz	280,—	700,—	
17 F	Fehlfarbe schwärzlichviolett	280,—	700,—	1000,—
23 F	Fehlfarbe schwärzlichgraulila	400,—	*1100,—*	*1500,—*
30 F	Fehlfarbe lebhaftlila	600,—	*1500,—*	

Thobe-Fälschungen:

Die Thobe-Fälschungen tragen Stempelentwertungen von 1946; diese wurden jedoch mit missbräuchlich verwendeten Stempeln (Rückdatierung oder Falschstempel) ausgeführt. Die Marken kamen erst Anfang 1947 in den Handel.

MiNr. 16–35 wurden nur in der Britischen Zone verkauft, waren aber auch in der Amerikanischen Zone gültig.

FALSCH MiNr. 34 und 35 sowie Zähnungsverfälschungen

Viele Stempelfälschungen

Auflagen:

MiNr. 16 = 14 760 000	MiNr. 20 = 109 028 200	MiNr. 24 = 16 925 000	MiNr. 28 = 6 680 000	MiNr. 32 = 10 215 000
MiNr. 17 = 79 370 000	MiNr. 21 = 3 225 000	MiNr. 25 = 5 605 000	MiNr. 29 = 30 920 000	MiNr. 33 = 6 220 000
MiNr. 18 = 12 300 000	MiNr. 22 = 20 680 000	MiNr. 26 = 19 595 000	MiNr. 30 = 30 540 000	MiNr. 34 = 985 000
MiNr. 19 = 16 520 000	MiNr. 23 = 86 417 000	MiNr. 27 = 5 885 000	MiNr. 31 = 21 195 000	MiNr. 35 = 1 363 750

MiNr. 1–35 gültig bis 31.10.1946, in der brit. Zone auf ✉ bis 7.11.1946 geduldet

Achtung! Bei MiNr. 1–35 gibt es eine Anzahl von Zähnungs- und Farbvarianten, die zum größten Teil mit erheblichen Preisunterschieden verbunden sind; ausführliche Katalogisierung siehe MICHEL-Deutschland-Spezial!

1948

Währungsreform

Neue Währung: 1 Deutsche Mark (DM) = 100 Pfennig (Pf)

Am 21.6.1948 (0 Uhr, Sendungen aus der ersten Briefkastenleerung durften noch zum alten Reichsmarktarif frankiert sein) wurde in den drei westlichen Besatzungszonen die Währungsreform durchgeführt. Um möglichst kurzfristig die notwendigen Markenmengen zu erreichen, wurde die Herstellung der Aufdrucke den einzelnen Oberpostdirektionen übertragen, die sie in Privatdruckereien ihres jeweiligen OPD-Bezirks drucken ließen.

Die bisher in Deutschland (mit Ausnahme der Franz. Zone) gültigen Kontrollratsausgaben (MiNr. 911–970) durften zu 1/10 ihres Nennwertes vom 21. Juni bis 23. Juni (erste Briefkastenleerung) aufgebraucht werden (siehe MICHEL-Briefe Deutschland).

Sämtliche Ausgaben ab MiNr. 36–110 waren auch in den deutschen Zollanschlussgebieten Kleinwalsertal und Jungholz/Tirol in Österreich gültig; MiNr. 69–110 waren ab 3.10.1949 auch in den Ländern der Französischen Zone gültig.

1948, 21. Juni. Freimarken: Teilauflagen und z.T. neu gedruckte Marken von Alliierte Besetzung – Gemeinschaftsausgaben MiNr. 943–958 (II. Kontrollratsausgabe) mit schwarzem Bdr.-Aufdruck. I = Posthörnchen zwischen Bandleisten, II = Posthörnchen netzartig über gesamte Markenfläche.

I = Bandaufdruck

				*	**	⊙	FDC
36 I	2 Pf	schwarzbraun bis (braun)schwarz, schwarzgrau	(943)	0,20	0,60	0,80	70,—
37 I	6 Pf	dunkel(rot)violett bis schwärzlichbläulichviolett	(944)	0,20	0,60	0,60	70,—
38 I	8 Pf	(dunkel)zinnoberrot bis (dunkel)orangerot, rot	(945)	0,20	0,60	0,60	70,—
39 I	10 Pf	dunkel- bis schwärzichgelb(lich)grün, smaragdgrün	(946)	0,20	0,60	0,60	70,—
40 I	12 Pf	dunkelgrautürkis bis dunkelgraublau	(947)	0,20	0,60	0,60	70,—
41 I	15 Pf	dunkelbraun bis siena	(948)	4,—	11,—	20,—	240,—
42 I	16 Pf	dunkel- bis schwarzbläulichgrün, schwärzlichopalgrün	(949)	0,80	2,50	4,—	100,—
43 I	20 Pf	(mittel)blau bis grünlichblau, dunkelkobalt	(950)	0,30	0,80	1,50	100,—
44 I	24 Pf	(dunkel)braunorange bis orangebraun	(951)	0,20	0,60	0,60	70,—
45 I	25 Pf	dunkelgelb(lich)orange	(952)	0,20	0,60	0,60	90,—
46 I	30 Pf	bäunlichrot bis rot	(953)	1,50	3,50	6,—	110,—
47 I	40 Pf	dunkelrosalila bis dunkelgraulila	(954)	0,40	1,50	3,—	100,—
48 I	50 Pf	(dunkel)lilaultramarin bis violettultramarin	(955)	0,50	1,50	2,50	100,—
49 I	60 Pf	dunkelkarminrot bis braunrot	(956)	30,—	110,—	300,—	1200,—
A 49 I	60 Pf	karminbraun bis braunkarmin	(A 956)	0,50	1,20	1,20	75,—
50 I	80 Pf	dunkelviolettultramarin bis schwarzgraublau	(957)	0,80	1,60	3,—	120,—
51 I	84 Pf	(dunkel)grün bis (dunkel)gelbsmaragdgrün	(958)	2,50	6,—	8,—	120,—
		Satzpreis (ohne MiNr. 49, 16 W.)		12,—	32,—	50,—	—,—

II = Netzaufdruck

				*	**	⊙	FDC
36 II	2 Pf	schwarzbraun bis (braun)schwarz, schwarzgrau	(943)	0,50	1,50	4,—	75,—
37 II	6 Pf	dunkel(rot)violett bis schwärzlichbläulichviolett	(944)	0,50	1,20	2,—	75,—
38 II	8 Pf	(dunkel)zinnoberrot bis (dunkel)orangerot, rot	(945)	0,50	1,50	2,50	80,—
39 II	10 Pf	dunkel- bis schwärzichgelb(lich)grün, smaragdgrün	(946)	0,20	1,—	1,—	70,—
40 II	12 Pf	dunkelgrautürkis bis dunkelgraublau	(947)	0,50	2,—	2,50	75,—
41 II	15 Pf	dunkelbraun bis siena	(948)	0,20	1,—	1,50	70,—
42 II	16 Pf	dunkel- bis schwarzbläulichgrün, schwärzlichopalgrün	(949)	0,90	2,—	3,50	80,—
43 II	20 Pf	(mittel)blau bis grünlichblau, dunkelkobalt	(950)	0,20	1,—	1,—	75,—
44 II	24 Pf	(dunkel)braunorange bis orangebraun	(951)	0,30	1,50	2,50	80,—
45 II	25 Pf	dunkelgelb(lich)orange	(952)	4,50	10,—	20,—	240,—
46 II	30 Pf	bäunlichrot bis rot	(953)	0,20	1,50	2,50	80,—
47 II	40 Pf	dunkelrosalila bis dunkelgraulila	(954)	0,20	1,—	1,—	90,—
48 II	50 Pf	(dunkel)lilaultramarin bis violettultramarin	(955)	0,20	1,—	1,—	110,—
49 II	60 Pf	dunkelkarminrot bis braunrot	(956)	1,40	3,80	5,—	90,—
A 49 II	60 Pf	karminbraun bis braunkarmin	(A 956)	0,20	1,—	1,50	—,—
50 II	80 Pf	dunkelviolettultramarin bis schwarzgraublau	(957)	0,30	1,—	1,50	80,—
51 II	84 Pf	(dunkel)grün bis (dunkel)gelbsmaragdgrün	(958)	0,60	2,—	2,—	100,—
		Satzpreis (ohne MiNr. 49, 16 W.)		10,—	30,—	50,—	—,—

MiNr. 36–51 sind sehr reich an Farbvarianten. Einige dieser Unterschiede werden durch abweichende Gummierung (weiß über gelblich bis gelbbräunlich) hervorgerufen. Durch Farbvermischungen sind häufig die sonst weißen Stellen des Markenbildes (Ziffer, Schrift) getönt.

Bei fast allen Werten finden sich fehlende Zähnungslöcher, verschobene Zähnung, „Nähmaschinenzähnung" oder durchstichähnliche Zähnung. All dies ist lediglich auf fehlerhaftes Arbeiten der Kammzähnungsmaschine zurückzuführen.

Paare mit und ohne Aufdruck (F):

	*	**	⊙
36 I F	30,—	75,—	
37 I F	30,—	75,—	150,—
38 I F	35,—	90,—	180,—
38 II F	35,—	90,—	
39 I F	35,—	90,—	
39 II F	35,—	85,—	
40 I F	35,—	80,—	
40 II F	35,—	90,—	
41 I F	40,—	100,—	
42 I F	30,—	75,—	
42 II F	35,—	90,—	
43 I F	40,—	90,—	
43 II F	30,—	80,—	
44 I F	35,—	80,—	160,—
45 I F	35,—	90,—	
46 II F	30,—	85,—	
47 I F	35,—	100,—	
47 II F	30,—	85,—	
48 II F			—,—
50 I F	35,—	100,—	
50 II F	35,—	90,—	
51 II F	35,—	90,—	

MiNr. 36–51 weisen, auch bedingt durch die Vielzahl der beteiligten Druckereien, eine große Menge von Aufdruckfehlern und Druckzufälligkeiten auf (vgl. MICHEL-Deutschland-Spezial).

MiNr. 36–51 I und II wurden auch in den Westsektoren Berlins gegen DM-Ost an den Postschaltern verkauft, durften jedoch von dort auf Postsendungen nach dem Ostsektor Berlins und in die Ostzone nicht benutzt werden.

Pfä MiNr. 40 Pfä und 44 Pfä (** je 400,—, ⊙ je —,—)

FALSCH **Bessere Werte der Posthornaufdrucke sollten nur (BPP-) geprüft erworben werden!**

Gültig bis 19.9.1948, auch in West-Berlin

Aufdruck I, Band

Aufdruck II, Netz

1948, ab 21. Juni. Freimarken: Alliierte Besetzung – Gemeinschaftsausgaben MiNr. 912, 917–923, 925–929, 931, 932, 934 und 936 (I. Kontrollratsausgabe) mit schwarzem Bdr.-Aufdruck. I = Posthörnchen zwischen Bandleisten, II = Posthörnchen netzartig über gesamte Markenfläche.

I = Bandaufdruck

				*	**	⊙
52 I	2 Pf	(violett)schwarz	(912)	3,—	8,—	42,—
53 I	8 Pf	orangerot bis zinnober	(917)	6,—	16,—	85,—
54 I	10 Pf	dunkelorangebraun bis schwärzlichsienna	(918)	0,40	1,20	6,50
55 I	12 Pf	rot (Töne)	(919)	5,—	12,—	70,—
56 I	12 Pf	dunkelgrau bis dunkelbläulichgrau	(920)	85,—	190,—	750,—
57 I	15 Pf	bräunlichlila	(921)	5,—	12,—	70,—
58 I	15 Pf	dunkelgelblichgrün bis dunkelsmaragdgrün	(922)	1,60	3,50	22,—

				*	**	⊙
59 I	16 Pf	dunkelgrünblau bis schwarzblaugrün	(923)	10,—	20,—	260,—
60 I	24 Pf	lebhaftbraunorange bis hellorangebraun	(925)	48,—	110,—	280,—
61 I	25 Pf	(violett)ultramarin bis lebhaftlilaultramarin	(926)	8,—	22,—	85,—
62 I	25 Pf	gelborange bis dunkelgelblichorange	(927)	0,80	1,80	15,—
63 I	30 Pf	(dunkel)bräunlicholiv bis (dunkel)grauoliv	(928)	1,20	3,—	15,—
64 I	40 Pf	(dunkel)karminlila bis dunkellilapurpur	(929)	*38,—*	*85,—*	280,—
65 I	45 Pf	rot (Töne)	(931)	1,60	4,—	15,—
66 I	50 Pf	schwärzlichgraugrün bis schwärzlicholivgrün	(932)	1,—	2,50	10,—
67 I	75 Pf	(grau)mittelultramarin bis lebhaftlilaultramarin	(934)	3,—	7,—	32,—
68 I	84 Pf	dunkel(gelbsmaragd)grün bis dunkelopalgrün	(936)	3,—	8,—	32,—
			Satzpreis (17 W.)	220,—	500,—	2000,—

II = Netzaufdruck

				*	**	⊙
52 II	2 Pf	(violett)schwarz	(912)	14,—	30,—	90,—
53 II	8 Pf	orangerot bis zinnober	(917)	24,—	50,—	250,—
54 II	10 Pf	dunkelorangebraun bis schwärzlichsienna	(918)	22,—	50,—	250,—
55 II	12 Pf	rot (Töne)	(919)	7,—	16,—	90,—
56 II	12 Pf	dunkelgrau bis dunkelbläulichgrau	(920)	170,—	380,—	1400,—
57 II	15 Pf	bräunlichlila	(921)	7,—	16,—	70,—
58 II	15 Pf	dunkelgelblichgrün bis dunkelsmaragdgrün	(922)	0,70	2,—	11,—
59 II	16 Pf	dunkelgrünblau bis schwarzblaugrün	(923)	25,—	55,—	220,—
60 II	24 Pf	lebhaftbraunorange bis hellorangebraun	(925)	28,—	60,—	280,—
61 II	25 Pf	(violett)ultramarin bis lebhaftlilaultramarin	(926)	7,—	16,—	85,—
62 II	25 Pf	gelborange bis dunkelgelblichorange	(927)	25,—	55,—	260,—
63 II	30 Pf	(dunkel)bräunlicholiv bis (dunkel)grauoliv	(928)	1,—	2,50	9,—
64 II	40 Pf	(dunkel)karminlila bis dunkellilapurpur	(929)	35,—	80,—	330,—
65 II	45 Pf	rot (Töne)	(931)	2,—	5,—	16,—
66 II	50 Pf	schwärzlichgraugrün bis schwärzlicholivgrün	(932)	2,—	5,—	16,—
67 II	75 Pf	(grau)mittelultramarin bis lebhaftlilaultramarin	(934)	1,50	3,50	16,—
68 II	84 Pf	dunkel(gelbsmaragd)grün bis dunkelopalgrün)	(936)	1,50	3,50	17,—
			Satzpreis (17 W.)	350,—	800,—	3000,—

Theoretisch können die meisten Werte ab 21. Juni 1948 auf FDC vorkommen, obwohl die Überdrucke der Ziffernserie erst nachträglich anerkannt wurden. Bisher vorgelegen MiNr. 63 II und 68 II (FDC —,—).

MiNr. 52–68 sind sehr reich an Farbvarianten. Einige dieser Unterschiede werden durch abweichende Gummierung (weiß über gelblich bis gelbbräunlich) hervorgerufen. Durch Farbvermischungen sind häufig die sonst weißen Stellen des Markenbildes (Ziffer, Schrift) getönt.

Bei fast allen Werten finden sich fehlende Zähnungslöcher, verschobene Zähnung, „Nähmaschinenzähnung" oder durchstichähnliche Zähnung. All dies ist lediglich auf fehlerhaftes Arbeiten der Kammzähnungsmaschine zurückzuführen.

MiNr. 52–68 weisen eine Vielzahl von Aufdruckfehlern und Druckzufälligkeiten auf.

Nur MiNr. 52–68 sind von der Hauptverwaltung in Frankfurt a. M. nachträglich im Juli als amtliche Postwertzeichen anerkannt worden, nachdem zunächst von ihr nicht beabsichtigt war, Bestände der Ziffernmarken überdrucken zu lassen. Das schließt nicht aus, dass einzelne Werte der folgenden nichtamtlichen MiNr. I bis A IV an Postschaltern verkauft worden sind, weil die entsprechenden Druckverfügungen der Hauptverwaltung nicht genau befolgt worden sind.

MiNr. 52–68 I und II wurden auch in den Westsektoren Berlins gegen DM-Ost an den Postschaltern verkauft, durften jedoch von dort auf Postsendungen nach dem Ostsektor Berlins und in die Ostzone nicht benutzt werden.

FALSCH **Posthörnchen-Aufdrucke sollten nur (BPP-)geprüft erworben werden!**

Gültig bis 19.9.1948, auch in West-Berlin

1948, Juni/Aug. Freimarken: Alliierte Besetzung – Gemeinschaftsausgaben MiNr. 911, 913–916, 924, 930, 933 und 935 (I. Kontrollratsausgabe) mit Posthörnchen-Aufdruck, der von der Hauptpostverwaltung nicht anerkannt wurde. Die Marken wurden jedoch unbeanstandet zur Frankatur verwendet.

I =Bandaufdruck

				*	**	⊙
I/I	1 Pf	(violett)schwarz	(911)	15,—	30,—	120,—
II/I	3 Pf	(dkl')gelbbraun	(913)	16,—	35,—	180,—
III/I	4 Pf	graublau bis schwärzlichblau	(914)	35,—	75,—	200,—
IV/I	5 Pf	(dunkel)grün bis smaragdgrün	(915)	15,—	30,—	120,—
V/I	6 Pf	purpurviolett bis bläulichviolett	(916)	18,—	45,—	170,—
VI/I	20 Pf	lebhaftgrünlichblau bis schwärzlichtürkisblau	(924)	40,—	80,—	320,—
VII/I	42 Pf	(dunkel)smaragdgrün	(930)	120,—	240,—	850,—
VIII/I	60 Pf	rot (Töne)	(933)	35,—	70,—	280,—
IX/I	80 Pf	lilaultramarin(Töne)	(935)	30,—	60,—	200,—
			Satzpreis (9 W.)	300,—	600,—	2200,—

II = Netzaufdruck

				*	**	⊙
I/II	1 Pf	(violett)schwarz	(911)	30,—	70,—	200,—
II/II	3 Pf	(dkl')gelbbraun	(913)	32,—	75,—	220,—
III/II	4 Pf	graublau bis schwärzlichblau	(914)	60,—	120,—	420,—
IV/II	5 Pf	(dunkel)grün bis smaragdgrün	(915)	40,—	85,—	280,—
V/II	6 Pf	purpurviolett bis bläulichviolett	(916)	35,—	80,—	280,—
VI/II	20 Pf	lebhaftgrünlichblau bis schwärzlichtürkisblau	(924)	55,—	110,—	300,—
VII/II	42 Pf	(dunkel)smaragdgrün	(930)	220,—	450,—	1300,—
VIII/II	60 Pf	rot (Töne)	(933)	45,—	100,—	300,—
IX/II	80 Pf	lilaultramarin(Töne)	(935)	45,—	100,—	300,—
			Satzpreis (9 W.)	500,—	1200,—	3500,—

Handelsübliche Zusammenstellungen:

	*	**	⊙
52–68, I–IX Band- und Netzaufdruck (I und II) (52 W.)	1400,—	3000,—	10000,—

Stempelfälschungen:

Die meisten gestempelten teureren Ausgaben zwischen 1945 und 1949 kommen häufig mit falschen oder verfälschten Abstempelungen vor. Bei teuren Marken oder Blocks ist Prüfung dringend anzuraten!

Desgleichen Markwerte (I. und II. Kontrollratsausgabe)

I = Aufdruck I (Bandaufdruck)

				✶	✶✶	⊙
A IX/I	1 RM	(hell)braunoliv	(937)	700,—	1200,—	*15000,—*
A I a/I	1 M	schwarzgraugelb bis schwärzlicholivgelb	(959)		*3600,—*	—,—

II = Aufdruck II (Netzaufdruck)

				✶	✶✶	⊙
A IX/II	1 RM	(hell)braunoliv	(937)	250,—	500,—	2800,—
A I/II	1 M	schwarzgraugelb bis schwärzlicholivgelb	(959)	140,—	200,—	*4000,—*
A II/II	2 M	violettpurpur	(960)	140,—	200,—	*4000,—*
A III/II	3 M	bräunlichrot	(961)	140,—	200,—	*4000,—*
A IV/II	5 M	dunkelviolettblau	(962)	140,—	200,—	*4000,—*

MiNr. 1–A IV weisen eine Vielzahl von Aufdruckfehlern und Druckzufälligkeiten auf.

Gültig bis 19.9.1948, auch in West-Berlin

FALSCH **Alle besseren Marken mit Band- und Netzaufdruck sollten nur (BPP-)geprüft erworben werden!**

Das Wz. 1 (DP und Striche) kommt in 4 verschiedenen Lagen vor:

W: stehende Buchstaben, fallende Striche

X: stehende Buchstaben, steigende Striche

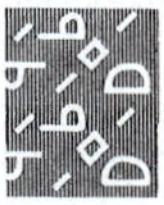
Y: liegende Buchstaben, steigende Striche

Z: liegende Buchstaben, fallende Striche

1948, 15. Aug. 700. Jahrestag der Grundsteinlegung des Kölner Doms. Ⓔ Wolf (MiNr. 69), Hussmann (MiNr. 70 und 71) und Will (MiNr. 72); Bdr. Westermann (10×10, MiNr. 72 10×5); Wz. 1 (MiNr. 69–71 W oder X, MiNr. 72 Y oder Z); gez. L oder K 11.

d) Marienbild (Chorfenster)

e) Hl. Drei Könige (Chorfenster)

f) Kölner Dom

g) Westansicht des Kölner Doms

					✶	✶✶	⊙	FDC
69	6 + 4 Pf	orangebraun	d		0,40	1,—	1,—	
70	12 + 8 Pf	dunkeltürkisblau	e		0,70	2,—	2,50	
71	24 + 16 Pf	rotkarmin	f		1,50	5,50	5,—	
72	50 + 50 Pf	dunkelultramarin	g		3,50	8,—	12,—	
				Satzpreis (4 W.)	6,—	16,—	20,—	70,—

Die Zähnungen von MiNr. 69–72 können um Viertelgrößen variieren!

Auflagen: MiNr. 69 = 1 467 000, MiNr. 70 = 1 172 100, MiNr. 71 = 953 200, MiNr. 72 = 846 100 Stück

Gültig bis 31.1.1951

1948, 1. Sept. / 1952. Freimarken: Bautenserie. Ⓔ Bittrof; Odr. Westermann und Bagel (Pfennigwerte 10×10, Markwerte 10×5); Pfennigwerte in Zeichnung k (Kölner Dom) in mehreren verschiedenen Typen, Markwerte Type I = ohne, Type II = mit senkrechter Schraffierung in den Gesimsen im rechten Turm; Wz. 1 in verschiedenen Lagen; wg = versch. weit (um 11), eg = verschieden eng (um 14) gezähnt, auch Mischzähnungen.

h) Römer, Frankfurt a. M.

i) Frauenkirche (Dom Unserer lieben Frau), München

k) Kölner Dom

l) Brandenburger Tor, Berlin

m) Holstentor, Lübeck

wg = weit gez., um 11

				✶	✶✶	⊙	FDC
73 wg	2 (Pf)	schwarz(grau) (1. 9. 1948)	h	0,20	0,50	0,60	50,—
74 wg	4 (Pf)	braunocker bis gelbbraun, braunorange (1. 9. 1948)	i	0,20	0,50	0,60	25,—
75 wg	5 (Pf)	dkl'(grau)ultramarin bis dkl'lilaultramarin, dkl'kobalt (1. 9. 1948)	k	0,20	0,50	0,60	50,—
76 wg	6 (Pf)	lebhaft- bis dunkelbraunorange, schwärzlichorange (1. 9. 1948)	i	0,20	0,50	0,80	75,—
77 wg	6 (Pf)	(lebhaft)orange bis lebhaftrotorange (1. 9. 1948)	i	0,20	0,60	0,60	60,—
78 wg	8 (Pf)	(lebhaft)gelblichorange (1. 9. 1948)	h	0,20	0,60	0,60	100,—
79 wg	8 (Pf)	dunkel- bis schwarz(grau)blau (22. 10. 1948)	i	0,20	0,50	0,60	350,—
80 wg	10 (Pf)	(dunkel)smaragdgrün, dunkelgelblichgrün (1. 9. 1948)	k	0,20	0,60	0,60	25,—
81 wg	15 (Pf)	(lebhaftrot)orange (1. 9. 1948)	i	1,20	2,50	6,—	120,—
82 wg	15 (Pf)	dunkelviolettgrau bis dunkelgrauviolett, (blau)violett (22. 10. 1948)	h	0,70	1,40	0,60	—,—
83 wg	16 (Pf)	(dunkel)blaugrün (1. 9. 1948)	h	0,40	0,80	0,80	150,—
84 wg	20 (Pf)	mittel- bis lebhaftblau, (lebhaft)cyanblau (1. 9. 1948)	h	0,60	1,20	4,—	50,—
85 wg	20 (Pf)	dkl'rosarot bis karminrot (lebh')lilarot bis lebhaftkarmin (1. 9. 1948)	l	0,40	0,90	0,60	25,—

MiNr.	Wert	Farbe		✶	✶✶	⊙	FDC
86 wg	24 (Pf)	dunkelrosarot bis karminrot, lilarot (1. 9. 1948)	l	0,20	0,60	0,60	100,—
87 wg	25 (Pf)	(lebhaft)orangerot bis dunkelzinnober (22. 10. 1948)	k	0,60	1,40	0,60	—,—
88 wg	30 (Pf)	mittelrot bis (lebhaft)rot (1. 9. 1948)	i	1,50	3,50	7,—	150,—
89 wg	30 (Pf)	(lebhaft)kobalt, ultramarin (Mitte Sept. 1948)	l	0,80	1,50	0,60	
90 wg	40 (Pf)	hell- bis mittelviolettpurpur, lebhaftlilapurpur (1. 9. 1948)	k	1,—	2,—	0,60	75,—
91 wg	50 (Pf)	dunkelkobalt (1. 9. 1948)	l	0,80	1,50	2,50	65,—
92 wg	50 (Pf)	(lebhaft)grünblau bis dunkelblaugrün (Sept. 1948)	i	1,—	2,—	0,60	
93 wg	60 (Pf)	dunkelbraunlila bis schwärzlichgraulila (Sept. 1948)	k	40,—	100,—	0,60	
94 wg	80 (Pf)	dunkelkarminlila bis dunkellilapurpur (1. 9. 1948)	l	1,60	3,50	0,60	250,—
95 wg	84 (Pf)	dunkelpurpur bis violettpurpur (1. 9. 1948)	i	1,—	2,20	8,—	150,—
96 wg	90 (Pf)	lilapurpur bis (lebhaft)purpur (1. 9. 1948)	k	1,60	3,50	0,60	120,—
97	1 DM	smaragdgrün bis lebhaftgelblichgrün	m				
I wg		Type I (1. 9. 1948)		20,—	40,—	0,80	250,—
II wg		Type II (Nov. 1948)		25,—	50,—	0,60	
98	2 DM	(schwärzlich)violettgrau bis grauviolett	m				
I wg		Type I (1. 9. 1948)		18,—	35,—	0,80	—,—
II wg		Type II (Nov. 1948)		30,—	60,—	0,60	
99	3 DM	dunkelrotlila bis dunkelrötlichlila, dunkelrosalila	m				
I wg		Type I (1. 9. 1948)		20,—	40,—	3,50	—,—
II wg		Type II (Nov. 1948)		100,—	200,—	1,40	
100	5 DM	schwärzlich(grau)ultramarin	m				
I wg		Type I (1. 9. 1948)		30,—	60,—	28,—	—,—
II wg		Type II (Jan. 1949)		120,—	220,—	4,50	
		Satzpreis weit gez. mit MiNr. 97 I–100 I (28 W.)		140,—	300,—	45,—	
		Satzpreis weit gez. MiNr. 97 II–100 II (4 W.)		260,—	500,—	7,—	

eg = eng gez., um 14

MiNr.	Wert	Farbe		✶	✶✶	⊙	FDC
73 eg	2 (Pf)	schwarz(grau) (Aug. 1951)	h	1,50	3,50	6,50	
74 eg	4 (Pf)	braunocker bis gelbbraun, braunorange (Juli 1949)	i	0,80	1,80	0,60	
75 eg	5 (Pf)	dkl'(grau)ultramarin bis dkl'lilaultramarin, dkl'kobalt (Mai 1950)	k	1,—	2,20	0,60	
77 eg	6 (Pf)	(lebhaft)orange bis lebhaftrotorange (Juni 1951)	i	8,—	17,—	6,—	
80 eg	10 (Pf)	(dunkel)smaragdgrün, dunkelgelblichgrün (Juli 1949)	k	1,—	2,—	0,60	
82 eg	15 (Pf)	dunkelviolettgrau bis dunkelgrauviolett, (blau)violett (Juni 1950)	h	6,—	13,—	0,60	
85 eg	20 (Pf)	dkl'rosarot bis karminrot (lebh')lilarot bis lebhaftkarmin (Sept. 1949)	l	2,50	5,—	0,60	
87 eg	25 (Pf)	(lebhaft)orangerot bis dunkelzinnober (Juni 1949)	k	10,—	22,—	40,—	
89 eg	30 (Pf)	(lebhaft)kobalt, ultramarin (März 1950)	l	15,—	26,—	0,60	
90 eg	40 (Pf)	hell- bis mittelviolettpurpur, lebhaftlilapurpur (Jan. 1949)	k	10,—	20,—	0,60	
92 eg	50 (Pf)	(lebhaft)grünblau bis dunkelblaugrün (Nov. 1950)	i	90,—	170,—	0,60	
93 eg	60 (Pf)	dunkelbraunlila bis schwärzlichgraulila (1. 9. 1948)	k	1,50	3,—	0,60	50,—
94 eg	80 (Pf)	dunkelkarminlila bis dunkellilapurpur (Febr. 1951)	l	60,—	120,—	0,60	
96 eg	90 (Pf)	lilapurpur bis (lebhaft)purpur (Febr. 1949)	k	80,—	170,—	0,60	
97 II eg	1 DM	smaragdgrün bis lebhaftgelblichgrün (Okt. 1950)	m	80,—	160,—	0,60	
		Satzpreis eng gez. mit MiNr. 97 II (15 W.)		350,—	730,—	55,—	

Alle Farben der Bautenserie schwanken sehr stark!

Alle Preise ab 3,— Euro gelten für leicht dezentrierte Stücke (siehe „Briefmarken-Qualitätsstufen" im Einleitungsteil, Abb. 18) mit leichten Zahnfehlern (Abb. 13); bessere Qualität rechtfertigt Aufschlag von 30–40%!

Typenunterschiede bei MiNr. 97–100

Type I: ohne senkrechte Schraffierung in den Gesimsen des rechten Turms; Bildformat 24,8×30,3 mm; 4 Striche im Torbogen („kurze Treppe")

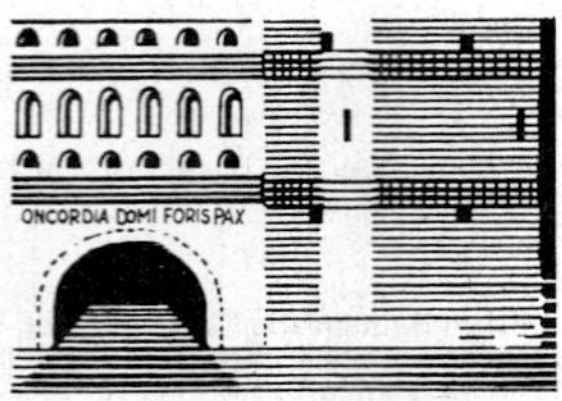

Type II: mit senkrechter Schraffierung in den Gesimsen des rechten Turms; Bildformat 24,5×29,8 mm; 7 Striche im Torbogen („hohe Treppe")

Detaillierte Katalogisierung nach weiteren Typen, Wasserzeichen und Zähnungen siehe MICHEL-Deutschland-Spezial.

Nicht ausgegeben:

1948. Freimarken: Bautenserie. MiNr. 75 in anderer Farbe. Odr.; Wz. 1; gez. L 11.

MiNr.	Wert	Farbe		✶✶
B IX	5 (Pf)	gelb	k	*11000,—*

MiNr. B IX wurde noch vor Beginn der Schalterausgabe durch MiNr. 75 ersetzt.

Die Dauerserie Bauten litt ganz besonders unter Zeit-, Personal-, Material- und Maschinenmangel der Nachkriegsjahre. Daraus ergibt sich die Vielzahl der Wasserzeichen, Typen, Zähnungen, Plattenfehler und Retuschen sowie sonstiger Abarten.

Besonders auffällig ist die enorme Anzahl an Druckzufälligkeiten wie z. B. Schmitzdrucken, Abklatschen, Verzähnungen und zufälligen Fehlern im Markenbild.

Dazu kamen noch die während des Druckes eingeführte Porto-Ermäßigung und die Verordnung zur Anpassung der Markenfarben an die Bestimmungen des Weltpostvereins (Amtsblatt Nr. 47/1948, V. 223), welche für einige Wertstufen zweierlei Marken zur Folge hatte. Die MiNr. 76, 78, 81, 83, 84, 86, 88, 91 und 95 waren überholt und wurden, nun in den Weltpostvereinsfarben, durch die MiNr. 77, 79, 82, 85, 89 und 92 ersetzt. Sämtliche Werte wurden jedoch ausgegeben.

Westermann

Bagel

Welche Marken bei Westermann und welche bei Bagel gedruckt wurden, kann auch anhand der Reihenwertzähler festgestellt werden. Während bei Westermann schlanke, hohe Ziffern benutzt wurden, verwendete Bagel fettere, gedrungene Ziffern. Einige Werte wurden jedoch von den Firmen zum Druck ausgetauscht, behielten dann aber ihre ursprünglichen Reihenzähler.

Bei Westermann wurden Linienzähnung 11 sowie Kammzähnungen 11¼:11 und 14:14¼ verwendet. Bagel benutzte Linienzähnungen 11, 11½ und 14 sowie Kammzähnung 14:14¼.

[Lp] Marken mit Zähnungen 8½, 9, 9½, 10 und 12, aber auch mit 11 und 11½ stammen aus entwendeter, ungezähnter Makulatur und wurden nachträglich mit verschiedenen Zähnungen (teilweise mittels Nähmaschinen!) versehen.

[FALSCH] Fälschungen teuerer Zähnungen

Bei allen selteneren Zähnungen ist wegen der Fälschungsgefährdung eine Prüfung dringend anzuraten!

Auflagen:
Nachfolgende Auflagenhöhen wurden in der Pressemitteilung für das Post- und Fernmeldewesen Nr. 10/59 (1959) bekanntgegeben; bisher vorliegende Forschungsergebnisse stellen einige der genannten Zahlen jedoch in Frage.

MiNr. 73 = 348 769 700	MiNr. 79 = 120 935 000	MiNr. 85 = 2 919 450 000	MiNr. 91 = 4 710 000	MiNr. 97 = 66 605 450
MiNr. 74 = 1 473 579 000	MiNr. 80 = 3 367 840 000	MiNr. 86 = 46 250 000	MiNr. 92 = 136 572 600	MiNr. 98 = 20 250 000
MiNr. 75 = 383 973 100	MiNr. 81 = 3 280 000	MiNr. 87 = 73 229 700	MiNr. 93 = 261 379 400	MiNr. 99 = 13 802 500
MiNr. 76 = 31 830 000	MiNr. 82 = 157 620 000	MiNr. 88 = 4 000 000	MiNr. 94 = 111 692 600	MiNr. 100 = 2 190 000
MiNr. 77 = 186 420 000	MiNr. 83 = 10 890 000	MiNr. 89 = 205 330 000	MiNr. 95 = 2 760 000	
MiNr. 78 = 12 695 000	MiNr. 84 = 4 000 000	MiNr. 90 = 244 054 300	MiNr. 96 = 84 485 600	

MiNr. 73–96 gültig bis 31.3.1953, MiNr. 97–100 gültig bis 31.12.1954

1948, 14.* Dez. Berlin-Hilfe. [E] Bittrof; Odr. Bagel (10×5); Wz. 1 Y; verschieden gezähnt L 11–11½.

n) Brandenburger Tor, Berlin

				✶	✶✶	⊙	FDC
101	10 + 5 (Pf)	grün	n	4,—	8,50	9,—	400,—
102	20 + 10 (Pf)	lebhaftlilarot	n	4,—	8,50	9,—	400,—
		Satzpreis (2 W.)		7,50	16,—	18,—	750,—

*) Bei Belegen mit Stempeln ab 9.12.1948 handelt es sich um Frühverwendungen.

Auflagen: MiNr. 101 = 895 300, MiNr. 102 = 793 000 Stück *Gültig bis 30.6.1951*

1949

1949, 22. April. Exportmesse Hannover. [E] Axster-Heudtlass; StTdr. Staatsdruckerei Berlin (10×5); Wz. 2; gez. K 13¾:14.

o) Stahlhofkaufmann Hermann Hillebrandt Wedigh; Gemälde von Hans Holbein d. J. (1497–1543), Maler und Zeichner

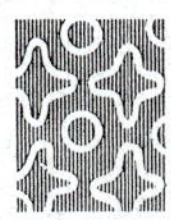
Wz. 2
Kreuze und Ringe

				✶	✶✶	⊙	FDC
103	10 (Pf)	schwarzbläulichgrün	o	1,50	4,—	3,50	
104	20 (Pf)	(dunkel)rot bis (dunkel)rotkarmin	o	1,50	4,—	3,—	
105	30 (Pf)	dunkelviolettultramarin (Töne)	o	2,—	6,—	4,50	
		Satzpreis (3 W.)		5,—	14,—	11,—	75,—

Notizen:

Blockausgabe, gez. Ks 13¾:14

o I

					✶	✶✶	⊙	Ⓢ	FDC
103 I	10 (Pf)	schwarzbläulichgrün	. . . .	o	12,—	15,—	60,—		
104 I	20 (Pf)	(dunkel)rot bis (dunkel)rotkarmin	. . . .	o	12,—	15,—	60,—		
105 I	30 (Pf)	dunkelviolettultramarin (Töne)	. . . .	o	12,—	15,—	60,—		
Block 1	(110×65 mm)		. . . .	o I	45,—	140,—	350,—	250,—	500,—

Die Preise der Einzelmarken gelten nur für Stücke mit anhängendem Blockrand!

Postpreis 1 DM

Block 1 gibt es mit Farbvarianten, Katalogisierung siehe MICHEL-Deutschland-Spezial.

Schwankende Blockformate bekannt; Blocks mit höher- oder tieferstehender mittlerer Marke kommen häufig vor!

FALSCH Vor Nachdrucken des Blocks mit veränderter Blockrandinschrift wird gewarnt; es sind private Erzeugnisse, die z. T. rückseitig oder am unteren Markenrand als Nachdruck gekennzeichnet sind. Vorsicht: diese Kennzeichnung kann entfernt werden!

©

Auflagen: MiNr. 103 und 104 je 7 000 000, MiNr. 105 = 6 000 000 Stück, Block 1 = 1 000 000 Blocks *Gültig bis 31.5.1950*

1949, 15. Mai. Radrennen „Quer durch Deutschland". Ⓔ und StTdr. Staatsdruckerei Berlin (10×10); Wz. 2; gez. K 14:14¼.

p) Radrennfahrer

					✶	✶✶	⊙	FDC
106	10 + 5 (Pf)	dunkelopalgrün	. . . .	p	2,50	7,—	8,—	
107	20 + 10 (Pf)	bräunlichrot	. . . .	p	6,—	15,—	20,—	
				Satzpreis (2 W.)	8,—	22,—	28,—	*1000,—*

Auflagen: MiNr. 106 = 2 000 000, MiNr. 107 = 1 300 000 Stück *Gültig bis 31.8.1950*

1949, 15. Aug. 200. Geburtstag von Johann Wolfgang von Goethe. Ⓔ und StTdr. Staatsdruckerei Berlin (MiNr. 108 5×10, MiNr. 109 und 110 10×5); Wz. 2; MiNr. 108 gez. K 14:13¾, MiNr. 109 und 110 ~.

q) Goethe in der Campagna; Gemälde von Johann Heinrich Wilhelm Tischbein (1751–1829)

r) Gemälde von Josef Stieler (1781–1858)

s) Kreidezeichnung von Ferdinand Jagemann (1780–1820)

q–s) J. W. von Goethe (1749–1832), Dichter

					✶	✶✶	⊙	Ⓢ	FDC
108	10 + 5 (Pf)	dunkelopalgrün	. . . .	q	1,20	5,—	5,50		
109	20 + 10 (Pf)	rot	. . . .	r	1,80	7,—	10,—		
110	30 + 15 (Pf)	schwarzkobalt	. . . .	s	10,—	30,—	30,—		
				Satzpreis (3 W.)	12,—	42,—	45,—	70,—	*1000,—*

Auflage: 3 000 000 Sätze *Gültig bis 31.8.1950*

Qualitätshinweis: Mit Ausnahme der Französischen Zone, deren Markenausgaben im allgemeinen keinerlei herstellungsbedingte Erhaltungsmängel aufweisen, müssen bei den meisten Ausgaben zwischen 1945 und 1948 Einschränkungen hinsichtlich der sonst üblichen philatelistischen Qualitätsansprüche gemacht werden. Typisch sind schlechte Zähnung (siehe „Briefmarken-Qualitätsstufen" im Einleitungsteil, Abb. 13 oder 14), mangelhafte Zentrierung (Abb. 18), mangelhafte Gummierung, Fremdkörpereinschlüsse in Papier oder Gummi sowie ölige, schlechte Stempelfarben (Abb. 25).

Markenheftchen

AM-Post, 1945

Heftchen-MiNr.	Ausgabe-datum	Enthält H-Blätter (Anzahl)	Nominale	Auflage	Deckel	Preise ✶✶
A 1	Ende 1945	A 1 (10)	6,— RM	1800	schwarz auf hellbraunocker	*10000,—*
A 2	Ende 1945	A 2 (40)	60,— RM	690*	violettbraun auf hellbraunorange	*18000,—*

*) Nach Auskunft des Reichspostministeriums wurden etwa 690 MH gefertigt. Bekannt sind bisher nur 2 Stück.

H-Blatt A 1

H-Blatt A 2

Die Preise der Markenheftchen gelten nur für (BPP-)geprüfte Stücke!

Die H-Blätter wurden aus Schalterbogen der MiNr. 20 gefertigt. Daher ist eine Bewertung der einzelnen H-Blätter nicht möglich.

Die Heftung erfolgte im linken oder rechten Rand des Schalterbogens, so dass die H-Blätter mit Heftrand rechts kopfstehend eingeheftet sind. Es können beliebige Kombinationen der H-Blätter nach Zähnung und Stellung des Blattes in einem Heftchen vorkommen.

Flugpost-Zulassungsmarke

Ab 1. Mai 1948 konnten Geschäftsbriefe ins Ausland mit Luftpost befördert werden. Diese Briefe mussten mit einer Zulassungsmarke der JEIA (Joint-Export-Import-Agency, einer Dienststelle zur Überwachung des Außenhandels, die 1947–1948 in der Bizone tätig war) versehen werden. Mit Ausnahme von Luftpostleichtbriefen (siehe MICHEL-Ganzsachen) wurde ohne diese Marke zwischen dem 1. Mai und dem 19. Oktober keine Flugpost befördert.

FZ a

1948, 1. Mai. Flugpost-Zulassungsmarke für Geschäftsbriefe. Odr.; aus Markenheftchen; gez. L 11.

		✶	✶✶	⊙[1]	FDC
1 (–) ultramarin	FZ a	0,20	1,20	8,—	120,—

[1]) Die Bewertung gilt nur für solche Stücke, die in der Zeit vom 1. Mai bis 19. Oktober 1948 bedarfsmäßig verwendet wurden (Datum muss voll lesbar sein), lose Marken mit nicht lesbarem Stempel werten ca. ein Fünftel. Ab 20. Oktober 1948 wurde der Flugpostdienst allgemein freigegeben.

Markenheftchen:

MH-MiNr.	Ausgabe-datum	Nominale	Auflage	MH-Preis ✶✶	H-Bl.-MiNr.	mit MiNr.	H-Bl.-Preise ✶	✶✶	⊙	FDC
FZ 1	1. 5. 1948			80,—	**FZ 1**	6×1	3,—	8,—	–,—	–,—

H-Blatt FZ1

Zwangszuschlagsmarken

Alle Postsendungen (Drucksachen, Postkarten, Briefe, Päckchen und Pakete) mussten in der amerikanisch-britischen Zone ab 1.12.1948 zusätzl. mit einer der Zwangszuschlagsmarken (MiNr. 1–8) versehen sein, sonst erfolgte Rücksendung an den Absender, zeitweilig mit Stempelvermerk „Zurück – Steuermarke fehlt“ oder ähnlichem bzw. mit Aufklebezettel.

Verwendungszwang in der franz. Zone: Baden am 1. und 2.7. und ab 17.7.1949; in Rheinland-Pfalz vom 1.2.–31.3. und ab 1.7.1949; in Württemberg-Hohenzollern vom 10.1.–31.5.1949, hier dann vom 1.7.–31.12.1949 dafür Wohnungsbau-Abgabe-Marken; im Kreis Lindau vom 10.1.–31.5.1949; in den österreich. Zollausschlussgebieten vom 1.12.1948–31.12.1950; in Elten und dem Selfkantgebiet vom 1.12.1948–22.4.1949. Ab 1.1.1950 Verwendungszwang im ganzen Bundesgebiet.

Abgabefreie Postsendungen waren: Dienstsendungen der Militärregierungen und aller Konsulate; Postsachen; Postanweisungen; Zahlkarten; Werbeantworten; Postwurfsendungen; Postscheck- und Postsparkassenbriefe; „Vollzogen“ zurückgesandte Postzustellungsurkunden und Rückscheine; Blindenschriftsendungen; Anschriftenprüfungen; Kriegsgefangenensendungen und Suchdienstangelegenheiten ab 13.5.1949; Drucksachen bis 50 g (Baden bis 500 g) ab 28.7.1949, alle Drucksachen ab 1.1.1950; Zeitungsdrucksachen bis 100 g (Baden bis 1000 g) ab 28.7.1949, generell ab 1.1.1950; Postzeitungsgut; alle Sendungen nach Groß-Berlin, in die SBZ und in das Ausland, ausgenommen österreich. Zollausschlussgebiete bis 31.12.1950.

Notopfer-Marken ab 10,— MICHEL-Wert sollten nur geprüft erworben werden.

Wasserzeichen:

Wz. 1 W stehende Buchstaben, fallende Striche

Wz. 1 X stehende Buchstaben, steigende Striche

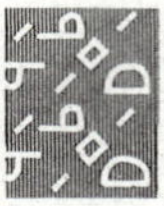
Wz. 1 Y liegende Buchstaben, steigende Striche

Wz. 3 X fallende Wellenlinien

Wz. 3 Y steigende Wellenlinien

Wz. 4 Va Zierlinien steigend, BP kopfstehend

Wz. 4 Vb Zierlinien steigend, BP normal stehend

Vorkommende Zeichnungen:

Zeichnung		MiNr., Zähnung	N von NOTOPFER	R von NOTOPFER	Buchstaben BERLIN	rechte Kante des letzten E
Za		1, 2 geschnitten und alle Zähnungsmaße bis 13½	 spitz	 flacher Abstrich	schlank, regelmäßig	
Zb		3,4,5 K 11–11¼ K 12–12¼ K 14		 steiler Abstrich	schlank bis fett, unregelmäßig	
Zc		6,7 K 12–12¼ K 14	 stumpf		schlank, regelmäßig	ragt über eine gedachte Verlängerung der rechten Kante des N von BERLIN mehr oder weniger hinaus
Zd		8 K 14		 flacher Abstrich	fett, regelmäßig	 schließt mit Verlängerung ab

1948

1948, 1. Dez./1949. Notopfer Berlin: Zeichnung Za. Bdr. Wegener und Westermann (MiNr. 2 A) (10×20); W = Wz. 1 in verschiedenen Lagen, Z = Wz. 3 in verschiedenen Lagen; MiNr. 1 □, MiNr. 2 verschieden gez.

				✶	✶✶	⊙	FDC
1		2 (Pf)	blau bis schwarzblau (geschnitten) ..... Za				
W			Wz. 1 W, X, Y (1.12.1948)	0,30	1,—	0,30	10,—
Z			Wz. 3 X *(28.12.1948)*	25,—	60,—	2,—	
2		2 (Pf)	blau bis schwarzblau (gezähnt) ..... Za				
A			gezähnt K 11–11¼				
	W		Wz. 1 W *(5.1.1949)*	0,80	3,50	0,30	22,—
	Z		Wz. 3 X, Y *(24.1.1949)*	0,60	2,50	0,30	
BA			gezähnt L 11¾:K 14:K 14:K 14				
	W		Wz. 1 W *(15.12.1948)*	0,40	2,—	0,50	
	Z		Wz. 3 X *(13.1.1949)*	0,80	3,50	0,30	
BB			gez. K 14:K 14:L 11¾:K 14				
	W		Wz. 1 W *(15.12.1948)*	0,40	2,—	0,50	
	Z		Wz. 3 X *(13.1.1949)*	0,80	3,50	0,30	
C Z			gezähnt K 12–12¼, Wz. 3 X, Y *(6.5.1949)*	2,—	7,—	0,30	
D			gezähnt L 11¾				
	W		Wz. 1 W *(29.12.1948)*	50,—	150,—	80,—	600,—
	Z		Wz. 3 X *(17.3.1949)*	100,—	280,—	6,—	25,—
E Z			gezähnt L 11¾:10¾, Wz. 3 X *(12.3.1949)*	10,—	36,—	0,60	
F			gezähnt L 10¾				
	W		Wz. 1 W *(1.12.1948)*	25,—	120,—	8,—	
	Z		Wz. 3 X *(27.1.1949)*	12,—	40,—	4,—	25,—
H			gezähnt L 11½				
	W		Wz. 1 W (1.12.1948)	3,50	10,—	1,50	22,—
	Z		Wz. 3 X *(6.1.1949)*	250,—	800,—	500,—	
I Z			gezähnt L 11¾:13½, Wz. 3 X *(8.3.1949)*	180,—	600,—	20,—	120,—
L W			gezähnt L 11¾:11½:11½:11½, Wz. 1 W *(19.1.1949)*			450,—	
M W			gezähnt L 11½:11½:11¾:11½, Wz. 1 W *(26.1.1949)*			500,—	
N W			gezähnt L 11¾:11½, Wz. 1 W *(25.1.1949)*			350,—	
O W			gezähnt L 13½:11½, Wz. 1 W			1500,—	
P W			gezähnt L 11½:11¾, Wz. 1 W			1500,—	
Q W			gezähnt L 11½:10¾, Wz. 1 W			—,—	
S W			amtlicher Durchstich linienförmig 12½, Wz. 1 W *(1.12.1948)*			300,—	
T W			schwarzer Durchstich, Wz. 1 W *(7.1.1949)*	120,—	500,—	350,—	

Die Daten in Kursivschrift bezeichnen die bisher bekanntgewordenen frühesten Verwendungen.

Die Linienzähnung L 11¾ tendiert insbesondere bei gestempelten Marken meist Richtung 12, die Linienzähnung L 10¾ Richtung 11.

Von MiNr. 1 Frühverwendung ab 29.11.1948 bekannt

FALSCH **Ab 10,— Euro gelten alle Preise nur für (BPP-)geprüfte Stücke!**

Postmeisterzähnungen und -durchstiche siehe MICHEL-Deutschland-Spezial.

Von MiNr. 1 sind zahlreiche private Zähnungen oder Durchstiche bekannt, zum Teil auch sehr ähnlich den amtl. Trennungen. Auf Bedarfsbriefen sind diese sehr gesucht. MiNr. 2 W gibt es auch mit amtl. linienförmigen Durchstichen 8, 9 und 12¼ sowie mit kreuzförmigem Durchstich.

Verschmierter Druck, mangelhafte Zähnung, Zähnung durch die Marke usw., Abklatsche sind zum Teil häufig, ebenso sind verschiedene Farbtönungen, blaue Punkte, Sonnen und Ringe gar nicht selten. Die Bildgröße schwankt zwischen 18 und 18,5 mm; Markenbreite (z. B. 2 H W) zwischen 18 und 24 mm; Markenhöhe zwischen 9 und 17 mm (z. B. 2 B).

Auflagen:

MiNr. 1 W =	544 011 400	MiNr. 2 B W =	193 552 000	MiNr. 2 C Z =	947 513 400	MiNr. 2 F W =	6 975 000
MiNr. 1 Z =	22 754 000	MiNr. 2 B Z =	615 445 000	MiNr. 2 D W =	580 600	MiNr. 2 F Z =	11 940 000
MiNr. 2 A W =	212 936 000			MiNr. 2 D Z =	5 890 000	MiNr. 2 H W =	50 970 000
MiNr. 2 A Z =	884 311 000			MiNr. 2 E Z =	85 240 000	MiNr. 2 I Z =	2 012 800

MiNr. 1 und 2 mit rotem Aufdruck „Wohnungsbau-Abgabe“ siehe Abschnitt Französische Zone – Württemberg-Hohenzollern „Zwangszuschlagsmarken“

1950

1950, März/April. Notopfer Berlin: Zeichnung Zb. Bdr. Wegener (10×20); Wz. 3 X; MiNr. 3 gez. K 12–12¼, MiNr. 4 gez. K 11–11¼.

				✶	✶✶	⊙
3	2 (Pf)	blau *(20.3.)*	Zb	30,—	140,—	2,50
4	2 (Pf)	dunkelblau *(16.4.)*	Zb	20,—	100,—	1,80
		Satzpreis (2 W.)		50,—	240,—	4,20

Auflagen: MiNr. 3 = 74 201 800, MiNr. 4 = 83 375 200 Stück

1950, März. Notopfer Berlin: Zeichnung Zb. Indirekter Hochdruck Wegener (10×20); Wz. 3 X; gez. K 14.

				✶	✶✶	⊙
5	2 (Pf)	blau *(23.3.)*	Zb	30,—	80,—	1,20

Auflage: 66 367 200 Stück

1950, Juni. Notopfer Berlin: Zeichnung Zc. Indirekter Hochdruck Wegener (10×20); Wz. 3 X oder Y; gez. K 14.

				✶	✶✶	⊙
6	2 (Pf)	blau *(10.6.1950)*	Zc	0,30	1,50	0,30

Außer an der geänderten Zeichnung können MiNr. 5 und 6 auch an den Reihenwertzahlen unterschieden werden: MiNr. 5: niedrige Ziffern, spitzes Komma; MiNr. 6: hohe Ziffern, stumpfes Komma

Auflage: 7 591 761 000 Stück

1950, Mai. Notopfer Berlin: Zeichnung Zc. Bdr. Wegener (10×20); Wz. 3 X; gez. K 12–12¼.

				✶	✶✶	⊙
7	2 (Pf)	blau *(27. Mai)*	Zc	*1000,—*	*5000,—*	3,—

Auflage: 37 973 200 Stück

1953

1953, Dez./1954, Jan. Notopfer Berlin: Zeichnung Zd. Indirekter Hochdruck Wegener (10×20); X = Wz. 3 X, Z = Wz 4 Va oder Vb; gez. K 14.

Zd

				✶	✶✶	⊙
8	2 (Pf)	blau	Zd			
X		Wz. 3 X *(29.12.1953)*		0,30	0,70	0,30
Z		Wz. 4 Va, Vb *(17.1.1954)*		0,30	0,50	0,30

Auflagen: MiNr. 8 X = 2 003 200 000, MiNr. 8 Z = 2 936 800 000 Stück

Viele Bogen der Notopfermarken weisen schräg verlaufende Gummibüge auf. Diese wurden in der Druckerei absichtlich angebracht, um das Rollen der Marken zu verhindern.

Ausführliche Katalogisierung aller Besonderheiten und Privtatzähnungen der Notopfermarken siehe: Gerald Schröder, Ulrich Karrasch, Jürgen Fricke „Die Notopfer- und Wohnungsbaumarken 1948–1956. Katalog und Handbuch" (Eigenverlag 2014), Gerald Schröder, Heinz-Josef Schmidt „Die Postmeister- und Privattrennungen der Notopfer- und Wohnungsbaumarken. Handbuch und Katalog" (Eigenverlag 2010) sowie Gerald Schröder „Die Plattenfehler und Retuschen der Notopfer- und Wohnungsbaumarken 1948–1956 – Handbuch und Katalog" (Eigenverlag 2008).

Am 1.4.1956 endete im gesamten Bundesgebiet die Verwendungspflicht der Zwangszuschlagsmarken.

Durchstich:

Bedingt durch die Herstellungsart können an die Randbeschaffenheit bei durchstochenen Marken nicht die gleichen Ansprüche wie an gezähnte gestellt werden. Die Trennung wird immer unsauber und ungenau sein.

Bundesrepublik Deutschland

Am 23.5.1949 trat das Grundgesetz der Bundesrepublik Deutschland in Kraft. Vorerst blieben die Postverwaltungen der Bizone sowie der drei Länder der französischen Zone in unveränderter Weise mit der Ausübung des Postdienstes betraut. Ab 3.10.1949 wurden sie dem Bundesminister für das Post- und Fernmeldewesen unterstellt.

Die Deutsche Bundespost (seit 1995 Deutsche Post AG) existiert ab 1.4.1950, nach der Aufhebung der Hauptverwaltung für das Post- und Fernmeldewesen des Vereinigten Wirtschaftsgebietes in Frankfurt a. Main sowie des Deutschen Postzentralamtes in der französischen Zone in Rastatt.

MiNr. 111 und 112 sowie die beiden Ganzsachen gleichen Motivs wurden durch Verfügung der OPD Freiburg und der OPD Tübingen vom 17.9.1949 ab 17.9. in der gesamten französischen Zone frankaturgültig.

Ab 3.10.1949 waren auch die Marken der Deutschen Post ab MiNr. 113 bzw. die der Bizone im Bereich der drei Länder der französischen Zone gültig. Ab dem gleichen Tag erhielten die Ausgaben der französischen Zone Frankaturgültigkeit im gesamten Bundesgebiet. Hierdurch wurden unterschiedlichste Mischfrankaturen der bisherigen Verwaltungen untereinander wie auch mit Ausgaben der Deutschen Bundespost möglich. Näheres siehe MICHEL-Briefe Deutschland.

Die Zulassung von Westzonen-Postwertzeichen erfolgte in West-Berlin – zunächst nur auf Sendungen an westdeutsche Empfänger – mit Verfügung „Vf. I C 1–2040" vom 27.10.1949.

Erst ab Ende Oktober/Anfang November 1949 durften westdeutsche Marken auch innerhalb West-Berlins verwendet (offiziell: „stillschweigend" geduldet) werden. Die endgültige Erlaubnis kam erst am 4.2.1950 heraus. Ein Verkauf westdeutscher Postwertzeichen hat niemals an Postschaltern West-Berlins stattgefunden (mit Ausnahme des „Sammlerschalters" in Berlin-Charlottenburg).

Vom 20.1.1950 bis 31.12.1991 konnten die Marken von West-Berlin auch im gesamten Bundesgebiet verwendet werden.

Vom 2.7.1990 bis 31.12.1991 durften die Marken der Deutschen Demokratischen Republik ab MiNr. 3344 mit Inschrift „Deutsche Post" einschließlich MiNr. 3353 mit Inschrift „DDR" auch im gesamten Bundesgebiet verwendet werden. Gleichzeitig durften die Marken der Deutschen Bundespost in der DDR verwendet werden.

Besonderheiten:

Abkürzungen der Druckereien siehe Anmerkung nach MiNr. 1525
Blockabbildungen siehe Anmerkung nach MiNr. 893
Entwertungen der Deutschen Bundespost siehe Anmerkung nach MiNr. 265
Ersttagsbriefe (FDC) siehe Anmerkung nach MiNr. 628
Fluoreszierendes Papier siehe Anmerkung nach MiNr. 565
Folienblätter, Folienbogen siehe vor der Automatenmarken-Katalogisierung
Rollenmarken (R) siehe Anmerkung nach MiNr. 186, 3281 und bei den jeweiligen Ausgaben
Sicherheitsaufdrucke siehe Anmerkung nach MiNr. 2179
Stempelfälschungen siehe Anmerkung nach MiNr. 122

Blockaufstellung siehe nach Jahressammlungen

Nicht ausgegebene Marken

MiNr. X	siehe nach MiNr. 373
MiNr. XI	siehe nach MiNr. 566
MiNr. XII	siehe nach MiNr. 609
MiNr. XIII	siehe nach MiNr. 1058
MiNr. XIV	siehe nach MiNr. 1469
MiNr. XV–XVIII	siehe nach MiNr. 2164
MiNr. XIX	siehe nach MiNr. 2222
MiNr. XX	siehe nach MiNr. 3265

Alle Farbangaben beziehen sich auf den MICHEL-Farbenführer ab 36. Auflage!

Wasserzeichen

Wz. 1 W
DP (stehend) und Striche (fallend)

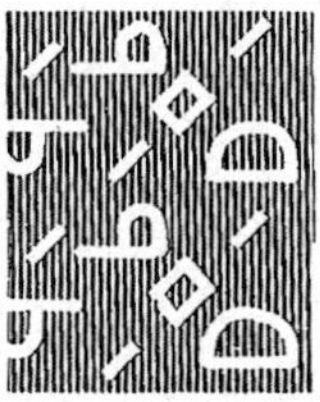
Wz. 1 Y
DP (liegend) und Striche (steigend)

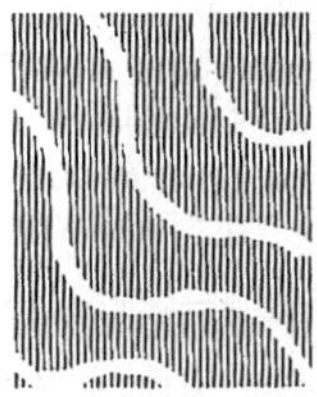
Wz. 3 X
Wellenlinien fallend

Wz. 3 Y
Wellenlinien steigend

Wz. 4
BP und Zickzacklinien

Wz. 5
DBP und Kreuzblüten

Währung: 1 Deutsche Mark (DM) = 100 Pfennig (Pf); ab 1.1.1999: 1 Euro (€) = 100 Cent (C); bis 31.12.2001: 1 € = 1,95583 DM

Preise ab 1955 ungebraucht für ✶✶, für ✶ mindestens 60% Nachlass bei nicht mehr frankaturgültigen Marken; frankaturgültige: ✶ = höchstens Nennwert

Wenn bei einzelnen Ausgaben nicht ausdrücklich anders vermerkt, gelten alle Preise für einwandfrei gezähnte (siehe „Briefmarken-Qualitätsstufen" im Einleitungsteil, Abb. 12), gut zentrierte (Abb. 17) Stücke mit klaren Abstempelungen, bei denen Ort und Datum einwandfrei identifizierbar sind (Abb. 24).

Alle teuren Ausgaben der Bundesrepublik Deutschland sollten nur geprüft erworben werden!

1949

1949, 7. Sept. Eröffnung des ersten Deutschen Bundestages, Bonn. Ⓔ Bittrof; Odr. Bagel (10×5); Wz. 1 Y; gez. L 14.

t) Richtfest

				✶✶	⊙	FDC
111	10 (Pf)	dkl'bläulichgrün [GA]	t	50,—	20,—	
112	20 (Pf)	rosarot [GA]	t	55,—	25,—	
		Satzpreis (2 W.) ✶ 40,—		100,—	45,—	150,—

Die unregelmäßige Linienzähnung bedingt z.T. unterschiedliche Markengrößen; keine Preisunterschiede!

Auflage: 3 000 000 Sätze *Gültig bis 31.8.1950*

MiNr. 111 und 112 waren ab 17.9.1949 auch in den drei Ländern der französischen Zone frankaturgültig (siehe Französische Zone Baden, Rheinland-Pfalz und Württemberg-Hohenzollern).

1949, 30. Sept. 100 Jahre deutsche Briefmarken. Ⓔ und RaTdr. Bruckmann (10×5); Wz. 3 Y; gez. K 13¾:14.

u) Marke Bayern MiNr. 1

v) Marke Bayern MiNr. 2

w) Marke Bayern MiNr. 4

				✶✶	⊙
113	10 + 2 (Pf)	grün/schwarz	u	17,—	30,—
114	20 (Pf)	orangerot/graublau	v	40,—	45,—
115	30 (Pf)	blau/siena	w	50,—	70,—
		Satzpreis (3 W.) ✶ 45,—		100,—	140,—
		FDC			200,—

⊙-Preise für Tagesstempel und rote Sonderstempel. Schwarze Sonderstempel verdienen Zuschläge!

Auflage: 1 000 000 Sätze *Gültig bis 31.8.1950*

1949, 9. Okt. 75 Jahre Weltpostverein (UPU). Ⓔ Bittrof; RaTdr. Burda (5×10); Wz. 1 W; gez. K 14.

x) Heinrich von Stephan (1831–1897), Postfachmann, Mitbegründer des Weltpostvereins; früheres Generalpostamt, Berlin; Ständehaus, Bern

				✶	✶✶	⊙
116	30 (Pf)	violettultramarin	x	26,—	70,—	48,—
			FDC			*1400,—*

Auflage: 2 000 000 Stück *Gültig bis 31.8.1950*

1949, 14. Dez. Wohlfahrt: Helfer der Menschheit (I). StTdr. (10×5); Wz. 1 W; gez. K 13¾:14.

y) Hl. Elisabeth, (1207–1231), Landgräfin von Thüringen

z) Paracelsus (1493–1541), Philosoph und Arzt

aa) Friedrich Fröbel (1782–1852), Pädagoge

ab) Johann Hinrich Wichern (1808–1881), evang. Theologe, Mitbegründer der Inneren Mission

				✶✶	⊙
117	8 + 2 (Pf)	dunkelbräunlichlila, dunkellilarot	y	16,—	25,—
118	10 + 5 (Pf)	dunkelolivgrün	z	13,—	14,—
119	20 + 10 (Pf)	rot	aa	13,—	14,—
120	30 + 15 (Pf)	dunkelviolettultramarin	ab	70,—	120,—
		Satzpreis (4 W.) ✶ 50,—		110,—	170,—
		FDC			1700,—

Auflagen: MiNr. 117 und 120 je 4 000 000, MiNr. 118 und 119 je 6 000 000 Stück

Gültig bis 31.3.1951

FDC = Ersttagsbrief (First Day Cover)

1950

1950, 28. Juli. 200. Todestag von Johann Sebastian Bach. Ⓔ Trump; StTdr. (10×5); Wz. 1 Y; gez. K 13¾:14.

ac) Siegel von J. S. Bach (1685–1750), Komponist

				✶	✶✶	⊙	FDC
121	10 + 2 (Pf)	schwarzolivgrün	ac	23,—	55,—	50,—	
122	20 + 3 (Pf)	dunkelkarmin	ac	23,—	60,—	55,—	
		Satzpreis (2 W.)		45,—	110,—	100,—	600,—

Auflage: 2 000 000 Sätze *Gültig bis 31.1.1951*

Stempelfälschungen

Die meisten Zuschlagsmarken oder gestempelt teurere Ausgaben der Bundesrepublik bis 1968 kommen häufig mit falschen oder verfälschten Abstempelungen vor. **Bei teureren Marken oder Blocks ist Prüfung anzuraten.** Außerhalb des angegebenen Gültigkeitszeitraumes nachgestempelte Marken sind wertlos!

Fehlt in Kopftexten (nach dem Druckverfahren) die Angabe einer Druckerei, wurden die Ausgaben in der Staats-, später Bundesdruckerei in Berlin hergestellt!

1951

Das Wz. 4 (Zierlinien und BP) kommt in 8 verschiedenen Lagen vor:

Va: Zierlinien steigend, BP kopfstehend

Vb: Zierlinien steigend, BP normal stehend

Vc: Zierlinien fallend, BP nach rechts liegend

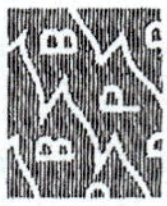

Vd: Zierlinien fallend, BP nach links liegend

W: Zierlinien fallend, BP seitenverkehrt stehend

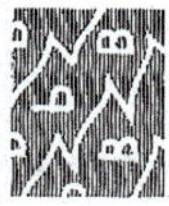

X: Zierlinien steigend, BP seitenverkehrt nach rechts liegend

Y: Zierlinien steigend, BP seitenverkehrt nach links liegend

Z: Zierlinien fallend, BP seitenverkehrt kopfstehend

1951, 20. Juni/1952, 16. April. Freimarken: Posthorn. E Mathey; MiNr. 123–131 Bdr., MiNr. 132–138 StTdr. Bogen (B) (10×10), Markenheftchen (MH) und Rollen (R); Wz. 4 W; gez. K 14.

ad) Ziffer(n) mit Posthorn

ad I) Ziffern mit Posthorn

					✶	✶✶	⊙	FDC
123	2 (Pf)	gelbgrün (1.8.1951) (B)	ad	0,50	6,—	1,30	28,—
124	4 (Pf)	lebhaftgelbbraun (20.6.1951) (B) (MH) (R)	ad	0,80	7,—	0,40	22,—
125	5 (Pf)	dunkellilapurpur (1.8.1951) (B)	ad	2,50	18,—	0,40	28,—
126	6 (Pf)	orange (20.9.1951) (B) (MH)	ad	6,—	22,—	4,—	45,—
127	8 (Pf)	dunkelgrünlichgrau, grau (20.9.1951) (B) GA	ad	6,—	22,—	8,—	50,—
128	10 (Pf)	dunkelgrün (20.6.1951) (B) (MH) (R) GA	ad	2,—	14,—	0,40	28,—
129	15 (Pf)	dunkelbläulichviolett (20.9.1951) (B)	ad	12,—	45,—	1,30	95,—
130	20 (Pf)	karminrot (20.6.1951) (B) (MH) (R) GA	ad	1,50	11,—	0,40	28,—
131	25 (Pf)	dunkelbraunkarmin (20.9.1951) (B)	ad	25,—	100,—	7,—	200,—
132	30 (Pf)	schwärzlichultramarin (1.8.1951) (B)	ad I	15,—	60,—	0,80	200,—
133	40 (Pf)	dunkelgraulila (20.12.1951) (B)	ad I	35,—	140,—	0,80	350,—
134	50 (Pf)	grautürkis (11.3.1952) (B)	ad I	50,—	200,—	0,80	1500,—
135	60 (Pf)	siena (20.12.1951) (B)	ad I	35,—	150,—	0,80	500,—
136	70 (Pf)	gelborange (11.3.1952) (B)	ad I	180,—	500,—	19,—	1700,—
137	80 (Pf)	rosarot (16.4.1952) (B)	ad I	180,—	500,—	3,—	1800,—
138	90 (Pf)	grünlicholiv (16.4.1952) (B)	ad I	200,—	550,—	3,50	1800,—
			Satzpreis (16 W.)	700,—	2200,—	50,—	

MiNr. 136–138 weisen meist Dezentrierungen und leichte Zähnungsmängel auf.

Die Ungebraucht-Preise für MiNr. 123–138 verstehen sich nur für Marken, die als echt und völlig einwandfrei attestiert sind; die Gebrauchtbewertungen gelten für gute Bedarfserhaltung!

MiNr. 126, 127, 129 und 131 wurden in Erlangen bereits ab 15.9.1951 verkauft.

FALSCH Vorsicht vor Nachgummierungen der MiNr. 123–138. Auch private Nachdrucke in Odr. bekannt!

Weitere FDC-Bewertungen:

	FDC
124, 128, 130 (20.6.1951)	75,—
123, 125, 132 (1.8.1951)	220,—
126, 127, 129, 131 (20.9.1951)	350,—
133, 135 (20.12.1951)	850,—
134, 136 (11.3.1952)	3200,—
137, 138 (16.4.1952)	3500,—

Rollenmarken (R):

Die Rollenmarken weisen rückseitig keine Zählnummern auf. Als Nachweis für Rollenmarken sind daher Elferstreifen nötig. Katalogisierung siehe MICHEL-Deutschland-Spezial bzw. MICHEL-Handbuch Rollenmarken Deutschland.

Waagerechte Paare (aus Bogen bzw. Markenheftchenbogen):

	✶	✶✶	⊙
123/123	6,—	18,—	25,—
124/124	6,—	18,—	20,—
125/125	15,—	45,—	15,—
126/126	20,—	60,—	140,—
127/127	20,—	60,—	150,—
128/128	10,—	30,—	10,—

	✶	✶✶	⊙
129/129	40,—	120,—	180,—
130/130	8,—	25,—	25,—
131/131	90,—	260,—	240,—
132/132	50,—	150,—	200,—
133/133	120,—	350,—	250,—
134/134	160,—	450,—	70,—
135/135	120,—	350,—	250,—
136/136	600,—	1500,—	400,—
137/137	600,—	1500,—	500,—
138/138	650,—	1600,—	400,—

Einzelmarken mit anhängendem Bogenrand ✶✶ bis zu 50% vorstehender Paarpreise, ⊙ ca. 800% Aufschlag auf Einzelmarkenpreise.

Auflagen (Die in Klammern angegebenen Zahlen sind die schon in der Gesamtauflage enthaltenen Auflagen der in Rollen hergestellten Marken):

MiNr. 123 = 120 430 000
MiNr. 124 = 1 931 515 000 (R = 26 315 000)
MiNr. 125 = 356 560 000
MiNr. 126 = 146 730 000
MiNr. 127 = 93 660 000
MiNr. 128 = 3 510 250 000 (R = 51 050 000)
MiNr. 129 = 180 610 000
MiNr. 130 = 2 571 370 000 (R = 20 170 000)
MiNr. 131 = 99 100 000
MiNr. 132 = 209 300 000
MiNr. 133 = 185 350 000
MiNr. 134 = 106 000 000
MiNr. 135 = 231 800 000
MiNr. 136 = 34 100 000
MiNr. 137 = 74 170 000
MiNr. 138 = 59 650 000

Gültig bis 31.12.1954

1951, 30. Aug. 700 Jahre Marienkirche Lübeck. 🄴 Bittrof; Odr. Westermann (5×5); Wz. 1 W; gez. L 13¾.

af) Wandmalerei in der Marienkirche

				✶✶	⊙
139	10 + 5 (Pf)	dunkelolivgrün/schwarzgrau	af	110,—	80,—
140	20 + 5 (Pf)	lilakarmin/schwarzgrau	af	110,—	85,—
		Satzpreis (2 W.) ✶ 75,—		220,—	160,—
			FDC		1800,—

MiNr. 139–140 sind meist schlecht gezähnt. Die Preise gelten für Marken mit nur kleinen Zahnfehlern (siehe „Briefmarken-Qualitätsstufen“ im Einleitungsteil, Abb. 13) und den üblichen leichten Gummibügen; völlig einwandfreie Stücke mind. 20% Aufschlag!

FALSCH *oWz.*

Auflage: 2 000 000 Sätze *Gültig bis 29.2.1952*

1951, 14. Sept. Nationale Briefmarkenausstellung (NBA), Wuppertal. 🄴 Schardt; Odr. (10×5); Wz. 4 W; gez. K 13¾:14.

ag) Altdeutsche Marken unter der Lupe

				✶✶	⊙
141	10 + 2 (Pf)	mehrfarbig	ag	45,—	50,—
142	20 + 3 (Pf)	mehrfarbig	ag	50,—	55,—
		Satzpreis (2 W.) ✶ 35,—		90,—	100,—
			FDC		300,—

Auflage: 1 000 000 Sätze *Gültig bis 31.3.1952*

Notizen:

1951, 23. Okt. Wohlfahrt: Helfer der Menschheit (II). 🄴 Zapf; StTdr. (10×5); Wz. 4 X; gez. K 13¾:14.

ah) Hl. Vinzenz von Paul (1581–1660), französ. kath. Seelsorger, Begründer der Caritas

ai) Friedrich von Bodelschwingh (1831–1910), evang. Theologe, 1. Leiter der Bethel-Anstalten

ak) Elsa Brändström (1888–1948), schwed. Kriegsgefangenen-Fürsorgerin

al) Johann Heinrich Pestalozzi (1746–1827), schweizer. Erzieher und Sozialreformer

				✶✶	⊙
143	4 + 2 (Pf)	dunkelbraun	ah	10,—	10,—
144	10 + 3 (Pf)	schwärzlichgrün	ai	13,—	8,—
145	20 + 5 (Pf)	rot	ak	13,—	8,—
146	30 + 10 (Pf)	dunkelviolettultramarin	al	110,—	120,—
		Satzpreis (4 W.) ✶ 65,—		140,—	140,—
			FDC		1400,—

Auflagen: MiNr. 143 = 2 856 482, MiNr. 144 = 2 516 807, MiNr. 145= 2 490 991, MiNr. 146 = 947 960 Stück

Gültig bis 31.5.1952

1951, 10. Dez. 50. Jahrestag der Verleihung des Nobelpreises an Wilhelm Röntgen. 🄴 Barth; StTdr. (10×10); Wz. 4 W; gez. K 14.

am) W. Röntgen (1845–1923), Physiker; erste Röntgenröhre (1895)

				✶	✶✶	⊙
147	30 (Pf)	kobalt/schwärzlichultramarin	am	32,—	80,—	20,—
			FDC			500,—

FALSCH mit Linienzähnung

Auflage: 5 000 000 Stück *Gültig bis 31.5.1952*

1952

1952, 15. April. 500. Geburtstag von Leonardo da Vinci. 🄴 Zapf; Odr. Bagel (10×5); Wz. 3 Y; gez. K 13¾:13½.

an) Mona Lisa Gioconda; Gemälde von Leonardo da Vinci (1452–1519), italien. Maler, Ingenieur, Erfinder

				✶	✶✶	⊙
148	5 (Pf)	mehrfarbig	an	0,60	1,60	1,80
			FDC			200,—

Die Farbe der MiNr. 148 ist lichtempfindlich. Vorsicht vor Farbverfälschungen!

Auflage (verkauft): 11 726 000 Stück *Gültig bis 31.12.1953*

1952, 25. Juli. Tagung des Lutherischen Weltbundes, Hannover. [E] Zapf; StTdr. (10×5); Wz. 4 W; gez. K 14.

ao) Martin Luther (1483–1546), Reformator; Holzschnitt von Lucas Cranach d. Ä. (1472–1553), Maler, Zeichner

				✶	✶✶	⊙
149	10 (Pf)	schwärzlicholivgrün . ao		5,—	15,—	6,—
					FDC	50,—

Auflage: 5 000 000 Stück *Gültig bis 31.12.1953*

1952, 25. Juli. 75 Jahre Otto-Viertakt-Gasmotor. [E] Schnell; StTdr. (10×10); Wz. 4 W; gez. K 14.

ap) Nikolaus Otto (1832–1891), Maschinenbauer; Ottomotor

			✶	✶✶	⊙
150	30 (Pf)	schwarzultramarin . . ap	14,—	32,—	16,—
				FDC	90,—

Auflage: 5 000 000 Stück *Gültig bis 31.12.1953*

1952, 9. Aug. 100 Jahre Germanisches Nationalmuseum Nürnberg. [E] Goldammer; StTdr. (10×5); Wz. 4 X; gez. K 13¾:14.

ar) Nürnberger Madonna (aus dem Museum)

			✶	✶✶	⊙
151	10 + 5 (Pf)	olivgrün . . . . ar	6,—	17,—	20,—
				FDC	70,—

Auflage: 1 500 000 Stück *Gültig bis 31.12.1953*

1952, 6. Sept. Rückgabe der Insel Helgoland. [E] Goldammer; StTdr. (10×10); Wz. 4 W; gez. K 14.

as) Hochsee-Fischdampfer vor Helgoland

			✶	✶✶	⊙
152	20 (Pf)	lebhaftkarminrot . . . . as	6,—	15,—	7,—
				FDC	55,—

Auflage: 5 000 000 Stück *Gültig bis 31.12.1953*

1952, 17. Sept. Jugend: Zweiter Bundesjugendplan. [E] Bittrof; StTdr. (10×5); Wz. 4 W; gez. K 13¾:14.

at) Wandernde Jungen, Jugendherberge

au) Wandernde Mädchen, Jugendherberge

			✶✶	⊙
153	10 + 2 (Pf)	schwärzlicholivgrün . . . . . . at	23,—	23,—
154	20 + 3 (Pf)	karminrot . . . . au	23,—	23,—
		Satzpreis (2 W.) ✶ 20,—	45,—	45,—
		FDC		130,—

Auflage: 1 500 000 Sätze *Gültig bis 30.6.1954*

1952, 17. Sept. 100. Jahrestag der Landung von Carl Schurz in Amerika. [E] und Odr. Bagel (10×5); Wz. 3 Y; gez. K 13¾:13½.

av) C. Schurz (1829–1906), deutscher Freiheitskämpfer, später amerik. Staatsmann; Hintergrund Erdkugel

			✶	✶✶	⊙
155	20 (Pf)	mehrfarbig . . . . av	8,50	20,—	10,—
				FDC	45,—

Auflage: 5 000 000 Stück *Gültig bis 31.12.1953*

1952, 1. Okt. Wohlfahrt: Helfer der Menschheit (III). [E] Schnell (MiNr. 156, 157, 159) und Piwczyk (MiNr. 158); StTdr. (10×5); Wz. 4 X; gez. K 13¾:14.

aw) Elizabeth Fry (1780–1845), britische Reformerin des Gefängniswesens

ax) Dr. Carl Sonnenschein (1876–1929), kath. Seelsorger, Sozialpolitiker

ay) Theodor Fliedner (1800–1864), evang. Pfarrer, Gründer der Diakonissenhäuser

az) Henri Dunant (1828–1910), schweizer. Mitbegründer des Roten Kreuzes, Friedens-Nobelpreis 1901

			✶✶	⊙
156	4 + 2 (Pf)	dunkelbraunorange . . . . . aw	12,—	8,—
157	10 + 5 (Pf)	schwärzlicholivgrün . . . . . ax	12,—	8,—
158	20 + 10 (Pf)	dunkelbraunrot . . . . ay	16,—	12,—
159	30 + 10 (Pf)	schwarzblau . . . . az	90,—	80,—
		Satzpreis (4 W.) ✶ 55,—	130,—	100,—
		FDC		320,—

Auflagen: MiNr. 156 = 2 500 000, MiNr. 157 = 3 500 000, MiNr. 158 = 3 000 000, MiNr. 159 = 1 300 000 Stück

Gültig bis 31.12.1953

1952, 25. Okt. 100. Jahrestag der Erstausgabe der Briefmarken von Thurn und Taxis; Tag der Briefmarke. [E] und Odr. Bagel (5×10); Wz. 3 X; gez. K 13½:13¾.

ba) Karriol-(Felleisen-) Post der Thurn und Taxis'schen Post 1846

Wz. 3 X
Wellenlinien fallend

			✶	✶✶	⊙
160	10 (Pf)	mehrfarbig . . . . ba	2,30	6,—	3,50
				FDC	*130,—*

Auflage: 10 000 000 Stück *Gültig bis 31.12.1953*

1952, 27. Okt. 75 Jahre Telefon in Deutschland. [E] Zapf; RaTdr. Bruckmann (10×5); Wz. 3 Y; gez. K 13¾:14.

bb) Philipp Reis (1834–1874), Physiker, Erfinder des Telefons

			✶	✶✶	⊙
161	30 (Pf)	kobalt . . . . bb	22,—	55,—	18,—
				FDC	90,—

Auflage: 5 000 000 Stück *Gültig bis 31.12.1953*

Notizen:

1953

1953, 30. März. Verkehrsunfall-Verhütung. ☐ **Weinert; Odr. Bagel (10×5); Wz. 3 X; gez. K 13¾:13½.**

bc) Mutter mit verletztem Jungen, Verkehrszeichen

				✶	✶✶	⊙
162	20 (Pf)	mehrfarbig . . . . bc		7,—	18,—	6,—
			FDC			90,—

Auflage: 10 000 000 Stück *Gültig bis 30.6.1954*

1953, 7. Mai. 50 Jahre Deutsches Museum München. ☐ **Cordier; StTdr. (10×5); Wz. 4 Y; gez. K 13¾:14.**

bd) Eule auf Zahnrad (Signum des Deutschen Museums)

				✶	✶✶	⊙
163	10 + 5 (Pf)	dunkelolivgrün . bd		14,—	30,—	32,—
			FDC			65,—

Auflage: 1 500 000 Stück *Gültig bis 30.6.1954*

1953, 8. Mai. 125. Geburtstag von Henri Dunant (1828–1910), schweizer. Mitbegründer des Roten Kreuzes, Friedensnobelpreis 1901. ☐ **Baum; Odr. Bagel (10×5); Wz. 3 X; gez. K 13¾:13½.**

be) Windrose mit Lilie, Rotes Kreuz

				✶	✶✶	⊙
164	10 (Pf)	schwärzlicholivgrün/ zinnoberrot . . . . be		6,—	22,—	7,50
			FDC			45,—

Auflage: 5 000 000 Stück *Gültig bis 30.6.1954*

1953, 9. Mai. Deutsche Kriegsgefangene. ☐ **Walter; komb. Bdr. und Prägedr. (10×5); gez. K 13¾:14.**

bf) Kriegsgefangener hinter Stacheldraht

				✶	✶✶	⊙
165	10 (Pf)	dunkelgelblichgrau/ grauschwarz . . . . bf		2,50	7,—	0,50
			FDC			40,—

Auflage: 101 200 000 Stück *Gültig bis 31.12.1954*

1953, 12. Mai. 150. Geburtstag von Justus von Liebig. ☐ **Schnell; StTdr. (10×10); Wz. 4 W; gez. K 14.**

bg) J. von Liebig (1803–1873), Chemiker und Naturforscher

				✶	✶✶	⊙
166	30 (Pf)	schwarzblau . . . . . . bg		12,—	35,—	25,—
			FDC			60,—

Auflage: 5 000 000 Stück *Gültig bis 30.6.1954*

1953, 20. Juni. Deutsche Verkehrsausstellung, München. ☐ **Bittrof; StTdr. (10×10); Wz. 4 W; gez. K 14.**

bh) Bahn

bi) Luftpost

bk) Straße

bl) Wasserstraße

bh–bl) stilis. Darstellungen des Verkehrs; im Kreis Frauenkirche München

				✶✶	⊙
167	4 (Pf)	lebhaftbraun . . . . bh		7,50	5,—
168	10 (Pf)	dunkelolivgrün . . . . bi		15,—	8,—
169	20 (Pf)	rot . . . . bk		17,—	10,—
170	30 (Pf)	schwärzlichblau . . . . bl		50,—	20,—
			Satzpreis (4 W.) ✶ 30,—	85,—	40,—
			FDC		120,—

Auflage: 5 000 000 Sätze *Gültig bis 30.6.1954*

1953, 29. Juli. Internationale Briefmarkenausstellung „IFRABA 1953", Frankfurt a. M. ☐ **Brudi; Odr. Bagel (10×5); Wz. 3 X; gez. K 13¾:13½.**

bm) Portal des Palais Thurn und Taxis in Frankfurt a. M., 1741

bn) Neue Fernmeldebauten in Frankfurt a. M.

				✶✶	⊙
171	10 + 2 (Pf)	mehrfarbig . . . . bm		25,—	28,—
172	20 + 3 (Pf)	mehrfarbig . . . . bn		25,—	28,—
			Satzpreis (2 W.) ✶ 18,—	50,—	55,—
			FDC		110,—

Auflage: 1 380 000 Sätze *Gültig bis 31.12.1954*

1953, 2. Nov. Wohlfahrt: Helfer der Menschheit (IV). ☐ **Schnell; Grafische Ausarbeitung: Zapf; StTdr. (10×5); Wz. 4 X; gez. K 13¾:14.**

bo) August Hermann Francke (1663–1727), evang. Theologe

bp) Sebastian Kneipp (1821–1897), kath. Pfarrer

br) Dr. Johann Christian Senckenberg (1707–1772), Arzt

bs) Fridtjof Nansen (1861–1930), norweg. Polarforscher, Zoologe, Friedensnobelpreis 1922

				✶✶	⊙
173	4 + 2 (Pf)	braun . . . . bo		7,—	10,—
174	10 + 5 (Pf)	dunkelopalgrün . . . . bp		10,—	10,—
175	20 + 10 (Pf)	schwärzlichrot . . . . br		18,—	10,—
176	30 + 10 (Pf)	schwärzlichblau . . . . bs		65,—	75,—
			Satzpreis (4 W.) ✶ 35,—	100,—	100,—
			FDC		250,—

Auflagen: MiNr. 173 = 2 900 000, MiNr. 174 = 4 000 000, MiNr. 175 = 3 150 000, MiNr. 176 = 1 350 000 Stück

Gültig bis 31.12.1954

1954

1954, 31. Jan./1961, 15. Juli. Freimarken: Bundespräsident Theodor Heuss (I). E Bittrof; MiNr. 177–186 Bdr. (10×10), MiNr. 187 bis 196 StTdr. Bogen (B) (MiNr. 187–193 10×10, MiNr. 194–196 10×5), Markenheftchen (MH) und Rollen (R); x = Papier ohne, y = Papier mit Fluoreszenz; Wz. 4 in verschiedenen Lagen; MiNr. 177 bis 193 gez. K 14, MiNr. 194–196 gez. K 13¾:14.

bt

bu

bv

bt) Markengröße 21,5×25,5 mm
bu) Markengröße 23×27,3 mm
bv) Markengröße 27,5×32,8 mm

bt–bv) Prof. Dr. Th. Heuss (1884–1963), 1. Bundespräsident

x = Papier ohne Fluoreszenz, W = Wz. 4 W, X = Wz. 4 X, Y = Wz. 4

MiNr.	Wert		Beschreibung		✶	✶✶	⊙	FDC
177 x W	2	(Pf)	(dunkel)gelboliv (15.6.1954), Wz. 4 W (B) (MH)	bt	0,10	0,30	0,30	120,—
178 x W	4	(Pf)	(lebhaft)braunorange (31.1.1954), Wz. 4 W (B) (R)	bt	0,10	0,30	0,30	40,—
179 x	5	(Pf)	(lebhaft)rosalila (1.4.1954)	bt				
W			Wz. 4 W (B) (MH) (R)		0,10	0,30	0,30	120,—
Y			Wz. 4 Y (MH)		0,20	0,90	1,—	
180 x W	6	(Pf)	lebhaftbraun (1.4.1954), Wz. 4 W (B)	bt	0,20	0,80	1,—	120,—
181 x W	7	(Pf)	(lebhaft)bläulichgrün (28.7.1954), Wz. 4 W (B) (R)	bt	0,10	0,30	0,40	120,—
182 x	8	(Pf)	dunkelgrünlichgrau, (gelblich)grau (1.4.1954) GA	bt				
W			Wz. 4 W (B) (MH)		0,10	0,30	0,80	120,—
Y			Wz. 4 Y (MH)		20,—	60,—	150,—	
183 x	10	(Pf)	smaragdgrün (31.1.1954) GA	bt				
W			Wz. 4 W (B) (MH) (R)		0,10	0,30	0,30	40,—
Y			Wz. 4 Y (MH)		0,20	0,90	1,—	
184 x W	15	(Pf)	dunkelblau bis preußischblau (1.4.1954), Wz. 4 W (B) (R)	bt	0,20	0,80	0,60	120,—
185 x	20	(Pf)	rotkarmin (31.1.1954) GA	bt				
W			Wz. 4 W (B) (MH) (R)		0,10	0,30	0,30	40,—
Y			Wz. 4 Y (MH)		0,20	0,90	1,—	
186 x W	25	(Pf)	mittel- bis lebhaftlilabraun (15.6.1954), Wz. 4 W (B) (R)	bt	0,20	0,80	0,70	450,—
187 x W	30	(Pf)	(lebhaft)kobalt (31.1.1954), Wz. 4 W (B)	bu	5,—	15,—	6,—	60,—
188 x W	40	(Pf)	schwärzlichpurpur (1.4.1954), Wz. 4 W (B) (R)	bu	2,—	6,—	0,40	240,—
189 x W	50	(Pf)	grünlichschwarz (15.6.1954), Wz. 4 W (B)	bu	75,—	200,—	0,60	600,—
190 x W	60	(Pf)	braunrot (15.6.1954), Wz. 4 W (B)	bu	12,—	45,—	0,80	600,—
191 x W	70	(Pf)	lebhaftbraunoliv (15.6.1954), Wz. 4 W (B) (R)	bu	6,—	18,—	2,50	600,—
192 x W	80	(Pf)	bräunlichrot (15.6.1954), Wz. 4 W (B)	bu	1,—	3,—	6,—	600,—
193 x W	90	(Pf)	schwärzlichgrün (15.6.1954), Wz. 4 W (B)	bu	5,—	15,—	3,—	600,—
194 x X	1	DM	dunkelgelboliv (1.4.1954), Wz. 4 X (B)	bv	0,70	1,70	0,40	650,—
195 x X	2	DM	violettblau (15.6.1954), Wz. 4 X (B)	bv	1,—	3,—	1,50	3000,—
196 x X	3	DM	dunkelrosalila (15.6.1954), Wz. 4 X (B)	bv	2,50	8,—	3,—	2500,—
			Satzpreis (20 W.)		110,—	300,—	28,—	

y = Papier fl., Wz. 4 W

MiNr.	Wert		Beschreibung		✶	✶✶	⊙	FDC
179 y	5	(Pf)	rosalila (Aug. 1960) (B)	bt	4,—	11,—	50,—	
181 y	7	(Pf)	(lebhaft)bläulichgrün (Aug. 1960) (B)	bt	0,20	0,80	5,—	
183 y	10	(Pf)	smaragdgrün	bt	0,40	1,—	1,20	
184 y	15	(Pf)	dunkelblau (Aug. 1960) (B) (R)	bt	3,50	9,—	48,—	
185 y	20	(Pf)	rotkarmin (Aug. 1960) (B) (R)	bt	1,—	2,—	4,50	
186 y	25	(Pf)	lebhaftlilabraun (Aug. 1960) (B) (R)	bt	7,50	17,—	140,—	
			Satzpreis (6 W.)		16,—	40,—	240,—	—,—

MiNr. 179 y–186 y

Vorsicht vor Nachgummierungen der teureren Werte, Prüfung ratsam; ⊙-Preise ab 10,— gelten nur für (BPP-)geprüfte Stücke!

Weitere FDC-Bewertungen:

	FDC
178 x, 183 x, 185 x, 187 x (31.1.1954)	100,—
178 x, 183 x, 185 x, 187 x (31.1.1954)1)	120,—
179 x, 180 x, 182 x, 184 x, 188 x, 194 x (1.4.1954)	1300,—
177 x, 186 x, 189 x–193 x, 195 x, 196 x (15.6.1954)	5500,—

1) Sonder-FDC zum 70. Geburtstag von Prof. Dr. Heuss mit Stempel 31.1.1954 des Sonderpostamtes Bonn 1; dieser Stempel wurde bis zum 28.7.1954 verwendet, sodass außer den vier ausgegebenen Werten theoretisch alle Werte MiNr. 177 x–196 x in den verschiedensten Kombinationen vorkommen können. Solche Stücke können nicht als FDC bezeichnet und daher nicht katalogisiert werden.

Weitere handelsübliche Satzzusammenstellungen:

	✶	✶✶	⊙
179 x Y, 182 x Y, 183 x Y, 185 x Y, 285 Y (5 W.), liegendes Wasserzeichen	30,—	70,—	170,—
179 y W, 181 y W, 183 y W–186 y W, 259 y W, 260 y (8 W., "Heuss lumogen")	30,—	65,—	450,—

Waagerechte Paare (aus Bogen bzw. Markenheftchenbogen):

x = Papier ohne Fluoreszenz

	✱	✱✱	⊙
177 x W/177 x W	0,30	1,—	12,—
178 x W/178 x W	0,30	1,—	10,—
179 x W/179 x W	0,30	1,—	7,50
180 x W/180 x W	0,70	2,—	15,—
181 x W/181 x W	0,70	2,—	25,—
182 x W/182 x W	0,50	1,50	20,—
183 x W/183 x W	0,40	1,30	7,50
184 x W/184 x W	1,40	4,—	50,—
185 x W/185 x W	0,50	1,60	17,—
185 x Y/185 x Y (nur aus MHB)	1,40	4,—	*40,—*
186 x W/186 x W	1,70	5,—	70,—
187 x W/187 x W	35,—	100,—	140,—
188 x W/188 x W	18,—	55,—	250,—
189 x W/189 x W	300,—	750,—	15,—
190 x W/190 x W	70,—	170,—	200,—
191 x W/191 x W	70,—	170,—	200,—
192 x W/192 x W	4,—	12,—	400,—
193 x W/193 x W	20,—	60,—	150,—
194 x X/194 x X	2,—	6,—	10,—
195 x X/195 x X	4,—	12,—	40,—
196 x X/196 x X	9,—	26,—	17,—

y = Papier fl.

	✱	✱✱	⊙
179 y/179 y	10,—	28,—	*200,—*
181 y/181 y	0,80	2,—	*70,—*
183 y/183 y	1,60	3,50	*70,—*
184 y/184 y	8,—	24,—	*200,—*
185 y/185 y	2,—	6,—	*70,—*
186 y/186 y	13,—	38,—	*500,—*

Einzelmarken mit Bogenrand ✱✱ bis zu 50% vorstehender Paarpreise, ⊙ ca. 400% Aufschlag auf Einzelmarkenpreise

Rollenmarken mit rückseitiger Nummer (R):

Zunächst wurden die Rollenmarken ohne rückseitige Zählnummer ausgegeben. Nachweis der Herkunft aus Rollen nur mittels Elferstreifen möglich. Katalogisierung siehe MICHEL-Deutschland-Spezial bzw. MICHEL-Handbuch Rollenmarken Deutschland.

rote Zählnummern:

	Einzelmarken			5er-Str.
	✱	✱✱	⊙	✱✱
183 y R	6,—	15,—	65,—	40,—
184 y R	13,—	40,—	280,—	145,—
185 y R	12,—	35,—	75,—	70,—
186 y R	24,—	65,—	280,—	200,—

schwarze Zählnummern:

	Einzelmarken			5er-Str.
	✱	✱✱	⊙	✱✱
179 x W R	1,—	2,60	11,—	7,50
181 x W R	1,40	3,—	15,—	9,—
183 x W R	12,—	33,—	4,—	95,—
184 x W R	7,50	20,—	8,—	55,—
185 x W R	20,—	55,—	10,—	150,—
186 x W R	7,50	20,—	10,—	50,—

FALSCH aus x-Werten verfälschte y-Werte

Auflagen (Die in Klammern angegebenen Zahlen (R =) sind die schon in der Gesamtauflage enthaltenen Auflagen der in Rollen hergestellten Marken):

MiNr. 177 x = 112 000 000
MiNr. 178 x = 328 700 000 (R = 20 000 000)
MiNr. 179 x = 439 000 000 (R = 26 500 000)
MiNr. 179 y = 805 000
MiNr. 180 x = 47 000 000
MiNr. 181 x = 3 206 500 000 (R = 80 100 000)
MiNr. 181 y = 7 150 000
MiNr. 182 x = 155 000 000
MiNr. 183 x = 7 199 500 000 (R = 204 000 000)

MiNr. 183 y = 17 050 000 (R = 5 700 000)
MiNr. 184 x = 926 700 000 (R = 78 000 000)
MiNr. 184 y = 2 970 000 (R = 1 600 000)
MiNr. 185 x = 4 848 000 000 (R = 92 000 000)
MiNr. 185 y = 11 255 000 (R = 4 230 000)
MiNr. 186 x = 766 600 000 (R = 69 300 000)
MiNr. 186 y = 4 160 000 (R = 2 570 000)
MiNr. 187 x = 140 500 000
MiNr. 188 x = 250 500 000 (R = 10 000 000)

MiNr. 189 x = 139 000 000
MiNr. 190 x = 129 000 000
MiNr. 191 x = 201 500 000 (R = 10 000 000)
MiNr. 192 x = 49 000 000
MiNr. 193 x = 51 500 000
MiNr. 194 x = 234 500 000
MiNr. 195 x = 62 200 000
MiNr. 196 x = 49 000 000

Gültig bis 31.12.1964

Weitere Werte siehe Zusammenfassung nach Blockaufstellung

Bildgleiche Marken mit zusätzlicher Inschrift „SAARLAND" siehe Saar MiNr. 380–399 und MiNr. 409–428

Rollenmarken (R):

Für den Verkauf aus Automaten werden Marken im Rollendruck hergestellt. Ab etwa 1954 trägt jede 5. Marke rückseitig eine Zählnummer. Preise für Elferstreifen ohne Zählnummern und für Einzelmarken und Elferstreifen mit Zählnummern siehe bei den jeweiligen Markenausgaben. Ausführliche Katalogisierung siehe MICHEL-Handbuch Rollenmarken Deutschland.

1954, 13. März. 100. Geburtstag von Prof. Paul Ehrlich und Emil von Behring. Ⓔ Boehland; Odr. Bagel (5×10); Wz. 3 Y; gez. K 13½:13¾.

bw) Prof. P. Ehrlich (1854–1915), Serologe, Nobelpreis 1908; E. von Behring (1854–1917), Serologe, Nobelpreis 1901

				*	**	⊙
197	10 (Pf)	schwärzlichgrün . . . bw		5,50	12,—	4,50
			FDC			45,—

Von MiNr. 197 gibt es zahlreiche Farbtönungen sowie z. T. erhebliche Formatunterschiede.

Auflage: 10 000 000 Stück *Gültig bis 30.6.1955*

1954, 5. Mai. 500 Jahre Gutenberg-Bibel. Ⓔ Brudi; Bdr. (10×5); Wz. 4 W; gez. K 13¾:14.

bx) Drucker (15. Jh.) an der Gutenberg-Handpresse

				*	**	⊙
198	4 (Pf)	schwarzlilabraun bis schwarzbraun . . . . bx		0,70	1,80	0,80
			FDC			25,—

Auflage: 21 200 000 Stück *Gültig bis 30.6.1955*

1954, 5. Juni. 1200. Todestag des hl. Bonifatius (672/73–754), „Apostel der Deutschen", Benediktiner. Ⓔ Göhlert; komb. StTdr. und Prägedr. (10×5); gez. K 13¾:14.

by) Mitra von Schwert durchbohrt

				*	**	⊙
199	20 (Pf)	lilagrau/orangerot . . by		4,—	9,—	5,—
			FDC			36,—

Auflage: 5 000 000 Stück *Gültig bis 30.6.1955*

1954, 28. Dez. Wohlfahrt: Helfer der Menschheit (V). Ⓔ Walter; StTdr. (10×5); Wz. 4 X; gez. K 13¾:14.

bz) Käthe Kollwitz (1867–1945), Grafikerin und Malerin

ca) Lorenz Werthmann (1858–1921), kath. Theologe, Gründer des Caritasverbandes

cb) Johann Friedrich Oberlin (1740–1826), elsäss. evang. Pfarrer

cc) Bertha Pappenheim (1859–1936), Sozialarbeiterin

				**	⊙
200	7 + 3 (Pf)	siena . . . . bz		4,—	4,—
201	10 + 5 (Pf)	schwärzlicholivgrün . . . . . ca		2,—	2,—
202	20 + 10 (Pf)	rot . . . . cb		12,—	6,—
203	40 + 10 (Pf)	dunkelgraublau cc		37,—	45,—
		Satzpreis (4 W.)	* 24,—	55,—	55,—
			FDC		170,—

Auflagen: MiNr. 200 = 3 100 000, MiNr. 201 = 5 300 000, MiNr. 202 = 3 700 000, MiNr. 203 = 1 550 000 Stück

Gültig bis 31.12.1955

Fehlt in Kopftexten (nach dem Druckverfahren) die Angabe einer Druckerei, wurden die Ausgaben in der Staats-, später Bundesdruckerei in Berlin hergestellt!

1955

1955, 23. Febr. 100. Todestag von Carl Friedrich Gauß. Ⓔ Eidenbenz; StTdr. (10×5); Wz. 4 X; gez. K 13¾:14.

cd) C. F. Gauß (1777–1855), Mathematiker, Astronom, Physiker

				**	⊙
204	10 (Pf)	schwärzlichopalgrün . . . . cd		6,—	0,80
			FDC		35,—

Auflage: 22 250 000 Stück *Gültig bis 30.6.1956*

✈ 1955, 31. März. Flugdienstbeginn der Deutschen Lufthansa. Ⓔ Müller und Blase; Odr. Bagel (5×10); Wz. 4 Va und 4 Vb; gez. K 13¼:13.

ce) Stilisierter Kranich (Emblem der Lufthansa)

				**	⊙
205	5 (Pf)	rosalila/schwarz . . . . ce		1,30	1,—
206	10 (Pf)	dunkelopalgrün/schwarz . . . . . ce		1,60	1,50
207	15 (Pf)	grünlichblau/schwarz . . . . ce		8,—	7,—
208	20 (Pf)	lebhaftrot/schwarz . . . . ce		22,—	8,—
		Satzpreis (4 W.)		30,—	17,—
			FDC		120,—

Auflage: 10 000 000 Sätze *Gültig bis 31.12.1956*

Abbildung der verschiedenen Lagen des Wz. 4 siehe nach MiNr. 122

1955, 7. Mai. 100. Geburtstag von Oskar von Miller. Ⓔ Cordier; Odr. (10×10); Wz. 5; gez. K 14.

cf) O. von Miller (1855–1934), Ingenieur, Gründer des Deutschen Museums München

Wz. 5 DBP und Kreuzblüten

				**	⊙
209	10 (Pf)	lebhaftsmaragdgrün . . . . cf		6,—	1,80
			FDC		36,—

Auflage: 20 000 000 Stück *Gültig bis 30.6.1956*

1955, 9. Mai. 150. Todestag von Friedrich von Schiller. Ⓔ Walter; komb. StTdr. und Prägedr. (10×5); gez. K 13¾:14.

cg) F. von Schiller (1759–1805), Dichter

				**	⊙
210	40 (Pf)	schwärzlichultramarin . . . . cg		18,—	6,50
			FDC		36,—

Auflage: 5 000 000 Stück *Gültig bis 30.6.1956*

1955, 1. Juni. 50 Jahre Kraftpost. Ⓔ Müller und Blase; Bdr. (5×10); Wz. 5; gez. K 14:13¾.

ch) Kraftomnibus aus dem Jahre 1906

				**	⊙
211	20 (Pf)	mittelrot/schwarz . . . . ch		12,—	5,50
			FDC		36,—

Auflage: 5 000 000 Stück *Gültig bis 30.6.1956*

1955, 15. Juni. Landesausstellung Baden-Württemberg, Stuttgart. E Bentele; Odr. Bagel (10×5); Wz. 4 Vc und 4 Vd; gez. K 13:13¼.

ci) Wappen von Baden-Württemberg

			★★	⊙
212	7 (Pf)	mehrfarbig ci	5,50	4,—
213	10 (Pf)	mehrfarbig ci	6,50	3,—
		Satzpreis (2 W.)	12,—	7,—
		FDC		26,—

MiNr. 212 und 213 mit Wertziffer rechts statt links und ungezähnt entstammen gestohlener Makulatur.

Auflage: 10 000 000 Sätze *Gültig bis 30.6.1956*

Abbildung der verschiedenen Lagen des Wz. 4 siehe nach MiNr. 122

1955, 24. Juni. Forschungsförderung. E Kranz; RaTdr. Bruckmann (10×5); Wz. 4 Vc; gez. K 13¾:14.

ck) Atommodell (Mikrokosmos) und Weltall (Makrokosmos) mit Erdglobus

			★★	⊙
214	20 (Pf)	braunkarmin . . . . ck	12,—	1,30
		FDC		28,—

Auflage: 10 000 000 Stück *Gültig bis 30.6.1956*

1955, 2. Aug. 10 Jahre Vertreibung. E Hahn; StTdr. (5×10); Wz. 5; gez. K 14:13¾.

cl) Vertriebenengruppe

			★★	⊙
215	20 (Pf)	dunkelbräunlichrot cl	4,50	0,70
		FDC		28,—

Auflage: 20 000 000 Stück *Gültig bis 31.12.1956*

In ähnlicher Zeichnung: MiNr. 479

1955, 10. Aug. 1000. Jahrestag der Schlacht auf dem Lechfeld. E Göhlert; komb. Odr. und Prägedr. (5×10); gez. K 14:13¾.

cm) Reichsapfel mit Schwert und Pinienzapfen (Wappen Augsburgs), 3 Pfeile, stilis. Flusslauf

			★★	⊙
216	20 (Pf)	dunkelbräunlichlila . . . . cm	10,—	4,—
		FDC		25,—

Auflage: 5 000 000 Stück *Gültig bis 31.12.1956*

1955, 14. Sept. Internationale Briefmarkenausstellung „Westropa 1955", Düsseldorf. E Bentele; StTdr. (10×5); Wz. 5; gez. K 13¾:14.

cn) Stilis. Brieftaube und Lupe

co) Stilis. Posthorn und Pinzette

			★★	⊙
217	10 + 2 (Pf)	dunkelgrün . . . . cn	5,50	7,—
218	20 + 3 (Pf)	dunkelrot . . . . co	12,—	13,—
		Satzpreis (2 W.)	17,—	20,—
		FDC		45,—

Auflagen: MiNr. 217 = 2 000 000, MiNr. 218 = 1 500 000 Stück

Gültig bis 31.12.1956

1955, 5. Okt. Europäische Fahrplankonferenz, Wiesbaden. E Stankowski; Odr. (10×5); Wz. 5; gez. K 13¾:14.

cp) Signal, schematische Darstellung von Schienenwegen

			★★	⊙
219	20 (Pf)	lebhaftorangerot/schwarz . . . . . cp	10,—	3,—
		FDC		80,—

Auflage: 10 000 000 Stück *Gültig bis 31.12.1956*

1955, 22. Okt. 150. Geburtstag von Adalbert Stifter (1805–1868), österreichischer Schriftsteller und Maler. E Stankowski; StTdr. (10×5); Wz. 5; gez. K 13¾:14.

cr) Stifter-Denkmal am Plöckensteinsee (Böhmerwald), Bäume

			★★	⊙
220	10 (Pf)	dunkelgrün . . . . cr	4,50	3,—
		FDC		20,—

Auflage: 10 000 000 Stück *Gültig bis 31.12.1956*

1955, 24. Okt. 10 Jahre Vereinte Nationen (UNO). E Walter; komb. Odr. und Prägedr. (5×10); gez. K 14:13¾.

cs) UNO-Emblem

			★★	⊙
221	10 (Pf)	hellgrünoliv/ dunkelbraunorange . . . . cs	4,50	5,—
		FDC		30,—

Auflage: 5 000 000 Stück *Gültig bis 31.12.1956*

1955, 15. Nov. Wohlfahrt: Helfer der Menschheit (VI). E Berke; komb. StTdr. und Odr. (10×5); Wz. 5; gez. K 13¾:14.

ct) Amalie Sieveking (1794 bis 1859), Gründerin des Weibl. Vereins für Armen- und Krankenpflege

cu) Adolf Kolping (1813–1865), Mitbegründer der kath. Gesellenvereine

cv) Dr. Samuel Hahnemann (1755–1843), Arzt, Begründer der Homöopathie

cw) Florence Nightingale (1820–1910), engl. Krankenpflegerin

cw) Auf der Marke MiNr. 225 wird irrtümlich der Vorname Florentine angegeben.

			★★	⊙
222	7 + 3 (Pf)	dunkelolivbraun/ weißolivbraun . . . . ct	4,—	4,—
223	10 + 5 (Pf)	schwarzgrün/weißgrün . . . cu	3,—	2,—
224	20 + 10 (Pf)	orangerot/ weißorangerot cv	3,—	2,—
225	40 + 10 (Pf)	preußischblau/ weißpreußischblau . . . . . cw	30,—	40,—
		Satzpreis (4 W.)	40,—	45,—
		FDC		120,—

Auflagen: MiNr. 222 = 3 500 000, MiNr. 223 = 6 000 000, MiNr. 224 = 5 000 000, MiNr. 225 = 1 600 000 Stück

Gültig bis 31.12.1956

Ersttagsbriefe (FDC): WICHTIGER HINWEIS

Die Bewertung „FDC" bezieht sich auf Belege, die mit dem Datum des ersten Tages der Gültigkeit der aufgeklebten Marke(n) abgestempelt wurden, nicht aber auf lose gestempelte Marken. Dabei wird nicht unterschieden, ob es sich um zu philatelistischen Zwecken produzierte FDC oder um Umschläge aus dem Postverkehr handelt.

Sofern nicht im Einzelfall anders angegeben, gelten bei Satz-FDC die Preise für den kompletten Markensatz, egal ob die einzelnen Werte auf einem oder mehreren Ersttags-Umschlägen kleben.

1955, 1. Dez./Anfang 1963. Freimarke: Ziffernzeichnung. Ⓔ Schraml; Bdr. (10×10); x = Papier ohne, y = Papier mit Fluoreszenz; Wz. 5; gez. K 14.

cx) Ziffer 1 in Zierschrift

			★★	⊙
226	1 (Pf)	dunkelgrüngrau (Töne) cx		
x		Papier ohne Fluoreszenz (1.12.1955)	0,30	0,50
y		Papier fl. (Anfang 1963)	0,30	0,70
		FDC x		70,—

Auflagen: MiNr. 226 x = 93 500 000, MiNr. 226 y = 20 000 000 Stück

Gültig bis 31.12.1970

In gleicher Zeichnung mit Wz. 4: MiNr. 285

1956

1956, 7. Jan. 125. Geburtstag von Heinrich von Stephan (1831–1897), Mitbegründer des Weltpostvereins (UPU). Ⓔ Schraml; StTdr. (5×10); Wz. 5; gez. K 14:13¾.

cy) Wertziffer mit Namenszug „v. Stephan"

			★★	⊙
227	20 (Pf)	dunkelrot . . . . cy	8,—	3,—
		FDC 1 Bundesrepublik		30,—
		FDC 2 Ⓢ Berlin SW 61		350,—
		ETB Berlin (1)		300,—

FALSCH ETB Berlin (1)

Auflage: 10 000 000 Stück, davon 10 000 auf ETB *Gültig bis 30.6.1957*

1956, 27. Jan. 200. Geburtstag von Wolfgang Amadeus Mozart (1756–1791), Komponist. Ⓔ Michel und Kieser; Odr. (5×10); gez. K 14:13¾.

cz) Notenhandschrift Mozarts, Klavichord

			★★	⊙
228	10 (Pf)	dunkelviolettgrau/schwarz . . . . cz	1,20	0,50
		FDC		32,—

Von MiNr. 228 gibt es zahlreiche Farbtönungen.

Auflage: 20 000 000 Stück *Gültig bis 30.6.1957*

1956, 17. Febr. 100. Todestag von Heinrich Heine. Ⓔ Müller und Blase; Odr. Bagel (5×10); Wz. 4 Va und 4 Vb; gez. K 13¼:13.

da) Kopfsilhouette von H. Heine (1797–1856), Dichter und Satiriker

			★★	⊙
229	10 (Pf)	grün(grau)oliv (Töne)/schwarz . . . . da	3,50	4,—
		FDC		20,—

Auflage: 10 000 000 Stück *Gültig bis 30.6.1957*

Abb. der verschiedenen Lagen des Wz. 4 siehe nach MiNr. 122

1956, 2. Mai. 1000 Jahre Lüneburg. Ⓔ Mahlau; StTdr. (5×10); Wz. 5; gez. K 14:13¾.

db) Mittelalterliche Bürgerhäuser, ältester Drehkran

			★★	⊙
230	20 (Pf)	dunkelorangerot . . . . db	8,50	10,—
		FDC		25,—

Auflage: 5 000 000 Stück *Gültig bis 31.12.1957*

1956, 9. Juni. Olympisches Jahr. Ⓔ Bentele; StTdr. (10×5); Wz. 5; gez. K 13¾:14.

dc) Olympische Ringe über Wertziffer

			★★	⊙
231	10 (Pf)	schwarzolivgrün . . . . dc	1,—	0,80
		FDC		20,—

Auflage: 20 000 000 Stück *Gültig bis 31.12.1957*

1956, 21. Juli. Jugend. Ⓔ Michel und Kieser; Odr. (5×10); gez. K 14:13¾.

dd) Junge, Taube, astronomisch-geometrische Zeichen

de) Mädchen mit Flöte, Sonne, Blumen

			★★	⊙
232	7 + 3 (Pf)	mehrfarbig . . . . dd	2,70	4,—
233	10 + 5 (Pf)	mehrfarbig . . . . de	7,50	10,—
		Satzpreis (2 W.)	10,—	14,—
		FDC		40,—

Auflage: 2 000 000 Sätze *Gültig bis 31.12.1957*

1956, 28. Juli. 100. Todestag von Robert Schumann. Ⓔ Michel und Kieser; Odr. (10×5); gez. K 13¾:14.

df) Silhouette von R. Schumann (1810–1856), Komponist; Ausschnitt aus einer Original-Notenhandschrift

			★★	⊙
234	10 (Pf)	mehrfarbig . . . . df	1,—	0,60
		FDC		15,—

Auflage: 20 000 000 Stück *Gültig bis 31.12.1958*

1956, 8. Aug. Deutscher Evangelischer Kirchentag. Ⓔ Stelzer; Odr. Bagel (10×5); Wz. 5; gez. K 13:13¼.

dg) Fünf Kreuze (Zeichen des Kirchentags), Inschrift

			★★	⊙
235	10 (Pf)	dunkelgrün . . . . dg	4,—	4,50
236	20 (Pf)	dunkelbräunlichkarmin . . . . dg	5,—	6,—
		Satzpreis (2 W.)	9,—	10,—
		FDC		18,—

MiNr. 235 ungezähnt, Farbe blaugrün statt dunkelgrün, entstammt gestohlener Makulatur.

Auflage: 10 000 000 Sätze *Gültig bis 31.12.1958*

1956, 11. Aug. 1. Todestag von Thomas Mann. Ⓔ Walter; StTdr. (10×5); Wz. 5; gez. K 13¾:14.

dh) Th. Mann (1875–1955), Schriftsteller, Nobelpreis 1929

			★★	⊙
237	20 (Pf)	dunkelrötlichlila . . . . dh	3,50	2,80
		FDC		14,—

Auflage: 10 000 000 Stück *Gültig bis 31.12.1958*

1956, 24. Aug. 800 Jahre Abteikirche Maria Laach. Ⓔ Göhlert; Odr. Bagel (10×5); Wz. 5; gez. K 13:13¼.

di) Abteikirche Maria Laach

				**	⊙
238	20 (Pf)	schwarzbräunlichrot/grau	di	2,80	2,60
			FDC		14,—

Auflage: 10 000 000 Stück *Gültig bis 31.12.1958*

1956, 29. Aug. Deutscher Katholikentag, Köln. Ⓔ Fassbender; Odr. Bagel (10×5); Wz. 5; gez. K 13:13¼.

dk) Grundriss des Kölner Doms, Schwurhand

				**	⊙
239	10 (Pf)	olivgrün/dunkelbraunrot	dk	3,50	3,40
			FDC		11,—

MiNr. 239 ungezähnt, Farbe gelbgrün statt olivgrün, entstammt gestohlener Makulatur.

Auflage: 10 000 000 Stück *Gültig bis 31.12.1958*

1956, 1. Sept. Internationale Polizeiausstellung (IPA), Essen. Ⓔ Michel und Kieser; Odr. Bagel (5×10); Wz. 5; gez. K 13¼:13.

dl) Weltkarte, Handfläche

				**	⊙
240	20 (Pf)	mehrfarbig	dl	3,50	3,50
			FDC		16,—

Auflage: 10 000 000 Stück *Gültig bis 31.12.1958*

1956, 15. Sept. Europa. Ⓔ Gonzague; StTdr. (10×5); Wz. 5; gez. K 14.

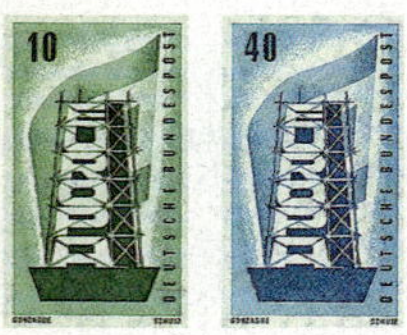

dm) Wort EUROPA hinter Stahlrohrgerüst, Europafahne

				**	⊙
241	10 (Pf)	schwärzlichgrün	dm	1,—	0,30
242	40 (Pf)	dunkelblau	dm	9,—	1,30
			Satzpreis (2 W.)	10,—	1,50
			FDC		45,—

MiNr. 241 und 242 gibt es mit starken Formatunterschieden.

Auflagen: MiNr. 241 = 68 000 000, MiNr. 242 = 28 000 000 Stück

Gültig bis 31.12.1958

1956, 1. Okt. Wohlfahrt: Kinderpflege. Ⓔ Jäger; Odr. (5×10); gez. K 14:13¾.

dn) Hebamme wiegt Kind

do) Dr. Ignaz Semmelweis (1818–1865), ungar. Arzt und Geburtshelfer

dp) Mutter mit Kinderwiege

dr) Kinderschwester, Kinder

				**	⊙
243	7 + 3 (Pf)	dunkelbraunorange/schwarz	dn	2,—	3,—
244	10 + 5 (Pf)	schwärzlichgelblichgrün/schwarz	do	1,50	1,—
245	20 + 10 (Pf)	orangerot/schwarz	dp	1,50	1,—
246	40 + 10 (Pf)	lebh'grünl'blau/schwarz	dr	15,—	17,—
			Satzpreis (4 W.)	20,—	22,—
			FDC		65,—

FÄLSCH Ganzfälschung der MiNr. 246; gez. 14, Papier gelblich, Gummi nicht geriffelt, etwas größeres Format.

Auflagen: MiNr. 243 = 3 800 000, MiNr. 244 = 6 000 000, MiNr. 245 = 5 500 000, MiNr. 246 = 2 000 000 Stück

Gültig bis 31.12.1958

1956, 27. Okt. Tag der Briefmarke. Ⓔ Huber; StTdr. (10×5); Wz. 5; gez. K 13¾:14.

ds) Taube mit Brief im Schnabel

				**	⊙
247	10 (Pf)	dunkelgrün	ds	2,—	0,90
			FDC		9,—

Auflage: 20 000 000 Stück *Gültig bis 31.12.1958*

1956, 17. Nov. Kriegsgräberfürsorge. Ⓔ Kern; StTdr. (5×10); Wz. 5; gez. K 14:13¾.

dt) Kreuze

				**	⊙
248	10 (Pf)	grünschwarz	dt	2,—	0,90
			FDC		9,—

Auflage: 50 000 000 Stück *Gültig bis 31.12.1958*

1957

1957, 2. Jan. Eingliederung des Saarlandes. Ⓔ Kern; Odr. Bagel (10×5); Wz. 5; gez. K 13:13¼.

du) Wappen des Saarlandes

				**	⊙
249	10 (Pf)	dunkelbläulich(grau)grün/dunkelbraun	du	0,70	0,60
			FDC		9,—

Auflage: 20 000 000 Stück *Gültig bis 31.12.1958*

Bildgleiche Marke mit zusätzlicher Inschrift „SAARLAND“ siehe Saarland als Bundesland der Bundesrepublik Deutschland MiNr. 379

1957, 1. Febr. Erholungsplätze für Berliner Kinder. Ⓔ Krauss-Guyer und Schraml; Odr. Bagel (5×10); gez. K 13¼:13.

dv) Kinder mit Reisegepäck (symb. Abfahrt in Berlin)

dw) Kinder und Frau (symb. Aufnahme am Ferienplatz)

				**	⊙
250	10 + 5 (Pf)	schwärzlicholivgrün/gelblichrot	dv	1,50	2,50
251	20 + 10 (Pf)	rotorange/mattkobaltblau	dw	3,50	5,—
			Satzpreis (2 W.)	5,—	7,50
			FDC		28,—

Auflage: 4 000 000 Sätze *Gültig bis 31.12.1958*

1957, 22. Febr. 100. Geburtstag von Heinrich Hertz. ◰ **Müller und Blase; Odr. (10×5); Wz. 5; gez. K 13¾:14.**

dx) H. Hertz (1857–1894), Physiker

				★★	⊙
252	10 (Pf)	olivgrün/schwarz	dx	1,70	0,80
			FDC		7,—

Auflage: 20 000 000 Stück — *Gültig bis 31.12.1958*

1957, 18. Mai. 350. Geburtstag von Paul Gerhardt. ◰ **Schnell; StTdr. (10×5); Wz. 5; gez. K 13¾:14.**

dy) P. Gerhardt (1607–1676), luther. Kirchenliederdichter

				★★	⊙
253	20 (Pf)	dunkellilarot	dy	0,80	0,70
			FDC		9,—

Auflage: 20 000 000 Stück — *Gültig bis 31.12.1958*

1957, 8. Juni. Briefmarkenausstellung „Flora und Philatelie", Köln. ◰ **Göhlert; StTdr. (5×10); Wz. 5; gez. K 14:13¾.**

dz) Posthorn, Tulpe, 3 Kronen (Wappen der Stadt Köln)

				★★	⊙
254	20 (Pf)	rotorange	dz	0,80	0,70
			FDC		9,—

Auflage: 20 000 000 Stück — *Gültig bis 31.12.1958*

1957, 15. Juni. 1000 Jahre Stift und Stadt Aschaffenburg. ◰ **Noeth; Odr. Bagel (10×5); Wz. 5; gez. K 13:13¼.**

ea) Aschaffenburger Stadtsiegel aus dem Jahre 1332

				★★	⊙
255	20 (Pf)	mittelbräunlichrot/schwarz	ea	0,80	0,70
			FDC		9,—
255 K		schwarze Beschriftung kopfstehend		*1000,—*	—,—

MiNr. 255 mit kopfstehender Inschrift, ungezähnt, entstammt gestohlener Makulatur; Vorsicht vor nachgezähnten Stücken!

Auflage: 20 000 000 Stück — *Gültig bis 31.12.1958*

1957, 24. Juni. 500 Jahre Universität Freiburg. ◰ **Jäger; Odr. Bagel (5×10); Wz. 5; gez. K 13¼:13.**

eb) Dozent vor Studenten; Wiedergabe aus der Freiburger Sapienshandschrift (15. Jh.)

				★★	⊙
256	10 (Pf)	mehrfarbig	eb	0,60	0,50
			FDC		8,—

Auflage: 20 000 000 Stück — *Gültig bis 31.12.1958*

1957, 25. Juni. Tag der deutschen Seeschifffahrt. ◰ **Müller und Blase; Odr. (5×10); Wz. 5; gez. K 14.**

ec) Modernes Frachtschiff mit Passage-Einrichtung Typ „Bayernstein"

				★★	⊙
257	15 (Pf)	mehrfarbig	ec	1,40	1,40
			FDC		13,—

Auflage: 10 000 000 Stück — *Gültig bis 31.12.1958*

1957, 3. Juli. 350 Jahre Ludwigs-Universität/J.v. Liebig-Hochschule, Gießen. ◰ **Lortz; StTdr. (5×10); Wz. 5; gez. K 14:13¾.**

ed) Frontalansicht des alten Liebig-Laboratoriums

				★★	⊙
258	10 (Pf)	schwarzopalgrün	ed	0,60	0,60
			FDC		7,—

Auflage: 20 000 000 Stück — *Gültig bis 31.12.1958*

1956, Nov./1960. Freimarken: Bundespräsident Theodor Heuss (II). ◰ **Bittrof; StTdr. Bogen (B) (10×10) und Rollen (R); x = Papier ohne, y = Papier mit Fluoreszenz; Wz. 5; gez. K 14.**

bt) Prof. Dr. Th. Heuss (1884–1963), 1. Bundespräsident

x = Papier ohne Fluoreszenz

				★★	⊙
259 x	30 (Pf)	schwarzgrün (Mai 1957) (B)	bt	0,50	0,80
260 x	40 (Pf)	blau (Töne) (Nov. 1956) (B) (R)	bt	2,—	0,40
261 x	50 (Pf)	dkl'braunoliv (Febr. 1957) (B)	bt	1,30	0,40
262 x	60 (Pf)	dkl'gelbbraun (Sept. 1957) (B)	bt	3,80	0,60
263 x	70 (Pf)	dkl'violett (Febr. 1957) (B) (R	bt	11,—	0,60
264 x	80 (Pf)	dkl'gelblichrot (Juni 1957) (B)	bt	7,—	2,50
265 x	90 (Pf)	dkl'opalgrün (Juni 1957) (B)	bt	18,—	1,30
		Satzpreis (7 W.)		40,—	6,—

y = Papier fl.

				★★	⊙
259 y	30 (Pf)	schwarzgrün (1960) (B)	bt	25,—	200,—
260 y	40 (Pf)	blau (Töne) (1960) (B) (R)	bt	3,40	20,—

Handelsübliche Satzzusammenstellung der y-Werte:

Siehe bei MiNr. 177–196!

Ab Frühjahr 1960 wurden MiNr. 259 und 260 versuchsweise auf fluoreszierendem Papier gedruckt und ab 1.8.1960 von Postämtern im Raum Darmstadt verkauft.

FALSCH aus x-Werten verfälschte y-Werte

Waagerechte Paare (aus Bogen):

x = Papier ohne Fluoreszenz

	★★	⊙
259 x/259 x	3,—	130,—
260 x/260 x	6,—	200,—
261 x/261 x	5,—	13,—
262 x/262 x	10,—	50,—
263 x/263 x	32,—	*75,—*
264 x/264 x	16,—	*130,—*
265 x/265 x	50,—	*100,—*

y = Papier fl.

	★★	⊙
259 y/259 y	60,—	*500,—*
260 y/260 y	7,50	*200,—*

Einzelmarken mit Bogenrand ★★ bis zu 50% vorstehender Paarpreise, ⊙ bei x ca. 600% Aufschlag auf Einzelmarkenpreise, bei y 50% vorstehender Paarpreise.

Entwertungen der Deutschen Bundespost

Neben den allgemein im Gebrauch befindlichen Normstempeln (Zweikreis-Stempel mit Datumbrücke) waren bis Anfang der 1960er Jahre auch weiterverwendete Stempel der Deutschen Reichspost in Gebrauch. Diese wurden ab 1962 durch Postleitzahlen-Stempel ersetzt, wobei anstelle des Innenkreises ein Steigbügel erforderlich wurde. Darüber hinaus gab es bis ca. 1970 Posthilfsstellen-Stempel, meist ein- oder zweizeilige Kastenstempel (eckig oder abgerundet). In der Regel handelte es sich hierbei um Gummistempel, für die blaue oder violette Stempelkissenfarbe verwendet wurde. Bei teuren Marken werden diese Stempel häufig chemisch entfernt und die Marken nachgummiert. Vorsicht vor solchen Verfälschungen!

Rollenmarken mit rückseitiger Nummer (R):

schwarze Zählnummern:

	Einzelm. ★★	⊙	5er-Str. ★★
260 x R	26,—	25,—	55,—
263 x R	22,—	10,—	80,—

rote Zählnummern:

	Einzelm. ★★	⊙	5er-Str. ★★
260 y R	30,—	150,—	65,—

Auflagen (Die in Klammern angegebenen Zahlen (R =) sind die schon in der Gesamtauflage enthaltenen Auflagen der in Rollen hergestellten Marken):

MiNr. 259 x = 157 200 000
MiNr. 259 y = 1 250 000
MiNr. 260 x = 257 000 000 (R = 29 000 000)
MiNr. 260 y = 3 385 000 (R = 2 010 000)
MiNr. 261 x = 218 900 000
MiNr. 262 x = 152 400 000
MiNr. 263 x = 222 700 000 (R = 31 500 000)
MiNr. 264 x = 50 300 000
MiNr. 265 x = 49 900 000

Gültig bis 31.12.1964

Weitere Werte siehe Zusammenfassung nach Blockaufstellung

Bildgleiche Marken mit zusätzlicher Inschrift „SAARLAND" siehe Saarland als Bundesland der Bundesrepublik Deutschland MiNr. 380–399 und MiNr. 409–428

1957, 15. Aug. 100. Geburtstag von Albert Ballin. Ⓔ Goldammer; Odr. (10×5); Wz. 5; gez. K 13¾:14.

ee) A. Ballin (1857–1918), Reeder

				★★	⊙
266	20 (Pf)	schwärzlichrotkarmin/schwarz	ee	1,70	0,60
			FDC		9,—

Auflage: 20 000 000 Stück *Gültig bis 31.12.1959*

1957, 23. Aug. Fernsehen. Ⓔ Michel und Kieser; StTdr. (5×10); Wz. 5; gez. K 14:13¾.

ef) Darstellung der Lichteinwirkung des Fernseh-Bildschirmes beim Ein- bzw. Ausschalten

				★★	⊙
267	10 (Pf)	schwarzblau/dunkelgrün	ef	0,60	0,60
			FDC		9,—

Auflage: 20 000 000 Stück *Gültig bis 31.12.1959*

1957, 16. Sept. Europa. Ⓔ Blank; komb. Odr. und Prägedr. (5×10); oWz.; gez. K 14:13¾.

eg) Stilis. Baum

				★★	⊙
268	10 (Pf)	schwärzlicholivgrün/helltürkisblau	eg	0,50	0,30
269	40 (Pf)	violettultramarin/helltürkisblau	eg	6,—	0,50
			Satzpreis (2 W.)	6,50	0,70
			FDC		17,—

Auflagen: MiNr. 268 einschließlich MiNr. 294 = 60 000 000, MiNr. 269 = 25 000 000 Stück

Gültig bis 31.12.1959

Wie MiNr. 268, jedoch mit Wz. 5: MiNr. 294

Bildgleiche Marken mit zusätzlicher Inschrift „SAARLAND" siehe Saarland als Bundesland der Bundesrepublik Deutschland MiNr. 402 und 403

1957, 1. Okt. Wohlfahrt: Kohlebergbau. Ⓔ Jäger; Odr. (5×10); Wz. 5; gez. K 14:13¾.

eh) Bergmann mit Grubenlampe

ei) Bergmann mit Abbauhammer

ek) Bergmann am Kohlenhobel

el) Anschläger am Förderschacht

				★★	⊙
270	7 + 3 (Pf)	lebhaftbraunocker/braunschwarz	eh	1,50	2,—
271	10 + 5 (Pf)	braunschwarz/lebhaftgrünoliv	ei	1,—	1,—
272	20 + 10 (Pf)	braunschwarz/lebhaftorangerot	ek	1,50	1,—
273	40 + 10 (Pf)	braunschwarz/mattblau	el	18,—	22,—
			Satzpreis (4 W.)	22,—	25,—
			FDC		65,—

MiNr. 270 sehr wasserempfindlich; durch längeres Wasserbad Verfärbung bis Grün!

FALSCH Ganzfälschung der MiNr. 273; gez. 14

Auflagen: MiNr. 270 = 5 100 000, MiNr. 271 = 7 600 000, MiNr. 272 = 7 350 000, MiNr. 273 = 2 650 000 Stück

Gültig bis 31.12.1959

Bildgleiche Marken mit zusätzlicher Inschrift „SAARLAND" siehe Saarland als Bundesland der Bundesrepublik Deutschland MiNr. 404–407

1957, 4. Okt. Naturschutz. Ⓔ Gerhardt (MiNr. 274) und Goldammer (MiNr. 275); Odr. (MiNr. 274 5×10, MiNr. 275 10×5); Wz. 5; MiNr. 274 gez. K 14:13¾, MiNr. 275 ~.

em) Seerosen (Nymphaea alba)

en) Rotkehlchen (Erithacus rubecula)

				★★	⊙
274	10 (Pf)	mehrfarbig	em	0,70	0,60
275	20 (Pf)	mehrfarbig	en	0,70	0,60
			Satzpreis (2 W.)	1,40	1,20
			FDC		22,—

Auflage: 20 000 000 Sätze *Gültig bis 31.12.1959*

1957, 5. Okt. Internationale Briefwoche. Ⓔ Neufeld; Odr. (5×10); Wz. 5; gez. K 14:13¾.

eo) Zwei Tauben mit Briefen im Schnabel

				★★	⊙
276	20 (Pf)	lebh'rotkarmin/gelbschwarz	eo	1,10	0,70
			FDC		10,—

Auflage: 20 000 000 Stück *Gültig bis 31.12.1959*

Bildgleiche Marke mit zusätzlicher Inschrift „SAARLAND" siehe Saarland als Bundesland der Bundesrepublik Deutschland MiNr. 408

1957, 26. Okt. 200. Geburtstag von Karl Reichsfreiherr vom und zum Stein. Ⓔ Dietrich; StTdr. (10×5); Wz. 5; gez. K 13¾:14.

ep) K. Reichsfrh. vom und zum Stein (1757–1831), Politiker

				★★	⊙
277	20 (Pf)	bräunlichrot	ep	1,80	0,80
			FDC		7,—

Auflage: 20 000 000 Stück *Gültig bis 31.12.1959*

1957, 2. Nov. 1. Todestag von Dr. Leo Baeck. 🄴 **Dietrich; StTdr. (10×5); Wz. 5; gez. K 13¾:14.**

er) Dr. L. Baeck (1873–1956), Rabbiner und Dozent

				✱✱	⊙
278	20 (Pf)	dunkelbräunlichrot	er	1,80	0,80
			FDC		9,—

Auflage: 20 000 000 Stück — *Gültig bis 31.12.1959*

1957, 16. Nov. 500 Jahre Landtag Württemberg. 🄴 **Brudi; Odr. Bagel (10×5); Wz. 5; gez. K 13:13¼.**

es) Fassade des Landschaftshauses in Stuttgart

				✱✱	⊙
279	10 (Pf)	schwarzoliv/lebhaftgrünoliv	es	1,10	0,70
			FDC		7,—

Auflage: 20 000 000 Stück — *Gültig bis 31.12.1959*

1957, 26. Nov. 100. Todestag von Joseph Freiherr von Eichendorff (1788–1857), Dichter. 🄴 **Willberg; StTdr. (10×5); Wz. 5; gez. K 13¾:14.**

et) Postkutsche, Hintergrund Eichenlaub; Illustration zur Novelle „Aus dem Leben eines Taugenichts"

				✱✱	⊙
280	10 (Pf)	schwarzolivgrün	et	1,—	0,70
			FDC		7,—

Auflage: 20 000 000 Stück — *Gültig bis 31.12.1959*

1958

1958, 9. Jan. 50. Todestag von Wilhelm Busch. 🄴 **Michel und Kieser; Odr. Bagel (5×10); Wz. 5; gez. K 13¼:13.**

eu) Max und Moritz

ev) W. Busch (1832–1908), Maler, Zeichner, Dichter; Selbstporträt

				✱✱	⊙
281	10 (Pf)	dunkelgelboliv/schwarz	eu	0,30	0,30
282	20 (Pf)	lebhaftbräunlichrot/schwarz	ev	1,—	0,80
			Satzpreis (2 W.)	1,30	1,—
			FDC		25,—

Auflage: 20 000 000 Sätze — *Gültig bis 31.12.1959*

Bildgleiche Marken mit zusätzlicher Inschrift „SAARLAND" siehe Saarland als Bundesland der Bundesrepublik Deutschland MiNr. 429 und 430

1958, 5. März. Waldbrandverhütung. 🄴 **Kern; Odr. (5×10); Wz. 5; gez. K 14:13¾.**

ew) Ausgebranntes Waldstück

				✱✱	⊙
283	20 (Pf)	zinnober/schwarz	ew	0,90	0,70
			FDC		19,—

Vorsicht! MiNr. 283 ist sehr wasserempfindlich! Beim Waschen mit gewöhnlichem Seifenwasser verfärbt sich die Marke gelb.

Auflage: 20 000 000 Stück — *Gültig bis 31.12.1959*

Bildgleiche Marke mit zusätzlicher Inschrift „SAARLAND" siehe Saarland als Bundesland der Bundesrepublik Deutschland MiNr. 431

1958, 18. März. 100. Geburtstag von Rudolf Diesel. 🄴 **Schardt; StTdr. (5×10); Wz. 5; gez. K 14.**

ex) R. Diesel (1858–1913), Maschinenbau-Ingenieur; Dieselmotor

				✱✱	⊙
284	10 (Pf)	schwarzblaugrün	ex	0,50	0,50
			FDC		7,—

Auflage: 20 000 000 Stück — *Gültig bis 31.12.1959*

Bildgleiche Marke mit zusätzlicher Inschrift „SAARLAND" siehe Saarland als Bundesland der Bundesrepublik Deutschland MiNr. 432

1958, 26. März/1960, Juli. Freimarke: Ziffernzeichnung. 🄴 **Schraml; Bdr. Markenheftchen oder Markenheftchenbogen; X = Wz. 4 W, Y = Wz. 4 Y; gez. K 14.**

cx) Ziffer 1 in Zierschrift

				✱✱	⊙
285	1 (Pf)	dunkelblaugrau	cx		
X		Wz. 4 W (26.3.1958)		10,—	20,—
Y		Wz. 4 Y (Febr. 1960)		12,—	25,—
			FDC X		—,—

MiNr. 285 stammt aus MH 4.

Auflagen: MiNr. 285 X = 1 970 000, MiNr. 285 Y = 1 440 000 Stück

Ⓔ — *Gültig bis 31.12.1970*

In gleicher Zeichnung mit Wz. 5: MiNr. 226

1958, 1. April. Jugend: Volkslieder. 🄴 **Göhlert; Odr. (10×5); Wz. 5; gez. K 13¾:14.**

ey) Fuchs; Illustration zum Kinderlied „Fuchs du hast die Gans gestohlen"

ez) Reiter; Illustration zum Volkslied „Ein Jäger aus Kurpfalz"

				✱✱	⊙
286	10 + 5 (Pf)	mehrfarbig	ey	2,—	2,50
287	20 + 10 (Pf)	mehrfarbig	ez	3,50	4,50
			Satzpreis (2 W.)	5,50	7,—
			FDC		25,—

Auflage: 4 000 000 Sätze — *Gültig bis 31.12.1959*

Bildgleiche Marken mit zusätzlicher Inschrift „SAARLAND" siehe Saarland als Bundesland der Bundesrepublik Deutschland MiNr. 433 und 434

1958, 7. Mai. 100 Jahre Zoologischer Garten Frankfurt a. M. 🄴 **A. und G. Haller; Odr. Bagel (10×5); Wz. 5; gez. K 13:13¼.**

fa) Giraffe, Löwe

				✱✱	⊙
288	10 (Pf)	dunkelgelblichgrün/schwarz	fa	0,70	0,50
			FDC		7,—

Auflage: 20 000 000 Stück — *Gültig bis 31.12.1959*

1958, 22. Mai. 800 Jahre München. 🄴 **Ege; StTdr. (5×10); Wz. 5; gez. K 14:13¾.**

fb) Alte Stadtansicht (Ausschnitt)

				✱✱	⊙
289	20 (Pf)	karminrot	fb	0,70	0,50
			FDC		7,—

Auflage: 20 000 000 Stück — *Gültig bis 31.12.1959*

1958, 3. Juni. 1000 Jahre Trierer Hauptmarkt. Ⓔ Stelzer; StTdr. (5×10); Wz. 5; gez. K 14:13¾.

fc) Gebäude, Marktkreuz

				✶✶	⊙
290	20 (Pf)	bräunlichrot/schwarz	fc	0,70	0,50
			FDC		7,50

Auflage: 20 000 000 Stück *Gültig bis 31.12.1959*

1958, 20. Juni. 10 Jahre Deutsche Mark. Ⓔ Kühlborn; Odr. Bagel (10×5); Wz. 5; gez. K 13:13¼.

fd) Wappenseite eines 5-DM-Stückes

				✶✶	⊙
291	20 (Pf)	lebhaftrotorange/schwarz	fd	0,90	0,90
			FDC		11,—

Auflage: 20 000 000 Stück *Gültig bis 31.12.1959*

1958, 21. Juli. 150 Jahre Deutsche Turnbewegung. Ⓔ Göhlert; Odr. (10×5); Wz. 5; gez. K 13¾:14.

fe) Turnerkreuz in Eichenblatt

				✶✶	⊙
292	10 (Pf)	mehrfarbig	fe	0,50	0,60
			FDC		7,—

Auflage: 20 000 000 Stück *Gültig bis 31.12.1960*

Bildgleiche Marke mit zusätzlicher Inschrift „SAARLAND" siehe Saarland als Bundesland der Bundesrepublik Deutschland MiNr. 437

1958, 29. Aug. 150. Geburtstag von Hermann Schulze-Delitzsch. Ⓔ Eidenbenz; StTdr. (10×5); Wz. 5; gez. K 13¾:14.

ff) H. Schulze-Delitzsch (1808–1883), Genossenschaftsführer

				✶✶	⊙
293	10 (Pf)	schwärzlichsmaragdgrün	ff	0,60	0,50
			FDC		7,—

Auflage: 20 000 000 Stück *Gültig bis 31.12.1960*

Bildgleiche Marke mit zusätzlicher Inschrift „SAARLAND" siehe Saarland als Bundesland der Bundesrepublik Deutschland MiNr. 438

1958, Aug. Europa (1957). Wie MiNr. 268, jedoch Wz. 5.

eg) Stilisierter Baum

				✶✶	⊙
294	10 (Pf)	schwärzlicholivgrün/ helltürkisblau	eg	8,50	14,—

Nachdem MiNr. 268 versehentlich in ganz geringen Mengen auf Wasserzeichenpapier gedruckt worden war und das Versehen zu Spekulationen Anlass gab, ließ die Deutsche Bundespost kurzerhand eine größere Menge mit Wz. nachdrucken.

Auflage einschließlich MiNr. 268: 60 000 000 Stück

Gültig bis 31.12.1959

In gleicher Zeichnung, jedoch ohne Wz.: MiNr. 268

1958, 13. Sept. Europa. Ⓔ v. d. Vossen; Odr. (10×5); Wz. 5; gez. K 13¾:14.

fg) Stilisierte Taube über Buchstabe „E"

				✶✶	⊙
295	10 (Pf)	dunkelgelblichgrün/ hellkobalt (Töne)	fg	0,50	0,30
296	40 (Pf)	lebhaftkobalt/mittelrot	fg	4,—	0,50
			Satzpreis (2 W.)	4,50	0,80
			FDC		16,—

Auflagen: MiNr. 295 = 100 000 000, MiNr. 296 = 27 000 000 Stück

Gültig bis 31.12.1960

Bildgleiche Marken mit zusätzlicher Inschrift „SAARLAND" siehe Saarland als Bundesland der Bundesrepublik Deutschland MiNr. 439 und 440

1958, 1. Okt. Wohlfahrt: Landwirtschaft. Ⓔ Meerwald; Odr. (10×5); Wz. 5; gez. K 13¾:14.

fh) Friedrich Wilhelm Raiffeisen (1818–1888), Begründer der Raiffeisen-Vereine

fi) Sennerin mit Butterfass

fk) Winzerin mit Weinrebe

fl) Bauer mit Heugabel

				✶✶	⊙
297	7 + 3 (Pf)	mehrfarbig	fh	0,60	0,60
298	10 + 5 (Pf)	mehrfarbig	fi	0,60	0,60
299	20 + 10 (Pf)	mehrfarbig	fk	0,60	0,60
300	40 + 10 (Pf)	mehrfarbig	fl	8,—	9,50
			Satzpreis (4 W.)	9,50	11,—
			FDC		40,—

Auflagen: MiNr. 297 = 6 650 000, MiNr. 298 = 9 100 000, MiNr. 299 = 7 400 000, MiNr. 300 = 3 150 000 Stück

Gültig bis 31.12.1960

Bildgleiche Marken mit zusätzlicher Inschrift „SAARLAND" siehe Saarland als Bundesland der Bundesrepublik Deutschland MiNr. 441–444

1958, 3. Dez. 500 Jahre Cusanusstift. Ⓔ Kern; Odr. (5×10); Wz. 5; gez. K 14:13¾.

fm) Nikolaus von Kues (Cusanus) (1401–1464), Philosoph und Theologe

				✶✶	⊙
301	20 (Pf)	dunkelrosalila/schwarz	fm	0,60	0,50
			FDC		7,—

Auflage: 20 000 000 Stück *Gültig bis 31.12.1960*

Wichtige philatelistische Informationen

finden Sie in der Einführung sowie in den Vortexten und Anmerkungen zu den einzelnen Ländern.

1959

1959, 31. Jan./22. Mai. Freimarken: Bundespräsident Theodor Heuss (III). Ⓔ Cordier; MiNr. 302–304 Bdr., MiNr. 305 bis 306 StTdr. Bogen (B) (10×10), Markenheftchen (MH) und Rollen (R); Wz. 5; gez. K 14.

fn) Prof. Dr. Th. Heuss (1884–1963), 1. Bundespräsident

				★★	⊙	FDC
302	7 (Pf)	bläulichgrün (10.4.) (B) (R) GA	fn	0,30	0,30	50,—
303	10 (Pf)	smaragdgrün (31.1.) (B) (MH) (R) GA	fn	0,50	0,30	—,—
304	20 (Pf)	rötlichkarmin (31.1.) (B) (R) GA	fn	0,50	0,30	—,—
305	40 (Pf)	blau (22.5.) (B)	fn	14,—	1,20	—,—
306	70 (Pf)	dunkelblauviolett (22.5.) (B)	fn	5,—	1,—	—,—
			Satzpreis (5 W.)	20,—	3,—	

Weitere FDC-Bewertungen:

		FDC
303–304	(31.1.1959)	15,—
305–306	(22.5.1959)	190,—

Waagerechte Paare (aus Bogen):

	★★	⊙
302/302	1,—	25,—
303/303	1,50	5,—
304/304	1,50	5,—
305/305	34,—	*400,—*
306/306	12,—	*250,—*

Einzelmarken mit Bogenrand ★★ bis zu 50% vorstehender Paarpreise, ⊙ 600% Aufschlag auf Einzelmarkenpreise

Rollenmarken mit rückseitiger Nummer (R):

	Einzelm. ★★	Einzelm. ⊙	5er-Str. ★★
302 R	7,—	12,—	25,—
303 R	3,—	2,—	25,—
304 R	5,—	4,—	30,—

Auflagen (Die in Klammern angegebenen Zahlen (R =) sind die schon in der Gesamtauflage enthaltenen Auflagen der in Rollen hergestellten Marken):

MiNr. 302 = 1 388 300 000 (R = 63 300 000)
MiNr. 303 = 3 805 000 000 (R = 225 000 000)
MiNr. 304 = 2 185 200 000 (R = 300 200 000)
MiNr. 305 = 111 100 000
MiNr. 306 = 167 000 000

Gültig bis 31.12.1964

Bildgleiche Marken mit zusätzlicher Inschrift „BERLIN“ siehe Berlin (West) MiNr. 182–186

1959, 6. März. 500. Geburtstag von Jakob Fugger. Ⓔ Göhlert; Odr. Bagel (10×5); Wz. 5; gez. K 13:13¼.

fo) J. Fugger, der Reiche (1459–1525), Großunternehmer, Bankier

				★★	⊙
307	20 (Pf)	mehrfarbig	fo	0,50	0,60
			FDC		7,—

Auflage: 20 000 000 Stück — *Gültig bis 31.12.1960*

Bildgleiche Marke mit zusätzlicher Inschrift „SAARLAND“ siehe Saarland als Bundesland der Bundesrepublik Deutschland MiNr. 445

1959, 28. März. 400. Todestag von Adam Riese. Ⓔ Michel und Kieser; Odr. Bagel (5×10); Wz. 5; gez. K 13¼:13.

fp) A. Riese, eigentlich Ries (1492–1559), Rechenmeister; Wappenzeichen

				★★	⊙
308	10 (Pf)	dunkelgrünoliv/schwarz	fp	0,50	0,60
			FDC		6,50

Auflage: 20 000 000 Stück — *Gültig bis 31.12.1960*

1959, 6. Mai. 100. Todestag von Alexander Freiherr von Humboldt. Ⓔ Kern; StTdr. (10×5); Wz. 5; gez. K 13¾:14.

fr) A. Frh. von Humboldt (1769–1859), Naturforscher und Geograph

				★★	⊙
309	40 (Pf)	dunkelpreußischblau	fr	2,20	1,70
			FDC		7,—

Auflage: 20 000 000 Stück — *Gültig bis 31.12.1960*

Bildgleiche Marke mit zusätzlicher Inschrift „SAARLAND“ siehe Saarland als Bundesland der Bundesrepublik Deutschland MiNr. 448

1959, 22. Mai/22. Aug. Internationale Postwertzeichen-Ausstellung INTERPOSTA, Hamburg. Ⓔ Schraml; StTdr. (10×5); a = Erstauflage, b = Nachauflage; Wz. 5; gez. K 13¾:14.

fs) Marke Hamburg MiNr. 2

ft) Marke Lübeck MiNr. 3 F

a = Erstauflage (22. Mai)

				★★	⊙
310 a	10 + 5 (Pf)	dunkelopalgrün/siena	fs	1,—	2,80
311 a	20 + 10 (Pf)	karminrot/rötlichbraun	ft	1,50	2,80
			Satzpreis (2 W.)	2,50	5,50
			FDC		8,50

b = Nachauflage (22. August)

				★★	⊙
310 b	10 + 5 (Pf)	dunkelgrün/siena	fs	0,30	1,—
311 b	20 + 10 (Pf)	dunkelrotorange/rötlichbraun	ft	0,30	1,—
			Satzpreis (2 W.)	0,50	2,—
			FDC		4,50

Die Herstellung der Nachauflage erfolgte, da die Erstauflage sofort vergriffen war. Der geringfügige Unterschied ist nur in der Farbe der Randbeschriftung und der Wertangabe festzustellen.

Auflagen: a = 3 050 000, b = 5 800 000 Sätze

Gültig bis 31.12.1960

1959, 20. Juni. 1000 Jahre Buxtehude. Ⓔ **Rohse; Odr. (5×10); Wz. 5; gez. K 14:13¾.**

fu) Gebäude in Buxtehude

			★★	⊙
312	20 (Pf) mehrfarbig	fu	0,60	0,60
		FDC		8,50

Auflage: 20 000 000 Stück *Gültig bis 31.12.1960*

1959, 18. Juli. Ausstellung des Heiligen Rocks, Trier. Ⓔ **Göhlert; komb. Odr. und Prägedr. (5×10); Wz. 5; gez. K 14:13¾.**

fv) Heiliger Rock im Kreuz

			★★	⊙
313	20 (Pf) mehrfarbig	fv	0,50	0,50
		FDC		5,50

Auflage: 20 000 000 Stück *Gültig bis 31.12.1961*

1959, 12. Aug. Deutscher Evangelischer Kirchentag, München. Ⓔ **Bentele; Odr. (10×5); Wz. 5; gez. K 13¾:14.**

fw) Fünf Kreuze (Zeichen des Kirchentages)

			★★	⊙
314	10 (Pf) mehrfarbig	fw	0,50	0,50
		FDC		5,50

Auflage: 20 000 000 Stück *Gültig bis 31.12.1961*

1959, 8. Sept. Blockausgabe: Einweihung der Beethovenhalle Bonn. Ⓔ **Kern; StTdr., Blockbeschriftung Bdr.; Wz. 5; gez. Ks 14:13¾.**

gc

fx) Georg Friedrich Händel (1685–1759), Komponist
fy) Louis Spohr (1784–1859), Komponist, Geiger, Dirigent
fz) Ludwig van Beethoven (1770–1827), Komponist
ga) Joseph Haydn (1732–1809), österreich. Komponist
gb) Felix Mendelssohn-Bartholdy (1809–1847), Komponist

gc) Notenhandschrift Beethovens

			★★	⊙
315	10 (Pf) schwärzlichopalgrün	fx	4,—	7,50
316	15 (Pf) blau	fy	4,—	7,50
317	20 (Pf) rot (Töne)	fz	4,—	5,—
318	25 (Pf) schwärzlichbraunocker	ga	4,—	10,—
319	40 (Pf) dunkelblau (Töne)	gb	4,—	7,50
Block 2	(148×104 mm)	gc	25,—	50,—
		FDC		140,—
		Ⓢ		80,—

Block 2 F	Fehlfarbe Dunkelbräunlichrot bei 20-Pf-Marke	—,—	

Ⓔ FDC

Auflage: 4 771 000 Blocks *Gültig bis 31.12.1961*

1959, 19. Sept. Europa. Ⓔ **Brudi; Odr. (10×5); Wz. 5; gez. K 13¾:14.**

gd) Sechsgliedrige Kette mit dem Wort „EUROPA“

			★★	⊙
320	10 (Pf) (dunkel)grünoliv	gd	0,40	0,30
321	40 (Pf) indigo	gd	1,60	0,50
		Satzpreis (2 W.)	2,—	0,70
		FDC		7,—

Auflagen: MiNr. 320 = 90 000 000, MiNr. 321 = 25 000 000

Gültig bis 31.12.1961

1959, 1. Okt. Wohlfahrt: Märchen der Brüder Grimm (I). Ⓔ **Sporer (MiNr. 322–324) und Jäger (MiNr. 325); Odr. (5×10); Wz. 5; gez. K 14:13¾.**

ge

gf

gg

gh) Wilhelm (1786–1859) und Jakob Grimm (1785–1863), Germanisten, Märchenforscher

ge–gg) Szenen aus dem Märchen „Die Sterntaler“

			★★	⊙
322	7 + 3 (Pf) schwarzbraun/gelb	ge	0,30	0,50
323	10 + 5 (Pf) schwärzlichgrün/grünlichgelb	gf	0,30	0,50
324	20 + 10 (Pf) dunkelorangerot/lebhaftgelb	gg	0,40	0,50
325	40 + 10 (Pf) mehrfarbig	gh	4,—	6,—
		Satzpreis (4 W.)	5,—	7,50
		FDC		40,—

Auflagen: MiNr. 322 = 6 950 000, MiNr. 323 = 10 200 000, MiNr. 324 = 8 400 000, MiNr. 325 = 3 900 000 Stück

Gültig bis 31.12.1961

1960

1960, 7. April. Weltflüchtlingsjahr 1959/60. Ⓔ **Rastorfer; Odr. Bagel (5×10); Wz. 5; gez. K 13¼:13.**

gi) Stilis. entwurzelter Baum in Weltkugel

			★★	⊙
326	10 (Pf) mehrfarbig	gi	0,30	0,30
327	40 (Pf) mehrfarbig	gi	2,80	2,80
		Satzpreis (2 W.)	3,—	3,—
		FDC		10,—

Auflagen: MiNr. 326 = 30 000 000, MiNr. 327 = 20 000 000 Stück

Gültig bis 31.12.1961

Alle Zuschriften, auch E-Mails, Fax etc., werden aufmerksam gelesen, aber nicht immer beantwortet. Anfragen, die ausschließlich im eigenen Interesse gestellt werden, beantworten wir in aller Regel nur dann, wenn Rückporto (Ausland Antwortschein) beiliegt.

1960, 19. April. 400. Todestag von Philipp Schwarzerd, genannt Melanchthon. Ⓔ **Michel und Kieser; Odr. (10×5); Wz. 5; gez. K 13¾:14.**

gk) Melanchthon (1497–1560), Humanist und Reformator; Gemälde von Lucas Cranach d. Ä. (1472–1553)

				★★	⊙
328	20 (Pf)	mittelbräunlichkarmin/schwarz	gk	1,50	1,50
			FDC		10,—

Auflage: 20 000 000 Stück *Gültig bis 31.12.1961*

1960, 17. Mai. Passionsspiele Oberammergau. Ⓔ **Kern; Odr. (5×10); Wz. 5; gez. K 14:13¾.**

gl) Kreuz und Marterwerkzeuge im Ornamentschmuck

				★★	⊙
329	10 (Pf)	mehrfarbig	gl	0,40	0,40
			FDC		4,50

Auflage: 30 000 000 Stück *Gültig bis 31.12.1961*

1960, 30. Juli. Eucharistischer Weltkongress, München. Ⓔ **Ege; StTdr. (5×10); Wz. 5; gez. K 14:13¾.**

gm) Stilis. Taube, Kelch mit Kreuz

				★★	⊙
330	10 (Pf)	schwärzlichopalgrün	gm	0,70	0,50
331	20 (Pf)	braunkarmin	gm	1,—	1,—
			Satzpreis (2 W.)	1,70	1,50
			FDC		8,50

Auflage: 20 000 000 Sätze *Gültig bis 31.12.1962*

1960, 8. Aug. Olympische Sommerspiele, Rom. Ⓔ **Heinsdorff; StTdr. (5×10); Wz. 5; gez. K 14:13¾.**

gn) Ringen go) Laufen gp) Diskus- und Speerwerfen gr) Wagenrennen

gn–gr) Griechische Vasenbilder, olympische Ringe

				★★	⊙
332	7 (Pf)	braunrot	gn	0,30	0,30
333	10 (Pf)	schwärzlichgrünoliv	go	0,40	0,30
334	20 (Pf)	bräunlichrot	gp	0,40	0,30
335	40 (Pf)	schwärzlichblau	gr	1,50	1,50
			Satzpreis (4 W.)	2,50	2,—
			FDC		22,—

Auflagen: MiNr. 332–334 je 30 000 000, MiNr. 335 = 20 000 000 Stück

Gültig bis 31.12.1962

1960, 6. Sept. 1000. Geburtstag der Bischöfe hl. Bernward (960–1022) und hl. Godehard (960–1038). Ⓔ **Ege; StTdr. (10×5); Wz. 5; gez. K 13¾:14.**

gs) Bischofsinsignien über Michaeliskirche Hildesheim

				★★	⊙
336	20 (Pf)	braunlila	gs	1,—	0,60
			FDC		5,50

Auflage: 20 000 000 Stück *Gültig bis 31.12.1962*

1960, 19. Sept. Europa. Ⓔ **Rahikainen; StTdr. (5×10); Wz. 5; gez. K 14:13¾.**

gt) „O“ in „EUROPA“ als Wagenrad mit 19 Speichen

				★★	⊙
337	10 (Pf)	schwärzlicholivgrün/dunkelgelblichgrün	gt	0,30	0,30
338	20 (Pf)	lebhaftrot/zinnoberrot	gt	1,—	0,30
339	40 (Pf)	kobalt/lebhaftgrünlichblau	gt	1,50	1,30
			Satzpreis (3 W.)	2,80	1,80
			FDC		15,—

Auflagen: MiNr. 337 = 100 000 000, MiNr. 338 = 30 000 000, MiNr. 339 = 20 000 000 Stück

Gültig bis 31.12.1962

1960, 1. Okt. Wohlfahrt: Märchen der Brüder Grimm (II). Ⓔ **Michel und Kieser; Odr. (5×10); Wz. 5; gez. K 14:13¾.**

gu gv gw gx

gu–gx) Szenen aus dem Märchen „Rotkäppchen“

				★★	⊙
340	7 + 3 (Pf)	mehrfarbig	gu	0,60	0,60
341	10 + 5 (Pf)	mehrfarbig	gv	0,60	0,50
342	20 + 10 (Pf)	mehrfarbig	gw	0,60	0,50
343	40 + 20 (Pf)	mehrfarbig	gx	3,—	5,—
			Satzpreis (4 W.)	4,50	6,50
			FDC		65,—

Auflagen: MiNr. 340 = 8 500 000, MiNr. 341 = 15 250 000, MiNr. 342 = 10 300 000, MiNr. 343 = 5 200 000 Stück

Gültig bis 31.12.1962

1960, 15. Okt. 1. Todestag von George C. Marshall. Ⓔ **Michel und Kieser; Odr. Bagel (10×5); Wz. 5; gez. K 13:13¼.**

gy) G. C. Marshall (1880–1959), amerik. General und Staatsmann, Friedensnobelpreis 1953

				★★	⊙
344	40 (Pf)	blau/schwarz	gy	3,40	2,80
			FDC		8,—

Auflage: 20 000 000 Stück *Gültig bis 31.12.1962*

1960, 7. Dez. 125 Jahre deutsche Eisenbahnen. Ⓔ **Bentele; Odr. (10×5); Wz. 5; gez. K 13¾:14.**

gz) Erste Dampflokomotive in Deutschland „Adler“ (Ludwigsbahn 1835)

				★★	⊙
345	10 (Pf)	lebhaftbraunoliv/schwarz	gz	0,40	0,50
			FDC		10,—

Auflage: 30 000 000 Stück *Gültig bis 31.12.1962*

Die Marke Berlin MiNr. 140 wurde ab 20.7.1960, die am 16.2.1961 ausgegebene Marke Berlin MiNr. 197 ab diesem Datum auch an den Postschaltern der Bundesrepublik verkauft.

1961

1961, 22. April. 50 Jahre Pfadfinder in Deutschland. E **Ege; StTdr. (5×10), Wz. 5; gez. K 14:13¾.**

ha) Hl. Georg (der Drachentöter), Schutzpatron der Pfadfinder

				**	⊙	FDC
346	10 (Pf)	schwärzlichgrün	ha	0,30	0,40	6,50

Auflage: 30 000 000 Stück *Gültig bis 31.12.1962*

1961, 15. Juni/1965, 6. Juli. Freimarken: Bedeutende Deutsche. E **Michel und Kieser; MiNr. 347–353 Bdr., MiNr. 354–362 StTdr. Bogen (B) (10×10), Markenheftchen (MH) und Rollen (R); x = Papier ohne, y = Papier mit Fluoreszenz; Wz. 5: gez. K 14.**

hb) Albertus Magnus, Graf von Bollstädt (um 1193–1280), Bischof und Gelehrter

hc) Hl. Elisabeth (1207–1231), Landgräfin von Thüringen

hd) Johannes Gutenberg (um 1397–1468), Erfinder des Buchdrucks

he) Albrecht Dürer (1471–1528), Maler und Grafiker

hf) Martin Luther (1483–1546), Reformator

hg) Johann Sebastian Bach (1685–1750), Komponist

hh) Balthasar Neumann (1687–1753), Baumeister

hi) Immanuel Kant (1724–1804), Philosoph

hk) Gotthold Ephraim Lessing (1729–1781), Dichter und Philosoph

hl) Johann Wolfgang von Goethe (1749–1832), Dichter

hm) Friedrich von Schiller (1759–1805), Dichter

hn) Ludwig van Beethoven (1770–1827), Komponist

ho) Heinrich von Kleist (1777–1811), Dichter

hp) Prof. Franz Oppenheimer (1864–1943), Volkswirtschaftler

hr) Annette Freiin von Droste-Hülshoff (1797–1848), Dichterin

hs) Gerhart Hauptmann (1862–1946), Dichter, Dramatiker, Nobelpreis 1912

x = Papier ohne Fluoreszenz

					**	⊙	FDC
347 x	5	(Pf)	schwärzlich- bis schwarzolivgelb (18.9.1961) (B) (R) GA	hb	0,30	0,30	2,20
348 x	7	(Pf)	braunocker (3.8.1961) (B) (R) GA	hc	0,30	0,30	2,20
349 x	8	(Pf)	lebhaftbraunviolett, dunkelrotviolett (3.8.1961) (B) GA	hd	0,30	0,50	2,20
350 x	10	(Pf)	dunkelgrünoliv bis grauoliv (15.6.1961) (B) (R) GA	he	0,30	0,30	2,20
351 x	15	(Pf)	hellblau bis preußischblau (18.9.1961) (B) (R) GA	hf	0,50	1,—	4,50
352 x	20	(Pf)	mittelbraunrot bis lebhaftbräunlichkarmin (28.6.1961) (B) (R) GA	hg	0,50	0,40	8,50
355 x	40	(Pf)	(dunkel)blau (28.6.1961) (B) (R)	hk	0,60	0,90	11,—
			Satzpreis (7 W.)		2,50	3,50	

y = Papier fl.

					**	⊙	FDC
347 y	5	(Pf)		hb			
a			schwärzlich- bis schwarzolivgelb (18.9.1961) (B) (MH) (R)		0,30	0,30	2,20
b			bräunlicholiv (6.7.1965) (MH)		0,30	0,30	—,—
348 y	7	(Pf)	braunocker (3.8.1961) (B) (R)	hc	0,30	0,30	2,20
349 y	8	(Pf)	lebhaftbraunviolett, dunkelrotviolett (3.8.1961) (B) GA	hd	0,30	0,30	2,20
350 y	10	(Pf)	dunkelgrünoliv bis grauoliv (15.6.1961) (B) (MH) (R) GA	he	0,30	0,30	2,20
351 y	15	(Pf)	hellblau bis preußischblau (18.9.1961) (B) (MH) (R) GA	hf	0,30	0,30	3,50
352 y	20	(Pf)	lebhaftbraunrot bis lebhaftbräunlichkarmin (28.6.1961) (B) (MH) (R) GA	hg	0,30	0,30	4,50
353 y	25	(Pf)	schwärzlichorange bis braunorange (7.10.1961) (B) (R)	hh	0,30	0,30	4,50
354 y	30	(Pf)	braunschwarz (7.10.1961) (B)	hi	0,30	0,30	4,50
355 y	40	(Pf)	dunkelblau (28.6.1961) (B) (R)	hk	0,30	0,30	9,—
356 y	50	(Pf)	schwärzlichbraunorange (Töne) (1.12.1961) (B)	hl	0,40	0,30	7,—
357 y	60	(Pf)	dunkelmagenta (12.4.1962) (B) (R)	hm	0,40	0,30	4,50
358 y	70	(Pf)	(B) (R)	hn			
a			schwärzlichgrün (1.12.1961)		0,30	0,30	4,50
b			schwarzblaugrün (Nov. 1962)		0,80	0,30	
359 y	80	(Pf)	ockerbraun (1.12.1961) (B)	ho	0,50	0,50	12,—
360 y	90	(Pf)	mittelbraunoliv (3.8.1964) (B)	hp	0,40	0,30	22,—
361 y	1	DM	dunkelviolettblau (18.9.1961) (B)	hr	0,70	0,30	14,—
362 y	2	DM	dunkelolivgrün (12.4.1962) (B)	hs	3,50	0,70	26,—
			Satzpreis (mit ya und yb, 18 W.)		9,—	5,—	

Bei allen Werten sind zahlreiche Farbtönungen bekannt!

FALSCH MiNr. 348 auf weißem Papier, o.G. und o. Wz., ☐, grober Druck

Weitere FDC-Bewertungen:

	FDC
347 x, 347 y (18.9.1961)	3,—
348 x, 348 y (3.8.1961)	3,—
349 x, 349 y (3.8.1961)	3,—
350 x, 350 y (15.6.1961)	3,—
351 x, 351 y (18.9.1962)	4,50
352 x, 352 y (28.6.1961)	6,—
355 x, 355 y (28.6.1961)	12,—

Waagerechte Paare (aus Bogen bzw. Markenheftchenbogen):

x = Papier ohne Fluoreszenz

	★★	⊙
347 x/347 x	0,80	10,—
348 x/348 x	0,80	10,—
349 x/349 x	0,80	10,—
350 x/350 x	0,80	7,50
351 x/351 x	1,80	*45,—*
352 x/352 x	1,20	*12,—*
355 x/355 x	2,—	*60,—*

y = Papier fl.

	★★	⊙
347 y a/347 y a	0,70	3,50
347 y b/347 y b	0,70	6,—
348 y/348 y	0,70	3,50
349 y/349 y	0,70	7,50
350 y/350 y	0,70	3,50
351 y/351 y	0,70	10,—
352 y/352 y	0,80	3,50
353 y/353 y	1,—	22,—
354 y/354 y	1,—	26,—
355 y/355 y	1,—	50,—
356 y/356 y	1,20	30,—
357 y/357 y	1,20	35,—
358 y a/358 y a	1,30	25,—
358 y b/358 y b	2,50	35,—
359 y/359 y	1,50	50,—
360 y/360 y	1,50	75,—
361 y/361 y	2,—	10,—
362 y/362 y	9,—	17,—

Einzelmarken mit anhängendem Bogenrand ★★ bis zu 50% vorstehender Paarpreise, ⊙ 600% Aufschlag auf Einzelmarkenpreise

Rollenmarken mit rückseitiger Nummer (R):

	Einzelmarken		5er-Str.
	★★	⊙	★★
347 x R	300,—	150,—	600,—
347 y a R	1,80	1,—	3,—
348 x R	8,—	20,—	18,—
348 y R	5,50	7,—	14,—
350 x R	8,—	12,—	25,—
350 y R	2,50	1,50	7,—
351 x R	20,—	40,—	42,—
351 y R	2,50	2,—	7,—
352 x R	25,—	8,—	75,—
352 y R	3,—	2,—	9,—
353 y R	3,—	3,—	9,—
355 x R	170,—	140,—	300,—
355 y R	6,—	5,—	14,—
357 y R	20,—	120,—	40,—
358 y a R	9,50	6,50	24,—
358 y b R	9,50	6,—	24,—

Auflagen (Die in Klammern angegebenen Zahlen (R =) sind die schon in der Gesamtauflage enthaltenen Auflagen der in Rollen hergestellten Marken):

MiNr. 347 x	=	33 500 000	(R = 2 300 000)
MiNr. 347 y	=	822 450 000	(R = 237 000 000)
MiNr. 348 x	=	176 800 000	(R = 17 500 000)
MiNr. 348 y	=	851 700 000	(R = 43 000 000)
MiNr. 349 x	=	24 500 000	
MiNr. 349 y	=	27 000 000	
MiNr. 350 x	=	682 000 000	(R = 212 500 000)
MiNr. 350 y	=	3 812 100 000	(R = 635 600 000)
MiNr. 351 x	=	60 500 000	(R = 21 000 000)
MiNr. 351 y	=	2 436 100 000	(R = 426 100 000)
MiNr. 352 x	=	366 000 000	(R = 80 000 000)
MiNr. 352 y	=	4 078 600 000	(R = 835 600 000)
MiNr. 353 y	=	243 600 000	(R = 60 000 000)
MiNr. 354 y	=	100 200 000	
MiNr. 355 x	=	62 000 000	(R = 12 500 000)
MiNr. 355 y	=	454 600 000	(R = 117 000 000)
MiNr. 356 y	=	141 000 000	
MiNr. 357 y	=	106 000 000	(R = 3 000 000)
MiNr. 358 y a+b	=	282 500 000	(R = 81 500 000)
MiNr. 359 y	=	155 000 000	
MiNr. 360 y	=	40 000 000	
MiNr. 361 y	=	177 000 000	
MiNr. 362 y	=	72 000 000	

Gültig bis 31.12.1970

Bildgleiche Marken mit zusätzlicher Inschrift „Berlin“ siehe Berlin (West) MiNr. 199–213

1961, 3. Juli. 75 Jahre Motorisierung des Verkehrs. Ⓔ Siegmund; Odr. (5×10); Wz. 5; gez. K 14:13¾.

ht) Erster Motorwagen von Gottlieb Daimler (1834–1900), Maschinenbauingenieur; Namenszug

hu) Erster Motorwagen von Carl Benz (1844–1929), Ingenieur; Namenszug

			**	⊙
363	10 (Pf)	dunkelbläulichgrün/schwarz . . . ht	0,30	0,30
364	20 (Pf)	lebhaftbräunlichrot/schwarz . . . hu	0,40	0,40
		Satzpreis (2 W.)	0,70	0,60
		FDC		7,—

Auflagen: MiNr. 363 = 30 000 000, MiNr. 364 = 20 000 000 Stück

Gültig bis 31.12.1962

1961, 31. Aug. Ausstellung „Der Brief im Wandel von fünf Jahrhunderten", Nürnberg. Ⓔ Heinsdorff; komb. StTdr. und Odr. (10×5); Papier fl.; Wz. 5; gez. K 13¾:14.

hv) Nürnberger Bote (um 1700)

			**	⊙
365	7 (Pf)	hellbraunrot/schwarz . . . . hv	0,40	0,40
		FDC		3,60

Auflage: 30 000 000 Stück *Gültig bis 31.12.1963*

1961, 2. Sept. 900 Jahre Kaiserdom Speyer. Ⓔ Ege; StTdr. (10×5); Wz. 5; gez. K 13¾:14.

hw) Kaiserdom Speyer

			**	⊙
366	20 (Pf)	rot . . . . hw	0,40	0,60
		FDC		4,40

Auflage: 20 000 000 Stück *Gültig bis 31.12.1963*

1961, 18. Sept./1962, 15. Febr. Europa. Ⓔ Kurpershoek; Odr. (5×10); Wz. 5; x = Papier ohne (Bundesdruckerei), y = Papier mit Fluoreszenz (Bagel); MiNr. 367 x und 368 x gez. K 14:13¾, MiNr. 367 y gez. K 13½:13.

hx) 19 Tauben, geordnet als fliegende Taube

x = Papier ohne Fluoreszenz, gez. K 14:13¾ (18.9.1961)

			**	⊙
367 x	10 (Pf)	dunkelgrünoliv . . . . hx	0,30	0,30
368 x	40 (Pf)	violettultramarin . . . . hx	0,50	0,70
		Satzpreis (2 W.)	0,80	1,—
		FDC		4,—

y = Papier fl., gez. K 13½:13 (15.2.1962)

367 y	10 (Pf)	grün(grau)oliv . . . . hx	0,40	0,60
		FDC		2,80

Von MiNr. 367 x gibt es Farb- und Papiertönungen!

Auflagen: MiNr. 367 x = 55 000 000, MiNr. 367 y = 54 090 500, MiNr. 368 x = 20 000 000 Stück

Gültig bis 31.12.1963

Ab MiNr. 375 sind alle Ausgaben – wenn nicht ausdrücklich anders angegeben – auf fluoreszierendem Papier gedruckt. Unterschiedliche Farbe der Fluoreszenz (weiß bis lebhaftgelb) ist fabrikationsbedingt und rechtfertigt keine Preisunterschiede.

1961, 2. Okt. Wohlfahrt: Märchen der Brüder Grimm (III). Ⓔ Jäger; Odr. (5×10); Wz. 5; gez. K 14:13¾.

hy

hz

ia

ib

hy–ib) Szenen aus dem Märchen „Hänsel und Gretel"

			**	⊙
369	7 + 3 (Pf)	mehrfarbig . . . . hy	0,30	0,40
370	10 + 5 (Pf)	mehrfarbig . . . . hz	0,30	0,40
371	20 + 10 (Pf)	mehrfarbig . . . . ia	0,30	0,40
372	40 + 20 (Pf)	mehrfarbig . . . . ib	1,20	2,40
		Satzpreis (4 W.)	2,—	3,50
		FDC		17,—

Auflagen: MiNr. 369 = 9 750 000, MiNr. 370 = 15 250 000, MiNr. 371 = 12 000 000, MiNr. 372 = 6 000 000 Stück

Gültig bis 31.12.1963

1961, 26. Okt. 100 Jahre Telefon von Philipp Reis. Ⓔ Blase; StTdr. (5×10); Wz. 5; gez. K 14:13¾.

ic) Reis-Telefon von 1861

			**	⊙
373	10 (Pf)	schwärzlichgrün ic	0,40	0,50
		FDC		4,40

Auflage: 30 000 000 Stück *Gültig bis 31.12.1963*

Nicht ausgegeben:

1961, Nov. Brot für die Welt. Ⓔ Heinsdorff; Odr. Bagel; Wz. 5; gez. K 13:13¾.

id) Hungerndes Kind mit Essnapf

			**
X	20 (Pf)	dunkelbraunrot/schwarz . . . . id	*10000,—*

MiNr. X war zur Ausgabe vorgesehen, wurde aber wenige Tage vor dem angekündigten Schalterverkauf zurückgezogen. Im Handel vorkommende Marken, nur mit Gummihandstempel „Muster" am Unterrand, sind postamtlich verschickte Musterexemplare.

FALSCH Prüfung ratsam.

1961, 22. Dez. 150. Geburtstag von Wilhelm Emmanuel Freiherr von Ketteler. Ⓔ G. und E. Aretz; Odr. (5×10); Wz. 5; gez. K 14:13¾.

ie) W. E. Frh. von Ketteler (1811–1877), kath. Bischof, Abgeordneter

			**	⊙
374	10 (Pf)	grünoliv/schwarz . . . . ie	0,40	0,50
		FDC		4,40

Auflage: 20 000 000 Stück *Gültig bis 31.12.1963*

1962

1962, 10. Mai. 2000 Jahre Mainz. Ⓔ Ege; StTdr. (5×10); Wz. 5; gez. K 14:13¾.

if) Drususstein (100 n. Chr.), Ausschnitt aus altem Stadtbild von Mainz

			**	⊙
375	20 (Pf)	dunkelgraulila . . . . if	0,40	0,50
		FDC		4,40

Auflage: 30 000 000 Stück *Gültig bis 31.12.1963*

1962, 25. Mai. Jugend: Schmetterlinge. Ⓔ **Blase; Odr. (5×10); Wz. 5; gez. K 14:13¾.**

ig) Apollofalter (Parnassius apollo) — ih) Trauermantel (Nymphalis antiopa) — ii) Kleiner Fuchs (Aglais urticae) — ik) Segelfalter (Iphiclides podalirius)

				★★	⊙
376	7 + 3 (Pf)	mehrfarbig	ig	0,50	0,80
377	10 + 5 (Pf)	mehrfarbig	ih	0,50	0,80
378	20 + 10 (Pf)	mehrfarbig	ii	1,—	1,50
379	40 + 20 (Pf)	mehrfarbig	ik	1,50	2,50
		Satzpreis (4 W.)		3,50	5,50
		FDC			26,—

Auflagen: MiNr. 376 = 7 350 000, MiNr. 377 = 7 750 000, MiNr. 378 = 7 000 000, MiNr. 379 = 5 900 000 Stück

Gültig bis 31.12.1963

1962, 12. Juli. Lied und Chor. Ⓔ **Breker; Odr. (10×5); Wz. 5; gez. K 13¾:14.**

il) Stimmgabel vor Notentext „In dulci jubilo" aus „Musae Sioniae" von Michael Praetorius

				★★	⊙
380	20 (Pf)	orangerot/schwarz	il	0,40	0,60
		FDC			3,50

Auflage: 30 000 000 Stück *Gültig bis 31.12.1963*

1962, 22. Aug. Deutscher Katholikentag, Hannover. Ⓔ **Ege; StTdr. (5×10); gez. K 14:13¾.**

im) Kreuz und zwei Gläubige: Motto Glauben, Danken, Dienen

				★★	⊙
381	20 (Pf)	dunkelmagenta	im	0,40	0,60
		FDC			3,50

Auflage: 20 000 000 Stück *Gültig bis 31.12.1964*

1962, 11. Sept. 150 Jahre Württembergische Bibelanstalt. Ⓔ **Rohse; komb. StTdr. und Odr. (5×10); Wz. 5; gez. K 14:13¾.**

in) Aufgeschlagene Bibel mit Christusmonogramm und Kelch

				★★	⊙
382	20 (Pf)	schwärzlichzinnoberrot/ schwarz	in	0,40	0,60
		FDC			2,60

Auflage: 20 000 000 Stück *Gültig bis 31.12.1964*

1962, 17. Sept. Europa. Ⓔ **Weyer; StTdr. (5×10); Wz. 5; gez. K 14:13¾.**

io) Stilisierter Baum mit 19 Blättern

				★★	⊙
383	10 (Pf)	schwärzlichsmaragdgrün	io	0,30	0,30
384	40 (Pf)	dunkelblau	io	0,60	0,70
		Satzpreis (2 W.)		0,90	1,—
		FDC			3,50

Auflagen: MiNr. 383 = 85 000 000, MiNr. 384 = 20 000 000 Stück

Gültig bis 31.12.1964

1962, 10. Okt. Wohlfahrt: Märchen der Brüder Grimm (IV). Ⓔ **Börnsen; Odr. (5×10); Wz. 5; gez. K 14:13¾.**

ip — ir — is — it

ip–it) Szenen aus dem Märchen „Schneewittchen und die sieben Zwerge"

				★★	⊙
385	7 + 3 (Pf)	mehrfarbig	ip	0,30	0,30
386	10 + 5 (Pf)	mehrfarbig	ir	0,30	0,30
387	20 + 10 (Pf)	mehrfarbig	is	0,30	0,30
388	40 + 20 (Pf)	mehrfarbig	it	1,—	1,60
		Satzpreis (4 W.)		1,70	2,50
		FDC			18,—

Auflagen: MiNr. 385 = 12 150 000, MiNr. 386 = 16 900 000, MiNr. 387 = 14 000 000, MiNr. 388 = 8 050 000 Stück

Gültig bis 31.12.1964

1962, 23. Nov. Brot für die Welt. Ⓔ **Kern; komb. Odr. und Prägedr. (5×10); Wz. 5; gez. K 14:13¾.**

iu) Inschrift

				★★	⊙
389	20 (Pf)	lebhaftbraunrot/schwarz	iu	0,40	0,60
		FDC			5,50

Auflage: 20 000 000 Stück *Gültig bis 31.12.1964*

1963

1963, 9. Febr. Hilfeleistungen der Organisationen CRALOG und CARE. Ⓔ **Ege; StTdr. (5×10); Wz. 5; gez. K 14:13¾.**

iv) Übergabe eines Geschenkpaketes

				★★	⊙
390	20 (Pf)	dunkelrotkarmin	iv	0,40	0,50
		FDC			2,60

Auflage: 30 000 000 Stück *Gültig bis 31.12.1964*

1963, 27. Febr. Misereor: Kampf gegen Hunger und Krankheit auf der Welt. Ⓔ **Jäger; komb. StTdr. und Odr. (5×10); Wz. 5; gez. K 14:13¾.**

iw) Stilis. Kornähren, Samenkörner, Kreuz und Inschrift vor Erdkugel

				★★	⊙
391	20 (Pf)	mehrfarbig	iw	0,40	0,50
		FDC			2,60

Auflage: 20 000 000 Stück *Gültig bis 31.12.1964*

1963, 26. April. Briefmarkenausstellung „Flora und Philatelie"; Internationale Gartenbau-Ausstellung (IGA), Hamburg. Ⓔ **Rohse; Odr. (10×5); gez. K 13¾:14.**

ix) Schachbrettblume (Fritillaria meleagris) — iy) Frauenschuh (Cypripedium calceolus) — iz) Gemeine Akelei (Aquilegia vulgaris) — ka) Stranddistel (Eryngium maritimum)

				★★	⊙
392	10 (Pf)	mehrfarbig	ix	0,30	0,30
393	15 (Pf)	mehrfarbig	iy	0,30	0,30
394	20 (Pf)	mehrfarbig	iz	0,30	0,30
395	40 (Pf)	mehrfarbig	ka	0,30	0,30
			Satzpreis (4 W.)	1,10	1,20
			FDC		4,20

Auflagen: MiNr. 392 und 393 je 30 000 000, MiNr. 394 und 395 je 20 000 000 Stück

Gültig bis 31.12.1964

1963, 2. Mai. 400 Jahre Heidelberger Katechismus. ⓔ **Müller; komb. StTdr. und Odr. (5×10); gez. K 14:13¾.**

kb) Inschrift auf Ornament-Hintergrund

				★★	⊙
396	20 (Pf)	mehrfarbig	kb	0,40	0,50
			FDC		2,20

Auflage: 20 000 000 Stück *Gültig bis 31.12.1964*

1963, 4. Mai. Gedenkstätte Regina Martyrum, Berlin. ⓔ **Rohse; Odr. (5×10); Wz. 5; gez. K 14:13¾.**

kc) Kreuz von Golgatha, verdunkeltes Himmelsgestirn

				★★	⊙
397	10 (Pf)	mehrfarbig	kc	0,30	0,40
			FDC		2,60

Auflage: 20 000 000 Stück *Gültig bis 31.12.1964*

1963, 7. Mai. 100. Jahrestag der ersten Internationalen Postkonferenz, Paris. ⓔ **Ege; StTdr. (5×10); Wz. 5; gez. K 14:13¾.**

kd) Wappen der 18 an der Konferenz beteiligten Länder

				★★	⊙
398	40 (Pf)	violettultramarin	kd	0,50	0,70
			FDC		5,50

Auflage: 20 000 000 Stück *Gültig bis 31.12.1964*

1963, 14. Mai. Einweihung der „Vogelfluglinie“ (kürzeste Verbindung zwischen Deutschland und Kopenhagen). ⓔ **Blase; Odr. (10×5); gez. K 13¾:14.**

ke) Im Vogelumriss Landkarte mit Linienführung der „Vogelfluglinie“, Flaggen von Dänemark und der Bundesrepublik Deutschland

				★★	⊙
399	20 (Pf)	mehrfarbig	ke	0,40	0,40
			FDC		11,—

Auflage: 30 000 000 Stück *Gültig bis 31.12.1964*

Parallelausgabe mit Dänemark MiNr. 413

1963, 24. Mai. 100 Jahre Internationales Rotes Kreuz. ⓔ **Bentele; komb. Odr. und Prägedr. (10×5); gez. K 13¾:14.**

kf) Rotes Kreuz, Inschrift im Strahlenkranz

				★★	⊙
400	20 (Pf)	mehrfarbig	kf	0,40	0,40
			FDC		3,50

Auflage: 30 000 000 Stück *Gültig bis 31.12.1964*

1963, 12. Juni. Jugend: Einheimische Vögel. ⓔ **Schillinger; Odr. (10×5); gez. K 13¾:14.**

kg) Wiedehopf (Upupa epops)

kh) Pirol (Oriolus oriolus)

ki) Gimpel (Pyrrhula pyrrhula)

kk) Eisvogel (Alcedo atthis)

				★★	⊙
401	10 + 5 (Pf)	mehrfarbig	kg	0,60	0,80
402	15 + 5 (Pf)	mehrfarbig	kh	0,50	0,80
403	20 + 10 (Pf)	mehrfarbig	ki	0,50	0,80
404	40 + 20 (Pf)	mehrfarbig	kk	2,20	3,20
			Satzpreis (4 W.)	3,80	5,50
			FDC		26,—

Auflagen: MiNr. 401 = 6 350 000, MiNr. 402 = 6 310 000, MiNr. 403 = 6 300 000, MiNr. 404 = 5 440 000 Stück

Gültig bis 31.12.1964

1963, 24. Juli. Deutscher Evangelischer Kirchentag, Dortmund. ⓔ **Rau; Odr. Bagel (5×10); Wz. 5; gez. K 13¼:13.**

kl) Jerusalemkreuz in Krone aus Stacheldraht

				★★	⊙
405	20 (Pf)	rötlichorange/schwarz	kl	0,40	0,50
			FDC		1,80

Auflage: 20 000 000 Stück *Gültig bis 31.12.1965*

1963, 14. Sept. Europa. ⓔ **Holm; StTdr. (5×10); Wz. 5; gez. K 14:13¾.**

km) Buchstaben CEPT im Ornament

				★★	⊙
406	15 (Pf)	schwärzlichsmaragdgrün	km	0,30	0,40
407	20 (Pf)	dunkelrosa	km	0,30	0,30
			Satzpreis (2 W.)	0,50	0,70
			FDC		1,50

Auflagen: MiNr. 406 = 30 000 000, MiNr. 407 = 110 000 000 Stück

Gültig bis 31.12.1965

1963, 23. Sept. Wohlfahrt: Märchen der Brüder Grimm (V). ⓔ **Börnsen; Odr. (5×10); gez. K 14:13¾.**

kn

ko

kp

kr

kn–kr) Szenen aus dem Märchen „Der Wolf und die sieben Geißlein“

				★★	⊙
408	10 + 5 (Pf)	mehrfarbig	kn	0,30	0,30
409	15 + 5 (Pf)	mehrfarbig	ko	0,30	0,30
410	20 + 10 (Pf)	mehrfarbig	kp	0,30	0,30
411	40 + 20 (Pf)	mehrfarbig	kr	0,60	1,50
			Satzpreis (4 W.)	1,40	2,40
			FDC		13,—

Auflagen: MiNr. 408 = 13 934 000, MiNr. 409 = 14 861 000, MiNr. 410 = 16 614 000, MiNr. 411 = 8 191 000 Stück

Gültig bis 31.12.1965

Die am 1.3.1963 ausgegebene Marke Berlin MiNr. 231 wurde auch an den Postschaltern der Bundesrepublik verkauft.

1964

1964, 10. April. Jugend: Fische. Ⓔ Heinsdorff; Odr. (5×10); gez. K 14:13¾.

ks) Hering (Clupea harengus) | kt) Kleiner Rotbarsch (Sebastes viviparus) | ku) Karpfen (Cyprinus carpio) | kv) Kabeljau (Gadus morrhua)

				**	⊙
412	10 + 5 (Pf)	mehrfarbig	ks	0,30	0,40
413	15 + 5 (Pf)	mehrfarbig	kt	0,30	0,40
414	20 + 10 (Pf)	mehrfarbig	ku	0,40	0,60
415	40 + 20 (Pf)	mehrfarbig	kv	1,20	2,50
			Satzpreis (4 W.)	2,20	4,—
			FDC		22,—

Auflagen: MiNr. 412 = 6 600 000, MiNr. 413 = 6 900 000, MiNr. 414 = 6 600 000, MiNr. 415 = 5 800 000 Stück

Gültig bis 31.12.1965

1964, 29. April/1965, 23. Okt. Hauptstädte der Länder der Bundesrepublik Deutschland. Ⓔ H. und H. Schillinger; Odr. Bundesdruckerei (MiNr. 416–419, 421, 422, 425–427) und Bagel (MiNr. 420, 423 und 424) (5×10); MiNr. 416–419, 421, 422 und 425–427 gez. K 14:13¾, MiNr. 420, 423 und 424 gez. K 13¼:13.

kw) Hannover, Altes Rathaus (Niedersachsen) | kx) Hamburg, Hafen (Hamburg) | ky) Kiel, Fährhafen (Schleswig-Holstein) | kz) München, Nationaltheater (Bayern)

la) Wiesbaden, Kurhaus (Hessen) | lb) Berlin, Reichstag (Berlin) | lc) Mainz, Gutenberg-Museum (Rheinland-Pfalz) | ld) Düsseldorf, Jan-Wellem-Denkmal (Nordrhein-Westfalen)

le) Bonn, Rathaus (Bundesrepublik Deutschland) | lf) Bremen, Rathaus (Bremen) | lg) Stuttgart, Stadtansicht (Baden-Württemberg) | lh) Saarbrücken, Ludwigskirche (Saarland)

				**	⊙	FDC
416	20 (Pf)	mehrfarbig (29.4.64)	kw	0,30	0,40	2,20
417	20 (Pf)	mehrfarbig (6.5.64)	kx	0,30	0,40	2,20
418	20 (Pf)	mehrfarbig (6.5.64)	ky	0,30	0,40	2,20
419	20 (Pf)	mehrfarbig (6.5.64)	kz	0,30	0,40	2,20
420	20 (Pf)	mehrfarbig (6.5.64)	la	0,30	0,40	2,20
421	20 (Pf)	mehrfarbig (19.9.64)	lb	0,30	0,40	1,80
422	20 (Pf)	mehrfarbig (25.9.64)	lc	0,30	0,40	1,80
423	20 (Pf)	mehrfarbig (24.10.64)	ld	0,30	0,40	1,80
424	20 (Pf)	mehrfarbig (17.5.65)	le	0,30	0,40	1,80
425	20 (Pf)	mehrfarbig (17.5.65)	lf	0,30	0,40	1,80
426	20 (Pf)	mehrfarbig (17.5.65)	lg	0,30	0,40	1,80
427	20 (Pf)	mehrfarbig (23.10.65)	lh	0,30	0,40	1,80
			Satzpreis (12 W.)	3,50	4,50	

Weitere FDC-Bewertungen:

417–420	(6.5.1964)	8,50
424–426	(17.5.1965)	4,50

Achtung! Verschiedene Farben der MiNr. 416–427 verfärben sich bei längerem Wasser- oder Benzinbad!

Auflage: 30 000 000 Sätze *Gültig bis 31.12.1966*

MiNr. 421 bildgleich mit zusätzlicher Inschrift „BERLIN" siehe Berlin (West) MiNr. 236

1964, 29. Mai. 1200 Jahre Benediktinerabtei Ottobeuren. Ⓔ Ege; komb. StTdr. und Odr. (5×10); gez. K 14:13¾.

li) Benediktinerabtei Ottobeuren

				**	⊙
428	20 (Pf)	mehrfarbig	li	0,30	0,40
			FDC		2,60

Auflage: 20 000 000 Stück *Gültig bis 31.12.1965*

1964, 1. Juli. Wiederwahl des Bundespräsidenten Heinrich Lübke (I). Ⓔ Schardt; Odr. (10×5); gez. K 13¾:14.

lk) Dr. h. c. H. Lübke (1894–1972), 2. Bundespräsident

				**	⊙
429	20 (Pf)	lilarot	lk	0,30	0,30
430	40 (Pf)	blau	lk	0,30	0,40
			Satzpreis (2 W.)	0,50	0,70
			FDC		3,—

Auflagen: MiNr. 429 = 77 700 000, MiNr. 430 = 41 100 000 Stück

Gültig bis 31.12.1969

In gleicher Zeichnung: MiNr. 542–543

Bildgleiche Marken mit zusätzlicher Inschrift „BERLIN" siehe Berlin (West) MiNr. 234–235

1964, 20. Juli. Blockausgabe: 20. Jahrestag des Attentats auf Adolf Hitler vom 20. Juli 1944. Ⓔ G. und E. Aretz; komb. StTdr. und Odr.; gez. Ks 14:13¾.

ll) Sophie Scholl (1921–1943), Studentin | lm) Ludwig Beck (1880–1944), Generaloberst | ln) Dietrich Bonhoeffer (1906–1945), evang. Theologe | lo) Alfred Delp (1907–1945), kath. Theologe | lu

lp) Karl-Friedrich Goerdeler (1884–1945), Jurist | lr) Wilhelm Leuschner (1890–1944), Gewerkschaftsführer | ls) Helmut James Graf von Moltke (1907–1945), Jurist | lt) Claus Graf Schenk von Stauffenberg (1907–1944), Generalstabsoffizier

ll–lt) Deutsche Widerstandskämpfer

				**	⊙
431	20 (Pf)	dunkelblaugrau/schwarz	ll	0,80	1,50
432	20 (Pf)	dunkelblaugrau/schwarz	lm	0,80	1,50
433	20 (Pf)	dunkelblaugrau/schwarz	ln	0,80	1,50
434	20 (Pf)	dunkelblaugrau/schwarz	lo	0,80	1,50
435	20 (Pf)	dunkelblaugrau/schwarz	lp	0,80	1,50
436	20 (Pf)	dunkelblaugrau/schwarz	lr	0,80	1,50

			★★	⊙
437	20 (Pf) dunkelblaugrau/schwarz	ls	0,80	1,50
438	20 (Pf) dunkelblaugrau/schwarz	lt	0,80	1,50
Block 3	(148×105 mm)	lu	8,—	15,—
		FDC		100,—
		Block mit Ⓢ		20,—
		FDC Berlin		500,—
		Block mit Ⓢ Berlin		170,—

Lt. amtlicher Verfügung waren nur die ausgetrennten Einzelmarken, nicht aber der Block als Ganzes frankaturgültig. Sendungen mit aufgeklebten ganzen Blocks wurden jedoch vom Ersttag an unbeanstandet abgestempelt und befördert.

FALSCH Blocks mit zusätzlich kopfstehender Randinschrift

Auflage: 6 941 000 Blocks *Gültig bis 31.12.1966*

1964, 3. Aug. Tagung des Reformierten Weltbundes, Frankfurt a. M. Ⓔ **Blase; Odr. (10×5); gez. K 13¾:14.**

lv) Johannes Calvin (1509–1564), französ. Reformator

			★★	⊙
439	20 (Pf) orangerot/schwarz	lv	0,30	0,40
		FDC		3,—

Auflage: 20 000 000 Stück *Gültig bis 31.12.1966*

1964, 14. Aug. Fortschritt in Technik und Wissenschaft (I): 100 Jahre Benzolformel, 25 Jahre Kernspaltung, 100 Jahre Verbrennungsmotor. Ⓔ **Blase; Odr. (10×5); gez. K 13¾:14.**

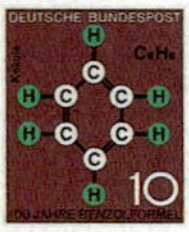

lw) Benzolformel von August Kekulé von Stradonitz (1829–1896), Chemiker

lx) Atomreaktor im Betriebszustand; nach Otto Hahn (1879–1968), Chemiker, Nobelpreis 1944

ly) 1. Gasmotor von Nikolaus Otto (1832–1891), Maschinenbauer

			★★	⊙
440	10 (Pf) mehrfarbig	lw	0,30	0,30
441	15 (Pf) mehrfarbig	lx	0,30	0,30
442	20 (Pf) mehrfarbig	ly	0,30	0,30
		Satzpreis (3 W.)	0,60	0,60
		FDC		2,60

Auflage: 70 000 000 Sätze *Gültig bis 31.12.1966*

Weitere Ausgaben „Fortschritt in Technik und Wissenschaft": MiNr. 521–522, 546–548

1964, 31. Aug. 100. Todestag von Ferdinand Lassalle. Ⓔ **Rischka; Odr. (5×10); gez. K 14:13¾.**

lz) F. Lassalle (1825–1864), Mitbegründer der Sozialdemokratischen Partei in Deutschland

			★★	⊙
443	20 (Pf) dunkelgrünlichblau/schwarz	lz	0,30	0,40
		FDC		1,60

Auflage: 30 000 000 Stück *Gültig bis 31.12.1966*

1964, 2. Sept. Deutscher Katholikentag, Stuttgart. Ⓔ **Neufeld; StTdr. (10×5); Wz. 5; gez. K 13¾:14.**

ma) Stilis. Sonne, Inschrift

			★★	⊙
444	20 (Pf) schwarzblaugrau/rot	ma	0,30	0,40
		FDC		1,60

Auflage: 20 000 000 Stück *Gültig bis 31.12.1966*

1964, 14. Sept. Europa. Ⓔ **Betemps; Odr. (10×5); gez. K 13¾:14.**

mb) Stilis. Blume mit 22 Blütenblättern und Emblem der CEPT

			★★	⊙
445	15 (Pf) grünoliv/lebh'braunviolett	mb	0,30	0,30
446	20 (Pf) lebh'karminrot/violettpurpur	mb	0,30	0,30
		Satzpreis (2 W.)	0,40	0,40
		FDC		1,70

Auflagen: MiNr. 445 = 30 000 000, MiNr. 446 = 70 000 000 Stück

Gültig bis 31.12.1966

1964, 6. Okt. Wohlfahrt: Märchen der Brüder Grimm (VI). Ⓔ **Börnsen; Odr. (5×10); gez. K 14:13¾.**

mc

md

me

mf

mc–mf) Szenen aus dem Märchen „Dornröschen"

			★★	⊙
447	10 + 5 (Pf) mehrfarbig	mc	0,30	0,30
448	15 + 5 (Pf) mehrfarbig	md	0,30	0,30
449	20 + 10 (Pf) mehrfarbig	me	0,30	0,30
450	40 + 20 (Pf) mehrfarbig	mf	0,30	1,20
		Satzpreis (4 W.)	1,—	2,—
		FDC		6,50

Auflagen: MiNr. 447 = 45 496 000, MiNr. 448 = 14 739 000, MiNr. 449 = 16 678 000, MiNr. 450 = 8 106 000 Stück

Gültig bis 31.12.1966

Bildgleiche Marken mit zusätzlicher Inschrift „BERLIN" siehe Berlin (West) MiNr. 237–240

1964, 10. Okt. Olympische Sommerspiele, Tokio. Ⓔ **H. und H. Schillinger; Odr. (10×5); gez. K 13¾:14.**

mg) Judo, olympische Ringe

			★★	⊙
451	20 (Pf) mehrfarbig	mg	0,30	0,40
		FDC		1,80

Auflage: 30 000 000 Stück *Gültig bis 31.12.1966*

1964, 30. Okt. 250 Jahre Rechnungshof in Deutschland. Ⓔ **Kern; komb. Odr. und Prägedr. (5×10); gez. K 14:13¾.**

mh) Preußischer Adler, Inschrift

			★★	⊙
452	20 (Pf) dkl'rötlichorange/schwarz	mh	0,30	0,40
		FDC		1,80

Auflage: 30 000 000 Stück *Gültig bis 31.12.1966*

1964, 21. Nov. 1. Todestag von John F. Kennedy. Ⓔ **Gerhardt; StTdr. (10×5); Wz. 5; gez. K 13¾:14.**

mi) J. F. Kennedy (1917–1963), 35. Präsident der Vereinigten Staaten von Amerika

			★★	⊙
453	40 (Pf) dunkelviolettultramarin	mi	0,40	0,40
		FDC		1,80

Auflage: 20 000 000 Stück *Gültig bis 31.12.1966*

Bildgleiche Marke mit zusätzlicher Inschrift „BERLIN" siehe Berlin (West) MiNr. 241

1964, 15. Dez./1965, 29. Mai. Freimarken: Deutsche Bauwerke aus zwölf Jahrhunderten (I). 🄴 **Rohse; MiNr. 454–456 Bdr., MiNr. 457–461 StTdr. Bogen (B) (10×10), Markenheftchen (MH) und Rollen (R); gez. K 14.**

mk) Wallpavillon des Zwingers, Dresden

ml) Schloss Tegel, Berlin

mm) Torhalle, Lorsch (Hessen)

mn) Burg Trifels in der Pfalz

mo) Schlosstor, Ellwangen (Jagst)

mp) Treptower Tor, Neubrandenburg

mr) Osthofentor, Soest

ms) Ellinger Tor, Weißenburg (Bayern)

					★★	⊙	FDC
454	10 (Pf)	dunkelsiena (12.3.1965) (B) (R) GA	mk		0,50	0,30	1,80
455	15 (Pf)	GA	ml				
a		schwärzlichgrün (12.3.1965) (B) (R)			0,50	0,30	1,80
b		schwarzolivgrün (6.7.1965) (MH)			0,80	0,30	
456	20 (Pf)	schwärzlichorangerot (Töne) (12.3.1965) (B) (MH) (R) GA	mm		0,50	0,30	1,80
457	40 (Pf)	dunkellilaultramarin (12.3.1965) (B) (R)	mn		0,50	0,30	1,80
458	50 (Pf)	dunkelockerbraun (15.12.1964) (B)	mo		1,—	0,30	4,40
459	60 (Pf)	rosarot (15.12.1964) (B) (R)	mp		1,50	0,50	4,40
460	70 (Pf)	schwarzolivgrün (29.5.1965) (B) (R)	mr		1,50	0,50	4,40
461	80 (Pf)	dunkelrotbraun (15.12.1964) (B) (R)	ms		1,50	0,50	5,—
				Satzpreis (8 W.)	7,—	2,80	

Zahlreiche Farbtönungen

Weitere FDC-Bewertungen:

	FDC
458, 459, 461 (15.12.1964)	12,—
454, 455 a, 456, 457 (12.3.1965)	7,50

Waagerechte Paare (aus Bogen bzw. Markenheftchenbogen):

	★★	⊙
454/454 (B)	1,—	0,80
455 a/455 a (B)	0,90	1,—
455 b/455 b (MHB)	1,40	1,20
456/456 (B) (MHB)	1,—	1,20
457/457 (B)	1,20	2,—
458/458 (B)	2,—	3,—
459/459 (B)	4,—	8,—
460/460 (B)	6,—	10,—
461/461 (B)	6,—	10,—
Satzpreis (8 Paare)	22,—	35,—

Einzelmarken mit anhängendem Bogenrand ★★ und ⊙ 50% vorstehender Paarpreise.

Rollenmarken mit rückseitiger Nummer (R):

	Einzelmarken		5er-Str.
	★★	⊙	★★
454 R	2,—	2,—	5,50
455 R	1,60	1,50	5,50
456 R	2,50	1,50	9,—
457 R	17,—	8,—	28,—
459 R	55,—	55,—	75,—
460 R	70,—	60,—	80,—
461 R	5,50	5,50	14,—

Auflagen (Die in Klammern angegebenen Zahlen (R =) sind die schon in der Gesamtauflage enthaltenen Auflagen der in Rollen hergestellten Marken):

MiNr. 454 = 1 210 000 000 (R = 125 000 000)
MiNr. 455 = 1 200 000 000 (R = 280 000 000)
MiNr. 456 = 2 500 000 000 (R = 565 000 000)
MiNr. 457 = 130 000 000 (R = 40 000 000)
MiNr. 458 = 50 000 000
MiNr. 459 = 34 000 000 (R = 6 000 000)
MiNr. 460 = 60 000 000 (R = 10 000 000)
MiNr. 461 = 135 000 000 (R = 20 000 000)

Gültig bis 30.6.2002

In ähnlichen Zeichnungen, größeres Format: MiNr. 489–503

Bildgleiche Marken mit zusätzlicher Inschrift „BERLIN“ siehe Berlin (West) MiNr. 242 249

1965

1965, 21. Jan. 150. Todestag von Matthias Claudius (1740–1815), Dichter. 🄴 **Heinsdorff; StTdr. (5×10); gez. K 14:13¾.**

mt) Eule, Stock mit Wandertasche, Hut mit 3 Kröten

				★★	⊙
462	20 (Pf)	schwarz/rot	mt	0,30	0,40
			FDC		2,20

Auflage: 20 000 000 Stück *Gültig bis 31.12.1966*

1965, 1. April. 150. Geburtstag von Otto Fürst von Bismarck. 🄴 **Gerhardt; Odr. (10×5); gez. K 13¾:14.**

mu) O. Fürst v. Bismarck (1815–1898), Gründer und Kanzler des Zweiten Deutschen Reiches

				★★	⊙
463	20 (Pf)	braunschwarz/ mittelbraunrot	mu	0,30	0,40
			FDC		2,—

Auflage: 30 000 000 Stück *Gültig bis 31.12.1966*

1965, 1. April. Jugend: Jagdbares Federwild. 🄴 **Froitzheim; Odr. (5×10); gez. K 14:13¾.**

mv) Waldschnepfe (Scolopax rusticola)

mw) Jagdfasan (Phasianus colchicus)

mx) Birkhuhn (Tetrao tetrix)

my) Auerhuhn (Tetrao urogallus)

				✱✱	⊙
464	10 + 5 (Pf)	mehrfarbig	mv	0,30	0,40
465	15 + 5 (Pf)	mehrfarbig	mw	0,30	0,40
466	20 + 10 (Pf)	mehrfarbig	mx	0,30	0,40
467	40 + 20 (Pf)	mehrfarbig	my	0,30	1,20
		Satzpreis (4 W.)		1,—	2,40
			FDC		6,50

Auflagen: MiNr. 464 = 27 606 000, MiNr. 465 = 6 727 000, MiNr. 466 = 6 681 000, MiNr. 467 = 5 777 000 Stück

Gültig bis 31.12.1966

Bildgleiche Marken mit zusätzlicher Inschrift „BERLIN“ siehe Berlin (West) MiNr. 250–253

1965, 1. April/25. Juni. Internationale Verkehrsausstellung (IVA), München. 🄴 **Magnus; MiNr. 468 Odr., MiNr. 469–474 RaTdr. (5×10); gez. K 14:13¾.**

mz) Verkehrsschilder, Ampel

na) Nachrichtensatellit, Bodenempfangsstation

nb) Moderner und alter Postomnibus

nc) Zeigertelegraph, Fernmeldeturm

nd) Moderne Elektrolokomotive und alte Dampflokomotive

ne) Weltraumkapsel, Düsenflugzeug

nf) Passagierdampfer „Bremen“, Segelschiff „Hammonia“

				✱✱	⊙	FDC
468	5 (Pf)	mehrfarbig (25. Juni)	mz	0,30	0,40	1,30
469	10 (Pf)	mehrfarbig (25. Juni)	na	0,30	0,40	1,30
470	15 (Pf)	mehrfarbig (25. Juni)	nb	0,30	0,40	1,30
471	20 (Pf)	mehrfarbig (25. Juni)	nc	0,30	0,40	1,30
472	40 (Pf)	mehrfarbig (25. Juni)	nd	0,30	0,40	1,80
473	60 (Pf)	mehrfarbig (1. April)	ne	0,30	0,40	2,20
474	70 (Pf)	mehrfarbig (25. Juni)	nf	0,40	0,40	2,60
		Satzpreis (7 W.)		2,—	2,80	

Weitere FDC-Bewertung:

468–472, 474 (25. Juni) . . . . 10,—

MiNr. 473 hatte offiziellen Ersttag am 1.4.1965. Am Ausgabetag der übrigen Werte wurden aber mitaufgeklebte 60-Pf-Werte ebenfalls mit Ersttagsstempel vom 25.6.1965 versehen.

Auflagen: MiNr. 468–470 je 50 000 000, MiNr. 471 = 100 000 000, MiNr. 472 = 30 000 000, MiNr. 473 und 474 je 20 000 000 Stück

Gültig bis 31.12.1968

1965, 30. April. 75 Jahre Tag der Arbeit (1. Mai). 🄴 **Blase; Odr. (10×5); gez. K 13¾:14.**

ng) Blumenstrauß mit Bändern

				✱✱	⊙
475	15 (Pf)	mehrfarbig	ng	0,30	0,30
			FDC		1,30

Auflage: 30 000 000 Stück *Gültig bis 31.12.1966*

1965, 17. Mai. 100 Jahre Internationale Fernmeldeunion (UIT). 🄴 **Lichtwitz; Odr. (10×5); gez. K 13¾:14.**

nh) UIT-Emblem

				✱✱	⊙
476	40 (Pf)	preußischblau/schwarz	nh	0,40	0,50
			FDC		1,70

Auflage: 20 000 000 Stück *Gültig bis 31.12.1966*

1965, 26. Mai. 100. Todestag von Adolf Kolping. 🄴 **Kern; StTdr. (5×10); gez. K 14:13¾.**

ni) A. Kolping (1813–1865), Mitbegründer der kath. Gesellenvereine

				✱✱	⊙
477	20 (Pf)	mehrfarbig	ni	0,30	0,40
			FDC		1,30

Auflage: 20 000 000 Stück *Gültig bis 31.12.1966*

1965, 29. Mai. 100 Jahre Deutsche Gesellschaft zur Rettung Schiffbrüchiger (DGRS). 🄴 **Blase; komb. StTdr. und Odr. (5×10); gez. K 14:13¾.**

nk) Seenotrettungskreuzer „Georg Breusing“

				✱✱	⊙
478	20 (Pf)	(lebhaft)rot/schwarz	nk	0,30	0,40
			FDC		1,30

Auflage: 30 000 000 Stück *Gültig bis 31.12.1966*

1965, 28. Juli. 20 Jahre Vertreibung. 🄴 **Hahn und Lemke; StTdr. (5×10); Wz. 5; gez. K 14:13¾.**

nl) Vertriebenengruppe

				✱✱	⊙
479	20 (Pf)	schwarzviolettgrau	nl	0,30	0,40
			FDC		2,—

Auflage: 30 000 000 Stück *Gültig bis 31.12.1967*

In ähnlicher Zeichnung: MiNr. 215

1965, 28. Juli. Deutscher Evangelischer Kirchentag, Köln. 🄴 **Rau; komb. StTdr. und Odr. (10×5); gez. K 13¾:14.**

nm) Labyrinth mit Zeichen des Kirchentags

				✱✱	⊙
480	20 (Pf)	mehrfarbig	nm	0,30	0,40
			FDC		1,30

Auflage: 20 000 000 Stück *Gültig bis 31.12.1967*

1965, 28. Juli. Deutsche Funkausstellung, Stuttgart. 🄴 **H. und H. Schillinger; Odr. Bagel (5×10); gez. K 13¼:13.**

nn) Fernsehturm Stuttgart, Sendewellen

				✱✱	⊙
481	20 (Pf)	mehrfarbig	nn	0,30	0,40
			FDC		1,30

Auflage: 30 000 000 Stück *Gültig bis 31.12.1967*

1965, 28. Aug. 125 Jahre Briefmarken. Ⓔ **Poell; Odr. (5×10); gez. K 14.**

no) Marken Thurn und Taxis MiNr. 5, 7 und 18

				**	⊙
482	20 (Pf)	mehrfarbig	no	0,30	0,40
			FDC		1,20

Auflage: 30 000 000 Stück

Gültig bis 31.12.1967

1965, 27. Sept. Europa. Ⓔ **Karlsson; StTdr. (5×10); Wz. 5; gez. K 14:13¾.**

np) Zweig mit aus den Buchstaben „CEPT“ gebildeter Frucht

				**	⊙
483	15 (Pf)	dunkelgrün	np	0,30	0,30
484	20 (Pf)	karminrot	np	0,30	0,30
			Satzpreis (2 W.)	0,60	0,60
			FDC		1,30

Auflagen: MiNr. 483 = 30 000 000, MiNr. 484 = 70 000 000 Stück

Gültig bis 31.12.1967

1965, 6. Okt. Wohlfahrt: Märchen der Brüder Grimm (VII). Ⓔ **Stefula; Odr. (5×10); gez. K 14:13¾.**

nr

ns

nt

nu

nr–nu) Szenen aus dem Märchen „Aschenputtel“

				**	⊙
485	10 + 5 (Pf)	mehrfarbig	nr	0,30	0,30
486	15 + 5 (Pf)	mehrfarbig	ns	0,30	0,30
487	20 + 10 (Pf)	mehrfarbig	nt	0,30	0,30
488	40 + 20 (Pf)	mehrfarbig	nu	0,40	0,90
			Satzpreis (4 W.)	1,20	1,80
			FDC		5,—

Auflagen: MiNr. 485 = 36 027 000, MiNr. 486 = 17 350 000, MiNr. 487 = 28 201 000, MiNr. 488 = 10 203 000 Stück

Gültig bis 31.12.1967

Bildgleiche Marken mit zusätzlicher Inschrift „BERLIN“ siehe Berlin (West) MiNr. 266–269

1966

1966, 7. Jan./1969, 26. März. Freimarken: Deutsche Bauwerke aus zwölf Jahrhunderten (II). Ⓔ **Rohse; StTdr. (10×10); gez. K 14.**

nv) Berliner Tor, Stettin

nw) Wallpavillon des Zwingers, Dresden

nx) Torhalle, Lorsch (Hessen)

ny) Nordertor, Flensburg

ny

nz) Burg Trifels in der Pfalz

oa) Schlosstor, Ellwangen (Jagst)

ob) Treptower Tor, Neubrandenburg

oc) Osthofentor, Soest

od) Ellinger Tor, Weißenburg (Bayern)

oe) Zschokkesches Damenstift, Königsberg

of) Melanchthonhaus, Wittenberg

og) Trinitatishospital, Hildesheim

oh) Schloss Tegel, Berlin

oi) Bürgerhalle des Rathauses Löwenberg (Schlesien)

					**	⊙	FDC
489	5	(Pf)	dunkelolivbraun (15.6.1966)	nv	0,30	0,30	1,30
490	10	(Pf)	dunkelsiena (21.6.1967)	nw	0,30	0,30	1,30
491	20	(Pf)	dunkelgrün (17.11.1967) GA	nx	0,30	0,30	1,80
492	30	(Pf)	schwärzlichgrünlicholiv (7.1.1966) GA	ny	0,30	0,30	1,80
493	30	(Pf)	schwärzlichrosarot (17.2.1967) GA	ny	0,30	0,30	4,40
494	40	(Pf)	braunoliv (4.8.1967)	nz	0,40	0,30	1,80
495	50	(Pf)	dunkelviolettultramarin (4.8.1967)	oa	0,50	0,30	2,20
496	60	(Pf)	dunkelgelblichrot (14.4.1967)	ob	3,80	2,—	4,50
497	70	(Pf)	schwarzgrüngrau (14.4.1967)	oc	1,60	0,30	2,60
498	80	(Pf)	rötlichbraun (21.6.1967)	od	3,—	2,—	3,50
499	90	(Pf)	schwarz (15.6.1966)	oe	1,10	0,40	4,50
500	1	DM	dunkelpreußischblau (7.11.1966)	of	1,10	0,30	3,20
501	1.10	(DM)	dunkelbraunorange (13.12.1966)	og	1,10	0,50	3,20
502	1.30	(DM)	dunkelolivgrün (26.3.1969)	oh	3,—	1,80	6,50
503	2	DM	braunviolett (13.12.1966)	oi	3,—	0,80	6,50
				Satzpreis (15 W.)	20,—	9,—	

Weitere FDC-Bewertungen:

	FDC
489, 499 (15.6.1966)	6,—
501, 503 (13.12.1966)	9,—
496, 497 (14.4.1967)	4,50
490, 498 (21.6.1967)	4,50
494, 495 (4.8.1967)	3,—

Auflagen:

MiNr. 489 = 115 000 000
MiNr. 490 = 1 650 000 000
MiNr. 491 = 2 100 000 000
MiNr. 492 = 625 000 000
MiNr. 493 = 3 245 000 000
MiNr. 494 = 115 000 000
MiNr. 495 = 405 000 000
MiNr. 496 = 20 000 000
MiNr. 497 = 150 000 000
MiNr. 498 = 23 000 000
MiNr. 499 = 86 000 000
MiNr. 500 = 297 000 000
MiNr. 501 = 90 000 000
MiNr. 502 = 39 000 000
MiNr. 503 = 55 000 000

In ähnlichen Zeichnungen, kleineres Format: MiNr. 454–461

Gültig bis 30.6.2002

Bildgleiche Marken mit zusätzlicher Inschrift „BERLIN“ siehe Berlin (West) MiNr. 270–285

1966, 15. Jan. 100. Geburtstag von Nathan Söderblom. ☒ **Michel; Odr. Bagel (10×5); gez. K 13:13¾.**

ok) N. Söderblom (1866–1931), schwed. evang. Theologe, Friedensnobelpreis 1930

				✶✶	⊙
504	20 (Pf)	schwarz/karmingrau	ok	0,30	0,40
			FDC		1,70

Auflage: 30 000 000 Stück *Gültig bis 31.12.1967*

Parallelausgabe mit Schweden MiNr. 544–545

1966, 22. März. 20. Todestag von Kardinal Clemens August Graf Galen. ☒ **Blase; Odr. (10×5); gez. K 13¾:14.**

ol) Kardinal C. A. Graf Galen (1878–1946)

				✶✶	⊙
505	20 (Pf)	mehrfarbig	ol	0,30	0,40
			FDC		1,30

Auflage: 30 000 000 Stück

Gültig bis 31.12.1967

1966, April/1967, 14. April. Freimarken: Brandenburger Tor. ☒ **Bundesdruckerei Berlin; Bdr. Bogen (B) (10×10), Markenheftchen (MH) und Rollen (R); gez. K 14.**

om) Brandenburger Tor, Berlin

					✶✶	⊙	FDC
506	10	(Pf)	schwarzsiena (24.10.1966) (B) (MH) (R) GA	om	0,40	0,30	1,80
507	20	(Pf)	schwarzsmaragdgrün (24.10.1966) (B) (MH) (R) GA	om	0,40	0,30	1,80
508	30	(Pf)	dunkelrosa (April 1966) (B) (MH) (R) GA	om	0,40	0,30	
509	50	(Pf)	indigo (24.10.1966) (B) (R) GA	om	1,60	0,50	4,50
510	100	(Pf)	preußischblau bis schwärzlichpreußischblau (14.4.1967) (B) (R) GA	om	13,—	0,80	10,—
			Satzpreis (5 W.)		15,—	2,—	

Weitere FDC-Bewertung:

	FDC
506, 507, 509 (24.10.1966)	6,50

Waagerechte Paare (aus Bogen bzw. Markenheftchenbogen):

	✶✶	⊙
506/506	1,—	1,50
507/507	1,—	1,50
508/508	1,—	1,50
509/509	3,50	6,—
510/510	30,—	30,—
Satzpreis (5 Paare)	35,—	40,—

Einzelmarken mit anhängendem Bogenrand bis zu 50% vorstehender Paarpreise

Rollenmarken mit rückseitiger Nummer (R):

	Einzelmarken		5er-Str.
	✶✶	⊙	✶✶
506 R	0,80	1,—	2,50
507 R	1,—	1,—	4,—
508 R	1,75	0,75	5,50
509 R	6,—	2,50	20,—
510 R	30,—	10,—	95,—

Auflagen aus Bogen und Rollen: MiNr. 506 = 686 070 000, MiNr. 507 = 1 224 370 000, MiNr. 508 = 2 171 600 000, MiNr. 509 = 378 000 000, MiNr. 510 = 218 500 000 Stück

Bildgleiche Marken mit zusätzlicher Inschrift „BERLIN" siehe Berlin (West) MiNr. 286–290 *Gültig bis 30.6.2002*

1966, 22. April. Jugend: Hochwild. ☒ **Froitzheim; RaTdr. (5×10); gez. K 14:13¾.**

on) Reh (Capreolus capreolus)

oo) Gämse (Rupicapra rupicapra)

op) Damhirsch (Dama dama)

or) Rothirsch (Cervus elaphus)

					✶✶	⊙
511	10 + 5	(Pf)	mehrfarbig	on	0,30	0,40
512	20 + 10	(Pf)	mehrfarbig	oo	0,30	0,40
513	30 + 15	(Pf)	mehrfarbig	op	0,30	0,40
514	50 + 25	(Pf)	mehrfarbig	or	0,80	1,20
			Satzpreis (4 W.)		1,50	2,40
			FDC			6,50

Auflagen: MiNr. 511 = 7 786 000, MiNr. 512 = 16 186 000, MiNr. 513 = 7 612 000, MiNr. 514 = 7 017 000 Stück

Gültig bis 31.12.1967

Bildgleiche Marken mit zusätzlicher Inschrift „BERLIN" siehe Berlin (West) MiNr. 291–294

1966, 13. Juli. Deutscher Katholikentag, Bamberg. ☒ **Oberberger; Odr. (10×5); gez. K 13¾:14.**

os) Der Fischzug

				✶✶	⊙
515	30 (Pf)	mittelrotorange/schwarz	os	0,30	0,40
			FDC		1,30

Auflage: 30 000 000 Stück *Gültig bis 31.12.1967*

1966, 13. Juli/24. Sept. Kongress des Internationalen Philatelistenverbandes (FIP), München. 🄴 H. und H. Schillinger; Odr. (10×5); gez. K 13¾:14.

ot) Bayerische Postkutsche aus der Zeit um 1900

ou) Preußischer Briefträger aus der Zeit um 1830

				★★	⊙	FDC
516	30 + 15 (Pf)	mfg. (24.9.)	ot	0,50	0,90	3,—
517	50 + 25 (Pf)	mfg. (13.7.)	ou	0,70	0,90	3,—
		Satzpreis (2 W.)		1,20	1,80	

MiNr. 517 hatte offiziellen Ersttag am 13.7.1966. Am Ausgabetag der MiNr. 516 wurden aber mitaufgeklebte Marken zu 50+25 Pf ebenfalls mit Ersttagsstempel vom 24.9.1966 versehen.

	FDC
FDC I mit MiNr. 516 und 517	6,—

Auflagen: MiNr. 516 = 8 100 000, MiNr. 517 = 8 700 000 Stück

Gültig bis 31.12.1968

1966, 24. Aug. 250. Todestag von Gottfried Wilhelm Leibniz. 🄴 Blase; komb. StTdr. und Odr. (10×5); gez. K 13¾:14.

ov) G. W. Leibniz (1646–1716), Philosoph und Universal-Gelehrter

				★★	⊙
518	30 (Pf)	mehrfarbig	ov	0,30	0,40
			FDC		1,30

Auflage: 30 000 000 Stück *Gültig bis 31.12.1968*

1966, 24. Sept. Europa. 🄴 J. und G. Bender; RaTdr. (10×5); gez. K 13¾:14.

ow) Stilisiertes Boot mit geblähtem Segel und Inschrift „CEPT“

				★★	⊙
519	20 (Pf)	mehrfarbig	ow	0,30	0,40
520	30 (Pf)	mehrfarbig	ow	0,30	0,30
		Satzpreis (2 W.)		0,60	0,60
			FDC		1,30

Auflagen: MiNr. 519 = 30 000 000, MiNr. 520 = 70 000 000 Stück

Gültig bis 31.12.1968

1966, 28. Sept. Fortschritt in Technik und Wissenschaft (II): 75 Jahre Drehstromübertragung, 100 Jahre Dynamo. 🄴 Blase; Odr. (10×5); gez. K 13¾:14.

ox) Drehstromleitung

oy) Dynamo von Werner von Siemens (1816–1892), Begründer der Elektrotechnik

				★★	⊙
521	20 (Pf)	mehrfarbig	ox	0,30	0,30
522	30 (Pf)	mehrfarbig	oy	0,30	0,30
		Satzpreis (2 W.)		0,50	0,50
			FDC		1,30

Auflage: 30 000 000 Sätze *Gültig bis 31.12.1968*

Weitere Ausgaben „Fortschritt in Technik und Wissenschaft“: MiNr. 440–442, 546–548

1966, 5. Okt. Wohlfahrt: Märchen der Brüder Grimm (VIII). 🄴 Stefula; Odr. (5×10); gez. K 14:13¾.

oz

pa

pb

pc

oz–pc) Szenen aus dem Märchen „Der Froschkönig“

				★★	⊙
523	10 + 5 (Pf)	mehrfarbig	oz	0,30	0,30
524	20 + 10 (Pf)	mehrfarbig	pa	0,30	0,30
525	30 + 15 (Pf)	mehrfarbig	pb	0,30	0,30
526	50 + 25 (Pf)	mehrfarbig	pc	0,40	1,20
		Satzpreis (4 W.)		1,20	2,—
			FDC		5,—

Auflagen: MiNr. 523 = 13 073 000, MiNr. 524 = 40 524 000, MiNr. 525 = 16 316 000, MiNr. 526 = 8 784 000 Stück

Gültig bis 31.12.1968

Bildgleiche Marken mit zusätzlicher Inschrift „BERLIN“ siehe Berlin (West) MiNr. 295–298

1966, 24. Okt. 20 Jahre Welt-Kinderhilfswerk der Vereinten Nationen (UNICEF), Verleihung des Friedensnobelpreises an die UNICEF. 🄴 Müller; Odr. (10×5); gez. K 13¾:14.

pd) UNICEF-Emblem

				★★	⊙
527	30 (Pf)	mehrfarbig	pd	0,30	0,40
			FDC		1,20

Auflage: 30 000 000 Stück *Gültig bis 31.12.1968*

1966, 13. Dez. 150. Geburtstag von Werner von Siemens. 🄴 Kern; StTdr. (5×10); gez. K 14:13¾.

pe) W. von Siemens (1816–1892), Ingenieur, Erfinder und Industrieller

				★★	⊙
528	30 (Pf)	dunkelkarminbraun	pe	0,30	0,40
			FDC		1,20

Auflage: 30 000 000 Stück *Gültig bis 31.12.1968*

1967

1967, 4. April. Jugend: Pelztiere. 🄴 Froitzheim; Odr. (5×10); gez. K 14:13¾.

pf) Wildkaninchen (Oryctolagus cuniculus)

pg) Hermelin oder Großwiesel (Mustela erminea)

ph) Feldhamster (Cricetus cricetus)

pi) Rotfuchs (Vulpes vulpes)

				★★	⊙
529	10 + 5 (Pf)	mehrfarbig	pf	0,30	0,50
530	20 + 10 (Pf)	mehrfarbig	pg	0,30	0,50
531	30 + 15 (Pf)	mehrfarbig	ph	0,60	1,—
532	50 + 25 (Pf)	mehrfarbig	pi	1,30	2,—
		Satzpreis (4 W.)		2,40	4,—
			FDC		8,—

Auflagen: MiNr. 529 = 6 440 000, MiNr. 530 = 15 222 000, MiNr. 531 = 6 456 000, MiNr. 532 = 5 934 000 Stück

Gültig bis 31.12.1968

Bildgleiche Marken mit zusätzlicher Inschrift „BERLIN“ siehe Berlin (West) MiNr. 299–302

1967, 2. Mai. Europa. ⓔ Bonnevalle; RaTdr. (10×5); gez. K 13¾:14.

pk) Ineinandergreifende Zahnräder, Antriebsrad mit CEPT-Emblem

					★★	⊙
533	20	(Pf)	mehrfarbig	pk	0,40	0,40
534	30	(Pf)	mehrfarbig	pk	0,30	0,30
				Satzpreis (2 W.)	0,70	0,70
				FDC		1,30

Auflagen: MiNr. 533 = 30 000 000, MiNr. 534 = 85 000 000 Stück

Gültig bis 31.12.1969

1967, 3. Juni. 450. Todestag von Franz von Taxis. ⓔ Blase; komb. StTdr. und Odr. (10×5); gez. K 13¾:14.

pl) F. von Taxis (1459–1517), Begründer des Taxis'schen Postwesens; Tafelbild (16. Jh.)

					★★	⊙
535	30	(Pf)	lebhaftrotorange/schwarz	pl	0,30	0,40
				FDC		1,50

Auflage: 30 000 000 Stück *Gültig bis 31.12.1968*

1967, 21. Juni. Deutscher Evangelischer Kirchentag, Hannover. ⓔ Ege; komb. StTdr. und Odr. (10×5); gez. K 13¾:14.

pm) Jerusalemkreuz, Allegorien aus dem Neuen Testament

					★★	⊙
536	30	(Pf)	hellkarmin/schwarz	pm	0,30	0,40
				FDC		1,30

Auflage: 30 000 000 Stück *Gültig bis 31.12.1968*

1967, 1. Juli. 100 Jahre Krankenanstalten Bethel, Bielefeld. ⓔ Michel; Odr. Bagel (5×10); gez. K 13¼:13.

pn) Friedrich von Bodelschwingh (1877–1946), evang. Theologe, 1910–1946 Leiter der Anstalten

					★★	⊙
537	30	(Pf)	mattkarminbraun/schwarz	pn	0,30	0,40
				FDC		1,30

Auflage: 30 000 000 Stück *Gültig bis 31.12.1968*

1967, 3. Okt. Wohlfahrt: Märchen der Brüder Grimm (IX). ⓔ Stefula; Odr. (5×10); gez. K 14:13¾.

po

pp

pr

ps

po–ps) Szenen aus dem Märchen „Frau Holle"

					★★	⊙
538	10 + 5	(Pf)	mehrfarbig	po	0,30	0,30
539	20 + 10	(Pf)	mehrfarbig	pp	0,30	0,30
540	30 + 15	(Pf)	mehrfarbig	pr	0,30	0,30
541	50 + 25	(Pf)	mehrfarbig	ps	0,60	1,50
				Satzpreis (4 W.)	1,40	2,40
				FDC		5,—

Auflagen: MiNr. 538 = 13 203 000, MiNr. 539 = 25 521 000, MiNr. 540 = 14 909 000, MiNr. 541 = 7 803 000 Stück

Gültig bis 31.12.1969

Bildgleiche Marken mit zusätzlicher Inschrift „BERLIN" siehe Berlin (West) MiNr. 310–313

1967, 14. Okt. Wiederwahl des Bundespräsidenten Heinrich Lübke (II). ⓔ Schardt; StTdr. (10×5); gez. K 13¾:14.

lk) Dr. h. c. H. Lübke (1894–1972), 2. Bundespräsident

					★★	⊙
542	30	(Pf)	lilarot	lk	0,30	0,40
543	50	(Pf)	blau	lk	0,50	0,50
				Satzpreis (2 W.)	0,70	0,90
				FDC		2,50

Auflagen: MiNr. 542 = 50 550 000, MiNr. 543 = 50 950 000 Stück

Gültig bis 31.12.1969

In gleicher Zeichnung: MiNr. 429–430

Bildgleiche Marken mit zusätzlicher Inschrift „BERLIN" siehe Berlin (West) MiNr. 314–315

1967, 31. Okt. 450. Jahrestag des Thesenanschlags durch Martin Luther an der Schlosskirche Wittenberg. ⓔ Ege; StTdr. (5×10); gez. K 14:13¾.

pt) Wartburg bei Eisenach

					★★	⊙
544	30	(Pf)	dunkelbräunlichrot	pt	0,40	0,50
				FDC		1,50

Auflage: 30 000 000 Stück *Gültig bis 31.12.1969*

1967, 17. Nov. Katholische Hilfsaktion für die Kirche in Lateinamerika (ADVENIAT). ⓔ Klein; RaTdr. (10×5); gez. K 13¾:14.

pu) Kreuz vor Weltkugel mit dem mittel- und südamerikanischen Kontinent

					★★	⊙
545	30	(Pf)	mehrfarbig	pu	0,30	0,40
				FDC		1,30

Auflage: 30 000 000 Stück *Gültig bis 31.12.1969*

1968

1968, 12. Jan. Fortschritt in Technik und Wissenschaft (III): 150 Jahre Druckmaschinen, 1000 Jahre Harzer Bergbau, 100 Jahre wissenschaftlicher Mikroskopbau. ⓔ Blase; Odr. (10×5); gez. K 13¾:14.

pv) Erste Buchdruck-Zylinder-Schnellpresse von Friedrich Koenig (1774–1833)

pw) Erzkristalle; oben Bleiglanz, unten Zinkblende

px) Strahlenführung durch modernes Mikroskop

					★★	⊙
546	10	(Pf)	mehrfarbig	pv	0,30	0,30
547	20	(Pf)	mehrfarbig	pw	0,30	0,30
548	30	(Pf)	mehrfarbig	px	0,30	0,30
				Satzpreis (3 W.)	0,60	0,60
				FDC		2,50

Auflagen: MiNr. 546 und 547 je 95 000 000, MiNr. 548 = 30 000 000 Stück

Gültig bis 31.12.1970

Weitere Ausgaben „Fortschritt in Technik und Wissenschaft": MiNr. 440–442, 521–522

1968, 2. Febr. Jugend: Seltene Tiere. 🄴 **Froitzheim; RaTdr. (5×10); gez. K 14:13¾.**

py) Wildkatze (Felis silvestris) pz) Fischotter (Lutra lutra) ra) Europäischer Dachs (Meles meles) rb) Biber (Castor fiber)

				**	⊙
549	10 + 5 (Pf)	mehrfarbig	py	0,30	0,60
550	20 + 10 (Pf)	mehrfarbig	pz	0,50	1,—
551	30 + 15 (Pf)	mehrfarbig	ra	0,70	1,40
552	50 + 25 (Pf)	mehrfarbig	rb	2,—	4,—
			Satzpreis (4 W.)	3,50	7,—
			FDC		10,—

Auflagen: MiNr. 549 = 6 022 000, MiNr. 550 = 16 693 000, MiNr. 551 = 5 942 000, MiNr. 552 = 5 455 000 Stück

Gültig bis 31.12.1969

Bildgleiche Marken mit zusätzlicher Inschrift „BERLIN“ siehe Berlin (West) MiNr. 316–319

1968, 8. März. Handwerk. 🄴 **Blase; Odr. Bagel (5×10); gez. K 14.**

rc) Verschiedene Handwerks-Symbole

				**	⊙
553	30 (Pf)	mehrfarbig	rc	0,40	0,50
			FDC		2,20

Auflage: 30 000 000 Stück *Gültig bis 31.12.1969*

1968, 19. April. Blockausgabe: 1. Todestag von Konrad Adenauer (I). 🄴 **Kern; Odr.; gez. Ks 14:13¾.**

rh

rg) Dr. h. c. K. Adenauer (1876–1967), 1. deutscher Bundeskanzler

rd) Sir Winston Churchill (1874–1965), brit. Staatsmann re) Alcide De Gasperi (1881–1954), ital. Staatsmann rf) Robert Schuman (1886–1963), französ. Politiker

				**	⊙
554	10 (Pf)	mittelrotbraun/schwarz	rd	0,70	0,50
555	20 (Pf)	dunkelopalgrün/schwarz	re	0,70	0,60
556	30 (Pf)	bräunlichrot/schwarz	rf	0,70	0,70
557	50 (Pf)	dunkelblau/schwarz	rg	0,70	1,—
Block 4	(148×105 mm)		rh	3,—	3,—
			FDC		11,—
			Ⓢ		3,50

Auflage: 12 102 000 Blocks *Gültig bis 31.12.1969*

Die Bildbeschreibungen zu den Markenabbildungen sind so ausführlich wie möglich gehalten!

1968, 29. April. 150. Geburtstag von Karl Marx. 🄴 **Kern; komb. StTdr. und Odr. (5×10); gez. K 14:13¾.**

ri) K. Marx (1818–1883), Philosoph und Nationalökonom

				**	⊙
558	30 (Pf)	mehrfarbig	ri	0,30	0,40
			FDC		3,—

Auflage: 30 000 000 Stück *Gültig bis 31.12.1969*

1968, 29. April. Europa. 🄴 **Schwarzenbach; RaTdr. (5×10); gez. K 14:13¾.**

rk) Kreuzbartschlüssel mit CEPT-Emblem

				**	⊙
559	20 (Pf)	mehrfarbig	rk	0,30	0,40
560	30 (Pf)	mehrfarbig	rk	0,30	0,30
			Satzpreis (2 W.)	0,60	0,60
			FDC		2,—

Auflagen: MiNr. 559 = 50 000 000, MiNr. 560 = 70 000 000 Stück

Gültig bis 31.12.1970

1968, 6. Juni. Olympische Sommerspiele, Mexiko. 🄴 **Blase; komb. StTdr. und Odr. (10×5); gez. K 14.**

rl) Carl Friedrich Freiherr von Langen (1887–1934), Turnierreiter

rm) Rudolf Harbig (1913–1944), Mittelstreckenläufer rn) Baron Pierre de Coubertin (1862–1937), franz. Gründer der Olympischen Spiele der Neuzeit ro) Helene Mayer (1910–1953), Fechterin rp) Carl Diem (1882–1962), Sportpädagoge und -organisator

				**	⊙
561	10 + 5 (Pf)	mehrfarbig	rl	0,80	0,50
562	20 + 10 (Pf)	mehrfarbig	rm	0,80	0,50
563	30 (Pf)	mehrfarbig	rn	0,80	0,50
564	30 + 15 (Pf)	mehrfarbig	ro	1,50	1,—
565	50 + 25 (Pf)	mehrfarbig	rp	1,50	1,50
			Satzpreis (5 W.)	5,—	4,—
			FDC		11,—

Auflagen: MiNr. 561 = 7 000 000, MiNr. 562 = 6 758 000, MiNr. 563 = 113 550 000, MiNr. 564 = 6 678 000, MiNr. 565 = 6 418 000 Stück

Gültig bis 30.6.2002

Fluoreszierendes Papier

Unabhängig von der Zusammensetzung der Fluoreszenzsubstanz gibt es zwei grundsätzlich verschiedene Herstellungsweisen von fluoreszierendem Papier. Abhängig vom Druckverfahren der Marke wird die Fluoreszenzsubstanz entweder (StTdr., Bdr., komb. Verfahren) bereits bei Herstellung des Papiers in den Papierbrei gegeben (Marken fluoreszieren vorder- und rückseitig) oder (Odr., RaTdr.) es wird das fertige Papier mit einer fluoreszenzhaltigen Oberflächenbeschichtung versehen (Marken fluoreszieren nur vorderseitig). Beide Verfahren werden bei den Marken der Deutschen Bundespost angewendet.

1968, 21. Juni. 100. Jahrestag der Uraufführung von „Die Meistersinger von Nürnberg“. Ⓔ Kern; komb. StTdr. und Odr. (5×10); gez. K 14.

rr) Anfangstakte des Vorspiels zu dieser Oper; Handschrift von Richard Wagner (1813–1883)

			★★	⊙
566	30 (Pf) mehrfarbig	rr	0,30	0,40
		FDC		2,50

Auflage: 30 000 000 Stück — *Gültig bis 31.12.1969*

Nicht ausgegeben:

1968, Juli. 1. Todestag von Konrad Adenauer. Ⓔ Schillinger; Odr.; gez. K 13¾:14.

rs) Dr. h. c. K. Adenauer (1876–1967), 1. deutscher Bundeskanzler

			★★
XI	30 (Pf) lebhaftrot/schwarz	rs	5000,—

MiNr. XI war zur Ausgabe vorgesehen, wurde jedoch vor Beginn des angekündigten Schalterverkaufes durch eine bildgleiche Marke in anderer Farbe ersetzt (siehe MiNr. 567). Im Handel vorkommende Marken MiNr. XI, nur mit Gummihandstempel „Muster“ am Unterrand, sind postamtlich verschickte Musterexemplare.

FALSCH

1968, 19. Juli. 1. Todestag von Konrad Adenauer (II). Ⓔ Schillinger; Odr. (10×5); gez. K 13¾:14.

rs) Dr. h. c. K. Adenauer (1876–1967), 1. deutscher Bundeskanzler

			★★	⊙
567	30 (Pf) lebhaftrotorange/schwarz	rs	0,40	0,40
		FDC		1,70

Auflage: 30 000 000 Stück — *Gültig bis 31.12.1969*

1968, 19. Juli. Deutscher Katholikentag, Essen. Ⓔ Stelzer; komb. StTdr. und Odr. (5×10); gez. K 14.

rt) Makrokosmos, Kreuz, Taube

			★★	⊙
568	20 (Pf) mehrfarbig	rt	0,40	0,40
		FDC		1,70

Auflage: 30 000 000 Stück — *Gültig bis 31.12.1970*

1968, 5. Sept. 100. Jahrestag der Gründung des Norddeutschen Postbezirks. Ⓔ Stelzer; StTdr. (10×5); gez. K 14.

ru) Marken Norddeutscher Postbezirk MiNr. 4 und 10

			★★	⊙
569	30 (Pf) mehrfarbig	ru	0,30	0,40
		FDC		1,70

Auflage: 30 000 000 Stück — *Gültig bis 31.12.1970*

1968, 26. Sept. 100 Jahre Gewerkschaften in Deutschland. Ⓔ acon-Köln; RaTdr. (10×5); gez. K 13¾:14.

rv) Pfeile als Symbol für zielstrebige Aktion und Dynamik

			★★	⊙
570	30 (Pf) mehrfarbig	rv	0,30	0,40
		FDC		1,30

Auflage: 30 000 000 Stück — *Gültig bis 31.12.1970*

1968, 3. Okt. Wohlfahrt: Puppen. Ⓔ Schillinger; Odr. (10×5); gez. K 13¾:14.

rw) Puppe um 1878

rx) Puppe um 1850

ry) Puppe um 1870

rz) Puppe um 1885

			★★	⊙
571	10 + 5 (Pf) mehrfarbig	rw	0,30	0,30
572	20 + 10 (Pf) mehrfarbig	rx	0,30	0,30
573	30 + 15 (Pf) mehrfarbig	ry	0,30	0,30
574	50 + 25 (Pf) mehrfarbig	rz	0,70	1,20
		Satzpreis (4 W.)	1,50	2,—
		FDC		5,—

Auflagen: MiNr. 571 = 13 979 000, MiNr. 572 = 23 795 000, MiNr. 573 = 15 864 000, MiNr. 574 = 8 446 000 Stück

Gültig bis 31.12.1970

1968, 10. Dez. Internationales Jahr der Menschenrechte; 20. Jahrestag der Allgemeinen Erklärung der Menschenrechte durch die UNO. Ⓔ Bundesdruckerei; RaTdr. (10×5); gez. K 13¾:14.

sa) Lorbeerkranz, Flamme

			★★	⊙
575	30 (Pf) mehrfarbig	sa	0,30	0,40
		FDC		1,30

Auflage: 30 000 000 Stück — *Gültig bis 31.12.1970*

1969

1969, 6. Febr. 50 Jahre deutscher Luftpostverkehr. Ⓔ Blase; Odr. (5×10); gez. K 14.

sb) „Junkers Ju 52“, dreimotoriges Flugzeug aus der Zeit von 1930 bis 1945

sc) „Boeing 707“, vierstrahliges Düsenflugzeug der Neuzeit

			★★	⊙
576	20 (Pf) mehrfarbig	sb	0,50	0,30
577	30 (Pf) mehrfarbig	sc	0,80	0,30
		Satzpreis (2 W.)	1,30	0,50
		FDC		3,60

Auflage: 30 000 000 Sätze

1969, 6. Febr. Jugend: Pferde. Ⓔ von Andrian; RaTdr. (5×10); gez. K 14:13¾.

sd) Pony

se) Kaltblut

sf) Warmblut

sg) Vollblut

			★★	⊙
578	10 + 5 (Pf) mehrfarbig	sd	0,40	0,60
579	20 + 10 (Pf) mehrfarbig	se	0,40	0,60
580	30 + 15 (Pf) mehrfarbig	sf	0,70	1,—
581	50 + 25 (Pf) mehrfarbig	sg	2,20	2,—
		Satzpreis (4 W.)	3,60	4,—
		FDC		9,—

Auflagen: MiNr. 578 = 7 977 000, MiNr. 579 = 12 416 000, MiNr. 580 = 6 610 000, MiNr. 581 = 6 188 000 Stück

Bildgleiche Marken mit zusätzlicher Inschrift „BERLIN“ siehe Berlin (West) MiNr. 326–329

1969, 28. April. 50 Jahre Internationale Arbeitsorganisation (IOA). 🄴 **Wiese; Odr. Bagel (5×10); gez. K 13¼:13.**

sh) Fünfzackiger Stern in den Farben der fünf Erdteile

				★★	⊙
582	30 (Pf)	mehrfarbig	sh	0,60	0,40
			FDC		1,30

Auflage: 30 000 000 Stück

1969, 28. April. Europa. 🄴 **Gasbarra und Belli; RaTdr. (5×10); gez. K 14:13¾.**

si) „EUROPA“ und „CEPT“ in Tempelform

				★★	⊙
583	20 (Pf)	mehrfarbig	si	0,50	0,30
584	30 (Pf)	mehrfarbig	si	0,50	0,30
			Satzpreis (2 W.)	1,—	0,60
			FDC		2,—

Auflagen: MiNr. 583 = 50 000 000, MiNr. 584 = 71 500 000 Stück

1969, 23. Mai. 20 Jahre Bundesrepublik Deutschland. 🄴 **Stelzer; RaTdr. (5×5); gez. K 14:13¾.**

sk) Bundes- und Reichsadler

				★★	⊙
585	30 (Pf)	mehrfarbig	sk	1,50	0,60
			FDC		1,80

Eine Teilauflage von MiNr. 585 ist sehr wasser- und benzinempfindlich!

Auflage: 30 000 000 Stück

1969, 4. Juni. 50 Jahre Volksbund Deutsche Kriegsgräberfürsorge. (VDK). 🄴 **Sauer; komb. StTdr. und Odr. (5×10); gez. K 14:13¾.**

sl) Grabkreuze (Signet des Volksbundes)

				★★	⊙
586	30 (Pf)	schwarzviolettultramarin/ weißgelb	sl	0,60	0,40
			FDC		1,30

Auflage: 30 000 000 Stück

1969, 4. Juni. Olympische Sommerspiele 1972, München (I). 🄴 **Schmidt; RaTdr. (10×5); gez. K 14.**

sm) Leichtathletik sn) Feldhockey so) Bogenschießen sp) Segeln

				★★	⊙
587	10 + 5 (Pf)	mehrfarbig	sm	1,—	0,80
588	20 + 10 (Pf)	mehrfarbig	sn	1,—	0,80
589	30 + 15 (Pf)	mehrfarbig	so	1,50	1,—
590	50 + 25 (Pf)	mehrfarbig	sp	2,50	2,—
			Satzpreis (4 W.)	6,—	4,50
			FDC		8,—

Auflagen: MiNr. 587 = 7 666 000, MiNr. 588 = 7 966 000, MiNr. 589 = 7 401 000, MiNr. 590 = 7 130 000 Stück

Weitere Ausgaben „Olympische Sommerspiele 1972, München“: MiNr. 624–627, 680–683, Block 6, 719–722, Block 7, 734–737, Block 8

1969, 4. Juni. Europäisches Naturschutzjahr 1970. 🄴 **Rohse; komb. StTdr. und Odr. (5×10); gez. K 14:13¾.**

sr) Seeniederung ss) Mittelgebirge st) Hochgebirge su) Flusslandschaft

				★★	⊙
591	10 (Pf)	mehrfarbig	sr	0,30	0,30
592	20 (Pf)	mehrfarbig	ss	0,80	0,50
593	30 (Pf)	mehrfarbig	st	0,30	0,30
594	50 (Pf)	mehrfarbig	su	1,—	0,70
			Satzpreis (4 W.)	2,40	1,80
			FDC		6,50

Auflagen: MiNr. 591–593 je 30 000 000, MiNr. 594 = 20 000 000 Stück

1969, 7. Juli. Deutscher Evangelischer Kirchentag, Stuttgart. 🄴 **Rau; RaTdr. (5×10); gez. K 14:13¾.**

sv) Konzentrische Kreise, spektral abschattiert

				★★	⊙
595	30 (Pf)	mehrfarbig	sv	0,60	0,40
			FDC		1,30

Auflage: 30 000 000 Stück

1969, 11. Aug. Blockausgabe: 50 Jahre Frauenwahlrecht in Deutschland. 🄴 **Walter; StTdr.; gez. Ks 13¾:14.**

sz

sw) Marie Juchacz (1879–1956) sx) Marie-Elisabeth Lüders (1878–1966) sy) Helene Weber (1881–1962)

sw–sy) Führende Politikerinnen der deutschen Frauenbewegung

				★★	⊙
596	10 (Pf)	schwärzlichgrauoliv	sw	0,40	0,30
597	20 (Pf)	schwarzgrün	sx	0,40	0,30
598	30 (Pf)	dunkelbräunlichkarmin	sy	0,40	0,30
Block 5	(100×60 mm)		sz	1,80	1,20
			FDC		2,60
			Ⓢ		1,20

Auflage: 12 000 000 Blocks

1969, 11. Aug. Nationale Funkausstellung, Stuttgart. 🄴 **Magnus; Odr. (10×5); gez. K 13¾:14.**

ta) Elektromagnetisches Feld, Koordinatenkreuz

				★★	⊙
599	30 (Pf)	mehrfarbig	ta	0,60	0,40
			FDC		1,30

Auflage: 30 000 000 Stück

1969, 11. Aug. Malteser Hilfsdienst. 🄴 **Peters; Odr. Bagel (10×5); gez. K 13:13¾.**

tb) Malteserkreuz

				★★	⊙
600	30 (Pf)	lebhaftrot/schwarz	tb	0,60	0,40
			FDC		1,30

Auflage: 30 000 000 Stück

1969, 4. Sept. Philatelistentag, Garmisch-Partenkirchen. 🄴 **Poell; komb. Odr. und Prägedr. (10×5); gez. K 13¾:14.**

tc) Marke Bayern MiNr. 15

				★★	⊙
601	30 (Pf)	hellblaugrau/ lebhaftrötlichkarmin	tc	0,60	0,40
			FDC		1,30

Auflage: 30 000 000 Stück

1969, 4. Sept. 350 Jahre Soleleitung. 🄴 **Blase; Odr. Bagel (5×10); gez. K 13¼:13.**

td) Reliefkarte mit eingezeichneter Linienführung der Soleleitung Bad Reichenhall–Traunstein

				★★	⊙
602	20 (Pf)	mehrfarbig	td	0,60	0,40
			FDC		1,30

Auflage: 30 000 000 Stück

1969, 4. Sept. Fremdenverkehr (I): Rothenburg ob der Tauber. 🄴 **Schillinger; komb. StTdr. und Odr. (5×10); gez. K 14.**

te) Gesamt-Stadtansicht von der Flussseite gesehen

				★★	⊙
603	30 (Pf)	schwärzlichrosarot/schwarz	te	0,60	0,40
			FDC		1,80

Auflage: 30 000 000 Stück

Übersicht der Ausgaben „Fremdenverkehr"

Werte	Stadt	MiNr.
20 (Pf)	Cochem/Mosel	649
20 (Pf)	Freiburg	654
20 (Pf)	Goslar	704
30 (Pf)	Helgoland	746
30 (Pf)	Nürnberg	678
30 (Pf)	Oberammergau	622
30 (Pf)	Rothenburg	603
30 (Pf)	Saarbrücken	787
40 (Pf)	Aachen	788
40 (Pf)	Bremen	789
40 (Pf)	Hamburg	761
40 (Pf)	Heidelberg	747
40 (Pf)	Rüdesheim	762

1969, 2. Okt. Wohlfahrt: Zinnfiguren. 🄴 **Schillinger; Odr. (10×5); gez. K 13¾:14.**

tf) Eisenbahn (um 1835)

tg) Gärtner (um 1780)

th) Vogelhändler (um 1850)

ti) Reiter (um 1840)

				★★	⊙
604	10 + 5 (Pf)	mehrfarbig	tf	0,30	0,30
605	20 + 10 (Pf)	mehrfarbig	tg	0,30	0,30
606	30 + 15 (Pf)	mehrfarbig	th	0,40	0,40
607	50 + 25 (Pf)	mehrfarbig	ti	1,10	1,50
			Satzpreis (4 W.)	2,—	2,40
			FDC		4,50

Auflagen: MiNr. 604 = 14 294 000, MiNr. 605 = 20 110 000, MiNr. 606 = 16 420 000, MiNr. 607 = 7 763 000 Stück

1969, 2. Okt. 100. Geburtstag von Mahatma Gandhi. 🄴 **Blase; Odr. (10×5); gez. K 13¾:14.**

tk) Mohandas Karamchand Gandhi, Ehrentitel Mahatma (1869–1948), Führer der indischen Unabhängigkeitsbewegung

				★★	⊙
608	20 (Pf)	grünlicholiv/schwarz	tk	0,40	0,40
			FDC		1,30

Auflage: 30 000 000 Stück

1969, 2. Okt. Papst Johannes XXIII. 🄴 **Schillinger; StTdr. (10×5); gez. K 13¾:14.**

tl) Papst Johannes XXIII. (1881–1963), Pontifikat 1958–1963

				★★	⊙
609	30 (Pf)	bräunlichrot	tl	0,50	0,40
			FDC		1,30

Auflage: 30 000 000 Stück

Nicht ausgegeben:

1969, Okt. Weihnachten. 🄴 **Schillinger; Odr; gez. K 13¾:14.**

tm I

				★★
XII	10 + 5 (Pf)	mehrfarbig	tm I	*2600,—*

MiNr. XII mit Gummistempel „Muster" am Unterrand, an die Presse verschickt, sollte Musterexemplar für die nachfolgende MiNr. 610 sein, die aber gegenüber der MiNr. XII geringfügige Änderungen erfuhr. Hervorstechendes Merkmal der MiNr. XII: Pausbäckchen des Christkindes.

FALSCH Prüfung ratsam

1969, 13. Nov. Weihnachten. 🄴 **Schillinger; Odr. (10×5); gez. K 13¾:14.**

tm) Christi Geburt: Zinnfigur (um 1850)

				★★	⊙
610	10 + 5 (Pf)	mehrfarbig	tm	0,50	0,40
			FDC		1,30

Auflage: 13 110 000 Stück

1969, 13. Nov. 200. Geburtstag von Ernst Moritz Arndt. 🄴 **Schillinger; komb. StTdr. und Odr. (10×5); gez. K 13¾:14.**

tn) E. M. Arndt (1769–1860), Dichter und polit. Schriftsteller

				★★	⊙
611	30 (Pf)	mattolivgrau/dunkellilabraun	tn	0,50	0,40
			FDC		1,20

Auflage: 30 000 000 Stück

Alle ab 1.1.1969 ausgegebenen Marken und Blocks nur in DM-Währung waren bis 30.6.2002 frankaturgültig, außerdem auch MiNr. 454–461, 489–503, 506–510 und 561–565. Marken mit doppelter Währungsangabe in DM und € sind auch weiterhin frankaturgültig.

1970

1970, 5. Febr. Jugend: Minnesänger. ⓔ Froitzheim; RaTdr. (10×5); gez. K 13¾:14.

to) Heinrich von Rugge (ca. 1150–1220)

tp) Wolfram von Eschenbach (um 1170–1220)

tr) Walther von Metz (urkundl. nicht nachweisbar)

ts) Walther von der Vogelweide (um 1170–1230)

to und ts) Miniaturen der Weingartner Liederhandschrift
tp und tr) Miniaturen der Großen Heidelberger Liederhandschrift

				★★	⊙
612	10 + 5 (Pf)	mehrfarbig	to	0,50	0,40
613	20 + 10 (Pf)	mehrfarbig	tp	0,80	0,50
614	30 + 15 (Pf)	mehrfarbig	tr	1,—	0,80
615	50 + 25 (Pf)	mehrfarbig	ts	2,20	2,—
			Satzpreis (4 W.)	4,50	3,60
			FDC		12,—

Auflagen: MiNr. 612 = 7 359 000, MiNr. 613 = 10 790 000, MiNr. 614 = 7 234 000, MiNr. 615 = 6 236 000 Stück

1970, 20. März. 200. Geburtstag von Ludwig van Beethoven, Georg Hegel und Friedrich Hölderlin. ⓔ Schillinger; komb. StTdr. und Odr. (10×5); gez. K 13¾:14.

tt) L. van Beethoven (1770–1827), Komponist

tu) G. Hegel (1770–1831), Philosoph

tv) F. Hölderlin (1770–1843), Dichter

				★★	⊙
616	10 (Pf)	mattviolettblau/schwarz	tt	1,—	0,30
617	20 (Pf)	lebhaftgrauoliv/schwarz	tu	0,60	0,30
618	30 (Pf)	mittelrötlichkarmin/schwarz	tv	0,60	0,30
			Satzpreis (3 W.)	2,20	0,80
			FDC		3,50

Auflage: 30 000 000 Sätze

1970, 29. April. Nationale Briefmarkenausstellung „SABRIA 70", Saarbrücken. ⓔ Poell; RaTdr. (5×10); gez. K 14:13¾.

tw) Marke Saar MiNr. 225

				★★	⊙
619	30 (Pf)	mehrfarbig	tw	0,50	0,40
			FDC		1,80

MiNr. 619 wurde am 29. April in Saarbrücken auf dem SABRIA-Sonderpostamt verkauft; im übrigen Bundesgebiet Ausgabedatum 4. Mai.

Auflage: 30 000 000 Stück

1970, 4. Mai. Europa. ⓔ Le Brocquy; StTdr. (5×10); gez. K 14:13¾.

tx) Flechtwerk als Sonnensymbol

				★★	⊙
620	20 (Pf)	schwärzlichsmaragdgrün	tx	0,40	0,30
621	30 (Pf)	rot	tx	0,40	0,30
			Satzpreis (2 W.)	0,80	0,50
			FDC		1,30

Auflagen: MiNr. 620 = 50 000 000, MiNr. 621 = 95 000 000 Stück

1970, 11. Mai. Fremdenverkehr (II): Oberammergau. ⓔ Schillinger; komb. StTdr. und Odr. (5×10); gez. K 14.

ty) Oberammergau

				★★	⊙
622	30 (Pf)	dunkelrötlichorange/schwarz	ty	0,50	0,40
			FDC		1,30

Auflage: 30 000 000 Stück

Weitere Ausgaben „Fremdenverkehr" siehe Übersichtstabelle nach MiNr. 603

1970, 11. Mai. 250. Geburtstag von Karl Friedrich Hieronymus Frh. von Münchhausen (1720–1797), Offizier, „Lügenbaron". ⓔ Stefula; Odr. Bagel (5×10); gez. K 13¼:13.

tz) Illustration zur Geschichte „Das durchtrennte Pferd"

				★★	⊙
623	20 (Pf)	mehrfarbig	tz	0,50	0,40
			FDC		1,—

Auflage: 30 000 000 Stück

1970, 5. Juni. Olympische Sommerspiele 1972, München (II). ⓔ Kern; StTdr. (5×10); gez. K 14.

ua) Residenz (erbaut 16.–19. Jh.)

ub) Propyläen (erbaut 1848–1862)

uc) Glyptothek (erbaut 1816–1830)

ud) Bavaria und Ruhmeshalle (erbaut 1843–1853)

				★★	⊙
624	10 + 5 (Pf)	dunkelockerbraun	ua	0,80	0,50
625	20 + 10 (Pf)	dunkelgrünblau	ub	0,80	0,50
626	30 + 15 (Pf)	karminrot	uc	1,50	1,50
627	50 + 25 (Pf)	preußischblau	ud	2,—	2,—
			Satzpreis (4 W.)	5,—	4,50
			FDC		6,—

Auflagen: MiNr. 624 = 7 691 000, MiNr. 625 = 7 414 000, MiNr. 626 = 7 402 000, MiNr. 627 = 7 099 000 Stück

Weitere Ausgaben „Olympische Sommerspiele 1972, München": MiNr. 587–590, 680–683, Block 6, 719–722, Block 7, 734–737, Block 8

1970, 18. Juni. 75 Jahre Nord-Ostsee-Kanal. ⓔ Blase; Odr. (5×10); gez. K 14:13¾.

ue) Straßenunterführung, Hochseeschiff

				★★	⊙
628	20 (Pf)	mehrfarbig	ue	0,50	0,40
			FDC		1,20

Auflage: 30 000 000 Stück

Ersttagsbriefe (FDC): WICHTIGER HINWEIS

Die Bewertung „FDC" bezieht sich auf Belege, die mit dem Datum des ersten Tages der Gültigkeit der aufgeklebten Marke(n) abgestempelt wurden, nicht aber auf lose gestempelte Marken. Dabei wird nicht unterschieden, ob es sich um zu philatelistischen Zwecken produzierte FDC oder um Umschläge aus dem Postverkehr handelt.
Sofern nicht im Einzelfall anders angegeben, gelten bei Satz-FDC die Preise für den kompletten Markensatz, egal ob die einzelnen Werte auf einem oder mehreren Ersttags-Umschlägen kleben.

1970, 18. Juni/21. Sept. Freiwillige Hilfsdienste. Ⓔ **Förtsch und v. Baumgarten; RaTdr. (10×5); gez. K 13¾:14.**

uf) Sauerstofflanze im Einsatz; Technisches Hilfswerk

ug) Abseilen eines Verunglückten; Bergwacht

uh) Betreuung Behinderter; Pflegehilfe

ui) Brandbekämpfung: Feuerwehr

uk) Hilfe nach Verkehrsunfall; Unfallschutz

ul) Rettung eines Ertrinkenden; Deutsche Lebensrettungsgesellschaft

				✶✶	⊙	FDC
629	5 (Pf)	mehrfarbig (21. Sept.)	uf	0,30	0,30	1,—
630	10 (Pf)	mehrfarbig (21. Sept.)	ug	0,30	0,30	1,—
631	20 (Pf)	mehrfarbig (18. Juni)	uh	0,40	0,30	1,50
632	30 (Pf)	mehrfarbig (18. Juni) .	ui	1,—	0,30	1,50
633	50 (Pf)	mehrfarbig (21. Sept.)	uk	1,—	0,50	2,—
634	70 (Pf)	mehrfarbig (21. Sept.)	ul	1,20	1,—	2,50
		Satzpreis (6 W.)		4,—	2,50	

Weitere FDC-Bewertungen:

	FDC
629, 630, 633, 634 (21. Sept.)	6,—
631, 632 (18. Juni)	2,50

Auflagen: MiNr. 629 = 50 000 000, MiNr. 630–632 je 30 000 000, MiNr. 633–634 je 20 000 000 Stück

✶✶ = Ungebraucht mit Originalgummi (postfrisch)

⊙ = Mit Poststempel gebraucht

1970, 23. Juli/1971, 8. April. Freimarken: Bundespräsident Gustav Heinemann (I). Ⓔ **Walter; StTdr. (10×10); gez. K 14.**

um) Dr. h. c. G. Heinemann (1899–1976), 3. Bundespräsident

				✶✶	⊙	FDC
635	5 (Pf)	schwarzgrau (23.7.1970)	um	0,40	0,30	1,30
636	10 (Pf)	rotbraun (23.10.1970) GA	um	0,40	0,30	1,60
637	20 (Pf)	schwärzlichgrün (23.10.1970)	um	0,40	0,30	1,60
638	30 (Pf)	dunkelbräunlichrot (7.1.1971) GA	um	0,50	0,30	1,60
639	40 (Pf)	dunkelrotorange (8.4.1971) GA	um	0,50	0,30	1,60
640	50 (Pf)	dunkelblau (8.4.1971) GA	um	2,—	0,30	2,60
641	70 (Pf)	schwärzlichviolettbraun (8.4.1971)	um	1,—	0,40	2,—
642	80 (Pf)	schwarzgrünblau (8.4.1971)	um	1,—	0,40	2,60
643	90 (Pf)	dunkelmagenta (7.1.1971)	um	2,—	1,50	5,50
644	1 DM	bräunlicholiv (23.7.1970)	um	1,50	0,40	8,—
645	2 DM	dunkelblauviolett (7.1.1971)	um	3,50	0,40	8,—
		Satzpreis (11 W.)		13,—	4,50	

Weitere FDC-Bewertungen:

	FDC
635, 644 (23.7.1970)	7,50
636, 637 (23.10.1970)	2,50

MiNr. 639 in Lilabraun ist Verfärbung durch chemische Einflüsse!

Auflagen:

MiNr. 635 = 321 746 000
MiNr. 636 = 1 182 920 000
MiNr. 637 = 980 136 000
MiNr. 641 = 210 417 000
MiNr. 642 = 153 266 000
MiNr. 643 = 33 600 000
MiNr. 644 = 275 675 000
MiNr. 645 = 170 095 000

Weitere Werte siehe Zusammenfassung nach Blockaufstellung

Bildgleiche Marken mit zusätzlicher Inschrift „BERLIN" siehe Berlin (West) MiNr. 359–370

MiNr. 646 fällt aus.

1970, 25. Aug. Katholische Weltmission. Ⓔ **Staedler; Odr. (10×5); gez. K 13¾:14.**

un) Durch Industrieglas leuchtendes Kreuz

				✶✶	⊙
647	20 (Pf)	dunkelsmaragdgrün/orangegelb	un	0,40	0,30
			FDC		1,—

Auflage: 30 000 000 Stück

1970, 4. Sept. Deutscher Katholikentag, Trier. Ⓔ **Froitzheim; Odr. Bagel (10×5); gez. K 13:13¼.**

uo) Farbige Punkte, Kreuz

				✶✶	⊙
648	20 (Pf)	mehrfarbig	uo	0,40	0,30
			FDC		1,20

Auflage: 30 000 000 Stück

1970, 21. Sept. Fremdenverkehr (III): Cochem. Ⓔ Schillinger; komb. StTdr und Odr. (5×10); gez. K 14.

up) Stadtansicht von Cochem a. d. Mosel

					✶✶	⊙
649	20 (Pf)	lebhaftgelboliv/schwarz	......	up	0,60	0,40
				FDC		1,—

Auflage: 30 000 000 Stück

Weitere Ausgaben „Fremdenverkehr“ siehe Übersichtstabelle nach MiNr. 603

1970, 6. Okt. Wohlfahrt: Marionetten. Ⓔ de Vries; Odr. (10×5); gez. K 13¾:14.

ur) Narr

us) Hanswurst

ut) Clown

uu) Harlekin

ur–uu) Marionetten der Puppentheatersammlung München

					✶✶	⊙
650	10 + 5 (Pf)	mehrfarbig	....	ur	0,30	0,30
651	20 + 10 (Pf)	mehrfarbig	....	us	0,30	0,40
652	30 + 15 (Pf)	mehrfarbig	....	ut	0,50	0,50
653	50 + 25 (Pf)	mehrfarbig	....	uu	1,30	1,30
				Satzpreis (4 W.)	2,40	2,50
				FDC		4,50

Auflagen: MiNr. 650 = 15 335 000, MiNr. 651 = 15 565 000, MiNr. 652 = 16 287 000, MiNr. 653 = 8 569 000 Stück

1970, 4. Nov. Fremdenverkehr (IV): Freiburg im Breisgau. Ⓔ Schillinger; komb. StTdr. und Odr. (5×10); gez. K 14.

uv) Stadtbild mit Münster, Schwarzwald-Silhouette

					✶✶	⊙
654	20 (Pf)	schwärzlicholivgrün/ schwarzviolettbraun	....	uv	0,60	0,40
				FDC		1,20

Auflage: 30 000 000 Stück

Weitere Ausgaben „Fremdenverkehr“ siehe Übersichtstabelle nach MiNr. 603

1970, 12. Nov. Weihnachten. Ⓔ de Vries; Odr. (10×5); gez. K 13¾:14.

uw) Engel; Krippenfigur aus dem Ursulinerinnenkloster Innsbruck (18. Jh.)

					✶✶	⊙
655	10 + 5 (Pf)	mehrfarbig	....	uw	0,50	0,40
				FDC		1,20

Auflage: 11 861 000 Stück

1970, 12. Nov. Internationales Erziehungsjahr; 300. Todestag von Johann Amos Comenius. Ⓔ Schillinger; komb. StTdr. und Odr. (10×5); gez. K 13¾:14.

ux) J. A. Comenius (1592–1670), tschech. Geistlicher und Pädagoge

					✶✶	⊙
656	30 (Pf)	dunkelkarminrot/schwarz	.....	ux	0,60	0,40
				FDC		1,20

Auflage: 30 000 000 Stück

1970, 27. Nov. 150. Geburtstag von Friedrich Engels. Ⓔ Kern; Odr. (5×10); gez. K 14:13¾.

uy) F. Engels (1820–1895), Publizist, Sozialist

					✶✶	⊙
657	50 (Pf)	lebh'rot/schwarzbraunviolett	..	uy	1,80	1,—
				FDC		1,80

Auflage: 20 000 000 Stück

1971

1971, 18. Jan. 100. Jahrestag der Reichsgründung. Ⓔ Stanik; komb. StTdr. und Odr. (10×5); gez. K 13¾:14.

uz) Reichsadler mit großem Brustschild und Kaiserkrone

					✶✶	⊙
658	30 (Pf)	mehrfarbig	....	uz	1,80	0,40
				FDC		1,20

Auflage: 30 000 000 Stück

Bildgleiche Marke mit zusätzlicher Inschrift „BERLIN“ siehe Berlin (West) MiNr. 385

1971, 18. Jan. 100. Geburtstag von Friedrich Ebert. Ⓔ Stelzer; Odr. Bagel (10×5); gez. K 13:13¼.

va) F. Ebert (1871–1925), 1. Reichspräsident (Marke DR MiNr. 417 mit Aufdruck)

					✶✶	⊙
659	30 (Pf)	mehrfarbig	....	va	1,80	0,40
				FDC		1,20

Auflage: 30 000 000 Stück

1971, 5. Febr. Jugend: Kinderzeichnungen. Ⓔ Lortz; Odr. (10×5); gez. K 13¾:14.

vb) Mohrenkönig; Zeichnung einer 9-jährigen

vc) Floh; Zeichnung eines 11-jährigen

vd) Gestiefelter Kater; Zeichnung eines 10-jährigen

ve) Schlange; Zeichnung einer 12-jährigen

					✶✶	⊙
660	10 + 5 (Pf)	mehrfarbig	....	vb	0,40	0,40
661	20 + 10 (Pf)	mehrfarbig	....	vc	0,50	0,50
662	30 + 15 (Pf)	mehrfarbig	....	vd	0,80	0,80
663	50 + 25 (Pf)	mehrfarbig	....	ve	1,40	1,40
				Satzpreis (4 W.)	3,—	3,—
				FDC		7,—

Auflagen: MiNr. 660 = 6 117 000, MiNr. 661 = 6 074 000, MiNr. 662 = 6 023 000, MiNr. 663 = 5 653 000 Stück

1971, 18. Febr. 125 Jahre Chemiefaserforschung. Ⓔ Blase; Odr. Bagel (5×10); gez. K 13¼:13.

vf) Stoffmuster aus Kettenmolekülen gebildet

					✶✶	⊙
664	20 (Pf)	mehrfarbig	....	vf	0,40	0,30
				FDC		1,20

Auflage: 30 000 000 Stück

1971, 18. Febr. Neue Regeln im Straßenverkehr (I). ◻ **Wöhrle; RaTdr. (10×5); gez. K 13¾:14.**

vg) Schülerlotse

vh) Vorfahrt

vi) Halt! Vorfahrt gewähren

vk) Fußgängerüberweg

vg–vk) Verkehrszeichen zur neuen Straßenverkehrsordnung (Stichtag 1. März 1971)

				✱✱	⊙	FDC
665	10 (Pf)	mehrfarbig	vg	0,30	0,30	1,—
666	20 (Pf)	mehrfarbig	vh	0,40	0,30	1,—
667	30 (Pf)	mehrfarbig	vi	0,60	0,30	1,50
668	50 (Pf)	mehrfarbig	vk	1,—	0,60	2,—
		Satzpreis (4 W.)		2,20	1,50	4,50

Auflagen: MiNr. 665–667 je 30 000 000, MiNr. 668 = 20 000 000 Stück

1971, 18. März. 450. Jahrestag des Wormser Reichstages. ◻ **Jäger; Odr. (5×10); gez. K 14:13¾.**

vl) Martin Luther vor Kaiser Karl V. auf dem Reichstag

				✱✱	⊙
669	30 (Pf)	schwarz/dunkelrosa	vl	0,80	0,40
			FDC		1,20

Auflage: 30 000 000 Stück

1971, 16. April. Neue Regeln im Straßenverkehr (II). ◻ **Siegel; RaTdr. (5×10); gez. K 14:13¾.**

vm) Vor Überholen Fahrtrichtungsanzeiger betätigen!

vn) Bei Panne Warnleuchten und Warndreieck benutzen!

vo) Nach Überholen erneut Fahrbahnwechsel anzeigen!

vp) Fußgänger haben Vorrang am Zebrastreifen, Handzeichen geben!

vm–vp) Regeln der neuen Straßenverkehrsordnung

				✱✱	⊙	FDC
670	5 (Pf)	mehrfarbig	vm	0,40	0,30	0,80
671	10 (Pf)	mehrfarbig	vn	0,40	0,30	0,80
672	20 (Pf)	mehrfarbig	vo	0,50	0,30	1,—
673	30 (Pf)	mehrfarbig	vp	0,90	0,30	1,—
		Satzpreis (4 W.)		2,20	1,—	3,—

Auflage: 30 000 000 Sätze

1971, 3. Mai. 500. Todestag von Thomas von Kempen. ◻ **Mahlstedt; StTdr. (10×5); gez. K 13¾:14.**

vr) Th. von Kempen (Th. Hemerken) (1379–1471), Mystiker, Augustinerchorherr

				✱✱	⊙
674	30 (Pf)	rot/schwarz	vr	0,70	0,40
			FDC		1,20

Auflage: 30 000 000 Stück

1971, 3. Mai. Europa. ◻ **Haflidason; RaTdr. (5×10); gez. K 14:13¾.**

vs) Brüderlichkeit und Zusammenarbeit durch Kette symbolisiert

				✱✱	⊙
675	20 (Pf)	mehrfarbig	vs	0,40	0,30
676	30 (Pf)	mehrfarbig	vs	0,40	0,30
		Satzpreis (2 W.)		0,80	0,50
			FDC		2,—

Auflagen: MiNr. 675 = 50 000 000, MiNr. 676 = 71 600 000 Stück

1971, 21. Mai. 500. Geburtstag von Albrecht Dürer. ◻ **Sauer; StTdr. (5×10); gez. K 14:13¾.**

vt) AD; Signum von A. Dürer (1471–1528), Maler und Grafiker

				✱✱	⊙
677	30 (Pf)	bräunlichrot/dunkelbraun	vt	1,60	0,40
			FDC		1,30

Auflage: 30 000 000 Stück

1971, 21. Mai. Fremdenverkehr (V): Nürnberg. ◻ **Schillinger; komb. StTdr. und Odr. (5×10); gez. K 14.**

vu) Historischer Stadtkern

				✱✱	⊙
678	30 (Pf)	lebhaftzinnoberrot/schwarz	vu	0,60	0,40
			FDC		1,30

Auflage: 30 000 000 Stück

Weitere Ausgaben „Fremdenverkehr" siehe Übersichtstabelle nach MiNr. 603

1971, 28. Mai. Ökumenisches Pfingsttreffen, Augsburg. ◻ **Marschler; Odr. Bagel (5×10); gez. K 13¼:13.**

vv) Emblem des Treffens

				✱✱	⊙
679	30 (Pf)	mehrfarbig	vv	0,60	0,40
			FDC		1,30

Auflage: 30 000 000 Stück

1971, 4. Juni. Olympische Spiele 1972, Sapporo und München (III). ◻ **Kohei Sugiura; Odr. (10×5); gez. K 14.**

vw) Skispringen

vx) Eiskunstlauf

vy) Abfahrtslauf

vz) Eishockey

				✱✱	⊙
680	10 + 5 (Pf)	lebhaftbraunorange/schwarz	vw	0,40	0,40
681	20 + 10 (Pf)	dunkelsmaragdgrün/schwarz	vx	0,80	0,60
682	30 + 15 (Pf)	lebhaftmagenta/schwarz	vy	1,20	1,—
683	50 + 25 (Pf)	kobaltblau/schwarz	vz	2,20	2,—
		Satzpreis (4 W.)		4,50	4,—
			FDC		8,—

Blockausgabe, gez. Ks 14

wa

vw I vx I vy I vz I

				★★	⊙
684	10 + 5 (Pf)	lebhaftbraun-orange/schwarz	vw I	0,40	0,40
685	20 + 10 (Pf)	dunkelsmaragd-grün/schwarz	vx I	0,80	0,60
686	30 + 15 (Pf)	lebhaftmagenta/schwarz	vy I	1,20	1,—
687	50 + 25 (Pf)	kobaltblau/schwarz	vz I	2,20	1,80
Block 6	(111×66 mm)		wa	4,50	4,—
			FDC		12,—
			Ⓢ		3,60

Die Blockmarken (MiNr. 684–687) unterscheiden sich von den Einzelmarken (MiNr. 680–683) durch die fehlende Jahreszahl am Unterrand rechts.

Auflagen: MiNr. 680 = 6 358 000, MiNr. 681 = 6 168 000, MiNr. 682 = 6 217 000, MiNr. 683 = 5 769 000 Stück, Bl. 6 = 7 500 000 Blocks

Weitere Ausgaben „Olympische Sommerspiele 1972, München“: MiNr. 587–590, 624–627, 719–722, Block 7, 734–737, Block 8

1971, 25. Juni. 400. Geburtstag von Johannes Kepler. 🄴 **Kern; RaTdr. (10×5); gez. K 14.**

wb) Darstellung aus „Neue Astronomie oder Physik des Himmels“; Werk von J. Kepler (1571–1630), Astronom und Naturwissenschaftler

				★★	⊙
688	30 (Pf)	mehrfarbig	wb	0,70	0,40
			FDC		1,30

Auflage: 30 000 000 Stück

FDC = Ersttagsbrief (First Day Cover)

1971, 25. Juni/1972, 8. März. Freimarken: Bundespräsident Gustav Heinemann (II). 🄴 **Walter; StTdr. (10×10); gez. K 14.**

um) Dr. h. c. G. Heinemann (1899–1976), 3. Bundespräsident

				★★	⊙	FDC
689	25 (Pf)	schwärzlicholivgrün (27.8.1971) GA	um	0,60	0,30	2,—
690	60 (Pf)	schwärzlichultramarin (25.6.1971)	um	1,10	0,30	2,—
691	120 (Pf)	lebhaftbraunocker (8.3.1972)	um	2,20	1,—	3,50
692	160 (Pf)	lebhaftrötlichorange (8.3.1972)	um	3,20	1,40	4,50
			Satzpreis (4 W.)	7,—	3,—	

Weitere FDC-Bewertung:

	FDC
691, 692 (8.3.1972)	7,—

MiNr. 692 in Gelbbraun ist Verfärbung durch chemische Einflüsse.

Auflagen: MiNr. 689 = 793 132 000, MiNr. 690 = 255 404 000, MiNr. 691 = 46 661 000, MiNr. 692 = 26 628 000 Stück

Weitere Werte siehe Zusammenfassung nach Blockaufstellung

Bildgleiche Marken mit zusätzlicher Inschrift „BERLIN“ siehe Berlin (West) MiNr. 393–396

1971, 3. Sept. 650. Todestag von Dante Alighieri. 🄴 **Walter; StTdr. (10×5); gez. K 13¾:14.**

wc) Dante Alighieri (1265–1321), italien. Dichter, Gelehrter, Politiker

				★★	⊙	FDC
693	10 (Pf)	schwarzgrau	wc	0,30	0,30	1,—

Auflage: 30 000 000 Stück

Als Grundlage für die Ermittlung von Preisnotierungen dienten Verkaufspreislisten des Briefmarkenhandels und Arbeitsvorlagen von Arbeitsgemeinschaften sowie Sammlern im In- und Ausland.

1971, 10. Sept./1974. Freimarken: Unfallverhütung (I). Ⓔ **Förtsch und Baumgarten; Bdr. Bogen (B) (10×10), Markenheftchen (MH) und Rollen (R); A = vierseitig, C und D = dreiseitig gez. K 14.**

wd) Brand durch Streichholz — we) Defekte Leiter — wf) Kreissäge — wg) Alkohol am Steuer — wh) Schutzhelm — wi) Defekter Stecker — wk) Nagel im Brett — wl) Verkehrssicherheit – Ball vor Auto — wm) Schwebende Last — wn) Absicherung

				★★	⊙	FDC
694 A	5 (Pf)	lebhaftgelblichrot, vierseitig gezähnt (29.10.1971) (B) (MH) (R)	wd	0,40	0,30	1,60
695	10 (Pf)	siena GA	we			
A		vierseitig gezähnt (8.3.1972) (B) (MH) (R)		0,40	0,30	1,60
C		oben geschnitten (1974) (MH)		2,—	2,—	
D		unten geschnitten (1974) (MH)		2,—	2,—	
696	20 (Pf)	dunkelpurpurviolett GA	wf			
A		vierseitig gezähnt (5.7.1972) (B) (MH) (R)		0,50	0,30	1,60
C		oben geschnitten (1974) (MH)		2,50	2,50	
D		unten geschnitten (1974) (MH)		2,50	2,50	
697 A	25 (Pf)	bläulichgrün, vierseitig gezähnt (10.9.1971) (B) (MH) (R) GA	wg	0,60	0,30	1,60
698	30 (Pf)	karminrot GA	wh			
A		vierseitig gezähnt (8.3.1972) (B) (MH) (R)		0,60	0,30	1,60
C		oben geschnitten (1974) (MH)		2,50	2,50	
D		unten geschnitten (1974) (MH)		2,50	2,50	
699	40 (Pf)	dunkelrosakarmin GA	wi			
A		vierseitig gezähnt (20.6.1972) (B) (MH) (R)		0,60	0,30	2,40
C		oben geschnitten (1974) (MH)		2,—	2,—	
D		unten geschnitten (1974) (MH)		2,—	2,—	
700 A	50 (Pf)	dunkelgrünlichblau, vierseitig gezähnt (16.1.1973) (B) (R) GA	wk	2,50	0,30	5,—
701 A	60 (Pf)	lilaultramarin, vierseitig gezähnt (10.9.1971) (B) (R) GA	wl	1,50	0,60	5,—
702 A	100 (Pf)	braunoliv, vierseitig gezähnt (5.7.1972) (B) (R) GA	wm	2,50	0,30	5,—
703 A	150 (Pf)	dunkelbraunorange, vierseitig gezähnt (11.9.1972) (B) (R) GA	wn	6,50	1,50	8,—
		Satzpreis A (10 W.)		16,—	3,50	
		Satzpreis C, D (8 W.)		18,—	18,—	

MiNr. 694 in Lilabraun ist Verfärbung durch chemische Einflüsse.

Weitere FDC-Bewertungen:

	FDC
695 A, 698 A (8.3.1972)	2,—
696 A, 702 A (5.7.1972)	5,—
697 A, 701 A (10.9.1971)	5,—

Waagerechte Paare (aus Bogen bzw. Markenheftchenbogen):

	★★	⊙
694 A/694 A	1,20	2,—
695 A/695 A	1,—	1,50
696 A/696 A	1,20	1,50
697 A/697 A	1,50	2,—
698 A/698 A	1,50	1,50
699 A/699 A	1,50	1,80
700 A/700 A	20,—	22,—
701 A/701 A	20,—	22,—
702 A/702 A	6,—	8,—
703 A/703 A	15,—	20,—
Satzpreis (10 Paare)	70,—	80,—

Einzelmarken mit anhängendem Bogenrand bis zu 50% vorstehender Paarpreise

Senkrechte Paare (C/D) aus Markenheftchen siehe bei MH 20

Rollenmarken mit rückseitiger Nummer (R):

	Einzelmarken ★★	Einzelmarken ⊙	5er-Str. ★★
a = schwarze Zählnummern:			
694 A Ra	0,80	0,80	2,—
695 A Ra	1,—	1,—	2,—
696 A Ra	1,—	1,—	3,—
697 A Ra	1,20	1,20	2,90
698 A Ra	1,20	1,20	3,20
699 A Ra	1,30	0,90	3,80
700 A Ra	3,30	1,20	12,50
701 A Ra	2,80	1,80	8,80
702 A Ra	6,—	3,—	20,—
703 A Ra	8,80	4,20	36,—
b = rote Zählnummern:			
695 A Rb	1,60	1,80	3,60
696 A Rb	2,50	7,50	6,50
698 A Rb	2,50	12,—	6,50
699 A Rb	2,50	3,80	6,50
700 A Rb	5,—	3,75	16,—
702 A Rb	7,—	7,—	22,—
703 A Rb	28,—	33,—	55,—
c = grüne Zählnummern:			
696 A Rc	1,80	2,30	4,80
698 A Rc	2,50	10,—	6,—
699 A Rc	6,—	2,50	10,—
700 A Rc	15,—	6,50	35,—

d = blaue Zählnummern:

	Einzelmarken ★★	⊙	5er-Str. ★★
695 A Rd	1,20	1,—	2,50
699 A Rd	500,—	750,—	1500,—
700 A Rd	10,—	5,—	30,—
702 A Rd	7,50	5,—	30,—
703 A Rd	45,—	25,—	90,—

e = blaugrüne Zählnummern:

	Einzelmarken ★★	⊙	5er-Str. ★★
700 A Re	80,—	90,—	110,—
702 A Re	70,—	160,—	90,—

Auflagen:
Die in Klammern angegebenen Zahlen (B =) sind die schon in der Gesamtauflage enthaltenen Auflagen der in Bogen hergestellten Marken.

MiNr. 694 = 104 865 000 (B = 2 600 000)
MiNr. 695 = 300 405 000 (B = 2 600 000)
MiNr. 696 = 151 510 000 (B = 3 400 000)
MiNr. 697 = 270 869 000 (B = 2 800 000)
MiNr. 698 = 746 741 000 (B = 2 600 000)
MiNr. 699 = 1 316 504 000 (B = 2 670 000)
MiNr. 700 = 1 104 500 000 (B = 2 560 000)
MiNr. 701 = 97 000 000 (B = 2 600 000)
MiNr. 702 = 222 460 000 (B = 2 860 000)
MiNr. 703 = 80 085 000 (B = 2 500 000)

Weiterer Wert siehe Zusammenfassung nach Blockaufstellung

Bildgleiche Marken mit zusätzlicher Inschrift „BERLIN“ siehe Berlin (West) MiNr. 402–411

1971, 15. Sept. Fremdenverkehr (VI): Goslar. Ⓔ Schillinger; komb. StTdr. und Odr. (5×10); gez. K 14.

wo) Stadtbild mit Kaiserpfalz und Harzbergen

				★★	⊙
704	20 (Pf)	lebhaftsmaragdgrün/schwarz	wo	0,60	0,50
			FDC		1,20

Auflage: 30 000 000 Stück

Weitere Ausgaben „Fremdenverkehr“ siehe Übersichtstabelle nach MiNr. 603

1971, 5. Okt. Wohlfahrt: Altes Holzspielzeug. Ⓔ Schillinger; Odr. (10×5); gez. K 13¾:14.

wp) Butterfrauen; bewegliche Figuren (18. Jh.)

wr) Reiter; Fahrspielzeug

ws) Nussknacker

wt) Taubenhaus; Klingkästchen (19. Jh.)

				★★	⊙
705	20 + 10 (Pf)	mehrfarbig	wp	0,30	0,30
706	25 + 10 (Pf)	mehrfarbig	wr	0,30	0,30
707	30 + 15 (Pf)	mehrfarbig	ws	0,60	0,60
708	60 + 30 (Pf)	mehrfarbig	wt	1,60	1,60
			Satzpreis (4 W.)	2,60	2,60
			FDC		4,50

Auflagen: MiNr. 705 = 12 736 000, MiNr. 706 = 14 782 000, MiNr. 707 = 17 148 000, MiNr. 708 = 8 164 000 Stück

1971, 11. Nov. Weihnachten. Ⓔ Schillinger; Odr. (10×5); gez. K 13¾:14.

wu) Holzgedrechselter Weihnachtsengel

				★★	⊙
709	20 + 10 (Pf)	mehrfarbig	wu	0,80	0,50
			FDC		1,30

Auflage: 9 834 000 Stück

1972

1972, 20. Jan. 100. Todestag von Wilhelm Löhe. Ⓔ Kößlinger; Odr. Bagel (10×5); gez. K 13:13¼.

wv) Diakonissen-Schwestern; Lebenswerk von W. Löhe (1808–1872), evang. Theologe, Gründer der Missionsanstalt Neuendettelsau

				★★	⊙
710	25 (Pf)	mehrfarbig	wv	0,60	0,40
			FDC		1,20

Auflage: 30 000 000 Stück

1972, 4. Febr. Jugend: Tierschutz. Ⓔ Börnsen; RaTdr. (5×10); gez. K 14:13¾.

ww) Junge schützt Enten auf der Straße

wx) Junge als Unruhestifter im Wald

wy) Mädchen schützt Vögel vor einer Katze

wz) Junge reizt Schwäne

				★★	⊙
711	20 + 10 (Pf)	mehrfarbig	ww	0,70	0,60
712	25 + 10 (Pf)	mehrfarbig	wx	0,70	0,60
713	30 + 15 (Pf)	mehrfarbig	wy	1,—	1,—
714	60 + 30 (Pf)	mehrfarbig	wz	1,80	1,80
			Satzpreis (4 W.)	4,—	4,—
			FDC		9,—

Auflagen: MiNr. 711 = 5 463 000, MiNr. 712 = 5 561 000, MiNr. 713 = 5 952 000, MiNr. 714 = 5 225 000 Stück

1972, 14. April. 175 Jahre Flachdruckverfahren. Ⓔ Blase; Odr. Bagel (5×10); gez. K 13¼:13.

xa) Steindruckpresse von Alois Senefelder (1771 bis 1834), Erfinder der Lithographie, Theaterschriftsteller

				★★	⊙
715	25 (Pf)	mehrfarbig	xa	0,60	0,40
			FDC		1,20

Auflage: 30 000 000 Stück

1972, 2. Mai. Europa. Ⓔ Huovinen; RaTdr. (10×5); gez. K 13¾:14.

xb) Sternenband

					★★	⊙
716	25 (Pf)	mehrfarbig		xb	0,80	0,30
717	30 (Pf)	mehrfarbig		xb	0,80	0,30
			Satzpreis (2 W.)		1,50	0,50
			FDC			1,50

Auflagen: MiNr. 716 = 50 000 000, MiNr. 717 = 51 200 000 Stück

1972, 18. Mai. 500. Geburtstag von Lucas Cranach d. Ä. Ⓔ Sauer; komb. StTdr. und Odr. (10×5); gez. K 13¾:14.

xc) L. Cranach d. Ä. (1472–1553), Maler und Zeichner; Zeichnung von Albrecht Dürer (1471–1528), Maler und Grafiker

					★★	⊙
718	25 (Pf)	mehrfarbig		xc	0,70	0,40
			FDC			1,20

Auflage: 30 000 000 Stück

1972, 5. Juni. Olympische Sommerspiele, München (IV). Ⓔ Haller; RaTdr. (10×5); gez. K 14.

xd) Ringen

xe) Segeln

xf) Bodenturnen

xg) Schwimmen

					★★	⊙
719	20 + 10 (Pf)	mehrfarbig		xd	2,—	1,—
720	25 + 10 (Pf)	mehrfarbig		xe	2,—	1,—
721	30 + 15 (Pf)	mehrfarbig		xf	2,—	1,—
722	60 + 30 (Pf)	mehrfarbig		xg	3,30	3,—
			Satzpreis (4 W.)		9,—	6,—
			FDC			8,—

Auflagen: MiNr. 719 = 7 108 000, MiNr. 720 = 6 923 000, MiNr. 721 = 7 296 000, MiNr. 722 = 6 438 000 Stück

1972, 5. Juli. Blockausgabe: Olympische Sommerspiele, München (V). Ⓔ Stelzer; Odr.; gez. Ks 14.

xh) Velodrom (Radrennbahn) xm

xi) Olympiastadion

xk) Mehrzweckhalle und Schwimmstadion

xl) Fernsehturm

xm) Gesamtansicht des Olympiageländes, München

					★★	⊙
723	25 + 10 (Pf)	mehrfarbig		xh	1,50	1,50
724	30 + 15 (Pf)	mehrfarbig		xi	1,50	1,50
725	40 + 20 (Pf)	mehrfarbig		xk	1,50	1,50
726	70 + 35 (Pf)	mehrfarbig		xl	1,50	1,50
Block 7	(148×105 mm)			xm	6,—	6,—
			FDC			20,—
			Ⓢ			8,—

Auflage: 7 865 000 Blocks

Weitere Ausgaben „Olympische Sommerspiele 1972, München“: MiNr. 587–590, 624–627, 680–683, Block 6, 734–737, Block 8

1972, 20. Juni/1973, 16. Jan. Freimarken: Bundespräsident Gustav Heinemann (III). Ⓔ Walter; StTdr. (10×10), gez. K 14.

um) Dr. h. c. Gustav Heinemann (1899–1976), 3. Bundespräsident

				★★	⊙	FDC
727	110 (Pf)	olivschwarz (16.1.1973)	um	1,80	1,—	4,—
728	130 (Pf)	dunkelocker (20.6.1972)	um	2,30	1,—	4,50
729	140 (Pf)	schwärzlichblaugrün (16.1.1973)	um	2,30	1,20	4,50
730	150 (Pf)	schwärzlichrosakarmin (5.7.1972)	um	2,30	1,—	5,50
731	170 (Pf)	dunkelorange (11.9.1972)	um	2,80	1,—	5,50
732	190 (Pf)	dunkelbraunkarmin (16.1.1973)	um	3,50	1,—	6,50
		Satzpreis (6 W.)		15,—	6,—	

Weitere FDC-Bewertungen:

	FDC
727, 729, 732 (16.1.1973)	9,—

Auflagen: MiNr. 727 = 33 476 000, MiNr. 728 = 21 995 000, MiNr. 729 = 19 486 000, MiNr. 730 = 67 705 000, MiNr. 731 = 35 738 000, MiNr. 732 = 32 726 000 Stück

Weitere Werte siehe Zusammenfassung nach Blockaufstellung

Bildgleiche Marken mit zusätzlicher Inschrift „BERLIN“ siehe Berlin (West) MiNr. 427–433

1972, 18. Juli. Weltspiele der Gelähmten, Heidelberg. Ⓔ Schwarz; Odr. (10×5); gez. K 14.

xn) Rollstuhlfahrer beim Bogenschießen

				★★	⊙
733	40 (Pf)	mehrfarbig	. . . . xn	0,80	0,40
			FDC		1,30

Auflage: 32 500 000 Stück

1972, 18. Aug. Olympische Sommerspiele, München (VI). Ⓔ Haller; Odr.; Markenheftchen (MH) und Block (Bl.); gez. Ks 14.

xo) Weitsprung

xp) Basketball

xr) Diskuswerfen

xs) Kanuslalom

				★★	⊙
734	25 + 5 (Pf)	mehrfarbig (MH, Bl.)	. . . . . xo	0,60	0,60
735	30 + 10 (Pf)	mehrfarbig (MH, Bl.)	. . . . . xp	1,60	1,60
736	40 + 10 (Pf)	mehrfarbig (MH, Bl.)	. . . . . xr	2,20	2,20
737	70 + 10 (Pf)	mehrfarbig (MH, Bl.)	. . . . . xs	1,10	1,10
			Satzpreis (4 W.)	5,50	5,50

Blockausgabe:

xt

			★★	⊙
Block 8	mit MiNr. 734–737 (111×66 mm)	. . . xt	6,—	6,—
		FDC		18,—
		Ⓢ		9,—

MiNr. 734–737 in Viererblock-Anordnung stammen aus MH 17; FDC siehe H-Bl. 22.

Auflagen: MiNr. 734–737 je 2 627 720 Stück aus Markenheftchen und Markenheftchenbogen, Bl. 8 = 6 358 280 Blocks

1972, 18. Aug. 20. Todestag von Kurt Schumacher. Ⓔ Blase; komb. StTdr. und Odr. (5×10); gez. K 14:13¾.

xu) K. Schumacher (1895–1952), sozialdemokratischer Politiker

				★★	⊙
738	40 (Pf)	dunkelrosarot/schwarz	. . . . xu	1,40	0,40
			FDC		1,30

Auflage: 39 670 000 Stück

1972, 18. Aug. 100 Jahre Postmuseum, Frankfurt a. M. (früher und ab 2000 in Berlin). Ⓔ Walter; RaTdr. (10×5); gez. K 13¾:14.

xv) Posthorn der Reichspost, Detail der Gründungsverfügung für das Museum von Heinrich von Stephan

				★★	⊙
739	40 (Pf)	mehrfarbig	 xv	1,—	0,40
			FDC		1,30

Auflage: 30 000 000 Stück

1972, 11. Sept. Internationales Jahr des Buches. Ⓔ Knoblauch; Odr. Bagel (10×5); gez. K 13:13¼.

xw) Aufgeschlagenes Buch

				★★	⊙
740	40 (Pf)	mehrfarbig	. . . . xw	0,80	0,40
			FDC		1,30

Auflage: 30 575 750 Stück

1972, 29. Sept. 300. Todestag von Heinrich Schütz. Ⓔ König; komb. StTdr. und Odr. (5×10); gez. K 14:13¾.

xx) Violinstimmen und Text „Verleih uns Frieden gnädiglich"; Geistl. Konzert von H. Schütz (1585–1672), Komponist

				★★	⊙
741	40 (Pf)	mehrfarbig	 xx	1,—	0,40
			FDC		1,30

Auflage: 33 330 000 Stück

1972, 5. Okt. Wohlfahrt: Schachfiguren. Ⓔ Schillinger; Odr. (10×5); gez. K 13¾:14.

xy) Springer

xz) Turm

ya) Dame

yb) König

xy–yb) Schachfiguren aus der Fayencemanufaktur Gien (Frankreich), sogenannter „St.-Georgs-Figurensatz" (19. Jh.)

				★★	⊙
742	25 + 10 (Pf)	mehrfarbig	. . . . xy	0,40	0,40
743	30 + 15 (Pf)	mehrfarbig	. . . . xz	0,40	0,30
744	40 + 20 (Pf)	mehrfarbig	. . . . ya	0,70	0,30
745	70 + 35 (Pf)	mehrfarbig	. . . . yb	2,50	2,40
			Satzpreis (4 W.)	4,—	3,40
			FDC		6,50

Auflagen: MiNr. 742 = 9 993 000, MiNr. 743 = 11 920 000, MiNr. 744 = 14 485 000, MiNr. 775 = 6 639 000 Stück

Schachfiguren mit zusätzlicher Inschrift „Berlin" siehe Berlin (West) MiNr. 435–438.

1972, 20. Okt. Fremdenverkehr (VII): Helgoland und Heidelberg. Ⓔ Schillinger; komb. StTdr. und Odr. (5×10); gez. K 14.

yc) Insel Helgoland

yd) Teilansicht von Heidelberg mit Neckarbrücke und Schloss

				★★	⊙	FDC
746	30 (Pf)	mittelbläulichgrün/ schwarz	. . . . yc	0,60	0,30	1,50
747	40 (Pf)	dkl'orange/schwarz	. yd	0,70	0,30	1,80
			Satzpreis (2 W.)	1,30	0,50	2,50

Auflagen: MiNr. 746 = 32 280 000, MiNr. 747 = 29 090 000 Stück

Weitere Ausgaben „Fremdenverkehr" siehe Übersichtstabelle nach MiNr. 603

1972, 10. Nov. 150 Jahre Kölner Karneval. 🄴 de Vries; gez. K 14.

ye) Karnevalsfiguren

				★★	⊙
748	40 (Pf)	mehrfarbig	ye	1,20	0,40
			FDC		1,80

Auflage: 29 390 000 Stück

1972, 10. Nov. Weihnachten. 🄴 Cordier; Odr. (5×10); gez. K 14:13¾.

yf) Die Heiligen Drei Könige beim Jesuskind

				★★	⊙
749	30 + 15 (Pf)	mehrfarbig	yf	1,20	0,70
			FDC		1,80

Auflage: 9 064 000 Stück

1972, 13. Dez. 175. Geburtstag von Heinrich Heine. 🄴 Blase; Odr. (5×10); gez. K 14.

yg) H. Heine (1797–1856), Dichter und Satiriker

				★★	⊙
750	40 (Pf)	mehrfarbig	yg	1,20	0,40
			FDC		1,30

Auflage: 28 450 000 Stück

1972, 13. Dez. Brot für die Welt. 🄴 Diakonisches Werk und Kunstwerkstätten der Bundesdr. Berlin; RaTdr. (5×10); gez. K 14.

yh) Inschriften

				★★	⊙
751	30 (Pf)	smaragdgrün/ dunkelorangerot	yh	0,60	0,60
			FDC		2,40

Auflage: 9 850 000 Stück

1972, 13. Dez. Synode der kath. Bistümer, Würzburg. 🄴 Ackermann; Odr. (10×5); gez. K 13¾:14.

yi) Würzburger Dom im Medaillon (Stadtsiegel 1237–1560)

				★★	⊙
752	40 (Pf)	mehrfarbig	yi	0,70	0,40
			FDC		1,30

Auflage: 31 350 000 Stück

1973

1973, 22. Jan. 10 Jahre Vertrag über deutsch-französische Zusammenarbeit. 🄴 Schillinger; Odr. (5×5); gez. K 13¾:14.

yk) Nationalfarben von Deutschland und Frankreich zu Pfeil vereinigt

				★★	⊙
753	40 (Pf)	mehrfarbig	yk	1,40	0,50
			FDC		4,50

Auflage: 31 810 000 Stück

Parallelausgabe mit Frankreich MiNr. 1819

1973, 6. Febr. Jugend: Greifvögel. 🄴 Magnus; RaTdr. (10×5); gez. K 13¾:14.

yl) Fischadler (Pandion haliaeetus)

ym) Mäusebussard (Buteo buteo)

yn) Rotmilan (Milvus milvus)

yo) Wiesenweihe (Circus pygarus)

				★★	⊙
754	25 + 10 (Pf)	mehrfarbig	yl	1,—	1,—
755	30 + 15 (Pf)	mehrfarbig	ym	1,20	1,20
756	40 + 20 (Pf)	mehrfarbig	yn	1,80	1,80
757	70 + 35 (Pf)	mehrfarbig	yo	4,50	4,50
			Satzpreis (4 W.)	8,—	8,—
			FDC		45,—

Auflagen: MiNr. 754 = 5 184 000, MiNr. 755 = 5 350 000, MiNr. 756 = 5 507 000, MiNr. 757 = 5 078 000 Stück

1973, 19. Febr. 500. Geburtstag von Nikolaus Kopernikus. 🄴 Kern; Odr. (5×10); gez. K 14.

yp) N. Kopernikus (1473–1543), Astronom; Darstellung seines Weltsystems

				★★	⊙
758	40 (Pf)	mittelrot/grauschwarz	yp	1,40	0,40
			FDC		1,50

Auflage: 31 400 000 Stück

1973, 19. Febr. 50 Jahre Interpol. 🄴 Blase; Odr. Bagel (5×10); gez. K 13¼:13.

yr) Funksendemast, Interpolzeichen

				★★	⊙
759	40 (Pf)	mehrfarbig	yr	0,60	0,40
			FDC		1,50

Auflage: 32 426 000 Stück

1973, 19. Febr. 100 Jahre internationale meteorologische Zusammenarbeit. 🄴 Blase; Odr. (5×10); gez. K 14:13¾.

ys) Arbeitswetterkarte des Deutschen Wetterdienstes

				★★	⊙
760	30 (Pf)	mehrfarbig	ys	0,60	0,40
			FDC		1,30

Auflage: 30 750 000 Stück

1973, 15. März. Fremdenverkehr (VIII): Hamburg und Rüdesheim am Rhein. 🄴 Schillinger; komb. StTdr. und Odr. (5×10); gez. K 14.

yt) Hafen- und Stadtansicht von Hamburg

yu) Gesamtansicht von Rüdesheim am Rhein

				★★	⊙	FDC
761	40 (Pf)	hell- bis mittelrot/ schwarz	yt	1,—	0,30	1,80
762	40 (Pf)	mittelgelblichrot/ schwarz	yu	1,—	0,30	1,80
			Satzpreis (2 W.)	2,—	0,50	2,50

Auflagen: MiNr. 761 = 32 250 000, MiNr. 762 = 33 350 000 Stück

Weitere Ausgaben „Fremdenverkehr" siehe Übersichtstabelle nach MiNr. 603

1973, 15. März. Deutsches Turnfest, Stuttgart. 🄴 **Lämmle; RaTdr. (10×5); gez. K 13¾:14.**

yv) Hals-Schulterpartie eines Turners, Turnerkreuz (Festplakat)

			★★	⊙
763	40 (Pf) mehrfarbig	yv	0,60	0,40
		FDC		1,30

Auflage: 31 850 000 Stück

1973, 5. April. Kongress des Internationalen Philatelistenverbandes (FIP); Internationale Briefmarkenausstellung (IBRA), München. 🄴 **Schillinger; Odr. (10×5); gez. K 14.**

yw) Posthausschild, Hessen-Kassel

yx) Posthausschild, Preußen

			★★	⊙
764	40 + 20 (Pf) mehrfarbig	yw	0,90	0,90
765	70 + 35 (Pf) mehrfarbig	yx	1,60	1,60
		Satzpreis (2 W.)	2,50	2,50
		FDC		12,—

Blockausgabe, gez. Ks 14

yy) Posthausschild, Württemberg

yz) Posthausschild, Kurpfalz Bayern

za

			★★	⊙
766	40 + 20 (Pf) mehrfarbig	yy	1,20	1,20
767	70 + 35 (Pf) mehrfarbig	yz	2,—	2,—
Block 9	(74×105 mm)	za	4,60	5,50
		FDC		24,—
		Ⓢ		6,—

Postpreis: 2,20 DM

Auflagen: MiNr. 764 = 5 848 000, MiNr. 765 = 5 425 000 Stück, Block 9 = 5 976 000 Blocks

1973, 30. April. Europa. 🄴 **Anisdahl; RaTdr. (5×10); gez. K 14.**

zb) Stilisiertes Posthorn

			★★	⊙
768	30 (Pf) mehrfarbig	zb	0,50	0,30
769	40 (Pf) mehrfarbig	zb	0,70	0,30
		Satzpreis (2 W.)	1,20	0,50
		FDC		2,—

Auflagen: MiNr. 768 = 50 000 000, MiNr. 769 = 73 450 000 Stück

1973, 25. Mai. 1000. Todestag von Roswitha von Gandersheim (935–973), erste deutsche Dichterin. 🄴 **Lederbogen; Odr. (10×5); gez. K 13¾:14.**

zc) Romanisch verzierte Letter R

			★★	⊙
770	40 (Pf) mehrfarbig	zc	0,70	0,40
		FDC		1,80

Auflage: 31 300 000 Stück

1973, 25. Mai. Hl. Maximilian Kolbe. 🄴 **Knoblauch; Odr. (5×10); gez. K 14:13¾.**

zd) M. Kolbe (1894–1941), poln. Franziskaner-Pater, 1982 heiliggesprochen

			★★	⊙
771	40 (Pf) mehrfarbig	zd	0,70	0,40
		FDC		1,30

Auflage: 30 750 000 Stück

1973, 25. Mai. Deutscher Evangelischer Kirchentag, Düsseldorf. 🄴 **Platti; RaTdr. (10×5); gez. K 13¾:14.**

ze) Skizziertes Profil (Sinnbildlich: Erde und Himmel gehören zusammen)

			★★	⊙
772	30 (Pf) mehrfarbig	ze	0,50	0,40
		FDC		1,10

Auflage: 31 450 000 Stück

1973, 5. Juni. Freimarke: Unfallverhütung (II). 🄴 **Förtsch und Baumgarten; Bdr. (B) (10×10) und Rollen (R); gez. K 14.**

wl) Verkehrssicherheit – Ball vor Auto

			★★	⊙
773	70 (Pf) dunkelbläulichgrün/ lilaultramarin (B) (R)	wl	1,50	0,40
		FDC		2,20

Waagerechtes Paar (aus Bogen):

773/773		5,—	7,—

Einzelmarken mit anhängendem Bogenrand bis zu 50% vorstehender Paarpreise

Rollenmarken mit rückseitiger Nummer (R):

		Einzelm. ★★	Einzelm. ⊙	5er-Str. ★★
773 Ra	schwarze Zählnr.	2,20	1,20	7,90
773 Rb	rote Zählnr.	3,—	4,50	9,50
773 Rc	grüne Zählnr.	100,—	155,—	140,—
773 Rd	blaue Zählnr.	5,—	5,—	11,—

Auflage: 205 665 000 (B = 2 700 000) Stück. (Die in Klammern angegebene Zahl (B =) ist die schon in der Gesamtauflage enthaltene Auflage der in Bogen hergestellten Marken).

Weitere Werte siehe Zusammenfassung nach Blockaufstellung

Bildgleiche Marke mit zusätzlicher Inschrift „BERLIN" siehe Berlin (West) MiNr. 453

Wenn bei einzelnen Ausgaben nicht ausdrücklich anders vermerkt, gelten alle Preise für einwandfrei gezähnte (siehe „Briefmarken-Qualitätsstufen" im Einleitungsteil, Abb. 12), gut zentrierte (Abb. 17) Stücke mit klaren Abstempelungen, bei denen Ort und Datum einwandfrei identifizierbar sind (Abb. 24).

1973, 5. Juni. Umweltschutz. ⓔ **Schillinger; Odr. (5×10); gez. K 14.**

zf) Abfallbeseitigung

zg) Wasserhaushalt

zh) Lärmbekämpfung

zi) Luftreinhaltung

					★★	⊙
774	25	(Pf)	mehrfarbig	zf	0,50	0,30
775	30	(Pf)	mehrfarbig	zg	0,50	0,30
776	40	(Pf)	mehrfarbig	zh	1,20	0,30
777	70	(Pf)	mehrfarbig	zi	1,80	0,90
			Satzpreis (4 W.)		4,—	1,60
			FDC			6,50

Auflagen: MiNr. 774 = 31 600 000, MiNr. 775 = 32 850 000, MiNr. 776 = 32 200 000, MiNr. 777 = 21 600 000 Stück

1973, 12. Juni. 350 Jahre Rechenmaschine. ⓔ **Blase; Odr. (5×10); gez. K 14:13¾.**

zk) Rechenmaschine (1623) von Wilhelm Schickard (1592–1635), Mathematiker

					★★	⊙
778	40	(Pf)	mehrfarbig	zk	0,80	0,50
			FDC			1,80

Auflage: 9 150 000 Stück

1973, 14. Sept. 800 Jahre Dom zu Lübeck. ⓔ **Kern; komb. StTdr. und Odr. (5×10); gez. K 14.**

zl) Lübecker Dom

					★★	⊙
779	40	(Pf)	mehrfarbig	zl	1,20	0,40
			FDC			1,30

Auflage: 31 450 000 Stück

1973, 14. Sept. 100. Geburtstag von Otto Wels. ⓔ **Blase; Odr. (5×10); gez. K 14:13¾.**

zm) O. Wels (1873–1939), sozialdemokratischer Politiker

					★★	⊙
780	40	(Pf)	mattgrauviolett/ dunkelbräunlichlila	zm	0,90	0,40
			FDC			1,30

Auflage: 30 150 000 Stück

1973, 21. Sept. Aufnahme der Bundesrepublik Deutschland in die Vereinten Nationen (UNO). ⓔ **Blase; Odr. (5×10); gez. K 14.**

zn) UNO-Emblem, Flagge der Bundesrepublik Deutschland

					★★	⊙
781	40	(Pf)	mehrfarbig	zn	1,50	0,40
			FDC			2,20

Auflage: 31 500 000 Stück

1973, 5. Okt. Wohlfahrt: Musikinstrumente. ⓔ **Monson-Baumgart; Odr. (10×5); gez. K 13¾:14.**

zo) Waldhorn (19. Jh.)

zp) Pedalflügel (18. Jh.)

zr) Geige (18. Jh.)

zs) Pedalharfe (18. Jh.)

					★★	⊙
782	25 + 10	(Pf)	mehrfarbig	zo	0,70	0,50
783	30 + 15	(Pf)	mehrfarbig	zp	0,80	0,50
784	40 + 20	(Pf)	mehrfarbig	zr	1,—	0,60
785	70 + 35	(Pf)	mehrfarbig	zs	2,—	2,—
			Satzpreis (4 W.)		4,50	3,50
			FDC			6,50

Auflagen: MiNr. 782 = 9 792 000, MiNr. 783 = 11 127 000, MiNr. 784 = 14 384 000, MiNr. 785 = 6 705 000 Stück

1973, 19. Okt. 50 Jahre Deutscher Rundfunk. ⓔ **Froitzheim; RaTdr. (5×10); gez. K 14:13¾.**

zt) Rundfunkgerät (1923)

					★★	⊙
786	30	(Pf)	mehrfarbig	zt	0,50	0,30
			FDC			1,30

Auflage: 30 550 000 Stück

1973, 19. Okt. Fremdenverkehr (IX): Saarbrücken, Aachen und Bremen. ⓔ **Schillinger; komb. StTdr. und Odr. (5×10); gez. K 14.**

zu) Stadtansicht von Saarbrücken

zv) Innenstadt Aachen

zw) Bremer Hafen

					★★	⊙	FDC
787	30	(Pf)	lebhaftgrünlicholiv/schwarz	zu	0,70	0,30	1,30
788	40	(Pf)	bräunlichrot/schwarz	zv	0,70	0,30	1,80
789	40	(Pf)	lebhaftrot/ schwarz	zw	0,70	0,30	1,80
			Satzpreis (3 W.)		2,—	0,70	5,—

Auflagen: MiNr. 787 und 789 je 30 250 000, MiNr. 788 = 29 750 000 Stück

Weitere Ausgaben „Fremdenverkehr" siehe Übersichtstabelle nach MiNr. 603

1973, 9. Nov. Weihnachten. ⓔ **Monson-Baumgart; komb. StTdr. und Odr. (10×5); gez. K 13¾:14.**

zx) Weihnachtsstern

					★★	⊙
790	30 + 15	(Pf)	mehrfarbig	zx	1,20	0,70
			FDC			1,80

Auflage: 8 797 000 Stück

Notizen:

1974

1974, 15. Jan. Bedeutende deutsche Frauen (I): Frauenrechtlerinnen. 🄴 H. und S. Förtsch, von Baumgarten; komb. StTdr. und Odr. (5×10); gez. K 14:13¾.

zy) Luise Otto-Peters (1819–1895), Publizistin, Vorkämpferin der deutschen Frauenbewegung

zz) Helene Lange (1848–1930), Gründerin des Allgem. Deutschen Lehrerinnenvereins

aaa) Gertrud Bäumer (1873–1954), Schriftstellerin

aab) Rosa Luxemburg (1871–1919), Politikerin, Mitbegründerin der KPD

				★★	⊙
791	40 (Pf)	lebh'rötlichorange/schwarz	zy	0,80	0,60
792	40 (Pf)	lebh'rötlichorange/schwarz	zz	0,80	0,60
793	40 (Pf)	lebh'rötlichorange/schwarz	aaa	0,80	0,60
794	40 (Pf)	lebh'rötlichorange/schwarz	aab	0,80	0,60
		Satzpreis (4 W.)		3,20	2,40
		FDC			8,—

Auflage: 20 000 000 Sätze

Weitere Ausgaben „Bedeutende Deutsche Frauen": MiNr. 826 bis 829, 908–911

1974, 15. Febr. 700. Todestag von Thomas von Aquin. 🄴 Städler; Odr. (5×10); gez. K 14:13¾.

aac) Hl. Thomas von Aquin (1225–1274), italien. Kirchenlehrer und Philosoph, vor Schülern

				★★	⊙
795	40 (Pf)	schwarz/lebhaftrot	aac	0,70	0,40
		FDC			1,30

Auflage: 32 850 000 Stück

1974, 15. Febr. Rehabilitation Behinderter. 🄴 Langer; Odr. (5×10); gez. K 14.

aad) Silhouetten: Behinderter im Rollstuhl zwischen Gesunden

				★★	⊙
796	40 (Pf)	dunkelrosa/schwarz	aad	1,—	0,40
		FDC			1,80

Auflage: 30 000 000 Stück

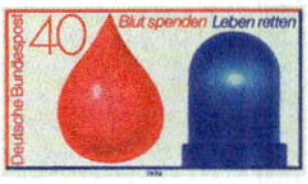

1974, 15. Febr. Blutspendedienst in Verbindung mit Unfallrettungsdienst. 🄴 Langer; RaTdr. (5×10); gez. K 14.

aae) Blutstropfen, Blaulicht

				★★	⊙
797	40 (Pf)	dunkelrosarot/ lebhaftlilaultramarin	aae	1,—	0,40
		FDC			1,80

Auflage: 30 650 000 Stück

Die Bildbeschreibungen sind so informativ wie möglich gehalten, können und wollen jedoch kein Lexikon ersetzen. Fortlaufende Buchstaben (= Klischeezeichen) vor den Bildlegenden sowie vor den Preisspalten in den Katalogisierungszeilen ermöglichen problemlos die Zuordnung von Abbildungen und MICHEL-Nummern.

1974, 15. Febr. Deutscher Expressionismus (I). 🄴 Bundesdruckerei; RaTdr. (5×5); MiNr. 798 gez. K 13¾:14, MiNr. 799 ~.

aaf) Die roten Rehe; Gemälde von Franz Marc (1880–1916)

aag) Kopf in Blau; Gemälde von Alexej von Jawlensky (1864–1941)

				★★	⊙	FDC
798	30 (Pf)	mehrfarbig	aaf	0,60	0,30	2,50
799	40 (Pf)	mehrfarbig	aag	0,70	0,30	4,—
		Satzpreis (2 W.)		1,30	0,60	4,50

Auflagen: MiNr. 798 = 30 100 000, MiNr. 799 = 30 575 000 Stück

Weitere Ausgaben „Deutscher Expressionismus": MiNr. 816 bis 817, 822–823

1974, 17. April. Jugend: Elemente internationaler Jugendarbeit. 🄴 Lorenz; RaTdr. (10×5); gez. K 13¾:14.

aah) Jugend baut auf

aai) Jugend-Folklore

aak) Jugend lernt

aal) Jugend forscht

				★★	⊙
800	25 + 10 (Pf)	mehrfarbig	aah	0,70	0,60
801	30 + 15 (Pf)	mehrfarbig	aai	1,20	1,—
802	40 + 20 (Pf)	mehrfarbig	aak	2,—	1,80
803	70 + 35 (Pf)	mehrfarbig	aal	3,60	3,60
		Satzpreis (4 W.)		7,—	7,—
		FDC			22,—

Auflagen: MiNr. 800 = 4 836 000, MiNr. 801 = 4 910 000, MiNr. 802 = 4 976 000, MiNr. 803 = 4 744 000 Stück

1974, 17. April. Europa: Skulpturen. 🄴 Wiese; Odr. (10×5); gez. K 14.

aam) Emporsteigender Jüngling

aan) Knieende

aam–aan) Skulpturen von Wilhelm Lehmbruck (1881–1919), Bildhauer

				★★	⊙
804	30 (Pf)	mehrfarbig	aam	0,70	0,30
805	40 (Pf)	mehrfarbig	aan	0,70	0,30
		Satzpreis (2 W.)		1,40	0,60
		FDC			2,20

Auflagen: MiNr. 804 = 50 000 000, MiNr. 805 = 68 200 000 Stück

1974, 17. April. 250. Geburtstag von Immanuel Kant. 🄴 Walter; StTdr. (10×5); gez. K 13¾:14.

aao) I. Kant (1724–1804), Philosoph

				★★	⊙
806	90 (Pf)	dunkelbräunlichkarmin	aao	2,50	0,60
		FDC			2,20

Auflage: 81 400 000 Stück

1974, 15. Mai. Blockausgabe: 25 Jahre Bundesrepublik Deutschland. 🄴 Langer; komb. Odr. und Prägedruck; gez. Ks 13¾:14.

aar

aap) Bundesadler, Bundesfarben Schwarz/Rot/Gold

			✶✶	⊙
807	40 (Pf) mehrfarbig	aap	1,50	1,50
Block 10	(100×70 mm)	aar	1,70	2,50
		FDC		6,—
		Ⓢ		1,70

Auflage: 14 295 000 Blocks

1974, 15. Mai. Wandern. 🄴 Lederbogen; Odr. Bagel (10×5); gez. K 14.

aas) Landschaftsbild

			✶✶	⊙
808	30 (Pf) mehrfarbig	aas	0,50	0,40
		FDC		1,80

Auflage: 25 132 000 Stück

1974, 15. Mai. 250. Geburtstag von Friedrich Gottlieb Klopstock. 🄴 Sauer; komb. StTdr. und Odr. (10×5); gez. K 13¾:14.

aat) F. G. Klopstock (1724–1803), Dichter

			✶✶	⊙
809	40 (Pf) schwarz/rot	aat	0,70	0,40
		FDC		1,80

Auflage: 30 650 000 Stück

1974, 15. Mai. 125 Jahre Diakonie. 🄴 Lederbogen; Odr. (10×5), gez. K 14.

aau) Kronenkreuz, Zeichen der Diakonie

			✶✶	⊙
810	40 (Pf) mehrfarbig	aau	0,70	0,40
		FDC		1,80

Auflage: 31 450 000 Stück

1974, 15. Mai. Fußballweltmeisterschaft, Deutschland. 🄴 Poell; Odr. (5×10); gez. K 14.

aav) Torwartparade

aaw) Spielszene

			✶✶	⊙
811	30 (Pf) mehrfarbig	aav	1,20	0,30
812	40 (Pf) mehrfarbig	aaw	2,40	0,30
		Satzpreis (2 W.)	3,50	0,60
		FDC		2,50

Auflagen: MiNr. 811 = 31 900 000, MiNr. 812 = 33 200 000 Stück

1974, 16. Juli. 450. Todestag von Hans Holbein d. Ä. 🄴 Froitzheim; komb. StTdr. und Odr. (10×5); gez. K 13¾:14.

aax) H. Holbein d. Ä. (um 1465–1524); Maler und Zeichner; Selbstporträt

			✶✶	⊙
813	50 (Pf) mehrfarbig	aax	1,—	0,40
		FDC		1,80

Auflage: 30 800 000 Stück

1974, 16. Juli. Organisation „amnesty international". 🄴 Gaßner; Odr. (5×10); gez. K 14:13¾.

aay) Geborstenes Gefängnisfenster-Gitter

			✶✶	⊙
814	70 (Pf) violettultramarin/schwarz	aay	1,30	0,60
		FDC		1,80

Auflage: 21 750 000 Stück

1974, 16. Aug. 200. Geburtstag von Caspar David Friedrich. 🄴 Knoblauch; RaTdr. (5×5); gez. K 13¾:14.

aaz) Mann und Frau den Mond betrachtend; Gemälde von C. D. Friedrich (1774–1840), Maler und Zeichner

			✶✶	⊙
815	50 (Pf) mehrfarbig	aaz	1,30	0,40
		FDC		3,—
		ETB 1/1974		1,80

MiNr. 815 gibt es in stark schwankenden Farbtönen.

Auflage: 30 500 000 Stück

1974, 16. Aug. Deutscher Expressionismus (II). 🄴 Bundesdruckerei; RaTdr. (5×5); MiNr. 816 gez. K 13¾:14, MiNr. 817 ~.

aba) Mädchen unter Bäumen; Gemälde von August Macke (1887–1914), Maler

abb) Schlafender Pechstein; Gemälde von Erich Heckel (1883–1970), Maler und Grafiker

			✶✶	⊙	FDC
816	30 (Pf) mehrfarbig	aba	1,—	0,30	1,50
817	50 (Pf) mehrfarbig	abb	1,—	0,40	2,50
		Satzpreis (2 W.)	1,80	0,70	3,—

Auflagen: MiNr. 816 = 31 300 000, MiNr. 817 = 29 300 000 Stück

Weitere Ausgaben „Deutscher Expressionismus": MiNr. 798–799, 822–823

Fehlt in Kopftexten (nach dem Druckverfahren) die Angabe einer Druckerei, wurden die Ausgaben in der Staats-, später Bundesdruckerei in Berlin hergestellt!

1974, 15. Okt. Wohlfahrt; 25 Jahre Wohlfahrtsmarken: Blumen. 🄴 Schillinger; Odr. (10×5); gez. K 13¾:14.

abc) Prachtnelke (Dianthus superbus) abd) Roter Fingerhut (Digitalis purpurea) abe) Malve (Althaea spec.) abf) Glockenblume (Campanula spec.)

				★★	⊙
818	30 + 15 (Pf)	mehrfarbig	abc	0,40	0,40
819	40 + 20 (Pf)	mehrfarbig	abd	0,50	0,40
820	50 + 25 (Pf)	mehrfarbig	abe	0,60	0,50
821	70 + 35 (Pf)	mehrfarbig	abf	1,70	1,70
		Satzpreis (4 W.)		3,20	3,—
		FDC			6,50

Auflagen: MiNr. 818 = 9 409 000, MiNr. 819 = 10 992 000, MiNr. 820 = 14 190 000, MiNr. 821 = 6 650 000 Stück

1974, 29. Okt. Deutscher Expressionismus (III). 🄴 Bundesdruckerei; RaTdr. (5×5); MiNr. 822 gez. K 13¾:14, MiNr. 823 ~.

abg) Großes Stillleben mit Fernrohr; Gemälde von Max Beckmann (1884–1950), Maler und Grafiker

abh) Alter Bauer; Gemälde von Ernst Ludwig Kirchner (1880–1938), Maler, Grafiker, Bildhauer

				★★	⊙	FDC
822	70 (Pf)	mehrfarbig	abg	1,20	1,—	2,50
823	120 (Pf)	mehrfarbig	abh	2,40	2,—	4,—
		Satzpreis (2 W.)		3,50	3,—	6,—

Auflagen: MiNr. 822 = 20 875 000, MiNr. 823 = 8 750 000 Stück

Weitere Ausgaben „Deutscher Expressionismus“: MiNr. 798–799, 816–817

1974, 29. Okt. Weihnachten. 🄴 Schillinger; Odr. (10×5); gez. K 13¾:14.

abi) Weihnachtsstern; Poinsettie (Euphorbia pulcherrima)

				★★	⊙
824	40 + 20 (Pf)	mehrfarbig	abi	1,20	0,70
		FDC			2,—

Auflage: 8 137 000 Stück

1974, 29. Okt. 100 Jahre Weltpostverein (UPU). 🄴 Kühlborn; Odr. (10×5); gez. K 13¾:14.

abk) Briefkästen aus der Schweiz und aus Deutschland (19. Jh.)

				★★	⊙
825	50 (Pf)	mehrfarbig	abk	1,40	0,50
		FDC			1,30

Auflage: 30 750 000 Stück

1975

1975, 15. Jan. Bedeutende deutsche Frauen (II): Schriftstellerinnen. 🄴 Aretz; komb. StTdr. und Odr. (5×10); gez. K 14:13¾.

abl) Annette Kolb (1870–1967) abm) Ricarda Huch (1864–1947) abn) Else Lasker-Schüler (1869–1945) abo) Gertrud Freiin von Le Fort (1876–1971)

				★★	⊙
826	30 (Pf)	mehrfarbig	abl	0,80	0,40
827	40 (Pf)	mehrfarbig	abm	0,70	0,40
828	50 (Pf)	mehrfarbig	abn	0,70	0,40
829	70 (Pf)	mehrfarbig	abo	1,20	1,20
		Satzpreis (4 W.)		3,40	2,40
		FDC			3,50
		ETB 1/1975			2,50

Auflagen: MiNr. 826 = 20 000 000, MiNr. 827 = 31 800 000, MiNr. 828 = 31 150 000, MiNr. 829 = 22 200 000 Stück, davon je 397 700 auf ETB

Weitere Ausgaben „Bedeutende deutsche Frauen“: MiNr. 791 bis 794, 908–911

1975, 15. Jan. 100. Geburtstag von Dr. Albert Schweitzer. 🄴 Busse; StTdr. (5×10); gez. K 14.

abp) Dr. A. Schweitzer (1875–1965), elsäss. Missionsarzt, evang. Theologe, Musiker, Friedensnobelpreis 1952

				★★	⊙
830	70 (Pf)	schwärzl'cyanblau/schwarz	abp	2,30	1,—
		FDC			1,80
		ETB 2/1975			2,50

Auflage: 22 250 000 Stück, davon 399 500 auf ETB

1975, 15. Jan. 25 Jahre Müttergenesungswerk. 🄴 Hölzing; Odr. Bagel (10×5); gez. K 13:13¼.

abr) Mutter mit Kind, Mutter mit Emblem des Müttergenesungswerks

				★★	⊙
831	50 (Pf)	mehrfarbig	abr	1,—	0,40
		FDC			1,30
		ETB 3/1975			2,20

Auflage: 30 900 000 Stück, davon 395 800 auf ETB

1975, 14. Febr. 100. Geburtstag von Hans Böckler. 🄴 Busse; StTdr. (5×10); gez. K 14.

abs) H. Böckler (1875–1951), Gewerkschaftsführer

				★★	⊙
832	40 (Pf)	schwärzl'olivgrün/schwarz	abs	1,—	0,40
		FDC			1,30
		ETB 4/1975			2,50

Auflage: 32 450 000 Stück, davon 393 700 auf ETB

1975, 14. Febr. 500. Geburtstag von Michelangelo (1475–1564), italien. Bildhauer, Maler, Baumeister, Dichter. 🄴 Fischer; RaTdr. (10×5); gez. K 13¾:14.

abt) Detail aus dem Deckengemälde der Sixtinischen Kapelle, Vatikan

				★★	⊙
833	70 (Pf)	mittellilaultramarin/schwarz	abt	1,80	1,80
		FDC			3,20
		ETB 5/1975			1,50

Auflage: 8 300 000 Stück, davon 389 000 auf ETB

1975, 14. Febr. Heiliges Jahr. ⓔ Börnsen; RaTdr. (10×5); gez. K 14.

abu) Grundriss des Petersdoms in Rom

				**	⊙
834	50 (Pf)	mehrfarbig	abu	1,—	0,40
			FDC		2,—
			ETB 6/1975		2,20

Auflage: 31 000 000 Stück, davon 385 000 auf ETB

1975, 14. Febr. Eishockeyweltmeisterschaft, München und Düsseldorf. ⓔ Poell; Odr. (5×10); gez. K 14.

abv) Spielszene

				**	⊙
835	50 (Pf)	mehrfarbig	abv	1,30	0,40
			FDC		2,50
			ETB 7/1975		2,20

Auflage: 31 000 000 Stück, davon 386 900 auf ETB

1975, 15. April. Jugend: Lokomotiven. ⓔ Schillinger; Odr. (5×10); gez. K 14.

abw) Diesellok, Baureihe 218

abx) E-Lok, Baureihe 103

aby) Elektrischer Triebzug, Baureihe 403

abz) Magnetschwebezug „Transrapid“ (Modell)

				**	⊙
836	30 + 15 (Pf)	mehrfarbig	abw	0,60	0,50
837	40 + 20 (Pf)	mehrfarbig	abx	0,90	0,80
838	50 + 25 (Pf)	mehrfarbig	aby	1,30	1,20
839	70 + 35 (Pf)	mehrfarbig	abz	2,20	2,—
			Satzpreis (4 W.)	5,—	4,50
			FDC		11,—
			ETB 8/1975		3,50

Auflagen: MiNr. 836 = 5 634 000, MiNr. 837 = 5 685 000, MiNr. 838 = 5 755 000, MiNr. 839 = 5 483 000 Stück, davon je 398 100 auf ETB

1975, 15. April. Europa: Gemälde. ⓔ Wiese; komb. StTdr. und Odr. (10×5); gez. K 14.

aca) Konzentrische Gruppe

acb) Bauhaustreppe

aca–acb) Gemälde von Oskar Schlemmer (1888–1943), Maler, Bildhauer und Bühnenbildner

				**	⊙
840	40 (Pf)	mehrfarbig	aca	0,60	0,30
841	50 (Pf)	mehrfarbig	acb	0,90	0,30
			Satzpreis (2 W.)	1,50	0,60
			FDC		2,50
			ETB 9/1975		1,—

Auflagen: MiNr. 840 = 50 000 000, MiNr. 841 = 89 900 000 Stück, davon je 380 300 auf ETB

1975, 15. Mai. 100. Todestag von Eduard Mörike. ⓔ Jacki; komb. StTdr. und Odr. (5×10); gez. K 14.

acc) E. Mörike (1804–1875), Dichter; Hahn, Tintenfass mit Feder

				**	⊙
842	40 (Pf)	mehrfarbig	acc	0,50	0,40
			FDC		1,30
			ETB 10/1975		1,—

Auflage: 30 350 000 Stück, davon 394 500 auf ETB

1975, 15. Mai. 500. Jahrestag der Belagerung der Stadt Neuss durch Karl den Kühnen. ⓔ Keidel; komb. StTdr. und Odr. (10×5); gez. K 14.

acd) „Nuis“ (Neuss); Holzschnitt (1477)

				**	⊙
843	50 (Pf)	mehrfarbig	acd	0,80	0,40
			FDC		1,30
			ETB 11/1975		1,—

Auflage: 32 000 000 Stück, davon 392 000 auf ETB

1975, 15. Mai. 500 Jahre Landshuter Fürstenhochzeit. ⓔ Knoblauch; RaTdr. (5×10); gez. K 14.

ace) Ritter beim Stechturnier

				**	⊙
844	50 (Pf)	mehrfarbig	ace	1,20	0,40
			FDC		1,30
			ETB 12/1975		1,—

Auflage: 32 700 000 Stück, davon 393 400 auf ETB

1975, 15. Mai. 1000 Jahre Mainzer Dom. ⓔ Rohse; komb. StTdr. und Odr. (5×10); gez. K 14.

acf) Nordansicht des Mainzer Doms

				**	⊙
845	40 (Pf)	mehrfarbig	acf	1,20	0,40
			FDC		1,30
			ETB 13/1975		1,—

Auflage: 31 350 000 Stück, davon 387 300 auf ETB

Notizen:

1975, 15. Mai/1976, 17. Febr. Freimarken: Industrie und Technik (I). Ⓔ **Knoblauch und Beer; StTdr. (10×10); gez. K 14.**

acg) Nachrichtensatellit Symphonie

ach) Nahverkehrs-Triebzug ET 420/421

aci) Leuchtturm Alte Weser

ack) Rettungs-Hubschrauber MBB

acl) Weltraumlabor (Spacelab)

acm) Erdefunkstelle Raisting

acn) Schiffbau

aco) Traktor

acp) Braunkohlenförderbagger

acr) Chemieanlage zur Erzeugung von Styrol

acs) Heizkraftwerk

act) Großhochofen mit Winderhitzeranlage

acu) Bohrinsel

acv) Radioteleskop

				✶✶	⊙	FDC
846	5 (Pf)	schwärzlicholiv (14.11.1975)	acg	0,30	0,30	1,—
847	10 (Pf)	schwarzlila (14.8.1975)	ach	0,30	0,30	1,—
848	20 (Pf)	orangerot (17.2.1976)	aci	0,30	0,30	1,—
849	30 (Pf)	schwärzlichviolett (14.8.1975)	ack	0,30	0,30	1,50
850	40 (Pf)	bläulichgrün (15.5.1975)	acl	0,40	0,30	2,—
851	50 (Pf)	lebhaftmagenta (15.5.1975)	acm	0,50	0,30	2,50
852	70 (Pf)	lebhaftblau (14.8.1975)	acn	0,80	0,30	2,50
853	80 (Pf)	dunkelbläulichgrün (15.10.1975)	aco	0,80	0,30	2,50
854	100 (Pf)	rötlichbraun (15.5.1975)	acp	0,80	0,30	2,50
855	120 (Pf)	dunkellilaultramarin (15.10.1975)	acr	1,—	0,40	2,50
856	140 (Pf)	dunkelrötlichkarmin (14.11.1975)	acs	1,20	0,50	3,—
857	160 (Pf)	schwärzlicholivgrün (15.10.1975)	act	1,60	0,80	4,—
858	200 (Pf)	dunkelbraunviolett (14.11.1975)	acu	2,—	0,40	6,—
859	500 (Pf)	schwarzpreußischblau (17.2.1976)	acv	5,—	1,50	10,—
			Satzpreis (14 W.)	15,—	5,—	
			ETB 14/1975 (mit MiNr. 850, 851, 854)		1,60	
			ETB 19/1975 (mit MiNr. 847, 849, 852)		10,—	
			ETB 21/1975 (mit MiNr. 853, 855, 857)		1,60	
			ETB 24/1975 (mit MiNr. 846, 856, 858)		1,60	
			ETB 5/1976 (mit MiNr. 848, 859)		1,60	

Weitere FDC-Bewertungen:

	FDC
846, 856, 858 (14.11.1975)	7,50
847, 849, 852 (14.8.1975)	3,—
848, 859 (17.2.1976)	9,—
850, 851, 854 (15.5.1975)	4,50
853, 855, 857 (15.10.1975)	6,50

Auflagen (inklusive ETB): MiNr. 846 = 57 600 000, MiNr. 847 = 2 170 000 000, MiNr. 848 = 903 000 000, MiNr. 849 = 1 055 000 000, MiNr. 850 = 2 132 000 000, MiNr. 851 = 4 315 000 000, MiNr. 852 = 505 000 000, MiNr. 853 = 3 190 000 000, MiNr. 854 = 1 070 000 000, MiNr. 855 = 117 000 000, MiNr. 856 = 196 000 000, MiNr. 857 = 70 000 000, MiNr. 858 = 374 000 000, MiNr. 859 = 143 000 000 Stück.

Auflagen ETB: Nr. 14/1975 = 397 500, Nr. 19/1975 = 380 000, Nr. 21/1975 = 397 000, Nr. 24/1975 = 395 600, Nr. 5/1976 = 400 000 Stück

Weitere Werte siehe Zusammenfassung nach Blockaufstellung

Bildgleiche Marken mit zusätzlicher Inschrift „BERLIN" siehe Berlin (West) MiNr. 494–507

1975, 15. Juli. Europäisches Denkmalschutzjahr. Ⓔ **Rohse; komb. StTdr. und Odr. (5×10); gez. K 14.**

acw) Hauptmarkt mit Rathaus, Alsfeld

acx) Siebersturm, Plönlein, Kobolzeller Tor, Rothenburg ob der Tauber

acy) Die Steipe, Trier

acz) Gesamtansicht, Xanten

				✶✶	⊙	FDC
860	50 (Pf)	mehrfarbig	acw	1,—	0,70	1,50
861	50 (Pf)	mehrfarbig	acx	1,—	0,70	1,50
862	50 (Pf)	mehrfarbig	acy	1,—	0,70	1,50
863	50 (Pf)	mehrfarbig	acz	1,—	0,70	1,50
			Satzpreis (4 W.)	3,80	2,80	5,50
			ETB 15/1975		2,—	

Auflagen: MiNr. 860 = 19 600 000, MiNr. 861 = 21 150 000, MiNr. 862 = 18 800 000, MiNr. 863 = 20 450 000 Stück, davon je 395 000 auf ETB

1975, 14. Aug. Kampf dem Drogenmissbrauch. Ⓔ **Spreen; RaTdr. (5×10); gez. K 14.**

ada) Unzufriedener, Gelegenheitskonsument, Süchtiger

				✶✶	⊙
864	40 (Pf)	mehrfarbig	ada	0,50	0,40
			FDC		1,80
			ETB 16/1975		2,20

Auflage: 31 700 000 Stück, davon 380 000 auf ETB

1975, 14. Aug. 100. Geburtstag von Matthias Erzberger. Ⓔ **Busse; StTdr. (5×10); gez. K 14.**

adb) M. Erzberger (1875–1921), Zentrum-Politiker

				✶✶	⊙
865	50 (Pf)	bräunlichrot/schwarz	adb	0,80	0,40
			FDC		1,30
			ETB 17/1975		2,20

Auflage: 31 700 000 Stück, davon 380 000 auf ETB

1975, 14. Aug. Tag der Briefmarke. ⧉ **Schillinger; Odr. Bagel (10×5); gez. K 14.**

adc) Posthausschild Königlich Preußische Posthalterei (1776)

			★★	⊙
866	10 (Pf)	mehrfarbig . . . . adc	0,50	0,30
		FDC		1,30
		ETB 18/1975		0,40

Auflage: 31 486 000 Stück, davon 395 000 auf ETB

1975, 15. Okt. Wohlfahrt: Alpenblumen. ⧉ **Schillinger; Odr. (10×5); gez. K 14.**

add) Edelweiß (Leontopodium alpinum)

ade) Trollblume (Trollius europaeus)

adf) Rostblättrige Alpenrose (Rhododendron ferrugineum)

adg) Frühlings-Kuhschelle (Pulsatilla vulgaris)

			★★	⊙	FDC
867	30 + 15 (Pf)	mehrfarbig . . . add	0,50	0,40	
868	40 + 20 (Pf)	mehrfarbig . . . ade	0,50	0,40	
869	50 + 25 (Pf)	mehrfarbig . . . . adf	0,80	0,60	
870	70 + 35 (Pf)	mehrfarbig . . . adg	1,80	1,80	
		Satzpreis (4 W.)	3,60	3,20	5,50
		ETB 20/1975		2,20	

Auflagen: MiNr. 867 = 9 449 000, MiNr. 868 = 10 987 000, MiNr. 869 = 14 927 000, MiNr. 870 = 6 964 000 Stück, davon je 397 400 auf ETB

1975, 14. Nov. Blockausgabe: Deutsche Friedensnobelpreisträger. ⧉ **Wiese; komb. StTdr. und Odr.; gez. Ks 13¾:14.**

adl

adh adi adk

adh) Gustav Stresemann (1878–1929), Reichskanzler, Nationalökonom, Friedensnobelpreis 1926
adi) Ludwig Quidde (1858–1941), Politiker und Historiker, Friedensnobelpreis 1927
adk) Carl von Ossietzky (1889–1938), Publizist, Friedensnobelpreis 1935 (verliehen 1936)

adh–adk) Skulpturen von Klaus Kütemeier

		★★	⊙	Ⓢ	FDC
871	50 (Pf) schwarz . . . . adh	0,90	0,70		
872	50 (Pf) schwarz . . . . adi	0,90	0,70		
873	50 (Pf) schwarz . . . . adk	0,90	0,70		
Block 11	(100×70 mm) . . . adl	3,—	2,50	2,20	4,—
	ETB 22/1975		2,—		

Auflage: 12 330 000 Blocks, davon 400 000 auf ETB

1975, 14. Nov. Weihnachten. ⧉ **Schillinger; Odr. (10×5); gez. K 14.**

adm) Schneerose (Helleborus niger)

			★★	⊙	FDC
874	40 + 20 (Pf)	mehrfarbig . . . adm	1,40	1,20	1,80
		ETB 23/1975		1,—	

Auflage: 8 304 000 Stück, davon 397 200 auf ETB

1976

1976, 5. Jan. Olympische Winterspiele, Innsbruck. ⧉ **Zeiler; komb. StTdr. und Odr. (5×10); gez. K 14:13¾.**

adn) Stilis. Berge in Kufenform

			★★	⊙
875	50 (Pf)	mehrfarbig . . . . adn	2,—	1,—
		FDC		1,40
		ETB 1/1976		1,20

Auflage: 30 850 000 Stück, davon 394 000 auf ETB

1976, 5. Jan. 100. Geburtstag von Konrad Adenauer. ⧉ **Walter; StTdr. (10×5); gez. K 13¾:14.**

ado) Dr. h. c. K. Adenauer (1876–1967), 1. deutscher Bundeskanzler

			★★	⊙
876	50 (Pf)	schwarzgrün . . . . ado	2,80	0,40
		FDC		1,30
		ETB 2/1976		0,80

Auflage: 35 000 000 Stück, davon 409 000 auf ETB

1976, 5. Jan. 400. Todestag von Hans Sachs. ⧉ **Schillinger; Odr. (10×5); gez. K 14.**

adp) Titelillustrationen zu vier Büchern von H. Sachs (1494–1576); Dichter und Meistersinger

			★★	⊙
877	40 (Pf)	mehrfarbig . . . . adp	0,80	0,40
		FDC		1,30
		ETB 3/1976		1,30

Auflage: 32 900 000 Stück, davon 394 000 auf ETB

1976, 5. Jan. 50 Jahre Deutsche Lufthansa. ⧉ **Schillinger; Odr. (5×10); gez. K 14:13¾.**

adr) Junkers F 13 (1926), erstes Passagierflugzeug der Lufthansa

			★★	⊙
878	50 (Pf)	mehrfarbig . . . . adr	1,20	0,40
		FDC		2,50
		ETB 4/1976		1,50

Auflage: 32 850 000 Stück, davon 394 800 auf ETB

1976, 17. Febr. 25 Jahre Bundesverfassungsgericht, Karlsruhe. 🄴 Schillinger; RaTdr. (10×5); gez. K 14.

ads) Bundesadler, Inschrift

				★★	⊙
879	50 (Pf)	mehrfarbig	ads	1,—	0,40
			FDC		1,30
			ETB 6/1976		1,50

Auflage: 29 500 000 Stück, davon 394 000 auf ETB

1976, 6. April. 25 Jahre Europäische Gemeinschaft für Kohle und Stahl (EGKS). 🄴 Kroehl; RaTdr. (5×10); gez. K 14.

adt) Aus glühenden Eisenträgern geformte Buchstaben EG

				★★	⊙
880	40 (Pf)	mehrfarbig	adt	1,—	0,40
			FDC		1,50
			ETB 7/1976		0,70

MiNr. 880 gibt es in stark schwankenden Farbtönen.

Auflage: 31 900 000 Stück, davon 394 000 auf ETB

1976, 6. April. 75 Jahre Wuppertaler Schwebebahn. 🄴 Ade; Odr. (5×10); gez. K 14:13¾.

adu) Schwebebahnzug

				★★	⊙
881	50 (Pf)	mehrfarbig	adu	1,—	0,40
			FDC		1,30
			ETB 8/1976		0,70

Auflage: 30 450 000 Stück, davon 394 000 auf ETB

1976, 6. April. Jugend: Jugend trainiert für Olympia. 🄴 Schillinger; Odr. (10×5); gez. K 13¾:14.

adv) Basketball

adw) Rudern, Einer

adx) Bodenturnen

ady) Volleyball

				★★	⊙
882	30 + 15 (Pf)	mehrfarbig	adv	0,60	0,40
883	40 + 20 (Pf)	mehrfarbig	adw	1,10	0,80
884	50 + 25 (Pf)	mehrfarbig	adx	1,40	1,20
885	70 + 35 (Pf)	mehrfarbig	ady	1,90	1,70
			Satzpreis (4 W.)	5,—	4,—
			FDC		11,—
			ETB 9/1976		3,50

Auflagen: MiNr. 882 = 5 529 000, MiNr. 883 = 5 578 000, MiNr. 884 = 5 684 000, MiNr. 885 = 5 412 000 Stück, davon je 394 000 auf ETB

1976, 6. April. Olympische Sommerspiele, Montreal. 🄴 Spreen; Odr. (5×10); gez. K 13¾.

adz) Freistilschwimmen

aea) Hochsprung

				★★	⊙
886	40 + 20 (Pf)	mehrfarbig	adz	1,50	1,—
887	50 + 25 (Pf)	mehrfarbig	aea	2,—	1,50
			Satzpreis (2 W.)	3,50	2,50
			FDC		4,50

Blockausgabe, gez. Ks 13¾

aed

aeb) Feldhockey aec) Rudern

				★★	⊙
888	30 + 15 (Pf)	mehrfarbig	aeb	1,20	1,—
889	70 + 35 (Pf)	mehrfarbig	aec	1,60	1,50
Block 12	(110×70 mm)		aed	3,—	2,50
			FDC		6,50
			Ⓢ		2,50
			ETB 10/1976 (MiNr. 886–887 und Bl. 12)		2,60

Auflagen: MiNr. 886 = 6 494 000, MiNr. 887 = 6 627 000 Stück, Block 12 = 8 583 000 Blocks, davon je 480 000 auf ETB

1976, 13. Mai. Europa: Kunsthandwerk. 🄴 Wiese; RaTdr. (10×5); gez. K 14.

aee) Straßenhändlerin mit Bijouterien und Kupferstichen

aef) Straßenhändler mit Kupferstichen

aee–aef) Erzeugnisse der Porzellanmanufaktur Ludwigsburg (um 1765)

				★★	⊙
890	40 (Pf)	mehrfarbig	aee	0,70	0,30
891	50 (Pf)	mehrfarbig	aef	0,70	0,30
			Satzpreis (2 W.)	1,40	0,50
			FDC		1,80
			ETB 11/1976		0,70

Auflagen: MiNr. 890 = 49 550 000, MiNr. 891 = 98 650 000 Stück, davon je 394 000 auf ETB

1976, 13. Mai. 100. Geburtstag von Dr. Carl Sonnenschein. 🄴 Knoblauch; Odr. (5×10); gez. K 14:13¾.

aeg) Dr. C. Sonnenschein (1876–1929), kath. Seelsorger, Sozialpolitiker

				★★	⊙
892	50 (Pf)	mehrfarbig	aeg	0,80	0,40
			FDC		1,30
			ETB 12/1976		0,40

Auflage: 30 650 000 Stück, davon 394 000 auf ETB

1976, 13. Mai. 300. Todestag von Paul Gerhardt (1607–1676), luther. Kirchenliederdichter. 🄴 Börnsen; komb. StTdr. und Odr. (5×10); gez. K 14:13¾.

aeh) Noten und Textanfang des Liedes „Befiehl du deine Wege“

				★★	⊙
893	40 (Pf)	mehrfarbig	aeh	0,60	0,40
			FDC		1,30
			ETB 13/1976		1,—

Auflage: 33 400 000 Stück, davon 394 000 auf ETB

Blockabbildungen

sind aus technischen Gründen nicht immer in ½-Größe wiedergegeben. Durch die Angabe nach der Blocknummer wird die durchschnittliche Originalgröße angezeigt.

1976, 13. Mai. 150. Todestag von Carl Maria von Weber. ⊡ **Hölzing; Odr. (5×10); gez. K 14.**

aei) C. M. von Weber (1786–1826), Komponist

			★★	⊙
894	50 (Pf)	bräunlichrot/schwarz . . . . aei	1,—	0,40
		FDC		1,30
		ETB 14/1976		0,70

Auflage: 32 350 000 Stück, davon 394 000 auf ETB

1976, 13. Mai. 200 Jahre Unabhängigkeit der Vereinigten Staaten von Amerika. ⊡ **Knoblauch; Odr. (5×10); gez. K 14.**

aek) Carl Schurz (1829–1906), deutscher Freiheitskämpfer, später amerik. Staatsmann; Fahne der USA, Capitol in Washington

			★★	⊙
895	70 (Pf)	mehrfarbig . . . . aek	1,30	0,50
		FDC		1,80
		ETB 15/1976		1,50

ETB 15/1976 in englischer Sprache: es handelt sich nicht um eine amtl. Ausgabe der Deutschen Bundespost, sondern um eine PR-Ausgabe des Auswärtigen Amtes Bonn.

Auflage: 31 950 000 Stück, davon 394 000 auf ETB

1976, 14. Juli. 100 Jahre Bayreuther Festspiele. ⊡ **Poell; Odr. (5×10); gez. K 14.**

ael) Theaterbühne

			★★	⊙
896	50 (Pf)	mehrfarbig . . . . ael	1,60	0,40
		FDC		1,30
		ETB 16/1976		1,—

Auflage: 29 650 000 Stück, davon 396 200 auf ETB

1976, 14. Juli. Archäologisches Kulturgut (I). ⊡ **Schillinger; Odr. (5×10); gez. K 14.**

aem) Bronzekultwagen aus einem urnenfelderzeitlichen Grab von Acholshausen

aen) Goldverzierte Schale aus einem keltischen Fürstengrab, Schwarzenbach

aeo) Silberner Halsring von Trichtingen: Abzeichen eines keltischen Fürsten

aep) Maskenbecher aus dem Hildesheimer Schatzfund (Römische Kaiserzeit)

			★★	⊙
897	30 (Pf)	mehrfarbig . . . . aem	0,50	0,40
898	40 (Pf)	mehrfarbig . . . . aen	0,70	0,40
899	50 (Pf)	mehrfarbig . . . . aeo	1,—	0,60
900	120 (Pf)	mehrfarbig . . . . aep	2,20	2,20
		Satzpreis (4 W.)	4,40	3,50
		FDC		6,50
		ETB 17/1976		2,50

Auflagen: MiNr. 897 = 51 850 000, MiNr. 898 = 30 300 000, MiNr. 899 = 32 450 000, MiNr. 900 = 8 200 000 Stück, davon je 396 000 auf ETB

Weitere Ausgabe „Archäologisches Kulturgut": MiNr. 943–945

1976, 17. Aug. Vogelschutz. ⊡ **Froitzheim; Odr. (10×5); gez. K 13¾:14.**

aer) Goldregenpfeifer (Pluvialis apricaria) im Brutgefieder

			★★	⊙
901	50 (Pf)	mehrfarbig . . . . aer	1,40	0,40
		FDC		1,30
		ETB 18/1976		0,40

Auflage: 32 600 000 Stück, davon 395 800 auf ETB

1976, 17. Aug. 300. Todestag von Hans Jacob Christoffel von Grimmelshausen (um 1622–1676), Erzähler. ⊡ **Jacki; Odr. (10×5); gez. K 14.**

aes) Fabelwesen aus Titelkupfer von „Der Abentheurliche Simplicissimus Teutsch"

			★★	⊙
902	40 (Pf)	mehrfarbig . . . . aes	1,40	0,40
		FDC		1,30
		ETB 19/1976		0,40

Auflage: 29 850 000 Stück, davon 396 800 auf ETB

1976, 14. Okt. Tag der Briefmarke. ⊡ **Schillinger; Odr. Bagel (10×5); gez. K 14.**

aet) Posthausschild der Kaiserlichen Reichs-Post-Expedition Höchst am Main (18. Jh.)

			★★	⊙
903	10 (Pf)	mehrfarbig . . . . aet	0,40	0,30
		FDC		1,10
		ETB 20/1976		0,40

Auflage: 72 235 000 Stück, davon 440 000 auf ETB

1976, 14. Okt. Wohlfahrt: Gartenblumen. ⊡ **Schillinger; Odr. (5×10); gez. K 14.**

aeu) Phlox (Phlox paniculata)

aev) Ringelblumen (Calendula officinalis)

aew) Zinnien (Zinnia elegans)

aex) Stiefmütterchen (Viola tricolor)

			★★	⊙
904	30 + 15 (Pf)	mehrfarbig . . . . aeu	0,60	0,50
905	40 + 20 (Pf)	mehrfarbig . . . . aev	0,80	0,70
906	50 + 25 (Pf)	mehrfarbig . . . . aew	0,90	0,80
907	70 + 35 (Pf)	mehrfarbig . . . . aex	1,50	1,50
		Satzpreis (4 W.)	3,80	3,50
		FDC		5,50
		ETB 21/1976		2,40

Auflagen: MiNr. 904 = 10 601 000, MiNr. 905 = 12 634 000, MiNr. 906 = 16 906 000, MiNr. 907 = 7 318 000 Stück, davon je 392 000 auf ETB

1976, 16. Nov. Bedeutende deutsche Frauen (III): Schauspielerinnen und Theaterleiterinnen. ⊡ **Fischer-Nosbisch; RaTdr. (10×5); gez. K 14.**

aey) Friederike Caroline Neuber (1697–1760) als Medea

aez) Sophie Schröder (1781–1868) als Sappho

afa) Louise Dumont (1862–1932) als Hedda Gabler

afb) Hermine Körner (1882–1960) als Lady Macbeth

				✶✶	⊙
908	30 (Pf)	mehrfarbig	aey	0,80	0,30
909	40 (Pf)	mehrfarbig	aez	0,80	0,30
910	50 (Pf)	mehrfarbig	afa	0,80	0,40
911	70 (Pf)	mehrfarbig	afb	1,60	1,20
			Satzpreis (4 W.)	4,—	2,20
			FDC		3,50
			ETB 22/1976		1,50

Auflagen: MiNr. 908 = 42 200 000, MiNr. 909 = 30 900 000, MiNr. 910 = 31 300 000, MiNr. 911 = 21 450 000 Stück, davon je 392 000 auf ETB

Weitere Ausgaben „Bedeutende deutsche Frauen": MiNr. 791 bis 794, 826–829

1949–1990:

Fehlt in Kopftexten (nach dem Druckverfahren) die Angabe einer Druckerei, wurden die Ausgaben in der Staats-, später Bundesdruckerei in Berlin hergestellt.

Druckerei-Abkürzungen ab 1991:

BDB = Bundesdruckerei Berlin
BSP = Bagel Security Print, Mönchengladbach (ab 2004)
GDL = Giesecke & Devrient Leipzig (ab 2003)
SB = Schwann – Bagel, Düsseldorf
WDZ = WertDruckZentrum, Bonn
WPL = Wertpapierdruckerei Leipzig (bis 2002)

1976, 16. Nov. Blockausgabe: Weihnachten. Ⓔ von Andrian; komb. StTdr. und Odr.: gez. Ks 14.

afc) Marienfenster (Ausschnitt) im gotischen Chor der Frauenkirche in Esslingen

afd

				✶✶	⊙
912	50 + 25 (Pf)	mehrfarbig	afc	1,—	0,90
Block 13	(70 × 100 mm)		afd	1,20	1,10
			FDC		2,20
			Ⓢ		1,—
			ETB 23/1976		1,—

Auflage: 11 267 000 Blocks, davon 412 000 auf ETB

1977

1977, 13. Jan./1992. Freimarken: Burgen und Schlösser (I). Ⓔ Schillinger; I = Bdr., II = Ldr.; Bogen (B) (10 × 10), Markenheftchen (MH) und Rollen (R); A = vierseitig, C und D = dreiseitig gez. K 14.

afe) Schloss Glücksburg

aff) Burg Ludwigstein, Werratal

afg) Burg Eltz

afh) Schloss Neuschwanstein

afi) Marksburg

afk) Wasserschloss Mespelbrunn

afl) Schloss Pfaueninsel, Berlin

afm) Schloss Bürresheim

					✶✶	⊙	FDC
913		10 (Pf)	schwärzlichgraublau GA	afe			
	A I		vierseitig gezähnt, Bdr. (14.4.1977) (B) (R)		0,30	0,30	1,—
	A II		vierseitig gezähnt, Ldr. (1987) (R)		0,30	1,20	
	C I		oben geschnitten, Bdr (Juni 1977) (MH)		0,30	0,30	
	C II		oben geschnitten, Ldr. (1990) (MH)		0,30	1,—	
	D I		unten geschnitten, Bdr. (Juni 1977) (MH)		0,30	0,30	
	D II		unten geschnitten, Ldr. (1990) (MH)		0,30	1,—	
914		30 (Pf)	lebhaftolivbraun GA	aff			
	A I		vierseitig gezähnt, Bdr. (14.4.1977) (B) (R)		0,40	0,30	1,50
	A II		vierseitig gezähnt, Ldr. (1987) (R)		0,80	2,50	
	C I		oben geschnitten, Bdr. (Juni 1977) (MH)		0,50	0,50	
	C II		oben geschnitten, Ldr. (1990) (MH)		0,50	1,—	
	D I		unten geschnitten, Bdr. (Juni 1977) (MH)		0,50	0,50	
	D II		unten geschnitten, Ldr. (1990) (MH)		0,50	1,—	
915	**A I**	40 (Pf)	blaugrün, vierseitig gezähnt, Bdr. (16.2.1977) (B) (R) GA	afg	0,60	0,30	2,—
916		50 (Pf)	magenta GA	afh			
	A I		vierseitig gezähnt, Bdr. (17.5.1977) (B) (R)		0,70	0,30	3,—
	C I		oben geschnitten, Bdr. (Juni 1977) (MH)		1,60	1,60	
	D I		unten geschnitten, Bdr. (Juni 1977) (MH)		1,60	1,60	
917	**A I**	60 (Pf)	dunkelockerbraun, vierseitig gezähnt, Bdr. (13.1.1977) (B) (R) GA	afi	1,—	0,30	3,—
918	**A I**	70 (Pf)	mittelblau, vierseitig gezähnt, Bdr. (17.5.1977) (B) (R) GA	afk	1,—	0,30	3,50
919	**A I**	190 (Pf)	braunorange, vierseitig gezähnt, Bdr. (16.2.1977) (B) (R) GA	afl	2,50	1,—	6,—
920	**A I**	200 (Pf)	schwarzolivgrün, vierseitig gezähnt, Bdr. (13.1.1977) (B) (R) GA	afm	3,—	1,—	6,—
			Satzpreis A I (8 W.)		9,—	3,—	
			Satzpreis C I und D I (6 W.)		4,60	4,60	
			ETB 1/1977 (mit MiNr. 917 A I und 920 A I)			2,40	
			ETB 4/1977 (mit MiNr. 915 A I und 919 A I)			2,40	
			ETB 7/1977 (mit MiNr. 913 A I und 914 A I)			1,—	
			ETB 12/1977 (mit MiNr. 916 A I und 918 A I)			2,40	

Weitere handelsübliche Satzzusammenstellung:

		✶✶	⊙
913 A II, 914 A II, 1028 A II, 1038 A II, 1140 A II, 1143 A II (Letterset)	(6 W.)	17,—	35,—

Weitere FDC-Bewertungen:

	FDC
913 A I, 914 A I	2,—
915 A I, 919 A I	5,50
916 A I/918 A I	3,50
917 A I/920 A I	6,—

Bdr.

Quetschränder, etwas ungleichmäßiger, wolkiger Farbauftrag

Ldr.

Glatter, gleichmäßiger Farbauftrag ohne Quetschränder

Waagerechte Paare (aus Bogen):

	✶✶	⊙
913 A I/913 A I	0,80	1,20
914 A I/914 A I	1,20	2,—
915 A I/915 A I	1,—	2,—
916 A I/916 A I	1,60	2,50
917 A I/917 A I	2,40	3,50
918 A I/918 A I	3,—	4,—
919 A I/919 A I	5,50	8,—
920 A I/920 A I	6,50	10,—
Satzpreis (8 Paare)	20,—	32,—

Einzelmarken mit anhängendem Bogenrand 50% vorstehender Paarpreise

Senkrechte Paare (C/D) siehe bei MH 21 und MH 22

Rollenmarken mit rückseitiger Nummer (R):

	Einzelmarken ✶✶	Einzelmarken ⊙	5er-Str. ✶✶
913 A I R	0,80	0,40	2,—
913 A II R	1,—	1,50	3,—
914 A I R	1,—	1,20	3,—
914 A II R	2,—	3,—	5,20
915 A I R	1,90	1,20	6,—
916 A I R	2,60	0,70	8,—
917 A I R	3,—	1,20	9,50
918 A I R	2,30	2,30	8,50
919 A I R	4,80	4,20	19,—
920 A I R	5,—	5,50	19,—

PF MiNr. 917 und 920 in Odr., gez. L 10¾; MiNr. 920 auch gez. K 14¼

Auflagen: MiNr. 913 A II = 85 000 000, MiNr. 914 A II = 60 000 000, MiNr. 920 A I = 109 815 000 Stück

Auflagen ETB: 1/1977, 4/1977, 7/1977, 12/1977 je 392 000 Stück

Weitere Werte siehe Zusammenfassung nach Blockaufstellung

Bildgleiche Marken mit zusätzlicher Inschrift „BERLIN" siehe Berlin (West) MiNr. 532–540

1977, 13. Jan. Einweihung des Palais de l'Europe des Europarats in Straßburg. E Poell; StTdr. (5×10); gez. K 14.

afn) Palais de l'Europe, Straßburg

			✶✶	⊙
921	140 (Pf)	schwärzlichsmaragdgrün/schwarz ..... afn	2,20	0,70
		FDC		3,20
		ETB 2/1977		1,—

Auflage: 31 950 000 Stück, davon 392 000 auf ETB

1977, 13. Jan. Till Eulenspiegel († 1350), Schalksnarr. E Börnsen; Odr. (10×5); gez. K 14.

afo) Vier Szenen der Streiche von Till Eulenspiegel aus dem gleichnamigen Volksbuch

			✶✶	⊙
922	50 (Pf)	mehrfarbig ..... afo	0,70	0,40
		FDC		1,80
		ETB 3/1977		1,10

Auflage: 30 650 000 Stück, davon 392 000 auf ETB

1977, 16. Febr. Blockausgabe: 75 Jahre Jugendstil in Deutschland. E Steiner; Odr.; gez. Ks 14.

aft

afp) Blumenornament

afr) Athenahaupt mit Helm, Ornament

afs) Stuhl, Ornament

			✶✶	⊙
923	30 (Pf)	mehrfarbig ..... afp	1,—	0,30
924	70 (Pf)	mehrfarbig ..... afr	1,—	0,60
925	90 (Pf)	mehrfarbig ..... afs	1,10	1,—
Block 14	(115×85 mm)	..... aft	3,20	2,—
		FDC		4,50
		Ⓢ		2,—
		ETB 5/1977		2,—

Auflage: 11 125 000 Blocks, davon 437 000 auf ETB

1977, 16. Febr. Ernennung von Jean Monnet zum Ehrenbürger Europas. Ⓔ **Langer; Odr. (5×10); gez. K 14:14¼.**

afu) J. Monnet (1888–1979), französ. Politiker und Staatsmann

				★★	⊙
926	50 (Pf)	mehrfarbig	afu	0,80	0,40
			FDC		1,30
			ETB 6/1977		1,30

Auflage: 30 750 000 Stück, davon 392 000 auf ETB

1977, 14. April. 25 Jahre Bundesgartenschau. Ⓔ **Rieger; Odr. (10×5); gez. K 14.**

afv) Stilis. Blume auf liegendem „S“; Signet der Bundesgartenschau 1977, Stuttgart

				★★	⊙
927	50 (Pf)	mehrfarbig	afv	1,—	0,40
			FDC		1,30
			ETB 8/1977		0,70

Auflage: 29 450 000 Stück, davon 392 000 auf ETB

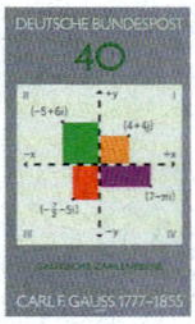

1977, 14. April. 200. Geburtstag von Carl Friedrich Gauß (1777–1855), Mathematiker, Astronom, Physiker. Ⓔ **Wiese; Odr. (10×5); gez. K 14.**

afw) Gaußsche Zahlenebene

				★★	⊙
928	40 (Pf)	mehrfarbig	afw	1,60	0,40
			FDC		1,30
			ETB 9/1977		0,40

Auflage: 28 600 000 Stück, davon 392 000 auf ETB

1977, 14. April. Jugend: Deutsche Schiffe. Ⓔ **Schillinger; Odr. (5×10); gez. K 14.**

afx) Konvoischiff „Wapen von Hamburg“ (1722–1737)

afy) Fünfmast-Vollschiff „Preußen“ (1902–1910)

afz) Schnelldampfer „Bremen“ (1929–1941)

aga) Schwergutfracht- und Ausbildungsschiff „Sturmfels“ (1972–1980)

				★★	⊙
929	30 + 15 (Pf)	mehrfarbig	afx	0,70	0,70
930	40 + 20 (Pf)	mehrfarbig	afy	0,90	0,80
931	50 + 25 (Pf)	mehrfarbig	afz	1,20	1,10
932	70 + 35 (Pf)	mehrfarbig	aga	1,70	1,70
			Satzpreis (4 W.)	4,50	4,20
			FDC		10,—
			ETB 10/1977		3,50

Auflagen: MiNr. 929 = 5 698 000, MiNr. 930 = 5 791 000, MiNr. 931 = 5 926 000, MiNr. 932 = 5 515 000 Stück, davon je 392 000 auf ETB

1977, 14. April. Stauferjahr in Baden-Württemberg. Ⓔ **Lohrer; Odr. (10×5); gez. K 14.**

agb) Barbarossakopf, Reliquiar aus Cappenberg (1165)

				★★	⊙
933	40 (Pf)	mehrfarbig	agb	1,50	0,40
			FDC		1,30
			ETB 11/1977		0,40

Auflage: 31 600 000 Stück, davon 392 000 auf ETB

1977, 17. Mai. Europa: Landschaften. Ⓔ **Schillinger; komb. StTdr. und Odr. (5×10); gez. K 14.**

agc) Autobahnabschnitt der Rhönstrecke

agd) Rheinlandschaft mit Siebengebirge

				★★	⊙
934	40 (Pf)	lebhaftgrün/schwarz	agc	0,80	0,30
935	50 (Pf)	dunkelrosarot/schwarz	agd	0,80	0,30
			Satzpreis (2 W.)	1,60	0,60
			FDC		2,20
			ETB 13/1977		0,70

Auflagen: MiNr. 934 = 49 950 000, MiNr. 935 = 126 100 000 Stück, davon je 392 000 auf ETB

1977, 17. Mai. 400. Geburtstag von Peter Paul Rubens. Ⓔ **Stelzer; StTdr. (10×5); gez. K 14.**

age) P. P. Rubens (1577–1640), flämischer Maler; Selbstporträt

				★★	⊙
936	30 (Pf)	gelbschwarz	age	1,—	0,40
			FDC		1,50
			ETB 14/1977		0,40

Auflage: 42 950 000 Stück, davon 392 000 auf ETB

1977, 17. Mai. 600 Jahre Ulmer Münster. Ⓔ **Kern; komb. StTdr. und Odr. (10×5); gez. K 14.**

agf) Ulmer Münster (Frontalansicht)

				★★	⊙
937	40 (Pf)	mehrfarbig	agf	0,80	0,40
			FDC		1,30
			ETB 15/1977		0,40

Auflage: 33 000 000 Stück, davon 392 000 auf ETB

1977, 17. Mai. 500 Jahre Universität Mainz. Ⓔ **Blase; RaTdr. (10×5); gez. K 13¾:14.**

agg) Madonna im Strahlenkranz, Wappen des Kurfürsten Diether von Isenburg; Rektoratssiegel der Universität Mainz

				★★	⊙
938	50 (Pf)	gelblichrot/schwarz	agg	1,—	0,40
			FDC		1,30
			ETB 16/1977		0,40

ETB 16/1977 auch mit MiNr. 939 und dazugehörigem Ⓢ bekannt.

Auflage: 30 600 000 Stück, davon 392 000 auf ETB

1977, 17. Mai. 450 Jahre Universität Marburg. Ⓔ **Blase; RaTdr. (10×5); gez. K 13¾:14.**

agh) Landgraf Philipp der Großmütige, hessischer Löwe; Großes Universitätssiegel

				★★	⊙
939	50 (Pf)	gelblichrot/schwarz	agh	1,—	0,40
			FDC		1,30
			ETB 17/1977		0,40

Auflage: 30 400 000 Stück, davon 392 000 auf ETB

1977, 13. Juli. 200. Geburtstag von Philipp Otto Runge. 🄴 **Mavignier; Odr. (5×5); gez. K 13¾:14.**

agi) Der Morgen (Detail); Gemälde von Ph. O. Runge (1777–1810), Maler, Grafiker, Kunsthistoriker

				★★	⊙
940	60 (Pf)	mehrfarbig	agi	1,50	0,50
			FDC		2,—
			ETB 18/1977		0,70

Auflage: 21 050 000 Stück, davon 392 000 auf ETB

1977, 13. Juli. 100. Todestag von Wilhelm Emmanuel Freiherr von Ketteler. 🄴 **Steiner; Odr. (10×5); gez. K 14.**

agk) Wappen von W. E. Frh. von Ketteler (1811–1877), kath. Bischof und Sozialreformer

				★★	⊙
941	50 (Pf)	mehrfarbig	agk	0,80	0,40
			FDC		1,30
			ETB 19/1977		0,40

Auflage: 32 650 000 Stück, davon 392 000 auf ETB

1977, 13. Juli. 100. Geburtstag von Friedrich von Bodelschwingh. 🄴 **Aretz; komb. StTdr. und Odr. (5×10); gez. K 14:13¾.**

agl) F. von Bodelschwingh (1877–1946), evang. Theologe und Leiter der Anstalt Bethel

				★★	⊙
942	50 (Pf)	mehrfarbig	agl	1,—	0,40
			FDC		1,30
			ETB 20/1977		0,40

Auflage: 30 050 000 Stück, davon 392 000 auf ETB

1977, 16. Aug. Archäologisches Kulturgut (II). 🄴 **Schillinger; Odr. (10×5); gez. K 14.**

agm) „Goldener Hut" von Schifferstadt, kultischer Goldkegel der Bronzezeit

agn) Vergoldeter Spangenhelm aus dem Fürstengrab von Krefeld-Gellep

ago) Bronzener Kentaurenkopf aus Schwarzenacker

				★★	⊙
943	30 (Pf)	mehrfarbig	agm	0,50	0,40
944	120 (Pf)	mehrfarbig	agn	2,—	1,50
945	200 (Pf)	mehrfarbig	ago	2,60	2,20
			Satzpreis (3 W.)	5,—	4,—
			FDC		9,—
			ETB 21/1977		3,50

Auflagen: MiNr. 943 = 50 000 000, MiNr. 944 = 8 650 000, MiNr. 945 = 8 900 000 Stück, davon je 405 000 auf ETB

Weitere Ausgabe „Archäologisches Kulturgut": MiNr. 897–900

1977, 16. Aug. 500 Jahre Universität Tübingen. 🄴 **Blase; RaTdr. (10×5); gez. K 13¾:14.**

agp) Lehrender Christus, Bücher, Wappen von Tübingen und der Grafen von Wirtemberg; Großes Siegel der Eberhard-Karls-Universität

				★★	⊙
946	50 (Pf)	dunkelgelblichrot/schwarz	agp	1,20	0,40
			FDC		1,30
			ETB 22/1977		0,40

Auflage: 30 000 000 Stück, davon 405 000 auf ETB

1977, 13. Okt. 100 Jahre Telefon in Deutschland. 🄴 **von Janota-Bzowski; Odr. (5×10); gez. K 14.**

agr) Vermittlungsbeamter, Abfrageapparat, Ortsvermittlungsschrank (nach 1881)

				★★	⊙
947	50 (Pf)	mehrfarbig	agr	1,40	0,40
			FDC		1,30
			ETB 23/1977		0,40

Auflage: 31 750 000 Stück, davon 405 000 auf ETB

1977, 13. Okt. Tag der Briefmarke. 🄴 **Schillinger; Odr. Bagel (10×5); gez. K 14.**

ags) Posthausschild einer Postexpedition in Hamburg (nach 1861); Großes Staatswappen von Hamburg

				★★	⊙
948	10 (Pf)	mehrfarbig	ags	0,50	0,40
			FDC		1,10
			ETB 24/1977		0,40

Auflage: 81 500 000 Stück, davon 435 000 auf ETB

1977, 13. Okt. Wohlfahrt: Wiesenblumen. 🄴 **Schillinger; Odr. (10×5); gez. K 14.**

agt) Kümmel (Carum carvi)

agu) Löwenzahn (Taraxacum officinale)

agv) Roter Klee (Trifolium pratense)

agw) Wiesensalbei (Salvia pratensis)

				★★	⊙
949	30 + 15 (Pf)	mehrfarbig	agt	0,90	0,40
950	40 + 20 (Pf)	mehrfarbig	agu	0,90	0,50
951	50 + 25 (Pf)	mehrfarbig	agv	0,90	0,60
952	70 + 35 (Pf)	mehrfarbig	agw	1,80	1,50
			Satzpreis (4 W.)	4,50	3,—
			FDC		5,50
			ETB 25/1977		2,20

Auflagen: MiNr. 949 = 11 287 000, MiNr. 950 = 12 217 000, MiNr. 951 = 16 160 000, MiNr. 952 = 6 936 000 Stück, davon je 405 000 auf ETB

1977, 10. Nov. 250. Todestag von Dr. Johannes Andreas Eisenbarth (1663–1727), fahrender Wundarzt. 🄴 **Börnsen; Odr. (10×5); gez. K 14.**

agx) Fahrender Wundarzt mit Marktstand, Gehilfen, Patienten

				★★	⊙
953	50 (Pf)	mehrfarbig	agx	1,—	0,40
			FDC		1,30
			ETB 26/1977		0,40

Auflage: 29 900 000 Stück, davon 405 000 auf ETB

1977, 10. Nov. 150. Todestag von Wilhelm Hauff. 🄴 **von Janota-Bzowski; RaTdr. (10×5); gez. K 13¾:14.**

agy) W. Hauff (1802–1827), Schriftsteller

				★★	⊙
954	40 (Pf)	mehrfarbig	agy	0,60	0,40
			FDC		1,30
			ETB 27/1977		0,40

Auflage: 30 000 000 Stück, davon 405 000 auf ETB

1977, 10. Nov. Blockausgabe: Weihnachten. Ⓔ **Hansmann; Odr.; gez. Ks 14.**

agz) „König Kaspar überreicht dem Kinde Gold", Glasfenster-Ausschnitt, Sakristei der Basilika St. Gereon in Köln

aha

			✱✱	⊙
955	50 + 25 (Pf) mehrfarbig	agz	1,—	1,—
Block 15	(70×105 mm)	aha	1,10	1,10
		FDC		2,20
		Ⓢ		1,10
		ETB 28/1977		1,—

Auflage: 11 187 000 Blocks, davon 405 000 auf ETB

1978

1978, 12. Jan. 100. Geburtstag von Rudolf Alexander Schröder. Ⓔ **Jacki; Odr. (10×5); gez. K 14.**

ahb) Buchumschlag von R. A. Schröder (1878–1962), Schriftsteller

			✱✱	⊙
956	50 (Pf) mehrfarbig	ahb	0,80	0,40
		FDC		1,30
		ETB 1/1978		1,30

Auflage: 31 800 000 Stück, davon 405 000 auf ETB

1978, 12. Jan. 20 Jahre Friedlandhilfe. Ⓔ **Ade; RaTdr. (5×10); gez. K 14.**

ahc) Aussiedler mit Handgepäck

			✱✱	⊙
957	50 (Pf) mehrfarbig	ahc	0,80	0,40
		FDC		1,30
		ETB 2/1978		1,—

Auflage: 30 200 000 Stück, davon 405 000 auf ETB

1978, 12. Jan. Sporthilfe. Ⓔ **Lorenz; Odr. (5×10); gez. K 14.**

ahd) Abfahrtslauf

			✱✱	⊙
958	50 + 25 (Pf) mehrfarbig	ahd	1,80	1,50
		FDC		4,50
		ETB 3/1978		1,50

Auflage: 6 751 000 Stück, davon 425 000 auf ETB

1978, 16. Febr. Blockausgabe: Nobelpreisträger deutschsprachiger Literatur. Ⓔ **Aretz; Odr.; gez. Ks 14:13¾.**

ahe) Gerhart Hauptmann (1862–1946), Dichter, Dramatiker, Nobelpreis 1912

ahf) Hermann Hesse (1877–1962), Erzähler, Nobelpreis 1946

ahg) Thomas Mann (1875–1955), Schriftsteller, Nobelpreis 1929

ahh

			✱✱	⊙
959	30 (Pf) mehrfarbig	ahe	0,90	0,40
960	50 (Pf) mehrfarbig	ahf	0,90	0,40
961	70 (Pf) mehrfarbig	ahg	1,—	0,70
Block 16	(120×70 mm)	ahh	3,20	1,80
		FDC		3,50
		Ⓢ		1,70
		ETB 4/1978		1,60

Auflage: 12 000 000 Blocks, davon 425 000 auf ETB

1978, 16. Febr. 100. Geburtstag von Martin Buber. Ⓔ **Aretz; Odr. (5×10); gez. K 14:13¾.**

ahi) M. Buber (1878–1965), jüd. Sozialphilosoph

			✱✱	⊙
962	50 (Pf) mehrfarbig	ahi	0,90	0,40
		FDC		1,30
		ETB 5/1978		0,40

Auflage: 31 700 000 Stück, davon 405 000 auf ETB

1978, 13. April. 75 Jahre Deutsches Museum, München. Ⓔ **Schillinger; Odr. (10×5); gez. K 14.**

ahk) Sternwarte und Aussichtsturm des Deutschen Museums; Plakat von Prof. Hohlwein

			✱✱	⊙
963	50 (Pf) mehrfarbig	ahk	0,90	0,40
		FDC		1,30
		ETB 6/1978		0,40

Auflage: 30 000 000 Stück, davon 410 000 auf ETB

1978, 13. April. Jugend: Luftfahrt. Ⓔ **Haase; Odr. (5×10); gez. K 14.**

ahl) Ballonfahrt Oktoberfest München (1820)

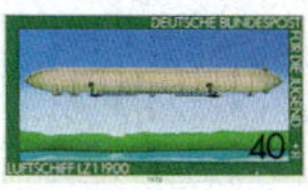

ahm) Luftschiff LZ 1 (1900)

ahn) Blériot-Eindecker (1909)

aho) Grade-Eindecker (1909)

			✱✱	⊙
964	30 + 15 (Pf) mehrfarbig	ahl	0,60	0,60
965	40 + 20 (Pf) mehrfarbig	ahm	0,80	0,80
966	50 + 25 (Pf) mehrfarbig	ahn	1,10	1,10
967	70 + 35 (Pf) mehrfarbig	aho	1,50	1,50
		Satzpreis (4 W.)	4,—	4,—
		FDC		8,—
		ETB 7/1978		3,20

Auflagen: MiNr. 964 = 5 921 000, MiNr. 965 = 6 307 000, MiNr. 966 = 6 073 000, MiNr. 967 = 5 687 000 Stück, davon je 410 000 auf ETB

1978, 13. April. Sporthilfe. ⊡ Lorenz; Odr. (5×10); gez. K 14.

ahp) Springreiten

				★★	⊙
968	70 + 35 (Pf)	mehrfarbig	ahp	4,—	3,50
			FDC		10,—
			ETB 8/1978		3,20

Auflage: 4 895 000 Stück, davon 430 000 auf ETB

1978, 22. Mai. Europa: Baudenkmäler. ⊡ Rohse; komb. StTdr. und Odr. (5×10); gez. K 14.

ahr) Altes Rathaus, Bamberg

ahs) Altes Rathaus, Regensburg

aht) Altes Rathaus, Esslingen

				★★	⊙	FDC
969	40 (Pf)	mehrfarbig	ahr	0,80	0,40	2,50
970	50 (Pf)	mehrfarbig	ahs	1,20	0,40	2,50
971	70 (Pf)	mehrfarbig	aht	1,50	0,80	2,50
			Satzpreis (3 W.)	3,50	1,50	5,—
			ETB 9/1978		1,20	

Auflagen: MiNr. 969 = 51 500 000, MiNr. 970 = 140 050 000, MiNr. 971 = 31 300 000 Stück, davon je 410 000 auf ETB

1978, 22. Mai. Der Rattenfänger von Hameln. ⊡ Jacki; Odr. (5×10); gez. K 14.

ahu) Kinder folgen dem Rattenfänger

				★★	⊙
972	50 (Pf)	mehrfarbig	ahu	1,—	0,40
			FDC		1,30
			ETB 10/1978		0,40

Auflage: 32 800 000 Stück, davon 410 000 auf ETB

1978, 13. Juli. 100. Geburtstag von Dr. Janusz Korczak. ⊡ Magnus; Odr. (10×5); gez. K 14.

ahv) Dr. J. Korczak (1878–1942), poln. Kinderarzt und Sozialpädagoge

				★★	⊙
973	90 (Pf)	mehrfarbig	ahv	1,40	0,70
			FDC		1,80
			ETB 11/1978		0,70

Auflage: 20 400 000 Stück, davon 410 000 auf ETB

1978, 13. Juli. Fossilien. ⊡ Froitzheim; Odr. (MiNr. 974 10×5, MiNr. 975 5×10); gez. K 14.

ahw) Fossile Fledermaus (Palaeochiropteryx tupaiodon)

ahx) Urpferdchen (Propalaeotherium messelense)

ahw–ahx) Funde aus der Grube Messel bei Darmstadt

				★★	⊙
974	80 (Pf)	mehrfarbig	ahw	2,20	1,80
975	200 (Pf)	mehrfarbig	ahx	2,20	2,—
			Satzpreis (2 W.)	4,40	3,80
			FDC		10,—
			ETB 12/1978		2,50

Auflagen: MiNr. 974 = 8 600 000, MiNr. 975 = 10 000 000 Stück, davon je 410 000 auf ETB

1978, 17. Aug. Interparlamentarische Konferenz, Bonn. ⊡ Poell; Odr. (5×10); gez. K 14.

ahy) Bundeshaus, Bonn

				★★	⊙
976	70 (Pf)	mehrfarbig	ahy	1,40	0,50
			FDC		1,30
			ETB 13/1978		0,40

Auflage: 21 150 000 Stück, davon 410 000 auf ETB

1978, 17. Aug. Deutscher Katholikentag, Freiburg im Breisgau. ⊡ Froitzheim; Odr. (10×5); gez. K 13¾:14.

ahz) Rosettenfenster, Freiburger Münster

				★★	⊙
977	40 (Pf)	mehrfarbig	ahz	0,60	0,40
			FDC		1,30
			ETB 14/1978		0,40

Auflage: 34 700 000 Stück, davon 410 000 auf ETB

1978, 17. Aug. 200. Geburtstag von Clemens Brentano. ⊡ v. Janota-Bzowski; Odr. (10×5); gez. K 13¾:14.

aia) C. Brentano (1778–1842), Dichter als Schmetterling; Scherenschnitt von Luise Duttenhofer

				★★	⊙
978	30 (Pf)	mehrfarbig	aia	0,60	0,40
			FDC		1,30
			ETB 15/1978		0,40

Auflage: 31 550 000 Stück, davon 410 000 auf ETB

1978, 17. Aug. 25 Jahre Europäische Konvention zum Schutz der Menschenrechte. ⊡ Steiner; Odr. (5×10); gez. K 14.

aib) Inschrift

				★★	⊙
979	50 (Pf)	mehrfarbig	aib	1,—	0,40
			FDC		1,30
			ETB 16/1978		0,40

Auflage: 31 450 000 Stück, davon 410 000 auf ETB

1978, 12. Okt. Tag der Briefmarke: Weltbewegung Philatelie. ⊡ Stelzer; Odr. Bagel (5×5 Zd); gez. K 14.

aic) Posthausschild, Baden (1844)

aid) Marke Sachsen MiNr. 1

				**	⊙
980	40 (Pf)	mehrfarbig GA	aic	0,60	0,30
981	50 (Pf)	mehrfarbig	aid	0,60	0,30
			Satzpreis (2 W.)	1,—	0,50
			Zusammendruck	1,50	1,60
			FDC		2,50
			ETB 17/1978		1,20

MiNr. 980–981 wurden waagerecht zusammenhängend gedruckt.

Auflage: 59 095 750 Sätze, davon 450 000 auf ETB

1978, 12. Okt. Wohlfahrt: Waldblumen. E Schillinger; Odr. (10×5); gez. K 14.

aie) Aronstab (Arum maculatum)

aif) Goldnessel (Lamiastrum galeobdolon)

aig) Türkenbund (Lilium martagon)

aih) Leberblümchen (Hepatica nobilis)

				**	⊙
982	30 + 15 (Pf)	mehrfarbig	aie	0,50	0,40
983	40 + 20 (Pf)	mehrfarbig	aif	0,70	0,60
984	50 + 25 (Pf)	mehrfarbig	aig	1,—	0,90
985	70 + 35 (Pf)	mehrfarbig	aih	1,30	1,30
			Satzpreis (4 W.)	3,50	3,20
			FDC		5,—
			ETB 18/1978		2,20

Auflagen: MiNr. 982 = 15 454 000, MiNr. 983 = 13 956 000, MiNr. 984 = 16 157 000, MiNr. 985 = 7 154 000 Stück, davon je 410 000 auf ETB

1978, 16. Nov. Deutscher Impressionismus. E Schall; RaTdr. (5×5); MiNr. 986 gez. K 13¾:14, MiNr. 987 bis 988 ~.

aii) Ostern am Walchensee; Gemälde von Lovis Corinth (1858–1925), Maler und Grafiker

aik) Reiter nach links am Strand; Gemälde von Max Liebermann (1847–1935), Maler und Grafiker

ail) Dame mit Katze; Gemälde von Max Slevogt (1868–1932), Maler und Grafiker

				**	⊙	FDC
986	50 (Pf)	mehrfarbig	aii	1,—	0,60	2,—
987	70 (Pf)	mehrfarbig	aik	1,50	0,80	2,50
988	120 (Pf)	mehrfarbig	ail	2,—	1,80	3,—
			Satzpreis (3 W.)	4,50	3,20	5,—
			ETB 19/1978		2,20	

Auflagen: MiNr. 986 = 31 600 000, MiNr. 987 = 21 100 000, MiNr. 988 = 9 800 000 Stück, davon je 410 000 auf ETB

1978, 16. Nov. Blockausgabe: Weihnachten. E Fleckhaus; Odr.; gez. Ks 14.

aim) Das Christkind; Ausschnitt aus einem Fenster der Frauenkirche, München

ain

			**	⊙
989	50 + 25 (Pf) mehrfarbig	aim	0,90	0,90
Block 17	(65×93 mm)	ain	1,40	1,—
		FDC		2,—
		Ⓢ		1,—
		ETB 20/1978		1,—

Auflage: 10 356 000 Blocks, davon 430 000 auf ETB

1978, 16. Nov./1979, 12. Juli. Freimarken: Industrie und Technik (II). E Knoblauch und Beer; StTdr. (10×10); gez. K 14.

aio) Röntgengerät

air) Löffelbagger

ais) Radlader

ait) Flughafen Frankfurt

				**	⊙	FDC
990	60 (Pf)	schwärzlichrosa (16.11.1978)	aio	1,—	0,30	2,—
992	150 (Pf)	dunkelbräunlichrot (12.7.1979)	air	3,—	1,—	3,50
993	180 (Pf)	schwarzbraun (12.7.1979)	ais	3,—	1,—	6,—
994	230 (Pf)	dunkelrotviolett (17.5.1979)	ait	4,—	1,20	8,—
			Satzpreis (4 W.)	11,—	3,40	
			ETB 21/1978 (mit MiNr. 990)		0,50	
			ETB 10/1979 (mit MiNr. 994)		0,70	
			ETB 14/1979 (mit MiNr. 992 und 993)		1,60	

MiNr. 991 fällt aus.

Weitere FDC-Bewertung:

	FDC
992, 993 (12.7.1979)	5,50

Auflagen: MiNr. 990 = 3 215 000 000, MiNr. 992 = 50 000 000, MiNr. 993 = 69 000 000, MiNr. 994 = 80 000 000 Stück

Weitere Werte siehe Zusammenfassung nach Blockaufstellung

Bildgleiche Marken mit zusätzlicher Inschrift „BERLIN“ siehe Berlin (West) MiNr. 582–586

1978, 16. Nov./1979, 14. Febr. Freimarken: Burgen und Schlösser (II). E **Schillinger; Bdr. Bogen (B) (10×10) und Rollen (R); gez. K 14.**

afl) Schloss Pfaueninsel, Berlin

aiu) Burg Gemen

aiv) Burg Vischering

aiw) Schwanenburg, Kleve

aix) Burg Lichtenberg

				**	⊙	FDC
995	20 (Pf)	gelblichrot (14.2.1979) (B) (R) GA	afl	0,30	0,30	1,50
996	25 (Pf)	dunkelrosarot (11.1.1979) (B) (R) GA	aiu	0,50	0,30	1,50
997	90 (Pf)	lilaultramarin (11.1.1979) (B) (R) GA	aiv	1,50	0,50	3,—
998	210 (Pf)	dunkelbraunrot (14.2.1979) (B) (R) GA	aiw	4,—	1,50	7,—
999	230 (Pf)	schwarzbläulichgrün (16.11.1978) (B) (R) GA	aix	4,—	1,50	7,—
		Satzpreis (5 W.)		10,—	3,50	
		ETB 22/1978 (mit MiNr. 999)			1,—	
		ETB 1/1979 (mit MiNr. 996 und 997)			1,—	
		ETB 3/1979 (mit MiNr. 995 und 998)			1,—	

Weitere FDC-Bewertungen:

	FDC
995, 998 (14.2.1979)	10,—
996, 997 (11.1.1979)	3,—

Waagerechte Paare (aus Bogen):

	**	⊙
995/995	0,80	1,—
996/996	1,10	1,50
997/997	3,40	4,—
998/998	8,50	10,—
999/999	8,50	10,—
Satzpreis (5 P.)	22,—	26,—

Einzelmarken mit anhängendem Bogenrand 50% vorstehender Paarpreise

Rollenmarken mit rückseitiger Nummer (R):

	Einzelmarken **	Einzelmarken ⊙	5er-Str. **
995 R	1,—	0,50	2,50
996 R	1,40	1,20	3,—
997 R	3,—	1,50	10,—
998 R	7,50	5,50	24,—
999 R	6,50	6,—	26,—

MiNr. 997 in Odr. auf nicht fluoreszierendem Papier; gez. L 10¾, MiNr. 999 in Odr. auf nicht fluoreszierendem Papier; gez. L 11.

Auflagen: MiNr. 997 = 207 390 000, MiNr. 998 = 107 892 000, MiNr. 999 = 169 242 000 Stück

Auflagen ETB: 22/1978 = 410 000, ETB 1/1979 und 3/1979 je 427 000 Stück

Weitere Ausgaben siehe Zusammenfassung nach Blockaufstellung

Bildgleiche Marken mit zusätzlicher Inschrift „BERLIN" siehe Berlin (West) MiNr. 587–590

1979

1979, 11. Jan. Internationales Jahr des Kindes. E **Blase; RaTdr. (5×10); gez. K 14.**

aiy) Kind, Wohnhaus

				**	⊙
1000	60 (Pf)	mehrfarbig	aiy	1,20	0,40
			FDC		1,70
			ETB 2/1979		0,40

Auflage: 31 900 000 Stück, davon 437 000 auf ETB

1979, 14. Febr. 100. Geburtstag von Agnes Miegel. E **v. Janota-Bzowski; RaTdr. (10×5); gez. K 14.**

aiz) A. Miegel (1879–1964), Dichterin und Schriftstellerin

				**	⊙
1001	60 (Pf)	mehrfarbig	aiz	0,80	0,40
			FDC		1,80
			ETB 4/1979		0,40

Auflage: 30 900 000 Stück, davon 427 000 auf ETB

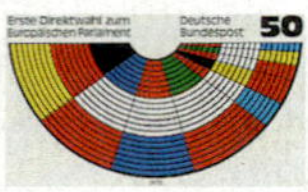

1979, 14. Febr. Erste Direktwahlen zum Europäischen Parlament. E **Poell; Odr. (5×10); gez. K 14.**

aka) Stilis. Parlamentsränge mit der Sitzverteilung der beteiligten Staaten in ihren Landesfarben

				**	⊙
1002	50 (Pf)	mehrfarbig	aka	1,20	0,40
			FDC		1,80
			ETB 5/1979		0,70

Auflage: 30 200 000 Stück, davon 427 000 auf ETB

1979, 14. Febr. 25 Jahre Westdeutsche Kurzfilmtage. E **Urban; Odr. (10×5); gez. K 13¾:14.**

akb) Filmstreifen

				**	⊙
1003	50 (Pf)	schwarz/lebhaftopalgrün	akb	1,—	0,40
			FDC		1,80
			ETB 6/1979		0,40

Auflage: 30 850 000 Stück, davon 427 000 auf ETB

1979, 14. Febr. Straßen-Rettungsdienste. ⓔ Klein; Odr. (5×10); gez. K 14.

akc) Embleme der Straßen-Rettungsorganisationen

			★★	⊙
1004	50 (Pf) mehrfarbig	akc	1,—	0,40
		FDC		1,80
		ETB 7/1979		0,40

Auflage: 30 550 000 Stück, davon 427 000 auf ETB

1979, 5. April. Jugend: Luftfahrt. ⓔ Haase; Odr. (5×10); gez. K 14.

akd) Flugboot Dornier „Wal“ (1922)

ake) Schnellverkehrsflugzeug Heinkel He 70 (1932)

akf) Verkehrsflugzeug Junkers W 33 „Bremen“ (1928)

akg) Hubschrauber Focke-Wulf Fw 61 (1936)

			★★	⊙
1005	40 + 20 (Pf) mehrfarbig	akd	0,70	0,70
1006	50 + 25 (Pf) mehrfarbig	ake	1,—	1,—
1007	60 + 30 (Pf) mehrfarbig	akf	1,20	1,20
1008	90 + 45 (Pf) mehrfarbig	akg	1,60	1,60
		Satzpreis (4 W.)	4,50	4,50
		FDC		8,—
		ETB 8/1979		3,—

Auflagen: MiNr. 1005 = 5 619 000, MiNr. 1006 = 5 725 000, MiNr. 1007 = 5 807 000, MiNr. 1008 = 5 455 000 Stück, davon je 437 000 auf ETB

1979, 5. April. Sporthilfe. ⓔ Hoch; Odr. (5×10); gez. K 14.

akh) Handball

aki) Zweier-Canadier

			★★	⊙
1009	60 + 30 (Pf) mehrfarbig	akh	1,20	1,10
1010	90 + 45 (Pf) mehrfarbig	aki	1,80	1,60
		Satzpreis (2 W.)	3,—	2,60
		FDC		7,—
		ETB 9/1979		2,20

Auflagen: MiNr. 1009 = 5 286 500, MiNr. 1010 = 5 018 500 Stück, davon je 427 000 auf ETB

1979, 17. Mai. Europa: Geschichte des Post- und Fernmeldewesens. ⓔ v. Janota-Bzowski; Odr. (5×10); gez. K 14:13¾.

akk) Telegrafenbüro (1863)

akl) Postschalter (1854)

			★★	⊙
1011	50 (Pf) mehrfarbig	akk	0,80	0,30
1012	60 (Pf) mehrfarbig	akl	1,—	0,30
		Satzpreis (2 W.)	1,80	0,50
		FDC		2,40
		ETB 11/1979		0,70

Auflagen: MiNr. 1011 = 51 300 000, MiNr. 1012 = 122 800 000 Stück, davon je 427 000 auf ETB

1979, 17. Mai. 50. Geburtstag von Anne Frank. ⓔ v. Janota-Bzowski; RaTdr. (10×5); gez. K 13¾:14.

akm) A. Frank (1929–1945), KZ-Opfer, berühmt durch ihr Tagebuch

			★★	⊙
1013	60 (Pf) mehrfarbig	akm	1,20	0,40
		FDC		1,30
		ETB 12/1979		0,40

Auflage: 31 200 000 Stück, davon 427 000 auf ETB

1979, 17. Mai. Internationale Verkehrsausstellung (IVA), Hamburg; 100 Jahre elektrische Bahnen. ⓔ Schillinger; Odr. (5×10); gez. K 14.

akn) Erste elektrische Bahn auf der Berliner Gewerbe-Ausstellung (1879)

			★★	⊙
1014	60 (Pf) mehrfarbig	akn	1,20	0,40
		FDC		1,80
		ETB 13/1979		0,40

Auflage: 32 600 000 Stück, davon 437 000 auf ETB

1979, 12. Juli. Weltweite Funkverwaltungskonferenz, Genf. ⓔ Seiter; Odr. (5×10); gez. K 14.

ako) Hand am Funkgerät

			★★	⊙
1015	60 (Pf) mehrfarbig	ako	1,20	0,40
		FDC		1,80
		ETB 15/1979		0,40

Auflage: 31 550 000 Stück, davon 427 000 auf ETB

1979, 12. Juli. 450 Jahre Katechismus von Martin Luther. ⓔ Neufeld; komb. StTdr. und Odr. (10×5); gez. K 13¾:14.

akp) Moses empfängt die Gesetzestafeln auf dem Berg Sinai; Holzschnitt von Lukas Cranach d. Ä. (1472–1553), Maler und Zeichner

			★★	⊙
1016	50 (Pf) schwarz/opalgrün	akp	1,20	0,40
		FDC		1,80
		ETB 16/1979		0,40

Auflage: 30 200 000 Stück, davon 427 000 auf ETB

1979, 12. Juli. Heiligtumsfahrt Aachen. ⓔ Walter; komb. Odr. und Prägedruck (10×5); gez. K 14.

akr) Kreuz mit Zeichen Karls des Großen (742–814), König der Franken, römischer Kaiser

			★★	⊙
1017	50 (Pf) mehrfarbig	akr	0,80	0,40
		FDC		1,80
		ETB 17/1979		0,40

Auflage: 33 600 000 Stück, davon 427 000 auf ETB

1979, 9. Aug. 800. Todestag von Hildegard von Bingen. ⓔ Steiner; Odr. (5×10); gez. K 14:13¾.

aks) Hildegard von Bingen (1098–1179), Benediktinerin, Mystikerin

			★★	⊙
1018	110 (Pf) mehrfarbig	aks	1,40	0,70
		FDC		2,80
		ETB 18/1979		0,70

Auflage: 19 680 000 Stück, davon 427 000 auf ETB

1979, 9. Aug. Nobelpreisträger der Physik und Chemie. 🄴 **Linde; RaTdr. (5×10); gez. K 14:14¼.**

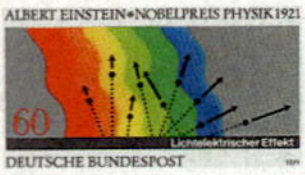

akt) Lichtelektrischer Effekt; Albert Einstein (1879–1955), deutsch-amerik. Physiker, Nobelpreis 1921

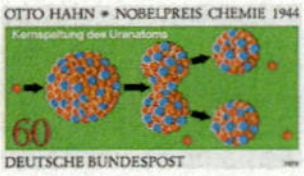

aku) Kernspaltung des Uran-Atoms; Otto Hahn (1879–1968), Chemiker, Nobelpreis 1944

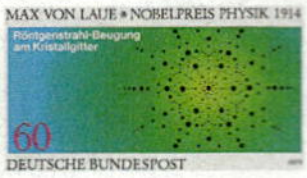

akv) Röntgenstrahl-Beugung am Kristallgitter; Max von Laue (1879–1960), Physiker, Nobelpreis 1914

				★★	⊙	FDC
1019	60 (Pf)	mehrfarbig	.... akt	1,—	0,50	1,50
1020	60 (Pf)	mehrfarbig	.... aku	2,—	0,50	1,50
1021	60 (Pf)	mehrfarbig	.... akv	1,—	0,50	1,50
			Satzpreis (3 W.)	4,—	1,40	8,—
			ETB 19/1979		1,40	

Auflagen: MiNr. 1019 = 31 430 000, MiNr. 1020 = 30 880 000, MiNr. 1021 = 31 630 000 Stück, davon je 427 000 auf ETB

1979, 11. Okt. 300 Jahre Lotsen-Reglements. 🄴 **Löffelhardt; komb. StTdr. und Odr. (5×10); gez. K 14:13¾.**

akw) Lotse und Steuermann

				★★	⊙
1022	60 (Pf)	hellbräunlichlila/dkl'siena	... akw	0,80	0,40
				FDC	1,30
				ETB 20/1979	0,70

Auflage: 31 800 000 Stück, davon 427 000 auf ETB

1979, 11. Okt. Tag der Briefmarke. 🄴 **Schillinger; Odr. (Klb. 2×5); gez. K 13¾.**

akx) Posthausschild, Altheim/Saar (1754)

				★★	⊙	FDC
1023	60 + 30 (Pf)	mehrfarbig	.. akx	1,40	1,40	3,—
			ETB 21/1979		1,40	
			Kleinbogen	14,—	14,—	20,—
			Ⓢ		15,—	

Auflage: 27 790 000 Stück, davon 457 000 auf ETB

1979, 11. Okt. Wohlfahrt: Blätter, Blüten und Früchte des Waldes. 🄴 **Schillinger; Odr. (5×10); gez. K 14.**

aky) Rotbuche (Fagus sylvatica)

akz) Stieleiche (Quercus robur)

ala) Weißdorn (Crataegus spec.)

alb) Bergkiefer (Pinus mugo)

				★★	⊙
1024	40 + 20 (Pf)	mehrfarbig	.... aky	1,—	0,60
1025	50 + 25 (Pf)	mehrfarbig	.... akz	1,—	0,80
1026	60 + 30 (Pf)	mehrfarbig	.... ala	1,—	0,90
1027	90 + 45 (Pf)	mehrfarbig	.... alb	1,50	1,50
			Satzpreis (4 W.)	4,50	3,80
			FDC		6,—
			ETB 22/1979		2,20

Auflagen: MiNr. 1024 = 11 700 000, MiNr. 1025 = 14 500 000, MiNr. 1026 = 17 100 000, MiNr. 1027 = 7 400 000 Stück, davon je 437 000 auf ETB

1979, 14. Nov./1987. Freimarke: Burgen und Schlösser (III). 🄴 **Schillinger; I = Bdr., II = Ldr.; Bogen (B) (10×10), Markenheftchen (MH) und Rollen (R); A = vierseitig, C und D = dreiseitig gez. K 14.**

alc) Schloss Rheydt

			★★	⊙
1028		60 (Pf) dunkelrosakarmin GA ...alc		
	A	vierseitig gezähnt		
	I	Bdr. (14.11.1979) (B) (R) ...	0,90	0,40
	II	Ldr. (1987) (R)	2,—	1,50
	C I	oben geschnitten, Bdr. (Okt. 1980) (MH)	4,50	6,—
	D I	unten geschnitten, Bdr. (Okt. 1980) (MH)	4,50	6,—
		FDC (A I)		1,80
		ETB 23/1979 (mit MiNr. 1028 A I)		0,50

Unterscheidungsmerkmale Bdr. und Ldr. siehe bei MiNr. 913–920!

Waagerechtes Paar (aus Bogen):

	★★	⊙
1028 A I/1028 A I	1,80	2,20

Einzelmarke mit anhängendem Bogenrand 50% vorstehender Paarpreise

Senkrechtes Paar (C/D) siehe bei MH 23

Rollenmarken mit rückseitiger Nummer (R):

	Einzelm. ★★	Einzelm. ⊙	5er-Str. ★★
1028 A I R	2,30	1,80	8,50
1028 A II R	4,—	4,—	12,—

Auflagen: MiNr. 1028 A II = 89 500 000 Stück, ETB = 427 000 Stück

Weitere Werte siehe Zusammenfassung nach Blockaufstellung

Bildgleiche Marke mit zusätzlicher Inschrift „BERLIN" siehe Berlin (West) MiNr. 611

1979, 14. Nov. 100. Geburtstag von Paul Klee. 🄴 **Schall; RaTdr. (5×5); gez. K 13¾:14.**

ald) Vogelgarten; Aquarell von P. Klee (1879–1940), Maler und Grafiker

				★★	⊙
1029	90 (Pf)	mehrfarbig	.... ald	1,30	0,70
				FDC	2,—
				ETB 24/1979	0,70

Auflage: 15 580 000 Stück, davon 427 000 auf ETB

1979, 14. Nov. Doctor Johannes Faust. 🄴 **Burkert; Odr. (5×10); gez. K 14:13¾.**

ale) Dr. J. Faust (um 1480 bis um 1539) mit Homunculus, Mephistopheles; Holzschnitt (1616)

				★★	⊙
1030	60 (Pf)	mehrfarbig	.... ale	1,50	0,40
				FDC	1,80
				ETB 25/1979	0,40

Auflage: 33 330 000 Stück, davon 427 000 auf ETB

1979, 14. Nov. Energie sparen. 🄴 **v. Mannstein; Odr. (10×5); gez. K 13:13¼.**

alf) Glühlampe zur Hälfte abgedunkelt

				★★	⊙
1031	40 (Pf)	mehrfarbig	.... alf	0,80	0,40
				FDC	1,30
				ETB 26/1979	0,40

Auflage: 30 000 000 Stück, davon 427 000 auf ETB

Alle ab 1.1.1969 ausgegebenen Marken und Blocks nur in DM-Währung waren bis 30.6.2002 frankaturgültig, außerdem auch MiNr. 454–461, 489–503, 506–510 und 561–565. Marken mit doppelter Währungsgabe in DM und € sind auch weiterhin frankaturgültig.

1979, 14. Nov. Weihnachten. ⓔ Steiner; Odr. (5×5); gez. K 14.

alg) Die Geburt Christi; Detail der Initiale „P“ aus einer Handschrift der ehemaligen Zisterzienserabtei Altenberg (16. Jh.)

			★★	⊙
1032	60 + 30 (Pf) mehrfarbig	alg	1,20	1,20
		FDC		2,20
		ETB 27/1979		0,90

Auflage: 11 200 000 Stück, davon 427 000 auf ETB

1980

1980, 10. Jan. 100. Todestag von Anselm Feuerbach. ⓔ Schall; Odr. (5×10); gez. K 14.

alh) Iphigenie (Detail); Gemälde von A. Feuerbach (1829–1880)

			★★	⊙
1033	50 (Pf) mehrfarbig	alh	1,40	0,40
		FDC		2,20
		ETB 1/1980		1,10

Auflage: 22 680 000 Stück, davon 457 000 auf ETB

1980, 10. Jan. 25 Jahre Zugehörigkeit zur NATO. ⓔ Börnsen; Odr. (5×10); gez. K 14.

ali) Flaggen der NATO und ihrer Mitgliedstaaten

			★★	⊙
1034	100 (Pf) mehrfarbig	ali	2,—	1,—
		FDC		3,50
		ETB 2/1980		1,50

Auflage: 21 630 000 Stück, davon 457 000 auf ETB

1980, 10. Jan. 1200 Jahre Stadt und Bistum Osnabrück. ⓔ Rohse; komb. StTdr. und Odr. (5×10); gez. K 14.

alk) Rathaus, Kirche St. Marien, Dom St. Peter

			★★	⊙
1035	60 (Pf) mehrfarbig	alk	1,—	0,40
		FDC		1,80
		ETB 3/1980		0,70

Auflage: 28 580 000 Stück, davon 457 000 auf ETB

1980, 10. Jan. 500. Geburtstag von Götz von Berlichingen. ⓔ Jacki; Odr. (10×5); gez. K 13¾:14.

all) Götz von Berlichingen (1480–1562), Reichsritter; Glasbild im Schlossmuseum Jagsthausen

			★★	⊙
1036	60 (Pf) mehrfarbig	all	1,—	0,40
		FDC		1,80
		ETB 4/1980		0,70

Auflage: 31 730 000 Stück, davon 457 000 auf ETB

1980, 14. Febr./1992. Freimarken: Burgen und Schlösser (IV). ⓔ Schillinger; I = Bdr., II = Ldr.; Bogen (B) (10×10), Markenheftchen (MH) und Rollen (R); A = vierseitig, C und D = dreiseitig gez. K 14.

alm) Renaissance-Schloss Wolfsburg

aln) Wasserschloss Inzlingen

				★★	⊙	FDC
1037 A I	40 (Pf)	dunkelbraun, vierseitig gezähnt, Bdr. (14.2.1980) (B) (R)	alm	0,80	0,30	2,—
1038	50 (Pf)	gelblichgrün GA	aln			
A I		vierseitig gezähnt, Bdr. (14.2.1980) (B) (R)		0,90	0,30	2,—
A II		vierseitig gezähnt, Ldr. (1987) (R)		1,60	1,60	
C I		oben geschnitten, Bdr. (April 1980) (MH)		0,90	0,70	
C II		oben geschnitten, Ldr. (1990) (MH)		1,50	2,50	
D I		unten geschnitten, Bdr. (April 1980) (MH)		0,90	0,70	
D II		unten geschnitten, Ldr. (1990) (MH)		1,50	2,50	
		Satzpreis A I (2 W.)		1,60	0,60	3,50
		ETB 5/1980			0,80	

Unterscheidungsmerkmale Bdr. und Ldr. siehe bei MiNr. 913–920!

Waagerechte Paare (aus Bogen):

	★★	⊙
1037 A I/1037 A I	1,80	1,80
1038 A I/1038 A I	2,—	2,—
Satzpreis (2 Paare)	3,80	3,80

Einzelmarken mit anhängendem Bogenrand 50% vorstehender Paarpreise; senkrechte Paare (C/D) siehe bei MH 22, 23 und 24

Rollenmarken mit rückseitiger Nummer (R):

	Einzelmarken ★★	Einzelmarken ⊙	5er-Str. ★★
1037 A I R	1,60	1,80	5,20
1038 A I R	2,30	1,20	8,—
1038 A II R	1,80	3,—	7,—

Auflagen: MiNr. 1038 A II = 80 000 000 Stück, ETB = 458 000 Stück

Weitere Werte siehe Zusammenfassung nach Blockaufstellung

Bildgleiche Marken mit zusätzlicher Inschrift „BERLIN“ siehe Berlin (West) MiNr. 614–615

1980, 14. Febr. 100 Jahre Rechtschreibelexikon von Konrad Duden (1829–1911), Gymnasiallehrer. 🄴 Froitzheim; Odr. (5×10); gez. K 14.

alo) Textauszüge aus Duden von 1880 und 1980

			**	⊙
1039	60 (Pf) mehrfarbig	alo	1,—	0,40
		FDC		1,80
		ETB 6/1980		0,70

Auflage: 31 100 000 Stück, davon 458 000 auf ETB

1980, 10. April. Jugend: Luftfahrt. 🄴 Haase; Odr. (5×10); gez. K 14.

alp) Segelflugzeug fs 24 Phönix (1957)

alr) Verkehrsflugzeug Lockheed Super Constellation (1950)

als) Verkehrsflugzeug Airbus A300 (1972)

alt) Verkehrsflugzeug Boeing 747 Jumbo-Jet (1969)

			**	⊙
1040	40 + 20 (Pf) mehrfarbig	alp	0,50	0,50
1041	50 + 25 (Pf) mehrfarbig	alr	0,80	0,80
1042	60 + 30 (Pf) mehrfarbig	als	1,10	1,10
1043	90 + 45 (Pf) mehrfarbig	alt	1,60	1,60
		Satzpreis (4 W.)	4,—	4,—
		FDC		9,—
		ETB 7/1980		3,50

Auflagen: MiNr. 1040 = 5 831 000, MiNr. 1041 = 5 958 000, MiNr. 1042 = 6 086 000, MiNr. 1043 = 5 762 000 Stück, davon je 463 000 auf ETB

ETB 8/1980 fällt aus

1980, 10. April. 100 Jahre Deutscher Verein für öffentliche und private Fürsorge (D.V.f.ö.u.p.F.). 🄴 Blase; Odr. (5×10); gez. K 14.

alu) Inschrift, Signets der Mitgliedsverbände

			**	⊙
1044	60 (Pf) mehrfarbig	alu	1,—	0,40
		FDC		1,80
		ETB 9/1980		0,70

PF MiNr. 1044 auf nicht fluoreszierendem Papier, grobe Linienzähnung

Auflage: 30 700 000 Stück, davon 463 000 auf ETB

1980, 10. April. 800. Jahrestag des Reichstages zu Gelnhausen. 🄴 Walter; Odr. (10×5); gez. K 13¾:14.

alv) Friedrich I. Barbarossa (um 1125–1190), deutscher König, Kaiser des Heiligen Römischen Reiches, mit seinen Söhnen; Miniatur aus der Welfenchronik (12. Jh.)

			**	⊙
1045	60 (Pf) mehrfarbig	alv	1,30	0,40
		FDC		1,80
		ETB 10/1980		0,70

Auflage: 32 700 000 Stück, davon 463 000 auf ETB

1980, 8. Mai. Sporthilfe. 🄴 Hoch; RaTdr. (5×10); gez. K 14.

alw) Fußball

alx) Dressurreiten

aly) Skilanglauf

			**	⊙
1046	50 + 25 (Pf) mehrfarbig	alw	0,70	0,60
1047	60 + 30 (Pf) mehrfarbig	alx	1,—	0,80
1048	90 + 45 (Pf) mehrfarbig	aly	1,80	1,80
		Satzpreis (3 W.)	3,50	3,20
		FDC		7,—
		ETB 11/1980 (mit MiNr. 1046 und 1048)		1,60
		ETB 11 a/1980 (mit MiNr. 1047)		1,20

Auflagen: MiNr. 1046 = 5 058 000, MiNr. 1047 = 5 139 000, MiNr. 1048 = 4 959 000 Stück, davon je 463 000 auf ETB

1980, 8. Mai. Europa: Bedeutende Persönlichkeiten. 🄴 v. Janota-Bzowski; Odr. (10×5); gez. K 13¾:14.

alz) Hl. Albertus Magnus, Graf von Bollstädt (um 1193–1280), Bischof und Gelehrter

ama) Gottfried Wilhelm Leibniz (1646–1716), Philosoph, Universal-Gelehrter

			**	⊙
1049	50 (Pf) mehrfarbig GA	alz	1,10	0,30
1050	60 (Pf) mehrfarbig	ama	1,10	0,30
		Satzpreis (2 W.)	2,20	0,60
		FDC		2,50
		ETB 12/1980		0,70

Auflagen: MiNr. 1049 = 120 450 000, MiNr. 1050 = 136 050 000 Stück, davon je 463 000 auf ETB

1980, 8. Mai. 450 Jahre Augsburger Bekenntnis (Confessio Augustana). 🄴 Schillinger; Odr. (10×5); gez. K 13¾:14.

amb) Verlesung der Confessio Augustana vor Karl V. auf dem Reichstag zu Augsburg 1530; Stich (1630)

			**	⊙
1051	50 (Pf) mehrfarbig	amb	0,90	0,40
		FDC		1,30
		ETB 13/1980		0,40

Auflage: 29 100 000 Stück, davon 463 000 auf ETB

1980, 8. Mai. Naturschutzgebiete. 🄴 Schillinger; RaTdr. (5×10); gez. K 14.

amc) Naturschutzgebiet

			**	⊙
1052	40 (Pf) mehrfarbig	amc	1,30	0,40
		FDC		1,30
		ETB 14/1980		0,40

Auflage: 30 900 000 Stück, davon 463 000 auf ETB

1980, 10. Juli. Internationaler Kongress für Erziehung und Bildung Hörgeschädigter, Hamburg. 🄴 Poell; komb. Odr. und Prägedruck (5×10); gez. K 14.

amd) Ohr, Impulszeichen eines Geräusch-Oszillogramms

			**	⊙
1053	90 (Pf) mehrfarbig	amd	1,50	0,50
		FDC		1,80
		ETB 15/1980		0,70

Auflage: 22 700 000 Stück, davon 463 000 auf ETB

1980, 10. Juli. 250. Ausgabe des Losungsbuches der Brüdergemeine. 🄴 Steiner; Odr. (5×10); gez. K 14.

ame) Erstes gedrucktes Losungsbuch (1731)

			**	⊙
1054	50 (Pf) mehrfarbig	ame	0,90	0,40
		FDC		1,30
		ETB 16/1980		0,40

Auflage: 32 350 000 Stück, davon 463 000 auf ETB

1980, 10. Juli. 1500. Geburtstag des Hl. Benedikt von Nursia. 🄴 **v. Janota-Bzowski; Odr. (10×5); gez. K 13:13¾.**

amf) Hl. Benedikt von Nursia (480–547), italien. Ordensgründer, Schutzpatron Europas

				★★	⊙
1055	50 (Pf)	mehrfarbig	amf	0,80	0,40
			FDC		1,30
			ETB 17/1980		0,40

Auflage: 31 780 000 Stück, davon 463 000 auf ETB

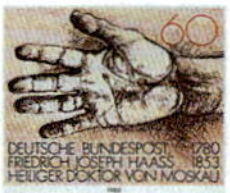

1980, 14. Aug. 200. Geburtstag von Dr. Friedrich Joseph Haass (1780–1853), Arzt. 🄴 **Aretz; komb. StTdr. und Odr. (5×10); gez. K 14:13¾.**

amg) Hand

				★★	⊙
1056	60 (Pf)	mehrfarbig	amg	1,—	0,40
			FDC		1,30
			ETB 18/1980		0,40

Auflage: 30 900 000 Stück, davon 483 000 auf ETB

1980, 14. Aug. 150. Geburtstag von Marie Freifrau von Ebner-Eschenbach. 🄴 **Wiese; RaTdr. (10×5); gez. K 13¾:14.**

amh) M. Freifrau von Ebner-Eschenbach (1830–1916), österreich. Schriftstellerin

				★★	⊙
1057	60 (Pf)	rotschwarz/lebhaft-rötlichorange	amh	1,—	0,40
			FDC		1,30
			ETB 19/1980		0,40

Auflage: 31 400 000 Stück, davon 483 000 auf ETB

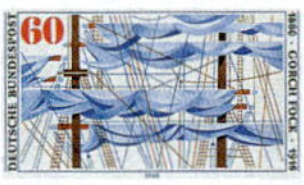

1980, 14. Aug. 100. Geburtstag von Johann Kinau, Pseudonym Gorch Fock (1880–1916), Schriftsteller. 🄴 **Jacki; Odr. (5×10); gez. K 14.**

ami) Gereffte Segel und Takelage

				★★	⊙
1058	60 (Pf)	mehrfarbig	ami	2,—	0,40
			FDC		1,50
			ETB 20/1980		0,40

Auflage: 34 100 000 Stück, davon 483 000 auf ETB

Nicht ausgegeben:

1980. Olympische Sommerspiele, Moskau. 🄴 Jacki; Odr.; gez. K 14.

amj) Olympia-Fahne

				★★	⊙
XIII	60 + 30 (Pf)	mehrfarbig	amj	—,—	45000,—

MiNr. XIII war eine vorbereitete, wegen des westlichen Olympia-Boykotts aber nicht ausgegebene Marke. Einige Vorlagestücke für den Postminister wurden versehentlich zur Frankatur benutzt.

1980, 9. Okt. Wohlfahrt: Gefährdete Ackerwildkräuter. 🄴 **Schillinger; Odr. (5×5); gez. K 13¾.**

amk) Hornköpfchen (Ceratocephalus falcatus)

aml) Ranken-Platterbse (Lathyrus aphaca)

amm) Kornrade (Agrostemma githago)

amn) Träubelhyazinthe (Muscari comosum)

				★★	⊙
1059	40 + 20 (Pf)	mehrfarbig	amk	0,70	0,60
1060	50 + 25 (Pf)	mehrfarbig	aml	0,90	0,80
1061	60 + 30 (Pf)	mehrfarbig	amm	1,—	1,—
1062	90 + 45 (Pf)	mehrfarbig	amn	1,60	1,60
			Satzpreis (4 W.)	4,20	4,—
			FDC		7,—
			ETB 21/1980		3,50

Auflagen: MiNr. 1059 = 15 201 000, MiNr. 1060 = 15 106 000, MiNr. 1061 = 19 193 000, MiNr. 1062 = 7 854 000 Stück, davon je 513 000 auf ETB

1980, 9. Okt. Zwei Jahrtausende Weinbau in Mitteleuropa. 🄴 **Poell; Odr. (5×10); gez. K 14.**

amo) Anbau, Ernte und Veredelung des Weines; Holzschnitt aus dem Lehrbuch „Rucelia commoda“ (1309) von Petrus de Crescentiis (um 1230 bis 1310?), italien. Schriftsteller

				★★	⊙
1063	50 (Pf)	mehrfarbig	amo	1,—	0,40
			FDC		1,30
			ETB 22/1980		0,40

Auflage: 29 800 000 Stück, davon 513 000 auf ETB

1980, 9. Okt. 100. Jahrestag der Vollendung des Kölner Doms. 🄴 **Steiner; Odr. (10×5); gez. K 13¾:14.**

amp) Einfügung des Schlusssteins in die Südturm-Kreuzblume des Kölner Doms

				★★	⊙
1064	60 (Pf)	mehrfarbig	amp	2,—	0,40
			FDC		1,30
			ETB 23/1980		0,40

Auflage: 33 050 000 Stück, davon 513 000 auf ETB

1980, 13. Nov. Kongress des Internationalen Philatelistenverbandes (FIP), Essen. 🄴 **Schillinger; Odr. (Klb. 2×5); gez. K 13¾.**

amr) Posthausschild, Altheim/Saar (1754)

					★★	⊙	FDC
1065	60 + 30 (Pf)	mehrfarbig	amr		1,—	0,90	1,60
			ETB 24/1980			0,90	
			Kleinbogen		10,—	10,—	12,—
			Ⓢ			10,—	

Auflage: 34 810 000 Stück, davon 543 000 auf ETB

1980, 13. Nov. Weihnachten. 🄴 **Stelzer; Odr. (5×5); gez. K 13¾.**

ams) Geburt Christi; aus Handschrift aus Altomünster (frühes 12. Jh.)

				★★	⊙
1066	60 + 30 (Pf)	mehrfarbig	ams	1,30	1,20
			FDC		2,20
			ETB 25/1980		0,90

Auflage: 11 818 000 Stück, davon 513 000 auf ETB

1980, 13. Nov. 500. Geburtstag von Albrecht Altdorfer. 🄴 **Steiner; komb. StTdr. und Odr. (5×10); gez. K 14.**

amt) Landschaft mit den zwei Fichten; Radierung von A. Altdorfer (1480–1538), Maler, Zeichner, Kupferstecher, Baumeister

			★★	⊙
1067	40 (Pf) mehrfarbig	amt	0,80	0,40
		FDC		1,30
		ETB 26/1980		0,40

Auflage: 32 600 000 Stück, davon 513 000 auf ETB

MiNr. 1068–1081 fallen aus. Katalogisierung siehe unter Abschnitt „Automatenmarken"!

1981

1981, 15. Jan. 100. Geburtstag von Elly Heuss-Knapp. 🄴 **v. Janota-Bzowski; RaTdr. (10×5); gez. K 13¾:14.**

amv) E. Heuss-Knapp (1881–1952), Sozial- und Kulturpolitikerin, Gründerin des Deutschen Müttergenesungswerkes

			★★	⊙
1082	60 (Pf) mehrfarbig	amv	1,—	0,40
		FDC		1,30
		ETB 1/1981		0,70

Auflage: 31 650 000 Stück, davon 521 000 auf ETB

1981, 15. Jan. Internationales Jahr der Behinderten. 🄴 **Löffelhardt; Odr. (5×10); gez. K 14.**

amw) Behinderter und Gesunde gehen aufeinander zu

			★★	⊙
1083	60 (Pf) mehrfarbig	amw	1,—	0,40
		FDC		1,30
		ETB 2/1981		0,40

Auflage: 32 650 000 Stück, davon 521 000 auf ETB

1981, 15. Jan. Europäische Denkmalschutzkampagne „Renaissance der Städte". 🄴 **Rohse; komb. StTdr. und Odr. (5×10); gez. K 14.**

amx) Stadtbild

			★★	⊙
1084	60 (Pf) mehrfarbig	amx	1,10	0,40
		FDC		1,50
		ETB 3/1981		0,40

Auflage: 31 000 000 Stück, davon 521 000 auf ETB

1981, 12. Febr. 300. Geburtstag von Georg Philipp Telemann. 🄴 **v. Janota-Bzowski; RaTdr. (5×10); gez. K 14:13¾.**

amy) G. P. Telemann (1681–1767), Komponist

			★★	⊙
1085	60 (Pf) mehrfarbig	amy	1,—	0,40
		FDC		1,30
		ETB 4/1981		0,40

Auflage: 31 200 000 Stück, davon 521 000 auf ETB

1981, 12. Febr. Integration ausländischer Arbeitnehmerfamilien. 🄴 **Ade; Odr. (5×10); gez. K 14.**

amz) Deutsche Familie besucht Ausländerfamilie

			★★	⊙
1086	50 (Pf) mehrfarbig	amz	1,—	0,40
		FDC		1,30
		ETB 5/1981		0,40

Auflage: 32 650 000 Stück, davon 521 000 auf ETB

1981, 12. Febr. Umweltschutz. 🄴 **Schillinger; Odr. (5×5); gez. K 13¾.**

ana) Schmetterling, Fisch und Zweig, zum Teil durch schädliche Umwelteinflüsse zerstört

			★★	⊙
1087	60 (Pf) mehrfarbig	ana	1,60	0,40
		FDC		1,30
		ETB 6/1981		0,40

Auflage: 31 000 000 Stück, davon 521 000 auf ETB

1981, 12. Febr. Europäisches Patentamt, München. 🄴 **Poell; Odr. (5×10); gez. K 14.**

anb) Emblem

			★★	⊙
1088	60 (Pf) mehrfarbig	anb	1,—	0,40
		FDC		1,50
		ETB 7/1981		0,40

Auflage: 31 000 000 Stück, davon 521 000 auf ETB

1981, 12. Febr. Gesundheit durch Vorsorge gegen den Krebs. 🄴 **Götzinger; Odr. Bagel (10×5); gez. K 13:13¼.**

anc) Szintigramm eines gesunden Menschen

			★★	⊙
1089	40 (Pf) mehrfarbig	anc	0,80	0,40
		FDC		1,50
		ETB 8/1981		0,40

Auflage: 31 000 000 Stück, davon 521 000 auf ETB

1981, 10. April. Jugend: Optische Instrumente. 🄴 **Schillinger; Odr. (5×5); gez. K 13¾.**

and) Borda-Kreis (um 1800)

ane) Spiegelfernrohr (um 1770)

anf) Binokularmikroskop (um 1860)

ang) Oktant (1775)

			★★	⊙
1090	40 + 20 (Pf) mehrfarbig	and	0,70	0,50
1091	50 + 25 (Pf) mehrfarbig	ane	1,20	1,—
1092	60 + 30 (Pf) mehrfarbig	anf	1,20	1,—
1093	90 + 45 (Pf) mehrfarbig	ang	1,70	1,70
		Satzpreis (4 W.)	4,80	4,20
		FDC		7,—
		ETB 9/1981		3,50

Auflagen: MiNr. 1090 = 6 196 000, MiNr. 1091 = 6 283 000, MiNr. 1092 = 6 227 000, MiNr. 1093 = 5 976 000 Stück, davon je 521 000 auf ETB

1981, 10. April. Sporthilfe. 🄴 Aretz; Odr. (5×10); gez. K 14.

anh) Rudern – Doppelvierer

ani) Segelfliegen

		✱✱	⊙
1094	60 + 30 (Pf) mehrfarbig . . . . .anh	1,—	1,—
1095	90 + 45 (Pf) mehrfarbig . . . . ani	1,60	1,60
	Satzpreis (2 W.)	2,60	2,60
	FDC		7,—
	ETB 10/1981		1,80

Auflagen: MiNr. 1094 = 6 949 000, MiNr. 1095 = 6 214 000 Stück, davon je 521 000 auf ETB

1981, 7. Mai. Europa: Folklore. 🄴 v. Janota-Bzowski; Odr. (10×5); gez. K 13¾:14.

ank) Tanzpaar in Schwarzwälder Tracht

anl) Tanzpaar in friesischer Tracht

		✱✱	⊙
1096	50 (Pf) mehrfarbig . . . . ank	0,80	0,30
1097	60 (Pf) mehrfarbig . . . . anl	1,—	0,30
	Satzpreis (2 W.)	1,80	0,50
	FDC		2,—
	ETB 11/1981		0,70

Auflagen: MiNr. 1096 = 116 541 000, MiNr. 1097 = 156 541 000 Stück, davon je 521 000 auf ETB

1981, 7. Mai. Deutscher Evangelischer Kirchentag, Hamburg. 🄴 Jacki; RaTdr. (5×10); gez. K 14.

anm) Linien, Zeichen des Kirchentags

		✱✱	⊙
1098	50 (Pf) mehrfarbig . . . . anm	1,—	0,40
	FDC		1,30
	ETB 12/1981		0,40

Auflage: 31 450 000 Stück, davon 521 000 auf ETB

1981, 7. Mai. 450. Todestag von Tilman Riemenschneider. 🄴 Wiese; Odr. (10×5); gez. K 13¾:14.

ann) Kriegsknechte unter dem Kreuz; Gruppe aus einem Kreuzigungsaltar (um 1485/90) von T. Riemenschneider (1460–1531). Bildhauer und Bildschnitzer

		✱✱	⊙
1099	60 (Pf) mehrfarbig . . . . ann	1,—	0,40
	FDC		3,—
	ETB 13/1981		0,40

Auflage: 33 750 000 Stück, davon 521 000 auf ETB

1981, 16. Juli. Polarforschung. 🄴 Blumenstein; Odr. (10×5); gez. K 13¾:14.

ano) Deutsche Antarktis-Winterforschungsstation „Georg von Neumayer"

		✱✱	⊙
1100	110 (Pf) mehrfarbig . . . . ano	2,20	0,60
	FDC		2,50
	ETB 14/1981		0,70

Auflage: 22 300 000 Stück, davon 526 000 auf ETB

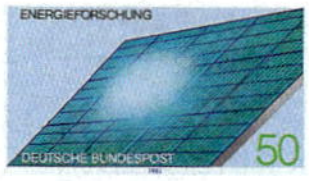

1981, 16. Juli. Energieforschung. 🄴 Jünger; Odr. (5×10); gez. K 14.

anp) Fotovoltaischer Solargenerator

		✱✱	⊙
1101	50 (Pf) mehrfarbig . . . . anp	1,30	0,40
	FDC		1,30
	ETB 15/1981		0,40

Auflage: 28 800 000 Stück, davon 526 000 auf ETB

1981, 16. Juli. Tierschutz. 🄴 de Vries; Odr. (5×10); gez. K 14:13¾.

anr) Blässhuhn-Küken (Fulica atra)

		✱✱	⊙
1102	60 (Pf) mehrfarbig . . . . anr	1,40	0,40
	FDC		1,30
	ETB 16/1981		0,40

Auflage: 33 300 000 Stück, davon 526 000 auf ETB

1981, 16. Juli. Entwicklungszusammenarbeit. 🄴 Ade; Odr. (5×10); gez. K 14.

ans) Hände unterschiedlicher Hautfarbe stützen sich gegenseitig

		✱✱	⊙
1103	90 (Pf) mehrfarbig . . . . ans	1,60	0,60
	FDC		2,—
	ETB 17/1981		0,70

Auflage: 21 700 000 Stück, davon 526 000 auf ETB

1981, 13. Aug. 150. Geburtstag von Wilhelm Raabe. 🄴 Wiese; komb. StTdr. und Odr. (5×10); gez. K 14:13¾.

ant) W. Raabe (1831–1910), Dichter und Erzähler

		✱✱	⊙
1104	50 (Pf) schwärzlichgrün/ gelblichgrün . . . . ant	1,—	0,40
	FDC		1,30
	ETB 18/1981		0,40

Auflage: 33 550 000 Stück, davon 526 000 auf ETB

1981, 13. Aug. Grundgedanken der Demokratie (I): Grundgesetz. 🄴 Jacki; Odr. (5×10); gez. K 14.

anu

anv

anw

anu–anw) Artikel 20 des Grundgesetzes: Rechtsstaatlichkeit, Gewaltenteilung, Volkssouveränität

		✱✱	⊙
1105	40 (Pf) mehrfarbig . . . . anu	1,10	0,30
1106	50 (Pf) mehrfarbig . . . . anv	1,10	0,30
1107	60 (Pf) mehrfarbig . . . . anw	1,40	0,30
	Satzpreis (3 W.)	3,50	0,80
	FDC		3,—
	ETB 19/1981		0,70

Auflagen: MiNr. 1105 = 33 750 000, MiNr. 1106 = 34 400 000, MiNr. 1107 = 35 500 000 Stück, davon je 526 000 auf ETB

Weitere Ausgaben „Grundgedanken der Demokratie": MiNr. 1156 bis 1160 (Bl. 18), 1194, 1230, 1266, 1287–1289 (Bl. 20), 1789

1981, 8. Okt. Wohlfahrt: Gefährdete Moor-, Sumpfwiesen- und Wasserpflanzen. Ⓔ Schillinger; Odr. (5×5); gez. K 13¾.

anx) Wassernuss (Trapa natans)

any) Seekanne (Nymphoides peltata)

anz) Wasserfeder (Hottonia palustris)

aoa) Wasserlobelie (Lobelia dortmanna)

				★★	⊙
1108	40 + 20 (Pf)	mehrfarbig	anx	0,60	0,50
1109	50 + 25 (Pf)	mehrfarbig	any	0,80	0,70
1110	60 + 30 (Pf)	mehrfarbig	anz	1,—	1,—
1111	90 + 45 (Pf)	mehrfarbig	aoa	1,80	1,80
			Satzpreis (4 W.)	4,—	4,—
			FDC		7,—
			ETB 20/1981		3,50

Auflagen: MiNr. 1108 = 16 589 000, MiNr. 1109 = 14 906 000, MiNr. 1110 = 18 040 000, MiNr. 1111 = 7 627 000 Stück, davon je 536 000 auf ETB

1981, 8. Okt. Tag der Briefmarke. Ⓔ v. Janota-Bzowski; Odr. (5×5); gez. K 13¾.

aob) Szene an einer Poststation (um 1855)

				★★	⊙
1112	60 (Pf)	mehrfarbig	aob	1,40	0,40
			FDC		2,—
			ETB 21/1981		0,40

Auflage: 31 825 000 Stück, davon 566 000 auf ETB

1981, 12. Nov. Weihnachten. Ⓔ Froitzheim; Odr. (5×5); gez. K 13¾.

aoc) Geburt Christi; Hinterglasmalerei (um 1840) aus Sandl (Oberösterreich)

				★★	⊙
1113	60 + 30 (Pf)	mehrfarbig	aoc	1,30	1,10
			FDC		2,—
			ETB 22/1981		1,—

Auflage: 11 568 000 Stück, davon 536 000 auf ETB

1981, 12. Nov. 750. Todestag der hl. Elisabeth. Ⓔ Lederbogen; Odr. (5×5); gez. K 13¾.

aod) Hl. Elisabeth (1207–1231), Landgräfin von Thüringen; Detail aus der Tafel 16 des Lübecker Elisabeth-Zyklus

				★★	⊙
1114	50 (Pf)	mehrfarbig	aod	1,30	0,40
			FDC		1,30
			ETB 23/1981		0,40

Auflage: 30 775 000 Stück, davon 536 000 auf ETB

1981, 12. Nov. 150. Todestag von Carl von Clausewitz. Ⓔ v. Janota-Bzowski; RaTdr. (10×5); gez. K 13¾:14.

aoe) C. von Clausewitz (1780–1831), preußischer General und Philosoph

				★★	⊙
1115	60 (Pf)	mehrfarbig	aoe	1,30	0,40
			FDC		1,50
			ETB 24/1981		0,40

Auflage: 32 200 000 Stück, davon 536 000 auf ETB

1981, 12. Nov. 100 Jahre Sozialversicherung. Ⓔ von Mannstein; RaTdr. (5×10); gez. K 14.

aof) Menschen bilden die Zahl 100

				★★	⊙
1116	60 (Pf)	mehrfarbig	aof	1,—	0,40
			FDC		1,30
			ETB 25/1981		0,40

Auflage: 32 000 000 Stück, davon 536 000 auf ETB

1981, 12. Nov. 20 Jahre Antarktis-Vertrag. Ⓔ Jünger; Odr. (10×5); gez. K 13¾:14.

aog) Südpolkarte; Emblem des Antarktis-Vertrages

				★★	⊙
1117	100 (Pf)	mehrfarbig	aog	1,80	0,60
			FDC		2,20
			ETB 26/1981		0,70

Auflage: 23 950 000 Stück, davon 536 000 auf ETB

1982

1982, 13. Jan. 300. Geburtstag von Johann Friedrich Böttger (1682–1719), Alchimist. Ⓔ Jacki; Odr. (10×5); gez. K 13¾:14.

aoh) Porzellantopf mit Reliefdekor (um 1715)

				★★	⊙
1118	60 (Pf)	mehrfarbig	aoh	1,—	0,40
			FDC		1,80
			ETB 1/1982		0,40

Auflage: 30 650 000 Stück, davon 551 000 auf ETB

1982, 13. Jan. Energiesparen. Ⓔ Jünger; Odr. (5×10); gez. K 14.

aoi) Isolierte Wand (stilis.)

				★★	⊙
1119	60 (Pf)	mehrfarbig	aoi	1,—	0,40
			FDC		1,80
			ETB 2/1982		0,40

Auflage: 30 150 000 Stück, davon 551 000 auf ETB

1982, 13. Jan. Die Bremer Stadtmusikanten. Ⓔ v. Janota-Bzowski; Odr. (10×5); gez. K 13¾:14.

aok) Die Bremer Stadtmusikanten; Scherenschnitt von Dora Brandenburg-Polster (1884–1958)

				★★	⊙
1120	40 (Pf)	lebhaftrot/schwarz	aok	0,80	0,40
			FDC		2,—
			ETB 3/1982		0,40

Auflage: 31 300 000 Stück, davon 551 000 auf ETB

1982, 18. Febr. 150. Todestag von Johann Wolfgang von Goethe. 🄴 **v. Janota-Bzowski; RaTdr. (5×10); gez. K 14:13¾.**

aol) J. W. von Goethe (1749–1832), Dichter; Gemälde von Georg Melchior Kraus (1737–1806)

			✶✶	⊙
1121	60 (Pf) mehrfarbig	aol	2,80	0,40
		FDC		3,—
		ETB 4/1982		0,40

Auflage: 31 800 000 Stück, davon 551 000 auf ETB

1982, 18. Febr. 100. Jahrestag der Entdeckung des Tuberkulose-Erregers durch Robert Koch. 🄴 **Langer-Rosa und Langer; RaTdr. (5×10); gez. K 14.**

aom) R. Koch (1843–1910), Bakteriologe, Nobelpreis 1905

			✶✶	⊙
1122	50 (Pf) mehrfarbig	aom	3,20	0,40
		FDC		1,80
		ETB 5/1982		0,40

Auflage: 32 000 000 Stück, davon 551 000 auf ETB

1982, 15. April. Jugend: Historische Kraftfahrzeuge. 🄴 **Schillinger; Odr. (5×10); gez. K 14.**

aon) Benz-Patent-Motorwagen (1886)

aoo) Mercedes-Tourenwagen (1924)*

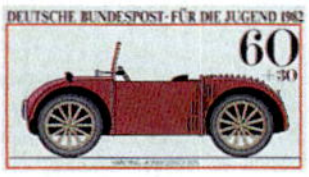

aop) Hanomag-Kommißbrot (1925)

aor) Opel-Olympia (1937)

* Die Baujahr-Angabe (1913) auf der Marke ist falsch!

			✶✶	⊙
1123	40 + 20 (Pf) mehrfarbig	aon	0,70	0,60
1124	50 + 25 (Pf) mehrfarbig	aoo	0,90	0,80
1125	60 + 30 (Pf) mehrfarbig	aop	1,20	1,—
1126	90 + 45 (Pf) mehrfarbig	aor	2,20	2,20
		Satzpreis (4 W.)	5,—	4,50
		FDC		10,—
		ETB 6/1982		3,50

Auflagen: MiNr. 1123 = 6 242 000, MiNr. 1124 = 6 043 000, MiNr. 1125 = 6 200 000, MiNr. 1126 = 5 894 000 Stück, davon je 571 000 auf ETB

1982, 15. April. Sporthilfe: Breitensport, Behindertensport. 🄴 **Buschfeld; Odr. (5×10); gez. K 14.**

aos) Dauerlauf

aot) Bogenschießen

			✶✶	⊙	FDC
1127	60 + 30 (Pf) mehrfarbig	aos	1,10	1,10	
1128	90 + 45 (Pf) mehrfarbig	aot	1,70	1,70	
		Satzpreis (2 W.)	2,80	2,80	5,50
		ETB 7/1982		2,—	

Auflagen: MiNr. 1127 = 5 920 000, MiNr. 1128 = 5 580 000 Stück, davon je 571 000 auf ETB

1982, 15. April. 150. Geburtstag von Wilhelm Busch. 🄴 **Froitzheim; Odr. (10×5); gez. K 13¾:14.**

aou) Die fromme Helene; Zeichnung von W. Busch (1832–1908), Maler, Zeichner, Dichter

			✶✶	⊙	FDC
1129	50 (Pf) mehrfarbig	aou	1,30	0,40	2,60
		ETB 8/1982		0,40	

Auflage: 33 450 000 Stück, davon 571 000 auf ETB

1982, 5. Mai. Europa: Historische Ereignisse. 🄴 **Blase; Odr. (5×10); gez. K 14.**

aov) Zug auf das Schloss Hambach; 150 Jahre Hambacher Fest

aow) Vertragstext (Auszug); 25 Jahre Römische Verträge

			✶✶	⊙	FDC
1130	50 (Pf) mehrfarbig	aov	1,30	0,30	
1131	60 (Pf) mehrfarbig GA	aow	1,70	0,30	
		Satzpreis (2 W.)	3,—	0,60	2,50
		ETB 9/1982		0,40	

Auflagen: MiNr. 1130 = 102 126 000, MiNr. 1131 = 144 436 000 Stück, davon je 571 000 auf ETB

1982, 5. Mai. 100 Jahre Kieler Woche. 🄴 **Börnsen; Odr. Bagel (5×10); gez. K 14.**

aox) Segelregatta

			✶✶	⊙	FDC
1132	60 (Pf) mehrfarbig	aox	1,30	0,40	1,30
		ETB 10/1982		0,40	

Auflage: 30 250 000 Stück, davon 571 000 auf ETB

1982, 5. Mai. 100 Jahre Gesamtverband der Christlichen Vereine Junger Männer (CVJM). 🄴 **Steiner; Odr. (5×10); gez. K 14.**

aoy) Junges Paar

			✶✶	⊙	FDC
1133	50 (Pf) mehrfarbig	aoy	1,—	0,40	1,30
		ETB 11/1982		0,40	

Auflage: 32 950 000 Stück, davon 571 000 auf ETB

1982, 16. Juni/15. Juli. Freimarken: Industrie und Technik (III). 🄴 **Gerstetter (MiNr. 1134), Fuchs (MiNr. 1135), Knoblauch und Beer (MiNr. 1136, 1137) und Falz (MiNr. 1138); StTdr. (10×10); gez. K 14.**

aoz) Farbfernsehkamera

apa) Brauanlage

air) Löffelbagger

ait) Flughafen Frankfurt/Main

apb) Magnetbahn

				★★	⊙	FDC
1134	110 (Pf)	dunkelgraupurpur (16. Juni)	aoz	2,—	0,80	3,—
1135	130 (Pf)	dunkelmagenta (16. Juni)	apa	2,50	0,80	3,—
1136	190 (Pf)	lebhaftgelbbraun (15. Juli)	air	3,—	0,80	4,50
1137	250 (Pf)	schwärzlichgelbsmaragdgrün (15. Juli) GA	ait	4,50	1,90	6,—
1138	300 (Pf)	dunkelbraunoliv (16. Juni) GA	apb	5,—	1,90	8,—
		Satzpreis (5 W.)		17,—	6,—	
		ETB 12/1982 (mit MiNr. 1134, 1135, 1138)			2,40	
		ETB 14/1982 (mit MiNr. 1136 und 1137)			2,—	

Weitere FDC-Bewertungen:

	FDC
1134, 1135, 1138 (16. Juni)	11,—
1136, 1137 (15. Juli)	9,—

Auflagen: MiNr. 1134 = 123 000 000, MiNr. 1135 = 510 000 000, MiNr. 1136 = 198 000 000, MiNr. 1137 = 185 000 000, MiNr. 1138 = 233 000 000 Stück

Weitere Werte siehe Zusammenfassung nach Blockaufstellung

Bildgleiche Marken mit zusätzlicher Inschrift „BERLIN" siehe Berlin (West) MiNr. 668–672

1982, 16. Juni/1987. Freimarken: Burgen und Schlösser (V). 🄴 **Schillinger; I = Bdr.; II = Ldr.; Bogen (B) (10×10), Markenheftchen (MH) und Rollen (R); A = vierseitig, C und D = dreiseitig gez. K 14.**

apc) Schloss Lichtenstein

apd) Schloss Wilhelmsthal

ape) Schloss Charlottenburg, Berlin

apf) Schloss Ahrensburg

apg) Schloss Herrenhausen

				★★	⊙	FDC
1139 A I	35 (Pf)	lebhaftbraunrot, vierseitig gezähnt, Bdr. (16.6.1982) (B) (R)	apc	0,70	0,50	2,—
1140	80 (Pf)	oliv GA	apd			
A		vierseitig gezähnt				
I		Bdr. (16.6.1982) (B) (R)		1,30	0,40	3,—
II		Ldr. (1987) (R)		2,50	2,50	
C I		oben geschnitten, Bdr. (Juni 1982) (MH)		2,20	3,—	
D I		unten geschnitten, Bdr. (Juni 1982) (MH)		2,20	3,—	
1141 A I	120 (Pf)	violett, vierseitig gezähnt, Bdr. (15.7.1982) (B) (R)	ape	2,—	0,70	3,—
1142 A I	280 (Pf)	lebhaftkobaltblau, vierseitig gezähnt, Bdr. (15.7.1982) (B) (R)	apf	4,20	1,20	7,—
1143	300 (Pf)	lebhaftbräunlichrot	apg			
A I		vierseitig gezähnt, Bdr. (16.6.1982) (B) (R)		4,80	1,—	9,—
A II		vierseitig gezähnt, Ldr. (1987) (R)		10,—	26,—	
		Satzpreis A I (5 W.)		13,—	3,50	
		ETB 13/1982 (mit MiNr. 1139 A I, 1140 A I, 1143 A I)			2,—	
		ETB 15/1982 (mit MiNr. 1141 A I und 1142 A I)			1,50	

Weitere FDC-Bewertungen:

	FDC
1139 A I, 1140 A I, 1143 A I (16. Juni)	12,—
1141 A I, 1142 A I (15. Juli)	8,—

Waagerechte Paare (aus Bogen):

	★★	⊙
1139 A I/1139 A I	1,50	2,—
1140 A I/1140 A I	2,80	3,50
1141 A I/1141 A I	5,—	7,—
1142 A I/1142 A I	9,—	12,—
1143 A I/1143 A I	10,—	13,—
Satzpreis (5 Paare)	28,—	36,—

Einzelmarken mit anhängendem Bogenrand 50% vorstehender Paarpreise; senkrechtes Paar 1347 C/D siehe bei MH 24

Rollenmarken mit rückseitiger Nummer (R):

	Einzelmarken ★★	Einzelmarken ⊙	5er-Str. ★★
1139 A I R	1,50	1,80	5,50
1140 A I R	2,60	1,20	9,50
1140 A II R	3,—	3,—	10,—
1141 A I R	2,70	2,30	16,—
1142 A I R	7,50	5,—	30,—
1143 A I R	9,50	5,—	32,—
1143 A II R	18,—	50,—	60,—

Auflagen: MiNr. 1140 A II = 285 000 000, MiNr. 1143 A II = 60 000 000 Stück, ETB 13/1982 = 571 000, ETB 15/1982 = 591 000 Stück

Weitere Werte siehe Zusammenfassung nach Blockaufstellung

Bildgleiche Marken mit zusätzlicher Inschrift „BERLIN" siehe Berlin (West) MiNr. 673–677

1982, 15. Juli. Verhütung der Verschmutzung des Meeres. Ⓔ Göttner; Odr. (5×10); gez. K 14.

aph) Meer mit markiertem Schmutzfleck

			★★	⊙
1144	120 (Pf) mehrfarbig	aph	3,40	0,60
		FDC		2,50
		ETB 16/1982		0,40

Auflage: 21 950 000 Stück, davon 591 000 auf ETB

1982, 15. Juli. Kein Alkohol im Straßenverkehr. Ⓔ Gamroth; RaTdr. (5×10); gez. K 14.

api) Verbeultes Nummernschild

			★★	⊙
1145	80 (Pf) mehrfarbig	api	1,30	0,40
		FDC		1,80
		ETB 17/1982		0,40

Auflage: 31 550 000 Stück, davon 591 000 auf ETB

1982, 15. Juli. 25 Jahre Deutsches Aussätzigen-Hilfswerk (DAH). Ⓔ Haase; Odr. (5×10); gez. K 14:13¾.

apk) Arzt behandelt Leprakranken

			★★	⊙
1146	80 (Pf) mehrfarbig	apk	1,30	0,40
		FDC		1,80
		ETB 18/1982		0,40

Auflage: 33 850 000 Stück, davon 591 000 auf ETB

1982, 12. Aug. 100. Geburtstag von James Franck und Max Born. Ⓔ Walter; komb. StTdr. und Odr. (5×10); gez. K 14:13¾.

apl) J. Franck (1882–1964) und Max Born (1882–1970), Physiker, Nobelpreise 1926 bzw. 1954

			★★	⊙
1147	80 (Pf) mehrfarbig	apl	1,60	0,40
		FDC		1,80
		ETB 19/1982		0,40

Auflage: 32 400 000 Stück, davon 591 000 auf ETB

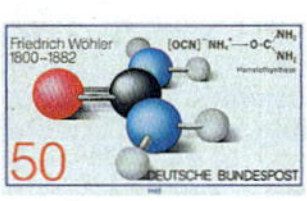

1982, 12. Aug. 100. Todestag von Friedrich Wöhler (1800–1882), Chemiker. Ⓔ Jünger; RaTdr. (5×10); gez. K 14.

apm) Modell des Harnstoffmoleküls, Formel der Harnstoffsynthese

			★★	⊙
1148	50 (Pf) mehrfarbig	apm	1,20	0,40
		FDC		1,30
		ETB 20/1982		0,40

Auflage: 31 750 000 Stück, davon 591 000 auf ETB

1982, 12. Aug. 800. Geburtstag des hl. Franz von Assisi; Deutscher Katholikentag, Düsseldorf. Ⓔ Steiner; Odr. (10×5); gez. K 13¾:14.

apn) Vogelpredigt des hl. Franz von Assisi (1182–1226), italien. Ordensgründer

			★★	⊙
1149	60 (Pf) mehrfarbig	apn	1,20	0,40
		FDC		1,50
		ETB 21/1982		0,40

Auflage: 34 900 000 Stück, davon 591 000 auf ETB

1982, 14. Okt. Wohlfahrt: Gartenrosen. Ⓔ Schillinger; Odr. (10×5); gez. K 13¾:14.

apo) Teehybride

app) Floribunda

apr) Bourbonrose

aps) Polyantha-Hybride

			★★	⊙
1150	50 + 20 (Pf) mehrfarbig	apo	0,70	0,60
1151	60 + 30 (Pf) mehrfarbig	app	0,90	0,80
1152	80 + 40 (Pf) mehrfarbig	apr	1,40	1,30
1153	120 + 60 (Pf) mehrfarbig	aps	2,—	1,80
		Satzpreis (4 W.)	5,—	4,50
		FDC		11,—
		ETB 22/1982		3,50

Auflagen: MiNr. 1150 = 18 556 000, MiNr. 1151 = 18 325 000, MiNr. 1152 = 17 719 000, MiNr. 1153 = 7 143 000 Stück, davon je 591 000 auf ETB

1982, 14. Okt. Tag der Briefmarke. Ⓔ Aretz; RaTdr. (5×10); gez. K 14.

apt) Schreibtisch, Schreibutensilien

			★★	⊙
1154	80 (Pf) mehrfarbig	apt	1,80	0,40
		FDC		1,80
		ETB 23/1982		0,40

Auflage: 31 750 000 Stück, davon 591 000 auf ETB

1982, 14. Okt. 400 Jahre Gregorianischer Kalender. Ⓔ v. Janota-Bzowski; Odr. (10×5); gez. K 13¾:14.

apu) Zeitgenössische Erläuterung des Gregorianischen Kalenders durch Johannes Rasch (1586)

			★★	⊙
1155	60 (Pf) mehrfarbig GA	apu	1,20	0,40
		FDC		1,30
		ETB 24/1982		0,40

Auflage: 31 750 000 Stück, davon 591 000 auf ETB

1982, 10. Nov. Blockausgabe: Grundgedanken der Demokratie (II): Bundespräsidenten der Bundesrepublik Deutschland. Ⓔ Aretz; Odr.; gez. Ks 14:13¾.

ara

apv) Prof. Dr. Theodor Heuss (1884–1963)

apw) Dr. h. c. Heinrich Lübke (1894–1972)

apx) Dr. h. c. Gustav Heinemann (1899–1976)

apy) Dr. h. c. Walter Scheel (1919–2016)

apz) Prof. Dr. Karl Carstens (1914–1992)

			★★	⊙
1156	80 (Pf) mehrfarbig	apv	1,—	1,—
1157	80 (Pf) mehrfarbig	apw	1,—	1,—
1158	80 (Pf) mehrfarbig	apx	1,—	1,—

				★★	⊙
1159	80 (Pf)	mehrfarbig	apy	1,—	1,—
1160	80 (Pf)	mehrfarbig	apz	1,—	1,—
Block 18	(130×100 mm)		ara	6,50	6,—
			FDC		9,—
			Ⓢ		5,50
			ETB 25/1982		5,—

Auflage: 15 388 000 Blocks, davon 591 000 auf ETB

Weitere Ausgaben „Grundgedanken der Demokratie": MiNr. 1105 bis 1107, 1194, 1230, 1266, 1287–1289 (Bl. 20), 1789

1982, 10. Nov. Weihnachten. Ⓔ **Wiese; Odr. (10×5); gez. K 13¾:14.**

arb) Die Geburt Christi; Holztafel von Meister Bertram von Minden (um 1345–1415), Maler

				★★	⊙
1161	80 + 40 (Pf)	mehrfarbig	arb	2,—	1,40
			FDC		2,50
			ETB 26/1982		1,—

Auflage: 11 166 000 Stück, davon 591 000 auf ETB

1983

1983, 13. Jan. Edith Stein. Ⓔ **Lüdtke; Odr. (10×5); gez. K 13¾:14.**

arc) E. Stein (1891–1942), Karmeliterin, Philosophin

				★★	⊙
1162	80 (Pf)	mehrfarbig	arc	2,—	0,60
			FDC		2,50
			ETB 1/1983		0,40

Auflage: 32 750 000 Stück, davon 601 000 auf ETB

1983, 13. Jan. Verfolgung und Widerstand 1933–1945. Ⓔ **Kern; Odr. Bagel (5×10); gez. K 14.**

ard) Weiße Rose, Stacheldraht

				★★	⊙
1163	80 (Pf)	mehrfarbig	ard	2,—	0,60
			FDC		1,80
			ETB 2/1983		0,40

Auflage: 31 280 000 Stück, davon 601 000 auf ETB

1983, 8. Febr. Bauhaus: 100. Geburtstag von Walter Gropius (1883 bis 1969), Architekt, Gründer der Kunstakademie Bauhaus. Ⓔ **Nitsche; Odr. (5×5); gez. K 13¾:14.**

are) Licht-Raum-Modulator (1930); kinetische Plastik von Laszlo Moholy-Nagy (1895–1946)

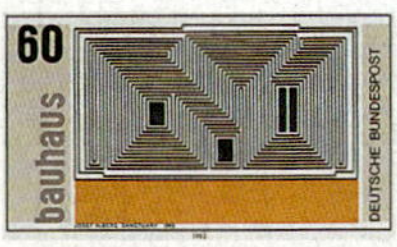

arf) Sanctuary (1942); Zink-Lithografie von Josef Albers (1888–1976)

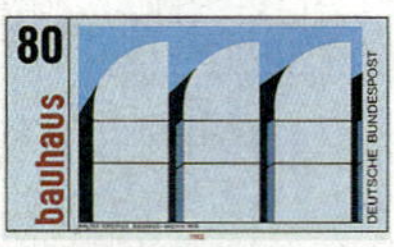

arg) Oberlichtfenster des Bauhaus-Archivs (1979); Entwurf von Walter Gropius

				★★	⊙	FDC
1164	50 (Pf)	mehrfarbig	are	1,—	0,40	1,50
1165	60 (Pf)	mehrfarbig	arf	1,20	0,40	1,50
1166	80 (Pf)	mehrfarbig	arg	1,40	0,40	2,—
			Satzpreis (3 W.)	3,50	1,20	8,—
			ETB 3/1983			1,—

Auflagen: MiNr. 1164 = 29 975 000, MiNr. 1165 = 20 850 000, MiNr. 1166 = 31 300 000 Stück, davon je 601 000 auf ETB

1983, 8. Febr. Schwäbisch-alemannische Fastnacht. Ⓔ **Steiner; Odr. (10×5); gez. K 13¾:14.**

arh) „Federahannes" aus Rottweil beim Narrensprung

				★★	⊙
1167	60 (Pf)	mehrfarbig	arh	1,30	0,40
			FDC		1,50
			ETB 4/1983		0,40

Auflage: 32 650 000 Stück, davon 601 000 auf ETB

1983, 12. April. Jugend: Historische Motorräder. Ⓔ **Schillinger; Odr. (5×10); gez. K 14.**

ari) Daimler-Maybach (1885)

ark) NSU (1901)

arl) Megola-Sport (1922)

arm) BMW-Weltrekordmaschine (1936)

				★★	⊙
1168	50 + 20 (Pf)	mehrfarbig	ari	0,70	0,60
1169	60 + 30 (Pf)	mehrfarbig	ark	0,90	0,80
1170	80 + 40 (Pf)	mehrfarbig	arl	1,60	1,50
1171	120 + 60 (Pf)	mehrfarbig	arm	2,40	2,20
			Satzpreis (4 W.)	5,50	5,—
			FDC		8,—
			ETB 5/1983		3,50

Auflagen: MiNr. 1168 = 4 853 000, MiNr. 1169 = 4 888 000, MiNr. 1170 = 4 977 000, MiNr. 1171 = 4 767 000 Stück, davon je 571 000 auf ETB

1983, 12. April. Sporthilfe: Sportereignisse 1983. Ⓔ **Rothacker; RaTdr. (5×10); gez. K 14.**

arn) Deutsches Turnfest, Frankfurt am Main

aro) Weltmeisterschaft im Modernen Fünfkampf, Warendorf

				★★	⊙
1172	80 + 40 (Pf)	mehrfarbig	arn	1,50	1,30
1173	120 + 60 (Pf)	mehrfarbig	aro	2,40	2,20
			Satzpreis (2 W.)	3,80	3,50
			FDC		5,—
			ETB 6/1983		2,40

Auflagen: MiNr. 1172 = 4 779 000, MiNr. 1173 = 4 686 000 Stück, davon je 571 000 auf ETB

1983, 12. April. Internationale Gartenbau-Ausstellung (IGA), München. Ⓔ **Graschberger; Odr. (5×10); gez. K 14.**

arp) Stilisierte Pflanze

				★★	⊙
1174	60 (Pf)	mehrfarbig	arp	1,30	0,40
			FDC		1,30
			ETB 7/1983		0,40

Auflage: 30 050 000 Stück, davon 571 000 auf ETB

1983, 5. Mai. Europa: Große Werke des menschlichen Geistes. Ⓔ **Jünger; Odr. (5×10); gez. K 14.**

arr) Moderne Schrifttype „A", historische Gutenberglettern; Erfindung der Buchdruckerkunst durch Johannes Gutenberg (um 1397–1468)

ars) Schwingungskreis (Hertzscher Dipol), elektrische Feldlinien; Entdeckung der elektromagnetischen Wellen durch Heinrich Hertz (1857–1894), Physiker

				✱✱	⊙	FDC
1175	60 (Pf)	mehrfarbig GA . . . . . . arr		2,50	0,50	1,—
1176	80 (Pf)	mehrfarbig . . . . ars		1,50	0,50	1,—
			Satzpreis (2 W.)	4,—	1,—	2,50
			ETB 8/1983		0,70	

Auflagen: MiNr. 1175 = 80 151 000, MiNr. 1176 = 110 351 000 Stück, davon je 571 000 auf ETB

1983, 5. Mai. 150. Geburtstag von Johannes Brahms. Ⓔ v. Janota-Bzowski; RaTdr. (5×10); gez. K 14:13¾.

art) J. Brahms (1833–1897), Komponist

				✱✱	⊙
1177	80 (Pf)	mehrfarbig . . . . art		2,—	0,60
			FDC		1,80
			ETB 9/1983		0,40

Auflage: 31 650 000 Stück, davon 571 000 auf ETB

1983, 5. Mai. 100. Geburtstag von Franz Kafka. Ⓔ Schmitz; RaTdr. (5×10); gez. K 14.

aru) Namenszug von F. Kafka (1883–1924), Schriftsteller; Teynkirche, Prag

				✱✱	⊙
1178	80 (Pf)	mehrfarbig . . . . aru		2,—	0,60
			FDC		1,80
			ETB 10/1983		0,40

Auflage: 32 400 000 Stück, davon 571 000 auf ETB

1983, 5. Mai. Über 450 Jahre deutsches Reinheitsgebot für Bier. Ⓔ Poell; Odr. (5×10); gez. K 14.

arv) Titelbild des ältesten Kommentars zum Bierbraurecht. Quedlinburg (1677)

				✱✱	⊙
1179	80 (Pf)	mehrfarbig . . . . arv		2,—	0,60
			FDC		1,80
			ETB 11/1983		0,40

Auflage: 30 450 000 Stück, davon 571 000 auf ETB

1983, 5. Mai. 300. Jahrestag der Einwanderung der ersten Deutschen in Amerika. Ⓔ Schlecht; komb. StTdr. und Odr. (5×10); gez. K 14.

arw) Einwanderer-Segelschiff „Concord“ (1683)

				✱✱	⊙
1180	80 (Pf)	mehrfarbig . . . . arw		2,—	0,60
			FDC		2,20
			ETB 12/1983		0,40

ETB 12/1983 wurde auch mit Marke USA MiNr. 1628 und amerikanischem Ersttagsstempel ausgegeben.

Auflage: 53 250 000 Stück, davon 571 000 auf ETB

Parallelausgabe mit USA MiNr. 1628

1983, 14. Juli. Kind und Straßenverkehr. Ⓔ Fromm; Odr. (5×10); gez. K 14.

arx) Polizist leitet Kinder über eine Straße

				✱✱	⊙
1181	80 (Pf)	mehrfarbig . . . . arx		2,—	0,60
			FDC		1,80
			ETB 13/1983		0,40

Auflage: 31 350 000 Stück, davon 559 600 auf ETB

1983, 14. Juli. Internationale Automobilausstellung (IAA), Frankfurt am Main. Ⓔ Nitsche; Odr. (5×10); gez. K 14.

ary) Moderne Auto-Silhouette

				✱✱	⊙
1182	60 (Pf)	mehrfarbig . . . . ary		1,—	0,40
			FDC		1,80
			ETB 14/1983		0,40

Auflage: 31 000 000 Stück, davon 559 600 auf ETB

1983, 11. Aug. 250. Geburtstag von Christoph Martin Wieland. Ⓔ v. Janota-Bzowski; Odr. (10×5); gez. K 13¾:14.

arz) Chr. M. Wieland (1733–1813), Dichter

				✱✱	⊙
1183	80 (Pf)	mehrfarbig . . . . arz		1,60	0,60
			FDC		1,80
			ETB 15/1983		0,40

Auflage: 31 850 000 Stück, davon 560 000 auf ETB

1983, 11. Aug. 100. Geburtstag von Otto Warburg. Ⓔ v. Janota-Bzowski; RaTdr. (10×5); gez. K 13¾:14.

asa) O. Warburg (1883–1970), Biochemiker, Nobelpreis 1931

				✱✱	⊙
1184	50 (Pf)	mehrfarbig . . . . asa		1,20	0,60
			FDC		1,30
			ETB 16/1983		0,40

Auflage: 31 300 000 Stück, davon 560 000 auf ETB

1983, 11. Aug. Bundesrepublik Deutschland 10 Jahre Mitglied der Vereinten Nationen (UNO). Ⓔ Spohn; RaTdr. (5×10); gez. K 14.

asb) Rosette mit Landesfarben

				✱✱	⊙
1185	80 (Pf)	mehrfarbig . . . . asb		2,20	0,60
			FDC		1,80
			ETB 17/1983		0,40

Auflage: 31 000 000 Stück, davon 560 000 auf ETB

1983, 11. Aug. 150 Jahre „Das Rauhe Haus“, Hamburg. Ⓔ Börnsen; Odr. (5×10); gez. K 14.

asc) Johann Hinrich Wichern (1808–1881), evang. Theologe, Mitbegründer der Inneren Mission; Kinder; „Das Rauhe Haus“ (1833)

				✱✱	⊙
1186	80 (Pf)	mehrfarbig . . . . asc		1,70	0,60
			FDC		1,80
			ETB 18/1983		0,40

Auflage: 29 850 000 Stück, davon 560 000 auf ETB

1983, 11. Aug. Generalversammlung der Internationalen Union für Geodäsie und Geophysik (IUGG), Hamburg. Ⓔ Jünger; Odr. (5×10); gez. K 14.

asd) Satellit, Wetterkarte, Triangulation, Nordlichtaufnahme, Erdbebengrafik

				✱✱	⊙
1187	120 (Pf)	mehrfarbig . . . . asd		2,—	0,70
			FDC		2,50
			ETB 19/1983		0,70

Auflage: 19 450 000 Stück, davon 526 000 auf ETB

1983, 13. Okt. Wohlfahrt: Gefährdete Alpenblumen. 🄴 **Blume; Odr. (10×5); gez. K 13¾:14.**

ase) Schweizer Mannsschild (Androsace helvetica)

asf) Krainer Greiskraut (Senecio carniolicus)

asg) Fleischers Weidenröschen (Epilobium fleischeri)

ash) Alpen-Milchlattich (Cicerbita alpina)

					★★	⊙
1188	50 + 20	(Pf)	mehrfarbig	ase	0,60	0,60
1189	60 + 30	(Pf)	mehrfarbig	asf	0,80	0,80
1190	80 + 40	(Pf)	mehrfarbig	asg	1,50	1,50
1191	120 + 60	(Pf)	mehrfarbig	ash	2,20	2,20
				Satzpreis (4 W.)	5,—	5,—
				FDC		7,—
				ETB 20/1983		3,50

Auflagen: MiNr. 1188 = 12 070 000, MiNr. 1189 = 10 750 000, MiNr. 1190 = 18 110 000, MiNr. 1191 = 6 340 000 Stück, davon je 540 000 auf ETB

1983, 13. Okt. Tag der Briefmarke. 🄴 **Steiner; Odr. (5×5); gez. K 13¾.**

asi) Postreiter

					★★	⊙
1192	80	(Pf)	mehrfarbig	asi	1,80	0,60
				FDC		1,80
				ETB 21/1983		0,40

Der größte Teil der Auflage ist auf Papier mit kaum erkennbarer Fluoreszenz gedruckt.

Auflage: 32 700 000 Stück, davon 540 000 auf ETB

1983, 13. Okt. 500. Geburtstag von Martin Luther. 🄴 **v. Janota-Bzowski; Odr. (5×10); gez. K 14:13¾.**

ask) M. Luther (1483–1546), Reformator

					★★	⊙
1193	80	(Pf)	mehrfarbig	ask	3,—	0,60
				FDC		3,—
				ETB 22/1983		0,40

Auflage: 29 850 000 Stück, davon 540 000 auf ETB

1983, 10. Nov. Grundgedanken der Demokratie (III): Bund, Länder und Gemeinden. 🄴 **Ganzenmüller; Odr. (5×10); gez. K 14.**

asl) Flechtwerk in Landesfarben

					★★	⊙
1194	80	(Pf)	mehrfarbig	asl	2,—	0,60
				FDC		1,80
				ETB 23/1983		0,40

Auflage: 31 500 000 Stück, davon 540 000 auf ETB

Weitere Ausgaben „Grundgedanken der Demokratie": MiNr. 1105 bis 1107, 1156–1160 (Bl. 18), 1230, 1266, 1287–1289 (Bl. 20), 1789

1983, 10. Nov. 150 Jahre Deutscher Zollverein. 🄴 **Hoffmann; Odr. (5×10); gez. K 14.**

asm) Zollstempel

					★★	⊙
1195	60	(Pf)	mehrfarbig	asm	2,—	0,40
				FDC		1,50
				ETB 24/1983		0,40

Auflage: 29 300 000 Stück, davon 540 000 auf ETB

1983, 10. Nov. Weihnachten. 🄴 **Steiner; Odr. (10×5); gez. K 13¾:14.**

asn) Sternsinger

					★★	⊙
1196	80 + 40	(Pf)	mehrfarbig	asn	2,—	1,60
				FDC		2,50
				ETB 25/1983		1,50

Auflage: 11 900 000 Stück, davon 540 000 auf ETB

1984

1984, 12. Jan. 2000 Jahre Stadt Trier. 🄴 **Rohse; komb. StTdr. und Odr. (5×10); gez. K 14.**

aso) Porta Nigra, Trier (erb. um 175)

					★★	⊙
1197	80	(Pf)	mehrfarbig	aso	2,20	0,60
				FDC		2,20
				ETB 1/1984		0,40

Auflage: 28 300 000 Stück, davon 538 000 auf ETB

1984, 12. Jan. 150. Geburtstag von Philipp Reis. 🄴 **v. Janota-Bzowski; Odr. (10×5); gez. K 13¾:14.**

asp) Ph. Reis (1834–1874), Physiker, Erfinder des Telefons; einige seiner Apparate

					★★	⊙
1198	80	(Pf)	mehrfarbig	asp	2,20	0,60
				FDC		1,80
				ETB 2/1984		0,40

Auflage: 28 800 000 Stück, davon 538 000 auf ETB

1984, 12. Jan. 100. Todestag von Gregor Johann Mendel. 🄴 **Jünger; Odr. (5×10); gez. K 14.**

asr) G. J. Mendel (1822–1884), mährischer Augustinermönch und Entdecker der Vererbungsgesetze; erste Mendelsche Regel

					★★	⊙
1199	50	(Pf)	mehrfarbig	asr	1,30	0,40
				FDC		1,30
				ETB 3/1984		0,40

Auflage: 26 400 000 Stück, davon 538 000 auf ETB

1984, 16. Febr. 500 Jahre Rathaus Michelstadt. 🄴 **Burkert; Odr. (10×5); gez. K 13¾:14.**

ass) Rathaus, Michelstadt

					★★	⊙
1200	60	(Pf)	mehrfarbig	ass	1,30	0,40
				FDC		2,50
				ETB 4/1984		0,40

Auflage: 28 700 000 Stück, davon 538 000 auf ETB

1984, 16. Febr. 350 Jahre Passionsspiele Oberammergau. ⓔ **Jacki; RaTdr. (5×10); gez. K 14.**

ast) Symbolische Darstellung der Kreuzigung

			★★	⊙
1201	60 (Pf)	mehrfarbig . . . . ast	1,30	0,40
		FDC		1,80
		ETB 5/1984		0,40

Auflage: 31 300 000 Stück, davon 538 000 auf ETB

1984, 12. April. Jugend: Bestäuberinsekten. ⓔ **Nitsche; Odr. (10×5); gez. K 13¾:14.**

asu) Bienenwolf (Trichodes apiarius), Kriechender Hahnenfuß (Ranunculus repens)

asv) Admiral (Vanessa atalanta), Kohl-Kratzdistel (Cirsium oleraceum)

asw) Honigbiene (Apis mellifera), Wiesensalbei (Salvia pratensis)

asx) Schwebfliege (Chrysotoxum festivum), Gemeine Wegwarte (Cichorium intybus)

			★★	⊙
1202	50 + 20 (Pf)	mehrfarbig . . . . asu	0,70	0,70
1203	60 + 30 (Pf)	mehrfarbig . . . . asv	1,30	1,30
1204	80 + 40 (Pf)	mehrfarbig . . . . asw	1,70	1,70
1205	120 + 60 (Pf)	mehrfarbig . . . . asx	2,80	2,80
		Satzpreis (4 W.)	6,50	6,50
		FDC		9,—
		ETB 6/1984		4,50

Auflagen: MiNr. 1202 = 4 481 000, MiNr. 1203 = 4 546 000, MiNr. 1204 = 4 627 000, MiNr. 1205 = 4 388 000 Stück, davon je 518 000 auf ETB

1984, 12. April. Sporthilfe: Olympische Sommerspiele, Los Angeles; Olympische Sommerspiele der Behinderten, New York und Illinois. ⓔ **Kefer und Münch; Odr. (5×10); gez. K 14.**

asy) Diskuswerfen, Frauen

asz) Rhythmische Sportgymnastik – Band

ata) Segelsurfen

			★★	⊙
1206	60 + 30 (Pf)	mehrfarbig . . . . asy	2,—	1,50
1207	80 + 40 (Pf)	mehrfarbig . . . . asz	3,—	2,50
1208	120 + 60 (Pf)	mehrfarbig . . . . ata	5,—	4,—
		Satzpreis (3 W.)	10,—	8,—
		FDC		8,—
		ETB 7/1984		4,—

Auflagen: MiNr. 1206 = 4 387 000, MiNr. 1207 = 4 432 000, MiNr. 1208 = 4 332 000 Stück, davon je 518 000 auf ETB

1984, 12. April. Zweite Direktwahlen zum Europäischen Parlament. ⓔ **Poell; Odr. (5×5); gez. K 13¾.**

atb) Emblem des Europäischen Parlaments

			★★	⊙
1209	80 (Pf)	mehrfarbig . . . . atb	2,80	0,70
		FDC		1,80
		ETB 8/1984		0,40

Auflage: 29 300 000 Stück, davon 518 000 auf ETB

1984, 8. Mai. Europa: 25 Jahre Europäische Konferenz der Verwaltungen für das Post- und Fernmeldewesen (CEPT). ⓔ **Larrivière; RaTdr. (5×10); gez. K 14:13¾.**

atc) Brücke

			★★	⊙
1210	60 (Pf)	mehrfarbig . . . . atc	1,60	0,50
1211	80 (Pf)	mehrfarbig . . . . atc	1,60	0,50
		Satzpreis (2 W.)	3,20	0,90
		FDC		4,—
		ETB 9/1984		0,70

Auflagen: MiNr. 1210 = 81 960 000, MiNr. 1211 = 105 260 000 Stück, davon je 518 000 auf ETB

1984, 8. Mai. 850. Todestag des hl. Norbert von Xanten. ⓔ **Wiese; RaTdr. (10×5); gez. K 13¾:14.**

atd) Hl. Norbert (um 1080–1134), Erzbischof, Stifter des Prämonstratenserordens; Chorgestühl-Skulptur in der Pfarrkirche St. Verena, Rot

			★★	⊙
1212	80 (Pf)	dunkelgelblichgrün/ schwarz . . . . atd	1,60	0,60
		FDC		1,80
		ETB 10/1984		0,40

Die Skulptur auf MiNr. 1212 ist seitenverkehrt abgebildet.

Auflage: 30 850 000 Stück, davon 518 000 auf ETB

1984, 8. Mai. 100. Todestag von Ludwig Richter. ⓔ **Langer-Rosa und Langer; StTdr. (5×10); gez. K 14:14¾.**

ate) „Ghasel", Buchillustration von L. Richter (1803–1884), Maler und Zeichner

			★★	⊙
1213	60 (Pf)	dunkelrötlichbraun/ grauschwarz . . . . ate	1,—	0,40
		FDC		1,50
		ETB 11/1984		0,40

Auflage: 31 500 000 Stück, davon 518 000 auf ETB

1984, 8. Mai. 50 Jahre Barmer Theologische Erklärung. ⓔ **Schmitz; Odr. (5×10); gez. K 14.**

atf) Kreuz

			★★	⊙
1214	80 (Pf)	mehrfarbig . . . . atf	1,60	0,60
		FDC		1,80
		ETB 12/1984		0,40

Auflage: 29 450 000 Stück, davon 518 000 auf ETB

1984, 19. Juni. Blockausgabe: Weltpostkongress, Hamburg. ⓔ **Nitsche; Odr.; gez. Ks 13¾.**

atk

atg) Briefsortierung im Hauptpostamt Berlin (um 1880)

ati) Heinrich von Stephan (1831–1897), Postfachmann, Mitbegründer des Weltpostvereins

ath) Abtastobjektiv einer automatischen Briefverteileranlage

			**	⊙
1215	60 (Pf) mehrfarbig GA	atg	1,20	1,—
1216	80 (Pf) mehrfarbig	ath	1,20	1,—
1217	120 (Pf) mehrfarbig	ati	2,—	1,80
Block 19	(138×105 mm)	atk	4,50	3,80
		FDC		7,—
		Ⓢ		3,80
		ETB 13/1984		3,80

Auflage: 12 050 000 Blocks, davon 518 000 auf ETB

1984, 19. Juni. 2000 Jahre Neuss. Ⓔ **Lederbogen; komb. StTdr. und Odr. (5×10); gez. K 14:13¾.**

atl) Rossknecht mit Pferd; Ausschnitt aus der in Neuss gefundenen Grabstele des Oclatius (1. Jh.)

			**	⊙
1218	80 (Pf) mehrfarbig	atl	1,60	0,60
		FDC		1,80
		ETB 14/1984		0,40

Auflage: 30 200 000 Stück, davon 518 000 auf ETB

1984, 19. Juni. 200. Geburtstag von Friedrich Wilhelm Bessel. Ⓔ **Schwahn; komb. StTdr. und Odr. (5×10); gez. K 14:13¾.**

atm) F. W. Bessel (1784–1846), Astronom und Mathematiker

			**	⊙
1219	80 (Pf) mehrfarbig	atm	1,60	0,60
		FDC		1,80
		ETB 15/1984		0,40

Auflage: 31 450 000 Stück, davon 518 000 auf ETB

1984, 19. Juni. Deutscher Katholikentag, München. Ⓔ **Aretz; RaTdr. (5×10); gez. K 14:13¾.**

atn) Eugenio Pacelli, später Papst Pius XII. (1876–1958, Pontifikat ab 1939)

			**	⊙
1220	60 (Pf) mehrfarbig	atn	1,30	0,40
		FDC		1,30
		ETB 16/1984		0,40

Auflage: 30 050 000 Stück, davon 518 000 auf ETB

1984, 21. Aug. 25 Jahre Deutsches Elektronen-Synchrotron (DESY), Hamburg. Ⓔ **Nitsche; RaTdr. (5×10); gez. K 14.**

ato) DESY-Forschungszentrum, Hamburg

			**	⊙
1221	80 (Pf) mehrfarbig	ato	2,—	0,60
		FDC		1,80
		ETB 17/1984		0,40

Auflage: 28 200 000 Stück, davon 518 000 auf ETB

1984, 21. Aug. 750 Jahre Rathaus Duderstadt. Ⓔ **Monson-Baumgart; Odr. (10×5); gez. K 13¾:14.**

atp) Rathaus Duderstadt

			**	⊙
1222	60 (Pf) mehrfarbig	atp	1,20	0,40
		FDC		1,50
		ETB 18/1984		0,40

Auflage: 30 550 000 Stück, davon 518 000 auf ETB

Fehlt in Kopftexten (nach dem Druckverfahren) die Angabe einer Druckerei, wurden die Ausgaben in der Staats-, später Bundesdruckerei in Berlin hergestellt!

1984, 21. Aug. 200. Jahrestag der Eröffnung des Schleswig-Holsteinischen Canals. Ⓔ **Seiter; Odr. (5×10); gez. K 14.**

atr) Schleuse Knoop mit Herrenhaus

			**	⊙
1223	80 (Pf) mehrfarbig	atr	1,80	0,60
		FDC		1,80
		ETB 19/1984		0,40

Auflage: 31 500 000 Stück, davon 518 000 auf ETB

1984, 21. Aug. Internationaler Archivkongress, Bonn. Ⓔ **v. Janota-Bzowski; Odr. (10×5); gez. K 13¾:14.**

ats) Mittelalterliche Urkunde, Datensichtgerät

			**	⊙
1224	70 (Pf) mehrfarbig	ats	1,50	0,60
		FDC		1,50
		ETB 20/1984		0,40

Auflage: 19 350 000 Stück, davon 518 000 auf ETB

1984, 18. Okt. Wohlfahrt: Orchideen. Ⓔ **Jacki; Odr. (5×10); gez. K 14:13¾.**

att) Ohnhorn (Aceras anthropophorum)

atu) Brand-Knabenkraut (Orchis ustulata)

atv) Violetter Dingel (Limodorum abortivum)

atw) Holunder-Knabenkraut (Dactylorhiza sambucina)

			**	⊙
1225	50 + 20 (Pf) mehrfarbig	att	0,90	0,90
1226	60 + 30 (Pf) mehrfarbig	atu	0,90	0,90
1227	80 + 40 (Pf) mehrfarbig	atv	1,40	1,40
1228	120 + 60 (Pf) mehrfarbig	atw	3,—	3,—
		Satzpreis (4 W.)	6,—	6,—
		FDC		8,—
		ETB 21/1984		4,—

Auflagen: MiNr. 1225 = 13 302 000, MiNr. 1226 = 10 433 000, MiNr. 1227 = 18 619 000, MiNr. 1228 = 6 095 000 Stück, davon je 506 000 auf ETB

1984, 18. Okt. Tag der Briefmarke. Ⓔ **Fischer-Nosbisch; Odr. (5×10); gez. K 14.**

atx) Posthaus der Kaiserlich Taxis'schen Post, Augsburg (16. Jh.)

			**	⊙
1229	80 (Pf) mehrfarbig	atx	2,—	0,60
		FDC		1,80
		ETB 22/1984		0,40

Auflage: 29 350 000 Stück, davon 506 000 auf ETB

1984, 8. Nov. Grundgedanken der Demokratie (IV): Gleichberechtigung von Mann und Frau. Ⓔ **Tröger; RaTdr. (10×5); gez. K 14:13¾.**

aty) Mit Paragraph und Gleichheitszeichen verbundene Geschlechtssymbole

			**	⊙
1230	80 (Pf) mehrfarbig	aty	1,80	0,60
		FDC		1,80
		ETB 23/1984		0,40

Auflage: 31 200 000 Stück, davon 506 000 auf ETB

Weitere Ausgaben „Grundgedanken der Demokratie": MiNr. 1105 bis 1107, 1156–1160 (Bl. 18), 1194, 1266, 1287–1289 (Bl. 20), 1789

1984, 8. Nov. Für Frieden und Verständigung. ☒ **Ludwig; Odr. (5×10); gez. K 14.**

atz) Symbolischer Stimmzettel

		★★	⊙
1231	80 (Pf) mehrfarbig . . . . atz	1,40	0,60
	FDC		1,80
	ETB 24/1984		0,40

Auflage: 30 700 000 Stück, davon 506 000 auf ETB

1984, 8. Nov. Anti-Raucher-Kampagne. ☒ **Vogel; Odr. Bagel (5×10); gez. K 14.**

aua) Abbrennendes Zündholz

		★★	⊙
1232	60 (Pf) mehrfarbig . . . . aua	1,40	0,40
	FDC		1,40
	ETB 25/1984		0,40

Auflage: 37 027 000 Stück, davon 506 000 auf ETB

1984, 8. Nov. Weihnachten. ☒ **Steiner; Odr. (5×10); gez. K 14:13¾.**

aub) Hl. Martin (um 315–397)

		★★	⊙
1233	80 + 40 (Pf) mehrfarbig . . . . aub	1,60	1,60
	FDC		2,20
	ETB 26/1984		1,20

Auflage: 11 643 000 Stück, davon 506 000 auf ETB

1985

1985, 10. Jan. 2000 Jahre Augsburg. ☒ **Vollbracht; Odr. Bagel (5×10); gez. K 14.**

auc) Kaiser Augustus (Bronzebüste), wichtige Bauwerke Augsburgs, Stadtwappen

		★★	⊙
1234	80 (Pf) mehrfarbig . . . . auc	1,80	0,50
	FDC		1,80
	ETB 1/1985		3,50

Auflage: 34 400 000 Stück, davon 510 500 auf ETB

1985, 10. Jan. 350. Geburtstag von Philipp Jakob Spener. ☒ **Jacki; Odr. (10×5); gez. K 13¾:14.**

aud) Ph. J. Spener (1635–1705), evangelischer Theologe

		★★	⊙
1235	80 (Pf) schwarz/bläulichgrün . . . . . . aud	1,60	0,60
	FDC		1,80
	ETB 2/1985		0,40

Auflage: 31 500 000 Stück, davon 506 000 auf ETB

1985, 10. Jan. 200. Geburtstag der Brüder Grimm. ☒ **v. Janota-Bzowski; Odr. (5×10); gez. K 14.**

aue) Wilhelm Grimm (1786–1859) und Jacob Grimm (1785–1863), Germanisten, Märchenforscher; Wörterbuchmanuskript

		★★	⊙
1236	80 (Pf) mehrfarbig . . . . aue	2,—	0,60
	FDC		2,20
	ETB 3/1985		0,40

Auflage: 30 600 000 Stück, davon 506 000 auf ETB

1985, 10. Jan. 100. Geburtstag von Romano Guardini. ☒ **Aretz; Odr. (5×10); gez. K 14:13¾.**

auf) R. Guardini (1885–1968), katholischer Theologe und Religionsphilosoph

		★★	⊙
1237	80 (Pf) mehrfarbig . . . . auf	1,60	0,60
	FDC		1,80
	ETB 4/1985		0,40

Auflage: 30 600 000 Stück, davon 506 000 auf ETB

1985, 21. Febr. Sporthilfe: 100 Jahre Deutscher Keglerbund (DKB); Weltmeisterschaften im Wildwasserrennsport, Garmisch-Partenkirchen und im Kanuslalom, Augsburg. ☒ **Rothacker; RaTdr. (5×10); gez. K 14.**

aug) Kegeln

auh) Kanuslalom – Einer-Kajak

		★★	⊙
1238	80 + 40 (Pf) mehrfarbig . . . . aug	1,60	1,40
1239	120 + 60 (Pf) mehrfarbig . . . . auh	2,60	2,40
	Satzpreis (2 W.)	4,20	3,80
	FDC		6,—
	ETB 5/1985		4,50

Auflagen: MiNr. 1238 = 5 525 000, MiNr. 1239 = 4 470 000 Stück, davon je 506 000 auf ETB

1985, 21. Febr. 1000 Jahre Markt- und Münzrechte in Verden. ☒ **Steiner; Odr. (5×10); gez. K 14.**

aui) Stadtansicht von Verden

		★★	⊙
1240	60 (Pf) mehrfarbig . . . . aui	2,20	0,40
	FDC		1,50
	ETB 6/1985		0,40

Auflage: 25 800 000 Stück, davon 506 000 auf ETB

1985, 21. Febr. 30. Jahrestag der Bonn-Kopenhagener Erklärungen. ☒ **Jünger; Odr. (5×10); gez. K 14.**

auk) Landkarte des deutsch-dänischen Grenzgebietes; Landesflaggen

		★★	⊙
1241	80 (Pf) mehrfarbig . . . . auk	2,40	0,80
	FDC		2,20
	ETB 7/1985		0,40

Auflage: 26 650 000 Stück, davon 506 000 auf ETB

Parallelausgabe mit Dänemark MiNr. 829

1985, 16. April. Jugend: Historische Fahrräder; Internationales Jahr der Jugend. ☒ **Schillinger; Odr. (5×10); gez. K 14:13¾.**

aul) Drais-Laufrad (1817)

aum) NSU Germania Hochrad (1886)

aun) Kreuzrahmen-Niederrad (1887)

auo) Adler-Dreirad (1888)

		★★	⊙
1242	50 + 20 (Pf) mehrfarbig . . . . aul	1,—	1,—
1243	60 + 30 (Pf) mehrfarbig . . . . aum	1,20	1,20
1244	80 + 40 (Pf) mehrfarbig . . . . aun	1,60	1,60
1245	120 + 60 (Pf) mehrfarbig . . . . auo	3,20	3,20
	Satzpreis (4 W.)	7,—	7,—
	FDC		10,—
	ETB 8/1985		4,—

Auflagen: MiNr. 1242 = 4 160 000, MiNr. 1243 = 4 110 000, MiNr. 1244 = 4 200 000, MiNr. 1245 = 4 000 000 Stück, davon je 499 000 auf ETB

1985, 16. April. 225. Geburtstag von Johann Peter Hebel. 🄴 v. Janota-Bzowski; Odr. (5×10); gez. K 14:13¾.

aup) J. P. Hebel (1760–1826), Heimatdichter, mit einer Markgräflerin

				**	⊙
1246	80 (Pf)	mehrfarbig	aup	1,40	0,60
			FDC		1,80
			ETB 9/1985		0,40

Auflage: 29 100 000 Stück, davon 499 000 auf ETB

1985, 16. April. 100. Geburtstag von Egon Erwin Kisch. 🄴 Ade; Odr. (5×10); gez. K 14:13¾.

aur) E. E. Kisch (1885–1948), Journalist und Schriftsteller

				**	⊙
1247	60 (Pf)	mehrfarbig	aur	1,30	0,40
			FDC		1,60
			ETB 10/1985		0,40

Auflage: 27 600 000 Stück, davon 499 000 auf ETB

1985, 7. Mai. Europa: Europäisches Jahr der Musik. 🄴 Walter; RaTdr. (10×5); gez. K 13¾:14.

aus) Georg Friedrich Händel (1685–1759), Komponist

aut) Johann Sebastian Bach (1685–1750), Komponist

				**	⊙
1248	60 (Pf)	mehrfarbig	aus	2,30	0,50
1249	80 (Pf)	mehrfarbig	aut	2,30	0,50
			Satzpreis (2 W.)	4,50	1,—
			FDC		5,—
			ETB 11/1985		0,70

Auflagen: MiNr. 1248 = 66 100 000, MiNr. 1249 = 107 450 000 Stück, davon je 499 000 Stück auf ETB

1985, 7. Mai. 750 Jahre Limburger Dom. 🄴 Schillinger; Odr. (5×10); gez. K 14:13¾.

auu) St.-Georgs-Dom, Limburg a. d. Lahn

				**	⊙
1250	60 (Pf)	mehrfarbig	auu	1,20	0,60
			FDC		1,50
			ETB 12/1985		0,40

Auflage: 28 800 000 Stück, davon 499 000 auf ETB

1985, 7. Mai. 300. Geburtstag von Dominikus Zimmermann (1685–1766), Baumeister und Stuckateur. 🄴 Nitsche; RaTdr. (10×5); gez. K 13¾:14.

auv) Säulenkapitell aus dem Presbyterium der Wieskirche

				**	⊙
1251	70 (Pf)	mehrfarbig	auv	1,40	0,60
			FDC		1,50
			ETB 13/1985		0,40

Auflage: 31 000 000 Stück, davon 499 000 auf ETB

1985, 7. Mai. 100. Geburtstag von Josef Kentenich. 🄴 Lüdtke; Odr. (5×10); gez. K 14.

auw) J. Kentenich (1885–1968), Pallottiner-Pater, Gründer der Internat. Schönstatt-Bewegung

				**	⊙
1252	80 (Pf)	mehrfarbig	auw	1,40	0,60
			FDC		1,50
			ETB 14/1985		0,40

Auflage: 27 500 000 Stück, davon 499 000 auf ETB

1985, 16. Juli. Umweltschutzkampagne „Rettet den Wald“. 🄴 Ganzenmüller; Odr. (10×5); gez. K 13¾:14.

aux) Uhr, Wald

				**	⊙
1253	80 (Pf)	mehrfarbig	aux	2,30	0,60
			FDC		3,50
			ETB 15/1985		0,40

Auflage: 25 600 000 Stück, davon 499 000 auf ETB

1985, 16. Juli. Weltpfadfinderkonferenz, München. 🄴 Lüdtke; Odr. (5×10); gez. K 14.

auy) Junge Pfadfinder, Emblem

				**	⊙
1254	60 (Pf)	mehrfarbig	auy	1,40	0,60
			FDC		1,50
			ETB 16/1985		0,40

Auflage: 26 600 000 Stück, davon 499 000 auf ETB

1985, 13. Aug. Internationale Briefmarkenausstellung MOPHILA ’85, Hamburg. 🄴 Schillinger; Odr. (2×10 Zd); gez. K 14.

auz) Postillion, Zugpferde

ava) Postkutsche

				**	⊙
1255	60 + 20 (Pf)	mehrfarbig	auz	3,—	2,50
1256	80 + 20 (Pf)	mehrfarbig	ava	3,—	2,50
			Satzpreis (2 W.)	6,—	5,—
			Zusammendruck	8,—	7,50
			FDC		10,—
			ETB 17/1985		4,50

MiNr. 1255–1256 wurden waagerecht zusammenhängend gedruckt.

Auflagen: MiNr. 1255–1256 je 6 900 000 Stück, davon 499 000 auf ETB

1985, 13. Aug. 400 Jahre Frankfurter Börse. 🄴 Kefer und Münch; Odr. (5×10); gez. K 14.

avb) Gebäude, Emblem

				**	⊙
1257	80 (Pf)	mehrfarbig	avb	1,80	0,60
			FDC		1,80
			ETB 18/1985		0,40

Auflage: 29 100 000 Stück, davon 499 000 auf ETB

1985, 13. Aug. 100. Todestag von Carl Spitzweg. 🄴 Lüdtke; Odr. (5×10); gez. K 14.

avc) Sonntagsspaziergang; Gemälde von C. Spitzweg (1808–1885)

				**	⊙
1258	60 (Pf)	mehrfarbig GA	avc	2,—	0,60
			FDC		1,80
			ETB 19/1985		0,40

Auflage: 27 950 000 Stück, davon 499 000 auf ETB

1985, 15. Okt. Wohlfahrt; Miniaturen. 🄴 **Börnsen; Odr. (5×10); gez. K 14.**

avd

ave

avf

avg

avd–avg) Streublumen, Beeren, Vögel und Insekten nach Motiven aus den Bordüren eines mittelalterlichen Gebetbuches

				★★	⊙
1259	50 + 20 (Pf)	mehrfarbig	. . . . avd	1,20	0,80
1260	60 + 30 (Pf)	mehrfarbig	. . . . ave	1,20	1,—
1261	80 + 40 (Pf)	mehrfarbig	. . . . avf	1,40	1,30
1262	120 + 60 (Pf)	mehrfarbig	. . . . avg	2,40	2,40
			Satzpreis (4 W.)	6,—	5,50
			FDC		7,—
			ETB 20/1985		4,—

Auflagen: MiNr. 1259 = 14 750 000, MiNr. 1260 = 9 730 000, MiNr. 1261 = 19 410 000, MiNr. 1262 = 6 130 000 Stück, davon je 497 000 auf ETB

1985, 15. Okt. 175. Geburtstag von Fritz Reuter. 🄴 **Steiner; Odr. (10×5); gez. K 13¾:14.**

avh) F. Reuter (1810–1874), niederdeutscher Schriftsteller

				★★	⊙
1263	80 (Pf)	mehrfarbig	. . . . avh	2,40	0,60
			FDC		1,80
			ETB 21/1985		0,40

Auflage: 25 822 000 Stück, davon 497 000 auf ETB

1985, 12. Nov. 150 Jahre deutsche Eisenbahnen; 200. Geburtstag von Johannes Scharrer (1785–1844), Mitbegründer. 🄴 **Schillinger; Odr. (5×10); gez. K 14.**

avi) Erste Fahrt der „Adler“ von Nürnberg nach Fürth (1835) (Ludwigsbahn)

				★★	⊙
1264	80 (Pf)	mehrfarbig	. . . . avi	2,40	0,60
			FDC		3,—
			ETB 22/1985		0,40

Auflage: 29 100 000 Stück, davon 497 000 auf ETB

1985, 12. Nov. 40 Jahre Eingliederung heimatvertriebener Deutscher. 🄴 **Przewieslik; Odr. (10×5); gez. K 13¾:14.**

avk) Symbolische Darstellung

				★★	⊙
1265	80 (Pf)	mehrfarbig	. . . . avk	2,30	0,60
			FDC		2,20
			ETB 23/1985		0,40

Auflage: 29 472 000 Stück, davon 497 000 auf ETB

1985, 12. Nov. Grundgedanken der Demokratie (V): 30 Jahre Bundeswehr. 🄴 **Wiese; Odr. (5×10); gez. K 14.**

avl) Hoheitszeichen der Bundeswehr

				★★	⊙
1266	80 (Pf)	mehrfarbig	. . . . avl	3,50	0,60
			FDC		2,20
			ETB 24/1985		0,40

Auflage: 28 872 000 Stück, davon 497 000 auf ETB

Weitere Ausgaben „Grundgedanken der Demokratie“: MiNr. 1105 bis 1107, 1156–1160 (Bl. 18), 1194, 1230, 1287–1289 (Bl. 20), 1789

ETB 25/1985 fällt aus.

1985, 12. Nov. Weihnachten: 500. Geburtstag von Hans Baldung. 🄴 **Lüdtke; Odr. (5×5); gez. K 13¾.**

avm) Geburt Christi; Gemälde am Hochaltar des Freiburger Münsters von Hans Baldung, genannt Grien (1484/85–1545), Maler, Zeichner und Kupferstecher

				★★	⊙
1267	80 + 40 (Pf)	mehrfarbig	. . . . avm	1,90	1,90
			FDC		2,20
			ETB 26/1985		1,20

Auflage: 11 060 000 Stück, davon 497 000 auf ETB

1986

1986, 16. Jan. 100 Jahre Automobil. 🄴 **Schillinger; Odr. (5×10); gez. K 14.**

avn) Entwicklungsstufen des Automobils

				★★	⊙
1268	80 (Pf)	mehrfarbig	. . . . avn	2,40	0,60
			FDC		1,80
			ETB 1/1986		0,40

Auflage: 28 950 000 Stück, davon 547 000 auf ETB

1986, 13. Febr. Sporthilfe: Leichtathletik-Europameisterschaften, Stuttgart; Bob-Weltmeisterschaften, Königssee. 🄴 **Hoch; Odr. (5×10); gez. K 14.**

avo) Kurzstreckenlauf

avp) Viererbob

				★★	⊙
1269	80 + 40 (Pf)	mehrfarbig	. . . . avo	2,—	2,—
1270	120 + 55 (Pf)	mehrfarbig	. . . . avp	3,—	3,—
			Satzpreis (2 W.)	5,—	5,—
			FDC		7,—
			ETB 2/1986		2,80

Auflagen: MiNr. 1269 = 4 462 495, MiNr. 1270 = 4 274 111 Stück, davon je 497 000 auf ETB

1986, 13. Febr. 1250 Jahre Bad Hersfeld. 🄴 **Lüdtke; Odr. Bagel (5×10); gez. K 14.**

avr) Sehenswürdigkeiten von Bad Hersfeld

				★★	⊙
1271	60 (Pf)	mehrfarbig GA	. . . . avr	1,40	0,60
			FDC		1,80
			ETB 3/1986		0,40

Auflage: 28 000 000 Stück, davon 497 000 auf ETB

1986, 13. Febr. 100. Geburtstag von Oskar Kokoschka. 🄴 **Wiese; Odr. (10×5); gez. K 13¾:14.**

avs) O. Kokoschka (1886–1980), österreichischer Maler, Grafiker und Dichter; Selbstporträt

				★★	⊙
1272	80 (Pf)	mehrfarbig	. . . . avs	1,40	0,60
			FDC		1,80
			ETB 4/1986		0,40

Auflage: 33 150 000 Stück, davon 497 000 auf ETB

1986, 13. Febr. Halleyscher Komet; GIOTTO-Mission der ESA. ⓔ Jünger; RaTdr. (5×10); gez. K 14.

avt) GIOTTO-Raumsonde, Halleyscher Komet

				★★	⊙
1273	80 (Pf)	mehrfarbig	avt	2,40	0,70
			FDC		1,80
			ETB 5/1986		0,40

Auflage: 28 650 000 Stück, davon 497 000 auf ETB

1986, 10. April. Jugend: Handwerksberufe. ⓔ Schillinger; Odr. (5×10); gez. K 14.

avu) Augenoptiker

avv) Maurer

avw) Friseur

avx) Bäcker

				★★	⊙
1274	50 + 25 (Pf)	mehrfarbig	avu	1,30	1,30
1275	60 + 30 (Pf)	mehrfarbig	avv	1,50	1,50
1276	70 + 35 (Pf)	mehrfarbig	avw	1,70	1,70
1277	80 + 40 (Pf)	mehrfarbig	avx	2,20	2,20
			Satzpreis (4 W.)	6,50	6,50
			FDC		9,—
			ETB 6/1986		4,—

Auflagen: MiNr. 1274 = 4 429 925, MiNr. 1275 = 4 295 531, MiNr. 1276 = 4 157 775, MiNr. 1277 = 4 398 885 Stück, davon je 487 000 auf ETB

1986, 5. Mai. Europa: Natur- und Umweltschutz. ⓔ Schmitz; RaTdr. (5×10); gez. K 14.

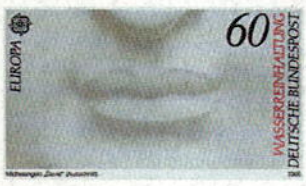

avy) Mund

avz) Nase

avy–avz) David (Details); Skulptur von Michelangelo (1475–1564), italienischer Bildhauer, Maler, Baumeister und Architekt

				★★	⊙
1278	60 (Pf)	mehrfarbig GA	avy	1,50	0,50
1279	80 (Pf)	mehrfarbig	avz	1,50	0,50
			Satzpreis (2 W.)	3,—	0,90
			FDC		3,—
			ETB 7/1986		0,70

Auflagen: MiNr. 1278 = 63 550 000, MiNr. 1279 = 107 350 000 Stück, davon je 487 000 auf ETB

1986, 5. Mai. 1000 Jahre Walsrode und Kloster Walsrode. ⓔ Rohse; komb. StTdr. und Odr. (5×10); gez. K 14.

awa) Ansicht von Walsrode mit Kloster

				★★	⊙
1280	60 (Pf)	mehrfarbig	awa	1,60	0,60
			FDC		1,30
			ETB 8/1986		0,40

Auflage: 28 200 000 Stück, davon 487 000 auf ETB

1986, 5. Mai. 100. Todestag von König Ludwig II. von Bayern. ⓔ Graschberger; Odr. (5×10); gez. K 14.

awb) König Ludwig II. (1845–1886); Schloss Neuschwanstein

				★★	⊙
1281	60 (Pf)	mehrfarbig	awb	2,80	0,60
			FDC		3,80
			ETB 9/1986		0,40

Auflage: 31 750 000 Stück, davon 487 000 auf ETB

1986, 5. Mai. 100. Geburtstag von Karl Barth. ⓔ Schwahn; StTdr. (5×10); gez. K 14:13¾.

awc) K. Barth (1886–1968), schweizerischer reformierter Theologe

				★★	⊙
1282	80 (Pf)	mehrfarbig	awc	1,80	0,60
			FDC		1,80
			ETB 10/1986		0,40

Auflage: 31 950 000 Stück, davon 487 000 auf ETB

1986, 5. Mai. Cartellversammlung des Cartellverbandes der Katholischen Deutschen Studentenverbindungen (CV), Frankfurt a. M. ⓔ Rogger; Odr. (5×10); gez. K 14.

awd) Bunte Bänder mit den Grundprinzipien des Cartellverbandes

				★★	⊙
1283	80 (Pf)	mehrfarbig	awd	1,80	0,60
			FDC		1,80
			ETB 11/1986		0,40

Auflage: 29 850 000 Stück, davon 487 000 auf ETB

1986, 20. Juni. 200. Geburtstag von Carl Maria von Weber. ⓔ Gamroth; Odr. (5×10); gez. K 14:13¾.

awe) C. M. von Weber (1786–1826), Komponist; Notenhandschrift (Gloria aus der Messe in Es-Dur)

				★★	⊙
1284	80 (Pf)	mehrfarbig	awe	2,40	0,60
			FDC		1,80
			ETB 12/1986		0,40

Auflage: 30 500 000 Stück, davon 487 000 auf ETB

1986, 20. Juni. 100. Todestag von Franz Liszt. ⓔ Rothacker; Odr. (5×10); gez. K 14.

awf) F. Liszt (1811–1886), österreichisch-ungarischer Komponist und Pianist

				★★	⊙
1285	80 (Pf)	mehrfarbig	awf	2,30	0,60
			FDC		1,80
			ETB 13/1986		0,40

Auflage: 30 550 000 Stück, davon 487 000 auf ETB

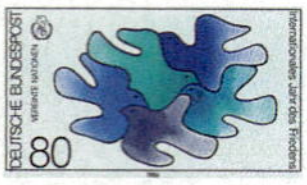

1986, 20. Juni. Internationales Jahr des Friedens. ⓔ Lenica; Odr. (5×10); gez. K 14.

awg) Friedenstauben, Emblem

				★★	⊙
1286	80 (Pf)	mehrfarbig	awg	2,20	0,60
			FDC		1,80
			ETB 14/1986		0,40

Auflage: 29 700 000 Stück, davon 487 000 auf ETB

1986, 20. Juni. Blockausgabe: Grundgedanken der Demokratie (VI): Bedeutende Gebäude der Geschichte der Bundesrepublik Deutschland. ⓔ Vogel; Odr.; gez. Ks 14.

awl

awh) Reichstagsgebäude, Berlin

awi) Museum Koenig, Bonn

awk) Bundeshaus, Bonn

				★★	⊙
1287	80 (Pf)	mehrfarbig	awh	1,40	1,40
1288	80 (Pf)	mehrfarbig	awi	1,40	1,40
1289	80 (Pf)	mehrfarbig	awk	1,40	1,40
Block 20	(100×130 mm)		awl	5,—	4,80
			FDC		8,—
			Ⓢ		4,50
			ETB 15/1986		4,40

Auflage: 7 999 000 Blocks, davon 487 000 auf ETB

Weitere Ausgaben „Grundgedanken der Demokratie“: MiNr. 1105 bis 1107, 1156–1160 (Bl. 18), 1194, 1230, 1266, 1789

1986, 20. Juni. Europäische Satellitentechnik. ⓔ Haase; Odr. (5×10); gez. K 14.

awm) Deutsch-französischer Rundfunksatellit TV-SAT/TDF-1, Weltkugel

				★★	⊙
1290	80 (Pf)	mehrfarbig	awm	2,50	0,70
			FDC		1,80
			ETB 16/1986		0,40

Auflage: 30 350 000 Stück, davon 487 000 auf ETB

1986, 14. Aug. Denkmalschutz. ⓔ Lüdtke; Odr. (5×10); gez. K 14.

awn) Zum Teil restaurierte mittelalterliche Glasmalerei im Dom St. Peter zu Regensburg

				★★	⊙
1291	80 (Pf)	mehrfarbig	awn	2,50	0,60
			FDC		1,80
			ETB 17/1986		0,40

Auflage: 29 150 000 Stück, davon 487 000 auf ETB

1986, 14. Aug. 200. Todestag von König Friedrich dem Großen. ⓔ v. Janota-Bzowski; Odr. (5×10); gez. K 14:13¾.

awo) König Friedrich der Große von Preußen (1712–1786); Gemälde von Anton Graff (1736–1813)

				★★	⊙
1292	80 (Pf)	mehrfarbig	awo	3,40	0,60
			FDC		3,50
			ETB 18/1986		0,40

Auflage: 30 300 000 Stück, davon 487 000 auf ETB

1986, 14. Aug. 100 Jahre Deutsche Skatkongresse. ⓔ de Vries; Odr. (10×5); gez. K 13¾:14.

awp) Herz-Dame/Herz-Ober, kombinierte Spielkarte aus französischem und deutsch-sächsischem Kartenspiel

				★★	⊙
1293	80 (Pf)	mehrfarbig	awp	2,40	0,60
			FDC		1,80
			ETB 19/1986		0,40

Auflage: 30 000 000 Stück, davon 487 000 auf ETB

1986, 14. Aug. 25 Jahre Organisation für wirtschaftliche Zusammenarbeit und Entwicklung (OECD). ⓔ Graml; komb. Odr. und Prägedruck (5×10); gez. K 14.

awr) Symbolische Darstellung

				★★	⊙
1294	80 (Pf)	mehrfarbig	awr	1,80	0,60
			FDC		1,80
			ETB 20/1986		0,40

Auflage: 31 350 000 Stück, davon 487 000 auf ETB

1986, 16. Okt. Wohlfahrt: Kostbare Gläser. ⓔ Steiner; Odr. (10×5); gez. K 13¾:14.

aws) Zierflasche mit Fadendekor (um 300)

awt) Flügelglas (um 1650)

awu) Reichsadler-Humpen (1662)

awv) Pokal mit Schnittdekor (um 1720)

				★★	⊙
1295	50 + 25 (Pf)	mehrfarbig	aws	0,90	0,80
1296	60 + 30 (Pf)	mehrfarbig	awt	1,20	1,10
1297	70 + 35 (Pf)	mehrfarbig	awu	1,40	1,20
1298	80 + 40 (Pf)	mehrfarbig	awv	1,60	1,50
			Satzpreis (4 W.)	5,—	4,50
			FDC		7,—
			ETB 21/1986		3,50

Auflagen: MiNr. 1295 = 15 682 000, MiNr. 1296 = 9 682 000, MiNr. 1297 = 7 847 000, MiNr. 1298 = 20 444 000 Stück, davon je 489 000 auf ETB

1986, 16. Okt. 600 Jahre Universität Heidelberg. ⓔ Rohse; komb. StTdr. und Odr. (5×10); gez. K 14.

aww) „Alte Universität“, Stadtansicht von Heidelberg

				★★	⊙
1299	80 (Pf)	mehrfarbig	aww	2,—	0,60
			FDC		1,80
			ETB 22/1986		0,40

Auflage: 26 750 000 Stück, davon 489 000 auf ETB

1986, 16. Okt. 50 Jahre Tag der Briefmarke. ⓔ Graschberger; Odr. (5×5); gez. K 14.

awx) Postkutsche; Marken Bundesrepublik Deutschland MiNr. 1229, 980, 482, 866, 903, 1154, 948, 1192

				★★	⊙
1300	80 (Pf)	mehrfarbig	awx	2,—	0,60
			FDC		2,—
			ETB 23/1986		0,40

Auflage: 29 500 000 Stück, davon 489 000 auf ETB

1986, 13. Nov. 100. Geburtstag von Mary Wigman. ⊡ **Blume-Zander; Odr. (10×5); gez. K 13¾:14.**

awy) M. Wigman (1886–1973), Tänzerin, Choreographin und Tanzpädagogin

			★★	⊙
1301	70 (Pf) mehrfarbig	awy	1,30	0,60
		FDC		1,80
		ETB 24/1986		0,40

Auflage: 19 100 000 Stück, davon 489 000 auf ETB

1986, 13. Nov. 25 Jahre Sammelaktion Adveniat. ⊡ **Lüdtke; RaTdr. (5×10); gez. K 14.**

awz) Karte von Südamerika, Kreuz

			★★	⊙
1302	80 (Pf) mehrfarbig	awz	1,30	0,60
		FDC		1,80
		ETB 25/1986		0,40

Auflage: 28 500 000 Stück, davon 489 000 auf ETB

1986, 13. Nov. Weihnachten. ⊡ **Lüdtke; Odr. (5×5); gez. K 13¾.**

axa) Anbetung des Kindes; linker Flügel des Ortenberger Altars (um 1420)

			★★	⊙
1303	80 + 40 (Pf) mehrfarbig	axa	1,80	1,70
		FDC		2,40
		ETB 26/1986		1,20

Auflage: 10 989 000 Stück, davon 489 000 auf ETB

1986, 13. Nov. Freimarken: Frauen der deutschen Geschichte (I). ⊡ **Aretz; StTdr. (10×10); gez. K 14.**

axb) Christine Teusch (1888–1968), Politikerin

axc) Clara Schumann (1819–1896), Pianistin

			★★	⊙	FDC
1304	50 (Pf)	dunkelockerbraun/ schwärzl'grünblau . axb	1,—	0,30	1,50
1305	80 (Pf)	schwarzblaugrün/ dunkelbraunrot . . . . axc	1,20	0,30	2,—
		Satzpreis (2 W.)	2,20	0,60	3,—
		ETB 27/1986		0,70	

Auflagen: MiNr. 1304 = 1 010 489 000, MiNr. 1305 = 2 100 489 000 Stück, davon je 489 000 auf ETB

Weitere Werte siehe Zusammenfassung nach Blockaufstellung

Bildgleiche Marken mit zusätzlicher Inschrift „BERLIN" siehe Berlin (West) MiNr. 770–771

1987

1987, 15. Jan. 750 Jahre Berlin. ⊡ **Steiner; Odr. (5×5); gez. K 14.**

axd) Sehenswürdigkeiten Berlins, Stadtwappen

			★★	⊙
1306	80 (Pf) mehrfarbig	axd	2,40	0,80
		FDC		2,—
		ETB 1/1987		0,70

Auflage: 33 600 000 Stück, davon 489 000 auf ETB

Bildgleiche Marke mit zusätzlicher Inschrift „BERLIN" siehe Berlin (West) MiNr. 776

1987, 15. Jan. 300. Geburtstag von Balthasar Neumann (1687–1753), Baumeister. ⊡ **Schwahn; RaTdr. (5×10); gez. K 14:13¾.**

axe) Treppenhaus der Würzburger Residenz

			★★	⊙
1307	80 (Pf) mehrfarbig	axe	2,—	0,60
		FDC		1,80
		ETB 2/1987		0,40

Auflage: 33 600 000 Stück, davon 489 000 auf ETB

1987, 15. Jan. 90. Geburtstag von Dr. Ludwig Erhard. ⊡ **Aretz; RaTdr. (5×10); gez. K 14:13¾.**

axf) Dr. L. Erhard (1897–1977), Wirtschaftspolitiker, 2. deutscher Bundeskanzler

			★★	⊙
1308	80 (Pf) mehrfarbig	axf	2,40	0,50
		FDC		1,80
		ETB 3/1987		0,40

Auflage: 29 500 000 Stück, davon 489 000 auf ETB

1987, 15. Jan. Volkszählung. ⊡ **Wiese; Odr. (5×10), gez. K 14:13¾.**

axg) Auf Rechenbrett geformter Bundesadler

			★★	⊙
1309	80 (Pf) mehrfarbig	axg	2,20	0,60
		FDC		1,80
		ETB 4/1987		0,40

Auflage: 30 400 000 Stück, davon 489 000 auf ETB

1987, 12. Febr. Sporthilfe: Segel-Weltmeisterschaften, Kiel; Nordische Ski-Weltmeisterschaften, Oberstdorf. ⊡ **Hoch; Odr. (5×10); gez. K 14.**

axh) Segelregatta

axi) Skilanglauf

			★★	⊙
1310	80 + 40 (Pf) mehrfarbig	axh	1,70	1,70
1311	120 + 55 (Pf) mehrfarbig	axi	2,80	2,80
		Satzpreis (2 W.)	4,50	4,50
		FDC		5,50
		ETB 5/1987		2,80

Auflagen: MiNr. 1310 = 4 859 000, MiNr. 1311 = 4 173 000 Stück, davon je 489 000 auf ETB

1987, 12. Febr. 250 Jahre Schloss Clemenswerth. ⊡ **Haase; Odr. (5×10); gez. K 14.**

axk) Jagdschloss Clemenswerth

			★★	⊙
1312	60 (Pf) mehrfarbig	axk	1,70	0,60
		FDC		1,50
		ETB 6/1987		0,40

Auflage: 31 650 000 Stück, davon 489 000 auf ETB

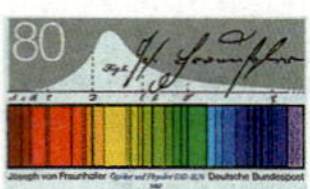

1987, 12. Febr. 200. Geburtstag von Joseph von Fraunhofer (1787–1826), Optiker und Physiker. ⊡ **Kößlinger; komb. StTdr. und Odr. (5×10); gez. K 14.**

axl) Sonnenspektrum mit Fraunhofer-Linien und Diagramm der Intensitätsverteilung

			★★	⊙
1313	80 (Pf) mehrfarbig	axl	1,70	0,60
		FDC		1,80
		ETB 7/1987		0,40

Auflage: 31 500 000 Stück, davon 489 000 auf ETB

1987, 12. Febr. 75. Todestag von Karl May (1842 bis 1912), Schriftsteller. Ⓔ Regenstein; RaTdr. (10×5); gez. K 13¾:14.

axm) Romanfigur „Winnetou“

				★★	⊙
1314	80 (Pf)	mehrfarbig	axm	1,90	0,60
			FDC		1,80
			ETB 8/1987		0,40

Auflage: 28 650 000 Stück, davon 489 000 auf ETB

1987, 9. April. Jugend: Handwerksberufe. Ⓔ Schillinger; Odr. (5×10); gez. K 14.

axn) Installateur

axo) Zahntechniker

axp) Fleischer

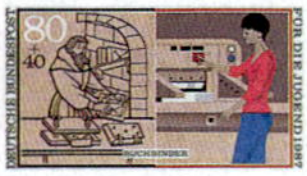

axr) Buchbinder

				★★	⊙
1315	50 + 25 (Pf)	mehrfarbig	axn	1,50	1,40
1316	60 + 30 (Pf)	mehrfarbig	axo	1,80	1,70
1317	70 + 35 (Pf)	mehrfarbig	axp	2,—	1,80
1318	80 + 40 (Pf)	mehrfarbig	axr	2,70	2,60
			Satzpreis (4 W.)	8,—	7,50
			FDC		9,—
			ETB 9/1987		5,—

Auflagen: MiNr. 1315 = 4 010 000, MiNr. 1316 = 4 055 000, MiNr. 1317 = 3 945 000, MiNr. 1318 = 4 100 000 Stück, davon je 487 000 auf ETB

1987, 9. April. 125 Jahre Deutscher Sängerbund (DSB). Ⓔ Steiner; Odr. (5×10); gez. K 14.

axs) Notenschlüssel, Noten, Zusatzzeichen, Blätter

				★★	⊙
1319	80 (Pf)	mehrfarbig	axs	1,70	0,60
			FDC		1,50
			ETB 10/1987		0,40

Das Notenblatt im Hintergrund weist 6 statt 5 Notenlinien auf.

Auflage: 33 510 000 Stück, davon 487 400 auf ETB

1987, 9. April. Besuch von Papst Johannes Paul II. in der Bundesrepublik Deutschland; Marianischer und Mariologischer Kongress, Kevelaer. Ⓔ Graschberger; Odr. (5×5); gez. K 14.

axt) Sehenswürdigkeiten von Kevelaer, Gnadenbild der Madonna, Wappen von Papst Johannes Paul II.

				★★	⊙
1320	80 (Pf)	mehrfarbig	axt	2,20	0,60
			FDC		1,50
			ETB 11/1987		0,40

Auflage: 31 700 000 Stück, davon 487 400 auf ETB

1987, 5. Mai. Europa: Moderne Architektur. Ⓔ Wiese; Odr. Bundesdr. Berlin (MiNr. 1321) und Schwann-Bagel (MiNr. 1322) (5×10); gez. K 14.

axu) Deutscher Pavillon, Barcelona (Architekt Ludwig Mies van der Rohe, 1886–1969)

axv) Köhlbrandbrücke, Hamburg

				★★	⊙
1321	60 (Pf)	mehrfarbig GA	axu	1,60	0,50
1322	80 (Pf)	mehrfarbig	axv	2,—	0,50
			Satzpreis (2 W.)	3,50	1,—
			FDC		2,50
			ETB 12/1987		1,—

Auflagen: MiNr. 1321 = 74 840 000, MiNr. 1322 = 98 036 000 Stück, davon je 487 400 auf ETB

1987, 5. Mai. 350. Geburtstag von Dietrich Buxtehude (um 1637–1707), Komponist und Organist. Ⓔ Jacki; Odr. (5×10); gez. K 14:13¾.

axw) Orgel

				★★	⊙
1323	80 (Pf)	mehrfarbig	axw	1,30	0,60
			FDC		1,50
			ETB 13/1987		0,40

Auflage: 32 000 000 Stück, davon 487 400 auf ETB

1987, 5. Mai. 300. Geburtstag von Johann Albrecht Bengel. Ⓔ Schall; RaTdr. (10×5); gez. K 13¾:14.

axx) J. A. Bengel (1687–1752), evangelischer Theologe

				★★	⊙
1324	80 (Pf)	mehrfarbig	axx	1,50	0,60
			FDC		1,50
			ETB 14/1987		0,40

Auflage: 32 000 000 Stück, davon 487 400 auf ETB

1987, 5. Mai. 100. Geburtstag von Wilhelm Kaisen. Ⓔ Aretz; Odr. (5×10); gez. K 14.

axy) W. Kaisen (1887–1979), Politiker, Bürgermeister von Bremen

				★★	⊙
1325	80 (Pf)	mehrfarbig	axy	1,60	0,60
			FDC		1,50
			ETB 15/1987		0,40

Auflage: 28 000 000 Stück, davon 487 400 auf ETB

1987, 5. Mai. 100. Geburtstag von Kurt Schwitters. Ⓔ Blume-Zander; Odr. (5×5); gez. K 13¾.

axz) „Ohne Namen (mit frühem Porträt)“; Collage von K. Schwitters (1887–1948), Maler und Schriftsteller

				★★	⊙
1326	80 (Pf)	mehrfarbig	axz	1,60	0,60
			FDC		1,60
			ETB 16/1987		0,40

Auflage: 30 000 000 Stück, davon 487 400 auf ETB

1987, 5. Mai. Weltkongress des Internationalen Rotary-Clubs, München. Ⓔ Stelzer; Odr. (5×10); gez. K 14.

aya) Rotary-Emblem, Weltkugel

				★★	⊙
1327	70 (Pf)	mehrfarbig	aya	1,60	0,60
			FDC		1,80
			ETB 17/1987		0,40

Auflage: 23 500 000 Stück, davon 487 400 auf ETB

1987, 5. Mai. Natur- und Umweltschutz. Ⓔ **Lüdtke; RaTdr. (5×10); gez. K 14.**

ayb) Dülmener Wildpferde im Naturschutzgebiet Merfelder Bruch

				★★	⊙
1328	60 (Pf)	mehrfarbig	ayb	2,20	0,60
			FDC		1,80
			ETB 18/1987		0,40

Auflage: 31 650 000 Stück, davon 487 400 auf ETB

1987, 16. Juli. 1200. Jahrestag der Erhebung Bremens zum Bischofssitz. Ⓔ **Rothacker; Odr. (5×10); gez. K 14.**

ayc) Kaiser Karl der Große (742–814), Bischof Willehad (745–789), Bremer Dom und Stadtwappen

				★★	⊙
1329	80 (Pf)	mehrfarbig	ayc	1,50	0,60
			FDC		1,80
			ETB 19/1987		0,40

Auflage: 32 000 000 Stück, davon 487 400 auf ETB

1987, 20. August. Europa-Schützenfest, Lippstadt. Ⓔ **Steiner; Odr. (5×10); gez. K 14:14¼.**

ayd) Schießscheibe, Gewehre, Rosen

				★★	⊙
1330	80 (Pf)	mehrfarbig	ayd	1,50	0,60
			FDC		1,80
			ETB 20/1987		0,40

Auflage: 32 000 000 Stück, davon 487 400 auf ETB

1987, 17. Sept. Freimarken: Frauen der deutschen Geschichte (II). Ⓔ **Aretz; StTdr. (10×10); gez. K 14.**

aye) Maria Sibylla Merian (1647–1717), Blumen- und Insektenmalerin

ayf) Dorothea Erxleben (1715–1762), Ärztin

				★★	⊙	FDC
1331	40 (Pf)	lebhaftlilaultramarin/ dunkelkarminlila	aye	1,—	0,30	1,50
1332	60 (Pf)	schwarzoliv/ dunkelviolett	ayf	1,20	0,30	1,50
			Satzpreis (2 W.)	2,20	0,60	3,20
			ETB 21/1987		0,50	

Auflagen: MiNr. 1331 = 105 537 000, MiNr. 1332 = 1 945 287 000 Stück, davon je 487 400 auf ETB

Weitere Werte siehe Zusammenfassung nach Blockaufstellung

MiNr. 1331 mit zusätzlicher Inschrift „BERLIN“ siehe Berlin (West) MiNr. 788, MiNr. 1332 siehe MiNr. 824

1987, 15. Okt. Wohlfahrt: Gold- und Silberschmiedekunst. Ⓔ **Lüdtke; Odr. (5×5); gez. K 14.**

ayg) Römisches Armband (4. Jh.)

ayh) Ostgotische Prunkschnalle (6. Jh.)

ayi) Merowingische Scheibenfibel (7. Jh.)

ayk) Bursenreliquiar (8. Jh.)

				★★	⊙
1333	50 + 25 (Pf)	mehrfarbig	ayg	1,50	1,50
1334	60 + 30 (Pf)	mehrfarbig	ayh	1,50	1,50
1335	70 + 35 (Pf)	mehrfarbig	ayi	1,50	1,50
1336	80 + 40 (Pf)	mehrfarbig	ayk	2,—	2,—
			Satzpreis (4 W.)	6,50	6,50
			FDC		7,—
			ETB 22/1987		4,—

Auflagen: MiNr. 1333 = 15 402 000, MiNr. 1334 = 10 016 000, MiNr. 1335 = 7 220 000, MiNr. 1336 = 19 278 000 Stück, davon je 447 400 auf ETB

1987, 15. Okt. Tag der Briefmarke. Ⓔ **v. Janota-Bzowski; Odr. (5×5); gez. K 13¾.**

ayl) Bahnpostverladung in Preußen (1897)

				★★	⊙
1337	80 (Pf)	mehrfarbig	ayl	1,40	1,10
			FDC		1,80
			ETB 23/1987		1,—

Auflage: 32 000 000 Stück, davon 447 400 auf ETB

1987, 6. Nov. Freimarke: Frauen der deutschen Geschichte (III). Ⓔ **Aretz; StTdr. (10×10); gez. K 14.**

aym) Elisabeth Selbert (1896–1986), Rechtsanwältin und Notarin

				★★	⊙
1338	120 (Pf)	dunkelbraunkarmin/ dunkeloliv	aym	2,—	1,20
			FDC		2,20
			ETB 24/1987		0,70

Auflage: 33 177 000 Stück, davon 447 400 auf ETB

Weitere Werte siehe Zusammenfassung nach Blockaufstellung

1987, 6. Nov./1992. Freimarken: Sehenswürdigkeiten (I). Ⓔ **Haase; Ldr. Bogen (B) (10×10), Markenheftchen (MH) und Rollen (R); A = vierseitig, C und D = dreiseitig gez. K 14.**

ayn) Eckturm des Schlosses Celle

ayo) Turm des Freiburger Münsters

ayp) Bavaria, München

ayr) Hauptportal der Zeche Zollern II, Dortmund

					★★	⊙	FDC
1339 A	30 (Pf)	braunorange/mittelblaugrün GA (6.11.1987) (B) (R)	ayn		1,—	0,30	2,—
1340	50 (Pf)	mittellilaultramarin/mattbraunoliv	ayo				
	A	vierseitig gezähnt (6.11.1987) (B) (R)			1,—	0,30	2,—
	C	oben geschnitten (Juni 1989) (MH)			1,—	0,80	
	D	unten geschnitten (Juni 1989) (MH)			1,—	0,80	

				★★	⊙	FDC
1341	60 (Pf)	lebhaftgraugrün/grünschwarz GA	ayp			
A		vierseitig gezähnt (6.11.1987) (B) (R)		1,—	0,30	2,—
C		oben geschnitten (Juni 1989) (MH)		1,—	1,—	
D		unten geschnitten (Juni 1989) (MH)		1,—	1,—	
1342	80 (Pf)	graugrünblau/dunkelgrünlichgrau GA	ayr			
A		vierseitig gezähnt (6.11.1987) (B) (R)		1,—	0,30	2,—
C		oben geschnitten (Juni 1989) (MH)		1,20	1,20	
D		unten geschnitten (Juni 1989) (MH)		1,20	1,20	
			Satzpreis A (4 W.)	4,—	1,20	10,—
			ETB 25/1987		1,70	

Waagerechte Paare (aus Bogen):

		★★	⊙
1339 A/1339 A		2,30	1,80
1340 A/1340 A		2,30	2,50
1341 A/1341 A		2,50	3,—
1342 A/1342 A		2,50	2,50
	Satzpreis (4 Paare)	9,50	9,50

Einzelmarken mit anhängendem Bogenrand 50% vorstehender Paarpreise; senkrechte Paare (C/D) siehe bei MH 25 und 26

Rollenmarken mit rückseitiger Nummer (R):

	Einzelmarken ★★	Einzelmarken ⊙	5er-Str. ★★
1339 A R	1,50	2,—	5,50
1340 A R	1,60	1,10	5,40
1341 A R	2,60	1,—	6,50
1342 A R	2,—	1,—	6,—

Auflagen: MiNr. 1339 = 67 250 000, MiNr. 1340 = 607 014 000, MiNr. 1341 = 1 062 707 000, MiNr. 1342 = 1 325 334 000 Stück, davon je 447 400 auf ETB

In gleichen Zeichnungen wie MiNr. 1341–1342: MiNr. 1532–1533; weitere Werte siehe Zusammenfassung nach Blockaufstellung

Bildgleiche Marken mit zusätzlicher Inschrift „BERLIN“ siehe Berlin (West) MiNr. 793–796

1987, 6. Nov. 200. Todestag von Christoph Willibald Gluck. Ⓔ Schwahn; komb. StTdr. und Odr. (5×10); gez. K 14:13¾.

ays) Chr. W. Gluck (1714–1787), Komponist

				★★	⊙
1343	60 (Pf)	mehrfarbig GA	ays	1,20	0,50
			FDC		1,60
			ETB 26/1987		0,40

Auflage: 35 000 000 Stück, davon 447 400 auf ETB

1987, 6. Nov. 125. Geburtstag von Gerhart Hauptmann. Ⓔ Schwarz; Odr. (5×10); gez. K 14.

ayt) Plakat zu „Die Weber“; Drama von G. Hauptmann (1862–1946), Dichter, Dramatiker, Nobelpreis 1912

				★★	⊙
1344	80 (Pf)	mehrfarbig	ayt	1,80	0,60
			FDC		1,60
			ETB 27/1987		0,40

Auflage: 32 000 000 Stück, davon 447 400 auf ETB

1987, 6. Nov. 25 Jahre Deutsche Welthungerhilfe. Ⓔ Amann; RaTdr. (5×10); gez. K 14.

ayu) Reisfeld, Emblem

				★★	⊙
1345	80 (Pf)	mehrfarbig	ayu	1,80	0,60
			FDC		1,60
			ETB 28/1987		0,40

Auflage: 32 000 000 Stück, davon 447 400 auf ETB

1987, 6. Nov. Weihnachten. Ⓔ Lüdtke; Odr. (5×5); gez. K 13¾.

ayv) Geburt Christi; Miniatur aus einem englischen Psalter (13. Jh.)

				★★	⊙
1346	80 + 40 (Pf)	mehrfarbig	ayv	1,80	1,80
			FDC		2,20
			ETB 29/1987		1,30

Auflage: 11 032 000 Stück, davon 447 400 auf ETB

1988

1988, 14. Jan./1992. Freimarken: Sehenswürdigkeiten (II). Ⓔ Haase; Ldr. Bogen (B) (10×10), Markenheftchen (MH) und Rollen (R); A = vierseitig, C und D = dreiseitig gez. K 14.

ayw) Flughafen Frankfurt am Main

ayx) Hambacher Schloss

				★★	⊙	FDC
1347	10 (Pf)	hellcyanblau/indigo	ayw			
A		vierseitig gezähnt (14.1.1988) (B) (R)		0,50	0,30	1,50
C		oben geschnitten (Juni 1989) (MH)		0,50	0,50	
D		unten geschnitten (Juni 1989) (MH)		0,50	0,50	
1348 A	300 (Pf)	rotbraun/mattbraunocker, vierseitig gezähnt (14.1.1988) (B) (R)	ayx	3,50	0,60	6,—
			Satzpreis A (2 W.)	4,—	0,80	7,—
			ETB 1/1988		1,70	

Waagerechte Paare (aus Bogen):

		★★	⊙
1347 A/1347 A		1,50	2,—
1348 A/1348 A		9,50	14,—
	Satzpreis (2 Paare)	11,—	16,—

Einzelmarken mit anhängendem Bogenrand 50% vorstehender Paarpreis; senkrechtes Paar 1347 C/D siehe bei MH 25

Rollenmarken mit rückseitiger Nummer (R):

	Einzelmarken ★★	Einzelmarken ⊙	5er-Str. ★★
1347 A R	0,80	0,60	3,—
1348 A R	5,—	4,20	22,—

[PF] MiNr.1348 A auf gelblichem Papier mit gröberer Struktur, Druckbild etwas unklarer, Flächen fleckig, unregelmäßig; Zähnung etwas unregelmäßig, Zahnspitzen wegen weicherem Papier fransig, Zahnlöcher kleiner.

Auflagen: MiNr. 1347 = 1 124 265 000, MiNr. 1348 = 826 111 000 Stück, davon je 447 400 auf ETB.

In gleicher Zeichnung wie MiNr. 1347: MiNr. 1531; weitere Werte siehe Zusammenfassung nach Blockaufstellung

Bildgleiche Marken mit zusätzlicher Inschrift „BERLIN“ siehe Berlin (West) MiNr. 798–799

1988, 14. Jan. 150 Jahre Mainzer Karneval. [E] Jacki; Odr. (10×5); gez. K 13¾:14.

ayy) Der „Bajass“

				★★	⊙
1349	60 (Pf)	mehrfarbig [GA]	ayy	1,40	0,60
			FDC		1,30
			ETB 2/1988		0,40

Auflage: 35 500 000 Stück, davon 477 400 auf ETB

1988, 14. Jan. 100. Geburtstag von Jakob Kaiser. [E] Aretz; komb. StTdr. und Odr.; gez. K 14:13¾.

ayz) J. Kaiser (1888–1961), Politiker

				★★	⊙
1350	80 (Pf)	hellgelbgrau/schwarz	ayz	1,30	0,60
			FDC		1,50
			ETB 3/1988		0,40

Auflage: 32 000 000 Stück, davon 477 400 auf ETB

1988, 14. Jan. 25 Jahre Vertrag über die deutsch-französische Zusammenarbeit. [E] Veret-Lemarinier; StTdr. (5×5); gez. K 14.

aza) Bundeskanzler Dr. h. c. Konrad Adenauer (1876–1967) und Staatspräsident Charles de Gaulle (1890–1970)

				★★	⊙
1351	80 (Pf)	violettschwarz/schwarz	aza	2,—	0,80
			FDC		2,—
			ETB 4/1988*)		3,50

*) enthält zusätzlich die bildgleiche Marke Frankreich MiNr. 2636

Auflage: 33 640 000 Stück, davon 750 000 auf ETB

Parallelausgabe mit Frankreich MiNr. 2636

1988, 14. Jan. Seligsprechung von Edith Stein und Pater Rupert Mayer durch Papst Johannes Paul II. [E] Fackelmann; RaTdr. (5×10); gez. K 14.

azb) E. Stein (1891–1942), Karmeliterin; R. Mayer (1876–1945), Jesuit

				★★	⊙
1352	80 (Pf)	mehrfarbig	azb	1,40	0,60
			FDC		1,50
			ETB 5/1988		0,40

Auflage: 32 000 000 Stück, davon 477 400 auf ETB

1988, 18. Febr. Sporthilfe: Fußball-Europameisterschaft, Bundesrepublik Deutschland; Olympische Sommerspiele, Seoul. [E] Schmitz; Odr. (5×5); gez. K 14.

azc) Fußball

azd) Tennis

aze) Kunstspringen

				★★	⊙
1353	60 + 30 (Pf)	mehrfarbig	azc	3,50	2,50
1354	80 + 40 (Pf)	mehrfarbig	azd	3,50	3,—
1355	120 + 55 (Pf)	mehrfarbig	aze	5,—	4,50
			Satzpreis (3 W.)	12,—	10,—
			FDC		7,—
			ETB 6/1988		3,50

Auflagen: MiNr. 1353 = 4 803 000, MiNr. 1354 = 5 227 000, MiNr. 1355 = 4 194 000 Stück, davon je 477 000 auf ETB

1988, 18. Febr. 200. Geburtstag von Joseph von Eichendorff (1788–1857), Dichter. [E] Monson-Baumgart; Odr. (5×10); gez. K 14:13¾.

azf) Holzschnitt (Detail) von Ludwig Richter zu Eichendorffs Gedicht „Waldeinsamkeit, du grünes Revier“

				★★	⊙
1356	60 (Pf)	mehrfarbig	azf	1,40	0,60
			FDC		1,30
			ETB 7/1988		0,40

Auflage: 32 450 000 Stück, davon 477 400 auf ETB

1988, 18. Febr. 200. Geburtstag von Arthur Schopenhauer. [E] v. Janota-Bzowski; RaTdr. (10×5); gez. K 13¾:14.

azg) A. Schopenhauer (1788–1860), Philosoph

				★★	⊙
1357	80 (Pf)	siena/schwarz	azg	1,80	0,60
			FDC		1,50
			ETB 8/1988		0,40

Auflage: 32 000 000 Stück, davon 477 400 auf ETB

1988, 18. Febr. 100. Todestag von Friedrich Wilhelm Raiffeisen. [E] Förtsch; Odr. (5×10); gez. K 14.

azh) F. W. Raiffeisen (1818–1888), Sozialreformer und Genossenschaftsgründer

				★★	⊙
1358	80 (Pf)	schwarz/gelblichgrün	azh	2,—	0,60
			FDC		1,50
			ETB 9/1988		0,40

Auflage: 35 150 000 Stück, davon 477 400 auf ETB

1988, 14. April. Freimarke: Frauen der deutschen Geschichte (IV). ⊡ **Aretz; StTdr. (10×10); gez. K 14.**

azi) Paula Modersohn-Becker (1876–1907), Malerin

				✶✶	⊙
1359	10 (Pf)	blauviolett/schwärzlichocker	. azi	0,60	0,50
			FDC		1,20
			ETB 10/1988		0,40

Auflage: 608 277 000 Stück, davon 477 400 auf ETB

Weitere Werte siehe Zusammenfassung nach Blockaufstellung

Bildgleiche Marke mit zusätzlicher Inschrift „BERLIN" siehe Berlin (West) MiNr. 806

1988, 14. April. Jugend: Idole der Rock- und Popmusik. ⊡ **Graschberger; Odr. (5×5); gez. K 14.**

azk) Buddy Holly (1936–1959)

azl) Elvis Presley (1935–1977)

azm) Jim Morrison (1943–1971)

azn) John Lennon (1940–1980)

				✶✶	⊙
1360	50 + 25 (Pf)	mehrfarbig	azk	1,50	1,80
1361	60 + 30 (Pf)	mehrfarbig	azl	3,50	3,—
1362	70 + 35 (Pf)	mehrfarbig	azm	1,80	2,—
1363	80 + 40 (Pf)	mehrfarbig	azn	3,20	2,80
			Satzpreis (4 W.)	10,—	9,50
			FDC		10,—
			ETB 11/1988		6,—

Auflagen: MiNr. 1360 = 4 386 000, MiNr. 1361 = 4 753 000, MiNr. 1362 = 4 386 000, MiNr. 1363 = 4 665 000 Stück, davon je 477 400 auf ETB

1988, 14. April. 500. Geburtstag von Ulrich von Hutten. ⊡ **Stelzer; komb. StTdr. und Odr. (10×5); gez. K 13¾:14.**

azo) U. von Hutten (1488–1523), Humanist und Publizist; Holzschnitt (Detail) aus seiner Schrift „Conquestiones"

				✶✶	⊙
1364	80 (Pf)	mehrfarbig	azo	1,40	0,70
			FDC		1,50
			ETB 12/1988		0,70

Auflage: 32 000 000 Stück, davon 477 400 auf ETB

1988, 5. Mai. Freimarken: Frauen der deutschen Geschichte (V). ⊡ **Aretz; StTdr. (10×10); gez. K 14.**

azp) Cilly Aussem (1909–1963), Tennisspielerin

azr) Lise Meitner (1878–1968), Physikerin

				✶✶	⊙	FDC
1365	20 (Pf)	dunkelmagenta/ dunkelgraublau	azp	1,—	0,50	1,—
1366	130 (Pf)	dunkelkobaltblau/ schwärzlich-violettblau	azr	3,—	1,—	3,50
			Satzpreis (2 W.)	4,—	1,50	4,—
			ETB 13/1988		1,—	

Auflagen: MiNr. 1365 = 643 478 000, MiNr. 1366 = 114 978 000 Stück, davon je 477 400 auf ETB

Weitere Werte siehe Zusammenfassung nach Blockaufstellung

Bildgleiche Marken mit zusätzlicher Inschrift „BERLIN" siehe Berlin (West) MiNr. 811–812

1988, 5. Mai. Europa: Transport- und Kommunikationsmittel. ⊡ **Jünger; Odr. (5×10); gez. K 14.**

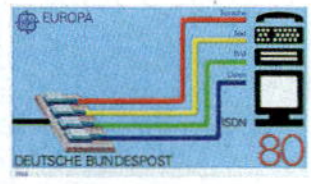

azs) Flugzeug „Airbus A 320", Flaggen der an der Konstruktion beteiligten Länder

azt) Schematische Darstellung des Telekommunikationsprojekts der Deutschen Bundespost (ISDN)

				✶✶	⊙
1367	60 (Pf)	mehrfarbig GA	azs	1,40	0,60
1368	80 (Pf)	mehrfarbig	azt	1,40	0,60
			Satzpreis (2 W.)	2,80	1,20
			FDC		2,80
			ETB 14/1988		1,—

Auflagen: MiNr. 1367 = 73 550 000, MiNr. 1368 = 71 350 000 Stück, davon je 477 000 auf ETB

1988, 5. Mai. 700 Jahre Stadt Düsseldorf. ⊡ **Blume-Zander; Odr. Schwann-Bagel (5×10); gez. K 14.**

azu) Stilis. Stadtansicht

				✶✶	⊙
1369	60 (Pf)	mehrfarbig GA	azu	1,60	0,60
			FDC		1,30
			ETB 15/1988		0,40

Auflage: 35 420 000 Stück, davon 477 400 auf ETB

1988, 5. Mai. 600 Jahre Kölner Universität. ⊡ **Rohse; Odr. (5×5); gez. K 13¾.**

azv) Universitätsgebäude, Kirchtürme

				✶✶	⊙
1370	80 (Pf)	mehrfarbig	azv	1,40	0,60
			FDC		1,50
			ETB 16/1988		0,40

Auflage: 31 500 000 Stück, davon 477 400 auf ETB

1988, 5. Mai. 100. Todestag von Theodor Storm. ⊡ **Jacki; Odr. (5×10); gez. K 14.**

azw) Th. Storm (1817–1888), Dichter

				✶✶	⊙
1371	80 (Pf)	mehrfarbig	azw	1,40	0,60
			FDC		1,50
			ETB 17/1988		0,40

Auflage: 32 000 000 Stück, davon 477 400 auf ETB

1988, 5. Mai. 100. Geburtstag von Jean Monnet. ⊡ **Aretz; Odr. (5×5); gez. K 13¾.**

azx) J. Monnet (1888–1979), französischer Wirtschaftspolitiker (Porträtzeichnung)

				✶✶	⊙
1372	80 (Pf)	mehrfarbig	azx	1,40	0,60
			FDC		1,50
			ETB 18/1988		0,40

Auflage: 32 000 000 Stück, davon 477 400 auf ETB

Fehlt in Kopftexten (nach dem Druckverfahren) die Angabe einer Druckerei, wurden die Ausgaben in der Bundesdruckerei in Berlin hergestellt!

1988, 5. Mai. 25 Jahre Deutscher Entwicklungsdienst (DED). ☐ **Wiese; Odr. (10×5); gez. K 13¾:14.**

azy) Junger Baum mit Stützpfahl in den Landesfarben

				✶✶	⊙
1373	80 (Pf)	mehrfarbig	azy	1,40	0,60
			FDC		1,50
			ETB 19/1988		0,40

Auflage: 32 000 000 Stück, davon 477 400 auf ETB

1988, 14. Juli. Freimarken: Sehenswürdigkeiten (III). ☐ **Haase; Ldr. Bogen (B) (10×10) und Rollen (R); gez. K 14.**

azz) Nofretete-Büste, Berlin

baa) St.-Petri-Dom, Schleswig

				✶✶	⊙	FDC
1374	70 (Pf)	blau/mattrot-orange	azz	1,10	0,30	1,50
1375	120 (Pf)	mattrötlichbraun/hellblaugrün	baa	2,—	0,90	2,—
			Satzpreis (2 W.)	3,—	1,20	3,20
			ETB 20/1988		1,80	

Waagerechte Paare (aus Bogen):

		✶✶	⊙
1374/1374		2,60	3,—
1375/1375		4,60	5,—
	Satzpreis (2 Paare)	7,—	8,—

Einzelmarken mit anhängendem Bogenrand 50% vorstehender Paarpreise

Rollenmarken mit rückseitiger Nummer (R):

	Einzelm. ✶✶	Einzelm. ⊙	5er-Str. ✶✶
1374 R	2,60	3,—	8,—
1375 R	4,—	4,—	13,—

Auflagen: MiNr. 1374 = 63 707 000, MiNr. 1375 = 43 507 000 Stück, davon je 477 400 auf ETB

Weitere Werte siehe Zusammenfassung nach Blockaufstellung

Bildgleiche Marken mit zusätzlicher Inschrift „BERLIN" siehe Berlin (West) MiNr. 814–815

1988, 14. Juli. 1000 Jahre Meersburg. ☐ **Monson-Baumgart; Odr. Schwann-Bagel (5×10); gez. K 14.**

bab) Ansicht von Meersburg

				✶✶	⊙
1376	60 (Pf)	mehrfarbig	bab	1,20	0,60
			FDC		1,50
			ETB 21/1988		0,40

Auflage: 35 160 000 Stück, davon 477 400 auf ETB

1988, 14. Juli. 200. Geburtstag von Leopold Gmelin. ☐ **Schwahn; komb. StTdr. und Odr. (5×10); gez. K 14:13¾.**

bac) L. Gmelin (1788–1853), Chemiker

				✶✶	⊙
1377	80 (Pf)	mehrfarbig	bac	1,30	0,60
			FDC		1,50
			ETB 22/1988		0,40

Auflage: 33 300 000 Stück, davon 477 400 auf ETB

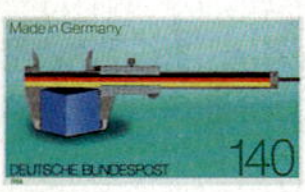

1988, 14. Juli. 100 Jahre Herkunftsbezeichnung „Made in Germany". ☐ **Jünger; Odr. (5×10); gez. K 14.**

bad) Schublehre, Sechskantmutter

				✶✶	⊙
1378	140 (Pf)	mehrfarbig	bad	2,40	1,20
			FDC		2,60
			ETB 23/1988		1,—

Auflage: 20 900 000 Stück, davon 477 400 auf ETB

1988, 11. Aug./1992. Freimarken: Sehenswürdigkeiten (IV). ☐ **Haase; Ldr. Bogen (B) (10×10) und Rollen (R); gez. K 14.**

bae) Chilehaus, Hamburg

baf) Bronzekanne, Reinheim

bag) Rolandsäule, Bremen

				✶✶	⊙	FDC
1379	40 (Pf)	violettultramarin/dunkelrot	bae	0,60	0,60	2,—
1380	90 (Pf)	hellolivbraun/lebhaftrötlichgelb	baf	1,80	2,50	3,50
1381	280 (Pf)	mittelkobaltblau/grauolivbraun	bag	5,—	5,—	6,50
			Satzpreis (3 W.)	7,—	8,—	7,50
			ETB 24/1988		3,—	

Waagerechte Paare (aus Bogen):

		✶✶	⊙
1379/1379		2,—	2,50
1380/1380		4,—	8,—
1381/1381		11,—	12,—
	Satzpreis (3 P.)	17,—	22,—

Einzelmarken mit anhängendem Bogenrand 50% vorstehender Paarpreise

Rollenmarken mit rückseitiger Nummer (R):

	Einzelm. ✶✶	Einzelm. ⊙	5er-Str. ✶✶
1379 R	1,60	1,80	5,20
1380 R	3,60	3,60	10,—
1381 R	12,—	19,—	36,—

Auflagen: MiNr. 1379 = 208 162 000, MiNr. 1380 = 28 507 000, MiNr. 1381 = 25 600 000 Stück, davon je 477 400 auf ETB

Weitere Werte siehe Zusammenfassung nach Blockaufstellung

MiNr. 1379 mit zusätzlicher Inschrift „BERLIN" siehe Berlin (West) MiNr. 816

1988, 11. Aug. 75. Todestag von August Bebel. ☐ **Schmitz; RaTdr. (5×10); gez. K 14.**

bah) A. Bebel (1840–1913), Mitbegründer und Führer der deutschen Sozialdemokratie

				✶✶	⊙
1382	80 (Pf)	mehrfarbig	bah	1,80	0,60
			FDC		1,50
			ETB 25/1988		0,40

Auflage: 32 000 000 Stück, davon 477 400 auf ETB

1988, 13. Okt. Wohlfahrt: Gold- und Silberschmiedekunst. ☐ **Lüdtke; Odr. (5×5); gez. K 13¾.**

bai) Bergkristallreliquiar (um 1200)

bak) Karlsbüste (nach 1349)

bal) Krone von Otto III. (vor 983)

bam) Blütenstrauß (um 1620)

				✶✶	⊙
1383	50 + 25 (Pf)	mehrfarbig	bai	0,80	0,80
1384	60 + 30 (Pf)	mehrfarbig	bak	1,20	1,20

				**	⊙
1385	70 + 35 (Pf)	mehrfarbig . . . . bal		1,20	1,20
1386	80 + 40 (Pf)	mehrfarbig . . . . bam		1,80	1,80
			Satzpreis (4 W.)	5,—	5,—
			FDC		7,—
			ETB 26/1988		3,50

Auflagen: MiNr. 1383 = 17 488 000, MiNr. 1384 = 11 599 000, MiNr. 1385 = 7 160 000, MiNr. 1386 = 15 146 000 Stück, davon 467 800 auf ETB

1988, 13. Okt. 125 Jahre Internationales Rotes Kreuz. 🄴 **Wilke; komb. StTdr. und Odr. (10×5); gez. K 13¾:14.**

ban) Rotes Kreuz

				**	⊙
1387	80 (Pf)	schwarz/dunkelrosa . . . . ban		1,80	0,60
			FDC		1,80
			ETB 27/1988		0,40

Auflage: 32 000 000 Stück, davon 467 800 auf ETB

1988, 13. Okt. Tag der Briefmarke. 🄴 **Steiner; Odr. (5×5); gez. K 13¾.**

bao) Brieftaube

				**	⊙
1388	20 (Pf)	mehrfarbig . . . . bao		0,80	0,50
			FDC		1,—
			ETB 28/1988		0,40

Auflage: 69 255 000 Stück, davon 467 800 auf ETB

1988, 13. Okt. 50. Jahrestag der Novemberpogrome („Reichskristallnacht", 9./10.11.1938). 🄴 **Lüdtke; RaTdr. (5×10); gez. K 14.**

bap) Brennende Synagoge, Davidstern

				**	⊙
1389	80 (Pf)	schwarz/dunkellilagrau . . . . . bap		1,30	0,60
			FDC		1,50
			ETB 29/1988		0,40

Auflage: 32 000 000 Stück, davon 467 800 auf ETB

1988, 10. Nov. Freimarken: Frauen der deutschen Geschichte (VI). 🄴 **Aretz; StTdr. (10×10); gez. K 14.**

bar) Therese Giehse (1898–1975), Schauspielerin

bas) Hannah Arendt (1906–1975), Philosophin

bat) Mathilde Franziska Anneke (1817–1884), Frauenrechtlerin

bau) Hedwig Dransfeld (1871–1925), Politikerin

				**	⊙	FDC
1390	100 (Pf)	rot/olivschwarz . . bar		1,50	0,50	2,—
1391	170 (Pf)	schwarzoliv/schwarzviolettpurpur . . . . bas		2,50	1,50	3,—
1392	240 (Pf)	schwarzgrünlichblau/schwärzlichbraunocker . . . . . bat		3,50	2,50	5,—
1393	350 (Pf)	grünschwarz/dunkellilarot . . . . bau		5,50	3,—	7,—
			Satzpreis (4 W.)	13,—	7,50	15,—
			ETB 30/1988		5,—	

MiNr. 1390 gibt es auch aus Geschenkheftchen für die neuen Bundesländer. Später wurde dieses Heftchen über die Versandstellen verkauft.

Auflagen: MiNr. 1390 = 6 007 068 000, MiNr. 1391 = 506 868 000, MiNr. 1392 = 272 168 000, MiNr. 1393 = 160 468 000 Stück, davon je 467 800 auf ETB

Weitere Werte siehe Zusammenfassung nach Blockaufstellung

Bildgleiche Marken mit zusätzlicher Inschrift „BERLIN" siehe Berlin (West) MiNr. 825–828

1988, 10. Nov. 100 Jahre Arbeiter-Samariter-Bund. 🄴 **Rogger; Odr. Schwann-Bagel (5×10); gez. K 14.**

bav) Helfende und gestützte Hand

				**	⊙
1394	80 (Pf)	mehrfarbig . . . . bav		1,40	0,60
			FDC		1,50
			ETB 31/1988		0,40

Auflage: 39 645 000 Stück, davon 467 800 auf ETB

1988, 10. Nov. 100 Jahre Briefmarkenspendeaktion für Bethel. 🄴 **Poell; Odr. Schwann-Bagel (5×10); gez. K 14.**

baw) Briefstücke mit Marken der Bundesrepublik Deutschland

				**	⊙
1395	60 (Pf)	mehrfarbig . . . . baw		1,40	0,60
			FDC		1,50
			ETB 32/1988		0,40

Auflage: 32 000 000 Stück, davon 467 800 auf ETB

1988, 10. Nov. Weihnachten. 🄴 **Runge; Odr. (5×5); gez. K 13¾.**

bax) Geburt Christi; aus dem Evangeliar Heinrichs des Löwen (12. Jh.)

				**	⊙
1396	80 + 40 (Pf)	mehrfarbig . . . . bax		1,80	1,60
			FDC		2,40
			ETB 33/1988		1,30

Auflage: 10 796 000 Stück, davon 467 800 auf ETB

1989

1989, 12. Jan. Freimarke: Frauen der deutschen Geschichte (VII). 🄴 **Aretz; StTdr. (10×10); gez. K 14.**

bay) Alice Salomon (1872–1948), Frauenrechtlerin und Sozialpädagogin

			**	⊙	FDC	ETB 1/1989
1397	500 (Pf)	schwarzbräunlicholiv/dunkelrot . . . . bay	6,50	4,—	9,—	3,50

Auflage: 105 970 000 Stück, davon 467 800 auf ETB

Weitere Werte siehe Zusammenfassung nach Blockaufstellung

Bildgleiche Marke mit zusätzlicher Inschrift „BERLIN" siehe Berlin (West) MiNr. 830

1989, 12. Jan./1993. Freimarken: Sehenswürdigkeiten (V). 🄴 **Haase; Ldr. Bogen (B) (10×10), Markenheftchen (MH) und Rollen (R); A = vierseitig, C und D = dreiseitig gez. K 14.**

azz) Nofretete-Büste, Berlin

baa) St.-Petri-Dom, Schleswig

bag) Rolandsäule, Bremen

baf) Bronzekanne, Reinheim

			★★	⊙	FDC
1398	20 (Pf)	blau/mattorangerot . . . . . azz			
A		vierseitig gezähnt (12.1.1989) (B) (R)	0,60	0,40	1,50
C		oben geschnitten (1993) (MH)	1,50	2,50	
D		unten geschnitten (1993) (MH)	1,50	2,50	
1399 A	33 (Pf)	mattbräunlichrot/hellblaugrün, vierseitig gezähnt (12.1.1989) (B) (R) . . . . . baa	0,60	0,40	2,—
1400 A	38 (Pf)	cyanblau/braunoliv, vierseitig gezähnt (B) (R) . . . . . bag	1,—	0,60	2,—
1401 A	140 (Pf)	mattolivbraun/gelb, vierseitig gezähnt (12.1.1989) (B) (R) . . . . . baf	2,40	0,80	2,50
		Satzpreis A (4 W.)	4,50	2,20	7,—
		ETB 2/1989		1,80	

Waagerechte Paare (aus Bogen):

	★★	⊙
1398 A/1398 A	1,30	1,20
1399 A/1399 A	1,30	1,80
1400 A/1400 A	2,20	2,50
1401 A/1401 A	5,—	6,—
Satzpreis (4 Paare)	9,—	11,—

Einzelmarken mit anhängendem Bogenrand 50% vorstehender Paarpreise; senkrechtes Paar 1398 C/D siehe bei MH 28

Rollenmarken mit rückseitiger Nummer (R):

	Einzelmarken ★★	Einzelmarken ⊙	5er-Str. ★★
1398 A R	1,20	0,60	3,50
1399 A R	2,—	2,—	4,60
1400 A R	2,20	2,60	6,—
1401 A R	2,80	2,60	12,40

Auflagen: MiNr. 1398 = 686 905 000, MiNr. 1399 = 621 700 000, MiNr. 1400 = 151 700 000, MiNr. 1401 = 210 400 000 Stück, davon je 467 800 auf ETB

Weitere Werte siehe Zusammenfassung nach Blockaufstellung

MiNr. 1398 A und 1401 A mit zusätzlicher Inschrift „BERLIN" siehe Berlin (West) MiNr. 831–832

1989, 12. Jan. 2000 Jahre Bonn. 🄴 **Steiner; Odr. (5×5); gez. K 14.**

baz) Bedeutende Bauwerke in Bonn, Schiff, Stadtwappen

			★★	⊙
1402	80 (Pf)	mehrfarbig . . . . . baz	2,—	0,90
		FDC		2,—
		ETB 3/1989		0,70

Auflage: 31 000 000 Stück, davon 467 800 auf ETB

1989, 12. Jan. 100. Geburtstag von Willi Baumeister. 🄴 **Burkert; Odr. (5×5); gez. K 14.**

bba) Bluxao I; Gemälde von W. Baumeister (1889–1955)

			★★	⊙
1403	60 (Pf)	mehrfarbig . . . . . bba	1,30	0,60
		FDC		1,40
		ETB 4/1989		0,40

Auflage: 33 875 000 Stück, davon 467 800 auf ETB

1989, 12. Jan. 30 Jahre kirchliche Hilfsorganisationen „Misereor" und „Brot für die Welt". 🄴 **Rogger; RaTdr. (5×10); gez. K 14.**

bbb) Durch Dürre aufgebrochene Erde

			★★	⊙
1404	80 (Pf)	mehrfarbig . . . . . bbb	1,50	0,60
		FDC		1,50
		ETB 5/1989		0,40

Auflage: 32 000 000 Stück, davon 467 800 auf ETB

1989, 9. Febr. Freimarke: Frauen der deutschen Geschichte (VIII). 🄴 **Aretz; StTdr. (10×10); gez. K 14.**

bbc) Emma Ihrer (1857–1911), Politikerin und Gewerkschaftlerin

			★★	⊙
1405	5 (Pf)	schwarzblaugrau/dunkelbraunorange . . . . . bbc	0,40	0,40
		FDC		1,—
		ETB 6/1989		0,50

Auflage: 214 170 000 Stück, davon 467 800 auf ETB

Weitere Werte siehe Zusammenfassung nach Blockaufstellung

Bildgleiche Marke mit zusätzlicher Inschrift „BERLIN" siehe Berlin (West) MiNr. 833

1989, 9. Febr./1994. Freimarken: Sehenswürdigkeiten (VI). Ⓔ **Haase; Ldr. Bogen (B) (10×10), Markenheftchen (MH) und Rollen (R); A = vierseitig, C und D = dreiseitig gez. K 14.**

bbd) Wallfahrtskapelle, Altötting

bbe) Externsteine, Horn-Bad Meinberg

			✶✶	⊙	FDC
1406	100 (Pf)	hellbläulichgrün/lebhaftocker . . . . . bbd			
A		vierseitig gezähnt (9.2.1989) (B) (R)	2,50	0,40	2,50
C		oben geschnitten (Juni 1989) (MH)	2,50	2,—	
D		unten geschnitten (Juni 1989) (MH)	2,50	2,—	
1407 A	350 (Pf)	lilaultramarin/mittelolivbraun, vierseitig gezähnt (9.2.1989) (B) (R) . . . . . bbe	4,—	0,80	6,—
		Satzpreis A (2 W.)	6,50	1,20	8,50
		ETB 7/1989		1,80	

Waagerechte Paare (aus Bogen):

	✶✶	⊙
1406 A/1406 A	7,50	4,—
1407 A/1407 A	9,—	9,50
Satzpreis (2 Paare)	16,—	13,—

Einzelmarken mit anhängendem Bogenrand 50% vorstehender Paarpreise; senkrechtes Paar 1406 C/D siehe bei MH 26.

Rollenmarken mit rückseitiger Nummer (R):

	Einzelmarken ✶✶	Einzelmarken ⊙	5er-Str. ✶✶
1406 A R	3,—	1,—	13,—
1407 A R	5,60	4,20	26,—

[PH] MiNr. 1406 A und 1407 A; Beschreibung siehe bei MiNr. 1348!

Auflagen: MiNr. 1406 = 3 870 329 000, MiNr. 1407 = 255 740 000 Stück, davon je 467 800 auf ETB

In gleicher Zeichnung wie MiNr. 1406: MiNr. 1534; weitere Werte siehe Zusammenfassung nach Blockaufstellung

Bildgleiche Marken mit zusätzlicher Inschrift „BERLIN" siehe Berlin (West) MiNr. 834–835

1989, 9. Febr. Sporthilfe: Tischtennis-Weltmeisterschaften, Dortmund; Kunstturn-Weltmeisterschaften, Stuttgart. Ⓔ **Hoch; Odr. (5×5); gez. K 14.**

bbf) Tischtennis

bbg) Kunstturnen

			✶✶	⊙
1408	100 + 50 (Pf)	mehrfarbig . . . . . bbf	2,20	2,20
1409	140 + 60 (Pf)	mehrfarbig . . . . . bbg	3,40	3,40
		Satzpreis (2 W.)	5,50	5,50
		FDC		6,—
		ETB 8/1989		3,50

Auflagen: MiNr. 1408 = 4 116 000, MiNr. 1409 = 3 613 000 Stück, davon je 467 800 auf ETB

1989, 9. Febr. 100. Geburtstag von Gerhard Marcks. Ⓔ **Jacki; Odr. (5×10); gez. K 14.**

bbh) Katzen im Dachboden; Holzschnitt von G. Marcks (1889–1981), Bildhauer und Grafiker

			✶✶	⊙
1410	60 (Pf)	mehrfarbig . . . . . bbh	1,30	0,60
		FDC		1,30
		ETB 9/1989		0,40

Auflage: 31 600 000 Stück, davon 467 800 auf ETB

1989, 20. April. Jugend: Zirkus. Ⓔ **Kößlinger; Odr. (5×5); gez. K 14.**

bbi) Elefantengruppe

bbk) Ballerina auf dem Pferd

bbl) Clown

bbm) Zirkuszelt

			✶✶	⊙
1411	60 + 30 (Pf)	mehrfarbig . . . . . bbi	2,—	2,—
1412	70 + 30 (Pf)	mehrfarbig . . . . . bbk	2,50	2,50
1413	80 + 35 (Pf)	mehrfarbig . . . . . bbl	3,50	3,—
1414	100 + 50 (Pf)	mehrfarbig . . . . . bbm	5,—	3,50
		Satzpreis (4 W.)	13,—	11,—
		FDC		13,—
		ETB 10/1989		6,—

Auflagen: MiNr. 1411 = 3 657 000, MiNr. 1412 = 3 546 000, MiNr. 1413 = 3 527 000, MiNr. 1414 = 3 690 000 Stück, davon je 452 200 auf ETB

1989, 20. April. Weltausstellung für philatelistische Literatur IPHLA '89, Frankfurt a. Main. Ⓔ **Graschberger; Odr. (5×5); gez. K 14.**

bbn) Buch mit Nachbildungen historischer Briefmarken und Abbildung der Alten Oper Frankfurt als Titelbild, Posthorn

			✶✶	⊙
1415	100 + 50 (Pf)	mehrfarbig . . . . . bbn	3,50	3,20
		FDC		4,—
		ETB 11/1989		1,80

Auflage: 3 780 000 Stück, davon 454 200 auf ETB

1989, 20. April. Dritte Direktwahlen zum Europäischen Parlament. 🄴 **Wiese; Odr. Schwann-Bagel (5×10); gez. K 14.**

bbo) Europafahne, Staatsflaggen der Mitgliedsländer

				★★	⊙
1416	100 (Pf)	mehrfarbig	bbo	2,60	1,20
			FDC		2,20
			ETB 12/1989		1,—

Auflage: 32 800 000 Stück, davon 454 200 auf ETB

1989, 5. Mai. Europa: Kinderspiele. 🄴 **de Vries; Odr. (5×10); gez. K 14.**

bbp) Drachensteigen

bbr) Puppentheater

				★★	⊙
1417	60 (Pf)	mehrfarbig GA	bbp	1,50	0,40
1418	100 (Pf)	mehrfarbig	bbr	2,—	0,50
			Satzpreis (2 W.)	3,50	0,90
			FDC		2,50
			ETB 13/1989		1,—

Auflagen: MiNr. 1417 = 76 270 000, MiNr. 1418 = 79 280 000 Stück, davon je 454 200 auf ETB

1989, 5. Mai. 800 Jahre Hamburger Hafen. 🄴 **Seiter; Odr. (5×10); gez. K 14.**

bbs) Schiffe im Hamburger Hafen

				★★	⊙
1419	60 (Pf)	mehrfarbig	bbs	1,80	0,60
			FDC		1,60
			ETB 14/1989		0,40

Auflage: 35 000 000 Stück, davon 454 200 auf ETB

1989, 5. Mai. 250. Todestag von Cosmas Damian Asam. 🄴 **Kößlinger; Odr. (5×10); gez. K 14:13¾.**

bbt) C. D. Asam (1686–1739), Maler und Baumeister; Detail aus dem Kuppelfresko im Kloster Weltenburg von Egid Quirin Asam (1692–1750)

				★★	⊙
1420	60 (Pf)	mehrfarbig	bbt	1,—	0,60
			FDC		1,30
			ETB 15/1989		0,40

Auflage: 31 100 000 Stück, davon 454 200 auf ETB

1989, 5. Mai. 40 Jahre Bundesrepublik Deutschland. 🄴 **Jünger; RaTdr. (5×5); gez. K 14.**

bbu) Bundesadler, Nationalfarben, Unterschriften der Bundespräsidenten

				★★	⊙
1421	100 (Pf)	mehrfarbig	bbu	2,40	0,90
			FDC		2,20
			ETB 16/1989		0,70

Auflage: 40 600 000 Stück, davon 454 200 auf ETB

1989, 5. Mai. 40 Jahre Europarat. 🄴 **Zauner; RaTdr. (5×5); gez. K 14.**

bbv) Parlamentarische Versammlung, Sterne der Europafahne

				★★	⊙
1422	100 (Pf)	mehrfarbig	bbv	2,20	1,—
			FDC		1,80
			ETB 17/1989		0,70

Auflage: 31 000 000 Stück, davon 454 200 auf ETB

1989, 5. Mai. 200. Geburtstag von Franz Xaver Gabelsberger. 🄴 **Wiese; Odr. (10×5); gez. K 13¾:14.**

bbw) F. X. Gabelsberger (1789–1849), Stenograph; Sinnspruch (Redezeichenkunst) in Kurzschrift

				★★	⊙
1423	100 (Pf)	mehrfarbig	bbw	2,20	0,70
			FDC		1,50
			ETB 18/1989		0,70

Auflage: 30 000 000 Stück, davon 454 200 auf ETB

1989, 15. Juni. 1300. Todestag der Frankenapostel Kilian, Kolonat und Totnan. 🄴 **Effert; Odr. (5×10); gez. K 14.**

bbx) Die Heiligen Kilian, Kolonat und Totnan († 689), iro-schottische Wandermönche

				★★	⊙
1424	100 (Pf)	mehrfarbig	bbx	2,—	0,80
			FDC		1,80
			ETB 19/1989*)		1,50

*) enthält zusätzlich die bildgleiche Marke Irland MiNr. 683

Auflage: 30 200 000 Stück, davon 530 000 auf ETB

Parallelausgabe mit Irland MiNr. 683

1989, 15. Juni. 200. Geburtstag von Friedrich Silcher. 🄴 **Meyn; Odr. (5×10); gez. K 14.**

bby) F. Silcher (1789–1860), Komponist und Musikerzieher; Autograph der Notenschrift „Lorelei"

				★★	⊙
1425	80 (Pf)	mehrfarbig	bby	1,30	0,60
			FDC		1,60
			ETB 20/1989		0,40

Auflage: 19 500 000 Stück, davon 454 200 auf ETB

1989, 15. Juni. 100 Jahre gesetzliche Rentenversicherung. 🄴 **Poell; Odr. (5×5); gez. K 14.**

bbz) Alterspyramiden der Jahre 1889, 1989 (eigentlich 1985) und 2000 in Deutschland

				★★	⊙
1426	100 (Pf)	mehrfarbig	bbz	1,80	0,70
			FDC		1,60
			ETB 21/1989		0,70

Auflage: 30 000 000 Stück, davon 454 200 auf ETB

1989, 13. Juli. Freimarken: Frauen der deutschen Geschichte (IX). 🄴 **Aretz; StTdr. (10×10); gez. K 14.**

bca) Lotte Lehmann (1888–1976), Sängerin

bcb) Luise von Preußen (1776–1810), Königin von Preußen

				★★	⊙	FDC
1427	180 (Pf)	kobaltblau/ schwarzrotlila	bca	3,—	1,50	4,—
1428	250 (Pf)	rötlichlila/ dunkelkobalt	bcb	5,—	2,50	6,—
			Satzpreis (2 W.)	8,—	4,—	9,—
			ETB 22/1989		3,—	

Auflagen: MiNr. 1427 = 72 054 000, MiNr. 1428 = 49 154 000 Stück, davon je 454 200 auf ETB

Weitere Werte siehe Zusammenfassung nach Blockaufstellung

Bildgleiche Marken mit zusätzlicher Inschrift „BERLIN" siehe Berlin (West) MiNr. 844–845

1989, 13. Juli. 200. Geburtstag von Friedrich List. Ⓔ **von Andrian; StTdr. (5×10); gez. K 14.**

bcc) F. List (1789–1846), Nationalökonom und Wirtschaftspolitiker; Eisenbahnzug (19. Jh.)

			★★	⊙
1429	170 (Pf)	schwarz/dunkelrosarot . . . . bcc	3,—	1,20
		FDC		2,80
		ETB 23/1989		1,30

Auflage: 20 000 000 Stück, davon 454 200 auf ETB

1989, 13. Juli. 100 Jahre Künstlerdorf Worpswede. Ⓔ **S. und F. Haase; Odr. (5×5); gez. K 14.**

bcd) Der Sommerabend; Gemälde von Heinrich Vogeler (1872–1942)

			★★	⊙
1430	60 (Pf)	mehrfarbig . . . . bcd	1,10	0,60
		FDC		1,30
		ETB 24/1989		0,40

Auflage: 32 000 000 Stück, davon 454 200 auf ETB

1989, 13. Juli. 50. Todestag von Paul Schneider. Ⓔ **Jacki; RaTdr. (10×5); gez. K 13¾:14.**

bce) P. Schneider (1897–1939), Pfarrer und Widerstandskämpfer

			★★	⊙
1431	100 (Pf)	mehrfarbig . . . . bce	1,50	0,70
		FDC		1,60
		ETB 25/1989		0,60

Auflage: 30 000 000 Stück, davon 454 200 auf ETB

1989, 10. Aug./1994. Freimarken: Frauen der deutschen Geschichte (X). Ⓔ **Aretz; StTdr. (10×10, MiNr. 1433 auch Klb. 5×2); gez. K 14.**

bcf) Cécile Vogt (1875–1962), Hirnforscherin

bcg) Fanny Hensel (1805–1847), Musikerin

			★★	⊙	FDC
1432	140 (Pf)	schwärzlichultramarin/lebhaftbraunocker . . . . . bcf	3,50	1,80	3,50
1433	300 (Pf)	schwärzrötlichlila/schwärzlichgrün . bcg	3,—	1,50	6,50
		Satzpreis (2 W.)	6,50	3,20	9,—
		Kleinbogen mit MiNr. 1433	32,—	35,—	
		ETB 26/1989		2,40	

Auflagen: MiNr. 1432 = 87 760 000, MiNr. 1433 = 742 190 000 Stück, davon je 454 200 auf ETB

PF

Weitere Werte siehe Zusammenfassung nach Blockaufstellung

Bildgleiche Marken mit zusätzlicher Inschrift „BERLIN“ siehe Berlin (West) MiNr. 848–849

1989, 10. Aug. 750 Jahre Dom Frankfurt a. M. Ⓔ **Kößlinger; Odr. (10×5); gez. K 13¾:14.**

bch) Frankfurter Dom, Kaiserkrone

			★★	⊙
1434	60 (Pf)	mehrfarbig . . . . bch	1,40	0,60
		FDC		1,30
		ETB 27/1989		0,40

Auflage: 32 320 000 Stück, davon 454 200 auf ETB

1989, 10. Aug. „Kinder gehören dazu“. Ⓔ **Fromm; Odr. (5×10); gez. K 14.**

bci) Kinder bauen ein Haus

			★★	⊙
1435	100 (Pf)	mehrfarbig . . . . bci	1,70	0,70
		FDC		1,80
		ETB 28/1989		0,70

Auflage: 30 000 000 Stück, davon 454 200 auf ETB

1989, 10. Aug. 100 Jahre Industriegewerkschaft Bergbau und Energie. Ⓔ **Poell; Odr. Schwann-Bagel (5×10); gez. K 14.**

bck) Ammonit, Emblem

			★★	⊙
1436	100 (Pf)	mehrfarbig . . . . bck	1,40	0,70
		FDC		1,40
		ETB 29/1989		0,70

Auflage: 34 900 000 Stück, davon 454 200 auf ETB

1989, 12. Okt. Wohlfahrt: Postbeförderung im Laufe der Jahrhunderte. Ⓔ **Steiner; Odr. (5×5); gez. K 13¾.**

bcl) Thurn und Taxis'scher Postreiter (18. Jh.)

bcm) Bote der Hamburgischen Fußpost (1808)

bcn) Bayerischer Postomnibus (um 1900)

			★★	⊙
1437	60 + 30 (Pf)	mehrfarbig . . . . bcl	1,50	1,40
1438	80 + 35 (Pf)	mehrfarbig . . . . bcm	2,50	2,—
1439	100 + 50 (Pf)	mehrfarbig . . . . bcn	4,—	3,20
		Satzpreis (3 W.)	8,—	6,50
		FDC		7,—
		ETB 30/1989		4,—

Auflagen: MiNr. 1437 = 13 984 100, MiNr. 1438 = 8 415 300, MiNr. 1439 = 19 155 100 Stück, davon je 454 200 auf ETB

1989, 12. Okt. 100. Geburtstag von Reinhold Maier. Ⓔ **Aretz; Odr. (5×10); gez. K 14:13¾.**

bco) R. Maier (1889–1971), Politiker

			★★	⊙
1440	100 (Pf)	mehrfarbig . . . . bco	1,70	0,70
		FDC		1,80
		ETB 31/1989		0,70

Auflage: 30 000 000 Stück, davon 454 200 auf ETB

1989, 16. Nov. 300 Jahre Arp-Schnitger-Orgel in der Hauptkirche St. Jacobi, Hamburg. Ⓔ **Steiner; Odr. Schwann-Bagel (5×10); gez. K 14.**

bcp) Orgelprospekt (Detail)

			★★	⊙
1441	60 (Pf)	mehrfarbig . . . . bcp	1,40	0,60
		FDC		1,50
		ETB 32/1989		0,40

Auflage: 35 800 000 Stück, davon 454 200 auf ETB

1989, 16. Nov. Weihnachten. Ⓔ Stelzer; Odr. (5×5); gez. K 13¾.

bcr) Engel

bcs) Geburt Christi

bcr–bcs) Details aus dem „Englischen Gruß“ von Veit Stoß (um 1445 bis 1533), Bildhauer, Kupferstecher und Maler, in der St.-Lorenz-Kirche, Nürnberg

			★★	⊙
1442	60 + 30 (Pf) mehrfarbig	bcr	1,60	1,40
1443	100 + 50 (Pf) mehrfarbig	bcs	2,—	1,80
		Satzpreis (2 W.)	3,60	3,20
		FDC		4,50
		ETB 33/1989		2,20

Auflagen: MiNr. 1442 = 7 233 800, MiNr. 1443 = 9 236 300 Stück, davon je 454 200 auf ETB

1990

1990, 12. Jan. 2000 Jahre Speyer. Ⓔ Steiner. Odr. (5×10); gez. K 14.

bct) Dom und bedeutende Bauwerke in Speyer

			★★	⊙
1444	60 (Pf) mehrfarbig GA	bct	1,40	0,60
		FDC		1,30
		ETB 1/1990		2,50

Auflage: 33 000 000 Stück, davon 454 200 auf ETB

1990, 12. Jan. 500 Jahre internationale Postverbindungen in Europa. Ⓔ Bundesdruckerei Berlin; komb. StTdr. und Odr. (10×5); gez. K 13¾:14.

bcu) Der kleine Postreiter (Detail); Stich von Albrecht Dürer (1471–1528), Maler und Grafiker

			★★	⊙
1445	100 (Pf) mehrfarbig	bcu	2,60	0,80
		FDC		2,—
		ETB 2/1990		2,50

Auflage: 59 780 000 Stück, davon 454 200 auf ETB

Bildgleiche Marke mit zusätzlicher Inschrift „BERLIN“ siehe Berlin (West) MiNr. 860

Parallelausgabe mit Berlin (West) MiNr. 860, DDR MiNr. 3299, Belgien MiNr. 2402 und Österreich MiNr. 1978

1990, 12. Jan. 500 Jahre Rieslinganbau. Ⓔ Kößlinger; Odr. (5×10); gez. K 14:13¾.

bcv) Von Rebe umrankte Initiale „R“

			★★	⊙
1446	100 (Pf) mehrfarbig	bcv	1,40	0,80
		FDC		1,80
		ETB 3/1990		2,50

Auflage: 31 750 000 Stück, davon 454 200 auf ETB

1990, 12. Jan. UNESCO-Welterbe (I): Altstadt Lübeck. Ⓔ Rohse; komb. StTdr. und Odr. (5×10); gez. K 14.

bcw) Stadtansicht von Lübeck (stilisiert)

			★★	⊙
1447	100 (Pf) mehrfarbig	bcw	1,80	0,80
		FDC		1,80
		ETB 4/1990		2,50

Auflage: 28 780 000 Stück, davon 454 200 auf ETB

Weitere Ausgaben: MiNr. 1875, 1881, 1913, 1966, 2006, 2007 bis 2008, 2253, 2274, 2277, 2329, 2330, 2394, 2536, 2537, 2614–2615, 2623 (Bl. 72), 2637, 2642, 2736, 2774, 2779, 2844–2845, 2850, 2889, 2944, 3050, 3052, 3056, 3087, 3105

1990, 15. Febr. Freimarke: Sehenswürdigkeiten (VII). Ⓔ Haase; Ldr. Bogen (B) (10×10) und Rollen (R); gez. K 14.

bcx) Löwenstandbild, Braunschweig

			★★	⊙
1448	5 (Pf) grünblau/grau (B) (R)	bcx	0,50	0,40
		FDC		1,20
		ETB 5/1990		0,70

Waagerechtes Paar (aus Bogen):

	★★	⊙
1448/1448	1,—	1,10

Einzelmarke mit anhängendem Bogenrand 50% vorstehender Paarpreise.

Rollenmarke mit rückseitiger Nummer (R):

	Einzelm. ★★	Einzelm. ⊙	5er-Str. ★★
1448 R	0,60	0,60	2,60

Auflage: 257 484 000 Stück, davon 454 200 auf ETB

Weitere Werte siehe Zusammenfassung nach Blockaufstellung

Bildgleiche Marke mit zusätzlicher Inschrift „BERLIN“ siehe Berlin (West) MiNr. 863

1990, 15. Febr. Sporthilfe: Beliebte Sportarten. Ⓔ Aretz; Odr. (5×5); gez. K 14.

bcy) Hallenhandball

bcz) 20 Jahre Trimm-Dich-Aktion

			★★	⊙
1449	100 + 50 (Pf) mehrfarbig	bcy	3,20	2,—
1450	140 + 60 (Pf) mehrfarbig	bcz	3,80	3,—
		Satzpreis (2 W.)	7,—	5,—
		FDC		7,—
		ETB 6/1990		4,—

Auflagen: MiNr. 1449 = 5 003 000, MiNr. 1450 = 4 925 000 Stück, davon je 583 000 auf ETB

1990, 15. Febr. 800 Jahre Deutscher Orden. Ⓔ Lüdtke; Odr. (5×5); gez. K 13¾.

bda) Siegel des Obersten Spittlers des Deutschen Ordens (1400), Amtswappen des Hochmeisters des Deutschen Ordens (1982)

			★★	⊙
1451	100 (Pf) mehrfarbig	bda	2,—	0,80
		FDC		2,—
		ETB 7/1990		2,—

Auflage: 29 000 000 Stück, davon 454 200 auf ETB

1990, 15. Febr. 750 Jahre Privileg für Messen in Frankfurt a. M. Ⓔ **Schmitz; Odr. Schwann-Bagel (5×10); gez. K 14.**

bdb) Siegel Kaiser Friedrichs II. (1240), Empfangshalle „Galleria“ der Frankfurter Messe

				✶✶	⊙
1452	100 (Pf)	mehrfarbig	bdb	2,—	0,80
			FDC		2,—
			ETB 8/1990		2,—

Auflage: 33 000 000 Stück, davon 454 200 auf ETB

1990, 15. Febr. 25 Jahre Wettbewerb „Jugend forscht“. Ⓔ **Lüdtke; Odr. (5×10); gez. K 14.**

bdc) Labyrinth, Frage- und Ausrufezeichen

				✶✶	⊙
1453	100 (Pf)	mehrfarbig	bdc	2,—	0,80
			FDC		2,—
			ETB 9/1990		2,—

Auflage: 27 750 000 Stück, davon 454 200 auf ETB

1990, 15. Febr. Internationale Nordseeschutz-Konferenz, Den Haag. Ⓔ **Przewieslik; Odr. (5×5); gez. K 14.**

bdd) Fauna der Nordsee

				✶✶	⊙
1454	100 (Pf)	mehrfarbig	bdd	2,40	0,80
			FDC		2,—
			ETB 10/1990		3,—

Auflage: 30 000 000 Stück, davon 454 200 auf ETB

1990, 19. April. Jugend: 125 Jahre „Max und Moritz“. Ⓔ **Schillinger; Odr. (5×5); gez. K 14.**

bde) „Witwe Bolte in der Kammer hört im Bette diesen Jammer“

bdf) „Max und Moritz im Verstecke schnarchen aber an der Hecke“

bdg) „Max und Moritz, gar nicht träge, sägen heimlich mit der Säge“

bdh) „Ach, was muss man oft von bösen Buben hören oder lesen“

bde–bdh) Illustrationen aus der Bildgeschichte „Max und Moritz“ von Wilhelm Busch (1832–1908), Maler, Zeichner und Dichter

				✶✶	⊙
1455	60 + 30 (Pf)	mehrfarbig	bde	1,10	1,10
1456	70 + 30 (Pf)	mehrfarbig	bdf	1,60	1,60
1457	80 + 35 (Pf)	mehrfarbig	bdg	2,20	2,—
1458	100 + 50 (Pf)	mehrfarbig	bdh	2,60	2,50
			Satzpreis (4 W.)	7,50	7,—
			FDC		8,—
			ETB 11/1990		4,50

Auflagen: MiNr. 1455 = 3 916 000, MiNr. 1456 = 3 707 000, MiNr. 1457 = 3 703 000, MiNr. 1458 = 4 000 000 Stück, davon je 336 000 auf ETB

1990, 19. April. 100 Jahre Tag der Arbeit (1. Mai). Ⓔ **Hoch; RaTdr. (5×10); gez. K 14.**

bdi) Stilis. Fabrikdach, Inschrift

				✶✶	⊙
1459	100 (Pf)	mehrfarbig	bdi	1,40	0,80
			FDC		1,60
			ETB 12/1990		1,60

Auflage: 30 000 000 Stück, davon 432 000 auf ETB

1990, 19. April. 75 Jahre Deutscher Hausfrauen-Bund (DHB). Ⓔ **Poell; Odr. (5×10); gez. K 14.**

bdk) Hausfrau, DHB-Emblem

				✶✶	⊙
1460	100 (Pf)	mehrfarbig	bdk	1,40	0,80
			FDC		1,60
			ETB 13/1990		1,60

Auflage: 30 000 000 Stück, davon 432 000 auf ETB

1990, 3. Mai. Europa: Postalische Einrichtungen. Ⓔ **Przewieslik; Odr. (5×10); gez. K 14.**

bdl) Palais Thurn und Taxis, Frankfurt am Main

bdm) Postgiroamt Frankfurt am Main

				✶✶	⊙
1461	60 (Pf)	mehrfarbig GA	bdl	1,80	0,60
1462	100 (Pf)	mehrfarbig	bdm	1,80	0,60
			Satzpreis (2 W.)	3,50	1,20
			FDC		3,—
			ETB 14/1990		1,20

Auflagen: MiNr. 1461 = 63 400 000, MiNr. 1462 = 71 310 000 Stück, davon je 432 000 auf ETB

1990, 3. Mai. 175 Jahre Nationalfarben Schwarz-Rot-Gold und Deutsche Burschenschaft. Ⓔ **Effert; komb. StTdr. und Odr. (5×10); gez. K 14.**

bdn) Nationalfarben, Studentengruppe

				✶✶	⊙
1463	100 (Pf)	mehrfarbig	bdn	2,—	0,80
			FDC		2,—
			ETB 15/1990		2,50

Auflage: 30 000 000 Stück, davon 432 000 auf ETB

1990, 3. Mai. 125 Jahre Internationale Fernmeldeunion (UIT). Ⓔ **Langer-Rosa, Langer; Odr. (5×10); gez. K 14:13¾.**

bdo) Stilisierte Weltkugel

				✶✶	⊙
1464	100 (Pf)	mehrfarbig	bdo	1,60	0,80
			FDC		1,80
			ETB 16/1990		1,60

Auflage: 30 000 000 Stück, davon 432 000 auf ETB

1990, 3. Mai. 125 Jahre Deutsche Gesellschaft zur Rettung Schiffbrüchiger (DGzRS). Ⓔ **Haase; Odr. (5×10); gez. K 14.**

bdp) Sammelschiffchen

				✶✶	⊙
1465	60 (Pf)	mehrfarbig	bdp	1,40	0,70
			FDC		1,40
			ETB 17/1990		1,60

Auflage: 28 000 000 Stück, davon 432 000 auf ETB

1990, 3. Mai. 100. Geburtstag von Wilhelm Leuschner. Ⓔ **Aretz; komb. StTdr. und Odr. (5×10); gez. K 14:13¾.**

bdr) W. Leuschner (1890–1944), Gewerkschaftsführer

				★★	⊙
1466	100 (Pf)	mehrfarbig	bdr	2,—	0,80
			FDC		1,80
			ETB 18/1990		1,60

Auflage: 30 000 000 Stück, davon 432 000 auf ETB

1990, 3. Mai. 100 Jahre Diakonenanstalt Rummelsberg. Ⓔ **Seiter; Odr. Schwann-Bagel (5×10); gez. K 14.**

bds) Philippuskirche, Rummelsberg; Fahne der evangelischen Kirche

				★★	⊙
1467	100 (Pf)	mehrfarbig	bds	1,40	0,80
			FDC		1,80
			ETB 19/1990		1,60

Auflage: 32 000 000 Stück, davon 432 000 auf ETB

1990, 21. Juni./1994. Freimarken: Sehenswürdigkeiten (VIII). Ⓔ **Haase; Ldr. Bogen (B) (10×10) und Rollen (R); gez. K 14.**

bdt) Schloss Rastatt

bdu) Helgoland

				★★	⊙	FDC
1468	45 (Pf)	hellgrünblau/mattrötlichorange (B) (R)	bdt	0,60	0,50	1,50
1469	70 (Pf)	schwärzlichlilaultramarin/schwärzlichrotorange (B) (R)	bdu	0,60	0,40	2,—
			Satzpreis (2 W.)	1,20	0,90	3,—
			ETB 20/1990		1,60	

Waagerechte Paare (aus Bogen):

		★★	⊙
1468/1468		1,40	1,40
1469/1469		1,70	1,90
	Satzpreis (2 Paare)	3,—	3,20

Einzelmarken mit anhängendem Bogenrand 50% vorstehender Paarpreise

Rollenmarken mit rückseitiger Nummer (R):

	Einzelmarken ★★	Einzelmarken ⊙	5er-Str. ★★
1468 R	1,60	2,—	3,80
1469 R	2,—	2,30	6,20

ETB 20/1990 ist auch mit falscher Zählnummer ETB 11/1990 bekannt.

Auflagen: MiNr. 1468 = 318 660 000, MiNr. 1469 = 191 170 000 Stück, davon je 432 000 auf ETB

Weitere Werte siehe Zusammenfassung nach Blockaufstellung

MiNr. 1469 mit zusätzlicher Inschrift „BERLIN" siehe Berlin (West) MiNr. 874

Nicht ausgegeben:

1990. 40 Jahre Charta der deutschen Heimatvertriebenen. Ⓔ **Lüdtke; RaTdr. (5×5); gez. K 14.**

bdv I

				★★	⊙
XIV	100 (Pf)	mehrfarbig	bdv I	*10000,—*	*5000,—*

MiNr. XIV hat in der obersten Textzeile im Wort „DEUTSCHEN" ein großes „D" (wie „C" von „CHARTA"), bei MiNr. 1470 sind alle Buchstaben von „DEUTSCHEN" gleich groß.

FALSCH

1990, 21. Juni: 40 Jahre Charta der deutschen Heimatvertriebenen. Ⓔ **Lüdtke; RaTdr. (5×5); gez. K 14.**

bdv) Schlusssatz der Charta der deutschen Heimatvertriebenen

				★★	⊙
1470	100 (Pf)	mehrfarbig	bdv	1,80	0,70
			FDC		2,—
			ETB 21/1990		1,60

Auflage: 30 000 000 Stück, davon 432 000 auf ETB

1990, 21. Juni. 30. Weltkongress der Internationalen Handelskammer (IHK), Hamburg. Ⓔ **Effert; Odr. (5×10); gez. K 14:14¼.**

bdw) Ineinandergreifende Hände

				★★	⊙
1471	80 (Pf)	mehrfarbig	bdw	1,40	1,—
			FDC		1,40
			ETB 22/1990		1,—

Auflage: 28 400 000 Stück, davon 432 000 auf ETB

Entwertungen der Deutschen Bundespost

Neben den allgemein im Gebrauch befindlichen Normstempeln (Zweikreis-Stempel mit Datumbrücke) waren bis Anfang der 1960er Jahre auch weiterverwendete Stempel der Deutschen Reichspost in Gebrauch. Diese wurden ab 1962 durch Postleitzahlen-Stempel ersetzt, wobei anstelle des Innenkreises ein Steigbügel erforderlich wurde. Darüber hinaus gab es bis ca. 1970 Posthilfsstellen-Stempel, meist ein- oder zweizeilige Kastenstempel (eckig oder abgerundet). In der Regel handelte es sich hierbei um Gummistempel, für die blaue oder violette Stempelkissenfarbe verwendet wurde. Bei teuren Marken werden diese Stempel häufig chemisch entfernt und die Marken nachgummiert. Vorsicht vor solchen Verfälschungen!

1990, 21. Juni. Blockausgabe: 10. Internationale Briefmarkenausstellung der Jugend, Düsseldorf. ⓔ Ullmann; Odr.; gez. Ks 14.

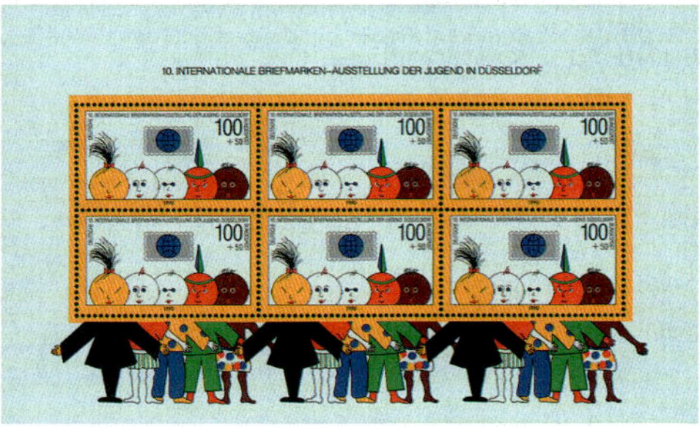

bdx) Fünf Kinderköpfe, Vignette mit Weltkugel bdy

		✶✶	⊙
1472 100 + 50 (Pf) mehrfarbig	bdx	3,50	3,50
Block 21 (165×101 mm)	bdy	22,—	25,—
	FDC		30,—
	Ⓢ		22,—
	ETB 23/1990		22,—

FALSCH MiNr. 1472 (ohne Blockrand) im Odr. auf dickem Papier ohne Fluoreszenz, gez. K 14.

Auflagen: 3 766 000 Blocks, davon 343 000 auf ETB

1990, 9. Aug. 250. Geburtstag von Matthias Claudius. ⓔ Lüdtke; Odr. (5×5); gez. K 13¾.

bdz) M. Claudius (1740–1815), Dichter und Schriftsteller

		✶✶	⊙
1473 100 (Pf) mehrfarbig	bdz	1,80	0,60
	FDC		1,80
	ETB 24/1990		1,60

Auflage: 30 000 000 Stück, davon 432 000 auf ETB

1990, 27. Sept. Wohlfahrt: Geschichte der Post und Telekommunikation. ⓔ Steiner; Odr. (5×5); gez. K 13¾.

bea) Motorpostwagen (um 1900)

beb) Fernsprechvermittlungsstelle (um 1890)

bec) Paketpostamt (um 1900)

		✶✶	⊙
1474 60 + 30 (Pf) mehrfarbig	bea	1,10	1,10
1475 80 + 35 (Pf) mehrfarbig	beb	1,80	1,80
1476 100 + 50 (Pf) mehrfarbig	bec	2,60	2,60
	Satzpreis (3 W.)	5,50	5,50
	FDC		6,50
	ETB 25/1990		4,—

Marken und FDCs mit Ersttagssonderstempel mit falschem Datum „11.10.1990“ bekannt

Auflagen: MiNr. 1474 = 12 272 000, MiNr. 1475 = 8 161 000, MiNr. 1476 = 16 174 000 Stück, davon je 354 000 auf ETB

Ab 2. Juli 1990 waren die Postwertzeichen der Bundesrepublik Deutschland und von Berlin (West) auch auf dem Gebiet der DDR gültig.

Umgekehrt konnten die DDR-Marken ab MiNr. 3344 ab diesem Zeitpunkt auch in der Bundesrepublik und in Berlin (West) verwendet werden.

1990, 3. Okt. Deutsche Einheit. ⓔ Effert; Odr. MiNr. 1477 Schwann-Bagel, MiNr. 1478 Bundesdruckerei (5×10); gez. K 14.

bed) Inschrift, Farben der Staatsflagge

		✶✶	⊙
1477 50 (Pf) mehrfarbig	bed	1,50	0,50
1478 100 (Pf) mehrfarbig	bed	2,—	0,70
	Satzpreis (2 W.)	3,50	1,20
	FDC		3,50
	ETB 28/1990		4,—

Auflagen: MiNr. 1477 = 53 675 000, MiNr. 1478 = 41 950 000 Stück, davon je 409 200 auf ETB

1990, 11. Okt. 150 Jahre Briefmarken. ⓔ Runge; Odr. Schwann-Bagel (5×10); gez. K 14.

bee) Marken Großbritannien MiNr. 1, Bayern MiNr. 1 und Bundesrepublik Deutschland MiNr. 1416

		✶✶	⊙
1479 100 (Pf) mehrfarbig	bee	1,80	0,60
	FDC		1,80
	ETB 26/1990		2,—

Auflage: 32 842 000 Stück, davon 409 200 auf ETB

1990, 11. Okt. 100. Todestag von Heinrich Schliemann. ⓔ Jünger; Odr. (5×10); gez. K 14.

bef) H. Schliemann (1822–1890), Altertumsforscher; Löwentor von Mykene

		✶✶	⊙
1480 60 (Pf) mehrfarbig	bef	1,60	0,60
	FDC		1,40
	ETB 27/1990		1,—

Auflage: 31 700 000 Stück, davon 409 200 auf ETB

Parallelausgabe mit Griechenland MiNr. 1772

1990, 6. Nov. 1. Jahrestag der Öffnung der innerdeutschen Grenzen und der Berliner Mauer: Friedlicher Aufbruch zur deutschen Einheit. ⓔ Gottschall; I = RaTdr. (10×5), II = Odr. (Block) Wertp.-Druckerei Leipzig; gez. K 13¾:14.

beg) Durchbrochene Mauer

beh) Szene am Brandenburger Tor

		✶✶	⊙
1481 I 50 (Pf) mehrfarbig	beg	1,50	0,90
1482 I 100 (Pf) mehrfarbig	beh	2,50	0,90
	Satzpreis (2 W.)	4,—	1,80
	FDC		3,50

Wichtige philatelistische Informationen

finden Sie in der Einführung sowie in den Vortexten und Anmerkungen zu den einzelnen Ländern.

Blockausgabe, gez. Ks 13¾:14

beh I beg I bei

			★★	⊙
1481 II	50 (Pf) mehrfarbig	beg I	1,50	1,50
1482 II	100 (Pf) mehrfarbig	beh I	2,50	2,—
Block 22	(145×100 mm)	bei	4,50	4,20
		FDC		5,—
		Ⓢ		3,80
	ETB 29/1990 (mit MiNr. 1481 I–1482 I und Bl. 22)			4,—

Auflagen: MiNr. 1481 I = 53 675 000 Stück, davon 409 200 auf ETB, Bl. 22 = 15 000 000 Blocks

1990, 6. Nov. 100. Geburtstag von Käthe Dorsch. Ⓔ Kahrl; RaTdr. (5×10); gez. K 14:13¾.

bek) K. Dorsch (1890–1957), Schauspielerin

			★★	⊙
1483	100 (Pf) mehrfarbig	bek	1,80	0,80
		FDC		1,80
		ETB 30/1990		1,—

Auflage: 32 250 000 Stück, davon 409 200 auf ETB

1990, 6. Nov. Weihnachten: Weihnachtliches Kunsthandwerk. Ⓔ Schillinger; Odr. (5×5); gez. K 13¾.

bel) Engel

bem) Räuchermännchen

ben) Nussknacker

beo) Rauschgoldengel

			★★	⊙
1484	50 + 20 (Pf) mehrfarbig	bel	1,—	1,—
1485	60 + 30 (Pf) mehrfarbig	bem	1,20	1,20
1486	70 + 30 (Pf) mehrfarbig	ben	1,60	1,60
1487	100 + 50 (Pf) mehrfarbig	beo	2,50	2,50
		Satzpreis (4 W.)	6,—	6,—
		FDC		7,—
		ETB 31 (1990)		4,50

Auflagen: MiNr. 1484 = 7 192 000, MiNr. 1485 = 7 705 000, MiNr. 1486 = 7 516 000, MiNr. 1487 = 9 506 000 Stück, davon 349 000 auf ETB

1991

1991, 8. Jan. Freimarken: Frauen der deutschen Geschichte (XI). Ⓔ Aretz; StTdr. BDB (10×10); gez. K 14.

bep) Käthe Kollwitz (1867–1945), Malerin, Grafikerin und Bildhauerin

ber) Elisabet Boehm (1859–1943), Gründerin des ersten Landwirtschaftlichen Hausfrauenvereins

			★★	⊙	FDC
1488	30 (Pf) schwarzkarminlila/dunkelbraunoliv	bep	0,50	0,40	1,30
1489	70 (Pf) schwärzlichkarmin-rot/dunkeloliv	ber	1,50	0,80	1,30
		Satzpreis (2 W.)	2,—	1,20	2,40
		ETB 1/1991		1,—	

Auflagen: MiNr. 1488 = 290 436 000, MiNr. 1489 = 150 436 000 Stück, davon je 435 600 auf ETB

Weitere Werte siehe Zusammenfassung nach Blockaufstellung

1991, 8. Jan. 750 Jahre Apothekerberuf. Ⓔ Wiese; Odr. BDB (5×10); gez. K 14:13¾.

bes) Apotheker; Miniatur aus einem in Frankreich entstandenen Codex (13. Jh.)

			★★	⊙
1490	100 (Pf) mehrfarbig	bes	2,—	0,80
		FDC		1,80
		ETB 2/1991		1,—

Auflage: 30 000 000 Stück, davon 435 600 auf ETB

1991, 8. Jan. 750 Jahre Hannover. Ⓔ Steiner; Odr. BDB (5×5); gez. K 13¾.

bet) Stadtansicht (stilisiert)

			★★	⊙
1491	60 (Pf) mehrfarbig	bet	1,40	0,60
		FDC		1,40
		ETB 3/1991		1,—

Auflage: 30 000 000 Stück, davon 435 600 auf ETB

1991, 8. Jan. 200 Jahre Brandenburger Tor, Berlin. Ⓔ Graschberger; komb. StTdr. und Odr. BDB (10×5); gez. K 14.

beu) Brandenburger Tor

			★★	⊙
1492	100 (Pf) mehrfarbig	beu	2,20	0,60
		FDC		2,—
		ETB 4/1991		1,50

Auflage: 30 000 000 Stück, davon 435 600 auf ETB

1991, 8. Jan. 100. Geburtstag von Erich Buchholz. Ⓔ Denkhaus; RaTdr. BDB (10×5); gez. K 13¾:14.

bev) Drei Goldkreise mit Vollkreis blau; Holzreliefplatte von E. Buchholz (1891–1972), Maler, Bildhauer und Architekt

			★★	⊙
1493	60 (Pf) mehrfarbig	bev	1,20	0,60
		FDC		1,40
		ETB 5/1991		0,70

Auflage: 30 000 000 Stück, davon 435 600 auf ETB

1991, 8. Jan. 100. Geburtstag von Walter Eucken. Ⓔ **Schmitz; Odr. BDB (5×10); gez. K 14:13¾.**

bew) W. Eucken (1891–1950), Volkswirtschaftler

			★★	⊙
1494	100 (Pf)	mehrfarbig . . . . bew	1,70	0,80
		FDC		1,80
		ETB 6/1991		0,70

Auflage: 30 000 000 Stück, davon 435 600 auf ETB

1991, 8. Jan. Internationale Tourismusbörse (ITB), Berlin. Ⓔ **Görs; Odr. BDB (5×5); gez. K 13¾.**

bex) Plakat

			★★	⊙
1495	100 (Pf)	mehrfarbig . . . . bex	1,80	0,60
		FDC		1,80
		ETB 7/1991		0,70

Auflage: 32 275 000 Stück, davon 435 600 auf ETB

1991, 8. Jan. Blockausgabe: Weltmeisterschaften im Bobsport, Altenberg. Ⓔ **Grünewald; Odr. WPL; gez. Ks 12½:13.**

bey) Zweierbob

bez

			★★	⊙
1496	100 (Pf)	mehrfarbig . . . . bey	2,20	2,60
Block 23	(55×80 mm)	. . . . bez	2,40	3,—
		FDC		3,50
		Ⓢ		2,80
		ETB 8/1991		3,—

Auflage: 14 452 000 Blocks, davon 435 600 auf ETB

1991, 14. Febr./1994. Freimarken: Frauen der deutschen Geschichte (XII). Ⓔ **Aretz; StTdr. BDB (10×10, MiNr. 1498 auch Klb. 5×2); gez. K 14.**

bfa) Sophie Scholl (1921–1943), Studentin, Widerstandskämpferin

bfb) Bertha von Suttner (1843–1914), österreichische Schriftstellerin, Friedensnobelpreis 1905

			★★	⊙	FDC
1497	150 (Pf)	dkl'bräunlichkarmin/ violettultramarin . bfa	3,50	1,80	2,50
1498	200 (Pf)	schwarzbraunlila/ dkl'bräunlichrot . . bfb	2,50	1,—	3,—
		Satzpreis (2 W.)	6,—	2,80	5,—
		Kleinbogen mit MiNr. 1498	28,—	30,—	
		ETB 9/1991		2,50	

Auflagen: MiNr. 1497 = 35 436 000, MiNr. 1498 = 438 220 000 Stück, davon je 435 600 auf ETB

Weitere Werte siehe Zusammenfassung nach Blockaufstellung

bfc) Gewichtheben

1991, 14. Febr. Sporthilfe: Weltmeisterschaften im Gewichtheben, Donaueschingen; Bahn- und Straßen-Radweltmeisterschaften, Stuttgart; 100 Jahre Basketballspiel; Europameisterschaften im Freistilringen, Stuttgart, und im griechisch-römischen Stil, Aschaffenburg. Ⓔ **Blume-Zander; Odr. BDB (5×5); gez. K 13¾.**

bfd) Radfahren

bfe) Basketball

bff) Ringen

			★★	⊙
1499	70 + 30 (Pf)	mehrfarbig . . . . bfc	2,—	2,—
1500	100 + 50 (Pf)	mehrfarbig . . . . bfd	2,—	2,—
1501	140 + 60 (Pf)	mehrfarbig . . . . bfe	3,—	3,—
1502	170 + 80 (Pf)	mehrfarbig . . . . bff	3,—	3,—
		Satzpreis (4 W.)	10,—	10,—
		FDC		12,—
		ETB 10/1991		6,50

Auflagen: MiNr. 1499 = 3 832 000, MiNr. 1500 = 3 975 000, MiNr. 1501 = 3 767 000, MiNr. 1502 = 3 781 000 Stück, davon je 346 000 auf ETB

1991, 14. Febr. 400. Geburtstag von Friedrich Spee von Langenfeld. Ⓔ **Graschberger; Odr. SB (5×10); gez. K 14.**

bfg) F. Spee von Langenfeld (1591–1635), Jesuitenpater, Theologe und Schriftsteller; Titel seiner Schrift „Cautio criminalis" und Noten aus seiner Liedersammlung „Trutz-Nachtigall"

			★★	⊙
1503	100 (Pf)	mehrfarbig . . . . bfg	1,80	0,60
		FDC		1,80
		ETB 11/1991		0,70

Auflage: 32 895 000 Stück, davon 435 600 auf ETB

1991, 12. März. 400. Geburtstag von Jan von Werth. Ⓔ **v. Janota-Bzowski; Odr. BDB (10×5); gez. K 13¾:14.**

bfh) J. von Werth (1591–1652), Heerführer, zu Pferde

			★★	⊙
1504	60 (Pf)	mehrfarbig GA . . . . bfh	1,20	0,60
		FDC		1,40
		ETB 12/1991		0,70

Auflage: 32 600 000 Stück, davon 435 600 auf ETB

1991, 12. März. Natur- und Umweltschutz: Pflanzen aus dem Rennsteiggarten, Oberhof. Ⓔ **Heise; Odr. WPL (8×5); gez. K 13.**

bfi) Schweizer Mannsschild (Androsace helvetica)

bfk) Wulfens Primel (Primula wulfeniana)

bfl) Sommerenzian (Gentiana acaulis)

bfm) Preiselbeere (Vaccinium vitis-idaea)

bfn) Alpenedelweiß (Leontopodium alpinum)

					★★	⊙
1505	30 (Pf)	mehrfarbig	....	bfi	0,50	0,50
1506	50 (Pf)	mehrfarbig	....	bfk	0,70	0,70
1507	80 (Pf)	mehrfarbig	....	bfl	1,20	0,50
1508	100 (Pf)	mehrfarbig	....	bfm	1,70	0,50
1509	350 (Pf)	mehrfarbig	....	bfn	5,—	4,—
				Satzpreis (5 W.)	9,—	6,—
				FDC		9,—
				ETB 13/1991		4,50

MiNr. 1506 ist mit stark schwankender Fluoreszenz bekannt.

Auflagen: MiNr. 1505 = 29140000, MiNr. 1506 = 29310000, MiNr. 1507 = 20000000, MiNr. 1508 = 31840000, MiNr. 1509 = 19570000 Stück, davon je 435600 auf ETB

1991, 12. März. 100. Todestag von Ludwig Windthorst. E Aretz; Odr. BDB (5×10); gez. K 14:13¾.

bfo) L. Windthorst (1812–1891), Politiker

					★★	⊙
1510	100 (Pf)	mehrfarbig	....	bfo	1,80	0,60
				FDC		1,80
				ETB 14/1991		0,70

Auflage: 32600000 Stück, davon 435600 auf ETB

1991, 9. April. 750. Jahrestag der Schlacht bei Liegnitz. E Lüdtke; komb. StTdr. und Odr. BDB (5×10); gez. K 14.

bfp) Aufeinandertreffen des deutsch-polnischen und des mongolischen Heeres; nach einer Miniatur aus dem Schlackenwerther Codex (um 1350)

					★★	⊙
1511	100 (Pf)	mehrfarbig	....	bfp	2,—	1,20
				FDC		1,80
				ETB 15/1991		1,—

Auflage: 31250000 Stück, davon 429600 auf ETB

Parallelausgabe mit Polen MiNr. 3318

1991, 9. April. Jugend: Gefährdete Schmetterlinge. E Schillinger; Odr. BDB (5×5); gez. K 13¾.

bfr) Alpen-Gelbling (Colias phicomone)

bfs) Großer Eisvogel (Limenitis populi)

bft) Großer Schillerfalter (Apatura iris)

bfu) Blauschillernder Feuerfalter (Lycaena helle)

bfv) Schwalbenschwanz (Papilio machaon)

bfw) Alpen-Apollo (Parnassius apollo)

bfx) Hochmoor-Gelbling (Colias palaeno)

bfy) Großer Feuerfalter (Lycaena dispar)

					★★	⊙
1512	30 + 15 (Pf)	mehrfarbig	....	bfr	0,50	0,50
1513	50 + 25 (Pf)	mehrfarbig	....	bfs	0,60	0,60
1514	60 + 30 (Pf)	mehrfarbig	....	bft	1,20	1,20
1515	70 + 30 (Pf)	mehrfarbig	....	bfu	1,30	1,30
1516	80 + 35 (Pf)	mehrfarbig	....	bfv	1,60	1,60
1517	90 + 45 (Pf)	mehrfarbig	....	bfw	2,—	2,—
1518	100 + 50 (Pf)	mehrfarbig	....	bfx	2,50	2,50
1519	140 + 60 (Pf)	mehrfarbig	....	bfy	3,—	3,50
				Satzpreis (8 W.)	12,—	13,—
				FDC		15,—
				ETB 16/1991		9,—

Auflagen: MiNr. 1512 = 3873000, MiNr. 1513 = 3791000, MiNr. 1514 = 3889000, MiNr. 1515 = 3805000, MiNr. 1516 = 3803000, MiNr. 1517 = 3745000, MiNr. 1518 = 3919000, MiNr. 1519 = 3744000 Stück, davon je 362000 auf ETB

1991, 9. April. 200 Jahre Sing-Akademie, Berlin. E Rothacker; komb. StTdr. und Odr. BDB (5×10); gez. K 14.

bfz) Gebäude der Sing-Akademie (um 1830)

					★★	⊙
1520	100 (Pf)	mehrfarbig	....	bfz	1,80	0,80
				FDC		1,80
				ETB 17/1991		0,70

Auflage: 31250000 Stück, davon 429600 auf ETB

1991, 9. April. 125 Jahre Lette-Verein, Berlin. E Görs; RaTdr. BDB (5×10); gez. K 14.

bga) Setzerinnenschule des Lette-Vereins (um 1875)

					★★	⊙
1521	100 (Pf)	mehrfarbig	....	bga	1,80	0,60
				FDC		1,80
				ETB 18/1991		0,70

Auflage: 31250000 Stück, davon 429600 auf ETB

1991, 9. April. Historische Luftpostbeförderung. E Berthold; RaTdr. WPL (5×10); gez. K 14.

bgb) Flugzeug Junkers F 13 (1930)

bgc) Grade-Eindecker (1909)

bgd) Flugzeug Fokker F III (1922)

bge) Luftschiff LZ 127 „Graf Zeppelin“ (1928)

					★★	⊙
1522	30 (Pf)	mehrfarbig	....	bgb	0,50	0,50
1523	50 (Pf)	mehrfarbig	....	bgc	0,70	0,40
1524	100 (Pf)	mehrfarbig	....	bgd	2,—	0,50
1525	165 (Pf)	mehrfarbig	....	bge	3,—	2,80
				Satzpreis (4 W.)	6,—	4,—
				FDC		6,—
				ETB 19/1991		3,—

Auflagen: MiNr. 1522 = 31390000, MiNr. 1523 = 30145000, MiNr. 1524 = 30000000, MiNr. 1525 = 20310000 Stück, davon je 429600 auf ETB

1949–1990:

Fehlt in Kopftexten (nach dem Druckverfahren) die Angabe einer Druckerei, wurden die Ausgaben in der Staats-, später Bundesdruckerei in Berlin hergestellt.

Druckerei-Abkürzungen ab 1991:

BDB = Bundesdruckerei Berlin
BSP = Bagel Security Print, Mönchengladbach (ab 2004)
GDL = Giesecke & Devrient Leipzig (ab 2003)
SB = Schwann – Bagel, Düsseldorf
WDZ = WertDruckZentrum, Bonn
WPL = Wertpapierdruckerei Leipzig (bis 2002)

1991, 2. Mai. Europa: Europäische Weltraumfahrt. Ⓔ **Lüdtke; Odr. BDB (5×5); gez. K 13¾.**

bgf) Europäischer Erdbeobachtungssatellit „ERS-1“

bgg) Deutscher Fernmeldesatellit „Kopernikus“

				✱✱	⊙
1526	60 (Pf)	mehrfarbig	bgf	1,50	0,50
1527	100 (Pf)	mehrfarbig	bgg	2,50	0,50
			Satzpreis (2 W.)	4,—	1,—
			FDC		3,—
			ETB 20/1991		1,—

Auflage ETB: 433 600

1991, 2. Mai. 700 Jahre Stadtrechte für Mayen, Welschbillig, Bernkastel, Montabaur, Wittlich und Saarburg. Ⓔ **Wiese; Odr. BDB (5×5); gez. K 13¾.**

bgh) Stadtwappen

				✱✱	⊙
1528	60 (Pf)	mehrfarbig	bgh	1,20	0,60
			FDC		1,50
			ETB 21/1991		0,70

Auflage: 30 025 000 Stück, davon 433 600 auf ETB

1991, 2. Mai. 75. Todestag von Max Reger. Ⓔ **Jünger; Odr. SB (5×10); gez. K 14.**

bgi) M. Reger (1873–1916), Komponist; Orgelpfeifen

				✱✱	⊙
1529	100 (Pf)	mehrfarbig	bgi	2,—	0,60
			FDC		1,80
			ETB 22/1991		0,70

Auflage: 30 978 000 Stück, davon 433 600 auf ETB

1991, 2. Mai. Start des Hochgeschwindigkeitsverkehrs der Deutschen Bundesbahn. Ⓔ **Haase; Odr. BDB (5×10); gez. K 14.**

bgk) Fahrender ICE-Zug

				✱✱	⊙
1530	60 (Pf)	mehrfarbig GA	bgk	1,20	0,60
			FDC		1,60
			ETB 23/1991		0,70

Auflage: 32 000 000 Stück, davon 433 000 auf ETB

1991, Juni. Freimarken: Sehenswürdigkeiten (IX). Ⓔ **Haase; Odr. BDB; Markenheftchen; selbstklebend; ☐.**

ayw) Flughafen Frankfurt a. M.

ayp) Bavaria, München

ayr) Hauptportal der Zeche Zollern II, Dortmund

bbd) Wallfahrtskapelle, Altötting

				✱✱	⊙
1531	10 (Pf)	mattblau/schwärzlichgraublau	ayw	3,—	3,—
1532	60 (Pf)	lebhaftgraugrün/grünschwarz GA	ayp	3,—	3,—
1533	80 (Pf)	graubläulichgrün/dunkelgrünlichgrau GA	ayr	3,—	3,—
1534	100 (Pf)	hellbläulichgrün/lebhaftgelbocker GA	bbd	3,—	3,—
			Satzpreis (4 W.)	12,—	12,—

MiNr. 1531–1534 stammen aus MH 27.

Auflagen: je 60 000 000 Stück

In gleichen Zeichnungen: MiNr. 1341–1342, 1347 und 1406; weitere Werte siehe Zusammenfassung nach Blockaufstellung

1991, 4. Juni. Freimarke: Sehenswürdigkeiten (X). Ⓔ **Haase; Ldr. BDB; Bogen (B) (10×10) und Rollen (R); gez. K 14.**

bgl) Russische Kirche, Wiesbaden

				✱✱	⊙
1535	170 (Pf)	dunkelbraungrau/orangegelb	bgl	2,40	1,—
			FDC		3,20
			ETB 24/1991		1,—

Waagerechtes Paar (aus Bogen)

	✱✱	⊙
1535/1535	6,—	6,50

Einzelmarke mit anhängendem Bogenrand 50% vorstehender Paarpreise

Rollenmarke mit rückseitiger Nummer (R):

	Einzelm. ✱✱	Einzelm. ⊙	5er-Str. ✱✱
1535 R	10,—	4,20	19,—

Beschreibung siehe bei MiNr. 1348

Auflage: 158 460 000 Stück, davon 433 600 auf ETB

Weitere Werte siehe Zusammenfassung nach Blockaufstellung

1991, 4. Juni. 150. Geburtstag von Paul Wallot. Ⓔ **Görs; komb. StTdr. und Odr. BDB (5×10); gez. K 14.**

bgm) P. Wallot (1841–1912), Architekt; Reichstagsgebäude, Berlin

				✱✱	⊙
1536	100 (Pf)	mehrfarbig	bgm	2,—	0,60
			FDC		1,80
			ETB 25/1991		0,70

Auflage: 31 360 000 Stück, davon 433 600 auf ETB

1991, 4. Juni. Weltgaskongress, Berlin. Ⓔ **Glinski; Odr. WPL (2×10 Zd); gez. K 13:12½.**

bgn) Wilhelm August Lampadius (1772 bis 1842), Mineraloge und Chemiker

Zierfeld

bgo) Gaskandelaber in Berlin; von Karl Friedrich Schinkel (1781–1841), Baumeister und Maler

				✱✱	⊙
1537	60 (Pf)	mattgrünlichblau/schwarz	bgn	1,30	0,60
1538	100 (Pf)	mattgrünlichblau/schwarz	bgo	1,50	0,60
			Satzpreis (2 W.)	2,80	1,20
			Dreierstreifen	3,20	3,50
			FDC		6,—
			ETB 26/1991		2,50

MiNr. 1537–1538 wurden, durch Zierfeld verbunden, waagerecht zusammenhängend gedruckt.

Auflage: 29 780 000 Sätze, davon 433 600 auf ETB

Papier ph. = phosphoreszierendes Papier
Papier fl. = fluoreszierendes Papier

1991, 4. Juni. Tierschutz: Bedrohte Seevögel. Ⓔ **Rieß; Odr. BDB (10×5); gez. K 13¾:14.**

bgp) Kampfläufer (Philomachus pugnax) — bgr) Zwergseeschwalbe (Sterna albifrons) — bgs) Ringelgans (Branta bernicla) — bgt) Seeadler (Haliaeetus albicilla)

					★★	⊙
1539	60	(Pf)	mehrfarbig	bgp	1,—	0,60
1540	80	(Pf)	mehrfarbig	bgr	1,50	1,—
1541	100	(Pf)	mehrfarbig	bgs	1,50	1,—
1542	140	(Pf)	mehrfarbig	bgt	2,80	2,50
				Satzpreis (4 W.)	6,50	5,—
				FDC		6,50
				ETB 27/1991		3,20

Auflagen: MiNr. 1539 = 32 000 000, MiNr. 1540 = 25 135 000, MiNr. 1541 = 31 310 000, MiNr. 1542 = 21 660 000 Stück, davon je 433 600 auf ETB

1991, 9. Juli. Blockausgabe: Europäische Luftpostausstellung LILIENTHAL '91, Dresden; 100. Jahrestag des ersten Flugversuches von Otto Lilienthal. Ⓔ **Detlefsen; Odr. WPL; gez. Ks 14.**

bgu) Otto Lilienthal (1848–1896), Flugpionier; Lilienthal-Gleiter Nr. 13

bgv

				★★	⊙
1543	100 + 50 (Pf)	mehrfarbig	bgu	4,20	3,60
Block 24	(57×83 mm)		bgv	4,50	4,20
			FDC		5,—
			Ⓢ		3,80
			ETB 28/1991		3,50

Auflage: 4 928 000 Blocks, davon 362 000 auf ETB

1991, 9. Juli. 40 Jahre Genfer Flüchtlingskonvention. Ⓔ **Schmitz; Odr. BDB (10×5); gez. K 14.**

bgw) Hand mit Umhang; Emblem der Weltflüchtlingsorganisation

					★★	⊙
1544	100	(Pf)	mehrfarbig	bgw	1,80	0,60
				FDC		1,80
				ETB 29/1991		0,70

Auflage: 31 100 000 Stück, davon 433 600 auf ETB

1991, 9. Juli. Libellen. Ⓔ **Grünewald; RaTdr. WPL (MiNr. 1545 und 1550–1552 5×10, MiNr. 1546–1549 2×5 Zd); gez. K 14.**

bgx) Plattbauch (Libellula depressa) — bgx — bgy) Blutrote Heidelibelle (Sympetrum sanguineum) — bgz) Zweigestreifte Quelljungfer (Cordulegaster boltonii)

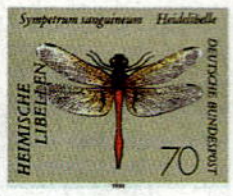

bha) Grüne Mosaikjungfer (Aeshna viridis) — bgy — bgz — bha

					★★	⊙
1545	50	(Pf)	mehrfarbig	bgx	0,80	0,40
1546	60	(Pf)	mehrfarbig	bgx	1,50	0,80
1547	60	(Pf)	mehrfarbig	bgy	1,50	0,80
1548	60	(Pf)	mehrfarbig	bgz	1,50	0,80
1549	60	(Pf)	mehrfarbig	bha	1,50	0,80
1550	70	(Pf)	mehrfarbig	bgy	1,20	1,—
1551	80	(Pf)	mehrfarbig	bgz	1,30	1,—
1552	100	(Pf)	mehrfarbig	bha	1,40	1,—
				Satzpreis (8 W.)	10,—	6,50
				FDC		8,—
				Viererblock (MiNr. 1546–1549)	6,50	5,50
				FDC		9,—
				ETB 30/1991		5,—

MiNr. 1546–1549 wurden zusammenhängend in Viererblockanordnung gedruckt.

Auflagen: MiNr. 1546–1549 je 29 920 000, MiNr. 1550 = 21 210 000, MiNr. 1551 = 20 000 000, MiNr. 1552 = 31 041 000 Stück, davon je 433 600 auf ETB

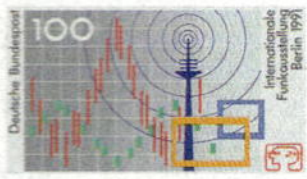

1991, 9. Juli. Internationale Funkausstellung (IFA), Berlin. Ⓔ **Graschberger; Odr. BDB (5×10); gez. K 14.**

bhb) Symbole für Rundfunk und Fernsehen

					★★	⊙
1553	100	(Pf)	mehrfarbig	bhb	2,—	0,60
				FDC		1,80
				ETB 31/1991		0,70

Auflage: 31 080 000 Stück, davon 433 600 auf ETB

1991, 9. Juli. Verkehrssicherheit. Ⓔ **Kößlinger; Odr. SB (5×10); gez. K 14.**

bhc) Straßenverkehrsszene

					★★	⊙
1554	100	(Pf)	mehrfarbig	bhc	2,—	0,80
				FDC		1,80
				ETB 32/1991		0,70

Auflage: 30 930 000 Stück, davon 433 600 auf ETB

1991, 8. Aug. 150 Jahre Deutschlandlied. Ⓔ **Graschberger; Odr. BDB (5×10); gez. K 14.**

bhd) August Heinrich Hoffmann von Fallersleben (1798–1874), Dichter und Germanist: 3. Strophe des Deutschlandliedes

					★★	⊙
1555	100	(Pf)	mehrfarbig	bhd	1,80	0,60
				FDC		1,80
				ETB 33/1991		0,70

Auflage: 30 960 000 Stück, davon 433 600 auf ETB

1991, 8. Aug. 100. Geburtstag von Reinold von Thadden-Trieglaff. Ⓔ **Aretz; Odr. BDB (5×10); gez. K 14.**

bhe) R. von Thadden-Trieglaff (1891–1976), Jurist, Gründer und Präsident des Deutschen Evangelischen Kirchentages

					★★	⊙
1556	100	(Pf)	mehrfarbig	bhe	1,80	0,60
				FDC		1,80
				ETB 34/1991		0,70

Auflage: 31 120 000 Stück, davon 433 600 auf ETB

1991, 8. Aug. 100 Jahre Energieübertragung durch Drehstrom. 🄴 **Effert; Odr. BDB (5×10); gez. K 14.**

bhf) Drehstromübertragung vom Neckar-Kraftwerk Lauffen nach Frankfurt am Main (1891)

			★★	⊙
1557	170 (Pf) mehrfarbig	bhf	3,—	1,50
		FDC		3,—
		ETB 35/1991		1,20

Auflage: 30 890 000 Stück, davon 433 600 auf ETB

1991, 12. Sept. 275 Jahre Rhein-Ruhr-Hafen Duisburg. 🄴 **Ullmann; Odr. BDB (5×10); gez. K 14.**

bhg) Hafenanlagen, Schiffe (stilis.)

			★★	⊙
1558	100 (Pf) mehrfarbig	bhg	1,80	0,60
		FDC		1,80
		ETB 36/1991		0,70

Auflage: 31 220 000 Stück, davon 433 600 auf ETB

1991, 12. Sept. Blockausgabe: 200. Geburtstag von Theodor Körner. 🄴 **Lehmann; Odr. WPL; gez. Ks 13:12½.**

bhh) Feder, Schwertgriff, Eichenblatt

bhi) Th. Körner (1791–1813), Schriftsteller

bhk

			★★	⊙
1559	60 (Pf) mehrfarbig	bhh	1,50	1,60
1560	100 (Pf) mehrfarbig	bhi	1,50	1,60
Block 25	(55×80 mm)	bhk	3,—	4,—
		FDC		4,50
		Ⓢ		3,50
		ETB 37/1991		3,20

Auflage: 18 085 000 Blocks, davon 433 600 auf ETB

1991, 12. Sept. 100. Geburtstag von Hans Albers. 🄴 **Kahrl; RaTdr. BDB (5×10); gez. K 14:13¾.**

bhl) H. Albers (1891–1960), Schauspieler, im Film „Der Sieger“

			★★	⊙
1561	100 (Pf) mehrfarbig	bhl	2,40	0,60
		FDC		2,40
		ETB 38/1991		0,70

Auflage: 31 270 000 Stück, davon 433 600 auf ETB

1991, 10. Okt./1994. Freimarke: Sehenswürdigkeiten (XI). 🄴 **Haase; Ldr. BDB, Bogen (B) (10×10) und Rollen (R); gez. K 14.**

bhm) Semperoper, Dresden

			★★	⊙
1562	400 (Pf) dunkelbräunlichlila/0 hellgelborange	bhm	4,50	0,80
		FDC		5,50
		ETB 39/1991		1,70

Waagerechtes Paar (aus Bogen):

	★★	⊙
1562/1562	11,—	10,—

Einzelmarke mit anhängendem Bogenrand 50% vorstehender Paarpreise

Rollenmarke mit rückseitiger Nummer (R):

	Einzelm. ★★	Einzelm. ⊙	5er-Str. ★★
1562 R	6,50	5,40	30,—

🄼 Beschreibung siehe bei MiNr. 1348

Auflage: 239 430 000 Stück, davon 420 800 auf ETB

Weitere Werte siehe Zusammenfassung nach Blockaufstellung

1991, 10. Okt. Wohlfahrt: Historische Posthäuser in Deutschland. 🄴 **Blume-Zander; Odr. BDB (5×5); gez. K 13¾.**

bhn) Postamt Bethel

bho) Poststation Büdingen

bhp) Postamt Stralsund

bhr) Postamt Lauscha

bhs) Postamt Bonn

bht) Postamt Weilburg

			★★	⊙
1563	30 + 15 (Pf) mehrfarbig	bhn	0,80	0,60
1564	60 + 30 (Pf) mehrfarbig	bho	1,20	1,20
1565	70 + 30 (Pf) mehrfarbig	bhp	1,50	1,50
1566	80 + 35 (Pf) mehrfarbig	bhr	1,80	1,80
1567	100 + 50 (Pf) mehrfarbig	bhs	2,50	2,40
1568	140 + 60 (Pf) mehrfarbig	bht	3,50	3,—
		Satzpreis (6 W.)	11,—	10,—
		FDC		14,—
		ETB 40/1991		8,—

Auflagen: MiNr. 1563 = 6 988 000, MiNr. 1564 = 17 314 000, MiNr. 1565 = 9 485 000, MiNr. 1566 = 10 356 000, MiNr. 1567 = 24 550 000, MiNr. 1568 = 6 331 000 Stück, davon je 380 000 auf ETB

1991, 10. Okt. 100. Geburtstag von Max Ernst. 🄴 **Veret-Lemarinier; Odr. BDB (5×5); gez. K 13¾.**

bhu) Vogeldenkmal; Gemälde von M. Ernst (1891–1976), Maler und Bildhauer

			★★	⊙
1569	100 (Pf) mehrfarbig	bhu	1,80	0,60
		FDC		1,80
		ETB 41/1991*)		1,20

*) enthält zusätzlich die nicht bildgleiche Marke Frankreich MiNr. 2862

Auflage: 32 025 000 Stück, davon 520 000 auf ETB

Parallelausgabe mit Frankreich MiNr. 2862

1991, 10. Okt. Tag der Briefmarke. 🄴 **Fischer-Nosbisch; Odr. BDB (5×5); gez. K 13¾.**

bhv) Briefträger im Spreewald

			★★	⊙
1570	100 (Pf) mehrfarbig	bhv	1,80	0,60
		FDC		1,80
		ETB 42/1991		0,70

Auflage: 30 980 000 Stück, davon 420 800 auf ETB

1991, 5. Nov. Blockausgabe: 200. Todestag von Wolfgang Amadeus Mozart. 🄴 **Rieß; Odr. WPL; gez. Ks 14.**

bhw) W. A. Mozart (1756–1791), österreichischer Komponist

bhx

			★★	⊙
1571	100 (Pf) mehrfarbig	bhw	2,80	2,40
Block 26	(82,5×57 mm)	bhx	3,—	3,50
		FDC		4,—
		Ⓢ		3,—
		ETB 43/1991		3,—

Auflage: 14 573 500 Blocks, davon 420 800 auf ETB

1991, 5. Nov. 100. Geburtstag von Otto Dix. 🄴 **Lüders; RaTdr. WPL (10×5); gez. K 13¾:14.**

bhy) Bildnis der Tänzerin Anita Berber

bhz) Selbstbildnis im Profil nach rechts

bhy–bhz) Gemälde von O. Dix (1891–1969), Maler und Grafiker

			★★	⊙
1572	60 (Pf) mehrfarbig	bhy	1,—	0,60
1573	100 (Pf) mehrfarbig	bhz	2,—	0,60
		Satzpreis (2 W.)	3,—	1,20
		FDC		2,60
		ETB 44/1991		1,—

Auflagen: MiNr. 1572 = 26 032 500, MiNr. 1573 = 32 000 000 Stück, davon je 420 800 auf ETB

1991, 5. Nov. 100. Geburtstag von Julius Leber. 🄴 **Graschberger; Odr. SB (5×5); gez. K 13¾.**

bia) J. Leber (1891–1945), Politiker

			★★	⊙
1574	100 (Pf) mehrfarbig	bia	1,80	0,60
		FDC		1,80
		ETB 45/1991		0,70

Auflage: 32 075 000 Stück, davon 420 800 auf ETB

1991, 5. Nov. 100. Geburtstag von Nelly Sachs. 🄴 **Jacki; Odr. BDB (10×5); gez. K 13¾:14.**

bib) N. Sachs (1891–1970), Dichterin und Schriftstellerin, Nobelpreis 1966

			★★	⊙
1575	100 (Pf) hellviolettblau/ schwarzviolettblau	bib	1,80	0,70
		FDC		1,80
		ETB 46/1991		0,70

Auflage: 31 035 000 Stück, davon 420 800 auf ETB

1991, 5. Nov. Sorbische Sagen. 🄴 **Abramowski-Lautenschläger; Odr. WPL (5×5); gez. K 13.**

bic) Geiger und Wassermann

bid) Mittagsfrau und Nochtenerin

			★★	⊙
1576	60 (Pf) mehrfarbig	bic	1,20	0,60
1577	100 (Pf) mehrfarbig	bid	1,80	0,60
		Satzpreis (2 W.)	3,—	1,20
		FDC		3,—
		ETB 47/1991		1,—

Auflagen: MiNr. 1576 = 27 572 500, MiNr. 1577 = 32 720 000 Stück, davon je 420 800 auf ETB

1991, 5. Nov. Weihnachten: 500. Todestag von Martin Schongauer. 🄴 **Stelzer; Odr. BDB (5×5); gez. K 13¾.**

bie) Engel der Verkündigung

bif) Mariä Verkündigung

big) Maria im Rosenhag (Detail)

bih) Geburt Christi

bie–bih) Tafelbilder von M. Schongauer (1450–1491), Maler und Kupferstecher

			★★	⊙
1578	60 + 30 (Pf) mehrfarbig	bie	1,30	1,20
1579	70 + 30 (Pf) mehrfarbig	bif	1,60	1,50
1580	80 + 35 (Pf) mehrfarbig	big	3,20	2,80
1581	100 + 50 (Pf) mehrfarbig	bih	4,—	3,50
		Satzpreis (4 W.)	10,—	9,—
		FDC		11,—
		ETB 48/1991		6,—

Auflagen: MiNr. 1578 = 8 051 000, MiNr. 1579 = 5 681 000, MiNr. 1580 = 5 539 000, MiNr. 1581 = 9 681 000 Stück, davon je 364 000 auf ETB

1992

1992, 9. Jan. Freimarke: Frauen der deutschen Geschichte (XIII). 🄴 **Aretz; StTdr. BDB (10×10); gez. K 14.**

bii) Charlotte von Stein (1742–1827), Freundin Goethes

			★★	⊙
1582	400 (Pf) dunkelmagenta/ blauschwarz	bii	6,—	4,50
		FDC		6,—
		ETB 1/1992		2,50

Auflage: 190 421 000 Stück, davon 415 800 auf ETB

Weitere Werte siehe Zusammenfassung nach Blockaufstellung

Ab 1980 werten bei Freimarken-Ausgaben, die auch aus Rollen vorkommen, Einzelmarken mit anhängendem Bogenrand (wenn nicht ausdrücklich anders angegeben) 50% der Paarpreise.

1992, 9. Jan. 2000 Jahre Koblenz. Ⓔ **Bertholdt; Odr. WPL (5×10); x = Papier ohne Fluoreszenz, y = Papier fl; gez. K 13:12½.**

bik) Sockel des Kaiser-Wilhelm-Denkmals, Stadtsilhouette mit Liebfrauen- und St.-Florinkirche, Balduinbrücke; Stadtwappen

			✶✶	⊙	FDC
1583	60 (Pf)	mehrfarbig GA . . . bik			
x		Papier ohne Fluoreszenz	35,—	35,—	65,—
y		Papier fl	2,20	0,70	1,50
		ETB 2/1992 (y)		0,70	

Auflage: 31 076 000 Stück, davon ca. 1 000 000 auf Papier ohne Fluoreszenz und 416 800 auf ETB

1992, 9. Jan. 100. Geburtstag von Martin Niemöller. Ⓔ **Aretz; Odr. BDB (5×10); gez. K 14:13¾.**

bil) M. Niemöller (1892–1984), evangelischer Theologe

			✶✶	⊙
1584	100 (Pf)	mehrfarbig . . . . bil	1,40	0,60
		FDC		1,80
		ETB 3/1992		0,50

Auflage: 31 284 000, davon 416 800 auf ETB

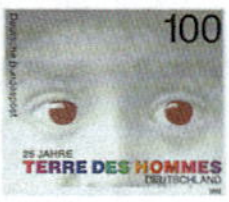

1992, 9. Jan. 25 Jahre Kinderhilfsorganisation „Terre des Hommes Deutschland". Ⓔ **de Vries; Odr. BDB (5×10); gez. K 14:13¾.**

bim) Kinderaugen

			✶✶	⊙
1585	100 (Pf)	mehrfarbig . . . . bim	2,—	0,80
		FDC		1,80
		ETB 4/1992		0,70

Auflage: 31 810 000 Stück, davon 416 800 auf ETB

1992, 9. Jan./10. Sept. Wappen der Länder der Bundesrepublik Deutschland (I). Ⓔ **Jünger; Odr. BDB (5×5); gez. K 13¾.**

bin) Baden-Württemberg

bio) Bayern

bip) Berlin

bir) Brandenburg

bis) Bremen

bit) Hamburg

			✶✶	⊙	FDC
1586	100 (Pf)	mehrfarbig (9.1.) . bin	2,—	0,90	1,80
1587	100 (Pf)	mehrfarbig (12.3.) bio	2,—	0,90	1,80
1588	100 (Pf)	mehrfarbig (11.6.) bip	2,—	0,90	1,80
1589	100 (Pf)	mehrfarbig (16.7.) . bir	2,—	0,90	1,80
1590	100 (Pf)	mehrfarbig (13.8.) bis	2,—	0,90	1,80
1591	100 (Pf)	mehrfarbig (10.9.) . bit	2,—	0,90	1,80
		Satzpreis (6 W.)	12,—	5,—	
		ETB 5/1992 (mit MiNr. 1586)		1,80	
		ETB 13/1992 (mit MiNr. 1587)		1,80	
		ETB 25/1992 (mit MiNr. 1588)		1,80	
		ETB 29/1992 (mit MiNr. 1589)		1,80	
		ETB 34/1992 (mit MiNr. 1590)		1,80	
		ETB 39/1992 (mit MiNr. 1591)		1,80	

FALSCH MiNr. 1588 und 1591 in Odr. auf dickem (Karton-)Papier ohne Fluoreszenz, gez. K 13¾

Auflagen: MiNr. 1586 = 31 235 000, MiNr. 1587 = 32 000 000, MiNr. 1588 = 29 660 000, MiNr. 1589 = 31 200 000, MiNr. 1590 = 32 550 000, MiNr. 1591 = 28 940 000 Stück

Auflagen ETB: 5 und 13/1992 = 416 800, 25, 29, 34 und 39/1992 = 408 800

Weitere Ausgaben „Wappen der Länder der Bundesrepublik Deutschland": MiNr. 1660–1664, 1712–1716

MiNr. 1589 in gleicher Zeichnung, jedoch andere Inschriften: MiNr. 1941

1992, 6. Febr. Sporthilfe: Olympische Winterspiele, Albertville; Olympische Sommerspiele, Barcelona. Ⓔ **Aretz; Odr. BDB (5×5); gez. K 13¾.**

biu) Fechten – Damen-Florett

biv) Rudern – Achter

biw) Dressurreiten

bix) Ski alpin – Herren-Slalom

			✶✶	⊙
1592	60 + 30 (Pf)	mehrfarbig . . . . biu	1,40	1,40
1593	80 + 40 (Pf)	mehrfarbig . . . . biv	1,70	1,70
1594	100 + 50 (Pf)	mehrfarbig . . . . biw	3,60	3,60
1595	170 + 80 (Pf)	mehrfarbig . . . . bix	5,50	5,50
		Satzpreis (4 W.)	12,—	12,—
		FDC		13,—
		ETB 6/1992		7,—

Auflagen: MiNr. 1592 = 4 370 000, MiNr. 1593 = 4 310 000, MiNr. 1594 = 4 490 000, MiNr. 1595 = 4 300 000 Stück, davon je 340 000 auf ETB

1992, 6. Febr. 100. Geburtstag von Arthur Honegger. Ⓔ **Lüdtke; RaTdr. WPL (5×10); gez. K 14:13¾.**

biy) A. Honegger (1892–1955), Komponist

			✶✶	⊙	FDC
1596	100 (Pf)	hellrotgrau/schwarz biy	2,—	0,90	1,80
		ETB 7/1992		0,70	

Auflage: 32 250 000 Stück, davon 416 800 auf ETB

1992, 6. Febr. 75. Todestag von Ferdinand Graf von Zeppelin. Ⓔ **Jünger; Odr. BDB (5×10); gez. K 14.**

biz) F. Graf von Zeppelin (1838–1917), Erfinder des lenkbaren Luftschiffs; Luftschiff LZ 127 „Graf Zeppelin"

			✶✶	⊙	FDC
1597	165 (Pf)	mehrfarbig . . . . biz	3,—	1,60	3,—
		ETB 8/1992		1,—	

Auflage: 23 980 000 Stück, davon 416 800 auf ETB

1992, 12. März. 750 Jahre Stadt Kiel. Ⓔ **Korn; Odr. SB (5×10); gez. K 14.**

bka) Stadt- und Hafenansicht, Stadtwappen

			✶✶	⊙	FDC
1598	60 (Pf)	mehrfarbig . . . . bka	1,40	0,70	1,80
		ETB 9/1992		0,70	

Auflage: 31 495 000 Stück, davon 416 800 auf ETB

ETB = Erstagsblatt

1992, 12. März. 125. Jahrestag der Gründung des Zuckerinstituts Berlin. Ⓔ Jünger; Odr. WPL (5×10); gez. K 13:12½.

bkb) Andreas Sigismund Marggraf (1709–1782), Chemiker, Entdecker des Rübenzuckers; Franz Carl Achard (1753–1821), Chemiker, Begründer der Rübenzuckerindustrie; Carl Scheibler (1827–1899), Gründer des ersten Zuckerinstituts; Zuckerrübe

			★★	⊙
1599	100 (Pf) mehrfarbig	bkb	1,90	0,90
		FDC		1,90
		ETB 10/1992		0,70

MiNr. 1599 ist mit stark schwankender Fluoreszenz (kaum feststellbar bis normal) bekannt.

Auflage: 30 935 000 Stück, davon 416 800 auf ETB

1992, 12. März. 100. Todestag von Ernst Jakob Renz. Ⓔ de Vries; RaTdr. BDB (5×10); gez. K 14:13¾.

bkc) E. J. Renz (1815–1892), Zirkusdirektor, bei der Pferdedressur

			★★	⊙
1600	100 (Pf) mehrfarbig	bkc	1,90	0,70
		FDC		1,90
		ETB 11/1992		0,70

Auflage: 29 110 000 Stück, davon 416 800 auf ETB

1992, 12. März. 25. Todestag von Konrad Adenauer. Ⓔ Schmitz; Odr. BDB (5×5); gez. K 13¾.

bkd) Dr. h. c. K. Adenauer (1876–1967), 1. deutscher Bundeskanzler

			★★	⊙
1601	100 (Pf) mehrfarbig	bkd	2,40	0,70
		FDC		1,80
		ETB 12/1992		0,70

Auflage: 31 920 000 Stück, davon 416 800 auf ETB

1992, 9. April. Jugend: Gefährdete Nachtfalter. Ⓔ Schillinger; Odr. BDB (5×5); gez. K 13¾.

bke) Purpurbär (Rhyparia purpurata)

bkf) Labkrautschwärmer (Celerio galii)

bkg) Silbermönch (Cucullia argentea)

bkh) Schwarzer Bär (Arctia villica)

bki) Rauschbeeren-Fleckenspanner (Arichanna melanaria)

			★★	⊙
1602	60 + 30 (Pf) mehrfarbig	bke	1,80	1,80
1603	70 + 30 (Pf) mehrfarbig	bkf	2,—	2,—
1604	80 + 40 (Pf) mehrfarbig	bkg	2,60	2,60
1605	100 + 50 (Pf) mehrfarbig	bkh	2,80	2,80
1606	170 + 80 (Pf) mehrfarbig	bki	3,20	3,20
		Satzpreis (5 W.)	12,—	12,—
		FDC		14,—
		ETB 14/1992		9,—

Auflagen: MiNr. 1602 = 3 572 000, MiNr. 1603 = 3 480 000, MiNr. 1604 = 3 468 000, MiNr. 1605 = 3 600 000, MiNr. 1606 = 3 452 000 Stück, davon je 340 000 auf ETB

1992, 9. April. 400. Geburtstag von Johann Adam Schall von Bell. Ⓔ Zill; Odr. WPL (5×10); gez. K 14.

bkk) J. A. Schall von Bell (1592–1666), Missionar und Astronom; Zeichen des Jesuitenordens

			★★	⊙
1607	140 (Pf) mehrfarbig	bkk	2,60	1,30
		FDC		2,50
		ETB 15/1992		1,—

Auflage: 30 150 000 Stück, davon 408 800 auf ETB

1992, 7. Mai. Europa: 500 Jahrestag der Entdeckung von Amerika. Ⓔ de Vries; Odr. BDB (5×5); gez. K 13¾.

bkl) Die Kolumbusflotte landet in Amerika; florentinischer Holzschnitt (1493)

bkm) René de Laudonnière und Häuptling Athore (1564); Holzschnitt von Jacques le Moyne de Morgues

			★★	⊙
1608	60 (Pf) mehrfarbig GA	bkl	1,—	0,50
1609	100 (Pf) mehrfarbig	bkm	2,—	0,50
		Satzpreis (2 W.)	3,—	1,—
		FDC		3,—
		ETB 16/1992		1,—

Auflagen: MiNr. 1608 = 58 835 000, MiNr. 1609 = 50 215 000 Stück, davon je 408 800 auf ETB

1992, 7. Mai. 1250. Geburtstag des hl. Ludgerus. Ⓔ Börnsen; Odr. BDB (10×5); gez. K 13¾:14.

bkn) Bischofsweihe des hl. Ludgerus (um 742–809), Apostel der Friesen und Sachsen; Miniatur aus der „Vita Liudgeri auctore Altfrido" (11. Jh.)

			★★	⊙
1610	100 (Pf) mehrfarbig	bkn	1,80	0,80
		FDC		2,—
		ETB 17/1992		0,70

Auflage: 31 490 000 Stück, davon 408 800 auf ETB

1992, 7. Mai. 1250 Jahre Erfurt. Ⓔ Steiner; Odr. BDB (5×10); gez. K 14:13¾.

bko) Dom, Severikirche, Häuser der Altstadt

			★★	⊙
1611	60 (Pf) mehrfarbig GA	bko	1,40	0,70
		FDC		1,40
		ETB 18/1992		0,50

Auflage: 31 240 000 Stück, davon 408 800 auf ETB

1992, 7. Mai. 500. Geburtstag von Adam Riese. Ⓔ Scheuner; Odr. SB (5×10); gez. K 14.

bkp) Autograph der Neunerprobe (1524); Unterschrift von A. Riese (1492 bis 1559), Rechenmeister; Initialen „AR" aus einem Holzschnitt (1550)

			★★	⊙
1612	100 (Pf) mehrfarbig	bkp	2,—	0,70
		FDC		1,80
		ETB 19/1992		0,70

FALSCH Odr. auf dickem (Karton-)Papier ohne Fluoreszenz

Auflage: 32 080 000 Stück, davon 408 800 auf ETB

1992, 7. Mai. 150 Jahre Orden „Pour le mérite“. Ⓔ Effert; Odr. WPL (5×5); gez. K 13.

bkr) Orden „Pour le mérite“

				★★	⊙
1613	100 (Pf)	mehrfarbig	bkr	1,80	0,70
			FDC		2,—
			ETB 20/1992		0,70

Auflage: 31 780 000 Stück, davon 408 800 auf ETB

1992, 11. Juni. Freimarke: Frauen der deutschen Geschichte (XIV). Ⓔ Aretz; StTdr. BDB (10×10); gez. K 14.

bks) Hedwig Courths-Mahler (1867–1950), Schriftstellerin

				★★	⊙
1614	450 (Pf)	cyanblau/dunkellila-ultramarin	bks	6,50	5,—
			FDC		6,50
			ETB 21/1992		3,—

Auflage: 70 408 000 Stück, davon 408 800 auf ETB

Weitere Werte siehe Zusammenfassung nach Blockaufstellung

1992, 11. Juni. Umweltschutz: Rettet den tropischen Regenwald. Ⓔ Wilhelm; Odr. WPL (5×5); gez. K 13.

bkt) Tropischer Regenwald

				★★	⊙
1615	100 + 50 (Pf)	mehrfarbig	bkt	2,40	2,60
			FDC		3,50
			ETB 22/1992		1,80

Auflage: 4 687 000 Stück, davon 350 000 auf ETB

1992, 11. Juni. 250. Geburtstag von Georg Christoph Lichtenberg. Ⓔ Aretz; Odr. BDB (5×10); gez. K 14:13¾.

bku) G. Chr. Lichtenberg (1742–1799), Physiker und Schriftsteller

				★★	⊙
1616	100 (Pf)	mehrfarbig	bku	1,80	0,80
			FDC		1,80
			ETB 23/1992		0,70

Auflage: 31 320 000 Stück, davon 408 800 auf ETB

1992, 11. Juni. Deutsche Malerei des 20. Jahrhunderts (I). Ⓔ Jünger; Odr. BDB (5×5); gez. K 13¾:14.

bkv) Pferd in der Landschaft; von Franz Marc (1880–1916)

bkw) Modegeschäft; von August Macke (1887–1914)

bkx) Murnau mit Regenbogen; von Wassily Kandinsky (1866–1944)

				★★	⊙
1617	60 (Pf)	mehrfarbig	bkv	1,—	0,80
1618	100 (Pf)	mehrfarbig	bkw	1,50	0,80
1619	170 (Pf)	mehrfarbig	bkx	2,50	2,20
			Satzpreis (3 W.)	5,—	3,80
			FDC		6,—
			ETB 24/1992		2,80

Auflagen: MiNr. 1617 = 32 125 000, MiNr. 1618 = 30 270 000, MiNr. 1619 = 27 400 000 Stück, davon je 408 800 auf ETB

Weitere Werte: MiNr. 1656–1658, 1748–1750, 1774–1776, 1843 bis 1845, 2279, 2294, 2315–2316, 2432

1992, 16. Juli. Welthauswirtschaftskongress, Hannover. Ⓔ Effert; RaTdr. BDB (5×10); gez. K 14.

bky) Haus, Weltkugel

				★★	⊙
1620	100 (Pf)	mehrfarbig	bky	1,80	0,80
			FDC		2,—
			ETB 26/1992		0,70

Auflage: 28 730 000 Stück, davon 408 800 auf ETB

1992, 16. Juli. Familie schafft Zukunft. Ⓔ Rieß; Odr. BDB (5×5); gez. K 13¾.

bkz) Familie

				★★	⊙
1621	100 (Pf)	mehrfarbig	bkz	2,—	0,70
			FDC		2,—
			ETB 27/1992		0,70

Auflage: 29 530 000 Stück, davon 408 800 auf ETB

1992, 16. Juli. Natur- und Umweltschutz: Botanischer Garten, Leipzig. Ⓔ Seiter; Odr. WPL (5×10); gez. K 13:12½.

bla) Ansicht des Botanischen Gartens, verschiedene Arabesken

				★★	⊙
1622	60 (Pf)	mehrfarbig	bla	1,20	0,70
			FDC		1,40
			ETB 28/1992		0,50

Auflage: 30 924 000 Stück, davon 408 800 auf ETB

1992, 13. Aug. Freimarke: Sehenswürdigkeiten (XII). Ⓔ Haase; Ldr. BDB, Bogen (B) (10×10) und Rollen (R); gez. K 14.

blb) Neues Tor, Neubrandenburg

				★★	⊙
1623	450 (Pf)	schwärzlichgraublau/dunkelbraunorange	blb	5,—	1,50
			FDC		6,50
			ETB 30/1992		2,50

Waagerechtes Paar (aus Bogen):

	★★	⊙
1623/1623	12,—	12,—

Einzelmarke mit anhängendem Bogenrand 50% vorstehender Paarpreise

Rollenmarke mit rückseitiger Nummer (R):

	Einzelm. ★★	Einzelm. ⊙	5er-Str. ★★
1623 R	7,50	7,—	32,—

Auflage: 161 989 000 Stück, davon 408 800 auf ETB

Weitere Werte siehe Zusammenfassung nach Blockaufstellung

1992, 13. Aug. 300. Geburtstag von Egid Quirin Asam. ⓔ **Detlefsen; Odr. WPL (10×5); gez. K 13¾:14.**

blc) Mariä Himmelfahrt; Skulptur in der Stiftskirche Rohr von E. Q. Asam (1692–1750), Stuckateur und Baumeister

				★★	⊙
1624	60 (Pf)	mehrfarbig	blc	1,50	0,70
			FDC		1,60
			ETB 31/1992		0,50

Auflage: 30 840 000 Stück, davon 408 800 auf ETB

1992, 13. Aug. 250 Jahre Deutsche Staatsoper, Berlin. ⓔ **Jünger; Odr. SB (5×10); gez. K 14.**

bld) Deutsche Staatsoper, Berlin

				★★	⊙
1625	80 (Pf)	mehrfarbig	bld	1,70	0,70
			FDC		1,80
			ETB 32/1992		0,50

Auflage: 25 690 000 Stück, davon 408 800 auf ETB

1992, 13. Aug. 100 Jahre Bund Deutscher Amateurtheater. ⓔ **Steiner; Odr. BDB (10×5); gez. K 13¾:14.**

ble) Theaterfiguren

				★★	⊙
1626	100 (Pf)	mehrfarbig	ble	1,80	0,70
			FDC		1,80
			ETB 33/1992		0,70

Auflage: 27 410 000 Stück, davon 408 800 auf ETB

1992, 10. Sept. 500 Jahre Erdglobus. ⓔ **Schillinger; Odr. BDB (5×5); gez. K 13¾.**

blf) Erdglobus nach Entwurf von Martin Behaim (1459–1507), Kaufmann und Kosmograph

				★★	⊙
1627	60 (Pf)	mehrfarbig GA	blf	1,40	0,70
			FDC		1,60
			ETB 35/1992		0,50

Auflage: 29 460 000 Stück, davon 408 800 auf ETB

1992, 10. Sept. 225 Jahre Schmuck- und Uhrenindustrie, Pforzheim. ⓔ **Ehmke; Odr. BDB (10×5); gez. K 13¾:14.**

blg) Anhänger (1890), Uhr (1990)

				★★	⊙
1628	100 (Pf)	mehrfarbig	blg	1,60	0,70
			FDC		1,80
			ETB 36/1992		0,70

Auflage: 28 760 000 Stück, davon 408 800 auf ETB

1992, 10. Sept. 100. Geburtstag von Werner Bergengruen. ⓔ **v. Janota-Bzowski; Odr. WPL (10×5); gez. K 13¾:14.**

blh) W. Bergengruen (1892–1964), Schriftsteller; Zeichnung von Hanny Fries

				★★	⊙
1629	100 (Pf)	mehrfarbig	blh	1,60	0,70
			FDC		1,80
			ETB 37/1992		0,70

Auflage: 29 600 000 Stück, davon 408 800 auf ETB

1992, 10. Sept. Eröffnung des Main-Donau-Kanals. ⓔ **Schillinger; Odr. BDB (5×10); gez. K 14.**

bli) Neue Holzbrücke bei Essing über den Main-Donau-Kanal

				★★	⊙
1630	100 (Pf)	mehrfarbig	bli	1,60	0,70
			FDC		1,80
			ETB 38/1992		0,70

Auflage: 29 390 000 Stück, davon 408 800 auf ETB

1992, 15. Okt. Wohlfahrt: Kostbare alte Uhren aus deutschen Sammlungen. ⓔ **Schillinger; Odr. BDB (5×5); gez. K 13¾.**

blk) Türmeruhr (um 1400)

bll) Astronomisch-geographische Stutzuhr (1738)

blm) Flötenuhr (um 1790)

bln) Figurenuhr (um 1580)

blo) Tischuhr (um 1550)

				★★	⊙
1631	60 + 30 (Pf)	mehrfarbig	blk	1,40	1,40
1632	70 + 30 (Pf)	mehrfarbig	bll	1,80	1,80
1633	80 + 40 (Pf)	mehrfarbig	blm	1,80	1,80
1634	100 + 50 (Pf)	mehrfarbig	bln	2,20	2,20
1635	170 + 80 (Pf)	mehrfarbig	blo	3,—	3,—
			Satzpreis (5 W.)	10,—	10,—
			FDC		12,—
			ETB 40/1992		8,—

Auflagen: MiNr. 1631 = 12 587 000, MiNr. 1632 = 6 908 000, MiNr. 1633 = 12 702 000, MiNr. 1634 = 19 615 000, MiNr. 1635 = 6 388 000 Stück, davon je 320 000 auf ETB

1992, 15. Okt. 100 Jahre Verband Deutscher Maschinen- und Anlagenbau (VDMA). ⓔ **Lüdtke; komb. StTdr. und Odr. BDB (5×10); gez. K 14.**

blp) Otto-Motor (um 1892), Zahnrad, Computertechnologie

				★★	⊙
1636	170 (Pf)	mehrfarbig	blp	2,40	1,40
			FDC		3,—
			ETB 41/1992		1,—

Auflage: 17 810 000 Stück, davon 395 400 auf ETB

1992, 15. Okt. 50. Todestag von Hugo Distler. ⓔ **Kahrl; Odr. WPL (5×10); gez. K 14:13¾.**

blr) H. Distler (1908–1942), Komponist und Organist; Autograph des Chorals für drei Kinderstimmen „Wir danken dir, Herr Jesu Christ"

				★★	⊙
1637	100 (Pf)	bläulichviolett/schwarz	blr	1,80	0,70
			FDC		1,80
			ETB 42/1992		0,70

Auflage: 29 790 000 Stück, davon 395 400 auf ETB

1992, 15. Okt. Tag der Briefmarke. 🄴 **Kößlinger; Odr. BDB (5×5); gez. K 13¾.**

bls) Ballonpost der Deutschen Militärluftschiffer (um 1900), Gasballon

			✱✱	⊙
1638	100 (Pf) mehrfarbig	bls	1,80	0,80
		FDC		1,90
		ETB 43/1992		0,70

Auflage: 29 850 000 Stück, davon 395 400 auf ETB

1992, 5. Nov. Weihnachten. 🄴 **Ehmke; Odr. BDB (5×5); gez. K 13¾.**

blt) Anbetung der Könige

blu) Christi Geburt

blt–blu) Details aus dem steinernen Reliefzyklus der Empore der St.-Annenkirche, Annaberg-Buchholz; von Franz Maidburg (*ca. 1480), Bildhauer (tätig 1503–1525)

			✱✱	⊙
1639	60 + 30 (Pf) mehrfarbig	blt	1,40	1,40
1640	100 + 50 (Pf) mehrfarbig	blu	1,80	1,80
		Satzpreis (2 W.)	3,20	3,20
		FDC		4,—
		ETB 44/1992		3,—

Auflagen: MiNr. 1639 = 7 775 000, MiNr. 1640 = 12 522 000 Stück, davon je 320 000 auf ETB

1992, 5. Nov. 250. Geburtstag von Gebhard Leberecht Fürst Blücher von Wahlstatt. 🄴 **v. Janota-Bzowski; Odr. WPL (5×10); gez. K 14:13¾.**

blv) G. L. Fürst Blücher von Wahlstatt (1742–1819); preußischer Generalfeldmarschall, zu Pferde; Gemälde von Simon Meister

			✱✱	⊙
1641	100 (Pf) mehrfarbig	blv	1,80	0,70
		FDC		2,—
		ETB 45/1992		0,70

Auflage: 29 651 000 Stück, davon 395 400 auf ETB

1992, 5. Nov. 100. Todestag von Werner von Siemens. 🄴 **Zauner; RaTdr. BDB (10×5); gez. K 13¾:14.**

blw) W. v. Siemens (1816–1892), Ingenieur, Erfinder und Industrieller

			✱✱	⊙
1642	100 (Pf) mehrfarbig	blw	1,80	0,70
		FDC		1,80
		ETB 46/1992		0,70

Auflage: 29 830 000 Stück, davon 395 400 auf ETB

1992, 5. Nov. 50. Todestag von Jochen Klepper. 🄴 **Aretz; komb. StTdr. und Odr. BDB (5×10); gez. K 14:13¾.**

blx) J. Klepper (1903–1942); Schriftsteller

			✱✱	⊙
1643	100 (Pf) mehrfarbig	blx	1,80	0,70
		FDC		1,80
		ETB 47/1992		0,70

Auflage: 27 400 000 Stück, davon 395 400 auf ETB

1992, 5. Nov. Europäischer Binnenmarkt. 🄴 **Schmitz; Odr. SB (5×10); gez. K 14.**

bly) Stern des Europa-Emblems aus Holzstäben; Europa-Emblem

			✱✱	⊙
1644	100 (Pf) mehrfarbig	bly	2,40	0,80
		FDC		2,—
		ETB 48/1992		0,70

Auflage: 30 520 000 Stück, davon 395 400 auf ETB

1993

1993, 14. Jan. 1200 Jahre Münster. 🄴 **Monson-Baumgart; Odr. BDB (5×10); gez. K 14:13¾.**

blz) Häusergiebel, Dom und Überwasserkirche

			✱✱	⊙
1645	60 (Pf) mehrfarbig	blz	1,20	0,70
		FDC		1,20
		ETB 1/1993		0,80

Auflage: 24 840 000 Stück, davon 395 400 auf ETB

1993, 14. Jan. 350. Geburtstag von Sir Isaac Newton. 🄴 **Zill; komb. StTdr. und Odr. BDB (5×10); gez. K 14.**

bma) Sir I. Newton (1643–1727), englischer Mathematiker, Physiker und Astronom; Skizze zur Untersuchung der Lichtbrechungen, Formel für das zweite Newtonsche Axiom

			✱✱	⊙
1646	100 (Pf) mehrfarbig	bma	1,70	0,70
		FDC		1,80
		ETB 2/1993		0,80

Auflage: 22 350 000 Stück, davon 395 400 auf ETB

1993, 14. Jan. 125 Jahre Norddeutsche Seewarte, Hamburg. 🄴 **Langer-Rosa, Langer. Odr. WPL (5×10); gez. K 12¾:12½.**

bmb) Weltkarte mit Schifffahrtsrouten, Emblem des Bundesamtes für Seeschifffahrt und Hydrographie

			✱✱	⊙
1647	100 (Pf) mehrfarbig	bmb	1,40	0,70
		FDC		1,80
		ETB 3/1993		0,80

Auflage: 25 401 000 Stück, davon 395 400 auf ETB

1993, 14. Jan. 100 Jahre Verband Deutscher Elektrotechniker (VDE). 🄴 **Gamroth; RaTdr. BDB (5×10); gez. K 14:13¾.**

bmc) Steckdose und Stromkabel bilden Umriss eines Hauses, VDE-Emblem

			✱✱	⊙
1648	170 (Pf) mehrfarbig	bmc	2,40	1,40
		FDC		2,80
		ETB 4/1993		1,—

Auflage: 17 860 000 Stück, davon 395 400 auf ETB

1993, 14. Jan. Europäisches Jahr für Sicherheit und Gesundheitsschutz am Arbeitsplatz. ⓔ **Detlefsen; RaTdr. BDB (10×5); gez. K 13¾:14.**

bmd) Emblem, Sicherheitsstreifen

				★★	⊙
1649	100 (Pf)	mehrfarbig	bmd	1,50	0,70
			FDC		1,80
			ETB 5/1993		2,—

Auflage: 22 110 000 Stück, davon 395 400 auf ETB

1993, 11. Febr. Sporthilfe: Olympische Sportstätten in Deutschland. ⓔ **Rieß; Odr. BDB (5×5); gez. K 13¾.**

bme) Olympiaschanze, Garmisch-Partenkirchen

bmf) Olympiapark, München

bmg) Olympiastadion, Berlin

bmh) Olympiahafen, Kiel

				★★	⊙
1650	60 + 30 (Pf)	mehrfarbig	bme	3,—	2,50
1651	80 + 40 (Pf)	mehrfarbig	bmf	3,50	2,50
1652	100 + 50 (Pf)	mehrfarbig	bmg	4,50	4,—
1653	170 + 80 (Pf)	mehrfarbig	bmh	6,—	6,—
			Satzpreis (4 W.)	17,—	15,—
			FDC		13,—
			ETB 6/1993		8,—

Auflagen: MiNr. 1650 = 3 320 000, MiNr. 1651 = 3 407 000, MiNr. 1652 = 3 570 000, MiNr. 1653 = 3 270 000 Stück, davon je 325 000 auf ETB

1993, 11. Febr. 250 Jahre Gewandhausorchester Leipzig. ⓔ **Wunderlich; Odr. WPL (5×10); gez. K 13:12½.**

bmi) Stilisierte Tonschwingung

				★★	⊙
1654	100 (Pf)	mehrfarbig	bmi	1,40	0,70
			FDC		1,80
			ETB 7/1993		0,80

Auflage: 24 975 000 Stück, davon 391 400 auf ETB

1993, 11. März. 600. Todestag von Johannes von Nepomuk. ⓔ **Rieß; Odr. WPL (5×10); gez. K 13:12½.**

bmk) Hl. Johannes von Nepomuk (1350–1393), böhmischer Kleriker (Brückenstatue, 1693); Karlsbrücke, Prag

				★★	⊙
1655	100 (Pf)	mehrfarbig	bmk	1,60	0,70
			FDC		1,80
			ETB 8/1993		0,80

Auflage: 24 980 000 Stück, davon 391 400 auf ETB

Parallelausgabe mit Slowakei MiNr. 167 und Tschechische Republik MiNr. 4

1993, 11. März. Deutsche Malerei des 20. Jahrhunderts (II). ⓔ **Jünger; Odr. BDB (5×5); gez. K 13¾:14.**

bml) Café; von George Grosz (1893–1959)

bmm) Meer und Sonne; von Otto Pankok (1893–1966)

bmn) Publikum; von Andreas Paul Weber (1893–1980)

				★★	⊙
1656	100 (Pf)	mehrfarbig	bml	1,70	1,—
1657	100 (Pf)	mehrfarbig	bmm	1,70	1,—
1658	100 (Pf)	mehrfarbig	bmn	1,70	1,—
			Satzpreis (3 W.)	5,—	3,—
			FDC		5,50
			ETB 9/1993		2,60

Auflagen: MiNr. 1656 = 24 150 000, MiNr. 1657 = 23 980 000, MiNr. 1658 = 24 100 000 Stück, davon je 386 400 auf ETB

Weitere Werte siehe Fußnote nach MiNr. 1619

1993, 11. März. Neue Postleitzahlen. ⓔ **Jünger; Odr. SB (5×10); gez. K 14.**

bmo) Postleitzahlen mit Erläuterungen, Postemblem

				★★	⊙
1659	100 (Pf)	mehrfarbig	bmo	2,—	0,70
			FDC		2,—
			ETB 10/1993		0,80

Auflage: 35 800 000 Stück, davon 391 400 auf ETB

1993, 11. März/16. Sept. Wappen der Länder der Bundesrepublik Deutschland (II). ⓔ **Jünger; Odr. BDB (5×5); gez. K 13¾.**

bmp) Hessen

bmr) Mecklenburg-Vorpommern

bms) Niedersachsen

bmt) Nordrhein-Westfalen

bmu) Rheinland-Pfalz

				★★	⊙	FDC
1660	100 (Pf)	mehrfarbig (11.3.)	bmp	1,60	0,90	1,80
1661	100 (Pf)	mehrfarbig (17.6.)	bmr	1,60	0,90	2,80
1662	100 (Pf)	mehrfarbig (15.7.)	bms	1,60	0,90	1,80
1663	100 (Pf)	mehrfarbig (12.8.)	bmt	1,60	0,90	1,80
1664	100 (Pf)	mehrfarbig (16.9.)	bmu	1,60	0,90	1,80
		Satzpreis (5 W.)		8,—	4,50	
		ETB 11/1993 (mit MiNr. 1660)			0,80	
		ETB 25/1993 (mit MiNr. 1661)			0,80	
		ETB 28/1993 (mit MiNr. 1662)			0,80	
		ETB 32/1993 (mit MiNr. 1663)			0,80	
		ETB 39/1993 (mit MiNr. 1664)			0,80	

Auflagen: MiNr. 1660 = 24 350 000, MiNr. 1661 = 8 100 000, MiNr. 1662 = 23 235 000, MiNr. 1663 = 23 800 000, MiNr. 1664 = 24 730 000 Stück;

Auflagen ETB: 11/1993 = 391 400, 25/1993 und 28/1993 je 371 600, 32/1993 und 39/1993 je 369 600

Weitere Ausgaben „Wappen der Länder der Bundesrepublik Deutschland": MiNr. 1586–1591, 1712–1716

1993, 15. April. Freimarke: Sehenswürdigkeiten (XIII). Ⓔ **Haase; Ldr. BDB, Bogen (B) (10×10) und Rollen (R); gez. K 14.**

bmv) Magdeburger Dom

			★★	⊙
1665	200 (Pf)	hellviolettultramarin/ mattockerbraun . . . . bmv	2,80	0,90
		FDC		3,—
		ETB 12/1993		3,—

Waagerechtes Paar (aus Bogen):

	★★	⊙
1665/1665	6,—	5,—

Einzelmarke mit anhängendem Bogenrand 50% vorstehender Paarpreise

Rollenmarke mit rückseitiger Nummer (R):

	Einzelm. ★★	⊙	5er-Str. ★★
1665 R	4,20	3,40	17,—

Auflage 197 648 000 Stück, davon 371 600 auf ETB

Weitere Werte siehe Zusammenfassung nach Blockaufstellung

1993, 15. April. Jugend: Gefährdete Käfer. Ⓔ **Ehmke; Odr. BDB (5×5); gez. K 13¾.**

bmw) Alpenbock (Rosalia alpina)

bmx) Gold-Rosenkäfer (Cetonia aurata)

bmy) Hirschkäfer (Lucanus cervus)

bmz) Feld-Sandlaufkäfer (Cicindela campestris)

bna) Feld-Maikäfer (Melolontha melolontha)

			★★	⊙
1666	80 + 40 (Pf)	mehrfarbig . . . . bmw	2,—	2,—
1667	80 + 40 (Pf)	mehrfarbig . . . . bmx	2,—	2,—
1668	100 + 50 (Pf)	mehrfarbig . . . . bmy	2,40	2,40
1669	100 + 50 (Pf)	mehrfarbig . . . . bmz	2,40	2,40
1670	200 + 50 (Pf)	mehrfarbig . . . . bna	3,80	3,80
		Satzpreis (5 W.)	12,—	12,—
		FDC		15,—
		ETB 13/1993		10,—

Auflagen: MiNr. 1666 = 3 120 000, MiNr. 1667 = 3 116 000, MiNr. 1668 = 3 144 000, MiNr. 1669 = 3 141 000, MiNr. 1670 = 3 090 000 Stück, davon je 330 000 auf ETB

1993, 15. April. 900 Jahre Benediktinerabteien Maria Laach und Bursfelde. Ⓔ **Rohse; komb. StTdr. und Odr. BDB (5×10); gez. K 14.**

bnb) Abteien Maria Laach und Bursfelde

			★★	⊙
1671	80 (Pf)	mehrfarbig GA . . . . bnb	1,70	0,70
		FDC		1,60
		ETB 14/1993		0,80

Auflage: 25 622 000 Stück, davon 371 600 auf ETB

1993, 15. April. Internationale Gartenbauausstellung IGA '93, Stuttgart. Ⓔ **Runge; Odr. WPL (5×10); gez. K 13:12½.**

bnc) Pflanzen

			★★	⊙
1672	100 (Pf)	mehrfarbig . . . . bnc	1,40	0,70
		FDC		1,80
		ETB 15/1993		0,80

Auflage: 24 985 000 Stück, davon 368 400 auf ETB

1993, 5. Mai. Europa: Zeitgenössische Kunst. Ⓔ **Jünger; Odr. BDB (5×5); gez. K 13¾:14.**

bnd) Lagerplatz; Vitrine von Joseph Beuys (1921–1986)

bne) Ehrung des Quadrates; Gemälde von Josef Albers (1888–1976)

			★★	⊙
1673	80 (Pf)	mehrfarbig GA . . . . bnd	1,50	0,90
1674	100 (Pf)	mehrfarbig . . . . bne	1,50	0,90
		Satzpreis (2 W.)	3,—	1,80
		FDC		3,—
		ETB 16/1993		1,50

Auflagen: MiNr. 1673 = 59 700 000, MiNr. 1674 = 50 400 000 Stück, davon je 371 600 auf ETB

1993, 5. Mai. 450 Jahre Landesschule Pforta. Ⓔ **Blume-Zander, Zander; Odr. WPL (10×5); gez. K 13¾:14.**

bnf) Kirche des ehemaligen Zisterzienserklosters St. Marien, Schulpforte

			★★	⊙
1675	100 (Pf)	mehrfarbig . . . . bnf	1,40	0,70
		FDC		1,80
		ETB 17/1993		0,80

Auflage: 24 175 000 Stück, davon 371 600 auf ETB

1993, 5. Mai. 125 Jahre Coburger Convent. Ⓔ **Effert; komb. StTdr. und Odr. BDB (5×10); gez. K 14.**

bng) Studentengruppe, Stadthaus und Veste Coburg, Band des Coburger Convents

			★★	⊙
1676	100 (Pf)	mehrfarbig . . . . bng	1,40	0,70
		FDC		1,80
		ETB 18/1993		0,80

Auflage: 21 790 000 Stück, davon 371 600 auf ETB

1993, 5. Mai. 125 Jahre Galopprennbahn Hoppegarten bei Berlin. Ⓔ **Glinski; Odr. BDB (5×5); gez. K 13¾:14.**

bnh) Galopprennen, Zuschauer (um 1900)

			★★	⊙
1677	80 (Pf)	mehrfarbig . . . . bnh	1,40	0,80
		FDC		1,40
		ETB 19/1993		0,80

Auflage: 22 100 000 Stück, davon 371 600 auf ETB

1993, 5. Mai. Euregio Bodensee. Ⓔ **Wittmer; RaTdr. BDB (5×10); gez. K 14.**

bni) Restaurierter Schaufelraddampfer „Hohentwiel", Flaggen der Bodensee-Anrainerstaaten

			★★	⊙
1678	100 (Pf)	mehrfarbig . . . . bni	1,70	0,70
		FDC		1,80
		ETB 20/1993		1,—

Auflage: 26 860 000 Stück, davon 371 600 auf ETB

Parallelausgabe mit Österreich MiNr. 2096 und Schweiz MiNr. 1501

★★ = Ungebraucht mit Originalgummi (postfrisch)

⊙ = Mit Poststempel gebraucht

1993, 17. Juni. Freimarke: Sehenswürdigkeiten (XIV). ⓔ **Haase; Ldr. BDB, Bogen (B) (10×10) und Rollen (R); gez. K 14.**

bnk) Staatstheater Cottbus

			★★	⊙
1679	500 (Pf)	schwärzlichbraunpurpur/ mattchromgelb . . . . bnk	5,50	1,80
		FDC		7,—
		ETB 21/1993		3,—

Waagerechtes Paar (aus Bogen):

	★★	⊙
1679/1679	13,—	13,—

Einzelmarke mit anhängendem Bogenrand 50% vorstehender Paarpreise

Rollenmarke mit rückseitiger Nummer (R):

	Einzelm. ★★	Einzelm. ⊙	5er-Str. ★★
1679 R	8,—	7,50	36,—

PH Beschreibung siehe bei MiNr. 1348.

Auflage: 154 179 000 Stück, davon 371 600 auf ETB

Weitere Werte siehe Zusammenfassung nach Blockaufstellung

1993, 17. Juni. 1000 Jahre Potsdam. ⓔ **Lüders; Odr. WPL (5×10); gez. K 13:12½.**

bnl) Alter Markt – Blick auf die Nikolaikirche; Gemälde von Ferdinand von Arnim

			★★	⊙
1680	80 (Pf)	mehrfarbig . . . . bnl	1,70	0,70
		FDC		1,60
		ETB 22/1993		0,80

Auflage: 24 320 000 Stück, davon 371 600 auf ETB

1993, 17. Juni. 150. Todestag von Friedrich Hölderlin. ⓔ **v. Janota-Bzowski; RaTdr. BDB (10×5); gez. K 13¾:14.**

bnm) F. Hölderlin (1770–1843), Dichter

			★★	⊙
1681	100 (Pf)	mehrfarbig . . . . bnm	1,70	0,70
		FDC		1,80
		ETB 23/1993		0,80

Auflage: 21 440 000 Stück, davon 371 600 auf ETB

1993, 17. Juni. 40 Jahre Deutsches Komitee für UNICEF. ⓔ **Braesecke-Kaul; Odr. SB (5×10); gez. K 14.**

bnn) Kinder, Inschrift

			★★	⊙
1682	100 (Pf)	mehrfarbig . . . . bnn	1,40	0,70
		FDC		1,80
		ETB 24/1993		0,80

Auflage: 27 580 000 Stück, davon 371 600 auf ETB

1993, 15. Juli. 100. Geburtstag von Hans Fallada. ⓔ **Nitzsche; Odr. WPL (10×5); gez. K 13¾:14.**

bno) H. Fallada (1893–1947), Schriftsteller; Porträtzeichnung von E. O. Plauen

			★★	⊙
1683	100 (Pf)	mehrfarbig . . . . bno	1,80	0,70
		FDC		1,80
		ETB 26/1993		0,80

Auflage: 25 000 000 Stück, davon 371 600 auf ETB

1993, 15. Juli. Bilder aus Deutschland (I). ⓔ **Schillinger; Odr. BDB (5×5); gez. K 13¾:14.**

bnp) Rügen (Kap Arkona)

bnr) Harz (Goslar)

bns) Hohe Rhön (Wasserkuppe)

			★★	⊙
1684	100 (Pf)	mehrfarbig . . . . bnp	1,70	0,90
1685	100 (Pf)	mehrfarbig . . . . bnr	1,70	0,90
1686	100 (Pf)	mehrfarbig . . . . bns	1,70	0,90
		Satzpreis (3 W.)	5,—	2,60
		FDC		5,50
		ETB 27/1993		2,50

Auflagen: MiNr. 1684 = 25 750 000, MiNr. 1685 = 26 300 000, MiNr. 1686 = 22 660 000 Stück, davon je 360 000 auf ETB

Weitere Ausgaben „Bilder aus Deutschland“: MiNr. 1742–1745, 1807–1810, 1849–1852, 1943–1945, 2103, 2133, 2355, 2554 (Bl. 68)

1993, 12. Aug. Freimarke: Sehenswürdigkeiten (XV). ⓔ **Haase; Ldr. BDB, Bogen (B) (10×10) und Rollen (R); gez. K 14.**

bgl) Russische Kirche, Wiesbaden

			★★	⊙
1687	41 (Pf)	graubraun/orangegelb . . . . . . bgl	1,—	0,50
		FDC		1,—
		ETB 29/1993		0,60

Waagerechtes Paar (aus Bogen):

	★★	⊙
1687/1687	2,—	2,—

Einzelmarke mit anhängendem Bogenrand 50% vorstehender Paarpreise

Rollenmarke mit rückseitiger Nummer (R):

	Einzelm. ★★	Einzelm. ⊙	5er-Str. ★★
1687 R	1,70	1,70	4,40

Auflage: 126 800 000 Stück, davon 369 600 auf ETB

Weitere Werte siehe Zusammenfassung nach Blockaufstellung

1993, 12. Aug. 250. Todestag von Mathias Klotz (1653–1743), Geigenbauer. ⓔ **Scheuner; Odr. WPL (5×10); gez. K 13:12½.**

bnt) Entstehungsphasen der Schnecke einer Mathias-Klotz-Geige

			★★	⊙
1688	80 (Pf)	mehrfarbig . . . . bnt	1,40	0,60
		FDC		1,60
		ETB 30/1993		0,60

Auflage: 25 245 000 Stück, davon 369 600 auf ETB

1993, 12. Aug. 100. Geburtstag von Heinrich George. ⓔ **Aretz; Odr. BDB (5×10); gez. K 14.**

bnu) H. George (1893–1946), Schauspieler

			★★	⊙
1689	100 (Pf)	mehrfarbig . . . . bnu	1,40	0,70
		FDC		1,80
		ETB 31/1993		0,80

Auflage: 21 440 000 Stück, davon 369 600 auf ETB

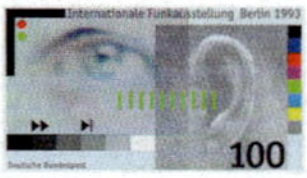

1993, 12. Aug. Internationale Funkausstellung (IFA), Berlin. ⓔ Schmitz; Odr. BDB (5×10); gez. K 14.

bnv) Digitalisiertes Auge und Ohr, Symbole aus dem Bereich der Elektronik

			**	⊙
1690	100 (Pf) mehrfarbig	bnv	1,60	0,70
		FDC		1,80
		ETB 33/1993		0,80

Auflage: 23 835 000 Stück, davon 369 600 auf ETB

1993, 16. Sept. Freimarke: Sehenswürdigkeiten (XVI). ⓔ Haase; Ldr. BDB, Bogen (B) (10×10) und Rollen (R); gez. K 14.

bnw) Deutsches Theater, Berlin

			**	⊙
1691	700 (Pf) dunkelgrüngrau/hellgelb	bnw	8,—	3,—
		FDC		10,—
		ETB 34/1993		4,50

Waagerechtes Paar (aus Bogen):

	**	⊙
1691/1691	17,—	18,—

Einzelmarke mit anhängendem Bogenrand 50% vorstehender Paarpreise

Rollenmarke mit rückseitiger Nummer (R):

	Einzelm. **	Einzelm. ⊙	5er-Str. **
1691 R	15,—	12,—	60,—

Auflage: 50 425 000 Stück, davon 369 600 auf ETB

Weitere Werte siehe Zusammenfassung nach Blockaufstellung

1993, 16. Sept. Tag der Briefmarke. ⓔ Peter; Odr. SB (5×5); gez. K 13¾.

bnx) Postbote bei der Briefzustellung (19. Jh.)

			**	⊙
1692	100 + 50 (Pf) mehrfarbig	bnx	2,—	2,20
		FDC		3,—
		ETB 35/1993		1,50

Auflage: 3 574 000 Stück, davon 315 000 auf ETB

1993, 16. Sept. 100. Geburtstag von Birger Forell (1893–1958), schwedischer evang. Theologe. ⓔ Zill; Odr. BDB (5×10); gez. K 14:13¾.

bny) Christliche Symbolik unter Einbeziehung der schwedischen Nationalfarben

			**	⊙
1693	100 (Pf) mehrfarbig	bny	2,—	0,70
		FDC		1,80
		ETB 36/1993		0,80

Auflage: 25 660 000 Stück, davon 369 600 auf ETB

1993, 16. Sept. 100. Geburtstag von Hans Leip. ⓔ Schmitz; Odr. WPL (5×5); gez. K 13¼.

bnz) Die Brücke Tuledu; Holzschnitt von H. Leip (1893–1983), Schriftsteller, Journalist und Grafiker

			**	⊙
1694	100 (Pf) mehrfarbig	bnz	2,—	0,70
		FDC		1,80
		ETB 37/1993		0,80

Auflage: 24 451 000 Stück, davon 369 600 auf ETB

1993, 16. Sept. Blockausgabe: Für uns Kinder. ⓔ Müller; Odr. BDB; gez. Ks 13¾:14.

boa) Musikclown

bob

			**	⊙
1695	100 (Pf) mehrfarbig	boa	2,—	2,—
Block 27	(50×83 mm)	bob	2,20	2,20
		FDC		3,—
		Ⓢ		2,—
		ETB 38/1993		2,—

Auflage: 11 800 000 Blocks, davon 369 600 auf ETB

1993, 14. Okt. Wohlfahrt: Deutsche Trachten (I). ⓔ Heise; Odr. BDB (5×5); gez. K 13¾.

boc) Rügen (Mecklenburg-Vorpommern)

bod) Föhr (Schleswig-Holstein)

boe) Schwalm (Hessen)

bof) Oberndorf (Bayern)

bog) Ernstroda (Thüringen)

			**	⊙
1696	80 + 40 (Pf) mehrfarbig	boc	2,—	2,—
1697	80 + 40 (Pf) mehrfarbig	bod	2,—	2,—
1698	100 + 50 (Pf) mehrfarbig	boe	2,—	2,—
1699	100 + 50 (Pf) mehrfarbig	bof	2,—	2,—
1700	200 + 40 (Pf) mehrfarbig	bog	2,50	2,50
		Satzpreis (5 W.)	10,—	10,—
		FDC		13,—
		ETB 40/1993		8,—

Auflagen: MiNr. 1696 = 5 568 000, MiNr. 1697 = 6 045 000, MiNr. 1698 = 17 840 000, MiNr. 1699 = 18 210 000, MiNr. 1700 = 7 780 000 Stück, davon je 300 000 auf ETB

Weitere Wohlfahrts-Ausgabe „Deutsche Trachten": MiNr. 1757 bis 1761

1993, 14. Okt. 750. Todestag der hl. Hedwig. ⓔ Heidrich; Odr. BDB (5×10); gez. K 14:13¾.

boh) Hl. Hedwig von Schlesien (1174–1243) mit Ordensleuten; nach einer Miniatur aus dem Schlackenwerther Codex (um 1350)

			**	⊙
1701	100 (Pf) mehrfarbig	boh	2,—	0,70
		FDC		2,—
		ETB 41/1993*)		1,—

*) enthält zusätzlich die bildgleiche Marke Polen MiNr. 3470

Auflage: 28 795 000 Stück, davon 357 600 auf ETB

Parallelausgabe mit Polen MiNr. 3470

1993, 14. Okt. 100. Todestag von Peter Iljitsch Tschaikowski. 🄴 **Rieß; Odr. SB (5×10); gez. K 14.**

boi) Szene aus dem Ballett „Schwanensee" von P. I. Tschaikowski (1840–1893), russischer Komponist

				✶✶	⊙
1702	80 (Pf)	mehrfarbig GA	boi	1,70	0,70
			FDC		1,50
			ETB 42/1993		0,70

Auflage: 27 050 000 Stück, davon 337 600 auf ETB

1993, 14. Okt. 50. Todestag von Max Reinhardt. 🄴 **Haase; Odr. WPL (10×5); gez. K 13¾:14.**

bok) M. Reinhardt (1873–1943), Schauspieler, Regisseur und Theaterleiter

				✶✶	⊙
1703	100 (Pf)	mehrfarbig	bok	1,80	0,70
			FDC		1,80
			ETB 43/1993		0,80

Auflage: 24 300 000 Stück, davon 337 600 auf ETB

1993, 10. Nov. 500. Geburtstag von Paracelsus. 🄴 **Zill; komb. StTdr. und Odr. BDB (10×5); gez. K 13¾:14.**

bol) Paracelsus (1493–1541), Arzt, Naturforscher und Philosoph; Stich von Augustin Hirschvogel

				✶✶	⊙
1704	100 (Pf)	mehrfarbig	bol	1,80	0,70
			FDC		1,80
			ETB 44/1993		0,80

Auflage: 24 380 000 Stück, davon 337 600 auf ETB

1993, 10. Nov. 350. Todestag von Claudio Monteverdi. 🄴 **Graschberger; Odr. WPL (5×10); gez. K 13:12¾.**

bom) C. Monteverdi (1567–1643), italienischer Komponist; Titelseiten seiner Madrigale und des Orfeo

				✶✶	⊙
1705	100 (Pf)	mehrfarbig	bom	1,80	0,70
			FDC		1,80
			ETB 45/1993		0,80

Auflage: 24 540 000 Stück, davon 337 600 auf ETB

1993, 10. Nov. 80. Geburtstag von Willy Brandt. 🄴 **Kahrl; Odr. BDB (5×5); gez. K 13¾.**

bon) W. Brandt (1913–1992), Politiker, Friedensnobelpreis 1971

				✶✶	⊙
1706	100 (Pf)	mehrfarbig	bon	2,60	1,20
			FDC		2,40
			ETB 46/1993		0,80

Auflage: 27 990 000 Stück, davon 337 600 auf ETB

1993, 10. Nov. Weihnachten. 🄴 **Graschberger; Odr. BDB (5×5); gez. K 13¾.**

boo) Anbetung der Heiligen Drei Könige

bop) Christi Geburt

boo–bop) Reliefs aus dem Flügelaltar im Chorraum der Klosterkirche Blaubeuren (1493/94) von Michael und Gregor Erhart

				✶✶	⊙
1707	80 + 40 (Pf)	mehrfarbig	boo	1,20	1,20
1708	100 + 50 (Pf)	mehrfarbig	bop	2,20	2,—
			Satzpreis (2 W.)	3,40	3,20
			FDC		5,50
			ETB 47/1993		3,—

Auflagen: MiNr. 1707 = 5 950 000, MiNr. 1708 = 11 504 000 Stück, davon je 300 000 auf ETB

1994

1994, 13. Jan. 1000 Jahre Stade. 🄴 **Rohse; komb. StTdr. und Odr. BDB (5×10); gez. K 14.**

bor) Sehenswürdigkeiten der Altstadt

				✶✶	⊙
1709	80 (Pf)	mehrfarbig	bor	1,40	0,70
			FDC		1,60
			ETB 1/1994		0,80

Auflage: 25 340 000 Stück, davon 337 600 auf ETB

1994, 13. Jan. 100. Todestag von Heinrich Hertz. 🄴 **Steiner; Odr. WPL (5×10); gez. K 13:12½.**

bos) H. Hertz (1857–1894), Physiker; Feldlinien eines schwingenden Dipols

				✶✶	⊙
1710	200 (Pf)	mehrfarbig	bos	3,20	1,40
			FDC		3,—
			ETB 2/1994		1,50

Auflage: 17 445 000 Stück, davon 337 600 auf ETB

1994, 13. Jan. Internationales Jahr der Familie. 🄴 **Höchtlen; Odr. SB (5×10); gez. K 14.**

bot) Menschen bilden das Wort „FAMILIE"

				✶✶	⊙
1711	100 (Pf)	mehrfarbig	bot	1,80	0,90
			FDC		1,80
			ETB 3/1994		1,—

Auflage: 25 980 000 Stück, davon 337 600 auf ETB

1994, 13. Jan./8. Sept. Wappen der Länder der Bundesrepublik Deutschland (III). 🄴 **Jünger; Odr. BDB (5×5); gez. K 13¾.**

bou) Saarland

bov) Sachsen

bow) Sachsen-Anhalt

box) Schleswig-Holstein

boy) Thüringen

				✶✶	⊙	FDC
1712	100 (Pf)	mfg. (13.1.)	bou	1,70	0,90	1,80
1713	100 (Pf)	mfg. (10.3.)	bov	1,70	0,90	1,80
1714	100 (Pf)	mfg. (16.6.)	bow	1,70	0,90	1,80

				★★	⊙	FDC
1715	100 (Pf)	mfg. (14.7.)	box	1,70	0,90	1,80
1716	100 (Pf)	mfg. (8.9.)	boy	1,70	0,90	1,80
		Satzpreis (5 W.)		8,—	4,50	
		ETB 4/1994 (mit MiNr. 1712)			1,80	
		ETB 11/1994 (mit MiNr. 1713)			1,40	
		ETB 21/1994 (mit MiNr. 1714)			1,40	
		ETB 24/1994 (mit MiNr. 1715)			1,40	
		ETB 32/1994 (mit MiNr. 1716)			1,40	

Auflagen: MiNr. 1712 = 18 500 000, MiNr. 1713 = 25 200 000, MiNr. 1714 = 24 800 000, MiNr. 1715 = 25 436 000, MiNr. 1716 = 19 880 000 Stück

Auflagen ETB: 4/1994 und 11/1994 je 337 600, 21/1994, 24/1994 und 32/1994 je 326 000

Weitere Ausgaben „Wappen der Länder der Bundesrepublik Deutschland“: MiNr. 1586–1591, 1660–1664

1994, 10. Febr. Sporthilfe: Olympische Winterspiele, Lillehammer; Fußball-Weltmeisterschaft, USA; 100 Jahre Internationales Olympisches Komitee (IOC); Winterparalympics, Lillehammer. Ⓔ Lüdtke; Odr. BDB (5×5); gez. K 13¾.

boz) Eiskunstlauf

bpa) Fußball, FIFA-Pokal

bpb) Olympische Flamme

bpc) Abfahrtslauf

				★★	⊙
1717	80 + 40 (Pf)	mehrfarbig	boz	3,50	2,—
1718	100 + 50 (Pf)	mehrfarbig	bpa	3,50	2,—
1719	100 + 50 (Pf)	mehrfarbig	bpb	3,50	2,—
1720	200 + 80 (Pf)	mehrfarbig	bpc	5,—	4,—
		Satzpreis (4 W.)		15,—	10,—
		FDC			11,—
		ETB 5/1994			7,—

Auflagen: MiNr. 1717 = 3 890 000, MiNr. 1718 = 3 930 000, MiNr. 1719 = 3 475 000, MiNr. 1720 = 3 065 000 Stück, davon je 300 000 auf ETB

1994, 10. Febr. 1200 Jahre Frankfurt a. M. Ⓔ Kößlinger; Odr. WPL (5×10); gez. K 13:12½.

bpd) Stadtbild von Frankfurt a. M.

				★★	⊙
1721	80 (Pf)	mehrfarbig	bpd	1,40	0,70
		FDC			1,40
		ETB 6/1994			0,80

Auflage: 25 900 000 Stück, davon 337 600 auf ETB

1994, 10. März. 1250 Jahre Fulda. Ⓔ Glinski; Odr. BDB (5×10); gez. K 14.

bpe) Stadtbild von Fulda mit Kloster

				★★	⊙
1722	80 (Pf)	mehrfarbig GA	bpe	1,60	0,70
		FDC			1,90
		ETB 7/1994			0,80

Auflage: 25 575 000 Stück, davon 337 600 auf ETB

1994, 10. März. 100 Jahre Bund Deutscher Frauenvereine/Deutscher Frauenrat. Ⓔ Rogger; Odr. WPL (5×10); gez. K 13:12½.

bpf) Flaggenband, Frauengesichter

				★★	⊙
1723	100 (Pf)	mehrfarbig	bpf	1,80	0,80
		FDC			1,90
		ETB 8/1994			1,20

Auflage: 23 500 000 Stück, davon 337 600 auf ETB

1994, 10. März. Vierte Direktwahlen zum Europäischen Parlament. Ⓔ Wiese; Odr. SB (5×10); gez. K 14.

bpg) Sterne mit Flaggen der Mitgliedstaaten der Europäischen Union

				★★	⊙
1724	100 (Pf)	mehrfarbig	bpg	2,—	0,90
		FDC			1,90
		ETB 9/1994			1,20

Auflage: 24 750 000 Stück, davon 337 600 auf ETB

1994, 10. März. Ausländer in Deutschland: Miteinander leben. Ⓔ Haase; Odr. BDB (5×10); gez. K 14.

bph) Menschen mit Transparent

				★★	⊙
1725	100 (Pf)	mehrfarbig	bph	1,40	0,90
		FDC			1,90
		ETB 10/1994			1,20

Auflage: 47 880 000 Stück, davon 337 600 auf ETB

1994, 14. April. Jugend: 100. Todestag von Dr. Heinrich Hoffmann. Ⓔ Ehmke; Odr. BDB (5×5); gez. K 13¾.

bpi) Paulinchen

bpk) Hans Guck-in-die-Luft

bpl) Der Struwwelpeter

bpm) Der böse Friederich

bpn) Der Zappel-Philipp

bpi–bpn) Bildausschnitte von fünf Geschichten aus dem Kinderbuch „Der Struwwelpeter“ von Dr. H. Hoffmann (1809–1894), Arzt und Schriftsteller

				★★	⊙
1726	80 + 40 (Pf)	mehrfarbig GA	bpi	2,80	2,50
1727	80 + 40 (Pf)	mehrfarbig	bpk	2,80	2,50
1728	100 + 50 (Pf)	mehrfarbig	bpl	2,80	2,50
1729	100 + 50 (Pf)	mehrfarbig	bpm	2,80	2,50
1730	200 + 80 (Pf)	mehrfarbig	bpn	3,80	3,20
		Satzpreis (5 W.)		15,—	13,—
		FDC			15,—
		ETB 12/1994			8,—

Auflagen: MiNr. 1726 = 3 420 000, MiNr. 1727 = 3 064 000, MiNr. 1728 = 3 230 000, MiNr. 1729 = 3 076 000, MiNr. 1730 = 2 945 000 Stück, davon je 321 200 auf ETB

1994, 14. April. 500 Jahre Frauenkirche, München. Ⓔ Kößlinger; Odr. BDB (5×10); gez. K 14.

bpo) Theatinerkirche, Frauenkirche, Alter Peter

				★★	⊙
1731	100 (Pf)	mehrfarbig	bpo	2,40	1,—
		FDC			1,90
		ETB 13/1994			1,20

Auflage: 24 920 000 Stück, davon 337 600 auf ETB

1994, 5. Mai/16. Juni. Europa: Entdeckungen und Erfindungen. Ⓔ Zauner; RaTdr. BDB, Bogen (5×10) und Markenheftchen (MH); gez. K 14.

bpp) Entdeckung des ohmschen Gesetzes durch Georg Simon Ohm (1789–1854), Physiker; elektrischer Widerstand

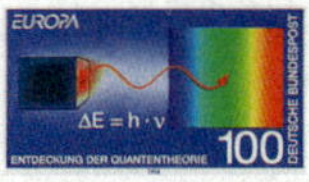

bpr) Begründung der Quantentheorie durch Max Planck (1858–1947), Physiker; Darstellung der Schwarzkörperstrahlung

			★★	⊙
1732	80 (Pf) mehrfarbig (B) GA	bpp	1,30	0,60
1733	100 (Pf) mehrfarbig (B) (MH)	bpr	1,30	0,60
		Satzpreis (2 W.)	2,50	1,20
		FDC		3,—
		ETB 14/1994		1,40

MiNr. 1733 aus Bogen:
Mittlere und untere Balken des 1. und 2. „E“ in „QUANTENTHEORIE“ gleichmäßig dick, Nullen von „100“ gleichmäßig

MiNr. 1733 aus Markenheftchen:
Mittlere und untere Balken des 1. und 2. „E“ in „QUANTENTHEORIE“ ungleichmäßig dick, obere und untere Bogen der Nullen von „100“ ungleich

Auflagen: MiNr. 1732 = 29 780 000, MiNr. 1733 = 76 600 000 Stück, davon je 326 000 auf ETB

1994, 5. Mai. Blockausgabe: 150. Geburtstag von Carl Hagenbeck; 150 Jahre Berliner Zoo. Ⓔ Rieß; Odr. BDB; gez. Ks 14.

bps) C. Hagenbeck (1844–1913), Tierhändler; Zirkus- und Zootiere; Eingang zum Tierpark Hagenbeck, Hamburg-Stellingen

bpt) Zootiere, Eingang zum Berliner Zoo

bpu

			★★	⊙
1734	100 (Pf) mehrfarbig	bps	2,—	2,—
1735	200 (Pf) mehrfarbig	bpt	2,50	2,50
Block 28	(77×107,5 mm)	bpu	4,50	5,50
		FDC		6,—
		Ⓢ		5,—
		ETB 15/1994		5,—

Auflage: 8 300 000 Blocks, davon 326 000 auf ETB

1994, 5. Mai. 125. Geburtstag von Hans Pfitzner. Ⓔ Nitzsche; Odr. WPL (10×5); gez. K 14.

bpv) H. Pfitzner (1869–1949), Komponist (Zeichnung von Emil Orlik); Notenhandschrift aus einem Zyklus romantischer Lieder

			★★	⊙
1736	100 (Pf) mehrfarbig	bpv	1,80	0,80
		FDC		2,—
		ETB 16/1994		1,20

Auflage: 25 490 000 Stück, davon 326 000 auf ETB

1994, 16. Juni. Umweltschutz. Ⓔ Schmidt; Odr. WPL (5×5); gez. K 13.

bpw) Grünes Herz in grünem Rahmen

			★★	⊙
1737	100 + 50 (Pf) dunkelgelbgrün/schwarz	bpw	2,—	2,—
		FDC		3,—
		ETB 17/1994		2,—

Auflage: 2 890 000 Stück, davon 296 000 auf ETB

1994, 16. Juni. 800. Geburtstag von Kaiser Friedrich II. Ⓔ Scheuner; Odr. WPL (10×5); gez. K 14.

bpx) Kaiser Friedrich II. (1194–1250); Miniatur aus der Manfred-Ausgabe des Falkenbuches (13. Jh.)

			★★	⊙
1738	400 (Pf) mehrfarbig	bpx	5,50	5,—
		FDC		6,50
		ETB 18/1994		3,50

Auflage: 7 890 000 Stück, davon 326 000 auf ETB

1994, 16. Juni. 400 Jahre Zitadelle Spandau. Ⓔ Kößlinger; Odr. SB (5×10); gez. K 14.

bpy) Zitadelle Spandau

			★★	⊙
1739	80 (Pf) mehrfarbig	bpy	1,50	0,70
		FDC		1,60
		ETB 19/1994		0,80

Auflage: 14 505 000 Stück, davon 326 000 auf ETB

1994, 16. Juni. 100 Jahre Herzogsägmühle. Ⓔ Przewieslik; Odr. WPL (5×10); gez. K 13:12½.

bpz) Ortsschild mit Emblem und Motto der diakonischen Einrichtung

			★★	⊙
1740	100 (Pf) mehrfarbig	bpz	1,50	0,80
		FDC		2,—
		ETB 20/1994		1,20

Auflage: 24 665 000 Stück, davon 326 000 auf ETB

1994, 14. Juli. Blockausgabe: 50. Jahrestag des Attentats auf Adolf Hitler vom 20. Juli 1944. Ⓔ Hoch; Odr. BDB; gez. Ks 13¾.

brb

bra) Gitterstäbe vor Schrifttafel

			★★	⊙
1741	100 (Pf) mehrfarbig	bra	2,—	2,—
Block 29	(105×70 mm)	brb	2,50	3,50
		FDC		4,50
		Ⓢ		3,—
		ETB 22/1994		2,—

Auflage: 8 800 000 Blocks, davon 326 000 auf ETB

1994, 14. Juli. Bilder aus Deutschland (II). 🄴 **Schillinger; Odr. BDB (5×5); gez. K 13¾:14.**

brc) Alpen (Schloss Neuschwanstein)

brd) Erzgebirge

bre) Maintal (Wertheim)

brf) Mecklenburgische Seenplatte (Müritz-Nationalpark)

				**	⊙
1742	100 (Pf)	mehrfarbig	brc	1,40	1,—
1743	100 (Pf)	mehrfarbig	brd	1,40	1,—
1744	100 (Pf)	mehrfarbig	bre	1,40	1,—
1745	100 (Pf)	mehrfarbig	brf	1,40	1,—
			Satzpreis (4 W.)	5,50	4,—
			FDC		6,50
			ETB 23/1994		3,50
			ETB V 23/1994*)		4,—

*) ETB V 23/1994 wurde kostenlos an die Teilnehmer einer Umfrage der Versandstellen der Deutschen Bundespost verschickt. Es wird bei der Deutschen Bundespost als „Vorläufer" bezeichnet, da es das Layout der ETB ab 1995 vorstellt. MiNr. 1742–1745 sind mit dem Ersttagssonderstempel vom 14.7.1994 entwertet.

Auflagen: MiNr. 1742 = 19 980 000, MiNr. 1743 = 19 500 000. MiNr. 1744 = 19 550 000, MiNr. 1745 = 19 735 000 Stück, davon je 326 000 auf ETB

Weitere Ausgaben siehe Fußnote nach MiNr. 1686

1994, 11. Aug. Freimarke: Sehenswürdigkeiten (XVII). 🄴 **Haase; Ldr. BDB, Bogen (B) (10×10) und Rollen (R); gez. K 14.**

brg) Rathaus Suhl-Heinrichs

				**	⊙
1746	550 (Pf)	dunkelgraublau/ lebhaftbraunrot	brg	6,50	3,—
			FDC		7,—
			ETB 25/1994		4,50

Waagerechtes Paar (aus Bogen):

	**	⊙
1746/1746	17,—	22,—

Einzelmarke mit anhängendem Bogenrand 50% vorstehender Paarpreise

Rollenmarke mit rückseitiger Nummer (R):

	Einzelm. **	Einzelm. ⊙	5er-Str. **
1746 R	9,—	9,—	42,—

Auflage: 53 685 000 Stück, davon 326 000 auf ETB

Weitere Werte siehe Zusammenfassung nach Blockaufstellung

1994, 11. Aug. 250. Geburtstag von Johann Gottfried Herder. 🄴 **Kahrl; Odr. BDB (5×10); gez. K 14:13¾.**

brh) J. G. Herder (1744–1803), Schriftsteller, Philosoph und Theologe

				**	⊙
1747	80 (Pf)	mehrfarbig GA	brh	1,20	0,70
			FDC		1,60
			ETB 26/1994		0,80

Auflage: 21 450 000 Stück, davon 326 000 auf ETB

1994, 11. Aug. Deutsche Malerei des 20. Jahrhunderts (III). 🄴 **Jünger; Odr. BDB (5×5); gez. K 13¾:14.**

bri) Maika; von Christian Schad (1894–1982)

brk) Landschaft bei Dresden; von Erich Heckel (1883–1970)

brl) A. von Jawlensky und M. von Werefkin auf einer Wiese bei Murnau; von Gabriele Münter (1877–1962)

				**	⊙
1748	100 (Pf)	mehrfarbig	bri	1,20	0,80
1749	200 (Pf)	mehrfarbig	brk	2,20	2,—
1750	300 (Pf)	mehrfarbig	brl	3,20	3,20
			Satzpreis (3 W.)	6,50	6,—
			FDC		7,50
			ETB 27/1994		4,50

Auflagen: MiNr. 1748 = 38 600 000, MiNr. 1749 = 9 540 000, MiNr. 1750 = 9 780 000 Stück, davon je 326 000 auf ETB

Weitere Ausgaben siehe Fußnote nach MiNr. 1619

1994, 8. Sept. 125 Jahre Museum für Völkerkunde, Leipzig. 🄴 **Runge; Odr. WPL (5×10); gez. K 13:12½.**

brm) Maske des südosttansanischen Bantuvolkes Makonde (Anf. 20. Jh.)

				**	⊙
1751	80 (Pf)	mehrfarbig	brm	1,50	0,70
			FDC		1,60
			ETB 28/1994		0,80

Auflage: 24 300 000 Stück, davon 326 000 auf ETB

1994, 8. Sept. 100. Todestag von Hermann von Helmholtz. 🄴 **Zauner; komb. StTdr. und Odr. BDB (5×10); gez. K 14.**

brn) H. von Helmholtz (1821–1894), Naturforscher; Querschnitt und Farbdreieck des menschlichen Auges

				**	⊙
1752	100 (Pf)	mehrfarbig	brn	1,80	0,70
			FDC		2,—
			ETB 29/1994		1,20

Auflage: 19 000 000 Stück, davon 326 000 auf ETB

1994, 8. Sept. 100. Geburtstag von Willi Richter. 🄴 **Grüttner; Odr. WPL (10×5); gez. K 13¾:14.**

bro) W. Richter (1894–1972), Vorsitzender des Deutschen Gewerkschaftsbundes (DGB)

				**	⊙
1753	100 (Pf)	mehrfarbig	bro	1,60	0,70
			FDC		2,—
			ETB 30/1994		1,20

Auflage: 20 400 000 Stück, davon 326 000 auf ETB

1994, 8. Sept. Blockausgabe: Für uns Kinder. Ⓔ **Romboy; Odr. BDB; gez. Ks 13¾:14.**

brr

brp) Fabelwesen

			★★	⊙
1754	100 (Pf) mehrfarbig	brp	2,—	2,—
Block 30	(106×62 mm)	brr	2,50	2,50
		FDC		3,50
		Ⓢ		2,50
		ETB 31/1994		2,—

Auflage: 10 870 000 Blocks, davon 326 000 auf ETB

1994, 13. Okt. Freimarken: Frauen der deutschen Geschichte (XV). Ⓔ **Aretz; StTdr. BDB (Klb. 5×2); gez. K 14.**

brs) Rahel Varnhagen von Ense (1771–1833), Schriftstellerin

brt) Luise Henriette von Oranien (1627–1667), Kurfürstin von Brandenburg

			★★	⊙
1755	80 (Pf) dunkelblaugrün/ dunkelgelbbraun	brs	1,10	0,60
1756	100 (Pf) dunkelviolett/chromgelb	brt	1,10	0,60
		Satzpreis (2 W.)	2,20	1,20
		FDC		3,80
		Kleinbogensatz (2 Klb.)	24,—	22,—
		ETB 33/1994		1,40

Auflagen: MiNr. 1755 = 427 800 000, MiNr. 1756 = 3 309 485 000 Stück, davon je 326 000 auf ETB

Weitere Werte siehe Zusammenfassung nach Blockaufstellung

1994, 13. Okt. Wohlfahrt: Deutsche Trachten (II). Ⓔ **Heise; Odr. BDB (Klb. 5×2); gez. K 13¾.**

bru) Bückeburg (Niedersachsen)

brv) Halle an der Saale (Sachsen-Anhalt)

brw) Minden (Nordrhein-Westfalen)

brx) Hoyerswerda (Sachsen)

bry) Betzingen (Baden-Württemberg)

			★★	⊙
1757	80 + 40 (Pf) mehrfarbig	bru	1,50	1,50
1758	80 + 40 (Pf) mehrfarbig	brv	1,50	1,50
1759	100 + 50 (Pf) mehrfarbig	brw	2,—	2,—
1760	100 + 50 (Pf) mehrfarbig	brx	2,—	2,—
1761	200 + 70 (Pf) mehrfarbig	bry	3,20	3,20
		Satzpreis (5 W.)	10,—	10,—
		FDC		13,—
		ETB 34/1994		9,—
		Kleinbogensatz (5 Klb.)	120,—	140,—

Auflagen: MiNr. 1757 = 5 100 000, MiNr. 1758 = 5 040 000, MiNr. 1759 = 22 250 000, MiNr. 1760 = 22 310 000, MiNr. 1761 = 7 925 000 Stück, davon je 280 000 auf ETB

Weitere Wohlfahrt-Ausgabe „Deutsche Trachten": MiNr. 1696 bis 1700

1994, 13. Okt. 1000. Todestag des hl. Wolfgang (um 924–994). Ⓔ **Steiner; Odr. BDB (Klb. 2×5); gez. K 14.**

brz) Bischof Wolfgang mit Stab und Kirchenmodell; nach einem Holzschnitt

			★★	⊙
1762	100 (Pf) mehrfarbig	brz	1,50	0,80
		FDC		2,—
		ETB 35/1994		1,20
		Kleinbogen	16,—	15,—

Auflage: 50 780 000 Stück, davon 326 000 auf ETB

1994, 13. Okt. 500. Geburtstag von Hans Sachs. Ⓔ **Nitzsche; StTdr. BDB (Klb. 2×5); gez. K 14.**

bsa) Hans Sachs (1494–1576), Dichter und Meistersinger; Holzschnitt (1545) von M. Ostendorfer

			★★	⊙
1763	100 (Pf) braunoliv/braunviolett	bsa	1,50	0,80
		FDC		1,90
		ETB 36/1994		1,20
		Kleinbogen	16,—	14,—

Auflage: 101 000 000 Stück, davon 326 000 auf ETB

1994, 13. Okt. Tag der Briefmarke. Ⓔ **Kößlinger; Odr. SB (Klb. 5×2); gez. K 13¾.**

bsb) Postzusteller im Spreewald um 1900

			★★	⊙
1764	100 (Pf) mehrfarbig	bsb	1,50	0,80
		FDC		1,90
		ETB 37/1994		1,—
		Kleinbogen	16,—	15,—

Auflage: 49 870 000 Stück, davon 326 000 auf ETB

1994, 9. Nov. 1000 Jahre Stadt Quedlinburg. Ⓔ **Kößlinger; komb. StTdr. und Odr. BDB (Klb. 5×2); gez. K 14:13¾.**

bsc) Stadtansicht mit Schlossberg und Stiftskirche, Stadtwappen

			★★	⊙
1765	80 (Pf) mehrfarbig	bsc	1,20	0,70
		FDC		1,60
		ETB 38/1994		0,80
		Kleinbogen	13,—	11,—

Auflage: 51 300 000 Stück, davon 326 000 auf ETB

Seit dem 13. Oktober 1994 werden die Schalterausgaben der Bundesrepublik Deutschland in Kleinbogen (Klb.) zu 10 Briefmarken gefertigt.

1994, 9. Nov. 200. Todestag von Friedrich Wilhelm von Steuben. 🄴 **Grünewald; Odr. BDB (Klb. 2×5); gez. K 14.**

bsd) F. W. von Steuben (1730–1794), amerikanischer General; Kapitulation von Lord Cornwallis bei Yorktown

				✶✶	⊙
1766	100 (Pf)	mehrfarbig	bsd	1,50	0,80
			FDC		1,90
			ETB 39/1994		1,20
			Kleinbogen	16,—	14,—

Auflage: 30 555 000 Stück, davon 326 000 auf ETB

1994, 9. Nov. 175. Geburtstag von Theodor Fontane. 🄴 **Nitzsche; Odr. BDB (Klb. 2×5); gez. K 13¾:14.**

bse) Th. Fontane (1819–1898), Dichter; Kreidezeichnung von Max Liebermann; Ausschnitt aus einem der „Preußenlieder"

				✶✶	⊙
1767	100 (Pf)	mehrfarbig	bse	1,50	0,80
			FDC		1,90
			ETB 40/1994		1,20
			Kleinbogen	16,—	14,—

Auflage: 70 800 000 Stück, davon 326 000 auf ETB

1994, 9. Nov. 75 Jahre Volksbund Deutsche Kriegsgräberfürsorge (VDK). 🄴 **Zauner; Odr. BDB (Klb. 2×5); gez. K 14.**

bsf) Soldatengräber

				✶✶	⊙
1768	100 (Pf)	mehrfarbig	bsf	1,50	0,80
			FDC		1,90
			ETB 41/1994		1,20
			Kleinbogen	16,—	14,—

Auflage: 31 000 000 Stück, davon 326 000 auf ETB

1994, 9. Nov. 5. Jahrestag der Öffnung der innerdeutschen Grenzen. 🄴 **Lienemeyer; Odr. WPL (Klb. 2×5); gez. K 13:12½.**

bsg) Grenzübergang Obersuhl am 11.11.1989

				✶✶	⊙
1769	100 (Pf)	mehrfarbig	bsg	1,50	0,80
			FDC		1,90
			ETB 42/1994		1,20
			Kleinbogen	16,—	14,—

Auflage: 31 400 000 Stück, davon 326 000 auf ETB

1994, 9. Nov. Weihnachten. 🄴 **Steiner; Odr. BDB (Klb. 5×2); gez. K 13¾.**

bsh) Anbetung der Heiligen Drei Könige

bsi) Christi Geburt

bsh–bsi) Gemälde aus dem Floreinstriptychon im Johannesspital, Brügge, von Hans Memling (um 1435–1494), niederländischer Maler

				✶✶	⊙
1770	80 + 40 (Pf)	mehrfarbig	bsh	1,60	1,80
1771	100 + 50 (Pf)	mehrfarbig	bsi	2,—	2,—
			Satzpreis (2 W.)	3,50	3,80
			FDC		5,—
			ETB 43/1994		3,50
			Kleinbogensatz (2 Klb.)	40,—	45,—

Auflagen: MiNr. 1770 = 5 925 000, MiNr. 1771 = 9 955 000 Stück, davon je 280 000 auf ETB

1995

1995, 12. Jan. 1000 Jahre Gera. 🄴 **Glinski; Odr. SB (Klb. 5×2); gez. K 13½:13.**

bsk) Stadtansicht mit Stadtapotheke, Simsonbrunnen, Marienkirche, Rathaus und Salvatorkirche

				✶✶	⊙
1772	80 (Pf)	mehrfarbig	bsk	1,50	0,70
			FDC		1,60
			ETB 1/1995		0,80
			Kleinbogen	15,—	12,—

Auflage: 29 580 000 Stück, davon 350 000 auf ETB

1995, 12. Jan. 500. Jahrestag der Einberufung des Wormser Reichstags. 🄴 **Steiner; Odr. WPL (Klb. 2×5); gez. K 13:12½.**

bsl) Friedrich III. (1440–1493), römischer Kaiser; Tagungsstätte „Zur Münze", Worms; Handschrift des Wormser Reichsgrundgesetzes

				✶✶	⊙
1773	100 (Pf)	mehrfarbig	bsl	1,50	0,80
			FDC		2,—
			ETB 2/1995		1,20
			Kleinbogen	16,—	12,—

Auflage: 99 500 000 Stück, davon 350 000 auf ETB

1995, 12. Jan. Deutsche Malerei des 20. Jahrhunderts (IV). 🄴 **Jünger; Odr. BDB (Klb. 2×5); gez. K 13¾:14.**

bsm) Der Wasserturm in Bremen; von Franz Radziwill (1895–1983)

bsn) Stillleben mit Katze; von Georg Schrimpf (1889–1938)

bso) Gutshof in Dangast; von Karl Schmidt-Rottluff (1884–1976)

				✶✶	⊙
1774	100 (Pf)	mehrfarbig	bsm	1,50	0,70
1775	200 (Pf)	mehrfarbig	bsn	2,40	2,—
1776	300 (Pf)	mehrfarbig	bso	3,60	3,—
			Satzpreis (3 W.)	7,50	5,50
			FDC		9,—
			ETB 3/1995		4,50
			Kleinbogensatz (3 Klb.)	80,—	75,—

Auflagen: MiNr. 1774 = 94 900 000, MiNr. 1775 = 12 910 000, MiNr. 1776 = 12 490 000 Stück, davon je 350 000 auf ETB

Weitere Ausgaben siehe Fußnote nach MiNr. 1619

1995, 9. Febr. Sporthilfe: Kanu-Weltmeisterschaften, Duisburg; 10. Weltgymnaestrada, Berlin; Box-Weltmeisterschaften der Amateure, Berlin; 100 Jahre Volleyball. 🄴 **Aretz; RaTdr. BDB (Klb. 5×2); gez. K 13¾.**

bsp) Zweier-Kajak

bsr) Reifenübung

bss) Boxen

bst) Volleyball

				**	⊙
1777	80 + 40 (Pf)	mehrfarbig	bsp	1,50	1,80
1778	100 + 50 (Pf)	mehrfarbig	bsr	1,50	1,80
1779	100 + 50 (Pf)	mehrfarbig	bss	1,50	1,80
1780	200 + 80 (Pf)	mehrfarbig	bst	3,—	4,—
			Satzpreis (4 W.)	7,50	9,—
			FDC		11,—
			ETB 4/1995		6,—
			Kleinbogensatz (4 Klb.)	80,—	90,—

Auflagen: MiNr. 1777 = 2 925 000, MiNr. 1778 = 3 175 000, MiNr. 1779 = 3 120 000, MiNr. 1780 = 2 900 000 Stück, davon je 285 000 auf ETB

1995, 9. Febr. 375. Geburtstag des Großen Kurfürsten. Ⓔ **Schall; Odr. WPL (Klb. 5×2); gez. K 14:13¾.**

bsu) Friedrich Wilhelm (1620–1688), Kurfürst von Brandenburg; Gemälde von A. Romandon

				**	⊙
1781	300 (Pf)	mehrfarbig	bsu	4,—	3,20
			FDC		5,—
			ETB 5/1995		2,20
			Kleinbogen	40,—	35,—

Auflage: 10 000 000 Stück, davon 350 000 auf ETB

1995, 9. März. 1000 Jahre Mecklenburg. Ⓔ **Ehmke; Odr. BDB (Klb. 2×5); gez. K 14.**

bsv) Urkunde (Detail) mit erster Erwähnung Mecklenburgs (995); Flagge und Wappen des Bundeslandes Mecklenburg-Vorpommern

				**	⊙
1782	100 (Pf)	mehrfarbig	bsv	1,20	0,80
			FDC		1,80
			ETB 6/1995		1,20
			Kleinbogen	13,—	11,—

Auflage: 24 100 000 Stück, davon 350 000 auf ETB

1995, 9. März. 250 Jahre Technische Universität Carolo-Wilhelmina, Braunschweig. Ⓔ **Scholz; Odr. SB (Klb. 2×5); gez. K 14.**

bsw) Digitalisierter Braunschweiger Burglöwe

				**	⊙
1783	100 (Pf)	mehrfarbig	bsw	1,40	0,80
			FDC		1,80
			ETB 7/1995		1,20
			Kleinbogen	14,—	11,—

Auflage: 25 850 000 Stück, davon 350 000 auf ETB

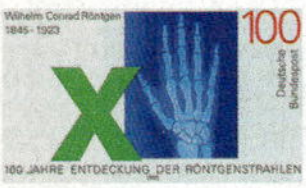

1995, 9. März. 150. Geburtstag von Wilhelm Conrad Röntgen (1845–1923), Physiker, Nobelpreis 1901; 100. Jahrestag der Entdeckung der Röntgenstrahlen. Ⓔ **Zauner; Odr. BDB (Klb. 2×5); gez. K 14.**

bsx) Buchstabe „X", Röntgenaufnahme einer Hand

				**	⊙
1784	100 (Pf)	mehrfarbig	bsx	1,20	0,80
			FDC		2,—
			ETB 8/1995		1,20
			Kleinbogen	13,—	12,—

Auflage: 29 830 000 Stück, davon 350 000 auf ETB

1995, 9. März. Erste Vertragsstaatenkonferenz der Klimarahmenkonvention, Berlin. Ⓔ **Lehmann; Odr. WPL (Klb. 2×5); gez. K 13¾:14.**

bsy) Regenbogen vor stilisierter grauer Weltkugel

				**	⊙
1785	100 (Pf)	mehrfarbig	bsy	1,20	0,80
			FDC		2,—
			ETB 9/1995		1,10
			Kleinbogen	12,—	12,—

Auflage: 24 895 000 Stück, davon 350 000 auf ETB

1995, 6. April. 750 Jahre Freie Reichsstadt Regensburg. Ⓔ **Kößlinger; Odr. BDB (Klb. 2×5); gez. K 14.**

bsz) Symbole der Stadtfreiheit „Schutz und Trutz" nach dem Relief am Alten Rathaus

				**	⊙
1786	80 (Pf)	mehrfarbig GA	bsz	1,10	0,70
			FDC		1,60
			ETB 10/1995		0,80
			Kleinbogen	12,—	12,—

Auflage: 29 700 000 Stück, davon 350 000 auf ETB

1995, 6. April. 300. Geburtstag von Johann Conrad Schlaun (1695–1773), Baumeister. Ⓔ **Scheuner; Odr. WPL (Klb. 5×2); gez. K 13¼.**

bta) Querschnittszeichnung der Clemenskirche in Münster

				**	⊙
1787	200 (Pf)	mehrfarbig	bta	2,50	2,20
			FDC		3,—
			ETB 11/1995		2,—
			Kleinbogen	25,—	25,—

Auflage: 19 200 000 Stück, davon 350 000 auf ETB

1995, 6. April. 50. Todestag von Dietrich Bonhoeffer. Ⓔ **Graschberger; RaTdr. BDB (Klb. 2×5); gez. K 14.**

btb) D. Bonhoeffer (1906–1945), evangelischer Theologe

				**	⊙
1788	100 (Pf)	mehrfarbig	btb	1,20	0,80
			FDC		2,—
			ETB 12/1995		1,10
			Kleinbogen	13,—	12,—

Auflage: 50 500 000 Stück, davon 350 000 auf ETB

1995, 6. April. Grundgedanken der Demokratie (VII): Freiheit der Meinungsäußerung. Ⓔ **Effert; RaTdr. BDB (Klb. 5×2); gez. K 13¾.**

btc) Symbole für Wort, Schrift und Bild

				**	⊙
1789	100 (Pf)	mehrfarbig	btc	1,20	0,80
			FDC		2,—
			ETB 13/1995		1,10
			Kleinbogen	14,—	14,—

Auflage: 48 600 000 Stück, davon 350 000 auf ETB

Weitere Ausgaben „Grundgedanken der Demokratie": MiNr. 1105 bis 1107, 1156–1160 (Bl. 18), 1194, 1230, 1266, 1287–1289 (Bl. 20)

1995, 5. Mai. Europa: Frieden und Freiheit. Ⓔ **Jünger; Odr. BDB (Klb. 5×2); gez. K 13¾.**

btd) Soldaten (1945)

bte) Europafahne

				**	⊙	FDC
1790	100 (Pf)	mehrfarbig	btd	1,50	1,—	2,—
1791	200 (Pf)	mehrfarbig	bte	2,20	2,—	2,50
			Satzpreis (2 W.)	3,50	3,—	4,50
			ETB 14/1995		2,20	
			Kleinbogensatz (2 Klb.)	36,—	36,—	

Auflagen: MiNr. 1790 = 29 000 000, MiNr. 1791 = 18 500 000 Stück, davon je 350 000 auf ETB

1995, 5. Mai. 100 Jahre Deutsche Schillergesellschaft. 🄴 **Graschberger; RaTdr. BDB (Klb. 5×2); gez. K 13¾.**

btf) Friedrich von Schiller (1759–1805), Dichter; Unterschrift; Gebäude der Institution in Marbach

				✶✶	⊙	FDC
1792	100 (Pf)	mehrfarbig . . . . . . btf		1,20	0,80	1,60
			ETB 15/1995		1,10	
			Kleinbogen	13,—	12,—	

Auflage: 49 550 000 Stück, davon 350 000 auf ETB

1995, 5. Mai. 150 Jahre Vinzenz-Konferenzen in Deutschland. 🄴 **Lüdtke; Odr. WPL (Klb. 5×2); gez. K 14:13¾.**

btg) Hl. Vinzenz von Paul (1581–1660), französischer katholischer Priester und Ordensgründer; Emblem

				✶✶	⊙	FDC
1793	100 (Pf)	mehrfarbig . . . . . btg		1,20	0,90	1,60
			ETB 16/1995		1,10	
			Kleinbogen	13,—	12,—	

Auflage: 38 800 000 Stück, davon 350 000 auf ETB

1995, 5. Mai. Blockausgabe: 50. Jahrestag der Beendigung des Zweiten Weltkrieges. 🄴 **Jünger; Odr. BDB; gez. Ks 13¾.**

btk

bth) Zerstörte Gebäude bti) Heimatvertriebene

				✶✶	⊙	FDC
1794	100 (Pf)	mehrfarbig . . . . . . bth		1,70	1,70	
1795	100 (Pf)	mehrfarbig . . . . . . bti		1,70	1,70	
Block 31	(105×70 mm)	. . . . btk		3,50	4,—	5,—
			Ⓢ		3,50	
			ETB 17/1995		2,80	

Auflage: 8 045 000 Blocks, davon 350 000 auf ETB

1995, 5. Mai. Blockausgabe: 50. Jahrestag der Befreiung der Gefangenen aus den Konzentrationslagern. 🄴 **Jünger; Odr. BDB; gez. Ks 13¾.**

btm

btl) Teil der KZ-Häftlings-Kleidung, Stacheldraht

				✶✶	⊙
1796	100 (Pf)	mehrfarbig . . . . btl		1,80	1,80
Block 32	(105×70 mm)	. . . . btm		2,—	2,50
			FDC		2,60
			Ⓢ		2,—
			ETB 18/1995		1,60

Auflage: 8 050 000 Blocks, davon 350 000 auf ETB

1995, 8. Juni. Jugend: Hunderassen. 🄴 **Rieß; Odr. BDB (Klb. 5×2); gez. K 13¾.**

btn) Kleiner Münsterländer

bto) Mittelschnauzer

btp) Deutscher Schäferhund

btr) Rauhhaardackel

bts) Wolfsspitz

				✶✶	⊙
1797	80 + 40 (Pf)	mehrfarbig . . . . btn		1,50	1,70
1798	80 + 40 (Pf)	mehrfarbig . . . . bto		1,50	1,70
1799	100 + 50 (Pf)	mehrfarbig . . . . btp		1,50	1,70
1800	100 + 50 (Pf)	mehrfarbig . . . . btr		1,50	1,70
1801	200 + 80 (Pf)	mehrfarbig . . . . bts		3,—	3,50
			Satzpreis (5 W.)	9,—	10,—
			FDC		12,—
			ETB 19/1995 (mit MiNr. 1797–1799)		3,—
			ETB 19a/1995 (mit MiNr. 1800–1801)		3,50
			Kleinbogensatz (5 Klb.)	100,—	110,—

🄿🄵 MiNr. 1800: kleineres Format, gröberer Raster, Farbabweichungen

Auflagen: MiNr. 1797 = 3 670 000, MiNr. 1798 = 3 720 000, MiNr. 1799 = 3 825 000, MiNr. 1800 = 3 925 000, MiNr. 1801 = 3 555 000 Stück, davon je 280 000 auf ETB

1995, 8. Juni. 100 Jahre Nord-Ostsee-Kanal. 🄴 **Ehmke; Odr. WPL (Klb. 5×2); gez. K 13¾:14.**

btt) Landkarte mit Verlauf der Schifffahrtslinien vor und nach dem Bau des Nord-Ostsee-Kanals

				✶✶	⊙
1802	80 (Pf)	mehrfarbig GA . . . . btt		1,50	0,70
			FDC		1,80
			ETB 20/1995		0,80
			Kleinbogen	15,—	10,—

Auflage: 30 000 000 Stück, davon 350 000 auf ETB

1995, 8. Juni. 100 Jahre Radio. 🄴 **Jünger; Odr. BDB (Klb. 2×5); gez. K 14.**

btu) Guglielmo Marconi (1874–1937), italienischer Ingenieur und Physiker, Nobelpreis 1909

				✶✶	⊙
1803	100 (Pf)	mehrfarbig . . . . btu		1,60	1,10
			FDC		1,90
			ETB 21/1995		1,20
			Kleinbogen	16,—	14,—

Auflage: 49 400 000 Stück, davon 350 000 auf ETB

Parallelausgabe mit Irland MiNr. 903–904, Italien MiNr. 2392–2393, San Marino MiNr. 1615–1616, Vatikanstaat MiNr. 1143–1144

1995, 8. Juni. 50 Jahre Vereinte Nationen (UNO). 🄴 **Effert; Odr. BDB (Klb. 5×2); gez. K 13¾.**

btv) UNO-Emblem

				✶✶	⊙
1804	100 (Pf)	mehrfarbig . . . . btv		1,20	0,80
			FDC		1,60
			ETB 22/1995		1,10
			Kleinbogen	13,—	12,—

Auflage: 21 000 000 Stück, davon 350 000 auf ETB

1995, 6. Juli. 800. Todestag von Heinrich dem Löwen (um 1129–1195), Herzog von Bayern und Sachsen. 🄴 **von Bodecker; Odr. WPL (Klb. 5×2); gez. K 14:13¾.**

btw) Löwe; Teil eines Brakteaten (12. Jh.)

				★★	⊙
1805	400 (Pf)	mehrfarbig	btw	4,—	4,—
			FDC		5,—
			ETB 23/1995		3,50
			Kleinbogen	45,—	45,—

Auflage: 19 480 000 Stück, davon 324 000 auf ETB

1995, 6. Juli. 100. Geburtstag von Carl Orff. 🄴 **Kößlinger; Odr. SB (Klb. 2×5); gez. K 13¼.**

btx) Figuren aus Werken von C. Orff (1895–1982), Komponist; Beginn von „Carmina Burana“ (Handschrift)

				★★	⊙
1806	100 (Pf)	mehrfarbig	btx	1,20	0,80
			FDC		1,80
			ETB 24/1995		1,10
			Kleinbogen	13,—	11,—

Auflage: 59 550 000 Stück, davon 324 000 auf ETB

1995, 6. Juli. Bilder aus Deutschland (III). 🄴 **Schillinger; Odr. BDB (Klb. 2×5); gez. K 13¾:14.**

bty) Fränkische Schweiz (Tüchersfeld)

btz) Havellandschaft in Berlin (Pfaueninsel)

bua) Oberlausitz (Zittauer Gebirge)

bub) Sauerland (Hallenberg)

				★★	⊙
1807	100 (Pf)	mehrfarbig	bty	1,—	1,—
1808	100 (Pf)	mehrfarbig	btz	1,—	1,—
1809	100 (Pf)	mehrfarbig	bua	1,—	1,—
1810	100 (Pf)	mehrfarbig	bub	1,—	1,—
			Satzpreis (4 W.)	4,—	4,—
			FDC		5,50
			ETB 25/1995		3,—
			Kleinbogensatz (4 Klb.)	45,—	45,—

Auflagen: MiNr. 1807 = 38 584 000, MiNr. 1808 = 40 534 000, MiNr. 1809 = 37 894 000, MiNr. 1810 = 41 714 000 Stück, davon je 324 000 auf ETB

Weitere Ausgaben siehe Fußnote nach MiNr. 1686

1995, 10. Aug. Freimarke: Sehenswürdigkeiten (XVIII). 🄴 **Haase; Ldr. BDB, Kleinbogen (2×5) (B) und Rollen (R); gez. K 14.**

buc) Dom zu Speyer

				★★	⊙
1811	640 (Pf)	lebhaftbraunrot/ hellviolettultramarin	buc	8,50	5,—
			FDC		8,50
			ETB 26/1995		4,50
			Kleinbogen	100,—	100,—

Waagerechtes Paar (aus Klb.):

	★★	⊙
1811/1811	20,—	20,—

Rollenmarke mit rückseitiger Nummer (R):

	Einzelm. ★★	Einzelm. ⊙	5er-Str. ★★
1811 R	12,—	10,—	50,—

Auflage: 48 925 000 Stück, davon 324 000 auf ETB

Weitere Werte siehe Zusammenfassung nach Blockaufstellung

1995, 10. Aug. 100 Jahre Kaiser-Wilhelm-Gedächtniskirche, Berlin. 🄴 **Steiner; RaTdr. BDB (Klb. 5×2); gez. K 13¾:14.**

bud) Kaiser-Wilhelm-Gedächtniskirche

				★★	⊙
1812	100 (Pf)	mehrfarbig	bud	1,40	0,80
			FDC		1,60
			ETB 27/1995		1,10
			Kleinbogen	14,—	11,—

Auflage: 29 680 000 Stück, davon 324 000 auf ETB

1995, 10. Aug. 50. Todestag von Franz Werfel. 🄴 **Aretz; Odr. SB (Klb. 2×5); gez. K 14.**

bue) F. Werfel (1890–1945), österreichischer Schriftsteller

				★★	⊙
1813	100 (Pf)	mehrfarbig	bue	1,20	0,80
			FDC		1,60
			ETB 28/1995		1,10
			Kleinbogen	13,—	11,—

Auflage: 24 300 000 Stück, davon 324 000 auf ETB

1995, 6. Sept. Tag der Briefmarke. 🄴 **Kößlinger; Odr. WPL (Klb. 5×2); gez. K 13¼.**

buf) Postzustellerin auf Fahrrad

				★★	⊙
1814	200 + 100 (Pf)	mehrfarbig	buf	3,20	3,50
			FDC		4,50
			ETB 29/1995		2,50
			Kleinbogen	38,—	40,—

Auflage: 2 850 000 Stück, davon 280 000 auf ETB

1995, 6. Sept. Blockausgabe: 100 Jahre deutscher Film: Filmszenen. 🄴 **Jünger; RaTdr. BDB; gez. Ks 14.**

bug

buh

bui

buk

bug) Metropolis (1925/27); von Fritz Lang (1890–1976)
buh) Der Untertan (1951); von Wolfgang Staudte (1906–1984)
bui) Der Himmel über Berlin (1987); von Wim Wenders (*1945)

				**	⊙
1815	80 (Pf)	mehrfarbig GA	bug	1,50	2,—
1816	100 (Pf)	mehrfarbig	buh	1,50	2,—
1817	200 (Pf)	mehrfarbig	bui	2,80	4,—
Block 33	(100×130 mm)		buk	6,—	10,—
			FDC		12,—
			Ⓢ		8,—
			ETB 30/1995		6,—

Auflage: 7 500 000 Blocks, davon 324 000 auf ETB

1995, 6. Sept. 80. Geburtstag von Franz Josef Strauß. E **Aretz; RaTdr. BDB (Klb. 5×2); gez. K 13¾.**

bul) F. J. Strauß (1915–1988), Politiker

				**	⊙
1818	100 (Pf)	mehrfarbig	bul	1,50	1,—
			FDC		1,80
			ETB 31/1995		1,20
			Kleinbogen	15,—	13,—

Auflage: 25 000 000 Stück, davon 324 000 auf ETB

1995, 12. Okt. Wohlfahrt: Bauernhäuser in Deutschland (I). E **Glinski; Odr. BDB (Klb. 2×5); gez. K 14.**

bum) Eifel

bun) Sachsen

buo) Norddeutschland

bup) Oberbayern

bur) Mecklenburg

				**	⊙
1819	80 + 40 (Pf)	mehrfarbig	bum	1,50	1,50
1820	80 + 40 (Pf)	mehrfarbig	bun	1,50	1,50
1821	100 + 50 (Pf)	mehrfarbig	buo	1,50	1,50
1822	100 + 50 (Pf)	mehrfarbig	bup	1,50	1,50
1823	200 + 70 (Pf)	mehrfarbig	bur	2,50	2,50
			Satzpreis (5 W.)	8,50	8,50
			FDC		10,—
			ETB 32/1995 (mit MiNr. 1819–1821)		3,—
			ETB 32a/1995 (mit MiNr. 1822–1823)		3,50
			Kleinbogensatz (5 Klb.)	100,—	100,—

Auflagen: MiNr. 1819 = 4 380 000, MiNr. 1820 = 4 625 000, MiNr. 1821 = 19 525 000, MiNr. 1822 = 19 100 000, MiNr. 1823 = 7 290 000 Stück, davon je 280 000 auf ETB

Weitere Wohlfahrt-Ausgabe „Bauernhäuser in Deutschland“: MiNr. 1883–1887

1995, 12. Okt. 100. Geburtstag von Kurt Schumacher. E **Winkhaus; Odr. WPL (Klb. 5×2); gez. K 13¼.**

bus) K. Schumacher (1895–1952), Politiker

				**	⊙
1824	100 (Pf)	mehrfarbig	bus	1,20	0,80
			FDC		1,80
			ETB 33/1995		1,20
			Kleinbogen	13,—	11,—

Auflage: 24 000 000 Stück, davon 305 000 auf ETB

1995, 12. Okt. Blockausgabe: Für uns Kinder. E **Hemmerich; Odr. BDB; gez. Ks 13¾:14.**

buu

but) Tierversammlung

				**	⊙
1825	100 (Pf)	mehrfarbig	but	2,20	3,—
Block 34	(110×66 mm)		buu	2,50	4,50
			FDC		4,50
			Ⓢ		4,—
			ETB 34/1995		2,—

Auflage: 12 100 000 Blocks, davon 305 000 auf ETB

1995, 9. Nov. 200. Geburtstag von Leopold von Ranke. E **v. Janota-Bzowski; Odr. BDB (Klb. 5×2); gez. K 14:13¾.**

buv) L. von Ranke (1795–1886), Historiker

				**	⊙
1826	80 (Pf)	mehrfarbig	buv	1,—	0,70
			FDC		1,20
			ETB 35/1995		0,80
			Kleinbogen	10,—	10,—

Auflage: 45 800 000 Stück, davon 305 000 auf ETB

1995, 9. Nov. 100. Geburtstag von Paul Hindemith. E **Wulff; Odr. BDB (Klb. 5×2); gez. K 14:13¾.**

buw) P. Hindemith (1895–1963), Komponist

				**	⊙
1827	100 (Pf)	mehrfarbig	buw	1,20	0,80
			FDC		1,80
			ETB 36/1995		1,20
			Kleinbogen	13,—	11,—

Auflage: 22 870 000 Stück, davon 305 000 auf ETB

1995, 9. Nov. 100 Jahre Alfred-Nobel-Testament. E **Ehrén; komb. StTdr. und Odr. BDB (Klb. 2×5); gez. K 14.**

bux) A. Nobel (1833–1896), schwed. Chemiker und Industrieller; Autograph des Testaments

				**	⊙
1828	100 (Pf)	mehrfarbig	bux	1,60	1,20
			FDC		1,80
			ETB 37/1995*)		1,70
			Kleinbogen	16,—	15,—

*) enthält zusätzlich die bildgleiche Marke Schweden MiNr. 1917

Auflage: 25 500 000 Stück, davon 305 000 auf ETB

Parallelausgabe mit Schweden MiNr. 1917–1920

In den MICHEL-Nachschlagewerken werden Bogen nur dann als Kleinbogen katalogisiert, wenn sie höchstens 10 Marken (+ evtl. Zierfelder) enthalten.

1995, 9. Nov. 50 Jahre Hilfsorganisation CARE. ☒ Bertholdt; Odr. WPL (Klb. 2×5); gez. K 13:12½.

buy) Inschrift „CARE“ mit Staatsflagge der USA

			★★	⊙
1829	100 (Pf) mehrfarbig	buy	1,20	0,80
		FDC		1,60
		ETB 38/1995		1,10
		Kleinbogen	13,—	11,—

Auflage: 50 000 000 Stück, davon 305 000 auf ETB

1995, 9. Nov. Den Opfern von Teilung und Gewalt 1945–1989. ☒ Rogger; Odr. BDB (Klb. 5×2); gez. K 13¾.

buz) Berliner Mauer

			★★	⊙
1830	100 (Pf) mehrfarbig	buz	1,30	0,80
		FDC		1,60
		ETB 39/1995		1,20
		Kleinbogen	13,—	11,—

Auflage: 28 150 000 Stück, davon 305 000 auf ETB

1995, 9. Nov. Weihnachten. ☒ Kößlinger; Odr. BDB (Klb. 5×2); gez. K 13¾.

bva) Mariä Verkündigung

bvb) Christi Geburt

bva–bvb) Details aus dem Marienfenster (1485) des Doms zu Augsburg

			★★	⊙
1831	80 + 40 (Pf) mehrfarbig	bva	1,50	1,50
1832	100 + 50 (Pf) mehrfarbig	bvb	2,—	2,—
		Satzpreis (2 W.)	3,50	3,50
		FDC		4,—
		ETB 40/1995		2,50
		Kleinbogensatz (2 Klb.)	38,—	40,—

Auflagen: MiNr. 1831 = 5 300 000, MiNr. 1832 = 9 560 000 Stück, davon je 280 000 auf ETB

1995, 6. Dez. Deutscher Fußballmeister 1995: Borussia Dortmund. ☒ Zauner; RaTdr. BDB (Klb. 2×5); gez. K 14.

bvc) Spielszene

			★★	⊙
1833	100 (Pf) mehrfarbig	bvc	1,70	1,—
		FDC		2,—
		ETB 41/1995		1,40
		Kleinbogen	18,—	15,—

Auflage: 27 980 000 Stück, davon 305 000 auf ETB

1996

1996, 11. Jan. 150 Jahre Kindermissionswerk in Deutschland. ☒ Jünger; Odr. SB (Klb. 2×5); gez. K 14.

bvd) Auguste von Sartorius (1830–1895), Gründerin und erste Direktorin des Kindermissionswerkes; Sternsinger (Kinderzeichnung)

			★★	⊙
1834	100 (Pf) mehrfarbig	bvd	1,20	0,90
		FDC		1,60
		ETB 1/1996		1,10
		Kleinbogen	12,—	11,—

Auflage: 27 150 000 Stück, davon 306 800 auf ETB

1996, 11. Jan. 50. Todestag von Friedrich von Bodelschwingh. ☒ Schwahn; Odr. BDB (Klb. 5×2); gez. K 13¾.

bve) F. von Bodelschwingh (1877–1946), evangelischer Theologe und Leiter der Anstalt Bethel

			★★	⊙
1835	100 (Pf) mehrfarbig	bve	1,20	0,90
		FDC		1,60
		ETB 2/1996		1,10
		Kleinbogen	12,—	11,—

Auflage: 55 000 000 Stück, davon 306 800 auf ETB

1996, 8. Febr. Jugend: Hunderassen. ☒ Rieß; Odr. BDB (Klb. 5×2); gez. K 13¾.

bvf) Barsoi

bvg) Chow-Chow

bvh) Bernhardiner

bvi) Collie

bvk) Briard

			★★	⊙
1836	80 + 40 (Pf) mehrfarbig	bvf	1,60	2,—
1837	80 + 40 (Pf) mehrfarbig	bvg	1,60	2,—
1838	100 + 50 (Pf) mehrfarbig	bvh	2,—	2,—
1839	100 + 50 (Pf) mehrfarbig	bvi	2,—	2,—
1840	200 + 80 (Pf) mehrfarbig	bvk	3,—	3,—
		Satzpreis (5 W.)	10,—	11,—
		FDC		13,—
		ETB 3/1996 (mit MiNr. 1836–1838)		4,—
		ETB 3a/1996 (mit MiNr. 1839–1840)		4,50
		Kleinbogensatz (5 Klb.)	110,—	120,—

Auflagen: MiNr. 1836 = 2 760 000, MiNr. 1837 = 2 820 000, MiNr. 1838 = 2 810 000, MiNr. 1839 = 2 850 000, MiNr. 1840 = 2 700 000 Stück, davon je 265 000 auf ETB

1996, 8. Febr. 450. Todestag von Martin Luther. ☒ Heidenreich; Odr. BDB (Klb. 5×2); gez. K 13¾.

bvl) M. Luther (1483–1546), Reformator; Radierung von Lucas Cranach d. Ä.

			★★	⊙
1841	100 (Pf) mehrfarbig	bvl	1,30	1,10
		FDC		1,60
		ETB 4/1996		1,10
		Kleinbogen	13,—	12,—

Auflage: 25 946 000 Stück, davon 306 800 auf ETB

1996, 17. Febr. 200. Geburtstag von Philipp Franz von Siebold. ☒ Jacki; Odr. WPL (Klb. 2×5); gez. K 13:12¾.

bvm) Ph. F. von Siebold (1796–1866), Japanforscher; wilder Wein

			★★	⊙
1842	100 (Pf) mehrfarbig	bvm	1,30	1,10
		FDC		1,60
		ETB 5/1996		1,10
		Kleinbogen	13,—	12,—

Auflage: 24 235 000 Stück, davon 306 800 auf ETB

Parallelausgabe mit Japan MiNr. 2365

1996, 7. März. Deutsche Malerei des 20. Jahrhunderts (V). Ⓔ **Jünger; Odr. BDB (Klb. 2×5); gez. K 13¾:14.**

bvn) Sitzender weiblicher Akt; von Max Pechstein (1881–1955)

bvo) Für Wilhelm Runge; von Georg Muche (1895–1987)

bvp) Stillleben mit Gitarre, Buch und Vase; von Helmut Kolle (1899–1931)

			★★	⊙
1843	100 (Pf) mehrfarbig	bvn	1,20	1,—
1844	200 (Pf) mehrfarbig	bvo	2,40	2,—
1845	300 (Pf) mehrfarbig	bvp	3,—	3,—
		Satzpreis (3 W.)	6,50	6,—
		FDC		7,—
		ETB 6/1996		4,50
		Kleinbogensatz (3 Klb.)	65,—	65,—

Auflagen: MiNr. 1843 = 31 310 000, MiNr. 1844 = 16 320 000, MiNr. 1845 = 24 310 000 Stück, davon je 306 800 auf ETB

Weitere Werte siehe Fußnote nach MiNr. 1619

1996, 7. März. 1000 Jahre Domplatz zu Halberstadt. Ⓔ **Bertholdt; Odr. WPL (Klb. 5×2); gez. K 13¼.**

bvr) Ansicht des Domplatzes

			★★	⊙
1846	80 (Pf) mehrfarbig GA	bvr	1,—	0,60
		FDC		1,30
		ETB 7/1996		0,80
		Kleinbogen	10,—	7,50

Auflage: 78 520 000 Stück, davon 306 800 auf ETB

1996, 7. März. 300. Geburtstag von Giovanni Battista Tiepolo. Ⓔ **Lüdtke; Odr. WPL (Klb. 2×5); gez. K 13:12½.**

bvs) Deckenfresko (Detail) der Würzburger Residenz; von G. B. Tiepolo (1696–1770), ital. Maler

			★★	⊙
1847	200 (Pf) mehrfarbig	bvs	2,20	1,90
		FDC		2,50
		ETB 8/1996		1,50
		Kleinbogen	22,—	22,—

Auflage: 14 855 000 Stück, davon 306 800 auf ETB

1996, 7. März. 50. Todestag von Clemens August Graf von Galen. Ⓔ **Graschberger; Odr. BDB (Klb. 5×2); gez. K 13¾.**

bvt) C. A. Graf von Galen (1878–1946), Bischof von Münster und Kardinal

			★★	⊙
1848	100 (Pf) mehrfarbig	bvt	1,20	0,80
		FDC		1,60
		ETB 9/1996		1,10
		Kleinbogen	12,—	11,—

Auflage: 19 870 000 Stück, davon 306 800 auf ETB

1996, 11. April. Bilder aus Deutschland (IV). Ⓔ **Schillinger; Odr. BDB (Klb. 2×5); gez. K 13¾:14.**

bvu) Holsteinische Schweiz (Schloss Plön)

bvv) Saalelandschaft in Thüringen

bvw) Spreewald (Leiper Graben)

bvx) Eifel (Kloster Maria Laach)

			★★	⊙
1849	100 (Pf) mehrfarbig	bvu	1,20	1,—
1850	100 (Pf) mehrfarbig	bvv	1,20	1,—
1851	100 (Pf) mehrfarbig GA	bvw	1,20	1,—
1852	100 (Pf) mehrfarbig GA	bvx	1,20	1,—
		Satzpreis (4 W.)	4,80	3,80
		FDC		6,—
		ETB 10/1996		3,—
		Kleinbogensatz (4 Klb.)	50,—	45,—

Auflagen: MiNr. 1849 = 31 170 000, MiNr. 1850 = 30 600 000, MiNr. 1851 = 29 480 000, MiNr. 1852 = 30 750 000 Stück, davon je 306 800 auf ETB

Weitere Ausgaben siehe Fußnote nach MiNr. 1686

1996, 11. April: Blockausgabe: Für uns Kinder. Ⓔ **de Vries; Odr. BDB; gez. Ks 13¾:14.**

bvy) Reitender Postbote

bvz

			★★	⊙
1853	100 (Pf) mehrfarbig	bvy	1,70	1,70
Block 35	(82,5×65,5 mm)	bvz	2,20	2,40
		FDC		2,50
		Ⓢ		2,—
		ETB 11/1996		1,60

Auflage: 15 000 000 Blocks, davon 306 800 auf ETB

1996, 3. Mai. Europa: Berühmte Frauen. Ⓔ **Gottschall; Odr. BDB (Klb. 5×2); gez. K 14:13¾.**

bwa) Selbstporträt; von Paula Modersohn-Becker (1876–1907), Malerin

bwb) Selbstporträt; von Käthe Kollwitz (1867–1945), Graphikerin und Bildhauerin

			★★	⊙
1854	80 (Pf) mehrfarbig GA	bwa	1,30	0,50
1855	100 (Pf) mehrfarbig	bwb	1,30	1,—
		Satzpreis (2 W.)	2,50	1,50
		FDC		2,50
		ETB 12/1996		1,50
		Kleinbogensatz (2 Klb.)	26,—	24,—

Auflagen: MiNr. 1854 = 78 990 000, MiNr. 1855 = 15 000 000 Stück, davon je 306 800 auf ETB

1996, 3. Mai. 1000 Jahre Marktrecht für Freising. Ⓔ **Blume-Zander; Odr. SB (Klb. 2×5); gez. K 14.**

bwc) Stadtansicht (1642) nach Kupferstich von Matthäus Merian; Textanfang der Verleihungsurkunde von Kaiser Otto III. (996)

			★★	⊙
1856	100 (Pf) mehrfarbig	bwc	1,—	0,90
		FDC		1,60
		ETB 13/1996		1,10
		Kleinbogen	12,—	12,—

Auflage: 65 500 000 Stück, davon 306 800 auf ETB

1996, 3. Mai. 150 Jahre Deutscher Bühnenverein. Ⓔ **Jünger; RaTdr. BDB (Klb. 5×2); gez. K 13¾.**

bwd) Bühnenvorhang, Eintrittskarte

			★★	⊙
1857	200 (Pf) mehrfarbig	bwd	2,—	1,50
		FDC		2,50
		ETB 14/1996		1,60
		Kleinbogen	22,—	22,—

Auflage: 15 650 000 Stück, davon 306 800 auf ETB

1996, 3. Mai. 75. Geburtstag von Wolfgang Borchert. Ⓔ **Aretz; Odr. WPL (Klb. 2×5); gez. K 13:13¼.**

bwe) W. Borchert (1921–1947), Schriftsteller; Plakat zur Uraufführung des Theaterstücks „Draußen vor der Tür" (1947)

			★★	⊙
1858	100 (Pf) mehrfarbig	bwe	1,—	0,90
		FDC		1,60
		ETB 15/1996		1,10
		Kleinbogen	11,—	11,—

Auflage: 15 775 000 Stück, davon 306 800 auf ETB

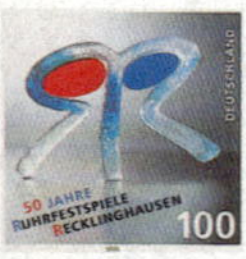

1996, 3. Mai. 50 Jahre Ruhrfestspiele, Recklinghausen. Ⓔ **Winkhaus; Odr. WPL (Klb. 5×2); gez. K 13¼.**

bwf) Emblem der Ruhrfestspiele

			★★	⊙
1859	100 (Pf) mehrfarbig	bwf	1,—	0,90
		FDC		1,60
		ETB 16/1996		1,10
		Kleinbogen	11,—	11,—

Auflage: 18 955 000 Stück, davon 306 800 auf ETB

1996, 13. Juni. Freimarke: Sehenswürdigkeiten (XIX). Ⓔ **Haase; Ldr. BDB, Kleinbogen (2×5) (B) und Rollen (R); gez. K 14.**

bwg) St-Michaelis-Kirche, Hamburg

			★★	⊙
1860	690 (Pf) braunschwarz/opalgrün	bwg	7,—	4,—
		FDC		8,—
		ETB 17/1996		4,50
		Kleinbogen	80,—	80,—

Waagerechtes Paar (aus Klb.):

	★★	⊙
1860/1860	15,—	20,—

Rollenmarke mit rückseitiger Nummer (R):

	Einzelm. ★★	Einzelm. ⊙	5er-Str. ★★
1860 R	11,—	9,50	50,—

Auflage: 152 272 000 Stück, davon 306 800 auf ETB

Weitere Werte siehe Zusammenfassung nach Blockaufstellung

1996, 13. Juni. Sporthilfe: 100 Jahre Olympische Spiele der Neuzeit – Deutsche Olympiasieger. Ⓔ **Schillinger; RaTdr. BDB (Klb. 5×2); gez. K 13¾.**

bwh) Carl Schuhmann (1869–1946), Ringen und Kunstturnen 1896

bwi) Josef Neckermann (1912–1992), Dressurreiten 1964 und 1968

bwk) Annie Hübler-Horn (1885–1976), Eiskunstlauf der Paare 1908

bwl) Alfred Flatow (1869 bis 1942) und Gustav Felix Flatow (1875 bis 1945), Kunstturnen 1896

			★★	⊙
1861	80 + 40 (Pf) mehrfarbig GA	bwh	3,—	2,—
1862	100 + 50 (Pf) mehrfarbig	bwi	4,—	3,—
1863	100 + 50 (Pf) mehrfarbig	bwk	4,—	3,—
1864	200 + 80 (Pf) mehrfarbig	bwl	5,—	4,—
		Satzpreis (4 W.)	16,—	12,—
		FDC		12,—
		ETB 18/1996		8,—
		Kleinbogensatz (4 Klb.)	160,—	140,—

Auflagen: MiNr. 1861 = 3 520 000, MiNr. 1862 = 3 245 000, MiNr. 1863 = 3 125 000, MiNr. 1864 = 2 925 000 Stück, davon je 290 000 auf ETB

1996, 13. Juni. 350. Geburtstag von Gottfried Wilhelm Leibniz. Ⓔ **v. Janota-Bzowski; Odr. BDB (Klb. 2×5); gez. K 14.**

bwm) G. W. Leibniz (1646–1716), Mathematiker und Philosoph; Handschrift und Skizze

			★★	⊙
1865	100 (Pf) mehrfarbig	bwm	1,—	0,90
		FDC		1,60
		ETB 19/1996		1,10
		Kleinbogen	13,—	12,—

Auflage: 25 887 000 Stück, davon 306 800 auf ETB

1996, 13. Juni. 300 Jahre Akademie der Künste, Berlin. Ⓔ **Steiner; Odr. WPL (Klb. 5×2); gez. K 13¼.**

bwn) Symbolische Darstellung

			★★	⊙
1866	100 (Pf) mehrfarbig	bwn	1,—	0,90
		FDC		1,60
		ETB 20/1996		1,10
		Kleinbogen	12,—	12,—

Auflage: 24 660 000 Stück, davon 306 800 auf ETB

1996, 18. Juli. Umweltschutz: Schützt die tropischen Lebensräume. Ⓔ **Jünger; Odr. BDB (Klb. 2×5); gez. K 13¼:14.**

bwo) Verschiedene Tiere und Pflanzen, Weltkarte

			★★	⊙
1867	100 + 50 (Pf) mehrfarbig	bwo	2,—	2,—
		FDC		3,—
		ETB 21/1996		1,50
		Kleinbogen	24,—	24,—

Auflage: 3 170 000 Stück, davon 280 000 auf ETB

1996, 18. Juli. 800 Jahre Heidelberg. E Glinski; Odr. BDB, Kleinbogen (5×2) (B) und Markenheftchen (MH); gez. K 13¾.

bwp) Heidelberger Schloss, Alte Brücke mit Stadttor, Heiliggeistkirche

				★★	⊙
1868	100 (Pf)	mehrfarbig	bwp	1,—	0,90
			FDC		1,60
			ETB 22/1996		1,10
			Kleinbogen	11,—	11,—

Auflage: 38 800 000 Stück, davon 310 000 auf ETB

1996, 18. Juli. 50 Jahre Kinderhilfswerk der Vereinten Nationen (UNICEF). E Romboy; Odr. SB (Klb. 2×5); gez. K 14.

bwr) Farbabdrucke von Kinderhänden

				★★	⊙
1869	100 (Pf)	mehrfarbig	bwr	1,—	0,90
			FDC		1,60
			ETB 23/1996		1,10
			Kleinbogen	12,—	11,—

Auflage: 42 270 000 Stück, davon 310 000 auf ETB

1996, 18. Juli. 75. Todestag von Ludwig Thoma. E Zill; Odr. WPL (Klb. 5×2); gez. K 13¾:13¼.

bwp) L. Thoma (1867–1921), Schriftsteller; Hochzeit, Zeichnung von Bruno Paul

				★★	⊙
1870	100 (Pf)	mehrfarbig GA	bws	1,—	0,90
			FDC		1,60
			ETB 24/1996		1,10
			Kleinbogen	12,—	12,—

Auflage: 38 415 000 Stück, davon 310 000 auf ETB

1996, 18. Juli. Blockausgabe: Deutsche National- und Naturparks (I) – Vorpommersche Boddenlandschaft. E Runge; Odr. BDB; gez. Ks 14.

bwt) Küste bwu) Windwatt bwv) Bodden bww

				★★	⊙
1871	100 (Pf)	mehrfarbig	bwt	2,—	2,—
1872	200 (Pf)	mehrfarbig	bwu	2,—	2,—
1873	300 (Pf)	mehrfarbig GA	bwv	3,50	3,50
Block 36	(165×111 mm)		bww	8,—	8,—
			FDC		10,—
			Ⓢ		8,—
			ETB 25/1996		6,—

Auflage: 7 965 000 Blocks, davon 310 000 auf ETB

Weitere Ausgaben: MiNr. 1997–1998 (Bl. 44), 2046 (Bl. 47), 2105 (Bl. 52), 2268 (Bl. 59), 2343 (Bl. 62), 2407, 2452, 2737 (Bl. 74), 2841, 2863, 2900, 2908

1996, 14. Aug. 100 Jahre Bürgerliches Gesetzbuch. E Wiese; Odr. BDB (Klb. 5×2); gez. K 13¾.

bwx) Stilisiertes Gesetzbuch

				★★	⊙
1874	300 (Pf)	mehrfarbig	bwx	3,20	3,—
			FDC		4,—
			ETB 26/1996		2,—
			Kleinbogen	32,—	32,—

Auflage: 25 240 000 Stück, davon 310 000 auf ETB

1996, 14. Aug. UNESCO-Welterbe (II): Alte Völklinger Hütte. E Lederbogen; Odr. BDB (Klb. 5×2); gez. K 13¾.

bwy) Alte Völklinger Hütte

				★★	⊙
1875	100 (Pf)	mehrfarbig	bwy	1,10	0,90
			FDC		1,60
			ETB 27/1996		1,10
			Kleinbogen	11,—	11,—

Auflage: 24 780 000 Stück, davon 310 000 auf ETB

Weitere Ausgaben siehe Fußnote nach MiNr. 1447

1996, 14. Aug. 50. Todestag von Paul Lincke. E Nitzsche; Odr. WPL (Klb. 5×2); gez. K 13¼.

bwz) P. Lincke (1866–1946), Komponist

				★★	⊙
1876	100 (Pf)	mehrfarbig GA	bwz	1,—	0,90
			FDC		1,60
			ETB 28/1996		1,10
			Kleinbogen	12,—	12,—

Auflage: 24 280 000 Stück, davon 310 000 auf ETB

1996, 14. Aug. Bilder aus deutschen Städten (I). E Schillinger; Odr. BDB (Klb. 2×5); gez. K 13¾:14.

bxa) Gendarmenmarkt, Berlin

				★★	⊙
1877	100 (Pf)	mehrfarbig	bxa	1,—	0,90
			FDC		1,60
			ETB 29/1996		1,10
			Kleinbogen	11,—	11,—

Auflage: 25 590 000 Stück, davon 310 000 auf ETB

Weitere Ausgaben: MiNr. 2356/57, 2379, 2548

1996, 14. Aug. Tag der Briefmarke; 50 Jahre Bund Deutscher Philatelisten e.V. (BDPh). E Bollwage; RaTdr. BDB (Klb. 2×5); gez. K 14.

bxb) Zahl „50", Lupe, BDPh-Emblem

				★★	⊙
1878	100 (Pf)	mehrfarbig	bxb	1,—	0,90
			FDC		1,60
			ETB 30/1996		1,10
			Kleinbogen	11,—	11,—

Auflage: 24 530 000 Stück, davon 310 000 auf ETB

1996, 27. Aug. Deutscher Fußballmeister 1996: Borussia Dortmund. ◰ **Schmitz; Odr. SB (Klb. 5×2); gez. K 13¾.**

bxc) Spielszene

			★★	⊙
1879	100 (Pf) mehrfarbig	bxc	1,30	0,90
		FDC		2,—
		ETB 31/1996		1,20
		Kleinbogen	13,—	11,—

Auflage: 39 500 000 Stück, davon 310 000 auf ETB

1996, 12. Sept. 200 Jahre Homöopathie. ◰ **Scheuner; Odr. WPL (Klb. 2×5); gez. K 13¾:14.**

bxd) Samuel Hahnemann (1755–1843), Arzt, Begründer der Homöopathie

			★★	⊙
1880	400 (Pf) mehrfarbig	bxd	4,—	4,20
		FDC		5,—
		ETB 32/1996		3,50
		Kleinbogen	42,—	42,—

Auflage: 15 450 000 Stück, davon 310 000 auf ETB

1996, 12. Sept. UNESCO-Welterbe (III): Altstadt Bamberg. ◰ **Monson-Baumgart; Odr. BDB (Klb. 2×5); gez. K 14.**

bxe) Stadtansicht mit Bamberger Dom, Neuer Residenz, Altem Rathaus und Kloster St. Michael; Kunigundenstatue

			★★	⊙
1881	100 (Pf) mehrfarbig	bxe	1,10	0,90
		FDC		1,60
		ETB 33/1996		1,10
		Kleinbogen	12,—	12,—

Auflage: 25 500 000 Stück, davon 310 000 auf ETB

Weitere Ausgaben siehe Fußnote nach MiNr. 1447

1996, 12. Sept. Kampagne gegen Drogenmissbrauch. ◰ **Gamroth; RaTdr. BDB (Klb. 2×5); gez. K 14.**

bxf) Augenpartie einer Frau

			★★	⊙
1882	100 (Pf) mehrfarbig	bxf	1,10	0,90
		FDC		1,60
		ETB 34/1996		1,10
		Kleinbogen	12,—	11,—

Auflage: 25 682 000 Stück, davon 310 000 auf ETB

Entwertungen

⊙ = mit Poststempel gebraucht
〰 = Federzugentwertung
⊗ = fiskalische Entwertung
▨ = Gefälligkeitsstempel
○ = Lochentwertung
≡ = andere besondere Entwertungen
Ⓢ = Sonderstempel
Ⓣ = Tagesstempel

1996, 9. Okt. Wohlfahrt: Bauernhäuser in Deutschland (II). ◰ **Glinski; Odr. BDB (Klb. 2×5); gez. K 14.**

bxg) Spreewald

bxh) Thüringen

bxi) Schwarzwald

bxk) Westfalen

bxl) Schleswig-Holstein

				★★	⊙
1883	80 + 40 (Pf)	mehrfarbig	bxg	1,20	1,—
1884	80 + 40 (Pf)	mehrfarbig	bxh	1,20	1,—
1885	100 + 50 (Pf)	mehrfarbig	bxi	1,50	1,20
1886	100 + 50 (Pf)	mehrfarbig	bxk	1,50	1,20
1887	200 + 70 (Pf)	mehrfarbig	bxl	2,60	2,60
			Satzpreis (5 W.)	8,—	7,—
			FDC		10,—
			ETB 35/1996 (mit MiNr. 1883–1885)		3,—
			ETB 35a/1996 (mit MiNr. 1886–1887)		3,50
			Kleinbogensatz (5 Klb.)	85,—	85,—

Auflagen: MiNr. 1883 = 4 040 000, MiNr. 1884 = 4 170 000, MiNr. 1885 = 18 420 000, MiNr. 1886 = 18 340 000, MiNr. 1887 = 7 205 000 Stück, davon je 265 000 auf ETB

Weitere Wohlfahrt-Ausgabe „Bauernhäuser in Deutschland": MiNr. 1819–1823

1996, 9. Okt. 100. Todestag von Anton Bruckner. ◰ **Graschberger; Odr. WPL (Klb. 5×2); gez. K 13¼.**

bxm) A. Bruckner (1824–1896), österreichischer Komponist; Autograph der 3. Sinfonie (1873)

			★★	⊙
1888	100 (Pf) mehrfarbig	bxm	1,10	0,90
		FDC		1,60
		ETB 36/1996		1,10
		Kleinbogen	12,—	12,—

Auflage: 37 850 000 Stück, davon 310 000 auf ETB

1996, 9. Okt. 100. Todestag von Freiherr Sir Ferdinand von Mueller. ◰ **Sellito, Blyth; Odr. BDB (Klb. 2×5); gez. K 14.**

bxn) Freiherr Sir F. von Mueller (1825–1896), Botaniker und Forschungsreisender in Australien; Landkarte, Pflanzen

			★★	⊙
1889	100 (Pf) mehrfarbig	bxn	1,10	0,90
		FDC		1,60
		ETB 37/1996*)		2,—
		Kleinbogen	12,—	11,—

*) enthält zusätzlich die bildgleiche Marke Australien MiNr. 1605

Auflage: 39 416 000 Stück, davon 310 000 auf ETB

Parallelausgabe mit Australien MiNr. 1605

1996, 18. Okt. 75 Jahre Donaueschinger Musiktage. ◰ **Zauner; Odr. SB (Klb. 5×2); gez. K 13¾.**

bxo) Prim-Darstellung; Autograph von Michael Bach Bachtischa (*1958), Komponist und Cellist, aus „18-7-92 Aufzeichnungen zu Ryoanji"

			★★	⊙
1890	100 (Pf) mehrfarbig	bxo	1,10	0,90
		FDC		1,60
		ETB 38/1996		1,10
		Kleinbogen	12,—	11,—

Auflage: 38 520 000 Stück, davon 310 000 auf ETB

1996, 14. Nov. Weihnachten. 🄴 **Steiner; Odr. BDB (Klb. 5×2); gez. K 13¾.**

bxp) Die Heiligen Drei Könige

bxr) Christi Geburt

bxp–bxr) Miniaturen aus dem Perikopenbuch Heinrichs II. (um 1010)

			★★	⊙
1891	80 + 40 (Pf) mehrfarbig	bxp	1,40	1,60
1892	100 + 50 (Pf) mehrfarbig	bxr	1,60	2,—
		Satzpreis (2 W.)	3,—	3,50
		FDC		4,—
		ETB 39/1996		3,50
		Kleinbogensatz (2 Klb.)	35,—	38,—

Auflagen: MiNr. 1891 = 4 865 000, MiNr. 1892 = 9 175 000 Stück, davon je 265 000 auf ETB

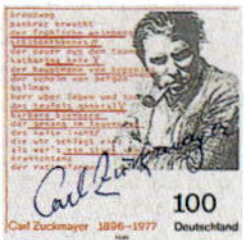

1996, 14. Nov. 100. Geburtstag von Carl Zuckmayer. 🄴 **Steiner; Odr. WPL (Klb. 5×2); gez. K 13¼.**

bxs) C. Zuckmayer (1896–1977), Schriftsteller; Auflistung einiger seiner Werke, Unterschrift

			★★	⊙
1893	100 (Pf) mehrfarbig	bxs	1,10	0,90
		FDC		1,60
		ETB 40/1996		1,30
		Kleinbogen	12,—	12,—

Auflage: 39 675 000 Stück, davon 310 000 auf ETB

1996, 3. Dez. 100. Geburtstag von Carlo Schmid. 🄴 **Aretz; Odr. BDB (Klb. 2×5); gez. K 14.**

bxt) C. Schmid (1896–1979), Völkerrechtler und Politiker

			★★	⊙
1894	100 (Pf) mehrfarbig	bxt	1,—	0,90
		FDC		1,60
		ETB 41/1996		1,30
		Kleinbogen	11,—	11,—

Auflage: 24 280 000 Stück, davon 310 000 auf ETB

1997

1997, 16. Jan. 200. Geburtstag von Franz Schubert (1797–1828), österreichischer Komponist. 🄴 **Nitzsche; Odr. BDB (Klb. 5×2); gez. K 13¾.**

bxu) Schubertianer in Atzenbrugg; Gemälde von Leopold Kupelwieser (1796–1862), österreichischer Maler

			★★	⊙
1895	100 (Pf) mehrfarbig	bxu	1,10	0,90
		FDC		1,60
		ETB 1/1997		2,—
		Kleinbogen	12,—	12,—

Auflage: 25 000 000 Stück, davon 306 800 auf ETB

1997, 16. Jan. 100. Geburtstag von Sepp Herberger. 🄴 **Hesse; Odr. BDB (Klb. 2×5); gez. K 13¾:14.**

bxv) Sepp Herberger (1897–1977), Fußballspieler und -Nationaltrainer; Spielfeld; Spielszene; Unterschrift

			★★	⊙
1896	100 (Pf) mehrfarbig GA	bxv	1,20	0,90
		FDC		1,60
		ETB 2/1997		2,—
		Kleinbogen	12,—	11,—

Auflage: 25 000 000 Stück, davon 306 800 auf ETB

1997, 16. Jan. Mehr Sicherheit für Kinder im Straßenverkehr! 🄴 **Bexte; Odr. SB (Klb. 5×2); gez. K 13¾.**

bxw) Straßenverkehr (Kinderzeichnung)

			★★	⊙
1897	100 (Pf) mehrfarbig	bxw	1,10	0,90
		FDC		1,60
		ETB 3/1997		2,—
		Kleinbogen	12,—	11,—

Auflage: 24 975 000 Stück, davon 306 800 auf ETB

In gleicher Zeichnung: MiNr. 1954

1997, 4. Febr. Sporthilfe: Fun-Sport. 🄴 **Riek-Bauer; Odr. BDB (Klb. 5×2); gez. K 13¾.**

bxx) Aerobic

bxy) Inline-Skating

bxz) Streetball

bya) Freeclimbing

			★★	⊙
1898	80 + 40 (Pf) mehrfarbig GA	bxx	1,40	2,40
1899	100 + 50 (Pf) mehrfarbig	bxy	1,80	2,40
1900	100 + 50 (Pf) mehrfarbig GA	bxz	1,80	2,40
1901	200 + 80 (Pf) mehrfarbig	bya	3,—	4,80
		Satzpreis (4 W.)	8,—	12,—
		FDC		12,—
		ETB 4/1997		7,50
		Kleinbogensatz (4 Klb.)	100,—	140,—

Auflagen: MiNr. 1898 = 3 050 000, MiNr. 1899 = 2 806 000, MiNr. 1900 = 3 160 000, MiNr. 1901 = 2 580 000 Stück, davon je 256 800 auf ETB

1997, 4. Febr. 500. Geburtstag von Philipp Melanchthon. 🄴 **Steiner; Odr. BDB (Klb. 5×2); gez. K 13¾.**

byb) Ph. Melanchthon (1497–1560), Humanist und Reformator

			★★	⊙
1902	100 (Pf) mehrfarbig	byb	1,10	0,90
		FDC		1,60
		ETB 5/1997		1,80
		Kleinbogen	12,—	12,—

Auflage: 23 800 000 Stück, davon 306 000 auf ETB

1997, 4. Febr. 175 Jahre Kölner Karneval. Ⓔ **Scheuner; Odr. WPL (Klb. 2×5); gez. K 13¾:14.**

byc) Karnevalisten beim „Wibbeln“

				★★	⊙
1903	100 (Pf)	mehrfarbig	byc	1,10	0,90
			FDC		1,60
			ETB 6/1997		1,80
			Kleinbogen	12,—	12,—

Auflage: 25 000 000 Stück, davon 306 800 auf ETB

1997, 4. Febr. 100. Geburtstag von Dr. Ludwig Erhard. Ⓔ **Jünger; Odr. BDB (Klb. 5×2); gez. K 13¾.**

byd) Dr. L. Erhard (1897–1977), Wirtschaftspolitiker, 2. deutscher Bundeskanzler

				★★	⊙
1904	100 (Pf)	mehrfarbig GA	byd	1,20	0,90
			FDC		1,60
			ETB 7/1997		1,80
			Kleinbogen	13,—	11,—

Auflage: 39 000 000 Stück, davon 306 800 auf ETB

1997, 6. März. 500 Jahre Messeprivileg für Leipzig. Ⓔ **Haase; Odr. WPL (Klb. 2×5); gez. K 13:12½.**

bye) Neue Messehalle, Messeemblem

				★★	⊙
1905	100 (Pf)	mehrfarbig GA	bye	1,10	0,90
			FDC		1,40
			ETB 8/1997		1,80
			Kleinbogen	12,—	12,—

Auflage: 40 200 000 Stück, davon 306 800 auf ETB

1997, 6. März. Blockausgabe: Deutsche Architektur nach 1945. Ⓔ **Scholz; Odr. BDB; gez. Ks 13¾.**

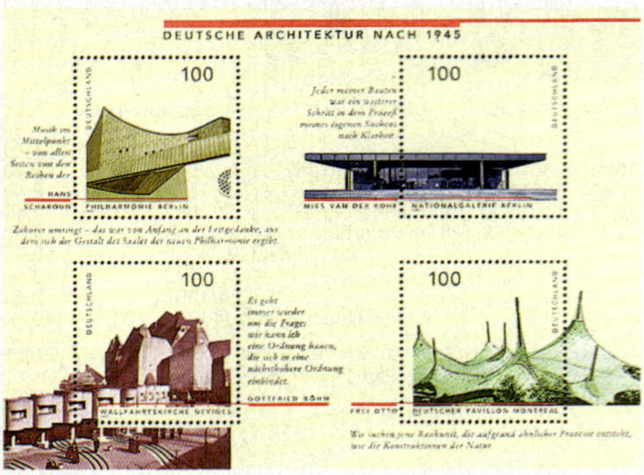

byf) Philharmonie, Berlin; von Hans Scharoun (1893–1972)

byg) Neue Nationalgalerie, Berlin; von Ludwig Mies van der Rohe (1886–1969)

byk

byh) Wallfahrtskirche, Neviges; von Gottfried Böhm (*1920)

byi) Deutscher Pavillon, Montreal; von Frei Otto (*1925)

				★★	⊙
1906	100 (Pf)	mehrfarbig	byf	1,40	1,60
1907	100 (Pf)	mehrfarbig	byg	1,40	1,60
1908	100 (Pf)	mehrfarbig	byh	1,40	1,60
1909	100 (Pf)	mehrfarbig	byi	1,40	1,60
Block 37	(137×101 mm)		byk	6,—	8,—
			FDC		8,—
			Ⓢ		7,—
			ETB 9/1997		4,50

Auflage: 7 800 000 Blocks, davon 306 800 auf ETB

1997, 10. März. 1100 Jahre Straubing. Ⓔ **Braesecke-Kaul; Odr. WPL (Klb. 2×5); gez. K 13:12½.**

byl) Stadtansicht

				★★	⊙
1910	100 (Pf)	mehrfarbig	byl	1,20	0,90
			FDC		1,50
			ETB 10/1997		1,50
			Kleinbogen	12,—	12,—

Auflage: 40 300 000 Stück, davon 306 800 auf ETB

1997, 8. April. 500 Jahre Edelsteinregion Idar-Oberstein. Ⓔ **Ehmke; Odr. SB (Klb. 5×2); gez. K 13¾.**

bym) Edelsteinschliff

				★★	⊙
1911	300 (Pf)	mehrfarbig	bym	3,40	3,40
			FDC		4,—
			ETB 11/1997		3,50
			Kleinbogen	36,—	36,—

Auflage: 17 300 000 Stück, davon 297 200 auf ETB

1997, 8. April. 100. Todestag von Heinrich von Stephan. Ⓔ **Jünger; Odr. WPL (Klb. 2×5); gez. K 13¾:14.**

byn) H. von Stephan (1831–1897), Organisator des deutschen Postwesens, Mitbegründer des Weltpostvereins; Telefon, zeitgenössische Dokumente

				★★	⊙
1912	100 (Pf)	mehrfarbig GA	byn	1,30	0,90
			FDC		1,50
			ETB 12/1997		1,50
			Kleinbogen	13,—	13,—

Auflage: 32 750 000 Stück, davon 297 200 auf ETB

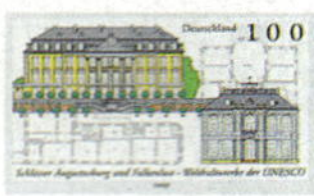

1997, 8. April. UNESCO-Welterbe (IV): Schlösser Augustusburg und Falkenlust in Brühl. Ⓔ **Braesecke-Kaul; Odr. BDB (Klb. 2×5); gez. K 14.**

byo) Frontansichten und Grundrisse der beiden Schlösser

				★★	⊙	FDC
1913	100 (Pf)	mehrfarbig	byo	1,10	0,90	1,50
			ETB 13/1997		1,50	
			Kleinbogen	12,—	12,—	

Auflage: 28 550 000 Stück, davon 297 200 auf ETB

Weitere Ausgaben siehe Fußnote nach MiNr. 1447

1997, 23. April. 1000. Todestag des hl. Adalbert. Ⓔ **Suchanek; StTdr. BDB (Klb. 5×2); gez. K 14.**

byp) Hl. Adalbert (um 956–997), Bischof von Prag, Apostel der Preußen, Märtyrer

				★★	⊙	FDC
1914	100 (Pf)	dkl'grauviolett GA	byp	1,10	0,90	1,60
			ETB 14/1997		1,10	
			Kleinbogen	12,—	12,—	

Auflage: 25 000 000 Stück, davon 297 200 auf ETB

Parallelausgabe mit Polen MiNr. 3644, Tschechische Republik MiNr. 141, Ungarn MiNr. 4446, Vatikanstaat MiNr. 1209

1997, 5. Mai. Europa: Sagen und Legenden. Ⓔ **Kößlinger; Odr. BDB (Klb. 5×2); gez. K 13¾.**

byr) „Vom Fischer und seiner Frau“; niederdeutsches Märchen

bys) „Rübezahl“; Sage aus dem Riesengebirge

					★★	⊙
1915	80 (Pf)	mehrfarbig GA		byr	1,40	0,80
1916	100 (Pf)	mehrfarbig		bys	1,40	1,—
			Satzpreis (2 W.)		2,80	1,80
			FDC			2,50
			ETB 15/1997			3,—
			Kleinbogensatz (2 Klb.)		28,—	24,—

Auflagen: MiNr. 1915 = 15 000 000, MiNr. 1916 = 40 000 000 Stück, davon je 297 200 auf ETB

1997, 5. Mai. 50 Jahre Städtepartnerschaften. Ⓔ **Hoch; Odr. SB (Klb. 5×2); gez. K 13¾.**

byt) Verschlungene Bänder

					★★	⊙
1917	100 (Pf)	mehrfarbig		byt	1,20	0,90
			FDC			1,40
			ETB 16/1997			1,50
			Kleinbogen		12,—	11,—

Auflage: 38 500 000 Stück, davon 297 200 auf ETB

1997, 5. Mai. Blockausgabe: 50 Jahre Schutzgemeinschaft Deutscher Wald (SDW). Ⓔ **Rieß; Odr. BDB; gez. Ks 13¾.**

byu

byv

byw

byu–byv) Waldgebiet in Deutschland

					★★	⊙
1918	100 (Pf)	mehrfarbig		byu	2,—	2,—
1919	200 (Pf)	mehrfarbig		byv	2,—	2,—
Block 38	(105×70 mm)			byw	4,20	5,—
			FDC			5,—
			Ⓢ			4,20
			ETB 17/1997			4,—

Auflage: 7 500 000 Blocks, davon 297 200 auf ETB

1997, 9. Juni. Jugend: Pferderassen. Ⓔ **Heise; Odr. BDB (Klb. 5×2); gez. K 13¾.**

byx) Rheinisch-Deutsches Kaltblut

byy) Shetlandpony

byz) Friese

bza) Haflinger

bzb) Hannoveraner

					★★	⊙
1920	80 + 40 (Pf)	mehrfarbig		byx	2,50	2,—
1921	80 + 40 (Pf)	mehrfarbig		byy	2,50	2,—
1922	100 + 50 (Pf)	mehrfarbig		byz	2,50	2,—
1923	100 + 50 (Pf)	mehrfarbig		bza	2,50	2,—
1924	200 + 80 (Pf)	mehrfarbig		bzb	5,—	4,—
			Satzpreis (5 W.)		15,—	12,—
			FDC			13,—
			ETB 18/1997 (mit MiNr. 1920–1922)			3,50
			ETB 18a/1997 (mit MiNr. 1923–1924)			4,50
			Kleinbogensatz (5 Klb.)		160,—	130,—

Auflagen: MiNr. 1920 = 2 680 000, MiNr. 1921 = 2 715 000, MiNr. 1922 = 2 740 000, MiNr. 1923 = 2 773 000, MiNr. 1924 = 2 633 000 Stück, davon je 252 000 auf ETB

1997, 9. Juni. 100. Todestag von Sebastian Kneipp. Ⓔ **Jacki; Odr. WPL (Klb. 5×2); gez. K 13¼.**

bzc) S. Kneipp (1821–1897), kath. Geistlicher und Naturheilkundiger

					★★	⊙
1925	100 (Pf)	mehrfarbig		bzc	1,30	0,90
			FDC			2,—
			ETB 19/1997			1,50
			Kleinbogen		13,—	11,—

Auflage: 49 900 000 Stück, davon 297 200 auf ETB

1997, 9. Juni. 50 Jahre Marshallplan. Ⓔ **Rogger; Odr. WPL (Klb. 2×5); gez. K 13:13½.**

bzd) George C. Marshall (1880–1959), amerikanischer General und Politiker; Staatsflagge der USA, zerbombte Häuser in Europa

					★★	⊙
1926	100 (Pf)	mehrfarbig		bzd	1,20	0,90
			FDC			1,80
			ETB 20/1997			1,50
			Kleinbogen		12,—	12,—

Auflage: 160 000 000 Stück, davon 297 200 auf ETB

1997, 20. Juni. Blockausgabe: 10. documenta, Kassel. Ⓔ **Haase; Odr. BDB; gez. Ks 13¾.**

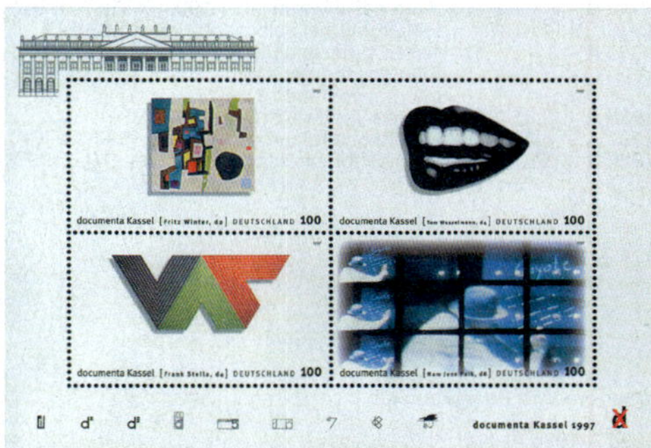

bze) Komposition; Gemälde von Fritz Winter (1905–1976) auf der documenta 2 (1959)

bzf) Mouth No. 15; Bild von Tom Wesselmann (1931–2004) auf der documenta 4 (1968)

bzi

bzg) Quath Lamba; Großflächenbild von Frank Stella (*1936) auf der documenta 4 (1968)

bzh) Beuys-Boice; Video-Objekt von Nam June Paik (1932–2006) auf der documenta 8 (1987)

				★★	⊙
1927	100 (Pf)	mehrfarbig	bze	1,50	1,50
1928	100 (Pf)	mehrfarbig	bzf	1,50	1,50
1929	100 (Pf)	mehrfarbig	bzg	1,50	1,50
1930	100 (Pf)	mehrfarbig	bzh	1,50	1,50
Block 39	(137×97 mm)		bzi	6,—	7,50
			FDC		8,—
			Ⓢ		7,—
			ETB 21/1997		5,—

Auflage: 6 500 000 Blocks, davon 297 200 auf ETB

1997, 20. Juni. Brücken (I): 100 Jahre Müngstener Brücke. Ⓔ **Grünewald; Odr. SB (Klb. 5×2); gez. K 13¾.**

bzk) Höchste Eisenbahnbrücke Deutschlands über die Wupper bei Müngsten

				★★	⊙
1931	100 (Pf)	mehrfarbig	bzk	1,10	0,90
			FDC		1,40
			ETB 22/1997		1,50
			Kleinbogen	12,—	11,—

Auflage: 147 600 000 Stück, davon 297 200 auf ETB

Weitere Ausgaben: MiNr. 1967, 2082, 2109, 2178, 2359, 2616, 2691

1997, 17. Juli. Freimarke: Sehenswürdigkeiten (XX). Ⓔ **Haase; Ldr. BDB, Kleinbogen (2×5) (B) und Rollen (R); gez. K 14.**

bzl) Europäer-Denkmal Berus

				★★	⊙
1932	47 (Pf)	gelblichgrün/grünschwarz GA	bzl	0,60	0,60
			FDC		1,30
			ETB 23/1997		0,80
			Kleinbogen	8,—	9,—

Waagerechtes Paar (aus Klb.):

	★★	⊙
1932/1932	1,40	1,60

Rollenmarke mit rückseitiger Nummer (R):

	Einzelm. ★★	Einzelm. ⊙	5er-Str. ★★
1932 R	1,40	1,30	3,60

Auflage: 311 447 000 Stück, davon 297 200 auf ETB

Weitere Werte siehe Zusammenfassung nach Blockaufstellung

1997, 17. Juli. Blockausgabe: Für uns Kinder. Ⓔ **Fromm; RaTdr. BDB; gez. Ks 13¾.**

bzm) Kinder mit Briefen in einer aus Luftpostbrief gebildeten Gondel eines Heißluftballons

bzn

				★★	⊙
1933	100 (Pf)	mehrfarbig GA	bzm	2,—	2,—
Block 40	(70×105 mm)		bzn	2,20	2,50
			FDC		3,—
			Ⓢ		2,20
			ETB 24/1997		1,60

Auflage: 9 250 000 Blocks, davon 297 200 auf ETB

1997, 14. Aug./1998, 22. Jan. Freimarken: Sehenswürdigkeiten (XXI). Ⓔ **Haase; Ldr. BDB, Kleinbogen (2×5) (B), Markenheftchen (MH) und Rollen (R); A = vierseitig, C und D = dreiseitig gez. K 14.**

bzo) Goethe-Schiller-Denkmal, Weimar

bzp) Schloss Bellevue, Berlin

bzr) Brühlsche Terrasse, Dresden

bzs) Bremer Rathaus

bzt) Holstentor, Lübeck

				★★	⊙
1934	100 (Pf)	mittelgrauultramarin/schwarz GA	bzo		
A		vierseitig gez. (28.8.1997) (B) (R)		1,—	1,—
C		oben geschnitten (22.1.1998) (MH)		1,—	1,—
D		unten geschnitten (22.1.1998) (MH)		1,—	1,—
1935	110 (Pf)	dunkelgrau/hellgelblichorange (14.8.1997)	bzp		
A		vierseitig gezähnt (B) (R)		1,10	0,50
C		oben geschnitten (MH)		1,10	1,—
D		unten geschnitten (MH)		1,10	1,—
1936 A	220 (Pf)	opalgrün/schwarz (14.8.1997) (B) (R)	bzr	2,—	1,—
1937 A	440 (Pf)	lebhaftkobaltblau/orange (14.8.1997) (B) (R)	bzs	5,—	4,50
1938 A	510 (Pf)	hellrötlichbraun/schwarzgraublau (28.8.1997) (B) (R)	bzt	5,—	5,—
			Satzpreis A (5 W.)	14,—	12,—
			FDC 1 (mit MiNr. 1935 A–1937 A)		10,—
			FDC 2 (mit MiNr. 1934 A, 1938 A)		8,—
			ETB 25/1997 (mit MiNr. 1935 A)		1,50
			ETB 26/1997 (mit MiNr. 1936 A)		2,50
			ETB 27/1997 (mit MiNr. 1937 A)		4,50
			ETB 29/1997 (mit MiNr. 1934 A)		1,50
			ETB 30/1997 (mit MiNr. 1938 A)		5,—
			Kleinbogensatz (5 Klb.)	150,—	180,—

Waagerechte Paare (aus Klb.):

	★★	⊙
1934 A/1934 A	2,40	3,—
1935 A/1935 A	2,50	3,—
1936 A/1936 A	4,50	5,—
1937 A/1937 A	11,—	11,—
1938 A/1938 A	11,—	12,—
Satzpreis (5 P.)	30,—	34,—

Senkrechte Paare (C/D) siehe bei MH 35 und 36

Rollenmarken mit rückseitiger Nummer (R):

	Einzelmarken ★★	Einzelmarken ⊙	5er-Str. ★★
1934 A R	2,—	2,—	8,50
1935 A R	2,20	2,30	9,—
1936 A R	4,20	4,—	18,—
1937 A R	7,50	7,—	35,—
1938 A R	8,50	8,—	38,—

Auflagen: MiNr. 1934 = 517 120 000, MiNr. 1935 = 670 497 000, MiNr. 1936 = 130 655 000, MiNr. 1937 = 80 340 000, MiNr. 1938 = 78 265 000 Stück, davon je 297 200 auf ETB

Weitere Werte siehe Zusammenfassung nach Blockaufstellung

1997, 14./28. Aug. Freimarken: Frauen der deutschen Geschichte (XVI). Ⓔ Aretz; StTdr. BDB (Klb. 5×2); gez. K 14.

bzu) Marlene Dietrich (1901–1992), Filmschauspielerin und Sängerin

bzv) Marie-Elisabeth Lüders (1878–1966), Politikerin

			★★	⊙
1939	110 (Pf)	dunkelblauviolett/ graubraun (14.8.) .... bzu	1,30	0,80
1940	220 (Pf)	hellkobaltblau/dunkelviolettblau (28.8.) .... bzv	2,50	2,40
		Satzpreis (2 W.)	3,80	3,20
		FDC 1 (mit MiNr. 1939)		2,—
		FDC 2 (mit MiNr. 1940)		3,—
		ETB 28/1997 (mit MiNr. 1939)		1,50
		ETB 31/1997 (mit MiNr. 1940)		2,50
		Kleinbogensatz (2 Klb.)	40,—	45,—

Auflagen: MiNr. 1939 = 2 999 460 000, MiNr. 1940 = 139 020 000 Stück, davon je 297 200 auf ETB

Weitere Werte siehe Zusammenfassung nach Blockaufstellung

1997, 19. Aug. Hochwasserhilfe Brandenburg. Ⓔ Jünger; Odr. BDB (Klb. 5×2); gez. K 13¾.

bzw) Skizze der Bundesländer, Wappen Brandenburgs

			★★	⊙
1941	110 + 90 (Pf)	mehrfarbig .... bzw	2,40	3,50
		FDC		4,50
		ETB 28 A/1997		2,50
		Kleinbogen	25,—	35,—

Auflage: 3 760 000 Stück, davon 270 200 auf ETB

In gleicher Zeichnung, jedoch andere Inschriften: MiNr. 1589

1997, 28. Aug. 100 Jahre Dieselmotor. Ⓔ Effert; Odr. WPL (Klb. 5×2); gez. K 13¼.

bzx) Rudolf Diesel (1858–1913), Maschinenbauingenieur; erster Dieselmotor (1897)

			★★	⊙
1942	300 (Pf)	mehrfarbig .... bzx	3,50	3,—
		FDC		5,—
		ETB 32/1997		3,—
		Kleinbogen	36,—	36,—

Auflage: 30 000 000 Stück, davon 297 200 auf ETB

1997, 28. Aug. Bilder aus Deutschland (V). Ⓔ Schillinger; Odr. BDB (Klb. 2×5); gez. K 13¾:14.

bzy) Bayerischer Wald

bzz) Lüneburger Heide

caa) Norddeutsche Moorlandschaft

			★★	⊙
1943	110 (Pf)	mehrfarbig .... bzy	1,30	1,—
1944	110 (Pf)	mehrfarbig .... bzz	1,30	1,—
1945	110 (Pf)	mehrfarbig .... caa	1,30	1,—
		Satzpreis (3 W.)	3,80	3,—
		FDC		4,50
		ETB 33/1997		3,50
		Kleinbogensatz (3 Klb.)	40,—	40,—

Auflagen: MiNr. 1943 = 94 720 000, MiNr. 1944 = 49 150 000, MiNr. 1945 = 67 500 000 Stück, davon je 293 200 auf ETB

Weitere Ausgaben siehe Fußnote nach MiNr. 1686

1997, 17. Sept. 350 Jahre Kartoffelanbau in Deutschland. Ⓔ Steiner; Odr. WPL (Klb. 2×5); gez. K 13:13¼.

cab) Kartoffelpflanze (Solanum tuberosum), Erntearbeit

			★★	⊙
1946	300 (Pf)	mehrfarbig .... cab	3,—	3,—
		FDC		3,50
		ETB 34/1997		3,—
		Kleinbogen	32,—	35,—

Auflage: 18 770 000 Stück, davon 297 200 auf ETB

1997, 17. Sept. Blockausgabe: Tag der Briefmarke. Ⓔ Rieß; Odr. BDB; gez. Ks 13¾.

cac) Historisches Flugzeug und dreirädriger Motorwagen für den Posttransport

cad

			★★	⊙
1947	440 + 220 (Pf)	mehrfarbig .... cac	6,50	7,50
Block 41	(70×105 mm)	.... cad	7,—	8,50
		FDC		10,—
		Ⓢ		8,—
		ETB 35/1997		6,50

Auflage: 3 710 000 Blocks, davon 250 200 auf ETB

1997, 9. Okt. Wohlfahrt: Wasser- und Windmühlen in Deutschland. ⓔ Rohse; Odr. BDB (Klb. 5×2); gez. K 13¾.

cae) Schwarzwälder Wassermühle

caf) Hessische Wassermühlen

cag) Niederrheinische Bockwindmühle

cah) Schleswig-Holsteinische Schöpfwindmühle

cai) Galerieholländer-Windmühle

				✶✶	⊙
1948	100 + 50 (Pf)	mehrfarbig	cae	2,40	2,40
1949	110 + 50 (Pf)	mehrfarbig	caf	2,60	2,60
1950	110 + 50 (Pf)	mehrfarbig	cag	2,60	2,60
1951	110 + 50 (Pf)	mehrfarbig	cah	2,60	2,60
1952	220 + 80 (Pf)	mehrfarbig	cai	3,50	4,—
			Satzpreis (5 W.)	13,—	14,—
			FDC		17,—
			ETB 36/1997 (mit MiNr. 1948–1950)		4,50
			ETB 36a/1997 (mit MiNr. 1951–1952)		4,50
			Kleinbogensatz (5 Klb.)	150,—	160,—

Auflagen: MiNr. 1948 = 7 990 000, MiNr. 1949 = 13 965 000, MiNr. 1950 = 13 795 000, MiNr. 1951 = 13 830 000, MiNr. 1952 = 7 167 000 Stück, davon je 246 200 auf ETB

1997, 9. Okt. 150. Todestag von Felix Mendelssohn Bartholdy. ⓔ Ehmke; Odr. WPL (Klb. 2×5); gez. K 13:13½.

cak) F. Mendelssohn Bartholdy (1809–1847), Komponist; Ausschnitt aus einer Originalpartitur

				✶✶	⊙
1953	110 (Pf)	mehrfarbig	cak	1,20	1,—
			FDC		1,60
			ETB 37/1997		1,40
			Kleinbogen	13,—	12,—

Auflage: 102 500 000 Stück, davon 293 200 auf ETB

1997, 9. Okt. Mehr Sicherheit für Kinder im Straßenverkehr! ⓔ Bexte; Odr. SB (Klb. 5×2); gez. K 13¾.

bxw) Straßenverkehr

				✶✶	⊙
1954	10 (Pf)	mehrfarbig	bxw	0,40	0,30
			FDC		0,70
			ETB 37 A/1997		0,50
			Kleinbogen	4,—	4,—

Auflage: 100 000 000 Stück, davon 293 200 auf ETB

In gleicher Zeichnung: MiNr. 1897

1997, 16. Okt. Freimarken: Frauen der deutschen Geschichte (XVII). ⓔ Aretz; StTdr. BDB (Klb. 5×2); gez. K 14.

cal) Elisabeth Schwarzhaupt (1901–1986), Politikerin

cam) Maria Probst (1902–1967), Politikerin

				✶✶	⊙	FDC
1955	100 (Pf)	dunkelbläulichgrün/ dunkelorange	cal	1,30	1,—	2,—
1956	300 (Pf)	schwarzblauviolett/ dunkelocker	cam	3,—	2,50	3,50
			Satzpreis (2 W.)	4,20	3,50	5,—
			ETB 38/1997 (mit MiNr. 1955)		1,50	
			ETB 39/1997 (mit MiNr. 1956)		3,—	
			Kleinbogensatz (2 Klb.)	45,—	45,—	

Auflagen: MiNr. 1955 = 588 070 000, MiNr. 1956 = 564 200 000 Stück, davon je 293 200 Auf ETB

Weitere Werte siehe Zusammenfassung nach Blockaufstellung

1997, 16. Okt. Europäische Region Saar-Lor-Lux. ⓔ Broutin; Odr. BDB (Klb. 2×5); gez. K 14:14¼.

can) Grenzüberschreitende Zusammenarbeit im Dreiländereck Deutschland-Frankreich-Luxemburg

				✶✶	⊙
1957	110 (Pf)	mehrfarbig GA	can	1,30	1,—
			FDC		1,60
			ETB 40/1997*)		2,—
			Kleinbogen	14,—	13,—

*) enthält zusätzlich die bildgleichen Marken Frankreich MiNr. 3252 und Luxemburg MiNr. 1425

Auflage: 100 000 000 Stück, davon 293 200 auf ETB

Parallelausgabe mit Frankreich MiNr. 3252 und Luxemburg MiNr. 1425

1997, 16. Okt. Deutscher Fußballmeister 1997: FC Bayern München. ⓔ Bucher; Odr. BDB (Klb. 2×5); gez. K 14:14¼.

cao) Spieler vor Fankurve

				✶✶	⊙
1958	110 (Pf)	mehrfarbig	cao	1,30	1,—
			FDC		3,—
			ETB 41/1997		1,50
			Kleinbogen	14,—	12,—

Auflage: 100 000 000 Stück, davon 293 200 auf ETB

1997, 6. Nov. Weihnachten. ⓔ Lenica; Odr. BDB (Klb. 5×2); gez. K 13¾.

cap) Anbetung der Heiligen Drei Könige

car) Christi Geburt

				✶✶	⊙
1959	100 + 50 (Pf)	mehrfarbig	cap	1,60	1,60
1960	110 + 50 (Pf)	mehrfarbig	car	1,90	1,90
			Satzpreis (2 W.)	3,50	3,50
			FDC		4,50
			ETB 42/1997		3,—
			Kleinbogensatz (2 Klb.)	38,—	40,—

Auflagen: MiNr. 1959 = 5 243 000, MiNr. 1960 = 8 638 000 Stück, davon je 248 200 auf ETB

1997, 6. Nov. 300. Geburtstag von Gerhard Tersteegen. ⓔ Graschberger; Odr. BDB (Klb. 5×2); gez. K 13¾.

cas) Textanfang des Kirchenliedes „Ich bete an die Macht der Liebe“ von G. Tersteegen (1697–1769), evang. Mystiker und Dichter

				✶✶	⊙
1961	110 (Pf)	mehrfarbig	cas	1,20	1,—
			FDC		1,90
			ETB 43/1997		1,50
			Kleinbogen	12,—	12,—

Auflage: 50 000 000 Stück, davon 293 200 auf ETB

1997, 6. Nov. 200. Geburtstag von Heinrich Heine. ⓔ **Lienemeyer; Odr. WPL (Klb. 5×2); gez. K 13¼.**

cat) H. Heine (1797–1856), Dichter und Publizist; Zeichnung von Wilhelm Hensel (1794–1861)

			✱✱	⊙
1962	110 (Pf) mehrfarbig	cat	1,20	1,—
		FDC		1,80
		ETB 44/1997		1,50
		Kleinbogen I	32,—	45,—
		Kleinbogen II	12,—	15,—

Die Kleinbogen der MiNr. 1962 gibt es in zwei Versionen: Bei der ersten Auflage (grünlich fluoreszierend) sind in der linken oberen und rechten unteren Bogenrandecke Runenzeichen (ᛘ, ᛦ) eingedruckt, bei der zweiten Auflage (Klb. II) (grüngelb fluoreszierend) fehlen diese Zeichen. Die Runen gibt es auch bei Eckrand-Einzelmarken in allen Erhaltungen (✱✱ 10,— ⊙ 14,—).

FALSCH Vorsicht vor Zehnerbogen der zweiten Auflage mit nachträglich aufgedruckten Runen!

Auflage: 50 000 000 Stück, davon 293 200 auf ETB

1997, 6. Nov. 100. Geburtstag von Thomas Dehler. ⓔ **Aretz; Odr. SB (Klb. 2×5); gez. K 14:14¼.**

cau) Th. Dehler (1897–1967), Politiker

			✱✱	⊙
1963	110 (Pf) mehrfarbig	cau	1,20	1,—
		FDC		1,60
		ETB 45/1997		1,50
		Kleinbogen	12,—	11,—

Auflage: 31 130 000 Stück, davon 293 200 auf ETB

1997, 6. Nov. 100 Jahre Deutscher Caritasverband. ⓔ **Haase; RaTdr. BDB (Klb. 2×5); gez. K 14:14¼.**

cav) Verbandsemblem, Menschenmenge

			✱✱	⊙
1964	110 (Pf) mehrfarbig	cav	1,20	1,—
		FDC		1,80
		ETB 46/1997		1,50
		Kleinbogen	12,—	11,—

Auflage: 50 000 000 Stück, davon 293 200 auf ETB

1998

1998, 22. Jan. 1100 Jahre Nördlingen. ⓔ **Schillinger; Odr. BDB, Kleinbogen (5×2) (B) und Markenheftchen (MH); gez. K 13¾.**

caw) Ansicht der Altstadt

			✱✱	⊙
1965	110 (Pf) mehrfarbig	caw	1,20	1,—
		FDC		1,60
		ETB 1/1998		1,50
		Kleinbogen	12,—	11,—

Auflage: 100 000 000 Stück, davon 293 200 auf ETB

1998, 22. Jan. UNESCO-Welterbe (V): Kloster Maulbronn. ⓔ **Lederbogen; Odr. BDB (Klb. 5×2); gez. K 13¾.**

cax) Klosterkirche, Lageplan der Klosteranlage

			✱✱	⊙
1966	100 (Pf) mehrfarbig GA	cax	1,20	1,—
		FDC		1,70
		ETB 2/1998		1,50
		Kleinbogen	12,—	12,—

Auflage: 20 000 000 Stück, davon 293 200 auf ETB

Weitere Ausgaben siehe Fußnote nach MiNr. 1447

1998, 22. Jan. Brücken (II). ⓔ **Blumenstein; Odr. WPL (Klb. 5×2); gez. K 14:13¾.**

cay) Glienicker Brücke über die Havel zwischen Berlin und Potsdam, Kartenausschnitt

			✱✱	⊙
1967	110 (Pf) mehrfarbig	cay	1,20	1,—
		FDC		1,60
		ETB 3/1998		1,50
		Kleinbogen	12,—	12,—

Auflage: 50 000 000 Stück, davon 293 200 auf ETB

Weitere Ausgaben siehe Fußnote nach MiNr. 1931

1998, 5. Febr. Sporthilfe: Fußball-Weltmeisterschaft, Frankreich; Olympische Winterspiele, Nagano; Ruder-Weltmeisterschaften, Köln-Fühlingen; Winter-Paralympics, Nagano. ⓔ **Hesse; RaTdr. BDB (Klb. 2×5); gez. K 14.**

caz) Fußball

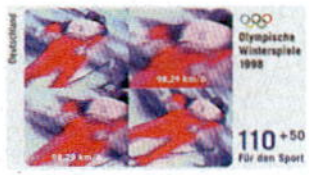

cba) Skispringen

cbb) Rudern

cbc) Riesenslalom

			✱✱	⊙
1968	100 + 50 (Pf) mehrfarbig	caz	3,50	2,50
1969	110 + 50 (Pf) mehrfarbig	cba	3,50	2,50
1970	110 + 50 (Pf) mehrfarbig	cbb	3,50	2,50
1971	300 + 100 (Pf) mehrfarbig	cbc	8,—	8,—
		Satzpreis (4 W.)	18,—	15,—
		FDC		15,—
		ETB 4/1998		8,50
		Kleinbogensatz (4 Klb.)	180,—	150,—

Auflagen: MiNr. 1968 = 2 800 000, MiNr. 1969–1970 je 2 740 000, MiNr. 1971 = 2 580 000 Stück, davon je 235 200 auf ETB

1998, 5. Febr. 100. Geburtstag von Bertolt Brecht. ⓔ **Lenica; Odr. SB (Klb. 5×2); gez. K 13¾.**

cbd) B. Brecht (1898–1956), Schriftsteller und Regisseur; Figuren aus seinen Theaterstücken

			✱✱	⊙
1972	110 (Pf) mehrfarbig	cbd	1,20	1,—
		FDC		1,60
		ETB 5/1998		1,50
		Kleinbogen	12,—	12,—

Auflage: 58 000 000 Stück, davon 293 200 auf ETB

1998, 5. Febr. 50 Jahre Max-Planck-Gesellschaft zur Förderung der Wissenschaften e.V. ⓔ **Haase; Odr. WPL (Klb. 2×5); gez. K 13¾:14.**

cbe) Gründungsversammlung in Göttingen (1948); Röntgenbild vom Mond, Ionengitterstruktur und eingefärbter Nerv eines Goldfisches

			✱✱	⊙
1973	110 (Pf) mehrfarbig	cbe	1,20	1,—
		FDC		1,70
		ETB 6/1998		1,50
		Kleinbogen	12,—	12,—

Auflage: 50 000 000 Stück, davon 293 200 auf ETB

1998, 12. März. Länderparlamente in Deutschland (I). Ⓔ **Aretz; Odr. BDB (Klb. 2×5); gez. K 13¾:14.**

cbf) Landtag von Baden-Württemberg, Stuttgart

cbg) Bayerischer Landtag, München

cbh) Abgeordnetenhaus von Berlin

cbi) Landtag Brandenburg, Potsdam

				**	⊙
1974	110 (Pf)	mehrfarbig	cbf	1,30	1,—
1975	110 (Pf)	mehrfarbig GA	cbg	1,30	1,—
1976	110 (Pf)	mehrfarbig	cbh	1,30	1,—
1977	110 (Pf)	mehrfarbig	cbi	1,30	1,—
			Satzpreis (4 W.)	5,—	4,—
			FDC		5,50
			ETB 7/1998		4,50
			Kleinbogensatz	50,—	50,—

Auflagen: MiNr. 1974–1977 je 25 000 000 Stück, davon je 293 200 auf ETB

Weitere Ausgaben: MiNr. 2030, 2036–2037, 2040, 2104, 2110, 2129, 2153, 2172, 2184, 2198, 2213

1998, 12. März. 1000 Jahre Bad Frankenhausen. Ⓔ **Glinski; Odr. WPL (Klb. 5×2); gez. K 13¼.**

cbk) Stadtansicht

				**	⊙
1978	110 (Pf)	mehrfarbig GA	cbk	1,20	1,—
			FDC		1,60
			ETB 8/1998		1,50
			Kleinbogen	12,—	12,—

Auflage: 100 000 000 Stück, davon je 293 200 auf ETB

1998, 12. März. 350 Jahre Westfälischer Friede. Ⓔ **Gottschall; Odr. BDB (Klb. 2×5); gez. K 13¾:14.**

cbl) Gesandte der am Friedensschluss beteiligten Mächte und Reichsstände

				**	⊙
1979	110 (Pf)	mehrfarbig	cbl	1,20	1,—
			FDC		1,60
			ETB 9/1998		1,50
			Kleinbogen	13,—	12,—

Auflage: 25 000 000 Stück, davon 293 200 auf ETB

1998, 16. April. Blockausgabe: Für uns Kinder. Ⓔ **Schmidmaier; Odr. BDB; gez. Ks 13¾:14.**

cbn

cbm) Meerestiere und Dinosaurier in nächtlicher Küstenlandschaft

				**	⊙
1980	110 (Pf)	mehrfarbig	cbm	1,80	2,—
Block 42	(110×65,5 mm)		cbn	2,20	2,50
			FDC		3,—
			Ⓢ		2,20
			ETB 10/1998		1,80

Auflage: 16 000 000 Blocks, davon 293 200 auf ETB

1998, 16. April. 900. Geburtstag von Hildegard von Bingen (1098–1179), Mystikerin. Ⓔ **Nitzsche; Odr. BDB (Klb. 5×2); gez. K 13¾.**

cbo) Hildegards Vision vom Lebenskreis aus ihrem Werk „Scivias“

				**	⊙
1981	100 (Pf)	mehrfarbig GA	cbo	1,20	1,—
			FDC		1,60
			ETB 11/1998		1,50
			Kleinbogen	12,—	12,—

Auflage: 25 000 000 Stück, davon 293 200 auf ETB

1998, 16. April. 750 Jahre Zisterzienserinnenabtei Sankt Marienstern, Panschwitz-Kuckau. Ⓔ **Zill; Odr. WPL (Klb. 2×5); gez. K 13:13½.**

cbp) Klosteranlage Sankt Marienstern

				**	⊙
1982	110 (Pf)	mehrfarbig	cbp	1,20	1,—
			FDC		1,60
			ETB 12/1998		1,50
			Kleinbogen	12,—	12,—

Auflage: 50 000 000 Stück, davon 293 200 auf ETB

1998, 16. April. 250 Jahre Markgräfliches Opernhaus Bayreuth. Ⓔ **Schillinger; Odr. BDB (Klb. 2×5); gez. K 13½.**

cbr) Zuschauerraum mit Fürstenloge

				**	⊙
1983	300 (Pf)	mehrfarbig GA	cbr	3,20	3,20
			FDC		4,—
			ETB 13/1998		3,50
			Kleinbogen	34,—	35,—

Auflage: 35 000 000 Stück, davon 293 200 auf ETB

1998, 22. April. Tod von Ernst Jünger. Ⓔ **Graschberger; Odr. SB (Klb. 5×2); gez. K 13¾.**

cbs) E. Jünger (1895–1998), Schriftsteller

				**	⊙
1984	110 (Pf)	mehrfarbig	cbs	1,20	1,—
			FDC		1,80
			ETB 13 A/1998		1,50
			Kleinbogen	12,—	12,—

Auflage: 26 600 000 Stück, davon 293 200 auf ETB

1998, 7. Mai. Europa: Nationale Feste und Feiertage. ⓔ Lenica; Odr. BDB (Klb. 5×2); gez. K 14¼:14.

cbt) Tag der Deutschen Einheit

			✱✱	⊙
1985	110 (Pf) mehrfarbig	cbt	1,50	1,—
		FDC		1,60
		ETB 14/1998		1,50
		Kleinbogen	16,—	16,—

Auflage: 25 000 000 Stück, davon 293 200 auf ETB

1998, 7. Mai. Blockausgabe: 50 Jahre Parlamentarischer Rat, 150 Jahre Paulskirchenverfassung. ⓔ Wulff; Odr. BDB; gez. Ks 13¾.

cbw

cbu) Eröffnungssitzung des Parlamentarischen Rates am 1.9.1948 in Bonn

cbv) Eröffnungssitzung der Nationalversammlung am 18.5.1848 in Frankfurt am Main

			✱✱	⊙
1986	110 (Pf) mehrfarbig	cbu	2,20	3,—
1987	220 (Pf) mehrfarbig	cbv	2,20	3,—
Block 43	(105×70 mm)	cbw	4,50	7,—
		FDC		7,50
		Ⓢ		6,50
		ETB 15/1998		4,—

Auflage: 8 000 000 Blocks, davon 293 200 auf ETB

1998, 7. Mai. 50 Jahre Deutscher Landfrauenverband. ⓔ Hesse; Odr. WPL (Klb. 5×2); gez. K 13¼.

cbx) Auflistung der Ziele des Verbandes

			✱✱	⊙
1988	110 (Pf) mehrfarbig	cbx	1,20	1,—
		FDC		1,60
		ETB 16/1998		1,50
		Kleinbogen	12,—	10,—

Auflage: 25 100 000 Stück, davon 293 200 auf ETB

1998, 7. Mai. Umweltschutz: Schützt die Küsten und Meere. ⓔ Gottschall; Odr. BDB (Klb. 2×5); gez. K 13¾:14.

cby) Meereswellen

			✱✱	⊙
1989	110 + 50 (Pf) mehrfarbig	cby	2,50	4,—
		FDC		5,—
		ETB 17/1998		2,—
		Kleinbogen	26,—	40,—

Auflage: 2 710 000 Stück, davon 236 800 auf ETB

In ähnlicher Zeichnung: MiNr. 2278, 3022

1998, 10. Juni. Jugend: Trickfilmfiguren (I). ⓔ de Vries; Odr. BDB (Klb. 5×2); gez. K 13¾.

cbz) Die Sendung mit der Maus

cca) Der Sandmann

ccb) Die Biene Maja

ccc) Käpt'n Blaubär

ccd) Pumuckl

			✱✱	⊙
1990	100 + 50 (Pf) mehrfarbig GA	cbz	2,—	2,—
1991	100 + 50 (Pf) mehrfarbig	cca	2,—	2,—
1992	110 + 50 (Pf) mehrfarbig	ccb	2,—	2,—
1993	110 + 50 (Pf) mehrfarbig	ccc	2,—	2,—
1994	220 + 80 (Pf) mehrfarbig	ccd	3,20	3,20
		Satzpreis (5 W.)	11,—	11,—
		FDC		13,—
		ETB 18/1998 (mit MiNr. 1990, 1993)		4,—
		ETB 18 a/1998 (mit MiNr. 1991–1992, 1994)		6,—
		Kleinbogensatz (5 Klb.)	120,—	120,—

Auflagen: MiNr. 1990 = 3 800 000, MiNr. 1991 = 3 470 000, MiNr. 1992 = 3 120 000, MiNr. 1993 = 3 300 000, MiNr. 1994 = 2 900 000 Stück, davon je 240 200 auf ETB

1998, 10. Juni. 150 Jahre Deutsche Katholikentage. ⓔ Romboy; Odr. SB (Klb. 2×5); gez. K 13:13½.

cce) Kreuz, Menschenmenge

			✱✱	⊙
1995	110 (Pf) mehrfarbig	cce	1,20	0,90
		FDC		1,80
		ETB 19/1998		1,50
		Kleinbogen	12,—	11,—

Auflage: 25 700 000 Stück, davon 293 200 auf ETB

1998, 19. Juni. 50 Jahre Deutsche Mark. ⓔ Jünger; Odr. WPL (Klb. 5×2); gez. K 13¼.

ccf) 1-DM-Münze

			✱✱	⊙
1996	110 (Pf) mehrfarbig	ccf	2,—	1,20
		FDC		1,80
		ETB 20/1998		1,50
		Kleinbogen	20,—	22,—

Auflage: 25 000 000 Stück, davon 293 200 auf ETB

1998, 16. Juli. Blockausgabe: Deutsche National- und Naturparks (II) – Nationalpark Sächsische Schweiz. ⓔ Glinski; Odr. BDB; gez. K 13¾.

ccg
cch
cci

ccg–cch) Landschaft im Elbsandsteingebirge, Sächsische Schweiz

			★★	⊙
1997	110 (Pf) mehrfarbig	ccg	2,—	2,—
1998	220 (Pf) mehrfarbig GA	cch	2,40	2,50
Block 44	(105×70 mm)	cci	4,50	5,50
		FDC		6,—
		Ⓢ		5,—
		ETB 21/1998		4,—

Auflage: 8 000 000 Blocks, davon 280 400 auf ETB

Weitere Ausgaben siehe Fußnote nach MiNr. 1871–1873 (Bl. 36)

1998, 16. Juli. Über 1100 Jahre Hopfenanbau in Deutschland. Ⓔ **Steiner; Odr. WPL (Klb. 5×2); gez. K 13¼.**

cck) Hopfenernte

			★★	⊙
1999	110 (Pf) mehrfarbig	cck	1,20	1,—
		FDC		1,60
		ETB 22/1998		1,50
		Kleinbogen	12,—	12,—

Auflage: 25 000 000 Stück, davon 280 400 auf ETB

1998, 16. Juli. Gründung der Europäischen Zentralbank in Frankfurt am Main. Ⓔ **Effert; RaTdr. BDB (Klb. 2×5); gez. K 13¾:14.**

ccl) Buchstaben „EZB" mit Banknoten in Euro-Währung, Europaemblem

			★★	⊙
2000	110 (Pf) mehrfarbig	ccl	2,—	1,40
		FDC		2,—
		ETB 23/1998		1,50
		Kleinbogen	20,—	18,—

Auflage: 20 000 000 Stück, davon 280 400 auf ETB

1998, 20. Aug. Blockausgabe: Design in Deutschland. Ⓔ **Wulff; Odr. BDB; gez. Ks 13¾:14.**

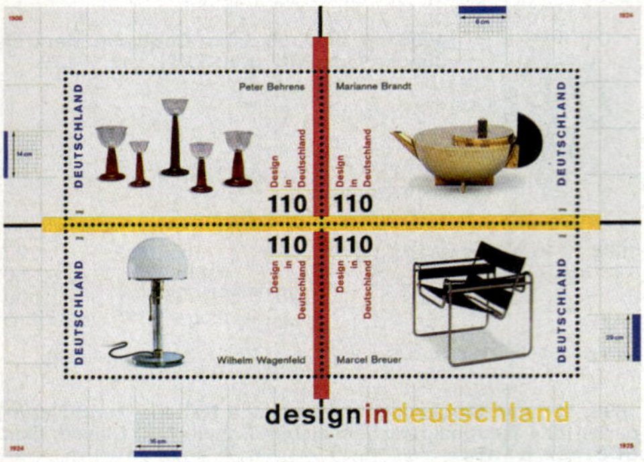

ccm) Teil eines Gläsersatzes von Peter Behrens (1868–1940), Architekt

ccn) Tee-Extrakt-Kännchen von Marianne Brandt (1893–1983), Malerin und Bildhauerin

ccr

cco) Tischleuchte von Wilhelm Wagenfeld (1900–1990), Industriedesigner

ccp) Sessel „Wassily" von Marcel Breuer (1902–1981), amerik. Architekt und Designer ungar. Herkunft

			★★	⊙
2001	110 (Pf) mehrfarbig	ccm	1,60	2,—
2002	110 (Pf) mehrfarbig	ccn	1,60	2,—
2003	110 (Pf) mehrfarbig	cco	1,60	2,—
2004	110 (Pf) mehrfarbig	ccp	1,60	2,—
Block 45	(137,5×97 mm)	ccr	7,—	9,—
		FDC		10,—
		Ⓢ		8,—
		ETB 24/1998		6,—

Auflage: 9 000 000 Blocks, davon 280 400 auf ETB

1998, 20. Aug. Internationaler Mathematikerkongress, Berlin. Ⓔ **Höchtlen; Odr. BDB (Klb. 5×2); gez. K 13¾.**

ccs) Zerlegung eines Fastquadrats in voneinander verschiedene Quadrate, Kreiszahl Pi als Hintergrund (Kongressemblem)

			★★	⊙
2005	110 (Pf) mehrfarbig	ccs	1,20	1,—
		FDC		2,—
		ETB 25/1998		1,50
		Kleinbogen	12,—	11,—

Auflage: 21 000 000 Stück, davon 280 400 auf ETB

1998, 20. Aug. UNESCO-Welterbe (VI): Grube Messel. Ⓔ **Monson-Baumgart; Odr. WPL (Klb. 2×5); gez. K 13:12½.**

cct) Fossiles Krokodil

			★★	⊙
2006	100 (Pf) mehrfarbig GA	cct	1,20	0,90
		FDC		2,—
		ETB 26/1998		1,50
		Kleinbogen	12,—	13,—

Auflage: 25 000 000 Stück, davon 280 400 auf ETB

Weitere Ausgaben siehe Fußnote nach MiNr. 1447

1998, 20. Aug. UNESCO-Welterbe (VII): Würzburger Residenz und Puning-Tempel in Chengde. Ⓔ **Xiao; Odr. BDB (Klb. 5×2); gez. K 13¾.**

ccu) Würzburger Residenz

ccv) Puning-Tempel, Chengde

			★★	⊙	FDC
2007	110 (Pf) mehrfarbig GA	ccu	1,50	0,90	5,—
2008	110 (Pf) mehrfarbig	ccv	1,50	0,90	5,—
		Satzpreis (2 W.)	3,—	1,80	10,—
		ETB 27/1998*)		2,—	
		ETB 27a/1998**)		2,—	
		Kleinbogensatz (2 W.)	30,—	25,—	

*) enthält zusätzlich die bildgleiche Marke China 2934
**) enthält zusätzlich die bildgleiche Marke China 2935

Auflagen: je 21 000 000 Stück, ETB 27 = 280 200, ETB 27 a = 280 400 Stück

Parallelausgabe mit Volksrepublik China MiNr. 2934–2935

Weitere Ausgaben siehe Fußnote nach MiNr. 1447

1998, 10. Sept./1999, 10. Juni. Freimarke: Sehenswürdigkeiten (XXII). Ldr. BDB, Kleinbogen (2×5) (B), Markenheftchen (MH) und Rollen (R); A = vierseitig, C und D = dreiseitig gez. K 14.

ccw) Emblem der Weltausstellung EXPO 2000, Hannover

			★★	⊙
2009		110 (Pf) rotorange/hellkobaltblau . ccw		
	A	vierseitig gez. (10.9.98) (B) (R)	1,30	0,80
	C	oben geschnitten (10.6.99) (MH)	1,30	1,—
	D	unten geschnitten (10.6.99) (MH)	1,30	1,—
		FDC (A)		1,80
		ETB 28/1998 (A)		1,50
		Kleinbogen (A)	15,—	17,—

Waagerechtes Paar (aus Klb.):

	★★	⊙
2009 A/2009 A	3,40	3,40

Senkrechtes Paar (C/D) siehe bei MH 39

Rollenmarke mit rückseitiger Nummer (R):

		Einzelm. ✱✱	⊙	5er-Str. ✱✱
2009 A R		2,20	3,50	9,—

Auflage: 802 329 000 Stück, davon 280 400 auf ETB

Weitere Werte siehe Zusammenfassung nach Blockaufstellung

1998, 10. Sept. Deutscher Fußballmeister 1998: 1. FC Kaiserslautern. Ⓔ **Menze; Odr. SB (Klb. 5×2); gez. K 13¾.**

ccx) Spielszene, Fußballfeld

				✱✱	⊙
2010	110 (Pf)	mehrfarbig	ccx	1,40	1,—
			FDC		2,—
			ETB 29/1998		1,50
			Kleinbogen	14,—	14,—

Auflage: 30 600 000 Stück, davon 280 400 auf ETB

1998, 10. Sept. 300 Jahre Franckesche Stiftungen, Halle. Ⓔ **Dimanski; Odr. WPL (Klb. 5×2); gez. K 13¼.**

ccy) Hauptgebäude der Franckeschen Stiftungen

				✱✱	⊙
2011	110 (Pf)	mehrfarbig	ccy	1,20	1,—
			FDC		2,—
			ETB 30/1998		1,50
			Kleinbogen	12,—	11,—

Auflage: 20 000 000 Stück, davon 280 400 auf ETB

1998, 10. Sept. 100. Geburtstag von Manfred Hausmann. Ⓔ **Nitzsche; Odr. BDB (Klb. 2×5); gez. K 13¾:14.**

ccz) M. Hausmann (1898–1986), Schriftsteller; Buchtitel

				✱✱	⊙
2012	110 (Pf)	mehrfarbig	ccz	1,20	1,—
			FDC		2,—
			ETB 31/1998		1,50
			Kleinbogen	12,—	11,—

Auflage: 21 000 000 Stück, davon 280 400 auf ETB

1998, 10. Sept. Keine Gewalt gegen Kinder. Ⓔ **Ottenfelt; Odr. WPL (Klb. 2×5); gez. K 13¾:14.**

cda) Hände auf Kinder-T-Shirt

				✱✱	⊙
2013	110 (Pf)	mehrfarbig	cda	1,20	1,—
			FDC		2,—
			ETB 32/1998		1,50
			Kleinbogen	12,—	11,—

Auflage: 20 000 000 Stück, davon 280 400 auf ETB

1998, 8. Okt. Freimarke: Frauen der deutschen Geschichte (XVIII). Ⓔ **Aretz; StTdr. BDB (Klb. 5×2); gez. K 14.**

cdb) Gret Palucca (1902–1993), Tänzerin

				✱✱	⊙
2014	440 (Pf)	blauviolett/ bräunlichkarmin	cdb	6,50	6,50
			FDC		7,—
			ETB 33/1998		5,—
			Kleinbogen	65,—	70,—

Auflage: 31 000 000 Stück, davon 280 400 auf ETB

Weitere Werte siehe Zusammenfassung nach Blockaufstellung

1998, 8. Okt. Wohlfahrt: Bedrohte Vogelarten. Ⓔ **Rieß; Odr. BDB (Klb. 5×2); gez. K 13¾.**

cdc) Kornweihe (Circus cyaneus)

cdd) Großtrappe (Otis tarda)

cde) Moorente (Aythya nyroca)

cdf) Seggenrohrsänger (Acrocephalus paludicola)

cdg) Rotkopfwürger (Lanius senator)

				✱✱	⊙
2015	100 + 50 (Pf)	mehrfarbig	cdc	2,—	2,—
2016	110 + 50 (Pf)	mehrfarbig	cdd	2,—	2,—
2017	110 + 50 (Pf)	mehrfarbig	cde	2,—	2,—
2018	110 + 50 (Pf)	mehrfarbig	cdf	2,—	2,—
2019	220 + 80 (Pf)	mehrfarbig	cdg	3,—	3,50
			Satzpreis (5 W.)	11,—	11,—
			FDC		14,—
			ETB 34/1998 (mit MiNr. 2015–2016)		4,—
			ETB 34a/1998 (mit MiNr. 2017–2019)		6,—
			Kleinbogensatz (5 Klb.)	130,—	140,—

Auflagen: MiNr. 2015 = 13 270 000, MiNr. 2016 = 9 900 000, MiNr. 2017 = 10 040 000, MiNr. 2018 = 10 150 000, MiNr. 2019 = 5 480 000 Stück, davon je 220 300 auf ETB

1998, 8. Okt. 100. Geburtstag von Günther Ramin. Ⓔ **Lienemeyer; RaTdr. BDB (Klb. 2×5); gez. K 14:14¼.**

cdh) G. Ramin (1898–1956), Organist

				✱✱	⊙
2020	300 (Pf)	mehrfarbig	cdh	3,20	3,—
			FDC		4,—
			ETB 35/1998		3,50
			Kleinbogen	32,—	32,—

Auflage: 50 000 000 Stück, davon 280 400 auf ETB

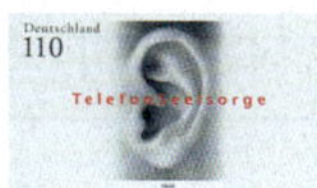

1998, 8. Okt. Telefonseelsorge. Ⓔ **Oesterlee; Odr. WPL (Klb. 2×5); gez. K 13:12½.**

cdi) Ohr

				✱✱	⊙
2021	110 (Pf)	schwarz/dunkelorangerot	cdi	1,20	1,—
			FDC		2,—
			ETB 36/1998		1,50
			Kleinbogen	12,—	11,—

Auflage: 20 000 000 Stück, davon 280 400 auf ETB

1998, 8. Okt. Tag der Briefmarke. Ⓔ **Zill; Odr. BDB (Klb. 5×2); gez. K 13¾.**

cdk) Postjacht „Hiorten", Karte

				✱✱	⊙
2022	110 (Pf)	mehrfarbig GA	cdk	1,20	1,—
			FDC		2,—
			ETB 37/1998		1,50
			Kleinbogen	12,—	11,—

Auflage: 30 000 000 Stück, davon 280 400 auf ETB

1998, 12. Nov. Weihnachten. Ⓔ **Lenica; Odr. BDB (Klb. 5×2); gez. K 13¾.**

cdl) Besuch der Hirten

cdm) Geburt Christi

			★★	⊙
2023	100 + 50 (Pf) mehrfarbig GA	cdl	1,60	1,60
2024	110 + 50 (Pf) mehrfarbig	cdm	1,60	1,60
		Satzpreis (2 W.)	3,20	3,20
		FDC		5,—
		ETB 38/1998		3,50
		Kleinbogensatz (2 Klb.)	34,—	38,—

Auflagen: MiNr. 2023 = 5 500 000, MiNr. 2024 = 8 280 000 Stück, davon je 226 000 auf ETB

1998, 12. Nov. 450 Jahre Sächsische Staatskapelle, Dresden. Ⓔ **Gottschall; Odr. SB (Klb. 5×2); gez. K 13¾.**

cdn) Hände eines Dirigenten

			★★	⊙
2025	300 (Pf) mehrfarbig	cdn	3,50	3,—
		FDC		4,50
		ETB 39/1998		3,50
		Kleinbogen	36,—	36,—

Auflage: 53 300 000 Stück, davon 280 400 auf ETB

1998, 12. Nov. 50. Jahrestag der Allgemeinen Erklärung der Menschenrechte. Ⓔ **Jünger; Odr. WPL (Klb. 2×5); gez. K 13:12½.**

cdo) Augen, Friedenstaube

			★★	⊙
2026	110 (Pf) mehrfarbig	cdo	1,20	1,—
		FDC		2,—
		ETB 40/1998		1,50
		Kleinbogen	12,—	12,—

Auflage: 19 700 000 Stück, davon 280 400 auf ETB

In ähnlicher Zeichnung: MiNr. 2045

1999

1999, 14. Jan. Internationales Jahr des Senioren. Ⓔ **Menze; Odr. WPL (Klb. 5×2); gez. K 13¼.**

cdp) Hand eines Kleinkindes in Hand eines Senioren

			★★	⊙
2027	110 (Pf) mehrfarbig	cdp	1,30	1,10
		FDC		1,80
		ETB 1/1999		1,50
		Kleinbogen	13,—	13,—

PFa

Auflage: 19 000 000 Stück, davon 278 000 auf ETB

★★ = Ungebraucht mit Originalgummi (postfrisch)

⊙ = Mit Poststempel gebraucht

1999, 14. Jan. 1100 Jahre Weimar – Kulturhauptstadt Europas 1999. Ⓔ **Braesecke-Kaul, Kaul; Odr. BDB, Kleinbogen (5×2) (B) und Markenheftchen (MH); gez. K 13¾.**

cdr) Friedrich von Schiller (1759–1805), Johann Wolfgang von Goethe (1749–1832), Christoph Martin Wieland (1733–1813) und Johann Gottfried von Herder (1744–1803), Dichter und Schriftsteller; Deutsches Nationaltheater, Weimar

			★★	⊙
2028	100 (Pf) mehrfarbig GA	cdr	1,20	1,10
		FDC		1,80
		ETB 2/1999		1,50
		Kleinbogen	13,—	13,—

MiNr. 2028 wurde auch im Markenheftchen (MH 38) ausgegeben. Es gibt leichte Zeichnungsunterschiede. Katalogisierung siehe MICHEL-Deutschland-Spezial.

Auflage: 150 000 000 Stück, davon 278 000 auf ETB

1999, 14. Jan. 500. Geburtstag von Katharina von Bora. Ⓔ **Schall; Odr. SB (Klb. 5×2); gez. K 13¾.**

cds) K. von Bora (1499–1552), Gattin Martin Luthers; Gemälde von Lucas Cranach d. Ä. (1472–1553)

			★★	⊙
2029	110 (Pf) mehrfarbig	cds	1,30	1,10
		FDC		1,80
		ETB 3/1999		1,50
		Kleinbogen	13,—	12,—

Auflage: 22 200 000 Stück, davon 278 000 auf ETB

1999, 14. Jan. Landesparlamente in Deutschland (II). Ⓔ **Aretz; Odr. BDB (Klb. 2×5); gez. K 13¾:14.**

cdt) Hessischer Landtag, Wiesbaden

			★★	⊙
2030	110 (Pf) mehrfarbig	cdt	1,30	1,10
		FDC		1,80
		ETB 4/1999		1,50
		Kleinbogen	13,—	13,—

Auflage: 25 000 000 Stück, davon 278 000 auf ETB

Weitere Ausgaben siehe Fußnote nach MiNr. 1977

1999, 18. Febr. Sporthilfe: Rennsport. Ⓔ **Rothacker; RaTdr. BDB (Klb. 2×5); gez. K 14.**

cdu) Radrennsport

cdv) Automobilrennsport

cdw) Pferderennsport

cdx) Motorradrennsport

			★★	⊙
2031	100 + 50 (Pf) mehrfarbig	cdu	2,—	2,50
2032	110 + 50 (Pf) mehrfarbig	cdv	2,—	2,50
2033	110 + 50 (Pf) mehrfarbig	cdw	2,—	2,50
2034	300 + 100 (Pf) mehrfarbig	cdx	4,—	4,50
		Satzpreis (4 W.)	10,—	11,—
		FDC		14,—
		ETB 5/1999		8,50
		Kleinbogensatz (4 Klb.)	110,—	130,—

Auflagen: MiNr. 2031 = 2 350 000, MiNr. 2032 = 2 790 000, MiNr. 2033 = 2 450 000, MiNr. 2034 = 2 270 000 Stück, davon je 206 000 auf ETB

1999, 18. Febr. 100. Geburtstag von Erich Kästner. 🄴 **Lienemeyer; Odr. WPL (Klb. 5×2); gez. K 13¼.**

cdy) Titelillustration von Walter Trier zu „Emil und die Detektive" von E. Kästner (1899–1974), Schriftsteller

			★★	⊙
2035	300 (Pf) mehrfarbig	cdy	3,20	3,20
		FDC		4,—
		ETB 6/1999		3,50
		Kleinbogen	34,—	34,—

Auflage: 50 800 000 Stück, davon 278 000 auf ETB

1999, 11. März. Landesparlamente in Deutschland (III). 🄴 **Aretz; Odr. BDB (Klb. 2×5); gez. K 13¾:14.**

cdz) Bürgerschaft der Freien und Hansestadt Hamburg

cea) Landtag Mecklenburg-Vorpommern, Schwerin

			★★	⊙
2036	110 (Pf) mehrfarbig	cdz	1,30	1,10
2037	110 (Pf) mehrfarbig	cea	1,30	1,10
		Satzpreis (2 W.)	2,60	2,20
		FDC		3,40
		ETB 7/1999		2,50
		Kleinbogensatz (2 Klb.)	28,—	25,—

Auflagen: je 25 000 000 Stück, davon je 278 000 auf ETB

Weitere Ausgaben siehe Fußnote nach MiNr. 1977

1999, 11. März. 50 Jahre Fraunhofer-Gesellschaft zur Förderung der angewandten Forschung. 🄴 **Krüll; Odr. WPL (Klb. 5×2); gez. K 13:13¼.**

ceb) Entwicklung von der farbigen zur weißen Leuchtdiode

			★★	⊙
2038	110 (Pf) mehrfarbig	ceb	1,30	1,10
		FDC		1,80
		ETB 8/1999		1,50
		Kleinbogen	13,—	12,—

PFa

Auflage: 20 200 000 Stück, davon 278 000 auf ETB

1999, 11. März. 50 Jahre Nordatlantikpakt (NATO). 🄴 **Effert; RaTdr. BDB (Klb. 5×2); gez. K 13¾.**

cec) NATO-Emblem

			★★	⊙
2039	110 (Pf) mehrfarbig	cec	1,30	1,10
		FDC		1,80
		ETB 9/1999		1,50
		Kleinbogen	13,—	12,—

Auflage: 20 000 000 Stück, davon 278 000 auf ETB

1999, 27. April. Landesparlamente in Deutschland (IV). 🄴 **Aretz; Odr. BDB (Klb. 2×5); gez. K 13¾:14.**

ced) Bremische Bürgerschaft

			★★	⊙
2040	110 (Pf) mehrfarbig	ced	1,30	1,10
		FDC		1,80
		ETB 10/1999		1,30
		Kleinbogen	13,—	13,—

Auflage: 25 000 000 Stück, davon 278 000 auf ETB

Weitere Ausgaben siehe Fußnote nach MiNr. 1977

1999, 27. April. Blockausgabe: Internationale Briefmarkenausstellung IBRA '99, Nürnberg; 150 Jahre deutsche Briefmarken. 🄴 **Nitzsche; Odr. BDB; gez. K 13½.**

cee) Marken Bayern MiNr. 1 und Sachsen MiNr. 1 cef

			★★	⊙
2041	300 + 110 (Pf) mehrfarbig	cee	5,50	7,50
Block 46	(140×100 mm)	cef	6,—	8,50
		FDC		9,50
		Ⓢ		8,—
		ETB 11/1999		5,—

Auflage: 3 300 000 Blocks, davon 233 000 auf ETB

1999, 27. April. Weltausstellung EXPO 2000, Hannover. 🄴 **Rieß; Odr. SB (Klb. 5×2); gez. K 13¾.**

ceg) Symbolische Darstellung des Zusammenwirkens von Mensch, Natur und Technik

			★★	⊙
2042	110 (Pf) mehrfarbig GA	ceg	1,30	1,10
		FDC		1,80
		ETB 12/1999		1,30
		Kleinbogen	15,—	16,—

Auflage: 31 100 000 Stück, davon 278 000 auf ETB

In gleicher Zeichnung: MiNr. 2112

1999, 27. April. 100 Jahre Automobilclub von Deutschland (AvD). 🄴 **Ullmann; RaTdr. BDB (Klb. 5×2); gez. K 13¼.**

ceh) Maybach DSH Pullman-Transformations-Cabriolet (1936), AvD-Emblem

			★★	⊙
2043	110 (Pf) mehrfarbig	ceh	1,30	1,10
		FDC		1,80
		ETB 13/1999		1,30
		Kleinbogen	13,—	12,—

Auflage: 20 000 000 Stück, davon 278 000 auf ETB

1999, 27. April. 25 Jahre Deutsche Krebshilfe. 🄴 **Jünger; Odr. WPL (Klb. 5×2); gez. K 13¼.**

cei) Emblem der Deutschen Krebshilfe

			★★	⊙
2044	110 (Pf) mehrfarbig	cei	1,30	1,10
		FDC		1,80
		ETB 14/1999		1,30
		Kleinbogen	13,—	12,—

Auflage: 20 000 000 Stück, davon 278 000 auf ETB

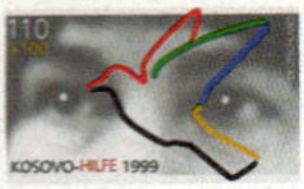

1999, 27. April. Kosovo-Hilfe. 🄴 **Jünger; Odr. WPL (Klb. 2×5); gez. K 14.**

cdo I) Augen, Friedenstaube

			★★	⊙
2045	110 + 100 (Pf) mehrfarbig	cdo I	2,40	2,40
		FDC		3,50
		ETB 14 A/1999		2,50
		Kleinbogen	30,—	40,—

Auflage: 3 110 000 Stück, davon 222 000 auf ETB

In ähnlicher Zeichnung: MiNr. 2026

1999, 4. Mai. Blockausgabe: Europa – National- und Naturparks (III). 🄴 **Runge; Odr. BDB; gez. Ks 13¾:14.**

cel

cek) Nationalpark Berchtesgaden

			★★	⊙
2046	110 (Pf) mehrfarbig	cek	2,80	2,80
Block 47	(110×65,5 mm)	cel	3,—	4,—
		FDC		4,—
		Ⓢ		3,—
		ETB 15/1999		2,60

Auflage: 8 000 000 Blocks, davon 278 000 auf ETB

Weitere Ausgaben siehe Fußnote nach MiNr. 1871–1873 (Bl. 36)

1999, 4. Mai. 900 Jahre Johanniter- und Malteserorden. 🄴 **Romboy; Odr. WPL (Klb. 5×2); gez. K 13¼.**

cem) Johanniter- bzw. Malteserkreuz

			★★	⊙
2047	110 (Pf) mehrfarbig	cem	1,30	1,10
		FDC		1,80
		ETB 16/1999		1,30
		Kleinbogen	13,—	12,—

Auflage: 20 000 000 Stück, davon 278 000 auf ETB

1999, 4. Mai. 50. Jahrestag der Beendigung der Blockade Berlins. 🄴 **Kühn; RaTdr. BDB (Klb. 5×2); gez. K 13¾.**

cen) Kinder vor zerstörtem Gebäude, Flaggen der an der Berliner Luftbrücke beteiligten Staaten

			★★	⊙
2048	110 (Pf) mehrfarbig	cen	1,30	1,10
		FDC		1,80
		ETB 17/1999		1,30
		Kleinbogen	13,—	12,—

Auflage: 20 000 000 Stück, davon 278 000 auf ETB

1999, 4. Mai. 50 Jahre Europarat. 🄴 **Gottschall; Odr. WPL (Klb. 5×2); gez. K 13¼.**

ceo) Emblem des Europarats

			★★	⊙
2049	110 (Pf) mehrfarbig	ceo	1,50	1,10
		FDC		1,80
		ETB 18/1999		1,30
		Kleinbogen	15,—	16,—

Auflage: 25 000 000 Stück, davon 278 000 auf ETB

1999, 21. Mai. Blockausgabe: 50 Jahre Grundgesetz. 🄴 **Jünger; Odr. BDB; gez. Ks 13¾:14.**

cer

cep) Bundesadler, Artikel 1 des Grundgesetzes

			★★	⊙
2050	110 (Pf) mehrfarbig	cep	1,80	3,50
Block 48	(110×65,5 mm)	cer	2,—	4,50
		FDC		5,—
		Ⓢ		4,—
		ETB 19/1999		2,50

Auflage: 8 000 000 Blocks, davon 278 000 auf ETB

1999, 21. Mai. Blockausgabe: 50 Jahre Bundesrepublik Deutschland. 🄴 **Graschberger; Odr. BDB; gez. Ks 13¾:14.**

ces) Politische Anfänge, neuer Parlamentssaal

cet) Kindheit einst und jetzt

cew

ceu) Mauerbau und Fall der Mauer

cev) Militärische Konfrontation und Zusammenarbeit

			★★	⊙
2051	110 (Pf) mehrfarbig GA	ces	1,50	2,—
2052	110 (Pf) mehrfarbig	cet	1,50	2,—
2053	110 (Pf) mehrfarbig	ceu	1,50	2,—
2054	110 (Pf) mehrfarbig	cev	1,50	2,—
Block 49	(137×97 mm)	cew	6,50	9,—
		FDC		9,50
		Ⓢ		8,50
		ETB 20/1999		5,50

Auflage: 8 000 000 Blocks, davon 278 000 auf ETB

1999, 10. Juni. Jugend: Trickfilmfiguren (II). ☒ **Steiner; Odr. BDB (Klb. 5×2); gez. K 13¾.**

cex) Der kleine Eisbär Lars

cey) Rabe Rudi

cez) Mecki

cfa) Twipsy

cfb) Tabaluga

				★★	⊙
2055	100 + 50 (Pf)	mehrfarbig	cex	2,—	2,30
2056	100 + 50 (Pf)	mehrfarbig	cey	2,—	2,30
2057	110 + 50 (Pf)	mehrfarbig	cez	2,—	2,30
2058	110 + 50 (Pf)	mehrfarbig	cfa	2,—	2,30
2059	220 + 80 (Pf)	mehrfarbig	cfb	3,—	4,80
			Satzpreis (5 W.)	11,—	14,—
			FDC		13,—
			ETB 21/1999 (mit MiNr. 2055–2057)		6,—
			ETB 21a/1999 (mit MiNr. 2058–2059)		6,—
			Kleinbogensatz (5 Klb.)	120,—	150,—

Auflagen: MiNr. 2055 = 2 650 000, MiNr. 2056 = 2 620 000, MiNr. 2057 = 2 630 000, MiNr. 2058 = 2 550 000, MiNr. 2059 = 2 510 000 Stück, davon je 223 000 auf ETB

1999, 10. Juni. 1200 Jahre Bistum Paderborn. ☒ **Steiner; Odr. WPL (Klb. 2×5); gez. K 14.**

cfc) Kreuzfibel, Tragaltar, Domspitze, Zeitschiene

				★★	⊙
2060	110 (Pf)	mehrfarbig	cfc	1,30	1,—
			FDC		1,80
			ETB 22/1999		1,30
			Kleinbogen	13,—	12,—

7:Fa

Auflage: 21 000 000 Stück, davon 278 000 auf ETB

1999, 10. Juni. 100. Todestag von Johann Strauß (Sohn). ☒ **Kahrl; RaTdr. BDB (Klb. 5×2); gez. K 13¾.**

cfd) Ball in der Wiener Hofburg (Gemälde); Notenhandschrift von J. Strauß (Sohn) (1825–1899), österreichischer Komponist

				★★	⊙
2061	300 (Pf)	mehrfarbig	cfd	3,40	3,—
			FDC		4,—
			ETB 23/1999		3,—
			Kleinbogen	35,—	36,—

Auflage: 50 000 000 Stück, davon 278 000 auf ETB

1999, 10. Juni. 50 Jahre SOS-Kinderdörfer. ☒ **Geißelbrecht; Odr. BDB (Klb. 5×2); gez. K 13¾:14.**

cfe) Mutter und Kind vorm Haus (Kinderzeichnung)

				★★	⊙
2062	110 (Pf)	mehrfarbig	cfe	1,30	1,—
			FDC		1,80
			ETB 24/1999		1,30
			Kleinbogen	13,—	12,—

Auflage: 80 500 000 Stück, davon 278 000 auf ETB

1999, 15. Juli. Kulturstiftung der Länder (I): Kunstwerke. ☒ **Lüdtke; RaTdr. BDB (Klb. 2×5); gez. K 14.**

cff) Lachende Alte; Skulptur von Ernst Barlach (1870–1938), Bildhauer, Zeichner, Grafiker und Dichter

cfg) Kopf eines Denkers; Skulptur von Wilhelm Lehmbruck (1881–1919), Bildhauer und Grafiker

				★★	⊙
2063	110 (Pf)	mehrfarbig	cff	1,30	1,—
2064	220 (Pf)	mehrfarbig	cfg	2,20	2,—
			Satzpreis (2 W.)	3,50	3,—
			FDC		4,50
			ETB 25/1999		3,—
			Kleinbogensatz (2 Klb.)	35,—	35,—

Auflagen: je 19 000 000 Stück, davon je 251 000 auf ETB

Weitere Ausgaben: MiNr. 2107–2108, 2243, 2308

1999, 15. Juli. Dienst am Nächsten (I): 115 Jahre Dominikus-Ringeisen-Werk, Ursberg. ☒ **Dimanski; Odr. BDB (Klb. 5×2); gez. K 13¾.**

cfh) Behinderte und pflegebedürftige Menschen bei handwerklichen Tätigkeiten (Teil eines Wandteppichs)

				★★	⊙
2065	110 (Pf)	mehrfarbig	cfh	1,30	1,—
			FDC		1,80
			ETB 26/1999		1,30
			Kleinbogen	13,—	13,—

Auflage: 50 000 000 Stück, davon 251 000 auf ETB

Weitere Ausgaben: MiNr. 2125, 2160, 2275, 2367, 2525, 2702, 2711, 2817

1999, 15. Juli. 100. Jahrestag der Ersten Haager Friedenskonferenz. ☒ **Aretz; Odr. WPL (Klb. 5×2); gez. K 13¼.**

cfi) Friedenstaube, Auflistung der Teilnehmerstaaten

				★★	⊙
2066	300 (Pf)	mehrfarbig	cfi	3,40	2,80
			FDC		4,—
			ETB 27/1999		3,—
			Kleinbogen	34,—	36,—

Auflage: 50 000 000 Stück, davon 251 000 auf ETB

1999, 15. Juli. 100. Geburtstag von Gustav Heinemann. ☒ **Graschberger; Odr. SB (Klb. 5×2); gez. K 13¾.**

cfk) Dr. h. c. G. Heinemann (1899–1976), 3. Bundespräsident

				★★	⊙
2067	110 (Pf)	mehrfarbig	cfk	1,30	1,—
			FDC		1,80
			ETB 28/1999		1,30
			Kleinbogen	13,—	11,—

Auflage: 33 700 000 Stück, davon 251 000 auf ETB

Ab MiNr. 375 sind alle Ausgaben – wenn nicht ausdrücklich anders angegeben – auf fluoreszierendem Papier gedruckt. Unterschiedliche Farbe der Fluoreszenz (weiß bis lebhaftgelb) ist fabrikationsbedingt und rechtfertigt keine Preisunterschiede.

1999, 12. Aug. Blockausgabe: Design in Deutschland. 🄴 **Wulff; Odr. BDB; gez. K 13¾:14.**

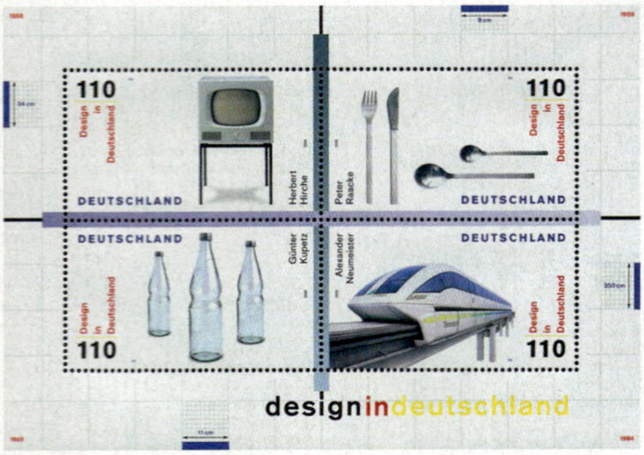

cfl) Fernsehgerät HF1 (1958) von Herbert Hirche (1910–2002)

cfm) Essbesteck „mono-a" (1959) von Peter Raacke (*1928) cfp

cfn) Perlenflaschen (1969) von Günter Kupetz (*1925)

cfo) Magnetschwebebahn „Transrapid" (1982) von Alexander Neumeister (*1941)

			★★	⊙
2068	110 (Pf)	mehrfarbig . . . . cfl	1,60	1,80
2069	110 (Pf)	mehrfarbig . . . . cfm	1,60	1,80
2070	110 (Pf)	mehrfarbig . . . . cfn	1,60	1,80
2071	110 (Pf)	mehrfarbig . . . . cfo	1,60	1,80
Block 50	(137,5×97 mm)	. . . . cfp	6,50	8,—
		FDC		8,50
		Ⓢ		7,50
		ETB 29/1999		6,—

Auflage: 8 000 000 Blocks, davon 251 000 auf ETB

1999, 12. Aug. Blockausgabe: Für uns Kinder. 🄴 **Dimanski; Odr. WPL; gez. K 13¼.**

cfs

cfr) Maus mit Briefumschlag

			★★	⊙
2072	110 (Pf)	mehrfarbig . . . . cfr	1,80	2,80
Block 51	(105×70 mm)	. . . . cfs	2,—	3,50
		FDC		3,50
		Ⓢ		3,—
		ETB 30/1999		1,60

Auflage: 13 100 000 Blocks, davon 251 000 auf ETB

1999, 12. Aug. 250. Geburtstag von Johann Wolfgang von Goethe. 🄴 **Kahrl; Odr. BDB (Klb. 5×2); gez. K 13¾.**

cft) J. W. v. Goethe (1749–1832), Dichter

			★★	⊙	FDC
2073	110 (Pf)	mehrfarbig . . . . . . cft	1,30	1,10	1,80
		ETB 31/1999		1,30	
		Kleinbogen	13,—	13,—	

Auflage: 50 000 000 Stück, davon 251 000 auf ETB

Parallelausgabe mit Südkorea MiNr. 2022, Bl. 660

1999, 16. Sept. Deutscher Fußballmeister 1999: FC Bayern München. 🄴 **Menze; Odr. SB (Klb. 2×5); gez. K 14.**

cfu) Fußballspieler

			★★	⊙	FDC
2074	110 (Pf)	mehrfarbig . . . . . . cfu	1,30	1,10	1,80
		ETB 32/1999		1,30	
		Kleinbogen	13,—	13,—	

Auflage: 33 400 000 Stück, davon 251 000 auf ETB

1999, 16. Sept. 50. Verleihung des Friedenspreises des deutschen Buchhandels. 🄴 **Aretz; RaTdr. BDB (Klb. 5×2); gez. K 13¾.**

cfv) Buch mit Lesezeichen

			★★	⊙	FDC
2075	110 (Pf)	mehrfarbig . . . . . . cfv	1,20	1,10	1,80
		ETB 33/1999		1,30	
		Kleinbogen	13,—	13,—	

Auflage: 30 000 000 Stück, davon 251 000 auf ETB

1999, 16. Sept. 50. Todestag von Richard Strauss. 🄴 **Nitzsche; Odr. WPL (Klb. 5×2); gez. K 13¼.**

cfw) R. Strauss (1864–1949), Komponist; Tanzszene aus „Salome"; Kopf eines Theaterplakats

			★★	⊙	FDC
2076	300 (Pf)	mehrfarbig . . . . . cfw	3,40	3,20	4,—
		ETB 34/1999		3,—	
		Kleinbogen	35,—	36,—	

Auflage: 30 800 000 Stück, davon 251 000 auf ETB

1999, 14. Okt. Wohlfahrt: Der Kosmos. 🄴 **Blase; Odr., MiNr. 2080–2081 mit Hologrammfolie, BDB (Klb. 2×5); gez. K 13¾:14.**

cfx) Andromedanebel

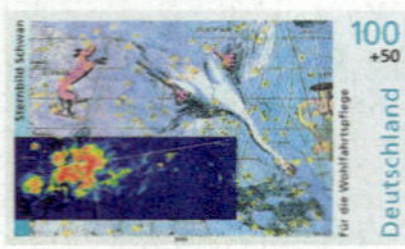

cfy) Sternbild Schwan

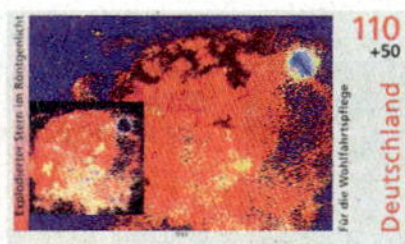

cfz) Röntgenaufnahme eines explodierten Sternes

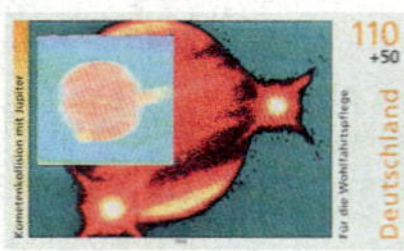

cga) Kometenkollision mit Jupiter

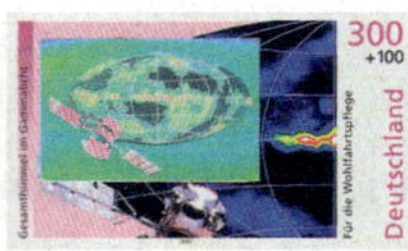

cgb) Gesamthimmel unter Gammastrahlung

			★★	⊙	FDC
2077	100 + 50 (Pf)	mehrfarbig . cfx	1,60	1,60	
2078	100 + 50 (Pf)	mehrfarbig . cfy	1,60	1,60	
2079	110 + 50 (Pf)	mfg. GA . . . .cfz	1,80	1,80	
2080	110 + 50 (Pf)	mehrfarbig . cga	1,80	1,80	
2081	300 + 100 (Pf)	mehrfarbig . cgb	4,20	4,20	
		Satzpreis (5 W.)	11,—	11,—	12,—
		ETB 35/1999 (mit MiNr. 2077–2078)		3,50	
		ETB 35a/1999 (mit MiNr. 2079–2081)		7,—	
		Kleinbogensatz (5 Klb.)	120,—	120,—	

MiNr. 2080 und 2081 sind wasserempfindlich!

Auflagen: MiNr. 2077 = 6 150 000, MiNr. 2078 = 6 170 000, MiNr. 2079 = 17 850 000, MiNr. 2080 = 13 470 000, MiNr. 2081 = 7 190 000 Stück, davon je 205 000 auf ETB

1999, 14. Okt. Brücken (III). [E] Schmidt; Odr. WPL (Klb. 2×5); gez. K 14.

cgc) Göltzschtalbrücke

				★★	⊙	FDC
2082	110 (Pf)	mehrfarbig GA . . cgc		1,20	1,10	1,80
			ETB 36/1999		1,30	
			Kleinbogen	13,—	13,—	

Auflage: 70 200 000 Stück, davon 251 000 auf ETB

Weitere Ausgaben siehe Fußnote nach MiNr. 1931

1999, 14. Okt. 50 Jahre Deutscher Gewerkschaftsbund. [E] Schmitz; Odr. SB (Klb. 2×5); gez. K 14.

cgd) Schriftzug

				★★	⊙	FDC
2083	110 (Pf)	rot (Töne)/ schwarz . . . . cgd		1,20	1,10	1,80
			ETB 37/1999		1,30	
			Kleinbogen	13,—	12,—	

Auflage: 51 300 000 Stück, davon 251 000 auf ETB

1999, 4. Nov. Weihnachten. [E] Steiner; Odr. BDB (Klb. 5×2); gez. K 13¾.

cge) Verkündigung des Engels

cgf) Geburt Christi

			★★	⊙	FDC
2084	100 + 50 (Pf)	mehrfarbig . . cge	1,60	1,80	
2085	110 + 50 (Pf)	mehrfarbig . . . cgf	1,70	1,80	
		Satzpreis (2 W.)	3,20	3,50	4,50
		ETB 38/1999		3,—	
		Kleinbogensatz (2 Klb.)	35,—	40,—	

Auflagen: MiNr. 2084 = 5 080 000, MiNr. 2085 = 7 780 000 Stück, davon je 207 000 auf ETB

1999, 4. Nov. Bedrohte Tierarten (I): [E] Zill; Odr. SB (Klb. 5×2); gez. K 13¾.

cgg) Große Hufeisennase (Rhinolophus ferrumequinum)

				★★	⊙	FDC
2086	100 (Pf)	mehrfarbig GA . . cgg		1,20	1,10	1,80
			ETB 39/1999		1,30	
			Kleinbogen	13,—	13,—	

Auflage: 53 700 000 Stück, davon 251 000 auf ETB

Weitere Ausgaben: MiNr. 2182–2183, 2204–2205, 2265–2266, 2393

2000

2000, 13. Jan. Jubiläum „Anno Domini 2000". [E] G. und O. Aretz; Odr. BDB (Klb. 5×2); gez. K 13¾.

cgh) Jubiläumsemblem

				★★	⊙	FDC
2087	110 (Pf)	mehrfarbig . . . . . cgh		1,30	1,10	1,80
			ETB 1/2000		1,30	
			Kleinbogen	13,—	12,—	

Auflage: 30 000 000 Stück

2000, 13. Jan. 1200 Jahre Aachener Dom. [E] Nitzsche; Odr. BDB (Klb. 5×2); gez. K 13¾.

cgi) Karl der Große (747–814), König der Franken (ab 768) und römischer Kaiser (ab 800), Büste als Reliquiar (1350); Grundriss der Pfalzkapelle des Aachener Doms

				★★	⊙	FDC
2088	110 (Pf)	mehrfarbig . . . . . . cgi		1,30	1,10	1,80
			ETB 2/2000		1,30	
			Kleinbogen	13,—	12,—	

Auflage: 30 000 000 Stück

2000, 13. Jan. Weltausstellung EXPO 2000, Hannover. [E] Schmitz; Odr. BDB (Klb. 2×5); gez. K 14.

cgk) Menschliches Auge, EXPO-Emblem

				★★	⊙	FDC
2089	100 (Pf)	mehrfarbig GA . . cgk		1,20	1,10	2,—
			ETB 3/2000		1,30	
			Kleinbogen	12,—	12,—	

Auflage: 60 000 000 Stück

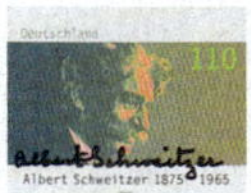

2000, 13. Jan. 125. Geburtstag von Dr. Albert Schweitzer. [E] Schmitz; Odr. WPL (Klb. 2×5); gez. K 14:13¾.

cgl) Dr. A. Schweitzer (1875–1965), elsässischer evangelischer Theologe, Musiker und Arzt

				★★	⊙	FDC
2090	110 (Pf)	mehrfarbig . . . . . . cgl		1,30	1,10	2,—
			ETB 4/2000		1,30	
			Kleinbogen	15,—	14,—	

Auflage: 25 000 000 Stück

2000, 13. Jan. 100 Jahre Deutscher Fußball-Bund (DFB). [E] Schmitz; RaTdr. BDB (Klb. 5×2); gez. K 13¾.

cgm) Fußball mit DFB-Emblem

				★★	⊙	FDC
2091	110 (Pf)	mehrfarbig . . . . . cgm		1,60	1,10	2,—
			ETB 5/2000		1,30	
			Kleinbogen	17,—	17,—	

Auflage: 30 000 000 Stück

2000, 13. Jan. 10. Todestag von Herbert Wehner. [E] Aretz; RaTdr. BDB (Klb. 5×2); gez. K 13¾.

cgn) H. Wehner (1906–1990), Politiker

				★★	⊙	FDC
2092	110 (Pf)	mehrfarbig . . . . . cgn		1,30	1,10	1,80
			ETB 6/2000		1,30	
			Kleinbogen	13,—	12,—	

Auflage: 23 000 000 Stück

Vom 17.7.1997 (ab MiNr. 1932) bis 8.11.2001 (MiNr. 2224 bis 2225) wurden die Freimarken „Frauen der deutschen Geschichte" sowie „Sehenswürdigkeiten" zur Fälschungssicherung auf Papier mit Melierfasern gedruckt!

2000, 13. Jan. Keine Gewalt gegen Frauen. Ⓔ Hesse; Odr. SB (Klb. 2×5); gez. K 14.

cgo) Frauenkopf im Profil

			✱✱	⊙	FDC
2093	110 (Pf)	mehrfarbig . . . . . cgo	1,30	1,10	1,80
		ETB 7/2000		1,30	
		Kleinbogen	13,—	12,—	

Auflage: 25 300 000 Stück

2000, 17. Febr. Sporthilfe: Sport und Frieden. Ⓔ Menze; Odr. BDB (Klb. 2×5); gez. K 13¾:14.

cgp) Fair Play

cgr) Schönheit

cgs) Wettkampf

cgt) Kultur der Begegnung

			✱✱	⊙	FDC
2094	100 + 50 (Pf)	mfg. GA . . . . cgp	2,60	2,40	
2095	110 + 50 (Pf)	mehrfarbig . . . cgr	2,60	2,40	
2096	110 + 50 (Pf)	mehrfarbig . . cgs	2,60	2,40	
2097	300 + 100 (Pf)	mehrfarbig . . cgt	4,40	4,—	
		Satzpreis (4 W.)	12,—	11,—	13,—
		ETB 8/2000		10,—	
		Kleinbogensatz (4 Klb.)	130,—	130,—	

Auflagen: MiNr. 2094 = 2 370 000, MiNr. 2095 = 2 220 000, MiNr. 2096 = 2 220 000, MiNr. 2097 = 2 220 000 Stück, davon je 197 000 auf ETB

2000, 17. Febr. 600. Geburtstag von Johannes Gutenberg. Ⓔ Steiner; Odr. BDB (Klb. 5×2); gez. K 13¾.

cgu) J. Gutenberg, eigentl. J. Gensfleisch zur Laden (um 1397–1468), Erfinder des Buchdrucks mit beweglichen Lettern; Kupferstich von A. Thevet; Buchstaben und Satzzeichen aus der Gutenberg-Bibel

			✱✱	⊙	FDC
2098	110 (Pf)	lebhaftrot/ schwarz . . . . cgu	1,30	1,10	1,80
		ETB 9/2000		1,30	
		Kleinbogen	13,—	12,—	

Auflage: 25 000 000 Stück

2000, 17. Febr. 175 Jahre Düsseldorfer Karneval. Ⓔ Kößlinger; Odr. SB (Klb. 2×5); gez. K 13:13½.

cgv) Narr schlägt Rad

			✱✱	⊙	FDC
2099	110 (Pf)	mehrfarbig . . . . . cgv	1,40	1,10	1,80
		ETB 10/2000		1,30	
		Kleinbogen	14,—	13,—	

Auflage: 31 100 000 Stück

2000, 17. Febr. 100. Geburtstag von Kurt Weill. Ⓔ Haase; Odr. BDB (Klb. 2×5); gez. K 14.

cgw) K. Weill (1900–1950), Komponist, während einer Probe zu „One Touch of Venus“ (1943)

			✱✱	⊙	FDC
2100	300 (Pf)	mehrfarbig . . . . . cgw	3,40	3,20	4,—
		ETB 11/2000		3,—	
		Kleinbogen	34,—	35,—	

Auflage: 25 000 000 Stück

2000, 17. Febr. 75. Todestag von Friedrich Ebert. Ⓔ Schmitz; RaTdr. BDB (Klb. 5×2); gez. K 13¾.

cgx) F. Ebert (1871–1925), Politiker; Unterschrift

			✱✱	⊙	FDC
2101	110 (Pf)	mehrfarbig . . . . . cgx	1,30	1,10	1,80
		ETB 12/2000		1,30	
		Kleinbogen	13,—	13,—	

Auflage: 23 000 000 Stück

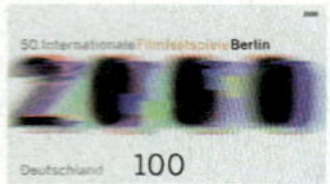

2000, 17. Febr. 50. Internationale Filmfestspiele, Berlin. Ⓔ Schmitz; Odr. WPL (Klb. 2×5); gez. K 14.

cgy) Zahl „2000“ als Filmsequenz

			✱✱	⊙	FDC
2102	100 (Pf)	mehrfarbig . . . . . cgy	1,20	1,10	1,60
		ETB 13/2000		1,10	
		Kleinbogen	13,—	13,—	

Auflage: 51 000 000 Stück

2000, 16. März. Bilder aus Deutschland (VI). Ⓔ Schillinger; Odr. BDB (Klb. 2×5); gez. K 13¾:14.

cgz) Blick auf die Dreiflüssestadt Passau

			✱✱	⊙	FDC
2103	110 (Pf)	mehrfarbig . . . . . cgz	1,30	1,10	2,—
		ETB 14/2000		1,30	
		Kleinbogen	13,—	13,—	

Auflage: 25 000 000 Stück

Weitere Ausgaben siehe Fußnote nach MiNr. 1686

2000, 16. März. Landesparlamente in Deutschland (V). Ⓔ Aretz; Odr. BDB (Klb. 2×5); gez. K 13¾:14.

cha) Niedersächsischer Landtag, Hannover

			✱✱	⊙	FDC
2104	110 (Pf)	mehrfarbig . . . . . cha	1,30	1,10	1,80
		ETB 15/2000		1,30	
		Kleinbogen	13,—	13,—	

Auflage: 25 000 000 Stück

Weitere Ausgaben siehe Fußnote nach MiNr. 1977

2000, 16. März. Blockausgabe: Deutsche National- und Naturparks (IV) – Nationalpark Hainich. Ⓔ **Rieß; Odr. WPL; gez. K 13¾.**

chc

chb) Laubwald auf Muschelkalkhochfläche Hainich im Thüringer Becken

			✶✶	⊙	FDC
2105	110 (Pf)	mehrfarbig . . . . . chb	1,80	2,60	
Block 52	(105×70 mm)	. . . . chc	2,—	3,50	3,50
		Ⓢ		3,—	
		ETB 16/2000		1,50	

Auflage: 8 000 000 Blocks

Weitere Ausgaben siehe Fußnote nach MiNr. 1871–1873 (Bl. 36)

2000, 16. März. Post! Ⓔ **Steiner; Odr. BDB (Klb. 5×2); gez. K 13¾.**

chd) Windrad

			✶✶	⊙	FDC
2106	110 (Pf)	mehrfarbig . . . . . chd	1,60	1,60	2,50
		ETB 17/2000		1,30	
		Kleinbogen	16,—	16,—	

Auflage: 25 000 000 Stück

2000, 13. April. Kulturstiftung der Länder (II): Kunstwerke. Ⓔ **Lüdtke; Odr. BDB (Klb. 2×5); gez. K 14.**

che) Die Vertreibung aus dem Paradies; Elfenbeinskulptur von Leonhard Kern (1588–1662), Bildhauer

chf) Silberner Tafelbrunnen; Skulptur von Melchior Gelb (1581–1654), Bildhauer

			✶✶	⊙	FDC
2107	110 (Pf)	mehrfarbig . . . . . che	1,50	1,40	
2108	220 (Pf)	mehrfarbig . . . . . . chf	2,30	2,20	
		Satzpreis (2 W.)	3,80	3,50	4,50
		ETB 18/2000		3,20	
		Kleinbogensatz (2 Klb.)	40,—	40,—	

Auflagen: je 19 000 000 Stück

Weitere Ausgaben siehe Fußnote nach MiNr. 2064

2000, 13. April. Brücken (IV). Ⓔ **Zill; Odr. WPL (Klb. 5×2); gez. K 13¼.**

chg) Elbbrücke „Blaues Wunder“, Dresden

			✶✶	⊙	FDC
2109	100 (Pf)	mehrfarbig [GA] . . chg	1,20	1,—	1,60
		ETB 19/2000		1,10	
		Kleinbogen	12,—	12,—	

Auflage: 100 000 000 Stück

Weitere Ausgaben siehe Fußnote nach MiNr. 1931

2000, 13. April. Landesparlamente in Deutschland (VI). Ⓔ **Aretz; Odr. BDB (Klb. 2×5); gez. K 13¾:14.**

chh) Landtag Nordrhein-Westfalen, Düsseldorf

			✶✶	⊙	FDC
2110	110 (Pf)	mehrfarbig . . . . . chh	1,40	1,10	1,80
		ETB 20/2000		1,20	
		Kleinbogen	14,—	13,—	

Auflage: 25 000 000 Stück

Weitere Ausgaben siehe Fußnote nach MiNr. 1977

2000, 13. April. 750 Jahre Greifswald. Ⓔ **Steiner; komb. StTdr. und Odr. BDB (Klb. 2×5); gez. K 14.**

chi) Stadtansicht

			✶✶	⊙	FDC
2111	110 (Pf)	mehrfarbig . . . . . . chi	1,30	1,10	1,70
		ETB 21/2000		1,20	
		Kleinbogen	13,—	13,—	

Auflage: 19 000 000 Stück

2000, 13. April. Weltausstellung EXPO 2000, Hannover. Ⓔ **Rieß; Odr. SB, Markenheftchen; selbstklebend; gestanzt 11.**

ceg) Symbolische Darstellung des Zusammenwirkens von Mensch, Natur und Technik

			✶✶	⊙	FDC
2112	110 (Pf)	mehrfarbig . . . . . ceg	6,50	5,—	6,—

Herstellungsbedingt verfärbt die Gummierung sehr leicht das Markenbild; **der ✶✶-Preis gilt auch für Marken ohne Gummi und Trägerfolie oder leicht verfärbte Stücke!**

MiNr. 2112 stammt aus MH 40.

Auflage: 51 534 000 Stück

In gleicher Zeichnung: MiNr. 2042

2000, 12. Mai. Europa. Ⓔ **Cousin; Odr. SB (Klb. 5×2); gez. K 13¾.**

chk) Kinder bauen Sternenturm

			✶✶	⊙	FDC
2113	110 (Pf) / 0.56 €	mfg. [GA] . . chk	1,70	1,20	1,70
		ETB 22/2000		1,20	
		Kleinbogen	17,—	14,—	

[PFü]

Auflage: 63 100 000 Stück

In gleicher Zeichnung: MiNr. 2114

2000, 12. Mai. Europa. Ⓔ **Cousin; Odr. SB, Markenheftchen; selbstklebend; gestanzt 11.**

chk) Kinder bauen Sternenturm

			✶✶	⊙	FDC
2114	110 (Pf) / 0.56 €	mfg. . . . . . chk	2,60	1,60	2,50

Herstellungsbedingt verfärbt die Gummierung sehr leicht das Markenbild; **der ✶✶-Preis gilt auch für Marken ohne Gummi und Trägerfolie oder leicht verfärbte Stücke!**

MiNr. 2114 stammt aus MH 41.

Auflage: 128 289 000 Stück

In gleicher Zeichnung: MiNr. 2113

2000, 12. Mai. 300. Geburtstag von Nikolaus Ludwig Graf von Zinzendorf. 🄴 Nitzsche; RaTdr. BDB (Klb. 5×2); gez. K 13¾.

chl) N. L. Graf von Zinzendorf (1700–1760), Begründer der Herrnhuter Brüdergemeine, bei einem Zusammentreffen mit Irokesen-Häuptlingen (1742)

			★★	⊙	FDC
2115	110 (Pf)	mehrfarbig . . . . . . chl	1,30	1,—	1,80
		ETB 23/2000		1,20	
		Kleinbogen	14,—	13,—	

Auflage: 19 000 000 Stück

2000, 12. Mai. Naturschutz: Der Boden lebt. 🄴 Steiner; Odr. WPL (Klb. 2×5); gez. K 13¾:14.

chm) Der Boden als Lebensraum für Fauna und Flora

			★★	⊙	FDC
2116	110 + 50 (Pf)	mfg. . . . . . . chm	2,60	3,—	4,—
		ETB 24/2000		2,—	
		Kleinbogen	32,—	50,—	

Auflage: 2 210 000 Stück, davon 195 000 auf ETB

2000, 8. Juni. Jugend: EXPO 2000 – Treffpunkt der Jugend der Welt. 🄴 Choiniere (MiNr. 2117), Henning (MiNr. 2118), Koopmann (MiNr. 2119), Wang (MiNr. 2120), Wu (MiNr. 2121) und Storm (MiNr. 2122); Odr. BDB (Klb. 2×5); gez. K 13¾:14.

chn) Jugendfestival

cho) Rucksacktourismus

chp) Afrika

chr) Auge des Buddha

chs) Chinesische Kalligraphie

cht) Melange

			★★	⊙	FDC
2117	100 + 50 (Pf)	mfg. . . . . . chn	2,—	2,—	
2118	100 + 50 (Pf)	mfg. . . . . . cho	2,—	2,—	
2119	110 + 50 (Pf)	mfg. . . . . . chp	2,—	2,—	
2120	110 + 50 (Pf)	mfg. . . . . . . chr	2,—	2,—	
2121	110 + 50 (Pf)	mfg. . . . . . chs	2,—	2,—	
2122	300 + 100 (Pf)	mfg. . . . . . . cht	3,—	3,—	
		Satzpreis (6 W.)	13,—	13,—	17,—
		ETB 25/2000 (mit MiNr. 2117–2119)		5,—	
		ETB 25a/2000 (mit MiNr. 2120–2122)		7,—	
		Kleinbogensatz (6 Klb.)	150,—	150,—	

Auflagen: MiNr. 2117 = 2 110 000, MiNr. 2118 = 2 100 000, MiNr. 2119 = 2 100 000, MiNr. 2120 = 2 110 000, MiNr. 2121 = 2 110 000, MiNr. 2122 = 2 080 000 Stück, davon je 195 000 auf ETB

> **Alle ab 1.1.1969 ausgegebenen Marken und Blocks nur in DM-Währung waren bis 30.6.2002 frankaturgültig, außerdem auch MiNr. 454–461, 489–503, 506–510 und 561–565. Marken mit doppelter Währungsangabe in DM und € sind auch weiterhin frankaturgültig.**

2000, 8. Juni. 350 Jahre Tageszeitungen. 🄴 Lüdtke; Odr. WPL (Klb. 2×5); gez. K 13¾:14.

chu) Titelseite der „Einkommenden Zeitungen“ Nr. 17 (1650), erste Tageszeitung der Welt, von Timotheus Ritzsch (1614–1678); fiktive Seite der „Süddeutschen Zeitung“

			★★	⊙	FDC
2123	110 (Pf)	mehrfarbig . . . . . chu	1,40	1,10	1,80
		ETB 26/2000		1,20	
		Kleinbogen	14—	13,—	

Auflage: 25 000 000 Stück, davon 195 000 auf ETB

2000, 8. Juni. 100 Jahre Handwerkskammern in Deutschland. 🄴 Effert; Odr. SB (Klb. 2×5); gez. K 14.

chv) Logo „Das Handwerk“

			★★	⊙	FDC
2124	300 (Pf)	mehrfarbig . . . . . chv	3,40	3,20	4,50
		ETB 27/2000		3,—	
		Kleinbogen	34,—	33,—	

Auflage: 25 500 000 Stück

2000, 13. Juli. Dienst am Nächsten (II): 50 Jahre Technisches Hilfswerk (THW). 🄴 Rogger; Odr. BDB (Klb. 2×5); gez. K 14.

chw) Blaulicht, Warndreieck, THW-Emblem

			★★	⊙	FDC
2125	110 (Pf)	mehrfarbig . . . . . chw	1,50	1,10	1,80
		ETB 28/2000		1,30	
		Kleinbogen	15,—	14,—	

Auflage: 25 000 000 Stück

Weitere Ausgaben siehe Fußnote nach MiNr. 2065

2000, 13. Juli. 250. Todestag von Johann Sebastian Bach. 🄴 Hesse; Odr. WPL (Klb. 5×2); gez. K 13¼.

chx) J. S. Bach (1685–1750), Komponist; Gemälde von Johann Jakob Ihle (1702–1774)

			★★	⊙	FDC
2126	110 (Pf)	mehrfarbig . . . . . chx	1,50	1,10	1,80
		ETB 29/2000		1,20	
		Kleinbogen	15,—	14,—	

Auflage: 24 500 000 Stück

2000, 13. Juli. 100 Jahre Wetterstation auf der Zugspitze. 🄴 Kößlinger; Odr. BDB (Klb. 2×5); gez. K 13¾:14.

chy) Wetterbeobachtungsstation, Wetterkarte

			★★	⊙	FDC
2127	100 (Pf)	mehrfarbig . . . . . chy	1,50	1,10	2,—
		ETB 30/2000		1,10	
		Kleinbogen	15,—	14,—	

Auflage: 25 000 000 Stück

2000, 13. Juli. 100 Jahre Zeppelin-Luftschiffe. 🄴 Kühn; Odr. WPL (Klb. 5×2); gez. K 13¼.

chz) Luftschiff LZ 1 (1900) von Ferdinand Graf von Zeppelin (1838–1917), Begründer des Starrluftschiffbaus; Konstruktionszeichnungen

			★★	⊙	FDC
2128	110 (Pf)	mehrfarbig GA . . chz	1,50	1,10	1,80
		ETB 31/2000		1,20	
		Kleinbogen	15,—	15,—	

Auflage: 26 000 000 Stück

2000, 14. Aug. Landesparlamente in Deutschland (VII). Ⓔ **Aretz; Odr. BDB (Klb. 2×5); gez. K 13¾:14.**

cia) Landtag Rheinland-Pfalz, Mainz

			✶✶	⊙	FDC
2129	110 (Pf)	mehrfarbig . . . . . . cia	1,40	1,20	2,—
		ETB 32/2000		1,20	
		Kleinbogen	17,—	16,—	

Auflage: 25 000 000 Stück

Weitere Ausgaben siehe Fußnote nach MiNr. 1977

2000, 14. Aug. Weltausstellung EXPO 2000, Hannover. Ⓔ **Schmitz; Odr. BDB (Klb. 2×5); gez. K 14.**

cib) Erde, Fingerabruck, EXPO-Emblem

			✶✶	⊙	FDC
2130	110 (Pf)	mehrfarbig . . . . . . cib	1,50	1,10	1,80
		ETB 33/2000		1,20	
		Kleinbogen	15,—	13,—	

Auflage: 30 000 000 Stück

2000, 14. Aug. 100. Todestag von Friedrich Nietzsche. Ⓔ **v. Janota-Bzowski; Odr. WPL (Klb. 2×5); gez. K 13¼.**

cic) F. Nietzsche (1844–1900), Altphilologe und Philosoph; Zeichnung von Edvard Munch (1863–1944)

			✶✶	⊙	FDC
2131	110 (Pf)	mehrfarbig cic	1,50	1,10	1,80
		ETB 34/2000		1,20	
		Kleinbogen	15,—	13,—	

Auflage: 25 000 000 Stück

2000, 14. Aug. 50. Todestag von Ernst Wiechert. Ⓔ **Nitzsche; Odr. BDB (Klb. 2×5); gez. K 13¾.**

cid) E. Wiechert (1887–1950), Schriftsteller

			✶✶	⊙	FDC
2132	110 (Pf)	mehrfarbig . . . . . . cid	1,60	1,10	1,80
		ETB 35/2000		1,20	
		Kleinbogen	18,—	15,—	

Auflage: 20 000 000 Stück

2000, 14. Sept. Bilder aus Deutschland (VII). Ⓔ **Schillinger; Odr. BDB (Klb. 2×5); gez. K 13¾:14.**

cie) Blick auf die Saarschleife bei Mettlach

			✶✶	⊙	FDC
2133	110 (Pf)	mehrfarbig . . . . . . cie	1,30	1,10	1,80
		ETB 36/2000		1,20	
		Kleinbogen	14,—	13,—	

Auflage: 29 000 000 Stück

Weitere Ausgaben siehe Fußnote nach MiNr. 1686

Neuheitenmeldungen zu diesem Nachschlagewerk finden Sie in der monatlich erscheinenden MICHEL-Rundschau.

2000, 14. Sept. Blockausgabe: Für uns Kinder. Ⓔ **Rothkopf; Odr. WPL; gez. K 13¾:14.**

cif) Clown

cig

			✶✶	⊙	FDC
2134	110 (Pf)	mehrfarbig . . . . . . cif	1,80	2,50	3,50
Block 53	(55×82 mm)	. . . . cig	2,—	3,50	4,—
		Ⓢ		3,—	
		ETB 37/2000		2,—	

Auflage: 10 300 000 Blocks

2000, 14. Sept. 150 Jahre Kolpingwerk. Ⓔ **Jung und Pfeffer; Odr. WPL (Klb. 5×2); gez. K 13¼.**

cih) Adolph Kolping (1813–1865), katholischer Theologe; Porträt aus Kolpingwerk-Emblemen

			✶✶	⊙	FDC
2135	110 (Pf)	mehrfarbig . . . . . . cih	1,30	1,10	1,80
		ETB 38/2000		1,20	
		Kleinbogen	13,—	13,—	

Auflage: 23 000 000 Stück

2000, 14. Sept. 100 Jahre Bernhard-Nocht-Institut für Tropenmedizin, Hamburg. Ⓔ **Rogger; Odr. WPL (Klb. 2×5); gez. K 13¾:14.**

cii) Bernhard Nocht (1857–1945), Tropenpathologe; Weltkarte; verschiedene Krankheitserreger unter Mikroskop

			✶✶	⊙	FDC
2136	300 (Pf)	mehrfarbig cii	3,50	3,50	4,50
		ETB 39/2000		3,—	
		Kleinbogen	40,—	40,—	

Auflage: 23 000 000 Stück

2000, 14. Sept. 50 Jahre Bundesgerichtshof. Ⓔ **Steiner; komb. StTdr. und Odr. BDB (Klb. 2×5); gez. K 14.**

cik) Erbgroßherzogliches Palais in Karlsruhe, Sitz des Bundesgerichtshofes

			✶✶	⊙	FDC
2137	110 (Pf)	mehrfarbig . . . . . . cik	1,20	1,10	1,80
		ETB 40/2000		1,20	
		Kleinbogen	13,—	13,—	

Auflage: 23 000 000 Stück

2000, 14. Sept. Grußmarke. Ⓔ **Jung und Pfeffer; Odr. SB (Klb. 2×5); gez. K 13:13½.**

cil) Stickerei mit Herz und Inschrift „Für Dich"

			✶✶	⊙	FDC
2138	100 (Pf)	mehrfarbig GA . . . cil	1,20	1,10	1,60
		ETB 41/2000		1,10	
		Kleinbogen	12,—	11,—	

Auflage: 27 600 000 Stück

2000, 28. Sept. Freimarken: Sehenswürdigkeiten (XXIII). 🄴 **Haase; Ldr. BDB, Kleinbogen (2×5) (B), Markenheftchen (MH) und Rollen (R); A = vierseitig, C und D = dreiseitig gez. K 14.**

cim) Rathaus, Wernigerode

cin) Steinerne Brücke, Regensburg

cio) Rathaus, Grimma

			✱✱	⊙	FDC
2139 A	10 (Pf) / 0.05 € dunkelgrünlichblau/rotorange (B) (R)	cim	0,60	0,50	0,90
2140	110 (Pf) / 0.56 € orangerot/braunviolett GA	cin			
A	vierseitig gez. (B) (R)		1,40	1,50	1,80
C	oben geschn. (MH)		1,50	1,50	1,80
D	unten geschn. (MH)		1,50	1,50	1,80
2141 A	300 (Pf) / 1.53 € bräunlichrot/blauschwarz (B) (R)	cio	3,—	3,—	3,50
	Satzpreis A (3 W.)		5,—	5,—	4,50
	ETB 42/2000 (mit MiNr. 2139 A)				0,50
	ETB 43/2000 (mit MiNr. 2140 A)				1,30
	ETB 44/2000 (mit MiNr. 2141 A)				3,—
	Kleinbogensatz (3 Klb.)		75,—	75,—	

Waagerechte Paare (aus Klb.):

	✱✱	⊙
2139 A/2139 A	3,—	2,—
2140 A/2140 A	4,—	3,30
2141 A/2141 A	8,50	8,50
Satzpreis (3 Paare)	15,—	13,—

Senkrechte Paare (C/D) siehe bei MH 42

Rollenmarke mit rückseitiger Nummer (R):

	Einzelm. ✱✱	Einzelm. ⊙	5er-Str. ✱✱
2139 A R	1,—	1,—	2,—
2140 A R	2,40	2,40	8,50
2141 A R	5,—	5,—	23,—

PF Uhr bei MiNr. 2140 A orange oder fehlend

Auflagen: MiNr. 2139 = 212 830 000, MiNr. 2140 = 845 834 000, MiNr. 2141 = 307 630 000 Stück

In gleichen Zeichnungen wie MiNr. 2139 und 2140: MiNr. 2187 und 2189, weitere Werte siehe Zusammenfassung nach Blockaufstellung

2000, 28. Sept. 10 Jahre Deutsche Einheit. 🄴 **Kühn; Odr. WPL (Klb. 5×2); gez. K 13¼.**

cip) Verzahnte Farben der deutschen Staatsflagge

			✱✱	⊙	FDC
2142	110 (Pf) mehrfarbig GA	cip	1,30	1,10	1,80
	ETB 45/2000			1,20	
	Kleinbogen		14,—	13,—	

PF

Auflage: 50 000 000 Stück

2000, 12. Okt. Wohlfahrt: Deutschsprachige Filmschauspieler. 🄴 **Graschberger; Odr. BDB (Klb. 2×5); gez. K 14.**

cir) Lilli Palmer (1914–1986)

cis) Curd Jürgens (1915–1982)

cit) Romy Schneider (1938–1982)

ciu) Heinz Rühmann (1902–1994)

civ) Gert Fröbe (1913–1988)

			✱✱	⊙	FDC
2143	100 + 50 (Pf) mehrfarbig	cir	2,—	2,—	
2144	100 + 50 (Pf) mehrfarbig	cis	2,—	2,—	
2145	110 + 50 (Pf) mehrfarbig	cit	2,—	2,—	
2146	110 + 50 (Pf) mehrfarbig	ciu	2,—	2,—	
2147	300 + 100 (Pf) mehrfarbig	civ	4,—	4,—	
	Satzpreis (5 W.)		12,—	12,—	15,—
	ETB 46/2000 (mit MiNr. 2143–2145)			5,—	
	ETB 46a/2000 (mit MiNr. 2146–2147)			6,—	
	Kleinbogensatz (5 Klb.)		140,—	160,—	

Auflagen: MiNr. 2143 = 4 700 000, MiNr. 2144 = 4 670 000, MiNr. 2145 = 13 400 000, MiNr. 2146 = 13 660 000, MiNr. 2147 = 5 910 000 Stück, davon je 193 000 auf ETB

2000, 12. Okt. Für die Briefmarke. 🄴 **Fiedler; Odr. WPL (Klb. 2×5); gez. K 13¼.**

ciw) Briefumschlag, Schreibzeug, Marke MiNr. 2073, Notizzettel

			✱✱	⊙	FDC
2148	110 (Pf) mehrfarbig	ciw	1,20	1,10	1,80
	ETB 47/2000			1,20	
	Kleinbogen		12,—	13,—	

Auflage: 31 200 000 Stück

2000, 9. Nov. Freimarken: Frauen der deutschen Geschichte (XIX). 🄴 **Aretz; StTdr. BDB (Klb. 5×2); gez. K 14.**

cix) Grethe Weiser (1903–1970), Film- und Bühnenschauspielerin und Kabarettistin

ciy) Käte Strobel (1907–1996), Politikerin

			✱✱	⊙	FDC
2149	100 (Pf) / 0.51 € dkl'ockerbraun/dunkelblaugrün	cix	1,10	1,—	1,60
2150	110 (Pf) / 0.56 € schwarzoliv/bräunlichkarmin	ciy	1,20	1,—	1,80
	Satzpreis (2 W.)		2,20	2,—	
	ETB 48/2000 (mit MiNr. 2149)			1,10	
	ETB 49/2000 (mit MiNr. 2150)			1,20	
	Kleinbogensatz (2 Klb.)		22,—	22,—	

Auflagen: MiNr. 2149 = 339 805 000, MiNr. 2150 = 1 372 575 000 Stück

Weitere Werte siehe Zusammenfassung nach Blockaufstellung

2000, 9. Nov. Weihnachten. 🄴 **Jünger (MiNr. 2151), Hemmerich (MiNr. 2152); Odr. BDB (Klb. 5×2); gez. K 13¾.**

ciz) Christi Geburt; Gemälde von Conrad von Soest (um 1370–um 1423)

cka) Krippendarstellung in Art eines Transparentbildes

			✱✱	⊙	FDC
2151	100 + 50 (Pf / 0.51 + 0.26 € mehrfarbig	ciz	1,60	1,60	
2152	110 + 50 (Pf) /0.56 + 0.26 € mehrfarbig	cka	1,60	1,60	
	Satzpreis (2 W.)		3,20	3,20	4,50
	ETB 50/2000*)			3,—	
	Kleinbogensatz (2 Klb.)		32,—	32,—	

*) enthält zusätzlich die bildgleichen Marken Spanien MiNr. 3602–3603

Auflagen: MiNr. 2151 = 4 470 000, MiNr. 2152 = 7 010 000 Stück, davon je 196 000 auf ETB

Parallelausgabe mit Spanien MiNr. 3602–3603

2000, 9. Nov. Landesparlamente in Deutschland (VIII). ⓔ **Aretz; Odr. BDB (Klb. 2×5); gez. K 13¾:14.**

ckb) Landtag des Saarlandes, Saarbrücken

				✱✱	⊙	FDC
2153	110 (Pf)	mehrfarbig	ckb	1,20	1,20	2,—
		ETB 51/2000			1,20	
		Kleinbogen		13,—	13,—	

Auflage: 25 000 000 Stück

Weitere Ausgaben siehe Fußnote nach MiNr. 1977

2000, 9. Nov. 125. Geburtstag von Rainer Maria Rilke (1875–1926), österreichischer Schriftsteller. ⓔ **v. Janota-Bzowski; Odr. SB (Klb. 5×2); gez. K 13¼:13½.**

ckc) Bucheinband

				✱✱	⊙	FDC
2154	110 (Pf)	mehrfarbig	ckc	1,20	1,20	2,—
		ETB 52/2000			1,20	
		Kleinbogen		13,—	13,—	

Auflage: 23 000 000 Stück

2000, 9. Nov. 100. Geburtstag von Arnold Bode. ⓔ **Wolff; Odr. WPL (Klb. 5×2); gez. K 13¼.**

ckd) A. Bode (1900–1977), Maler und Graphiker, Initiator der „documenta"

				✱✱	⊙	FDC
2155	110 (Pf)	mehrfarbig	ckd	1,20	1,50	2,50
		ETB 53/2000			1,20	
		Kleinbogen		13,—	15,—	

Auflage: 20 000 000 Stück

2001

2001, 11. Jan. Freimarken: Sehenswürdigkeiten (XXIV). ⓔ **Haase; Ldr. BDB, Kleinbogen (2×5) (B) und Rollen (R); gez. K 14.**

cke) Schloss Schwerin

ckf) Dom St. Nikolai, Greifswald

				✱✱	⊙	FDC
2156	100 (Pf)	/ 0.51 € dunkelgraublau/graugelb GA	cke	1,50	1,50	2,—
2157	220 (Pf)	/ 1.12 € schwarzgraublau/siena GA	ckf	2,50	2,50	3,—
		Satzpreis (2 W.)		4,—	4,—	4,50
		ETB 1/2001			3,40	
		Kleinbogensatz (2 Klb.)		55,—	60,—	

Waagerechte Paare (aus Klb.):

	✱✱	⊙
2156/2156	4,—	4,—
2157/2157	7,50	7,50
Satzpreis (2 Paare)	11,—	11,—

Rollenmarken mit rückseitiger Nummer (R):

	Einzelm. ✱✱	Einzelm. ⊙	5er-Str. ✱✱
2156 R	2,20	2,20	8,50
2157 R	4,20	4,20	17,—

Auflagen: MiNr. 2156 = 230 583 000, MiNr. 2157 = 64 650 000 Stück

In gleicher Zeichnung wie MiNr. 2156: MiNr. 2188; weitere Werte siehe Zusammenfassung nach Blockaufstellung

2001, 11. Jan. Freimarken: Frauen der deutschen Geschichte (XX). ⓔ **Aretz; StTdr. BDB (Klb. 5×2); gez. K 14.**

ckg) Marieluise Fleißer (1901–1974), Schriftstellerin

ckh) Nelly Sachs (1891–1970), Schriftstellerin; Nobelpreis 1966

				✱✱	⊙	FDC
2158	220 (Pf)	/ 1.12 € schwarzgrün/dkl'rotbraun	ckg	2,—	2,—	
2159	300 (Pf)	/ 1.53 € dunkelbraunkarmin/grauviolett	ckh	3,—	3,—	
		Satzpreis (2 W.)		5,—	5,—	6,50
		ETB 2/2001			5,—	
		Kleinbogensatz (2 Klb.)		50,—	50,—	

Auflagen: MiNr. 2158 = 113 411 000, MiNr. 2159 = 233 685 000 Stück

Weitere Werte siehe Zusammenfassung nach Blockaufstellung

2001, 11. Jan. Dienst am Nächsten (III): Sozialverband VdK (Verband der Kriegsbeschädigten, Kriegshinterbliebenen und Sozialrentner Deutschlands). ⓔ **Rogger; RaTdr. BDB (Klb. 2×5); gez. K 14.**

cki) Schriftzug „VdK", Menschenmenge

				✱✱	⊙	FDC
2160	110 (Pf)	/ 0.56 € mfg.	cki	1,10	1,—	1,80
		ETB 3/2001			1,30	
		Kleinbogen		11,—	10,—	

Auflage: 23 000 000 Stück, davon 200 000 auf ETB

Weitere Ausgaben siehe Fußnote nach MiNr. 2065

2001, 11. Jan. 500. Geburtstag von Leonhart Fuchs. ⓔ **Nitzsche; Odr. BDB (Klb. 5×2); gez. S 13¾.**

ckk) Indianischer Pfeffer; Zeichnung von L. Fuchs (1501–1566), Mediziner und Botaniker

				✱✱	⊙	FDC
2161	100 (Pf)	/ 0.51 € mfg. GA	ckk	1,10	1,—	1,70
		ETB 4/2001			1,20	
		Kleinbogen		11,—	11,—	

Auflage: 25 000 000 Stück, davon 200 000 auf ETB

2001, 11. Jan. 300. Jahrestag der Gründung des Königreichs Preußen. ⓔ **Aretz; Odr. BDB (Klb. 2×5); gez. K 14.**

ckl) Wappenadler

				✱✱	⊙	FDC
2162	110 (Pf)	/ 0.56 € schwarz/gold GA	ckl	1,10	1,—	2,—
		ETB 5/2001			1,20	
		Kleinbogen		11,—	11,—	

Auflage: 30 000 000 Stück, davon 200 000 auf ETB

2001, 11. Jan. 200. Geburtstag von Albert Lortzing. ⓔ **Schmitz; Odr. BDB (Klb. 5×2); gez. S 13¾.**

ckm) A. Lortzing (1801–1851), Komponist; Partiturskizze zu „Zar und Zimmermann", Unterschrift

				✱✱	⊙	FDC
2163	110 (Pf)	/ 0.56 € mfg.	ckm	1,10	1,—	1,70
		ETB 6/2001			1,20	
		Kleinbogen		11,—	11,—	

Auflage: 25 000 000 Stück, davon 200 000 auf ETB

2001, 11. Jan. Bundesarbeitsgemeinschaft Kinder- und Jugendtelefon. 🄴 **Acker; Odr. WPL (Klb. 2×5); gez. K 13¾:14.**

ckn) Telefonhörer und Rufnummer

			✶✶	⊙	FDC
2164	110 (Pf) / 0.56 € mfg.	ckn	1,10	1,—	1,70
	ETB 7/2001			1,20	
	Kleinbogen		11,—	11,—	

Auflage: 23 000 000 Stück, davon 200 000 auf ETB

Nicht ausgegeben:

2001. Sporthilfe. 🄴 Rothacker; Odr. BDB (Klb. 2×5); gez. S 13¾:14.

			✶✶	⊙
XV	100 + 50 (Pf) / 0.51 + 0.26 € mfg./lebhafttürkisblau	cko I	*25000,—*	—,—
XVI	110 + 50 (Pf) / 0.56 + 0.26 € mfg./lebhafttürkisblau	ckp I	*25000,—*	—,—
XVII	110 + 50 (Pf) / 0.56 + 0.26 € mfg./lebhafttürkisblau	ckr I	*25000,—*	—,—
XVIII	300 + 100 (Pf) / 1.53 + 0.51 € mfg./lebhafttürkisblau	cks I	*25000,—*	—,—
	Satzpreis (4 W.)		*100000,—*	—,—

Bei MiNr. XV–XVIII ist der waagerechte Balken mit der Inschrift "DEUTSCHLAND FÜR DEN SPORT" lebhafttürkisblau statt hellviolettblau wie bei der endgültigen Ausgabe.

2001, 8. Febr. Sporthilfe. 🄴 **Rothacker; Odr. BDB (Klb. 2×5); gez. S 13¾:14.**

cko) Schulsport

ckp) Behindertensport

ckr) Freizeit- und Breitensport

cks) Seniorensport

			✶✶	⊙	FDC
2165	100 + 50 (Pf) / 0.51 + 0.26 € mfg./hellviolettblau	cko	1,80	1,80	
2166	110 + 50 (Pf) / 0.56 + 0.26 € mfg./hellviolettblau	ckp	1,80	1,80	
2167	110 + 50 (Pf) / 0.56 + 0.26 € mfg./hellviolettblau	ckr	1,80	1,80	
2168	300 + 100 (Pf) / 1.53 + 0.51 € mfg./hellviolettblau	cks	4,50	4,50	
	Satzpreis (4 W.)		9,50	9,50	12,—
	ETB 8/2001			9,—	
	Kleinbogensatz (4 Klb.)		100,—	100,—	

Die Farbangabe nach dem Querstrich bezieht sich auf die Farbe des waagerechten Balkens.

Auflagen: MiNr. 2165 = 2 190 000, MiNr. 2166 = 2 220 000, MiNr. 2167 = 2 220 000, MiNr. 2168 = 2 160 000 Stück, davon je 183 000 auf ETB

2001, 8. Febr. 450. Todestag von Martin Bucer. 🄴 **Steiner; Odr. SB (Klb. 5×2); gez. K 13¾.**

ckt) M. Bucer (1491–1551), Reformator; Kupferstich von René Boyin

			✶✶	⊙	FDC
2169	110 (Pf) / 0.56 € mfg.	ckt	1,20	1,20	2,—
	ETB 9/2001			1,20	
	Kleinbogen		12,—	12,—	

Auflage: 23 500 000 Stück, davon 200 000 auf ETB

2001, 8. Febr. 250. Geburtstag von Johann Heinrich Voß. 🄴 **Zill; Odr. WPL (Klb. 5×2); gez. K 13¼.**

cku) J. H. Voß (1751–1826), Schriftsteller; Hand mit Feder; Titel der Nachdichtung von Homers „Ilias"

			✶✶	⊙	FDC
2170	300 (Pf) / 1.53 € mfg. GA	cku	3,40	3,40	4,50
	ETB 10/2001			3,—	
	Kleinbogen		40,—	40,—	

Auflage: 20 000 000 Stück, davon 200 000 auf ETB

In gleicher Zeichnung: MiNr. 2251

2001, 8. März. Für die Briefmarke: 100 Jahre Wuppertaler Schwebebahn. 🄴 **Schmitz; Odr. BDB (Klb. 2×5); gez. S 13¾:14.**

ckv) Hochbahngerüst über der Wupper (Postkartenausschnitt um 1903)

			✶✶	⊙	FDC
2171	110 + 50 (Pf) / 0.56 + 0.26 € mehrfarbig GA	ckv	2,20	2,—	2,80
	ETB 11/2001			1,80	
	Kleinbogen I		22,—	22,—	
	Kleinbogen II		26,—	26,—	

Die Kleinbogen von MiNr. 2171 gibt es in zwei Versionen: Bei der ersten Auflage (I) ist der rechte Seitenrand ohne Bedruckung, bei der zweiten Auflage (II) befindet sich rechts von Feld 4 und 6 der Schriftzug "Naposta 2001 24.–27. Mai 2001".

Auflage: 4 030 000 Stück, davon 200 000 auf ETB

2001, 8. März. Landesparlamente in Deutschland (IX). 🄴 **Aretz; Odr. BDB (Klb. 2×5); gez. S 13¾:14.**

ckw) Sächsischer Landtag, Dresden

			✶✶	⊙	FDC
2172	110 (Pf) / 0.56 € mfg.	ckw	1,10	1,—	2,—
	ETB 12/2001			1,30	
	Kleinbogen		11,—	10,—	

Auflage: 27 000 000 Stück, davon 200 000 auf ETB

Weitere Ausgaben siehe Fußnote nach MiNr. 1977

2001, 8. März. 100. Geburtstag von Karl Arnold. 🄴 **Kahrl; Odr. WPL (Klb. 5×2); gez. K 13¼.**

ckx) K. Arnold (1901–1958), Politiker

			✶✶	⊙	FDC
2173	110 (Pf) / 0.56 € mfg.	ckx	1,10	1,—	1,80
	ETB 13/2001			1,30	
	Kleinbogen		11,—	10,—	

Auflage: 23 100 000 Stück, davon 200 000 auf ETB

2001, 8. März. 100. Geburtstag von Erich Ollenhauer. 🄴 **Jung, Pfeffer; Odr. BDB (Klb. 2×5); gez. K 14.**

cky) E. Ollenhauer (1901–1963), Politiker

			✶✶	⊙	FDC
2174	110 (Pf) / 0.56 € mfg.	cky	1,10	1,—	1,80
	ETB 14/2001			1,30	
	Kleinbogen		11,—	10,—	

Auflage: 22 600 000 Stück, davon 200 000 auf ETB

2001, 8. März. 50 Jahre Bundesgrenzschutz. ⓔ Rogger; RaTdr. BDB (Klb. 5×2); gez. K 13¾.

ckz) BGS-Emblem auf Uniform

			✱✱	⊙	FDC
2175	110 (Pf) / 0.56 € mfg.	ckz	1,10	1,—	1,80
	ETB 15/2001			1,30	
	Kleinbogen		11,—	10,—	

Auflage: 30 000 000 Stück, davon 200 000 auf ETB

2001, 5. April. Freimarken: Sehenswürdigkeiten (XXV). ⓔ Haase; Ldr. BDB, Kleinbogen (2×5) (B) und Rollen (R); gez. K 14.

cla) Bergpark Wilhelmshöhe, Kassel

clb) Kirche St. Reinoldi, Dortmund

			✱✱	⊙	FDC
2176	47 (Pf) / 0.24 € schwarzopalgrün/violettgrau GA	cla	0,60	0,60	1,20
2177	80 (Pf) / 0.41 € lebhaftbläulichgrün/hellrotbraun GA	clb	0,90	0,80	1,50
	Satzpreis (2 W.)		1,50	1,40	2,50
	ETB 16/2001			1,50	
	Kleinbogensatz (2 Klb.)		18,—	18,—	

Waagerechte Paare (aus Klb.):

	✱✱	⊙
2176/2176	1,40	1,40
2177/2177	2,—	2,—
Satzpreis (2 Paare)	3,40	3,40

Rollenmarken mit rückseitiger Nummer (R):

	Einzelm. ✱✱	Einzelm. ⊙	5er-Str. ✱✱
2176 R	1,80	1,80	4,20
2177 R	2,50	2,50	7,—

Auflagen: MiNr. 2176 = 167 590 000, MiNr. 2177 = 65 823 000 Stück, davon je 200 000 auf ETB

Weitere Werte siehe Zusammenfassung nach Blockaufstellung

2001, 5. April. Brücken (V). ⓔ Bertholdt; Odr. WPL (Klb. 2×5); gez. K 13¾:14.

clc) Eisenbahnhochbrücke, Rendsburg

			✱✱	⊙	FDC
2178	100 (Pf) / 0.51 € mfg. GA	clc	1,30	1,—	1,80
	ETB 17/2001			1,20	
	Kleinbogen		13,—	11,—	

Auflage: 21 000 000 Stück, davon 200 000 auf ETB

Weitere Ausgaben siehe Fußnote nach MiNr. 1931

2001, 5. April. Post! ⓔ Gamroth; RaTdr. BDB (Klb. 2×5); gez. K 14.

cld) Inschrift „Post!"

			✱✱	⊙	FDC
2179	110 (Pf) / 0.56 € mfg.	cld	1,10	1,—	1,80
	ETB 18/2001			1,30	
	Kleinbogen		11,—	11,—	

Auflage: 23 000 000 Stück, davon 200 000 auf ETB

Mit Einführung der Doppelnominale Ende 2000 setzt die Deutsche Post zum Schutz vor Fälschungen Sicherheitsmaßnahmen beim Markendruck ein. Hierzu wird eine besondere Substanz entweder der Druckfarbe beigemengt oder in einem weiteren Druckgang aufgetragen.

2001, 5. April. Volksmusik. ⓔ Jünger; Odr. SB (Klb. 2×5); gez. K 13:13½.

cle) Akkordeon

			✱✱	⊙	FDC
2180	110 (Pf) / 0.56 € mfg.	cle	1,10	1,—	2,—
	ETB 20/2001			1,30	
	Kleinbogen		11,—	10,—	

Auflage: 29 300 000 Stück, davon 200 000 auf ETB

2001, 5. April. 50. Jahrestag der Neugründung des Goethe-Instituts zur Pflege der deutschen Sprache e.V. ⓔ Hesse; Odr. BDB (Klb. 2×5); gez. S 13¾:14.

clf) Weltkarte, „Goethe" in Lautschrift

			✱✱	⊙	FDC
2181	300 (Pf) / 1.53 € mfg. GA	clf	3,—	3,—	4,50
	ETB 19/2001			3,20	
	Kleinbogen		32,—	32,—	

Auflage: 23 000 000 Stück, davon 200 000 auf ETB

2001, 10. Mai. Bedrohte Tierarten (II): ⓔ Jacki; Odr. BDB (Klb. 2×5); gez. S 14.

clg) Berggorilla (Gorilla gorilla beringei)

clh) Indisches Panzernashorn (Rhinoceros unicornis)

			✱✱	⊙	FDC
2182	110 (Pf) / 0.56 € mfg.	clg	1,20	1,20	
2183	110 (Pf) / 0.56 € mfg.	clh	1,20	1,20	
	Satzpreis (2 W.)		2,40	2,40	3,50
	ETB 21/2001			2,40	
	Kleinbogensatz (2 Klb.)		25,—	25,—	

Auflagen: je 30 000 000 Stück, davon je 200 000 auf ETB

In gleicher Zeichnung: MiNr. 2204–2205

Weitere Ausgaben siehe Fußnote nach MiNr. 2086.

2001, 10. Mai. Landesparlamente in Deutschland (X). ⓔ Aretz; Odr. BDB (Klb. 2×5); gez. K 13¾:14.

cli) Landtag von Sachsen-Anhalt, Magdeburg

			✱✱	⊙	FDC
2184	110 (Pf) / 0.56 € mfg. GA	cli	1,10	1,—	2,—
	ETB 22/2001			1,30	
	Kleinbogen		11,—	10,—	

Auflage: 27 000 000 Stück, davon 200 000 auf ETB

Weitere Ausgaben siehe Fußnote nach MiNr. 1977

2001, 10. Mai. Europa: Lebensspender Wasser. ⓔ Schmitz; RaTdr. BDB (Klb. 5×2); gez. K 13¾.

clk) Wasserglas

			✱✱	⊙	FDC
2185	110 (Pf) / 0.56 € mfg.	clk	1,50	1,10	1,80
	ETB 23/2001			1,30	
	Kleinbogen		15,—	12,—	

Auflage: 30 000 000 Stück, davon 200 000 auf ETB

2001, 10. Mai. 100. Geburtstag von Werner Egk. 🄴 **Haase; Odr. WPL (Klb. 2×5); gez. K 14.**

cll) W. Egk (1901–1983), Komponist

		✶✶	⊙	FDC
2186	110 (Pf) / 0.56 € mfg. cll	1,30	1,—	1,80
	ETB 24/2001		1,30	
	Kleinbogen	13,—	10,—	

Auflage: 19 000 000 Stück, davon 200 000 auf ETB

2001, 25. Mai. Freimarken: Sehenswürdigkeiten (XXVI). 🄴 **Haase; Odr. BDB, Markenheftchen; selbstklebend; dreiseitig wellenförmig gestanzt 10¼:10¾.**

cim) Rathaus Wernigerode

cke) Schloss Schwerin

cin) Steinerne Brücke, Regensburg

		✶✶	⊙	FDC
2187	10 (Pf) / 0.05 € dkl'grünlichblau/rotorange cim			
BC	oben gerade □ . . .	4,—	3,50	5,—
BD	unten gerade □ . . .	4,—	3,50	5,—
2188	100 (Pf) / 0.51 € dunkelgraublau/graugelb . cke			
BC	oben gerade □ . . .	4,—	4,—	5,—
BD	unten gerade □ . . .	4,—	4,—	5,—
2189	110 (Pf) / 0.56 € orangerot/braunviolett . . . cin			
BC	oben gerade □ . . .	2,—	2,—	4,—
BD	unten gerade □ . . .	2,—	2,—	4,—
	Satzpreis (3 W.)	9,—	8,50	9,—

Auflagen: MiNr. 2187 und 2188 je 9 545 000, MiNr. 2189 = 38 180 000 Stück

MiNr. 2187–2189 stammen aus MH 43.

In gleichen Zeichnungen: MiNr. 2139, 2140 und 2156; weitere Werte siehe Zusammenfassung nach Blockaufstellung

2001, 13. Juni. Jugend: Figuren aus Kinder- und Jugendbüchern. 🄴 **Aretz; Odr. BDB (Klb. 5×2); gez. S 13¾.**

clm) Pinocchio; von Carlo Collodi (1826–1890), italienischer Schriftsteller

cln) Pippi Langstrumpf; von Astrid Lindgren (1907–2002), schwedische Schriftstellerin

clo) Heidi und Geißenpeter; von Johanna Spyri (1827–1901), schweizerische Schriftstellerin

clp) Jim Knopf und Lukas, der Lokomotivführer; von Michael Ende (1929–1995), deutscher Schriftsteller

clr) Tom Sawyer und Huckleberry Finn; von Mark Twain (1835–1910), amerikanischer Schriftsteller

		✶✶	⊙	FDC
2190	100 + 50 (Pf) / 0.51 + 0.26 € mehrfarbig . . . . clm	2,—	2,—	
2191	100 + 50 (Pf) / 0.51 + 0.26 € mehrfarbig . . . . cln	2,—	2,—	
2192	110 + 50 (Pf) / 0.56 + 0.26 € mehrfarbig . . . . clo	2,—	2,—	
2193	110 + 50 (Pf) / 0.56 + 0.26 € mehrfarbig . . . . clp	2,—	2,—	
2194	300 + 100 (Pf) / 1.53 + 0.51 € mehrfarbig . . . . clr	4,50	4,50	
	Satzpreis (5 W.)	12,—	12,—	13,—
	ETB 25/2001 (mit MiNr. 2190–2192)		5,—	
	ETB 26/2001 (mit MiNr. 2193–2194)		6,—	
	Kleinbogensatz (5 Klb.)	130,—	130,—	

Auflagen: MiNr. 2190 = 2 114 000, MiNr. 2191 = 2 155 000, MiNr. 2192 = 2 120 000, MiNr. 2193 = 2 210 000, MiNr. 2194 = 2 064 000 Stück, davon je 179 000 auf ETB

Gestempelte Rollenmarken mit rückseitiger Nummer werden derzeit nicht (BPP-)geprüft!

2001, 13. Juni. 750 Jahre Katharinenkloster und 50 Jahre Deutsches Meeresmuseum, Stralsund. 🄴 **Schmidt; Odr. SB (Klb. 2×5); gez. K 14.**

cls) Giebelfassade des Katharinenklosters mit Deutschem Meeresmuseum, Seekarte

		✶✶	⊙	FDC
2195	110 (Pf) / 0.56 € mfg. . . . . . . cls	1,10	1,—	1,80
	ETB 27/2001		1,30	
	Kleinbogen	11,—	10,—	

Auflage: 30 150 000 Stück, davon 200 000 auf ETB

2001, 13. Juni. 250 Jahre Katholische Hofkirche, Dresden. 🄴 **Schmidt; Odr. WPL (Klb. 2×5); gez. K 13¼.**

clt) Katholische Hofkirche (erbaut 1739–1755)

		✶✶	⊙	FDC
2196	110 (Pf) / 0.56 € mfg. . . . . . . clt	1,10	1,—	1,80
	ETB 28/2001		1,30	
	Kleinbogen	11,—	11,—	

Auflage: 49 900 000 Stück, davon 200 000 auf ETB

2001, 2. Juli. Freimarke: Sehenswürdigkeiten (XXVII). 🄴 **Haase; Ldr. BDB, Kleinbogen (2×5) (B) und Rollen (R); gez. K 14.**

clu) Rathaus, Hildesheim

		✶✶	⊙	FDC
2197	720 (Pf) / 3.68 € weißbraunpurpur/schwärzlichgrau . . . . clu	8,—	8,—	8,50
	ETB 29/2001		6,80	
	Kleinbogen	90,—	90,—	

Waagerechtes Paar (aus Klb.):

	✶✶	⊙
2197/2197	18,—	18,—

Rollenmarke mit rückseitiger Nummer (R):

	Einzelm. ✶✶	Einzelm. ⊙	5er-Str. ✶✶
2197 R	11,—	11,—	55,—

Auflage: 96 683 000 Stück

Weitere Werte siehe Zusammenfassung nach Blockaufstellung

2001, 12. Juli. Landesparlamente in Deutschland (XI). 🄴 **Aretz; Odr. BDB (Klb. 2×5); gez. K 13¾:14.**

clv) Landtag von Schleswig-Holstein, Kiel

		✶✶	⊙	FDC
2198	110 (Pf) / 0.56 € mfg. clv	1,10	1,—	1,80
	ETB 30/2001		1,30	
	Kleinbogen	11,—	10,—	

Auflage: 27 000 000 Stück, davon 200 000 auf ETB

Weitere Ausgaben siehe Fußnote nach MiNr. 1977

2001, 12. Juli. Bewahrung kirchlicher Baudenkmäler. Ⓔ **Geißelbrecht; RaTdr. BDB (Klb. 2×5); gez. K 13¾:14.**

clw) Glockenturm der Dorfkirche von Canzow

			★★	⊙	FDC
2199	110 (Pf) / 0.56 € mfg.	clw	1,10	1,—	1,80
	ETB 31/2001			1,30	
	Kleinbogen		11,—	10,—	

Auflage: 52 000 000 Stück, davon 200 000 auf ETB

2001, 12. Juli. Blockausgabe: Für die Gesundheit. Ⓔ **Schmitz; Odr. SB; gez. Ks 13:13½.**

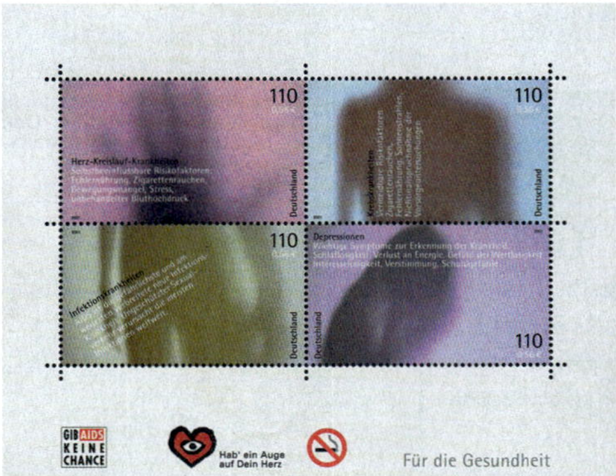

clx) Herz-Kreislauf-Krankheiten cly) Krebserkrankungen cmb
clz) Infektionen cma) Depressionen

			★★	⊙	FDC
2200	110 (Pf) / 0.56 € mfg.	clx	1,50	1,50	
2201	110 (Pf) / 0.56 € mfg.	cly	1,50	1,50	
2202	110 (Pf) / 0.56 € mfg.	clz	1,50	1,50	
2203	110 (Pf) / 0.56 € mfg.	cma	1,50	1,50	
Block 54	(138×110 mm)	cmb	6,50	6,50	8,—
			Ⓢ	6,—	
	ETB 32/2001			4,50	

Auflage: 7 284 000 Blocks, davon 200 000 auf ETB

2001, 12. Juli. Bedrohte Tierarten (III). Ⓔ **Jacki; Odr. SB, Markenheftchen; selbstklebend; gestanzt 11¼:11.**

clg) Berggorilla (Gorilla gorilla beringei)

			★★	⊙	FDC
2204	110 (Pf) / 0.56 € mfg.	clg	1,80	1,70	
2205	110 (Pf) / 0.56 € mfg.	clh	1,80	1,70	
	Satzpreis (2 W.)		3,60	3,40	7,50

Herstellungsbedingt verfärbt die Gummierung sehr leicht das Markenbild; **die ★★-Preise gelten auch für Marken ohne Gummi und Trägerfolie oder leicht verfärbte Stücke!**

MiNr. 2204–2205 stammen aus MH 44.

Auflagen: je 29 692 500 Stück

In gleichen Zeichnungen: MiNr. 2182–2183

Weitere Ausgaben siehe Fußnote nach MiNr. 2086

2001, 9. Aug. Freimarke: Sehenswürdigkeiten (XXVIII). Ⓔ **Haase; Ldr. BDB, Kleinbogen (2×5) (Klb.) und Rollen (R); gez. K 14.**

cmc) Kölner Dom

			★★	⊙	FDC
2206	440 (Pf) / 2.25 € rötlich-grau/schwarz	cmc	5,—	5,—	6,—
	ETB 33/2001			4,50	
	Kleinbogen		55,—	55,—	

Waagerechtes Paar (aus Klb.):

	★★	⊙
2206/2206	11,—	11,—

Rollenmarke mit rückseitiger Nummer (R):

	Einzelm. ★★	Einzelm. ⊙	5er-Str. ★★
206 R	7,—	7,—	32,—

Auflage: 61 832 000 Stück

Weitere Werte siehe Zusammenfassung nach Blockaufstellung

2001, 9. Aug. Brauchtum und Tradition (I): Drachenstich in Furth im Wald. Ⓔ **Glinski; Odr. WPL (Klb. 5×2); gez. K 13¼.**

cmd) Drache, Schwert

			★★	⊙	FDC
2207	100 (Pf) / 0.51 € mfg. GA	cmd	1,—	0,90	1,60
	ETB 34/2001			1,20	
	Kleinbogen		10,—	9,—	

Auflage: 100 000 000 Stück, davon 200 000 auf ETB

Weitere Ausgaben: MiNr. 2494, 2696

2001, 9. Aug. Naturdenkmäler in Deutschland (I). Ⓔ **Lüdtke; Odr. BDB (Klb. 2×5); gez. S 13¾:14.**

cme) Linde von Himmelsberg (ca. 750 Jahre alt)

			★★	⊙	FDC
2208	110 (Pf) / 0.56 € mfg.	cme	1,10	1,—	1,80
	ETB 35/2001			1,30	
	Kleinbogen		12,—	12,—	

Auflage: 50 000 000 Stück, davon 200 000 auf ETB

In gleicher Zeichnung: MiNr. 2217

Weitere Ausgaben: MiNr. 2217, 2358

2001, 9. Aug. Lebenslanges Lernen. Ⓔ **Haase; Odr. BDB (Klb. 2×5); gez. K 14.**

cmf) Lehrer Lämpel; Zeichnung und Zitat von Wilhelm Busch (1832–1908), Maler, Zeichner und Dichter

			★★	⊙	FDC
2209	110 (Pf) / 0.56 € mfg.	cmf	1,10	1,—	1,70
	ETB 36/2001			1,30	
	Kleinbogen		11,—	10,—	

Auflage: 49 900 000 Stück, davon 200 000 auf ETB

2001, 5. Sept. Freimarken: Sehenswürdigkeiten (XXIX). Ⓔ **Haase; Ldr. BDB, Kleinbogen (2×5) (B) und Rollen (R); gez. K 14.**

cmg) Kassettendecke im Zedernsaal des Fuggerschlosses, Kirchheim (Schwaben)

cmh) Wartburg bei Eisenach

			★★	⊙	FDC
2210	50 (Pf) / 0.26 € dunkelbraunlila/hellockerbraun	cmg	1,—	1,—	2,—
2211	400 (Pf) / 2.05 € dunkelbraunlila/hellockerbraun	cmh	4,—	4,—	5,—
	Satzpreis (2 W.)		5,—	5,—	6,—
	ETB 37/2001			4,50	
	Kleinbogensatz (2 Klb.)		65,—	65,—	

Waagerechte Paare (aus Klb.):

	★★	⊙
2210/2210	2,50	2,50
2211/2211	9,50	9,50
Satzpreis (2 Paare)	12,—	12,—

Rollenmarken mit rückseitiger Nummer (R):

	Einzelm. ★★	⊙	5er-Str. ★★
2210 R	1,80	1,80	6,—
2211 R	6,50	6,50	29,—

Auflagen: MiNr. 2210 = 116 587 000, MiNr. 2211 = 88 740 000 Stück

Weitere Werte siehe Zusammenfassung nach Blockaufstellung

2001, 5. Sept. Blockausgabe: Für uns Kinder. Ⓔ Steiner; Odr. WPL; gez. Ks 13¾:14.

cmk

cmi) Kinder und Tiere

		★★	⊙	FDC
2212	110 (Pf) / 0.56 € mfg. . . . . . cmi	1,30	1,30	2,—
Block 55	(110×66 mm) . . . . cmk	1,50	1,80	2,—
	Ⓢ		1,50	
	ETB 38/2001		1,30	

Auflage: 7 000 000 Blocks, davon 200 000 auf ETB

2001, 5. Sept. Landesparlamente in Deutschland (XII). Ⓔ Aretz; Odr. BDB (Klb. 2×5); gez. K 13¾:14.

cml) Thüringer Landtag, Erfurt

		★★	⊙	FDC
2213	110 (Pf) / 0.56 € mfg. . . . . . cml	1,10	1,—	1,80
	ETB 39/2001		1,30	
	Kleinbogen	11,—	10,—	

Auflage: 27 000 000 Stück, davon 200 000 auf ETB

Weitere Ausgaben siehe Fußnote nach MiNr. 1977

2001, 5. Sept. 50 Jahre Bundesverfassungsgericht, Karlsruhe. Ⓔ Lüdtke; Odr. BDB (Klb. 2×5); gez. K 13¾:14.

cmm) Die Gerechtigkeit; Plastik im Casino des Bundesverfassungsgerichts

		★★	⊙	FDC
2214	110 (Pf) / 0.56 € mfg. . . . . cmm	1,10	1,—	1,80
	ETB 40/2001		1,30	
	Kleinbogen	11,—	10,—	

Auflage: 30 000 000 Stück, davon 200 000 auf ETB

2001, 5. Sept. 1. Weltkongress der Gewerkschaftsorganisation Union Network International (UNI), Berlin. Ⓔ Menze; Odr. SB (Klb. 2×5); gez. K 13:13½.

cmn) Flaggen

		★★	⊙	FDC
2215	110 (Pf) / 0.56 € mfg. . . . . cmn	1,10	1,—	1,80
	ETB 41/2001		1,30	
	Kleinbogen	11,—	10,—	

Auflage: 32 490 000 Stück, davon 200 000 auf ETB

2001, 5. Sept. Eröffnung des Jüdischen Museums, Berlin. Ⓔ Schmitz; RaTdr. BDB (Klb. 5×2); gez. K 13¾.

cmo) Lichtschein bildet Grundriss des Museumsgebäudes

		★★	⊙	FDC
2216	110 (Pf) / 0.56 € mfg. . . . . cmo	1,10	1,—	1,80
	ETB 42/2001		1,30	
	Kleinbogen	11,—	10,—	

Auflage: 28 300 000 Stück, davon 200 000 auf ETB

2001, 13. Sept. Naturdenkmäler in Deutschland (II). Ⓔ Lüdtke; Odr. BDB, Markenheftchen; selbstklebend; gestanzt 11.

cme) Linde von Himmelsberg (ca. 750 Jahre alt)

		★★	⊙	FDC
2217	110 (Pf) / 0.56 € mfg. . . . . cme	3,—	2,—	5,—

MiNr. 2217 stammt aus MH 45

Auflage: 107 518 000 Stück

In gleicher Zeichnung: MiNr. 2208

2001, 11. Okt./13. Nov. Wohlfahrt: Internationale Filmschauspieler. Ⓔ Graschberger; Odr. BDB, Kleinbogen (2×5) (B) und Markenheftchen (MH); A = gez. K 14, C = gez. Ks 13–13½:13.

cmp) Sir Charles Spencer (gen. Charlie) Chaplin (1889–1977), britischer Filmkomiker, -autor, -regisseur und -produzent

cmr) Marilyn Monroe (1926–1962), amerikanische Filmschauspielerin

cms) Filmrolle

cmt) Greta Garbo (1905–1990), schwedische Filmschauspielerin

cmu) Jean Gabin (1904–1976), französischer Filmschauspieler

		★★	⊙	FDC
2218	100 + 50 (Pf) / 0.51 + 0.26 € mehrfarbig . . . . cmp			
A	gez. K 14 (B) (11. Okt.) . . .	2,—	2,—	
C	gez. Ks 13½:13 (MH) (13. Nov.)	4,—	4,—	
2219	100 + 50 (Pf) / 0.51 + 0.26 € mehrfarbig . . . . cmr			
A	gez. K 14 (B) (11. Okt.) . . .	2,—	2,—	
C	gez. Ks 13:13:13½:13 (MH) (13. Nov.)	4,—	4,—	
2220	110 + 50 (Pf) / 0.56 + 0.26 € mehrfarbig . . . . cms			
A	gez. K 14 (B) (11. Okt.) . . .	2,—	2,—	
C	gez. Ks 13½:13 (MH) (13. Nov.)	4,—	4,—	
2221	110 + 50 (Pf) / 0.56 + 0.26 € mehrfarbig . . . . cmt			
A	gez. K 14 (B) (11. Okt.) . . .	2,—	2,—	
C	gez. Ks 13½:13:13:13 (MH) (13. Nov.)	4,—	4,—	

			**	⊙	FDC
2222		300 + 100 (Pf) / 1.53 + 0.51 € mehrfarbig .... cmu			
	A	gez. K 14 (B) (11. Okt.) ...	4,50	4,50	
	C	gez. Ks 13 (MH) (13. Nov.)	9,—	9,—	
		Satzpreis A (5 W.)	12,—	12,—	14,—
		ETB 43/2001 (mit MiNr. 2218 A, 2219 A, 2221 A)		5,—	
		ETB 43a/2001 (mit MiNr. 2220 A, 2222 A)		6,—	
		Kleinbogensatz (5 Klb.)	130,—	130,—	

MiNr. 2218 C–2222 C stammen aus MH 46.

Ein geringer Teil der Markenheftchenauflage wurde bereits am 26.10.2001 am Stand der Wohlfahrtsverbände während der Internationalen Briefmarkenbörse in Sindelfingen verkauft.

Auflagen: MiNr. 2218 A = 4960000, MiNr. 2219 A = 4850000, MiNr. 2220 A = 15210000, MiNr. 2221 A = 13490000, MiNr. 2222 A = 7130000 Stück, davon je 174000 auf ETB; MiNr. 2218 C–2222 C je 983278 Stück

Nicht ausgegeben:

2001. Wohlfahrt: Internationale Filmschauspieler. Ⓔ Graschberger; Odr. (2×5); gez. K 14.

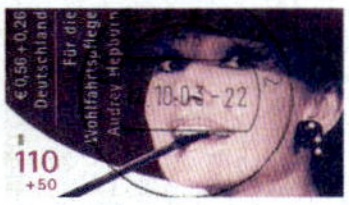

cms I) Audrey Hepburn (1929–1993), amerikanische Filmschauspielerin

		**	⊙
XIX	110 + 50 (Pf) mehrfarbig .. cms I	*150000,—*	*100000,—*

2001, 11. Okt. Grußmarke. Ⓔ Jung und Pfeffer; Odr. SB (Klb. 2×5); gez. K 13:13½.

cmv) Geschenkband mit herzförmiger Schleife

		**	⊙	FDC
2223	110 (Pf) / 0.56 € mfg. ... cmv	1,10	1,—	1,80
	ETB 44/2001		1,10	
	Kleinbogen	11,—	10,—	

Auflage: 53930000 Stück, davon 200000 auf ETB

2001, 8. Nov. Freimarken: Sehenswürdigkeiten (XXX). Ⓔ Haase; Ldr. BDB, Kleinbogen (2×5) (B) und Rollen (R); gez. K 14.

cmw) Böttcherstraße, Bremen

cmx) Heidelberger Schloss

		**	⊙	FDC
2224	20 (Pf) / 0.10 € schwarz / rotorange .... cmw	1,—	1,—	1,50
2225	510 (Pf) / 2.61 € dunkelbraunlila/hellrötlichorange . cmx	5,50	5,50	6,50
	Satzpreis (2 W.)	6,50	6,50	8,—
	ETB 45/2001		5,50	
	Kleinbogensatz (2 Klb.)	80,—	90,—	

Waagerechte Paare (aus Kleinbogen):

	**	⊙
2224/2224	2,50	2,50
2225/2225	16,—	16,—
Satzpreis (2 Paare)	18,—	18,—

Rollenmarken mit rückseitiger Nummer (R):

	Einzelm. **	Einzelm. ⊙	5er-Str. **
2224 R	1,40	1,40	5,50
2225 R	8,—	8,—	42,—

Auflagen: MiNr. 2224 = 166110000, MiNr. 225 = 56508000

Weitere Werte siehe Zusammenfassung nach Blockaufstellung

2001, 8. Nov. Weihnachten: Gemälde. Ⓔ Lopez Villalba; Odr. BDB (Klb. 5×2); gez. S 13¼.

cmy) Jungfrau mit Kind; Gemälde von Alfredo Roldán (*1965), spanischer Maler

cmz) Anbetung der Hirten; von Jusepe de Ribera (1591–1652), spanischer Maler

		**	⊙	FDC
2226	100 + 50 (Pf) / 0.51 + 0.26 € mehrfarbig . cmy	1,60	1,60	
2227	110 + 50 (Pf) / 0.56 + 0.26 € mehrfarbig . cmz	1,60	1,60	
	Satzpreis (2 W.)	3,20	3,20	4,—
	ETB 46/2001		3,—	
	Kleinbogensatz (2 Klb.)	33,—	34,—	

Auflagen: MiNr. 2226 = 5920000, MiNr. 2227 = 8260000 Stück, davon je 175000 auf ETB

Blockausgabe mit MiNr. 2226–2227 und Spanien MiNr. 3671 bis 3672:

cna

		**	⊙	FDC
Block 56	(106×133 mm) .... cna	5,50	5,50	6,50
	Ⓢ		5,—	
	ETB 47/2001		4,50	

Postpreis: 310 Pf/1.59 € im Direktabonnement der Post, 445 Pf/2.28 € an den übrigen Verkaufsstellen.

Block 56 ist identisch mit Spanien Block 102, die spanischen Marken daraus sind in Deutschland nicht frankaturgültig.

Block 56 wird nur von den Versandstellen und den sogenannten Stationären Philatelieschaltern verkauft.

Auflage: 1617000 Blocks, davon 172000 auf ETB

Parallelausgabe mit Spanien MiNr. 3669–3672, Bl. 102

2001, 8. Nov. 100. Geburtstag von Werner Heisenberg. Ⓔ Wulff; Odr. SB (Klb. 5×2); gez. K 13¾.

cnb) W. Heisenberg (1901–1976), Physiker, Nobelpreis 1932; Formel der Heisenbergschen Unschärferelation

		**	⊙	FDC
2228	300 (Pf) / 1.53 € mfg. ..... cnb	3,60	3,20	4,—
	ETB 48/2001		3,20	
	Kleinbogen	36,—	32,—	

Auflage: 27770000 Stück, davon 200000 auf ETB

2001, 8. Nov. Blockausgabe: 100 Jahre deutsche Antarktisforschung. 🄴 **Kößlinger; Odr. WPL; gez. K 13¾:14.**

cnc) Forschungsschiff „Gauß“ cnd) Forschungsschiff „Polarstern“ cne

		★★	⊙	FDC
2229	110 (Pf) / 0.56 € mfg. . . . . cnc	1,50	1,50	
2230	220 (Pf) / 1.12 € mfg. GA . cnd	2,50	2,50	
Block 57	(134×104 mm) . . . . cne	4,20	4,50	5,—
	Ⓢ		4,20	
	ETB 49/2001		3,50	

Auflage: 6 000 000 Blocks, davon 200 000 auf ETB

2002

2002, 10. Jan. Umweltschutz: Internationales Jahr der Berge. 🄴 **Gamroth; Odr. BDB (Klb. 2×5); gez. K 14.**

cnf) Berglandschaft

		★★	⊙	FDC
2231	56 + 26 (C) mfg. . . . . cnf	1,70	1,60	2,50
	ETB 1/2002		1,80	
	Kleinbogen	18,—	18,—	

Auflage: 2 130 000 Stück, davon 156 000 auf ETB

2002, 10. Jan. 1000 Jahre Bautzen. 🄴 **Steiner; Odr. SB (Klb. 5×2); gez. K 13¾.**

cng) Sehenswürdigkeiten der Stadt

		★★	⊙	FDC
2232	56 (C) mehrfarbig . . . . cng	1,10	1,—	1,80
	ETB 2/2002		1,30	
	Kleinbogen	11,—	10,—	

Auflage: 30 872 000 Stück, davon 200 000 auf ETB

In gleicher Zeichnung: MiNr. 2245

2002, 10. Jan. 100. Geburtstag von Hans von Dohnanyi. 🄴 **Gassner; RaTdr. BDB (Klb. 5×2); gez. K 13¾.**

cnh) H. von Dohnanyi (1902–1945), Widerstandskämpfer

		★★	⊙	FDC
2233	56 (C) mehrfarbig . . . . cnh	1,10	1,—	1,70
	ETB 3/2002		1,30	
	Kleinbogen	11,—	10,—	

Auflage: 22 000 000 Stück, davon 200 000 auf ETB

2002, 10. Jan. Einführung der Euro-Münzen und -Banknoten. 🄴 **Jünger; Odr. BDB (Klb. 5×2); gez. K 13¾.**

cni) Euro-Zeichen

		★★	⊙	FDC
2234	56 (C) mehrfarbig GA . . . . . . cni	1,70	1,70	2,40
	ETB 4/2002		1,50	
	Kleinbogen	17,—	17,—	

Auflage: 52 360 000 Stück, davon 200 000 auf ETB

In gleicher Zeichnung: MiNr. 2236

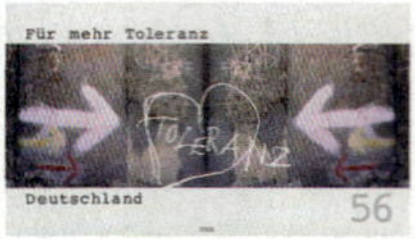

2002, 10. Jan. Kampagne für mehr Toleranz. 🄴 **Steiner; Odr. WPL (Klb. 2×5); gez. K 13¾:14.**

cnk) Betonmauer mit Inschrift

		★★	⊙	FDC
2235	56 (C) mehrfarbig . . . . cnk	1,10	1,—	1,80
	ETB 5/2002		1,30	
	Kleinbogen	11,—	10,—	

Auflage: 23 000 000 Stück, davon 200 000 auf ETB

2002, 10. Jan. Einführung der Euro-Münzen und -Banknoten. 🄴 **Jünger; RaTdr. BDB, Folienstreifen (1×5) aus Rollen; selbstklebend; gestanzt 10¼.**

cni) Euro-Zeichen

		★★	⊙	FDC
2236	56 (C) mehrfarbig . . . . cni	4,—	3,—	4,—
	Fünferstreifen	20,—		

Auf der Trägerfolie befindet sich rückseitig bei jeder 5. Marke eine Zählnummer.

Auflage: 63 456 000 Stück

In gleicher Zeichnung: MiNr. 2234

2002, 7. Febr. Sporthilfe: Olympische Winterspiele, Salt Lake City. 🄴 **Menze; Odr. BDB, Kleinbogen (2×5) (B) und Markenheftchen (MH); gez. S 13¾:14.**

cnl) Biathlon

cnm) Eisschnelllauf

cnn) Skispringen

cno) Rodeln

		★★	⊙
2237	51 + 26 (C) mehrfarbig . . . . cnl	1,70	1,70
2238	56 + 26 (C) mfg. GA . . . . cnm	1,70	1,70
2239	56 + 26 (C) mehrfarbig . . . . cnn	1,70	1,70
2240	153 + 51 (C) mehrfarbig . . . . cno	4,—	4,—
	Satzpreis (4 W.)	9,—	9,—
	FDC		10,—
	ETB 6/2002		9,—
	Kleinbogensatz (4 Klb.)	100,—	100,—

MiNr. 2237–2240 wurden auch zusammenhängend im Markenheftchen (MH 47) ausgegeben.

Die Markenheftchenmarken lassen sich anhand geringfügiger Druckunterschiede bei den farbigen Inschriften sowie durch kräftige grünlichgelbe Fluoreszenz von den Bogenmarken unterscheiden.

Auflagen: MiNr. 2237 = 3 534 904, MiNr. 2238 = 3 394 904, MiNr. 2239 = 3 394 904, MiNr. 2240 = 3 304 904 Stück, davon je 564 904 aus Markenheftchen und 260 000 auf ETB

2002, 7. Febr. 250. Geburtstag von Adolph Freiherr von Knigge. ⓔ Nitzsche; Odr. BDB (Klb. 5×2); gez. S 13¾.

cnp) A. Frh. v. Knigge (1752–1796), Schriftsteller; Titelseite des Buches „Über den Umgang mit Menschen"

			✱✱	⊙	FDC
2241	56 (C) mehrfarbig . . . . cnp		1,20	1,10	1,80
		ETB 7/2002		1,30	
		Kleinbogen	12,—	11,—	

Auflage: 30 000 000 Stück, davon 200 000 auf ETB

2002, 7. Febr. 100 Jahre Berliner U-Bahn. ⓔ Wulff; Odr. WPL (Klb. 5×2); gez. K 13¼.

cnr) U-Bahn-Triebwagen (Detail), U-Bahn-Zeichen

			✱✱	⊙	FDC
2242	56 (C) mehrfarbig . . . . cnr		1,50	1,10	2,40
		ETB 8/2002		1,30	
		Kleinbogen	15,—	11,—	

Auflage: 50 000 000 Stück, davon 200 000 auf ETB

2002, 7. März. Kulturstiftung der Länder (III). ⓔ Lüdtke; Odr. SB (Klb. 2×5); gez. K 14.

cns) Zylindrische Rechenmaschine von Johann Christoph Schuster (1759–1823), Hofuhrmacher in Ansbach

			✱✱	⊙	FDC
2243	56 (C) mehrfarbig . . . . cns		1,20	1,10	1,80
		ETB 9/2002		1,30	
		Kleinbogen	13,—	12,—	

Auflage: 30 170 000 Stück, davon 200 000 auf ETB

Weitere Ausgaben siehe Fußnote nach MiNr. 2064

2002, 7. März. 1000 Jahre Deggendorf. ⓔ Schmidt; Odr. BDB (Klb. 2×5); gez. S 14.

cnt) Stilisierte Stadtansicht

			✱✱	⊙	FDC
2244	56 (C) mehrfarbig GA . . . . . . cnt		1,10	1,—	1,80
		ETB 10/2002		1,30	
		Kleinbogen	11,—	10,—	

Auflage: 30 000 000 Stück, davon 200 000 auf ETB

2002, 7. März. 1000 Jahre Bautzen. ⓔ Steiner; Odr. SB, Markenheftchen; selbstklebend; gestanzt 11.

cng) Sehenswürdigkeiten der Stadt

		✱✱	⊙	FDC
2245	56 (C) mehrfarbig . . . . cng	5,—	4,—	5,—

MiNr. 2245 stammt aus MH 48

Auflage: 57 150 000 Stück

In gleicher Zeichnung: MiNr. 2232

2002, 4. April. 150 Jahre Stiftung Ecksberg für geistig Behinderte. ⓔ Menze; komb. StTdr. und Odr. BDB (Klb. 5×2); gez. K 14.

cnu) Historische Ansicht der Wallfahrtskirche Ecksberg

			✱✱	⊙	FDC
2246	56 (C) mehrfarbig . . . . cnu		1,10	1,—	1,80
		ETB 11/2002		1,30	
		Kleinbogen	11,—	10,—	

Auflage: 30 000 000 Stück, davon 200 000 auf ETB

2002, 4. April. 100 Jahre Deutsches Freimaurermuseum, Bayreuth. ⓔ Effert; Odr. BDB (Klb. 2×5); gez. S 14.

cnv) Museumsgebäude, Ausstellungsstücke

			✱✱	⊙	FDC
2247	56 (C) mehrfarbig . . . . cnv		1,20	1,10	1,80
		ETB 12/2002		1,30	
		Kleinbogen	12,—	11,—	

Auflage: 30 000 000 Stück, davon 200 000 auf ETB

2002, 4. April. 50 Jahre Baden-Württemberg. ⓔ Kühn; Odr. WPL (Klb. 5×2); gez. K 13¼.

cnw) Wappentiere

			✱✱	⊙	FDC
2248	56 (C) mehrfarbig GA . . . . . cnw		1,20	1,10	1,80
		ETB 13/2002		1,30	
		Kleinbogen	12,—	11,—	

Auflage: 50 100 000 Stück, davon 200 000 auf ETB

2002, 4. April. 50 Jahre Bundesanstalt für Arbeit. ⓔ Lüdtke; Odr. BDB (Klb. 2×5); gez. K 14.

cnx) Emblem

			✱✱	⊙	FDC
2249	153 (C) mehrfarbig . . . . cnx		3,20	3,—	4,—
		ETB 14/2002		3,20	
		Kleinbogen	32,—	32,—	

Auflage: 50 000 000 Stück, davon 200 000 auf ETB

2002, 4. April. Post! ⓔ Fiedler; Odr. SB (Klb. 2×5); gez. K 13:13½.

cny) Flugzeug schreibt „post" in den Himmel

			✱✱	⊙	FDC
2250	56 (C) mehrfarbig GA . . . . cny		1,10	1,—	1,80
		ETB 15/2002		1,30	
		Kleinbogen	11,—	10,—	

Auflage: 61 165 000 Stück, davon 200 000 auf ETB

2002, 4. April. 250. Geburtstag von Johann Heinrich Voß (2001). ⓔ Zill; Odr. BDB, Folienstreifen (1×5) aus Rollen; selbstklebend; gestanzt 10¼.

cku) J. H. Voß (1751–1826), Schriftsteller; Hand mit Feder; Titel der Nachdichtung von Homers „Ilias"

Beachten Sie die neue Abkürzung
S = integrierte Schleifperforation

			★★	⊙	FDC
2251	300 (Pf) / 1.53 € mfg.	cku	5,—	4,50	7,—
		Fünferstreifen	25,—		

Auf der Trägerfolie befindet sich rückseitig bei jeder 5. Marke eine Zählnummer.

Auflage: 39 818 000 Stück

In gleicher Zeichnung: MiNr. 2170

2002, 2. Mai. Europa: Zirkus. Ⓔ **Glinski; Odr. WPL (Klb. 5×2); gez. K 13¼.**

cnz) Lachender Clown

			★★	⊙	FDC
2252	56 (C) mehrfarbig	cnz	1,10	1,—	1,80
		ETB 16/2002		1,30	
		Kleinbogen	11,—	10,—	

Auflage: 130 000 000 Stück, davon 200 000 auf ETB

In gleicher Zeichnung, jedoch selbstklebend: MiNr. 2272

2002, 2. Mai. UNESCO-Welterbe (VIII). Ⓔ **Heise; Odr. BDB (Klb. 2×5); gez. K 13¾:14.**

coa) Gartenreich Dessau-Wörlitz

			★★	⊙	FDC
2253	56 (C) mehrfarbig	coa	1,20	1,10	1,80
		ETB 17/2002		1,30	
		Kleinbogen	12,—	12,—	

Auflage: 50 000 000 Stück, davon 200 000 auf ETB

In gleicher Zeichnung, jedoch selbstklebend: MiNr. 2277

Weitere Ausgaben siehe Fußnote nach MiNr. 1447

2002, 2. Mai. 500 Jahre Universität Halle-Wittenberg. Ⓔ **Menze; Odr. BDB (Klb. 5×2); gez. K 14.**

cob) Student; Kurfürst Friedrich III., der Weise von Sachsen (1463–1525), Gründer der Universität

			★★	⊙	FDC
2254	56 (C) mehrfarbig	cob	1,10	1,—	1,80
		ETB 18/2002		1,30	
		Kleinbogen	11,—	10,—	

Auflage: 30 000 000 Stück, davon 200 000 auf ETB

2002, 2. Mai. 250. Geburtstag von Albrecht Daniel Thaer. Ⓔ **Lienemeyer; Odr. SB (Klb. 2×5); gez. K 13:13½.**

coc) A. D. Thaer (1752–1828), Agronom

			★★	⊙	FDC
2255	225 (C) mehrfarbig GA	coc	5,—	5,—	6,50
		ETB 19/2002		4,40	
		Kleinbogen	50,—	50,—	

Auflage: 21 628 000 Stück, davon 200 000 auf ETB

2002, 2. Mai. 150 Jahre Kindergottesdienste. Ⓔ **Kühn; Odr. WPL (Klb. 2×5); gez. K 13¼.**

cod) Inschrift „KINDERGOTTESDIENST!" als Kirchenfenster

			★★	⊙	FDC
2256	56 (C) mehrfarbig	cod	1,20	1,10	1,80
		ETB 20/2002		1,30	
		Kleinbogen	12,—	11,—	

Auflage: 30 000 000 Stück, davon 200 000 auf ETB

2002, 2. Mai. Blockausgabe: 11. documenta, Kassel. Ⓔ **Steiner; Odr. WPL; gez. Ks 13¾:14.**

cof

coe) Schriftzug „Documenta 11"

			★★	⊙	FDC
2257	56 C mehrfarbig	coe	1,80	1,80	
Block 58	(100×70 mm)	cof	2,—	2,—	2,50
		Ⓢ		1,90	
		ETB 21/2002		1,80	

Auflage: 6 600 000 Blocks, davon 200 000 auf ETB

2002, 2. Mai. Fußballweltmeister im 20. Jahrhundert. Ⓔ **Acker; Odr. SB (Klb. 1×5 Zd); gez. K 13¼.**

cog) Flaggen der Weltmeisterländer, Spielfeld, Fußball

coh) Spielszene mit deutschem Nationalspieler

			★★	⊙	FDC
2258	56 (C) mehrfarbig GA	cog	1,20	1,20	
2259	56 (C) mehrfarbig GA	coh	1,20	1,20	
		Satzpreis (2 W.)	2,40	2,40	
		Paar	2,80	2,80	4,50
		ETB 22/2002		2,30	
		Kleinbogen	16,—	16,—	

Auflagen: je 40 000 000 Stück, davon je 200 000 auf ETB

Parallelausgabe mit Argentinien MiNr. 2715–2716, Brasilien MiNr. 3226–3227, Frankreich MiNr. 3620–3621, Italien MiNr. 2884–2885 und Uruguay MiNr. 2659–2660

2002, 6. Juni. Jugend: Kinderspielzeug. Ⓔ **Scheuner; Odr. SB (Klb. 5×2); gez. K 13¼.**

coi) Brettspiel (Schachfiguren)

cok) Holzspielzeug (Kranwagen)

col) Puppe

com) Teddybär

con) Technisches Spielzeug (Elektrische Eisenbahn)

			★★	⊙	FDC
2260	51 + 26 (C) mehrfarbig	coi	1,80	1,80	
2261	51 + 26 (C) mehrfarbig	cok	1,80	1,80	
2262	56 + 26 (C) mehrfarbig	col	1,80	1,80	
2263	56 + 26 (C) mehrfarbig	com	1,80	1,80	
2264	153 + 51 (C) mehrfarbig	con	4,—	4,—	
		Satzpreis (5 W.)	11,—	11,—	12,—
		ETB 23/2002 (mit MiNr. 2260–2262)		5,—	
		ETB 23a/2002 (mit MiNr. 2263–2264)		5,50	
		Kleinbogensatz (5 Klb.)	130,—	120,—	

Auflagen: MiNr. 2260 = 1 770 000, MiNr. 2261 = 1 760 000, MiNr. 2262 = 1 780 000, MiNr. 2263 = 1 850 000, MiNr. 2264 = 1 760 000 Stück, davon je 151 000 auf ETB

2002, 6. Juni. Bedrohte Tierarten (IV). Ⓔ **Jacki; Odr. WPL (Klb. 2×5); gez. K 14.**

coo) Bauchige Windelschnecke (Vertigo moulinsiana)

cop) Flussperlmuschel (Margaritifera margaritifera)

			✶✶	⊙	FDC
2265	51 (C) mehrfarbig	coo	1,20	1,—	
2266	56 (C) mehrfarbig	cop	1,20	1,—	
		Satzpreis (2 W.)	2,40	2,—	3,—
		ETB 24/2002		2,20	
		Kleinbogensatz (2 Klb.)	25,—	24,—	

Auflagen: MiNr. 2265 = 50 000 000, MiNr. 2266 = 30 100 000 Stück, davon je 200 000 auf ETB

MiNr. 2266 Parallelausgabe mit der Tschechischen Republik MiNr. 323

Weitere Ausgaben siehe Fußnote nach MiNr. 2086

2002, 6. Juni. 100. Geburtstag von Ernst Wilhelm Nay. Ⓔ **Jünger; Odr. BDB (Klb. 2×5); gez. S 13¾:14.**

cor) Gelbfeder in Rot; Gemälde von E. W. Nay (1902–1968)

			✶✶	⊙	FDC
2267	56 (C) mehrfarbig	cor	1,10	1,—	1,80
		ETB 25/2002		1,30	
		Kleinbogen	11,—	10,—	

Auflage: 40 000 000 Stück, davon 200 000 auf ETB

2002, 4. Juli. Blockausgabe: Deutsche National- und Naturparks (V) – Nationalpark Hochharz. Ⓔ **Glinski; Odr. WPL; gez. Ks 13¾.**

cot

cos) Berglandschaft mit Fichten, Brocken (1141 m)

			✶✶	⊙	FDC
2268	56 (C) mehrfarbig GA	cos	1,40	1,30	
Block 59	(110×65 mm)	cot	1,50	1,50	2,—
		Ⓢ		1,40	
		ETB 26/2002		1,30	

Auflage: 7 000 000 Blocks, davon 164 000 auf ETB

Weitere Ausgaben siehe Fußnote nach MiNr. 1871–1873 (Bl. 36)

2002, 4. Juli. 150 Jahre Germanisches Nationalmuseum, Nürnberg. Ⓔ **Jäger und Winkler; Odr. WPL (Klb. 2×5); gez. K 13¾:14.**

cou) Straße der Menschenrechte; von Dani Karavan (*1930), israelischer Künstler

			✶✶	⊙	FDC
2269	56 (C) mehrfarbig GA	cou	1,10	1,—	2,20
		ETB 27/2002		1,30	
		Kleinbogen	11,—	10,—	

Auflage: 30 000 000 Stück, davon 164 000 auf ETB

2002, 4. Juli. 125. Geburtstag von Hermann Hesse. Ⓔ **Rogger; Odr. BDB (Klb. 2×5); gez. S 14.**

cov) Hermann Hesse (1877–1962), Schriftsteller, Nobelpreis 1946

			✶✶	⊙	FDC
2270	56 (C) mehrfarbig	cov	1,10	1,—	2,20
		ETB 28/2002		1,30	
		Kleinbogen	11,—	10,—	

Auflage: 25 000 000 Stück, davon 164 000 auf ETB

2002, 4. Juli. Deutsche Welthungerhilfe. Ⓔ **Steiner; Odr. BDB (Klb. 2×5); gez. S 13¾:14.**

cow) Pflanzen und Menschen (Aquarell)

			✶✶	⊙	FDC
2271	51 (C) mehrfarbig GA	cow	1,—	1,—	2,—
		ETB 29/2002		1,20	
		Kleinbogen	10,—	10,—	

Auflage: 30 000 000 Stück, davon 164 000 auf ETB

2002, 4. Juli. Europa: Zirkus. Ⓔ **Glinski; Odr. BDB, Folienstreifen (1×5) aus Rollen; selbstklebend; gestanzt 10¼.**

cnz) Lachender Clown

			✶✶	⊙	FDC
2272	56 (C) mehrfarbig	cnz	3,—	3,—	4,50
		Fünferstreifen	15,—		

Auf der Trägerfolie befindet sich rückseitig bei jeder 5. Marke eine Zählnummer.

Auflage: 38 578 000 Stück

In gleicher Zeichnung, jedoch nassklebend: MiNr. 2252

2002, 8. Aug. Aufrechte Demokraten (I): Josef Felder. Ⓔ **Aretz; Odr. WPL (Klb. 5×2); gez. K 13¼.**

cox) Josef Felder (1900–2000), Politiker

			✶✶	⊙	FDC
2273	56 (C) mehrfarbig	cox	1,20	1,10	2,20
		ETB 30/2002		1,30	
		Kleinbogen	12,—	11,—	

Auflage: 25 000 000 Stück, davon 164 000 auf ETB

Weitere Ausgaben: MiNr. 2354, 2571, 2590

2002, 8. Aug. UNESCO-Welterbe (IX). Ⓔ **Schillinger; komb. StTdr. und Odr. BDB (Klb. 2×5); gez. K 14.**

coy) Museumsinsel, Berlin

			✶✶	⊙	FDC
2274	56 (C) mehrfarbig GA	coy	1,20	1,10	2,20
		ETB 31/2002		1,30	
		Kleinbogen	12,—	11,—	

Auflage: 22 560 000 Stück, davon 164 000 auf ETB

Weitere Ausgaben siehe Fußnote nach MiNr. 1447

Alle ab 1.1.1969 ausgegebenen Marken und Blocks nur in DM-Währung waren bis 30.6.2002 frankaturgültig, außerdem auch MiNr. 454–461, 489–503, 506–510 und 561–565. Marken mit doppelter Währungsangabe in DM und € sind auch weiterhin frankaturgültig.

2002, 8. Aug. Dienst am Nächsten (IV): Freiwillige Feuerwehr. ⓔ **Effert; Odr. BDB (Klb. 2×5); gez. K 14.**

coz) Feuerwehrleute bei Brandbekämpfung

		★★	⊙	FDC
2275	56 (C) mehrfarbig . . . . coz	1,20	1,10	2,20
	ETB 32/2002		1,30	
	Kleinbogen	12,—	12,—	

Auflage: 30 000 000 Stück, davon 164 000 auf ETB

Weitere Ausgaben siehe Fußnote nach MiNr. 2065

2002, 8. Aug. Museum für Kommunikation, Berlin. ⓔ **Rogger; Odr. SB (Klb. 2×5); gez. K 14.**

cpa) Museumsgebäude

		★★	⊙	FDC
2276	153 (C) mehrfarbig . . . . cpa	3,—	3,—	4,20
	ETB 33/2002		3,20	
	Kleinbogen	30,—	30,—	

Auflage: 40 000 000 Stück, davon 164 000 auf ETB

2002, 8. Aug. UNESCO-Welterbe (X). ⓔ **Heise; Odr. SB, Markenheftchen; selbstklebend; gestanzt 11.**

coa) Gartenreich Dessau-Wörlitz

		★★	⊙	FDC
2277	56 (C) mehrfarbig . . . . coa	2,—	1,40	4,—

MiNr. 2277 stammt aus MH 49

Auflage: 76 920 000 Stück

In gleicher Zeichnung, jedoch nassklebend: MiNr. 2253

Weitere Ausgaben siehe Fußnote nach MiNr. 1447

2002, 30. Aug. Hilfe für die Hochwassergeschädigten. ⓔ **Gottschall; Odr. SB (Klb. 2×5); A = gez. K 13:13½, C = gez. K 13:14.**

cby I) Wellen

		★★	⊙	FDC
2278	56 (C) + 44 (C) mfg. . . . cby I			
A	gez. K 13:13½	2,50	2,20	3,—
C	gez. K 13:14	10,—	10,—	12,—
	ETB 33 S/2002 (A)		2,20	
	Kleinbogen A	25,—	24,—	
	Kleinbogen C	100,—	100,—	

MiNr. 2278 A und C wurden jeweils in zwei Rasterungen gedruckt, wobei Type I einer Textil- oder Drahtgewebestruktur, Type II einer Wabenstruktur ähnelt.

Auflage: 6 740 000 Stück, davon 147 000 auf ETB

In gleicher und ähnlicher Zeichnung: MiNr. 1989, 3022

2002, 5. Sept. Deutsche Malerei des 20. Jahrhunderts (VI). ⓔ **Jünger; Odr. WPL (Klb. 2×5); gez. K 13¾:14.**

cpb) Rotes Elisabeth-Ufer; von Ernst Ludwig Kirchner (1880–1938)

		★★	⊙	FDC
2279	112 (C) mehrfarbig . . . . cpb	2,20	2,—	3,20
	ETB 34/2002		2,40	
	Kleinbogen	25,—	25,—	

Auflage: 30 000 000 Stück, davon 164 000 auf ETB

Weitere Werte siehe Fußnote nach MiNr. 1619

2002, 5. Sept. Blockausgabe: Für uns Kinder. ⓔ **Hogrefe; Odr. SB; gez. Ks 13:13¼.**

cpd

cpc) Fuß eines Kleinkindes mit „Zehfigur"

		★★	⊙	FDC
2280	56 (C) mehrfarbig . . . . cpc	1,40	1,30	
Block 60	(110×65 mm) . . . . cpd	1,50	1,50	2,50
	Ⓢ		1,40	
	ETB 35/2002		1,30	

Auflage: 8 000 000 Blocks, davon 164 000 auf ETB

2002, 5. Sept. Archäologie in Deutschland (I). ⓔ **Jünger & Michel; Odr. WPL (Klb. 2×5); gez. K 13¾:14.**

cpe) Grundmauern des Badegebäudes eines römischen Gutshofes in Wurmlingen mit Pfostenspuren eines danach eingebauten frühalamannischen Speichers (um 260)

		★★	⊙	FDC
2281	51 (C) mehrfarbig . . . . cpe	1,—	1,—	2,—
	ETB 36/2002		1,20	
	Kleinbogen	11,—	11,—	

Auflage: 40 000 000 Stück, davon 164 000 auf ETB

Weitere Ausgaben: MiNr. 2436, 2553, 2695

2002, 10. Okt. 400. Geburtstag von Otto von Guericke. ⓔ **Gassner; Odr. BDB (Klb. 2×5); gez. K 14.**

cpf) Kopernikanisches Weltbild und Halbkugelversuch mit 16 Pferden; Kupferstiche aus der „Experimenta nova (ut vocantur) de vacuo spatio" von O. v. Guericke (1602–1686), Ingenieur und Physiker

		★★	⊙	FDC
2282	153 (C) mehrfarbig . . . . cpf	3,50	3,20	4,50
	ETB 37/2002		3,50	
	Kleinbogen	35,—	35,—	

Auflage: 30 000 000 Stück, davon 164 000 auf ETB

2002, 10. Okt. 225. Geburtstag von Heinrich von Kleist. ⓔ **Wulff; Odr. WPL (Klb. 5×2); gez. K 13¼.**

cpg) H. von Kleist (1777–1811), Schriftsteller; Miniatur von Peter Friedel

		★★	⊙	FDC
2283	56 (C) mehrfarbig . . . . cpg	1,10	1,—	2,20
	ETB 38/2002		1,30	
	Kleinbogen	11,—	10,—	

Auflage: 30 000 000 Stück, davon 164 000 auf ETB

Lesen Sie bitte auch das Vorwort!

2002, 10. Okt. 100. Geburtstag von Eugen Jochum. 🄴 **Lienemeyer; Odr. BDB (Klb. 2×5); gez. K 13¾:14.**

cph) E. Jochum (1902–1987), Dirigent, während einer Orchesterprobe zu „Parsifal“ (Bayreuther Festspiele 1971)

		✶✶	⊙	FDC
2284	56 (C) mehrfarbig . . . . cph	1,10	1,—	2,20
	ETB 39/2002		1,30	
	Kleinbogen	11,—	10,—	

Auflage: 25 000 000 Stück, davon 164 000 auf ETB

2002, 7. Nov. Weihnachten. 🄴 **Glinski; Odr. SB (Klb. 5×2); gez. K 13¾.**

cpi) Die Verkündigung (Detail)

cpk) Die Heilige Familie (Detail aus dem Miraflores-Altar, Berlin)

cpi–cpk) Gemälde von Rogier van der Weyden (1399/1400–1464), flämischer Maler

		✶✶	⊙	FDC
2285	51 + 26 (C) mehrfarbig . . . cpi	1,60	1,50	
2286	56 + 26 (C) mehrfarbig . . cpk	1,60	1,50	
	Satzpreis (2 W.)	3,20	3,—	4,—
	ETB 40/2002		3,20	
	Kleinbogensatz (2 Klb.)	35,—	35,—	

Auflagen: MiNr. 2285 = 3 100 00, MiNr. 2286 = 5 650 000 Stück, davon je 147 000 auf ETB

2002, 7. Nov. 50 Jahre Bundeszentrale für politische Bildung. 🄴 **Kühn; Odr. WPL (Klb. 5×2); gez. K 13¼.**

cpl) Pfeile

		✶✶	⊙	FDC
2287	56 (C) mehrfarbig . . . . cpl	1,30	1,—	2,20
	ETB 41/2002		1,30	
	Kleinbogen	13,—	12,—	

Auflage: 30 000 000 Stück, davon 164 000 auf ETB

2002, 7. Nov. 50 Jahre Deutsches Fernsehen. 🄴 **Acker; Odr. BDB (Klb. 2×5); gez. S 13¼.**

cpm) Uhr, menschliches Auge

		✶✶	⊙	FDC
2288	56 (C) mehrfarbig . . . . cpm	1,10	1,—	2,20
	ETB 42/2002		1,30	
	Kleinbogen	11,—	10,—	

Auflage: 30 000 000 Stück, davon 164 000 auf ETB

2002, 5. Dez. Wohlfahrt: Oldtimer-Automobile (I). 🄴 **Jünger; Odr. BDB (Klb. 2×5); gez. S 14.**

cpn) BMW Isetta 300 (1960)

cpo) Trabant P 50 (1961)

cpp) Mercedes 300 SL (1954)

cpr) VW Käfer (1949)

cps) Borgward Isabella Coupé (1957)

		✶✶	⊙	FDC
2289	45 + 20 (C) mehrfarbig . cpn	1,60	1,60	
2290	55 + 25 (C) mehrfarbig . cpo	1,70	1,70	
2291	55 + 25 (C) mehrfarbig . cpp	1,70	1,70	
2292	55 + 25 (C) mehrfarbig . cpr	1,70	1,70	
2293	144 + 56 (C) mehrfarbig . cps	4,50	4,50	
	Satzpreis (5 W.)	11,—	11,—	13,—
	ETB 43/2002 (mit MiNr. 2289–2291)		4,50	
	ETB 43a/2002 (mit MiNr. 2292–2293)		5,50	
	Kleinbogensatz (5 Klb.)	120,—	120,—	

Auflagen: MiNr. 2289 = 4 580 000, MiNr. 2290 = 6 000 000, MiNr. 2291 = 6 800 000, MiNr. 2292 = 7 300 000, MiNr. 2293 = 5 900 000 Stück, davon je 146 000 auf ETB

Weitere Ausgaben: MiNr. 2362–2366

2002, 5. Dez. Deutsche Malerei des 20. Jahrhunderts (VII). 🄴 **Jünger; Odr. WPL (Klb. 2×5); gez. K 13¾:14.**

cpt) Marktkirche von Halle; von Lyonel Feininger (1871–1956), deutsch-amerikanischer Maler und Graphiker

		✶✶	⊙	FDC
2294	55 (C) mehrfarbig GA . . . . . . cpt	1,10	1,—	1,80
	ETB 44/2002		1,40	
	Kleinbogen	*20,—*	*20,—*	

Auflage: 130 000 000 Stück, davon 164 000 auf ETB

Weitere Ausgaben siehe Fußnote nach MiNr. 1619

2002, 27. Dez. Freimarken: Frauen der deutschen Geschichte (XXI). 🄴 **Aretz; StTdr. BDB (Klb. 5×2); gez. K 14.**

cpu) Annette Freiin von Droste-Hülshoff (1797–1848), Dichterin

cpv) Hildegard Knef (1925–2002), Schauspielerin und Chansonsängerin

cpw) Esther von Kirchbach (1894–1946), deutsche Dichterin und Pfarrfrau

			✶✶	⊙	FDC
2295	0.45 €	schwärzlicholivgelb/ dunkelgrünlichblau cpu	1,—	1,—	2,—
2296	0.55 €	dunkelrot/schwarz . cpv	1,—	1,—	2,—
2297	1.44 €	schwarzblau/ braunorange . . . . . cpw	2,60	2,60	4,—
		Satzpreis (3 W.)	4,60	4,60	6,—
		ETB 45/2002 (mit MiNr. 2295–2296)		2,20	
		ETB 46/2002 (mit MiNr. 2297)		2,80	
		Kleinbogensatz (3 Klb.)	*60,—*	*60,—*	

FÄL Von MiNr. 2296 sind folgende Fälschungen bekannt: Odr. statt StTdr.; fehlende Fluoreszenz (nur optischer Aufheller); Schriftzug „Hildegard Knef“ weiter vom Rand entfernt; Odr. und L 11¾:11; Schriftzüge klobig.

Auflagen: MiNr. 2295 = 220 320 000, MiNr. 2296 = 1 143 260 000, MiNr. 2297 = 243 900 000 Stück

Weitere Werte siehe Zusammenfassung nach Blockaufstellung

2002, 27. Dez. Freimarken: Sehenswürdigkeiten (XXXI). 🄴 **Haase; Odr. BDB, Kleinbogen (2×5) (B) und Rollen (R); A = gez. S 14, C = gez. K 14.**

cpx) Berliner Philharmonie

cpy) Tönninger Packhaus

cpz) Alte Oper, Frankfurt

cra) Porta Nigra, Trier

crb) Bauhaus, Dessau

				★★	⊙	FDC
2298 A	0.44 €	schwarz/ dunkelrötlichgelb GA	cpx	1,—	0,80	1,50
2299 A	0.45 €	schwarz/ hellbräunlichlila GA	cpy	1,—	0,80	1,50
2300	0.55 €	schwarz/ dunkelrötlichgelb	cpz			
A		gez. S 14		1,—	1,—	1,70
C		gez. K 14		1,—	1,—	
2301 A	1.00 €	schwarz/ grünlichgrau GA	cra	2,—	1,80	2,50
2302	1.60 €	schwarz/ lebhaftrotorange	crb			
A		gez. S 14		3,—	3,—	3,50
C		gez. K 14		5,—	5,—	
		Satzpreis (5 W.)		8,—	7,50	9,—
		ETB 47/2002 (mit MiNr. 2298–2299)			2,—	
		ETB 48/2002 (mit MiNr. 2300–2301)			3,20	
		ETB 49/2002 (mit MiNr. 2302)			3,20	
		Kleinbogensatz (5 Klb.)		80,—	75,—	

Waagerechte Paare (aus Klb.):

	★★	⊙
2298 A/2298 A	2,20	1,80
2299 A/2299 A	2,20	2,20
2300 C/2300 C	2,20	2,20
2301 A/2301 A	4,40	4,—
2302 A/2302 A	6,50	6,50
Satzpreis (5 Paare)	17—	16,—

Rollenmarken mit rückseitiger Nummer (R):

	★★	⊙
2298 A R	2,40	2,40
2299 A R	2,40	2,40
2300 A R	2,50	2,50
2301 A R	5,—	5,—
2302 A R	5,20	5,20

PF MiNr. 2300: Inschriften nicht lesbar

Auflagen: MiNr. 2298 = 85 421 000, MiNr. 2299 = 181 824 000, MiNr. 2300 = 540 955 000, MiNr. 2301 = 119 180 000, MiNr. 2302 = 78 760 000 Stück

In gleichen Zeichnungen wie MiNr. 2299 und 2300, jedoch selbstklebend: MiNr. 2303 und 2304; weitere Werte siehe Zusammenfassung nach Blockaufstellung

2002, 27. Dez. Freimarken: Sehenswürdigkeiten (XXXII). E Haase; Odr. Fa. Schwarzdruck, Folienstreifen (FStr.) (1×5), Rollen (R) sowie Enschedé Markenheftchen (MH); selbstklebend; BA = vierseitig, BC und BD dreiseitig gestanzt 10¼:11.

cpy) Tönninger Packhaus

cpz) Alte Oper Frankfurt

				★★	⊙	FDC
2303	0.45 €	schwarz/hell- bräunlichlila	cpy			
BC		oben gerade ☐ (MH)		2,50	2,50	3,—
BD		unten gerade ☐ (MH)		2,50	2,50	3,—
2304	0.55 €	schwarz/ dunkelrötlichgelb	cpz			
BA		viers. wellenförmig gestanzt (FStr.) (R)		1,20	1,20	2,—
BC		oben gerade ☐ (MH)		1,50	1,20	2,—
BD		unten gerade ☐ (MH)		1,50	1,20	2,—
		Satzpreis (2 W.)		3,50	3,50	
		Fünferstreifen (2304 BA)		7,—		

PF gestanzt 10¼:10, bläulich fluoreszierend

Auflagen: MiNr. 2303 = 24 000 000, MiNr. 2304 = 600 000 000 Stück

MiNr. 2303 BC/BD–2304 BC/BD stammen aus MH 50

In gleichen Zeichnungen, jedoch nassklebend: MiNr. 2299 und 2300; weitere Werte siehe Zusammenfassung nach Blockaufstellung

2003

2003, 16. Jan. Freimarke: Frauen der deutschen Geschichte (XXII). E Aretz; StTdr. BDB (Klb. 5×2); gez. S 14.

crc) Marie Juchacz (1879–1956), Sozialpolitikerin und Frauenrechtlerin

				★★	⊙	FDC
2305	1.00 €	schwarzblau/ schwarzkarminlila	crc	2,—	1,80	2,50
		ETB 1/2003			2,20	
		Kleinbogen		20,—	20,—	

Auflage: 198 300 000 Stück

Weitere Werte siehe Zusammenfassung nach Blockaufstellung

2003, 16. Jan. Freimarken: Sehenswürdigkeiten (XXXIII). E Haase; Odr. BDB, Kleinbogen (2×5) (B) und Rollen (R); A = gez. S 14, C = K 14.

crd) Beethoven-Haus, Bonn

cre) Fontane-Denkmal, Neuruppin

				★★	⊙	FDC
2306 A	1.44 €	dunkelgraugrün/ mattrotkarmin	crd	3,50	3,50	5,—
2307	2.20 €	grünschwarz/ hellgrünlichblau	cre			
A		gez. S 14		5,—	5,—	6,—
C		gez. K 14		10,—	10,—	
		Satzpreis (2 W.)		8,50	8,50	10,—
		ETB 2/2003			7,—	
		Kleinbogensatz (2 Klb.)		90,—	90,—	

Waagerechte Paare (aus Klb.):

	★★	⊙
2306 A/2306 A	9,—	9,—
2307 A/2307 A	15,—	15,—
Satzpreis (2 Paare)	24,—	24,—

Rollenmarken mit rückseitiger Nummer (R):

	Einzelm. ★★	Einzelm. ⊙	5er-Str. ★★
2306 A R	6,—	6,—	24,—
2307 A R	7,—	7,—	32,—

Auflagen: MiNr. 2306 = 237 150 000, MiNr. 2307 = 114 860 000 Stück

In gleicher Zeichnung wie MiNr. 2306, jedoch selbstklebend: MiNr. 2348; weitere Werte siehe Zusammenfassung nach Blockaufstellung

2003, 16. Jan. Kulturstiftung der Länder (IV). E Lüdtke; Odr. BDB (Klb. 2×5); gez. S 14.

crf) Proun 30t; Gemälde von El Lissitzky (1890–1941), russischer Maler, Graphiker und Architekt

				★★	⊙	FDC
2308	144 (C)	mehrfarbig GA	crf	3,—	2,60	3,50
		ETB 3/2003			3,—	
		Kleinbogen		30,—	28,—	

Auflage: 100 000 000 Stück, davon 164 000 auf ETB

Weitere Ausgaben siehe Fußnote nach MiNr. 2064

2003, 16. Jan. 1000 Jahre Kronach. E Kößlinger; Odr. SB (Klb. 2×5); gez. K 14.

crg) Historische Stadtansicht

				★★	⊙	FDC
2309	45 (C)	mehrfarbig GA	crg	1,—	0,90	1,50
		ETB 4/2003			1,20	
		Kleinbogen		10,—	10,—	

Auflage: 100 001 560 Stück, davon 164 000 auf ETB

2003, 16. Jan. 100. Geburtstag von Georg Elser. E Jünger; Odr. SB (Klb. 5×2); gez. K 13¼.

crh) G. Elser (1903–1945), Widerstandskämpfer

				★★	⊙	FDC
2310	55 (C)	mehrfarbig	crh	1,20	1,10	1,80
		ETB 5/2003			1,40	
		Kleinbogen		12,—	11,—	

Auflage: 30 000 000 Stück, davon 164 000 auf ETB

2003, 16. Jan. 40 Jahre Vertrag über die deutsch-französische Zusammenarbeit. 🄴 **Ungerer und Jünger & Michel; Odr. SB (Klb. 5×2); gez. K 13¾.**

cri) Brücke mit Nationalflaggen und Herz

			★★	⊙	FDC
2311	55 (C) mehrfarbig GA	. . . . cri	1,20	1,10	1,80
		ETB 6/2003		1,40	
		Kleinbogen	12,—	11,—	

Auflage: 50 183 900 Stück, davon 164 000 auf ETB

Parallelausgabe mit Frankreich MiNr. 3681

2003, 16. Jan. Jahr der Bibel. 🄴 **Geißelbrecht; Odr. BDB (Klb. 2×5); gez. K 14.**

crk) Hand auf geöffneter Bibel

			★★	⊙	FDC
2312	55 (C) mehrfarbig	. . . . crk	1,20	1,10	1,80
		ETB 7/2003		1,40	
		Kleinbogen	12,—	11,—	

Auflage: 100 000 000 Stück, davon 164 000 auf ETB

2003, 13. Febr. Freimarken: Sehenswürdigkeiten (XXXIV). 🄴 **Haase; Odr. BDB, Kleinbogen (2×5) (B) und Rollen (R); gez. S 14.**

crl) Staatsgalerie Stuttgart

crm) Bamberger Reiter

			★★	⊙	FDC
2313	1.80 €	schwarzgrün/ hellkarminbraun . . . . crl	4,—	3,50	4,50
2314	2.00 €	dunkelkarmin/ olivschwarz . . . . . . crm	4,—	4,—	4,50
		Satzpreis (2 W.)	8,—	7,50	9,—
		ETB 8/2003		7,50	
		Kleinbogensatz (2 Klb.)	100,—	100,—	

Waagerechte Paare (aus Klb.):

	★★	⊙
2313/2313	10,—	8,—
2314/2314	10,—	9,—
Satzpreis (2 Paare)	20,—	17,—

Rollenmarken mit rückseitiger Nummer (R):

	Einzelm. ★★	Einzelm. ⊙	5er-Str. ★★
2313 R	6,50	6,50	26,—
2314 R	7,—	7,—	30,—

Auflagen: MiNr. 2313 = 44 800 000, MiNr. 2314 = 100 265 000 Stück

Weitere Werte siehe Zusammenfassung nach Blockaufstellung

2003, 13. Febr. Deutsche Malerei des 20. Jahrhunderts (VIII). 🄴 **Jünger; Odr. WPL (Klb. 2×5); gez. K 13¾:14.**

crn) Junger Argentinier; von Max Beckmann (1884–1950), Maler und Graphiker

cro) Komposition; von Adolf Hölzel (1853–1934), Maler

			★★	⊙	FDC
2315	55 (C) mehrfarbig GA	. . . . crn	1,20	1,—	
2316	100 (C) mehrfarbig GA	. . . . cro	1,80	1,80	
		Satzpreis (2 W.)	3,—	2,80	4,—
		ETB 9/2003		3,20	
		Kleinbogensatz (2 Klb.)	30,—	28,—	

Auflagen: MiNr. 2315 = 30 000 000, MiNr. 2316 = 40 000 000 Stück, davon je 164 000 auf ETB

Weitere Ausgaben siehe Fußnote nach MiNr. 1619

2003, 13. Febr. Post! 🄴 **Graschberger; Odr. BDB (Klb. 2×5); gez. S 13:13½.**

crp) Rosengruß

			★★	⊙	FDC
2317	55 (C) mehrfarbig GA	. . . . . . crp	1,10	1,—	1,70
		ETB 10/2003		1,30	
		Kleinbogen	11,—	10,—	

Auflage: 100 000 000 Stück, davon 164 000 auf ETB

In gleicher Zeichnung, jedoch selbstklebend: MiNr. 2321

2003, 13. Febr. Blockausgabe: Berühmte Knabenchöre. 🄴 **Dimanski. Odr. SB; gez. Ks 14.**

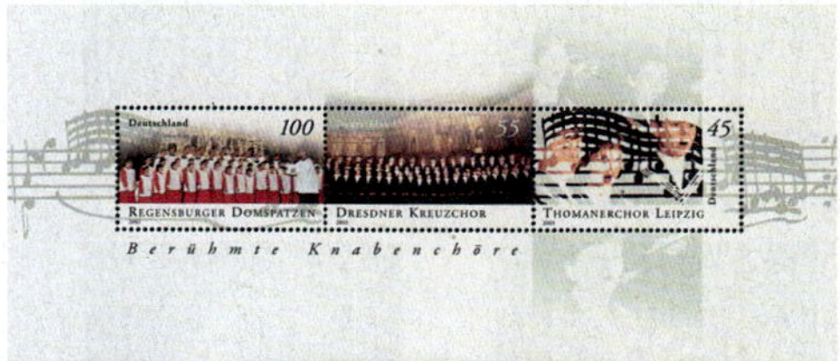

crt) Regensburger Domspatzen — crs) Dresdner Kreuzchor — crr) Thomanerchor Leipzig — cru

			★★	⊙	FDC
2318	45 (C) mehrfarbig GA	. . . . . crr	1,30	1,30	
2319	55 (C) mehrfarbig	. . . . crs	1,30	1,30	
2320	100 (C) mehrfarbig	. . . . crt	1,80	1,80	
Block 61	(172×77 mm)	. . . . cru	4,50	5,—	5,50
		Ⓢ		4,50	
		ETB 11/2003		4,—	

Auflage: 6 030 000 Blocks, davon 164 000 auf ETB

2003, 13. Febr. Post! 🄴 **Graschberger; Odr. BDB und BSP, Markenheftchen; selbstklebend; gestanzt 10:10¼.**

crp) Rosengruß

			★★	⊙	FDC
2321	55 (C) mehrfarbig	. . . . crp	1,40	1,10	1,70

MiNr. 2321 stammt aus MH 51 und MH 55.

Bei MiNr. 2321 gibt es Farbschwankungen.

Auflage: 927 919 540 Stück

In gleicher Zeichnung, jedoch nassklebend: MiNr. 2317

2003, 6. März. Freimarken: Sehenswürdigkeiten (XXXV). 🄴 **Haase; Odr. BDB, Kleinbogen (2×5) (B) und Rollen (R); gez. S 14.**

crv) Dreimastbark „Seute Deern" im Deutschen Schiffahrtsmuseum, Bremerhaven

crw) Giebelhäuser, Wismar

			★★	⊙	FDC
2322	2.60 €	schwärzlichkobalt/ dunkelrosarot . . . . . crv	6,—	5,—	5,50
2323	4.10 €	dunkelgrünlichblau/ . . . lilapurpur . . . . crw	9,—	8,—	8,—
		Satzpreis (2 W.)	15,—	13,—	14,—
		ETB 12/2003		12,50	
		Kleinbogensatz (2 Klb.)	170,—	170,—	

Waagerechte Paare (aus Klb.):

	★★	⊙
2322/2322	14,—	14,—
2323/2323	20,—	20,—
Satzpreis (2 Paare)	34,—	34,—

Rollenmarken mit rückseitiger Nummer (R):

	Einzelm. ✱✱	⊙	5er-Str. ✱✱
2322 R	9,—	9,—	42,—
2323 R	16,—	16,—	65,—

Auflagen: MiNr. 2322 = 51 670 000, MiNr. 2323 = 68 659 000 Stück

Weitere Werte siehe Zusammenfassung nach Blockaufstellung

2003, 6. März. Sporthilfe: Fußball-Weltmeisterschaft 2006 in Deutschland. 🄴 Menze; Odr. SB (Klb. 2×5); gez. K 13:13½.

crx) Nationalspieler beim Volleyschuss

cry) Torjubel im Fanblock

crz) Jugendliche am Bolzplatz

csa) Junge beim Kopfball

csb) Jung und Alt im Zusammenspiel

		✱✱	⊙	FDC
2324	45 + 20 (C) mehrfarbig .. crx	1,80	1,80	
2325	55 + 25 (C) mehrfarbig .. cry	1,80	1,80	
2326	55 + 25 (C) mehrfarbig .. crz	1,80	1,80	
2327	55 + 25 (C) mehrfarbig .. csa	1,80	1,80	
2328	144 + 56 (C) mehrfarbig .. csb	4,—	4,—	
	Satzpreis (5 W.)	11,—	11,—	13,—
	ETB 13/2003 (mit MiNr. 2324–2326)		4,50	
	ETB 13a/2003 (mit MiNr. 2327–2328)		5,50	
	Kleinbogensatz (5 Klb.)	120,—	120,—	

Auflagen: MiNr. 2324 = 2 100 000, MiNr. 2325 = 2 110 000, MiNr. 2326 = 2 080 000, MiNr. 2327 = 2 090 000, MiNr. 2228 = 2 080 000 Stück, davon je 136 000 auf ETB

2003, 6. März. UNESCO-Welterbe (XI). 🄴 Rieß; Odr. WPL (Klb. 5×2); gez. K 13¾.

csc) Kölner Dom

		✱✱	⊙	FDC
2329	55 (C) mehrfarbig 🄶🄰 ...... csc	1,20	1,10	1,80
	ETB 14/2003		1,40	
	Kleinbogen	12,—	11,—	

Auflage: 50 100 000 Stück, davon 164 000 auf ETB

In gleicher Zeichnung, jedoch selbstklebend: MiNr. 2330; weitere Ausgaben siehe Fußnote nach MiNr. 1447

2003, 6. März. UNESCO-Welterbe (XII). 🄴 Rieß; Odr. BDB, Folienstreifen (1×5) aus Rollen; selbstklebend; gestanzt 10¼.

csc) Kölner Dom

		✱✱	⊙	FDC
2330	55 (C) mehrfarbig .... csc	1,40	1,10	1,80
	Fünferstreifen	8,—		

Auf der Trägerfolie befindet sich rückseitig bei jeder 5. Marke eine Zählnummer.

Auflage: 263 860 700 Stück

In gleicher Zeichnung, jedoch nassklebend: MiNr. 2329; weitere Ausgaben siehe Fußnote nach MiNr. 1447

2003, 10. April. Für die Briefmarke: 75. Jahrestag des ersten Nordatlantikflugs in Ost-West-Richtung. 🄴 Rogger; Odr. SB (Klb. 5×2); gez. K 13¾.

csd) Hermann Köhl (1888–1938), Ehrenfried Günther Freiherr von Hünefeld (1892–1929) und James C. Fitzmaurice (1898–1965), Flugpioniere; Flugzeug Junkers W 33 „Bremen“

		✱✱	⊙	FDC
2331	144 + 56 (C) mehrfarbig .. csd	4,50	4,20	5,—
	ETB 15/2003		4,—	
	Kleinbogen	60,—	60,—	

Auflage: 1 810 000 Stück, davon 133 000 auf ETB

2003, 10. April. 100 Jahre Deutsches Museum, München. 🄴 Jünger; RaTdr. BDB (Klb. 2×5); gez. K 14.

cse) Oskar von Miller (1855–1934), Ingenieur, Gründer des Deutschen Museums; Zahnrad, optische Zellen

		✱✱	⊙	FDC
2332	55 (C) mehrfarbig 🄶🄰 ...... cse	1,20	1,10	2,—
	ETB 16/2003		1,30	
	Kleinbogen	12,—	11,—	

Auflage: 30 000 000 Stück, davon 164 000 auf ETB

2003, 10. April. 50 Jahre Deutscher Kinderschutzbund. 🄴 Kühn; Odr. GDL (Klb. 5×2); gez. K 13¼.

csf) Kind zwischen zwei Erwachsenen

		✱✱	⊙	FDC
2333	55 (C) mehrfarbig 🄶🄰 ...... csf	1,20	1,10	1,80
	ETB 17/2003		1,30	
	Kleinbogen	12,—	11,—	

Auflage: 39 900 000 Stück, davon 164 000 auf ETB

2003, 10. April. 50 Jahre Rundfunksender „Deutsche Welle“. 🄴 Acker; Odr. BDB (Klb. 2×5); gez. S 14.

csg) Rundfunkwellen über Weltkarte

		✱✱	⊙	FDC
2334	55 (C) mehrfarbig 🄶🄰 ...... csg	1,20	1,10	2,—
	ETB 18/2003		1,30	
	Kleinbogen	12,—	11,—	

Auflage: 25 000 000 Stück, davon 200 000 auf ETB

2003, 10. April. Internationale Gartenbauausstellung IGA ’03, Rostock. 🄴 Blume-Zander und Zander; Odr. GDL (Klb. 5×2); gez. K 13¼.

csh) Blüte

		✱✱	⊙	FDC
2335	45 (C) mehrfarbig .... csh	1,10	1,—	1,70
	ETB 19/2003		1,20	
	Kleinbogen	11,—	11,—	

Auflage: 40 000 000 Stück, davon 164 000 auf ETB

2003, 8. Mai. Europa: Plakatkunst. 🄴 Gassner; Odr. SB (Klb. 2×5); gez. K 13:13½.

csi) Plakate von Karl Oskar Blase (*1925), Michael Engelmann (1928–1966), Hans Georg Hillmann (1925–2014) und Günther Kieser (*1930) an einer Ziegelwand

		✱✱	⊙	FDC
2336	55 (C) mehrfarbig .... csi	1,20	1,10	2,—
	ETB 20/2003		1,30	
	Kleinbogen	12,—	12,—	

Auflage: 30 000 000 Stück, davon 164 000 auf ETB

2003, 8. Mai. 200. Geburtstag von Justus Freiherr von Liebig. E Lienemeyer; Odr. GDL (Klb. 2×5); gez. K 14.

csk) J. Frh. von Liebig (1803–1873), Chemiker; Dose mit Fleischextrakt, chemische Apparatur

		★★	⊙	FDC
2337	55 (C) mehrfarbig GA ...... csk	1,20	1,10	1,80
	ETB 21/2003		1,30	
	Kleinbogen	12,—	12,—	

Auflage: 30 000 000 Stück, davon 164 000 auf ETB

2003, 8. Mai. 100. Geburtstag von Hans Jonas. E Menze; Odr. BDB (Klb. 2×5); gez. K 13¾:14.

csl) Zitat von H. Jonas (1903–1993), Philosoph und Religionshistoriker; Hände

		★★	⊙	FDC
2338	220 (C) mehrfarbig .... csl	4,50	4,20	5,50
	ETB 22/2003		4,30	
	Kleinbogen	45,—	45,—	

Auflage: 20 000 000 Stück, davon 164 000 auf ETB

2003, 8. Mai. 100. Geburtstag von Reinhold Schneider. E Kahrl; Odr. GDL (Klb. 5×2); gez. K 13¼.

csm) R. Schneider (1903–1958), Schriftsteller, Autograph des Gedichts „Meiner Seele tiefe Trauer . . .“; Büste von Albert Schilling (1904–1987), schweizerischer Bildhauer

		★★	⊙	FDC
2339	55 (C) mehrfarbig .... csm	1,10	1,10	1,80
	ETB 23/2003		1,30	
	Kleinbogen	12,—	11,—	

Auflage: 23 000 000 Stück, davon 164 000 auf ETB

2003, 8. Mai. 100 Jahre Allgemeiner Deutscher Automobil-Club (ADAC). E Wolff; Odr. SB (Klb. 2×5); gez. K 13:13½

csn) Hubschrauber und Straßendienstfahrzeug des ADAC

		★★	⊙	FDC
2340	55 (C) mehrfarbig .... csn	1,20	1,10	1,80
	ETB 24/2003		1,30	
	Kleinbogen	12,—	11,—	

Auflage: 30 000 000 Stück, davon 164 000 auf ETB

2003, 8. Mai. Erster Ökumenischer Kirchentag, Berlin. E Kühn; Odr. BDB (Klb. 2×5); gez. S 14.

cso) Regenbogen und Motto des Kirchentages

		★★	⊙	FDC
2341	55 (C) mehrfarbig .... cso	1,20	1,10	2,—
	ETB 25/2003		1,30	
	Kleinbogen	12,—	12,—	

Auflage: 25 000 000 Stück, davon 164 000 auf ETB

2003, 12. Juni. 50. Jahrestag des Volksaufstandes in der DDR am 17. Juni 1953. E Jünger; RaTdr. BDB (Klb. 2×5); gez. K 14.

csp) Arbeiter werfen Steine auf sowjetische Panzer in Ost-Berlin

		★★	⊙	FDC
2342	55 + 25 (C) mfg. GA ...... csp	1,80	1,80	2,60
	ETB 29/2003		1,80	
	Kleinbogen	18,—	18,—	

Zusatzerlöse zugunsten der Bundesstiftung zur Aufarbeitung der SED-Diktatur.

Auflage: 3 720 000 Stück, davon 133 000 auf ETB

2003, 12. Juni. Blockausgabe: Deutsche National- und Naturparks (VI) – Nationalpark Unteres Odertal. E Glinski; Odr. SB; gez. Ks 13:13½.

css

csr) Auenlandschaft

		★★	⊙	FDC
2343	55 (C) mehrfarbig GA ...... csr	1,20	1,20	
Block 62	(110×66 mm) .... css	1,30	1,50	2,50
	Ⓢ		1,30	
	ETB 26/2003		1,30	

Auflage: 7 000 000 Blocks, davon 164 000 auf ETB

Weitere Ausgaben siehe Fußnote nach MiNr. 1871–1873 (Bl. 36)

2003, 12. Juni. Post! 10 Jahre fünfstellige Postleitzahlen. E Jung, Pfeffer; Odr. GDL (Klb. 2×5); gez. K 14.

cst) Maskottchen Rolf

		★★	⊙	FDC
2344	55 (C) mehrfarbig GA ...... cst	1,20	1,10	1,80
	ETB 27/2003		1,30	
	Kleinbogen	12,—	11,—	

Auflage: 35 000 000 Stück, davon 164 000 auf ETB

2003, 12. Juni. 100 Jahre Salzachbrücke Laufen–Oberndorf. E Margreiter; Odr. BDB (Klb. 2×5); gez. S 14.

csu) Laufen–Oberndorfer Salzachbrücke

		★★	⊙	FDC
2345	55 (C) mehrfarbig GA ...... csu	1,20	1,10	1,80
	ETB 28/2003*)		2,—	
	Kleinbogen	12,—	11,—	

*) enthält zusätzlich die bildgleiche Marke Österreich MiNr. 2426

Auflage: 30 000 000 Stück, davon 164 000 auf ETB

Parallelausgabe mit Österreich MiNr. 2436

In gleicher Zeichnung, jedoch selbstklebend: MiNr. 2347

2003, 12. Juni. 50 Jahre Deutscher Musikrat. E Steiner; Odr. BDB (Klb. 2×5); gez. S 14.

csv) Notenzeile, Noten bilden Buchstaben „M“

		★★	⊙	FDC
2346	144 (C) mehrfarbig GA ...... csv	3,—	2,80	3,80
	ETB 30/2003		3,—	
	Kleinbogen	*40,—*	*40,—*	

Auflage: 50 000 000 Stück, davon 164 000 auf ETB

In gleicher Zeichnung, jedoch selbstklebend: MiNr. 2380

Wasserzeichen

Wenn die Angabe eines Wasserzeichens (Wz.) fehlt, ist die Marke immer ohne Wz.

2003, 12. Juni. 100 Jahre Salzachbrücke Laufen–Oberndorf. 🄴 **Margreiter; Odr. BDB, Markenheftchen; selbstklebend; gestanzt 14:14¼.**

csu) Laufen–Oberndorfer Salzachbrücke

			★★	⊙	FDC
2347	55 (C) mehrfarbig	csu	1,90	1,30	2,—

MiNr. 2347 stammt aus MH 52

Auflage: 298 322 700 Stück

In gleicher Zeichnung, jedoch nassklebend: MiNr. 2345

2003, Juni/Juli. Freimarke: Sehenswürdigkeiten (XXXVI). 🄴 **Haase; RaTdr. Enschedé, Folienstreifen (8×1) aus Business-Bogen (100); selbstklebend; gestanzt 10¼:11.**

crd) Beethoven-Haus, Bonn

			★★	⊙	FDC
2348	1.44 € dunkelgraugrün/ mattrotkarmin	crd	4,—	3,50	4,50
	Achterstreifen		32,—		
	Business-Bogen		400,—		

Auflage: 96 550 000 Stück

In gleicher Zeichnung, jedoch nassklebend: MiNr. 2306; weitere Werte siehe Zusammenfassung nach Blockaufstellung

2003, 10. Juli. Blockausgabe: Jugend – Vater-und-Sohn-Geschichten von e.o.plauen. 🄴 **Gassner; Odr. SB; gez. Ks 13:13½.**

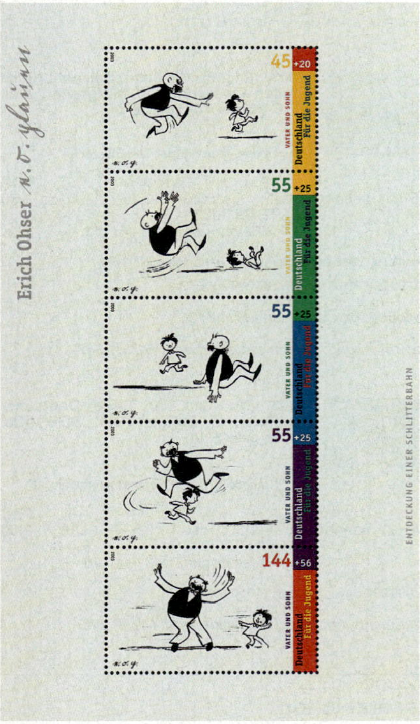

csw csx csy csz cta ctb

csw–cta) Bildergeschichte „Entdeckung einer Schlitterbahn" von e.o.plauen, eigentlich Erich Ohser (1903–1944), Zeichner und Illustrator

			★★	⊙	FDC
2349	45 + 20 (C) mehrfarbig	csw	1,80	1,80	
2350	55 + 25 (C) mehrfarbig	csx	1,80	1,80	
2351	55 + 25 (C) mehrfarbig	csy	1,80	1,80	
2352	55 + 25 (C) mehrfarbig	csz	1,80	1,80	
2353	144 + 56 (C) mehrfarbig	cta	3,60	3,60	
Block 63	(110×190 mm)	ctb	11,—	11,—	12,—
	Ⓢ			11,—	
	ETB 31/2003			10,—	

Auflage: 1 920 000 Blocks, davon 131 000 auf ETB

2003, 10. Juli. Aufrechte Demokraten (II): Andreas Hermes. 🄴 **Wolff; RaTdr. BDB (Klb. 2×5); gez. K 14.**

ctc) A. Hermes (1878–1964), Politiker; Hermes vor dem Volksgerichtshof

			★★	⊙	FDC
2354	55 (C) mehrfarbig	ctc	1,10	1,—	1,70
	ETB 32/2003			1,30	
	Kleinbogen		11,—	10,—	

Auflage: 19 000 000 Stück, davon 164 000 auf ETB

Weitere Ausgaben siehe Fußnote nach MiNr. 2273

2003, 10. Juli. Bilder aus Deutschland (VIII). 🄴 **Schillinger; Odr. SB (Klb. 2×5); gez. K 13:13½.**

ctd) Industrielandschaf: Ruhrgebiet

			★★	⊙	FDC
2355	55 (C) mehrfarbig	ctd	1,20	1,10	1,80
	ETB 33/2003			1,30	
	Kleinbogen		12,—	11,—	

🄵🄰 gez. K 13:13¼, Gummierung nur matt glänzend, bläuliche Fluoreszenz

Auflage: 29 000 000 Stück, davon 164 000 auf ETB

Weitere Ausgaben siehe Fußnote nach MiNr. 1686

2003, 7. Aug. Bilder aus deutschen Städten (II). 🄴 **Fiedler; MiNr. 2356 Odr. GDL (Klb. 5×2), gez. K 13¼; MiNr. 2357 Odr. SB (Klb. 2×5); gez. K 13:13½.**

cte) Viktualienmarkt, München ctf) Altstadt, Görlitz

			★★	⊙	FDC
2356	45 (C) mehrfarbig	cte	1,10	1,—	
2357	55 (C) mehrfarbig	ctf	1,10	1,—	
	Satzpreis (2 W.)		2,20	2,—	3,—
	ETB 34/2003			2,20	
	Kleinbogensatz (2 Klb.)		*30,—*	*30,—*	

Auflagen: MiNr. 2356 = 32 000 000, MiNr. 2357 = 37 000 000 Stück, davon je 164 000 auf ETB

In gleicher Zeichnung wie MiNr. 2356, jedoch selbstklebend: MiNr. 2379

Weitere Ausgaben siehe Fußnote nach MiNr. 1877

2003, 7. Aug. Naturdenkmäler in Deutschland (III). 🄴 **Rieß; Odr. GDL (Klb. 5×2); gez. K 13¼.**

ctg) Versteinerter Wald, Chemnitz

			★★	⊙	FDC
2358	144 (C) mehrfarbig	ctg	3,—	3,—	4,50
	ETB 35/2003			3,—	
	Kleinbogen		30,—	30,—	

Auflage: 29 000 000 Stück, davon 164 000 auf ETB

Weitere Ausgaben siehe Fußnote nach MiNr. 2208

2003, 11. Sept. Brücken (VI). 🄴 **Fiedler; Odr. SB (Klb. 2×5); gez. K 13:13½.**

cth) Enzviadukt, Bietigheim (erb. 1853)

			★★	⊙	FDC
2359	55 (C) mehrfarbig GA . . . . cth		1,20	1,10	2,—
		ETB 36/2003		1,30	
		Kleinbogen	12,—	11,—	

Auflage: 23 000 000 Stück, davon 164 000 auf ETB

Weitere Ausgaben siehe Fußnote nach MiNr. 1931

2003, 11. Sept. Blockausgabe: Für uns Kinder. 🄴 **Clausing; Odr. GDL; gez. Ks 13¾:14.**

ctk

cti) Tiere tanzen Ringelreihen

			★★	⊙	FDC
2360	55 (C) mehrfarbig . . . . cti		1,30	1,20	
Block 64	(110×66 mm) . . . . ctk		1,40	1,50	2,—
		Ⓢ		1,30	
		ETB 37/2003		1,30	

Auflage: 5 800 000 Blocks, davon 164 000 auf ETB

2003, 11. Sept. 100. Geburtstag von Theodor W. Adorno. 🄴 **Lienemeyer; Odr. BDB (Klb. 2×5); gez. S 14.**

ctl) Theodor W. Adorno (1903–1969), Philosoph; Manuskripte

			★★	⊙	FDC
2361	55 (C) mehrfarbig . . . . ctl		1,10	1,—	1,70
		ETB 38/2003		1,30	
		Kleinbogen	11,—	10,—	

Auflage: 14 100 000 Stück, davon 164 000 auf ETB

2003, 9. Okt. Wohlfahrt: Oldtimer-Automobile (II). 🄴 **Jünger; Odr. BDB (Klb. 2×5); gez. S 14.**

ctm) Wartburg 311 Coupé (1962)

ctn) Opel Olympia Rekord (1957)

cto) Porsche 356 B Coupé (1959)

ctp) Ford Taunus 17 M P3 (1960)

ctr) Auto Union 1000 S (1959)

			★★	⊙	FDC
2362	45 + 20 (C) mehrfarbig . . ctm		1,60	1,60	
2363	55 + 25 (C) mehrfarbig . . ctn		1,70	1,70	
2364	55 + 25 (C) mfg. GA . . . . . cto		1,70	1,70	
2365	55 + 25 (C) mehrfarbig . . ctp		1,70	1,70	
2366	144 + 56 (C) mehrfarbig . . . ctr		4,50	4,50	
		Satzpreis (5 W.)	11,—	11,—	15,—
		ETB 39/2003 (mit MiNr. 2362–2364)		4,50	
		ETB 39a/2003 (mit MiNr. 2365–2366)		5,50	
		Kleinbogensatz (5 Klb.)	130,—	130,—	

Auflagen: MiNr. 2362 = 4 300 000, MiNr. 2363 = 7 750 000, MiNr. 2364 = 8 600 000, MiNr. 2365 = 7 590 000, MiNr. 2366 = 6 310 000 Stück, davon je 129 000 auf ETB

Weitere Ausgaben siehe Fußnote nach MiNr. 2289–2293

2003, 9. Okt. Dienst am Nächsten (V): Deutsche Lebensrettungsgesellschaft (DLRG). 🄴 **Rogger; Odr. BDB (Klb. 2×5); gez. S 14.**

cts) DLRG-Mitarbeiter beobachten Wasseroberfläche

			★★	⊙	FDC
2367	144 (C) mehrfarbig . . . . cts		3,—	2,80	4,—
		ETB 40/2003		3,—	
		Kleinbogen	*40,—*	*40,—*	

Auflage: 21 000 000 Stück, davon 164 000 auf ETB

Weitere Ausgaben siehe Fußnote nach MiNr. 2065

2003, 9. Okt. Post! 🄴 **de Vries; Odr. GDL (Klb. 5×2); gez. K 13¼.**

ctt) Ländlicher Hausbriefkasten

			★★	⊙	FDC
2368	55 (C) mehrfarbig GA . . . . ctt		1,20	1,10	2,—
		ETB 41/2003		1,30	
		Kleinbogen	*20,—*	*20,—*	

Auflage: 29 000 000 Stück, davon 164 000 auf ETB

2003, 13. Nov. Weihnachten. 🄴 **Lienemeyer; Odr. BDB (Klb. 5×2); gez. S 13¾.**

ctu) Anbetung der Hirten

ctv) Die Heilige Familie

			★★	⊙	FDC
2369	45 + 20 (C) mehrfarbig . . . ctu		1,50	1,50	
2370	55 + 25 (C) mehrfarbig . . . ctv		1,50	1,50	
		Satzpreis (2 W.)	3,—	3,—	4,—
		ETB 42/2003		3,—	
		Kleinbogensatz (2 Klb.)	30,—	30,—	

Auflagen: MiNr. 2369 = 3 110 000, MiNr. 2370 = 5 750 000 Stück, davon je 131 000 auf ETB

2003, 13. Nov. 200. Geburtstag von Gottfried Semper. 🄴 **Effert; Odr. SB (Klb. 2×5); gez. K 13:13½.**

ctw) Semperoper, Dresden; erbaut von G. Semper (1803–1879), Architekt und Kunsttheoretiker

			★★	⊙	FDC
2371	55 (C) mehrfarbig GA . . . . . . ctw		1,10	1,—	1,70
		ETB 43/2003		1,30	
		Kleinbogen	*20,—*	*20,—*	

Auflage: 25 500 000 Stück, davon 164 000 auf ETB

2003, 13. Nov. 100 Jahre Katholischer Deutscher Frauenbund. 🄴 **Menze; Odr. BDB (Klb. 2×5); gez. S 14.**

ctx) Frauen, Hände, Kreuz

		★★	⊙	FDC
2372	55 (C) mehrfarbig . . . . ctx	1,10	1,—	1,70
	ETB 44/2003		1,30	
	Kleinbogen	11,—	10,—	

Auflage: 14 100 000 Stück, davon 164 000 auf ETB

2003, 13. Nov. 10 Jahre Vertrag von Maastricht (Europäische Union). 🄴 **Acker; Odr. BDB (Klb. 2×5); gez. S 13¾.**

cty) Sterne der Europaflagge

		★★	⊙	FDC
2373	55 (C) mehrfarbig GA . . . . . . cty	1,20	1,10	2,—
	ETB 45/2003		1,30	
	Kleinbogen	*20,—*	*20,—*	

Auflage: 18 000 000 Stück, davon 164 000 auf ETB

2004

2004, 8. Jan. Freimarken: Sehenswürdigkeiten (XXXVII). 🄴 **Haase; Odr. BDB, Kleinbogen (2×5) (B) und Rollen (R); gez. S 14.**

ctz) Residenzschloss, Arolsen

cua) Bach-Denkmal, Leipzig

			★★	⊙	FDC
2374	0.25 €	mehrfarbig GA . . . . . ctz	0,50	0,50	1,20
2375	0.40 €	blauviolett/ dunkelgrün GA . . . . cua	0,80	0,80	1,50
		Satzpreis (2 W.)	1,30	1,30	2,50
		ETB 1/2004		1,60	
		Kleinbogensatz (2 Klb.)	16,—	16,—	

Waagerechte Paare (aus Klb.):

	★★	⊙
2374/2374	1,20	1,20
2375/2375	1,80	1,80
Satzpreis (2 Paare)	3,—	3,—

Rollenmarken mit rückseitiger Nummer (R):

	Einzelm. ★★	⊙	5er-Str. ★★
2374 R	2,60	2,60	6,—
2375 R	2,20	2,20	6,—

Auflagen: MiNr. 2374 = 140 972 000, MiNr. 2375 = 34 524 000 Stück

Weitere Werte siehe Zusammenfassung nach Blockaufstellung

2004, 8. Jan. 800 Jahre Landshut. 🄴 **Lüdtke; Odr. BDB (Klb. 2×5); gez. S 13¾.**

cub) Stadtansicht mit Stadtpfarr- und Stiftskirche St. Martin und Kastulus

		★★	⊙	FDC
2376	45 (C) mehrfarbig GA . . . . . . cub	0,90	0,90	2,—
	ETB 3/2004		1,10	
	Kleinbogen	9,—	9,—	

Auflage: 25 000 000 Stück, davon 150 000 auf ETB

2004, 8. Jan. 1200 Jahre Schleswig. 🄴 **Kößlinger; Odr. GDL (Klb. 5×2); gez. K 13¼.**

cuc) Dom von Schleswig, kulturgeschichtliche Motive aus Schleswig

		★★	⊙	FDC
2377	55 (C) mehrfarbig . . . . cuc	1,10	1,—	1,70
	ETB 4/2004		1,30	
	Kleinbogen	11,—	10,—	

Auflage: 36 000 000 Stück, davon 150 000 auf ETB

2004, 8. Jan. Umweltschutz: Erneuerbare Energien im Aufwind. 🄴 **Klein und Neumann; Odr. BSP (Klb. 5×2); gez. K 13¾.**

cud) Energiequellen: Wolken, Sonne, Erdwärme, Wald

		★★	⊙	FDC
2378	55 + 25 (C) mehrfarbig . . cud	1,80	1,70	3,—
	ETB 2/2004		1,80	
	Kleinbogen	18,—	18,—	

Auflage: 1 790 000 Stück, davon 150 000 auf ETB

2004, 8. Jan. Bilder aus deutschen Städten (III). 🄴 **Fiedler; Odr. GDL, Markenheftchen; selbstklebend; gestanzt 11.**

cte) Viktualienmarkt, München

		★★	⊙	FDC
2379	45 (C) mehrfarbig . . . . cte	1,30	0,90	4,—

MiNr. 2379 stammt aus MH 53.

Auflage: 216 000 000 Stück

In gleicher Zeichnung, jedoch nassklebend: MiNr. 2356

Weitere Ausgaben siehe Fußnote nach MiNr. 1877

2004, 8. Jan. 50 Jahre Deutscher Musikrat. 🄴 **Steiner; Odr. BSP, Markenheftchen; selbstklebend; gestanzt 11¼.**

csv) Notenzeile, Noten bilden Buchstaben „M"

		★★	⊙	FDC
2380	144 (C) mehrfarbig . . . . csv	3,—	2,80	6,—

MiNr. 2380 stammt aus MH 54

Auflage: 333 664 200 Stück

In gleicher Zeichnung, jedoch nassklebend: MiNr. 2346

2004, 5. Febr. Freimarke: Sehenswürdigkeiten (XXXVIII). 🄴 **Haase; Odr. BDB, Rollen (R) und Kleinbogen (Klb.) (2×5); A = gez. S 14, C = gez. K 14.**

cue) Erfurter Dom

			★★	⊙	FDC
2381	0.05 €	dunkelbräunlicholiv/ türkisblau . . . . cue			
A		gez. S 14 (R)	0,30	0,30	1,—
C		gez. K 14 (Klb.)	0,30	0,30	
		ETB 5/2004		0,40	
		Kleinbogen	5,—	5,—	

Waagerechtes Paar (aus Klb.):

	★★	⊙
2381 C/2381 C	0,60	0,60

Rollenmarke mit rückseitiger Nummer (R):

	Einzelm. ★★	⊙	5er-Str. ★★
2381 A R	2,—	2,—	4,40

Auflage: 46 030 000 Stück

Weitere Werte siehe Zusammenfassung nach Blockaufstellung

cuf) Fußball

2004, 5. Febr. Sporthilfe: Fußball-Europameisterschaft, Portugal; Olympische Sommerspiele, Athen; Paralympische Sommerspiele, Athen; 50. Jahrestag des „Wunders von Bern"; 100 Jahre Internationaler Fußballverband (FIFA). 🄴 Acker; Odr. BSP (Klb. 2×5); gez. K 13:13½.

cug) Laufen

cuh) Rollstuhl-Tennis

cui) Max Morlock (1925–1994), Fußball-Nationalspieler

cuk) FIFA-Pokal

				★★	⊙
2382	45 +	20 (C) mehrfarbig	cuf	1,60	1,60
2383	55 +	25 (C) mehrfarbig	cug	1,70	1,70
2384	55 +	25 (C) mfg GA	cuh	1,70	1,70
2385	55 +	25 (C) mehrfarbig	cui	1,70	1,70
2386	144 +	56 (C) mehrfarbig	cuk	4,50	4,50
		Satzpreis (5 W.)		11,—	11,—
		FDC			12,—
		ETB 6/2004 (mit MiNr. 2382–2384)			4,50
		ETB 6a/2004 (mit MiNr. 2385–2386)			5,50
		Kleinbogensatz (5 Klb.)		120,—	120,—

Auflagen: MiNr. 2382 = 2 490 000, MiNr. 2383 = 1 700 000, MiNr. 2384 = 1 610 000, MiNr. 2385 = 2 460 000, MiNr. 2386 = 2 040 000 Stück, davon je 150 000 auf ETB

2004, 5. Febr. Post!: Grußmarke. 🄴 Lederbogen; Odr. BDB (Klb. 2×5); gez. S 14.

cul) Papierflugzeuge mit Grußbotschaft

			★★	⊙	FDC
2387	55 (C) mehrfarbig GA	cul	1,20	1,10	1,80
	ETB 7/2004			1,30	
	Kleinbogen		12,—	11,—	

Auflage: 27 000 000 Stück, davon 150 000 auf ETB

2004, 5. Febr. 1300 Jahre Arnstadt. 🄴 Schmidt; Odr. GDL (Klb. 2×5); gez. K 13¼.

cum) Sehenswürdigkeiten von Arnstadt

			★★	⊙	FDC
2388	55 (C) mehrfarbig	cum	1,20	1,10	1,80
	ETB 8/2004			1,30	
	Kleinbogen		12,—	11,—	

Auflage: 26 000 000 Stück, davon 150 000 auf ETB

2004, 11. März. 150. Geburtstage von Paul Ehrlich und Emil von Behring. 🄴 Kahrl; Odr. GDL (Klb. 2×5); gez. K 13¾:14.

cun) P. Ehrlich (1854–1915) und E. v. Behring (1854–1917), Serologen, Nobelpreise 1908 bzw. 1901

			★★	⊙	FDC
2389	144 (C) mehrfarbig	cun	3,—	2,80	4,—
	ETB 9/2004			3,—	
	Kleinbogen		30,—	30,—	

Auflage: 29 500 000 Stück, davon 150 000 auf ETB

2004, 11. März. 100. Geburtstag von Joseph Schmidt. 🄴 Rothkopf; Odr. BDB (Klb. 2×5); gez. K 14.

cuo) J. Schmidt (1904–1942), lyrischer Tenor; Notenblatt zu „Ein Lied geht um die Welt"

			★★	⊙	FDC
2390	55 (C) mehrfarbig	cuo	1,20	1,10	1,80
	ETB 10/2004			1,30	
	Kleinbogen		12,—	12,—	

Auflage: 11 690 000 Stück, davon 150 000 auf ETB

2004, 11. März. Blockausgabe: Klassisches Theater – 200. Jahrestag der Uraufführung von „Wilhelm Tell" und 150. Jahrestag der Uraufführung von „Faust II". 🄴 Dimanski; Odr. BSP; gez. Ks 13¾.

cus

cup) Szene aus „Wilhelm Tell"; Schauspiel von Friedrich von Schiller (1759–1805), Dichter

cur) Szene aus „Faust II"; Tragödie von Johann Wolfgang von Goethe (1749–1832), Dichter

			★★	⊙	FDC
2391	45 (C) mehrfarbig GA	cup	1,20	1,20	
2392	100 (C) mehrfarbig	cur	1,90	1,80	
Block 65	(102×73 mm)	cus	3,20	3,50	4,50
		Ⓢ		3,20	
	ETB 11/2004			3,—	

Auflage: 5 200 000 Blocks, davon 150 000 auf ETB

2004, 7. April. Bedrohte Tierarten (V). 🄴 Steiner; Odr. BDB (Klb. 2×5); gez. S 14.

cut) Weißstorch (Ciconia ciconia)

			★★	⊙	FDC
2393	55 (C) mehrfarbig GA	cut	1,20	1,10	2,—
	ETB 12/2004			1,30	
	Kleinbogen		12,—	12,—	

Auflage: 26 500 000 Stück, davon 150 000 auf ETB

Weitere Ausgaben siehe Fußnote nach MiNr. 2086

2004, 7. April. UNESCO-Welterbe (XIII): Bauhausstätten in Weimar und Dessau. 🄴 Haase; Odr. BDB (Klb. 2×5); gez. K 14.

cuu) Meisterhäuser, Dessau

			★★	⊙	FDC
2394	55 (C) mehrfarbig GA	cuu	1,20	1,10	1,80
	ETB 13/2004			1,30	
	Kleinbogen		12,—	11,—	

Auflage: 18 000 000 Stück, davon 150 000 auf ETB

Weitere Ausgaben siehe Fußnote nach MiNr. 1447

2004, 7. April. 150 Jahre elektrische Glühlampe. 🄴 **Klein und Neumann; Odr. BSP (Klb. 5×2); gez. K 13¾.**

cuv) Glühlampe (1854) von Heinrich Göbel (1818–1893), Optiker und Uhrmacher; Glühbirne (2004)

			★★	⊙	FDC
2395	220 (C) mehrfarbig	cuv	4,50	4,50	6,—
	ETB 14/2004			4,30	
	Kleinbogen		45,—	45,—	

Auflage: 15 000 000 Stück, davon 150 000 auf ETB

2004, 7. April. 100. Geburtstag von Kurt Georg Kiesinger. 🄴 **Aretz; Odr. BSP (Klb. 5×2); gez. K 14.**

cuw) Kurt Georg Kiesinger (1904–1988), 3. deutscher Bundeskanzler

			★★	⊙	FDC
2396	55 (C) mehrfarbig	cuw	1,10	1,—	1,70
	ETB 15/2004			1,30	
	Kleinbogen		12,—	12,—	

Auflage: 14 500 000 Stück, davon 150 000 auf ETB

2004, 6. Mai. Europa: Ferien. 🄴 **Hemmerich; Odr. GDL (Klb. 5×2); gez. K 13¼.**

cux) Urlaubssymbole

			★★	⊙	FDC
2397	45 (C) mehrfarbig GA	cux	1,—	0,90	2,—
	ETB 16/2004			1,10	
	Kleinbogen		10,—	9,—	

Auflage: 25 000 000 Stück, davon 150 000 auf ETB

2004, 6. Mai. 300 Jahre Schloss Ludwigsburg. 🄴 **Kaul; Odr. BDB (Klb. 2×5); gez. S 13¾:14.**

cuy) Schloss mit Seitenflügeln, Garten

			★★	⊙	FDC
2398	144 (C) mehrfarbig GA	cuy	3,—	2,80	4,—
	ETB 17/2004			3,—	
	Kleinbogen		32,—	32,—	

Auflage: 33 000 000 Stück, davon 150 000 auf ETB

2004, 6. Mai. 100. Geburtstag von Reinhard Schwarz-Schilling. 🄴 **Hogrefe; Odr. BDB (Klb. 2×5); gez. S 14.**

cuz) R. Schwarz-Schilling (1904–1985), Komponist; Partitur

			★★	⊙	FDC
2399	55 (C) mehrfarbig	cuz	1,10	1,—	1,80
	ETB 18/2004			1,30	
	Kleinbogen		11,—	10,—	

Auflage: 14 000 000 Stück, davon 150 000 auf ETB

2004, 6. Mai. Erweiterung der Europäischen Union. 🄴 **Effert; Odr. GDL (Klb. 5×2); gez. K 13¼.**

cva) Spielfiguren in den Farben der Nationalflaggen der Beitrittsländer

			★★	⊙	FDC
2400	55 (C) mehrfarbig GA	cva	1,10	1,—	1,70
	ETB 19/2004			1,30	
	Kleinbogen		11,—	10,—	

Auflage: 22 000 000 Stück, davon 150 000 auf ETB

2004, 6. Mai. 1250. Todestag des hl. Bonifatius. 🄴 **Menze; Odr. BSP (Klb. 5×2); gez. K 13¾.**

cvb) Hl. Bonifatius, eigentlich Winfried (um 673–754), angelsächsischer Benediktinermönch, Bischof und Missionar; historisches Gemälde

			★★	⊙	FDC
2401	55 (C) mehrfarbig	cvb	1,10	1,—	1,80
	ETB 20/2004			1,30	
	Kleinbogen		11,—	10,—	

Auflage: 20 000 000 Stück, davon 150 000 auf ETB

2004, 3. Juni. Jugend: Katzen. 🄴 **Ehmke; Odr. BDB (Klb. 2×5); gez. S 13¾:14.**

cvc) Katzenkinder mit Wollknäuel

cvd) Katzenkinder mit Ball

cve) Katzenmutter mit Jungem

cvf) Sich putzende Katze

cvg) Schlafende Katzen

			★★	⊙	FDC
2402	45 + 20 (C) mfg. GA	cvc	1,60	1,60	
2403	55 + 25 (C) mehrfarbig	cvd	1,70	1,70	
2404	55 + 25 (C) mehrfarbig	cve	1,70	1,70	
2405	55 + 25 (C) mehrfarbig	cvf	1,70	1,70	
2406	144 + 56 (C) mehrfarbig	cvg	4,50	4,50	
	Satzpreis (5 W.)		11,—	11,—	12,—
	ETB 21/2004 (mit MiNr. 2402–2404)			4,50	
	ETB 21a/2004 (mit MiNr. 2405–2406)			5,50	
	Kleinbogensatz (5 Klb.)		120,—	120,—	

Auflagen: MiNr. 2402 = 1 810 000, MiNr. 2403 = 1 720 000, MiNr. 2404 = 1 730 000, MiNr. 2405 = 1 730 000, MiNr. 2406 1 610 000 Stück, davon je 150 000 auf ETB

2004, 3. Juni. Deutsche National- und Naturparks (VII): Nationalparks im Wattenmeer. 🄴 **Dimanski; Odr. GDL (Klb. 5×2); gez. K 13¼.**

cvh) Priel im Watt

			★★	⊙	FDC
2407	55 (C) mehrfarbig	cvh	1,10	1,—	1,70
	ETB 22/2004			1,30	
	Kleinbogen		11,—	10,—	

PF Zähnung L 11 statt K 13¼, Fluoreszenz violettgrau statt grüngelb

Auflage: 28 500 000 Stück, davon 150 000 auf ETB

Weitere Ausgaben siehe Fußnote nach MiNr. 1871–1873 (Bl. 36)

2004, 3. Juni. Deutsch-russische Jugendbegegnungen im 21. Jahrhundert. ⓔ Osolin; Odr. BSP (Klb. 5×2); gez. K 13¾.

cvi) Jugendliche lassen Drachen in den Nationalfarben steigen

			★★	⊙	FDC
2408	55 (C) mehrfarbig GA cvi		1,10	1,—	1,70
		ETB 23/2004*)		1,30	
		Kleinbogen	11,—	10,—	

*) enthält zusätzlich die bildgleiche Marke Russland MiNr. 1181

Auflage: 15 000 000 Stück, davon 150 000 auf ETB

Parallelausgabe mit Russland MiNr. 1181

2004, 8. Juli. Leuchttürme (I). ⓔ Graf; Odr. BSP (Klb. 5×2); gez. K 13¾.

cvk) Greifswalder Oie

cvl) Roter Sand

			★★	⊙	FDC
2409	45 (C) mehrfarbig GA . . . . . . cvk		1,10	1,—	
2410	55 (C) mehrfarbig GA cvl		1,10	1,—	
		Satzpreis (2 W.)	2,20	2,—	3,—
		ETB 24/2004		2,20	
		Kleinbogensatz (2 Klb.)	22,—	22,—	

Auflagen: MiNr. 2409 = 24 800 000, MiNr. 2410 = 26 500 000 Stück, davon je 125 000 auf ETB

In gleichen Zeichnungen, jedoch selbstklebend: MiNr. 2413 und 2478; weitere Ausgaben siehe nachfolgende Übersicht.

Übersichtstabelle der Sondermarken-Serie „Leuchttürme"

Leuchtturm	Gummierung	Nominale	MiNr.
Amrum	nassklebend	55 C	2678
Amrum	selbstklebend	55 C	2683
Arkona	nassklebend	55 C	2943
Arngast	nassklebend	55 C	2878
Arngast	selbstklebend	55 C	2935
Borkum	nassklebend	45 C	2942
Bremerhaven Oberfeuer	nassklebend	45 C	2612
Bremerhaven Unterfeuer	nassklebend	70 C	3317
Brunsbüttel; Mole 1	nassklebend	45 C	2473
Brunsbüttel; Mole 1	selbstklebend	45 C	2479
Buk	nassklebend	45 C	3089
Büsum	nassklebend	58 C	3011
Dahmeshöved	nassklebend	90 C	2879
Darßer Ort	nassklebend	45 C	3391
Dornbusch	nassklebend	55 C	2743
Falshöft	nassklebend	55 C	2801
Flügge	nassklebend	45 C	3010
Greifswalder Oie	nassklebend	45 C	2409
Greifswalder Oie	selbstklebend	45 C	2478
Hohe Weg	nassklebend	55 C	2556
Hörnum	nassklebend	55 C	2613
Hörnum	selbstklebend	55 C	2682
Kampen	nassklebend	70 C	3253
Kiel-Holtenau	nassklebend	45 C	3316
Lindau	nassklebend	62 C	3157
Moritzburg	nassklebend	45 C	3156
Neuland	nassklebend	45 C	2555
Neuwerk	nassklebend	45 C	2800
Norderney	nassklebend	45 C	2742
Norderney	selbstklebend	45 C	2875
Pellworm	nassklebend	60 C	3090
Roter Sand	nassklebend	55 C	2410
Roter Sand	selbstklebend	55 C	2413
Staberhuk	nassklebend	45 C	3252
Wangerooge	nassklebend	70 C	3392
Wangerooge	selbstklebend	70 C	3396
Warnemünde	nassklebend	45 C	2677
Warnemünde	selbstklebend	45 C	2876
Westerheversand	nassklebend	55 C	2474

2004, 8. Juli. 200. Geburtstag von Ludwig Feuerbach. ⓔ Effert; Odr. BDB (Klb. 5×2); gez. S 13¾.

cvm) L. Feuerbach (1804–1872), Philosoph

			★★	⊙	FDC
2411	144 (C) mehrfarbig GA . . . . cvm		3,—	2,80	4,—
		ETB 25/2004		3,—	
		Kleinbogen	30,—	30,—	

Auflage: 21 000 000 Stück, davon 125 000 auf ETB

2004, 8. Juli. 75. Jahrestag des Gewinns des „Blauen Bandes" durch das Passagierschiff „Bremen". ⓔ Haase; Odr. GDL (Klb. 2×5); gez. K 13¾:14.

cvn) Passagierschiff „Bremen" vor Stadtbild von New York

			★★	⊙	FDC
2412	55 (C) mehrfarbig GA . . . . . . cvn		1,10	1,—	1,70
		ETB 26/2004		1,30	
		Kleinbogen	11,—	10,—	

Auflage: 21 500 000 Stück, davon 125 000 auf ETB

In gleicher Zeichnung, jedoch selbstklebend: MiNr. 2417

2004, 8. Juli. Leuchttürme (II). ⓔ Graf; Odr. BDB, Folienstreifen (1×5) aus Rollen; selbstklebend; gestanzt 10¼.

cvl) Roter Sand

			★★	⊙	FDC
2413	55 (C) mehrfarbig cvl		1,10	1,—	1,80
		Fünferstreifen	8,—		

Auf der Trägerfolie befindet sich rückseitig bei jeder 5. Marke eine Zählnummer.

Auflage: 509 543 700 Stück

In gleicher Zeichnung, jedoch nassklebend: MiNr. 2410; weitere Werte siehe Übersichtstabelle nach MiNr. 2410

2004, 12. Aug. Post! ⓔ Graschberger; Odr. BDB (Klb. 2×5); gez. S 14.

cvo) Kameliengruß

			★★	⊙	FDC
2414	55 (C) mehrfarbig GA . . . . . . cvo		1,10	1,—	1,70
		ETB 27/2004		1,30	
		Kleinbogen	11,—	10,—	

Auflage: 37 000 000 Stück, davon 125 000 auf ETB

In gleicher Zeichnung, jedoch selbstklebend: MiNr. 2416

2004, 12. Aug. 100 Jahre Gedächtniskirche Speyer. ⓔ Schmidt; Odr. BSP (Klb. 2×5); gez. K 13¾.

cvp) Seitenansicht

			★★	⊙	FDC
2415	55 (C) mehrfarbig GA . . . . . . cvp		1,20	1,10	1,80
		ETB 28/2004		1,30	
		Kleinbogen	12,—	12,—	

Auflage: 14 500 000 Stück, davon 125 000 auf ETB

Alle ab 1.1.1969 ausgegebenen Marken und Blocks nur in DM-Währung waren bis 30.6.2002 frankaturgültig, außerdem auch MiNr. 454–461, 489–503, 506–510 und 561–565. Marken mit doppelter Währungsgabe in DM und € sind auch weiterhin frankaturgültig.

2004, 12. Aug. Post! Ⓔ Graschberger; Odr. BSP, Markenheftchen; selbstklebend; gestanzt 10:10¼.

cvo) Kameliengruß

			★★	⊙	FDC
2416	55 (C) mehrfarbig [GA]	cvo	1,40	1,20	1,80

MiNr. 2416 wurde zusammen mit MiNr. 2321 im Markenheftchen (MH 55) gedruckt.

Auflage: 410 000 000 Stück

In gleicher Zeichnung, jedoch nassklebend: MiNr. 2414

2004, 12. Aug. 75. Jahrestag des Gewinns des „Blauen Bandes" durch das Passagierschiff „Bremen". Ⓔ Haase; Odr. WDZ, Markenheftchen; selbstklebend; gestanzt 14.

cvn) Passagierschiff „Bremen" vor Stadtbild von New York

			★★	⊙	FDC
2417	55 (C) mehrfarbig	cvn	1,10	1,—	3,50

MiNr. 2417 stammt aus MH 56.

Auflage: 625 606 800 Stück

In gleicher Zeichnung, jedoch nassklebend: MiNr. 2412

2004, 9. Sept. Für uns Kinder. Ⓔ Terpitz; Odr. BSP (Klb. 5×2); gez. K 13¾.

cvr) Buntes Gesicht aus Hand- und Fußabdrücken

			★★	⊙	FDC
2418	55 (C) mehrfarbig	cvr	1,10	1,—	1,80
		ETB 29/2004		1,30	
		Kleinbogen	11,—	10,—	

Auflage: 30 000 000 Stück, davon 125 000 auf ETB

2004, 9. Sept. 200. Geburtstag von Eduard Mörike. Ⓔ Lüdtke; Odr. GDL (Klb. 2×5); gez. K 14.

cvs) Feder, Tintenfass und Brille auf Handschrift des Gedichts „Ein Tännchen grünet wo…" von E. Mörike (1804–1875), Schriftsteller

			★★	⊙	FDC
2419	55 (C) mehrfarbig	cvs	1,10	1,—	1,80
		ETB 30/2004		1,30	
		Kleinbogen	11,—	10,—	

Auflage: 22 000 000 Stück, davon 125 000 auf ETB

2004, 9. Sept. 150. Geburtstag von Engelbert Humperdinck. Ⓔ Jünger; Odr. GDL (Klb. 2×5); gez. K 14.

cvt) E. Humperdinck (1854–1921), Komponist; Illustrationen zu seiner Oper „Hänsel und Gretel", Notenhandschrift

			★★	⊙	FDC
2420	45 (C) mehrfarbig [GA]	cvt	1,—	0,90	1,70
		ETB 31/2004		1,10	
		Kleinbogen	11,—	11,—	

Auflage: 25 000 000 Stück, davon 125 000 auf ETB

2004, 9. Sept. 100. Geburtstag von Egon Eiermann. Ⓔ Wolff; Odr. BDB (Klb. 2×5); gez. S 14.

cvu) E. Eiermann (1904–1970), Architekt; Zeichnung der Kaiser-Wilhelm-Gedächtniskirche, Berlin

			★★	⊙	FDC
2421	100 (C) mehrfarbig	cvu	2,—	1,80	2,80
		ETB 32/2004		2,20	
		Kleinbogen	20,—	18,—	

Auflage: 17 000 000 Stück, davon 125 000 auf ETB

2004, 9. Sept. 50 Jahre Bundessozialgericht. Ⓔ Schmidt; komb. Odr. und Prägedruck BSP (Klb. 5×2); gez. K 13¾.

cvv) Prägestempel des Bundessozialgerichts

			★★	⊙	FDC
2422	144 (C) mehrfarbig	cvv	3,—	2,80	4,—
		ETB 33/2004		3,—	
		Kleinbogen	30,—	30,—	

Auflage: 20 000 000 Stück, davon 125 000 auf ETB

2004, 7. Okt. Wohlfahrt: Wunderbare Welt – Klimazonen. Ⓔ Gassner; Odr. BDB (Klb. 2×5); gez. S 14.

cvw) Polare Zone: Eisberg, Westgrönland

cvx) Alpine Zone: Tibet

cvy) Gemäßigte Breiten: Weideland, Mecklenburg-Vorpommern

cvz) Wüste: Sahara

cwa) Tropen: Regenwald, Galapagosinseln

			★★	⊙	FDC
2423	45 + 20 (C) mehrfarbig	cvw	1,60	1,60	
2424	55 + 25 (C) mehrfarbig	cvx	1,70	1,70	
2425	55 + 25 (C) mehrfarbig	cvy	1,70	1,70	
2426	55 + 25 (C) mehrfarbig	cvz	1,70	1,70	
2427	144 + 56 (C) mehrfarbig	cwa	4,50	4,50	
		Satzpreis (5 W.)	11,—	11,—	15,—
		ETB 34/2004 (mit MiNr. 2423–2425)		4,50	
		ETB 34a/2004 (mit MiNr. 2426–2427)		5,50	
		Kleinbogensatz (5 Klb.)	110,—	110,—	

Auflagen: MiNr. 2423 = 3 810 000, MiNr. 2424 = 8 180 000, MiNr. 2425 = 7 810 000, MiNr. 2426 = 8 480 000, MiNr. 2427 = 6 460 000 Stück, davon je 125 000 auf ETB

2004, 7. Okt. Tag der Briefmarke. Ⓔ Klein und Neumann; Odr. GDL (Klb. 2×5); gez. K 13¾.

cwb) Flugboot Do X (1930)

			★★	⊙	FDC
2428	55 (C) mehrfarbig [GA]	cwb	1,10	1,—	2,—
		ETB 35/2004		1,30	
		Kleinbogen	11,—	10,—	

Auflage: 19 000 000 Stück, davon 125 000 auf ETB

2004, 4. Nov. Weihnachten. ⊡ **Jünger; Odr. BSP (Klb. 5×2); gez. K 13¾.**

cwc) Die Flucht nach Ägypten   cwd) Die Anbetung der Könige

cwc–cwd) Gemälde von Peter Paul Rubens (1577–1640), flämischer Maler

				★★	⊙	FDC
2429	45 + 20 (C)	mehrfarbig	cwc	1,40	1,30	
2430	55 + 25 (C)	mehrfarbig	cwd	1,60	1,50	
		Satzpreis (2 W.)		3,—	2,80	4,50
		ETB 36/2004*)			5,—	
		Kleinbogensatz (2 Klb.)		30,—	30,—	

*) enthält zusätzlich die bildgleichen Marken Belgien MiNr. 3381/82

Auflagen: MiNr. 2429 = 2 840 000, MiNr. 2430 = 5 450 000 Stück, davon je 125 000 auf ETB

Parallelausgabe mit Belgien MiNr. 3381–3382

2004, 4. Nov. Post: Winterstimmung. ⊡ **Graf; Odr. GDL (Klb. 2×5); gez. K 14.**

cwe) Verschneite Eichenallee

				★★	⊙	FDC
2431	55 (C)	mehrfarbig	cwe	1,10	1,—	1,80
		ETB 37/2004			1,30	
		Kleinbogen		11,—	10,—	

Auflage: 12 500 000 Stück, davon 125 000 auf ETB

2004, 4. Nov. Deutsche Malerei des 20. Jahrhunderts (IX). ⊡ **Jünger; Odr. GDL (Klb. 2×5); gez. K 13¾:14.**

cwf) Das Geheimnis; von Felix Nussbaum (1904–1944), Maler und Graphiker

				★★	⊙	FDC
2432	55 (C)	mehrfarbig	cwf	1,10	1,—	2,—
		ETB 38/2004			1,30	
		Kleinbogen		11,—	10,—	

Auflage: 11 500 000 Stück, davon 125 000 auf ETB

Weitere Ausgaben siehe Fußnote nach MiNr. 1619

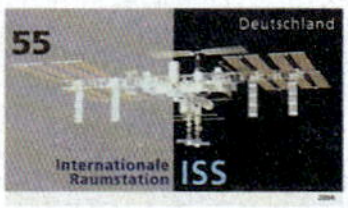

2004, 4. Nov. Internationale Raumstation ISS. ⊡ **Wulff; Odr. BDB (Klb. 2×5); gez. S 14.**

cwg) Internationale Raumstation im Orbit

				★★	⊙	FDC
2433	55 (C)	mehrfarbig	cwg	1,10	1,—	1,80
		ETB 39/2004			1,30	
		Kleinbogen		11,—	10,—	

Auflage: 15 000 000 Stück, davon 125 000 auf ETB

Notizen:

2005

2005, 3. Jan. Freimarken: Blumen (I). ⊡ **Klein & Neumann; Odr. BDB, Kleinbogen (5×2) (Klb.) und Rollen (R); gez. S 14.**

cwh) Einjährige Sonnenblume (Helianthus annuus)

cwi) Feldrittersporn (Consolida regalis)

				★★	⊙	FDC
2434	95 (C)	mehrfarbig	cwh	3,—	2,—	3,50
2435	430 (C)	mehrfarbig	cwi	11,—	11,—	14,—
		Satzpreis (2 W.)		14,—	13,—	18,—
		ETB 1/2005			10,—	
		Kleinbogensatz (2 Klb.)		160,—	160,—	

Waagerechte Paare (aus Klb.):

	★★	⊙
2434/2434	8,—	8,—
2435/2435	24,—	24,—
Satzpreis (2 Paare)	32,—	32,—

Rollenmarken mit rückseitiger Nummer (R):

	Einzelm. ★★	Einzelm. ⊙	5er-Str. ★★
2434 R	5,—	5,—	17,—
2435 R	14,—	14,—	60,—

Auflagen:

Weiterer Werte siehe Zusammenfassung nach Blockaufstellung

2005, 3. Jan. Archäologie in Deutschland (II). ⊡ **Schmidt; Odr. BSP (Klb. 5×2); gez. K 13¾.**

cwk) Keltenfürst vom Glauberg (Steinfigur, 5. Jh. v. Chr.)

				★★	⊙	FDC
2436	144 (C)	mehrfarbig	cwk	3,—	2,80	4,—
		ETB 2/2005			3,—	
		Kleinbogen		30,—	30,—	

Auflage: 17 500 000 Stück, davon 125 000 auf ETB

Weitere Ausgaben siehe Fußnote nach MiNr. 2281

2005, 3. Jan. Deutsche Malerei (I). ⊡ **Schmidt; Odr. GDL (Klb. 5×2); gez. K 13¼.**

cwl) Anbetung der Hl. Drei Könige; Kölner Tafelgemälde (um 1350)

				★★	⊙	FDC
2437	55 (C)	mehrfarbig	cwl	1,10	1,—	2,—
		ETB 3/2005			1,30	
		Kleinbogen		11,—	11,—	

Auflage: 10 500 000 Stück, davon 125 000 auf ETB

In ähnlicher Zeichnung: MiNr. 2701

Weitere Ausgaben: MiNr. 2531, 2591, 2761, 2785, 2840, 2869, 2937, 2974, 2979

2005, 3. Jan. 1200 Jahre Forchheim. ⊡ **Fiedler; Odr. GDL (Klb. 5×2); gez. K 13¼.**

cwm) Rathaus

				★★	⊙	FDC
2438	45 (C)	mehrfarbig	cwm	0,90	0,80	2,—
		ETB 4/2005			1,20	
		Kleinbogen		9,—	8,—	

Auflage: 10 500 000 Stück, davon 125 000 auf ETB

2005, 10. Febr. Sporthilfe: Fußball-Weltmeisterschaft 2006, Deutschland; Internationales Deutsches Turnfest, Berlin; Nordische Skiweltmeisterschaften, Oberstdorf; Fechtweltmeisterschaften, Leipzig. Ⓔ **Jünger; Odr. BDB (Klb. 2×5); gez. S 13:13½.**

cwn) Stadionbesucher, Flutlichtanlage; WM-Maskottchen „Goleo VI"

cwo) Spielszene; Fußball-Globus, Ausstellungsobjekt von André Heller (*1947), österreichischer Multimediakünstler, Entertainer, Chansonsänger und Autor

cwp) Kunstturnen; Brandenburger Tor, Berlin

cwr) Skispringen; Sprungschanze, Oberstdorf

cws) Fechten; Neue Messehalle, Leipzig

			★★	⊙	FDC
2439	45 + 20 (C) mehrfarbig	. cwn	1,60	1,60	
2440	55 + 25 (C) mehrfarbig	. cwo	1,70	1,70	
2441	55 + 25 (C) mehrfarbig	. cwp	1,70	1,70	
2442	55 + 25 (C) mehrfarbig	.. cwr	1,70	1,70	
2443	144 + 56 (C) mehrfarbig	. cws	4,50	4,50	
		Satzpreis (5 W.)	11,—	11,—	13,—
		ETB 5/2005 (mit MiNr. 2439–2441)		4,50	
		ETB 5a/2005 (mit MiNr. 2442–2443)		5,50	
		Kleinbogensatz (5 Klb.)	120,—	120,—	

Auflagen: MiNr. 2439 = 2 670 000, MiNr. 2440 = 2 620 000, MiNr. 2441 = 1 560 000, MiNr. 2442 = 1 550 000, MiNr. 2443 = 1 550 000 Stück, davon je 125 000 auf ETB

2005, 10. Febr. 150 Jahre Litfaßsäule. Ⓔ **Kößlinger; Odr. BSP (Klb. 5×2); gez. K 13¼.**

cwt) Litfaßsäule

			★★	⊙	FDC
2444	55 (C) mehrfarbig GA	...... cwt	1,10	1,—	1,80
		ETB 6/2005		1,30	
		Kleinbogen	11,—	10,—	

Auflage: 13 000 000 Stück, davon 125 000 auf ETB

2005, 10. Febr. 100 Jahre Berliner Dom. Ⓔ **Dimanski; Odr. GDL (Klb. 5×2); gez. K 13¼.**

cwu) Berliner Dom (erbaut 1884–1905)

			★★	⊙	FDC
2445	95 (C) mehrfarbig GA	..... cwu	1,90	1,70	2,50
		ETB 7/2005		2,—	
		Kleinbogen	19,—	18,—	

Auflage: 20 500 000 Stück, davon 125 000 auf ETB

In gleicher Zeichnung, jedoch selbstklebend: MiNr. 2446

2005, 10. Febr. 100 Jahre Berliner Dom. Ⓔ **Dimanski; Odr. GDL; Markenheftchen; selbstklebend; gestanzt 11.**

cwu) Berliner Dom (erbaut 1884–1905)

			★★	⊙	FDC
2446	95 (C) mehrfarbig	.... cwu	2,20	1,70	3,—

MiNr. 2446 stammt aus MH 57.

Auflage: 92 450 500 Stück

In gleicher Zeichnung, jedoch nassklebend: MiNr. 2445

2005, 3. März. Post: Briefzustellung in Deutschland (I). Ⓔ **Ziegenfeuter; Odr. BSP (Klb. 5×2); gez. K 13¾.**

cwv) Postbote mit Rad im Norden, Leuchtturm, Windrose

cww) Briefträger im Süden, Gebirge, Windrose

			★★	⊙	FDC
2447	55 (C) mehrfarbig GA	..... cwv	1,20	1,—	
2448	55 (C) mehrfarbig GA	..... cww	1,20	1,—	
		Satzpreis (2 W.)	2,40	2,—	3,50
		ETB 8/2005		2,40	
		Kleinbogensatz (2 Klb.)	24,—	22,—	

Heftchen (Portocard) mit MiNr. 2447, 2448 und 2481, 2482 wurden von einer einzelnen Poststelle hergestellt und vertrieben.

Auflagen: MiNr. 2447 und 2448 je 16 500 000 Stück, davon je 125 000 auf ETB

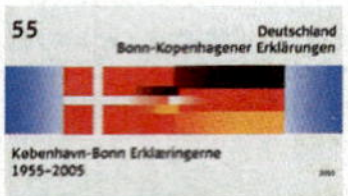

2005, 3. März. 50 Jahre Bonn-Kopenhagener Erklärungen. Ⓔ **Kühn; Odr. BDB (Klb. 2×5); gez. S 14.**

cwx) Nationalflaggen Dänemarks und Deutschlands, miteinander verbunden

			★★	⊙	FDC
2449	55 (C) mehrfarbig	.... cwx	1,10	1,—	1,80
		ETB 9/2005*)		2,—	
		Kleinbogen	11,—	10,—	

*) enthält zusätzlich die bildgleiche Marke Dänemark MiNr. 1400

Auflage: 11 000 000 Stück, davon 125 000 auf ETB

Parallelausgabe mit Dänemark MiNr. 1400

2005, 3. März. 50. Jahrestag der Wiederaufnahme des regelmäßigen Flugverkehrs der Lufthansa. Ⓔ **Zimmermann; Odr. GDL (Klb. 2×5); gez. K 14.**

cwy) Langstreckenflugzeug Lockheed Super Constellation

			★★	⊙	FDC
2450	155 (C) mehrfarbig	.... cwy	3,—	2,80	4,—
		ETB 10/2005		3,20	
		Kleinbogen	32,—	32,—	

Auflage: 14 500 000 Stück, davon 125 000 auf ETB

2005, 7. April. Freimarke: Blumen (II). Ⓔ **Klein & Neumann; Odr. BDB, Kleinbogen (5×2) (Klb.) und Rollen (R); gez. S 14.**

cwz) Margerite (Chrysanthemum sp.)

			★★	⊙	FDC
2451	45 (C) mehrfarbig GA	..... cwz	0,90	0,80	1,80
		ETB 11/2005		1,20	
		Kleinbogen	12,—	10,—	

Waagerechtes Paar (aus Klb.):

	★★	⊙
2451/2451	2,40	2,40

Rollenmarke mit rückseitiger Nummer (R):

	Einzelm. ★★	Einzelm. ⊙	5er-Str. ★★
2451 R	2,40	2,40	7,—

Auflage:

Weitere Werte siehe Zusammenfassung nach Blockaufstellung

2005, 7. April. Deutsche National- und Naturparks (VIII): Nationalpark Bayerischer Wald. Ⓔ Graf; Odr. BSP (Klb. 5×2); gez. K 13¾.

cxa) Moos- und farnbedeckte Felsbrocken im Nationalpark

		★★	⊙	FDC
2452	55 (C) mehrfarbig GA ...... cxa	1,10	1,—	2,—
	ETB 12/2005		1,30	
	Kleinbogen	10,—	10,—	

Auflage: 15 000 000 Stück, davon 125 000 auf ETB

Weitere Ausgaben siehe Fußnote nach MiNr. 1871–1873 (Bl. 36)

2005, 7. April. 200. Geburtstag von Hans Christian Andersen. Ⓔ Blume-Zander und Zander; Odr. BDB (Klb. 5×2); gez. S 14:13¾.

cxb) Bucheinband mit Figuren aus Märchen von H. Chr. Andersen (1805–1875), dänischer Dichter

		★★	⊙	FDC
2453	144 (C) mehrfarbig GA ..... cxb	3,—	3,—	4,—
	ETB 13/2005		3,—	
	Kleinbogen	30,—	30,—	

Auflage: 27 500 000 Stück, davon 125 000 auf ETB

In gleicher Zeichnung, jedoch selbstklebend: MiNr. 2455

2005, 7. April. 100 Jahre Mittellandkanal. Ⓔ Berthold; Odr. GDL (Klb. 5×2); gez. K 14.

cxc) Elblandschaft mit Trogbrücke

		★★	⊙	FDC
2454	45 (C) mehrfarbig GA cxc	1,—	1,—	1,80
	ETB 14/2005		1,30	
	Kleinbogen	10,—	10,—	

Auflage: 11 000 000 Stück, davon 125 000 auf ETB

2005, 7. April. 200. Geburtstag von Hans Christian Andersen. Ⓔ Blume-Zander und Zander; Odr. BDB, Folienstreifen (1×5) aus Rollen; selbstklebend; gestanzt 10¼.

cxb) Bucheinband mit Figuren aus Märchen von H. Chr. Andersen (1805–1875), dänischer Dichter

		★★	⊙	FDC
2455	144 (C) mehrfarbig .... cxb	3,50	3,50	5,—
	Fünferstreifen	22,—		

Auf der Trägerfolie befindet sich rückseitig bei jeder 5. Marke eine Zählnummer.

Auflage: 44 680 000 Stück

In gleicher Zeichnung, jedoch nassklebend: MiNr. 2453

Wenn bei einzelnen Ausgaben nicht ausdrücklich anders vermerkt, gelten alle Preise für einwandfrei gezähnte (siehe „Briefmarken-Qualitätsstufen" im Einleitungsteil, Abb. 12), gut zentrierte (Abb. 17) Stücke mit klaren Abstempelungen, bei denen Ort und Datum einwandfrei identifizierbar sind (Abb. 24).

2005, 12. Mai. Tag der Briefmarke: 100 Jahre Kraftpost. Ⓔ Neumann; Odr. BDB (Klb. 2×5); gez. S 14.

cxd) Kraftpostomnibus (1905)

		★★	⊙	FDC
2456	55 + 25 (C) mehrfarbig GA . cxd	1,70	1,70	2,50
	ETB 15/2005		1,80	
	Kleinbogen	18,—	18,—	

Auflage: 1 960 000 Stück, davon 125 000 auf ETB

2005, 12. Mai. Europa: Gastronomie. Ⓔ Clausing; Odr. GDL (Klb. 2×5); gez. K 14.

cxe) Gedeckter Tisch

		★★	⊙	FDC
2457	55 (C) mehrfarbig .... cxe	1,10	1,—	2,—
	ETB 16/2005		1,30	
	Kleinbogen	11,—	11,—	

[FÄLSCHUNG] weiße Bildlinien dünner, weitere Fälschungen lassen sich nur durch technische Differenzmethode anhand des abweichenden Rasters erkennen.

Auflage: 9 000 000 Stück, davon 125 000 auf ETB

2005, 12. Mai. 100 Jahre Künstlergruppe „Die Brücke". Ⓔ Hoch; Odr. BSP (Klb. 5×2); gez. K 13¾.

cxf) Sitzende Fränzi; Holzschnitt von Erich Heckel (1883–1970), Maler und Graphiker (Katalogtitelseite)

		★★	⊙	FDC
2458	55 (C) mehrfarbig .... cxf	1,10	1,—	2,—
	ETB 17/2005		1,30	
	Kleinbogen	11,—	10,—	

[FÄLSCHUNG] minderwertige Zähnung K 13¼

Auflage: 8 800 000 Stück, davon 125 000 auf ETB

2005, 12. Mai. 50 Jahre Pariser Verträge. Ⓔ Gassner; Odr. BSP (Klb. 5×2); gez. K 13¾.

cxg) Unterzeichner der Verträge

		★★	⊙	FDC
2459	55 (C) mehrfarbig GA ...... cxg	1,10	1,—	2,—
	ETB 18/2005		1,30	
	Kleinbogen	11,—	10,—	

Auflage: 8 800 000 Stück, davon 125 000 auf ETB

2005, 12. Mai. Tod von Papst Johannes Paul II. Ⓔ Schmidt; Odr. BSP (Klb. 2×5); gez. K 14.

cxh) Papst Johannes Paul II. (1920–2005, reg. ab 1978)

		★★	⊙	FDC
2460	55 (C) mehrfarbig GA ...... cxh	1,10	1,—	2,—
	ETB 18 S/2005		1,30	
	Kleinbogen	11,—	10,—	

Auflage: 22 300 000 Stück, davon 125 000 auf ETB

2005, 12. Mai. Schillerjahr. Ⓔ Jäger & Jäger; Odr. GDL (Klb. 2×5); gez. K 14.

cxi) Frühe Gesamtausgabe der Werke von Friedrich von Schiller (1759–1805), Dichter

		★★	⊙	FDC
2461	55 (C) mehrfarbig GA cxi	1,10	1,—	2,—
	ETB 19/2005		1,30	
	Kleinbogen	11,—	10,—	

Auflage: 12 500 000 Stück, davon 125 000 auf ETB

2005, 2. Juni. Freimarken: Blumen (III). Ⓔ **Klein & Neumann; Odr. BDB, Kleinbogen (5×2) (Klb.) und Rollen (R); gez. S 14.**

cxk) Bechermalve (Lavatera trimestris)

cxl) Herbstaster (Aster novae)

			**	⊙	FDC
2462	25 (C) mehrfarbig GA	. . . . . . cxk	0,60	0,50	1,50
2463	50 (C) mehrfarbig GA	 cxl	1,—	0,90	1,60
		Satzpreis (2 W.)	1,60	1,40	2,50
		ETB 20/2005		2,20	
		Kleinbogensatz (2 Klb.)	17,—	17,—	

Waagerechte Paare (aus Klb.):

	**	⊙
2462/2462	1,30	1,30
2463/2463	2,20	2,20
Satzpreis (2 Paare)	3,50	3,50

Rollenmarken mit rückseitiger Nummer (R):

Bei den ab 2005 gedruckten Rollen wurde jede 5. Marke rückseitig nummeriert.

Bei den ab 2017 gefertigten Rollen der MiNr. 2463 folgt nach jeder 5. Marke (mit Nummer) ein kleines Zwischenfeld mit EAN-Codierung.

	Einzelm. **	⊙	5er-Str. **	EAN-6er-Str. **
2462 R	2,60	2,60	6,—	
2463 R	1,—	1,—	5,—	5,—

Auflagen:

In gleicher Zeichnung wie MiNr. 2462, jedoch selbstklebend: MiNr. 2513; weitere Werte siehe Zusammenfassung nach Blockaufstellung

2005, 2. Juni. Jugend: Großsegler. Ⓔ **Klein und Neumann; Odr. GDL (Klb. 2×5); gez. K 13¾:14.**

cxm) Schonerbrigg „Greif“

cxn) Bark „Rickmer Rickmers“

cxo) Viermastbark „Passat“

cxp) Dreimastgaffelschoner „Großherzogin Elisabeth“

cxr) Vollschiff „Deutschland“

			**	⊙	FDC
2464	45 + 20 (C) mehrfarbig	. . . cxm	1,60	1,60	
2465	55 + 25 (C) mehrfarbig	. . . cxn	1,70	1,70	
2466	55 + 25 (C) mfg. GA	. . . . . cxo	1,70	1,70	
2467	55 + 25 (C) mfg. GA	. . . . . cxp	1,70	1,70	
2468	144 + 56 (C) mehrfarbig	. . . . cxr	4,50	4,50	
		Satzpreis (5 W.)	11,—	11,—	13,—
		ETB 21/2005 (mit MiNr. 2464–2466)		4,50	
		ETB 21a/2005 (mit MiNr. 2467–2468)		5,50	
		Kleinbogensatz (5 Klb.)	110,—	110,—	

Auflagen: MiNr. 2464 = 1 800 000, MiNr. 2465 = 1 740 000, MiNr. 2466 = 1 760 000, MiNr. 2467 = 1 780 000, MiNr. 2468 = 1 600 000 Stück, davon je 125 000 auf ETB

2005, 2. Juni. Weltjugendtag, Köln. Ⓔ **Voß-Acker; Odr. BDB (Klb. 2×5); gez. S 14.**

cxs) Kreuz, Weltkugel

			**	⊙	FDC
2469	55 (C) mehrfarbig GA	. . . . . . cxs	1,10	1,—	1,80
		ETB 22/2005		1,30	
		Kleinbogen	11,—	11,—	

Auflage: 19 000 000 Stück, davon 125 000 auf ETB

Parallelausgabe mit Vatikanstaat MiNr. 1520

2005, 2. Juni. Kongress der europäischen Obersten Rechnungskontrollbehörden (EUROSAI), Bonn. Ⓔ **Kühn; Odr. BSP (Klb. 5×2); gez. K 13¾.**

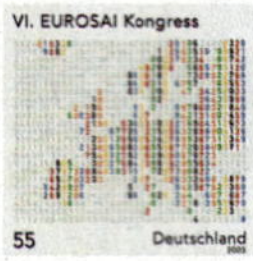
cxt) Landkarte Europas aus Zahlen

			**	⊙	FDC
2470	55 (C) mehrfarbig	. . . . cxt	1,10	1,—	1,80
		ETB 23/2005		1,30	
		Kleinbogen	12,—	11,—	

gez. K 13¼, leichte Fluoreszenz- und Farbunterschiede; graues Zahlenfeld kaum erkennbar.

Auflage: 11 000 000 Stück, davon 125 000 auf ETB

2005, 7. Juli/2007, Febr. Freimarken: Blumen (IV). Ⓔ **Klein & Neumann; Odr. BDB, Kleinbogen (5×2) (Klb.) und Rollen (R); A = vierseitig, E = zweiseitig gez. S 14.**

cxu) Hohe Studentenblume (Tagetes erecta)

cxv) Klatschmohn (Papaver rhoeas)

			**	⊙	FDC
2471	20 (C) mehrfarbig GA	. . cxu			
A	vierseitig gez. (Klb.) (R) (7.7.2005)	. .	0,40	0,40	1,20
Eo	(Klb.) (Febr. 2007)	.	0,40	0,40	
Eu	(Klb.) (Febr. 2007)	.	0,40	0,40	
2472 A	55 (C) mehrfarbig (Klb.) (R) (7.7.2005)	cxv	1,20	1,—	1,80
		Satzpreis A (2 W.)	1,50	1,40	2,50
		ETB 24/2005		2,—	
		Kleinbogensatz A (2 Klb.)	15,—	15,—	

Waagerechte und senkrechte Paare (aus Klb.):

		**	⊙
2471 A/2471 A	waagerecht	0,80	0,80
2471 Eo/2471 Eu	senkrecht	0,80	0,80
2472 A/2472 A	waagerecht	3,—	3,—
	Satzpreis (3 Paare)	4,50	4,50

Rollenmarken mit rückseitiger Nummer (R):

	Einzelm. **	⊙	5er-Str. **
2471 A R	1,80	1,80	4,—
2472 A R	2,80	2,80	8,—

MiNr. 2471 Eo und Eu wurden mit MiNr. 2480 Do, Du, Eo, Eu und 2484 Do, Du zusammenhängend im Kleinbogen gedruckt. Bewertung des Zd-Kleinbogens siehe nach MiNr. 2485.

Auflagen:

In gleicher Zeichnung wie MiNr. 2472, jedoch selbstklebend: MiNr. 2477; weitere Werte siehe Zusammenfassung nach Blockaufstellung.

2005, 7. Juli. Leuchttürme (III). Ⓔ **Graf; Odr. BSP (Klb. 5×2); gez. K 13¾.**

cxw) Brunsbüttel, Mole 1

cxx) Westerheversand

			**	⊙	FDC
2473	45 (C) mehrfarbig GA	. . . . . cxw	0,90	0,80	
2474	55 (C) mehrfarbig	 cxx	1,10	1,—	
		Satzpreis (2 W.)	2,—	1,80	3,—
		ETB 25/2005		2,20	
		Kleinbogensatz (2 Klb.)	20,—	20,—	

Auflagen: MiNr. 2473 und 2474 je 16 000 000 Stück, davon je 125 000 auf ETB

In gleicher Zeichnung wie MiNr. 2473, jedoch selbstklebend: MiNr 2479; weitere Werte siehe Übersichtstabelle nach MiNr. 2410

2005, 7. Juli. 100. Jahrestag der Veröffentlichung der speziellen Relativitätstheorie von Albert Einstein. Ⓔ Lienemeyer; Odr. GDL (Klb. 2×5); gez. K 14.

cxy) Albert Einstein (1879–1955), deutscher Physiker, Nobelpreis 1921; Formel der Masse-Energie-Äquivalenz

			**	⊙	FDC
2475	55 (C) mehrfarbig	. . . . cxy	1,10	1,—	1,80
		ETB 26/2005		1,30	
		Kleinbogen	12,—	12,—	

Auflage: 12 500 000 Stück, davon 125 000 auf ETB

2005, 7. Juli. Blockausgabe: Preußische Schlösser und Gärten. Ⓔ Graf; Odr. BSP; gez. Ks 13:13¼.

cxz) Neues Palais im Park Sanssouci, Potsdam

cya

			**	⊙	FDC
2476	220 (C) mehrfarbig	. . . . cxz	4,30	4,30	
Block 66	(98×70 mm)	. . . . cya	4,40	4,50	5,50
		Ⓢ		4,40	
		ETB 27/2005		4,40	

Auflage: 6 200 000 Blocks, davon 125 000 auf ETB

In gleicher Zeichnung wie MiNr. 2476, jedoch selbstklebend: MiNr. 2499

2005, 7. Juli. Freimarke: Blumen (V). Ⓔ Klein & Neumann; Odr. BDB, Folienstreifen (1×5) aus Rollen; selbstklebend; gestanzt 10¼.

cxv) Klatschmohn (Papaver rhoeas)

			**	⊙	FDC
2477	55 (C) mehrfarbig	 cxv	1,20	1,—	1,80
		Fünferstreifen	8,—		

Auf der Trägerfolie befindet sich rückseitig bei jeder 5. Marke eine Zählnummer.

Auflage:

In gleicher Zeichnung, jedoch nassklebend: MiNr. 2472; weitere Werte siehe Zusammenfassung nach Blockaufstellung

2005, 7. Juli. Leuchttürme (IV). Ⓔ Graf; Odr. BSP, Markenheftchen; selbstklebend; gestanzt 11.

cvk) Greifswalder Oie

cxw) Brunsbüttel, Mole 1

			**	⊙	FDC
2478	45 (C) mehrfarbig	. . . . cvk	1,—	0,80	
2479	45 (C) mehrfarbig	. . . . cxw	1,—	0,80	
		Satzpreis (2 W.)	2,—	1,60	3,—

MiNr. 2478–2479 stammen aus MH 58.

Auflagen: MiNr. 2478 und 2479 je 95 000 000 Stück

In gleichen Zeichnungen, jedoch nassklebend: MiNr. 2409, 2473; weitere Werte siehe Übersichtstabelle nach MiNr. 2410

2005, 11. Aug./2007, Febr. Freimarke: Blumen (VI). Ⓔ Klein & Neumann; Odr. BDB, Kleinbogen (5×2) (Klb.) und Rollen (R); A = vierseitig, D = dreiseitig, E = zweiseitig gez. S 14.

cyb) Elfenkrokus (Crocus tommasinianus)

			**	⊙	FDC
2480	5 (C) mehrfarbig GA . . cyb				
A	vierseitig gez. (Klb.) (R) (11.8.2005)	. . . .	0,30	0,30	1,—
Do	(Klb.) (Febr. 2007)	.	0,30	0,30	
Du	(Klb.) (Febr. 2007)	.	0,30	0,30	
Eo	(Klb.) (Febr. 2007)	.	0,30	0,30	
Eu	(Klb.) (Febr. 2007)	.	0,30	0,30	
		ETB 28/2005		0,40	
		Kleinbogen (A)	3,—	3,—	

Waagerechte und senkrechte Paare (aus Klb.):

		**	⊙
2480 A/2480 A	waagerecht	0,60	0,60
2480 Do/2480 Du	senkrecht	0,60	0,60
2480 Eo/2480 Eu	senkrecht	0,60	0,60
2480 Eo/2480 Do	waagerecht	0,60	0,60
2480 Eu/2480 Du	waagerecht	0,60	0,60

Rollenmarke mit rückseitiger Nummer (R):

	Einzelm. **	Einzelm. ⊙	5er-Str. **
2480 A R	1,50	1,50	2,60

MiNr. 2480 Do, Du, Eo, Eu wurden mit MiNr. 2471 Eo, Eu und 2484 Do, Du zusammenhängend im Kleinbogen gedruckt. Bewertung des Zd-Kleinbogens siehe nach MiNr. 2485.

Auflage:

Weitere Werte siehe Zusammenfassung nach Blockaufstellung

2005, 11. Aug. Post: Briefzustellung in Deutschland (II). Ⓔ Ziegenfeuter; Odr. BSP (Klb. 5×2); gez. K 13¾.

cyc) Briefzustellung im Osten, Flusslandschaft, Windrose

cyd) Briefzustellung im Westen, Berglandschaft, Windrose

			**	⊙	FDC
2481	55 (C) mehrfarbig GA	. . . . . . cyc	1,10	1,—	
2482	55 (C) mehrfarbig GA	. . . . . . cyd	1,10	1,—	
		Satzpreis (2 W.)	2,20	2,—	3,20
		ETB 29/2005		2,50	
		Kleinbogensatz (2 Klb.)	22,—	22,—	

Heftchen (Portocard) mit MiNr. 2481, 2482 und 2447, 2448 wurden von einer einzelnen Poststelle hergestellt und vertrieben.

Auflagen: MiNr. 2481 und 2482 je 16 000 000 Stück, davon je 125 000 auf ETB

2005, 11. Aug. 100 Jahre NaturFreunde Deutschlands. Ⓔ Blume-Zander, Zander; Odr. GDL (Klb. 5×2); gez. K 13¼.

cye) Wanderer unter Baum

			**	⊙	FDC
2483	144 (C) mehrfarbig	. . . . cye	3,—	2,80	4,—
		ETB 30/2005		3,—	
		Kleinbogen	30,—	30,—	

Auflage: 20 000 000 Stück, davon 125 000 auf ETB

2005, 8. Sept./2007, Febr. Freimarken: Blumen (VII). 🄴 **Klein & Neumann; Odr. BDB, Kleinbogen (5×2) (Klb.) und Rollen (R); A = vierseitig, D = dreiseitig gez. S 14.**

cyf) Tulpe (Tulipa sp.)

cyg) Leberblümchen (Hepatica sp.)

Zd.-Kleinbogen

			✱✱	⊙	FDC
2484	10 (C) mfg. 🄶🄰 . . . . cyf				
A	vierseitig gez. (Klb.) (R) (8.9.2005)		0,30	0,30	1,—
Do	(Klb.) (Febr. 2007) .		0,30	0,30	
Du	(Klb.) (Febr. 2007) .		0,30	0,30	
2485 A	40 (C) mehrfarbig (Klb.) (R) (8.9.2005) 🄶🄰 . . . cyg		0,80	0,80	1,50
	Satzpreis A (2 W.)		1,—	1,—	2,—
	ETB 31/2005			1,30	
	Kleinbogensatz A (2 Klb.)		10,—	10,—	
	Zd-Kleinbogen mit MiNr. 2471, 2480 und 2484 (Febr. 2007)		3,—	3,—	

Waagerechte und senkrechte Paare (aus Klb.):

		✱✱	⊙
2484 A/2484 A	waagerecht	0,60	0,60
2484 Do/2484 Du	senkrecht	0,60	0,60
2485 A/2485 A	waagerecht	1,60	1,60
	Satzpreis (3 Paare)	2,80	2,80

Rollenmarken mit rückseitiger Nummer (R):

	Einzelm. ✱✱	⊙	5er-Str. ✱✱
2484 A R	1,50	1,50	3,—
2485 A R	2,20	2,20	6,50

2484 Do, Du wurden mit MiNr. 2471 Eo, Eu und MiNr. 2480 Do, Du, Eo, Eu zusammenhängend im Zd-Kleinbogen gedruckt.

Auflagen:

Weitere Werte siehe Zusammenfassung nach Blockaufstellung

2005, 8. Sept. Für uns Kinder. 🄴 **Armbrust; Odr. BDB (Klb. 2×5); gez. S 14.**

cyh) Bunte Hähne

		✱✱	⊙	FDC
2486	55 (C) mehrfarbig . . . . cyh	1,10	1,—	1,80
	ETB 32/2005		1,30	
	Kleinbogen	11,—	11,—	

Auflage: 11 700 000 Stück, davon 125 000 auf ETB

2005, 8. Sept. 1200 Jahre Magdeburg. 🄴 **Schillinger; Odr. GDL (Klb. 2×5); gez. K 14.**

cyi) Stadtansicht von Magdeburg; Holzschnitt aus der Schedelschen Weltchronik (1493)

		✱✱	⊙	FDC
2487	55 (C) mehrfarbig 🄶🄰 . . . . . . cyi	1,10	1,—	1,80
	ETB 33/2005		1,30	
	Kleinbogen	11,—	10,—	

Auflage: 13 000 000 Stück, davon 125 000 auf ETB

2005, 8. Sept. 450 Jahre Augsburger Religionsfrieden. 🄴 **Effert; Odr. BSP (Klb. 5×2); gez. K 13¾.**

cyk) Jubel- und Friedensengel

		✱✱	⊙	FDC
2488	55 (C) mehrfarbig . . . . cyk	1,10	1,—	2,—
	ETB 34/2005		1,30	
	Kleinbogen	11,—	11,—	

Auflage: 14 500 000 Stück, davon 125 000 auf ETB

In ähnlicher Zeichnung (ohne Jahreszahl): MiNr. 2700

2005, 8. Sept. 100. Geburtstag von Max Schmeling. 🄴 **Hesse; Odr. GDL (Klb. 2×5); gez. K 14:14¼.**

cyl) Max Schmeling (1905–2005), Boxweltmeister

		✱✱	⊙	FDC
2489	55 (C) mehrfarbig 🄶🄰 . . . . . . cyl	1,10	1,—	1,80
	ETB 35/2005		1,30	
	Kleinbogen	11,—	11,—	

Auflage: 12 500 000 Stück, davon 125 000 auf ETB

2005, 13. Okt. 200. Geburtstag von Adalbert Stifter. 🄴 **Steiner; Odr. BSP (Klb. 5×2); gez. K 13¾.**

cym) Schreibfeder und Handschrift von A. Stifter (1805–1868), österreichischer Schriftsteller und Maler

		✱✱	⊙	FDC
2490	95 (C) mehrfarbig . . . . cym	2,—	2,—	3,—
	ETB 36/2005		2,—	
	Kleinbogen	20,—	20,—	

Auflage: 9 000 000 Stück, davon 125 000 auf ETB

2005, 13. Okt. Weihe der Dresdner Frauenkirche. 🄴 **Voß-Acker; Odr. GDL (Klb. 2×5); gez. K 14.**

cyn) Ruine und Rekonstruktion der Frauenkirche

		✱✱	⊙	FDC
2491	55 (C) mehrfarbig 🄶🄰 . . . . . . cyn	1,10	1,—	1,80
	ETB 37/2005		1,30	
	Kleinbogen	11,—	10,—	

Auflage: 15 000 000 Stück, davon 125 000 auf ETB

2005, 3. Nov. Weihnachten. 🄴 **Jünger; Odr. BSP (Klb. 5×2); gez. K 13¾.**

cyo) Anbetung des Kindes

cyp) Muttergottes in der Rosenlaube

cyo–cyp) Gemälde von Stefan Lochner (um 1410–1451), Maler

		✱✱	⊙	FDC
2492	45 + 20 (C) mehrfarbig . . cyo	1,40	1,30	
2493	55 + 25 (C) mehrfarbig . . cyp	1,70	1,50	
	Satzpreis (2 W.)	3,—	2,80	5,—
	ETB 38/2005		3,20	
	Kleinbogensatz (2 Klb.)	30,—	30,—	

Auflagen: MiNr. 2492 = 2 660 000, MiNr. 2493 = 5 360 000 Stück, davon je 125 000 auf ETB

2005, 3. Nov. Brauchtum und Tradition (II): 150 Jahre Tölzer Leonhardifahrt. Ⓔ **Gottschall; Odr. GDL (Klb. 5×2); gez. K 13¼.**

cyr) Rückfahrt von der Leonhardikapelle auf dem Kalvarienberg

		✶✶	⊙	FDC
2494	45 (C) mehrfarbig . . . . cyr	0,90	0,80	1,70
	ETB 39/2005		1,20	
	Kleinbogen	9,—	8,—	

Auflage: 9 000 000 Stück, davon 125 000 auf ETB

Weitere Ausgaben siehe Fußnote nach MiNr. 2207

2005, 3. Nov. 100. Jahrestag der Verleihung des Friedensnobelpreises an Bertha von Suttner. Ⓔ **Haase; Odr. BDB (Klb. 2×5); gez. S 14.**

cys) Bertha Freifrau von Suttner (1843–1914), österreichische Pazifistin und Schriftstellerin; Friedensnobelpreis 1905; Titelseite des Buches „Die Waffen nieder!"; Nobelpreismedaille

		✶✶	⊙	FDC
2495	55 (C) mehrfarbig . . . . cys	1,10	1,—	1,80
	ETB 40/2005		1,30	
	Kleinbogen	11,—	11,—	

Auflage: 10 000 000 Stück, davon 125 000 auf ETB

2005, 3. Nov. 100. Jahrestag der Verleihung des Nobelpreises an Robert Koch. Ⓔ **Schmidt; Odr. GDL (Klb. 5×2); gez. K 13¼.**

cyt) Robert Koch (1843–1910), Bakteriologe, Nobelpreis 1905; Mikroskop

		✶✶	⊙	FDC
2496	144 (C) mehrfarbig . . . . cyt	3,—	2,80	4,—
	ETB 41/2005		3,20	
	Kleinbogen	30,—	30,—	

Auflage: 8 000 000 Stück, davon 125 000 auf ETB

2005, 3. Nov. 50 Jahre Bundeswehr. Ⓔ **Clausing; Odr. BDB (Klb. 5×2); gez. S 13¾.**

cyu) Inschrift in den Nationalfarben

		✶✶	⊙	FDC
2497	55 (C) mehrfarbig . . . . cyu	1,10	1,—	1,80
	ETB 42/2005		1,30	
	Kleinbogen	11,—	11,—	

Auflage: 8 000 000 Stück, davon 125 000 auf ETB

2005, 3. Nov. 40 Jahre diplomatische Beziehungen mit Israel. Ⓔ **Klein & Neumann; Odr. BDB (Klb. 5×2); gez. S 13¾.**

cyv) Nationalflaggen von Israel und Deutschland, Stacheldraht

		✶✶	⊙	FDC
2498	55 (C) mehrfarbig . . . . cyv	1,10	1,—	1,80
	ETB 43/2005*)		1,30	
	Kleinbogen	11,—	11,—	

*) enthält zusätzlich die bildgleiche Marke Israel MiNr. 1841

Auflage: 9 000 000 Stück, davon 125 000 auf ETB

Parallelausgabe mit Israel MiNr. 1841

2005, 3. Nov. Preußische Schlösser und Gärten. Ⓔ **Graf; Odr. BSP, Markenheftchen; selbstklebend; gestanzt 11.**

cxz) Neues Palais im Park Sanssouci, Potsdam

		✶✶	⊙	FDC
2499	220 (C) mehrfarbig . . . . cxz	4,50	4,50	5,50

MiNr. 2499 stammt aus MH 59.

Auflage: 70 360 000 Stück

In gleicher Zeichnung, jedoch nassklebend: MiNr. 2476

2005, 1. Dez. Wohlfahrt: Einheimische Schmetterlinge. Ⓔ **Lienemeyer; Odr. BDB (Klb. 2×5); gez. S 13¾:14.**

cyw) Zitronenfalter (Gonepteryx rhamni)

cyx) Russischer Bär (Panaxia quadripunctaria)

cyy) Tagpfauenauge (Aglais io)

cyz) Weißer Waldportier (Brintesia circe)

		✶✶	⊙	FDC
2500	45 + 20 (C) mehrfarbig . . cyw	1,50	1,50	
2501	55 + 25 (C) mehrfarbig . . cyx	1,50	1,50	
2502	55 + 25 (C) mehrfarbig . . cyy	1,50	1,50	
2503	145 + 55 (C) mehrfarbig . . cyz	4,—	4,—	
	Satzpreis (4 W.)	8,50	8,50	10,—
	ETB 44/2005		8,20	
	Kleinbogensatz (4 Klb.)	90,—	90,—	

Auflagen: MiNr. 2500 = 4 470 000, MiNr. 2501 = 4 280 000, MiNr. 2502 = 4 240 000, MiNr. 2503 = 5 040 000 Stück, davon je 125 000 auf ETB

In gleicher Zeichnung wie MiNr. 2502, jedoch selbstklebend: MiNr. 2504

2005, 1. Dez. Wohlfahrt: Einheimische Schmetterlinge. Ⓔ **Lienemeyer; RaTdr. Enschedé, Markenheftchen und Folienstreifen aus Rollen; selbstklebend; gestanzt 11.**

cyy) Tagpfauenauge (Aglais io)

		✶✶	⊙	FDC
2504	55 + 25 (C) mehrfarbig . . cyy	1,80	1,50	2,20
	Fünferstreifen	14,—		

Auf der Trägerfolie der Folienstreifen befindet sich rückseitig bei jeder 5. Marke eine Zählnummer.

MiNr. 2504 stammt auch aus MH 60.

Auflage: 17 890 000 Stück

In gleicher Zeichnung, jedoch nassklebend: MiNr. 2502

Ersttagsbriefe (FDC): WICHTIGER HINWEIS

Die Bewertung „FDC" bezieht sich auf Belege, die mit dem Datum des ersten Tages der Gültigkeit der aufgeklebten Marke(n) abgestempelt wurden, nicht aber auf lose gestempelte Marken. Dabei wird nicht unterschieden, ob es sich um zu philatelistischen Zwecken produzierte FDC oder um Umschläge aus dem Postverkehr handelt.
Sofern nicht im Einzelfall anders angegeben, gelten bei Satz-FDC die Preise für den kompletten Markensatz, egal ob die einzelnen Werte auf einem oder mehreren Ersttags-Umschlägen kleben.

2006

2006, 2. Jan. Freimarken: Blumen (VIII). 🄴 Klein & Neumann; Odr. BDB, Kleinbogen (5×2) (Klb.) und Rollen (R); gez. S 14.

cza) Dahlie (Dahlia variabilis hort.)

czb) Narzisse (Narcissus sp.)

czc) Schwertlilie (Iris xiphium)

		✶✶	⊙	FDC
2505	35 (C) mehrfarbig GA ...... cza	0,70	0,70	1,50
2506	90 (C) mehrfarbig GA ...... czb	1,70	1,70	2,50
2507	145 (C) mehrfarbig GA ...... czc	2,60	2,60	3,50
	Satzpreis (3 W.)	5,—	5,—	6,50
	ETB 1/2006 mit MiNr. 2505–2506		3,—	
	ETB 2/2006 mit MiNr. 2507		3,20	
	Kleinbogensatz (3 Klb.)	50,—	50,—	

Waagerechte Paare (aus Klb.):

	✶✶	⊙
2505/2505	1,40	1,40
2506/2506	3,40	3,40
2507/2507	5,20	5,20
Satzpreis (3 Paare)	10,—	10,—

Rollenmarken mit rückseitiger Nummer (R):

	Einzelm. ✶✶	⊙	5er-Str. ✶✶
2505 R	2,20	2,20	6,—
2506 R	4,—	4,—	12,—
2507 R	6,—	6,—	20,—

Auflagen:

In gleichen Zeichnungen wie MiNr. 2505 und 2506, jedoch selbstklebend: MiNr. 2514 und 2515; weitere Werte siehe Zusammenfassung nach Blockaufstellung.

2006, 2. Jan. Umweltschutz: Klimaschutz geht alle an. 🄴 Graf; Odr. BSP (Klb. 2×5); gez. K 14.

czd) Wirbelsturm (Satellitenbild)

		✶✶	⊙	FDC
2508	55 + 25 (C) mehrfarbig ... czd	1,80	1,70	2,50
	ETB 3/2006		1,80	
	Kleinbogen	16,—	16,—	

Auflage: 1 440 000 Stück, davon 125 000 auf ETB

2006, 2. Jan. Post: Winter. 🄴 Graf; Odr. GDL (Klb. 2×5); gez. K 14.

cze) Alter Baum in Winterlandschaft

		✶✶	⊙	FDC
2509	55 (C) mehrfarbig .... cze	1,10	1,—	1,80
	ETB 4/2006		1,30	
	Kleinbogen	11,—	11,—	

Auflage: 12 800 000 Stück, davon 125 000 auf ETB

In gleicher Zeichnung, jedoch selbstklebend: MiNr. 2577

2006, 2. Jan. 1200 Jahre Halle. 🄴 Wulff; Odr. GDL (Klb. 2×5); gez. K 14.

czf) Sehenswürdigkeiten von Halle

		✶✶	⊙	FDC
2510	45 (C) mehrfarbig .... czf	0,90	0,80	1,70
	ETB 5/2006		1,20	
	Kleinbogen	9,—	9,—	

Auflage: 8 500 000 Stück, davon 125 000 auf ETB

2006, 2. Jan. 650 Jahre Goldene Bulle. 🄴 Graschberger; Odr. BSP (Klb. 2×5); gez. K 14.

czg) Goldsiegel König Karls IV. (1316–1378) an der Goldenen Bulle

		✶✶	⊙	FDC
2511	145 (C) mehrfarbig .... czg	3,—	3,—	4,—
	ETB 6/2006		3,20	
	Kleinbogen	32,—	32,—	

Auflage: 30 500 000 Stück, davon 125 000 auf ETB

In gleicher Zeichnung, jedoch selbstklebend: MiNr. 2516

2006, 2. Jan. 250. Geburtstag von Wolfgang Amadeus Mozart. 🄴 Hesse; Odr. GDL (Klb. 5×2); gez. K 13¼.

czh) W. A. Mozart (1756–1791), österreichischer Komponist

		✶✶	⊙	FDC
2512	55 (C) mehrfarbig GA ..... czh	1,10	1,—	1,80
	ETB 7/2006		1,30	
	Kleinbogen	11,—	11,—	

Auflage: 13 000 000 Stück, davon 125 000 auf ETB

2006, 2. Jan./2008, 7. Aug. Freimarken: Blumen (IX). 🄴 Klein & Neumann; Odr. BDB, Folienstreifen (FSt) (1×5) aus Rollen, Markenheftchen (MH), Folienblatt (FB) und Einzelmarke aus Folienbogen; selbstklebend; gestanzt 10¼:10.

cxk) Bechermalve (Lavatera trimestris)

cza) Dahlie (Dahlia variabilis hort.)

czb) Narzisse (Narcissus sp.)

		✶✶	⊙	FDC
2513	25 (C) mehrfarbig (FSt) GA .. cxk	0,50	0,50	1,50
2514	35 (C) mehrfarbig (FSt) ..... cza	0,70	0,70	1,50
2515	90 (C) mehrfarbig (MH) (FB) . czb	1,70	1,70	2,50
	Satzpreis (3 W.)	2,80	2,80	
	2 Fünferstreifen	12,—		
	Folienblatt 1	28,—		

Auf der Trägerfolie der Folienstreifen befindet sich rückseitig bei jeder 5. Marke eine Zählnummer.

MiNr. 2515 stammt aus MH 61. MiNr. 2515 wurde am 7.8.2008 auch im Folienblatt 1 und als Einzelmarke ausgegeben.

MiNr. 2515 auf ETB siehe nach MiNr. 2701

Auflage: MiNr. 2515 = 142 194 400 Stück aus MH, 270 600 000 aus FB

In gleichen Zeichnungen, jedoch nassklebend: MiNr. 2462, 2505, 2506; weitere Werte siehe Zusammenfassung nach Blockaufstellung

2006, 2. Jan. 650 Jahre Goldene Bulle. 🄴 Graschberger; Odr. BSP, Markenheftchen; selbstklebend; gestanzt 10:10¼.

czg) Goldsiegel König Karls IV. (1316–1378) an der Goldenen Bulle

		✶✶	⊙	FDC
2516	145 (C) mehrfarbig .... czg	3,50	3,—	4,50

MiNr. 2516 stammt aus MH 62.

Auflage: 283 624 200 Stück

In gleicher Zeichnung, jedoch nassklebend: MiNr. 2511

2006, 9. Febr. Sporthilfe: Fußball-Weltmeisterschaft, Deutschland; Weltreiterspiele, Aachen. ⓔ Voß-Acker; Odr. BSP (Klb. 2×5); gez. K 13:13½.

czi) Stadionbesucher mit Fahnen; Flutlichtanlage

czk) Allianz-Arena, München; Spielszene

czl) Olympiastadion, Berlin; Hände mit FIFA-Pokal

czm) Springreiten

czn) WM-Plakat, Spielszene

			★★	⊙	FDC
2517	45 + 20 (C) mfg. GA	czi	1,50	1,50	
2518	55 + 25 (C) mehrfarbig	czk	1,50	1,50	
2519	55 + 25 (C) mehrfarbig	czl	1,50	1,50	
2520	55 + 25 (C) mehrfarbig	czm	1,50	1,50	
2521	145 + 55 (C) mehrfarbig	czn	4,—	4,—	
	Satzpreis (5 W.)		10,—	10,—	12,—
	ETB 8/2006 (mit MiNr. 2517–2519)			5,—	
	ETB 8a/2006 (mit MiNr. 2520–2521)			6,—	
	Kleinbogensatz (5 Klb.)		100,—	100,—	

Auflagen: MiNr. 2517 = 2 250 000, MiNr. 2518 = 1 740 000, MiNr. 2519 = 1 770 000, MiNr. 2520 = 1 460 000, MiNr. 2521 = 1 690 000 Stück, davon je 125 000 auf ETB

MiNr. 2517–2519 und MiNr. 2521 im Block siehe Block 67 nach MiNr. 2538

2006, 9. Febr. 850 Jahre Michaelskirche, Schwäbisch Hall. ⓔ Rieß; Odr. GDL (Klb. 2×5); gez. K 14.

czo) Michaelskirche

			★★	⊙	FDC
2522	55 (C) mehrfarbig GA	czo	1,10	1,—	1,80
	ETB 9/2006			1,30	
	Kleinbogen		11,—	10,—	

Auflage: 10 500 000 Stück, davon 125 000 auf ETB

2006, 9. Febr. 50 Jahre Friesenrat. ⓔ Gassner Odr. BDB (Klb. 2×5); gez. S 14.

czp) Wort „Friesenrat" in Saterfriesisch, Nordfriesisch und Westfriesisch; Nordseewellen

			★★	⊙	FDC
2523	90 (C) mehrfarbig	czp	1,80	1,70	2,80
	ETB 10/2006			2,—	
	Kleinbogen		18,—	18,—	

Auflage: 10 000 000 Stück, davon 125 000 auf ETB

2006, 2. März. Freimarke: Blumen (X). ⓔ Klein & Neumann; Odr. BDB, Kleinbogen (5×2) (Klb.) und Rollen (R); gez. S 14.

czr) Sonnenhut (Rudbeckia fulgida)

			★★	⊙	FDC
2524	65 (C) mehrfarbig	czr	1,40	1,30	2,20
	ETB 11/2006			1,50	
	Kleinbogen		14,—	14,—	

Waagerechtes Paar (aus Klb.):

	★★	⊙
2524/2524	3,—	3,—

Rollenmarke mit rückseitiger Nummer (R):

	Einzelm. ★★	Einzelm. ⊙	5er-Str. ★★
2524 R	3,20	3,20	10,—

Auflage:

In gleicher Zeichnung, jedoch selbstklebend: MiNr. 2715; weitere Werte siehe Zusammenfassung nach Blockaufstellung

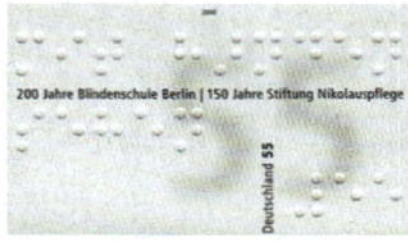

2006, 2. März. Dienst am Nächsten (VI): Mit Händen sehen; 200 Jahre Blindenschule Berlin, 150 Jahre Stiftung Nikolauspflege. ⓔ Gassner; komb. Odr. und Prägedruck BSP (Klb. 2×5); gez. K 13:13½.

czs) Inschrift, Text „Mit Händen sehen" und „55" in Braille-Schrift

			★★	⊙	FDC
2525	55 (C) mehrfarbig	czs	1,10	1,—	1,80
	ETB 12/2006			1,30	
	Kleinbogen		12,—	11,—	

Auflage: 9 000 000 Stück, davon 125 000 auf ETB

Weitere Ausgaben siehe Fußnote nach MiNr. 2065

2006, 2. März. 1200 Jahre Ingolstadt. ⓔ Scheuner; Odr. GDL (Klb. 5×2); gez. K 13¼.

czt) Bauwerke Ingolstadts in historischer Karte

			★★	⊙	FDC
2526	55 (C) mehrfarbig GA	czt	1,10	1,—	1,80
	ETB 13/2006			1,30	
	Kleinbogen		12,—	11,—	

Auflage 10 500 000 Stück, davon 125 000 auf ETB

2006, 2. März. 225. Geburtstag von Karl Friedrich Schinkel. ⓔ Lienemeyer; Odr. BDB (Klb. 2×5); gez. S 14.

czu) Altes Museum in Berlin; Entwurfskizze von K. F. Schinkel (1781–1841), Architekt und Maler

			★★	⊙	FDC
2527	55 (C) mehrfarbig GA	czu	1,10	1,—	1,80
	ETB 14/2006			1,30	
	Kleinbogen		11,—	11,—	

Auflage: 12 700 000 Stück, davon 125 000 auf ETB

In gleicher Zeichnung, jedoch selbstklebend: MiNr. 2552

2006, 2. März. Tod von Johannes Rau. ⓔ Aretz; Odr. GDL (Klb. 2×5); gez. K 14.

czv) Johannes Rau (1931–2006), 8. Bundespräsident

			★★	⊙	FDC
2528	55 (C) mehrfarbig	czv	1,10	1,—	1,80
	ETB 15/2006			1,30	
	Kleinbogen		11,—	11,—	

Auflage: 14 000 000 Stück, davon 125 000 auf ETB

2006, 13. April. Freimarken: Blumen (XI). ☒ **Klein & Neumann; Odr. BDB, Kleinbogen (5×2) (Klb.) und Rollen (R); gez. S 14.**

czw) Kartäusernelke (Dianthus carthusianorum)

czx) Edelweiß (Leontopodium alpinum)

			★★	⊙	FDC
2529	70 (C) mehrfarbig GA	. . . . . czw	1,50	1,30	2,50
2530	220 (C) mehrfarbig	. . . . czx	4,50	4,20	5,50
		Satzpreis (2 W.)	6,—	5,50	7,—
		ETB 16/2006 mit MiNr. 2529–2530		6,—	
		Kleinbogensatz (2 Klb.)	65,—	65,—	

Waagerechte Paare (aus Klb.):

	★★	⊙
2529/2529	3,50	3,50
2530/2530	9,50	9,50

Rollenmarken mit rückseitiger Nummer (R):

	Einzelm. ★★	⊙	5er-Str. ★★
2529 R	3,50	3,50	11,—
2530 R	7,50	7,50	26,—

Auflagen:

In gleicher Zeichnung wie MiNr. 2529, jedoch selbstklebend: MiNr. 2716; weitere Werte siehe Zusammenfassung nach Blockaufstellung

2006, 13. April. Deutsche Malerei (II): Albrecht Dürer. ☒ **Schmidt; Odr. BDB (Klb. 5×2); gez. S 14.**

czy) Selbstbildnis im Pelzrock; von A. Dürer (1471–1528), Maler, Graphiker, Zeichner und Kunstschriftsteller

			★★	⊙	FDC
2531	145 (C) mehrfarbig	. . . . czy	2,80	2,60	3,50
		ETB 17/2006		3,20	
		Kleinbogen	28,—	28,—	

Auflage: 17 500 000 Stück, davon 125 000 auf ETB

Weitere Ausgaben siehe Fußnote nach MiNr. 2437

2006, 13. April. Post: Frühling. ☒ **Graf; Odr. GDL (Klb. 2×5); gez. K 14.**

czz) Blühende Kirschbäume

			★★	⊙	FDC
2532	55 (C) mehrfarbig GA	. . . . . . czz	1,10	1,—	1,80
		ETB 18/2006		1,30	
		Kleinbogen	11,—	11,—	

Auflage: 14 000 000 Stück, davon 125 000 auf ETB

In gleicher Zeichnung, jedoch selbstklebend: MiNr. 2574

2006, 13. April. 500 Jahre Universität Viadrina, Frankfurt (Oder). ☒ **Haase; komb. Odr. und Prägedruck BSP (Klb. 5×2); gez. K 14.**

daa) Universitätssiegel

			★★	⊙	FDC
2533	55 (C) grau/hellgraublau	. . . daa	1,10	1,—	1,80
		ETB 19/2006		1,30	
		Kleinbogen	11,—	11,—	

Auflage: 10 500 000 Stück, davon 125 000 auf ETB

2006, 4. Mai. Freimarke: Blumen (XII). ☒ **Klein & Neumann; Odr. BDB, Kleinbogen (5×2) (Klb.) und Rollen (R); gez. S 14.**

dab) Feuerlilie (Lilium bulbiferum)

			★★	⊙	FDC
2534	390 (C) mehrfarbig GA	. . . . . . dab	9,—	9,—	11,—
		ETB 20/2006		8,—	
		Kleinbogen	90,—	90,—	

Waagerechtes Paar (aus Klb.):

	★★	⊙
2534/2534	18,—	18,—

Rollenmarke mit rückseitiger Nummer (R):

	Einzelm. ★★	⊙	5er-Str. ★★
2534 R	13,—	13,—	50,—

Auflage:

Weitere Werte siehe Zusammenfassung nach Blockaufstellung

2006, 4. Mai. Europa: Integration. ☒ **Hesse; Odr. GDL (Klb. 2×5); gez. K 14.**

dac) Windjacke eines Jugendlichen

			★★	⊙	FDC
2535	55 (C) mehrfarbig	. . . . dac	1,10	1,—	1,80
		ETB 21/2006		1,30	
		Kleinbogen	11,—	11,—	

Auflage: 10 500 000 Stück, davon 125 000 auf ETB

2006, 4. Mai. UNESCO-Welterbe (XIV): Oberes Mittelrheintal. ☒ **Ziegenfeuter; Odr. BSP (Klb. 5×2); gez. K 14.**

dad) St. Goarshausen mit Burg Katzenelnbogen

			★★	⊙	FDC
2536	55 (C) mehrfarbig GA	. . . . . dad	1,10	1,—	1,80
		ETB 22/2006		1,30	
		Kleinbogen	11,—	11,—	

Auflage: 10 500 000 Stück, davon 125 000 auf ETB

In gleicher Zeichnung, jedoch selbstklebend: MiNr. 2537; weitere Ausgaben siehe Fußnote nach MiNr. 1447

2006, 4. Mai. UNESCO-Welterbe (XV): Oberes Mittelrheintal. ☒ **Ziegenfeuter; Odr. BSP, Markenheftchen; selbstklebend; gestanzt 11.**

dad) St. Goarshausen mit Burg Katzenelnbogen

			★★	⊙	FDC
2537	55 (C) mehrfarbig	. . . . dad	1,20	1,20	2,40

MiNr. 2537 stammt aus MH 63.

Auflage: 295 485 000 Stück

In gleicher Zeichnung, jedoch nassklebend: MiNr. 2536; weitere Ausgaben siehe Fußnote nach MiNr. 1447

2006, 4. Mai. 100. Geburtstag von Gerd Bucerius. ☒ **Hogrefe; Odr. BDB (Klb. 2×5); gez. S 14.**

dae) G. Bucerius (1906–1995), Publizist, Verleger und Politiker, Gründer der Wochenzeitung „Die Zeit"

			★★	⊙	FDC
2538	85 (C) mehrfarbig	. . . . dae	1,80	1,60	2,50
		ETB 23/2006		1,90	
		Kleinbogen	18,—	17,—	

Auflage: 8 500 000 Stück, davon 125 000 auf ETB

2006, 4. Mai. Blockausgabe mit MiNr. 2517–2519 und MiNr. 2521: Fußball-Weltmeisterschaft, Deutschland. Ⓔ **Voß-Acker; Odr. BSP; gez. Ks 13:13½.**

czn czl daf
czk czi

			★★	⊙	FDC
Block 67	(130×179 mm)	. . . . daf	8,50	8,50	10,—
		Ⓢ		8,50	
		ETB 24/2006		9,—	

Auflage: 1 770 000 Blocks, davon 125 000 auf ETB

2006, 8. Juni. Jugend: Heimische Tiere. Ⓔ **Lienemeyer; Odr. GDL (Klb. 2×5); gez. K 14.**

dag) Baummarder (Martes martes)

dah) Eichhörnchen (Sciurus vulgaris)

dai) Feldhase (Lepus europaeus)

dak) Reh (Capreolus capreolus)

dal) Wildschwein (Sus scrofa)

			★★	⊙	FDC
2539	45 (C) + 20 (C) mehrfarbig	dag	1,30	1,30	
2540	55 (C) + 25 (C) mfg. GA	dah	1,60	1,60	
2541	55 (C) + 25 (C) mehrfarbig	dai	1,60	1,60	
2542	55 (C) + 25 (C) mfg. GA	dak	1,60	1,60	
2543	145 (C) + 55 (C) mehrfarbig	dal	4,—	4,—	
		Satzpreis (5 W.)	10,—	10,—	12,50
		ETB 25/2006 mit MiNr. 2539–2541		6,—	
		ETB 25a/2006 mit MiNr. 2542–2543		7,—	
		Kleinbogensatz (5 Klb.)	100,—	100,—	

Auflagen: MiNr. 2539 = 1 380 000, MiNr. 2540 = 1 500 000, MiNr. 2541 = 1 390 000, MiNr. 2542 = 1 460 000, MiNr. 2543 = 1 340 000 Stück, davon je 125 000 auf ETB

2006, 8. Juni. 200. Geburtstag von Johann August Röbling. Ⓔ **Menze; Odr. BDB (Klb. 2×5); gez. S 14.**

dam) Brooklyn Bridge über den East River, New York, erbaut 1869–1883 nach Plänen von J. A. Röbling (1806–1869), deutsch-amerikanischer Ingenieur

			★★	⊙	FDC
2544	145 (C) mehrfarbig GA	. . . . dam	3,—	2,90	4,—
		ETB 26/2006		3,50	
		Kleinbogen	30,—	30,—	

Auflage: 18 000 000 Stück, davon 125 000 auf ETB

In gleicher Zeichnung, jedoch selbstklebend: MiNr. 2546

2006, 8. Juni. 100. Geburtstag von Stefan Andres (1906–1970), Schriftsteller. Ⓔ **Hogrefe; Odr. BSP (Klb. 2×5); gez. K 14.**

dan) Farbige Buchrücken

			★★	⊙	FDC
2545	55 (C) mehrfarbig	. . . . dan	1,10	1,—	1,80
		ETB 27/2006		1,30	
		Kleinbogen	11,—	10,—	

Auflage: 8 500 000 Stück, davon 125 000 auf ETB

2006, 8. Juni. 200. Geburtstag von Johann August Röbling. Ⓔ **Menze; Odr. BDB, Folienstreifen aus Rollen; selbstklebend; zähnungsähnlich gestanzt 11.**

dam) Brooklyn Bridge über den East River, New York, erbaut 1869–1883 nach Plänen von J. A. Röbling (1806–1869), deutsch-amerikanischer Ingenieur

			★★	⊙	FDC
2546	145 (C) mehrfarbig	. . . . dam	3,50	3,50	4,50
		Fünferstreifen	22,—		

Auf der Trägerfolie der Fünferstreifen befindet sich rückseitig bei jeder 5. Marke eine Zählnummer.

Auflage: 103 871 400 Stück

In gleicher Zeichnung, jedoch nassklebend: MiNr. 2544

2006, 13. Juli. Freimarke: Blumen (XIII). Ⓔ **Klein & Neumann; Odr. BDB, Kleinbogen (5×2) (Klb.) und Rollen (R); gez. S 14.**

dao) Tränendes Herz (Dicentra spectabilis)

			★★	⊙	FDC
2547	100 (C) mehrfarbig	. . . . dao	2,—	1,80	3,—
		ETB 28/2006		2,20	
		Kleinbogen	20,—	20,—	

Waagerechtes Paar (aus Klb.):

	★★	⊙
2547/2547	4,—	4,—

Rollenmarke mit rückseitiger Nummer (R):

Bei den ab 2006 gedruckten Rollen wurde jede 5. Marke rückseitig nummeriert.

Bei den ab 2017 gefertigten Rollen folgt nach jeder 5. Marke (mit Nummer) ein kleines Zwischenfeld mit EAN-Codierung.

	Einzelm. ★★	⊙	5er-Str. ★★	EAN-6er-Str. ★★
2547 R	2,—	2,—	10,—	10,—

Auflage:

In gleicher Zeichnung: MiNr. 3034; weitere Werte siehe Zusammenfassung nach Blockaufstellung

2006, 13. Juli. Bilder aus deutschen Städten (IV). 🄴 **Dorfstecher; Odr. BDB (Klb. 2×5); gez. S 14.**

dap) Burganlage Burghausen

			✱✱	⊙	FDC
2548	55 (C) mehrfarbig GA . . . . . . dap		1,10	1,—	1,80
		ETB 29/2006		1,30	
		Kleinbogen	12,—	12,—	

Auflage: 9 000 000 Stück, davon 105 000 auf ETB

Weitere Ausgaben siehe Fußnote nach MiNr. 1877

2006, 13. Juli. Post: Sommer. 🄴 **Graf; Odr. GDL (Klb. 2×5); gez. K 14.**

dar) Blühendes Rapsfeld

			✱✱	⊙	FDC
2549	55 (C) mehrfarbig . . . . dar		1,10	1,—	1,80
		ETB 30/2006		1,30	
		Kleinbogen	11,—	11,—	

Auflage: 10 500 000 Stück, davon 105 000 auf ETB

In gleicher Zeichnung, jedoch selbstklebend: MiNr. 2575

2006, 13. Juli. 400. Geburtstag von Rembrandt. 🄴 **Nikkels; Odr. BSP (Klb. 2×5); gez. K 13¾.**

das) Saskia von Uylenburgh; Gemälde von Rembrandt Harmensz. van Rijn (1606–1669), niederländischer Maler

			✱✱	⊙	FDC
2550	70 (C) mehrfarbig GA . . . . . . das		1,40	1,30	2,20
		ETB 31/2006*)		1,60	
		Kleinbogen	15,—	15,—	

*) enthält zusätzlich die bildgleiche Marke Niederlande MiNr. 2412

Auflage: 9 000 000 Stück, davon 105 000 auf ETB

Wie MiNr. 2550, jedoch mit phosphoreszierendem Papier und feinerem Odr.-Raster, ist nicht frankaturgültige Vignette aus Niederlande Markenheftchen MiNr. 70.

Parallelausgabe mit Niederlande MiNr. 2410–2415, Bl. 96

2006, 13. Juli. 100 Jahre einheitliche deutsche Kfz-Kennzeichen. 🄴 **Erdmann; Odr. GDL (Klb. 2×5); gez. K 14.**

dat) Autokennzeichen aus verschiedenen Epochen

			✱✱	⊙	FDC
2551	45 (C) mehrfarbig . . . . dat		1,—	0,80	1,80
		ETB 32/2006		1,—	
		Kleinbogen	10,—	9,—	

Auflage: 8 000 000 Stück, davon 105 000 auf ETB

2006, 13. Juli. 225. Geburtstag von Karl Friedrich Schinkel. 🄴 **Lienemeyer; Odr. BDB, Folienstreifen aus Rollen; selbstklebend; gestanzt 11.**

czu) Altes Museum in Berlin; Entwurfsskizze von K. F. Schinkel (1781–1841), Architekt und Maler

			✱✱	⊙	FDC
2552	55 (C) mehrfarbig . . . . czu		1,50	1,30	2,—
		Fünferstreifen	8,—		

Auf der Trägerfolie der Fünferstreifen befindet sich rückseitig bei jeder 5. Marke eine Zählnummer.

Auflage: 328 864 400 Stück

In gleicher Zeichnung, jedoch nassklebend: MiNr. 2527

2006, 10. Aug. Archäologie in Deutschland (III): 150. Jahrestag der Entdeckung des Neandertalers. 🄴 **Ehmke; Odr. GDL (Klb. 5×2); gez. K 14:13¾.**

dau) Neandertal bei Düsseldorf (Stich), Schädelknochen eines Neandertalers (ca. 40 000 v. Chr.)

			✱✱	⊙	FDC
2553	220 (C) mehrfarbig . . . . dau		4,50	4,50	6,—
		ETB 33/2006		4,30	
		Kleinbogen	50,—	50,—	

Auflage: 8 000 000 Stück, davon 105 000 auf ETB

Weitere Ausgaben siehe Fußnote nach MiNr. 2281

2006, 10. Aug. Blockausgabe: Bilder aus Deutschland (IX). 🄴 **Rieß; Odr. BSP; gez. Ks 13¾.**

dav) Schwarzwald

daw

			✱✱	⊙	FDC
2554	55 (C) mehrfarbig . . . . .dav		1,20	1,20	
Block 68	(105×70 mm) . . . . daw		1,30	1,30	2,—
		Ⓢ		1,30	
		ETB 34/2006		1,30	

Auflage: 4 300 000 Blocks, davon 105 000 auf ETB

Weitere Ausgaben siehe Fußnote nach MiNr. 1686

2006, 10. Aug. Leuchttürme (V). 🄴 **Graf; Odr. BSP (Klb. 5×2); gez. K 13¾.**

dax) Neuland, Behrensdorf (erb. 1915/16)

day) Hohe Weg, Außenweser (erb. 1855)

			✱✱	⊙	FDC
2555	45 (C) mehrfarbig . . . . dax		0,90	0,80	
2556	55 (C) mehrfarbig GA . . . . . . day		1,10	1,—	
		Satzpreis (2 W.)	2,—	1,80	3,—
		ETB 35/2006		2,20	
		Kleinbogensatz (2 Klb.)	20,—	20,—	

Auflagen: MiNr. 2555 = 8 560 000, MiNr. 2556 = 8 800 000 Stück, davon je 105 000 auf ETB

Weitere Werte siehe Übersichtstabelle nach MiNr. 2410

2006, 7. Sept. Für uns Kinder. 🄴 **Fiedler; Odr. GDL (Klb. 5×2); gez. K 13:13¼.**

daz) Kater als Postbote

			✱✱	⊙	FDC
2557	55 (C) mehrfarbig . . . . daz		1,10	1,—	1,80
		ETB 36/2006		1,30	
		Kleinbogen	11,—	11,—	

Auflage: 8 600 000 Stück, davon 105 000 auf ETB

2006, 7. Sept. 650 Jahre Hanse. 🄴 **Rieß; komb. StTdr. und Odr. Österr. Staatsdruckerei (Klb. 2×5); gez. K 14:13¾.**

dba) Hansekogge (um 1380), Handschrift (um 1440) mit Darstellung einer Schiffsbeladung

			✱✱	⊙	FDC
2558	70 (C) mehrfarbig	dba	1,50	1,50	2,50
		ETB 37/2006*)		1,60	
		Kleinbogen	15,—	15,—	

*) enthält zusätzlich die bildgleiche Marke Schweden MiNr. 2545

Auflage: 14 000 000 Stück, davon 105 000 auf ETB

Parallelausgabe mit Schweden MiNr. 2545–2547

2006, 7. Sept. 100 Jahre „Hauptmann von Köpenick“. 🄴 **Wolff; Odr. GDL (Klb. 5×2); gez. K 13:13¼.**

dbb) Friedrich Wilhelm Voigt (1849–1922), Schuhmacher, in Verkleidung als preußischer Hauptmann (1906)

			✱✱	⊙	FDC
2559	55 (C) mehrfarbig	dbb	1,20	1,10	2,—
		ETB 38/2006		1,30	
		Kleinbogen	12,—	12,—	

Auflage: 8 700 000 Stück, davon 105 000 auf ETB

2006, 5. Okt. Wohlfahrt: Eisenbahnen in Deutschland. 🄴 **Klein, Neumann; Odr. BDB (Klb. 2×5); gez. S 13¾:14.**

dbc) Fliegender Hamburger VT 877 (1932/33)

dbd) InterCityExpress ICE 403 (2000)

dbe) Trans Europ Express VT 11.5 (1957)

dbf) Henschel-Wegmann-Zug 61 001 (1936)

			✱✱	⊙	FDC
2560	45 + 20 (C) mfg. GA	dbc	1,50	1,50	
2561	55 + 25 (C) mehrfarbig	dbd	1,50	1,50	
2562	55 + 25 (C) mfg. GA	dbe	1,50	1,50	
2563	145 + 55 (C) mehrfarbig	dbf	4,—	4,—	
		Satzpreis (4 W.)	8,50	8,50	10,—
		ETB 39/2006 mit MiNr. 2560, 2563		5,20	
		ETB 39a/2006 mit MiNr. 2561–2562		3,40	
		Kleinbogensatz (4 Klb.)	90,—	90,—	

MiNr. 2561 weist immer die falsche Inschrift "ET 403" auf.

Auflagen: MiNr. 2560 = 5 050 000, MiNr. 2561 = 3 610 000, MiNr. 2562 = 3 730 000, MiNr. 2563 = 5 910 000 Stück, davon je 105 000 auf ETB

In gleicher Zeichnung wie MiNr. 2561, jedoch selbstklebend: MiNr. 2567

2006, 5. Okt. Post: Herbst. 🄴 **Graf; Odr. GDL (Klb. 2×5); gez. K 14.**

dbg) Herbstlicher Buchenwald

			✱✱	⊙	FDC
2564	55 (C) mehrfarbig GA	dbg	1,10	1,—	1,80
		ETB 40/2006		1,30	
		Kleinbogen	11,—	11,—	

Auflage: 10 500 000 Stück, davon 105 000 auf ETB

In gleicher Zeichnung, jedoch selbstklebend: MiNr. 2576

2006, 5. Okt. Tag der Briefmarke: Deutscher und Österreichischer Philatelistentag, Bad Reichenhall. 🄴 **Neumann; Odr. BSP (Klb. 2×5); gez. K 14.**

dbh) Historische Postkarte (1896)

			✱✱	⊙	FDC
2565	55 (C) mehrfarbig GA	dbh	1,10	1,—	1,80
		ETB 41/2006		1,30	
		Kleinbogen	11,—	11,—	

Auflage: 8 400 000 Stück, davon 105 000 auf ETB

2006, 5. Okt. 100. Geburtstag von Hannah Arendt. 🄴 **Steiner; Odr. BDB (Klb. 2×5); gez. S 14:13¾.**

dbi) H. Arendt (1906–1975), deutsch-amerikanische politische Theoretikerin und Philosophin; Manuskriptauszug

			✱✱	⊙	FDC
2566	145 (C) mehrfarbig	dbi	3,70	3,—	4,—
		ETB 42/2006		3,—	
		Kleinbogen	35,—	35,—	

Auflage: 7 500 000 Stück, davon 105 000 auf ETB

2006, 5. Okt. Wohlfahrt: Eisenbahnen in Deutschland. 🄴 **Klein, Neumann; RaTdr. Enschedé, Markenheftchen (5×2) und Folienstreifen aus Rollen; selbstklebend; gestanzt 11.**

dbd) InterCityExpress ICE 403 (2000)

			✱✱	⊙	FDC
2567	55 + 25 (C) mehrfarbig	dbd	2,20	1,80	3,—
		Fünferstreifen	14,—		

MiNr. 2567 weist immer die falsche Inschrift „ET 403“ auf.

MiNr. 2567 stammt auch aus MH 64.

Auf der Trägerfolie der Rollenmarken befindet sich rückseitig bei jeder 5. Marke eine Zählnummer.

Auflage: 17 070 000 Stück

In gleicher Zeichnung, jedoch nassklebend: MiNr. 2561

2006, 9. Nov. Freimarke: Blumen (XIV). 🄴 **Klein & Neumann; Odr. BDB, Kleinbogen (5×2) (Klb.) und Rollen (R); gez. S 14.**

dbk) Goldmohn (Eschscholzia californica)

			✱✱	⊙	FDC
2568	200 (C) mehrfarbig GA	dbk	4,—	3,60	4,50
		ETB 43/2006		4,—	
		Kleinbogen	40,—	38,—	

Waagerechtes Paar (aus Klb.):

	✱✱	⊙
2568/2568	8,50	8,50

Rollenmarke mit rückseitiger Nummer (R):

Bei den ab 2006 gedruckten Rollen wurde jede 5. Marke rückseitig nummeriert.

Bei den ab 2017 gefertigten Rollen folgt nach jeder 5. Marke (mit Nummer) ein kleines Zwischenfeld mit EAN-Codierung.

	Einzelm. ✱✱	⊙	5er-Str. ✱✱	EAN-6er-Str. ✱✱
2568 R	4,—	4,—	20,—	20,—

Auflage:

Weitere Werte siehe Zusammenfassung nach Blockaufstellung

2006, 9. Nov. Weihnachten. Ⓔ **Ehmke; Odr. GDL (Klb. 2×5); gez. K 13¾:14.**

dbl) Geburt Christi

dbm) Anbetung der Könige

dbl–dbm) Gemälde von Meister Francke (um 1383–um 1436), Dominikanermönch und Maler

		★★	⊙	FDC
2569	45 + 20 (C) mehrfarbig . . . dbl	1,20	1,20	
2570	55 + 25 (C) mehrfarbig . . dbm	1,50	1,50	
	Satzpreis (2 W.)	2,70	2,70	4,—
	ETB 44/2006		3,—	
	Kleinbogensatz (2 Klb.)	27,—	27,—	

Auflagen: MiNr. 2569 = 2 570 000, MiNr. 2570 = 4 950 000 Stück, davon je 105 000 auf ETB

2006, 9. Nov. Aufrechte Demokraten (III): Eugen Bolz. Ⓔ **Oesterlee; Odr. BSP (Klb. 5×2); gez. K 13¾.**

dbn) E. Bolz (1881–1945), Politiker

		★★	⊙	FDC
2571	45 (C) mehrfarbig . . . . dbn	1,—	0,80	1,70
	ETB 45/2006		1,20	
	Kleinbogen	10,—	9,—	

Auflage: 7 320 000 Stück, davon 105 000 auf ETB

Weitere Ausgaben siehe Fußnote nach MiNr. 2273

2006, 9. Nov. 100. Geburtstag von Joseph Kardinal Höffner. Ⓔ **Gassner; Odr. GDL (Klb. 5×2); gez. K 13:13¼.**

dbo) J. Kardinal Höffner (1906–1987), Erzbischof von Köln, Vorsitzender der Deutschen Bischofskonferenz

		★★	⊙	FDC
2572	55 (C) mehrfarbig . . . . dbo	1,10	1,—	1,80
	ETB 46/2006		1,30	
	Kleinbogen	11,—	11,—	

Auflage: 7 200 000 Stück, davon 105 000 auf ETB

2006, 9. Nov. 50. Jahrestag der Verleihung des Nobelpreises für Medizin an Werner Forßmann. Ⓔ **Lüdtke; Odr. BDB (Klb. 2×5); gez. S 14.**

dbp) W. Forßmann (1904–1979), Chirurg, Erfinder des Herzkatheters; Röntgenbilder

		★★	⊙	FDC
2573	90 (C) mehrfarbig . . . . dbp	2,—	2,—	3,—
	ETB 47/2006		2,—	
	Kleinbogen	20,—	20,—	

Auflage: 7 000 000 Stück, davon 105 000 auf ETB

Eine Notierung in Schrägschrift bedeutet, dass die Bewertungsunterlagen für eine eindeutige Preisfestsetzung nicht ausreichten.

2006, 9. Nov. Post: Die vier Jahreszeiten. Ⓔ **Graf; Odr. GDL, Markenheftchen; selbstklebend; gestanzt 14.**

czz) Blühende Kirschbäume im Frühling

dar) Blühendes Rapsfeld

dbg) Herbstlicher Buchenwald

cze) Alter Baum in Winterlandschaft

		★★	⊙	FDC
2574	55 (C) mehrfarbig . . . . czz	1,20	1,—	
2575	55 (C) mehrfarbig . . . . dar	1,20	1,—	
2576	55 (C) mehrfarbig . . . . dbg	1,20	1,—	
2577	55 (C) mehrfarbig . . . . cze	1,20	1,—	
	Satzpreis (4 W.)	4,50	4,—	6,—

MiNr. 2574–2577 stammen aus MH 65.

Auflagen: je 26 090 800 Stück

In gleichen Zeichnungen, jedoch nassklebend: MiNr. 2509, 2532, 2549, 2564

2007

2007, 2. Jan. Sporthilfe: Handball-Weltmeisterschaft, Deutschland. Ⓔ **Klein, Neumann; Odr. BSP (Klb. 2×5); gez. K 13:13½.**

dbr) Spielszene

		★★	⊙	FDC
2578	55 + 25 (C) mehrfarbig . . . . . dbr	1,80	1,80	3,—
	ETB 1/2007		1,80	
	Kleinbogen	18,—	18,—	

Auflage: 1 540 000 Stück, davon 105 000 auf ETB

MiNr. 2578 wurde auch in Block 70 (siehe nach MiNr. 2603) ausgegeben, wobei Bogen und Blockmarken eine unterschiedliche Rasterung aufweisen (24°:103° bzw. 77°:162°).

2007, 2. Jan. 1000 Jahre Bistum Bamberg. Ⓔ **Fiedler; Odr. GDL (Klb. 5×2); gez. K 13¼.**

dbs) Bamberger Dom

		★★	⊙	FDC
2579	55 (C) mehrfarbig . . . . dbs	1,10	1,—	2,—
	ETB 2/2007		1,30	
	Kleinbogen	11,—	11,—	

Auflage: 7 000 000 Stück, davon 105 000 auf ETB

2007, 2. Jan. 1000 Jahre Fürth. Ⓔ **Oesterlee; Odr. GDL (Klb. 5×2); gez. K 13¼.**

dbt) Grüner Markt, Fürth (Ansichtskartenmotiv um 1910)

		★★	⊙	FDC
2580	45 (C) mehrfarbig GA . . . . . . dbt	1,—	0,90	1,80
	ETB 3/2007		1,20	
	Kleinbogen	10,—	10,—	

Auflage: 10 500 000 Stück, davon 105 000 auf ETB

In gleicher Zeichnung, jedoch selbstklebend: MiNr. 2584

2007, 2. Jan. 50 Jahre Bundesland Saarland. E **Lüdtke; Odr. BSP (Klb. 2×5); gez. K 14.**

dbu) Hüttenwerk, Dillingen; Saartal bei Mettlach; Ludwigsplatz, Saarbrücken; Wappen

		✶✶	⊙	FDC
2581	55 (C) mehrfarbig GA . . . . . . dbu	1,10	1,—	2,—
	ETB 4/2007		1,30	
	Kleinbogen	11,—	11,—	

Auflage: 9 000 000 Stück, davon 105 000 auf ETB

In gleicher Zeichnung, jedoch selbstklebend: MiNr. 2595

2007, 2. Jan. 50 Jahre Wankelmotor. E **Jünger; Odr. BDB (Klb. 2×5); gez. S 14:13¾.**

dbv) Rotierender Kreiskolben im Wankelmotor, NSU Ro80

		✶✶	⊙	FDC
2582	145 (C) mehrfarbig . . . . dbv	2,80	2,80	3,80
	ETB 5/2007		3,—	
	Kleinbogen	28,—	28,—	

Auflage: 8 500 000 Stück, davon 105 000 auf ETB

2007, 2. Jan. Vorsitz Deutschlands in der Europäischen Union. E **Effert; komb. Odr. und Pdr. BSP (Klb. 5×2); gez. K 13¼.**

dbw) Sterne der Europafahne

		✶✶	⊙	FDC
2583	55 (C) mehrfarbig . . . . dbw	1,10	1,—	2,—
	ETB 6/2007		1,30	
	Kleinbogen	11,—	11,—	

Auflage: 7 400 000 Stück, davon 105 000 auf ETB

2007, 2. Jan. 1000 Jahre Fürth. E **Oesterlee; Odr. GDL, Markenheftchen und Einzelmarke aus Folienbogen; selbstklebend; gestanzt 11.**

dbt) Grüner Markt, Fürth (Ansichtskartenmotiv um 1910)

		✶✶	⊙	FDC
2584	45 (C) mehrfarbig . . . . dbt	1,—	0,90	2,50

MiNr. 2584 stammt auch aus MH 66

ETB siehe nach MiNr. 2636

Auflage: 167 792 000 Stück

In gleicher Zeichnung, jedoch nassklebend: MiNr. 2580

dbx) Wildwasserkanu

2007, 8. Febr. Sporthilfe: Kanurennsport-Weltmeisterschaften, Duisburg; Turn-Weltmeisterschaften, Stuttgart; Weltmeisterschaften im Modernen Fünfkampf, Berlin. E **Klein und Neumann; Odr. BSP (Klb. 2×5); gez. K 13:13½.**

dby) Turnen am Seitpferd

dbz) Freistilschwimmen

		✶✶	⊙	FDC
2585	45 + 20 (C) mehrfarbig . . dbx	1,50	1,50	
2586	55 + 25 (C) mehrfarbig . . dby	1,70	1,70	
2587	145 + 55 (C) mehrfarbig . . dbz	4,—	4,—	
	Satzpreis (3 W.)	7,—	7,—	8,50
	ETB 7/2007		6,60	
	Kleinbogensatz (3 Klb.)	70,—	70,—	

Auflagen: MiNr. 2585 = 1 260 000, MiNr. 2586 = 1 260 000, MiNr. 2587 = 1 250 000 Stück, davon je 105 000 auf ETB

MiNr. 2585–2587 wurden auch in Block 70 (siehe nach MiNr. 2603) ausgegeben

2007, 8. Febr. 300. Geburtstag von Johann Christian Senckenberg. E **Kühn; Odr. BDB (Klb. 2×5); gez. S 14:13¾.**

dca) J. Chr. Senckenberg (1707–1772), Arzt und Naturforscher; Bürgerhospital, Frankfurt am Main

		✶✶	⊙	FDC
2588	90 (C) mehrfarbig GA . . . . . dca	1,80	1,80	2,80
	ETB 8/2007		2,—	
	Kleinbogen	18,—	18,—	

Auflage: 7 000 000 Stück, davon 105 000 auf ETB

2007, 1. März. Blockausgabe: Tag der Briefmarke – Historischer Luftschiffverkehr nach Südamerika. E **Gamroth; komb. StTdr. und Odr. Österr. Staatsdr.; gez. K 13¾:14.**

dcc

dcb) Luftschiff LZ 127 „Graf Zeppelin"

		✶✶	⊙	FDC
2589	170 (C) + 70 (C) mehrfarbig dcb	5,—	5,—	6,50
Block 69	(105×70 mm) . . . . dcc	5,50	5,50	6,50
	Ⓢ		5,50	
	ETB 9/2007		5,—	

Auflage: 1 500 000 Blocks, davon 105 000 auf ETB

2007, 1. März. Aufrechte Demokraten (IV): 100. Geburtstag von Claus Schenk Graf von Stauffenberg und Helmuth James Graf von Moltke. E **Hesse; Odr. GDL (Klb. 2×5); gez. K 13¾:14.**

dcd) Claus Schenk Graf von Stauffenberg (1907–1944), Offizier und Widerstandskämpfer; Helmuth James Graf von Moltke (1907–1945), Jurist und Widerstandskämpfer

		✶✶	⊙	FDC
2590	55 (C) mehrfarbig . . . . dcd	1,10	1,—	2,—
	ETB 12/2007		1,30	
	Kleinbogen	11,—	11,—	

Auflage: 6 600 000 Stück, davon 105 000 auf ETB

Weitere Ausgaben siehe Fußnote nach MiNr. 2273

2007, 1. März. Deutsche Malerei (III): Adam Elsheimer. 🄴 Schmidt; Odr. GDL (Klb. 5×2); gez. K 13¼.

dce) Die Ausgrabung der Kreuze; Gemälde von Adam Elsheimer (1578–1610)

			✱✱	⊙	FDC
2591	55 (C) mehrfarbig	dce	1,20	1,—	2,—
	ETB 10/2007			1,30	
	Kleinbogen		12,—	12,—	

Auflage: 6 500 000 Stück, davon 105 000 auf ETB

Weitere Ausgaben siehe Fußnote nach MiNr. 2437

2007, 1. März. 400. Geburtstag von Paul Gerhardt. 🄴 Graschberger; Odr. BDB (Klb. 2×5); gez. K 14.

dcf) Paul Gerhardt (1607–1676), lutherischer Theologe und Kirchenlieddichter; Gemälde von Emil Fröhlich (1862–1950)

			✱✱	⊙	FDC
2592	55 (C) mehrfarbig	dcf	1,10	1,—	2,—
	ETB 11/2007			1,30	
	Kleinbogen		11,—	11,—	

Auflage: 6 500 000 Stück, davon 105 000 auf ETB

2007, 1. März. 50 Jahre Römische Verträge. 🄴 Schmidt; Odr. BSP (Klb. 5×2); gez. K 13¾.

dcg) Unterzeichnung der EWG- und EURATOM-Verträge, Rom (1957)

			✱✱	⊙	FDC
2593	55 (C) mehrfarbig GA	dcg	1,10	1,—	2,—
	ETB 13/2007			1,30	
	Kleinbogen		11,—	11,—	

Auflage: 8 300 000 Stück, davon 105 000 auf ETB

2007, 1. März. Eröffnung des Jüdischen Zentrums München. 🄴 Dimanski; Odr. BSP (Klb. 2×5); gez. K 13¾.

dch) Fassadendetail der Hauptsynagoge

			✱✱	⊙	FDC
2594	55 (C) mehrfarbig	dch	1,10	1,—	2,—
	ETB 14/2007			1,30	
	Kleinbogen		11,—	11,—	

Auflage: 6 500 000 Stück, davon 105 000 auf ETB

2007, 1. März. 50 Jahre Bundesland Saarland. 🄴 Lüdtke; Odr. BSP, Markenheftchen und Einzelmarke aus Folienbogen; selbstklebend; gestanzt 10.

dbu) Hüttenwerk, Dillingen; Saartal bei Mettlach; Ludwigsplatz, Saarbrücken; Wappen

			✱✱	⊙	FDC
2595	55 (C) mehrfarbig	dbu	1,10	1,—	2,—

MiNr. 2595 stammt auch aus MH 67.

ETB siehe nach MiNr. 2636

Auflage: 308 510 500 Stück

In gleicher Zeichnung, jedoch nassklebend: MiNr. 2581

2007, 12. April. Post: Bildergeschichte (I). 🄴 Steiner; Odr. BSP (Klb. 5×2); gez. K 13¾.

dci) Absender

dck) Briefkasten

			✱✱	⊙	FDC
2596	55 (C) mehrfarbig	dci	1,—	1,—	
2597	55 (C) mehrfarbig	dck	1,—	1,—	
	Satzpreis (2 W.)		2,—	2,—	3,20
	ETB 15/2007			2,30	
	Kleinbogensatz (2 Klb.)		20,—	20,—	

Auflagen: MiNr. 2596 = 7 000 000, MiNr. 2597 = 7 000 000 Stück, davon je 105 000 auf ETB

2007, 12. April. 500 Jahre Weltkarte von Martin Waldseemüller. 🄴 Schmidt; komb. StTdr. und Odr. Enschedé (Klb. 2×5); gez. K 13¾:14.

dcl) Historische Weltkarte in 12 Teilen von M. Waldseemüller (um 1470–1521/22), Kartograph

			✱✱	⊙	FDC
2598	220 (C) mehrfarbig	dcl	5,50	5,50	7,—
	ETB 16/2007			5,—	
	Kleinbogen		55,—	55,—	

Auflage: 6 600 000 Stück, davon 105 000 auf ETB

2007, 12. April. 80. Geburtstag von Papst Benedikt XVI. 🄴 Graschberger; Odr. GDL (Klb. 2×5); gez. K 14.

dcm) Papst Benedikt XVI. (*1927, reg. 2005–2013)

			✱✱	⊙	FDC
2599	55 (C) mehrfarbig	dcm	1,10	1,—	2,—
	ETB 17/2007			1,30	
	Kleinbogen		11,—	11,—	

Auflage: 14 400 000 Stück, davon 105 000 auf ETB

2007, 3. Mai. Europa: Pfadfinder. 🄴 Oesterlee; Odr. GDL (Klb. 2×5); gez. K 14.

dcn) Pfadfinder bei Wanderung

			✱✱	⊙	FDC
2600	45 (C) mehrfarbig	dcn	0,90	0,90	1,80
	ETB 18/2007			1,20	
	Kleinbogen		9,—	8,—	

Auflage: 11 000 000 Stück, davon 105 000 auf ETB

2007, 3. Mai. Schloss Bellevue – Amtssitz des Bundespräsidenten. 🄴 Lienemeyer; komb. Odr. und Flexodr. BDB (Klb. 2×5); gez. S 14.

dco) Schloss Bellevue, Berlin

			✱✱	⊙	FDC
2601	55 (C) mehrfarbig GA	dco	1,20	1,10	2,—
	ETB 19/2007			1,30	
	Kleinbogen		12,—	12,—	

Auflage: 8 300 000 Stück, davon 105 000 auf ETB

In gleicher Zeichnung, jedoch selbstklebend: MiNr. 2604

2007, 3. Mai. 700 Jahre Schloss Moyland, Bedburg-Hau. 🄴 **Menze; Odr. GDL (Klb. 2×5); gez. K 14.**

dcp) Großes Pferd, Skulptur von Erwin Heerich (1922–2004); Schloss Moyland während der neugotischen Umgestaltung; Aufstehender Jüngling, Skulptur von Roland Friederichsen (1910–1992)

			★★	⊙	FDC
2602	85 (C) mehrfarbig	........dcp	1,80	1,60	2,80
		ETB 20/2007		2,—	
		Kleinbogen	18,—	17,—	

Auflage: 18 000 000 Stück, davon 105 000 auf ETB

2007, 3. Mai. 175 Jahre Hambacher Fest. 🄴 **Graf; Odr. BSP (Klb. 2×5); gez. K 14.**

dcr) Maifest auf dem Hambacher Schloss (1832)

			★★	⊙	FDC
2603	145 (C) mehrfarbig	........dcr	2,80	2,60	4,—
		ETB 21/2007		3,—	
		Kleinbogen	28,—	28,—	

Auflage: 7 700 000 Stück, davon 105 000 auf ETB

In gleicher Zeichnung, jedoch selbstklebend: MiNr. 2605

2007, 3. Mai. Blockausgabe mit MiNr. 2578 und 2585–2587: 40 Jahre Deutsche Sporthilfe. 🄴 **Klein und Neumann; Odr. BSP; gez. K 13:13½.**

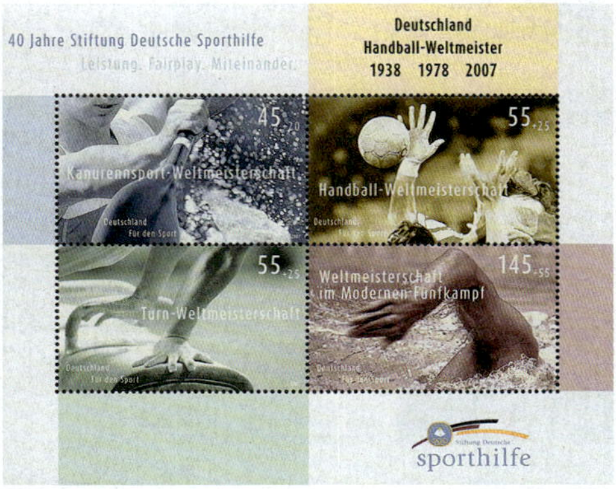

dbx dbr dcs
dby dbz

			★★	⊙	FDC
Block 70	(135×107 mm)	........dcs	9,—	9,—	11,—
		Ⓢ		9,—	
		ETB 22/2007		9,—	

Auflage: 1 310 000 Blocks, davon 105 000 auf ETB

2007, 3. Mai. Schloss Bellevue – Amtssitz des Bundespräsidenten. 🄴 **Lienemeyer; komb. Odr. und Flexodr. BDB, Folienstreifen aus Rollen; selbstklebend; gestanzt 10:10¼.**

dco) Schloss Bellevue, Berlin

			★★	⊙	FDC
2604	55 (C) mehrfarbig	........dco	1,30	1,10	2,—
		Fünferstreifen	8,—		

Auf der Trägerfolie befindet sich rückseitig bei jeder 5. Marke eine Zählnummer.

ETB siehe nach MiNr. 2636

Auflage: 312 446 000 Stück

In gleicher Zeichnung, jedoch nassklebend: MiNr. 2601

2007, 3. Mai. 175 Jahre Hambacher Fest. 🄴 **Graf; Odr. BSP, Markenheftchen und Einzelmarke aus Folienbogen; selbstklebend; gestanzt 10:10¼.**

dcr) Maifest auf dem Hambacher Schloss (1832)

			★★	⊙	FDC
2605	145 (C) mehrfarbig	........dcr	3,—	2,60	3,60

ETB siehe nach MiNr. 2636

MiNr. 2605 stammt auch aus MH 68.

Auflage: 368 731 000 Stück

In gleicher Zeichnung, jedoch nassklebend: MiNr. 2603

2007, 14. Juni. Blockausgabe: Jugend – 175. Geburtstag von Wilhelm Busch. 🄴 **Wulff; Odr. GDL; gez. K 13¼.**

dct dcu dcv dcw dcx

dct–dcw) Illustrationen zur Geschichte „Hans Huckebein, der Unglücksrabe“ von Wilhelm Busch (1832–1908), Maler, Zeichner und Dichter

				★★	⊙	FDC
2606	45 + 20 (C) mehrfarbig	...dct		1,50	1,50	
2607	55 + 25 (C) mehrfarbig	..dcu		1,50	1,50	
2608	55 + 25 (C) mehrfarbig	...dcv		1,50	1,50	
2609	145 + 55 (C) mehrfarbig	..dcw		3,60	3,60	
Block 71	(165×75 mm)	.........dcx		8,50	8,50	10,—
		Ⓢ			8,50	
		ETB 23/2007			8,50	

Auflage: 1 660 000 Blocks, davon 105 000 auf ETB

2007, 14. Juni. 125. Geburtstag von Karl Valentin. 🄴 **Kunter; Odr. BDB (Klb. 5×2); gez. S 13¾.**

dcy) Karl Valentin, eigentlich Valentin Ludwig Fey (1882–1948), Münchner Komiker und Schriftsteller, in der Filmkomödie „Der neue Schreibtisch“ von 1913 (Karikatur)

			★★	⊙	FDC
2610	45 (C) mehrfarbig	.........dcy	1,—	0,90	1,80
		ETB 24/2007		1,20	
		Kleinbogen	10,—	9,—	

Auflage: 8 200 000 Stück, davon 105 000 auf ETB

2007, 14. Juni. 100. Geburtstag von Paul Klinger. 🄴 **Hau; Odr. BSP (Klb. 5×2); gez. K 13¾.**

dcz) Paul Klinger, eigentlich Paul Klinksik (1907–1971), Schauspieler, mit Filmpartnerin Nadia Gray; Plakat (Detail) zum Film „Hengst Maestoso Austria“

			★★	⊙	FDC
2611	55 (C) mehrfarbig	.........dcz	2,50	2,20	4,—
		ETB 25/2007		2,—	
		Kleinbogen	25,—	22,—	

Auflage: 10 000 000 Stück, davon 105 000 auf ETB

2007, 12. Juli. Leuchttürme (VI). 🄴 **Graf; Odr. BSP (Klb. 5×2); gez. K 13¾.**

dda) Bremerhaven Oberfeuer (erb. 1855)

ddb) Hörnum, Insel Sylt (erb. 1907)

			**	⊙	FDC
2612	45 (C) mehrfarbig	........dda	1,—	0,80	
2613	55 (C) mehrfarbig GA	.....ddb	1,10	1,—	
		Satzpreis (2 W.)	2,—	1,80	3,—
		ETB 26/2007		2,20	
		Kleinbogensatz (2 Klb.)	20,—	20,—	

Auflagen: MiNr. 2612 = 10 050 000, MiNr. 2613 = 8 320 000 Stück, davon je 105 000 auf ETB

In gleicher Zeichnung wie MiNr. 2613, jedoch selbstklebend: MiNr. 2682; weitere Werte siehe Übersichtstabelle nach MiNr. 2410

2007, 12. Juli. UNESCO-Welterbe (XVI). 🄴 **Haase; Odr. GDL (Klb. 2×5); gez. K 14.**

ddc) Schwarzhäupterhaus, Riga

ddd) Rathaus, Stralsund; St.-Georgen-Kirche, Wismar

			**	⊙	FDC
2614	65 (C) mehrfarbig	........ddc	1,20	1,20	
2615	70 (C) mehrfarbig	........ddd	1,30	1,30	
		Satzpreis (2 W.)	2,50	2,50	4,—
		ETB 27/2007*		2,80	
		Kleinbogensatz (2 Klb.)	25,—	25,—	

*) ETB 27/2007 enthält zusätzlich die bildgleichen Marken Lettland MiNr. 702 bis 703

Auflagen: MiNr. 2614 = 8 000 000, MiNr. 2615 = 8 100 000 Stück, davon je 105 000 auf ETB

Parallelausgabe mit Lettland MiNr. 702–703; weitere Ausgaben siehe Fußnote nach MiNr. 1447

2007, 9. Aug. Brücken (VII): 100 Jahre Kaiser-Wilhelm-Brücke, Wilhelmshaven. 🄴 **Menze; komb. StTdr. und Odr. Österr. Staatsdr. (Klb. 2×5); gez. K 13¾:14.**

dde) Kaiser-Wilhelm-Brücke, Wilhelmshaven

			**	⊙	FDC
2616	145 (C) mehrfarbig	.......dde	3,—	3,—	4,—
		ETB 28/2007		3,—	
		Kleinbogen	30,—	30,—	

Auflage: 8 000 000 Stück, davon 105 000 auf ETB

Weitere Ausgaben siehe Fußnote nach MiNr. 1931

2007, 9. Aug. 75 Jahre Saaletalsperre Bleiloch. 🄴 **Dimanski; Odr. GDL (Klb. 2×5); gez. K 14.**

ddf) Luftaufnahme der aufgestauten Saale

			**	⊙	FDC
2617	55 (C) mehrfarbig	.........ddf	1,10	1,—	2,—
		ETB 29/2007		1,30	
		Kleinbogen	11,—	11,—	

Auflage: 6 900 000 Stück, davon 105 000 auf ETB

2007, 9. Aug. 50 Jahre Deutsche Bundesbank. 🄴 **Schmidt; Odr. BDB (Klb. 2×5); gez. S 14.**

ddg) Banknoten und Münzen aus verschiedenen Währungsepochen

			**	⊙	FDC
2618	55 (C) mehrfarbig GA	.....ddg	1,20	1,—	2,—
		ETB 30/2007		1,30	
		Kleinbogen	12,—	12,—	

Auflage: 9 800 000 Stück, davon 105 000 auf ETB

2007, 20. Sept. Für uns Kinder. 🄴 **Jäger & Jäger; Odr. GDL (Klb. 2×5); gez. K 14.**

ddh) Igel im Herbstlaub (Collage)

			**	⊙	FDC
2619	55 (C) mehrfarbig	........ddh	1,10	1,—	2,—
		ETB 31/2007		1,30	
		Kleinbogen	11,—	11,—	

Auflage: 7 400 000 Stück, davon 105 000 auf ETB

2007, 20. Sept. Post: Bildergeschichte (II). 🄴 **Steiner; Odr. BSP (Klb. 5×2); gez. K 13¾.**

ddi) Postbote

ddk) Empfängerin

			**	⊙	FDC
2620	55 (C) mehrfarbig GA	......ddi	1,—	1,—	
2621	55 (C) mehrfarbig	.........ddk	1,—	1,—	
		Satzpreis (2 W.)	2,—	2,—	3,20
		ETB 32/2007		2,30	
		Kleinbogensatz (2 Klb.)	20,—	20,—	

Auflagen: MiNr. 2620 = 8 151 000, MiNr. 2621 = 8 000 000 Stück, davon je 105 000 auf ETB

2007, 20. Sept. 50 Jahre Wissenschaftsrat. 🄴 **Clausing; Odr. BDB (Klb. 2×5); gez. S 14.**

ddl) Spektrum der Wissenschaften, Sitzordnung im Bundestag

			**	⊙	FDC
2622	90 (C) mehrfarbig	.........ddl	2,—	2,—	3,50
		ETB 33/2007		2,—	
		Kleinbogen	20,—	20,—	

Auflage: 6 400 000 Stück, davon 105 000 auf ETB

2007, 11. Okt. Blockausgabe: UNESCO-Welterbe (XVII) – Limes. 🄴 **Ehmke; Odr. BSP; gez. K 14.**

ddn

ddm) Porta Praetoria der Saalburg, Rekonstruktion eines Römerkastells am Limes (1897); Luftbild einer archäologischen Ausgrabungsstätte in Aalen

			✱✱	⊙	FDC
2623	55 (C) mehrfarbig	ddm	1,40	1,40	
Block 72	(105×70 mm)	ddn	1,80	1,80	2,50
		Ⓢ		1,60	
		ETB 34/2007		1,50	

Auflage: 2 968 000 Blocks, davon 105 000 auf ETB

Weitere Ausgaben siehe Fußnote nach MiNr. 1447

2007, 11. Okt. 250. Geburtstag von Karl Freiherr vom und zum Stein. Ⓔ Menze; Odr. BDB (Klb. 2×5); gez. S 14:14¼.

ddo) Heinrich Friedrich Karl Reichsfreiherr vom und zum Stein (1757–1831), Politiker; Porzellan-Plakette von Richard Scheibe (1931)

			✱✱	⊙	FDC
2624	145 (C) mehrfarbig	ddo	2,80	2,80	3,80
		ETB 35/2007		3,—	
		Kleinbogen	28,—	28,—	

Auflage: 7 500 000 Stück, davon 105 000 auf ETB

2007, 11. Okt. 100 Jahre Deutscher Werkbund. Ⓔ Wulf; Odr. GDL (Klb. 5×2); gez. K 13¼.

ddp) Plakat zur Werkbundausstellung „Die Form"; von Richard Herre (1924)

			✱✱	⊙	FDC
2625	55 (C) mehrfarbig	ddp	1,10	1,—	2,—
		ETB 36/2007		1,30	
		Kleinbogen	11,—	11,—	

Auflage: 7 250 000 Stück, davon 105 000 auf ETB

2007, 8. Nov. Weihnachten. Ⓔ Jünger; Odr. GDL (Klb. 5×2); gez. K 13:13¼.

ddr) Anbetung der Könige

dds) Christi Geburt

			✱✱	⊙	FDC
2626	45 + 20 (C) mehrfarbig	ddr	1,40	1,40	
2627	55 + 25 (C) mehrfarbig	dds	1,60	1,60	
		Satzpreis (2 W.)	3,—	3,—	4,—
		ETB 37/2007		3,—	
		Kleinbogensatz (2 Klb.)	30,—	30,—	

Auflagen: MiNr. 2626 = 2 650 000, MiNr. 2627 = 4 930 000 Stück, davon je 105 000 auf ETB

2007, 8. Nov. 800. Geburtstag der hl. Elisabeth von Thüringen. Ⓔ Ziegenfeuter; Odr. BSP (Klb. 5×2); gez. K 13¾.

ddt) Hl. Elisabeth von Thüringen (1207–1231), Patronin der Armen und Ausgestoßenen, bei Krankenpflege; Kölner Andachtsbild (Ende 14. Jh.)

			✱✱	⊙	FDC
2628	55 (C) mehrfarbig	ddt	1,50	1,30	2,—
		ETB 38/2007		1,30	
		Kleinbogen	15,—	15,—	

Auflage: 10 150 000 Stück, davon 105 000 auf ETB

2007, 8. Nov. 100. Geburtstag von Astrid Lindgren. Ⓔ Jünger; komb. StTdr. und Odr. ÖSD (Klb. 2×5); gez. K 13¾:14.

ddu) Astrid Lindgren (1907–2002), schwedische Schriftstellerin; Kinderbuchfigur „Michel aus Lönneberga"

			✱✱	⊙	FDC
2629	100 (C) mehrfarbig	ddu	2,—	2,—	3,—
		ETB 39/2007		2,20	
		Kleinbogen	20,—	20,—	

Auflage: 7 500 000 Stück, davon 105 000 auf ETB

Parallelausgabe mit Schweden MiNr. 2617, Bl. 26

2007, 27. Dez. Wohlfahrt: Haustiere. Ⓔ Voß-Acker; RaTdr. Enschedé (Klb. 2×5); gez. K 13¾:14.

ddv) Meerschweinchen

ddw) Pferde

ddx) Hunde

ddy) Kaninchen

			✱✱	⊙	FDC
2630	45 + 20 (C) mehrfarbig	ddv	1,60	1,60	
2631	55 + 25 (C) mehrfarbig	ddw	1,60	1,60	
2632	55 + 25 (C) mehrfarbig	ddx	1,60	1,60	
2633	145 + 55 (C) mehrfarbig	ddy	4,50	4,50	
		Satzpreis (4 W.)	9,—	9,—	11,—
		ETB 40/2007		8,50	
		Kleinbogensatz (4 Klb.)	90,—	90,—	

Auflagen: MiNr. 2630 = 3 160 000, MiNr. 2631 = 2 150 000, MiNr. 2632 = 2 300 000, MiNr. 2633 = 3 330 000 Stück, davon je 105 000 auf ETB

In gleicher Zeichnung wie MiNr. 2631, jedoch selbstklebend: MiNr. 2635

2007, 27. Dez. 275. Geburtstag von Carl Gotthard Langhans. Ⓔ Effert; Odr. BSP (Klb. 2×5); gez. K 14.

ddz) Brandenburger Tor, Berlin; Bauwerk von C. G. Langhans (1732–1808), preußischer Baumeister

			✱✱	⊙	FDC
2634	55 (C) mehrfarbig GA	ddz	1,20	1,—	2,—
		ETB 41/2007		1,30	
		Kleinbogen	12,—	12,—	

Auflage: 8 500 000 Stück, davon 105 000 auf ETB

In gleicher Zeichnung, jedoch selbstklebend: MiNr. 2636

2007, 27. Dez. Wohlfahrt: Haustiere. Ⓔ Voß-Acker; RaTdr. Enschedé, Markenheftchen und Folienstreifen aus Rollen; selbstklebend; gestanzt 11.

ddw) Pferde

			✱✱	⊙	FDC
2635	55 + 25 (C) mehrfarbig	ddw	2,—	1,80	3,—
		Fünferstreifen	14,—		

ETB siehe nach MiNr. 2636.

Auf der Trägerfolie der Rollenmarken befindet sich rückseitig bei jeder 5. Marke eine Zählnummer.

MiNr. 2635 stammt auch aus MH 69.

Auflage: 10 330 000 Stück

In gleicher Zeichnung, jedoch nassklebend: MiNr. 2631

2007, 27. Dez. 275. Geburtstag von Carl Gotthard Langhans. E **Effert; Odr. BSP, Markenheftchen und Einzelmarke aus Folienbogen; selbstklebend; gestanzt 10:10¾.**

ddz) Brandenburger Tor, Berlin; Bauwerk von C. G. Langhans (1732–1808), preußischer Baumeister

			✶✶	⊙	FDC
2636	55 (C) mehrfarbig GA . . . . . . ddz		1,40	1,—	2,—
		ETB S/2007*		8,50	

*) ETB S/2007 mit MiNr. 2584, 2595, 2604, 2605, 2635 und 2636, jeweils mit entsprechendem Ersttagssonderstempel.

MiNr. 2636 stammt auch aus MH 70.

Auflage: 254 630 000 Stück

In gleicher Zeichnung, jedoch nassklebend: MiNr. 2634

2008

2008, 2. Jan. UNESCO-Welterbe (XVIII). E **Kößlinger; Odr. GDL (Klb. 5×2); gez. K 13¼.**

dea) Klosterinsel Reichenau, Bodensee; Details aus liturgischem Lesebuch und gotischer Wandmalerei

			✶✶	⊙	FDC
2637	45 (C) mehrfarbig GA . . . . . . dea		0,90	0,80	1,80
		ETB 1/2008		1,20	
		Kleinbogen	9,—	9,—	

Auflage: 9 600 000 Stück, davon 95 000 auf ETB

In gleicher Zeichnung, jedoch selbstklebend: MiNr. 2642; weitere Ausgaben siehe Fußnote nach MiNr. 1447

2008, 2. Jan. 1100 Jahre Eichstätt. E **Braesecke-Kaul, Kaul; Odr. BDB (Klb. 5×2); gez. S 13¾.**

deb) Residenzplatz und Dom, Eichstätt

			✶✶	⊙	FDC
2638	145 (C) mehrfarbig . . . . deb		2,80	2,80	4,—
		ETB 2/2008		3,—	
		Kleinbogen	28,—	28,—	

Auflage: 7 500 000 Stück, davon 95 000 auf ETB

In gleicher Zeichnung, jedoch selbstklebend: MiNr. 2643

2008, 2. Jan. 500. Geburtstag von Wenzel Jamnitzer. E **Jünger; Odr. GDL (Klb. 2×5); gez. K 13¾:14.**

dec) Zierkanne mit Turboschnecke (um 1570) und Kegelkörper (Zeichnungen) von W. Jamnitzer (1508–1585), Goldschmied

			✶✶	⊙	FDC
2639	220 (C) mehrfarbig . . . . dec		4,50	4,50	6,—
		ETB 3/2008		4,50	
		Kleinbogen	45,—	45,—	

Auflage: 6 400 000 Stück, davon 95 000 auf ETB

2008, 2. Jan. 150. Geburtstag von Heinrich Zille. E **Graschberger; Odr. BSP (Klb. 5×2); gez. K 13¾.**

ded) Gesellschaft in Altberliner Destille; Zeichnung von H. Zille (1858–1929), Graphiker, Zeichner, Maler und Photograph

			✶✶	⊙	FDC
2640	55 (C) mehrfarbig GA . . . . . . ded		1,—	1,—	2,—
		ETB 4/2008		1,30	
		Kleinbogen	10,—	10,—	

Auflage: 8 200 000 Stück, davon 95 000 auf ETB

2008, 2. Jan. 50 Jahre Bundeskartellamt. E **Schmidt; Odr. GDL (Klb. 2×5); gez. K 14.**

dee) Symbolik für den Schutz des Wettbewerbs

			✶✶	⊙	FDC
2641	90 (C) mehrfarbig . . . . dee		1,70	1,70	2,80
		ETB 5/2008		2,—	
		Kleinbogen	17,—	17,—	

Auflage: 7 700 000 Stück, davon 95 000 auf ETB

In gleicher Zeichnung, jedoch selbstklebend: MiNr. 2655

2008, 2. Jan. UNESCO-Welterbe (XIX). E **Kößlinger; Odr. GDL, Markenheftchen und Einzelmarke aus Folienbogen; selbstklebend; gestanzt 11.**

dea) Klosterinsel Reichenau, Bodensee; Details aus liturgischem Lesebuch und gotischer Wandmalerei

		✶✶	⊙	FDC
2642	45 (C) mehrfarbig . . . . dea	1,—	0,90	1,80

MiNr. 2642 stammt auch aus MH 71.

ETB siehe nach MiNr. 2701

Auflage: 159 949 000 Stück

In gleicher Zeichnung, jedoch nassklebend: MiNr. 2637; weitere Ausgaben siehe Fußnote nach MiNr. 1447

2008, 2. Jan. 1100 Jahre Eichstätt. E **Braesecke-Kaul, Kaul; Odr. BDB, Folienstreifen aus Rollen; selbstklebend; gestanzt 10½.**

deb) Residenzplatz und Dom, Eichstätt

			✶✶	⊙	FDC
2643	145 (C) mehrfarbig . . . . deb		3,—	3,—	4,—
		Fünferstreifen	22,—		

Auf der Trägerfolie befindet sich rückseitig bei jeder 5. Marke eine Zählnummer.

ETB siehe nach MiNr. 2701

Auflage: 205 599 500 Stück

In gleicher Zeichnung, jedoch nassklebend: MiNr. 2638

2008, 7. Febr. Post: Grußmarken. E **Rizzi; Odr. GDL (Klb. 2×5); gez. K 14.**

def) Alles Gute!

deg) Herzlichen Glückwunsch

			✶✶	⊙	FDC
2644	55 (C) mehrfarbig GA . . . . . . def		1,—	1,—	
2645	55 (C) mehrfarbig GA . . . . . . deg		1,—	1,—	
		Satzpreis (2 W.)	2,—	2,—	3,50
		ETB 6/2008		2,40	
		Kleinbogensatz (2 Klb.)	20,—	20,—	

Auflagen: MiNr. 2644 = 19 000 000, MiNr. 2645 = 19 000 000 Stück, davon je 95 000 auf ETB

In gleichen Zeichnungen, jedoch selbstklebend: MiNr. 2666, 2667

2008, 7. Febr. 1000 Jahre Dorfkirche von Bochum-Stiepel. E Schillinger; Odr. BSP (Klb. 5×2); gez. K 13¾.

deh) Dorfkirche (Zeichnung)

			✶✶	⊙	FDC
2646	145 (C) mehrfarbig	deh	3,—	3,—	4,—
		ETB 7/2008		3,—	
		Kleinbogen	30,—	30,—	

Auflage: 6 200 000 Stück, davon 95 000 auf ETB

2008, 7. Febr. 200. Geburtstag von Carl Spitzweg. E Schmidt; Odr. BDB (Klb. 5×2); gez. S 13¾.

dei) Der arme Poet;
Gemälde von Carl Spitzweg (1808–1885)

			✶✶	⊙	FDC
2647	55 (C) mehrfarbig	dei	1,10	1,—	2,—
		ETB 8/2008		1,30	
		Kleinbogen	11,—	11,—	

Auflage: 10 100 000 Stück, davon 95 000 auf ETB

In gleicher Zeichnung, jedoch selbstklebend: MiNr. 2648

2008, 7. Febr. 200. Geburtstag von Carl Spitzweg. E Schmidt; Odr. BDB, Folienstreifen aus Rollen; selbstklebend; gestanzt 10½.

dei) Der arme Poet;
Gemälde von Carl Spitzweg (1808–1885)

			✶✶	⊙	FDC
2648	55 (C) mehrfarbig GA	dei	1,20	1,—	2,—
		Fünferstreifen	8,—		

Auf der Trägerfolie befindet sich rückseitig bei jeder 5. Marke eine Zählnummer.

ETB siehe nach MiNr. 2701

Auflage: 709 401 400 Stück

In gleicher Zeichnung, jedoch nassklebend: MiNr. 2647

2008, 13. März. Sporthilfe: Segelflug-Weltmeisterschaften, Lüsse; Fußball-Europameisterschaft, Österreich und Schweiz; Schacholympiade, Dresden; Olympische Sommerspiele; Peking. E Voß-Acker; Odr. BSP (Klb. 2×5); gez. K 13:13½.

dek) Segelflugzeug

del) Spielszene

dem) Schachfiguren

den) Rudern

			✶✶	⊙
2649	45 + 20 (C) mehrfarbig	dek	1,50	1,50
2650	55 + 25 (C) mehrfarbig	del	1,50	1,50
2651	55 + 25 (C) mehrfarbig	dem	1,50	1,50
2652	145 + 55 (C) mehrfarbig	den	3,60	3,60
		Satzpreis (4 W.)	8,—	8,—
		FDC		9,50
		ETB 9/2008 (mit MiNr. 2649–2650)		3,—
		ETB 9a/2008 (mit MiNr. 2651–2652)		5,50
		Kleinbogensatz (4 Klb.)	80,—	80,—

Auflagen: MiNr. 2649 = 1 190 000, MiNr. 2650 = 1 510 000, MiNr. 2651 = 1 220 000, MiNr. 2652 = 1 240 000 Stück, davon je 95 000 auf ETB

2008, 13. März. 150 Jahre Zoologische Gesellschaft Frankfurt. E Glinski; Odr. GDL (Klb. 5×2); gez. K 13¼.

deo) Gnuherde

			✶✶	⊙	FDC
2653	65 (C) mehrfarbig	deo	1,20	1,20	2,20
		ETB 10/2008		1,50	
		Kleinbogen	12,—	12,—	

Auflage: 6 250 000 Stück, davon 95 000 auf ETB

2008, 13. März. 100. Geburtstag von Helmut Käutner. E Erdmann; Odr. BDB (Klb. 2×5); gez. S 14.

dep) Helmut Käutner (1908–1980),
Schauspieler und Regisseur

			✶✶	⊙	FDC
2654	55 (C) mehrfarbig GA	dep	1,10	1,—	2,—
		ETB 11/2008		1,30	
		Kleinbogen	11,—	10,—	

Auflage: 7 600 000 Stück, davon 95 000 auf ETB

2008, 13. März. 50 Jahre Bundeskartellamt. E Schmidt; Odr. GDL, Markenheftchen und Einzelmarke aus Folienbogen; selbstklebend; gestanzt 11.

dee) Symbolik für den Schutz des Wettbewerbs

			✶✶	⊙	FDC
2655	90 (C) mehrfarbig	dee	2,—	1,80	2,80

MiNr. 2655 stammt auch aus MH 72.

ETB siehe nach MiNr. 2701

Auflage: 50 610 000 Stück

In gleicher Zeichnung, jedoch nassklebend: MiNr. 2641

2008, 10. April. Umweltschutz: Natur weltweit bewahren. E Erdmann; Odr. BDB (Klb. 2×5); gez. S 14.

der) Eisbär Knut, Berliner Zoo

			✶✶	⊙	FDC
2656	55 + 25 (C) mehrfarbig	der	1,80	1,80	3,—
		ETB 12/2008		1,80	
		Kleinbogen	20,—	20,—	

Auflage: 2 070 000 Stück, davon 95 000 auf ETB

2008, 10. April. 200. Geburtstag von Johann Hinrich Wichern. E Scholz; Odr. BDB (Klb. 2×5); gez. S 14.

des) Johann Hinrich Wichern (1808–1881),
Theologe, Begründer der Inneren Mission

			✶✶	⊙	FDC
2657	55 (C) mehrfarbig GA	des	1,10	1,—	2,—
		ETB 13/2008		1,30	
		Kleinbogen	11,—	11,—	

Auflage: 7 300 000 Stück, davon 95 000 auf ETB

Die Notierungen gelten in der ersten Spalte für ungebrauchte (postfrische), in der zweiten für gebrauchte (gestempelte) Postwertzeichen.

2008, 10. April. 150. Geburtstag von Max Planck. ⓔ **Fiedler; Odr. BSP (Klb. 5×2); gez. K 13¾.**

det) Max Planck (1858–1947), Physiker, Nobelpreis 1918

			★★	⊙	FDC
2658	55 (C) mehrfarbig GA	...... det	1,10	1,—	2,—
		ETB 14/2008		1,30	
		Kleinbogen	11,—	10,—	

Auflage: 9 200 000 Stück, davon 95 000 auf ETB

2008, 10. April. 100 Jahre deutsche Fußball-Länderspiele. ⓔ **Serres; Odr. BSP (Klb. 5×2); gez. K 13¾.**

deu) Spieler der deutschen Nationalmannschaft vom 5.4.1908 in der Schweiz, Veranstaltungsplakat (Details)

			★★	⊙	FDC
2659	170 (C) mehrfarbig	.... deu	4,—	4,—	5,—
		ETB 15/2008		3,50	
		Kleinbogen	40,—	40,—	

Auflage: 8 000 000 Stück, davon 95 000 auf ETB

2008, 10. April. 100. Geburtstag von Oskar Schindler (1908–1974), Fabrikant. ⓔ **Becker, Kohl; Odr. GDL (Klb. 2×5); gez. K 14.**

dev) Übersetzung der hebräischen Gravur auf dem Ring, den von ihm gerettete Juden Oskar Schindler zum Abschied schenkten

			★★	⊙	FDC
2660	145 (C) mehrfarbig	.... dev	2,60	2,60	3,60
		ETB 16/2008		3,—	
		Kleinbogen	26,—	26,—	

Auflage: 6 400 000 Stück, davon 95 000 auf ETB

2008, 10. April. 100 Jahre Staatliche Vogelschutzwarte Seebach. ⓔ **Glinski; Odr. GDL (Klb. 2×5); gez. K 14.**

dew) Sperber, Waldkauz, Uhu, Burg Seebach, Zaunkönig, Buchfink, Blaukehlchen, Blaumeise, Kohlmeise

			★★	⊙	FDC
2661	45 (C) mehrfarbig	.... dew	1,10	0,80	1,80
		ETB 17/2008		1,20	
		Kleinbogen	11,—	10,—	

Auflage: 9 300 000 Stück, davon 95 000 auf ETB

2008, 8. Mai. Europa: Der Brief. ⓔ **Rizzi; Odr. GDL (Klb. 2×5); gez. K 14.**

dex) Herzliche Grüße

			★★	⊙	FDC
2662	55 (C) mehrfarbig GA	...... dex	1,10	1,—	2,—
		ETB 18/2008		1,30	
		Kleinbogen	11,—	10,—	

Auflage: 18 400 000 Stück, davon 95 000 auf ETB

In gleicher Zeichnung, jedoch selbstklebend: MiNr. 2665

2008, 8. Mai. Post: Grußmarke. ⓔ **Rizzi; Odr. GDL (Klb. 2×5); gez. K 14.**

dey) Danke

			★★	⊙	FDC
2663	55 (C) mehrfarbig GA	...... dey	1,10	1,—	2,—
		ETB 19/2008		1,30	
		Kleinbogen	11,—	10,—	

Auflage: 18 400 000 Stück, davon 95 000 auf ETB

In gleicher Zeichnung, jedoch selbstklebend: MiNr. 2668

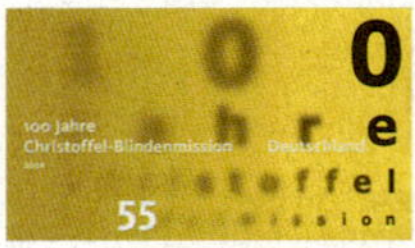

2008, 8. Mai. 100 Jahre Christoffel-Blindenmission. ⓔ **Voß-Acker; Odr. BSP (Klb. 2×5); gez. K 13:13½.**

dez) Inschrift, in unterschiedlicher Sehstärke dargestellt

			★★	⊙	FDC
2664	55 (C) mehrfarbig	.... dez	1,10	1,—	2,—
		ETB 20/2008		1,30	
		Kleinbogen	11,—	10,—	

Vorsicht! MiNr. 2664 ist sehr wasserempfindlich!

Auflage: 7 180 000 Stück, davon 95 000 auf ETB

2008, 8. Mai. Post: Grußmarken; Europa: Der Brief. ⓔ **Rizzi; Odr. GDL, Markenheftchen und Einzelmarken aus Folienbogen; selbstklebend; gestanzt 14.**

dex) Herzliche Grüße

deg) Herzlichen Glückwunsch

def) Alles Gute!

dey) Danke

			★★	⊙	FDC
2665	55 (C) mehrfarbig	.... dex	1,20	1,20	
2666	55 (C) mehrfarbig	.... deg	1,20	1,20	
2667	55 (C) mehrfarbig	.... def	1,20	1,20	
2668	55 (C) mehrfarbig	.... dey	1,20	1,20	
		Satzpreis (4 W.)	4,50	4,50	6,—

MiNr. 2665–2668 stammen auch aus MH 73.

ETB siehe nach MiNr. 2701

Auflagen: je 44 765 000 Stück

In gleichen Zeichnungen, jedoch nassklebend: MiNr. 2644–2645, 2662, 2663

2008, 12. Juni. Freimarke: Blumen (XV). ⓔ **Klein & Neumann; Odr. BDB, Kleinbogen (5×2) (Klb.) und Rollen (R); gez. S 14.**

dfa) Gartenrose (Rosa remontana)

			★★	⊙	FDC
2669	55 (C) mehrfarbig GA	...... dfa	1,10	1,—	2,—
		ETB 21/2008		1,30	
		Kleinbogen	11,—	10,—	

Waagerechtes Paar (aus Klb.):

	★★	⊙
2669/2669	2,40	2,40

Rollenmarke mit rückseitiger Nummer (R):

	Einzelm. ★★	Einzelm. ⊙	5er-Str. ★★
2669 R	2,60	2,60	8,—

Auflage:

In gleicher Zeichnung, jedoch selbstklebend: MiNr. 2675; weitere Werte siehe Zusammenfassung nach Blockaufstellung

2008, 12. Juni. Wohlfahrt: Luftfahrzeuge. 🄴 **Voß-Acker; Odr. BDB (Klb. 2×5); gez. S 13¾:14.**

dfb) Flugboot Dornier Do J Wal (1923)

dfc) Großraum-Verkehrsflugzeug Airbus A380 (2005)

dfd) Propeller-Verkehrsflugzeug Junkers Ju 52/3m (1932)

dfe) Mehrzweck-Hubschrauber Bölkow Bo 105

			✱✱	⊙	FDC
2670	45 + 20 (C) mfg. GA	. . . . . dfb	1,40	1,40	
2671	55 + 25 (C) mfg. GA	. . . . . dfc	1,50	1,50	
2672	55 + 25 (C) mfg. GA	. . . . . dfd	1,50	1,50	
2673	145 + 55 (C) mehrfarbig	. . dfe	3,60	3,60	
		Satzpreis (4 W.)	8,—	8,—	10,—
		ETB 22/2008		8,20	
		Kleinbogensatz (4 Klb.)	80,—	80,—	

Auflagen: MiNr. 2670 = 2 850 000, MiNr. 2671 = 1 860 000, MiNr. 2672 = 2 000 000, MiNr. 2673 = 3 230 000 Stück, davon je 95 000 auf ETB

In gleicher Zeichnung wie MiNr. 2671, jedoch selbstklebend: MiNr. 2676

2008, 12. Juni. Ehrenamt. 🄴 **Rogger; Odr. GDL (Klb. 2×5); gez. K 14.**

dff) Gesichter, Inschrift

			✱✱	⊙	FDC
2674	55 (C) mehrfarbig	. . . . dff	1,10	1,—	2,—
		ETB 23/2008		1,30	
		Kleinbogen	11,—	10,—	

Auflage: 8 400 000 Stück, davon 95 000 auf ETB

2008, 12. Juni/2010, 1. März. Freimarke: Blumen (XVI). 🄴 **Klein & Neumann; Odr. BDB, Folienstreifen aus Rollen und Folienblatt (5×2); selbstklebend; gestanzt 10¼.**

dfa) Gartenrose (Rosa remontana)

			✱✱	⊙	FDC
2675	55 (C) mehrfarbig	. . . . dfa	1,10	1,—	2,—
		Fünferstreifen	8,—		
		Folienblatt 7	17,—		

Auf der Trägerfolie des Fünferstreifens befindet sich rückseitig bei jeder 5. Marke eine Zählnummer.

Das Folienblatt wurde am 1.3.2010 ausgegeben. Die Marken daraus wurden zusätzlich mit Duftdruck versehen.

ETB siehe nach MiNr. 2701 und 2799

Auflage:

In gleicher Zeichnung, jedoch nassklebend: MiNr. 2669; weitere Werte siehe Zusammenfassung nach Blockaufstellung

2008, 12. Juni. Wohlfahrt: Luftfahrzeuge. 🄴 **Voß-Acker; Odr. BDB, Markenheftchen (5×2) und Folienstreifen aus Rollen; selbstklebend; gestanzt 11.**

dfc) Großraumverkehrsflugzeug Airbus A380 (2005)

			✱✱	⊙	FDC
2676	55 + 25 (C) mehrfarbig	. . . . dfc	2,—	1,80	3,—
		Fünferstreifen	14,—		

MiNr. 2676 stammt auch aus MH 74.

Auf der Trägerfolie der Rollenmarken befindet sich rückseitig bei jeder 5. Marke eine Zählnummer.

ETB siehe nach MiNr. 2701

Auflage: 9 720 000 Stück

In gleicher Zeichnung, jedoch nassklebend: MiNr. 2671

2008, 3. Juli. Leuchttürme (VII). 🄴 **Graf; Odr. BSP (Klb. 5×2); gez. K 13¾.**

dfg) Warnemünde (erbaut 1897/98)

dfh) Amrum (erbaut 1873/74)

			✱✱	⊙	FDC
2677	45 (C) mehrfarbig	. . . . dfg	1,—	0,80	
2678	55 (C) mehrfarbig	. . . . dfh	1,—	1,—	
		Satzpreis (2 W.)	2,—	1,80	3,—
		ETB 24/2008		2,20	
		Kleinbogensatz (2 Klb.)	20,—	18,—	

Auflagen: MiNr. 2677 = 12 600 000, MiNr. 2678 = 12 800 000 Stück, davon je 95 000 auf ETB

In gleichen Zeichnungen, jedoch selbstklebend: MiNr. 2683, 2876; weitere Werte siehe Übersichtstabelle nach MiNr. 2410

2008, 3. Juli. 150. Geburtstag von Lovis Corinth. 🄴 **Hesse; Odr. BSP (Klb. 2×5); gez. K 13:13½.**

dfi) Selbstbildnis mit Modell; Gemälde von Lovis Corinth (1858–1925)

			✱✱	⊙	FDC
2679	145 (C) mehrfarbig	. . . . dfi	3,—	3,—	4,—
		ETB 25/2008		3,—	
		Kleinbogen	30,—	30,—	

Auflage: 7 420 000 Stück, davon 95 000 auf ETB

2008, 3. Juli. 125. Geburtstag von Franz Kafka. 🄴 **Müller, Weiland; Odr. BDB (Klb. 2×5); gez. S 14.**

dfk) Mann am Tisch; Skizze zum Roman „Das Schloss“ von Franz Kafka (1883–1924), böhmischer Schriftsteller

			✱✱	⊙	FDC
2680	55 (C) schwarz	. . . . dfk	1,10	1,—	2.—
		ETB 26/2008		1,30	
		Kleinbogen	11,—	10,—	

Auflage: 8 000 000 Stück, davon 95 000 auf ETB

2008, 3. Juli. 125 Jahre Drachenfelsbahn. 🄴 **Menze; Odr. GDL (Klb. 2×5); gez. K 14.**

dfl) Zahnradbahn auf den Drachenfels im Siebengebirge

			✱✱	⊙	FDC
2681	45 (C) mehrfarbig	. . . . dfl	0,90	0,80	1,80
		ETB 27/2008		1,20	
		Kleinbogen	9,—	9,—	

Auflage: 7 000 000 Stück, davon 95 000 auf ETB

2008, 3. Juli. Leuchttürme (VIII). ⓔ **Graf; Odr. BSP, Markenheftchen und Einzelmarken aus Folienbogen; selbstklebend; gestanzt 11.**

ddb) Hörnum, Sylt (erb. 1907)

dfh) Amrum (erbaut 1873/74)

			★★	⊙	FDC
2682	55 (C) mehrfarbig	ddb	1,10	1,—	
2683	55 (C) mehrfarbig	dfh	1,10	1,—	
		Satzpreis (2 W.)	2,20	2,—	3,20

MiNr. 2682–2683 stammen auch aus MH 75.

ETB siehe nach MiNr. 2701

Auflagen: je 216 503 960 Stück

In gleichen Zeichnungen, jedoch nassklebend: MiNr. 2613, 2678; weitere Werte siehe Übersichtstabelle nach MiNr. 2410

2008, 7. Aug. 200. Geburtstag von Hermann Schulze-Delitzsch. ⓔ **Serres; Odr. BDB (Klb. 2×5); gez. S 14.**

dfm) Hermann Schulze-Delitzsch (1808–1883), Sozialpolitiker und Jurist, Begründer des deutschen Genossenschaftswesens; Unterschrift

			★★	⊙	FDC
2684	90 (C) mehrfarbig	dfm	1,60	1,60	2,60
		ETB 28/2008		2,—	
		Kleinbogen	16,—	16,—	

Auflage: 6 600 000 Stück, davon 95 000 auf ETB

2008, 7. Aug. 125. Geburtstag von Joachim Ringelnatz. ⓔ **Malsy; Odr. BSP (Klb. 5×2); gez. K 13¾.**

dfn) Joachim Ringelnatz, eigentlich Hans Bötticher (1883–1934), Schriftsteller, Kabarettist und Maler; Scherenschnitt von Ernst Moritz Engert; Auszug aus dem Gedicht „Der Briefmark"

			★★	⊙	FDC
2685	85 (C) mehrfarbig	dfn	1,60	1,60	2,60
		ETB 29/2008		2,—	
		Kleinbogen	16,—	16,—	

Auflage: 7 400 000 Stück, davon 95 000 auf ETB

2008, 7. Aug. 50 Jahre Segelschulschiff „Gorch Fock". ⓔ **Birnbach; Odr. GDL (Klb. 5×2); gez. K 13¼.**

dfo) Bark „Gorch Fock", Segelschulschiff der Marineschule Mürwik in Flensburg

			★★	⊙	FDC
2686	55 (C) mehrfarbig GA	dfo	1,10	1,—	2,—
		ETB 30/2008		1,30	
		Kleinbogen	11,—	11,—	

Auflage: 11 300 000 Stück, davon 95 000 auf ETB

2008, 4. Sept. Blockausgabe: Jugend – Dinosaurier. ⓔ **Schmidt; Odr. BSP; gez. K 13¼.**

dft) Plateosaurus
dfr) Tyrannosaurus
dfu
dfp) Triceratops
dfs) Diplodocus

			★★	⊙	FDC
2687	45 + 20 (C) mehrfarbig GA	dfp	2,20	2,20	
2688	55 + 25 (C) mehrfarbig	dfr	2,20	2,20	
2689	55 + 25 (C) mehrfarbig	dfs	2,20	2,20	
2690	145 + 55 (C) mehrfarbig	dft	4,50	4,50	
Block 73	(190×109 mm)	dfu	11,—	11,—	13,—
		Ⓢ		11,—	
		ETB 31/2008		11,—	

Auflage: 1 350 000 Blocks, davon 95 000 auf ETB

2008, 4. Sept. Brücken (VIII): Alte Rheinbrücke Bad Säckingen–Stein/Aargau. ⓔ **Baltis; Odr. BDB (Klb. 2×5); gez. S 14.**

dfv) Holzbrücke über den Rhein mit Blick auf Bad Säckingen

			★★	⊙	FDC
2691	70 (C) mehrfarbig	dfv	1,30	1,30	2,30
		ETB 32/2008*)		1,60	
		Kleinbogen	13,—	13,—	

*) enthält zusätzlich die bildgleiche Marke Schweiz MiNr. 2068

Auflage: 14 000 000 Stück, davon 95 000 auf ETB

Parallelausgabe mit Schweiz MiNr. 2068

Weitere Ausgaben siehe Fußnote nach MiNr. 1931

2008, 4. Sept. Tag der Briefmarke: Schätze der Philatelie. ⓔ **Wolff; Odr. GDL (Klb. 5×2); gez. K 13¼.**

dfw) Einbindung der thüringischen Stadt Ohrdruf in das Eilwagensystem der Schnellpost: Ankunft des ersten Eilwagens (Schützenscheibe, 1835)

			★★	⊙	FDC
2692	55 (C) mehrfarbig GA	dfw	1,10	1,—	2,—
		ETB 33/2008		1,30	
		Kleinbogen	11,—	10,—	

Auflage: 8 500 000 Stück, davon 95 000 auf ETB

2008, 4. Sept. Für uns Kinder. ⓔ **Hemmerich; Odr. BSP (Klb. 2×5); gez. K 14.**

dfx) Fliegendes blaues Pferd mit Kindern und Wanderratte

			★★	⊙	FDC
2693	55 (C) mehrfarbig GA	dfx	1,10	1,—	2,—
		ETB 34/2008		1,30	
		Kleinbogen	11,—	11,—	

Auflage: 8 720 000 Stück, davon 95 000 auf ETB

2008, 9. Okt. Freimarke: Blumen (XVII). ☒ **Klein & Neumann; Odr. BDB, Kleinbogen (5×2) (Klb.) und Rollen (R); gez. S 14.**

dfy) Gartennelke (Dianthus caryophyllus)

			★★	⊙	FDC
2694	25 (C) mehrfarbig GA	...... dfy	0,60	0,50	1,20
		ETB 35/2008		0,80	
		Kleinbogen	6,—	5,50	

Waagerechtes Paar (aus Klb.):

	★★	⊙
2694/2694	1,50	1,50

Rollenmarke mit rückseitiger Nummer (R):

	Einzelm. ★★	Einzelm. ⊙	5er-Str. ★★
2694 R	2,—	2,—	4,40

Auflage:

In gleicher Zeichnung: MiNr. 2699; weitere Werte siehe Zusammenfassung nach Blockaufstellung

2008, 9. Okt. Archäologie in Deutschland (IV). ☒ **Weisbeck; Odr. BSP (Klb. 2×5); gez. K 14.**

dfz) Himmelsscheibe von Nebra (um 1600 v. Chr.), 1999 in einer Steinkammer auf dem Mittelberg bei Nebra gefunden; Bronzeschwerter aus dem Beifund

			★★	⊙	FDC
2695	55 (C) mehrfarbig	.... dfz	1,10	1,—	2,—
		ETB 36/2008		1,30	
		Kleinbogen	11,—	10,—	

Auflage: 8 600 000 Stück, davon 95 000 auf ETB

Weitere Ausgaben siehe Fußnote nach MiNr. 2281

2008, 9. Okt. Brauchtum und Tradition (III): 500 Jahre Gallimarkt in Leer. ☒ **Steiner; Odr. GDL (Klb. 2×5); gez. K 14.**

dga) Historische Marktszene mit Viehhandel

			★★	⊙	FDC
2696	45 (C) mehrfarbig	.... dga	1,10	0,80	1,80
		ETB 37/2008		1,20	
		Kleinbogen	11,—	10,—	

Auflage: 6 400 000 Stück, davon 95 000 auf ETB

Weitere Ausgaben siehe Fußnote nach MiNr. 2207

2008, 9. Okt. 150. Geburtstag von Lorenz Werthmann. ☒ **Scholz; Odr. BSP (Klb. 5×2); gez. K 14.**

dgb) Lorenz Werthmann (1858–1921), katholischer Priester und Sozialpolitiker, Gründer und 1. Präsident des Deutschen Caritasverbandes

			★★	⊙	FDC
2697	55 (C) mehrfarbig	.... dgb	1,10	1,—	2,—
		ETB 38/2008		1,30	
		Kleinbogen	11,—	10,—	

Auflage: 7 300 000 Stück, davon 95 000 auf ETB

2008, 9. Okt. 100 Jahre Motorflug in Deutschland. ☒ **Wagenbreth; Odr. BDB (Klb. 2×5); gez. S 14.**

dgc) Dreidecker von Hans Grade (1879–1946), Flugpionier

			★★	⊙	FDC
2698	145 (C) mehrfarbig GA	..... dgc	2,60	2,60	3,60
		ETB 39/2008		3,—	
		Kleinbogen	26,—	26,—	

Auflage: 6 300 000 Stück, davon 95 000 auf ETB

2008, 9. Okt. Freimarke: Blumen (XVIII). ☒ **Klein & Neumann; Odr. BDB, Folienstreifen aus Rollen; selbstklebend; gestanzt 10¼.**

dfy) Gartennelke (Dianthus caryophyllus)

			★★	⊙	FDC
2699	25 (C) mehrfarbig	.... dfy	0,50	0,50	1,20
		Fünferstreifen	6,—		

Auf der Trägerfolie befindet sich rückseitig bei jeder 5. Marke eine Zählnummer.

ETB siehe nach MiNr. 2701

Auflage:

In gleicher Zeichnung: MiNr. 2694; weitere Werte siehe Zusammenfassung nach Blockaufstellung

2008, 1. Nov. Winter. ☒ **Effert; Odr. BSP, Markenheftchen und Einzelmarken aus Folienbogen; selbstklebend; gestanzt 11.**

cyk I) Jubel- und Friedensengel

cwl I) Anbetung der Hl. Drei Könige; Kölner Tafelgemälde (um 1350)

			★★	⊙	FDC
2700	55 (C) mehrfarbig	.... cyk I	1,10	1,10	
2701	55 (C) mehrfarbig	.... cwl I	1,10	1,10	
		Satzpreis (2 W.)	2,20	2,20	3,20
		ETB S1/2008*		10,50	
		ETB S2/2008**		9,—	

*) ETB S1/2008 mit MiNr. 2642, 2643, 2648, 2655, 2665–2668, jeweils mit entsprechendem Ersttagssonderstempel.

**) ETB S2/2008 mit MiNr. 2515, 2675, 2676, 2682–2683, 2699 und 2700–2701, jeweils mit entsprechendem Ersttagssonderstempel.

MiNr. 2700–2701 stammen auch aus MH 76.

Auflagen: je 45 000 000 Stück

In ähnlichen Zeichnungen (mit Jahreszahl "2005"): MiNr. 2437, 2488

2008, 13. Nov. Dienst am Nächsten (VII): 50 Jahre Bundesvereinigung Lebenshilfe. ☒ **Dimanski; Odr. GDL (Klb. 2×5); gez. K 14.**

dgd) Kinderzeichnungen bilden Wort „Leben"

			★★	⊙	FDC
2702	55 (C) mehrfarbig	.... dgd	1,10	1,—	2,—
		ETB 40/2008		1,30	
		Kleinbogen	11,—	10,—	

Auflage: 9 700 000 Stück, davon 95 000 auf ETB

Weitere Ausgaben siehe Fußnote nach MiNr. 2065

2008, 13. Nov. Weihnachten. ☒ **Schmidt; Odr. BDB (Klb. 5×2, Querformat ~); gez. S 14.**

dge) Geburt Christi; Mitteltafel des Paumgartner-Altars von Albrecht Dürer (1471–1528), deutscher Maler, Graphiker, Zeichner und Kunstschriftsteller

dgf) Anbetung der Könige; Fresko aus der Schule Raffaels, eigentlich Raffaello Santi (1483–1520), italienischer Maler und Baumeister

		★★	⊙
2703	45 + 20 (C) mehrfarbig . . . . dge	1,20	1,20
2704	55 + 25 (C) mehrfarbig . . . . dgf	1,50	1,50
	Satzpreis (2 W.)	2,70	2,70
	FDC		3,50
	ETB 41/2008		3,—
	Kleinbogensatz (2 Klb.)	27,—	27,—

Auflagen: MiNr. 2703 = 2 590 000, MiNr. 2704 = 4 450 000 Stück, davon je 95 000 auf ETB

Parallelausgabe mit Vatikanstaat MiNr. 1626–1627, 1628

2008, 13. Nov. 150. Geburtstag von Selma Lagerlöf. 🄴 **Lienemeyer; Odr. BSP (Klb. 5×2); gez. K 13¾.**

dgg) Illustration zum Roman „Nils Holgersson" von Selma Lagerlöf (1858–1940), schwedische Schriftstellerin, Nobelpreis 1909

		★★	⊙	FDC
2705	100 (C) mehrfarbig . . . . dgg	2,—	2,—	3,—
	ETB 42/2008		2,20	
	Kleinbogen	20,—	20,—	

Auflage: 6 940 000 Stück, davon 95 000 auf ETB

2008, 13. Nov. Hilfsorganisation „Ein Herz für Kinder". 🄴 **Ziegenfeuter; Odr. BSP (Klb. 5×2); gez. K 13.**

dgh) Herz, Kinderzeichnungen

		★★	⊙	FDC
2706	55 (C) mehrfarbig . . . . dgh	1,10	1,—	2,—
	ETB 43/2008		1,30	
	Kleinbogen	11,—	10,—	

Auflage: 12 500 000 Stück, davon 95 000 auf ETB

2009

2009, 2. Jan. Wohlfahrt: Himmelserscheinungen. 🄴 **Ziegenfeuter; Odr. BDB (Klb. 2×5); gez. S 13¾:14.**

dgi) Regenbogen

dgk) Sonnenuntergang

dgl) Nordlicht

dgm) Blitz

		★★	⊙
2707	45 + 20 (C) mehrfarbig . . . . dgi	1,50	1,50
2708	55 + 25 (C) mehrfarbig . . . . dgk	1,60	1,60
2709	55 + 25 (C) mehrfarbig . . . . dgl	1,60	1,60
2710	145 + 55 (C) mehrfarbig . . . . dgm	3,80	3,80
	Satzpreis (4 W.)	8,50	8,50
	FDC		10,—
	ETB 1/2009		9,—
	Kleinbogensatz (4 Klb.)	85,—	85,—

Auflagen: MiNr. 2707 = 4 173 000, MiNr. 2708 = 2 217 000, MiNr. 2709 = 2 154 000, MiNr. 2710 = 4 532 000 Stück, davon je 85 000 auf ETB

In gleicher Zeichnung wie MiNr. 2708, jedoch selbstklebend: MiNr. 2717

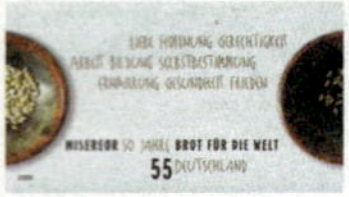

2009, 2. Jan. Dienst am Nächsten (VIII): 50 Jahre kirchliche Hilfswerke „Misereor" und „Brot für die Welt". 🄴 **Rogger; Odr. GDL (Klb. 2×5); gez. K 14.**

dgn) 2 halbe Teller mit Getreidekörnern

		★★	⊙	FDC
2711	55 (C) mehrfarbig . . . . dgn	1,—	1,—	2,—
	ETB 2/2009		1,30	
	Kleinbogen	10,—	10,—	

Auflage: 7 600 000 Stück, davon 85 000 auf ETB

Weitere Ausgaben siehe Fußnote nach MiNr. 2065

2009, 2. Jan. 1000 Jahre Burg Tangermünde. 🄴 **Bertholdt; Odr. GDL (Klb. 2×5); gez. K 14.**

dgo) Burganlage, Elbe

		★★	⊙	FDC
2712	90 (C) mehrfarbig . . . . dgo	1,60	1,60	2,60
	ETB 3/2009		2,—	
	Kleinbogen	16,—	16,—	

Auflage: 6 700 000 Stück, davon 85 000 auf ETB

2009, 2. Jan. 500 Jahre Rathaus Frankenberg (Eder). 🄴 **Rieß; Odr. BSP (Klb. 5×2); gez. K 13¾.**

dgp) Rathaus

		★★	⊙	FDC
2713	45 (C) mehrfarbig . . . . dgp	0,90	0,80	1,80
	ETB 4/2009		1,20	
	Kleinbogen	8,—	8,—	

Auflage: 9 380 000 Stück, davon 85 000 auf ETB

In gleicher Zeichnung, jedoch selbstklebend: MiNr. 2718

2009, 2. Jan. 125. Geburtstag von Theodor Heuss. 🄴 **Serres; Odr. BSP (Klb. 5×2); gez. K 13¾.**

dgr) Theodor Heuss (1884–1963), Politiker, erster Bundespräsident

		★★	⊙	FDC
2714	145 (C) mehrfarbig . . . . dgr	2,60	2,60	3,60
	ETB 5/2009		3,—	
	Kleinbogen	26,—	26,—	

Auflage: 7 800 000 Stück, davon 85 000 auf ETB

1949–1990:

Fehlt in Kopftexten (nach dem Druckverfahren) die Angabe einer Druckerei, wurden die Ausgaben in der Staats-, später Bundesdruckerei in Berlin hergestellt.

Druckerei-Abkürzungen ab 1991:

BDB = Bundesdruckerei Berlin
BSP = Bagel Security Print, Mönchengladbach (ab 2004)
GDL = Giesecke & Devrient Leipzig (ab 2003)
SB = Schwann – Bagel, Düsseldorf
WDZ = WertDruckZentrum, Bonn
WPL = Wertpapierdruckerei Leipzig (bis 2002)

2009, 2. Jan./2010, 10. Juni. Freimarken: Blumen (XIX). ⓔ **Klein & Neumann; Odr. Schwarz-Druck (MiNr. 2715) und Enschedé (MiNr. 2716), Folienblatt (FB 2 und 3 = 5×1, FB 8 = 5×2) und Einzelmarken aus Folienbogen; selbstklebend; gestanzt 10¼:10.**

czr) Sonnenhut (Rudbeckia fulgida)

czw) Kartäusernelke (Dianthus carthusianorum)

		**	⊙	FDC
2715	65 (C) mehrfarbig . . . . czr	1,20	1,20	2,20
2716	70 (C) mehrfarbig . . . . czw	1,30	1,30	2,30
	Satzpreis (2 W.)	2,50	2,50	4,—
	Folienblatt 2	11,—		
	Folienblatt 3	14,—		
	Folienblatt 8	30,—		

MiNr. 2715 wurde am 2.1.2009 auch im Folienblatt 2, MiNr. 2716 im Folienblatt 3 mit je 5 Luftpostaufklebern ausgegeben. MiNr. 2716 wurde außerdem am 10.6.2010 im Folienblatt 8 ausgegeben.

ETB siehe nach MiNr. 2755

Auflagen:

In gleichen Zeichnungen: MiNr. 2524, 2529; weitere Werte siehe Zusammenfassung nach Blockaufstellung

2009, 2. Jan. Wohlfahrt: Himmelserscheinungen. ⓔ **Ziegenfeuter; Odr. BDB, Markenheftchen (5×2) und Folienstreifen aus Rollen; selbstklebend; gestanzt 11.**

dgk) Sonnenuntergang

		**	⊙	FDC
2717	55 + 25 (C) mehrfarbig . . . . dgk	1,60	1,50	2,50
	Fünferstreifen	14,—		

MiNr. 2717 stammt auch aus MH 77.

Auf der Trägerfolie der Rollenmarken befindet sich rückseitig bei jeder 5. Marke eine Zählnummer.

ETB siehe nach MiNr. 2755

Auflage: 10 259 000 Stück

In gleicher Zeichnung, jedoch nassklebend: MiNr. 2708

2009, 2. Jan. 500 Jahre Rathaus von Frankenberg (Eder). ⓔ **Rieß; Odr. GDL, Markenheftchen und Einzelmarke aus Folienbogen; selbstklebend; gestanzt 11.**

dgp) Rathaus

		**	⊙	FDC
2718	45 (C) mehrfarbig . . . . dgp	0,90	0,80	1,80

MiNr. 2718 stammt auch aus MH 78.

ETB siehe nach MiNr. 2755

Auflage: 101 300 000 Stück

In gleicher Zeichnung, jedoch nassklebend: MiNr. 2713

2009, 12. Febr. 225. Geburtstag von Leo von Klenze. ⓔ **Birnbach; Odr. BDB (Klb. 5×2); gez. S 13¾.**

dgs) Ansicht der Propyläen in München; Gemälde von Leo von Klenze (1784–1864), Baumeister, Maler und Zeichner

		**	⊙	FDC
2719	70 (C) mehrfarbig . . . . dgs	1,30	1,30	2,30
	ETB 6/2009		1,70	
	Kleinbogen	13,—	13,—	

Auflage: 9 300 000 Stück, davon 85 000 auf ETB

2009, 12. Febr. 200. Geburtstag von Felix Mendelssohn Bartholdy. ⓔ **Ziegenfeuter; Odr. GDL (Klb. 5×2); gez. K 13¼.**

dgt) Felix Mendelssohn Bartholdy (1809–1847), Komponist; Signatur

		**	⊙	FDC
2720	65 (C) mehrfarbig . . . . dgt	1,20	1,20	2,20
	ETB 7/2009		1,60	
	Kleinbogen	12,—	12,—	

Auflage: 6 200 000 Stück, davon 85 000 auf ETB

2009, 12. Febr. 100. Geburtstag von Heinz Erhardt. ⓔ **Ahrens; Odr. BSP (Klb. 5×2); gez. K 13¾.**

dgu) Heinz Erhardt (1909–1979), Schauspieler, Humorist und Dichter; Ausspruch „noch'n Gedicht"

		**	⊙	FDC
2721	55 (C) mehrfarbig . . . . dgu	1,—	1,—	2,—
	ETB 8/2009		1,30	
	Kleinbogen	10,—	10,—	

Auflage: 8 872 600 Stück, davon 85 000 auf ETB

2009, 12. Febr. 100. Geburtstag von HAP Grieshaber. ⓔ **Serres; Odr. GDL (Klb. 5×2); gez. K 13¼.**

dgv) Der Feuervogel; Gemälde von Helmut Andreas Paul Grieshaber (1909–1981), deutscher Maler, Graphiker und Holzschneider

		**	⊙	FDC
2722	165 (C) mehrfarbig . . . . dgv	3,—	3,—	4,—
	ETB 9/2009		3,50	
	Kleinbogen	30,—	30,—	

Auflage: 11 000 000 Stück, davon 85 000 auf ETB

2009, 12. März. Post: Post universal (I). ⓔ **Clausing; Odr. GDL (Klb. 5×2); gez. K 13¼.**

dgw) Absender

dgx) Postfiliale

		**	⊙	FDC
2723	55 (C) mehrfarbig . . . . dgw	1,—	1,—	
2724	55 (C) mehrfarbig . . . . dgx	1,—	1,—	
	Satzpreis (2 W.)	2,—	2,—	3,40
	ETB 10/2009		2,50	
	Kleinbogensatz (2 Klb.)	20,—	20,—	

Auflagen: MiNr. 2723 = 7 000 000, MiNr. 2724 = 7 000 000 Stück, davon je 85 000 auf ETB

2009, 12. März. 175. Geburtstag von Gottlieb Daimler. ⓔ **Grüttner; Odr. BDB (Klb. 2×5); gez. S 14.**

dgy) Stahlradwagen (1889) von Gottlieb Daimler (1834–1900), Ingenieur und Erfinder

		**	⊙	FDC
2725	170 (C) mehrfarbig . . . . dgy	3,—	3,—	4,—
	ETB 11/2009		3,50	
	Kleinbogen	30,—	30,—	

Auflage: 12 397 200 Stück, davon 85 000 auf ETB

2009, 12. März. 100. Geburtstag von Golo Mann. ⓔ **Edis, Malsy und Meyer; Odr. BSP (Klb. 5×2); gez. K 13¾.**

dgz) Golo Mann, eigentlich Gottfried Angelo Mann (1909–1994), Historiker und Publizist

		★★	⊙	FDC
2726	45 (C) mehrfarbig . . . . dgz	0,90	0,80	1,80
	ETB 12/2009		1,20	
	Kleinbogen	9,—	9,—	

Auflage: 6 500 000 Stück, davon 85 000 auf ETB

2009, 9. April/2. Juli. Sporthilfe: Leichtathletik-Weltmeisterschaften, Berlin. ⓔ **Klein und Neumann; Odr. BSP (Klb. 2×5) (B) und Markenheftchen (MH); gez. K 13:13½.**

dha) Hindernislauf

dhb) Kurzstreckenlauf

dhc) Stabhochsprung

dhd) Diskuswerfen

		★★	⊙
2727	45 + 20 (C) mfg. (B) (MH) GA . . . . . dha	1,60	1,60
2728	55 + 25 (C) mfg. (B) GA . . . . dhb	1,60	1,60
2729	55 + 25 (C) mfg. (B) (MH) GA . . . . . dhc	1,60	1,60
2730	145 + 55 (C) mfg. (B) GA . . . . dhd	3,80	3,80
	Satzpreis (4 W.)	8,50	8,50
	FDC		10,—
	ETB 13/2009		10,—
	Kleinbogensatz (4 Klb.)	85,—	85,—

MiNr. 2727 und 2729 wurden am 2.7.2009 auch zusammenhängend im Markenheftchen (MH 80) ausgegeben.

Auflagen: MiNr. 2727 = 2 229 000, MiNr. 2728 = 1 328 000, MiNr. 2729 = 2 228 000, MiNr. 2730 = 1 312 000, Stück, davon je 85 000 auf ETB

2009, 9. April. 100. Geburtstag von Bernhard Grzimek. ⓔ **Haase; Odr. GDL (Klb. 5×2); gez. K 13.**

dhe) Bernhard Grzimek (1909–1987), Zoologe, mit Gorilla im Fernsehen

		★★	⊙	FDC
2731	55 (C) mehrfarbig GA . . . . . . dhe	1,—	1,—	2,—
	ETB 14/2009		1,30	
	Kleinbogen	10,—	10,—	

Auflage: 8 800 000 Stück, davon 85 000 auf ETB

2009, 7. Mai. Europa: Astronomie. ⓔ **Clausing; Odr. BDB (Klb. 2×5); gez. S 14.**

dhf) Schematische Darstellung der keplerschen Gesetze (1609)

		★★	⊙	FDC
2732	55 (C) mehrfarbig GA . . . . . . dhf	1,—	1,—	2,—
	ETB 15/2009		1,30	
	Kleinbogen	10,—	10,—	

Auflage: 8 800 000 Stück, davon 85 000 auf ETB

2009, 7. Mai. Post: Post universal (II). ⓔ **Clausing; Odr. GDL (Klb. 5×2); gez. K 13¼.**

dhg) Transport

dhh) Zustellung

		★★	⊙	FDC
2733	55 (C) mehrfarbig . . . . dhg	1,—	1,—	
2734	55 (C) mehrfarbig GA . . . . . . dhh	1,—	1,—	
	Satzpreis (2 W.)	2,—	2,—	3,40
	ETB 16/2009		2,30	
	Kleinbogensatz (2 Klb.)	20,—	20,—	

Auflagen: MiNr. 2733 = 6 500 000 Stück, MiNr. 2734 = 6 500 000 Stück, davon je 85 000 auf ETB

2009, 7. Mai. Tag der Briefmarke. ⓔ **Lautenschläger; Odr. BSP (Klb. 2×5); Sicherheitszähnung K 14:13¾.**

dhi) „Eichstätt-Brief", der einzige bekannte Brief mit Sechserblock des Schwarzen Einsers (Bayern MiNr. 1) als Frankatur

		★★	⊙	FDC
2735	55 (C) + 25 (C) mfg. GA . . dhi			
Sr	Sicherheitsz. rechts . . .	1,70	1,50	
Sl	Sicherheitsz. links	1,70	1,50	
	Paar (Sr/Sl)	3,40	3,—	4,40
	ETB 17/2009 (mit Paar)		3,50	
	Kleinbogen	17,—	17,—	

Die Sicherheitszähnung, die sich jeweils zwischen linker und rechter Marke des Kleinbogens befindet, bildet ein Eichenblatt.

Auflage: 2 553 000 Stück, davon 85 000 auf ETB

2009, 7. Mai. UNESCO-Welterbe (XX): Luthergedenkstätten in Eisleben und Wittenberg. ⓔ **Fiedler; Odr. GDL (Klb. 2×5); gez. K 13¾:14.**

dhk) Luthers Geburtshaus, Eisleben; Lutherhaus, Wittenberg; Thesentür (Bronze, 1858) der Schlosskirche von Wittenberg; Melanchthonhaus, Wittenberg; Museum „Luthers Sterbehaus", Eisleben

		★★	⊙	FDC
2736	145 (C) mehrfarbig . . . . dhk	2,60	2,60	3,60
	ETB 18/2009*)		3,—	
	Kleinbogen	26,—	26,—	

*) enthält zusätzlich die bildgleiche Marke UNO – Wien MiNr. 598

Auflage: 6 200 000 Stück, davon 85 000 auf ETB

Parallelausgabe mit Vereinte Nationen – Wien MiNr. 598
Weitere Ausgaben siehe Fußnote nach MiNr. 1447

2009, 4. Juni. Blockausgabe: Deutsche National- und Naturparks (IX) – Nationalpark Eifel. ⓔ **Gröttrup; Odr. BSP; gez. K 13¾.**

dhm

dhl) Artenvielfalt und Vegetation der Eifel

			✶✶	⊙	FDC
2737	220 (C) mehrfarbig ....dhl		4,—	4,—	
Block 74	(105×70 mm) ....dhm		4,—	4,—	5,—
		Ⓢ		4,—	
		ETB 19/2009		4,50	

Auflage: 3 100 000 Blocks, davon 85 000 auf ETB

Weitere Ausgaben siehe Fußnote nach MiNr. 1871–1873 (Bl. 36)

2009, 4. Juni. 2000. Jahrestag der Varusschlacht. E Serres; Odr. GDL (Klb. 5×2); gez. K 13.

dhn) Eiserne Gesichtsmaske, Teutoburger Wald bei Kalkriese, Kaiser-Augustus-Büste, Hermannsdenkmal bei Detmold

			✶✶	⊙	FDC
2738	55 (C) mehrfarbig ....dhn		1,—	1,—	2,—
		ETB 20/2009		1,30	
		Kleinbogen	10,—	10,—	

Auflage: 7 700 000 Stück, davon 85 000 auf ETB

In gleicher Zeichnung, jedoch selbstklebend: MiNr. 2741

2009, 4. Juni. 200. Geburtstag von Heinrich Hoffmann. E Sänger; Odr. BSP (Klb. 2×5); gez. K 13:13½.

dho) Hans Guck-in-die-Luft, Ludwig aus der „Geschichte von den schwarzen Buben"; Illustrationen aus „Der Struwwelpeter" von Heinrich Hoffmann (1809–1894), Psychiater, Lyriker und Kinderbuchautor

			✶✶	⊙	FDC
2739	85 (C) mehrfarbig ....dho		1,60	1,60	2,60
		ETB 21/2009		2,—	
		Kleinbogen	16,—	16,—	

Auflage: 23 700 000 Stück, davon 85 000 auf ETB

2009, 4. Juni. 100 Jahre Internationale Luft- und Raumfahrtausstellung (ILA). E Voß-Acker; Odr. BDB (Klb. 5×2); gez. S 13¾.

dhp) Plakat der ersten Ausstellung in Frankfurt am Main (1909)

			✶✶	⊙	FDC
2740	55 (C) mehrfarbig ....dhp		1,—	1,—	2,—
		ETB 22/2009		1,30	
		Kleinbogen	10,—	10,—	

Auflage: 8 800 000 Stück, davon 85 000 auf ETB

In gleicher Zeichnung, jedoch selbstklebend: MiNr. 2755

2009, 4. Juni. 2000. Jahrestag der Varusschlacht. E Serres; Odr. GDL, Markenheftchen und Einzelmarke aus Folienbogen; selbstklebend; gestanzt 11.

dhn) Eiserne Gesichtsmaske, Teutoburger Wald bei Kalkriese, Kaiser-Augustus-Büste, Hermannsdenkmal bei Detmold

		✶✶	⊙	FDC
2741	55 (C) mehrfarbig ....dhn	1,10	1,—	2,—

MiNr. 2741 stammt auch aus MH 79.

ETB siehe nach MiNr. 2755

Auflage: 108 271 000 Stück

In gleicher Zeichnung, jedoch nassklebend: MiNr. 2738

2009, 2. Juli. Leuchttürme (IX). E Graf; Odr. BSP (Klb. 5×2); gez. K 13¾.

dhr) Norderney (erbaut 1875)

dhs) Dornbusch, Insel Hiddensee (Lkr. Rügen, erbaut 1887/88)

			✶✶	⊙	FDC
2742	45 (C) mehrfarbig GA ......dhr		0,80	0,80	
2743	55 (C) mehrfarbig GA ......dhs		1,—	1,—	
		Satzpreis (2 W.)	1,80	1,80	3,20
		ETB 23/2009		2,20	
		Kleinbogensatz (2 Klb.)	18,—	18,—	

Auflagen: MiNr. 2742 = 12 360 000 Stück, MiNr. 2743 = 10 960 000 Stück, davon je 85 000 auf ETB

In gleicher Zeichnung wie MiNr. 2742, jedoch selbstklebend: MiNr. 2875; weitere Werte siehe Übersichtstabelle nach MiNr. 2410

2009, 2. Juli. 500. Geburtstag von Johannes Calvin. E Aretz; Odr. GDL (Klb. 5×2); gez. K 13¾.

dht) Johannes Calvin, eigentlich Jean Cauvin (1509–1564), französisch-schweizerischer Reformator

			✶✶	⊙	FDC
2744	70 (C) grauweiß/schwarz ...dht		1,30	1,30	2,30
		ETB 24/2009		1,60	
		Kleinbogen	13,—	13,—	

Auflage: 6 000 000 Stück, davon 85 000 auf ETB

2009, 2. Juli. 600 Jahre Universität Leipzig. E Nill; Odr. BSP (Klb. 2×5); gez. K 13¾:14.

dhu) Augustusplatz mit Universitätsgebäude (um 1845)

			✶✶	⊙	FDC
2745	55 (C) mehrfarbig GA ......dhu		1,—	1,—	2,—
		ETB 25/2009		1,30	
		Kleinbogen	10,—	10,—	

Auflage: 9 050 000 Stück, davon 85 000 auf ETB

In ähnlicher Zeichnung: MiNr. 2747

2009, 2. Juli. 100 Jahre Eisenbahnfährverkehr Sassnitz–Trelleborg. E Bertholdt; Odr. BDB (Klb. 2×5); gez. S 13¾:14.

dhv) Bahnverladung im Sassnitzer Stadthafen (um 1925)

			✶✶	⊙	FDC
2746	145 (C) mehrfarbig ....dhv		2,60	2,60	3,60
		ETB 26/2009		3,—	
		Kleinbogen	26,—	26,—	

Auflage: 6 000 000 Stück, davon 85 000 auf ETB

2009, 2. Juli. 600 Jahre Universität Leipzig. 🄴 **Nill; Odr. BSP, Folienblatt (2×5) und Einzelmarke aus Folienbogen; selbstklebend; gestanzt 10.**

dhu I) Augustusplatz mit Universitätsgebäude (um 1845)

				★★	⊙	FDC
2747	55 (C)	mehrfarbig	. . . . dhu I	1,20	1,—	2,—
			Folienblatt 4	17,—		

ETB siehe nach MiNr. 2755.

Auflage: 903 161 200 Stück

In ähnlicher Zeichnung: MiNr. 2745

2009, 13. Aug. Jugend: 50 Jahre Fernsehsendung „Unser Sandmännchen“. 🄴 **Jünger; Odr. GDL (Klb. 5×2); gez. K 13¾.**

dhw) Ostseestrand

dhx) Fliegender Koffer

dhy) Kleinbahn Harz

dhz) Planet Gugel

dhw–dhz) Szenen aus der Vorabendsendung „Unser Sandmännchen“ von Gerhard Behrendt (1929–2006), Regisseur, Autor, Puppen- und Szenenbildner

				★★	⊙	FDC
2748	45 + 20 (C)	mehrfarbig GA	dhw	1,60	1,60	
2749	55 + 25 (C)	mehrfarbig GA	dhx	1,60	1,60	
2750	55 + 25 (C)	mehrfarbig GA	dhy	1,60	1,60	
2751	145 + 55 (C)	mehrfarbig GA	dhz	3,80	3,80	
			Satzpreis (4 W.)	8,50	8,50	10,—
			ETB 27/2009		9,—	
			Kleinbogensatz (4 Klb.)	85,—	85,—	

Auflagen: MiNr. 2748 = 1 274 000, MiNr. 2749 = 1 329 000, MiNr. 2750 = 1 402 000, MiNr. 2751 = 1 140 000 Stück, davon je 85 000 auf ETB

2009, 13. Aug. 1000. Jahrestag der Weihe des Mainzer Doms. 🄴 **Kößlinger; Odr. BSP (Klb. 5×2); gez. K 13¾.**

dia) St.-Martins-Dom, Mainz

				★★	⊙	FDC
2752	90 (C)	mehrfarbig GA	. . . . . . dia	1,60	1,60	2,60
			ETB 28/2009		2,—	
			Kleinbogen	16,—	16,—	

Auflage: 5 720 000 Stück, davon 85 000 auf ETB

2009, 13. Aug. 100 Jahre Jugendherbergen. 🄴 **Wagenbreth; Odr. BDB (Klb. 2×5); gez. S 14.**

dib) Wanderung von Jugendherberge zu Jugendherberge

				★★	⊙	FDC
2753	55 (C)	mehrfarbig	. . . . dib	1,—	1,—	2,—
			ETB 29/2009		1,30	
			Kleinbogen	10,—	10,—	

Auflage: 8 700 000 Stück, davon 85 000 auf ETB

2009, 13. Aug. Blockausgabe: Historischer Motorsport. 🄴 **Wagenbreth; Odr. GDL; gez. K 13¾.**

did

dic) Historische Renn- und Sportwagen

				★★	⊙	FDC
2754	85 (C)	mehrfarbig	. . . . dic	1,60	1,60	
Block 75	(105×70 mm)		. . . . did	1,80	1,80	2,60
			Ⓢ		1,60	
			ETB 30/2009		2,—	

Auflage: 3 150 000 Blocks, davon 85 000 auf ETB

2009, 13. Aug. 100 Jahre Internationale Luft- und Raumfahrtausstellung (ILA). 🄴 **Voß-Acker; Odr. BDB, Folienstreifen aus Rollen; selbstklebend; gestanzt 10¼.**

dhp) Plakat der ersten Ausstellung in Frankfurt am Main (1909)

				★★	⊙	FDC
2755	55 (C)	mehrfarbig	. . . . dhp	1,10	1,—	2,—
			Fünferstreifen	8,—		
			ETB S/2009*		9,—	

*) ETB S/2009 mit MiNr. 2715–2718, 2741, 2747 und 2755, jeweils mit entsprechendem Ersttagssonderstempel.

Auf der Trägerfolie befindet sich rückseitig bei jeder 5. Marke eine Zählnummer.

Auflage: 305 280 000 Stück

In gleicher Zeichnung, jedoch nassklebend: MiNr. 2740

2009, 3. Sept. Für uns Kinder. 🄴 **Franz; Odr. GDL (Klb. 2×5); gez. K 14:13¾.**

die) Cowboy Tommi und seine Freundin Tina auf ihrem Sprungpferd Kissi Knopfauge bei Indianerhäuptling Tom-Tom

				★★	⊙	FDC
2756	55 (C)	mehrfarbig GA	. . . . . . die	1,—	1,—	2,—
			ETB 31/2009		1,30	
			Kleinbogen	10,—	10,—	

Auflage: 8 800 000 Stück, davon 85 000 auf ETB

2009, 3. Sept. Blockausgabe: Deutscher Bundestag und Bundesrat. Ⓔ **Voß-Acker; Odr. BSP; gez. K 14.**

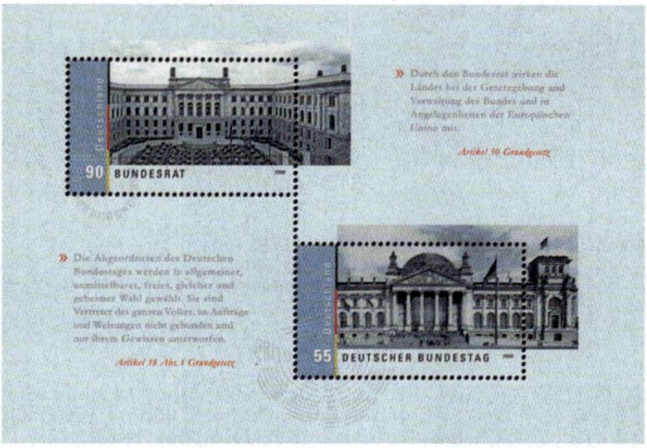

dig) Preußisches Herrenhaus, Berlin, Sitz des Bundesrats — dif) Reichstagsgebäude, Berlin, Sitz des Bundestags — dih

		★★	⊙	FDC
2757	55 (C) mehrfarbig GA . . . . dif	1,—	1,—	
2758	90 (C) mehrfarbig . . . . dig	1,70	1,70	
Block 76	(130×90 mm) . . . . dih	2,80	2,80	4,—
	Ⓢ		2,70	
	ETB 32/2009		3,—	

Auflage: 3 100 000 Blocks, davon 85 000 auf ETB

2009, 3. Sept. 20. Jahrestag der Grenzöffnung zwischen Ungarn und Österreich. Ⓔ **Benedek; Odr. BDB (Klb. 2×5); gez. S 13¾.**

dii) Zahl „20“ aus Flaggenbändern

		★★	⊙	FDC
2759	70 (C) mehrfarbig . . . . dii	1,30	1,30	2,30
	ETB 33/2009*		1,60	
	Kleinbogen	13,—	13,—	

*) enthält zusätzlich die bildgleichen Marken Österreich MiNr. 2823 und Ungarn MiNr. 5383

Auflage: 6 150 000 Stück, davon 85 000 auf ETB

Parallelausgabe mit Österreich MiNr. 2823 und Ungarn MiNr. 5383

2009, 3. Sept. 60 Jahre Bundesrepublik Deutschland. Ⓔ **Klein, Neumann; Odr. BSP (Klb. 2×5); gez. K 14.**

dik) Fahnenmeer

		★★	⊙	FDC
2760	55 (C) mehrfarbig GA . . . . . . dik	1,—	1,—	2,—
	ETB 34/2009		1,30	
	Kleinbogen	10,—	10,—	

Auflage: 8 570 000 Stück, davon 85 000 auf ETB

2009, 8. Okt. Deutsche Malerei (IV): Georg Flegel. Ⓔ **Schmidt; Odr. GDL (Klb. 5×2); gez. K 13.**

dil) Stillleben mit Käse und Kirschen; Gemälde von Georg Flegel (1566–1638)

		★★	⊙	FDC
2761	45 (C) mehrfarbig . . . . dil	0,90	0,80	1,80
	ETB 35/2009		1,20	
	Kleinbogen	9,—	9,—	

Auflage: 6 400 000 Stück, davon 85 000 auf ETB

Weitere Ausgaben siehe Fußnote nach MiNr. 2437

2009, 8. Okt. 20. Jahrestag der Friedlichen Revolution. Ⓔ **Dimanski; Odr. GDL (Klb. 5×2); gez. K 13.**

dim) Nikolaikirche, Leipzig

		★★	⊙	FDC
2762	55 (C) mehrfarbig GA . . . . . . dim	1,10	1,—	2,—
	ETB 36/2009		1,30	
	Kleinbogen	11,—	11,—	

Auflage: 6 900 000 Stück, davon 85 000 auf ETB

2009, 12. Nov. Weihnachten. Ⓔ **Hau; Odr. BDB (Klb. 2×5); gez. S 14.**

din) Anbetung der Könige

dio) Anbetung des Kindes nach der Geburt

din–dio) Illuminierte Initialen aus dem Hoya-Missale (um 1420–1430)

		★★	⊙
2763	45 + 20 (C) mehrfarbig GA . . . . din	1,20	1,20
2764	55 + 25 (C) mehrfarbig GA . . . . dio	1,50	1,50
	Satzpreis (2 W.)	2,70	2,70
	FDC		5,—
	ETB 37/2009		3,—
	Kleinbogensatz (2 Klb.)	27,—	27,—

Auflagen: MiNr. 2763 = 2 246 000, MiNr. 2764 = 4 151 000 Stück, davon je 85 000 auf ETB

2009, 12. Nov. 250. Geburtstag von Friedrich von Schiller. Ⓔ **Wolff; Odr. BSP (Klb. 5×2); gez. K 13¾.**

dip) Friedrich von Schiller (1759–1805), Dichter (Scherenschnitt); Zitat aus dem 2. Brief über die ästhetische Erziehung des Menschen

		★★	⊙	FDC
2765	145 (C) mehrfarbig . . . . dip	2,60	2,60	3,60
	ETB 38/2009		3,—	
	Kleinbogen	26,—	26,—	

Auflage: 6 130 000 Stück, davon 85 000 auf ETB

2009, 12. Nov. 100. Geburtstag von Marion Gräfin Dönhoff. Ⓔ **Erdmann; Odr. GDL (Klb. 2×5); gez. K 14.**

dir) Marion Gräfin Dönhoff (1909–2002), Journalistin und Schriftstellerin; Nachruf von Helmut Schmidt

		★★	⊙	FDC
2766	55 (C) mehrfarbig . . . . dir	1,—	1,—	2,—
	ETB 39/2009		1,30	
	Kleinbogen	10,—	10,—	

Auflage: 6 980 000 Stück, davon 85 000 auf ETB

2009, 12. Nov. Tier des Jahres 2010. Ⓔ **Graf; Odr. BDB Kleinbogen (2×5) (Klb.) und Rollen (R); gez. S 13¾.**

dis) Dachs (Meles meles)

		★★	⊙	FDC
2767	55 (C) mehrfarbig GA . . . . . . dis	1,—	1,—	2,—
	ETB 40/2009		1,30	
	Kleinbogen	10,—	10,—	

Senkrechtes Paar (aus Klb.):

	★★	⊙
2767/2767	2,—	2,—

Rollenmarke mit rückseitiger Nummer (R):

	Einzelm. ★★	⊙	5er-Str. ★★
2767 R	2,40	2,40	8,—

Auflage: 22 870 200 Stück, davon 85 000 auf ETB

2010

2010, 2. Jan. Freimarke: Blumen (XX). 🄴 **Klein & Neumann; Odr. BDB, Kleinbogen (Klb.) (5×2) und Rollen (R); gez. S 14.**

dit) Frauenschuh (Cypripedium sp.)

		★★	⊙	FDC
2768	410 (C) mehrfarbig . . . . dit	8,50	8,50	10,—
	ETB 1/2010		9,—	
	Kleinbogen	85,—	85,—	

Waagerechtes Paar (aus Klb.):

	★★	⊙
2768/2768	17,—	17,—

Rollenmarke mit rückseitiger Nummer (R):

	Einzelm. ★★	⊙	5er-Str. ★★
2768 R	14,—	14,—	50,—

Auflage:

Weitere Werte siehe Zusammenfassung nach Blockaufstellung

2010, 2. Jan. Wohlfahrt: Obst. 🄴 **Scholz; Odr. BDB (Klb. 2×5); gez. S 13¾:14.**

diu) Apfel (Malus domestica)

div) Gartenerdbeere (Fragaria × ananassa)

diw) Zitrone (Citrus × limon)

dix) Heidelbeere (Vaccinium myrtillus)

		★★	⊙
2769	45 + 20 (C) mehrfarbig GA . . . . diu	1,60	1,60
2770	55 + 25 (C) mehrfarbig GA . . . . div	1,60	1,60
2771	55 + 25 (C) mehrfarbig GA . . . . diw	1,60	1,60
2772	145 + 55 (C) mehrfarbig GA . . . . dix	3,80	3,80
	Satzpreis (4 W.)	8,50	8,50
	FDC		11,—
	ETB 2/2010		8,80
	Kleinbogensatz (4 Klb.)	85,—	85,—

MiNr. 2769–2772 riechen nach der jeweils abgebildeten Obstsorte.

Auflagen: MiNr. 2769 = 4 563 000 Stück, MiNr. 2770 = 2 174 000, MiNr. 2771 = 2 201 000, MiNr. 2772 = 5 044 000 Stück, davon je 74 000 auf ETB

In gleicher Zeichnung wie MiNr. 2770, jedoch selbstklebend: MiNr. 2777

2010, 2. Jan. 1100 Jahre Limburg an der Lahn. 🄴 **Osterlee; Odr. BSP (Klb. 2×5); gez. K 13¾.**

diy) Limburg an der Lahn; Gemälde von George Clarkson Stanfield (1828–1878), britischer Maler

		★★	⊙	FDC
2773	145 (C) mehrfarbig . . . . diy	2,80	2,80	4,—
	ETB 3/2010		3,—	
	Kleinbogen	28,—	28,—	

Auflage: 5 410 000 Stück, davon 74 000 auf ETB

In ähnlicher Zeichnung: MiNr. 2778

2010, 2. Jan. UNESCO-Welterbe (XXI): 1000 Jahre St.-Michaelis-Kirche, Hildesheim. 🄴 **Becker, Kohl; Odr. GDL (Klb. 5×2); gez. K 13¼.**

diz) St.-Michaelis-Kirche

		★★	⊙	FDC
2774	220 (C) mehrfarbig . . . . diz	4,—	4,—	5,—
	ETB 4/2010		4,50	
	Kleinbogen	40,—	40,—	

Auflage: 4 750 000 Stück, davon 74 000 auf ETB

In gleicher Zeichnung, jedoch selbstklebend: MiNr. 2779; weitere Ausgaben siehe Fußnote nach MiNr. 1447

2010, 2. Jan. 200 Jahre Museum für Naturkunde, Berlin. 🄴 **Jünger + Michel; Odr. GDL (Klb. 2×5); gez. K 13½:13¾.**

dka) Skelett eines Brachiosaurus brancai, Biodiversitätswand

		★★	⊙	FDC
2775	45 (C) mehrfarbig GA . . . . . . dka	0,80	0,80	1,80
	ETB 5/2010		1,20	
	Kleinbogen	8,—	8,—	

Auflage: 12 000 000 Stück, davon 74 000 auf ETB

In ähnlicher Zeichnung: MiNr. 2780

2010, 2. Jan. Ruhrgebiet – Kulturhauptstadt Europas 2010. 🄴 **Klein, Neumann; Odr. BSP (Klb. 2×5); gez. K 13½:13¾.**

dkb) Schriftzug „Ruhr 2010“ aus acht Fotoausschnitten aus dem Ruhrgebiet

		★★	⊙	FDC
2776	55 (C) mehrfarbig . . . . dkb	1,—	1,—	2,—
	ETB 6/2010		1,30	
	Kleinbogen	10,—	10,—	

Auflage: 7 120 000 Stück, davon 74 000 auf ETB

2010, 2. Jan. Wohlfahrt: Obst. 🄴 **Scholz; Odr. BDB, Markenheftchen und Folienstreifen aus Rollen; selbstklebend; gestanzt 11.**

div) Gartenerdbeere (Fragaria × ananassa)

		★★	⊙	FDC
2777	55 + 25 (C) mehrfarbig . . . . div	1,80	1,50	2,20
	Fünferstreifen	14,—		

ETB siehe nach MiNr. 2799

MiNr. 2777 riecht nach Erdbeeren.

MiNr. 2777 stammt auch aus MH 81.

Auf der Trägerfolie der Fünferstreifen befindet sich rückseitig bei jeder 5. Marke eine Zählnummer.

Auflage: 11 807 000 Stück

In gleicher Zeichnung, jedoch nassklebend: MiNr. 2770

2010, 2. Jan. 1100 Jahre Limburg an der Lahn. 🄴 **Osterlee; Odr. BSP; Folienblatt (2×5) und Einzelmarke aus Folienbogen; selbstklebend; gestanzt 10.**

diy I) Limburg an der Lahn; Gemälde von George Clarkson Stanfield (1828–1878), britischer Maler

		★★	⊙	FDC
2778	145 (C) mehrfarbig . . . . diy I	2,60	2,60	3,60
	Folienblatt 6	48,—		

ETB siehe nach MiNr. 2799

Auflage: 191 947 200 Stück

In ähnlicher Zeichnung: MiNr. 2773

2010, 2. Jan. UNESCO-Welterbe (XXII): 1000 Jahre St.-Michaelis-Kirche, Hildesheim. Ⓔ Becker, Kohl; Odr. GDL, Markenheftchen und Einzelmarke aus Folienbogen; selbstklebend; gestanzt 10.

diz) St.-Michaelis-Kirche

			✶✶	⊙	FDC
2779	220 (C) mehrfarbig	diz	4,50	4,—	5,—

ETB siehe nach MiNr. 2799

MiNr. 2779 stammt auch aus MH 82.

Auflage: 32 700 000 Stück

In gleicher Zeichnung, jedoch nassklebend: MiNr. 2774; weitere Ausgaben siehe Fußnote nach MiNr. 1447

2010, 2. Jan. 200 Jahre Museum für Naturkunde, Berlin. Ⓔ Jünger + Michel; Odr. GDL, Folienblatt (2×5) und Einzelmarke aus Folienbogen; selbstklebend; gestanzt 10.

dka I) Skelett eines Brachiosaurus brancai, Biodiversitätswand

			✶✶	⊙	FDC
2780	45 (C) mehrfarbig	dka I	1,—	0,90	1,80
		Folienblatt 5	15,—		

ETB siehe nach MiNr. 2799

Auflage: 192 107 200 Stück

In ähnlicher Zeichnung: MiNr. 2775

2010, 11. Febr. Sporthilfe (I): Olympische und Paralympische Winterspiele, Vancouver. Ⓔ Menze; Odr. GDL (Klb. 2×5); gez. K 14.

dkc) Ski alpin

dkd) Biathlon

			✶✶	⊙
2781	45 + 20 (C) mehrfarbig GA	dkc	1,40	1,20
2782	55 + 25 (C) mehrfarbig GA	dkd	1,60	1,50
		Satzpreis (2 W.)	3,—	2,70
		FDC		5,—
		ETB 7/2010		3,50
		Kleinbogensatz (2 Klb.)	30,—	27,—

Auflagen: MiNr. 2781 = 998 000, MiNr. 2782 =1 019 000 Stück, davon je 74 000 auf ETB

2010, 11. Febr. Brettspiel „Mensch ärgere Dich nicht". Ⓔ Wagenbreth; Odr. BDB (Klb. 2×5); gez. S 13¾.

dke) Familie beim Spiel

			✶✶	⊙	FDC
2783	55 (C) mehrfarbig GA	dke	1,—	1,—	2,—
		ETB 9/2010		1,30	
		Kleinbogen	10,—	10,—	

Auflage: 6 000 000 Stück, davon 74 000 auf ETB

2010, 11. Febr. Hochzeitsring aus dem jüdischen Schatz von Erfurt. Ⓔ Rogger; Odr. GDL (Klb. 5×2); gez. K 13¼.

dkf) Hochzeitsring (14. Jh.)

			✶✶	⊙	FDC
2784	90 (C) mehrfarbig	dkf	1,70	1,70	2,70
		ETB 8/2010		2,—	
		Kleinbogen	17,—	17,—	

Auflage: 4 310 000 Stück, davon 74 000 auf ETB

2010, 11. März. Deutsche Malerei (V): Angelika Kauffmann. Ⓔ Schmidt; Odr. GDL (Klb. 5×2); gez. K 13¾.

dkg) Die verlassene Ariadne; Gemälde von Angelika Kauffmann (1741–1807), schweizerische Malerin

			✶✶	⊙	FDC
2785	260 (C) mehrfarbig	dkg	5,—	4,70	5,70
		ETB 10/2010		5,50	
		Kleinbogen	47,—	47,—	

Auflage: 4 520 000 Stück, davon 74 000 auf ETB

Weitere Ausgaben siehe Fußnote nach MiNr. 2437

2010, 11. März. Post: Grußmarken (I). Ⓔ Graf; Odr. BSP (Klb. 2×5); gez. K 13¾.

dkh) Regenbogen

dki) Schiff

			✶✶	⊙	FDC
2786	55 (C) mehrfarbig	dkh	1,10	1,—	
2787	55 (C) mehrfarbig	dki	1,10	1,—	
		Satzpreis (2 W.)	2,20	2,—	3,50
		ETB 11/2010		2,50	
		Kleinbogensatz (2 Klb.)	22,—	20,—	

Auflage: MiNr. 2786 = 4 360 000, MiNr. 2787 = 4 420 000 Stück, davon je 74 000 auf ETB

In ähnlichen Zeichnungen: MiNr. 2848–2849

Weitere Ausgaben: MiNr. 2790–2791, 2827–2828, 2848–2849

2010, 8. April. Sporthilfe (II): Fußball-Weltmeisterschaft, Südafrika; Eishockey-Weltmeisterschaft, Deutschland. Ⓔ Menze; Odr. GDL (Klb. 2×5); gez. K 14.

dkk) Fußball

dkl) Eishockey

			✶✶	⊙
2788	55 + 25 (C) mehrfarbig GA	dkk	1,50	1,50
2789	145 + 55 (C) mehrfarbig GA	dkl	4,—	3,60
		Satzpreis (2 W.)	5,50	5,—
		FDC		7,—
		ETB 12/2010		6,—
		Kleinbogensatz (2 Klb.)	50,—	50,—

Auflagen: MiNr. 2788 = 1 154 000, MiNr. 2789 = 940 000 Stück, davon je 74 000 auf ETB

2010, 8. April. Post: Grußmarken (II). Ⓔ Graf; Odr. BSP (Klb. 2×5); gez. K 13¾.

dkm) Taube

dkn) Engel

			✶✶	⊙	FDC
2790	55 (C) mehrfarbig	dkm	1,10	1,—	
2791	55 (C) mehrfarbig	dkn	1,10	1,—	
		Satzpreis (2 W.)	2,20	2,—	3,50
		ETB 13/2010		2,50	
		Kleinbogensatz (2 Klb.)	22,—	20,—	

Auflagen: MiNr. 2790 = 4 370 000, MiNr. 2791 = 4 370 000 Stück, davon je 74 000 auf ETB

In ähnlichen Zeichnungen: MiNr. 2827–2828
Weitere Ausgaben: MiNr. 2786–2787, 2827–2828, 2848–2849

2010, 8. April. Blockausgabe: 100 Jahre Vogelwarte Helgoland. Ⓔ Elsenbach & Fienbork; Odr. BDB; gez. S 14.

dkp

dko) Vogelsilhouetten; historisches Gebäude der Vogelwarte an der Ostklippe Helgolands (1926–1945); Nordwestspitze Helgolands

		★★	⊙	FDC
2792	145 (C) mehrfarbig . . . . dko	2,60	2,60	
Block 77	(105×69 mm) . . . . dkp	3,—	2,70	3,60
	Ⓢ		2,60	
	ETB 14/2010		3,—	

Auflage: 2 600 000 Blocks, davon 74 000 auf ETB

In gleicher Zeichnung wie MiNr. 2792, jedoch selbstklebend aus Rollen: MiNr. 2793

2010, 8. April. 100 Jahre Vogelwarte Helgoland. Ⓔ Elsenbach & Fienbork; Odr. BDB, Folienstreifen aus Rollen; selbstklebend; gestanzt 11.

dko) Vogelsilhouetten; historisches Gebäude der Vogelwarte an der Ostklippe Helgolands (1926–1945); Nordwestspitze Helgolands

		★★	⊙	FDC
2793	145 (C) mehrfarbig . . . . dko	3,—	2,70	3,60
	Fünferstreifen	22,—		

Auf der Trägerfolie befindet sich rückseitig bei jeder 5. Marke eine Zählnummer.

ETB siehe nach MiNr. 2799

[F] Fälschungen zum Schaden der Post mit unscharfem Markenbild in abweichender Rasterung bekannt.

Auflage: 235 018 200 Stück

In gleicher Zeichnung, jedoch nassklebend: MiNr. 2792

2010, 6. Mai. Freimarke: Blumen (XXI). Ⓔ Klein & Neumann; Odr. BDB, Kleinbogen (Klb.) (5×2) und Rollen (R); gez. S 14.

dkr) Maiglöckchen (Convallaria majalis)

		★★	⊙	FDC
2794	45 (C) mehrfarbig [GA] . . . . . . dkr	1,—	0,90	1,80
	ETB 15/2010		1,20	
	Kleinbogen	10,—	10,—	

Waagerechtes Paar (aus Klb.):

	★★	⊙
2794/2794	2,—	2,—

Rollenmarke mit rückseitiger Nummer (R):

	Einzelm. ★★	Einzelm. ⊙	5er-Str. ★★
2794 R	2,40	2,40	7,—

Auflage:

In gleicher Zeichnung, jedoch selbstklebend: MiNr. 2851; weitere Werte siehe Zusammenfassung nach Blockaufstellung

2010, 6. Mai. Umweltschutz: Meeresschutz. Ⓔ Serres; Odr. BSP (Klb. 2×5); gez. K 13¼:13½.

dks) Robben

		★★	⊙
2795	55 (C) + 25 (C) mehrfarbig [GA] . . . . dks	1,50	1,50
	FDC		2,50
	ETB 16/2010		2,—
	Kleinbogen	15,—	15,—

Auflage: 1 107 000 Stück, davon 74 000 auf ETB

2010, 6. Mai. Europa: Kinderbücher. Ⓔ Fiedler; Odr. GDL (Klb. 5×2); gez. K 13¼.

dkt) Zampino der Zauberbär beim Lesen

		★★	⊙	FDC
2796	55 (C) mehrfarbig [GA] . . . . . . dkt	1,—	1,—	2,—
	ETB 17/2010		1,30	
	Kleinbogen	10,—	10,—	

Auflage: 5 900 000 Stück, davon 74 000 auf ETB

2010, 6. Mai. 200. Geburtstag von Robert Schumann. Ⓔ Scholz; Odr. GDL (Klb. 2×5); gez. K 13½:13¾.

dku) Robert Schumann (1810–1856), Komponist; Lithographie (1847) von Eduard Kaiser

		★★	⊙	FDC
2797	55 (C) mehrfarbig . . . . dku	1,—	1,—	2,—
	ETB 18/2010		1,30	
	Kleinbogen	10,—	10,—	

Auflage: 6 600 000 Stück, davon 74 000 auf ETB

2010, 6. Mai. Bienen. Ⓔ Serres; Odr. BDB (Klb. 5×2); gez. S 13¾.

dkv) Honigbiene (Apis mellifera) auf Blüte

		★★	⊙	FDC
2798	55 (C) mehrfarbig . . . . dkv	1,—	1,—	2,—
	ETB 19/2010		1,30	
	Kleinbogen	10,—	10,—	

Auflage: 5 800 000 Stück, davon 74 000 auf ETB

In gleicher Zeichnung, jedoch selbstklebend: MiNr. 2799

2010, 6. Mai/2012, 2. Juli. Bienen. Ⓔ Serres; Odr. BDB, Markenheftchen und Folienstreifen aus Rollen; selbstklebend; gestanzt 10.

dkv) Honigbiene (Apis mellifera) auf Blüte

		★★	⊙	FDC
2799	55 (C) mehrfarbig . . . . dkv	1,10	1,—	2,—
	Fünferstreifen	8,—		
	ETB S 1/2010*		15,50	

Auf der Trägerfolie der Rollenmarken befindet sich rückseitig bei jeder 5. Marke eine Zählnummer.

*) ETB S 1/2010 mit MiNr. 2675, 2777–2780, 2793 und 2799, jeweils mit entsprechendem Ersttagssonderstempel.

MiNr. 2799 stammt auch aus MH 89.

Auflage: 378 610 000 Stück

In gleicher Zeichnung, jedoch nassklebend: MiNr. 2798

2010, 10. Juni. Leuchttürme (X). Ⓔ **Graf; Odr. BSP (Klb. 5×2); gez. K 13¾.**

dkw) Neuwerk (erbaut 1300/10)

dkx) Falshöft (erbaut 1908/09)

			★★	⊙	FDC
2800	45 (C) mehrfarbig	........dkw	0,80	0,80	
2801	55 (C) mehrfarbig	.........dkx	1,—	1,—	
		Satzpreis (2 W.)	1,80	1,80	3,20
		ETB 20/2010		2,20	
		Kleinbogensatz (2 Klb.)	18,—	18,—	

Auflagen: MiNr. 2800 = 10 500 000, MiNr. 2801 = 8 100 000 Stück, davon je 74 000 auf ETB

Weitere Werte siehe Übersichtstabelle nach MiNr. 2410

2010, 10. Juni. 100. Geburtstag von Konrad Zuse. Ⓔ **Klein und Neumann; Odr. BSP (Klb. 2×5); gez. K 13½:13¾.**

dky) Konrad Zuse (1910–1995), Ingenieur und Unternehmer, Erfinder des programmierbaren Computers

			★★	⊙	FDC
2802	55 (C) mehrfarbig GA	......dky	1,—	1,—	2,—
		ETB 21/2010		1,30	
		Kleinbogen	10,—	10,—	

Auflage: 6 000 000 Stück, davon 74 000 auf ETB

2010, 1. Juli. Udo-Lindenberg-Gemälde. Ⓔ **Lindenberg, Malsy; Odr. GDL (Klb. 2×5); gez. K 13¾.**

dkz) Andrea Doria

dla) Sonderzug nach Pankow

dkz–dla) Gemälde von Udo Lindenberg (* 1946), Rockmusiker, Schriftsteller und Maler

			★★	⊙	FDC
2803	45 (C) mehrfarbig	.........dkz	1,—	1,—	
2804	55 (C) mehrfarbig	.........dla	1,—	1,—	
		Satzpreis (2 W.)	2,—	2,—	3,30
		ETB 22/2010		2,20	
		Kleinbogensatz (2 Klb.)	20,—	20,—	

Auflagen: MiNr. 2803 = 6 500 000, MiNr. 2804 = 6 500 000 Stück, davon je 74 000 auf ETB

In ähnlichen Zeichnungen: MiNr. 2807–2808

2010, 1. Juli. 300 Jahre Porzellanherstellung in Deutschland. Ⓔ **Nill; Odr. GDL (Klb. 2×5); gez. K 13½:13¾.**

dlb) Johann Friedrich Böttger (1682–1719), Alchemist und Erfinder des europäischen Porzellans, zeigt August dem Starken die Arkana; Gemälde von Paul Kießling (1836–1921)

			★★	⊙	FDC
2805	55 (C) mehrfarbig	.........dlb	1,—	1,—	2,—
		ETB 23/2010		1,30	
		Kleinbogen	10,—	10,—	

Auflage: 6 600 000 Stück, davon 74 000 auf ETB

In ähnlicher Zeichnung: MiNr. 2816

2010, 1. Juli. Historische Postkutsche. Ⓔ **Clausing; Odr. BDB, Kleinbogen (Klb.) (2×5) und Rollen (R); gez. K 13½:13¾.**

dlc) Viersitzige Postkutsche Nr. 1 (1858)

			★★	⊙	FDC
2806	145 (C) mehrfarbig	........dlc	2,60	2,60	3,60
		ETB 24/2010		3,—	
		Kleinbogen	26,—	26,—	

Waagerechtes Paar (aus Klb.):

		★★	⊙
2806/2806	....	5,20	5,20

Rollenmarke mit rückseitiger Nummer (R):

		Einzelm.		5er-Str.
		★★	⊙	★★
2806 R	....	5,60	5,60	22,—

Auflage: 10 134 000 Stück, davon 74 000 auf ETB

2010, 1. Juli. Udo-Lindenberg-Gemälde. Ⓔ **Lindenberg, Malsy; Odr. GDL, Folienblätter (2×5) und Einzelmarken aus Folienbogen; selbstklebend; gestanzt 10.**

dkz I) Andrea Doria

dla I) Sonderzug nach Pankow

dkz I–dla I) Gemälde von Udo Lindenberg (* 1946), Rockmusiker, Schriftsteller und Maler

			★★	⊙	FDC
2807	45 (C) mehrfarbig	........dkz I	0,80	0,80	
2808	55 (C) mehrfarbig	........dla I	1,—	1,—	
		Satzpreis (2 W.)	1,80	1,80	3,30
		Folienblatt 9	20,—		
		Folienblatt 10	20,—		

MiNr. 2807 wurde auch im Folienblatt 9, MiNr. 2808 im Folienblatt 10 ausgegeben.

ETB siehe nach MiNr. 2828

Auflage: MiNr. 2807 = 23 400 000, MiNr. 2808 = 68 500 000 Stück, davon je 74 000 auf ETB

In ähnlichen Zeichnungen: MiNr. 2803–2804

2010, 12. Aug. Jugend: Historische Schnelldampfer. Ⓔ **Schmidt; Odr. BSP (Klb. 2×5); gez. K 13:13½.**

dld) „Deutschland“ (1900)

dle) „Imperator“ (1897)

dlf) „Aller“ (1886)

dlg) „Columbus“ (1923)

			★★	⊙
2809	45 + 20 (C) mehrfarbig GA	........dld	1,60	1,60
2810	55 + 25 (C) mehrfarbig GA	........dle	1,60	1,60
2811	55 + 25 (C) mehrfarbig GA	.........dlf	1,60	1,60
2812	145 + 55 (C) mehrfarbig GA	........dlg	3,80	3,80
		Satzpreis (4 W.)	8,50	8,50
		FDC		11,—
		ETB 25/2010		9,—
		Kleinbogensatz (4 Klb.)	85,—	85,—

Auflagen: MiNr. 2809 = 1 001 000, MiNr. 2810 = 1 000 000, 2811 = 1 001 000, MiNr. 2812 = 965 000 Stück, davon je 74 000 auf ETB

2010, 12. Aug. 100. Geburtstag von Mutter Teresa. E **Gassner; Odr. GDL (Klb. 5×2); gez. K 13.**

dlh) Mutter Teresa, eigentlich Agnes Gonxha Bojaxhiu (1910–1997), indische katholische Ordensgründerin, Friedensnobelpreis 1979

		★★	⊙	FDC
2813	70 (C) mehrfarbig . . . . dlh	1,30	1,30	2,30
	ETB 26/2010		1,60	
	Kleinbogen	13,—	13,—	

Auflage: 4 800 000 Stück, davon 74 000 auf ETB

2010, 12. Aug. 75. Jahrestag des Rekordfluges von Elly Beinhorn. E **Klein & Neumann; Odr. BDB (Klb. 2×5); gez. S 13½:13¾.**

dli) Elly Beinhorn (1907–2007), Fliegerin; Flugzeug Messerschmitt Bf 108 beim 13,5-Std.-Flug Gleiwitz–Istanbul–Berlin (1935)

		★★	⊙	FDC
2814	55 (C) mehrfarbig . . . . dli	1,—	1,—	2,—
	ETB 27/2010		1,30	
	Kleinbogen	10,—	10,—	

Auflage: 4 750 000 Stück, davon 74 000 auf ETB

2010, 12. Aug. Frankfurter Buchmesse: Ehrengast Argentinien. E **Canovas; Odr. BDB (Klb. 5×2); gez. S 13½:13¾.**

dlk) Jorge Luis Borges (1899–1986), argentinischer Schriftsteller

		★★	⊙	FDC
2815	170 (C) mehrfarbig . . . . dlk	3,—	3,—	4,—
	ETB 28/2010*)		3,50	
	Kleinbogen	30,—	30,—	

*) enthält zusätzlich die bildgleiche Marke Argentinien MiNr. 3359

Auflage: 6 700 000 Stück, davon 74 000 auf ETB

Parallelausgabe mit Argentinien MiNr. 3359

2010, 12. Aug. 300 Jahre Porzellanherstellung in Deutschland. E **Nill; Odr. GDL, Folienblatt (4×5) und Einzelmarke aus Folienbogen; selbstklebend; gestanzt 10.**

dla l) Johann Friedrich Böttger (1682–1719), Alchemist und Erfinder des europäischen Porzellans, zeigt August dem Starken die Arkana; Gemälde von Paul Kießling (1836–1921)

		★★	⊙	FDC
2816	55 (C) mehrfarbig . . . . dlb l	1,—	1,—	2,—
	Folienblatt 11	35,—		

ETB siehe nach MiNr. 2828

Auflage: 236 667 400 Stück

In ähnlicher Zeichnung: MiNr. 2805

2010, 9. Sept. Dienst am Nächsten (IX): 150 Jahre Stiftung Behindertenwerk St. Johannes, Marxheim-Schweinspoint. E **Ehmke; Odr. BSP (Klb. 5×2); gez. K 13¼.**

dlm) Schloss von Schweinspoint, Sitz des Behindertenwerks; Gemälde von A. Stegmeyr (*1904)

		★★	⊙	FDC
2817	90 (C) mehrfarbig . . . . dlm	1,70	1,70	2,70
	ETB 29/2010		2,—	
	Kleinbogen	17,—	17,—	

Auflage: 5 250 000 Stück, davon 74 000 auf ETB

Weitere Ausgaben siehe Fußnote nach MiNr. 2065

2010, 9. Sept. Für uns Kinder. E **Seliger; Odr. BSP (Klb. 5×2); gez. K 13¾.**

dln) Teddybär Bezi mit schlafendem Kim im Arm

		★★	⊙	FDC
2818	55 (C) mehrfarbig . . . . dln	1,—	1,—	2,—
	ETB 30/2010		1,30	
	Kleinbogen	10,—	10,—	

Auflage: 7 860 000 Stück, davon 74 000 auf ETB

2010, 9. Sept. Tag der Briefmarke. E **Graf; Odr. GDL (Klb. 5×2); gez. K 13¾.**

dlo) Kaiserlich Deutsche Post nach Helgoland–Norderney–Sylt; Plakat (1890) der Albert-Ballin-Dampfschiff-Reederei

		★★	⊙	FDC
2819	55 (C) mehrfarbig GA . . . . . . dlo	1,—	1,—	2,—
	ETB 31/2010		1,30	
	Kleinbogen	10,—	10,—	

Auflage: 6 400 000 Stück, davon 74 000 auf ETB

2010, 9. Sept. 200 Jahre Oktoberfest, München. E **Kunter; Odr. GDL (Klb. 5×2); gez. K 13¾.**

dlp) Typische Münchner Figuren auf einem Karussell

		★★	⊙	FDC
2820	55 (C) mehrfarbig GA . . . . . . dlp	1,—	1,—	2,—
	ETB 32/2010		1,30	
	Kleinbogen	10,—	10,—	

Auflage: 7 100 000 Stück, davon 74 000 auf ETB

2010, 9. Sept. 20 Jahre Deutsche Einheit. E **Dimanski; Odr. BDB (Klb. 5×2); gez. S 13¾.**

dlr) Feier zur Deutschen Einheit in Berlin

		★★	⊙	FDC
2821	55 (C) mehrfarbig GA . . . . dlr	1,—	1,—	2,—
	ETB 33/2010		1,30	
	Kleinbogen	10,—	10,—	

Auflage: 7 950 000 Stück, davon 74 000 auf ETB

In gleicher Zeichnung, jedoch selbstklebend: MiNr. 2822

2010, 9. Sept. 20 Jahre Deutsche Einheit. E **Dimanski; Odr. BDB, Rollen; selbstklebend; gestanzt 10.**

dlr) Feier zur Deutschen Einheit in Berlin

		★★	⊙	FDC
2822	55 (C) mehrfarbig . . . . dlr	1,—	1,—	2,—
	Fünferstreifen	8,—		

Auf der Trägerfolie der Rollenmarken befindet sich rückseitig bei jeder 5. Marke eine Zählnummer.

ETB siehe nach MiNr. 2828

Auflage: 154 880 000 Stück

In gleicher Zeichnung, jedoch nassklebend: MiNr. 2821

2010, 7. Okt. Fachwerkbauten in Deutschland (I). Ⓔ **Wustmann, Ziegenfeuter; Odr. BDB (Klb. 5×2); gez. K 13¾.**

dls) Oberdeutscher Fachwerkbau (1582), Eppingen

dlt) Niederdeutscher Fachwerkbau (1734), Trebel-Dünsche

			★★	⊙	FDC
2823	45 (C) mehrfarbig	dls	0,80	0,80	
2824	55 (C) mehrfarbig	dlt	1,—	1,—	
		Satzpreis (2 W.)	1,80	1,80	3,30
		ETB 34/2010		2,20	
		Kleinbogensatz (2 Klb.)	18,—	18,—	

Auflagen: MiNr. 2823 = 5 900 000, MiNr. 2824 = 5 800 000 Stück, davon je 74 000 auf ETB

Weitere Ausgaben: MiNr. 2861, 2862, 2931, 2970

2010, 7. Okt. 100 Jahre Friedrich-Loeffler-Institut für Tiergesundheit, Riems. Ⓔ **Erdmann; Odr. GDL (Klb. 2×5); gez. K 13½.**

dlu) Friedrich Loeffler (1852–1915), Mediziner, Entdecker des Erregers der Maul- und Klauenseuche; Virus; Mikroskop

			★★	⊙	FDC
2825	85 (C) mehrfarbig	dlu	1,60	1,60	2,60
		ETB 35/2010		2,—	
		Kleinbogen	16,—	16,—	

Auflage: 5 850 000 Stück, davon 74 000 auf ETB

2010, 7. Okt. Erntedank. Ⓔ **Elsenbach & Fienbork; Odr. BSP (Klb. 5×2); gez. K 13¾.**

dlv) Roggenähre; Umrisse von Pflaumen, Kürbis, Birne, Apfel, Zwiebel und Weintraube

			★★	⊙	FDC
2826	55 (C) mehrfarbig	dlv	1,—	1,—	2,—
		ETB 36/2010		1,30	
		Kleinbogen	10,—	10,—	

Auflage: 6 850 000 Stück, davon 74 000 auf ETB

2010, 2. Nov. Post: Grußmarken (III). Ⓔ **Graf; Odr. BSP, Folienblatt (2×5) und Einzelmarken aus Folienbogen; selbstklebend; gestanzt 10.**

dkm I) Taube

dkn I) Engel

			★★	⊙	FDC
2827	55 (C) mehrfarbig	dkm I	1,—	1,—	
2828	55 (C) mehrfarbig	dkn I	1,—	1,—	
		Satzpreis (2 W.)	2,—	2,—	3,50
		Folienblatt 12 a (2.11.2010)	17,—		
		Folienblatt 12 b (1.11.2011)	20,—		
		ETB S 2/2010*		7,—	

MiNr. 2827–2828 wurden zusammen, schachbrettartig angeordnet, im Folienblatt gedruckt. Folienblatt 12 b weist eine abweichende Deckelgestaltung (ohne Details zum Porto, dafür mit größerer Abb.) auf.

*) ETB S 2/2010 mit MiNr. 2807–2808, 2816, 2822 und 2827–2828, jeweils mit entsprechendem Ersttagssonderstempel.

Auflagen: MiNr. 2827 = 79 900 000, MiNr. 2828 = 79 900 000 Stück, davon je 74 000 auf ETB

In ähnlichen Zeichnungen: MiNr. 2790–2791

Weitere Ausgaben: MiNr. 2786–2787, 2790–2791, 2848–2849

2010, 11. Nov. Weihnachten. Ⓔ **Warbanow; Odr. BSP (Klb. 2×5); gez. K 13:13½.**

dlw) Maria mit Kind

dlx) Anbetung der Könige

dlw–dlx) Krippe des Münchner Liebfrauendoms; von Jakob Bradl (1864–1919) und Otto Zehentbauer (1880–1961)

			★★	⊙
2829	45 + 20 (C) mehrfarbig GA	dlw	1,20	1,20
2830	55 + 25 (C) mehrfarbig GA	dlx	1,50	1,50
		Satzpreis (2 W.)	2,70	2,70
		FDC		5,—
		ETB 37/2010		3,50
		Kleinbogensatz (2 Klb.)	27,—	27,—

Auflagen: MiNr. 2829 = 2 173 000, MiNr. 2830 = 4 203 000 Stück, davon je 74 000 auf ETB

2010, 11. Nov. 750 Jahre Knappschaft. Ⓔ **Lienemeyer; Odr. GDL (Klb. 2×5); gez. K 13½.**

dly) Das Frühstück; Photographie von Chargesheimer, eigentlich Carl-Heinz Hargesheimer (1924–1972)

			★★	⊙	FDC
2831	145 (C) mehrfarbig	dly	2,60	2,60	3,60
		ETB 38/2010		3,—	
		Kleinbogen	26,—	26,—	

Auflage: 4 150 000 Stück, davon 74 000 auf ETB

2010, 11. Nov. 200. Geburtstag von Fritz Reuter. Ⓔ **Müller, Weiland; Odr. GDL (Klb. 5×2); gez. K 13.**

dlz) Fritz Reuter (1810–1874), niederdeutscher Schriftsteller

			★★	⊙	FDC
2832	100 (C) mehrfarbig	dlz	1,80	1,80	2,80
		ETB 39/2010		2,20	
		Kleinbogen	18,—	18,—	

Auflage: 7 000 000 Stück, davon 74 000 auf ETB

2010, 11. Nov. 175 Jahre Eisenbahn in Deutschland. Ⓔ **Utikal, Gais; komb. StTdr. und Odr. Enschedé (Klb. 2×5); gez. K 13¾.**

dma) Jungfernfahrt der Dampflok „Adler“ von Nürnberg nach Fürth (1835)

			★★	⊙	FDC
2833	55 (C) mehrfarbig GA	dma	1,—	1,—	2,—
		ETB 40/2010		1,30	
		Kleinbogen	10,—	10,—	

Auflage: 7 580 000 Stück, davon 74 000 auf ETB

2010, 11. Nov. Alpine Ski-Weltmeisterschaften 2011, Garmisch-Partenkirchen. Ⓔ **Birnbach; Odr. BDB (Klb. 2×5); gez. S 13¾.**

dmb) Riesenslalom

			★★	⊙	FDC
2834	55 (C) mehrfarbig	dmb	1,—	1,—	2,—
		ETB 41/2010		1,30	
		Kleinbogen	10,—	10,—	

Auflage: 7 000 000 Stück, davon 74 000 auf ETB

2011

2011, 3. Jan. Freimarke: Blumen (XXII). ⓔ Klein & Neumann; Odr. BDB, Kleinbogen (Klb.) (5×2) und Rollen (R); gez. S 14.

dmc) Ballonblume (Platycodon grandiflorus)

			✱✱	⊙	FDC
2835	75 (C) mehrfarbig GA	. . . . dmc	1,40	1,40	2,40
		ETB 1/2011		2,—	
		Kleinbogen	14,—	14,—	

Waagerechtes Paar (aus Klb.):

	✱✱	⊙
2835/2835	2,80	2,80

Rollenmarke mit rückseitiger Nummer (R):

	Einzelm. ✱✱	⊙	5er-Str. ✱✱
2835 R	3,80	3,80	11,—

Auflage:

Weitere Werte siehe Zusammenfassung nach Blockaufstellung

2011, 3. Jan. Wohlfahrt: Motive von Loriot. ⓔ Schmitz; Odr. BDB (Klb. 2×5); gez. S 13¾:14.

dmd) Der sprechende Hund

dme) Auf der Rennbahn

dmf) Herren im Bad

dmg) Das Frühstücksei

dmd–dmg) Motive aus Zeichentrickfilmen von Loriot, eigentlich Victor von Bülow (1923–2011), Humorist, Karikaturist, Regisseur und Schauspieler

			✱✱	⊙
2836	45 + 20 (C) mfehrfarbig GA	. . . . . . dmd	1,60	1,60
2837	55 + 25 (C) mfehrfarbig GA	. . . . dme	1,60	1,60
2838	55 + 25 (C) mfehrfarbig GA	. . . . dmf	1,60	1,60
2839	145 + 55 (C) mfehrfarbig GA	. . . . . . dmg	3,80	3,80
		Satzpreis (4 W.)	8,50	8,50
		FDC		11,—
		ETB 2/2011		9,—
		Kleinbogensatz (4 Klb.)	85,—	85,—

Auflagen: MiNr. 2836 = 4 947 500, MiNr. 2837 = 2 424 500, MiNr. 2838 = 2 846 000, MiNr. 2839 = 5 253 000 Stück, davon je 67 500 auf ETB

In gleicher Zeichnung wie MiNr. 2837, jedoch selbstklebend: MiNr. 2843

2011, 3. Jan. Deutsche Malerei (VI): Caspar David Friedrich. ⓔ Schmidt; Odr. BDB (Klb. 5×2); gez. S 13¾.

dmh) Der Wanderer über dem Nebelmeer; Gemälde von Caspar David Friedrich (1774–1840), Maler und Zeichner

			✱✱	⊙	FDC
2840	55 (C) mehrfarbig GA	. . . . . dmh	1,—	1,—	2,—
		ETB 3/2011		1,30	
		Kleinbogen	10,—	10,—	

Auflage: 6 900 000 Stück, davon 67 500 auf ETB

In gleicher Zeichnung, jedoch selbstklebend: MiNr. 2869

Weitere Ausgaben siehe Fußnote nach MiNr. 2437

2011, 3. Jan. Deutsche National- und Naturparks (X) – Nationalpark Kellerwald-Edersee. ⓔ Warbanow; Odr. BSP (Klb. 2×5); gez. K 13½.

dmi) Wald- und Seenlandschaft des Nationalparks

			✱✱	⊙	FDC
2841	145 (C) mehrfarbig GA	. . . . . dmi	2,60	2,60	3,60
		ETB 4/2011		3,—	
		Kleinbogen	26,—	26,—	

Auflage: 6 920 000 Stück, davon 67 500 auf ETB

In ähnlicher Zeichnung: MiNr. 2863

Weitere Ausgaben siehe Fußnote nach MiNr. 1871–1873 (Bl. 36)

2011, 3. Jan. Segelflug auf der Wasserkuppe. ⓔ Hau; Odr. GDL (Klb. 2×5); gez. K 13½:13¾.

dmk) Segelflugzeug auf der Wasserkuppe (um 1920)

			✱✱	⊙	FDC
2842	45 (C) mehrfarbig	. . . . dmk	0,80	0,80	1,80
		ETB 5/2011		1,20	
		Kleinbogen	8,—	8,—	

Auflage: 5 900 000 Stück, davon 67 500 auf ETB

2011, 3. Jan. Wohlfahrt: Motive von Loriot. ⓔ Schmitz; Odr. BDB, Markenheftchen und Folienstreifen aus Rollen; selbstklebend; gestanzt 11.

dme) Auf der Rennbahn

			✱✱	⊙	FDC
2843	55 + 25 (C) mehrfarbig	. . . dme	1,50	1,50	2,20
		Fünferstreifen	14,—		

MiNr. 2843 stammt auch aus MH 83.

Auf der Trägerfolie der Rollenmarken befindet sich rückseitig bei jeder 5. Marke eine Zählnummer.

ETB siehe nach MiNr. 2869

Auflage: 19 051 000 Stück

In gleicher Zeichnung, jedoch nassklebend: MiNr. 2837

2011, 3. Febr. UNESCO-Welterbe (XXIII): Alte Stadt Nara und Altstadt von Regensburg. ⓔ Ziegenfeuter; Odr. BSP (Klb. 2×5); gez. K 13¾.

dml) Yakushi-ji, Nara (erbaut 680–697)

dmm) Dom St. Peter, Regensburg (erbaut 1273–1520)

			✱✱	⊙	FDC
2844	55 (C) mehrfarbig	. . . . dml	1,—	1,—	
2845	75 (C) mehrfarbig	. . . . .dmm	1,40	1,40	
		Satzpreis (2 W.)	2,40	2,40	3,80
		ETB 6/2011		2,70	
		MK 1/2011 (mit MiNr. 2845)		3,50	
		Kleinbogensatz (2 Klb.)	24,—	24,—	

Auflagen: MiNr. 2844 = 5 910 000, MiNr. 2845 = 6 900 000 Stück, davon je 67 500 auf ETB

In ähnlicher Zeichnung wie MiNr. 2845: MiNr. 2850

Weitere Ausgaben siehe Fußnote nach MiNr. 1447

Parallelausgabe mit Japan MiNr. 5526–5535

2011, 3. Febr. 200. Geburtstag von Franz Liszt. Ⓔ **Müller, Weiland; Odr. BDB (Klb. 2×5); gez. S 14.**

dmn) Franz Liszt (1811–1886), österreichisch-ungarischer Komponist und Pianist

		✱✱	⊙	FDC
2846	55 (C) dunkelblauviolett . . . dmn	1,—	1,—	2,—
	ETB 7/2011		1,30	
	Kleinbogen	10,—	10,—	

Auflage: 7 050 000 Stück, davon 67 500 auf ETB

2011, 3. Febr. Zweiburgenblick im Werratal. Ⓔ **Rieß; Odr. GDL (Klb. 2×5); gez. K 13½:14.**

dmo) Werratal mit Burg Ludwigstein (Hessen) und Burgruine Hanstein (Thüringen)

		✱✱	⊙	FDC
2847	90 (C) mehrfarbig . . . . dmo	1,70	1,70	2,70
	ETB 8/2011		2,—	
	Kleinbogen	17,—	17,—	

Auflage: 5 850 000 Stück, davon 67 500 auf ETB

In ähnlicher Zeichnung: MiNr. 2856

2011, 3. Febr. Post: Grußmarken (IV). Ⓔ **Graf; Odr. BSP, Folienblatt (2×5) und Einzelmarken aus Folienbogen; selbstklebend; gestanzt 10.**

dkh I) Regenbogen

dki I) Schiff

		✱✱	⊙	FDC
2848	55 (C) mehrfarbig . . . . dki I	1,—	1,—	
2849	55 (C) mehrfarbig . . . . dkh I	1,—	1,—	
	Satzpreis (2 W.)	2,—	2,—	3,50
	Folienblatt 13	17,—		

MiNr. 2848–2849 wurden zusammen, schachbrettartig angeordnet, im Folienblatt gedruckt. Da die Markenanordnung im FB mit dem Motiv „Schiff" (dki I) beginnt, ist diesem die erste MiNr. im Satz (MiNr. 2848) zugeordnet.

Als Erstausgebetag von MiNr. 2848–2849 war ursprünglich der 9.9.2010 vorgesehen, aus postinternen Gründen wurde die Ausgabe verschoben. An einigen Postämtern wurden die Marken dennoch schon am 9.9.2010 verkauft, etliche Marken mit Stempeldaten ab 9.9.2010 sind bekannt (keine FDC!).

ETB siehe nach MiNr. 2869

Auflage: je 50 827 000 Stück

In ähnlichen Zeichnungen: MiNr. 2786–2787

Weitere Ausgaben: MiNr. 2786–2787, 2790–2791, 2827–2828

2011, 3. Febr. UNESCO-Welterbe (XXIV): Altstadt von Regensburg. Ⓔ **Ziegenfeuter; Odr. BSP, Folienblatt (2×5) und Einzelmarke aus Folienbogen; selbstklebend; gestanzt 10.**

dmm I) Dom St. Peter, Regensburg (erbaut 1273–1520)

		✱✱	⊙	FDC
2850	75 (C) mehrfarbig . . . . . . dmm I	1,40	1,40	2,40
	Folienblatt 14 a (3.2.2011)	24,—		
	Folienblatt 14 b (Anfang 2012)	30,—		

Folienblatt 14 b weist eine abweichende Deckelgestaltung (ohne Details zum Porto, dafür mit größerer Abb.) auf.

ETB siehe nach MiNr. 2869

Auflage: 72 629 000 Stück

In ähnlicher Zeichnung: MiNr. 2845

Weitere Ausgaben siehe Fußnote nach MiNr. 1447

2011, 1. März/2013, 4. April. Freimarke: Blumen (XXIII). Ⓔ **Klein & Neumann; Odr. BDB, Folienblatt (5×2) sowie Einzelmarke aus Folienbogen und Folienstreifen (1×5) aus Rollen; selbstklebend; gestanzt 10¼:10.**

dkr) Maiglöckchen (Convallaria majalis)

		✱✱	⊙	FDC
2851	45 (C) mehrfarbig . . . . dkr	0,90	0,90	1,60
	Folienblatt 15	15,—		
	Fünferstreifen	4,50		

MiNr. 2851 wurde am 4.4.2013 auch in Rollen ausgegeben. MiNr. 2851 aus Folienblatt und Folienbogen riecht nach Maiglöckchen, die aus Rollen nicht.

Auf der Trägerfolie der Rollenmarken befindet sich rückseitig bei jeder 5. Marke eine Zählnummer.

ETB siehe nach MiNr. 2869.

Auflage:

In gleicher Zeichnung, jedoch nassklebend: MiNr. 2794; weitere Werte siehe Zusammenfassung nach Blockaufstellung.

2011, 3. März. Post: Die vier Elemente. Ⓔ **Graf; Odr. GDL (2×5); gez. K 13¾.**

dmp) Wasser: Tropfen auf Blatt

dmr) Erde: Sanddünen

dms) Feuer: Vulkanausbruch

dmt) Luft: Wolken, Möwe

		✱✱	⊙	FDC
2852	55 (C) mehrfarbig . . . . dmp	1,—	1,—	
2853	55 (C) mehrfarbig . . . . dmr	1,—	1,—	
2854	55 (C) mehrfarbig GA . . . . . dms	1,—	1,—	
2855	55 (C) mehrfarbig GA . . . . . dmt	1,—	1,—	
	Satzpreis (4 W.)	4,—	4,—	6,20
	ETB 9/2011		4,50	
	Kleinbogensatz (4 Klb.)	40,—	40,—	

Auflagen: MiNr. 2852 = 5 400 000, MiNr. 2853 = 5 350 000, MiNr. 2854 = 5 350 000, MiNr. 2855 = 5 400 000 Stück, davon je 67 500 auf ETB

2011, 3. März. Zweiburgenblick im Werratal. Ⓔ **Rieß; Odr. GDL, Folienblatt (2×5) und Einzelmarke aus Folienbogen; selbstklebend; gestanzt 10.**

dmo I) Werratal mit Burg Ludwigstein (Hessen) und Burgruine Hanstein (Thüringen)

		✱✱	⊙	FDC
2856	90 (C) mehrfarbig . . . . dmo I	1,70	1,70	2,70
	Folienblatt 16	28,—		

ETB siehe nach MiNr. 2869

Auflage: 144 186 000 Stück

In ähnlicher Zeichnung: MiNr. 2847

2011, 7. April. Sporthilfe: Fußball-Weltmeisterschaft der Frauen; Turn-Europameisterschaften, Berlin; Hockey-Europameisterschaften, Mönchengladbach. Ⓔ **Wagenbreth; Odr. BSP (Klb. 2×5) und Markenheftchen (MH); gez. K 13:13½.**

dmu) Torhüterin

dmv) Feldspielerinnen

dmw) Turner und Turnerin

dmx) Hockeyspieler

			✶✶	⊙
2857	45 + 20 (C) mfg. (Klb.) (MH) GA . . dmu		1,60	1,60
2858	55 + 25 (C) mfg. (Klb.) (MH) GA . . dmv		1,60	1,60
2859	55 + 25 (C) mfg. (Klb.) GA . . . . . dmw		1,60	1,60
2860	145 + 55 (C) mfg. (Klb.) GA . . . . . . dmx		3,80	3,80
		Satzpreis (4 W.)	8,50	8,50
		FDC		11,—
		ETB 10/2011		9,—
		Kleinbogensatz (4 Klb.)	85,—	85,—

MiNr. 2857–2858 wurden auch zusammenhängend im Markenheftchen (MH 84) gedruckt.

Auflagen: MiNr. 2857 = 2 199 500, MiNr. 2858 = 2 230 000, MiNr. 2859 = 896 000, MiNr. 2860 = 876 000 Stück, davon je 67 500 auf ETB

2011, 7. April/9. Juni. Fachwerkbauten in Deutschland (II). 🄴 **Ziegenfeuter; Odr. BDB, Kleinbogen (Klb.) (5×2) und Rollen (R); gez. S 13¾.**

dmy) Rathaus Alsfeld; frühneuzeitlicher Fachwerkbau (1512–1516)

dmz) Gasthof „Weißes Ross“, Hartenstein; frühneuzeitlicher Fachwerkbau (1625)

			✶✶	⊙	FDC
2861	45 (C) mehrfarbig . . . . dmy		0,80	0,80	
2862	55 (C) mehrfarbig . . . . dmz		1,—	1,—	
		Satzpreis (2 W.)	1,80	1,80	3,30
		ETB 11/2011		2,20	
		MK 2/2011 (mit MiNr. 2861)		3,50	
		MK 3/2011 (mit MiNr. 2862)		3,50	
		Kleinbogensatz (2 Klb.)	18,—	18,—	

Waagerechte Paare (aus Klb.):

		✶✶	⊙
2861/2861	. . . .	1,60	1,60
2862/2862	. . . .	2,—	2,—

Rollenmarken mit rückseitiger Nummer (R):

		Einzelm. ✶✶	⊙	5er-Str. ✶✶
2861 R	(9.6.2011)	2,20	2,20	7,—
2862 R	(9.6.2011)	2,40	2,40	8,—

Auflagen: MiNr. 2861 = 16 762 000, MiNr. 2862 = 25 554 000 Stück, davon je 67 500 auf ETB

Weitere Ausgaben: MiNr. 2823–2824, 2931, 2970

2011, 7. April. Deutsche National- und Naturparks (XI): Nationalpark Kellerwald-Edersee. 🄴 **Warbanow; Odr. BSP, Folienblatt (2×5) und Einzelmarke aus Folienbogen; selbstklebend; gestanzt 10.**

dmi I) Wald- und Seenlandschaft des Nationalparks

			✶✶	⊙	FDC
2863	145 (C) mehrfarbig . . . . dmi I		2,60	2,60	3,60
		Folienblatt 17	46,—		

ETB siehe nach MiNr. 2869

Auflage: 134 979 000 Stück

In ähnlicher Zeichnung: MiNr. 2841

Weitere Ausgaben siehe Fußnote nach MiNr. 1871–1873 (Bl. 36)

2011, 5. Mai. Europa: Der Wald. 🄴 **Hoch; Odr. BDB (Klb. 2×5); gez. S 13¾.**

dna) Lichteinfall im Wald

			✶✶	⊙	FDC
2864	55 (C) mehrfarbig GA . . . . . . dna		1,—	1,—	2,—
		ETB 12/2011		1,30	
		Kleinbogen	10,—	10,—	

Auflage: 6 000 000 Stück, davon 67 500 auf ETB

2011, 5. Mai. 150 Jahre Deutscher Industrie- und Handelskammertag (IHK). 🄴 **Nill; Odr. GDL (Klb. 2×5); gez. K 13½:13¾.**

dnb) IHK-Standorte in Deutschland

			✶✶	⊙	FDC
2865	145 (C) mehrfarbig . . . . dnb		2,60	2,60	3,60
		ETB 13/2011		4,—	
		Kleinbogen	26,—	26,—	

Auflage: 5 750 000 Stück, davon 67 500 auf ETB.

2011, 5. Mai. 150 Jahre Wallraf-Richartz-Museum, Köln. 🄴 **Serres; Odr. BSP (Klb. 5×2); gez. K 13¾.**

dnc) Außenansicht und Barockabteilung des Museums

			✶✶	⊙	FDC
2866	85 (C) mehrfarbig . . . . dnc		1,60	1,60	2,60
		ETB 14/2011		2,—	
		Kleinbogen	16,—	16,—	

Auflage: 5 970 000 Stück, davon 67 500 auf ETB

2011, 5. Mai. 125 Jahre Automobil. 🄴 **Erdmann; Odr. BSP (Klb. 2×5); gez. K 13¾.**

dnd) Benz-Patent-Motorwagen, Patentschrift

			✶✶	⊙	FDC
2867	55 (C) mehrfarbig GA . . . . . . dnd		1,—	1,—	2,—
		ETB 15/2011		1,30	
		MK 4/2011		3,50	
		Kleinbogen	10,—	10,—	

Auflage: 7 220 000 Stück, davon 67 500 auf ETB

2011, 5. Mai. 100 Jahre Reichsversicherungsordnung. 🄴 **Ahrens; Odr. BDB (Klb. 2×5); gez. S 13¾.**

dne) Die drei Säulen der Reichsversicherungsordnung

			✶✶	⊙	FDC
2868	205 (C) mehrfarbig . . . . dne		3,70	3,70	4,70
		ETB 16/2011		4,—	
		Kleinbogen	37,—	37,—	

Auflage: 7 700 000 Stück, davon 67 500 auf ETB

2011, 5. Mai. Deutsche Malerei (VII): Caspar David Friedrich. 🄴 **Schmidt; Odr. BDB, Folienstreifen aus Rollen; selbstklebend; gestanzt 10.**

dmh) Der Wanderer über dem Nebelmeer; Gemälde von Caspar David Friedrich (1774–1840), Maler und Zeichner

			✶✶	⊙	FDC
2869	55 (C) mehrfarbig . . . . dmh		1,—	1,—	2,—
		Fünferstreifen	8,—		
		ETB S 1/2011*		11,50	

*) ETB S 1/2011 mit MiNr. 2843, 2848–2849, 2850, 2851, 2856, 2863 und 2869, jeweils mit entsprechendem Ersttagssonderstempel.

Auf der Trägerfolie befindet sich rückseitig bei jeder 5. Marke eine Zählnummer.

Bei MiNr. 2869 gibt es sehr starke Farbschwankungen.

Auflage: 471 080 000 Stück

In gleicher Zeichnung, jedoch nassklebend: MiNr. 2840

Weitere Ausgaben siehe Fußnote nach MiNr. 2437

2011, 9. Juni. 200 Jahre Turnplatz Friedrich Ludwig Jahn. Ⓔ Ehmke; komb. Odr. und StTdr. Post Danmark (Klb. 2×5); gez. S 13¼.

dnf) Erster öffentlicher Turnplatz in der Berliner Hasenheide, errichtet von F. L. Jahn (1778–1852), Initiator der deutschen Turnbewegung

			★★	⊙	FDC
2870	165 (C) mehrfarbig	. . . . dnf	3,—	3,—	4,—
		ETB 17/2011		3,50	
		Kleinbogen	30,—	30,—	

Auflage: 4 750 000 Stück, davon 67 500 auf ETB

2011, 9. Juni. Blockausgabe: 175 Jahre Sächsische Dampfschifffahrt. Ⓔ Klein und Neumann; Odr. GDL; gez. Ks 13¼.

dnh

dng) Raddampfer „Diesbar“ auf der Elbe vor historischem Zentrum Dresdens

			★★	⊙	FDC
2871	220 (C) mehrfarbig	. . . . dng	4,—	4,—	
Block 78	(105×70 mm)	. . . . dnh	4,—	4,—	5,—
		Ⓢ		4,—	
		ETB 18/2011		4,50	

Auflage: 3 380 000 Blocks, davon 67 500 auf ETB

In gleicher Zeichnung wie MiNr. 2871, jedoch selbstklebend: MiNr. 2874

2011, 9. Juni. 125 Jahre Mecklenburgische Bäderbahn. Ⓔ Kunter; Odr. GDL (Klb. 2×5); gez. K 13¾.

dni) Schmalspurbahn „Molli“ auf der Strecke Bad Doberan–Heiligendamm–Ostseebad Kühlungsborn

			★★	⊙	FDC
2872	45 (C) mehrfarbig	. . . . dni	0,80	0,80	1,80
		ETB 19/2011		1,20	
		Kleinbogen	8,—	8,—	

Auflage: 7 100 000 Stück, davon 67 500 auf ETB

2011, 9. Juni. 50 Jahre Amnesty International. Ⓔ Hesse; Odr. BSP (Klb. 2×5); gez. K 14.

dnk) Licht am Ende des Tunnels

			★★	⊙	FDC
2873	55 (C) mehrfarbig	. . . . dnk	1,—	1,—	2,—
		ETB 20/2011		1,30	
		Kleinbogen	10,—	10,—	

Auflage: 5 230 000 Stück, davon 67 500 auf ETB

2011, 9. Juni. 175 Jahre Sächsische Dampfschifffahrt. Ⓔ Klein und Neumann; Odr. GDL, Markenheftchen und Einzelmarke aus Folienbogen; selbstklebend; gestanzt 10¾.

dng) Raddampfer „Diesbar“ auf der Elbe vor historischem Zentrum Dresdens

			★★	⊙	FDC
2874	220 (C) mehrfarbig	. . . . dng	4,—	4,—	5,—

ETB siehe nach MiNr. 2876

MiNr. 2874 stammt auch aus MH 85.

Auflage: 36 629 000 Stück

In gleicher Zeichnung, jedoch nassklebend: MiNr. 2871

2011, 1. Juli. Leuchttürme (XI). Ⓔ Graf; Odr. BSP, Markenheftchen und Einzelmarken aus Folienbogen; selbstklebend; gestanzt 11.

dhr) Norderney (erbaut 1875)

dfg) Warnemünde (erbaut 1897/98)

			★★	⊙	FDC
2875	45 (C) mehrfarbig	. . . . dhr	0,80	0,80	
2876	45 (C) mehrfarbig	. . . . dfg	0,80	0,80	
		Satzpreis (2 W.)	1,60	1,60	3,—
		ETB S 2/2011*		6,—	

MiNr. 2875–2876 stammen auch aus MH 86.

*) ETB S 2/2011 mit MiNr. 2874 und 2875–2876, jeweils mit entsprechendem Ersttagssonderstempel.

Auflage: je 16 310 000 Stück

In gleichen Zeichnungen, jedoch nassklebend: MiNr. 2677, 2742; weitere Werte siehe Übersichtstabelle nach MiNr. 2410

2011, 7. Juli. Freimarke: Blumen (XXIV). Ⓔ Klein & Neumann; komb. Odr. und Bdr. BDB, Kleinbogen (Klb.) (5×2) und Rollen (R); gez. S 14.

dnl) Stengelloser Enzian (Gentiana acaulis)

			★★	⊙	FDC
2877	500 (C) mehrfarbig	. . . . dnl	9,—	9,—	10,—
		ETB 21/2011		9,50	
		Kleinbogen	90,—	90,—	

Waagerechtes Paar (aus Klb.):

		★★	⊙
2877/2877	. . . .	18,—	18,—

Rollenmarke mit rückseitiger Nummer (R):

Bei den ab 2011 gedruckten Rollen wurde jede 5. Marke rückseitig numeriert.

Bei den ab 2017 gefertigten Rollen folgt nach jeder 5. Marke (mit Nummer) ein kleines Zwischenfeld mit EAN-Codierung.

		Einzelm. ★★	Einzelm. ⊙	5er-Str. ★★	EAN-6er-Str. ★★
2877 R	. . . .	9,—	9,—	45,—	45,—

Auflage:

Weitere Werte siehe Zusammenfassung nach Blockaufstellung

Als Grundlage für die Ermittlung von Preisnotierungen dienten Verkaufspreislisten des Briefmarkenhandels und Arbeitsvorlagen von Arbeitsgemeinschaften sowie Sammlern im In- und Ausland.

2011, 7. Juli. Leuchttürme (XII). ☒ Graf; Odr. BSP (Klb. 5×2); gez. K 13¾.

dnm) Arngast (erbaut 1910)

dnn) Dahmeshöved (erbaut 1878/79)

			★★	⊙	FDC
2878	55 (C) mehrfarbig	.... dnm	1,—	1,—	
2879	90 (C) mehrfarbig	.... dnn	1,70	1,70	
		Satzpreis (2 W.)	2,70	2,70	4,20
		ETB 22/2011		3,50	
		Kleinbogensatz (2 Klb.)	27,—	27,—	

Auflagen: MiNr. 2878 = 6 825 000, MiNr. 2879 = 6 025 000 Stück, davon je 67 500 auf ETB

In gleicher Zeichnung wie MiNr. 2878, jedoch selbstklebend: MiNr. 2935; weitere Werte siehe Übersichtstabelle nach MiNr. 2410

2011, 7. Juli. 500 Jahre Till Eulenspiegel. ☒ Wagenbreth; Odr. GDL (Klb. 5×2); gez. K 13.

dno) Till Eulenspiegel, Schalksnarr (14. Jh.)

			★★	⊙	FDC
2880	55 (C) mehrfarbig	.... dno	1,—	1,—	2,—
		ETB 23/2011		1,30	
		MK 5/2011		3,50	
		Kleinbogen	10,—	10,—	

Auflage: 7 400 000 Stück, davon 67 500 auf ETB

2011, 7. Juli/2012, 2. Jan. 150 Jahre Deutscher Schützenbund. ☒ Graf; Odr. BDB, Kleinbogen (Klb. 5×2) und Rollen (R); gez. S 13¾.

dnp) Wettkampfscheiben des Deutschen Schützenbundes: Luftgewehr/Armbrust 10 m; Bogen; 1. Deutsches Schützenfest, Gotha (1861); Luftpistole

			★★	⊙	FDC
2881	145 (C) mehrfarbig	.... dnp	2,60	2,60	3,60
		ETB 24/2011		3,—	
		Kleinbogen	26,—	26,—	

Waagechtes Paar (aus Klb.):

		★★	⊙
2881/2881	....	5,20	5,20

Rollenmarken mit rückseitiger Nummer (R):

		Einzelm. ★★	⊙	5er-Str. ★★
2881 R	(2.1.2012)	5,60	5,60	22,—

Auflage: 24 489 000 Stück, davon 19 639 000 aus Rolle und 67 500 auf ETB

2011, 11. Aug. Tag der Briefmarke – 75 Jahre Tag der Briefmarke in Deutschland. ☒ Warbanow; Odr. BDB (Klb. 2×5); gez. S 13½:13¾.

dnr) Frankierter Brief

			★★	⊙
2882	55 + 25 (C) mehrfarbig GA	.... dnr	1,50	1,50
		FDC		2,50
		ETB 25/2011		1,80
		Kleinbogen	15,—	15,—

Auflage: 1 114 000 Stück, davon 67 500 auf ETB

2011, 11. Aug. Jugend: Astronomie. ☒ Schmidt; Odr. GDL (MiNr. 2883 und 2886 Klb. 2×5, MiNr. 2884–2885 Klb. 1×5 Zd); gez. K 13¾:14.

dns) Pferdekopfnebel

dnt dnu

dnv) Plejaden

dnt–dnu) Sonnensystem

				★★	⊙
2883	45 + 20 (C)	mehrfarbig GA	...... dns	1,50	1,50
2884	55 + 25 (C)	mehrfarbig GA	...... dnt	1,50	1,50
2885	55 + 25 (C)	mehrfarbig GA	...... dnu	1,50	1,50
2886	145 + 55 (C)	mehrfarbig GA	...... dnv	3,60	3,60
			Satzpreis (4 W.)	8,—	8,—
			Zusammendruck	3,—	3,—
			FDC		11,—
			ETB 26/2011		8,50
			Kleinbogensatz (3 Klb.)	65,—	65,—

Auflage: MiNr. 2883 = 942 000, MiNr. 2884–2885 je 1 004 500, MiNr. 2886 = 899 000 Stück, davon je 67 500 auf ETB

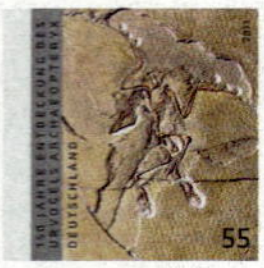

2011, 11. Aug. 150. Jahrestag der Entdeckung des Archaeopteryx. ☒ Warbanow; Odr. BSP (Klb. 5×2); gez. K 13¾.

dnw) Fossil des Urvogels Archaeopteryx

			★★	⊙	FDC
2887	55 (C) mehrfarbig	.... dnw	1,—	1,—	2,—
		ETB 27/2011		1,30	
		Kleinbogen	10,—	10,—	

Auflage: 6 510 000 Stück, davon 67 500 auf ETB

2011, 15. Sept. Für uns Kinder. ☒ Geißelbrecht; Odr. BSP (Klb. 5×2); gez. K 13¾.

dnx) Aquarium

			★★	⊙	FDC
2888	55 (C) mehrfarbig	.... dnx	1,—	1,—	2,—
		ETB 28/2011		1,30	
		Kleinbogen	10,—	10,—	

Auflage: 6 310 000 Stück, davon 67 500 auf ETB

2011, 15. Sept. UNESCO-Welterbe (XXV). ☒ Popescu; Odr. GDL (Klb. 5×2); gez. K 13¼.

dny) Birthälmer Kirchenburg, Siebenbürgen

			★★	⊙	FDC
2889	75 (C) mehrfarbig	.... dny	1,40	1,40	2,40
		ETB 29/2011*)		3,—	
		Kleinbogen	14,—	14,—	

*) enthält zusätzlich die bildgleiche Marke Rumänien MiNr. 6560

Auflage: 5 700 000 Stück, davon 67 500 auf ETB

Weitere Ausgabe siehe Fußnote nach MiNr. 1447

Parallelausgabe mit Rumänien MiNr. 6560/Bl. 514

2011, 15. Sept. 100 Jahre Hamburger Elbtunnel. 🄴 **Becker, Kohl; Odr. BDB (Klb. 2×5); gez. S 13½:13¾.**

dnz) Elbtunnel, Passagierschiff

		★★	⊙	FDC
2890	55 (C) mehrfarbig GA . . . . . . dnz	1,—	1,—	2,—
	ETB 30/2011		1,30	
	MK 6/2011		3,50	
	Kleinbogen	10,—	10,—	

Auflage: 5 870 000 Stück, davon 67 500 auf ETB

2011, 13. Okt. In Deutschland zu Hause (I): Einfallsreichtum – Deutsche Erfindungen. 🄴 **Serres; Odr. BDB (Klb. 5×2); gez. S 13¾.**

doa) Thermosflasche (Reinhold Burger, 1903), Currywurst (verm. Herta Heuwer, um 1948), Doppelkammer-Teebeutel (Fa. Teekanne, 1949)

dob) Grammophon (Emil Berliner, 1887), Tonbandgerät (Fritz Pfleumer, 1928), MP3-Player (Fraunhofer-Institut, 1987)

		★★	⊙	FDC
2891	45 (C) mehrfarbig . . . . doa	0,80	0,80	
2892	55 (C) mehrfarbig GA . . . . . dob	1,—	1,—	
	Satzpreis (2 W.)	1,80	1,80	3,40
	ETB 31/2011		2,20	
	Kleinbogensatz (2 Klb.)	18,—	18,—	

Auflagen: MiNr. 2891 = 5 850 000, MiNr. 2892 = 5 250 000 Stück, davon je 67 500 auf ETB

2011, 13. Okt. 175 Jahre Alte Pinakothek, München. 🄴 **Ziegenfeuter; Odr. BDB (Klb. 2×5); gez. S 13¾.**

doc) Alte Pinakothek (um 1880)

		★★	⊙	FDC
2893	145 (C) mehrfarbig GA . . . . . doc	2,60	2,60	3,60
	ETB 32/2011		3,—	
	Kleinbogen	26,—	26,—	

Auflage: 4 340 000 Stück, davon 67 500 auf ETB

2011, 13. Okt. Trauermarke (I). 🄴 **Klein, Neumann; Odr. GDL (Klb. 5×2); gez. K 13¾.**

dod) Blüten der Zimmercalla (Zantedeschia aethiopica)

		★★	⊙	FDC
2894	55 (C) mehrfarbig . . . . dod	1,—	1,—	2,—
	ETB 33/2011		1,30	
	Kleinbogen	10,—	10,—	

Auflage: 8 620 000 Stück, davon 67 500 auf ETB

Weitere Ausgaben: MiNr. 2920, 3044

2011, 10. Nov. Weihnachten. 🄴 **Scholz; Odr. BSP (Klb. 2×5); gez. K 13:13½.**

doe) Hl. Martin; Buntglasfenster (Detail) der St.-Martins-Kirche, Nettersheim/Eifel

dof) Hl. Nikolaus; Buntglasfenster (Detail) der St.-Nikolaus-Kirche, Rheurdt/Niederrhein

		★★	⊙
2895	45 + 20 (C) mehrfarbig . . . . doe	1,20	1,20
2896	55 + 25 (C) mehrfarbig . . . . dof	1,50	1,50
	Satzpreis (2 W.)	2,70	2,70
	FDC		5,—
	ETB 34/2011		3,—
	Kleinbogensatz (2 Klb.)	27,—	27,—

Auflagen: MiNr. 2895 = 2 339 500, MiNr. 2896 = 4 241 000 Stück, davon je 67 500 auf ETB

2011, 10. Nov. 150. Geburtstag von Emil Wiechert. 🄴 **Wolff; Odr. BSP (Klb. 5×2); gez. K 13½.**

dog) Emil Wiechert (1861–1928), Physiker und Seismologe

		★★	⊙	FDC
2897	90 (C) mehrfarbig . . . . dog	1,70	1,70	2,70
	ETB 35/2011		2,—	
	Kleinbogen	17,—	17,—	

Auflage: 4 310 000 Stück, davon 67 500 auf ETB

2011, 10. Nov. 50. Jahrestag der Einweihung der Neuen Kaiser-Wilhelm-Gedächtnis-Kirche. 🄴 **Wulff; Odr. GDL (Klb. 2×5); gez. K 13.**

doh) Kaiser-Wilhelm-Gedächtnis-Kirche (Neue Kirche neben Alter Kirche/Turmruine)

		★★	⊙	FDC
2898	55 (C) mehrfarbig . . . . doh	1,—	1,—	2,—
	ETB 36/2011		1,30	
	Kleinbogen	10,—	10,—	

Auflage: 5 330 000 Stück, davon 67 500 auf ETB

2011, 10. Nov. 50 Jahre Adveniat. 🄴 **Hau; Odr. BDB (Klb. 2×5); gez. S 13½:13¾.**

doi) Kreuz, Blume und Vögel; Webarbeit aus der Maya-Kultur in Guatemala

		★★	⊙	FDC
2899	55 (C) mehrfarbig . . . . doi	1,—	1,—	2,—
	ETB 37/2011		1,30	
	Kleinbogen	10,—	10,—	

Auflage: 5 525 000 Stück, davon 67 500 auf ETB

2012

2012, 2. Jan. Deutsche National- und Naturparks (XII) – Nationalpark Jasmund. 🄴 **Ziegenfeuter; Odr. BSP (Klb. 2×5); gez. K 13½.**

dok) Kreidefelsen am Kieler Ufer, Insel Rügen

		★★	⊙	FDC
2900	55 (C) mehrfarbig . . . . dok	1,10	1,10	2,10
	ETB 1/2012		1,40	
	Kleinbogen	11,—	11,—	

Auflage: 6 430 000 Stück, davon 60 200 auf ETB

In ähnlicher Zeichnung: MiNr. 2908

Weitere Ausgaben siehe Fußnote nach MiNr. 1871–1873 (Bl. 36)

2012, 2. Jan. Wohlfahrt: Edelsteine. 🄴 **Warbanow; Odr. Enschedé (Klb. 2×5); gez. K 13:13½.**

dol) Rubin

dom) Smaragd

don) Saphir

				★★	⊙
2901	55 + 25 (C)	mehrfarbig GA	. . . . . . dol	1,60	1,60
2902	90 + 40 (C)	mehrfarbig GA	. . . . . dom	2,60	2,60
2903	145 + 55 (C)	mehrfarbig GA	. . . . . . don	4,—	4,—
			Satzpreis (3 W.)	8,—	8,—
			FDC		11,—
			ETB 2/2012		9,—
			Kleinbogensatz (3 Klb.)	82,—	82,—

Auflagen: MiNr. 2901 = 2 040 000, MiNr. 2902 = 2 756 000, MiNr. 2903 = 4 639 500 Stück, davon je 60 200 auf ETB

In gleicher Zeichnung wie MiNr. 2901, jedoch selbstklebend: MiNr. 2909

2012, 2. Jan. Post: Ferien in Deutschland (I). 🄴 **Voß-Acker; Odr. GDL (Klb. 2×5); gez. K 13½:13¾.**

doo) Winterferien

			★★	⊙	FDC
2904	45 (C) mehrfarbig	. . . . doo	0,90	0,90	2,—
		ETB 3/2012		1,20	
		Kleinbogen	9,—	9,—	

Auflage: 5 210 000 Stück, davon 60 200 auf ETB

Weitere Ausgaben: MiNr. 2917, 2923, 2933, 2953

2012, 2. Jan. 350. Geburtstag von Matthäus Daniel Pöppelmann. 🄴 **Menze; Odr. BSP (Klb. 2×5); gez. K 13½:13¾.**

dop) Kronentor und Innenhof des Dresdner Zwingers, erbaut von Matthäus Daniel Pöppelmann (1662–1736), Baumeister (Fotografie, 1905)

			★★	⊙	FDC
2905	145 (C) mehrfarbig	. . . . dop	2,90	2,90	4,—
		ETB 4/2012		3,50	
		Kleinbogen	29,—	29,—	

Auflage: 5 260 000 Stück, davon 60 200 auf ETB

In ähnlicher Zeichnung: MiNr. 2915

2012, 2. Jan. 300. Geburtstag von Friedrich dem Großen. 🄴 **Lienemeyer; Odr. GDL (Klb. 5×2); gez. K 13½.**

dor) Friedrich II., der Große (1712–1786), König von Preußen

			★★	⊙	FDC
2906	55 (C) mehrfarbig GA	. . . . . dor	1,10	1,10	2,20
		ETB 5/2012		1,40	
		Kleinbogen	11,—	11,—	

Auflage: 7 930 000 Stück, davon 60 200 auf ETB

2012, 2. Jan. 225. Geburtstag von Joseph von Fraunhofer (1787–1826), Optiker und Physiker. 🄴 **Haufe, Fiedler; Odr. GDL (Klb. 2×5); gez. K 13½.**

dos) Sonnenspektrum mit Fraunhofer-Linien

			★★	⊙	FDC
2907	90 (C) mehrfarbig	. . . . dos	1,80	1,80	2,80
		ETB 6/2012		2,20	
		Kleinbogen	18,—	18,—	

Auflage: 5 213 800 Stück, davon 60 200 auf ETB

In ähnlicher Zeichnung: MiNr. 2929

2012, 2. Jan. Deutsche National- und Naturparks (XIII) – Nationalpark Jasmund. 🄴 **Ziegenfeuter; Odr. BSP, Folienblatt (2×5) und Einzelmarke aus Folienbogen; selbstklebend; gestanzt 10.**

dok I) Kreidefelsen am Kieler Ufer, Insel Rügen

			★★	⊙	FDC
2908	55 (C) mehrfarbig	. . . . dok I	1,10	1,10	2,10
		Folienblatt 18	15,—		

ETB siehe nach MiNr. 2929

Auflage: 200 000 000 Stück

In ähnlicher Zeichnung: MiNr. 2900

Weitere Ausgaben siehe Fußnote nach MiNr. 1871–1873 (Bl. 36)

2012, 2. Jan. Wohlfahrt: Edelsteine. 🄴 **Warbanow; Odr. Enschedé, Markenheftchen und Folienstreifen aus Rollen; selbstklebend; gestanzt 11.**

dol) Rubin

			★★	⊙	FDC
2909	55 + 25 (C) mehrfarbig	. . . . dol	1,60	1,60	2,60
		Fünferstreifen	14,—		

ETB siehe nach MiNr. 2929

MiNr. 2909 stammt auch aus MH 87.

Auf der Trägerfolie der Rollenmarken befindet sich rückseitig bei jeder 5. Marke eine Zählnummer.

Auflage: 13 919 000 Stück

In gleicher Zeichnung, jedoch nassklebend: MiNr. 2901

2012, 9. Febr. 125 Jahre Schmalspurbahnen im Harz. 🄴 **Neumann; Odr. GDL (Klb. 2×5); gez. K 13½.**

dot) Harzer Schmalspurbahn mit Dampflokomotive

			★★	⊙	FDC
2910	45 (C) mehrfarbig GA	. . . . . . dot	0,90	0,90	2,—
		ETB 7/2012		1,20	
		MK 1/2012		4,—	
		Kleinbogen	9,—	9,—	

Auflage: 6 650 000 Stück, davon 60 200 auf ETB

In ähnlicher Zeichnung: MiNr. 2916

2012, 9. Febr. 100. Jahrestag der Bildung der Künstlergruppierung „Der blaue Reiter". 🄴 **Clausing; Odr. BDB (Klb. 2×5); gez. S 13½.**

dou) Blaues Pferd I; Gemälde von Franz Marc (1880 bis 1916), Maler und Graphiker

			★★	⊙	FDC
2911	145 (C) mehrfarbig	. . . . dou	2,90	2,90	4,—
		ETB 8/2012		3,50	
		Kleinbogen	29,—	29,—	

Auflage: 6 400 000 Stück, davon 60 200 auf ETB

2012, 9. Febr. Biathlon-Weltmeisterschaften, Ruhpolding. 🄴 **Müller, Weiland; Odr. BSP (Klb. 2×5); gez. K 13½.**

dov) Massenstartszene

			★★	⊙	FDC
2912	55 (C) mehrfarbig	. . . . dov	1,10	1,10	2,20
		ETB 9/2012		1,40	
		Kleinbogen	11,—	11,—	

Auflage: 5 200 000 Stück, davon 60 200 auf ETB

2012, 9. Febr. Wiederbesiedlung durch heimische Wildtiere. Ⓔ Serres; Odr. GDL (Klb. 2×5); gez. K 13¾.

dow) Nordluchs (Lynx lynx)

dox) Elch (Alces alces)

			✶✶	⊙	FDC
2913	55 (C) mehrfarbig GA	. . . . . dow	1,10	1,10	
2914	55 (C) mehrfarbig	. . . . dox	1,10	1,10	
		Satzpreis (2 W.)	2,20	2,20	3,20
		ETB 10/2012		2,50	
		Kleinbogensatz (2 Klb.)	22,—	22,—	

Auflagen: MiNr. 2913 = 7 000 000, MiNr. 2914 = 6 800 000 Stück, davon je 60 200 auf ETB

In ähnlichen Zeichnungen: MiNr. 2921–2922

2012, 9. Febr. 350. Geburtstag von Matthäus Daniel Pöppelmann. Ⓔ Menze; Odr. BSP, Folienblatt (2×5) und Einzelmarke aus Folienbogen; selbstklebend; gestanzt 10.

dop I) Kronentor und Innenhof des Dresdner Zwingers, erbaut von Matthäus Daniel Pöppelmann (1662–1736), Baumeister (Fotografie, 1905)

			✶✶	⊙	FDC
2915	145 (C) mehrfarbig	. . . . dop I	2,90	2,90	4,—
		Folienblatt 19	38,—		

ETB siehe nach MiNr. 2929

Auflage:

In ähnlicher Zeichnung: MiNr. 2905

2012, 9. Febr. 125 Jahre Schmalspurbahnen im Harz. Ⓔ Neumann; Odr. GDL, Folienblatt (2×5) und Einzelmarke aus Folienbogen; selbstklebend; gestanzt 10.

dou I) Harzer Schmalspurbahn mit Dampflokomotive

			✶✶	⊙	FDC
2916	45 (C) mehrfarbig	. . . . dou I	0,90	0,90	2,—
		Folienblatt 20	13,—		

ETB siehe nach MiNr. 2929

Auflage: 13 616 750 Stück

In ähnlicher Zeichnung: MiNr. 2910

2012, 1. März. Post: Ferien in Deutschland (II). Ⓔ Voß-Acker; Odr. GDL (Klb. 2×5); gez. K 13½:13¾.

doy) Frühjahrsferien

			✶✶	⊙	FDC
2917	55 (C) mehrfarbig GA	. . . . . . doy	1,10	1,10	2,20
		ETB 11/2012		1,40	
		Kleinbogen	11,—	11,—	

Auflage: 5 870 000 Stück, davon 60 200 auf ETB

In ähnlicher Zeichnung: MiNr. 2923; weitere Ausgabe: MiNr. 2904, 2923, 2933, 2953

2012, 1. März. 500. Geburtstag von Gerhard Mercator. Ⓔ Utikal, Gais; Odr. GDL (Klb. 5×2); gez. K 13¼.

doz) Gerhard Mercator, eigentlich Gerard De Kremer (1512–1594), Mathematiker, Geograph, Philosoph und Theologe

			✶✶	⊙	FDC
2918	220 (C) mehrfarbig	. . . . doz	4,40	4,40	5,40
		ETB 12/2012		5,—	
		Kleinbogen	44,—	44,—	

Auflage: 5 590 000 Stück, davon 60 200 auf ETB

2012, 1. März. Blockausgabe: 500 Jahre Sixtinische Madonna. Ⓔ Schmidt; Odr. BSP; gez. Ks 13¾.

dpb

dpa) Madonna mit Jesuskind; Gemälde von Raffael, eigentlich Raffaello Santi (1483–1520), italienischer Maler und Baumeister

			✶✶	⊙	FDC
2919	55 (C) mehrfarbig	. . . . dpa	1,10	1,10	
Block 79	(98×134 mm)	. . . . dpb	1,10	1,10	2,—
		Ⓢ		1,10	
		ETB 13/2012		1,40	

Auflage: 4 264 000 Blocks, davon 60 200 auf ETB

In gleicher Zeichnung wie MiNr. 2919, jedoch selbstklebend: MiNr. 2965

Parallelausgabe mit Vatikan MiNr. 1736/Bl. 37

2012, 1. März. Trauermarke (II). Ⓔ Runge; Odr. BDB (Klb. 2×5); gez. K 13½:13¾.

dpc) Landschaft in der Abenddämmerung

			✶✶	⊙	FDC
2920	55 (C) mehrfarbig	. . . . dpc	1,10	1,10	2,20
		ETB 14/2012		1,40	
		Kleinbogen	11,—	11,—	

Auflage: 8 360 000 Stück, davon 60 200 auf ETB

Weitere Ausgaben: MiNr. 2894, 3044

2012, 1. März. Wiederbesiedlung durch heimische Wildtiere. Ⓔ Serres; Odr. GDL, Folienblatt (4×5) und Einzelmarke aus Folienbogen; selbstklebend; gestanzt 10.

dow I) Nordluchs (Lynx lynx)

dox I) Elch (Alces alces)

			✶✶	⊙	FDC
2921	55 (C) mehrfarbig	. . . . dow I	1,10	1,10	
2922	55 (C) mehrfarbig	. . . . dox I	1,10	1,10	
		Satzpreis (2 W.)	2,20	2,20	3,20
		Folienblatt 21	32,—		

MiNr. 2921–2922 wurden zusammen, paarweise angeordnet, im Folienblatt gedruckt.

ETB siehe nach MiNr. 2929

Auflagen: je 49 580 000 Stück

In ähnlichen Zeichnungen: MiNr. 2913–2914

2012, 1. März. Post: Ferien in Deutschland (III). 🄴 **Voß-Acker; Odr. GDL, Folienblatt (2×5) und Einzelmarke aus Folienbogen; selbstklebend; gestanzt 10.**

doy I) Frühjahrsferien

			★★	⊙	FDC
2923	55 (C) mehrfarbig . . . . doy I		1,10	1,10	2,20
		Folienblatt 22	15,—		

ETB siehe nach MiNr. 2929

Auflage: 64 720 000 Stück

In ähnlicher Zeichnung: MiNr. 2917; weitere Ausgaben: MiNr. 2904, 2917, 2933, 2953

2012, 12. April. Sporthilfe: Spitzensport – Fußball-Europameisterschaft, Polen und Ukraine; Olympische Sommerspiele, London; Tischtennis-Mannschaftsweltmeisterschaften, Dortmund. 🄴 **Müller, Weiland; Odr. BSP (Klb. 2×5); gez. K 13:13½.**

dpd) Fußballspiel

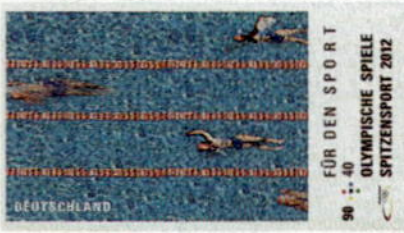

dpe) Schwimmwettkampf

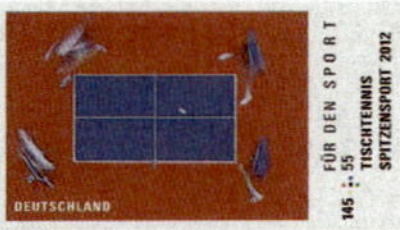

dpf) Tischtennis-Doppel

				★★	⊙
2924	55	+ 25 (C)	mehrfarbig GA . . . . . dpd	1,60	1,60
2925	90	+ 40 (C)	mehrfarbig GA . . . . . dpe	2,60	2,60
2926	145	+ 55 (C)	mehrfarbig GA . . . . . . dpf	4,—	4,—
			Satzpreis (3 W.)	8,—	8,—
			FDC		11,—
			ETB 15/2012		9,—
			Kleinbogensatz (3 Klb.)	82,—	82,—

Auflagen: MiNr. 2924 = 957 500, MiNr. 2925 = 860 500, MiNr. 2926 = 877 000 Stück, davon je 60 200 auf ETB

2012, 12. April. 100. Geburtstag von Axel Springer. 🄴 **Elsenbach; Odr. BDB (Klb. 5×2); gez. S 13¾.**

dpg) Axel Springer (1912–1985), Zeitungsverleger

			★★	⊙	FDC
2927	55 (C) mehrfarbig . . . . dpg		1,10	1,10	2,20
		ETB 16/2012		1,40	
		Kleinbogen	11,—	11,—	

Auflage: 5 860 000 Stück, davon 60 200 auf ETB

2012, 12. April. 50 Jahre Deutsche Welthungerhilfe. 🄴 **Wulff; Odr. GDL (Klb. 5×2); gez. K 13¼.**

dph) Lastenträger in Indien

			★★	⊙	FDC
2928	55 (C) mehrfarbig . . . . dph		1,10	1,10	2,20
		ETB 17/2012		1,40	
		Kleinbogen	11,—	11,—	

Auflage: 6 720 000 Stück, davon 60 200 auf ETB

2012, 12. April. 225. Geburtstag von Joseph von Fraunhofer (1787–1826), Optiker und Physiker. 🄴 **Haufe, Fiedler; Odr. GDL, Folienblatt (2×5) und Einzelmarke aus Folienbogen; selbstklebend; gestanzt 10.**

dos I) Sonnenspektrum mit Fraunhofer-Linien

			★★	⊙	FDC
2929	90 (C) mehrfarbig . . . . dos I		1,80	1,80	2,80
		Folienblatt 23	26,—		
		ETB S1/2012*		12,—	

*) ETB S1/2012 mit MiNr. 2908, 2909, 2915, 2916, 2921–2922, 2923 und 2929, jeweils mit entsprechendem Ersttagssonderstempel.

Auflage: 130 169 500 Stück

In ähnlicher Zeichnung: MiNr. 2907

2012, 2. Mai. Fußball begeistert Deutschland. 🄴 **Klein, Neumann; Odr. BSP (Klb. 5×2); gez. K 13¾.**

dpi) Anhänger der Fußball-Nationalmannschaft beim „Public Viewing“

			★★	⊙	FDC
2930	55 (C) mehrfarbig . . . . dpi		1,10	1,10	2,20
		ETB 18/2012		1,40	
		Kleinbogen	11,—	11,—	

Auflage: 6 100 000 Stück, davon 60 200 auf ETB

In gleicher Zeichnung, jedoch selbstklebend: MiNr. 2936

2012, 2. Mai. Fachwerkbauten in Deutschland (III). 🄴 **Ziegenfeuter, Wustmann; Odr. BDB (Klb. 5×2); gez. S 13¾.**

dpk) Mitteldeutscher Fachwerkbau in Bad Münstereifel

			★★	⊙	FDC
2931	165 (C) mehrfarbig . . . . dpk		3,30	3,30	4,30
		ETB 19/2012		4,—	
		Kleinbogen	33,—	33,—	

Auflage: 7 980 000 Stück, davon 60 200 auf ETB

Weitere Ausgaben: MiNr. 2823–2824, 2861–2862, 2970

2012, 2. Mai. Umweltschutz: Abfall ist Rohstoff. 🄴 **Niemann; Odr. BSP (5×2); gez. K 13¾.**

dpl) Szene aus dem Märchen „Froschkönig“ mit Konservendose als Frosch

			★★	⊙	FDC
2932	55 + 25 (C) mehrfarbig GA . dpl		1,60	1,60	2,60
		ETB 20/2012		2,—	
		Kleinbogen	16,—	16,—	

Auflage: 877 500 Stück, davon 60 200 auf ETB

2012, 2. Mai. Europa: Besuche – Post: Ferien in Deutschland (IV). 🄴 **Voß-Acker; Odr. GDL (Klb. 2×5); gez. K 13½:13¾.**

dpm) Sommerferien

			★★	⊙	FDC
2933	55 (C) mehrfarbig . . . . dpm		1,10	1,10	2,20
		ETB 21/2012		1,40	
		Kleinbogen	11,—	11,—	

Auflage: 8 000 000 Stück, davon 60 200 auf ETB

Weitere Ausgaben: MiNr. 2904, 2917, 2923, 2953

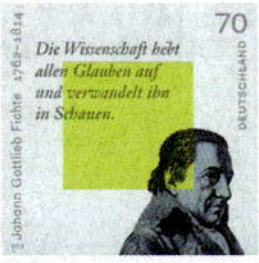

2012, 2. Mai. 250. Geburtstag von Johann Gottlieb Fichte. Ⓔ Wittig; Odr. BDB (Klb. 5×2); gez. S 13¾.

dpn) Johann Gottlieb Fichte (1762–1814), Philosoph

			★★	⊙	FDC
2934	70 (C) mehrfarbig	dpn	1,40	1,40	2,20
		ETB 22/2012		1,70	
		Kleinbogen	14,—	14,—	

Auflage: 6 390 000 Stück, davon 60 200 auf ETB

2012, 2. Mai. Leuchttürme (XIII). Ⓔ Graf; Odr. BSP, Folienstreifen aus Rollen; selbstklebend; gestanzt 11.

dnm) Arngast (erbaut 1910)

			★★	⊙	FDC
2935	55 (C) mehrfarbig	dnm	1,10	1,10	2,20
		Fünferstreifen	8,—		

ETB siehe nach MiNr. 2971

Auf der Trägerfolie befindet sich rückseitig bei jeder 5. Marke eine Zählnummer.

Auflage: 193 240 000 Stück

In gleicher Zeichnung, jedoch nassklebend: MiNr. 2878; weitere Werte siehe Übersichts- tabelle nach MiNr. 2410

2012, 2. Mai. Fußball begeistert Deutschland. Ⓔ Klein, Neumann; Odr. BSP, Markenheftchen und Einzelmarke aus Folienbogen; selbstklebend; gestanzt 10¾.

dpi) Anhänger der Fußball-Nationalmannschaft bei „Public Viewing“

			★★	⊙	FDC
2936	55 (C) mehrfarbig	dpi	1,10	1,10	2,20

ETB siehe nach MiNr. 2971

MiNr. 2936 stammt auch aus MH 88.

Auflage: 60 569 500 Stück

In gleicher Zeichnung, jedoch nassklebend: MiNr. 2930

2012, 14. Juni. Deutsche Malerei (VIII): Adolph Menzel. Ⓔ Schmidt; Odr. BSP (5×2); gez. K 13¾.

dpo) Das Balkonzimmer; Gemälde von Adolph Menzel (1815–1905), Maler, Zeichner und Illustrator

			★★	⊙	FDC
2937	260 (C) mehrfarbig	dpo	5,20	5,20	6,20
		ETB 23/2012		6,—	
		Kleinbogen	52,—	52,—	

Auflage: 7 650 000 Stück, davon 60 200 auf ETB

Weitere Ausgaben siehe Fußnote nach MiNr. 2437

2012, 14. Juni. 200 Jahre Grimms Märchen. Ⓔ Dimanski; Odr. BDB, Kleinbogen (Klb.) (5×2) und Rollen (R) (200); gez. S 13¾.

dpp) Innentitel der Originalausgabe „Kinder- und Hausmärchen“ (1812) der Brüder Jacob (1785–1863) und Wilhelm Grimm (1786–1859), Germanisten und Märchenforscher

			★★	⊙	FDC
2938	55 (C) mehrfarbig GA	dpp	1,10	1,10	2,20
		ETB 24/2012		1,40	
		MK 2/2012		4,—	
		Kleinbogen	11,—	11,—	

Waagerechtes Paar (aus Klb.):

	★★	⊙
2938/2938	2,20	2,20

Rollenmarke mit rückseitiger Nummer (R):

	Einzelm. ★★	Einzelm. ⊙	5er-Str. ★★
2938 R	2,40	2,40	8,—

Auflage: 12 980 000 Stück, davon 3 960 000 auf Rolle und 60 200 auf ETB

2012, 14. Juni. 150 Jahre Deutscher Chorverband. Ⓔ Dimanski; Odr. GDL (Klb. 5×2); gez. K 13¼.

dpr) Gemischter Chor

			★★	⊙	FDC
2939	85 (C) mehrfarbig	dpr	1,70	1,70	2,70
		ETB 25/2012		2,—	
		Kleinbogen	17,—	17,—	

Auflage: 4 150 000 Stück, davon 60 200 auf ETB

2012, 14. Juni. Pfälzer Hütte. Ⓔ Rogger; Odr. BDB (Klb. 2×5); gez. K 13½:13¾.

dps) Pfälzer Hütte (2108 m) auf dem Rätikon im Abendlicht

			★★	⊙	FDC
2940	75 (C) mehrfarbig	dps	1,50	1,50	2,50
		ETB 26/2012*)		1,80	
		Kleinbogen	15,—	15,—	

*) enthält zusätzlich die bildgleiche Marke Liechtenstein MiNr. 1628

Auflage: 4 777 000 Stück, davon 60 200 auf ETB

Parallelausgabe mit Liechtenstein MiNr. 1628

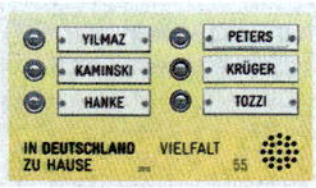

2012, 12. Juli. In Deutschland zu Hause (II): Vielfalt. Ⓔ Müller, Weiland; Odr. BSP (Klb. 2×5); gez. K 13½:13¾.

dpt) Klingelschild mit Familiennamen

			★★	⊙	FDC
2941	55 (C) mehrfarbig	dpt	1,10	1,10	2,20
		ETB 27/2012		1,40	
		Kleinbogen	11,—	11,—	

Auflage: 5 658 000 Stück, davon 60 200 auf ETB

2012, 12. Juli. Leuchttürme (XIV). Ⓔ Graf; Odr. BSP (Klb. 5×2); gez. K 13¾.

dpu) Kleiner Leuchtturm Borkum (erbaut 1888/89)

dpv) Kap Arkona, Schinkelturm (erbaut 1827) und Neuer Turm (erbaut 1894)

			★★	⊙	FDC
2942	45 (C) mehrfarbig	dpu	0,80	0,80	
2943	55 (C) mehrfarbig	dpv	1,—	1,—	
		Satzpreis (2 W.)	1,80	1,80	3,20
		ETB 28/2012		2,20	
		MK 3/2012 (mit MiNr. 2943)		4,—	
		Kleinbogensatz (2 Klb.)	18,—	18,—	

Auflagen: MiNr. 2942 = 6 320 000, MiNr. 2943 = 5 700 000 Stück, davon je 60 200 auf ETB

Weitere Werte siehe Übersichtstabelle nach MiNr. 2410

2012, 12. Juli. UNESCO-Welterbe (XXVI): Muskauer Park. Ⓔ **Dabrowska; Odr. BDB (Klb. 2×5); gez. S 13½.**

dpw) Fürst-Pückler-Park, Bad Muskau

			✶✶	⊙	FDC
2944	90 (C) mehrfarbig GA	. . . . . dpw	1,80	1,80	2,80
		ETB 29/2012*)		2,20	
		Kleinbogen	18,—	18,—	

*) enthält zusätzlich die bildgleiche Marke Polen MiNr. 4573

Auflage: 5 287 000 Stück, davon 60 200 auf ETB

Weitere Werte siehe Fußnote nach MiNr. 1447

Parallelausgabe mit Polen MiNr. 4573

2012, 12. Juli. Tierheime. Ⓔ **Okraj; Odr. GDL (Klb. 5×2); gez. K 13¾.**

dpx) Hund, Katze, Fisch (Fotocollage)

			✶✶	⊙	FDC
2945	145 (C) mehrfarbig	. . . . dpx	2,90	2,90	3,90
		ETB 30/2012		3,20	
		Kleinbogen	29,—	29,—	

Auflage: 5 210 000 Stück, davon 60 200 auf ETB

2012, 9. Aug. Jugend: Historische Dampflokomotiven. Ⓔ **Klein und Neumann; Odr. GDL (Klb. 2×5); gez. K 13¾:14.**

dpy) Schnellzuglokomotive S 3/6

dpz) Nebenbahnlokomotive PtL 2/2

dra) Güterzuglokomotive „Leopold Friedrich"

			✶✶	⊙
2946	55 + 25 (C) mehrfarbig GA	. . . . . . dpy	1,60	1,60
2947	90 + 40 (C) mehrfarbig GA	. . . . . . dpz	2,60	2,60
2948	145 + 55 (C) mehrfarbig GA	. . . . . . dra	4,—	4,—
		Satzpreis (3 W.)	8,—	8,—
		FDC		10,—
		ETB 31/2012		8,50
		Kleinbogensatz (3 Klb.)	80,—	80,—

Auflagen: MiNr. 2946 = 925 000, MiNr. 2947 = 840 000, MiNr. 2948 = 836 000 Stück, davon je 60 200 auf ETB

2012, 9. Aug. 1100. Geburtstag von Kaiser Otto dem Großen. Ⓔ **Kößlinger; Odr. BSP (Klb. 5×2); gez. K 13¾.**

drb) Otto I., der Große (912–973), römisch-deutscher Kaiser (reg. ab 951)

			✶✶	⊙	FDC
2949	45 (C) mehrfarbig GA	. . . . . . drb	0,90	0,90	1,90
		ETB 32/2012		1,20	
		Kleinbogen	9,—	9,—	

Auflage: 4 915 000 Stück, davon 60 200 auf ETB

2012, 9. Aug. 200 Jahre Gäubodenvolksfest, Straubing. Ⓔ **Steiner; Odr. GDL (Klb. 2×5); gez. K 13½:13¾.**

drc) Jahrmarkt mit Riesenrad, Uhrturm

			✶✶	⊙	FDC
2950	55 (C) mehrfarbig	. . . . drc	1,10	1,10	2,20
		ETB 33/2012		1,40	
		MK 4/2012		4,—	
		Kleinbogen	11,—	11,—	

Auflage: 5 680 000 Stück, davon 60 200 auf ETB

2012, 9. Aug. 100 Jahre Mittenwaldbahn. Ⓔ **Neumann; Odr. BDB (Klb. 2×5); gez. S 13½:13¾.**

drd) Zug auf dem Mittenwald-Viadukt

			✶✶	⊙	FDC
2951	75 (C) mehrfarbig	. . . . . . drd	1,50	1,50	2,50
		ETB 34/2012		1,80	
		Kleinbogen	15,—	15,—	

Auflage: 4 713 000 Stück, davon 60 200 auf ETB

2012, 13. Sept. Für uns Kinder. Ⓔ **Steiner; Odr. BSP (Klb. 5×2); gez. K 13¾.**

dre) Bunte Kinderwelt

			✶✶	⊙	FDC
2952	55 (C) mehrfarbig	. . . . dre	1,10	1,10	2,20
		ETB 35/2012		1,40	
		Kleinbogen	11,—	11,—	

Auflage: 5 720 000 Stück, davon 60 200 auf ETB

2012, 13. Sept. Post: Ferien in Deutschland (V). Ⓔ **Voß-Acker; Odr. GDL (Klb. 2×5); gez. K 13½:13¾.**

drf) Herbstferien

			✶✶	⊙	FDC
2953	55 (C) mehrfarbig	. . . . drf	1,10	1,10	2,20
		ETB 36/2012		1,40	
		Kleinbogen	11,—	11,—	

Auflage: 5 190 000 Stück, davon 60 200 auf ETB

Weitere Ausgaben: MiNr. 2904, 2917, 2923, 2933

2012, 13. Sept. Tag der Briefmarke: 100. Jahrestag des ersten amtlichen Postflugs in Deutschland. Ⓔ **Ehmke; Odr. BDB (Klb. 2×5); gez. S 13½:13¾.**

drg) Postkarte mit Marke Deutsches Reich MiNr. 70 und Flugpostsonderstempel

			✶✶	⊙	FDC
2954	55 (C) mehrfarbig GA	. . . . . . drg	1,10	1,10	2,20
		ETB 37/2012		1,40	
		Kleinbogen	11,—	11,—	

Auflage: 5 690 000 Stück, davon 60 200 auf ETB

2012, 13. Sept. 200 Jahre Deutsche Bibelgesellschaft. Ⓔ **Ehmke; Odr. BSP (Klb. 2×5); gez. K 13¾.**

drh) Aufgeschlagene Bibel

			✶✶	⊙	FDC
2955	85 (C) mehrfarbig	. . . . drh	1,70	1,70	2,70
		ETB 38/2012		2,—	
		Kleinbogen	17,—	17,—	

Auflage: 4 035 000 Stück, davon 60 200 auf ETB

2012, 13. Sept. 100 Jahre Deutsche Nationalbibliothek. Ⓔ **Korfmacher; Odr. GDL (Klb. 2×5); gez. K 13½:13¾.**

dri) Aufgeschlagenes Buch

			✶✶	⊙	FDC
2956	55 (C) mehrfarbig GA	. . . . dri	1,10	1,10	2,20
		ETB 39/2012		1,40	
		Kleinbogen	11,—	11,—	

Auflage: 6 035 000 Stück, davon 60 200 auf ETB

2012, 11. Okt. 100 Jahre Domowina – Bund Lausitzer Sorben. 🄴 **Kahane; Odr. BSP (Klb. 2×5); gez. K 13¾.**

drk) Vogelhochzeit

			★★	⊙	FDC
2957	145 (C) mehrfarbig	. . . . drk	2,90	2,90	3,90
		ETB 40/2012		3,20	
		Kleinbogen	29,—	29,—	

Auflage: 5 330 000 Stück, davon 60 200 auf ETB

2012, 11. Okt. 50. Jahrestag des Beginns des Zweiten Vatikanischen Konzils. 🄴 **Ahrens; Odr. GDL (Klb. 5×2); gez. K 13¾.**

drl) Die vier Konstitutionen

			★★	⊙	FDC
2958	45 (C) mehrfarbig	. . . . drl	0,90	0,90	1,90
		ETB 41/2012		1,20	
		Kleinbogen	9,—	9,—	

Auflage: 6 000 000 Stück, davon 60 200 auf ETB

2012, 11. Okt. Burgenensemble Drei Gleichen. 🄴 **Berkenbusch, Gralingen; Odr. BSP (Klb. 2×5); gez. K 13¾.**

drm) Burg Gleichen, Mühlburg und Wachsenburg

			★★	⊙	FDC
2959	55 (C) mehrfarbig	. . . . drm	1,10	1,10	2,20
		ETB 42/2012		1,30	
		MK 5/2012		4,—	
		Kleinbogen	11,—	11,—	

Auflage: 5 130 000 Stück, davon 60 200 auf ETB

2012, 11. Okt. Helmut Kohl. 🄴 **Mannstein; Odr. GDL (Klb. 2×5); gez. K 13¾.**

drn) Helmut Kohl (*1930), Politiker, Ehrenbürger Europas

			★★	⊙	FDC
2960	55 (C) mehrfarbig	. . . . drn	1,10	1,10	2,20
		ETB 43/2012		1,40	
		Kleinbogen	11,—	11,—	

Auflage: 5 085 000 Stück, davon 60 200 auf ETB

2012, 2. Nov. Weihnachten. 🄴 **Wolff; Odr. Enschedé (Klb. 2×5); gez. K 13:13½.**

dro) Kapelle bei Schloss Elmau im Winter

			★★	⊙	FDC
2961	55 + 25 (C) mehrfarbig GA	dro	1,60	1,60	2,60
		ETB 44/2012		1,90	
		Kleinbogen	16,—	16,—	

Auflage: 2 084 000 Stück, davon 60 200 auf ETB

In gleicher Zeichnung, jedoch selbstklebend: MiNr. 2966

2012, 2. Nov. 175. Jahrestag der Entlassung und Ausweisung der Göttinger Sieben. 🄴 **Klein und Neumann; Odr. GDL (Klb. 2×5); gez. K 13¾.**

drp) Professoren der Universität Göttingen, die sich 1837 gegen die Außerkraftsetzung der Verfassung durch König Ernst August I. im Königreich Hannover stellten

			★★	⊙	FDC
2962	55 (C) mehrfarbig	. . . . drp	1,10	1,10	2,20
		ETB 45/2012		1,40	
		Kleinbogen	11,—	11,—	

Auflage: 5 180 000 Stück, davon 60 200 auf ETB

2012, 2. Nov. 150. Geburtstag von Gerhart Hauptmann. 🄴 **Gassner; Odr. BSP (Klb. 2×5); gez. K 13¾.**

drr) Gerhart Hauptmann (1862–1946), Schriftsteller, Nobelpreis 1912

			★★	⊙	FDC
2963	55 (C) mehrfarbig	. . . . drr	1,10	1,10	2,20
		ETB 46/2012		1,40	
		Kleinbogen	11,—	11,—	

Auflage: 6 190 000 Stück, davon 60 200 auf ETB

2012, 2. Nov. Freimarke: Ziffernzeichnung. 🄴 **Klein, Neumann; Odr. Enschedé, Kleinbogen (Klb.) (5×2) und Rollen (R); gez. S 13¾:13½.**

drs) Ziffer

			★★	⊙	FDC
2964	3 (C) rosarot/schwarz GA	. . . drs	0,30	0,30	1,10
		Kleinbogen	3,—	3,—	
		ETB 47/2012 (mit Klb.)		3,—	

Waagerechtes Paar (aus Klb.):

		★★	⊙
2964/2964	. . . .	0,60	0,60

Rollenmarken mit rückseitiger Nummer (R):

		Einzelmarke ★★	Einzelmarke ⊙	5er-Streifen ★★
2964 R	. . . .	0,40	0,40	1,60

In gleicher Zeichnung: MiNr. 2967, 3042, 3045, 3188, 3196

2012, 2. Nov. 500 Jahre Sixtinische Madonna. 🄴 **Schmidt; Odr. mit teilw. Lacküberzug BSP, Markenheftchen und Einzelmarke aus Folienbogen; selbstklebend; gestanzt 10.**

dpa) Madonna mit Jesuskind; Gemälde von Raffael, eigentlich Raffaello Santi (1483–1520), italienischer Maler und Baumeister

			★★	⊙	FDC
2965	55 (C) mehrfarbig	. . . . dpa	1,10	1,10	2,20

ETB siehe nach MiNr. 2971

MiNr. 2965 stammt auch aus MH 90.

Auflage: 90 870 000 Stück

In gleicher Zeichnung, jedoch nassklebend: MiNr. 2919

2012, 2. Nov. Weihnachten. 🄴 **Wolff; Odr. Enschedé, Markenheftchen und Einzelmarke aus Folienbogen; selbstklebend; gestanzt 10.**

dro) Kapelle bei Schloss Elmau im Winter

			★★	⊙	FDC
2966	55 + 25 (C) mehrfarbig	. . dro	1,60	1,60	2,60

ETB siehe nach MiNr. 2971

MiNr. 2966 stammt auch aus MH 91.

Auflage: 3 650 000 Stück

In gleicher Zeichnung, jedoch nassklebend: MiNr. 2961

2012, 2. Nov. Freimarke: Ziffernzeichnung. Ⓔ **Klein, Neumann; Odr. Schwarz, Folienblatt (4×5) und Einzelmarke aus Folienbogen; selbstklebend; gestanzt 10.**

drs) Ziffer

			✱✱	⊙	FDC
2967	3 (C) rosarot/schwarz	. . . . . . drs	0,30	0,30	1,10
		Folienblatt 24	6,—		

ETB siehe nach MiNr. 2971

Auflage:

In gleicher Zeichnung: MiNr. 2964, 3042, 3045, 3188, 3196

2012, 6. Dez. Freimarken: Blumen (XXV). Ⓔ **Klein & Neumann; Odr. BDB, Kleinbogen (Klb.) (5×2) und Rollen (R); gez. S 14.**

drt) Rotblühende Kuhschelle (Pulsatilla vulgaris „Rubra")

dru) Prachtkerze (Gaura lindheimeri)

			✱✱	⊙	FDC
2968	58 (C) mehrfarbig GA	. . . . . . drt	1,20	1,20	2,20
2969	240 (C) mehrfarbig GA	. . . . . dru	4,80	4,80	5,80
		Satzpreis (2 W.)	6,—	6,—	7,—
		ETB 48/2012 mit MiNr. 2968		1,50	
		ETB 49/2012 mit MiNr. 2969		5,20	
		Kleinbogensatz (2 Klb.)	60,—	60,—	

Waagerechte Paare (aus Klb.):

	✱✱	⊙
2968/2968	2,40	2,40
2969/2969	9,60	9,60

Rollenmarken mit rückseitiger Nummer (R):

	Einzelmarken ✱✱	Einzelmarken ⊙	5er-Streifen ✱✱
2968 R	2,80	2,80	8,40
2969 R	7,50	7,50	28,—

Auflagen:

In gleicher Zeichnung wie MiNr. 2968, jedoch selbstklebend: MiNr. 2971; weitere Werte siehe Zusammenfassung nach Blockaufstellung

2012, 6. Dez. Fachwerkbauten in Deutschland (IV). Ⓔ **Ziegenfeuter, Wustmann; Odr. BDB, Kleinbogen (Klb.) (5×2) und Rolle (R) (200); gez. S 13¾.**

drv) Mitteldeutscher Fachwerkbau (16. Jh.), Dinkelsbühl

			✱✱	⊙	FDC
2970	58 (C) mehrfarbig GA	. . . . . . drv	1,20	1,20	2,20
		ETB 50/2012		1,50	
		MK 6/2012		14,—	
		Kleinbogen	12,—	12,—	

Waagerechtes Paar (aus Klb.):

	✱✱	⊙
2970/2970	2,40	2,40

Rollenmarke mit rückseitiger Nummer (R):

	Einzelmarke ✱✱	Einzelmarke ⊙	5er-Streifen ✱✱
2970 R	2,40	2,40	8,—

Auflage: 36 390 600 Stück, davon 20 390 600 auf Rolle und 60 200 auf ETB

Weitere Ausgaben: MiNr. 2823–2824, 2861–2862, 2931

Wasserzeichen

Wenn die Angabe eines Wasserzeichens (Wz.) fehlt, ist die Marke immer ohne Wz.

2012, 6. Dez. Freimarken: Blumen (XXVI). Ⓔ **Klein & Neumann; Odr. BDB, Folienstreifen aus Rollen; selbstklebend; gestanzt 10.**

drt) Rotblühende Kuhschelle (Pulsatilla vulgaris „Rubra")

			✱✱	⊙	FDC
2971	58 (C) mehrfarbig	. . . . drt	1,20	1,20	2,20
		Fünferstreifen	8,—		
		ETB S2/2012*		8,—	

*) ETB S2/2012 mit MiNr. 2935, 2936, 2965, 2966, 2967 und 2971, jeweils mit entsprechendem Ersttagssonderstempel.

Auf der Trägerfolie befindet sich rückseitig bei jeder 5. Marke eine Zählnummer.

Auflage:

In gleicher Zeichnung, jedoch nassklebend: MiNr. 2968; weitere Werte siehe Zusammenfassung nach Blockaufstellung

2013

2013, 2. Jan. Burgen und Schlösser (I). Ⓔ **Elsenbach, Fienbork; Odr. MiNr. 2972 GDL, MiNr. 2973 BSP (Klb. 2×5); gez. K 13¾.**

drw) Schloss Glücksburg (erbaut 1582–1587)

drx) Kaiserburg Nürnberg mit Sinwellturm (erbaut 12. Jh.)

			✱✱	⊙	FDC
2972	45 (C) mehrfarbig GA	. . . . . . drw	0,90	0,90	
2973	58 (C) mehrfarbig GA	. . . . . . drx	1,20	1,20	
		Satzpreis (2 W.)	2,—	2,—	3,50
		ETB 1/2013		2,40	
		MK 1/2013 (mit MiNr. 2972)		4,—	
		MK 2/2013 (mit MiNr. 2973)		4,—	
		Kleinbogensatz (2 Klb.)	20,—	20,—	

Auflagen:

In ähnlichen Zeichnungen: MiNr. 2978, 3016

2013, 2. Jan. Deutsche Malerei (IX). Ⓔ **Schmidt; Odr. GDL (Klb. 5×2); gez. K 13¾.**

dry) Die Rasenbleiche; Gemälde von Max Liebermann (1847–1935)

			✱✱	⊙	FDC
2974	240 (C) mehrfarbig GA	. . . . . dry	4,80	4,80	5,80
		ETB 2/2013		5,20	
		Kleinbogen	48,—	48,—	

Auflage:

In gleicher Zeichnung, jedoch selbstklebend: MiNr. 2979

2013, 2. Jan. Schätze aus deutschen Museen (I). Ⓔ **Klein, Neumann; Odr. BDB (Klb. 5×2); gez. S 13¾.**

drz) Nofretete-Büste im Ägyptischen Museum, Berlin

dsa) Rekcnstruiertes Ischtar-Tor von Babylon im Berliner Pergamonmuseum

			★★	⊙	FDC
2975	58 (C) mehrfarbig [GA]	. . . . . drz	1,20	1,20	
2976	145 (C) mehrfarbig [GA]	. . . . . dsa	2,90	2,90	
		Satzpreis (2 W.)	4,—	4,—	5,50
		ETB 3/2013		4,40	
		Kleinbogensatz (2 Klb.)	40,—	40,—	

Auflagen:

In gleichen Zeichnungen, jedoch selbstklebend: MiNr. 2994, 3002

2013, 2. Jan. 50 Jahre Elysée-Vertrag über die deutsch-französische Zusammenarbeit. [E] Serres; Odr. BSP (Klb. 2×5); gez. K 13¾.

dsb) Junges Paar blickt durch Fernglas mit Gläsern in den Nationalfarben; Grafik von Tomi Ungerer (*1931), französischer Illustrator

			★★	⊙	FDC
2977	75 (C) mehrfarbig [GA]	. . . . . . dsb	1,50	1,50	2,50
		ETB 4/2013*)		1,80	
		Kleinbogen	15,—	15,—	

*) enthält zusätzlich die bildgleiche Marke Frankreich MiNr. 5479

Auflage:

Parallelausgabe mit Frankreich MiNr. 5479

2013, 2. Jan. Burgen und Schlösser (II). [E] Elsenbach, Fienbork; Odr. BSP, Folienblatt (2×5) und Einzelmarke aus Folienbogen; selbstklebend; gestanzt 10.

drx I) Kaiserburg Nürnberg mit Sinwellturm (erbaut 12. Jh.)

			★★	⊙	FDC
2978	58 (C) mehrfarbig	. . . . drx I	1,20	1,20	2,20
		Folienblatt 25	16,—		

ETB siehe nach MiNr. 2996

Auflage:

In ähnlicher Zeichnung: MiNr. 2973

2013, 2. Jan. Deutsche Malerei (X). [E] Schmidt; Odr. GDL, Markenheftchen und Einzelmarke aus Folienbogen; selbstklebend; gestanzt 10¾.

dry) Die Rasenbleiche; Gemälde von Max Liebermann (1847–1935)

			★★	⊙	FDC
2979	240 (C) mehrfarbig	. . . . dry	4,80	4,80	5,80

MiNr. 2979 stammt auch aus MH 92.

ETB siehe nach MiNr. 2996

[PFI] Markenheftchen mit groberem Raster und damit unschärferem Druck, Größenabweichungen bei der Beschriftung und scharfkantigerer Stanzung

Auflage:

In gleicher Zeichnung, jedoch nassklebend: MiNr. 2974

2013, 7. Febr. Wohlfahrt: Blühende Bäume. [E] Voß-Acker; Odr. BDB (Klb. 2×5); gez. S 13¾:14.

dsc) Linde (Tilia sp.)

dsd) Vogelkirsche (Prunus avium)

dse) Weiße Rosskastanie (Aesculus hippocastanum)

				★★	⊙	FDC
2980	58	+ 27 (C) mfg. [GA]	. . . dsc	1,70	1,70	
2981	90	+ 40 (C) mfg. [GA]	. . . dsd	2,60	2,60	
2982	145	+ 55 (C) mfg. [GA]	. . . dse	4,—	4,—	
			Satzpreis (3 W.)	8,—	8,—	10,—
			ETB 5/2013		8,60	
			Kleinbogensatz (3 Klb.)	83,—	83,—	

Auflagen:

In gleicher Zeichnung wie MiNr. 2980, jedoch selbstklebend: MiNr. 2986

2013, 7. Febr. Deutschlands schönste Panoramen (I). [E] Klein, Neumann; Odr. GDL (Klb. 1×5 Zd); gez. K 13¾:14.

dsf dsg

dsf–dsg) Gendarmenmarkt, Berlin

			★★	⊙	FDC
2983	58 (C) mehrfarbig	. . . . dsf	1,20	1,20	
2984	58 (C) mehrfarbig [GA]	. . . . . . dsg	1,20	1,20	
		Satzpreis (Paar)	2,40	2,40	3,80
		ETB 6/2013		2,70	
		Zd-Kleinbogen	12,—	12,—	

MiNr. 2983–2984 wurden waagerecht zusammenhängend gedruckt.

Auflagen:

In ähnlichen Zeichnungen: MiNr. 2987–2988

2013, 7. Febr./1. Juli. 250 Jahre Frieden von Hubertusburg. [E] Wittig; Odr. BDB, Kleinbogen (Klb.) (5×2) und Rollen (R) (200); gez. S 13¾.

dsh) Schloss Hubertusburg, Ort der Unterzeichnung der Friedensverträge zwischen Preußen und Österreich sowie Preußen und Sachsen (1763)

			★★	⊙	FDC
2985	90 (C) mehrfarbig	. . . . dsh	1,80	1,80	2,80
		ETB 7/2013		2,20	
		Kleinbogen	18,—	18,—	

Waagerechtes Paar (aus Klb.):

		★★	⊙
2985/2985	. . . .	3,60	3,60

Rollenmarke mit rückseitiger Nummer (R):

			Einzelmarke ★★	Einzelmarke ⊙	5er-Streifen ★★
2985 R	(1.7.2013)	. . . .	2,—	2,—	10,—

Auflage:

2013, 7. Febr. Wohlfahrt: Blühende Bäume. [E] Voß-Acker; Odr. BDB, Markenheftchen und Folienstreifen aus Rollen; selbstklebend; gestanzt 11.

dsc) Linde (Tilia sp.)

			★★	⊙	FDC
2986	58 + 27 (C) mehrfarbig	. . . . dsc	1,70	1,70	2,70
		Fünferstreifen	8,50		

MiNr. 2986 stammt auch aus MH 93.

Auf der Trägerfolie der Rollenmarken befindet sich rückseitig bei jeder 5. Marke eine Zählnummer.

ETB siehe nach MiNr. 2996

Auflage:

In gleicher Zeichnung: MiNr. 2980

2013, 7. Febr. Deutschlands schönste Panoramen (II). ☐ **Klein, Neumann; Odr. GDL, Folienblatt (4×5) und Einzelmarken aus Folienbogen; selbstklebend; dreiseitig zähnungsähnlich gestanzt 11, einseitig ☐.**

dsf I dsg I

dsf I–dsg I) Gendarmenmarkt, Berlin

			✶✶	⊙	FDC
2987	58 (C) mehrfarbig	..... dsf I	1,20	1,20	
2988	58 (C) mehrfarbig	.... dsg I	1,20	1,20	
		Satzpreis (2 W.)	2,40	2,40	3,80
		Folienblatt 26	32,—		

MiNr. 2987–2988 wurden zusammen, paarweise angeordnet, im Folienblatt gedruckt.

ETB siehe nach MiNr. 2996

Auflagen:

In ähnlichen Zeichnungen: MiNr. 2983–2984

2013, 1. März. 350. Geburtstag von August Hermann Francke. ☐ **Leonardo; Odr. BSP (Klb. 5×2); gez. K 13¾.**

dsi) August Hermann Francke (1663–1727), evangelischer Theologe, Pädagoge und Kirchenlieddichter

			✶✶	⊙	FDC
2989	205 (C) mehrfarbig	.... dsi	4,10	4,10	5,20
		ETB 8/2013		4,40	
		Kleinbogen	41,—	41,—	

Auflage:

2013, 1. März. 200. Geburtstag von Friedrich Hebbel. ☐ **Hogrefe; Odr. BSP (Klb. 5×2); gez. K 13¾.**

dsk) Friedrich Hebbel (1813–1863), Dramatiker und Lyriker

			✶✶	⊙	FDC
2990	100 (C) mehrfarbig	.... dsk	2,—	2,—	3,—
		ETB 9/2013		2,30	
		Kleinbogen	20,—	20,—	

Auflage:

2013, 1. März. 50 Jahre Wettbewerb „Jugend musiziert". ☐ **Kahane; Odr. BDB (Klb. 5×2); gez. S 13¾.**

dsl) Cellistin

			✶✶	⊙	FDC
2991	58 (C) mehrfarbig	.... dsl	1,20	1,20	2,20
		ETB 10/2013		1,50	
		Kleinbogen	12,—	12,—	

Auflage:

2013, 1. März. Janosch-Zeichnungen. ☐ **Fiedler; Odr. GDL (Klb. 2×5); gez. K 13¾:14.**

dsm) Segelboot

dsn) Ostern

dsm–dsn) Zeichnungen von Janosch, eigentl. Horst Eckert (*1931), Kinderbuchautor

			✶✶	⊙	FDC
2992	45 (C) mehrfarbig GA	..... dsm	0,90	0,90	
2993	58 (C) mehrfarbig GA	..... dsn	1,20	1,20	
		Satzpreis (2 W.)	2,—	2,—	3,20
		ETB 11/2013		2,40	
		Kleinbogensatz (2 Klb.)	21,—	21,—	

Auflagen:

In ähnlichen Zeichnungen: MiNr. 2995–2996

2013, 1. März. Schätze aus deutschen Museen (II). ☐ **Klein, Neumann; Odr. BDB, Folienstreifen aus Rollen; selbstklebend; gestanzt 11½.**

drz) Nofretete-Büste im Ägyptischen Museum, Berlin

			✶✶	⊙	FDC
2994	58 (C) mehrfarbig	.... drz	1,20	1,20	2,20
		Fünferstreifen	6,—		

Auf der Trägerfolie befindet sich rückseitig bei jeder 5. Marke eine Zählnummer.

ETB siehe nach MiNr. 2996

Auflage:

In gleicher Zeichnung, jedoch nassklebend: MiNr. 2975

2013, 1. März. Janosch-Zeichnungen. ☐ **Fiedler; Odr. GDL, Folienblätter (2×5) und Einzelmarken aus Folienbogen; selbstklebend; gestanzt 10.**

dsm I) Segelboot

dsn I) Ostern

dsm I–dsn I) Zeichnungen von Janosch, eigentl. Horst Eckert (*1931), Kinderbuchautor

			✶✶	⊙	FDC
2995	45 (C) mehrfarbig	.... dsm I	0,90	0,90	
2996	58 (C) mehrfarbig	.... dsn I	1,20	1,20	
		Satzpreis (2 W.)	2,—	2,—	3,20
		Folienblatt 27 mit MiNr. 2995	13,—		
		Folienblatt 28 mit MiNr. 2996	16,—		
		ETB S1/2013*)		14,—	

*) ETB S1/2013 mit MiNr. 2978, 2979, 2986, 2987–2988, 2994 und 2995–2996, jeweils mit entsprechendem Ersttagssonderstempel.

Auflagen:

In ähnlichen Zeichnungen: MiNr. 2992–2993

2013, 4. April. 150 Jahre Allgemeiner Deutscher Arbeiterverein. ☐ **Serres; Odr. GDL (Klb. 5×2); gez. K 13¾.**

dso) Vereinsfahne

			✶✶	⊙	FDC
2997	145 (C) mehrfarbig	.... dso	2,90	2,90	3,90
		ETB 12/2013		3,30	
		Kleinbogen	29,—	29,—	

Auflage:

2013, 4. April. 150 Jahre Rotes Kreuz. ☐ **Göttrup; Odr. BDB (2×5); gez. S 13¾.**

dsp) Rotes Kreuz, Tätigkeitsbereiche

			✶✶	⊙	FDC
2998	58 (C) mehrfarbig GA	...... dsp	1,20	1,20	2,20
		ETB 13/2013		1,50	
		Kleinbogen	12,—	12,—	

Auflage:

2013, 4. April. 100 Jahre Deutsches Sportabzeichen. ⓔ Jünger; Odr. BSP (2×5); gez. K 13¾.

dsr) Goldenes Sportabzeichen als Nadel

		✱✱	⊙	FDC
2999	58 (C) mehrfarbig ....dsr	1,20	1,20	2,20
	ETB 14/2013		1,50	
	Kleinbogen	12,—	12,—	

Auflage:

2013, 4. April. 100 Jahre Möhnetalsperre. ⓔ Neumann; Odr. GDL (2×5); gez. K 13¾.

dss) Staumauer

		✱✱	⊙	FDC
3000	90 (C) mehrfarbig ....dss	1,80	1,80	2,80
	ETB 15/2013		2,10	
	Kleinbogen	18,—	18,—	

Auflage:

In ähnlicher Zeichnung: MiNr. 3009

2013, 4. April. 50 Jahre Fehmarnsundbrücke. ⓔ Birnbach; Odr. BSP (2×5); gez. K 13¾.

dst) Mittelteil der Netzwerkbogenbrücke

		✱✱	⊙	FDC
3001	75 (C) mehrfarbig GA ......dst	1,50	1,50	2,50
	ETB 16/2013		1,80	
	Kleinbogen	15,—	15,—	

Auflage:

In ähnlicher Zeichnung: MiNr. 3003

2013, 4. April. Schätze aus deutschen Museen (III). ⓔ Klein, Neumann; Odr. BDB, Folienstreifen aus Rollen; selbstklebend; gestanzt 11½.

dsa) Rekonstruiertes Ischtar-Tor von Babylon im Berliner Pergamonmuseum

		✱✱	⊙	FDC
3002	145 (C) mehrfarbig ....dsa	2,90	2,90	3,90
	Fünferstreifen	14,50		

Auf der Trägerfolie befindet sich rückseitig bei jeder 5. Marke eine Zählnummer.

ETB siehe nach MiNr. 3046

Auflage:

In gleicher Zeichnung, jedoch nassklebend: MiNr. 2976

2013, 4. April. 50 Jahre Fehmarnsundbrücke. ⓔ Birnbach; Odr. BSP, Folienblatt (2×5) und Einzelmarke aus Folienbogen; selbstklebend; gestanzt 10.

dst I) Mittelteil der Netzwerkbogenbrücke

		✱✱	⊙	FDC
3003	75 (C) mehrfarbig ....dst I	1,50	1,50	2,50
	Folienblatt 29	20,—		

ETB siehe nach MiNr. 3046

Auflage:

In ähnlicher Zeichnung: MiNr. 3001

2013, 2. Mai. Sporthilfe: Cartoons (I). ⓔ Stein, Schmidt; Odr. BDB (Klb. 2×5); gez. S 13½:13¾.

dsu) Sprintmaus

dsv) Surfmaus

dsw) Barrenmaus

dsu–dsw) Zeichnungen von Uli Stein, eigentlich Ulrich Steinfurth (*1946), Cartoonist

			✱✱	⊙
3004	58	+ 27 (C) mehrfarbig GA ......dsu	2,—	2,—
3005	90	+ 40 (C) mehrfarbig GA ......dsv	2,60	2,60
3006	145	+ 55 (C) mehrfarbig GA .....dsw	4,—	4,—
		Satzpreis (3 W.)	8,50	8,50
		FDC		11,—
		ETB 17/2013		8,60
		Kleinbogensatz (3 Klb.)	85,—	85,—

Auflagen:

2013, 2. Mai. Europa: Postfahrzeuge. ⓔ Gamroth; Odr. GDL (Klb. 2×5); gez. K 13½:13¾.

dsx) Lloyd-Paketzustellwagen (1908)

		✱✱	⊙	FDC
3007	58 (C) mehrfarbig GA ......dsx	1,20	1,20	2,20
	ETB 18/2013		1,50	
	Kleinbogen	12,—	12,—	

Auflage:

2013, 2. Mai. 200. Geburtstag von Richard Wagner. ⓔ Warbanow; Odr. BSP (Klb. 2×5); gez. K 13½:13¾.

dsy) Richard Wagner (1813–1883), Komponist

		✱✱	⊙	FDC
3008	58 (C) mehrfarbig ....dsy	1,20	1,20	2,20
	ETB 19/2013		1,50	
	Kleinbogen	12,—	12,—	

Auflage:

2013, 2. Mai. 100 Jahre Möhnetalsperre. ⓔ Neumann; Odr. GDL, Folienblatt (2×5) und Einzelmarke aus Folienbogen; selbstklebend; gestanzt 10.

dss I) Staumauer

		✱✱	⊙	FDC
3009	90 (C) mehrfarbig GA .....dss I	1,80	1,80	2,80
	Folienblatt 30	20,—		

ETB siehe nach MiNr. 3046

Auflage:

In ähnlicher Zeichnung: MiNr. 3000

Im Unterschied zu selbstklebenden Markenheftchen und Folienblättern weisen die Trägerfolien der selbstklebenden Einzelmarken aus Folienbogen unbedruckte Rückseiten auf. Für die Preisbewertung ist die Art der Trägerfolie nicht maßgebend.

2013, 6. Juni. Leuchttürme (XV). 🄴 **Graf; Odr. BSP (Klb. 5×2); gez. K 13¾.**

dsz) Leuchtturm Flügge, Insel Fehmarn (erbaut 1914/15)

dta) Leuchtturm Büsum (erbaut 1912/13)

				★★	⊙	FDC
3010	45 (C)	mehrfarbig	. . . . dsz	0,90	0,90	
3011	58 (C)	mehrfarbig	. . . . dta	1,20	1,20	
			Satzpreis (2 W.)	2,—	2,—	3,50
			ETB 20/2013		2,40	
			Kleinbogensatz (2 Klb.)	21,—	21,—	

Auflagen:

Weitere Werte siehe Übersichtstabelle nach MiNr. 2410

2013, 6. Juni. Deutsche Rosenschau, Forst (Lausitz). 🄴 **Serres; Odr. BDB, Kleinbogen (Klb.) (2×5) und Rollen (R) (200); gez. S 13¾.**

dtb) Impressionen aus dem Ostdeutschen Rosengarten, Forst (Lausitz)

				★★	⊙	FDC
3012	45 (C)	mehrfarbig	. . . . dtb	0,90	0,90	1,90
			ETB 21/2013		1,20	
			Kleinbogen	9,—	9,—	

Senkrechtes Paar (aus Klb.):

		★★	⊙
3012/3012	. . . .	1,80	1,80

Rollenmarke mit rückseitiger Nummer (R):

		Einzelmarken ★★	Einzelmarken ⊙	5er-Streifen ★★
3012 R	. . . .	1,—	1,—	4,60

Auflage:

2013, 6. Juni. 130 Jahre diplomatische Beziehungen mit Südkorea. 🄴 **Wittig (MiNr. 3013), Jae-Yong Shin (MiNr. 3014); Odr. GDL (Klb. 2×5); gez. K 13¾.**

dtc) Sonnentempel in der Eremitage, Bayreuth

dtd) Hyangwonjeong-Pavillon im Gyeongbokgung-Palast, Seoul

				★★	⊙	FDC
3013	75 (C)	mehrfarbig	. . . . dtc	1,50	1,50	
3014	150 (C)	mehrfarbig	. . . . dtd	3,—	3,—	
			Satzpreis (2 W.)	4,50	4,50	6,—
			ETB 22/2013*)		4,80	
			Kleinbogensatz (2 Klb.)	45,—	45,—	

*) enthält zusätzlich die bildgleichen Marken Südkorea MiNr. 2937–2938

Auflagen:

Parallelausgabe mit Südkorea MiNr. 2937–2938

2013, 6. Juni. Im Einsatz für Deutschland: Bundeswehr. 🄴 **Klein und Neumann; Odr. BDB (2×5); gez. S 13¾.**

dte) Bundeswehrsoldaten, Nationalflagge

				★★	⊙	FDC
3015	58 (C)	mehrfarbig	. . . . dte	1,20	1,20	2,20
			ETB 23/2013		1,50	
			Kleinbogen	12,—	12,—	

Auflage:

2013, 6. Juni. Burgen und Schlösser (III). 🄴 **Elsenbach, Fienbork; Odr. GDL, Folienblatt (2×5) und Einzelmarke aus Folienbogen; selbstklebend; gestanzt 10.**

drw I) Schloss Glücksburg (erbaut 1582–1587)

				★★	⊙	FDC
3016	45 (C)	mehrfarbig	. . . . drw I	0,90	0,90	2,—
			Folienblatt 31	13,—		

ETB siehe nach MiNr. 3046

Auflage:

In ähnlicher Zeichnung: MiNr. 2972

2013, 1. Juli. Wildes Deutschland (I). 🄴 **Ziegenfeuter; Odr. GDL (Klb. 2×5); gez. K 13¾.**

dtf) Nationalpark Berchtesgaden: Wimbachtal mit Hochkaltermassiv

dtg) Niedersächsisches Wattenmeer: Priele auf Spiekeroog

				★★	⊙	FDC
3017	58 (C)	mehrfarbig	. . . . dtf	1,20	1,20	
3018	58 (C)	mehrfarbig	. . . . dtg	1,20	1,20	
			Satzpreis (2 W.)	2,40	2,40	3,80
			ETB 24/2013		2,70	
			MK 3/2013 (mit MiNr. 3017)		4,—	
			Kleinbogensatz (2 Klb.)	24,—	24,—	

Auflagen:

Weitere Ausgaben: MiNr. 3059–3060, 3080–3081

2013, 1. Juli. 800 Jahre Dessau. 🄴 **Wittig, Ziemba; Odr. BDB (2×5); gez. S 13¾.**

dth) Flugzeug, Bauhaus-Gebäude

				★★	⊙	FDC
3019	45 (C)	mehrfarbig GA	. . . . . dth	0,90	0,90	1,90
			ETB 25/2013		1,20	
			Kleinbogen	9,—	9,—	

Auflage:

2013, 1. Juli. Gerhard Richter. 🄴 **Haase; Odr. BSP (2×5); gez. K 13¾.**

dti) Seestück; Gemälde von Gerhard Richter (*1932), Maler, Bildhauer und Fotograf

				★★	⊙	FDC
3020	145 (C)	mehrfarbig	. . . . dti	2,90	2,90	3,90
			ETB 26/2013		3,20	
			Kleinbogen	29,—	29,—	

Auflage:

In ähnlicher Zeichnung: MiNr. 3021

2013, 1. Juli. Gerhard Richter. 🄴 **Haase; Odr. BSP, Folienblatt (2×5) und Einzelmarke aus Folienbogen; selbstklebend; gestanzt 10.**

dti I) Seestück; Gemälde von Gerhard Richter (*1932), Maler, Bildhauer und Fotograf

				★★	⊙	FDC
3021	145 (C)	mehrfarbig	. . . . dti I	2,90	2,90	3,90
			Folienblatt 32	40,—		

ETB siehe nach MiNr. 3046

Auflage:

In ähnlicher Zeichnung: MiNr. 3020

2013, 18. Juli. Hilfe für die Hochwassergeschädigten. Ⓔ **Gottschall; Odr. BSP (Klb. 2×5); gez. K 13:13½.**

cby I) Wellen

		★★	⊙	FDC
3022	58 (C) + 42 (C) mfg. . . . cby I	2,—	2,—	3,—
	ETB 26 a/2013		2,30	
	Kleinbogen	20,—	20,—	

Auflage:

In gleicher und ähnlicher Zeichnung: MiNr. 1989, 2278

2013, 8. Aug. Jugend: Heimische Singvögel. Ⓔ **Warbanow; Odr. BSP (Klb. 2×5); gez. K 13¾.**

dtk) Stieglitz (Carduelis carduelis)

dtl) Gimpel (Pyrrhula pyrrhula)

dtm) Blaumeise (Parus caeruleus)

		★★	⊙	FDC
3023	58 + 27 (C) mfg. GA . . . . dtk	1,70	1,70	
3024	90 + 40 (C) mfg. GA . . . . dtl	2,60	2,60	
3025	145 + 55 (C) mfg. GA . . . dtm	4,—	4,—	
	Satzpreis (3 W.)	8,—	8,—	10,—
	ETB 27/2013		8,60	
	Kleinbogensatz (3 Klb.)	83,—	83,—	

Auflagen:

2013, 8. Aug. 100. Geburtstag von Julius Kardinal Döpfner (1913–1976). Ⓔ **Utikal und Gais; Odr. GDL (2×5); gez. K 13¾.**

dtn) Schriftband

		★★	⊙	FDC
3026	58 (C) mehrfarbig . . . . dtn	1,20	1,20	2,20
	ETB 28/2013		1,50	
	Kleinbogen	12,—	12,—	

Auflage:

2013, 5. Sept. Tag der Briefmarke: 175 Jahre Dampflokomotive „Saxonia". Ⓔ **Scheuner; Odr. BSP (2×5); gez. K 13¾.**

dto) Dampflokomotive „Saxonia" (1843) von Johann Andreas Schubert (1808–1870), Ingenieur und Unternehmer

		★★	⊙	FDC
3027	58 (C) + 27 (C) mfg. GA . . . dto	1,70	1,70	2,70
	ETB 29/2013		2,—	
	Kleinbogen	17,—	17,—	

Auflage:

2013, 5. Sept. Deutschlands schönste Panoramen (III). Ⓔ **Klein, Neumann; Odr. GDL (Klb. 1×5 Zd); gez. K 13¾.**

dtp

dtr

dtp–dtr) Stadtansicht von Heidelberg mit Alter Brücke über den Neckar, Schloss und Heiliggeistkirche

		★★	⊙	FDC
3028	58 (C) mehrfarbig GA . . . . . . dtp	1,20	1,20	
3029	58 (C) mehrfarbig GA . . . . . . dtr	1,20	1,20	
	Satzpreis (Paar)	2,40	2,40	3,80
	ETB 30/2013		2,70	
	MK 4/2013		4,—	
	Zd-Kleinbogen	12,—	12,—	

Auflagen:

2013, 5. Sept. 200 Jahre Skat. Ⓔ **Niemann; Odr. BDB (2×5); gez. S 13¾.**

dts) Dame, König und Bube spielen Skat

		★★	⊙	FDC
3030	90 (C) mehrfarbig GA . . . . . . dts	1,80	1,80	2,80
	ETB 31/2013		2,20	
	Kleinbogen	18,—	18,—	

Auflage:

2013, 10. Okt. 200. Geburtstag von Georg Büchner. Ⓔ **Stangl; Odr. BSP (5×2); gez. K 13¾.**

dtt) Steckbrief zur Fahndung nach Georg Büchner (1813–1837), Schriftsteller und Naturwissenschaftler

		★★	⊙	FDC
3031	58 (C) mehrfarbig . . . . dtt	1,20	1,20	2,20
	ETB 32/2013		1,50	
	Kleinbogen	12,—	12,—	

Auflage:

2013, 10. Okt. 200. Geburtstag von Ludwig Leichhardt. Ⓔ **Domoney, Weiland; Odr. BDB (2×5); gez. S 13¾.**

dtu) Ludwig Leichhardt (1813–1848), Entdecker, Zoologe, Botaniker und Geologe

		★★	⊙	FDC
3032	75 (C) mehrfarbig . . . . dtu	1,50	1,50	2,50
	ETB 33/2013*)		1,80	
	Kleinbogen	15,—	15,—	

*) enthält zusätzlich die bildgleiche Marke Australien MiNr. 4035

Auflage:

Parallelausgabe mit Australien MiNr. 4035

2013, 10. Okt. 100 Jahre Völkerschlachtdenkmal, Leipzig. Ⓔ **Grahl und Menze; Odr. GDL (5×2); gez. K 13¾.**

dtv) Völkerschlachtdenkmal, erbaut von Christian Behrens (1852–1905) und Franz Metzner (1870–1919) nach Entwürfen von Bruno Schmitz (1858–1916)

		★★	⊙	FDC
3033	45 (C) mehrfarbig . . . . dtv	0,90	0,90	1,90
	ETB 34/2013		1,20	
	MK 5/2013		4,—	
	Kleinbogen	9,—	9,—	

Auflage:

2013, 10. Okt. Freimarke: Blumen (XXVII). 🄴 **Klein & Neumann; Odr. Schwarz-Druck, Folienblatt (5×2) und Einzelmarken aus Folienbogen; selbstklebend; gestanzt 10.**

dao) Tränendes Herz (Dicentra spectabilis)

		★★	⊙	FDC
3034	100 (C) mehrfarbig . . . . dao	2,—	2,—	3,—
	Folienblatt 33	23,—		

ETB siehe nach MiNr. 3046

Auflage:

In gleicher Zeichnung, jedoch nassklebend: MiNr. 2547; weitere Werte siehe Zusammenfassung nach Blockaufstellung

2013, 2. Nov. Weihnachten. 🄴 **Kahane; Odr. BDB (5×2); gez. S 13¾.**

dtw) Stern von Bethlehem

		★★	⊙	FDC
3035	58 + 27 (C) mehrfarbig GA dtw	1,70	1,70	2,70
	ETB 35/2013		2,—	
	Kleinbogen	17,—	17,—	

Auflage:

In gleicher Zeichnung, jedoch selbstklebend: MiNr. 3040

2013, 2. Nov. 125. Jahrestag der Veröffentlichung der Abhandlung „Über Strahlen elektrischer Kraft“ von Heinrich Hertz (1857 bis 1894), Physiker. 🄴 **Poschauko; Odr. BSP (5×2); gez. K 14:13¾.**

dtx) Elektromagnetische Wellen

		★★	⊙	FDC
3036	58 (C) mehrfarbig . . . . dtx	1,20	1,20	2,20
	ETB 36/2013		1,50	
	Kleinbogen	12,—	12,—	

Auflage:

2013, 2. Nov. 100. Geburtstag von Willy Brandt. 🄴 **Wulff; Odr. BDB (2×5); gez. S 13¾.**

dty) Willy Brandt (1913–1992), Politiker, Friedensnobelpreis 1971

		★★	⊙	FDC
3037	58 (C) mehrfarbig GA . . . . . . dty	1,20	1,20	2,20
	ETB 37/2013		1,50	
	MK 6/2013		4,—	
	Kleinbogen	12,—	12,—	

Auflage:

2013, 2. Nov. 100. Jahrestag der Verleihung des Professorentitels an Rahel Hirsch. 🄴 **Mayfried; Odr. BSP (2×5); gez. K 13¾.**

dtz) Rahel Hirsch (1870–1953), Ärztin, erste Professorin

		★★	⊙	FDC
3038	145 (C) mehrfarbig . . . . dtz	2,90	2,90	3,90
	ETB 38/2013		3,20	
	Kleinbogen	29,—	29,—	

Auflage:

2013, 2. Nov. Winterstimmung. 🄴 **Elsenbach; Odr. GDL (5×2); gez. K 14.**

dua) Weihnachtsbaum in Winterlandschaft

		★★	⊙	FDC
3039	58 (C) mehrfarbig GA . . . . . . dua	1,20	1,20	2,20
	ETB 39/2013		1,50	
	Kleinbogen	12,—	12,—	

Auflage:

In gleicher Zeichnung, jedoch selbstklebend: MiNr. 3041

2013, 2. Nov. Weihnachten. 🄴 **Kahane; Odr. BDB, Markenheftchen und Einzelmarke aus Folienbogen; selbstklebend; gestanzt 10¼.**

dtw) Stern von Bethlehem

		★★	⊙	FDC
3040	58 + 27 (C) mehrfarbig . . dtw	1,70	1,70	2,70

MiNr. 3040 stammt aus MH 94.

ETB siehe nach MiNr. 3046

Auflage:

In gleicher Zeichnung, jedoch nassklebend: MiNr. 3035

2013, 2. Nov. Winterstimmung. 🄴 **Elsenbach; Odr. GDL, Markenheftchen und Einzelmarke aus Folienbogen; selbstklebend; gestanzt 11½.**

dua) Weihnachsbaum in Winterlandschaft

		★★	⊙	FDC
3041	58 (C) mehrfarbig . . . . dua	1,20	1,20	2,20

MiNr. 3041 stammt aus MH 95.

ETB siehe nach MiNr. 3046

Auflage:

In gleicher Zeichnung, jedoch nassklebend: MiNr. 3039

2013, 5. Dez. Freimarke: Ziffernzeichnung. 🄴 **Klein, Neumann; Odr. Enschedé (Klb. 5×2) und Rollen (R); gez. S 14.**

drs) Ziffer

		★★	⊙	FDC
3042	2 (C) grün/schwarz GA . . . . . drs	0,30	0,30	1,10
	Kleinbogen	3,—	3,—	
	ETB 40/2013 (mit Klb.)		0,90	

Waagerechtes Paar (aus Klb.):

	★★	⊙
3042/3042	0,60	0,60

Rollenmarken mit rückseitiger Nummer (R):

	Einzelmarken ★★	Einzelmarken ⊙	5er-Streifen ★★
3042 R	0,40	0,40	1,60

In gleicher Zeichnung: MiNr. 2964, 2967, 3045, 3188, 3196

2013, 5. Dez. Freimarke: Blumen (XXVIII). Ⓔ **Klein & Neumann; Odr. BDB, Kleinbogen (Klb.) (5×2) und Rollen (R); gez. S 14.**

dub) Kaiserkrone (Fritillaria imperialis)

			★★	⊙	FDC
3043	60 (C) mehrfarbig GA . . . . . . dub		1,20	1,20	2,20
		ETB 41/2013		1,50	
		Kleinbogen	12,—	12,—	

Waagerechtes Paar (aus Klb.):

	★★	⊙
3043/3043	2,40	2,40

Rollenmarke mit rückseitiger Nummer (R):

	Einzelmarken ★★	Einzelmarken ⊙	5er-Streifen ★★
3043 R	1,30	1,30	6,20

Auflage:

In gleicher Zeichnung, jedoch selbstklebend: MiNr. 3046; weitere Werte siehe Zusammenfassung nach Blockaufstellung

2013, 5. Dez. Trauermarke (III). Ⓔ **Gröttrup; Odr. BDB (2×5); gez. S 13½:13¾.**

duc) Wolkenhimmel

			★★	⊙	FDC
3044	60 (C) mehrfarbig . . . . duc		1,20	1,20	2,20
		ETB 42/2013		1,50	
		Kleinbogen	12,—	12,—	

Auflage:

Weitere Ausgaben: MiNr. 2894, 2920

2013, 5. Dez. Freimarke: Ziffernzeichnung. Ⓔ **Klein, Neumann; Odr. GDL, Folienblatt (4×5) und Einzelmarke aus Folienbogen; selbstklebend; gestanzt 9½:10.**

drs) Ziffer

			★★	⊙	FDC
3045	2 (C) grün/schwarz . . . . drs		0,30	0,30	1,10
		Folienblatt 34	6,—		

ETB siehe nach MiNr. 3046

Auflage:

In gleicher Zeichnung: MiNr. 2964, 2967, 3042, 3188, 3196

2013, 5. Dez. Freimarke: Blumen (XXIX). Ⓔ **Klein & Neumann; Odr. mit teilw. Lacküberzug BSP, Folienblatt (5×2) und Folienstreifen aus Rollen; selbstklebend; gestanzt 10½:10.**

dub) Kaiserkrone (Fritillaria imperialis)

			★★	⊙	FDC
3046	60 (C) mehrfarbig . . . . dub		1,20	1,20	2,20
		Folienblatt 35	17,—		
		Fünferstreifen	6,—		
		ETB S2/2013*)		15,—	

*) ETB S2/2013 mit MiNr. 3002, 3003, 3009, 3016, 3021, 3034, 3040, 3041, 3045 und 3046, jeweils mit entsprechendem Ersttagssonderstempel.

Auf der Trägerfolie der Rollenmarke befindet sich rückseitig bei jeder 5. Marke eine Zählnummer.

Auflage:

In gleicher Zeichnung, jedoch nassklebend: MiNr. 3043; weitere Werte siehe Zusammenfassung nach Blockaufstellung

2014

2014, 2. Jan. Tierbabys (I). Ⓔ **Elsenbach und Fienbork; Odr. GDL (Klb. 2×5); gez. K 13¾.**

dud) Rotfuchs (Vulpes vulpes)

due) Europäischer Igel (Erinaceus europaeus)

			★★	⊙	FDC
3047	60 (C) mehrfarbig . . . . dud		1,20	1,20	
3048	60 (C) mehrfarbig GA . . . . . . due		1,20	1,20	
		Satzpreis (2 W.)	2,40	2,40	3,80
		ETB 1/2014		2,70	
		Kleinbogensatz (2 Klb.)	24,—	24,—	

Auflagen:

In ähnlichen Zeichnungen: MiNr. 3053–3054

2014, 2. Jan. Burgen und Schlösser (IV). Ⓔ **Elsenbach; Odr. BSP (2×5); gez. K 13¾.**

duf) Schloss Stolzenfels am Rhein

			★★	⊙	FDC
3049	75 (C) mehrfarbig GA . . . . . . duf		1,50	1,50	2,50
		ETB 2/2014		1,80	
		MK 1/2014		4,—	
		Kleinbogen	15,—	15,—	

Auflage:

2014, 2. Jan. UNESCO-Welterbe (XXVII): 1250 Jahre Kloster Lorsch. Ⓔ **Scheuner; Odr. BDB (5×2); gez. S 13¾.**

dug) Kloster Lorsch

			★★	⊙	FDC
3050	60 (C) mehrfarbig GA . . . . . . dug		1,20	1,20	2,20
		ETB 3/2014		1,50	
		Kleinbogen	12,—	12,—	

Auflage:

In gleicher Zeichnung, jedoch selbstklebend: MiNr. 3055; weitere Ausgaben siehe Fußnote nach MiNr. 1447

2014, 2. Jan. Wiederansiedlung von Fischarten (I). Ⓔ **Müller; Odr. GDL (2×5); gez. K 13¾.**

duh) Atlantischer Lachs (Salmo salar)

			★★	⊙	FDC
3051	45 (C) mehrfarbig . . . . duh		0,90	0,90	1,90
		ETB 4/2014		1,20	
		Kleinbogen	9,—	9,—	

Auflage:

2014, 2. Jan. UNESCO-Welterbe (XXVIII): Alte Buchenwälder Deutschlands. Ⓔ **Serres; Odr. BDB (5×2); gez. S 13¾.**

dui) Buchenwald

			**	⊙	FDC
3052	145 (C) mehrfarbig GA	..... dui	2,90	2,90	3,90
		ETB 5/2014		3,20	
		Kleinbogen	29,—	29,—	

Auflage:

In gleicher Zeichnung, jedoch selbstklebend: MiNr. 3087; weitere Ausgaben siehe Fußnote nach MiNr. 1447

2014, 2. Jan. Tierbabys (II). Ⓔ Elsenbach und Fienbork Odr. GDL, Folienblatt (4×5) und Einzelmarken aus Folienbogen; selbstklebend; gestanzt 9¾.

dud I) Rotfuchs (Vulpes vulpes)

due I) Europäischer Igel (Erinaceus europaeus)

			**	⊙	FDC
3053	60 (C) mehrfarbig	.... dud I	1,20	1,20	
3054	60 (C) mehrfarbig	.... due I	1,20	1,20	
		Satzpreis (2 W.)	2,40	2,40	3,80
		Folienblatt 36	34,—		

MiNr. 3053–3054 wurden zusammen, paarweise angeordnet, im Folienblatt gedruckt.

ETB siehe nach MiNr. 3074.

Auflagen:

In ähnlichen Zeichnungen: MiNr. 3047–3048

2014, 2. Jan. UNESCO-Welterbe (XXIX): 1250 Jahre Kloster Lorsch. Odr. BDB, Folienstreifen aus Rollen; selbstklebend; gestanzt 10¼.

dug) Kloster Lorsch

			**	⊙	FDC
3055	60 (C) mehrfarbig	.... dug	1,20	1,20	2,20
		Fünferstreifen	6,—		

Auf der Trägerfolie befindet sich rückseitig bei jeder 5. Marke eine Zählnummer.

ETB siehe nach MiNr. 3074.

Auflage:

In gleicher Zeichnung, jedoch nassklebend: MiNr. 3050; weitere Werte siehe Fußnote nach MiNr. 1447.

2014, 6. Febr. Wohlfahrt: Grimms Märchen (I) – Hänsel und Gretel. Ⓔ Grahl und Menze; Odr. BDB (Klb. 5×2); gez. S 13¾.

duk) Die Kinder im Wald

dul) Bei der Hexe

dum) Glückliches Ende

duk–dum) Illustrationen zum Märchen „Hänsel und Gretel" von Jacob (1785–1863) und Wilhelm Grimm (1786–1859), Germanisten und Märchenforscher

				**	⊙	FDC
3056	60	+ 30 (C) mfg. GA	... duk	2,—	2,—	
3057	90	+ 40 (C) mfg. GA	.... dul	2,60	2,60	
3058	145	+ 55 (C) mfg. GA	... dum	4,—	4,—	
			Satzpreis (3 W.)	8,50	8,50	10,—
			ETB 6/2014		8,70	
			Kleinbogensatz (3 Klb.)	85,—	85,—	

Auflagen:

In gleicher Zeichnung wie MiNr. 3056, jedoch selbstklebend: MiNr. 3061

2014, 6. Febr. Wildes Deutschland (II). Ⓔ Ziegenfeuter; Odr. BSP (Klb. 2×5); gez. K 13¾.

dun) Flussaue im Unteren Odertal

duo) Teufelstisch bei Hinterweidenthal, Pfälzerwald

			**	⊙	FDC
3059	60 (C) mehrfarbig	.... dun	1,20	1,20	
3060	60 (C) mehrfarbig	.... duo	1,20	1,20	
		Satzpreis (2 W.)	2,40	2,40	3,80
		ETB 7/2014		2,70	
		MK 2/2014 (mit MiNr. 3059)		4,—	
		Kleinbogensatz (2 Klb.)	24,—	24,—	

Auflagen:

In ähnlichen Zeichnungen: MiNr. 3080–3081; weiter Ausgaben: MiNr. 3017–3018

2014, 6. Febr. Wohlfahrt: Grimms Märchen (II) – Hänsel und Gretel. Ⓔ Grahl und Menze; Odr. BDB, Markenheftchen und Folienstreifen aus Rollen; selbstklebend; gestanzt 10¼.

duk) Die Kinder im Wald

				**	⊙	FDC
3061	60	+ 30 (C) mehrfarbig	... duk	1,80	1,80	2,80
			Fünferstreifen	9,—		

Auf der Trägerfolie befindet sich rückseitig bei jeder 5. Marke eine Zählnummer.

ETB siehe nach MiNr. 3074.

MiNr. 3061 stammt auch aus MH 96.

Auflage:

In gleicher Zeichnung, jedoch nassklebend: MiNr. 3056

2014, 1. März. Burgen und Schlösser (V). Ⓔ Elsenbach; Odr. BDB (2×5); gez. S 13¾.

dup) Albrechtsburg, Meißen

			**	⊙	FDC
3062	90 (C) mehrfarbig	.... dup	1,80	1,80	2,80
		ETB 8/2014		2,20	
		MK 3/2014		4,—	
		Kleinbogen	18,—	18,—	

Auflage:

2014, 1. März. Gaymann-Zeichnungen. Ⓔ Fiedler Odr. BSP (2×5); gez. K 13¾.

dur) Der Ostereientwurf

dus) Das Ostergeschenk

dur–dus) Zeichnungen von Peter Gaymann (*1950), Cartoonist und Schriftsteller

			**	⊙	FDC
3063	45 (C) mehrfarbig GA	...... dur	0,90	0,90	
3064	60 (C) mehrfarbig GA	...... dus	1,20	1,20	
		Satzpreis (2 W.)	2,10	2,10	3,50
		ETB 9/2014		2,40	
		Kleinbogensatz (2 Klb.)	21,—	21,—	

Auflage:

In ähnlicher Zeichnung wie MiNr. 3064: MiNr. 3066

2014, 1. März. Evangelische Posaunenchöre. ⓔ Oesterlee; Odr. GDL (5×2); gez. K 14.

dut) Posaunisten

			✱✱	⊙	FDC
3065	215 (C) mehrfarbig	.... dut	4,30	4,30	5,30
		ETB 10/2014		4,60	
		Kleinbogen	43,—	43,—	

Auflage:

2014, 1. März. Gaymann-Zeichnungen. ⓔ Fiedler; Odr. BSP, Folienblatt (2×5) und Einzelmarke aus Folienbogen; selbstklebend; gestanzt 10.

dus I) Das Ostergeschenk

			✱✱	⊙	FDC
3066	60 (C) mehrfarbig	.... dus I	1,20	1,20	1,50
		Folienblatt 37	17,—		

ETB siehe nach MiNr. 3074.

Auflage:

In ähnlicher Zeichnung: MiNr. 3064

2014, 3. April. Umweltschutz: Wasser ist Leben. ⓔ Wagenbreth; Odr. BSP (5×2); gez. K 13¾.

duu) Gefahren der Wasserverschmutzung

			✱✱	⊙	FDC
3067	60 + 30 (C) mfg. GA	...... duu	1,80	1,80	2,80
		ETB 11/2014		2,20	
		Kleinbogen	18,—	18,—	

Auflage:

2014, 3. April. Deutschlands schönste Panoramen (IV). ⓔ Klein, Neumann; Odr. GDL (Klb. 1×5 Zd); gez. K 13¾.

duv
duw

duv–duw) Blick über die Elbe auf die historische Innenstadt Dresdens

			✱✱	⊙	FDC
3068	45 (C) mehrfarbig GA	...... duv	0,90	0,90	
3069	45 (C) mehrfarbig GA	..... duw	0,90	0,90	
		Satzpreis (Paar)	1,80	1,80	2,80
		ETB 12/2014		2,20	
		Zd-Kleinbogen	9,—	9,—	

Auflagen:

In ähnlichen Zeichnungen: MiNr. 3073–3074

2014, 3. April. 175 Jahre deutsche Ferneisenbahn. ⓔ Kahane; Odr. BDB, Kleinbogen (Klb.) (2×5) und Rolle (R) (200); gez. S 13¾.

dux) Historischer Zug auf Brücke

			✱✱	⊙	FDC
3070	145 (C) mehrfarbig	.... dux	2,90	2,90	3,90
		ETB 13/2014		3,20	
		Kleinbogen	29,—	29,—	

Senkrechtes Paar (aus Klb.):

		✱✱	⊙
3070/3070	....	5,80	5,80

Rollenmarke mit rückseitiger Nummer (R):

		Einzelmarke ✱✱	Einzelmarke ⊙	5er-Streifen ✱✱
3070 R	....	3,—	3,—	15,—

Bei der Produktion von MiNr. 3070 wurde ein erheblicher Teil der Rollenmarkenauflage mit verschobenem Perforationswerkzeug gezähnt; die Marken weisen links und rechts zwei weiße Balken zu je 2 mm Breite statt links einen Balken zu 4 mm Breite auf.

Auflage:

2014, 3. April. 150. Geburtstag von Max Weber. ⓔ Klein, Neumann; Odr. BSP (5×2); gez. K 13¾.

duy) Max Weber (1864–1920), Soziologe, Jurist und Nationalökonom

			✱✱	⊙	FDC
3071	60 (C) mehrfarbig	.... duy	1,20	1,20	2,20
		ETB 14/2014		1,50	
		Kleinbogen	12,—	12,—	

Auflage:

2014, 3. April. 50 Jahre „Aktion Mensch“. ⓔ Dimanski; Odr. GDL (2×5); gez. K 13¾.

duz) Zeichnerische Umsetzung des Mottos „Das Wir gewinnt“

			✱✱	⊙	FDC
3072	60 (C) mehrfarbig	.... duz	1,20	1,20	2,20
		ETB 15/2014		1,50	
		Kleinbogen	12,—	12,—	

Auflage:

2014, 3. April. Deutschlands schönste Panoramen (V). ⓔ Klein, Neumann; Odr. GDL, Folienblatt (2×5) und Einzelpaare aus Folienbogen; selbstklebend; dreiseitig zähnungsähnlich gestanzt 11, einseitig □.

duv I
duw I

duv I–duw I) Blick über die Elbe auf die historische Innenstadt Dresdens

			✱✱	⊙	FDC
3073	45 (C) mehrfarbig (⌑)	.... duv I	0,90	0,90	
3074	45 (C) mehrfarbig (⌑)	.... duw I	0,90	0,90	
		Satzpreis (2 W.)	1,80	1,80	3,20
		Folienblatt 38	13,—		
		ETB S1/2014*)		14,—	

*) ETB S1/2014 mit MiNr. 3053–3054, 3055, 3061, 3066, und 3073–3074, jeweils mit entsprechendem Ersttagssonderstempel.

MiNr. 3073–3074 wurden zusammen, paarweise angeordnet, im Folienblatt und im Folienbogen gedruckt.

Auflagen:

In ähnlichen Zeichnungen: MiNr. 3068–3069

Notizen:

2014, 8. Mai. Sporthilfe: Cartoons (II). 🄴 **Stein, Schmidt; Odr. BDB (Klb. 5×2); gez. S 14.**

dva) Pokalmaus

dvb) Jubelmaus

dvc) Siegermaus

dva–dvc) Zeichnungen von Uli Stein, eigentlich Ulrich Steinfurth (*1946), Cartoonist

				★★	⊙	FDC
3075	60	+ 30 (C) mfg. GA	... dva	2,—	2,—	
3076	90	+ 40 (C) mfg. GA	... dvb	2,60	2,60	
3077	145	+ 55 (C) mfg. GA	... dvc	4,—	4,—	
			Satzpreis (3 W.)	8,50	8,50	10,—
			ETB 16/2014		8,70	
			Kleinbogensatz (3 Klb.)	85,—	85,—	

Auflagen:

2014, 8. Mai. Europa: Volksmusikinstrumente. 🄴 **Clausing; Odr. BSP (2×5); gez. K 13¾.**

dvd) Klarinette

			★★	⊙	FDC
3078	60 (C) mehrfarbig GA	...... dvd	1,20	1,20	2,20
		ETB 17/2014		1,50	
		Kleinbogen	12,—	12,—	

Auflage:

2014, 8. Mai. 250. Geburtstag von Johann Gottfried Schadow. 🄴 **Birnbach; Odr. GDL (5×2); gez. K 13¾.**

dve) Doppeltes Frauenporträt von Johann Gottfried Schadow (1764–1850), Grafiker und Bildhauer

			★★	⊙	FDC
3079	60 (C) mehrfarbig GA	...... dve	1,20	1,20	2,20
		ETB 18/2014		1,50	
		Kleinbogen	12,—	12,—	

Auflage:

2014, 8. Mai. Wildes Deutschland (III). 🄴 **Ziegenfeuter; Odr. BSP, Folienblatt (2×5) und Einzelmarken aus Folienbogen; selbstklebend; gestanzt 9¾.**

dun I) Flussaue im Unteren Odertal

duo I) Teufelstisch bei Hinterweidenthal, Pfälzerwald

			★★	⊙	FDC
3080	60 (C) mehrfarbig	.... dun I	1,20	1,20	
3081	60 (C) mehrfarbig	.... duo I	1,20	1,20	
		Satzpreis (2 W.)	2,40	2,40	3,80
		Folienblatt 39	17,—		

MiNr. 3080–3081 wurden zusammen, paarweise angeordnet, im Folienblatt gedruckt.

ETB siehe nach MiNr. 3121.

Auflagen:

In ähnlichen Zeichnungen: MiNr. 3059–3060; weitere Ausgaben: MiNr. 3017–3018

2014, 5. Juni. Freimarke: Blumen (XXX). 🄴 **Klein & Neumann; Odr. BDB, Kleinbogen (Klb.) (5×2) und Rollen (R); gez. S 14.**

dvf) Akelei „Crimson Star“ (Aquilegia caerulea)

			★★	⊙	FDC
3082	180 (C) mehrfarbig GA	..... dvf	3,60	3,60	4,60
		ETB 19/2014		4,—	
		Kleinbogen	36,—	36,—	

Waagerechtes Paar (aus Klb.):

	★★	⊙
3082/3082	7,20	7,20

Rollenmarke mit rückseitiger Nummer (R):

	Einzelmarke ★★	Einzelmarke ⊙	5er-Streifen ★★
3082 R	3,70	3,70	19,—

Auflage:

2014, 5. Juni. Deutschlands schönste Panoramen (VI). 🄴 **Klein, Neumann; Odr. GDL (Klb. 1×5 Zd); gez. K 13¾.**

dvg

dvh

dvg–dvh) Bremer Marktplatz

			★★	⊙	FDC
3083	60 (C) mehrfarbig	.... dvg	1,20	1,20	
3084	60 (C) mehrfarbig	.... dvh	1,20	1,20	
		Satzpreis (Paar)	2,40	2,40	3,80
		ETB 20/2014		2,70	
		Zd-Kleinbogen	12,—	12,—	

Auflagen:

2014, 5. Juni. Schätze aus deutschen Museen (IV). 🄴 **Klein, Neumann; Odr. BDB (5×2); gez. S 13¾.**

dvi) Erschaffung der Tiere; Gemälde (Teil des Grabower Altars) von Meister Bertram (um 1340–um 1414), Maler und Holzschnitzer

			★★	⊙	FDC
3085	240 (C) mehrfarbig	.... dvi	4,80	4,80	5,80
		ETB 21/2014		5,20	
		Kleinbogen	48,—	48,—	

Auflage:

In gleicher Zeichnung, jedoch selbstklebend: MiNr. 3161

2014, 5. Juni. 150. Geburtstag von Richard Strauss. 🄴 **Müller; Odr. BDB, Kleinbogen (Klb.) (5×2) und Rolle (R); gez. S 13¾.**

dvk) Richard Strauss (1864–1949), Komponist und Dirigent; Musikinstrumente eines Orchesters

			★★	⊙	FDC
3086	60 (C) mehrfarbig	.... dvk	1,20	1,20	2,20
		ETB 22/2014		1,50	
		Kleinbogen	12,—	12,—	

Waagerechtes Paar (aus Klb.):

	★★	⊙
3086/3086	2,40	2,40

Rollenmarke mit rückseitiger Nummer (R):

	Einzelmarke ★★	Einzelmarke ⊙	5er-Streifen ★★
3086 R	1,30	1,30	6,20

Auflage:

2014, 5. Juni. UNESCO-Welterbe (XXX): Alte Buchenwälder Deutschlands. 🄴 **Serres; Odr. BDB, Folienstreifen aus Rolle; selbstklebend; gestanzt 10¼.**

dui) Buchenwald

			★★	⊙	FDC
3087	145 (C) mehrfarbig GA	. . . . . dui	2,90	2,90	3,90
		Fünferstreifen	14,50		

Auf der Trägerfolie befindet sich rückseitig bei jeder 5. Marke eine Zählnummer.

ETB siehe nach MiNr. 3121.

[Fälschungen] Fälschungen auf glänzendem, leicht getöntem statt mattem, weißem Papier

Auflage:

In gleicher Zeichnung, jedoch nassklebend: MiNr. 3052; weitere Werte siehe Fußnote nach MiNr. 1447

2014, 3. Juli. Freimarke: Blumen (XXXI). 🄴 **Klein & Neumann; Odr. BDB, Kleinbogen (Klb.) (5×2) und Rollen (R); gez. S 14.**

dvl) Echtes Tausendgüldenkraut (Centaurium erythraea)

			★★	⊙	FDC
3088	28 (C) mehrfarbig GA	. . . . . . dvl	0,60	0,60	1,60
		ETB 23/2014		1,—	
		Kleinbogen	6,—	6,—	

Waagerechtes Paar (aus Klb.):

	★★	⊙
3088/3088	1,20	1,20

Rollenmarke mit rückseitiger Nummer (R):

	Einzelmarke ★★	Einzelmarke ⊙	5er-Streifen ★★
3088 R	0,70	0,70	3,20

Auflage:

In gleicher Zeichnung, jedoch selbstklebend: MiNr. 3094; weitere Werte siehe Zusammenfassung nach Blockaufstellung

2014, 3. Juli. Leuchttürme (XVI). 🄴 **Graf; Odr. BSP (Klb. 5×2); gez. K 13¾.**

dvm) Leuchtturm Buk (erbaut 1878)

dvn) Leuchtturm Pellworm (erbaut 1906/07)

			★★	⊙	FDC
3089	45 (C) mehrfarbig GA	. . . . . dvm	0,90	0,90	
3090	60 (C) mehrfarbig	. . . . dvn	1,20	1,20	
		Satzpreis (2 W.)	2,10	2,10	3,50
		ETB 24/2014		2,40	
		Kleinbogensatz (2 Klb.)	21,—	21,—	

Auflagen:

Weitere Werte siehe Übersichtstabelle nach MiNr. 2410

2014, 3. Juli. 600. Jahrestag des Konzils von Konstanz. 🄴 **Elsenbach; Odr. BDB (2×5); gez. S 13¾.**

dvo) Illustrationen aus der Chronik von Ulrich von Richental (um 1360–1437)

			★★	⊙	FDC
3091	60 (C) mehrfarbig GA	. . . . . . dvo	1,20	1,20	2,20
		ETB 25/2014		1,50	
		Kleinbogen	12,—	12,—	

Auflage:

2014, 3. Juli. 300. Geburtstag von Christoph Willibald Gluck. 🄴 **Beyrow; Odr. GDL (5×2); gez. K 13¾.**

dvp) Christoph Willibald Gluck (1714–1787), Komponist; Lorgnon, Inschrift

			★★	⊙	FDC
3092	90 (C) mehrfarbig GA	. . . . . . dvp	1,80	1,80	2,80
		ETB 26/2014		2,20	
		Kleinbogen	18,—	18,—	

Auflage:

2014, 3. Juli. 150. Geburtstag von Ricarda Huch. 🄴 **Haufe, Fiedler; Odr. GDL (5×2); gez. K 13¾.**

dvr) Ricarda Huch (1864–1947), Schriftstellerin, Dichterin, Philosophin und Historikerin

			★★	⊙	FDC
3093	145 (C) mehrfarbig	. . . . dvr	2,90	2,90	4,—
		ETB 27/2014		3,20	
		Kleinbogen	29,—	29,—	

Auflage:

2014, 3. Juli. Freimarke: Blumen (XXXII). 🄴 **Klein & Neumann; Odr. BDB, Folienstreifen aus Rollen; selbstklebend; gestanzt 10½:10.**

dvl) Echtes Tausendgüldenkraut (Centaurium erythraea)

			★★	⊙	FDC
3094	28 (C) mehrfarbig	. . . . dvl	0,60	0,60	1,60
		Fünferstreifen	3,—		

ETB siehe nach MiNr. 3121.

Auf der Trägerfolie befindet sich rückseitig bei jeder 5. Marke eine Zählnummer.

Auflage:

In gleicher Zeichnung, jedoch nassklebend: MiNr. 3088; weitere Werte siehe Zusammenfassung nach Blockaufstellung

2014, 17. Juli. Gewinn der Fußball-Weltmeisterschaft in Brasilien durch die deutsche Nationalmannschaft. 🄴 **Menze; Odr. GDL (2×5); gez. K 13¾.**

dvs) Spielszene

			★★	⊙	FDC
3095	60 (C) mehrfarbig	. . . . dvs	1,20	1,20	2,20
		ETB B 27 S/2014		1,50	
		Kleinbogen	12,—	12,—	

Auflage: 5 000 000 Stück

2014, 7. Aug. Jugend: Das Traumfresserchen. 🄴 **Erdmann; Odr. BSP (Klb. 5×2); gez. K 13¾.**

dvt) Prinzessin Schlafittchen

dvu) Traumfresserchen

dvv) Schlummerland

dvt–dvv) Illustrationen aus dem Kinderbuch „Das Traumfresserchen“ von Michael Ende (1929–1995), Schriftsteller

					★★	⊙	FDC
3096	60	+ 30 (C) mfg. GA	. . . . dvt		2,—	2,—	
3097	90	+ 40 (C) mfg. GA	. . . dvu		2,60	2,60	
3098	145	+ 55 (C) mfg. GA	. . . dvv		4,—	4,—	
			Satzpreis (3 W.)		8,50	8,50	10,—
			ETB 28/2014			8,70	
			Kleinbogensatz (3 Klb.)		85,—	85,—	

Auflagen:

2014, 7. Aug. 50 Jahre Deutsche Jugendfeuerwehr. E Kunter; Odr. GDL (2×5); gez. K 13¾.

dvw) Feuerwehrausbildung für Kinder

			★★	⊙	FDC
3099	60 (C) mehrfarbig	. . . . dvw	1,20	1,20	2,20
		ETB 29/2014		1,50	
		Kleinbogen	12,—	12,—	

Auflage:

2014, 7. Aug. 100. Jahrestag des Ausbruchs des Ersten Weltkriegs. E Grahl, Menze; Odr. BDB (5×2); gez. S 13¾.

dvx) Nie wieder Krieg!; Plakat von Käthe Kollwitz (1867–1945), Graphikerin, Malerin und Bildhauerin

			★★	⊙	FDC
3100	75 (C) mehrfarbig GA	. . . . . . dvx	1,50	1,50	2,50
		ETB 30/2014		1,80	
		Kleinbogen	15,—	15,—	

Auflage:

2014, 1. Sept. Tag der Briefmarke. E Steiner; Odr. BDB (2×5); gez. S 13¾.

dvy) Kutsche des „Lindauer Boten“, Botendienst zwischen Lindau und Mailand (um 1322–1826)

			★★	⊙	FDC
3101	60 (C) mehrfarbig GA	. . . . . . dvy	1,20	1,20	2,20
		ETB 31/2014		1,50	
		Kleinbogen	12,—	12,—	

Auflage:

2014, 1. Sept. 70. Todestag von Antoine de Saint-Exupéry. E Steiner; Odr. BSP (5×2); gez. K 13¾.

dvz) Der kleine Prinz auf seinem Asteroiden B.612; Illustration zur Erzählung „Der kleine Prinz“ von Antoine de Saint-Exupéry (1900–1944), französischer Schriftsteller und Pilot

			★★	⊙	FDC
3102	60 (C) mehrfarbig GA	. . . . . . dvz	1,20	1,20	2,20
		ETB 32/2014		1,50	
		Kleinbogen	12,—	12,—	

Auflage:

In gleicher Zeichnung, jedoch selbstklebend: MiNr. 3104

2014, 1. Sept. 100. Todestag von August Macke. E Hesse; Odr. GDL (5×2); gez. K 13¾.

dwa) Sonniger Weg; Gemälde von August Macke (1887–1914)

			★★	⊙	FDC
3103	100 (C) mehrfarbig	. . . . dwa	2,—	2,—	3,—
		ETB 33/2014		2,30	
		Kleinbogen	20,—	20,—	

Auflage:

2014, 1. Sept. 70. Todestag von Antoine de Saint-Exupéry. E Steiner; Odr. BSP, Markenheftchen und Einzelmarke aus Folienbogen; selbstklebend; gestanzt 10¼.

dvz) Der kleine Prinz auf seinem Asteroiden B.612; Illustration zur Erzählung „Der kleine Prinz“ von Antoine de Saint-Exupéry (1900–1944), französischer Schriftsteller und Pilot

			★★	⊙	FDC
3104	60 (C) mehrfarbig	. . . . dvz	1,20	1,20	2,20

ETB siehe nach MiNr. 3121.

MiNr. 3104 stammt aus MH 97.

Auflage:

In gleicher Zeichnung, jedoch nassklebend: MiNr. 3102

2014, 2. Okt. UNESCO-Welterbe (XXXI): Fagus-Werk, Alfeld. E Gassner; Odr. BDB (2×5); gez. S 13¾.

dwb) Fagus-Werk (Schuhleistenfabrik), entworfen von Walter Gropius (1883–1969) und Adolf Meyer (1881–1929), Architekten

			★★	⊙	FDC
3105	60 (C) mehrfarbig	. . . . dwb	1,20	1,20	2,20
		ETB 34/2014		1,50	
		MK 4/2014		4,—	
		Kleinbogen	12,—	12,—	

Auflage:

Weitere Ausgaben siehe Fußnote nach MiNr. 1447

2014, 2. Okt. 300 Jahre externe Finanzkontrolle. E Beyrow; Odr. BSP (2×5); gez. K 14.

dwc) Inschrift

			★★	⊙	FDC
3106	145 (C) mehrfarbig	. . . . dwc	2,90	2,90	4,—
		ETB 35/2014		3,20	
		Kleinbogen	29,—	29,—	

Auflage:

2014, 2. Okt. 100 Jahre Schachtschleuse Minden. E Lautenschläger; Odr. GDL (5×2); gez. K 14.

dwd) Schleusenanlage (Schemazeichnung)

			★★	⊙	FDC
3107	45 (C) mehrfarbig	. . . . dwd	0,90	0,90	2,—
		ETB 36/2014		1,20	
		MK 5/2014		4,—	
		Kleinbogen	9,—	9,—	

Auflage:

2014, 3. Nov. Weihnachten. E Elsenbach; Odr. BDB (2×5); gez. S 13¾.

dwe) Stern von Bethlehem (Linolschnitt)

			★★	⊙	FDC
3108	60 + 30 (C) mfg. GA	. . . . dwe	1,80	1,80	2,80
		ETB 37/2014		2,20	
		Kleinbogen	18,—	18,—	

Auflage:

In ähnlicher Zeichnung: MiNr. 3112

2014, 3. Nov. 300 Jahre Fahrenheit-Skala. Ⓔ **Poschauko; Odr. BSP (5×2); gez. K 13¾.**

dwf) Temperaturskala nach Daniel Gabriel Fahrenheit (1686–1736), Physiker und Erfinder von Messinstrumenten; farblich dargestellte Temperaturbereiche

				★★	⊙	FDC
3109	60 (C) mehrfarbig	.... dwf		1,20	1,20	2,20
		ETB 38/2014			1,50	
		Kleinbogen		12,—	12,—	

Auflage:

2014, 3. Nov. 200. Geburtstag von Julius Robert von Mayer. Ⓔ **Loebe; Odr. BSP (2×5); gez. K 13¾.**

dwg) Skala zur Äquivalenz von Wärme und Energie (Energieerhaltung) nach Julius Robert von Mayer (1814–1878), Arzt und Physiker

			★★	⊙	FDC
3110	90 (C) mehrfarbig	.... dwg	1,80	1,80	2,80
		ETB 39/2014		2,20	
		Kleinbogen	18,—	18,—	

Auflage:

2014, 3. Nov. Schneemann. Ⓔ **Becker & Kohl; Odr. GDL (2×5); gez. Ks 13¾.**

dwh) Schneemann in Schneekugel

			★★	⊙	FDC
3111	60 (C) mehrfarbig GA	..... dwh	1,20	1,20	2,20
		ETB 40/2014		1,50	
		Kleinbogen	22,—		

Auflage:

In gleicher Zeichnung, jedoch selbstklebend: MiNr. 3113

2014, 3. Nov. Weihnachten. Ⓔ **Elsenbach; Odr. BDB, Folienblatt (2×5) und Einzelmarke aus Folienbogen; selbstklebend; gestanzt 10:10¼.**

dwe I) Stern von Bethlehem (Linolschnitt)

			★★	⊙	FDC
3112	60 + 30 (C) mehrfarbig	. dwe I	1,80	1,80	2,80
		Folienblatt 40	22,—		

ETB siehe nach MiNr. 3121.

Auflage:

In ähnlicher Zeichnung: MiNr. 3108

2014, 3. Nov. Schneemann. Ⓔ **Becker & Kohl; Odr. GDL, Folienblatt (2×5) und Einzelmarke aus Folienbogen; selbstklebend; gestanzt 10½.**

dwh) Schneemann in Schneekugel

			★★	⊙	FDC
3113	60 (C) mehrfarbig	.... dwh	1,20	1,20	2,20
		Folienblatt 41	18,—		

ETB siehe nach MiNr. 3121.

Auflage:

In gleicher Zeichnung, jedoch nassklebend: MiNr. 3111

2014, 4. Dez. Freimarken: Blumen (XXXIII). Ⓔ **Klein & Neumann; Odr. BDB, Kleinbogen (Klb.) (5×2) und Rollen (R); gez. S 14.**

dwi) Pfingstrose (Paeonia sp.)

dwk) Kugelprimel (Primula denticulata)

dwl) Federnelke (Dianthus plumarius)

dwm) Purpurglöckchen (Heuchera sp.)

dwn) Türkenbundlilie (Lilium mortagon)

			★★	⊙	FDC
3114	62 (C) mfg. (Klb.) (R) GA	... dwi	2,—	2,—	2,30
3115	80 (C) mfg. (Klb.) (R) GA	.. dwk	2,—	2,—	2,60
3116	85 (C) mfg. (Klb.) (R) GA	... dwl	1,70	1,70	2,70
3117	395 (C) mfg. (Klb.) (R)	..... dwm	8,—	8,—	9,—
3118	440 (C) mfg. (Klb.) (R)	..... dwn	10,—	10,—	11,—
		Satzpreis (5 W.)	23,—	23,—	24,—
		ETB 41/2014 mit MiNr. 3114		2,—	
		ETB 42/2014 mit MiNr. 3115		2,—	
		ETB 43/2014 mit MiNr. 3116		2,20	
		ETB 44/2014 mit MiNr. 3117		8,30	
		ETB 45/2014 mit MiNr. 3118		10,—	
		Kleinbogensatz (5 Klb.)	230,—	230,—	

Waagerechte Paare (aus Klb.):

		★★	⊙
3114/3114	....	4,—	4,—
3115/3115	....	4,—	4,—
3116/3116	....	4,—	4,—
3117/3117	....	16,—	16,—
3118/3118	....	18,—	18,—

Rollenmarken mit rückseitiger Nummer (R):

Bei den ab 2014 gedruckten Rollen wurde jede 5. Marke rückseitig nummeriert.

Bei den ab 2017 gefertigten Rollen der MiNr. 3116 folgt nach jeder 5. Marke (mit Nummer) ein kleines Zwischenfeld mit EAN-Codierung.

		Einzelm.		5er-Str.	EAN-6er-Str.
		★★	⊙	★★	★★
3114 R	....	2,20	2,20	11,—	
3115 R	....	2,20	2,20	11,—	
3116 R	....	1,70	1,70	8,50	8,50
3117 R	....	8,50	8,50	40,—	
3118 R	....	10,—	10,—	45,—	

Auflagen:

In gleicher Zeichnung wie MiNr. 3114, jedoch selbstklebend: MiNr. 3121; weitere Werte siehe Zusammenfassung nach Blockaufstellung

2014, 4. Dez. Schätze aus deutschen Museen (V). Ⓔ **Klein & Neumann; Odr. BSP (5×2); gez. K 14.**

dwo) Heimsuchung; Gemälde von Rogier van der Weyden (1399/1400–1464), flämischer Maler

			★★	⊙	FDC
3119	145 (C) mehrfarbig	.... dwo	2,90	2,90	4,—
		ETB 46/2014		3,20	
		Kleinbogen	29,—	29,—	

Auflage:

2014, 4. Dez. Wiederansiedlung von Fischarten: Meerforelle. Ⓔ **Müller; Odr. GDL (2×5); gez. K 13½:13¾.**

dwp) Meerforelle (Salmo trutta trutta)

			★★	⊙	FDC
3120	45 (C) mehrfarbig	.... dwp	0,90	0,90	2,—
		ETB 47/2014		1,20	
		Kleinbogen	9,—	9,—	

Auflage:

2014, 4. Dez. Freimarken: Blumen (XXXIV). Ⓔ **Klein & Neumann; Odr. BDB, Folienblatt (5×2) und Folienstreifen aus Rollen; selbstklebend; gestanzt 10.**

dwi) Pfingstrose (Paeonia sp.)

			★★	⊙	FDC
3121	62 (C)	mehrfarbig . . . . dwi	1,30	1,30	2,30
		Folienblatt 42	18,—		
		Fünferstreifen	6,50		
		ETB S2/2014*)		15,—	

*) ETB S2/2014 mit MiNr. 3080–3081, 3087, 3094, 3104, 3112, 3113 und 3121, jeweils mit entsprechendem Ersttagssonderstempel.

Auf der Trägerfolie der Rollenmarke befindet sich rückseitig bei jeder 5. Marke eine Zählnummer.

Auflage:

In gleicher Zeichnung, jedoch nassklebend: MiNr. 3114; weitere Werte siehe Zusammenfassung nach Blockaufstellung

2015

2015, 2. Jan. Burgen und Schlösser (VI). Ⓔ **Elsenbach; Odr. (Klb. 2×5); MiNr. 3122 BDB, gez. S 14; MiNr. 3123 BSP, gez. K 13¾.**

dwr) Marksburg (erbaut 12. Jh.)

dws) Schloss Ludwigslust (erbaut 1772–1776)

			★★	⊙	FDC
3122	62 (C)	mehrfarbig GA . . . . . . dwr	1,30	1,30	
3123	80 (C)	mehrfarbig . . . . dws	1,60	1,60	
		Satzpreis (2 W.)	2,90	2,90	4,30
		ETB 1/2015		3,20	
		MK 1/2015 (mit MiNr. 3123)		4,—	
		Kleinbogensatz (2 Klb.)	29,—	29,—	

Auflagen:

In gleicher bzw. ähnlicher Zeichnung: MiNr. 3127–3128

2015, 2. Jan. Tierbabys (III). Ⓔ **Elsenbach und Fienbork; Odr. GDL (Klb. 2×5); gez. K 13¾.**

dwt) Europäisches Eichhörnchen (Sciurus vulgaris)

dwu) Europäische Wildkatze (Felis silvestris silvestris)

			★★	⊙	FDC
3124	62 (C)	mehrfarbig . . . . dwt	1,30	1,30	
3125	62 (C)	mehrfarbig . . . . dwu	1,30	1,30	
		Satzpreis (2 W.)	2,60	2,60	4,—
		ETB 2/2015		3,—	
		Kleinbogensatz (2 Klb.)	26,—	26,—	

Auflagen:

In ähnlichen Zeichnungen: MiNr. 3129–3130

2015, 2. Jan. Wildes Deutschland (IV). Ⓔ **Ziegenfeuter; Odr. GDL (Klb. 2×5); gez. K 13¾.**

dwv) Ostsee: Boddenlandschaft

			★★	⊙	FDC
3126	85 (C)	mehrfarbig . . . . dwv	1,70	1,70	2,70
		ETB 3/2015		2,—	
		Kleinbogen	17,—	17,—	

Auflagen:

In ähnlicher Zeichnung: MiNr. 3131

2015, 2. Jan./7. Mai. Burgen und Schlösser (VII). Ⓔ **Elsenbach; Odr.; MiNr. 3127 BDB, Folienstreifen aus Rollen (R), MiNr. 3128 BSP, Folienblatt (Fbl.) (2×5), Einzelmarke aus Folienbogen (Fbg.) und Folienstreifen aus Rollen (R); selbstklebend; gestanzt 11.**

dwr) Marksburg (erbaut 12. Jh.)

dws I) Schloss Ludwigslust (erbaut 1772–1776)

			★★	⊙	FDC
3127	62 (C)	mehrfarbig (R) (2. Jan.) dwr	1,30	1,30	
3128	80 (C)	mehrfarbig (Fbl. = 2. Jan.) (R = 7. Mai) . . . . dws I	1,60	1,60	
		Satzpreis (2 W.)	2,90	2,90	4,30
		2 Fünferstreifen	21,50		
		Folienblatt 43	24,—		

Auf der Trägerfolie der Rollenmarken befindet sich rückseitig bei jeder 5. Marke eine Zählnummer.

ETB siehe nach MiNr. 3155.

Auflagen:

In gleicher bzw. ähnlicher Zeichnung: MiNr. 3122–3123

2015, 2. Jan. Tierbabys (IV). Ⓔ **Elsenbach und Fienbork; Odr. GDL, Folienblatt (4×5) und Einzelmarken aus Folienbogen; selbstklebend; gestanzt 11.**

dwt I) Europäisches Eichhörnchen (Sciurus vulgaris)

dwu I) Europäische Wildkatze (Felis silvestris silvestris)

			★★	⊙	FDC
3129	62 (C)	mehrfarbig . . . . dwt I	1,30	1,30	
3130	62 (C)	mehrfarbig . . . . dwu I	1,30	1,30	
		Satzpreis (2 W.)	2,60	2,60	4,—
		Folienblatt 44	36,—		

MiNr. 3129–3130 wurden zusammen, paarweise angeordnet, im Folienblatt gedruckt.

ETB siehe nach MiNr. 3155.

Auflagen:

In ähnlichen Zeichnungen: MiNr. 3124–3125

2015, 2. Jan. Wildes Deutschland (V). Ⓔ **Ziegenfeuter; Odr. GDL, Folienblatt (2×5) und Einzelmarke aus Folienbogen; selbstklebend; gestanzt 11.**

dwv I) Ostsee: Boddenlandschaft

			★★	⊙	FDC
3131	85 (C)	mehrfarbig . . . . dwv I	1,70	1,70	2,70
		Folienblatt 45	26,—		

ETB siehe nach MiNr. 3155.

Auflagen:

In ähnlicher Zeichnung: MiNr. 3126

2015, 5. Febr. Wohlfahrt: Grimms Märchen (III) – Dornröschen. Ⓔ **Grahl und Menze; Odr. Enschedé (Klb. 5×2); gez. S 13¾.**

dww) Die Spindel

dwx) Der Schlaf

dwy) Der Kuss

dww–dwy) Illustrationen zum Märchen „Dornröschen" von Jacob (1785–1863) und Wilhelm Grimm (1786–1859), Germanisten und Märchenforscher

					✱✱	⊙	FDC
3132	62	+ 30	(C) mfg. GA	.. dww	1,90	1,90	
3133	85	+ 40	(C) mfg. GA	... dwx	2,60	2,60	
3134	145	+ 55	(C) mfg. GA	... dwy	4,—	4,—	
				Satzpreis (3 W.)	8,50	8,50	10,—
				ETB 4/2015		8,80	
				Kleinbogensatz (3 Klb.)	85,—	85,—	

Auflagen:

In gleicher Zeichnung wie MiNr. 3132, jedoch selbstklebend: MiNr. 3136

2015, 5. Febr. 100. Geburtstag von Karl Leisner. Ⓔ Haufe, Fiedler; Odr. BSP (2×5); gez. K 13¾.

dwz) Karl Leisner (1915–1945), katholischer Priester, Märtyrer

			✱✱	⊙	FDC
3135	62 (C) mehrfarbig	.... dwz	1,30	1,30	2,30
		ETB 5/2015		1,60	
		Kleinbogen	13,—	13,—	

Auflage:

2015, 5. Febr. Wohlfahrt: Grimms Märchen (IV) – Dornröschen. Ⓔ Grahl und Menze; Odr. Enschedé, Markenheftchen und Folienstreifen aus Rollen; selbstklebend; gestanzt 10¼.

dww) Die Spindel

			✱✱	⊙	FDC
3136	62 + 30 (C) mehrfarbig	... dww	1,90	1,90	3,—
		Fünferstreifen	9,50		

Auf der Trägerfolie der Rollenmarken befindet sich rückseitig bei jeder 5. Marke eine Zählnummer.

ETB siehe nach MiNr. 3155.

MiNr. 3136 stammt auch aus MH 98.

Auflage:

In gleicher Zeichnung, jedoch nassklebend: MiNr. 3132

2015, 2. März. 1200 Jahre Bistum Hildesheim. Ⓔ Lobe; Odr. BDB (5×2); gez. S 13¾:14.

dxa) Großes Scheibenkreuz (12. Jh.) aus dem Hildesheimer Domschatz

			✱✱	⊙	FDC
3137	62 (C) mehrfarbig	.... dxa	1,30	1,30	2,30
		ETB 6/2015		1,60	
		Kleinbogen	13,—	13,—	

Auflage:

2015, 2. März. 900 Jahre Köthen. Ⓔ Fiedler; Odr. BDB, Kleinbogen (Klb.) (2×5) und Rolle (R) (200); gez. S 13¾.

dxb) Stadtansicht von 1650

			✱✱	⊙	FDC
3138	240 (C) mehrfarbig	.... dxb	4,80	4,80	5,80
		ETB 7/2015		6,20	
		Kleinbogen	48,—	48,—	

Senkrechtes Paar (aus Klb.):

		✱✱	⊙
3138/3138	....	9,60	9,60

Rollenmarke mit rückseitiger Nummer (R):

		Einzelmarke ✱✱	Einzelmarke ⊙	5er-Streifen ✱✱
3138 R	....	5,—	5,—	25,—

Auflage:

2015, 2. März. 350 Jahre Christian-Albrechts-Universität, Kiel. Ⓔ Stahmer, Heers; Odr. BSP (2×5); gez. K 13¾.

dxc) Westfassade der Universitätsbibliothek

			✱✱	⊙	FDC
3139	62 (C) mehrfarbig GA	...... dxc	1,30	1,30	2,30
		ETB 8/2015		1,60	
		Kleinbogen	13,—	13,—	

Auflage:

In ähnlicher Zeichnung: MiNr. 3155

2015, 2. März. Felix, der Hase. Ⓔ Fiedler; Odr. GDL (Klb. 2×5); gez. K 13¾.

dxd) Felix auf Reisen

dxe) Post von Felix

dxd–dxe) Illustrationen zur Kinderbuchserie „Felix" von Annette Langen (*1967), Autorin, und Constanza Droop (*1965), Illustratorin

			✱✱	⊙	FDC
3140	45 (C) mehrfarbig	.... dxd	0,90	0,90	
3141	62 (C) mehrfarbig GA	...... dxe	1,30	1,30	
		Satzpreis (2 W.)	2,20	2,20	3,60
		ETB 9/2015		2,50	
		Kleinbogensatz (2 Klb.)	22,—	22,—	

Auflagen:

In ähnlicher Zeichnung wie MiNr. 3141: MiNr. 3142

2015, 2. März. Felix, der Hase. Ⓔ Fiedler Odr. GDL, Folienblatt (2×5) und Einzelmarke aus Folienbogen; selbstklebend; gestanzt 11.

dxe I) Post von Felix

			✱✱	⊙	FDC
3142	62 (C) mehrfarbig	.... dxe I	1,30	1,30	2,30
		Folienblatt 46	18,—		

ETB siehe nach MiNr. 3155.

Auflagen:

In ähnlicher Zeichnung: MiNr. 3141

2015, 2. April. Klassische deutsche Automobile (I). Ⓔ Serres; Odr. BSP (Klb. 2×5); gez. K 13½:13¾.

dxf) BMW 507 (1956–1959)

dxg) Mercedes-Benz 220 S (Baureihe W 111) (1959–1965)

			✱✱	⊙	FDC
3143	145 (C) mehrfarbig	.... dxf	3,30	3,—	
3144	145 (C) mehrfarbig	.... dxg	3,30	3,—	
		Satzpreis (2 W.)	6,50	6,—	7,20
		ETB 10/2015		6,20	
		Kleinbogensatz (2 Klb.)	65,—	60,—	

Auflagen:

In ähnlichen Zeichnungen: MiNr. 3147–3148

2015, 2. April. 200. Geburtstag von Otto von Bismarck. Ⓔ **Ziegenfeuter; Odr. BDB, Kleinbogen (Klb.) (2×5) und Rolle (R) (200); gez. S 13¾.**

dxh) Otto Fürst von Bismarck (1815–1898), Staatsmann

		★★	⊙	FDC
3145	62 (C) mehrfarbig . . . . dxh	1,30	1,30	2,30
	ETB 11/2015		1,60	
	Kleinbogen	13,—	13,—	

Senkrechtes Paar (aus Klb.):

	★★	⊙
3145/3145	2,60	2,60

Rollenmarke mit rückseitiger Nummer (R):

	Einzelmarke ★★	Einzelmarke ⊙	5er-Streifen ★★
3145 R	1,40	1,40	7,—

Auflage:

2015, 2. April. 150 Jahre Max und Moritz. Ⓔ **Gröttrup; Odr. GDL (Klb. 2×5); gez. K 13¾:14.**

dxi) Die Brücke bricht in Stücke (Max und Moritz mit Schneider Böck); Illustration zur Bildergeschichte „Max und Moritz" von Wilhelm Busch (1832–1908), Humorist, Dichter und Zeichner

		★★	⊙	FDC
3146	62 (C) mehrfarbig . . . . dxi	1,30	1,30	2,30
	ETB 12/2015		1,60	
	Kleinbogen	13,—	13,—	

Auflage:

2015, 2. April. Klassische deutsche Automobile (II). Ⓔ **Serres; Odr. BSP, Folienblatt (2×5) und Einzelmarken aus Folienbogen; selbstklebend; gestanzt 9¾.**

dxf I) BMW 507 (1955–1959)

dxg I) Mercedes Benz 220 S (Baureihe W 111) (1959–1965)

		★★	⊙	FDC
3147	145 (C) mehrfarbig . . . . dxf I	3,30	3,—	
3148	145 (C) mehrfarbig . . . . dxg I	3,30	3,—	
	Satzpreis (2 W.)	6,50	6,—	7,20
	Folienblatt 47	40,—		

MiNr. 3147–3148 wurden zusammen, schachbrettartig angeordnet, im Folienblatt gedruckt.

ETB siehe nach MiNr. 3155.

Auflagen:

In ähnlichen Zeichnungen: MiNr. 3143–3144

2015, 7. Mai. Sporthilfe: Behindertensport. Ⓔ **Wagenbreth; Odr. BDB (Klb. 2×5); gez. S 13¾.**

dxk) Rollstuhltennis

dxl) Hochsprung, Laufen

dxm) Alpiner Skilauf

		★★	⊙	FDC
3149	62 + 30 (C) mfg. GA . . . dxk	2,—	2,—	
3150	85 + 40 (C) mfg. GA . . . . dxl	2,50	2,50	
3151	145 + 55 (C) mfg. GA . . . dxm	4,—	4,—	
	Satzpreis (3 W.)	8,50	8,50	10,—
	ETB 13/2015		8,70	
	Kleinbogensatz (3 Klb.)	85,—	85,—	

Auflagen:

2015, 7. Mai. Europa: Historisches Spielzeug. Ⓔ **Kahane; Odr. GDL (2×5); gez. K 13¾.**

dxn) Affe auf Schaukelelefant

		★★	⊙	FDC
3152	62 (C) mehrfarbig . . . . dxn	1,30	1,30	2,30
	ETB 14/2015		1,60	
	Kleinbogen	13,—	13,—	

Auflage:

2015, 7. Mai. 150 Jahre Deutsche Gesellschaft zur Rettung Schiffbrüchiger. Ⓔ **Ahrens; Odr. BSP (5×2); gez. K 13¾.**

dxn) Seenotrettungskreuzer „Wilhelm Kaisen" in stürmischer See

		★★	⊙	FDC
3153	62 (C) mehrfarbig . . . . dxo	1,30	1,30	2,30
	ETB 15/2015		1,60	
	Kleinbogen	13,—	13,—	

Auflage:

2015, 7. Mai. 50 Jahre diplomatische Beziehungen mit Israel. Ⓔ **Roitman; Odr. BDB (5×2); gez. S 14.**

dxp) Bruno-Haus, Tel Aviv

		★★	⊙	FDC
3154	80 (C) mehrfarbig GA . . . . . . dxp	1,60	1,60	2,60
	ETB 16/2015		2,—	
	Kleinbogen	16,—	16,—	

Auflage:

Parallelausgabe mit Israel MiNr. 2465

2015, 7. Mai. 300 Jahre Christian-Albrechts-Universität, Kiel. Ⓔ **Stahmer; Odr. BSP, Folienblatt (2×5) und Einzelmarke aus Folienbogen; selbstklebend; gestanzt 11.**

dxb I) Westfassade der Universitätsbibliothek

		★★	⊙	FDC
3155	62 (C) mehrfarbig . . . . dxb I	1,30	1,30	2,30
	Folienblatt 48	18,—		
	ETB S1/2015*)		17,50	

*) ETB S1/2015 mit MiNr. 3127–3128, 3129–3130, 3131, 3136, 3142, 3147–3148 und 3155, jeweils mit entsprechendem Ersttagssonderstempel.

Auflagen:

In ähnlicher Zeichnung: MiNr. 3139

2015, 11. Juni. Leuchttürme (XVII). Ⓔ **Graf; Odr. BSP (Klb. 5×2); gez. K 13¾.**

dxr) Leuchtturm Moritzburg (erbaut 1776)

dxs) Leuchtturm Lindau (erbaut 1856)

		★★	⊙	FDC
3156	45 (C) mehrfarbig GA . . . . . . dxr	0,90	0,90	
3157	62 (C) mehrfarbig . . . . dxs	1,30	1,30	
	Satzpreis (2 W.)	2,20	2,20	3,60
	ETB 17/2015		2,50	
	Kleinbogensatz (2 Klb.)	22,—	22,—	

Auflagen:

Weitere Werte siehe Übersichtstabelle nach MiNr. 2410

2015, 11. Juni. 175 Jahre erster Kindergarten in Deutschland, Bad Blankenburg. Ⓔ **Röper; Odr. GDL, Kleinbogen (2×5); gez. K 13¾:14.**

dxt) Kinder in Bollerwagen

			★★	⊙	FDC
3158	215 (C) mehrfarbig	. . . . dxt	4,50	4,30	5,30
		ETB 18/2015		4,60	
		Kleinbogen	45,—	43,—	

Auflage:

2015, 11. Juni. 125 Jahre erster bayerischer Gebirgstrachtenverband „Gauverband I", Traunstein. Ⓔ **Kunter; Odr. GDL (5×2); gez. K 13¾.**

dxu) Miesbacher Tracht

			★★	⊙	FDC
3159	62 (C) mehrfarbig	. . . . dxu	1,30	1,30	2,30
		ETB 19/2015		1,60	
		MK 2/2015		4,—	
		Kleinbogen	13,—	13,—	

Auflage:

2015, 11. Juni. 50 Jahre Wettbewerb „Jugend forscht". Ⓔ **Beyrow; Odr. BDB (5×2); gez. K 14.**

dxv) Turnschuhe und Schnürsenkel in der Form eines Gehirns

			★★	⊙	FDC
3160	62 (C) mehrfarbig	. . . . dxv	1,30	1,30	2,30
		ETB 20/2015		1,60	
		Kleinbogen	13,—	13,—	

Auflage:

2015, 11. Juni. Schätze aus deutschen Museen (VI). Ⓔ **Klein, Neumann; Odr. GDL, Markenheftchen und Einzelmarke aus Folienbogen; selbstklebend; gestanzt 11½:11¼.**

dvi) Erschaffung der Tiere; Gemälde (Teil des Grabower Altars) von Meister Bertram (um 1340–um 1414), Maler und Holzschnitzer

			★★	⊙	FDC
3161	240 (C) mehrfarbig	. . . . dvi	5,—	4,80	5,80

ETB siehe nach MiNr. 3198.

MiNr. 3161 stammt aus MH 99.

Auflage:

In gleicher Zeichnung, jedoch nassklebend: MiNr. 3085

2015, 1. Juli. Deutschlands schönste Panoramen (VII). Ⓔ **Klein, Neumann; Odr. GDL (Klb. 1×5 Zd); gez. K 13¾.**

dxw
dxx

dxw–dxx) Blick über den Chiemsee mit der Fraueninsel und den östlichen Chiemgauer Alpen

			★★	⊙	FDC
3162	45 (C) mehrfarbig	. . . . dxw	0,90	0,90	
3163	45 (C) mehrfarbig	. . . . dxx	0,90	0,90	
		Satzpreis (Paar)	1,80	1,80	3,20
		ETB 21/2015		2,20	
		MK 3/2015		4,—	
		Zd-Kleinbogen	9,—	9,—	

Auflagen:

In ähnlichen Zeichnungen: MiNr. 3167–3168

2015, 1. Juli. 1000 Jahre Leipzig. Ⓔ **Stahmer, Heers; Odr. GDL (2×5); gez. K 13¾:14.**

dxy) Grafik des Neuen Rathauses von 1899

			★★	⊙	FDC
3164	62 (C) mehrfarbig	. . . . dxy	1,30	1,30	2,30
		ETB 22/2015		1,60	
		MK 4/2015		4,—	
		Kleinbogen	13,—	13,—	

Auflage:

2015, 1. Juli. 150. Geburtstag von Philipp Scheidemann. Ⓔ **Haufe, Fiedler; Odr. BSP (5×2); gez. K 13¾.**

dxz) Philipp Scheidemann (1865–1939), Politiker und Publizist; Ausrufung der Republik

			★★	⊙	FDC
3165	145 (C) mehrfarbig	. . . . dxz	2,90	2,90	4,—
		ETB 23/2015		3,20	
		Kleinbogen	29,—	29,—	

Auflage:

2015, 1. Juli. 75. Geburtstag von Pina Bausch. Ⓔ **Ziegenfeuter; Odr. BDB (2×5); gez. K 13¾.**

dya) Pina Bausch (1940–2009), Tänzerin, Choreografin, Tanzpädagogin und Theaterleiterin

			★★	⊙	FDC
3166	85 (C) mehrfarbig	. . . . dya	1,70	1,70	2,70
		ETB 24/2015		2,—	
		Kleinbogen	17,—	17,—	

Auflagen:

2015, 1. Juli. Deutschlands schönste Panoramen (VIII). Ⓔ **Klein, Neumann; Odr. GDL, Folienblatt (2×5) und Einzelpaare aus Folienbogen; selbstklebend; dreiseitig zähnungsähnlich gestanzt 11, einseitig ☐.**

dxw I
dxx I

dxw I–dxx I) Blick über den Chiemsee mit der Fraueninsel und den östlichen Chiemgauer Alpen

			★★	⊙	FDC
3167	45 (C) mehrfarbig (⌧)	. . . . dxw I	0,90	0,90	
3168	45 (C) mehrfarbig (⌧)	. . . . dxx I	0,90	0,90	
		Satzpreis (2 W.)	1,80	1,80	3,20
		Folienblatt 49	13,—		

MiNr. 3167–3168 wurden zusammen, paarweise angeordnet, im Folienblatt und im Folienbogen gedruckt.

ETB siehe nach MiNr. 3198.

Auflagen:

In ähnlichen Zeichnungen: MiNr. 3162–3163

2015, 6. Aug. Jugend: Süßwasserfische. Ⓔ **Schmidt Odr. BDB, Kleinbogen (Klb.) (2×5) und Markenheftchen (MH); gez. S 13¾.**

dyb) Äsche (Thymallus thymallus)

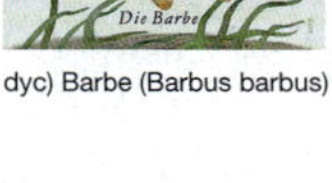

dyc) Barbe (Barbus barbus)

dyd) Stör (Acipenser sp.)

			★★	⊙	FDC
3169	62	+ 30 (C) mehrfarbig (Klb.) (MH) .... dyb	2,—	2,—	
3170	85	+ 40 (C) mfg. (Klb.) .. dyc	2,50	2,50	
3171	145	+ 55 (C) mehrfarbig (Klb.) (MH) .... dyd	4,—	4,—	
		Satzpreis (3 W.)	8,50	8,50	10,—
		ETB 25/2015		8,70	
		Kleinbogensatz (3 Klb.)	85,—	85,—	

MiNr. 3169 und 3171 stammen auch aus Markenheftchen (MH 100).

Auflagen:

2015, 6. Aug. Internationales Windjammer-festival, Bremerhaven. 🄴 **Graf; Odr. BSP (5×2); gez. K 13¾:14.**

dye) Großsegelschiffe

			★★	⊙	FDC
3172	62	(C) mehrfarbig .... dye	1,30	1,30	2,30
		ETB 26/2015		1,60	
		Kleinbogen	13,—	13,—	

Auflage:

2015, 1. Sept. Tag der Briefmarke: 175 Jahre Briefmarken. 🄴 **Graf; Odr. BDB (5×2); gez. S 13¾.**

dyf) Marke Großbritannien MiNr. 1

			★★	⊙	FDC
3173	62	+ 30 (C) mehrfarbig GA dyf	1,90	1,90	3,—
		ETB 27/2015		2,20	
		Kleinbogen	19,—	19,—	

Auflage:

2015, 1. Sept. 100. Geburtstag von Helmut Schön. 🄴 **Aretz; Odr. GDL (5×2); gez. K 13¾.**

dyg) Helmut Schön (1915–1996), Fußballspieler und Bundestrainer

			★★	⊙	FDC
3174	62	(C) mehrfarbig GA ...... dyg	1,30	1,30	2,30
		ETB 28/2015		1,60	
		MK 5/2015		4,—	
		Kleinbogen	13,—	13,—	

Auflage:

2015, 1. Sept. Blockausgabe: Asterix. 🄴 **Steinacker; Odr. BSP; gez. Ks 13¾.**

dyi) Obelix dyl

dyk) Asterix dyh) Idefix

dyh–dyk) Dorfalltag; Figuren aus der französischen Comicserie „Asterix" von René Goscinny (1926–1977), Autor, und Albert Uderzo (*1927), Zeichner

			★★	⊙	FDC
3175	21	(C) mehrfarbig .... dyh	0,50	0,50	
3176	62	(C) mehrfarbig .... dyi	1,30	1,30	
3177	62	(C) mehrfarbig .... dyk	1,30	1,30	
Block 80		(180×120 mm) .... dyl	3,20	3,20	4,20
		Ⓢ		3,20	
		ETB 29/2015		3,50	

Auflage:

2015, 1. Sept. Asterix. 🄴 **Steinacker; Odr. BSP, Markenheftchen und Einzelmarken aus Folienbogen; selbstklebend; gestanzt 11½:11.**

dyi) Obelix

dyk) Asterix

dyi–dyk) Dorfalltag; Figuren aus der französischen Comicserie „Asterix" von René Goscinny (1926–1977), Autor, und Albert Uderzo (*1927), Zeichner

			★★	⊙	FDC
3178	62	(C) mehrfarbig .... dyi	1,30	1,30	
3179	62	(C) mehrfarbig .... dyk	1,30	1,30	
		Satzpreis (2 W.)	2,60	2,60	4,—

ETB siehe nach MiNr. 3198.

MiNr. 3178–3179 stammen aus MH 101.

Auflage:

2015, 1. Okt. Schätze aus deutschen Museen (VII). 🄴 **Neumann; Odr. GDL (5×2); gez. K 13¾.**

dym) Trauernde Frauen; Holzskulptur von Tilman Riemenschneider (um 1460–1531), Bildschnitzer und Bildhauer

			★★	⊙	FDC
3180	62	(C) mehrfarbig .... dym	1,30	1,30	2,30
		ETB 30/2015		1,60	
		Kleinbogen	13,—	13,—	

Auflage:

2015, 1. Okt. 500. Geburtstag von Lucas Cranach dem Jüngeren (1515–1586), Maler. 🄴 **Graschberger, Pietsch; Odr. BDB (2×5); gez. K 13¾.**

dyn) Das Letzte Abendmahl (Hauptbild des Wittenberger Reformationsaltars); Gemälde von Lucas Cranach d. Ä. (um 1472–1553) und wohl Lucas Cranach d. J. (1515–1586)

			★★	⊙	FDC
3181	45	(C) mehrfarbig .... dyn	0,90	0,90	1,90
		ETB 31/2015		1,20	
		MK 6/2015		4,—	
		Kleinbogen	9,—	9,—	

Auflage:

2015, 1. Okt. 25 Jahre Deutsche Einheit. 🄴 **Haufe, Fiedler; Odr. BSP (5×2); gez. K 13¾.**

dyo) Inschrift

			★★	⊙	FDC
3182	62	(C) mehrfarbig GA ...... dyo	1,30	1,30	2,30
		ETB 32/2015		1,60	
		Kleinbogen	13,—	13,—	

Auflage:

2015, 2. Nov. Weihnachten. E Gröttrup; Odr. GDL (2×5); gez. K 13¾.

dyp) Weihnachtslied „Stille Nacht" schallt aus Kirche in Winterlandschaft

			✶✶	⊙	FDC
3183	62 + 30 (C) mehrfarbig . . . dyp		1,90	1,90	3,—
		ETB 33/2015		2,20	
		Kleinbogen	19,—	19,—	

Auflage:

In gleicher Zeichnung, jedoch selbstklebend: MiNr. 3186

2015, 2. Nov. Schätze aus deutschen Museen (VIII). E Klein & Neumann; Odr. BSP (5×2); gez. K 14.

dyr) Geburt Christi mit Anbetung der Hirten; Gemälde von Martin Schongauer (um 1445/50–1491), Kupferstecher und Maler

			✶✶	⊙	FDC
3184	145 (C) mehrfarbig . . . . dyr		2,90	2,90	4,—
		ETB 34/2015		3,20	
		Kleinbogen	29,—	29,—	

Auflage:

2015, 2. Nov. Freude schenken. E Kehn; Odr. GDL (5×2); gez. K 13¾.

dys) Kind packt Teddybären aus Geschenkpaket, Weihnachtsschmuck

			✶✶	⊙	FDC
3185	62 (C) mehrfarbig GA . . . . . . dys		1,30	1,30	2,30
		ETB 35/2015		1,60	
		Kleinbogen	13,—	13,—	

Auflage:

In ähnlicher Zeichnung: MiNr. 3187

2015, 2. Nov. Weihnachten. E Gröttrup; Odr. GDL, Markenheftchen und Einzelmarke aus Folienbogen; selbstklebend; gestanzt 11½.

dyp) Weihnachtslied „Stille Nacht" schallt aus Kirche in Winterlandschaft

		✶✶	⊙	FDC
3186	62 + 30 (C) mehrfarbig . . . dyp	1,90	1,90	3,—

ETB siehe nach MiNr. 3198.

MiNr. 3186 stammt aus MH 102.

Auflage:

In gleicher Zeichnung, jedoch nassklebend: MiNr. 3183

2015, 2. Nov. Freude schenken. E Kehn; Odr. GDL, Folienblatt (2×5) und Einzelmarke aus Folienbogen; selbstklebend; gestanzt 11.

dys I) Kind packt Teddybären aus Geschenkpaket, Weihnachtsschmuck

			✶✶	⊙	FDC
3187	62 (C) mehrfarbig . . . . dys I		1,30	1,30	2,30
		Folienblatt 50	18,—		

ETB siehe nach MiNr. 3198.

Auflage:

In ähnlicher Zeichnung: MiNr. 3185

2015, 3. Dez. Freimarke: Ziffernzeichnung. E Klein, Neumann; Odr. Enschedé, Kleinbogen (Klb.) (5×2) und Rollen (R); gez. S 14:13¾.

drs) Ziffer

			✶✶	⊙	FDC
3188	8 (C) blau/schwarz GA . . . . . drs		0,30	0,30	1,10
		Kleinbogen	1,60	1,60	
		ETB 36/2015 (mit Klb.)		2,—	

Waagerechtes Paar (aus Klb.):

		✶✶	⊙
3188/3188	. . . .	0,40	0,40

Rollenmarke mit rückseitiger Nummer (R):

		Einzelmarke ✶✶	Einzelmarke ⊙	5er-Streifen ✶✶
3188 R	. . . .	0,40	0,40	1,50

In gleicher Zeichnung: MiNr. 2964, 2967, 3042, 3045, 3196

2015, 3. Dez. Freimarke: Blumen (XXXV). E Klein & Neumann; Odr. BDB, Kleinbogen (Klb.) (5×2) und Rollen (R); gez. S 14.

dyt) Schokoladen-Kosmee (Cosmos atrosanguineus)

dyu) Fuchsie (Fuchsia sp.)

dyv) Bienen-Ragwurz (Ophrys apifera)

			✶✶	⊙	FDC
3189	70 (C) mehrfarbig GA . . . . . dyt		1,40	1,40	2,40
3190	400 (C) mehrfarbig . . . . dyu		8,—	8,—	9,—
3191	450 (C) mehrfarbig . . . . dyv		9,—	9,—	10,—
		Satzpreis (3 W.)	18,40	18,40	20,—
		ETB 37/2015 mit MiNr. 3189		1,70	
		ETB 38/2015 mit MiNr. 3190		8,30	
		ETB 39/2015 mit MiNr. 3191		9,30	
		Kleinbogensatz (3 Klb.)	184,—	184,—	

Waagerechte Paare (aus Klb.):

		✶✶	⊙
3189/3189	. . . .	2,80	2,80
3190/3190	. . . .	16,—	16,—
3191/3191	. . . .	18,—	18,—

Rollenmarken mit rückseitiger Nummer (R):

Bei den ab 2015 gedruckten Rollen wurde jede 5. Marke rückseitig nummeriert.

Bei den ab 2017 gefertigten Rollen folgt nach jeder 5. Marke (mit Nummer) ein kleines Zwischenfeld mit EAN-Codierung.

		Einzelm. ✶✶	Einzelm. ⊙	5er-Str. ✶✶	EAN-6er-Str. ✶✶
3189 R	. . . .	1,40	1,40	7,—	7,—
3190 R	. . . .	8,—	8,—	40,—	40,—
3191 R	. . . .	9,—	9,—	45,—	45,—

Fälschungen von MiNr. 3189 auf glänzendem Papier, Druckbild unscharf, Inschriften mit Passerverschiebung, reinerer Rotton

Auflagen:

In gleicher Zeichnung wie MiNr. 3189, jedoch selbstklebend: MiNr. 3197; weitere Werte siehe Zusammenfassung nach Blockaufstellung

2015, 3. Dez. Mikrowelten (I). E Voß-Acker; Odr. BDB (2×5); gez. K 13¾.

dyw) Kieselalge (600-fache Vergrößerung)

dyx) Odermennig-Blüte (40-fache Vergrößerung)

			✶✶	⊙	FDC
3192	70 (C) mehrfarbig . . . . dyw		1,40	1,40	
3193	70 (C) mehrfarbig . . . . dyx		1,40	1,40	
		Satzpreis (2 W.)	2,80	2,80	4,20
		ETB 40/2015		3,20	
		Kleinbogensatz (2 Klb.)	28,—	28,—	

Auflage:

In gleichen Zeichnungen, jedoch selbstklebend: MiNr. 3205–3206

2015, 3. Dez. 250 Jahre Technische Universität Bergakademie Freiberg. Ⓔ **Hau; Odr. BSP (2×5); gez. K 13¾.**

dyy) Fluorit aus der Grube Beihilfe, Halsbrücke bei Freiberg (Sachsen)

		✶✶	⊙	FDC
3194	70 (C) mehrfarbig GA . . . . . . dyy	1,40	1,40	2,40
	ETB 41/2015		1,70	
	Kleinbogen	14,—	14,—	

Auflage:

In ähnlicher Zeichnung: MiNr. 3198

2015, 3. Dez. 75. Todestag von Paul Klee. Ⓔ **Haase; Odr. GDL (5×2); gez. K 13¾.**

dyz) Himmelsblüten über dem gelben Haus; Gemälde von Paul Klee (1879–1940), Maler und Grafiker

		✶✶	⊙	FDC
3195	240 (C) mehrfarbig . . . . dyz	4,80	4,80	5,80
	ETB 42/2015		5,20	
	Kleinbogen	48,—	48,—	

Auflage:

2015, 3. Dez. Freimarke: Ziffernzeichnung. Ⓔ **Klein, Neumann; Odr. GDL, Folienblatt (4×5) und Einzelmarke aus Folienbogen; selbstklebend; gestanzt 10.**

drs) Ziffer

		✶✶	⊙	FDC
3196	8 (C) blau/schwarz . . . . drs	0,30	0,30	1,10
	Folienblatt 51	4,—		

ETB siehe nach MiNr. 3198.

In gleicher Zeichnung: MiNr. 2964, 2967, 3042, 3045, 3188

2015, 3. Dez. Freimarke: Blumen (XXXVI). Ⓔ **Klein & Neumann; Odr. BDB, Folienstreifen aus Rollen; selbstklebend; gestanzt 10.**

dyt) Schokoladen-Kosmee (Cosmos atrosanguineus)

		✶✶	⊙	FDC
3197	70 (C) mehrfarbig . . . . dyt	1,40	1,40	2,40
	Fünferstreifen	7,—		

ETB siehe nach MiNr. 3198.

In gleicher Zeichnung, jedoch nassklebend: MiNr. 3189; weitere Werte siehe Zusammenfassung nach Blockaufstellung

2015, 3. Dez. 250 Jahre Technische Universität Bergakademie Freiberg. Ⓔ **Hau; Odr. BSP, Folienblatt (2×5) und Einzelmarke aus Folienbogen; selbstklebend; gestanzt 10.**

dyy I) Fluorit aus der Grube Beihilfe, Halsbrücke bei Freiberg (Sachsen)

		✶✶	⊙	FDC
3198	70 (C) mehrfarbig . . . . dyy I	1,40	1,40	2,40
	Folienblatt 52	20,—		
	ETB S2/2015*)		15,50	

*) ETB S2/2015 mit MiNr. 3161, 3167–3168, 3178–3179, 3186, 3187, 3196, 3197 und 3198, jeweils mit entsprechendem Ersttagssonderstempel.

Auflage:

In ähnlicher Zeichnung: MiNr. 3194

2016

2016, 2. Jan. Freimarke: Blumen (XXXVII). Ⓔ **Klein & Neumann; Odr. BDB, Kleinbogen (Klb.) (5×2) und Rolle (R) (200); gez. S 14.**

dza) Alpendistel (Carduus defloratus)

		✶✶	⊙	FDC
3199	250 (C) mehrfarbig . . . . dza	5,—	5,—	6,—
	ETB 1/2016		5,30	
	Kleinbogen	50,—	50,—	

Waagerechtes Paar (aus Klb.):

	✶✶	⊙
3199/3199	10,—	10,—

Rollenmarke mit rückseitiger Nummer (R):

Bei den 2016 gedruckten Rollen wurde jede 5. Marke rückseitig nummeriert.

Bei den ab 2017 gefertigten Rollen folgt nach jeder 5. Marke (mit Nummer) ein kleines Zwischenfeld mit EAN-Codierung.

	Einzelm. ✶✶	Einzelm. ⊙	5er-Str. ✶✶	EAN-6er-Str. ✶✶
3199 R	5,—	5,—	25,—	25,—

Weitere Werte siehe Zusammenfassung nach Blockaufstellung

2016, 2. Jan. Burgen und Schlösser (VIII). Ⓔ **Elsenbach; Odr. BSP (Klb. 2×5); gez. K 13½:13¾.**

dzb) Löwenburg (erbaut um 1800) auf der Wilhelmshöhe, Kassel

		✶✶	⊙	FDC
3200	90 (C) mehrfarbig . . . . dzb	1,80	1,80	2,80
	ETB 2/2016		2,20	
	Kleinbogen	18,—	18,—	

Auflage:

2016, 2. Jan. Klassische deutsche Automobile (III). Ⓔ **Serres; Odr. GDL (Klb. 2×5); gez. K 13½:13¾.**

dzc) Porsche 911 Targa (ab 1965)

dzd) Ford Capri 1 (1969–1973)

		✶✶	⊙	FDC
3201	70 (C) mehrfarbig . . . . dzc	1,40	1,40	
3202	70 (C) mehrfarbig . . . . dzd	1,40	1,40	
	Satzpreis (2 W.)	2,80	2,80	4,20
	ETB 3/2016		3,20	
	Kleinbogensatz (2 Klb.)	28,—	28,—	

Auflagen:

In ähnlichen Zeichnungen: MiNr. 3213–3214

2016, 2. Jan. Wildes Deutschland (VI). Ⓔ **Ziegenfeuter; Odr. BDB, Kleinbogen (Klb.) (2×5) und Rollen (R) (200); gez. S 13¾.**

dze) Bayerischer Wald: Blick vom Großen Arber im Winter

		✶✶	⊙	FDC
3203	85 (C) mehrfarbig . . . . dze	1,70	1,70	2,70
	ETB 4/2016		2,—	
	Kleinbogen	17,—	17,—	

Senkrechtes Paar (aus Klb.):

	✶✶	⊙
3203/3203	3,40	3,40

Rollenmarke mit rückseitiger Nummer (R):

Bei den 2016 gedruckten Rollen wurde jede 5. Marke rückseitig nummeriert.

Bei den ab 2017 gefertigten Rollen trägt jede 4. Marke eine Nummer, auf diese folgt ein Zwischenfeld in Markengröße mit EAN-Codierung.

		Einzelm.		5er-Str.	EAN-5er-Str.
		✶✶	⊙	✶✶	✶✶
3203 R	....	1,70	1,70	8,50	6,80

Auflage:

2016, 2. Jan. 1250 Jahre Schwetzingen. 🄴 **Elsenbach; Odr. BSP (Klb. 2×5); gez. K 13½:13¾.**

dzf) Lorscher Codex, Schloss Schwetzingen, Schlossgarten, Mozartsaal, Kuppel der Gartenmoschee, Spargelstangen

		✶✶	⊙	FDC
3204	145 (C) mehrfarbig ....dzf	2,90	2,90	4,—
	ETB 5/2016		3,20	
	MK 1/2016		4,—	
	Kleinbogen	29,—	29,—	

Auflage:

In ähnlicher Zeichnung: MiNr. 3221

2016, 2. Jan. Mikrowelten (II). 🄴 **Voß-Acker; Odr. BDB, Rolle (100); selbstklebend; gestanzt 11¼:11½.**

dyw) Kieselalge (600-fache Vergrößerung)

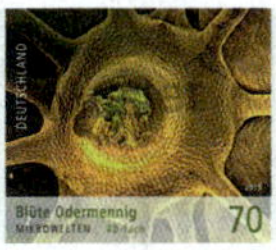

dyx) Odermennig-Blüte (40-fache Vergrößerung)

		✶✶	⊙	FDC
3205	70 (C) mehrfarbig ....dyw	1,40	1,40	
3206	70 (C) mehrfarbig ....dyx	1,40	1,40	
	Satzpreis (2 W.)	2,80	2,80	4,20

ETB siehe nach MiNr. 3224.

MiNr. 3205–3206 befinden sich zusammen, in abwechselnder Folge, auf der Rolle.

Auflage:

In gleichen Zeichnungen, jedoch nassklebend: MiNr. 3192–3193

2016, 11. Febr. Freimarke: Blumen (XXXVIII). 🄴 **Klein & Neumann; Odr. BDB, Kleinbogen (Klb.) (5×2) und Rolle (R); gez. S 14.**

dzg) Madonnenlilie (Lilium candidum)

		✶✶	⊙	FDC
3207	260 (C) mehrfarbig GA .....dzg	5,20	5,20	6,20
	ETB 6/2016		5,50	
	Kleinbogen	52,—	52,—	

Waagerechtes Paar (aus Klb.):

		✶✶	⊙
3207/3207	....	10,40	10,40

Rollenmarke mit rückseitiger Nummer (R):

Bei den 2016 gedruckten Rollen wurde jede 5. Marke rückseitig nummeriert.

Bei den ab 2017 gefertigten Rollen folgt nach jeder 5. Marke (mit Nummer) ein kleines Zwischenfeld mit EAN-Codierung.

		Einzelm.		5er-Str.	EAN-6er-Str.
		✶✶	⊙	✶✶	✶✶
3207 R	....	5,20	5,20	26,—	26,—

Weitere Werte siehe Zusammenfassung nach Blockaufstellung.

2016, 11. Febr. Wohlfahrt: Grimms Märchen (V) – Rotkäppchen. 🄴 **Grahl und Menze; Odr. BDB (Klb. 5×2); gez. S 13¾.**

dzh) Im Wald

dzi) Bei der Großmutter

dzk) Gutes Ende

dzh–dzk) Illustrationen zum Märchen „Rotkäppchen“ von Jacob (1785–1863) und Wilhelm Grimm (1786–1859), Germanisten und Märchenforscher

		✶✶	⊙	FDC
3208	70 + 30 (C) mfg. GA ...dzh	2,—	2,—	
3209	85 + 40 (C) mfg. GA ....dzi	2,60	2,60	
3210	145 + 55 (C) mfg. GA ...dzk	4,—	4,—	
	Satzpreis (3 W.)	8,60	8,60	10,—
	ETB 7/2016		9,—	
	Kleinbogensatz (3 Klb.)	86,—	86,—	

Auflagen:

In gleicher Zeichnung wie MiNr. 3208, jedoch selbstklebend: MiNr. 3215

2016, 11. Febr. 200. Geburtstag von Ernst Litfaß. 🄴 **Schöner; Odr. GDL (5×2); gez. K 13¾.**

dzl) Ernst Litfaß (1816–1874), Druckereibesitzer und Verleger, Erfinder der Litfaßsäule

		✶✶	⊙	FDC
3211	70 (C) mehrfarbig ....dzl	1,40	1,40	2,40
	ETB 8/2016		1,70	
	Kleinbogen	14,—	14,—	

Auflage:

2016, 11. Febr. 25 Jahre Notruf 112 in Europa. 🄴 **le Fort, Heers; Odr. BSP (5×2); gez. K 13¾.**

dzm) Europaweite Notrufnummer „112“

		✶✶	⊙	FDC
3212	45 (C) mehrfarbig ....dzm	0,90	0,90	1,90
	ETB 9/2016		1,20	
	MK 2/2016		4,—	
	Kleinbogen	9,—	9,—	

Auflage:

2016, 11. Febr. Klassische deutsche Automobile (IV). 🄴 **Serres; Odr. GDL, Folienblatt (4×5) und Einzelmarken aus Folienbogen; selbstklebend; gestanzt 9¾.**

dzc I) Porsche 911 Targa (ab 1965)

dzd I) Ford Capri 1 (1969–1973)

		✶✶	⊙	FDC
3213	70 (C) mehrfarbig ....dzc I	1,40	1,40	
3214	70 (C) mehrfarbig ....dzd I	1,40	1,40	
	Satzpreis (2 W.)	2,80	2,80	4,20
	Folienblatt 53	38,—		

ETB siehe nach MiNr. 3224.

MiNr. 3213–3214 wurden zusammen, paarweise angeordnet, im Folienblatt gedruckt.

Auflagen:

In ähnlichen Zeichnungen: MiNr. 3201–3202

2016, 11. Febr. Wohlfahrt: Grimms Märchen (VI) – Rotkäppchen. 🄴 **Grahl und Menze; Odr. BDB, Markenheftchen und Folienstreifen aus Rollen; selbstklebend; gestanzt 10¼.**

dzh) Im Wald

		★★	⊙	FDC
3215	70 + 30 (C) mehrfarbig . . dzh	2,—	2,—	3,—
	Fünferstreifen	10,—		

ETB siehe nach MiNr. 3224.

MiNr. 3215 stammt auch aus MH 103.

Auflage:

In gleicher Zeichnung, jedoch nassklebend: MiNr. 3208

2016, 1. März. Burgen und Schlösser (IX). 🄴 **Elsenbach; Odr. GDL (2×5); gez. K 13½:13¾.**

dzn) Schloss Sanssouci, Potsdam (erbaut 1745–1747)

		★★	⊙	FDC
3216	85 (C) mehrfarbig GA . . . . . . dzn	1,70	1,70	2,70
	ETB 10/2016		2,—	
	Kleinbogen	17,—	17,—	

Auflage:

In ähnlicher Zeichnung: MiNr. 3231

2016, 1. März. Tierbabys (V). 🄴 **Elsenbach und Fienbork; Odr. GDL (Klb. 5×2); gez. K 13½:13¾.**

dzo) Feldhase (Lepus europaeus)

dzp) Graugans (Anser anser)

		★★	⊙	FDC
3217	70 (C) mehrfarbig GA . . . . . . dzo	1,40	1,40	
3218	70 (C) mehrfarbig GA . . . . . . dzp	1,40	1,40	
	Satzpreis (2 W.)	2,80	2,80	3,80
	ETB 11/2016		3,20	
	Kleinbogensatz (2 Klb.)	28,—	28,—	

Auflagen:

In ähnlichen Zeichnungen: MiNr. 3222–3223

2016, 1. März. 350. Geburtstag von George Bähr. 🄴 **Grüttner, Matthes; Odr. BSP (Klb. 5×2); gez. K 13¾.**

dzr) Frauenkirche, Dresden; von George Bähr (1666–1738), Baumeister des Barock

		★★	⊙	FDC
3219	260 (C) mehrfarbig . . . . dzr	5,20	5,20	6,20
	ETB 12/2016		5,50	
	Kleinbogen	52,—	52,—	

Auflage:

In gleicher Zeichnung, jedoch selbstklebend: MiNr. 3224

2016, 1. März. UNESCO-Welterbe (XXXII): Kloster Corvey. 🄴 **Haufe, Fiedler; Odr. BDB (2×5); gez. S 13¾.**

dzs) Westflügel der ehemaligen Benediktinerabtei Corvey mit Klosterkirche (gegründet 822), heute Schloss

		★★	⊙	FDC
3220	70 (C) mehrfarbig . . . . dzs	1,40	1,40	2,40
	ETB 13/2016		1,70	
	Kleinbogen	14,—	14,—	

Auflage:

2016, 1. März. 1250 Jahre Schwetzingen. 🄴 **Elsenbach; Odr. BSP, Folienblatt (2×5) und Einzelmarke aus Folienbogen; selbstklebend; gestanzt 10.**

dzf I) Lorscher Codex, Schloss Schwetzingen, Schlossgarten, Mozartsaal, Kuppel der Gartenmoschee, Spargelstangen

		★★	⊙	FDC
3221	145 (C) mehrfarbig . . . . dzf I	2,90	2,90	4,—
	Folienblatt 54	40,—		

ETB siehe nach MiNr. 3224.

Auflage:

In ähnlicher Zeichnung: MiNr. 3204

2016, 1. März. Tierbabys (VI). 🄴 **Elsenbach und Fienbork; Odr. GDL, Folienblatt (2×5) und Einzelmarken aus Folienbogen; selbstklebend; gestanzt 10.**

dzp I) Graugans (Anser anser)

dzo I) Feldhase (Lepus europaeus)

		★★	⊙	FDC
3222	70 (C) mehrfarbig . . . . dzp I	1,40	1,40	
3223	70 (C) mehrfarbig . . . . dzo I	1,40	1,40	
	Satzpreis (2 W.)	2,80	2,80	3,80
	Folienblatt 55	20,—		

ETB siehe nach MiNr. 3224.

MiNr. 3222–3223 wurden zusammen, schachbrettartig angeordnet, im Folienblatt gedruckt.

Auflagen:

In ähnlichen Zeichnungen: MiNr. 3217–3218

2016, 1. März. 350. Geburtstag von George Bähr. 🄴 **Grüttner, Matthes; Odr. BSP, Markenheftchen und Einzelmarke aus Folienbogen; selbstklebend; gestanzt 10½.**

dzr) Frauenkirche, Dresden; von George Bähr (1666–1738), Baumeister des Barock

		★★	⊙	FDC
3224	260 (C) mehrfarbig . . . . dzr	5,20	5,20	6,20
	ETB S1/2016*)		19,—	

*) ETB S1/2016 mit MiNr. 3205–3206, 3213–3214, 3215, 3221, 3222–3223 und 3224, jeweils mit entsprechendem Ersttagssonderstempel.

MiNr. 3224 stammt aus MH 104.

Auflage:

In gleicher Zeichnung, jedoch nassklebend: MiNr. 3219

2016, 7. April. Deutschlands schönste Panoramen (IX). 🄴 **Klein, Neumann; Odr. BSP (Klb. 1×5 Zd); gez. K 13¾.**

dzt

dzu

dzt–dzu) Moselschleife bei Kröv

		★★	⊙	FDC
3225	90 (C) mehrfarbig GA . . . . . . dzt	1,80	1,80	
3226	90 (C) mehrfarbig GA . . . . . . dzu	1,80	1,80	
	Satzpreis (Paar)	3,60	3,60	4,60
	ETB 14/2016		4,—	
	Zd-Kleinbogen	18,—	18,—	

Auflagen:

In ähnlichen Zeichnungen: MiNr. 3241–3242

2016, 7. April. Schätze aus deutschen Museen (IX). 🄴 **Klein & Neumann; Odr. BDB, Kleinbogen (Klb.) (5×2) und Rolle (R); gez. S 14.**

dzv) Kaiser Karl V.; Gemälde von Tizian, eigentlich Tiziano Vecellio (um 1488–1576), italienischer Maler

dzw) Große Fregatte aus Elfenbein; Schnitzerei von Jacob Zeller (1581–1620), deutscher Bildhauer, Kunstdrechsler und Elfenbeinschnitzer

		**	⊙	FDC
3227	70 (C) mehrfarbig (Klb.) (R) . dzv	1,40	1,40	
3228	145 (C) mehrfarbig (Klb.) . . . dzw	2,90	2,90	
	Satzpreis (2 W.)	4,30	4,30	5,30
	ETB 15/2016		4,60	
	Kleinbogensatz (2 Klb.)	43,—	43,—	

Waagerechtes Paar (aus Klb.):

		**	⊙
3227/3227	. . . .	2,80	2,80

Rollenmarke mit rückseitiger Nummer (R):

		Einzelmarke **	Einzelmarke ⊙	5er-Streifen **
3227 R	. . . .	1,50	1,50	7,—

Auflage:

In gleicher Zeichnung wie MiNr. 3228, jedoch selbstklebend: MiNr. 3250

2016, 7. April. 500 Jahre Reinheitsgebot für Bier. 🄴 **Poschauko; Odr. BDB, Kleinbogen (Klb.) (5×2) und Rolle (R); gez. S 13¾.**

dzx) Bier mit Schaum, Gerste und Hopfen

		**	⊙	FDC
3229	45 (C) mehrfarbig . . . . dzx	0,90	0,90	2,—
	ETB 16/2016		1,20	
	MK 3/2016		4,—	
	Kleinbogen	9,—	9,—	

Waagerechtes Paar (aus Klb.):

3229/3229	. . . .	1,80	1,80

Rollenmarke mit rückseitiger Nummer (R):

		Einzelmarke **	Einzelmarke ⊙	5er-Streifen **
3229 R	. . . .	1,—	1,—	4,50

Auflage:

2016, 7. April. 125. Geburtstag von Nelly Sachs. 🄴 **Haufe, Fiedler; Odr. GDL (5×2); gez. K 13¾.**

dzy) Nelly Sachs (1891–1970), deutsch-schwedische Schriftstellerin und Lyrikerin, Nobelpreis 1966

		**	⊙	FDC
3230	70 (C) mehrfarbig . . . . dzy	1,40	1,40	2,40
	ETB 17/2016		1,70	
	Kleinbogen	14,—	14,—	

Auflage:

2016, 7. April. Burgen und Schlösser (X). 🄴 **Elsenbach; Odr. GDL, Folienblatt (2×5), Einzelmarke aus Folienbogen und Folienstreifen aus Rollen; selbstklebend; gestanzt 10.**

dzn I) Schloss Sanssouci, Potsdam (erbaut 1745–1747)

		**	⊙	FDC
3231	85 (C) mehrfarbig (Fbl. = 7. April) (R = 4. Aug.) . . . . . . dzn I	1,70	1,70	2,70
	Folienblatt 56	26,—		
	Fünferstreifen	8,50		

ETB siehe nach MiNr. 3270.

Die Marken aus Folienblatt und Rolle unterscheiden sich geringfügig in der Stanzung (¼ Zahn).

Auf der Trägerfolie der Rollenmarken befindet sich rückseitig bei jeder 5. Marke eine Zählnummer.

Auflage:

In ähnlicher Zeichnung: MiNr. 3216

2016, 2. Mai. Grußmarken: Schreibanlässe (I). 🄴 **Kehn; Odr. BSP, Kleinbogen (2×5) und Markenheftchen; gez. K 13¾.**

dzz) Blumen (Herzlichen Glückwunsch)

eaa) Tortenstück (Zum Geburtstag viel Glück)

eab) Hochzeitsschuhe (Ja!)

		**	⊙	FDC
3232	70 (C) mehrfarbig GA . . . . . . dzz	1,40	1,40	
3233	70 (C) mehrfarbig . . . . eaa	1,40	1,40	
3234	70 (C) mehrfarbig . . . . eab	1,40	1,40	
	Satzpreis (3 W.)	4,20	4,20	6,—
	ETB 18/2016 mit MiNr. 3232		1,70	
	ETB 19/2016 mit MiNr. 3233		1,70	
	ETB 20/2016 mit MiNr. 3234		1,70	
	Kleinbogensatz (3 Klb.)	42,—	42,—	

MiNr. 3232–3234 stammen auch aus MH 111.

Auflagen:

In ähnlichen Zeichnungen wie MiNr. 3232–3233: MiNr. 3243–3244

2016, 2. Mai. Sporthilfe: Spielbälle. 🄴 **Serres; Odr. GDL (Klb. 5×2); gez. K 13¾.**

eac) Fußball

ead) Rugbyball

eae) Golfball

		**	⊙	FDC
3235	70 + 30 (C) mfg. GA . . . eac	2,—	2,—	
3236	85 + 40 (C) mfg. GA . . . ead	2,50	2,50	
3237	145 + 55 (C) mfg. GA . . . eae	4,—	4,—	
	Satzpreis (3 W.)	8,50	8,50	10,—
	ETB 21/2016		8,80	
	Kleinbogensatz (3 Klb.)	85,—	85,—	

Auflagen:

2016, 2. Mai. Europa: Umweltbewusst leben. 🄴 **Schmidt; Odr. BSP (2×5); gez. K 13¾.**

eaf) Von Grau zu Grün; Graphik von Doxia Sergidou (Zypern)

		**	⊙	FDC
3238	70 (C) mehrfarbig GA . . . . . . eaf	1,40	1,40	2,40
	ETB 22/2016		1,70	
	Kleinbogen	14,—	14,—	

Auflage:

2016, 2. Mai. 100. Deutscher Katholikentag, Leipzig. ⓔ **Urtikal, Gais; Odr. GDL (Klb. 5×2); gez. K 13¾.**

eag) Kreuz

		✶✶	⊙	FDC
3239	70 (C) mehrfarbig . . . . eag	1,40	1,40	2,40
	ETB 23/2016		1,70	
	Kleinbogen	14,—	14,—	

Auflage:

2016, 2. Mai. 20 Jahre „Shrines of Europe": Altötting. ⓔ **Schmidt; Odr. BDB (Klb. 2×5); gez. S 13¾.**

eah) Schwarze Madonna (geschnitztes Votivbild, um 1330); Gnadenkapelle

		✶✶	⊙	FDC
3240	85 (C) mehrfarbig . . . . eah	1,70	1,70	2,70
	ETB 24/2016		2,—	
	MK 4/2016		4,—	
	Kleinbogen	17,—	17,—	

Auflage:

2016, 2. Mai. Deutschlands schönste Panoramen (X). ⓔ **Klein, Neumann; Odr. BSP, Folienblatt (2×5) und Einzelpaare aus Folienbogen; selbstklebend; dreiseitig zähnungsähnlich gestanzt 11, einseitig □.**

dzt I

dzu I

dzt I–dzu I) Moselschleife bei Kröv

		✶✶	⊙	FDC
3241	90 (C) mehrfarbig (⌧) . . . . . dzt I	1,80	1,80	
3242	90 (C) mehrfarbig (⌧) . . . . dzu I	1,80	1,80	
	Satzpreis (2 W.)	3,60	3,60	4,60
	Folienblatt 57	28,—		

ETB siehe nach MiNr. 3270.

MiNr. 3241–3242 wurden zusammen, paarweise angeordnet, im Folienblatt und im Folienbogen gedruckt.

Auflagen:

In ähnlichen Zeichnungen: MiNr. 3225–3326

2016, 2. Mai. Grußmarken: Schreibanlässe (II). ⓔ **Kehn; Odr. BSP, Folienblatt (2×5) und Einzelmarken aus Folienbogen; selbstklebend; gestanzt 10.**

eaa I) Tortenstück (Zum Geburtstag viel Glück)

dzz I) Blumen (Herzlichen Glückwunsch)

		✶✶	⊙	FDC
3243	70 (C) mehrfarbig . . . . eaa I	1,40	1,40	
3244	70 (C) mehrfarbig . . . . dzz I	1,40	1,40	
	Satzpreis (2 W.)	2,80	2,80	3,80
	Folienblatt 58	20,—		

ETB siehe nach MiNr. 3270.

MiNr. 3243–3244 wurden zusammen, schachbrettartig angeordnet, im Folienblatt gedruckt.

Auflagen:

In ähnlichen Zeichnungen: MiNr. 3232–3233

Die Preisnotierungen gelten für Marken in handelsüblicher Qualität.

2016, 2. Juni. Umweltschutz: Die Alpen – Vielfalt in Europa. ⓔ **Wagenbreth; Odr. BSP (Klb. 2×5); gez. K 14.**

eai) Die Welt der Alpen

		✶✶	⊙	FDC
3245	70 + 30 (C) mfg. GA . . . . eai	2,—	2,—	3,—
	ETB 25/2016		2,30	
	Kleinbogen	20,—	20,—	

Auflage:

2016, 2. Juni. Mikrowelten (III). ⓔ **Voß-Acker; Odr. BDB (Klb. 2×5); gez. S 14.**

eak) Fühler eines Nachtpfauenauges (40-fache Vergrößerung)

eal) Strahlentierchen (420-fache Vergrößerung)

		✶✶	⊙	FDC
3246	70 (C) mehrfarbig . . . . eak	1,40	1,40	
3247	250 (C) mehrfarbig . . . . eal	5,—	5,—	
	Satzpreis (2 W.)	6,40	6,40	7,80
	ETB 26/2016		6,70	
	Kleinbogensatz (2 Klb.)	64,—	64,—	

Auflagen:

2016, 2. Juni. Wildes Deutschland (VII). ⓔ **Ziegenfeuter; Odr. GDL (Klb. 2×5); gez. K 13¾.**

eam) Gesteinsformation „Schrammsteine" in der Sächsischen Schweiz

		✶✶	⊙	FDC
3248	45 (C) mehrfarbig GA . . . . . eam	0,90	0,90	2,—
	ETB 27/2016		1,20	
	Kleinbogen	9,—	9,—	

Auflage:

In ähnlicher Zeichnung: MiNr. 3251

2016, 2. Juni. 25 Jahre Deutsch-Polnisches Jugendwerk. ⓔ **Jedrysik, Klein & Neumann; Odr. BSP (Klb. 2×5); gez. K 13¾.**

ean) Buchstaben „Ä" und „Ą"

		✶✶	⊙	FDC
3249	90 (C) mehrfarbig . . . . ean	1,80	1,80	2,80
	ETB 28/2016		2,20	
	Kleinbogen	18,—	18,—	

Parallelausgabe mit Polen MiNr. 4839

2016, 2. Juni. Schätze aus deutschen Museen (X). ⓔ **Klein & Neumann; Odr. BDB, Folienstreifen aus Rollen; selbstklebend; gestanzt 10¼.**

dzw) Große Fregatte aus Elfenbein; Schnitzerei von Jacob Zeller (1581–1620), deutscher Bildhauer, Kunstdrechsler und Elfenbeinschnitzer

		✶✶	⊙	FDC
3250	145 (C) mehrfarbig . . . . dzw	2,90	2,90	4,—
	Fünferstreifen	14,50		

ETB siehe nach MiNr. 3270.

Auf der Trägerfolie befindet sich rückseitig bei jeder 5. Marke eine Zählnummer.

Auflage:

In gleicher Zeichnung, jedoch nassklebend: MiNr. 3228

2016, 2. Juni. Wildes Deutschland (VIII). Ⓔ **Ziegenfeuter; Odr. GDL, Folienblatt (2×5) und Einzelmarke aus Folienbogen; selbstklebend; gestanzt 9½.**

eam I) Gesteinsformation „Schrammsteine" in der Sächsischen Schweiz

			✱✱	⊙	FDC
3251	45 (C) mehrfarbig	. . . . eam I	0,90	0,90	2,—
		Folienblatt 59	13,—		

ETB siehe nach MiNr. 3270.

Auflage:

In ähnlicher Zeichnung: MiNr. 3248

2016, 7. Juli. Leuchttürme (XVIII). Ⓔ **Graf; Odr. BSP (Klb. 5×2); gez. K 13¾.**

eao) Leuchtturm Staberhuk (erbaut 1903)

eap) Leuchtturm Kampen (erbaut 1855)

			✱✱	⊙	FDC
3252	45 (C) mehrfarbig	. . . . eao	0,90	0,90	
3253	70 (C) mehrfarbig GA	. . . . . . eap	1,40	1,40	
		Satzpreis (2 W.)	2,30	2,30	3,70
		ETB 29/2016		2,60	
		MK 5/2016 (mit MiNr. 3252)		4,—	
		Kleinbogensatz (2 Klb.)	23,—	23,—	

Auflagen:

Weitere Werte siehe Übersichtstabelle nach MiNr. 2410

2016, 7. Juli. 125. Jahrestag des ersten Gleitschirmfluges durch Otto Lilienthal. Ⓔ **Wagenbreth; Odr. BDB, Kleinbogen (Klb.) (5×2) und Rollen (R); gez. S 14.**

ear) Otto Lilienthal (1848–1896), Luftfahrtpionier, beim Absprung mit seinem Gleitflugzeug (1891)

			✱✱	⊙	FDC
3254	145 (C) mehrfarbig	. . . . ear	2,90	2,90	3,90
		ETB 30/2016		3,20	
		Kleinbogen	29,—	29,—	

Waagerechtes Paar (aus Klb.):

3254/3254	. . . .	5,80	5,80

Rollenmarke mit rückseitiger Nummer (R):

Bei den 2016 gedruckten Rollen wurde jede 5. Marke rückseitig nummeriert.

Bei den ab 2017 gefertigten Rollen trägt jede 4. Marke eine Nummer, auf diese folgt ein kleines Zwischenfeld mit EAN-Codierung.

		Einzelmarke		5er-Streifen	EAN-5er-Streifen
		✱✱	⊙	✱✱	✱✱
3254 R	. . . .	2,90	2,90	14,50	12,—

Auflage:

2016, 4. Aug. Jugend: Heimische Salzwasserfische. Ⓔ **Schmidt; Odr. BDB (Klb. 2×5); gez. S 13¾.**

eas) Hering (Clupea harengus)

eat) Kabeljau (Gadus morhua)

eau) Scholle (Pleuronectes platessa)

			✱✱	⊙	FDC
3255	70 + 30 (C) mfg. GA	. . . eas	2,—	2,—	
3256	85 + 40 (C) mfg. GA	. . . . eat	2,50	2,50	
3257	145 + 55 (C) mfg. GA	. . . eau	4,—	4,—	
		Satzpreis (3 W.)	8,50	8,50	10,50
		ETB 31/2016		8,80	
		Kleinbogensatz (3 Klb.)	85,—	85,—	

Auflagen:

2016, 4. Aug. 1200 Jahre Benediktinerabtei Münsterschwarzach. Ⓔ **Birnbach; Odr. GDL (Klb. 2×5); gez. K 13¾.**

eav) Gesamtansicht

			✱✱	⊙	FDC
3258	70 (C) mehrfarbig	. . . . eav	1,40	1,40	2,40
		ETB 32/2016		1,70	
		Kleinbogen	14,—	14,—	

Auflage:

2016, 1. Sept. Tag der Briefmarke: Liebesbriefe. Ⓔ **Niemann; Odr. GDL (Klb. 5×2); gez. K 13¾.**

eaw) Verschlungener Federhalter mit Buntstift zeichnen Herz

			✱✱	⊙	FDC
3259	70 (C) mehrfarbig	. . . . eaw	1,40	1,40	2,40
		ETB 33/2016		1,70	
		Kleinbogen	14,—	14,—	

Auflage:

2016, 1. Sept. Deutsche Fernsehlegenden (I): 50 Jahre „Raumpatrouille Orion". Ⓔ **Steinacker; Odr. BDB (Klb. 2×5); gez. S 14.**

eax) Cliff Allister McLane, Tamara Jagellovsk und Hasso Sigbjörnson bei Rettungsflug im Lancet zum Raumkreuzer Hydra (Originalszene mit Dietmar Schönherr, Eva Pflug und Claus Holm)

			✱✱	⊙	FDC
3260	145 (C) mehrfarbig	. . . . eax	2,90	2,90	3,90
		ETB 34/2016		3,20	
		Kleinbogen	29,—	29,—	

Auflage:

2016, 1. Sept. Blockausgabe: Alte und gefährdete Nutztierrassen in Deutschland. Ⓔ **Wolff; Odr. BSP; gez. Ks 13¾.**

eaz) Deutsches Sattelschwein eay) Rhönschaf eba

		✶✶	⊙	FDC
3261	70 (C) mehrfarbig . . . . eay	1,40	1,40	
3262	85 (C) mehrfarbig . . . . eaz	1,70	1,70	
Block 81	(164×110 mm) . . . . eba	3,20	3,20	4,20
	Ⓢ		3,20	
	ETB 35/2016		4,20	

Auflage:

2016, 6. Okt. 175 Jahre Deutschlandlied. Ⓔ **Haufe, Fiedler; Odr. BDB (5×2); gez. S 13¾.**

ebb) 3. Strophe des Liedes der Deutschen von August Heinrich Hoffmann von Fallersleben (1798–1874), Dichter (Text der Nationalhymne)

		✶✶	⊙	FDC
3263	70 (C) mehrfarbig GA . . . . . . ebb	1,40	1,40	2,40
	ETB 36/2016		1,70	
	Kleinbogen	14,—	14,—	

Auflage:

2016, 6. Okt. Dom zu Naumburg. Ⓔ **Dreßen; Odr. GDL (Klb. 2×5); gez. K 13½:13¾.**

ebc) Dom St. Peter und Paul, historischer Grundriss (13. Jh.)

		✶✶	⊙	FDC
3264	45 (C) grauschwarz/rötlichbraun . . . . ebc	0,90	0,90	2,—
	ETB 37/2016		1,20	
	MK 6/2016		4,—	
	Kleinbogen	9,—	9,—	

Auflage:

2016, 6. Okt. Klimaschutz durch Elektromobilität. Ⓔ **Becker & Kohl; Odr. BSP (5×2); gez. K 13¾.**

ebd) Elektroautomobile in grüner Hügellandschaft mit Windenergieanlagen und Solaranlagen

		✶✶	⊙	FDC
3265	190 (C) mehrfarbig . . . . ebd	3,80	3,80	4,80
	ETB 38/2016		4,20	
	Kleinbogen	38,—	38,—	

Auflage:

Nicht ausgegeben:

2016, Oktober. Weihnachtskugel. Ⓔ Klein, Neumann; Odr. GDL, Folienblatt (2×5); selbstklebend; gestanzt 9¾:10.

ebg I I) Christbaumkugel, Weihnachtsgrüße in verschiedenen Sprachen

		✶✶	⊙	✉
XX	70 (C) mehrfarbig . . . . . ebg I I	*5500,—*	*2200,—*	*2400,—*
	Folienblatt I	*55000,—*		

MiNr. XX war zur Ausgabe am 2. November 2016 vorgesehen. Da die Inschriften orthographische Ungereimtheiten enthielten („Jul" statt „jul", „Kerstfiest" statt „kerstfeest", „Wesolych" mit langen Serifen am „l"), wurde MiNr. XX durch MiNr. 3270 ersetzt mit Erstausgabetag 30. November 2016. Bereits vorab ausgelieferte Exemplare der MiNr. XX wurden von der Deutschen Post zurückgerufen.

Auflage: unbekannt

In ähnlichen Zeichnungen: MiNr. 3269, 3270

2016, 2. Nov. Weihnachten. Ⓔ **Klein, Neumann; Odr. BDB (Klb. 2×5); gez. S 14.**

ebe) Verkündigung an die Hirten; Miniatur aus dem "Hortus Deliciarum" (um 1180) der Äbtissing Herrad von Landsberg (1125/1130–1195)

		✶✶	⊙	FDC
3266	70 + 30 (C) mehrfarbig GA ebe	2,—	2,—	3,—
	ETB 39/2016		2,30	
	Kleinbogen	20,—	20,—	

Auflage:

In ähnlicher Zeichnung: MiNr. 3268

2016, 2. Nov. 125. Geburtstag von Otto Dix. Ⓔ **le Fort, Heers; Odr. BSP (Klb. 2×5); gez. K 13¾.**

ebf) An die Schönheit; Gemälde von Otto Dix (1891–1969)

		✶✶	⊙	FDC
3267	85 (C) mehrfarbig . . . . ebf	1,70	1,70	2,70
	ETB 40/2016		2,—	
	Kleinbogen	17,—	17,—	

Auflage:

2016, 2. Nov. Weihnachten. Ⓔ **Klein, Neumann; Odr. BDB, Folienblatt (2×5) und Einzelmarke aus Folienbogen; selbstklebend; gestanzt 10.**

ebe I) Verkündigung an die Hirten; Miniatur aus dem "Hortus Deliciarum" (um 1180) der Äbtissing Herrad von Landsberg (1125/1130–1195)

		✶✶	⊙	FDC
3268	70 + 30 (C) mehrfarbig . . ebe I	2,—	2,—	3,—
	Folienblatt 60	20,—		

ETB siehe nach MiNr. 3270.

Auflage:

In ähnlicher Zeichnung: MiNr. 3266

2016, 30. Nov. Weihnachtskugel. Ⓔ **Klein, Neumann; Odr. GDL (Klb. 2×5); gez. K 13¾.**

ebg) Christbaumkugel, Weihnachtsgrüße in verschiedenen Sprachen

		✶✶	⊙	FDC
3269	70 (C) mehrfarbig GA . . . . . . ebg	1,40	1,40	2,40
	ETB 41/2016		1,70	
	Kleinbogen	14,—	14,—	

Auflage:

In ähnlichen Zeichnungen: MiNr. XX, 3270

2016, 30. Nov. Weihnachtskugel. Ⓔ **Klein, Neumann; Odr. GDL, Folienblatt (2×5) und Einzelmarke aus Folienbogen; selbstklebend; gestanzt 9¾:10.**

ebg I) Christbaumkugel, Weihnachtsgrüße in verschiedenen Sprachen

		✶✶	⊙	FDC
3270	70 (C) mehrfarbig . . . . ebg I	1,40	1,40	2,40
	Folienblatt 61	14,—		
	ETB S2/2016*)		16,—	

*) ETB S2/2016 mit MiNr. 3231, 3241–3242, 3243–3244, 3250, 3251, 3268 und 3270, jeweils mit entsprechendem Ersttagssonderstempel.

Auflage:

In ähnlichen Zeichnungen: MiNr. XX, 3269

2016, 8. Dez. Design aus Deutschland (I). Ⓔ **Haase; Odr. GDL (Klb. 5×2); gez. K 13¾.**

ebh) Schlaufenstuhl von Luigi Colani (*1928),

ebi) Glasgefäße von Theo Baumann (1924–2016)

		✶✶	⊙	FDC
3271	70 (C) mehrfarbig . . . . ebh	1,40	1,40	
3272	145 (C) mehrfarbig . . . . ebi	2,90	2,90	
	Satzpreis (2 W.)	4,30	4,30	5,30
	ETB 42/2016		4,60	
	Kleinbogensatz (2 Klb.)	43,—	43,—	

Auflagen:

In gleicher Zeichnung wie MiNr. 3272, jedoch selbstklebend: MiNr. 3330

2016, 8. Dez. 200 Jahre Dampfschiff „Die Weser“. Ⓔ Menze, Grahl; Odr. BSP (Klb. 2×5); gez. K 13¾.

ebk) Flussraddampfer „Die Weser“ (um 1818) auf der Unterweser bei Bremen

			★★	⊙	FDC
3273	70 (C) mehrfarbig	ebk	1,40	1,40	2,40
		ETB 43/2016		1,70	
		Kleinbogen	14,—	14,—	

Auflage:

In ähnlicher Zeichnung: MiNr. 3279

2017

2017, 2. Jan. Schätze aus deutschen Museen (XI). Ⓔ Klein, Neumann; Odr. BDB (Klb. 5×2, Querformat ~); gez. S 14.

ebl) Das Mädchen mit dem Weinglas; Gemälde von Jan Vermeer van Delft im Herzog-Anton-Ulrich-Museum, Braunschweig

ebm) Pfefferfresser, Jungfern- und Haubenkranich; Gemälde von Jean-Baptiste Oudry im Staatlichen Museum Schwerin/Ludwigslust/Güstrow

			★★	⊙	FDC
3274	70 (C) mehrfarbig	ebl	1,40	1,40	
3275	70 (C) mehrfarbig	ebm	1,40	1,40	
		Satzpreis (2 W.)	2,80	2,80	4,20
		ETB 1/2017		3,20	
		Kleinbogensatz (2 Klb.)	28,—	28,—	

Auflagen:

In gleichen Zeichnungen, jedoch selbstklebend: MiNr. 3280–3281

2017, 2. Jan. 25 Jahre Stiftung „Topographie des Terrors“. Ⓔ Beyrow; Odr. GDL (Klb. 2×5); gez. K 13¾.

ebn) Dokumentationszentrum, Berlin

			★★	⊙	FDC
3276	45 (C) schwarz	ebn	0,90	0,90	1,90
		ETB 2/2017		1,80	
		Kleinbogen	9,—	9,—	

Auflage:

2017, 2. Jan. Die Bibel in der Übersetzung Martin Luthers. Ⓔ Krüll; Odr. BDB, Kleinbogen (Klb.) (5×2) und Rolle (R) (200); gez. K 14.

ebo) Ausschnitt aus Luthers Handexemplar (1540)

			★★	⊙	FDC
3277	260 (C) mehrfarbig	ebo	5,20	5,20	6,20
		ETB 3/2017		5,50	
		Kleinbogen	52,—	52,—	

Waagerechtes Paar (aus Klb.):

3277/3277	....	10,40	10,40

Rollenmarke mit rückseitiger Nummer (R):

Jede 4. Marke der Rolle wurde rückseitig nummeriert, auf diese folgt ein kleines Zwischenfeld mit EAN-Codierung.

		Einzelmarken ★★	Einzelmarken ⊙	EAN-5er-Streifen ★★
3277 R	....	5,20	5,20	21,—

Auflage:

2017, 2. Jan. Eröffnung der Elbphilharmonie, Hamburg. Ⓔ Steinacker; Odr. BSP (Klb. 2×5); gez. K 13¾.

ebp) Elbphilharmonie im Abendlicht

			★★	⊙	FDC
3278	145 (C) mehrfarbig GA	ebp	2,90	2,90	3,90
		ETB 4/2017		3,20	
		Kleinbogen	29,—	29,—	

Auflage:

In ähnlicher Zeichnung: MiNr. 3286

2017, 2. Jan. 200 Jahre Dampfschiff „Die Weser“. Ⓔ Menze, Grahl; Odr. BSP, Folienblatt (2×5) und Einzelmarke aus Folienbogen; selbstklebend; gestanzt 10:9¾.

ebk I) Flussraddampfer „Die Weser“ (um 1818) auf der Unterweser bei Bremen

			★★	⊙	FDC
3279	70 (C) mehrfarbig	ebk I	1,40	1,40	2,40
		Folienblatt 62	14,—		

ETB siehe nach MiNr. 3302.

Auflage:

In ähnlicher Zeichnung: MiNr. 3273

2017, 2. Jan. Schätze aus deutschen Museen (XII). Ⓔ Klein, Neumann; Odr. BDB, Folienstreifen aus Rolle (100); selbstklebend; gestanzt 11¾:11½, Querformat ~.

ebl) Das Mädchen mit dem Weinglas; Gemälde von Jan Vermeer van Delft im Herzog-Anton-Ulrich-Museum, Braunschweig

ebm) Pfefferfresser, Jungfern- und Haubenkranich; Gemälde von Jean-Baptiste Oudry im Staatlichen Museum Schwerin/Ludwigslust/Güstrow

			★★	⊙	FDC
3280	70 (C) mehrfarbig	ebl	1,40	1,40	
3281	70 (C) mehrfarbig	ebm	1,40	1,40	
		Satzpreis (2 W.)	2,80	2,80	4,20
		Fünferstreifen	14,50		

ETB siehe nach MiNr. 3302.

Auf der Trägerfolie befindet sich rückseitig bei jeder 5. Marke eine Zählnummer.

MiNr. 3280–3281 befinden sich zusammen, in abwechselnder Folge, auf der Rolle.

Auflagen:

In gleichen Zeichnungen, jedoch nassklebend: MiNr. 3274–3275

Nassklebende Rollenmarken mit EAN-Feld

Ab Januar 2017 enthalten alle Neu- und Nachauflagen nassklebender Sondermarken-Rollen nach jeder vierten Marke ein Feld mit EAN-Code, die Freimarken-Rollen ab März 2017 eines nach jeder fünften.

Gelistet werden folgende Streifen: Bei den Freimarken EAN-Sechserstreifen (5 Marken + 1 EAN-Feld), bei den Sondermarken EAN-Fünferstreifen (4 Marken + 1 EAN-Feld). Mit Listung dieser Streifen sind auch die rollenmarkentypischen rückseitigen Zählnummern abgedeckt, die jeweils auf der Marke vor dem Zwischenfeld sitzen, bei Freimarken also auf jeder fünften, bei Sondermarken auf jeder vierten. Zusätzlich werden auch die Einzelmarken mit rückseitiger Nummer gelistet. Bei Nachauflagen älterer Ausgaben werden neben den EAN-Streifen auch die normalen Fünferstreifen aus Rollen ohne Codierungsfelder gelistet; hier sitzen die Zählnummern traditionell bei Frei- wie Sondermarken auf jeder fünften Marke.

Im MICHEL-Deutschland-Spezial werden außerdem die Zweier- und Dreier-Zusammendruckeinheiten aus den EAN-Streifen katalogisiert nach folgendem Muster: Marke + Zwischenfeld, Marke + Zwischenfeld + Marke und Zwischenfeld + Marke.

2017, 9. Febr. Wohlfahrt: Grimms Märchen (VII) – Die Bremer Stadtmusikanten. 🄴 **Grahl und Menze; Odr. BDB (Klb. 5×2); gez. S 13¾.**

ebr) Freunde treffen

ebs) Der Überfall

ebt) Im neuen Zuhause

ebr–ebt) Illustrationen zum Märchen „Die Bremer Stadtmusikanten“ von Jacob (1785–1863) und Wilhelm Grimm (1786–1859), Germanisten und Märchenforscher

		✶✶	⊙	FDC
3282	70 + 30 (C) mfg. GA .... ebr	2,—	2,—	
3283	85 + 40 (C) mfg. GA ... ebs	2,50	2,50	
3284	145 + 55 (C) mfg. GA .... ebt	4,—	4,—	
	Satzpreis (3 W.)	8,50	8,50	10,50
	ETB 6/2017		8,80	
	Kleinbogensatz (3 Klb.)	85,—	85,—	

ETB 5/2017 siehe bei ATM MiNr. 8 und 9.

Auflagen:

In gleicher Zeichnung wie MiNr. 3282, jedoch selbstklebend: MiNr. 3287

2017, 9. Febr. Burgen und Schlösser (XI). 🄴 **Elsenbach; Odr. GDL (2×5); gez. K 13½:13¾.**

ebu) Residenzschloss Ludwigsburg (erbaut 1704–1733)

		✶✶	⊙	FDC
3285	70 (C) mehrfarbig .... ebu	1,40	1,40	2,50
	ETB 7/2017		1,70	
	MK 1/2017		4,—	
	Kleinbogen	14,—	14,—	

Auflage:

In ähnlicher Zeichnung: MiNr. 3312

2017, 9. Febr. Eröffnung der Elbphilharmonie, Hamburg. 🄴 **Steinacker; Odr. BSP, Folienblatt (2×5) und Einzelmarke aus Folienbogen; selbstklebend; gestanzt 10:9¾.**

ebp I) Elbphilharmonie im Abendlicht

		✶✶	⊙	FDC
3286	145 (C) mehrfarbig .... ebp I	2,90	2,90	4,—
	Folienblatt 63	29,—		

ETB siehe nach MiNr. 3302.

Auflage:

In ähnlicher Zeichnung: MiNr. 3278

2017, 9. Febr. Wohlfahrt: Grimms Märchen (VIII) – Die Bremer Stadtmusikanten. 🄴 **Grahl und Menze; Odr. BDB, Markenheftchen und Folienstreifen aus Rolle; selbstklebend; gestanzt 10¼.**

ebr) Freunde treffen

		✶✶	⊙	FDC
3287	70 + 30 (C) mehrfarbig .. ebr	2,—	2,—	3,—
	Fünferstreifen	10,—		

ETB siehe nach MiNr. 3302.

MiNr. 3287 stammt auch aus MH 105.

Auflage:

In gleicher Zeichnung, jedoch nassklebend: MiNr. 3282

2017, 1. März. Tierbabys (VII). 🄴 **Elsenbach und Fienbork; Odr. GDL (Klb. 2×5); gez. K 13½:13¾.**

ebv) Iltis (Mustela putorius)

ebw) Wildschwein (Sus scrofa)

		✶✶	⊙	FDC
3288	85 (C) mehrfarbig .... ebv	1,70	1,70	
3289	85 (C) mehrfarbig .... ebw	1,70	1,70	
	Satzpreis (2 W.)	3,40	3,40	4,80
	ETB 8/2017		3,70	
	Kleinbogensatz (2 Klb.)	34,—	34,—	

Auflagen:

In ähnlichen Zeichnungen: MiNr. 3293–3294

2017, 1. März. 1000 Jahre Stadt Neunburg vorm Wald. 🄴 **Warbanow; Odr. BDB, Kleinbogen (Klb. 2×5) und Rolle (200); gez. S 13¾.**

ebx) Historische Stadtansicht (Kupferstich)

		✶✶	⊙	FDC
3290	45 (C) mehrfarbig .... ebx	0,90	0,90	1,90
	ETB 9/2017		1,20	
	Kleinbogen	9,—	9,—	

Waagerechtes Paar (aus Klb.):

	✶✶	⊙
3290/3290	1,80	1,80

Rollenmarke mit rückseitiger Nummer (R):

Jede 4. Marke der Rolle wurde rückseitig nummeriert, auf diese folgt ein Zwischenfeld mit EAN-Codierung.

	Einzelmarken ✶✶	Einzelmarken ⊙	EAN-5er-Streifen ✶✶
3290 R	0,90	0,90	3,60

Auflage:

2017, 1. März. Übernahme der G20-Präsidentschaft durch Deutschland. 🄴 **le Fort, Heers; Odr. BDB Kleinbogen (Klb. 5×2) und Rolle (R); gez. S 13¾.**

eby) Emblem der G20-Gipfelkonferenz 2017, Hamburg

		✶✶	⊙	FDC
3291	70 (C) mehrfarbig .... eby	1,40	1,40	2,40
	ETB 10/2017		1,70	
	Kleinbogen	14,—	14,—	

Waagerechtes Paar (aus Klb.):

	✶✶	⊙
3291/3291	2,80	2,80

Rollenmarke mit rückseitiger Nummer (R):

Jede 4. Marke der Rolle wurde rückseitig nummeriert, auf diese folgt ein Zwischenfeld mit EAN-Codierung.

	Einzelmarken ✶✶	Einzelmarken ⊙	EAN-5er-Streifen ✶✶
3291 R	1,40	1,40	5,60

Auflage:

2017, 1. März. Grußmarke. 🄴 **Steinacker; Odr. GDL (Klb. 2×5); gez. K 13¾.**

ebz) Bunter Gruß vom Ottifant; Zeichnung von Otto Waalkes (*1948), Komiker und Comiczeichner

		✶✶	⊙	FDC
3292	70 (C) mehrfarbig GA ...... ebz	1,40	1,40	2,40
	ETB 11/2017		1,70	
	Kleinbogen	14,—	14,—	

Auflage:

In ähnlicher Zeichnung: MiNr. 3295

2017, 1. März. Tierbabys (VIII). 🄴 **Elsenbach und Fienbork; Odr. GDL, Folienblatt (2×5) und Einzelmarken aus Folienbogen; selbstklebend; gestanzt 10.**

ebw I) Wildschwein (Sus scrofa)

ebv I) Iltis (Mustela putorius)

			**	⊙	FDC
3293	85 (C) mehrfarbig	.... ebw I	1,70	1,70	
3294	85 (C) mehrfarbig	.... ebv I	1,70	1,70	
		Satzpreis (2 W.)	3,40	3,40	4,80
		Folienblatt 64	17,—		

ETB siehe nach MiNr. 3302.

MiNr. 3293–3294 wurden zusammen, schachbrettartig angeordnet, im Folienblatt gedruckt.

Auflagen:

In ähnlichen Zeichnungen: MiNr. 3288–3289

2017, 1. März. Grußmarke. 🄴 **Steinacker; Odr. GDL, Folienblatt (2×5) und Einzelmarke aus Folienbogen; selbstklebend; gestanzt 10.**

ebz I) Bunter Gruß vom Ottifant; Zeichnung von Otto Waalkes (*1948), Komiker und Comiczeichner

			**	⊙	FDC
3295	70 (C) mehrfarbig	.... ebz I	1,40	1,40	2,40
		Folienblatt 65	14,—		

ETB siehe nach MiNr. 3302.

Auflage:

In ähnlicher Zeichnung: MiNr. 3292

2017, 13. April. Freimarke: Blumen (XXXIX). 🄴 **Klein & Neumann; Odr. BDB, Kleinbogen (Klb.) (5×2) und Rollen (R); gez. S 14.**

eca) Flammenblumen (Phlox sp.)

			**	⊙	FDC
3296	5 (C) mehrfarbig GA	.... eca	0,30	0,30	1,20
		ETB 12/2017		0,50	
		Kleinbogen	3,—	3,—	

Waagerechtes Paar (aus Klb.):

		**	⊙
3296/3296	....	0,60	0,60

Rollenmarke mit rückseitiger Nummer (R):

Jede 5. Marke der Rolle wurde rückseitig nummeriert, auf diese folgt ein Zwischenfeld mit EAN-Codierung.

		Einzelmarken		EAN-6er-Streifen
		**	⊙	**
3290 R	....	0,30	0,30	1,50

Auflage:

Weitere Werte siehe Zusammenfassung nach Blockaufstellung.

2017, 13. April. Klassische deutsche Automobile (V). 🄴 **Serres; Odr. BSP (Klb. 2×5); gez. K 13½:13¾.**

ecb) Opel Manta A (1970–1975)

ecc) VW Golf Serie 1 (1974–1983)

			**	⊙	FDC
3297	90 (C) mehrfarbig	.... ecb	1,80	1,80	
3298	90 (C) mehrfarbig	.... ecc	1,80	1,80	
		Satzpreis (2 W.)	3,60	3,60	5,—
		ETB 13/2017		4,—	
		Kleinbogensatz (2 Klb.)	36,—	36,—	

Auflagen:

In ähnlichen Zeichnungen: MiNr. 3301–3302

2017, 13. April. UNESCO-Welterbe: Bergwerk Rammelsberg, Altstadt von Goslar, Oberharzer Wasserwirtschaft. 🄴 **Clausing; Odr. GDL (2×5); gez. K 14.**

ecd) Zeche, Fachwerkhaus, Staudamm

			**	⊙	FDC
3299	145 (C) mehrfarbig	.... ecd	2,90	2,90	4,—
		ETB 14/2017		3,20	
		Kleinbogen	29,—	29,—	

Auflage:

2017, 13. April. 500. Jahrestag der Reformation. 🄴 **Graschberger; Odr. BDB, Kleinbogen (2×5) und Markenheftchen; gez. S 13¾.**

ece) Martin Luther (1483–1546), Theologe und Reformator

			**	⊙	FDC
3300	70 (C) mehrfarbig GA	...... ece	1,40	1,40	2,50
		ETB 15/2017		1,70	
		MK 2/2017		4,—	
		Kleinbogen	14,—	14,—	

MiNr. 3300 stammt auch aus MH 107.

Auflage:

Parallelausgabe mit Brasilien MiNr. 4477

2017, 13. April. Klassische deutsche Automobile (VI). 🄴 **Serres; Odr. BSP, Folienblatt (2×5) und Einzelmarken aus Folienbogen; selbstklebend; gestanzt 9¾.**

ecc I) VW Golf Serie 1 (1974–1983)

ecb I) Opel Manta A (1970–1975)

			**	⊙	FDC
3301	90 (C) mehrfarbig	.... ecc I	1,80	1,80	
3302	90 (C) mehrfarbig	.... ecb I	1,80	1,80	
		Satzpreis (2 W.)	3,60	3,60	5,—
		Folienblatt 66	18,—		
		ETB S1/2017*)		16,—	

*) ETB S1/2017 mit MiNr. 3279, 3280–3281, 3286, 3287, 3293–3294, 3295 und 3301–3302, jeweils mit entsprechendem Ersttagssonderstempel.

MiNr. 3301–3302 wurden zusammen, paarweise angeordnet, im Folienblatt gedruckt.

Auflagen:

In ähnlichen Zeichnungen: MiNr. 3378–3379

2017, 11. Mai. Freimarken: Blumen (XL). 🄴 **Klein & Neumann; Odr. BDB, Kleinbogen (Klb.) (5×2) und Rollen (R); gez. S 14.**

ecf) Weiße Seerose (Nymphaea alba)

ecg) Bocks-Johanniskraut (Hypericum hircinum)

			**	⊙	FDC
3303	45 (C) mehrfarbig	.... ecf	0,90	0,90	1,90
3304	90 (C) mehrfarbig	.... ecg	1,80	1,80	2,80
		Satzpreis (2 W.)	2,70	2,70	
		ETB 16/2017 mit MiNr. 3303		1,20	
		ETB 17/2017 mit MiNr. 3304		2,10	
		Kleinbogensatz (2 Klb.)	27,—	27,—	

Waagerechte Paare (aus Klb.):

		**	⊙
3303/3303	....	1,80	1,80
3304/3304	....	3,60	3,60

Rollenmarke mit rückseitiger Nummer (R):

Jede 5. Marke der Rollen wurde rückseitig nummeriert, auf diese folgt ein Zwischenfeld mit EAN-Codierung.

	Einzelmarken ★★	Einzelmarken ⊙	EAN-6er-Streifen ★★
3303 R	0,90	0,90	4,50
3304 R	1,80	1,80	9,—

Auflage:

In gleicher Zeichnung wie MiNr. 3303, jedoch selbstklebend: MiNr. 3376; weitere Werte siehe Zusammenfassung nach Blockaufstellung.

2017, 11. Mai. Grußmarken: Schreibanlässe (III). Ⓔ Kehn; Odr. GDL, Kleinbogen (2×5) und Markenheftchen; gez. K 13¾.

ech) Lilie (Im Gedenken)

eci) Gedeckter Tisch (Einladung)

		★★	⊙	FDC
3305	70 (C) mehrfarbig . . . . ech	1,40	1,40	
3306	70 (C) mehrfarbig . . . . eci	1,40	1,40	
	Satzpreis (2 W.)	2,80	2,80	4,20
	ETB 18/2017 mit MiNr. 3305		1,70	
	ETB 19/2017 mit MiNr. 3306		1,70	
	Kleinbogensatz (2 Klb.)	28,—	28,—	

MiNr. 3305–3306 stammen auch aus MH 111.

Auflagen:

In ähnlicher Zeichnung wie MiNr. 3305: MiNr. 3313

2017, 11. Mai. 50 Jahre Deutsche Sporthilfe. Ⓔ Korfmacher; Odr. BDB, Kleinbogen (5×2) und Markenheftchen; gez. S 13¾.

eck) Schwimmen (Leistung)

ecl) Fechten (Fairplay)

ecm) Rudern (Miteinander)

		★★	⊙	FDC
3307	70 + 30 (C) mfg. GA . . . eck	2,—	2,—	
3308	85 + 40 (C) mfg. GA . . . . ecl	2,50	2,50	
3309	145 + 55 (C) mfg. GA . . . ecm	4,—	4,—	
	Satzpreis (3 W.)	8,50	8,50	10,—
	ETB 20/2017		8,80	
	Kleinbogensatz (3 Klb.)	85,—	85,—	

MiNr. 3307–3309 wurden auch zusammenhängend im Markenheftchen (MH 106) ausgegeben.

Auflagen:

2017, 11. Mai. Europa: Burgen und Schlösser. Ⓔ Elsenbach; Odr. GDL, Kleinbogen (2×5) und Markenheftchen; gez. K 13¾.

ecn) Wartburg, Eisenach

		★★	⊙	FDC
3310	70 (C) mehrfarbig . . . . ecn	1,40	1,40	2,40
	ETB 21/2017		1,70	
	MK 3/2017		4,—	
	Kleinbogen	14,—	14,—	

MiNr. 3310 stammt auch aus MH 107.

Auflage:

In ähnlicher Zeichnung: MiNr. 3311

2017, 11. Mai. Burgen und Schlösser (XII); Europa: Burgen und Schlösser. Ⓔ Elsenbach; Odr. BSP, Folienblatt (4×5) und Einzelmarken aus Folienbogen; selbstklebend; gestanzt 9¾.

ecn I) Wartburg, Eisenach

ebu I) Residenzschloss Ludwigsburg (erbaut 1704–1733)

		★★	⊙	FDC
3311	70 (C) mehrfarbig . . . . ecn I	1,40	1,40	
3312	70 (C) mehrfarbig . . . . ebu I	1,40	1,40	
	Satzpreis (2 W.)	2,80	2,80	4,20
	Folienblatt 67	28,—		

ETB siehe nach MiNr. 3346.

MiNr. 3311–3312 wurden zusammen, paarweise angeordnet, im Folienblatt gedruckt.

Auflagen:

In ähnlichen Zeichnungen: MiNr. 3285, 3310

2017, 11. Mai. Grußmarke: Schreibanlässe (IV). Ⓔ Kehn; Odr. BSP, Folienblatt (2×5) und Einzelmarke aus Folienbogen; selbstklebend; gestanzt 10.

ech I) Lilie (Im Gedenken)

		★★	⊙	FDC
3313	70 (C) mehrfarbig . . . . ecl I	1,40	1,40	2,40
	Folienblatt 68	14,—		

ETB siehe nach MiNr. 3346.

Auflagen:

In ähnlicher Zeichnung: MiNr. 3305

2017, 8. Juni. Freimarken: Blumen (XLI). Ⓔ Klein & Neumann; Odr. BDB, Kleinbogen (Klb.) (5×2) und Rollen (R); gez. S 14.

eco) Winterling (Eranthis hyemalis)

ecp) Atlantisches Hasenglöckchen (Hyacinthoides non-scripta)

		★★	⊙	FDC
3314	10 (C) mehrfarbig GA . . . . . . eco	0,30	0,30	1,30
3315	20 (C) mehrfarbig . . . . ecp	0,40	0,40	1,40
	Satzpreis (2 W.)	0,70	0,70	
	ETB 22/2017 mit MiNr. 3314		0,50	
	ETB 23/2017 mit MiNr. 3315		0,70	
	Kleinbogensatz (2 Klb.)	7,—	7,—	

Waagerechte Paare (aus Klb.):

	★★	⊙
3314/3314	0,60	0,60
3315/3315	0,80	0,80

Rollenmarke mit rückseitiger Nummer (R):

Jede 5. Marke der Rollen wurde rückseitig nummeriert, auf diese folgt ein Zwischenfeld mit EAN-Codierung.

	Einzelmarken ★★	Einzelmarken ⊙	EAN-6er-Streifen ★★
3314 R	0,30	0,30	1,50
3315 R	0,40	0,40	2,—

Auflage:

Weitere Werte siehe Zusammenfassung nach Blockaufstellung.

2017, 8. Juni. Leuchttürme (XIX). 🄴 **Graf; Odr. BSP (Klb. 5×2); gez. K 13¾.**

ecr) Leuchtturm Kiel-Holtenau (erbaut 1895)

ecs) Leuchtturm Bremerhaven Unterfeuer (erbaut 1893)

			✱✱	⊙	FDC
3316	45 (C) mehrfarbig GA	...... ecr	0,90	0,90	
3317	70 (C) mehrfarbig GA	...... ecs	1,40	1,40	
		Satzpreis (2 W.)	2,30	2,30	3,70
		ETB 24/2017		2,60	
		MK 4/2017 (mit MiNr. 3316)		4,—	
		Kleinbogensatz (2 Klb.)	23,—	23,—	

Auflagen:

Weitere Werte siehe Übersichtstabelle nach MiNr. 2410

2017, 8. Juni. 100. Geburtstag von Heinz Sielmannn. 🄴 **Mayfried; Odr. GDL (2×5); gez. K 13¾.**

ect) Heinz Sielmann (1917–2006), Tierdokumentarfilmer

			✱✱	⊙	FDC
3318	45 (C) mehrfarbig	.... ect	0,90	0,90	1,90
		ETB 25/2017		1,20	
		Kleinbogen	9,—	9,—	

Auflage:

In ähnlicher Zeichnung: MiNr. 3319

2017, 8. Juni. 100. Geburtstag von Heinz Sielmannn. 🄴 **Mayfried; Odr. GDL, Folienblatt (2×5) und Einzelmarke aus Folienbogen; selbstklebend; gestanzt 9¾.**

ect I) Heinz Sielmann (1917–2006), Tierdokumentarfilmer

			✱✱	⊙	FDC
3319	45 (C) mehrfarbig	.... ect I	0,90	0,90	1,90
		Folienblatt 69	9,—		

ETB siehe nach MiNr. 3346.

Auflage:

In ähnlicher Zeichnung: MiNr. 3318

2017, 13. Juli. 200 Jahre Fahrrad. 🄴 **Grüttner, Matthes; Odr. BSP (Klb. 5×2); gez. K 14.**

ecu) Draisine; Laufrad von Karl Freiherr von Drais (1785–1851), Forstwirt und Erfinder

			✱✱	⊙	FDC
3320	70 (C) mehrfarbig	.... ecu	1,40	1,40	2,40
		ETB 27/2017		1,70	
		MK 5/2017		4,—	
		Kleinbogen	14,—	14,—	

Auflage:

2017, 13. Juli. 150. Jahrestag der Gründung des Norddeutschen Bundes. 🄴 **Klein, Neumann; Odr. GDL (Klb. 5×2); gez. K 14.**

ecv) Siegel mit Wappen der Mitgliedstaaten

			✱✱	⊙	FDC
3321	320 (C) mehrfarbig	.... ecv	6,40	6,40	7,40
		ETB 28/2017		6,70	
		Kleinbogen	64,—	64,—	

Auflage:

2017, 13. Juli. Mikrowelten (IV). 🄴 **Voß-Acker; Odr. BDB (Klb. 2×5); gez. S 14.**

ecw) Menschliches Haar (250-fache Vergrößerung)

ecx) Vitamin C (40-fache Vergrößerung)

			✱✱	⊙	FDC
3322	70 (C) mehrfarbig	.... ecw	1,40	1,40	
3323	85 (C) mehrfarbig	.... ecx	1,70	1,70	
		Satzpreis (2 W.)	3,10	3,10	4,10
		ETB 26/2017		3,40	
		Kleinbogensatz (2 Klb.)	31,—	31,—	

Auflage:

In gleicher Zeichnung wie MiNr. 3323, jedoch selbstklebend: MiNr. 3362

2017, 10. Aug. Freimarke: Blumen (XLII). 🄴 **Klein & Neumann; Odr. BDB (Klb. 5×2); gez. S 14.**

ecy) Vergissmeinnicht (Myosotis sp.)

			✱✱	⊙	FDC
3324	345 (C) mehrfarbig	.... ecy	7,—	7,—	8,—
		ETB 29/2017		7,30	
		Kleinbogen	70,—	70,—	

Weitere Werte siehe Zusammenfassung nach Blockaufstellung.

2017, 10. Aug. Jugend: Augsburger Puppenkiste. 🄴 **Berkenbusch, Gralingen; Odr. BSP (Klb. 2×5); gez. K 13¾.**

ecz) Urmel aus dem Eis

eda) Kleiner König Kalle Wirsch

edb) Kater Mikesch

ecz–adb) Figuren des Marionettentheaters „Augsburger Puppenkiste“, gegründet 1948 von Walter Oehmichen (1901–1977), Schauspieler und Regisseur

			✱✱	⊙	FDC
3325	70 + 30 (C) mfg. GA	... ecz	2,—	2,—	
3326	85 + 40 (C) mfg. GA	... eda	2,50	2,50	
3327	145 + 55 (C) mfg. GA	... edb	4,—	4,—	
		Satzpreis (3 W.)	8,50	8,50	10,50
		ETB 30/2016		8,80	
		Kleinbogensatz (3 Klb.)	85,—	85,—	

Auflagen:

2017, 10. Aug. 400 Jahre Sprachakademie „Fruchtbringende Gesellschaft“, Weimar. 🄴 **Le Fort, Heers; Odr. BDB (2×5); gez. S 13¾.**

edc) Palmenhain (Sinnbild) und Wahlspruch der Akademie

			✱✱	⊙	FDC
3328	145 (C) mehrfarbig	.... edc	2,90	2,90	3,90
		ETB 31/2017		3,20	
		Kleinbogen	29,—	29,—	

Auflage:

2017, 10. Aug. 50 Jahre Farbfernsehen. ⧉ **Ahrens; Odr. BDB (2×5); gez. S 13¾.**

edd) Farbfernsehgerät, Farbbalken

		★★	⊙	FDC
3329	70 (C) mehrfarbig . . . . edd	1,40	1,40	2,40
	ETB 32/2017		1,70	
	Kleinbogen	14,—	14,—	

Auflage:

2017, 10. Aug. Design aus Deutschland (II). ⧉ **Haase; Odr. BDB, Folienstreifen aus Rolle (100); selbstklebend; gestanzt 10.**

ebi) Glasgefäße von Theo Baumann (1924–2016)

		★★	⊙	FDC
3330	145 (C) mehrfarbig . . . . ebi	2,90	2,90	4,—
	Fünferstreifen	14,50		

ETB siehe nach MiNr. 3346.

Auflage:

In gleicher Zeichnung, jedoch nassklebend: MiNr. 3272

2017, 7. Sept. Tag der Briefmarke: Comicfüchse Fix & Foxi. ⧉ **Korfmacher; Odr. BSP (2×5); gez. K 14.**

ede) Fix und Foxi; Titelfiguren des gleichnamigen Comicmagazins von Rolf Kauka (1917–2000), Zeichner und Verleger

		★★	⊙	FDC
3331	70 + 30 (C) mfg. GA . . . . ede	2,—	2,—	3,—
	ETB 33/2017		2,30	
	Kleinbogen	20,—	20,—	

Auflage:

2017, 7. Sept. 250. Geburtstag von August Wilhelm Schlegel. ⧉ **Hogrefe; Odr. BDB (5×2); gez. S 14.**

edf) August Wilhelm Schlegel (1767–1845), Schriftsteller und Literaturhistoriker; Buch

		★★	⊙	FDC
3332	85 (C) mehrfarbig . . . . edf	1,70	1,70	2,70
	ETB 34/2017		2,—	
	Kleinbogen	17,—	17,—	

Auflage:

2017, 7. Sept. 150. Geburtstag von Walther Rathenau. ⧉ **Müller; Odr. GDL (5×2); gez. K 14.**

edg) Walther Rathenau (1867–1922), Industrieller und Politiker

		★★	⊙	FDC
3333	250 (C) mehrfarbig . . . . edg	5,—	5,—	6,—
	ETB 35/2017		5,30	
	Kleinbogen	50,—	50,—	

Auflage:

2017, 7. Sept. Weinanbau in Deutschland. ⧉ **Erdmann; Odr. BSP (5×2); gez. K 14.**

edh) Weinrebe mit roter Traube in Form der Umrisskarte Deutschlands

		★★	⊙	FDC
3334	70 (C) mehrfarbig GA . . . . .edh	1,40	1,40	2,40
	ETB 36/2017		1,70	
	Kleinbogen	14,—	14,—	

Auflage:

2017, 12. Okt. Deutsche Fernsehlegenden (II): Das Millionenspiel. ⧉ **Steinacker; Odr. GDL (Klb. 2×5); gez. K 14.**

edi) Kandidat Bernhard Lotz auf der Flucht vor Auftragskillern (Originalszene aus dem Fernsehfilm „Das Millionenspiel" mit Jörg Pleva, 1970)

		★★	⊙	FDC
3335	70 (C) mehrfarbig . . . . edi	1,40	1,40	2,40
	ETB 37/2017		1,70	
	Kleinbogen	14,—	14,—	

Auflage:

2017, 12. Okt. Deutschlands schönste Panoramen (XI). ⧉ **Klein, Neumann; Odr. GDL (Klb. 1×5 Zd); gez. K 13¾.**

edk
edl

edk–edl) Badische Weinstraße im Markgräflerland: Blick ins Tal mit Ölbergkapelle Ehrenkirchen

		★★	⊙	FDC
3336	45 (C) mehrfarbig . . . . edk	0,90	0,90	
3337	45 (C) mehrfarbig . . . . edl	0,90	0,90	
	Satzpreis (Paar)	1,80	1,80	3,20
	ETB 38/2017		2,20	
	Zd-Kleinbogen	9,—	9,—	

Auflagen:

2017, 12. Okt. 300. Geburtstag von Johann Joachim Winckelmann. ⧉ **Stefanizen; Odr. BSP (5×2); gez. K 13¾.**

edm) Johann Joachim Winckelmann (1717–1768), Archäologe und Kunsthistoriker; Aphrodite- und Adonisskulptur

		★★	⊙	FDC
3338	70 (C) mehrfarbig . . . . edm	1,40	1,40	2,40
	ETB 39/2017		1,70	
	Kleinbogen	14,—	14,—	

Auflage:

2017, 12. Okt. 50 Jahre Deutsche Kommission Justitia et Pax. ⧉ **Krüll; Odr. BSP (5×2); gez. K 13¾.**

edn) Satzfragmente zur Arbeit des Beratungsgremiums der römisch-katholischen Kirche

		★★	⊙	FDC
3339	145 (C) mehrfarbig . . . . edn	2,90	2,90	3,90
	ETB 40/2017		3,20	
	Kleinbogen	29,—	29,—	

Auflage:

2017, 2. Nov. Weihnachten. ⓔ Birnbach; Odr. BDB (Klb. 2×5); gez. S 14.

edo) Anbetung der Heiligen Drei Könige; Altargemälde von Stefan Lochner (1400/10–1451) im Kölner Dom

			✶✶	⊙	FDC
3340	70 + 30 (C) mehrfarbig	. . . edo	2,—	2,—	3,—
		ETB 41/2017		2,30	
		Kleinbogen	20,—	20,—	

Auflage:

In ähnlicher Zeichnung: MiNr. 3345

2017, 2. Nov. Wildes Deutschland (IX). ⓔ Ziegenfeuter; Odr. BSP (Klb. 2×5); gez. K 13¾.

edp) Mecklenburgische Seenplatte

edr) Reinhardswald, Hessen

			✶✶	⊙	FDC
3341	70 (C) mehrfarbig	. . . . edp	1,40	1,40	
3342	90 (C) mehrfarbig	. . . . edr	1,80	1,80	
		Satzpreis (2 W.)	3,20	3,20	4,60
		ETB 42/2017		3,50	
		Kleinbogensatz (2 Klb.)	32,—	32,—	

Auflagen:

2017, 2. Nov. 200. Geburtstag von Theodor Mommsen. ⓔ Warbanow; Odr. GDL (5×2); gez. K 13¾.

eds) Theodor Mommsen (1817–1903), Historiker, Nobelpreis 1902

			✶✶	⊙	FDC
3343	190 (C) mehrfarbig	. . . . eds	3,80	3,80	4,80
		ETB 43/2017		4,20	
		Kleinbogen	38,—	38,—	

Auflage:

Nassklebende Rollenmarken mit EAN-Feld

Ab Januar 2017 enthalten alle Neu- und Nachauflagen nassklebender Sondermarken-Rollen nach jeder vierten Marke ein Feld mit EAN-Code, die Freimarken-Rollen ab März 2017 eines nach jeder fünften.

Gelistet werden folgende Streifen: Bei den Freimarken EAN-Sechserstreifen (5 Marken + 1 EAN-Feld), bei den Sondermarken EAN-Fünferstreifen (4 Marken + 1 EAN-Feld). Mit Listung dieser Streifen sind auch die rollenmarkentypischen rückseitigen Zählnummern abgedeckt, die jeweils auf der Marke vor dem Zwischenfeld sitzen, bei Freimarken also auf jeder fünften, bei Sondermarken auf jeder vierten. Zusätzlich werden auch die Einzelmarken mit rückseitiger Nummer gelistet. Bei Nachauflagen älterer Ausgaben werden neben den EAN-Streifen auch die normalen Fünferstreifen aus Rollen ohne Codierungsfelder gelistet; hier sitzen die Zählnummern traditionell bei Frei- wie Sondermarken auf jeder fünften Marke.

Im MICHEL-Deutschland-Spezial werden außerdem die Zweier- und Dreier-Zusammendruckeinheiten aus den EAN-Streifen katalogisiert nach folgendem Muster: Marke + Zwischenfeld, Marke + Zwischenfeld + Marke und Zwischenfeld + Marke.

2017, 2. Nov. Weihnachtliche Kapelle. ⓔ Walter, Dengler; Odr. GDL (Klb. 2×5); gez. K 13¾.

edt) Kapelle Maria Rast bei Krün (erbaut 1998)

			✶✶	⊙	FDC
3344	70 (C) mehrfarbig GA	. . . . . . edt	1,40	1,40	2,40
		ETB 44/2017		1,70	
		MK 6/2017		4,—	
		Kleinbogen	14,—	14,—	

Auflage:

In ähnlicher Zeichnung: MiNr. 3346

2017, 2. Nov. Weihnachten. ⓔ Birnbach; Odr. BDB, Folienblatt (2×5) und Einzelmarke aus Folienbogen; selbstklebend; gestanzt 10.

edo I) Anbetung der Heiligen Drei Könige; Altargemälde von Stefan Lochner (1400/10–1451) im Kölner Dom

			✶✶	⊙	FDC
3345	70 + 30 (C) mfg. GA	. . . . edo I	2,—	2,—	3,—
		Folienblatt 70	20,—		

ETB siehe nach MiNr. 3346.

Auflage:

In ähnlicher Zeichnung: MiNr. 3340

2017, 2. Nov. Weihnachtliche Kapelle. ⓔ Walter, Dengler; Odr. GDL, Folienblatt (2×5) und Einzelmarke aus Folienbogen; selbstklebend; gestanzt 9¾:10.

edt I) Kapelle Maria Rast bei Krün (erbaut 1998)

			✶✶	⊙	FDC
3346	70 (C) mehrfarbig	. . . . edt I	1,40	1,40	2,40
		Folienblatt 71	14,—		
		ETB S2/2017*)		16,—	

*) ETB S2/2017 mit MiNr. 3311–3312, 3313, 3319, 3330, 3345 und 3346, jeweils mit entsprechendem Ersttagssonderstempel.

Auflage:

In ähnlicher Zeichnung: MiNr. 3344

2017, 7. Dez. Astrophysik (I). ⓔ Voß-Acker; MiNr. 3347 komb. Odr. und Hfdr., MiNr. 3348 Odr. BSP (Klb. 2×5); gez. K 13¾.

edu) ESA-Satellit „Gaia", Milchstraße

edv) Gravitationswellen

			✶✶	⊙	FDC
3347	45 (C) mehrfarbig	. . . . edu	0,90	0,90	
3348	70 (C) mehrfarbig	. . . . edv	1,40	1,40	
		Satzpreis (2 W.)	2,30	2,30	3,70
		ETB 45/2017		2,60	
		Kleinbogensatz (2 Klb.)	23,—	23,—	

Auflagen:

In ähnlicher Zeichnung wie MiNr. 3348: MiNr. 3356

2017, 7. Dez. Design aus Deutschland (III). ⓔ Haase; Odr. BDB (Klb. 5×2); gez. S 13¾.

edw) Stadtbahn Stuttgart von Herbert Lindinger (*1933)

			✶✶	⊙	FDC
3349	145 (C) mehrfarbig	. . . . edw	2,90	2,90	4,—
		ETB 46/2017		3,20	
		Kleinbogen	29,—	29,—	

Auflage:

In gleicher Zeichnung, jedoch selbstklebend: MiNr. 3363

2017, 7. Dez. 100. Geburtstag von Heinrich Böll. ◻ **Ziegenfeuter; Odr. GDL (Klb. 5×2); gez. K 13¾.**

edx) Heinrich Böll (1917–1985), Schriftsteller

			★★	⊙	FDC
3350	70 (C) mehrfarbig	. . . . edx	1,40	1,40	2,40
		ETB 47/2017		1,70	
		Kleinbogen	14,—	14,—	

Auflage:

2018

2018, 2. Jan. Freimarke: Blumen (XLIII). ◻ **Klein & Neumann; Odr. BDB, Kleinbogen (Klb.) (5×2) und Rollen (R) (200, 500); gez. S 14.**

edy) Jungfer im Grünen (Nigella damascena)

			★★	⊙	FDC
3351	145 (C) mehrfarbig	. . . . edy	3,—	3,—	4,—
		ETB 1/2018		3,30	
		Kleinbogen	30,—	30,—	

Waagerechtes Paar (aus Klb.):

	★★	⊙
3351/3351	6,—	6,—

Rollenmarke mit rückseitiger Nummer (R):

Jede 5. Marke der Rolle wurde rückseitig nummeriert, auf diese folgt ein Zwischenfeld mit EAN-Codierung.

	Einzelmarken ★★	Einzelmarken ⊙	EAN-6er-Streifen ★★
3351 R	3,—	3,—	15,—

Weitere Werte siehe Zusammenfassung nach Blockaufstellung.

2018, 2. Jan. Tierbabys (IX). ◻ **Elsenbach und Fienbork; Odr. GDL (Klb. 2×5); gez. K 13½:13¾.**

edz) Reh (Capreolus capreolus)

eea) Seehund (Phoca vitulina)

			★★	⊙	FDC
3352	85 (C) mehrfarbig	. . . . edz	1,70	1,70	
3353	85 (C) mehrfarbig	. . . . eea	1,70	1,70	
		Satzpreis (2 W.)	3,40	3,40	4,80
		ETB 3/2018		3,70	
		Kleinbogensatz (2 Klb.)	34,—	34,—	

Auflagen:

In ähnlicher Zeichnung wie MiNr. 3352: MiNr. 3377

2018, 2. Jan. Burgen und Schlösser (XIII). ◻ **Elsenbach und Fienbork; Odr. GDL (2×5); gez. K 13½:13¾.**

eeb) Jagdschloss Falkenlust, Brühl (erbaut 1729–1740)

			★★	⊙	FDC
3354	70 (C) mehrfarbig	. . . . eeb	1,40	1,40	2,50
		ETB 2/2018		1,70	
		MK 1/2018		4,—	
		Kleinbogen	14,—	14,—	

Auflage:

In ähnlicher Zeichnung: MiNr. 3389

2018, 2. Jan. Deutsche Brotkultur. ◻ **Wolff; Odr. BSP (5×2); gez. K 13¾.**

eec) Fünf Scheiben unterschiedlicher Brotsorten

			★★	⊙	FDC
3355	260 (C) mehrfarbig	. . . . eec	5,20	5,20	6,20
		ETB 4/2018		5,50	
		Kleinbogen	52,—	52,—	

Auflage:

In gleicher Zeichnung, jedoch selbstklebend: MiNr. 3390

2018, 2. Jan. Astrophysik (II). ◻ **Voß-Acker; Odr. BSP, Folienblatt (2×5) und Einzelmarke aus Folienbogen; selbstklebend; gestanzt 9¾:10.**

edv I) Gravitationswellen

			★★	⊙	FDC
3356	70 (C) mehrfarbig	. . . . edv I	1,40	1,40	2,40
		Folienblatt 72	14,—		

Auflage:

In ähnlicher Zeichnung: MiNr. 3348

2018, 1. Febr. Wohlfahrt: Grimms Märchen (IX) – Der Froschkönig. ◻ **Graf; Odr. mit Lacküberzug BDB (Klb. 5×2); gez. S 13¾.**

eed) Goldene Kugel

eee) Goldenes Besteck

eef) Nach dem Mahl

eed–eef) Illustrationen zum Märchen „Der Froschkönig" von Jacob (1785–1863) und Wilhelm Grimm (1786–1859), Germanisten und Märchenforscher

			★★	⊙	FDC
3357	70 + 30 (C) mehrfarbig	. eed	2,—	2,—	
3358	85 + 40 (C) mehrfarbig	. eee	2,50	2,50	
3359	145 + 55 (C) mehrfarbig	. . eef	4,—	4,—	
		Satzpreis (3 W.)	8,50	8,50	10,50
		ETB 5/2018		8,80	
		Kleinbogensatz (3 Klb.)	85,—	85,—	

Auflagen:

In gleicher Zeichnung wie MiNr. 3357, jedoch selbstklebend: MiNr. 3364

2018, 1. Febr. 200 Jahre Rheinische Friedrich-Wilhelm-Universität, Bonn. ◻ **Hoch; Odr. BSP (2×5); gez. K 13¾.**

eeg) Universitätssiegel, Gebäudesilhouette

			★★	⊙	FDC
3360	45 (C) mehrfarbig	. . . . eeg	0,90	0,90	1,90
		ETB 6/2018		1,20	
		Kleinbogen	9,—	9,—	

Auflage:

Für unverlangt eingesandte Briefsendungen und Markenvorlagen wird keine Haftung übernommen

2018, 1. Febr. 25 Jahre Tafel in Deutschland. ⓔ **Stefanizen; Odr. GDL (2×5); gez. K 13½:13¾.**

eeh) Apfel

			★★	⊙	FDC
3361	70 (C) mehrfarbig . . . . eeh		1,40	1,40	2,50
		ETB 7/2018		1,70	
		Kleinbogen	14,—	14,—	

Auflage:

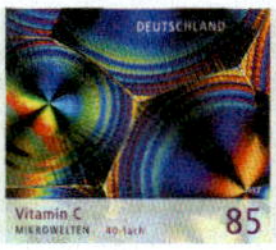

2018, 1. Febr. Mikrowelten (V). ⓔ **Voß-Acker; Odr. BDB, Folienstreifen aus Rolle (500); selbstklebend; gestanzt 10.**

ecx) Vitamin C (40-fache Vergrößerung)

			★★	⊙	FDC
3362	85 (C) mehrfarbig . . . . ecx		1,70	1,70	2,70
		Fünferstreifen	8,50		

Auflage:

In gleicher Zeichnung, jedoch nassklebend: MiNr. 3323

2018, 1. Febr. Design aus Deutschland (IV). ⓔ **Haase; Odr. BDB, Folienstreifen aus Rolle (500); selbstklebend; gestanzt 10.**

edw) Stadtbahn Stuttgart von Herbert Lindinger (*1933)

			★★	⊙	FDC
3363	145 (C) mehrfarbig . . . . edw		2,90	2,90	4,—
		Fünferstreifen	14,50		

Auflage:

In gleicher Zeichnung, jedoch nassklebend: MiNr. 3349

2018, 1. Febr. Wohlfahrt: Grimms Märchen (X) – Der Froschkönig. ⓔ **Graf; Odr. mit Lacküberzug BDB, Markenheftchen und Folienstreifen aus Rolle (100); selbstklebend; gestanzt 10¼.**

eed) Goldene Kugel

			★★	⊙	FDC
3364	70 + 30 (C) mehrfarbig . . eed		2,—	2,—	3,—
		Fünferstreifen	10,—		

MiNr. 3364 stammt auch aus MH 108.

Auflage:

In gleicher Zeichnung, jedoch nassklebend: MiNr. 3357

2018, 1. März. Freimarke: Blumen (XLIV). ⓔ **Klein & Neumann; Odr. BDB, Kleinbogen (Klb.) (5×2) und Rolle (R) (200); gez. S 14.**

eei) Alpenveilchen (Cyclamen sp.)

			★★	⊙	FDC
3365	100 (C) mehrfarbig . . . . eei		2,—	2,—	3,—
		ETB 8/2018		2,30	
		Kleinbogen	20,—	20,—	

Waagerechtes Paar (aus Klb.):

	★★	⊙
3365/3365	4,—	4,—

Rollenmarke mit rückseitiger Nummer (R):

Jede 5. Marke der Rolle wurde rückseitig nummeriert, auf diese folgt ein Zwischenfeld mit EAN-Codierung.

	Einzelmarken ★★	Einzelmarken ⊙	EAN-6er-Streifen ★★
3365 R	2,—	2,—	10,—

Weitere Werte siehe Zusammenfassung nach Blockaufstellung.

2018, 1. März. Burgen und Schlösser (XIV). ⓔ **Elsenbach, Fienbork; Odr. GDL (Klb. 2×5); gez. K 13¾:14.**

eek) Schloss Friedenstein, Gotha

			★★	⊙	FDC
3366	70 (C) mehrfarbig . . . . eek		1,40	1,40	2,40
		ETB 9/2018		1,70	
		Kleinbogen	14,—	14,—	

Auflage:

In ähnlicher Zeichnung: MiNr. 3388

2018, 1. März. Klassische deutsche Automobile (VII). ⓔ **Serres; Odr. BSP (Klb. 2×5); gez. K 13¾:14.**

eel) Audi quattro (1989)

eem) Wartburg 1.3 (1988)

			★★	⊙	FDC
3367	145 (C) mehrfarbig . . . . eel		2,90	2,90	
3368	145 (C) mehrfarbig . . . . eem		2,90	2,90	
		Satzpreis (2 W.)	5,80	5,80	7,—
		ETB 10/2018		6,—	
		MK 2/2018 (mit MiNr. 3368)		4,—	
		Kleinbogensatz (2 Klb.)	58,—	58,—	

Auflagen:

In ähnlichen Zeichnungen: MiNr. 3378–3379

2018, 1. März. Comics: Die Peanuts. ⓔ **Serres; Odr. BSP (Klb. 2×5); gez. K 13¾:14.**

een) Woodstock überbringt Snoopy einen Liebesbrief

eeo) Die Peanuts-Rasselbande: Sally Brown, Lucy van Pelt, Snoopy, Woodstock, Linus van Pelt und Charlie Brown

een–eeo) Comicfiguren von Charles M. Schulz (1922–2000), amerikanischer Zeichner und Autor der Serie „Die Peanuts"

			★★	⊙	FDC
3369	70 (C) mehrfarbig . . . . een		1,40	1,40	
3370	90 (C) mehrfarbig . . . . eeo		1,80	1,80	
		Satzpreis (2 W.)	3,20	3,20	5,—
		ETB 11/2018		3,50	
		Kleinbogensatz (2 Klb.)	32,—	32,—	

Blockabbildungen

sind aus technischen Gründen nicht immer maßstabsgetreu wiedergegeben. Da jedoch bei Blocks ausnahmslos Größenangaben gemacht werden, ist die Originalgröße erkennbar.

Blockausgabe mit MiNr. 3369–3370

eeo een eep

		★★	⊙	FDC
Block 82 (116×80 mm)	.... eep	3,20	3,20	4,20
	Ⓢ		3,20	

Block 82 wird in der Regel nicht über Postfilialen verkauft.

Auflagen:

In ähnlichen Zeichnungen wie MiNr. 3369–3370: MiNr. 3371–3372

2018, 1. März. Comics: Die Peanuts. 🄴 **Serres; Odr. BSP, Folienblätter (2×5) und Einzelmarken aus Folienbogen; selbstklebend; gestanzt 10.**

een I) Woodstock überbringt Snoopy einen Liebesbrief

eeo I) Die Peanuts-Rasselbande: Sally Brown, Lucy van Pelt, Snoopy, Woodstock, Linus van Pelt und Charlie Brown

een I–eeo I) Figuren von Charles M. Schulz (1922–2000), amerikanischer Zeichner und Autor der Comicerie „Die Peanuts"

		★★	⊙	FDC
3371	70 (C) mehrfarbig .... een I	1,40	1,40	
3372	90 (C) mehrfarbig .... eeo I	1,80	1,80	
	Satzpreis (2 W.)	3,20	3,20	5,—
	Folienblatt 73 mit MiNr. 3371	14,—		
	Folienblatt 74 mit MiNr. 3372	18,—		

Auflagen:

In ähnlichen Zeichnungen: MiNr. 3369–3370

2018, 12. April. 150. Geburtstag von Peter Behrens. 🄴 **Haufe, Fiedler; Odr. BDB (Klb. 2×5); gez. S 14.**

eer) Peter Behrens (1868–1940), Architekt und Industriedesigner; Weinglas, Wasserkocher, Werksuhr, AEG-Montagehalle innen und außen, Bürogebäude, Tischventilator

		★★	⊙	FDC
3373	70 (C) mehrfarbig .... eer	1,40	1,40	2,40
	ETB 12/2018		1,70	
	Kleinbogen	14,—	14,—	

Auflage:

2018, 12. April. 150 Jahre Technische Universität, München. 🄴 **Klein, Neumann; Odr. GDL (Klb. 2×5); gez. K 13¾:14.**

ees) Oskar-von-Miller-Turm, Thiersch-Turm, Forschungsreaktor in Garching

		★★	⊙	FDC
3374	150 (C) mehrfarbig .... ees	3,—	3,—	4,—
	ETB 13/2018		3,30	
	Kleinbogen	30,—	30,—	

Auflage:

2018, 12. April. 100. Geburtstag von Elisabeth Mann Borgese. 🄴 **Elsenbach; Odr. BSP (Klb. 2×5); gez. K 13¾:14.**

eet) Meer, Ausspruch von Elisabeth Mann Borgese (1918–2002), Seerechtsexpertin, Ökologin und Verlegerin

		★★	⊙	FDC
3375	370 (C) mehrfarbig .... eet	7,40	7,40	8,40
	ETB 14/2018		7,70	
	Kleinbogen	74,—	74,—	

Auflage:

2018, 12. April. Freimarke: Blumen (XLV). 🄴 **Klein & Neumann; Odr. BDB, Folienstreifen aus Rolle; selbstklebend; gestanzt 10.**

ecf) Weiße Seerose (Nymphaea alba)

		★★	⊙	FDC
3376	45 (C) mehrfarbig .... ecf	0,90	0,90	2,—
	Fünferstreifen	4,50		

In gleicher Zeichnung, jedoch nassklebend: MiNr. 3303; weitere Werte siehe Zusammenfassung nach Blockaufstellung

2018, 12. April. Tierbabys (X). 🄴 **Elsenbach und Fienbork; Odr. GDL, Folienblatt (2×5) und Einzelmarke aus Folienbogen; selbstklebend; gestanzt 10.**

edz I) Reh (Capreolus capreolus)

		★★	⊙	FDC
3377	85 (C) mehrfarbig .... edz I	1,70	1,70	2,70
	Folienblatt 75	17,—		

Auflage:

In ähnlicher Zeichnung: MiNr. 3352

2018, 12. April. Klassische deutsche Automobile (VIII). 🄴 **Serres; Odr. BSP, Folienblatt (2×5) und Einzelmarken aus Folienbogen; selbstklebend; gestanzt 10.**

eem I) Wartburg 1.3 (1988)

eel I) Audi quattro (1989)

		★★	⊙	FDC
3378	145 (C) mehrfarbig ...... eem I	2,90	2,90	
3379	145 (C) mehrfarbig .... eel I	2,90	2,90	
	Satzpreis (2 W.)	5,80	5,80	7,—
	Folienblatt 76	29,—		

MiNr. 3378–3379 wurden zusammen, schachbrettartig angeordnet, im Folienblatt gedruckt.

Auflagen:

In ähnlichen Zeichnungen: MiNr. 3367–3368

Seit April 2018 können neu- oder nachaufgelegte selbstklebende Rollen der Freimarkenserie „Blumen" in verschiedenen Konfektionsformen vorkommen: Abhängig von der Rollengröße stehen die Marken entweder senkrecht oder waagerecht nebeneinander, die Stellung der rückseitigen Zählnummer variiert entsprechend.

2018, 3. Mai. Sporthilfe: Legendäre Fußballspiele. ⓔ **Grahl, Menze; Odr. BDB, Kleinbogen (5×2) und Markenheftchen; gez. S 13¾.**

eeu) Weltmeisterschaftsfinale 1954, Bern (Deutschland–Ungarn 3:2)

eev) Weltmeisterschaftsfinale 1974, München (Niederlande–Deutschland 1:2)

eew) Weltmeisterschaftsfinale 1990, Rom (Argentinien–Deutschland 0:1)

			✱✱	⊙	FDC
3380	70 + 30 (C)	mehrfarbig . eeu	2,—	2,—	
3381	85 + 40 (C)	mehrfarbig . eev	2,50	2,50	
3382	145 + 55 (C)	mehrfarbig . eew	4,—	4,—	
		Satzpreis (3 W.)	8,50	8,50	10,—
		ETB 17/2018		8,80	
		Kleinbogensatz (3 Klb.)	85,—	85,—	

MiNr. 3380–3382 stammen auch aus MH 109.

Auflagen:

2018, 3. Mai. Europa: Brücken. ⓔ **Klein, Neumann; Odr. BDB (Klb. 2×5); gez. S 13¾.**

eex) Rheinkniebrücke und Oberkasseler Brücke, Düsseldorf

		✱✱	⊙	FDC
3383	70 (C) mehrfarbig . . . . eex	1,40	1,40	2,40
	ETB 18/2018		1,70	
	MK 3/2018		4,—	
	Kleinbogen	14,—	14,—	

Auflage:

2018, 3. Mai. 200. Geburtstag von Karl Marx. ⓔ **Mayfried; Odr. BSP (Klb. 2×5); gez. K 13¾.**

eey) Karl Marx (1818–1883), Philosoph und Nationalökonom

		✱✱	⊙	FDC
3384	70 (C) schwarz . . . . eey	1,40	1,40	2,40
	ETB 19/2018		1,70	
	MK 5/2018		4,—	
	Kleinbogen	14,—	14,—	

Auflage:

2018, 3. Mai. Tag der Musik: 275 Jahre Gewandhausorchester, Leipzig. ⓔ **Dengler; Odr. GDL (Klb. 2×5); gez. K 14:13¾.**

eez) Neues Gewandhaus am Augustusplatz, Leipzig

		✱✱	⊙	FDC
3385	70 (C) mehrfarbig . . . . eez	1,40	1,40	2,40
	ETB 20/2018		1,70	
	MK 4/2018		4,—	
	Kleinbogen	14,—	14,—	

Auflage:

2018, 3. Mai. Grußmarken: Schreibanlässe (V). ⓔ **Kehn; Odr. GDL, Kleinbogen (2×5) und Markenheftchen; gez. K 13¾.**

efa) Geschenkpaket (Danke)

efb) Papierschiffchen mit Glücksklee (Viel Glück)

		✱✱	⊙	FDC
3386	70 (C) mehrfarbig . . . . efa	1,40	1,40	
3387	70 (C) mehrfarbig . . . . efb	1,40	1,40	
	Satzpreis (2 W.)	2,80	2,80	4,20
	ETB 15/2018 mit MiNr. 3386		1,70	
	ETB 16/2018 mit MiNr. 3387		1,70	
	Kleinbogensatz (2 Klb.)	28,—	28,—	

MiNr. 3386–3387 stammen auch aus MH 111.

Auflagen:

2018, 3. Mai. Burgen und Schlösser (XV). ⓔ **Elsenbach; Odr. GDL, Folienblatt (4×5) und Einzelmarken aus Folienbogen; selbstklebend; gestanzt 9¾.**

eek I) Schloss Friedenstein, Gotha

eeb I) Jagdschloss Falkenlust, Brühl (erbaut 1729–1740)

		✱✱	⊙	FDC
3388	70 (C) mehrfarbig . . . . eek I	1,40	1,40	
3389	70 (C) mehrfarbig . . . . eeb I	1,40	1,40	
	Satzpreis (2 W.)	2,80	2,80	4,20
	Folienblatt 77	28,—		

MiNr. 3388–3389 wurden zusammen, paarweise angeordnet, im Folienblatt gedruckt.

Auflagen:

In ähnlichen Zeichnungen: MiNr. 3354, 3366

2018, 3. Mai. Deutsche Brotkultur. ⓔ **Wolff; Odr. BSP, Markenheftchen; selbstklebend; gestanzt 10¼.**

eec) Fünf Scheiben unterschiedlicher Brotsorten

		✱✱	⊙	FDC
3390	260 (C) mehrfarbig . . . . eec	5,20	5,20	6,20

MiNr. 3390 stammt aus MH 110.

Auflage:

In gleicher Zeichnung, jedoch nassklebend: MiNr. 3355

2018, 7. Juni. Leuchttürme (XX). ⓔ **Graf; Odr. BSP (Klb. 5×2); gez. K 13¾.**

efc) Leuchtturm Darßer Ort (erbaut 1848)

efd) Neuer Leuchtturm Wangerooge (erbaut 1966)

		✱✱	⊙	FDC
3391	45 (C) mehrfarbig . . . . efc	0,90	0,90	
3392	70 (C) mehrfarbig . . . . efd	1,40	1,40	
	Satzpreis (2 W.)	2,30	2,30	3,70
	ETB 21/2018		2,60	
	Kleinbogensatz (2 Klb.)	23,—	23,—	

Auflagen:

In gleicher Zeichnung wie MiNr. 3392, jedoch selbstklebend: MiNr. 3396; weitere Werte siehe Übersichtstabelle nach MiNr. 2410

2018, 7. Juni. Schätze aus deutschen Museen (XIII). ◻ **Klein & Neumann; Odr. BSP (5×2); gez. K 14.**

efe) Goethe in der Campagna; Gemälde von Johann Heinrich Wilhelm Tischbein (1751–1829)

			★★	⊙	FDC
3393	145 (C) mehrfarbig	efe	2,90	2,90	4,—
		ETB 22/2018		3,20	
		Kleinbogen	29,—	29,—	

Auflage:

In gleicher Zeichnung, jedoch selbstklebend: MiNr. 3397

2018, 7. Juni. 1000. Jahrestag der Weihe des Doms zu Worms. ◻ **le Fort, Heers; Odr. GDL (2×5); gez. K 14.**

eff) Buchvignette „Bischof Burchard vor dem Dom", Dom zu Worms

			★★	⊙	FDC
3394	90 (C) mehrfarbig	eff	1,80	1,80	2,80
		ETB 23/2018		2,20	
		Kleinbogen	18,—	18,—	

Auflage:

In ähnlicher Zeichnung: MiNr. 3398

2018, 7. Juni. 800 Jahre Hansestadt Rostock. ◻ **Wittig; komb. Odr. und Flexodr. BDB (5×2); gez. K 14.**

efg) Stadtsilhouette, Wellen und Hafenkräne

			★★	⊙	FDC
3395	70 (C) mehrfarbig	efg	1,40	1,40	2,40
		ETB 24/2018		1,70	
		Kleinbogen	14,—	14,—	

Auflage:

2018, 7. Juni. Leuchttürme (XXI). ◻ **Graf; Odr. BDB, Folienstreifen aus Rollen; selbstklebend; gestanzt 10½.**

efd) Neuer Leuchtturm Wangerooge (erbaut 1966)

			★★	⊙	FDC
3396	70 (C) mehrfarbig	efd	1,40	1,40	2,40
		Fünferstreifen	7,—		

Auf der Trägerfolie befindet sich rückseitig bei jeder 5. Marke eine Zählnummer.

Auflage:

In gleicher Zeichnung, jedoch nassklebend: MiNr. 3392; weitere Werte siehe Übersichtstabelle nach MiNr. 2410

2018, 7. Juni. Schätze aus deutschen Museen (XIV). ◻ **Klein & Neumann; Odr. BDB, Folienstreifen aus Rolle; selbstklebend; gestanzt 10¼.**

efe) Goethe in der Campagna; Gemälde von Johann Heinrich Wilhelm Tischbein (1751–1829)

			★★	⊙	FDC
3397	145 (C) mehrfarbig	efe	2,90	2,90	4,—
		Fünferstreifen	14,50		

Auf der Trägerfolie befindet sich rückseitig bei jeder 5. Marke eine Zählnummer.

Auflage:

In gleicher Zeichnung, jedoch nassklebend: MiNr. 3393

2018, 7. Juni. 1000. Jahrestag der Weihe des Doms zu Worms. ◻ **le Fort, Heers; Odr. GDL; Folienblatt (2×5); selbstklebend; gestanzt 11.**

eff I) Buchvignette „Bischof Burchard vor dem Dom", Dom zu Worms

			★★	⊙	FDC
3398	90 (C) mehrfarbig	eff I	1,80	1,80	2,80
		Folienblatt 78	18,—	18,—	

Auflage:

In ähnlicher Zeichnung: MiNr. 3394

Alle nach dem 9. November 2000 ausgegebenen Marken sowie MiNr. 2113–2114, 2139–2141, 2149–2152 sind bis auf weiteres frankaturgültig.

Neuheiten

Jahrgangswerttabelle

Die Aufstellung folgt der numerischen Reihenfolge der Katalogisierung ohne Rücksicht auf die Chronologie eventueller Ergänzungswerte. Einzelmarken aus Blocks sind nicht berechnet.

Die Preise unter „Summe der Einzelausgaben" sind die Addition der MICHEL-Preisnotierungen eines Jahrganges. Die Bewertungen unter „kompletter Jahrgang" basieren auf den im Fachhandel üblichen Jahrgangspreisen.

Jahr	MiNr.	Nominalwert (inkl. Zuschlag) DM, ab 2002 €	Summe der Einzelausgaben **	Summe der Einzelausgaben ⊙	Kompletter Jahrgang **	Kompletter Jahrgang ⊙
1949	111–120	2,22	380,—	403,—	395,—	400,—
1950	121–122	–,35	110,—	100,—	130,—	100,—
1951	123–147	7,04	2730,—	470,—	2700,—	470,—
1952	148–161	2,66	336,60	227,20	280,—	220,—
1953	162–176	2,75	347,—	266,—	320,—	260,—
1954	177–203 (mit 179 y, 181 y, 183 y–186 y)	13,43	417,80	333,30	380,—	300,—
1955	204–226 (mit 226 x und y)	3,89	186,20	116,80	165,—	110,—
1956	227–248	3,80	89,40	80,50	74,—	65,—
1957	249–280 (mit 259 y–260 y)	9,45	119,80	271,30	95,—	240,—
1958	281–301	3,81	46,40	59,—	50,—	80,—
1959	302–325 (mit 310–311 a+b)	6,22	59,80	73,20	55,—	70,—
1960	326–345	4,42	20,70	20,60	12,—	12,—
1961	346–374 (mit 347–362 x+y, 367 x+y, 347 und 358 a+b)	12,52	18,40	16,60	11,—	10,—
1962	375–389	3,80	8,10	11,90	5,50	6,50
1963	390–411	5,40	10,—	13,70	6,50	8,—
1964	412–461	12,95	25,40	32,80	14,—	18,—
1965	462–488	7,20	7,90	11,60	5,—	6,50
1966	489–528	19,45	41,80	20,70	22,—	14,—
1967	529–545	6,10	6,80	10,10	5,—	6,—
1968	546–575	9,75	16,90	20,50	10,—	12,—
1969	576–611	11,20	26,30	20,40	13,—	10,—
1970	612–657	17,60	38,80	23,70	20,—	13,—
1971	658–709 (mit 695–696 A, C und D, 698–699 A, C und D)	22,95	71,20	45,90	40,—	28,—
1972	710–752	27,75	59,10	39,50	32,—	22,—
1973	753–790	19,05	42,80	28,20	25,—	14,—
1974	791–825	18,10	39,90	25,20	22,—	13,—
1975	826–874	33,95	51,—	29,—	28,—	17,—
1976	875–Block 13	21,40	44,50	26,30	22,—	12,—
1977	913–Block 15 (mit 913–914 A, C, D, I und II, 916 A, C und D)	31,25	56,—	38,30	32,—	22,—
1978	956–999	34,70	62,20	36,30	35,—	19,—
1979	1000–1032 (mit 1028 A, C, D, I und 1028 A II)	25,65	49,90	35,90	28,—	22,—
1980	1033–1067 (mit 1038 A, C, D, I und II)	27,10	46,10	30,40	25,—	18,—
1981	1082–1117	25,45	42,60	21,80	25,—	13,—
1982	1118–1161 (mit 1140 A, C, D, I und 1140 A II, 1143 I und II)	50,50	96,60	69,90	55,—	38,—
1983	1162–1196	31,20	58,90	28,—	35,—	16,—
1984	1197–1233	32,70	64,70	37,50	35,—	17,—
1985	1234–1267	30,70	68,—	37,80	38,—	18,—
1986	1268–1305	32,35	70,20	35,40	38,—	17,—
1987	1306–1346 (mit 1340–1342 A, C, D)	37,65	76,10	43,40	42,—	22,—
1988	1347–1396 (mit 1347 A, C, D)	50,35	97,50	61,80	50,—	27,—
1989	1397–1443 (mit 1398 A, C, D, 1406 A, C, D)	58,36	114,10	69,90	60,—	35,—
1990	1444–1487	51,60	102,60	70,80	60,—	35,—
1991	1488–1581	97,30	178,40	126,70	100,—	65,—
1992	1582–1644 (mit 1583 x+y)	79,85	171,70	121,10	90,—	60,—
1993	1645–1708	82,51	133,80	84,—	80,—	45,—
1994	1709–1771	84,20	131,20	91,60	80,—	45,—
1995	1772–1833	89,40	112,40	99,70	85,—	55,—
1996	1834–1894	90,—	109,50	94,80	85,—	55,—
1997	1895–1964 (mit 1934–1935 A, C, D)	110,87	137,—	131,70	100,—	60,—
1998	1965–2026 (mit 2009 A, C, D)	94,50	124,30	115,60	90,—	60,—
1999	2027–2086	92,10	112,80	118,20	90,—	60,—
2000	2087–2155 (mit 2140 A, C, D)	100,90	130,20	120,—	110,—	100,—
2001	2156–Block 57 (mit 2187–2189 BC, BD, 2218–2222 A, C)	137,72	172,70	165,40	140,—	140,—
Summe alte Währung		**1888,12 DM**	**7872,10**	**4683,00**		
2002	2231–2304 (mit 2278 A, C, 2303 BC, BD, 2304 BA, BC, BD)	59,89	149,80	140,60	130,—	125,—
2003	2305–2373	64,79	142,50	133,60	130,—	125,—
2004	2374–2433	45,95	97,80	93,—	85,—	80,—
2005	2434–2504 (mit 2471 A, Eo, Eu, 2480 A, Do, Du, Eo, Eu, 2484 A, Do, Du)	58,95	127,50	120,50	110,—	100,—
2006	2505–2577	67,90	140,80	133,90	120,—	120,—
2007	2578–2636	52,65	112,20	107,40	95,—	95,—
2008	2637–2706	54,55	111,60	107,60	95,—	95,—
2009	2707–2767	50,—	94,80	93,60	85,—	85,—
2010	2768–2834	60,20	116,10	112,70	100,—	100,—
2011	2835–2899	59,40	110,10	110,10	100,—	100,—
2012	2900–2971	59,75	119,30	119,30	110,—	110,—
2013	2972–3046	64,35	129,40	129,40	120,—	120,—
2014	3047–3121	70,30	143,30	143,30	130,—	130,—
2015	3122–3198	74,01	152,80	151,40	140,—	140,—
2016	3199–3273	76,50	153,20	153,20	140,—	140,—
2017	3274–3350	75,05	150,50	150,50	140,—	140,—
Summe neue Währung		**994,24 €**	**2051,70**	**2000,10**		
Gesamtsumme			**9923,80**	**6683,10**		
Komplette Sammlung					**5500,—**	**3500,—**

Für 2018 sind noch folgende Sonder-Ausgaben geplant:

12. Juli

Design aus Deutschland:
Weltempfänger von Dieter Rams .... 345 C

Deutschlands schönste Panoramen:
Gartenreich Dessau-Wörlitz .... 45 C, 45 C

150. Geburtstag von Magnus Hirschfeld ...... 70 C

100. Geburtstag von Nelson Mandela .... 70 C

9. August

Für die Jugend: Pilze
(Pfifferling, Steinpilz, Maronen-Röhrling) ...... 70 + 30 C, 85 + 40 C, 145 + 55 C

Wildes Deutschland:
Bergfichtenurwald im Harz .... 70 C

13. September:

Umweltschutz: Biologische Vielfalt .... 70 C + 30 C

Tag der Briefmarke:
150 Jahre Norddeutscher Postbezirk .... 70 C

Mikrowelten: Kohlenstofffasern .... 90 C

11. Oktober:

Deutsche Fernsehlegenden:
Dinner for One .... 45 C

Schätze aus deutschen Museen:
Prinzessinnengruppe von J. G. Schadow ..... 85 C

Lübecker Märtyrer .... 70 C

2. November:

Weihnachten: Kirchenfenster .... 70 + 30 C

250. Geburtstag von Friedrich Schleiermacher . 70 C

100. Geburtstag von Ernst Otto Fischer ...... 70 C

Weihnachtsschlitten .... 70 C

6. Dezember:

Astrophysik: Computersimulation,
ALMA-Observatorium .... 145 C, 145 C

Mikrowelten: LCD .... 70 C

Wildes Deutschland:
Hornisgrinde im Schwarzwald .... 70 C

100. Geburtstag von Helmut Schmidt .... 70 C

Jahreszusammenstellungen der Dt. Bundespost bzw. der Dt. Post AG (Jahrbücher)

Die nachfolgend aufgeführten Jahreszusammenstellungen (1993 Sondermarken-Jahrbuch) enthalten in Klemmtaschen die postfrischen Postwertzeichen der Bundesrepublik Deutschland und bis 1990 von Berlin (West) mit einem erläuternden Text. Format: 146 bis 147×208–210 mm. Jede Jahreszusammenstellung ist einzeln nummeriert.

Die Preise der Jahreszusammenstellungen entsprechen nicht der Summe der Einzelpreise des jeweiligen Inhalts.

MiNr.	Ausgabejahr	Postpreis	enthält Schwarzdruck[1]) bzw. Farbsonderdruck der MiNr.	Auflage	Preis
1	1973	40,— DM	—	10 000	1700,—
2	1974	40,— DM	Wertstempel von P 113 (Postkarte 25 Jahre Bundesrepublik)		
I				30 000	130,—
II				—	*2000,—*
3	1975	45,— DM	876 (100. Geburtstag von Dr. K. Adenauer, SD 1)	29 500	160,—
4	1976	45,— DM	921 (Einweihung des Palais de l'Europe, SD 2)	60 000	80,—
5	1977	49,— DM	936 (400. Geburtstag von P. P. Rubens, SD 3)	60 000	90,—
6	1978	54,— DM	969–971 (Europa 1978, SD 4)	70 000	65,—
7	1979	58,— DM	1002 (Direktwahlen zum Europäischen Parlament, SD 5)	70 000	65,—
8	1980	62,— DM	1049–1050 (Europa 1980, SD 6)	100 000	40,—
9	1981	67,— DM	1104 (150. Geburtstag von W. Raabe, SD 7)	100 000	40,—
10	1982	75,— DM	Berlin 667 (Salzburger Emigranten in Preußen, Berlin SD 1)	95 000	65,—
11	1983	85,— DM	1180 (Einwanderung der ersten Deutschen in Amerika, SD 8)	83 000	65,—
12	1984	89,— DM	1213 (100. Todestag von Ludwig Richter, SD 9)	70 000	200,—
13	1985	87,— DM	Berlin 730 (Bettina von Arnim, Berlin SD 2)	73 000	100,—
14	1986	87,— DM	1280 (1000 Jahre Walsrode, SD 10)	80 000	75,—
15	1987	92,50 DM	1313 (J. v. Fraunhofer, SD 11)	86 000	75,—
16	1988	94,50 DM	1351 (deutsch-französische Zusammenarbeit, SD 12)	88 000	75,—
17	1989	99,— DM	1421 (40 Jahre Bundesrepublik Deutschland, vergrößerter Farbsonderdruck)	75 000	100,—
18	1990	122,— DM	1445 (500 Jahre Internationale Postverbindungen in Europa mit Berlin (West) 860 und DDR 3299, SD 13)	75 000	200,—
19	1991	149,— DM	1492 (200 Jahre Brandenburger Tor, SD 14)	80 000	140,—
20	1992	130,— DM	1638 (Tag der Briefmarke, SD 15)	85 000	110,—
21	1993	130,— DM	1646 (Isaac Newton als Schwarz- und als Hologrammdruck, SD 16)	78 000	110,—
22	1994	130,— DM	1721 (1200 Jahre Frankfurt/M. als Schwarz- und als Hologrammdruck, SD 17)	79 000	110,—
23	1995	130,— DM	1785 (Klimarahmenkonvention als Schwarz- und als Hologrammdruck, SD 18)	85 000	120,—
24	1996	130,— DM	1841 (Martin Luther als Schwarz- und als Hologrammdruck, SD 19)	85 000	120,—
25	1997	130,— DM	1903 (Kölner Karneval als Schwarz- und als Hologrammdruck, SD 20)	78 000	120,—
26	1998	130,— DM	1978 (Bad Frankenhausen als Schwarz- und als Hologrammdruck, SD 21)	90 000	110,—
27	1999	130,— DM	2046 (Europa 1999 als Schwarz- und als Hologrammdruck, SD 22)	80 000	100,—
28	2000	130,— DM	2103 (Passau als Schwarz- und als Hologrammdruck, SD 23)	85 000	100,—
29	2001	130,— DM	2171 (Für die Briefmarke: 100 Jahre Wuppertaler Schwebebahn als Schwarz- und als Hologrammdruck, SD 24)	65 000	150,—

MiNr.	Ausgabejahr	Postpreis	enthält Schwarzdruck[1]) bzw. Farbsonderdruck der MiNr.	Auflage	Preis
30	2002	75,— €	2276 (Museum für Kommunikation, Berlin, als Schwarz- und als Hologrammdruck, SD 25)	68 000	130,—
31	2003	75,— €	2359 (Enzviadukt, als Schwarz- und als Hologrammdruck, SD 26)	64 000	130,—
32	2004	75,— €	2409 (Greifswalder Oie, als Schwarz- und als Hologrammdruck, SD 27)	60 000	130,—
33	2005	75,— €	2464 (Schonerbrigg „Greif“, als Schwarz- und als Hologramm-druck, SD 28)	50 000	130,—
34	2006	75,— €	2544 (200. Geburtstag von Johann August Röbling, als Schwarz- und als Hologrammdruck, SD 29)	45 000	130,—
35	2007	75,— €	2618 (50 Jahre Deutsche Bundesbank, als Schwarz- und als Hologrammdruck, SD 30)	40 000	130,—
36	2008	75,— €	2681 (125 Jahre Drachenfelsbahn, als Schwarz- und als Hologrammdruck, SD 31)	40 000	130,—
37	2009	75,— €	2746 (100 Jahre Eisenbahnfährverkehr, Sassnitz–Trelleborg, als Schwarz- und als Hologrammdruck, SD 32)	40 000	130,—
38	2010	79,90 €	2819 (Tag der Briefmarke, als Schwarz- und als Hologrammdruck, SD 33)	40 000	140,—
39	2011	79,90 €	2887 (125 Jahre Automobil, als Schwarz- und als Hologrammdruck, SD 34)		140,—
40	2012	79,90 €	2944 (UNESCO-Welterbe: Muskauer Park, als Schwarz- und als Hologrammdruck, SD 35)		140,—
41	2013	79,90 €	3013 (Parallelausgabe mit Südkorea: Sonnentempel Bayreuth, als Schwarz- und als Hologrammdruck, SD 36)		160,—
42	2014	79,90 €	3091 (600. Jahrestag des Konzils von Konstanz, als Schwarz- und als Hologrammdruck, SD 37)		160,—
43	2015	79,90 €	3146 (150 Jahre Max und Moritz, als Schwarz- und als Hologrammdruck, SD 38)		160,—
44	2016	84,90 €	3211 (200. Geburtstag von Ernst Litfaß, als Schwarz- und als Hologrammdruck, SD 39)		170,—
45	2017	84,90 €	3323 (Mikrowelten – Vitamin C, als Schwarz- und als Hologrammdruck, SD 40)		170,—

Die Jahreszusammenstellung von 1974 (MiNr. 2) lässt sich in zwei Auflagen unterteilen:

I = Erstauflage: Seite 3 Beschriftung/„Deutsche Bundespost“; Seite 45 „Deutsche Bundespost Berlin“; Seite 64 (Druckvermerk) zwei Druckzeilen: Herausgeber ..., ... Main 1

II = Nachauflage: Seite 3 Deutsche Bundespost (ohne „“ und Beschriftung); Seite 45 Deutsche Bundespost Berlin (ohne „“); Seite 64 drei Druckzeilen: Herausgeber..., ... Main 1, Herstellung: Bundesdruckerei Berlin

3 F Jahreszusammenstellung von 1975 mit mattem statt kaschiertem, glänzendem Umschlag . . . . *450,—*

FALSCH Jahreszusammenstellung MiNr. 1

[1]) Für einige der Schwarzdrucke wurden Platten verwendet, die von denen für den Markendruck leicht abweichen. Da es sich um amtliche Ausgaben der Post handelt, wurden sie trotzdem aufgeführt, aber bei der Katalogisierung (im Anschluss an die jeweils wiedergegebenen Marken) entsprechend gekennzeichnet.
Bei Schwarzdrucken, die in kombinierten Druckverfahren (StTdr./Odr.) hergestellt sind, ist nur der Stichtiefdruck von Originalplatten gedruckt.

Es existieren in verschiedenen Ausführungen und Zusammenstellungen Geschenkalben und -bücher des Bundespostministeriums bzw. der Deutschen Post AG (mit Grußwort des Vorstandes, ohne laufende Nummer), die meist höhergestellten Personen überlassen wurden.

Jahressammlungen der Deutschen Bundespost bzw. der Deutschen Post AG

Die nachfolgend aufgeführten Jahressammlungen enthalten in Faltbättern mit zusätzlichem erläuterndem Text, Format 144×204 mm, eingeklebte und mit Ersttags-Sonderstempel entwertete Frei- und Sondermarken der Deutschen Bundespost. Jede Jahressammlung ist einzeln nummeriert.

Die Jahreszusammenstellungen von 1991 und 1992 sind als nicht postamtliche Vorläufer anzusehen.

MiNr.	Ausgabejahr	Postpreis	enthält außerdem	Auflage	Preis
1	1993	156,– DM	Automatenmarke 2.1, Nominale 100 Pf, Ersttags-Sonderstempel „Dortmund"	35 000	180,—
2	1994	156,– DM	–	35 000	180,—
3	1995	156,– DM	–	35 000	160,—
4	1996	156,– DM	–	35 000	130,—
5	1997	156,– DM	–	35 000	130,—
6	1998	156,– DM	–	35 000	130,—
7	1999	156,– DM	Automatenmarke 3.2, Nominale 110 Pf, Ersttags-Sonderstempel „Köln"	35 000	130,—
8	2000	156,– DM	–	35 000	130,—
9	2001	156,– DM	–	35 000	130,—
10	2002	79,90 €	Automatenmarke 4, Nominale 0,56 €, Ersttags-Sonderstempel „Berlin" und Automatenmarke 5.1, Nominale 0,56 €, Ersttags-Sonderstempel „Essen"	35 000	130,—
11	2003	79,90 €	–	35 000	140,—
12	2004	79,90 €	–	30 000	140,—
13	2005	79,90 €	–	17 000	140,—
14	2006	79,90 €	–	15 000	140,—
15	2007	79,90 €	–	13 000	140,—
16	2008	79,90 €	Automatenmarken MiNr. 6 und 7, Nominale je 0,55 €, Ersttags-Sonderstempel „Bonn"	13 000	140,—
17	2009	79,90 €	–	13000	140,—
18	2010	79,90 €	–		140,—
19	2011	79,90 €	–		140,—
20	2012	79,90 €	–		140,—
21	2013	79,90 €	–		160,—
22	2014	79,90 €	–		160,—
23	2015	79,90 €	–		160,—
24	2016	84,90 €	–		170,—
25	2017	84,90 €	Automatenmarken MiNr. 8 und 9, Nominale je 0,45 €, Ersttags-Sonderstempel „Bonn"		170,—

Blockaufstellung Bundesrepublik Deutschland

Block 2 siehe nach MiNr. 319
Block 3 siehe nach MiNr. 438
Block 4 siehe nach MiNr. 557
Block 5 siehe nach MiNr. 598
Block 6 siehe nach MiNr. 687
Block 7 siehe nach MiNr. 726
Block 8 siehe nach MiNr. 737
Block 9 siehe nach MiNr. 767
Block 10 siehe nach MiNr. 807
Block 11 siehe nach MiNr. 873
Block 12 siehe nach MiNr. 889
Block 13 siehe nach MiNr. 912
Block 14 siehe nach MiNr. 925
Block 15 siehe nach MiNr. 955
Block 16 siehe nach MiNr. 961
Block 17 siehe nach MiNr. 989
Block 18 siehe nach MiNr. 1160
Block 19 siehe nach MiNr. 1217
Block 20 siehe nach MiNr. 1289
Block 21 siehe nach MiNr. 1472
Block 22 siehe nach MiNr. 1482
Block 23 siehe nach MiNr. 1496
Block 24 siehe nach MiNr. 1543
Block 25 siehe nach MiNr. 1560
Block 26 siehe nach MiNr. 1571
Block 27 siehe nach MiNr. 1695
Block 28 siehe nach MiNr. 1735
Block 29 siehe nach MiNr. 1741
Block 30 siehe nach MiNr. 1754
Block 31 siehe nach MiNr. 1795
Block 32 siehe nach MiNr. 1796
Block 33 siehe nach MiNr. 1817
Block 34 siehe nach MiNr. 1825
Block 35 siehe nach MiNr. 1853
Block 36 siehe nach MiNr. 1873
Block 37 siehe nach MiNr. 1909
Block 38 siehe nach MiNr. 1919
Block 39 siehe nach MiNr. 1930
Block 40 siehe nach MiNr. 1933
Block 41 siehe nach MiNr. 1947
Block 42 siehe nach MiNr. 1980
Block 43 siehe nach MiNr. 1987
Block 44 siehe nach MiNr. 1998
Block 45 siehe nach MiNr. 2004
Block 46 siehe nach MiNr. 2041
Block 47 siehe nach MiNr. 2046
Block 48 siehe nach MiNr. 2050
Block 49 siehe nach MiNr. 2054
Block 50 siehe nach MiNr. 2071
Block 51 siehe nach MiNr. 2072
Block 52 siehe nach MiNr. 2105
Block 53 siehe nach MiNr. 2134
Block 54 siehe nach MiNr. 2203
Block 55 siehe nach MiNr. 2212
Block 56 siehe nach MiNr. 2227
Block 57 siehe nach MiNr. 2230
Block 58 siehe nach MiNr. 2257
Block 59 siehe nach MiNr. 2268
Block 60 siehe nach MiNr. 2280
Block 61 siehe nach MiNr. 2320
Block 62 siehe nach MiNr. 2343
Block 63 siehe nach MiNr. 2353
Block 64 siehe nach MiNr. 2360
Block 65 siehe nach MiNr. 2392
Block 66 siehe nach MiNr. 2476
Block 67 siehe nach MiNr. 2538
Block 68 siehe nach MiNr. 2554
Block 69 siehe nach MiNr. 2589
Block 70 siehe nach MiNr. 2603
Block 71 siehe nach MiNr. 2609
Block 72 siehe nach MiNr. 2623
Block 73 siehe nach MiNr. 2690
Block 74 siehe nach MiNr. 2737
Block 75 siehe nach MiNr. 2754
Block 76 siehe nach MiNr. 2758
Block 77 siehe nach MiNr. 2792
Block 78 siehe nach MiNr. 2871
Block 79 siehe nach MiNr. 2919
Block 80 siehe nach MiNr. 3177
Block 81 siehe nach MiNr. 3262
Block 82 siehe nach MiNr. 3370

Jahresgaben der Deutschen Bundespost bzw. der Dt. Post AG

1972 Bundesrepublik Deutschland MiNr. 739 auf Faltkarte mit Ersttags-Ⓢ Frankfurt am Main
1973 Bundesrepublik Deutschland MiNr. 766, 767 und Block 9 auf Faltkarte mit Ersttags-Ⓢ München
1974 Bundesrepublik Deutschland Block 10 (mit MiNr. 807) bzw. 11 (mit MiNr. 871–873) in einer Broschüre mit Ersttags-Ⓢ
1988 Abbildung der Bundesrepublik Deutschland MiNr. 1396 auf Faltkarte
1989 Abbildung der Bundesrepublik Deutschland MiNr. 1442 und 1443 sowie Berlin (West) MiNr. 858 und 859 auf Faltkarte
1990 Bundesrepublik Deutschland MiNr. 1479 auf Faltkarte mit Ersttags-Ⓢ Bonn
1991 Bundesrepublik Deutschland Block 24 (mit MiNr. 1543) auf Faltkarte mit Ersttags-Ⓢ Bonn
1992 Bundesrepublik Deutschland MiNr. 1592–1595 auf Faltkarte mit Ersttags-Ⓢ Bonn
1993 Bundesrepublik Deutschland Block 27 (mit MiNr. 1695) auf Faltkarte mit Ersttags-Ⓢ Berlin
1994 Bundesrepublik Deutschland Block 30 (mit MiNr. 1754) auf Faltkarte mit Ersttags-Ⓢ Bonn
1995 Bundesrepublik Deutschland MiNr. 1786 auf Faltkarte mit Ersttags-Ⓢ
1996 Bundesrepublik Deutschland MiNr. 1878 auf Faltkarte mit Ersttags-Ⓢ Berlin
1997 Bundesrepublik Deutschland Block 41 (mit MiNr. 1947) auf Faltkarte mit Ersttags-Ⓢ Bonn
1998 Bundesrepublik Deutschland MiNr. 1996 auf Faltkarte mit Ersttags-Ⓢ Bonn
1999 Bundesrepublik Deutschland MiNr. 2073 auf Faltkarte mit Ersttags-Ⓢ Bonn
2000 Bundesrepublik Deutschland MiNr. 2113 auf Faltkarte mit Ersttags-Ⓢ Berlin
2001 Bundesrepublik Deutschland MiNr. 2207 auf Faltkarte mit Ersttags-Ⓢ Berlin
2002 Bundesrepublik Deutschland MiNr. 2276 auf Faltkarte mit Ersttags-Ⓢ
2003 Bundesrepublik Deutschland MiNr. 2368 auf Faltkarte mit Ersttags-Ⓢ
2004 Viererblock der Bundesrepublik Deutschland MiNr. 2428 auf Faltkarte mit Ersttags-Ⓢ Berlin
2005 Bundesrepublik Deutschland MiNr. 2464–2468 auf Faltkarte mit Ersttags-Ⓢ Berlin
2006 Bundesrepublik Deutschland MiNr. 2560–2563 auf Faltkarte mit Ersttags-Ⓢ Berlin
2007 Bundesrepublik Deutschland MiNr. 2618 auf Faltkarte mit Ersttags-Ⓢ Bonn
2008 Bundesrepublik Deutschland MiNr. 2692 auf Faltkarte mit Ersttags-Ⓢ Bonn
2009 Bundesrepublik Deutschland MiNr. 2735 auf Faltkarte mit Ersttags-Ⓢ Bonn
2010 Bundesrepublik Deutschland MiNr. 2806 auf Faltkarte mit Ersttags-Ⓢ Bonn
2011 Bundesrepublik Deutschland MiNr. 2891 und 2892 auf Faltkarte mit Ersttags-Ⓢ Bonn
2012 Bundesrepublik Deutschland MiNr. 2954 auf Faltkarte mit Ersttags-Ⓢ Bonn
2013 Bundesrepublik Deutschland MiNr. 3007 auf Faltkarte mit Ersttags-Ⓢ Bonn
2014 Bundesrepublik Deutschland MiNr. 3101 auf Faltkarte mit Ersttags-Ⓢ Bonn
2015 Bundesrepublik Deutschland MiNr. 3173 auf Faltkarte mit Ersttags-Ⓢ Bonn
2016 Bundesrepublik Deutschland MiNr. 3254 auf Faltkarte mit Ersttags-Ⓢ Bonn
2017 Bundesrepublik Deutschland MiNr. 3320 auf Faltkarte mit Ersttags-Ⓢ Bonn

„Internetmarken“ und „Briefmarken Individuell“ der Dt. Post AG

Internetmarke

Briefmarke Individuell

Individuell vom Kunden online druckbare oder frei gestalt- und bestellbare Briefmarken werden in den MICHEL-Deutschland-Nachschlagewerken nicht gelistet.

Weitere Informationen siehe: www.deutschepost.de/de/i/internetmarke-porto-drucken.html sowie www.deutschepost.de/de/m/marke_individuell.html.

Jahresgaben des Bundes Deutscher Philatelisten e. V.

1979 Bundesrepublik Deutschland MiNr. 1009 auf Gedenkblatt mit Ersttags-Ⓢ, Auflage: 75 000 Stück (mit Perforierung und Nummerierung)
1980 Bundesrepublik Deutschland MiNr. 1041 auf Gedenkblatt mit Ersttags-Ⓢ, Auflage: 86 500 Stück (mit Perforierung und Nummerierung)
1981 Berlin (West) MiNr. 652 auf Gedenkblatt mit Ersttags-Ⓢ, Auflage: 100 000 Stück (mit Perforierung und Nummerierung)
1982 Bundesrepublik Deutschland MiNr. 1154 auf Gedenkblatt mit Ersttags-Ⓢ, Auflage: 100 000 Stück (mit Perforierung und Nummerierung)
1983 Bundesrepublik Deutschland MiNr. 1180 und USA MiNr. 1628 auf Gedenkblatt mit Ersttags-Ⓢ, Auflage: 100 000 Stück (mit Perforierung und Nummerierung)
1984 Bundesrepublik Deutschland MiNr. 1206 auf Gedenkblatt mit Ersttags-Ⓢ, Auflage: 100 000 Stück (mit Perforierung und Nummerierung)
1985 Berlin (West) MiNr. 744 auf Gedenkblatt mit Ersttags-Ⓢ, Auflage: 100 000 Stück (mit Perforierung und Nummerierung)
1986 Bundesrepublik Deutschland MiNr. 1274 auf Gedenkblatt mit Ersttags-Ⓢ, Auflage: 98 000 Stück (mit Perforierung und Nummerierung)
1987 Berlin (West) MiNr. 797 auf Gedenkblatt mit Ersttags-Ⓢ, Auflage: 100 000 Stück (mit Perforierung und Nummerierung)
1988 Bundesrepublik Deutschland MiNr. 1354 auf Gedenkblatt mit Ersttags-Ⓢ, Auflage: 100 000 Stück (mit Perforierung und Nummerierung)
1989 Bundesrepublik Deutschland MiNr. 1437 auf Gedenkblatt mit Ersttags-Ⓢ, Auflage: 100 000 Stück (mit Perforierung und Nummerierung)
1990 Berlin (West) MiNr. 868 auf Gedenkblatt mit Ersttags-Ⓢ, Auflage: 100 000 Stück (mit Perforierung und Nummerierung)
1991 Bundesrepublik Deutschland MiNr. 1570 auf Gedenkblatt mit Ersttags-Ⓢ, Auflage: 100 000 Stück (mit Perforierung und Nummerierung)
1992 Bundesrepublik Deutschland MiNr. 1594 auf Gedenkblatt mit Ersttags-Ⓢ, Auflage: 100 000 Stück (mit Perforierung und Nummerierung)
1993 Bundesrepublik Deutschland MiNr. 1696 auf Gedenkblatt mit Ersttags-Ⓢ, Auflage: 100 000 Stück (mit Perforierung und Nummerierung)
1994 Bundesrepublik Deutschland MiNr. 1728 auf Gedenkblatt mit Ersttags-Ⓢ, Auflage: 100 000 Stück (mit Perforierung und Nummerierung
1995 Bundesrepublik Deutschland MiNr. 1814 auf Gedenkblatt mit Ersttags-Ⓢ, Auflage: 90 000 Stück (mit Perforierung und Nummerierung)
1996 Bundesrepublik Deutschland MiNr. 1862 auf Gedenkblatt mit Ersttags-Ⓢ, Auflage: 88 000 Stück (mit Perforierung und Nummerierung)
1997 Bundesrepublik Deutschland MiNr. 1947 (Bl. 41) auf Gedenkblatt mit Ersttags-Ⓢ, Auflage: 90 000 Stück (mit Perforierung und Nummerierung)
1998 Bundesrepublik Deutschland MiNr. 1993 auf Gedenkblatt mit Ersttags-Ⓢ, Auflage: 100 000 Stück (ohne Perforierung, mit Nummerierung)
1999 Bundesrepublik Deutschland MiNr. 2049 auf Gedenkblatt mit Ersttags-Ⓢ, Auflage: 90 000 Stück (ohne Perforierung, mit Nummerierung)
2000 Bundesrepublik Deutschland MiNr. 2113 auf Gedenkblatt mit Ersttags-Ⓢ, Auflage: 85 000 Stück (ohne Perforierung und Nummerierung)
2001 Plusbrief-Umschlag mit WSt. Europa-Marke, Auflage: 80 000 Stück (ohne Nummerierung)
2002 Bundesrepublik Deutschland MiNr. 2294 auf Gedenkblatt mit Ersttags-Ⓢ, Auflage: 78 000 Stück (ohne Perforierung und Nummerierung)
2003 Exklusivdruck (Viererblock) der MiNr. 2371 (schwarzbraun, ohne Fluoreszenz, nicht frankaturgültig), Auflage: 70 000 Stück (ohne Perforierung und Nummerierung)
2004 Exklusivdruck (Viererblock) der MiNr. 2428 (schwarz/dunkelblau, ohne Fluoreszenz, nicht frankaturgültig), Auflage: 72 000 Stück (ohne Perforierung und Nummerierung)
2005 Exklusivdruck (Viererblock) der MiNr. 2456 (schwarz/dunkelblau, ohne Fluoreszenz, nicht frankaturgültig), Auflage: 72 000 Stück (ohne Perforierung und Nummerierung)
2006 Exklusivdruck (Viererblock) der MiNr. 2565 (dunkelgrau, ohne Fluoreszenz, nicht frankaturgültig), Auflage: 70 000 Stück (ohne Perforierung und Nummerierung)
2007 Exklusivdruck (Viererblock) der MiNr. 2602 (braunrot/schwarz, ohne Fluoreszenz, nicht frankaturgültig), Auflage: 65 000 Stück (ohne Perforierung und Nummerierung)
2008 Exklusivdruck (Viererblock) der MiNr. 2644 (blau/schwarz, ohne Fluoreszenz, nicht frankaturgültig), Auflage: 62 000 Stück (ohne Perforierung und Nummerierung)
2009 Zd.-Klb. mit je 2 nicht frankaturgültigen Konkurrenzentwürfen zu BRD MiNr. 2723, 2724 und Liechtenstein MiNr. 1506–1508; Odr.; selbstklebend; gez. 12:12½ mit Schnitt, Auflage: 57 000 Stück (ohne Nummerierung)
2010 Bundesrepublik Deutschland MiNr. 2819 auf Faltblatt mit Ersttags-Ⓢ Bonn (Format 130 × 120 mm gefaltet), Auflage: 55 000 Stück (mit Nummerierung)
2011 Bundesrepublik Deutschland Block 78 (mit MiNr. 2871) auf Faltblatt mit Ersttags-Ⓢ Bonn (Format 130 × 130 mm gefaltet), Auflage: 56 000 Stück (mit Nummerierung)
2012 Bundesrepublik Deutschland MiNr. 2951 auf Faltblatt mit Ersttags-Ⓢ Bonn (Format 130 × 130 mm gefaltet), Auflage: 54 000 Stück (mit Nummerierung)
2013 Bundesrepublik Deutschland MiNr. 3039 auf Faltblatt mit Ersttags-Ⓢ Bonn (Format 130 × 120 mm gefaltet), Auflage ???? Stück (mit Nummerierung)

Zusammenfassung von Freimarken-Serien

1954–1957. Freimarken: Bundespräsident Heuss.

bt

bu

bv

Werte	Daten (Zeichen)		MiNr.	Preise	
2 Pf	15. 6. 1954	(bt)	177	0,30	0,30
4 Pf	31. 1. 1954	(bt)	178	0,30	0,30
5 Pf	1. 4. 1954	(bt)	179	0,30	0,30
6 Pf	1. 4. 1954	(bt)	180	0,80	1,—
7 Pf	28. 7. 1954	(bt)	181	0,30	0,40
8 Pf	1. 4. 1954	(bt)	182	0,30	0,80
10 Pf	31. 1. 1954	(bt)	183	0,30	0,30
15 Pf	1. 4. 1954	(bt)	184	0,80	0,60
20 Pf	31. 1. 1954	(bt)	185	0,30	0,30
25 Pf	15. 6. 1954	(bt)	186	0,80	0,70
30 Pf	31. 1. 1954	(bu)	187	15,—	6,—
30 Pf	Mai 1957	(bt)	259	0,50	0,80
40 Pf	1. 4. 1954	(bu)	188	6,—	0,40
40 Pf	Nov. 1956	(bt)	260	2,—	0,40
50 Pf	15. 6. 1954	(bu)	189	200,—	0,60
50 Pf	Febr. 1957	(bt)	261	1,30	0,40
60 Pf	15. 6. 1954	(bu)	190	45,—	0,80
60 Pf	Sept. 1957	(bt)	262	3,80	0,60
70 Pf	15. 6. 1954	(bu)	191	18,—	2,50
70 Pf	Febr. 1957	(bt)	263	11,—	0,60
80 Pf	15. 6. 1954	(bu)	192	3,—	6,—
80 Pf	Juni 1957	(bt)	264	7,—	2,50
90 Pf	15. 6. 1954	(bu)	193	15,—	3,—
90 Pf	Juni 1957	(bt)	265	18,—	1,30
1 DM	1. 4. 1954	(bv)	194	1,70	0,40
2 DM	15. 6. 1954	(bv)	195	3,—	1,50
3 DM	15. 6. 1954	(bv)	196	8,—	3,—

Satzpreis (27 W.) . . . . 320,— 34,—

1964–1969. Freimarken: Deutsche Bauwerke aus zwölf Jahrhunderten.

nv

mk

nw

ml

mm

nx

ny

ny

mn

nz

mo

oa

mp

ob

mr

oc

ms

od

oe

of

og

oh

oi

Werte	Daten (Zeichen)	MiNr.	Preise	
5 Pf	15. 6. 1966 (nv)	489	–,30	–,30
10 Pf	12. 3. 1965 (mk)	454	–,50	–,30
10 Pf	21. 6. 1967 (nw)	490	–,30	–,30
15 Pf	12. 3. 1965 (ml)	455	–,50	–,30
20 Pf	12. 3. 1965 (mm)	456	–,50	–,30
20 Pf	17. 11. 1967 (nx)	491	–,30	–,30
30 Pf	7. 1. 1966 (ny)	492	–,30	–,30
30 Pf	17. 2. 1967 (ny)	493	–,30	–,30
40 Pf	12. 3. 1965 (mn)	457	–,50	–,30
40 Pf	4. 8. 1967 (nz)	494	–,40	–,30
50 Pf	15. 12. 1964 (mo)	458	1,—	–,30
50 Pf	4. 8. 1967 (oa)	495	–,50	–,20
60 Pf	15. 12. 1964 (mp)	459	1,50	–,50
60 Pf	14. 4. 1967 (ob)	496	3,80	2,—
70 Pf	29. 5. 1965 (mr)	460	1,50	–,50
70 Pf	14. 4. 1967 (oc)	497	1,60	–,30
80 Pf	15. 12. 1964 (ms)	461	1,50	–,50
80 Pf	21. 6. 1967 (od)	498	3,—	2,—
90 Pf	15. 6. 1966 (oe)	499	1,10	–,40
1 DM	7. 11. 1966 (of)	500	1,10	–,30
1,10 DM	13. 12. 1966 (og)	501	1,10	–,50
1,30 DM	26. 3. 1969 (oh)	502	3,—	1,80
2 DM	13. 12. 1966 (oi)	503	3,—	–,80

Satzpreis (23 W.) . . . . 27,— 11,—

um

1970–1973. Freimarken: Bundespräsident Heinemann.

Werte	Daten (Zeichen)		MiNr.	Preise	
5 Pf	23. 7. 1970	(um)	635	0,40	0,30
10 Pf	23. 10. 1970	(um)	636	0,40	0,30
20 Pf	23. 10. 1970	(um)	637	0,40	0,30
25 Pf	27. 8. 1971	(um)	689	0,60	0,30
30 Pf	7. 1. 1971	(um)	638	0,50	0,30
40 Pf	8. 4. 1971	(um)	639	0,50	0,30
50 Pf	8. 4. 1971	(um)	640	2,—	0,30
60 Pf	25. 6. 1971	(um)	690	1,20	0,30
70 Pf	8. 4. 1971	(um)	641	1,—	0,40
80 Pf	8. 4. 1971	(um)	642	1,—	0,40
90 Pf	7. 1. 1971	(um)	643	2,—	1,50
1 DM	23. 7. 1970	(um)	644	1,50	0,40
110 Pf	16. 1. 1973	(um)	727	1,80	1,—
120 Pf	8. 3. 1972	(um)	691	2,20	1,—
130 Pf	20.6. 1972	(um)	728	2,30	1,—
140 Pf	16. 1. 1973	(um)	729	2,30	1,20
150 Pf	5. 7. 1972	(um)	730	2,30	1,—
160 Pf	8. 3. 1972	(um)	692	3,20	1,40
170 Pf	11. 9. 1972	(um)	731	2,80	1,—
190 Pf	16. 1. 1973	(um)	732	3,50	1,—
2 DM	7. 1. 1971	(um)	645	3,50	0,40

Satzpreis (21 W.) . . . . 35,— 14,—

1971–1973. Freimarken: Unfallverhütung.

wd

we

wf

wg

wh

wi

wk wl wm wn

Werte	Daten	(Zeichen)	MiNr.	Preise	
5 Pf	29. 10. 1971	(wd)	694	–,40	–,30
10 Pf	8. 3. 1972	(we)	695	–,40	–,30
20 Pf	5. 7. 1972	(wf)	696	–,50	–,30
25 Pf	10. 9. 1971	(wg)	697	–,60	–,30
30 Pf	8. 3. 1972	(wh)	698	–,60	–,30
40 Pf	20. 6. 1972	(wi)	699	–,60	–,30
50 Pf	16. 1. 1973	(wk)	700	2,50	–,30
60 Pf	10. 9. 1971	(wl)	701	1,50	–,60
70 Pf	5. 6. 1973	(wl)	773	1,50	–,40
100 Pf	5. 7. 1972	(wm)	702	2,50	–,30
150 Pf	11. 9. 1972	(wn)	703	6,50	1,50

Satzpreis (11 W.) . . . . 17,— 4,50

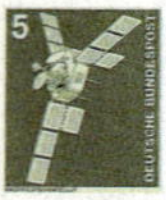

acg

1975–1982. Freimarken: Industrie und Technik.

ach aci ack acl

acm aio acn aco

acp aoz acr apa

acs air act ais

acu ait apb acv

Werte	Daten	(Zeichen)	MiNr.	Preise	
5 Pf	14. 11. 1975	(acg)	846	0,30	0,30
10 Pf	14. 8. 1975	(ach)	847	0,30	0,30
20 Pf	17. 2. 1976	(aci)	848	0,30	0,30
30 Pf	14. 8. 1975	(ack)	849	0,30	0,30
40 Pf	15. 5. 1975	(acl)	850	0,40	0,30
50 Pf	15. 5. 1975	(acm)	851	0,50	0,30
60 Pf	16. 11. 1978	(aio)	990	1,—	0,30
70 Pf	14. 8. 1975	(acn)	852	0,80	0,30
80 Pf	15. 10. 1975	(aco)	853	0,80	0,30
100 Pf	15. 5. 1975	(acp)	854	0,80	0,30
110 Pf	16. 6. 1982	(aoz)	1134	2,—	0,80
120 Pf	15. 10. 1975	(acr)	855	1,—	0,40
130 Pf	16. 6. 1982	(apa)	1135	2,50	0,80
140 Pf	14. 11. 1975	(acs)	856	1,20	0,50
150 Pf	12. 7. 1979	(air)	992	3,—	1,—
160 Pf	15. 10. 1975	(act)	857	1,60	–,80
180 Pf	12. 7. 1979	(ais)	993	3,—	1,—
190 Pf	15. 7. 1982	(air)	1136	3,—	0,80
200 Pf	14. 11. 1975	(acu)	858	2,—	0,40
230 Pf	17. 5. 1979	(ait)	994	4,—	1,20
250 Pf	15. 7. 1982	(ait)	1137	4,50	1,90
300 Pf	16. 6. 1982	(apb)	1138	5,—	1,90
500 Pf	17. 2. 1976	(acv)	859	5,—	1,50

Satzpreis (23 W.) . . . . 43,— 16,—

1977–1982. Freimarken: Burgen und Schlösser.

afe afl aiu aff apc

afg alm afh aln afi

alc afk apd aiv ape

afm aiw aix apf apg

Werte	Daten	(Zeichen)	MiNr.	Preise	
10 Pf	14. 4. 1977	(afe)	913	0,30	0,30
20 Pf	14. 2. 1979	(afl)	995	0,30	0,30
25 Pf	11. 1. 1979	(aiu)	996	0,50	0,30
30 Pf	14. 4. 1977	(aff)	914	0,40	0,30
35 Pf	16. 6. 1982	(apc)	1139	0,70	0,50
40 Pf	16. 2. 1977	(afg)	915	0,60	0,30
40 Pf	14. 2. 1980	(alm)	1037	0,80	0,30
50 Pf	17. 5. 1977	(afh)	916	0,70	0,30
50 Pf	14. 2. 1980	(aln)	1038	0,90	0,30
60 Pf	13. 1. 1977	(afi)	917	1,—	0,30
60 Pf	14. 11. 1979	(alc)	1028	0,90	0,40
70 Pf	17. 5. 1977	(afk)	918	1,—	0,30
80 Pf	16. 6. 1982	(apd)	1140	1,30	0,40
90 Pf	11. 1. 1979	(aiv)	997	1,50	0,50
120 Pf	15. 7. 1982	(ape)	1141	2,—	0,70
190 Pf	16. 2. 1977	(afl)	919	2,50	1,—
200 Pf	13. 1. 1977	(afm)	920	3,—	1,—
210 Pf	14. 2. 1979	(aiw)	998	4,—	1,50
230 Pf	16. 11. 1978	(aix)	999	4,—	1,50
280 Pf	15. 7. 1982	(apf)	1142	4,20	1,20
300 Pf	16. 6. 1982	(apg)	1143	4,80	1,—

Satzpreis (21 W.) . . . . 34,— 11,—
Satz Letterset (6 W.) . . . . 16,— 33,—

Prüfungen und Begutachtungen von Briefmarken sowie Ermittlungen von MICHEL-Nummern etc. sind der Redaktion aus Zuständigkeits- bzw. Zeitgründen nicht möglich.

1986–2003. Freimarken: Frauen der deutschen Geschichte.

1. In DM-Währung

bbc azi azp bep aye

axb ayf ber axc brs

bar brt cal bzu aym

azr bcf bfa bas bca

bfb bzv bat bcb bcg

cam bau bii cdb bks

bay

Werte	Daten	(Zeichen)	MiNr.	Preise	
5 Pf	9. 2. 1989	(bbc)	1405	0,40	0,40
10 Pf	14. 4. 1988	(azi)	1359	0,60	0,50
20 Pf	5. 5. 1988	(azp)	1365	1,—	0,50
30 Pf	8. 1. 1991	(bep)	1488	0,50	0,40
40 Pf	17. 9. 1987	(aye)	1331	1,—	0,30
50 Pf	13. 11. 1986	(axb)	1304	1,—	0,30
60 Pf	17. 9. 1987	(ayf)	1332	1,20	0,30
70 Pf	8. 1. 1991	(ber)	1489	1,50	0,80
80 Pf	13. 11. 1986	(axc)	1305	1,20	0,30
80 Pf	13. 10. 1994	(brs)	1755	1,10	0,60
100 Pf	10. 11. 1988	(bar)	1390	1,50	0,50
100 Pf	13. 10. 1994	(brt)	1756	1,10	0,60
100 Pf	16. 10. 1997	(cal)	1955	1,30	1,—
110 Pf	14. 8. 1997	(bzu)	1939	1,30	–,80
120 Pf	6. 11. 1987	(aym)	1338	2,—	1,20
130 Pf	5. 5. 1988	(azr)	1366	3,—	1,—
140 Pf	10. 8. 1989	(bcf)	1432	3,50	1,80
150 Pf	14. 2. 1991	(bfa)	1497	3,50	1,80
170 Pf	10. 11. 1988	(bas)	1391	2,50	1,50
180 Pf	13. 7. 1989	(bca)	1427	3,—	1,50
200 Pf	14. 2. 1991	(bfb)	1498	2,50	1,—
220 Pf	28. 8. 1997	(bzv)	1940	2,50	2,40
240 Pf	10. 11. 1988	(bat)	1392	3,50	2,50
250 Pf	13. 7. 1989	(bcb)	1428	5,—	2,50
300 Pf	10. 8. 1989	(bcg)	1433	3,—	1,50
300 Pf	16. 10. 1997	(cam)	1956	3,—	2,50
350 Pf	10. 11. 1988	(bau)	1393	5,50	3,—
400 Pf	9. 1. 1992	(bii)	1582	6,—	4,50
440 Pf	8. 10. 1998	(cdb)	2014	6,50	6,50
450 Pf	11. 6. 1992	(bks)	1614	6,50	5,—
500 Pf	12. 1. 1989	(bay)	1397	6,50	4,—

2. In DM- und Euro-Währung

cix ciy ckg ckh

Werte	Daten (Zeichen)	MiNr.	Preise	
100 Pf/ 0,51 €	9. 11. 2000 (cix)	2149	1,10	1,—
110 Pf/ 0,56 €	9. 11. 2000 (ciy)	2150	1,20	1,—
220 PF/ 1,12 €	11. 1. 2001 (ckg)	2158	2,—	2,—
300 Pf/ 1,53 €	11. 1. 2001 (ckh)	2159	3,—	3,—

3. In Euro-Währung

cpu cpv crc cpw

Werte	Daten (Zeichen)	MiNr.	Preise	
0,45 €	27. 12. 2002 (cpu)	2295	1,—	1,—
0,55 €	27. 12. 2002 (cpv)	2296	1,—	1,—
1,00 €	16. 1. 2003 (crc)	2305	2,—	1,80
1,44 €	27. 12. 2002 (cpw)	2297	2,60	2,60

Satzpreis (39 W.) . . . . 95,— 60,—

1987–2004. Freimarken: Sehenswürdigkeiten.

1. In DM-Währung

bcx ayw azz ayn baa

bag bae bgl bdt bzl

ayo ayp bdu ayr baf

bbd bzo bzp ccw bmv

bzr ayx bbe bhm bzs

blb

bnk

bzt

brg

buc

bwg

bnw

Werte	Daten	(Zeichen)	MiNr.	Preise	
5 Pf	15. 2. 1990	(bcx)	1448	0,50	0,40
10 Pf	14. 1. 1988	(ayw)	1347	0,50	0,30
20 Pf	12. 1. 1989	(azz)	1398	0,60	0,40
30 Pf	6. 11. 1987	(ayn)	1339	1,—	0,30
33 Pf	12. 1. 1989	(baa)	1399	0,60	0,40
38 Pf	12. 1. 1989	(bag)	1400	1,—	0,60
40 Pf	11. 8. 1988	(bae)	1379	0,60	0,60
41 Pf	12. 8. 1993	(bgl)	1687	0,70	0,50
45 Pf	21. 6. 1990	(bdt)	1468	0,60	0,50
47 Pf	17. 7. 1997	(bzl)	1932	0,60	0,60
50 Pf	6. 11. 1987	(ayo)	1340	1,—	0,30
60 Pf	6. 11. 1987	(ayp)	1341	1,—	0,30
70 Pf	14. 7. 1988	(azz)	1374	1,10	0,30
70 Pf	21. 6. 1990	(bdu)	1469	0,60	0,40
80 Pf	6. 11. 1987	(ayr)	1342	1,—	0,30
90 Pf	11. 8. 1988	(baf)	1380	1,80	2,50
100 Pf	9. 2. 1989	(bbd)	1406	2,50	0,40
100 Pf	28. 8. 1997	(bzo)	1934	1,—	1,—
110 Pf	14. 8. 1997	(bzp)	1935	1,10	0,50
110 Pf	10. 9. 1998	(ccw)	2009	1,30	0,80
120 Pf	14. 7. 1988	(baa)	1375	2,—	0,90
140 Pf	12. 1. 1989	(baf)	1401	2,40	0,80
170 Pf	4. 6. 1991	(bgl)	1535	2,40	1,—
200 Pf	15. 4. 1993	(bmv)	1665	2,80	0,90
220 Pf	14. 8. 1997	(bzr)	1936	2,—	1,—
280 Pf	11. 8. 1988	(bag)	1381	5,—	5,—
300 Pf	14. 1. 1988	(ayx)	1348	3,50	0,60
350 Pf	9. 2. 1989	(bbe)	1407	4,—	0,80
400 Pf	10. 10. 1991	(bhm)	1562	4,50	0,80
440 Pf	14. 8. 1997	(bzs)	1937	5,—	4,50
450 Pf	13. 8. 1992	(blb)	1623	5,50	1,50
500 Pf	17. 6. 1993	(bnk)	1679	5,50	1,80
510 Pf	14. 8. 1997	(bzt)	1938	5,—	5,—
550 Pf	11. 8. 1994	(brg)	1746	6,50	3,—
640 Pf	10. 8. 1995	(buc)	1811	8,50	5,—
690 Pf	13. 6. 1996	(bwg)	1860	7,—	4,—
700 Pf	16. 9. 1993	(bnw)	1691	8,—	3,—

2. In DM- und Euro-Währung

cim

cmw

cla

cmg

clb

cke

cin

ckf

cio

cmh

cmc

cmx

clu

Werte	Daten	(Zeichen)	MiNr.	Preise	
10 Pf/ 0,05 €	28. 9. 2000	(cim)	2139	0,60	0,50
20 Pf/ 0,10 €	8. 11. 2001	(cmw)	2224	1,—	1,—
47 Pf/ 0,24 €	5. 4. 2001	(cla)	2176	0,60	0,60

Werte	Daten	(Zeichen)	MiNr.	Preise	
50 Pf/ 0,26 €	5. 9. 2001	(cmg)	2210	1,—	1,—
80 Pf/ 0,41 €	5. 4. 2001	(clb)	2177	0,90	0,80
100 Pf/ 0,51 €	11. 1. 2001	(cke)	2156	1,50	1,50
110 Pf/ 0,56 €	28. 9. 2000	(cin)	2140	1,40	1,50
220 Pf/ 1,12 €	11. 1. 2001	(ckf)	2157	2,50	2,50
300 Pf/ 1,53 €	28. 9. 2000	(cio)	2141	3,—	3,—
400 Pf/ 2,05 €	5. 9. 2001	(cmh)	2211	4,—	4,—
440 Pf/ 2,25 €	9. 8. 2001	(cmc)	2206	5,—	5,—
510 Pf/ 2,61 €	8. 11. 2001	(cmx)	2225	5,50	5,50
720 Pf/ 3,68 €	2. 7. 2001	(clu)	2197	8,—	8,—

3. In Euro-Währung

cue

ctz

cua

cpx

cpy

cpz

cra

crd

crb

crl

crm

cre

crv

crw

Werte	Daten	(Zeichen)	MiNr.	Preise	
0,05 €	5. 2. 2004	(cue)	2381	0,30	0,30
0,25 €	8. 1. 2004	(ctz)	2374	0,50	0,50
0,40 €	8. 1. 2004	(cua)	2375	0,80	0,80
0,44 €	27. 12. 2002	(cpx)	2298	1,—	0,80
0,45 €	27. 12. 2002	(cpy)	2299	1,—	0,80
0,55 €	27. 12. 2002	(cpz)	2300	1,—	1,—
1,00 €	27. 12. 2002	(cra)	2301	2,—	1,80
1,44 €	16. 1. 2003	(crd)	2306	3,50	3,50
1,60 €	27. 12. 2002	(crb)	2302	3,—	3,—
1,80 €	13. 2. 2003	(crl)	2313	4,—	3,50
2,00 €	13. 2. 2003	(crm)	2314	4,—	4,—
2,20 €	16. 1. 2003	(cre)	2307	5,—	5,—
2,60 €	6. 3. 2003	(crv)	2322	6,—	5,—
4,10 €	6. 3. 2003	(crw)	2323	9,—	8,—

Satzpreis (64 W.) . . . . 170,— 120,—

Selbstklebende Marken

Werte	Daten	(Zeichen)	MiNr.	Preise	
10 Pf	Mai 1991	(ayw)	1531	3,—	3,—
60 Pf	Mai 1991	(ayp)	1532	3,—	3,—
80 Pf	Mai 1991	(ayr)	1533	3,—	3,—
100 Pf	Mai 1991	(bbd)	1534	3,—	3,—

Werte	Daten	(Zeichen)	MiNr.	Preise	
10 Pf/ 0,05 €	25. 5. 2001	(cim)	2187	4,—	3,50
100 Pf/ 0,51 €	25. 5. 2001	(cke)	2188	4,—	4,—
110 Pf/ 0,56 €	25. 5. 2001	(cin)	2189	2,—	2,—

Werte	Daten (Zeichen)	MiNr.	Preise	
0,45 €	27. 12. 2002 (cpy)	2303	2,50	2,50
0,55 €	27. 12. 2002 (cpz)	2304	1,20	1,20
1.44 €	Juni 2003 (crd)	2348	4,—	3,50
Satzpreis (10 W.)			29,—	28,—

2005/2018. Freimarken: Blumen.

cyb eca cyf eco cxu

ecp cxk dfy dvl cza

cyg cwz dkr ecf cxl

cxv dfa drt dub dwi

czr czw dyt dmc dwk

dwl czb ecg cwh dao

eei czc edy dvf dbk

czx dru dza dzg ecy

dab cwi dyu dit cwi

dwn dyv dnl

Werte	Daten (Zeichen)	MiNr.	Preise	
5 C	11. 8. 2005 (cyb)	2480	0,30	0,30
5 C	13. 4. 2017 (eca)	3296	0,30	0,30
10 C	8. 9. 2005 (cyf)	2484	0,30	0,30
10 C	8. 6. 2017 (eco)	3314	0,30	0,30
20 C	7. 7. 2005 (cxu)	2471	0,40	0,40
20 C	8. 6. 2017 (ecp)	3315	0,40	0,40
25 C	2. 6. 2005 (cxk)	2462	0,60	0,50
25 C	9. 10. 2008 (dfy)	2694	0,60	0,50
28 C	3. 7. 2014 (dvl)	3088	0,60	0,60
35 C	2. 1. 2006 (cza)	2505	0,70	0,70
40 C	8. 9. 2005 (cyg)	2485	0,80	0,80
45 C	7. 4. 2005 (cwz)	2451	0,90	0,80
45 C	6. 5. 2010 (dkr)	2794	1,—	0,90
45 C	11. 5. 2017 (ecf)	3303	0,90	0,90
50 C	2. 6. 2005 (cxl)	2463	1,—	0,90
55 C	7. 7. 2005 (cxv)	2472	1,20	1,—
55 C	12. 6. 2008 (dfa)	2669	1,10	1,—
58 C	6. 12. 2012 (drt)	2968	1,20	1,20
60 C	5. 12. 2013 (dub)	3043	1,20	1,20
62 C	4. 12. 2014 (dwi)	3114	2,—	2,—
65 C	2. 3. 2006 (czr)	2524	1,40	1,30
70 C	13. 4. 2006 (czw)	2529	1,50	1,30
70 C	3. 12. 2015 (dyt)	3189	1,40	1,40
75 C	3. 1. 2011 (dmc)	2835	1,40	1,40
80 C	4. 12. 2014 (dwk)	3115	2,—	2,—
85 C	4. 12. 2014 (dwl)	3116	2,—	2,—
90 C	2. 1. 2006 (czb)	2506	1,70	1,70
90 C	11. 5. 2017 (ecg)	3304	1,80	1,80
95 C	3. 1. 2005 (cwh)	2434	3,—	2,—
100 C	13. 7. 2006 (dao)	2547	2,—	1,80
100 C	1. 3. 2018 (eei)	3365	2,—	2,—
145 C	2. 1. 2006 (czc)	2507	2,60	2,60
145 C	2. 1. 2018 (edy)	3351	3,—	3,—
180 C	5. 6. 2014 (dvf)	3082	3,60	3,60
200 C	9. 11. 2006 (dbk)	2568	4,—	3,60
220 C	13. 4. 2006 (czx)	2530	4,50	4,20
240 C	6. 12. 2012 (dru)	2969	4,80	4,80
250 C	2. 1. 2016 (dza)	3199	5,—	5,—
260 C	11. 2. 2016 (dzg)	3207	5,20	5,20
345 C	10. 8. 2017 (ecy)	3324	7,—	7,—
390 C	4. 5. 2006 (dab)	2534	9,—	9,—
395 C	4. 12. 2014 (dwm)	3117	8,—	8,—
400 C	3. 12. 2015 (dyu)	3190	8,—	8,—
410 C	2. 1. 2010 (dit)	2768	8,—	8,—
430 C	3. 1. 2005 (cwi)	2435	11,—	11,—
440 C	4. 12. 2014 (dwn)	3118	9,—	9,—
450 C	3. 12. 2015 (dyv)	3191	9,—	9,—
500 C	7. 7. 2011 (dnl)	2877	9,—	9,—
Satzpreis (48 W.)			130,—	130,—

379 Kokardenblume

Selbstklebende Marken

Werte	Daten (Zeichen)	MiNr.	Preise	
25 C	2. 1. 2006 (cxk)	2513	0,50	0,50
25 C	9. 10. 2008 (dfy)	2699	0,60	0,50
28 C	3. 7. 2014 (dvl)	3094	0,60	0,60
35 C	2. 1. 2006 (cza)	2514	0,70	0,70
45 C	1. 3. 2011 (dkr)	2851	0,90	0,90
45 C	12. 4. 2018 (ecf)	3376	0,90	0,90
55 C	7. 7. 2005 (cxv)	2477	1,20	1,—
55 C	12. 6. 2008 (dfa)	2675	1,20	1,—
58 C	6. 12. 2012 (drt)	2971	1,20	1,20
60 C	5. 12. 2013 (dub)	3046	1,20	1,20
62 C	4. 12. 2014 (dwi)	3121	1,30	1,30
65 C	2. 1. 2009 (czr)	2715	1,20	1,20
70 C	2. 1. 2009 (czw)	2716	1,30	1,30
70 C	3. 12. 2015 (dyt)	3197	1,40	1,40
90 C	2. 1. 2006 (czb)	2515	1,70	1,70
100 C	10. 10. 2013 (dao)	3034	2,—	2,—
Satzpreis (16 W.)			15,—	15,—

2012/2015. Freimarken: Ziffernzeichnung

drs

drs

drs

Werte	Daten (Zeichen)		MiNr.	Preise	
2 C	5. 12. 2013	(drs)	3042	–,30	–,30
3 C	2. 11. 2012	(drs)	2964	–,30	–,30
8 C	3. 12. 2015	(drs)	3188	–,30	–,30

Selbstklebende Marken

Werte	Daten (Zeichen)		MiNr.	Preise	
2 C	5. 12. 2013	(drs)	3045	–,30	–,30
3 C	2. 11. 2012	(drs)	2967	–,30	–,30
8 C	3. 12. 2015	(drs)	3196	–,30	–,30

Zusammenfassung der Folienblätter (FB)

FB-MiNr.	Ausgabedatum	Ausgabeanlass	Enthält MiNr. (Anzahl)	Nominale
1	7. 8. 2008	Freimarke: Blumen – Narzisse	2515 (10)	9.00 €
2	2. 1. 2009	Freimarke: Blumen – Sonnenhut	2715 (5)	3.25 €
3	2. 1. 2009	Freimarke: Blumen – Kartäusernelke	2716 (5)	3.50 €
4	2. 7. 2009	600 Jahre Universität Leipzig	2747 (10)	5.50 €
5	2. 1. 2010	200 Jahre Museum für Naturkunde, Berlin	2780 (10)	4.50 €
6	2. 1. 2010	1100 Jahre Limburg an der Lahn	2778 (10)	14.50 €
7	1. 3. 2010	Freimarke: Blumen – Gartenrose	2675 (10)	5.50 €
8	10. 6. 2010	Freimarke: Blumen – Kartäusernelke	2716 (10)	7.00 €
9	1. 7. 2010	Udo-Lindenberg-Gemälde: Andrea Doria	2807 (10)	4.50 €
10	1. 7. 2010	Udo-Lindenberg-Gemälde: Sonderzug nach Pankow	2808 (10)	5.50 €
11	12. 8. 2010	300 Jahre Porzellanherstellung in Deutschland	2816 (20)	11.00 €
12 a/b	2. 11. 2010 / 1. 11. 2011	Grußmarken: Taube, Engel	2827 (5), 2828 (5)	5.50 €
13	3. 2. 2011	Grußmarken: Schiff, Regenbogen	2848 (5), 2849 (5)	5.50 €
14 a/b	3. 2. 2011/ Anfang 2012	UNESCO-Welterbe: Altstadt von Regensburg	2850 (10)	7.50 €
15	1. 3. 2011	Freimarke: Blumen – Maiglöckchen	2851 (10)	4.50 €
16	3. 3. 2011	Zweiburgenblick im Werratal	2856 (10)	9.00 €
17	4. 7. 2011	Nationalpark Kellerwald-Edersee	2863 (10)	14.50 €
18	2. 1. 2012	Nationalpark Jasmund	2908 (10)	5.50 €
19	9. 2. 2012	M. D. Pöppelmann	2915 (10)	14.50 €
20	9. 2. 2012	Schmalspurbahnen im Harz	2916 (10)	4.50 €
21	1. 3. 2012	Wiederbesiedelung durch heimische Wildtiere	2921 (10), 2922 (10)	11.00 €
22	1. 3. 2012	Post: Frühjahrsferien	2923 (10)	5.50 €
23	12. 4. 2012	Joseph von Fraunhofer	2929 (10)	9.00 €
24	2. 11. 2012	Freimarke: Ziffernzeichnung – 3 Cent	2967 (20)	0.60 €
25	2. 1. 2013	Burgen und Schlösser: Kaiserburg Nürnberg	2978 (10)	5.80 €
26	7. 2. 2013	Panoramen: Gendarmenmarkt	2987 (10), 2988 (10)	11.60 €
27	1. 3. 2013	Janosch: Segelboot	2995 (10)	4.50 €
28	1. 3. 2013	Janosch: Ostern	2996 (10)	5,80 €
29	4. 4. 2013	Fehmarnsundbrücke	3003 (10)	7.50 €
30	2. 5. 2013	Möhnetalsperre	3009 (10)	9.00 €
31	6. 6. 2013	Burgen und Schlösser: Schloss Glücksburg	3016 (10)	4.50 €
32	1. 7. 2013	Gerhard Richter: Seestück	3021 (10)	14.50 €
33	10. 10. 2013	Freimarke: Blumen – Tränendes Herz	3034 (10)	10.00 €
34	5. 12. 2013	Freimarke: Ziffernzeichnung – 2 Cent	3045 (20)	0.40 €
35	5. 10. 2013	Freimarke: Blumen – Kaiserkrone	3046 (10)	6.00 €
36	2. 1. 2014	Tierbabys (II)	3053 (10), 3054 (10)	12.00 €
37	1. 3. 2014	Peter-Gaymann-Zeichnungen	3066 (10)	6.00 €
38	3. 4. 2014	Panoramen: Dresden	3073 (5), 3074 (5)	4.50 €
39	8. 5. 2014	Wildes Deutschland	3080 (5), 3081 (5)	6.00 €
40	3. 11. 2014	Weihnachten	3112 (10)	9.00 €
41	3. 11. 2014	Schneemann	3113 (10)	6.00 €
42	4. 12. 2014	Freimarke: Blumen – Pfingstrose	3121 (10)	6.20 €
43	2. 1. 2015	Burgen und Schlösser: Schloss Ludwigslust	3128 (10)	8.00 €
44	2. 1. 2015	Tierbabys (IV)	3129 (10), 3130 (10)	12.40 €
45	2. 1. 2015	Wildes Deutschland: Ostsee	3131 (10)	8.50 €
46	2. 3. 2015	Felix, der Hase	3142 (10)	6.20 €
47	2. 4. 2015	Klassische deutsche Automobile (II)	3147 (5), 3148 (5)	14.50 €
48	7. 5. 2015	300 Jahre Christian-Albrechts-Universität	3155 (10)	6.20 €
49	1. 7. 2015	Panoramen: Chiemsee	3167 (5), 3168 (5)	4.50 €
50	2.11. 2015	Freude schenken	3187 (10)	6.20 €
51	3.12. 2015	Freimarken: Ziffernzeichnung – 8 Cent	3196 (20)	1.60 €
52	3.12. 2015	TU Bergakademie Freiberg	3198 (10)	7.00 €
53	11.2. 2016	Klassische deutsche Automobile (IV)	3213 (10), 3214 (10)	14.00 €
54	1.3. 2016	1250 Jahre Schwetzingen	3221 (10)	14.50 €
55	1.3. 2016	Tierbabys (VI)	3222 (5), 3223 (5)	7.00 €
56	7.4. 2016	Burgen und Schlösser: Schloss Sanssouci	3231 (10)	8.50 €
57	2.5. 2016	Panoramen: Moselschleife	3241 (5), 3242 (5)	9.00 €
58	2.5. 2016	Grußmarken: Schreibanlässe	3243 (5), 3244 (5)	7.00 €
59	2.6. 2016	Wildes Deutschland: Schrammsteine	3251 (10)	4.50 €
60	2. 11. 2016	Weihnachten: Verkündigung	3268 (10)	10.00 €
61	30. 11. 2016	Weihnachten: Christbaumkugel	3270 (10)	7.00 €
62	2. 1. 2017	Dampfschiff: „Die Weser“	3279 (10)	7.00 €
63	9. 2. 2017	Eröffnung der Elbphilharmonie	3286 (10)	14.50 €
64	1. 3. 2017	Tierbabys (VIII)	3293 (5), 3294 (5)	8.50 €
65	1. 3. 2017	Grußmarken: Ottifant	3295 (10)	7.00 €
66	13. 4. 2017	Klassische deutsche Automobile (VI)	3301 (5), 3302 (5)	9.00 €
67	11. 5. 2017	Burgen und Schlösser: Wartburg, Ludwigsburg	3311 (10), 3312 (10)	14.00 €

FB-MiNr.	Ausgabedatum	Ausgabeanlass	Enthält MiNr. (Anzahl)	Nominale
68	11. 5. 2017	Grußmarke: Schreibanlässe (IV)	3313 (10)	7.00 €
69	8. 6. 2017	Heinz Sielmann	3319 (10)	4.50 €
70	2. 11. 2017	Weihnachten: Anbetung	3345 (10)	10.00 €
71	2. 11. 2017	Weihnachten: Kapelle	3346 (10)	7.00 €
72	2. 1. 2018	Astrophysik: Gravitationswellen	3356 (10)	7.00 €
73	1. 3. 2018	Peanuts	3371 (10)	7.00 €
74	1. 3. 2018	Peanuts	3372 (10)	9.00 €
75	12. 4. 2018	Tierbabys (X)	3377 (10)	8.50 €
76	12. 4. 2018	Klassische deutsche Automobile (VIII)	3378 (5), 3379 (5)	14.50 €
77	3. 5. 2018	Burgen und Schlösser: Friedenstein, Falkenlust	3388 (10), 3389 (10)	14.00 €
78	7. 6. 2018	Dom zu Worms	3398 (10)	9.00 €

Folienblätter sind nicht gefaltete bzw. nicht zur Faltung vorgesehene Einheiten mit 5, 10, oder 20 selbstklebenden Marken, sie entsprechen den (Klein)bogen der nassklebenden Ausgaben. Die Rückseite der Trägerfolie ist bedruckt. Hierin unterscheiden sich Marken aus Folienblättern von Marken aus Folienbogen. Marken mit unbedruckter Trägerfolie sind nur einzeln erhältlich, komplette Folienbogen werden nicht verkauft. Für die Bewertung der Einzelmarken ist die Art der Trägerfolie nicht maßgeblich.

FB-Katalogisierung und Preise siehe bei den jeweiligen MiNr. Abbildungen aller FB siehe MICHEL-Handbuch Markenheftchen Alliierte Besetzung, Bund, Berlin

Automatenmarken

1981

1981, 2. Jan./1992, Dez. Freimarken: Emblem der Deutschen Bundespost. Ⓔ und RaTdr. BDB; Papier fl.; Typendruck über Farbband; □ mit je 2 Transportlöchern am Ober- und Unterrand.

a) Emblem der Deutschen Bundespost

		**	⊙	FDC*)
1	schwarz; Unterdruck mehrfarbig .... a			
	5–9995 (Pf) (in Stufen von 5 Pf) (2.1.1981, 1.7.1982 und 27.9.1982)			
	5–100 (Pf), je Wert	1,50	1,50	3,—
	Höhere Werte .... (Nominale 100 Pf = 1,—)	+1,50	+1,50	+3,—

*) Die Bewertung gilt für alle unter FDC 1 und 2 nicht erfassten Wertstufen (27.9.1982).

Weitere FDC-Bewertungen:

	FDC
FDC 1 (2. Jan. 1981) 10, 40, 50, 60, 80, 90, 100, 120, 140, 150, 180, 210, 230, 280 (Pf)	32,—
FDC 2 (1. Juli 1982) 20, 70, 110, 130, 190, 250, 300 (Pf)	36,—

Versandstellen-Sätze (VS):

MiNr.	Ersttag VS	Wertstufen	**	⊙	⊙ ET
1	02.01.1981	VS1 Satz 10/40/50/60/80/90/100/120/140/150/180/210/230/280	35,—	40,—	30,—
1	01.07.1982	VS2 Satz 20/70/110/130/190/250/300 (Ergänzungswerte)	20,—	25,—	30,—
1	01.07.1982	VS3 Satz 10/20/50/60/70/80/100/110/120/130/190/250/280/300	38,—	45,—	75,—
1	27.09.1982	VS4 Satz 5/55/65/85/135	8,50	13, —	18,—
1	01.04.1989	VS5 Satz 5/25/65/105/165	10,—	13,—	18,—
1	01.04.1989	VS6 Satz 140/170/180/210/240/320/350 (Ergänzungswerte)	20,—	28,—	28,—
1	Februar 1992	VS7 Satz 85/105/165/175/215	13,—	18,—	
1	Februar 1992	VS8 Satz 60/80/100/210/350/600	25,—	28,—	
1	01.04.1993	VS9 Satz 80/100/200/300/350/400	25,—	30,—	

Jede fünfte Marke von MiNr. 1 weist auf der Rückseite eine Zählnummer auf; Marke mit Zählnummer 50% Aufschlag.

Die von den Versandstellen ausgelieferten Marken waren ab 2. Jan. 1981 frankaturgültig; der erste Automat wurde erst am 5. Jan. 1981 beim Postamt Darmstadt 11 in Betrieb genommen.

Ab 27.9.1982 sind die Automatenmarken in 1999 Wertstufen zwischen 5 und 9995 Pf in Stufen von 5 Pf frankaturgültig. Die ersten Schalterterminals und Schalter-Wertzeichendrucker wurden ab 7.10.1982 (PA Wiesbaden 1) nach und nach bei den Postämtern in Betrieb genommen.

FALSCH 0000- und ✱✱✱✱-Drucke („Vier-Sterne-General") ohne den Aufdruck DBP stammen nicht aus Druckern der Deutschen Post.

FALSCH Viererblock aus Reklame. DD mit Stempel, Ganzfälschungen, ATM mit Aufdruck „Muster", ⊜ falscher Werteindruck auf Leerfelder.

Amtliche Verkaufszeit: 2. Januar 1981-31. März 1994, Fehlverwendungen auch noch danach.

Auflage: 320 000 000 Stück (alle Wertstufen zusammen)

Laufzeit: 2.1.1981–31.3.1994

Gültig bis 30.6.2002

1993

1993, 19. Mai/1999, 8. März. Freimarken: Schloss Sanssouci. Ⓔ und RaTdr. BDB; Papier fl.; Typen- oder Nadeldruck über Farbband; 1 = Type 1 (Typendruck), 2 = Type 2 (Nadeldruck); □ mit je 2 Transportlöchern am Ober- und Unterrand.

b) Schloss Sanssouci, Potsdam

Type 1: DBP normal (Typendruck)

Type 2.1: DBP und Wertziffern fett (Nadeldruck), enger Abstand vom linken Bildrand

Type 2.3: Posthorn (Nadeldruck)

		**	⊙	FDC[2])
2	schwarz; Unterdruck mehrfarbig .... b			
2.1	5–9995 (Pf) (in Stufen von 5 Pf), Type 1, Typendruck (19.5.1993)			
	5–110 (Pf), je Wert	1,50	1,50	3,—
	Höhere Werte .... (Nominale 100 Pf = 1,—)	+1,50	+1,50	+3—
2.2.1	10–9990 (Pf) (in Stufen von 10 Pf), Type 2.1, Nadeldruck (14.9.1993)			
	10–110 (Pf), je Wert	1,50	1,50	3,—
	Höhere Werte .... (Nominale 100 Pf = 1,—)	+1,50	+1,50	+3,—
2.2.3	5 9995 (Pf) (in Stufen von 5 Pf), Type 2.3, Nadeldruck (8.3.1999)			
	5 –110 (Pf), je Wert	2,—	2,—	5,—
	Höhere Werte .... (Nominale 100 Pf = 1,—)	+2,—	+2,—	+5,—

Jede fünfte Marke von MiNr. 2 weist auf der Rückseite eine Zählnummer auf; Marke mit Zählnummer 50% Aufschlag.

Versandstellen-Sätze (VS):

MiNr.	Ersttag VS	Wertstufen	✶✶	⊙	⊙ ET
2.1	19.05.1993	VS1 Satz 80/100/200/300/350/400	22,—	24,—	28,—
2.2.1	14.09.1993	VS1 Satz 100/200/300	10,—	12,—	12,—
2.2.1	14.09.1993	VS2 Satz 80/100/200/300/350/400	22,—	24,—	
2.2.3	08.03.1999	VS1 Satz 100/110/220/300	13,—	14,—	14,—
2.2.3	08.03.1999	VS2 Satz 100/110/220/300/400/440	25,—	26,—	22,—

Gültig bis 30.6.2002

1999

1999, 22. Okt. Freimarke: Postemblem. Ⓔ Zepp; RaTdr. BDB; Papier fl.; Nadeldruck über Farbband; 1 = Type 1 (Nagler, Nadeldr.), 2 = Type 2 (Nagler, Nadeldr.); ☐ mit je 2 Transportlöchern am Ober- und Unterrand.

c) Postembleme

		✶✶	⊙	FDC
3	5–9990 (Pf) (in Stufen von 5 Pf) schwarz; Unterdruck mehrfarbig . . . c			
3.1	Type 1, Eindruck DBP (Eindruck wie Type 2.1 bei MiNr. 2)			
	5–110 (Pf), je Wert	6,—	6,—	16,—
	Höhere Werte . . . (Nominale 100 Pf = 2,—)	+6,—	+6,—	+16,—
3.2	Type 2, Eindruck Posthorn			
	5–110 (Pf), je Wert	1,50	1,50	3,—
	Höhere Werte . . . (Nominale 100 Pf = 1,—)	+1,50	+1,50	+3,—
	ETB S/1999 (mit MiNr. 3.2)		10,—	

Jede 5. Marke von MiNr. 3 weist auf der Rückseite eine Zählnummer auf; Marke mit Zählnummer 50% Aufschlag.

Versandstellen-Sätze (VS):

MiNr.	Ersttag VS	Wertstufen	✶✶	⊙	⊙ ET
3.1	22.10.1999	VS1 Satz 100/110/220/300/400/440	140,—	140,—	150,—
3.2	22.10.1999	VS1 Satz 100/110/220/300/400/440	100,—	100,—	110,—

ETB S/1999 wurde in einer Auflage von 215 000 Stück an Dauerkunden von ETB ohne Berechnung abgegeben.

Laufzeit: 22.10.1999–31.12.2001

Gültig bis 30.6.2002

2002

2002, 1. Jan. Freimarke: Postemblem. Ⓔ Zepp; RaTdr. BDB; Papier fl.; Nadeldruck über Farbband; ☐ mit je 2 Transportlöchern am Ober- und Unterrand.

d) Wertangabe in Euro; Unterdruck: Postembleme

		✶✶	⊙	FDC
4	0.01 – 36.81 € (in bestimmten Wertstufen, bei Sielaff-Automaten ab 9.7.03 bis 36.— € in Stufen von 1 Cent) schwarz; Unterdruck mehrfarbig GA . . . d			
	0.01–0.56 €, je Wert	1,—	1,—	2,50
	Höhere Werte . . . (Nominale 1 € = 2,—)	+1,—	+1,—	+2,50

Versandstellen-Sätze (VS):

MiNr.	Ersttag VS	Wertstufen	✶✶	⊙	⊙ ET
4	01.01.2002	VS1 Satz 0.01/0.05/0.10/0.25/0.51/0.56/ 1.12/1.53/2.25/3.68	85,—	85,—	90,—
4	Januar 2002	VS2 Satz 0.51/0.56/1.12/1.53/2.25	60,—	60,—	65,—

Jede 5. Marke von MiNr. 4 weist auf der Rückseite eine Zählnummer auf; Marke mit Zählnummer 50% Aufschlag.

Verwendung über den 4.4.2002 bis 2003 bekannt

Laufzeit: 1.1.2002–4.4.2002

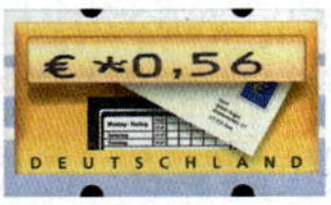

2002, 4. April. Freimarke: Briefkasten. Ⓔ Zepp; RaTdr. BDB; Papier fl.; Nadeldruck über Farbband; ☐ mit je 2 Transportlöchern am Ober- und Unterrand.

e) Unterdruck: Briefkasten

		✶✶	⊙	FDC
5	0.01 – 36.81 € (bis 8.7.03 in bestimmten Wertstufen, bei Sielaff-Automaten ab 9.7.03 bis 36.— € in Stufen von 1 Cent, bei Automaten für Postdienstleistungen ab 1.1.03 bis 36.— € in Stufen von 1 Cent) schwarz; Unterdruck mehrfarbig GA . . . . e			
	0.01—0.56 €, je Wert	1,—	1,—	5,—
	Höhere Werte . . . (Nominale 1 € = 2,—)	+1,—	+1,—	+5,—
	ETB S/2002		5,—	

Versandstellen-Sätze (VS):

MiNr.	Ersttag VS	Wertstufen	✱✱	⊙	⊙ ET
5	04.04.2002	VS1 Satz 0.01/0.05/0.10/0.25/0.51/0.56/ 1.12/1.53/2.25/3.68	30,—	35,—	40,—
5	04.04.2002	VS2 Satz 0.51/0.56/1.12/1.53/2.25	18,—	20,—	22,—

Jede 5. Marke von MiNr. 5 weist auf der Rückseite eine Zählnummer auf; Marke mit Zählnummer 50% Aufschlag.

ETB S/2002 wurde an Dauerkunden von ETB ohne Berechnung abgegeben.

Laufzeit: seit 4.4.2002

2008, 24. Okt. Freimarken: Brandenburger Tor und Post Tower. 🄴 **Graf; Odr. BDB; Papier fl.; Nadeldruck über Farbband; □ mit je 2 Transportlöchern am Ober- und Unterrand.**

f) Brandenburger Tor, Berlin

g) Post Tower, Bonn

		✱✱	⊙	FDC
6	0.01 – 36.75 € schwarz; Unterdruck mehrfarbig GA ... f			
	0.01–0.55 €, je Wert	1,—	1,—	3,—
	Höhere Werte (Nominale 1 € = 2,—)	+1,—	+1,—	+3,—
7	0.01 – 36.75 € schwarz; Unterdruck mehrfarbig GA ... g			
	0.01–0.55 €, je Wert	1,—	1,—	3,—
	Höhere Werte (Nominale 1 € = 2,—)	+1,—	+1,—	+3,—
	ETB S/2008 (mit je einer 0.55-€-Marke)		2,30	

MiNr. 6–7 befinden sich zusammen, in wechselnder Folge, auf der Rolle. Jede 5. Marke weist auf der Rückseite eine Zählnummer auf; Marke mit Zählnummer 50% Aufschlag.

Laufzeit: seit 24.10.2008

Tastensätze (TS):

MiNr.	Ersttag VS	Wertstufen	✱✱	⊙	⊙ ET
6	24.10.2008	TS1 Satz 0.45/0.55/0.90/1.45/2.20/3.90	20,—	28,—	30,—
7	24.10.2008	TS1 Satz 0.45/0.55/0.90/1.45/2.20/3.90	20,—	28,—	30,—

Die Tastensätze wurden auch von der Versandstelle geliefert.

Versandstellen-Sätze (VS):

MiNr.	Ersttag VS	Wertstufen	✱✱	⊙	⊙ ET
6	24.10.2008	VS1 Satz 0.15/0.65/0.70/1.65/1.70	14,—	18,—	20,—
7	24.10.2008	VS1 Satz 0.15/0.65/0.70/1.65/1.70	14,—	18,—	20,—

2017, 3. Jan. Freimarken: Briefe schreiben und empfangen. 🄴 **Serres; Odr. BDB; Papier fl.; Nadeldruck über Farbband; □ mit je 2 Transportlöchern am Ober- und Unterrand.**

h) Unterdruck: Schreibutensilien, Briefmarken

i) Unterdruck: Brief in Briefkasten

		✱✱	⊙	FDC
8	0.01 – 36.75 € schwarz; Unterdruck mehrfarbig GA ... h			
	0.01–0.45 €, je Wert	1,—	1,—	3,—
	Höhere Werte (Nominale 1 € = 2,—)	+1,—	+1,—	+3,—
9	0.01 – 36.75 € schwarz; Unterdruck mehrfarbig GA ... i			
	0.01–0.45 €, je Wert	1,—	1,—	3,—
	Höhere Werte (Nominale 1 € = 2,—)	+1,—	+1,—	+3,—
	ETB 5/2017 (mit je einer 0.70-€-Marke)		2,80	

MiNr. 8–9 befinden sich zusammen, in wechselnder Folge, auf der Rolle. Jede 5. Marke weist auf der Rückseite eine Zählnummer auf; Marke mit Zählnummer 50% Aufschlag.

Laufzeit: seit 3.1.2017

Tastensätze (TS):

MiNr.	Ersttag VS	Wertstufen	✱✱	⨀	⨀ ET
8	03.01.2017	TS1 Satz 0.45/0.70/0.85/1.45/2.60/4.50	22,—	22,—	30,—
9	03.01.2017	TS1 Satz 0.45/0.70/0.85/1.45/2.60/4.50	22,—	22,—	30,—

Die Tastensätze wurden auch von der Versandstelle geliefert.

Versandstellen-Sätze (VS):

MiNr.	Ersttag VS	Wertstufen	✱✱	⨀	⨀ ET
8	03.01.2017	VS1 Satz 0.05/0.08/0.10/0.20/0.30/0.90/1.50	10,—	10,—	35,—
9	03.01.2017	VS1 Satz 0.05/0.08/0.10/0.20/0.30/0.90/1.50	10,—	10,—	35,—

Bewertung von einzelnen Automatenmarken mit höheren Nennwerten

Die Preise gelten für Automatenmarken in den bei jeder Marke angegebenen Wertstufen. Bei Marken in höheren Wertstufen kommt zu diesem Grundpreis ein vom Nennwert abhängiger Zuschlag hinzu. Dieser Zuschlag ergibt sich, indem man den Nennwert der Marke mit dem bei jeder Ausgabe angegebenen Bewertungsfaktor multipliziert. Dabei ist gegebenenfalls darauf zu achten, dass Nennwert und Bewertungsfaktor dieselbe Währungseinheit haben.

Beispiel: Bundesrepublik Deutschland, MiNr. 3.2, Nennwert 4,85 (DM), Bewertungsfaktor 1 = 4,85 DM × 1 = 4,85 € (= Zuschlag für höheren Nennwert).
1,50 € (Grundpreis aus Katalogisierung) + 4,85 € (Zuschlag) = 6,35 € Gesamtpreis.
Der Gesamtpreis wird gegebenenfalls auf den nächsten auf volle 10 Cent endenden Betrag aufgerundet, in diesem Fall also 6,40 €.

Einschreibemarken

2007, April/2008, 1. Nov. Einschreibemarke. Digitaldruck, einzeln auf Papier- bzw. Kartonstreifen mit aufgeklebter Trägerfolie; selbstklebend; □.

Ea) Strichcode, Postemblem

				★★	✉
1	—	schwarz	Ea		
I		Format 75 × 40 mm (April 2007)		5,—	5,—
II		Format 75 × 36 mm (1.11.2008)		5,—	5,—

MiNr. 1 deckt das Entgelt für Einschreiben und wird zusätzlich zum Briefporto aufgeklebt. Nominale zur Zeit der Ausgabe: 2.05 €.

Jede Marke trägt eine individuelle Referenznummer. Die Nummer wird auf den beim Absender verbleibenden Unterlagen wiederholt. Mit ihrer Hilfe kann die Beförderung der Sendung im Internet verfolgt werden.

MiNr. 1 I wurde auf weißen Papierstreifen ausgegeben. Die wiederholte Nummer und ein Quittungsfeld befinden sich auf der Rückseite. Der Papierstreifen wurde zusammen mit Infomaterial in einer Verkaufspackung abgegeben.
MiNr. 1 II wurde auf gelben Kartonstreifen ausgegeben. Unterhalb der Marke befindet sich ein selbstklebendes Feld im Format 65 × 11 mm mit der wiederholten Nummer. Das Quittungsfeld befindet sich auf der Vorderseite des Streifens.

Der Postkunde kann die Sendung in einen Briefkasten werfen oder sie am Postschalter aufgeben und sich dann die Absendung auf dem Papier- bzw. Kartonstreifen bestätigen lassen.

Rollenservicemarken

MiNr. 1–5 decken den Zusatzporto für den Rollenversand ab und werden zusätzlich zum Paket- oder Päckchenporto aufgeklebt. Nominale zur Zeit der Ausgabe: 1.50 €.

Das Zusatzporto entfällt, wenn die Rolle durch Verwendung einer Beförderungshilfe (quaderförmiger Karton mit runden Öffnungen zum Einstecken der Rolle) stapelbar wird.

2003, 1. Jan. Rollenservicemarke. Bdr. mit Hologrammfolie; selbstklebend; □.

Ra) Versandrolle, Strichcode, Postemblem; Inschrift „EURO EXPRESS“; Posthornhologramm

				★★	(★)
1	—	mehrfarbig	Ra	4,50	4,50

2004. Rollenservicemarke. Bdr. mit Hologrammfolie; selbstklebend; □.

Rb) Versandrolle, Strichcode; Inschrift „DHL EXPRESS“; Posthornhologramm

				★★	(★)
2	—	mehrfarbig	Rb	*13,—*	*13,—*

2007. Rollenservicemarke. Bdr. mit Hologrammfolie; selbstklebend; □.

Rc) Versandrolle, Strichcode; Inschrift „DHL EXPRESS“; Globushologramm

				★★	(★)
3	—	mehrfarbig	Rc	*10,—*	*10,—*

2008. Rollenservicemarke. Wie MiNr. 3, jedoch ohne Inschrift „EXPRESS“. Bdr. mit Hologrammfolie; selbstklebend; □.

Rd) Versandrolle, Strichcode; Inschrift „DHL“; Globushologramm

				★★	(★)
4	—	mehrfarbig	Rd	*13,—*	*13,—*

2009. Rollenservicemarke. Bdr. mit Hologrammfolie; selbstklebend; gestanzt 9¼.

Re) Versandrolle, Strichcode; Inschrift „DHL“; DHL-Hologramm

				★★	(★)
5	—	mehrfarbig	Re	4,—	4,—

Markenheftchen, Markenheftchenblätter, Zusammendrucke

Katalogisierungsgrundlagen für Zusammendrucke:
Zusammendrucke sind Verbindungen einer Marke mit einer gleichen oder einer oder zwei anderen oder einem oder zwei Anhängseln in Markengröße, wobei gleiche Marken zueinander im Kehrdruck stehen oder durch eine andere Marke oder Anhängsel getrennt sind. Es werden maximal 3er-Zusammendrucke katalogisiert. Die Katalogisierung größerer Einheiten früherer Ausgaben ist historisch bedingt und bleibt bestehen.

Wichtige Bewertungshinweise:

Preise bei Markenheftchen:
Durch den Heftchenbeschnitt ist die H-Blatt-Zähnung vor allem bis MH 19 herstellungsbedingt fast immer an einer oder zwei Seiten leicht angeschnitten. MH mit allseitig vollständiger Zähnung rechtfertigen einen Aufschlag von etwa 20%.
Bei MH mit seitlicher Heftklammer gelten die Preise für solche ohne Knick im Deckelkarton.

✶-Preise bei H-Blättern und Zusammendrucken:
Da es für die Bewertung von Bedeutung ist, ob eine oder mehrere Marken bzw. ob eventuell nur Zwischenstegpaare befalzt sind, sind die bis 1960 angegebenen ✶-Preise als Durchschnittspreise anzusehen. Befindet sich bei Zusammendrucken mit Zwischensteg der Falz nur auf dem Zwischensteg, ist der Zusammendruck mit 25% Abschlag vom ✶✶-Preis zu bewerten.

✶✶- und ⊙-Preise bei H-Blättern:
Bis einschließlich MH 19 verstehen sich die Preise für Stücke mit H-Blatt-Rand, ohne Rand 30% Abschlag, ab MH 20 für Stücke ohne Rand.

Die ⊙-Preise gelten für zeitnah zum Verkaufszeitraum entwertete Stücke. Alle wesentlich später innerhalb des Gültigkeitszeitraumes datierten Stempelabschläge (ab ca. 10 Jahre nach Ausgabe) sind meist wesentlich billiger.

Abbildungen der H-Blätter in ⅓- bzw. (große) in ca. ¼- oder ⅕-Größe.

Die Preise von Einheiten (MH, H-Bl., Zd) können (deutlich) unter der Summe der Einzelpreise liegen!

1951. Posthorn

MH-MiNr.	Ausgabe-Datum	Nominale	Auflage	MH-Preis ✶✶
1	30.10.1951	2,50 DM	750 000	900,—

H-Bl. MiNr.	mit MiNr.	H-Bl.-Preise ✶	✶✶	⊙	FDC
1 (1)	4×128+5×130	150,–	370,–	1200,–	2500,–
2 (1)	3×124+3×126+4×130	150,–	370,–	1200,–	2500,–

H-Blatt 1

H-Blatt 2

Zusammendrucke aus H-Blättern und Markenheftchenbogen:

Zd-MiNr.	MiNr.	Werte	Preise ✶	✶✶	⊙
W 1	x+128	x+10	30,—	100,—	40,—
W 2	130+124	20+4	7,50	15,—	22,—
W 3	130+126	20+6	20,—	50,—	22,—
WZ 1	128+Z+130	10+Z+20	30,—	60,—	110,—
WZ 2	130+Z+130	20+Z+20	30,—	60,—	110,—
WZ 3	124+Z+130	4+Z+20	130,—	260,—	300,—
WZ 4	126+Z+x+128	6+Z+x+10	350,—	550,—	650,—
S 1	124+126	4+6	20,—	45,—	10,—
S 2	124+126+124	4+6+4	40,—	70,—	80,—
S 3	126+124	6+4	30,—	60,—	60,—
S 4	126+124+126	6+4+6	50,—	90,—	80,—
S 5	130+x	20+x	30,—	70,—	35,—
S 6	130+x+130	20+x+20	450,—	800,—	1100,—
S 7	x+130	x+20	350,—	550,—	700,—
S 8	x+130+x	x+20+x	550,—	950,—	1000,—
S 9	130+128	20+10	9,—	22,—	5,—
S 10	130+128+130	20+10+20	14,—	30,—	50,—
S 11	128+130	10+20	10,—	26,—	40,—
S 12	128+130+128	10+20+10	14,—	30,—	55,—

1955/1960. Heuss I

x = Papier ohne Fluoreszenz (MH 2 und 3), y = fluoreszierendes Papier (MH 6)

MH-MiNr.	Ausgabe-Datum	Nominale	Auflage	MH-Preise ✶✶
2	15.1.1955	2,50 DM	500 000	260,—
3	März 1956	1,— DM	500 000	55,—
6	1.9.1960	1,— DM	250 000	15,—

H-Bl. MiNr.	mit MiNr.	H-Bl.-Preise ✶	✶✶	⊙
3 (1)	R 1+4×183 xW+5×185 xW	30,—	60,—	170,—
4 (1)	R 2+2×179 xW+7×183 xW	30,—	60,—	170,—
5 (1)	R 3+5×177 xW+4×179 xW	30,—	60,—	170,—
6 (1)	R 4+3×177 xW+6×179 xW	5,—	15,—	80,—
7 (1)	R 5+3×177 xW+182 xW +5×183 xW	10,—	22,—	100,—
10 (1)	10×183 y	5,—	11,—	420,—

H-Blatt 10 wurde aus Schalterbogen gefertigt, dementsprechend weisen die H-Blattränder die Bogenerscheinungen der Schalterbogen auf (siehe MICHEL-Deutschland-Spezial).

Die angegebenen Preise bei H-Blatt 10 gelten nur für Stücke, deren Herkunft aus MH durch Prüfung nachgewiesen ist!

Die Preise von Einheiten (MH, H-Bl., Zd) können (deutlich) unter der Summe der Einzelpreise liegen!

H-Blatt 3

H-Blatt 4

H-Blatt 5

H-Blatt 6

H-Blatt 7

H-Blatt 8

H-Blatt 10

R 1

R 2

R 3

R 4

R 5

Zusammendrucke aus H-Blättern und Markenheftchenbogen:

Zd-MiNr.	MiNr.	Werte	Preise *	**	⊙
15.1.1955 (H-Bl. 3–5, Markenheftchenbogen zu MH 2)					
W 4	R 1+183 xW	R 1+10	7,–	14,–	15,–
W 5	R 2+183 xW	R 2+10	7,–	14,–	15,–
W 6	R 3+179 xW	R 3+5	7,–	14,–	15,–
W 7	183 xW+179 xW	10+5	5,–	10,–	5,50
WZ 5	179 xW+Z+Z+R 3+179 xW	5+Z+Z+R 3+5	25,–	50,–	65,–
WZ 6	183 xW+Z+Z+177 xW	10+Z+Z+2	20,–	40,–	55,–
WZ 7	183 xW+Z+R 2+183 xW	10+Z+R 2+10	25,–	40,–	55,–
WZ 8	185 xW+Z+183 xW	20+Z+10	20,–	40,–	55,–
S 13	177 xW+R 3	2+R 3	7,–	14,–	10,–
S 14	177 xW+R 3+177 xW	2+R 3+2	70,–	120,–	200,–
S 15	R 3+177 xW	R 3+2	60,–	100,–	130,–
S 16	R 3+177 xW+R 3	R 3+2+R 3	70,–	120,–	200,–
S 17	177 xW+179 xW	2+5	0,30	0,80	1,60
S 18	177 xW+179 xW+177 xW	2+5+2	0,40	1,–	2,50
S 19	179 xW+177 xW	5+2	0,30	0,80	1,–
S 20	179 xW+177 xW+179 xW	5+2+5	0,40	1,–	2,50
S 21	183 xW+R 2	10+R 2	7,–	18,–	9,–
S 22	183 xW+R 2+183 xW	10+R 2+10	70,–	120,–	200,–
S 23	R 2+183 xW	R 2+10	60,–	100,–	130,–
S 24	R 2+183 xW+R 2	R 2+10+R 2	70,–	120,–	200,–
S 25	183 xW+179 xW	10+5	3,–	6,50	5,50
S 26	183 xW+179 xW+183 xW	10+5+10	6,–	10,–	22,–
S 27	179 xW+183 xW	5+10	5,–	9,–	15,–
S 28	179 xW+183 xW+179 xW	5+10+5	6,–	10,–	22,–
S 29	185 xW+R 1	20+R 1	7,50	14,–	8,–
S 30	185 xW+R 1+185 xW	20+R 1+20	70,–	120,–	200,–
S 31	R 1+185 xW	R 1+20	60,–	100,–	150,–
S 32	R 1+185 xW+R 1	R 1+20+R 1	80,–	150,–	220,–
S 33	185 xW+183 xW	20+10	0,50	1,50	1,–
S 34	185 xW+183 xW+185 xW	20+10+20	1,50	2,80	5,–
S 35	183 xW+185 xW	10+20	1,20	2,–	3,50
S 36	183 xW+185 xW+183 xW	10+20+10	1,50	2,80	5,–
RL 1	RL/185 xW	RL +20	70,–	170,–	270,–
RL 2	RL/R 1/183 xW	RL + R 1 +10	70,–	170,–	270,–
März 1956 (H-Bl. 6 und 7, Markenheftchenbogen zu MH 3)					
W 8	R 4+179 xW	R 4+5	2,20	4,50	5,–
W 9	R 5+177 xW	R 5+2	3,50	7,50	6,50
W 10	R 5+177 xW+183 xW	R 5+2+10	4,–	8,50	7,–
W 11	179 xW+177 xW	5+2	0,40	1,–	1,–
W 12	177 xW+183 xW	2+10	0,30	0,60	0,80
W 13	177 xW+183 xW+182 xW	2+10+8	6,50	13,–	13,–
W 14	182 xW+183 xW	8+10	5,50	11,–	12,–
W 15	183 xW+182 xW	10+8	5,50	11,–	12,–
W 16	183 xW+182 xW+183 xW	10+8+10	6,50	13,–	13,–
WZ 9	179 xW+Z+R 4+179 xW	5+Z+R 4+5	12,–	25,–	55,–
WZ 10	177 xW+Z+177 xW	2+Z+2	10,–	20,–	26,–
WZ 11	177 xW+Z+179 xW	2+Z+5	10,–	20,–	22,–
WZ 12	179 xW+Z+R 5+177 xW	5+Z+R 5+2	12,–	25,–	55,–
WZ 13	183 xW+Z+R 5+177 xW	10+Z+R 5+2	12,–	25,–	55,–
WZ 14	183 xW+Z+177 xW	10+Z+2	10,–	20,–	26,–
S 37	R 5+177 xW	R 5+2	3,20	6,50	5,50
S 38	R 5+177 xW+R 5	R 5+2+R 5	17,–	35,–	70,–
S 39	177 xW+R 5	2+R 5	12,–	25,–	55,–
S 40	177 xW+R 5+177 xW	2+R 5+2	20,–	40,–	80,–
S 41	R 4+179 xW	R 4+5	2,–	3,80	3,80
S 42	R 4+179 xW+R 4	R 4+5+R 4	12,–	22,–	65,–
S 43	179 xW+R 4	5+R 4	7,50	15,–	50,–
S 44	179 xW+R 4+179 xW	5+R 4+5	12,–	25,–	65,–
S 45	183 xW+182 xW	10+8	6,–	12,–	12,–
S 46	183 xW+182 xW+183 xW	10+8+10	14,–	28,–	65,–
S 47	182 xW+183 xW	8+10	9,–	17,–	50,–
S 48	182 xW+183 xW+182 xW	8+10+8	17,–	32,–	65,–

1958/1960. Heuss I und Ziffer

MH-MiNr.	Ausgabe-Datum	Nominale	Auflage	MH-Preis **	H-Bl. MiNr.	mit MiNr.	H-Bl.-Preise *	**	⊙
4		1,– DM			**8** (1)				
X	26.3.1958		585 000	30,–	**X**	2×285 X+2×179 xW+ 182 xW+2×183 xW+3×185 xW	15,–	30,–	70,–
Y	Febr. 1960		220 000	90,–	**Y**	2×285 Y+2×179 xY+ 182 xY+2×183 xY+3×185 xY	45,–	85,–	200,–

Zusammendrucke aus H-Blättern und Markenheftchenbogen:

Zd-MiNr.	MiNr.	Werte	Preise *	**	⊙
26.3.1958 (Markenheftchenbogen zu MH X)					
W 17 X	285 X+179 xW	1+5	6,50	13,–	25,–
W 18 X	285 X+179 xW+183 xW	1+5+10	7,–	14,–	26,–
W 19 X	179 xW+183 xW	5+10	0,30	0,70	1,–
W 20 X	179 xW+183 xW+185 xW	5+10+20	0,40	0,90	1,30
W 21 X	183 xW+185 xW	10+20	0,30	0,70	1,–
W 22 X	183 xW+185 xW+182 xW	10+20+8	1,30	2,80	5,–
W 23 X	185 xW+182 xW	20+8	1,–	2,80	3,50
WZ 15 aI X[1])	182 xW+Z aI+285 X	8+Z+1	9,–	17,–	26,–
WZ 15 b X[2])	182 xW+Z b+285 X	8+Z+1	10,–	18,–	28,–
WZ 16 aI X[1])	185 xW+Z aI+285 X	20+Z+1	9,–	17,–	26,–
WZ 16 b X[2])	185 xW+Z b+285 X	20+Z+1	10,–	18,–	28,–
S 49 X	182 xW+185 xW	8+20	1,30	2,80	3,50
S 50 X	182 xW+185 xW+182 xW	8+20+8	3,20	6,50	11,–
S 51 X	185 xW+182 xW	20+8	2,20	5,–	7,50
S 52 X	185 xW+182 xW+185 xW	20+8+20	3,20	6,50	11,–

[1]) Zwischensteg a I: je eine senkrechte Strichelleiste in Blaugrau und Rosalila
[2]) Zwischensteg b: ohne Strichelleisten

Zd-MiNr.	MiNr.	Werte	Preise *	**	⊙
Febr. 1960 (Markenheftchenbogen zu MH Y)					
W 17 Y	285 Y+179 xY	1+5	6,50	13,–	25,–
W 18 Y	285 Y+179 xY+183 xY	1+5+10	7,–	14,–	30,–
W 19 Y	179 xY+183 xY	5+10	0,90	2,–	4,–
W 20 Y	179 xY+183 xY+185 xY	5+10+20	1,20	2,50	6,–
W 21 Y	183 xY+185 xY	10+20	0,90	2,–	4,–
W 22 Y	183 xY+185 xY+182 xY	10+20+8	35,–	70,–	180,–
W 23 Y	185 xY+182 xY	20+8	32,–	65,–	170,–
WZ 15 aII Y[1])	182 xY+Z aII+285 Y	8+Z+1	60,–	120,–	600,–
WZ 15 aIII Y[2])	182 xY+Z aIII+285 Y	8+Z+1	120,–	230,–	700,–
WZ 15 aIV Y[3])	182 xY+Z aIV+285 Y	8+Z+1	45,–	90,–	200,–
WZ 15 b Y[4])	182 xY+Z b+285 Y	8+Z+1	45,–	90,–	200,–
WZ 16 aII Y[1])	185 xY+Z aII+285 Y	20+Z+1	10,–	32,–	200,–
WZ 16 aIII Y[2])	185 xY+Z aIII+285 Y	20+Z+1	100,–	230,–	700,–
WZ 16 aIV Y[3])	185 xY+Z aIV+285 Y	20+Z+1	8,50	17,–	28,–
WZ 16 b Y[4])	185 xY+Z b+285 Y	20+Z+1	7,50	15,–	40,–
S 49 Y	182 xY+185 xY	8+20	30,–	65,–	180,–
S 50 Y	182 xY+185 xY+182 xY	8+20+8	70,–	140,–	350,–
S 51 Y	185 xY+182 xY	20+8	35,–	70,–	180,–
S 52 Y	185 xY+182 xY+185 xY	20+8+20	40,–	80,–	190,–

[1]) Zwischensteg aII: je eine senkrechte Strichelleiste im Blinddruck und in Dunkelblaugrau
[2]) Zwischensteg aIII: eine zur Hälfte rosalila ausgefüllte senkrechte Blinddruckstrichelleiste und eine Strichelleiste in Dunkelblaugrau
[3]) Zwischensteg aIV: eine schmale senkrechte Strichelleiste in Rosalila und eine normal breite in Dunkelblaugrau
[4]) Zwischensteg b: ohne Strichelleisten

1960. Heuss III (Versuchsheftchen)

Im Zuge der Rationalisierung wurde die Heftchenherstellung vereinfacht und der Heftchenverkauf aus Automaten vorbereitet. Die Langformat-Automatenheftchen haben Heftchendeckel aus einem Stück: rechts sind sie beim farblosen Durchstich geknickt, links sind die beiden offenen Deckelblätter mit dem H-Blatt dünn zusammengeleimt.
Der Verkauf des Versuchsheftchens erfolgte nur über den Schalter und aus einem Automaten im Gelände des Posttechnischen Zentralamtes in Darmstadt. Der Verkauf endete am 31.8.1960. Die meisten Heftchen wurden unerkannt verbraucht.

Der Deckelkarton ist weich, dünn und glatt, Text nur auf der 1. Deckelseite, die übrigen Deckelseiten sind unbedruckt. Links geöffnete Heftchen sind als vollwertig anzusehen.

FALSCH Verfälschungen des MH 5 mit Deckeln von MH 6 (d–g), bzw. echte Deckel mit nachträglich eingelegten 10er-Blocks aus Schalterbogen bekannt. Prüfung erforderlich!

MH-MiNr.	Ausgabe-Datum	Nominale	Auflage	MH-Preis **	H-Bl. MiNr.	mit MiNr.	H-Bl.-Preise **	⊙	FDC
5	19.1.1960	1,– DM	2000	5500,—	**9** (1)	10×303	Bewertung nicht möglich		

H-Blatt 9 wurde aus Schalterbogen gefertigt. Daher ist eine Bewertung des einzelnen H-Blattes nicht möglich. Bei einem Fünftel der Gesamtauflage befinden sich auf dem H-Blatt-Rand schwarze fünfstellige Bogenlaufnummern.

H-Blatt 9

1961/1963. Bedeutende Deutsche

MH-MiNr.	Ausgabe-Datum	Nominale	Auflage	MH-Preis **	H-Bl. MiNr.	mit MiNr.	H-Bl.-Preise **	⊙	FDC
7	Okt. 1961	1,– DM	4 000 000	35,–	**11** (1)	10×350 y	5,–	100,–	
8	23.7.1963	2,– DM	1 070 000	40,–	**12 a** (1)	10×347 ya	4,–	100,–	–,–
					13 (1)	10×351 y	6,–	100,–	–,–
9	23.7.1963	2,– DM	800 000	35,–	**14** (1)	10×352 y	6,–	100,–	–,–

H-Blatt 11

H-Blatt 12 a

H-Blatt 13

H-Blatt 14

Zusammendrucke aus Markenheftchenbogen:

Zd-MiNr.	MiNr.	Werte	Preise **	⊙	FDC
Okt. 1961 (Markenheftchenbogen zu MH 7)					
K 1	350 y+350 y	10+10	0,80	2,–	
KZ 1	350 y+Z+350 y	10+Z+10	3,–	11,–	
23.7.1963 (Markenheftchenbogen zu MH 8)					
K 2 a	347 y a+347 y a	5+5	0,80	1,20	40,–
K 3	351 y+351 y	15+15	1,20	2,80	50,–
KZ 2	351 y+Z+347 y a	15+Z+5	1,–	2,20	75,–
23.7.1963 (Markenheftchenbogen zu MH 9)					
K 4	352 y+352 y	20+20	0,80	2,50	75,–
KZ 3	352 y+Z+352 y	20+Z+20	1,20	4,–	100,–

FDC = Ersttagsbrief (First Day Cover)

1965. Bedeutende Deutsche und Deutsche Bauwerke aus zwölf Jahrhunderten I

MH-MiNr.	Ausgabe-Datum	Nominale	Auflage	MH-Preis **
10	6.7.1965	2,– DM	1 000 000	25,–

H-Bl. MiNr.	mit MiNr.	H-Bl.-Preise **	⊙	FDC
12 b (1)	10×347 y b	4,–	80,–	–,–
15 (1)	10×455 b	6,–	80,–	–,–

H-Blatt 12 b

H-Blatt 15

Zusammendrucke aus Markenheftchenbogen:

Zd-MiNr.	MiNr.	Werte	Preise **	⊙	FDC
K 2 b	347 y b+347 y b	5+5	0,60	1,20	
K 5	455 b+455 b	15+15	1,50	3,–	

1966. Deutsche Bauwerke aus zwölf Jahrhunderten I

MH-MiNr.	Ausgabe-Datum	Nominale	Auflage	MH-Preis **
11	Febr. 1966	2,– DM	500 000	20,–

H-Bl. MiNr.	mit MiNr.	H-Bl.-Preise **	⊙
16 (1)	10×456	5,–	50,–

H-Blatt 16

Zusammendrucke aus Markenheftchenbogen:

Zd-MiNr.	MiNr.	Werte	Preise **	⊙
K 6	456+456	20+20	1,50	2,–
KZ 4	456+Z+456	20+Z+20	2,–	3,–

1967/1968. Brandenburger Tor

MH-MiNr.	Ausgabe-Datum	Nominale	Auflage	MH-Preis **
12	Jan. 1967	2,– DM	5 000 000	9,–
13	8.3.1968	1,– DM	5 500 000	6,–
14	8.3.1968	1,– DM	5 500 000	6,50

H-Bl. MiNr.	mit MiNr.	H-Bl.-Preise **	⊙	FDC
17 (1)	4×506+2×507+4×508	6,–	20,–	
18 (1)	2×506+4×507	3,50	10,–	–,–
19 (1)	2×507+2×508	2,50	8,–	10,–

H-Blatt 17

H-Blatt 18

H-Blatt 19

Zusammendrucke aus H-Blättern und Markenheftchenbogen:

Zd-MiNr.	MiNr.	Werte	Preise ★★	⊙	FDC
Jan. 1967 (H-Bl. 17, Markenheftchenbogen zu MH 12)					
W 24	507+506	20+10	1,20	1,20	5,—
W 25	508+507	30+20	1,40	1,40	6,—
W 26	508+507+506	30+20+10	1,80	1,80	8,—
K 7	506+506	10+10	1,—	1,—	5,—
KZ 5	508+Z+508	30+Z+30	1,60	2,60	10,—

Zd-MiNr.	MiNr.	Werte	Preise ★★	⊙	FDC
8.3.1968 (H-Bl. 18, Markenheftchenbogen zu MH 13)					
W 27	506+507	10+20	1,—	1,—	5,—
K 8	507+507	20+20	1,20	1,30	7,50
KZ 6	506+Z+506	10+Z+10	1,20	1,30	5,–
8.3.1968 (H-Bl. 19, Markenheftchenbogen zu MH 14)					
W 28	507+508	20+30	1,20	1,30	7,50
K 9	508+508	30+30	1,30	1,80	10,—
KZ 7	507+Z+507	20+Z+20	1,20	1,60	7,50
WK 1	507+508+508	20+30+30	3,—	30,—	60,—

1971/1974. Unfallverhütung

MH-MiNr.	Ausgabe-Datum	Nominale	Auflage	MH-Preise ★★
15	Nov. 1971	1,– DM	2 066 000	12,–
16	März 1972	1,– DM	20 973 000	4,50
18	Nov. 1972	2,– DM	8 472 000	13,–
19	Aug. 1973	2,– DM	3 145 000	16,–
20	25.8.1974	2,– DM	40 235 000	18,–

H-Bl. MiNr.	mit MiNr.	H-Bl.-Preise ★★	⊙
20 (1)	4×697 A	5,–	5,–
21 (1)	4×695 A+2×698 A	4,–	4,–
23 (1)	2×695 A+2×696 A+2×698 A+2×699 A	9,–	15,–
24 (1)	2×694 A+2×697 A+2×698 A+2×699 A	7,–	15,–
25 (1)	695 C/D+696 C/D+698 C/D+699 C/D	18,–	22,–

H-Blatt 20

H-Blatt 21

H-Blatt 23

H-Blatt 24

H-Blatt 25

Ab H-Bl. 25 gelten die Preise für Heftchenblätter ohne Rand!

Zusammendrucke aus H-Blättern und Markenheftchenbogen:

Zd-MiNr.	MiNr.	Werte	Preise ★★	⊙
Nov. 1971 (Markenheftchenbogen zu MH 15)				
K 10	697 A+697 A	25+25	3,–	4,–
KZ 8	697 A+Z+697 A	25+Z+25	3,–	4,–
März 1972 (H-Bl. 21, Markenheftchenbogen zu MH 16)				
W 29	695 A+698 A	10+30	1,20	0,80
K 11	698 A+698 A	30+30	6,–	6,–
KZ 9 a	695 A+Z+695 A	10+Z+10	2,–	2,–
WK 2	695 A+698 A+698 A	10+30+30	8,–	20,–
Nov. 1972 (H-Bl. 23, Markenheftchenbogen zu MH 18)				
W 38	695 A+696 A	10+20	1,30	1,10
W 39	695 A+696 A+698 A	10+20+30	2,–	2,–
W 40	696 A+698 A	20+30	1,30	1,10
W 41	696 A+698 A+699 A	20+30+40	2,–	2,20
W 42	698 A+699 A	30+40	1,40	1,30
K 12	699 A+699 A	40+40	1,60	1,70
KZ 9 b	695 A+Z+695 A	10+Z+10	11,–	12,–
WK 3	698 A+699 A+699 A	30+40+40	13,–	25,–

KZ 9 a = Zwischensteg (Z): Strichelleiste siena
KZ 9 b = Zwischensteg (Z): Strichelleiste siena/lebh'purpurviolett

Zd-MiNr.	MiNr.	Werte	Preise ★★	⊙
Aug. 1973 (H-Bl. 24, Markenheftchenbogen zu MH 19)				
W 43	694 A+697 A	5+25	1,40	1,40
W 44	694 A+697 A+698 A	5+25+30	2,–	2,20
W 45	697 A+698 A	25+30	1,50	1,60
W 46	697 A+698 A+699 A	25+30+40	2,40	2,60
KZ 10	694 A+Z+694 A	5+Z+5	11,–	11,–
1974 (H-Bl. 25)				
W 47	699 C+695 C	40+10	4,–	4,50
W 48	699 D+695 D	40+10	4,–	4,50
W 49	699 C+695 C+698 C	40+10+30	6,50	7,–
W 50	699 D+695 D+698 D	40+10+30	6,50	7,–
W 51	695 C+698 C	10+30	4,50	5,–
W 52	695 D+698 D	10+30	4,50	5,–
W 53	695 C+698 C+696 C	10+30+20	7,–	8,–
W 54	695 D+698 D+696 D	10+30+20	7,–	8,–
W 55	698 C+696 C	30+20	5,–	5,50
W 56	698 D+696 D	30+20	5,–	5,50

Senkrechte Paare aus H-Blatt 25:

	★★	⊙
695 C/D	4,–	4,–
696 C/D	5,–	5,–
698 C/D	5,–	5,–
699 C/D	4,–	4,–

1972. Olympische Sommerspiele

MH-MiNr.	Ausgabe-Datum	Nominale	Auflage	MH-Preis ★★	H-Bl. MiNr.	mit MiNr.	H-Bl.-Preise ★★	⊙	FDC
17	18.8.1972	2,– DM	1919000	11,–	**22** (1)	1×734+1×735+1×736+1×737	10,–	10,–	50,–

H-Blatt 22

Zusammendrucke aus H-Bl. 22 und Markenheftchenbogen:

Zd-MiNr.	MiNr.	Werte	Preise ★★	⊙	FDC
W 30	734+735	25+30	2,50	2,50	18,–
W 31	734+735+734	25+30+25	15,–	15,–	60,–
W 32	735+734	30+25	10,–	10,–	40,–
W 33	735+734+735	30+25+30	15,–	15,–	60,–
W 34	736+737	40+70	3,50	3,50	18,–
W 35	736+737+736	40+70+40	15,–	15,–	60,–
W 36	737+736	70+40	10,–	10,–	40,–
W 37	737+736+737	70+40+70	15,–	15,–	60,–
S 53	734+736	25+40	5,–	5,–	30,–
S 54	735+737	30+70	5,–	5,–	30,–
SZ 1 a*)	736+Z+734	40+Z+25	10,–	10,–	70,–
SZ 1 b*)	736+Z+734	40+Z+25	10,–	10,–	70,–
SZ 2 a*)	737+Z+735	70+Z+30	10,–	10,–	70,–
SZ 2 b*)	737+Z+735	70+Z+30	10,–	10,–	70,–

*) SZ 1 a, 2 a Zwischensteg in Markengröße, SZ 1 b, 2 b Zwischensteg in halber Markengröße

1977/1982. Burgen und Schlösser

MH-MiNr.	Ausgabe-Datum	Nominale	Auflage	MH-Preise ★★	H-Bl. MiNr.	mit MiNr.	H-Bl.-Preise ★★	⊙
21	Juni 1977	2,– DM	55000000	6,–	**26** (1)	2×913 C I/D I+1×914 C I/D I+1×916 C I/D I	5,50	9,—
22 I	April 1980	2,– DM	39500000	4,–	**27 I** (1)	2×913 C I/D I+1×914 C I/D I+1×1038 C I/D I	4,—	5,—
22 II	1990	2,– DM	1000000	7,–	**27 II** (1)	2×913 C II/D II+1×914 C II/D II+1×1038 C II/D II	6,—	12,—
23	Okt. 1980	3,– DM	9000000	13,–	**28** (1)	1×913 C I/D I+1×914 C I/D I+ 1×1038 C I/D I+1×1028 C I/D I	12,50	18,—
24	Juni 1982	3,– DM	40500000	8,–	**29** (1)	2×913 C I/D I+1×1038 C I/D I+1×1140 C I/D I	8,—	8,50

MH 22 I = Buchdruck, Schnittmarkierung auf H-Blatt-Rand schwarzviolett;
MH 22 II = Lettersetdruck, Schnittmarkierung gelblichgrün

H-Blatt 26

H-Blatt 27

H-Blatt 28

H-Blatt 29

Zusammendrucke aus H-Blättern:

Zd-MiNr.	MiNr.	Werte	Preise ★★	⊙
Juni 1977 (H-Bl. 26)				
W 57	916 C I+914 C I	50+30	2,20	3,–
W 58	916 D I+914 D I	50+30	2,20	3,–
W 59	916 C I+914 C I+913 C I	50+30+10	2,80	3,50
W 60	916 D I+914 D I+913 D I	50+30+10	2,80	3,50
W 61 I	914 C I+913 C I	30+10	1,–	1,–
W 62 I	914 D I+913 D I	30+10	1,–	1,–
April 1980 (H-Bl. 27 I und II)				
W 61 II	914 C II+913 C II	30+10	1,–	2,–
W 62 II	914 D II+913 D II	30+10	1,–	2,–
W 63 I	913 C I+914 C I	10+30	0,90	1,–
W 63 II	913 C II+914 C II	10+30	1,–	2,–
W 64 I	913 D I+914 D I	10+30	0,90	1,–
W 64 II	913 D II+914 D II	10+30	1,–	2,–
W 65 I	913 C I+914 C I+913 C I	10+30+10	1,20	1,20
W 65 II	913 C II+914 C II+913 C II	10+30+10	1,30	3,–
W 66 I	913 D I+914 D I+913 D I	10+30+10	1,20	1,20
W 66 II	913 D II+914 D II+913 D II	10+30+10	1,30	3,–
W 67 I	914 C I+913 C I+1038 C I	30+10+50	1,90	2,20
W 67 II	914 C II+913 C II+1038 C II	30+10+50	2,50	4,50
W 68 I	914 D I+913 D I+1038 D I	30+10+50	1,90	2,20
W 68 II	914 D II+913 D II+1038 D II	30+10+50	2,50	4,50
W 69 I	913 C I+1038 C I	10+50	1,30	1,60
W 69 II	913 C II+1038 C II	10+50	2,–	3,50
W 70 I	913 D I+1038 D I	10+50	1,30	1,60
W 70 II	913 D II+1038 D II	10+50	2,–	3,50
Okt. 1980 (H-Bl. 28)				
W 71	913 C I+1038 C I+1028 C I	10+50+60	7,50	8,50
W 72	913 D I+1038 D I+1028 D I	10+50+60	7,50	8,50
W 73	1038 C I+1028 C	50+60	7,–	7,50
W 74	1038 D I+1028 D	50+60	7,–	7,50
Juni 1982 (H-Bl. 29)				
W 75	913 C I+1038 C I+1140 C I	10+50+80	3,50	4,–
W 76	913 D I+1038 D I+1140 D I	10+50+80	3,50	4,–
W 77	1038 C I+1140 C I	50+80	3,20	3,80
W 78	1038 D I+1140 D I	50+80	3,20	3,80

Senkrechte Paare aus H-Blättern 26–29:

	★★	⊙		★★	⊙		★★	⊙
913 C I/D I	0,60	0,60	**914 C II/D II**	1,10	2,—	**1038 C I/D I**	2,—	1,50
913 C II/D II	0,70	2,—	**916 C I/D I**	3,50	3,50	**1038 C II/D II**	3,50	5,—
914 C I/D I	1,—	1,—	**1028 C I/D I**	9,—	12,—	**1140 C I/D I**	4,50	6,—

1989/2001. Sehenswürdigkeiten

MH-MiNr.	Ausgabe-Datum	Nominale	Auflage	MH-Preise ★★	H-Bl. MiNr.	mit MiNr.	H-Bl.-Preise ★★	⊙	FDC
25	Juni 1989	3,— DM	23 000 000	6,50	**30** (1)	2×1347 C/D+1×1340 C/D+1×1342 C/D	6,50	5,50	
26 a	Juni 1989	5,— DM	20 000 000	11,—	} **31**	1×1347 C/D+1×1341 C/D+			
26 b	Juli 1991	5,— DM	3 000 000	11,—		1×1342 C/D+1×1406 C/D	11,—	12,—	
27	Juni 1991	5,— DM	30 000 000	11,—	—	je 2× MiNr. 1531–1534 auf selbstklebender Papierfolie			
28	Aug. 1993	2,— DM	19 005 000	6,—	**32** (1)	1×1398 C/D+1×1342 C/D	5,50	7,50	
29	Nov. 1993	3,— DM	13 251 000	5,50	**33** (1)	1×1340 C/D+2×1347 C/D+1×1342 C/D	5,50	8,50	
31	9.11.1994	5,— DM	14 200 000	13,—	**35** (1)	1×1340 C/D+1×1398 C/D+ 1×1342 C/D+1×1406 C/D	12,50	14,—	17,—
32	5.5.1995	10,— DM	6 064 000	25,—	**36** (1)	5×1406 C/D	25,—	22,—	25,—
34	14.8.1996	5,— DM	13 681 000	12,—	**38** (1)	1×1340 C/D+1×1342 C/D+ 2×1347 C/D+1×1406 C/D	12,—	12,—	15,—
35	14.8.1997	11,— DM	8 726 500	12,—	**39** (1)	5×1935 C/D	11,—	11,—	12,—
36	22.1.1998	10,— DM	7 182 000	12,—	**40** (1)	5×1934 C/D	11,—	11,—	13,—
39	10.6.1999	11,— DM	4 657 000	14,—	**43** (1)	5×2009 C/D	14,—	14,—	16,—
42	28.9.2000	11,— DM	5 328 500	16,—	**44** (1)	5×2140 C/D	15,—	15,—	16,—
43	25.5.2001	11,— DM/ 5,60 €	4 772 350	36,—	—	je 1×2187 BC/BD, 2188 BC/BD, je 4×2189 BC/BD auf selbstklebender Papierfolie			

MH 26 a: Deckelformat 58×52 mm; MH 26 b: Deckelformat 110×70 mm

H-Blatt 30

H-Blatt 31

Markenanordnung MH 27 mit MiNr. 1531–1534 (selbstklebend)

H-Blatt 32

H-Blatt 33

H-Blatt 35

H-Blatt 36

H-Blatt 38

H-Blatt 39

H-Blatt 40

H-Blatt 43

H-Blatt 44

Markenanordnung MH 43 mit MiNr. 2187–2189 (selbstklebend)

Zusammendrucke aus H-Blättern:

Zd-MiNr.	MiNr.	Werte	Preise ✱✱	⊙
Juni 1989 (H-Bl. 30)				
W 79	1347 C+1340 C	10+50	1,60	1,80
W 80	1347 D+1340 D	10+50	1,60	1,80
W 81	1347 C+1340 C+1342 C	10+50+80	2,80	3,–
W 82	1347 D+1340 D+1342 D	10+50+80	2,80	3,–
W 83	1340 C+1342 C	50+80	2,40	2,50
W 84	1340 D+1342 D	50+80	2,40	2,50
Juni 1989 (H-Bl. 31)				
W 85	1347 C+1341 C	10+60	1,80	2,–
W 86	1347 D+1341 D	10+60	1,80	2,–
W 87	1347 C+1341 C+1342 C	10+60+80	3,20	4,–
W 88	1347 D+1341 D+1342 D	10+60+80	3,20	4,–
W 89	1341 C+1342 C	60+80	2,80	3,60
W 90	1341 D+1342 D	60+80	2,80	3,60
W 91	1341 C+1342 C+1406 C	60+80+100	5,50	6,–
W 92	1341 D+1342 D+1406 D	60+80+100	5,50	6,–
W 93	1342 C+1406 C	80+100	4,–	4,–
W 94	1342 D+1406 D	80+100	4,–	4,–
Aug. 1993 (H-Bl. 32)				
W 95	1398 C+1342 C	20+80	2,80	3,80
W 96	1398 D+1342 D	20+80	2,80	3,80
Nov. 1993 (H-Bl. 33)				
W 97	1340 C+1347 C	50+10	1,60	1,80
W 98	1340 D+1347 D	50+10	1,60	1,80
W 99	1347 C+1342 C	10+80	2,–	2,40
W 100	1347 D+1342 D	10+80	2,–	2,40
9.11.1994 (H-Bl. 35)				
W 101	1340 C+1398 C	50+20	2,60	3,40
W 102	1340 D+1398 D	50+20	2,60	3,40
W 103	1340 C+1398 C+1342 C	50+20+80	3,80	4,50
W 104	1340 D+1398 D+1342 D	50+20+80	3,80	4,50
W 105	1398 C+1342 C+1406 C	20+80+100	5,50	6,–
W 106	1398 D+1342 D+1406 D	20+80+100	5,50	6,–
14.8.1996 (H-Bl. 38)				
W 107	1340 C+1342 C+1347 C	50+80+10	2,80	3,–
W 108	1340 D+1342 D+1347 D	50+80+10	2,80	3,–
W 109	1342 C+1347 C	80+10	1,80	2,–
W 110	1342 D+1347 D	80+10	1,80	2,–
W 111	1347 C+1406 C	10+100	3,20	3,50
W 112	1347 D+1406 D	10+100	3,20	3,50

Senkrechte Paare aus H-Blättern 30–33, 35–36 und 38–40, 43 und 44:

	✱✱	⊙
1340 C/D	2,–	2,–
1341 C/D	2,20	2,20
1342 C/D	2,40	2,40
1347 C/D	1,–	1,–
1398 C/D	3,–	5,–
1406 C/D	5,50	4,50
1934 C/D	3,–	3,–
1935 C/D	2,60	2,60
2009 C/D	3,–	3,–
2140 C/D	3,–	3,–

1994. Europa

MH-MiNr.	Ausgabe-Datum	Nominale	Auflage	MH-Preis ✱✱	H-Bl. MiNr.	mit MiNr.	H-Bl.-Preise ✱✱	⊙	FDC
30	16.6.1994	10,— DM	7 861 000	19,—	**34**	10×1733 (5×2)	17,—	17,—	18,—

1996. 800 Jahre Heidelberg

MH-MiNr.	Ausgabe-Datum	Nominale	Auflage	MH-Preis ✱✱	H-Bl. MiNr.	mit MiNr.	H-Bl.-Preise ✱✱	⊙	FDC
33	18.7.1996	10,— DM	3 880 000	14,—	**37**	10×1868 (5×2)	13,—	13,—	15,—

H-Blatt 34

H-Blatt 37

1998. 1100 Jahre Nördlingen

MH-MiNr.	Ausgabe-Datum	Nominale	Auflage	MH-Preis ✱✱	H-Bl. MiNr.	mit MiNr.	H-Bl.-Preise ✱✱	⊙	FDC
37	16.7.1998	11,— DM	6 983 500	14,—	**41**	10×1965 (5×2)	13,—	13,—	15,—

1999. 1100 Jahre Weimar

MH-MiNr.	Ausgabe-Datum	Nominale	Auflage	MH-Preis ✱✱	H-Bl. MiNr.	mit MiNr.	H-Bl.-Preise ✱✱	⊙	FDC
38	27.4.1999	10,— DM	3 886 000	13,—	**42**	10×2028 (5×2)	13,—	13,—	16,—

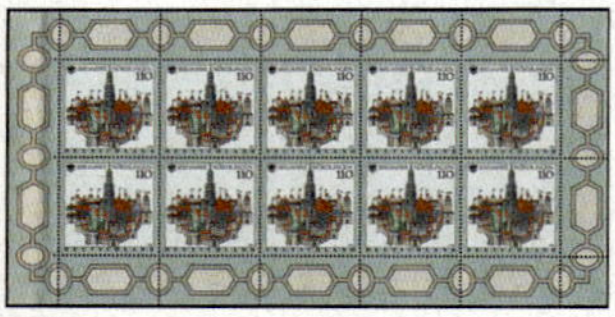
H-Blatt 41

H-Blatt 42

2000. Weltausstellung EXPO 2000, Hannover

MH-MiNr.	Ausgabe-Datum	Nominale	Auflage	MH-Preis ✱✱
40	13.4.2000	11,— DM	5 153 400	65,—

Markenanordnung MH 40 mit MiNr. 2112 (selbstklebend)

2000. Europa

MH-MiNr.	Ausgabe-Datum	Nominale	Auflage	MH-Preis ✱✱
41	12.5.2000	11,— DM	12 828 900	27,—

Markenanordnung MH 41mit MiNr. 2114 (selbstklebend)

Herstellungsbedingt verfärbt die Gummierung leicht das Markenbild und den Heftchendeckel; **die Preise von MH 40 und 41 gelten auch für eingelegte lose Marken ohne Gummi oder leicht verfärbte Marken und Deckel!**

2001. Bedrohte Tierarten

MH-MiNr.	Ausgabe-Datum	Nominale	Auflage	MH-Preis ✱✱
44	12.7.2001	11.– DM/5.60 €	5 938 500	25,–

Markenanordnung MH 44 mit MiNr. 2204–2205 (selbstklebend)

Herstellungsbedingt verfärbt die Gummierung leicht das Markenbild und den Heftchendeckel; **die Preise gelten auch für eingelegte lose Marken ohne Gummi oder leicht verfärbte Marken und Deckel.**

2001. Naturdenkmäler in Deutschland

MH-MiNr.	Ausgabe-Datum	Nominale	Auflage	MH-Preis ✱✱
45	13.9.2001	22.– DM/11.20 €	5 375 900	60,–

Markenanordnung MH 45 mit MiNr. 2217 (selbstklebend)

2001. Wohlfahrt: Internationale Filmschauspieler

MH-MiNr.	Ausgabe-Datum	Nominale	Auflage	MH-Preis ✱✱
46	13.11.2001	10.20 DM/5.22 €	983 278	20,—

H-Bl. MiNr.	mit MiNr.	H-Bl.-Preise ✱✱	⊙	FDC
45	2218 C–2222 C	16,—	16,—	18,—

H-Blatt 45

2002. Sporthilfe: Olympische Winterspiele, Salt Lake City

MH-MiNr.	Ausgabe-Datum	Nominale	Auflage	MH-Preis ✶✶
47	7.2.2002	4.45 €	564 904	12,—

H-Bl. MiNr.	mit MiNr.	H-Bl.-Preise ✶✶	⊙	FDC
46	2237–2240	10,—	10,—	12,—

H-Blatt 46

Zusammendrucke aus H-Blatt 46:

Zd-MiNr.	MiNr.	Werte	Preise ✶✶	⊙	FDC
W 113	2238+2239	56+ 56	3,50	3,50	5,—
W 114	2240+2237	153+ 51	5,80	6,—	8,—

Zd-MiNr.	MiNr.	Werte	Preise ✶✶	⊙	FDC
S 55	2238+2240	56+153	6,—	6,—	8,—
S 56	2239+2237	56+ 51	3,50	3,50	5,—

2002. 1000 Jahre Bautzen

MH-MiNr.	Ausgabe-Datum	Nominale	Auflage	MH-Preis ✶✶
48	7.3.2002	5.60 €	5 715 000	30,—

Markenanordnung MH 48 mit MiNr. 2245 (selbstklebend)

2002. Gartenreich Dessau-Wörlitz

MH-MiNr.	Ausgabe-Datum	Nominale	Auflage	MH-Preis ✶✶
49	8.8.2002	11.20 €	3 846 000	45,—

Markenanordnung MH 49 mit MiNr. 2277 (selbstklebend)

2002. Sehenswürdigkeiten

MH-MiNr.	Ausgabe-Datum	Nominale	Auflage	MH-Preis ✶✶
50	27.12.2002	6.20 €	6 000 000	22,—

Markenanordnung MH 50 mit MiNr. 2303 BC, BD u. 2304 BC, BD (selbstklebend)

2003. Post!

MH-MiNr.	Ausgabe-Datum	Nominale	Auflage	MH-Preis ✶✶
51	13.2.2003	5.50 €	51 391 954	14,—

Markenanordnung MH 51 mit MiNr. 2321 (selbstklebend)

Wichtige philatelistische Informationen

finden Sie in der Einführung sowie in den Vortexten und Anmerkungen zu den einzelnen Ländern.

2003. 100 Jahre Salzachbrücke Laufen–Oberndorf

MH-MiNr.	Ausgabe-Datum	Nominale	Auflage	MH-Preis ✶✶
52	12.6.2003	11 €	14 916 135	40,–

Markenanordnung MH 52 mit MiNr. 2347 (selbstklebend)

2004. Bilder aus deutschen Städten

MH-MiNr.	Ausgabe-Datum	Nominale	Auflage	MH-Preis ✶✶
53	8.1.2004	4.50 €	21 600 000	14,–

Markenanordnung MH 53 mit MiNr. 2379 (selbstklebend)

2004. 50 Jahre Deutscher Musikrat

MH-MiNr.	Ausgabe-Datum	Nominale	Auflage	MH-Preis ✶✶
54	8.1.2004	14.40 €	33 366 420	35,–

Markenanordnung MH 54 mit MiNr. 2380 (selbstklebend)

2004. Post

MH-MiNr.	Ausgabe-Datum	Nominale	Auflage	MH-Preis ✶✶
55	12.8.2004	5.50 €	82 000 000	14,–

Markenanordnung MH 55 mit MiNr. 2321 und 2416 (selbstklebend)

2004. Passagierschiff „Bremen“

MH-MiNr.	Ausgabe-Datum	Nominale	Auflage	MH-Preis ✶✶
56	12.8.2004	11.– €	31 280 340	30,–

Markenanordnung MH 56 mit MiNr. 2417 (selbstklebend)

2005. Berliner Dom

MH-MiNr.	Ausgabe-Datum	Nominale	Auflage	MH-Preis ✶✶
57	10.2.2005	9.50 €	9 245 050	25,–

Markenanordnung MH 57 mit MiNr. 2446 (selbstklebend)

2005. Leuchttürme

MH-MiNr.	Ausgabe-Datum	Nominale	Auflage	MH-Preis ✶✶
58	7.7.2005	4.50 €	19 000 000	10,–

Markenanordnung MH 58 mit MiNr. 2478–2479 (selbstklebend)

Notizen:

2005. Preußische Schlösser und Gärten

MH-MiNr.	Ausgabe-Datum	Nominale	Auflage	MH-Preis ★★
59	3.11.2005	22 €		50,–

Markenanordnung MH 59 mit MiNr. 2499 (selbstklebend)

2005. Wohlfahrt: Schmetterlinge

MH-MiNr.	Ausgabe-Datum	Nominale	Auflage	MH-Preis ★★
60	1.12.2005	8 €		18,–

Markenanordnung MH 60 mit MiNr. 2504 (selbstklebend)

2006. Blumen

MH-MiNr.	Ausgabe-Datum	Nominale	Auflage	MH-Preis ★★
61	2.1.2006	9.– €	14 219 440	18,–

Markenanordnung MH 61 mit MiNr. 2515 (selbstklebend)

2006. Goldene Bulle

MH-MiNr.	Ausgabe-Datum	Nominale	Auflage	MH-Preis ★★
62	2.1.2006	14.50 €	28 362 420	35,—

Markenanordnung MH 62 mit MiNr. 2516 (selbstklebend)

Auch Prüfzeichen können falsch sein. Jeder Prüfer im Bund Philatelistischer Prüfer kontrolliert kostenlos (bei Erstattung der Portokosten) die Richtigkeit seines Signums.

2006. Oberes Mittelrheintal

MH-MiNr.	Ausgabe-Datum	Nominale	Auflage	MH-Preis ★★
63	4.5.2006	5.50 €	29 548 500	12,–

Markenanordnung MH 63 mit MiNr. 2537 (selbstklebend)

2006. Wohlfahrt: Eisenbahnen

MH-MiNr.	Ausgabe-Datum	Nominale	Auflage	MH-Preis ★★
64	5.10.2006	8.– €		20,–

Markenanordnung MH 64 mit MiNr. 2567 (selbstklebend)

2006. Post: Die vier Jahreszeiten

MH-MiNr.	Ausgabe-Datum	Nominale	Auflage	MH-Preis ★★
65	9.11.2006	11.– €	5 218 160	30,—

Markenanordnung MH 65 mit MiNr. 2574–2577 (selbstklebend)

2007. 1000 Jahre Fürth

MH-MiNr.	Ausgabe-Datum	Nominale	Auflage	MH-Preis ★★
66	2.1.2007	4.50 €		10,—

Markenanordnung MH 66 mit MiNr. 2584 (selbstklebend)

2007. 50 Jahre Bundesland Saarland

MH-MiNr.	Ausgabe-Datum	Nominale	Auflage	MH-Preis ★★
67	1.3.2007	5.50 €		12,–

Markenanordnung MH 67 mit MiNr. 2595 (selbstklebend)

2007. 175 Jahre Hambacher Fest

MH-MiNr.	Ausgabe-Datum	Nominale	Auflage	Preis ★★
68	3.5.2007	14.50 €€		30,–

Markenanordnung MH 68 mit MiNr. 2605 (selbstklebend)

2007. Wohlfahrt: Haustiere

MH-MiNr.	Ausgabe-Datum	Nominale	Auflage	Preis ★★
69	27.12.2007	8.00 €		18,–

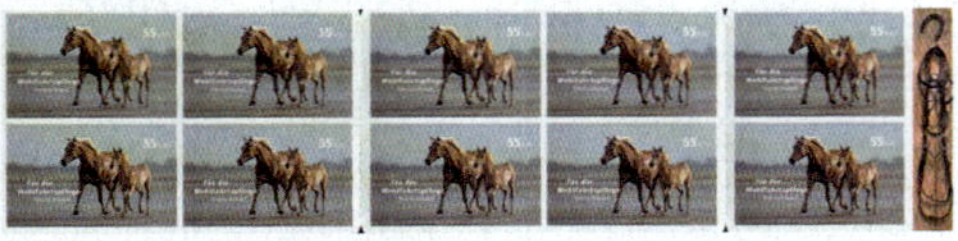

Markenanordnung MH 69 mit MiNr. 2635 (selbstklebend)

2007. Carl Gotthard Langhans

MH-MiNr.	Ausgabe-Datum	Nominale	Auflage	Preis ★★
70	27.12.2007	5.50 €		12,–

Markenanordnung MH 70 mit MiNr. 2636 (selbstklebend)

2008. Klosterinsel Reichenau

MH-MiNr.	Ausgabe-Datum	Nominale	Auflage	Preis ★★
71	2.1.2008	4.50 €		10,–

Markenanordnung MH 71 mit MiNr. 2642 (selbstklebend)

2008. 50 Jahre Bundeskartellamt

MH-MiNr.	Ausgabe-Datum	Nominale	Auflage	Preis ★★
72	13.3.2008	9.00 €		22,—

Markenanordnung MH 72 mit MiNr. 2655 (selbstklebend)

2008. Post: Grußmarken; Europa: Der Brief

MH-MiNr.	Ausgabe-Datum	Nominale	Auflage	Preis ★★
73	8.5.2008	11.00 €		30,—

Markenanordnung MH 73 mit MiNr. 2665–2668 (selbstklebend)

2008. Wohlfahrt: Luftfahrzeuge

MH-MiNr.	Ausgabe-Datum	Nominale	Auflage	Preis ★★
74	12.6.2008	8.00 €		18,—

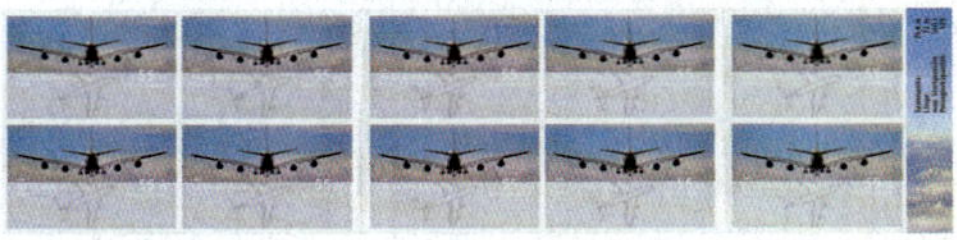

Markenanordnung MH 74 mit MiNr. 2676 (selbstklebend)

2008. Leuchttürme

MH-MiNr.	Ausgabe-Datum	Nominale	Auflage	Preis ★★
75	3.7.2008	5.50 €		12,–

Markenanordnung MH 75 mit MiNr. 2682–2683 (selbstklebend)

2008. Winter

MH-MiNr.	Ausgabe-Datum	Nominale	Auflage	Preis ✶✶
76	1.11.2008	5.50 €		11,–

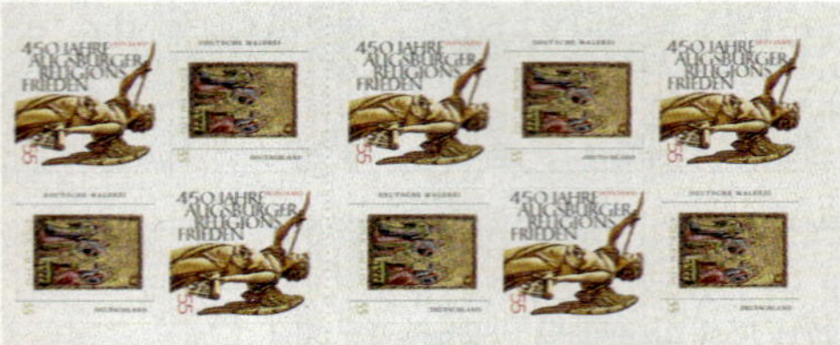

Markenanordnung MH 76 mit MiNr. 2700–2701 (selbstklebend)

2009. Wohlfahrt: Himmelserscheinungen

MH-MiNr.	Ausgabe-Datum	Nominale	Auflage	Preis ✶✶
77	2.1.2009	8.00 €		18,—

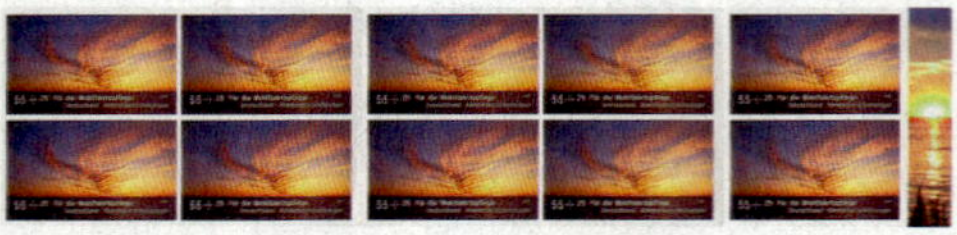

Markenanordnung MH 77 mit MiNr. 2717 (selbstklebend)

2009. 500 Jahre Rathaus Frankenberg

MH-MiNr.	Ausgabe-Datum	Nominale	Auflage	Preis ✶✶
78	2.1.2009	4.50 €		10,–

Markenanordnung MH 78 mit MiNr. 2718 (selbstklebend)

2009. 2000. Jahrestag der Varusschlacht

MH-MiNr.	Ausgabedatum	Nominale	Auflage	Preis ✶✶
79	4.6.2009	11.00 €		25,–

Markenanordnung MH 79 mit MiNr. 2741 (selbstklebend)

2009. Sporthilfe: Leichtathletik-Weltmeisterschaften, Berlin

MH-MiNr.	Ausgabedatum	Nominale	Auflage	Preis ✶✶
80	2.7.2009	5.80 €	654 900	20,—

H-Bl. MiNr.	mit MiNr.	H-Bl.-Preise ✶✶	⊙	FDC
47	4×2727, 4×2729	16,—	16,—	17,—

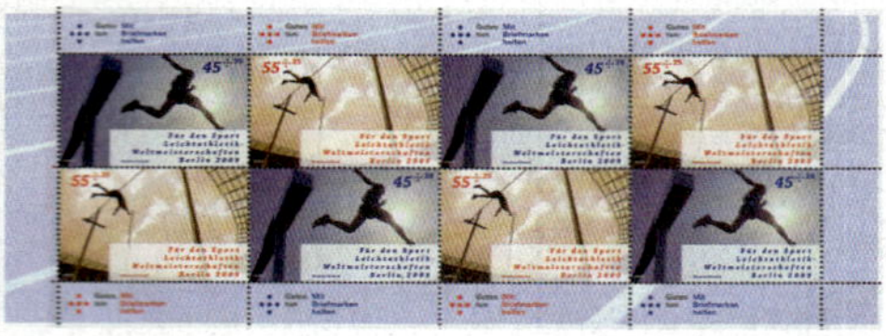

H-Bl. 47 wurde von der Versandstelle auch lose (ungefaltet und ohne linken Rand) ausgegeben. H-Blatt 47

Zusammendrucke aus H-Blatt 47:

Zd-MiNr.	MiNr.	Werte	Preise ✶✶	⊙	FDC
W 115	2727+2729	45+55	3,50	3,50	5,–
W 116	2727+2729+2727	45+55+45	5,–	5,–	6,50
W 117	2729+2727	55+45	3,50	3,50	5,–
W 118	2729+2727+2729	55+45+55	5,50	5,50	6,80
S 57	2727+2729	45+55	3,50	3,50	5,–
S 58	2729+2727	55+45	3,50	3,50	5,–

2010. Wohlfahrt: Obst

MH-MiNr.	Ausgabedatum	Nominale	Auflage	Preis ★★
81	2.1.2010	8.00 €		18,–

Markenanordnung MH 81 mit MiNr. 2777 (selbstklebend)

2010. 1000 Jahre St.-Michaelis-Kirche, Hildesheim

MH-MiNr.	Ausgabedatum	Nominale	Auflage	Preis ★★
82	2.1.2010	22.00 €		40,–

Markenanordnung MH 82 mit MiNr. 2779 (selbstklebend)

2011. Wohlfahrt: Motive von Loriot

MH-MiNr.	Ausgabe-Datum	Nominale	Auflage	Preis ★★
83	3.1.2011	8.00 €		18,–

Markenanordnung MH 83 mit MiNr. 2843 (selbstklebend)

2011. Sporthilfe: Fußball-Weltmeisterschaft der Frauen

MH-MiNr.	Ausgabedatum	Nominale	Auflage	Preis ★★
84	9.6.2011	5.80 €	516 800	15,–

H-Bl. MiNr.	mit MiNr.	H-Bl.-Preise ★★	⊙	FDC
48	2857–2858	13,–	13,–	14,–

H-Blatt 48

Zusammendrucke aus H-Blatt 48:

Zd-MiNr.	MiNr.	Werte	Preise ★★	⊙	FDC
W 119	2857+2858	45+55	3,50	3,70	5,–
W 120	2857+2858+2857	45+55+45	5,–	5,–	6,–
W 121	2858+2857	55+45	3,70	3,70	4,80
W 122	2858+2857+2858	55+45+55	5,50	5,50	6,–

2011. 175 Jahre Sächsische Dampfschifffahrt

MH-MiNr.	Ausgabe-Datum	Nominale	Auflage	Preis ★★
85	9.6.2011	22,– €		50,–

Markenanordnung MH 85 mit MiNr. 2874 (selbstklebend)

2011. Leuchttürme

MH-MiNr.	Ausgabe-Datum	Nominale	Auflage	MH-Preis ★★
86	1.7.2011	4.50 €		15,–

Markenanordnung MH 86 mit MiNr. 2875–2876 (selbstklebend)

2012. Wohlfahrt: Edelsteine

MH-MiNr.	Ausgabe-Datum	Nominale	Auflage	MH-Preis **
87	2.1.2012	8.00 €		16,—

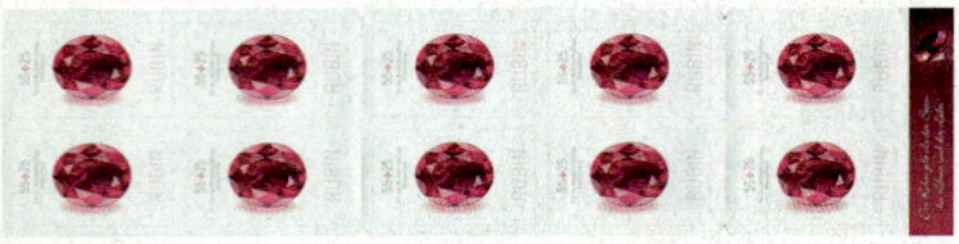

Markenanordnung MH 87 mit MiNr. 2909 (selbstklebend)

2012. Fußball begeistert Deutschland

MH-MiNr.	Ausgabe-Datum	Nominale	Auflage	MH-Preis **
88	2.5.2012	5.50 €		11,—

Markenanordnung MH 88 mit MiNr. 2936 (selbstklebend)

2012. Bienen

MH-MiNr.	Ausgabe-Datum	Nominale	Auflage	MH-Preis **
89	2.7.2012	5.50 €		11,—

Markenanordnung MH 89 mit MiNr. 2799 (selbstklebend)

2012. Sixtinische Madonna

MH-MiNr.	Ausgabe-Datum	Nominale	Auflage	MH-Preis **
90	2.11.2012	5.50 €		11,—

Markenanordnung MH 90 mit MiNr. 2965 (selbstklebend)

2012. Weihnachten

MH-MiNr.	Ausgabe-Datum	Nominale	Auflage	MH-Preis **
91	2.11.2012	5.50+2.50 €		16,—

Markenanordnung MH 91 mit MiNr. 2966 (selbstklebend)

2013. Deutsche Malerei: Max Lieberman

MH-MiNr.	Ausgabe-Datum	Nominale	Auflage	MH-Preis **
92	2.1.2013	24 €		48,—

Markenanordnung MH 92 mit MiNr. 2979 (selbstklebend)

2013. Wohlfahrt: Blühende Bäume

MH-MiNr.	Ausgabe-Datum	Nominale	Auflage	MH-Preis ✶✶
93	7.2.2013	5.80+2.70 €		17,—

Markenanordnung MH 93 mit MiNr. 2986 (selbstklebend)

2013. Weihnachten

MH-MiNr.	Ausgabe-datum	Nominale	Auflage	Preis ✶✶
94	2.11.2013	5.80+2.70 €		17,—

Markenanordnung MH 94 mit MiNr. 3040 (selbstklebend)

2013. Winterstimmung

MH-MiNr.	Ausgabe-datum	Nominale	Auflage	Preis ✶✶
95	2.11.2013	5.80 €		12,—

Markenanordnung MH 95 mit MiNr. 3041 (selbstklebend)

Die Preise von Einheiten (z. B. Markenheftchen, H-Blätter, Zusammendrucke, Rollenmarkenstreifen) müssen nicht der Summe der Einzelpreise entsprechen.

2014. Grimms Märchen

MH-MiNr.	Ausgabe-Datum	Nominale	Auflage	Preis ✶✶
96	6.2.2014	6+3 €		18,—

Markenanordnung MH 96 mit MiNr. 3061 (selbstklebend)

2014. Der kleine Prinz

MH-MiNr.	Ausgabe-Datum	Nominale	Auflage	Preis ✶✶
97	1.9.2014	6 €		12,—

Markenanordnung MH 97 mit MiNr. 3104 (selbstklebend)

2015. Grimms Märchen

MH-MiNr.	Ausgabe-Datum	Nominale	Auflage	Preis ✶✶
98	5.2.2015	6.20 + 3.00 €		19,—

Markenanordnung MH 98 mit MiNr. 3136 (selbstklebend)

2015. Schätze aus deutschen Museen

MH-MiNr.	Ausgabe-Datum	Nominale	Auflage	Preis ★★
99	11.6.2015	24 €		48,—

Markenanordnung MH 99 mit MiNr. 3161 (selbstklebend)

2015. Jugend: Süßwasserfische

MH-MiNr.	Ausgabe-Datum	Nominale	Auflage	Preis ★★
100	6.8.2015	6.60 €		13,50

H-Bl.-MiNr.	mit MiNr.	H-Bl.-Preise ★★	⊙	FDC
49	3169, 3171	13,50	13,50	14,50

Zusammendrucke aus H-Blatt 49:

Zd.-MiNr.	MiNr.	Werte	Preise ★★	⊙	FDC
W 123	Zf 1+3169	Zf 1+62	2,—	2,—	3,—
W 124	Zf 1+3169+3171	Zf 1+62+145	6,—	6,—	7,—
W 125	3169+3171	62+145	6,—	6,—	7,—
W 126	3169+3171+3169	62+145+62	8,—	8,—	9,—
W 127	3171+3169	145+62	6,—	6,—	7,—
W 128	Zf 2+3169	Zf 2+62	2,—	2,—	3,—
S 59	3171+3169	145+62	6,—	6,—	7,—

2015. Asterix

MH-MiNr.	Ausgabe-Datum	Nominale	Auflage	Preis ★★
101	1.9.2015	6.20 €		13,—

Markenanordnung MH 101 mit MiNr. 3178–3179 (selbstklebend)

2015. Weihnachten

MH-MiNr.	Ausgabe-Datum	Nominale	Auflage	Preis ★★
102	2.11.2015	6.20+3.00 €		19,—

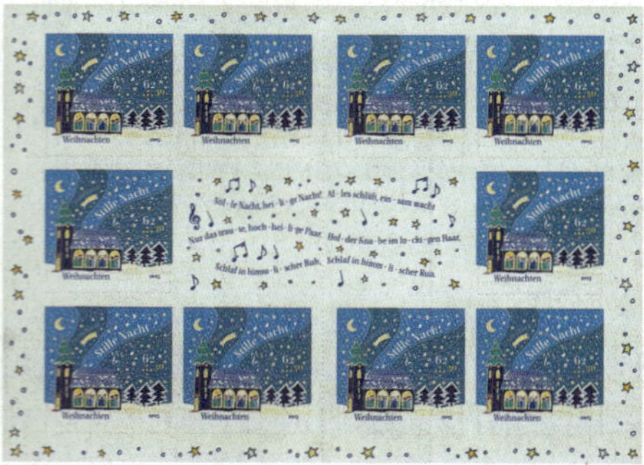

Markenanordnung MH 102 mit MiNr. 3186 (selbstklebend)

2016. Grimms Märchen

MH-MiNr.	Ausgabe-Datum	Nominale	Auflage	Preis ★★
103	11.2.2016	10 €		20,—

Markenanordnung MH 103 mit MiNr. 3215 (selbstklebend)

2016. George Bähr

MH-MiNr.	Ausgabe-Datum	Nominale	Auflage	Preis ✱✱
104	1.3.2016	26 €		52,—

Markenanordnung MH 104 mit MiNr. 3224 (selbstklebend)

2017. Grimms Märchen

MH-MiNr.	Ausgabe-Datum	Nominale	Auflage	Preis ✱✱
105	9.2.2017	7+3 €		20,—

Markenanordnung MH 105 mit MiNr. 3287 (selbstklebend)

2017. Sporthilfe

MH-MiNr.	Ausgabe-Datum	Nominale	Auflage	Preis ✱✱
106	11.5.2017	5.10+2.15 €		14,50

H-Bl. MiNr.	MiNr.	H-Bl.-Preise ✱✱	⊙	FDC
50	3307–3309	14,50	14,50	16,—

H-Blatt 50

Zusammendrucke aus H-Blatt 50:

Zd.-MiNr.	MiNr.	Werte	Preise ✱✱	⊙	FDC
W 129	Zf 3+3307	Zf 3+70	2,—	2,—	3,50
W 130	Zf 3+3307+3308	Zf 3+70+85	4,50	4,50	6,—
W 131	3307+3308	70+85	4,50	4,50	6,—
W 132	3307+3308+3307	70+85+70	6,50	6,50	8,—
W 133	3308+3307	85+70	4,50	4,50	6,—
W 134	Zf 4+3307	Zf 4+70	2,—	2,—	3,50
W 135	Zf 4+3307+3309	Zf 4+70+145	6,—	6,—	7,—
W 136	3307+3309	70+145	6,—	6,—	7,—
W 137	3307+3309+3307	70+145+70	8,—	8,—	9,50
W 138	3309+3307	145+70	6,—	6,—	7,—
S 60	3308+3309	85+145	6,50	6,50	8,—

2017. Reformation / Europa

MH-MiNr.	Ausgabe-Datum	Nominale	Auflage	Preis ✱✱
107	10.8.2017	5.60 €		11,20

H-Bl. MiNr.	MiNr.	H-Bl.-Preise ✱✱	⊙	FDC
51	3300, 3310	11,20	11,20	12,50

H-Blatt 51

Zusammendrucke aus H-Blatt 51:

Zd.-MiNr.	MiNr.	Werte	Preise ✱✱	⊙	FDC
W 139	3300+3310	70+70	2,80	2,80	3,80
W 140	3300+3310+3300	70+70+70	4,20	4,20	5,20
W 141	3310+3300	70+70	2,80	2,80	3,80
W 142	3310+3300+3310	70+70+70	4,20	4,20	5,20
S 61	3300+3310	70+70	2,80	2,80	3,80
S 62	3310+3300	70+70	2,80	2,80	3,80

2018. Grimms Märchen

MH-MiNr.	Ausgabe-Datum	Nominale	Auflage	Preis ✱✱
108	1.2.2018	7 + 3 €		20,—

Markenanordnung MH 108 mit MiNr. 3364 (selbstklebend)

2018. Sporthilfe: Legendäre Fußballspiele

MH-MiNr.	Ausgabe-Datum	Nominale	Auflage	Preis ✶✶
109	3.5.2018	4.25 €		8,50

H-Bl. MiNr.	MiNr.	H-Bl.-Preise ✶✶	⊙	FDC
52	3380–3382	8,50	8,50	9,50

H-Blatt 52

Zusammendrucke aus H-Blatt 52:

Zd.-MiNr.	MiNr.	Werte	Preise ✶✶	⊙	FDC
W 143	3380+3381	70+85	4,50	4,50	5,50
W 144	3380+3381+3382	70+85+145	8,50	8,50	9,50
W 145	3381+3382	85+145	6,50	6,50	7,50
W 146	3381+3382+Zf 1	85+145+Zf 1	6,50	6,50	7,50
W 147	3382+Zf 1	145+Zf 1	4,—	4,—	5,—
S 63	Zf 2+3380	Zf 2+70	2,—	2,—	3,—
S 64	Zf 3+3381	Zf 3+85	2,50	2,50	3,50
S 65	Zf 4+3382	Zf 4+145	4,—	4,—	5,—

2018. Deutsche Brotkultur

MH-MiNr.	Ausgabe-Datum	Nominale	Auflage	Preis ✶✶
110	3.5.2018	26 €		52,—

Markenanordnung MH 110 mit MiNr. 3390 (selbstklebend)

Für unverlangt eingesandte Briefsendungen und Markenvorlagen wird keine Haftung übernommen

2018. Grußmarken: Schreibanlässe

MH-MiNr.	Ausgabe-Datum	Nominale	Auflage	Preis ✶✶
111	7.6.2018	4.90 €		10,00

H-Bl. MiNr.	MiNr.	H-Bl.-Preise ✶✶	⊙	FDC
53	3232–3234, 3305–3306, 3386–3387	10,00	10,00	11,00

H-Blatt 53

Zusammendrucke aus H-Blatt 53:

Zd.-MiNr.	MiNr.	Werte	Preise ✶✶	⊙	FDC
W 148	3232+3234	70+70	2,80	2,80	3,80
W 149	3232+3234+3306	70+70+70	4,20	4,20	5,20
W 150	3234+3306	70+70	2,80	2,80	3,80
W 151	3234+3306+3387	70+70+70	4,20	4,20	5,20
W 152	3306+3387	70+70	2,80	2,80	3,80
W 153	Zf 1+3233	Zf 1+70	1,40	1,40	2,40
W 154	Zf 1+3233+3305	Zf 1+70+70	2,80	2,80	3,80
W 155	3233+3305	70+70	2,80	2,80	3,80
W 156	3233+3305+3386	70+70+70	4,20	4,20	5,20
W 157	3305+3386	70+70	2,80	2,80	3,80
S 66	3232+Zf 1	70+Zf 1	1,40	1,40	2,40
S 67	3234+3233	70+70	2,80	2,80	3,80
S 68	3306+3305	70+70	2,80	2,80	3,80
S 69	3387+3386	70+70	2,80	2,80	3,80

Prüfordnung des Bundes Philatelistischer Prüfer e.V.

Die Prüfordnung gilt in der jeweils für den Tag der Beauftragung gültigen Fassung. Der abgedruckte Text (Stand 8.6.2018) kann sich nach Redaktionsschluss dieses Kataloges zum Teil geändert haben. Die zum Prüfungszeitpunkt aktuelle und rechtlich verbindliche Fassung der Prüfordnung ist unter www.bpp.de oder www.bpp.eu einzusehen.

1. Allgemeines

Die Mitglieder des Bundes Philatelistischer Prüfer e.V. („Prüfer") stehen als philatelistische Experten in ihren jeweiligen Spezialgebieten zur Vornahme von philatelistischen Prüfungen zur Verfügung. Ihre Tätigkeit dient der Feststellung der Echtheit und Erhaltung von Briefmarken, Abstempelungen oder anderen philatelistischen Belegen sowie der Erkennung von Fälschungen und Manipulationen an solchen Prüfgegenständen. Die Prüfer des BPP orientieren sich bei allen Prüfungen und Gutachten an den philatelistischen Begriffsbestimmungen, die in der jeweils aktuellen Fassung im Internet unter www.bpp.eu oder www.bpp.de veröffentlicht sind.

2. Rechtsnatur der Geschäftsbeziehungen

2.1. Die rechtlichen Beziehungen zwischen dem Prüfer und seinem Auftraggeber richten sich nach dieser Prüfordnung. Ergänzend zu dieser Prüfordnung finden die Vorschriften des Bürgerlichen Gesetzbuches über die entgeltliche Geschäftsbesorgung (§ 675 BGB) und das Recht des Werkvertrages (§ 631 ff. BGB) Anwendung, soweit nicht aus der Natur des Prüfauftrages die Anwendung einzelner Vorschriften auszuschließen ist.

2.2. Der Auftraggeber bestätigt vor Zustandekommen des ersten Prüfvertrages schriftlich sein Einverständnis mit der Geltung der Prüfordnung und der für einige Gebiete bestehenden Sonderregelungen. Diese Sonderregelungen können bei den jeweiligen Prüfern angefordert werden. Die erstmalige Einverständniserklärung hat sich darauf zu erstrecken, dass die Prüfordnung bis auf schriftlichen Widerruf auch für alle zukünftigen Prüfverträge zwischen dem Prüfer und dem Auftraggeber gilt. Wird die Erklärung ganz oder teilweise verweigert, so hat der Prüfer den Prüfauftrag abzulehnen.

3. Aufgaben und Pflichten des Prüfers

3.1. Aufgabe des Prüfers ist die Erstellung eines Gutachtens durch Signierung, Kurzbefund, Befund oder Attest. Ergebnis der Begutachtung kann auch die Feststellung des Prüfers sein, dass ein Prüfurteil für den Prüfgegenstand im Ganzen oder in Teilen nicht mit hinreichender Sicherheit abgegeben werden kann. Das Gutachten ist unparteiisch und nach bestem Wissen und Gewissen zu erstellen. Der Prüfer darf – ggf. auch abweichend von einer vom Auftraggeber gewünschten Form der Bestätigung des Prüfergebnisses – eigenverantwortlich entscheiden, ob die Prüfung durch Signierung, Kurzbefund, Befund oder Attest abgeschlossen wird. Lehnt der Auftraggeber die eigenverantwortliche Entscheidung des Prüfers über die Form der Bestätigung des Prüfergebnisses ausdrücklich ab, so ist der Prüfer berechtigt, die Annahme des Auftrages zu verweigern oder von einem bereits angenommenen Auftrag aus wichtigem Grund zurückzutreten. Ein bestimmtes vom Auftraggeber gewünschtes Prüfergebnis wird nicht geschuldet.

3.2. Der Prüfer kann den Prüfauftrag nach Überprüfung des Auftragsinhaltes und -umfanges ohne Angabe von Gründen ganz oder teilweise ablehnen. In diesem Fall ist er verpflichtet, die Ablehnung dem Auftraggeber unverzüglich mitzuteilen. Auf Verlangen des Auftraggebers ist der Prüfer ferner verpflichtet, dem Vorstand des Bundes Philatelistischer Prüfer e.V. die Gründe für die Ablehnung des Prüfauftrages mitzuteilen.

3.3. Kann der Prüfer den Prüfauftrag nicht innerhalb von zwei Monaten (bei Typ-Prüfungen nicht innerhalb von drei Monaten) nach Zugang des Prüfauftrages inhaltlich überprüfen und ausführen, soll der Prüfer dem Auftraggeber einen Zwischenbescheid mit der Angabe der ungefähren Erledigungszeit erteilen. Dieser Zwischenbescheid erfolgt ohne Überprüfung des Auftragsinhaltes und stellt keine Auftragsannahme dar.
Der Prüfauftrag soll innerhalb von vier Monaten (bei Typ-Prüfungen innerhalb von sechs Monaten) angenommen und erledigt oder abgelehnt werden, wenn nichts anderes vereinbart ist oder wird. Verzugsbegründende Mahnungen des Auftraggebers müssen schriftlich erfolgen.

3.4. Der Prüfer erstellt sein Gutachten persönlich. Soweit es notwendig und zweckmäßig ist und die Eigenverantwortung des Prüfers erhalten bleibt, kann sich der Prüfer bei der Prüfung der Hilfe sachverständiger Dritter bedienen.

4. Umfang der Prüfung

4.1. Prüfgegenstände sind Postwertzeichen und Entstehungs-, Herstellungs- und Verwendungsbelege sowie Kriegs- und Propagandamarken und -fälschungen. Andere Vorlagen dürfen nicht signiert oder attestiert werden.

4.2. Die Prüfung erstreckt sich auf die Echtheit des Prüfgegenstandes in allen Teilen (z. B. Trennungsarten, Gummi, Aufdruck, Entwertung) und auf dessen Erhaltung/Qualität (etwaige Mängel, Reparaturen, Verschönerungen und sonstige Veränderungen). Die Tätigkeit des Prüfers kann die Einordnung des Prüfgegenstandes nach Druckart, Type, Wasserzeichen, Trennungsart, Farbe, Lochung und Papier gegen besondere Berechnung gemäß Ziffer 10.4. einschließen, soweit diese in den für das Prüfgebiet maßgeblichen Katalogen aufgeführt sind. Die Farbbezeichnung eines Prüfgegenstandes im Katalog kann mehrere Farbtönungsunterschiede enthalten. Solche entstehen in der Regel durch abweichende Mischungen der Druckfarbe. Sie können außerdem durch chemische oder physikalische Einflüsse entstanden sein (z.B. sog. Farbschwankungen durch unterschiedliche Sättigung einer Druckfarbe, die hellere oder dunklere Farbeindrücke hervorrufen). In Übergangs- und Grenzbereichen von Farbbezeichnungen können Prüfgegenstände nicht eindeutig einer Farbbezeichnung zuzuordnen sein. Auch unterliegt die Zuordnung eines Prüfgegenstandes zu einer bestimmten Farbbezeichnung im Katalog immer subjektiven Einschätzungen. Der Prüfer wird in der Regel die Bestimmung der Farbe visuell vornehmen. Die Anwendung aufwendiger oder besonders kostenintensiver Verfahren, wie z.B. Spektralanalyse, Spektralphotometrie, Fluoreszenzmikroskopie, chemische Methoden, ist zum Zweck der Farbzuordnung nicht geschuldet.

4.3. Weitergehende Feststellungen, wie Plattenfehler, nicht katalogisierte Unterarten und Abarten, Feldmerkmale, sowie Bewertungen sind nicht Aufgabe des Prüfers. Soweit er sie übernehmen will, ist er berechtigt, hierfür nach vorheriger Vereinbarung einen Zuschlag zur Prüfvergütung zu erheben.

4.4. Der Prüfer ist berechtigt, die zur Erreichung des Prüfzweckes notwendigen und üblichen Untersuchungen vorzunehmen, insbesondere lose Marken in kaltes oder warmes Wasser bzw. unempfindliche Stücke in ein Benzinbad zu legen. Bei Ganz- oder Briefstücken ist der Prüfer zur Ablösung der Marken nicht verpflichtet.

5. Attest, Kurzbefund und Befund

5.1. Ein Attest, Befund oder Kurzbefund – jeweils mit farbiger Abbildung des Prüfgegenstandes – kann dem Auftraggeber gegen gesonderte Berechnung erstellt werden (Ziffer 10.5.). Bei deren Ausstellung wird der Prüfgegenstand nur dann signiert, wenn dies zu seiner Identifizierung notwendig ist. Die Abbildungen sind zum Schutz vor Manipulationen durch ein Prägesiegel gesichert. Attest, Befund und Kurzbefund werden in der Regel in deutscher, auf besonderen Wunsch des Auftraggebers mit Zustimmung des Prüfers auch in englischer Sprache verfasst. Auf Wunsch des Auftraggebers darf der Prüfer zusätzlich auch eine anderssprachige Übersetzung liefern. Für Prüfgebiete, die zu den Sammelgebieten Deutschland, Österreich, Schweiz und Liechtenstein mit ihren sämtlichen Nebengebieten gehören, ist immer eine deutschsprachige Version zu erstellen und nur die deutschsprachige Fassung maßgeblich im Rechtsverkehr. Für alle übrigen Prüfgebiete kann dies auch eine englischsprachige Fassung sein. Der Prüfer ist in jedem Fall berechtigt, für die Anfertigung des Attestes, Befundes oder Kurzbefundes in englischer Sprache oder eine Übersetzung derselben in eine andere Sprache eine angemessene Vergütung zu verlangen.

5.2. Attest und Befund enthalten eine Bestätigung der Echtheit sowie die erforderliche Beschreibung des Prüfgegenstandes und seiner Erhaltung/Qualität. Ein Befund wird in der Regel ab einem MICHEL-Katalogwert von € 250,— und ein Attest ab einem MICHEL-Katalogwert von € 500,— ausgestellt.

5.3. Der Kurzbefund stellt entsprechend Ziffer 5.2. in standardisierter Form den Prüfgegenstand dar. Er wird in der Regel ab einem MICHEL-Katalogwert von € 150,— ausgestellt. Der Auftraggeber kann den Prüfer bei echten Prüfgegenständen beauftragen, auch wenn der MICHEL-Katalogwert unter € 150,— liegt, einen Kurzbefund gegen gesonderte Berechnung (Ziffer 10.5) auszustellen und von einer Signierung abzusehen.

5.4. Marken mit Aufdruck „Specimen“, Probedrucke, Essais und Vergleichbares erhalten ein Attest, einen Befund oder Kurzbefund. (Die frühere Praxis, diese Prüfgegenstände in der Mitte des Unterrandes zu signieren, entfällt.)

5.5. Der Prüfer ist berechtigt, mit dem Prüfauftrag zusammen vorgelegte, frühere Atteste, Befunde oder Kurzbefunde mit einem Hinweis auf die Vornahme seiner Prüfung zu versehen, wenn diese unzutreffend sind.

6. Signierung echter Prüfgegenstände

6.1. Für echt befundene Prüfgegenstände können durch rückseitige Anbringung des Prüfzeichens (Signum des Prüfers) in der in Ziffer 6.5. erläuterten Stellung gekennzeichnet (signiert) werden. Das Prüfzeichen enthält den Namen des Prüfers und den Zusatz „BPP“.

6.2. Bei Einheiten von Briefmarken kann der Prüfer im Falle der Signierung auf jeder Briefmarke sein Prüfzeichen anbringen.
Zusammendrucke werden über die Marken bzw. über Marken und Leerfelder, Reklamefelder, Diagonalkreuze usw. signiert. Zusätzlich wird die linke Marke (bei waagerechten Zusammendrucken) bzw. die untere Marke (bei senkrechten Zusammendrucken) wie in Abb. 1A und 1B sowie 2A und 2B (Ziffer 6.5.) signiert mit der Maßgabe, dass die Stellung des Prüfzeichens zur Grundlinie die Qualität des gesamten Zusammendrucks zum Ausdruck bringen muss.

6.3. Aufgeklebte Marken (Briefstücke) werden auf der Rückseite des Papiers, auf welchem sie aufgeklebt sind, signiert.

6.4. Ganzstücke werden in der Regel nicht signiert, sondern nach Ziffer 5 behandelt, es sei denn, sie sind geringwertig.
Nicht postalisch beförderte sowie nicht portogerecht frankierte Ganzstücke können auch wie Briefstücke signiert werden. Der Prüfer ist berechtigt, das Ganzstück zur Anbringung des Prüfzeichens zu öffnen.

6.5. Die Prüfzeichen werden grundsätzlich wie folgt mit schwarzer dokumentenechter Farbe gesetzt:

Abbildungen 1 A und B

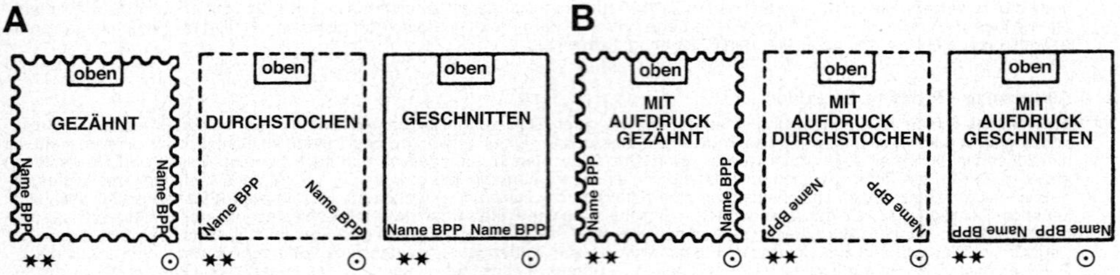

Abbildungen 2 A und B

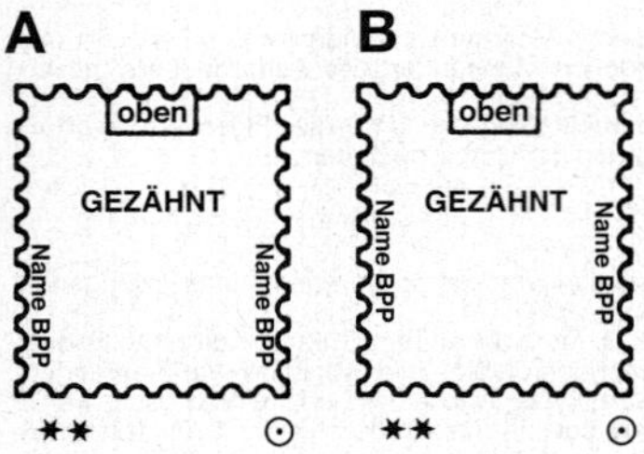

Ungezähnt gebliebene Marken werden wie geschnittene Marken signiert.

Beschädigte, reparierte oder verschönte Prüfgegenstände und ungebrauchte Marken ohne oder mit verändertem Gummi erhalten das Prüfzeichen, je nach Grad des Mangels, höhergesetzt (Abbildung 2 A). Stark beschädigte oder reparierte Prüfgegenstände werden bis zur Markenmitte erhöht signiert (Abbildung 2 B).

Prüfgegenstände ab einem Michelwert von 500 € oder einem Marktwert ab 150 €, den der Prüfer nach billigem Ermessen schätzt, werden in keinem Fall, insbesondere auch nicht bei Qualitätsbeeinträchtigungen, signiert. Solche Prüfgegenstände erhalten einen Kurzbefund, Befund oder ein Attest. Der Prüfer nimmt eine Signierung solcher Prüfgegenstände – auch auf Verlangen des Auftraggebers – nicht vor.

6.6. Geringwertige Prüfstücke erhalten in der Regel kein Prüfzeichen. Ein Prüfzeichen wird keinesfalls angebracht, wenn das geringwertige Prüfstück mit höherwertigen Marken verwechselt werden kann. Solche Prüfstücke können durch Typen-Stempel ohne namentliches Signum des Prüfers klassifiziert werden.

6.7. Prüfgegenstände mit zeitgerechten Abstempelungen zu philatelistischen Zwecken werden wie sonstige echt gestempelte Prüfgegenstände behandelt.

6.8. Amtliche Neudrucke oder Nachdrucke erhalten rückseitig das Signum „Neudruck“ bzw. „Nachdruck“ und das Prüfzeichen in der Mitte des Unterrandes. Private Neudrucke oder Nachdrucke werden nicht signiert. Auf unerlaubte Art oder in betrügerischer Absicht von echten oder nachgemachten Druckformen hergestellte Erzeugnisse sind wie Fälschungen zu behandeln.

6.9. Für das Prüfgebiet „Deutsche Inflation“ besteht aus historischen Gründen folgende Sonderregelung in der Signierungspraxis: Die Signierung in allen Teilen echter gebrauchter Prüfgegenstände erfolgt zusätzlich durch den Rundstempel „Echt – INFLA-Berlin“ oder den Quadratstempel „Echt – im Block geprüft – INFLA-Berlin“ zur Bestätigung der echten und zeitgerechten Entwertung.

7. Kennzeichnung falscher Prüfgegenstände, Prüfungen ohne eindeutiges Ergebnis

7.1. Falsche und verfälschte Prüfgegenstände erhalten den Stempel „falsch“ und das dazu quergestellte Prüfzeichen, und zwar Marken in der Mitte der Rückseite und Briefstücke sowie Ganzstücke zusätzlich vorderseitig neben der Marke bzw. dem Wertstempel oder Stempel.

7.2. Echte, aber falsch entwertete Prüfgegenstände (Stempelfälschungen und Stempelverfälschungen) erhalten den Vermerk „Stempel falsch“ und das dazu quergestellte Prüfzeichen, und zwar Marken in der Mitte der Rückseite und Briefstücke sowie Ganzstücke zusätzlich vorderseitig neben der Marke bzw. dem Wertstempel oder Stempel.
Falsch gummierte Marken erhalten rückseitig in der Markenmitte den Vermerk „Gummi falsch“ und das dazu quergestellte Prüfzeichen.

7.3. Fälschungen zum Schaden der Post, Spionagefälschungen und ähnliche zur Freimachung von Postsendungen bestimmte Erzeugnisse erhalten kein Prüfzeichen, sondern werden gemäß Ziffer 5 behandelt.

7.4. Der Prüfer ist zur gut sichtbaren und untilgbaren Kennzeichnung von Fälschungen berechtigt und verpflichtet. Auch vorhandene unzutreffende Atteste, Befunde oder Kurzbefunde werden entsprechend gekennzeichnet. Ausnahmen hiervon sind nur im Rahmen vom BPP veröffentlichter Sonderprüfungen zulässig.
Der Auftraggeber erklärt sich hiermit ausdrücklich einverstanden.

7.5. Kann der Prüfer auch unter Anwendung aller ihm zumutbarer Prüfmethoden und bei Berücksichtigung des für sein Prüfgebiet maßgeblichen Standes der philatelistischen Forschung nicht mit Sicherheit die Echtheit des Prüfgegenstandes oder das Vorliegen einer Fälschung bestätigen, so kann er den Prüfgegenstand mit dem Bemerken, dass ein eindeutiges Prüfergebnis nicht feststellbar sei, ohne jede Kennzeichnung zurückgeben.

8. Abwicklung des Prüfauftrages, Pflichten des Auftraggebers

8.1. Die Prüfgegenstände sind geordnet in sauberem, lose gestempelte Marken in papier- und falzfreiem Zustand, mit einer Aufstellung bzw. Kopie der eingelieferten Prüfgegenstände vorzulegen.

8.2. Der Auftraggeber ist verpflichtet, den Prüfer auf alle ihm bekannten Umstände aufmerksam zu machen, die zu einer Fehlbeurteilung führen können. Insbesondere sind dem Prüfer bereits bekannte Prüfungsurteile, Ergebnisse von Vorprüfungen, Fehler, Reparaturen, Nachzähnungen oder Nachgummierungen an dem Prüfgegenstand bei der Vorlage mitzuteilen und bereits vorhandene Befunde und/oder Atteste vorzulegen. Der Auftraggeber ist weiterhin verpflichtet, den Prüfer zu informieren, wenn ihm von dem Prüfgegenstand weitere gleiche Exemplare aus einer zerteilten oder noch ungeteilten Einheit, wie z. B. einem Briefmarkenbogen oder -teilbogen, vorliegen. Infolge der schuldhaften Verletzung der dem Auftraggeber gegenüber dem Prüfer obliegenden Verpflichtungen ist der Auftraggeber gegenüber dem Prüfer zum Ersatz des sich daraus ergebenden Schadens verpflichtet. Darüber hinaus ist der Auftraggeber verpflichtet, den Prüfer unverzüglich auf etwaige Fehler oder Mängel des Gutachtens hinzuweisen, um ihm die Möglichkeit einer etwaigen Berichtigung des Gutachtens zu geben.

8.3. Die Gefahr für die Versendung des Prüfgegenstandes an den und vom Prüfer trägt der Auftraggeber. Hierbei hat der Auftraggeber eine Versandform zu wählen, die den Zugang der Prüfsendung gegen Unterschriftsleistung des Prüfers oder seines Empfangsbevollmächtigten sicherstellt (z. B. Übergabe-Einschreiben, Paket, Expressbrief gegen Übergabe etc.). Eine Versandform hingegen, bei der der Postdienstleister den Einwurf in einen Briefkasten bescheinigt (z. B. Einwurf-Einschreiben, normaler Expressbrief etc.) erbringt den Zugangsnachweis nicht. Dem Auftraggeber ist es freigestellt, seinerseits eine Versicherung der Prüfsendung vorzunehmen.

9. Haftung des Prüfers und Haftungsumfang

9.1. Der Prüfer haftet nach Maßgabe dieser Prüfordnung und der gesetzlichen Bestimmungen für eine zum Zeitpunkt der Prüfung fachgerechte, dem Stand der philatelistischen Kenntnisse und Erfahrungen entsprechende Prüfung.

9.2. Der Prüfer haftet bezüglich der Feststellung der seiner Prüfung zugrunde liegenden Tatsachen und des jeweiligen Standes der philatelistischen Kenntnisse dem Auftraggeber auch für einfache Fahrlässigkeit.
Die Einordnung eines Prüfgegenstandes zu einer bestimmten Farbbezeichnung im Katalog wird der Prüfer nach bestem Wissen und Gewissen vornehmen. Eine Haftung des Prüfers begründet die Einordnung in Übergangs- und Grenzbereichen von Farbbezeichnungen (vgl. Ziffer 4.2 der Prüfordnung) nicht, zumal diese subjektven Kriterien unterliegt.
Für die Verletzung unwesentlicher Vertragspflichten haftet der Prüfer im Falle einfacher Fahrlässigkeit nicht. Die vorstehende Haftungsbegrenzung gilt für Ansprüche aus jeglichem Rechtsgrund, die vom Auftraggeber oder auf der Grundlage des Prüfauftrages von Dritten gegenüber dem Prüfer geltend gemacht werden.
Hat der Auftraggeber oder Dritte einen Schaden und haftet der Prüfer dem Auftraggeber oder Dritten für einfache Fahrlässigkeit, so beschränkt sich seine Haftung auf den Wert des Prüfgegenstandes zum Zeitpunkt der Prüfung, wenn dieser fälschlicherweise als falsch oder schlecht erhalten beurteilt wurde. Wurde der Prüfgegenstand fälschlicherweise als echt oder gut erhalten beurteilt, beschränkt sich die Haftung des Prüfers auf den Wert, den eine dem Prüfgegenstand entsprechende echte oder gut erhaltene Prüfvorlage im Zeitpunkt der Prüfung hatte. Entgangener Gewinn, auch nach Durchführung der Prüfung eingetretene Wertsteigerungen werden nicht ersetzt. Liegen die Voraussetzungen des § 310 Abs. 1 BGB vor, so gilt die vorstehende Haftungsbegrenzung auch bei grob fahrlässigem Verhalten des Prüfers oder seiner Erfüllungsgehilfen.
Soweit in einem solchen Fall der Prüfer gegenüber einem Dritten haftet, entfällt diese Haftung gegenüber demjenigen Dritten, dem gegenüber in der Veräußerungskette zwischen Auftraggeber und Drittem bzw. zwischen Dritten untereinander die Gewährleistung ausgeschlossen oder beschränkt wurde, es sei denn, er hätte sich die Gewährleistungsansprüche abtreten lassen.
Für eine vorgenommene zutreffende Signierung ohne Zustimmung des Auftraggebers haftet der Prüfer nicht. Eine versehentlich in der Stellung des Prüfzeichens unzutreffende Signierung führt nicht zu einer Haftung des Prüfers. In diesem Fall wird der Prüfer kostenlos einen Kurzbefund, einen Befund oder ein Attest erstellen, in dem die unzutreffende Signierung richtig gestellt wird.

9.3. Die in Ziffer 9.2 aufgeführten Haftungsbeschränkungen gelten nicht bei dem Prüfer zurechenbaren Verletzungen des Lebens, Körpers oder der Gesundheit des Auftraggebers.

9.4. Soweit der Prüfer gegenüber Dritten aus dem Prüfvertrag haftet, reichen die gegen ihn gerichteten Ansprüche nicht weiter als die dem Auftraggeber selbst zustehenden Ansprüche. Auch für den Dritten gelten die in der Prüfordnung festgelegten Haftungsbeschränkungen.

9.5 Kommt der Prüfer nach Abschluss der Prüfung zu der Erkenntnis, dass das zunächst festgestellte Ergebnis seiner Prüfung unzutreffend ist, ist der Auftraggeber verpflichtet, dem Prüfer durch Vorlage des Prüfgegenstandes bzw. Attestes, Befundes oder Kurzbefundes am Sitz des Prüfers eine Korrektur zu ermöglichen. Das gleiche gilt im Falle der Geltendmachung eines Schadensersatzanspruches. Diese Verpflichtung entfällt, wenn der Auftraggeber weder Eigentümer noch Besitzer des Prüfgegenstandes ist. Das ursprüngliche Prüfergebnis muss erkennbar bleiben.

9.6. Eine Haftung des Bundes Philatelistischer Prüfer e.V. für seine als Prüfer tätigen Mitglieder ist ausgeschlossen.

9.7. Sind die Voraussetzungen für die Leistung von Schadensersatz durch den Prüfer gegeben, dann kann der Prüfer nach seiner Wahl entweder ein gleichwertiges Ersatzstück liefern oder den entstandenen Schaden in bar ersetzen.

9.8. Der Auftraggeber ist verpflichtet, alles zu tun, um den Eintritt und die Höhe des Schadens zu mindern (§ 254 BGB). Für den Fall seiner Inanspruchnahme durch Dritte hat der Auftraggeber dem Prüfer unverzüglich Anzeige zu machen.

10. Anspruch des Prüfers auf Vergütung

10.1. Der Prüfer berechnet für seine Tätigkeit, auch Neu- oder Nachprüfung, eine Vergütung.

10.2. Die Vergütung beträgt, wenn nichts anderes vereinbart ist, bis zu 4% vom jeweiligen MICHEL-Katalogwert oder, wenn ein solcher nicht feststellbar ist, bis zu 10% vom Handelswert, den der Prüfer nach billigem Ermessen schätzen darf. In einem solchen Fall können die Parteien die Prüfvergütung auch auf Grundlage einer individuellen Absprache vor Abschluss der Prüftätigkeit einvernehmlich festlegen.
In der Regel beträgt die Mindestvergütung für jede Prüfsendung € 25,—. Die Mindestvergütung für jede einzelne vorgelegte Marke beträgt € 3,—, für jedes Briefstück oder Ganzstück € 5,—, auch wenn keine Signatur angebracht wird.
Bei Briefstücken oder Ganzstücken mit mehr als drei verschiedenen Marken kann für die Typisierung eine zusätzliche Vergütung von € 1,— pro Marke berechnet werden.

10.3. Die Vergütung für als falsch oder verfälscht zu kennzeichnende Prüfgegenstände beträgt jeweils bezogen auf einen echten, gleichartigen Prüfgegenstand entweder bis zu 1% des MICHEL-Katalogwertes gemäß Ziffer 10.2. oder, wenn ein solcher nicht feststellbar ist, bis zu 2,5% des Handelswertes, den der Prüfer nach billigem Ermessen schätzen darf. Die Höhe der Mindestvergütung für jede Prüfsendung und jeden einzelnen Prüfgegenstand gemäß Ziffer 10.2 bleibt unverändert.
Ist die Feststellung eines eindeutigen Prüfergebnisses für einen Prüfgegenstand nicht möglich, darf nur die Mindestvergütung gemäß Ziffer 10.2 in Anrechnung gebracht werden, es sei denn, der Prüfer macht höheren Aufwand geltend, dann gilt die Vergütungsregelung gemäß dem ersten Absatz der Ziffer 10.3.

10.4. Für besonders zeitintensive und schwierige Prüfungen kann der Prüfer einen vorher schriftlich zu vereinbarenden Aufschlag verlangen. Dies gilt auch für das Einordnen von Prüfgegenständen nach Druckart, Type, Wasserzeichen, Trennungsart, Farbe, Lochung und Papier.

10.5. Die zusätzliche Vergütung für die Ausstellung eines Attestes beträgt € 20,–, für einen Befund € 10,–, für einen Kurzbefund in Großformat € 8,– und für einen Kurzbefund in Kleinformat € 5,–.
Die zusätzliche Vergütung entfällt bei einzelnen Prüfgegenständen, für die die abgerechnete Prüfvergütung ohne die Vergütung für die Ausstellung des Attestes über 150 Euro (ohne Mehrwertsteuer) beträgt.

10.6. Die Vergütung wird mit Zugang der Prüfrechnung beim Auftraggeber fällig. Sie kann durch Nachnahme erhoben werden.

10.7. Neben der Vergütung berechnet der Prüfer seine Versand-, Versicherungs- und Verpackungskosten sowie gegebenenfalls, soweit er der Steuerpflicht unterliegt, die gesetzliche Mehrwertsteuer.

10.8. Der Prüfer kann eine Vorauszahlung in Höhe der zu erwartenden Vergütung einschließlich Versandkosten verlangen. Soweit nicht Vorauszahlung der Vergütung erfolgt oder diese nicht durch Nachnahme erhoben wird, kann der Prüfer die Prüfgegenstände bis zur Zahlung seiner Rechnung zurückbehalten.

10.9. Gegen Ansprüche des Prüfers auf Zahlung der Vergütung kann der Auftraggeber nur aufrechnen, wenn seine geltend gemachte Gegenforderung unbestritten oder rechtskräftig festgestellt ist.

11. Verjährung

Ansprüche des Auftraggebers wegen mangelhafter Vertragserfüllung sowie Schadensersatzansprüche gegen den Prüfer, gleich aus welchem Rechtsgrund, verjähren im Falle einfacher Fahrlässigkeit des Prüfers oder seiner Erfüllungsgehilfen spätestens nach einem Jahr, sofern sich aus den gesetzlichen Bestimmungen nicht eine kürzere Verjährungsfrist ergibt. Der Verjährungsbeginn richtet sich nach den gesetzlichen Vorschriften.
Die vorstehende Begrenzung der Verjährungsfrist gilt nicht im Falle von dem Prüfer zurechenbaren Verletzungen des Lebens, Körpers oder der Gesundheit des Auftraggebers.

12. Erfüllungsort und Gerichtsstand

12.1. Hat der Auftraggeber keinen allgemeinen Gerichtsstand im Inland oder verlegt er seinen Wohnsitz oder gewöhnlichen Aufenthaltsort aus dem Inland oder ist sein Wohnsitz oder gewöhnlicher Aufenthaltsort zum Zeitpunkt der Klageerhebung nicht bekannt, so ist der Wohnsitz des Prüfers ausschließlicher Gerichtsstand.
Hat der Prüfer keinen allgemeinen Gerichtsstand im Inland oder verlegt er seinen Wohnsitz oder gewöhnlichen Aufenthaltsort aus dem Inland oder ist ein solcher nicht bekannt, so ist der Sitz des Bundes Philatelistischer Prüfer e.V. ausschließlicher Gerichtsstand.

12.2. Ist der Auftraggeber Kaufmann, juristische Person des öffentlichen Rechts oder öffentlich rechtliches Sondervermögen, so ist der Wohnsitz des Prüfers ausschließlicher Gerichtsstand, sofern dieser zum Zeitpunkt der Klageerhebung in der Bundesrepublik Deutschland besteht.

12.3. Vorbehaltlich der Ziffern 12.1 und 12.2 ist der Erfüllungsort für alle Beteiligten der Wohnsitz des Prüfers.

12.4. Auf die Rechtsbeziehungen zwischen dem Prüfer und seinem Auftraggeber findet das Recht der Bundesrepublik Deutschland Anwendung.

13. Ergänzungen der Prüfordnung

Für einzelne Prüfgebiete bestehen aufgrund historischer Gegebenheiten und Besonderheiten des Prüfgebietes Sonderregeln, welche die Prüfordnung ergänzen. Auch diese sind entsprechend Ziffer 2.2 der Prüfordnung anzuerkennen.
Sämtliche Sonderregeln sind in jeweils gültiger Form im Internet (www.bpp.eu oder www.bpp.de) veröffentlicht und können vom jeweiligen Prüfer angefordert werden.

14. Schlussbestimmungen

Sollten einzelne Bestimmungen dieser Prüfordnung unwirksam sein oder werden, so wird hierdurch die Wirksamkeit der übrigen Bestimmungen nicht berührt.

Diese Prüfordnung tritt mit ihrer Veröffentlichung im Internet **(www.bpp.eu oder www.bpp.de)** zum 01. Juli 2003 in Kraft.
Änderungen wurden am 1.5.2004, 30.4.2005, 29.4.2006, 21.4.2007, 2.5.2009, 29.5.2010, 21.5.2011, 5.5.2012, 20.4.2013, 17.5.2014, 30.4.2016 und 29.4.2017 beschlossen. Letztere treten zum 1.7.2017 in Kraft. Die vorhergehenden Änderungen sind bereits jeweils zum 1.7. der betreffenden Jahre 2004 bis 2016 bzw. zum 1.8. der Jahre 2010 und 2011 in Kraft getreten.

Prüferliste (Stand 8.6.2018)

Prüfgebiete
(In der Regel incl. Ganzsachen, Barfrankaturen und Notentwertungen)

1. Vorphilatelistische Belege und Briefe bis 1875
(keine Markenprüfungen)

Europäische Nord-Süd-Transite: Dr. Helbig

Vorphilatelie einzelner Länder: siehe dort

2. Altdeutschland

Baden: Stegmüller
Bayern:
1849–1875 (Kreuzerzeit): Sem, Stegmüller
1876–1911 (Wappen – Pfennigzeit): Dr. Helbig, Sem
1876–1920 (Pfennigzeit): Dr. Helbig
Flugmarke MiNr. F I und Luftpost-Ganzsachen
MiNr. LP 1–2: Dr. Helbig
Infla-Stempel (1914/20): Dr. Helbig, Dr. Oechsner
Bergedorf: Dr. Mozek
Braunschweig: Lange, Dr. Wilderbeek
Bremen: Heitmann, Neumann
Hamburg: Lange, Mehlmann
Hannover: F. Berger, Jäschke-Lantelme
Helgoland: Estelmann, Heitmann
Lübeck: Mehlmann
Mecklenburg-Schwerin: F. Berger, Jäschke-Lantelme
Mecklenburg-Strelitz: F. Berger, Jäschke-Lantelme
Oldenburg: F. Berger, Stegmüller
Preussen: Wasels
Sachsen: Vaatz
Schleswig-Holstein und Lauenburg: Møller
Thurn und Taxis: Sem
Württemberg:
MiNr. 1–43: Heinrich, Irtenkauf
MiNr. 44–62: Heinrich, Klinkhammer, Winkler
Dienstmarken (einschl. Farben): Klinkhammer, Winkler
Telegraphenmarken: Heinrich, Klinkhammer, Winkler
Norddeutscher Postbezirk: Mehlmann
Elsass-Lothringen und Feldpost 1870–71: Mehlmann

3. Deutsches Reich 1872–1945

1872–1916:
MiNr. 1–30: Jäschke-Lantelme, Krug, Zill
MiNr. 31–52: Jäschke-Lantelme, Petry (Prüfungen erst wieder ab 1.7.2018), Wiegand
MiNr. 53–97: (ohne MiNr. A I): Jäschke-Lantelme
MiNr. A I (Vineta-Prov.): Dr. Mozek
Flugpost 1912 (MiNr. I–VI): Jäschke-Lantelme
Feldpost 1914–19: Haspel
Marineschiffspost 1914–19: Haspel

1916–1945
MiNr. 98–337: Bauer, Fleiner, Tworek, Weinbuch
MiNr. 338–910: Dr. Oechsner, A. Schlegel, H.-D. Schlegel

Dienstmarken:
MiNr. I–II: Jäschke-Lantelme, Wiegand
MiNr. 1–14: Jäschke-Lantelme
MiNr. 16–98: Bauer, Fleiner, Tworek, Weinbuch
MiNr. 52–64: Klinkhammer
MiNr. 99–177: Dr. Oechsner, A. Schlegel, H.-D. Schlegel
POL-Lochungen: derzeit nicht besetzt
Dienstkontrollaufdrucke Frankfurt, Langenschwalbach, Mecklenburg, Stuhm:
Bauer, Dr. Böheim, Fleiner, Tworek, Weinbuch
Dienstkontrollaufdrucke Wiesbaden, Erlenhof:
Bauer, Dr. Böheim, Fleiner, Tworek, Weinbuch

Deutsche Lokalausgaben 1922–23:
Bauer, Dr. Böheim, Fleiner, Dr. Oechsner, Tworek, Weinbuch

Kriegs- und Propagandafälschungen
des I. Weltkrieges (MiNr. 1–8): Pieles
des II. Weltkrieges (MiNr. 1–51 und Widerstandsorganisationen MiNr 1–42): Pieles

4. Deutsche Auslandspostämter und Kolonien

Vorläufer aller Auslandspostämter und Kolonien: Jäschke-Lantelme, Steuer
Deutsche Post in China: Jäschke-Lantelme (incl. Handstempelaufdrucke MiNr. 8–14, I–IV), Steuer (ohne Handstempelaufdrucke)
Feldpost 1900–01 (keine Markenprüfung): Haspel
Deutsche Post in Marokko: Jäschke-Lantelme, Dr. Provinsky, Steuer
Deutsche Post in der Türkei (ohne Militärmission): Jäschke-Lantelme, Steuer
(ohne Vorläufer und Militärmission): Wiegand
Militärmission 1914–19: Haspel
Deutsch-Neuguinea (ohne GRI): Jäschke-Lantelme, Dr. Provinsky, Steuer
Deutsch-Ostafrika: Jäschke-Lantelme, Dr. Provinsky, Steuer
Deutsch-Südwestafrika: Jäschke-Lantelme, Meiners (ohne Vorläufer), Steuer
Feldpost 1903–07 (keine Markenprüfung): Haspel
Kamerun (ohne GRI): Brekenfeld, Jäschke-Lantelme, Steuer
Karolinen: Brekenfeld, Jäschke-Lantelme, Steuer
Kiautschou: Jäschke-Lantelme, Steuer
Marianen: Jäschke-Lantelme, Dr. Provinsky, Steuer
Marshall-Inseln (ohne GRI): Jäschke-Lantelme, Dr. Provinsky, Steuer
Samoa (ohne GRI): Jäschke-Lantelme, Steuer
Togo (ohne GRI): Brekenfeld, Jäschke-Lantelme, Steuer
Kriegsgefangenenpost Japan 1914–20: Haspel
Südsee-Seepost: (Deutsche Seepostlinien): Brekenfeld
Ozeanreederei, Tauchbootpost (MiNr. 3–16): Wagner

5. Deutsche Besetzungsausgaben 1914 bis 1918, Abstimmungsgebiete 1920 und 1935, Belg. Militärpost im Rheinland, Eupen und Malmédy, Danzig, Memel

Belgien: Wasels
Etappengebiet West: Wasels
Postgebiet Ob. Ost: Huylmans (nur Libau, Landesbotenpost 10. Armee), Wasels
Dorpat: Wasels
Libau: A. Schlegel
Polen: (ohne Lokalpost) Wasels
Rumänien: Wasels

Allenstein: Gruber, Wasels
Marienwerder: Bock
Oberschlesien: Gruber
Saargebiet:
MiNr. 1–52: Braun
MiNr. 53–205: Geigle
Dienstmarken MiNr. 1–32: Bärsch, Geigle
Schleswig: Gruber
Belgische Militärpost im Rheinland: Dr. Hoffner
Eupen und Malmédy, Eupen, Malmédy: Dr. Hoffner
Danzig: Gruber, Dr. Oechsner, Soecknick (nur auf Anfrage), Tworek
Memel: Haslau, Huylmans

6. Böhmen und Mähren, Generalgouvernement, Deutsche Besetzungsausgaben 1939–1945

Böhmen und Mähren: Pfeiffer
Mährisch-Ostrau MiNr. 1–63: Pfeiffer
Generalgouvernement (inkl. „Frank-Marke"): Pfeiffer, Schweizer
Estland: Löbbering
Kurland: Watzke
Lettland: Watzke
Litauen: Huylmans
Ostland: Watzke
Russland: Zirath
Ukraine: Zirath

7. Deutsche Feldpost 2. Weltkrieg

MiNr. 1: Gabisch
MiNr. 2–4 (Päckchenfeldpost): Gabisch
MiNr. 5 (Tunis): Gabisch
MiNr. 6–12 (Inselpost): Petry
MiNr. 13 (U-Boot Hela): Gabisch
MiNr. 14–15 (Kuban, Krim): Zirath
MiNr. 16 (Kurland): Gabisch
MiNr. 17 (Ruhrkessel): Petry (nur ungebraucht)
Ostpreußen – Feldpost: Gabisch

8. Deutschland ab 1945

Lokalausgaben 1945/1946

Altdöbern: Dr. Penning
Altentreptow: Kramp
Apolda: Dr. Harder, Kunz
Arnsberg: –
Bad Nauheim: Barth
Bad Saarow: Kunz
Bad Schmiedeberg:
Kunz, Dr. Penning (Prüfung vorübergehend eingestellt)
Brackwede: Barth
Braunsbedra: –
Bünde: Kunz
Cottbus: –
Demmin: Kramp
Döbeln: Kunz, Dr. Penning (Prüfung vorübergehend eingestellt)
Düsseldorf: Barth
Eckartsberga: Kunz
Ellingen: Barth
Finsterwalde: Kunz
Flensburg: –
Fredersdorf: Dr. Harder
Freudenstadt: Dr. Penning
Glauchau: Dr. Penning (MiNr. 9, 11, 18–42, Meerane-Provisorium)
Görlitz: Kunz, Dr. Penning (Prüfung vorübergehend eingestellt)
Grabow: Kramp
Großräschen: Dr. Jasch, Kunz
Hamburg: Wehner
Hamm: –
Kiel: Wehner
Köln: Barth
Löbau: Kunz
Löhne: –
Lübbenau: –
Lütjenburg: Barth
Meißen: Dr. Penning
Mindelheim: Kunz
Netzschkau-Reichenbach:
Kunz, Dr. Penning (Prüfung vorübergehend eingestellt)
Niesky: Kunz, Dr. Penning (Prüfung vorübergehend eingestellt)
Perleberg: Barth
Plauen: Kunz
Röhrmoos: Dr. Penning
Spremberg: Kunz
Storkow: Kunz
Strausberg: Kunz
Titisee: Dr. Penning
Unna: Wehner
Wittenberg: –
Wuppertal: Barth

Gebiete ohne Namensangabe sind derzeit nicht besetzt.

Alliierte Besetzung – Gemeinschaftsausgaben (MiNr. 911–970):
A. Schlegel (ohne Farbbestimmung),
H.-D. Schlegel (ohne Farbbestimmung)

Sowjetische Zone (MiNr. 1–165 inkl. Postmeistertrennungen, Ganzsachen, Barfrankaturen und Notentwertungen):

Berlin und Brandenburg (MiNr. 1–7): Dr. Jasch, Schulz
Mecklenburg-Vorpommern (MiNr. 8–40): Kramp
Bundesland Sachsen, Sächsische Schwärzungen (inkl. Ganzsachen, Barfrankaturen und Notentwertungen):
Brett, Dr. Penning (nur auf Anfrage)
Ostsachsen (MiNr. 41–65): Dr. Jasch, Kunz
Provinz Sachsen (MiNr. 66–91, mit POL-Lochungen): Dr. Jasch, Schulz
Thüringen (MiNr. 92–115): Dr. Jasch, Schulz
Westsachsen (MiNr. 116–165): Dr. Jasch, Schulz
Bezirksstempel (MiNr. 166–181, I-IV):
Bezirk 3: Dr. Böheim, Dr. Kalb
Bezirk 14: Dr. Böheim, Dr. Kalb
Bezirk 16: Dr. Böheim, Dr. Kalb, Wagner
Bezirk 20: Dr. Böheim, Dr. Kalb
Bezirk 27: Dr. Böheim, Dr. Kalb
Bezirk 29/2°: Dr. Böheim, Dr. Kalb
Bezirk 36: Dr. Böheim
Bezirk 37: Dr. Böheim, Fullgraf
Bezirk 38: Dr. Böheim, Fullgraf
Bezirk 41: Dr. Böheim, Dr. Kalb
MiNr. 182–241: Paul, Ruscher

Deutsche Demokratische Republik:

1949–1990: König, Paul, Ruscher
Dienstmarken Gruppe A–E: König, Paul, Ruscher

Berlin: A. Schlegel, H.-D. Schlegel
Zusammendrucke, Markenheftchen,
Rollenmarken: derzeit nicht besetzt

Saarland (inkl. OPD Saarbrücken): Geigle

Französische Zone:

Allgem. Ausgaben: H.-D. Schlegel,
Straub (mit Typbestimmung)
Baden MiNr. 1–57: H.-D. Schlegel,
Straub (mit Typbestimmung)
Rheinland-Pfalz MiNr. 1–52: H.-D. Schlegel,
Straub (mit Typbestimmung)
Württemberg MiNr. 1–52: H.-D. Schlegel,
Straub (mit Typbestimmung)
Württemberg-Wohnungsbau: Harlos, Straub
Barfrankaturen, Notentwertungen, Ganzsachen: Straub

Bizone:

MiNr. 1–35 (AM-Post): A. Schlegel (Prüfungen nur auf Anfrage), Wehner
MiNr. 36–68, I–A IX (Band/Netz) : A. Schlegel, H.-D. Schlegel
MiNr. 69–72 (Kölner Dom): Rolle, A. Schlegel, H.-D. Schlegel
MiNr. 73–100 (Bauten): Rolle, Stemmler
MiNr. 101–110: Rolle, A. Schlegel, H.-D. Schlegel
Postkarten als Aufbrauchs- und Behelfsausgaben, lokale Notausgaben: Wehner

Bundesrepublik: A. Schlegel, H.-D. Schlegel
Notopfermarken: Harlos, Rolle
Zusammendrucke und Markenheftchen: A. Schlegel, H.-D. Schlegel
Rollenmarken: derzeit nicht besetzt

9. Europa

Vorphilatelistische Belege und Briefe bis 1875 (keine Markenprüfungen)

Europäische Nord-Süd-Transite: Dr. Helbig

Weltraumpost: Hopferwieser

Estland: Löbbering
Färöer: Møller
Finnland (mit Aunus, Karelien, Nordingermanland): Schwenson
Gibraltar: Hamilton-Bowen
Griechenland:
MiNr. 1–157, Vorphilatelie, Auslandspostämter, Cholera- und sonstige Nebenstempel: Simmermacher
Grönland: Møller
Großbritannien:
MiNr. 1–101 (ohne Dienst): Louis
Ionische Inseln: (nur MiNr. 1–3 u. Vorphilatelie): Simmermacher
Irland: Hamilton-Bowen
Island: Daebel, Møller
Italien:
MiNr. 1–641, Dienst und Porto MiNr. 1–36: Newiger
ab MiNr. 666 inkl. Porto- und Paketmarken: derzeit nicht besetzt
Sardinien: Newiger
Jugoslawien: Huzanic (MiNr. 1–450, Porto MiNr. 1–73)
Kroatien
sogen. NDH Kroatien 1941–45: Huzanic
Feldpost der deutschen Wehrmacht in Kroatien 1941–45: derzeit nicht besetzt
Lokalausgabe Banja Luka: Huzanic
Kroatien ab 1991 einschl. Republik Herceg-Bosna (ab 1993): derzeit nicht besetzt
Lettland: Watzke
Liechtenstein: ab 1912, inkl. Mitläufer, ohne Flug- und Zeppelinpost: Dr. Hoffner
Litauen:
1918–1940: Huylmans
Lokalausgaben 1919/1920 (Rossingen, Grodno, Telschen): Huylmans
Luxemburg: Böttger (ohne Dienstmarken und Vorausentwertungen)
Malta: Hamilton-Bowen
Niederlande: Vleeming
Norwegen: Enger
Österreich:
1850–67: Goller
ab MiNr. 44 (ohne Lokalausgaben und Nebengebiete): Soecknick
ab MiNr. 660: Dr. Glavanovitz
Bosnien und Herzegowina: Goller, Soecknick
DDSG: Goller
Levante und Kreta: Goller
Lombardei – Venetien: Goller
Polen:
1764–1915 (MiNr. 1, russische Marken in Polen verwendet): Pelc
Port Gdansk: Gruber
Polnische Besetzung von Warwiszki: Huylmans
Portugal:
1853–1937: Ehrig
Rumänien:
(bis 1880, einschl. Vorphilatelie): Dr. Gmach
Neu-Rumänien 1919: Barabassy
Schweden:
1855–1900: Dr. Obermüller Wilén
Schweiz:
Kantonalmarken, Schweizerische Eidgenossenschaft – Marken der Übergangszeit MiNr. 1–4: Neumann
Industrielle Kriegswirtschaft: Dr. Hoffner
Dienstmarken 1938–1959 (ohne Kreuzlochungen MiNr. 1–27): Dr. Hoffner
Internationale Organisationen: Dr. Hoffner
Serbien: nur Exilpost Corfu: Simmermacher
Spanien mit Kolonien: Baschwitz
Tschechoslowakei: Darmietzel
Türkei: ab1901: Unger
Ungarn: (MiNr. 1–14 incl. zugeh. Ganzsachen), Hotelpost in Siebenbürgen, Besetzungsausgaben 1919, Westungarn 1921, Lajtabanat: Barabassy
Westukraine (MiNr. I–IV, 1–91, V–XXI): Huylmans

10. Übersee

Vorphilatelistische Belege und Briefe bis 1875 (keine Markenprüfungen)

Südsee-Seepost: Brekenfeld

Weltraumpost: Hopferwieser

Armenien:
MiNr. 1–180: S. Berger
Aruba: Vleeming
Brasilien: Juchert
Chile (einschl. chil. Bes. von Bolivien und Peru, brit. Postanstalten in Chile): Maier
China (bis 1949): Haveman
Kaiserreich China (ohne Halbierungen): Haveman
Volksrepublik (inkl. Nordost-, Nordwest- und Ost-China): Havemann
Kommunistische Vorläufer (ca. 1930–1950): Red Post, Sowjet-Post, Nordwest-China, Nord-China, Ost-China, Nordost-China, Zentral- und Südchina, Südwest-China: Scheibert
Curacao: Vleeming
Dänisch-Westindien: Møller
Haiti: Windel
Japan (ohne Besetzungsausgaben 2. Weltkrieg): Eichhorn, Newiger
Korea: Eichhorn
Niederländische Antillen: Vleeming
Niederländisch Indien: Vleeming (ohne japanische Besetzung)
Spanische Kolonien: Baschwitz
Surinam: Vleeming
Venezuela: Dr. Heister

Nicht aufgeführte Sammelgebiete sind derzeit nicht besetzt.

Notizen:

Anschriften der Prüfer im BPP (Stand 8.6.2018)

Jeweils aktuellster Stand der Prüferliste: www.bpp.de und www.bpp.eu

Geschäftsstelle: Gunnar Gruber, Fritz-Reichle-Ring 4, 78315 Radolfzell, Tel. (0 77 32) 5 24 12, Fax (0 77 32) 92 97 41 E-Mail: gruber@bpp.de. Anfragen nach Möglichkeit bitte per E-Mail.

Die angegebenen Vorwahlnummern gelten von Deutschland aus.

Die mit unterstrichenem Nachnamen aufgeführten Prüfer sind auch als öffentlich bestellte und vereidigte Sachverständige tätig.

Bärsch, Jürgen, Buschungstr. 76, 65205 Wiesbaden, Tel. (06 11) 4 04 66 66, E-Mail: juergen.baersch@allianz.de

Barabassy, Nikolaus, Kertváros utca 23, 1028 Budapest, UNGARN, Tel. (00 36) 3 06 50 55 57, E-Mail: miklos.barabassy@gmail.com

Barth, Norbert, Echter Str. 20, 41844 Wegberg, Tel. (0 24 34) 2 46 64, E-Mail: nori.barth@t-online.de

Baschwitz, German, Avda. Alfonso XIII, 111 Semisotano, 28016 Madrid, SPANIEN, Tel. (00 34) 65 68 10 74, Fax (00 34 91) 3 64 50 18, E-Mail: german@basch.e.telefonica.net

Bauer, Josef, Clemensstr. 50, 80803 München, Tel. (0 89) 1 29 21 03, E-Mail: Josef.g.bauer@t-online.de

Berger, Florian, Mozartstr. 16, 65551 Limburg, Tel. (0 64 31) 7 28 89, Fax (0 64 31) 7 24 03, E-Mail: F.Berger-KG@t-online.de

Berger, Stefan, Neunkirchner Str. 3, 07749 Jena, Tel. (0 36 41) 7 95 89 38, E-Mail: s.c.berger@gmail.com

Bock, Matthias, Schlangenkoppel 18, 22117 Hamburg, Tel. (0 40) 27 86 66 86, E-Mail: mbock@cimw.de

Böheim, Dr. Julius, Fließhornstr. 8, 78465 Konstanz, Tel. (0 75 33) 57 96, Fax (0 75 33) 45 84, E-Mail: dr.boeheim@gmx.de

Böttger, Lars, 10, rue de Grundhof, 6315 Beaufort, LUXEMBURG, Tel. (0 03 52) 67 71, E-Mail: lars.boettger@bdph.de

Braun, Axel, Am Eichweiher 8, 66914 Waldmohr, Tel. (0 63 73) 67 71, Fax (0 63 73) 89 21 58, E-Mail: axel.braun.waldmohr@t-online.de

Brekenfeld, Carsten, Kadettenweg 74, 12205 Berlin, Tel. (0 30) 8 84 30 80, Fax (0 30) 88 43 08 15, E-Mail: CBrekenfeld@t-online.de

Brett, Marcell, Burgerstr. 22, 39288 Burg OT Detershagen, Tel. (0 39 21) 4 59 99 05, E-Mail: marcellbrett@gmx.de

Daebel, Roland, OT Wensickendorf, Stolzenhagener Weg 4, 16515 Oranienburg, Tel. (03 30 53) 7 01 70, Fax/Mailbox (0 32 12) 1 25 20 47, E-Mail: RDaebel@t-online.de

Darmietzel, Peter, Obere Leite 16, 97453 Marktsteinach, Tel. (0 97 27) 17 66, E-Mail: peter@darmietzel.de

Ehrig, Michael, Kurt-Schumacher-Str. 51, 15827 Blankenfelde-Mahlow, Tel. (0 33 79) 37 16 94, Fax (0 33 79) 37 16 96, E-Mail: m.ehrig@gmx.de

Eichhorn, Florian, Adolfsallee 17, 65185 Wiesbaden, Tel. (06 11) 37 26 05, Fax (06 11) 30 62 68, E-Mail: minatobay@yahoo.de

Enger, Hans, Klundbyvn 103, Redalen, 2836 Biri, NORWEGEN, Tel. (0047 6 11) 8 15 55, Fax (0047 6 11) 8 17 37, E-Mail: post@engers-frimerker.no

Estelmann, Oliver, Klarastr. 26, 16540 Hohen Neuendorf, Tel. (0 33 03) 40 97 93, E-Mail: helgola@gmx.net

Fleiner, Udo, Emma-Herwegh-Str. 22, 79114 Freiburg, Tel. (07 61) 61 05 05 50, E-Mail: udo.fleiner@t-online.de

Fullgraf, Heinrich, Im Wirrwinkel 35, 23879 Mölln, Tel. (0 45 42) 36 06, E-Mail: Heinrich.Fullgraf@t-online.de

Gabisch, Guido, Kapellenweg 7, 84347 Pfarrkirchen, Tel. (0 85 61) 98 68 66, Fax (0 85 61) 98 68 67, E-Mail: ggabi@gmx.net

Geigle, Christian E., Postfach 1222, 82026 Grünwald, Almrauschstr. 5, 82031 Grünwald, Tel. (0 89) 69 39 51 81, Fax (0 89) 69 39 51 82, E-Mail: chrgeigle@yahoo.com

Glavanovitz, Dr. Werner, Vorgartenstr. 63/38, 1200 Wien, ÖSTERREICH, Tel. (00 43) 66 42 54 83 70, E-Mail: werner.glavanovitz@chello.at

Gmach, Dr. Gertlieb, Zankenhauser Str. 29, 82279 Eching a. A., Tel. (0 81 43) 86 59, E-Mail: gertlieb@t-online.de

Goller, Arnold, 9640 Kötschach 283, ÖSTERREICH, Tel. (00 43) 66 49 11 01 74, E-Mail: bm-sachverst.goller@gmx.at

Gruber, Gunnar, Fritz-Reichle-Ring 4, 78315 Radolfzell, Tel. (0 77 32) 5 24 12, Fax (0 77 32) 92 97 41, E-Mail: GunnarGruber@t-online.de

Hamilton-Bowen, Roy, Postfach 11 24, 63083 Rodgau, Eisenbahnstr. 8, 63110 Rodgau, Tel. (0 61 06) 30 23, Fax (0 61 06) 30 24, E-Mail: roy.hb@online.de

Harder, Dr. Philipp, Saluferstr. 11, 7000 Chur, SCHWEIZ, Tel. (0041 81) 3 53 60 61, E-Mail: philipp.harder@t-online.de

Harlos, Peter, Postfach 61 64, 31509 Wunstorf, Maxstr. 20, 31515 Wunstorf, Tel. (0 50 31) 91 37 70, Fax (0 50 31) 91 37 71, E-Mail: info@harlos-auktion.de

Haslau, Michael, Pistoriusstr. 138, 13086 Berlin, Tel. (0 30) 92 40 89 58, E-Mail: michael-haslau@t-online.de

Haspel, Rolf, OT Thalheim, Wolfener Str. 2, 06766 Bitterfeld-Wolfen, Tel. (0 34 94) 3 00 13, E-Mail: schiffspost@web.de

Haveman, B. Walter, Saarstr. 17, 73431 Aalen, Tel. (0 73 61) 3 71 07, E-Mail: haveman@gmx.de

Heinrich, Thomas, Eschenweg 66, 71364 Winnenden, Tel. und Fax (0 71 95) 17 88 85, E-Mail: heinrich.winnenden@gmx.de

Heister, Dr. Knut, An der Hüh 9, 53902 Bad Münstereifel, Tel. (0 22 57) 79 96

Heitmann, Claus, Dachauer Str. 111, 80335 München, Tel. (0 89) 54 35 67 74, E-Mail: claus.heitmann@t-online.de

Helbig, Dr. Joachim, Uranusweg 4, Packstation 158 Nr. 2301539, 85609 Aschheim, Tel. (0 89) 9 04 59 87, E-Mail: johelbig@t-online.de

Hoffner, Dr. Johannes, Hintermatt 9, 4417 Ziefen, SCHWEIZ, Tel. (0041 61) 9 31 14 52, E-Mail: johanneshoffner@bluewin.ch

Hopferwieser, Walter Michael, Untere Hauptstraße 31, 7501 Oberdorf im Burgenland, ÖSTERREICH, Tel. (0043 6 64) 5 02 29 98, Fax (0043 6 62) 8 22 04 65, E-Mail: walter@hopferwieser.net

Huylmans, Tobias, Spiegelbergstr. 33, 55283 Nierstein, Tel. (0 61 33) 9 24 67 48 , Fax (0 61 33) 9 24 67 49 E-Mail: huylmans@bpp.de

Huzanic, Mario, Engstringerstr. 2, 8952 Schlieren, SCHWEIZ, Tel. (0041 44) 7 31 99 81, E-Mail: mario.huzanic@madebynet.ch

Irtenkauf, Klaus, Ekkehardstr. 3, 88046 Friedrichshafen, Tel. (0 75 41) 3 52 86, E-Mail: k.irtenkauf@kabelbw.de

Jäschke-Lantelme, Michael, Ahlener Weg 13 c, 12207 Berlin Tel. (0 30) 75 51 90 16, Fax (0 30) 75 51 90 18, E-Mail: info@jaeschke-lantelme.com

Jasch, Dr. Michael, Ritterfelddamm 121, 14089 Berlin, Tel. (03 31) 5 05 35 97, Fax (0 30) 2 13 46 23, E-Mail: DrJasch@t-online.de

Juchert, Bernd, Hauptstraße 99, OT Rädel, 14797 Kloster Lehnin, Tel. u. Fax (0 33 82) 70 23 11, E-Mail: BJuchert@t-online.de

Kalb, Dr. Klaus, Germanenstr. 73, 58509 Lüdenscheid, Tel. (0 23 51) 2 44 74, E-Mail: kaelbchens@t-online.de

Klinkhammer, Marc, Hirschstr. 12, 71254 Ditzingen, Tel. (0 71 56) 96 69 22, E-Mail: marcinstruktion@t-online.de

König, Heiko, Haselnussweg 11, 06849 Dessau, Tel. (03 40) 87 01 90 90, Fax (03 40) 87 01 90 91, E-Mail: info@hettinger-auktionen.de

Kramp, Hans-Ludwig, Am Anger 7A, 19217 Wendorf bei Rieps, Tel. (03 88 73) 3 34 24, E-Mail: hans-ludwig.kramp@t-online.de

Krug, Hansmichael, Postfach 94 01 03, 60459 Frankfurt/Main, Burgfriedenstr. 42, 60489 Frankfurt/Main, Tel. (0 69) 78 80 09 83, Fax (0 69) 78 80 09 82, E-Mail: hansmichael.krug@gmx.de

Kunz, Jens, Am Hellenberg 14/15, 54579 Üxheim, Tel. (0 26 96) 12 73 E-Mail: jk.online@gmx.de

Lange, Gertraud, Birkenallee 28 a, 22147 Hamburg Tel. (0 40) 3 58 92 60, Fax (0 40) 34 21 57, E-Mail: glange@postsenden.de

Löbbering, Thomas, Rudolf-Dietz-Str. 9, 56379 Holzappel, Tel. (0 64 39) 65 01, Fax (0 64 39) 92 97 23 E-Mail: thomas_loebbering@hotmail.com

Louis, Karl-Albert, c/o Fa. Heinrich Köhler, Wilhelmstr. 48, 65183 Wiesbaden, Tel. (06 11) 3 93 81, E-Mail: karl.louis@t-online.de

Maier, Jörg, Postfach 53, 91088 Bubenreuth, Tel. (0 91 31) 2 24 82, Fax (0 91 31), 4 01 12 50

Mehlmann, Volker, Norfer Str. 18, 41539 Dormagen, Tel. (0 21 33) 21 41 99, E-Mail: volker.mehlmann@web.de

Meiners, Roland, Bonner Str. 501, 50968 Köln, Tel. (02 21) 2 57 66 02, Fax (02 21) 2 57 67 45, E-Mail: derichs_GmbH@web.de

Møller, Carl Aage, Bøgebjerg 13 C, 8400 Ebeltoft, DÄNEMARK, Tel. (0045) 40 15 54 02, Fax (0045) 43 97 77 50, E-Mail: cam@philately.dk

Mozek, Dr. Christian, Hermann-Brangs-Straße 47, 47877 Willich, Tel. (0 44 21) 7 55 19 70

Neumann, Till, Postfach 10 29 40, 28029 Bremen, Osterdeich 32, 28203 Bremen, Tel. (04 21) 7 94 02 60, Fax (04 21) 7 94 02 61, E-Mail: tn@klassische-philatelie.de

Newiger, Dieter, Dunckerstr. 59c, 10439 Berlin, Tel. (0 30) 4 46 95 56

Obermüller Wilén, Dr. Helena, Box 1283, 14126 Huddinge, SCHWEDEN, Tel. (0046 8) 6 41 09 11, Fax (0046 8) 6 43 22 38, E-Mail: obermuller.wilen.helena@telia.com

Oechsner, Dr. Helmut P., Gustav-Weißkopf-Weg 13, 90411 Nürnberg, Tel. (09 11) 5 21 68 61, E-Mail: HPOechsner@t-online.de

Paul, Siegfried, Schulzestr. 6, 13187 Berlin, Tel. (0 30) 4 86 97 14, Fax (0 30) 49 91 81 82, E-Mail: paul.siegfried@t-online.de

Pelc, Bogdan, Sächsische Str. 22, 10707 Berlin, Tel. (0 30) 36 43 65 91, E-Mail: Bogdan.Pelc@gmx.de

Penning, Dr. Hans-Karl, Irlenpütz 24, 53332 Bornheim, Tel. (0 22 27) 52 79, Fax (0 22 27) 92 54 57, E-Mail: dr-penning@gmx.de

Petry, Claus, Grabauer Weg 30, 22417 Hamburg, Tel. (0 40) 5 37 22 42, E-Mail: clauspetry@web.de

Pfeiffer, Detlef, Marksuhler Ring 9, 71126 Gäufelden-Öschelbronn, Tel. (0 70 32) 95 42 21, Fax (0 70 32) 91 90 77, E-Mail: pfeiffer-detlef@t-online.de

Pieles, Roland, Indernbucher Str. 17, 91790 Burgsalach, Tel. (0 91 47) 94 03 30, Fax (0 91 47) 94 58 66, E-Mail: psywarstamps@gmail.com

Provinsky, Dr. Peter, Gardeschützenweg 127, 12203 Berlin, Tel. (0 30) 8 43 90 30, E-Mail: P.Provinsky@t-online.de

Rolle, Andreas, Immecker Weg 14 a, 58840 Plettenberg, Tel. 0171 7 00 33 63, E-Mail: rolle@bpp.de

Ruscher, Dr. Karsten, Schulzestraße 6, 13187 Berlin, E-Mail: k.ruscher@web.de

Scheibert, Roman, c/o ROSCH COMPUTER GMBH, Anna-Birle-Str. 9, 55252 Mainz-Kastel, Tel. 01 60 - 8 81 00 03, E-Mail: scheibert@rosch-computer.de

Schlegel, Andreas, Kurfürstendamm 200, 10719 Berlin, Tel. (0 30) 88 55 09 35, Fax (0 30) 88 55 09 37, E-Mail: info@briefmarken-schlegel.de

Schlegel, Hans-Dieter, Berkaer Str. 44, 14199 Berlin, Tel. (0 30) 8 81 34 18, Fax (0 30) 88 55 09 75, E-Mail: hd@schlegel-philatelie.de

Schulz, Dirk, Wasserkunststr. 28, 39124 Magdeburg, Tel. (03 91) 25 54 81 06, Fax (03 91) 25 54 81 20, E-Mail: post@wehama.de

Schweizer, Michael, Moltkestr. 19/1, 73257 Köngen, Tel. (0 70 24) 98 98 10, Fax (0 70 24) 98 98 11, E-Mail: MichaelSchweizer@t-online.de

Schwenson, Cyril, Lindenstr. 13, 29549 Bad Bevensen, Tel. (0 58 21) 4 11 19, E-Mail: c.schwenson@t-online.de

Sem, Peter, Kellerstr. 3, 96163 Gundelsheim, Tel. (09 51) 4 26 20, Fax (09 51) 4 30 48, E-Mail: peter@peter-sem.de

Simmermacher, René, Rathausgasse 6, 79219 Staufen/Breisgau, Tel. (0 76 33) 98 14 80, Fax (0 76 33) 98 14 90 oder Augustinergasse 7, 4001 Basel, SCHWEIZ, Tel (0041 61) 2 61 18 48

Soecknick, Rüdiger, Sebastianplatz 4/3/25, 1030 Wien, ÖSTERREICH, Tel. (00 43 1) 2 08 35 46, E-Mail: ruediger.soecknick@chello.at

Stegmüller, Franz, Postfach 90 09 41, 81509 München, Traunreuter Str. 38, 81549 München, Tel. (0 89) 68 09 37 90, Fax (0 89) 68 09 37 91, E-Mail: franz.stegmueller@t-online.de

Stemmler, Winfried, Kallenbergstr. 65, 70825 Korntal-Münchingen, Tel. (07 11) 1 39 68 29, Fax (07 11) 8 66 14 27, E-Mail: winfried.stemmler@st.com

Steuer, Ronald F., Löwengasse 38/14, 1030 Wien, ÖSTERREICH, Tel. und Fax (0043 1) 9 69 90 14, E-Mail: ronald.steuer@chello.at

Straub, Wolfgang, Wasserweg 1, 61137 Schöneck, Tel. (0 61 87) 44 45, Fax (0 61 87) 9 92 80 54, E-Mail: W.R.Straub@web.de

Tworek, Rolf, Hamburger Str. 15, 59494 Soest, Tel. (0 29 21) 7 98 94, Fax (0 29 21) 7 98 12, E-Mail: Rolf.Tworek@t-online.de

Unger, Arthur, Rodauer Str. 64, 1230 Wien, ÖSTERREICH, Tel. (00 43 1) 9 04 89 13, E-Mail: abunger@tele2.at

Vaatz, Arnold, Grenzstraße 2, 01156 Dresden, Tel. (03 51) 4 53 94 22, Fax (03 51) 4 53 94 21, E-Mail: vaatz@bpp.de

Vleeming, Henk, Postfach 603, 7500 AP Enschede, NIEDERLANDE, Tel. (0031 53) 4 33 55 00, Fax (00 31 53) 4 34 10 94, E-Mail: h.vleeming@opv-stamps.com

Wagner, Günter, Grüner Weg 10, 98527 Suhl, Tel. (0 36 81) 41 65 00, E-Mail: assahun@web.de

Wasels, Heinrich, c/o Auction Galleries, Kleine Reichenstr. 1, 20457 Hamburg, Tel. (00 44 77 71) 51 27 34, E-Mail: hwasels@yahoo.co.uk

Watzke, Wolfgang, Hubertusstr. 10, 53604 Himberg, Tel. (0 22 24) 9 88 73 60, E-Mail: jw-watzke@t-online.de

Wehner, Andreas, Eickener Str. 266, 41063 Mönchengladbach, Tel. (0 21 61) 3 04 51 18, E-Mail: awehner@web.de

Weinbuch, Dieter, Rothenburger Str. 4, 90613 Großhabersdorf, Tel. (0 91 05) 9 93 19 23, Fax (0 91 05) 9 93 19 22, E-Mail: dieter.weinbuch@t-online.de

Wiegand, Manfred, Max-Born-Ring 31, 37077 Göttingen, Tel. (05 51) 37 90 98, Fax (05 51) 3 07 01 91, E-Mail: wiegand.manfred@web.de

Wilderbeek, Dr. Hans, Holstraat 129, 5654 BN Eindhoven, NIEDERLANDE; c/o MEP Europe GmbH, Willstätterstraße 30, 40549 Düsseldorf, Tel. (00 31) 6 23 30 55 98, E-Mail: wilderbeek@gmail.com

Windel, Wolfgang, Glashütter Kirchenweg 21, 22851 Norderstedt, Tel. (0 40) 5 24 13 43

Winkler, Hartmut, Laubenweg 2, 71093 Weil im Schönbuch, Tel. (0 71 57) 52 79 81, Fax (0 71 57) 52 79 83, E-Mail: hartmutwinkler@t-online.de

Zill, Dr. Alexander, Waldluststr. 54, 85540 Haar, Tel. (0 89) 46 98 51, E-Mail: zill.alexander@web.de

Zirath, Walter, Giselaweg 7, 22335 Hamburg, Tel. (0 40) 50 64 49, Fax (0 40) 50 63 87, E-Mail: BriefmarkenZirath@web.de

Mitglieder der Gruppe der öffentlich bestellten und vereidigten Sachverständigen im BPP (wenn nicht in der Prüferliste aufgeführt, ohne Prüftätigkeit)

Die mit unterstrichenem Nachnamen aufgeführten öffentlich bestellten und vereidigten Sachverständigen sind auch als BPP-Prüfer tätig.

12207 Berlin

Jäschke-Lantelme, Michael, Ahlener Weg 13c, 12207 Berlin, Tel. (0 30) 75 51 90 16, Fax (0 30) 75 51 90 18, E-Mail: info@jaeschke-lantelme.com

22459 Hamburg

Buhr, Carl, Gandersheimer Weg 2, 22459 Hamburg, Tel. (0 40) 5 51 14 84, Fax (0 40) 5 55 33 87, E-Mail: carl.buhr@gmx.de

42799 Leichlingen

Hölzer, Arnim, Eulenweg 30, 42799 Leichlingen, Tel. (0 21 75) 89 07 38, Fax (0 21 75) 89 07 40, E-Mail: ArnimHoelzer@t-online.de

50735 Köln

Binder, Gerhard, Niehler Str. 336, 50735 Köln, Tel. (02 21) 25 91 25 31, E-Mail: infla@gmx.net

63110 Rodgau

Hamilton-Bowen, Roy, Eisenbahnstr. 8, 63110 Rodgau, Tel. (0 61 06) 30 23, Fax (0 61 06) 30 24, E-Mail: roy.hb@online.de

65183 Wiesbaden

Hornung, Torsten, Wilhelmstr. 40, 65183 Wiesbaden, Tel. (06 11) 3 75 77 75, Fax (06 11) 3 75 77 80, E-Mail: torsten.hornung@torsten.com

65375 Oestrich-Winkel

Rott, Klaus Peter, Schwarzgasse 4, 65375 Oestrich-Winkel, Tel. und Fax (0 67 23) 17 53, E-Mail: klaus-rott@gmx.de

71254 Ditzingen

Fuchs, Wilfried, Boelckestr. 15, 71254 Ditzingen, Tel. 07 11 29 09 68, E-Mail: rauss-fuchs@t-online.de

90411 Nürnberg

Oechsner, Dr. Helmut P., Gustav-Weißkopf-Weg 13, 90411 Nürnberg, Tel. (09 11) 5 21 68 61, E-Mail: HPOechsner@t-online.de

96163 Gundelsheim

Sem, Peter, Kellerstr. 3, 96163 Gundelsheim, Tel. (09 51) 4 26 20, Fax (09 51) 4 30 48, E-Mail: peter@peter-sem.de

Forschungs- und Arbeitsgemeinschaften im Bund Deutscher Philatelisten (BDPh)

(Auswahl)

Anschriften weiterer Arbeitsgemeinschaften (z. B. Motiv-/Thematikgruppen) sind zu erhalten bei der Bundesstelle Forschung des BDPh: Rainer von Scharpen, Tucholskyweg 5, 55127 Mainz, Tel. (0 61 31) 7 17 27, E-Mail: rainervonscharpen@t-online.de

I. Altdeutschland

Arbeitsgemeinschaft Baden
Prof. Dr. Edwin Fecker, Am Reutgraben 9, 76275 Ettlingen,
E-Mail: fecker@gif-ettlingen.de

Arbeitsgemeinschaft Bayern (klassisch)
Ralph Bernatz, Schriftführer, Szamotuly-Str. 35, 64521 Groß-Gerau,
E-Mail: rbernatz@gmx.de

Arbeitskreis Bremen-Philatelie
Gerhard Fischer, Hinter den Hofen 39, 28757 Bremen

Hamburg
(siehe Postgeschichte Schleswig-Holstein)

Arbeitsgemeinschaft Hannover und Braunschweig
Dr. Ernst-Otto Siegmann, Jasminweg 6, 30916 Isernhagen

Lübeck
(siehe Postgeschichte Schleswig-Holstein)

Arbeitsgemeinschaft Mecklenburg
Horst-Dietrich Fromm, Cottbuser Str. 7, 56075 Koblenz

Arbeitsgemeinschaft Norddeutscher Postbezirk
Ingo von Garnier, Jahnstr. 34, 53797 Lohmar

Oldenburg
(siehe Postgeschichte)

Bundesarbeitsgemeinschaft Preußen
Friedhelm Stautz, Wachtbergstr. 4, 53340 Meckenheim

Forschungsgemeinschaft Sachsen e.V.
Arnim Knapp, 1. Vorsitzender, Taxisstr. 8, 80637 München

Schleswig-Holstein
(siehe Postgeschichte)

Arbeitsgemeinschaft Thurn und Taxis
Heckwolf, Harald, Breite Straße 3, 64832 Babenhausen,
Tel. (0 60 73) 6 39 12, E-Mail: harald.heckwolf@web.de

Arbeitsgemeinschaft Württemberg
Marc Klinkhammer, 1. Vorsitzender,
Hirschstraße 12, 71254 Ditzingen,
Tel. (0 71 56) 96 69 22, E-Mail: marcinstruktion@t-online.de

II. Deutsches Reich bis 1945

Belgien unter deutscher Besetzung – Eupen und Malmédy –
Alfred Schulz, Karolingerstr. 2, 41238 Mönchengladbach

Arbeitsgemeinschaft Protektorat Böhmen und Mähren
Hans-Hermann Paetow, Züricher Str. 110, 28325 Bremen,
Tel. (04 21) 42 95 33

Arbeitsgemeinschaft Brustschilde und Nachverwendete Altdeutschland-Stempel
Peter Beutin, Am Dorfteich 11, 18059 Rostock

ARGE Danzig
Martin Jenrich, Klingenthaler Str. 29, 12627 Berlin,
Tel. (0 30) 9 91 41 66,
E-Mail: martin.jenrich@web.de

Arbeitsgemeinschaft Deutsche Feldpost 1914–1918
Dr. Ulrich Düntsch, Schubertring 50, 26386 Wilhelmshaven

Arbeitsgemeinschaft Deutsche Feldpost 1939–1945
Henning Burchardt, Hubert-Prott-Str. 73, 50226 Frechen

Arbeitsgemeinschaft der Sammler deutscher Kolonialpostwertzeichen
Thomas Knell, Beckenwengert 1, 97246 Eibelstadt,
E-Mail: ag-deutsche-kolonien@gmx.de

Das besetzte Gebiet Luxemburg
Alfred Schulz, Karolingerstr. 2, 41238 Mönchengladbach

Arbeitsgemeinschaft Deutsche Ostgebiete
Hans-Georg Klemm, Sudetenstr. 11, 91080 Uttenreuth

Arbeitsgemeinschaft Generalgouvernement 1939–45
Michael Schweizer, Moltkestr. 19/1, 73257 Koengen,
Tel. 0 700 09 35 26 63, Fax (0 70 24) 98 98 11,
E-Mail: MichaelSchweizer@t-online.de

Arbeitsgemeinschaft Germania-Marken
Arne Karusseit, Teltower Weg 18, 14974 Genshagen,
E-Mail: arkar@gmx.de

Infla Berlin e.V.
(siehe überregionale Bundesvereine)

Arbeitsgemeinschaft Krone/Adler
Manfred Wiegand, Max-Born-Ring 31, 37077 Göttingen,
Tel. (05 51) 37 90 98, Fax (05 51) 3 07 01 91,
E-Mail: wiegand.manfred@web.de

Arbeits- und Forschungsgemeinschaft Saar
Dieter Jungfleisch, Kaiserstr. 1, 66333 Völklingen, Tel. 0 68 98/36 74

Bundesarbeitsgemeinschaft RSV (Rollenmarken, Markenheftchen, Automatenmarken)
Dr. Jürgen Schmidt, Rispenweg 1, 21614 Buxtehude,
Tel. (0 41 61) 6 18 56, Fax (0 41 61) 55 78 88,
E-Mail: juerg_schmidt@arcor.de

Schleswig
(siehe unter Postgeschichte Schleswig-Holstein)

III. Deutschland ab 1945

Alliierte Feld- und Dienstpost in Deutschland
Uwe Kensing, Postfach 12 26, 66703 Perl (Saar)

Arbeitsgemeinschaft Alliierter Kontrollrat 1946/48
Dr. Albrecht Ostermann, Grüner Weg 19, 41812 Erkelenz
E-Mail: albrecht.ostermann@arge-alliierter-kontrollrat.de

Arbeitsgemeinschaft AM-Post
Dr. Kevin Reese, Wilhelm-Middendorf-Str. 28, 26817 Rhauderfehn,
Tel. (0 49 52) 8 97 26 94, E-Mail: kevin.reese@web.de

AGF – Arbeitsgemeinschaft „Forschung Deutsche Bundespost“ e.V.
Michael Hofmeister, Christian-Sauer-Straße 19, 76703 Kraichtal,
Tel. (0 72 51) 96 14 33, Fax (0 72 51) 96 14 34,
Mobil 01 76 47 27 66 24, E-Mail: Michael.Hofmeister@t-online.de,
Internet: www.agf-web.de

Arbeitsgemeinschaft Posthorn-Heuss
Rudolf Häring, Domstiftstr. 4, 68307 Mannheim,
Tel. (06 21) 31 66 01, E-Mail: rudolf-haering@t-online.de

Bautenserie 1948 e.V. Köln, Arbeitsgemeinschaft
Ernst Paulsen, Am Mühlbach 12, 30890 Barsinghausen

Forschungsgemeinschaft Berlin
Reiner Wyszomirski, Anemonenweg 24, 63225 Langen

Arbeitsgemeinschaft Bezirksstempelaufdrucke SBZ 1948
Dr. Claus D. Sommerfeld, Büscherhöfchen 11, 51491 Overath,
Tel. (0 22 06) 8 23 87, E-Mail: claus.sommerfeld@t-online.de

Arbeitsgemeinschaft DDR-Spezial
Henry Biebaß, Oschatzer Str. 32, 01127 Dresden,
E-Mail: geschaeftsstelle@ddr-spezial.de

Forschungsgemeinschaft Einschreibemarken
Dr. Gerhard Baldes, Amselweg 8, 69190 Waldorf,
E-Mail: forge-em@email.de

Bundesarbeitsgemeinschaft Französische Zone
Rolf Bechtler, Theodor-Heuss-Str. 18, 56564 Neuwied

Arbeitsgemeinschaft Deutsche Notmaßnahmen ab 1945
Jürgen Andriesen, Hammesberg 54, 42289 Wuppertal,
E-Mail: j.andriesen@t-online.de, Internet: www.deunot.de

Arbeitsgemeinschaft Mecklenburg-Vorpommern
Hans-Ludwig Kramp, Am Anger 7A, 19217 Wendorf bei Rieps,
Tel. (0 88 73) 3 34 24, E-Mail: hans-ludwig.kramp@t-online.de

Arbeitsgemeinschaft Notopfer Berlin und Wohnungsbauabgabe 1948–1956
Ewald Stefan, Im Lindenstrauch 18, 35781 Weilburg,
Tel. 0 64 71/3 92 65 (ab 18.00 Uhr)

Bundesarbeitsgemeinschaft RSV (Rollenmarken, Markenheftchen, Automatenmarken)
Dr. Jürgen Schmidt, Rispenweg 1, 21614 Buxtehude,
Tel. (0 41 61) 6 18 56, Fax (0 41 61) 55 78 88,
E-Mail: juerg_schmidt@arcor.de

Arbeitskreis Markenheftchen e.V.
Hartmut Geyer, Auf dem Klemberg 5, 50999 Köln,
Tel. (0 22 36) 6 93 58

Bundesarbeitsgemeinschaft SBZ
Ingolf Kling, Dr.-Wilhelm-Külz-Str. 17, 39446 Löderburg,
E-Mail: kling@arge-sbz.de

IV. Überregionale Bundesvereine, zugleich Arbeitsgemeinschaft

Deutscher Altbriefsammler-Verein
Klaus Weis, Bruchsaler Straße 10, 76356 Weingarten

Arbeitsgemeinschaft Ganzsachen
Dr. Hans-Georg Meißner, Zavelsteinstr. 54, 70469 Stuttgart

Berliner Ganzsachensammler-Verein e.V.
Franz-Eberhard Krause, Hermsdorfer Damm 36, 13467 Berlin

Münchner Ganzsachensammler-Verein e.V.
Geschäftsstelle Fliegenstr. 8, 80337 München

INFLA BERLIN – Verein der Deutschlandsammler
1. Vorsitzender: Josef Bauer, Clemensstr. 50, 80803 München;
E-Mail: josef.g.bauer@t-online.de;
Literaturversand: Wilhelm Keppler, Maybachstr. 17,
71735 Eberdingen, Tel. (0 70 42) 81 73 76,
E-Mail: wilhelm. keppler@web.de

Arbeitsgemeinschaft Neues Handbuch der Briefmarken
Verlag NHB, Postfach 1951, 59479 Soest

V. Arbeitsgemeinschaften für Postgeschichte

Bayern
Albert Vogel, Postfach 545, 97805 Lohr am Main

Hessen
Gertrude Almquist-Bois, In der Burg 22, 61169 Friedberg
Tel. (0 60 31) 1 39 10

Mittelrhein
Klaus Edlinger, Karl-Arnold-Str. 21, 52511 Geilenkirchen

Münchener Postgeschichte
Gerhard Weileder, Postfach 90 1118, 81511 München

Nordrhein-Westfalen e.V.
Edwin Abrams, Kirchstr. 5, 57319 Bad Berleburg,
Tel. (0 27 55) 22 43 58

Oldenburg und Oldenburger Land
Herbert Wenz, Vollersstr. 5, 27809 Lemwerder

Sachsen
Volker Böhme, Dölzschener Str. 1, 01159 Dresden,
Tel. (03 51) 4 11 74 96, E-Mail: ilvo.boehme@t-online.de

Sachsen-Anhalt
Dr. Alfred Stollberg, Sudenburger Wuhne 12, 39112 Magdeburg

Schleswig-Holstein, Hamburg und Lübeck
Wilhelm Steinhagen, Holtkoppel 3, 24354 Kosel

Thüringen
Dr. Gerd Beckmann, Postfach 409, 99008 Erfurt

VI. Sondergebiete

Arbeitsgemeinschaft Poststempelgilde e.V.
Jürgen Zalaszewski, Postfach 1202, 85074 Manching
Tel. (0 84 59) 69 78, E-Mail: info@poststempelgilde.de

Stichwortverzeichnis

H

I

J

K

L

M

N

O

P

MICHEL® neutral · kompetent · zuverlässig

MICHEL®

Wie entstehen die MICHEL-Preise?

Wie entstehen die MICHEL-Preise?

Zunächst bedanken wir uns bei Ihnen für den Kauf dieses hochwertigen MICHEL-Produktes.

Immer wieder werden wir gefragt, wie die MICHEL-Preise zustande kommen. Auch gibt es manchmal Kritiken an den Bewertungen in den MICHEL-Nachschlagewerken. Die eine lautet: Die MICHEL-Preise sind viel zu hoch. Niemand zahlt mir das für meine Marken, die doch viel mehr wert sein müssten. Und die andere besagt: Die MICHEL-Preise sind viel zu niedrig, ich bekomme die mich interessierenden Marken nicht für diese Preise.

Diese beiden gegensätzlichen Aussagen unter einen Hut zu bringen, ist eine der Aufgaben der MICHEL-Redaktion.

Was sind MICHEL-Preise?

Vorab einige Definitionen

Alle Bewertungen basieren auf den im obersten Preissegment des Fachhandels üblichen Verkaufspreisen und beinhalten die deutschen Steuern und Abgaben. Sie gelten für Marken in der am Beginn der jeweiligen Kapitel bzw. bei einzelnen Ausgaben angegebenen Qualität. Bei fälschungsgefährdeten Marken gelten die Katalogwerte nur für (BPP-)geprüfte Stücke. Bitte berücksichtigen Sie bei Katalogwerten bis zu 5,– €, dass diese Bewertungen einen hohen Anteil für die Dienstleistung des Handels enthalten. Im Falle eines Verkaufs ist der auf die Dienstleistung entfallende Anteil nicht zu erlösen. Mängel bewirken in der Regel Abschläge.

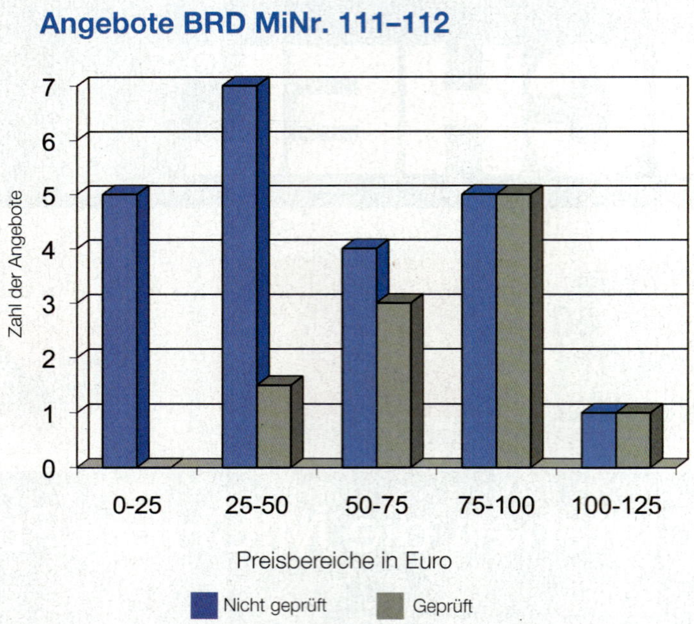

Es gibt keine Festpreise im Briefmarkenhandel.

Was bedeutet das?

Grundlage für die Ermittlung der Preisnotierungen sind Verkaufspreislisten des Briefmarkenhandels, Zuschlagspreise auf Auktionen, Vorschläge von Experten wie Prüfern und Arbeitsvorlagen von Sammlern sowie Arbeitsgemeinschaften im In- und Ausland. Auf diese Art erhalten wir eine ganze Anzahl von Preisinformationen, aus denen wir dann die Bewertung ermitteln. Idealerweise würden diese Vorschläge alle nur einwandfreie Marken umfassen und die Vorschläge lägen nahe beisammen. Die Wirklichkeit sieht aber eher so aus wie im Diagramm auf der vorigen Seite.
Man sieht, die Angebote differieren stark, sowohl hinsichtlich Preis wie Qualität. Wir setzen für die Bewertung aber einwandfreie Qualität voraus, die erforderlichenfalls auch geprüft ist. In diesem Beispiel stellte sich heraus, dass die beiden unteren Preisgruppen diese Qualitätsansprüche nicht erfüllen, insbesondere waren die Marken nicht geprüft. Diese Angebote werden also nicht berücksichtigt.

„Alle Bewertungen basieren auf den im obersten Preissegment des Fachhandels üblichen Verkaufspreisen“, schreiben wir oben. Das war im Beispiel ein Angebot mit 100 € und einige, die wenig darunter lagen. Entschieden haben wir uns damals für die Bewertung 100,– €. Warum?

Es gibt eben keine Festpreise im Briefmarkenhandel, und das bewirkt, dass wohl seit dem Entstehen der ersten Briefmarkenkataloge im 19. Jahrhundert eine gewisse Rabattierung im Briefmarkenhandel üblich ist. Für uns und dieses Beispiel bedeutet das, dass eine Bewertung so gestaltet wird, das üblicherweise ein Preis von 80 bis 90 % des Katalogwertes verlangt wird. In dieser Preisregion befindet sich tatsächlich die Mehrheit der Angebote, die auch die geforderte Qualität haben. Es gibt, wie gesagt, auch Angebote zu 100 Euro, also dem vollen Katalogpreis, und man kann auch Angebote finden, die noch unter 80 Euro liegen, ohne Einschränkung des Qualitätsanspruchs. **Wenn der geforderte Preis aber stark vom MICHEL-Wert abweicht, sollte man sich das Stück hinsichtlich seiner Qualität genau ansehen. Denn, was den Wert und den Preis einer Briefmarke ausmacht, ist 1. die Qualität, 2. die Qualität und 3. die Qualität.**

Um also die eingangs gestellte Frage zu beantworten.

MICHEL-Preise sind die Preise, zu denen Sie eine Marke in angemessener Qualität im obersten Preissegment des Fachhandels normalerweise erwerben können.

In vielen Fällen werden sie weniger zahlen müssen, in etlichen Fällen manchmal sogar viel weniger. Dann ist aber ein genaues Betrachten der Briefmarke sinnvoll, denn niemand hat etwas zu verschenken. Achten Sie also darauf, dass die Marke, die Sie erwerben, auch tatsächlich die **beschriebenen** Qualitätsmerkmale hat.
Es kann aber auch sein, dass Sie mehr bezahlen müssen, als im MICHEL steht. Denn der Katalogwert gibt maximal den Stand vom Termin der Druckreifzeichnung eines Buches an. Danach steht der Markt aber nicht still, sondern entwickelt sich weiter. Bei Bänden oder Gebieten, die oft nur im Abstand von mehreren Jahren erscheinen, kann dies durchaus dazu führen, dass die im Handel geforderten Preise oberhalb der MICHEL-Bewertungen liegen.
Ein gutes Beispiel dafür war in den letzten 25 Jahren die Volksrepublik China, wo sich viele Preise in diesem Zeitraum mehr als verzehnfacht haben. Diese Entwicklung war aber keineswegs kontinuierlich, vielmehr wechselten sich Epochen starker Preisanstiege mit Zeiträumen deutlicher Preisreduzierungen ab.

Bitte beachten: Die 5-Euro-Grenze.

Bitte berücksichtigen Sie bei Werten bis zu 5,– €, dass diese Bewertungen einen hohen Anteil für die Dienstleistung des Handels enthalten. Im Falle eines Verkaufs ist der auf die Dienstleistung entfallende Anteil nicht zu erlösen.

Was bedeutet das?

Wenn Sie im MICHEL blättern, sehen Sie, dass die meisten Briefmarken, als Einzelmarken betrachtet, unterhalb dieser Grenze sind. Das heißt, sie haben keinen eigentlichen materiellen Wert, beim Erwerb bezahlt man vielmehr die Dienstleistung eines Händlers, der solche Marken nach der Katalognummer bestimmt, ihre Qualität prüft, die Marke in ein Lagerbuch steckt, aus dem er sie bei Nachfrage hervorholt und sie am Ende vielleicht wieder zurückstecken muss, wenn sie dem Kunden nicht gefällt.

Das alles soll er gegebenenfalls für die derzeitige Mindestbewertung einer Briefmarke von 30 Cent machen, die wir 2014 nach 20 Cent in den Vorjahren festgelegt haben. Aber auch für diesen Betrag lassen sich die oben genannten Tätigkeiten nicht gewinnbringend ausführen. Es gibt durchaus Preislisten, bei denen der Mindestpreis für eine Briefmarke 1 Euro beträgt. Für die Bewertung bleibt dies aber unberücksichtigt.

In Katalogen aus den 1950er-Jahren betrug diese Mindestbewertung übrigens 1 Pfennig. Das bedeutet aber nicht, dass solche Briefmarken seither das 60fache an Wert gewonnen haben. Es besagt nur, dass die Lebenshaltungskosten und auch die Ansprüche seither gestiegen sind.

Schließlich, wenn solche geringpreisigen Marken auch keinen oder nur einen geringen materiellen Wert haben, der Sammlerwert kann durchaus beträchtlich sein. Er wird aber weniger in Geld gemessen als in der Schwierigkeit der Beschaffung oder dem Schmerz, den eine solche Lücke in der Sammlung bei dem Sammler hervorruft.

Die Bewertung entsteht.

Grundlage für eine neue Auflage eines Bandes ist die Vorauflage, wenn es sich nicht um einen neuen Titel handelt. Sobald eine Ausgabe „druckreif“ gegeben ist, kann prinzipiell die Arbeit an der Folgeauflage beginnen. Das geschieht zunächst durch das Sammeln neuer Informationen, für die Bewertung handelt es sich dabei um neue Preislisten, Auktionsergebnisse, Vorschläge der Arbeitsgemeinschaften und anderen Experten.

Vor der Neuauflage werden unsere Mitarbeiter gebeten, für ihre Gebiete Textvorschläge und Bewertungsvorschläge zu machen, und schließlich erreichen uns täglich Hinweise und Anregungen zur Verbesserung des Buches. Somit liegen bei Beginn der Bearbeitung viele Informationen vor. Weltweit arbeiten wir mit etwa 600 Mitarbeitern zusammen.

Ein wesentlicher Teil der gesammelten Informationen besteht aus Preisunterlagen, die für den neuen Band durchgearbeitet werden müssen. Das sind Preislisten, auf die gegebenenfalls noch ein Aufschlag gemacht werden muss, wegen des oben erwähnten Brauchs der Rabattgewährung. Das sind Preisvorschläge, die bereits den gewünschten Katalogpreis angeben. Und das sind auch die Zuschläge bei Auktionen.

Auktionen sind bei der Preisfindung eine schwierige Materie. Viele Auktionslose sind Stücke, die in dieser Form im MICHEL gar nicht bewertet werden, z.B. Marken mit seltenen Stempeln oder in größeren Einheiten. Die Erhaltung spielt eine wichtige Rolle, kann von uns aber nur auf Grund der Beschreibung und der Abbildung beurteilt werden. Und schließlich spielt die Stimmung im Saal, wenn es sich um eine klassische Auktion handelt, eine große Rolle. Auf diese Weise können Marken unerwartet hohe Zuschläge erreichen, die so leicht nicht zu wiederholen sind, oder auch deutlich unterhalb des zu erwartenden Preises bleiben oder gar nicht zugeschlagen werden. Auf die Zuschlagspreise werden Aufschläge von 30 % für das Aufgeld des Auktionators, die Steuern und anderen Nebenkosten gemacht, sowie weitere 30% für den Aufschlag des Händlers, der das ersteigerte Los weiterverkauft.

Am einfachsten ist es, wenn es sich um ein Unikat handelt, also ein nur einmal vorhandenes Stück. Als Beispiel die teuerste Briefmarke der Welt, Guyana MiNr. 9, 1 Cent Magenta. Am 17. Juni 2014 in New York für 9,48 Millionen US-Dollar (einschließlich Aufgeld) zugeschlagen, waren das zum damaligen Kurs ca. 6,97 Millionen Euro. Wir setzten als Katalogwert 7 Millionen Euro an. Es gibt ja nur dieses eine anerkannte Stück, und bis es das nächste Mal versteigert wird, gilt dieser Preis. Wirklich? Wäre die Marke zum Beispiel, Mitte April 2015 erneut für 9,48 Millionen US-Dollar verkauft worden, ergäbe sich umgerechnet ein Betrag von 8,85 Millionen Euro und damit ein MICHEL-Preis von ca. 9 Millionen Euro, nicht weil die Marke teurer oder wertvoller wurde, sondern weil sich der Wechselkurs zu Ungunsten des Euro verändert hat.

Damit ist auch gleich eine weitere Schwierigkeit angesprochen, die Wechselkurse. Unsere Bewertungsunterlagen sind nicht nur in Euro, sie können grundsätzlich in jeder Währung der Welt sein, besonders natürlich in US-Dollar, britischen Pfund und Schweizer Franken. Alle Währungen können sich aber unabhängig voneinander verändern, und wie das Beispiel zeigt, sind die Auswirkungen manchmal beträchtlich. All dies ist bei der Preisbearbeitung zu berücksichtigen.

Neue Bewertungen werden gemacht.

Wenn alle Unterlagen gesammelt und aufbereitet sind, beginnt die eigentliche Preisbearbeitung. Dabei wird Ausgabe für Ausgabe und erforderlichenfalls auch Marke für Marke in allen bewerteten Erhaltungen überprüft. Das führt entweder zu einer Bestätigung der bisherigen Bewertungen, man erlebt aber jedes Jahr Überraschungen, denn es sind nicht nur die „üblichen Verdächtigen", die mit Preisänderungen aufwarten. Im folgenden erklären wir das anhand einiger Tabellen, die aus der Bearbeitung verschiedener Bände im Frühjahr 2015 entstanden sind.

MICHEL-Deutschland-Spezial-Katalog, Bsp. verschiedener Gebiete

	MICHEL	Händler 1 (Spitze)	Händler 2 (Spitze)	Händler 3 (Abschläge)	Ergebnis
DR MiNr. 588–597 (Trachten)	** 200,—	** 180,—	** 120,—	** 100,—	MICHEL-Preissenkung auf ** 180,—
BERL MiNr. 115 (Dr. E. Reuter)	** 10,—	** 15,80		** 7,20	MICHEL-Preisanhebung auf ** 14,—
BRD MiNr. 116 (Weltpostverein)	** 65,—	** 69,—	** 65,—	** 39,—	MICHEL-Preisanhebung auf ** 68,—
BRD MiNr. 123–138 (Posthorn)	** 2200,—	** 2200,—	** 2190,—	** 1290,—	MICHEL-Preis bleibt
BRD MiNr. 561–565 (Olympia)	** 3,50	** 4,85	** 3,40	** 2,10	MICHEL-Preisanhebung auf 4,—

Deutsches Reich MiNr. 588–597

Der postfrische Satzpreis der Dt. Reich MiNr. 588–597 betrug bisher im MICHEL 200 €. Die Marktanalyse 2014/2015 ergab, dass auch das oberste Marktsegment maximal bei 180 € liegt. Daher wurde für die Katalogausgabe 2015 der Preis gesenkt.

Berlin MiNr. 115
Der postfrische Satzpreis der Berlin MiNr. 115 lag bisher bei 10 €. Ein Spitzenhändler mit großem Kundenstamm verlangt 15,80 (Beobachtung über mehrere Jahre). Ein Händler der teils im Spitzenbereich liegt, teils Abschläge bis 50 % macht, liegt deutlich tiefer. Eine Preisanhebung erfolgt, allerdings eine vorsichtige.

Bundesrepublik Deutschland MiNr. 116
Der Postfrisch-Preis der BRD MiNr. 116 lag bisher bei 65 €. Eine Marktanalyse sowohl der Spitze als auch des „abschlagenden" Handels zeigt, dass eine Preisanhebung gerechtfertigt ist.

Bundesrepublik Deutschland MiNr. 123–138
Der postfrische Satzpreis der BRD MiNr. 123–138 beträgt im MICHEL 2200 €. 2015 wurde der Preisansatz überprüft; die im obersten Marktsegment üblichen Verkaufspreise bestätigen den bisherigen MICHEL-Preis.

Bundesrepublik Deutschland MiNr. 561–565
Der postfrische Satzpreis der BRD MiNr. 561–565 betrug bisher im MICHEL 3,50. Ein Spitzenhändler mit großem Kundenstamm verlangt 4,85 (Beobachtung über mehrere Jahre). Ein anderer Spitzenhändler liegt mit 3,40 deutlich tiefer. Eine Preisanhebung erfolgt, allerdings eine vorsichtige.

Zwei Beispiele für Auktionen:

	MICHEL	Auktion 1	Auktion 2	Auktion 3	Ergebnis
BAD MiNr. 3 x (Landpostporto)	o 17.000,—	Zuschlag o 19.000,—	Zuschlag o 13.500,—		MICHEL-Preisanhebung o 25.000,—
BAY MiNr. 1 II a (Schw. Einser)	o 3.200,—	Zuschlag o 2.700,—	Zuschlag o 2.300,—	Zuschlag o 1.900,—	MICHEL-Preisanhebung o 3.500,—

Baden Landpostportomarke MiNr. 3 x
Der Gestempelt-Preis der Baden Landpost-Porto MiNr. 3 x betrug bisher im MICHEL kursiv 17 000 €. Eine Analyse von Auktions-Zuschlagspreisen 2014/2015 zeigt recht unterschiedliche Ergebnisse. Der MICHEL-Preis wurde also vorsichtig nach oben korrigiert. (Ausgangspunkt: Niedrigerer Zuschlag + 30% Gebühren + 30% Aufschlag durch den ersteigernden Händler beim Verkauf + Aufschlag, weil auch höhere Zuschlagsergebnisse vorliegen = MICHEL-Preis.)

Bayern MiNr. 1 II a
dito

MICHEL-Europa, Beispiel Frankreich

Händlerpreislisten

	MICHEL	Händler 1 (Spitze)	Händler 2 (Spitze)	Händler 3 (Abschläge)	Ergebnis
F MiNr. 1015–1020 (Persönlichkeiten)	** 130,—	** 120,—		** 65,—	MICHEL-Preisanhebung auf ** 140,—
F MiNr. 2214 (Rochambeau)	** 1,10	** 1,20	** 1,10		MICHEL-Preisanhebung auf ** 1,30
F MiNr. 4519 (Spiegelsaal, selbstklebend)	** 15,—	** 14,50	** 15,—	** 9,—	MICHEL-Preisanhebung auf ** 18,—

Frankreich MiNr. 1015–1020

Der postfrische Satzpreis der Frankreich MiNr. 1015–1020 betrug bisher im MICHEL 130 €. Die Marktanalyse 2014/2015 ergab, dass die Preise im obersten Marktsegment sich diesem Wert stark angenähert haben. Eine vorsichtige Preiserhöhung war gerechtfertigt.

Frankreich MiNr. 2214

Frankreich MiNr. 2214, eine billige Marke, lag bisher bei 1,10 €. Die Verkaufspreise liegen bei oder über diesem Wert, der zugleich auch oberhalb der Mindestbewertung von 0,30 € liegt. Eine Preisanhebung erfolgt.

Frankreich MiNr. 4519

Der Wert für die postfrische Marke Frankreich MiNr. 4519 beträgt im MICHEL 15 €. Die Bewertung war in kursiver Schrift gedruckt zum Zeichen, dass Angebote hier stark auseinandergehen. Bei der Überprüfung 2015 hatte die Mehrheit der Angebote den MICHEL-Wert fast oder ganz erreicht, bei einem stark abweichenden Angebot. Es wurde eine Höherbewertung vorgenommen, die weiterhin in kursiver Schrift gedruckt ist.

MICHEL-Übersee Nordamerika, Beispiel USA

Händlerpreislisten

	MICHEL	Händler 1 (Spitze)	Händler 2 (Spitze)	Händler 3 (Spitze)	Ergebnis
USA MiNr. 441 A (Calvin Coolidge)	** 100,—	** 70,—		** 72,—	MICHEL-Preissenkung auf ** 90,—
USA Block 37 (Geschichte des Zweiten Weltkriegs)	** 9,—	** 10,—	** 13,50	** 10,—	MICHEL-Preisanhebung auf ** 12,—
USA MiNr. 2627–2636 (10er-Block) (Jazz-Musiker)	** 14,—	** 13,50	** 13,—	** 15,—	MICHEL-Preisanhebung auf ** 16,—

USA MiNr. 441 A
Die postfrische Marke USA MiNr. 441 A betrug bisher im MICHEL 100 €. Die Marktanalyse 2014/2015 ergab, dass die Preise im obersten Marktsegment deutlich darunterliegen. Eine vorsichtige Preissenkung wurde vorgenommen.

USA Block 37
USA Block 37 war bisher mit 9,– € bewertet. Die Angebote lagen zum Teil deutlich darüber. Eine Preisanhebung um 33% erfolgte.

USA MiNr. 2627–2636
Der Wert für den Zusammendruck dieser Marken betrug im MICHEL 14,– €. Angebote lagen um diesen Wert. Es erfolgte eine vorsichtige Preiserhöhung.

Zusammenfassung:

Diese Beispiele geben eine Vorstellung, wie wir die Bewertungen im MICHEL überprüfen und aus welchen Gründen Bewertungen geändert werden. Man sieht auch, dass wirklich jede Marke unabhängig von ihrem Katalogwert überprüft wird. Die meisten Briefmarken haben ja keinen vierstelligen Wert, sondern einen, der meist noch deutlich unter 50,– € liegt.

Das ist ja auch das Schöne am Briefmarkensammeln. Man kann ein Vermögen für Briefmarken ausgeben, aber man muss es nicht, um eine ansprechende Sammlung zusammenzutragen. Man sollte sich aber regelmäßig über die aktuellen Bewertungen informieren. Denn es gilt nicht nur „Es gibt keine Festpreise im Briefmarkenhandel“. Verschiedene Händler bieten die gleiche Briefmarke zu unterschiedlichen Preisen an, die ihrerseits auch keineswegs fest sind, sondern sich im Lauf der Zeit verändern.

Darüber sollten Sie informiert sein. Sonst kann es Ihnen leicht passieren, dass Sie für eine Briefmarke oder einen philatelistischen Beleg zu viel bezahlen oder im Verkaufsfall zu wenig erzielen. Oder in der Zwischenzeit wurden neue Erkenntnisse zu einzelnen Marken gewonnen, die Sie kennen sollten, um Schaden zu vermeiden. Solche Beispiele erleben wir ständig. Also: Achten Sie darauf, dass Sie stets eine aktuelle Ausgabe Ihres MICHEL-Nachschlagewerkes vorliegen haben, denn sicher ist sicher.

Bundesverband Deutscher Briefmarkenversteigerer e.V.

Mitgliederverzeichnis sortiert nach Postleitzahlen (Stand 01.04.2018)

01127 Dresden, Oschatzer Str. 32,
Dresdner Briefmarken-Auktion,
Ansprechpartner: Henry Biebaß,
Tel.: 03 51/8 48 93 67, Fax: 03 51/8 48 87 88,
E-Mail: info@dresdner-briefmarkenauktion.de,
Internet: www.dresdner-briefmarkenauktion.de

04103 Leipzig, Straße des 18. Oktober 35,
Fortagne & Lipfert GbR Briefmarkenauktion,
Ansprechpartner: Knut Fortagne, Christine Lipfert,
Tel.. 03 41/2 21 64 46, Fax: 03 41/9 93 97 84,
E-Mail: firma@briefmarkenauktion-leipzig.de,
Internet: www.briefmarkenauktion-leipzig.de

06849 Dessau-Roßlau, Südstr. 123,
Hettinger Auktionen,
Ansprechpartner: Heiko König,
Tel.: 03 40/87 01 90 90, Fax: 03 40/87 01 90 91,
E-Mail: info@hettinger-auktionen.de,
Internet: www.hettinger-auktionen.de

10178 Berlin-Mitte, Poststraße 22 (Nikolai-Viertel),
Niederlassung des Briefmarken-Auktionshauses Dr. Derichs GmbH, Köln,
Ansprechpartner: Roland Meiners,
Tel.: 0 30/24 08 82 83, Fax: 0 30/24 08 82 85,
E-Mail: derichs_berlin@web.de

10243 Berlin, Erich-Steinfurth-Str. 8,
Hadersbeck-Auktionen Briefmarkenversteigerungen und -handels GmbH,
Ansprechpartner: Thomas Wickboldt,
Tel.: 0 30/29 49 13 90, Fax: 0 30/29 49 13 91,
E-Mail: info@hadersbeck-auktionen.com,
Internet: www.hadersbeck-auktionen.com

10719 Berlin, Kurfürstendamm 200,
Schlegel, Berliner Auktionshaus für Philatelie GmbH,
Tel.: 0 30/88 70 99 62, Fax: 0 30/88 70 99 63,
E-Mail: mail@auktionshaus-schlegel.de,
Internet: www.auktionshaus-schlegel.de

24214 Lindhöft, Eichenweg 2,
Nordphila e.K.,
Ansprechpartner: Ekkehard Järschke,
Tel. 0 43 46/36 69 00, Fax: 0 43 46/3 66 90 11,
E-Mail: info@nordphila.de, Internet: www.nordphila.de

30159 Hannover, Kröpckepassage 3,
Grobe Briefmarkenauktionen GmbH,
Ansprechpartner: Volker Lange,
Tel.: 05 11/32 16 00 + 32 68 82 + 32 67 34,
Fax: 05 11/32 67 35 + 32 27 79,
E-Mail: gl@hans-grobe.de, Internet: www.hans-grobe.de

31135 Hildesheim, Max-Planck-Str. 10,
Auktionshaus Veuskens, Briefmarkenauktionen & Handelshaus,
Ansprechpartner: Klaus Veuskens,
Tel.: 0 51 21/9 99 00 90, Fax: 0 51 21/99 90 09 99,
E-Mail: info@veuskens.de, Internet: www.veuskens.de

31515 Wunstorf, Maxstr. 20,
Peter F. Harlos KG,
Ansprechpartner: Peter Harlos,
Tel.: 0 50 31/91 37 70, Fax: 05031/91 37 71,
E-Mail: info@harlos-auktion.de, Internet: www.harlos-auktion.de

33659 Bielefeld, Windelsbleicher Str. 174,
Bielefelder Autionshaus für Briefmarken und Münzen,
Ansprechpartner: Hubert Stelzer,
Tel.: 05 21/43 19 43, Fax: 05 21/44 59 13,
E-Mail: Stelzer-Bielefeld@t-online.de,
Internet: www.bielefelder-auktion.de

38100 Braunschweig, Hagenbrücke 19,
Karl Pfankuch & Co.,
Ansprechpartner: Peter Sieberath,
Tel.: 05 31/4 58 07, Fax: 05 31/4 47 79,
E-Mail: info@karl-pfankuch.de, Internet: www.karl-pfankuch.de

40210 Düsseldorf, Immermannstr. 51,
Auktionshaus Ulrich Felzmann GmbH & Co. KG,
Ansprechpartner: Ulrich Felzmann,
Tel.: 02 11/55 04 40, Fax: 02 11/5 50 44 11,
E-Mail: info@felzmann.de, Internet: www.felzmann.de

45470 Mülheim a. d. Ruhr, Werdener Weg 44,
Rauhut & Kruschel Briefmarken-Auktionshaus GmbH,
Ansprechpartner: Harald Rauhut, Dr. Jochen Roessle,
Tel.: 02 08/3 30 98+39 07 25, Fax: 02 08/38 35 52,
E-Mail: harald.rauhut@rauhut-auktion.de,
Internet: www.rauhut-auktion.de

50931 Köln, Clarenbachstr. 182,
Jennes & Klüttermann Briefmarken-Auktionen,
Ansprechpartner: Wolfgang Jennes, Peter Klüttermann,
Tel.: 02 21/9 40 53 20, Fax: 02 21/9 40 53 26,
E-Mail: info@jennes-und-kluettermann.de,
Internet: www.jennes-und-kluettermann.de

50968 Köln (Marienburg), Bonner Str. 501,
Dr. Wilhelm Derichs GmbH,
Ansprechpartner: Roland Meiners,
Tel.: 02 21/2 57 66 02, Fax: 02 21/2 57 67 45,
E-Mail: derichs_gmbh@web.de

52062 Aachen, Lothringer Str. 13,
AIX-PHILA Briefmarken GmbH,
Ansprechpartner: Hinrich Osterloh, Stefan Jopke,
Tel.: 02 41/3 39 95, Fax: 02 41/3 39 97,
E-Mail: info@aixphila.de, Internet: www.aixphila.de

52441 Linnich, Altermarkt 6a,
Friebel's Briefmarkenauktionen Inh. Franz-Josef Stegers,
Ansprechpartner: Franz-Josef Stegers,
Tel.: 0 24 62/61 24, Fax: 0 24 62/32 69,
E-Mail: friebels@freenet.de

53113 Bonn, Joachimstr. 7,
Briefmarken-Auktions- und Handelshaus Dr. Reinhard Fischer e.K.,
Ansprechpartner: Dr. Reinhard Fischer,
Tel.: 02 28/26 31 30, Fax: 02 28/21 33 81,
E-Mail: info@briefmarkenauktion.net,
Internet: www.reinhardfischerauktionen.de

55129 Mainz, Friedrich-Koenig-Str. 21,
Auktionshaus Loth GmbH,
Ansprechpartner: Hugo Schneider, Rudolf Vondracek,
Tel.: 0 61 31/23 20 20+23 20 29, Fax: 0 61 31/23 06 63,
E-Mail: info@lothauktionen.de, Internet: www.lothauktionen.de

60311 Frankfurt/M., Battonnstr. 23,
BBA – Therese Weiser Nachf., Auktionen,
Ansprechpartner: Claudia Weiser,
Tel.: 0 69/67 51 48, Fax: 0 69/28 31 49,
E-Mail: kontakt@stampmaster.de,
Internet: www.Auktionshaus-Weiser.de

64297 Darmstadt, Pfungstädter Str. 35,
AAK Phila GmbH,
Ansprechpartner: Albert Kiel,
Tel.: 0 61 51/5 50 47, Fax: 0 61 51/5 50 49,
E-Mail: info@kiel-briefmarken.de,
Internet: www.kiel-briefmarken.de

65183 Wiesbaden, Wilhelmstr. 48,
Heinrich Köhler Auktionshaus GmbH & Co. KG,
Ansprechp.: Dieter Michelson, Michael Hilbertz, Tobias Huylmans,
Tel.: 06 11/3 93 81, Fax: 06 11/3 93 84,
E-Mail: info@heinrich-koehler.de,
Internet: www.heinrich-koehler.de

66111 Saarbrücken, St. Johanner Str. 45,
Hans-Jürgen Steffen GmbH Briefmarkenhaus SAARPHILA,
Ansprechpartner: Hans-Jürgen Steffen,
Tel.: 06 81/4 76 62, Fax: 06 81/4 53 13,
E-Mail: info@saarphila.com, Internet: www.saarphila.com

Notizen:

70174 Stuttgart, Relenbergstr. 78,
Württembergisches Auktionshaus GmbH,
Ansprechpartner: Joachim Erhardt, Gordon Wieland,
Tel.: 07 11/22 85 05, Fax: 07 11/2 28 50 80,
E-Mail: info@briefmarkenauktion.de,
Internet: www.briefmarkenauktion.de

70188 Stuttgart, Haussmannstr. 30,
Peter Feuser Südphila Auktionen,
Ansprechpartner: Peter Feuser,
Tel.: 07 11/24 75 24, Fax: 07 11/23 51 08,
E-Mail: feuser-auktionen@t-online.de,
Internet: www.feuser-auktionen.de

70469 Stuttgart, Grazer Str. 16,
Briefmarken Lindner KG,
Ansprechpartner: Ute Dörsam,
Tel.: 07 11/8 10 60 81, Fax: 07 11/81 75 41,
E-Mail: auktion@briefmarken-lindner.de,
Internet: www.briefmarken-lindner.de

76275 Ettlingen, Carl-Zeiss-Str. 2,
Gert Müller GmbH & Co. KG
Internationale Briefmarken- und Münzauktionen,
Ansprechpartner: Holger Thull,
Tel.: 0 72 43/5 61 74-0, Fax: 0 72 43/5 61 74-29,
E-Mail: info@gert-mueller-auktion.de,
Internet: www.gert-mueller-auktion.de

77704 Oberkirch, Steinhof 12,
Auktionshaus Götz,
Ansprechpartner: Olaf Götz,
Tel.: 0 78 02/9 34 40, Fax: 0 78 02/59 03,
E-Mail: info@goetz-auktion.de,
Internet: www.goetz-auktion.de

78224 Singen, Thurgauer Str. 1,
Briefmarken-LENZ,
Ansprechpartner: Axel Lenz,
Tel.: 0 77 31/6 49 82, Fax: 0 77 31/6 94 46,
E-Mail: info@briefmarken.com,
Internet: www.briefmarken.com

79639 Grenzach-Wyhlen, Markgrafenstr. 5,
Stade Auktionen e. K.,
Ansprechpartner: Daniel Stade,
Tel.: 0 76 24/9 89 58 70, Fax: 0 76 24/9 89 58 79,
E-Mail: info@stade-auktionen.de,
Internet: www.stade-auktionen.de

80801 München, Nordendstr. 56,
Deider Briefmarken- und Münzauktionen,
Ansprechpartner: Siegfried Deider, Claus Heitmann,
Tel.: 0 89/2 72 25 55, Fax: 0 89/2 71 84 27,
E-Mail: deider@ngi.de, Internet: www.deider.de

96231 Bad Staffelstein, Bärengasse 4a,
Auktionen Herbert Geier,
Ansprechpartner: Herbert Geier,
Tel.: 0 95 73/18 70, Fax: 0 95 73/23 94 27,
E-Mail: info@geier-auktionen.de,
Internet: www.geier-auktionen.de

Notizen:

Händlerverzeichnis

Händler	Ladengeschäft	Versandgeschäft	Auktion	Großhandel	Neuheiten-Abos	Fehllisten-Bearbeitung	Preislisten	Lager: Deutschland bis 1945	Lager: Deutschland ab 1945	Lager: Europa-West	Lager: Europa-Ost	Lager: Übersee	Lager: Belege/Ansichtskarten	Lager: Sammlungen	Zubehör-Briefmarken	Zubehör-Münzen	Spezialgebiete
01099 Dresden, Briefmarkenhaus Dresden, Bautzner Str. 46 a, Tel. 0351/8 04 55 16	●	●		●		●	●	●	●				●	●	●	●	**DR, SBZ, DDR, ZKD Bezirkshandstempel**
01127 Dresden, Dresdner Briefmarken-Auktion, Oschatzer Str. 32, Tel. 0351/8 48 93 67			●														**www.dresdner-briefmarkenauktion.de**
02625 Bautzen, Bautzener Sammlertreff, Ziegelstr. 13, Tel.+ Fax 03591/59 85 77	●	●				●	●	●	●	●	●	●	●	●	●	●	**Bes. WK II, SBZ, DDR, Briefe, GA Deutschl.**
04103 Leipzig, Fortagne-Lipfert, Straße des 18. Oktober 35, Tel. 0341/2 21 64 46			●														
04420 Markranstädt, Richard Hummel, Am Gläschen 23, Tel. Tel. 0341/9 90 44 01		●				●									●	●	**phil.+numism. Literatur www.hummel-buch.de**
06895 Zahna-Elster, Rolf Schwerdt, Eisenbahnstr. 11, Tel. 034924/2 07 84			●										●				**www.schwerdt-auktion.de**
07749 Jena, Dirk Gries, Haydnstr. 20, T. 0172/3 56 59 32	●		●			●		●	●	●	●	●	●	●			
08491 Limbach, Ralf Reiher, Plauener Str. 25, Tel. 0176/24 82 15 50		●			●	●					●		●		●	●	
08523 Plauen, Jürgen Brendel, Karlstr. 22, Tel. 03741/22 59 17		●													●		**Auswahlversand, www.briefmarken-brendel.de**
09111 Chemnitz, Briefmarken Müller, Augustusburger Str. 15, Tel. 0371/6 76 29 08	●	●			●	●		●	●				●	●	●	●	**Ansichtskarten Chemnitz/Erzgebirge**
09350 Lichtenstein, Grit Streubel, Ernst-Thälmann-Str. 18, Tel. 037204/24 54	●	●			●	●		●	●				●	●	●	●	**www.briefmarken-streubel.de**
10247 Berlin, Nowak & Beth GmbH, Colbestr. 7, Tel. 030/2 96 43 94	●	●		●	●	●		●	●	●	●	●	●	●	●	●	**www.nowakundbeth.de**
10435 Berlin, Reinhard Heinemann, Kollwitzstr. 93, Tel. 030/4 42 63 33	●	●			●	●		●	●		●		●		●		**DR, SBZ, DDR,SU, Briefe weltweit**
10585 Berlin, Kraus + Silbernagel, Fritschestr. 77, Tel. 030/3 41 12 32			●														**Inh. I. Silbernagel, www.kraus-silbernagel.de**
10625 Berlin, H. Farabaksh, Kantstr. 124, Tel. 030/3 12 22 10	●	●				●		●	●	●	●	●	●				MOM-**Vordruckalben für Orientländer**
10711 Berlin, Georg Bühler Nachf. GmbH, Bornstedter Str. 3, Tel. 030/8 82 73 57			●	●		●									●	●	**www.briefmarken-buehler.de**
10719 Berlin, Andreas Schlegel GmbH, Kurfürstendamm 200, Tel. 030/88 55 09 35	●	●	●	●	●	●		●	●	●			●		●		
10719 Berlin, Erich Förtsch, Uhlandstr. 166, Tel. 030/8 82 12 57								●	●								**Ankauf Deutsche Gebiete**
12163 Berlin, Hartmut Wißmann, Schöneberger Str. 13, Tel. 030/8 51 17 05	●				●	●		●	●	●					●	●	
12437 Berlin, Christian Burmeister, Köpenicker Landstr. 260, T. 030/53 00 51 01	●					●		●	●	●	●	●	●				**Belege/Ganzsachen alle Welt**
14129 Berlin, Dieter Hempel, Am Schlachtensee 144, Tel. 030/8 03 33 74		●				●	●	●	●								
14656 Brieselang, Jabs-Bfm.-Aukt.-GmbH, Barlachstr. 13, Tel. 033232/2 04 88		●	●					●	●				●				**www.jabs-auktion.de**
14806 Bad Belzig, Marco Juchert, Chausseestr. 34, Tel. 033846 / 90 83 40		●				●	●	●	●	●		●	●				**Markenheftchen, ZDR, Plattenfehler, CEPT**
18273 Güstrow, Hans-Peter Flemming, Gleviner Str. 31, Tel. 03843/68 41 67	●	●	●				●	●	●					●	●	●	**www.auktionshaus-flemming.com**
20095 Hamburg, Wilhelm Sellschopp GmbH, Rosenstr. 11, Tel. 040/32 45 12	●	●			●	●	●	●	●	●				●	●	●	**Deutsches Reich Deutsche Kolonien**
20097 Hamburg, Hanseat. Briefmarkenaukt., Wendenstr. 4, Tel. 040/23 34 35			●														**www.HBA.de**
20354 Hamburg, Molwitz & Treff, Große Theaterstr. 43, Tel. 040/35 71 56 00	●					●		●	●	●		●	●	●	●	●	**Klassik ab 1850, Dt. Reich, Kolonien**
20457 Hamburg, Andreas Polster, Hopfensack 14, Tel. 040/33 01 90	●	●	●						●				●	●	●	●	**Veranstalter von Sammlermärkten**
21029 Hamburg, Jürgen Kocourek, Mohnhof 19, Tel. 040/7 21 53 81	●	●		●		●	●	●	●	●		●	●		●	●	**Top-Raritäten Weltraritäten**

Händlerverzeichnis

Händler	Ladengeschäft	Versandgeschäft	Auktion	Großhandel	Neuheiten-Abos	Fehllisten-Bearbeitung	Preislisten	Lager: Deutschland bis 1945	Lager: Deutschland ab 1945	Lager: Europa-West	Lager: Europa-Ost	Lager: Übersee	Lager: Belege/Ansichtskarten	Lager: Sammlungen	Zubehör-Briefmarken	Zubehör-Münzen	Spezialgebiete
21502 Geesthacht, Leuchtturm-Albenverlag, Am Spakenberg 45, Tel. 04152/801-200		●		●											●	●	www.leuchtturm.de service@leuchtturm.de
22299 Hamburg, Wolfgang Wördemann, Himmelstr. 8, Tel. 040/47 39 17		●															
22335 Hamburg, Walter Zirath, Giselaweg 7, Tel. 040/50 64 49		●		●													Spezialist WK. II
22395 Hamburg, Sebastian Berndt, Bergstedter Chaussee 63, T. 040/3 89 85 76		●				●	●	●	●								vierteljährliche Preislisten
22397 Hamburg, zelhan collection GmbH, Pirolkamp 12, Tel. 040/47 11 92 15		●				●		●	●	●							Danzig
22399 Hamburg, Nina Treff, Harksheider Str. 3, Tel. 040/6 02 42 19	●	●				●	●	●	●					●	●	●	www.briefmarken-hamburg.de
22529 Hamburg, Torsten Tessmann, Vogt-Wells-Str. 3, Tel. 040/56 41 98	●							●	●					●	●	●	
22767 Hamburg, Gerhard Schröder, Altonaer Poststr. 5, Tel.+ Fax 040/38 37 67	●				●	●			●	●	●	●			●	●	
22967 Tremsbüttel, Ralf Krenz, Wiesengrund 1, Tel. 04531/12 70 14		●					●								●	●	www.bribest.de
23611 Sereetz, Lutz Grözinger, Sereetzer Tannen 24, Tel. 0451/39 19 10		●					●	●	●					●		●	Lots, Sammlungen Ankauf Sammlungen
24214 Lindhöft, Nordphila e. K., Eichenweg 2, Tel. 04346/36 69 00		●	●														www.stamps123.com www.nordphila.de
25335 Elmshorn, Eckehard Finger, Alter Markt 4b, Tel. 04121/2 46 19	●	●			●	●		●	●	●			●	●	●	●	Motivmkn., Münzen, Familienbetrieb
25451 Quickborn, Dr Volker Behn, Carl-Zeiss-Str. 4, Tel. 04106/7 41 42		●			●		●					●		●			speziell Kiloware, VR China, Macau
27755 Delmenhorst, Peter Nowischewski, Annenheider Str. 172 A, Tel. 04221/2 52 50	●	●						●	●								
28195 Bremen, HansePhila e. K., Birkenstr. 20–21, Tel. 0421/4 36 01 90	●	●				●		●	●						●	●	Ankauf u. Schätzung Briefmarken u. Münzen
28203 Bremen, Till Neumann, Osterdeich 33, Tel. 0421/7 94 02 60		●	●			●		●	●	●	●	●	●				Altdeutschland, www. klassische-philatelie.de
28307 Bremen, Holger Tietz, Osterholzer Dorfstr. 77A, Tel. 0421/45 60 00	●	●				●	●	●	●	●	●	●		●	●	●	Weltraum, Motive, Schätzungen
29525 Uelzen, Harald Kandetzki WOBO, Meisenweg 14, Tel. 0581/2 12 94 80		●					●										www.wobo-uelzen.com
29643 Neuenkirchen, Bernd Holsten, Gerstenkamp 28, Tel. 05195/97 29 80		●				●	●	●	●					●	●	●	ständiger Ankauf
30159 Hannover, Axel-D. Geschwindner GbR, Bohlendamm 2, Tel. 0511/32 49 00	●	●					●	●	●					●	●	●	
30159 Hannover, Bfm.-Münzen-Riese GmbH, Thielenplatz 5, Tel. 0511/32 08 37	●			●	●	●		●	●	●	●	●	●	●	●	●	MH, ZD, Rollenmarken, Ganzsachen, Münzen
30159 Hannover, Grobe Briefmarkenauktionen GmbH, Kröpckepassage 3, Tel. 0511/32 16 00	●		●												●	●	
31135 Hildesheim, Auktionshaus Veuskens, Max-Planck-Str. 10, Tel. 05121/9 99 00 90			●														
31509 Wunstorf, Peter F. Harlos KG, Postfach 61 64, Tel. 05031/91 37 70			●					●	●				●				www.harlos-auktion.de
32278 Kirchlengern, Bernd Jurkewitz e. K., Bahnhofstr. 11, Tel. 05223/87 82 51		●															www.pumpenmeier.de
32760 Detmold, Siegfried Trinoga, Wilberger Str. 34, Tel. 05231/56 14 50		●		●										●			Ankauf & Beratung Sammlungen, Posten
33098 Paderborn, Udo Witte, Königsplatz 12, Tel. 05251/12 98 0	●	●			●	●		●	●	●			●	●	●	●	www.briefmarken-witte.de
34117 Kassel, Dr. Rohde + Kornatz GbR, Treppenstr. 13, Tel. 0561/1 62 17	●	●			●	●	●	●	●	●	●	●	●	●	●	●	Ankauf Briefmarken Münzen, Schätzungen
35037 Marburg, August Kleinberg, Neustadt 13, Tel. 06421/6 55 46	●	●				●		●	●	●	●	●			●	●	kleinberg.marburg@gmx.de

Händlerverzeichnis

Händler	Ladengeschäft	Versandgeschäft	Auktion	Großhandel	Neuheiten-Abos	Fehllisten-Bearbeitung	Preislisten	Lager: Deutschland bis 1945	Lager: Deutschland ab 1945	Lager: Europa-West	Lager: Europa-Ost	Lager: Übersee	Lager: Belege/Ansichtskarten	Lager: Sammlungen	Zubehör-Briefmarken	Zubehör-Münzen	Spezialgebiete
37079 Göttingen, PZM Philapress GmbH & Co KG, Dransfelder Str. 1, Tel. 0551/90 15 20		●													●	●	www.shop.philapress.de
37639 Bevern, Thomas Brinkmann, Forsterstr. 16, Tel. 0171/6 82 53 34		●		●		●	●	●	●						●	●	Deutschland spezial ZD, MH, Rollenmarken
38090 Braunschweig, Richard Borek GmbH & Co. KG, Theodor-Heuss-Str. 7, Tel. 0531/20 55 55	●	●			●	●	●	●	●	●	●	●	●	●	●		
38100 Braunschweig, Karl Pfankuch & Co., Hagenbrücke 19, Tel. 0531/4 58 07	●	●	●		●	●		●	●	●		●	●		●	●	Altdeutschland Deutsche Kolonien
40210 Düsseldorf, Brandes & Schulz GmbH, Bismarckstr. 93, Tel. 0211/ 35 84 47	●	●			●	●	●	●	●	●				●	●	●	Numisblätter
40210 Düsseldorf, Ulrich Felzmann GmbH & Co. KG, Immermannstr. 51, Tel. 0211/55 04 40			●														Internat. Auktionen www.felzmann.de
41061 Mönchengladbach, Christian Gärtner, Lüpertzender Str. 117, Tel. 02161/2 47 97 32	●	●				●		●	●	●				●	●	●	
41364 Schwalmtal, Phil*Creativ GmbH, Postfach 57, Tel. 02163/48 66		●					●								●		www.phil-shop.de info@philcreativ.de
41372 Niederkrüchten, Helmut Kamphausen, Mozartstr. 17, Tel. 02163/55 27		●				●		●	●	●			●	●			
41564 Kaarst, Aix-Phila-Shop, Friedensstr. 10, Tel. 02131/3 68 71 30	●	●				●			●					●	●	●	www.aix-phila-shop.de
42489 Wülfrath, Dirk Wingen, Magdeburger Str. 14, Tel. 02058/91 44 45		●			●	●	●					●			●		
42499 Hückeswagen, Alben und mehr GmbH Stahlschmidtsbrücke 41a, Tel. 02192/93 64 80		●		●		●	●								●	●	FDC-Verlag Davo-Vertretung
42799 Leichlingen, Arnim Hölzer GmbH, Kirchstr. 15, Tel. 02175/89 07 38	●	●			●	●		●	●	●					●	●	
44135 Dortmund, Mario Neubauer, Prinzenstr. 9, Tel. 0231/52 15 92	●				●	●		●	●	●	●				●	●	klassische Marken der ganzen Welt
44227 Dortmund, Michael Grewe, Schröderstr. 11a, Tel. 0231/75 63 30		●		●				●	●					●			ständiger Ankauf großes Münzangebot
44329 Dortmund, Melanie Thünken, Lanstroper Str. 207, Tel. 0231/9 93 30 23		●						●	●	●							www.briefmarken-thuenken.de
45127 Essen, Matthias Harms, Kennedyplatz 5, Tel. 0201/50 60 99	●							●	●					●	●	●	
45128 Essen, Maximilian Neis, Max-Fiedler-Str. 14, Tel. 0201/24 00 78 83		●				●		●	●								Spezialgebiet: Dt. Besetzung WK II
45470 Mülheim, Rauhut-Auktionshaus GmbH, Werdener Weg 44, Tel. 0208/3 30 98			●														Bar-Ankauf, Auktionskat. gratis
45481 Mülheim, Peter Briefs, Solinger Str. 12, Tel. 0208/89 86 13		●		●		●			●	●	●	●		●	●	●	Ankauf von Sammlungen und Nachlässen
45529 Hattingen, Helmut Nahues, Lange Straße 37, Tel. 02324/9 03 50 77		●	●					●	●	●	●	●	●	●	●		www.nahues-auktionen.de (online-shop)
47051 Duisburg, Hans-Jürgen Brandt, Düsseldorfer Str. 2, Tel. 0203/5 18 87 90	●			●		●		●	●						●	●	ständiger Ankauf von D 1923–1953 **
47906 Kempen, Philahandel GmbH, Vorster Str. 9, Tel. 02152/5 30 85	●	●					●	●	●								Der kleine Fachhändler mit der persönl. Note
48155 Münster, Manfred Friedrich, Hans-Kleve-Weg 2A, Tel. 0251/3 83 37 98		●				●	●		●								Spezial-Angebote Dauerserien
48301 Nottuln, Jureepan Hartz, Uphovener Weg 27, Tel. 02502/62 87		●															BN, Münzen, Briefmarken www.coinstamps.de
49074 Osnabrück, Bfm. Fellermann, Inh. Ulrich Abeler, Bierstr. 19, Tel. 0541/2 81 74	●	●			●	●		●	●	●			●	●	●	●	
49074 Osnabrück, Bfm. am Dom Reinhard Grünert, Hasestr. 47, Tel. 0541/2 68 08	●	●			●	●		●	●	●	●		●	●	●	●	www.muenzen-am-dom.de
49124 Georgsmarienhütte, Marianne Hüsing, Auf der Insel 4, Tel. 05401/4 16 54		●				●	●	●	●	●	●			●	●		Preislisten gratis
49413 Dinklage, Phila-Versand, Postfach 12 62, Tel. 04443/37 91		●			●	●		●	●						●	●	www.phila-versand.de

Händlerverzeichnis

Händler	Ladengeschäft	Versandgeschäft	Auktion	Großhandel	Neuheiten-Abos	Fehllisten-Bearbeitung	Preislisten	Lager: Deutschland bis 1945	Lager: Deutschland ab 1945	Lager: Europa-West	Lager: Europa-Ost	Lager: Übersee	Lager: Belege/Ansichtskarten	Lager: Sammlungen	Zubehör-Briefmarken	Zubehör-Münzen	Spezialgebiete
49788 Lingen, Peter Meyer, Postfach 1824, Tel. 0591/6 75 90		●					●		●								**www.briefmarken meyer.de**
49811 Lingen, Hedwig Wittler, Poggenborg 50, Tel. 0591/7 30 43		●			●	●		●	●				●		●	●	**www.briefmarken-wittler.de**
50733 Köln, Jürgen Scheele, Neusser Str. 328, Tel. 0221/5 50 27 12	●	●		●	●	●		●	●	●	●	●	●	●	●	●	**bei ebay : torrry**
50931 Köln, Jennes & Klüttermann, Clarenbachstr. 182, Tel. 0221/9 40 53 20			●														**www.jennes-und-kluettermann.de**
50937 Köln, Frank Böhm, Berrenrather Str. 482, Tel. 0221/46 13 22		●					●	●	●					●			**www.boehm-philatelie.de**
50968 Köln, Dr. Wilhelm Derichs GmbH, Bonner Str. 501, Tel. 0221/2 57 66 02			●														
51379 Leverkusen, Briefm.-Münzen Vetter, Kölner Str. 91, Tel. + Fax: 02171/21 15	●				●	●		●	●				●	●	●	●	**Ankauf Sammlungen und Nachlässe**
52441 Linnich, Kurt Friebel, Inh. F.-J. Stegers, Altermarkt 6a, Tel. 02462/61 24		●	●					●	●				●				**Ausw., Motive, AK, Heimat, Briefe, Stemp.**
53111 Bonn, Bfm. Jansen, Sven Klauke, Friedrichstr. 23, Tel. 0228/63 89 10	●	●			●	●		●	●	●	●	●	●	●	●	●	**www.briefmarken.sk rund 100.000 Artikel**
53113 Bonn, Dr. Reinhard Fischer, Joachimstr. 7, Tel. 0228/26 31 30		●	●					●	●	●				●			**Dt. Kolonien, Danzig, WK II, Lokalausgaben**
53229 Bonn, Gregor & Markus Pötzsch, Am Tiergarten 1, Tel. 0228/68 70 23		●		●		●	●	●	●								**Abst., Danzig, Memel, Lokalausgaben, SBZ**
54472 Brauneberg, Horst Conrad, Gartenweg 3, Tel. 06534/9 32 23								●	●	●							**nur Auswahlversand**
54587 Lissendorf, Andreas Vetter, Am Dümpelbach 23, Tel. 06597/38 10		●			●	●	●	●	●	●		●					
55026 Mainz, Phileurope GmbH & Co, Postfach 3645, Tel. 06131/23 73 41		●		●													**Lager TC / T-Zypern Frankatur-Ankauf**
56068 Koblenz, Edgar Waschbüsch, An der alten Moselbrücke 9, Tel.+Fax 0261/3 88 20	●	●			●	●			●	●					●	●	
60311 Frankfurt, BBA – Therese Weiser Nachf., Battonnstr. 23, Tel. 069/67 51 48			●														**Nachlassverwertung www.stampmaster.de**
63065 Offenbach, Max Nickl, Kaiserstr. 30, Tel. 069/81 34 19	●	●		●	●	●		●	●	●	●			●	●	●	**auch Ankauf Münzen und Briefmarken**
63110 Rodgau, Rodgau Philatelie, Eisenbahnstr. 8, Tel. 06106/30 23	●	●				●				●					●	●	**Briefmarken Irland Münzen D'land in PP**
63128 Dietzenbach, Björn Maschinsky, Ulmenweg 8, Tel. 06074/7 28 86 85		●															**nur ZD, MH, MHB Deutschland**
63225 Langen, Rade & Maschinsky GbR, Wernerplatz 4, Tel. 06103/2 62 13			●												●	●	**Ankauf & Beratung, Nachlassverwertung**
63739 Aschaffenburg, Scandia Thomas Fischer, Treibgasse 9, Tel. 06021/2 64 77	●	●		●	●	●	●	●	●	●			●	●	●	●	
64283 Darmstadt, Bfm. Heisinger, Inh. AAK Phila GmbH, Mühlstr. 74, Tel. 06151/2 43 24	●	●	●		●	●	●	●	●					●	●	●	**www.kiel-briefmarken.de**
64297 Darmstadt, Thomas Gompf, Heidelberger Landstr. 202, Tel. 06151/33 91 77	●	●				●		●	●					●	●	●	**www.Hausder Briefmarke.de**
64625 Bensheim, Karl Rudi Heisinger, Auerbacher Weg 21, Tel. 06251/79 00 54		●				●		●	●	●	●	●	●				**www.marken-muenzen.de**
65183 Wiesbaden, Torsten Hornung, Wilhelmstr. 40, Passage, Tel. 0611/3 75 77 75			●	●													**Ankauf von großen Sammlungen**
65183 Wiesbaden, Heinrich Köhler GmbH & Co. KG, Wilhelmstr. 48, Tel. 0611/3 93 81			●	●													**Ankauf von großen Sammlungen**
65812 Bad Soden, Volker Bettenbühl, Kastanienhain 24, Tel. 06174/2 56 71 53		●				●		●	●	●	●		●	●			**www.phila-trade-international.de**
66111 Saarbrücken, Saarph. H. J. Steffen GmbH, St. Johanner Str. 45, Tel. 0681/4 76 62	●	●	●												●		**SAAR-Spezial, keine anderen Gebiete**
67063 Ludwigshafen, Danilo Torretti, Schopenhauerstr. 2, Tel. 0621/69 96 15	●	●		●	●	●		●	●	●	●	●	●	●	●	●	

Händlerverzeichnis

Händler	Ladengeschäft	Versandgeschäft	Auktion	Großhandel	Neuheiten-Abos	Fehllisten-Bearbeitung	Preislisten	Lager: Deutschland bis 1945	Lager: Deutschland ab 1945	Lager: Europa-West	Lager: Europa-Ost	Lager: Übersee	Lager: Belege/Ansichtskarten	Lager: Sammlungen	Zubehör-Briefmarken	Zubehör-Münzen	Spezialgebiete
67547 Worms, Burkhard Magin, Goethestr. 5, Tel. 06241/9 87 26 10													●				**Terminvereinbarung: www.philatelie-magin.de**
68199 Mannheim, Ursula Rösler, Isoldestr. 17, Tel. 0621/81 21 16		●				●		●	●				●		●		
69469 Weinheim, Günter Nörber, Beckstr, 14, Tel. 06201/6 55 34		●				●							●				**Spezialgebiet Ganzsachen weltweit**
70173 Stuttgart, DBA Stuttgart GmbH, C. Kliege, Calwer Str. 58, Tel. 0711/29 20 80	●	●			●	●		●	●	●	●				●	●	**ZD Deutschland, Teilstaaten UdSSR**
70174 Stuttgart, Briefmarken Merkur GmbH, Relenbergstr. 78, Tel. 0711/2 28 50 70		●				●	●	●	●								**Ankauf Nachlässe und Sammlungen**
70174 Stuttgart, Württ. Auktionshaus GmbH, Relenbergstr. 78, Tel. 0711/22 85 05		●	●			●	●	●	●	●							**Ankauf Schätzungen**
70469 Stuttgart (Feuerb.), Bfm. Lindner KG, Grazer Str. 16, Tel. 0711/8 10 60 81	●	●	●			●		●	●						●	●	**auktion@briefmarken-lindner.de**
70469 Stuttgart, Thomas Mayer, Fahrionstr. 43, Tel. 0711/61 75 73		●				●			●	●							**Wertschätzungen, Auktionsvermittlung**
70825 Korntal-Münchingen, Korntaler AK-Versand, Solitudeallee 85, Tel. 0711/83 49 07		●											●				
71004 Böblingen, Norbert Hampf, Postfach 1429, Tel. 07031/23 65 45		●					●	●	●	●							
72355 Schömberg, LINDNER Falzlos-GmbH, Rottweiler Str. 38, Tel. 07427/70 10		●		●											●	●	**www.lindner-original.de Hersteller v. Zubehör**
72622 Nürtingen, KOBRA – Rudi Schlattner GmbH, Siemensstr. 4, Tel. 07022/6 12 12		●		●											●	●	**Zubehör für Sammler www.kobra.de**
72658 Bempflingen, SAFE, Schwäbische Albumfabrik, Ermsstr. 60, Tel. 07123/9 39 20															●	●	**www.safe-album.de info@safe-album.de**
72762 Reutlingen, Marken Schneider, Keplerstr. 11, Tel. 07121/93 65-0	●	●		●	●	●	●	●	●	●	●	●	●	●	●	●	**Ankauf u. Schätzung von Marken u. Münzen**
72764 Reutlingen, Mezei OHG, Bollwerkstr. 2, Tel. 07121/33 85 35	●	●			●	●		●	●	●	●		●	●	●	●	**An- u. Verkauf, www. mezei-reutlingen.de**
73257 Köngen, Michael Schweizer, Moltkestr. 19/1, Tel. 07024/98 98 12		●						●	●	●	●	●	●				**www.philarena.de auch Ankauf**
73545 Lorch, Hermann E. Sieger GmbH, Venusberg 32–34, Tel. 0800/40 40 400		●		●	●	●	●	●	●	●	●	●			●	●	**Fehllisten-Abos www.sieger.de**
74321 Bietigheim-Bissingen, Christoph Gärtner GmbH, Steinbeisstr. 6–8 Tel. 07142/7 89-0		●	●	●		●	●	●	●				●	●			**www.philatelie-gaertner.de**
74626 Bretzfeld-Schwabbach, Bernd Hammel, Galgenbergstr. 3, Tel. 07946/84 35		●			●	●			●	●	●				●	●	
74731 Walldürn, Sven Aldenhoven, Mühlweg 6, Tel. 06282/88 02		●		●		●		●	●					●			**www.aldenhoven-auktion.de**
77966 Kappel-Grafenhausen, Wolf-Jürgen Mangold, Rheinstr. 10, Tel. 07822/86 73 59	●	●				●	●	●	●	●	●	●		●	●	●	**Auswahlversand aller Gebiete**
78224 Singen, Axel Lenz, Thurgauer Str. 1, Tel. 07731/6 49 82	●	●	●		●	●		●	●	●					●	●	**Ankauf Bfm. + Münzen www.briefmarken.com**
78465 Konstanz, Dr. Julius Böheim, Fließhornstr. 8, Tel. 07533/57 96		●					●	●									**Bezirkshandstempel**
78467 Allensbach, Heidi Eckenschwiller, Hochstr. 16, Tel. 07533/93 33 28		●															**Auswahlen Ankauf, Schätzung**
78564 Wehingen, Winfried Fiebig, Rubäckerstr. 2, Tel. 07426/75 84		●			●	●	●	●	●						●		
79098 Freiburg, Thomas Groß, Auf der Zinnen 4, Tel. 0761/3 73 73	●	●		●	●	●		●	●	●			●	●	●	●	**Osteuropa und ältere Übersee in Teilbereichen**
79102 Freiburg, Rüdiger Frey, Erwinstr. 38, Tel. 0761/7 26 22		●			●	●		●	●	●			●		●	●	
79639 Grenzach-Wyhlen, Stade Auktionen, Markgrafenstr. 5, Tel. 07624/9 89 58 70			●										●				**Ansichtskarten, www. stade-auktionen.de**
80331 München, Tilman Dohren, Rindermarkt 2, Tel. 089/26 02 40 89	●				●	●		●	●	●	●	●	●	●	●	●	**ATM-Belege Schnäppchen-Angeb.**

Händlerverzeichnis

Händler	Ladengeschäft	Versandgeschäft	Auktion	Großhandel	Neuheiten-Abos	Fehllisten-Bearbeitung	Preislisten	Lager: Deutschland bis 1945	Lager: Deutschland ab 1945	Lager: Europa-West	Lager: Europa-Ost	Lager: Übersee	Lager: Belege/Ansichtskarten	Lager: Sammlungen	Zubehör-Briefmarken	Zubehör-Münzen	Spezialgebiete
80333 München, Klaus Hammer, Augustenstr. 48, Tel. 089/59 81 34	●				●	●		●	●	●	●	●	●	●	●	●	**Kleinmünzen Welt nach Jahren/Buchst.**
80333 München, Kirstein-Larisch Auktionen, Schleissheimer Str. 6, Tel. 089/5 38 01 40			●														**Auktionen für Briefmarken und Münzen**
80339 München, Adolf Sedlmeier, Alter Messeplatz 10, Tel.+Fax 089/5 02 27 42	●	●			●	●		●	●	●	●		●	●	●	●	
80636 München, Wolfgang Lang, Leonrodstr. 43, Tel. 089/1 29 16 74		●											●				**Bedarfspost D'land, www.langbrief.de**
80689 München, Axtner Intern. Philatelie, Gunzenlehstr. 15, Tel. 089/2 19 99 50		●			●		●										**Mittlerer Osten, Golfstaaten, Thailand**
80689 München, Philagenta GmbH, Gunzenlehstr. 15, Tel. 089/72 63 01 21				●													**Vermittlung von Slg. und Raritäten**
80801 München, Siegfried Deider, Nordendstr. 56, Tel. 089/2 72 25 55			●														**Ankauf und Schätzung**
80935 München, Johannes Liessel, Waldmeisterstr. 14, Tel. 089/3 54 13 83		●				●			●								
80997 München, Rüdiger Eisenhammer, Lina-Hähnle-Str. 1, Tel. 089/59 89 08			●														
81241 München, Hans Mohrmann GmbH, Landsbergerstr.439, Tel. 089/82 92 39 10			●														
81373 München, Günther Bleicher, Hinterbärenbadstr. 2, Tel.+Fax 089/7 60 34 43		●						●	●	●			●	●			**Abarten Deutschland**
81667 München, Hans Krauß, Belfortstr. 1, Tel. 089/4 48 27 03	●	●		●	●	●	●	●	●	●	●	●	●	●	●	●	
82031 Grünwald, Christian E. Geigle, Almrauschstr. 5, Tel. 089/69 39 51 81		●		●		●	●	●	●								**Deutsche Gebiete in höchster Qualität!**
83661 Lenggries, Georg Kemser, Am Langacker 8, Tel. 08042/9 85 44		●											●				**www.postgeschichte-kemser.de**
84028 Landshut, Briefmarkenhaus Engel, Altstadt 255, Tel. 0871/2 12 58	●	●			●	●	●	●	●	●	●	●	●	●	●	●	**WWF, CEPT, Eisenbahnmarken**
84174 Eching, Robert Piller, Getreidestr. 25a, Tel. 08709/9 27 50		●		●		●	●										**www.briefmarken-piller.de**
85445 Schwaig, Dr. Peter Sauerstein, Hallbergmooser Str. 5, Tel. 08122/9 44 21 80		●															**An- und Verkauf von Briefmarken + Münzen**
85635 Höhenkirchen, Jürgen Hettinger, Bogenhauser Str. 18, Tel. 08102/78 36 19		●				●							●				**nur DR : MH, MHB Zusammendr., HBl.**
86150 Augsburg, Briefm. Thomas Theinert, Ernst-Reuter-Platz 10, Tel. 0821/51 01 12	●				●	●		●	●				●	●	●	●	
86150 Augsburg, Hans Jakob Maier, Katharinengasse 15, Tel. 0821/3 85 36	●				●	●		●	●				●		●	●	
86383 Stadtbergen, Bernhard Lösel, Postfach 1206, Tel. 0821/54 48 24		●				●	●	●	●						●		**D.R. Spezial bei www.loesel-briefmarken.de**
88251 Baienfurt, Ralf Härtel, Postfach 11 44, Tel. 0751/5 11 05		●				●	●	●	●								**Kolonien, WK I, Abstimmung, FZ**
89073 Ulm, Hans-Peter Behm, Platzgasse 19, Tel. 0731/6 58 16	●				●	●	●	●	●	●			●	●	●	●	**Alt-Württemberg incl. Raritäten**
89231 Neu-Ulm, Friedrich Hirschke, Turmstr. 29., Tel. 0731/2 07 49 29		●				●	●	●	●	●					●		**Nachlass-Verwertung Auktionseinlieferungen**
89275 Elchingen, Ralf Schumann, Hauptstr. 41, Tel. 07308/4 24 52		●			●	●	●	●	●	●	●		●	●	●		**www.briefmarken-schumann.de**
89358 Kammeltal, Felix Labus, Siedlungsweg 2, Tel. 08222/9 65 90 10		●			●	●		●	●	●	●	●	●		●	●	**www.briefmarken-labus.de**
89407 Dillingen, Dr. Elmar Hitzler, Gabelsbergerstr. 4, Tel. 09071/70 39 93		●				●		●	●				●				**Thematik Postgeschichte**
90571 Schwaig, Heubach-Briefmarkenhaus, Wiesentalstr. 10, Tel. 0911/50 50 63	●	●		●	●	●	●	●	●	●	●	●	●	●	●	●	**www.briefmarkenhaus-heubach.de**
90766 Fürth, Briefmarken-Weichardt, Mühltalstr. 45, Tel. 0911/9 73 35 73		●			●	●		●	●	●	●	●	●		●	●	**Garantie-Zertifikate ab 100 Michel-Euro**

Händlerverzeichnis

Händler	Ladengeschäft	Versandgeschäft	Auktion	Großhandel	Neuheiten-Abos	Fehllisten-Bearbeitung	Preislisten	Lager: Deutschland bis 1945	Lager: Deutschland ab 1945	Lager: Europa-West	Lager: Europa-Ost	Lager: Übersee	Lager: Belege/Ansichtskarten	Lager: Sammlungen	Zubehör-Briefmarken	Zubehör-Münzen	Spezialgebiete
91126 Schwabach, Christian Hübl, Eisentrautstr. 2, Tel. 09122/26 69	●	●				●	●	●	●	●	●		●	●	●	●	
91413 Neustadt/Aisch, Otm. Schwarzenbach, An den Weinbergen 13, Tel. 09161/53 02		●			●		●					●					
91790 Burgsalach, Janina Pieles, Indernbucher Str. 17, Tel. 09147/94 03 30		●		●										●			
92334 Berching-Holnstein, Josef Rupp, St.-Georg-Str. 5, Tel. 08460/5 79	●	●				●		●	●					●			
93047 Regensburg, D. Eickhoff, Inh. F. Landstorfer, Watmarkt 9, Tel. 0941/5 18 03	●							●	●				●	●	●	●	Geldscheine, Münzen, Orden, Edelmetalle
93047 Regensburg, Gudrun Voxbrunner, Residenzstraße (am Dom), Tel. 0941/5 28 29	●	●			●	●		●	●	●			●		●	●	antike Münzen Ratisbonia
94249 Bodenmais, Jürgen Geier, Klause 31, Tel. 09924/90 58 79 0		●		●	●	●	●	●	●	●	●	●		●	●	●	www.briefmarkenwelt-geier.de
94256 Drachselsried, Georg Haller GmbH, Finkenweg 6, Tel. 09945/94 30 95		●			●	●	●	●	●	●	●	●			●	●	Rollenmarken, MH, GS, Privatpost, China
94315 Straubing, Ernst Kronwitter, Bahnhofstr. 18, Tel.+Fax 09421/8 13 33	●	●			●	●		●	●	●			●		●	●	Motive, Banknoten, Münzen alle Welt
94377 Steinach, Anton Haimerl, Warterweg 3, Tel. 09428/90 25 22		●			●	●	●	●	●	●					●	●	Österreich
96047 Bamberg, Christian Arbeiter, Theatergassen 1, Tel. 0951/2 19 48	●		●										●	●			www.arbeiter-briefmarken.de
96163 Gundelsheim, Peter Sem GmbH, Kellerstr. 3, Tel. 0951/4 26 20		●	●				●	●									Bayern, Thurn & Taxis www.peter-sem.de
96231 Bad Staffelstein, Herbert Geier, Bärengasse 4A, Tel. 09573/18 70	●	●	●										●				www.geier-auktionen.de Postgeschichte
97076 Würzburg, Waigand Sammlerwelt, Friedrich-Bergius-Ring 9, Tel. 0931/3 29 34 60		●				●		●	●	●				●	●		www.waigand-sammlerwelt.de
97706 Bad Bocklet, Wolfram Hamacher, Postfach 2, Tel. 09708/12 95		●										●					Australien, Ozeanien Antarktis
97941 Tauberbischofsheim, Harald Baumeister, Veit-Stoß-Str. 1, Tel. 09341/53 89		●				●	●	●	●						●	●	Rollenm., MH, ZD, DZ, HAN, Abarten, Ecken
98527 Suhl, Andreas Werner, Mühltorstr. 12, Tel. 03681/72 15 70	●	●			●	●		●	●				●	●	●	●	www.briefmarken-werner.de, Münzhdl.
99423 Weimar, Michael Rode, Herderplatz 5, Tel. 03643/50 17 75	●				●			●	●				●	●	●	●	
99867 Gotha, Eckehard Fromm, Mönchelsstr. 3, Tel. 0170/9 30 12 75	●							●	●				●	●	●	●	
A-1010 Wien, Austrophil H. D. Rauch, Graben 15, Tel. 0043-1/5 33 33 12	●		●												●	●	
A-1030 Wien, Austria Netto Kataloge, Geusaugasse 33, Tel. 0043-1/7 15 80 00		●					●								●	●	AUSTRIA NETTO KATALOG www.ank.at
A-5700 Zell am See, Walter Hofer KG, Stefan-Zweig-Str. 20/7, Tel. 0043-664/91 11 24 3		●				●	●	●	●	●		●					USA + Canada, www.briefmarkenshop-hofer.at
A-6020 Innsbruck, Tyrol-Phila, Wetterherrenweg 23, Tel. 0043-512/36 15 32	●	●				●	●	●	●	●	●	●	●	●	●	●	Speziallisten Deutschland, Österreich
A-6800 Feldkirch, H. E. Sieger GmbH, Liechtensteiner Str. 52, Tel. 0043-5522/7 84 05		●		●	●	●	●	●	●	●	●	●			●	●	Fehllisten-Abos www.sieger.at
A-8044 Weinitzen, Manfred Bürscher, www.buerscher.com, Tel. 0043-316/ 81 63 28		●		●	●	●	●	●	●						●	●	Österreich spezial ab 1850 bis heute
CH-4051 Basel, Briefmarken Probst & Sohn, Steinentorstr. 18, Tel. 0041-61/2 81 62 60	●				●	●		●	●	●	●	●	●	●	●	●	Zeppelin-, Raketen-, Flug-, Ballonpost
CH-6003 Luzern, ATM Seitz AG, Murbacherstr. 37, Tel. 0041-41/2 10 28 25		●		●	●	●											ATM, Postautomation www.atms.ch
CH-4103 Bottmingen, Veraphil V. Fliss, Batteriestr. 10, Tel. 0041-61/2 81 30 30		●															CH + FL Spezialitäten
CH-6003 Luzern, Rölli-Schär AG, Seidenhofstr. 2, Tel. 0041-41/2 26 02 02	●	●	●										●	●	●	●	www.roelliphila.ch

Händlerverzeichnis

Händler	Ladengeschäft	Versandgeschäft	Auktion	Großhandel	Neuheiten-Abos	Fehllisten-Bearbeitung	Preislisten	Lager: Deutschland bis 1945	Lager: Deutschland ab 1945	Lager: Europa-West	Lager: Europa-Ost	Lager: Übersee	Lager: Belege/Ansichtskarten	Lager: Sammlungen	Zubehör-Briefmarken	Zubehör-Münzen	Spezialgebiete
CH-8032 Zürich, Schwarzenbach Auktion, Merkurstr. 64, Tel. 0041-43/2 44 89 00			●	●										●			info@schwarzenbach-auktion.ch
CH-8700 Küsnacht, Rolf Weggler, Zürichstr. 139, Tel. 0041-44/2 52 13 96	●	●		●		●				●	●	●	●	●			www.weggler-stamps.ch Genfer Ämter
CH-8716 Schmerikon, Honegger Philat. AG, Kürzestr. 1, Tel. 0041-55/2 86 20 00		●				●											Alt-Schweiz-Katalog, Raritäten Alt-Schweiz
F-57604 Forbach Cedex France, Martins Philatelie,B. P. 10222		●						●	●								Dtsch.-Franz. Philatelie auf www.martins.fr
FL-9485 Nendeln, H. E. Sieger GmbH, Churer Str. 1, Tel. 0042-3-3 73 32 42		●		●	●	●	●	●	●	●	●	●			●	●	Fehllisten-Abos www.sieger.li
GB-Sunbury-on-Thames, John Curtin Ltd., P.O. Box 31, Middlesex, TW16 6HS, Tel. 0044-1932-78 56 35	●			●						●	●	●		●			www.jcstamps.co.uk
IRL-Dublin 6, MacDonnell Whyte Ltd, 102 Leinster Road, Tel. 00353-1-4 97 74 49		●	●			●				●							Spezialität: Irland
NL-3439 NX Nieuwegein, Clemens Smits, Grote Wade 23 A/B, Tel. 0031-30/2 44 31 70	●	●	●	●	●	●	●			●	●	●		●	●	●	Sammlungen weltweit www.filatelie.net
SE-22464 Lund, Thomas Larsson, Dag Hammarskjölds v. 3 e, Tel. 0046-46/32 01 80		●	●			●				●							Spezialist für nordische Staaten
TR-34420 Beyoglu-Istanbul, Kamer Arikan, Galipdede Cad. 43, Tel. 0090-212/2 44 09 36	●	●			●	●	●										Türkei, Türkisch Zypern

Bitte beachten Sie die Anschrift der APHV-Geschäftsstelle:

Universitätsstraße 5, 50937 Köln, Tel.: 0221/40 79 00, Fax: 0221/40 95 97

E-Mail: bundesverband@aphv.de, Internet: www.aphv.de